ATLAS ROUTIER *et* TOURISTIQUE
TOURIST *and* MOTORING ATLAS
STRASSEN- *und* REISEATLAS
TOERISTISCHE WEGENATLAS

France

Sommaire

Intérieur de couverture
Tableau d'assemblage
Légende : cartographie au 1/200 000 - plans de ville

Grands axes routiers IV
Environs de Paris VI
Tableau des distances en France X
Tableau des distances France / Europe XII
Légende 1
La France -1:200 000 2
Index complet des communes 75 plans de ville 320

Intérieur de couverture
Légende complète

Contents

Inside front cover
Key to map pages
Key : Maps at 1:200 000 - Town plans

Main road map IV
Paris and suburbs VI
Distances and journey times France X
Distances and journey times France / Europe XII
Key 1
France -1:200 000 2
Complete index of communes 75 towns plans 320

Inside front cover
Key

Inhaltsübersicht

Umschlaginnenseite
Übersicht
Legende : kartographie in Maßstab 1:200 000 - Stadtpläne

Durchgangsstraßen IV
Paris und Umgebung VI
Entfernungstabelle Frankreich X
Entfernungstabelle Frankreich / Europa XII
Zeichenerklärung 1
Frankreich -1:200 000 2
Komplettes Ortsregister mit 75 Stadtplänen 320

Umschlaginnenseite
Zeichenerklärung

Inhoud

Binnenzijde van het omslag
Overzichtskaart met kaartnummers
Verklaring van de tekens : kaarten, schaal 1:200 000 - stadsplattegronden

Grote verbindingswegen IV
Omstreken van Parijs VI
Afstandstabel voor Frankrijk X
Afstandstabel voor Frankrijk en Europa XII
Verklaring van de tekens 1
Frankrijk -1:200 000 2
Register van alle gemeenten 75 stadsplattegronden 320

Binnenzijde van het omslag
Verklaring van de tekens

Plans de ville / Town plans / Stadtpläne / Stadsplattegronden

320 Aix-en-Provence
320 Ajaccio
321 Amiens
322 Angers
323 Annecy
323 Antibes
325 Avignon
326 Bastia
327 Bayonne
328 Beauvais
328 Belfort
329 Besançon
329 Béziers
331 Bordeaux
332 Boulogne-sur-Mer
332 Bourges
333 Brest
334 Caen
335 Calais
336 Cannes
337 Châlons-en-Champagne
338 Chalon-sur-Saône
338 Chambéry
339 Charleville-Mézières
340 Chartres
340 Châteauroux
342 Cholet
343 Clermont-Ferrand
344 Colmar
347 Dijon
348 Dunkerque
354 Grenoble
355 Le Havre
358 Laval
360 Lille
361 Limoges
362 Lorient
363 Lyon
364 Le Mans
365 Marseille
366 Melun
367 Metz
368 Monaco Monte-Carlo
368 Montauban
369 Montpellier
371 Mulhouse
372 Nancy
373 Nantes
374 Nice
375 Nîmes
375 Niort
376 Orléans
377 Paris
384 Pau
385 Perpignan
387 Poitiers
388 Quimper
389 Reims
390 Rennes
391 La Rochelle
392 Roubaix
393 Rouen
394 St-Brieuc
396 St-Étienne
399 St-Malo
400 St-Nazaire
401 St-Quentin
405 Strasbourg
406 Toulon
407 Toulouse
408 Tourcoing
409 Tours
410 Troyes
412 Valence
413 Versailles

Grands axes routiers
Main road map
Durchgangsstraßen
Grote verbindingswegen

FRANCE DÉPARTEMENTALE ET ADMINISTRATIVE

ALSACE
- 67 Bas-Rhin
- 68 Haut-Rhin

AQUITAINE
- 24 Dordogne
- 33 Gironde
- 40 Landes
- 47 Lot-et-Garonne
- 64 Pyrénées-Atlantiques

AUVERGNE
- 03 Allier
- 15 Cantal
- 43 Haute-Loire
- 63 Puy-de-Dôme

BOURGOGNE
- 21 Côte-d'Or
- 58 Nièvre
- 71 Saône-et-Loire
- 89 Yonne

BRETAGNE
- 22 Côtes-d'Armor
- 29 Finistère
- 35 Ille-et-Vilaine
- 56 Morbihan

CENTRE
- 18 Cher
- 28 Eure-et-Loir
- 36 Indre
- 37 Indre-et-Loire
- 41 Loir-et-Cher
- 45 Loiret

CHAMPAGNE-ARDENNE
- 08 Ardennes
- 10 Aube
- 51 Marne
- 52 Haute-Marne

CORSE
- 2A Corse-du-Sud
- 2B Haute-Corse

FRANCHE-COMTÉ
- 25 Doubs
- 39 Jura
- 70 Haute-Saône
- 90 Territoire-de-Belfort

ILE-DE-FRANCE
- 75 Ville de Paris
- 77 Seine-et-Marne
- 78 Yvelines
- 91 Essonne
- 92 Hauts-de-Seine
- 93 Seine-Saint-Denis
- 94 Val-de-Marne
- 95 Val-d'Oise

LANGUEDOC-ROUSSILLON
- 11 Aude
- 30 Gard
- 34 Hérault
- 48 Lozère
- 66 Pyrénées-Orientales

LIMOUSIN
- 19 Corrèze
- 23 Creuse
- 87 Haute-Vienne

LORRAINE
- 54 Meurthe-et-Moselle
- 55 Meuse
- 57 Moselle
- 88 Vosges

MIDI-PYRÉNÉES
- 09 Ariège
- 12 Aveyron
- 31 Haute-Garonne
- 32 Gers
- 46 Lot
- 65 Hautes-Pyrénées
- 81 Tarn
- 82 Tarn-et-Garonne

NORD-PAS-DE-CALAIS
- 59 Nord
- 62 Pas-de-Calais

BASSE-NORMANDIE
- 14 Calvados
- 50 Manche
- 61 Orne

HAUTE-NORMANDIE
- 27 Eure
- 76 Seine-Maritime

PAYS DE LA LOIRE
- 44 Loire-Atlantique
- 49 Maine-et-Loire
- 53 Mayenne
- 72 Sarthe
- 85 Vendée

PICARDIE
- 02 Aisne
- 60 Oise
- 80 Somme

POITOU-CHARENTES
- 16 Charente
- 17 Charente-Maritime
- 79 Deux-Sèvres
- 86 Vienne

PROVENCE-ALPES-CÔTE D'AZUR
- 04 Alpes-de-H.-Prov.
- 05 Hautes-Alpes
- 06 Alpes-Maritimes
- 13 B.-du-Rhône
- 83 Var
- 84 Vaucluse

RHÔNE-ALPES
- 01 Ain
- 07 Ardèche
- 26 Drôme
- 38 Isère
- 42 Loire
- 69 Rhône
- 73 Savoie
- 74 Haute-Savoie

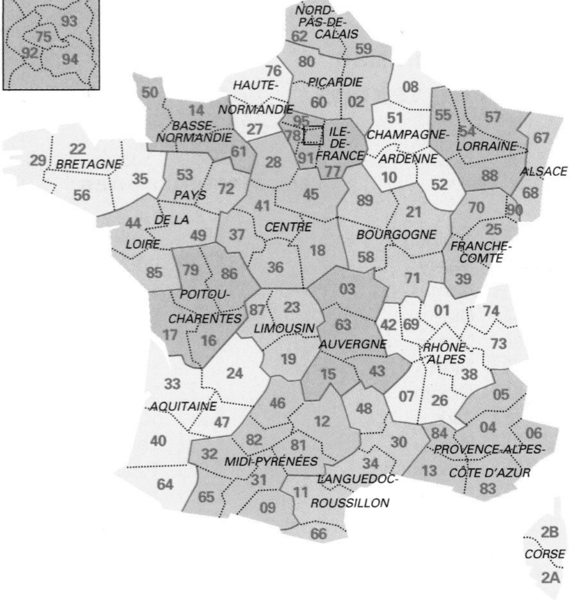

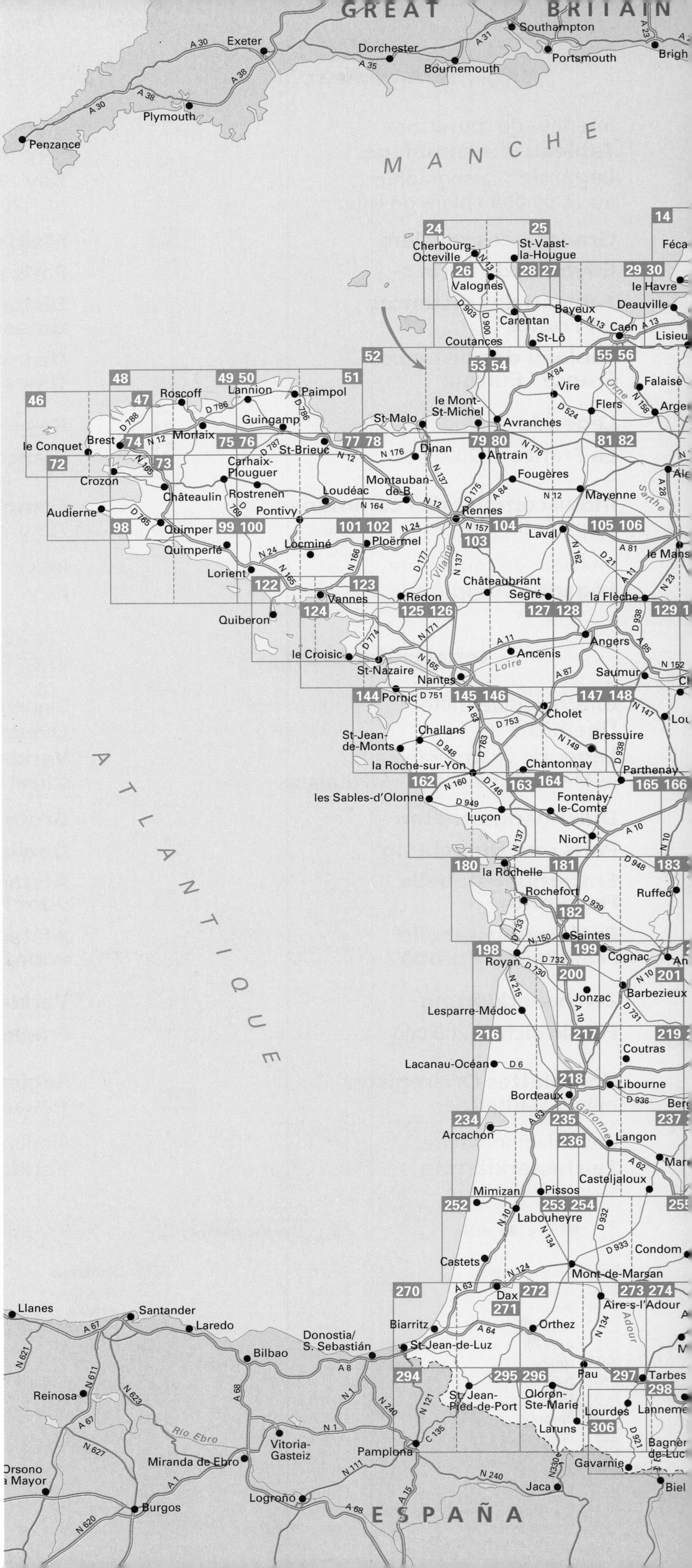

N
V
Brighton
Folkestone
Dover
Calais
Dunkerque
Boulogne-sur-Mer
St-Omer
Kortrijk
Roubaix
Lille
Tournai
Gent
Mechelen
Bruxelles
Brussel
BELGIË
BELGIQUE
Köln
Bonn
Aachen
Olpe
Liège
Namur
Charleroi
Mons
Le Touquet-Paris-Plage
Béthune
Douai
Arras
St-Pol-sur-T.
Valenciennes
Maubeuge
Cambrai
Philippeville
Givet
Fumay
Fulda
Gießen
Frankfurt a.M.
Mainz
Würzburg
Abbeville
Amiens
Dieppe
Fécamp
Yvetot
Neufchâtel-en-Bray
St-Quentin
Hirson
Charleville-Mézières
Sedan
LUXEMBOURG
Arlon
Luxembourg
Roye
Montdidier
Laon
Rethel
Rouen
Gournay-en-Bray
Beauvais
Compiègne
Soissons
Vouziers
Longuyon
Thionville
Pont-Audemer
Lisieux
Senlis
Reims
Verdun
Metz
St-Avold
Saarbrücken
Sarreguemines
Kaiserslautern
Mannheim
Heidelberg
Karlsruhe
Stuttgart
Bernay
Évreux
Pontoise
Ste-Menehould
Mantes-la-Jolie
Meaux
Château-Thierry
Épernay
Châlons-en-Champagne
Pont-à-Mousson
Château-Salins
Bitche
Wissembourg
Haguenau
Argentan
Verneuil-sur-Avre
Versailles
PARIS
Coulommiers
Vitry-le-François
Bar-le-Duc
Toul
Nancy
Lunéville
Sarrebourg
Saverne
Strasbourg
DEUTSCHLAND
Dreux
Rambouillet
Sézanne
St-Dizier
Alençon
Mortagne-au-Perche
Chartres
Étampes
Melun
Provins
Fontainebleau
Nogent-s-S.
Troyes
Joinville
Neufchâteau
Épinal
St-Dié-des-Vosges
Erstein
Sélestat
Colmar
Nogent-le-Rotrou
Pithiviers
Sens
Bar-s-Aube
Chaumont
Vittel
Mans
Châteaudun
Orléans
Montargis
Tonnerre
Châtillon-sur-Seine
Langres
Bourbonne-les-Bains
Remiremont
Luxeuil-les-Bains
Thann
Mulhouse
Freiburg i.B.
Schaffhausen
Bodensee
Bregenz
Vendôme
Gien
Toucy
Auxerre
Belfort
St-Louis
Basel
Château-Renault
Blois
Briare
Cosne-sur-Loire
Avallon
Montbard
Vesoul
Montbéliard
Delle
Rhein
Zürich
Tours
Salbris
Clamecy
Gray
Dijon
Besançon
Solothurn
Chinon
Vierzon
Châteauneuf
LIECHTENSTEIN
Loches
Bourges
Nevers
Château-Chinon
Beaune
Dole
Morteau
Neuchâtel
Luzern
SCHWEIZ
Loudun
Châtellerault
Issoudun
Decize
Autun
Pontarlier
Bern
Châteauroux
St-Amand-Montrond
Chalon-s-Saône
Champagnole
Fribourg
SUISSE
Interlaken
Poitiers
Le Blanc
Argenton-sur-Creuse
La Châtre
Moulins
Cérilly
Montceau-les-Mines
Lons-le-Saunier
Lausanne
Montreux
SVIZZERA
Digoin
St-Claude
Lac Léman
Thonon-les-B.
Châtel
Sion
Brig
Bellinzona
Montluçon
Lapalisse
Mâcon
Bourg-en-Bresse
Genève
Martigny
Lugano
Bellac
Guéret
Vichy
Roanne
Villefranche-s-Saône
Nantua
Annecy
Chamonix-Mont-Blanc
Confolens
Bourganeuf
Aubusson
Riom
Megève
Stresa
Varese
Limoges
Clermont-Ferrand
Thiers
Belley
Aosta/Aoste
Angoulême
Nontron
Thiviers
Uzerche
Ussel
La Bourboule
Ambert
Montbrison
Lyon
Bourgoin-Jallieu
Chambéry
Bourg-St-Maurice
Val-d'Isère
Milano
Novara
Issoire
St-Etienne
Vienne
Voiron
St-Jean-de-Maurienne
Périgueux
Tulle
Brioude
St-Marcellin
Mauriac
Brive-la-Gaillarde
Langeac
Le Puy-en-Velay
Tournon-s-Rhône
St-Agrève
Grenoble
Le Bourg-d'Oisans
Briançon
Susa
Torino
Sarlat-la-Canéda
St-Flour
Aurillac
Souillac
St-Céré
Valence
La Mure
Die
St-Véran
ITALIA
Bergerac
Figeac
Langogne
Privas
Aubenas
Mende
Montélimar
Aspres-s-Buëch
Gap
Genova
Marmande
Fumel
Villeneuve-s-Lot
Cahors
Espalion
Sévérac-le-Château
Florac
Nyons
Rosans
Barcelonnette
Larche
Cuneo
Savona
Villefranche-de-Rouergue
Rodez
Agen
Castelsarrasin
Montauban
Millau
Le Vigan
Alès
Orange
Carpentras
Sisteron
Digne-les-Bains
Puget-Théniers
Tende
Alassio
San Remo
Salvagnac
Albi
St-Affrique
Nîmes
Avignon
Apt
Manosque
Castellane
Menton
Nice
Auch
Toulouse
Castres
Revel
St-Pons-de-Thomières
Lodève
Montpellier
Aigues-Mortes
Arles
Salon-de-P.
Aix-en-Provence
Draguignan
Grasse
Cannes
St-Raphaël
Mirande
Castelnaudary
Béziers
Sète
Agde
Stes-Maries-de-la-Mer
Martigues
Brignoles
Marseille
La Ciotat
Toulon
St-Tropez
Pamiers
Carcassonne
Narbonne
St-Gaudens
Limoux
St-Girons
Foix
Aulus-les-B.
Ax-les-Thermes
Prades
Perpignan
Bielsa
ANDORRA
Andorra-la-Vella
Font-Romeu
Céret
Cerbère
Prats-de-Mollo
MÉDITERRANÉE
Bastia
Calvi
Corte
Ajaccio
Propriano
Sartène
Porto-Vecchio
Bonifacio

PONTOISE
CERGY-PONTOISE
Cergy
Osny
Auvers-s-Oise
Valmondois
L'Isle-Adam
FORÊT DE L'ISLE-ADAM
Méry-s-Oise
Villiers-Adam
St-Ouen-l'Aumône
Taverny
Bessancourt
FORÊT DE MONTMORENCY
Domont
Moisselles
St-Leu-la-Forêt
St-Prix
Beauchamp
le Plessis-Bouchard
Ermont
Eaubonne
Montmorency
Conflans-Ste H.
Herblay
Franconville
Sannois
Andrésy
Achères
FORÊT DE ST GERMAIN
Maisons-Laffitte
Cormeilles-en-Parisis
Enghien-les-Bains
Epinay-s-S.
Argenteuil
Sartrouville
Houilles
Bezons
Colombes
Bois-Colombes
Gennevilliers
Asnières-s-S.
Clichy
St Ouen
Villeneuve-la-Garenne
ST-GERMAIN-EN-LAYE
le Vésinet
Chatou
Nanterre
LA DÉFENSE
Courbevoie
Levallois-Perret
Neuilly-s-S.
Puteaux
Rueil-Malmaison
Suresnes
Bois de Boulogne
Marly-le-Roi
Bougival
St-Cloud
Garches
Vaucresson
Boulogne-Billancourt
Rocquencourt
le Chesnay
Ville-d'Avray
Sèvres
Meudon
Issy-les-Moulineaux
Vanves
Malakoff
Montrouge
Gentilly
ARC DE TRIOMPHE
INVALIDES
MONTPARNASSE
SACRÉ-CŒUR

0 1 2 3 4 5 km
Gascourt
Bellefontaine
Fosses
le Plateau
Plailly
St Witz
Montmélian
Val Montmélian
St Laurent
Bois de St Laurent
Beaumarchais
Beaupré
Guincourt
Othis
T.G.V. NORD
Trianon
Epinay
Lassy
Belloy-en-France
le Plessis-Luzarches
Épinay-Champlâtreux
Villiers-le Sec
Jagny-s/s-Bois
Marly-la-Ville
Mareil-en-France
le Village
LA FRANCILIENNE
Châtenay-en-France
Puiseux-en-France
Villeron
Vémars
VÉMARS
Moussy-le-Neuf
St Ladre
Dammartin-en-Goële
Fontenay-en-Parisis
le Mesnil-Aubry
Louvres
Chennevières-lès-Louvres
Choisy-aux-Bœufs
Moussy-le-Vieux
Longperrier
Biberonne
le Bois Bleu
le Plessis-Gassot
Crould
NORD
Mauregard
Villeneuve-s/s-Dammartin
Ezanville
les Noues
E.D.F.
T.G.V
Epiais-lès-Louvres
Bouqueval
Goussainville
Écouen
MUSÉE
Forêt d'Écouen
Stains
le Mesnil-Amelot
Vieux Pays
la Tamouse
AÉROGARE 1
AÉROGARE T3
Aéroport de Paris-Charles de Gaulle
AÉROGARE 2
Thieux
Chauffour
Villiers-le-Bel
le Thillay
Roissy-en-France
Vaudherland
Sarcelles
le Mont de Gif
Gonesse
Compans
Nan
Mitry-Mory
Moulin
le Haut du Roi
Lochères
Arnouville-lès-Gonesse
la Patte d'Oie de Gonesse
CIRCUIT CAROLE
Z.A. PARIS-NORD II
Tremblay-Vieux-Pays
St Mes
les Sablons
Pierrefitte
Garges-lès-Gonesse
Bonneuil-en-France
PARC DES EXPOSITIONS DE PARIS-NORD-VILLEPINTE
PARIS-EST
Villepinte
Mory
les Acacias
Gressy
AÉROPORT DE PARIS-LE BOURGET
CITROEN
Parc
la Villette-aux-Aulnes
A 104
INTERCONNEXION T.G.V.
GARONOR
Pont Yblon
Tremblay-en-France
Mitry-le-Neuf
la Rosée
le Globe
Parc Depal de la Courneuve
Dugny
MUSÉE DE L'AIR
LE BLANC-MESNIL
Souilly
Morfondé
St DENIS
UNIVERSITÉ
AULNAY zone industrielle
le Blanc-Mesnil
Sevran
Canal de l'Ourcq
le Vert-Galant
Villeparisis
Parc de la Poudrerie
le Bois Fleuri
le Bourget
Aulnay-s/s-Bois
Claye-Souilly
61
La Courneuve
Freinville
Vaujours
CENTRE D'ÉTUDES NUCLÉAIRES
Drancy
les 4 Routes
BONDY Nord
Livry-Gargan
Coubron
Courtry
le Pin
Aubervilliers
BOBIGNY
Forêt de Bondy
Villevaudé
Plaine
N-D des Anges
Clichy-s/s-B
les Coudreaux
Montjay-la-Tour
St Denis
les 4 Chemins
Bondy
les Pavillons-s/s-Bois
VILLEVAUDÉ
Bordeaux
Pantin
BONDY (RN 3)
Chantereine
Chaalis
Pte de Chapelle
Pte de la Villette
Noisy-le-Sec
le Plateau
Montfermeil
Franceville
la Pomponnette
le Pré-St Gervais
Pte de Pantin
Romainville
Villemomble
le Raincy
Brou-s-Chantereine
Pomponne
Gagny
Chelles
les Lilas
ROMAINVILLE
Pte des Lilas
Rosny
Neuilly-Plaisance
Vaires-s-M
EDF
St Thibault-des-Vignes
Bagnolet
BAGNOLET
RÉPUBLIQUE
Pte de Bagnolet
MUSÉE
Hôp. psych.
BASE DE LOISIRS
Montreuil
Gournay-s-Marne
Champs-s-Marne
Torcy
Pte de Montreuil
BASTILLE
Neuilly-s-M
Noisiel
Vincennes
Fontenay-s/s-Bois
NATION
Pte de Vincennes
Noisy-le-Grd
Bussy-St Martin
LYON
Nogent-s-M
le Perreux-s-M
PORTE DE PARIS
NOISIEL
VAL MAUBUÉE
Rentilly
Collégien
St Mandé
Pte Dorée
Bry-s-M
MARNE LA VALL
Bois de Vincennes
Pte de Charenton
Pte de Bercy
Vélodrome
Lognes
Q. d'Ivry
Charenton
Joinville-le-Pont
Villiers-S-M
les Yvris
Malnoue
Croissy-Beaubourg
Pte de Choisy
St Maurice
la Fourchette
LA SOUBIRAIDE
Ivry-s-Seine
Champigny-s-M
Cœuilly
Maisons-Alfort
Alfortville
le Plessis-Trévise
Emerainville
Parc de Croissy

ST-GERMAIN-EN-LAYE
le Vésinet
Courbevoie
NANTERRE
LA DÉFENSE
Levallois-Perret
NEUILLY-s-S.
le Pecq
Chatou
Puteaux
Fourqueux
Mareil-Marly
Rueil-Malmaison
Suresnes
Croissy-s-Seine
Jardin d'Acclimatation
Mémorial du Mt Valérien
Bagatelle
L'Étang-la-Ville
Marly-le-Roi
Bougival
Bois de Boulogne
Louveciennes
La Celle-St Cloud
Forêt de la Malmaison
MICHELIN
INVALIDES
Noisy-le-Roi
Bailly
St-Cloud
Vaucresson
Garches
BOULOGNE BILLANCOURT
Rennemoulin
Rocquencourt
Parc de St Cloud
Marnes-la-Coquette
Ville-d'Avray
le Chesnay
Fontenay-le-Fleury
Sèvres
Issy-les-Moulineaux
Vanves
Malakoff
Meudon
Montrouge
Gentilly
60
St Cyr-l'École
Clamart
Châtillon
VERSAILLES
Chaville
Forêt de Meudon
Bagneux
Arcueil
Viroflay
Fontenay-aux-Roses
Cachan
Vélizy-Villacoublay
le Plessis-Robinson
Bourg-la-Reine
L'Haÿ-les-Roses
Bouviers
Buc
Jouy-en-Josas
Châtenay-Malabry
Sceaux
Montigny-le-Bretonneux
Guyancourt
Bièvres
les Loges-en-Josas
Forêt de Verrières
Verrières-le-Buisson
Antony
Fresnes
Rungis
Igny
Toussus-le-Noble
Châteaufort
Vauhallan
Saclay
Massy
Wissous
Milon-la-Chapelle
Magny-les-Hameaux
Villiers-le-Bâcle
Palaiseau
Aéroport de Paris-Orly
RÉGIONAL
St Rémy-lès-Chevreuse
St Aubin
Champlan
Chilly-Mazarin
Gif-s-Yvette
Orsay
Chevreuse
Bures-s-Yvette
Villebon-s-Yvette
Morangis
les Ulis
Longjumeau
Saulx-les-Chartreux
Savigny-sur-Orge
Gometz-le-Châtel
Villejust
Ballainvilliers
Epinay-s-Orge
les Molières
86
Nozay
Villiers-s-Orge
Villemoisson-s-Orge
la Ville du Bois
Limours-en-Hurepoix
Janvry
Montlhéry
Ste Geneviève-des-Bois
Marcoussis
Longpont-s-Orge
Forges-les-Bains
St Michel-s-Orge
Briis-s-Forges
Linas
Fontenay-les-Briis
Leuville-s-Orge
le Plessis-Pâté
Vaugrigneuse
Brétigny

Pantin
Noisy-le-Sec
Romainville
Villemomble
le Raincy
Montfermeil
Franceville
Gagny
Chantereine
la Pomponnette
Brou-s-Chantereine
Pomponne
Chelles
Vaires-s-M.
St Thibault-des-Vignes
les Lilas
Pte des Lilas
Rosny
Neuilly-Plaisance
Bagnolet
Pte de Bagnolet
RÉPUBLIQUE
Montreuil
Pte de Montreuil
BASTILLE
Vincennes
NATION
Fontenay-s/s-Bois
Neuilly-s-M.
Gournay-s-Marne
Champs-s-Marne
Noisiel
Torcy
Pte de Vincennes
Noisy-le-Gd
Bussy-St Martin
Rentilly
Collégien
St Mandé
Bois de Vincennes
Nogent-s-M.
le Perreux-s-M.
Bry-s-M.
MARNE LA VALLÉE
Lognes
Pte de Charenton
Pte de Bercy
Charenton
Joinville-le-Pont
Villiers-s-M.
Malnoue
Croissy-Beaubourg
Pte de Choisy
Ivry-s-Seine
St Maurice
Maisons-Alfort
Champigny-s-M.
Cœuilly
le Plessis-Trévise
Émerainville
Parc de Croissy
FORÊT
Alfortville
Bois l'Abbé
St Maur-des-Fossés
Chennevières-s-Marne
la Fontaine des Bordes
Combault
Pontault-Combault
Roissy-en-Brie
Vitry-s-Seine
la Varenne-St Hilaire
la Queue-en-Brie
CRÉTEIL
Mont Mesly
Port de Bonneuil
Ormesson-sur-Marne
Carrefour Pompadour
Noiseau
le Pavé
Ozoir-la-Ferrière
Bonneuil-s-M.
Choisy-le-Roi
Thiais
Sucy-en-Brie
les Marmousets
les Bruyères
Forêt de Notre-Dame
Maison Blanche
les Agneaux
Brévannes
Orly
Valenton
Limeil-Brévannes
Boissy-St Léger
Lésigny
la Grande Romaine
Zoo d'Attilly
Villeneuve-le-Roi
Grosbois
Marolles-en-Brie
Férolles-Attilly
Villeneuve-St Georges
Santeny
Ablon-s-Seine
Crosne
Yerres
Villecresnes
Chevry-Cossigny
Athis-Mons
Servon
Vigneux
Montgeron
Mandres-les-Roses
Périgny
Brie-Comte-Robert
Brunoy
Val d'Yerres
Épinay-s-Sénart
Boussy-St Antoine
Grisy-Suisnes
Draveil
Mainville
la Pyramide
Villemeneux
Viry-Châtillon
Varennes-Jarcy
Quincy-s/s-Sénart
FORÊT DE SÉNART
Suisnes
Grigny
Champrosay
Soisy-s-Seine
Croix de Villeroy
Combs-la-Ville
Évry-Grégy-s-Yerres
Cordon
Ris-Orangis
Mardilly
Etiolles
Tigery
Lieusaint
LA FRANCILIENNE
SÉNART (Ville Nouvelle)
Chanteloup
Tremblesseaux
EVRY
St Germain-lès-Corbeil
Moissy-Cramayel
Limoges-Fourches
Agglomération d'Évry
Courcouronnes
Villaroche
Corbeil-Essonnes
St Pierre-du-Perray
Réau
61
87

	Agen	Amiens	Angers	Angoulême	Auch	Aurillac	Auxerre	Bayonne	Beaune	Besançon	Blois	Bordeaux	Boulogne-sur-Mer	Bourges	Brest	Brive-la-Gaillarde	Caen	Cahors	Calais	Carcassonne	Châlons-en-Champagne	Chambéry	Charleville-Mézières	Chartres	Cherbourg	Clermont-Ferrand	Colmar	Dijon	Dunkerque	Gap	Grenoble	Le Havre	Lille	Limoges
Amiens	799																																	
Angers	480	431																																
Angoulême	256	584	245																															
Auch	74	850	544	320																														
Aurillac	218	694	426	274	260																													
Auxerre	597	313	377	425	649	417																												
Bayonne	231	901	528	304	220	477	802																											
Beaune	583	455	519	475	648	389	148	779																										
Besançon	701	504	619	593	770	507	248	897	109																									
Blois	544	319	168	275	551	395	219	593	361	458																								
Bordeaux	141	716	343	119	205	292	616	183	580	695	407																							
Boulogne-sur-Mer	919	127	476	705	971	814	430	1024	572	613	440	837																						
Bourges	465	380	283	293	517	338	144	597	218	324	115	411	502																					
Brest	761	619	379	559	827	803	723	811	865	962	513	624	683	628																				
Brive-la-Gaillarde	184	618	349	159	236	97	417	382	388	524	320	195	740	284	699																			
Caen	716	245	249	467	780	627	397	765	539	636	272	578	308	423	378	550																		
Cahors	85	711	443	211	150	132	510	302	492	627	413	214	833	378	793	98	643																	
Calais	951	161	513	738	1004	847	457	1056	599	606	473	870	35	535	718	770	339	865																
Carcassonne	207	905	637	450	170	315	741	387	595	668	608	335	1028	572	954	292	837	205	1061															
Châlons-en-Champagne	773	218	476	608	825	583	167	926	301	292	343	740	333	320	777	592	432	686	321	890														
Chambéry	679	709	735	613	642	390	403	859	257	262	567	657	832	403	1119	461	797	560	830	475	516													
Charleville-Mézières	886	203	520	672	938	781	288	990	423	414	407	804	279	430	821	705	475	799	267	993	101	638												
Chartres	609	226	209	349	661	504	216	667	358	455	101	481	313	192	510	428	233	522	344	716	270	612	312											
Cherbourg	782	368	304	580	848	752	520	832	662	759	396	645	431	548	401	675	126	769	467	977	554	916	596	358										
Clermont-Ferrand	357	556	460	322	409	158	267	553	227	342	292	366	679	190	804	170	598	270	712	433	433	293	598	367	722									
Colmar	856	515	739	747	924	661	403	1051	264	161	565	865	630	481	1040	685	693	785	618	845	299	409	372	533	816	499								
Dijon	637	458	523	529	689	443	152	833	45	91	365	646	581	255	868	451	546	550	574	634	259	270	380	361	669	280	249							
Dunkerque	954	204	588	740	1006	849	459	1059	601	608	475	872	78	537	762	773	382	867	47	1061	322	833	253	382	510	713	645	576						
Gap	651	812	838	716	614	429	506	831	360	391	670	779	935	506	1222	564	900	649	958	447	655	159	776	715	1023	395	565	399	956					
Grenoble	646	714	740	618	608	395	408	826	261	293	572	661	836	408	1123	466	801	565	860	441	556	55	677	616	925	297	461	300	857	103				
Le Havre	768	183	301	519	855	698	360	817	502	598	299	630	247	386	466	621	91	716	278	910	393	755	435	197	214	562	655	505	322	859	759			
Lille	885	123	519	671	937	780	390	989	532	539	406	803	118	468	727	704	352	798	114	992	253	764	183	313	475	644	576	506	73	889	790	292		
Limoges	273	528	260	105	325	169	327	409	379	494	231	223	651	195	608	92	460	186	684	380	501	509	615	339	585	217	652	433	682	612	513	533	617	
Lorient	635	582	252	433	699	677	630	684	772	869	418	497	646	535	133	600	341	694	681	828	684	987	726	416	362	711	948	775	725	1090	991	427	728	481
Lyon	527	605	574	493	613	302	298	723	152	225	406	536	727	298	1014	341	692	440	750	445	447	101	568	507	815	172	403	191	748	204	105	655	683	388
Le Mans	564	343	97	300	628	460	333	612	475	572	111	426	388	226	402	384	159	478	423	672	388	678	430	120	284	402	652	479	468	781	682	207	432	295
Marseille	520	916	918	762	483	437	610	700	464	536	750	647	1039	649	1266	516	1004	517	1062	315	758	343	879	819	1127	475	714	502	1060	181	274	966	995	609
Mende	324	722	626	431	341	151	433	568	370	442	458	451	845	356	970	276	764	222	878	302	664	308	764	533	888	175	620	408	876	305	276	727	811	326
Metz	902	359	617	770	1035	708	323	1088	311	263	505	901	474	476	919	802	573	896	462	899	157	526	167	412	696	546	210	269	440	663	564	536	370	714
Mont-de-Marsan	121	843	470	246	108	365	743	105	666	797	534	131	965	538	750	268	704	192	999	274	865	747	930	608	774	440	954	715	997	719	712	752	932	300
Montpellier	357	886	689	600	320	266	601	537	455	528	621	484	1008	520	1103	344	928	354	1053	152	750	335	871	697	1051	339	706	494	1051	307	300	891	986	432
Mulhouse	825	548	730	716	893	630	372	1020	233	130	585	834	663	450	1031	655	710	754	651	814	331	374	415	524	833	468	44	218	688	531	428	672	619	619
Nancy	850	379	589	760	918	656	308	1079	258	204	496	892	493	473	891	680	556	779	481	846	162	473	221	384	679	493	140	216	494	611	512	519	425	659
Nantes	460	518	88	258	525	502	508	509	650	747	254	323	563	371	298	425	295	520	598	654	563	823	605	295	316	548	827	654	643	926	827	382	607	306
Narbonne	265	926	695	508	228	306	685	445	539	612	661	393	1048	560	1012	350	895	263	1082	61	834	418	955	737	1036	379	789	577	1080	391	384	931	1015	438
Nevers	521	383	355	349	573	309	110	654	153	259	187	467	505	69	710	340	471	434	529	584	328	358	436	237	594	161	417	190	526	461	362	433	462	252
Nice	677	1073	1076	920	640	595	767	857	621	694	908	804	1196	806	1424	673	1161	675	1219	473	916	411	1037	976	1284	633	711	660	1217	214	335	1124	1152	767
Nîmes	403	854	775	645	365	320	547	583	401	474	607	530	976	506	1149	398	941	400	999	198	696	281	817	682	1064	325	652	440	997	255	247	904	932	486
Orange	454	802	804	697	417	372	496	634	349	422	636	582	925	535	1149	450	890	452	948	250	644	229	765	704	1013	361	600	388	945	148	195	852	881	513
Orléans	538	269	219	326	590	433	156	644	298	395	61	458	392	121	552	356	311	451	425	645	278	552	356	80	434	297	503	302	423	655	556	274	358	268
Paris	660	142	294	447	713	556	166	765	308	405	182	579	265	244	596	479	236	573	290	768	188	562	230	89	359	420	450	311	288	665	566	198	223	391
Pau	160	910	537	313	118	418	807	111	878	951	601	198	1032	675	817	395	771	308	1066	286	932	758	997	675	841	568	1129	917	1064	730	724	819	999	482
Périgueux	138	623	330	85	211	171	422	315	474	589	325	129	745	290	644	74	550	126	779	343	596	537	710	434	668	246	747	521	777	640	541	628	712	96
Perpignan	318	986	748	561	281	366	745	498	598	671	721	446	1108	620	1065	403	948	316	1142	114	893	478	1014	796	1089	438	849	637	1139	450	444	990	1074	491
Poitiers	385	472	134	113	449	291	372	434	415	611	163	247	594	192	513	214	353	308	628	503	494	593	559	237	478	279	719	518	626	697	597	401	561	126
Le Puy-en-Velay	411	677	581	445	428	169	429	656	283	356	413	489	800	311	925	293	719	300	833	389	578	222	699	488	843	130	534	322	831	258	226	682	766	340
Reims	797	173	431	583	849	692	208	901	343	334	318	715	287	340	732	616	386	710	275	904	47	558	85	225	510	511	345	301	273	696	596	349	208	527
Rennes	574	432	129	372	640	554	475	624	617	714	265	437	496	380	246	477	191	571	531	769	530	871	572	261	212	556	794	620	575	974	875	277	573	389
La Rochelle	323	608	190	146	387	400	509	372	651	748	299	185	662	330	438	299	441	353	697	516	631	729	695	394	462	415	856	654	762	833	733	481	697	229
Rodez	215	759	512	303	230	87	471	457	433	555	495	342	882	393	862	167	712	113	915	186	636	421	801	570	837	212	719	487	913	483	389	764	848	255
Rouen	752	122	294	482	790	634	295	801	437	534	234	614	185	322	499	557	124	651	216	845	329	691	371	132	247	498	591	440	261	794	695	87	228	469
Saint-Brieuc	674	474	231	472	739	656	577	724	719	816	368	537	538	482	145	579	233	673	573	869	632	973	674	364	254	659	896	723	617	1076	977	319	580	520
Saint-Étienne	502	663	590	467	554	245	357	698	211	284	422	511	786	320	934	315	751	415	809	463	506	150	627	497	874	147	461	249	807	253	154	713	742	363
Saint-Nazaire	525	572	142	323	589	567	562	574	704	801	308	388	615	425	273	490	310	584	651	719	617	877	659	349	331	602	881	708	695	980	881	397	661	371
Strasbourg	944	519	776	835	1012	749	491	1247	352	249	664	1061	633	569	1078	773	732	873	621	932	316	484	326	571	855	587	77	337	599	641	538	695	530	738
Toulon	584	981	983	827	547	502	674	764	528	601	815	712	1103	713	1331	580	1068	582	1126	380	823	385	944	883	1191	540	779	567	1124	236	329	1031	1059	674
Toulouse	116	814	546	359	79	224	613	299	685	758	517	244	937	481	863	201	746	114	970	92	788	565	901	625	887	374	936	724	968	537	530	819	903	289
Tours	483	375	108	214	547	374	275	532	417	514	66	346	497	157	492	297	249	392	530	586	397	609	461	139	374	333	622	420	528	712	613	297	463	209
Troyes	690	295	434	525	743	497	81	844	228	219	261	657	409	238	736	509	414	603	397	816	83	443	204	229	537	349	313	186	395	581	482	377	330	421
Valence	550	706	708	586	513	280	399	730	253	326	540	677	828	438	1052	434	793	403	851	345	548	128	669	608	916	265	504	292	849	158	94	756	784	481
Valenciennes	871	128	505	657	923	767	376	976	517	508	393	789	168	455	744	690	365	784	164	978	221	732	130	300	492	631	534	475	123	870	770	304	54	602

Distances

Distances

Entfernungen

Afstandstabel

Les distances sont comptées à partir du centre-ville et par la route la plus pratique, c'est à dire celle qui offre les meilleures conditions de roulage, mais qui n'est pas nécessairement la plus courte.

Distances are shown in kilometres and are calculated from town/city centres along the most practicable roads, although not necessarily taking the shortest route.

Die Entfernungen gelten ab Stadtmitte unter Berücksichtigung der günstigsten, jedoch nicht immer kürzesten Strecke.

De afstanden zijn in km berekend van centrum tot centrum langs de geschickste, dus niet noodzakelijkerwijze de kortste route.

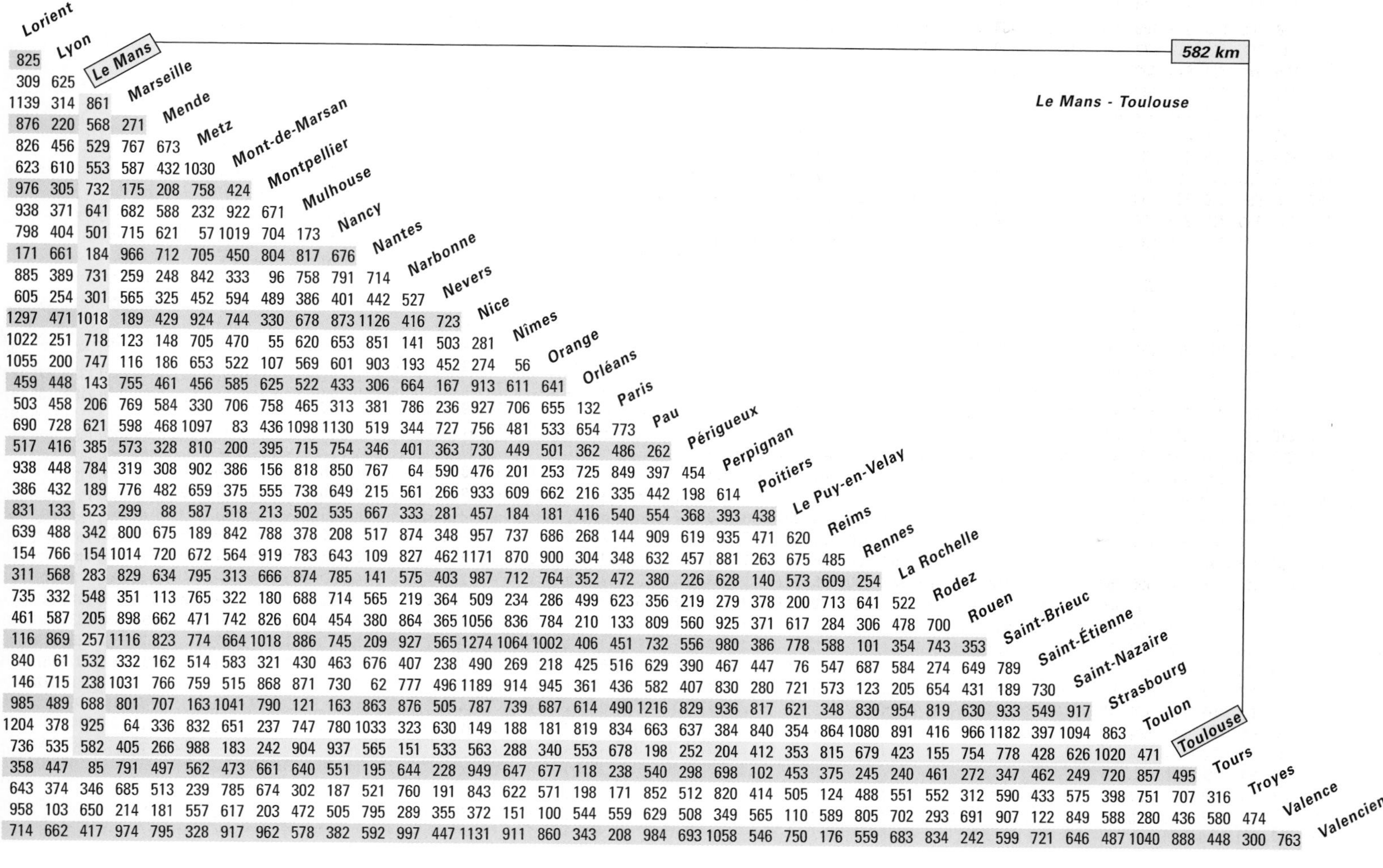

582 km

Le Mans - Toulouse

	Lorient	Lyon	Le Mans	Marseille	Mende	Metz	Mont-de-Marsan	Montpellier	Mulhouse	Nancy	Nantes	Narbonne	Nevers	Nice	Nîmes	Orange	Orléans	Paris	Pau	Périgueux	Perpignan	Poitiers	Le Puy-en-Velay	Reims	Rennes	La Rochelle	Rodez	Rouen	Saint-Brieuc	Saint-Étienne	Saint-Nazaire	Strasbourg	Toulon	Toulouse	Tours	Troyes	Valence
Lyon	825
Le Mans	309	625
Marseille	1139	314	861
Mende	876	220	568	271
Metz	826	456	529	767	673
Mont-de-Marsan	623	610	553	587	432	1030
Montpellier	976	305	732	175	208	758	424
Mulhouse	938	371	641	682	588	232	922	671
Nancy	798	404	501	715	621	57	1019	704	173
Nantes	171	661	184	966	712	705	450	804	817	676
Narbonne	885	389	731	259	248	842	333	96	758	791	714
Nevers	605	254	301	565	325	452	594	489	386	401	442	527
Nice	1297	471	1018	189	429	924	744	330	678	873	1126	416	723
Nîmes	1022	251	718	123	148	705	470	55	620	653	851	141	503	281
Orange	1055	200	747	116	186	653	522	107	569	601	903	193	452	274	56
Orléans	459	448	143	755	461	456	585	625	522	433	306	664	167	913	611	641
Paris	503	458	206	769	584	330	706	758	465	313	381	786	236	927	706	655	132
Pau	690	728	621	598	468	1097	83	436	1098	1130	519	344	727	756	481	533	654	773
Périgueux	517	416	385	573	328	810	200	395	715	754	346	401	363	730	449	501	362	486	262
Perpignan	938	448	784	319	308	902	386	156	818	850	767	64	590	476	201	253	725	849	397	454
Poitiers	386	432	189	776	482	659	375	555	738	649	215	561	266	933	609	662	216	335	442	198	614
Le Puy-en-Velay	831	133	523	299	88	587	518	213	502	535	667	333	281	457	184	181	416	540	554	368	393	438
Reims	639	488	342	800	675	189	842	788	378	208	517	874	348	957	737	686	268	144	909	619	935	471	620
Rennes	154	766	154	1014	720	672	564	919	783	643	109	827	462	1171	870	900	304	348	632	457	881	263	675	485
La Rochelle	311	568	283	829	634	795	313	666	874	785	141	575	403	987	712	764	352	472	380	226	628	140	573	609	254
Rodez	735	332	548	351	113	765	322	180	688	714	565	219	364	509	234	286	499	623	356	219	279	378	200	713	641	522
Rouen	461	587	205	898	662	471	742	826	604	454	380	864	365	1056	836	784	210	133	809	560	925	371	617	284	306	478	700
Saint-Brieuc	116	869	257	1116	823	774	664	1018	886	745	209	927	565	1274	1064	1002	406	451	732	556	980	386	778	588	101	354	743	353
Saint-Étienne	840	61	532	332	162	514	583	321	430	463	676	407	238	490	269	218	425	516	629	390	467	447	76	547	687	584	274	649	789
Saint-Nazaire	146	715	238	1031	766	759	515	868	871	730	62	777	496	1189	914	945	361	436	582	407	830	280	721	573	123	205	654	431	189	730
Strasbourg	985	489	688	801	707	163	1041	790	121	163	863	876	505	787	739	687	614	490	1216	829	936	817	621	348	830	954	819	630	933	549	917
Toulon	1204	378	925	64	336	832	651	237	747	780	1033	323	630	149	188	181	819	834	663	637	384	840	354	864	1080	891	416	966	1182	397	1094	863
Toulouse	736	535	582	405	266	988	183	242	904	937	565	151	533	563	288	340	553	678	198	252	204	412	353	815	679	423	155	754	778	428	626	1020	471
Tours	358	447	85	791	497	562	473	661	640	551	195	644	228	949	647	677	118	238	540	298	698	102	453	375	245	240	461	272	347	462	249	720	857	495
Troyes	643	374	346	685	513	239	785	674	302	187	521	760	191	843	622	571	198	171	852	512	820	414	505	124	488	551	552	312	590	433	575	398	751	707	316
Valence	958	103	650	214	181	557	617	203	472	505	795	289	355	372	151	100	544	559	629	508	349	565	110	589	805	702	293	691	907	122	849	588	280	436	580	474
Valenciennes	714	662	417	974	795	328	917	962	578	382	592	997	447	1131	911	860	343	208	984	693	1058	546	750	176	559	683	834	242	599	721	646	487	1040	888	448	300	763

	Amsterdam	Antwerpen	Athína	Barcelona	Basel	Belfast	Beograd	Berlin	Bruxelles	București	Budapest	Dublin	Edinburgh	Genève	Hamburg	Hannover	Helsinki	Istanbul	København	Lisboa	London	Luxembourg	Madrid	Manchester	Milano	Moskva	München	Napoli	Oslo	Praha	Roma	Sevilla	Sofia	Stockholm	Torino	Warszawa	Wien	Zagreb
Bayonne	1273	1112	2277	535	1058	1504	2178	1818	1078	2777	2092	1338	1552	878	1669	1536	3104	3148	1981	980	1168	1113	507	1211	1169	3635	1444	1741	2475	1789	1523	1038	2560	2649	1059	2375	1871	1784
Bordeaux	1086	925	2179	564	871	1316	2012	1631	892	2611	1926	1151	1365	692	1483	1349	2917	2982	1795	1160	982	926	686	1024	996	3448	1257	1689	2289	1603	1470	1218	2394	2463	860	2189	1685	1618
Brest	1041	880	2610	1183	1069	826	2370	1586	846	2873	2084	661	875	1092	1437	1304	2872	3341	1749	1786	433	943	1313	534	1405	3403	1410	2160	2243	1620	1941	1844	2753	2417	1322	2143	1825	1977
Calais	375	214	2240	1290	696	744	1904	936	206	2365	1576	578	734	753	771	655	2037	2874	1083	2035	115	420	1562	451	1032	2753	954	1801	1577	1059	1604	2093	2286	1751	1000	1494	1318	1505
Cherbourg	789	628	2411	1207	870	673	2148	1334	595	2651	1862	508	722	893	1186	1052	2620	3118	1498	1810	190	721	1337	381	1206	3151	1188	1961	1992	1397	1742	1868	2531	2166	1124	1891	1603	1754
Clermont-Fd	928	767	1814	625	505	1452	1647	1318	733	2246	1561	1286	1442	322	1232	1095	2606	2617	1544	1530	823	604	1057	1159	631	3052	901	1354	2038	1161	1136	1588	2030	2212	496	1799	1329	1253
Dijon	741	581	1718	824	255	1314	1528	1054	540	2128	1328	1148	1304	192	955	818	2342	2498	1267	1806	685	327	1420	1021	513	2802	641	1267	1761	911	1049	1810	1911	1935	440	1549	1069	1135
Grenoble	1037	877	1553	631	394	1597	1386	1212	836	1985	1300	1432	1588	143	1212	1066	2500	2356	1524	1800	969	623	1227	1305	370	2946	723	1093	2030	1055	875	1616	1769	2192	235	1693	1151	992
Le Havre	601	441	2251	1139	710	658	1987	1146	407	2490	1701	493	707	733	998	864	2432	2958	1310	1789	232	560	1315	366	1046	2963	1027	1800	1804	1237	1582	1846	2370	1978	963	1704	1442	1594
Lille	289	128	2187	1223	642	855	1779	850	114	2269	1480	689	845	686	685	569	1951	2749	997	1968	226	310	1494	562	979	2667	817	1748	1491	1003	1550	2026	2162	1665	933	1408	1222	1385
Lyon	928	769	1624	636	408	1489	1456	1221	728	2056	1370	1324	1480	151	1143	1005	2509	2427	1455	1701	861	515	1232	1197	441	2955	731	1164	1949	1064	945	1621	1839	2123	305	1702	1159	1063
Marseille	1240	1080	1609	506	668	1801	1509	1533	1039	2109	1423	1635	1791	430	1454	1317	2820	2480	1766	1675	1172	826	1102	1508	500	3266	986	1073	2260	1376	854	1491	1892	2434	373	2013	1314	1116
Mulhouse	685	566	1579	1005	34	1392	1310	853	525	1896	1107	1226	1382	286	807	662	2141	2280	1120	1985	763	312	1601	1099	371	2587	420	1140	1626	696	942	1990	1693	1787	439	1334	848	916
Nancy	529	370	1761	1037	217	1222	1456	842	329	1943	1154	1056	1212	366	743	606	2130	2426	1055	2056	593	116	1583	929	553	2618	496	1323	1549	734	1125	2023	1839	1723	568	1365	895	1062
Nantes	889	728	2280	885	854	989	2156	1433	694	2658	1869	823	1037	762	1285	1152	2720	3126	1597	1489	506	728	1015	696	1075	3250	1195	1884	2091	1405	1666	1546	2538	2265	1026	1991	1610	1762
Nice	1398	1238	1419	663	643	1958	1320	1344	1197	1919	1234	1793	1949	457	1426	1280	2632	2290	1739	1833	1330	984	1260	1666	310	3067	796	883	2150	1179	665	1649	1702	2210	210	1814	1124	926
Paris	505	344	2054	998	504	1029	1782	1050	310	2285	1496	864	1020	536	901	768	2336	2753	1214	1743	401	355	1269	736	849	2867	822	1603	1707	1032	1385	1801	2165	1881	766	1607	1237	1389
Perpignan	1355	1194	1897	192	838	1879	1797	1668	1160	2397	1711	1713	1869	566	1590	1452	2956	2767	1902	1419	1250	962	788	1586	788	3402	1167	1361	2396	1511	1142	1177	2180	2570	678	2149	1601	1404
Reims	421	261	1967	1121	423	1016	1641	933	218	2143	1354	850	1006	480	785	651	2219	2611	1097	1880	387	214	1406	723	759	2746	681	1528	1591	890	1331	1938	2024	1765	727	1493	1096	1247
Rennes	856	695	2362	999	821	880	2123	1401	661	2626	1837	714	929	845	1252	1119	2687	3093	1565	1602	397	696	1129	587	1158	3218	1163	1912	2058	1372	1694	1660	2506	2232	1075	1958	1578	1730
Strasbourg	594	475	1685	1120	141	1361	1319	754	434	1806	1017	1195	1352	392	709	563	2042	2289	1021	2225	732	221	1716	1068	477	2488	359	1246	1527	598	1049	2105	1702	1689	546	1235	758	926
Toulouse	1185	1024	1983	322	924	1709	1883	1730	990	2483	1797	1543	1699	652	1581	1448	3016	2854	1893	1275	1080	1025	713	1416	874	3488	1253	1447	2387	1598	1228	1241	2266	2561	764	2235	1688	1490
Tours	745	584	2057	815	678	1072	1868	1290	550	2467	1726	907	1260	539	1141	1008	2576	2838	1454	1509	641	585	1036	780	852	3107	1052	1670	1948	1261	1451	1567	2250	2121	811	1847	1467	1474

Légende

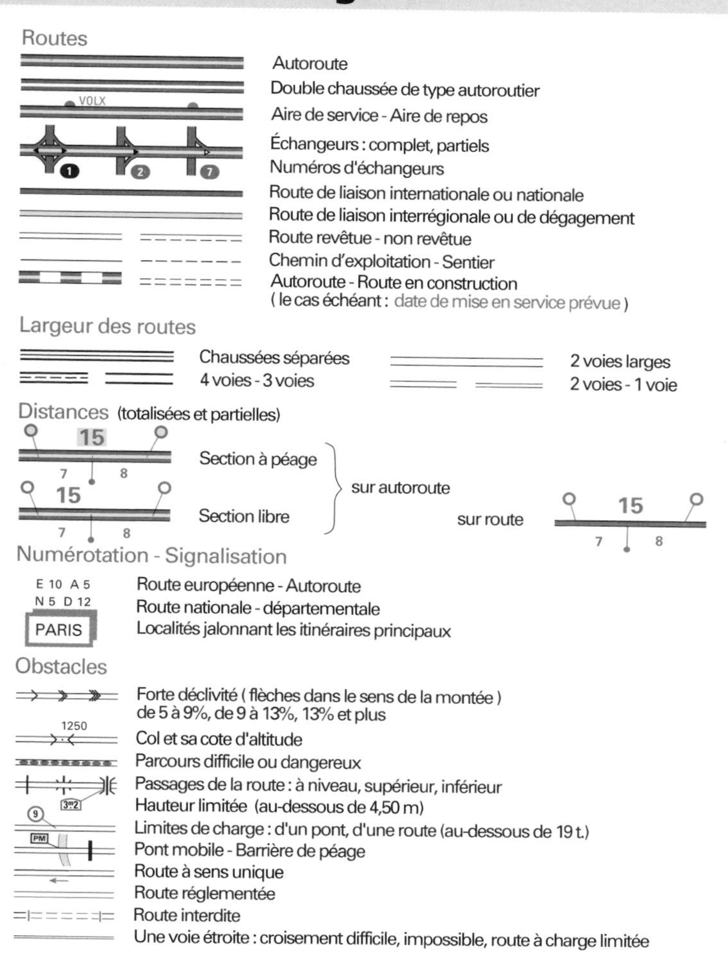
Routes
VOLX
Autoroute
Double chaussée de type autoroutier
Aire de service - Aire de repos
Échangeurs : complet, partiels
Numéros d'échangeurs
Route de liaison internationale ou nationale
Route de liaison interrégionale ou de dégagement
Route revêtue - non revêtue
Chemin d'exploitation - Sentier
Autoroute - Route en construction
(le cas échéant : date de mise en service prévue)
Largeur des routes
Chaussées séparées
4 voies - 3 voies
2 voies larges
2 voies - 1 voie
Distances (totalisées et partielles)
15
7 8
Section à péage
Section libre
sur autoroute
sur route
Numérotation - Signalisation
E 10 A 5
N 5 D 12
PARIS
Route européenne - Autoroute
Route nationale - départementale
Localités jalonnant les itinéraires principaux
Obstacles
Forte déclivité (flèches dans le sens de la montée)
de 5 à 9%, de 9 à 13%, 13% et plus
1250
Col et sa cote d'altitude
Parcours difficile ou dangereux
Passages de la route : à niveau, supérieur, inférieur
Hauteur limitée (au-dessous de 4,50 m)
Limites de charge : d'un pont, d'une route (au-dessous de 19 t.)
Pont mobile - Barrière de péage
Route à sens unique
Route réglementée
Route interdite
Une voie étroite : croisement difficile, impossible, route à charge limitée

Key

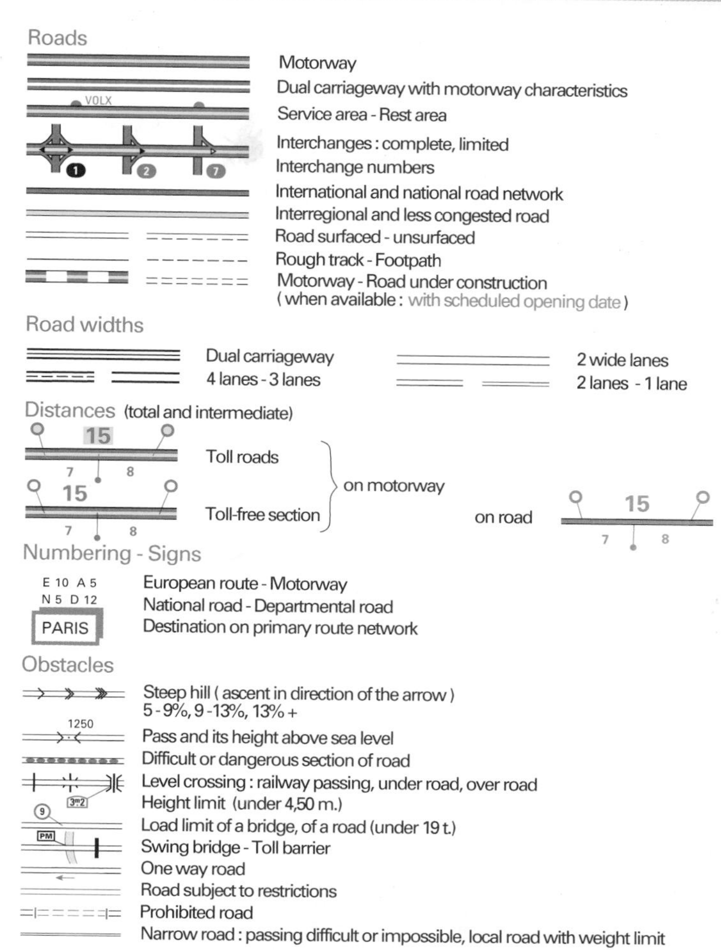
Roads
VOLX
Motorway
Dual carriageway with motorway characteristics
Service area - Rest area
Interchanges : complete, limited
Interchange numbers
International and national road network
Interregional and less congested road
Road surfaced - unsurfaced
Rough track - Footpath
Motorway - Road under construction
(when available : with scheduled opening date)
Road widths
Dual carriageway
4 lanes - 3 lanes
2 wide lanes
2 lanes - 1 lane
Distances (total and intermediate)
15
7 8
Toll roads
Toll-free section
on motorway
on road
Numbering - Signs
E 10 A 5
N 5 D 12
PARIS
European route - Motorway
National road - Departmental road
Destination on primary route network
Obstacles
Steep hill (ascent in direction of the arrow)
5 - 9%, 9 - 13%, 13% +
1250
Pass and its height above sea level
Difficult or dangerous section of road
Level crossing : railway passing, under road, over road
Height limit (under 4,50 m.)
Load limit of a bridge, of a road (under 19 t.)
Swing bridge - Toll barrier
One way road
Road subject to restrictions
Prohibited road
Narrow road : passing difficult or impossible, local road with weight limit

Zeichenerklärung

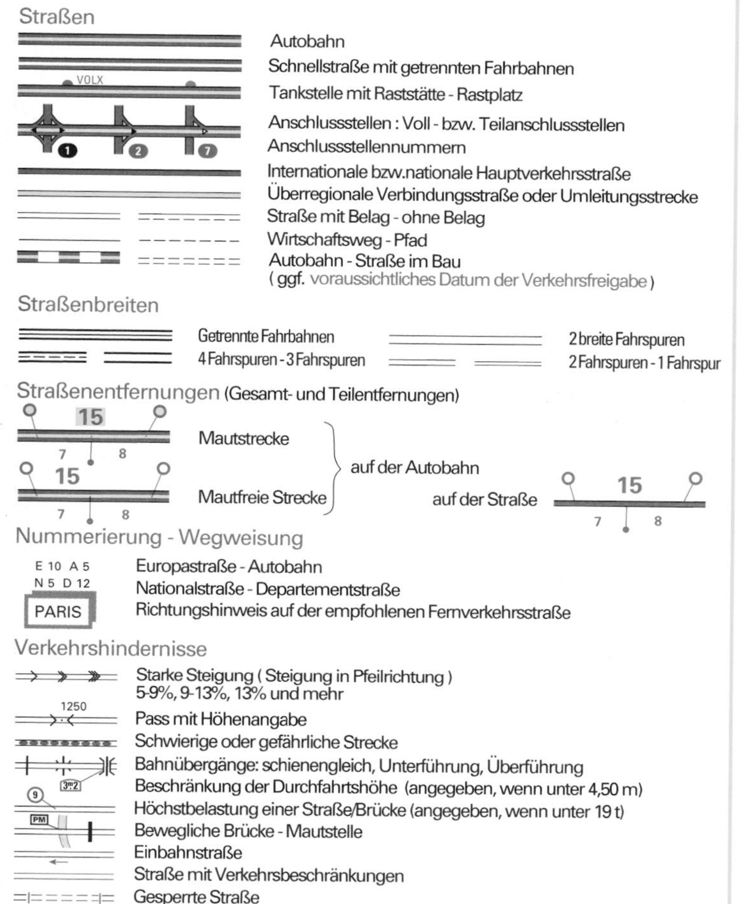
Straßen
VOLX
Autobahn
Schnellstraße mit getrennten Fahrbahnen
Tankstelle mit Raststätte - Rastplatz
Anschlussstellen : Voll - bzw. Teilanschlussstellen
Anschlussstellennummern
Internationale bzw.nationale Hauptverkehrsstraße
Überregionale Verbindungsstraße oder Umleitungsstrecke
Straße mit Belag - ohne Belag
Wirtschaftsweg - Pfad
Autobahn - Straße im Bau
(ggf. voraussichtliches Datum der Verkehrsfreigabe)
Straßenbreiten
Getrennte Fahrbahnen
4 Fahrspuren - 3 Fahrspuren
2 breite Fahrspuren
2 Fahrspuren - 1 Fahrspur
Straßenentfernungen (Gesamt- und Teilentfernungen)
15
7 8
Mautstrecke
Mautfreie Strecke
auf der Autobahn
auf der Straße
Nummerierung - Wegweisung
E 10 A 5
N 5 D 12
PARIS
Europastraße - Autobahn
Nationalstraße - Departementstraße
Richtungshinweis auf der empfohlenen Fernverkehrsstraße
Verkehrshindernisse
Starke Steigung (Steigung in Pfeilrichtung)
5-9%, 9-13%, 13% und mehr
1250
Pass mit Höhenangabe
Schwierige oder gefährliche Strecke
Bahnübergänge: schienengleich, Unterführung, Überführung
Beschränkung der Durchfahrtshöhe (angegeben, wenn unter 4,50 m)
Höchstbelastung einer Straße/Brücke (angegeben, wenn unter 19 t)
Bewegliche Brücke - Mautstelle
Einbahnstraße
Straße mit Verkehrsbeschränkungen
Gesperrte Straße
Schmale Straße : Überholen schwierig oder unmöglich, Straße mit Gewichtsbeschränkung

Verklaring van de tekens

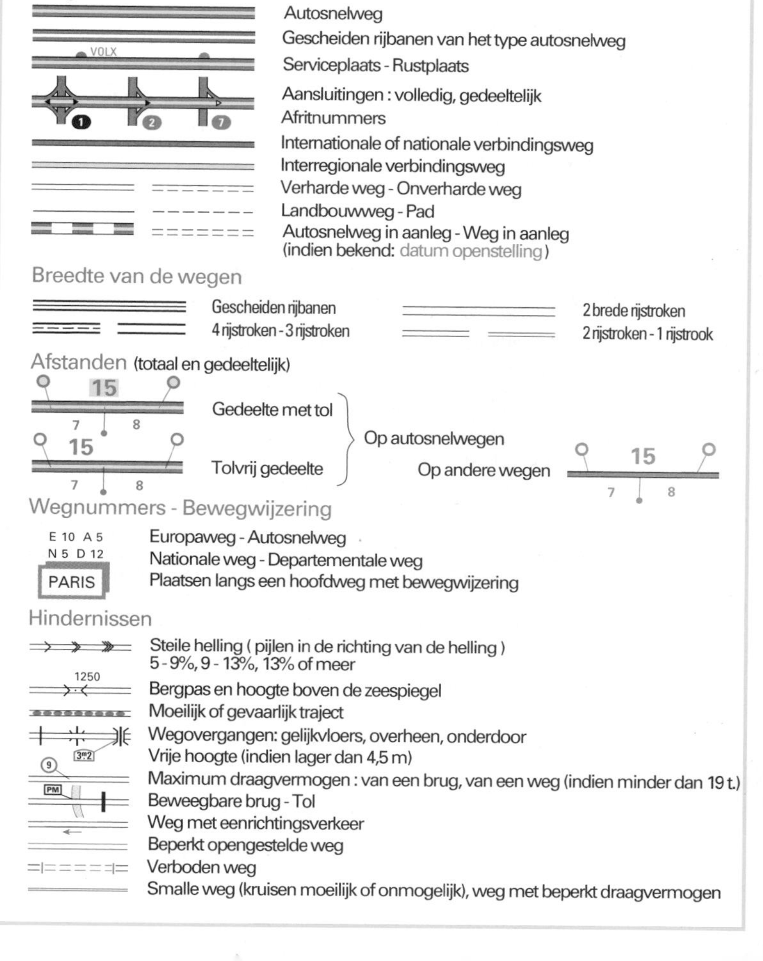
Wegen
VOLX
Autosnelweg
Gescheiden rijbanen van het type autosnelweg
Serviceplaats - Rustplaats
Aansluitingen : volledig, gedeeltelijk
Afritnummers
Internationale of nationale verbindingsweg
Interregionale verbindingsweg
Verharde weg - Onverharde weg
Landbouwweg - Pad
Autosnelweg in aanleg - Weg in aanleg
(indien bekend: datum openstelling)
Breedte van de wegen
Gescheiden rijbanen
4 rijstroken - 3 rijstroken
2 brede rijstroken
2 rijstroken - 1 rijstrook
Afstanden (totaal en gedeeltelijk)
15
7 8
Gedeelte met tol
Tolvrij gedeelte
Op autosnelwegen
Op andere wegen
Wegnummers - Bewegwijzering
E 10 A 5
N 5 D 12
PARIS
Europaweg - Autosnelweg
Nationale weg - Departementale weg
Plaatsen langs een hoofdweg met bewegwijzering
Hindernissen
Steile helling (pijlen in de richting van de helling)
5 - 9%, 9 - 13%, 13% of meer
1250
Bergpas en hoogte boven de zeespiegel
Moeilijk of gevaarlijk traject
Wegovergangen: gelijkvloers, overheen, onderdoor
Vrije hoogte (indien lager dan 4,5 m)
Maximum draagvermogen : van een brug, van een weg (indien minder dan 19 t.)
Beweegbare brug - Tol
Weg met eenrichtingsverkeer
Beperkt opengestelde weg
Verboden weg
Smalle weg (kruisen moeilijk of onmogelijk), weg met beperkt draagvermogen

A
B
C
1
2
3
4
Tunnel sous la Manche
PAS DE CALAIS
Dover
Phare de Walde
TERMINAL TRANSMANCHE
CALAIS
Blériot-Plage
Sangatte
Coquelles
TERMINAL du TUNNEL
Fréthun
Mont Latham
Cap Blanc-Nez
(134)
Mont d'Hubert
Escalles
Peuplingues
Tappecul
Wissant
Sombre
AIRE DES DEUX CAPS
Hervelinghen
St Inglevert
Hauteville
Mont de Couple
Cap Gris-Nez
(50)
Tardinghen
le Châtelet
Framzelle
Audembert
Leubringhen
Cran-aux-Œufs
Audinghen
Warcove
Bernes
Onglevert
Leulinghen-Bernes
Audresselles
Bazinghen
Ambleteuse
Marquise
Hydrequent
Beuvrequen
Slack
Rinxent
Offrethun
Pointe aux Oies
PARC NATUREL RÉGIONAL DES CAPS ET MARAIS D'OPALE
Wacquinghen
Wimereux
Maninghen-Henne
Pittefaux
Wimille
Terlincthun
Souverain-Moulin
Colonne de la Grde Armée
BOULOGNE-S-MER
St Martin-B.
Ostrohove
la Capelle-lès-Boulogne
la Caucherie
Mont Lambert
Baincthun
le Portel
Outreau
Cap d'Alprech
Echinghen
Ningles
St Léonard
Pont-de-Briques
Questinghen
Equihen-Plage
St Etienne-au-Mont
Isques
Condette
Hardelot
Hardelot-Plage
Nesles
Hameau-du-chemin
Neufchâtel-Hardelot
Mont St Frieux
Dannes
Widehem
Halinghen
Verlincthun
Carly
Hesdin-l'Abbé
Hesdigneul-lès-Boulogne
Forêt de Boulogne
Wirwignes
Questrecques
Samer
Tingry
Longfosse
Wierre-au-Bois
Desvres
Forêt de Desvres
Menneville
Crémarest
Bellebrune
Alincthun
Belle-et-Houllefort
le Wast
Colembert
Wierre-Effroy
Rety
Hardinghen
Fiennes
Ferques
Caffiers
Landrethun-le-Nord
Pihen-lès-Guînes
Bonningues-lès-Calais
Nielles-lès-Calais
Hames-Boucres
St Tricat
Guînes
Andres
Forêt de Guînes
Campagne-lès-Guînes
Bouquehault
Hermelinghen
Licques
Alembon
Boursin
Sanghen
Herbinghen
Hocquinghen
Nabringhen
Longueville
Henneveux
Brunembert
Selles
Lottinghen
St Martin-Choquel
Vieil-Moutier
Marck
Offekerque
Coulogne
les Attaques
Ardres
Balinghem
Brêmes
Rodelinghem
Autingues
Louches
Clerques
Audrehem
Journy
Surques
Escœuilles
Quesques
Coulomby
Alquines
Bouvelinghem
Lédinghem
Senlecques
Bécourt
Bourthes
Zoteux
Doudeauville
Parenty
Bezinghem
Campagne-lès-Boulonnais
Dover

D
E
F
3
1
2
3
4
4
7
De Panne
Dover
DUNKERQUE
Malo-les-Bains
Bray-Dunes
Zuydcoote
Leffrinckoucke
Rosendaël
St Pol-s-Mer
Gde Synthe
Pte Synthe
Fort Mardyck
Coudekerque-Branche
Téteghem
ZONE INDUSTRIELLE PORTUAIRE
Grd Fort-Philippe
Pt Fort Philippe
Gravelines
Loon-Plage
Oye-Plage
Bourbourg
Bergues
Hondschoote
Audruicq
Wormhout
Esquelbecq
Herzeele
Houtkerque
Watou
Rexpoëde
Steenvoorde
Cassel
Forêt d'Eperlecques
Watten
Eperlecques
Tournehem
St OMER
Arques
Clairmarais
Forêt de Rihoult-Clairmarais
Lumbres
Hazebrouck
Aire-s-la-Lys
Isbergues
Merville
St Venant
Forêt de Nieppe
Fauquembergues
Thérouanne
Norrent-Fontes
Roesbrugge
Poperinge
Flêtre
Borre
Bailleul
Les Moëres
Ghyvelde
Adinkerke
Uxem
Killem
Oost-Cappel
West-Cappel
Ledringhem
Arnèke
Zermezeele
Hardifort
Oxelaëre
Morbecque
Steenbecque
Blaringhem
Wardrecques
Racquinghem
Renescure
Ebblinghem
Lynde
Sercus
Wallon-Cappel
Staple
Zegerscappel
Bollezeele
Merckeghem
Millam
Holque
Rubrouck
Broxeele
Volckerinckhove
Ochtezeele
Noordpeene
Zuytpeene
Bavinchove
Hondeghem
Caëstre
Eecke
St Sylvestre-Cappel
Terdeghem
Godewaersvelde
Wemaers-Cappel
Buysscheure
Nieurlet
Serques
Houlle
Moulle
Tilques
Salperwick
Blendecques
Hallines
Wizernes
Esquerdes
Longuenesse
Helfaut
Heuringhem
Quiestède
Roquetoire
Ecques
Inghem
Cléty
Remilly-Wirquin
Elnes
Wavrans-s-l'Aa
Pihem
Bayenghem
Acquin
Quelmes
Zudausques
Tatinghem
Leulinghem
Delettes
Enguinegatte
Mametz
Blessy
Witternesse
Linghem
Rombly
Quernes
Lambres
Mazinghem
Guarbecque
Berguette
Ham-en-Artois
Robecq
Calonne-s-la-Lys
Busnes
Thiennes
Boëseghem
Wittes
Ouve-Wirquin
Dohem
Avroult
Thiembronne
Coyecques
Audincthun
Renty
Erny-St Julien
Estrée-Blanche

4
A
B
C
1
2
3
4
3
8
Koksijde
Veurne
(Furnes)
Adinkerke
De Panne
Diksmuide
(Dixmude)
Koekelare
Ichtegem
Torhout
Kortemark
Lichtervelde
Alveringem
Houthulst
Hooglede
Staden
Merkem
Langemark
Poelkapelle
Passendale
Moorslede
Zonnebeke
Westrozebeke
Oostvleteren
Westvleteren
Reninge
Woesten
Elverdinge
Boezinge
Poperinge
Ieper
(Ypres)
Vlamertinge
Zillebeke
Geluveld
Beselare
Dadizele
Menen
Wervik
Geluwe
Dikkebus
Reningelst
Westouter
Heuvelland
Kemmel
Wijtschate
Mesen
(Messines)
Komen-Waasten
Comines-Warneton
Comines
Bousbecque
Linselles
Hondschoote
Rexpoëde
Killem
Herzeele
Houtkerque
Watou
Proven
Steenvoorde
Godewaersvelde
Boeschepe
Berthen
Eecke
Flêtre
Caëstre
Méteren
Bailleul
Nieppe
Armentières
Houplines
Hazebrouck
Merville
Estaires
Laventie
Sailly-sur-la-Lys
Fleurbaix
Erquinghem-Lys
Pérenchies
Quesnoy-sur-Deûle
Wambrechies
Marquette-lez-Lille
Marcq-en-B.
St-André-lez-Lille
La Madeleine
Lambersart
Lomme
LILLE
(RIJSEL)
Loos
Haubourdin
Wattignies
Ronchin
Lesquin
Mouvaux
Bondues
Santes
Calonne-s-la-Lys
Saint Floris
Wijnendale
Roeselare

5
D
E
F
Hertsberge
Aalter
Bellem
Lovendege
Evergem
Merendree
Hansbeke
Vinderhoute
GENT
(GAND)
Wingene
Lotenhulle
Landegem
Drongen
Ruiselede
Poeke
Schuiferskapelle
Poesele
Nevele
Vosselare
Afsnee
Zwevezele
St.-Martens-Latem
St.-Martens-Leerne
Meigem
Deurle
Bachte-Maria-Leerne
Ooidonk
St.-Denijs-Westrem
Kanegem
Vinkt
Egem
Pittem
Tielt
Aarsele
Deinze
De Pinte
Zwijnaarde
Merelbeke
Ardooie
Zevergem
Grammene
Petegem-a-d-Leie
Dentergem
Wontergem
Gottem
Machelen
Nazareth
Schelderode
Meulebeke
Markegem
Oeselgem
Eke
Melsen
(Roulers)
Roeselare
Kachtem
Olsene
Semmerzake
Gavere
Baaigem
Dikkelvenne
Ingelmunster
Oostrozebeke
Zulte
Ouwegem
Asper
Izegem
St.-Baafs-Vijve
Kruishoutem
Huise
Zingem
Wielsbeke
St.-Eloois-Vijve
Mullem
Lendelede
Ooigem
Hulste
Waregem
Wannegem-Lede
Nederzwalm
Munkzwalm
(Zwalm)
Bavikhove
St.-Eloois-Winkel
Ooike
Harelbeke
Deerlijk
Kuurne
Heule
Oudenaarde
(Audenarde)
Gullegem
Bissegem
Vichte
Anzegem
Wortegem-Petegem
St.-Maria-H.
(Horebeke)
KORTRIJK (COURTRAI)
Zwevegem
Ingooigem
Tiegem
Kerkhove
Kaster
Maarke-Kerkem
Etikhove
(Maarkedal)
Nukerke
Schorisse
Brakel
Marke
Lauwe
Rekkem
Otegem
Heestert
Kluisbergen
Aalbeke
Bellegem
Rollegem
Avelgem
Kwaremont
Hotond molen
Kluisberg
Mont-de-l'Enclus
Moen
Outrijve
Escanaffles
Orroir
Russeignies
(Rozenaken)
Ronse
(Renaix)
Mouscron
(Moeskroen)
St-Denijs
Bossuit
Amougies
(Mont-de-l'Enclus)
Ellezelles
Flobecq
(Vloesberg)
Dottignies
(Dottenijs)
Kooigem
Helkijn
(Helchin)
Spiere-Helkijn
(Espierres-Helchin)
Pottes
Celles
Anserœul
rcoing
Herseaux
Spiere
(Espierres)
Evregnies
Estaimpuis
Warcoing
Cavrinnes
Ainières
St.-Sauveur
Wattrelos
St Léger
Pecq
Hérinnes
Molenbaix
Cordes
ROUBAIX
Lys
Leers
Néchin
Estaimbourg
Bailleul
Esquelmes
Anvaing
Forest
Frasnes-lez-Anvaing
Œudeghien
Ostiches
Lannoy
Toufflers
Ramegnies-Chin
Obigies
Mont-St Aubert
Velaines
Popuelles
Moustier
Hem
Templeuve
Kain
Melles
Quartes
Montrœul-au-Bois
Hacquegnies
Houtaing
Mainvault
Bouvignies
Blandain
Thimougies
Herquegies
Willems
Hertain
Rumillies
Beclers
Maulde
Grandmetz
Ligne
Chapelle-à-Wattines
Villers-St Amand
Baisieux
Chéreng
Orcq
Havinnes
Warchin
Gaurain-Ramecroix
Gallaix
Thieulain
Moulbaix
Chapelle-à-Oie
Leuze-en-Hainaut
Ormeignies
TOURNAI
(DOORNIK)
Froidmont
Esplechin
Vaulx
Vezon
Barry
Tourpes
Blicquy
9

A
B
C
1
2
3
4
2
17
Neufchâtel-Hardelot
Mont S! Frieux
Dannes
Widehem
Halinghen
Lacres
Parenty
Bezinghem
Zoteux
Bourthes
Ergny
Ste Cécile-Plage
St Gabriel-Plage
Pointe de Lornel
Camiers
Frencq
Hubersent
Cormont
Enquin-s-Baillons
Preures
Wicquinghem
Hucqueliers
Réserve naturelle
Embouchure de la Canche
Lefaux
Longvilliers
Beussent
Bimont
Maninghem
LE TOUQUET-PARIS-PLAGE
Étaples
Tubersent
Inxent
Recques-s-Course
Alette
Clenleu
Quilen
St Michel-s/s-Bois
Brexent-Enocq
Estréelles
Estrée
Humbert
St Wandrille
Trépied
Beutin
Attin
Sempy
Stella-Plage
Cucq
la Calotterie
Neuville
Aix-en-Issart
St Denœux
Boubers-lès-Hesmond
Merlimont-Plage
St Josse
la Madeleine-s/s-Montreuil
Montreuil
Marant
Hesmond
Merlimont
St Aubin
Sorrus
Marles-s-Canche
Marenla
le Bout-d'Airon
Airon-N-Dame
Campigneulles-les Gdes
Beaumerie-St Martin
Ecuires
Brimeux
Loison-s-Créquoise
Offin
Bagatelle
(Parc d'attractions)
Airon-St Vaast
Rang-du-Fliers
St Nicolas
Lespinoy
Beaurainville
Bellevue
Berck
Berck-Plage
Verton
Boisjean
Wailly-Beaucamp
Campagne-lès-Hesdin
Maresquel-Ecquemicourt
Contes
Waben
Groffliers
Baie d'Authie
Ebruyères
Lépine
Buire-le-Sec
St Rémy-au-Bois
Aubin-St Vaast
Bouin-Plumoison
la Madelon
Conchil-le-Temple
Roussent
Maintenay
Nempont-St Firmin
Abbe de Valloires
Saulchoy
Gouy-St André
Fort-Mahon-Plage
le Pont-à-Cailloux
Tigny-Noyelle
Nampont-St-Martin
Argoules
Mouriez
Colline-Beaumont
Quend-Plage-les-Pins
Dominois
Douriez
Tortefontaine
Monchaux
Quend
Villers-s-Authie
Vron
Ponches-Estruval
Regnière-Écluse
Gde Dune
St Quentin-en-Tourmont
Domaine du Marquenterre
Froise
Vercourt
Campigneulle
Ligescourt
Dompierre-s-Authie
Raye
Larronville
Arry
Vironchaux
Rue
Bernay-en-Ponthieu
Machy
Machiel
le Boisle
Parc ornithologique du Marquenterre
St Firmin
Forêt de Crécy
Crécy-en-Ponthieu
Estrées-lès-Crécy
Baie de Somme
le Marais
Forest-Montiers
Favières
Nouvion
Froyelles
Fontaine-s-Maye
le Crotoy
Ponthoile
Forest-l'Abbaye
Domvast
Brailly-Cornehotte
Cap Hornu
St Valery-s-Somme
Noyelles-s-Mer
Cayeux-s-Mer
Brighton
Maison de l'Oiseau
Sailly-Flibeaucourt
Lamotte-Buleux
Hautvillers
Canchy
Gapennes
Noyelles-en-Chaussée
Agenvillers
Lanchères
Pendé
Estrébœuf
Boismont
Port-le-Grd
Buigny-St Maclou
Neuilly-l'Hôpital
Yvrencheux
Brutelles
Saigneville
Millencourt-en-Ponthieu
Drucat
Oneux
Hautebut
Arrest
Mons-Boubert
Laviers
Caours
St Riquier
Neufmoulin
Onival
Woignarue
Vaudricourt
St Blimont
Ochancourt
Quesnoy-le Montant
Cambron
Abbeville
Ault

D E F 7

3

le Fay, le Loquin, St Liévin, Maisnil, Westrehem, Delettes, Basse-Boulogne, Blessy, Witternesse, Treizennes, Lambres, Molinghem, Isbergues, St Venant, Guarbecque, les Amusoires

le Bourguet, Willametz, St Martin-d'Hardinghem, Bout-de-la-Ville, Coyecques, Ponche, Enguinegatte, Ham, Liettres, Quernes, Rombly, Mazinghem, Berguette, la Pierrière, Robecq, Riez-du-Vinage

Campagne-lès-Boulonnais, Fauquembergues, le Cauroi, Nouveauville, Erny-St Julien, Serny, Estrée-Blanche, Linghem, Norrent-Fontes, Ham-en-Artois, la Miquellerie, Busnes, l'Ecleme, Mont-Bernanchon

Aix-en-Ergny, Beaussart, Waltencheux, Renty, Moulin, Audincthun, Dennebrœucq, Glem, Pétigny, Enquin-les-Mines, Fléchinelle, St Hilaire-Cottes, Orgeville, Manqueville, Lillers

Rumilly, Assonval, Wandonne, Mencas, Reclinghem, Bomy, Rupigny, Cuhem, Greuppe, la Tirmande, Rely, Cottes, Bourecq, Ecquedecques, Gonnehem

Verchocq, Gournay, Rimeux, la Sécheresse, Bellefontaine, Vincly, Ecoufflan, Matringhem, Beaumetz-lès-Aire, Boncourt, Fléchin, Pippemont, Ligny-lès-Aire, Lespesses, le Vert Dragon, Lières, Rieux, Busnettes, Werppe, Oblinghem

Radinghem, Rollez, le Val du Frêne, Monteville, Coupelle-Vieille, Senlis, Hézecques, Laires, le Plouy, Honninghem, Febvin-Palfart, Westrehem, Auchy-au-Bois, Ames, Huronville, Burbure, le Revillon, Chocques

Bellevue, Maisoncelle, Wailly, Lugy, Livossart, Hurtebise, Nédon, Amettes, Ferfay, Rimbert, St Pierre, Allouagne, Labeuvrière, Lapugnoy, Annezin

Rucfort, Créquy, Préhédré, Fruges, le Groseillier, Palfart, Ramiéville, Fontaine-lès-Hermans, Nédonchel, Aumerval, St Nicolas, Lozinghem, Fouquereuil

Torcy, Coupelle-Neuve, Herbecques, Lisbourg, Prédefin, Fontaine-lès-Boulans, Fiefs, Bailleul-lès-Pernes, Cauchy-à-la-Tour, Auchel, Cités, Marles-les-Mines, Gosnay, Bois des Dames

le Pt St Pol, Verchin, Floringhem, Pernes, Calonne-Ricouart, Hesdigneul

Ruisseauville, Avondance, Bois de Sains, Crepy, Heuchin, Quéveaussart, Sachin, le Buich, Camblain-Châtelain, Labuissière

l'Ermitage, Canlers, Sénecoville, Equirre, Pressy, Sains-lès-Pernes, la Clarence, Divion, Bruay-la-Buissière, Haillicourt

Sains-lès-Fressin, l'Epaule, Azincourt, Tramecourt, Crépieul, Ambricourt, Bergueneuse, Boyaval, Faux, Noyelles, Marest, Ourton, Houdain, Ruitz, Maisnil-lès-Ruitz

Fressin, Bois de Fressin, Planques, Tilly-Capelle, Teneur, Maisnil, le Pt Anvin, Eps, Tangry, Bours, Beugin

Bucamps, Maisoncelle, le Nouveau Monde, Monts, Anvin, Herbeval, Hestrus, Donjon, Monneville, Diéval, Ranchicourt, Rebreuve-Ranchicourt, Barafle

Plaquette, le Fond-de-Barle, Béalencourt, Erin, Monchy-Cayeux, Conteville-en-Ternois, St Martin, Huclier, Belval, Valhuon, Antin, Antigneul, la Comté, Hermin

St Martin, Wamin, Blingel, Blangy-s-Ternoise, Fleury, Sautricourt, Falempin, Britel, Bajus, la Thieuloye, Houvelin, Gauchin-Légal, Fresnicourt-le-Dolmen

la Loge, Auchy-lès-Hesdin, Haras, Rollancourt, Humerœuille, Bermicourt, Wavrans-s-Ternoise, Hernicourt, Grossart, Brias, Troisvaux, Monchy-Breton, Caucourt, Estrée-Cauchy

Hesdin, Guisy, Huby-St Leu, Grigny, Ternoise, le Bas-Parcq, Incourt, Eclimeux, Pierremont, Libessart, Croix-en-Ternois, Gauchin-Verloingt, Autodrome, Ostreville, Orlencourt, Magnicourt-en-Comte, Frévillers, les 4 Vents

le Parcq, Neulette, Humières, Rosemont, Gricourt, Marquay, Guestreville, Béthonsart, Camblain-l'Abbé

8

Marconne, Ste Austreberthe, Estruval, Fresnoy, Noyelles-lès-Humières, Beauvois, Siracourt, Ramecourt, St Pol-s-Ternoise, St Michel, Roëllecourt, Rocourt, St Laurent, Bailleul-aux-Cornailles, Chelers, Villers-Brûlin, Mingoval, Villers-Châtel

Vieil-Hesdin, Vallières, Œuf-en-Ternois, Croisette, Herlin-le-Sec, Ligny-St Flochel, Tincquette, Tincques, Béthencourt, Savy-Berlette, Agnez

St Georges, Willeman, Wignacourt, Pronay, Tachincourt, Foufflin-Ricametz, la Neuville-Planquette, Aubigny-en-Artois

Brailly, Watelet, le Forestel, Wail, Guinecourt, Héricourt, Herlincourt, Ternas, Averdoingt, Vandelicourt, Berles-Monchel

le Quesnoy-en-Artois, Quatrevaux, Linzeux, Hautecloque, Sains, Ocoche, Maisnil, Tilloy-lès-Hermaville

Erambeaucourt, Vacqueriette-Erquières, Galametz, Blangermont, Framecourt, Neuville-au-Cornet, Maizières, Penin, Doffine, Izel-lès-Hameaux

Chériennes, Erquières, Fillièvres, Flers, Blangerval, Ecoivres, Pt Houvin, Buneville, Monts-en-Ternois, Gouy-en-Ternois, Ambrines, Villers-Sir-Simon, le Hameau, Hermaville, Habarcq

Hauteville, Fontaine-l'Etalon, Hautecôte, la Montjoie, Moncheaux-lès-Frévent, Magnicourt-sur-Canche, Givenchy-le-Noble, Manin, Noyellette, Noyelle-Vion

la Fosse, Quœux-Haut-Maînil, Haut-Maînil, Aubrometz, Conchy-s-Canche, Monchel-s-Canche, Nuncq-Hautecôte, Sibiville, Houvin-Houvigneul, Sars-le-Bois, Denier, Lignereuil

Caumont, Haravesnes, Boubers-s-Canche, Ligny-s-Canche, Séricourt, Canettemont, Berlencourt-le-Cauroy, Beaufort-Blavincourt, Avesnes-le-Comte, Lattre-St Quentin

Tollent, Montorgueil, Selandre, Rougefay, Frévent, Cercamp, Honval

Bas Tollent, Vaulx, Bachimont, Vacquerie-le-Boucq, le Pt, Rebreuve-s-Canche, Rosière, Liencourt, Hauteville

Gennes-Ivergny, Buire-au-Bois, Bouret-s-Canche, la Couture, Estrée-Wamin, le Cauroy, Fosseux

le Ponchel, Villeroy, Fortel-en-Artois, Boffles, Rebreuviette, Oppy, Grd Rullecourt, Beaudricourt

Vitz-s-Authie, la Neuville, Bonnières, Barly, Gouy-en-Artois

Cumonville, Willencourt, Nœux-lès-Auxi, Bois d'Auxi, Ivergny, Sombrin

Neuilly-le-Dien, Acquet, Lannoy, Auxi-le-Château, Villers-l'Hôpital, Beauvoir, le Souich, Sus-St Léger, Warluzel, Bavincourt, Saulty, le Bac-du-Sud

Maison-Ponthieu, St Lot, Beauvoir-Wavans, Canteleux, Brévillers, Forêt de Lucheux, les Aymonds, Coullemont, Couturelle, l'Arbret

Hiermont, Béalcourt, Maizicourt, Frohen-le-Grand, Neuvillette, Bouquemaison, Humbercourt, la Herlière, Berles-au-Bois

Bernâtre, Frohen-le-Petit, Remaisnil, Barly, Lucheux, la Cauchie

Montigny-les-Jongleurs, St Acheul, Mézerolles, Outrebois, Ransart, Hte Visée, Occoches, Grouches-Luchuel, la Belleyue, Humbercamps

Conteville, Heuzecourt, le Meillard, Risquetout, Pommera, Warlincourt-lès-Pas, St Killien, Gaudiempré

Hanchy, Agenville, Grimont, Mont-Renault, Boisbergues, Hem-Hardinval, Milly, Bout des Prés, Mondicourt, Grincourt-lès-Pas, Bienvillers-au-Bois

Domléger-Longvillers, le Ménage, les 4 Saisons, Cramont, Prouville, Bretel, Beaurepaire, Grenas, Halloy, Pas-en-Artois, St Amand

Longvillers, Beaumetz, Bernaville, Autheux, Hardinval, Gézaincourt, Doullens, Authieule, Hurtebise, Caumesnil, Famechon, Hénu, Souastre, la Haye

Mesnil-Domqueur, Domesmont, Amplier, Orville, Thièvres, St Léger-lès-Authie, Couin, Bayencourt

Brunehaut, Freschevillers-lès-Doullens, Longuevillette, Fienvillers, Authie, Coigneux

le Plouy, Ribeaucourt, Domqueur, Vacquerie, Gorges, Sarton, Authie

18

D E F

Fransu, Epécamps, Lanches-St Hilaire, Beauval, Amplier-Orat, Montplaisir, Marieux, Bus-lès-Artois, Courcelles-au-Bois

Gorenflos, Terramesnil, Vauchelles-lès-Authie

A
B
C

St Floris
Calonne-s-la-L.
Lestrem
Laventie
Radinghem-en-W.
Escobecques
Hallennes-lez-H.
(RIJSEL)
Les Amuzoires
Paradis
Boudelville
Fauquissart
le Maisnil
Erquinghem-le-Sec
Loos
Ronchin
Robecq
Aubers
Fromelles
la Joirie
Beaucamps-Ligny
Santes
Haubourdin
Wattignies
Thumesnil
la Pierrière
Pacault
Riez-du-Vinage
Silo
Rouge-Croix
Piètre
Herlies
Fournes-en-Weppes
Emmerin
Faches-Thumesnil
Busnes
le Cornet-Malo
Vieille-Chapelle
la Couture
Neuve-Chapelle
Wicres
Wavrin
Ancoisne
Noyelles
Templemars
Vendeville
Lillers
l'Eclème
Mont-Bernanchon
Richebourg
Mémorial Indien
Illies
Marquillies
Sainghin-en-Weppes
la Fontaine
Houplin-Ancoisne
LILLE-LESQUIN
Gonnehem
Locon
le Touret
Lorgies
Ligny-le-Petit
Gravelin
Gondecourt
Seclin
Ennetières
Rieux
Busnettes
Werppe
Hinges
Oblinghem
le Hamel
Festubert
Translov
Hocron
Herrin
Has
Chocques
Vendin
Essars
Gorre
Givenchy
Violaines
la Bassée
le Moisnil
Pt Hantay
Salomé
Hantay
Don
Allennes-les-Marais
Chemy
Wachemy
Avelin
Martinsart
Allouagne
Labeuvrière
Lapugnoy
Annezin
Béthune
le Quesnoy
Cuinchy
Cambrin
Billy-Berclau
Bauvin
Provin
Annœullin
Carnin
Wattiessart
Attiches
Phalempin
Forêt de Phalempin
Fouquières
Fouquereuil
Beuvry
Auchy-les-Mines
Douvrin
Camphin-en-Carembault
Tourmignies
Marles-les-Mines
Gosnay
Vaudricourt
Verquigneul
Sailly-Labourse
Annequin
Haisnes
Wingles
Meurchin
Libercourt
la Neuville
Hesdigneul
Drouvin-le-Marais
Labourse
Noyelles
Vermelles
Hulluch
Carvin
l'Offrande
Wahagnies
Labuissière
Haillicourt
Houchin
Verquin
Bruay-la-Buissière
Maisnil-les-Ruitz
Ruitz
Nœux-les-Mines
Hersin-Coupigny
Mazingarbe
le Rutoire
Bénifontaine
Loos-en-Gohelle
Vendin-le-Vieil
Pont-à-Vendin
Estevelles
Thumeries
Deux-Villes
Loisinord
Annay
Courrières
Oignies
Bois de l'Offarde
Ostricourt
Houdain
Barlin
Sains-en-G.
Grenay
Harnes
Montigny-en-Gohelle
Dourges
Leforest
Beugin
Ranchicourt
Rebreuve-Ranchicourt
Baraffe
Bracquencourt
Coupigny
Bully-les-Mines
Lens
Loison-S.-Lens
Noyelles-s-Lens
Fouquières-les-Lens
Evin-Malmaison
Courcelles
Auby
Olhain
Verdrel
Boyeffles
Bouvigny-Boyeffles
Calonne
Liévin
Angres
Eleu-dit-Leauwette
Sallaumines
Noyelles-Godault
Hermin
Houvelin
Gauchin-Légal
Fresnicourt-le-Dolmen
Aix-Noulette
Servins
Marqueffles
N.D. de Lorette
Souchez
Givenchy-en-Gohelle
Avion
Billy-Montigny
Hénin-Beaumont
le Villers
Flers-en-Escrebieux
Caucourt
Frévillers
Estrée-Cauchy
Gouy-Servins
Maisnil-Bouché
Ablain-St Nazaire
Méricourt
Rouvroy
Drocourt
Beaumont
Lauwin-Planque
Béthonsart
Cambligneul
les 4 Vents
la Haie
Carency
Mémorial canadien
Bois-Bernard
Acheville
Esquerchin
Cuincy
Guestreville
Chelers
Villers-Brûlin
Villers-Châtel
Camblain-l'Abbé
Villers-au-Bois
Mont-St Eloi
Neuville-St Vaast
Vimy
Arleux-en-Gohelle
Fresnoy-en-Gohelle
Izel-lès-Equerchin
Quiéry-la-Motte
DOUAI
Mingoval
Béthencourt
Savy-Berlette
Agnières
Capelle-Fermont
Acq
la Targette
Thélus
Farbus
Willerval
Neuvireuil
Lambres
Aubigny-en-Artois
Frévin-Capelle
Ecoivres
Bray
Ecurie
Bailleul-Sir-Berthoult
Oppy
Gavrelle
Courchelettes
Vandelicourt
Berles-Monchel
Tilloy-lès-Hermaville
Hte Avesnes
Roclincourt
Fresnes-lès-Montauban
Vitry-en-Artois
Brebières
Corbehem
Penin
Izel-les-Hameaux
Hermaville
Maroeuil
Etrun
Anzin-St Aubin
Plouvain
Biache-St Vaast
Gouy-s/s-Bellonne
Férin
Villers-Sir-Simon
le Hameau
Habarcq
la Raissée
Agnez-lès-Duisans
Pont-du-Gy
Ste Catherine
St Nicolas
St Laurent-Blangy
Athies
Fampoux
Noyelles-s/s-Bellonne
Manin
Noyelle-Vion
Noyellette
Gouves
Duisans
Wagnonlieu
ARRAS
Feuchy
Rœux
Hamblain-les-Prés
Tortequesne
Estrées
Lattre-St Quentin
Montenescourt
Dainville
Pelves
Sailly-en-Ostrevent
Avesnes-le-Comte
Wanquetin
Warlus
Tilloy-les-Mofflaines
Boiry-Notre-Dame
Etaing
Lécluse
Hauteville
Berneville
Achicourt
Agny
Beaurains
Monchy-le-Preux
la Bergère
Rémy
Eterpigny
Récourt
Palluel
Fosseux
au Hasard
Simencourt
Bac du Nord
Wailly
Neuville-Vitasse
Guémappe
Wancourt
la Marlière
Vis-en-Artois
Haucourt
Saudemont
Rumaucourt
Barly
Gouy-en-Artois
Beaumetz-lès-Loges
le Fermont
Mercatel
St Martin-s-Cojeul
Dury
Sombrin
Monchiet
Grosville
Bretencourt
Rivière
Ficheux
Hénin-s-Cojeul
Héninel
Chérisy
Villers-lès-Cagnicourt
la Brioche
Bavincourt
Saulty
l'Arbret
le Bac du Sud
Basseux
Bailleulval
Bellacourt
Blairville
Boisleux-St Marc
Boiry-Becquerelle
Fontaine-lès-Croisilles
Cagnicourt
Baralle
Buissy
Couturelle
Bailleulmont
Hendecourt-lès-Ransart
Boisleux-au-Mont
Hendecourt-lès-Cagnicourt
Marquion
la Herlière
la Cauchie
Berles-au-Bois
Ransart
Ste Rictrude
Boiry-St Martin
Boyelles
Croisilles
Riencourt-lès-Cagnicourt
Sains-lès-Marquion
Humbercamps
Pommier
Monchy-au-Bois
Adinfer
Moyenneville
Hamelincourt
St Léger
Ecoust-St Mein
Bullecourt
Quéant
Inchy-en-Artois
Gaudiempré
Bienvillers-au-Bois
Hannescamps
Douchy-lès-Ayette
Ayette
Noreuil
Pronville
Mœuvres
Grincourt-lès-Pas
St Amand
Essarts
Courcelles-le-Comte
Ervillers
Hirondelle
Lagnicourt-Marcel
Souastre
la Brayelle
Foncquevillers
Ablainzevelle
Gomiécourt
Mory
Hénu
Couin
la Haye
Gommecourt
Bucquoy
Achiet-le-Grand
Béhagnies
Sapignies
Favreuil
Vaulx-Vraucourt
Morchies
Louverval
Boursies
St Léger-lès-Authie
Bayencourt
Hébuterne
Bihucourt
Biefvillers-lès-Bapaume
Beugnâtre
Beugny
Doignies
Demicourt
Coigneux
Puisieux
Achiet-le-Petit
Beaumetz-lès-Cambrai
Hermies
Authie
Sailly-au-Bois
Colincamps
Serre
Grévillers
Frémicourt
Bancourt
Lebucquière
Vélu
Bus-lès-Artois
Courcelles-au-Bois
Irles
Bapaume

N 43
N 41
N 47
N 17
N 25
N 39
N 50
N 30
A 21
A 26
E 15
A 1
E 17
D 916
D 937
D 341
D 919
D 956
D 939
T.G.V. NORD
AUTOROUTE DU NORD
Canal de la Deûle
Scarpe
Sensée
Cojeul
Crinchon
Lawe
Clarence
Loisne
Nave

4
7
19
29

1
2
3
4

A
B
C

D
E
F
9
5
1
2
3
4
10
20
TOURNAI
DOORNIK
Orcq
Warchin
Havinnes
Gaurain-Ramecroix
Maulde
Thieulain
Chapelle-à-Wattines
Leuze-en-Hainaut
Tourpes
Aubechies
Barry
Pipaix
Vezon
Fontenoy
Bourgeon
Wasmes
Baugnies
Willaupuis
Braffe
Antoing
Calonne
Chercq
Vaulx
Péronnes
Maubray
Brasmenil
Bury
Roucourt
Thumaide
Wadelincourt
Basècles
Quevaucamps
Grandglise
Blaton
Péruwelz
Bon-Secours
Bernissart
Harchies
Pommerœul
St Aybert
Hensies
Crespin
Quiévrain
Quiévrechain
Onnaing
Rombies-et-Marchipont
Marchipont
Angre
Sebourg
Roisin
Estreux
Saultain
Curgies
Jenlain
Wargnies-le-Gd
Préseau
Maresches
Artres
Villers-Pol
Sepmeries
Orsinval
Preux-au-Sart
Frasnoy
Gommegnies
le Quesnoy
Villereau
Potelle
Jolimetz
Louvignies-Quesnoy
Raucourt-au-Bois
Locquignol
Englefontaine
Hecq
Preux-au-Bois
Robersart
Bousies
Fontaine-au-Bois
Forest-en-Cambrésis
Croix-Caluyau
PARC
RÉGIONAL
Bois l'Évêque
Happegarde
Pommereuil
Bazuel
Camp militaire
le Cateau
Montay
Neuvilly
Amerval
Ovillers
Vendegies-au-Bois
Beaurain
Solesmes
Vertain
Salesches
Neuville-en-Avesnois
Romeries
Haussy
Escarmain
Capelle
Bermerain
Ruesnes
Beaudignies
Ghissignies
VALENCIENNES
Marly
St Saulve
Anzin
Beuvrages
Bruay-s-l'Escaut
Raismes
Escautpont
Fresnes-s-E
Condé-s-Escaut
Vieux-Condé
Odomez
Hergnies
Vicq
Thiers
Aubry-du-Hainaut
Bellaing
Hérin
Oisy
Haveluy
Wallers
Hélesmes
Hornaing
Erre
Fenain
Wandignies-Hamage
Arenberg
Denain
Escaudain
Wavrechain-s/s-Denain
Rouvignies
Prouvy
Trith-St-Léger
Aulnoy-lez-Valenciennes
Famars
Thiant
Haulchin
Maing
Quérénaing
Monchaux-s-Ecaillon
Sommaing
Vendegies-s-Ecaillon
Verchain-Maugré
St Martin-s-Ecaillon
Montrécourt
Saulzoir
Haspres
Douchy-les-Mines
Noyelles-s-Selle
Bouchain
Lieu-St-Amand
Neuville-s-Escaut
Lourches
Abscon
Mastaing
Rœulx
Marquette-en-Ostrevant
Wavrechain-s/s-Faulx
Hordain
Estrun
Avesnes-le-Sec
Iwuy
Villers-en-Cauchies
Avesnes-les-Aubert
St Aubert
St Python
St Vaast-en-Cambrésis
St Hilaire-lez-Cambrai
Carnières
Boussières-en-Cambrésis
Quiévy
Briastre
Viesly
Béthencourt
Beaumont-en-Cambrésis
Inchy
Troisvilles
Caudry
Audencourt
Bévillers
Beauvois-en-Cambrésis
Cattenières
Estourmel
Awoingt
Niergnies
Wambaix
Fontaine-au-Pire
Séranvillers-Forenville
Haucourt-en-Cambrésis
Montigny-en-Cambrésis
Ligny-en-Cambrésis
Esnes
CAMBRAI
Cauroir
Escaudœuvres
Naves
Rieux-en-Cambrésis
Cagnoncles
Thun-St-Martin
Thun-l'Évêque
Eswars
Ramillies
Tilloy-lez-Cambrai
Neuville-St-Rémy
Proville
Raillencourt-Ste-Olle
Fontaine-Notre-Dame
Anneux
Cantaing-s-Escaut
Noyelles-s-Escaut
Flesquières
Marcoing
Rumilly-en-Cambrésis
Crèvecœur-s-l'Escaut
Masnières
Les Rues-des-Vignes
Ribécourt-la-Tour
Bourlon
Sailly
Blécourt
Sancourt
Haynecourt
Cuvillers
Bantigny
Abancourt
Paillencourt
Fressies
Hem-Lenglet
Wasnes-au-Bac
Aubigny-au-Bac
Féchain
Marcq-en-Ostrevant
Fressain
Bugnicourt
Villers-au-Tertre
Monchecourt
Emerchicourt
Auberchicourt
Aniche
Somain
Ecaillon
Masny
Lewarde
Guesnain
Dechy
Sin-le-Noble
Montigny-en-Ostrevant
Lallaing
Pecquencourt
Rieulay
Waziers
Roucourt
Cantin
Erchin
Arleux
Brunémont
Oisy-le-Verger
Aubencheul-au-Bac
Epinoy
Sauchy-Lestrée
Marchiennes
Vred
Anhiers
Raches
Flines-lez-Raches
Bouvignies
Coutiches
Orchies
Beuvry-la-Forêt
Landas
Sars-et-Rosières
Brillon
Bousignies
Nivelle
Rosult
St Amand-les-Eaux
Millonfosse
Hasnon
Warlaing
Lecelles
Rumegies
Sameon
Aix
Nomain
Auchy-lez-Orchies
Faumont
Bersée
Mons-en-Pévèle
Cappelle-en-Pévèle
Templeuve
Genech
Pont-à-Marcq
Ennevelin
Fretin
Louvil
Cobrieux
Bachy
Mouchin
Howardries
Rongy
Bléharies
Maulde
Mortagne-du-Nord
Flines-lez-Mortagne
Laplaigne
Château-l'Abbaye
Thun-St-Amand
Brunehaut
Jollain-Merlin
Hollain
Rumes
Taintignies
Guignies
Wez-Velvain
Bruyelle
Willemeau
Froidmont
Esplechin
Wannehain
Bourghelles
Cysoing
Bouvines
Gruson
Camphin-en-Pévèle
Baisieux
Chéreng
Anstaing
Lesquin
Sainghin-en-Mélantois
Péronne-en-Mélantois
PARC NATUREL RÉGIONAL
SCARPE ESCAUT
PLAINES DE L'ESCAUT
Forêt de Marchiennes
Forêt de Raismes
Forêt de St Amand Wallers

10
A
B
C
Mons (Bergen)
St Ghislain
Quaregnon
Boussu
Hensies
Crespin
Quiévrain
Quiévrechain
Frameries
Pâturages
Dour
Warquignies
Cuesmes
Spiennes
Estinnes
Binche
Givry
Quévy
Harveng
Blaregnies
Bavay
Feignies
Maubeuge
Jeumont
Hautmont
Louvroil
Rousies
Ferrière-la-Gde
Cousolre
Erquelinnes
Solre-le-Château
Sivry
Le Quesnoy
Englefontaine
Forêt de Mormal
Parc Naturel Régional de l'Avesnois
Berlaimont
Aulnoye-Aymeries
Pont-s-Sambre
Landrecies
Maroilles
Avesnes-s-Helpe
Sars-Poteries
Trélon
Fourmies
Wignehies
Anor
Sains-du-Nord
Prisches
Catillon
Wassigny
Le Nouvion-en-Thiérache
Forêt du Nouvion
La Capelle
Etreux
Hirson
Forêt d'Hirson
Forêt de Trélon
Val Joly
Glageon
Floyon
Beaufort
Solre
Clairfayts
Willies
Liessies
Buironfosse
Sommeron
Mondrepuis
Lavaquéresse
Iron
Chigny
Luzoir

A
B
C
1
2
3
4
10
22
CHARLEROI
Morlanwelz
Pieton
Farciennes
Tamines
Binche
Ressaix
Leval-Trahegnies
Fontaine-l'Evêque
Monceau-s-Sambre
Dampremy
Montignies-s-Sambre
Châtelineau
Pont-de-Loup
Aiseau-Presles
Falisolle
Aisemont
Fosses-la-Ville
Châtelet
Presles
le Roux
Vitrival
Anderlues
Epinois
Buvrinnes
Leernes
Montigny le Tilleul
Landelies
Marchienne-au-Pont
Couillet
Loverval
Bouffioulx
Sart-Eustache
Cocriamont
Bambois
Mont-Ste Geneviève
Lobbes
Abbe d'Aulne
Jamioulx
Nalinnes
Acoz
Gougnies
Joncret
Villers-Poterie
Gerpinnes
Bienne-lez-Happart
Merbes-Ste Marie
Sars-la-Buissière
Thuin
Gozée
Biesme
Mettet
Graux
Fontaine-Valmont
Biercée
Ragnies
Marbaix-la-Tour
Ham-s-Heure
Tarcienne
Hanzinne
Oret
Furnaux
Hantes-Wihéries
Leers-et-Fosteau
Thuillies
Berzée
Gourdinne
Somzée
Thy-le-Bauduin
Hanzinelle
Biesmerée
Ermeton-s-Biert
Stave
Montignies-St Christophe
Donstiennes
Strée
Thy-le-Château
Laneffe
Chastrès
Morialmé
Fraire
Florennes
Bousignies-s-Roc
Thirimont
Rognée
Walcourt
Yves-Gomezée
St Aubin
Corenne
Flavion
Cousolre
Beaumont
Clermont
Castillon
Vogenée
Hemptinne
Rosée
Morville
Silenrieux
Daussois
Jamagne
Boussu-lez-Walcourt
Barbençon
Solre-St Géry
Jamiolle
Philippeville
Vodecée
Omezée
Grandrieu
Vergnies
Bges de l'Eau d'Heure
Soumoy
Villers-Deux-Eglises
Franchimont
Surice
Renlies
Neuville
Samart
Villers-le-Gambon
Senzeille
Merlemont
Romedenne
Sivry
Sautin
Cerfontaine
Sautour
Sart-en-Fagne
Froidchapelle
Rance
Villers-en-Fagne
Roly
Romerée
Gimnée
Bois de Revleumont
Matagne-la-Gde
Matagne-la-Pte
Niverlée
Mazée
Eppe-Sauvage
Bois Robert
Bois de Walestru
Les Géronsarts
Fagnolle
Treignes
Mariembourg
Dourbes
Vireux-Molhain
Trélon
Robechies
Baileux
Aublain
Boussu-en-Fagne
Frasnes
Nismes
Olloy-s-Viroin
Vierves-sur-Viroin
Baives
Salles
Virelles
Vaulx
Lompret
Dailly
Couvin
Petigny
Forêt de Nismes
Macon
St Remy
Chimay
Pesche
Momignies
Villers-la-Tour
Gonrieux
Presgaux
Oignies-en-Thiérache
Le Mesnil
Seloignes
Forges
Bourlers
Bois de Chimay
Brûly-de-Pesche
Bois de Couvin
Franche Forêt
Regniessart
Forges-Jean-Petit
Bois-de-Gonrieux
Taille-Engelée
Brûly
La Forge-du-Prince
Forêt du Francbois
Abbe N.D. de Scourmont
Forge-Philippe
Macquenoise
Riezes
Cul-des-Sarts
Pte Chapelle
Gué-d'Hossus
Revin
Forêt de Signy-le-Petit
l'Escaillère
Regniowez
Taillette
Hiraumont
Anchamps
Rocroi
Brognon
St Michel
la Neuville-aux-Joûtes
Forêt d'Hirson
Mt Malgré-Tout
la Faligeotte

D E F

1 2 3 4

Floreffe, Naninne, Wierde, Ohey, Evelette, Pailhe, les Avins, Bois-et-Borsu

Sart-St Laurent, Bois de la Haute-Marlagne, Dave, Bois de Dave, Sart-Bernard, Gesves, Sorée, Flostoy, Havelange

Bois-de-Villers, Lustin, Rochers de Frênes, Maillen, Courrière, Assesse, Florée, Gramptinne, Barsy, Miécret, Verlée, Méan

Profondeville, Arbre, Lesve, Rivière, Crupet, Schaltin, Jeneffe, Buzin, Maffe

Annevoie-Rouillon, Godinne, Rocher de Fitevoye, Bauche, Durnal, Hamois, Porcheresse, Barvaux-Condroz, Failon

Bioul, Yvoir, Evrehailles, Spontin, Dorinne, Natoye, Emptinne, Achet, Mohiville, Ramezée, Somal

Denée, Bois de Ronquière, Anhée, Purnode, Braibant, Ciney, Scy, Castelaine, Bois d'Avennes, Moressée

Abbe de Maredsous, Haut-le-Wastia, Chau de Poilvache, Awagne, Salazinne, Sovet, Heure

Sosoye, Chau de Montaigle, Falaën, Sommière, Chau de Crèvecoeur, Lisogne, Thynes, Leignon, Pessoux, Nettinne, Baillonville

Bouvignes, Sorinnes, Foy-Notre-Dame, Conneux, Chapois, Trisogne, Bois de l'Abîme, Sinsin, Waillet

Weillen, DINANT, Rocher Bayard, Boisselles, Ychippe, Haversin, Hogne, Marche-en-Famenne

Anthée, Gerin, Onhaye, Anseremme, Furfooz, Conjoux, Ronvaux, Serinchamps, Aye

Hastière-Lavaux, Freyr, Walzin, Vêves, Celles, Chevetogne, Buissonville, Jamodenne

Grottes du Pont d'Arcole, Falmignoul, Aiguilles de Chaleux, Custinne, Mont-Gauthier, Navaugle, Humain, Marloie

Hermeton-s-Meuse, Waulsort, Hulsonniaux, Houyet, Frandeux, Havrenne, Jemeppe

Gochenée, Blaimont, Ferage, Lissoir, Ciergnon, Laloux, Chle Reine Astrid, Hargimont, On

Vodelée, Agimont, Heer, Mesnil-St Blaise, Mesnil-Eglise, Hour, Jamblinne, Rochefort, Jemelle

Finnevaux, Wanlin, Villers-s-Lesse, Eprave, Trou de Rond Tienne, Hamerenne, Ambly

Givet, Fort de Charlemont, Feschaux, Wiesme, Lessive, Parc National de Lesse et Lomme, Forrières, Nassogne

Foisches, Rancennes, Fromelennes, Grottes de Nichet, Baronville, Focant, Han-s-Lesse, Grotte de Han, Wavreille, Masbourg

Ham-s-Meuse, Charnois, Dion, Beauraing, Martouzin, Neuville, Lavaux-Ste Anne, Ave-et-Auffe, Belvaux, Lesterny

Aubrives, Chooz, Winenne, Pondrôme, Revogne, Wellin, Resteigne, Tellin, Grupont, Bure

Vireux-Wallerand, Landrichamps, Wancennes, Honnay, Lomprez, Halma, Chanly, Awenne, Sartay

Felenne, Bois de Sevri, Vonêche, Froidfontaine, Barzin, Neupont, Mirwart

Forêt d'Hargnies-Laurier, Bourseigne-Neuve, Vencimont, Bois de St Remacle, Daverdisse, Bois de Mohimont, Bois de Transinne, Smuid, Arville, Poix-St Hubert

Hargnies, Roc de Fépin, Malvoisin, Haut-Fays, Séchery, Les Boucats, Redu, Transinne, Euro Space Center, Libin

Sart-Custinne, Rienne, Patignies, Gembes, Porcheresse, Villance

Willerzie, Gedinne, Gedinne-Station, Bois de Rienne, Maissin, Anloy, Glaireuse, Roumont

Croix-Gillet, Croix Scaille, Bois St Jean, Louette-St Pierre, Louette-St Denis, Graide, Beth, Opont

Bois des Hajes, Houdremont, Bièvre, Graide-Station, Ochamps

Château-Regnault, Linchamps, Nafraiture, Bellefontaine, Naomé, Paliseul, Fays-les-Veneurs, Jehonville, Forêt de Luchy

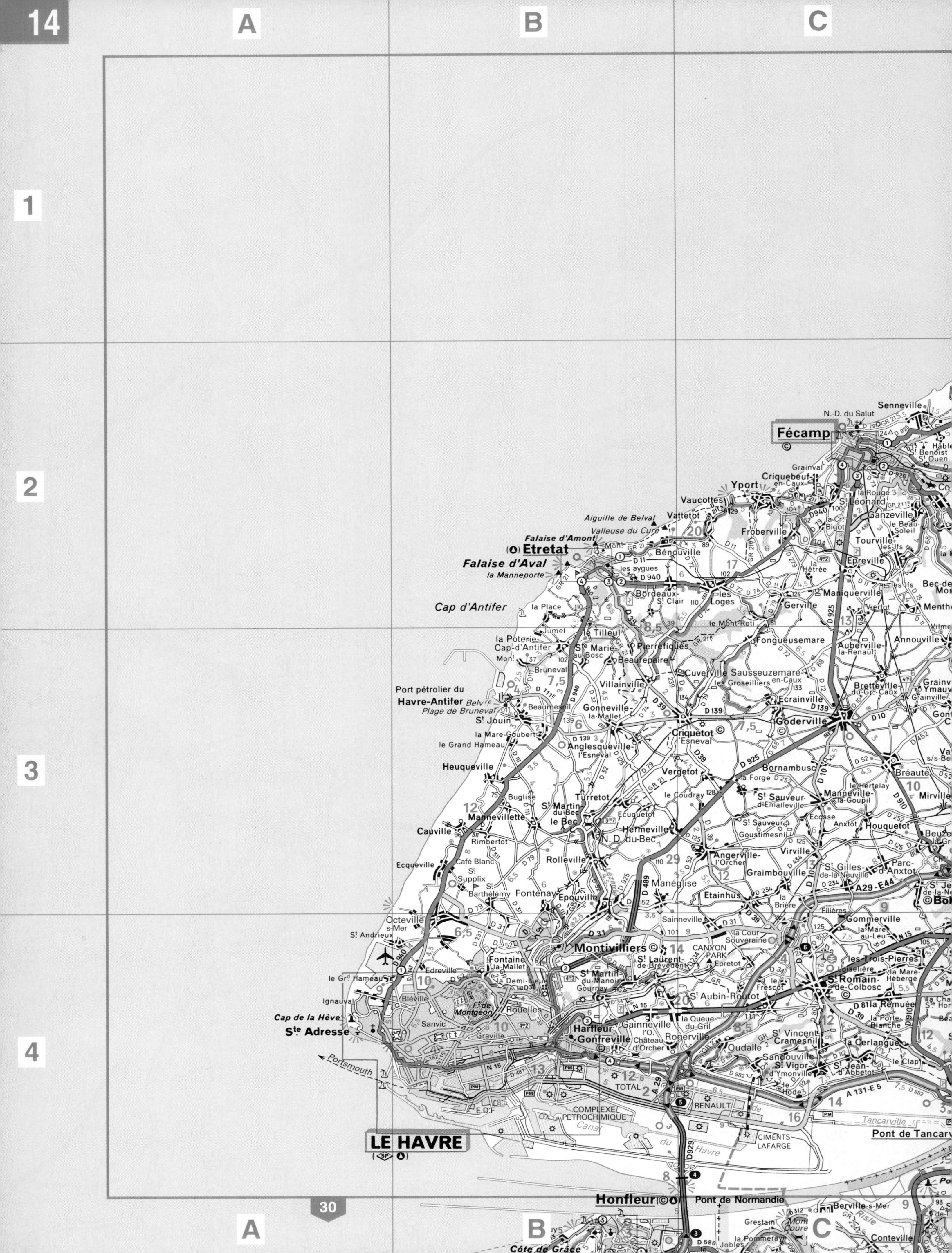
A
B
C
1
2
3
4
Fécamp
N.-D. du Salut
Senneville
Yport
Criquebeuf-en-Caux
Vaucottes
Vattetot
Aiguille de Belval
Valleuse du Curé
Falaise d'Amont
Etretat
Falaise d'Aval
la Manneporte
Cap d'Antifer
Bénouville
les Loges
Bordeaux-St Clair
Froberville
Ganzeville
Tourville-les-Ifs
Epreville
Maniquerville
Gerville
la Poterie-Cap-d'Antifer
le Tilleul
Pierrefiques
Beaurepaire
Fongueusemare
Auberville-la-Renault
Annouville
Port pétrolier du Havre-Antifer
Plage de Bruneval
Bruneval
Beaumesnil
St Jouin
Villainville
Cuverville
Sausseuzemare-en-Caux
Ecrainville
Bretteville-du-Gd-Caux
Gonneville-la-Mallet
Criquetot-l'Esneval
Goderville
la Mare-Goubert
le Grand Hameau
Anglesqueville-l'Esneval
Heuqueville
Vergetot
Bornambusc
Bréauté
Turretot
Buglise
St Martin-du-Bec
le Bec
Mannevillette
Cauville
Hermeville
N.D. du Bec
Rimbertot
Rolleville
Angerville-l'Orcher
Virville
Grainbouville
Houquetot
Ecqueville
Café Blanc
St Supplix
St Barthélémy
Fontenay
Epouville
Manéglise
Etainhus
la Brière
Gommerville
Octeville-s-Mer
St Andrieux
Montivilliers
Sainneville
Canyon Park
St Laurent-de-Brèvedent
Epretot
St Romain-de-Colbosc
les-Trois-Pierres
le Grd Hameau
Ignauval
Edreville
Fontaine-la-Mallet
Bléville
Ft de Montgeon
Rouelles
St Martin-du-Manoir
Gournay
St Aubin-Routot
Cap de la Hève
Ste Adresse
Sanvic
Graville
Harfleur
Gonfreville
Gainneville
Rogerville
Oudalle
Sandouville
St Vigor-d'Ymonville
St Vincent-Cramesnil
la Cerlangue
Portsmouth
TOTAL
RENAULT
COMPLEXE PETROCHIMIQUE
Canal du Havre
CIMENTS LAFARGE
LE HAVRE
Honfleur
Pont de Normandie
Pont de Tancarville
A 131-E 5
A29-E44
Côte de Grâce
Berville-s-Mer
Conteville
30

D
E
F
1
2
3
4
16
32
31
Phare d'Ailly
Ste Marguerite-s-Mer
Varengeville-s-Mer
Quiberville-Plage
Quiberville
St Aubin-s-Mer
Manoir d'Ango
Hautot-s-Mer
Sotteville-s-Mer
St Valery-en-Caux
Falaise d'Aval
Falaise d'Amont
Veules-les-Roses
Longueil
E.D.F.
Centrale nucléaire
Veulettes-s-Mer
St Léger
le Tot
Ectot
le Bourg-Dun
Ouville-la-Rivière
Offranville
St Denis-d'Aclon
Conteville
St Sylvain
Manneville-ès-Plains
la Chapelle-s-Dun
Blosseville
Gueutteville-les-Grès
St Pierre-le-Vieux
la Gaillarde
Avremesnil
Gueures
Septimanville
Auberville-la Manuel
Malleville-les-Grès
Janville
Ingouville
les Pites Dalles
St Martin-aux-Buneaux
Paluel
Vittefleur
St Riquier-ès-Plains
Néville
Cailleville
Pleine-Sève
le Mesnil-Durdent
Angiens
Luneray
Thil
Auppegard
Brachy
Hermanville
St Pierre-en-Port
Vinnemerville
Butot-Vénesville
Ocqueville
Houdetot
Fontaine-le-Dun
Gruchet-St Siméon
Écretteville
Sassetot-le-Mauconduit
Criquetot-le-Mauconduit
Canouville
Clasville
Cany-Barville
Crasville-la-Mallet
Ste Colombe
Ermenouville
Crasville-la-Rocquefort
Greuville
Autigny
Vénestanville
Ancretteville-s-Mer
Ouainville
Sasseville
Drosay
Anglesqueville-la-Bras-Long
Bourville
Rainfreville
Lammerville
D 925
Ste Hélène-Bondeville
Angerville-la-Martel
Theuville-aux-Maillots
Touffrainville
Héberville
Brametot
Tocqueville-en-Caux
Bacqueville-en-Caux
Thérouldeville
Bertreville
Bertheauville
Barville
Bosville
Canville-les-2-Églises
Fultot
Gonzeville
Bretteville-St Laurent
Reuville
Biville-la-Rivière
Royville
Lamberville
Sassetot-le-Malgardé
Gonnetot
Valmont
Gerponville
Grainville-la-Teinturière
St Vaast-Dieppedalle
Veauville-lès-Quelles
Hautot-l'Auvray
Bénesville
St Laurent-en-Caux
Saâne-St Just
Lestanville
St Ouen-le-Mauger
Ourville-en-Caux
Riville
Auffay
Robertot
Doudeville
Galleville
Étalleville
Prétot
Auzouville-s-Saâne
Thiergeville
Thiétreville
Beuzeville-la-Guérard
le Hanouard
Oherville
Sommesnil
Carville-Pot-de-Fer
Boudeville
le Torp-Mesnil
St Pierre-Bénouville
Daubeuf-Serville
Sorquainville
Ypreville-Biville
Cleuville
Harcanville
Berville
Amfreville-les-Champs
Lindebeuf
Imbleville
Belleville-en-Caux
Biville-la-Baignarde
Limpiville
Normanville
Thiouville
Ancourteville
Héricourt-en-Caux
Anvéville
Val-de-Saâne
Calleville-les-2-Églises
Bailleul
Bénarville
Tocqueville-les-Murs
Ste Marguerite-s-Fauville
Cliponville
Hautot-St Sulpice
Yvecrique
Criquetot
la Bourgogne
Grosœuvre
Vibeuf
la Fontelaye
St Vaast-du-Val
Bennetot
Étoutteville
Gremonville
Yerville
Bourdainville
Bertrimont
Angerville
St Maclou-la-Brière
Trémauville
Fauville-en-Caux
St Pierre-Lavis
Rocquefort
Autretot
Veauville-lès-Baons
Ancretiéville
Bretteville-St Victor
Gueutteville
Hattenville
Envronville
Hautot-le-Vatois
Bermonville
Ectot-lès-Baons
Auzouville-l'Esneval
St Martin-aux-Arbres
Eclot-l'Auber
Yébleron
Ricarville
Ecretteville-lès-Baons
Baons-le-Comte
Flamanville
Motteville
Saussay
St Ouen-du-Breuil
Hugleville-en-Caux
Bernières
Auzouville
Cléville
Foucart
Valliquerville
Yvetot
Ste Marie-des-Champs
St Clair-s-les-Monts
Ecalles-Alix
Cideville
Emanville
Limésy
Rouville
Bolleville
Alvimare
Raffetot
Allouville-Bellefosse
Auzebosc
Bois-Himont
Croix-Mare
Mesnil-Panneville
Austreberthe
Sierville
Lanquetot
Trouville
Touffreville-la-Corbeline
la Folletière
St Antoine
Fréville
Goupillières
Anceaumeville
Gruchet-le-Valasse
Beuzevillette
Lintot
Grand-Camp
St Aubin-de-Crétot
St Gilles-de-Crétot
Louvetot
Maulévrier-Ste Gertrude
Betteville
Blacqueville
Bouville
Pavilly
Fresquiennes
St Antoine-la-Forêt
la Trinité-du-Mont
St Nicolas-de-la-Haie
Anquetierville
Caudebec-en-Caux
Rançon
Carville-la-Folletière
Barentin
Lillebonne
St Jean-de-Folleville
Auberville-la-Campagne
Frenaye
St Arnoult
St Wandrille-Rançon
Épinay-s-Duclair
Villers-Écalles
Pissy
Touffreville-la-Cable
Villequier
St Nicolas-de-Bliquetuit
Pont de Brotonne
Ste Marguerite-s-Duclair
St Paër
Roumare
N.D. de Gravenchon
Triquerville
Vatteville-la-Rue
N.D. de Bliquetuit
la Mailleraye-s-Seine
St Pierre-de-Varengeville
la Vaupalière
St Jean-du-Cardonnay
N.D. de Bondeville
Tancarville
PARC NATUREL REGIONAL
DES BOUCLES DE LA
Port-Jérôme
Quillebeuf
St Aubin
Norville
Duclair
Berville-s-S
Hénouville
Maromme
Petiville
Etelan
St Maurice-d'Etelan
le Trait
Ambourville
Anneville-s-S
Montigny
Canteleu
Heurteauville
Yainville
Jumièges
Bardouville
la Chaussée-du-Pont
Vieux-Port
Aizier
FORÊT DE BROTONNE
St Martin-de-Boscherville
Croisset
Quevilly
Réserve Naturelle des Mannevilles
Marais Vernier
Ste Opportune-la-Mare
Trouville-la-Haule
A 29
E 44
A 131
A 151
N 15
N 29
N 27

A
B
C
1
2
3
4
15
32
Newhaven
DIEPPE
N. Dame Bon-Secours
le Tréport
Mers-les-Bains
Ault
Onival
Woignarue
Hautebut
le Bois-de-Cise
Friaucourt
Allenay
Martaigneville
St Quentin-la-Motte-Croix-au-Bailly
Eu
Calvaire des Terrasses
Mesnil-Val
Criel-Plage
Mont Jolibois
Criel-s-Mer
Flocques
Etalondes
Ponts-et-Marais
Oust-Marest
Bouvaincourt
Méneslies
St Pierre-en-Val
Incheville
Triage
Mesnil-en-Caux
Tocqueville-s-Eu
Assigny
Touffreville-s-Eu
St Rémy
Godelmesnil
Heudelimont
St Sulpice-s-Yères
Baromesnil
Monchy-s-Eu
Forêt d'Eu
E.D.F. Centrale nucléaire
Biville-s-Mer
Penly
Brunville
Canehan
St Martin-le-Gaillard
Bois du Tôt
le Mesnil-Réaume
Millebosc
St Martin-Plage
Berneval-s-Mer
Berneval-le-Grd
Belleville-s-Mer
Vassonville
St Martin-en-Campagne
Guilmécourt
Bois-Ricard
Auquemesnil
Cuverville-s-Yères
le Coudroy
Melleville
Guerville
Sept-Meulest
Villy-sur-Yères
Bracquemont
Puys
Graincourt
Englesqueville
Greny
Tourville-la-Chapelle
St Quentin-au-Bosc
Grattepanche
St Aignan
Derchigny
Glicourt
Intraville
Gouchaupré
Brétigny
le Burel
Taillemesnil
Avesnes-en-Val
Val-du-Roy
Grandcourt
Phare d'Ailly
Valleuse Vasterival
Pourville-s-Mer
Varengeville-s-Mer
Petit-Appeville
Neuville
Grèges
Coqueréaumont
Sauchay-le-Haut
Sauchay-le-Bas
Breuilly
le Bucq
Etrimont
Bailly-en-Rivière
Pelvert
Blanques
Maisoncelle
Feuilloy
Folny
Touffécal
Manoir d'Ango
Hautot-s-Mer
Rouxmesnil-Bouteilles
Ancourt
Martin-Eglise
Forêt d'Arques
Bellengreville
Torqueville
Envermeu
St Ouen-s/s-Bailly
Monthuit
Renouval
Montigny
les Ifs
la Londe
Fresnoy-Folny
Hesmy
Longueil
Offranville
Tous-les-Mesnils
le Hamelet
les Vertus
St Aubin-s-Scie
Arques-la-Bataille
St Aubin-le-Cauf
St Nicolas-d'Aliermont
Fumechon
Angreville
Douvrend
le Mont-Landrin
Bailly-en-Campagne
Puisenval
St Denis-d'Aclon
Ouville-la-Rivière
Miromesnil
Martigny
Dampierre-St Nicolas
Wanchy
Capval
les Fosses
Ambrumesnil
Sauqueville
Tourville-s-Arques
Beaumais
St Jacques-d'Aliermont
N.D. d'Aliermont
le Hamel
Béthencourt
Avremesnil
Gueures
Colmesnil
Aubermesnil
le Bois-Robert
St Germain-d'Etables
Meulers
Boissay
Epinay
Londinières
Fréauville
Luneray
Thil
Auppegard
Manéhouville
Anneville-s-Scie
la Chaussée
la Chapelle-du-Bourgay
Freulleville
Ste Agathe-d'Aliermont
Brachy
Hermanville
Mont-Candon
Bout-l'Abbé
Crosville-s-Scie
Bois-Hulin
les Essarts
le Manoir-du-Val
St Vaast-d'Equiqueville
Croixdalle
Clais
Bertreville
Omonville
Dénestanville
Puits-Martin
Torcy-le-Petit
Forêt du Croc
Ricarville-du-Val
Osmoy-St Valery
Forêt du Hellet
Bailleul
Lintot-les-Bois
Longueville-s-Scie
Ste Foy
Torcy-le-Grand
les Gdes Ventes
Bures-en-Bray
Baillolet
Fesques
Lucy
Bacqueville-en-Caux
Belmesnil
Criquetot-s-Longueville
St Crespin
St Honoré
Muchedent
Mesnil-Follemprise
Isambertheville
Mesnières-en-Bray
Ménonval
St Germain-s-Eaulne
Royville
Lamberville
les Cent-Acres
le Catellier
Forêt des Nappes
Sâane-St Just
Lestanville
St Mards
Gonneville-s-Scie
N.D.-du-Parc
Ardouval
Fresles
St Martin-l'Hortier
Quiévrecourt
Neufchâtel-en-Bray
Heugleville-s-Scie
Cropus
St Hellier
Pommeréval
Bully
St Pierre-Bénouville
Beaunay
Ste Geneviève
Bosc-Renoult
Biville-la-Baignarde
Auffay
Cressy
Forêt d'Eawy
Calvaire
Bellencombre
Rosay
Maucomble
Esclavelles
Val-de-Saâne
Imbleville
Belleville-en-Caux
Calleville-les-2-Eglises
St Denis-s-Scie
Sévis
le Bosmelet
la Crique
St Vaast-du-Val
Vassonville
Tôtes
Ecrépigny
St Maclou-de-Folleville
St Victor-l'Abbaye
Montreuil-en-Caux
la Pommeraye
Massy
la Croix-des Mazis
Bertrimont
Ancretiéville
Bracquetuit
Mesnil-Bénard
Beaumont-le-Hareng
St Saëns
Bosc-Mesnil
Fontaine-en-Bray
Mesnil-Mauger
Gueutteville
Varneville
Fresnay-le-Long
Etaimpuis
Grigneuseville
Bradiancourt
Neufbosc
Ste Geneviève
Cottévrard
Saussay
Hugleville-en-Caux
la Houssaye-Béranger
Bosc-Bérenger
St Martin-Osmonville
Montérolier
Sommery
Emanville
Grugny
Frichemesnil
Bosc-le-Hard
Mathonville
Roncherolles-en-Bray
Limésy
Bocasse
Authieux
Esteville
Critot
Maucomble

D E F

1 2 3 4

6 7 18 33 34

Abbeville
St Riquier
Drucat
Caours
Neufmoulin
Maison-Roland
Mesnil-Domqueur
Ribeaucourt
Domqueur
Bussus-Bussuel
Yaucourt-Bussus
Gorenflos
Fransu
Franqueville
Ailly-le-Ht Clocher
Brucamps
Surcamps
Vauchelles-lès-Domart
Mouflers
Bouchon
Long
Cocquerel
Francières
Pont-Remy
Eaucourt-s-S.
Epagne-Epagnette
Bellancourt
Buigny-l'Abbé
Monflières
Vauchelles-lès-Quesnoy
Mareuil-Caubert
Bray-lès-Mareuil
Erondelle
Liercourt
Fontaine-s-Somme
L'Etoile
Longpré-les-Corps-Saints
Condé-Folie
Flixecourt
Ville-le-Marclet
Bourdon
Hangest-s-Somme
Crouy-St-Pierre
Yzeux
Soues
Le Mesge
Quesnoy-s-Airaines
Airaines
Hallencourt
Wanel
Sorel-en-Vimeu
Bettencourt-Rivière
Hocquincourt
Citerne
Mérélessart
Allery
Métigny
Laleu
Tailly
Warlus
Avelesges
Montagne
Riencourt
Cavillon
Fourdrinoy
Oissy
Dreuil-lès-Molliens
Camps-en-Amiénois
Molliens-Dreuil
Bougainville
Fluy
Revelles
Briquemesnil-Floxicourt
Seux
St Aubin-Montenoy
Fresnoy-au-Val
Bussy-lès-Poix
Courcelles-s-Moyencourt
Fricamps
Thieulloy-l'Abbaye
Hornoy-le-Bourg
Lamaronde
Moyencourt-lès-Poix
Croixrault
Poix-de-Picardie
Blangy-s-s-Poix
Fremontiers
Bergicourt
Guizancourt
Brassy
Sentelie
Courcelles-s-s-Thoix
Belleuse
Thoix
Dargies
Offoy
Laverrière
Lavacquerie
Beaudéduit
Mesnil-Conteville
Choqueuses-les-Benards
Conteville
Le Hamel
Grandvilliers
Halloy
Grez
Hétomesnil
Thieuloy-St-Antoine
Saulchoy-s-s-Poix
Thieulloy-la-Ville
Equennes-Eramecourt
Lahaye-St-Romain
Dameraucourt
Sarnois
Elencourt
Sarcus
St Thibault
Hescamps
Méréaucourt
Frettemolle
Fouilloy
Souplicourt
Marlers
Meigneux
Lignières-Châtelain
Caulières
Offignies
Bettembos
Morvillers-St-Saturnin
Gauville
Fourcigny
Escles-St-Pierre
Quincampoix
Gourchelles
Romescamps
Abancourt
Blargies
Mollens
Broquiers
Formerie
Feuquières
Hautbos
Bouvresse
Boutavent
Briot
Brombos
Mureaumont
Campeaux
St Arnoult
Omécourt
St Maur
Aumale
Morienne
Ellecourt
Marques
Nullemont
Landes-Vieilles-et-Neuves
Illois
Haudricourt
Ronchois
Criquiers
Conteville
Beaussault
Compainville
Gaillefontaine
Haucourt
Forges-les-Eaux
Longmesnil
Serqueux
Graval
Mortemer
Flamets
Auvilliers
le Caule
Richemont
Aubéguimont
Campneuseville
Réalcamp
Foucarmont
Fallencourt
Callengeville
Rétonval
Aubermesnil-aux-Erables
St Léger-aux-Bois
St Martin-au-Bosc
Blangy-s-Bresle
Bouttencourt
Nesle-Normandeuse
Senarpont
Pierrecourt
St Riquier-en-Rivière
Dancourt
Bazinval
Monchaux
Rieux
Gamaches
Bouillancourt-en-Séry
Le Translay
Framicourt
Biencourt
Oisemont
Cerisy-Buleux
Forceville-en-Vimeu
Neuville-au-Bois
Woirel
Fontaine-le-Sec
Vergies
Heucourt
Etréjust
Belloy-St-Léonard
Méricourt
Aumont
Hallivillers
Epaumesnil
St Maulvis
Avesnes-Chaussoy
Fresneville
Andainville
Dromesnil
Villers-Campsart
Liomer
Brocourt
Arguel
Le Quesne
Inval-Boiron
Le Mazis
St Aubin-Rivière
St Léger-s-Bresle
Neuville-Coppegueule
St Germain-s-Bresle
Beaucamps-le-Jeune
Beaucamps-le-Vieux
Lafresguimont-St-Martin
Guémicourt
Bermesnil
Lignières-en-Vimeu
Foucaucourt
Aumâtre
Frettecuisse
Mouflières
Cannessières
Villeroy
Rambures
Neslette
Fresnes-Tilloloy
Vaux-Marquenneville
St Maxent
Doudelainville
Martainneville
Frettemeule
Maisnières
Vismes-au-Val
Huppy
Limeux
Bailleul
Grébault-Mesnil
Tours-en-Vimeu
Aigneville
Buigny-les-Gamaches
Dargnies
Feuquières-en-Vimeu
Chépy
Ercourt
Béhen
Huchenneville
Moyenneville
Acheux-en-Vimeu
Tœufles
Fressenneville
Woincourt
Friville-Escarbotin
Franleu
Miannay
Cambron
Quesnoy-le-Montant
Ochancourt
St Blimont
Bourseville
Nibas
Mons-Boubert
Saigneville
Brutelles
Tilloy

A
B
C
Longvillers
Beaumet
Bernaville
Autheux
Gézaincourt
Authieule
Amplier
Orville
Fienvillers
Caumesnil
Famechon
Thièvres
St Léger-lès-Authie
Couin
Bayencourt
Maison-Roland
Mesnil-Domqueur
Domesmont
Longuevillette
Freschevillers-lès-Doullens
Sarton
Authie
Coigneux
Ribeaucourt
Domqueur
Vacquerie
Gorges
Candas
Beauval
Amplier-Orat
Montplaisir
Marieux
Bus-lès-Artois
Courcelles-au-Bois
Bussus-Bussuel
Fransu
Houdencourt
Barlette
Epécamps
Lanches-St Hilaire
Terramesnil
Vauchelles-lès-Authie
Louvencourt
Gorenflos
Franqueville
Berneuil
Montrelet
Beauquesne
Val Vion
Bertrancourt
Famechon
Ergnies
Bonneville
Valheureux
Beaussart
Ailly-le-Ht Clocher
Brucamps
St Hilaire
Fieffes
Vert-Galant
Belle Eglise
Acheux-en-Amiénois
Surcamps
Domart-en-Ponthieu
le Rosel
Raincheval
Arquèves
Léalvillers
Forceville
Pernois
Canaples
la Vicogne
Puchevillers
Vauchelles-lès-Domart
St Léger-lès-Domart
Halloy-lès-Pernois
Varennes
Hédauville
Mouflers
Bouchon
la Folie
Berteaucourt-lès-Dames
Havernas
Val de Maison
le Quesnoy
Harponville
St Ouen
Wargnies
Naours
Talmas
Hérissart
Toutencourt
l'Etoile
Ville-le-Marclet
Bettencourt-St Ouen
Septenville
Rubempré
Warloy-Baillon
Senlis-le-Sec
Moréaucourt
Flixecourt
Vignacourt
Olincourt
Pierregot
Mirvaux
Contay
Hénencourt
Millencourt
Condé-Folie
Bourdon
Flesselles
Villers-Bocage
Beaucourt-s-l'Hallue
Vadencourt
Baizieux
Laviéville
Hangest-s-Somme
Crouy-St-Pierre
Yzeux
St-Vaast-en-Chaussée
Frémont
Montonvillers
Molliens-au-Bois
Bavelincourt
Bresle
Belloy-s-Somme
Abbe du Gard
Bertangles
Rainneville
Montigny-s-l'Hallue
Béhencourt
Franvillers
Buire-s-l'Ancre
Vaux-en-Amiénois
Coisy
Ribemont-s-Ancre
Soues
la Chaussée-Tirancourt
St Pierre-à-Gouy
Samara
Ramponneau
Cardonnette
St Gratien
Fréchencourt
Heilly
Méricourt-l'Abbé
Quesnoy-s-Airaines
le Mesge
Picquigny
St-Sauveur
Argœuves
Poulainville
Allonville
Querrieu
Lahoussoye
Pont-Noyelles
Bonnay
Cavillon
Fourdrinoy
Breilly
Ailly-s-Somme
AMIENS
Longpré-lès-Amiens
Montières
Pt Camon
les Alençons
Corbie
Vaux-s-Somme
Sailly-Laurette
Riencourt
Romont
Dreuil-lès-Amiens
Rivery
Bussy-lès-Daours
Daours
la Neuville
Bouzencourt
Vaire-s/s-Corbie
Oissy
Saissemont
Saveuse
Hamelet
le Hamel
Dreuil-lès-Molliens
Orat
Saisseval
Ferrières
Renancourt
Camon
Vecquemont
Lamotte-Brebière
Aubigny
Fouilloy
Mémorial australien
Briquemesnil-Floxicourt
Bovelles
Pont-de-Metz
Blangy-Tronville
Seux
Guignemicourt
Salouël
Longueau
Glisy
Villers-Bretonneux
Bougainville
Pissy
Clairy-Saulchoix
Université
le Pt Blangy
Fluy
Revelles
Saleux
Vers-s-Selles
Cagny
Boves
Cachy
Marcelcave
Fresnoy-au-Val
Montenoy
Dury
Pt Cagny
Gentelles
Wiencourt-l'Equipée
Bussy-lès-Poix
Creuse
Forêt de Creuse
Bacouel-s-Selle
St Fuscien
le Paraclet
Fouencamps
Hangard
Aubercourt
Ignaucourt
Quevauvillers
Namps-au-Mont
Prouzel
Buyon
Sains-en-Amiénois
Centre d'hydrobiologie
Berteaucourt
Domart-s-la-Luce
Courcelles-s/s-Moyencourt
Rumaisnil
Fossemanant
Plachy
Hébécourt
Mamont
Thézy-Glimont
Thennes
Hourges
Démuin
Fosse-Bleuet
Taisnil
Namps-au-Val
Neuville-lès-Lœuilly
Nampty
Rumigny
la Racineuse
Cottenchy
Dommartin
Hailles
Croixrault
Bois de la Réserve
Cne de Namps-Maisnil
la Mouche
Castel
Maison Blanche
Estrées-s-Noye
Villers-aux-Erables
Poix-de-Picardie
Ménesvillers
Outre l'Eau
St Sauflieu
Grattepanche
Guyencourt-s-Noye
Remiencourt
Mézières-en-Santerre
Bois de Frémontiers
B. de Wailly
Wailly
Lœuilly
Oresmaux
Morisel
Rouvrel
Fresnoy-en-Chaussée
Velennes
Uzenneville
St Nicolas
Ailly-s-Noye
Moreuil
Famechon
Frémontiers
Tilloy-lès-Conty
Jumel
Merville-au-Bois
Mailly-Raineval
le Plessier-Rozainvillers
Hangest-en-Santerre
Bergicourt
Contre
le Hamel
Essertaux
Berny-s-Noye
Louvrechy
la Neuville Sire-Bernard
Guizancourt
Fleury
Conty
le Bosquel
Flers-s-Noye
Chaussoy-Epagny
Hainneville
Sauvillers-Mongival
Braches
Brassy
Sentelie
Courcelles-s/s-Thoix
Luzières
Contoire
St Lambert
l'Estocq
Fransures
Epagny
Aubvillers
Hamel
Davenescourt
Pierrepont-s-Avre
Belleuse
Tours
Thoix
Monsures
Rogy
Lawarde-Mauger-l'Hortoy
Chirmont
Sourdon
Thory
Hargicourt
Offoy
Croissy-s-C.
Gouy-les-Groseillers
Hallivillers
la Faloise
Ainval
Bouillancourt-la-Bataille
Boussicourt
Lavacquerie
Esclainvillers
Septoutre
Malpart
Fme de Montplaisir
Grivesnes
Marestmontiers
Gratibus
Beaudéduit
Bonneleau
Quiry-le-Sec
le Plessier
St Aignan
le Mesnil-Conteville
Fontaine-Bonneleau
Bonneuil-les-Eaux
la Folie de Bonneuil
Paillart
Folleville
Framicourt
Courtemanche
Choqueuse-les-Bénards
Blancfosse
Esquennoy
Visigneux
Coullemelle
Conteville
Catheux
Fléchy
Rouvroy-les-Merles
Rocquencourt
Villers-Tournelle
Cantigny
Fontaine-s/s-Montdidier
St Martin
Fme Ecole
Silo
Belle Assise
St Médard
Doméliers
Villers-Vicomte
Breteuil
Tartigny
Sérévillers
Mesnil-St Georges
la Houssoye
le Saulchoy
Cormeilles
le Mesnil-St Firmin
Cardonnois
Ayencourt
Ovillers
le Gallet
le Crocq
Ebeillaux
Hardivillers
Bacouël
Broyes
Assainvillers
Petit Lihus
la Borde
Viefvillers
Vendeuil
Théâtre Gallo-Romain
Plainville
Bois de la Hérelle
A 16
A 29
E 44
N 1
N 25
N 29
D 929
D 934
D 935
Somme
Avre
Noye
Selle
Luce
Hallue
Ancre
Authie

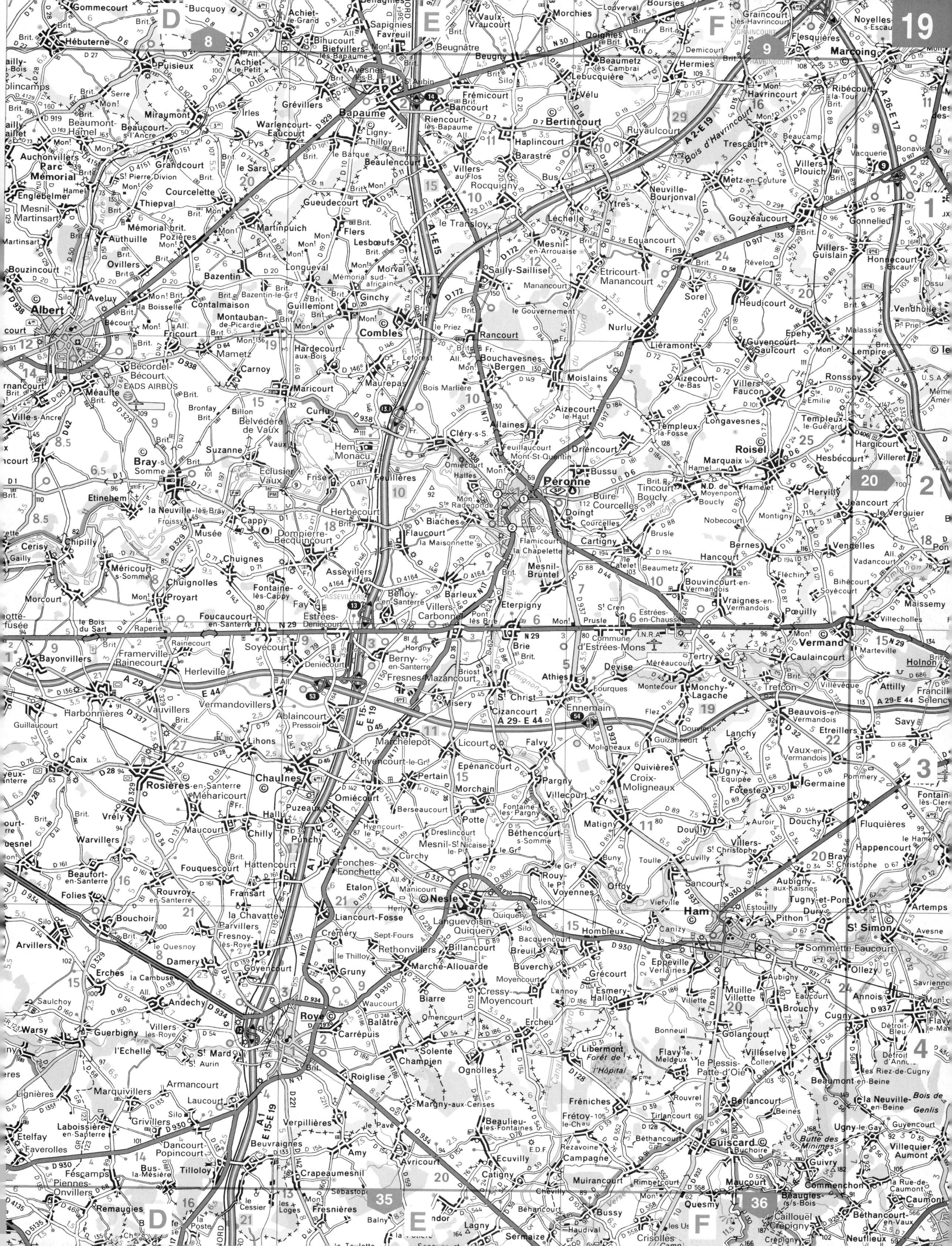

19
D
E
F
8
9
20
35
36
Gommecourt
Bucquoy
Achiet-le-Grand
Sapignies
Favreuil
Vaulx-Vraucourt
Morchies
Louverval
Boursies
Graincourt-lès-Havrincourt
Noyelles-s-Escaut
Hébuterne
Puisieux
Achiet-le-Petit
Bihucourt
Biefvillers-lès-Bapaume
Beugnâtre
Beugny
Doignies
Beaumetz-lès-Cambrai
Lebucquière
Demicourt
Hermies
Flesquières
Marcoing
Havrincourt
Ribécourt-la-Tour
Serre
Miraumont
Irles
Grévillers
Avesnes-lès-Bapaume
Bapaume
St Aubin
Frémicourt
Bancourt
Vélu
Bertincourt
Ruyaulcourt
Bois d'Havrincourt
Trescault
Beaumont-Hamel
Beaucourt-s-l'Ancre
Warlencourt-Eaucourt
Ligny-Thilloy
Riencourt-lès-Bapaume
Haplincourt
Barastre
Beaucamp
Villers-Plouich
la Vacquerie
Bonavis
Auchonvillers
Parc Mémorial
Grandcourt
Pys
le Sars
le Barque
Beaulencourt
Villers-au-Flos
Rocquigny
Bus
Metz-en-Couture
Neuville-Bourjonval
Ytres
Englebelmer
Mesnil-Martinsart
St Pierre Divion
Thiepval
Courcelette
Gueudecourt
le Transloy
Léchelle
Gouzeaucourt
Gonnelieu
Mémorial brit.
Martinpuich
Flers
Lesbœufs
Mesnil-en-Arrouaise
Equancourt
Fins
Villers-Guislain
Martinsart
Authuille
Pozières
Longueval
Morval
Sailly-Saillisel
Etricourt-Manancourt
Révelon
Honnecourt-s-Escaut
Ossu
Bouzincourt
Ovillers
Bazentin
Mémorial sud-africain
Ginchy
Manancourt
Sorel
Heudicourt
Aveluy
Albert
la Boisselle
Contalmaison
Bazentin-le-Grd
Guillemont
Combles
le Gouvernement
Nurlu
Epehy
Vendhuile
Bécourt
Fricourt
Montauban-de-Picardie
le Priez
Rancourt
Liéramont
Guyencourt-Saulcourt
Malassise
Pt Priel
Mametz
Hardecourt-aux-Bois
Leforest
Bouchavesnes-Bergen
Moislains
Aizecourt-le-Bas
Villers-Faucon
Lempire
Ronssoy
Bécordel-Bécourt
Carnoy
Maurepas
Bois Marlière
Ste Emilie
Méaulte
EADS AIRBUS
Maricourt
Curlu
Allaines
Aizecourt-le-Haut
Templeux-la-Fosse
Longavesnes
Templeux-le-Guérard
Hargicourt
Villeret
Ville-s-Ancre
Bronfay
Billon
Belvédère de Vaux
Cléry-s-S.
Feuillaucourt
Mont-St-Quentin
Driencourt
Marquaix
Hamel
Roisel
Hesbécourt
Suzanne
Bray-s-Somme
Vaux
Hem-Monacu
Eclusier-Vaux
Frise
Feuillères
Omiécourt
Halles
Péronne
Bussu
Tincourt-Boucly
N.D. de Moyenpont
Hamelet
Hervilly
Jeancourt
le Verguier
Etinehem
la Neuville-lès-Bray
Froissy
Cappy
Herbécourt
Ste Radegonde
Biaches
Buire-Courcelles
Doingt
Courcelles
Montigny
Nobecourt
Musée
Dompierre-Becquincourt
Flaucourt
la Maisonnette
Flamicourt
la Chapelette
Cartigny
Brusle
Bernes
Vendelles
Cerisy
Chipilly
Gailly
Méricourt-s-Somme
Chuignes
Assevillers
Mesnil-Bruntel
le Catelet
Beaumetz
Hancourt
Vadancourt
Bihécourt
Soyécourt
Maissemy
Morcourt
Chuignolles
Proyart
Fontaine-lès-Cappy
Fay
Belloy-en-Santerre
Barleux
Villers-Carbonnel
Eterpigny
St Cren
Estrées-en-Chaussée
Bouvincourt-en-Vermandois
Vraignes-en-Vermandois
Flêchin
Pœuilly
Villecholles
le Bois du Sart
la Raperie
Foucaucourt-en-Santerre
Estrées-Deniécourt
Pont lès Brie
Prusle
I.N.R.A.
Vermand
Rainecourt
Framerville-Rainecourt
Soyécourt
Horgny
Berny-en-Santerre
Brie
Commune d'Estrées-Mons
Tertry
Caulaincourt
Marteville
Holnon
Bayonvillers
Herleville
Deniécourt
Fresnes-Mazancourt
Briost
Athies
Devise
Méraucourt
Montecour
Monchy-Lagache
Trefcon
Villévêque
Attilly
Francilly-Selency
Harbonnières
Vauxvillers
Vermandovillers
Misery
St Christ
Cizancourt
Fourques
Ennemain
Flez
Beauvois-en-Vermandois
Savy
Guillaucourt
Ablaincourt-Pressoir
Marchélepot
Licourt
Falvy
Douvieux
Guizancourt
Lanchy
Etreillers
Caix
Lihons
Chaulnes
Hyencourt-le-Grd
Epénancourt
Pertain
Moligneaux
Quivières
Croix-Moligneaux
Ugny-l'Equipée
Foreste
Vaux-en-Vermandois
Germaine
Pommery
Rosières-en-Santerre
Méharicourt
Puzeaux
Omiécourt
Morchain
Pargny
Villecourt
Fontaine-les-Pargny
Vrély
Hallu
Chilly
Berseaucourt
Potte
Matigny
Douilly
Auroir
Douchy
Fluquières
Fontaine-lès-Clercs
Warvillers
Maucourt
Punchy
Hyencourt-le-Pt
Dreslincourt
Mesnil-St Nicaise-le-Pt
Béthencourt-s-Somme
Villers-St Christophe
Happencourt
le Hamel
Beaufort-en-Santerre
Fouquescourt
Hattencourt
Fonches-Fonchette
Curchy
le Grd Rouy
Rouy-le-Pt
Buny
Toulle
Cuvilly
Bray-St Christophe
Folies
Rouvroy-en-Santerre
Fransart
Etalon
Manicourt
Nesle
Voyennes
Offoy
Sancourt
Aubigny-aux-Kaisnes
Tugny-et-Pont
Artemps
Bouchoir
la Chavatte
Parvillers
Liancourt-Fosse
Herly
Languevoisin-Quiquery
Silos
Hombleux
Viefville
Ham
Estouilly
Pithon
Dury
St Simon
Avesne
Arvillers
le Quesnoy
Fresnoy-lès-Roye
Crémery
Sept-Fours
Rethonvillers
Billancourt
Bacquencourt
Breuil
Canizy
Eppeville
Verlaines
Sommette-Eaucourt
Ollezy
Savrienne
Erches
la Cambuse
Damery
Goyencourt
le Thilloy
Gruny
Marché-Allouarde
Buverchy
Grécourt
Aubigny
Eaucourt
Annois
Saulchoy
Andechy
Roye
Waucourt
Biarre
Cressy-Omencourt
Moyencourt
Lannoy
Esmery-Hallon
Muille-Villette
Villette
Brouchy
Cugny
Flavy-le-Martel
Warsy
Guerbigny
Villers-lès-Roye
Balâtre
Carrépuis
Omencourt
Ercheu
Bonneuil
Golancourt
Détroit-Bleu
l'Echelle
St Mard
St Aurin
Solente
Champien
Libermont
Forêt de l'Hôpital
Flavy-le-Meldeux
le Plessis-Patte-d'Oie
Villeselve
Collery
Détroit d'Annois
les Riez-de-Cugny
Lignières
Marquivillers
Armancourt
Roiglise
Ognolles
Beaumont-en-Beine
Bois de Genlis
Laucourt
Margny-aux-Cerises
Fréniches
Frétoy-le-Château
Rouvrel
Berlancourt
Beines
la Neuville-en-Beine
Grivillers
Verpillières
le Pavé
Tirlancourt
Guyencourt
Ugny-le-Gay
Villequier-Aumont
Laboissière-en-Santerre
Etelfay
Faverolles
Dancourt-Popincourt
Beuvraignes
Amy
Avricourt
Beaulieu-les-Fontaines
Ecuvilly
E.D.F.
Rezavoine
Campagne
Béthancourt
Guiscard
Buchoire
Butte des Minimes
Guivry
Commenchon
la Rue-de-Caumont
Caumont
Fescamps
Piennes-Onvillers
Bus-la-Mésière
Tilloloy
Crapeaumesnil
Catigny
Muirancourt
Rimbercourt
Maucourt
Chevilly
Remaugies
le Cessier
les Loges
Sébastopol
Fresnières
Balny
Lagny
Béhancourt
Bussy
Quesmy
Beaugies-s/s-Bois
Caillouël-Crépigny
Béthancourt-en-Vaux
Neuflieux
Sermaize
Haudival
Crisolles
la Poste

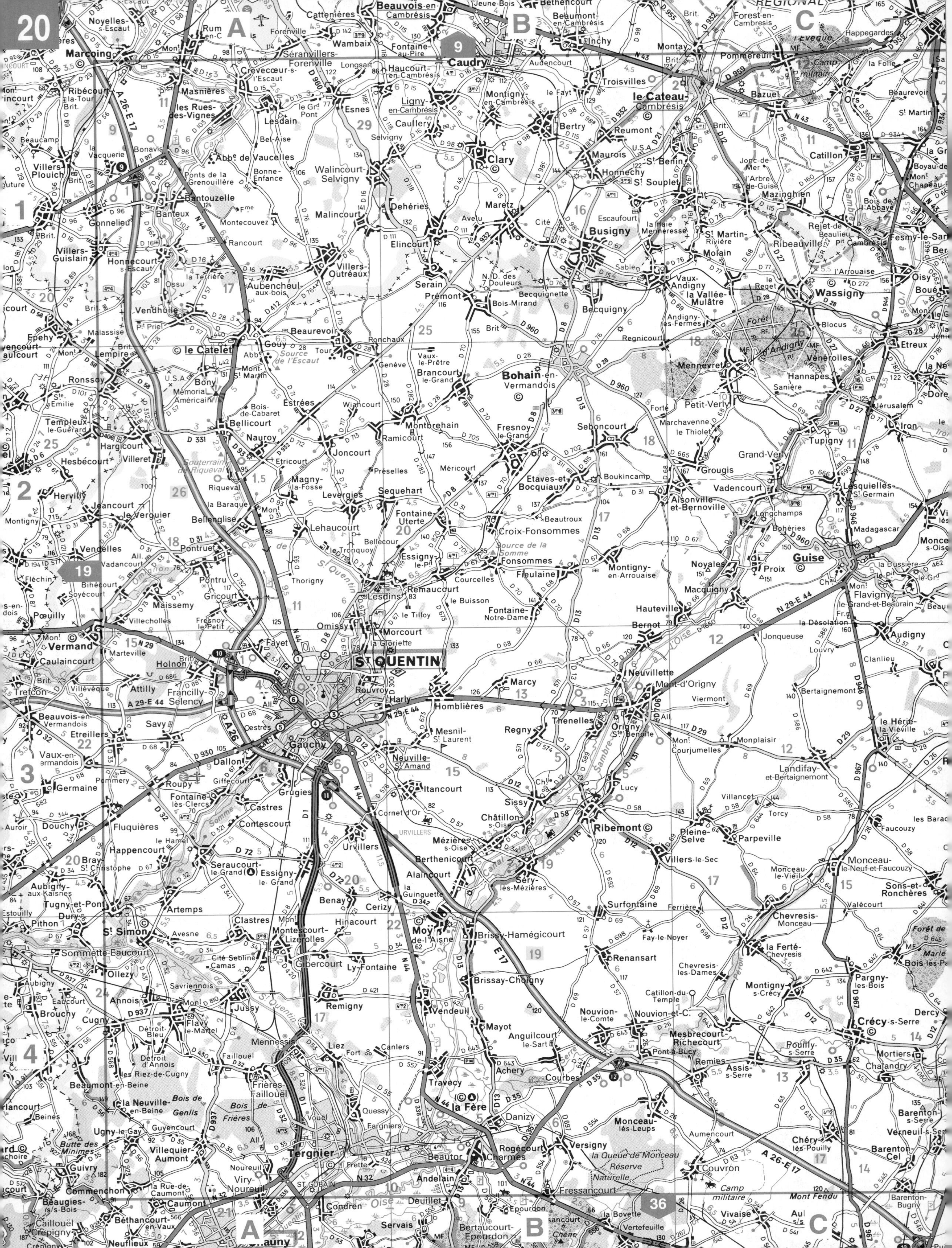

Marcoing
Masnières
Crèvecœur-s-l'Escaut
Caudry
Beauvois-en-Cambrésis
Le Cateau-Cambrésis
Inchy
Montay
Pommereuil
Bazuel
Catillon
Troisvilles
Clary
Bertry
Reumont
Maurois
Honnechy
St Souplet
Busigny
Maretz
Walincourt-Selvigny
Malincourt
Dehéries
Elincourt
Villers-Outréaux
Bantouzelle
Banteux
Gonnelieu
Villers-Guislain
Honnecourt-s-Escaut
Aubencheul-aux-bois
Serain
Prémont
Bohain-en-Vermandois
Wassigny
Vaux-Andigny
la Vallée-Mulâtre
Forêt d'Andigny
Mennevret
Etreux
Vénérolles
Hannapes
Petit-Verly
Grand-Verly
Tupigny
Iron
le Catelet
Gouy
Beaurevoir
Epehy
Ronssoy
Lempire
Bony
Mémorial Américain
Bellicourt
Nauroy
Estrées
Montbrehain
Fresnoy-le-Grand
Seboncourt
Grougis
Aisonville-et-Bernoville
Vadencourt
Lesquielles-St Germain
Guise
Flavigny-le-Grand-et-Beaurain
Hargicourt
Templeux-le-Guérard
Hesbécourt
Villeret
Joncourt
Levergies
Sequehart
Magny-la-Fosse
Etaves-et-Bocquiaux
Fontaine-Uterte
Croix-Fonsommes
Fonsommes
Fieulaine
Montigny-en-Arrouaise
Noyales
Proix
Macquigny
Hauteville
Bernot
Jeancourt
le Verguier
Vendelles
Bellenglise
Pontruet
Lehaucourt
Essigny-le-Pt
Remaucourt
Lesdins
Omissy
Morcourt
Fontaine-Notre-Dame
Maissemy
Pœuilly
Vermand
Caulaincourt
Holnon
Fayet
St QUENTIN
Rouvroy
Harly
Homblières
Marcy
Neuvillette
Mont-d'Origny
Origny-Ste Benoite
Thenelles
Regny
Mesnil-St Laurent
Neuville-St Amand
Itancourt
Sissy
Châtillon-s-Oise
Ribemont
Audigny
Le Hérie-la-Viéville
Landifay-et-Bertaignemont
Trefcon
Attilly
Francilly-Selency
Savy
Gauchy
Beauvois-en-Vermandois
Etreillers
Vaux-en-Vermandois
Dallon
Germaine
Roupy
Fontaine-lès-Clercs
Castres
Grugies
Contescourt
Fluquières
Douchy
Happencourt
Seraucourt-le-Grand
Essigny-le-Grand
Urvillers
Mézières-s-Oise
Berthenicourt
Alaincourt
Séry-lès-Mézières
Pleine-Selve
Parpeville
Villers-le-Sec
Surfontaine
Benay
Cerizy
Moy-de-l'Aisne
Brissy-Hamégicourt
Chevresis-Monceau
la Ferté-Chevresis
Renansart
Tugny-et-Pont
Dury
Artemps
St Simon
Clastres
Montescourt-Lizerolles
Hinacourt
Sommette-Eaucourt
Ollezy
Gibercourt
Ly-Fontaine
Remigny
Brissay-Choigny
Vendeuil
Mayot
Nouvion-le-Comte
Nouvion-et-C.
Mesbrecourt-Richecourt
Crécy-s-Serre
Montigny-s-Crécy
Pargny-les-Bois
Annois
Jussy
Flavy-le-Martel
Cugny
Brouchy
Mennessis
Liez
Anguilcourt-le-Sart
Achery
Travecy
la Fère
Danizy
Courbes
Remies
Assis-s-Serre
Pouilly-s-Serre
Mortiers
Chalandry
Beaumont-en-Beine
la Neuville-en-Beine
Frières-Faillouël
Ugny-le-Gay
Villequier-Aumont
Guivry
Commenchon
Tergnier
Quessy
Fargniers
Beautor
Charmes
Rogécourt
Versigny
Monceau-lès-Leups
Couvron
Chéry-lès-Pouilly
Barenton-Cel
Andelain
Viry-Noureuil
Caumont
Condren
Deuillet
Servais
Bertaucourt-Epourdon
Fressancourt
Vivaise
Aul
Béthancourt-en-Vaux
Caillouël-Crépigny
Beaugies-s/s-Bois
Neuflieux
A 26-E 17
N 29-E 44
N 44
N 43
D 960
D 1
D 967
9
19
36

Landrecies
Avesnes-s-Helpe
L'AVESNOIS
Avesnelles
Sains-du-Nord
Liessies
Willies
Eppe-Sauvage
Parc départemental du Val Joly
Forêt de Trélon
Trélon
Glageon
Prisches
Beaurepaire-s-Sambre
Etrœungt
Floyon
Larouillies
Rocquigny
Wignehies
Fourmies
Ohain
Momignies
Macon
Salles
Seloignes
Barzy-en-Thiérache
Fontenelle
Papleux
le Nouvion-en-Thiérache
Forêt du Nouvion (Domaine privé)
la Flamengrie
Anor
Forêt de Fourmies
la Capelle
Clairfontaine
Mondrepuis
Forêt d'Hirson (Domaine privé)
Macquenoise
Forêt de Signy-le-Petit
Buironfosse
Lavaqueresse
Lerzy
Froidestrées
Sommeron
Wimy
Ohis
Hirson
St Michel
Forêt de St Michel
Signy-le-Petit
Erloy
Sorbais
Gergny
Étréaupont
Origny-en-Thiérache
la Hérie
Watigny
Any-Martin-Rieux
Autreppes
St Algis
Haution
Landouzy-la-Ville
Éparcy
Bucilly
Martigny
Leuze
Aubenton
Vervins
Fontaine-lès-Vervins
Landouzy-la-Cour
Thenailles
Plomion
Jeantes
Besmont
Beaumé
Hannappes
Marfontaine
Rougeries
Harcigny
Bancigny
Coingt
Haye d'Aubenton
Mont-St Jean
Burelles
Hary
Braye-en-Thiérache
Nampcelles-la-Cour
Dagny-Lambercy
St Clément
Iviers
Dohis
Brunehamel
Les Autels
Marle
Bosmont-s-Serre
Vigneux-Hocquet
Renneval
Morgny-en-Thiérache
Parfondeval
Résigny
Tavaux-et-Pontséricourt
St Pierremont
Chaourse
Ste Geneviève
Dolignon
Rozoy-s-Serre
Rocquigny
Montcornet
Lislet
Soize
Montigny-le-Franc
Montloué
Noircourt
Berlise
Fraillicourt
Chaumont-Porcien
Cuirieux
Ébouleau
Clermont-les-Fermes
Vesles-et-Caumont
Pierrepont
Mâchecourt
la Ville-aux-Bois-lès-Dizy
le Thuel
Renneville
Bucy-lès-Pierrepont
Dizy-le-Gros
Missy-lès-Pierrepont
Chivres-en-Laonnois
Ste Preuve
Boncourt
Seraincourt
Monceau-le-Waast
Liesse-Notre-Dame
Lappion
Sévigny-Waleppe
la Grange-aux-Bois

A
B
C
1
2
3
4
Chimay
Couvin
Mariembourg
Nismes
Forêt de Nismes
Bois de Chimay
Bois de Couvin
Fumay
Haybes
Revin
Rocroi
Signy-le-Petit
Forêt de Signy-le-Petit
Maubert-Fontaine
Aubenton
Rumigny
Liart
Signy-l'Abbaye
Chaumont-Porcien
Novion-Porcien
Launois-s-Vence
Renwez
Bourg-Fidèle
les Mazures
Monthermé
Bogny-s-Meuse
Poix-Terron
Forêt de Froidmont
Forêt de Signy
Forêt du Francbois
Vallée de Misère
Virelles
Macquenoise
Momignies
Vireux-Molhain
Vireux-Wallerand
Hierges
Treignes
Vierves-sur-Viroin
Olloy-s-Viroin
Oignies-en-Thiérache
Tarzy
Auvillers-les-Forges
Rimogne
Harcy
Cliron
Tournes
Warcq
Mondigny
Boulzicourt
Omont
Wasigny
Wagnon
Grandchamp
Raillicourt
Serre
Fraillicourt
Seraincourt
Rocquigny
la Férée
Blanchefosse-et-Bay
Ham-les-Moines
Thin-le-Moutier
Neufmaison
Dommery
Jandun
Flaignes-Havys
Girondelle
Étalle
Chilly
Laval-Morency
Murtin-et-Bogny
Sormonne
Lonny
Gué-d'Hossus
Brûly
Cul-des-Sarts
Forges
Bourlers
Baileux
Gonrieux
Pesche
Dailly
Aublain
Boussu-en-Fagne
Petigny
Frasnes
Fagnolle
Dourbes
Salles
Macon
Seloignes
Baives
Riezes
Éteignières
Fligny
Watigny
Hannappes
Aouste
Rouvroy-s-Audry
l'Échelle
Remilly-les-Pothées
Clavy-Warby
St Marcel
This
Belval
Haudrecy
Fagnon
Warnécourt
Évigny
Champigneul-s-Vence
St Pierre-s-Vence
Guignicourt-s-Vence
Touligny
Barbaise
Villers-le-Tourneur
Neuvizy
Mazerny
Hagnicourt
Viel-St Remy
Sécheval
Deville
Joigny-s-Meuse
Montcornet
Arreux
Houldizy
Damouzy
Sévigny-la-Forêt
Tremblois-lès-Rocroi
Laifour
Anchamps
Mt Malgré-Tout
Montigny-s-Meuse
CHARLEV
MEZ
11
21
38

D E F

Ham-Meuse, Flohimont, Beauraing, Javingue, Martouzin, Pondrôme, Lavaux-Ste Anne, Ave-et-Auffe, Sourd-d'Ave, Belvaux, Lesse et Lomme, Lesterny, Grupont, Mormont, Musée, Fourneau St Michel

Charnois, Winenne, Chooz, Sevry, Wancennes, Revogne, Froidlieu, Wellin, Resteigne, Tellin, Bure, Awenne, Landrichamps, Felenne, Thanville, Honnay, Lomprez, Halma, Chanly, Barzin, Neupont, Sartay, Mirwart, Vonêche, Froidfontaine, Fays-Famenne, Bois de Sevri, Bois de St Remacle, Bois de Mohimont, Bois de Transinne, le Bestin, Glaumont, Bois de St Hubert, Arville, Lorcy, Préfroid, Val de Poix, Smuid, Poix-St Hubert, St Hubert

Forêt, Bourseigne-Neuve, Vencimont, Bourseigne-Vieille, Malvoisin, Daverdisse, Hamayde, Séchery, Les Boucats, Redu, Euro Space Center, Station de poursuite de satellites, Transinne, Hatrival, Pont-Colin, Sart-Custinne, Patignies, Haut-Fays, Gembes, Rienne, Gribelle, Selassin, Willerzie, Gedinne, Etang de Boiron, Gedinne-Station, Porcheresse, Bois au Ban, Libin, Villance, Calvaire, Maissin, Glaireuse, Anloy, Roumont, Bois de Warinsart

Bois de Rienne, Louette-St Pierre, Louette-St Denis, Croix Scaille, Bois St Jean, les Vx Moulins-de-Thilay, Graide, Beth, Bièvre, Houdremont, Longchamps, Opont, Graide-Station, Naomé, Framont, Ochamps, Bois des Haies, la Neuville-aux-Haies, Bellefontaine, les Six Chênons, Linchamps, Nafraiture, Monceau-en-Ardenne, Paliseul, Jehonville, Forêt de Luchi, Château-Regnault, Petit-Fays, Merny, Acremont, Luchi, Neuvillers, la Dauphine, Hérisson, Orchimont, Baillamont, Oizy, Carlsbourg, Offagne, Blanche-Oreille, Bois d'Outrouge, les Hautes Rivières, Naux, Nohan, Parc Naturel, Gorges, Vresse, Six-Planes, Mln de Mitauge, Launoy, Assenois-Glaumont, Failloue, Thilay, Screndal, Membre, la Haisette, Gros-Fays, Cornimont, Vivy, Nollevaux, Almache, Plainevaux, Fays-les-Veneurs, les Corettes, la Flèche, Burhaimont, Grandvoir, Rossart, Petitvoir

Haulmé, Bohan, les Dolimarts, Roches la Dame, Laforêt, Chairière, Mouzaive, Mogimont, Menuchenet, la Geripont, Bertrix, Saupont, Chêne Chaudron, Camp militaire, Alle, Rochehaut, Bellevaux, Biourges, Orgeo, Warmifontaine, Nevraumont, Harfontaine, Bagimont, Frahan, Ucimont, Sensenruth, la Cornette, Plat Bois, Botassart, Noirefontaine, Gespunsart, Rogissart, Sugny, Poupehan, Tombeau du Géant, Curfoz, les Hayons, Saut des Sorcières, Auby, Gribomont, St Médard, Neufmanil, Pussemange, Ban-d'Alle, Chaire à prêcher, Abbe de Cordemoy, Rer du Pendu, Cugnon, Renauvanne, Mortehan, Les Fourches, Dohan, Bouillon, Corbion, Fotêt, Herbeumont, Roches de Dampire, Forêt de Bouillon, Tombeau du Chevalier, Conques, d'Herbeumont, la Grandville, Gernelle, Parc animalier, St Laurent, Beaubru, Moulin-à-Vent, Forêt de Sedan, la Maison-Blanche, Ville-s-Lumes, Rumel, Issancourt-et-Rumel, le Sautou, Bosseval-et-Briancourt, Fleigneux, les 4-Chemins, les Amerois, Blanc Sart, Forêt de Muno, Roche du Chat, les Epioux, Vrigne-aux-Bois, St Menges, le Dos du Loup, la Chapelle, Olly, Illy, St Albert, Iges, les Douze Cents, Rocher de Bohan, Ste Cécile, Rer du Pinco, Rer du Hat, Défilé du Paradis, Chiny, Vivier-au-Court, Lumes, Montimont, Floing, Givonne, Grd Hez, Watrinsart, Fontenoille, Menil, Lacuisine, le Faucon, Vrigne-Meuse, Sedan, Villers-Cernay, Pouru-aux-Bois, Muno, les Quatre Arbres, Chassepierre, Laiche, Martué, Nouvion-s-Meuse, Dancourt, Glaire, le Chesnois, Lambermont, Florenville, Izel, Donchery, Balan, Daigny, la Moncelle, Francheval, Escombres-et-le-Chesnois, Frénois, Rubécourt-et-Lamecourt, Pouru-St Remy, Messincourt, Messempré, Pure, Matton-et-Clémency, Bois du Banel, Dom-le-Mesnil, Pont-à-Bar, la Croix-Piot, Wadelincourt, Ossuaire, Lamécourt, Douzy, Bazeilles, Villers-s-Bar, Cheveuges, Champ de tir, Pont-Maugis, Sachy, Osnes, Tremblois-les-Carignan, les Deux-Villes, Williers, Hannogne-St Martin, Bois de la Marfée, Noyers-Pont-Maugis, Remilly-Aillicourt, Brévilly, Tétaigne, Mogues, Abbe, Sapogne-et-Feuchères, St Aignan, Thelonne, Mairy, Chaumont, Chéhéry, Pt Remilly, Lombut, Carignan, Triage du Omicourt, Haut de Sapogne, Beaumesnil, Angecourt, Villers-devt-Mouzon, Amblimont, Villers-devt-Orval, Rocan, Bulson, Euilly-et-Lombut, Blagny, Puilly-et-Charbeaux, Connage, Haraucourt, Autrecourt-et-Pourron, Linay, Auflance, Margny, Arboretum, Sailly, Ste Barbe, Vendresse, Chémery-s-Bar, Mouzon, Vaux-lès-Mouzon, Fromy, Moiry, Sapogne-s-Marche, Herbeuval, Malmy, Villers, Raucourt-et-Flaba, Villy, Montlibert, Amblv, Maisoncelle-et-Villers, Silo, Villemontry, Moulins, Bois de la Riotte, Ardennes

A R D E N N E S

A 203, E 44-E 46, N 43-E 44, A4-E 411, N 89, N 95, N 40, N 835, N 853, N 899, N 935, N 952, N 810, N 83, N 58, N 865, N 884, N 845, N 86, N 803

1 2 3 4

D E F

39

A
B
C
1
2
3
4
Raz Blanchard
Cap de la Hague
Sémaphore
Roche Gélétan
Gros du Raz
Goury
St Germain-des-Vaux
les Herbeuses
la Coque
Sémaphore
Port Racine
Anse St Martin
Pointe Jardeheu
la Roche
Auderville
le Hâble
Omonville-la-Pie
Rue-Désert
Omonville-la-Rogue
Digulleville
Baie d'Ecalgrain
Mont Palis
Rocher du Castel-Vendon
Jobourg
C.R.C.S.S.
COGEMA (USINE NUCLEAIRE)
Eculleville
Gruchy
Pointe de Nacqueville
Nez de Voidries
Dannery
Landemer
Pointe de Querqueville
Nez de Jobourg
Gréville-Hague
Dur-Ecu
la Rivière
Querqueville
Ft Central
Ft de l'Est
Herqueville
Beaumont-Hague
Urville-N.
Ft de l'Ouest
Grande Rade
Île Pelée
Hameau-de-la-Mer
CHERBOURG-OCTEVILLE
Herquemoulin
Baie du Houguet
Pierres Pouquelées
Branville-Hague
Nacqueville
Léveillé
Rue-d'Ozouville
Hainneville
le Becquet
Bretteville
Prieuré
Ste Croix-Hague
Bourbourg
les Riquets
Vauville
Centre Scientifique
Tonneville
Equeurdreville-Hainneville
Anse de Vauville
le Pt Thot
la Croix-aux-Rois
Flottemanville-Hague
Nouainville
Tourlaville
Camp Maneyrol
la Croix-Frimot
les Noës
Fort du Roule
Rouges Terres
Calvaire des Dunes
Biville
Gourbesville
le Saussey
Quiévastre
Acqueville
le Pont
St Luce
la Glacerie
le Val-de-Bas
Champ
Carref. des Pelles
les Ingouts
Pénitot
Vasteville
Sideville
la Loge
le Bosquet
Herquetot
Teurthéville-Hague
Martinvast
Héauville
le Manoir
la Réveillerie
Hardinvast
les Tourterelles
Ruffosses
Clairefontaine
Baudretot
Tollevast
Siouville-Hague
Craville
la Viesville
Quetteville
le Férage
Hau de Haut
Virandeville
les Contes
le Bourg-Neuf
Beau Parlé
Delasse
Rochemont
Jersey, Guernsey
Service saisonnier
Flamanville
Couvert
Dielette
Helleville
St Christophe-du-Foc
St Martin-le-Gréard
E.D.F. Centrale nucléaire
Arthur
la Pte Siouville
les Pipets
Couville
les Quesnes
Carpentier
Mont-à-la-Quesne
Bretantot
Talfaret
Brix
Croix-Jourdan
Lieu-Jourdan
Samson
la Croix-Georges
Sotteville
Flamanville
Ragonde
St Jouvin
Sémaphore
Bricquebosq
Breuville
Tréauville
Bonnemains
Quesney
Benoîtville
la Caudière
Sottevast
Cap de Flamanville
Houël
les Fontaines
Rauville-la-Bigot
la Viéville
les Flamands
Croix-Jacob
la Brique
les Pieux
Sciotot
le Point-du-Jour
Grosville
St Martin-le-Hébert
les Sources
Falaises
Anse de Sciotot
Fme de Becqueville
le Pertus
Rocheville
Fritot
le Comte
Abbe N.D. de Grâce
Brisset
Carref. des Vergers
le Rozel
Bernay
Longueville
Quettetot
Négreville
St Germain-le-Gaillard
le Foyer
les Carrières
le Poux
la Campionnerie
Pierreville
Pointe du Rozel
Hauteville
Boulay
Bricquebec
Cr. de-la-Chaire
l'Etang-Bertrand
la Croix-Morain
Surtainville
la Mare-du-Parc
le Valhue
le Mesnil
Hameau
Béghin
le Vrétot
Scye
la Vente-aux-Saulniers
la Croix-des-Aumais
St Paul
Sénoville
Bastard
les Perques
le Carrefour
Magneville
Baubigny
Sortosville-en-Beaumont
la Fourquette
Bredonchel
Golleville
la Vallée
le Valdécie
la Brèche
Mulac
Nehou
Mont
Bretonnie
St Colom
le Meaudenaville
les Barrières
le Grd Hameau
la Rue
Hatainville
St Pierre-d'Arthéglise
le Cr. au Pelletier
St Jacques-de-Nehou
les Forges-Vardon
Blandamour
le Hecquet
les Moitiers-d'Allonne
Masse de Romond
la Haye-d'Ectot
St Maurice-en-Cotentin
le Pont-aux-Moines
Forêt
Aureville
Roches du Rit
St Sauveur-le-Vicomte
Mont-de-la-Place
Rau
Carteret
Barneville-Carteret
la Trigale
Fierville-les-Mines
la Blauderie
Forêt de St Sauveur
Chapelle
Moulins
la Charronnerie
Cap de Carteret
Rouallé
St Jean-de-la-Rivière
le Mesnil
Cadets
Besneville
le Défant
Barneville-Plage
la Picauderie
la Vauterie
Carmesnil
St Georges-de-la-Rivière
Bosqueville
la Grde Rugueville
Taillepied
Hautmesnil
l'Arbre
la Croix Blondel
Jersey
Service saisonnier
Mon Griffon
Huanville
Catteville
St Marc
Neuville-en-Beaumont
Réserve Naturelle de la Sangsurière et de l'Adrienne
le Havre
Portbail
Canville
la Rocque
St Lô-d'Ourville
St Sauveur-de-Pierrepont
la Besnarderie
les Rivières
Doville
St Nicolas-de-Pierrepont
la Guillerderie
Etenclin
Lindbergh-Plage
la Pellerine
Denneville
Auvrairie
Rossiare
Portsmouth
Poole
26

D
E
F
1
2
3
4
28
27
Basses du Renier
Basses du Sen
Raz du Cap Lévy
Cap Lévy
Anse de la Mondrée
Raz de Barfleur
Pointe de Barfleur
Fermanville
Cosqueville
Rethoville
Néville
Gatteville-le-Phare
Gouberville
Varouville
Carneville
St Pierre-Eglise
Maupertus-s-Mer
Barfleur
la Bretonne
Tocqueville
Théville
Clitourps
Ste Geneviève
Landemer
Pointe du Moulard
Montfarville
Anneville-en-Saire
Canteloup
Valcanville
Gonneville
Bois de Brillevast
Bois de Boutron
le Vast
la Pernelle
la Crasvillerie
Réville
Jonville
Pointe de Saire
Quettehou
Bois du Rabey
Ile de Tatihou
Fort de l'Ilet
St Vaast-la-Hougue
Fort de la Hougue
Parc à huitres
Morsalines
Teurthéville-Bocage
Saussemesnil
Montaigu-la-Brisette
Videcosville
Crasville
Octeville-l'Avenel
Aumeville-Lestre
St Germain-de-Tournebut
St Martin-d'Audouville
Tamerville
Lestre
Quinéville
Huberville
Valognes
Roches St Floxel
St Floxel
Ozeville
Fontenay-s-Mer
Iles St Marcouf
accès interdit
Montebourg
St Cyr
St Marcouf
Ravenoville-Plage
Ravenoville
Azeville
Joganville
Emondeville
Hémevez
Camp Militaire
Fresville
Foucarville
Les Dunes-de-Varreville
Utah Beach
St Germain-de-Varreville
St Martin-de-Varreville
Beuzeville-au-Plain
Neuville-au-Plain
Ste Mère-Eglise
Orglandes
Gourbesville
Amfreville
Turqueville
Audouville-la-Hubert
Ecoquenéauville
Réserve naturelle
Banc du Grand Vey
Roches de Grandcamp
Pointe du Hoc
Grandcamp-Maisy
Chef-du-Pont
Picauville
Pont-l'Abbé
Boutteville
Ste Marie-du-Mont
Hiesville
Pouppeville
Brucheville
Blosville
Carquebut
Crosville-s-Douve
Etienville
Passe de Carentan
Passe d'Isigny
Liesville-s-Douve
Vierville
Beuzeville-la-Bastille
Houesville
Angoville-au-Plain
Cretteville
Houtteville
Gefosse-Fontenay
Cricqueville-en-Bessin
Englesqueville-la-Percée
Asnières-en-Bessin
Louvières
Cardonville
Deux-Jumeaux
Vindefontaine
St Côme-du-Mont
Isigny-s-Mer
Osmanville
Longueville
Appeville
NATUREL RÉGIONAL DES MARAIS

A
B
C
24
53
1
2
3
4
Jersey, Guernsey
Service saisonnier
Jersey
Service saisonnier
Cap de Flamanville
Anse de Sciotot
Pointe du Rozel
Roches du Rit
Cap de Carteret
Roches du Sac de Pirou
Sénéquet
Siouville-Hague
Dielette
Flamanville
les Pieux
le Rozel
Surtainville
Baubigny
les Moitiers-d'Allonne
Carteret
Barneville-Carteret
Barneville-Plage
St Georges-de-la-Rivière
Portbail
Lindbergh-Plage
Denneville
Denneville-Plage
Surville
Bretteville-s-Ay
Richemont
St Germain-Plage
St Germain-s-Ay
Lessay
Créances
Printania-Plage
Armanville-Plage
Pirou
Pirou-Plage
Anneville-s-Mer
Geffosses
Gouville-s-Mer
Boisroger
Gonneville
Blainville-s-Mer
Héauville
Teurthéville-Hague
Helleville
Virandeville
St Christophe-du-Foc
Couville
Sotteville
Tréauville
Benoîtville
Bricquebosq
Breuville
Grosville
Rauville-la-Bigot
St Martin-le-Gréard
Hardinvast
Tollevast
Martinvast
Brix
Sottevast
St Joseph
Valognes
Négreville
Rocheville
Quettetot
St Germain-le-Gaillard
Pierreville
Bricquebec
le Vrétot
les Perques
Sénoville
Sortosville-en-Beaumont
le Valdécie
Magneville
Golleville
Néhou
Ste Colombe
Biniville
Hautteville-Bocage
Orglandes
St Jacques-de-Néhou
St Pierre-d'Arthéglise
la Haye-d'Ectot
St Maurice-en-Cotentin
Fierville-les-Mines
St Sauveur-le-Vicomte
Reigneville-Bocage
la Bonneville
Crosville-s-Douve
Etienville
Besneville
Taillepied
Catteville
Neuville-en-Beaumont
St Sauveur-de-Pierrepont
Varenguebec
Canville-la-Rocque
St Lô-d'Ourville
St Nicolas-de-Pierrepont
Doville
Neufmesnil
Baudreville
Bolleville
St Symphorien
la Haye-du-Puits
Lithaire
St Rémy-des-Landes
Glatigny
Montgardon
Mobecq
Gerville-la-Forêt
Mont Castre
Angoville-s-Ay
Vesly
Laulne
St Patrice-de-Claids
Millières
Périers
la Feuillie
Vaudrimesnil
Muneville-le-Bingard
Montsurvent
Ancteville
Servigny
Brainville
St Malo-de-la-Lande
Lande de Lessay
PARC
Forêt de St Sauveur
Bois de Limors
Réserve Naturelle de la Sangsurière et de l'Adriennerie
E.D.F. Centrale nucléaire
Sémaphore
Falaises
D 650
D 900
D 902
D 903
D 2
D 24
N 13

D
E
F
25
28
54
1
2
3
4
Pointe de Saire
Ile de Tatihou
Fort de l'Ilet
St Vaast-la-Hougue
Fort de la Hougue
Parc à huitres
le Rivage
Morsalines
Videcosville
Crasville
Octeville-l'Avenel
Aumeville-Lestre
St Germain-de-Tournebut
St Martin-d'Audouville
Lestre
Vaudreville
Bourg-de-Lestre
Quinéville
Roches St Floxel
Hau du Nord
les Gougins
Hau du Sud
Ozeville
St Floxel
Montebourg
Fontenay-s-Mer
Dangueville
Crisbecq
Iles St Marcouf
accès interdit
St Marcouf
Ravenoville-Plage
Joganville
Azeville
Eroudeville
Emondeville
Ravenoville
Foucarville
Monl Leclerc
les Dunes-de-Varreville
Utah Beach
Fresville
St Germain-de-Varreville
St Martin-de-Varreville
Beuzeville-au-Plain
Neuville-au-Plain
Amfreville
Ste Mère-Eglise
Turqueville
Audouville-la-Hubert
la Madeleine
Musée
Réserve naturelle
Banc du Grand Vey
Roches de Grandcamp
Grandcamp-Maisy
Pointe du Hoc
St Pierre-du-Mont
Pointe et Raz de la Percée
Omaha Beach
Vierville-s-Mer
Englesqueville-la-Percée
Cricqueville-en-Bessin
Asnières-en-Bessin
Louvières
St Laurent-s-M.
Colleville-s-Mer
Ecoqueneauville
Sebeville
Chef-du-Pont
Picauville
Boutteville
Hiesville
Ste Marie-du-Mont
Pouppeville
Brucheville
Blosville
Carquebut
Passe de Carentan
Passe d'Isigny
Liesville-s-Douve
Vierville
Rochefort
Gefosse-Fontenay
Cardonville
la Cambe
Deux-Jumeaux
Formigny
Houesville
Angoville-au-Plain
Cretteville
Houtteville
MARAIS
St Côme-du-Mont
Coquebourg
Osmanville
St Germain-du-Pert
Longueville
Appeville
Brévands
Isigny-s-Mer
Catz
les Veys
Canchy
Ecrammeville
Aignerville
Trévières
Surrain
Baupte
Carentan
Auvers
St Hilaire-Petitville
St Pellerin
Rupalley
Monfréville
Colombières
Bricqueville
Mandeville-en-Bessin
Méautis
les Oubeaux
Vouilly
Castilly
Rubercy
Saonnet
Montmartin-en-Graignes
Neuilly-la-Forêt
Bernesq
Raffoville
COTENTIN
St Georges-de-Bohon
Graignes
Lison
Sainteny
St André-de-Bohon
St Jean-de-Daye
la Folie
St Marcouf
Cartigny-l'Epinay
St Martin-de-Blagny
Le Breuil-en-Bessin
le Molay-Littry
Tournières
Raids
Auxais
Tribehou
le Mesnil-Angot
St Fromond
Airel
St Sébastien-de-Raids
Marchésieux
le Dézert
le Hommet-d'Arthenay
Cavigny
Moon-s-Elle
St Clair-s-l'Elle
Ste Marguerite-d'Elle
Cerisy-la-Forêt
Vaubadon
Forêt de Cerisy
Remilly-s-Lozon
les Champs-de-Losques
la Meauffe
St Jean-de-Savigny
Balleroy
St Martin-d'Aubigny
Feugères
le Mesnil-Vigot
le Mesnil-Eury
Pont-Hébert
Villiers-Fossard
Couvains
Montfiquet
la Bazoque
Lozon
le Mesnil-Rouxelin
St Georges-d'Elle
St Quentin
Bérigny
Litteau
Planquery
Hauteville-la Guichard
Montreuil-s-Lozon
la Chapelle-en-Juger
Rampan
Hébécrevon
ST-LÔ
St Georges-Montcoq
la Luzerne
Foulognes
Cormolain
Montcuit
Agneaux
St Gilles
le Mesnil-Amey
la Barre-de-Semilly
St Pierre-de-Semilly
St Germain-d'Elle
Montrabot
Sallen
Marigny
le Lorey
Rouxeville
Vidouville
la Vacquerie
Baudre
St Thomas
St Jean-des-Baisants

A
B
C
25
27
54
1
2
3
4
Pointe de Saire
Ile de Tatihou
Fort de l'Ilet
St Vaast-la-Hougue
Fort de la Hougue
le Rivage
Parc à huitres
salines
Quinéville
Roches St Floxel
Iles St Marcouf
accès interdit
St Marcouf
Ravenoville-Plage
Ravenoville
Foucarville
Mont Leclerc
les Dunes-de-Varreville
St Germain-de-Varreville
St Martin-de-Varreville
Utah Beach
Beuzeville-au-Plain
Audouville-la-Hubert
la Madeleine
Musée
Réserve naturelle
Banc du Grand Vey
Boutteville
Ste Marie-du-Mont
Pouppeville
Hiesville
Brucheville
le Grd Vey
Vierville
Rochefort
Angoville-au-Plain
Passe de Carentan
Passe d'Isigny
Roches de Grandcamp
Grandcamp-Maisy
Pointe du Hoc
St Pierre-du-Mont
Pointe et Raz de la Percée
Englesqueville-la-Percée
Vierville-s-Mer
Omaha Beach
Cricqueville-en-Bessin
Asnières-en-Bessin
Louvières
St Laurent-s-Mer
Colleville-s-Mer
Ste Honorine-des-Pertes
Port-en-Bessin-Huppain
Géfosse-Fontenay
Cardonville
la Cambe
Deux-Jumeaux
Formigny
M A R A I S
Isigny-s-Mer
Osmanville
Longueville
Canchy
Écrammeville
Aignerville
Trévières
Surrain
Étréham
Commes
Carentan
St Hilaire-Petitville
Monfréville
Colombières
Bricqueville
Mandeville-en-Bessin
BAYEUX
Vaucelles
Barbeville
Cussy
Sully
Tour-en-Bessin
Vouilly
Castilly
Rubercy
Saonnet
Montmartin-en-Graignes
Neuilly-la-Forêt
Bernesq
Sabn Blay
le Breuil-en-Bessin
Crouay
Cottun
St Loup-Hors
C O T E N T I N
St Georges-de-Bohon
Graignes
Lison
la Folie
St Marcouf
Bois du Molay
le Molay-Littry
Ranchy
Sublles
Agy
St Jean-de-Daye
Cartigny-l'Épinay
St Martin-de-Blagny
Campigny
Airel
Tournières
le Tronquay
Arganchy
St Fromond
Ste Marguerite-d'Elle
Bois l'Abbé
Cerisy-la-Forêt
Forêt de Cerisy
Vaubadon
Castillon
le Dézert
St Clair-s-l'Elle
Trungy
B E S S I N
St Jean-de-Savigny
St Paul-du-Vernay
les Champs-de-Losques
la Meauffe
Balleroy
la Bazoque
Pont-Hébert
Villiers-Fossard
Couvains
Montfiquet
Cahagnolles
le Mesnil-Eury
le Mesnil-Rouxelin
St Georges-d'Elle
Litteau
Bérigny
Planquery
Ste Honorine-de-Ducy
Rampan
St Georges-Montcocq
Foulognes
Hébécrevon
ST-LÔ
Cormolain
Agneaux
St Pierre-de-Semilly
St Germain-d'Elle
Sallen
Tortéval-Quesnay
St Gilles
Montrabot
Rouxeville
Livry
Caumont
Vidouville
la Vacquerie
Baudre
Lamberville
Marigny
Lozon

D
E
F
1
2
3
4
30
Plateau du Calvados
Gold Beach
Juno Beach
Sword Beach
Rade de Caen
Portsmouth
Arromanches-les-Bains
Cap Manvieux
Manvieux
Tracy-s-Mer
St Côme-de-Fresné
le Hamel
Asnelles
Meuvaines
Ver-s-Mer
Paisty-Vert
la Rivière
Courseulles-s-Mer
Graye-s-Mer
Vaux
Bernières-s-Mer
St Aubin-s-Mer
Langrune-s-Mer
Luc-s-Mer
Petit-Enfer
Lion-s-Mer
la Brèche d'Hermanville
Colleville-Montgomery-Plage
Riva-Bella
Ouistreham
Cabourg
le Hôme
Merville-Franceville-Plage
Ryes
Magny-en-Bessin
Ste Croix-s-Mer
Banville
Crépon
Reviers
Tailleville
la Délivrande
Douvres-la-Délivrande
Bény-s-Mer
Colombiers-s-Seulles
Tierceville
Bazenville
Sommervieu
Villiers-le-Sec
Manoir
Amblie
Creully
Vienne-en-Bessin
St Gabriel-Brécy
Lantheuil
Fontaine-Henry
le Fresne-Camilly
Basly
Anguerny
Cresserons
Hermanville-s-Mer
Plumetot
Périers-s-le-Dan
Colleville-Montgomery
Colomby-s-Thaon
Thaon
Villons-les-Buissons
Anisy
Mathieu
St Aubin-d'Arquenay
Biéville-Beuville
Bénouville
Ranville
Amfreville
Sallenelles
Bréville
Petiville
Varaville
Brucourt
Descanneville
Gonneville-en-Auge
Bavent
Coulombs
Cully
Martragny
Rucqueville
Vaux-s-Seulles
Nonant
Carcagny
Ducy-Ste Marguerite
Ste Croix-Grand-Tonne
Secqueville-en-Bessin
Cairon
Lasson
Rosel
Cambes-en-Plaine
Epron
Blainville
Hérouville-St Clair
Colombelles
Loucelles
Bretteville-l'Orgueilleuse
Brouay
Putot-en-Bessin
Rots
Authie
Carpiquet
St Germain-la-Blanche-Herbe
Cristot
le Mesnil-Patry
Norrey-en-Bessin
St Manvieu-Norrey
Tilly-s-Seulles
Fontenay-le-Pesnel
Juvigny-s-Seulles
Tessel
Cheux
Mouen
Verson
Louvigny
CAEN
Mondeville
Cormelles-le-Royal
Giberville
Démouville
Cuverville
Touffréville
Sannerville
Troarn
Banneville-la-C.
Fleury-s-Orne
Ifs
Hubert-Folie
Grentheville
Cagny
Frénouville
Émiéville
Soliers
Bourguébus
Bellengreville
Vimont
Argences
St André-s-Orne
Fontaine-Étoupefour
Éterville
Tourville-s-Odon
Mondrainville
Grainville-s-Odon
Gavrus
Baron-s-Odon
Maltot
Esquay-Notre-Dame
Feuguerolles-Bully
Vendes
Noyers-Bocage
Missy
Bougy
Evrecy
Avenay
le Locheur
May-s-Orne
Tilly-la-Campagne
Garcelles-Secqueville
Chicheboville
Moult
Croissanville
Airan
Canteloup
Janville
St Samson
St Pierre-du-Jonquet
Dives
A 84 - E 401
A 13
N 13
N 175
D 514
55
56
D
E
F

A
B
C
1
2
3
4
14
29
56
St Jouin
la Mare-Goubert
le Grand Hameau
Heuqueville
Anglesqueville-l'Esneval
Criquetot-l'Esneval
Goderville
Vergetot
Bornambusc
Buglise
St Martin-du-Bec
le Bec
Turretot
Ecuquetot
Hermeville
N. D. du Bec
le Coudray
St Sauveur-d'Emalleville
Goustimesnil
Virville
Mannevillette
Cauville
Rimbertot
Café Blanc
St Supplix
St Barthélémy
Ecqueville
Rolleville
Fontenay
Epouville
Manéglise
Angerville-l'Orcher
Graimbouville
Etainhus
Octeville-s-Mer
St Andrieux
Fontaine-la-Mallet
Montivilliers
St Laurent-de-Brévedent
CANYON PARK
Epretot
Sainneville
la Cour Souveraine
la Brière
Edreville
le Grd Hameau
Ignauval
Bléville
Ft de Montgeon
la Demi-lieue
St Martin-du-Manoir
Gournay
St Aubin-Routot
le Frescot
Cap de la Hève
Ste Adresse
Sanvic
Rouelles
Graville
Harfleur
Gonfreville
Gainneville
Château d'Orcher
la Queue du Gril
Rogerville
Oudalle
St Vincent-Cramesnil
Sandouville
St Vigor-d'Ymonville
le Hode
Portsmouth
TOTAL
RENAULT
E.D.F
COMPLEXE PETROCHIMIQUE
Canal du Havre
CIMENTS LAFARGE
LE HAVRE
Honfleur
Pont de Normandie
Grestain
Mont Courel
la Pommeraye
Jobles
Vasouy
Côte de Grâce
Cricquebœuf
Pennedepie
Villerville
le Noyer
Fiquefleur-Equainville
Fatouville-Grestain
la Rivière St Sauveur
Ablon
St Pierre-du-Val
Hennequeville
Trouville-s-Mer
DEAUVILLE
les Aubets
Barneville
la Bertran
la Croix-Sonnet
Mont St Jean
Equemauville
Gonneville s-Honfleur
Equainville
la Terrerie
Manneville-la-Raoult
le Ht Bois
Carref. David
les Rots
Genneville
Fourneville
la Hannetot
Boulleville
Beuzeville
Benerville-s-Mer
Blonville-s-Mer
Mont Canisy
Touques
Bonneville s-Touques
St Gatien-des-Bois
Porte Rouge
le Theil-en-Auge
Villers-s-Mer
St Arnoult
Englesqueville en-Auge
Friche-Moisy
le Mesnil
Quetteville
Falaise des Vaches Noires
Champs Rabats
Pré Houx
Tourgéville
Blonville
Vauville
Canapville
St Martin-aux-Chartrains
Tourville-en-Auge
St Benoît-d'Hébertot
St André-d'Hébertot
la Gohaigne
les Jonquets
Houlgate
Cabourg
le Home
Auberville
Forges-de-Blonville
Faudis
Glatigny
Roncheville
Mont St Léger
le Vx Bourg
Surville
St Vaast-en-Auge
St Pierre-Azif
St Cloud
St Étienne-la-Thillaye
Coudray-Rabut
le P. Enault
les Authieux-s-Calonne
Merville-Franceville-Plage
la Forge
Gonneville s-Mer
la Croix-d'Heuland
la Mare-aux-Poids
Ht Rue
Glanville
Pont-l'Évêque
Launay
St Julien-s-Calonne
St Léger-s-Bonneville
Maillot
Dives-s-Mer
Descanneville
Bas Cabourg
la Mon Blanche
Branville
Beaumont-en-Auge
Reux
Bonneville-la-Louvet
Gonneville-en-Auge
Grangues
Heuland
Bourgeauville
la Haie Tondue
Betteville
Pierrefitte-en-Auge
Perrey
Carref. Rouge
la Grenterie
Périers-en-Auge
Douville-en-Auge
Manneville la Pipard
le Mesnil s-Blangy
la Bruyère
Danestal
le Bourg
Annebault
Bas-de-Bréville
Varaville
Brucourt
Cricqueville-en-Auge
Drubec
St Hymer
la Forge
la Botte
Malou
Petiville
Ancre
la Forge-Moisy
Cresseveuille
Clarbec
Gassard
Blangy-le-Château
Chaussey
Bavent
Pont-Fremy
Angerville
le Bocage
la Chapelle-Hainfray
Valsemé
le Breuil-en-Auge
Fierville-les-Parcs
Lourdes
Robehomme
St Clair
Dozulé
St Léger-Dubosq
Moutier
les Leudets
le Prieuré
Bricqueville
Roncheville
Basseneville
Bois de Bavent
le Bois
le Brévedent
la Chaule
Goustranville
la Chollerie
Putot-en-Auge
St Jouin
Beaufour-Druval
Bonnebosq
Versan
le Torquesne
Cr. de Pierre
le Vivier
le Faulq
Bures
Clermont-en-Auge
St Aubin-Lebizay
St Eugène
Montellerie
St Philbert-des-Champs
le Pin
la Baudrière
St Richer
les Forges
la Chlle Jean
Auvillars
le Fournet
Coquainvilliers
les Cheminées
Moyaux
Troarn
St Samson
Brocottes
Beuvron-en-Auge
Gerrots
Rumesnil
Repentigny
la Corperie
Formentin
Norolles
le Buisson
Le Ham
Léaupartie
Manerbe
Boutemont
Ouilly-le-Vicomte
Fauguernon
la Cr Maillard
le Pouplin
St Pair
St Pierre-du-Jonquet
Lieu-Robinet
Bouttemont
St Gilles-de-Livet
Montreuil-en-Auge
la Roque-Baignard
le Maupas
Parc Zoo Cerza
Ouilly-du-Houley
Mont Janville
Hernetot
Hotot-en-Auge
Victot-Pontfol
Rocques
la Barberie
Fumichon
St Ouen-du-Mesnil-Oger
la Rivière
Englesqueville
Grandouet
la Pommeraye
Bois-de-Rocques
Hermival-les-Vaux
Cléville
le Val Richer
Ancne Abbe
le Pré-d'Auge
Glatigny
St Léger
St Pierre
St Hippolyte-de-Canteloup
Firfol
le Fresne
Héritot
le Mesnil
Annerav
la Croix-des-Authieux
Carref. St Jean
Chau et Ch. de Montargis
Cambremer
le Cadran
la Croix-de-Pierre
LISIEUX
Franqueville
Canteloup
Corbon
Brit
All.
St Désir
Argences
Vimont
Méry-Corbon
la Houlgate
N. D. d'Estrées
St Laurent-du-Mont
la Poste
St Ouen-le-Pin
la Boissière
Basilique
Grais
le Pin
St Aubin-s-Algot
Haras
la Bousquetterie
Villers
Gouvix
Margiles
les Pédouzes
Bissières
St Pair-du-Mont
la Vigne
Malicorne
Moult
Croissanville
le Lion d'Or
Bras-d'Or
Crèvecœur-en-Auge
N. D. de Livaye
Beuvillers
Glos
Airan
Bissières
Querville
St Loup-de-Fribois
Ragenterie
la Hou
St Pierre-des-Ifs
St Martin-de-la-Lieue
la Cannerie
Bréville-

31
D
E
F
1
2
3
4
15
32
57
58
Yvetot
Bolbec
Lillebonne
Caudebec-en-Caux
St Wandrille-Rançon
Duclair
Barentin
Jumièges
Le Trait
Pont de Tancarville
Tancarville
Quillebeuf
Port-Jérôme
N.D. de Gravenchon
Villequier
Pont de Brotonne
PARC NATUREL RÉGIONAL DES BOUCLES DE LA SEINE NORMANDE
FORÊT DE BROTONNE
Forêt de Maulévrier
Marais Vernier
Réserve Naturelle des Mannevilles
Pointe de la Roque (54)
Pont-Audemer
Routot
Bourg-Achard
Bourneville
Montfort-s-Risle
Forêt de Montfort
Brionne
Le Bec-Hellouin
Bourgtheroulde
Robert-le-Diable
Forêt de la Londe
Le Neubourg
Thiberville
St Georges-du-Vièvre
Lieurey
Cormeilles
Forêt de Roumare
La Bouille
AUTOROUTE DE NORMANDIE

A B C

1 2 3 4

St Martin-aux-Arbres, Eclot-l'Auber, Frettemeule, Saussay, Beautot, Varneville, Fresnay-le-Long, la Bouteillerie, Etaimpuis, Grigneuseville, Bréquigny, la Boissière, Mainneville

le Motteville, Beaudouville, Hugleville-en-Caux, Calleville, la Houssaye-Béranger, Biennais, Cottévrard, Bosc-Bérenger, le Pucheuil, St Martin-Osmonville, Mauray, Montérolier

St Etienne-le-Vieux, Runetot, Epluques, Emanville, Gretot, Verdret, le Valmartin, Grugny, Hormesnil, Bosc-le-Hard, Augeville, Bertramesnil, le Bosc-Tillot, la Prée, Pt Rocquemont, Matheneuse, Mathonville, Equinemare, Liffremont

Cideville, le Fys, Limésy, Bosc-Nouvel, Butot, Frichemesnil, Touffreville, Critot, Rocquemont, Saveaumare, Beaumont, la Frenaye

Cidetot, Langrume, Becquigny, Brunville, St Austreberthe, Milleraye, le Bocasse, Authieux, le Thil, Esteville, Yquebeuf, le Fresneau, Gd Parc, Bosc-Bordel

Mesnil-Panneville, Hardouville, St Antoine, Panneville, Goupillières, Renfeugères, Sierville, Bosc-la-Mer, Boulay, les Marettes, Cordelleville, Clères, Ratiéville, le Capendu, Claville-Motteville, St Germain-s/s-Cailly, Colmare, Cailly, Ecalles, Estouteville, Buchy, St Martin-du-Plessis, Bosc-Roger

Bouville, Blacqueville, Anceaumeville, Fresquiennes, les Cambes, Mont-Cauvaire, Gd Tendos, Fontaine-le-Bourg, le Varat, la Rue-St Pierre, Vieux-Manoir, Gd Pré, les Bordeaux, la Rue-Giffard, Bosc-Edeline

Bellintot, Rue-de-Bourville, Barentin, Pavilly, Montville, Cardonville, Bosc-Guérard-St Adrien, le Pimont, Coquereaumont, St Georges-s-Fontaine, St André-s-Cailly, Saint-Jean, les Authieux, Longuerue, Ste Croix-s-Buchy, le Bus, Bosc-Hérould, Bois-Guilbert, Yville

Gefol, Villers-Ecalles, Malzaire, Pissy, Poville, Eslettes, le Mont-Réal, Bois-le-Vicomte, Vert-Galant, Quincampoix, Pierreval, Pibeuf, Bierville, le Coudray, St Germain-des-Essourts, Ernemont-s-Buchy, Héronchelles, Raimbouville, la Gloe, Bois-Gautier

St Paër, le Quesnay, les Campeaux, Pt Melmont, le Raulu, Roumare, Candos, le Bois-Ricard, Malaunay, les Cottrets, les Hameaux, les Clos, la Pommeraye, Mondétour, Boissay, Bruquedalle

St Thomas, St Pierre-de-Varengeville, le Houlme, Rouppeville, la Muette, les Hts Poiriers, la Caserie, Morgny, Crevon, Fresle, Rebets, les Hameaux

les Monts, la Fontaine, la Vaupalière, St-Jean-du-Cardonnay, N.D. de Bondeville, Plaimbosc, Forêt Verte, Isneauville, Préaux, Catenay, Gruchy, Blainville-Crevon, St Aignan-s-Ry, Clanquemeule

Duclair, Hénouville, Berville-s-S, Mont-St Aignan, Bois-Guillaume, la Bretèque, Fontaine-s/s-Préaux, Mont-Ménin, la Vieux-Rue, Capendu, Salmonville, l'Epinay, Grainville-s-Ry, le Mesnil, Morville-s-Andelle, le Héron

le Halage, Ambourville, Anneville-s-S, Maromme, Déville, Bihorel, le Mont-Pérreux, Guillerville, St Martin-du-Vivier, Puits-de-l'Aire, Saire, Servaville, Ry, Elbeuf-s-Andelle, la Haye

Chaussée-du-Pont, Bardouville, Montigny, Bapeaume, le Chêne-à-Leu, Darnétal, Roncherolles-s-le-Vivier, Hémaudière, Quévreville, Forgettes, la Rémondière, Martainville, St Denis-le-Thiboult, Croisy-s-Andelle, le Val St Pierre

St Martin-de-Boscherville, Canteleu, Croisset, Dieppedalle, le Génetey, la Table-de-Pierre, Bois-l'Evêque, St Jacques-s-D., Gratianville, Auzouville-s-Ry, le Mesnil-Perruel, Vascœuil, le Fresnal, Forêt de Lyons

Mesnil-sous-Jumièges, Quevillon, Pt Quevilly, St Léger-du-Bg Denis, Bois-d'Ennebourg, Epreville, Coquereaumont, le Thil, Perruel, Carref. du Père Jumel, les Hogues

Forêt de Mauny, Beaulieu, ROUEN, Gd Quevilly, Bonsecours, le Mesnil-Esnard, St Aubin, Epinay, le Frenay, le Mesnil-Fouque, Claque, Letteguives, Bosc-Ourcel, Perriers-s-Andelle, Ste Honorine

Forêt de Roumare, Chêne, St Pierre-de-Manneville, Sotteville, Montmain, Franqueville-St Pierre, Puits Guérard, Fresne-le-Plan, Mesnil-Raoul, Bois Meigle, Renneville, Canteloup, Paviot, Essart-Mador

Yville-s-Seine, Mauny, la Ronce, Rond-de-la-Martel, Petit-Couronne, le Madrillet, Amfreville-la-Mi-Voie, Belbeuf, le Faulx, Franquevillette, Boos, Pt Hamel, Mesnil-Grain, Bourg-Beaudouin, le Fayel, Transières, St Jean

Caumont, Val-de-la-Haye, St Etienne-du-Rouvray, Roches de St Adrien, Celloville, la Muette, Gournets, Vandrimare, le Roule

la Trinité-de-Th., Hautot-s-Seine, Sahurs, Gd Couronne, F. du Rouvray, St Adrien, Incarville, St Aubin-Celloville, la Croix, la Neuville-Chant-d'Oisel, les Masures-Lavalle, les Essarts, Fleury-s-Andelle, Charleval, le Gd Thuit

St Ouen-de-Thouberville, la Chouque, la Bouille, Moulineaux, Camp militaire, Oissel, Gouy, Ymare, les Gdes Masures, Abbe de Fontaine-Guérard, Radepont, Menesquerville

la Mont-Bruley, Chau de Robert-le-Diable, la Londe, les Essarts, le Clos-Gosse, Bedanne, Port-St-Ouen, les Authieux, Quévreville-la-Poterie, Forêt de Longboël, Pont-St Pierre, Romilly-s-Andelle, Douville-s-Andelle, Grainville, Touffreville, Gaillardbois, Cressenville

Infreville, Bourgtheroulde, Nve Monde, Roches d'Orival, Orival, St Aubin-lès-E., Cléon, Freneuse, Tourville-la-Rivière, Alizay, Pitres, Côte des 2 Amants, le Chouquet, Forêt de Bacqueville

St Ouen-du-Tilleul, le Bosc-Roger-en-Roumois, Bosnormand, Sotteville-s-Val, Igoville, le Manoir, les Damps, Amfreville-s-les-Monts, Flipou, Amfreville-les-Champs, Bacqueville, Ecouis, Villerest

Boscherville, les Ecameaux, la Capelle, Criquebeuf-s-S., Martot, Pont-de-l'Arche, Poses, Orgeville, le Plessis, Houville-en-Vexin, Marcouville, Fresne-l'Archevêque

St Pierre-du-B., le Perrey, les Rues, le Thuit-Simer, le Thuit-Signol, le Thuit-Anger, Elbeuf, Caudebec-lès-E., Bord, Léry, Tournedos-s-Seine, la Londe, Heuqueville, Cuverville

le Becquet, St Pierre-des-Fleurs, la Saussaye, St Pierre-lès-E., Val-de-Reuil, le Vaudreuil, Vatteville, Aumare, Longuemare

la Lande, Bosc-Féret, St Cyr-la-Campagne, Neuf-Moulin, la Vallée, Tostes, Daubeuf-près-Vatteville, Fretteville, le Thuit, Noyers

le Soulanger, Haye-du-Theil, St Germain-de-Pasquier, St Amand-des-Hautes-Terres, le Bec Thomas, St Ouen-de-Pontcheuil, St Didier-des-Bois, les Fosses, la Haye-Malherbe, St Etienne-du-Vauvray, Porte-Joie, Connelles, Buspins, la Roquette, la Garenne, le Val-St Martin, les Andelys, Chau Gaillard

St Meslin-du-Bosc, Amfreville-la-Campagne, Tourville-la-Campagne, la Harengère, Montaure, Ecrosville, Forêt de Louviers, Incarville, Herqueville, Andé, Muids, Bernières-s-S, Vézillon

Fouqueville, Limare, Mandeville, Louviers, Vieux-Rouen, St Pierre-du-Vauvray, le Mesnil, Tosny, Cléry

St Aubin, Longemare, Vraiville, Surtauville, la Vacherie, Neuville, Virolet, les Monts, Vironvay, Bois de la Gde Garenne, la Baguelande, Mare

la Pyle, le Bosc-Fortier, Crestot, Limbeuf, Criquebeuf-la-Campagne, Crasville, Surville, Hamelet, Heudebouville, Venables, Bouafles

le Tronc, Epégard, le Hamel, le Buc, Daubeuf-la-Campagne, la Haye-le-Comte, les Mousseaux, Forêt des Andelys

les Mares, Hectomare, Cesseville, Bois du Mesnil-Jourdain, Pinterville, Fontaine-Bellenger, Villers-s-le-Roule, la Verte, Courcelles-s-Seine

Champ de Bataille, Iville, Ecquetot, Quatremare, le Mesnil-Jourdain, Acquigny, le Gros-Mesnil, Vieux-Villez, Ste Barbe

Vitotel, Vitot, Crosville-la-Vieille, Phipou, Venon, Intremare, Bois d'Acquigny, Gournay, Malpalu, Ingremare, Aubevoye, la Falaise, Port-Mort

le Neubourg, Criquetot, les Landes, la Mare Hermier, Gruchet, Aailly, les Quaizes, le Hazey, Gaillon, N.D. de-la-Garenne, St Pierre-la-Garenne

Epreville, Marbeuf, Villettes, N.D. des Bois, Ecole d'Agre, Noyon, le Boulay, Canappeville, les Planches, St Aubin

Silo, la Salle-Coquerel, St Aubin-d'Ecro., le Valtier, Amfreville-s-Iton, Bg Ricard, Botremore, Hablovile, N.D. de l'Isle

le Tremblay-Omonville, le Mesnil-Broquet, Ecauville, Hondouville, Houetteville, Heugueuroles, Platemare, la Vacherie, Boos, Verdun, Fontaine-Heudebourg, la Boissaye, St Julien-de-la-Liègue

15 16 31 58

D
E
F
Forges-les-Eaux
Serqueux
Beaubec
Longmesnil
Pommereux
St Michel-d'Halescourt
Grumesnil
Campeaux
Mureaumont
Bouvresse
Boutavent
Monceaux-l'Abbé
Feuquières
Hautbos
St Arnoult
Brombos
Halloy
Grez
Thieuloy-St Antoine
Gaudechart
Prévillers
Marseille-en-Beauvaisis
Omécourt
Thérines
St Maur
St Deniscourt
Loueuse
Roy-Boissy
Morvillers
Grémévillers
Songeons
Gerberoy
Lachapelle-s/s-Gerberoy
Villers-s-Bonnières
Crillon
Bonnières
Milly-s-Thérain
Achy
Oudeuil
St Omer-en-Chaussée
Hétomesnil
Haussez
Villers-Vermont
Hérincourt-s-Thérain
Escames
Hémécourt
Buicourt
Doudeauville
Ménerval
Fontenay-Torcy
Bazancourt
Sully
Gancourt
Argueil
Mésangueville
Hodeng-H.
Dampierre-en-Bray
Beuvreuil
Molagnies
Hécourt
St Quentin-des-Prés
Bellozanne
Brémontier
Cuy-St Fiacre
Elbeuf-en-Bray
Hannaches
Ferrières-en-Bray
Villers-s-Auchy
Senantes
Glatigny
Lhéraule
Hanvoile
Haucourt
Villembray
La Neuville-Vault
Herchies
Pierrefitte-en-Beauvaisis
Savignies
Hodenc-en-Bray
Blacourt
Gournay-en-Bray
Avesnes-en-Bray
Ernemont-la-Villette
Nolléval
Beauvoir-en-Lyons
Sigy-en-Bray
la Feuillie
Bosc-Hyons
Bézancourt
St Germer-de-Fly
Lachapelle-aux-Pots
St Germain-la-Poterie
Le Mont-St Adrien
Forêt du Parc St Quentin
St Paul
Neuf-Marché
Puiseux-en-Bray
Cuigy-en-Bray
Espaubourg
St Aubin-en-Bray
Ons-en-Bray
le Coudray-St Germer
Lalandelle
Rainvillers
Villers-St Barthélemy
Troussures
Auneuil
Lalande-en-Son
Bosquentin
Bézu-la-Forêt
Lyons-la-Forêt
Forêt de Lyons
Lorleau
Beauficel-en-Lyons
Morgny
Martagny
Mesnil-s/s-Vienne
Talmontiers
Bouchevilliers
Mainneville
Amécourt
Longchamps
Sancourt
Hébécourt
Heudicourt
St Denis-le-Ferment
Sérifontaine
Flavacourt
Labosse
Porcheux
Villotran
Beaumont-les-Nonains
Jouy-s-Thelle
Le Mesnil-Théribus
Le Vaumain
Boutencourt
Jaméricourt
Thibivillers
Hardivillers-en-Vexin
Bachivillers
Neuve-Grange
Puchay
Coudray
Nojeon-en-Vexin
Doudeauville-en-Vexin
Saussay-la-Campagne
Étrépagny
Bézu-St Eloi
Gisors
Bernouville
Trie-Château
Trie-la-Ville
Chaumont-en-Vexin
Boissy-le-Bois
Fresneaux
Pouilly
Boisemont
Farceaux
Hacqueville
Richeville
Gamaches-en-Vexin
Neaufles-St Martin
Courcelles-lès-Gisors
Chambors
Delincourt
Reilly
Loconville
Fresne-Léguillon
Fleury
Ivry-le-Temple
Harquency
Mouflaines
Les Thilliers-en-Vexin
Vesly
Noyers
Dangu
Boury-en-Vexin
Vaudancourt
Lattainville
Boubiers
Tourly
Monneville
Guiseniers
Guitry
Fontenay
Authevernes
Cahaignes
St Clair-s-Epte
Parnes
Montjavoult
Lierville
Neuville-Bosc
Chavençon
Tourny
Berthenonville
Château-s-Epte
Buhy
La Chapelle-en-Vexin
Alincourt
Montagny-en-Vexin
Serans
Hadancourt-le-Haut-Clocher
Bouconvillers
Neuilly-en-Vexin
Civières
Dampsmesnil
Montreuil-s-Epte
St Gervais
Magny-en-Vexin
Nucourt
Chars
Le Heaulme
Marines
Bréançon
Écos
Aveny
Ambleville
Bus-St Rémy
Omerville
Bray-et-Lu
Hodent
Charmont
Banthelu
Le Bellay-en-Vexin
Santeuil
Tilly
Panilleuse
59
60
17
34
1
2
3
4

A B C

17 18

Conteville, le Hamel, Rieux, Catheux, Doméliers, Fléchy, Breteuil, Rouvroy-les-Merles, Rocquencourt, Villers-Tournelle, Fontaine-s/s-Montdidier, Tartigny, Sérévillers, Belle Assise

la Houssoye, le Saulchoy, Villers-Vicomte, Cormeilles, Ebeillaux, le Mesnil-St Firmin, le Cardonnois, Broyes, Pérennes

Hétomesnil, St Antoine, Ovillers, le Gallet, le Crocq, Hardivillers, Vendeuil, Bacouël, Plainville, Welles, Royaucourt

Gaudechart, la Borde, Viefvillers, Théatre Gallo-Romain, Beauvoir, Chepoix

Prévillers, Petit Lihus, Caply, Mont Welles

Fontaine-Lavaganne, Lihus, Crèvecœur-le-Grd, Ourcel-Maison, Hardivillers, Troussencourt, Warmaise, la Morlière, Ferrières

Rothois, Hte Fontaine, la Folie-de Beauvoir, Evauchaux, Mory, Bonvillers, la Hérelle

Marseille-en-Beauvaisis, Francastel, la Neuve-Rue, Maisoncelle-Tuilerie, Hédencourt, Farivillers, la Bordé, Sains-Morainvillers

Hte Epine, Rotangy, Puits-la-Vallée, St André, Bois-Renault, Crèvecœur-le-Petit

MF de Malmifait, Auchy-la-Montagne, Froissy, Ste Eusoye, Bois l'Abbé, Silo, Gannes

la Neuville-s-Oudeuil, Ribeauvillé, Regnonval, Sauveleux, Ansauvillers, Brunvillers-la-Motte

Polhay, Beaupré, Blicourt, Lachaussée-du-Bois-d'Ecu, Noyers-St Martin, Rus, Campremy, Grd Mesnil, Quinquempoix, Mai

Achy, Luchy, Noirémont, Wavignies, Chaussée romaine

Villers-s-Bonnières, Villepoix, Oudeuil, Pisseleu, Rougemaison, Maulers, Moimont, Thieux, Bois de la Hérelle, Plainval, Lévremont

Belloy, Douy, Muidorge, la Neuville-St Pierre, Bucamps

St Omer-en-Chaussée, Juvignies, Abbeville-St Lucien, Reuil-s-Brêche, Fresneaux, Catillon-Fumechon, St Just-en-Chaussée, Raven

Crillon, Moimont, Bonnières, Monceaux, Maisoncelle-St Pierre, Montreuil-s-Brêche, le Quesnel-Aubry

Haucourt, Courroy, Sauqueuse-St Lucien, Verderel, la Boudinière, Brêche, le Plessier-s-St Just

Milly-s-Thérain, Guéhengnies, Fontaine-St Lucien, Lafraye, Coiseaux, Nourard-le-Franc, Leglantier

Lhéraule, les Forges, Houssoy-le Farcy, Fourneuil, Oroer, Haudivillers, le Plessier-s-Bulles, le Mesnil-s-Bulles, Rotibéquet, Angivillers

la Neuville-Vault, Herchies, Campdeville, Guignecourt, Boursines, Hénu, Essuiles, Valescourt, Ft de Bulles

Détroit, le Plouy Louvet, Troissereux, Plouy-St Lucien, Rieux, St Rimault, Hatton, le Plessieret, St Remy-en-l'Eau, la Gloriette

Savignies, Pierrefitte-en-Beauvaisis, Montmille, Fouquenies, Villers-St Lucien, Tillé, Bonlier, Velennes, Essuilet, Fournival, Lieuvillers

Morlaine, Nivillers, Bulles, les Carignons, le Metz, Erquinvillers

le Mont-St Adrien, Forêt du Parc St Quentin, Fouquerolles, Monceaux, Argenlieu

Germain-la-Poterie, Allo, BEAUVAIS, Rémérangles, Avrechy, Cuignières, Noroy

le Vivier Danger, St Paul, Wagicourt, le Fay-St Quentin, Wariville, Bizancourt

le Pont qui penche, le Becquet, Goincourt, Laversines, l'Orteil, Airion, Rémécourt

Aux Marais, Litz, Etouy, Lamecourt, Fouilly

Marconville, Therdonne, Erquery

Bailly, Rainvillers, Flambermont, Allonne, Villers-s-Thère, Rochy-Condé, Bresles, la Rue-St Pierre, la Neuville-en-Hez, Ronquerolles, St Aubin-s-Sl

Villers-St Barthélemy, Bongenoult, Bruneval, Mont César, Gicourt, Ramecourt, la Couarde

Troussures, St Léger-en-Bray, St Martin-le-Nœud, Warluis, Bailleul-s-Thérain, Forêt de Hez Froidmont, Agnetz, Fitz-James, Nointel

Sinancourt, Frocourt, Merlemont, Froidmont, Carreft du Magasin, Boulincourt, Clermont

Friancourt, Auneuil, Vessencourt, l'Epine, Montreuil-s-Thérain, Villers-St Sépulcre, Giencourt, Breuil-le-Sec, Courcelles

Mont des Fourches, Tiersfontaine, Grumesnil, Val-de-l'Eau, les Godins, Mattencourt, Gros-Poirier, Pierrepont, Hez, Margueries, Fay-s-Bois, Filterval, Rotheleux, Cannettecourt, Crapin, Labruyère

Neuville-s-Auneuil, les Vivrots, St-Sulpice, Hermes, Breuil-le-Vert, Senecourt, Bailleval

la Houssoye, Vaux, Troussecourt, Royer, Berthecourt, Butteaux, Thury-s/s-Clermont, Auvillers, Lierval, Neuilly-s/s-Clermont, Demi-Lune

Saussay, Mezenguy, Villotran, St Quentin, la Vallée, Abbecourt, Ponchon, Cailloüel, St Félix, Ansacq, Béthencourt, Rosoy

Chantoiseau, Berneuil-en-Bray, Auteuil, Crécy, Hodenc-l'Evêque, Blainville, Francourt, Hondainville, Angy, Liancourt

Beaumont-les-Nonains, la Neuville-Garnier, la Haute-Ville, Tillard, Heilles, Cambronne-lès-Clermont, Brivois, Rantigny, la Pôte, Verderonne

Horgnes, Malassise, les Marettes, le Bois Molle, Silly, Carville, Boncourt, Noailles, Mouchy-la-Ville, Mouchy-le-Châtel, Coincourt, Mérard, Boiscourt, Laigneville

Jouy-s-Thelle, les Landes, Ft de Ressons, la Neuville-d'Aumont, Fayel, Mouy, Bury, Ars, Soutraine, Cauffry, Maison d'arrêt, La Prêle

la Longue-Rue, la Rachie, Ressons-l'Abbaye, le Coudray-s-Thelle, le Ht-Silly, Fercourt, Janville, Fourneaux, Mogneville, Angicourt

le Mesnil-Théribus, Ormeteau, Parfondeval, Bonvillers, Cauvigny, Pérel, Rousseloy, Sailleville, Monchy-St Eloi, Rieux

Hardivillers-en-Vexin, Tirmont, Valdampierre, le Déluge, le Pt Fercourt, Ste Geneviève, Château Rouge, Cousnicourt, Balagny-s-Thérain, St Epin, Flandre, St Claude, Villers-St Paul

Bachivillers, Montchevreuil, Valereux, Laboissière-en-Thelle, la Fusée, le Bois-Morel, Ully-St Georges, Cires-lès-Mello, Martincourt, Barisseuse, Nogent-s-Oise

Boissy-le-Bois, Fresneaux, Crèvecœur, Corbeil-Cerf, Novillers, Mello, St Vaast-lès-Mello, Saulcy, INERIS

Montherlant, Angleterre, Montefontaine-en-Thelle, Lachapelle-St-Pierre, Moulincourt, Foulangues, Montataire

Senots, Pouilly, Blequencourt, St-Crépin-Ibouvillers, Lormaison, Andeville, Le Tillet, Cavillon, Maysel, Creil

Fresne-Léguillon, Marivault, Lardières, Richemont, la Mare-d'Ovillers, le Bois-des-Cauches, Cramoisy, Thiverny, le Plessis-Pommeraye

Heulecourt, Haillancourt, Boulaines, Lalande, la Fosse-St Clair, Montchavert, les Haies

Fleury, Nuevillette, Haras, Villeneuve-les-Sablons, Méru, Liécourt, Dieudonné, Ercuis, Neuilly-en-Thelle, Bonqueval, Blaincourt, St Leu-d'Esserent, la Haute Pommeraie, St Maximin

Gypseuil, Ivry-le-Temple, Anserville, E.D.F.

Monts, Marquemont, les Fays-aux-Anes, Eschès, Fosseuse, Puiseux-le-Hauberger, Belle, Crouy-en-Thelle, Précy-s-Oise, Villers-s/s-St Leu, Apremont

Monneville, Tumbrel, Allère, Hénonville, Amblainville, Sandricourt, Bornel, Morangles, la Chaussée, Toutevoie, Vineuil-St Firmin

Neuville-Bosc, Cresnes, Berville, Hamecourt, Belle-Eglise, Fresnoy-en-Thelle, Chaumont, la Nonette

Romesnil, Omerville, le Quoniam, Margicourt, Arronville, Courcelles, Montagny-Prouvaire, Gandicourt, Renouval, le Mesnil-en-Thelle, Gouvieux, Chantilly, Forêt de Chantilly

Chavençon, le Ruel, Neuilly-en-Vexin, Haravilliers, Hérouville, les Tuileries, Chambly, Bernes-s-Oise, Boran-s-Oise, Lys-Chantilly, Carreft de la Table

le Heaulme, le Rosnel, les Hautiers, Balincourt, Messelan, Hodan, Ronquerolles, Persan, Abbe de Royaumont, la Reine-Blanche, Lamorlaye

Chars, Marines, Bréançon, Theuville, Menouville, Hédouville, Champagne-s-Oise, Bruyères-s-Oise, Baillon, Etangs de Commelles, Coye-la-Forêt

Rhus, Vall, Biard, Labbeville, Jouy-le-Comte, Beaumont-s-Oise, Noisy-s-Oise, Asnières, Viarmes, Seugy, Orry-la-Ville

Santeuil, Artimont, Grisy-les-Plâtres, Nesles, Mours, Chaumontel

33 60

A B C

35
D
E
F
Montdidier
Dancourt-Popincourt
Beuvraignes
Amy
Avricourt
Ecuvilly
Guiscard
Tilloloy
Fescamps
Bus-la-Mésière
Crapeaumesnil
Catigny
Muirancourt
Maucourt
Piennes-Onvillers
Remaugies
Fresnières
Candor
Lagny
Bussy
Quesmy
Ayencourt
Assainvillers
Boulogne-la-Grasse
Sermaize
Crisolles
Rubescourt
Onvillers
Canny-s-Matz
Beaurains-lès-Noyon
Genvry
Grandrû
Béhéricourt
Mondescourt
Rollot
Conchy-les-Pots
Roye-s-Matz
Lassigny
Porquéricourt
Babœuf
Frestoy
Hainvillers
Biermont
Dives
Vauchelles
Noyon
Salency
le Ployron
Orvillers-Sorel
Laberlière
Plessiers-de-Roye
Cuy
Suzoy
Thiescourt
Evricourt
Morlincourt
Tricot
Courcelles-Epayelles
Mortemer
Gury
Larbroye
Pont-l'Évêque
Varesnes
Ricquebourg
Cannectancourt
Passel
Pontoise-lès-Noyon
Cuvilly
la Neuville-s-Ressons
Ville
Sempigny
Montgérain
Méry-la-Bataille
Lataule
Belloy
Ressons-s-Matz
Mareuil-la-Motte
Elincourt-Ste Marguerite
Chiry-Ourscamps
Carlepont
Margny-s-Matz
Ménévillers
Marqueglise
Dreslincourt
Ribecourt
Pimprez
Caisnes
Wacquemoulin
Vandélicourt
Cambronne-lès-Ribecourt
Montiers
Gournay-s-Aronde
Vignemont
Chevincourt
Machemont
Bailly
Laneuvilleroy
Moyenneville
Antheuil-Portes
Villers-s-Coudun
Mélicocq
Montmacq
Tracy-le-Val
Nampcel
Hémévillers
Monchy-Humières
Giraumont
Thourotte
Audignicourt
Grandvillers-aux-Bois
Coudun
Longueil-Annel
Tracy-le-Mont
Montmartin
Baugy
Janville
Choisy-au-Bac
Forêt de Laigue
Rouvillers
Francières
Lachelle
Bienville
Clairoix
St Crépin-aux-Bois
Cernoy
Remy
Margny-lès-C.
Clairière de l'Armistice
Rethondes
Estrées-St Denis
Moyvillers
Venette
Attichy
Bitry
Bailleul-le-Soc
Epineuse
Arsy
Compiègne
Vieux-Moulin
Vic-s-Aisne
Jonquières
Blincourt
Armancourt
Cuise-la-Motte
Croutoy
Jaulzy
Avrigny
Choisy-la-Victoire
Grandfresnoy
le Meux
Forêt de Compiègne
Sacy-le-Gd
Chevrières
Longueil-Ste Marie
Lacroix-St Ouen
St Jean-aux-Bois
Pierrefonds
Chelles
St Martin-Longueau
Bazicourt
Houdancourt
Rivecourt
Retheuil
Morterfont
Taillefontaine
Monceaux
les Ageux
St Sauveur
Verberie
Saintines
Champlieu
Orrouy
Morienval
Gilocourt
Bonneuil-en-Valois
Eméville
Haramont
Vivières
Pont-Ste Maxence
Roberval
Béthisy-St Martin
Néry
Béthancourt-en-Valois
Fresnoy-la-Rivière
Vez
Villeneuve-s-Verberie
Glaignes
Largny-s-Automne
Fleurines
Raray
Rocquemont
Séry-Magneval
Feigneux
Villers-Cotterêts
Brasseuse
Rully
Trumilly
Duvy
Crépy-en-Valois
Ognon
Barbery
Chamant
Auger-St Vincent
Gondreville
Boursonne
Senlis
Montépilloy
Fresnoy
Rouville
Ivors
Mont-l'Evêque
Ormoy-Villers
Lévignen
Ormoy-le-Davien
Rosières
Bargny
Cuvergnon
Autheuil-en-Valois
Marolles
Borest
Fontaine-Chaalis
Baron
Péroy-les-Gombries
Boissy-Fresnoy
Betz
Montlognon
Versigny
Thury-en-Valois
Antilly
Abbe de Chaalis
Parc Asterix
Nanteuil-le-Haudouin
Villers-St Genest
Mareuil-s-Ourcq
Boullarre
Montagny-Ste Félicité
19
36
61
62
A1-E15-E19
N 17
N 31
N 32
N 324
N 330
N 2
D 332
D 335
D 973
D 922

A
B
C
1
2
3
4
19
20
35
62
Guiscard
Tergnier
Rogécourt
Versigny
Chauny
Quesmy
Béthancourt-en-Vaux
Caillouël-Crépigny
Neuflieux
Ognes
Abbécourt
Sinceny
Amigny-Rouy
Deuillet
Servais
Bertaucourt-Epourdon
St Gobain
Crépy
Fressancourt
Béhéricourt
Mondescourt
Babœuf
Marest-Dampcourt
Appilly
Autreville
Barisis
Septvaux
Suzy
Cessières
Morlincourt
Varesnes
Brétigny
Quierzy
Manicamp
Bichancourt
Pierremande
Folembray
Verneuil-s/s-Coucy
Fresnes
Prémontré
Faucoucourt
Pontoise-lès-Noyon
Bourguignon-s/s-Coucy
Besmé
St Paul-aux-Bois
Champs
Coucy-la-Ville
Bassoles-Aulers
Wissignicourt
Brancourt-en-Laonnois
Cuts
Camelin
Blérancourt
Guny
Coucy-le-Château Auffrique
Anizy-le-Château
Chaillevois
Caisnes
Carlepont
Trosly-Loire
St Aubin
Selens
Pont-St Mard
Jumencourt
Landricourt
Pinon
Urcel
Tracy-le-Val
Nampcel
Audignicourt
Vassens
Vézaponin
Epagny
Crécy-au-Mont
Leuilly-s/s-Coucy
Vauxaillon
Chavignon
Moulin-s/s-Touvent
Autrêches
Morsain
Bieuxy
Bagneux
Juvigny
Terny-Sorny
Laffaux
Nouvron-Vingré
Tartiers
Chavigny
Clamecy
Braye
Vuillery
Sancy-les-Cheminots
Attichy
Bitry
St Christophe-à-Berry
Berny-Rivière
Cuisy-en-Almont
Vaurezis
Cuffies
Crouy
Vregny
Celles-s-Aisne
Vailly-s-Aisne
Vic-s-Aisne
Fontenoy
Osly-Courtil
Pasly
Pommiers
Bucy-le-Long
Chivres-Val
Condé-s-Aisne
Jaulzy
Courtieux
Ressons-le-Long
Ambleny
Pernant
Mercin-et-Vaux
Villeneuve-St Germain
Missy-s-Aisne
Chassemy
Montigny-Lengrain
St Bandry
SOISSONS
Venizel
Sermoise
Ciry-Salsogne
Brenelle
Hautefontaine
Saconin-et-Breuil
Vauxbuin
Belleu
Billy-s-Aisne
Vasseny
Braine
Chelles
Laversine
Cutry
Courmelles
Noyant-et-Aconin
Acy
Serches
Couvrelles
Cœuvres-et-Valsery
Dommiers
Missy-aux-Bois
Ploisy
Septmonts
Augy
Mortefontaine
St Pierre-Aigle
Berzy-le-Sec
Rozières-s-Crise
Ambrief
Cerseuil
Soucy
Chaudun
Buzancy
Chacrise
Taillefontaine
Montgobert
Villemontoire
Nampteuil-s/s-Muret
Lesges
Jouaignes
Puiseux-en-Retz
Vierzy
Muret-et-Crouttes
Cuiry-Housse
Tannières
Vivières
Haramont
Hartennes-et-Taux
Maast-et-Violaine
Lhuys
Longpont
Villers-Hélon
Droizy
Launoy
Fleury
Corcy
Louâtre
Arcy-Ste Restitue
Loupeigne
Villers-Cotterêts
Dampleux
le Plessier-Huleu
Beugneux
Mareuil-en-Dôle
St Rémy-Blanzy
Grand-Rozoy
Cramaille
Château de Fère
Faverolles
Ancienville
Oulchy-la-Ville
Oulchy-le-Château
Saponay
Boursonne
Noroy-s-Ourcq
Rozet-St Albin
Seringes-et-Nesles
Montgru-St Hilaire
Fère-en-Tardenois
Troësnes
Marizy-Ste Geneviève
Marizy-St Mard
Neuilly-St Front
Breny
Armentières-s-Ourcq
Bruyères-s-Fère
Villeneuve-s-Fère
Villers-s-Fère
Sergy
Autheuil-en-Valois
Marolles
la Ferté-Milon
Passy-en-Valois
Macogny
Coincy
la Villeneuve-s/s-Thury
Latilly
Rocourt-St Martin
Brécy
Monnes
Dammard
Priez
Sommelans
Beuvardes
Fresnes-en-Tardenois
Boullarre
Chézy
Forêt de St Gobain
Basse Forêt de Coucy
Forêt de Pinon
Forêt de Retz
Aisne
Oise
Ourcq

D
E
F
Chivres-en-Laonnois
Bucy-lès-Pierrepont
Missy-lès-Pierrepont
Dizy-le-Gros
Beaumont
Chaumontagne
Barenton-Bugny
Monceau-le-Waast
Liesse-Notre-Dame
Ste Preuve
Boncourt
Lappion
Sévigny-Waleppe
Hannogne-St Rémy
Chambry
Gizy
Marchais
Sissonne
Forêt de Samoussy
Samoussy
Athies s/s-Laon
Nizy-le-Comte
la Selve
St Quentin-le-Pt
Banogne-Recouvrance
Camp de Sissonne
Eppes
Coucy-lès-Eppes
A 26-E 17
Bois de Lavergny
Bruyères-et-Montbérault
Veslud
Mauregny-en-Haye
Montaigu
Festieux
Parfondru
St Erme-Outre-et-Ramecourt
Courtrizy-et-Fussigny
le Thour
Lor
la Malmaison
Fleuricourt
St Germainmont
Herpy-l'Arlésienne
Gomont
Vorges
Presles-et-Thierry
Chéret
Orgeval
Montchâlons
Bièvres
Arrancy
St Thomas
Aubigny-en-Laonnois
Goudelancourt-lès-Berrieux
Berrieux
Aizelles
Amifontaine
Villers-devt-le-Thour
Balham
Blanzy-la-Salonnaise
Asfeld
Monthenault
Lierval
Chamouille
Chermizy-Ailles
Ste Croix
Bouconville-Vauclair
Neuville-s-Ailette
Corbeny
Juvincourt-et-Damary
Prouvais
Proviseux-et-Plesnoy
Avaux
Vieux-lès-Asfeld
Craonne
Craonnelle
la Ville-aux-Bois-lès-Pontavert
Guignicourt
Neufchâtel-s-Aisne
Menneville
Brienne-s-Aisne
Evergnicourt
Sault-St Remy
Roizy
Houdilcourt
Vendresse-Beaulne
Oulches-la-Vallée-Foulon
Paissy
Vassogne
Moulins
Moussy-Verneuil
Cuissy-et-Geny
Jumigny
Pargnan
Bourg-et-Comin
Œuilly
Beaurieux
Pontavert
Berry-au-Bac
Condé-s-Suippe
Variscourt
Pignicourt
Poilcourt-Sydney
Aguilcourt
Bertricourt
Aumenancourt
St Etienne-s-Suippe
Chaudardes
Gernicourt
Cuiry-lès-Chaudardes
Orainville
Bazancourt
Boult-s-Suippe
Concevreux
Roucy
Bouffignereux
Cormicy
Muscourt
Meurival
Révillon
Maizy
Villers-en-Prayères
Dhuizel
Longueval-Barbonval
Serval
Glennes
Guyencourt
Cauroy-lès-Hermonville
Bermericourt
Bourgogne
Fresne-lès-Reims
Isles-s-Suippe
Ventelay
Romain
Bouvancourt
Hermonville
Loivre
Brimont
Pomacle
Blanzy-lès-Fismes
Baslieux-lès-Fismes
Villers-Franqueux
Courcy
Reims-Champagne
Perles
Courlandon
Breuil
Montigny-s-Vesle
Pévy
Thil
Pouillon
Caurel
Witry-lès-Reims
Fismes
St Thibault
Ville-Savoye
Magneux
Unchair
Prouilly
Trigny
Chenay
Merfy
St Thierry
la Neuvillette
Bétheny
Jonchery-s-Vesle
Châlons-s-Vesle
Muizon
Hourges
Vandeuil
St Gilles
St Martin
Courville
Branscourt
Courcelles-Sapicourt
St-Brice-Courcelles
Champigny
Berru
Cernay-lès-Reims
Nogent-l'Abbesse
REIMS
Crugny
Serzy-et-Prin
Rosnay
Gueux
Thillois
Tinqueux
Savigny-s-Ardres
Faverolles-et-C.
Treslon
Germigny
Janvry
Vrigny
Ormes
Arcis-le-Ponsart
Brouillet
Méry-Prémecy
Bouleuse
Pargny-lès-Reims
Coulommes-la-Montagne
Bézannes
la Maison-Blanche
Cormontreuil
St Léonard
Fort de la Pompelle
Sillery
Lagery
Tramery
Aubilly
Jouy-lès-Reims
les Mesneux
Sarcy
St Euphraise-et-Clairizet
Ville-Dommange
Sacy
Champfleury
Trois-Puits
Puisieux
Coulonges-Cohan
Vézilly
Ville-en-Tardenois
Bouilly
Bligny
Courmas
Ecueil
Villers-aux-Nœuds
Montbré
Aougny
Goussancourt
Romigny
Chambrecy
Chaumuzy
Marfaux
Chamery
Villers-Allerand
Rilly-la-Montagne
Mailly-Champagne
Verzenay
Villers-Agron-Aiguizy
Olizy
Champlat-et-Boujacourt
Pourcy
Sermiers
Chigny-les-Roses
Ludes
Verzy
Ste Gemme
Anthenay
Jonquery
la Neuville-aux-Larris
Courtagnon
Nanteuil-la-Forêt
PARC NATUREL RÉGIONAL
Forêt de la Montagne de Reims
Mont Sinaï
Cuchery
Baslieux-sous-Châtillon
Ville-en-Selve
21
38
63
64

A
B
C
Rethel
Novion-Porcien
Château-Porcien
Asfeld
Juniville
Machault
Attigny
Vouziers
Seraincourt
Chappes
Remaucourt
Hannogne-St Remy
Wasigny
Mesmont
Faissault
Hagnicourt
Puiseux
Wignicourt
Bouvellemont
Sery
Hauteville
Son
St Fergeux
Inaumont
Arnicourt
Écly
Sorbon
Bertoncourt
Novy-Chevrières
Faux
Lucquy
Tourteron
Écordal
Alland'Huy-et-Sausseuil
Charbogne
Amagne
Coucy
Doux
Barby
Taizy
Nanteuil-s-Aisne
Acy-Romance
Sault-lès-Rethel
Biermes
Thugny-Trugny
Seuil
Givry
Mont-Laurent
Herpy-l'Arlésienne
St Germainmont
Gomont
Balham
Blanzy-la-Salonnaise
Avançon
Aire
St Loup-Champagne
Perthes
Tagnon
Ménil-Annelles
Annelles
Saulces-Champenoises
Vaux-Champagne
Coulommes-et-Marqueny
Chuffilly-Roche
Ste Vaubourg
Semuy
Rilly-s-Aisne
Roizy
Bergnicourt
Neuflize
Alincourt
Le Châtelet-s-Retourne
Houdilcourt
Sault-St Remy
St Remy-le-Petit
Bignicourt
Ville-sur-Retourne
Pauvres
Dricourt
Leffincourt
Mont-St Remy
Mazagran
Bourcq
Quilly
Chardeny
Grivy-Loisy
Tourcelles-Chaumont
St Étienne-s-Suippe
Bazancourt
Boult-s-Suippe
Isles-s-Suippe
Warmeriville
Ménil-Lépinois
Aussonce
la Neuville-en-Tourne-à-Fuy
Cauroy
Contreuve
Semide
Mont-St Martin
Pomacle
Heutrégiville
Lavannes
St Masmes
Selles
Caurel
Witry-lès-Reims
Epoye
Pontfaverger-Moronvilliers
Hauviné
St Clément-à-Arnes
St Étienne-à-Arnes
Bétheniville
St Pierre-à-Arnes
St Hilaire-le-Petit
Berru
Cernay-lès-Reims
Nogent-l'Abbesse
Beine-Nauroy
St Martin-l'Heureux
Dontrien
St Souplet-s-Py
Ste Marie-à-Py
Sommepy-Tahure
Vaudesincourt
Aubérive
Camp de Moronvilliers
Fort de la Pompelle
Sillery
Prunay
Prosnes
Beaumont-s-Vesle
Val-de-Vesle
Verzenay
Verzy
Sept-Saulx
Baconnes
St Hilaire-le-Grand
Jonchery-s-Suippe
Souain-Perthes-lès-Hurlus
Suippes
Mourmelon-le-Grand
Mourmelon-le-Petit
Les Petites-Loges
Livry-Louvercy
Villers-Marmery
Camp militaire
Camp de Mourmelon

D
E
F
23
21
25
Mouzon
Raucourt-et-Flaba
Chémery-s-Bar
Vendresse
Omont
Mont Damion
Maisoncelle-et-Villers
Artaise-le-Vivier
Autrecourt-et-Pourron
Villers-devt-Mouzon
Euilly-et-Lombut
Blagny
Linay
Sailly
Vaux-lès-Mouzon
Villy
Fromy
Moiry
Margut
Moulins-St-Hubert
Bois de la Riotte
Malandry
la Ferté-s-Chiers
Chagny
la Cassine
Bois de la Cassine
la Neuville-à-Maire
Forêt du Mont Dieu
Flaba
Montgarni
les Huttes
la Besace
Yoncq
Villemontry
Alma
Autréville-St-Lambert
Bois d'Inor
Olizy-s-Chiers
Bièvre
Lamouilly
Marquigny
Louvergny
Sauville
le Mont-Dieu
Stonne
Mémorial de Stonne
Mont Damion
la Bagnolle
la Thibaudine
Létanne
Pouilly-s-Meuse
Inor
Nepvant
Martincourt-s-Meuse
Lametz
les Grandes-Armoises
Mont du Cygne
Forêt de Sommauthe
Beaumont-en-Argonne
Forêt de Jaunay
Luzy-St Martin
Brouennes
Tannay
le Chesne
Lac de Bairon
Sy
la Berlière
Oches
Sommauthe
Forêt de Dieulet
Cesse
Bronelle
Cervisy
Montgon
Canal des Ardennes
Bois de Sy
Verrières
les Petites-Armoises
Neuville-Day
Bois du Chesne
Bazancourt
Brieulles-s-Bar
St Pierremont
Vaux-en-Dieulet
Parc de Vision
Belval
Laneuville-s-Meuse
Stenay
Baâlon
Beaufort-en-Argonne
Belval-Bois-des-Dames
Mouzay
Bois du Chénois
Bois de Voncq
la Maison-Rouge
Châtillon-s-Bar
Marcelot
les Alleux
Fontenois
Autruche
Authe
Noirval
les Champys
Beauclair
Wiseppe
Halles-s/s-les-Côtes
Saulmory-et-Villefranche
Forêt de Wœvre
Charmois
Terron-s-Aisne
Belleville-et-Châtillon-s-Bar
Fossé
Tailly
Nouart
Quatre-Champs
Germont
Harricourt
Bar-lès-Buzancy
Buzancy
Bois de la Folie
Bois de Tailly
Montigny-devt-Sassey
Sassey-s-Meuse
Vandy
Bois de Vandy
Ballay
Toges
Boult-aux-Bois
la Malmaison
Barricourt
les Forgettes
B. de Mont
Mont-devt-Sassey
Lion-devt-Dun
Landèves
la Noue-Adam
le Gros Chêne
Chestres
Briquenay
Thénorgues
les Tuileries
Côte de Châtel
Côte St Germain
Milly-s-Bradon
Murvaux
Champ de Tir
la Croix-aux-Bois
Forêt de la Croix-aux-Bois
Bayonville
Andevanne
Villers-devt-Dun
Dun-s-Meuse
Sivry-lès-Buzancy
Chennery
Rémonville
B. du Fayel
Doulcon
la Briqueterie
Longwé
les 4 Charmes
Verpel
Landreville
Fontaines-St Clair
Falaise
Primat
le Morthomme
Beffu-et-le-Morthomme
Imécourt
Aincreville
le Petit Cléry
le Grand Cléry
Liny-devt-Dun
B. de Sivry
Bagot
Savigny-s-Aisne
Olizy-Primat
Talma
Champigneulle
Landres-et-St-Georges
Ladhuy
Bantheville
40
Crécy
Bois de la Sarthe
Grandpré
St Georges
St Juvin
Cunel
B. de Forêt
Brieulles-s-Meuse
Vilosnes-Haraumont
St Morel
la Tafna
Brécy-Brières
Termes
Chevières
Marcq
Sommerance
Bois d'Ariéthal
Romagne-s/s-Montfaucon
Gesnes-en-Argonne
U.S.A.
B. de Fays
Bois de la Côte de Lémont
Bois de Dannevoux
Dannevoux
Monthois
Challerange
Senuc
Mouron
Fléville
Exermont
Cierges-s/s-Montfaucon
Nantillois
B. de Septsarges
Consenvoye
Vaux-lès-Mouron
Grandham
Cornay
Châtel-Chéhéry
Abbatiale les Granges
Eclisfontaine
Epinonville
Butte de Montfaucon
Septsarges
Bois Juré
Gercourt-Drillancourt
Joyeuse
les Rosiers
Montcheutin
le Bois-de-Lord
Terrain militaire
Bois d'Autry
St Lambert
les Bièvres
Lançon
Bois de Châtel
Apremont
l'Espérance
Baulny
Charpentry
Ivoiry
Montfaucon-d'Argonne
Cuisy
Bois de Forges
Forges-s-Meuse
Vieux
Montfauxelles
les Francs-Fossés
Autry
Séchault
Bouconville
Mont Cuvelet
Condé-lès-Autry
Ft de la Hte Hayes
Charlevaux
Montblainville
Véry
Forêt de Montfaucon
Béthincourt
Malancourt
Haucourt
Forêt du Mort-Homme
Fontaine-en-Dormois
Cernay-en-Dormois
B. de Cernay
Binarville
Vienne-le-Château
Varennes-en-Argonne
Cheppy
le Mort-Homme
Cote 304
Chattancourt
Ripont
Rouvroy-Ripont
Servon-Melzicourt
Bois de la Gruerie
Bois du Bel Orme
Abris du Kronprinz
Bois de Cheppy
B. de Véry
B. de Malancourt
Avocourt
Esnes-en-Argonne
Mont Têtu
la Main de Massiges
Bois de Ville
Forêt de Servon
la Harazee
Boureuilles
Butte de Vauquois
Vauquois
la Claire
Ferme de Beauséjour
Massiges
Melzicourt
St Thomas-en-Argonne
le Four-de-Paris
la Placardelle
Haute Chevauchée
Forêt de Hesse
Montzéville
Ville-s-Tourbe
B. d'Hauzy
la Renarde
Forêt de Lachalade
Abancourt
Verrières-en-Hesse
Vigneville
Béthelainville
Minaucourt-le-Mesnil-lès-Hurlus
Virginy
Malmy
Vienne-la-Ville
Forêt des Hauts-Bâtis
Lachalade
la Forestière
Neuvilly-en-Argonne
Berzieux
Wargemoulin-Hurlus
Naviaux
les Petits-Bâtis
le Claon
Carreft de la Croix de Pierre
Aubréville
Récicourt
Dombasle-en-Argonne
Fromeréville-les-Vallons
Sivry-la-Perche
les Cruzis
Moiremont
Cousances
Lochères
Courcelles
Parois
Brabant-en-Argonne
Courtémont
le Poncelet
le Neufour
B. du Grd Pays
Florent-en-Argonne
Jouy-en-Argonne
Blercourt
St Jean-s-Tourbe
65
Dommartin-Hans
Maffrécourt
la Neuville-au-Pont
B. de la Viergette
Bois de Valmy
Côte de Biesme
les Islettes
la Noue
St Vanne
Bois-Bachin
Clermont-en-Argonne
66
Brocourt-en-Argonne
Nixéville-Blercourt
Rampont
la Salle
Hans
Chaudefontaine
les Vignettes
les Senades

A B C

1 2 3 4

23 39 66

Linay
Auflance
Margny
Gérouville
Meix-dev.-Virton
Robelmont
Bois du Bon-Lieu
Bois de St Léger
Fromy
Moiry
Sapogne-s-Marche
Herbeuval
Villy
Margut
Signy-Montlibert
St Walfroy-Ermitage
Breux
Sommethonne
Thonne-le-Thil
Avioth
Thonne-la-Long
Villers-la-Loue
Berchiwé
Belle-Vue
Houdrigny
Virton
Chenois
St Mard
Dampicourt
Ethe
Bleid
Latour
Gomery
Signeulx
Mussy-la-Ville
Gennevaux
Baranzy
Musson
Rachecourt
Battincourt
Willancourt
Halanzy
Mont-St Martin
Longwy
Laclaireau
Belmont
Ruette
la Ferté-s-Chiers
Olizy-s-Chiers
Bièvres
B. du Belloy
Lamouilly
Chauvency-St Hubert
Thonnelle
St Valéry
Couvreux
Verneuil-Petit
Verneuil-Grand
Ecouviez
Rouvroy
Montquintin
Harnoncourt
Bois de Guéville
Ville-Houdlémont
Houdlémont
St Rémy
Buré-la-Ville
St Pancré
Bois du Pas Bayard
Cussigny
Gorcy
Cosnes-et-Romain
Villers-la-Chèvre
Rehon
Martincourt-s-Meuse
Nepvant
Chauvency-le-Chau
Thonne-les-Prés
Montmédy
Villécloye
Vigneul-s/s-M.
Iré-les-Prés
Lamorteau
Torgny
Velosnes
Pont-Camus
Allondrelle-la-Malmaison
la Malmaison
Grandcourt
Tellancourt
Fresnois-la-Montagne
Lexy
Cutry
Brouennes
Cervisy
Bazeilles-s-Othain
Othe
Manteville
Epiez-s-Chiers
Charency-Vezin
Buré d'Orval
Villancy
Cons-la-Grandville
Montigny-s-Chiers
la Roche
Braumont
Viviers-s-Chiers
Ugny
Stenay
Baâlon
Quincy-Landzécourt
Han-lès-Juvigny
Bois de Juvigny
Iré-le-Sec
Flassigny
Vezin
Bois Lagrange
Villette
Flabeuville
Colmey
Revémont
Fermont
Fort de Fermont
Praucourt
Chenières
Mouzay
Bois du Chénois
Juvigny-s-Loison
Ossuaire
St Hilaire
Villers-le-Rond
Marville
St Jean-les-Longuyon
Ham-les-St Jean
Petit-Xivry
Longuyon
Doncourt-lès-Longuyon
Forêt de Wœvre
Saulmory-et-Villefranche
Charmois
Louppy-s-Loison
Remoiville
Jametz
Pt Failly
Grd Failly
Noërs
Lopigneux
Arrancy-s-Crusne
Beuveille
Pierrepont
Bois de Rafour
Bois de Jametz
Delut
Rupt-s-Othain
Dimbley
Dombras
Bois du Grand Failly
St Laurent-s-Othain
Bois de Belchêne
Sorbey
Constantine
Belles-Fontaines
Han-devt-Pierrepont
Boismont
Charpont
Mainbottel
Lion-devt-Dun
Côte St Germain
Milly-s-Bradon
Murvaux
Brandeville
Vittarville
Merles-s-Loison
Châtillon
Pillon
Handeville
Rouvrois-s-Othain
les Eurantes
St Supplet
St Pierrevillers
Dun-s-Meuse
B. du Fayel
Fontaines-St Clair
Bois de Bréhéville
Bréhéville
Lissey
la Pte Lissey
Peuvillers
Villers-lès-Mangiennes
Bois de Warphémont
Duzey
Nouillonpont
Xivry-Circourt
Ollières
Bois le Rachoux
Woécourt
Réchicourt
Cléry-le-Petit
Liny-devt-Dun
B. de Sivry
Ecurey-en-Verdunois
Bois d'Ecurey
Réville-aux-Bois
Damvillers
Bois de Merles
Mangiennes
Loison
Muzeray
Rampont
Spincourt
Haraumont
Vilosnes-Haraumont
Etraye
Mureau
Le Bois des Moines
Forêt de Mangiennes
Billy-s/s-Mangiennes
Côte de Morimont
Romagne-s/s-les-Côtes
Sivry-s-Meuse
Mont Américain
Bois de la Gde Montagne
Wavrille
Gibercy
Etang du Haut-Fourneau
Vaudoncourt
Houdelaucourt-s-Othain
Haucourt-la-Rigole
la Mouril
Domremy-la-Canne
Bouvigny
Bois de la Côte de Laimont
Bois de Dannevoux
Dannevoux
Bois de Consenvoye
Crépion
Moirey-Flabas-Crépion
Flabas
Montaubé
Chaumont-devt-Damvillers
la Gelinerie
Azannes-et-Soumazannes
Bois d'Hingry
Sorel
Bois le Prêtre
Gouraincourt
Baroncourt
Cités St Pierre
Consenvoye
Bois Juré
Forêt de Ville-devt-Chaumont
les Warières
Ville-Forêt
Forêt les Crocs
Spincourt
Etang d'Amel
Senon
Bellevue
Dommary-Baroncourt
Eton
B. de Septsarges
Septsarges
Gercourt-Drillancourt
Drillancourt
Bois de Forges
Forges-s-Meuse
Haumont-près-Samogneux
Brabant-s-Meuse
Bois des Caures
Gremilly
Bois d'Arc
Pierreville
Remany
Renonvaux
Amel-s-l'Etang
Bois de Saulx
Cuisy
Béthincourt
Regnéville-s-Meuse
Samogneux
Forêt de Verdun
Champ de Tir
Beaumont-en-Verdunois
Eglise
Ornes
l'Epina
Naumoncel
Ornel
Longeau
Maucourt-s-Orne
Gincrey
Mogeville
Foameix-Ornel
Roger-Champ
Forêt d'Etain
Malancourt
Haucourt
le Mort-Homme
Forêt du Mort-Homme
Côte de l'Oie
Cumières
Cote 304
Champneuville
Louvemont
Côte du Poivre
Tranchée des Baïonnettes
Douaumont
Fort de Douaumont
Bezonvaux
Morgemoulin
Fromezey
Etain
Rouvres-en-Woëvre
Lanhères
le Moulin
B. de Malancourt
Chattancourt
Cal de l'Est
Vacherauville
Bras-s-Meuse
Ossuaire
Vaux
Dieppe-s/s-Douaumont
Haraigne
Broville
Abaucourt-Hautecourt
Warcq
Boinville-en-Woëvre
Avocourt
Esnes-en-Argonne
Marre
Fort de Marre
la Claire
Charny-s-M.
Froideterre
Cimetière national
Fleury
Mémorial
Fort de Souville
Fort de Vaux
Damloup
Souppleville
Eix-Abaucourt
Hautecourt-lès-Broville
le Ht Bois
l'Hôpital
Darmont
Buzy-Darmont
Montzéville
Bois Bourrus
Fort de Bois Bourrus
Germonville
Belleville
Fort de Tavannes
Eix
Moranville
Grimaucourt-en-Woëvre
Herméville-en-Woëvre
St Maurice-lès-G.
Bois d'Herméville
Gussainville
Parfondrupt
Verrières-en-Hesse
Béthelainville
Vignéville
Thierville-s-Meuse
Jardin Fontaine
Glorieux
Camp militaire
Côte St Michel
VERDUN
Moulainville
le Bourbeau
Blanzée
Mandre
Braquis
Frémeréville-les-Vallons
Regret
Belrupt-en-Verdunois
Châtillon-s/s-les-Côtes
Watronville
Ronvaux
Ville-en-Woëvre
Hennemont
Dombasle-en-Argonne
Sivry-la-Perche
Maison Rouge
Baleycourt
Fort de Regret
Billemont
Belleray
Haudainville
Forêt
Fort du Rozelier
Haudiomont
Hannoncelle
Pintheville
Pareid
Jouy-en-Argonne
Frana
Moulin-Brûlé
Blercourt
Nixéville-Blercourt
Brocourt-en-Argonne
Rampont
Landrecourt-Lempire
Lempire
Dugny-s-Meuse
de Sommedieue
Manheulles
Muraux
Mont-Villers
Bonzée
Mesnil-s/s-
Aunois
Riaville
Marchéville-en-Woëvre
Maizeray
Harville
Champlon
St Hilaire

LUXEMBOURG

D E F

1 2 3 4

42

Messancy
Clémency
Dippach
Hespérange
Athus
Pétange
Bascharage
Leudelange
Reckange-s-Mess
Contern
Aubange
Sanem
Roeser
Weiler-la-Tour
Dalheim
Stadtbredimus
Mondercange
Frisange
Longlaville
Saulnes
Mont Soleuvre
Differdange
Bettembourg
Mondorf les-Bains
Herserange
Schifflange
Kayl
Esch-s-A
Dudelange
Hussigny-Godbrange
Rédange
Russange
Audun-le-Tiche
Rumelange
Villerupt
Zoufftgen
Basse-Rentgen
Rodemack
Schengen
Villers-la-Montagne
Volmerange-les-Mines
Kanfen
Roussy-le-Village
Breistroff-la-Gde
Laix
Morfontaine
Crusnes
Bréhain-la-Ville
Ottange
Boust
Gavisse
Aumetz
Escherange
Errouville
Rochonvillers
Hettange-Grande
Cattenom
Ville-au-Montois
Fillières
Serrouville
Tressange
Angevillers
Kœnigsmacker
Joppécourt
Audun-le-Roman
Havange
Algrange
Thionville
Manom
Yutz
Valmestroff
Fontoy
Nilvange
Malavillers
Sancy
Murville
Mont-Bonvillers
Knutange
Hayange
Florange
Metzervisse
Uckange
Piennes
Tucquegnieux
Bettainvillers
Fameck
Guénange
Mancieulles
Avril
Richemont
Joudreville
Norroy-le-Sec
Anoux
Moyeuvre-Petite
Vitry-s-Orne
Rosselange
Briey
Moyeuvre-Grande
Amnéville
Hagondange
Lantéfontaine
Rombas
Walibi Lorraine
Fléville-Lixières
Lubey
Moutiers
Jœuf
Ozerailles
Homécourt
Maizières-lès-Metz
Vigy
Abbéville-lès-Conflans
Moineville
Roncourt
Conflans-en-Jarnisy
Hatrize
Jarny
Woippy
Saulny
Doncourt-lès-Conflans
Vernéville
Bruville
Gravelotte
Lessy
Montigny-lès-Metz
METZ
Mars-la-Tour
Rezonville
Vionville
Tronville
Ars-s-M.
Peltre

67 68

D
E
F
Kastel
Wadern
Niederlöstern
Dagstuhl
Primstal
Lockweiler
Krettnich
Bardenbach
Überroth-Niederhofen
Dautweiler
Lindscheid
Dorf
Büschfeld
Scheuern
Hasborn
Tholey
Theley
Neipel
Limbach
Dörsdorf
Bergweiler
Steinbach bei Lebach
Gresaubach
Sotzweiler
Thalexweiler
Aschbach
Niedersaubach
Macherbach
Bubach-Calmesweiler
Eppelborn
Lebach
Landsweiler bei Lebach
Eidenborn
Habach
Humes
Hierscheid
Falscheid
Uchtelfangen
Wiesbach
Eiweiler
Mangelhausen
Reisbach
Kutzhof
Heusweiler
Wahlschied
Niedersalbach
Walpershofen
Riegelsberg
Püttlingen
Köllerbach
Völklingen
Altenkessel
Quierschied
Göttelborn
Fischbach
Camphausen
Dudweiler
Sulzbach
Merchweiler
Illingen
Wemmetsweiler
Hüttigweiler
Welschbach
Wustweiler
Hirzweiler
Dirmingen
Berschweiler
Urexweiler
Marpingen
Alsweiler
Winterbach
Selbach
Neunkirchen Nahe
Gronig
Gudesweiler
Oberthal
Namborn
Bliesen
St. Wendel
Niederkirchen im Ostertal
Urweiler
Mainzweiler
Ottweiler
Niederlinxweiler
Remmesweiler
Oberlinxweiler
Steinbach
Schiffweiler
Stennweiler
Landsweiler-Reden
Heiligenwald
Friedrichsthal
Bildstock
Neunkirchen
Wiebelskirchen
Hangard
Münchwies
Fürth
Dörrenbach
Werschweiler
Saal
Marth
Hoof
Leitersweiler
Roschberg
Grügelborn
Furschweiler
Gehweiler
Reitscheid
Freisen
Eitzweiler
Asweiler
Heisterberg
Hirstein
Pinsweiler
Oberkirchen
Herchweiler
Haupersweiler
Selchenbach
Osterbrücken
Schwarzerden
Albessen
Konken
Langenbach
Herschweiler-Pettersheim
Krottelbach
Bubach
Frohnhofen
Ohmbach
Altenkirchen
Brücken
Breitenbach
Dittweiler
Lautenbach
Dunzweiler
Schmittweiler
Schönenberg-Kübelberg
Höchen
Waldmohr
Frankenholz
Jägersburg
Oberbexbach
Bexbach
Kleinottweiler
Niederbexbach
Wellesweiler
Homburg
Kirrberg
Schwarzenbach
Schwarzenacker
Einöd
Zweibrücken
Bierbach
Wörschweiler
Kirkel
Limbach
Altstadt
Spiesen
Elversberg
St. Ingbert
Rohrbach
Hassel
Niederwürzbach
Blieskastel
Webenheim
Mimbach
Biesingen
Oberwürzbach
Heckendalheim
Ommersheim
SAARBRÜCKEN
Scheidt
Schafbrücke
Bischmisheim
Brebach
Fechingen
Ensheim
Eschringen
Güdingen
Bübingen
Kleinblittersdorf
Bliesransbach
Gersweiler
Klarenthal
Schoeneck
Stiring-Wendel
Forbach
Spicheren
Alsting
Etzling
Kerbach
Grosbliederstroff
Behren
Bousbach
Rouhling
Morsbach
Cocheren
Folkling
Théding
Tenteling
Diebling
Nousseviller-St. Nabor
Hundling
Metzing
Farschviller
Farébersviller
Henriville
Cappel
Barst
Hoste
Puttelange-aux-Lacs
Loupershouse
Guebenhouse
Ernestviller
Woustviller
Ippling
Rémelfing
Sarreguemines
Sarreinsming
Zetting
Neufgrange
Hambach
Siltzheim
Wittring
Achen
Wiesviller
Gros-Réderching
Woelfling-lès-Sarreguemines
Rimling
Bettviller
Petit-Réderching
Fort Casso
Rohrbach-lès-Bitche
Lambach
Siersthal
Schorbach
Hottviller
Simserhof
Volmunster
Epping
Erching
Obergailbach
Niedergailbach
Bliesbruck
Reinheim
Gersheim
Walsheim
Medelsheim
Peppenkum
Utweiler
Brenschelbach
Altheim
Böckweiler
Bliesdalheim
Herbitzheim
Bebelsheim
Mandelbachtal
Rubenheim
Wolfersheim
Erfweiler-Ehlingen
Ballweiler
Breitfurt
Blickweiler
Habkirchen
Bliesmengen-Bolchen
Blies-Guersviller
Frauenberg
Blies-Ebersing
Hornbach
Dietrichingen
Althornbach
Rimschweiler
Loutzviller
Nousseviller-lès-Bitche
Kusel
Rammelsbach
Haschbach am Remigiusberg
Etschberg
Schellweiler
Godelhausen
Rehweiler
Quirnbach bei Kusel
Steinbach a. Glan
Börsborn
Gries
Bruchhof
Sanddorf
Käshofe
Mörsbach
A 62
A 8
A 6
A1
E 50
E 422
69
44
1
2
3
4

A
B
C
1
2
3
4
43
69
70
Neunkirchen
Homburg
Zweibrücken
Landstuhl
Sarreguemines
Saarbrücken
Bitche
Sarre-Union
Ottweiler
Schiffweiler
Friedrichsthal
Sulzbach
St. Ingbert
Spiesen-Elversberg
Bexbach
Kirkel
Blieskastel
Mandelbachtal
Gersheim
Ormesheim
Waldmohr
Jägersburg
Schönenberg-Kübelberg
Miesau
Bruchmühlbach-Miesau
Hütschenhausen
Breitenbach
Dittweiler
Münchwies
Wiebelskirchen
Landsweiler-Reden
Illingen
Bechhofen
Martinshöhe
Wiesbach
Krähenberg
Käshofen
Contwig
Rieschweiler-Mühlbach
Dellfeld
Höheischweiler
Nünschweiler
Thaleischweiler-Fröschen
Maßweiler
Battweiler
Reifenberg
Winterbach
Wallhalben
Saalstadt
Hermersberg
Heltersberg
Höheinöd
Herschberg
Schauerberg
Obernheim-Kirchenarnbach
Langwieden
Mittelbrunn
Oberarnbach
Bann
Kindsbach
Weselberg
Horbach
Hettenhausen
Steinalben
Walshausen
Windsberg
Pirmasens
Vinningen
Kröppen
Trulben
Eppenbrunn
Hilst
Riedelberg
Rolbing
Walschbronn
Waldhouse
Schweix
Liederschiedt
Roppeviller
Haspelschiedt
Bottenbach
Dietrichingen
Mauschbach
Althornbach
Hornbach
Breidenbach
Loutzviller
Volmunster
Schweyen
Lengelsheim
Nousseviller-lès-Bitche
Schorbach
Hottviller
Breitfurt
Böckweiler
Altheim
Brenschelbach
Peppenkum
Medelsheim
Walsheim
Bliesdalheim
Seyweiler
Reinheim
Bliesmengen-Bolchen
Habkirchen
Bliesransbach
Blies-Ebersing
Bliesbruck
Obergailbach
Erching
Epping
Rimling
Bettviller
Ormersviller
Utweiler
Woelfling-lès-Sarreguemines
Wiesviller
Gros-Réderching
Petit-Réderching
Rohrbach-lès-Bitche
Siersthal
Lambach
Enchenberg
Lemberg
Montbronn
St. Louis-lès-Bitche
Goetzenbruck
Meisenthal
Soucht
Rahling
Schmittviller
Kalhausen
Etting
Achen
Wittring
Siltzheim
Hambach
Neufgrange
Zetting
Sarreinsming
Rémelfing
Herbitzheim
Oermingen
Keskastel
Dehlingen
Butten
Ratzwiller
Lorentzen
Diemeringen
Domfessel
Vœllerdingen
Volksberg
Waldhambach
Weislingen
Rosteig
Wingen-s-Moder
Reipertswiller
Lichtenberg
Wimmenau
Ingwiller
Baerenthal
Mouterhouse
Philippsbourg
Sturzelbronn
Falkenstein
Camp militaire de Bitche
PARC NATUREL RÉGIONAL DES VOSGES DU NORD
Forêt de St Louis
Forêt de Mouterhouse
Rochers du Ramstein
Zweibrücken
A 6
A 8
A 62
E 50
A 4 - E 25
N 61
N 62
D 620
423
424

D
E
F
Hohenecken
Groß Humberg
Harter Kopf
Waldleiningen
Mollen Kopf
Morschbacherhof
Neidenfels
Lindenberg
Silbertal
Stoppelkopf
Königsbach
Ruppertsberg
Gimmeldingen
Mußbach
NATURPARK
Aschbacherhof
Breitenau
Stelzenberg
Motschbach
Stüterhof
Schwabenbach
Esthal
Frankeneck
Lambrecht
Weinbiet
Heidenburg
Haardt
Burg
Haßloch
Langensohl
Antonihof
Unterhammer
Wilenstein
Neuhöferthal
Trippstadt
Karlstal
Johanniskreuz
Mückenwiese
Speyerbrunn
Elmstein
Harzofen
Appenthal
Helmbach
Erfenstein
Spangenberg
Breitenstein
Schontal
Neustadt an der Weinstraße
Speyerdorf
Lachen-
Hambach
Diedesfeld
Hambacher Schloß
Schopp
Schwarzbach
Erlenbach
Röderthal
Schafhof
Iggelbach
Schmalenberg
Kalmit
Alsterweiler
Maikammer
Duttweiler
Geinsheim
Neuhof
Geiselberg
Heltersberg
PFÄLZERWALD
Turm
Eschkopf
St. Martin
Kropsburg
Kirrweiler
Altdorf
Böbingen
Erlenkopf
Taubensuhl
Schanzelturm
Edenkoben
Venningen
Freimersheim
Rietburg
Ludwigshöhe
Rhodt
Groß-fischlingen
Klein-
Waldfischbach-Burgalben
Hofstätten
Modeneck
Weyher in der Pfalz
Roderhof
Leimen
Ramberg
Krappenfelsen
Hainfeld
Edesheim
Annweiler
Teufelsfelsen
St. Anna
Burrweiler
Roschbach
Knöringen
Essingen
Hochstadt
Clausen
Weißenberg
Dernbach
Gleisweiler
Flemlingen
Merzalben
Eußerthal
Orensfelsen
Böchingen
Walsheim
Nußdorf
Zeiskam
Gräfenstein
Große Boll
Hermersbergerhof
Gräfenhausen
St. Johann
Frankweiler
Bornheim
Dammheim
Dreihof
Riegelbrunnerhof
Wieslauterhof
Albersweiler
Siebeldingen
Godramstein
Neuhof
Wilgartswiesen
Rinnthal
Queichhambach
Hohenberg
Münchweiler an der Rodalb
Hombrunnerhof
Sarnstall
Trifels
Ranschbach
Birkweiler
Arzheim
Kloster
Offenbach an der Queich
Mörlheim
Annweiler a. Trifels
Bindersbach
Anebos
Scharfenberg
Leinsweiler
Ilbesheim
Landau in der Pfalz
Queichheim
Kaltenbach
Hinterweidenthal
Teufelstisch
Spirkelbach
Wernersberg
Asselstein
Ruppertsweiler
Hauenstein
Lug
Rehberg
Waldrohrbach
Eschbach
Wollmesheim
Mörzheim
Madenburg
Herxheim bei Landau
Völkersweiler
Dimbach
Schwanheim
Waldhambach
Göcklingen
Impflingen
Insheim
Salzwoog
Neudahn
Erfweiler
Gossersweiler-Stein
Darstein
Treutelsberg
Heuchelheim-Klingen
Appenhofen
Rohrbach
Dahner
Bärenbrunnerhof
Silz
Münchweiler am Klingbach
Landeck
Billigheim-Ingenheim
Langmühle
Dahn
Oberschlettenbach
Lindelbrunn
Wild- und Wanderpark
Klingenmünster
Mühlhofen
Hayna
Altdahn
Schindhard
Rödelberg felsen
Vorderweidenthal
Blankenborn
Gleiszellen-Gleishorbach
Steinweiler
Braut und Bräutigam
Busenberg
Pleisweiler
Oberhofen
NATURPARK
Großer Eyberg
Reiningshof
Felsenland
Liebfrauenberg
Niederhorbach
Erlenbach bei Kandel
Eisenbahn
Lauterschwan
Birkenhördt
Kapellen-Drusweiler
Barbelroth
Winden
Minderslachen
Drachenfels
Erlenbach bei Dahn
Bruchweiler-Bärenbach
Wieslautern
Wolfsägerhof
Fladenstein
Berwartstein
Böllenborn
Bad Bergzabern
Oberhausen
Hergersweiler
Höfen
Kandel
Oberer
Bundenthal
Rumbach
Reisdorf
Dörrenbach
Kaplaneihof
Dierbach
PFÄLZERWALD
Fischbach bei Dahn
Niederschlettenbach
Deutschhof
Zuckerberg
Vollmersweiler
Minfeld
Saarbacherhammer
Guttenberg
Oberotterbach
Niederotterbach
Freckenfeld
Langenberg
Otterbach
Bruchbach
Mundatwald
Haftelhof
Kleinsteinfeld
Schaidt
Petersbächel
Schönau
Wegelnburg
Nothweiler
Bobenthal
Schweigen-Rechtenbach
Steinfeld
Gebüg
Blumenstein
Chau de Hohenbourg
Col de Litschhof
St. Germanshof
Kapsweyer
Hirschthal
Gimbelhof
Windhof
Schweighofen
B I E N W A L D
Büchelberg
Chau de Lutzelhardt
Chau de Wasigenstein
Wengelsbach
Chau du Gœtzenberg
Chau de Froensbourg
Chau de Fleckenstein
Petit Wingen
Weiler
Wissembourg
Altenstadt
Unterer Mundatwald
Obersteinbach
Steinbach
Wingen
Scherhol
Col du Pigeonnier
Rott
Tannenbrück
Niedersteinbach
Climbach
Oberhoffen-lès-Wissembourg
Geisberg
Forêt de Wissembourg
Bienwaldziegelhütte
Bienwaldmühle
Chau de Schœneck
le Mohnenberg
Chau de Wineck
Lembach
Steinseltz
Cleebourg
Schleithal
Scheibenhardt
Neulauterburg
Lauterbourg
Casemate Dambach
Chau de Windstein
Disteldorf
Col du Pfaffenschlick
Riedseltz
Geitershof
Drachenbronn-Birlenbach
la Verrerie
Four-à-Chaux
Pfaffenbronn
Bremmelbach
Frohnackerhof
Salmbach
Scheibenhard
Winneckerthal
Chau de Nagelstein
Nagelsthal
Windstein
Nonnenhardt
Soultzerkopf
Camp militaire
Birlenbach
Ingolsheim
Seebach
Niederlauterbach
Mattstall
Jaegerthal
Marienbronn
Siegen
Langensoultzbach
Lobsann
Keffenach
Memmelshoffen
Oberlauterbach
Mothern
Niederbronn-les-Bains
Liebfrauenberg
Lampertsloch
Mitschdorf
Hunspach
Niederseebach
Neewiller-près-Lauterbourg
Elchesheim-Illingen
Nehwiller-près-Wœrth
Preuschdorf
Retschwiller
Schœnenbourg
Wintzenbach
Frœschwiller
Oberkutzenhausen
Soultz-s/s-Forêts
Hermerswiller
Trimbach
Kaidenbourg
Aschbach
Crœttwiller
Munchhausen
Wœrth
Gœrsdorf
Merkwiller-Pechelbronn
Stundwiller
Eberbach-Seltz
Wolfartshoffen
Elsasshausen
Dieffenbach-lès-Wœrth
Kutzenhausen
Hohwiller
Hoffen
Schaffhouse-près-Seltz
Reichshoffen
Oberdorf-Spachbach
Leiterswiller
Oberrœdern
Buhl
Niederrœdern
Steinmauern
Hoelschloch
Kuhlendorf
R.N. Nature de la Sauer
DE DIETRICH
Eberbach-Wœrth
Gunstett
Surbourg
Reimerswiller
Rittershoffen
Seltzbach
Schirlenhof
Fantasialand
Biblisheim
Hatten
Esch
Plittersdorf
Gundershoffen
Ingelshof
Betschdorf
Seltz
Kesseldorf
Rheinau
Durrenbach
Hinterfeld
Rhein
A 65
A 35
71

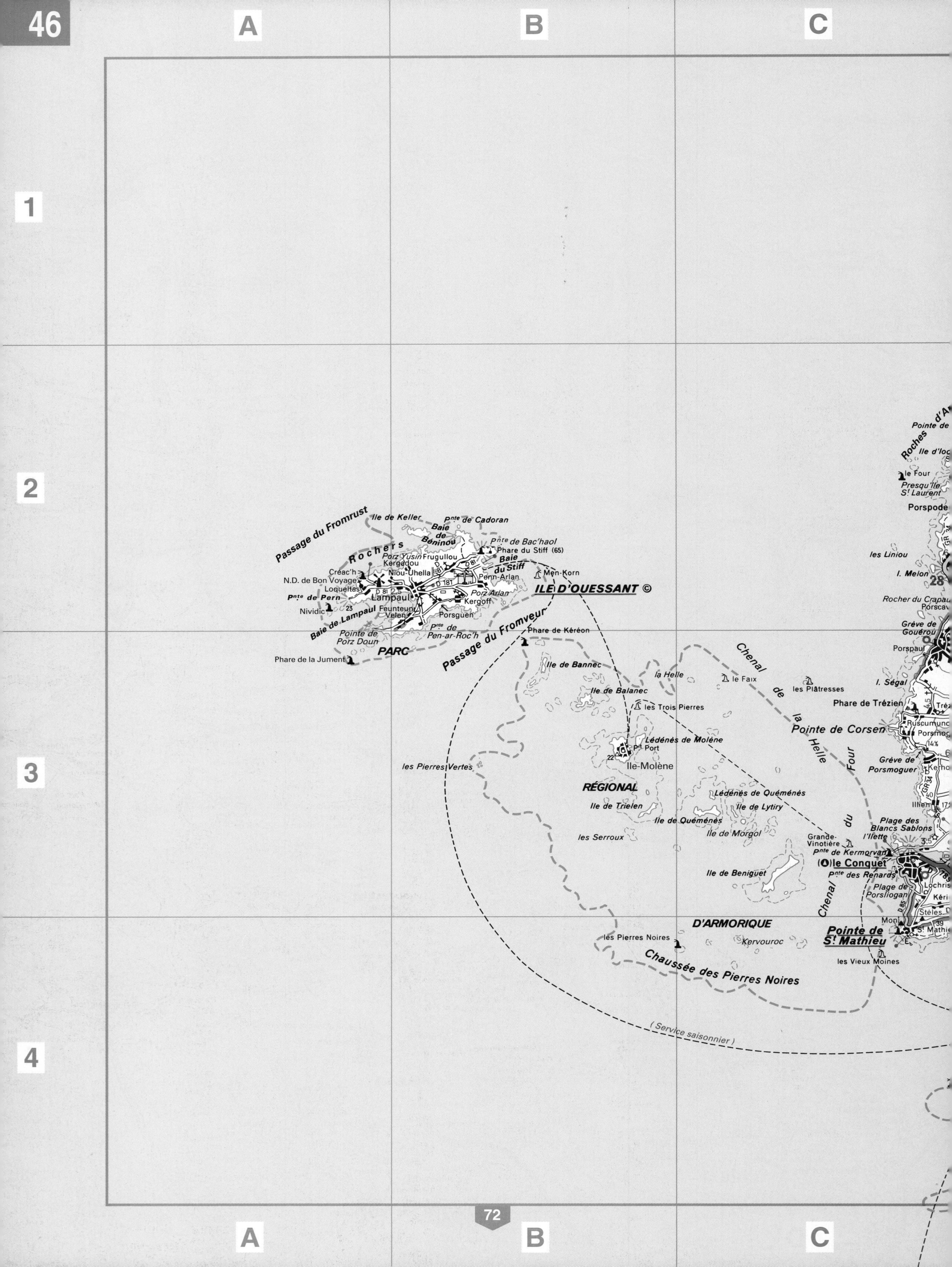
A
B
C
1
2
3
4
Passage du Fromrust
Ile de Keller
Pnte de Cadoran
Baie de Béninou
Pnte de Bac'haol
Phare du Stiff (65)
Rochers
Porz Yusin
Frugullou
Kergadou
Baie du Stiff
Creac'h
Niou-Uhella
Men-Korn
N.D. de Bon Voyage
Penn-Arlan
Loqueltas
ILE D'OUESSANT ©
Pnte de Pern
Lampaul
Porz Arlan
Kergoff
Nividic
Feunteun Velen
Porsguen
Baie de Lampaul
Pnte de Pen-ar-Roc'h
Passage du Fromveur
Pointe de Porz Doun
Phare de Kéréon
PARC
Phare de la Jument
Ile de Bannec
la Helle
le Faix
les Plâtresses
Chenal de la Helle
Ile de Balanec
les Trois Pierres
Lédénés de Molène
Pt Port
Ile-Molène
les Pierres Vertes
RÉGIONAL
Lédénès de Quéménès
Ile de Trielen
Ile de Lytiry
Ile de Quéménès
Ile de Morgol
les Serroux
Grande-Vinotière
Ile de Beniguet
Pointe de Corsen
Chenal du Four
D'ARMORIQUE
les Pierres Noires
Kervouroc
Chaussée des Pierres Noires
(Service saisonnier)
Roches d'A
Pointe de
Ile d'Ioc
le Four
Presqu'île St Laurent
Porspode
les Liniou
I. Melon
Rocher du Crapau
Porscav
Grève de Gouérou
Porspaul
I. Ségal
Phare de Trézien
Ruscumunc
Porsmog
Grève de Porsmoguer
Illien
Plage des Blancs Sablons
l'Ilette
Pnte de Kermorvan
le Conquet
Pnte des Renards
Plage de Porsliogan
Lochris
Stèles
Pointe de St Mathieu
St Mathie
les Vieux Moines
Kéri
D 81
D 181
28
23
22
39
GR 34
14%
A
B
C

D
E
F
48
74
73
1
2
3
4
Pointe de Pontusval
Plage des Chardons Bleus
Sémaphore
Brignogan-Plage
Plateau d'Amand ar Ross
Chapelle Pol
Méneham
Karrec-Hir
la Digue
Boutrouilles
Neis-Vran
Kerlouan
Plounéour-Trez
Grève de Goulven
Goulven
Tréflez
Plouider
Lesneven
le Folgoët
Ploudaniel
St Méen
Trégarantec
Phare de l'Ile Vierge
Chenal de l'Aber-Wrac'h
le Libenter
I. Stagadon
I. Vrac'h
I. de la Croix
Presqu'île de Ste Marguerite
I. d'Erch
I. Cézon
Fort
Dunes
I. Guenioc
I. Tariec
Roches de Portsall
Corn Carhai
Rosservor
I. Trevors
I. Garo
I. du Bec
I. Carne
Tumulus
Dunes de Corn-ar-Gazel
Landéda
l'Aber-Wrac'h
Lilia
Plouguerneau
Guissény
Grève du Vougot
Grève de Zorn
Lannilis
Portsall
Trémazan
Porsguen
St Samson
Landunvez
Ploudalmézeau
Lampaul-Ploudalmézeau
St Pabu
Aber Benoît
Tréglonou
Argenton
Plourin
Plouguin
Coat-Méal
Bourg-Blanc
Plabennec
Plouvien
St Jaoua
Kernilis
Loc-Brévalaire
Lanarvily
Le Drennec
Locmaria
St Frégant
Kernouës
Brélès
Lanildut
Aber Ildut
Kergroades
Tréouergat
Guipronvel
Lanrivoaré
Milizac
Tollan
les Trois-Curés
Lampaul-Plouarzel
Brescanvel
Plouarzel
St Renan
Guilers
Bohars
Gouesnou
Kersaint-Plabennec
St Thonan
St Divy
Landerneau
Plouédern
La Roche-Maurice
Pencran
Ploumoguer
Lamber
Trégorff
Pont-l'Hôpital
Bodonnou
Penfeld
Lambézellec
Bois de Keroual
Guipavas
la Forest-Landerneau
le Relecq-Kerhuon
Elorn
Conservatoire botanique
Bellevue
St Marc
Fort Montbarey
Mémorial du Finistère
Recouvrance
Laninon
BREST
Océanopolis
Moulin Blanc
Pont A. Loupe
Pont de l'Iroise
Plouzané
Castel-Nevez
Locmaria-Plouzané
la Trinité
Trébabu
Kergounan
Moguérou
St Sébastien
Le Conquet
Plougonvelin
Trez-Hir
Anse de Bertheaume
Technopôle Brest-Iroise
Pte du Diable
Phare du Portzic
la Maison Blanche
Ste Anne-du-Portzic
St Pierre Quilbignon
Pte du Grd Minou
Pointe de Creac'h-Meur
Pte du Pit Minou
Goulet de Brest
Pte des Capucins
Pte des Espagnols
RADE DE BREST
Pte du Corbeau
Illien-ar-Guen
Plougastel-Daoulas
Ste Christine
Kernisi
Lauberlach
St Adrien
St Guénolé
Tinduff
Daoulas
Loperhet
Dirinon
St Urbain
Irvillac
Logonna-Daoulas
Pte de Rostiviec
Pte du Château
Pointe du Bindy
Iles du Bindy
Hôpital-Camfrout
Roscanvel
I. Trébéron
Ile Longue
I. Ronde
Pointe de Kerdéniel
Pte Doubidy
Pte de l'Armorique
Camp militaire
I. des Morts
Quélern
Rostellec
Pte du Grd Gouin
Anse de Camaret
Pointe du Toulinguet
N.D. de Rocamadour
Camaret-s-M.
Alignements de Lagatjar
Chenal du Corbeau
Chenal du Pit Leac'h
Pointe de Penhir
les Tas de Pois
PARC
Chau de Dinan
Pointe de Dinan
Anse de Dinan
Crozon
Morgat
Anse du Fret
Pte de Lanvéoc
le Fret
Lanvéoc
Pen-ar-vir
Anse de Poulmic
Base aéronavale Poulmic
Camp militaire
St Efflez
Lugunial
Ile de Tibidy
Landévennec
le Faou
Rosnoën
Argol
Telgruc-s-Mer
Trez-Bellec Plage
RÉGIONAL
ARMORIQUE
Ménez-Hom
Pont de Térénez
Térénez
Trégarvan
Dinéault
Grandes Grottes
Plage de l'Aber
I. de l'Aber
Plage de la Palud
St Hernot
Lost-Marc'h
E 60
N 165
N 12
E 50
D 788
D 789
D 887

A
B
C
1
2
3
4
47
74
Pointe de Pontusval
Plage des Chardons Bleus
Sémaphore
Plateau d'Amand ar Ross
Chapelle Pol
Brignogan-Plage
Ménéham
Karrec-Hir
Plage du Lividic
Grève de Frouden
Plages de Pors-Meur et de Pors-Guen
St Eden
Poulfoën
an Annec
Ile de
Kerfissien
Tronjoly
Phare de l'Ile Vierge
Chenal de l'Aber-Wrac'h
le Libenter
I. Stagadon
Venan
la Grève Blanche
St Michel
Grève du Vougot
Grève de Zorn
Neis-Vran
Nodéven
Guissény
Kerlouan
Plounéour-Trez
Grève de Goulven
Baie de Kernic
Rocher de Kernic
Plouescat
Cléder
I. de la Croix
Presqu'île de Ste Marguerite
I. Vrac'h
I. d'Erch
I. Cézon
I. Guénioc
I. Tariec
I. Trevors
I. Garo
Dunes de Ste Marguerite
Lilia
Iliz-Koz
Ile Penenès
Kerbrézant
Tréguennoc
Etang du Pont Quillimadec
Goulven
Tréflez
Mezonan
Lochrist
Plounévez-Lochrist
Kerzéan
Maillé
Tréflaouénan
Moulin-du-Chatel
Chau de Kergornadeac
Mengleus
Berven
Plouzévédé
des Anges
l'Aber-Wrac'h
Plouguerneau
Croas-ar-Gall
St Anne
St Antoine
Landéda
Paluden
Croix-Rouge
Prat-ar-Coum
Lannilis
Aber Wrac'h
le Grouanec
Lannébeur
Diouris
Pellan
Kernilis
St Frégant
Kernoüés
Plouider
Kerdélant
Lanneunval
Keradennec
Guiquelleau
Kergolestroc
Penmarch
Roudouslin
Runeven
Mouster
Pont-du-Chatel
Kerguélen
Pontéalet
Kerizinen
Lanhouarneau
St Vougay
Kerjean
Kervigodou
Lampaul-Ploudalmézeau
Dunes de Corn-ar-Gazel
Stréat Veur
St Pabu
Aber Benoît
Ploudalmézeau
Tréglonou
Moulin-du-Châtel
Tariec
Menez-Bras
Kérarédeau
Loc-Brévalaire
Croas-Kerzu
Lanarvily
Lesneven
le Folgoët
Porléach
St Méen
Kérilien
Trégarantec
Traonien-Querné
Plougar
Trémagon
Plouguin
Kerantour
Kérouné
Kergrac'h
St Jean-Balanant
Landouzan
Locmaria
le Drennec
Lesgall
Ploudaniel
Lichen
Kergroas
Locmélar
St Derrien
Kéryvon
Langéoguer
Guerruas
St Jaoua
Plouvien
Kérivinoc
Coat-Méal
Kerdalaës
Pentreff
Coat-Elez
Lestanet
Ruat
Trébodennic
Kergongar
Kergoff
Bellevue
Lesvéoc
Kerlaer
Kernoter
Base aéronavale
Bodilis
Couloudouarn
Trémobian
Tréouergat
St Urfold
Bourg-Blanc
Plabennec
Breventoc
le Leuhan
Lannoazoc
Pont Neuf
Kerfelgar
Plounéventer
Pen-an-Dreff
Mon.
Guipronvel
Tollan
Kerangueven
Fuzoret
Trémaouézan
Chau
St Servais
Kérivin
Landivisiau
Lanrivoaré
les Trois-Curés
Lanorven
Mendy
Lesquelen
Lannon
Lestreonec
Lanneuffret
Quinquis
Moulin de Brézal
Milizac
Kéranflech
Kergoat
Keralias
St Thonan
Creach Miloc
Kerbenéat
Chau de Pont-Christ
Traonlen
Kersaint-Plabennec
Lanvélar
St Eloi
Runhuel
Plouédern
Mescoat
Kervalguen
Gouesnou
Kérivot
Botiguery
La Roche-Maurice
St Renan
Ty-Colo
Keroudy
Tromeur
Bohars
Guilers
Pen-ar-Forest
St Derbot
Landerneau
St Divy
la Haye
Kervao
Kernévez
Ploudiry
Loc-Eguiner
Langongar
Tregorff
Grand-Kervao
Loscoat
Kergaradec
Guipavas
la Forest-Landerneau
St Yves
Kermaria
le Queff
la Martyre
le Traon
St Antoine
Boscornou
Bois de Keroual
Penfeld
Lambézellec
Lavallot
Pencran
Botcaerel
la Croix-Neuve
Bodonnou
Bellevue
Pont-Cabioc'h
Conservatoire botanique
Beaurepos
Kerneur
Elorn
Etang du Roual
Parc de Lann-Rohou
Pen-ar-Valy
Loc-Ildut
la Cavale Blanche
St Marc
le Relecq-Kerhuon
Plouzané
Fort Montbarey
Mémorial du Finistère
Castel-Nevez
Moulin Blanc
Pont de l'Iroise
St Jean
le Dreff
Kervern
Gorré-Menez
Dirinon
St Urbain
Kérézellec
Tréflévénez
Botrévy
Lilyvon
Milin-Kerroc'h
Sizun
la Trinité
St Pierre Quilbignon
Recouvrance
Océanopolis
A. Louppe
le Passage
E.D.F.
Kerdaoulas
le Tréhou
Bodivy
les 4-Pompes
Laninon
BREST
Keralliou
Traouidan
Loperhet
Lannuzel
Trébeolin
Penbran
Irvillac
Kersalaun
Technopôle Brest-Iroise
la Maison Blanche
Phare du Portzic
Pte du Diable
Plougastel-Daoulas
Kernisi
Difroud
Daoulas
Kérivoal-St Eloy
St Eloy
Létiez
Goulet de Brest
le Mengant
Pte de Brest
RADE DE BREST
Pte des Espagnols
Pte du Corbeau
Illien-ar-Guen
Ste Christine
Lanrivizan
Lanriwaz
Squivit
Kérinot
Malanty
Coat Nant
Forsquilly
Minou
Kerviniou
le Gouerest
Pte des Capucins
St Adrien
Lauberlach
St Guénolé
le Caro
Larmor
Porsguen
Rostiv
Pors-Beac'h
Kerzanton
Tinduff
St Jean
Trégoc
Bodevintin
l'Espérance
PARC

49
D
E
F
50
75
Ile Plate
Ile aux Moines
Ile Renote
Trégastel-Plage
Ile Grande
Ile Aganton
Ile Milliau
Pleumeur-Bodou
Trébeurden
Pte de Bihit
Pte de Dourvin
Pointe de Séhar
Lannion
Trou du Serpent
Ile-de-Batz
Chlle Ste Anne
Jardin exotique
Pte de Perharidy
Pte de Bloscon
Cork
Rosslare (Service saisonnier)
Plymouth
Roscoff
Santec
St Pol-de-Léon
Baie de Morlaix
Carantec
Ile Callot
Route submersible
Chaise du Curé
Ile Noire
Pointe de Pen-al-Lann
Tumulus de Barnenez
Pointe de Primel
Primel-Trégastel
Plougasnou
St Jean-du-Doigt
Pte Run Glas
Pte de Beg-an-Fry
Baie de Lannion
Pointe de Locquirec
Locquirec
Pte de Plestin
St Michel-en-Grève
Lieue de Grève
St Efflam
Plestin-les-Grèves
Corniche de l'Armorique
Lanmeur
Guimaëc
Plouézoc'h
Plouénan
Henvic
Locquénolé
Taulé
Forêt de Lannuzouarn
Plougoulm
Mespaul
Plouvorn
Lambader
Morlaix
St Martin-des-Champs
Ploujean
Garlan
Plouégat-Guérand
Plouigneau
Plouégat-Moysan
Tréméel
Plufur
Lanvellec
Plouzélambre
Plounérin
Guiclan
Ste Sève
St Thégonnec
Guimiliau
Lampaul-Guimiliau
Pleyber-Christ
Plourin-lès-Morlaix
Plougonven
Botsorhel
Guerlesquin
Plougras
Loguivy
Le Cloître-St Thégonnec
Lannéanou
Loc-Eguiner-St Thégonnec
Plounéour-Ménez
St Sauveur
Commana
Roc Trévezel
Rochers du Cragou
Roche St Barnabé
Scrignac
Bolazec
Forêt de Beffou
Calanhel
Lohuec
Berrien
La Feuillée
Botmeur
Signal de Toussaines (Tuchenn Gador)
D'ARMORIQUE
RÉGIONAL
Camp d'Artus
Forêt de St Ambroise

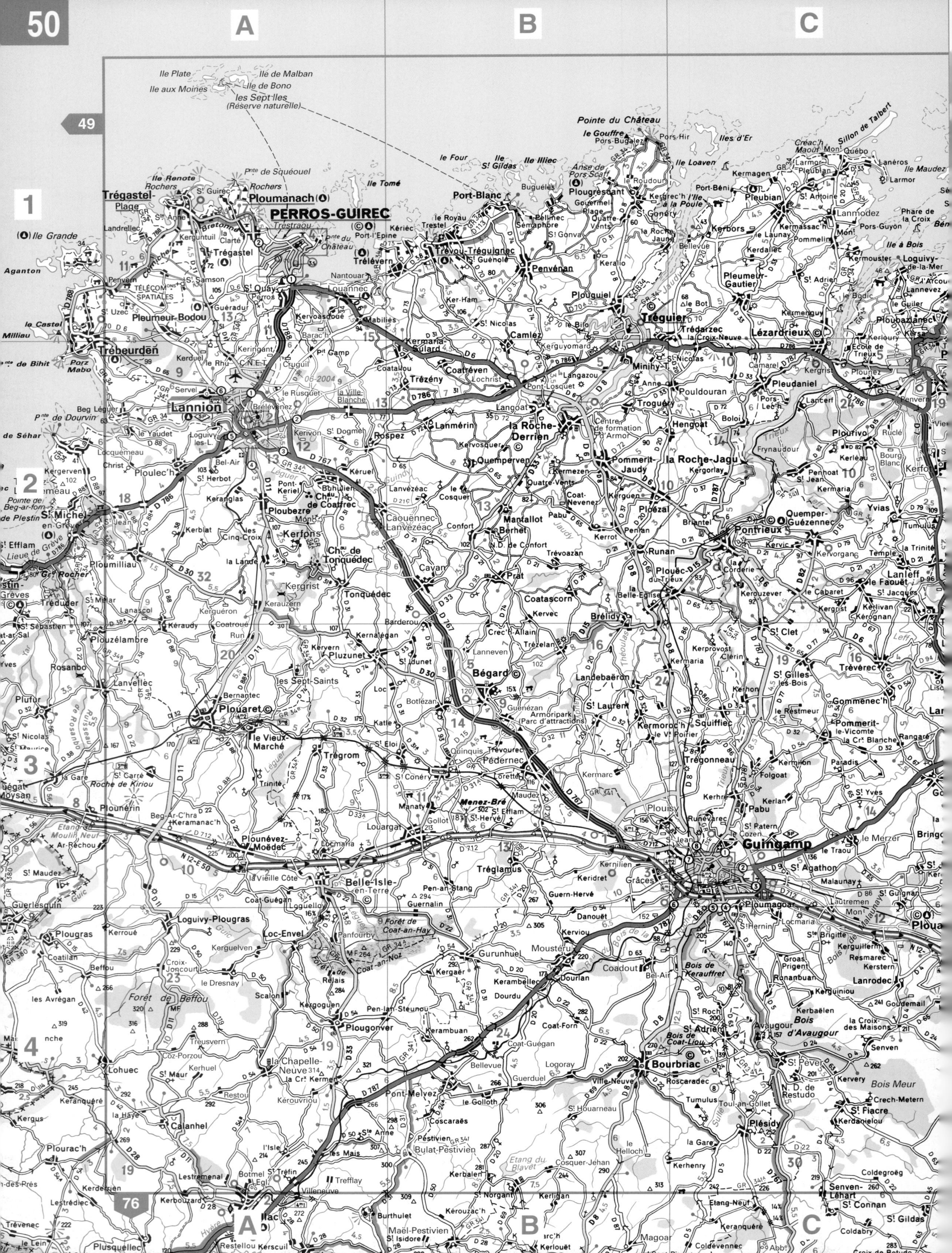
A
B
C
1
2
3
4
49
76
Ile Plate
Ile de Malban
Ile aux Moines
Ile de Bono
les Sept-Iles
(Réserve naturelle)
Pointe du Château
le Gouffre
Pors-Bugalez
Pors-Hir
Iles d'Er
Sillon de Talbert
Créac'h Maout
Québo
Lanéros
Ile Maudez
Larmor
Pleubian
Ile Loaven
le Four
Ile St Gildas
Ile Illiec
Anse de Pors Scaff
Plougrescant
Ile Renote
Pte de Squéouel
Ile Tomé
Trégastel-Plage
Rochers
Ploumanach
PERROS-GUIREC
Trestraou
Port-Blanc
Buguélès
le Roudour
Kergrec'h
Port-Béni
l'Ile à la Poule
Kermagen
St Antoine
Lanmodez
Phare de la Croix
Pors-Guyon
Ile à Bois
Loguivy-de-la-Mer
Ile Grande
Aganton
Landrellec
Trégastel
Kerguntuil
la Clarté
Port-l'Epine
Trélévern
Kériec
le Royau
Trestel
Trévou-Tréguignec
St Guénolé
Pellinec
Sémaphore
St Gonéry
Gouermel-Plage
Quatre-Vents
St Gonva
la Roche Jaune
Kerbors
Kermassac'h
le Launay
Pommelin
Kerdallec
Kermouster
Bellevue
Kerallo
Penvénan
Penvern
St Samson
TÉLÉCOMMUNICATIONS SPATIALES
St Quay-Perros
Guéradur
Nantouar
Louannec
Plouguiel
le Bot
Pleumeur-Gautier
St Adrien
le Bodic
Lannevez
le Guilet
Kermenguy
Ploubazlanec
le Castel
Milliau
St Uzec
Pleumeur-Bodou
Kervoasdoué
Mabilies
Ker-Ham
St Nicolas
Camlez
le Bilo
Kerguyomard
Tréguier
Trédarzec
la Croix-Neuve
Lézardrieux
Trébeurden
Kerduel
le Rhu
Keringant
C.N.E.T.
Barac'h
Cruguil
Pt Gamp
Kermaria-Sulard
Coatréven
Lochrist
Langazou
Minihy-T.
St Nicolas
Kerloury
Ecole de Trieux
Camarel
Kergrist
Plounez
Pte de Bihit
Porz Mabo
Servel
Lannion
Brélévenez
le Rusquet
la Ville-Blanche
Coatalou
Trézény
Pont-Losquet
Anne
Pouldouran
Pleudaniel
Pors-Lec'h
Lancerf
Penvern
Beg Léguer
Pte de Dourvin
de Séhar
le Yaudet
Loguivy-lès-L.
Kerivon
St Dogmel
Rospez
Lanmérin
Langoat
la Roche-Derrien
Centre de formation d'Armor
Troguéry
Hengoat
Boloi
Ploubivo
Ruclé
Locquémeau
Christ
Ploulec'h
Bel-Air
St Herbot
Kéruel
Kervosquer
Quemperven
Kermezen
Pommerit-Jaudy
la Roche-Jagu
Kergorlay
Frynaudour
Kerléau
Bourg-Blanc
Kerfot
Kergerven
Pointe de Beg-ar-Forn
de Plestin
St Michel-en-Grève
St Jean
Keranglas
Ploubezre
Pont-Keriel
Buhulien
Chu de Coatfrec
Lanvézéac
le Cosquer
Quatre-Vents
Coat-Nevenez
Kerguen
Penhoat
St Jean
Kermaria
Yvias
St Efflam
Lieue de Grève
Grd Rocher
Kerblat
les Cinq-Croix
Kerfons
Caouënnec-Lanvézéac
Confort
Mantallot
Berhet
N.D. de Confort
Pabu
Ploëzal
Kerrot
Penlan
Briantel
Pontrieux
Quemper-Guézennec
Tumulus
Ploumilliau
la Lande
Chu de Tonquédec
Cavan
Prat
Trévoazan
Runan
Plouëc-du-Trieux
la Corderie
Kervic
Kervorgan
Temple
la Trinité
Lanleff
Kergrist
Tonquédec
Coatascorn
la Belle-Eglise
Kerouzever
le Cabaret
le Faouët
St Jacques
Kerlivan
Kérognan
Tréduder
St Mélar
Lanascol
Kerguéron
Kerauzern
Barderou
Kervec
Brélidy
St Sébastien
Plouzélambre
Kéraudy
Coatroué
Run
Kernalégan
Crec'h-Allain
Trézélan
Kerprovost
Clérin
St Clet
Kervern
Pluzunet
St Idunet
Lanneven
Kermaria
Rosanbo
Lanvellec
les Sept-Saints
Bégard
Landebaëron
Théoulas
Trévérec
St Gilles-les-Bois
Plufur
Bernantec
Plouaret
Loc
Botlézan
Guénézan
Armoripark (Parc d'attractions)
St Laurent
Kermoroc'h
le Vx Poirier
Squiffiec
le Restmeur
Gommenec'h
Pommerit-le-Vicomte
la Crx Blanche
Rangaré
le Vieux-Marché
Tregrom
Katle
St Eloi
Quinquis
Trévourec
Pédernec
St Nicolas
St Carré
la Gare
Roche de Kiriou
Trinité
St Conéry
Lorette
Maudez
Kermarc
Trégonneau
Kermilon
Folgoat
Paradis
St Yves
Kerlan
Plounérin
Beg-Ar-C'hra
Keramanac'h
Manaty
Menez-Bré
St Efflam
St Hervé
Gollot
Plouisy
Kerhré
Pabu
Runevarec
St Patern
Cozen
le Merzer
Bringolo
Etang du Moulin Neuf
Ar-Réchou
Plounévez-Moëdec
Locmaria
Louargat
Tréglamus
Kernilien
St Jean
Guingamp
le Traou
St Agathon
Malaunay
St Maudez
la Vieille Côte
Belle-Isle-en-Terre
Pen-an-Stang
Guernalin
Keridret
Guern-Hervé
Grâces
Ploumagoar
Lautremen
St Guignan
Guerlesquin
Coat-Guégan
Loguellou
Danouët
Locmaria
Kerviou
St Hernin
Ste Brigitte
Kerguillerm
Resmarec
Kerstern
Plougras
Kerroué
Loguivy-Plougras
Loc-Envel
Panfourby
Forêt de Coat-an-Hay
Gurunhuel
Moustéru
Coatdout
Groas Prigent
Lanrodec
Coatilan
Beffou
Croix-Joncourt
Kerguelven
Forêt de Coat-an-Noz
Kergaër
Kerambellec
Dourlan
Bel-Air
Bois de Kerauffret
Runanbuan
les Avrégan
le Dresnay
Forêt de Beffou
Scalon
Relais
Kergoguen
Dourdu
Kerguiniou
Goudemail
Kerbaëlen
Bois d'Avaugour
la Croix-des Maisons
Pen-lan-Steunou
St Roch
Avaugour
Lohuec
Treusvern
Coz-Porzou
Plougonver
Kerambuan
Coat-Forn
St Adrien
Bois de Coat-Liou
Senven
St Péver
Kerhuel
la Chapelle-Neuve
la Crx Kermen
Coat-Guégan
Bellevue
Logoray
Bourbriac
Kervery
Bois Meur
St Maur
Restou
Guerduel
Ville-Neuve
Roscaradec
N. D. de Restudo
Crech-Metern
Keranquéré
la Haye
Kérouvriou
Pont-Melvez
le Golloth
St Houarneau
Tumulus
Toul-an-Gollet
St Fiacre
Kerdanielou
Kergus
Calanhel
Coscaraës
Ste Anne
Plésidy
Plourac'h
l'Isle
les Mais
Péstivien
Bulat-Pestivien
Etang du Blavet
le Helloch
la Gare
Coldegroëg
Lestremenal
Botmel
Egl.
St Tréfin
Trefflay
Kerbalen
Cosquer-Jehan
Kerhenry
Senven-Léhart
Kerderrien
Villeneuve
St Norgant
Kerligan
Etang-Neuf
St Connan
Lestrédiec
Kerbouzard
Burthulet
Kérouzac'h
Keranquéré
St Gildas
Trévenec
Plusquellec
Restellou
Kerscuil
Maël-Pestivien
St Isidore
Kerlouet
Magoar
Coldevennec
Coldabry
Croix-de-Botudo

D
E
F
1
2
3
4
52
77
Ile de Bréhat
Phare du Paon
Pointe de l'Arcouest
Paimpol
Abb^e de Beauport
Pointe de Bilfot
Pointe de Minard
Bréhec-en-Plouha
Plage Bonaparte
Port-Moguer
Pointe de Plouha
Plouha
Palus-Plage
Port-Goret
Pointe du Bec de Vir
Ile Harbour
St Quay-Portrieux
Roches de St Quay
Etables-s-Mer
Binic
Pointe de la Rognouze
I. de Bréhat (Service saisonnier)
BAIE DE SAINT-BRIEUC
Grand Léjon
Petit Léjon
Rohein
Plateau des Jaunes
le Grd Pourier
Rohinet
Cap d'Erquy
Erquy
Plage du Guen
le Val-André
Pointe de Pléneuf
Pléneuf-Val-André
Pointe de Pordic
Pordic
les Rosaires
Rocher des Tablettes
Martin-Plage
Pointe du Roselier
Pointe des Guettes
St Brieuc
Plérin
Ploufragan
Langueux
Trégueux
Yffiniac
Hillion
Pointe de Cesson
Lamballe
Pommeret
Plédran
Quintin
Châtelaudren
Plélo
Lanvollon
Tréguidel
Plourhan
Pléguien
Lantic
Plouvara
Cohiniac
Plaine-Haute
Planguenoual
Morieux
Coëtmieux
St Alban
Hénansal
Quessoy
Noyal
Plestan
Landéhen
Meslin

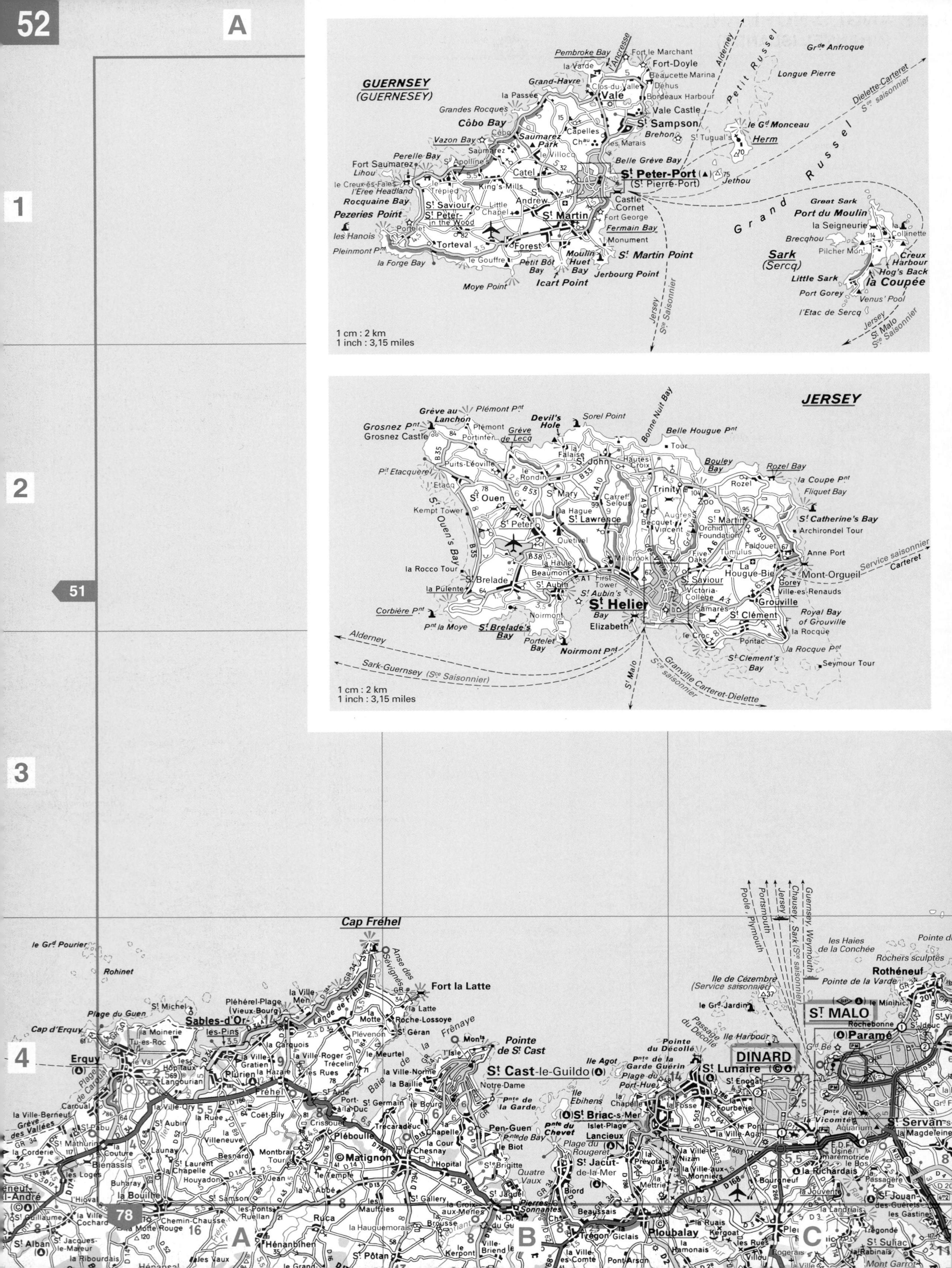

52
A
1
2
3
4
51
78
B
C
GUERNSEY
(GUERNESEY)
Pembroke Bay
Ancresse
Fort le Marchant
Fort-Doyle
la Varde
Beaucette Marina
Grand-Havre
Clos-du-Valle
Déhus
la Passée
Vale
Bordeaux Harbour
Grandes Rocques
Vale Castle
Côbo Bay
St Sampson
Côbo
Capelles
Saumarez Park
Brehon
Vazon Bay
Saumarez
les Marais
St Tugual's
Herm
le Villocq
Perelle Bay
St Apolline's
Belle Grève Bay
Fort Saumarez
Lihou
Catel
St Peter-Port
(St Pierre-Port)
Jethou
le Creux-ès-Faies
l'Eree Headland
le Trépied
King's-Mills
Rocquaine Bay
St Andrew
Castle Cornet
St Saviour
Little Chapel
St Peter-in the Wood
St Martin
Fort George
Pezeries Point
Portelet
Fermain Bay
les Hanois
Monument
Torteval
Forest
Moulin Huet Bay
St Martin Point
Pleinmont Pt
le Gouffre
la Forge Bay
Petit Bôt Bay
Jerbourg Point
Icart Point
Moye Point
Alderney
Petit Russel
Grde Anfroque
Longue Pierre
Dielette-Carteret
Sce saisonnier
le Gd Monceau
Grand Russel
Great Sark
Port du Moulin
la Seigneurie
Brecqhou
la Collinette
Pilcher Mont
Sark
(Sercq)
Creux Harbour
Hog's Back
Little Sark
la Coupée
Port Gorey
Venus' Pool
l'Etac de Sercq
Jersey
St Malo
Sce Saisonnier
1 cm : 2 km
1 inch : 3,15 miles
JERSEY
Bonne Nuit Bay
Grève au Lanchon
Plémont Pnt
Devil's Hole
Sorel Point
Grosnez Pnt
Plémont
Grève de Lecq
Grosnez Castle
Portinfer
Belle Hougue Pnt
Tour
la Falaise
St John
Hautes Croix
Bouley Bay
Rozel Bay
Puits-Léoville
Pt Etacquerel
le Rondin
la Coupe Pnt
l'Etacq
Trinity
Rozel
Fliquet Bay
St Mary
Carrefour Selous
Zoo
St Ouen
Kempt Tower
la Hague
St Lawrence
Augrès
St Catherine's Bay
St Ouen's Bay
St Peter
Becquet-Vincent
St Martin
Orchid Foundation
Archirondel Tour
Quetivel
Faldouet
Tumulus
Five Oaks
Anne Port
la Rocco Tour
la Haule
Millbrook
la Hougue-Bie
Service saisonnier
Carteret
Beaumont
Mont-Orgueil
St Brelade
First Tower
St Saviour
Gorey
la Pulente
St Aubin
St Aubin's
Victoria-College
Ville-es-Renauds
St Helier
Grouville
Noirmont
Bay
Samarès
Royal Bay of Grouville
Corbière Pnt
Elizabeth
St Clément
Pnt la Moye
St Brelade's Bay
la Rocque
Portelet Bay
le Croc
Pontac
Noirmont Pnt
la Rocque Pnt
St Clement's Bay
Seymour Tour
Alderney
Sark-Guernsey (Sce Saisonnier)
St Malo
Granville Carteret-Dielette
Sce saisonnier
1 cm : 2 km
1 inch : 3,15 miles
Poole, Plymouth
Portsmouth
Jersey
Chausey, Sark (Sce saisonnier)
Guernsey, Weymouth
Cap Fréhel
le Grd Pourier
Anse des Sévignés
Rohinet
Fort la Latte
les Haies de la Conchée
Rochers sculptés
Ile de Cézembre
(Service saisonnier)
Pointe de la Varde
Rothéneuf
Pléhérel-Plage
(Vieux-Bourg)
la Ville-Men
Lande de Fréhel
St Michel
Plage du Guen
Sables-d'Or-les-Pins
la Latte
le Grd Jardin
le Minihic
Roche-Lossoye
St MALO
Cap d'Erquy
la Moinerie
Motte
Baie de la Frênaye
Rochebonne
Tu-es-Roc
Plévenon
St Géran
Pointe de St Cast
Passage du Décollé
Ile Harbour
Paramé
Mont
Erquy
la Carquois
l'Isle
Pointe du Décollé
DINARD
la Ville-Roger
le Meurtel
Ile Agot
Pnte de la Garde Guérin
Val
Trécelin
St Lunaire
la Ville Gratien
Plurien
la Hazaie
les Rues
la Ville-Norme
St Cast-le-Guildo
Plage du Port-Hue
Langourian
Fréhel
la Baillie
Notre-Dame
St Enogat
St Aide
Ile Ebihens
Caroual
Port-à-la-Duc
St Germain
le Bourg
Pnte de la Garde
la Chapelle
la Fosse
Fourberie
Pnte de la Vicomté
la Ville-Berneuf
Grève des Vallées
la Ville-Ory
St Aubin
la Ruée
Coët-Bily
Crissouet
Trécaradeuc
la Chapelle
Pen-Guen
St Briac-s-Mer
Islet-Plage
le Pont
St Servan
St Pabu
Villeneuve
Plébouille
Pnte du Chevet
Pnte de Bay
Lancieux
la Ville-Agan
Aquarium
la Magdeleine
la Corderie
la Couture
Launay
Besnard
Montbran Tour
Matignon
la Chesnay
le Biot
Plage du Rougeret
la Ville-Nizan
E.D.F. Usine marémotrice
Bienassis
la Chapelle
St Laurent
la Cour
Hôpital
Stes Brigitte
St Jacut-de-la-Mer
Prévotais
la Ville-aux-Monniers
la Richardais
le Bois
les Loges
Houyadon
St Jean
le Temple
Quatre Vaux
la Mettrie
Bourgneuf
Passagère
Buharay
la V Abbé
Biord
la Jouvente
St Jouan-des-Guérets
la Bouillie
St Samson
St Gallery
les Mauffries
la Croix aux Merles
Pierres Sonnantes
Beaussais
la Landriais
les Gastines
St Guillaume
la Ville Cochard
Chemin-Chaussé
Motte Rouge
les Ponts-Ruellan
N.-D.-du Guildo
Ruca
la Hauguemorais
Brousse
Trégon
Giclais
Ploubalay
Kergoat
les Ruais
Trégondé
St Alban
St Jacques-le-Mareur
la Ribourdais
Hénanbihen
St Pôtan
Kerpont
Ville-Briend
la Ville-ès-Comte
Pont Arson
la Hamonais
les Rues
St Suliac
la Rabinais
Hénansal
les Vaux
le Grand
Mont Garrot

ILES ANGLO-NORMANDES
(CHANNEL ISLANDS)
53
E
F
26
ALDERNEY
GUERNSEY
SARK
JERSEY
Cherbourg-Octeville
Diélette
Carteret
Granville
Chausey
St Malo
Dinard
Relation maritime:
passant les autos
ne les passant pas
Relation aérienne:
ne passant pas
les autos
Renonquet
Burhou
The Swinge
Guernsey-Sark-Jersey
Service Saisonnier
Quesnard
Braye Bay
Saline Bay
Braye
Longis Bay
Raz Island
Clonque Bay
Trois Vaux
Newtown
Essex
St Anne
Hanging Rock
Tête de Judemarre
Telegraph Bay
1 cm : 1,5 km
1 inch : 2,36 miles
Alderney
(Aurigny)
Sénéquet
Gouville-s-Mer
Blainville-s-Mer
Agon-Coutainville
le Passous
Coutances
Pointe d'Agon
Regnéville-s-Mer
Montmartin-s-Mer
Hauteville-Plage
Annoville
Lingreville
Bréhal
route submersible
Fermé à la circulation
St Martin
Coudeville-sur-Mer
Gr^d Romont
Chenal Beauchamp
le Pignon
Grande Ile
Ile Longue
les Huguenans
Iles Chausey
Jersey-Guernsey
(Service saisonnier)
St Malo 1h05
(Service saisonnier)
0h50
Bréville-s-Mer
Donville-les-Bains
Granville
Pointe du Roc
Banc de Tombelaine
St Pair-s-Mer
Kairon-Plage
Jullouville
Carolles-Plage
Pignon Butor
Carolles
Pointe de Champeaux
Sartilly
la Pierre de Herpin
Pointe du Grouin
les Tintiaux
Ile des Landes
(Réserve naturelle)
Port-Mer
Ile des Rimains
Pointe de la Chaîne
Pointe du Hock
Cancale
BAIE
DU MONT SAINT MICHEL
St Jean-le-Thomas
Bec d'Andaine
Genêts
Tombelaine
le Grouin du Sud
Pointe de Roche-Torin
LE MONT ST MICHEL
Avranches
54
1
2
3
4
St Coulomb
St Méloir-des-Ondes
St Benoît-des-Ondes
Vildé-la-Marine
le Vivier-s-Mer
Cherrueix
Ste Anne
Dol
Beauvoir
Pontaubault
D
79

A B C

27
28

1 2 3 4

Coutances
Marigny
Agneaux
St Lô
St Gilles
Canisy
Cerisy-la-Salle
Torigni-s-Vire
Tessy-s-Vire
Hambye
Abbe de Hambye
Percy
Gavray
Villedieu-les-Poêles
St Sever-Calvados
Pont-Farcy
Lengronne
Cérences
Bréhal
Sartilly
la Haye-Pesnel
Brécey
St Pois
Avranches
Ducey
Pontaubault
Juvigny-le-Tertre
Isigny-le-Buat
Mortain
Champ-du-Boult
Montbray
Hyenville
Montmartin-sur-Mer
Genêts
Vains
Courtils
Céaux

53
80

D
E
F
1
2
3
4
29
56
81
Caumont-l'Éventé
Villers-Bocage
Evrecy
Aunay-s-Odon
Thury-Harcourt
Bretteville-s-Laize
le Bény-Bocage
Vire
Vassy
Condé-s-Noireau
Pont-d'Ouilly
Flers
Athis-de-l'Orne
Tinchebray
Briouze
Messei
la Ferrière-aux-Étangs
Mont Pinçon
Suisse Normande
Roche d'Oëtre
Forêt de Halouze
PARC
RÉGIONAL
NORMANDIE
MAINE
A 84-E401
D 512
D 924
D 962
D 562

A B C

29 30

Grentheville Frénouville Argences Vimont Bellengreville Bourguébus Héritot Anneray Corbon Méry-Corbon Carrefour St Jean Château et Château de Montargis N.-D. d'Estrées St Ouen-le-Pin Boissière

Maltot Feuguerolles-Bully St Martin-de-Fontenay Verrières Tilly-la-Campagne Chicheboville Moult Croissanville Bissières Le Lion d'Or Crèvecœur-en-Auge N.-D. de Livaye La Houblonnière

Vieux May-s-Orne Rocquancourt Garcelles-Secqueville Conteville Billy Airan Le Ruel Magny-le-Freule Biéville-Quétiéville St Loup-de-Fribois Monteille Les Monceaux

Clinchamps-s-Orne Fontenay-le-Marmion St Aignan-de-Cramesnil Poussy-la-Campagne Cesny-aux-Vignes Ouézy Mézidon-Canon Le Mesnil-Mauger Lécaude Le Mesnil-Simon

Laize-la-Ville Fresney-le-Puceux Bray-la-Campagne Cinq-Autels Fierville-Bray Quatre-Puits Cauvigny Vieux-Fumé Percy-en-Auge Grandchamp-le-Château Lessard-et-le-Chêne Les Authieux-Papion St Julien-le-Faucon Coupesarte

1 Boulon Bretteville-s-Laize Cintheaux St Sylvain Le Mesnil Magny-la-Campagne Ouville-la-Bien-Tournée Bretteville-s-Dives

St Laurent-de-Condel Les Moutiers-en-Cinglais Forêt de Cinglais Gouvix Urville Cauvicourt Le Bû-s-Rouvres Condé-s-Ifs Ifs-s-Laizon Thiéville Vieux-Pont St Martin-du-Mesnil-Oury St Michel-de-Livet

Espins Grainville-Langannerie Bretteville-le-Rabet Soignolles Estrées-la-Campagne Maizières Ernes Escures-Favières Hiéville Boissey Castillon-en-Auge

Fresney-le-Vieux Barbery St Germain-le-Vasson Ouilly-le-Tesson Assy Rouvres St Pierre-s-Dives Mittois Ste Marguerite-de-Viette Livarot

Harcourt Moulines Bray-en-Cinglais Fontaine-le-Pin Soumont-St Quentin Brèche au Diable Sassy Vendeuvre Mont Jacob St Georges-en-Auge Montviette

Placy Acqueville Meslay Tournebu Potigny Olendon Jort Le Robillard (Lycée agricole) Écots La Cosmerie Heurtevent

2 Donnay Combray Angoville Martainville Ussy Villers-Canivet Soulangy Épaney Perrières Bernières-d'Ailly Vicques Courcy Louvagny Vaudeloges Boudinière Montpinçon Les Autels St Bazile

Bonnœil St Germain-Langot Leffard Aubigny St Pierre-Canivet Versainville Eraines Damblainville Morteaux-Couliboeuf Barou-en-Auge Norrey-en-Auge Grandmesnil Le Renouard

Pierrefitte-en-Cinglais Cossesseville Tréprel Pierrepont Martigny-s-l'Ante Falaise Villy-lez-Falaise Les Moutiers-en-Auge St Gervais-des-Sablons Les Champeaux

Pont-d'Ouilly Le Détroit Les Loges-Saulces Noron-l'Abbaye St Vigor-de-Mieux La Hoguette Fresné-la-Mère Beaumais Le Marais-la-Chapelle Montreuil-la-Cambe Louvières-en-Auge Écorches

Le Mesnil-Villement Rapilly Les Isles-Bardel Fourneaux-le-Val St Martin-de-Mieux St Pierre-du-Bû Pertheville-Ners Crocy Fourches Fontaine-les-Bassets Trun

3 St Philbert-s-Orne Ségrie-Fontaine Roche d'Oëtre Gorges de St Aubert Ménil-Vin Cordey Vignats Bois de St André Brieux Ommoy Guêprei Coulonces Neauphe-s-Dive

La Forêt-Auvray Bréel Ménil-Hermei Bazoches-au-Houlme Neuvy-au-Houlme Nécy Rônai Montabard Villedieu-lès-Bailleul St Lambert-s-Dive Chambois

55

N.-D.-du-Rocher Rabodanges Champcerie Pommainville Bailleul Tournai-s-Dive Aubry-en-Exmes Fel

Ste Honorine-la-Guillaume St Aubert-s-Orne Les Rotours Habloville Commeaux Occagnes Sévigny Forêt de Gouffern

Le Repas Putanges-Pont-Écrepin Sentilly Argentan Le Bourg-St Léonard

Les Tourailles Chênedouit Ménil-Gondouin Giel-Courteilles Montgaroult Moulins-s-Orne Silly-en-Gouffern

Ste Opportune Craménil La Fresnaye-au-Sauvage La Courbe Ménil-Jean Ménil-Glaise Urou Sai Forêt de Petite Gouffern Haras du Pin

4 St André-de-Briouze Batilly Écouché Fontenai-s-Orne Sarceaux Juvigny Aunou-le-Faucon

Briouze St Hilaire-de-Briouze Les Yveteaux St Ouen-s-Maire Sevrai Loucé Grogny St Loyer-des-Champs Almenêches

Le Ménil-de-Briouze Pointel La Lande-de-Lougé Lougé-s-Maire Montreuil-au-Houlme Joué-du-Plain Tanques Fleuré Boissei-la-Lande Le Château-d'Almenêches

Lignou Faverolles St Brice-s/s-Rânes Bois de Rânes Avoine Vrigny St Christophe-le-Jajolet Médavy

Lonlay-le-Tesson Mont d'Hère Rânes Vieux-Pont Boucé Marcei Château d'O

Le Grais St Georges-d'Annebecq Ste Marie-la-Robert Ranchéville Mortrée Montmerrei Macé

A B C

D E F

31

St Désir
Basilique
Grais
Beuvillers
Glos
Villers
Courtonne-la-Meurdrac
les Cesnes-Rocray
St Martin-de-la-Lieue
St Pierre-des-Ifs
le Mesnil-Eudes
le Mesnil-Guillaume
St Martin-de-Mailloc
St Jean-de-Livet
la Forge de Chambrin
St Germain-de-Livet
Prêtreville
Caudemone
la Chapelle-Noiremare
Auquainville
le Bocage
le Mesnil-Germain
Fervaques
Cheffreville-Tonnencourt
les Thomas
Ste Marguerite-des-Loges
Forêt de Livarot
la Croupte
la Mare
Folleville
Bas-de-Bellouet
Mesnil-Bacley
la Cauvinière (Haras)
N.D.-de-Courson
St Ouen-le-Houx
Bellou
Préaux
St Sébastien
les Moutiers-Hubert
Chapelle-Haute-Grue
Musée
Cheffreteau
Forêt de Moutiers-Hubert
Lisores
Ste Foy-Montgommery
Germain-Montgommery
la Boscraie
Bois de Meulles
le Bourg
Canapville
Avernes-St Gourgon
Vimoutiers
Pontchardon
le Vitou
la Fauvetière
Guerquesalles
Vimer
la Croix-Rouge
Ticheville
Folval
Orville
le Bosc-Renoult
Fresnay-le-Samson
Roiville
la Bruyère-Fresnay
Osmont
les Burets
Aubry-le-Panthou
Survie
le Coudray
la Fresnaie-Fayel
la Morinière
Pierre-la-Rivière
Mardilly
Chaumont
Neuville-s-Touques
les Moulins
Ménil-Hubert-en-Exmes
Avernes-s/s-Exmes
Résenlieu
St Evroult-de-Montfort
Gacé
Courménil
le Hamel
Coulmer
Argentelles
la Charretière
Exmes
Croisilles
Ginai
la Barbetière
la Castelle
le Ménil-Vicomte
Lignères
Ménil-Froger
la Corbette
les Trois-Fosses
St Germain-de-Clairefeuille
Nonant-le-Pin
le Merlerault
Champ-Haut
Haras
les Authieux-du-Puits
Godisson
la Genevraie
Carnettes
(Haras) la Vallée
la Coquenne (Haras)
Marmouillé
Haras du Bois Josselyn
le Bourg
Brullemail
Montrond
Chailloué
St Léonard-des-Parcs
les Rouges Terres (Haras)
Neuville-près-Sées
le Vieux Gourtomer
Courtomer
Aunou

Fiffol
Carref! du-May
Marolles
l'Hôtellerie
la Chênevière
la Cannerie
la Buissonnière
Cordebugle
la Chapelle-Hareng
St Denis-de-Mailloc
St Julien-de-Mailloc
Courtonne-les-Deux-Eglises
le Planquay
la Droulinière
la Goupillière
la Chapelle-Yvon
la Thiboutière
le Chêne
la Croix-de-Fer
la Rosière
le Fossard
Tordouet
St Martin-de-Bienfaite-la-Cressonnière
St Germain-la-Campagne
le Hame
Orbiquet
Cernay
Bois de la Motte
Bois de Valrimbert
La Vespière
Orbec
Friardel
la Sevrais
Cerqueux
Meulles
la Folletière-Abenon
Source
le Boissard
la Halboudière
Familly
les Champs
St Laurent-des-Grès
la Goulafrière
Bonneval
la Morinière
Tremblay
le Bos
St Germain-d'Aunay
St Aubin-de-Bonneval
la Futelaie
St Cyr-d'Estrancourt
le Grd Mesnil
la Croix Blanche
le Sap
Monnai
Gifosse
la Thibaudière
Haras
Heugon
le Douet-Arthus
Villers-en-Ouche
Forêt de Chaumont
la Bougerie
St Nicolas-des-Laitiers
le Sap-André
Bocquencé
Verbois
la Thibouvière
la Trinité-des-Laitiers
Sertigny (Haras)
la Gonfrière
Touquettes
St Evroult-N.D.-du-Bois
le Plan
Cisai-St Aubin
Orgères
la Beuvinière
Forêt de St Evroult
St Germain
Echauffour
Vx Bourg
St Pierre-des-Loges
les Houlettes
la Beaudrière
Ste Gauburge-Ste Colombe
la Métairie
Planches
Ménil-Gautier
la Hardière
la Chênée
la Louvière (Haras)
Forêt de Sècheville
Moulins-Bonsmoulins
Fay
Mahéru
Buisson de Fay
les Malberaux
Ferrières-la-Verrerie
la Ferrière-au-Doyen
Moulins-la-Marche
la Mora
St Martin-des-Pézerits

Thiberville
la Haudardière
le Louvre
Beaujouas
le Mesnil
Bournainville-Faverolles
Drucourt
le Bois-Guillaume
Jouas
le Theil
St Vincent-du-Boulay
le Tilleul
Plainville
Mon!
St Mards-de-Fresne
la Villaie
le Mouchel
Capelle-les-Grands
l'Epinai
St Aubin-du-Thenney
St Jean-du-Thenney
la Houdière
la Chapelle-Gauthier
Glatigny
la Francardière
Courteilles
Montreuil-l'Argillé
St Denis-d'Augerons
St Aquilin-d'Augerons
la Côte
Verneusses
St Laurent-du-Tencement
N.D.-du-Hamel
Echanfray
Anceins
Couvains
Caumont
la Ferté-Frênel
Forêt de la Ferté-Frênel
le Bois Gaudry
le Souchet
Bois de la Garenne
la Gâtière
la Hallière
Gournay
Livet
Fibordel
Beaufai
le Vx Beaufai
St Hilaire-s-Risle
Brethel
le Ménil-Bérard
le Châtelet
la Monnerie
les Beslières
la Grimonnière

Duranville
Nolent
la Chle-St Clair
Malouy
Courbépine
le Malharquier
les Chesnets
St Martin-du-Tilleul
Bernay
Caorches-St Nicolas
St Victor-de-C.
le Bosc-l'Abbé
Chrétienville
Malouve
Grand-Camp
le Parc
la Cochonnière
la Francardière
Broglie
le Bosc-Morel
Bois de Broglie
les Roques
Chamblac
St Vincent-la-Rivière
la Trinité-de-Réville
St Agnan-de-Cernières
St Pierre-de-Cernières
St Pierre-du-Mesnil
Gauville
Mélicourt
la Petite-Haye
le Bois-Branger
Mesnil-Rousset
Marnefer
les Ménages
Glos-la-Ferrière
Beaufils
Gauville
Hamel
St Nicolas-de-Sommaire
St Symphorien-des-Bruyères
la Sapaie
le Cauche Alin
Courdemanche
la Desverie
Boisthorel
Rai
Aube
les Nouettes
Sourdeval
Ecorcei
le Bois-de-la-Pierre
Auguaise
la Chapelle-Viel
les Aspres
la Pichonnière
Bonnefoi
la Houdonnière
les Genettes
le Châtelet
Bois du Châtelet
Bonsmoulins
Abbé de la Trappe
Fl de la Trappe
les Etangs
Bresolettes

Boisney
Valailles
Plasnes
Bois de Plasnes
le Theil
les Loges
Montaigu
Menneval
St Léger-de-Rôtes
Rôtes
les Molands
Courcelles
Camfleur
Carentonne
Fontaine-l'Abbé
Bouffey
la Broutinière
la Doisle
le Coudray
St Clair-d'Arcey
Corneville-la-Fouquetière
les Chesneys
St Aubin-le-Vertueux
le Beuron
St Quentin-des-Isles
Ferrières-St Hilaire
Longueraies
Grandchain
le Beuhelin
St Aubin-le-Guichard
Jonquerets-de-Livet
Ste Marguerite-en-Ouche
Pierre Ronde
Livet-en-Ouche
la Bissonnière
St Aubin-des-Hayes
Beaumes
la Bourdonnière
Landepereuse
le Bellou
la Grimoudière
Menhir
les Roses
Nezière
Tour Thevray
la Sentelle
Epinay
Val-du-Theil
le Bocage
la Bonnetière
la Roussière
le Boulay
Gisay-la-Coudre
la Barre-en-Ouche
St Jacques
Rubrem
le Bosc-Robert
les Rues
Bosc-Renoult-en-Ouche
St Ouen
Cernay
Bois-Anzeray
la Noë Allain
la Haye-St Sylvestre
Marnières
la Vieille-Lyre
la Herperie
Chagny
la Riboudière
Chambord
la Chéronnerie
Rebais
Bois-Normand-près-Lyre
Auvergny
St Just
la Coquantinière
le Bois-Maillard
les Briquetéries
les Bottereaux
Vaux-s-Risle
Neaufles-Auvergny
le Hamel
le Bout-au-Grain
Mesnils des Frétils
les Frétils
Sommaire
la Maillardière
Juignettes
les Gastines
St Antonin-de-Sommaire
la Crespinière
l'Hermite
la Forge
le Saptel
Ste Opportune
Pierre-de-Sommaire
la Chaise
Rugles
les Aulnaies
le Moulin à Papier
Bois-Arnault
le Plessis
St Martin-d'Ecublei
St Sulpice-s-Risle
le Mesnil
la Houssaie
Forêt de l'Aigle
les Masselins
l'Aigle
Anglures
les Fichets
Chandai
St Michel-Tuboeuf
le Buat
St Ouen-s-Iton
Tuboeuf
Vitrai-s/s-l'Aigle
Crulai
les Clos
les Marres
les Bois
les Bois-de-la-Haie
Beaulieu
Irai
Randonnai
Normandel

58

D E F

83

31 32

A B C

1 2 3 4

Le Neubourg
Thibouville
Beaumont-le-Roger
Forêt de Beaumont
Serquigny
Nassandres
Beaumesnil
Emanville
Ormes
Claville
Gauville-la-Campagne
Évreux
Forêt d'Évreux
La Bonneville-s-Iton
Conches-en-Ouche
Forêt de Conches
La Vieille-Lyre
La Neuve-Lyre
Damville
Breteuil-sur-Iton
Forêt de Breteuil
Rugles
L'Aigle
Forêt de l'Aigle
Bourth
Forêt de Bourth
Verneuil-s-Avre
Tillières-s-Avre
Nonancourt
St-Lubin-des-Joncherets
Brezolles
Chennebrun
Crulai

57

A B C

D E F

Gaillon, le Hazey, Ailly, les Quaizes, St Pierre-la-Garenne, Pressagny-le-Val, Corville, Civières, Grimonval, Écos, Ave, Ambleville, Magnitot, Archemont, Le Mesnil, Vaumion

St Aubin, Habloville, Dormont, N.D.-de-l'Isle, Panilleuse, Tilly, Coupigny, Bus-St Rémy, Valcorbon, Omerville, Bray-et-Lû, Hodent, Charmont

Fontaine-Heudebourg, St Julien-de-la-Liègue, la Bossaye, les Rotoirs, Pressagny-l'Orgueilleux, Forêt de Vernon, Saulseuses, Heubécourt-Haricourt, Grumesnil, Baudemont, le Bosc-Roger, Fourges, Genainville

Bois de Bimorel, les Noes, St Pierre-de-Bailleul, St Étienne-sous-Bailleul, St Pierre-d'Autils, la Queue-d'Haye, Bionval, Chaussy, Parc Villarceaux, Naturel

la Croix-St Leufroy, Champenard, le Bray, Haricourt, Bois-Jérôme-St-Ouen, le Mesnil-Milon, Amenucourt

Écardenville-s-Eure, Autheuil-Authouillet, Villez-s/s-Bailleul, la Chapelle, St Just, Vernonnet, la Chapelle-St Ouen, Roconval, Arboretum, Hte Souris, Maudétour-en-Vexin, Arthies, Wy-dit-Joli-Village

Crèvecœur, St Vigor, le Boshion, Ste Colombe-près-Vernon, Réanville, St Marcel, Bizy, Camp militaire, Vernon, Giverny, Ste Geneviève, Gasny, Chérence, Villers-en-Arthies, Bois de la Villeneuve Bucaille

Chambray, Houlbec-Cocherel, Mercey, St Vincent-des-Bois, Forêt de Bizy, le Petit Val, Hte Isle, la Roche-Guyon, Chantemesle, la Goulée, Chaudray, les Millonets, Bois des Fréneaux, Aincourt

Silo, Chanteloup, Doucerain, Launay, la Vallée-Bance, Rouvray, Port-Villez, Gommecourt, Moisson, Forêt de Moisson, Lavacourt, Vétheuil, Vienne-en-Arthies

les Oriots, Fontaine-s/s-Jouy, Ronce, Jouy-s-Eure, Cocherel, la Cailleterie, la Heunière, Hameau de Normandie, Limetz-Villez, Clachalôze, Tripleval, St Cyr-en-Arthies

Cerisey, Gauciel, Hardencourt-Cocherel, Vaux-s-Eure, Boisset-Hennequin, Brécourt, Maulu, le But, Blaru, N.D.-de-la-Mer, les Coutumes, Bennecourt, Gloton, Freneuse, Méricourt, la Villeneuve, Bois du Chênay, Drocourt, Sailly, Mousseaux-s-Seine, St Martin-la-Garenne

Boncourt, Miserey, Croisy-s-Eure, Ménilles, Douains, Gournay, la Haie-de-Béranville, Jeufosse, Bonnières-s-Seine, Sandrancourt, le Coudray, le Mesnil, Mon Blanche, Brueil-en-Vexin, Follainville-Dennemont, Fontenay-St Père

le Breuil, Ruffey, le Haut Croisy, St Aquilin-de-Pacy, Pacy-s-Eure, Chaignes, Chaufour-lès-Bonnières, Rolleboise, Guernes, Guitrancourt

Caillouet, Cierrey, le Bois-Bercher, Buisson-de-Mai, Boudeville, Aigleville, Chambines, Chaignolles, la Villeneuve-en-Chevrie, Villegats, Lommoye, la Tuilerie, Cholet, Morvent, les Guinets, Rosny-s-S., Gassicourt, Dennemont, Limay, Hanneucourt, Gargenville, Issou

le Vieil-Évreux, le Val-David, Orgeville, la Noë-du-Bois, le Plessis-Hébert, Fains, Gadencourt, Cravent, Forêt de Rosny, Menil-Guyon, Apremont

Martainville, le Cormier, le Mesnil, Hécourt, le Val-Comtat, St Illiers-la-Ville, la Belle-Côte, Jouy-Mauvoisin, Buchelay, Mantes-la-Ville, Mantes-la-Jolie, Porcheville

la Houssaye, St Luc, Boisset-les-Prévanches, Bosc-Roger, la Neuville-des-Vaux, Merey, St Chéron, St Illiers-le-Bois, Thiron, Blèry, Perdreauville, Magnanville

St Germain-de-Fresney, le Haut-Boisset, les Essarts, Breuilpont, Villiers-en-Désœuvre, les Bossus, le Hamel, Soindres, Auffreville-Brasseuil, Mézières, Chaufour

le Val, Garencières, Bretagnolles, Fresney, Forêt de Merey, la Boissière, Boissy-Mauvoisin, Menerville, Fontenay-Mauvoisin, Guerville, la Plagne, Fresnel

Buisson-Crosson, la Folie, les 4-Vents, Epieds, Lorey, Chanu, Bréval, la Butte, le Tertre-St Denis, Favrieux, Vert, la Villeneuve, Senneville, Vélannes, Épône

la Forêt-du-Parc, Quessigny, la Lande, Serez, Neuilly, la Folletière, le Hallot, la Couarde, la Fortelle, Breuil-Bois-Robert, Boinville-en-Mantois

Foucrainville, Obélisque d'Ivry, Bueil, Launay, Neauphlette, Flacourt, la Villette, Leuze, le Val-d'Aunay

le Parc, Huguenoterie, Batigny, la Neuvillette, Boussey, Garennes-s-Eure, Guainville, Gilles, Mirbel, Longnes, Boinvilliers, Rosay, Goussonville

Authieux, St André-de-l'Eure, Neuville, Mousseaux-Neuville, Malassis, Garré, Jumeauville, Arnouville-lès-Mantes

Mouettes, Forêt d'Ivry, la Couture-Boussey, le Mesnil-Simon, Nantilly, Mondreville, Heurteloup, Dammartin-en-Serve, Courgent, St Corentin, Septeuil, Hargeville

Ferrières, Touvoye, la Futelaye, l'Habit, Ivry-la-Bataille, la Chaussée-d'Ivry, les Gâtines Rouges, le Ht Arbre, Flins-Neuve-Église, Montchauvet, Goupillières, Andelu

Triernon, les Rosières, Ezy-s-Eure, Tilly, les Millerus, Mulcent, St Martin-des-Champs, Villarceaux, les Vignes

Osmoy, Champigny-la-Futelaye, Bois-le-Roi, Pont de St Jean, Anet, Oulins, les Gâtines, Marchefroy, Cravent, Boissets, Cívry-la-Forêt, la Picotière, Prunay-le-Temple, Ferranville, Villiers-le-Mahieu, Thoiry, Réserve Africaine

Beaufort, Lignerolles, Forêt de Roseux, Saussay, Croth, St Laurent-des-Bois, Boncourt, St Ouen, la Ville-l'Évêque, Orvilliers, la Rolanderie, Osmoy, Flexanville, Boulaincourt

Gersey, Silos, Gratheuil, Sorel-Moussel, St Roch, Rouvres, Berchères-s-Vesgre, Favières, Tacoignières, Orgerus, Ant, Auteuil

Pinson, Mottéux, le Val Léger, Marcilly-s-Eure, Beauregard, Poteau du Vallot, les Nonains, le Méziard, St Lubin-de-la-Haye, les Vignes, Gressey, St Hilaire, Béhoust

Illiers-l'Évêque, le Brémien, Brazais, les Christophes, les Vieilles Ventes, Forêt de Chêne, la Haye, Brunel, Richebourg, le Moutier, la Vallée-des-Fosses, Garancières, Boissy-sans-Avoir

Courdemanche, Abbaye du Breuil-Benoît, le Beau-Puits, le Pavillon, les Grès, Richeville, le Coudray, Millemont, le Breuil, la Queue-les-Yvelines

Louye, les Gres, les Loges, Bû, les Vignes, Orval, les Branloires, Houdan, Bazainville, Forêt des 4 Piliers, Maulette

Fontaine, Tizon, Aulnay-s-Muzy, Gué-des-Grues, Forêt de Dreux, Abondant, Havelu, la Forêt, Mocsouris, Perdreauville, le Boulay, les Aubris, Galluis

Tafsley, Mesnil-s-l'Estrée, St Georges-Motel, Montreuil, Brissard, Marchezais, Goussainville, St Agnan, la Troche, le Buisson, la Surie, Grosrouvre

St Germain-s-Avre, Bourg-l'Abbé, Muzy, Fermaincourt, Serville, Silo, Thionville-s-Opton, St Côme, Dannemarie, Gambais, les Haizettes, le Mormaire, Montfort-l'Amaury

Vert-en-Drouais, les Plessis-s-Vert, Flonville, Raville, Marolles, Champagne, Recoin, Bourdonné, Gambaiseuil, Bois des Longues Mares

les Buissons, le Luat-s-Vert, Chérisy, Broué, Cloches, Chaudejoute, Condé-s-Vesgre, les Hajes, Bois de l'Epars

Gâtine, Louvilliers-en-Drouais, Dreux, Moronval, Ste Gemme-M., Germainville, Bécheret, Allemant, Boutigny-s-Opton, Beauterne, le Hallier

Boissy-en-Drouais, Vernouillet, Marsauceux, la Chapelle-Forainvilliers, Rosay, Bouchemont, Breuil, St Léger-en-Yvelines

les Authieux, Allainville, Luray, Mézières-en-D, la Musse, Adainville, Bel Air, la Jaunière, le Ht Planet

Silo, Bois-le-Roi, Écluzelles, Mérangle, Prémont, Fontaine, Beauchêne, Curé, Grandchamp, les Sergontières, le Mesle, Croix Pater, les Grds Coins, le Matz, les Brévaires

Garancières-en-Drouais, Garnay, Blainville, Ouerre, St Laurent-la-Gâtine, Prouais, Paincourt, les Pinthières, la Hauteville, Bois de la Charmoie, Bois de Biennouvienne, les Bses Masures

Boutaincourt, Fortisle, Charpont, Croisilles, Boissy, l'Aumône, le Tartre-Gaudran, la Gâtine, l'Épinette, la Boissière-École, le Passoir

Majainville, Chambléan, Marville-Moutiers-Brûlé, le Mesnil-Ponceau, Mauzaize, Faverolles, le Mesnil-Condit, École Hériot, Poigny-la-Forêt, Forêt de Rambouillet

Groslières, Crécy-Couvé, Tréon, Imbermais, Villemeux-s-Eure, Renancourt, Bréchamps, Rochers d'Angennes

Aunay-s/s-Crécy, Fonville, le Coudray, les Pâtis, les Ruelles, Mittainville, Saulnières

Masserville, Chaudon, Senantes, Vacheresse, Guiperreux, Étang de Guiperreux, Gazeran

Vigny, le Boulay-Mivoye, Cherville, Nogent-le-Roi, Coulombs, Dancourt, Maltorne, la Ville, St Lucien, Béchereau, Rambouillet, Grand Parc

Fontaine-les-Ribouts, Morvillette, le Boulay-Thierry, Lormaye, Chenicourt, les Chaises, le Bois-Dieu

D E F

33
60
85

1 2 3 4

A
B
C
33
34
59
86
1
2
3
4
PARC NATUREL RÉGIONAL DU VEXIN FRANÇAIS
PARC NATUREL RÉGIONAL DE LA HAUTE-VALLÉE
Magny-en-Vexin
Marines
Chars
Pontoise
Cergy
Cergy-Pontoise
L'Isle-Adam
Forêt de l'Isle-Adam
Auvers-s-Oise
Taverny
Franconville
Ermont
Sannois
Argenteuil
Conflans-Ste Honorine
Herblay
Maisons-Laffitte
Sartrouville
Houilles
Bezons
Colombes
Nanterre
Courbevoie
La Défense
Puteaux
Neuilly-s-Seine
Suresnes
Rueil-Malmaison
St Cloud
Boulogne-Billancourt
Sèvres
Meudon
Chaville
Vélizy-Villacoublay
Versailles
Le Chesnay
St-Cyr-l'École
Trappes
St Quentin-en-Yvelines
Montigny-le-Bretonneux
Guyancourt
Buc
Jouy-en-Josas
Bièvres
Saclay
Palaiseau
Orsay
Gif
Les Ulis
Chevreuse
Dampierre-en-Y.
Les Vaux de Cernay
Limours en-Hurepoix
Rambouillet
Forêt de Rambouillet
Montfort-l'Amaury
St Léger en-Yvelines
Maurepas
Plaisir
Poissy
St Germain-en-Laye
Forêt de St Germain
Le Vésinet
Chatou
Le Pecq
Marly-le-Roi
Forêt de Marly
St Nom-la-Bretèche
Orgeval
Meulan
Les Mureaux
Mantes-la-Jolie
Limay
Aubergenville
Épône
Maule
Vernouillet
Triel-s-Seine
Andrésy
Achères
Vigny
Limoges
Persan

61
D
E
F
35
62
87
1
2
3
4
Abbe de Royaumont
Abbe de Chaalis
Beaumont-s-Oise
Viarmes
Luzarches
Chaumontel
Orry-la-Ville
Parc Astérix
Ermenonville
Nanteuil-le-Haudouin
Mortefontaine
Plailly
Survilliers
Fosses
Belloy-en-France
Jagny-s/s-Bois
Marly-la-Ville
St Witz
Vémars
Othis
Dammartin-en-Goële
Le Plessis-Belleville
Lagny-le-Sec
Moussy-le-Neuf
Attainville
Moisselles
Le Mesnil-Aubry
Fontenay-en-Parisis
Louvres
Le Plessis-Gassot
Ecouen
Goussainville
Roissy-en-France
Villiers-le-Bel
Sarcelles
Montmorency
Gonesse
AÉROPORT DE PARIS-CHARLES DE GAULLE
Mitry-Mory
Compans
Nantouillet
Juilly
St Mard
St Soupplets
Monthyon
Penchard
Enghien-les-Bains
Pierrefitte
Garges-lès-Gonesse
Tremblay-en-France
Villepinte
ST-DENIS
Stains
Le Bourget
Aulnay-s/s-Bois
Sevran
Villeparisis
Claye-Souilly
Drancy
Livry-Gargan
Aubervilliers
Bobigny
Clichy
St Ouen
Pantin
Les Pavillons-s/s-Bois
Le Raincy
Montfermeil
Chelles
Bondy
Noisy-le-Sec
Gagny
Romainville
Les Lilas
Bagnolet
Montreuil
PARIS
Notre-Dame
Tour Eiffel
Vincennes
Rosny-s/s-Bois
Neuilly-Plaisance
Le Perreux
Nogent-s-M.
Bry-s-M.
Noisy-le-Grand
Champs-s-M.
Noisiel
Torcy
Lagny-s-M.
Disneyland Resort Paris
Marne-la-Vallée
Charenton
St Mandé
Joinville
Champigny-s-M.
Villiers-s-M.
Ivry-s-Seine
Alfortville
Maisons-Alfort
St Maur-des-Fossés
Le Kremlin-Bicêtre
Villejuif
Vitry-s-Seine
CRÉTEIL
Bonneuil-s-M.
Sucy-en-Brie
Ormesson-s-M.
Pontault-Combault
Roissy-en-Brie
Ozoir-la-Ferrière
Forêt d'Armainvilliers
Choisy-le-Roi
Thiais
Orly
AÉROPORT DE PARIS-ORLY
Villeneuve-le-Roi
Valenton
Boissy-St Léger
Villeneuve-St Georges
Yerres
Villecresnes
Brie-Comte-Robert
Forêt de Sénart
Montgeron
Brunoy
Draveil
Juvisy-s-Orge
Savigny-s-Orge
Chilly-Mazarin
Grigny
Combs-la-Ville
Évry-Grégy-s-Yerres
Ozouer-le-Voulgis
Fontenay-Trésigny
Tournan-en-Brie
Presles-en-Brie
Ferrières-en-Brie
Chessy
Esbly
Meaux

35
36
A
B
C
1
2
3
4
61
88
Nanteuil-le-Haudouin
Betz
Péroy-les-Gombries
Boissy-Fresnoy
Cuvergnon
Thury-en-Valois
la Villeneuve-s/s-Thury
Antilly
Mareuil-s-Ourcq
Villers-St Genest
Boullarre
Neufchelles
Dammard
Chézy-en-Orxois
St Gengoulph
Latilly
Sommelans
Priez
Monnes
Silly-le-Long
Chèvreville
Bouillancy
Réez-Fosse-Martin
Acy-en-Multien
Rosoy-en-Multien
Étavigny
Rouvres-en-Multien
Varinfroy
Montigny-l'Allier
Brumetz
Gandelu
Hautevesnes
Courchamps
Monthiers
Lucy-le-Bocage
Torcy-en-Valois
Belleau
Bussiares
Le Plessis-Belleville
Ognes
Brégy
Oissery
St Pathus
Forfry
Douy
Puisieux
Vincy
May-en-Multien
Crouy-s-Ourcq
Coulombs-en-Valois
Germigny-s/s-Coulombs
Veuilly-la-Poterie
Marigny-en-Orxois
Le Plessis-Placy
Gesvres-le-Chapitre
Marcilly
St Soupplets
Trocy-en-Multien
Vendrest
Dhuisy
Coupru
Lizy-s-Ourcq
Étrépilly
Barcy
Congis-s-Thérouanne
Mary-s-Marne
Cocherel
Montreuil-aux-Lions
Domptin
Bézu-le-Guéry
Le Plessis-l'Évêque
Monthyon
Chambry
Varreddes
Tancrou
Jaignes
Isles-les-Meldeuses
Ste Aulde
Villiers-Saint-Denis
Charly-s-M.
Saulchery
Nanteuil-s-Marne
Crouttes
Penchard
Chauconin-Neufmontiers
Crégy
Germigny-l'Évêque
Armentières-en-Brie
Poincy
Changis-s-Marne
Chamigny
Luzancy
Méry-s-Marne
Saâcy-s-M.
Citry
Nogent-l'Artaud
Pavant
MEAUX
Trilport
Ussy-s-M.
Reuil-en-Brie
la Ferté-s/s-Jouarre
Villeroy
Montceaux-lès-M.
St Jean-les-2-Jumeaux
Sammeron
Sept-Sorts
Trilbardou
Vignely
Villenoy
Nanteuil-lès-Meaux
Fublaines
St Fiacre
Villemareuil
Signy-Signets
Jouarre
Bassevelle
Précy-s-Marne
Jablines
Esbly
Mareuil-lès-Meaux
Boutigny
Forêt du Mans
Pierre-Levée
Bussières
St Cyr-s-M.
Orly-s-Morin
Isles-lès-Villenoy
Quincy-Voisins
Condé-Ste Libiaire
Couilly-Pont-aux-Dames
Magny-St Loup
Vaucourtois
St Ouen-s-Morin
Boitron
Hondevilliers
Coupvray
Montry
St Germain-s-Morin
Coulommes
Sancy
Bouleurs
la Haute-Maison
Forêt de Choqueuse
la Trétoire
Sablonnières
Disneyland Resort Paris
Coutevroult
Magny-le-Hongre
Bailly-Romainvilliers
Villiers-s-Morin
Voulangis
Crécy-la-Chapelle
Maisoncelles-en-Brie
Giremoutiers
Doue
St Germain-s/s-Doue
Rebais
Bellot
Tigeaux
Guérard
Mouroux
Pommeuse
Aulnoy
Boissy-le-Châtel
Chauffry
Villeneuve-le-Comte
Villeneuve-St Denis
Dammartin
Coulommiers
St Simeon
Jouy-s-Morin
St Rémy-la-Vanne
la Celle-s-Morin
Faremoutiers
Chailly-en-Brie
Mortcerf
St Augustin
Neufmoutiers-en-Brie
Hautefeuille
Forêt de Malvoisine
Mauperthuis
Beautheil
Marolles-en-Brie
la Ferté-Gaucher
Favières
Crèvecœur-en-Brie
Choisy-en-Brie
Lescherolles
Tournan-en-Brie
la Houssaye-en-Brie
Lumigny
Pézarches
Touquin
Amillis
Chevru
Chartronges
les Chapelles-Bourbon
Marles-en-Brie
Rigny
le Plessis-Feu-Aussoux
Dagny
Leudon-en-Brie
Châtres
Fontenay-Trésigny
Liverdy-en-Brie
Nesles
Voinsles
Villeneuve-la-Hurée
Frétoy
Beton-Bazoches
Courtacon
Rozay-en-Brie
Vaudoy-en-Brie
Boisdon
Bezalles
Courquetaine
Chaumes-en-Brie
Bernay-en-Brie
Bannost
Villegagnon
Champcenest
les Marêts
Ozouer-le-Voulgis
Argentières
Courpalay
la Chapelle-Iger
Jouy-le-Châtel
Forêt de Crécy
Forêt de Montceaux
A 4-E 50
N 3
N 34
N 36
N 4
D 231
D 402

D
E
F
37
64
89
Château-Thierry
Dormans
Épernay
Montmirail
Sézanne
Esternay
Condé-en-Brie
Orbais-l'Abbaye
Montmort-Lucy
Champaubert
Fère-en-Tardenois
Châtillon-s-Marne
Verneuil
Vincelles
Jaulgonne
Chartèves
Mézy-Moulins
Courthiézy
Troissy
Port-à-Binson
Mareuil-le-Port
Œuilly
Boursault
Vauciennes
Mardeuil
Damery
Cumières
Hautvillers
Binson-et-Orquigny
Reuil
Venteuil
Brugny-Vaudancourt
Moussy
Pierry
Vinay
Monthelon
Morangis
Le Baizil
Mareuil-en-Brie
Suizy-le-Franc
Corribert
La Caure
Baye
Bannay
Le Thoult-Trosnay
Talus-St Prix
Soizy-aux-Bois
Oyes
Reuves
Broussy-le-Petit
Broussy-le-Grand
Bannes
Allemant
Mondement-Montgivroux
Broyes
Péas
Linthes
Linthelles
St Loup
St Remy-s/s-Broyes
Pleurs
Gaye
Queudes
Barbonne-Fayel
Saudoy
Chichey
Vindey
Lachy
Champguyon
Joiselle
Tréfols
Meilleray
Le Vézier
Morsains
Neuvy
Réveillon
Courgivaux
Montceaux-lès-Provins
Escardes
Bricot-la-Ville
Les Essarts-le-Vicomte
La Forestière
Villiers-St Georges
Viels-Maisons
Verdelot
Vendières
Marchais-en-Brie
Mécringes
Rieux
Montenils
Montolivet
Montdauphin
Fontenelle-en-Brie
Rozoy-Bellevalle
Artonges
Corrobert
Margny
Verdon
Janvilliers
Vauchamps
Fromentières
Etoges
Givry-lès-Loisy
Loisy-en-Brie
Férebrianges
Congy
Coizard-Joches
Vert-Toulon
Chaltrait
Soulières
Beaunay
Montfaucon
Viffort
Montlevon
Essises
Chézy-s-Marne
Nogentel
Nesles-la-Montagne
Etampes-s-Marne
Essômes-s-Marne
Chierry
Blesmes
Crézancy
Fossoy
Brasles
Mont-St Père
Bézu-St Germain
Epieds
Brécy
Beuvardes
Coincy
Villers-Agron-Aiguizy
Olizy
Anthenay
Passy-Grigny
Vandières
Champvoisy
Ronchères
Cuchery
Belval-s/s-Châtillon
Romery
Fleury-la-Rivière
A 4 E 50
N 3
N 4
N 34
D 933
D 951
D 373
Forêt du Gault
Forêt d'Enghien
Domaine de Vassy
Bois de Boursault
Forêt de Brugny
Forêt d'Epernay
Marais de St Gond
Marne
Petit Morin

A B C

37 38

Marfaux Pourcy la Presle Courtagnon Nogent Sermiers Mont Joli Chigny-les-Roses Ludes Craon-de-Ludes Mont Sinaï Verzy Sept-Saulx Mourmelon-le-Grand

Moulin d'Ardre

PARC NATUREL RÉGIONAL

Forêt de la Montagne de Reims

DE LA MONTAGNE DE REIMS

Nanteuil-la-Forêt Bois de St Quentin le Cadran Vauremont Ville-en-Selve la Neuville-en-Chaillois Faux de Verzy Villers-Marmery Les Petites-Loges Reims Champagne Mourmelon-le-Petit Livry-Louvercy Mont Farman Louvercy

Belval-s/s-Châtillon Orcourt Paradis la Poterne Cormoyeux St Imoges Germaine Louvois Tour Brisset Vertuelle Trépail Billy-le-Grand Mont de Billy

Grand Pré Bois du Roi Montorgueil Fleury-la-Rivière Romery Bellevue la Neuville Tauxières-Mutry Fontaine-s-Ay Bouzy Vaudemange Ambonnay Bouy Vadenay

Venteuil Tincourt Hautvillers Champillon Bois de St Marc Cumières Arty Damery la Malmaison Montflambert Mutigny Avenay-Val-d'Or Isse Aisne Canal de l'Aisne à la Marne les Grandes-Loges St Hilaire-au-Temple Mont Gravet Dampierre-au-Temple

la Chaussée Mardeuil Magenta Dizy l'Écluse Ay Tours-s-Marne Condé-s-Marne Aigny Vraux la Veuve Centre Routier

Vauciennes Ramponneau Boursault Étang d'Orléans Épernay Mont Bernon Mareuil-s-Ay Bisseuil Marne Tarnauds Cherville Juvigny St Etienne-au-Temple Mont de la Savelonnière

Bois de Boursault Étang de Givry Forêt d'Epernay Pierry Mont Bayen Moussy Vinay Chouilly Oiry Plivot Saint-Gobain Athis Jalons Aulnay-s-Marne le lac des Grands Prés Recy

St Martin-d'Ablois Vaudancourt les Limons Brugny-Vaudancourt Forêt de Brugny Chavot-Courcourt Saran Cramant Monthelon Cuis Mancy Grauves Avize les Istres-et-Bury les Marais Matougues St Martin-sur-le-Pré St Gibrien

Morangis Montgrimaux le Darcy Moslins Flavigny Champigneul-Champagne St Georges les Cours-Brûlées Villers-le-Château Fagnières Châlons-en-Champagne St Memmie

les Seuillons les Buzons Bois d'Argensolle Forêt de la Charmoye Oger le Mesnil-s-Oger Pocancy St Pierre Compertrix

Villers-aux-Bois Fulaine St Quentin Gionges Rouffy St Mard-lès-Rouffy le Courbah Thibie Mont-Choisy Coolus Sogny-aux-Moulins

Chaltrait la Charmoye les Rouleaux le Plessis Forêt de Vertus Villeneuve-Renneville-Chevigny Renneville Vouzy St Eloi le Rafidin St Laurent

63

Soulières la Madeleine Vertus Voipreux Chevigny Bierges Chaintrix-Bierges Notre-Dame Écury-s-Coole

Givry-lès-Loisy Beaunay Étoges Loisy-en-Brie Étrechy Petit-Étrechy Bergères-lès-Vertus Vélye Germinon Cheniers Nuisement-s-Coole Mont Toisé

Trécon Bellevue Breuvery-s-Coole Vaugency

Febriange Toulon-la-Montagne la Gravelle Vert-la-Gravelle Coligny Château de la Reine Blanche Mont Aimé Villeseneux Soudron St Quentin-s-Coole Cernon

Colzard Joches Commune de Vert-Toulon Val-des-Marais Pierre-Morains Clamanges le Mont Vatry Coupetz

Aulnizeux Aulnay-aux-Planches Marais de St Gond Morains Écury-le-Repos Bussy-Lettrée Fontaine

Bannes la Grosse Ferme Somme Normée Lettrée

le Mesnil Broussy-le-Grand Lenharrée EUROPORT VATRY Dommartin-Lettrée

Mont Août Nozet Fère-Champenoise Vaure Connantray-Vaurefroy Chapelaine Vassimont-et-Chapelaine Haussimont Sommesous Notre-Dame Soudé Ste Croix

Ste Sophie Linthes Connantre St Georges Euvy les Anclages l'Espérance Montépreux

Linthelles la Colombière Maurienne Corroy Ognes Gourgançon Semoine Poivres Sompuis

Pleurs Marigny-le-Petit Courcelles Mailly-le-Camp

Gaye Marigny Terrain militaire Anglure Anglurelles-et-Courcelles Fresnay Tortepée Thaas Salon Villiers-Herbisse le Hautvilliers Tharges Trouans

Camp militaire de Mailly

90

A B C

D
E
F
Suippes
Somme-Suippe
Somme-Tourbe
St Jean-s-Tourbe
Courtémont
Hans
Somme-Bionne
Valmy
Dommartin-s/s-Hans
Maffrécourt
Chaudefontaine
La Neuville-au-Pont
Moiremont
Florent-en-Argonne
les Islettes
Ste Menehould
Bussy-le-Château
St Remy-s-Bussy
la Croix-en-Champagne
la Cheppe
Cuperly
Auve
la Chapelle-Felcourt
Gizaucourt
Voilemont
Argers
Verrières
Dampierre
Elise-Daucourt
Daucourt
Châtrices
Rapsécourt
St Mard-s-Auve
Braux-St Remy
Villers-en-Argonne
AUTOROUTE DE L'EST
A 4-E 50
T.G.V. EST (en construction)
Tilloy-et-Bellay
Dampierre-le-Château
Sivry-Ante
Herpont
Somme-Vesle
Courtisols
l'Epine
Dommartin-Varimont
Epense
le Vieil-Dampierre
la Neuville-aux-Bois
Poix
Somme-Yèvre
Noirlieu
Remicourt
Givry-en-Argonne
le Châtelier
Chaussée Romaine
ÂLONS-
HAMPAGNE
Moivre
Coupéville
St Jean-s-Moivre
Marson
Longevas
Moncetz-Longevas
Chepy
le Fresne
Bussy-le-Repos
Contault
St Mard-s-le-Mont
Sommeilles
Dampierre-s-Moivre
Francheville
Possesse
St Jean-devt Possesse
Charmont
Nettancourt
Noyers-le-Val
St Germain-la-Ville
Vésigneul-s-Marne
Pogny
Vanault-le-Châtel
Vernancourt
Vanault-les-Dames
Vroil
Brabant-le-Roi
Omey
la Chaussée-s-Marne
Bassu
Bettancourt-la-Longue
Aulnay-l'Aître
Villers-le-Sec
Rancourt-s-Ornain
Sogny-en-l'Angle
Alliancelles
St Amand-s-Fion
Val-de-Vière
Heiltz-le-Maurupt
Bassuet
Vavray-le-Gd
Contrisson
Andernay
Sermaize-les-Bains
Soulanges
Changy
Outrepont
Pargny-s-Saulx
Etrepy
Drouilly
Couvrot
Merlaut
Maurupt-le-Montois
Cheminon
Plichancourt
Brusson
Dompremy
Blesme
Favresse
Vitry-le-François
Blacy
Marolles
Reims-la-Brûlée
Haussignémont
Scrupt
Trois-Fontaines-l'Abbaye
Thiéblemont-Farémont
St Vrain
Heiltz-le-Hutier
Vouillers
St Eulien
Villiers-en-Lieu
Chancenay
St Dizier
Orconte
Perthes
Hallignicourt
Hauteville
Ambrières
Moëslains
Norrois
Blaise-s/s-Arzillières
Arzillières-Neuville
Humbauville
le Meix-Tiercelin
St Chéron
les Monts Torlors
Forêt de Belval
Forêt de Trois-Fontaines
Bois de Maurupt
Canal de la Marne au Rhin
Marne
Saulx
Ornain
Vière
Fion
Chée
Vesle
Moivre
Yèvre
Auve
Ante
Saône
Isson
91
66
39
1
2
3
4

A
B
C
39
40
65
92
1
2
3
4
Clermont-en-Argonne
Ste Menehould
Les Islettes
Le Claon
Le Neufour
Futeau
Forêt de Beaulieu
Beaulieu-en-Argonne
Passavant-en-Argonne
Châtrices
Villers-en-Argonne
Brizeaux
Eclaires
Triaucourt-en-Argonne
Commune de Seuil-d'Argonne
les Charmontois
Belval-en-Argonne
Vaubecourt
Sommeilles
Laheycourt
Noyers-Auzécourt
Nettancourt
Revigny-s-Ornain
Vroil
Rancourt-s-Ornain
Alliancelles
Remennecourt
Contrisson
Andernay
Sermaize-les-Bains
Couvonges
Mognéville
Beurey-s-Saulx
Robert-Espagne
Cheminon
Trois-Fontaines-l'Abbaye
St Eulien
Villiers-en-Lieu
Chancenay
St Dizier
Bettancourt-la-Ferrée
Hallignicourt
Moëslains
Ancerville
Aulnois-en-Perthois
Brabant-en-Argonne
Brocourt-en-Argonne
Auzéville-en-Argonne
Jubécourt
Rarécourt
Froidos
Lavoye
Autrécourt-s-Aire
Waly
Fleury-s-Aire
Foucaucourt-s-Thabas
Evres
Beauzée-s-Aire
Commune de Beausite
Pretz-en-Argonne
Sommaisne
Commune de Rembercourt-Sommaisne
Rembercourt-aux-Pots
Lisle-en-Barrois
Villotte-devt-Louppy
Louppy-le-Château
Condé-en-Barrois
Commune des Hauts-de-Chée
Laimont
Chardogne
Forêt de Massonge
Behonne
Mussey
Vassincourt
BAR-LE-DUC
Fains-les-Sources
Savonnières-devant-Bar
Combles-en-Barrois
Trémont-s-Saulx
Forêt du Haut Juré
Ville-s-Saulx
Saudrupt
Brillon-en-Barrois
Haironville
Bazincourt-s-Saulx
Montplonne
Rupt-aux-Nonains
Stainville
Lavincourt
Sommelonne
Ville-sur-Cousances
Les Souhesmes-Rampont
Rampont
Vadelaincourt
Julvécourt
Ippécourt
St André-en-Barrois
Nubécourt
Bulainville
Deuxnouds-devt-Beauzée
Rignaucourt
Amblaincourt
Seraucourt
Courcelles-s-Aire
Chaumont-s-Aire
Erize-la-Petite
Erize-la-Grande
Marat-la-Grande
Seigneulles
Erize-la-Brûlée
Rumont
Vavincourt
Erize-St Dizier
Naives-Rosières
Resson
Loisey-Culey
Géry
Longeville-en-Barrois
Silmont
Tannois
Tronville-en-Barrois
Nançois-s-Ornain
Velaines
Ligny-en-Barrois
Nant-le-Grand
Maulan
Nant-le-Petit
Givrauval
Longeaux
Nantois
Villers-le-Sec
Fouchères-aux-Bois
Nixéville-Blercourt
Dugny-s-Meuse
Landrecourt-Lempire
Lempire-aux-Bois
Lemmes
Senoncourt-les-Maujouy
Souilly
Forêt de Souilly
Osches
Heippes
Rambluzin-et-Benoite-Vaux
Benoite-Vaux
Les Trois-Domaines
Neuville-en-Verdunois
Courouvre
Longchamps-s-Aire
Pierrefitte-s-Aire
Nicey-s-Aire
Ville-devt-Belrain
Belrain
Villotte-s-Aire
Gimécourt
Baudrémont
Levoncourt
Lavallée
Lignières-s-Aire
Dagonville
Salmagne
Willeroncourt
Nançois-le-Grand
Morlaincourt
Menaucourt
Naix-aux-Forges
Boviolles
St Amand
Haudainville
Ancemont
Dieue-sur-Meuse
Génicourt-s-Meuse
Ambly-s-Meuse
Villers-s-Meuse
Récourt-le-Creux
Tilly-s-Meuse
Bouquemont
Thillombois
Lahaymeix
Fresnes-au-Mont
Rupt-devt-St Mihiel
Forêt des Kœurs
Ménil-aux-Bois
Courcelles-en-Barrois
Loxéville
Cousances-lès-Triconville
Ernecourt
St Aubin-s-Aire
Voie Sacrée
Forêt de Ligny
A 4-E 50

A B C

1 2 3 4

METZ

Pont-à-Mousson

NANCY

Montigny-lès-Metz

Ars-s-M.

Gorze

Pange

Verny

Nomeny

Delme

Dieulouard

Pompey

Frouard

Liverdun

Champigneulles

Malzéville

St Max

Essey-lès-N.

Tomblaine

Seichamps

Laxou

Villers-lès-Nancy

Vandoeuvre

Jarville-la-Malgrange

Heillecourt

Houdemont

Laneuveville-devant-Nancy

St Nicolas-de-Port

Varangéville

Dombasle-s-Meurthe

Neuves-Maisons

Lunéville

Forêt de Haye

41 42 67 94

D
E
F
Faulquemont
Vahl-lès-Faulquemont
Adelange
Boustroff
Grostenquin
Morhange
Racrange
Rodalbe
Bénestroff
Albestroff
Munster
Insming
Hellimer
Diffembach-lès-Hellimer
Puttelange-aux-Lacs
St Jean-Rohrbach
Hilsprich
Sarralbe
Holving
Keskastel
Sarre-Union
Harskirchen
Sarrewerden
Diedendorf
Fénétrange
Mittersheim
Loudrefing
Dieuze
Marsal
Vergaville
Guébling
Bidestroff
Gelucourt
Tarquimpol
Fribourg
Languimberg
Azoudange
Sarrebourg
Réding
Langatte
Hesse
Héming
Lorquin
Réchicourt-le-Château
Avricourt
Blâmont
Cirey-s-Vezouze
Xures
Coincourt
Parroy
Mouacourt
Emberménil
Leintrey
Domèvre
Harbouey
St Quirin
Forêt de Fénétrange
Forêt de Parroy
PARC NATUREL RÉGIONAL DE LORRAINE
Etang de Lindre
Etang du Stock
Etang de Gondrexange
Sarreguemines
43
44
70
95
1
2
3
4

A
B
C
1
2
3
4
Sarre-Union
Drulingen
la Petite-Pierre
Ingwiller
Bouxwiller
Fénétrange
Phalsbourg
Lutzelbourg
Saverne
Marmoutier
Wasselonne
Marlenheim
Abreschviller
Dabo
Oberhaslach
Mutzig
Molsheim
Rosheim
Obernai
Schirmeck
Mont-Ste Odile
Donon
Col du Donon
Wangenbourg
St Quirin
Forêt d'Abreschviller
Forêt de Saverne
Haut-Barr
Réserve nationale de Chasse
A 4-E 25
N 4
N 420
A 352
44
45
69
95
96

D
E
F
45
97
1
2
3
4
Reichshoffen
Gundershoffen
Morsbronn-les-Bains
Gunstett
Fantasialand
Biblisheim
Surbourg
Soultz-sous-Forêts
Hohwiller
Hoffen
Oberroedern
Rittershoffen
Betschdorf
Schwabwiller
Hatten
Buhl
Seltz
Kesseldorf
Beinheim
Rastatt
Wintersdorf
Ottersdorf
Plittersdorf
Forstheim
Durrenbach
Walbourg
Hegeney
Laubach
Eschbach
Mietesheim
Mertzwiller
Uttenhoffen
Engwiller
Bitschhoffen
Uberach
Niedermodern
Dauendorf
Schweighouse-s-Moder
Uhlwiller
Morschwiller
Ohlungen
Wintershouse
FORÊT DE HAGUENAU
Chêne
St Arbogast
Bruderhaus
Neubourg
Marxenhouse
Haguenau
Camp militaire
Schirrhein
Schirrhoffen
Soufflenheim
Koenigsbruck
Forêt de Koenigsbruck
Kauffenheim
Leutenheim
Forstfeld
Roppenheim
Roeschwoog
Neuhaeusel
Iffezheim
Staustufe Iffezheim
Hügelsheim
Sandweier
Rountzenheim
Auenheim
Sessenheim
Stattmatten
Fort-Louis
Dengolsheim
Söllingen
BADEN-AIRPARK
Kleinkanada
Sinzheim
Dalhunden
Stollhofen
Drusenheim
Lieberstung
Halberstung
Oberhoffen-s-Moder
Kaltenhouse
Marienthal
Bischwiller
Rohrwiller
Forêt de Weitbruch
Niederschaeffolsheim
Batzendorf
Wittersheim
Minversheim
Bernolsheim
Mommenheim
Wahlenheim
Hochstett
Kriegsheim
Gries
Weitbruch
Rottelsheim
Brumath
Kurtzenhouse
Geudertheim
Weyersheim
Bietlenheim
Greffern
Rheinmünster
Schwarzach
Grauelsbaum
Hildmannsfeld
Lichtenau-Ulm
Moos
Oberbruch
Weitenung
Vimbuch
Herrlisheim
Offendorf
Helmlingen
Scherzheim
Balzhofen
Oberweier
Bühl
Muckenschopf
Unzhurst
Hatzenweier
Kappelwindeck
Wingersheim
Donnenheim
Bilwisheim
Mittelhausen
Mittelschaeffolsheim
Olwisheim
Hoerdt
Gambsheim
Memprechtshofen
Freistett
Rheinau
Gamshurst
Ottersweier
Sasbachried
Eckwersheim
Vendenheim
Berstett
Pfettisheim
Lampertheim
Kilstett
La Wantzenau
RAFFINERIE DE PÉTROLE
Reichstett
Diersheim
Rheinbischofsheim
Hausgereut
Achern
Großweier
Sasbach
Obersasbach
Sasbachwalden
Pfulgriesheim
Mundolsheim
Souffelweyersheim
Honau
Hohbühn
Holzhausen
Wagshurst
Fautenbach
Oberachern
Griesheim-s-Souffel
Dingsheim
Niederhausbergen
Hoenheim
Bischheim
Fuchs-am-Buckel
Leutesheim
Linx
Korker Wald
Zierolshofen
Önsbach
Kappelrodeck
Mittelhausbergen
Oberhausbergen
Schiltigheim
la Robertsau
Auenheim
Bodersweier
Querbach
Mösbach
Waldulm
Hurtigheim
Ittenheim
Cronenbourg
STRASBOURG
Renchen
Ulm
Oberschaeffolsheim
Koenigshoffen
Neumühl
Kork
Bolzhurst
Legelshurst
Urloffen
Erlach
Haslach
Ottenhöfen
Wolfisheim
Achenheim
Eckbolsheim
Lingolsheim
Neudorf
Kehl
Sundheim
Odelshofen
Stadelhofen
Ringelbach
Hangenbieten
Holtzheim
Ostwald
la Meinau
Willstätt
Sand
Appenweier
Zusenhofen
Oberkirch
Schauenburg
Lautenbach
STRASBOURG ENTZHEIM INTERNAT.
Entzheim
Illkirch-Graffenstaden
Neuhof
Stockfeld
Eckartsweier
Hesselhurst
Windschläg
Nußbach
Nesselried
Butschbach
Bottenau
Marlen
Goldscheuer
Kittersburg
Griesheim
Ebersweier
Staufenberg
Réserve naturelle du Rohrschollen
Geispolsheim
Blaesheim
Fort Uhrich
Bohlsbach
Unterweiler
Durbach
Fegersheim
Eschau
Hohnhurst
Waltersweier
Offenburg
Rammersweier
Zell-Weierbach
Brandeck-Kopf
Moos
Lipsheim
Innenheim
Ohnheim
Wibolsheim
Ichtratzheim
Hipsheim
Plobsheim
Altenheim
Müllen
Schutterwald
Langhurst
Hildboltsweier
Ortenberg
Fessenbach
Käfersberg
Hohes-Horn
Hinterohlsbach
Hindisheim
Limersheim
Nordhouse
Kempferhof
Neuried
Dundenheim
Ichenheim
Höfen
Elgersweier
Ohlsbach
Reichenbach
Gengenbach
Réserve naturelle d'Erstein
RHEIN
Rhin
Schaeffersheim
Bolsenheim
Erstein
Meißenheim
Hohberg
Berghaupten
Schwaibach
Nordrach
Täschenkopf
Ill
Moder
Zorn
Rench
Kinzig
Schutter
A 4 - E 25
A 35
A 5 - E 35 - E 52
N 63
N 340
N 353

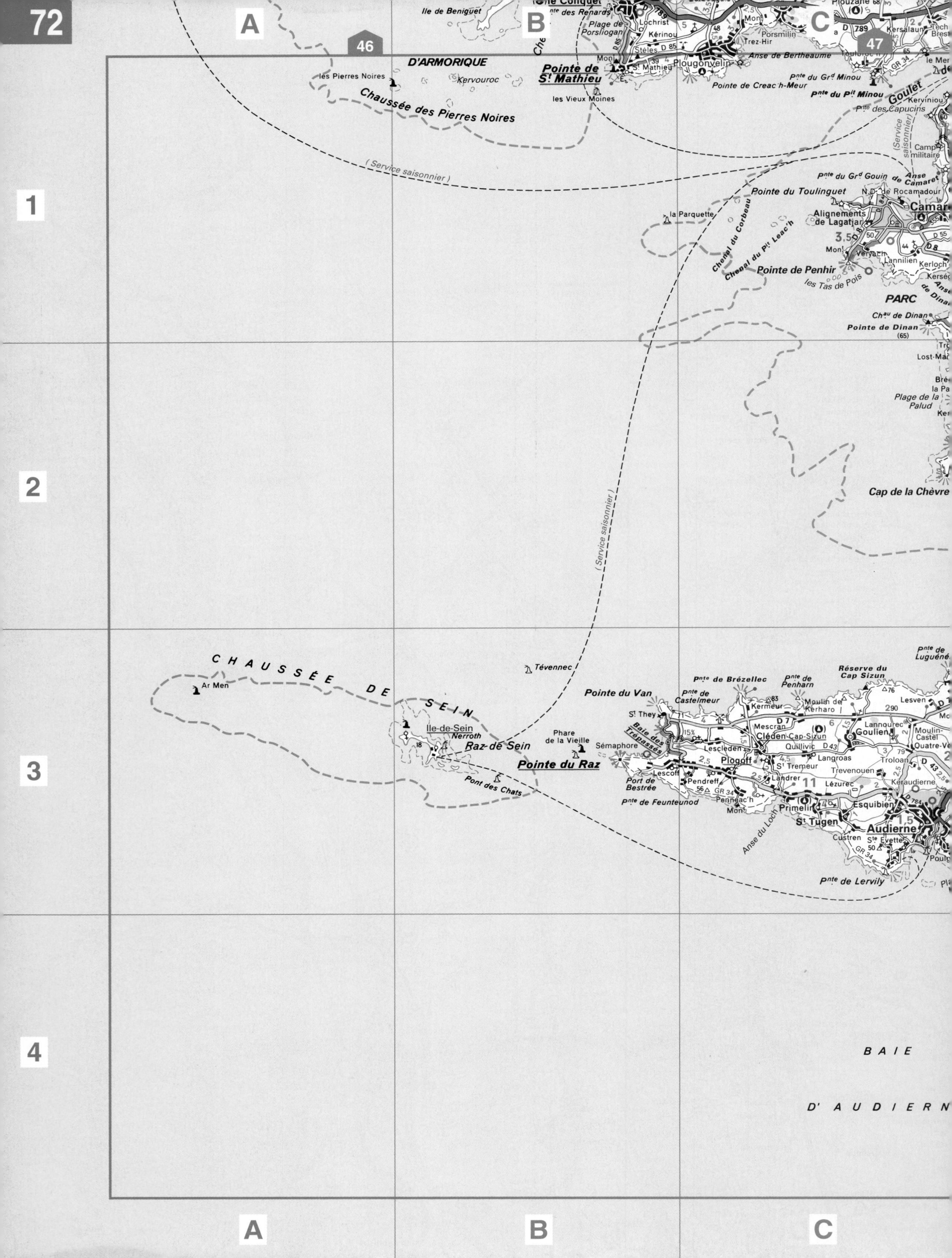
A
B
C
46
47
D'ARMORIQUE
les Pierres Noires
Kervouroc
Chaussée des Pierres Noires
Pointe de St Mathieu
les Vieux Moines
Plougonvelin
Pointe de Creac'h-Meur
Pte du Grd Minou
Pte du Pt Minou
Goulet
(Service saisonnier)
Pte du Grd Gouin
Anse de Camaret
Pointe du Toulinguet
N.D. de Rocamadour
la Parquette
Alignements de Lagatjar
Chenal du Corbeau
Chenal du Pt Leac'h
Pointe de Penhir
les Tas de Pois
PARC
Chau de Dinan
Pointe de Dinan
Cap de la Chèvre
1
2
3
4
(Service saisonnier)
CHAUSSÉE DE SEIN
Ar Men
Tévennec
Ile-de-Sein
Nerroth
Raz-de Sein
Pont des Chats
Phare de la Vieille
Sémaphore
Pointe du Raz
Pointe du Van
Pte de Brézellec
Pte de Castelmeur
Pte de Penharn
Réserve du Cap Sizun
Baie des Trépassés
Cléden-Cap-Sizun
Goulien
Plogoff
Lescoff
Port de Bestrée
Pte de Feunteunod
Primelin
St Tugen
Esquibien
Audierne
Anse du Loch
Pte de Lervily
BAIE
D' AUDIERN

D E F

BREST
Plougastel-Daoulas
Daoulas
Irvillac
Le Tréhou
Rade de Brest
Pointe des Espagnols
Pointe du Corbeau
Phare du Portzic
Pointe de l'Armorique
Pointe de Kerdéniel
Pointe Doubidy
Pointe de Rostiviec
Pointe du Château
Ile Longue
I. Trébéron
I. des Morts
Roscanvel
Logonna-Daoulas
Hôpital-Camfrout
Pointe du Bindy
Iles du Bindy
Parc Naturel Régional d'Armorique
Domaine de Ménez-Meur
St Eloy
Hanvec
Forêt du Cranou
Rumengol
Le Faou
Landévennec
Ile de Tibidy
Anse de Kerouse
Anse de Poulmic
Base aéronavale Poulmic
Lanvéoc
Pointe de Lanvéoc
Anse du Fret
Le Fret
Camp militaire
Corniche de Térénez
Pont de Térénez
Rosnoën
Quimerch
Lopérec
Pleyben
Crozon
Morgat
Grandes Grottes
Beg ar Gador
Pointe de St Hernot
Pointe du Bellec
Telgruc-s-Mer
Argol
Trégarvan
Ménez-Hom
Dinéault
Pont-de-Buis-lès-Quimerch
St Ségal
Port-Launay
Châteaulin
St Coulitz
Lothey
Ste Marie-du-Ménez-Hom
St Nic
Pentrez-Plage
Plomodiern
Pointe de Talagrip
Ploéven
Cast
Menez-Kerque
Terrain militaire
Gouézec
Roche du Feu
Baie de Douarnenez
Ste Anne-la-Palud
Pointe de Tréfeuntec
Plonévez-Porzay
Kergoat
Quéménéven
St Venec
Briec
Edern
Pointe de Leydé
Pointe du Millier
Pointe de la Jument
Pointe de Beuzec
Douarnenez
Tréboul
Poullan-s-Mer
Kerlaz
Locronan
Montagne de Locronan
Forêt du Duc
St Ronan
Forêt de Nevet
Plogonnec
Landrévarzec
Quilinen
Pont-Croix
N.D. de Kérinec
Confort-Meilars
Pouldergat
Le Juch
Mahalon
Guengat
Plouhinec
Guiler-s-Goyen
Gourlizon
Landudal
Site du Stangala
La Trinité
Plozévet
Ploneis
Landudec
QUIMPER
Ergué-Gabéric
Plogastel-St Germain
Pluguffan
Pouldreuzic
Penhors
Peumerit
Plovan
Chapelle de Languidou
Etang de Kergalan
Tréogat
Ploméour-Lanvern
Plomelin
Baie de Kérogan
Pleuven
St Evarzec
La Forêt-Fouesnant
Gouesnach
Clohars-Fouesnant
Combrit
Tréméoc
Pont-l'Abbé
Bénodet
Fouesnant
Cap-Coz
Baie de la Forêt
N. D. de Tronoën (Calvaire)
Etang de St Vio

48 74 75 98 99

D E F

1 2 3 4

A B C

48

Guipronvel Tollan Lanorven Fuzoret Trémaouézan Lesquelen Lannon Kerlel Lanneuffret Quinquis Landivisiau
Milizac les Trois-Curés Mendy Keralias Lestreone St Thonan Creach Miloc Kerbénéat Moulin de Brézal
Kéranflech Kergoat Kersaint-Plabennec Lanvélar St Eloi Plouédern Runhuel Ch.lle de Pont-Christ
Kérivot Kervalguen Gouesnou Botiguery Mescoat Kerriou
Renan Keroudy Penfeld Pen-ar-Forest St Derbot Landerneau La Roche-Maurice Loc-Eguiner
Ty-Colo Tromeur St Divy Kernevez Ploudiry
Guilers Bohars Kervao la Haye la Martyre St Antoine
Langongar Tregorff Loscoat Grand-Kervao Kergaradec Guipavas la Forest-Landerneau Kermaria le Queff Boscornou
Bois de Keroual Penfeld Lambézellec St Yves Pencran Botcaerel la Croix-Neuve le Tréon
Bodonnou Bellevue Conservatoire botanique Lavallot Beaurepos Kermeur-St Yves Etang du Roual Parc de Lann-Rohou Pen-ar-Valy
Pont Cabioc'h le Relecq-Kerhuon St Jean Bellevue Lilyvon Loc-Ildut
Plouzané Fort Montbarey Mémorial du Finistère la Cavale Blanche St Marc Pont de l'Iroise le Dreff Kervern Gorré-Menez Dirinon St Urbain Tréflévénez Kérezellec Botrévy Milin-Kerroc'h Sizun
Castel-Nevez Moulin Blanc le Passage
la Trinité Recouvrance Océanopolis Pont A. Louppe N 165 - E 60 Lannuzel E.D.F. Kerdaoulas le Tréhou Bodivy
St Pierre Quilbignon Laninon BREST Keraliou
la Cosque Ste Anne-du-Portzic Technopôle Brest-Iroise les 4-Pompes Traouidan Plougastel-Daoulas Loperhet Trébéolin Penbran Irvillac
Kersalaun la Maison Blanche Phare du Portzic Kernisi Difroud
Pte du Diable RADE DE BREST Illien-ar-Guen Lanvrizan Squivit Daoulas Kérinot Kérivoal-St Eloy Létiez
le Mengant Goulet de Brest Pte des Espagnols Pte du Corbeau Ste Christine Lanriwaz Malanty Forsquilly St Eloy
Minou Kerviniou Anse des Capucins le Gouerest St Adrien St Guénolé Rostiviec Coat Nant
Lauberlach le Caro Porsguen Kerzanton Pors-Beach'h Goasven Trofoc Bodévintin PARC l'Espérance Domaine de Ménez-Meur
Roscanvel Pte de l'Armorique Larmor Kerziou Keramenez Tinduff Pte de Rostiviec St Jean Gorréquer Bois du Gars Roudouhir Pen-ar-Hoat Pen-ar-Hoat-ar-Gorré
Ile Longue I. Ronde Pointe de Kerdéniel Keralkun Pte du Château Ste Marguerite Hôpital-Camfrout
Camp militaire I. Trébéron Pte Doubidy Logonna-Daoulas Kerliver Parc de loisirs Kérancuru
Anse de Camaret I. des Morts Quélern Rostellec Pointe du Bindy Moulin-Mer Kerascoet Boudourec Hanvec Croas-ar-Go
Gouin Rocamadour Pte de Lanvéoc Pen-ar-vir Iles du Bindy Goasquelliou Troaon Anse de Kerouse Forêt du Cranou
Camaret-s-M. Lambézen Anse du Fret le Fret Lanvéoc Anse de Poulmic GR 37 Ile de Tibidy Lanvoy le Faou Rumengol Breuil
Base aéronavale Poulmic la Forêt Kerbéron Landévennec Tourquelenn
Kernaou St Fiacre le Loch Abbaye Vx Bourg Eglise
Lannilien Kerloch Camp militaire St Jean Kerveneuré Maison-Blanche St Efflez Hirgas le Folgoat Moulin à Mer Térénez Corniche de Térénez St Léger
Kerséguenou Trémaidic Kerzouanec Luguniat Fl de Landévennec Kergadalen Quimerch Guern-ar-Born
PARC de Dinan Gaoularc'h Kerlocc'h Kerbastum les Quatre Chemins Pont de Térénez Kerguelfen
Chau de Dinan Goulien Crozon Tal-ar-Groas D 791 D 887 Rosnoën
Pointe de Dinan Portzic Postolonnec Ranvédan Aber RÉGIONAL Treuzeulom Trégarvan Penfrat Toulencoat
Morgat Ptes Grottes Plage de l'Aber le Veniec Lespiguet Argol Musée le Passage Aulne Dinéault Dour Pont-de-Buis-lès-Quimerch
Trome Lost-Marc'h Beg ar Gador Grandes Grottes I. de l'Aber Telgruc-s-Mer Goarem-an-Abat D'ARMORIQUE Kerbeuz Brigneun Lanvian Logonna-Quimerch
Brégoulou la Palud St Hernot Trez-Bellec Plage Rostégoff St Jean Ménez-Hom Kerrédan Rosconnec St Ségal
Plage de la Palud Pte de St Hernot Elléouet Kergaladen
Kerdreux Pte du Bellec St Nic Ty-ar-Glas Gouspagne Ty-Blanet St Sébastien Lanvaïdic Lospars
Pentrez-Plage Ste Marie-du-Ménez-Hom Kergoat Châteaulin Port-Launay
Rostudel St Côme Lieue de Grève Pen-ar-Yeun Toul-ar-C'hoat
la Chèvre Lescobet Plomodiern Kérinec St Coulitz
Pors-ar-Vag Lestrevet Gorré-Toulhoat Kerhoc Le Quinqui
Pte de Talagrip St Sébastien Lanvelliau Kerbolé St Laurent

47

72

BAIE DE DOUARNENEZ
Kervigen Ploéven Kerlaziou Lagadven
Ty-Anquer Ste Barbe Quillidoaré Cast St Gildas Menez-Kerque Croas-ar-Born Terrain militaire Trégain
Ste Anne-la-Palud Kernaou Garnilis
Pte de Tréfeuntec Tréfeuntec Plonévez-Porzay Kernir Kergaradec Menez Roch-Veur
Pointe du Millier Pte de la Jument Pte de Leydé les Sables Blancs I. Tristan Anse d'Ar-Vechen Kervel Moëllien Kergoat Quéménéven St Venec
Pte de Luguénés Pointe de Beuzec Kérandraon Quillouarn Douarnenez Trezmalaouen Goulit-ar-Guer
Sizun Livroac'h Kervoal Tréboul Kerléol la Clarté Forêt du Duc la Magdeleine Briec
Lescogan Pors-Piron Lesconil le Ris Kerlaz Locronan St Ronan
Lesven Beuzec-Cap-Sizun Coat-Pin Poullan-s-Mer Ploaré Fl de Nevet St Pierre Montagne de Locronan
Lannourec Goulien Moulin-Castel Quatre-Vents N.D. de Kérinec Pouldavid St They Nevet le Juch Plogonnec St Albin Landrevarzec Quilinen
Pont-Croix Kéraudierne Confort-Meilars Lanfiacre Plaisance Pont Quéau Ty-Ru
Audierne Larrin Lésivi Pouldergat Kermenguy le Merdy le Croezou Kéradily Seznec Ste Cécile
Goyen Mahalon Trézent Guengat Savardiry Moncou
Ste Evette Lescongar Ty Guen Pellay St Alouarn N.D. de Lorette Kernilis Ty-Sanquer
Poulgoazec Lambabu Etang de Poulguidou Fort Gourlizon Site du Stangala Gougast
Plouhinec Guiler-s-Goyen Croas-Caër Quellenec
Plage de Kersiguy Plage de Mesperleuc Ty-Pic Kergabet Poul-ar-Marquis Landudec la Boissière Ploneis Loscoat Kergaben St Guénolé Odet
Pte de Souc'h la Trinité Kérandoaré le Marhallach St Anne Kerfeunteun Cuzon Squividan Rouge
Pors-Poulhan St Renan Kervargon Guilguiffin Ergué-Gabéric
Mon zévet Kervinou Plogastel-St Germain Hilguy QUIMPER Penhars

98

1 2 3 4

D E F

1 2 3 4

49

Kermat St Thég Penvern Coatelan Plougonven Bourouguel St Eloi Guerguiniou Botsorhel St Maudez Lampaul-Guimiliau St Jacques Pleyber-Christ Coat-Miniou Kergalein Silo Lespodou Guimiliau Quelern Tregunvez Keranguéven Kerlosser Guerlesquin Bodister Pen-ar-Vern Kergrenn Christ Kerret Plougras Kerroué Kergreven Keroual Ste Brigitte le Cloître St Thégonnec Penhoat-Huon Lannéanou Coatilan Beffou Croix-Joncou Croix-Rouge Quiliou Kerbriant Kergorre Kervern Coat-Losquet Quillien Kermeur Kervezec Les Avrégan Forêt de Beffou Loc-Eguiner-St-Thégonnec Perros Goazeuzen Kerambellec le Plessis Kergus le Briou Penmergues Kergreis Kerléoret Coat-ar-Herno Dirizinet St Sauveur Ty-Croas Launay la Maison-Blanche Plounéour-Ménez le Mengleus le Relec Bouillard Rochers du Cragou Keranfors Poulpry Lohuec St Maur Croas-Cabellec Quillidiec Moulins de Kerouat la Garenne Keradalan Goasmelcun Roche St Barnabé Kermazin Scrignac Bolazec Hilvern Keranquéré la Haye Ty-Douat Commana Minay Tréduden-le-Moine Mon! Creac'h Niver Helles Kergus Calanhel Tredudon Kernevez Lestrézec la Croix-Rouge Quefforc'h Plourac'h Mougau-Bihan Roc Trévezel Quinoualch Hellegoat-bras Bodu Drennec Roscoat Litiez la Feuillée Berrien Coat-Quéau Moulin-des-Prés Trémélard Kerbérou Keraden Ruguellou Kerelcun Quénéquen Lestrédiec Kerderrien Kerbouzal Lest S 300 Signal de Toussaines (Tuchenn Gador) Cadou Roudouderc'h Botmeur Croas-an-Herry D'ARMORIQUE Forêt de St Ambroise Toul-ar-Groas Trévenec Kernévez Yeun Elez Goassalec Camp d'Artus Kervallon Lémézec St Ambroise Forêt de Fréau le Lein Plusquellec Bodingar RÉGIONAL Nestavel Réservoir de St Michel Brennilis Huelgoat Rochers Gouffre Ty-ar-Gall le Liorzou le Guilly Lesquern Gildas Coatleau Pont-du-Bourgne NATUREL Bodenna St Rivoal Montagne St Michel Centrale E.D.F. des Monts d'Arrée Roche Cintrée Cosquer Kergadiou Carnoët Maison des Artisans Forhan Tronc Locmaria-Berrien la Mine le Gollot Croissant-Marie-Jaffré le Pénity Le Rusquec Elez Leimburel Favod Kerbalaün Ty ar Seven le Moënnec Forêt de Bodvarec St Maudé Kergadiou Poullaouen Kerviolet Ecole d'Agriculture du Nivot Roc'h Begheor St Herbot Loqueffret Lannédern Kériffin Pont-Pierre Kerbizien Restaménach Lochrist Gd Pont Kerivarc'h Kerhoaden Plouyé Kerdoncuff St Corentin Brasparts Véridy Quistillic-St Clair Kervilloch St Sébastien Treuscoat le Nézert St Guénolé la Marche la Madeleine Pennhuil Lezélé St Salommon Tréflec'h le Frostel Coat-Guern Ste Catherine Treffrin Trébrivan Kroas-Hent-Cleguer Pont-Keryau le Rest Ste Marguerite Penn ar Vazh Quimilferm Les Ecoles Plounévézel Pont-gaulois la Trinité Lezalan Collorec Rhun Kerandouaré Névéit Kergroas l'Enseigne Kroaz-Pennod Cleus-Coat St Jean Botmézer Pénity-St Laurent Eravon le Cloître-Pleyben Peulliou Kergloff la Croix-Neuve Kerleskin Lanneleg Kerret Trémillio St Drézouarn Carhaix-Plouguer le Moustoir Kiliégou Croix-Laneguer Plonévez-du-Faou Lanzignac Penkerlois Croix-Quéméner Kergonan Kerhevé Kernabat Goariva Keroguiou Pleyben Lanvezennec Penarros Lannac'h Langantec Nenvez le Guily Keranpres Ste Barbe Loc-Gwénolé Tréambon Tumulus la Roche Botaval Kergoat Treveller Kervoulidic Leinhon St Eloy Lansalaün N 164 Quilleverien Vieux-Bourg de Lothey Voas-Ven le Quilliou Landeleau Pratulo Cléden-Poher Port-de-Carhaix Pennoën Gars-Maria Ty-Blaise Kerivarc'h Mon Canal de Nantes Kergoff Butte-du-Cheval Kermorguet Pont-Coblant Langalet An Divit Pont-Triffen St Sauveur Keroullaire 76 Trémelé St André Hinguer St Hernin Goaranvec Kerantal Plévin Kerriou Lennon Kroaz-Lesneven Kerlard Luzuvérien Tréguron Kerbiliget Pouldron Spézet Kroaz-Houarn Moulin-Neuf Motreff St Jean Tour Cabaret Prat-Pourric E.D.F. Penn-Ar-Stank Châteauneuf-du-Faou Restangoff Kerrouer Toul-Dous Restelouet Gouézec Kroas-Toull Penn-ar-Pont N.D. des Portes Pont-ar-Stank Fell N.D. du Crann Kerlaviou Belle-Vue Tréogan Roche du Feu St Thois Kerviniou Gwaken Kerfranc Kerholen le Stang Roc de Toullaëron Kerven Ty-Glas Keralain St Goazec Conveau Bois de Conveau Rer de la Madeleine Trois-Fontaines Ruzaden Domaine de Trévarez N.D. des Montagnes Noires Lannuon St Hervé Kernaon Gosvoalet NOIRES Kerantonze Hellen la Roche Croas-Brenn Forêt de Laz Cudel Guernéach St Nicolas Kerdoupin Ty-Fléhan Stang-Kergourlay l'Enseigne Verte Coat-Plin-Coat Bever la Motte la Trinité-Langonnet Landivigen St Maudez Laz Mendy Kerlaouën Gourin la Madeleine Groas-Loas Minetoul Coat-Bihan Caëro MONTAGNES Roudouallec Quillihuel Edern St Jean Kernévez Kéroret Kergréac'h Rocuet Quelennec Keraudrenic Coscleunff Kerfur Kersalaün Kerguérez Tréminut Kerzellec Penanvern Quistinit Tregourez Goaillou Leuhan Kervennec le Moustoir Mousterien Bouthiry St Adrien le Niver Gulvain Cavarno Keruscun Moustriziac Cleuziou Cavarno Restembley-Rouse Langonnet Gouellet Ty-Louët Ty-Mottet Kerliou Kerbiquet Ste Julienne St Méen Villeneuve Loyac Lochrist Chlle St Jean Le Saint Landudal Langolen Rosmeur Kerangilay St Paul Crénorien Mine Tréouzal Kerandraon Bréniel Parcfetein St Germain Kériou Coray la Croix-Rouge Kervir Kerivarc'h Kergoat Kerven le Moustoir Gurveur Navalic Tréouzal Trévarnou le Helles le Diarnélez Kergoat Odet Croix-Menez-Bris Kersest Quillien Kérandréo Penvern St Maudé St Jean Étang du Dordu Ménégoff Croix-St André Kervriou Trëanna Kervillon Menez-Groas Kernabat Coadry Cleumerrien Guiscriff St Gilles Restalgon Kernot Ste Barbe Botquenven Kergariou Tourch Mesnoter Ty-Ru Quatre Vents St Tugdual Kerogan Kerdévot Niverrot Bois-Daniel Ty-Guen Coadigou Scaër Pont Lédan St Jean Kerjulien Lambelleguic Coat-en-haie Vetveur Le Faouët St Nicodème Stang-Louarn Elliant Ty-Men Mon! Plascaër Chlle Loge Gaor Crémenet Kerviniou Laurier C. Kerho St Antoine le Grd Pont Guermorin la Roche-Piriou Botbodern Pen-an- Raden

99

D E F

A B C
1 2 3 4
49 50 75 100

Belle-Isle-en-Terre
Tréglamus
Grâces
Guingamp
Ploumagoar
Plouagat
Loguivy-Plougras
Plougras
Loc-Envel
Forêt de Coat-an-Hay
Forêt de Coat-an-Noz
Gurunhuel
Moustéru
Coadout
Bois de Kerauffret
Forêt de Beffou
Plougonver
Kerambellec
Dourdu
Pen-an-Stang
Guern-Hervé
Keridret
Danouët
Kerviou
Bourbriac
Bois de Coat-Liou
St Adrien
Avaugour
Bois d'Avaugour
St Péver
Kervery
Bois Meur
N. D. de Restudo
St Fiacre
Plésidy
Lohuec
la Chapelle-Neuve
Calanhel
Plourac'h
Pont-Melvez
Bulat-Pestivien
Callac
Botmel
St Tréfin
Villeneuve
Burthulet
Maël-Pestivien
St Isidore
Etang du Blavet
Kerbalen
St Norgant
Kerligan
Magoar
Coldégroeg
Senven-Léhart
St Connan
St Gildas
Plusquellec
Carnoët
St Servais
Ty-Bourg
Coat Maël
Kerien
Kerpert
St Gilles-Pligeaux
Quélen
le Vieux-Bourg
Duault
Pont-du-Bourgneuf
Forêt de Duault
Loc'h
Peumerit-Quintin
Kersolec
Lanrivain
Cime de Kerchouan
Gorges du Corong
St Nicodème
Tremargat
Gorges de Toul Goulic
St Antoine
Canihuel
Kermartail
St Damant
Locarn
Trébrivan
Treffrin
St Guillaume
Kergrist-Moëlou
Pors-Porret
Kristivel
St Nicolas-du-Pélem
Etang Beaucours
Etang Pelinec
le Haut Corlay
Corlay
Maël-Carhaix
Moustermeur
St Coudan
Plounévez-Quintin
St Fichant
Ville-ès-Corlay
Tréguestin
Keroguiou
la Montagne
la Croix-Madeleine
Lustruyen
St Lubin
Kerpalmer
Nothéret
Ste Tréphine
Plussulien
Bothan
St Maurice
Paule
Treffin
Lanhellen
Rostrenen
Plouguernevel
Station climatologique
Quinquis-Fulen
Kerveant
St Igeaux
Laniscat
St Mayeux
Glomel
Plévin
Motreff
Toul-Dous
Restelouet
Tréogan
Ste Christine
St Erwan
Gouarec
Rosquelfen
Gorges du Daoulas
St Gelven
Etang du Corong
Etang de Botcanou
Kergrist ar Lann
Plélauff
Bon Repos
Abbaye
Lac de Guerlédan
Caurel
Beau Rivage
Anse de Sordan
Mûr-de-Bretagne
Bois de Conveau
Ret de la Madeleine
Montagnes Noires
Guerphalès
Trégornan
Botcanou
St Michel
le Merdy
Trégarantec
Mellionnec
Rosquerrec
Moustoir
Etang du Fourneau
Les Forges-des-Salles
la Croix-Rouge
Malvran
Barrage de Guerlédan
la Trinité-Langonnet
Magouar
Bourg-Kerrac'h
Lescouët-Gouarec
Trougarécat
Perret
Gouvello
Ste Brigitte
Forêt de Quénécan
St Aignan
Quénécan
Groas-Loas
Minetoul
Plouray
Mousteroué
Kerguzul
Locuon
Launay
St Efflam
Silfiac
Lande-du-Cerf
le Corboulo
Lande de Kerivoal
Coscleunf
St Maudé
Kerroch
Langoëlan
Pont Samouel
Magoërec
St Laurent
Trébérien
Kerdréan
Quelenesse
Cléguérec
Langonnet
Abbaye de Langonnet
Kerminisy
Toubahado
le Menzer
Lanvresque
Séglien
Trévannec
Kerpourhant
St Tugdual
St Houarno
Quénépeuvant
Tronscorff
Govran
Kerbédic
St Germain
Restergant
Ploërdut
Poulmarch
Poulgrellec
Crénenan
Ouenven
Menoray
St Nizon
Lesturgan
Beauregard
Porhors
Stival
St Jean
Kergoat
Etang du Bel-Air
Priziac
le Croisty
Coëtmilin
Lochrist
Botcoët
Keronnes
Locmalo
Malguénac
Moustoirlan
Ménégoff
Cornhospital
Limoustoir
Kerguinio
Kermaquer
Coëtven
Kerlividic
Guémené-s-Scorff
Nizio
Stumultan
Kerfice
Restalgon
Kernot
Ste Barbe
Botquenven
Kerguédalen
St Hervezen
St Salomon
Treuzarre
St Nicolas
Maison-Blanche
Kervinigant
Longueville
Lann-Sarre
Péros
Ste Tréphine
le Faouët
Guermorin
St Caradec-Trégomel
Lignol
le Coscro
Talhouët
Kerlenat
St Yves
Guern
Locrio
le Sourn
St Michel

77
D
E
F
51
78
101
1
2
3
4
le Val-André
Pléneuf-Val-André
Rocher des Tablettes
Pte du Roselier
Pointe des Guettes
Pointe de Cesson
Réserve naturelle
Châtelaudren
Plélo
Trégomeur
Tréméloir
Pordic
Plérin
St Brieuc
Ploufragan
Langueux
Trégueux
Hillion
Yffiniac
Morieux
Planguenoual
St Alban
Hénansal
Lamballe
Pommeret
Plédran
Plouvara
Cohiniac
Quintin
Plaintel
Quessoy
Noyal
Plestan
Meslin
Landéhen
Bréhand
Hénon
St Carreuc
Moncontour
Trédaniel
Trébry
Penguily
Plœuc-s-Lié
L'Hermitage-Lorge
Forêt de Lorge
Plémy
Le Gouray
Collinée
Abb. de Boquen
Forêt de Boquen
Uzel
Allineuc
Merléac
Gausson
Plouguenast
Langast
Plessala
St Gouéno
St Jacut-du-Mené
Langourla
Landes du Menez
Grâce-Uzel
La Motte
Trévé
St Thélo
St Caradec
Loudéac
Forêt de Loudéac
St Gilles-du-Mené
St Vran
Laurenan
Plémet
La Prénessaye
Merdrignac
Forêt de la Hardouinais
Gomené
St Barnabé
La Chèze
La Ferrière
Coëtlogon
Ménéac
St Gonnery
Gueltas
Forêt de Branguily
Noyal-Pontivy
Pontivy
Rohan
St Étienne-du-Gué-de-l'Isle
Plumieux
La Trinité-Porhoët
Bréhan
Évriguet

78
A
B
C
1
2
3
4
52
51
77
102
Matignon
St Jacut-de-la-Mer
Ploubalay
Pleurtuit
St Suliac
Lamballe
Hénanbihen
Hénansal
St Denoual
Quintenic
Landébia
Plancoët
Pluduno
Créhen
St Lormel
Corseul
Languenan
Pleslin-Trigavou
Plouer-s-R.
Taden
DINAN
Lanvallay
Léhon
Quévert
Aucaleuc
St Maudez
Plélan-le-Petit
Vildé-Guigalan
Trélivan
St Carné
Calorguen
Bobital
Trébédan
Brusvily
Le Hinglé
Trévron
Evran
St André des Eaux
Plumaudan
St Juvat
Tréfumel
St Maden
Guenroc
Guitté
Plouasne
St Pern
Caulnes
Médréac
Quédillac
Landujan
Irodouer
Bourseul
Pléven
Plorec-s-Arguenon
St Méloir-des-Bois
St Michel-de-Plélan
Noyal
Pédéliac
St Rieul
Plestan
Jugon-les-Lacs
Tramain
Dolo
Mégrit
Trédias
Tréméur
Broons
Yvignac
Plénée-Jugon
Sévignac
Rouillac
Penguily
le Gouray
Langourla
St Jacut-du-Mené
Éréac
Mérillac
Lanrelas
Plumaugat
St Vran
St Launeuc
Forêt de la Hardouinais
Merdrignac
Trémorel
St Méen-le-Grand
Le Crouais
Montauban-de-Bretagne
Forêt de Montauban
Gomené
Ménéac
Illifaut
Loscouët-s-Meu
St Onen-la-Chapelle
Boisgervilly
Uniac
Bédée
Montfort-sur-Meu
Iffendic
St Maugan
Muel
Gaël
Brignac
Mauron
St Léry
St Brieuc-de-Mauron
Evriguet
Bléruais
St Gonlay
St Malon-s-Mel
Forêt de Montfort
Forêt de Boquen
Forêt de St Aubin
Forêt de la Hunaudaye
Abbé de Boquen
Camp militaire
Étang de Jugon
N 176
N 12-E 50
E 401
N 164
N 137

79
D
E
F
53
80
103
Châteauneuf-d'Ille-et-Vilaine
Dol-de-Bretagne
Mont Dol
St Broladre
St Marcan
Roz-s-Couesnon
St Georges-de-Gréhaigne
Pontorson
Beauvoir
Ardevon
Servon
Précey
Courtils
Huisnes-s-Mer
Pleine-Fougères
Sains
Baguer-Pican
Baguer-Morvan
Roz-Landrieux
Miniac-Morvan
Pleugueneuc
le Tronchet
Forêt du Mesnil
Epiniac
la Boussac
Trans-la-Forêt
Broualan
Cuguen
Forêt de Villecartier
la Fontenelle
Antrain
Sougéal
Vessey
Sacey
Argouges
Bonnemain
Lanhélin
St Pierre-de-Plesguen
Meillac
Combourg
Tréméheuc
Noyal-s/s-Bazouges
Bazouges-la-Pérouse
Tremblay
Rimou
Marcillé-Raoul
St Léger-des-Prés
Lanrigan
la Chapelle-aux-filtzméens
St Domineuc
Trévérien
Québriac
Tinténiac
Dingé
Forêt de Tanouarn
Feins
St Rémy-du-Plain
Romazy
Chauvigné
Vieux-Vy-s-Couesnon
Sens-de-Bretagne
St Christophe-de-Valains
St Marc-le-Blanc
Baillé
St Ouen-des-Alleux
Montreuil-s-Ille
Hédé
les Iffs
Guipel
Aubigné
Andouillé-Neuville
Gahard
St Médard-s-Ille
St Aubin-d'Aubigné
Forêt de St Aubin du Cormier
St Aubin-du-Cormier
St Gondran
Langouet
Vignoc
Montreuil-le-Gast
St Germain-s-Ille
Ercé-près-Liffré
Gosné
Gévezé
la Mézière
Melesse
Mouazé
Chasné-s-Illet
St Sulpice-la-Forêt
Liffré
Forêt de Liffré
Romillé
Chevaigné
Betton
Forêt de Rennes
la Bouëxière
Forêt de Chevré
Pacé
Montgermont
St Grégoire
Thorigné-Fouillard
Acigné
Cesson-Sévigné
Servon-s-Vilaine
Châteaubourg
Noyal-s-Vilaine
St Gilles
l'Hermitage
Vezin-le-Coquet
RENNES
Breteil
Clayes
Parthenay-de-Bretagne
N 176-E 401
N 175
N 137
N 12-E 50
A 84
D 155
D 175
D 794
D 795

A
B
C
54
79
104
1
2
3
4
Pontaubault
Ducey
les Chéris
Chalandrey
le Mesnillard
Fontenay
Chèvreville
Courtils
Servon
Précey
Poilley
Mortrie
le Mesnil-Thébault
Martigny
Milly
Ardevon
Tanis
Juilley
Crollon
Vezins
les Biards
Parigny
St Jean-du-Corail
Macey
Vergoncey
St Aubin-de-Terregatte
St Laurent-de-Terregatte
St Hilaire-du-Harcouët
Virey
Lapenty
Villechien
Notre-Dame-du-Touchet
Curey
Cormeray
la Croix-Avranchin
St Senier-de-Beuvron
Chassilly
Hamelin
St Martin-de-Landelles
les Loges-Marchis
Moulines
St Symphorien-des-Monts
Villiers-le-Pré
Vessey
St Benoit
Montjoie-St Martin
St Brice-de-Landelles
Ferrières
le Teil
St James
Argouges
Carnet
Sacey
Montanel
St Georges-de-Reintembault
Monthault
Savigny-le-Vieux
Buais
le Ferré
Mellé
Louvigné-du-Désert
Landivy
Fougerolles-du-Plessis
St Ouen-la-Rouërie
Antrain
Poilley
Villamée
Monthorin
Coglès
la Selle-en-Coglès
le Rocher-Portail
Montours
la Bazouge-du-Désert
Mausson
Pontmain
la Dorée
St Brice-en-Coglès
St Etienne-en-Coglès
le Châtellier
St Germain-en-Coglès
Parigné
Landéan
St Mars-s-la-Futaie
St Ellier-du-Maine
Levaré
Chauvigné
St Marc-le-Blanc
Baillé
le Tiercent
St Christophe-de-Valains
St Hilaire-des-Landes
Lécousse
Laignelet
FOUGÈRES
le Loroux
Montaudin
St Berthevin-la-Tannière
Larchamp
St Sauveur-des-Landes
Romagné
la Chapelle-Janson
Beaucé
Fleurigné
St Ouen-des-Alleux
Javené
la Selle-en-Luitré
Mézières-s-Couesnon
St Marc-s-Couesnon
la Chapelle-St Aubert
Vendel
St Jean-s-Couesnon
Billé
Luitré
Ernée
St Georges-de-Chesné
Parcé
Combourtillé
St Aubin-du-Cormier
Dompierre-du-Chemin
St Pierre-des-Landes
Montreuil-des-Landes
Rochers du Saut Roland
Mecé
St Christophe-des-Bois
Juvigné
Livré-s-Changeon
Châtillon-en-Vendelais
Princé
la Croixille
St Hilaire-du-Maine
Dourdain
Montautour
Taillis
Val-d'Izé
Balazé
St M'Hervé
Bourgon
le Bourgneuf-la-Forêt
Landavran
Montreuil-s/s-Pérouse
Champeaux
la Chapelle-Erbrée
Launay-Villiers
Châteaubourg
Vitré
Pocé-les-Bois
St Pierre-la-Cour
Olivet
St Ouen-des-Toits
Forêt de Fougères
Forêt de Chevré
Bois de Rumignon
Étang de Châtillon
Étang de Paint
Sélune
Couesnon
Beuvron
Cantache
Vilaine

D
E
F
55
NORMANDIE
MAINE
Domfront
Barenton
Rouellé
St Georges-de-Rouelley
St Roch-s-Egrenne
St Gilles-des-Marais
St Mars-d'Egrenne
St Cyr-du-Bailleul
Lonlay-l'Abbaye
St Bômer-les-Forges
la Hte Chapelle
Dompierre
Champsecret
Mont en Gérome
FORÊT DES ANDAINES
Tour de Bonvouloir
Ste Geneviève
Juvigny-s-Andaine
Bagnoles-de-l'Orne
St Michel-des-Andaines
la Ferté-Macé
la Sauvagère
St Maurice-du-Désert
Tessé-la-Madeleine
la Chapelle-d'Andaine
Couterne
Haleine
Tessé-Froulay
Antoigny
St Patrice-du-Désert
Perrou
St Front-de-Collière
St Brice
Lucé
Torchamp
Avrilly
Mont Margantin
la Baroche-s-Lucé
Beaulandais
St Denis-de-Villenette
Geneslay
Passais
Mantilly
Mesnil-Gouffier
Dompierre
Ceaucé
St Fraimbault
St Siméon
Soucé
Lesbois
Couesmes-en-Froulay
le Pas
Gorron
Brecé
Hercé
Vieuvy
St Aubin-Fosse-Louvain
l'Epinay-le-Comte
Rennes-en-Grenouilles
Thubœuf
Madré
Couptrain
Neuilly-le-Vendin
Méhoudin
St Ouen-le-Brisoult
le Housseau
Ste Marie-du-Bois
St Julien-du-Terroux
Chau de Bois-Thibault
Lassay-les-Châteaux
Chevaigné-du-Maine
Charchigné
Javron
Chantrigné
le Horps
le Ribay
le Ham
Montreuil
Poulay
Champéon
Ambrières-les-Vallées
St Loup-du-Gast
la Haie-Traversaine
Oisseau
St Fraimbault-de-Prières
Châtillon-s-Colmont
St Mars-s-Colmont
Terrain militaire
Mont du Saule
Bois de Buleu
Bois de Vaux
82
Villaines-la-Juhel
Loupfougères
Hardanges
la Chapelle-au-Riboul
Marcillé-la-Ville
Aron
Grazay
Etang de Beaucoudray
Mayenne
St Georges-Buttavent
Parigné-s-Braye
Forêt de Mayenne
Fontaine-Daniel
St Baudelle
la Bazoge-Montpinçon
Moulay
Contest
Placé
Alexain
St Germain-d'Anxure
la Bigottière
Commer
Belgeard
Jublains
Ville Romaine
Forêt de Bourgon
Champgenéteux
Bais
Hambers
Trans
Butte de Montaigu
Bois de Mirebeau
Izé
Mont Rochard
Ste Gemmes-le-Robert
Mézangers
le Rocher
Deux-Evailles
Bois d'Hermet
Martigné-s-Mayenne
Sacé
Andouillé
Montflours
Thuré
la Bazouge-des-Alleux
Châlons-du-Maine
St Ouën-des-Vallons
Neau
Evron
Brée
Gesnes
Montsûrs
St Christophe-du-Luat
St Jean-sur-Mayenne
St Germain-le-Fouilloux
la Chapelle-Anthenaise
105
St Georges-s-Erve
Assé-le-Bérenger
Voutré
1
2
3
4

A
B
C
56
106
81
1
2
3
4
la Ferté-Macé
Bagnoles-de-l'Orne
Lonlay-le-Tesson
Rânes
Vieux-Pont
Francheville
Château d'O
Mortrée
Macé
Marcei
Sassy
St Georges-d'Annebecq
Beauvain
Pringault
la Chaux
le Champ-de-la-Pierre
St Martin-l'Aiguillon
Ste Marie-la-Robert
le Ménil-Scelleur
la Bellière
Montmerrei
St Hilaire-la-Gérard
Belfonds
St Maurice-du-Désert
la Sauvagère
Magny-le-Désert
la Motte-Fouquet
Joué-du-Bois
Carrouges
Ste Marguerite-de-Carrouges
St Sauveur-de-Carrouges
la Lande-de-Goult
le Cercueil
la Ferrière-Béchet
Chahains
Tanville
Signal d'Écouves
le Bouillon
Bois d'Ache
Orgères-la-Roche
St Patrice-du-Désert
Lignières-Orgères
St Martin-des-Landes
Rouperroux
St Didier-s-Écouves
FORÊT D'ÉCOUVES
ANDAINES
Forêt de la Motte
Bois de Magny
Gorges de Villiers
Antoigny
Couterne
Méhoudin
la Pallu
St Ouen-le-Brisoult
Neuilly-le-Vendin
PARC
RÉGIONAL
NORMANDIE
Forêt de Monaye
Ciral
St Ellier-les-Bois
Longuenoë
Fontenai-les-Louvets
St Nicolas-des-Bois
Forges
Radon
Vingt-Hanaps
St Gervais-du-Perron
Rochers du Vignage
la Roche Elie
la Roche-Mabile
Gandelain
Butte Chaumont
Colombiers
Semallé
Valframbert
Couptrain
Madré
St Calais-du-Désert
St Samson
Lalacelle
Pré-en-Pail
Mont des Avaloirs
Forêt de Multonne
Mont Souprat
St Denis-s-Sarthon
Pacé
Cuissai
Lonrai
Damigny
ALENÇON
Chenay
Cerisé
le Chevain
St Aignan-de-Couptrain
les Chapelles
St Cyr-en-Pail
Ravigny
Champfrémont
Boulay-les-Ifs
Javron
Condé-s-Sarthe
St Germain-du-Corbéis
St Paterne
Villepail
St Julien-des-Églantiers
Corniche de Pail
la Ferrière-Bochard
Mieuxcé
Héloup
Arçonnay
Champfleur
St Pierre-des-Nids
le Ham
Crennes-s-Fraubée
Forêt de Pail
Gesvres
St Céneri-le-Gérei
Moulins-le-Carbonnel
Alpes Mancelles
Bérus
Béthon
Col de St Sulpice
St Léonard-des-Bois
Gesnes-le-Gandelin
Oisseau-le-Petit
Chérisay
Bourg-le-Roi
Villaines-la-Juhel
Loupfougères
Averton
St Paul-le-Gaultier
Sougé-le-Ganelon
Assé-le-Boisne
Fyé
St Victeur
Rouessé-Fontaine
Courcité
St Aubin-du-Désert
St Mars-du-Désert
St Georges-le-Gaultier
Gué Ory
St Ouen-de-Mimbré
Champgenéteux
St Thomas-de-Courceriers
Mont-Méard
Trans
Douillet
Fresnay-s-Sarthe
St Germain-s-Sarthe
Coulombiers
Bais
St Germain-de-Coulamer
Mont-St Jean
Montreuil-le-Chétif
St Aubin-de-Locquenay
Piacé
Izé
Bois de Mirebeau
Butte de Montaigu
Butte Voyère
NATUREL RÉGIONAL
Saut du Cerf
Moitron-s-Sarthe
St Christophe-du-Jambet
Juillé
Vivoin
Beaumont-s-Sarthe
St Martin-de-Connée
St Pierre-s-Orthe
Sillé-Plage
Pommereuil
Mont Rochard
Gros Roc
Pierres druidiques
Vimarcé
Grez
Sillé-le-Guillaume
Pezé-le-Robert
Ségrie
Assé-le-Riboul
Bois de Pezé
Foulletorte
St Georges-s-Erve
Assé-le-Bérenger
Rouessé-Vassé
Vassé
Crissé
St Rémy-de-Sillé
Vernie
le Tronchet
St Marceau
Mézières-s-Lavardin
NORMANDIE-MAINE
Neuvillalais
Voutré
Rouez
Courville
St Jean-d'Assé
St Sabin-s-Longève
Forêt de Mézières
Lavardin

83
D
E
F
57
84
107
1
2
3
4
Moulins-la-Marche
Courtomer
Sées
Mortagne-au-Perche
Tourouvre
Forêt du Perche
F! de la Trappe
Bazoches-s-Hoëne
le Mêle-s-Sarthe
M A I N E
Forêt de Perseigne
Forêt de Bellême
Forêt de Réno
Bellême
Mamers
Pervenchères
la Fresnaye-s-Chédouet
Rémalard
Nocé
le Theil
la Ferté-Bernard
Bonnétable
Forêt de Bonnétable
Marolles-les-Braults
Ballon
Neufchâtel-en-Saosnois
St Cosme-en-Vairais
Courgenard

58
83
108

A B C

1 2 3 4 5

Irai, Chenneb, les Routis, Rohaire, la Chauvellière, Boulay-St Clair, Mézian, les Usages, la Choltière, Crucey, Thessilly, Neuville-les-Bois, Randonnai, Normandel, St Maurice-lès-Charencey, Moussonvilliers, la Chapelle-Fortin, Morvilliers, Bertin, les Bois-Verts, Magny, Genêteux, le Harrier, la Houdière, la Plesse, le Coudray, l'Orée-du-Bois, Montmureau, la Tuilerie, Angennes, Bouffigny, Camp militaire, Chennevières, le Rouvray, St Ange, les Châtelets, Mancelière, la Barre, la Corbinière, Dampierre-s-Blévy, Blévy, Torçay, Perche, la Poterie-au-Perche, la Ventrouze, Champthierry, la Heunière, Bois de Chérencey, Etang du Hr Plain, Neigerie, les Rableux, Forêt de la Ferté, Lamblore, la Hte Barre, la Saucelle, la Rue, Louvilliers-lès-Perche, Maillebois, la Pommeraie, Bois de St Vincent, Epine, le Billot, Renouard, Gannes, Miserai, la Livarderie, la Ferté-Vidame, la Martinière, la Puisaye, Bois de la Saucelle, la Couvertière, le Morillon, la Salle, Feuilleuse, Grd Martin, la Barberie, Loinquin, Brouvilliers, Ste Anne, l'Hôme-Chamondot, l'Onglée, Brotz, Marchainville, la Béchetière, Bourgneuf, les Ressuintes, Etang de la Benette, Etang du Haron, le Boulay, le Mesnil-Thomas, Bourgondière, St Léonard, le Val, Silo, les Croix-Chemins, Autheuil, la Véronnière, les Epasses, Etang de Rumien, Ferté-Vidame, Etang des Baussiots, Forêt, la Framboisière, le Pommier-Benoist, les Epineraies, St Maixme-Hauterive, Chappe, la Haie, le But, Malétable, Moulicent, la Lande-s-Eure, Tardais, Boussard, la Motte, la Croix-Viquet, Jaudrais, Hauterive, Forêt, Laudigerie, Senonches, les Haies Neuves, Tresneau, la Ferme Neuve, Brochard, Longny-au-Perche, les Loges-des-Gars, les Usages, Forêt de Longny, l'Ecottay, Neuilly-s-Eure, les Menus, Reserve de Chasse, Forêt de Senonches, Mon!, la Ville-aux-Nonain, Aumoy, Arpentigny, Ardelles, Vieux arbres, la Gautrie, Forêt de Réno Valdieu, la Barbinière, Etang des Personnes, la Rangée, la Villedieu, Manou, Buisson-Elouis, Digny, Bellandas, le Tronchet, Favières, le Plessis, Rouvray, la Hallière, St Victor-de-Réno, le Mage, Feillet, la Sibotière, les Loges, Fontaine-Simon, Fontaine-Aubert, Belhomert-Guéhouville, les Chaises, le Charmoy, Méraubry, Bizou, St Jean-des-Murgers, le Pas-St L'Homer, Meaucé, St Maurice-St Germain, les Vaux, la Livrée, la Rivière, Billancelles, Pontgouin, Plessis, Monceaux-au-Perche, la Brosserie, Bois de St Laurent, Bois de Voré, l'Hôtel-Provôt, Moutiers-au-Perche, la Madeleine-Bouvet, la Loupe, la Couronne, le Chainay, le Croco, le Favril, Guimonvilliers, la Noëlle, Landelles, la Vove, Parc Naturel Régional du Perche, Freulemont, Guilbaut, le Libérot, Forêt de Saussay, la Godefraise, Vaupillon, les Petits Pavillons, Forêt de Montécot, le Boulay, Châtillon, Barizeau, Chuisnes, St Maurice-s-Huisne, Maison-Maugis, Boissy-Maugis, Bois de Sublaine, Rémalard, Eperrine, Voré, l'Espérance, Bretoncelles, St Eliph, Forêt de Champrond, Bois de Pinson, les Châtelets, Closure, Bettaincourt, Bellou-s-Huisne, Dorceau, la Grde Forêt, Etang de Perruchet, Friaize, le Frou, le Bois-St Père, Chailleau, Colonard-Corubert, Coulonges-les-Sablons, St Victor-de-Buthon, Champrond-en-Gâtine, le Thieulin, Villeneuve, la Touche, Fruncé, St Germain-des-Grois, Villeray, Rivray, les Tertres, Montireau, la Chapelle, St Denis-des-Puits, Villebon, Courboyer, Mont-Corbin, Verrières, Gasceau, la Maufaise, la Brulardière, la Hurie, Montlandon, Beaurepaire, Bois de la Gâtine, St Hilaire, Noce, les Boulaies, Beaulieu, Condeau, la Fourche, Frétigny, Domaine du Bois Landry, le Theuil, Gouetière, Jean-la-Forêt, la Gauthière, Lormarin, la Beuvrière, St Quentin, Dancé, St Pierre-la-Bruyère, Condé-s-Huisne, l'Ambulance, Bueil, Vignardière, Vilner et la Mayangne, St Laurent, Sausseux, Chêne-Doré, les Corvées-les-Yys, la Madeleine, le Val, la Botagne, Marolles-les-Buis, la Charonnière, la Bergerie, les Yys, le Frou, Fausservi, la Mouchère, Ferme de la Chaponnière, Berd'huis, la Bourdinière, Margon, Ozée, la Poterie, Coudreceau, St Denis-d'Authou, Champeaux, la Dunoterie, Préaux-du-Perche, la Lubinière, Ste Gauburge, St Agnan-s-Erre, Amilly, Nogent-le-Rotrou, Fretaudière, la Sausaye, Brunelles, les Bordes, la Poulletière, la Bourgogne, Bretonnerie, Combres, Happonvilliers, Nonvilliers-Grandhoux, les Châtelliers-Notre-Dame, Mont Cendron, St Hilaire-s-Erre, Veuvres, le Chesnay, Champrond-en-Perchet, les Eaux-Blanches, Thiron-Gardais, le Bois-Nézard, l'Estre-des-Champs, Grandhoux, les Forts, St Eman, Fortou, la Guénière, la Gauberdière, Rouge, Trizay-Coutretot-St Serge, la Gaudaine, les Grisonnières, le Pti Grd Bois, les Dauffrais, le Saussay, Illiers-Combray, Méréglise, le Theil, St Jean-Pierre-Fixte, Trémont, Coutretot, le Goulet, Parcouvert, Chassant, la Roudinière, la Leu, Bois du Gd Parc, Montigny-le-Chartif, la Certellerie, Mâle, les Clerets, le Gibet, Châteauroux, Ballon, Souancé-au-Perche, la Charmois, la Borde, Rougemont, Vichères, la Cartraie, Gaillard, la Croix-du-Perche, Frazé, Ricourd, la Malbroue, la Ronce, la Gate, Montgraham, l'Ambition, Brieure, la Justice, Argenvilliers, Beaumont-les-Autels, les Manivelles, les Foucaudières, Foussarde, le Boulay, les Houdraises, Mottereau, Vie, Neuville, Miermaigne, Luigny, la Chauverie, Brou-Frazé, le Tartre, le Boullay, Mon Mont, les Etilleux, la Roche, Ozanne, la Bellangerie, Brou-Dampierre, Haye, la Saudière, Feugera, la Riffaudière, l'Hermitage, Ceton, Chatary, Coudray-au-Perche, St Lubin-des-5-Fonds, les Autels-Tubœuf, Béthonvilliers, les Bouchets, Thoreau, Puits-Rond, Yèvres, Mont, le Gué, Bois de Grandmont, les Moricellerie, Etang des Cailleaux, la Bonnelière, Dampierre-s-Brou, la Goguerie, la Grève, Forêt de la Grève, Glaye, St Bomer, le Chaillou, Moulhard, Unverre, Freté, Brou, la Boëche, Issay, Cherreau, la Jardinière, Authon-du-Perche, Charbonnières, les Moulins, Esse, la Ferté-Bernard, Gde Borde, les Châtaigniers, Veau, les Emonderies, le Bouchet, Grande-Vallée, le Saussay, Loisville, Cormes, Théligny, Soizé, Villevillon, la Briche, Maineuf, les Carrières, les Aulnaies, le Saulce, les Autels-Villevillon, Villecoy, Migaudin, Epinay-le Pti, Deury, St Ulphace, Villoiseau, Blossiers, le Chêne-Pulvé, Camusière, la Hallon, la Goëtronnière, Chênelong, Courgenard, Gémasse, Petite-Noue, Chapelle-Royale, le Bois-Mouchet, Toussard

A B C

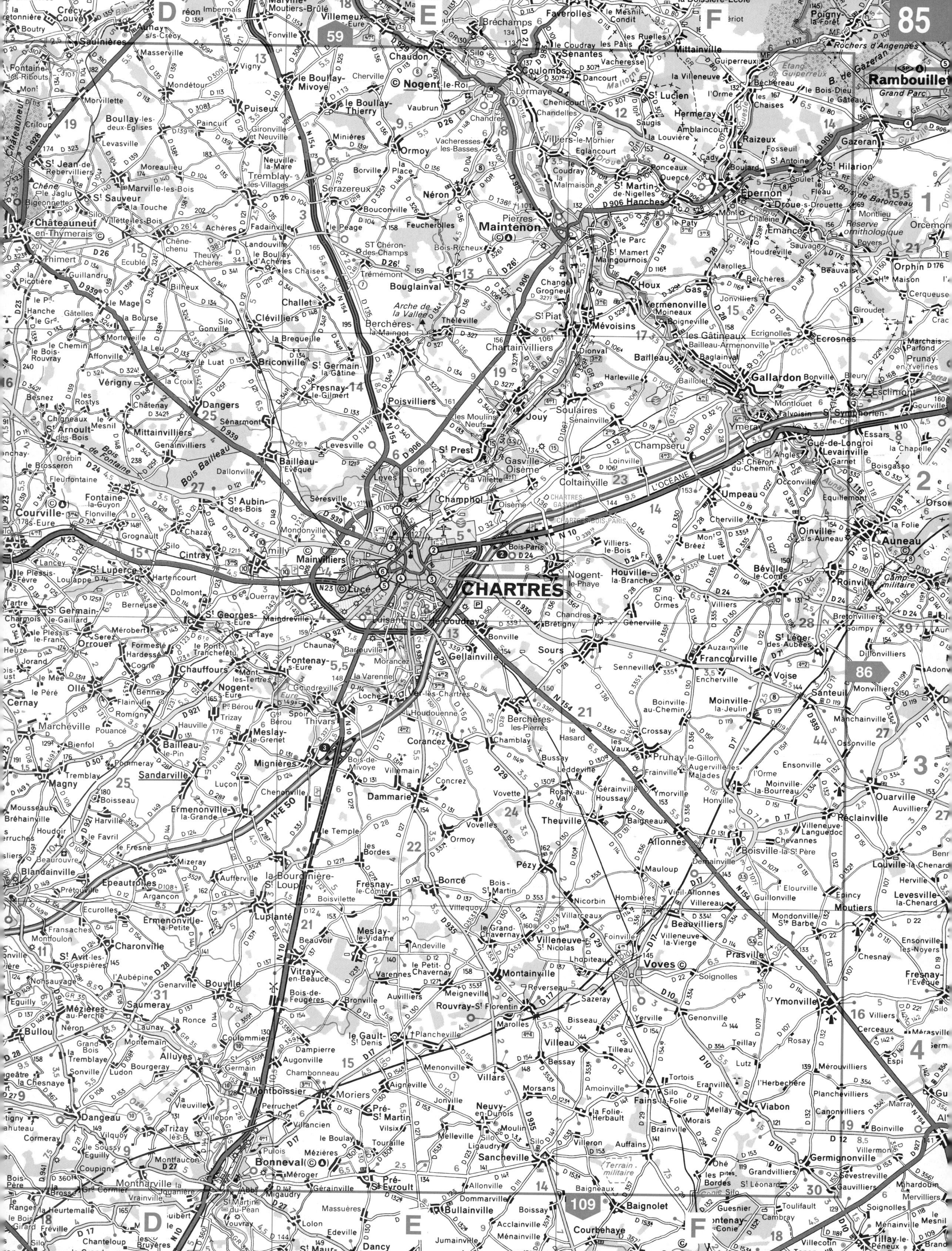
D
E
F
59
86
109
CHARTRES
Rambouillet
Nogent-le-Roi
Maintenon
Épernon
Gallardon
Auneau
Châteauneuf-en-Thymerais
Courville-s-Eure
Illiers
Bonneval
Voves
Lucé
Mainvilliers
Lèves
Champhol
Luisant
le Coudray
Bailleau-l'Évêque
Sours
Gellainville
Corancez
Dammarie
Thivars
Fontenay-s-Eure
Saumeray
Alluyes
Montboissier
Sancheville
Baignolet
Janville
Ymonville
Prasville
Germignonville
Viabon
Fains-la-Folie
Francourville
Santeuil
Umpeau
Coltainville
Jouy
St Prest
Gasville-Oisème
Mévoisins
Houx
Gas
Ecrosnes
Hanches
Droue-s-Drouette
Coulombs
Senantes
Faverolles
Bréchamps
Chaudon
Villemeux-s-Eure
Saulnières
Puiseux
Tremblay-les-Villages
Serazereux
Néron
Pierres
Bouglainval
Chartainvilliers
St Piat
Berchères-la-Maingot
Poisvilliers
Clévilliers
Briconville
Fresnay-le-Gilmert
Dangers
Mittainvilliers
Vérigny
St Aubin-des-Bois
Cintray
St Luperce
St Georges-s-Eure
Chauffours
Nogent-s-Eure
Ollé
Bailleau-le-Pin
Sandarville
Magny
Mignières
Ermenonville-la-Grande
Épeautrolles
Luplanté
Meslay-le-Vidame
Vitray-en-Beauce
Bouville
Mézières-au-Perche
Dangeau
Montharville
Bullainville
Courbehaye
Dancy
Villars
Neuvy-en-Dunois
Montainville
Rouvray-St Florentin
Villeau
Theuville
Allonnes
Beauvilliers
Boisville-la-St Père
Moinville-la-Jeulin
Prunay-le-Gillon
Houville-la-Branche
Nogent-le-Phaye
Chandres
Béville-le-Comte
Roinville
Oinville-s/s-Auneau
Levainville
Gué-de-Longroi
Ymeray
St Symphorien-le-Château
Champseru
Soulaires
Bailleau-Armenonville
Yermenonville
Hermeray
Raizeux
St Lucien
Gazeran
St Hilarion
A 11-E 50
N 10
N 154
N 23
D 939
D 906
L'OCÉANE
Terrain militaire
Arche de la Vallée
Bois Bailleau
Réserve ornithologique

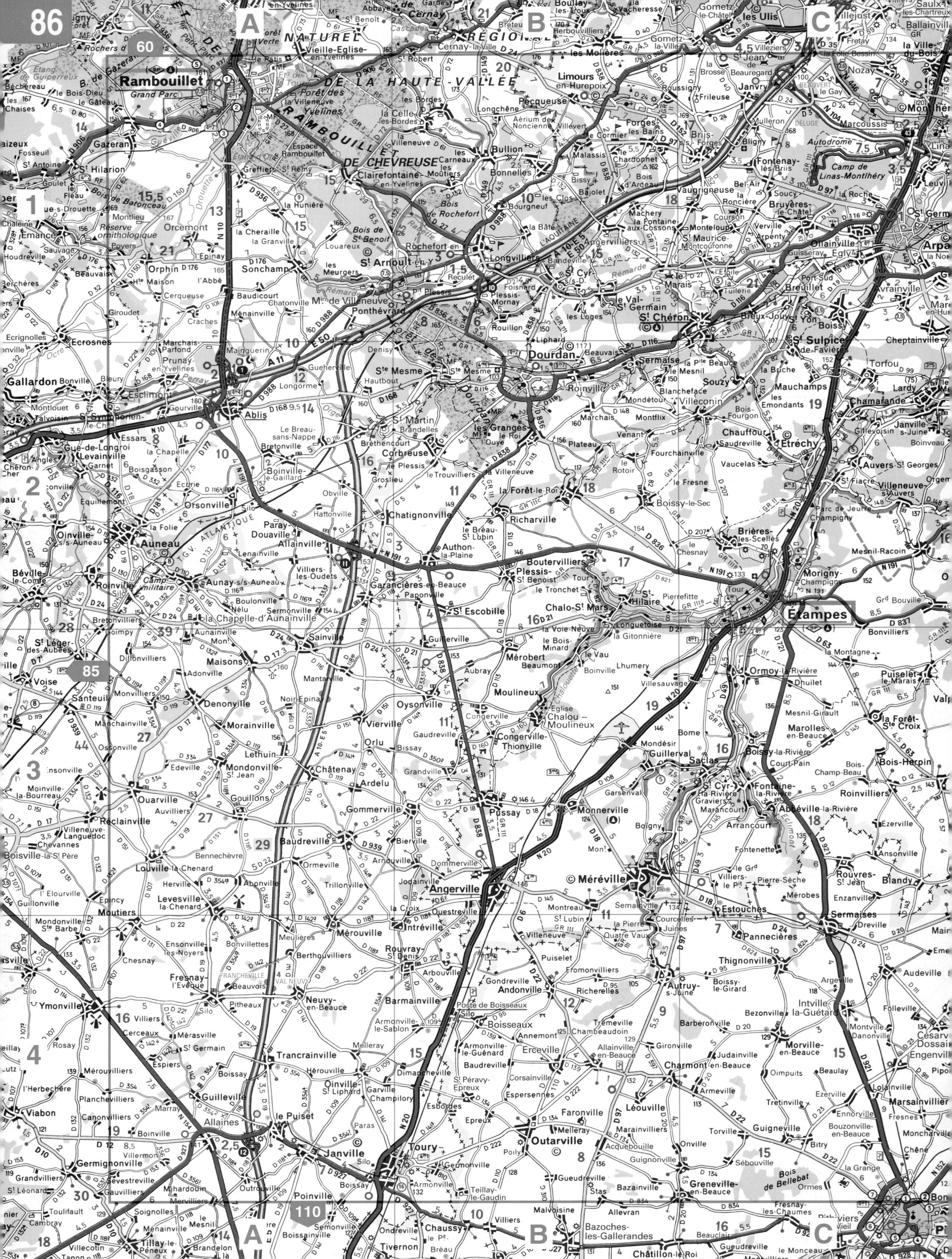

A
B
C
60
85
110
1
2
3
4
PARC NATUREL RÉGIONAL DE LA HAUTE-VALLÉE
FORÊT DE RAMBOUILLET
DE CHEVREUSE
Rambouillet
Grand Parc
Gazeran
St Hilarion
Bois de Batonceau
Émancé
Orphin
Orcemont
Sonchamp
Clairefontaine-en-Yvelines
Bullion
Bonnelles
Limours en-Hurepoix
Pecqueuse
Cernay-la-Ville
Vieille-Eglise-en-Yvelines
les Molières
Gometz-la-Ville
les Ulis
Forges-les-Bains
Briis-s/s-Forges
Fontenay-lès-Briis
Janvry
Marcoussis
Autodrome
Camp de Linas-Montlhéry
Vaugrigneuse
Bruyères-le-Châtel
Ollainville
Egly
Arpajon
Breuillet
St Chéron
St Cyr-s/s-D.
Angervilliers
Longvilliers
Rochefort-en-Y.
St Arnoult-en-Y.
Ponthévrard
Dourdan
Sermaise
Roinville
St Sulpice-de-Favières
Chamarande
Lardy
Étréchy
Souzy
Villeconin
Chauffour
Boissy-le-Sec
Auvers-St Georges
Villeneuve-s/-Auvers
Morigny-Champigny
Étampes
Ablis
Prunay-en-Yvelines
Gallardon
Ecrosnes
Auneau
Oinville-s/s-Auneau
Aunay-s/s-Auneau
Roinville
Béville-le-Comte
Orsonville
Paray-Douaville
Allainville
Corbreuse
les Granges-le-Roi
St Martin-de-Bréthencourt
Ste Mesme
la Forêt-le-Roi
Richarville
Authon-la-Plaine
Chatignonville
Boutervilliers
Plessis-St Benoist
Chalo-St Mars
St-Hilaire
Garancières-en-Beauce
St Escobille
Sainville
la Chapelle-d'Aunainville
St Léger-des-Aubées
Voise
Santeuil
Denonville
Maisons
Morainville
Mérobert
Moulineux
Chalou-Moulineux
Congerville-Thionville
Oysonville
Vierville
Châtenay
Mondonville-St Jean
Ouarville
Gouillons
Réclainville
Gommerville
Baudreville
Pussay
Monnerville
Guillerval
Saclas
Boissy-la-Rivière
Ormoy-la-Rivière
Puiselet-le-Marais
la Forêt-Ste Croix
Marolles-en-Beauce
Bois-Herpin
Roinvilliers
Abbéville-la-Rivière
Fontaine-la-Rivière
St Cyr-la-Rivière
Méréville
Angerville
Louville-la-Chenard
Levesville-la-Chenard
Moutiers
Mérouville
Intréville
Rouvray-St Denis
Estouches
Pannecières
Sermaises
Blandy
Rouvres-St Jean
Audeville
Intville-la-Guétard
Thignonville
Autruy-s-Juine
Andonville
Richerelles
Boisseaux
Erceville
Barmainville
Neuvy-en-Beauce
Fresnay-l'Évêque
Ymonville
Viabon
Trancrainville
Guilleville
Allaines
le Puiset
Janville
Toury
Outarville
Oinville-St Liphard
Léouville
Charmont-en-Beauce
Morville-en-Beauce
Marsainvilliers
Guigneville
Greneville-en-Beauce
Germignonville
Poinville
Chaussy
Bazoches-les-Gallerandes
Châtillon-le-Roi
Tillay-le-Péneux
Bois de Bellebat
A 10-E 5
A 11
E 50
N 10
N 20
N 191
N 104
D 836
D 988
T.G.V. ATLANTIQUE
Camp militaire

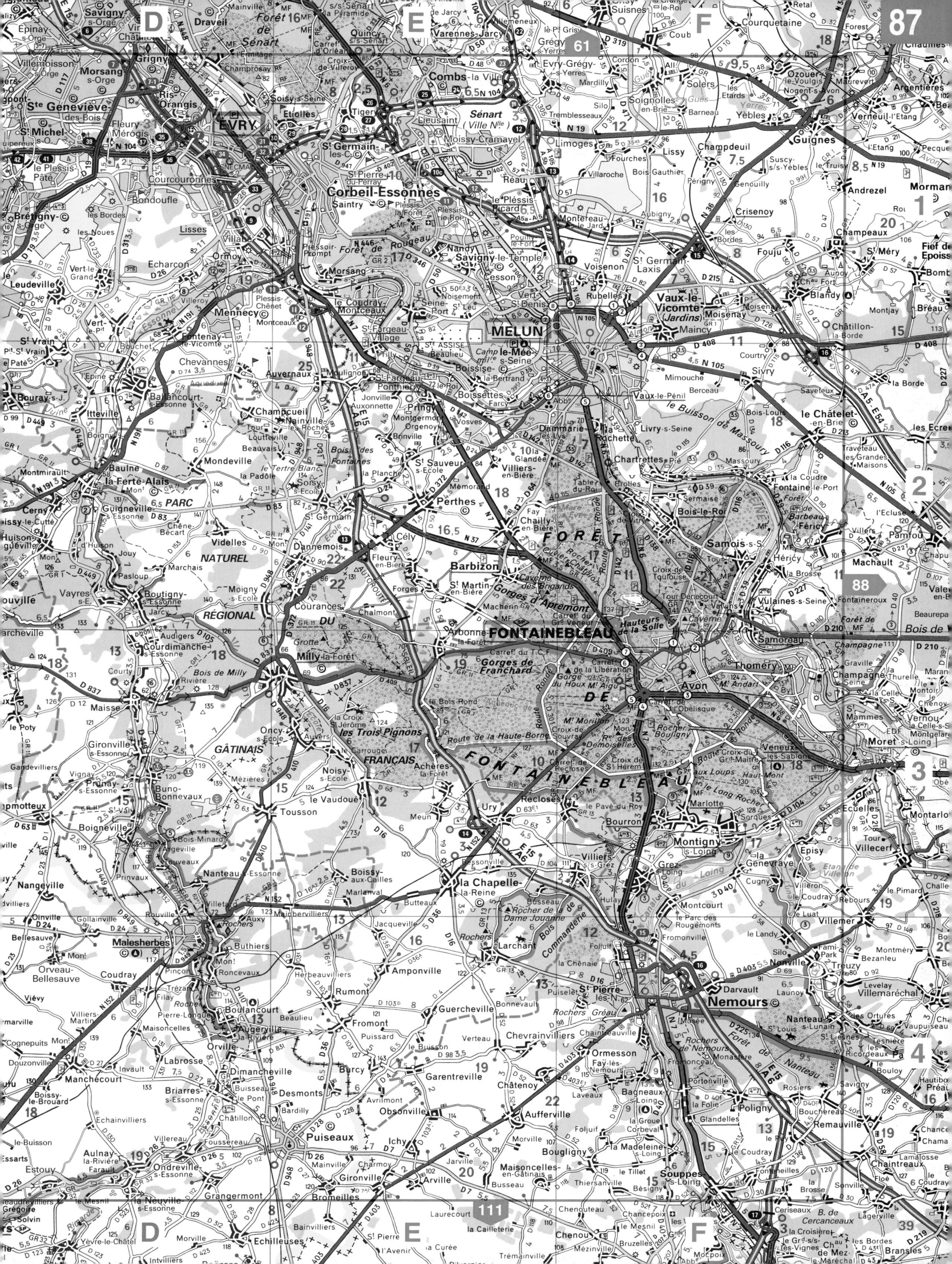

87
D
E
F
EVRY
Corbeil-Essonnes
MELUN
FONTAINEBLEAU
Nemours
Forêt de Sénart
Ste Geneviève-des-Bois
Grigny
Ris-Orangis
Courcouronnes
Brétigny
Lisses
Mennecy
Ballancourt-s-Essonne
La Ferté-Alais
Milly-la-Forêt
Barbizon
Chailly-en-Bière
Perthes
Dammarie-les-Lys
Vaux-le-Vicomte
Samois-s-S.
Avon
Moret-s-Loing
Montigny-s-Loing
Nemours
Malesherbes
Puiseaux
La Chapelle-la-Reine
Larchant
Souppes-s-Loing
Château-Landon
PARC
NATUREL
RÉGIONAL
DU
GÂTINAIS
FRANÇAIS
FORÊT
DE
FONTAINEBLEAU
Gorges d'Apremont
Gorges de Franchard
les Trois Pignons
Forêt de Rougeau
Forêt de Nanteau
61
88
111
1
2
3
4

A
B
C
62
Rozay-en-Brie
Bernay-en-Brie
Chaumes-en-Brie
Villegagnon
Bannost
Champcenest
les Marêts
Ozouer-le-Voulgis
Argentières
Courtomer
Courpalay
la Chapelle-Iger
Pécy
Jouy-le-Châtel
Beauvoir
Verneuil-l'Etang
Guignes
Aubepierre
Gastins
Courchamp
St Hilliers
Voulton
Chenoise
Forêt de Jouy
Mormant
Andrezel
Ozouer-le-Repos
Quiers
Clos-Fontaine
Mortery
St Just-en-Brie
la Croix-en-Brie
Châteaubleau
Champeaux
Fief des Epoisses
Grandpuits
Bailly-Carrois
Cucharmoy
Fouju
St Méry
Bombon
Nangis
Blandy
St Ouen-en-Brie
Bréau
Fontenailles
Rampillon
Vanvillé
Maison-Rouge
la Chapelle-St Sulpice
Vulaines-lès-Provins
Provins
St Loup-de-Naud
Ste Colombe
Poigny
la Chapelle-Gauthier
Fontains
Lizines
Sivry
Forêt de Villefermoy
la Chapelle-Rabiais
Meigneux
Bois de St Martin
Cessoy-en-Montois
Sognolles-en-Montois
Savins
Longueville
le Châtelet-en-Brie
les Ecrennes
Valjouan
Villeneuve-les-Bordes
Mons-en-Montois
Donnemarie-Dontilly
Thénisy
Jutigny
Paroy
Bois de St Germain-Laval
Coutençon
Gurcy-le-Châtel
Luisetaines
Sigy
Everly
les Ormes-s-Voulzie
Pamfou
Echouboulains
Machault
Valence-en-Brie
Montigny-Lencoup
Abbaye de Preuilly
Vimpelles
Sauveur-lès-Bray
Vulaines-s-Seine
Forêt de St Martin
Laval-en-Brie
Salins
Egligny
Châtenay-s-Seine
Bray-s-Seine
Mousseaux-lès-Bray
Villenauxe-la-Petite
Jaulnes
87
Bois de Valence
Samoreau
Forges
Courcelles-en-Bassée
Montereau Fault-Yonne
Gravon
Balloy
Bazoches-lès-Bray
St Germain-Laval
la Tombe
Marolles-s-Seine
Montigny-le-Guesdier
Moret-s-Loing
Varennes-s-Seine
Barbey
Misy-s-Yonne
Cannes-Ecluse
Compigny
Ville-St Jacques
Esmans
Vinneuf
Courlon-s-Yonne
Sergines
Ecuelles
Montarlot
la Brosse-Montceaux
Villeneuve-la-Guyard
Episy
Villecerf
Montmachoux
Villeblevin
Chaumont
Champigny
Serbonnes
Dormelles
Flagy
St Agnan
Villemanoche
Michery
Villemer
Thoury-Férottes
Bois de Champigny
Pont-s-Yonne
la Chapelle-s-Oreuse
Nonville
Treuzy
Voulx
Diant
Gisy-les-Nobles
Villemaréchal
St Ange-le-Vieil
Chevry-en-Sereine
Blennes
Villethierry
Villeperrot
Evry
Cuy
Nanteau-s-Lunain
Paley
Lorrez-le-Bocage
Vallery
Lixy
St Sérotin
Villenavotte
Soucy
Préaux
Vaux-s-Lunain
Brannay
Nailly
St Clément
Poligny
Remauville
Villebéon
Chéroy
Dollot
St Martin-du-Tertre
Chaintreaux
Villebougis
Egreville
Jouy
Montacher
St Valérien
Villeroy
Subligny
Paron
Fouchères
112
Bransles
Villegardin
A
B
C

89
D
E
F
63
90
113
1
2
3
4
Villiers-St Georges
Nesle-la-Reposte
Louan
Bois de Bethon
Bethon
Traconne
Barbonne-Fayel
Fontaine-Denis-Nuisy
Villeneuve-St Vistre-et-Villevotte
Anglure
Marsangis
Marigny
Anglusselles-et-Courcelles
Queudes
Saudoy
Les Essarts-le-Vicomte
La Forestière
St Bon
Chalautre-la-Grande
Villegruis
Villenauxe-la-Grande
Montgenost
Potangis
Villiers-aux-Corneilles
Chantemerle
La Celle-s/s-Chantemerle
Allemanche-Launay-et-Soyer
Baudement
Granges-s-Aube
Plessis-Barbuise
Barbuise
La Villeneuve-au-Châtelot
Esclavolles-Lurey
Marcilly-s-Seine
Conflans-s-Seine
St Just-Sauvage
Bagneux
Longueville-s-Aube
Étrelles-s-Aube
Montpothier
Léchelle
La Saulsotte
Périgny-la-Rose
Courtavant
Crancey
Romilly-s-Seine
Maizières-la-Gde-Paroisse
Clesles
St Oulph
Méry-s-Seine
Châtres
Mesgrigny
St Nicolas-la-Chapelle
Nogent-s-Seine
Pont-s-Seine
Marnay-s-Seine
St Hilaire-s/s-Romilly
Gélannes
Pars-lès-Romilly
Les Granges
Origny-le-Sec
Vallant-St Georges
Fontaine-les-Grès
Melz-s-Seine
Le Mériot
La Motte-Tilly
Fontaine-Mâcon
St Aubin
Quincey
Ferreux-Quincey
St Loup-de-Buffigny
La Fosse-Corduan
St Martin-de-Bossenay
Ossey-les-Trois-Maisons
Orvilliers-St Julien
Courceroy
Villiers-s-Seine
Fontenay-de-Bossery
Gumery
Trainel
Bouy-s-Orvin
Avant-lès-Marcilly
Fay-lès-Marcilly
Rigny-la-Nonneuse
St Flavy
Marigny-le-Châtel
Echemines
Fontaine-Fourches
Soligny-les-Étangs
Charmoy
Avon-la-Pèze
Prunay-Belleville
La Louptière-Thénard
Trancault
Bourdenay
Marcilly-le-Hayer
St Lupien
Le Pavillon-Ste Julie
Villeloup
Perceneige
St Maurice-aux-Riches-Hommes
Bercenay-le-Hayer
Faux-Villecerf
Dierrey-St Pierre
Dierrey-St Julien
Pouy-s-Vannes
Villadin
Mesnil-St Loup
Thorigny-s-Oreuse
Courgenay
Pâlis
Macey
Fontvannes
La Postolle
Planty
Estissac
Bucey-en-Othe
Villemaur-s-Vanne
St Benoist-s-Vanne
Villeneuve-l'Archevêque
Molinons
Foissy-s-Vanne
Flacy
Vulaines
Paisy-Cosdon
Aix-en-Othe
Chennegy
Bercenay-en-Othe
Chigy
Rigny-le-Ferron
Villemoiron-en-Othe
Villiers-Louis
Pont-s-Vanne
Les Sièges
Vareilles
Cérilly
Bérulle
St Mards-en-Othe
Noé
Coulours
Fournaudin
Maraye-en-Othe
Forêt de Lancy
Bois de Cornillon
Bois l'Abbesse
A 5 - E 511 - E 54
N 60
N 19
Camp militaire

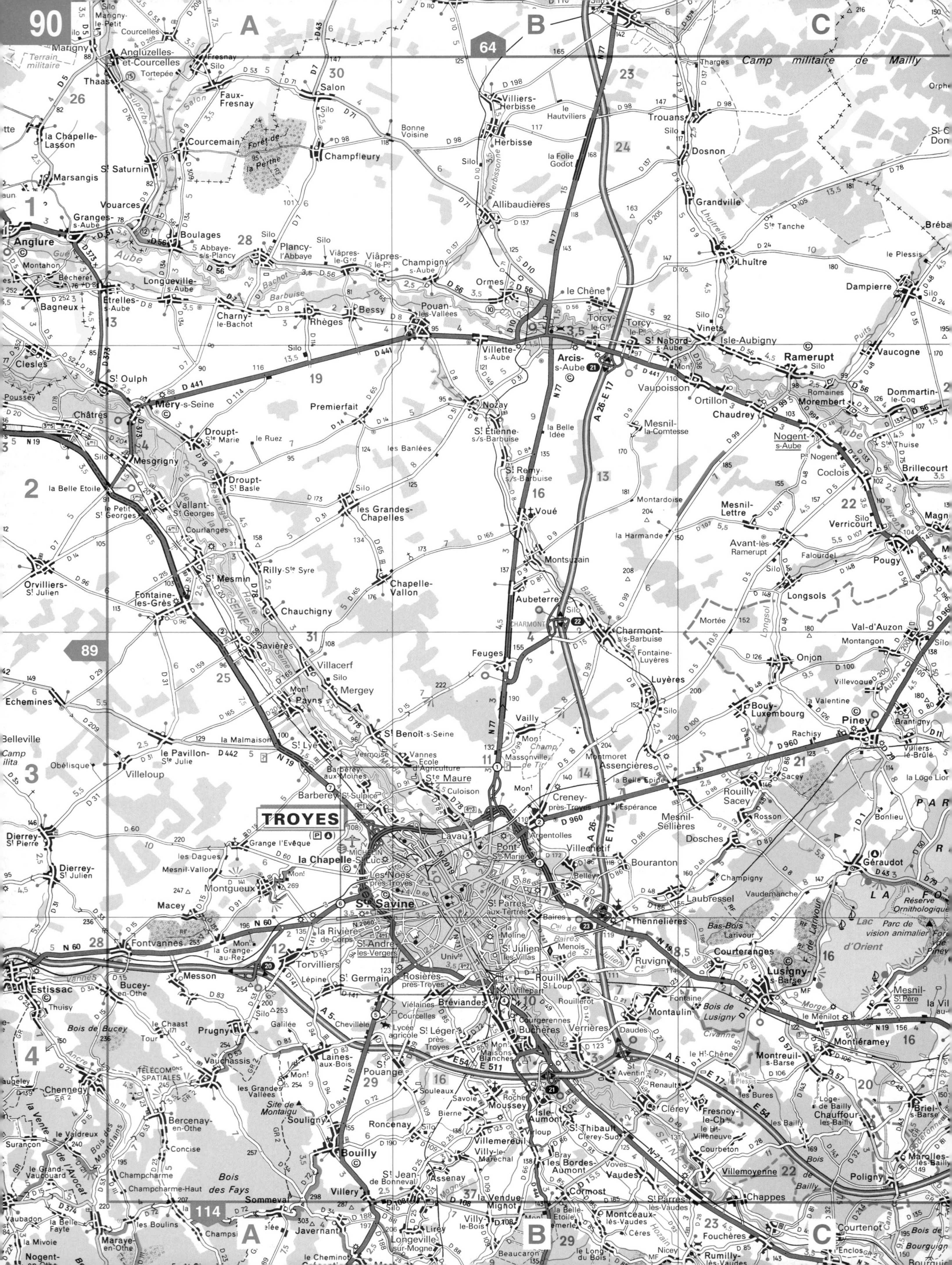
A
B
C
64
89
114
1
2
3
4
Camp militaire de Mailly
Terrain militaire
Marigny
Anglure
Granges-s-Aube
Angluzelles-et-Courcelles
Thaas
Faux-Fresnay
Salon
Villiers-Herbisse
Herbisse
Trouans
Dosnon
la Chapelle-Lasson
Courcemain
Forêt de la Perthe
Champfleury
St Saturnin
Marsangis
Vouarces
Boulages
Plancy-l'Abbaye
Viâpres-le-Pt
Champigny-s-Aube
Allibaudières
Grandville
Lhuître
Dampierre
Longueville-s-Aube
Etrelles-s-Aube
Bagneux
Charny-le-Bachot
Rhèges
Bessy
Pouan-les-Vallées
Ormes
le Chêne
Torcy-le-Gd
Torcy-le-Pt
St Nabord-s-Aube
Vinets
Isle-Aubigny
Ramerupt
Vaucogne
Clesles
St Oulph
Méry-s-Seine
Premierfait
Villette-s-Aube
Arcis-s-Aube
Vaupoisson
Ortillon
Chaudrey
Morembert
Dommartin-le-Coq
Châtres
Droupt-Ste Marie
Nozay
St Etienne-s/s-Barbuise
Mesnil-la-Comtesse
Nogent-s-Aube
Mesgrigny
Droupt-St Basle
St Remy-s/s-Barbuise
Coclois
Brillecourt
la Belle Etoile
Vallant-St Georges
les Grandes-Chapelles
Voué
Mesnil-Lettre
Verricourt
Orvilliers-St Julien
St Mesmin
Rilly-Ste Syre
Montsuzain
Avant-lès-Ramerupt
Pougy
Fontaine-les-Grès
Chapelle-Vallon
Aubeterre
Longsols
Chauchigny
Charmont-s/s-Barbuise
Val-d'Auzon
Savières
Feuges
Fontaine-Luyères
Onjon
Villacerf
Mergey
Luyères
Echemines
Payns
St Benoît-s-Seine
Vailly
Bouy-Luxembourg
Piney
le Pavillon-Ste Julie
St Lyé
Assencières
Villeloup
Barberey-St-Sulpice
Ste Maure
Creney-près-Troyes
Rouilly-Sacey
TROYES
Lavau
Pont-Ste Marie
Mesnil-Sellières
Dierrey-St Pierre
Grange l'Evêque
la Chapelle-St Luc
Villechétif
Bouranton
Dosches
Géraudot
Dierrey-St Julien
Montgueux
Les Noës-près-Troyes
Ste Savine
St Parres-aux-Tertres
Laubressel
Thennelières
Macey
Fontvannes
la Rivière-de-Corps
St André-les-Vergers
St Julien-les-Villas
Ruvigny
Courteranges
Lac d'Orient
Lusigny-s-Barse
Mesnil-St Père
Estissac
Messon
Torvilliers
Rosières-près-Troyes
Rouilly-St Loup
Montaulin
Bucey-en-Othe
Bréviandes
Bois de Lusigny
Montiéramey
Prugny
St Léger-près-Troyes
Bucheres
Verrières
Montreuil-s-Barse
Chennegy
Vauchassis
Laines-aux-Bois
St Pouange
Moussey
Isle-Aumont
Clérey
Fresnoy-le-Chau
Chauffour-lès-Bailly
Briel-s-Barse
Bercenay-en-Othe
Soulignу
Roncenay
Villemereuil
St Thibault
Bouilly
Bois des Fays
Sommeval
Villery
St Jean-de Bonneval
Assenay
les Bordes-Aumont
Cormost
Vaudes
Villemoyenne
Chappes
Poligny
Marolles-lès-Bailly
Javernant
Lirey
Longeville-sur-Mogne
Villy-le-Bois
Montceaux-lès-Vaudes
St Parres-lès-Vaudes
Fouchères
Rumilly-lès-Vaudes
Courtenot
SEINE
Aube
A 26-E 17
A 5
N 19
N 60
N 71
N 77
D 441
D 960

D
E
F
65
St Dizier
Humbauville
la Certine
la Breuille
les Rivières-Henruel
Arzillières-Neuville
Moncetz-l'Abbaye
Larzicourt
Hauteville
Sapignicourt
Ambrières
Hallignicourt
le Meix-Tiercelin
Perthes
les Mandres
St Chéron
Isle-s-Marne
St Remy-en-Bouzemont-St Genest-et-Isson
Marne
Laneuville-au-Pont
Moëslains
Valcourt
les Monts Torlors
la Verpillière
la Malmaison
Bussy-aux-Bois
Gigny-Bussy
Arrigny
Ecollement
Ste Marie-du-Lac-Nuisement
Blaise-s/s-Hauteville
Landricourt
Eclaron-Braucourt-Ste Livière
St Aubin
St Étienne
Somsois
Brandonvillers
Presqu'île de Larzicourt
Humbécourt
Bois de l'Argentolle
Réserve Ornithologique
Cornée du Der
Presqu'île de Nemours
Corbeil
Chapelaine
Lignon
Etang de la Fosse aux Bois
Drosnay
les Hts Landres
Maison de l'Oiseau et du Poisson
Port de Chantecoq
Lac du Der-Chantecoq
Giffaumont-Champaubert
Presqu'île de Champaubert
Allichamps
Hancourt
Margerie-Hancourt
la Hte Rue
Outines
Châtillon-s-Broué
Carrefeur de Beaulieu
Louvemont
St Utin
la Nauroy
Arrembécourt
le Voy
Ferme de Berzillières
Braucourt
Attancourt
St Léger-s/s-Margerie
Chassericourt
Joncreuil
Bailly-le-Franc
Droyes
Frampas
Wassy
Chavanges
Balignicourt
Pars-lès-Chavanges
Forêt de Lentilles
les Granges
Planrupt
Voillecomte
Montmorency-Beaufort
Lentilles
Puellemontier
Montier-en-Der
Braux
Yèvres-le-Petit
Etang de la Horre
Gervilliers
Ceffonds
la Varnière
Laneuville-à-Rémy
Montreuil-s-Blaise
Aulnay
Courcelles-s-Voire
Rances
Villeret
Hampigny
Grandmont
Pré Godot
les Sellières
la Bouverie
Robert-Magny-Laneuville-à-Rémy
Bailly-aux-Forges
Rosnay-l'Hôpital
Blignicourt
Boulancourt
Longeville-s-la-Laines
la Grève
Billory
Chalette-s-Voire
Bétignicourt
Vallentigny
Thilleux
Cour des Pruneaux
Ville-en-Blaisois
Lesmont
St Christophe-Dodinicourt
Lassicourt
Maizières-lès-Brienne
Louze
Perthes-lès-Brienne
Epothémont
Etang de Blanche Terre
Rozières
Mertrud
Courcelles-s-Blaise
92
Précy-Notre-Dame
Précy-St Martin
St Léger-s/s-Brienne
Juzanvigny
Bois-Lassus
Sauvage-Magny
Sommevoire
Camp militaire
Bridenne
Bois d'Humégnil
la Ville-aux-Bois
Anglus
Dommartin-le-St Père
Blaincourt-s-Aube
Epagne
Brienne-le-Château
Crespy-le-Neuf
Morvilliers
ANDRA
Forêt de Soulaines
Ste Colombe
Bois Monsieur
Bois de la Pissotte
Villiers-aux-Chênes
Doulevant-le-Château
Mathaux
Radonvilliers
Brienne-la-Vieille
Bois de Chantecoq
St Victor
Soulaines-Dhuys
Nully-Trémilly
Blumeray
Bois de l'Aillemont
Brévonnes
Chaumesnil
la Chaise
Trémilly
Thil
Humbersin
Arnancourt
Dienville
Chantemerle
l'Etape
Petit-Mesnil
la Giberie
Etang de Ramerupt
Bois de Pute-Bête
la Rothière
Fuligny
Ville-s-Terre
la Gaîté
Cirey-s-Blaise
NATUREL
Lac Amance
Unienville
Bois de la Rothière
Etang de Laborde
Vernonvilliers
Fresnay
Beurville
Chânet
les Grands Ordons
Forêt de Blinfey
Bouzancourt
Juvanzé
Beaulieu
Eclance
Bois de Beauregard
Thors
Forêt d'Orient
Chêne
B. de Dienville
Jessains
Trannes
Lévigny
Maisons-lès-Soulaines
Bois de Hantelle
Daillancourt
Maison du Parc
la Ville aux Bois
Amance
Bossancourt
Rizaucourt-Buchey
Champcourt
Harricourt
Maison-Neuve
Bois de Courtgain
Saulcy
la Loge-aux-Chèvres
Etang du Parc aux Pourceaux
Vauchonvilliers
Dolancourt
Arsonval
Montier-en-l'Isle
Engente
Arrentières
Colombé-la-Fosse
Cornet
Buchey
Bierne
Argentolles
Pratz
le Chanet
Nigloland
Argançon
Jaucourt
Ailleville
Moulin
Fme du Cellier
Colombé-le-Sec
Vendeuvre-s-Barse
Val Suzenay
le Gagnage-aux-Chats
Magny-Fouchard
Gagnage
Maison-des-Champs
Voigny
Rouvres-les-Vignes
Champ-s-Barse
Spoy
Fravaux
Proverville
Bar-s-Aube
Lignol-le-Château
Laville-neuve-aux-Fresnes
Mémorial
la Boisserie
Colombey-les-deux-Eglises
Nuisement
Ste Germaine
Aube
Belroy
la Pipière
Puits-et-Nuisement
Montmartin-le-Haut
Fontaine
Bayel
Meurville
Forêt de Bossican
Couvignon
le Val Perdu
Bois de Pimeux
la Belle Idée
Baroville
Forêt des Dhuits
Thieffrain
Bois de Villy en Trodes
Longpré-le-Sec
Bergères
Bois de Barramont
la Borde
Montheries
Villers
Beurey
Magnant
A 5-E 17-E 54
Bligny
Urville
la Bretonnière
Forges-St Bernard
Etang du Patis
Arconville
Clairvaux
Maison Centrale
Laville-neuve-au-Roi
Rennepont
115
Vitry-le-Croisé
Fraville
Outre-Aube
Champignol-lez-Mondeville
Equilly
Fontaine St Bernard
Maranville
Forêt de Bois-Genard
CLAIRVAUX
D 396
D 960
D 400
D 384
N 19
N 4

St Dizier
Bettancourt la-Ferrée
Ancerville
Stainville
Aulnois-en-Perthois
Longeaux
Boviolles
Cousances-les-Forges
Chamouilley
Savonnières-en-Perthois
Juvigny-en-Perthois
Fouchères-aux-Bois
Ménil-s-Saulx
Le Bouchon-s-Saulx
Villers-le-Sec
Hévilliers
St Amand-s-Ornain
Tréveray
St Joire
Moëslains
Valcourt
Roches-s-Marne
Eurville-Bienville
Narcy
Brauvilliers
Dammarie-s-Saulx
Couvertpuis
Morley
Forêt de Morley
Humbécourt
la Belle-Maison
Forêt du Val
Bayard-sur-Marne
Fontaines-s-Marne
Chevillon
Montiers-s-Saulx
Biencourt-s-Orge
Ribeaucourt
Baudignécourt
Houdelaincourt
Louvemont
Champ-Gerbeau
Troisfontaines-la-Ville
Laneuville-à-Bayard
Rachecourt-s-Marne
Attancourt
Wassy
Magneux
Sommancourt
Breuil-s-Marne
Osne-le-Val
Paroy-s-Saulx
Effincourt
Bure
Saudron
Mandres-en-Barrois
Voillecomte
Brousseval
Maizières
Chatonrupt-Sommermont
Curel
Autigny-le-Petit
Autigny-le-Grand
Pancey
Gillaumé
Échenay
Montreuil-s-Blaise
Vaux-s-Blaise
Domblain
Fays
Vecqueville
Bussy
Thonnance-lès-Joinville
Cirfontaines-en-Ornois
Beaupré
Rachecourt-Suzémont
Doulevant-le-Petit
Guindrecourt-aux-Ormes
Joinville
Suzannecourt
Aingoulaincourt
Saily
Lezéville
Bailly-aux-Forges
Ville-en-Blaisois
Morancourt
Nomécourt
Rupt
Poissons
Noncourt-s-le-Rongeant
Thonnance-les-Moulins
Germay
Mertrud
Courcelles-s-Blaise
Dommartin-le-Franc
Mathons
Forêt de Mathons
Fronville
St Urbain-Maconcourt
Germisay
Annonville
Dommartin-le-St Père
Baudrecourt
Charmes-la-Grande
Ferrière-et-Lafolie
Blécourt
Vaux-s-St Urbain
Epizon
Doulevant-le-Chau
Brachay
Mussey-s-M.
Donjeux
Domremy-Landéville
Morionvilliers
Chambroncourt
Charmes-en-l'Angle
Flammérécourt
Arnancourt
Rouvroy-s-Marne
Saucourt-s-Rognon
Pautaines-Augeville
Leurville
Cirey-s-Blaise
Leschères-s-le-Blaiseron
Gudmont-Villiers
Rouécourt
Villiers-s-Marne
Doulaincourt-Saucourt
Busson
Bouzancourt
Ambonville
Cerisières
Roches-Bettaincourt
Orquevaux
Froncles
Buxières
Reynel
Humberville
St Blin
Daillancourt
Guindrecourt-s-Blaise
Mirbel
Vignory
Montot-s-Rognon
Vignes-la-Côte
Manois
Rizaucourt-Buchey
Marbéville
la Genevroye
Vouécourt
Signéville
Curmont
Soncourt-s-Marne
Rimaucourt
Lamothe-en-Blaisy
Vraincourt
Viéville
Abbe de Septfontaines
Andelot-Blancheville
Colombey-les-deux-Églises
Oudincourt
Rochefort-s-la-Côte
Ormoy-lès-Sexfontaines
Roôcourt-la-Côte
Chantraines
Ecot-la-Combe
Lamancine
Bologne
Briaucourt
Cirey-lès-Mareilles
Sexfontaines
Annéville-la-Prairie
Lachapelle-en-Blaisy
Meures
Mareilles
Forêt de la Crête
Forêt des Dhuits
Juzennecourt
Riaucourt
Darmannes
Bourdons-s-Rognon
Blaisy
Montheries
Gillancourt
Laharmand
Forcey
Lavilleneuve-au-Roi
Sarcicourt
Brethenay
Condes
Treix
Rennepont
St Martin-s-la-Renne
Jonchery
Euffigneix
Buxereuilles
Reclancourt
le Puits-des-Mèzes
Bon-Espoir
Esnouveaux
Millières
Forêt de Bois-Gérard
66
91
116

D
E
F
67
94
117
Forêt de Vaucouleurs
Vaucouleurs
Sauvoy
Ugny-s-Meuse
Gombervaux
Rigny-la-Salle
Rigny-St Martin
Bois de Domgermain
Domgermain
Charmes-la-Côte
Forêt de l'Essart
St Fiacre
Mont-le-Vignoble
Gye
Bicqueley
Reffroy
Bois de Touvigny
le Haut Bois
Villeroy-s-Méholle
Chalaines
Tusey
Colomoy
Blénod-lès-Toul
Moutrot
Crézilles
Ochey
Bois Juré
Viterne
Thuilley-aux-Groseilles
la Grangette
Mauvages
Montigny-lès-Vaucouleurs
Gibeaumeix
Uruffe
Forêt de Meine
le Grand Bois
Bois de la Dame
Bulligny
Demange-aux-Eaux
le Charmois
Forêt de Montigny
Neuville-lès-Vaucouleurs
Vieux-Astre
Burey-en-Vaux
Sepvigny
Vannes-le-Châtel
Allamps
Barisey-la-Côte
Bagneux
Allain
Bois d'Anciota
Germiny
Delouze-Rosières
Rosières-en-Blois
Badonvillers-Gérauvilliers
Gérauvilliers
Epiez-s-Meuse
Champougny
Pagny-la-Blanche-Côte
la Cristallerie
Housselmont
Colombey-les-Belles
Crépey
Abainville
Maxey-s-Vaise
Taillancourt
Montbras
Saulxures-lès-Vannes
Bois de Saulxures
Barisey-au-Plain
la Grande Vallée
Forêt dite le Vau-Haton
Amanty
Traveron
Bois de Colombey
Selaincourt
Mont d'Anon
Forêt de Goviller
Goviller
Gondrecourt-le-Château
Burey-la-Côte
Bois du Gd Chenois
Bois de Burey
Sauvigny
Mont-l'Etroit
Clérey-la-Côte
Bois de Selaincourt
Val le Prêtre
Dolcourt
Souveraincourt
Horville-en-Ornois
Forêt du Vau
Vouthon-Haut
Vouthon-Bas
Goussaincourt
Chie de Montcourt
Punerot
Autreville
Harmonville
Saulxerotte
la Feuillée
Laloeuf
Favières
Puxe
Brixey-aux-Chanoines
Ruppes
Bois de Greux
Forêt de Saint-Amond
Berthelévile
Beaupré
les Roises
Bois de Vaudeville
Vaudeville-le-Haut
Greux
Maxey-s-Meuse
Jubainville
Graux
Bois du Raidon
Battigny
Gélaucourt
Domrémy-la-Pucelle
Bois de Domrémy
Basilique du Bois-Chenu
N.D. de Chécourt
Dainville
Seraumont
Moncel
Moncel-s-Vair
Martigny-les-Gerbonvaux
Boinville
Tranqueville-Graux
Grand Rinchard
Vandeléville
Bois du Fays
Avranville
Chermisey
Goutecourt
Coussey
Brancourt
St Elophe
Bois d'Autigny
Autigny-la-Tour
la Hayevaux
Gémonville
Tramont-Emy
Tramont-St André
Tramont-Lassus
Fécocourt
Pulney
Grimonviller
les Hamets
les Gourseaux Bois
Sionne
Soulosse-s-St Elophe
Fruze
Harchéchamp
Bois d'Attignéville
Attignéville
Aroffe
Soncourt
Vicherey
Beuvezin
Grand
Ruines romaines
Bois de Midrevaux
Midrevaux
Bourlémont
Bois de Bourlémont
Frebécourt
Bois du Hatro
Barville
Houéville
Aouze
Pleuvezain
Removille
Maconcourt
Courcelles
Aboncourt
Bois des Fontenelles
Forêt de Mureau
Pargny-s/s-Mureau
Brechainville
la Violette
Abbé
Mont-les-Neufchâteau
Rouceux
St Anne
Rollainville
Forêt de Neufeys
Imbrécourt
Rainville
St Prancher
Chef-Haut
Audeuil
Forêt de Maupas
Villouxel
Noncourt
Neufchâteau
Rebeuville
l'Etanche
le Rendez-Vous
Vouxey
Dolaincourt
le Ménil-s-Vair
Dommartin-s-Vraine
Repel
Oëlleville
Aillianville
les Hauts Bois
Bois le Comte
Fréville
Bois Henrys
Bois de Certilleux
Balléville
Courcelles-s/s-Châtenois
Viocourt
St Paul
Morelmaison
Totainville
Biécourt
le Tivoli
Liffol-le-Grand
Bois de la Vendue
Villars
Rouvres-la-Chétive
Bois de St Rémy
Valaincourt
Gironcourt-s-Vraine
Châtenois
Houécourt
Ménil-en-Xaintois
Dombasle-en-Xaintois
la Bergère
Forêt de la Bouloire
Liffol-le-Petit
Bazoilles-s-Meuse
Bois du Fays
Bréchaincourt
Certilleux
Tilleux
le Haut
le Bas
Mannecourt
la Neuveville-s/s-Châtenois
St Menge
Gemmelaincourt
Lafauche
Montlebert
le Chênois
le Corroy
Forêt du Jarney
Bois Gérard
Circourt-s-Mouzon
Landaville
Longchamp-s/s-Châtenois
Rémois
Darney-aux-Chênes
Dombrot-s-Vair
Bois de la Voivre
Prez-s/s-Lafauche
les Hauts Bois
N.D. du Pilier de Saragosse
N.D. de Pitié
Lemmecourt
Bany
Ollainville
Sandaucourt
Belmont-s-Vair
Parey-s/s-Montfort
Domjulien
le Corroy
Semilly
l'Espérance
Dôme
Harréville-les-Chanteurs
Pompierre
Jainvillotte
Bois St Charles
Beaufremont
Aulnois
Hagnéville-et-Roncourt
St Remimont
Grand Montot
Goncourt
Sartes
Gendreville
Auzainvilliers
Morville
Bois du Seigneur
They-s/s-Montfort
la Neuveville-s/s-Montfort
Mont St Jean
Chalvraines
Bois de Goncourt
Bois de Chalvraines
le Charmoi
Sommerécourt
Roncourt
Mandres-s-Vair
Côte de Lorima
Outremécourt
Vaudoncourt
Bulgnéville
Norroy
Vittel
Harévill
les Mailles
la Fortelle
Illoud
Gonaincourt
la Motte
Médonville
Malaincourt
Bois d'Enfer
Aingeville
Lac de la Folie
Outrancourt
Bois de Romain
St Thiébault
Bourmont
Vaudrecourt
Bois de Bourmont
Bois de Fréhaut
Soulaucourt-s-Mouzon
Bois des Coraux
Saulxures-lès-Bulgnéville
Contrexéville
Clinchamp
Morvau
Nijon
Urville
St Ouen-lès-Parey
Col des Clochettes
Monthureux-le-Sec
Ozières
Romain-s-Meuse
Bourg-Ste Marie
Brainville-s-Meuse
le Bois Banal
Graffigny-Chemin
Vrécourt
Suriauville
Lignéville
Thuillières
Hâcourt
Bois de la Bouloie
Huilliécourt
Malaincourt-s-Meuse
Sauville
la Rouillie
Crainvilliers
St Baslemont
Dombrot-le-Sec
Col du Haut de Salin
Thol-lès-Millières
Doncourt-s-Meuse
Chaumont-la-Ville
Robécourt
la Fennecière
la Vacheresse-et-la-Rouillie
Provenchères-lès-Darney
Vroncourt-la-Côte
Levécourt
Bois du Creuchot
Forêt de Longchamp
Champigneulles-en-Bassigny
Blevaincourt
Rozières-s-Mouzon
Boëne
Viviers-le-Gras
Gignéville
Germainvilliers
1
2
3
4

94
A
B
C
68
Neuves-Maisons
Pont-St Vincent
Lupcourt
Manoncourt-en-Vermois
Rosières-aux-Salines
Lunéville
Forêt de Vitrimont
Viterne
Maizières
Thuilley-aux-Groseilles
Bainville-s-Madon
Méréville
Richardménil
Azelot
Burthecourt-aux-Chênes
Flavigny-s-Moselle
Coyviller
Damelevières
Blainville-s-l'Eau
Charmois
Mont-s-Meurthe
Rehainviller
Xermaménil
Lamath
Forêt de la Voivre
Marthemont
Xeuilley
Frolois
Pierreville
Pulligny
Tonnoy
Ferrières
Saffais
Vigneulles
Barbonville
Haussonville
Domptail-en-l'Air
Romain
Germiny
Thélod
Parey-St Césaire
Autrey
Houdelmont
Ceintrey
Voinémont
Benney
Crévéchamps
Velle-s-Moselle
Forêt de Benney
Méhoncourt
Franconville
Haudonville
Crépey
Clérey-s-Brénon
Houdreville
Hammeville
Omelmont
Lemainville
St Remimont
Ormes-et-Ville
Neuviller-s-Moselle
St Mard
Lorey
Landécourt
Einvaux
Gerbéviller
Selaincourt
Goviller
Vézelise
Gerbécourt-et-Haplemont
Ville-s-Madon
Bois d'Ormes
Laneuveville-devant-Bayon
Bayon
Haigneville
Brémoncourt
Clayeures
Moriviller
Dolcourt
Vitrey
Ognéville
Tantonville
Haroué
Cranténoy
Roville-devant-Bayon
Froville
Remenoville
Seranville
Saulxerotte
Souveraincourt
Quevilloncourt
Vroncourt
Affracourt
Vaudeville
Mangonville
Leménil-Mitry
Virecourt
Villacourt
Borville
Rozelieures
Vennezey
Gireuil
Favières
Battigny
Laloeuf
Gélaucourt
Etreval
Forcelles-St Gorgon
Chaouilley
Praye
Xirocourt
Vaudigny
Lebeuville
Bainville-aux-Miroirs
Bois de Villacourt
St Germain
Loromontzey
St Boingt
Essey-la-Côte
Côte d'Essey
Bois du Grand Richard
Vandeléville
Thorey-Lyautey
Sion
Saxon-Sion
Vaudémont
Dommarie-Eulmont
Signal de Vaudémont
la Cense-Rouge
St Firmin
Jevoncourt
Gripport
Chamagne
St Remy-aux-Bois
Damas-aux-Bois
Tramont-Emy
Tramont-St André
Tramont-Lassus
Fécocourt
Pulney
Gugney
Grimonviller
They-s/s-Vaudemont
Forcelles-s/s-Gugney
Housséville
Diarville
Battexey
Marainville-s-Madon
Germonville
Hergugney
Socourt
Forêt de Charmes
Charmes
Essegney
Langley
Forêt de Ternes
Rehaincourt
Beuvezin
Fraisnes-en-Saintois
Courcelles
Bouzanville
Xaronval
Avrainville
Florémont
Voméecourt-s-Madon
Pont-s-Madon
Maconcourt
Aboncourt
Blémerey
Chef-Haut
Boulaincourt
Frenelle-la-Grande
Ambacourt
Savigny
Rugney
Brantigny
Vincey
Portieux
Forêt de Fraize
Moriville
St Prancher
Repel
Frenelle-la-Petite
Puzieux
Bettoncourt
Vieville
Gircourt-lès-Viéville
Ubexy
Evaux-et-Ménil
Châtel-s-Moselle
Hadigny-les-Verrières
93
Morelmaison
Oëlleville
Juvaincourt
Chauffecourt
Bouxurulles
Varmonzey
Zincourt
Biécourt
Totainville
Baudricourt
Domvallier
Poussay
Mazirot
Mirecourt
Villers
Avillers
Rapey
Gugney-aux-Aulx
Nomexy
Ramecourt
Jorxey
Pallegney
Ménil-en-Xaintois
Dombasle-en-Xaintois
Rouvres-en-Xaintois
Bettegney-St Brice
Madegney
Vaxoncourt
St Menge
Thiraucourt
Remicourt
Mattaincourt
Ahéville
Vaubexy
Regney
Frizon
Igney
Bois de la Voivre
Gemmelaincourt
Offroicourt
Viviers-lès-Offroicourt
Hymont
Velotte-et-Tatignécourt
Bazegney
Derbamont
St Vallier
Bouxières-aux-Bois
Girmont
Estrennes
Bazoilles-et-Ménil
Racécourt
Circourt
Oncourt
Thaon-les-Vosges
Belmont-s-Vair
Parey-s/s-Montfort
Girovillers-s/s-Montfort
Domèvre-s/s-Montfort
Valleroy-aux-Saules
Maroncourt
Bouzemont
Mazeley
Chavelot
St Remimont
Domjulien
Rozerotte
Madecourt
Hagécourt
Madonne-et-Lamerey
Bocquegney
Gigney
Forêt de Fraize
They-s/s-Montfort
Grand Montot
la Neuveville-s/s-Montfort
Remoncourt
Rancourt
Dompaire
Fomerey
Domèvre-s-Avière
Dogneville
Mont St Jean
Côte de Lorima
Heucheloup
Bainville-aux-Saules
Begnécourt
Gelvécourt-et-Adompt
Damas-et-Bettegney
Hennecourt
Darnieulles
Golbey
Vittel
Haréville
Valfroicourt
Adompt
les Ableuvenettes
Gorhey
Uxegney
les Forges
Valleroy-le-Sec
Xiroux
Frénois
Légéville-et-Bonfays
Ville-s-Illon
Adoncourt
Chaumousey
Sanchey
Chantraine
Contrexéville
Monthureux-le-Sec
Bois de Curé
Esley
Pont-lès-Bonfays
Pierrefitte
Girancourt
Dommartin-aux-Bois
Épinal
Col des Clochettes
Lignéville
Thuillières
Sans-Vallois
les Vallois
Harol
Bouzey
Renauvoid
St Baslemont
Chèvre-Roche
le Réchaux
Dommartin-lès-Vallois
Senonges
Lerrain
Escles
Etang de Puthière
Longeroye
le Ménil
Barbonfoing
le Bois-de-Girancourt
Fort du Thiéha
Dombrot-le-Sec
Col du Haut de Salin
Provenchères-lès-Darney
Rocher sculpté
Dombasle-devant-Darney
Jésonville
le Void-d'Escles
Fleuriot
Frison
la Fosse
Puttegney
Agémont
Saucenot
le Void-de-Girancourt
le Roulon
St Laurent
Saffrainménil
Uriménil
Dounoux
118
Viviers-le-Gras
Gignéville
Relanges
Forêt d'Armont
Nobaimont
Thiélouze
Réblangotte
Naymont
Mélomeni
Charmois-l'Orgueilleux
les Rochottes

D
E
F
69
70
96
119
1
2
3
4
Chanteheux
Croismare
Laneuveville-aux-Bois
Reillon
Gondrexon
Vého
Blémerey
Chazelles-s-Albe
Frémonville
Blâmont
Cirey-s-Vezouze
Lafrimbolle
Marainviller
Manonviller
Domjevin
Verdenal
Harbouey
Val-et-Châtillon
Moncel-lès-Lunéville
Thiébauménil
Forêt de Mondon
Bénaménil
St Martin
Fréménil
Domèvre-s-Vezouze
Halloville
Nonhigny
Petitmont
Herbéviller
Ogéviller
Réclonville
Mignéville
Laronxe
Buriville
Ancerviller
Montreux
Parux
St Sauveur
St Clément
Pettonville
Hablainville
Vaxainville
Montigny
Neuviller-lès-Badonviller
St Maurice-aux-Forges
Bréménil
Angomont
Chenevières
Badonviller
Vathiménil
Reherrey
Ste Pôle
Bionville
Vexaincourt
Luvigny
Flin
Azerailles
Brouville
Fenneviller
Allarmont
Moyen
Gélacourt
Merviller
Pexonne
Col de la Chapelotte
Glonville
Vacqueville
Pierre Percée
Vallois
Veney
Neufmaisons
Celles-s-Plaine
Magnières
Domptail
Baccarat
Deneuvre
Bertrichamps
Mattexey
St Pierremont
Forêt de Glonville
Thiaville-s-Meurthe
Lachapelle
Raon-l'Etape
Senones
Ménarmont
Moussey
Belval
Deinvilliers
Xaffévillers
Bazien
Nossoncourt
Ste Barbe
Ménil-s-Belvitte
Moyenmoutier
St Maurice-s-Mortagne
Doncières
Roville-aux-Chênes
Anglemont
Étival-Clairefontaine
Hurbache
Hardancourt
Fauconcourt
St Benoît-la-Chipotte
Col de la Chipotte
Grandrupt
Châtas
Ban-de-Sapt
Romont
St Genest
Brû
St Remy
Moyemont
Rambervillers
Jeanménil
Nompatelize
La Voivre
Denipaire
St Jean-d'Ormont
Forêt de Rambervillers
St Gorgon
La Salle
St Michel-s-Meurthe
Vomécourt
Housséras
La Bourgonce
St-Dié-des-Vosges
Badménil-aux-Bois
Bult
Autrey
Saulcy-s-Meurthe
Padoux
Ste Hélène
Forêt de Mortagne
Ste Marguerite
Destord
Mortagne
Les Rouges-Eaux
Taintrux
Villoncourt
Nonzeville
Pierrepont-s-l'Arentèle
Fremifontaine
Dompierre
Gugnécourt
Grandvillers
Brouvelieures
Coinches
Girecourt-s-Durbion
Domfaing
Forêt de Champ
Entre-deux-Eaux
Vaudéville
Méménil
Viménil
Vervezelle
Belmont-s-Buttant
Biffontaine
St Léonard
Longchamp
Fontenay
Bruyères
Lépanges-s-Vologne
Laveline-devt-Bruyères
Les Poulières
Anould
Fraize
Deyvillers
Aydoilles
Fays
La Houssière
Corcieux
Plainfaing
Champ-le-Duc
La Chapelle-devt-Bruyères
Charmois-devant-Bruyères
Deycimont
Beauménil
Herpelmont
Jussarupt
Aumontzey
Gerbépal
Le Roulier
La Baffe
La Neuveville-devant-Lépanges
Barbey-Seroux
Arrentès-de-Corcieux
Docelles
Cheniménil
Faucompierre
Granges-s-Vologne
Archettes
Xamontarupt
Laveline-du-Houx
Rehaupal
Tendon
Jarménil
Arches
Eloyes
Gérardmer
Col de Martimpré
Pouxeux
Col de Bonne Fontaine
Tête des Cuveaux
N 4
N 59
N 333
N 420
N 415
D 935

A
B
C
1
2
3
4
70
95
119
120
Schirmeck
Obernai
Mont-Ste Odile
Barr
le Hohwald
Champ du Feu
Andlau
Donon
Saales
Col de Saales
Ville
Dambach-la-Ville
Sélestat
Haut-Kœnigsbourg
Ste Marie-aux-Mines
Ribeauvillé
Riquewihr
Kaysersberg
Lapoutroie
Col du Bonhomme
Orbey
Turckheim
COLMAR
Munster
Col de la Schlucht
Hohneck
Petit Ballon
Rouffach
Neuf-Brisach
Eguisheim
Wintzenheim
Fraize
Provenchères-s-Fave
Col de Ste Marie
PARC
NATUREL
RÉGIONAL
DES
BALLONS
DES
VOSGES
Ammerschwihr
Bergheim
St Hippolyte
Kintzheim
Châtenois
Epfig
Lautenbach
Soultzmatt
Wasserbourg
Metzeral
le Tanet
le Linge
le Brézouard
Col du Calvaire
Trois-Epis
Labaroche
Lac Blanc
Gazon du Faing
Mittelbergheim
Dieffenthal
Scherwiller
Thannenkirch
Ostheim
Horbourg-Wihr
Andolsheim
Logelheim
Ste Croix-en-Plaine
Niederhergheim
Oberhergheim
Biltzheim
Niederentzen
Oberentzen
Gundolsheim
Westhalten
Pfaffenheim
Gueberschwihr
Hattstatt
Vœgtlinshoffen
Herrlisheim-près-Colmar
Wettolsheim
Ingersheim
Katzenthal
Sigolsheim
Bennwihr
Mittelwihr
Beblenheim
Zellenberg
Hunawihr
Guémar
Illhaeusern
Ohnenheim
Elsenheim
Grussenheim
Jebsheim
Riedwihr
Holtzwihr
Wickerschwihr
Muntzenheim
Fortschwihr
Urschenheim
Durrenentzen
Widensolen
Sundhoffen
Appenwihr
Wolfgantzen
Weckolsheim
Hettenschlag
Dessenheim
Rustenhart
Heidolsheim
Mussig
Ebersheim
Bœsenbiesen
Schnellenbuhl
Breitenheim
Zellwiller
St Pierre
Stotzheim
Valff
Niedernai
Goxwiller
Heiligenstein
Gertwiller
Bourgheim
Eichhoffen
Itterswiller
Bernardvillé
Reichsfeld
Nothalten
Blienschwiller
Ste Marguerite
Breitenbach
Albé
Triembach-au-Val
St Martin
Bassemberg
Lalaye
Urbeis
Fouchy
Breitenau
Neubois
la Vancelle
Lièpvre
Rombach-le-Franc
Lusse
Frapelle
Combrimont
Bertrimoutier
Wisembach
Gemaingoutte
Ban-de-Laveline
Coinches
Saulcy-s-Meurthe
Entre-deux-Eaux
Mandray
Plainfaing
le Bonhomme
Fréland
Aubure
Zimmerbach
Walbach
Gunsbach
Soultzeren
Stosswihr
Luttenbach-près-Munster
Breitenbach
Eschbach-au-Val
Griesbach
Sondernach
Mittlach
Schnepfenried
Linthal
Sengern
Kastelberg
Rainkopf
Grendelbruch
Natzwiller
Wildersbach
Neuviller-la-Roche
Fouday
Waldersbach
Solbach
Belmont
Bellefosse
Blancherupt
St Blaise-la-Roche
Colroy-la-Roche
Ranrupt
Steige
Maisonsgoutte
Bourg-Bruche
Saulxures
Grandrupt
Châtas
Belval
le Saulcy
Moussey
Ban-de-Sapt
Launois
St Jean-d'Ormont
Robache
St Dié-des-Vosges
Colroy-la-Grande
Lubine
la Petite-Fosse
Ste Croix-aux-Mines
St Léonard
Anould
le Valtin
Retournemer
Longemer
Wildenstein
Kruth
Rothenbachkopf
Col du Herrenberg
Schweisselwasen
Hilsenfirst
Klintzkopf
Col de Platzerwasel
Col du Firstplan
Osenbach
Wintzfelden
Soultzbach-les-Bains
Rorschwihr
Rodern
St Hippolyte
Orschwiller
Kintzheim

D E F

71

Limersheim
Schaeffersheim
St. Blaise
Erstein
Bolsenheim
Uttenheim
Westhouse
Osthouse
Matzenheim
Sand
Gerstheim
Obenheim
Huttenheim
Herbsheim
Daubensand
Boofzheim
Rossfeld
Rhinau
Witternheim
Friesenheim
Diebolsheim
Bindernheim
Hilsenheim
Wittisheim
Sundhouse
Saasenheim
Schoenau
Schwobsheim
Richtolsheim
Artolsheim
Bootzheim
Mackenheim
Marckolsheim
Sasbach
Jechtingen
Leiselheim
Burkheim
Oberrotweil
Niederrotweil
Achkarren
Ihringen
Breisach am Rhein
Volgelsheim
Vogelgrün
Algolsheim
Obersaasheim
Geiswasser
Heiteren
Nambsheim
Balgau

Réserve naturelle d'Erstein
Réserve naturelle de l'île de Rhinau
Europa-Park

Meißenheim
Schwanau-Ottenheim
Allmannsweier
Nonnenweier
Wittenweier
Kappel-Grafenhausen
Rust
Weisweil
Forchheim
Wyhl
Riegel
Endingen
Königschaffhausen
Amoltern
Kiechlinsbergen
Bahlingen
Vogtsburg
Eichstetten
Bötzingen
Gottenheim
Umkirch
Waltershofen
Merdingen
Opfingen
Tiengen
Munzingen
Schallstadt-Wolfenweiler
Mengen
Scherzingen
Norsingen
Hausen an-der-Möhlin
Feldkirch
Hartheim
Pfaffenweiler

Schutterzell
Kürzell
Schuttern
Friesenheim
Dinglingen
Lahr/Schwarzwald
Kippenheim
Mahlberg
Orschweier
Altdorf
Ettenheim
Ringsheim
Herbolzheim
Tutschfelden
Bleichheim
Wagenstadt
Kenzingen
Bombach
Hecklingen
Malterdingen
Köndringen
Teningen
Emmendingen
Nimburg
March
Holzhausen
Buchheim
Hugstetten
Hochdorf
Lehen
FREIBURG IM BREISGAU
St. Georgen
Ebringen
Merzhausen
Horben
Sölden
Bollschweil

Hofweier
Hohberg
Schopfheim
Diersburg
Oberweier
Heiligenzell
Sulz
Schmieheim
Wallburg
Münchweier
Ettenheimmünster
Broggingen
Landeck
Mundingen
Maleck
Hochburg
Sexau
Kollnau
Waldkirch
Buchholz
Denzlingen
Suggental
Gundelfingen
Heuweiler
Wildtal
Zähringen
Ebnet
Kappel
Wittental
Stegen
Kirchzarten
Zarten
Burg
Buchenbach
Oberried

Gengenbach
Berghaupten
Bermersbach
Biberach im Kinzigtal
Hohengeroldseck
Reichenbach
Seelbach
Schönberg
Prinzbach
Steinach
Welschensteinach
Schuttertal
Dörlinbach
Schweighausen
Freiamt
Tennenbach
Siegelau
Gutach im Breisgau
Winden
Elzach
Haslach im Kinzigtal
Hofstetten
Mühlenbach
Fischerbach
Zell am Harmersbach
Nordrach
Oberprechtal
Simonswald
Glottertal
St. Peter
St. Märgen
Vogtsbauernhof
Kandel
Kandelwald
Breitnau
Falkensteig

E 531
A 5 E 35
E 35

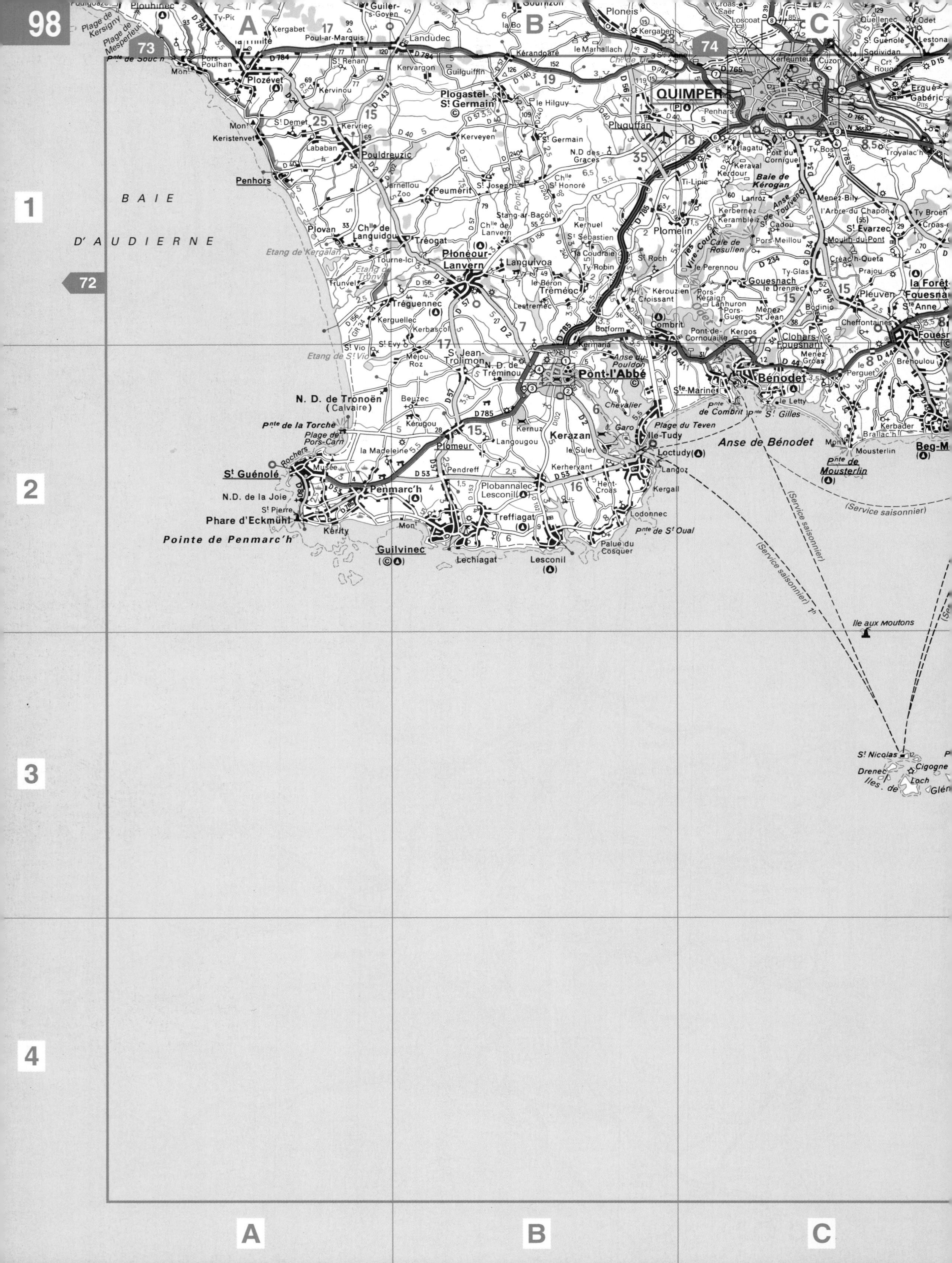
A
B
C
1
2
3
4
73
74
72
QUIMPER
BAIE
D'AUDIERNE
Plozévet
Plogastel-St Germain
Pouldreuzic
Penhors
Plovan
Chlle de Languidou
Tréogat
Plonéour-Lanvern
Peumérit
Pluguffan
Etang de Kergalan
Tréguennec
Languivoa
Tréméoc
Plomelin
Combrit
Gouesnach
Clohars-Fouesnant
Pleuven
la Forêt-Fouesnant
St Evarzec
Baie de Kérogan
Anse de Toulven
Cale de Rosulien
Pont-de-Cornouaille
Bénodet
Pont-l'Abbé
St Jean-Trolimon
N.D. de Tréminou
Etang de St Vio
N. D. de Tronoën (Calvaire)
Pnte de la Torche
Plage de Pors-Carn
St Guénolé
N.D. de la Joie
St Pierre
Phare d'Eckmühl
Pointe de Penmarc'h
Kérity
Penmarc'h
Plomeur
Guilvinec
Lechiagat
Treffiagat
Plobannalec-Lesconil
Lesconil
Palue du Cosquer
Pnte de St Oual
Loctudy
Langoz
Kergall
Lodonnec
Ile-Tudy
Plage du Teven
Kerazan
Anse du Pouldon
Ile Chevalier
Ste Marine
Pnte de Combrit
Pnte St Gilles
Anse de Bénodet
Mousterlin
Pnte de Mousterlin
Beg-Meil
(Service saisonnier)
Ile aux Moutons
St Nicolas
Drenec
Cigogne
Loch
Iles de Glénan
Ergué-Gabéric
Kerfeunteun
Landudec
Poul-ar-Marquis
Guiler-s-Goyen
Ploneis
Kergaben
Kerandoare
Plage de Kersigny
Plage de Mesperleuc
Pnte de Souc'h
Pors-Poulhan
St Demet
Kervinou
Kerviec
Keristenvet
Lababan
Jarnellou
Kerveyen
St Germain
N.D des Graces
Chlle St Honoré
St Joseph
Stang-ar-Bacol
Chlle de Lanvern
Kerhuel
St Sebastien
la Coudraie
Ty-Robin
St Roch
le Perennou
Kerouzien
le Croissant
Ty-Lipic
Kerlagatu
Pont du Cornguel
Keraval
Kerdour
Kerbernez
Kerambleiz
St Cadou
Pors-Meillou
Ty-Glas
le Drennec
Lanhuron
Pors-Guen
Menez-St Jean
Kergos
Bodinio
Cheffontaines
Perguet
Menez-Groas
Bréhoulou
le Letty
Brallac'h
Kerbader
Trunvel
Kerguellec
Kerbascol
St Vio
St Evy
Méjou-Roz
Beuzec
Kérugou
la Madeleine
Langougou
Kernuz
le Suler
Kerhervant
Hent-Croas
Pendreff
Musée
Rochers
le Béron
Lestremec
Botforn
Kermaria
Tourne-Ici
Troyalac'h
Ty Bos
Menez-Bily
l'Arbre-du Chapon
Moulin-du-Pont
Créac'h-Queta
Prajou
Ty Broen
Croas-

D
E
F
1
2
3
4
75
100
Elliant
Tourch
Scaër
Guiscriff
le Faouët
Rosporden
Bannalec
St Thurien
Querrien
Locunolé
Arzano
Concarneau
Melgven
Trégunc
Nizon
Pont-Aven
Riec-s-Bélon
Névez
Port-Manech
Raguenès-Plage
Moëlan-s-Mer
Clohars-Carnoët
le Pouldu
Quimperlé
Mellac
le Trévoux
Baye
Guidel
Guidel-Plages
Gestel
Quéven
Ploemeur
Larmor-Plage
Lanvénégen
Pte de Trévignon
Pte du Cabellou
Pte de la Jument
Baie de Pouldohan
Baie de la Forêt
Ile Raguenès
Ile Verte
Port de Merrien
Doëlan
Anse du Pouldu
Fort Bloqué
Pte du Talut
Passe de l'Ouest
les Errants
Basse des Bretons
Pointe de Biléric
Pen-Men
Trou de Tonnerre
ILE DE GROIX
Port Mélin
Port-Tudy
Port-Mélite
Groix
Port St Nicolas
Trou de l'Enfer
Locmaria
Plage des Grands Sa
Pte des Chats
Forêt de Carnoët
Rocher Royal
Roches du Diable
Bois d'Amour
Forêt de Coat-Loc'h
Aéroport de Lann-Bihoué
Isole
Ellé
Bélon
Aven

A
B
C
1
2
3
4
76
99
122
Priziac
Guémené-s-Scorff
Locmalo
Malguénac
le Faouët
Lignol
Persquen
Guern
St Caradec-Trégomel
Kernascléden
Pont-Calleck
Meslan
Berné
Inguiniel
Bubry
Melrand
Bieuzy
St Nicodème
St Nicolas-des-Eaux
Pluméliau
Roches du Diable
Locunolé
Guilligomarc'h
Plouay
Arzano
Lanvaudan
Quistinic
Calan
Cléguer
Rédené
Inzinzac-Lochrist
Pont-Scorff
Caudan
Hennebont
Languidic
Baud
Camors
Forêt de Camors
Gestel
Quéven
Lanester
Brandérion
Landévant
Pluvigner
Ploemeur
LORIENT
Larmor-Plage
Port-Louis
Riantec
Locmiquélic
Merlevenez
Nostang
Landaul
Plouhinec
Belz
Locoal-Mendon
Brech
Ste Anne-d'Auray
Auray
Etel
Erdeven
Ploemel
Plouharnel
Carnac
Carnac-Plage
la Trinité-s-M.
Crach
St Philibert
Locmariaquer
Groix
ILE DE GROIX
Pte du Talut
Passe de l'Ouest
Passe du Sud
les Errants
Pte de Gâvres
Gâvres
Roches de Magouëro
Barre d'Etel
Pte d'Erdeven
Plage des Grands Sables
Pte des Chats
Alignements de Kerzerho
Alignements
Pte de Légenès
Ile Theviec
Aéroport de Lann-Bihoué

D
E
F
77
102
124
123
1
2
3
4
Pontivy
Noyal-Pontivy
Rohan
Gueltas
St Samson
Plumieux
Bréhan
Crédin
Forêt de Lanouée
Lanouée
Mohon
Guilliers
Les Forges
Pleugriffet
Réguiny
Radenac
Naizin
Moustoir-Remungol
Remungol
Josselin
Guégon
Ploërmel
Locminé
Moréac
Bignan
Kerguehennec
Guéhenno
Cruguel
St Allouestre
St Jean-Brévelay
Plumelec
Billio
Lizio
Sérent
Malestroit
St Marcel
Moustoir-Ac
Colpo
Forêt de Lanvaux
Grand-Champ
Locqueltas
Plaudren
Trédion
Bois de St Bily
St Guyomard
Bohal
Monterrein
Missiriac
Pleucadeuc
Elven
Forteresse de Largoët
Monterblanc
Meucon
St Avé
Plescop
St Nolff
Treffléan
Sulniac
Questembert
Molac
Larré
Vannes
Séné
Theix
Noyalo
Arradon
Ploeren
Berric
Lauzach
La Trinité-Surzur
Surzur
Île aux Moines
Île d'Arz
Golfe du Morbihan
Noyal-Muzillac
Limerzel
Pluherlin
Le Hézo
Josselin
N 24
N 166
N 165-E 60
D 764
D 767
D 778
D 775

A
B
C
78
101
123
125
1
2
3
4
Mauron
St Léry
St Brieuc-de-Mauron
Evriguet
Guilliers
Concoret
Comper
Paimpont
Forêt de Paimpont (Domaine privé)
Tréhorenteuc
Néant-s-Yvel
Plélan-le-Grand
St Péran
Treffendel
St Malon-s-Mel
Iffendic
St Gonlay
Bléruais
Monterfil
Loyat
Ploërmel
Taupont
Campénéac
Camp de Coëtquidan
Beignon
St Malo-de-Beignon
Maxent
Bréal
Bovel
Campel
Augan
Porcaro
Guer
Maure-de-Bretagne
Mernel
Monterrein
Montertelot
Caro
Réminiac
Monteneuf
Comblessac
Les Brulais
Missiriac
Malestroit
Ruffiac
Tréal
Carentoir
Quelneuc
St Séglin
Lieuron
Pipriac
St Marcel
St Laurent-sur-Oust
St Nicolas-du-Tertre
La Chapelle-Gaceline
St Congard
Pleucadeuc
La Gacilly
Sixt-s-Aff
St Just
Les Fougerêts
St Gravé
Glénac
Peillac
Renac
Rochefort-en-Terre
Pluherlin
Malansac
St Vincent-s-Oust
Bains-s-Oust
La Chapelle-de-Brain
St Jacut-les-Pins
Allaire
St Perreux
Redon
St Nicolas-de-Redon
Avessac
Limerzel
Caden
St Gorgon
St Jean-la-Poterie
Béganne
N 24
N 166
D 724
D 772
D 776
D 777
D 775

D E F

79

Rennes
Cesson-Sévigné
Acigné
Servon-s-Vilaine
Châteaubourg
Noyal-s-Vilaine
Brécé
Chantepie
Mordelles
Cintré
le Rheu
Vezin-le-Coquet
St Jacques-de-la-Lande
St Didier
Domagné
Bréal-s/s-Montfort
Chavagne
Chartres-de-Br.
Domloup
Bois-Orcan
Châteaugiron
St Aubin-du-Pavail
Ossé
Louvigné-de-Bais
Bruz
Noyal-Châtillon-s-Seiche
Vern-s-Seiche
Nouvoitou
Goven
Pont-Péan
St Erblon
St Armel
Amanlis
Piré-s-Seiche
Moulins
Lassy
Guichen
Laillé
Orgères
Bourgbarré
Corps-Nuds
Chanteloup
Janzé
Boistrudan
Marcillé-Robert
Crévin
Bourg-des-Comptes
Brie
Essé
la Roche aux Fées
Saulnières
Retiers
St Senoux
Pléchâtel
St Malo-de-Phily
Poligné
Pancé
le Sel-de-Bretagne
Tresbœuf
la Couyère
Ste Colombe
Coësmes
104
la Bosse-de-Bretagne
Lalleu
Thourie
Bain-de-Bretagne
Guipry
Messac
Ercé-en-Lamée
Soulvache
Martigné-Ferchaud
la Noë-Blanche
Teillay
St Malo
Forêt de Javardan
Forêt de Teillay
Fercé
Rougé
la Dominelais
St Sulpice-des-Landes
Noyal-s-Brutz
Sion-les-Mines
Ruffigné
Ste Anne-s-Vilaine
Langon
Grand-Fougeray
St Aubin-des-Châteaux
Soudan
Châteaubriant
Beslé
Mouais
Pierric
Lusanger
Forêt de Domnaiche
Derval
Louisfert
Erbray
Guémené-Penfao
St Vincent-des-Landes
126
Treffieux
Issé
Moisdon-la-Rivière

D E F

A
B
C
80
127
103
1
2
3
4
Châteaubourg
St Jean-s-Vilaine
St Melaine
St Didier
St Aubin-des-Landes
Cornillé
Domagné
Louvigné-de-Bais
Torcé
Vitré
Pocé-les-Bois
Erbrée
Bréal-s-Vitré
St Pierre-la-Cour
Launay-Villiers
Bois de Misedon
Port-Brillet
Olivet
St Ouën-des-Toits
le Genest
Mondevert
Forêt du Pertre
Bois des Effretais
Bois des Gravelles
la Gravelle
les Rochers-Sévigné
Argentré-du-Plessis
Etrelles
Loiron
Ruillé-le-Gravelais
le Pertre
St Cyr-le-G.
Vergéal
Bais
Moulins
Piré-s-Seiche
Boistrudan
Marcillé-Robert
Domalain
St Germain-du-Pinel
Brielles
Gennes-s-Seiche
Bois du Pinel
Montjean
Beaulieu-s-Oudon
Ahuillé
Courbeveille
Moutiers
Visseiche
Cuillé
Gastines
St Poix
Méral
Cossé-le-Vivien
la Roche aux Fées
Étang de Marcillé
la Guerche-de-Bretagne
Arbrissel
Rannée
Laubrières
Retiers
Mousse
Drouges
Fontaine-Couverte
la Roë
Ballots
Forêt de Craon
Forêt de la Guerche (Domaine privé)
Brains-s-les-Marches
St Michel-de-la-Roë
Livré
Athée
Denazé
Cosmes
la Chapelle-Craonnaise
Forges-la-Forêt
Chelun
St Aignan-s-Roë
la Selle-Craonnaise
Craon
Niafles
Martigné-Ferchaud
Eancé
Congrier
St Saturnin-du-Limet
St Martin-du-Limet
Bouchamps-lès-Craon
Pommerieux
Forêt de Javardan
Fercé
Senonnes
St Erblon
Renazé
Chérancé
Forêt d'Araize
Noyal-s-Brutz
Villepot
St Quentin-les-Anges
Chazé-Henry
la Chapelle-Hullin
Grugé-l'Hôpital
Châtelais
Soudan
St Aubin
Pouancé
Bourg-l'Évêque
Bouillé-Ménard
l'Hôtellerie-de-Flée
Châteaubriant
Carbay
Forêt d'Ombrée
Vergonnes
Armaillé
Combrée
Bel-Air
Noyant-la-Gravoyère
Nyoiseau
Forêt de Juigné
Noëllet
Juigné-des-Moutiers
St Michel-et-Chanveaux
le Tremblay
Bourg-d'Iré
Segré
St Gemmes-d'Andigné
Erbray
Bois de la Minière
St Julien-de-Vouvantes
Challain-la-Potherie
Moisdon-la-Rivière

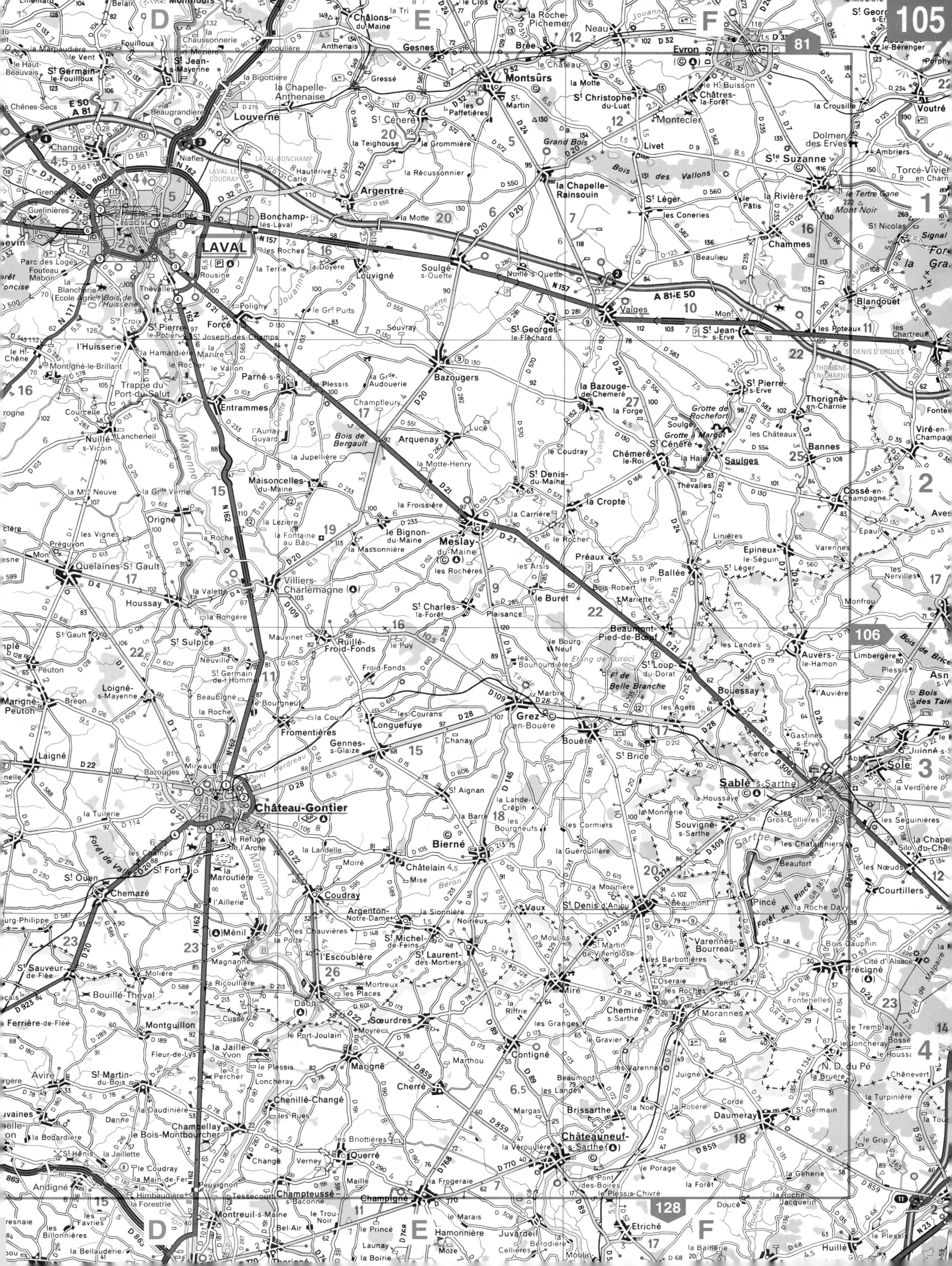
D
E
F
81
Châlons-du-Maine
Gesnes
Brée
Neau
Evron
Montsûrs
St Jean-s-Mayenne
St Germain-le-Fouilloux
Louverné
St Céneré
St Christophe-du-Luat
Châtres-la-Forêt
Montecler
Livet
Ste Suzanne
Voutré
Torcé-Viviers-en-Charnie
Changé
Niafles
Argentré
La Chapelle-Rainsouin
St Léger
Chammes
Bonchamp-lès-Laval
LAVAL
Louvigné
Soulgé-s-Ouette
Vaiges
St Jean-s-Erve
Blandouet
Forcé
St Pierre-le-Potier
L'Huisserie
Montigné-le-Brillant
St Georges-le-Fléchard
Bazougers
Parné-s-Roc
Trappe du Port-du-Salut
Entrammes
La Bazouge-de-Chemeré
St Pierre-s-Erve
Thorigné-en-Charnie
Grotte de Rochefort
Grotte à Margot
Saulges
Arquenay
St Céneré
Chémeré-le-Roi
Bannes
Viré-en-Champagne
Nuillé-s-Vicoin
Maisoncelles-du-Maine
St Denis-du-Maine
La Cropte
Cossé-en-Champagne
Origné
Meslay-du-Maine
Le Bignon-du-Maine
Préaux
Ballée
Epineux-le-Séguin
Quelaines-St-Gault
Villiers-Charlemagne
Houssay
St Charles-la-Forêt
Le Buret
Beaumont-Pied-de-Bœuf
St Sulpice
Ruillé-Froid-Fonds
St Loup-du-Dorat
Auvers-le-Hamon
106
Loigné-s-Mayenne
Marigné-Peuton
Fromentières
Grez-en-Bouère
Bouère
Bouessay
Longuefuye
Gennes-s-Glaize
St Brice
Laigné
Sablé-s-Sarthe
Solesmes
Château-Gontier
St Aignan
Bierné
Souvigné-s-Sarthe
Chemazé
St Fort
Coudray
Châtelain
St Denis-d'Anjou
Courtillers
Pincé
Forêt de Pincé
Argenton-Notre-Dame
St Michel-de-Feins
St Laurent-des-Mortiers
Ménil
St Sauveur-de-Flée
Varennes-Bourreau
Précigné
Daon
Miré
Chemiré-s-Sarthe
Morannes
Ferrière-de-Flée
Montguillon
Sœurdres
Contigné
Marigné
La Jaille-Yvon
St Martin-du-Bois
Chenillé-Changé
Cherré
Brissarthe
Daumeray
Chambellay
Châteauneuf-s-Sarthe
Querré
Andigné
Champteussé-s-Baconne
Champigné
Montreuil-s-Maine
128
Etriché
Huillé
Juvardeil

Ballon
St Mars-s/s-B
D
le Pôt Crasseux
Courcemont
83
Briosne-lès-Sables
E
Bonnétable
la Villa
la Mare Pineau
Mondragon
la Bosse
20
les Mousseries
St Aubin-des-Coudrais
F
Cherré
la Ferté-Bernard
Cormes
le Verger
la Croix du Jarossay
les Croupes
Courdoulain
le Pierray
Souligné-s/s-Ballon
Beaufay
la Blairie
la Bigottière
Prévelles
St Denis-des-Coudrais
la Pitié Dieu
St Martin-des-Monts
le Buron
le Haut-Buisson
les Richardières
les Carrières
Courgenard
Courtangis
le Pt St Chereau
Courcebœufs
Mont
le Chesnay
la Mercerie
Torcé-en-Vallée
St Célerin
les Haltières
21
Chéronne
Boëssé-le-Sec
Villaines-la-Gonais
St Jean-des-Échelles
la Hamonerie
les Jollières
Guierche
Joué-l'Abbé
les Quatre-Routes
Chanteloup
17
Sillé-le-Philippe
Passay
la Chapelle-St Rémy
Tuffé
St Hilaire-le-Lierru
la Plinière
la Goupillère
les Chevrolières
la Grassière
Lamnay
la Croix de Montargis
Montreuil
Savigné-l'Évêque
Bratelet
le Touvois
le Pissot
la Puce
Lombron
A 11
E 50
32
Couléon
Beillé
Bréteau
Vouvray-s-Huisne
la Paillasse
Sceaux-s-Huisne
St Maixent
Bouër
St Quentin
la Cr du Pin
Lorthiaux
la Trugalle
la Forge
St Corneille
le Mesnil
Saussay
Montfort-le-Gesnois
Connerré
la Vallée
le Coudray
Duneau
le Luart
Bois Guinant
les Chaumes d'Avoines
les Haberderies
Champrond
Berfay
les Morlettes
Fatines
Sargé-lès-le-Mans
Parence
Réveillon
Champagné
Huisne
la Pécardière
la Belle Inutile
Longuèvre
Dollon
Lavaré
Ste Anne
Vibraye
Forêt de Vibraye
Villemaigre
Coulaines
Yvré-l'Évêque
Villiers
St Mars-la-Brière
15
Bois des Croix
les Venerais
Touche de Vaux
Thorigné-s-Dué
Lassay
St Paul
St Michel-de-Chavaignes
Semur-en-Vallon
la Rivière
les Lindennes
Étang de la Fondrie
la Mare au Loup
les Bretonnières
la Cr Mignon
Abbe de l'Épau
les Arches
Camp d'Auvours
St Denis-du-Tertre
les Jousières
Champ de tir
Nuillé-le-Jalais
les Haies
le Breil-s-Mérize
Soulitré
la Butte d'Ardenay
Zoo Pescheray
la Brière
12
16
Pontlieue
Changé
Camp militaire
les Aulnaies
les Rossays
Ardenay-s-Mérize
Coudrecieux
la Pierre
Forêt de la Pierre
Bois de Marchevert
Ste Marie-des-Bois
Étang de la Perrine
108
Bois-Martin
la Paillerie
les Boulais
les Vernelles
Bois des Commerreries de Loudon
Étangs de Loudon
la Raterie
Surfonds
le Coudray
l'Aubé
Source
la Butte
les Pélonnières
Bouloire
les Loges
les Pouvardières
Étang Salé
Bois des Loges
les Hunaudières
Ruaudin
les Guettes
Guémardières
la Maison-Neuve
les Bouveries
les Brosses
22
Pt Bouquet
le Buisson
la Houssaie
Corbohay
la Barre
Conflans-s-Anille
Circuit automobile
Monnerie
Dome de Charmeuse
Parigné-l'Évêque
Challes
les Boutinières
Volnay
St Mars-de-Locquenay
les Perrées
Courtéan
Maisoncelles
Gibron
Ecorpain
Montaillé
les 13 Vents
Mulsanne
la Rochère
Brette-les-Pins
le Coudereau
Ciselerie
le Ht Bois
la Chesnaye
le Boulay
Fay
la Fuye
St Calais
Maladrerie
Moncé-en-Belin
Teloché
Posset
les Métairies
Bois de Vaugautier
Bois de Sapins
27
la Héraudière
les Guilmaudières
les Montillets
la Croix-de-Pois
Puisard
Bois du Chatellier
Tresson
Évaillé
Ste Cérotte
St Gervais-de-Vic
les Landes
Laigné-en-Belin
la Croix 3 Bras
Ranché
Outillé
Roberderies
St Mars-d'Outillé
Segrais
le Tertre
Tour d'Ordre
Haras Natl
les Saintonnières
la Vallée
10
Ste Osmane
Villaines-s/s-Lucé
Montreuil-le-Henri
la Blanchetière
Cogners
Ste Anne
19
les Prouillères
Grammont
le Grand-Lucé
Brit
les Rémeres
les Goupillères
la Chapelle-Huon
Glatigny
3
l'Armenaudière
Mont Vigne
Écommoy
la Chénerie
la Grandinière
Marigné-Laillé
les Graffardières
la Champardière
Pruillé-l'Éguillé
St Vincent-du-Lorouër
St Georges-de-la-Couée
Robert
Vancé
la Lantinière
Courtanvaux
Bessé-s-Braye
Cellé
Biez
Bezonnais
Chardonneux
Fontenailles
le Ronceray
Rond-de-la-Lune
le Pressoir
Courdemanche
la Chênuère
St Frainbault
la Vallée-aux-Thermaux
la Joubardière
le Breuil
Bonneveau
la Prunetière
la Bougardière
Plessis
Forêt de Bercé
la Chauvinière
Fontaine de la Coudre
Wautor
Vallée des Pierres
Follet
St Pierre-du-Lorouër
Étangs de la Durlerie
la Chapelle-Gaugain
Montumier
la Berthellière
Bois de Sapins
Laillé
Jupilles
Béthune
Futaie des Clos
Brives
Étg du Pas de Bœuf
le Carroi-de-Bourges
le Carroy-Bellanger
Lavenay
la Gde Voie
Chenillé
la Brossardière
St Hubert
Rond-des-Forges
Rd du Volumiers
les Vaux-du-Puits
Bénéhard
la Flotte
Garnache
Croix
la Couëtrie
Beaumont-Pied-de-Bœuf
Rond-du-Clocher
Salvert
Dauvers
Poncé-s-le-Loir
Pont-de-Braye
l'Isle Verte
Sougé
St Jacques-des-Guérets
la Billordière
Mayet
la Roche
Thoiré-s-Dinan
la Gidonnière
les Jasnières
Ruillé-s-Loir
Couture-s-Loir
le Pin
Vieux-Bourg
Artins
Verneil-le-Chétif
la Paquerie
la Faverie
Lhomme
Chahaignes
l'Étournière
la Possonnière
la Tuffière
la Denisière
la Ribochère
4
la Brosse
Lavernat
la Motte
Flée
Malitourne
Monastère
Lac des Varennes
Trehet
les Fontaines
Gatine
les Essarts
Ternay
l'Etre-Pilet
la Chevelerie
Ourne
la Chartre-s-le-Loir
St Roch
Villedieu-le-Château
la Verrerie
Montrouveau
Ancn Prieuré Ste Madeleine
Croixval
Champmarin
Bossé
Aubigné-Racan
Luceau
Ste Cécile
le Port-Gautier
Marçon
la Moussardière
Silo
la Cuverie
Roc-en-Tuf
la Gaudinière
Camp militaire
Château-du-Loir
Coëmont
Vouvray-s-Loir
Ruisseau
13
Beaumont-s-Dême
la Chaume
les Pins
Auberderie
Marcé
Bois de Gâtines
Étang de Gâtines
Aigue-Belles
le Bout-de-la-Rue
Valette
le Pavillon
la Bourardière
Site archéologique de Cherré
Vaas
Montabon
Morie
130
Nogent-s-Loir
la Crt de Bonlieu
Villeneuve
la Maison-Rouge
Rorthe
Épeigné-s-Dême
les Grdes Maisons
24
les Hermites
le Pt Perray
le Grd Perray
la Davière
Haut-Montsureau
le Gué-de-Mézières
Marthe
Dissay-s/s-Courcillon
la Marchère
Chemillé-s-Dême
Dême

A
B
C
84
107
131
Théligny
Soizé
Authon-du-Perche
Charbonnières
les Autels-Villevillon
Cormes
Courgenard
St Ulphace
Gréez-s-Roc
Courtangis
la Bazoche-Gouet
Chapelle-Royale
Forêt de Montmirail
Chapelle-Guillaume
Montmirail
Melleray
le Gault-Perche
St Avit
le Plessis-Dorin
Arrou
Courtalain
Châtillon-en-Dunois
St Pellerin
Vibraye
Forêt de Vibraye
Arville
la Fontenelle
le Poislay
Oigny
Souday
St Agil
Droué
Langey
Boursay
Cloyes-s-le-Loir
Valennes
Berfay
Mondoubleau
Choue
la Chapelle-Vicomtesse
Fontaine-Raoul
Cormenon
Baillou
St Marc-du-Cor
Rahay
Conflans-s-Anille
Romilly
Chauvigny-du-Perche
Forêt de Fréteval
St Calais
Marolles-lès-St-Calais
Sargé-s-B.
Beauchêne
le Temple
la Ville-aux-Clercs
Épuisay
Danzé
Busloup
Fréteval
Savigny-s-Braye
St Gervais-de-Vic
Azé
Pezou
Lignières
la Chapelle-Huon
Courtanvaux
Bessé-s-Braye
Fortan
Mazangé
Lisle
St Firmin-des-Prés
Renay
Forêt de Vendôme
Lunay
le Gué-du-Loir
Villiers-s-Loir
Meslay
Vendôme
Bonneveau
Fontaine-les-Coteaux
Bois de Fargot
Thoré-la-Rochette
Naveil
Troo
Sougé
St Jacques-des-Guérets
les Roches-l'Évêque
St Rimay
Houssay
Villetrun
Coulommiers-la-Tour
Selommes
Montoire-s-le-Loir
Lavardin
Villiersfaux
Artins
Ternay
Villerable
St Martin-des-Bois
Forêt de Prunay
Sasnières
Ambloy
Crucheray
Villeromain
Nourray
Prunay-Cassereau
St Amand-Longpré
Lancé
Pray
les Hermites
Villechauve

D
E
F
85
Bonneval
Sancheville
Baignolet
Fontenay-s-Conie
Germignonville
Bullainville
Courbehaye
Orgères-en-Beauce
Tillay-le-Péneux
Flacey
Dancy
St Christophe
Bois de Moléans
Marboué
Moléans
Villiers-St Orien
Cormainville
Loigny-la-Bataille
Nottonville
Donnemain-St Mamès
Conie-Molitard
Varize
Bazoches-en-Dunois
Guillonville
Terminiers
Civry
Lanneray
Jallans
Châteaudun
Lutz-en-Dunois
Péronville
Rouvray-Ste Croix
Sougy
Camp Militaire
Patay
Villeneuve-s-Conie
la Chapelle-du-Noyer
Thiville
St Cloud-en-Dunois
Ozoir-le-Breuil
Villampuy
la Chapelle-Onzerain
Tournoisis
Villamblain
St Péravy-la-Colombe
Coinces
Huêtre
Bricy
Autheuil
Membrolles
le Mée
la Ferté-Villeneuil
Romilly-s-Aigre
Prénouvellon
St Sigismond
Gémigny
Boulay-les-Barres
Charray
Brévainville
Verdes
Tripleville
Epieds-en-Beauce
Rozières-en-Beauce
Bucy-St Liphard
Ouzouer-le-Doyen
Semerville
Charsonville
Coulmiers
Ormes
110
Moisy
Binas
Ouzouer-le-Marché
N 157
Bois de Montpipeau
la Colombe
Autainville
Baccon
Huisseau-s-Mauves
Vievy-le-Rayé
Forêt de Marchenoir
Villermain
Chaingy
St Laurent-des-Bois
le Bardon
Meung-s-Loire
St Ay
Loire
St Léonard-en-Beauce
Marchenoir
Ouzouer
Lorges
Cravant
Cléry-St André
Briou
Messas
Baule
Josnes
Villorceau
Beaugency
Lailly-en-Val
Talcy
Concriers
Tavers
Conan
Maves
Séris
Villexanton
Lestiou
Avaray
la Chapelle-St Martin-en-Plaine
Courbouzon
St Laurent-Nouan
Bois de Pully
Champigny-en-Beauce
Mulsans
Mer
132
Averdon
Muides-s-Loire
Ligny-le-Ribault
A 10
E 5-E 60
D 925
D 955
N 10
D 924
D 917
D 110
D 104

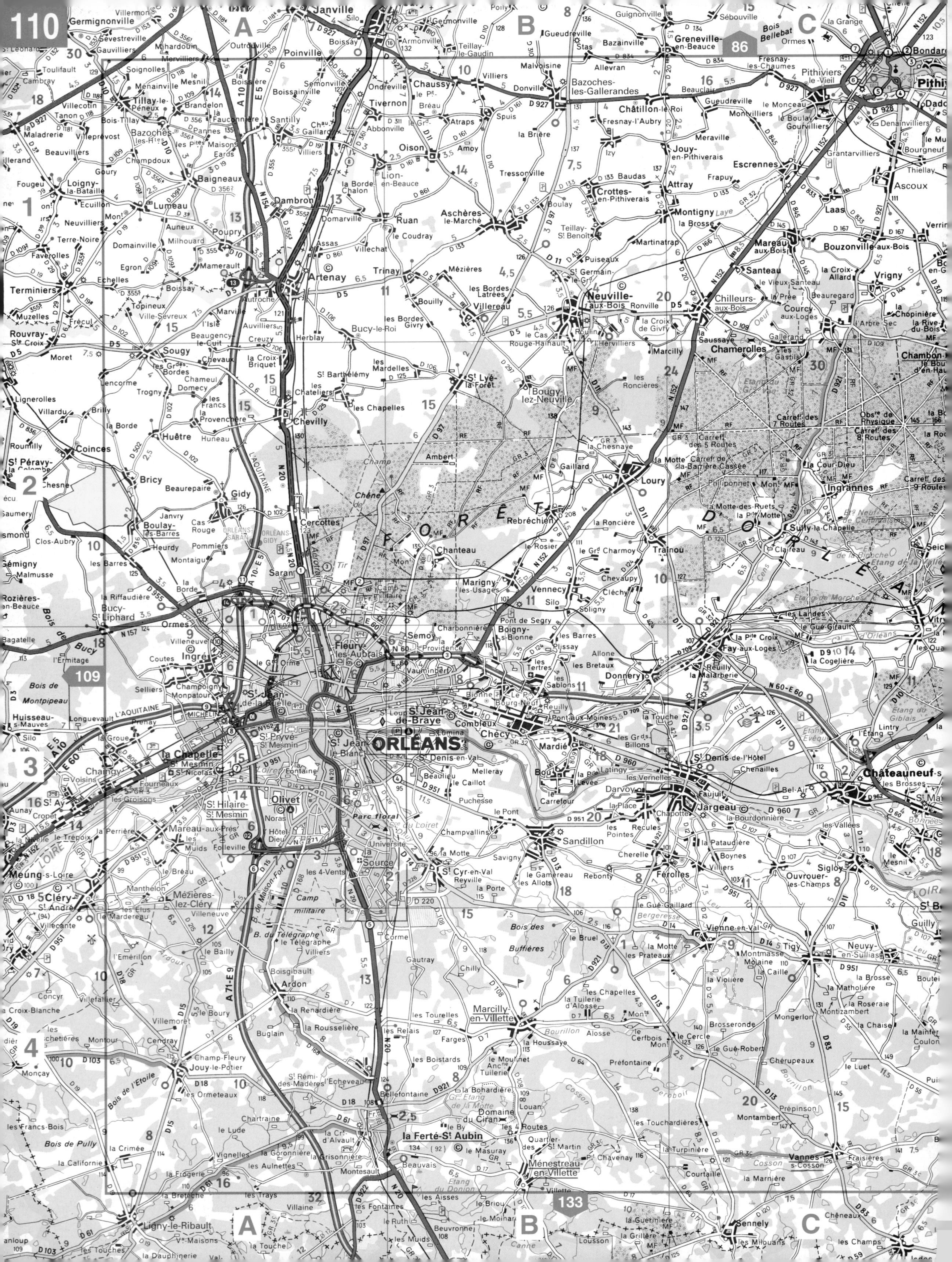
A
B
C
1
2
3
4
86
109
133
Germignonville
Janville
Guignonville
Sébouville
Bois Bellebat
Sevestreville
Gauvilliers
Outrouville
Poinville
Boissay
Armonville
Teillay-le-Gaudin
Gueudreville
Bazainville
Greneville-en-Beauce
Ormes
Fresnay-les-Chaumes
Pithiviers-le-Vieil
Pithiviers
Toulifault
Cambray
Soignolles
Ménainville
le Mesnil
la Boissière
Semonville
Chaussy
Villiers
Malvoisine
Allevran
Bazoches-les-Gallerandes
Tillay-le-Péneux
Villecotin
Tanon
Bois-Tillay
Maladrerie
Villeprévost
Brandelon
la Fauconnière
Santilly
Boissainville
Ondreville
Tivernon
Bréau
Atraps
Spuis
Donville
Châtillon-le-Roi
Gueudreville
Montvilliers
le Monceau
le Boulay
Gourvilliers
Denainvilliers
Bazoches-les-Htes
les Ptes Maisons
Champdoux
Eards
Abbonville
Oison
Amoy
Fresnay-l'Aubry
la Brière
Izy
Meraville
Jouy-en-Pithiverais
Grantarvilliers
Bourgneuf
Thiellay
Beauvilliers
Loigny-la-Bataille
Fougeu
Goury
Baigneaux
Lion-en-Beauce
Tressonville
Crottes-en-Pithiverais
Baudas
Attray
Escrennes
Frapuy
Ascoux
Ecuillon
Lumeau
Neuvilliers
Terre-Noire
Dambron
la Borde Chalon
Domarville
Ruan
le Coudray
Aschères-le-Marché
Boulay
Teillay-St Benoît
Montigny
la Brosse
Laas
Faverolles
Auneux
Poupry
Domainville
Milhouard
Egron
Mameroult
Assas
Villechat
Martinatrap
Mareau-aux-Bois
Bouzonville-aux-Bois
Verrines
Terminiers
Echelles
Boissay
Trinay
Mézières
Artenay
Puiseaux
St Germain-le-Gd
Santeau
le Vieux-Santeau
la Croix-Allard
Vrigny
Muzelles
Topineux
Ville-Sevreux
Autroche
Marville
Bouilly
les Bordes Latrées
Villereau
Neuville-aux-Bois
Ronville
Chilleurs-aux-Bois
la Prée
Beauregard
Courcy-aux-Loges
Rouvray-Ste Croix
Frécul
l'Isle
Auvilliers
Herblay
les Bordes Givry
Bucy-le-Roi
le Cas Rouge-Hainault
Roulin
l'Hervilliers
la Croix de Givry
Marcilly
la Saussaye
Chamerolles
Gallerand
Chopinière
la Rive-du-Bois
Moret
Sougy
Beaugency le Cuit
Creuzy
la Croix-Briquet
les Mardelles
St Lyé-la-Forêt
les Roncières
les Gastils
Chambon-la-Forêt
Lignerolles
Lencorme
Trogny
les Gdes Bordes
Chevaux
Chameul
Domecy
St Barthélemy
les Chatéliers
Bougy-lez-Neuville
Villardu
Brilly
les Francs
la Provenchère
Chevilly
les Chapelles
la Borde
Huêtre
Huneau
L'AQUITAINE
Ambert
la Chesnaye
la Motte
Carref de la Barrière Cassée
Carref des 5 Routes
Carref des 7 Routes
Obsre de Physique
Carref des 8 Routes
Roumilly
Coinces
St Péravy-la-Colombe
Bricy
Beaurepaire
Gidy
Gaillard
Loury
la Cour-Dieu
Ingrannes
Carref des 9 Routes
Chesne
Champ
Chêne
FORÊT D'ORLÉANS
Rebréchien
la Roncière
la Motte-des-Ruets
Sully-la-Chapelle
Saumery
Janvry
Boulay-les-Barres
Cas Rouge
Cercottes
Clos-Aubry
Heurdy
Pommiers
Montaigu
Saran
Chanteau
le Rosier
le Gd Charmoy
Trainou
Clairéau
Etang de la Vallée
Gémigny
Malmusse
les Barres
Marigny-les-Usages
Chevaupy
Cléchy
Vennecy
Soligny
Rozières-en-Beauce
la Riffaudière
Bucy-St Liphard
Ormes
Bois de Bucy
Bagatelle
Camp militaire
Pont de Segry
Boigny-s-Bionne
les Barres
Plissay
les Landes
le Gué-Girault
Ingré
Coutes
Villeneuve
Fleury-les-Aubrais
Semoy
la Providence
Charbonnière
Allone
les Bretaux
Donnery
Fay-aux-Loges
la Pte Croix
la Cogelière
l'Ermitage
Bois de Montpipeau
Champoigny
Monpatour
le Gd Orme
Vaumainbert
les Tertres
les Sablons
Reuilly
la Malarberie
Selliers
Huisseau-s-Mauves
Longuevault
Prenay
St Jean-de-la-Ruelle
St Jean-de-Braye
Bionne
Bourg-Neuf
Pont-aux-Moines
la Touche
Etang du Giblais
Lintry
l'Etang
Chécy
Combleux
ORLÉANS
St Jean-le-Blanc
St Pryvé-St Mesmin
St Loup
la Groue
la Chapelle-St Mesmin
Mardié
les Grds Billons
St Denis-de-l'Hôtel
Chenailles
Châteauneuf-s-Loire
Chaingy
Voisins
Fourneaux
les Groisons
St Denis-en-Val
Melleray
Beaulieu
le Caillot
Bou
la Pte Levée
Latingy
les Vernelles
Darvoy
la Place
Jargeau
Faujuif
Chapotte
Bel-Air
les Brosses
St Ay
Cropet
St Hilaire-St Mesmin
Olivet
Noras
Hôtel Dieu
Puchesse
le Pont
Carrefour
Recules
la Bourdonnière
les Vallées
Meung-s-Loire
la Perrière
le Trépoix
Mareau-aux-Prés
les Muids
Folleville
Parc floral
Source du Loiret
Université
la Source
Champvallins
Sandillon
les Pointes
la Pataudière
Boynes
Siglo
Ouvrouer-les-Champs
LOIRE
Cléry
St André
Manthelon
Mézières-lez-Cléry
le Bréau
les 4-Vents
St Cyr-en-Val
Reyville
la Motte
Savigny
le Gamereau
les Allots
Rebonty
Cherelle
Férolles
Villiers
le Mesnil
Villecante
la Mardereau
Villeneuve
Camp militaire
la Porte
le Gué-Gaillard
Vienne-en-Val
Guilly
B. du Télégraphe
le Télégraphe
Corme
Bois des Buffières
le Bruel
la Motte
les Prateaux
Montmasse
Tigy
Neuvy-en-Sullias
l'Emérillon
le Bailly
Villiers
Gautray
Chilly
Molaine
la Caille
la Violière
la Brosse
la Matholière
Villefallier
Concyr
Boisgibault
Ardon
les Chapelles
la Tuilerie d'Alosse
Montizambert
la Roseraie
la Croix-Blanche
Villemoret
le Boury
la Renardière
la Rousselière
les Tourelles
Marcilly-en-Villette
Alosse
Mongerlon
la Chaise
les Echetières
Montour
Cendray
Buglain
les Relais
Farges
la Houssaye
le Cercle
Brosseronde
la Mainfer
Coulon
Moncay
Champ-Fleury
Jouy-le-Potier
les Boistards
le Moulinet
Tuilerie
Préfontaine
Cerfbois
le Gué-Robert
Chérupeaux
le Luet
Bois de l'Etoile
les Ormeteaux
St Rémi-des-Madères
l'Echeveau
Bellefontaine
la Bohardière
Gd Etang de la Motte
Domaine du Ciran
Louan
Cosson
Prépinson
Montambert
les Francs-Bois
le Lude
Chartraine
la Crimée
Bois de Pully
la Californie
Vignelles
la Goronnière
les Aulnettes
la Grisonnière
la Cr d'Alvault
la Ferté-St Aubin
le By
les 4 Routes
le Masuray
Quartier-St Martin
Pt Chavenay
les Touchardières
la Turpinière
Vannes-s-Cosson
Fraisières
la Frogerie
Montesault
Beauvais
Etang du Donjon
Ménestreau-en-Villette
Courtaille
la Marnière
la Bretèche
les Trays
Villaine
les Fontaines
les Aisses
le Briou
Villette
la Guérinière
Chêneaux
Ligny-le-Ribault
les Muids
le Ruth
le Moinard
Beuvronne
la Grillère
Sennely
les Milouans
les Champs
Ancloup
les Touches
Vt-Maisons
la Touche
la Dauphinerie
Lousson
Ascoux

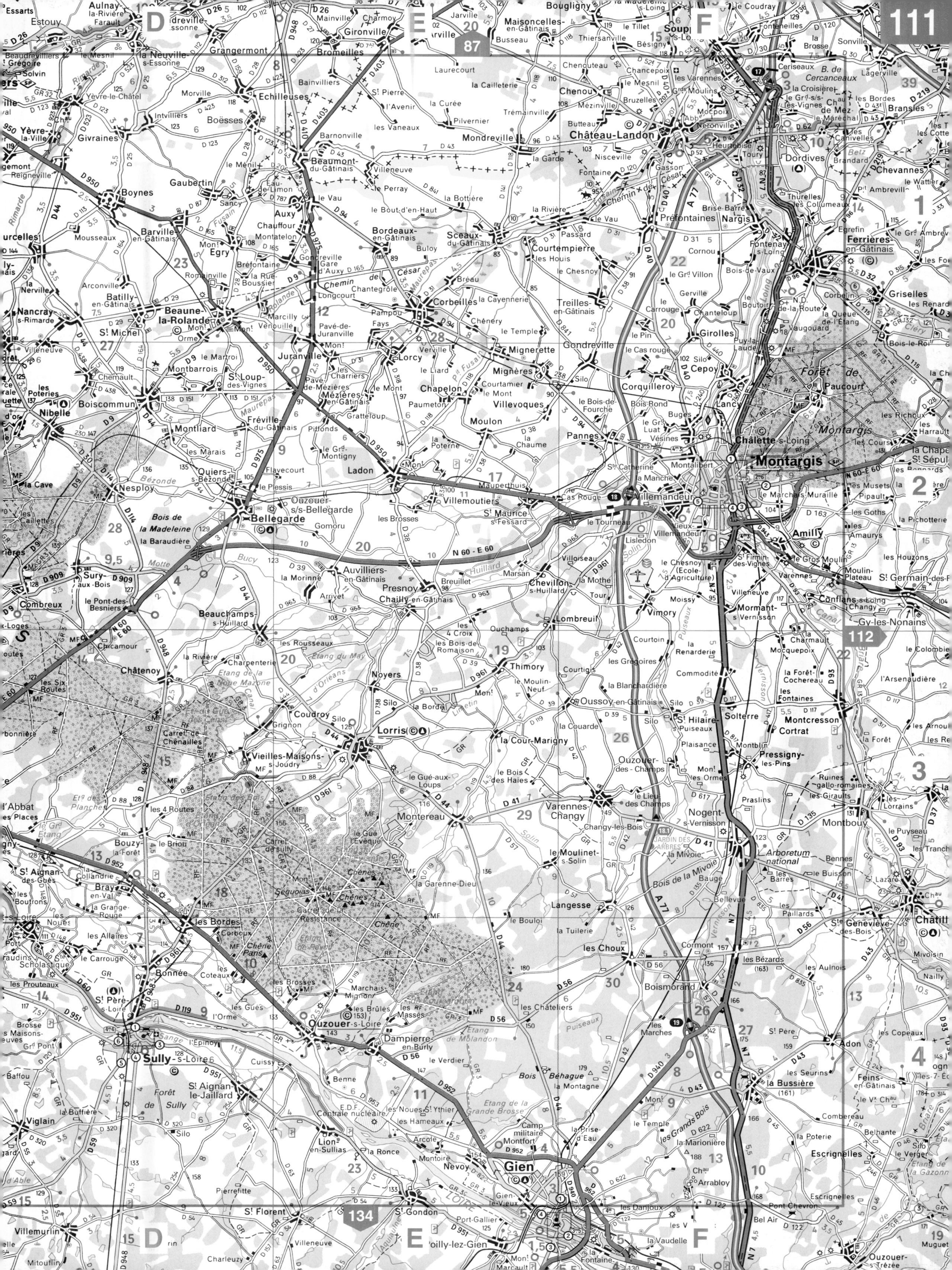
87
112
134
Château-Landon
Beaumont-du-Gâtinais
Boynes
Beaune-la-Rolande
Bellegarde
Montargis
Châlette-s-Loing
Villemandeur
Amilly
Ferrières-en-Gâtinais
Corbeilles
Lorris
Ouzouer-s-Loire
Sully-s-Loire
Gien
Nogent-s-Vernisson
Châtillon
Forêt de Montargis
Forêt de Paucourt
Forêt d'Orléans
Forêt de Sully
N 60 - E 60
A 77
N 7
Loire

112
A
B
C
88
111
135
1
2
3
4
Montargis
Ferrières-en-Gâtinais
Forêt de Paucourt
Amilly
Châlette-s-Loing
Courtenay
Château-Renard
Châtillon-Coligny
Bléneau
Charny
St Julien-du-Sault
Toucy
Villeroy
Chevannes
Griselles
Chuelles
Douchy
Triguères
Montcorbon
Cudot
Précy-s-Vrin
Sépeaux
Villefranche-St Phal
Dicy
Prunoy
Chevillon
la Ferté-Loupière
Perreux
Sommecaise
les Ormes
Malicorne
Grandchamp
St Denis-s-Ouanne
Villiers-St Benoît
Champignelles
Villeneuve-les-Genêts
Tannerre-en-Puisaye
Mézilles
Champcevrais
Rogny-les-7-Écluses
Dammarie-s-Loing
Aillant-s-Milleron
la Chapelle-s-Aveyron
St Maurice-s-Aveyron
Montbouy
Melleroy
Fontenouilles
Chambeugle
Marchais-Béton
Conflans-s-Loing
St Germain-des-Prés
St Firmin-des-Bois
la Selle-s-le-Bied
Chantecoq
St Hilaire-les-Andrésis
Piffonds
St Martin-d'Ordon
St Loup-d'Ordon
Verlin
la Celle-St Cyr
Égriselles-le-Bocage
Cornant
Marsangy
Rousson
Chaumot
Collemiers
Subligny
Savigny-s-Clairis
Domats
Courtoin
Vernoy
Fouchères
la Belliole
Villeneuve-la-Dondagre
Foucherolles
Bazoches-s-le-Betz
Égreville
Bransles
Chevry-s-le-Bignon
Mérinville
Dordives
Chaintreaux
Jouy
Villegardin
Montacher
St Valérien
Bois de Blèry
Bois de Mérinville
Forêt de Dracy
Bois des Ferriers
Forêt de la Ferté Loupière
Merry-Vaux
Ouzouer-s-Trézée
St Privé
Fontaines
AUTOROUTE DU SOLEIL
A 6-E 15-E 60
N 60-E 60

D E F

89

114

136

1 2 3 4

Villiers-Louis
Pont-s-Vanne
les Sièges
Vareilles
Bérulle
St Mards-en-Othe
Malay-le-Petit
Malay-le-Grand
Noé
Theil-s-Vanne
Coulours
Vaumort
Cerisiers
Vaudeurs
Fournaudin
Bœurs-en-Othe
Nogent-en-Othe
Maraye-en-Othe
Forêt de la Grde Vallée
Bois de Chavan
Forêt des Rajeuses
Bois de Sévy
Bois de Turny
Bois de Maraye
Eaux-Puiseaux
Vosnon
Villeneuve-au-Chemin
Arces-Dilo
Forêt de la Potence
Dixmont
Les Bordes
Villechétive
Dilo
Chailley
B. de Malgouvernes
Forêt de Courbépine
Forêt de l'Abbesse
Bois de Joigny
Forêt du Mileu
Coursan-en-Othe
Neuvy-Sautour
Lasson
Racines
Ervy-le-Châtel
Courtaoult
Soumaintrain
Beugnon
Bellechaume
Mercy
Champlost
Venizy
Turny
Paroy-en-Othe
Bussy-en-Othe
Bligny-en-Othe
Brienon-s-Armançon
St Florentin
Germigny
Butteaux
Flogny-la-Chapelle
St Aubin-s-Yonne
Cézy
Brion
Looze
Joigny
Laroche-St Cydroine
Migennes
Esnon
Vergigny
Chéu
Jaulges
Percey
Champlay
Paroy-s-Tholon
Charmoy
Epineau-les-Voves
Cheny
Ormoy
Mont-St Sulpice
Bouilly
Rebourseaux
Forêt de Pontigny
Villiers-Vineux
Carisey
Neuilly
Bonnard
Hauterive
Pontigny
Ligny-le-Châtel
Varennes
Senan
Bassou
Seignelay
Héry
Rouvray
Venouse
Chemilly-s-Yonne
Guerchy
Appoigny
Branches
Laduz
Aillant-s-Tholon
Poilly-s-Tholon
Fleury-la-Vallée
Forêt St Germain
Montigny-la-Resle
Maligny
Lignorelles
Villy
Vézannes
Bois de Maligny
Fontenay-près-Chablis
Collan
Tissey
Chassy
Sougères-s-Sinotte
Villeneuve-St Salves
Moneteau
Bleigny-le-Carreau
St Maurice-le-Vieil
Charbuy
Perrigny
Beine
Chablis
Fleys
Béru
Egleny
Lindry
St Georges-s-Baulche
Chichée
Venoy
Villefargeau
AUXERRE
Quenne
Courgis
Préhy
Chemilly-s-Serein
Poilly
Pourrain
Chevannes
Augy
Chitry
Vallan
St Bris-le-Vineux
St Cyr-les-Colons
Bois de Senoy
Bois de St Cyr
Bois des Coings
Lichères-près-Aigremont
Aigremont
Diges
Escamps
Gy-l'Évêque
Champs-s-Yonne
Irancy
Vincelottes
Vincelles
Coulanges-la-Vineuse
Coulangeron
Cravant
Vermenton
Val-de-Mercy
Migé
Nitry
A 6-E 15-E 60

A
B
C
1
2
3
4
90
113
137
Bouilly
St Jean-de-Bonneval
Assenay
les Bordes-Aumont
Villemoyenne
Poligny
Sommeval
Villery
Cormost
Vaudes
Chappes
Maraye-en-Othe
Javernant
Villy-le-Bois
St Parres-lès-Vaudes
Montceaux-lès-Vaudes
Fouchères
Courtenot
Nogent-en-Othe
Bois de Maraye
Crésantignes
Machy
Longeville-sur-Mogne
Rumilly-lès-Vaudes
Virey-s/s-Bar
Bourguignons
Forêt d'Aumont
Maupas
Jeugny
Eaux-Puiseaux
Chamoy
Fays-la-Chapelle
St Phal
Forêt de Rumilly
Jully-s-Sarce
Vosnon
Auxon
Montigny-les-Monts
Forêt de Crogny
Bois du Devois
Vougrey
Villemorien
Villeneuve-au-Chemin
les Loges-Margueron
Polisot
Coursan-en-Othe
Lantages
Villiers-s/s-Praslin
Montfey
Lasson
Chaource
Praslin
Arrelles
Polisy
Forêt de Fiel
Neuvy-Sautour
Racines
Ervy-le-Châtel
Davrey
Avreuil
les Granges
Forêt de Cussangy
Balnot-s-Laignes
Pargues
Avirey-Lingey
Courtaoult
Chessy-les-Prés
Turgy
Vanlay
Lagesse
Cussangy
Soumaintrain
Beugnon
Maisons-lès-Chaource
Bagneux-la-Fosse
les Riceys
Vallières
Balnot-la-Grange
les Croûtes
Bernon
Chesley
Butteaux
Prusy
Flogny-la-Chapelle
Percey
Coussegrey
Chaserey
Etourvy
Villiers-le-Bois
Bragelogne-Beauvoir
Beauvoir-s-Sarce
Marolles-s/s-Lignières
Lignières
Quincerot
Channes
Villiers-Vineux
Trichey
Arthonnay
Carisey
Tronchoy
Roffey
Grd Virey
Mélisey
Villon
Forêt de Maulnes
Vertault
Cheney
Dannemoine
Thorey
Dyé
Bernouil
Rugny
Méré
Molosmes
Vézinnes
Bois de Rugny
Channay
Junay
Epineuil
St Martin-s-Armançon
Vézannes
Tonnerre
Commissey
Baon
Cruzy-le-Châtel
Nicey
Griselles
Tanlay
Pimelles
Paisson
Fontenay-près-Chablis
Tissey
Collan
St Vinnemer
Gland
Forêt de Gland
Serrigny
Bois de la Ville
Argentenay
Gigny
Fleys
Lézinnes
Ancy-le-Libre
Sennevoy-le-Bas
Béru
Yrouerre
Chichée
Ciments Lafarge
Vireaux
Ancy-le-Franc
Stigny
Jully
Chemilly-s-Serein
Sambourg
Pacy-s-Armançon
Poilly-s-Serein
Fresnes
Chassignelles
Argenteuil-s-Armançon
Ste Vertu
Molay
Moulins-en-Tonnerrois
Fulvy
Nuits
Ravières
Verdonne
Annay-s-Serein
Lichères-près-Aigremont
Aigremont
Villiers-les-Hauts
Asnières-en-Montagne
Bois du Champ Ragot
Bois de Nuits
Noyers
Pasilly
Cry
Censy
Arrans
Perrigny-s-Armançon
Bois d'Arrans
Jouancy
Etivey
Aisy-s-Armançon
Rougemont
Sarry
Nitry
Buffon
A6-E15-E60
N77
N71
D 905
D 965
D 944
D 444
D 443
D 952
D 956
D 374
D 453
D 953

115
D
E
F
A 5-E 17-E 54
Magnant
Bligny
Barramont
Urville
Arconville
la Bretonnière
Clairvaux
Forêt de Clairvaux
Montheries
Lavilleneuve-au-Roi
Rennepont
Longchamp-s-Aujon
Outre-Aube
Maranville
Forêt de Bois-Gênard
Vaudrémont
Vitry-le-Croisé
Bois-de-Vitry
Fontarce
Champignol-lez-Mondeville
Fraville
Fontaine St Bernard
Ville-s/s-la-Ferté
Juvancourt
Cirfontaines-en-Azois
Aizanville
Buxieres-s-Arce
Eguilly-s/s-Bois
Bertignolles
Chervey
Chacenay
Bar-s-Seine
Bois Bréard
Ville-s-Arce
Merrey-s-Arce
Viviers-s-Artaut
Noé-les-Mallets
St Usage
Fays-Haut
Laferté-s-Aube
Varencey
Bois de Laferté
Pont-la-Ville
Orges
Celles-s-Ource
Landreville
Loches-s-Ource
Essoyes
le Gd Mallet
Fontette
les Fosses
Villars-en-Azois
Fins
le Val-du-Four
Essey-les-Ponts
Silvarouvres
Marmesse
Buxeuil
Bois du Roi
N.D. des Vignes
Neuville-s-Seine
Gyé-s-Seine
Verpillières-s-Ource
Forêt d'Oisellemont
Cunfin
Ste Anne
Forêt de Beaumont
Beaumont
Dinteville
la Folie
Derville
la Forge
Châteauvillain
Bonshommes
Bois de Thouan
Courteron
Bois du Charmoi
Lanty-s-Aube
Moulin
Bois de la Longe
Valfond
Créancey
Bon Air
Bois de Lanty
Grancey-s-Ource
Bois de Réveillon
Autricourt
Bois des Forts
Forêt de Vigne Rouget
Ormoy-s-Aube
Montribourg
Haute-Rive
Plaines-St Lange
Mussy-s-Seine
Bois de Gyé
Champigny
Riel-les-Eaux
Gevrolles
Latrecey-Ormoy-s-Aube
la Lucine
Mont du Mont
Gommeville
Forêt des Brosses
Forêt du Val du Puits
Forêt de Vaurque
Forêt du Montot
Montigny-s-Aube
Mont Rémin
Veuxhaulles-s-Aube
Bois de Faye
Bois de Dancevoir
Charrey-s-Seine
Noiron-s-Seine
la Jarrie
Belan-s-Ource
Thoires
Bois de la Fontaine
Boudreville
Dancevoir
Forêt de Charme-Boulerain
Villers-Patras
Obtrée
Chaumont-le-Bois
Mosson
Brion-s-Ource
Courban
le Souhy
Longue
Aubepierre-s-Aube
Forêt de l'Hôpital
Pothières
la Balotière
Massingy
Bissey-la-Côte
Mont Lassois
Vix
St Marcel
Vannaire
Louesme
Lignerolles
Champ-du-Bois
Larrey
Poinçon-les-Larrey
Bouix
Etrochey
Courcelles
Montliot-et-Courcelles
Bois de Langres
Layer-s-Roche
Forêt de la Chaume
les Goulles
Lac de Marcenay
Ste Colombe-s-Seine
Marigny
Crépan
Prusly-s-Ource
Ste Marie
Bois de la Chaume
Marcenay
Cérilly
Châtillon-s-Seine
la Barotte (École d'Agriculture)
Villotte-s-Ource
Forêt de Bois aux Moines
Bois de Lucey
Lucey
Bissey-la-Pierre
le Loge
la Pierre Blanche
Maisey-le-Duc
Vanvey
Villiers-le-Duc
St Phal
Voulaines-les-Templiers
Leuglay
Faverolles-lès-Lucey
Gurgy-le-Château
Balot
Buncey
Ampilly-le-Sec
la Grange-Joly
Forêt de Lugny
Frolgvent
Lugny (Anc^ne Chartreuse)
Mont de Lucey
Buxerolles
Chambain
Chamesson
Forêt de Chamesson
Mont^t de la Forêt
Forêt de Châtillon
Recey-s-Ource
Nesle-et-Massoult
Massoult
Val des Choues (Anc^ne Abbaye)
Menesble
Nod-s-Seine
Voisin
St Germain-le-Rocheux
Essarois
la Forge
Planay
Coulmier-le-Sec
Aisey-s-Seine
Grange-Didier
Rochefort
Puiset
Montmoyen
Hierce
la Forêt
Bure-les-Templiers
Terrefondrée
Savoisy
Puits
Chemin-d'Aisey
Brémur-et-Vaurois
Busseaut
Beaulieu
Châtellenot
Romprey
Semond
les Grands Bois
Chenecières
Mauvilly
Valfermet
Forêt du Sarcy
Etais
Origny
la Maison
St Marc-s-Seine
St Broing-les-Moines
le Mont
Vaugimois
Magny-Lambert
Vaux
Bellenod-s-Seine
Meulson
Grand-Bois
la Cassotte
la Galopine
Brévon
Moitron
Lochères
Villaines-en-Duesmois
la Montagne
la Borde
Beaunotte
Chalvosson
Toutifaut
Cosne
Plaisance
Le Pré-du-Sout
Minot
le P^t Jailly
Meursauge
Quemigny-s-Seine
Aignay-le-Duc
Lourosse
Fraignot-et-Vesvrotte
les Malmaisons
la Folie
Quemignerot
Source de la Coquille
Charme
91
116
138
1
2
3
4

CHAUMONT
Langres
Nogent
Châteauvillain
Arc-en-Barrois
Auberive
Prauthoy
Recey-s-Ource
Chamarandes-Choignes
Biesles
Foulain
Rolampont
Forêt de Châteauvillain et d'Arc
Forêt d'Arc
Forêt de Corgebin
Forêt d'Ageville
Bois Perron
Bois de Marac
Dancevoir
Aubepierre-s-Aube
Giey-s-Aujon
Vaux-s-Aubigny
Montsaugeon
Villegusien-le-Lac
Chalancey
Grancey-le-Château-Neuvelle
Minot
Poinson-lès-Grancey
Vivey
Praslay
Aprey
Noidant-le-Rocheux
Perrancey-les-Vieux-Moulins
Rochetaillée
Vitry-en-Montagne
Marac
Faverolles
Villiers-s-Suize
Leffonds
Richebourg
Semoutiers-Montsaon
Bricon
Orges
Coupray
Cour-l'Evêque
Lignerolles
Lucey
Gurgy-le-Château
Chambain
Menesble
Colmier-le-Haut
Terrefondrée
Beneuvre
St Broing-les-Moines
Bussières
Courlon
Vernois-lès-Vesvres
Cussey-les-Forges
Rivière-les-Fosses
Dommarien
Choilley-Dardenay
115
92
139

117
D
E
F
93
118
140
Doncourt-s-Meuse
Malaincourt-s-Meuse
Chaumont-la-Ville
Crainvilliers
Dombrot-le-Sec
Col du Haut de Salin
Thol-lès-Millières
Vroncourt-la-Côte
Levécourt
Robécourt
la Fennecière
la Vacheresse et-la-Rouillie
Provenchères-lès-Darney
Forêt de Longchamp
Clefmont
Maisoncelles
Champigneulles-en-Bassigny
Blevaincourt
Rozières-s-Mouzon
Bois du Creuchot
Boëne
Bois du Camp
Côte de Hautmont
Viviers-le-Gras
Gignéville
Germainvilliers
Bois de l'Artembouchet
Mouzon
Rocourt
Villotte
Martigny-les-Bains
Marey
Audeloncourt
Clefmont
Breuvannes-en-Bassigny
Damblain
Tollaincourt
Sérocourt
Buxières-lès-Clefmont
Perrusse
Daillecourt
Meuvy
Bois de Pennecière
Romain-aux-Bois
Mont St Étienne
Mont des Fourches
Frain
le Grand Pâquis
Morizécourt
Ninville
Noyers
Bassoncourt
Choiseul
Vaudainvilliers
Colombey-lès-Choiseul
Abbe de Morimond
Lamarche
Mont Heuillon
Bleurville
Rangecourt
Lenizeul
Merrey
Grignoncourt
Forêt du Fort-Ferré
Aureil-Maison
Serécourt
Tignécourt
Monthureux-s-Saône
Ravennefontaines
Fresnoy-en-Bassigny
Bois de Fresnoy
la Fagotière
Lavilleneuve
Is-en-Bassigny
Damphal
Larivière-Arnoncourt
Isches
St Julien
Bois de Montigny
Maulain
Parnot
Bois de Change
Aigremont
Bois de Serqueux
Mont-lès-Lamarche
Fouchécourt
Mont de Savillon
Commune de Val-de-Meuse
Lécourt
Commune de Parnay-en-Bassigny
Côte des Noues
Godoncourt
Sarrey
Provenchères-s-Meuse
Meuse
Arnoncourt-s-Apande
Ainvelle
les Thons
Fignévelle
Épinant
Montigny-le-Roi
Malroy
Beaucharmoy
Serqueux
Régnévelle
Dammartin-s-Meuse
Pouilly-en-Bassigny
Commune de Le Châtelet-sur-Meuse
Cimre israélite
Côte d'Ainvelle
le Charmont
Senaide
Lironcourt
Bousseraucourt
Belfays
Bois du Danonce
Bourbonne-les-Bains
Grignoncourt
Chézoy
Frécourt
Récourt
Avrecourt
Saulxures
Damrémont
Bois des Epinaies
Fresnes-s-Apance
Châtillon-s-Saône
Ameuvelle
Bonnecourt
Mont Mercure
Fouilles gallo-romaines
Rançonnières
Vicq
Laneuvelle
Parc animalier de la Bannie
Villars-St Marcellin
Enfonvelle
Jonvelle
Montcourt
Corre
Neuilly-l'Évêque
Poiseul
Andilly-en-Bassigny
Lavernoy
Coiffy-le-Bas
le-Haut
Genrupt
N.D. de la Salette
Forêt de Villars
Bois de la Laut
les Charmes
Jeunes Bieppes
Bourbévelle
Villars-le-Pautel
Celles-en-Bassigny
les Grange-Huguet
St Marcellin
H. Daumont
Bois des Riots
Varennes-s-Amance
Montcharvot
la Dolomie
Aisey-et-Richecourt
Marcilly-en-Bassigny
Forêt de Terre-Natale
les Granges-du-Val
Bois de Chezeaux
Melay
le Donnet
Plesnoy
Troischamps
Presles
Marcilly
Chézeaux
Voisey
Forêt de Voisey
Blondefontaine
Orbigny-au-Mont
Bois de Monservigny
Soyers
Vaux-la-Douce
Neuvelle-lès-Voisey
Barges
Betaucourt
Lecey
Celsoy
Arbigny-s/s-Varennes
Champigny-s/s-Varennes
Guyonvelle
les Essarts
Raincourt
Chatenay-Vaudin
Commune de Haute-Amance
Bois d'Anrosey
Laferté-s-Amance
Anrosey
Betoncourt-s-Mance
Vernois-s-Mance
Cemboing
Cendrecourt
Maurice
Montlandon
Hortes
Bize
Maizières-Amance
la Mothe
Velles
Rosières-s-Mance
Mance
Mievillers
Rosoy-s-Amance
Bois de la Beaulieu
Boulaie
Pisseloup
Gircourt
St Marcel
Jussey
Culmont
Chaudenay
Rougeux
Montesson
Bois du Chanois
Vitrey-s-Mance
Noroy-lès-Jussey
Montureux-lès-Baulay
Torcenay
Corgirnon
H. Chemin
Charmoy
Commune de Pierremont-sur-Amance
Pierrefaites
Ouge
Chauvirey-le-Châtel
Montigny-lès-Cherlieu
Gevigney-et-Mercey
Chalindrey
Commune de Fayl-la-Forêt
Ougeotte
Agneaucourt
Mercey
Fouchécourt
le Pailly
les Loges
les Plains Bois
le Faubourg
Fayl-Billot
Bois du Chatelet
Chauvirey-le-Vieil
Bois de Montigny
Abbe Cherlieu
Bougey
Augicourt
Abonco Gesinco
les Archots
la Papeterie
Mont d'Olivotte
les Tilleuls
Louvière
la Folie
la Quarte
Bois de Charaumont
Marlay
Forêt de Cherlieu
Lambrey
Violot
N.D. des-Bois
Grosse-Sauve
Bois Brûlé
Poinson-lès-Fayl
Broncourt
Cintrey
Preigney
Oigney
Purgerey
Pressigny
Grands Bois
la Rochelle
Laitre
Bois la Sol
Melin
Semmadon
Arbecey
Rivières-le-Bois
Bussières-lès-Belmont
Commune de Champsevraine
Charmes-St Valbert
Molay
Malvillers
Charg-lès-Pon
Grandchamp
Belmont
Belfond
Genevrières
Voncourt
Morey
Gourgeon
Combeaufontaine
Maâtz
Grenant
Saulles
Savigny
Bourguignon-lès-Morey
Lavigney
Tornay
Valleroy
Farincourt
St Julien
Cne de la Roche-Morey
Betoncourt-les-Ménétriers
Cornot
Bois de Confracourt
la Neuvelle-lès-Scey
Gilley
Perte de la Rigotte
Seuchey
Coublanc
Bois dit le Ronchot
Suaucourt
Artaufontaine
la Vaivre
Scey-s-Saône-et-St-Albin
Bois Lessu
Frettes
Argillières
les Essarts
Villers-Vaudey
Nervezain
Confracourt
Leffond
la Voisine
Pisseloup
Fouvent-le-Bas
Fleurey-lès-Lavoncourt
Vauconcourt-Nervezain
Silo
Rupt-s-Saône
Montvaudon
Francourt
Donjon
Vy-lès-Rupt
Tunnel de St Albin
Cne de Fouvent-St Andoche
Fouvent-le-Haut
St Andoche
Pierrecourt
Montarlot-lès-Champlitte
les Louches
Piémont
Forêt des Louches
le Breuillot
Raucourt
Renaucourt
Mont-St Lége
Grandecourt
Chantes
Aumônières
Larret
Volon
Lavoncourt
Ovanches
N 19 E 54

A
B
C
94
117
141
1
2
3
4
Senonges
Lerrain
Escles
Jésonville
Provenchères-lès-Darney
Dombasle-devant-Darney
Viviers-le-Gras
Gignéville
Marey
Serocourt
Relanges
Bonvillet
Lichecourt
Belmont-lès-Darney
Darney
Belrupt
Vioménil
Forêt Domaniale de Darney
Nonville
Grange-Jacquot
Attigny
Hennezel
Bleurville
Tignécourt
Monthureux-s-Saône
Claudon
Grandrupt-de-Bains
Harsault
Gruey-lès-Surance
Hautmougey
Bains-les-Bains
Charmois-l'Orgueilleux
Uzemain
Xertigny
la Chapelle-aux-Bois
les Voivres
Thunimont
Fleurot
Maupotel
Urimenil
Dounoux
Godoncourt
Fignévelle
Regnévelle
Martinvelle
Passavant-la-Rochère
Selles
Ambiévillers
Montmotier
Trémonzey
Fontenoy-le-Château
le Magny
le Clerjus
Bousseraucourt
Grignoncourt
Vougécourt
Ameuvelle
Jonvelle
Montcourt
Corre
Demangevelle
Vauvillers
Montdoré
Betoncourt-St Pancras
Dampvalley-St Pancras
Mailleroncourt-St Pancras
Fontenois-la-Ville
Aillevillers-et-Lyaumont
Corbenay
Magnoncourt
Bourbévelle
Ranzevelle
Hurecourt
Girefontaine
Bouligney
St Loup-s-Semouse
Fougerolles
Villars-le-Pautel
Aisey-et-Richecourt
Ormoy
Polaincourt-et-Clairefontaine
Melincourt
Anjeux
Jasney
Blondefontaine
Betaucourt
Saponcourt
Magny-lès-Jussey
Anchenoncourt-et-Chazel
la Pisseure
Plainemont
Ainvelle
Fontaine-lès-Luxeuil
Hautevelle
Raincourt
Cendrecourt
Tartécourt
Venisey
Senoncourt
St Remy
Dampierre-lès-Conflans
Francalmont
Luxeuil-les-Bains
Contréglise
Bassigney
Briaucourt
Conflans-s-Lanterne
Froideconche
Montureux-lès-Baulay
Buffignécourt
Amance
Menoux
Cubry-lès-Faverney
Bourguignon-lès-Conflans
Ormoiche
Breuches
St Sauveur
Gevigney-et-Mercey
Baulay
Mersuay
Velorcey
Abelcourt
Ste Marie-en-Chaux
Baudoncourt
Fouchécourt
Aboncourt-Gesincourt
Faverney
Equevilley
Meurcourt
Villers-lès-Luxeuil
Éhuns
la Chapelle-lès-Luxeuil
Augicourt
Lambrey
la Villedieu-en-Fontenette
Visoncourt
Brotte-lès-Luxeuil
Ailloncourt
Citers
Purgerot
Fleurey-lès-Faverney
Breurey-lès-Faverney
Neurey-en-Vaux
Betoncourt-lès-Brotte
Arbecey
Chargey-lès-Port
Conflandey
Amoncourt
le Val-St Eloi
Mailleroncourt-Charette
Servigney
Genevrey
Quers
Dambenoit-lès-Colombe
Provenchère
Varogne
Vilory
la Villeneuve-Bellenoye-et-la-Maize
Adelans-et-le-Val-de-Bithaine
Combeaufontaine
Chaux-lès-Port
Villers-s-Port
Vellefrie
Saulx
Flagy
Port-s-Saône
Bougnon
Châtenois
la Creuse
la Neuvelle-lès-Scey
Grattery
Pusy-et-Epenoux
Auxon
Creveney
Pomoy
Genevreuille
Amblans-et-Velotte
Scey-s-Saône-et-St Albin
Confracourt
Ferrières-lès-Scey
Vauchoux
Charmoille
Colombier
Montcey
Colombotte
Calmoutier
Mollans
Scye
Pusey
Villeparois
Coulevon
Comberjon
Rupt-s-Saône
Chemilly
Montigny-lès-Vesoul
Vesoul
Dampvalley-lès-Colombe
Lièvans
Vy-lès-Rupt
Chassey-lès-Scey
Chantes
Pontcey
Vaivre-et-Montoille
Noroy-le-Bourg
Montjustin-et-Velotte
Arpenans
Grandecourt
Ovanches
Buce
Noidans-lès-Vesoul
Chariez
Frotey-lès-Vesoul
Colombe-lès-Vesoul

D
E
F
95
96
120
142
Arches
Eloyes
Tête des Cuveaux
Le Tholy
Gérardmer
Xonrupt-Longemer
Col de la Schlucht
Hohneck
Remiremont
St Étienne-lès-Remiremont
St Amé
Vagney
Cornimont
La Bresse
Col de Bramont
Wildenstein
Grand Ventron
Saulxures-s-Moselotte
Thiéfosse
Forêt de Longegoutte
Rupt-s-Moselle
Ferdrupt
Ramonchamp
le Thillot
Bussang
Col de Bussang
Kruth
Oderen
Fellering
Grand Drumont
Petit Drumont
Husseren-Wesserling
St Maurice-s-Moselle
Plombières-les-Bains
Girmont-Val-d'Ajol
Faucogney-et-la-Mer
PARC
NATUREL
RÉGIONAL
DES
BALLONS
DES
VOSGES
Ballon d'Alsace
Ballon de Servance
Servance
Col du Ballon
Sewen
Masevaux
Mélisey
Ternuay-Melay-et-St Hilaire
Plancher-les-Mines
Giromagny
Auxelles-Bas
Plancher-Bas
Champagney
Ronchamp
Lure
Rougemont-le-Château
Valdoie
Offemont
BELFORT
Danjoutin
Frahier-et-Chatebier
Magny-Danigon
Andelnans
Hohneck
Markstein

20
A
B
C
96
119
142
143
1
2
3
4
Petit Ballon
Schnepfenried
Forêt du Herrenberg
Col du Herrenberg
Schweisselwasen
Hilsenfirst
Col du Platzerwasel
Langenfeld
Klintzkopf
Col du Hahnenbrunnen
Lac de la Lauch
Jungfraukopf
le Markstein
Hundskopf
Storkenkopf
Grand Ballon
(1424)
Kruth
Oderen
Fellering
Ranspach
Urbès
Husseren-Wesserling
Storckensohn
Mollau
Mitzach
St Amarin
Geishouse
Moosch
Malmerspach
Willer-s-Thur
Bitschwiller-lès-Thann
Thann
Vieux-Thann
Cernay
Uffholtz
Steinbach
Wattwiller
Hartmannswiller
Wuenheim
Berrwiller
Soultz-Haut-Rhin
Jungholtz
Rimbachzell
Guebwiller
Murbach
Buhl
Lautenbach
Lautenbachzell
Linthal
Sengern
Soultzmatt
Westhalten
Rouffach
Orschwihr
Bergholtz
Bergholtzzell
Issenheim
Merxheim
Gundolsheim
Niederentzen
Oberentzen
Munwiller
Meyenheim
Reguisheim
Biltzheim
Oberhergheim
Rustenhart
Hirtzfelden
Roggenhouse
Munchhouse
Ensisheim
Raedersheim
Ungersheim
Feldkirch
Bollwiller
Ecomusée de Hte Alsace
Pulversheim
Staffelfelden
Wittelsheim
Ruelisheim
Battenheim
Baldersheim
Wittenheim
Kingersheim
Illzach
Sausheim
Richwiller
Pfastatt
Lutterbach
MULHOUSE
Rixheim
Riedisheim
Habsheim
Forêt de la Harth
Harth nord
Harth sud
Ottmarsheim
Vieil Armand
(Hartmannswillerkopf)
Col du Silberloch
Goldbach-Altenbach
Thierenbach
Sudelkopf
Col Amic
Rammersmatt
Roderen
Leimbach
Bourbach-le-Haut
Bourbach-le-Bas
Masevaux
Sickert
Niederbruck
Oberbruck
Wegscheid
Rimbach-près-Masevaux
PARC NATUREL
le Rossberg
Lauw
Sentheim
Guewenheim
Michelbach
Aspach-le-Haut
Aspach-le-Bas
Schweighouse-Thann
Reiningue
Abbaye d'Oelenberg
Morschwiller-le-Bas
Heimsbrunn
Didenheim
Brunstatt
Zillisheim
Flaxlanden
Bruebach
Landser
Dietwiller
Schlierbach
Geispitzen
Sierentz
Rougemont-le-Château
Leval
Petitefontaine
Mortzwiller
Soppe-le-Bas
Burnhaupt-le-Haut
Burnhaupt-le-Bas
LA COMTOISE
Lachapelle-s/s-R.
Romagny-s/s-R.
Felon
Etueffont
Angeot
Bellemagny
Bretten
Sternenberg
Gildwiller
Hecken
Falkwiller
Ammerzwiller
Bernwiller
Galfingue
Frœningen
Hochstatt
Spechbach
Illfurth
Tagolsheim
Heidwiller
Walheim
Luemschwiller
Steinbrunn-le-Haut
Steinbrunn-le-Bas
Waltenheim
Kœtzingue
Uffheim
Rantzwiller
Obermorschwiller
Magstatt
Bartenheim
Vauthiermont
St Cosme
Guevenatten
Traubach
Balschwiller
Eglingen
Hagenbach
Buethwiller
Wolfersdorf
Gommersdorf
Brechaumont
Reppe
Fontaine
Lagrange
Menoncourt
Frais
Chavannes-s-l'Etang
Elbach
Dannemarie
Altkirch
Emlingen
Heiwiller
Wahlbach
Zaessingue
Stetten
Kappelen
Tagsdorf
Wittersdorf
Schwoben
Franken
Helfrantzkirch
Hausgauen
Hundsbach
Jettingen
Michelbach-le-Bas
Ballersdorf
Carspach
Retzwiller
Valdieu-Lutran
Montreux-Vieux
Montreux-Jeune
Manspach
Altenach
Romagny
Foussemagne
Bessoncourt
Chèvremont
Cunelières
Fontenelle
Petit-Croix
Vézelois
Meroux
Novillard
Autrechêne
Bretagne
Magny
Chavannes-les-Grands
St Ulrich
Fulleren
Hirsingue
Hirtzbach
Bettendorf
Willer
Henflingen
Berentzwiller
Ranspach-le-Bas
Ranspach-le-Haut
Heimersdorf
Ruederbach
Grentzingen
Knœringue
Oberdorf
Steinsoultz
Waldighoffen
Muespach
Folgensbourg
Michelbach-le-Haut
Chavanatte
Strueth
Mertzen
Hindlingen
Largitzen
Friesen
Suarce
Vellescot
Grosne
Brebotte
Recouvrance
Boron
Froidefontaine
Charmois
Morvillars
Grandvillars
Joncherey
Les Mennonites
Ueberstrass
Lepuix-Neuf
Seppois-le-Bas
Seppois-le-Haut
Bisel
Feldbach
Riespach
Roppentzwiller
Durmenach
Werentzhouse
Linsdorf
Bettlach
Liebenswiller
Mooslargue
Niederlarg
Kœstlach
Vieux-Ferrette
Ferrette
Bouxwiller
Fislis
Oltingue
Sondersdorf
Raedersdorf
Rodersdorf
Durlinsdorf
Bendorf
Mœrnach
Pfetterhouse
Réchésy
Courtelevant
Faverois
Florimont
Courcelles
Delle
Thiancourt
Beurnevésin
Bonfol
Lugnez
Damphreux
Montignez
Boncourt
Fêche-l'Eglise
Badevel
Beaucourt
Mézire
Liebsdorf
Ligsdorf
Winkel
Courtavon
Levoncourt
Oberlarg
Buix
Grandgourt
Courtemaîche
Vendlincourt
Wolschwiller
Kiffis
Hippoltskirch
Burg im-Leimental
St Dizier-l'Evêque
Montbouton
Glaserberg
PEUGEOT
Nonnenbruch
Bois de Rothleible

D
E
F
97
1
2
3
4
Bad Krozingen
Ehrenkirchen
Pfaffenweiler
Staufen im Breisgau
Heitersheim
Münstertal
Schauinsland
Hofsgrund
St. Wilhelm
Feldberg
Feldberg im Schwarzwald
Todtnau
Todtnauberg
Müllheim
Neuenburg
Badenweiler
Belchen
Neuenweg
Schönau im Schwarzwald
Utzenfeld
Bernau im Schwarzwald
Tunau
Hochkopf
Todtmoos
Zell im Wiesental
Kandern
Schopfheim
Wehr
Herrischried
Rickenbach
Bad Säckingen
Maulburg
Lörrach
Rheinfelden
Grenzach-Wyhlen
Weil
Huningue
St. Louis
BASEL (BÂLE)
Birsfelden
Muttenz
Pratteln
Liestal
Augusta Raurica
Möhlin
Sissach
Gelterkinden
Arlesheim
Dornach
Reinach
Allschwil
Binningen
Riehen
Dinkelberg
SCHWARZWALD
RHEIN
Canal d'Alsace
Grand Canal d'Alsace
Blauen
Hohe Möhr
Oltingen
Frick
Stein
Sisseln
Zwingen

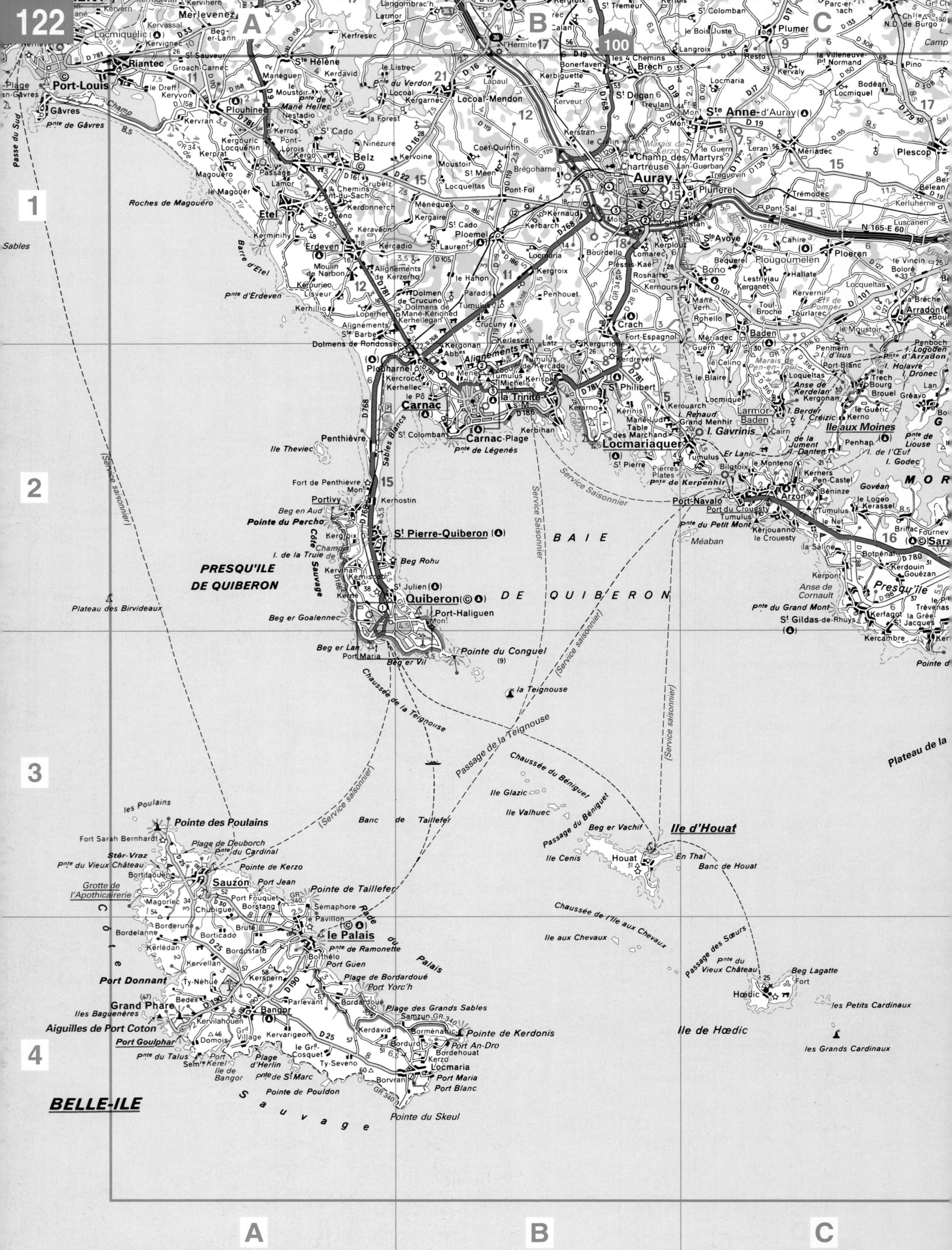
A
B
C
1
2
3
4
Port-Louis
Riantec
Plouhinec
Locoal-Mendon
Ste Anne-d'Auray
Auray
Belz
Etel
Erdeven
Plouharnel
Carnac
la Trinité
Crach
Locmariaquer
Baden
Arradon
Ile aux Moines
Arzon
Port-Navalo
St Pierre-Quiberon
Quiberon
Portivy
PRESQU'ILE
DE QUIBERON
BAIE
DE QUIBERON
Ile d'Houat
Ile de Hœdic
Sauzon
le Palais
Bangor
Locmaria
BELLE-ILE
Pointe des Poulains
Pointe de Kerdonis
Pointe du Conguel
Pointe du Skeul
Port Donnant
Grand Phare
Aiguilles de Port Coton
Port Goulphar
Côte Sauvage
(Service saisonnier)
Passage de la Teignouse
Chaussée de la Teignouse
Chaussée du Béniguet
Passage du Béniguet
Passage des Sœurs
Rade du Palais
les Petits Cardinaux
les Grands Cardinaux
Plateau des Birvideaux
N 165-E 60
100

123
D
E
F
101
102
124
125
1
2
3
4
VANNES
Meucon
St Avé
Monterblanc
Elven
Forteresse de Largoët
St Nolff
Treffléan
Sulniac
la Vraie-Croix
Questembert
Pleucadeuc
Molac
Rochefort-en-Terre
Pluherlin
Malansac
Parc de la Préhistoire
St Jacut-les-Pins
Peillac
St Congard
St Gravé
St Martin
St Léonard
Séné
Theix
Noyalo
le Hézo
Surzur
la Trinité-Surzur
Lauzach
Berric
le Plessis-Josso
Ambon
Muzillac
Noyal-Muzillac
le Guerno
Péaule
Limerzel
Caden
Béganne
Damgan
Billiers
Penerf
le Tour-du-Pac
Chau de Suscinio
Rhuys
Kerlévenan
St Armel
Arzal
la Roche-Bernard
Marzan
Nivillac
Camoël
Férel
Pénestin
Herbignac
Assérac
Mesquer
Piriac-s-Mer
la Turballe
Guérande
St Lyphard
St Molf
le Croisic
Batz-s-Mer
LA BAULE
le Pouliguen
Pornichet
la Baule-Escoublac
St André-des-Eaux
Trignac
Anse de Suscinio
Pointe de Penvins
Rade de Penerf
Passe de la Grde Accroche
Pointe de Pen-Lan
Pnte du Halguen
Pnte de Cofrenau
Plage de la Mine d'Or
I. de Belair
Pnte de Loscolo
Pnte du Bile
Ile Dumet
Pnte de Merquel
Plage de Sorlock
Plage de Lansèria
Pointe du Castelli
Rade du Croisic
Phare du Four
la Calebasse
Port aux Rocs
Pointe du Croisic
Côte Sauvage
Pnte de Penchâteau
PARC NATUREL RÉGIONAL DE BRIÈRE
GRANDE BRIÈRE
Forêt de la Roche-Bernard
N 165 - E 60
N 166
D 775
D 774
D 139
D 20
N 171

A
B
C
101
123
122
1
2
3
4
GOLFE
DU
MORBIHAN
Ile d'Arz
Ile aux Moines
I. Gavrinis
Larmor-Baden
Port-Navalo
Arzon
Pte du Petit Mont
Méaban
Noyalo
le Hézo
St Armel
Surzur
la Trinité-Surzur
Lauzach
Ambon
Muzillac
Noyal-Muzillac
Billiers
Damgan
Sarzeau
Presqu'île de Rhuys
Chau de Suscinio
St Gildas-de-Rhuys
Pte du Grand Mont
Anse de Suscinio
Pointe de St Jacques
Pointe de Penvins
Rade de Penerf
le Tour-du-Parc
Penerf
Pte de Kervoyal
Pointe de Pen-Lan
Passe de la Gde Accroche
Pte du Halguen
Pénestin
Plage de la Mine d'Or
Pte de Loscolo
Pte du Bile
Plateau de la Recherche
Ile Dumet
Ile d'Houat
Banc de Houat
Passage des Sœurs
Pte du Vieux Château
Beg Lagatte
Hœdic
Ile de Hœdic
les Petits Cardinaux
les Grands Cardinaux
Pte de Merquel
Plage de Sorlock
Plage de Lansèria
Mesquer
Piriac-s-Mer
Sémaphore
Pointe du Castelli
Pen ar Ran
la Turballe
Rade du Croisic
Guérande
Phare du Four
la Calebasse
Port aux Rocs
Pointe du Croisic
le Croisic
Batz-s-Mer
Côte Sauvage
Grotte des Korrigans
LA BAULE
le Pouliguen
Pte de Penchâteau
Chenal du Nord
la Banche
(Service saisonnier)
A
B
C

D E F

1 2 3 4

la Roche-Bernard
Forêt de la Roche-Bernard
Herbignac
Missillac
Pontchâteau
St Gildas-des-Bois
Sévérac
Guenrouet
Plessé
Fégréac
Rieux
Théhillac
Béganne
Péaule
Marzan
Nivillac
St Dolay
Drefféac
Quilly
Campbon
Bouvron
Malville
Savenay
Donges
Besné
Crossac
Ste Reine-de-Bretagne
La Chapelle-des-Marais
St Lyphard
PARC NATUREL RÉGIONAL DE BRIÈRE
GRANDE BRIÈRE
St Joachim
St Malo-de-Guersac
Montoir-de-Bretagne
Trignac
St NAZAIRE
Paimbœuf
LOIRE
Lavau-s-Loire
Bouée
Cordemais
Le Temple-de-Bretagne
St Brevin-les-Pins
St Brevin-l'Océan
Mindin
St Viaud
Frossay
Vue
Rouans
St Père-en-Retz
St Michel-Chef-Chef
Tharon-Plage
Chauvé
Forêt de Princé
Chéméré
Pornic
Préfailles
Pointe de St Gildas
Pointe de Chémoulin
Côte de Jade
Canal de Haute Perche

102 126 144

A
B
C
103
125
145
1
2
3
4
NANTES
Guémené-P.
Conquereuil
Nozay
Abbaretz
Treffieux
Issé
Moisdon
Marsac-s-Don
Jans
Plessé
Vay
la Grigonnais
le Gâvre
Forêt du Gâvre
Puceul
Saffré
Blain
Joué-s-Erdre
la Meilleraye-de-Bretagne
Forêt de l'Arche
Forêt de Vioreau
Grand Réservoir de Vioreau
Bouvron
Fay-de-Bretagne
Héric
Nort-s-Erdre
les Touches
Ligné
Mouzeil
Petit-Mars
Casson
la Chevallerais
Canal de Nantes à Brest
Forêt de la Groulais
Malville
le Temple-de-Bretagne
Vigneux-de-Bretagne
Grandchamps-des-Fontaines
Treillières
Sucé-s-Erdre
St Mars-du-Désert
le Cellier
St Etienne-de-Montluc
la Chapelle-s-Erdre
Carquefou
Mauves-s-L.
Thouaré
Orvault
Sautron
St Joseph
Ste Luce-s-Loire
Couëron
St Herblain
St Julien-de-Concelles
Basse-Goulaine
Haute-Goulaine
Indre
le Pellerin
St Jean-de-Boiseau
Basse-Indre
Rezé
St Sébastien-s-Loire
Bouguenais
la Montagne
Brains
Vertou
les Sorinières
Bouaye
NANTES ATLANTIQUE
Rouans
Cheix-en-Retz
St Père
St Léger-les-Vignes
St Fiacre-s-Maine
la Haie-Fouassière
la Chapelle-Heulin
LOIRE
N 137-E 3
N 171
N 165
A 11
N 249
D 164
D 178

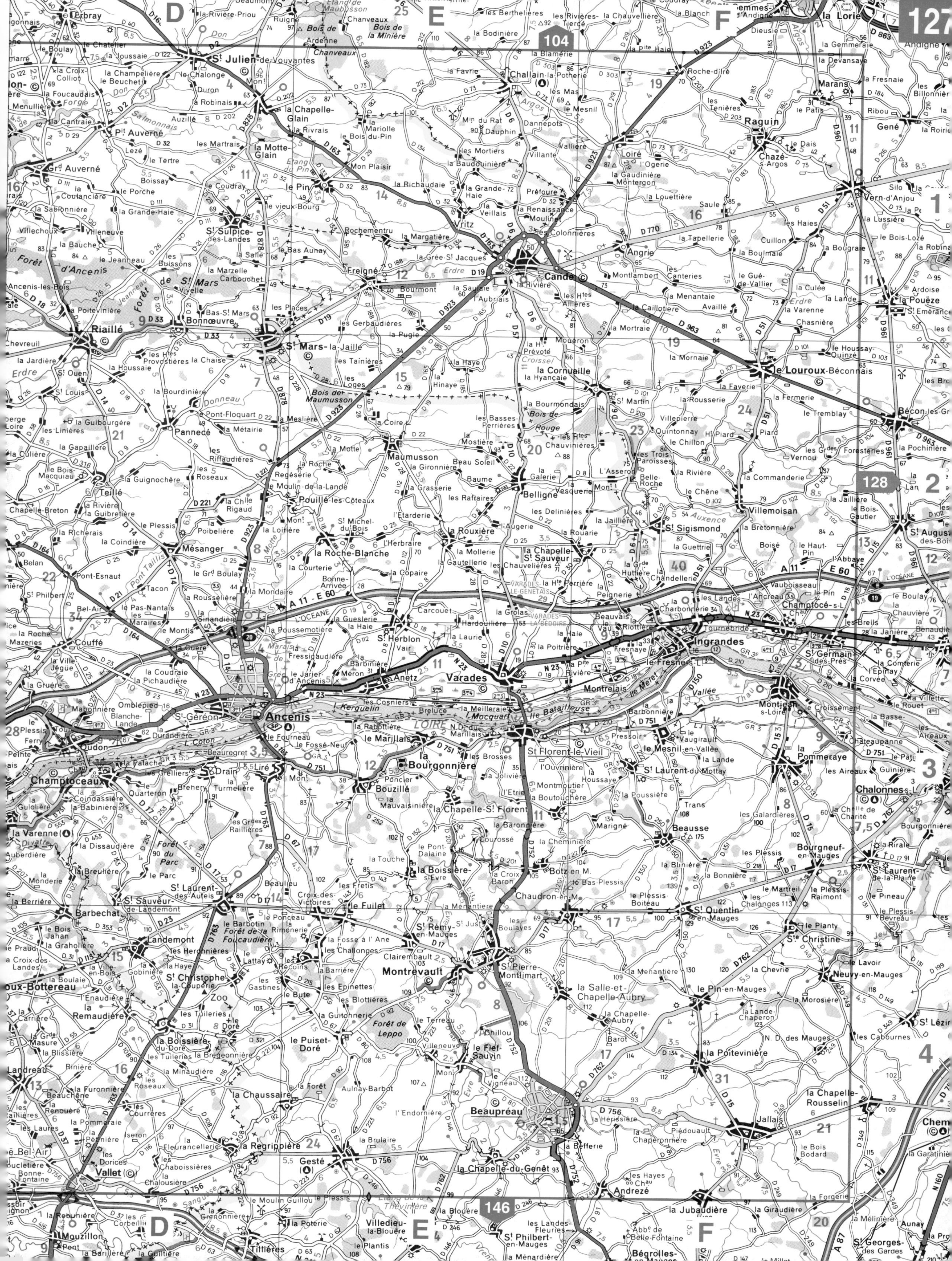
D
E
F
104
128
146
1
2
3
4
Erbray
St Julien-de-Vouvantes
la Chapelle-Glain
la Motte-Glain
Challain-la-Potherie
Roche-d'Iré
la Lorie
Marans
Raguin
Chazé-s-Argos
Vern-d'Anjou
Loiré
Grd Auverné
Pt Auverné
St Sulpice-des-Landes
le Pin
Vritz
Freigné
Candé
Angrie
la Pouëze
Forêt d'Ancenis
Forêt de St Mars
Riaillé
Bonnœuvre
St Mars-la-Jaille
le Louroux-Béconnais
Bécon-les-Grs
la Cornuaille
Bois de Maumusson
Pannecé
Maumusson
Belligné
Teillé
Pouillé-les-Côteaux
la Roche-Blanche
la Rouxière
la Chapelle-St Sauveur
St Sigismond
Villemoisan
St Augustin-des-Bois
Mésanger
Pont-Esnaut
A 11 - E 60
L'Océane
Couffé
St Herblon
Anetz
Varades
Ingrandes
Champtocé-s-L.
St Germain-des-Prés
Ancenis
St Géréon
Oudon
Montrelais
Montjean-s-Loire
Loire
le Marillais
St Florent-le-Vieil
le Mesnil-en-Vallée
Champtoceaux
Drain
Liré
la Bourgonnière
Bouzillé
la Pommeraye
Chalonnes
St Laurent-du-Mottay
la Chapelle-St Florent
Beausse
la Varenne
St Laurent-des-Autels
la Boissière-s-Èvre
Botz-en-M.
Bourgneuf-en-Mauges
St Laurent-de-la-Plaine
Barbechat
St Sauveur-de-Landemont
le Fuilet
Chaudron-en-M.
St Quentin-en-Mauges
Landemont
St Rémy-en-Mauges
Ste Christine
Montrevault
St Pierre-Montlimart
Neuvy-en-Mauges
la Remaudière
St Christophe-la-Couperie
la Salle-et-Chapelle-Aubry
le Pin-en-Mauges
la Boissière-du-Doré
le Puiset-Doré
Forêt de Leppo
le Fief-Sauvin
la Poitevinière
Landreau
la Chaussaire
Beaupréau
Jallais
la Chapelle-Rousselin
Vallet
la Regrippière
Gesté
la Chapelle-du-Genêt
Andrezé
Mouzillon
Tillières
Villedieu-la-Blouère
St Philbert-en-Mauges
la Jubaudière
St Georges-des-Gardes
Bégrolles-en-Mauges

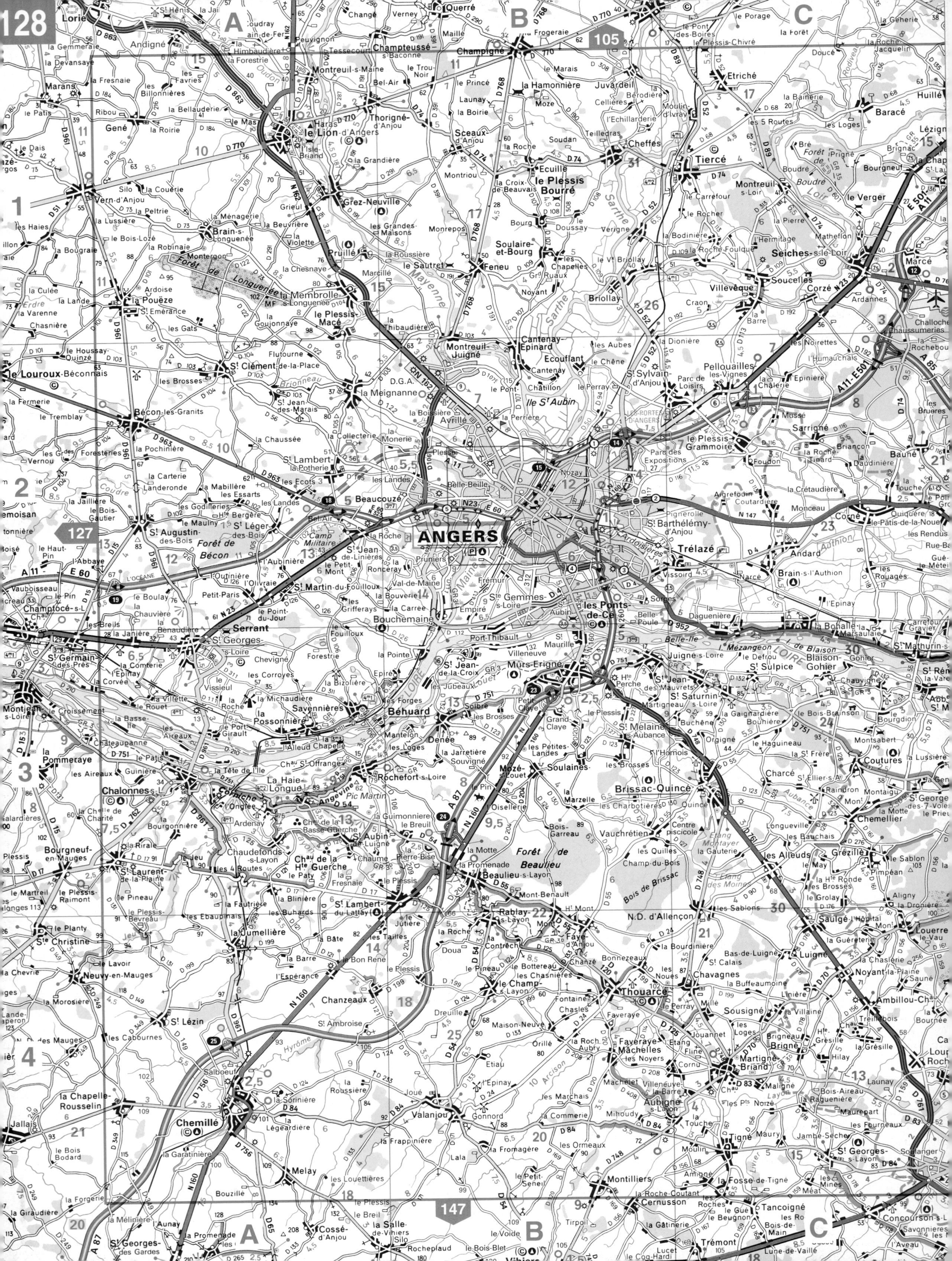
A
B
C
105
127
147
ANGERS
Querré
Champteussé-s-Baconne
Champigné
Montreuil-s-Maine
Thorigné-d'Anjou
le Lion-d'Angers
Sceaux-d'Anjou
Cheffes
Tiercé
Juvardeil
Etriché
Baracé
Huillé
Marans
Gené
Andigné
Vern-d'Anjou
Grez-Neuville
Brain-s-Longuenée
Pruillé
Feneu
Soulaire-et-Bourg
Ecuillé
le Plessis Bourré
Montreuil-s-Loir
Seiches-s-le-Loir
Soucelles
Villevêque
Corzé
Marcé
Briollay
la Pouëze
Forêt de Longuenée
la Membrolle-s-Longuenée
le Plessis-Macé
Montreuil-Juigné
Cantenay-Epinard
Ecouflant
St Sylvain-d'Anjou
Pellouailles-les-Vignes
le Louroux-Béconnais
St Clément-de-la-Place
la Meignanne
Avrillé
Bécon-les-Granits
St Lambert-la-Potherie
Beaucouzé
le Plessis-Grammoire
Sarrigné
St Barthélemy-d'Anjou
Trélazé
Corné
St Augustin-des-Bois
Forêt de Bécon
St Léger-des-Bois
St Jean-de-Linières
St Martin-du-Fouilloux
Andard
Brain-s-l'Authion
Champtocé-s-L.
Serrant
St Georges-s-Loire
St Germain-des-Prés
Bouchemaine
Ste Gemmes-s-Loire
les Ponts-de-Cé
Mûrs-Erigné
Juigné-s-Loire
St Sulpice
Blaison-Gohier
St Mathurin-s-L.
Montjean-s-Loire
Savennières
Béhuard
la Possonnière
St Jean-des-Mauvrets
St Saturnin-s-Loire
St Melaine-s-Aubance
Denée
Rochefort-s-Loire
Soulaines
Mozé-s-Louet
Brissac-Quincé
Coutures
la Pommeraye
Chalonnes-s-L.
Corniche Angevine
Chemellier
Bourgneuf-en-Mauges
St Laurent-de-la-Plaine
Chaudefonds-s-Layon
St Aubin-de-Luigné
Beaulieu-s-Layon
Forêt de Beaulieu
Vauchrétien
les Alleuds
Grézillé
St Lambert-du-Lattay
Rablay-s-Layon
Faye-d'Anjou
N.D. d'Allençon
Saulgé-l'Hôpital
Louerre
la Jumellière
St Christine
Neuvy-en-Mauges
Chanzeaux
le Champ-s-Layon
Thouarcé
Chavagnes
Luigné
Noyant-la-Plaine
Ambillou-Ch.
St Lézin
Faveraye-Mâchelles
Martigné-Briand
Brigné
Chemillé
Valanjou
Aubigné-s-Layon
Tigné
St Georges-s-Layon
la Chapelle-Rousselin
Jallais
Melay
Montilliers
Cernusson
la Fosse-de-Tigné
Tancoigné
Concourson-s-L.
St Georges-des-Gardes
Cossé-d'Anjou
la Salle-de-Vihiers
Trémont
Vihiers
LOIRE
Mayenne
Sarthe
Loir
Aubance
Layon
Authion
A 11
E 60
A 87
N 23
N 160
N 162
D 963
D 961
D 770
D 768
D 52
D 74
D 748
D 761
D 751
D 756
D 54
D 84

A
B
C
1
2
3
4
107
129
149
Château-du-Loir
Aubigné
Coulongé
Vaas
Montabon
Nogent-s-Loir
Dissay-s/s-Courcillon
Beaumont-s-Dême
Chemillé-s-Dême
Épeigné-s-Dême
Villebourg
Bueil-en-Touraine
la Bruère-s-Loir
St Aubin-le-Dépeint
St Pierre-de-Chevillé
St Germain-d'Arcé
la Chapelle-aux-Choux
Chenu
St Christophe-s-le-Nais
St Paterne-Racan
Neuvy-le-Roi
Louestault
Marray
la Roche-Racan
Villiers-au-Bouin
Brèches
Couesmes
Braye-s-Maulne
Marcilly-s-Maulne
Broc
Château-la-Vallière
Forêt de Château-la-Vallière
Neuillé-Pont-Pierre
Beaumont-la-Ronce
Forêt de Beaumont
Sonzay
Souvigné
Bois du Mortier aux Moines
Lublé
St Laurent-de-Lin
Meigné-le-Vicomte
Channay-s-Lathan
Courcelles-de-Touraine
Lande de Bréviande
Bois de la Motte
Semblançay
Rouziers-de-Touraine
Cerelles
Charentilly
Rillé
Savigné-s-Lathan
Ambillou
Pernay
Mettray
St Roch
la Membrolle-s-Choisille
Hommes
Cléré-les-Pins
Bois de Tivoli
Gizeux
Continvoir
Avrillé-les-Ponceaux
St Symphorien-les-Ponceaux
Fondettes
Luynes
St Cyr-s-L.
St Genouph
Bois de Crémille
Mazières-de-Touraine
St Étienne-de-Chigny
Cinq-Mars-la-Pile
Joué-lès-T.
Ballan-Miré
Savonnières
Villandry
Langeais
Bois de Langeais
Landes de St Martin
les Essards
Benais
Bois des Vaux
Forêt de Rochecotte
St Michel-s-Loire
la Chapelle-aux-Naux
Vallères
Druye
Lignières-de-Touraine
Bréhémont
Ingrandes-de-Touraine
Restigné
St Patrice
Rivarennes
Marnay
Azay-le-Rideau
Forêt de Villandry
Artannes-s-I.
Monts
Montbazon
Sorigny
Cheillé
Rigny-Ussé
Ussé
la Chapelle-s-Loire
Huismes
Avoine
Beaumont-en-Véron
TOURAINE
FORÊT DE CHINON
St Benoît-la-Forêt
Saché
Pont-de-Ruan
Thilouze
Villaines-les-Rochers
Villeperdue
Landes du Ruchard
Camp militaire du Ruchard
LOIRE
A 85
A 28
A 10
D 766
D 959
D 749
D 751
N 152
N 138
E 502

D
E
F
108
Prunay-Cassereau
St Amand-Longpré
Lancé
Villefrancœur
Pray
Tourailles
les Hermites
Monthodon
Authon
Villechauve
St Gourgon
Gombergean
Lancôme
Landes-le-Gaulois
la Ferrière
Neuville-s-Brenne
Villeporcher
Forêt de Château Renault
St Cyr-du-Gault
Français
Château-Renault
St Laurent-en-Gâtines
Saunay
St Nicolas-des-Motets
St Étienne-des-Guérets
Herbault
BLOIS
St Sulpice-de-Pommeray
Orchaise
Molineuf
Forêt de Blois
Santenay
Morand
Auzouer-en-Touraine
Villedômer
Crotelles
Dame-Marie-les-Bois
Seillac
Coulanges
Chambon-s-Cisse
Autrèche
Beaumarchais
Chouzy-s-Cisse
Monnaie
Neuillé-le-Lierre
Mesland
Onzain
Montreuil-en-Touraine
Monteaux
Reugny
Chaumont-s-Loire
Candé-s-Beuvron
Veuves
Cangey
Limeray
Rilly-s-Loire
Mosnes
Vernou-s-Brenne
Vouvray
Noizay
Nazelles-Négron
Pocé-s-Cisse
Chargé
Vallières-les-Grandes
Amboise
St Règle
Souvigny-de-Touraine
Montlouis-s-Loire
Lussault-s-Loire
Pagode de Chanteloup
Parc des mini-châteaux
FORÊT D'AMBOISE
Pontlevoy
Thenay
Montrichard
Bourré
Véretz
Azay-s-Cher
Leugny
St Martin-le-Beau
Dierre
La Croix-en-T.
Civray-de-Touraine
Chisseaux
Chissay-en-Touraine
Chenonceaux
Bléré
Athée-s-C.
Francueil
Faverolles-s-Cher
St Julien-de-Chédon
Pouillé
Esvres
Truyes
Cormery
Sublaines
Cigogné
Luzillé
Épeigne-les-Bois
Montpoupon
Céré-la-Ronde
St Branchs
Reignac-s-Indre
Tauxigny
Chédigny
St Quentin-s-Indrois
le Liège
Orbigny
Azay-s-Indre
Genillé
Chambourg-s-Indre
132
150
151

A
B
C
1
2
3
4
109
131
151
BLOIS
Chambord
PARC
DE CHAMBORD
(Réserve Nationale de Chasse)
FORÊT DE BOULOGNE
Forêt de Blois
Forêt de Russy
Forêt de Cheverny
Forêt de Choussy
Forêt de Gros-Bois
Bois de la Ferté
Bois de St Lhomer
Réserve naturelle
Mer
Suèvres
Muides-s-Loire
Crouy-s-Cosson
La Ferté-St Cyr
St Dyé-s-Loire
Montlivault
Maslives
Thoury
Dhuizon
Neuvy
Bracieux
Villesavin
Tour-en-Sologne
Cour-Cheverny
Cheverny
Huisseau-s-Cosson
Vineuil
St Gervais-la-Forêt
Mont-près-Chambord
Chailles
Cellettes
Beauregard
Chitenay
Cormeray
Seur
Candé-s-Beuvron
Chaumont-s-Loire
Les Montils
Monthou-s-Bièvre
Ouchamps
Fougères-s-Bièvre
Sambin
Feings
Fresnes
Contres
Soings-en-Sologne
Mur-de-Sologne
Fontaines-en-Sologne
Bauzy
Courmemin
Vernou-en-Sologne
Veilleins
Montrieux-en-Sologne
Villeny
Romorantin-Lanthenay
Lassay-s-Croisne
Rougeou
Gy-en-Sologne
Chémery
Couddes
Oisly
Sassay
Thenay
Pontlevoy
Montrichard
Bourré
Choussy
Monthou-s-Cher
Thésée
St Romain-s-Cher
Méhers
Pouillé
St Julien-de-Chédon
Angé
Mareuil-s-Cher
Noyers-s-Cher
St Aignan
Seigy
Couffy
Châteauvieux
Meusnes
Châtillon-s-Cher
Selles-s-Cher
Billy
Gièvres
Chabris
Villefranche-s-Cher
Pruniers-en-Sologne
Fontguenand
Varennes-s-Fouzon
Parpeçay
Lye
Villentrois
Orbigny
Céré-la-Ronde
Zoo parc de Beauval
Sembleçay
St Christophe-en-Bazelle
A 85 - E 604
Loire
Cher
Beuvron
Cosson
Sauldre

D
E
F
110
134
152
1
2
3
4
Ligny-le-Ribault
Yvoy-le-Marron
Chaumont-s-Tharonne
la Marolle-en-Sologne
Neung-s-Beuvron
la Ferté-Beauharnais
St Viâtre
Marcilly-en-Gault
Millançay
Loreux
Villeherviers
Selles-St Denis
la Ferté-Imbault
Langon
St Julien-s-Cher
Mennetou-s-Cher
St Loup
Châtres-s-Cher
Maray
Méry-s-Cher
Vierzon
St Georges-s-la-Prée
St Hilaire-de-Court
Lamotte-Beuvron
Vouzon
Nouan-le-Fuzelier
Salbris
Theillay
Sennely
Souvigny-en-Sologne
Chaon
Pierrefitte-s-Sauldre
Souesmes
Nançay
Neuvy-s-Barangeon
Vouzeron
Orçay
Isdes
Villemurlin
Brinon-s-Sauldre
Clémont
Ménétréol-s-Sauldre
Allogny
Vignoux
Forêt de Lamotte
Forêt de Chaon
Forêt de Bruadan
Forêt de Vierzon
Forêt de Vouzeron
Camp militaire
Radiotélescope
A 71-E 9
A 85 - E604
N 20
N 76
D 923
D 724
D 944
D 926

A
B
C
1
2
3
4
111
133
153
Gien
Nevoy
St Gondon
St Florent
Pierrefitte
Poilly-lez-Gien
Port-Gallier
Gien-le-Vieux
Villemurlin
Isdes
Champs
Cerdon
Coullons
Villeneuve
Charleuzy
Cormorin
Mitouflin
le Grand Val
les Villoings
Brenne
Maltaverne
les Brosses
les Alliots
la Roche
St Martin-s-Ocre
St Brisson-s-Loire
Briare
Pont-Canal
St Firmin-s-Loire
Châtillon-s-Loire
Ousson-s-Loire
Villiers
Bédoise
Mancy
la Grange-Rouge
Autry-le-Châtel
Forêt de St Brisson
la Papillonnerie
les Bruyères
Beauvoir
Vaugereau
Bel Air
Pont Chevron
les Vigneaux
la Vaudelle
les Danjoux
la Petite Thiau
Escrignelles
Beauval
la Mothe
la Blottière
Mont-de-Mars
Clair
les Guillaumes
le Gué-Robert
les Clousioux
les Hauterraux
Framel
les Ners
la Matelotte
les Monteaux
Marchis-Neuf
la Boulinière
Clémont
Brinon-s-Sauldre
la Lande
Lauroy
le Rond-Poin
Etang du Puits
les Foucheres
la Noue
la Pite Bernotterie
le Chêne-Rond
les Guillains
la Barbe Grise
les Telliers
les Charriers
les Boires-d'en Haut
-d'en Bas
la Chabinerie
l'Aubier
Montferry
Argent-s-Sauldre
Blancafort
Bois Chaumont
les Nérots
Bois Renard
le Tertre-Meneau
Brenne
les Brochards
Bois de l'Hospice
la Chaussée
Cernoy-en-Berry
les Robins
les Favrats
la Fousserotte
le Verdois
les Ménigaults
les Quêtins
le Chalonge
les Merlins
les Puits-d'Havenat
les Gauvins
Pierrefitte-ès-Bois
les Buissons
les Anes
Santranges
Chanoy
Aubigny-s-Nère
les Brosses
l'Oizenotte
Concressault
Ste Montaine
les Clergeries
la Théau
Oizon
Barlieu
les Tirioux
les Chézeaux
Village
Landeroyne
le Simouet
Ménétréol-s-Sauldre
la Faye
la Bascule
les Miots
la Tocade
les Gâtines
Dampierre-en-Crot
la Bassinerie
Vailly-s-Sauldre
Sury-ès-Bois
la Roptière
Beaufou
Savigny-en-Sancerre
le Boulay
les Poupardins
la Gaucherie
Bois de la Couarde
Ennordres
la Motte
Bois d'Ennordres
Ragis
Bois de l'Aumône
la Verrerie
l'Ermitage
Villegenon
la Pierre
Charpignon
Chevaise
le Jolivau
Assigny
Thou
la Forêt
la Vallée
les Petits-Bas
les Beaudeaux
Silo
les Naudins
l'Echeneau
la Surprise
les Merciers
le Gué de la Pierre
Layon
la Bussière
Forêt d'Ivoy
Rond de Cléfy
la Croslaie
les Mollets
Nancray
Jars
les Cottereaux
Sublingy
le Boulay
la Devinnière
les Guépins
Fonsbelle
Presly
le Grand Rond
Bréviande
les Gillons
le Noyer
Jarsot
le Souchet
la Boulaye
le Pt Poisson
Maubois
le Reuilly
Préfonds
les Landois
la Savaterie
la Chapelle-d'Angillon
Bois de Beaujeu
la Chapelotte
les Pradelles
les Farges
Ménetou-Râtel
l'Angelus
les Pts Coulons
la Pte Chabotière
Gidoin
Vieux-Nançay
Béthune
Moison
Ivoy-le-Pré
la Verrerie
Boucard
le Crotot
les Chezal-Reine
les Champions
Sens-Beaujeu
la Motte
les Tuileaux
la Cour
Anc. Abb. de Loroy
les Gaudins
Neuvy-s-Barangeon
la Grde Garenne
Méry-ès-Bois
les Bassinières
Forêt de St Palais
les Maunoirs
Chêne
les Loges
Henrichemont
les Gimonets
les Châtelets
les Girardins
Neuilly-en-Sancerre
Crézancy-en-Sancerre
les Epsailles
Champtin
Reigny
le Béchignol
l'Etang du Bois
les Poteries
la Retraite
les Thébaults
le Point du Jour
Bois de la Borne
Bois d'Humbligny
les Sigurets
les Poteries
Neuvy-Deux-Clochers
Tour de Vevre
le Briou
la Tour
les Porteaux
Forêt de Vouzeron
Vouzeron
la Bouquinière
le Grand-Milanfroy
Mitterand
les Puits
Ambroise-Croizat
Pic de Montaigu
Achères
les Simonneaux
Forêt de Menetou
la Borne
Motte d'Humbligny
la Motte
la Bussière
Villedonné
les Bardys
les Crots-de-Veaux
les Pezards
Humbligny
les Anes
Epignol
Veaugues
Bois de Veaugues
le Barangeon
les Girards
Maupas
Morogues
les Salmons
Jalognes
la Margauderie
Allogny
Forêt d'Allogny
Derrière-la-Forêt
les Moulons
St Palais
Quantilly
Menetou-Salon
Parassy
les Faucards
la Rongère
la Brosse
Aubinges
Ruelle
Montigny
Bury
la Reculée
Pesselières
les Rousseaux
le Chézou
Beauvais
Chaumoux
St Céols
la Prinquette
Boursac
Mamets
Champmartin
les Fontaines
la Minauderie
Brean
les Moreaux
les Boulets
Anc. Prieuré
St Martin-d'Auxigny
la Pipière
St Georges-s-Moulon
Montboulin
Vignoux-s/s-les-Aix
Soulangis
les Aix-d'Angillon
Valentigny
Rians
Domery
Poulasnon
Villepuant
Reigny
Fouillet
Azy
la Chaumelle
les Pillets
Astilly

Bléneau
112
Mézilles
Breteau
Ouzouer-s-Trézée
St Privé
Champoulet
St Fargeau
Ronchères
Fontaines
Lalande
Leugny
Dammarie-en-Puisaye
Batilly-en-Puisaye
St Sauveur-en-Puisaye
Moutiers
Saints
Lavau
Thou
Faverelles
Bonny-s-Loire
Chantier médiéval de Guédelon
Parc Naturel de Boutissaint
Ratilly
Treigny
Lainsecq
Sougères-en-Puisaye
Arquian
St Amand-en-Puisaye
Beaulieu-s-Loire
Annay
Neuvy-s-Loire
Perreuse
Sainpuits
Dampierre-s/s-Bouhy
Bouhy
Étais-la-Sauvin
Bitry
St Vérain
Léré
Alligny-Cosne
Entrains-s-Nohain
136
Myennes
St Loup
Ciez
Forêt des Courgeonneries
Forêt des Dames
Cosne-Cours-s-Loire
St Père
Menestreau
Couloutre
Bannay
Pougny
Donzy
La Chapelle-St André
St Martin-s-Nohain
Forêt de Donzy
Menou
Varzy
St Satur
St Laurent-l'Abbaye
St Quentin-les-Granges
Colméry
Cessy-les-Bois
Forêt d'Arcy
Suilly-la-Tour
St Colombe-des-Bois
St Andelain
St Malo-en-Donziois
Forêt de Bellary
Châteauneuf-Val-de-Bargis
Pouilly-s-Loire
Garchy
Champlemy
Nannay
Arbourse
Bulcy
Narcy
Dompierre-s-Nièvre
St Bonnot
Forêt de Charnouveau
Varennes-lès-Narcy
Murlin
154
155
La Celle-s-Nièvre
Forêt de Prémery
Forêt des Bertranges
Raveau
LOIRE
D
E
F
1
2
3
4

A
B
C
113
135
155
1
2
3
4
Volvent
Nantenne
Coulanges-la-Vineuse
Vincelottes
Vincelles
Vau-Germain
Courtenay
Leugny
Lalande
Coulangeron
Migé
Val-de-Mercy
Cravant
Vermenton
Chastenay
Ouanne
Merry-Sec
Mouffy
Charentenay
Bazarnes
Accolay
Ste Pallaye
Prégilbert
Fontenoy
Sementron
Levis
Trucy-s-Yonne
Bois de Trucy
Lucy-s-Cure
Fontenailles
Molesmes
Lain
Taingy
Courson-les-Carrières
Fontenay-s/s-Fouronnes
Fouronnes
Mailly-le-Château
Mailly-la-Ville
Séry
Bessy-s-Cure
Arcy-s-Cure (133)
Grottes d'Arcy
Thury
Fougilet
Aubigny
FORET DE FRÉTOY
Bois de Druyes
Bois de Mailly-la-Ville
St Moré
Voutenay-s-Cure
Lainsecq
Sougères-en-Puisaye
Druyes-les-Belles-Fontaines
Festigny
Merry-s-Yonne
Bois-d'Arcy
Châtel-Censoir
Brosses
Coulanges-s-Yonne
Andryes
Surgy
Pousseaux
Crain
Lucy-s-Yonne
Faulin
Lichères-s-Yonne
Montillot
Blannay
Givry
Sermizelles
Etais-la-Sauvin
Roches de Basseville
Forêt de Champornot
Asnières-s/s-Bois
Bois des Vauxlanes
Asquins
Vézelay
Domecy-s-le-Vault
Billy-s-Oisy
Oisy
Clamecy
Armes
Entrains-s-Nohain
Trucy-l'Orgueilleux
Chevroches
Dornecy
Bois de Brèves
Forêt de Chauffour-Ferrières
St Père
Fontaines Salées
Pierre-Perthuis
Forêt des Courgeonneries
Forêt des Dames
Breugnon
Rix
Mt Martin
Mt Brevoir
Sardy-les-Forges
Forêt de Maulay
Fontenay-près-Vézelay
Menestreau
Corvol-l'Orgueilleux
Brèves
la Maison-Dieu
Domecy-s-Cure
Courcelles
Ouagne
Villiers-s-Yonne
Asnois
Metz-le-Comte
Teigny
Nuars
St Aubin-des-Chaumes
la Chapelle-St André
Villiers-le-Sec
St Germain-des-Bois
Amazy
Tannay
Vignol
Bazoches
Varzy
Cuncy-lès-Varzy
Beuvron
Flez-Cuzy
Neuffontaines
Forêt d'Arcy
Oudan
Villiers-s-Beuvron
Lys
St Didier
Talon
Grenois
Monceaux-le-Comte
Moissy-Moulinot
Pouques-Lormes
Forêt de Bouhy
Marcy
Parigny-la-Rose
Asnan
Challement
Dirol
Ruages
Anthien
St Malo-en-Donziois
Taconnay
Chevannes-Changy
Corvol-d'Embernard
Magny-Lormes
Champlemy
Chazeuil
Brinon-s-Beuvron
Moraches
Germenay
Marigny-s-Yonne
Authiou
Michaugues
Héry
Chitry-les-Mines
Forêt de Charnouveau
Bussy-la-Pesle
Dompierre-s-Héry
Corbigny
Arthel
Beaulieu
St Bonnot
Neuilly
Champlin
Champallement
Guipy
Pazy
Cervon
Vauclaix
Giry
Butte de Montenoison
Montenoison
St Révérien
Marcilly
Forêt de Montreuillon
Oulon
Moussy
Forêt de Prémery
Sardy-les-Epiry

D
E
F
114
Noyers
Censy
Perrigny-s-Armançon
Arrans
l'Essart
Rochefort
Nitry
Puits-de-Bon
Jouancy
Sarry
Etivey
Aisy-s-Armançon
Rougemont
Bois de Perrigny
Buffon
Villiers-la-Grange
Grimault
Bois de Frétoy
Forêt de St Jean
Grande Forge de Buffon
Châtel-Gérard
Annoux
Prieuré de Vausse
St Rémy
Quincerot
Marmagne
Joux-la-Ville
Massangis
Forêt Champlive
Forêt d'Hervaux
Montbard
Rochefort
Dissangis
Civry-s-Serein
l'Isle-s-Serein
Forêt de St Ambroise
Bierry-les-Belles Fontaines
Fain-lès-Moutiers
Quincy-le Vicomte
St Germain-lès-Senailly
Nogent-lès-Montbard
Courcelles-lès-Montbard
Lucy-le-Sec
Coutarnoux
Blacy
Talcy
Thizy
Vassy
Senailly
Athie
Viserny
Montigny-Montfort
Benoisey
Thory
Ste Colombe
Angely
Santigny
Moutiers-St Jean
Champ-d'Oiseau
Grignon
Lucy-le-Bois
Provency
Mont Morin
Montréal
Pisy
Corsaint
Villaines-les-Prévôtes
Mont de Cra
Lantilly
Annay-la-Côte
Athie
Trévilly
Bard-lès-Epoisses
Jeux-lès-Bard
Genay
Millery
Villars-et-Villenotte
Tharot
Annéot
Sceaux
Vignes
Guillon
Epoisses
Corrombles
Avallon
Etaule
Sauvigny-le-Bois
Cisery
Toutry
Pouligny
Torcy-et-Pouligny
Semur-en-Auxois
Magny
Cussy-les-Forges
Savigny-en-Terre-Plaine
St André-en-Terre-Plaine
Sauvigny-le-Beuréal
Forléans
Vic-de-Chassenay
Pont-et-Massène
St Euphrône
Vieux-Château
Montberthault
Bois des Courtois
Courcelles-Frémoy
Bourbilly
Courcelles-lès-Semur
Marrault
Ste Magnance
Villiers-Nonains
Montigny-St Barthélemy
Bierre-lès-Semur
Roilly
Villeneuve-s/s-Charigny
Montigny-s-Armançon
St Germain-des-Champs
St Brancher
Bussières
Rouvray
Sincey-lès-Rouvray
Bois de Vernon
Brianny
Beauvilliers
St Andeux
Chastellux-s-Cure
Aisy-s/s-Thil
Butte de Thil
Dompierre-en-Morvan
Précy-s-Thil
Marcigny-s/s-Thil
St Léger-Vauban
Ft de St Léger
St Germain-de-Modéon
la Roche-en-Brenil
Nan-s/s-Thil
Quarré-les-Tombes
Abbe de la Pierre-qui-Vire
Marigny-l'Eglise
Lacour-d'Arcenay
Juillenay
Montlay-en-Auxois
138
Fontangy
Mont Rond
Chalaux
Forêt au Duc
Molphey
St Didier
la Motte-Ternant
Rocher de la Pérouse
St Agnan
St Martin-du-Puy
PARC NATUREL RÉGIONAL DU MORVAN
Bois de St Martin
Chaumeçon
Dun-les-Places
Forêt de Breuil-Chenue
Forêt de Saulieu
Saulieu
Bois de Brenil
Missery
Villargoix
Thoisy-la-Berchère
Brassy
St Brisson
Champeau-en-Morvan
St Léger-de-Fourches
Forêt de Thoisy
Gouloux
Saut de Gouloux
Montsauche-les-Settons
Liernais
Sussey
Gâcogne
Mhère
les Settons
Alligny-en-Morvan
Ouroux-en-Morvan
156
157
Moux-en-Morvan
Blanot
Diancey

A
B
C
1
2
3
4
115
137
157
Montbard
Semur-en-Auxois
Venarey-les-Laumes
Alise-Ste Reine
Mt Auxois
Flavigny-s-Ozerain
Bussy-Rabutin
Abbe de Fontenay
Forêt de Millon
Rochefort
l'Essart et
Touillon
Marmagne
Fain-lès-Montbard
Fresnes
Eringes
Seigny
Benoisey
Montigny-Montfort
Grignon
Champ-d'Oiseau
Villaines-les-Prévôtes
Lantilly
Villars-et-Villenotte
Mussy-la-Fosse
Massingy-lès-Semur
Pouillenay
Juilly
Souhey
Magny-la-Ville
Chassey
St Euphrône
Marigny-le-Cahouet
Pont-et-Massène
Courcelles-lès-Semur
Villeneuve-s/s-Charigny
Charigny
Ste Colombe-en-Auxois
Montigny-s-Armançon
Brianny
Braux
Roilly
Flée
Butte de Thil
Clamerey
Marcigny-s/s-Thil
Nan-s/s-Thil
Vic-s/s-Thil
Normier
Noidan
Fontangy
Charny
Thorey-s/s-Charny
Missery
Croix St Thomas
Mont-St Jean
Blancey
Eguilly
Gissey-le-Vieil
Martrois
Chailly-s-Armançon
Thoisy-la-Berchère
Marcilly-Ogny
Châtellenot
Arconcey
Sussey
Censerey
Diancey
Allerey
Clomot
Essey
Meilly-s-Rouvres
Vitteaux
Vesvres
St Thibault
Posanges
Dampierre-en-Montagne
Villeferry
Arnay-s/s-Vitteaux
Brain
la Roche-Vanneau
Jailly-les-Moulins
Villeberny
Massingy-lès-Vitteaux
Marcilly-et-Dracy
Velogny
Boussey
Saffres
Uncey-le-Franc
Beurizot
Soussey-s-Brionne
Grosbois-en-Montagne
St Anthot
Vielmoulin
Sombernon
Aubigny-lès-Sombernon
Pouilly-en-A.
Bellenot-s/s-Pouilly
Civry-en-Montagne
Commarin
Créancey
Vandenesse-en-Auxois
Châteauneuf
Thoisy-le-Désert
Maconge
Rouvres-s-Meilly
Ste Sabine
Chazilly
Cussy-le-Châtel
Chaudenay-le-Château
Crugey
Colombier
Pont-d'Ouche
Veuvey-s-Ouche
Bouhey
la Bussière-sur-Ouche
St Victor-s-Ouche
St Jean-de-Bœuf
Gissey-s-Ouche
Barbirey-s-Ouche
Grenand-lès-Sombernon
Remilly-en-Montagne
Echannay
Montoillot
Semarey
Agey
Arcey
Ste Marie-s-Ouche
Pont-de-Pany
Mâlain
Savigny-s/s-Mâlain
Ancey
Prâlon
Fleurey-s-Ouche
Mesmont
Baulme-la-Roche
Lantenay
Blaisy-Bas
Blaisy-Haut
Bussy-la-Pesle
Panges
Pasques
Trouhaut
Turcey
Champrenault
St Hélier
Verrey-s/s-Drée
Avosnes
Marcellois
St Mesmin
Dréé
Chevannay
Villy-en-Auxois
Verrey-s/s-Salmaise
Charencey
Salmaise
Boux-s/s-Salmaise
Thenissey
Hauteroche
Gissey-s/s-Flavigny
Corpoyer-la-Chapelle
Frôlois
Darcey
Bussy-le-Grand
Ménétreux-le-Pitois
Grésigny Ste Reine
Fouilles d'Alésia
Lucenay-le-Duc
Fontaines-en-Duesmois
Villaines-en-Duesmois
Magny-Lambert
Chaume-lès-Baigneux
Etormay
Baigneux-les-Juifs
Poiseul-la-Ville-Laperrière
Ampilly-les-Bordes
Jours-lès-Baigneux
Quemigny-s-Seine
Duesme
Aignay-le-Duc
Etalante
Echalot
Poiseul-la-Grange
Léry
Billy-lès-Chanceaux
Chanceaux
Lamargelle
Pellerey
Poncey-s-l'Ignon
Blessey
Présilly
Champagny
Vaux-Saules
St Seine-l'Abbaye
Bligny-le-Sec
Villotte-St-Seine
St Martin-du-Mont
St Germain-Source-Seine
Sources de la Seine
Source de l'Ignon
Oigny
Orret
Moitron
Meulson
Beaunotte
Bellenod-s-Seine
Chalvosson
Forêt de Jugny
Forêt de Miltot
Réservoir de Grosbois
Réservoir de Panthier
Réservoir du Tillot
Réservoir de Cercey
Bois de Vesvres
Forêt de Velouze
Forêt de Daviot
Forêt de Bouhey
Mont Tasselot
Mont Rond
Vitteaux
Montbard

D
E
F
116
140
158
159
1
2
3
4
DIJON
Lochères
Neuvelle-lès-Grancey
Grancey-le-Château-Neuvelle
Villemervry
Villemoron
Salancey
Chatoillenot
Bois de Montanson
Fromentelle
Montenaille
Busserotte-et-Montenaille
Montsaugeon
Choilley-Dardenay
le Vergy
Minot
Bussières
Rivière-les-Fosses
Vaux-s-s-Aubigny
Aubigny-s-Badin
la Chassagne
Dardenay
les Louches
Fraignot-et-Vesvrotte
St Germain
Courlon
Vesvrotte
le Pavillon
Cussey-les-Forges
Vernois-lès-Vesvres
Couzon-s-Coulange
Pressant
Isômes
Forêt des Louches
le Breuillot
Thorey
Forêt de Cussey
Forêt de Champberceau
Boussenois
Cusey
Percey-sous-Montormentier
Salives
Mont Armet
Bois de Nachôt
Mont Mercure
Avot
les Forges
Occey
Montormentier
Percey-le-Grand
Orain
Barjon
Prégelan
Bois de Grandmont
Forêt de Marey
Foncegrive
St Gertrude
Courchamp
le Meix
Marey-s-Tille
Selongey
Bois d'Occey
Sacquenay
la Romagne
St Maurice-s-Vingeanne
Avelanges
Bonvent
Forêt du Mont de l'Echelle
Poiseul-lès-Saulx
Bois Guyot
Grenand
Villey-s-Tille
Crécey-s-Tille
Orville
Chazeuil
Chaume-et-Courchamp
la Villeneuve-s-Vingeanne
Luxerois
Bois de la Grande-Garenne
Forêt de la Bonière
Saulx-la-Ville
Forêt de Fontaine-Française
L'Abergement
Courtivron
Moloy
Saulx-le-Duc
Echevannes
Véronnes
Fontaine-Française
St Seine-s-Vingeanne
St Seine-la-Tour
Frénois
Tarsul
Bois de Bimont
Bois du Tilloy
Is-s-Tille
Diénay
Marcilly-s-Tille
Til-Châtel
Étang de Marcilly
Forêt de Velours
Bourberain
Fontenelle
Rosières
la Grande-Montagne
Villecomte
Bois de Champ Fouchard
Bois de Rovroy
Lux
Etoile de la Duchesse
Licey-s-Vingeanne
la Rente-du-Puits
Vernot
Bois de Malte
Gemeaux
Attricourt
Verfontaine
Dampierre-et-Flée
Is-s-Tille
Logis-de-Gemeaux
Chaignay
Bèze
Beaumont-s-Vingeanne
Lœuilley
Broye-lès-...-et-Vesvres
Saussy
Champ de tir
Forêt des Laverottes
Bois de Montière
Dame Alix
Bois du Mt Voitout
Chevigny
Pichanges
Curtil-St Seine
la Mensenne
Epagny
Marsannay-le-Bois
Baraques-de-Marsannay
Spoy
Fiélin
Forêt de Mirebeau
Rente de l'Ile
Noiron-s-Bèze
Blagny-s-Vingeanne
Champagne-s-Vingeanne
Ste Foy
Ste Anne
Forêt de Val-Suzon
Savigny-le-Sec
Flacey
Dijon-Spoy
Vievigne
Étg de Noirgn
Oisilly
Forêt de Clénay
Dijon-Brognon
Brognon
Val-Suzon
Etaules
Messigny-et-Vantoux
Bois de Norges
Norges-la-Ville
Clénay
Beire-le-Châtel
Vesvrotte
Tanay
Taniot
Mirebeau-s-Bèze
Renève-le-Château
Renève
Vantoux-lès-Dijon
Norges-le-Bas
Bretigny
St Julien
Pt Beire
Fouchanges
Rente de l'Albane
Magny-St Médard
Forêt de Mirebeau
Cheuge
Jancigny
Darois
Asnières-lès-Dijon
Bellefond
Ogny
Arceau
Savolles
Bèzouotte
Cuiserey
Charmes
Bois du Chêne
Hauteville-lès-Dijon
Arcelot
Magny
Circuit Automobile
Ruffey-lès-Echirey
Orgeux
Varois-et-Chaignot
la Forêt Basse
Belleneuve
Arçon
Pont-Bernard
St Sauveur
Marandeuil
Montmançon
Daix
Ahuy
Fontaine-lès-Dijon
Plombières-lès-Dijon
la Flamme
Talant
Couternon
Arc-s-Tille
L'Etang-Mailly
Trochères
Drambon
Maxilly-s-Saône
Velars-s-Ouche
Lac Kir
St Apollinaire
Quetigny
Remilly-s-Tille
Lamblin-Haut
Binges
Mitreuil
Mazeroy
Etevaux
la Borde
Trey
Fort de la Motte-Giron
Mirande
l'Aiguillon-Nord
Vaux-s-Crône
Cirey-lès-Pontailler
Pont Bourdin
Forêt de St Léger
St Léger
Pontailler-s-Saône
N.D. d'Etang
Mont Afrique
Corcelles-les-Monts
Chenôve
Trouhaude
Sennecey-lès-Dijon
Chevigny-St Sauveur
Bressey-s-Tille
Izier
Chambeire
Tellecey
Vonges
Flavignerot
Champ de tir
Marsannay-la-Côte
Longvic
Neuilly-lès-Dijon
Crimolois
Magny-s-Tille
Cessey-s-Tille
Longchamp
Forêt de Longchamp
Lamarche-s-Saône
Mont de Siège
Carmel
le Rocher
Perrigny-lès-Dijon
Fort de Beauregard
Ouges
Pt Ouges
Fauverney
Labergement-Foigney
Montarlot
Couchey
Fixey
Domois
Bretenière
Genlis
Varanges
Beire-le-Fort
Magny-Montarlot
Bois de Premières
Clémencey
Fixin
Parc Noisot
Brochon
Gevrey-Chambertin
Chambœuf
Combe de Lavaux
Chevigny
Fénay
Epoisses (I.N.R.A.)
Rouvres-en-Plaine
Huchey
Collonges-lès-Premières
Mondragon
Athée
Poncey-lès-Athée
Saulon-la-Rue
Layer
Thorey-en-Plaine
Longeault
Pluvault
Villers-les-Pots
Pont de Pierre
Lorrey
Grd Etang de Satenay
Barges
Saulon-la-Chapelle
Marliens
Tart-le-Haut
Tart-le-Bas
Pluvet
Soirans
la Chapelle
Curley
Reulle-Vergy
Morey-St Denis
St Philibert
Broindon
Noiron-s-Gevrey
Longecourt-en-Plaine
Tart-l'Abbaye
Tréclun
Auxonne
Chambolle-Musigny
Epernay-s/s-Gevrey
Savouges
Potangey
Echigey
Champdôtre
Tillenay
les 3 Maisons
la Louvière
Rochers du Grognot
Vougeot
Clos de Vougeot
Gilly-lès-Cîteaux
Corcelles-lès-Cîteaux
Izeure
Aiserey
Murgey
Pont
Labergement-lès-Auxonne
Villers-Rotin
Curtil-Vergy
Segrois
Concœur-et-Corboin
Vosne
Flagey-Echézeaux
St Bernard
Bessey
Pont Hemery
Trouhans
la Moronge

A
B
C
117
Choilley-Dardenay
Dardenay
le Vergy
Montvaudon
Lef
la Voisine
Argillières
vent-Bas
Pisseloup
Fleurey-lès-Lavoncourt
Confracourt
Vy-lès-Rupt
les Louches
Piémont
Montarlot-lès-Champlitte
Pierrecourt
Cne de Fouvent-St Andoche
Fouvent-le-Haut
St Andoche
Francourt
Raucourt
Renaucourt
Mont-St Léger
Grandecourt
Forêt des Louches
Mont Gin
Aumônières
Larret
Trecourt
Volon
Lavoncourt
Cusey
le Breuillot
Courtesoult-et-Gatey
Roche-et-Raucourt
Brotte-lès-Ray
Tincey-et-Pontrebeau
Theuley
Fédry
Vanne
Percey-sous-Montormentier
Champlitte
Champlitte-la-Ville
Margilley
Gatey
Forêt de Dampierre
Andrevin
Pontrebeau
Ray-s-Saône
Ferrières-lès-Ray
Charentenay
Soing-Cubry-Charentenay
Percey-le-Grand
Orain
le Prélot
la Pâture
Neuvelle-lès-Champlitte
Framont
Mont-le-Frânois
Achey
Delain
Asnières
Vaite
Membrey
Recologne
Courchamp
la Romagne
St Maurice-s-Vingeanne
Montigny-Mornay-Villeneuve-s-V.
Forêt de Champlitte
le Crochot
Denèvre
Montot
Port de Savoyeux
Dampierre-s-Salon
Saône
Queutrey
Seveux
Vellexon-Queutrey-et-Vaudey
Fresne-St Mamès
Vezet
Canal
la Villeneuve-s-Vingeanne
Mornay
Fontaine-Française
Ecuelle
Bois de Vereux
Autet
Mercey-s-Saône
Savoyeux
Cambonin
la Vaivre
Vaudey
Greucourt
Rougeau
Sept Fontaines
Theuley
Pouilly-s-Vingeanne
Vars
Oyrières
Quitteur
Motey-s-Saône
St Gand
St Seine-l'Eglise
la Rente rouge
Vereux
la Résie
Pierrejux
la Grange-d'Etaule
le Charme
la Vernotte
St Seine-s-Vingeanne
St Seine-la-Tour
Fahy-lès-Autrey
Auvet-et-la-Chapelotte
Montureux-et-Prantigny
Beaujeu-St Vallier-Pierrejux-et-Quitteur
St Vallier
la Madeleine
les Blancs
les Verrières
les Frondey
Bois de St Gand
Fontenelle
Rosières
la Chapelotte
Ecoulottes
Chargey-lès-Gray
Prantigny
Forêt de Belle Vaivre
Ste Reine
la Chapelle-St Quillain
la Montbleuse
Licey-s-Vingeanne
Attricourt
la Rente-du-Puits
Autrey-lès-Gray
Bouhans
Rigny
St Roch
l'Etang-des-Maisons
Igny
Vellemoz
Etrelles-et-la-Montbleuse
Verfontaine
la Fontaine-à-l'Ane
Silos
Feurg
Nantilly
Arc-lès-Gray
Corneux
St Broing
Angirey
Petits Bois de Gy
Mont-lès-Etrelles
Villers-Chemin-et-Mont-lès-Etrelles
Beaumont-s-Vingeanne
Flée
Lœuilley
Broye-les-Loups-et-Verfontaine
Forêt d'Autrey
Poyans
Passirey
Gray
Ancier
Morte
Sauvigney-lès-Gray
Longevelle
Vantoux-et-Longevelle
Blagny-s-Vingeanne
Champagne-s-Vingeanne
Pt Colonge
Gray-la-Ville
St Adrien
Battrans
Bois de Belle Combe
Nantouard
St Loup-Nantouard
Citey
Vellefrey-et-Vellefrange
Velleclaire
Bucey-lès-Gy
Gd Colonge
Velet
Mantoche
la Grange des Carmes
Forêt des Hauts-Bois
Echevanne
Velesmes-Echevanne
Villefrancon
Bois de Vaivre
La Charmotte
Roche
les Malbuissons
Oisilly
Renève-le-Château
Renève
Etang d'Echalonge
Esmoulins
Champvans
Silo
Velloreille-lès-Choye
Choye
Gy
St Maurice
Bois de Plumont
Bois de Bucey
139
D 70
Cheuge
Bézouotte
Jancigny
Essertenne-et-Cecey
Apremont
Montrichier
le Tremblois
Tenise
Noiron
Cresancey
Onay
Champtonnay
Gommeray
Bellevue
Autoreille
Fontenelay
Grands Bois de Gé...
Charmes
Germigney
la Loge
Arsans
Cugney
Venère
Charcenne
Grands Bois de Pin
Talmay
Bois Charmois
Montseugny
Vadans
Lieucourt
Tromarey
Virey
Bois d'Avrigney
St Sauveur
Montmançon
Valay
Bonboillon
Avrigney-Virey
Courcuire
Chambornay-lès-Pin
Drambon
Maxilly-s-Saône
la Borde
la Gde Résie
Aubigney
Chevigney
Ste Cécile
Chancey
Chancevigney
Hugier
Pin
Beaumotte-lès-Pin
Emagny
Heuilley-s-Saône
Ile l'Hyane
Perrigny-s-l'Ognon
le Gros Bois
la Résie-St Martin
Motey-Besuche
Cult
Bois des Prêtres
Brussey
St Léger
Forêt de
Pontailler-s-Saône
Broye-Aubigney-Montseugny
Sauvigney-lès-Pesmes
Chaumercenne
Bay
Marnay
Chevigney-s-l'Ognon
Ruffey-le-Château
Bois des Fouchères
Vonges
le Grand Etang
Cléry
Chassey
les Forges
Bois du Gaty
le Chanoy
Montagney
Sornay
Chenevrey-et-Morogne
Chazoy
Recologne
Audeux
Nilieu
Pesmes
Bard-lès-Pesmes
Bois du Vaudenay
Morogne
Burgille
Mutigney
Banne
Ognon
Vielverge
Lamarche-s-Saône
Champagney
Bois de la Graveline
Marpain
Malans
Bresilley
Abbé d'Acey
Jallerange
Courchapon
Cordiron
Franey
Placey
Montarlot
Soissons-s-Nacey
Dammartin-Marpain
Montrambert
Thervay
Chau Balançon
Pagney
le Moutherot
Lavernay
Mazerolles-le-Salin
Magny-Montarlot
Bief du Murey
la Tuilerie
Champagnolot
Bois des Clefs
Vitreux
Lanterne-Vertière
Vertière
Etrabonne
Corcondray
Vaux-les-Prés
Poncey-lès-Athée
Athée
Flammerans
Bois de Flammerans
Pointre
Brans
Montmirey-le-Château
Saligney
Ougney
Taxenne
Rouffange
Romain
Mercey-le-Grand
Cottier
Corcelles-Ferrières
Ferrières-les-Bois
Villers-Buzon
l'Etang
Pouilley-Français
Lorrey
Villers-les-Pots
Pont de Pierre
Bois de la Feuillée
Frasne
Montmirey-la-Ville
Offlanges
Moissey
Serre-les-Moulières
Massif de la Serre
Gendrey
Vigearde
Louvatange
le Pt Mercey
Berthelange
Hyombre
Boismurie
A 36-E60
Auxonne
la Chapelle
la Cour
la Colombière
Bois de Champ
Peintre
Vriange
Sermange
Bois d'Hyombre
Antorpe
Velesmes-Essarts
Tillenay
les 3 Maisons
la Louvière
Chevigny
l'Abergement
Malange
Auxange
A COMTOISE
Forêt d'Arne
Evans
les Minerais
Châteauneuf
St Vit
Salans
Bois d'Ambre
Fluans
Routelle
Torpes
Pont
Labergement-lès-Auxonne
Crochères
Villers-Rotin
Menotey
Amange
Gredisans
Bellevue
Romange
Lavans-lès-Dole
159
Monteplain
Dampierre
Charchillac
Roset-Fluans
Velouse
Osselle
Billey
Archelange
Rochefort
Lavangeot
DOLE ROMANGE
Ranchot
la Barre
Fraisans
Doubs

D
E
F
118
VESOUL
Ferrières-lès-Scey
Scye
Pusey
Calmoutier
Grenouille
Chemilly
Montigny-lès-Vesoul
Comberjon
Maison Rouge
Chassey-lès-Scey
Pontcey
Vaivre-et-Montoille
Dampvalley-lès-Colombe
Noroy-le-Bourg
Montjustin-et-Velotte
Arpenans
Ovanches
Bucey-lès-Traves
Chariez
Noidans-lès-Vesoul
Frotey-lès-Vesoul
Colombe-lès-Vesoul
Autrey-lès-Cerre
Traves
Boursières
Mont-le-Vernois
Quincey
Essernay
Cerre-lès-Noroy
Oricourt
Aillevans
Moutherot
Aroz
Clans
Echenoz-la-Méline
Navenne
Villers-le-Sec
Grande Vaivre
Borey
Oppenans
Velle-le-Châtel
la Providence
Vy-le-Ferroux
Baignes
Andelarre
Rocher de la Baume
Grotte de Solborde
la Demie
le Chau Bleu
St Igny
les Belles Baraques
les Regardots
les Baraques-de-Borey
la Grange d'Ancin
Grand Fougeray
Raze
Andelarrot
Neurey-lès-la-Demie
Grands Bois
Marast
Rosey
Vallerois-Lorioz
Vallerois-le-Bois
Bois de la Bouloie
Moimay
Villersexel
Velleguindry-et-Levrecey
Vellefaux
les Tannards
les Bégoulots
Baslières
les Patey
Autrey-le-Vay
Echenoz-le-Sec
les Marmets
Levrecey
les Monnins
Grand Bois de Dampierre
les Gillots
Presle
les Magny
Neuvelle-lès-la-Charité
Mailley-et-Chazelot
Bois de Ste Anne
la Maison-des-Vaux
Bois de Moustier
Esprels
le Perrenot
Lieffrans
Chazelot
le Magnoray
Filain
Bois du Petit Pas
Mont Jésus
Chassey-lès-Montbozon
Pont-s/-l'Ognon
la Pâture
Dampierre-s/-Linotte
Trevey
Bourguignon-lès-la-Charité
Grandvelle-et-le-Perrenot
le Romvaux
Bois de Filain
Vy-lès-Filain
Bois de la Bruyère
Thieffrans
Bonnal
Abbenans
Gouffre
Courdoux
les Laverottes
Authoison
la Laine
Fontenois-lès-Montbozon
Cognières
Tressandans
Rougemont
Cubrial
Cuse-et-Adrisans
Cubry
Maizières
Pennesières
Sorans-les-Cordiers
Montferney
Bouhans-lès-Montbozon
Nans
Fretigney-et-Velloreille
Argirey
Bois de Lajus
Roche-s-Linotte-et-Sorans-les-Cordiers
Montagney-Servigney
Chazelot
Montaucivey
Gondenans-les-Moulins
Uzelle
Fondremand
Hyet
Montbozon
Thiénans
Gouhelans
Recologne-lès-Rioz
Millaudon
Ruhans
Villers-Pater
Ormenans
Servigney
Moulin-Brulé
Quenoche
Montroz
Morchamps
Fontenelle-Montby
Eguilley
Aubertans
Besnans
Mondon
Romain
Villers-Bouton
Trésilley
la Malachère
la Villedieu-lès-Quenoche
Loulans-Verchamp
Montussaint
Côte du Mont Adam
Gondenans
les Fontenis
les Grds Bois
Verchamp
Maussans
Puessans
Huanne-Montmartin
Mésandans
Anthon
Guiseuil
Cenans
Rognon
les Roselières
Rioz
Dournon
Aviley
Viéthorey
Hauterive
Marloz
Beaumotte-Aubertans
Flagey-Rigney
Munans
Ollans
Trouvans
Tallans
Cordonnet
Traitiéfontaine
le Magny
Larians-et-Munans
Rillans
Battenans-les-Mines
Tournans
Grange-des-Noyes
Gouffres
Montarlot-lès-Rioz
les Neuves Granges
Blarians
Germondans
Vergranne
la Tréfilerie
Vieilles-Granges
Bellevaux
la Tuilerie
la Barre
Cendrey
Rougemontot
Verne
Bois de Bussière
Bois du Chanois
Forêt de Sorans
Neuvelle-lès-Cromary
Chambornay-lès-Bellevaux
Vandelans
Voillans
la Comtoise
Clerval
Cirey
le Mont-de-Vau
Hyèvre-Paroisse
Branne
les Tuileries
Sorans
Rigney
le Verjoulot
Luxiol
Autechaux
Rochefort
Beurey
Rignosot
la Bretenière
la Tuilerie
Villers-le-Temple
Valleroy
la Tour-de-Scay
Chaux
They
Aulx-lès-Cromary
Mont Bichoux
Fontenotte
Baume-les-Dames
Aigle
Baume-la-Ville
Hyèvre-Magny
Roche-lès-Clerval
Boult
Cromary
Thurey-le-Mont
Val-de-Roulans
le Val-de-Dessus
Bois de Val
Grange Ravey
la Lotière
Palise
Corcelle
Villers-Grélot
Champvans-les-Baume
Fente de Babre
Villers-St Martin
la Tounolle
Moncey
Lusans
Grosbois
Cour
142
Perrouse
Venise
le Puy
Breconchaux
Etuz
Boulot
Voray-s/-l'Ognon
Buthiers
Chaudefontaine
l'Ecouvotte
Séchin
Esnans
Pont-les-Moulins
Lomont-s-Crête
Bussières
Bonnay
Champoux
Pouligney
St Hilaire
le Chênois
Fourbanne
Silley-Bléfond
Guillon-les-Bains
Cusance
Cussey-s/-l'Ognon
Chevroz
Vieilley
Mérey-Vieilley
Châtillon-Guyotte
Vennans
les Trouillets
Ougney-le-Bas
Bléfond
Montivernage
Servin
Geneuille
Fort-de-la-Dame Blanche
Marchaux
Roulans
Ougney-Douvot
Ougney-la-Roche
Sauvagney
Devecey
Les Longeaux-Dessus
Les Longeaux-du-Bas
Bretigney-Notre-Dame
les Bichets
Lanans
Châtillon-le-Duc
Amagney
Bois de Sassy
Adam-lès-Passavant
Tallenay
Braillans
Auxon-dessus
Auxon-dessous
Forêt de Chailluz
N. D. d'Aigremont
Laissey
Forêt de l'Aiguillon
St Juan
les Péquignots
la Combe-Constantin
Malmaison
Dammartin-les-Templiers
Bois du Fays
Bois Brulé
Vaudrivillers
Miserey-Salines
les Rancenières
les Grandes Baraques
Thise
Novillars
Deluz
Champlive
les Voidey
Vaire-le-Pt
Vaire-Arcier
Forêt de Vaite
Aissey
Passavant
Buez-Dessus
Landresse
Dessus-de-Chailluz
Valentin
Montarmot
Corcelle
Roche-lez-Beaupré
Vauchamps
Bois de Glamondans
la Grand-Combe
Bois de la Grosse Aige
Courtetain-et-Salans
Combe-aux-Chiens
Arcier
Bois de la Côte du Mont
Osse
Glamondans
Cascade
Orsans
Pelousey
Pouilley-les-Vignes
Pirey
Ecole-Valentin
Chalèze
Côte de Joux
Ambre
Bouclans
Côtebrune
Abbaye de la Grâce-Dieu
Grotte de la Glacière
Vellerot-lès-Vercel
Argent
Chalezeule
Gennes
Nancray
Chaux-lès-Passavant
Villers-Chief
BESANÇON
Maisons comtoises
Gonsans
Bremondans
Serre-les-Sapins
Franois
Brégille
Morre
Montfaucon
la Ramée
Saône
la Chevillotte
Forêt de Chauley
Naisey-les-Granges
Magny-Châtelard
Belmont
Fort Chaudanne
Château-Farine
N. D. de la Libération
Pt Saône
la Grosse-Grange
Epenouse
Beure
Cascade
la Vèze
Verrières-du-Grosbois
Villedieu-le-Camp
Bois du Chanois
Camp du Valdahon
Vercel-Villedieu-le-Camp
Eysson
Grandfontaine-s-Creuse
la Belle Etoile
Avanne
Aveney
Grandfontaine
Arguel
Fontain
la Malpierre
les Marchands
La Grange Fauconnière
Mamirolle
le Grd Frêne
Bois Blanc
Bois d'Aglans
Granges-de-Vienney
Gros Bois
la Lanternière
les Granges Rouges
Chevigney-les-Vercel
Longechaux
la Marne
Rancenay
Montferrand-le-Château
Larnod
Pugey
la Grd Combe
le Grd Mont
le Gratteris
Forêt du Gros Bois
Gouffre de Poudrey
Adam-lès-Vercel
Niellans
les Clairons
Bonnet Rond
les Cloutiers
St Maximin
Trépot
l'Hôpital-du-Grosbois
Camp militaire
Bermotte
Busy
Vorges-les-Pins
Mérey-s/s-Montrond
Foucherans
Charbonnières-les-Sapins
Valdahon
Avoudrey
Cery
Tarcenay
la Faye
Dino Zoo
Etalans
Oupans
Granges-d'Epenoy
Flangebouche
Granges-Mathieu
Chenecey-Buillon
Montrond-le-Château
Villers-s/s-Montrond
Grotte de Plaisir Fontaine
160
Bonnevaux-le-Prieuré
Guyans-Durnes
Falle
Epenoy
Etray
Rantechaux
Cordées

A
B
C
119
141
161
Villersexel
Héricourt
Montbéliard
Sochaux
Audincourt
Valentigney
Pont-de-Roide
St Hippolyte
Maîche
Clerval
L'Isle-s-le-Doubs
Belvoir
Vercel-Villedieu-le-Camp
Valdahon
Pierrefontaine-les-Varans
Le Russey
Charquemont
la Chaux
MONTAGNES DU LOMONT
Cirque de Consolation
Roche du Prêtre
Échelles de la Mort
Gorges

143
D
E
F
120
121
Hirsingue
Montreux-Château
Grandvillars
Delle
Faverois
Florimont
Courcelles
Réchésy
Seppois-le-Haut
Pfetterhouse
Beurnevésin
Bonfol
Feldbach
Ferrette
Durlinsdorf
Mœrnach
Bendorf
Werentzhouse
Oltingue
Leymen
Hagenthal
Folgensbourg
Michelbach-le-Bas
Hegenheim
Wentzwiller
Buschwiller
Roppentzwiller
Riespach
Muespach
Grentzingen
Bettendorf
Willer
Largitzen
Hindlingen
Fulleren
Mertzen
Ueberstrass
Bisel
Courtavon
Levoncourt
Oberlarg
Winkel
Ligsdorf
Lutter
Wolschwiller
Biederthal
Metzerlen
Blauen
Laufen
Dittingen
Kleinlützel
Roggenburg
Ederswiler
Movelier
Pleigne
Lucelle
Charmoille
Miécourt
Alle
Porrentruy
Courtemaîche
Cœuve
Vendlincourt
Damphreux
Lugnez
Montignez
Buix
Boncourt
Bure
Fahy
Courtedoux
Chevenez
Rocourt
Bressaucourt
Fontenais
Courgenay
Cornol
Fregiécourt
Asuel
Pleujouse
Bourrignon
Mont Terri
les Rangiers
St Ursanne
Seleute
Montancy
Ocourt
Montenol
Doubs
Epiquerez
Epauvillers
Glovelier
Bassecourt
Courfaivre
Courtételle
Develier
Delémont
Vorbourg
Courroux
Courcelon
Courchapoix
Vicques
Corban
Vermes
Rossemaison
Courrendlin
Rebeuvelier
Châtillon
Vellerat
Soyhières
Mettembert
Liesberg
Bärschwil
Grindel
Undervelier
Soulce
Saulcy
Rebévelier
Gorges du Pichoux
Moutier
Roches
Belprahon
Mont Raimeux
Grandval
Eschert
Crémines
Corcelles
Perrefitte
Champoz
Court
Sorvilier
Malleray
Pontenet
Bévilard
Saicourt
Reconvilier
Tavannes
Tramelan
Saignelégier
Montfaucon
les Enfers
les Pommerats
Goumois
les Breuleux
Lajoux
Bellelay
Châtelat
Souboz
Sornetan
Monible
les Genevez
Moron
Graitery
Grenchenberg
Gänsbrunnen
Pierre Pertuis
Péry
Sonceboz
Corgémont
Cortébert
Courtelary
Mont Soleil
St Imier
Villeret
Sonvilier
le Chasseral
Mont Sujet
Orvin
Evilard
Macolin
BIEL
BIENNE
Nidau
Brügg
Port
Ipsach
Sutz
Tüscherz
Twann
Lamboing
Diesse
Nods
Prêles
Bellmund
Aegerten
Studen
Safnern
Meinisberg
Lengnau
Grenchen
Pieterlen
Romont
Bettlach
Selzach
Büren an-der-Aare
Arch
Rüti
Dotzigen
Schnottwil
Diessbach
Messen
FRANCHES MONTAGNES
Montagne de St Imier
Vallon de St Imier

A
B
C
124
125
162
1
2
3
4
Pointe de St Gildas
Anse de la Prée
Préfailles
Anse du Sud
Côte de Jade
Port aux Goths
Ste Marie
Plage des Sablons
Plage Mombeau
Pte de la Noëvellard
Pornic
Gourmalon
la Birochère
la Fontaine-aux-Bretons
la Boutinardière
la Rogère
la Bernerie-en-Retz
la Sennetière
Pré-Vincent
les Moutiers-en-Retz
Lyorne
Chauvé
Bourg
Prigny
Canal de Haute Perche
BAIE DE BOURGNEUF
Pierre Moine
Ile du Pilier
Pte de l'Herbaudière
Pte de la Gardette
la Blanche (Ancne Abbe)
la Madeleine
Pte des Charniers
le Grand-Viel
Tour Plantier
Plage des Souzeaux
Pointe des Dames
l'Herbaudière
la Linière
Guérande
Luzay
Bois de la Chaise
le Sableau
Noirmoutier-en-l'Ile
Océanile
la Préoire
la Vendette
Pte de Devin
Bressuire
la Bosse
l'Epine
la Mongendrie
le Bot
ILE DE NOIRMOUTIER
la Guérinière
le Bonhomme
le Fier
la Tresson
Pte de la Loire
Roches de la Loire
la Maison-Rouge
Barbâtre
les Onchères
la Frandière
la Fosse
Passage du Gois
(Route praticable à basse mer)
Pte de la Coupelasse
la Coupelasse
le Fain
Roches de Bouin
Huîtres
le Collet
Port du Bec
Epoids
la Croix Rouge
le Port
Bellevue
Beauvoir-s-Mer
Bouin
les Champs
les Billarderies
Cossonnière
Bordevert
St Gervais
Pte de la Fosse
Pte N.D. de Monts
la Grande Côte
Fromentine
la Barre-de-Monts
Ecomusée
Pey de la Blet
Forêt des Pays de Monts
Fief-Haut
Côte
CÔTE
service saisonnier
les Marguerites
N.D. de-Monts
Plage du Pont d'Yeu
Pont d'Yeu
la Mouraine
la Tonnelle
Plage de la Tonnelle
Marais de Monts
Marais de Challans
St Urbain
Sallertaine
Challans
le Perrier
Soullans
Plage St Jean
St Jean-de-Monts
Plage des Demoiselles
le Petit-Bec
le Grand Bec
les Mouettes
la Pège
la Parée-Preneau
Orouet
les Chapelles
le Pissot
des DE Monts
Sion-s-l'Océan
Corniche Vendéenne
St Hilaire-de-Riez
Croix-de-Vie
St Gilles
Pte de Grosse Terre
Pte de la Garenne
le Pont-Jaunay
N.D. des Dunes
la Sauzaie
les Chiens Perrins
la Planche à Puare
Pte du But
Port-Joinville
Cadouère
Grd Phare
Ker-Châlon
(L'Ile - d'Yeu)
Fort de Pierre-Levée
Ker-Chauvineau
St Sauveur
Ker-Bossy
Marais-Salé
le Vx Château
Pte du Châtelet
Port-de-la-Meule
la Croix
Tour
Plage des Sabias
Côte Sauvage
Pte de la Tranche
Anse des Vieilles
Pointe des Corbeaux

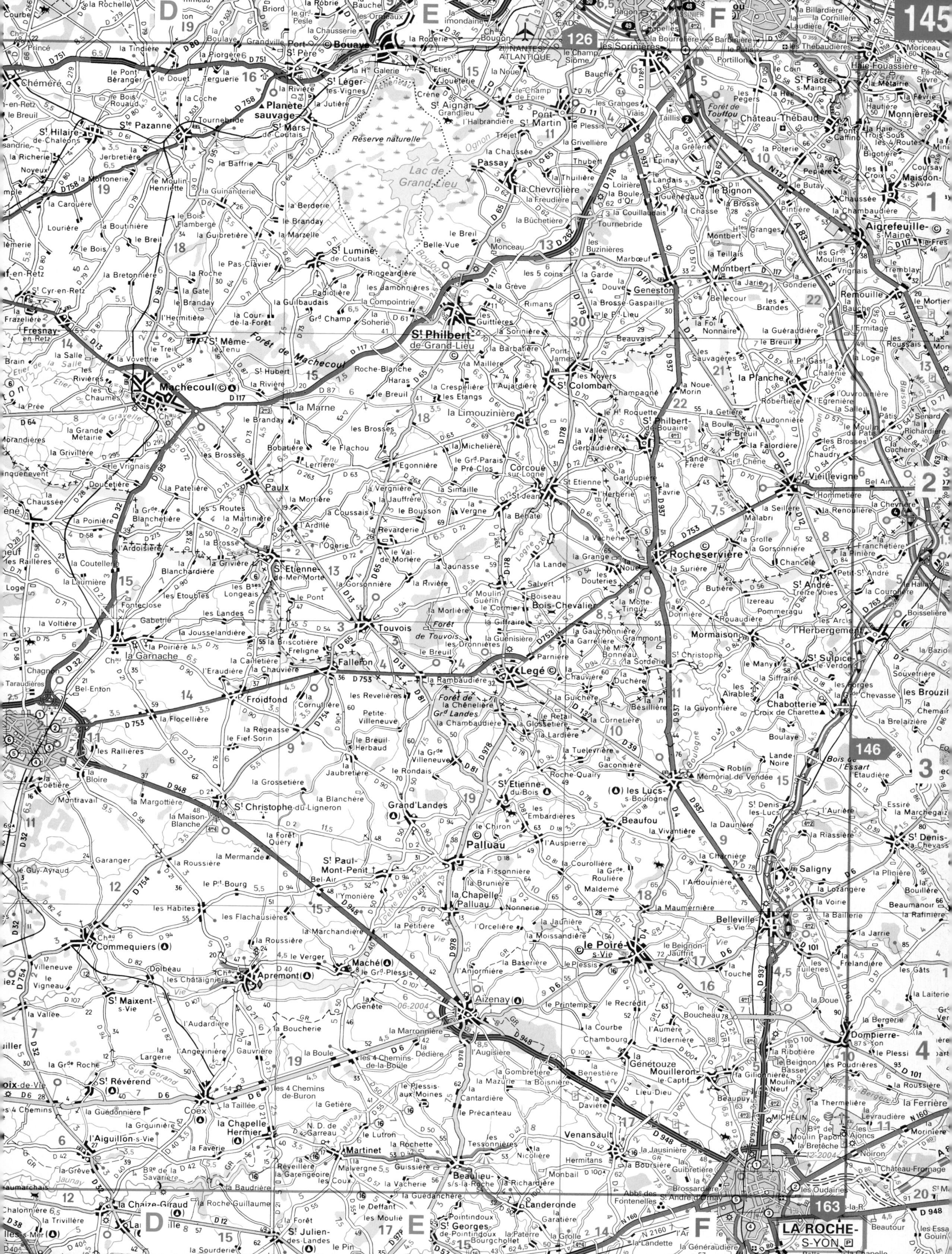
D
E
F
126
146
163
Bouaye
St Père
St Léger-les-Vignes
Chéméré
Planète sauvage
Ste Pazanne
St Hilaire-de-Chaléons
St Mars-de-Coutais
Réserve naturelle
Lac de Grand-Lieu
Passay
la Chevrolière
Pont St Martin
St Aignan Grandlieu
Nantes Atlantique
les Sorinières
Château-Thébaud
Forêt de Touffou
Montbert
Geneston
Aigrefeuille-s-Maine
Remouille
Monnières
Maisdon-s-Sèvre
St Lumine-de-Coutais
St Philbert-de-Grand-Lieu
St Cyr-en-Retz
Fresnay-en-Retz
St Même-le-Tenu
Forêt de Machecoul
Machecoul
St Colomban
la Limouzinière
la Marne
Paulx
Corcoué-sur-Logne
St Philbert-de-Bouaine
Vieillevigne
Rocheservière
St Etienne-de-Mer-Morte
Touvois
Forêt de Touvois
Legé
Falleron
la Garnache
Froidfond
Bois-Chevalier
Mormaison
l'Herbergement
St Sulpice-le-Verdon
Chabotterie
St André-Treize-Voies
Forêt de la Chênelière Grd Landes
St Etienne-du-Bois
les Lucs-s-Boulogne
Mémorial de Vendée
St Christophe-du-Ligneron
Grand'Landes
Palluau
Beaufou
St Paul-Mont-Penit
la Chapelle-Palluau
Saligny
St Denis-la-Chevasse
Belleville-s-Vie
le Poiré-s-Vie
Commequiers
Apremont
Maché
Aizenay
Dompierre-s-Yon
St Maixent-s-Vie
Coëx
St Révérend
la Chapelle Hermier
l'Aiguillon-s-Vie
Martinet
Venansault
la Génétouze
Mouilleron-le-Captif
Beaulieu-s/s-la-Roche
Landeronde
St Georges-de-Pointindoux
St Julien-des-Landes
la Chaize-Giraud
LA ROCHE-S-YON
Bois de l'Essart
Michelin

A
B
C
127
Vallet
Gesté
la Chapelle-du-Genêt
Andrezé
Haie-Fouassière
le Pallet
Mouzillon
Tillières
Villedieu-la-Blouère
St Fiacre-s-Maine
Monnières
St Germain-s-Moine
St Macaire-en-Mauges
Bégrolles-en-Mauges
St Philbert-en-Mauges
la Renaudière
Gorges
Maisdon-s-Sèvre
St Crespin-s-Moine
Montfaucon
Clisson
Aigrefeuille-s-Maine
St Lumine-de-Clisson
Roussay
St André-de-la-Marche
Gétigné
St Hilaire-de-Clisson
Cugand
Remouillé
la Romagne
la Séguinière
la Bernardière
Boussay
Torfou
Bruffière
St Christophe-du-Bois
Tiffauges
le Longeron
Mortagne-s-Sèvre
St Hilaire-de-Loulay
Treize-Septiers
Vieillevigne
Montaigu
Les Landes-Genusson
St Aubin-des-Ormeaux
St Martin-des-Tilleuls
la Guyonnière
la Boissière-de-Montaigu
la Verrie
St Georges-de-Montaigu
N 1137
la Gaubretière
St Laurent-s-Sèvre
St André-Treize-Voies
l'Herbergement
Beaurepaire
Chambretaud
St Sulpice-le-Verdon
Chavagnes-en-Paillers
Bazoges-en-Paillers
les Brouzils
Grand Parc du Puy du Fou
les Herbiers
Mont des Alouettes
145
la Copechagnière
la Rabatelière
St Fulgent
Mesnard-la-Barotière
St Denis-la-Chevasse
St André-Goule-d'Oie
Chauché
Vendrennes
Saligny
Boulogne
Forêt de l'Herbergement
St Paul-en-Pareds
la Merlatière
les Essarts
Mouchamps
le Boupère
Dompierre-s-Yon
Ste Cécile
St Vincent-Sterlanges
St Prouant
Monsireigne
la Ferrière
Forêt du Détroit
St Martin-des-Noyers
St Germain-de-Prinçay
Sigournais
Chavagnes-les-Redoux
St Hilaire-le-Vouhis
Chantonnay
la Chaize-le-Vicomte
163
LA ROCHE-S-YON
A
B
C

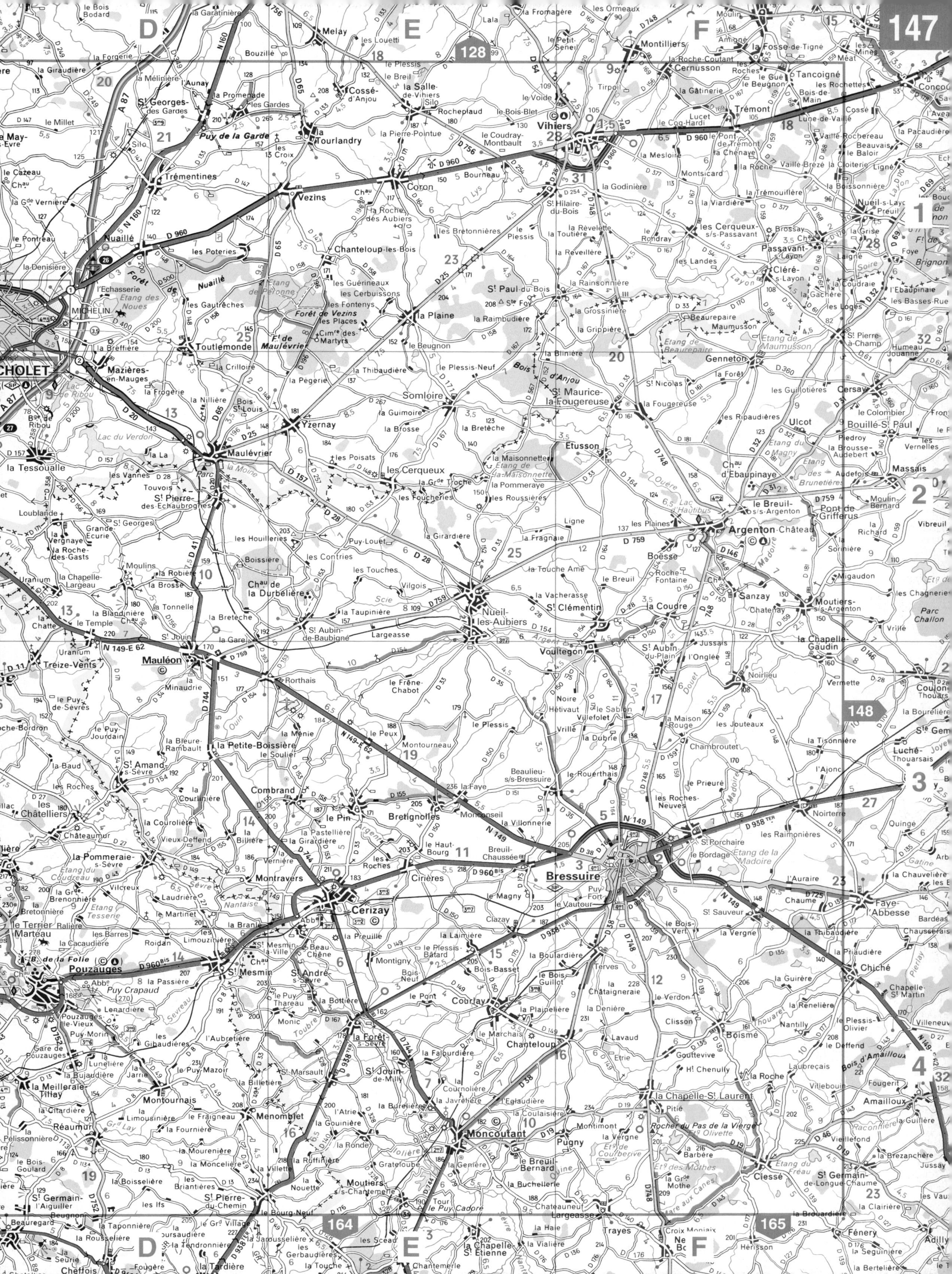
D
E
F
128
1
2
3
4
148
164
165
Melay
Montilliers
Cernusson
Tancoigné
Trémont
Vihiers
la Salle-de-Vihiers
Cossé-d'Anjou
la Tourlandry
Coron
Vezins
St Georges-des Gardes
Puy de la Garde
Trémentines
Nuaillé
Forêt de Nuaillé
Chanteloup-les-Bois
Forêt de Vezins
la Plaine
St Paul-du-Bois
St Hilaire-du-Bois
les Cerqueux-s/s-Passavant
Passavant-s-Layon
Cléré-s-Layon
Nueil-s-Layon
CHOLET
Toutlemonde
Mazières-en-Mauges
Ft de Maulévrier
Somloire
Yzernay
Maulévrier
St Maurice-la-Fougereuse
Etusson
Genneton
Cersay
Bouillé-St Paul
Massais
Ulcot
Argenton-Château
le Breuil-s/s-Argenton
Pont de Grifferus
les Cerqueux
St Pierre-des-Echaubrognes
la Tessoualle
Lac du Verdon
Nueil-les-Aubiers
St Clémentin
la Coudre
Sanzay
Moutiers-s/s-Argenton
Boësse
Chau de la Durbelière
Mauléon
St Aubin-de-Baubigné
Voultegon
St Aubin-du-Plain
la Chapelle-Gaudin
Coulonges-Thouarsais
Luché-Thouarsais
Treize-Vents
la Petite-Boissière
St Amand-s-Sèvre
Montourneau
Combrand
Bretignolles
le Pin
Cirières
Cerizay
Bressuire
Faye-l'Abbesse
Chiché
Pouzauges
St Mesmin
St André-s-Sèvre
Courlay
Chanteloup
Boismé
Clessé
la Forêt-s-Sèvre
St Jouin-de-Milly
Moncoutant
Pugny
la Chapelle-St Laurent
Rocher du Pas de la Vierge
la Meilleraie-Tillay
Montournais
Menomblet
Réaumur
St Germain-l'Aiguiller
St Pierre-du-Chemin
Moutiers-s/s-Chantemerle
le Breuil-Bernard
Largeasse
Trayes
la Chapelle-St Etienne
St Germain-de-Longue-Chaume
Amailloux
Fénery
Adilly
Cheffois
Chantemerle
N 149-E 62
N 160
A 87
D 960
D 748
D 938 TER
D 960 BIS
D 744

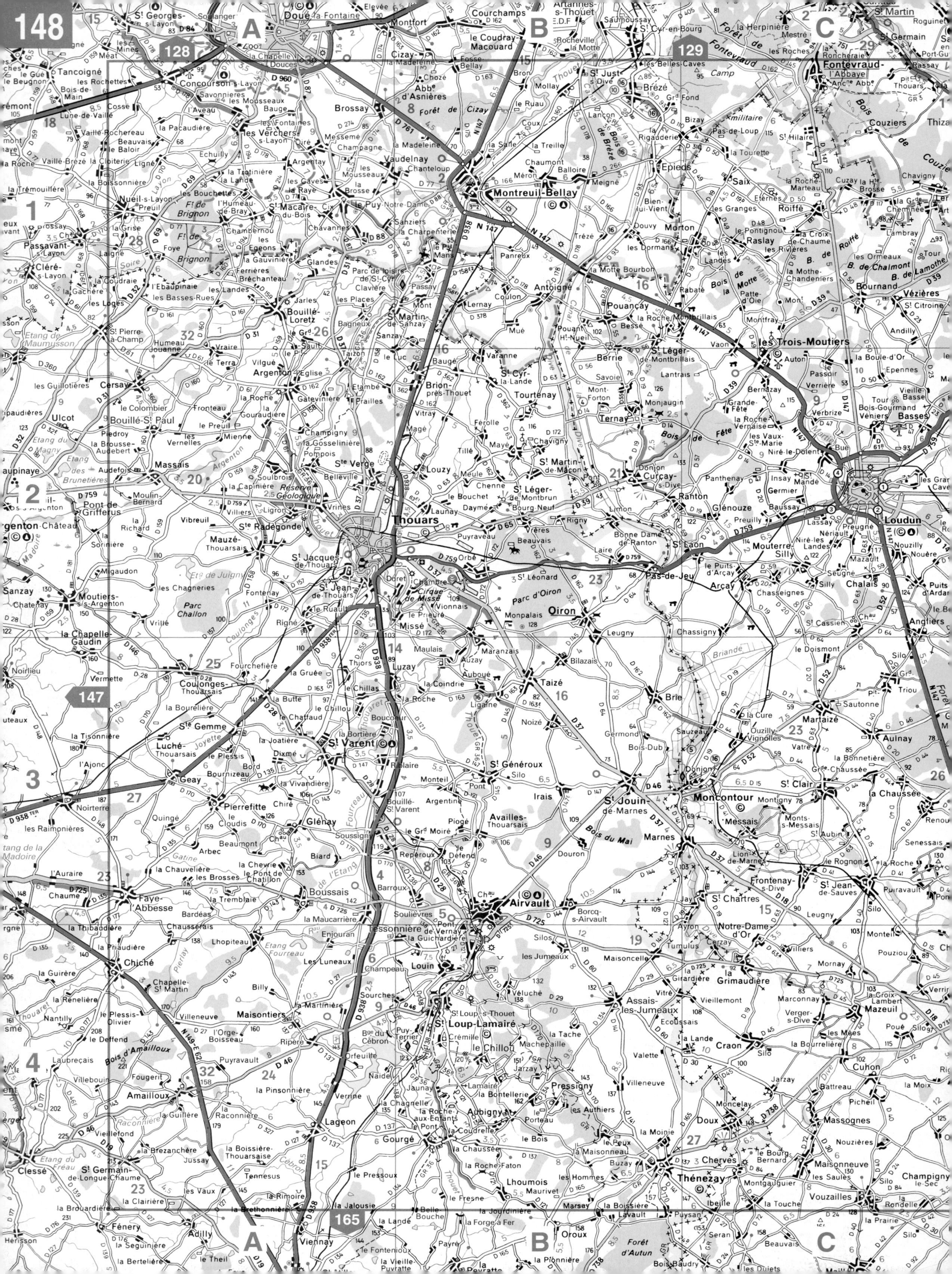

A B C

1 2 3 4

128 129 147 165 26

Doué-la-Fontaine
Montreuil-Bellay
Fontevraud-l'Abbaye
Thouars
Loudun
Les Trois-Moutiers
Oiron
Moncontour
Airvault
St Varent
St Loup-Lamairé
Thénezay
Argenton-Château
Coulonges-Thouarsais
Massais
Brion-près-Thouet
St Jouin-de-Marnes
Mirebeau
Faye-l'Abbesse
Chiché
Amailloux
Lageon
Vouzailles
Mazeuil
Curçay-s-Dive
Ternay
Pas-de-Jeu
Cersay
Bouillé-Loretz
Argenton-l'Eglise
Nueil-s-Layon
Concourson-s-Layon
Les Verchers-s-Layon
Vaudelnay
Le Puy-Notre-Dame
Antoigné
Pouançay
Epieds
Saix
Roiffé
St Léger-de-Montbrillais
Ste Radegonde
St Jacques-de-Thouars
St Jean-de-Thouars
Missé
Luzay
Taizé
Brie
St Généroux
Availles-Thouarsais
Marnes
Assais-les-Jumeaux
Louin
Maisontiers
Pressigny
Aubigny
Gourgé
Le Chillou
Craon
Doux
Cherves
Forêt de Cizay
Forêt de Fontevraud
Parc d'Oiron
Bois du Mai
Forêt d'Autun

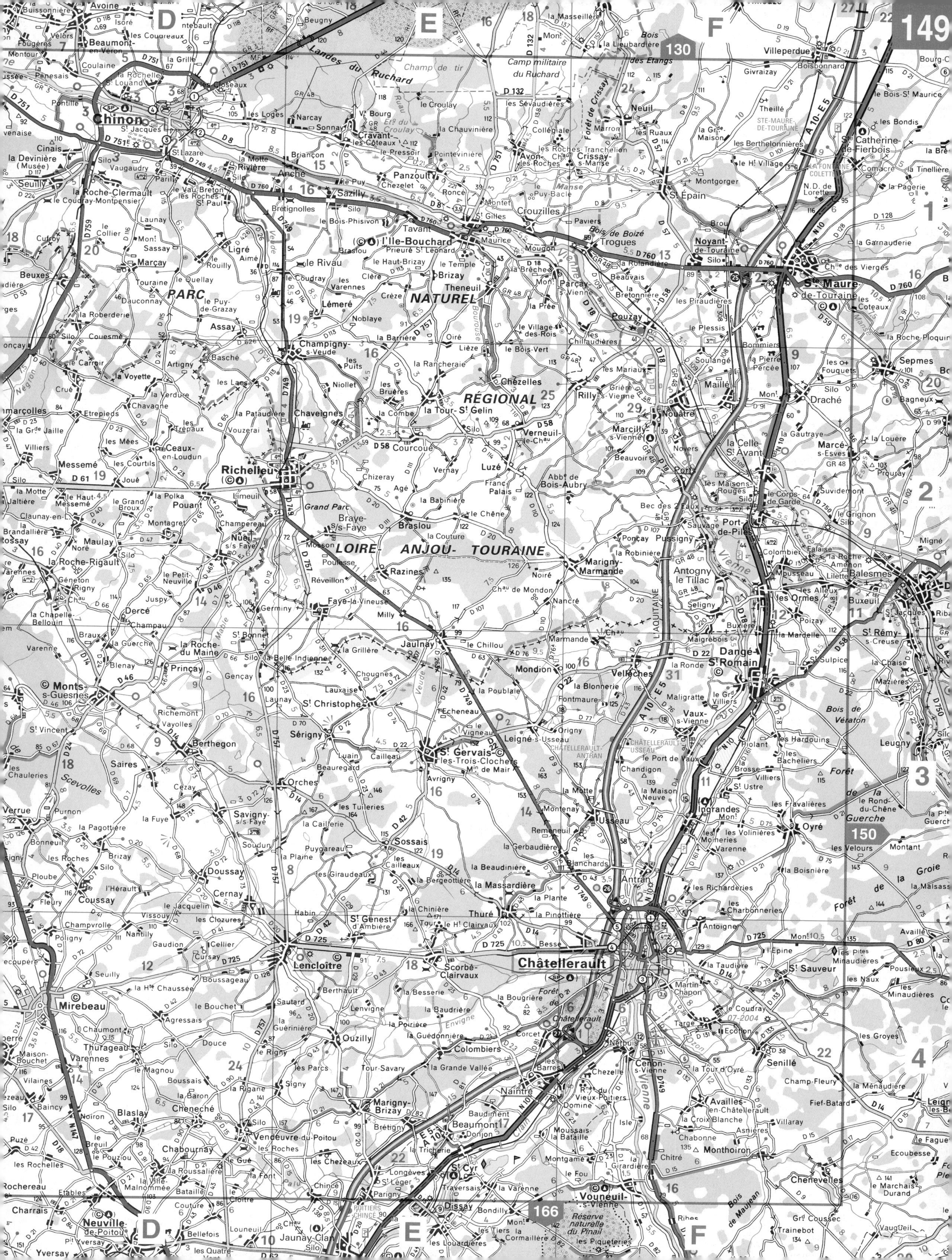

D E F

1 2 3 4

Chinon
L'Ile-Bouchard
Richelieu
Ste Maure-de-Touraine
Châtellerault
Lencloître
Mirebeau
Neuville-de-Poitou
Monts-s-Guesnes
Dangé-St Romain
Port-de-Piles
Jaunay-Clan
Vouneuil-s-Vienne

PARC NATUREL RÉGIONAL LOIRE-ANJOU-TOURAINE

Camp militaire du Ruchard
Landes du Ruchard
Forêt de Crissay
Bois de Boizé
Forêt de Châtellerault
Réserve naturelle du Pinail
Bois de Vératon
Forêt de la Guerche
Forêt de la Groie
Grand Parc

A 10 - E 5
D 751
D 760
D 749
D 757
D 725
D 910
N 10
N 147
Vienne
Creuse
Clain
Veude
Manse

130
150
166

A
B
C
130
131
149
167
1
2
3
4
Villeperdue
Tauxigny
Chédigny
St Quentin-s-Indrois
Azay-s-Indre
Reignac-s-Indre
Genillé
Louans
Ste Catherine-de-Fierbois
St Bauld
Manthelan
Dolus-le-Sec
Chanceaux-près-Loches
Chambourg-s-Indre
Forêt de Loches
Loches
Beaulieu-lès-Loches
Chartreuse du Liget
St Jean-du-Liget
Ferrière-s-B.
Ste Maure-de-Touraine
Bossée
Grillemont
la Chapelle-Blanche-St Martin
Mouzay
Vou
Perrusson
Sennevières
St Jean-St Germain
Sepmes
Bournan
Drache
Varennes
Ciran
Ligueil
Civray-s-Esves
St Senoch
Verneuil-s-Indre
St Hippolyte
Marcé-s-Esves
Cussay
Esves-le-Moutier
Bois de Verneuil
Bridoré
Flère-la-Rivière
St Cyran-du-Jambot
Ferrière-Larçon
Betz-le-Château
Neuilly-le-Brignon
Paulmy
Descartes
Balesmes
les Ormes
Abilly
le Grand-Pressigny
la Celle-Guenand
St Flovier
Forêt de Ste Jullite
le Pt-Pressigny
Charnizay
Obterre
Cléré-du-Bois
Leugny
la Guerche
Forêt de la Guerche
Oyré
Barrou
Chaumussay
Preuilly-s-Claise
Forêt de Preuilly
Azay-le-Ferron
Paulnay
Lésigny
Chambon
Boussay
Mairé
Forêt de la Groie
Bossay-s-Claise
Martizay
Coussay-les-Bois
St Sauveur
la Roche-Posay
Yzeures-s-Creuse
Parc de Boussay
Lureuil
Lingé
Leigné-les-Bois
Pleumartin
Forêt de Pleumartin
Néons-s-Creuse
Tournon-St Martin
Tournon-St Pierre
Chenevelles
Vicq-s-Gartempe
Preuilly-la-Ville
Angles

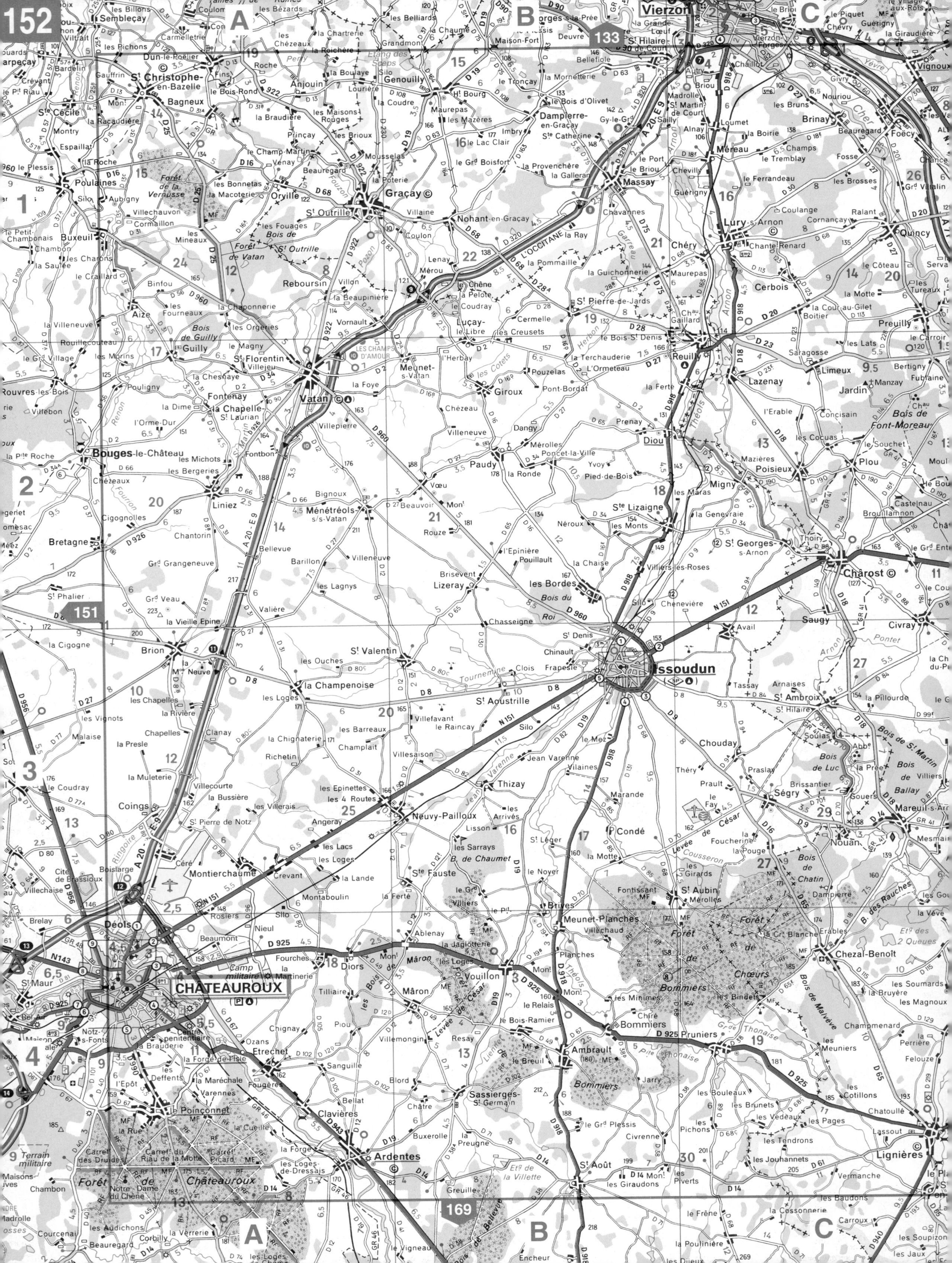
A
B
C
1
2
3
4
133
151
169
Vierzon
Vierzon-Forges
St Hilaire-de-Court
Sembleçay
Dun-le-Poëlier
St Christophe-en-Bazelle
Bagneux
Ste Cécile
Poulaines
Buxeuil
Anjouin
Genouilly
Graçay
St Outrille
Dampierre-en-Graçay
Massay
Méreau
Lury-s-Arnon
Quincy
Nohant-en-Graçay
Reboursin
Lucay-le-Libre
St Pierre-de-Jards
Reuilly
Lazenay
Limeux
Preuilly
Foëcy
Brinay
Vignoux
Aize
Guilly
St Florentin
Vatan
Meunet-s-Vatan
Giroux
Fontenay
La Chapelle-St Laurian
Bouges-le-Château
Liniez
Paudy
Diou
Plou
Poisieux
Ménétréols-s/s-Vatan
Ste Lizaigne
St Georges-s-Arnon
Chârost
Bretagne
Lizeray
Les Bordes
Brion
St Valentin
La Champenoise
Issoudun
St Aoustrille
St Ambroix
Civray
Saugy
Chouday
Thizay
Neuvy-Pailloux
Condé
Ségry
Mareuil-s-Arnon
Coings
Montierchaume
Ste Fauste
St Aubin
Déols
Châteauroux
St Maur
Diors
Vouillon
Meunet-Planches
Chezal-Benoît
Bommiers
Ambrault
Pruniers
Etrechet
Le Poinçonnet
Sassierges-St Germain
Ardentes
St Août
Lignières
Forêt de Châteauroux
Forêt de Bommiers
Bois de St Martin
Forêt de la Vernusse
Forêt de Vatan
Bois du Roi
L'Occitane
A 20 - E 9
N 151
D 960
D 925

134
154
170

D E F

1 2 3 4

BOURGES
Mehun-s-Yèvre
St Doulchard
St Martin-d'Auxigny
St Georges-s-Moulon
Vignoux-s/s-les-Aix
Les Aix-d'Angillon
Rians
Azy
Etréchy
St Eloy-de-Gy
Vasselay
Fussy
Asnières
St Michel-de-Volangis
Ste Solange
Brécy
St Germain-du-Puy
Berry-Bouy
Marmagne
Allouis
Moulins-s-Yèvre
Nohant-en-Goût
Villabon
Baugy
Farges-en-Septaine
Savigny-en-Septaine
Avord
Camp d'Avord
Bengy-s-Craon
Osmoy
Ste-Thorette
La Chapelle-St Ursin
Morthomiers
Villeneuve-s-Cher
Le Subdray
Trouy
St Florent-s-Cher
Plaimpied-Givaudins
Soye-en-Septaine
Crosses
Jussy-Champagne
Vornay
St Just
Lissay-Lochy
Senneçay
Vorly
Annoix
St Caprais
Arçay
Rosières
Lunery
Levet
St Germain-des-Bois
St Denis-de-Palin
Bussy
Lantan
Osmery
Raymond
Cornusse
Dun-s-Auron
Blet
Serruelles
Châteauneuf-s-Cher
Chavannes
Contres
Venesmes
St Baudel
Crézançay-s-Cher
St Loup-des-Chaumes
Uzay-le-Venon
Meillant
Chalivoy-Milon
Thaumiers
Le Pondy
Vallenay
Bruère-Allichamps
Farges-Allichamps
Noirlac
St Amand-Montrond
Orval
Nozières
Ineuil
Chambon
St Symphorien
Montlouis
Morlac
Charenton-du-Cher
St Pierre-les-Étieux
Arpheuilles
Vernais
Ainay-le-Château
Forêt de Maulne
Bois de Meillant
Grand Bois de Meillant
Forêt de Soudrain
Forêt de Thoux
Centre de la France (Farges-Allichamps)

134
135
153
171
A
B
C
1
2
3
4
la Charité-s-Loire
Sancergues
Charentonnay
St Martin-des-Champs
Forêt des Bertranges
Forêt des Grands Bois Sauvages
Pougues-les-Eaux
Garchizy
Fourchambault
Varennes-Vauzelles
Coulanges
NEVERS
Marzy
Challuy
Sermoise-s-Loire
Baugy
Villequiers
Mornay-Berry
St Hilaire-de-Gondilly
Menetou-Couture
Jouet-s-l'Aubois
Marseilles-lès-Aubigny
Germigny-s-Loire
Beffes
Tronsanges
Précy
Jussy-le-Chaudrier
Argenvières
Lugny-Champagne
Etréchy
Azy
Groises
Feux
Chaumoux-Marcilly
Sévry
Couy
Villabon
Farges-en-Septaine
Saligny-le-Vif
Laverdines
Chassy
Jardin
Bengy-s-Craon
Nérondes
Tendron
Ignol
Flavigny
Cornusse
la Guerche-s-l'Aubois
Torteron
Cours-les-Barres
Cuffy
Gimouille
Osmery
Lugny-Bourbonnais
Croisy
Ourouer-les-Bourdelins
Germigny-l'Exempt
la Chapelle-Hugon
Apremont-s-Allier
Saincaize-Meauce
Magny-Cours
Blet
Charly
Vereaux
Grossouvre
Neuvy-le-Barrois
Mars-s-Allier
St Parize-le-Châtel
Chalivoy-Milon
Sagonne
Givardon
Chaumont
Sancoins
Mornay-s-Allier
Langeron
St Pierre-le-Moûtier
Thaumiers
Bannegon
Neuilly-en-Dun
Augy-s-Aubois
St Aignan-des-Noyers
Vernais
Bessais-le-Fromental
Lurcy-Lévis
Château-s-Allier
le Veurdre
Livry
Neure
Charenton-du-Cher
Ainay-le-Château
Valigny
Pouzy-Mésangy
Bois de Bourrain
Bois d'Apremont
Bois de Neuvy
Bois de Bougy
Circuits Auto
LOIRE
Allier
N 151
N 76
D 976
D 920
N 7
A 77

D
E
F
136
Montenoison
St Révérien
Brèches
Beaumont
Vitry-Laché
Bois de Vaux
Mouches
Marcilly
Forêt de Prémery
Oulon
Moussy
Forêt de Troncay
Sardy-lès-Epiry
Epiry
Mouron-s-Yonne
Beaumont-la-Ferrière
Prémery
Lurcy-le-Bourg
Crux-la-Ville
la Collancelle
Aqueduc de Montreuillon
Sichamps
St Franchy
Bazolles
Nolay
St Benin-des-Bois
Ste Marie
Forêt de Guérigny
Signal de Beauregard
St Saulge
St Maurice
Achun
Aunay-en-Bazois
Montapas
Mont-et-Marré
Chougny
Balleray
Ourouër
St Sulpice
Bona
Saxi-Bourdon
Châtillon-en-Bazois
Tamnay-en-Bazois
St Martin-d'Heuille
St Firmin
Montigny-aux-Amognes
Billy-Chevannes
Rouy
Alluy
St Jean-aux-Amognes
St Benin-d'Azy
Frasnay-Reugny
Tintury
Biches
Brinay
Cizely
Forêt de Vincence
Limanton
156
Sauvigny-les-Bois
Limon
Anlezy
Fertrève
Imphy
Ville-Langy
Montigny-s-Canne
Beaumont-Sardolles
Trois-Vèvres
Diennes-Aubigny
Vandenesse
Thianges
la Machine
St Gratien-Savigny
Isenay
St Ouen-s-Loire
Béard
Druy-Parigny
Forêt des Minimes
Forêt Verneuil de Vanzé
Cercy-la-Tour
Montaron
Sougy-s-Loire
St Léger-des-Vignes
Champvert
Decize
Fleury-s-Loire
Avril-s-Loire
Devay
Fours
B. de Fours
Bois de Briffault
Charrin
St Germain-Chassenay
Neuville-lès-Decize
St Hilaire-Fontaine
Lamenay-s-Loire
Forêt du Perray
Cossaye
Toury-Lurcy
Gannay-s-Loire
Cronat
Dornes
172
Lucenay-lès-Aix
1
2
3
4

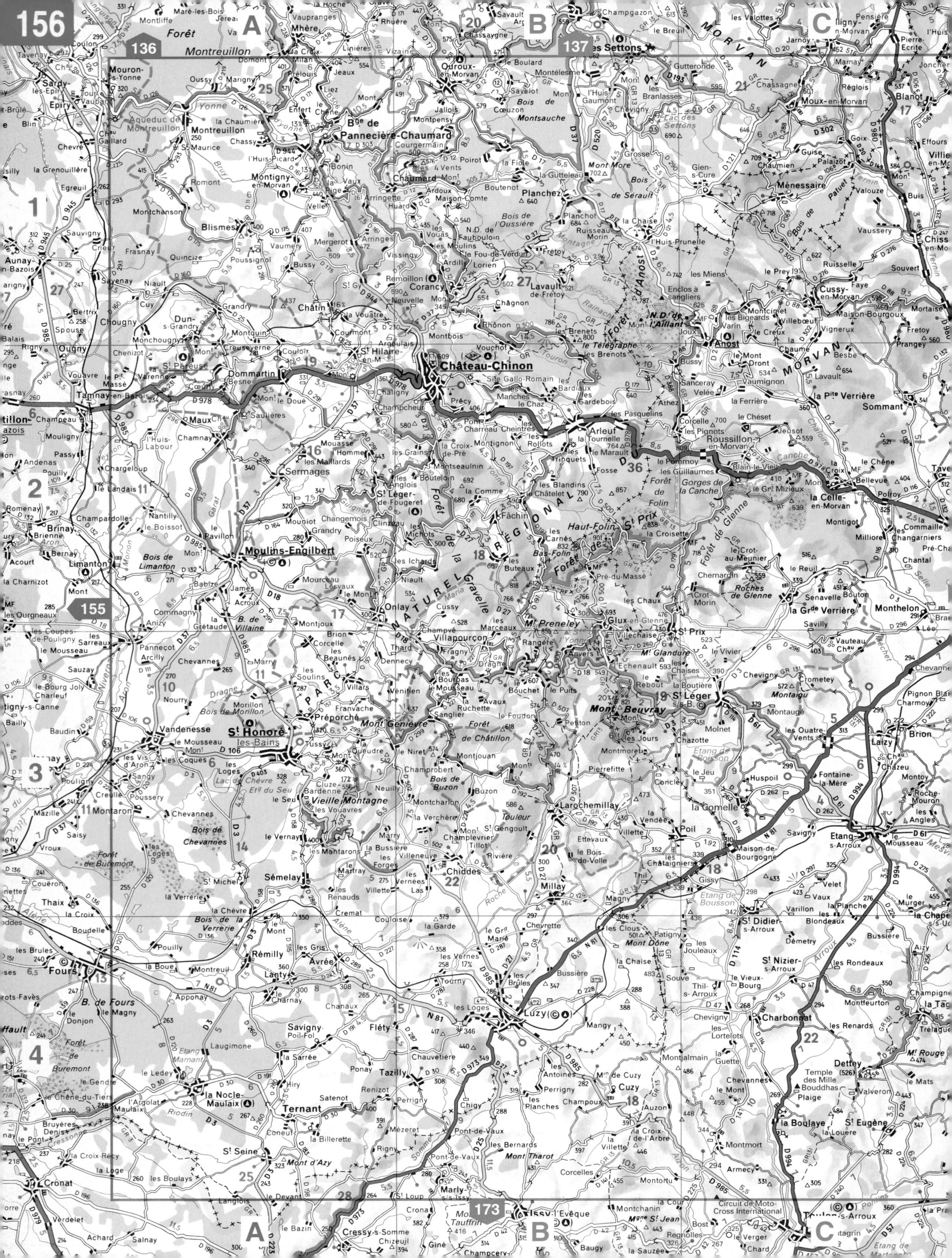

A
B
C
1
2
3
4
136
137
155
173
MORVAN
Forêt Montreuillon
Mhère
Ouroux-en-Morvan
les Settons
Mouron-s-Yonne
Sardy-lès-Epiry
Epiry
Montreuillon
Aqueduc de Montreuillon
Bge de Pannecière-Chaumard
Chaumard
Montigny-en-Morvan
Moux-en-Morvan
Blanot
Ménessaire
Gien-s-Cure
Planchez
Bois de Montsauche
Bois de Sérault
Blismes
Aunay-en-Bazois
Corancy
Lavault-de-Frétoy
Forêt d'Anost
N.D. de l'Aillant
Anost
Cussy-en-Morvan
Châtin
Dun-s-Grandry
Chougny
Château-Chinon
Site Gallo-Romain
St Hilaire-en-M.
Dommartin
St Péreuse
Tamnay-en-Bazois
Arleuf
Roussillon-en-Morvan
Gorges de la Canche
la Celle-en-Morvan
Sermages
St Léger-de-Fougeret
Forêt de Folin
Haut-Folin
St Prix
Bas-Folin
Brinay
Limanton
Moulins-Engilbert
Bois de Limanton
PARC NATUREL RÉGIONAL
Onlay
Villapourçon
Mt Preneley
Glux-en-Glenne
Roches de Glenne
la Grde Verrière
Monthelon
Mont Beuvray
St Léger-s-B.
Vandenesse
St Honoré-les-Bains
Préporché
Mont Genièvre
Forêt de Châtillon
Vieille Montagne
Larochemillay
Poil
Etang-s-Arroux
Forêt de Buremont
Bois de Chevannes
Sémelay
Chiddes
Millay
St Didier-s-Arroux
Mont Dône
Fours
Rémilly
Avrée
Luzy
Charbonnat
St Nizier-s-Arroux
Savigny-Poil-Fol
Fléty
Tazilly
la Nocle-Maulaix
Ternant
Cuzy
Dettey
Temple des Mille Bouddhas
la Boulaye
St Eugène
Mont d'Azy
St Seine
Cronat
Marly-s-Issy
Issy-l'Evêque
Mont Tharot
Circuit de Moto-Cross International
Toulon-s-Arroux
Cressy-s-Somme

D E F

138

Liernais, Censerey, Vieux-Château, Allerey, Clomot, Meilly-s-Rouvres, Rouvres-s-Meilly, Bouhey, Vandenesse, Ste Sabine, Veuvey-s-Ouche, Chazilly, Chaudenay-le-Château, Crugey, Diancey, le Fête, Musigny, Cussy-le-Châtel, Colombier, Pont-d'Ouche, Détain-et-Bruant, Brazey-en-Morvan, Vianges, Angôte, Forêt de Buan, Pochey, Promenois, Coutivert, Treney, Solonge, Chaudenay-la-Ville, Painblanc, Longecourt-lès-Culêtre, Bécoup, Thorey-s-Ouche, Bard-le-Régulier, Marcheseuil, Jouey, Mimeure, Thoreille, Culêtre, Aubaine, Manlay, Arnay-le-Duc, Antigny-le-Château, Veilly, Auxant, Bouilland, Savilly, Foissy, Bligny-s-Ouche, Forêt de Bligny, Chassenay, St Prix-lès-Arnay, Mercey, Chancelay, Bessey-la-Cour, St Cassien, Antigny-la-Ville, Vic-des-Prés, Montregard, Voudenay, Magnien, Maligny, Lusigny-s-Ouche, Bessey-en-Chaume, Barnay, Lucenay-l'Evêque, Viscolon, Lacanche, Thomirey, Ecutigny, Bois du Grand Bessay, Dracy-Chalas, Saussey, Savigny-lès-Beaune, Vievy, St Pierre-en-Vaux, Champignolles, Montceau-et-Echarnant, Reclesne, Igornay, Jours-en-Vaux, Cussy-la-Colonne, Mavilly-Mandelot, Bouze-lès-Beaune, Cordesse, Thury, Ivry-en-Montagne, Meloisey, Nantoux, Beaune, Dracy-St Loup, Sully, Epinac, Molinot, Santosse, Pommard, Volnay, St Romain, Monthelie, St Forgeot, Curgy, Aubigny-la-Ronce, Cirque du Bout du Monde, Auxey-Duresses, Meursault, St Denis, Vauchignon, Cormot-le-Grand, Baubigny, la Rochepot, Autun, St Pantaléon, Forêt des Battées, Nolay, Puligny-Montrachet, Corcelles-les-Arts, Auxy, Collonge-la-Madeleine, Epertully, Change, Mont de Sène, Chassagne-Montrachet, Santenay, Ebaty, Tintry, St Gervais-s-Couches, Créot, Dezize-lès-M., Chagny, Chaudenay, Antully, St Emiland, Paris l'Hôpital, Sampigny, Cheilly, Remigny, Forêt de Planoise, Dracy-lès-Couches, St Sernin-du-Plain, Bouzeron, St Maurice-lès-C., St Gilles, Couches, Dennevy, Rully, Broye, Chamilly, Aluze, Mercurey, Fontaines, Brandon, St Léger-s-Dheune, St Pierre-de-Varennes, St Firmin, Charrecey, Farges-lès-Chalon, St Symphorien-de-Marmagne, Marmagne, Perreuil, St Bérain-s-Dheune, St Martin-s-Montaigu, Mellecey, Champforgeuil, le Creusot, Morey, Châtel-Moron, St Jean-de-Vaux, Dracy-le-Fort, Montcenis, le Breuil, St Denis-de-Vaux, Barizey, Givry, Châtenoy-le-Royal, Torcy, St Julien-s-Dheune, Villeneuve-en-Montagne, Jambles, Ecuisses, Ste Hélène, Charmoy, Montchanin, St Laurent-d'Andenay, Moroges, St Désert, Granges, St Martin-d'Auxy, Marcilly-lès-Buxy, Sassangy, Buxy, St Eusèbe, St Privé, Saint-Germain-lès-Buxy, Blanzy, Montceau-les-Mines, St Micaud, Saviange, Marigny, St Vallerin, Jully-lès-Buxy

158

174

1 2 3 4

D E F

A
B
C
138
139
157
175
1
2
3
4
Nuits-St Georges
Clos de Vougeot
Vougeot
Chambolle-Musigny
Gilly-lès-Cîteaux
Flagey-Echézeaux
Vosne-Romanée
Abbaye de Cîteaux
Forêt de Cîteaux
St Nicolas-lès-Cîteaux
Aiserey
Izeure
Bessey-lès-Cîteaux
Aubigny-en-Plaine
Brazey-en-Plaine
St Usage
Losne
Charrey-s-Saône
Esbarres
Bonnencontre
Pagny-la-Ville
Pagny-le-Château
Labruyère
Auvillars-s-Saône
Chamblanc
Pouilly-s-Saône
Seurre
Bois de la Bauche
Montagny-lès-Seurre
Grosbois-lès-Tichey
Forêt de Pourlans
Pourlans
Premeaux-Prissey
Comblanchien
Corgoloin
Ladoix-Serrigny
Aloxe-Corton
Pernand-Vergelesses
Savigny-lès-Beaune
Chorey-lès-B.
Beaune
Forêt de Borne
Vignoles
Ruffey-lès-Beaune
Corberon
Bois de Champjarley
Villy-le-Moutier
Argilly
Bagnot
Glanon
Montmain
Labergement-lès-Seurre
Pommard
Volnay
Meursault
Montagny-lès-Beaune
Levernois
Combertault
Meursanges
Marigny-lès-Reullée
Corgengoux
Ste Marie-la-Blanche
Chevigny-en-Valière
Forêt de Palleau
Palleau
Chivres
Trugny
Bligny-lès-Beaune
Tailly
Puligny-Montrachet
Corcelles-les-Arts
Merceuil
Géanges
St Loup-de-la-Salle
St Martin-en-Gâtinois
Ecuelles
Mont-lès-Seurre
Navilly
Charnay-lès-Chalon
Chagny
Chaudenay
Demigny
Forêt de Gergy
Gergy
Allerey-s-S.
Verdun-s-le-Doubs
Bragny-s-Saône
Sermesse
Frontenard
Charette-Varennes
Pierre-de-Bresse
Rully
Mercurey
Fontaines
Farges-lès-Chalon
Champforgeuil
Virey-le-Grand
Sassenay
Damerey
Bois de Bissy
St Didier-en-Bresse
Toutenant
Serrigny-en-Bresse
Dampierre-en-Bresse
CHALON-S-SAÔNE
St Marcel
Châtenoy-en-B.
St Martin-en-Bresse
Villegaudin
Mervans
Givry
St Rémy
Lux
Epervans
St Christophe-en-Bresse
L'Abergement-Ste Colombe
Guerfand
Lessard-en-Bresse
Thurey
Simard
St Germain-du-Bois
Buxy
Sevrey
St Loup-de-Varennes
Varennes-le-Grand
Ouroux-s-Saône
St Germain-du-Plain
Tronchy
Vérissey
Marnay
St Ambreuil
Forêt de la Ferté
Montret
A 36-E 60
A 31
A 6
N 74
N 73
N 78
N 80
D 970
D 996
D 973
D 35

159
D
E
F
140
160
176
1
2
3
4
Dole
Forêt de Chaux
Grand Contour
Rochefort-s-Nenon
Tavaux
Chaussin
Montbarrey
Arc-et-Senans
Port-Lesney
Villers-Farlay
Arbois
Poligny
Sellières
Bletterans
Voiteur
Château-Chalon
Lons-le-Saunier
Cirque de Baume
Baume-les-Messieurs
Cirque de Ladoye
Reculée des Planches
Salins
Dampierre
Auxonne
Authume
Damparis
Foucherans
Champvans
Samerey
Abergement-la-Ronce
Aumur
St Aubin
Molay
Champdivers
Peseux
Chemin
Gevry
Parcey
Villette-lès-Dole
Nevy-lès-Dole
Souvans
Bans
Vaudrey
Mont-s/s-Vaudrey
La Loye
Belmont
Santans
Germigney
Chatelay
Ounans
Chamblay
Mouchard
Aiglepierre
Montigny-les-Arsures
Mesnay
Pupillin
Buvilly
Tourmont
Grozon
Aumont
Oussières
Villers-Robert
Le Deschaux
Tassenières
Chêne-Bernard
Sergenon
Biefmorin
Colonne
Le Chateley
Chemenot
Champrougier
Foulenay
Chaumergy
Francheville
Bersaillin
Toulouse-le-Château
St Lothain
Miéry
Passenans
Domblans
Arlay
Ruffey-s-Seille
Relans
Commenailles
Vincent
Montmorot
Perrigny
Mirebel
Crançot
Vevy
Doucier
Châtillon
Montrond
Besain
Crotenay
Monnet-la-Ville
Pont-du-Navoy
Marigny
Lac de Chalain
Neublans-Abergement
Bellevesvre
Chapelle-Voland
Montjay
Frangy-en-Bresse
Sens-s-Seille
Cosges
Nance
Villevieux
Larnaud
Quintigny
L'Etoile
St Didier
Villeneuve-s/s-Pymont
Montain
Lavigny
Le Pin
Pannessières
Savagna
Courlaoux
Messia-s-S.

A
B
C
140
141
159
177
1
2
3
4
Salans
Routelle
Busy
Vorges-les-Pins
Boussières
Osselle
Roset-Fluans
Fraisans
Grottes d'Osselle
Courtefontaine
Villars-St Georges
Abbans-dessus
Chenecey-Buillon
Charnay
Cessey
Quingey
Chouzelot
Byans-s-Doubs
Fourg
Lavans-Quingey
Lombard
Pessans
Liesle
Mesmay
Pointvillers
Montfort
Ronchaux
Brères
Samson
Champagne-s-Loue
Buffard
Paroy
Chay
Saline
Arc-et-Senans
Rennes-s-Loue
Grange-de-Vaivre
Cramans
Port-Lesney
Villers-Farlay
Mouchard
Pagnoz
Aiglepierre
Salins-les-Bains
Marnoz
Pretin
les Arsures
Montigny-les-Arsures
Arbois
Mesnay
Pupillin
Reculée des Planches
Cirque du Fer à Cheval
la Châtelaine
Forêt des Moidons
Grotte des Moidons
Chamole
Chaussenans
Molain
Montrond
Besain
Crotenay
Champagnole
Pont-du-Navoy
Monnet-la-Ville
Mont-s-Monnet
Montigny-s-l'Ain
Marigny
Doucier
Saffloz
Lac de Chalain
Montrond-le-Château
Epeugney
Cademène
Scey-Maisières
Malbrans
Villers-s-Montrond
Tarcenay
Foucherans
Trépot
Charbonnières-les-Sapins
Bonnevaux-le-Prieuré
Ornans
Saules
Durnes
Guyans-Durnes
Vernierfontaine
Chassagne-St Denis
Cléron
Amondans
Rurey
Courcelles
Palantine
Rouhe
Goux-s/s-Landet
Châtillon-s-Lison
Cussey-s-Lison
Lizine
Echay
Doulaize
Refranche
Bartherans
Myon
Alaise
Malans
Amancey
Flagey
Chantrans
Silley-Amancey
Longeville
Mouthier-Haute-Pierre
Lods
Vuillafans
Montgesoye
Châteauvieux-les-Fossés
Amathay-Vésigneux
Bolandoz
Reugney
Eternoz
Déservillers
Coulans-s-Lison
Saraz
Nans-s/s-Ste Anne
Montmahoux
Labergement-du-Navois
Levier
Septfontaines
Goux-les-Usiers
Evillers
Ouhans
Source de la Loue
Sombacour
Bians-les-Usiers
Gevresin
Source du Lison
Ste Anne
Saizenay
Geraise
Clucy
Dournon
Cernans
Villeneuve-d'Amont
Arc-s/s-Montenot
Chapelle-d'Huin
Chaffois
Bulle
Bannans
Thésy
Aresches
Lemuy
Villers-s/s-Chalamont
Boujailles
Courvières
Dompierre-les-Tilleuls
Frasne
Bouverans
la Rivière-Drugeon
Andelot-en-Mgne
Supt
Chapois
Sapin Président
FORÊT DE LA JOUX
Valempoulières
Vers-en-Montagne
le Pasquier
le Larderet
Cuvier
Censeau
Bief-du-Fourg
Bonnevaux
Plénise
Plénisette
Esserval-Tartre
Esserval-Combe
Communailles-en-Montagne
Mignovillard
Onglières
les Nans
Moutoux
Nozeroy
Mièges
Molpré
Longcochon
Doye
Charency
Rix
Billecul
la Latette
Equevillon
Sapois
Conte
Lent
la Favière
Source de l'Ain
Gillois
Fraroz
Cerniébaud
Mouthe
Source du Doubs
Sarrageois
Sirod
Bourg-de-Sirod
Ney
Cize
Treffay
Arsure-Arsurette
le Crouzet
Reculfoz
Petite-Chaux
Chaux-Neuve
Châtelblanc
Crans
Syam
les Chalesmes
Bief-des-Maisons
Loulle
Pillemoine
le Vaudioux
Châtelneuf
Foncine-le-Haut
Chaux-des-Crotenay
Gorges de la Langouette
Forêt de la Haute Joux
Forêt du Noirmont
Crêt Sapeau
Risol
Brey
Gellin
Rondefontaine
les Pontets

D E F

Valdahon
Avoudrey
Loray
Vennes
Roche du Prêtre
le Bizot
Grand'Combe-des-Bois
Flangebouche
Orchamps-Vennes
Fuans
la Bosse
le Russey
le Bélieu
la Chaux de Fonds
Epenoy
Etray
Grandfontaine-Fournets
Fournets-Luisans
les Barboux
les Planchettes
Rantechaux
Passonfontaine
Noël-Cerneux
la Chenalotte
Vanclans
Nods
Athose
Longemaison
Col du Tounet
Mont Vouillot
Saut du Doubs
les Fins
Villers-le-Lac
les Brenets
le Locle
Morteau
Arc-s/s-Cicon
Gilley
Montlebon
la Sagne
les Hauts-Geneveys
Grand'Combe-Châteleu
le Cerneux-Péquignot
la Chaux-du-Milieu
St Gorgon-Main
la Chaux
Bois Montrive
Mont Pelé
les Ponts-de-Martel
Montmollin
Montezillon
la Longeville
Montbenoit
Bugny
Montflovin
Ville-du-Pont
les Gras
Mont Chateleu
la Brévine
Rochefort
Brot-Plamboz
Colombier
Boudry
Lièvremont
Hauterive-la-Fresse
Maisons-du-Bois-Lièvremont
Lac des Taillères
Crêt du Cervelet
Noiraigue
Les Alliés
Arçon
Bémont
le Brouillet
Travers
Creux du Van
Vuillecin
Doubs
Grand Taureau
les Bayards
Boveresse
Couvet
Môtiers
Bevaix
Gorgier
Pontarlier
Verrières-de-Joux
les Verrières
St Sulpice
Fleurier
Val de Travers
Provence
St Aubin-Sauges
Cluse de Joux
La Cluse-et-Mijoux
Buttes
la Côte-aux-Fées
le Chasseron
Mont Aubert
Mutrux
Vaumarcus
Estavayer-le-Lac
Oye-et-Pallet
les Granges Berrard
Mauborget
Romairon
Fontanezier
Concise
Vaugondry
Bonvillars
Onnens
les Grangettes
Malbuisson
les Fourgs
Ste Croix
les Rasses
Bullet
Grandevent
Novalles
Champagne
Fiez
Giez
Grandson
Corcelettes
Lac de Neuchâtel
Cheyres
Yvonand
les Hôpitaux-Vieux
les Hôpitaux-Neufs
Mt de Baulmes
Vuitebœuf
Orges
Valeyres-s/s-M.
Montagny
Yverdon-les-Bains
Baulmes
Champvent
Chamblon
Jougne
Métabief
Longevilles
le Suchet
Rances
Mathod
Suscévaz
Cronay
Molondin
Donneloye
Prahins
Lignerolle
l'Abergement
Valeyres-s/s-Rances
Ependes
Belmont-s-Yverdon
Ballaigues
Orbe
Les Clées
Agiez
Essert-Pittet
Suchy
Orzens
Oppens
Ogens
Thierrens
Lucens
Vallorbe
Romainmôtier
Bretonnières
Premier
Chavornay
Corcelles-s-Chavornay
Pailly
Bercher
St Cierges
Bussy
Vaulion
Dent de Vaulion
Croy
Envy
Bavois
Penthéréaz
Rueyres
Boulens
Moudon
le Pont
Pompaples
La Sarraz
Orny
Goumoens-la-Ville
Sugnens
Naz
Sottens
Ferreyres
Oulens-s-Échallens
Echallens
Poliez-le-Grd
Montet
Moiry
Eclépens
Chevilly
Mont-la-Ville
Col du Mollendruz
l'Abbaye
Dizy
Bettens
St Barthélemy
Malapalud

142
178

D E F

A
B
C
1
2
3
4
145
LES SABLES-D'OLONNE
la Chaize-Giraud
Landevieille
Bretignolles-s-Mer
St Nicolas-de-Brem
Brem-s-Mer
Vairé
l'Ile-d'Olonne
Olonne-s-Mer
St Julien-des-Landes
la Mothe-Achard
la Chapelle-Achard
Ste Flaive-des-Loups
les Clouzeaux
Aubigny
Nieul-le-Dolent
le Girouard
St Mathurin
Ste Foy
Grosbreuil
Château d'Olonne
Talmont-St Hilaire
Poiroux
St Avaugourd-des-Landes
Avrillé
St Hilaire-la-Forêt
Longeville-s-Mer
Jard-s-Mer
St Vincent-s-Jard
Maison de Clemenceau
la Tranche-s-Mer
Pointe du Grouin du Cou
Pte du Chiquet
Port-Bourgenay
Plage du Veillon
Pointe du Payré
Anse de Cayola
Puits d'Enfer
Pte de Tanchette
Phare des Barges
la Chaume
Pointe de l'Aiguille
Fort St Nicolas
la Rudelière
Forêt d'Olonne
Réserve ornithologique
Pierre Levée
Abbe de N.-D. de Lieu-Dieu
Roche de l'Islatte
Forêt de Longeville
Parc floral
Phare des Baleines
Pte du Lizay
Conche des Baleines
les Portes-en-Ré
St Clément-des-Baleines
Ars-en-Ré
Réserve naturelle
Fier d'Ars
Pte du Fier
Loix
la Couarde-s-Mer
le Martray
Pte de Grignon
Pte de Chanchardon
Phare de Chanchardon
PERT
N 160
D 949
D 21
D 36
D 32
D 12

D
E
F
146
LA ROCHE-S-YON
la Chaize-le-Vicomte
Forêt de la Chaize
St Hilaire-le-Vouhis
Chantonnay
Fougeré
Bournezeau
Thorigny
St Florent-des-Bois
Nesmy
Chaillé-s/s-les-Ormeaux
Château-Guibert
les Pineaux
la Réorthe
Ste Hermine
St Juire-Champgillon
la Jaudonnière
Bazoges-en-Pareds
la Caillère
Thouarsais
St Martin-Lars-en-Ste Hermine
St Laurent-de-la-Salle
St Cyr-des-Gâts
Mareuil-s-Lay
Moutiers-s-le-Lay
Ste Pexine
Bessay
Rosnay
la Chapelle-Thémer
Thiré
St Martin-des-Fontaines
Marsais-Ste Radégonde
St Valérien
l'Hermenault
Pouillé
Petosse
Longève
St Vincent-s-Graon
Moutiers-les-Mauxfaits
la Couture
Corpe
Péault
St Jean-de-Beugné
St Aubin-la-Plaine
St Étienne-de-Brillouet
Ste Gemme-la-Plaine
Nalliers
Mouzeuil-St Martin
les Magnils-Reigniers
la Bretonnière-la Claye
St Cyr-en-Talmondais
le Givre
Curzon
la Jonchère
Chasnais
Luçon
Lairoux
St Benoist-s-Mer
Angles
Grues
St Denis-du-Payré
Triaize
Moreilles
le Langon
Auzay
164
Chaillé-les-Marais
Vouillé-les-Marais
Champagné-les-Marais
Puyravault
Ste Radégonde-des-Noyers
le Poiré-s-Velluire
Velluire
la Taillée
le Gué-de-Velluire
St Michel-en-l'Herm
l'Aiguillon-s-Mer
la Faute-s-Mer
Réserve Nationale de Chasse
Pointe d'Arçay
Anse de l'Aiguillon
Pointe de l'Aiguillon
Digue de l'Aiguillon
Charron
Marans
l'Île-d'Elle
PARC INTERRÉGIONAL DU MARAIS POITEVIN
Ceinture des Hollandais
Canal de Vix
Canal du Marais Sauvage
Esnandes
Andilly
Villedoux
Marsilly
Nieul-s-Mer
St Ouen-d'Aunis
Longèves
St Jean-de-Liversay
Nuaillé-d'Aunis
Angliers
St Sauveur-d'Aunis
St Xandre
Lagord
Puilboreau
Dompierre-s-Mer
Ste Soulle
Périgny
PERTUIS BRETON
Service saisonnier
Pte du Grouin
Rade de St Martin
St Martin-de-Ré
la Flotte
LA ROCHELLE
Pont-Viaduc
180
181
L'Houmeau
Pte St Clément
A 83
N 137-E 3
N 148
D 949
D 948
D 746
D 25
D 105
N 11-E 601
1
2
3
4
D
E
F

164
A
B
C
1
2
3
4
19
147
163
181
182
St Germain-l'Aiguiller
St Pierre-du-Chemin
Moutiers-s-Chantemerle
le Breuil-Bernard
la Chapelle-St Etienne
Largeasse
Trayes
Neuvy-Bouin
Mouilleron-en-Pareds
Bazoges-en-Pareds
Cheffois
la Tardière
la Châtaigneraie
Breuil-Barret
St Maurice-le-Girard
Thouarsais-Bouildroux
la Caillère
St Martin-Lars-en-Ste Hermine
St Sulpice-en-Pareds
Cezais
St Laurent-de-la-Salle
St Cyr-des-Gâts
Antigny
St Maurice-des-Noues
la Chapelle-aux-Lys
Loge-Fougereuse
St Paul-en-Gâtine
l'Absie
Vernoux-en-Gâtine
Secondigny
St Hilaire-de-Voust
Scillé
le Beugnon
le Busseau
Vouvant
Puy-de-Serre
Marillet
la Chapelle-Thireuil
Forêt de Secondigny
St Martin-des-Fontaines
Marsais-Ste Radégonde
Bourneau
Grotte du Père Montfort
Forêt de Mervent-Vouvant
Mervent
Faymoreau
Foussais-Payré
St Laurs
Puihardy
Fenioux
St Valérien
l'Hermenault
Pouillé
Sérigné
Bgs de Mervent
Pissotte
l'Orbrie
St Michel-le-Cloucq
St Maixent-de-Beugné
Coulonges-s-l'Autize
Ardin
Xaintray
Longèves
Petosse
Parc ornithologique de Pagnolle
Fontenay-le-Comte
St Hilaire-des-Loges
Béceleuf
Auzay
Xanton-Chassenon
Faye-s-Ardin
St Pompain
Chaix
St Martin-de-Fraigneau
Nieul-s-l'Autise
Fontaines
Oulmes
Villiers-en-Plaine
Coudray-Salbart
Montreuil
Doix
Bouillé-Courdault
St Pierre-le-Vieux
Maillezais
St Maxire
la Taillée
le Gué-de-Velluire
Vix
Marais d'Ecoué
M A R A I S
Liez
Benet
St Rémy
Sciecq
Chanceau Ste Christine
St Sigismond
l'Ile-d'Elle
Maillé
le Mazeau
Coulon
Magné
Niort
Damvix
la Ronde
Taugon
Arçais
le Vanneau-Irleau
la Garette
Bessines
St Jean-de-Liversay
St Cyr-du-Doret
St Hilaire-la-Palud
St Georges-de-Rex
Amuré
Sansais
la Grève-s-Mignon
Courçon
Frontenay-Rohan-Rohan
St Symphorien
Ferrières
le Bourdet
Prin-Deyrançon
Epannes
St Sauveur-d'Aunis
Cramchaban
Mauzé-s-le-Mignon
Vallans
Granzay-Gript
Benon
le Gué-d'Alleré
la Rochénard
la Foye-Monjault
A 83
N 148
N 11
E 601
N 150
D 938 TER
D 949 BIS
D 744
L'AQUITAINE A 10-E 5 E 601

D E F

148

Clessé, St Germain-de-Longue-Chaume, Tennesus, le Pressoux, la Roche-Faton, Buzay, Chervès, Bernard, Maisonneuve, les Saules, Lhoumois, Maurivet, les Hommes, Thénezay, Montgauguier, Vouzailles, la Clairière, les Vaux, la Rimoire, la Jalousie, Belle-Bouche, le Fresne, la Jouinière, Marsay, la Boissière, Ibeille, la Brouardière, la Brethonnière, la Lande, la Forge à Fer, Lavault, Puysan, la Touche, Rondelle, Fénery, Adilly, Viennay, le Fontenioux, Payré, Oroux, Seran, la Prairie, Hérisson, la Séguinière, le Theil, la Vieille-Puyratte, Peyratte, la Pionnière, Forêt d'Autun, Beauvais, Silo, la Bertelière, Châtillon-s-Thouet, Bois-Baudry, les Dujets, Maillé, Pougne-Hérisson, la Foye, le Chêne, Serin, Parthenay, la Valinière, la Ferrière-en-Parthenay, Chalandray, le Breuil, Chabosse, St Aubin-le-Cloud, le Plessis, Tréguel, la Vauceau, Cramard, Montbertault, Ayron, Parthenay-le-Vieux, Bois du Roux, Sauvigny, Vaulorin, Flex, Linière, le Tallud, la Vausseau, Civray-les-Essarts, Beaupuits, Azay-s-Thouet, Étang d'Orgère, la Chapelle-Bertrand, Piloué, N. D. de l'Agenouillée, la Trebesse, Pêchellerie, la Pinolière, la Garlière, Saurais, Vandelogne, la Daudinière, la Percerie, la Foye, la Sicaudière, Bois de Magot, Magot, la Coursaudière, Sceaux, Latillé, la Millanchère, Pompaire, le Fontenioux, Étg du Fouilloux, le Porteau, la Chèze, les Essarts, la Grange-à-Pasquier, Allonne, les Vignes, Terrier de St Martin, St Martin-du-Fouilloux, la Sayette, le Lac-Noir, la Salinière, la Guyonnière, la Petite-Meilleraye, l'Auderie, Porte-Bizière, l'Émerière, la Chênerie, la Minolière, Château-Bourdin, la Grande-Chaume, l'Hôpiteau, Chaussauvent, le Poirier, Vasles, Forêt de Montbeil, le Melier, la Boissière-en-Gâtine, St Pardoux, Soutiers, Beaulieu-s/s-Parthenay, l'Aumônerie, Bois Néry, Grateloup, Grand-Chevreau, Vouhé, Montbeil, les Loges, Benassay, Lavausseau, la Boucherie, Reffannes, la Juderie, la Poitevinière, les Tranchées, Jerceau, Casse-Tête, le Beugnon, la Frolière, Vx Vouhé, Vausseroux, Chambord, Mazières-en-Gâtine, la Touche, Chantebuzin, la Guillotière, Puybergault, l'Aumône, Rimbard, les Groseillers, l'Hermenaudière, St Lin, la Bouillacrère, Vautebis, le Coteau, les Forges, Grassay, Nesdes, la Chapelle-Montreuil, St Marc-la-Lande, Verruyes, Forêt de la Saisine, la Fonzille, Bois de la Coudre, Chilleau, Praille, Ville Nouvelle, Pont, l'Aujardière, la Pagerie, Plantechelle, la Tardivière, le Pt Chêne, St Rémy, Rousselière, la Proutière, Coutières, la Guérinière, Marconnay, la Bourrelière, Forzon, le Boisseau, Grue, Champdeniers-St-Denis, Bois d'Arpantereau, St Georges-de-Noisné, le Saule, Chantecorps, Ménigoute, Herbord, Ruines romaines, la Salvagère, Champeaux, Clavé, le Quarteron, les Châteliers (Ancne Abbe), Champépin, Pouvreau, Sanxay, Lombardie, Villiers, le Portail, Doretière, la Chapelle-Bâton, Danzay, le Bas-Néron, Claveau, le Marchais, St Giraud, Fomperron, la Parlière, Curzay-s-Vonne, Pont, Curzay, le Ripault, Puyraveau, Montplaisir, Phlé, St Projet, Taulai, la Barrière, le Pommier, les Noues, Bois de Clavaux, la Boucherie, les Chaumes, la Barre, Bois-Métais, la Saulerie, Loges, le Plessis, Vinché, Bgede la Touche-Poupard, la Matière, Thou, Jazeneuil, Soignée, St Christophe-s-Roc, la Roche-Naide, Avançon, la Robelière, St Germier, Coussay, Brantelay, la Potière, le Breuil-Boisné, Maillé, l'Houmelière, Combré, les Grds Ajoncs, Bois de la Ferrandière, le Breuil, la Roche-Cantin, Bois-Egu, Augé, la Barnatière, Rouillé-Pamproux, la Garnaudière, la Pétinière, le Breuil-de-Bessé, Lugné, Saivres, Exireuil, Soudan, le Châtaignier, les Châtres, Lussais, Villeneuve, Cour-d'Augé, Coutant, Maulre, Vix, St Maixent-l'École, Bellevue, la Connonière, les Quintardières, Lusignan, Cloué, Malvault, Cherveux, le Goguelais, le Perré, Paunay, Soudan, Peuneau, le Souci, Narbonneau, Saugou, Rouillé, Verrière, Chavagné, la Ribaille, les Fossés, la Mon Rouge, la Guittière, la Villedieu-du-Perron, Boisgrollier, le Grd Souilleau, Augerie, la Gauvanière, la Bruyère, Mauprié, la Corberaie, Sussais, Creuse, Puiblain, Chamien, Fonverines, Azay-le-Brûlé, Nanteuil, Faye, les Chasseignes, les Granges, Chalusson, Bonneuil, Cerzeau, Fenioux, Jaunay, Pallu, le Breuil, Eanne, Puyberneau, Pamproux, le Pt Breuil, l'Épine, Venours, I.N.R.A., St Martin-de-St Maixent, Kadoré, Mons, Gentray, Soignon, Parandeau, le Grd Breuil, Chasseigne, la Chapelatière, Availle, Boisragon, Breuil, Drahé, Charchenay, Fiol, le Pt Gelay, Salles, St Martin, Poutort, la Litière, la Forêt, Anne-Marie, Forêt de St Sauvant, Vaudeleigne, Quéray, St Martin, Breloux, Ste Néomaye, Boisne, la Pergelerie, Souvigné, Rivières, Paille, la Villedieu-de-Comblé, Tumulus, Avon, Thorigné, Nillé, la Brousse, Potron, François, Ruffigny, la Crèche, Miauray, Romans, Fonfreroux, Forêt du Fouilloux, la Mothe-St Héray, Bougon, Camp militaire, Javarzay, Loubigné, St Sauvant, le Parc, Aiript, la Règle, Reigne, Exoudun, Vitré, Longe, la Chevraise, Tréssauves, Chavagné, Bois-Pineau, le Prieuré, Jassay, la Salmandière, la Chesnaye, Moulay, Lineau, Douhault, Forêt de l'Hermitain, la Villedé, Bagnault, Mellier, Pouzeau, Arthenay, la Rivière, Bougouin, Aigonnay, l'Hermitain, Argentière, la Justice, le Vivier, le Souil, Brieuil, le Breuil-de-Chenay, la Guérivière, la Teillée, le Coudré-de-Theil, Vouillé, Vaumoreau, Praillles, la Couture, la Couarde, Chenay, Courgé, la Roche-Rimbault, le Theil, Fressines, Gascougnolles, Gros-Bois, Fomblanche, Taizé, Bois-le-Bon, Donné, Montaillon, Mougon, Poitou-Charentes, l'Érable, Bizon, Bignet, la Fontaine, la Chaussée, Thorigné, Chey, la Ripaudière, la Malbranchère, Teillé, Vançais, la Baronnière, Balzan, Tulfeau, Grd May, la Renaudière, les Touches, Beaussais, Fombédoire, Faugerit, Faugère, Source, Triou, Écoulois, Vitré, Sepvret, Pillac, Rom, Conzais, Mortaigre, Preconseil, le Chaillou, Grd Champ, Dive, Prahecq, Bouchet, la Carte, Celles-s-Belle, le Quaireux, l'Orberie, la Barre de Sepvret, Clouzy, Lezay, Bonneuil, Lais, la Roche-Élie, le Bois-de-Messé, Maisonneuve, Tauché, Vire, Revêtizon, la Guillotière, Coudray, les Clielles, Verrines, Messé, Bernegoue, St Martin-de-Bernegoue, Ste Blandine, la Mouline, la Roche, la Martinière, la Pte Foye, la Grde Foye, B. de la Foye, Asnières, les Bordes, Bonneuil, Saumon, la Ronze, Pied-Pouzin, Barboute, Ruisseau, Champrimbault, Ste Soline, la Roche-de-Bord, les Ptes Boisnes, Availle, le Luc, St Thibault, Negressauve, Chaillé, la Rousselière, la Bernardière, St Coutant, Germain, St Léger-de-la-Martinière, St Eloi, Vanzay, Juscorps, Croué, Verrines-s/s-Celles, la Rue, St Martin-lès-M., la Motte-du-Bois, Lanterne des Morts, Sansais, les Grdes, le Bouchaud, la Fragnée, Montigné, Melle, St Vincent-la-Châtre, Pers, Crolour, la Vieille, Panne, le Breuillac, Massay, Tassay, Chaunay, Fayolle, Ste Rhue, St Médard, la Pierre, la Terrière, Rabalot, St Romans-lès-Melle, Paffonds, Chail, Moissac, la Friconnière, Verdroux, Chevais, la Moussolière, St Romans-des-Champs, Brûlain, le Vie Brûlain, Périgné, Mazières-s-Béronne, Pommeroux, Châtenet, Ferfant, la Grde, Brousse, Champromard, Étcheron, Coubortige, Caunay

183

166

D E F

166
A
B
C
149
165
183
184
POITIERS
Futuroscope
Neuville-de-Poitou
Jaunay-Clan
Chasseneuil-du-Poitou
St Georges-lès-Baillargeaux
Dissay
St Cyr
Vouneuil-s-Vienne
Réserve naturelle du Pinail
Forêt de Moulière
Vouillé
Cissé
Avanton
Migné-Auxances
Buxerolles
Montamisé
Latillé
Forêt de Vouillé-St Hilaire
Béruges
Vouneuil-s-Biard
Biard
St Benoît
Mignaloux-Beauvoir
St Julien-l'Ars
Lavoux
Touffou
Jardres
Ligugé
Smarves
Croutelle
Fontaine-le-Comte
Nouaillé-Maupertuis
Savigny-Lévescault
Tercé
Fleuré
Roches-Prémarie-Andillé
Nieuil-l'Espoir
la Villedieu-du-Clain
Aslonnes
Vivonne
Iteuil
Coulombiers
Lusignan
Celle-Lévescault
Marigny-Chemereau
Château-Larcher
Marnay
Gizay
Vernon
Dienné
Forêt de Verrières
St Maurice-la-Clouère
Gençay
la Roche-Gençay
Magné
Brion
St Laurent-de-Jourdes
Bouresse
Anché
Voulon
Payré
Ceaux-en-Couhé
Châtillon
Couhé
Vaux
Champagné-St Hilaire
la Ferrière-Airoux
St Secondin
Usson-du-Poitou
Sommières-du-Clain
Château-Garnier
Romagne
La Vallée des singes
Champniers
St Romain
Jousse
St Martin-l'Ars
Payroux
Blanzay
Chaunay
Brux
Vanzay
Messé
Rom
St Sauvant
Jazeneuil
Lavausseau
Montreuil-Bonnin
la Chapelle-Montreuil
Chiré-en-Montreuil
Ayron
Maillé
Frozes
Charrais
Villiers
Yversay
Champigny-le-Sec
Vouzailles
le Rochereau
Chabournay
L'AQUITAINE

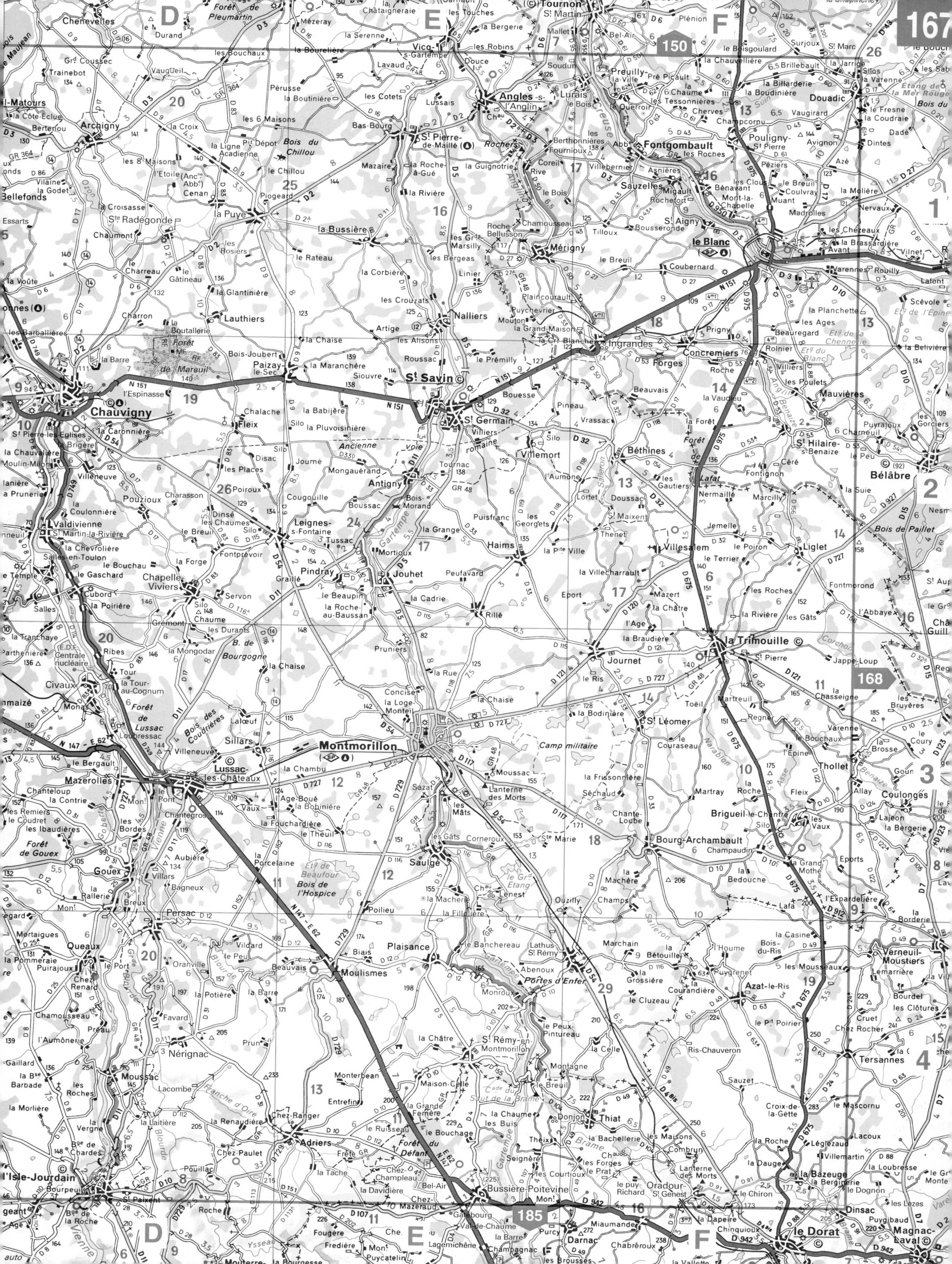
D
E
F
150
168
185
1
2
3
4
Chenevelles
Forêt de Pleumartin
Mézeray
Châtaigneraie
les Touches
Tournon-St Martin
Plénion
Surjoux
St Marc
Vicq-s-Gartempe
Preuilly-la-Ville
Pré Picault
Archigny
Angles-s-l'Anglin
Lurais
Fontgombault
Douadic
Pouligny-St Pierre
St Pierre-de-Maillé
Bois du Chillou
Sauzelles
Rochefort
Ste Radégonde
la Puye
la Bussière
Mérigny
le Blanc
St Aigny
Bellefonds
Lauthiers
Nalliers
Ingrandes
Concremiers
Forêt de Mareuil
Paizay-le-Sec
St Savin
St Germain
Chauvigny
Flexix
Béthines
Villemort
Mauvières
St Hilaire-s-Benaize
Bélâbre
Ancienne voie romaine
Antigny
Valdivienne
St Martin-la-Rivière
Leignes-s-Fontaine
Haims
Villesalem
Liglet
Bois de Paillet
Forêt de Lafat
Pindray
Jouhet
Chapelle-Viviers
Salles-en-Toulon
Cubord
Rillé
la Trimouille
Journet
Civaux
E.D.F. Centrale nucléaire
Forêt de Lussac
Bois des Coudrières
Montmorillon
Lussac-les-Châteaux
Sillars
St Léomer
Camp militaire
Mazerolles
Thollet
Coulonges
Bourg-Archambault
Brigueil-le-Chantre
Saulgé
Forêt de Gouex
Gouex
Persac
Queaux
Plaisance
Moulismes
Lathus-St Rémy
Portes d'Enfer
Azat-le-Ris
Verneuil-Moustiers
Tersannes
St Rémy-en-Montmorillon
Nérignac
Moussac
Thiat
Adriers
Forêt du Défant
Bussière-Poitevine
Oradour-St Genest
le Dorat
Magnac-Laval
l'Isle-Jourdain
Darnac
N 151
N 147 - E 62
D 675
D 942

A
B
C
NATUREL RÉGIONAL
DE LA BRENNE
151
167
185
186
1
2
3
4
Mézières
Méobecq
Mersan
la Crousille
le Bouchet
St Marc
Brillebault
Douadic
Vaugirard
Avignon
Azé
Dintes
Dadé
le Sandillat
les Sablons
Étang de la Mer Rouge
Bois du Bouchet
la Chaume
Rosnay
le Coudreau
Terrain militaire
Migné
la Grand Maison
la Loge
la Bonnière
Pied-Monant
Étg du Coudreau
le Fresne
la Coudraie
la Varenne
Silos
la Jarrige
les Fenets
les Landis
les Caillots
la Pérouille
Lothiers
Lothiers Gare
les Tacots
Maisons Neuves
la Villefranche
les Ligeards
les Pinons
Fontgoin
Forges
le Plessis
Tendu
la Chaise-St Éloi
Donjon
Mazières
Foulon
Prunget
Bois des Sallerons
la Cosse
Scenevaux
les Bois
les Quillons
le Portail
Nuret-le-Ferron
les Fragnets
les Laurets
Chézeau Chrétien
la Brodière
Drouillé
Vauniers
les Mognaises
Étang de Grdes Fourdines
la Musardière
Nervaux
la Molière
le Breuil
les Chézeaux
la Brassardière
Avant
Vilnet
Ruffec
Peulorge
la Roche
Varennes
Rouilly
Lafont
la Billetterie
Scévole
la Rouère
Lanterne des Morts
Romefort
Ciron
Scoury
Cors
l'Épine
Longefont
Creuse
Chitray
Rivarennes
les Chézeaux
le Tertre
St Gaultier
Thenay
Renauderie
les Brunets
Laveau
Oulches
Brion
Villeneuve
St Nazaire
la Norais
Bois de Cochet
Bois de Rivarennes
Bois de Thenay
Conives
St Marin
le Palis
St Marcel
Argenton-s-Creuse
le Plessis
les Nébilons
Lande
la Romagère
la Bezarde
Péruet
Forêt des Ris
Forêt des Corollans
Bois de Souvigny
Bois de la Lande
les Loges-des-Mines
le Terrier-Joli
les Rozets
Pont-Chrétien-Chabenet
Chabenet
Chasseneuil
Montusson
Neuville
l'Épinat
Voluais
les Pez
la Maison Rouge
les Tailles
les Mitatis
la Rocherolle
le Pont-de-Mont
Hd Verneuil
les Chaumes
le Péchereau
la Croix-de-Laumay
Courbat
Tour
le Vivier
Bonnilly
la Balicave
Mln Neuf
Séguins
Vaux
Villarnoux
le Menoux
Multon
Badecon-le-Pin
la Chataigne
Bd de la Roche
Bat-l'Aigue
Ceaulmont
les Chocats
Gargilesse-Dampierre
la Ville-au-Geai
Bord
Villenne
les Granges
Prune-au-Pot
Vavre-le-Petit
Buret
Bazaiges
la Boudre
Luzeret
Sonne
la Puychallerie
le Colombier
les Matherons
le Puy-de-l'Age
Celon
Montbaltruy
Vigoux
Chazelet
Chambord
Bouchais
la Buxière
Abloux
Beauregard
la Planchette
les Ages
Étg de la Chennerie
Étg du Blanc
Rolnier
Villiers
les Poulets
Mauvières
Puyrajoux
Charneuil
St Hilaire-s-Benaize
Céré
le Peu
Bélâbre
la Belivière
Anguyenne
le Pt Mareuil
les Gorciers
Bois des Tailles
Étg de la Rouère
Étg de Romefort
Étg de Barrière
Forêt de la Luzeraize
BRENNE
la Gastevine
Chalais
Theuret
le Carré
les Aubris
la Garde-Giron
Prissac
la Lande
le Mas
la Minière
les Prots
le Châtellier
le Plaix
St Civran
Chassingrimont
la Suie
Nesmes
Rocheblond
Bois de Paillet
la Roche-Chevreux
Liglet
Fontmorond
St Auprian
les Places
Étg de la Roche-Chevreux
Beauvais
Barbière
Forêt de St Benoît
Sacierges-St Martin
la Plaine
la Croix-de-la-Barre
Montbroux
B. de Chinan
Roussines
le Joux
les Roches
les Gâts
l'Abbaye
le Grd Varrat
Château-Guillaume
Vouhet
Dunet
la Vavre
le Four
Lignac
Regeignet
Chénier
la Forêt
le Meslier
St Benoît-du-Sault
la Boussinière
Parnac
le Fay
le Verger
St Gilles
la Grange
Villebuxier
la Ligne
la Villefranche
le Breuil
Baraize
la Varenne
le Cerisier
Chamorin
Lagedemont
Montcocu
Pont-des-Piles
Éguzonnet
Éguzon
Bd d'Éguzon
Fressines
Corchon
Jappe-Loup
St Pierre
la Chasseigne
Bernier
Clavière
Chabenet
les Bruyères
les Herolles
le Cerisier
la Vachetière
le Peu-Mochat
Cruet
le Monteil
le Cluseau
les Pérelles
Frissonnette
Maiclef
5 Routes
Quéru
Argentière
Pouzat
la Ferrière
Maizotin
Montgarnaud
Varenne
le Bouchaux
le Coury
la Brosse
l'Épine
Thollet
Lagebouteau
Goumas
Allay
Chabanne
Loissière
Colombier
Milloux
Chaillac
Bonnefont
Barite
Brosse
Chavignac
Seillant
Passebonneau
Portefeuille
Sèvres
Rapissac
la Forêt-Batée
Bois du Peuguefrier
Faisceau
la Bétoulle
Chantôme
Meissant
le Bougazeau
Fleix
Coulonges
le Peux-de-Tilly
Tilly
le Breuil
les Cosses
Fougerolles
la Châtre-Langlin
Anglin
Clidier
l'Aumône
la Goutte-Jean
Villeneuve
Crozant
Silo
les Vaux
Lajeon
la Bergerie
Noillette
Vieilleville
Montbon
Beaulieu
Banne
Mérigot
Mazerolle
Mouhet
St Sébastien
Vaussujean
Beaumont
l'Age-Quatre-Maut
la Grand Mothe
Éports
le Paulmet
Lavaud
Bonneuil
Chantouant
le Gat
le Jagon
la Bouée
Forêt Brune
Fant
Lacoux
l'Auberte
Lignat
Peumory
les Forges
les Places
Jonon
la Chapelle-Baloue
l'Expardelière
Lafa
St Martin-le-Mault
Monternon
la Chaume
Pierre-Folle
les Plaignes
Lareux
Crx-de-la-Crouzette
Bantard
Rhodes
la Mesure
Mondion
le Mas
Azerables
le Theil
l'Age Pourret
Bazelat
la Bussière
la Borderie
la Casine
Bois-du-Ris
Lussac-les-Églises
Jouac
le Peu-de-C
Cromac
les Servantières
les Grds Chézeaux
Chez Redon
la Forge
les Genêts
Mandrezat
Mazerolles
Chadeurnie
Verneuil-Moustiers
les Mousseaux
Lemarrière
la Trigalle
la Villatte
les Bouiges
Menussac
Uranium
Las Croux
St Georges-les-Landes
Étg de Gensais
Virvalais
Jeux
Chanteloube
la Chaume
Aubepierre
Chezeaupion
Loriou
Lafat
Azat-le-Ris
Bourdel
les Clôtures
le Lattier
Réclaudis
le Cherbois
Étg de Mondon
Mailhac-s-Benaize
les Masgrimauds
Lavaupot
la Roche
Bois-Mandé
Bouchaix
Font-Vieille
Villetenant
la Pédière
Forgevielle
Forêt de la Maisonbrot
St Germain
les Genêtes
le Pt Poirier
Cruet
Chez Rocher
Étg de Murat
Chez Jammet
les Lignes
Asse
la Marchère
St Sulpice-les-Feuilles
Rateron
BOIS MANDÉ
la Combe
Basseneuille
les Sauvages
St Germain-Beaupré
le Puy St Jean
la Grde Roche
Tersannes
Villaudrand
la Roussellerie
Montbrugnaud
le Noyer
la Salesse
Benaize
Purfier
les Gouges
Vareilles
le Boucheton
les Moulins
la Chênedière
St Léger-Bridereix
Colondannes
l'Hosne
St Léger-Magnazeix
la Roche
Margot
la Villaubrun
Lajarfaud
la Prugne
Essouby
Peuvineau
St Agnant-de-Versillat
Rufasson
le Mascornu
Croix-de-la-Gette
le Poux
Étg de la Chaussade
l'Écluse
Camp de César
Planche Arnaise
Ruffec
Clairbize
Beautribeau
Lanterne des Morts
la Rue
la Peyre
Masrouzeau
le Mas
Lacoux
Villagrand
les Chiers
Arnac-la-Poste
le Monteil
la Coustière
le Grd Courret
l'Aumône
la Forest
le Fresse
la Roche
Léglezaud
Lacoux
Villemartin
les Pts Caires
Gouaineix
la Chapelle
Chiron
Brosses-Perrot
les Vergnes
Lezat
la Bussière
Madeleine
les Chassagnes
Bousseresse
Étang du Cheix
Peufeyrier
le Serrier
Masgelat
la Dauge
la Bazeuge
la Bergerie
le Dognon
la Loubresse
le Grd Monteil
Arcoulant
les Grdes Forges
Foulventour
Peutru
St Hilaire-la-Treille
le Haut-Montmagner
Champlong
Tour
Bridiers
la Grde Cazine
le Voudy
Chiron
les Lezes
le Cros
Mazat
l'Age-Troinay
le Puy-Tabardeau
Noth
Dinsac
Puygibaud
Magnac-Laval
Bois-Jeune
la Chabellerie
Déballade
Dompierre-les-Églises
Vaupoutour
le Martinet
Mon Sauzy
Poste
la Souterraine
Rissac
Mazeirat
le Dorat
le Courret
Lavaud
Montulat
le Dognon
St Maurice
la Berthonne
Sagnemoussouse
Leyport
Puy-de-Lantais
Besseresse
A20-E9
N 151
N 20
N 145-E 62
D 927
D 912
D 675

169
D
E
F
Forêt de Châteauroux
Ardentes
St Août
Les Loges-de-Dressais
Greuille
Arthon
Velles
Bois de Bellevue
Encheur
Vinceuil
La Trembière
Jeu-les-Bois
B. de Chanteloube
Etang de Lys-St Georges
Mers-s-Indre
Verneuil-s-Igneraie
Berthenoux
St Christophe-en-Boucherie
Lys-St Georges
Tranzault
Montipouret
St Chartier
Vic
Nohant
Thevet-St Julien
Vicq-Exemplet
Buxières-d'Aillac
Mosnay
Bouesse
Lourouer-St Laurent
Neuvy-St Sépulchre
Sarzay
Montgivray
la Châtre
Malicornay
Gournay
Maillet
Varennes
Lacs
Montlevicq
Néret
Mouhers
Fougerolles
le Magny
Briantes
Champillet
Cluis
St Denis-de-Jouhet
Chassignolles
la Motte-Feuilly
Urciers
Pommiers
Pouligny-St Martin
Feusines
la Buxerette
Forêt de Montpéget
Crozon-s-Vauvre
Crevant
Pouligny-Notre-Dame
Lignerolles
Montchevrier
Orsennes
St Sévère-s-Indre
Pérassay
St Plantaire
Aigurande
Lourdoueix-St Michel
Sazeray
Vigoulant
Vijon
Forêt de Murat
Méasnes
Nouziers
la Forêt-du-Temple
la Cellette
Tercillat
Bussière-St Georges
Lourdoueix-St Pierre
Mortroux
Moutier-Malcard
Fresselines
Nouzerolles
Nouzerines
Chambon-Ste Croix
Chéniers
Linard
Malval
Genouillac
Bétête
Maison-Feyne
Villard
Bonnat
Mallaret-Boussac
Dun-le-Palestel
St Sulpice-le-Dunois
Châtelus-Malvaleix
Clugnat
Jalesches
le Bourg-d'Hem
Champsanglard
Roches
Anzême
Bussière-Dunoise
Jouillat
Fleurat
Ladapeyre
Domeyrot
St Silvain-s/s Toulx
Blaudeix
Glénic
Rimondeix
152
170
187
D 943
D 927
D 940
D 990
D 951

A
B
C
153
169
187
188
Lignières
le Plaix
St Hilaire-en-Lignières
Vermanche
les Baudons
la Cossonnerie
Touchay
Ids-St Roch
Morlac
Marçais
Orval
Bouzais
St Amand-Montrond
Nozières
Colombiers
Drevant
St Georges-de-Poisieux
la Groutte
Coust
Ainay-le-Vieil
Letelon
Urçay
St Christophe-en-Boucherie
Rezay
Jardins
Orsan
St Pierre-les-Bois
Arcomps
Ardenais
Loye-s-Arnon
Faverdines
la Celette
Maisonnais
Puy-Ferrand
le Châtelet
Thevet-St Julien
Vicq-Exemplet
Beddes
Charasse
Breuil-Bourgoin
Jardins
Saulzais-le-Potier
Forêt de Bornacq
Etang Neuf
St Jeanvrin
Châteaumeillant
Néret
St Maur
St Christophe-le-Chaudry
Reigny
Epineuil-le-Fleuriel
Champillet
Culan
Vesdun
St Vitte
Loges
Vallon-en-Sully
Urciers
Feusines
St Saturnin
Sidiailles
Bois de Maritet
St Désiré
Nassigny
Lignerolles
Ste Sévère-s-Indre
St Eloy-d'Allier
Chazemais
Pérassay
Courçais
Viplaix
St Priest-la-Marche
Aude
Vigoulant
Vijon
Préveranges
St Palais
Mesples
St Marien
Chambérat
la Chapelaude
Vaux
Bussière-St Georges
Nouzerines
St Pierre-le-Bost
St Sauvier
Huriel
Domérat
Boussac-Bourg
Boussac
Leyrat
Treignat
Archignat
Malleret-Boussac
St Silvain-Bas-le-Roc
Lavaufranche
Quinssaines
Prémilhat
Clugnat
Jalesches
Soumans
Lamaids
Toulx-Ste Croix
Nouhant
Verneiges
Viersat
Lignerolles
Teillet-Argenty
St Genest
St Silvain-s/s-Toulx
Bord-St Georges
Domeyrot
Trois-Fonds
Auge
Lépaud
Ste Thérence
Blaudeix
Rimondeix
Budelière
Rochebut

171
D
E
F
154
172
189
Charenton-du-Cher
Ainay-le-Château
Lurcy-Lévis
Valigny
Pouzy-Mésangy
Isle-et-Bardais
Couleuvre
Limoise
St Léopardin-d'Augy
Couzon
Aubigny
Forêt de Tronçais
St Bonnet-Tronçais
Franchesse
Forêt de Champroux
Cérilly
St Plaisir
Forêt de Civrais
Agonges
Vitray
Theneuille
Bourbon-l'Archambault
St Menoux
Le Brethon
Le Vilhain
Ygrande
Souvigny
St Caprais
Louroux-Bourbonnais
St Aubin-le-Monial
Forêt de Gros Bois
Hérisson
Châteloy
Forêt de Messarges
Meillers
Gipcy
St Hilaire
Cosne-d'Allier
Forêt de Dreuille
Vieure
Buxières-les-Mines
Noyant-d'Allier
Châtillon
Venas
Louroux-Hodement
Forêt de Lespinasse
Sauvagny
Tortezais
Cressanges
Rocles
Tronget
Le Montet
Chavenon
St Sornin
Bizeneuille
Murat
Villefranche-d'Allier
Chappes
Treban
Deneuille-les-Mines
Deux-Chaises
St Angel
A71-E 11
N 145-E 62
N 79-E 62
Chamblet
Doyet
Bézenet
St Priest-en-Murat
Sazeret
Le Theil
Laféline
MONTLUÇON
Montvicq
St Marcel-en-Murat
Vousssac
Forêt de Vacheresse
Montmarault
Commentry
Malicorne
Blomard
Hyds
Beaune-d'Allier
Louroux-de-Beaune
Forêt de Château-Charles
Target
Colombier
Vernusse
Durdat-Larequille
Monestier
Forêt de Giverzat
Chantelle
Arpheuilles-St Priest
La Celle
Chirat-l'Église
Lapeyrouse
Coutansouze

172
A
B
C
155
171
189
190
1
2
3
4
Chantenay-St Imbert
Dornes
Toury-Lurcy
Lucenay-lès-Aix
Gannay-s-Loire
Tresnay
Aubigny
St Léopardin-d'Augy
Aurouër
St Ennemond
La Chapelle-aux-Chasses
Paray-le-Frésil
Garnat-s-Engièvre
Villeneuve-s-Allier
Couzon
Bagneux
Forêt de Munet
Gennetines
Trévol
Montilly
Agonges
Chézy
Chevagnes
Avermes
St Menoux
Marigny
Lusigny
MOULINS
Yzeure
Neuvy
Coulandon
Souvigny
Autry-Issards
Bressolles
Toulon-s-Allier
Montbeugny
Thiel-s-Acolin
Forêt des Prieurés Moladier
Meillers
Noyant-d'Allier
Chemilly
Chapeau
Châtillon
Besson
Neuilly-le-Réal
Cressanges
Fourchaud
Bresnay
Bessay-s-Allier
Mercy
Beauvoir
St Pourçain-s-Besbre
Thoury
Châtel-de-Neuvre
Gouise
St Voir
Thionne
Treban
Meillard
La Ferté-Hauterive
Monétay-s-Allier
St Gérand-de-Vaux
Jaligny-s-Besbre
Le Theil
Laféline
Verneuil-en-Bourbonnais
Contigny
St Loup
Treteau
Chavroches
Bransat
Saulcet
St Pourçain-s-Sioule
Montoldre
Cindré
Trézelles
Varennes-s-Allier
Bouce
Louchy-Montfand
Rongères
Montaigu-le-Blin
Montord
Paray-s/s-Briailles
Chareil-Cintrat
Loriges
Créchy
St Gérand-le-Puy
Lapalisse
Monestier
Chantelle
Fourilles
Bayet
Ancne Abbe de St Gilbert
Billy
Sanssat
Servilly
Périgny
Étroussat
Barberier
St Didier-la-Forêt
Magnet
St Félix
N 7
N 9
N 79 - E 62
N 2079
D 973

D
E
F
156
174
191
1
2
3
4
Cronat
St Seine
Mont d'Azy
Mont Tharot
Issy-l'Evêque
Toulon-s-Arroux
Montchanin
Mgne St Jean
Circuit de Moto-Cross International
Maltat
Cressy-s-Somme
Grury
Vitry-s-Loire
Mont Dardon
Uxeau
Dardon
Ste Radegonde
Forêt de Martenet
Signal de Mont
Bourbon-Lancy
Lesme
la Chapelle-au-Mans
Vendenesse-s-Arroux
Bois de Beaumont
Marly-s-Arroux
Gueugnon
Perrecy
Mont
Chalmoux
Neuvy-Grandchamp
Beaulon
Forêt de Germigny
St Aubin-s-Loire
Bois de Vesvre
Chassy
Clessy
Forêt de Carterand
Abbe de Sept-Fons
Diou
Gilly-s-Loire
Perrigny-s-Loire
les Guerreaux
Bois de la Motte
Rigny-s-Arroux
St Vincent-Bragny
Pierrefitte-s-Loire
St Agnan
Digoin
Coulanges
St Léger-les-Paray
Volesvres
Saligny-s-Roudon
Molinet
Vitry-en-Charollais
Paray-le-Monial
Chassenard
Monétay-s-Loire
Varenne-St Germain
Bois des Aisances
Puy St Ambroise
St Léger-s-Vouzance
St Yan
Liernolles
St Didier-en-Donjon
l'Hôpital-le-Mercier
Poisson
Luneau
Montceaux-l'E.
le Donjon
Neuilly-en-Donjon
Vindecy
St Didier-en-Brionnais
Varenne
Avrilly
Anzy-le-Duc
Bert
Bourg-le-Comte
le Bouchaud
Forêt des Charmays
Briant
Lenax
Loddes
Baugy
St Christophe-en-Brionnais
Céron
Chambilly
Marcigny
Semur-en-Brionnais
Montaiguët-en-Forez
Urbise
St Martin-du-Lac
Artaix
St Julien-de-Jonzy
Chenay-le-Châtel
Melay
St Bonnet-de-Cray
Ligny-en-Brionnais
LOIRE
N 79 - E 62
D 979
D 994
D 982
D 990
D 973

A
B
C
157
173
191
192
1
2
3
4
Montceau-les-Mines
Blanzy
St Vallier
Sanvignes-les-Mines
St Berain-s/s-Sanvignes
Toulon-s-Arroux
Perrecy-les-Forges
Ciry-le-Noble
Génelard
Palinges
Digoine
Paray-le-Monial
Volesvres
Charolles
Vendenesse-lès-Charolles
Viry
Baron
Champlecy
Grandvaux
St Aubin-en-Charollais
St Bonnet-de-Vieille-Vigne
Martigny-le-Comte
Ballore
Marizy
la Guiche
Le Rousset
St Bonnet-de-Joux
Mont-St Vincent
Gourdon
Marigny
Genouilly
Joncy
Cluny
Salornay-s-Guye
Sigy-le-Châtel
Mazille
Ste Cécile
Matour
Tramayes
Dompierre-les-Ormes
Trivy
Verosvres
Beaubery
Ozolles
Colombier-en-Brionnais
Marcilly-la-Gueurce
Changy
Vaudebarrier
Montmelard
Bois-Ste Marie
Gibles
Châtenay
Aigueperse
Curbigny
La Clayette
Varennes-s/s-Dun
Baudemont
St Symphorien-des-Bois
St Germain-en-Brionnais
St Julien-de-Civry
Amanzé
Oyé
Vareilles
Semur-en-Brionnais
St Christophe-en-Brionnais
St Julien-de-Jonzy
Ligny-en-Brionnais
Chassigny-s/s-Dun
Anglure-s-Dun
Mussy-s/s-Dun
Châteauneuf
Chauffailles
St Maurice
Monsols
Forêt d'Avaize
Forêt de Charolles
Butte de Suin
Suin
Sivignon
Chiddes
Donzy-le-National
Pressy-s/s-Dondin
Massy
Vitry
St Vincent-des-Prés
Chevagny-s-Guye
St Martin-de-Salencey
Passy
Sailly
Chérizet
Buffières
Jalogny
Bergesserin
Curtil-s/s-Buffières
La Chapelle-du-Mt-de-France
Brandon
Clermain
Montagny-s-Grosne
Trambly
St Pierre-le-Vieux
Trades
Germolles-s-Grosne
St Léger-s/s-la-Bussière
St Point
Col des Vaux
Col de la Croix d'Auterre
Arboretum
N 79 - E 62
N 70
D 980
D 983
D 985
D 987

D
E
F
158
176
193
Buxy
Forêt de la Ferté
Sennecey-le-Grand
Tournus
Cuisery
Chapaize
Cormatin
Brancion
Lugny
Montbellet
Fleurville
Viré
Azé
Clessé
Pont-de-Vaux
Ratenelle
Romenay
St Trivier-de-Courtes
Montpont-en-Bresse
Montrevel-en-Bresse
Mâcon
Replonges
Bâgé-le-Châtel
St Laurent
Pont-de-Veyle
Vonnas
Crèches
Chânes
Chaintré
Solutré
Roche de Solutré
Pouilly
Fuissé
Vergisson
Prissé
Charnay
Davayé
St Vérand
Juliénas
Chénas
Leynes
Vinzelles
Montret
St Germain-du-Plain
Baudrières
St Vincent-en-Bresse
St André-en-Bresse
Simandre
Ormes
Branges
Sornay
Savigny-s-Seille
Rancy
Huilly-s-Seille
Loisy
Jouvençon
Ménetreuil
la Chapelle-Thècle
la Chapelle-Naude
la Genête
Vescours
Arbigny
St Bénigne
Chavannes-s-Reyssouze
Manziat
Feillens
Dommartin
St Sulpice
St Didier-d'Aussiat
Attignat
Curtafond
Polliat
Viriat
Mézériat
Perrex
Confrançon
Malafretaz
Foissiat
Jayat
Béréziat
Boissey
Marsonnas
Servignat
Mantenay-Montlin
St Julien-s-R.
Lescheroux
Cormoz
St Nizier-le-Bouchoux
Courtes
Curciat-Dongalon
Vernoux
BOURG-EN-BRESSE
St Denis
Montracol
St Rémy
Chaveyriat
Montcet
Buellas
Vandeins
Biziat
Laiz
Cruzilles-lès-Mépillat
Grièges
Cormoranche
St Symphorien-d'Ancelles
St Romain-des-Iles
la Chapelle-de-Guinchay
Pontanevaux
A 40-E 21-E 62
A 6
N 79
N 6
D 975
D 933
Saône
Seille
Reyssouze
Veyle

A
B
C
1
2
3
4
159
175
193
194
LONS-LE-SAUNIER
Cirque de Baume
les Roches de Baume
Crançot
Perrigny
St Étienne de Coldre
Conliège
Briod
Vevy
Verges
Belvre des Tilleuls
Bois des Epaisses
Creux de Revigny
Revigny
Publy
Binans
Macornay
Moiron
Vernantois
St Maur
Montmorot
Courlans
Courlaoux
Messia-s-S.
Montaigu
Chilly
le Vignoble
Courbouzon
Gevingey
Villeneuve-s/s-Pymont
Savagna
Fontainebrux
Saillenard
les Repôts
Villemartin
Mauperrins
les Grandjean
Beaurepaire-en-Bresse
le Fay
Pommeraye
Levanchés
Chaigne
les Prés
Frébuans
St Georges
Condamine
Trenal
Savigny
Mallerey
Beyne
les Machurés
la Tuilerie
Revermont
Bonnaud
Cesancey
Ste Agnès
Villevaudrey
Beauvernois
Bonnaisod
le Perron
Paisia
le Villard
Flacey-en-Bresse
Vercia
Vincelles
Rotalier
Grusse
St Laurent-la-Roche
Orbagna
la Combe
Gizia-en-Cey
Nécudois
Etandonne
Sellières
le Sorbier
Beaufort
Maynal
Augea
Cuisia
Rosay
Cressia
Rothonay
Augisey
Varessia
Arthenas
Essia
Alièze
Courbette
Croix Rochette
Bornay
Geruge
Vaux-s/s-Bornay
Reithouse
Présilly
Dompierre-s-Mont
Pont-de-la-Thoreigne
Senay
Moutonne
Beffia
Orgelet
Sézéria
Merlia
Ecrille
Plaisia
Marnézia
Méronа
Largillay-Marsonnay
Pont-de-Poitte
Mesnois
Nogna
Poids-de-Fiole
Louhans
Branges
Sornay
Châteaurenaud
Montagny-près-Louhans
Vincelles
St Usuge
Ratte
Juif
le Bessard
le Monceau
Ambutelière
Beauvoir
Charmont
Montsavin
Seugny
le Villard
la Ferrière
Cugny
les Varennes
Bernard
Breuve
Charangeroux
Long-le-Bief
Promby
le Vauvril
la Grde Tremaillère
le Devant
les Richards
les Buissons
les Vernets
Coulon
Molambief
Putacrot
la Montbertière
Maître-Camps
les Colots
Villeron
Rouge
les Chavannes
les Sutils
les Badiers
la Forêt
la Bernoux
Vériat
Chante-Merle
Connièvre
Fontainessot
Bourbouillon
St Martin-du-Mont
l'Auprétin
Blaine
Marcilly
Aiseray
la Buchalière
Sagy
la Bargue
Patran
Brusilles
la Motte
les Egreffes
Ste Croix
les Huichards
les Bulets
le Bas
Véage
Jousseau
les Thuris
Bois Laurent
d'Anjoux
le Haut
Chardenoux
Safre
les Galands
Frontenaud
Meix-Aviange
les Gugniots
Boisdel
le Miroir
Cousance
le Villard
Fleriat
Digna
Châtel
Chevreaux
Belvre de la Croix
Graveleuse
Pimorin
la Crochère
Montséria
Chavéria
Echailla
Chatagna
Montjouvent
Marangea
Bellecin
Nermier
Bois du Mont
Sarrogna
Messia
Sancia
Nancuise
Chambéria
la Louvatière
Villeneuve
Onoz
Savigna
Fétigny
Marzenay
Ugna
Légna
Montadroit
Lac de Vireмont
Viremont
Chatonnay
la Boissière
Dramelay
Arinthod
Cernon
Menouille
Vouglans
Chisséria
Cézia
Chemilla
Vescles
Montcusel
Chancia
Condes
Dortan
Epercy
Cornod
Coisia
Emondeaux
Thoirette
Matafelon-Granges
Samognat
Géovreisset
Bellignat
Oyonnax
Groissiat
Condamine-de-la-Bolloire
Izernore
Martignat
Montréal-la-Cluse
Forêt de Montréal
Charbillat
Tignat
Ceyssiat
Intriat
Sonthonnax-la-Montagne
Corveissiat
Chougeat
Arnans
Lavillat
Conflans
St Maurice-d'Echazeaux
Montpont-en-Bresse
la Chapelle-Naude
Dallemands
la Perdricière
Chantisy
Charnay
Sulignat
Courtoulot
Recule
Grde Frette
Durtal
le Molard
Tagiset
les Crozes
les Essarts
les Communes
Tageat
Lessot
les Rigaudières
le Buet
Chevalot
la Reine
Moisy
Bois de la Manche
Semon
Jarrey
Louvarel
Dommartin-les-Cuiseaux
Armont
Dodo
la Vulpillère
les Chanais
le Bouchat
Montdésert
la Perrière
Varennes-St-Sauveur
Meix-Juvin
Réal
Villard-Putet
Collonges
Curciat-Dongalon
Matugnat
Nancia
Malichy
Villard-Chapelle
Condal
Bourg-Neuf
Marciat
le Villard
Cuiseaux
Champagnat
Goz
Joudes
Mt Février
Mt Charvet
Champagne
Lamarre
Loisia
le Biolet
Charnay
Graye-et-Charnay
Belvre du Fays
Gigny
Monnetay
Véria
Balanod
Montagna-le-Reconduit
Curny
St Sulpice
Pt Condal
St Joseph (Orphelinat)
Cormoz
St Nizier-le-Bouchoux
Chevalier
Montrachy
Mépillat
Jassans
Béroude
les Montets
Moissonniers
Bonnacour
Chemillat
Montlin
Forêt du Villard
le Villard
la Charme
Etang de Pontremble
Grd Ronjon
le Grd Avignon
le Pin
le Biolay
St Amour
Allonal
l'Aubépin
Villette
Thoissia
Nanc-les-St Amour
Andelot-Morval
Morval
Lapeyrouse
Morges
Montrevel
Louvenne
Marigna-s-Valouse
Croupet
Nantey
Domsure
le Vernay
Cessia
Beaupont
Chamandre
la Verne
Quintes
Tournelle
le Vernoux
Lescheroux
Veyriat
Grde Belle-Vavre
Pt Droiselle
Monet-des-Bois
B. de Fougemagne
le Villard
Leuye
Chazelles
Senaud
St Jean-d'Etreux
Ecuria
Coligny
Vergongeat
Tarcia
Florentia
la Balme-d'Epy
Lains
Val-d'Epy
Liconnas
St Julien
la Rivière
Lancette
les Granges-de-Dessia
Dessia
Soussonne
Forêt de Coissonnet
Vaifin-s-Valouse
Villechantria
Chlle St Alban
Sésigna
St Hymetière
Ste Colombe
les Clermonts
Montjuif
les Blaisous
Chamonal
le Tremblay
le Crozet
Pirajoux
Foissiat
Cours-d'Amont
Montclair
les Orcières
Pérouses
Corcelles
Spires
les Loyons
les Daujats
Marboz
Montrevel-en-Bresse
Malafretaz
Etrez
Chassagne
les Marais
la Croze
Montsouge
Salavre
Poisoux
Lanéria
Broissia
Bourcia
la Boissière
Baresia
Montagna-le-Templier
Dingier
Civria
Verjon
Montfollet
Villemotier
Roissiat
Dancia
Chevignat
Mt Myon
Pouillat
Villeneuve-lès-Charnod
l'Amont
Charnod
Montfleur
Montgefond
Villette
Chavagna
Thoregna
Vosbles
Lavans-s-Valouse
Anchay
Boutavant
Montcoux
Faverge
Genod
St Germain
Courmangoux
Moulin-des-Ponts
Pressiat
Germagnat
Lasserra
Burigna
Ceffia
Aromas
Chavuissiat-le-Grd
Cuvergnat
Marcia
Marsonnas
l'Hôpital
Côte Gingea
Chaléa
Turgon
Beny
le Carrouge
le Douvre
Pommier
Lucinge
Mortevieille
St Etienne-du-Bois
Mas Gaillard
Cuisiat
Ceillat
Rosy
Mont Nivigne
Corcelles
Treffort
Chavannes-s-Suran
Abbé de Sélignac
Le Mont
Cras-s-R.
Balvay
les Grds Cours
les Grillets
Vacon
Fraidègue
Bois du Châtelet
Couhardes
les Perrets
Jalamonde
les Puthods
Confrancesse
Attignat
Crangeat
Charluat
Marillat
Vacagnole
Curtaringe
Chareyziat
Béchanne
Lingeat
Lyonnières
la Raza
Plantaglay
les Tupinières
Meillonnas
Dhuys
Polliat
Dompierre
Greffets
Viriat
Tanvol
Durlande
Champagne
Crépignat
le Guidon
la Perrinche
St Georges
la Richonnière
Rosière
Carronnières de Challes
BOURG-TEYSSONGE
Buellas
BOURG-EN-BRESSE
St Denis
Corgenon
St Rémy
l'Etoile
Teyssonnière
RENAULT
Brou
St Just
la Vavre
les Mangettes
Canton
Sanciat
Bois de Tharlet
Jasseron
C. de France
Drom
Simandre-s-Suran
Thioles
Montmerle
Bois de la Rousse
Valbisant
Ramasse
les Soudanières
Teconnas
Mont-July
Ceyzériat
Cormoz
Villereversure
Noblens
Curfin
Cize
Pt Corent
Banchin
Racouze
Grd-Corent
Romanèche
Bolozon
Vers
Solomiat
Nurieux-Volognat
Brion
Heyriat
Bonbois
Napt
Crépiat
Pérignat
Sorpiat
Temple Gallo-romain
le Voirle
Mornay
Géovreissiat
Béard
Alex
Evron
la Gottete
Ablatrix
Molet
Belvre du Fays
A 39
A 40
E 21
E 62
A 404
N 78
N 83
N 79
D 996
D 972
D 1
D 2
D 3
D 42
D 52
D 109
D 470

D
E
F
160
178
195
1
2
3
4
Marigny
Doucier
Saffloz
Chevrotaine
Songeson
Le Frasnois
Ménétrux-en-Joux
Pic de l'Aigle
Les Planches-en-Montagne
Foncine-le-Haut
Foncine-le-Bas
Entre-deux-Monts
Fort-du-Plasne
Lac-des-Rouges-Truites
Chapelle-des-Bois
Châtelblanc
Mont Noir
Forêt du Mont Noir
MONT RISOUX
Le Brassus
Le Sentier
Bonlieu
Saugeot
Clairvaux-les-Lacs
Cogna
Patornay
St Maurice-Crillat
Hautecour
La Frasnée
St Laurent-en-Grandvaux
La Chaumusse
Col de la Savine
Bellefontaine
Morbier
Morez
Crête de la Joux Devant
Forêt du Risoux
Bois-d'Amont
Les Rousses
Prémanon
Prénovel
Château-des-Prés
Lézat
PARC NATUREL RÉGIONAL DU HAUT JURA
Longchaumois
Moirans-en-Montagne
St Claude
St Lupicin
Villards-d'Héria
La Rixouse
Lamoura
Septmoncel
Lajoux
La Dôle
Crêt Pela
St Cergue
Col de la Faucille
Divonne-les-B.
Mijoux
Mont-Rond
Les Bouchoux
Choux
Crêt de la Neige
Le Reculet
Crêt de Chalam
Monts-Jura
Colomby de Gex
Gex
Gingins
Coppet
Nyon
Versoix
Ferney-Voltaire
Meyrin
GENÈVE
Carouge
St Julien
Thoiry
Sergy
St Genis-Pouilly
Chezery-Forens
Champfromier
Pont des Pierres
Belleydoux
Giron
Échallon
Pougny
Collonges

A
B
C
1
2
3
4
161
177
195
196
LAUSANNE
LAC LÉMAN
ÉVIAN-LES-BAINS
THONON-LES-BAINS
GENÈVE
Nyon
Morges
Rolle
Aubonne
Cossonay
Echallens
Renens
Pully
Lutry
Ouchy
St Sulpice
Préverenges
Gland
Coppet
Versoix
Hermance
Douvaine
Yvoire
Excenevex
Sciez
Bons-en-Chablais
Annemasse
Carouge
Boëge
Bellevaux
Lullin
Le Biot
Abondance
Vallée de Joux
le Brassus
le Sentier
Bière
St Prex
Allaman
Buchillon
Amphion-les-Bains
Ripaille
Anthy
Margencel
Machilly
Bogève
Mégevette
Roc d'Enfer
les Gets
Mont Tendre
Col du Marchairuz
Col du Mollendruz
Col de Saxel
Col du Feu
Mont Chéry

D
E
F
1
2
3
4
Bulle
Gruyères
Broc
Charmey
Jaun
Châtel-St Denis
Semsales
Oron-la-Ville
Palézieux
Moléson-s-Gruyères
le Moléson
Vanil Noir
Château-d'Oex
Rossinière
Rougemont
Saanen
Montbovon
Les Avants
Vevey
la Tour-de-Peilz
Clarens
MONTREUX
Territet
Chillon
Veytaux
Villeneuve
Rochers de Naye
Dent de Jaman
Cully
Corniche de Lavaux
Chexbres
Puidoux
St Saphorin
Corseaux
Chardonne
Blonay
St Gingolph
le Bouveret
Port-Valais
Noville
Rennaz
Roche
Chessel
Corbeyrier
Yvorne
Aigle
Leysin
le Sépey
Ormont-Dessous
Ormont-Dessus
les Diablerets
Col du Pillon
LES DIABLERETS
Col des Mosses
Pays d'Enhaut
l'Etivaz
Villars-s-Ollon
Chesières
Ollon
Gryon
Bex
Monthey
Collombey
Vouvry
Vionnaz
Torgon
Troistorrents
Morgins
Pas de Morgins
Châtel
Abondance
la Chapelle d'Abondance
Pic de Morclan
les Cornettes de Bises
la Dent d'Oche
Pic de Mémise
Novel
St Maurice
Lavey
Massongex
Val-d'Illiez
Champéry
Dents du Midi
Avoriaz
Morzine
Evionnaz
Collonges
Dorénaz
Vernayaz
Salvan
Fully
Saxon
Saillon
Leytron
Riddes
Chamoson
Ardon
Grd Muveran
Dent de Morcles
Pont de Nant
RAFFINERIE DE PETROLE
LE CHABLAIS
RHÔNE
A 12-E 27
A 9
E 62
N 5
197

A
B
C
162
163
1
2
3
4
198
ILE DE RÉ
Pnte de Chanchardon
Phare de Chanchardon
la Couarde-s-Mer
le Bois-Plage-en-Ré
la Gollandière
Gros-Jonc
les Grenettes
la Noue
Ste Marie-de-Ré
Morinand
Abbe des Châteliers
Fort de la Prée
Rivedoux-Plage
Pnte de Sablanceaux
Sablanceaux
Pnte de Chauveau
Phare de Chauveau
Pnte du Plomb
l'Houmeau
Pont-Viaduc
la Pallice
Pointe du Chef de Baie
Port-Neuf
LA ROCHELLE
Tour du Lavardin
les Minimes
Lagord
Puilboreau
Périgny
Tasdon
Aytré
Pnte de Roux
la-Plage d'Aytré
Pnte du Chay
Angoulins
St Jean-des-Sables
Châtelaillon-Plage
Vx Châtelaillon
Pnte de Châtelaillon
les Boucholeurs
PERTUIS D'ANTIOCHE
service saisonnier
Rocher d'Antioche
Pnte de Chassiron
Phare de Chassiron
Chassiron
la Morelière
Plage de Soubrejon
St Denis-d'Oléron
la Bétaudière
les Trois Pierres
les Seulières
les Huttes
la Brée-les-Bains
les Boulassiers
Port du Douhet
Anse du Marais Salé
Anse de Maleconche
Plaisance
Plage de la Gautrelle
Forêt des Saumonards
Chaucre
St Georges-d'Oléron
Pnte de Chaucre
Domino
Chéray
la Gibertière
Foulerot
Pnte des Saumonards
Fort Boyard
Boyardville
Plage des Sables Vigniers
les Sables-Vigniers
Pnte de Chardonnière
Sauzelle
Bois Fleury
l'Aiguille
la Perrotine
la Giboire
la Fromagerie
St Gilles
St Pierre-d'Oléron
la Boirie
Rade des Basques
Pnte du Parc
Ile d'Aix
Ile-d'Aix
Fort Liedot
Pnte de Coudepont
Pnte Ste Catherine
Fort de la Rade
Fort Enet
Pnte de la Fumée
la Fumée
Anse de Fouras
Fouras
Rade de l'Ile d'Aix
Ile Madame
Port-des-Barques
Passe aux Bœufs (Route submersible)
Réserve naturelle
Parcs
des marais
de Moëze
huîtres
Piédemont
St Nazaire-s-Charente
St Froult
Côte Sauvage
la Menounière
la Biroire
Maisonneuve
la Chefmalière
la Valinière
l'Ileau
Arceau
le Marais aux Oiseaux
la Dresserie
Parc ornithologique
les Pibles
Dolus-d'Oléron
St Séverin
Matha
Beaurepaire
la Cotinière
la Perroche
la Remigeasse
l'Écuissière
les Allards
la Baudissière
la Noue
la Berguerie
les Bardières
Déau
la Gaconnière
le Château-d'Oléron
Citadelle
Tour de Juliard
Plaisance
ILE D'OLÉRON
le Riveau
Vert-Bois
Plage de Vert-Bois
le Deu
Trillou
la Chevalerie
Viaduc d'Oléron
Pnte des Chardons
le Grd-Village-Plage
Plage de la Giraudière
Pt Village
Port des Salines
Pnte du Chapus
le Chapus
Bourcefranc-le-Chapus
Brouage
St Trojan-les-Bains
Centre Hélio-Marin
Pnte de Manson
la Grande Plage
les Bris
Lannelongue
Marennes-Plage
Marennes
la Chainade
Nodes
la Gataudière
Hiers
Pertuis de Maumusson
Pnte de Gatseau
Plage de l'Embellie
Ronce-les-Bains
Viaduc de la Seudre
le Lindron
Mauzac
la Cayenne
Luzac
Pointe Espagnole ou Pnte d'Arvert
Forêt de la Tremblade
Tour des 4 Fontaines
Tour du Gardour
les Roseaux
la Tremblade
la Grève
Artouan
Coux
le Piochet
la Grève-à-Duret
les Grdes Roches
Avallon
Forêt de la Coubre
B. de Bouffard
Dirée
le Maine Geay
Arvert
MF de la Bouverie
MF des Brisquettes
la Fouasse
Étaules
le Maine-Auriou
les Mathes
l'Ile-d'Étaules
la Passe
Coulonges
la Baraque
Antoinette
Côte Sauvage
Phare de la Coubre
Pointe de la Coubre
Bonne Anse
la Palmyre
Zoo
St Augu
le Billeau
le Grallet
Charosson

D
E
F
164
182
199
200
Mauzé-s-le-Mignon
Surgères
Aigrefeuille-d'Aunis
la Jarrie
St Christophe
Vouhé
St Georges-du-Bois
St Pierre-d'Amilly
Marsais
St Félix
Migré
Loulay
Tonnay-Boutonne
Tonnay-Charente
Rochefort
St Jean-d'Angély
St Savinien
Taillebourg
St Porchaire
Pont-l'Abbé-d'Arnoult
Saintes
Soubise
St Agnant
Échillais
Beurlay
Genouillé
Muron
Breuil-Magné
Ardillières
Ciré-d'Aunis
Landrais
Vandré
Chervettes
Annezay
St Crépin
Puy-du-Lac
Lussant
Archingeay
Bords
Geay
Romegoux
Crazannes
Plassay
Écoyeux
Burie
Corme-Royal
Nancras
Balanzac
Sablonceaux
le Gua
St Sornin
Fenioux
Bignay
Nachamps
Puyrolland
Chantemerle-s-la-Soie
Torxé
Voissay
Ternant
Courcoury
les Gonds
Chaniers
St Hilaire-de-Villefranche
Nantillé
Asnières-la-Giraud
Vénérand
Bussac-s-Ch.
Fontcouverte
St Bris-des-Bois
St Césaire
Dompierre-s-C.
Pessines
Varzay
Pisany
St Romain-de-Benet
l'Éguille
Aquitaine
A 837
A 10 - E 5
N 137
N 150
D 939
D 739

A
B
C
1
2
3
4
164
181
199
200
Mauzé-s-le-Mignon
Deyrançon
Vallans
Granzay-Gript
Juscorps
la Rochénard
la Foye-Monjault
Beauvoir-s-Niort
Marigny
St Romans-des-Champs
Brûlain
St Médard
Usseau
Thorigny-sur-le-Mignon
Prissé-la-Charrière
Les Fosses
FORÊT DE CHIZÉ
Zoorama
Réserve Nationale de Chasse
Secondigné-s-Belle
St Georges-du-Bois
St Saturnin-du-Bois
Priaires
Marsais
Dœuil-s-le-Mignon
Belleville
St Étienne-la-Cigogne
Villiers-en-Bois
Chizé
Brioux-s-Boutonne
Villefollet
Boisserolles
Villeneuve-la-Comtesse
la Croix-Comtesse
St Séverin-s-B.
Coivert
Dampierre-s-Boutonne
St Mard
Breuilles
Migré
Vergné
Bernay-St Martin
Loulay
St Martial
Blanzay-s-B.
St Georges-de-Longuepierre
la Villedieu
Forêt d'Aulnay
Aulnay
Vandré
Chervettes
Puyrolland
St Laurent-de-la-Barrière
Nachamps
la Benâte
la Jarrie-Audouin
St Pierre-de-l'Isle
Nuaillé-s-B.
Annezay
St Crépin
Landes
St Pardoult
Antezant-la-Chapelle
Paillé
Villemorin
Tonnay-Boutonne
Torxé
la Vergne
Vervant
les Églises-d'Argenteuil
Cherbonnières
Néré
Archingeay
St Jean-d'Angély
Courcelles
Poursay-Garnaud
St Julien-de-l'Escap
St Pierre-de-Juillers
Loiré-s-Nie
Varaize
Gibourne
Taillant
Fenioux
Grandjean
Asnières-la-Giraud
Fontenet
la Brousse
St Savinien
Nantillé
Ste Même
Aumagne
Matha
Bagnizeau
St Hilaire-de-Villefranche
Taillebourg
Annepont
Juicq
Authon-Ébéon
Brizambourg
Thors
Sonnac
Prignac
Mons
Écoyeux
Vénérand
Bussac-s-Ch.
Villars-les-Bois
Migron
Bréville
Burie
Mesnac
St Georges-des-Coteaux
Nieul-les-Saintes
SAINTES
St Césaire
St Sauvant
St Sulpice-de-Cognac
Cherves-Richemont
Chaniers
les Gonds
Courcoury
Dompierre-s-C.
Javrezac
Cognac
Varzay
Nercillac
A 10
E 5
N 150
D 939
D 950

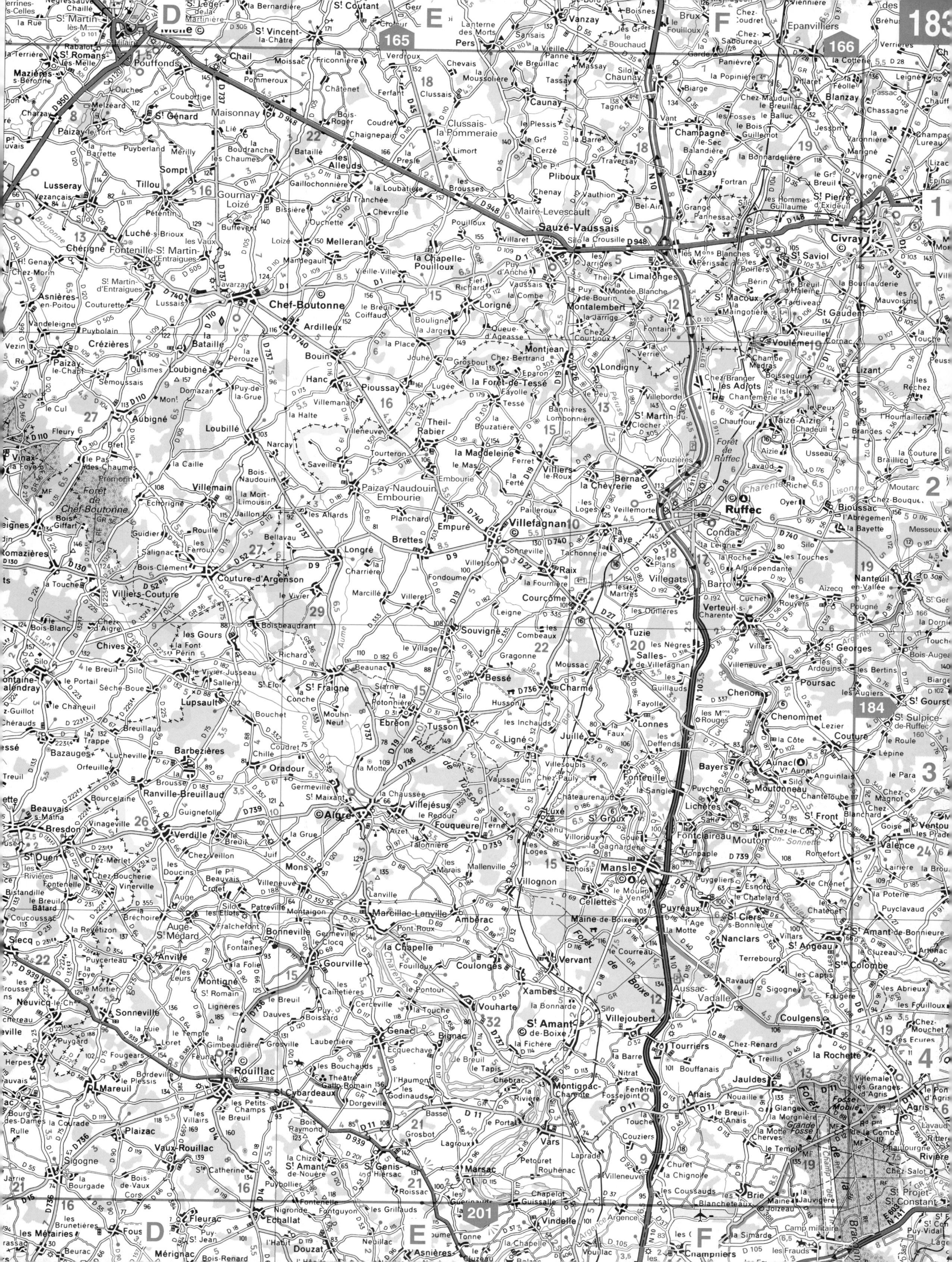
D
E
F
165
166
184
201
1
2
3
4
Melle
St Martin-lès-Melle
St Vincent-la-Châtre
Pers
Vanzay
Epanvilliers
Chail
Pouffonds
St Romans-lès-Melle
Mazières-s-Béronne
Maisonnay
St Génard
Paizay-le-Tort
Clussais-la-Pommeraie
Caunay
Champagné-le-Sec
Blanzay
Sompt
Tillou
Gournay-Loizé
Les Alleuds
Limort
Pliboux
Linazay
Lusseray
Maire-Levescault
Sauzé-Vaussais
Civray
Chérigné
Fontenille-St Martin-d'Entraigues
Melleran
La Chapelle-Pouilloux
St Saviol
Limalonges
Chef-Boutonne
Ardilleux
Lorigné
Montalembert
St Macoux
St Gaudent
Crézières
Bouin
Montjean
Londigny
Voulême
Hanc
Pioussay
La Forêt-de-Tessé
Les Adjots
Lizant
Loubigné
Aubigné
Loubillé
Theil-Rabier
La Magdeleine
Villiers-le-Roux
Bernac
La Chèvrerie
Taizé-Aizie
Villemain
Paizay-Naudouin-Embourie
Villefagnan
Ruffec
Bioussac
Condac
Empuré
Brettes
Longré
Raix
Villegats
Nanteuil-en-Vallée
Couture-d'Argenson
Villiers-Couture
Courcôme
Verteuil-s-Charente
Souvigné
Tuzie
Salles-de-Villefagnan
St Georges
Chives
Les Gours
St Fraigne
Bessé
Charmé
Poursac
Lupsault
Ebréon
Tusson
Juillé
Lonnes
Chenon
Chenommet
Barbezières
Oradour
Ligné
Fontenille
Bayers
Aunac
Couture
Ranville-Breuillaud
Aigre
Villejésus
Fouqueure
Luxé
St Groux
Lichères
Moutonneau
St Front
Verdille
Mons
Mansle
Fontclaireau
Mouton
Valence
Bresdon
Villognon
Cellettes
Puyréaux
Marcillac-Lanville
Ambérac
St Ciers-s-Bonnieure
Nanclars
St Amant-de-Bonnieure
Auge-St Médard
Bonneville
Vervant
St Angeau
Anville
Gourville
La Chapelle
Coulonges
Ste Colombe
Sonneville
Montigné
Xambes
Vouharte
St Amant-de-Boixe
Villejoubert
Coulgens
Rouillac
Genac
Bignac
Tourriers
La Rochette
Mareuil
St Cybardeaux
Montignac-Charente
Anais
Jauldes
Agris
Plaizac
Vaux-Rouillac
Vars
Sigogne
St Amant-de-Nouère
St Genis-d'Hiersac
Marsac
Brie
Fleurac
Echallat
Vindelle
Mérignac
Douzat
Asnières
Champniers
Forêt de Chef-Boutonne
Forêt de Ruffec
Forêt de Tusson
Forêt de Boixe
Forêt de la Braconne

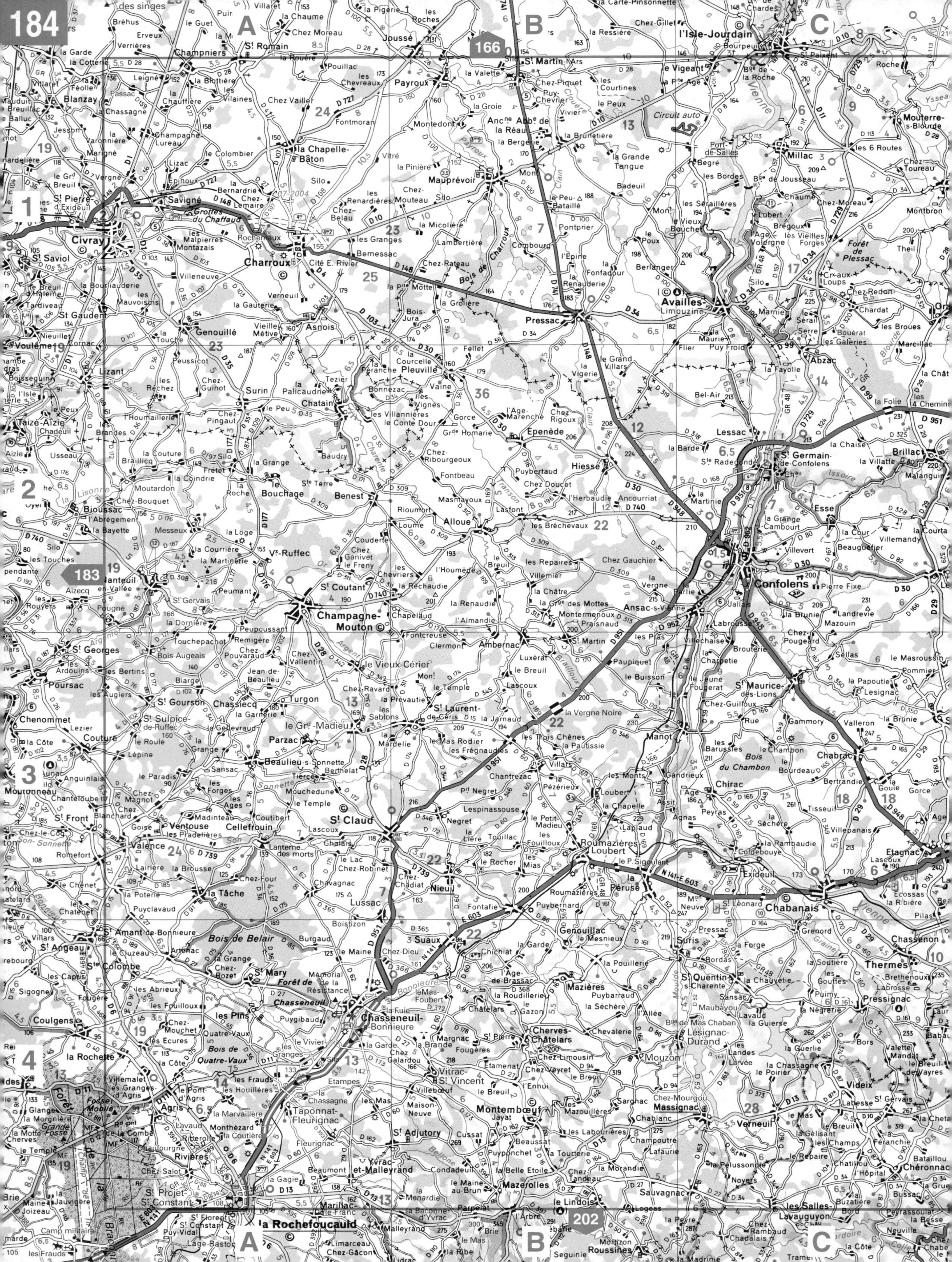
A
B
C
166
183
202
1
2
3
4
Civray
Charroux
St Romain
Champniers
Jousse
Payroux
St Martin-l'Ars
l'Isle-Jourdain
Blanzay
Savigné
la Chapelle-Bâton
Mauprévoir
Availles-Limouzine
Pressac
Millac
Genouillé
Asnois
Surin
Pleuville
Chatain
Epenède
Hiesse
Lessac
St Germain-de-Confolens
Brillac
Esse
Confolens
Lizant
Bioussac
Benest
Alloue
St Coutant
Champagne-Mouton
Ansac-s-Vienne
Le Vieux-Cérier
Ambernac
St Georges
Poursac
St Gourson
Chassiecq
Turgon
St Laurent-de-Céris
St Maurice-des-Lions
Manot
Parzac
Beaulieu-s-Sonnette
Chabrac
Chirac
Etagnac
Ventouse
Cellefrouin
St Claud
Valence
Nieuil
Roumazières-Loubert
Exideuil
Chabanais
la Tâche
Lussac
Suaux
St Angeau
Ste Colombe
St Mary
Genouillac
Mazières
Suris
St Quentin-s-Charente
Chassenon
Pressignac
Coulgens
Chasseneuil-s-Bonnieure
Cherves-Châtelars
Lésignac-Durand
Mouzon
Agris
Vitrac-St Vincent
Montembœuf
Massignac
Verneuil
Rivières
St Adjutory
Yvrac-et-Malleyrand
Mazerolles
le Lindois
les Salles-Lavauguyon
St Projet-St Constant
la Rochefoucauld
Roussines
Forêt de Chasseneuil
Bois de Belair
Forêt de la Braconne
Bois du Chambon
Forêt de Plessac
Circuit auto
Grottes du Chaffaud
Vienne
Charente
Clain

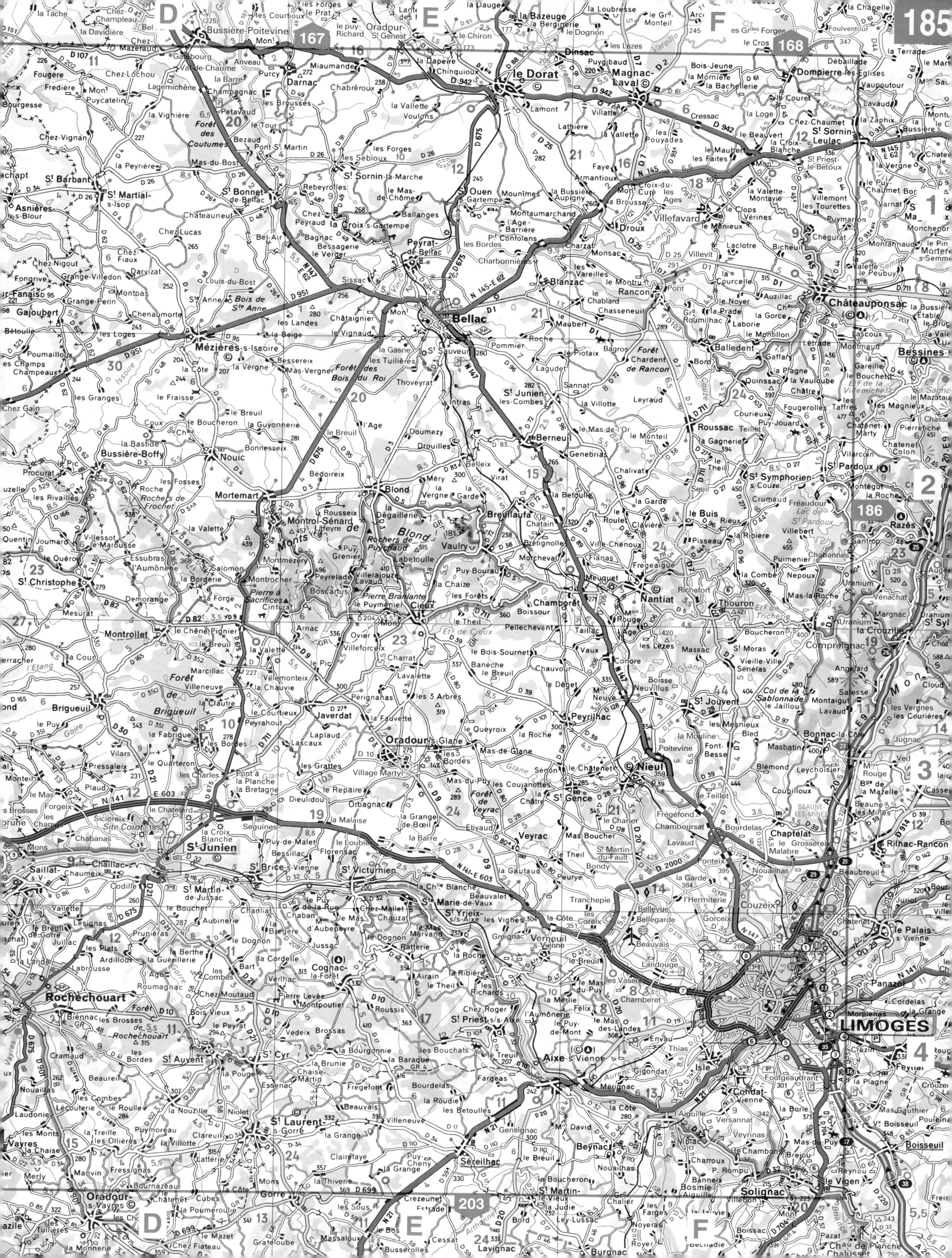
D
E
F
167
168
186
203
1
2
3
4
Bussière-Poitevine
le Dorat
Dinsac
Magnac-Laval
Dompierre-les-Églises
St Sornin-Leulac
Darnac
St Sornin-la-Marche
St Barbant
St Martial-s-Isop
St Bonnet-de-Bellac
Asnières-s-Blour
Peyrat-de-Bellac
Blanzac
Rancon
Châteauponsac
Bellac
Mézières-s-Issoire
Gajoubert
Bessines
Balledent
Forêt des Bois du Roi
Forêt Chardent de Rancon
St Junien-les-Combes
Berneuil
Roussac
Bussière-Boffy
Nouic
Mortemart
Blond
Montrol-Sénard
Monts de Blond
Breuilaufa
Vaulry
St Symphorien-s-Couze
St Pardoux
Razès
St Christophe
Nantiat
Thouron
Chamboret
Cieux
Montrollet
Compreignac
Brigueuil
Javerdat
Peyrilhac
St Jouvent
Oradour-s-Glane
Nieul
St Gence
Veyrac
Chaptelat
Rilhac-Rancon
St Junien
St Brice-s-Vienne
St Victurnien
Ste Marie-de-Vaux
St Yrieix-s/s-Aixe
Verneuil-s-Vienne
Couzeix
le Palais-s-Vienne
Rochechouart
Cognac-la-Forêt
St Priest-s/s-Aixe
Aixe-s-Vienne
LIMOGES
Panazol
St Auvent
St Cyr
Isle
Condat-s-Vienne
St Laurent-s-Gorre
Séreilhac
Beynac
Feytiat
Boisseuil
Vayres
Oradour-s-Vayres
Gorre
St Martin-le-Vieux
Solignac
le Vigen
N 147
N 145 - E 62
N 141 - E 603
D 2000
A 20 - E 9

A
B
C
168
185
204
1
2
3
4
la Souterraine
St Maurice-la-Souterraine
Noth
Fleurat
St Vaury
Dompierre-les-Eglises
St Sornin-Leulac
St Hilaire-la-Treille
St Amand-Magnazeix
Fromental
Morterolles-s-Semme
St Priest-la-Feuille
Lizières
St Priest-la-Plaine
le Grand-Bourg
St Pierre-de-Fursac
St Etienne-de-Fursac
Chamborand
Châteauponsac
Bessines-s-G.
Folles
Bénévent-l'Abbaye
Puy de Goth
Marsac
St Silvain-Montaigut
Montaigut-le-Blanc
Gartempe
Laurière
Bersac-s-Rivalier
Arrènes
Mourioux-Vieilleville
Ceyroux
Aulon
Azat-Châtenet
St Pardoux
Razès
St Sulpice-Laurière
St Goussaud
Janaillat
St Dizier-Leyrenne
St Léger-la-M.
Jabreilles-les-Bordes
Bosmoreau-les-Mines
St Sylvestre
la Jonchère-St Maurice
Châtelus-le-Marcheix
Compreignac
Ambazac
les Billanges
St Pierre-Chérignat
St Martin-Ste Catherine
Masbaraud-Mérignat
Bourganeuf
St Laurent-les-Eglises
Montboucher
Forêt de Mérignat
Bonnac-la-Côte
Chaptelat
Rilhac-Rancon
St Martin-Terressus
St Amand-Jartoudeix
Sauviat-s-Vige
St Priest-Palus
Faux-Mazuras
Roches de Mazuras
St Junien-la-Bregère
le Palais-s-Vienne
St Priest-Taurion
Moissannes
Royères
St Just-le-Martel
Panazol
St Léonard-de-Noblat
St Moreil
Auriat
LIMOGES
Feytiat
Champnétery
Cheissoux
Peyrat-le-Château
Eybouleuf
St Denis-des-Murs
Prieuré de l'Artige
Bujaleuf
St Julien-le-Petit
Augne
St Amand-le-Petit
la Geneytouse
Boisseuil
Eyjeaux
Masléon
Eymoutiers
le Vigen
Solignac
St Paul
Rozière-St Georges
N 145-E 62
N 141
A 20-E 9
D 979
D 914

D E F

169 170 188 205

1 2 3 4

Jouillat
Ladapeyre
Blaudeix
Domeyrot
St Silvain-s/s-Toulx
Trois-Fonds
Auge
Glénic
Ajain
Rimondeix
La Celle-s/s-Gouzon
Parsac
Gouzon
St Sulpice-le-Guérétois
St Fiel
Jarnages
Guéret
St Laurent
Pionnat
Vigeville
Cressat
Chénérailles
St Léger-le-Guérétois
Ste Feyre
La Saunière
Mazeirat
St-Hilaire-la-Plaine
St Dizier-la-Tour
Pierrefitte
St Loup
St Julien-le-Châtel
Tardes
St Victor-en-Marche
Peyrabout
Savennes
St Christophe
St Yrieix-les-Bois
Moutier-d'Ahun
Ahun
Lavaveix-les-Mines
St Pardoux-les-Cards
Issoudun-Létrieix
Peyrat-la-Nonière
Le Chauchet
St Priest
Lépinas
Sous-Parsat
Chamberaud
St Martial-le-Mont
St Médard-la-Rochette
Puy-Malsignat
St Domet
La Serre-Bussière
St Eloi
Maisonnisses
Sardent
La Chapelle-St Martial
Le Donzeil
Fransèches
Masgot
Ars
La Rochette
Champagnat
Pontarion
St Sulpice-les-Champs
St Avit-le-Pauvre
St Hilaire-le-Château
St Maixant
Bellegarde-en-Marche
St Amand
St Alpinien
St Silvain-Bellegarde
Soubrebost
Vidaillat
Chavanat
Aubusson
Blessac
St Michel-de-Veisse
Banize
St Marc-à-Frongier
St Pardoux-le-Neuf
Le Monteil-au-Vicomte
St Pierre-Bellevue
Vallière
Moutier-Rozeille
Néoux
St Avit-de-Tardes
La Villetelle
St Pardoux-Morterolles
St Yrieix-la-Montagne
Felletin
Ste Feyre-la-Montagne
St Pardoux-d'Arnet
Banizette
St Quentin-la-Chabanne
St Frion
Pontcharraud
St Maurice-près-Crocq
Crocq
Royère-de-Vassivière
St Marc-à-Loubaud
La Nouaille
St Georges-Nigremont
Gioux
Poussanges
Croze
Vassivière
Lac de Vassivière
Gentioux
Clairavaux
Magnat-l'Étrange
St Oradoux-près-Crocq
Faux-la-Montagne
Féniers
Camp de la Courtine
Le Mas-d'Artige

A
B
C
170
187
206
1
2
3
4
Auge
Lépaud
Budelière
Evaux-les-Bains
Chambon-s-Voueize
Lussat
Mazirat
Terjat
Marcillat-en-Combraille
Arpheuilles-St Priest
Ronnet
Montaigut
Durdat-Larequille
Chambonchard
Sannat
Tardes
St Loup
St Julien-le-Châtel
Pionsat
St Hilaire
St Maignier
Château-s-Cher
Fontanières
Reterre
St Priest
Mainsat
Rougnat
Arfeuille-Châtain
Charron
St Maurice-près-Pionsat
Bussières
Roche-d'Agoux
Espinasse
Gouttières
Youx
St Domet
Auzances
Vergheas
Bussière-Nouvelle
Bellegarde-en-Marche
Lupersat
Dontreix
Charensat
Biollet
St Priest-des-Champs
Le Compas
Les Mars
Sermur
Brousse
Châtelard
Lioux-les-Monges
Chard
Mautes
Montel-de-Gelat
Villosanges
Mérinchal
St Bard
La Villeneuve
Néoux
St Avit-de-Tardes
Tralaigues
Miremont
St Jacques-d'Ambur
Pontaumur
St Avit
Crocq
Basville
St Oradoux-près-Crocq
Pontcharraud
St Maurice-près-Crocq
Condat-en-Combraille
La Celle
Landogne
La Goutelle
Fernoël
Giat
Voingt
St Etienne-des-Champs
St Hilaire-les-Monges
Puy-St Gulmier
Flayat
Magnat-l'Etrange
St Agnant-près-Crocq
Cisternes-la-Forêt
Verneugheol
Herment
Prondines
Gelles
St Merd-la-Breuille
St Oradoux-de-Chirouze
Bois de Tigoulet
Forêt de Drouille
Bois du Ronzet
Combrailles
Courtine

D
E
F
171
172
190
207
Chantelle
Chezelle
Etroussat
Barberier
Lapeyrouse
Coutansouze
Louroux-de-Bouble
Bellenaves
Echassières
Durmignat
Charroux
Ussel-d'Allier
St Germain-de-Salles
Broût-Vernet
Valignat
Naves
St Eloy-les-Mines
Moureuille
Lalizolle
Veauce
Sussat
St Bonnet-de-Rochefort
Jenzat
Le Mayet-d'École
Escurolles
Vendat
Servant
Chouvigny
Vicq
Bègues
Saulzet
Gorges de Chouvigny
Menat
Ebreuil
Gannat
Pouzol
St Quintin
Biozat
Neuf-Eglise
Gorges de la Sioule
St Rémy-de-Blot
Marcillat
St Priest-d'A.
Poëzat
St Pardoux
Champs
Denone
Effiat
Montpensier
St Hilaire-la-Croix
Vensat
Chaptuzat
St Agoulin
Joserand
Châteauneuf-les-Bains
St Gervais-d'Auvergne
Blot-l'Eglise
Aigueperse
Bas-et-Lezat
Montcel
Villeneuve-les-Cerfs
Artonne
Bussières
St Clément-de-Régnat
St Angel
St Myon
Combronde
Aubiat
Thuret
Charbonnières-les-Vieilles
Manzat
Queuille
Vitrac
Sardon
St André-le-Coq
St Denis-Combarnazat
Teilhède
Beauregard-Vendon
Le Cheix
Cellule
Prompsat
Yssac-la-Tourette
Davayat
Varennes-s-M.
Martres-s-M.
Surat
St Georges-de-Mons
Loubeyrat
St Bonnet-près-Riom
Pessat-Villeneuve
St Ignat
Maringues
PARC
RÉGIONAL
DES VOLCANS
D'AUVERGNE
Châtelguyon
Clerlande
Ennezat
Chapdes-Beaufort
Mozac
Riom
Ménétrol
Entraigues
Pulvérières
Ch.au de Tournoël
Volvic
Marsat
Chappes
Joze
Châteaugay
Malauzat
St Beauzire
Chavaroux
Pontgibaud
St Ours
Blanzat
Cébazat
Gerzat
Lussat
Les Martres-d'Artière
Lezoux
Vulcania
Montferrand
Malintrat
Pont-du-Château
Seychalles
Puy de Côme
Puy de Pariou
Puy de Dôme
Orcines
Chamalières
CLERMONT-FERRAND
Lempdes
Vertaizon
Bouzel
Mazaye
Ceyssat
Royat
Beaumont
Aubière
Cournon-d'Auvergne
Chauriat
Vassel
Espirat
Olby
Pérignat-lès-Sarliève
Romagnat
St Bonnet-lès-Allier
Pérignat-s-Allier
A 71
A 72
A 89
A 710
A 719
N 9
N 144
N 209

A
B
C
172
189
208
VICHY
Cusset
Bellerive-s-Allier
Lapalisse
Billy
St Germain-des-Fossés
Magnet
Seuillet
Billezois
St Félix
Droiturier
St Pierre-Laval
Châtelus
Arfeuilles
Châtel-Montagne
le Mayet-de-Montagne
St Clément
St Nicolas-des-Biefs
Lavoine
Laprugne
St Priest-la-Prugne
Ferrières-s-Sichon
Busset
St Yorre
Mariol
Châteldon
Puy-Guillaume
Randan
Maringues
Lezoux
Thiers
Pont-de-Dore
Courpière
Billom
Vertaizon
Noirétable
Chabreloche
Arconsat
Celles-s-Durolle
St Rémy-s-Durolle
Palladuc
St Victor-Montvianeix
Escurolles
Broût-Vernet
Espinasse-Vozelle
Abrest
Hauterive
Brugheas
St Sylvestre-Pragoulin
St Priest-Bramefant
Limons
Luzillat
Vinzelles
Crevant-Laveine
Dorat
Culhat
Joze
Seychalles
Bouzel
Moissat
Ravel
Glaine-Montaigut
Néronde-s-Dore
Aulteribe
Sermentizon
Vollore-Ville
Vollore-Montagne
Aubusson-d'Auvergne
Escoutoux
Ste Agathe
Viscomtat
Peschadoires
Orléat
Puy de Montoncel
Bois Noirs
Puy du Roc
Pierre Encize
Grotte des Fées
Col de la Plantade
Col de la Charme
Col de St Thomas
Col du Frissonnet
Roc Blanc
Grün de Chignor
Forêt de Montpensier
Allier
Dore
Sichon
Besbre
A 72-E 70
N 89
N 209
D 906
D 995
D 907
D 62
D 1093

D
E
F
173
174
192
209
1
2
3
4
ROANNE
Chenay-le-Châtel
Melay
Artaix
Champceau
les Brenoms
les Bayons
Chasssereux
Mailly
Charancy
St Bonnet-de-Cray
Ligny-en-Brionnais
St Julien-de-Jonzy
Jonzy
Lagrange
St Rigaud
Chassigny-s/s-Dun
Mussy-s/s-Dun
Anglure
Châteauneuf
St Maurice
St Martin-de-Lixy
Mazoncle
Chauffailles
Tancon
St Edmond
St Igny-de-Roche
Mont
Iguerande
Fleury-la-Montagne
Dinechin
la Mollerie
les Places
Croix de Fonte
les Pierrards
la Chapelle
Outre-Loire
les Chassins
le Curtil
les Joberts
Brierette
Treillard
Vivans
la Molière
Lapillonne
St Pierre-la-Noaille
la Barnaudière
Maizilly
Coublanc
Cadolon
Belmont-de-la-Loire
Pacaudière
le Crozet
Tourzy
Villoson
la Ricarde
Forêt de Lespinasse
Briquelandière
la Bénisson-Dieu
Briennon
St Nizier-s/s-Charlieu
Charlieu
St Denis-de-Cabanne
Mars
Chandon
Ecoche
Arcinges
Changy
Rebruns
Noailly
la Motte
Pouilly
Chante-Oiseaux
Maltaverne
Commune Garaudière
Rajasse
les Etangs
St Hilaire-s/s-Charlieu
Villers
Cuinzier
le Cergne
St Bonnet-des-Quarts
Noaillys
St Forgeux-Lespinasse
Ambierle
Lespinasse
St Germain-Lespinasse
la Michaude
Vougy
Cornillon
Nandax
Jarnosse
Boyer
Sevelinges
Cours
la Ville
LOIRE
Canal
Mably
les Baraques
St Romain-la-Motte
les Villards
les Reynauds
St Haon-le-Vieux
Verchu
les Tuileries
Cité Mably
Arsenal
P. d'Aiguilly
Matel
Michelin
les Forges
Ressins
Crêt-d'Aiguilly
les Auges
Coutouvre
la Gresle
Pont Trambouze
Mardore
St Rirand
St Haon-le-Châtel
Renaison
Bge de la Tache
B. Chartrain
St Martin-de-Boisy
Terres-Colombar
la Minardière
les Sables
le Gouttet
Manet
les Pertuis
Bois de Châtellus
la Montagne
les Noës
Forges
les Berands
le Poteau
les Loges
Goine
Perreux
Cerbue
Chervé
St André-d'Apchon
Bge du Rouchain
Marimbe
Arboretum
Pouilly-les-Nonains
St Léger
Riorges
le Coteau
Montagny
Bourg-de-Thizy
Thizy
Marnand
les Vavres
Aveize
Combre
St Alban-les-Eaux
Ouches
la Poche
le Cabaret de l'Ane
Bejure
Chaland
St Victor-s-Rhins
St Jean-la-Bussière
Bancillon
Arcon
Rr de Rochefort
Lentigny
Champlong
Villerest
St Sulpice
Vernay
Commelle
Parigny
St Vincent-de-Boisset
N.D.-de-Boisset
Pradines
Régny
Huissel-St Claude
LA MADELEINE
Chazelles
la Rochette
Villemontais
Cherier
le Pont
la Bruyère
Bge de Villerest
Lac de Chassignol
Saligny
Marvalin
Bussière
Abbe de Pradines
Amplepuis
Montloup
Moulin-Chérier
les Rivières
St Jean
Joeuvres
St Maurice-s-Loire
Chevenet
Rilly
St Cyr-de-Favières
Favières
l'Hôpital-s-Rhins
Montceau
Neaux
Martoray
Ronzières
Sarron
Thélis
Lay
les Essarts
le Bouchet
Mézir
Tour
Forêt de Crémeaux
le Ménard
Charizet
Odenet
Cordelle
les Communes
la Creuse
la Croix
Verbeau
Perron
Thély
Fragny
St Symphorien-de-Lay
Vendranges
la Farge
Fourneaux
Rochefort
Borjat
la Mataude
Cozilly
la Badole
la Cr du Lac
Vitre
Bully
Gorges de la Loire
Presle
la Perrière
la Chaize
Ronfin
Montcizor
la Fontaine
Machézal
Col du Pin Bouchain
les Sauvages
Vaudier
Prory
les Portes
Crémeaux
St Polgues
la Place
Foive
St Priest-la-Roche
Coulouvras
Neulise
Maroille
Croizet-s-Gand
Chirassimont
Vernand
l'Aubépin
Epuale
Port Piset
Dancé
Clivier
Magny
l'Orme
les Ratis
St Just-la-Pendue
Chau de Ressy
Contenson
Gathion
Juré
Lucé
le Pont
Senouche
Rondier
la Roche
St Paul-de-Vézelin
St Jodard
Pinay
la Revoûte
Monternaud
à Corney
le Mas
St Cyr-de-Valorges
St Romain-d'Urfé
Luré
Chassenay
Amions
Buy
Farge
Champagny
à Biesse
la Croix
Ste Colombe-s-Gand
Cr de Cieux
St Marcel-d'Urfé
Chau d'Urfé
Terge
Grézolles
Souternon
Forêt de Bas
St Marcel-de-Félines
les Chézeaux
Moncellier
Echansieux
Viollay
Champoly
les Forêts
St Julien-d'Oddes
Automusée du Forez
Bois des Ardilliers
la Croix-de-Bard
Chenevoux
Biesse
Mas-Mollet
Urval
Vassauges
Chavagneux
Marcilleux
St Georges-de-Baroille
Félines
Ste Agathe-en-Donzy
Noailly
Piolard
la Grande Jeanne
la Vialle
les Gris
St Martin-la-Sauveté
Mayen
Job
Chazelles
la Sauveté
St Germain-Laval
Pommiers
la Varenne
Verneuil
les Garets
le Bernand
Balbigny
Néronde
Bussières
Fontanes
Montchal
Croix-de-Sign
Puy Blanc
St Pulgent
Morand
Nollieux
le Châtelard
Grenieux
Fenêtres
la Trève
Veret
Min Piquet
St Julien-la-Vêtre
St Thurin
le Mas
Fontavin
Ailleux
Verrières
les Chantois
Nervieux
Mizérieux
Pouilly-lès-Feurs
Paillassieux
Rozier-en-Donzy
Panissières
Priest-la-Vêtre
Grd Ris
Pierre Branlante
St Didier-s-Rochefort
Grd Vernay
Collet
Cezay
le Bost
Albieux
Bussy-Albieux
les Aires
St Sulpice
la Salle
Epercieux-St Paul
Chanassou
Cottance
Rochefort
Marcy
Thay
Anzon
St Sixte
Georges Belin
Arthun
Bois Clurieux
la Grille
Tour
l'Ile
Civens
Côte-en-Couzan
Chazelles
l'Hôpital-s-Rochefort
les Trouillères
St Laurent
Puits-Giraud
la Valla-sur-Rochefort
Pralois
Ciergues
Varenne
Montcel
Beauvoir
Ste Foy-St Sulpice
Cleppé
Salvizinet
la Valette
Essertines-en-Donzy
le Poyet
Bruchet
Débats-Rivière-d'Orpra
Culvé
Groselier
Chartre
Cétereau
Naconne
Locart
Donzy
Chavot
le Genetey
Palogneux
Leigneux
Boën
la Fabrique
Goincet
Villedieu
Feurs
Jas
Pizay
Avey
Boissel
Sail-s/s-Couzan
Croix des Sapeaux
la Chaise
Junchuns
Trelins
la Bouteresse
la Mon Blanche
Jullieux
Poncins
Salt-en-Donzy
St Barthélemy-Lestra
St Just-en-Bas
Col de Croix-Ladret
Ladret
Goutte
Colombet
Chau de Couzan
Chorigneux
St Agathe
Goutelas
Meximieux
Bastie-d'Urfé
St Etienne-le-Molard
les Périchons
la Loge
la Roche
Vizézy
Lignon
les Renard
Soleillant
Goutres

A
B
C
1
2
3
4
174
191
210
Monsols
Chauffailles
Belmont-de-la-Loire
Beaujeu
Belleville
Thoissey
Fleurie
Chénas
Juliénas
Villié-Morgon
Corcelles-en-B.
Lamure-s-Azergues
Cours-la Ville
Thizy
Cublize
Amplepuis
Chamelet
Le Bois-d'Oingt
Villefranche-s-Saône
Trévoux
Anse
Tarare
L'Arbresle
Limonest
Vaugneray
Ecully
Charbonnières-les-Bains
Tassin-la-Demi-Lune
Oullins
St Laurent-de-Chamousset
Panissières
Montmerle-s-Saône
St Symphorien-d'Ancelles
Régnié-Durette
Quincié-en-Beaujolais
Chiroubles
Salles-Arbuissonnas-en-Beaujolais
Blacé
Gleizé
Limas
Jarnioux
Theizé
Oingt
Chessy
Châtillon
Lozanne
Sain-Bel
Savigny
Montrottier
Longessaigne
Villechenève
Affoux
Valsonne
Ronno
Chénelette
Claveisolles
Marchampt
Vaux-en-Beaujolais
Le Perréon
Odenas
Charentay
Cercié
St Lager
Brouilly
Col du Fût d'Avenas
Mt St Rigaud
Roche d'Ajoux
Col des Écorbans
Bois de Pramenoux
Forêt de Brou
Col de la Luère
AUTOROUTE DU SOLEIL
A6-E15
N6
N7

D
E
F
175
176
194
211
BOURG-EN-BRESSE
Brou
Péronnas
Forêt de Seillon
Forêt de Certines
Ceyzériat
Montagnat
Servas
Lent
St Paul-de-Varax
Châtillon-s-C.
St Trivier-s-Moignans
Villars-les-Dombes
Parc des Oiseaux
Chalamont
Dompierre-s-Veyle
Abbe de N.D.-des-Dombes
Marlieux
Pont-d'Ain
Ambronay
Ambérieux-en-Dombes
Pérouges
Meximieux
Montluel
Miribel
Neuville-s-Saône
Rillieux-la-Pape
Vaulx-en-Velin
Villeurbanne
LYON
Bron
Décines-Charpieu
Meyzieu
Genas
St Priest
LYON-SAINT-EXUPÉRY
Pont-de-Chéruy
Crémieu
Lagnieu
Ambérieu-en-Bugey
Loyettes
Camp de la Valbonne
Parc de Miribel-Jonage
Parc archéologique de Larina
RHÔNE

A B C

176

193

212

Bourg-Jasseron
Ceyzériat
Drom
Ramasse
Cizé
Izernore
Martignat
Apremont
Echallon
Montréal-la-Cluse
Nantua
Geovreissiat
Charix
Plagne
Champfromier
St Germain-de-Joux
Pont des P
Montagnat
Revonnas
Hautecourt
Bohas
Serrières-s-Ain
Peyriat
Brion
Nurieux-Volognat
Lalleyriat
Le Poizat
Châtillon-en-Michaille
Tossiat
Journans
Rignat
Meyriat
Challes
Cerdon
Poncin
Labalme
Vieu-d'Izenave
Condamine
Chevillard
Plateau de Retord
Crêt de Beauregard
Vouvray
Ochiaz
Neuville-s-Ain
Mérignat
Outriaz
Brénod
Crêt du Nu
Injoux-Génissiat
Druillat
Pont-d'Ain
Jujurieux
Chatillon-de-Cornelle
Lantenay
Izenave
Corcelles
Le Gd Abergement
le Pt Abergement
Col de Richemont
Surjoux
Lhôpital
Varambon
Ambronay
Champdor
Hotonnes
Ruffieu
Songieu
Chanay
Corbonod
Douvres
Nivollet-Montgriffon
Hauteville-Lompnes
Seysse
Ambérieu-en-Bugey
St Denis-en-Bugey
St Rambert-en-Bugey
Oncieu
Evosges
Chaley
Cormaranche-en-Bugey
Lompnieu
Brénaz
Lochieu
Ambutrix
Leyment
Argis
Tenay
Hostias
Thézillieu
Luthézieu
Champagne-en-Valromey
Gd Colombier
Anglefort
Lagnieu
Torcieu
Cleyzieu
Arandas
Conand
Souclin
St Sorlin-en-Bugey
Chartreuse de Portes
Prémillieu
Belmont
Artemare
Talissieu
Béon
Culoz
Villebois
Ordonnaz
Armix
Virieu-le-Grand
St Martin-de-Bavel
Ceyzérieu
Parmilieu
Porcieu
Bénonces
Rossillon
Cheignieu-la-Balme
Pugieu
Vongnes
Lavours
Chanaz
Montalieu-Vercieu
Seillonnaz
Lompnas
Contrevoz
Chazey-Bons
Marignieu
Hières-s-Amby
Bouvesse-Quirieu
Montagnieu
Briord
Marchamp
St Germain-les-Paroisses
Andert-et-Condon
Magnieu
Cressin
St Pierre-de-Curtille
St Baudille-de-la-Tour
Belley
Massignieu-de-Rives
Lucey
Annoisin-Chatelans
Optevoz
Lhuis
Ambléon
Arbignieu
Parves
Nattages
Siccieu
Courtenay
Creys-Mépieu
Conzieu
Brens
Virignin
Crémieu
Soleymieu
Arandon
Groslée
St Bois
Yenne
Dizimieu
Trept
St Victor-de-Morestel
Brangues
Prémeyzel
St Paul

GENÈVE
ANNECY
Annemasse
Rumilly
Thônes
Faverges
AIX-LES-BAINS
Tête du Parmelan
la Tournette
Mont Salève
PARC NATUREL RÉGIONAL
177
178
196
213

A
B
C
178
195
214
1
2
3
4
Morzine
les Gets
Mont Chéry
le Pleney
Col de la Ramaz
Haute Pointe
Onnion
Bonne
Fillinges
Nangy
Contamine-s-Arve
Peillonnex
Faucigny
Viuz-en-Sallaz
Ville-en-Sallaz
St Jeoire
Mieussy
Taninges
Praz-de-Lys
Pte de Marcelly
Col de Joux Plane
Pte de Chamoissière
Samoëns
Verchaix
Sixt-Fer-à-Cheval
Col de Coux
Dents Blanches
Col de la Golèse
Pte de Nant Golon
Pte de Nyon
Le Môle
Marignier
Bonneville
Col du Reyret
Arenthon
Scientrier
Amancy
La Roche-s-Foron
St Pierre-en-Faucigny
St Sixt
St Laurent
Châtillon-s-Cluses
St Sigismond
Cluses
Marnaz
Thyez
Vougy
Scionzier
Nancy-s-Cluses
Mont Saxonnex
Brizon
Arâches
Les Carroz-d'Arâches
Tête du Pré des Saix
Flaine
Tête Pelouse
Désert de Platé
Pte d'Anterne
Col d'Anterne
Lac d'Anterne
La Tête à l'Âne
Chaîne du Bargy
Le Reposoir
Chartreuse du Reposoir
Chaîne du Reposoir
Magland
Col de la Colombière
Pte d'Almet
Pic de Jallouvre
Pte Blanche
Rochers de Leschaux
Thorens
Col des Annes
Le Chinaillon
Le Grand-Bornand
St Jean-de-Sixt
Pte Percée
Aiguilles de Varan
Tête du Colonney
Plateau d'Assy
Passy
Sallanches
Cordon
Combloux
Domancy
Le Fayet
St Gervais-les-Bains
Les Houches
Bellevue
Col de Voza
Le Nid d'Aigle
Servoz
Gges de la Diosaz
Montagne de Sous-Dine
Roche Parnal
Entremont
Thônes
La Clusaz
Col de la Croix-Fry
Manigod
Col des Aravis
Chaîne des Aravis
La Giettaz
Croix des Salles
Mont d'Arbois
Megève
Praz-s-Arly
Mont Joly
Les Contamines-Montjoie
Dômes de Miage
Aig^le de la Bérangère
Aig^le Croche
Rochebrune
Col du Marais
La Tournette
Serraval
L'Etale
Flumet
N.D. de Bellecombe
St Nicolas-la-Chapelle
Mt de Vorès
Col de l'Arpettaz
Mt Charvin
Crest-Voland
Col des Saisies
Hauteluce
Beaufort
Les Saisies
Bisanne
Ugine
Marlens
Faverges
Col de l'Epine
Cons-Ste Colombe
Col du Bonhomme
Col de la Cr^x du Bonhomme
Tête Nord des Fours
Col de la Seigne
Mt Tondu
Aig^le de Roselette
Col du Joly
Les Chapieux
Cormet de Roselend
Arêches
Boudin
Col du Pré
Albertville
Conflans
Col de Tamié
Aig^le du Gr^d Fond
La Terrasse
Le Roignais
Vallée des Chapieux
Col de la Bathie
Pte de la Gr^de Journée
Les Allues
Col de la Forclaz
Queige
Villard-s-Doron
Venthon
Thénésol
Seythenex
Plateau des Teppes
Mercury
Gilly
Tours-en-Savoie

D
E
F
179
215
1
2
3
4
Martigny
Verbier
Sembrancher
Champex
Orsières
Liddes
Bourg-St Pierre
Col du Grd St Bernard
Tunnel du Grd St Bernard
Col de la Forclaz
Argentière
CHAMONIX-MONT-BLANC
Aiguille du Midi
Tunnel du Mt Blanc
MONT BLANC
Courmayeur
Pré-St Didier
Morgex
La Thuile
Col du Pt St Bernard
AOSTA/AOSTE
Étroubles
Valpelline
Ollomont
Grd Combin
Mt Vélan
Mt Dolent
Bge de Mauvoisin
Bge d'Emosson
Bge de la Grde Dixence
Salvan
Finhaut
Vallorcine
Val Ferret
Val Veny
St Pierre
Aymavilles
Villeneuve
Arvier
Avise
Introd
Rhêmes-St Georges
Valgrisenche
Val di Cogne
Gressan
St Christophe
Le Châble
Bagnes
Fully
Saxon
Charrat
Vernayaz
Dorénaz

A
B
C
1
2
3
4
181
182
199
217
218
Cognac
Cherves-Richemont
Chaniers
Courcoury
les Gonds
St Sauvant
Dompierre-s-C.
St Sever-de-Saintonge
Rouffiac
Chérac
St Laurent-de-C.
Javrezac
Salignac-s-C.
Merpins
Châteaubernard
Vieux Bourg
Brives-s-C.
Montils
Colombiers
la Jard
Préguillac
Berneuil
Thénac
Chermignac
Varzay
Rétaud
Brasseau
Montpellier-de-Médillan
Rioux
Tesson
St Simon-de-Pellouaille
Jorignac
St André-de-Lidon
Villars-en-Pons
St Léger
St Seurin-de-Palenne
Pérignac
Gimeux
Ars
Salles-d'Angles
Genté
Coulonges
Celles
Lonzac
Bougneau
Pons
Usson
Échebrune
Biron
Jazennes
Tanzac
Gémozac
Virollet
Cravans
Mazerolles
Givrezac
Belluire
Fléac-s-Seugne
Avy
Marignac
Chadenac
Jarnac-Champagne
St Martial-s-Né
Germignac
Cierzac
Angeac-Champagne
Juillac-le-Coq
St Fort-s-le-Né
Verrières
St Palais-du-Né
Archiac
Lachaise
Ste Lheurine
Neuillac
Arthenac
Neulles
St Quantin-de-Rançanne
Champagnolles
St Germain-du-Seudre
St Palais-de-Phiolin
St Grégoire-d'Ardennes
Mosnac
St Georges-Antignac
Clam
St Genis-de-Saintonge
Clion
Lussac
Plassac
Bois
Brie-s/s-Mortagne
Floirac
Lorignac
St Maurice-de-Tavernole
St Martial-de-Vitaterne
Réaux
Allas-Champagne
Brie-s/s-Archiac
Moings
St Eugène
Guimps
St Sigismond-de-Clermont
St Germain-de-Lusignan
Jonzac
St Ciers-Champagne
Meux
Guitinières
St Dizant-du-Gua
St Ciers-du-Taillon
St Ramée
Consac
Nieul-le-Virouil
St Hilaire-du-Bois
Champagnac
St Germain-de-Vibrac
St Maigrin
St Dizant-du-Bois
St Simon-de-Bordes
St Médard
Mortiers
St Thomas-de-Conac
Semoussac
St Georges-des-Agoûts
Mirambeau
Allas-Bocage
Agudelle
Ozillac
Fontaines-d'Ozillac
Léoville
Baignes-Ste Radegonde
St Sorlin-de-Conac
St Bonnet-s-Gironde
Soubran
Villexavier
Tugéras-St Maurice
Vibrac
Vanzac
Salignac-de-Mirambeau
Chartuzac
Messac
Rouffignac
Expiremont
Mérignac
Chantillac
Courpignac
Boisredon
Chamouillac
Coux
Pommiers-Moulons
Sousmoulins
St Palais
St Ciers-s-Gironde
Soumeras
Montendre
Chatenet
Polignac
Chevanceaux
St Caprais-de-B.
St Aubin-de-Blaye
Marcillac
Jussas
Pouillac
St Palais-de-Négrignac
Braud-et-St Louis
Donnezac
Corignac
Chepniers
Montlieu-la-Garde
Reignac
Étauliers
Anglade
E.D.F. Centrale nucléaire du Blayais
Phare de Trompeloup
Port des Callonges
Forêt de la Lande
Forêt de Pons
L'AQUITAINE
A 10-E 5
N 137
D 730
D 699
D 700
D 732
N 141
E 603
Charente
Seugne
Seudre
Trèfle
Né

D
E
F
183
202
219
ANGOULÊME
Sigogne
Foussignac
Fleurac
Échallat
Mérignac
Douzat
Asnières-s-Nouère
Marsac
Vindelle
Balzac
Champniers
Brie
Triac-Lautrait
Gondeville
Bassac
Hiersac
Moulidars
St Simon
Vibrac
St Saturnin
Fléac
Linars
Trois-Palis
Gond-Pontouvre
Ruelle-s-Touvre
Magnac-s-T.
Touvre
Mornac
L'Isle-d'Espagnac
Soyaux
St Même-les-Carrières
Angeac-Charente
St Simeux
Châteauneuf-s-Charente
St Michel
Nersac
Sireuil
La Couronne
Puymoyen
Dirac
Vœuil-et-Giget
Garat
Bouëx
Sers
Vouzan
Forêt de Dirac
Grottes du Quéroy
Forêt de Bois Blanc
St Preuil
Bouteville
Bonneuil
Le Breuil
Eraville
Malaville
Birac
Roullet-St Estèphe
Claix
Mouthiers-s-Boëme
Torsac
Dignac
Lignières-Sonneville
Touzac
Nonaville
Jurignac
Étriac
Plassac-Rouffiac
Fouquebrune
Ladiville
Vignolles
Mainfonds
Champagne-Vigny
Voulgézac
Le Maine-Giraud
Bécheresse
St Médard
Aubeville
Péreuil
Chadurie
Charmant
Magnac-Lavalette-Villars
Villebois-Lavalette
Edon
St Bonnet
Angeduc
Blanzac-Porcheresse
Juillaguet
Ronsenac
Salles-de-Barbezieux
St Aulais-la-Chapelle
Cressac-St Genis
Péréignac
St Léger
Chavenat
Aignes-et-Puypéroux
Blanzaguet-St Cybard
Bessac
Brie-s/s-Barbezieux
Challignac
Deviat
Nonac
St Eutrope
Gurat
Champagne-et-Fontaine
Condéon
Montmoreau-St Cybard
Vaux-Lavalette
Vendoire
Poullignac
Berneuil
Courgeac
St Laurent-de-Belzagot
St Amant
Salles-Lavalette
Nanteuil-Auriac
La Chapelle-Grésignac
Ste Souline
St Félix
Oriolles
Chillac
St Martial
Juignac
Passirac
Châtignac
St Laurent-des-Combes
Palluaud
St Martial-Viveyrol
Brossac
Bors
Montignac-le-Coq
Bouteilles-St Sébastien
Boisbreteau
Montboyer
Pillac
St Paul-Lizonne
Lusignac
Bardenac
Bellon
St Séverin
Guizengeard
St Vallier
Courlac
Curac
Boresse-et-Martron
Chalais
Yviers
Orival
St Romain
Nabinaud
Bersac
Allemans
Comberanche-Épeluche
Aubeterre-s-Dronne
Rouffiac
Sauvignac
Rioux-Martin
St Quentin-de-Chalais
St Avit
St Antoine-Cumond
Bourg-du-Bost
Médillac
Bazac
Les Essards
Bonnes
Chassaignes
Ribérac

A
B
C
184
201
220
1
2
3
4
la Rochefoucauld
Rivières
Yvrac-et-Malleyrand
Mazerolles
Marillac-le-Franc
St Projet-St Constant
le Lindois
Sauvagnac
Roussines
Les Salles-Lavauguyon
St Mathieu
Bunzac
Rancogne
St Sornin
Orgedeuil
Rouzède
Ecuras
Maisonnais-s-Tardoire
Mornac
Pranzac
Vilhonneur
Vouthon
Montbron
Busserolles
Champniers-et-Reilhac
Chazelles
Grottes du Quéroy
Bussière-Badil
Eymouthiers
Garat
Bouëx
St Germain-de-Montbron
Marthon
Soudat
Piégut-Pluviers
St Barthélemy-de-Bussière
Marval
Sers
Vouzan
Feuillade
Varaignes
Etouars
St Estèphe
Augignac
Forêt de Dirac
Grassac
Forêt d'Horte
Souffrignac
Teyjat
le Bourdeix
Roc Branlant
Javerlhac-et-la Chle-St Robert
St Martin-le-Pin
Dignac
Charras
Mainzac
Hautefaye
Nontron
Savignac-de-Nontron
PÉRIGORD
PARC
Rougnac
Gardes-le-Pontaroux
Lussas-et-Nontronneau
St Martial-de-Valette
St Pardoux-la-Rivière
Villebois-Lavalette
Edon
Combiers
les Graulges
Connezac
Beaussac
Blanzaguet-St Cybard
La Rochebeaucourt-et-Argentine
Ste Croix-de-Mareuil
Puyrenier
Rudeau-Ladosse
Champeaux-et-la Chlle-Pommier
St Front-s-Nizonne
Milhac-de-Nontron
St Sulpice-de-Mareuil
Mareuil
la Chapelle-Montmoreau
St Front-la-Rivière
Champagne-et-Fontaine
Vieux-Mareuil
St Crépin-de-Richemont
St Pancrace
Puyguilhem
Quinsac
Vendoire
Gouts-Rossignol
Monsec
St Félix-de-Bourdeilles
Villars
Nanteuil-Auriac
la Chapelle-Grésignac
Cherval
la Chapelle-Montabourlet
Léguillac-de-Cercles
Cantillac
Champagnac-de-Belair
la Tour-Blanche
Cercles
Brantôme
Condat-s-Trincou
la Chapelle-Faucher
Verteillac
St Martial-Viveyrol
Bouteilles-St Sébastien
St Paul-Lizonne
Lusignac
Bourg-des-Maisons
St Just
Paussac-et-St Vivien
Valeuil
Bourdeilles
Creyssac
Bertric-Burée
Celles
St Vivien
Allemans
Grd-Brassac
Montagrier
Lisle
Biras
Sencenac-Puy-de-Fourches
Eyvirat
Agonac
St Méard-de-D.
Tocane-St Apre
Ribérac
Douchapt
Prieuré de Merlande
Château-l'Evêque
Cornille

D
E
F
185
204
221
1
2
3
4
Oradour-s-Vayres
Cussac
Champagnac-la-Rivière
Champsac
Pageas
Châlus
Flavignac
Les Cars
Burgnac
Meilhac
Nexon
Jourgnac
Solignac
le Vigen
St Maurice-les-Brousses
St Jean-Ligoure
Rilhac-Lastours
St Hilaire-les-Places
Janailhac
la Chapelle-Montbrandeix
Montbrun
Dournazac
Pensol
Bussière-Galant
Firbeix
La Meyze
la Roche-l'Abeille
Ladignac-le-Long
le Chalard
Mialet
la Coquille
St Saud-Lacoussière
St Pierre-de-Frugie
St Priest-les-Fougères
Chaleix
St Jory-de-Chalais
Jumilhac-le-Grand
St Paul-la-Roche
St Yrieix-la-Perche
Coussac-Bonneval
Glandon
Sarlande
St Julien-le-Vendômois
Sarrazac
Nanthiat
St Romain-et-St Clément
Thiviers
Angoisse
Ségur-le-Château
Lanouaille
Payzac
Beyssenac
Dussac
St Sulpice-d'Excideuil
Corgnac-s-l'Isle
Clermont-d'Excideuil
Savignac-Lédrier
Négrondes
Excideuil
St Germain-des-Prés
St Médard
St Mesmin
Génis
Salagnac
Juillac
Sorges
Couleures
St Raphaël
Cherveix-Cubas
Boisseuilh
Savignac-les-Eglises
Mayac
Tourtoirac
St Martial-Laborie
Segonzac
Hautefort
St Robert
Ayen
Teillots
St Cyprien
Sarliac-s-l'Isle
St Pantaly-d'Ans
Ste Eulalie-d'Ans
Forêt de Lastours
Forêt de Vieillecour
Forêt du Born
NATUREL
RÉGIONAL
LIMOUSIN
N 21
D 704
D 901
A 20-E 9

204
A
B
C
186
Solignac
le Vigen
Masléon
Eymoutiers
St Paul
St Hilaire-Bonneval
Neuvic-Entier
Chateauneuf-la-Forêt
Pierre-Buffière
St Bonnet-Briance
Linards
Sussac
Domps
St Priest-Ligoure
Vicq-s-Breuilh
St Méard
Glanges
Forêt de Châteauneuf
Mt Gargan
St Germain-les B.
St Vitte-s-Briance
la Croisille-s-Briance
St Gilles-les-Forêts
Surdoux
Château-Chervix
Magnac-Bourg
la Porcherie
Chamberet
Forêt de Fayat
Forêt de Magnac
Meuzac
Masseret
Meilhards
Soudaine-Lavinadière
Coussac-Bonneval
Montgibaud
Benayes
Lamongerie
Rilhac-Treignac
Affieux
203
Salon-la-Tour
Peyrissac
St Julien-le-Vendômois
Condat-s-Ganaveix
Eyburie
le Lonzac
Lubersac
St Pardoux-Corbier
St Martin-Sepert
St Ybard
Ségur-le Château
Uzerche
Chamboulive
Beyssenac
Arnac-Pompadour
St Jal
Puy des Fourches
St Salvadour
St Sornin-Lavolps
Vigeois
Seilhac
Beyssac
Concèze
Lagraulière
Lascaux
St Clément
Juillac
Vignols
St Solve
Orgnac-s-Vézère
Perpezac-le-Noir
Estivaux
Chanteix
Naves
St Bonnet-l'Enfantier
Voutezac
Vertougit
St Pardoux-l'O.
Sadroc
St Mexant
TULLE
Objat
St Germain-les-Vergnes
Favars
St Robert
Ayen
St Cyprien
Allassac
222
Laguenne

D
E
F
187
206
223
1
2
3
4
Plateau de Millevaches
Faux-la-Montagne
Féniers
la Courtine
Peyrelevade
Tarnac
Sornac
Millevaches
St Merd-les-Oussines
Chavanac
Bugeat
Pérols-s-Vézère
Toy-Viam
Viam
St Sulpice-les-Bois
St Germain-Lavolps
St Pardoux-le-Vieux
Lignareix
Meymac
Ambrugeat
Ussel
Mestes
St Angel
Maussac
Combressol
Davignac
Soudeilles
Darnets
Égletons
Moustier-Ventadour
Chau de Ventadour
Rosiers-d'Égletons
Montaignac-St Hippolyte
Corrèze
Chaumeil
St Yrieix-le-Déjalat
Sarran
Gourdon-Murat
Bonnefond
Pradines
Grandsaigne
Lestards
Vitrac-s-M
Eyrein
Gimel-les-Cascades
Clergoux
Champagnac-la-Noaille
Lafage-s-Sombre
Marcillac-la-Croisille
St Pardoux-la-Croisille
Lapleau
Soursac
Neuvic
Palisse
Lamazière-Basse
St Hilaire-Luc
Chirac-Bellevue
Valiergues
Sérandon
Liginiac
Bge de Marège
Bge de Neuvic d'Ussel
Chaveroche
Alleyrat
Bellechassagne
Courteix
Mt Bessou
Puy Pendu
Signal d'Audouze
Tourbière du Longéroux
Forêt de Châteauvert
Forêt de Bellechassagne
Forêt de Bonneval
Camp militaire
Massif des Monédières
Suc-au-May
Puy Messou
Col des Géants
Puy de Sarran
Puy d'Agnoux
Gorges de la Dordogne
Dordogne
Rte des Ajustants
Vézère
Corrèze
Diège
Triouzoune
Luzège
Doustre
Sombre
Montaigut
St Augustin
Meyrignac-l'Église
Chanac-les-Mines
St Bonnet-Avalouze
St Martial-de-Gimel
Bge de la Valette
St Merd-de-Lapleau
Laval-sur-Luzège
Bge de l'Aigle
Sourniac
Arches
St Étienne-la-Geneste
Lapanouse
Forêt de Mirambel
Courtine
de la
Nedde
Rempnat
Lacelle
Beissat
Malleret
St Oradoux-de-Chirouze
St Rémy
St Martial-le-Vieux
Couffy-s-Sarsonne
St Pardoux-le-Neuf
D 982
D 979
D 36
D 16
D 18
A 89
E 70
N 89

A
B
C
188
205
224
1
2
3
4
la Courtine
Forêt de Châteauvert
Herment
St Merd-la-Breuille
St Germain-près-Herment
Tortebesse
Prondines
Lastic
Briffons
Laroche-près-Feyt
Feyt
Eygurande
Bourg-Lastic
Monestier-Merlines
Merlines
Laqueuille
Rochefort-Montagne
St Julien-Puy-Lavèze
St Sulpice
Messeix
Aix
St Pardoux-le-Neuf
Savennes
Singles
la Bourboule
Murat-le-Quaire
St Sauves-d'Auvergne
Tauves
la Tour-d'Auvergne
Ussel
St Fréjoux
St Exupéry-les-Roches
Confolent-Port-Dieu
Thalamy
Larodde
Bagnols
Mestes
Veyrières
St Bonnet-près-Bort
Monestier-Port-Dieu
Labessette
Trémouille-St Loup
Plateau de l'Artense
St Donat
Picherande
Margerides
St Victour
Val
Lanobre
Liginiac
Bge de Marèges
Bort-les-Orgues
Champs-sur-Tarentaine-Marchal
Bge de Lastioulles
St Genès-Champespe
Neuvic
Bge de Neuvic d'Ussel
Sérandon
Champagnac
Ydes
Saignes
Antignac
Vebret
PARC NATUREL
Condat
St Amandin
Marchastel
Lugarde
Riom-ès-Montagnes
Sauvat
Bassignac
Menet
Valette
Auzers
Mauriac
Jaleyrac
Gorges de la Dordogne
Puy de Sancy
Gorges d'Avèze
Gorges du Chavanon
Forêt de Maubert
Apchon

D
E
F
189
208
225
1
2
3
4
CLERMONT-FERRAND
Royat
Beaumont
Aubière
Cournon-d'Auvergne
Lempdes
Mezel
Vertaizon
Vassel
Chauriat
St Bonnet-lès-Allier
Chas
Reignat
Pérignat-lès-Sarliève
Pérignat-ès-Allier
Romagnat
Plau de Gergovie
Gergovie
Le Cendre
Orcet
St Georges-s-Allier
La Roche-Noire
Mirefleurs
Busséol
St Julien-de-Coppel
Laps
Les Martres-de-Veyre
Puy de St Romain
St Maurice
La Roche-Blanche
Chanonat
Le Crest
Veyre-Monton
Corent
Tallende
St Amant-Tallende
St Saturnin
St Sandoux
Authezat
Vic-le-Comte
Pic de Cheix-Blanc
Sallèdes
La Sauvetat
Plauzat
Montpeyroux
Coudes
Yronde-et-Buron
Manglieu
Ludesse
Neschers
St Yvoine
Champeix
Sauvagnat-Ste Marthe
St Babel
Aulhat-St Privat
Chadeleuf
Pardines
Issoire
Perrier
Meilhaud
Parentignat
Sauxillanges
Usson
St Rémy-de-Chargnat
Les Pradeaux
Le Broc
Bergonne
Antoingt
Solignat
Vodable
Puy d'Ysson
Tourzel-Ronzières
Chassagne
Mareugheol
Ternant-les-Eaux
Villeneuve
Gignat
Nonette
Orsonnette
Le Breuil
Boudes
St Germain-Lembron
St Hérent
La Chapelle-Marcousse
Collanges
Vichel
Charbonnier-les-Mines
Brassac-les-Mines
Ste Florine
St Gervazy
Madriat
Augnat
Rentières
Ardes
Apchat
Lempdes-s-Allagnon
Frugères-les-Mines
Gorges de l'Allagnon
Mazoires
Col de la Pierre Plantée
St Alyre-ès-Montagne
Torsiac
Leotoing
Lorlanges
St Géron
Bournoncle-St Pierre
Blesle
Autrac
Anzat-le-Luguet
Le Luguet
Leyvaux
St Etienne-s-Blesle
Espalem
Grenier-Montgon
Brioude
St Beauzire
St Laurent-Chabreuges
Lespinasse
Lubilhac
Auriac-l'Église
Molèdes
Vèze
CÉZALLIER
Marcenat
Landeyrat
Pradiers
Montgreleix
Espinchal
La Godivelle
Compains
Valbeleix
Besse-et-St Anastaire
Super-Besse
Puy de Montchal
Lac Pavin
Creux de Soucy
Lac de Bourdouze
St Nectaire
Murol
Lac Chambon
Le Mont-Dore
Puy de Sancy
Chambon-sur-Lac
St Victor-la-Rivière
St Diéry
Saurier
Grandeyrolles
Montaigut-le-Blanc
PARC
RÉGIONAL
DES VOLCANS
D'AUVERGNE
MONTS DORE
Orcival
Aydat
Lac d'Aydat
Saulzet-le-Froid
Col de la Ventouse
Nébouzat
Puy de Laschamp
Col de Ceyssat
Olby
St Pierre-Roche
Roche Sanadoire
Col de Guéry
Vassivière
Cournols
Olloix
Grandchamp
Puy de Bessolles
Verrières
Creste
Cotteuges
St Pierre-Colamine
Courgoul
Gorges de Courgoul
Chaumiane
Marsol

A
B
C
190
207
226
1
2
3
4
Courpière
Billom
Sermentizon
Vassel
Reignat
Montmorin
Mauzun
St Flour
Estandeuil
St Dier-d'Auvergne
Domaize
Sauviat
Tours-s-Meymont
Olliergues
Augerolles
Olmet
Vertolaye
Marat
Le Brugeron
St Pierre-la-Bourlhonne
Job
Valcivières
Cunlhat
Ceilloux
Isserteaux
St Jean-des-Ollières
Vic-le-Comte
Sallèdes
Pignols
Manglieu
Sugères
Brousse
Auzelles
La Chapelle-Agnon
Bertignat
Grandval
St Amant-Roche-Savine
Ambert
LIVRADOIS
FOREZ
MONTS DU
Sauxillanges
Egliseneuve-des-Liards
St Quentin-s-Sauxillanges
Condat-lès-Montboissier
Echandelys
Forêt de Boisgrand
Fournols
St Genès-la-Tourette
Aix-la-Fayette
Chambon-s-Dolore
St Ferréol-des-Côtes
Champétières
Usson
St Rémy-de-Chargnat
St Jean-en-Val
Parentignat
Chaméane
St Etienne-s-Usson
Marsac-en-Livradois
Vernet-la-Varenne
St Germain-l'Herm
St Bonnet-le-Chastel
Novacelles
St Bonnet-le-Bourg
Arlanc
Jumeaux
Brassac-les-Mines
Ste Florine
Auzon
Vergongheon
St Martin-d'Ollières
Peslières
Fayet-Ronaye
Doranges
St Sauveur-la-Sagne
Dore-l'Église
PARC NATUREL
RÉGIONAL
DU LIVRADOIS - FOREZ
St Vert
Champagnac-le-Vieux
Azérat
Agnat
Chassignolles
St Hilaire
Lamothe
Chaniat
Laval-s-Doulon
Malvières
La Chaise-Dieu
La Chapelle-Geneste
St Alyre-d'Arlanc
Bournoncle-St Pierre
Brioude
St Laurent-Chabreuges
Paulhac
Fontannes
Javaugues
Frugières-le-Pin
Vieille-Brioude
Lavaudieu
Lespinasse
St Didier-s-Doulon
Berbezit
Connangles
Sembadel
Bonneval
St Préjet-Armandon
St Pal-de-Senouire
Domeyrat
Lorlanges
St Géron
Cohade

D
E
F
191
Boën
Leigneux
Débats-Rivière-d'Orpra
Sail-s/s-Couzan
Ch^au de Couzan
St Just-en-Bas
Col de Croix-Ladret
St Georges-en-Couzan
Chalmazel
Col de la Pelletière
Trelins
Ste Agathe
la Bastie-d'Urfé
St Étienne-le-Molard
Poncins
Chambéon
St Laurent-la-Conche
Magneux-Hte Rive
Marclopt
Feurs
Salt-en-Donzy
St Barthélemy-Lestra
Valeille
Virigneux
St Cyr-les-Vignes
Bellegarde-en-Forez
St André-le-Puy
Maringes
Montverdun
Marcoux
Marcilly-le-Châtel
Mornand-en-Forez
St Paul-d'Uzore
Chalain-d'Uzore
Pralong
Champdieu
Chalain-le-Comtal
Montrond-les-Bains
Sauvain
St Bonnet-le-Courreau
Pierre sur Haute
Mont Courreau
Châtelneuf
Essertines-en-Châtelneuf
Montbrison
Savigneux
Grézieux-le-Fromental
Boisset-lès-Montrond
Unias
Cuzieu
St Galmier
St Médard-en-Forez
Lérigneux
Roche
Moingt
Ecotay-l'Olme
Bard
Précieux
Craintilleux
Rivas
Chambœuf
Aveizieux
Verrières-en-Forez
Lézigneux
St Thomas-la-Garde
St Romain-le-Puy
St Georges-Hte Ville
Veauchette
Veauche
Col de la Croix de l'Homme Mort
Chazelles-s-Lavieu
Lavieu
Margerie-Chantagret
Sury-le-Comtal
St Cyprien
Andrézieux-Bouthéon
St Héand
St Anthème
Gumières
Soleymieux
Boisset-St Priest
St Jean-Soleymieux
Bonson
St Just-St Rambert
210
St Clément-de-Valorgue
St Romain
Marols
Chenereilles
St Marcellin-en-Forez
Baffie
La Chaulme
La Chapelle-en-Lafaye
Montarcher
Luriecq
Périgneux
Chambles
St Genest-Lerpt
Roche-la-Molière
Viverols
Eglisolles
St Bonnet-le-Château
Estivareilles
Aboën
Caloire
St ETIE
La Ricamarie
Le Chambon-Feugerolles
St Nizier-de-Fornas
Usson-en-Forez
Merle-Leignec
St Maurice-en-Gourgois
St Paul-en-Cornillon
Firminy
Sauvessanges
Apinac
Rozier-Côtes-d'Aurec
Aurec-s-Loire
St Pal-de-Chalencon
St Hilaire-Cusson-la-Valmitte
Malvalette
St Ferréol-d'Auroure
Pont-Salomon
Craponne-s-Arzon
St Julien-d'Ance
Boisset
Valprivas
Bas-en-Basset
Monistrol-s-Loire
St Didier-en-Velay
St Georges-Lagricol
Tiranges
Chalencon
La Séauve-s-Semène
St Victor-Malescours
St André-de-Chalencon
Beauzac
Chomelix
St Pierre-du-Champ
227
Ste Sigolène
St Pal-de-Mons

A
B
C
192
St Laurent-de-Chamousset
Brussieu
Vaugneray
Craponne
Ste Foy
Oullins
St Martin-Lestra
les Halles
St Genis-Argentière
Yzeron
Brindas
St Laurent-de-Vaux
Valeille
Ste Foy-Argentière
Souzy
Montromant
Messimy
St Genis-Laval
Virigneux
Meys
Aveize
Duerne
Thurins
Soucieu-en-Jarrest
Brignais
St Cyr-les-Vignes
St Martin-en-Haut
Rochefort
Orliénas
Vourles
1
Bellegarde-en-Forez
Maringes
Viricelles
Grézieu-le-Marché
Pomeys
la Chapelle-s-Coise
Rontalon
Taluyers
Charly
Millery
St André-le-Puy
Chazelles-s-Lyon
St Symphorien-s-Coise
Sal de St André
Chaussan
St Laurent-d'Agny
Mornant
Montagny
St Denis-s-Coise
Larajasse
Riverie
Chassagny
St Galmier
Chevrières
Châtelus
Ste Catherine
St Didier-s-Riverie
St Andéol-le-Château
Givors
Chamboeuf
Grammond
Marcenod
St Maurice-s-Dargoire
Dargoire
St Romain-en-Gier
Aveizieux
St Romain-en-Jarez
St Joseph
Tartaras
Échalas
Loire-s-Rhône
2
Veauche
St Bonnet-les-Oules
la Gimond
Fontanès
St Christo-en-Jarez
St Martin-la-Plaine
Trèves
Andrézieux
St Héand
Chagnon
Genilac
Châteauneuf
Rive-de-Gier
Valfleury
Cellieu
Lorette
Longes
la Grand-Croix
les Haies
la Fouillouse
Sorbiers
St Just-St Rambert
la Tour-en-Jarez
St Chamond
l'Horme
St Paul-en-Jarez
Ste Croix-en-Jarez
la Chapelle-Villars
Condrieu
Villars
St Priest-en-Jarez
St Jean-Bonnefonds
Pavezin
Chuyer
St Michel-s-Rhône
209
St Genest-Lerpt
la Terrasse-s-Dorlay
St Just-en-Doizieux
Roche-la-Molière
St Alban-du-Rhône
3
ST ETIENNE
Terrenoire
Doizieux
Pélussin
Chavanay
la Ricamarie
Rochetaillée
Crêt de l'Œillon
Mont Pilat
le Chambon-Feugerolles
la Valla-en-Gier
Bessey
Malleval
St Pierre-de-Bœuf
Firminy
Planfoy
PARC
le Bessat
NATUREL
Véranne
Lupé
Maclas
le Péage-de-Roussillon
St Ferréol-d'Auroure
St Romain-les-Atheux
RÉGIONAL
DU
PILAT
St Appolinard
St Jacques-d'Atticieux
Charnas
Pont-Salomon
St Just-Malmont
St Genest-Malifaux
St Julien-Molin-Molette
Brossainc
Vinzieux
Félines
Serrières
4
St Didier-en-Velay
Jonzieux
Bourg-Argental
Savas
Peaugres
St Victor-Malescours
Marlhes
St Régis-du-Coin
St Sauveur-en-Rue
St Marcel-lès-Annonay
Boulieu-lès-Annonay
St Romain-Lachalm
Burdignes
Annonay
Davézieux
St Cyr
228
St Pal-de-Mons
Ste Sigolène
Vanosc
Villevocance
Roiffieux
Dunières

D
E
F
193
212
229
1
2
3
4
Crémieu
St Priest
Vénissieux
St Fons
Feyzin
Corbas
Mions
Toussieu
Genas
Chassieu
EUREXPO
Colombier-Saugnieu
Satolas
Grenay
Heyrieux
St Symphorien-d'Ozon
Chaponnay
Valencin
la Verpillière
l'Isle d'Abeau
Villefontaine
Vaulx-Milieu
Bourgoin-Jallieu
Chamagnieu
Frontonas
St Marcel-Bel-Accueil
Vénérieu
St Hilaire-de-Brens
Trept
Soleymieu
St Chef
Diémoz
St Just-Chaleyssin
Luzinay
Chuzelles
Septème
Oytier-St Oblas
St Georges-d'Espéranche
Charantonnay
Artas
Meyrieu-les-Étangs
St Jean-de-Bournay
VIENNE
Pont-Évêque
Estrablin
Moidieu-Détourbe
Royas
Châtonnay
St Agnin-s-Bion
Culin
Tramolé
les Éparres
Châteauvilain
Eclose
Lieudieu
Sémons
Eyzin-Pinet
Meyssiez
Villeneuve-de-Marc
Reventin-Vaugris
Chonas-l'Amballan
Châlons
Cour-et-Buis
Montseveroux
St Julien-de-l'Herms
Forêt de Bonnevaux
Arzay
Bossieu
Monsteroux-Milieu
Auberives-s-V
Cheyssieu
Vernioz
Assieu
la Chapelle-de-Surieu
Primarette
Moissieu-s-Dolon
Revel-Tourdan
Pisieu
Pommier-de-Beaurepaire
Ornacieux
Balbins
la Côte-St André
Faramans
Penol
Sardieu
Pajay
Roussillon
Bellegarde-Poussieu
Sonnay
Anjou
Agnin
Salaise-s-Sanne
Pact
Beaurepaire
St Barthélemy
Marcilloles
St Siméon-de-B.
Bressieux
St Pierre-de-B.
Châtenay
Viriville
Thodure
Beaufort
Lapeyrouse-Mornay
Jarcieu
Bougé-Chambalud
Épinouze
Chanas
Lentiol
Marcollin
Manthes
Lens-Lestang
Moras-en-Valloire
St Sorlin-en-Valloire
Anneyron
le Grand-Serre
Camp de Chambaran
Marnans
Roybon
Montfalcon
Chasselay
Palais Idéal Hauterives
Albon
Andancette
Châteauneuf-de-Galaure
St Martin-d'Août
Tersanne
Montrigaud
St Christophe-et-le-Laris
Beausemblant
Mottier
Flachères
Champier
Eydoche
Gillonnay
la Frette
St Hilaire-de-la-Côte
GRENOBLE-ST GEOIRS
Brézins
le Rival
Forêt de Chambaran

A
B
C
194
1
2
3
4
211
230
Siccieu
Courtenay
Arandon
Creys-Mépieu
Groslé
Conzieu
Brens
Virignin
St Bois
Yenne
Dizimieu
Soleymieu
Trept
Passins
Morestel
Brangues
St Benoît
Prémeyzel
Peyrieu
St Hilaire-de-Brens
Salagnon
Sermérieu
le Bouchage
Brégnier-Cordon
Murs-et-Gélignieux
Loisieux
la Chapelle-St Martin
Vézeronce-Curtin
St Sorlin-de-Morestel
les Avenières
Champagneux
St Pierre-d'Alvey
St Chef
Vignieu
Vasselin
Veyrins-Thuellin
Walibi
Parc d'attractions
Gresin
St Savin
Montcarra
Dolomieu
Corbelin
Granieu
St Genix-s-Guiers
Novalaise
Faverges-de-la-Tour
la Chapelle-de-la-Tour
Aoste
Col de la Crusille
Ruy
Rochetoirin
St Clair-de-la-Tour
la Bâtie-Montgascon
Chimilin
Avressieux
Rochefort
Ayn
Cessieu
la Tour-du-Pin
Romagnieu
Belmont-Tramonet
St Alban-de-Montbel
Nivolas-Vermelle
Meyrié
Sérézin-de-la-Tour
Ste Blandine
St Didier-de-la-Tour
St André-le-Gaz
Fitilieu
Domessin
le Pont-de-Beauvoisin
St Victor-de-Cessieu
le Passage
les Abrets
Pressins
la Bridoire
Eparres
Succieu
Montagnieu
Charancieu
St Ondras
la Bâtie-Divisin
St Jean-d'Avelanne
Châteauvilain
Torchefelon
Doissin
Chélieu
Valencogne
St Albin-de-Vaulserre
St Béron
Tramolé
Badinières
Eclose
Biol
Panissage
Virieu
Chassignieu
Montferrat
Velanne
St Martin-de-Vaulserre
Voissant
St Franc
la Bauche
Paladru
St Sulpice-des-Rivoires
St Bueil
Belmont
Montrevel
Blandin
le Pin
St Geoire-en-Valdaine
Merlas
les Echelles
Flachères
St Didier-de-Bizonnes
Bizonnes
Châbons
Massieu
Col des Mille Martyrs
Champier
Eydoche
Plaine du Liers
Bilieu
Charavines
Entre-Deux-Guiers
Miribel-les-Echelles
Nantoin
Burcin
Oyeu
Chirens
Longechenal
Mottier
Col du Banchet
Bévenais
Apprieu
PARC
St Aupre
St Laurent-du-Pont
la Côte-St André
Colombe
le Grand-Lemps
la Murette
St Nicolas-de-Macherin
St Etienne-de-Crossey
Gillonnay
St Hilaire-de-la-Côte
Plaine de Bièvre
St Blaise-du-Buis
Voiron
St Joseph-de-Rivière
GRENOBLE-ST GEOIRS
Brézins
Rives
Réaumont
St Cassien
Coublevie
St Julien-de-Raz
la Sûre
Sillans
Charnècles
St Jean-de-Moirans
la Buisse
Charmant Som
St Etienne-de-St Geoirs
Izeaux
Beaucroissant
Renage
Moirans
Col de la Charmette
Bressieux
St Pierre-de-B.
St Geoirs
St Paul-d'Izeaux
Vourey
Pommiers-la-Placette
RÉGIONAL DE CHARTREUSE
St Michel-de-St Geoirs
Tullins
Voreppe
Chalais
Forêt de Chalves
Brion
Col de Toutes Aures
Morette
Bec de l'Echaillon
Dent de Moirans
Mont-St Martin
Quaix-en-Ch.
Sarcenas
Quincieu
Cras
St Quentin-s-Isère
Veurey-Voroize
Proveysieux
Roybon
Chasselay
Serre-Nerpol
Vatilieu
Poliénas
Montaud
Noyarey
Fontanil-Cornillon
St Egrève
Varacieux
N.D. de-l'Osier
l'Albenc
la Rivière
Pas de la Clé
Sassenage
Corenc
Vinay
Murinais
St Gervais
Fontaine
St Martin-le-Vinoux
la Tronche
la Bastille

D
E
F
195
214
231
1
2
3
4
AIX-LES-BAINS
CHAMBÉRY
GRENOBLE
PARC NATUREL RÉGIONAL DU MASSIF DES BAUGES
Mont Revard
le Châtelard
Doucy-en-Bauges
Dent de Pleuven
la Compôte
Jarsy
École
Abbé de Tamié
Col de Tamié
Mercury
Plancherine
Verrens-Arvey
Gilly-s-Isère
Tournon
Cléry
Frontenex
St Vital
Montailleur
Grésy-s-Isère
Fréterive
Miolans
St Pierre-d'Albigny
Bonvillard
Aiton
Chamousset
Chateauneuf
Aiguebelle
Randens
Montgilbert
Argentine
Epierre
Col du Frêne
Dent d'Arclusaz
Le Pécloz
Dent de Rossanaz
Grd Colombier
Aillon-le-Vieux
Aillon-le-Jeune
les Déserts
Mt Margériaz
Col de Plainpalais
la Féclaz
St Jean-d'Arvey
Thoiry
Puygros
St Alban-Leysse
Bassens
la Motte-Servolex
Cognin
Barberaz
la Ravoire
Challes-les-Eaux
Mt St Michel
St Baldoph
Chignin
Montmélian
Francin
Arbin
Cruet
Apremont
Myans
les Marches
Col du Granier
Mt Granier
Entremont-le-Vieux
Chapareillan
les Mollettes
la Rochette
Villaroux
Détrier
Arvillard
Pontcharra
Barraux
le Moutaret
Allevard
St Pierre-d'Allevard
le Cheylas
Goncelin
Theys
Tencin
le Touvet
St Vincent-de-Mercuze
St Pierre-de-Chartreuse
CHARTREUSE
St Hilaire
Lumbin
Crolles
Froges
Brignoud
Villard-Bonnot
St Ismier
Domène
Montbonnot-St-Martin
le Versoud
St Mury-Monteymond
Laval
les Adrets
Prapoutel-les-7-Laux
Fond-de-France
Pic du Frêne
le Grd Charnier
BELLEDONNE
Massif d'Allevard
le Rocher Blanc
Col de la Croix de Fer
Col du Glandon
St Sorlin-d'Arves
St Jean d'Arves
St Jean-de-Maurienne
la Chambre
St Étienne-de-Cuines
Ste Marie-de-Cuines
St Colomban-des-Villards
St Alban-des-Villards
la Toussuire
Villarembert
Fontcouverte-la-Toussuire
le Corbier
St Rémy-de-Maurienne
la Chapelle
St Léger
Montgellafrey
les Chavannes
St François-Longchamp
St Georges-des-Hurtières
St Alban-des-Hurtières
St Pierre-de-Belleville
Bourget-en-Huile
Montendry
Chamoux-s-Gelon
Champ-Laurent
Betton-Bettonet
Villard-Sallet
Rotherens
Étable
la Trinité
St Pierre-de-Soucy
Planaise
Ste Hélène-du-Lac
la Croix-de-la-R.
Forêt de St Hugon
Pic de la Lose
Col du Merlet
Puy Gris
Bec d'Arguille
A 43
A 41
E 70
E 712
N 90
N 6

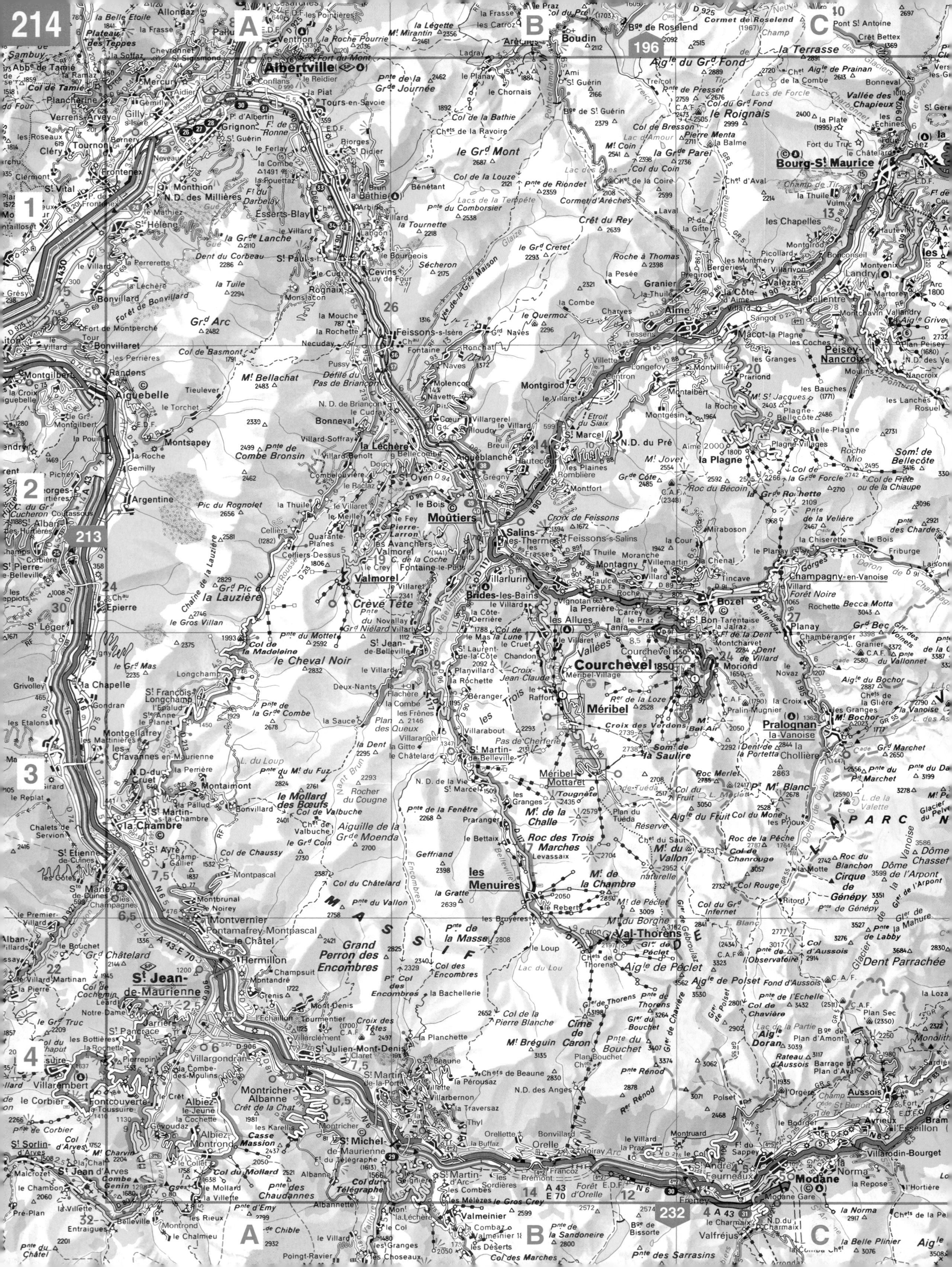

A B C

1 2 3 4

196 213 232

Albertville
Aiguebelle
Moûtiers
Aime
Bourg-St Maurice
Valmorel
Brides-les-Bains
Courchevel 1850
Méribel
Pralognan la-Vanoise
La Plagne
Bozel
Champagny-en-Vanoise
St Martin-de-Belleville
Les Menuires
Val-Thorens
St Jean-de-Maurienne
St Michel-de-Maurienne
Modane
Aussois
La Chambre
Epierre
Argentine
Montgilbert
Peisey-Nancroix
Beaufort
Arêches
Boudin
Feissons-s-Isère
Salins-les-Thermes
St Sorlin-d'Arves
St Jean-d'Arves
Albiez-Montrond
Valloire

Massif de la Lauzière
Massif des Encombres
Parc de la Vanoise

D
E
F
197
233
1
2
3
4
Col du Pt St Bernard
Mt Paramont
Becca Nera
Mt Valaisan
L. du Rutor
Testa del Rutor
Becca du Lac
Valgrisenche
Val Grisenche
Rhêmes-St Georges
Val di Rhêmes
Rhêmes-Notre-Dame
Valsavarenche
Val Savarenche
Cogne
Valnontey
Val di Cogne
la Grivola
Grd Nomenon
PARCO NAZIONALE GRAN PARADISO
Gran Paradiso
Herbetet
Piccolo Paradiso
Gran Serra
Ciarforon
Becca di Tos
Becca di Tei
Grde Rousse
Becca Tsambeina
M. Tout Blanc
Grde Traversière
Gran Vaudala
Colle del Nivolet
Pta Violetta
Lago di Ceresole
Ceresole Reale
Valle di Locana
Noasca
Montvalezan
Ste Foy-Tarentaise
Aigle Rouge
Mt Pourri
Dôme de la Sache
Barrage de Tignes
Tignes
Lac du Chevril
Aiglle de la Grde Sassière
Val d'Isère
Rer de Bellevarde
Col de l'Iseran
Tête du Solaise
Pte des Lessières
Belvre de la Maurienne
Col de la Galise
Cime d'Oin
Colle du Carro
Aigle Rousse
Levanna Occidentale
Levanna Centrale
Levanna Orientale
Sources de l'Arc
Roc du Mulinet
Bonneval-s-Arc
l'Ecot
Ouille du Midi
Pte de Méan Martin
Uia di Ciamarella
l'Albaron
Bessans
Vallée d'Avérole
Bessanese
Balme
Val di Ala
Val Grande
Groscavallo
Forno Alpi Graie
PARC NATIONAL DE LA VANOISE
Grand Roc Noir
Pte de la Grde Casse
Grde Motte
Col de la Madeleine
Lanslebourg-Mont-Cenis
Lanslevillard
Val Cenis
Pte de Charbonnel
Croix Rousse
Col du Mont-Cenis
Lac du Mont Cenis
Mt Cenis
MASSIF DU Mt CENIS
Roche Michel
Mt Lamet
Pte du Ribon
Rocciamelone
Moncenisio
Novalesa
Col de Clapier
Dent d'Ambin
Pte Mulatera
Torre d'Ovarda
Usseglio
Lèmie
Val di Viù
Margone
M. Lera
Colle delle Coupe
Colle Croce di Ferro
Tomba di Matolda
Bussoleno
Brzolo
Susa
Mompantero
Chianocco

A
B
C
198
234
1
2
3
4
Hourtin-Plage
Contaut
le Pᵗ Mont
Marais dit Pâly
Lande de Vignolles
Mont
la Caussade
les Genêts
C.F.M.
Cartignac
le Reynats
le Port
Piqueyrot
Bas-Bré
Silo
Hourtin
Hourtin-Port
4 Monts
Lagunan
Haut-Brâ
Pey-de-Camin
Sémignan
Villeneuve
Pointe-Blanche
Lac
Lachanau
Berle de Caillava
le Crohot de France
la Gracieuse
d'Hourtin-
Lupian
Marcillan
Rionet
Phares d'Hourtin
Sᵗᵉ Hélène-de-Hourtin
Mourlan
Médoc
Balaugue
Cartujac
Carcans
Garthieu
Craste Lambert
Forêt de Saint-Laurent et Benon
Picard
Sᵗᵉ Hélène-de-l'Etang
le Crohot des-Cavales
Berdillan
Senajou
Craste
Pipeyrous
Couyras
Bombannes
Carcans-Plage
Villeneuve
Couyrasseau
Sᵗ Queyran
Devidas
le Pouch
Carcans
Troussas
Berron
Maubuisson
Cap-de-Ville
Mayne-Pauvre
Pudos
Forêt de Carcans
le Montaut
Raouset
Réserve naturelle
l'Alexandre
Etang de Cousseau
Marais de Talaris
Canal de Jonction
Brach
Touleron
Devinas
Lande de Ludée
Lamberts
Lacanau-Océan
le Huga
Talaris
Landes de Méogas
Grᵈ Ludée
Pᵗ Ludée
Constantenins
Cordes
l'Ardilouse
le Moutchic
Carreyre
Méogas
Landes du Bourg
le Tedey
Narsot
Lande de Taussac
Villeneuve
le Devès
Méjos
le Port
Lacanau
la Grande Escourre
Lac de Lacanau
Sadouillan
le Lion
les Nerps
au Chalet
Planque-Peyre
Sᵗᵉ Hélène
Longarisse
le Bernos
aux-Andraux
Craste de la Levade
Gémeillan
Lède du Grᵈ Bernos
Tronquats
Mistre
Etᵍ de Batejin
Landes de Lacousteyre
Landes du Gartiou-Croutat
le Grᵈ Courgas
le Pᵗ Courgas
Bedillon
le Plec
Dunes du Hugney
Etang de Batourtot
Craste de Castagnot
Saumos
Landes d'Eyron
le Bétout
la Rue
Grᵈ Bos
Pᵗ Bos
le Gressier
le Porge-Océan
Etang de Lede Basse
Maisonneuve
Lescarran
Serigas
Vignas
le Temple
Gleyse Vielle
le Porge
Sautuges
Camp militaire de Souge
Dunes de Partilion
Forêt du Porge
le Crastieu
la Jenny
Laruau
B. de Boutas
Lande des Courtious Brûlés
le Pas-du-Bouc
Lauros
Terrain militaire
Silo
Grand Crohot Océan
Dune du Grᵈ Crohot
les Dorats
Maisonnieu
Lège-Cap-Ferret
Mautans
le Las
Blagon
le Cousteau de la Machine
Réserve naturelle
les Chalets
Arès
la Grᵈ Heyre
les Nargues
la Pignada
Jane-de-Boy
Josssaume
la Huillarde
Berganton
Clauouey
les Jacquets
Dune de Bayle
Garonne
Andernos-les-Bains
le Truc Vert
le Pᵗ Piquey
le Mauret
BASSIN
le Grᵈ Piquey
Taussat
Cassy
PARC NATUREL
la Pointe Emile
le Renet
le Nan
Lubec
Croix-d'Hins
Lanton
Piraillan
le Canon
service saisonnier
D 101
D 3
D 4
D 5
D 6
D 106
D 107
D 207
D 215
D 104
D 205
N 215
D 213
GR 8

D
E
F
199
200
218
235
236
1
2
3
4
Pauillac
Blaye
BORDEAUX
Libourne
Mérignac
Pessac
Talence
Bègles
Cenon
Lormont
Floirac
Gradignan
Caudéran
le Bouscat
Bruges
Eysines
Blanquefort
Bassens
Carbon-Blanc
Ambarès-et-Lagrave
St André-de-Cubzac
Cubzac-les-Ponts
Bourg
Margaux
Lamarque
Cussac
Soussans
Arsac
Macau
Ludon-Médoc
Parempuyre
le Pian-Médoc
Le Taillan-Médoc
St Médard-en-Jalles
le Haillan
Martignas-s-Jalle
Villenave-d'Ornon
Cadaujac
Latresne
Quinsac
Créon
Sadirac
St Loubès
St Sulpice
Izon
Vayres
Arcins
Listrac-Médoc
Moulis-en-Médoc
Avensan
St Julien-B.
Beychevelle
St Savin
St Christoly-de-Blaye
Pugnac
Cavignac
Marcenais
St Genès-de-Fronsac
Galgon
Lugon
St Germain-de-la-Rivière
St Michel-de-Fronsac
Tresses
Artigues
Pompignac
Salleboeuf
Camarsac
Fargues-St Hilaire
Carignan-de-B
Bouliac
Cénac
Camblanes
Beychac-et-Caillau
Yvrac
Montussan
Dordogne
Ambès
St Gervais
St Laurent-d'Arce
Prignac
Tauriac
Mombrier
Lansac
Teuillac
Samonac
Bayon
Plassac
Générac
Campugnan
Cartelègue
Etauliers
Reignac
Donnezac
Bussac-Forêt
St Yzan-de-Soudiac
St Mariens
Cézac
Cubnezais
Peujard
Virsac
Aubie
Salignac
Périssac
Mouillac
Vérac
Villegouge
Tizac-de-Lapouyade
Lapouyade
Laruscade
Bedenac
BORDEAUX-MÉRIGNAC
Canéjan
Cestas
Léognan
Cambes
Baurech
Haux
Targon
Sauve
St Léon
Cursan
Baron
Camiac
Espiet
Nérigean
Cadarsac
St Quentin-de-Baron
Loupes
Lignan-de-B.
le Pout
Madirac
St Caprais-de-Bordeaux
St Genès-de Lombaud
Tabanac
Isle-St Georges
Citon
Esconac

A
B
C
200
1
2
3
4
217
235
236
BORDEAUX
Libourne
Blaye
Bourg
Cubzac
St André-de-Cubzac
Etauliers
Reignac
Donnezac
Corignac
Chepniers
Montlieu-la-Garde
Orignolles
St Martin-d'Ary
Bussac-Forêt
Anglade
Cartelègue
Eyrans
St Androny
Générac
Saugon
Campugnan
St Seurin-de-Cursac
Mazion
St Genès
St Martin-L.
St Paul
Cars
Berson
St Savin
St Yzan-de-Soudiac
St Christoly-de-Blaye
St Vivien-de-Blaye
Cavignac
Laruscade
Lapouyade
Tizac-de-Lapouyade
St Mariens
Cézac
Cubnezais
Pugnac
Teuillac
Tauriac
Prignac
Marcenais
Gauriaguet
Aubie
Salignac
St Genès-de-Fronsac
Périssac
Mouillac
Vérac
Galgon
Bonzac
St Ciers-d'Abzac
St Martin-de-Laye
Savignac-de-l'Isle
St Denis-de-Pile
Villegouge
Lugon-et-l'Ile-du-Carney
Saillans
Fronsac
St Michel-de-Fronsac
St Aignan
La Rivière
Pomerol
Lalande-de-Pomerol
Les Billaux
Vayres
Arveyres
Génissac
St Sulpice
Moulon
Branne
Grézillac
Lugaignac
Guillac
Daignac
Dardenac
Faleyras
Blésignac
Romagne
Courpiac
Targon
St Germain-de-Campet
Lugasson
Créon
La Sauve
St Léon
Sadirac
Madirac
Haux
St Genès-de-Lombaud
Baurech
Tabanac
Cambes
Quinsac
Camblanes
Cénac
Latresne
Bouliac
Carignan-de-B.
Fargues-St Hilaire
Loupes
Lignan-de-B.
Bonnetan
Camarsac
Croignon
Cursan
Baron
St Quentin-de-Baron
St Germain-du-Puch
Nérigean
Cadarsac
Le Pout
Salleboeuf
Pompignac
Tresses
Artigues
Yvrac
Montussan
Beychac-et Caillau
St Sulpice
St Loubès
Izon
Ambarès-et-Lagrave
Ambès
Bassens
Carbon-Blanc
Lormont
Cenon
Floirac
Bègles
Talence
Pessac
Gradignan
Villenave-d'Ornon
Cadaujac
Léognan
Cestas
Canéjan
Mérignac
Caudéran
Le Bouscat
Bruges
Eysines
Le Haillan
St Médard-en-Jalles
Le Taillan-Médoc
Blanquefort
Parempuyre
Ludon-Médoc
Macau
Arsac
Cantenac
Margaux
Soussans
Arcins
Lamarque
Cussac
Fort Médoc
Le Pian-Médoc
Labarde
Dordogne
Garonne
Bec d'Ambès
Ile Verte
Ile Nouvelle
Ile de Patiras
Ile du Nord
Villeneuve
Plassac
Bayon
Comps
Gauriac
Samonac
St Seurin
Lansac
Mombrier
Peujard
Virsac
St Gervais
St Laurent-d'Arce
Asques
St Romain-la-Virvée
Cadillac-en-Fronsadais
St Germain-de-la-Rivière
Marsas
Civrac-de-Blaye
Clérac
Bedenac
Cercoux
A 10-E 5
L'Aquitaine
D 936
N 89
D 670
D 671

D E F

201

1 2 3 4

Rouffiac
Sérignac
St Quentin-de-Chalais
St Avit
Chez-Lavaud
Mélac
Rioux-Martin
le Basque
Martron
la Cabane
Cressac
Chez-Mousset
Médillac
Bazac
les Landes
Aubrie
la Traverserie
Baisevigne
Bonnes
les Essards
Puychaud
St Vivien
Dronne
Chenaud
Charreyrie
Moulin-Neuf
Ragot
St Antoine-Cumond
Chassaignes
Cumond
Tourette
Ribérac
Félard
Brandillou
Champagnac
le Pauly
Ramouly
St Privat-des-Prés
les Fouilloux
Festalemps
Chignac
Vanxains
Laudibertie
St Vincent-Jalmoutiers
la Meynardie
St Aulaye
Chadirat
les Moucauds
Ponteyraud
Siorac-de-Ribérac
l'Héritier
Rissonne
Jourdain
Lampiat
le Gat
la Genétouze
Barbenègre
la Maure
Bouffard
Parcoul
Fayette
Puymangou
la Barreyrie
Chez-Marjoux
Veyssière
le Paradou
le Pacaud
Boscamnant
Champagne
le Fouilloux
Pineau
la Sauzette
Courgeau
le Gibeau
Malleville
Pilet
18
15
12
la Poste
la Livardie
la Gilardie
la Jemaye
Beaume
Creyssac
Forêt de la Jemaye
Gd Étang de la Jemaye
la Calonie
Léonard-Petit
la Cabane
la Faye
St André-de-Double
St Pierre-du-Palais
Philippeau
Jeancolin
St Aiguli
Mozenne
le Maine-Dufour
le Gd Boisvineau
Mesmain
St Martin-de-Coux
la Vergne
Sarrazin
les Michons
la Roche-Chalais
Léparon
le Massias
St Michel-l'Écluse
la Valouze
la Coudre
la Grave
Servanches
Eycuras
Pleine-Serve
Trappe de Bonne-Espérance
Mon Neuve
Échourgnac
la Barrière
les Mignots
les Loubeaux
St Michel-de-Rivière
Frissons
Pépin
la Clotte
la Barde
Capet
Chalaure
Martillac
FORÊT DE LA DOUBLE
Guimard
Mauzet
Chollet
Chamadelle
Martin
Lanière
Vaudu
le Ronzeau
le Fénage
Lavautour
les Tuiles
Bernicot
Marot
le Meylier
le Perrier
Fontvaute
la Feyne
St Étienne-de-Puycorbier
Maine-Moulin
Beauronne
le Maine-Pommier
les Eglisottes-et-Chalaures
Maudet
la Guirande
Glémin
Bignac
Monfourat
la Croix d'Alexandre
le Pin
Benauge
le Fougereau
la Ronze
23
le Palem
Couyet
Renolphie
Faye
le Gué-de-Sénac
Sablon
Lagorce
les Mougneaux
Rolland
les Peintures
les Roudiers
Serpe
St Christophe-de-Double
le Bost
Gardedeuilh
St Sicaire
Charpenterie
Dreille
St Barthélemy-de-Bellegarde
St Michel-de-Double
le Chatenet
l'Ourserie
Coutras
le Fieu
Fenouil
la Chaux
Maison-Rouge
Beytoure
Lamothe-Soudane
Eygurande-Gardedeuil
Chadène
Puythomas
Pt Fonmassonnade Gd
le Bonneau
Fontenelle
Bellat
le Désert
Seneuil
Cartige
la Faurie
Fraicherode
St Martin-l'Astier
St Front-de-Pradoux
Cabane
Troquereau-des-Landes
la Grave
la Forêt
Pte Duche
Audebeau
Lauvirat
les Gds Rois
Larret
Porchères
St Antoine-sur-l'Isle
le Rivaud
Maragout
Montignac
Gallardie
les Granges
St Laurent-des-Hommes
Gamanson
St Médard
Chandos
Chantérac
Mussidan
Rochereau
Couperie
St Médard-de-Guizières
les Abbés
Camps-sur-l'Isle
Chalbat
la Perrotte
le Pizou
Moulin-Neuf
Ménesplet
Gaillard
Marcillac
Trentaraud
Vaucfaire
Bigoussias
Fournils
Bénévent
Mayet
Abzac
Catherineau
Cousseau
Ménestérol
St Martial-d'Artenset
les Fouchers
la Planche
Bassy
Vacher
Lamothe
Laborde
St Seurin-sur-l'Isle
Soubie
Laser
Montpon-Ménestérol
le Mas
Ribes
Tripoteau
Michel-de-Vert
St Sauveur-de-Puynormand
Cressonnet
Gorre
la Mouthe
Lalande
le Buzet
Gd Charrelier
Very
Beaupouyet
220
les Jaunies
les Chapelles
Pilot
la Margagne
Petit-Palais
Gours
le Bournazeaux
Grézard
les Jays
Malydure
le Cros
Terrien
Cornemps
Puynormand
Minzac
Litout
Leypaud
A 89-E 70
les Coulauds
Barreau
la Tour
le Merle
Boutouyre
St Sauveur-Lalande
Lalinde
St Géry
les Artigues
Colas-Nodet
Font-Muret
Chouteau
Lapourcaud
les Huguets
Feuillant
Perpeytier
les Corres
la Boueyne
Puy Chalud
la Contie
Roquepine
Lussac
Bertin
Arriailh
les Longues Règes
la Plagne
Tayac
Roques
Monbadon
Francs
Villefranche-de-Lonchat
Gd Maine
St Martin-de-Gurson
Jenduffe
la Tuillère
Tord
Maine-Leva
Mont la Grationie
Bosset
FORÊT
Montagne
Durand
St Cibard
Carsac-de-Gurson
Chau de Gurson
St Géraud-de-Corps
St Rémy
Chaudeau
Pourcaud
Lidoire
Bonnetia
Puisseguin
Musset
Joanin
St Philippe-d'Aiguille
le Pin
les Salles
Trompette
le Bost-Vieux
Montpeyroux
la Mouthe
Carbonneau
Barat
Verrière
Fraisse
Cap-Blanc
St Georges-Blancaneix
Parsac
St Christophe-des-Bardes
St Émilion
Pitray
Gardegan
le Théolat
St Cloud
St Vivien
Tour
Montazeau
Marousseau
St Méard-de-Gurçon
Monfaucon
la Cabane
Badoux
Montarel
le Tulen
St Hippolyte
St Genès-de-Castillon
Pressac
Ste Colombe
Rouye
Pombazet
Monmoreau
le Bernagaud
Tours
Golse
Petit-Cluzeau
le Bigounin
Étang de Pradelou
Laubanie
St Étienne-de-Lisse
St Pey-d'Armens
St Magne
Belvès
Capitourlan
Montaigne
les Illarets
St Michel-de-Montaigne
les Gauchers
Estrop
Nastringues
Bonneville-et-St Avit-de-Fumadières
Ponchapt
Virole
Cadillac
le Ménier
Fougueyrolles
le Lardot
le Fleix
Barrat
Larbogne
Castillon-la-Bataille
Talbot
Moncaret
Thermes
le Gourdon
Vélines
le Breuilh
la Rouquette
le Sac
St Nazaire
les Masseries
St Pierre-d'Eyraud
Bourg-d'Abren
la Force
Merlande
Cafol
Cadaudoua
Lamothe-Montravel
Tête-Noire
les Réaux
St Antoine-de-Breuilh
Port-Ste Foy
St Avit-du-Tizac
St Avit-Nazaire
Lartigue
Barraux
Madurand
St Martin
Ste Terre
Piquesègue
Mouliets-et-Villemartin
Montvert
Prats
St Seurin-de-Prats
St Aulaye
les Laurents
les Briands
Gardonne
Lamonzie
Civrac-s-D.
Villemartin
Flaujagues
Ste Foy-la-Grande
St Philippe-du-Seignal
Moiron
le Maine
Lavagnac
Ste Florence
Pujols
Haras
Pessac-s-D.
Barrail
Eynesse
Baby
Pineuilh
Pt de la Beauze
la Brande
la Ferrière
St Pey-de-Castets
St Vincent-de-Pertignas
le Bergey
Ste Radegonde
Bossugan
Juillac
Gensac
la Beysse
St Avit-de-Soulège
St André-et-Appelles
Appelles
le Montet
les Sandeaux
Razac-de-Saussignac
Saussignac
Monlongt
Chau
Mérignas
Doulezon
Vaure
Coubeyrac
Claribes
Marchand
les Lèves-et-Thoumeyragues
Thoumeyragues
les Bournets
le Vigier
Gageac-et-Rouillac
Cunèges
Rauzan
Ruch
St Quentin-de-Caplong
Caplong
la Grand Croix
Petit-Bérard
la Roquille
Ligueux
St Martial
les Martins
Mn de Labarthe
Ancn Abbe
Listrac-de-D.
Massugas
St Laurent
Riocaud
les Martinaux
le Raymond
les Mondains
Monestier
Coutures
la Bastide
Panisseau
237
Blasimon
Mauriac
St Antoine-du-Queyret
le Puch-de-Gensac
les Guions
les Ballues
Margueron
Fondefière
les Bournizeaux
Uffer
Brisseaux
les Vachers
Lestignac
Sigoulès
Thénac
la Bezage
Auriolles
Pellegrue
Landerrouat
Villeneuve-de-Duras
Maurice
les Combes
Sallebruneau
ténac

D E F

A
B
C
202
1
2
3
4
219
238
Ribérac
Villetoureix
la Rigale
St Victor
Montagrier
Bussac
St Méard-de-D.
Tocane-St Apre
Douchapt
Château-l'Evêque
Cornille
Prieuré de Merlande
F.t de Feytaud
St Martin-de-Ribérac
St Pardoux-de-Drône
Fayolle
Mensignac
la Chapelle-Gonaguet
Champcevinel
Vanxains
St Sulpice-de-Roumagnac
Segonzac
Chantepoule
Siorac-de-Ribérac
Chancelade
PÉRIGUEUX
Trélissac
Léguillac-de-l'Auche
St Aquilin
Chantérac
Marsac-s-l'Isle
Coulounieix-Chamiers
Boulazac
Beaume
Creyssac
Forêt de la Jemaye
St Vincent-de-Connezac
Annesse-et-Beaulieu
Razac-s-l'Isle
St Astier
St André-de-Double
St Jean-d'Ataux
St Germain du Salembre
St Laurent-s-M.
Atur
Montrem
Coursac
Niversac
St-Léon-s-l'Isle
A 89
N.D. de Sanilhac
DOUBLE
St Etienne-de-Puycorbier
Neuvic
Manzac
St Paul-de-Serre
Marsaneix
Beauronne
Grignols
Chalagnac
Creyssensac-et-Pissot
Eglise-Neuve-de-Vergt
St Michel-de-Double
Douzillac
Vallereuil
Jaures
Breuilh
St Martin-l'Astier
St Front-de-Pradoux
Sourzac
St Séverin-d'Estissac
Grun-Bordas
St Médard
Mussidan
Bourrou
St Jean-d'Estissac
Vergt
Bourgnac
Issac
St Hilaire-d'Estissac
Villamblard
Salon
Montréal
Mazieras
Beleymas
Douville
St Mayme-de-Péreyrol
Veyrines-de-Vergt
St Sernin
St Géry
les Lèches
Eglise-Neuve-d'Issac
Montagnac-la-Crempse
Beauregard-et-Bassac
St Amand-de-Vergt
Fouleix
St Michel-de-Villadeix
LANDAIS
FORET DU
St Jean-d'Eyraud
St Julien-de-Crempse
St Martin-des-Combes
St Maurice
St Laurent-des-Bâtons
Bosset
Laveyssière
Clermont-de-Beauregard
Ste Alvère
St Georges-Blancaneix
Maurens
Campsegret
St Georges-de-Monclard
Fraisse
Forêt de Montclard
St Félix-de-Villadeix
Ste Foy-de-Longas
Ginestet
Queyssac
St Marcel-du-Périgord
Pezuls
Ste Foy-des-Vignes
Pressignac-Vicq
Lamonzie-Montastruc
Liorac-sur-Louyre
Lembras
la Force
BERGERAC
St Sauveur
Cause-de-Clérans
St Pierre-d'Eyraud
Prigonrieux
Creysse
Mouleydier
Baneuil
Mauzac
Gardonne
Lamonzie-St Martin
St Germain-et-Mons
St Capraise-de-Lalinde
Lalinde
Badefols
St Laurent-des-Vignes
Cours-de-Pile
St Agne
Varennes
Couze-et-St Front
Pontours
Razac-de-Saussignac
Saussignac
Gageac-et-Rouillac
St Christophe
Roumanière
Lanquais
Verdon
Bourniquel
Monbazillac
St Nexans
Faux
Bayac
Cunèges
Pomport
Rouffignac-de-Sigoulès
Conne-de-Labarde
St Aubin-de-Lanquais
Bannes
Monestier
Bridoire
Colombier
Monsac
Sigoulès
Ribagnac
Bouniagues
St Cernin-de-L.
Monmadalès
Beaumont-du-P.
Thénac
Mescoules
Flaugeac
Montaut
Naussannes
St Perdoux
Monsaguel
Singleyrac
Labouquerie

D E F

203

Hautefort
Sarliac-s-l'Isle
Cubjac
Brouchaud
Ste Orse
Granges-d'Ans
Nailhac
Badefols-d'Ans
Teillots
St Robert
Ayen
Coubjours
Louignac
Perpezac-le-Blanc
Puy d'Yssandon
Le Change
Blis-et-Born
Montagnac-d'Auberoche
Bauzens
La Chapelle-St Jean
Châtres
St Rabier
Peyrignac
Limeyrat
Ajat
Azerat
Rastignac
La Bachellerie
Thenon
Beauregard-de-Terrasson
Cublac
Terrasson-Lavilledieu
Le Lardin-St Lazare
Condat-s-V.
St Pierre-de-Chignac
St Crépin-d'Auberoche
Milhac-d'Auberoche
Fossemagne
Les Farges
Coly
Auriac-du-Périgord
Bars
Aubas
Montignac
Grotte de Lascaux
St Amand-de-Coly
Rouffignac
Fanlac
Plazac
Thonac
Le Thot
Losse
Valojoulx
La Chapelle-Aubareil
St Félix-de-Reilhac
Grotte de Rouffignac
Fleurac
St Léon-s-Vézère
Sergeac
Peyzac-le-Moustier
Le Moustier
La Roque-St Christophe
Tursac
Tamniès
Marcillac-St Quentin
Salignac-Eyvigues
Jardins d'Eyrignac
Archignac
Paulin
St Geniès
Les Eyzies-de-Tayac
Grotte du Gd Roc
Marquay
Proissans
Le Bugue
Campagne
Meyrals
Sarlat-la-Canéda
Limeuil
Audrix
Trémolat
Le Buisson-de-Cadouin
St Cyprien
Castels
Beynac-et-Cazenac
Vézac
La Roque-Gageac
Vitrac
Cingle de Montfort
Carsac-Aillac
Carlux
Rouffillac
Calviac-en-Périgord
Cadouin
Siorac-en-Périgord
Allas-les-Mines
Castelnaud-la-Chapelle
Domme
Groléjac
Veyrignac
Belvès
Monplaisant
Sagelat
St Cybranet

222

239

D E F

1 2 3 4

A B C

1 2 3 4

204 221 240

Objat
St Cyr-la-Roche
Vars-s-Roseix
Allassac
Saillant
St Robert
Ayen
St Cyprien
St Aulaire
Perpezac-le-Blanc
Puy d'Yssandon
Yssandon
Donzenac
Ste Féréole
St Germain-les-Vergnes
St Mexant
Favars
TULLE
Laguenne
Chameyrat
St Hilaire-Peyroux
Venarsal
Cornil
St Fortunade
St Viance
Ussac
Varetz
Château de Castel Novel
Malemort-s-Corrèze
Aubazine
Puy de Pauliac
Dampniat
Lagarde-Enval
Brignac-la-Plaine
Mansac
Cublac
St Pantaléon-de-Larche
BRIVE-LA-GAILLARDE
St Antoine
Camp militaire
Cosnac
La Chapelle-aux-Brocs
Lanteuil
Albignac
Beynat
Roche de Vic
Terrasson-Lavilledieu
Larche
Pazayac
Lissac-s-Couze
Noailles
Chasteaux
L. du Causse
Chavagnac
Grèzes
La Dornac
Chartrier-Ferrière
Gouffre de la Fage
Jugeals-Nazareth
Turenne
Collonges-la-Rouge
Meyssac
Puy Rouge
Lagleygeolle
Noailhac
Sérilhac
St Bazile-de-Meyssac
Marcillac-la-Croze
Puy-d'Arnac
Nespouls
Ligneyrac
Saillac
St Julien-Maumont
Jayac
Nadaillac
Estivals
Cressensac
Sarrazac
Cavagnac
Chauffour-s-Vell
Branceilles
Archignac
Paulin
Gignac
Cazillac
Les Quatre-Routes-du-Lot
Curemonte
La Chapelle-aux-Saints
Beaulieu
Salignac-Eyvigues
Borrèze
Cuzance
Strenquels
Condat
Vayrac
Vègennes
Queyssac-les-Vignes
St Michel-de-B.
Puy d'Issolud
Jardins d'Eyrignac
Martel
St Denis-Martel
Bétaille
Bilhac
Lachapelle-Auzac
Baladou
Floirac
Carennac
Orliaguet
Souillac
Gluges
Cirque de Montvalent
Simeyrols
Prats-de-Carlux
Peyrillac-et-M.
Carlux
Dordogne
Mayrac
Creysse
Montvalent
Gintrac
St Sozy
Meyronne
Gouffre de Padirac
Loubressac
Cazoulès
Lanzac
Rouffillac
Belvé de Lanzac
Rochers Ste Marie
Gouffre de Roque-de-Cor
Calviac-en-Périgord
St Julien-de-Lampon
Nadaillac-de-Rouge
Pinsac
Meyraguet
Grottes de Lacave
Lacave
Belcastel
Ste Mondane
Fénelon
Masclat
Lamothe-Fénelon
Camp militaire
Miers
Padirac
Alvignac
Thégra
Carsac-Aillac
Veyrignac
Groléjac
Loupiac
Calès
Moulin de Cougnaguet
L'Hospitalet
Forêt des Singes
Rignac
Lavergne
Milhac
Fajoles
Payrac
St Cirq-Madelon
Rouffilhac
Anglars-Nozac
Rocamadour
Gouffre de Cabouy
Reilhaguet
Couzou
Gramat
Grottes de Cougnac

D E F

205

1 2 3 4

224

Mauriac
Pleaux
St Privat
Servières-le-Châu
Argentat
la Roche-Canillac
Tours de Merle
Laroquebrou
Bretenoux
St Céré
Sousceyrac
Latronquière
Mercœur
St Étienne-Cantalès
St Mamet-la-Salvetat
Montvert
Rouffiac
Pont de Spontour
Bge de l'Aigle
Bge du Chastang
Bge d'Enchanet
Bge de St Étienne-Cantalès
Forêt de Miers
Dordogne
Gorges de la Cère
Montal
Aynac
Leyme
Lacapelle-Viescamp
St Victor
Arnac
Glénat
St Saury
Marcillac-la-Croisille
Clergoux
Soursac

241

D E F

A
B
C
206
Riom-ès-Montagnes
Valette
Trizac
Orgues de Peyre Grosse
Apchon
St Saturnin
Mauriac
Jaleyrac
Méallet
Moussages
Collandres
St Hippolyte
Anglards-de-Salers
St Vincent-de-Salers
le Vaulmier
Col d'Aulac
RÉGIONAL
Vallée du Mars
Salins
Drugeac
St Bonnet-de-Salers
le Falgoux
le Claux
Plateau du Limon
Dienne
Salers
St Paul-de-Salers
Puy Violent
MONTS DU CANTAL
Pas de Peyrol
Puy Mary
VOLCANS D'AUVERGNE
Lavigerie
Col de Serre
St Martin-Valmeroux
Fontanges
St Chamant
St Martin-Cantalès
St Projet-de-Salers
Mandailles-St Julien
Puy Griou
le Lioran
Super-Lioran
Plomb du Cantal
St Cernin
St Cirgues-de-Malbert
St Illide
Tournemire
Anjony
Girgols
Puy de Girgols
Col de Bruel
Vallée de la Jordanne
St Jacques-des-Blats
Col de Fontbulin
St Cirgues-de-Jordanne
Thiézac
Pas de Compaing
Freix-Anglards
Lascelle
Laroquevieille
Marmanhac
Vic-s-Cère
Pas de Cère
St Clément
Rocher des Pendus
Jussac
Reilhac
Crandelles
Naucelles
St Simon
Polminhac
Pesteils
Route des Crêtes
Pailherols
Aurillac
Arpajon-s-Cère
Ytrac
St Paul-des-Landes
Vézac
Carlat
Raulhac
Thérondels
Sansac-de-Marmiesse
St Mamet-la-Salvetat
Labrousse
Messilhac
Roannes-St Mary
Prunet
Mur-de-Barrez
Bge de Sarrans
Vitrac
Teissières-lès-Bouliès
Vezels-Roussy
Lafeuillade-en-Vézie
Leucamp
Lacroix-Barrez
Ste Geneviève-s-Argence
Marcolès
Boisset
223
242
1
2
3
4

D E F

1 2 3 4

207 226 243

Murat
Allanche
Massiac
Molompize
Neussargues-Moissac
Talizat
St-Flour
Roffiac
Andelat
Coltines
Ussel
Valuéjols
Paulhac
Pierrefort
Cézens
Neuvéglise
Chaudes-Aigues
Jabrun
Fournels
Chauchailles
St Chély-d'Apcher
Le Malzieu
Ruynes-en-Margeride
Viaduc-de-Garabit
Chau d'Alleuze
Faverolles
Loubaresse
Lastic
Montchamp
Vieillespesse
Col de la Fageole
Forêt de la Margeride
Gorges de la Truyère
Bge de Grandval
Pont de Tréboul
Albepierre-Bredons
Laveissenet
Chalinargues
Virargues
Ferrières-St Mary
Valjouze
Peyrusse
Charmensac
Bonnac
Saint Poncy
Lespinasse
Lubilhac
Blavignac
Albaret-Ste-Marie
Albaret-le-Comtal
Arzenc-d'Apcher
St Juéry
Termes
La Fage-St Julien
St Rémy-de-Chaudes-Aigues
Deux-Verges
Lieutadès
Cantoin
Vitrac-en-Viadène
Alpuech
Anterrieux
Espinasse
Oradour
Villedieu
les Ternes
Tanavelle
Sériers
Alleuze
Signalauze
Chaliers
Lorcières
Clavières
Soulages
Chazelles

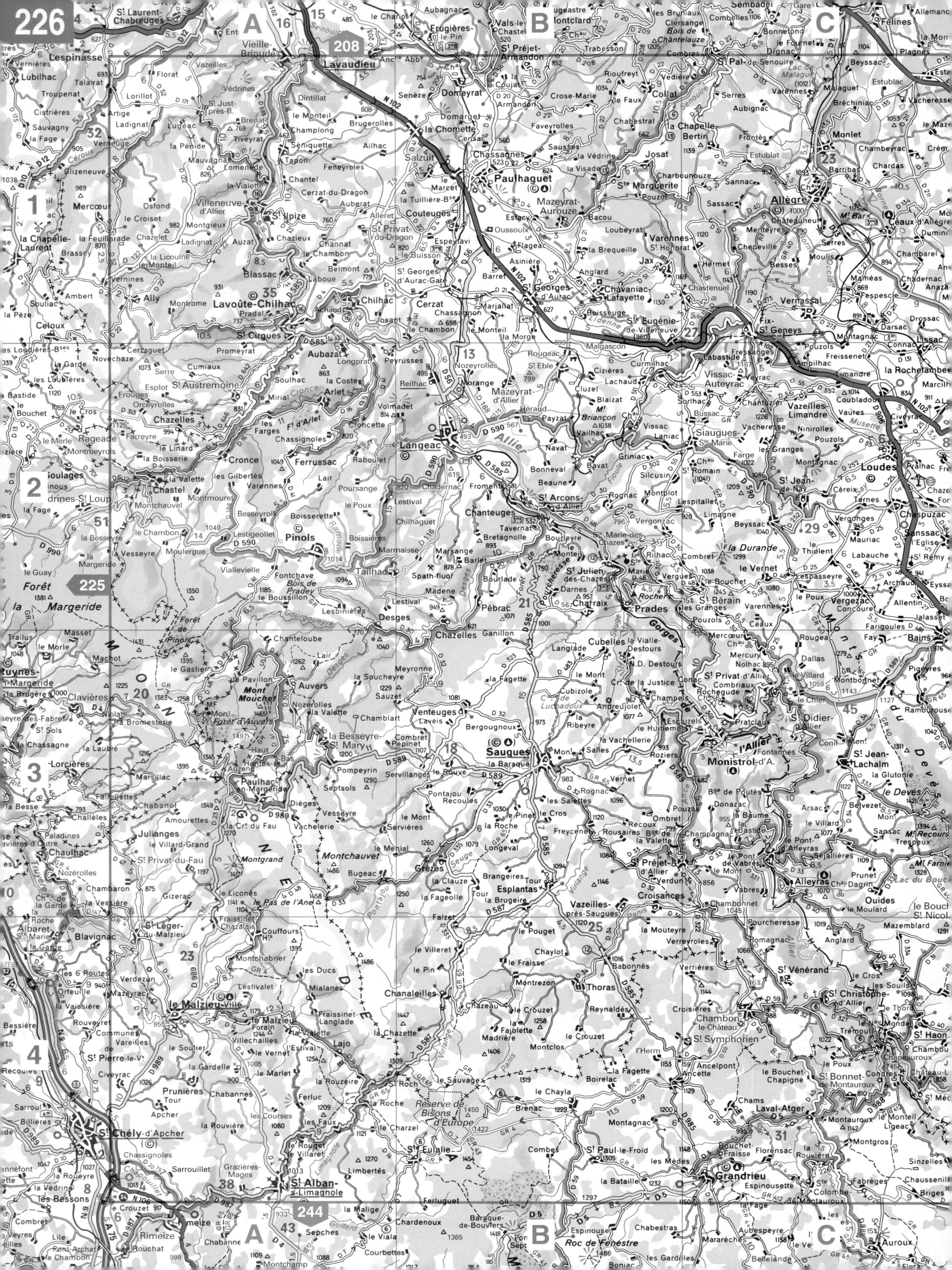
A
B
C
1
2
3
4
208
225
244
Lavaudieu
Vieille-Brioude
Lespinasse
Lubilhac
Domeyrat
Paulhaguet
Couteuges
Chassagnes
Villeneuve-d'Allier
St Ilpize
Blassac
Lavoûte-Chilhac
St Cirgues
Chilhac
Cerzat
St Georges-d'Aurac
Chavaniac-Lafayette
Ste Eugénie-de-Villeneuve
Josat
Collat
Ste Marguerite
Mazeyrat-Aurouze
Allègre
Monlet
Fix-St Geneys
Vernassal
Vissac-Auteyrac
Langeac
Chazelles
Arlet
Cronce
Chastel
Pinols
Tailhac
Ferrussac
Chanteuges
St Arcons-d'Allier
Siaugues-Ste Marie
St Jean-de-Nay
Loudes
Vazeilles-Limandre
St Julien-des-Chazes
Prades
Charraix
Pébrac
Desges
St Bérain
Forêt de Pinols
Forêt de la Margeride
Mont Mouchet
Auvers
Saugues
Venteuges
Paulhac-en-Margeride
Lorcières
Clavières
Chaulhac
Julianges
Montchauvet
Grèzes
Esplantas
Monistrol-d'A.
St Préjet-d'Allier
Alleyras
St Didier-d'Allier
St Privat-d'Allier
St Jean-Lachalm
le Malzieu-Ville
St Léger-du-Malzieu
Blavignac
St Chély-d'Apcher
Prunières
Chanaleilles
Thoras
St Vénérand
St Christophe-d'Allier
Chambon-le-Château
St Symphorien
Grandrieu
Laval-Atger
St Paul-le-Froid
Ste Eulalie
St Alban-s-Limagnole
Réserve de Bisons d'Europe
Vazeilles-près-Saugues
Croisances
Gorges de l'Allier
Monts du Devès
Roc de Fenestre
St Bonnet-de-Montauroux
St Haon

D
E
F
209
228
245
1
2
3
4
Chomelix
St Pierre-du-Champ
Solignac-s-Roche
Retournac (©)
Beauzac
Ste Sigolène
St Pal-de-Mons
Bellevue-la-Montagne
Roche-en-Régnier
Vorey
Chamalières-s-Loire
Beaux
St Maurice-de-Lignon
Lapte
Raucoules
Montfaucon-en-V.
St Paulien
Mézères
Yssingeaux
Tence
Rosières
Bessamorel
Beaulieu
Lavoûte-s-Loire
St Jeures
Araules
Queyrières
Massif du Meygal
Le Chambon-s-Lignon
Polignac
Chaspinhac
St Hostien
Chadrac
Aiguilhe
Brives-Charensac
LE PUY EN VELAY
Espaly-St Marcel
Ceyssac
Vals-près-le-Puy
St Germain-Laprade
St Pierre-Eynac
St Julien-Chapteuil
Mazet-St Voy
Mars
St Christophe-s-D.
Cussac-s-Loire
Coubon
Lantriac
Montusclat
St Front
Fay-s-Lignon
Arsac-en-Velay
Solignac-s-Loire
Chadron
Laussonne
Moudeyres
Chaudeyrolles
St Clément
Le Monastier-s-Gazeille
Freycenet-la-Tour
Présailles
Les Estables
Mt Mézenc
Le Brignon
St Martin-de-Fugères
Costaros
Goudet
Alleyrac
Freycenet-la-Cuche
Arlempdes
Salettes
Le Béage
Gerbier de Jonc
Ste Martial
Landos
Issarlès
Le Lac-d'Issarlès
Coucouron
Lachapelle-Graillouse
Ste Eulalie
Lachamp-Raphaël
Mézilhac
Sagnes-et-Goudoulet
Usclades-et-Rieutord
St Paul-de-Tartas
Pradelles
St Etienne-du-Vigan
Issanlas
St Cirgues-en-Montagne
Lavillatte
Suc de Bauzon
Burzet
PARC

A
B
C
210
227
246
1
2
3
4
Annonay
Montmiandon
Davézieux
St Cyr
St Etienne-de-Valoux
Thorrenc
Andance
St Romain-Lachalm
Lautat
Ste Sigolène
Lichemialle
St Pal-de-Mons
les Mâts
Fruges
Berg
Blanchard
Chambaud
Deneyroles
Riotord
Tracol
Forêt de Taillard
Pyfara
Bourisson
Toissieu
Gerlande
Chatinais
Roiffieux
le Genets
Clémencieux
Mourio
Midon
Ozas
Balais
Talencieux
Vernosc-les-Annonay
Roche Péreandre
la Batie
Flaminges
Terrières
Dunières
les Mazeaux
les Setoux
Clavas
Métrosc
Vanosc
la Rivoire
Villevocance
Gaudras
Brogieux
la Garde
Col de la Charousse
Pourrat
Sarcenas
Béguë
Chirol
Préaux
Rouilla
Monestier
Vocance
Crouzet
Brézenaud
Seytenas
Quintenas
le Peyron
Manoha
Tour d'Oriol
les Chazalis
les Mazeaux
Pont-de-Faurie
Planchard
le Crouzet
Raucoules
Malataverne
Coirolles
Souvignet
la Berche
St Julien-Molhesabate
Grd Felletin
Suc de Vent
Boiray
Parts
St Alban-d'Ay
le Rieux
Ardoix
Fourany
le Bouchet
Treyches
Montfaucon-en-Velay
la Collange
Malatray
la Frache
la Chalençonnière
St Julien-Vocance
Romanieux
Falgère
St Symphorien-de-Mahun
St Romain-d'Ay
Brénieux
le Plantier
Chamas
Munas
Marsan
Verne
Lachaud
Aulanys
les Paziers
Marnhier
Praperier
N.D. d'Ay
Eclassan
Montjuvin
Brossettes
Montregard
Franc
Col du Rouvey
Veyrines
Satillieu
Seyaret
Préaux
St Jeure-d'Ay
Flaviac
le Four
Labrosse
la Combe
Salette
Chatelard
St Bonnet-le-Froid
la Bruyère
Mgne de Chaix
Chau de Seray
Théolier
Ceintres
Séchera
le Villard
Chenereilles
le Betz
les Pinatelles
Laroche
Reauze
les Cots
Col des Baraques
Royol
Cheminas
Mont
Suc de Mirabel
Fourel
Navas
Praron
Mamea
Chazaux
Joux
Pouzols
Tence
Freycenet
Montivert
le Mas-de-Tence
Mazeaux
Platespinat
St Pierre-s-Doux
la Valette
St André-en-Vivarais
la Vialette
Font-Basse
Lalouvesc
Mgne du Besset
Col du Faux
Col du Marchand
Col de Juvenet
Vaudevant
Col de Fontay
St Victor
le Frayse
les Clots
Crémolières
Etables
Corsas
Mendigoules
le Mont-Joyeux
Pleyne
le Pin
la Pomme
Chaumargeais
Mantel
la Chapelle-s/s-Rochepaule
Louveton
St Félicien
les Collanges
Brintenas
Deyras
Maurins
Mazelgirard
Mazalibrand
le Crouzet
la Celle
Chomettes
Berthouse
Devesset
la Valette
Rochepaule
Lafarre
Grouzoulon
Pailharès
Brouty
Pleynet
Tour de Rochefort
Colombier-le-Vx
Palisse
Boze
Bozas
Gges du Doux
le Mazet
St Barthélemy-le-Plain
Eau Noire
Peyfreid
Agrève
Col du Buisson
Village miniature
la Bourghea
la Chaumette
Maujour
Malleval
St Jeure-d'Andaure
le Clot
Molières
Faurie
St Gris
Arlebosc
Boucieu-le-Roi
le Bruas
Bouveron
Cuves
Chau de Suzeux
le Chambon-s-Lignon
les Tavas
Maifraiches
le Genest
Romières
Mazet
St Voy
la Suchère
le Pin
Chareyrial
Mars
Aulagnier-Grd
Villelonge
la Varenne
les Chazallets
Mazabrard
le Fressenet
Chau de Rochebloine
Nozières
Chazotte
le Crouzet
Labatie-d'Andaure
Clavière
St Agrève
Douzet
Chomette
Orfeuille
le Rond
Montréal
les Eyres
les Brus
St Romain-le-Désert
le Bouchet
Eyrieux
Empurany
la Javelat
le Crestet
le Plat
le Monteil
Chosson
Colombier-le-Jeune
Corniche
Champagnes
Chavagnac
Ribes
Bosas
les Chalayes
Désaignes
Chau de Retourtour
le Verger
Lamastre
les Bruyères
les Boscs
Col de St Genest
Gilhoc-s-Ormèze
Mayres
St Sylvestre
Gourgouras
Hugons
les Vastres
Fay-s-Lignon
Creaux
Crosdo
le Pontet
le Monteillet
la Roche
Lichessol
Sialles
le Peyron
Mathon
Tracol
Col du Mazel
Nas
Dol
Intres
Poux
Chambonnet-Haut
St Julien-Boutières
Beauvert
les Baraques
la Citadelle
Ebruy
Longe-Faye
Fontbonne
Lapras
St Basile
St Barthélemy-Grozon
Soubeyran
Grozon
la Bâtie
Garnier
Champis
Rimand
St Clément
le Bourget
Lachapelle-s/s-Chanéac
Taussac
Limis
Chau de Rochebonne
le Rouveyrol
le Pouzat
Catalot
Mounens
Maisonseule
Col de Montreynaud
Col des Fans
Col de la Rouveure
Alboussière
Serre de la Roue
St Didier-de-Crussol
Charratier
Cachard
Crozat
Armanas
St Jean-Roure
St Prix
le Besset
Nonières
Cluac
Jarjat
St Apollinaire-de-Rias
Boffres
Ponsoye
la Valette
Chanéac
Valamas
St Martin-de-Valamas
Darne-Bessac
Guignebert
St Cierge-s/s-le-Cheylard
St Julien-Labrousse
les Baraques
Châteauneuf-de-Vernoux
les Faugs
Champ de Tir
Croix-de-Nodon
Serres
Bois-Lantal
Treynas
Jaunac
Tempoyrac
Mayas
Mons
Lieutenant
Soutrou
Echamps
Issas
la Gare
Arcens
Villebrion
Trapayac
le Cheylard
St Michel-d'Aurance
l'Alboure
Col de Ceyssouan
St Jean-Chambre
les Collanges
le Vernat
le Belay
Vernoux-en-Vivarais
la Justice
Savinas
le Moulin-à-Vent
Col de l'Ardéchoise
Borée
Molines
Massas
Chadenac
Mariac
Pont
la Mothe
Aurance
Burianne
Vaugeron
Silhac
Chau de la Tourrette
les 4 Ponts
Bruzac
Commune de Gilhac
Prevenchères
la Rouveyre
Cornuscle
Accons
le Pont-de-Fromentières
la Fauritte
Vergnes
St Christol
St Barthélemy-le-Meil
Beauvène
Pont-de-Chervil
Chalencon
Col de Comberon
St Julien-le-Roux
Col de la Serre Mure
Monistrol
Gilhac et Bruzac
Suc de Sara
Besses
St Martial
la Chazotte
Girond
Serre en Don
Molines
PARC
NATUREL
RÉGION
Sauveille
Eyriac
Echarlives
Talaron
le Fau
Chalan
Extrémianoux
Mours
Prelé
le Villard
la Faurie
Colland
Roumezoux
Corniche
Passevite
Chau de Pierre-Gourde
Gorges
Crumière
Col de Joux
Dornas
St Genest-Lachamp
Jouanvins
Gluiras
la Roche
St Maurice-en-Chalencon
St Andéol-de-Fourchades
Longeagne
Noirol
Grd Dornas
la Peyre
le Monteillet
Col de la Faye
la Rouveyre
Plos
la Fargatte
St Michel-de-Chabrillanoux
Boucharnoux
St Fortunat-s-Eyrieux
Pepeyrier
la Biousse
St Laurent-du-Pape
Rocher des Baux
le Chambon
Béréac
Crouset
Sardige
St Pierreville
Albon-d'Ardèche
Glueyre
St Sauveur-de-Montagut
Jariès
Conjols
Dunières-s-Eyrieux
les Menets
Mézilhac
Suc de Montivernoux
Lachamp-Raphaël
Bourlatier
Marcols-les-Eaux
la Tour
Fauzuc
le Moulinon
les Ollières-s-Eyrieux
St Vincent-de-Durfort
Plot
Bois Fournet
la Voulte
Rocher
Cascade du Ray-Pic
Veyrines
Mauras
Féouzet
le Freydier
Crau
St Etienne-de-Serre
Fival
Pont-d'Auzène
la Chièze
Col du Trible
St Cierge-la-Serre
Suc de l'Areilladou
Col des Quatre Vios
Sagnes-et-Goudoulet
le Crouset
Suc de Pradou
Ferrières
Issamoulenc
Abeillouse
Cévelas
Cordon-Blanc
la Pizette
Magerouan
les Sauteaux
le Bouschet
le Chambon-de-Bavas
la Serre
Rompon
Laval
Rer de Cheylard
Pereyres
Gorges
le Peyral
Pinchenole
le Champ de Mars
la Grésière
le Théron
Foulix
Pervenche
Mauves
Pranles
le Pont-de-Boyon
Michaux
Serre l'Eglise
Limouze
les Fonts-du-Pouzin
le Jardin-de-Cuze
Laviolle
Gamondès
la Fayolle
St Julien-du-Gua
Blaizac
Greytus
Ajoux
Creysseilles
Pourchère
Mln-à-Vent
Livier
Lyas
Roure
Cros-du-Roure
St Julien-en-St Alban
les Plaines
Chamée
le Pouzin
les Celliers
Som! de la Sapède
Suc du Goulet
les Sausses
le Bouchet
St Joseph-des-Bancs
Lay
Flachères
Veyras
Mt Toulon
la Jaubernie
Brus
Coux
Ouvèze
Payre
Burzet
Freyssenet

D
E
F
211
Albon
Andancette
Châteauneuf-de-Galaure
St Martin-d'Août
Tersanne
Montrigaud
Forêt de Chambaran
Beausemblant
Laveyron
St Vallier
Mureils
Fay-le-Clos
St Christophe-et-le-Laris
Miribel
Dionay
Chevrières
Claveyson
Ratières
Bathernay
Montchenu
St Bonnet-de-Valclérieux
St Laurent-d'Onay
St Antoine l'Abbaye
St Appolinard
St Vérand
Col de la Madeleine
Forêt de Thivolet
Crépol
St Marcellin
1
Ponsas
St Barthélemy-de-Vals
Charmes-s-l'Herbasse
Margès
le Chalon
St Michel-s-Savasse
Montmiral
Montagne
Chatte
Serves-s-Rhône
Bren
St Donat-s-l'Herbasse
Arthemonay
Geyssans
Erôme
Gervans
Marsaz
Chantemerle-les-Blés
Chavannes
Parnans
St Hilaire-du-Rosier
Larnage
Crozes-Hermitage
Tain-l'Hermitage
Mercurol
Veaunes
Peyrins
Triors
St Lattier
St Bardoux
Clérieux
Mours-St Eusèbe
Génissieux
Châtillon-St Jean
Eymeux
St Just-de-Claix
Pont-en-Royans
Tournon-s-R.
Chanos-Curson
Romans-s-Isère
Granges-les-Beaumont
St Paul-lès-Romans
St Nazaire-en-Royans
La Baume-d'Hostun
La Motte-Fanjas
St Thomas-en-Royans
2
Mauves
Bourg-de-Péage
Hostun
Jaillans
Rochechinard
St Jean-en-Royans
Glun
La Roche-de-Glun
Beaumont-Monteux
Châteauneuf-s-Isère
Chatuzange-le-Goubet
Meymans
Oriol-en-Royans
Pont-de-l'Isère
Châteaubourg
Valence T.G.V.
Beauregard-Baret
St Romain-de-Lerps
St Marcel-lès-Valence
Alixan
Marches
Rochefort-Samson
Col de la Rochette
Bouvante
St Martin-le-Colonel
Cornas
Bourg-lès-Valence
Bésayes
Barbières
Col de la Croix
St Péray
Montélier
Charpey
St Vincent-la-Commanderie
Col de Tourniol
Crussol
Guilherand-Granges
230
3
VALENCE
Malissard
Chabeuil
Peyrus
Châteaudouble
Léoncel
Col de la Bataille
Toulaud
Soyons
Col des Limouches
Portes-lès-Valence
Montvendre
Combovin
Omblèze
Barcelonne
Charmes-s-Rhône
Beaumont-lès-Valence
Montéléger
Beauvallon
Etoile-s-Rhône
Montmeyran
La Baume-Cornillane
Plan-de-Baix
St Julien-en-Quint
Montrond
4
Upie
Ourches
Montoison
Ambonil
Gigors
Eygluy-Escoulin
St Andéol
Vachères-en-Quint
Livron-s-Drôme
Allex
Beaufort-s-Gervanne
Ste Croix
Vaunaveys-la-Rochette
Cobonne
Suze
Pontaix
Loriol-s-Drôme
Grane
Montclar-s-Gervanne
Véronne
247
Crest
Barsac
Drôme
Isère
Rhône
A 7
A 49
E 15
E 713

A
B
C
212
1
2
3
4
229
248
Vinay
Sassenage
Fontaine
Seyssinet
Échirolles
le Pont-de-Claix
Eybens
St Marcellin
Chatte
St Hilaire-du-Rosier
Pont-en-Royans
St Jean-en-Royans
Autrans
Méaudre
Lans-en-Vercors
Villard-de-Lans
St Nizier-du-Moucherotte
le Moucherotte
Gorges de la Bourne
Grds Goulets
Combe Laval
Corrençon-en-Vercors
la Gr de Moucherolle
la Chapelle-en-Vercors
Vassieux-en-Vercors
St Agnan-en-Vercors
Col de Rousset
le Grd Veymont
Mt Aiguille
Gresse-en-Vercors
Clelles
Chichilianne
Monestier-de-Clermont
Vif
Varces
St Paul-lès-Monestier
Die
Chamaloc
Romeyer
Marignac-en-Diois
St Julien-en-Quint
Col de Menée
Col de la Croix Haute
Réserve Naturelle des Hauts Plateaux du Vercors
PARC NATUREL RÉGIONAL DU VERCORS
MONTAGNE DE LANS
VERCORS

D
E
F
213
232
249
GRENOBLE
Domène
Montbonnot
le Versoud
Revel
Murianette
Gières
Venon
Uriage-les-Bains
St Martin-d'Uriage
Chamrousse
Cr. de Chamrousse
Vaulnaveys-le-Haut
Vaulnaveys-le-Bas
Brié-et-Angonnes
Vizille
Séchilienne
Romanche
Gorges de la Romanche
Livet-et-Gavet
Rioupéroux
Gd Pic de Belledonne
Gde Lance d'Allemont
Allemont
Vaujany
Collet de Vaujany
Oz
Défilé de Maupas
Col du Sabot
Pic de l'Etendard
Gdes Rousses
Pic Bayle
Pic du Lac Blanc
Dôme des Pics Rousses
Alpe-d'Huez
Huez
la Garde
le Bourg-d'Oisans
Oulles
le Taillefer
Col de Sarenne
Clavans-en-Haut-Oisans
Besse
Mizoën
le Freney-d'Oisans
Bge du Chambon
Mont-de-Lans
les Deux-Alpes
Venosc
St Jean d'Arves
Cime des Torches
Pic du Mas de la Grave
Galibier-Grandes-Rousses
Combe de Malaval
la Grave
le Rateau
la Meije
Col d'Ornon
Villard-Reymond
Villard-Notre-Dame
Chantelouve
la Morte
Lavaldens
le Tabor
Valbonnais
Entraigues
le Périer
St Christophe-en-Oisans
la Bérarde
Roche de la Muzelle
MASSIF DES ÉCRINS
PARC NATIONAL
Valjouffrey
Pic d'Olan
les Rouies
Mt Gargas
N.D. de la Salette
Corps
Bge du Sautet
St Firmin
St Jacques-en-Valgodemard
la Chapelle-en-Valgaudémar
Villar-Loubière
l'Obiou
Pic de Colle Blanche
Vieux Chaillol
Chauffayer
St Disdier
Défilé de la Souloise
Tréminis
Mens
St Eusèbe-en-Champsaur
Champoléon
les Infournas
Bénévent-et-Charbillac
Gd Ferrand
Col de Rioupes
Route Napoléon

A
B
C
1
2
3
4
214
231
250
Valloire
Col du Télégraphe
Valmeinier
Col du Galibier
Grand Galibier
Col du Lautaret
la Grave
la Meije
le Rateau
Mt Thabor
Roche Bernaude
Tunnel du Fréjus
Bardonècchia
Valfréjus
Modane Gare
Névache
Vallée de la Clarée
Vallée de la Guisane
le Monêtier-les-Bains
Serre Chevalier
Chantemerle
Villeneuve
St Chaffrey
Montgenèvre
BRIANÇON
Puy-St Pierre
Puy-St André
Villard-St Pancrace
Prelles
St Martin-de-Queyrières
l'Argentière-la-Bessée
la Roche-de-Rame
St-Crépin
Champcella
Freissinières
Vallée de Freissinières
Dormillouse
Vallouise
Puy-St Vincent
Ailefroide
Pelvoux
Mt Pelvoux
Barre des Ecrins
Glacier Noir
Pic de Neige Cordier
Pic des Agneaux
Col des Grangettes
Pré de Mme Carle
la Bérarde
Plan du Carrelet
Som! de l'Aillefroide
Sirac
les Rouies
Olan
Pic de Bonvoisin
Crête de Dormillouse
Tête de Vautisse
Pic de Rochelaire
Champoléon
Merlette
Som! Drouvet
les Oulles du Diable
la Chapelle-en-Valgaudémar
le Goléon
les Aigles d'Arves
Mt Falcon
Cime des Torches
Pic du Mas de la Grave
Galibier-Grandes-Rousses
Oratoire du Chazelet
Combe de Malaval
Roche Noire
Col des Marches
Crête des Muandes
Pic de la Moulinière
Crête du Queyrellin
Col de l'Echelle
Roche des Prés
Sommet des Anges
Pic de Mélézin
Pic de Montbrison
Tête d'Amont
Pic du Béal Traversier
Pic de Ht Mouriare
Tête du Puy
PARC
NATIONAL
DES
ECRINS

D
E
F
215
251
1
2
3
4
Dent d'Ambin
Col de Clapier
P^ta Mulatera
Venaus
Susa
Bussoleno
Chianocco
Bruzolo di Susa
S. Didero
Borgone Susa
Condove
Mompantero
Foresto di Susa
Gravere
Chiomonte
Meana di Susa
Màttie
S. Giorio di Susa
Villar Focchiardo
S. Antonino di Susa
Vàie
Exilles
Salbertrand
M. Orsiera
Colle delle Finestre
M. Pelvo
Cima Ciantiplagna
Colle dell'Assietta
Testa dell'Assietta
Usseaux
Fenestrelle
Colle Lauson
M. Blegier
Colle Blegier
Oulx
Sauze d'Oulx
Pragelato
M. Albergian
Gran Cime
Sestriere
Sestriere Borgata
M. Fraiteve
Colle Basset
Colle Bourget
M. Triplex
Cesana Torinese
Sauze di Cesana
M. Sises
Bric Ghinivert
Massello
Perosa Argentina
Pomaretto
Pinasca
Villar Perosa
Perrero
Prali
Punta Cornour
Bric Froid
Pic du Gr^d Glaiza
Gr^d Queyron
Bric Bouchet
Col d'Abriès
Torre Pellice
Luserna S. Giovanni
Bricherasio
Bibiana
Bòbbio Pellice
Villar Pellice
Abriès
Aiguilles
Château-Ville-Vieille
Château-Queyras
Molines-en-Queyras
St Véran
Ristolas
Col de la Croix
M. Granero
Pic de Rochebrune
M.Frioland
Crissolo
Ostana
Paesana
Oncino
M.Viso
le Pain de Sucre
Col Agnel
Ceillac
RÉGIONAL
QUEYRAS
Col Vieux
Col de la Traversette
Grand Belvédère
Colle della Gianna
Colle Sea Bianca
Colle delle Porte
Roc del Boucher
Cima del Bosco
Col de Bousson
Col de Chabaud
Pic de l'Agrenier
Forêt de Marassan

A
B
C
216
252
1
2
3
4
Andernos-les-Bains
BASSIN
D'ARCACHON
ARCACHON
Cap Ferret
Pyla-s-Mer
Pilat-Plage
la Teste-de-Buch
Gujan-Mestras
Audenge
Lanton
Biganos
le Teich
Taussat
Cassy
Ile aux Oiseaux
Parcs à huîtres
Dune du Pilat
Banc du Toulinguet
Réserve naturelle du Banc d'Arguin
Forêt usagère de la Teste
Dunes de Ginestras
Pointe d'Arcachon
Cazaux
Etang de Cazaux et de Sanguinet
Sanguinet
Biscarrosse-Plage
Biscarrosse
Forêt de Biscarrosse
Navarrosse
Forêt usagère de Biscarrosse
CENTRE D' ESSAIS DES LANDES
Etang de Biscarrosse et de Parentis
Zone militaire interdite
Parentis-en-Born
Gastes
Forêt de Piche
Ste Eulalie-en-Born
Forêt de Ste Eulalie
Pontenx-les-Forges
Forêt de Ligautenx
Forêt Nezer
Forêt de Lagnereau
Mimizan-
Aureilhan
St Paul-
A 660
D 652
D 46
D 106
D 218
D 216

D
E
F
217
218
236
253
254
PARC NATUREL RÉGIONAL DES LANDES DE GASCOGNE
Cestas
Léognan
Martillac
La Brède
Saucats
Marcheprime
Mios
Salles
le Barp
Cabanac-et-Villagrains
Villagrains
Guillos
Louchats
Hostens
Belin-Béliet
Lugos
St Symphorien
Orique
Balizac
Saugnacq-et-Muret
Belhade
Argelouse
Moustey
Liposthey
Pissos
Sore
Callen
Luxey
CENTRE D'ÉTUDES NUCLÉAIRES
CENTRE D'ESSAIS
Forêt de Salles
Forêt de Lugos
Domaine départemental
Forêt des Landes
1
2
3
4

A
B
C
1
2
3
4
217
218
235
253
254
Cadaujac
Quinsac
Léognan
Cestas
Martillac
Beautiran
Langoiran
Targon
Capian
La Brède
Saucats
St Selve
Castres-Gironde
Podensac
Cadillac
Cérons
Barsac
Ste Croix-du-Mont
Preignac
Verdelais
St Macaire
Langon
Cabanac-et-Villagrains
Landiras
Illats
Pujols-s-Ciron
Sauternes
Budos
Bommes
Guillos
Louchats
Hostens
Origne
Balizac
Villandraut
Uzeste
Roquetaillade
Bazas
St Symphorien
Préchac
Bourideys
Lucmau
Cazalis
Sore
Luxey
Callen
Captieux
Argelouse
Escaudes
Giscos
Noaillan
Léogeats
Auros
Cudos
Bernos
Mazères
Aubiac
Lignan-de-Bazas
Marimbault
Pompéjac
AUTOROUTE DES DEUX MERS
GARONNE
ASCOGNE
TUREL RÉGIONAL
LANDES

D
E
F
219
Rauzan
Ruch
Mⁱⁿ de Labarthe
Listrac-de-D.
Massugas
S.t Quentin-de-Caplong
Caplong
la Grand-Croix
Petit-Bérard
les Martinaux
Riocaud
le Raymond
Margueron
Monestier
Coutures
Blasimon
Mauriac
S.t Antoine-du-Queyret
le Puch-de-Gensac
Pellegrue
Auriolles
les Guions
Landerrouat
Villeneuve-de-Duras
S.t Léger
Fondefière
les Bournizeaux
Uffer
Thénac
Sigoulès
Soussac
Vignague
Cleyrac
Cazaugitat
Bellan
les Gentis
Génas
les Bertins
Esclottes
Blidane
S.te Croix-des-Egrons
S.t Astier
les Groleaux
Loubès-Bernac
Puyguilhem
Monbos
S.te Innocence
S.t Sernin
Lubersac
Savignac-de-Duras
Baleyssagues
Riquet
Coup
Montaillac
S.te Eulalie-d'Eymet
Sauveterre-de-Guyenne
S.t Léger
Caumont
Castelmoron-d'Albret
Ségur
S.t Ferme
S.te Colombe-de-Duras
Dieulivol
Lac de Castelgaillard
Navarre
S.t Jean-de-Duras
Soumensac
S.t Sulpice
Duras
S.t Front
Bayle
S.t Sulpice-de-Pommiers
S.t Romain
S.t Martin-du-Puy
Rimons
le Puy
Gallochet
Piquetuile
Butte
S.te Foy-Petit
Pardaillan
S.t Hilaire-du-Bois
S.t Martin-de-Lerm
Landerrouet-s-Ségur
Neuffons
Coutures
Monségur
Cours-de-Monségur
Taillecavat
Auriac-s-Dropt
la Sauvetat-du-Dropt
Agnac
S.t Félix-de-Foncaude
Foncaude
Gabouriaud
Mesterrieux
Charlot
Beysserat
S.t Pierre-s-Dropt
Croix de Moustier
Trespontets
Moustier
S.t Laurent-du-Bois
S.t Exupéry
Camiran
Loubens
Roquebrune
Chau de Cazes
la Violette
S.t Sulpice-de-Guilleragues
S.t Vivien-de-Monségur
Lévignac-de-Guyenne
S.t Géraud
S.t Vincent
Nicaud
Monteton
Allemans-du-Dropt
Cadillac
Périé
S.t Romain
Roumagne
Morizès
Bagas
les Esseintes
S.te Gemme
Amblard
Andouille
les Grds Eyriaux
Gadras
Nadau
Lacombe
S.t Pardoux-Isaac
S.t Sève
S.t Hilaire-de-la-Noaille
Beauséjour
Fossés-et-Baleyssac
Caubon-S.t Sauveur
S.te Croix
S.t Sauveur
Puysserampion
Mourgues
Cambes
Miramont-de-Guyenne
Casseuil
Gironde-s-Dropt
la Réole
Lorette
Montagoudin
S.t André-du-Garn
Mongauzy
S.t Michel-de-Lapujade
Landerron
Penaud
Cougouille
Lachapelle
Peyrière
Laborie
Floudès
Pignot
Barie
Bassanne
Fontet
le Grd Mayne
S.t Martin
S.t Martin-Petit
Castelnau-s-Gupie
S.t Avit
Puybarban
Blaignac
Loupiac-de-la-Réole
les Barthes
Bourdelles
Lamothe-Landerron
Lagupie
Mauvezin-s-Gupie
Gupie
Robert
Escassefort
les Vennes
Maury
Castillon-de-Castets
Lapierre
Hure
Jusix
Hourneys
Lalane
S.te Bazeille
Beaupuy
Magdelaine
les Escarreys
Seyches
Guine-du-Bois
Montignac-Toupinerie
Pignéra
Pondaurat
LE BAZADAIS
Savignac
Bentejac
Meilhan-s-Garonne
Beyssac
le Peyrou
S.t Laurent
S.t Etienne de Londres
S.t Pierre-de-Londres
Nozières
S.t Barthélemy-d'Agenais
Noaillac
Lagravade
Couthures-s-Garonne
Michelon
Bouilhats
S.te Abondance
Castaing
Faget
Virazeil
Jean-du-Puy
Puymiclan
les Bourdets
la Peyrère
la Beyse
Gros Jean
GARONNE
Bernès
Tersac
Gaujac
Marmande
la Gazelle
S.t Benoit
Rebec
Agmé
Labarthe
Laligue
la Grave
S.t Sauveur-de-Meilhan
AUTOROUTE DES DEUX-MERS
Beaulieu
Marcellus
le Luc
Coussan
Garrigues
Birac-s-Trec
Poussac
Labretonie
Aillas
Aillas-le-Vieux
Penot
S.t Jean
Montpouillan
Sendets
S.t Pardoux-du-Breuil
Longueville
Bistauzac
Maurice
Limouzin
Labescau
Sigalens
Perreau
l'Eglise
Monicaut
Pont-des-Sables
Pailles
S.t Pierre-de-Nogaret
Dubédat
Capot
Gontaud-de-Nogaret
Hautesvignes
Colombier
Mitton
Mussotte
Cocumont
Sérac
Taillebourg
Fourques-s-Garonne
Caumont-s-Garonne
Fauguerolles
238
Sendets
Sadirac
Campin
Sallette
Goutz
Samazan
S.t Sauveur
Maurignac
Sénestis
Tolzac
Villotte
Varès
Gratelou
S.t Gay
Fauillet
Bijoux
Gadine
Cauvignac
S.t Loubert
Romestaing
Bonneau
Fontet
S.te Marthe
S.t Martin
Révenac
S.t Caprais
Grand-Jean
la Tulle
Artigues
Lagarde
Magnac
Masseilles
Grignols
Balahade
Esquerdes
Guérin
Mérigon
Cap-du-Bosc
le Mas-d'Agenais
Mont
Lagruère
Lamarque
S.t Etienne
S.t Gayrand
Lavazan
Marions
Flaujacq
Auzac
Cours-les-Bains
Figues
Bouglon
Argenton
le Clavier
Grézet-Cavagnan
Garreau
S.te Gemme-Martaillac
Sénestis
d'Agenais
S.t Martin
S.t Juin
Réserve naturelle
Tonneins
Sillas
la Rode
Ruffiac
Bachac
Cavagnan
Calonges
les Barthes
Capéran
Villeton
S.t Christophe
les Baudons
Monbarbat
Pleyde
Fazanis (Lycée agricole)
Barry
Musset
Heulies
Antagnac
Poussignac
Labastide-Castel-Amouroux
Martaillac
Berdery
Razimet
Muraillet
Castille
Clairac
Plantey
S.t Gény
Beroy
LE QUEYRAN
Puech
Ayet
Longueville
Fernand
Veyries
Léyritz-Moncassin
le Père
Bayle
Monheurt
S.t Brice
la Tourasse
S.t Martin-de-Curton
Bialayre
Beauziac
Saurine
Moleyres
Moncassin
Ourbise
Puch-d'Agenais
Gaube
Pech-de-Berre
Bataille
les Bordes
Destrac
Biret
Carnine
le Tren
Castelialoux
Maurin
Lacaze
Nicole
Courbian
Villefranche-du-Queyran
Lompian
Monluc
Longuetille
S.te Radegonde-s-Lot
Paropy
Pejouans
Laroque
Lac de Clarens
la Réunion
le Lanin
le Sendat
Sabin
S.t Léon
Damazan
Aiguillon
Galapian
Lagarrigue
la Forge
Anzex
Toursac
S.t Léger
S.t Côme
S.t Avit
la Fille
la Magdeleine
les Palais
Pindères
Couthures
Cap-du-Bosc
255
Caubeyres
Tricaut
Bousseres
Tour S.t Julien
Pompogne
Buzet
Baïse
GARONNE
Lartigue
Lot

A B C

1 2 3 4

Cunèges, Pomport, la Bastide, Coutures, Bridoire, Ribagnac, Colombier, Conne-de-Labarde, Monsac, la Micalie, Beaumont-du-Périgord, le Mayne, le Rocal, Monmadalès, St Cernin-de-Labarde, Poujols, Bouniagues, Fomboise, Foncaussade, Lestignac, Sigoulès, Parisseau, les Vachers, Uffer, Thénac, la Bézage, Mescoules, Flaugeac, Singleyrac, Sadillac, St Perdoux, Monsaguel, Montaut, Issigeac, Bardou, le Pic, Naussannes, Labouquerie, Leydou, Théobon, Puyguilhem, Loubès-Bernac, Bernac, Monbos, Ste Innocence, St Julien-d'Eymet, les Mayets, St Léon-d'Issigeac, Nojals-et-Clottes, Vuidepot, Brassac, Petit Brassac, Montaillac, Lestang, Mandacou, Plaisance, Eyrenville, Perrou, Moulins, Boisse, Monmarvès, les Andrieux, Barjou, Larocal, Rampieux, Ste Eulalie-d'Eymet, Fonroque, Eylias, Razac-d'Eymet, St Capraise-d'Eymet, St Aubin-de-Cadelech, Faurilles, Cantérane, Cavarcou, Cavarc, Roquépine, Rieu-de-Pey, Soumensac, St Jean-de-Duras, St Sulpice, les Roux, Montguyard, Rouquette, Falgueyrat, le Bost, St Quentin-du-Dropt, Born-de-Champs, Fonqueyrade, Ste Sabine, Tourliac, Monseyrou, Bariats, Lagnel, le Roubineau, la Place, Serres, Cogulot, les Andrieux, Eymet, Serres-et-Montguyard, la Tuilière, Cadelech, les Bearnès, Catus, Malacoste, Ste Radegonde, Naresse, Larche, la Sauvetat-du-Dropt, Bs de Lescourroux, Agnac, la Perche, Queyssel, Cahuzac, St Dizier, Doudrac, Mazières-Naresse, Gounis, Parranquet, Rayet, Lalandusse, Castillonnès, Lasplaces, Loys, Rives, Villeréal, Malcournet, Moustier, Péchalhet, Grande Lande, Lafage, Quevsaguet, St Grégoire, Servelauré, Ferrensac, Côte-Rouge, Mazières, Parisot, Allemans-du-Dropt, Cadillac, Périé, St Romain, Iffour, Latrique, Lauzun, St Nazaire, Gontiers, Douzains, Laterrière, Sérignac-Péboudou, Pompiac, Lage-Hte, Bournel, Courbarieu, Vergt-de-Biron, Jeancel, Estrade, Roumagne, St Pardoux-Isaac, Bourgougnague, St Laurent, St Colomb-de-Lauzun, Larougie, Montauriol, Balet, Despoux, Moussidas, Valette, Salarial, St Etienne-de-Villeréal, Miramont-de-Guyenne, Marot, Cambes, Lavergne, Matelis, Lac du Saut du Loup, la Tourelle, Maurillac, Gervinie, Prade, Montaut, Born, Combet, Dévillac, Laborie, Bois-Vert, Lamothe-d'Ales, Ségalas, Longratte, Tourette, Laborde, Rocadet, St Maurice-de-Lestapel, Cardayres, St Eutrope-de-Born, St Vivien, Envals, Laussou, Moreau, Bladet, Montignac-de-Lauzun, Salabès, Rat, Millac, Piis, Paulhiac, Beffery, Armillac, Lagaillardie, Laroche, Monviel, la Barrouille, Lespinasse, Boudy-de-Beauregard, Laroque, Laures, Soulies, Maury, Guine-du-Bois, Montignac-Toupinerie, Pignéra, Laperche, Moirax, Allemans, Rouffiac, Andrieux, Monbahus, Peries, Calpres, Roquefère, Barbas, Birou, Mon, les Ringauds, Moulinet, Cancon, Beauregard, le Pin, Nozières, Villebramar, Lassalle-Pinot, Labarque, Lentignac, St Paul, les Bonnals, Tuilerie de Pech-Redon, Boulede, Monflanquin, St Barthélemy-d'Agenais, Peyriès, Coupine, Gondon, Jean-d'Ardot, Cailladelles, Calviac, Puymiclan, les Bourdets, Laliguet, Tourtrès, Tombeboeuf, Lafaurie, Esquirol, Colombier, Beaugas, Soulodres, Trabade, Costes, Canabazes-le-Vieux, Rebec, Agmé, Labarthe, Taradel, Labretonie, Brech, Montastruc, Lasserre, St Pastour, Castelnaud-de-Gratecambe, Crouzillac, Corconat, Labarthe, Poussac, Senezelles, Fadèze, Cates, Savignac-s-Leyze, Maurice, Limouzin, Coulx, St Pierre-de-Caubel, Fougassié, Maurasse, Francoulon, Paillolès, Gaffarot, la Sauvetat-s-Lède, Jean Barthe, Capot, Laud-de-Nogaret, Hautesvignes, Verteuil-d'Agenais, Roquepiquet, Carron, Silos, Périé, Pont-Traucat, Tour, Ste Radegonde, Lamothe-Feyt, Montmarès, Colombier, Montardit, Brugnac, Lastuques, Monclar, Réginat, le Lédat, Soubirous, Laval, Varès, Villotte, Verdegas, Pinel, Grossis, Casseneuil, Poutet, Rouyre, Cadres, St Aignan, Fauillet, Grateloup-St-Gayrand, la Mothe, Teyssel, Pinel-Hauterive, Massanes, Diodé, Artigues, Lagarde, Sermet, Roubertou, Peyrebrune, Lycée agricole, Débèze, Campagnac, la Dardenne, Grand-Jean, la Tulle, Fauché, Jean-del-Roc, St Etienne-de-Fougères, Favols, Bias, Courbiac, la Castagnade, Lissandre, Eglise, Castelmoron-s-Lot, Ste Livrade-s-Lot, Arnautis, St Sylvestre-s-Lot, St Etienne, Tonneins, St Gayrand, Touraille, Fongrave, Baurillon, Villeneuve-s-Lot, EDF, la Grâce, Pont-de-Penne, Laparade, les Baudons, St Martin, Allez-et-Cazeneuve, Pujols, Monbarbat, Marsac, Pleyde, Roubillon, Gouneau, Boissie, Laurier, Tour, St Germain, Fazanis (Lycée agricole), Barry, Roussanes, Granges-s-Lot, le Temple-s-Lot, Cazeneuve, Ste Foy-de-Penne, Castille, Clairac, Lariqné, St Caprais, Marchol, Dolmayrac, Tombebouc, Ste Colombe-de-Villeneuve, Muraillet, PUnet, Longueville, Lafitte-s-Lot, Lamaurelle, Fillol, Fernand, Bourran, Montpezat-d'Agenais, St Jean, Grottes de Lastournelle, Noaillac, Giget, Piquepoule, St Brice, la Tourasse, St Sardos, Pérignac, Cap de Bausse, Lacenne, la Massas, St Just, Aurac, Pech-de-Berre, Bataille, Colleignes, St Amand, St Médard, St Antoine-de-Ficalba, Pepines, Lacaze, Lacépède, le Burgas, Laugerie, Grottes de Fontirou, Sembas, Bayle, Hautefage-la-Tour, Nicole, Pas-de-la-Grave, Téoules, St Vincent, Quittimont, Pech-Bardat, Floirac, Cours, Castella, Mon, Frespech, Monluc, Longuetille, Ste Radegonde-s-Lot, Dominipech, St Foy, Arpens, Laugnac, Monbalen, Camp militaire, les Bordiels, Bayssac, Aiguillon, Galapian, Blanchou, St Salvy, Lesterne, Lac de Néguenou, Cassignas, Laroque-Timbaut, Lagarrigue, la Tourasse, la Salle, Prayssas, la Croix-Blanche, les Tricheries, St Léger, St Côme, St Avit, Hiot, Comte de Madaillan, Arasse, Galimas, Frégimont, Corniè, le Quey, Lusignan-Petit, Fraysses, St Julien, Serbat, Norpech, les Palais, Gaujac, Masse, Poussou, St Arnaud, St Pierre, Bajamont, Bousserès, Tour St Julien, Baze, Port-Ste Marie, les Taules, Artigues, Buzet

237 220 255 256

239
D
E
F
221
240
257
1
2
3
4
Belvès
Monpazier
Biron
Villefranche-du-Périgord
Cazals
Salviac
Gourdon
Fumel
Bonaguil
Puy-l'Évêque
Prayssac
Luzech
Catus
Montcuq
Tournon-d'Agenais
Montaigu-de-Quercy
Beauville
Castelnau
Les Arques
Frayssinet-le-Gélat
Cassagnes
Montcabrier
Duravel
Soturac
Touzac
Castelfranc
Labastide-du-Vert
Lavercantière
Marminiac
Montcléra
Gindou
Daglan
Lacapelle-Biron
Blanquefort-s-Briolance
Sauveterre-la-Lémance
St Front-s-Lémance
Cuzorn
Monsempron-Libos
Condezaygues
St Vite
Montayral
Lacapelle-Cabanac
Mauroux
Grézels
Bélaye
Albas
Anglars-Juillac
Pescadoires
Lagardelle
Floressas
Sérignac
Le Boulvé
Fargues
Carnac-Rouffiac
Sauzet
Villesèque
Bagat-en-Quercy
St Pantaléon
Belmontet
Valprionde
Lascabanes
Roquecor
Lacour
St Beauzeil
Valeilles
Masquières
St Matré
Courbiac
Saux
Lebreil
Ste Croix
Belvèze
Bouloc
Montlauzun
St Laurent-Lolmie
St Cyprien
Ste Alauzie
Cambayrac
Douelle
Parnac
Crayssac
Nuzéjouls
St Médard
Thédirac
Montgesty
Dégagnac
Rampoux
Nabirat
Payrignac
Léobard
St Martial-de-Nabirat
Florimont-Gaumier
Bouzic
Campagnac-les-Quercy
St Pompon
Prats-du-Périgord
Besse
Orliac
Doissat
Ste Foy-de-Belvès
Grives
Larzac
Salles-de-Belvès
Fongalop
St Marcory
St Romain-de-Monpazier
Lolme
Marsalès
Lavalade
Soulaures
Gaugeac
Gavaudun
St Sardos-de-Laurenque
Salles
Montagnac-s-Lède
Lustrac
St Georges
Bourlens
Thézac
Tremons
Dausse
Anthé
St Avit-Rivière
Montferrand-du-Périgord
Bouillac
St Pardoux
Sagelat
St Amand-de-Belvès
St Laurent-la-Vallée
St Cybranet
Lavaur
Loubejac
Mazeyrolles
St Cernin-de-l'Herm
St Caprais
Goujounac
Pomarède
Lherm
Les Junies
Rostassac
Montcabrier
Martignac
Loupiac
Les Places
Maussac
Pontcirq
Tourniac
Conté
Cazes
Vire-s-Lot
Tournon-d'Agenais
Caziderogue
Puycalvary
Rouillac
Charry
Ste Juliette
St Amans-du-Pech
Blaymont
St Daunès
Lacapelle
St Vincent-Rive-d'Olt
Caillac
Crespiat

A
B
C
1
2
3
4
222
239
257
258
Payrac
Rocamadour
Gramat
Gourdon
Grottes de Cougnac
Nabirat
Payrignac
St Cirq-Madelon
Rouffilhac
Anglars-Nozac
Reilhaguet
Couzou
le Vigan
St Projet
Ginouillac
Carlucet
le Bastit
PARC NATUREL REGIONAL
DES CAUSSES DU QUERCY
C A U S S E D E G R
C A U S S E D E L I M
St Cirq-Souillaguet
Soucirac
Séniergues
Montfaucon
Vaillac
Beaumat
Frayssinet
Labastide-Murat
St Germain du-Bel-Air
Concorès
Lavercantière
Léobard
Dégagnac
St Chamarand
Peyrilles
Quissac
Espédaillac
Caniac-du-Causse
Soulomès
Sénaillac-Lauzès
St Sauveur-la-Vallée
Lamothe-Cassel
Montamel
Ussel
Thédirac
Uzech
Gigouzac
Mechmont
Montgesty
St Denis-Catus
Catus
Nadillac
Cras
Lauzès
Sabadel-Lauzès
Orniac
Blars
St Sulpice
Grotte de Bellevue
Marcilhac-s-Célé
Francoulès
St Pierre-Lafeuille
Maxou
Nuzéjouls
Boissières
St Médard
Calamane
Espère
Mercuès
Crayssac
Valroufié
Cours
St Michel
Grotte du Pech Merle
Cabrerets
Sauliac-s-Célé
St Chels
Vers
St Géry
Bouziès
Tour-de-Faure
St Martin-Labouval
Calvignac
Cénevières
St Cirq-Lapopie
Pradines
Douelle
Lamagdelaine
Laroque-des-Arcs
CAHORS
Arcambal
Crégols
Berganty
Esclauzels
Trespoux-Rassiels
Aujols
Concots
Lugagnac
Limogne-en-Quercy
Cremps
Laburgade
Flaujac-Poujols
Villesèque
Labastide-Marnhac
le Montat
Lhospitalet
Escamps
Vaylats
Varaire
Cieurac
Lalbenque
Bach
Saillac
Beauregard
Bois de Grézal
Bois d'Aubrelong
Fontanes
Montdoumerc
Belmont-Ste-Foi
Camp Caylus
Lacapelle-Livron
Castelnau-Montratier
Flaugnac
Cézac
Lascabanes
St Paul de-Loubressac
St Pantaléon
St Projet
A 20-E 9
N 20
N 140
D 653
D 802
D 911
D 820

D E F

223

242

259

1 2 3 4

Aynac
Leyme
Latronquière
Boisset
Marcolès
Lacapelle-Marival
Assier
St Bressou
Cardaillac
Maurs
St Étienne-de-Maurs
Quézac
Bagnac-s-Célé
St Constant
St Santin
Montmurat
Figeac
Capdenac
Capdenac-Gare
Decazeville
Aubin
Cransac
Firmi
Béduer
Faycelles
Cajarc
Montbazens
Villeneuve
Rignac
Lanuéjouls
Villefranche-de-Rouergue
Rieupeyroux
St Salvadou
Sanvensa
Colombiès
Belcastel

A B C

224

Boisset
Marcolès
Lacapelle-en-Vézie
Lafeuillade-en-Vézie
Trémouille
Lacapelle-del-Fraisse
Leucamp
Lacroix-Barrez
Mayrinhac
Bussières
Rives
Rueyres
Vieleru
Bonnemayoux
Peyrou
Valette
Montlogis
Melzac
Roquesalane
Lantuejouls
Murols-Soubeyre
Dilhac
Bars
Fraysse
Benaven
la Combrie
la Croix-
Coste-Veyre
Ladinhac
Murols
Vaurs
Talayssac
Feyt
Pont de Valcayles
les Clausades
Santignac
Paulhac
St Antoine
le Bruel
Sansac-Veinazès
Labesserette
la Croix-de-Thérondels
Fraquier
Seyrolles
Rouens
Vallon
St Gervais
St Symphorien-de-Thénières
Leynhac
Polvrières
Plainecoste
Sergeant
le Laux
Lapeyrugue
Pons
Puy de l'Arbre
Bt du Goul
Encises
Huparlac
la Vialle
Calvinet
Berbezou
la Chourlie
Pressoires
Junhac
Montsalvy
Plagnolles
St Hippolyte
Trébuc
Montézic
Réservoir de Montézic
Solassols
le Batut
les Baraques
le Belguiral
la Trappe
la Mothe
la Baresie
Rouquette
Sénezergues
Leygues
les Carrières
Izaguette
Bge de Couesque
Cassous
Ramondies
En Cassagnel
les Bessières
P. de la Capié
Mourjou
Lessal
Cassaniouze
Servant
Montoursy
Aubespeyre
P. de Couesque
la Joanie
Campouriez
St Amans-des-Cots
Authun
Versac
la Roustan
St Juery
les Salles
Fournoulès
Salacroux
Chau de Roquemaurel
Lalo
Magresserie
Tournadoux
Banhars
Volonzac
Colombez
Nonglangles
Bge de Maury
Touluch
Cabels
le Prat
le Blat
le Fel
Engualès
Roussy
Ginolhac
Pont
Lardit
Bge de Cambeyrac
Bez-Bedène
Lac de la Selves
la Roque
les 4 Routes
Monals
St Julien-de-Piganiol
la Tesselie
St Projet
Vieillevie
la Garrigue
le Port
Crestes
Entraygues-s-T.
Puy de Montabès
la Grange-du-Perier
la Capelle
les Galens
Crozillac
Devèze
Tesq
Fraux
le Bez
la Vinzelle
Pt de Coursavy
la Gineste
Grand-Vabre
St Sulpice
Montarnal
N.D. d'Aynès
la Bajerie
St Georges
Mont
Laplagne
le Fabrou
le Jouanas
Valat
Brayes
Altasserre
les Bouygues
les Pelies
Vierge du Roucan
le Bex
Pomiès
Lagarde
Valayssac
Florentin-la-Capelle
Neuve-Eglise
les Bessades
St Parthem
Vielmont
la Linière
Estampes
Peyssonet
les Salès
la Moissetie
Conquettes
Port-d'Agrès
le Fau
Ginoulhac
le Perie
Flach
Espeyrac
N.D. des Hauteurs
Gorges du Lot
les Cazals
le Nayrac
Bouldoires
Ste Catherine
St Marcel
Conques
Pont-romain
Site du Bancarel
Pressoires
Sénergues
Albusquies
le Poteau
les Vernhettes
Golinhac
Issac
le Bancarel
les Mazes
Aumont
Almont-les-Junies
Laval
Embrousse
Montignac
Calvignac
Anglars
la Pradinie
Castailhac
Crussac
Fombillou
Bge de Golinhac
la Coursière
N.D. del Boy
le Cayrol
la Borie-de-Pagax
Prayssac
Tras-le-Bosc
la Bessière
Albespeyre
la Brousse
Lagarrigue
le Mas
Cabrespines
Labessenoits
Croix du Pargadou
St Roch
Gorges du Dourdou
les Colombiès
Meilhac
Nacoulorgues
St Félix-de-Lunel
Campuac
St Rames
Fonteilles
Carmamans
l'Ouradou
le Causse
le Monastère
Bézamat
Barugues
Palays
Decazeville
St Michel
Noailhac
Mascles
Lunel
Molière
les Hermies
Peyrelebade
Estaing
Foncayrade
Comes
Vinnac
Coubisou
Lasbinals
241
Mines
la Découverte
la Forézie
St Cyprien-s-Dourdou
Grandval
Pic de Kaymard
Polissal
Limon
Tour
St Geniez des-Ers
Impers
Verrières
Trédou
Nadaillac
Ayrolles
Escabrins
Combes
Firmi
Cerles
Roquefort
Gensac
Mousset
Pruines
Villecomtal
Segonzac
Sébrazac
Envaux
St Pierre
Bessuéjouls
Calmont d'Olt
Espalion
Cransac
le Gua
Aubin
Timon
St Julien-de-Malmont
Arjac
Nauviale
Caumels
Chau de Belcaire
Mouret
Sénepjac
Fijaguet
Malet
la Lande
Brussac
Plateau d'Hymes
Bramarigues
la Richardie
la Rayasse
le Pouget
Léguens
Combret
Dourdou
Ginoulou
les Boutets
Muret-le-Chau
St Julien-de-Rodelle
Ste Eulalie
les 4 Routes
Auzits
la Berthoumarie
Selgues
les Hermets
l'Aliguié
St Jean-le-Froid
le Gd Mas
Alac
Rulhe
Testet
Bramarigues
le Bousquet
Cruou
le Colombier
les Espeyroux
Lagnac
Rodelle
les Molinières
Biounac
Aussibal
Antagnagues
Cayssac
Campels
N.D. de Foncourrieu
Mondalazac
Maymac
le Colombier
Trou de Bozouls
Bouisse
Girbals
Fabrègues
Millac
St Christophe-Vallon
le Caylaret
Solsac
Causse de Lanhac
les Escabrins
Carcuac
Sentels
Bozouls
la Rotonde
Coudournac
Carabols
Escandolières
le Bois Gros
Marcillac-Vallon
Cadayrac
Puech-Gros
Barriac
le Bruel
Bournazel
le Garric
la Capelle-del-Vern
Tribouan
Glassac
Roques
Valady
Gradels
Cougousse
Cascade
Limouze
la Garde
la Vayssière
Dalmayrac
Bezonnes
Crespiac
les Brunes
la Viguerie
Gabriac
Roussennac
le Fau
le Cayrou
Tavernes
les Trémolèdes
Poux
Cantuel
St Austremoine
Causse
Curlande
Concourès
la Roubenie
Riou Nègre
Alzou
les Fabries
Goutrens
le Lac
Cassagnes-Comtaux
Fijaguet
Pont-les-Bains
Nuces
Salles-la-Source
Tindoul de la Vayssière
Comtal
Aboul
Gillorgues
le Mazet
la Rebadie
le Garric
Clairvaux-d'Aveyron
Panat
Mont
Seveyrac
N.D de Vanc
Vayssettes
Lumière
la Remise
N.D. de Buenne
Onet-l'Eglise
Camp militaire
le Comtal
Larquet
Rignac
Bouviala
la Garissonnie
Cantemerle
Bruéjouls
Balsac
Perinhac
le Cres
Souyri
Gajac
Sébazac-Concourès
Vabre
Lioujas
Grioudas
Zénières
le Tronc
la Pradelle
le Luc
Ruffepeyre
Teillet
les Farguettes
Capdenaguet
Blanzac
la Basterie
Onet-Village
Floyrac
Puech-Beaurez
Campeyroux
Cayssac
le-Haut
le-Bas
Gages
Montrozier
Trébosc
Bennac
la Maurinie
Riguetorte
Belcastel
Mayran
Lacau
le Cassan
Puech-Tournès
Garillac
Abbas
l'Hospitalet
la Tricherie
Tour
Lagarrigue
Capelle
St Martin
Onet-le-Chau
Ortholès
Lacombe
Canabols
la Roquette
Forêt des Palanges
la Borie
le Pont-Neuf
la Valette
le Pont-de-Mirabel
Montillas
Caramaurel
les Planques
Césars
le Pas
St Mayme
la Loubière
Pessens
la Sarette
la Boissonnade
la Roquette
Talespues
St Clément
le Castanier
Druelle
Cayssiols
Manhac
Agen-d'Aveyron
la Serre-Lissosse
Cabanelles
Puech-Blanc
le Mazet
Aiguevives
Gaugeac
Fournols
Colombiès
Fromental
Pomayret
Ampiac
Agnac
Olemps
Castan
Toizac
Cassagnette
RODEZ
le Monastère
Ste Radegonde
Issanchou-le-Haut
Reilhac
Aujols
Barry
Rivière
Teillet
Merlet
Nuces
le Verdier
Moyrazès
Madies
Montes
Laurent
la Mouline
le Lachet
Calzins
Istournet
Randeynes
Lamaldesq
Frayssinhes
les Combettes
les Martres
le Py
Combrouze
Limayrac
Poteau-de-Colombiès
Méricant
les Pourquiols
Greffuel
Ginestet
les Angles
Ruols
la Palmerie
Moussens
Luc
Malan
la Boissonnade
Veyrac
Garrigous
Comps
Iniéres
le Bousquet
le Vibal
les Vernhes
Bque de Combrouze
Salettes
Cussan
Recoules
Lax
Le Gd Mas
Prévinquières
Espessergues
la Vayssière
Caumels
Veillac
Soulages
Salzet
Fayet-H.
Membre
Bque de Cussan
Campagnet
Campan
Monteils
Hyars
Rousselleries
Auziech
l'Herm
Lardayrolles
la Carmelie
Beaumège
Saleyrac
le Clutzel
la Primaube
Vayssac
Ferrieu
le Pouget
Lalo
Ginestet
la Gratade
la Merguie
le Mas-Viel
Issanchou
Julien
Vors
Montvert
Planèzes
Flavin
Briane
Viel-Vayssac
Anglars
Baraque-du-Pouget
Mérican
Lac de Pont-de-Salars
Castanet
les Cazes
Sardières
Masga
Fenayrols
Baraqueville
le Lac
Lavernhe
Segonzac
Chapelle-St Martin
Cayraguet
Camboulas
de-Salars
Méjanès
Boussac
la Voysse
Silo
Montbetou
le Terral
Buscest

259 261

D E F

225

Vitrac-en-Viadène Brenac Rochegrès Buffières Le Tillet Toularic Les Angles Puy de la Tuile St Rémy-de-Chaudes-Aigues Chauchailles Bécus Anglars Bonnefont Rochette Tridos la Védrine la Roueyre Les Bessons

Cayrac Alpuech Lacalm Noailhac les Issendous Sanivalo Puy d'Aubraquet Longevialle la Chaldette Etabt Thermal Cheylaret St Laurent-de-Veyrès la Fage-Montivernoux le Pouget Truc de l'Homme Charmals Combret Veyres Vareilles le Crouzet Rimeize

la Terrisse Bouyssounouse Soulages Cassuéjouls Anterrieux la Trinitat Resquistat les Abriolots la Roche-Canilhac Penaveyre Chaumenchal Brion Brion-Vieux Ussels Puy de Montivernoux Luxal le Védrinel Saléles Fau-de-Peyre les Gouttes Lile Pont-Archat le Chambon le Rouchat Crozes Nozières Pont-des-Estrets

Roc du Cayla Forêt du Prieur Grezette Montelmas Buges Grandvals la Brugère les Levades les Allatieux les Fours la Védrine les Salhens Rimeizenc Beauregard Chancelades Buffeyrettes

la Bancalerie Falgayrolles Rédoulès les Prunhes Repon Bonnechare Grand-Viala-le-Vieux Grandviala Lasbros Aumont-Aubrac 1

Auriac Boissonnade la Caprice Dyke d'Alcorn Alcorn Montmaton Bel-Air Gramont Cougoussac Escudières St Urcize Recoules-d'Aubrac Malbouzon Rieutortet les 4 Chemins le Villaret la Pignède Villerousset la Chaze-de-Peyre Pratviala Souleyrols les Fons Ste Colombe-de-Peyre le Contrandès Longuessagnes Bessils

Laguiole la Matte Bois de Laguiole Chalet de la Source Chalets du Bouyssou Escudiérettes Baboyères Finieyrols le Py Soulages la Chazotte Fontanes

Albès Vernhes Mouliac Super-Blaisex la Cabre Mont N.D. de la Sentinelle Nasbinals Rieutort Prinsuéjols la Combe Lasfonds Fréjoutes Couffinet le Cher Vimenet St Sauveur de Peyre Aubigeyrette Aubigeyres

le Bousquet Montpeyroux le Puech Curières Puy du Roussillon Forêt de la Roquette-Bonneval Puy de Gudette Croix des 3 Évêques Montgros Mt Redorte Marchastel Montgrousset Grotte et Cade de Déroc Trémouloux Col des Issartets Crueize Chabannes Roc de Peyre

les Truc d'Aubrac Bois de Rigambal le Duc Linars Pomiers la Ginestouse Lac de Salhens Usanges la Baume Combettes le Moulinet le Grach Chapchiniers

la Serre le Cros les Brasses le Royal Aubrac Lac de Souveyrols Pic des Fourques le Gibertès Buisson les Faux Fraissinet Vallée de l'Enfer la Rouvière

Marsagues Lasbros le Serre Aulos Mont Montorzier Lac de St Andéol Bès le Cornage la Fayssé le Peyrou Mgne Sinières-Planes le Faltre Chaldecoste Chantegrenouille Viaduc de la Crueize Champagnac Parc des Loups du Gévaudan Ste Lucie

la Poujade Condom-d'Aubrac Bois d'Aunac Belvezet Renjard Roc de Campiels Lac de Born Taupinet St Laurent-de-Muret Baraque du Plo le Monnet Tarbes St Léger-de-Peyre 2

Aunac le Pouget St Chély-d'Aubrac les Enfrux Forêt d'Aubrac M.F. des Rajals Bramelouf A U B R A C Vergnecroze Bonalbert le Mas Antrenas

Trissac Regaussou les Cambrassats Tour Bonnefon Salgues Signal de Mailhebiau Col de Bonnecombe (1350) la Blatte Fabrèges Viourlègres Pratbinals le Crespin Ste Catherine le Lignon le Croizier le Regourdel le Grenier Valadou Montrodat

la Bastide-d'Aubrac l'Estrade Vennac Artigues les Vernhes Volmanières les Violles Alteyrac Fabrèges Marvejols

Castelnau-de-Mandailles Vignac Prades-d'Aubrac Belnom Born Vieurals Plagnes les Salces Ginestouse la Chazette Truc du Midi Bruguers

Couvent de Malet Ronauberg Puy de Barry la Borie le Vialaret les Crouzets Rieuzens la Vayssière Moncan les Cats le Fromental Col du Trébatut Pierrefiche le Bruel Riouloug le Monastier-Pin-Moriès Chirac Palhers Prades Truc de Grèzes

244

St Côme-d'Olt le Cambon Cadepa Vioulac Lunet Aurelle Corbières Mazes les Ginestes Montfalgoux les Hermaux Combret St Bonnet-de-Chirac les Bories

Bousquet E.D.F. Bgs de Castelnau Lassouts Condamines Mandailles Tour la Bastide Naves d'Aubrac la Fraissinede Bonnance Trélans la Bessière Busses Pin Montredon Malavieille Chabanes

Roquelaure Lassouts Cantaloube St Saby Laval St Martin-de-Mont-Bon Aurelle-Verlac Noubloux le Besset Champcros St Germain-du-Teil Moriès les Ajustons Marijoulet

Puy de Campech Cabanac Puy Lacalm Azemars Neyrolles Rouveret la Bessière la Boulesq les Crouzets les Falguières St Pierre-de-Nogaret Montjézieu Larbussel Auxillac les Salelles le Villard le Pont 3

St Affrique-du-Causse la Quille Ste Eulalie-d'Olt St Geniez-d'Olt Pomayrols les Gibertes le Bez Canet-d'Olt Lalo Nogardel Montagudet Corréjac le Paven Chardonnet le Sabatier

Ceyrac Belair Marijolet Estables Montagut le Ferreol le Viala Badaroux Chau Cadoule Montferrand les Fons

Cruéjouls Malescombes Pierrefiche la Capelle-Bonance la Borie le Bousquet St Laurent-d'Olt la Mothe les Balmes Gazy

Dourdou Assagnoles Montbez Marnhac Grun St Saturnin-de-Lenne la Resse Bonneterre Ajas Campselves Canilhac Pratnau la Ganourgue Banassac St Frézal la Roquette les Crouzets le Cros-Haut

Maymac le Cayla Galinières Bois de Galinières St Martin-de-Lenne Campagnac Verteilhac la Plancelle la Bastide Chau Maleville Chazoux

Coussergues Lenne Orbis le Viala Sépulcre St Saturnin Tartaronne

les Bourines Luc Agues Canac la Roque Montagnac St Urbain Sabot de Malepeyre Fontjulien Boujassac

Pont-de-Palmas Palmas les Tassières Vimenet C A U S S E D E S É V É R A C le Ginou la Fagette Mas-de-Donat Rouges Parets Malevialette Mas-Crouchou le Marguefré de Lutran la Capelle

Laissac Vieilles-Cazes Aujols Mayrinhac les Crozes Combelongue Caumel la Tieule Pertuzades Lueysse

Gagnac Cantaloube Surguières Terménoux Longviala la Piguière le Domal

Puech de St Félix Sévérac-l'Église Lugans Buzeins Puech de Montgrand Buzareingues Tantayrou Cornuéjouls Ricardés la Lavagne le Maldéfred le Couderc les Vincous

Lissirou Gaillac-d'Aveyron Mezerac Lagarde Col de la Lagarde le Bouquet le Maynard 4

Douzoumayroux St Amans-de-Varès Varès Altès le Mazet Marcayres Recoulettes

les Bordes Recoules-Prévinquières PARC Auberoques le Recoux C A U S S E Bgue de Trémolet les Monziols le Mazel-Boissy Chau de la Roque

Gaponsac Poulentines Vayssé-Rodier Prévinquières Courry Lapanouse les Fonds Blayac le Villaret les Fonts Serres

la Burguière St Grégoire le Méjanel Sévérac-le-Château St Dalmazy le Tensonnieu Soulages St Georges-de-Lévéjac le Mas-Rouch Cauquenas

la Vayssé les Donhes-Hes Col de Palassy St Chély Sermeillets Bellas Huguiès le Massegros Combelasais Point Sublime St Hilaire (861) des Baumes les Baumes-Hautes

St Agnan Cabanes les Rouquettes les Crouzets Lavernhe St Privat Sermels Ste de l'Aveyron Inos Almières Pas de Soucy les Détroits Roc des Hourtous GORGES Roc du Serre Rieisse la Malène Montignac

St Étienne-de-Viauresque le Fau Pomayrols Cantabel

Ségur les Donhes-Bses NA RÉGIONAL

261

D E F

Montel-Cancé Vézins-de-Lévézou Puech del Pal la Roubayre Montaliès Recoules-de-l'Hom St Rome-de-Dolan les Vignes la Maxanne Col de Rieis

le Ram St Amans-du-Ram Mont Caune Novis le Bruel

A
B
C
226
243
261
262
St Alban-s-Limagnole
Grandrieu
Aumont-Aubrac
Serverette
Javols
St Amans
Estables
la Villedieu
Rieutort-de-Randon
Châteauneuf-de-Randon
Marvejols
Mende
Chirac
Chanac
Balsièges
Barjac
Badaroux
Bagnols-les-Bains
le Bleymard
Laubert
Chastel-Nouvel
Lanuéjols
St Étienne-du-Valdonnez
Ste Enimie
Ispagnac
Quézac
Florac
Cocurès
Bédouès
la Malène
Montbrun
Mas-St-Chély
St Chély-du-Tarn
La Canourgue
Col de Montmirat
Causse de Mende
Causse de Changefège
Plateau du Palais du Roi
Roc de Fenestre
Col des 3 Sœurs
Sal de Randon
Truc de Fortunio
Lac de Charpal
Mausolée du Connétable
Tour des Anglais
Roc de Peyre
Parc des Loups du Gévaudan
Truc du Midi
Truc de Grèzes
Mont Chabio
Cirque de Pougnadoires
Cirque de St Chély
Point Sublime
Roc du Serre
Roc des Hourtous
Pas de Soucy
Les Détroits
Causse de Montbel
Montagne
Sal des Laubies
Roc des Laubies
Sommet de Finiels
La Croix de Maître Vidal
Rocher de Rochefort
Puech d'Alluech
Col de Coperlac
Plaine Chanet
Tarn
Lot
Truyère
Colagne
Chapeauroux
GORGES DU
DE SAUVETERRE
MARGERIDE
PARC
MONT
CÉVENNES
MÉJEAN

D
E
F
227
Pradelles
Langogne
Naussac
Lavillatte
Issanlas
Lanarce
St Cirgues-en-Montagne
Mazan-l'Abbaye
Suc de Bauzon
Burzet
Montpezat-s/s-Bauzon
Thueyts
Pont-de-Labeaume
St Alban-en-Montagne
Cellier-du-Luc
St Etienne-de-Lugdarès
Col de la Chavade
Forêt de Mazan
Serre de la Croix de Bauzon
Col de la Cr. de Bauzon
Jaujac
Cheylard-l'Évêque
Luc
Laveyrune
St Laurent-les-Bains
Col de Meyrand
Loubaresse
le Tanargue
D'ARDÈCHE
Valgorge
la Bastide-Puylaurent
Massif de Prataubérat
Largentière
Joyeuse
Rosières
Prévenchères
Montselgues
Thines
Sablières
St Mélany
Planzolles
Villefort
Pied-de-Borne
la Garde-Guérin
Altier
Pourcharesses
Les Vans
Chambonas
Payzac
Lablachère
Beaulieu
Berrias-et-Casteljau
Concoules
Génolhac
Aujac
Malbosc
Bessèges
Chamborigaud
St Paul-le-Jeune
St Ambroix
Chandolas
Grospierres
Labeaume
246
263
1
2
3
4
D
E
F
56

228

A B C

RÉGIONAL

DES MONTS

Rt. de Cheylard
le Crouset
Suc de Prados
Pinche
le Champ de Mars
Issamoulenc
la Grésière
le Théron
Foulix
Cevelas
Magerouan
Pranles
de Bavas
le Pont-de-Boyon
Serre d'Eglise
les Michaux
Rompon
les Fonts du-Pouzin
le Peyral
le Jardin-de-Cuze
St Julien-du-Gua
la Pervenche
Mauves
Mont
Lyas
les Plaines
St Julien-en-St Alban
le Pouzin
Laviolle
Gamondès
C. de la Fayolle
Blaizac
Ajoux
Creysseilles
le Mn-à-Vent
Livier
Roure
Cros-du-Roure
Chamée
les Celliers
Flaviac
les Sausses
Suc du Gouiet
le Chambon
Som! de la Sapède
le Mas
Bise
St Joseph-des-Bancs
le Bouchet
Greytus
Pourchères
Lay
Flachères
Veyras
Mt Toulon
la Jaubernie
Brus
Payre
Bse de Loriol
la Roche
Burzet
Freyssenet
Gorges
le P. de l'Huile
Conchis
Gourdon
Roc de Gourdon
Col de l'Arénier
le Ruissol
Coux
Serre des Ayres
St Symphorien-s/s-Chomérac
Mouchevre
Labastide-sur-Besorgues
Aizac
le Bénéfice
la Geneste
Col de l'Escrinet
St Priest
Privas
Chomérac
Marbre
Brune
Neuve
Baix
Antraigues-s-Volane
Genestelle
Vernas
St Etienne-de-Boulogne
Crau
la Conchy
Baudoin
Entrevaux
le Gleizal
Chabanet
Alissas
Moras
ntpezat-Bauzon
Juvinas
Michelin
Suc de Teste la Faye
Coupe d'Aizac
le Ranc
Asperjoc
Vernet
St Michel-de-Boulogne
Crête de Blandine
la Garde
Côte du Baron
Bressac
St Pierre-de-Colombier
Amarnier
la Roche
Rabeyrie
Margueritte
Aulagnet
Thieure
Montagnac
St Andéol-de-Vals
Chau de Boulogne
Couguoulet
N.D. de Pra-Maillet
la Prade
Freyssenet
Col du Benas
Rochessauve
Laval
le Pré
Champ la Lioure
le Bois
St Lager-Bressac
St Bauzile
Bois de Bressac
les Chaix
le Serre
Sichier
Champagne
la Teyre
Meyras
Chirols
Chau de Ventadour
Oubreyts
Vals-les-Bains
Serrette
Marconnave
Chamoux
Plateau du Coiron
Taverne
Croix St Martin
Berzème
Darbres
St Pierre-la-Roche
Bary
Cougourdas
St Vincent-de-Barrès
Cruas
Coulée basaltique
Neyrac-les-Bains
Niègles
Montgrand
Chauliac
Col de Fontenelle
les Mollères
B. des Roussières
le Cayron
Pont-de-Labeaume
Lalevade-d'Ardèche
Rocher des Combes
Salavert
St Julien-du-Serre
Vesseaux
St Laurent-s/s-Coiron
Vendrias
St Gineis-en-Coiron
Vacheresse
Chau de St Martin-le-Supérieur
St Martin-s-Lavezon
Centrale nucléaire
Fabras
Ucel
Suel
Jaujac
Prades
Labégude
Mercuer
Pt d'Ucel
St Privat
Bruget
Coupe de Jaujac
Farge
le Pt d'Aubenas
le Vernet
la Rochechérie
Grottes de Montbrun (Habons troglodytiques)
Sceautres
St Martin-l'Inférieur
Meysse
Chambons
St Cirgues-de-Prades
Lentillères
Aubenas
St Didier-s/s-Aubenas
Eyriac
Lussas
Mirabel
Tour
Rocher
Mailhac
St Jean-le-Centenier
Le Bois-de-Val
Pic de Chenavari
Champ de Tir
Col de la Cr. de Millet
Hte Valette
Prunet
la Chaberterie
Névissac
Aïlhon
Chazeaux
St Etienne-de-Fontbellon
St Antoine
Chanabier
St Pierre-s/s-Aubenas
Vastres
le Rieu
Mias
Chabrols
St Pons
Aubignas
St Laurent
Rochemaure
Ancône
Fons
Joux
Lachapelle-s/s-Aubenas
Lavilledieu
Bayssac
(Ete d'Agricre) le Pradel
Som! de la Cr. Julian
Lebrat
le Pont
Jovirac
Pignatelle
la Sablière
Rocher
la Croix
Luth
Coulens
St Sernin
St Germain
Villeneuve-de-Berg
Chantuzas
Buis d'Aps
Alba-la Romaine
Théatre romain
la Roche
le Teil
Mélas
Rocles
Joannas
Chabrol
Tauriers
Chassiers
la Vernade
Béthanie
Parc Aérocity
Vogüé
Tournon
N. Dame
Largentière
Sanilhac
Vinezac
Terme Noir
Sauveplantade
St Andéol-de-Berg
la Rouvière
la Violette
Fraysol
Chapellette
Montréal
Uzer
Lanas
St Maurice-d'Ardèche
Village
Merdarie
Ladou
CIMENTS LAFARGE
Fayet
Laurac-en-Vivarais
la Croisette
Balazuc
Tour
Servière
Rochecolombe
Vaudanoux
Paurières
Rochepierre
Berguier
Vernon
la Crotte
Balbiac
Bellevue
Prends-toi-gardes
Leyris
St Maurice-d'Ibie
Cherdenas
Valvignères
St Thomé
St Alban
Hély
Combeaumont
Joyeuse
Rosières
Chauzon
Gorges
Courbessac
Moulin-Valade
Dardaillon
Escoutay
Cité
Châteauneuf-du-Rhône
Chapias
Défilé
Pradons
la Chadenède
les Salelles
Intras
Bayne
Bse-Valgayette
St Ostian
Viviers
Défilé de Donzère
N.D. de Montcla
Belle-Eau
Bon Secours
Gorges de la Beaume
Beaume
les Rialles
N.D. d'Aude
Lafare
Fontfreyde
Larnas
Gge de la Ste Baume
la Combe
Cité du Barrage
Donzère
Labeaume
Ruoms
les Bouchets
Lagorce
Gras
Gogne
Mas du Gras
Imbours
San Samonta
St Montant
St André-de-Mitroys
les Barraques
Iles Margeries
Mas de la Vignasse
Auriolles
Pécoulas
Som! de Sigaud
Sarrazin
Dent de Rez
Col d'Eyrole
St Vincent
Reynouard
Conche
St Alban-Auriolles
Labastide
Chalamelas
Sampzon
Vallon-Pont-d'Arc
les Hellys
Rimouren
N.D. de Cousignac
Charnève
Pazanan
Chandolas
Rocher (381)
les Tessiers
les Mazes
Roche Colombe
Ile des Dames
Borels
Maison-Neuve
Grospierres
Salavas
Vieux Vallon
Grotte des Tunnels
St Remèze
les Pastroux
Plateau des Gras
de Chastelas
Bois des Bruyères
GORGES DE L'ARDÈCHE
Cirque
Chames
Belvre du Serre de Tourre
Bois de Laoul
le Liby
Bois
N.D. de Chalon
Bourg-St Andéol
Pierrelatte
Comps
le Rouret
la Croisée-de-Jalès
Pont d'Arc
Pas du Mousse
B. de Saleyron
Réserve naturelle
Aven de Marzal
Bois Bouchas
Bidon
Bois des Géantes
St Roch
Faveyrolles
les Laurents
Labastide-de-Virac
Belvre Gaud
Belvres de la Haute Corniche
B. Malbosc
Fontaynes
Vinsas
St Ferréol
Beaupan
Ferme aux crocodiles
Beaulieu
la Trouillère
les Crottes
Mas de Serret
Belvres de Gournier
Maladrerie des Templiers
la Dalgonne
Ile de St Etienne de Dion
les Blaches
E.D.F.
Complexe nucléaire du Tricastin
EURODIF
Pléoux
les Divols
Bessas
Brujas
Vagnas
Chabriac
Grotte de la Madeleine
Grotte de St Marcel
St Marcel d'Ardèche
Frémigères
Ouvrages de Donzère Mondragon
Mas Bonnaure
Aven de la Forestière
Bois de Ronze
Aven d'Orgnac
Belvre du Ranc-Pointu
Sauze
St Sulpice
Trignan
Lapalud
St André-de-Cruzières
Mas Reboul
Barjac
Mas Lozart
le Garn
Bois de Laval
Laval-St Roman
Aiguèze
St Martin-d'Ardèche
St Just
C.N.R.
St Sauveur-de-Cruzières
Orgnac-l'Aven
Malataverne
le Bosquet
St Privas
Cauviac
St Privat-de-Champclos
Monteils
Pierrebrune
Trescouvieux
St Julien-de-Peyrolas
Garidel
les Barrinques
St Geniès
Cabiac
Issirac
Grange Neuve
Lamotte-du-Rhône
la Croisière
le Pont
Mas Imbert
Féreyrolles
Randu-Chabrier
Alleyrac
Salazac
St Pancrace
St Etienne-de-Sermentin
Bernas
St Christol-de-Rodières
St Paulet-de-Caisson
St Ambroix
Belvezet
St Jean-de-Maruéjols-et-Avéjan
Avéjan
Montclus
Gorges de la Cèze
Sabonadière
Cabaresse
Forêt
Pont-St-Esprit
le Mattas

245
263
264

247
D
E
F
229
248
265
1
2
3
4
Livron-s-Drôme
Allex
Eurre
Vaunaveys
Cobonne
Suze
Vaugelas
Montclar-s-Gervanne
Véronne
Pontaix
Barsac
Loriol-s-Drôme
Grane
Crest
Aouste-s-Sye
Mirabel-et-Blacons
Saillans
Vercheny
Aurel
Chabrillan
Divajeu
Piégros-la-Clastre
Aubenasson
St Sauveur en-Diois
Espenel
Cliousclat
Saulce-s-Rhône
Mirmande
Autichamp
La Roche s-Grane
la Répara-Auriples
Saou
Chastel-Arnaud
St Benoit-en-Diois
Les Tourrettes
Marsanne
Roynac
Soyans
Francillon-s-Roubion
Mornans
la Chaudière
Condillac
Puy-St Martin
Cléon-d'Andran
Pont-de-Barret
le Poët-Célard
Bézaudun-s-Bîne
Pradelle
Brette
Sauzet
la Laupie
Bonlieu-s-Roubion
Manas
Charols
Bourdeaux
Rochefourchat
St Marcel-lès-Sauzet
St Gervais-s-R.
Rochebaudin
Félines-s-Rimandoule
Truinas
St Nazaire-le-Désert
Montélimar
la Bâtie-Rolland
Salettes
Eyzahut
Crupies
la Bégude-de-Mazenc
Puygiron
Portes-en-Valdaine
le Poët-Laval
Dieulefit
Vesc
Bouvières
Espeluche
la Touche
Rochefort-en-Valdaine
Aleyrac
Montjoux
Allan
Montjoyer
Roche-St Secret-Béconne
Teyssières
Salles-s/s-Bois
Taulignan
Montbrison
Réauville
Roussas
Valaurie
le Pègue
St Ferréol-Trente-Pas
Sahune
Grignan
Rousset-les-Vignes
Condorcet
Eyroles
St Pantaléon-les-Vignes
Chantemerle-lès-Grignan
Chamaret
Colonzelle
Grillon
Valréas
Venterol
Aubres
les Pilles
Curnier
Arpavon
Clansayes
Montségur-s-Lauzon
Richerenches
Nyons
Montaulieu
Ste Jalle
St Paul-Trois-Châteaux
Solérieux
la Baume-de-Transit
Vinsobres
Mirabel-aux-Baronnies
Châteauneuf-de-Bordette
Rochebrune
Visan
St Maurice-s-Eygues
Piégon
Beauvoisin
Bénivay-Ollon
Buis-les-Baronnies
Bouchet
Suze-la-Rousse
Tulette
Villedieu
Puyméras
Mérindol-les-Oliviers
Propiac
Buisson
St Roman-de-Malegarde
Faucon
Rochegude
Ste Cécile-
St Romain-en-Viennois
Vaison-la-Romaine
Pierrelongue

A
B
C
1
2
3
4
230
247
265
266
Die
Pontaix
Barsac
Vercheny
Saillans
Aurel
Molières-Glandaz
Laval-d'Aix
Aix-en-Diois
Châtillon-en-Diois
St Roman
Montmaur-en-Diois
Menglon
Rimon-et-Savel
Barnave
Recoubeau-J.
St Benoit-en-Diois
Pennes-le-Sec
Aucelon
Montlaur-en-Diois
Luc-en-Diois
Miscon
Pradelle
Poyols
Brette
Rochefourchat
Lesches-en-Diois
Val-Maravel
Beaumont-en-Diois
Jonchères
Beaurières
St Nazaire-le-Désert
Volvent
Bellegarde-en-Diois
Charens
Chalancon
Establet
St Dizier-en-Diois
Valdrôme
la Motte-Chalancon
Rottier
Arnayon
Bruis
Ste Marie
Montmorin
Cornillon-s-l'Oule
Cornillac
Villeperdrix
Pommerol
Rémuzat
Sahune
Rosans
Ribeyret
Moydans
Montréal-les-Sources
Verclause
St André-de-Rosans
Arpavon
le Poët-Sigillat
Bellecombe
Montferrand-la-Fare
Lemps
Sorbiers
Montjay
Chanousse
Trescléoux
Ste Jalle
St Sauveur-Gouvernet
Roussieux
Orpierre
Rochebrune
Bésignan
Vercoiran
Ste Euphémie-s-O.
Montguers
Laux-Montaux
Chauvac
Villebois-les-Pins
Étoile-St Cyrice
Laborel
Buis-les-Baronnies
St Auban-s-l'O.
Montauban
Ste Colombe
la Roche-s-le-Buis
Rioms
Propiac
la Rochette-du-Buis
Izon-la-Bruisse
Ballons
Eygalayes
Eygaliers
Mollans-s-Ouvèze
Pierrelongue
Plaisians
Col de la Croix Haute
Col de Grimone
Glandage
Lus-la-Croix-Haute
Col de Cabre
Aspres
Montbrand
Sigottier
Montclus
Col de Pennes
Col de Rossas
Col du Fays
Col de Perty
Montagne de l'Aup
Mgne de Raton
Mgne de la Clavelière
Gorges
LES BARONNIES
Serre de la Bouisse

D
E
F
231
267
250
1
2
3
4
St Disdier
Tréminis
Défilé de la Souloise
St Eusèbe-en-Champsaur
la Motte-en-Champsaur
Chaillol
Champoléon
Grd Ferrand
Col de Rioupes
Col du Noyer
St Etienne-en-Dévoluy
Superdévoluy
Agnières-en-Dévoluy
Bénévent-et-Charbillac
St Bonnet-en-Champsaur
St Michel-de-Chaillol
St Julien-en-C.
Buissard
Chabottes
Forest-St Julien
Pic de Bure
Pic de Gleize
Col Bayard
Ancelle
La Cluse
Col de Manse
Tête de Clappe
Rabou
Montmaur
la Roche-des-Arnauds
GAP
Rambaud
la Bâtie-Neuve
Chorges
Montgardin
Veynes
Furmeyer
la Freissinouse
Manteyer
Pelleautier
Mgne de Céüse
Châteauneuf-d'Oze
Oze
Jarjayes
N. D. du Laus
Avançon
St Etienne-le-Laus
Valserres
Remollon
Théus
Espinasses
Rousset
Neffes
Sigoyer
Châteauvieux
Lettret
Tallard
Chabestan
le Saix
Esparron
Fouillouse
Vitrolles
Barcillonnette
la Saulce
Lardier-et-Valença
Curbans
Piégut
Rochebrune
Bréziers
Gigors
Bellaffaire
Turriers
Monêtier-Allemont
Faucon-du-Caire
Claret
le Caire
Ventavon
Melve
la Motte-du-Caire
Bayons
Clamensane
Laragne-Montéglin
Upaix
Thèze
Sigoyer
Vaumeilh
Valavoire
Nibles
Châteaufort
Valernes
Mison
Ribiers
St Geniez
Authon
les Monges
Durance
N 85
N 94
D 994
D 942
D 951
A 51
N 75-E 712

A
B
C
232
249
267
268
1
2
3
4
DES
ECRINS
Champoléon
Orcières
Merlette
Prapic
Roc d'Alibrandes
Pic de Rochelaire
Tête de Vautisse
Tête de Couleau
Roc Blanc
Tête de Fouran
Champcella
St-Crépin
Prachaval
Eygliers
Mont Dauphin
Guillestre
Réotier
St Clément-s-Durance
Risoul
Risoul 1850
Vars
Peyre-Haute
Pic de Pied Brun
Tête de Soleil Bœuf
Tête de l'Hivernet
Châteauroux-les-Alpes
St Marcellin
Col de Valbelle
Pic du Clocher
Col de Chérine
Crête de Razis
St André-d'Embrun
Pic St André
Pic de Chabrières
le Mourre Froid
Pointe de la Diablée
Le Pain de Sucre
Tête de Lucy
Tête de Colly
Pte de Serre
Le Carabrut
Gr de Autane
Pte Autane
St Léger-les-Mélèzes
Ancelle
Pte de Fleurendon
Réallon
Mt Guillaume
Le Piolit
Les Parias
la Pousterle
Col de Moissière
Puy-St Eusèbe
Puy-Sanières
St Apollinaire
Chorges
Prunières
Embrun
Baratier
Crots
Crévoux
Savines-le-Lac
Serre-Ponçon
les Orres
Forêt de Boscodon
Pic de Morgon
Demoiselles coiffées
Pic de Charance
Cirque du Bragousse
Rocher de Serre
Pic de Boussolenc
Col de Parpaillon
Gd Parpaillon
Montgardin
Avançon
Mt Colombis
Le Sauze-du-Lac
Espinasses
Rousset
Bge de Serre-Ponçon
la Bréole
St Vincent-les-Forts
Le Lauzet-Ubaye
Tête de Louis XVI
Méolans-Revel
Col des Orres
Col de la Pare
Col de l'Âne
Grd Bérard
Barcelonnette
St Pons
Faucon-de-B.
Pra-Loup
Le Sauze
Super-Sauze
Uvernet-Fours
Gde Séolane
Col des Thuiles
Gges de la Malune
Bachelard
Tête de Sestrière
Tête de Chabrière
Dormillouse
Col St Jean
Montclar
Selonnet
Seyne
Col de Maure
Col du Fanget
Pic de Bernardez
Montagne de la Blanche
Roche Close
Les Trois Évêchés
Tête de l'Estrop
Col d'Allos
La Foux d'Allos
Allos
Colmars
Le Vernet
Auzet
Barles
Verdaches
Blayeul Som.
Clues de Barles
Col du Labouret
Prads-Haute-Bléone
Som. de Chine
Col de Clapouse
Mont Pela
Col du Talon
Beaujeu
Tête de l'Adrech de Vachière
Som. de Chappe

D
E
F
233
QUEYRAS
St Véran
Ceillac
M. Viso
Pic de Caramantran
Col Agnel
le Pain de Sucre
Col de Vallante
Visolotto
Viso Mozzo
Tête des Toillies
Col St Véran
Col Blanchet
Col du Longet
Tour Real
Chianale
Pontechianale
Castello
Casteldelfino
Valle Varaita
Sampèyre
Frassino
Oncino
Crissolo
Paesana
Po
Ostana
M. Granè
Pic de Rasis
Col de Fromage
Col des Estronques
Pnte des Marcellettes
N.D. de Clausis
Tête de Longet
Col de Cristillan
Péouvou
le Longet
Bric de Rubren
Pic de la Font Sancte
Pic des Houerts
Col des Houerts
Maljasset
Maurin
Combe-Brémond
Col Girardin
Col Tronchet
Rocher de l'Echasse
Pic des Heuvières
Crête des Veyres
Réserve Naturelle du Val d'Escreins
Aiguille Pierre André
Serrière de la Testera
Pnte Hte de Mary
Tête de Malacoste
Pic du Pelvat
Pelvat de Chabrière
Tête de l'Autaret
Col de l'Autaret
Dents de Maniglia
Pnte du Fond du Roure
Col de Mary
Brec de l'Homme
Cle di Bellino
Bellino
Chiazale
S. Anna
M. Ferra
M. Pietralunga
M. Passet
Pelvo d'Elva
M. Faraut
Rca la Marchisa
Colle delle Sagnere
M. Chersogno
M. Albrage
Elva
Cle di Sampèyre
M. Nebin
M. Cugulet
Rce Pertus
M. Birrone
M. Rastciàs
M. Ciarm
M. Cornet
Chesta
Bersia
Rubbio
Pagliero
Cima delle Lobbie
M. Reisasso
Cima di Crosa
Colle di Luca
Colle di Cervetto
Pian Munè
Bric la Costa
Cle di Gilba
M. Ricordone
Costabe
Dragonière
Becetto
Rore
Col de Serenne
Aigle de Chambeyron
Brec de Chambeyron
Lac Premier
C.A.F.
La Souvagea
Pont du Châtelet
Fouillouse
Serennes
St Antoine
St Paul sur-Ubaye
B. de Debalens
B. de l'Eyssiloun
Rochers de l'Ours
Col de Mirandol
Pas de la Reyssole
Col de Stroppia
Roche Blanche
Col du Vallonnet
Rocca Bianca
Tête de Sautron
Col de Sautron
M. Boulliagna
Chiappera
Saretto
Pontemaira
Sorgti della Maira
Acceglio
Rca di Ciarm
Ussolo
Prazzo
Valle
Maira
Macra
Stroppo
S. Martino
Vignale
Ponte Marmora
Marmora
Canosio
Rca Corna
Frere
M. Buch
Ugo
Chiotto
Albaretto
Celle-di-Macra
Moschières
Paglières
Assarti
Redoute de Berwick
Meyronnes
St Ours
Somt de la Meyna
Tête de Viraysse
Tête de l'Alp
Col des Monges
Alto Vallonasso
Fort de Roche-la-Croix
B. des Chalanches
Certamussat
Larche
Tête Dure
Bec du Lièvre
Aigle Jean Coste
Tête de Moise
Chialvetta
S. Giacomo
Pratorotondo
Colle Soleglio Bue
Preit
Tolosano
M. Piegù
Rca dell Aquila
M. Cialme
Rocca Cernauda
M. Chialmo
Valliera
Pradlèves
la Condamine-Châtelard
Bois des Tardées
Tête de Siguret
Tête du Coin de l'Ours
Bec de l'Aigle
Pas de Grégoire
Col de Larche (Colle della Maddalena)
Maison-Méane
B. de la Lauze
Tête de Vauclave
Col de Ruburent
L. d'Oronaye
Grangia Rosano
M. Cassorso
Servino
Pso della Gardetta
Reccia
Cle Sibolet
M. Tibert
Castelmagno
Campomolino
Pentenera
Chiappi
Chiotti
Guégnier
Ubac
Lans
le Villard
Vallon des Sagnes
Tête de Fer
Serre Bourdou
la Chalannette
la Prégonde
Rochas
le Pis
Cne Donnadieu
Chlle du Lauzanier
L. du Lauzanier
L. des Hommes
L. des Sagnes
Tête de Pelouse
Pas de la Cavale
Tête de l'Enchastraye
Rer des 3 Evêques
Cma delle Lose
Argentera
Bersezio
M. Oserot
M. Giordano
Cle Margherina
Gias Bandia
Rca la Meja
Cle del Mulo
Cle del Vallonetto
Pta Parvo
Colle Viribianc
M. Borel
M. Bram
Cle Valcavera
M. Omo
M. Sale
Cma Piconiera
M. Bersaio
M. Nebius
M. di Vinadio
Barricate
Pontebernardo
Moriglione
S. Lorenzo
Sambuco
Castello
Pietraporzio
Murenz
delle Barricate
Col de Pouriac
Mt Aiga
Cirque du Salso Moreno
Camp des Fourches
Col des Fourches
Col-de-Fer
Gias Bal
M. Bassura
Villetta
Neraissa Sup.
Neraissa Inf.
Neghino
M. Autes
Aisone
S. Giacomo
S. Maurizio
Trinità
Forani
Goletta
Tête de l'Empeloutier
Crd de l'Alpe
Tête Dure
Cime de Voga
le Mourre Haut
le Restefond
Col de Raspaillon
Bousiéyas
Oratoire N.D. du Très Haut
le Chevalier
Ventebrun
Col de la Moutière
Cime de la Bonette
Col de Colombart
Tête de Glaudon
Bayasse
le Pra
Rocca Blancha
Cime des Blanches
M. Vallonnet
Tête de l'Ubac
Vens
de Vens
Claï sup.
Zanotti al Piz
M. Ciaval
M. Vaccia
Vinadio
Pianche
Pratolungo
Ruviera
NATIONAL
DU MERCANTOUR
Cime de la Blanche
Vallon de Sestrière
St Dalmas-le-Selvage
Pont Haut
Mt Ténibre
Grd Cimon de Rabuons
M. Laroussa
Corborant
Bagni di Vinadio
Vallone dei Bagni
M. Ciastella
Migliorero
Callieri
S. Bernolfo
Tête du Grd Clot
Mt Gros Serre de la Braisse
C. de la Braisse
Col de Sanguinière
Tête de Sanguinière
Col d'Anelle
Chlle des Trimitaires
St Etienne-de-Tinée
Lac de Rabuons
Cime de Maleterre
Col de la Cayolle
Mt Aunos
l'Alpet
Pnte Cote de l'Ane
Somt des Garrets
Pas du Lausson
Pnte des 3 Hommes
Tête de Gorgias
Sommet de Jalorgues
Jalorgues
St Anne
Demandols
Cime de la Berchia
la Pinatelle
St Maur
Auron
Col de Bouchiet
Cime de Colle Longue
Pas de Colle Longue
Col de la Guercia
Tête Roughouse
Testa Mouton
la Capanna
Santuario di Santa Anna
Pta Ciarnier
F. Nola
Maladecia
Testa delle Novelle
Cma Gorgia Cagna
Rocca della Paur
Cle di Valmiana
Le Bourguet
Tête Gerpe
Douans
Pont Rouge
Tête de l'Autaret
Cimes du Lausfer
M. Aver
Bolofré
Col de Jalorgues
Mt Rionnet
Sauma Longue
Nabinas
St Salvaire
Col de Blainon
Cime du Chavalet
las Donnas
Pont St Roch
Roche Grande
Cime de Pal
Mt Triboulet
Estenc
Tête du Lac
la Blache
Guercia
Cime des Crosillias
Vön de Chastillon
Col de la Lombarde
Cime de la Lombarde
Mt Malinvern
Baisse de Druos
Isola 2000
Isola
Chastillon
Merlier
Cime de Tavels
Col Mercière
Tête de la Rouine
Mt Giegn
269
Russeunigues
St Sébastien
Col de Pal
Mt Rougnous
PARC
le Pas-de-Roya
Roya
Mt Pélévo
St Euroste
Clocher
Tête Blarot
P. St Honorat
Entraunes
St Jean
St Sébastien
des Trente Souches
Col de l'Aspre
1
2
3
4
46
47
55

A
B
C
234
270
271
1
2
3
4
Pontenx-les-Forges
Menaut
Souleyraou
Guirosse
Bestaven
Etang d'Aureilhan
Bouricos
Jean-de-Crabe
Mimizan-Plage
Merquedey
Aureilhan
Daricau
Vigon
St Paul-en-Born
La Barde
Larrousseau
Haza
Villenave
Mimizan
Baschoc
Terrena
Méneou
Lesluigues
Réserve
Forêt de Mimizan
Salin
Chéou
Esting
Lette d'Esting
Archus
Leych
Gaye
Escource
Jouanicot
Lespecier
Bias
Jouanon
Capas
Lisacq
Forêt de St Julien-en-Born
Larden
Salbert
Lestajaou
Lesborde
Contis-Plage
Rose
Tresse
la Lette
Contis-les-Marais
le Cusson
Mézos
Caoule
Guetch
Casteja
St Julien-en-Born
Lafitte
Onesse-et-Laharie
Tuquelets du Nord
Tuquelets du Sud
Cap-de-l'Homy Plage
Forêt de Lit-et-Mixe
Lit-et-Mixe
Uza
le Cout
Grand Coulin
Harenoin
Padaou
Yons
Lévignacq
Moulin-Vieux
Miquéou
Mixe
Lugadets
Naboude
Vignacot
Carpit
Frouas
Louise
Bernadic
Lesperon
le Souquet
Forêt de Vielle-St Girons
St Girons-Plage
Mathiouic
St Girons
Caillaube
Labaste
Criéré
Jaougué
Comne de Vielle-St Girons
Bernadon
Jeantot
Gracian
Vielle
Linxe
Péliou
Arnaoutchot
Mansenes
Pouin
Leurteyroun
Huchet
Etg de Léon
Pas du Loup
Escalus
Comne de St Michel-Escalus
Castets
Pichelèbe
Réserve naturelle
Moliets
Marquis
Léon
St Michel
Camerade
Bourrut
Taller
Castillon
Maa
le Village-s/s-les Pins
Lacay
Moliets-Plage
Quartier-Laguain
le Conte
Moliets-et-Maa
Betoy
Minjouay
Etg de Laprade
Etg de Coidoum
Chanchon
Messanges-Plage
Messanges
Etg de Moysan
Bayle
Grangeon
Petit Marquis
Cluquetardit
Herm
Quartier-Caliot
Tustête
Azur
Gourbera
Vieux-Boucau-les-Bains
Port d'Albret
Etg de Pinsolle
Tropica parc
Etang de Soustons
Coudère
Magescq
Larroze
Candale
Tastet
le Houdin
Nerthe
Soustons
Leborde
Abbesse
Berceau de St Vincent-de-Paul
Bayle
Dolouets
Guin
Hardy
la Bagnère
Etang Hardy
Plage des Casernes
la Pince
LE SOUQUET
D 652
D 42
D 142
N 10-E 5-E 70
D 947
D 38
D 44
D 626
D 16
D 150
D 378

PARC NATUREL RÉGIONAL
DES LANDES
DE GASCOGNE
Forêt de Trensacq
Labouheyre
Lüe
Baxente
Gaillard
Médous
Grué
Gillet
Cantaure
Mariné
Bel-Air
Guisoua
Labrit
Guidenson
Commensacq
Capbat
Trensacq
Cantegrit
Houssats
la Crotte
Gruey
Daugna
Tuyas
Silo
la Gelère
Marquèze
(Écomusée)
Sabres
Perrègue
Solférino
Cap-de-Pin
Bouheben
Lesgoudies
Nan
Luxey
Écomusée
le Hallot
Mahan
Sarroucas
las Broucs
Mautoire
Lompré
Le Sen
Labrit
la Place
Vert
Peyrau
Pouy Blanc
Maguide
Marais de l'Anguille
Marais du Brau de Pian
Luglon
Couartes
Peyticq
Marais du Platiet
Forêt de Morcenx
les Pignats
Cornalis
Tuc-Gaillat
Laharie
Hourre
Morcenx
Garrosse
Sanglia
Bezin
Réserve de Arjuzanx
Choux
chasse d'Arjuzanx
Morcenx-Bourg
Castillon
Arengosse
Bagatelle
la Chapelle
Garein
Puy Luçon
Parc-de-Poussade
Mn Vieux
Brocas
Hourats
Branenx
Guillemensous
Cère
Barbet
le Fruit
Pelegarie
Geloux
Lagraulet
Maisonnave
Matha
Ygos-St Saturnin
Villenave
Serroun
Mougnoc
la Basade
Ousse-Suzan
Rey
Piroc
Suzan
Garbay
Marrouat
St Martin-d'Oney
Bouniart
Birbe
Parentis-d'Uchacq
Uchacq-et Parentis
Rion-des-Landes
Gournau
Beylongue
Silos
Pouy
Coumet
Quartierot
Mellan
Raubet
Campet-et-Lamolère
Lamolère
Menjoulicq
Boos
Lestage
Quartier-de-Marcel
St Yaguen
Ricq
Carcen-Ponson
Pouy-des-Trucs
St Orens
Gaube
Patton
Champ de Tir
Camp militaire
St Jean d'Août
St Pierre du Mont
Cougnala
Lesgor
Perichon
Ste Croix
Meilhan
Barlac
Bertheuil
le Caloy
Campagne
St Perdon
Loustalet
Candille
Cangrand
Malet
Ponson
Tartas
Carcarès-Ste Croix
Bourg-Neuf
Parpaillot
Ronsacq
Lestronques
Grd Candeles
Haut-Mauco
Benquet
St Christau
la Gare
Guiroton
le Cout
Bégaar
Bernadia
Petche
Jeanbidaou
Mugriet
le Leuy
Aurice
Deyouan
N. D. de Buglose
Buglose
Pontonx-s/l'Adour
St Jean-de-Lier
Audon
Pelin
Marrein
Lamothe
Bas-Mauco
Gurgues
Gousse
Vicq-d'Auribat
Onard
Gouts
St Étienne
Souprosse
Goudosse
Cauna
Lagastet
Durou
Jeanpierre
Pédelord
St Maurice-s-Adour
Étabt thermal
Cassen
Gendarme
Péré
Ste Eulalie
Camelot
Prous
Téthieu
Préchacq-les-Bains
Louer
St Geours-d'Auribat
Poyanne
Laurède
Nerbis
Laguillon
Toulouzette
Mugron
Boucosse
Arènes
Fleurus
St Sever
Loubart
Robert
Soustras
Vincent-de Paul
Gamarde-
Adour
Midouze
Luzou
Bez
Estrigon
Geloux
Retjon
Grand
Douze
Gr de Leyre
D
E
F
235
254
272
1
2
3
4
N 134
N 124
N 10-E 5-E 70
D 626
D 44
D 38
D 651
D 924
D 933

A
B
C
236
Luxey
Ecomusée
le Hallot
Mahan
Captieux
Gd Lebe
Bouchon
Rivedieu
Giscos
Maillas
Lartigue
Pichon
les Barbes
Parsol
les Cultures
Champ de Tir
Lagavarre
Sarroucas
Chalan
Rieussoul
Hourquey
Videau
Lubans
le Pont Long
Monturon
Publanc
le Poteau
Luxuriguey
1
Silo
Silos
Ert de Graoulie
las Broudes
Traverses
Lubernos
Le Sen
Pouybaquedis
Grateloup
Bourriot-Bergonce
Silo la Gare
Bergonce
Miquelot
Labrit
Maurin
Lencouacq
le Bouché
Retjons
Vialote
Gouaillardet
Losse
Lussolle
2
Cachen
Bélis
Chinanin
Chicoy
Lugazaut
Maison Neuve
Estampon
Hourats
Guinas
Arue
Nabias
St Gor
Brocas
Tauladon
Vielle-Soubiran
Pijo
Bellevue
Branenx
Perret
Roquefort
Cazaubon
Maillères
Estigarde
Balen
253
Guillemensous
Canenx-et-Réaut
Sarbazan
St Martin de-Noët
Laslangaches
Loustalot
le Jay
Corbleu
Arouille
Cère
Douzevielle
Parissot
Créon-d'Armagnac
Réaut
Beillons
St Justin
Fondat
St Julien-d'Armagnac
Bostens
Labrise
Lucbardez-et-Bargues
Pouydesseaux
Bernet
Betbezer-d'Armagnac
Chicot
Labastide-d'Armagnac
Lagrange
3
Birbe
Parentis-d'-Uchacq
Pillelardit
Silo
Briat
Barbotan-les-Thermes
N.D. des Cyclistes
Lacquy
Noel
Mauvezin-d'Armagnac
St Avit
Menjoulicq
le Caloy
Gaillères
Ste Foy
Château-Garreau (Ecomusée)
Bégué
le Frêche
Cazaubon
la Bataille
MONT-DE-MARSAN
St Vidou
Monclar
Lamolère
Maureillan
Brechan
Mauléon-d'Armagnac
Cucassé
St Jean-d'Août
Villeneuve-de-Marsan
Ognoas
Champ de Tir
Camp militaire
St Médard
Beaussiet
Bougue
St Cricq-Villeneuve
Arthez-d'Armagnac
Lannemaignan
Soubère
Berduquet
St Pierre-du-Mont
Churgues
Perquie
Tachouzin
Bariquère
Sauvagnère
Marguestau
Perdon
Mazerolles
Broca
Ravignan
Marcoge
Montégut
les Pigails
Castagnet
Nauton
Loustalet
Laglorieuse
Arricau
Pujo-le-Plan
Carnette
Lusson
St Cane
Castex-d'Armagnac
Estang
Haget
Candille
Bretagne-de-Marsan
Lubatas
le Plan
Gaube
Monguilhem
la Forêt
Lias-d'Armagnac
4
Silo
Bostens
N.D. de la Course landaise
Artassenx
les Barrères
Peyrelongue
Maupas
St Jean
Benquet
Lartigue
les Barbouats
St Gein
Bidaous
Bourdalat
St Roch
Jouandots
Lacoste
Cantau
Bascons
Maurrin
Branlat
Toujouse
Monlezun-d'Armagnac
St Christau
Pourica
Pinole
Loubens
Panjas
Perron
Hontanx
Castandet
les Arbouts
Villeneuve
Laujuzan
Rondebœuf
Bazibat
Laberège
Crabé
Lahemme
Bruhet
Marquestau
Bascaules
les Moulie
Lac de Peyrot
Cantiran
Jeanpierre
Bas Mauco
Durou
Pedelord
Ricaud
Ferran
les 4 Chemins
Mormès
Labeyrie
Caupenne-d'Armagnac
St Maurice-s-Adour
Grenade-s-l'Adour
Lamensans
Merillon
Coumat
I.S.T.G.
St Eulalie
Lagrange
Perchède
le Vignau
le Houga
Claux
Camelot
272
Marras
Bordères-et-Lamensans
Lussagnet
St Aubin
273
St Sever
Loubart
N.D. du Rugby
Cazères-s-l'Adour
Forêt de Goulet
Espagnet
Cremens
Robert
Laveyron
Soustras
Pierrons
la Hitère
Toujun
Dauniant
Arblade-

D
E
F
237
238
256
274
Damazan
Aiguillon
St Léon
St Léger
Pindères
Pompogne
Couthures
Caubeyres
Fargues-s-Ourbise
Sauméjan
Buzet-s-Baïse
St Pierre-de-Buzet
Thouars-s-G.
Port-Ste Marie
Clermont-Dessous
St Laurent
Bazens
Frégimont
Ambrus
Mongaillard
Feugarolles
Houeillès
Baradé
Tour St Martin d'Avance
Forêt de Campet
Campet
Pompiey
Xaintrailles
Vianne
Bruch
Montesquieu
Lavardac
Barbaste
Durance
Chau Henri IV
Espiens
Boussès
Montagnac-s-Auvignon
Nérac
Moncaut
Calignac
Saumont
Arx
Andiran
Réaup
Lisse
Nomdieu
Baudignan
Peyrouet
Meylan
Mézin
Francescas
Rimbez-et-Baudiets
Gueyze
Sos
Poudenas
Lannes
Moncrabeau
Ligardes
Villeneuve-de-Mézin
Courrèges
Ste Maure-de-Peyriac
St Pé-St Simon
Gabarret
Escalans
Fourcès
Larroque-s-l'Osse
Gazaupouy
Castelnau-d'Auzan
Labarrère
Montréal
Condom
Parleboscq
Séviac
Beaumont
Larressingle
Caussens
Lauraët
Blaziert
Cutxan
Lagraulet-du-Gers
Mouchan
Cassaigne
Roquepine
Bretagne-d'Armagnac
Cazeneuve
Gondrin
Chau de Tauzia
Maignaut-Tauzia
Abbe de Flaran
Valence-s-Baïse
Campagne-d'Armagnac
Eauze
Réans
Courrensan
Roques
Forêt de Gondrin
Ayguetinte
Beaucaire
Lagardère
Bezolles
Bourrouillan
Ramouzens
Justian
Manciet
Noulens
Lannepax
Mourède
Castéra-Verduzan
Cézan
Ste Christie-d'Armagnac
Espas
Marambat
Vic-Fezensac
Bonas
Dému
Cravencères
D
E
F

A
B
C
1
2
3
4
238
255
274
275
AGEN
Port-Ste Marie
Clermont-Dessous
Laroque-Timbaut
Beauville
Puymirol
Layrac
Astaffort
Laplume
Francescas
Nérac
Condom
Lectoure
Fleurance
Miradoux
St Clar
Lavit
Valence-s-Baïse
Montesquieu
Bruch
Colayrac-St Cirq
Bon-Encontre
Boé
Estillac
Moirax
Aubiac
Caudecoste
Golfech
Lamagistère
Valence
Auvillar
Castelculier
Lafox
Sauveterre-St Denis
St Nicolas-de-la-Balerme
Cuq
Dunes
Sistels
St Mézard
Marsolan
La Romieu
Castéra-Lectourois
Terraube
Mas-d'Auvignon
Pauilhac
Lamothe-Goas
Castelnau-d'Arbieu
Urdens
Brugnens
Montestruc-s-Gers
Préchac
Puységur
Castéra-Verduzan
Cézan
Larroque-St Sernin
Ayguetinte
Flamarens
Mansonville
Gimbrède
Castet-Arrouy
Plieux
Gramont
Montgaillard
St Créac
Mauroux
Tournecoupe
Avezan
Solomiac
Monfort
Homps
Bivès
Cadeilhan
Gaudonville
Marignac
Avensac
Sempesserre
Ste Mère
St Avit-Frandat
Lagarde
Pouy-Roquelaure
Ligardes
Lamontjoie
Nomdieu
Calignac
Moncaut
Ste Colombe-en-Bruilhois
Roquefort
Sérignac-s-G.
Brax
le Passage
Walibi (Parc d'Attractions)
AGEN PORTE D'AQUITAINE
AGROPOLE
Camp militaire
E.D.F. Centrale nucléaire
Écomusée de la Lomagne
A 62-E 72
N 21

D
E
F
239
240
258
276
1
2
3
4
Bouloc
St Laurent-Lolmie
Montlauzun
Ste Juliette
Bourg-de-Visa
Touffailles
Lauzerte
Montagudet
Tréjouls
Sauveterre
Castelnau-Montratier
Flaugnac
Miramont-de-Quercy
St Amans-de-Pellagal
Cazes-Mondenard
Brassac
St Nazaire-de-Valentane
Montbarla
Montfermier
Labarthe
Molières
Castelsagrat
Montesquieu
Durfort-Lacapelette
Vazerac
Puycornet
Lafrançaise
Mirabel
Moissac
Malause
Boudou
St Nicolas-de-la-Grave
Piquecos
Montastruc
Meauzac
Labastide-du-Temple
Lizac
Barry-d'Islemade
Villemade
Lamothe-Capdeville
Albias
Albefeuille-Lagarde
Castelsarrasin
Castelmayran
La Ville-Dieu-du-Temple
MONTAUBAN
Léojac
St Porquier
Montbeton
Lacourt-St Pierre
Cordes-Tolosannes
Escatalens
Bressols
Montech
St Nauphary
Corbarieu
Forêt d'Agre
Finhan
Reyniès
Orgueil
Mas-Grenier
Montbartier
Campsas
Beaumont-de-Lomagne
Verdun-s-Garonne
Dieupentale
Fronton
Grisolles
Pompignan
Villaudric
St Rustice
Castelnau-d'Estrétefonds
Bouloc
GARONNE
Tarn
Aveyron
AUTOROUTE DES DEUX-MERS
A 62-E 72
A 20
N 113
N 20

A
B
C
24
240
Camp de Caylus
Fontanes
St Privat
St Paul-de-Loubressac
la Madeleine-d'Aussac
Aillet
St Geniès-de-la-Millau
Montdoumerc
Labastide-de-Penne
St Martin-de-Caissac
Belmont
Mouillac
Perrufe
Cavaillé
Espagots
Lacapelle-Livron
N.D. des Grâces
Caylus
St Projet
Puylagarde
Loze
Mas de Monille
Parisot
Lac de Parisot
Flaugnac
Castelnau-Montratier
Lamolayrette
Saux
Pilon
Montpezat-gare
Belfort-du-Quercy
Samplessac
St Jean-de-Mazérac
Puylaroque
Boussac
Caylus
Montpezat-de-Quercy
Mondésir
St Pierre Livron
Montfermier
Gandoules
la Salvetat
Villeneuve
la Baraque
Veysset
Blazi
St Fleurie
St Hugues
Lapenche
Foury
St Symphorien
Sielge
Cornusson
Cayriech
St Georges
Sorris
Malpérie
St Martin-des-Piamont
Duges
Abbaye de Beaulieu-en-Rouergue
Espanel
St Nazaire
St Laurent
Montalzat
Grez
St Jean-du-Frustin
Lamandine
Lavaurette
Caudesaygues
Lardaille
Goudal
St Julien
Borredon
Ferrier
Vivens
Barry-de-Cas
Cas
Molières
St Christophe
Auty
Castanède
la Lande
Tarau
Chaumette
Maleterre
Mordagne
Espinas
Ginals
Verfeil
Joany-et-Roubert
la Tour-de-Sicard
St Pierre
Septfonds
Monpalach
Monteils
Caussade
Servanac
Tabarly
la Veyrie
Grotte du Bosc
St Antonin-Noble-Val
Viviès
St Amans
Lafargue
la Capelle
St Vincent
Viminies
la Caze
Granes
les Alliguières
les Granges
Gouvern
Grotte du Capucin
Varen
Mirabel
N.D. des Misères
Fontongue
Perry
St Martin
la Bloyne
Clavel
Guillau
St Cirq
Pradals
Vieilfour
Quergoalle
Saleth
Teussac
l'Aveyron
Montrosier
Lexos
St Barthélemy
St Pierre-d'Angayrac
Lastours
St Martin-d'Antejac
la Benèche
Pech-del-Barry
Combettes
Bourdelle
Forêt du Bretou
Bourdoncle
Brousses
Cazals
Feneyrols
Milhars
Bouyrolle
Aussac
Réalville
Caréme
Laussier
St Michel-de-Vax
Roussayrolles
Marnaves
la Bouffière
St Laurent-de-Mayneto
Forêt de la Garrigue
Cos
Albias
Cayrac
Senchet
la Prune
Lamothe-Capdeville
les Gardiots
Bioule
Nègrepelisse
la Vergne
Brunis
Montricoux
Camis
Sabouyac
Penne
Granié
Belaygue
Vaour
Escudié
257
Reys
Gatilles
Gorges
St Paul-de-Mamiac
Haute-Serre
Fontbonne
Tonnac
Vindrac
Fontneuve
Birac
le Ramier
St Etienne-de-Tulmont
Craboula
Longues-Aygues
Hombrals
Revel
St Maffre
Bruniquel
Col de Pontraute
Rastel
Gamots
la Peyre
Payssel
les Abriols
Lafage
Cabanne
Itzac
Campagnac
Pouziniès
Salbiots
Vaissac
Bellechasse
Cruzels-Haut
Forêt de Grésigne
MONTAUBAN
Léojac
Pénardières
Garrigues
Puygaillard-de-Quercy
le Rond-Point
Noual
la Grande Baraque
St Beauzile
Alos
Couronde
Chaussous
les Vergnous
St Martial
Chouastrac
Liais
St Martin-d'Urbens
Mespel
Larroque
le Sauze
Puycelci
Ste Cécile-du-Cayrou
la Dugarié
Rourre
Andillac
Vieux
Génébrières
Bacan
Bonanech
Bellegarde
Carreyrat
la Grimaudié
St Blaise
Litre
le Verdier
Cahuzac-s-Vère
Orly
St Nauphary
Charos
la Salvetat-Belmontet
Monclar-de-Quercy
Ste Catherine
la Sauzière-Haute
la Sauzière-Basse
la Sauzière-St Jean
Terride
Laval
Valez
P. de la Lèbre
Corduriès
Castelnau-de-Montmiral
Belmontet
le Fau
les Tils
les Tardets
la Plaine
la Capelle
Brugnac
St Martin-Espinas
les Mazières
Corbarieu
Bonrepos
St Caprais
Montdurausse
St Urcisse
la Tuilerie
la Bordes
St Jean-de-Senespe
les Barrières
Forêt de Sivens
Durban
St Jérome
Mas-de-Boyer
Brozes
Verlhac-Tescou
Rougeyral
Monberou
Puylauron
Ronges
les Guillots
St Martin-de-la-Cesquière
les Valettes
Barat
les Planes
Reyniès
St Martin
Villebrumier
Labéjeau
Beauvais-s-Tescou
Montgaillard
St Angel
les Bragards
Salvagnac
St Gérard-d'Armissart
la Grouyère
Ste Cécile
Orgueil
Varennes
les Auriols
Ste Catherine
Villette
la Bouyssé
St Salvy-de-Belmontet
Lapeyrière
St Etienne-de-Vionan
Gineste
Saurs
les Fortis
Peyroulès
Nohic
Ste Rafine
le Born
le Buguet
Tauriac
Montchival
les Fillols
Montlougue
la Case
Pujols
St Salvy-de-Coutens
les Cabes
Convers
Louvignes
Fédies
Boujac
le Terme
Villemur-s-Tarn
Montvalen
Raust
Mareux
St Caprais
Vertus
Bessède
Lastours
Montans
Faillères
Rastel
Magnanac
la Palme
St Maurice
Pechnauquié
Vergnes
Falgade
St Martin-de-Mours
le Pont de Passe
Ladin
Lisle-s-Tarn
St Martin
Fronton
Pierres
les Saulous
Sayrac
Navidals
Sagnès
Bondigoux
Layrac-s-Tarn
Grazac
les Auzerals
Guiddal
St Géry
Villaudric
la Bordasse
les Millets
Villematier
Raygades
Réal
Rabastens
Loupiac
Brames-Aigues
Brouilloux
Entourettes
Bouxoulis
Mirepoix-s-Tarn
les Bourgarels
Roquemaure
la Plane
Condel
Puycheval
les Pagès
Coufouleux
Borie-Blanc
Lafite
la Magdeleine-s-Tarn
Mt Auriol
N.D. de Grâces
St Quitterie
276
277
St Victor
Bouyayo
Ste Raffine
Castelnau-d'Estrétefonds
les Marcays
Friques
Bessières
Conques
Mézens
le Pendut
Forêt de Giroussens
Pari
Ste Ségolène
Respech
Col des Calmettes
Bouloc
Vacquiers
les Condoms
Malpas
Buzet
la Pointe
la Veyrière
A 20
E 9
A 68
D 999
D 958
D 926
D 964
Tarn
Aveyron
Tescou
Vère

D
E
F
241
242
260
278
1
2
3
4
Rieupeyroux
la Rouquette
Sanvensa
Monteils
Castanet
St Salvadou
Vabre-Tizac
la Capelle-Bleys
Castanet
Gramond
Boussac
Baraqueville
Najac
la Fouillade
Lunac
Lescure-Jaoul
la Salvetat-Peyralès
Pradinas
Sauveterre-de-Rouergue
Naucelle
Camjac
Jouqueviel
St André-de-Najac
Laguépie
St Christophe
Montirat
Crespin
Tauriac-de-Naucelle
Centrès
Meljac
St Martin-Laguépie
Mirandol-Bourgnounac
Pampelonne
Viaduc du Viaur
Tanus
Lacapelle-Ségalar
le Ségur
Trévien
Almayrac
Ste Gemme
Tréban
Lédas-et-Penthiès
Laparrouquial
Bournazel
St Marcel-Campes
Monestiés
Montauriol
Moularès
Lacapelle-Pinet
Cordes-s-Ciel
Livers-Cazelles
Salles
Combefa
St Benoît-de-C.
St Jean-de-Marcel
Padiès
Carmaux
Blaye-les-Mines
Labastide-Gabausse
Rosières
Crespin
Souel
Milhavet
Virac
Noailles
Valderiès
Andouque
Valence-d'Albigeois
Donnazac
Mailhoc
le Garric
Cagnac-les-Mines
Sausseenac
St Julien-Gaulène
Castanet
Cestayrols
Ste Croix
St Grégoire
Sérénac
Arthès
Presqu'île d'Ambialet
Ambialet
Fayssac
Bernac
Lescure-d'A.
ALBI
St Juéry
Castelnau-de-Lévis
Senouillac
Labastide-de-Lévis
Marsal
Courris
Terssac
Marssac-s-T.
Rivières
Gaillac
Lagrave
le Sequestre
Puygouzon
Cambon
Bellegarde
Villefranche-d'Albigeois
Florentin
Rouffiac
Salliès
Carlus
Labastide-Dénat
Fréjairolles
Mouzieys-Teulet
Aussac
Cadalen
Poulan-Pouzols
Fénols
Orban
Técou
Dénat
Lamillarié
Terre-Clapier
Teillet
Paulinet
St Jean-du-Vigan
Lasgraisses
Fauch
Ronel
Rayssac
Labessière-Candeil
Sieurac
Roumégoux
Mont-Roc
Busque
Réalmont
A 68
N 88
N 112
D 999
D 922
D 600
D 905

A
B
C
1
2
3
4
242
259
278
279
Baraqueville
Flavin
Pont-de-Salars
Ségur
Naucelle
Camjac
Manhac
Calmont
Camboulazet
Comps-la-Grand-Ville
Trémouilles
Canet-de-Salars
Prades-Salars
Arvieu
Salles-Curan
Salmiech
Cassagnes-Bégonhès
Centrès
Meljac
Auriac-Lagast
Alrance
Villefranche-de-Panat
Rullac-St Cirq
Durenque
Lédergues
Lédas-et-Penthiès
Ayssènes
St Victor-et-Melvieux
Lestrade-et-Thouels
St Jean-Delnous
Réquista
Valence-d'Albigeois
Le Dourn
Faussergues
Connac
Brousse-le-Château
Broquiès
Le Truel
St Michel-Labadié
Assac
Cadix
Brasc
Montclar
St Izaire
Ambialet
Trébas
Coupiac
Plaisance
La Bastide-Solages
St Juéry
Balaguier-s-Rance
St Sernin-s-Rance
Alban
Villefranche-d'Albigeois
Paulinet
Massals
Montfranc
Pousthomy
Combret
Rebourguil
Montlaur
Belmont-s-Rance
Vabres-l'Abbaye
Lac de Pont-de-Salars
Lac de Pareloup
Lac de Villefranche-de-Panat
Pyramide de Lagast
Presqu'île d'Ambialet
PARC NATUREL RÉGIONAL DES GRANDS CAUSSES

D
E
F
243
244
262
280
NATUREL
RÉGIONAL
GRANDS
CAUSSES
PARC
NATUREL
RÉGIONAL
du
Larzac
GRANDS
CAUSSES
DES
CAUSSES
CAUSSE
CAUSSE
NOIR
CAUSSE
DU
LARZAC
Le Massegros
la Malène
Vézins-de-Lévézou
Lavernhe
Sermeillets
les Vignes
St Rome-de-Dolan
Gorges du Tarn
Montbuisson
St Pierre-des-Tripiers
Aven Armand
Roc St Gervais
Gorges de la Jonte
Grotte de Dargilan
Mostuéjouls
le Rozier
Peyreleau
Corniche du Causse Noir
Rivières-s-Tarn
Vezouillac
Verrières
Micropolis
St Léons
St Laurent-du-Lévézou
St Beauzély
Comberoumal
Compeyre
Aguessac
Paulhe
Chaos de Montpellier-le-Vieux
St André-de-Vézines
Lanuéjols
Castelnau-Pégayrols
Montjaux
Millau
Creissels
Compregnac
St Georges-de-Luzençon
St Rome-de-Tarn
la Cavalerie
Nant
St Jean-du-Bruel
Trèves
Causse-Bégon
Cantobre
Revens
Canyon de la Dourbie
St Rome-de-Cernon
Roquefort-s-Soulzon
Tournemire
St Jean-d'Alcapiès
la Bastide-Pradines
Lapanouse-de-Cernon
Ste Eulalie-de-Cernon
l'Hospitalet-du-Larzac
Viala-du-Pas-de-Jaux
Sauclières
Campestre-et-Luc
la Couvertoirade
Cornus
St Beaulize
Fondamente
Versols-et-Lapeyre
St Félix-de-Sorgues
Marnhagues-et-Latour
le Caylar
Gissac
Sylvanès
Montagnol
Camarès
Ceilhes-et-Rocozels
le Clapier
Romiguières
Pas de l'Escalette
Pégairolles-de-l'Escalette
Roqueredonde
Fayet
St Michel
Plateau de Guilhaumard
Col Notre-Dame
Cirque de Labeil

A B C
1 2 3 4

244
261
280
281

CAUSSE MÉJEAN
Plaine Chanet
Chaos de Nîmes le Vieux
CÉVENNES
Corniche des Cévennes
PARC NATIONAL DES CÉVENNES
MONT AIGOUAL
Observatoire
l'Hort-de-Dieu (Arboretum)
Col de la Séreyrède
Massif de l'Espérou
Col du Minier
Montagne du Lingas
Montagne de la Fage
Montagne de la Séranne
Causse Noir
Causse du Larzac
Gorges de la Jonte
Gorges de la Dourbie
Gorges de la Vis
Grotte de Dargilan
Abîme de Bramabiau
Cirque de Navacelles
Grotte des Demoiselles
Aven des Lauriers
Plateau de Thaurac
Défilé
Montagne de la Fage
Mgne du Liron
Col de l'Asclier
Col du Pas
Col des Vieilles
Col de la Triballe
Col de Faubel
Col de Prat Peyrot
Col de l'Homme Mort
Col de Perjuret
Col de Rieisse
Col du Rey
Col des Faïsses
Col de Solpérière
Col de l'Houmenet
Col des Laupies
Col de Jalcreste
Col de l'Exil
Col Salidès
Col del Bès
Col de la Cavalerie
Col de la Barrière
Col de la Pierre Plantée
Col du Cade
Col des Mourèzes
Col de l'Espinas
Col de Bantarde
Col du Mercou

Meyrueis
Rousses
Fraissinet-de-Fourques
Vebron
Barre-des-Cévennes
St Laurent-de-Trèves
St Germain-de-Calberte
St Martin-de-Lansuscle
Ste Croix-Vallée-Française
St Étienne-Vallée-Française
St André-de-Valborgne
Moissac-Vallée-Française
St Roman-de-Tousque
Valleraugue
Les Plantiers
l'Estréchure
Saumane
Peyroles
Lasalle
St Martial
Colognac
Sumène
Ganges
Laroque
St Bauzille-de-Putois
Brissac
Montoulieu
Cros
St Roman-de-Codières
Le Vigan
Aulas
Mandagout
Arphy
Avèze
Pommiers
Molières-Cavaillac
Bréau-et-Salagosse
Aumessas
Arrigas
Alzon
Arre
Bez-et-Esparon
Montdardier
Rogues
Blandas
Vissec
Sorbs
le Caylar
St Michel
St Maurice-Navacelles
la Vacquerie-et-St Martin-de-Castries
St Jean-de-Buèges
St André-de-Buèges
Pégairolles-de-Buèges
Causse-de-la-Selle
St Martin-de-Londres
N.D. de Londres
Trèves
Dourbies
St Jean-du-Bruel
Nant
Causse-Bégon
Lanuéjols
Camprieu
St Sauveur-Camprieu
Roquedols
l'Espérou
la Couvertoirade
Sauclières
Campestre-et-Luc
Cazilhac
St Laurent-le-Minier
Roquedur
St Julien-de-la-Nef
St Bresson
Moulès-et-Baucels
Agonès
Gorniès
Cézas
Cambo
Hures
la Parade
Nivoliers
Drigas
Salvinsac
Gatuzières
Cabrillac
Massevaques
Montjardin
St Julien-d'Arpaon
Cassagnas
Gabriac
Bassurels
Molezon
le Pompidou
St Martin-de-Corconac
Soudorgues
Pont-d'Hérault
N.D. de la Rouvière
St André-de-Majencoules
Taleyrac
Esparon

245
246
264
282

D E F

1 2 3 4

St Ambroix
la Grand-Combe
ALÈS
St Jean-du-Gard
Anduze
Lussan
Vézénobres
Lédignan
St Chaptes
St Hippolyte-du-Fort
Sauve
Quissac
Claret
NÎMES
Sommières
St Mamert-du-Gard
Montpezat
Calvisson
Caveirac
Clarensac
Rochegude
St Victor-de-Malcap
Navacelles
Salindres
Rousson
Cendras
St Paul-la-Coste
St Christol-lès-Alès
Euzet
Foissac
Moussac
Brignon
la Calmette
Gajan
Crespian
Montmirat
Sardan
Vic-le-Fesq
Combas
Fontanès
Aujargues
Souvignargues
Carnas
St Clément
Vacquières
Sauteyrargues
Corconne
Durfort-et-St Martin-de-Sossenac
Massillargues-Attuech
Tornac
Lézan
Massanes
Cardet
Ribaute-les-Tavernes
Cassagnoles
Maruéjols-lès-Gardon
Boucoiran-et-Nozières
St Bénézet
Domessargues
Mauressargues
Montagnac
Montignargues
St Géniès-de-Malgoirès
Fons
Parignargues
St Côme-et-Maruéjols
Langlade
Caissargues
St Dionizy
Nages-et-Solorgues
Congénies
Aubussargues
Collorgues
Castelnau-Valence
Dions
Ste Anastasie
Bourdic
Garrigues-Ste Eulalie
Baron
Serviers-et-Labaume
Méjannes-le-Clap
Vallérargues
Seynes
Brouzet-lès-Alès
Mons
Méjannes-lès-Alès
Monteils
St Hilaire-de-Brethmas
Deaux
St Étienne-de-l'Olm
St Jean-de-Ceyrargues
Martignargues
St Maurice-de-Cazevieille
Cruviers-Lascours
Générargues
Bagard
Thoiras
Mialet
St Sébastien-d'Aigrefeuille
Soustelle
Lamelouze
Portes
Robiac-Rochessadoule
Meyrannes
Molières-sur-Cèze
les Mages
St Julien-de-Cassagnas
Allègre-les-Fumades
St Privat-des-Vieux
St Martin-de-Valgalgues
Monoblet
Fressac
St Félix-de-Pallières
Vabres
Quilhan
Orthoux-Sérignac-Quilhan
Cannes-et-Clairan
Bragassargues
Logrian-Florian
Puechredon
Savignargues
Aigremont
St Théodorit
Canaules-et-Argentières
St Jean-de-Serres
St Nazaire-des-Gardies
St Jean-de-Crieulon
Mouzèzan
St Bauzély
Sauzet
Dézéry
Cabrières

A B C

1 2 3 4

246
263
282
283

St Privat-de-Champclos
Issirac
Pierrebrune
Trescouvieux
St Julien-de-Peyrolas
Garidel
Bollène
St Blaise
Plan-Julière
Avéjan
St Jean-de-Maruéjols-et-Avéjan
Cabiac
Féreyrolles
Randu-Chabrier
Alleyrac
St Christol-de-Rodières
Salazac
St Paulet-de-Caisson
Lamotte-du-Rhône
Pont-St-Esprit
Mondragon
Rochegude
Montclus
Gorges de la Cèze
Bernas
Sabonadière
Cabaresse
St André-de-Roquepertuis
Anc^ne Chartreuse de Valbonne
Forêt de Valbonne
Carsan
St Alexandre
Tharaux
l'Agasse
le Clap
Frigoulet
Esbrezun
Cornillon
Goudargues
Méjannes-le-Clap
St Laurent-de-Carnols
Aujac
St Michel-d'Euzet
Mas-d'Arnave
les Cellettes
St Georges
Mornas
Bois de Goudargues
la Bastide
St Gély
St Sauveur
la Roque-s-Cèze
Cade du Sautadet
Fantaisie
St Nazaire
Vénéjan
St Etienne-des-Sorts
Piolenc
Fons-s-Lussan
la Léque
les Concluses
Goussargues
St Gervais
Mas-de-Rouvier
Chau de Gicon
Ile des Brotteaux
Malataverne
Verfeuil
Donnat
Moncaut
Bagnols-s-Cèze
le Jonquier
Bouquet
le Puech
Vendras
Tour Coulongres
St André-d'Olérargues
Carme
Combe
Carmignan
Paniscoule
Chusclan
B. de Marcoule
Dent de Marcoule
Belvédère
Orange
Lussan
Saussines
Audabiac
les Opiats
Sabran
Colombier
Marcoule (Usine Nucléaire) E.D.F.
Arc de Triomphe
Guidon du Bouquet
Vallérargues
St Marcel-de-Careiret
Charavel
Dent de Signac
Orsan
Martignan
Millet
Mégier
Cadignac
les Imbres
Ermitage du St Sépulcre
Couriac
Montron
Codolet
Plateau du Camp de César
Laudun-l'Ardoise
la Bruguière
Fontarèches
St Laurent-la-Vernède
Cavillargues
St Pons-la-Calm
Tresques
Lascours
Caderousse
Mas Carrière
St Jean
Pougnadoresse
le Pin
Connaux
Ribas
St Paul-les-Fonts
Ile de la Piboulette
Bois de la Vièle
le Puget
Belvézet
le Montellier
la Bastide-d'Engras
Gaujac
la Grange Noire
Montfaucon
St Geniès-de-Comolas
Bourdiguet
le Mas de la Vieille-Eglise
Bois de St Quentin
Bois de Vallabrix
Oppidum
Palus
Mayran
Châteauneuf-du-Pape
Bois de Larnac
Marignac
Chau Aigaliers
Foussargues
Larnac
Vallabrix
Masmolène
St Victor-la-Coste
le Castella (Chau)
Castel-Font
St Laurent-des-Arbres
Roquemaure
Labaume
St Médiers
St Quentin-la-Poterie
St Victor-des-Oules
la Capelle-et-Masmolène
Pouzilhac
Lirac
Traslepuy
St Joseph
Foissac
Gattigues
Montaren-et-St Médiers
Mt Aigu
St Hippolyte-de-Montaigu
Moulin Neuf
B. de St Victor
Ste Baume
F! de Clary
Truel (Prieuré)
Mas de Pré
la Bruyérette
Serviers-et-Labaume
Clairefontaine
Sauveterre
Uzès
St Siffret
Flaux
Tour Valliguières
Forêt de Malmont
Forêt de Tavel
Tavel
Aqueria
Nef Solaire
Pujaut
Collorgues
Aubussargues
Grd Serre d'Aureillac
Haras
Chalier
Garrigues-Ste Eulalie
Aureillac
Arpaillargues-et-Aureillac
Pont des Charrettes
St Maximin
St Pierre
Brot
Grd Belly
Trinquevedel
Ste Eulalie
le Grand Mas
Bois de Castille
Argilliers
Castille
St Capres
Castillon-du-Gard
St Hilaire-d'Ozilhan
Forêt de Rochefort
la Languedocienne
St Anthelme
le Grand Montagne
Bourdic
Malaigue
Sagriès
Vers-Pont-du-Gard
Miouionne
Villeneuve-lès-Avignon
Rochefort-du-Gard
Parc du Soleil et du Cosmos
Moulinas
Blauzac
Sanilhac-Sagriès
Collias
Pont du Gard
les Tuileries
les Croisées
le Mour de la Coudette
la Baraquette
la Bégude-de-Saze
Les Angles
la Fontaine-du-Buis
Aubarne
Campagnac
Pont St Nicolas
Remoulins
le Bosc
Estézargues
Saze
St Privat
Gges du Gardon
Grotte de la Baume
AVIGNON
Ste Anastasie
Vic
Russan
Lafoux
Rabasse
Fournès
les Fosses de Fournès
Domazan
Gouffre Espeluca
le Castélas
St Bonnet-du-Gard
Autodrome
Sernhac
la Grillette
St Pierre
Lavernède
Avignon T.G.V.
Cambageon
Réchaussier
les Castillones
Ledenon
St Amand
le Castelas
Mt Couvin
Poulx
Mas des Cabanes
Cabrières
Théziers
Barbentane
Tour
Camp des Garrigues
Pic de Guerre
les Mugues
Aramon
Roque d'Acier
Pendieu
les Carrières
Meynes
Forêt de Barbentane
Mas-du-Grès
Massillan
Tour de Tholozan
St Gervasy
Nîmes-Marguerittes
Bezouce
Pazac
Tuilerie
Montfrin
Mas de Ponge
Courbessac
Champ de Tir
les Fontilles
Marguerittes
Tour
Bégude-Blanche
Ste-Marie
St-Pierre-de-Mézoargues
Campredon
St Marcellin
Boulbon
Abbe St Michel-de-Frigolet
la Montagnette
Graveson
les Hauts de Nîmes
Tour Magne
NÎMES
Arènes
Carémeau
St Césaire
Comps
Chlle St Laurent
l'Aiguille
Abb. de St Roman
Vallabrègues
San Salvador
Mas-des-Mourgues
P! Frigolet
Maillane
Redessan
la Boissière
Jonquières-St Vincent
Salleles
Beaucaire
Tarascon
Musée
le Breuil
le Cast
les Espagnols
Rodilhan
Manduel
Silo
Bouillargues
Mas des Mourgues
Mas des Tourelles
Croix Couverte
Centre de détention
le Roubian
Laurade
Mas-Blanc-des-Alpilles
Massane
Caissargues
Campuget
Beauvoir
Milhaud
Barnier
Musée
Bellevue
Costières
Ecluse de Surriguier
Fourques
St Castelet
le Castelet
la Bas
Montroche
Campagne
Garons
Bernis
Bois-Fontaine
Mas des Sources
Mas-de-Ranguy
Lansac
St Gabriel
Chaîne des Alpilles
St Peire
Rousset

A
B
C
248
265
284
285
1
2
3
4
Plaisians
Eygaliers
Brantes
Savoillan
Reilhanette
Montbrun-les-Bains
Aulan
Mévouillon
Villefranche-le-Château
Séderon
Eygalayes
Ballons
Lachau
Salérans
Eourres
Montfroc
Curel
St Vincent-s-Jabron
les Omergues
Barret-de-Lioure
Ferrassières
Aurel
Sault
St Trinit
Revest-du-Bion
Saumane
l'Hospitalet
la Rochegiron
Lardiers
St Etienne-les-Orgues
Banon
Ongles
Monieux
St Christol
Simiane-la-Rotonde
Lagarde-d'Apt
Forcalquier
St Saturnin-lès-Apt
Rustrel
Gignac
Oppedette
Vachères
Aubenas-les-Alpes
Observatoire de Hte Provence
St Michel l'Observatoire
Roussillon
Gargas
Villars
Apt
Caseneuve
Viens
Reillanne
St Martin-de-Castillon
Céreste
Montjustin
Saignon
Castellet
Buoux
Bonnieux
Sivergues
Montfuron
Vitrolles-en-Lubéron
Pierrevert
Cabrières-d'Aigues
Cucuron
Vaugines
la Motte-d'Aigues
St Martin-de-la-Brasque
Peypin-d'Aigues
la Bastide-des-Jourdans
Grambois
Lourmarin
Puyvert
Lauris
Beaumont-de-Pertuis
Goult
Chaussée des Géants
MONTAGNE
VENTOUX
PLATEAU D'ALBION
VAUCLUSE
PARC NATUREL RÉGIONAL DU LUBERON
Mourre Nègre
Grand Luberon
Forêt de la Plate
Colorado
N 100
D 950
D 30
D 943
D 542
D 546

D
E
F
249
250
268
286
1
2
3
4
Sisteron
Ribiers
Servoules
Plan-de-la-Baume
Entrepierres
Pont de la Reine Jeanne
Vilhosc
Geniez
Authon
Col de Font-Belle
Col St Antoine
Crête de Géruen
le Castellard-Melan
Htes Duyes
la Robine-s-Galabre
Som! de Vaumuse
Salignac
Sourribes
Thoard
Col de la Croix
Valbelle
Peipin
Aubignosc
Volonne
Château-Arnoux-Saint-Auban
Châteauneuf-Val-St Donat
l'Escale
Barras
Pic d'Oise
Champtercier
Courbons
DIGNE-LES-BAINS
Marcoux
Archail
Mallefougasse-Augès
St Donat
Montfort
Mirabeau
Aiglun
Mallemoisson
Route Napoléon
Malijai
Fontenelle
Som! de Cousson
Entrages
St Michel de Cousson
Montlaux
Peyruis
Rochers des Mées
les Mées
le Chaffaut-St Jurson
Châteauredon
Clue de Chabrières
Mézel
Beynes
Sigonce
Monastère
Ganagobie
Lurs
Puimichel
Bellegarde
St Jeannet
Estoublon
Entrevennes
le Castellet
Bras-d'Asse
St Julien-d'Asse
la Bégude-Blanche
Niozelles
la Brillanne
Oraison
St Jurs
Gorges de Trévans
Majastres
Villeneuve
Volx
Brunet
Puimoisson
PARC NATUREL RÉGIONAL
Valensole
Moustiers-Ste-Marie
Manosque
Riez
Roumoules
St Martin-de-Brômes
Allemagne-en-Provence
Montagnac-Montpezat
Ste Croix-de-Verdon
les Salles-s-Verdon
Aiguines
Cirque de Vaumale
Gréoux-les-Bains
Esparron-de-Verdon
Bauduen
St Laurent-du-Verdon
Bgs de Ste Croix
GRAND CANYON DU
Corniche Sublime

A
B
C
250
267
286
287
1
2
3
4
Col du Labouret
Prads-Haute-Bléone
Som.t du Caduc
Allos
Colmars
Beaujeu
la Javie
le Brusquet
Draix
Archail
Marcoux
DIGNE-LES-BAINS
Som.t de Denjuan
Mgne du Carton
Mgne du Cheval Blanc
Villars-Colmars
Beauvezer
Thorame-Haute
Thorame-Basse
le Grd Coyer
Entraunes
Col des Champs
Peyresq
Méailles
Tartonne
Clumanc
Lambruisse
Montagne de Coupe
Montagne de Maurel
le Fugeret
Allons
Annot
St André-les-Alpes
Moriez
Barrême
Chaudon-Norante
Clue de Chabrières
Clue de Rouaine
Col de Toutes Aures
Vergons
Angles
Pic de Chamatte
Senez
Majastres
Blieux
Clue de Taulanne
Castellane
la Garde
Demandolx
Soleilhas
St Auban
Clue de Vergons
Som.t de Crémon
Moustiers-Ste-Marie
VERDON
GRAND CANYON DU VERDON
Point Sublime
Rougon
Trigance
Balcons de la Mescla
Aiguines
Cirque de Vaumale
Belvre de Mayreste
Corniche Sublime
St Thyrse
le Bourguet
Brenon
Châteauvieux
Bargème
la Bastide
la Roque-Esclapon
Séranon
Valderoure
Peyroules
Col de Luens
Route Napoléon

D
E
F
251
Isola
Isola 2000
PARC
NATIONAL
DU
MERCANTOUR
Mt Mounier
Valberg
Beuil
Guillaumes
Sauze
Péone
Châteauneuf-d'Entraunes
Villeneuve-d'Entraunes
St Sauveur-s-Tinée
Roubion
Roure
Rimplas
St Dalmas
la Colmiane
St Martin-Vésubie
Venanson
Roquebillière
Gorges de Daluis
Daluis
Gorges Supres du Cians
Ilonse
Pierlas
Marie
Clans
Bairols
Lieuche
Thiéry
Rigaud
Auvare
Pont de St Léger
Puget-Théniers
Puget-Rostang
Entrevaux
Touët-s-Var
Villars-s-Var
Massoins
Tournefort
Malaussène
la Tour-s-Var
Utelle
Madone d'Utelle
Toudon
la Penne
Ascros
St Antonin
la Rochette
St Pierre
Collongues
Amirat
Sallagriffon
Clue du Riolan
Roquesteron
Sigale
Aiglun
Clue d'Aiglun
Montagne de Charamel
Conségudes
Pierrefeu
Gilette
Bonson
Levens
Plan-du-Var
le Mas
Montagne de Thorenc
Col de Bleine
Thorenc
Greolières
Gréolières-les-Neiges
Cheiron
Coursegoules
Bézaudun-les-Alpes
Bouyon
le Broc
Carros
Aspremont
Cipières
Castagniers
Col de Vence
Gourdon
Caussols
Plateau de Calern
Plateau de Caussols
Andon
Vence
Tourrettes-s-Loup
St Jeannet
Gattières
la Gaude
Colomars
St Paul
la Colle-s-Loup
St Laurent
NICE
Pas de la Faye
Escragnolles
le Bar-s-Loup
288
289
1
2
3
4

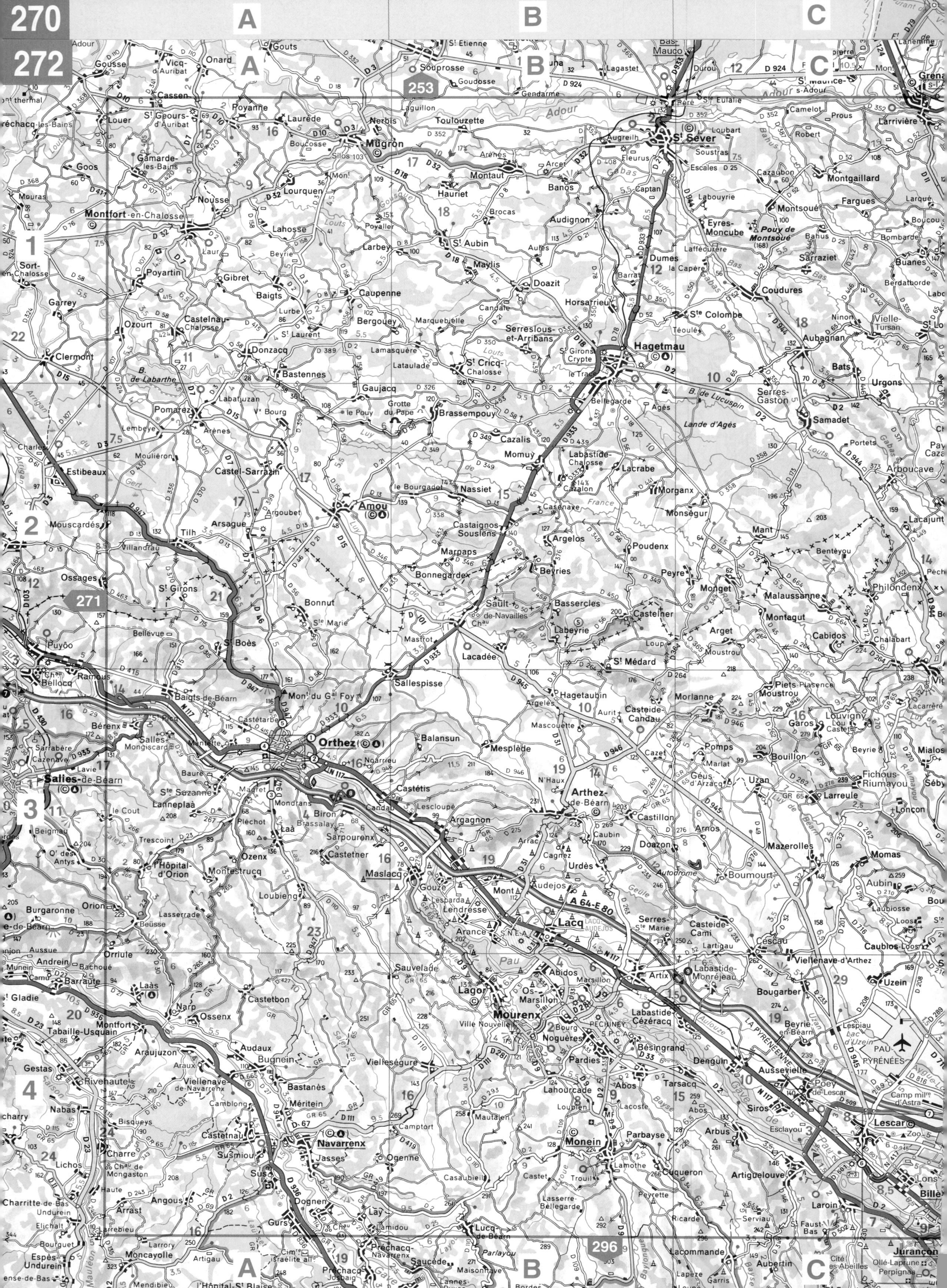

270
272
A
B
C
1
2
3
4
Vicq-d'Auribat
Onard
Gouts
Souprosse
Gousse
Cassen
Poyanne
Laurède
Nerbis
Mugron
Toulouzette
St Sever
Montfort-en-Chalosse
Nousse
Lourquen
Hauriet
Montaut
Banos
Audignon
Aire
Sort-en-Chalosse
Poyartin
Gibret
Baigts
Caupenne
Doazit
Horsarrieu
Dumes
Coudures
Garrey
Ozourt
Castelnau-Chalosse
Bergouey
Serreslous-et-Arribans
Hagetmau
Aubagnan
Clermont
Donzacq
Bastennes
St Cricq-Chalosse
Samadet
Pomarez
Gaujacq
Brassempouy
Cazalis
Estibeaux
Castel-Sarrazin
Momuy
Labastide-Chalosse
Lacrabe
Arboucave
Mouscardès
Arsague
Amou
Nassiet
Castaignos-Souslens
Morganx
Monségur
Tilh
Ossages
St Girons
Marpaps
Argelos
Poudenx
Beyries
Bonnegarde
Sault-de-Navailles
Bassercles
Castelner
Peyre
Philondenx
Puyôo
St Boès
Bellocq
Ramous
Baigts-de-Béarn
Lacadée
Labeyrie
St Médard
Sallespisse
Bérenx
Orthez
Balansun
Salles-de-Béarn
Mesplède
Arthez-de-Béarn
Castillon
Doazon
Uzan
Argagnon
Castétis
Biron
Laà
Ozenx
Maslacq
Urdès
l'Hôpital-d'Orion
Lacq
Orriule
Lagor
Mourenx
Artix
Laàs
Castetbon
Noguères
Pardies
Besingrand
Denguin
Navarrenx
Monein
Lescar
Sus
Gurs
Lay
Préchacq-Navarrenx
Saucède
Lucq-de-Béarn
Jurançon
Billère
Laroin
Aubertin
PAU-PYRÉNÉES
A 64-E 80
N 117
D 933
D 947
253
271
296

D E F

1 2 3 4

254 255 274 297

Aire-s-l'Adour
Barcelonne-du-Gers
Nogaro
Manciet
Le Houga
Riscle
Aignan
Plaisance
Garlin
Geaune
Eugénie-les-Bains
Madiran
Castelnau-Rivière-Basse
Maubourguet
Lembeye
Thèze
Vic-en-Bigorre
Montaner
Morlaàs
PAU
Marciac
Cazères-s-l'Adour
Lannux
Viella
Arrosès
Conchez-de-Béarn
Simacourbe
Labatut
Caixon
Artagnan
Tostat
Bazillac
Andoins
Sendets
Idron
Lée
Ousse
Aressy
Soublecause
Hères
Estirac
Sombrun
Lafitole
Beaumarchés
Termes-d'Armagnac
Sarragachies
Saint-Mont
Corneillan
Bernède
Ségos
Saint-Agnet
Sarron
Moncla
Aubous
Aydie
Diusse
Portet
Boueilh-Boueilho-Lasque
Claracq
Lalonquette
Navailles-Angos
Serres-Castet
Montardon
Buros
Maucor
Saint-Jammes
Gabaston
Lespourcy
Sedze-Maubecq
Escaunets
Séron
Pontiacq-Viellepinte
Lamayou
Sanous
Castéra-Loubix
Luc-Armau
Vidouze
Larreule
Nouilhan
Gensac

255
273
298
A
B
C
1
2
3
4
N 124
N 21
Manciet
Rageperdix
Lamothe
Bascous
Jlens
Lannepax
Mourède
Rozès
Verduzan
Castéra-Vieux
Espas
Dému
Baradot
Pessalle
Gimat
Marambat
St Paul-de-Baïse
Bonas
Lescout
Bordes
Lavardens
Mérens
Cravencères
la Parisienne
Séailles
Daugué
Beaulieu
Lagraulas
Vic-Fezensac
las Bordères
Mestaunet
St Michel
Jegun
Encapette
Loubédat
Avéron-Bergelle
Réchet
Aste
Carget
Bagatelle
Pléhaut
Lézian
Peyrusse-Massas
Margouët-Meymes
Castillon-Debats
St Pé
Préneron
Herrebouc
St Jean-Poutge
Antras
Castillon-Massas
Forêt d'Aignan
le Parre
Castelmore
Pouquet
Roquebrune
Pujos
Caillavet
Ramensan
le Boupat
la Roque
St Lary
Sabazan
Aignan
Bédat
Cahuzères
B. de Mazous
Cos
Las
Chat
le Marteret
Mauret
Biran
Larrama
En-Cassagnard
Blanin
St Laurent
la Plagne
Belmont
Lupiac
Castelnavet
Lacoste
Gignan
Tudelle
Bazian
Tour Gallo-romaine
le Mas
Ordan-Larroque
Caubinot
Gardes
Lapeyrie
Frontenas
Pujos
Cazaux-d'Anglès
Ardens
Ponsan
Montgaillard
St Yors
le Brouilh-Monbert
la Barthe
St Jean-de-Bazillac
Duran
Croute
Loussous-Débat
Couloumé-Mondebat
St Pierre-d'Aubézies
Peyrusse-Grande
Riguepeu
Cassebertats
Laubare
Mazères
Castel St Louis
Bois d'Auch
Tufferis
Embats
Lasserade
Montégut
Peyrusse-Vieille
Callian
Forêt de Montpellier
Pitron
Labenne
Nux
St Araïlles
Silo
Mirannes
Barran
Bonnefont
Aylies
Plaisance
Capmartin
Cazieux
Mondebat
Boussas
Duransan
Gazax-et-Baccarisse
Castelnau-d'Anglès
la Martinique
la Castagnère
Malajasse
Ricau
Pagès
Baccarisse
Savis
Soubaignan
Pontic
Beaumarchés
Louslitges
Barrottes
St Fris
Donjon
Sabarros
Cadiran-de-Bas
l'Isle-de-Noé
Lasséran
Cayron
Maurar
Bassoues
Montesquiou
Encanstans
St Jean-le-Comtal
Aunix
Coutens
Courties
Armous-et-Cau
Baliot
les Oulès
la Plagne
Haget
le Prat
Carole
Lassalle
En-Martet
Ladevèze-Rivière
Scieurac-et-Flourès
Mouchès
Lamazère
Vichau
Miramont-d'Astarac
Hillet
la Madeleine
Tourdun
Mascaras
Bois de Bassoues
Pouylebon
Estipouy
Ladevèze-Ville
Juillac
Marciac
Laveraët
Castille
Garac
Monclar-s-Losse
le Trouette
Valentées
Beaulieu
Labéjan
Montagnan
Labatut-Rivière
Espagnet
St Pierre
Armentieux
St Christaud
Idrac-Respaillès
Artigues
le Turc
N.D. de la Croix
Pallanne
Bars
les Perdigues
Mirande
St Martin
Garrane
Lacassagne
Estirac
Auriébat
Pelacave
Samazan
Cornac
Monlezun
Marignan
la Pallanne
Marseillan
Loran
En Guillempey
St Médard
la Flourette
Loubersan
Artiguedieu
St Justin
Ricourt
le Choumac
Berdoues
Mongardin
Noailhan
Maubourguet
Sauveterre
la Carrère
Blousson-Sérian
Peymoune
Tillac
St Maur
Campouran
Verdier
Clermont-Pouyguillès
Sembouès
Sérian
Troncens
Monpardiac
Laas
Ourdan
Lapalu
Monfaucon
Lafitole
Cazaux-Villecomtal
Buzon
Argounès
Aussat
Ponsampère
Cours
Forêt de Berdoues
Belloc-St Clamens
Moncassin
Lourties-Monbrun
Ansost
Gensac
Malabat
Aux-Aussat
Mourillon
Bazugues
Barbas
Sansot
Hillougros
St Jaymes
St Michel
St Elix-Theux
St Arroman
Barbachen
Beccas
Haget
Forêt de Betplan
Peyrega
Laguian-Mazous
Miélan
Ste Dode
Birebert
Theux
Cenac
Silo
Esclassan-Labastide
Liac
Betplan
Puntous de Laguian
Mazous
Gaillinot
Sauviac
Lagarde-Hachan
Labastide
Ségalas
Peyronnats
Villecomtal-s-Arros
Castelfranc
Raymond
Forcets
Mariachous
Souques
Artagnan
Vic-en-Bigorre
Rabastens-de-Bigorre
Guilleri
Estampes
Bouhobent
Sadeillan
Lasserre
Montaut
Viozan
Samaran
Sarriac-Bigorre
Arrolans
Castex
Mont-de-Marrast
la Carrère
Barcugnan
St Ost
Aujan-Mournède
Florence
Mingot
Montégut-Arros
Estampures
Carrère
Cougnan
Manas-Bastanous
Ste Aurence-Cazaux
St Araïlles
Mournède
Camalès
Fréchède
Jammets
Bernadets-Debat
Cazalas
Austrounas
Sénac
St Sever-de-Rustan
Moumoulous
Montagnan
Sarraguzan
Cuélas
Ponsan-Soubiran
Monlaur-Bernet
Bazillac
Lacassagne
Escondeaux
Mansan
Mazerolles
St Roch
Duffort
Chélan
Pujo
Ugnouas
Villenave-près-Marsac
Lescurry
Laméac
Gimous
Fontrailles
Bernet
Marsac
Tostat
Castéra-Lou
Peyrun
Bouilh-Devant
Antin
Cestias
Peymarchand
Parribets
Sarniguet
Menigot
Labarthe
Jacque
Lapeyre
Trie-s-Baïse
Guizerix
Peyret-St André
Sariac-Magnoac
Andrest
Soréac
Péreuilh
Trouley-Labarthe
Lubret-St Luc
Sadournin
Goulous
Mouliet
Gayan
Aurensan
Louit
Bouilh-Péreuilh
Marseillan
Osmets
Lalanne-Trie
Larroque
Castelnau-Magnoac
Bazet
Chis
Dours
Chelle-Debat
Malhes
Vidou
Manoncères
Lapène
la Rivière
Puntous
Castelvieilh
Baneilhac
Luby-Betmont
Puydarrieux
Lac de Campuzan
Barthe
Castagnère
Bours
Sabalos
Collongues
Lasbordes
Castagnous
Mun
Vidalats
Tournous
Hachan

D
E
F
256
257
276
299
1
2
3
4
Montestruc-s-Gers
Préchac
Puységur
Lalanne
Bajonnette
Goutz
Homps
Jourdain
Maubec
Goas
les Oulès
Gariès
Lagraulet-St Nicolas
Esclignac
Monfort
St Amand
Solomiac
le Causé
Aygues-Mortes
la Bourdette
Pis
Taybosc
Ste Gemme
St Blaise
Sédail
Brignemont
Séguenville
Cabanac-Séguenville
Vinsac
Castelialoux
Clarac
Silo
Roquefort
Ste Christie
Gavarret-s-Aulouste
Miramont-Latour
St Brès
Esparbès
en Botte
Maravat
Lauret
Savaillan
Sarrant
Labrihe
Tourrenquets
Sérempuy
Grazan
en Galin
Bouvées
Cox
Drudas
Mirepoix
Tourrens
Puycasquier
Mansempuy
Lamothe
les Granges
St Pierre
St Menne
Puysségur
Arcamont
Tour
la Testère
Gaillan
Bosc-Mouro
Bourdette
En Harie
Lagahe
Ste Anne
en Cabardos
Hardéou
le Rieutort
Rambert
Roquelaure
Gaudoux
Fond-du-Bois
Mons
Crastes
Augnax
St Antonin
le Coureau
Mauvezin
le Bartas
St Georges
Laréole
Cadours
Preignan
Couayroux
les Quatre-Chemins
St Orens
Leucate
Sirac
Cologne
Ardizas
Caubiac
Montaut-les Créneaux
Lucvielle
Nougaroulet
St Sauvy
l'Once
Pominet
Touget
St Cricq
Encausse
Lassalle
Coignax
Ansan
St Martin-du-Hour
St Pé
Bezolles
Eglise-du-Pin
Lasseubes
Ste Agathe
Thoux
Emboué
Vignaux
Labbubée
Leboulin
Lamothe
Malartic
Bataille
Lucante
Emmare
Léchaux
Blanquefort
les Barraques
les Bourdettes
Roquelaure-St Aubin
les Jouanissoues
Labesque
les Guilloutets
Roulan
Monbrun
St Cricq
Lahitte
Marsan
Travès
St Germain
St Germier
Montagnac
Soulan
Montégut
Ste Marie
Lassalle
Escorneboeuf
Catonvielle
le Village
Aragues
Cassemartin
AUCH
Lasserre
Aubiet
Xaintrailles
St Jean
Razengues
Beaupuy
Ste Livrade
Roquetaillade
Pessan
la Rochette
Lussan
N.D.-de Cahuzac
Gimont
Loustaou
en-Mercé
St Aguets
Ferme des Loups
Lavacant
Lartigolle
Arné
Abbe de Planselve
Campezaygues
Sardine
Larroque
Garbic
Embonneau
Lauzin
Clermont-Savès
Pavie
N.D. du Cédon
Salleneuve
Tour
Pépieux
l'Isle-Arné
Juilles
Giscaro
Enjouet
St Caprais
Maurens
Frégouville
Monferran-Savès
Robineau
les Quintarets
les Pachères
Auterive
Lasseube-Propre
Silo
Quinsac
St Guiraud
Montiron
Marestaing
Entiau
Arques
Castelnau-Barbarens
Bédéchan
Aurimont
la Borde-Nve
Cazaux
Boucagnères
Gramont
Haulies
Fangeau
St André
Castillon-Savès
Auradé
Goudourville
Blanque
Mazères
Pontéjac
en Brusc
Tirent-Pontéjac
Lahas
Baupas
la Guironne
le Cape
Laurac
Caumont
Endoufielle
Durban
Orbessan
Boulaur
Prieuré Tirent
Bézéril
Noilhan
le Garros
Sansan
Aulin
Traversères
Lartigue
Tour
Montastruc
Saramon
Polastron
Villeneuve
Cazaux-Savès
le Peyrigué
Empeaux
Ornézan
Plavès
Héréchou
St Martin-Gimois
Labastide-Savès
Sémézies
Moncaut
Sémézies-Cachan
Larroüy
Mongausy
Tancouet
St Soulan
Combis
Pompiac
St Thomas
Seysses-Savès
Monferran-Plavès
Lamaguère
Faget-Abbatial
Cachan
la Batcrabère
le Mona
Nizas
Seissan
Libou
Balliasbats
St Elix
Larroucau
Montamat
Samatan
la Tour
la Rente
Savignac-Mona
Bragayrac
Compans
Tachoires
Saintes
Pellefigue
Gaujac
Lombez
Lahillaire
en Gilos
la Salvetat-de-Ste Foy
Pouy-Loubrin
Grazan
Crabots
St Christophe
Praconteau
Barbet
Darolles
Monblanc
Sabonnères
Lamothe
Moncorneil-Grazan
Aguin
Simorre
les Aubes
Sauveterre
Pébées
Montgras
Betcave-Aguin
Betcave
Latou
la Bourdette
Sabaillan
Labusquière
Puylausic
Montégut-Savès
Sauvimont
Lahage
Masseube
les Adoulins
Tournan
en Bernadas
Amades
Forgues
St Médard
Bellegarde
les Quatre Routes
le Paillaros
Meilhan
Villefranche
Laudine
Montadet
la Prade
St Loube
la Cassagne
Christophe d'Agric
Campardon
Espaon
l'Espienne
Laymont
Gayrimont
la Menjotte
Sère
Pinson
Mon!
Gaujan
Cadeillan
Garravet
Monès
Plagnole
Pesquières
le Mounet
Bajon
Pagatets
Marrast
Boissède
Cajaoué
St Lizier-du-Planté
le Pin-Murelet
St Romain
Bézues-Bajon
Bézues
Bde de l'Astarac
Monties
Molas
les Plagnes
les Bagnères
Lias
Lagarde
Mirambeau
Frontignan-Savès
Savignac
Gensac
Martisserre
la Hillère
Monbardon
Lacaze
St Pierre
le Sentouret
l'Isle-en-Dodon
Mauvezin
Montpézat
Lautignac
Barrère
Aussos
Sarcos
Puymaurin
Agassac
Lamezan
Tour
Goudex
Baques
Sajas
Savères
Magnan
Cabas-Loumassès
Cap-du-Bosc
Pé-du-Bosc
Nénigan
Anan
Silo
Village-de-devant
Ambax
Montastruc-le Vieux
Montastruc-Savès
Latour
St Araille
Castelgaillard
Duprat
Cazac
Riolas
Lagnet
Larjo
Coueilles
Labastide-Paumès
Sénarens
Labastide-Clermont
St Blancard
Lunax
Laurine
Arrouy
Manent-Montané
Lalanne-Arqué
Bde de la Gimone
St Ferréol
Montesquieu-Guittaut
St Frajou
Touch
Pouy-de-Touges
Guillamet
Lamothe
la Camelle
Silo
Touret
St Laurent
Mt Blanc
St Pé
Meillan
Hélipon
Moussats
Castiès-Labrande
Labrande
Carretère
Gratens
Sérault
Escoubas
Péguilhan
Polastron
Fabas
Larroudé
la Vierge
Milor
Salerm
la Pouche
Forêt de Fabas
le Soulan
Marignac-Lasclares
Betpo
Mondilhan
la Gesse
Barran
las Bordes
Montbernard
Fl de Lilhac
Lilhac
Fus
Lussan-Adeilhac
Roge
Castelnau-Picampeau
Pérord
Roch
Maourat

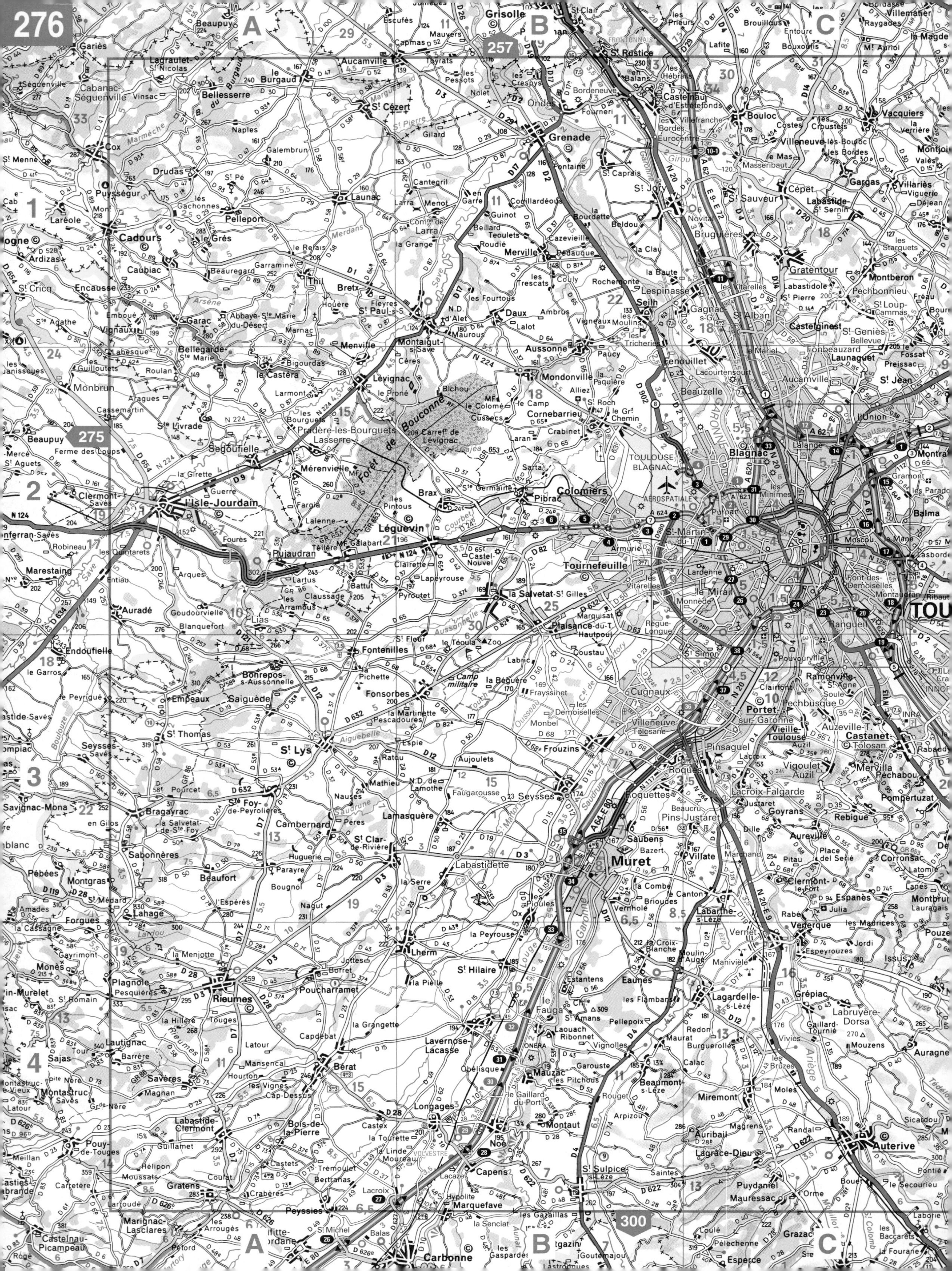

A B C

257

Beaupuy Escufés Mauvers Grisolle St Clair Les Prieurs Brouillous Villematier Raygades

Gariès Capmas Tayrats Frontonnais Lafite Bouxoulis Mt Auriol La Magde

Lagraulet-St Nicolas Aucamville St Rustice Les Hébrals

Bellesserre le Burgaud Les Pessots Les Crespys Balans Castelnau-d'Estrétefonds

Cabanac-Séguenville Vinsac St Cézert Nolet Ondes Bordeneuve Fourneri Bouloc Vacquiers

Cox Naples Gilard Grenade Villefranche Costes Croustets La Verrière

Galembrun Eurocentre Villeneuve-lès-Bouloc Montjoire

St Menne Drudas Fontaine St Caprais Masseribaut Le Mas Les Bordes Valès

Puysségur St Pé Cantegril St Jory Cépet Gargas Villariès

Les Gachonnes Launac Larra Menot en Garfe Couillardéous St Sauveur Labastide-St Sernin Vigurie Déjean

1 Laréole Pelleport Guinot La Bourdette Beldou Novital

Cadours Le Grès Comte de Larra Beillard Teoulets Bruguières Les Starguets

Ardizas Le Relais La Grange Roudié Merville Pédauque Cazevieille La Clau

Caubiac Beauregard Garramine Gratentour

St Cricq Encausse Thil Bretx Les Trescats Rochemonte La Baute Montberon

Arsène Les Fourtous Lespinasse Les Vitarelles Labastidole Pechbonnieu

Ste Agathe Emboué Abbaye-Ste Marie du Désert Houère Fleyres St Paul-s-S. Daux Ambrus Seilh Gagnac-s-G. St Alban St Pierre Fréau

Vignaux Garac Marnac Menville N.D. d'Alet Maurous Lalot Vigneaux Les Moulins Castelginest St Loup-Cammas

Labesque Montaigut-s-Save Aussonne Les Tricheries St Geniès Bellevue

24 Bellegarde-Ste Marie Bigourdas Céres Paucy Le Mariel Fonbeauzard Launaguet Le Fossat

Les Guilloutets Roulan Le Castéra Lévignac Mondonville Fenouillet Preissac

Les Janissous Larmont Le Proné Bichou La Paquière Lacourtensourt Aucamville St Jean

Monbrun Aragues Le Colomé Alliez

Cassemartin Les Bourguets Cussecs Le Camp Cornebarrieu St Roch Le Grd Chemin Beauzelle L'Union

Ste Livrade Pradère-les-Bourguets Forêt de Bouconne Carref. de Lévignac

275 Beaupuy Lasserre Crabinet Lalande

Mercè St Aguets Ferme des Loups Ségoufielle Mérenville Laran Sarta TOULOUSE-BLAGNAC Blagnac Montrabé

2 Clermont-Savès La Girette Guerre L'Isle-Jourdain Brax Ste Germaine Pibrac Colomiers AÉROSPATIALE Purpan Les Minimes Gramont Le Parado

Fargia Lalenne Les Pintous Léguevin Balma

N 124 Fonferran-Savès Fourès MF Galabart Tellère St Martin-du-T. Moscou La Mane

Robineau Les Quintarets Pujaudran Castel-Nouvel Armurié Lasborde

Marestaing Entiau Arques Lartus Clairette Lapeyrouse Tournefeuille Lardenne Pont-des-Demoiselles

Les Arramous Claussade Battut Pyroutet La Salvetat-St Gilles Les Vitarelles Le Mirail Montaudran TOU

Auradé Goudourvielle Lias Monnède

Blanquefort Marquisat Plaisance-du-T. Hautpoul Regue-Longue Rangueil

Endoufielle St Flour Le Téoula Zoo St Simon Pouvourville

Le Garros Fontenilles La Pichette Labric Coustau Ramonville-St Agne

Bonrepos-s-Aussonnelle Fonsorbes Camp militaire La Béguère Frayssinet Cugnaux Clairfont Soule INNOP

Le Peyrigué Empeaux Saiguède La Martinette Pescadoures Les Demoiselles Portet-sur-Garonne Pechbusque INRA

Lastide-Savès St Thomas Aiguebelle Monbel Villeneuve-Tolosane Vieille-Toulouse Auzeville-T. Castanet-Tolosan

Seysses-Savès St Lys Espie Frouzins Pinsaguel Auzil Rabaud

Lompiac Ratou Aujoulets Roques Lacroix Vigoulet-Auzil Mervilla Pechabou

3 Pourcet Mathieu N.D. de Lamothe Faugarousse Seysses Roquettes Lacroix-Falgarde Pompertuzat

Savignac-Mona Bragayrac Ste Foy-de-Peyrolières Nauses Beaucru Pins-Justaret Justaret Goyrans Rebigue

En Gilos La Salvetat-de-Ste Foy Cambernard Lamasquère Pères Saubens Dille Aureville

Blanc Sabonnères St Clar-de-Rivière Bazert Villate Place del Serié Corronsac

Pébées Beaufort Huguerie Parayre Labastidette Muret Le Marchand Pitau Latomie

Montgras Bougnol La Serre La Combe Le Canton Clermont-le-Fort Montbrun-Lauragais

St Médard L'Espérès Nagut Les Pioules Brioudes Espanès

Amades Lahage Vernhole Labarthe-s-Lèze Rabé Julia

La Cassagne Forgues Lardou La Peyrouse Vernet Venerque Les Maurices Pouze

Gayrimont La Menjotte Lherm La Croix-Blanche Moulin-Augé Espeyrouzes Jordi

Monès Borret Jottes St Hilaire Manivièle Issus

Plagnole Pesquières Rieumes Poucharramet La Pielle Estantens Eaunes Grépiac

Rin-Murelet St Romain Touges Le Fauga Les Flambans Lagardelle-s-Lèze Labruyère-Dorsa Hyse

Sac La Hillère La Grangette Lavernose-Lacassé St Amans Pellepoix Gaillard-Tournié

Lautignac Capdebat Latour Laouach Ribonnet Redon Burguerolles Viviès Mouzens

4 Sajas Barrère Mansencal Bérat Vignolles Maurat Calac Auragne

Montastruc-de-Vieux Savères Hourton Obélisque Mauzac Garouste Les Bruzes

Montastruc-Savès Magnan Les Vignes Cap-Dessus Le Gaillard-du-Port Les Pitchous Beaumont-s-Lèze Moles

Latour Grde Nère Longages Rouget Miremont Tédelou

Labastide-Clermont Castex Montaut Arpizou Sicardou

Pouy-de-Touges Bois-de-la-Pierre La Tourette Noé Auribail Randal Auterive

Meillan Guillamet Castets La Linde Moureau Volvestre Lagrâce-Dieu

Hélipon Trémoulet Capens St Sulpice-s-Lèze Saintes Pontié

Lasties-Labrande Carretère Moussats Gratens Coulat Bertranas Lacaze Puydaniel Le Secourieu

Larroudé Crabères Lacroix St Hypolite Marquefave Mauressac L'Orme Bouet

Marignac-Lasclares Les Arrougès Peyssies Les Gazailles 300 Laborie

Castelnau-Picampeau Pétord St Michel Balas Carbonne La Sencial Les Gaspardès Goutemajou Loulé Pelechenne Grazac Esperce Les Baccarets La Fourane

A B C

D
E
F
258
259
278
301
Rabastens
Coufouleux
Loupiac
Mirepoix-s-Tarn
Roquemaure
Bessières
Mézens
Buzet-s-Tarn
Forêt de Buzet
Forêt de Giroussens
St Sulpice
Giroussens
Parisot
Puybegon
Peyrole
Labessière-Candeil
Graulhet
Briatexte
St Gauzens
Paulhac
Montastruc-la-Conseillère
Gémil
Roquesérière
Azas
Lugan
Lavaur
Labastide-St-Georges
Ambres
Fiac
Cabanès
Missècle
Moulayrès
Gragnague
Bonrepos-Riquet
Garrigues
St Agnan
Verfeil
St Marcel-Paulel
Beaupuy
Lavalette
Mondouzil
Teulat
Belcastel
Montcabrier
Bannières
Lacougotte-Cadoul
Viviers-lès-Lavaur
Roquevidal
Massac-Séran
Marzens
Viterbe
Damiatte
St Paul-Cap-de-Joux
Teyssode
Pratviel
Magrin
Prades
Vielmur-s-Agout
Guitalens
Gauré
Mons
Flourens
Bourg-St-Bernard
Francarville
Vendine
Maurens-Scopont
Veilhes
Algans
Cambon-lès-Lavaur
Bertre
Lacroisille
Appelle
Puylaurens
Cuq-Toulza
Aigrefeuille
Lanta
Saussens
Loubens-Lauragais
le Faget
St Germain-des-Prés
Lauzerville
Ste Foy-d'Aigrefeuille
Auzielle
Mascarville
Albiac
Caraman
la Salvetat-Lauragais
Auriac-s-Vendinelle
Mouzens
Aguts
Péchaudier
St Sernin-lès-Lavaur
Lempaut
Blan
Préserville
Odars
Escalquens
Belbéraud
Fourquevaux
Tarabel
Maureville
Caragoudes
Cambiac
Puéchoursi
le Cabanial
Montgey
Poudis
Palleville
Garrevaques
Belleserre
Montlaur
Labastide-Beauvoir
Ségreville
Mourvilles-Basses
Toutens
Beauville
Falga
St Julia
Nogaret
Montégut-Lauragais
Revel
Varennes
Baziège
Mauremont
St Germier
Cessales
Maurens
Vaux
Roumens
St Félix-Lauragais
Ayguesvives
Villenouvelle
Montgaillard-Lauragais
Trébons-s-la-Grasse
St Vincent
Lux
Bélesta-en-Lauragais
Mourvilles-Hautes
les Cassés
Vaudreuille
Durfort
Montesquieu-Lauragais
St Rome
Villefranche-de-Lauragais
Vallègue
Rieumajou
Folcarde
St Paulet
Montmaur
la Pomarède
Labécède-Lauragais
St Léon
Vieillevigne
Gardouch
Renneville
Avignonet-Lauragais
Montferrand
Soupex
Puginier
Tréville
Les Brunels
Nailloux
Seyre
Montclar-Lauragais
Airoux
Souilhe
Peyrens
Issel
Verdun-en-Lauragais
Montgeard
Monestrol
Beauteville
Port-Lauragais
Obélisque de Riquet
Seuil de Naurouze
Labastide-d'Anjou
Ricaud
Souilhanels
St Papoul
Lagarde
Gourvieille
Baraigne
Castelnaudary
Aignes
Caignac
St Michel-de-Lanès
Molleville
Mas-Stes-Puelles
Marquein
Cumiès
Calmont
Boulbonne
St Martin-Lalande
Bassin de St Ferréol
Canal du Midi
A 61
A 66
A 68
N 126
N 113
D 622
D 624
E 80
AUTOROUTE

278
A
B
C
259
Graulhet
Réalmont
Lombers
Laboutarie
Montdragon
St Genest-de-Contest
St Julien-du-Puy
Lautrec
Brousse
Vénès
Peyregoux
St Germier
Roquecourbe
Montredon-Labessonnié
Vabre
Lacrouzette
Burlats
Castres
Vielmur-s-Agout
Guitalens
Labarède
Cuq
Jonquières
Carbes
Fréjeville
Sémalens
Saix
Puylaurens
Cambounet-s-le-Sor
St Germain-des-Prés
Soual
Viviers-lès-Montagnes
Navès
Labruguière
Lagarrigue
Valdurenque
Noailhac
Boissezon
Mazamet
Aussillon
Pont-de-Larn
St Amans-Soult
Bout-du-Pont-de-Larn
Payrin-Augmontel
Caucalières
St Affrique-les-Montagnes
Escoussens
Verdalle
Dourgne
Massaguel
Lagardiolle
Belleserre
Cahuzac
St Amancet
Sorèze
Revel
Durfort
Arfons
Les Cammazes
Vaudreuille
St Ferréol
Bassin de St Ferréol
PARC NATUREL RÉGIONAL DU HAUT-LANGUEDOC
Forêt de Montaud
Pic de Montaud
MONTAGNE NOIRE
Forêt de Ramondens
Laprade
Les Martys
Pradelles-Cabardès
Lacombe
Miraval-Cabardès
Mas-Cabardès
Caudebronde
Cuxac-Cabardès
Fontiers-Cabardès
St Denis
Saissac
Brousses-et-Villaret
Fraisse-Cabardès
Les Ilhes
Villardonnel
Salsigne
Villanière
Roquefère
Labastide-Esparbairenque
Cabrespine
Castans
Trassanel
Limousis
Sallèles-Cabardès
Labécède-Lauragais
Issel
Verdun-en-Lauragais
Villemagne
Cenne-Monestiés
St Papoul
Ferrals
Castelnaudary
Villespy
Montolieu
St Martin-Lalande
Villeneuve-Minervois
Aragon
302
277
Gorges du Banquet
Gorges de la Clamoux
Chaos de la Balme
Sept Faux
Peyro-Clabado
Trois Fromages
Grotte de Calel
Pas du Sant
Mont Alric
Pic de Nore
Forêt de Nore
Col de la Prade
Roc de l'Aigle
Agout
Dadou
Thoré
Sor
D 612
D 622
D 112
D 631
N 112
N 126
D 85
D 84
D 89
D 118

D
E
F
260
261
280
303
304
1
2
3
4
5
Belmont-s-Rance
Camarès
Fayet
Brusque
Lacaune
Murat-s-Vèbre
Nages
la Salvetat-s-Agout
Brassac
Anglès
Lamontélarié
Fraisse-s-Agout
Cambon-et-Salvergues
Olargues
St Pons-de-Thomières
Riols
Mons
Colombières
St Chinian
Minerve
Cruzy
Quarante
Capestang
Aigues-Vives
Argel
Siran
Mailhac
Félines-Minervois
la Livinière
Azillanet
Cesseras
Vélieux
Ferrals-les-Montagnes
Cassagnoles
Lespinassière
Citou
Rieussec
Assignan
Villespassans
Creissan
Cébazan
Pierrerue
Berlou
Roquebrun
Prémian
St Étienne-d'Albagnan
St Vincent-d'Olargues
St Julien
Labastide-Rouairoux
Albine
Lacabarède
Sauveterre
Verreries-de-Moussans
Courniou
Rouairoux
Cambon-et-Salvergues
Gijounet
Senaux
Escroux
Viane
Berlats
Lacaze
le Masnau-Massuguiès
Barre
Moulin-Mage
Murasson
St Gervais-s-Mare
Castanet-le-Haut
Cabrerolles
PARC NATUREL RÉGIONAL DU HAUT-LANGUEDOC
MONTS DE LACAUNE
MONTS DE L'ESPINOUSE
Sommet de l'Espinouse
Col de l'Ourtigas
Gorges d'Héric
Caroux
Gorges de l'Orb
Défilé de l'Ilouvre
Lac du Laouzas
Lac de la Raviège
Grotte de la Devèze
Canyon de la Cesse
Ponts naturels
Somail
N 112
D 907
D 908
D 612
D 622
D 607

A
B
C
261
279
304
305
Ceilhes-et-Rocozels
Roqueredonde
Pégairolles-de-l'Escalette
la Canourgue
Cirque de Labeil
Plateau de l'Escandorgue
Forêt des Monts
Col de l'Homme Mort
Causse de Gabriac
Tauriac-de-Camarès
Brusque
Avène
Puy du Lion
Fayet
Cenomes
Lauroux
Poujols
Soubès
St Étienne-de-Gourgas
St Privat
Fozières
Lodève
St Michel-de-Grandmont
Soumont
Usclas-du-Bosc
le Bosc
St Jean-de-la-Blaquière
St Saturnin-de-Lucian
Mélagues
Joncels
Col de la Baraque de Bral
Lunas
le Bousquet-d'Orb
Graissessac
Camplong
St Étienne-Estréchoux
St Geniès-de-Varensal
Castanet-le-Haut
Sommet de l'Espinouse
St Gervais-s-Mare
Col de l'Ourtigas
Olmet-Villecun
Lavalette
Octon
Celles
Lac du Salagou
Clermont-l'Hérault
Lacoste
Liausson
Mourèze
Villeneuvette
Salasc
Cirque de Mourèze
Mérifons
Brenas
Dio-et-Valquières
Carlencas-et-Levas
Bédarieux
Villemagne-l'Argentière
Taussac-la-Billière
Rosis
Lamalou-les-Bains
Combes
Le Poujol-s-Orb
Hérépian
Colombières-s-Orb
St Martin-de-l'Arçon
Mons
Pézènes-les-Mines
Valmascle
Cabrières
Lieuran-Cabrières
Péret
Nébian
Aspiran
Faugères
Roquessels
Vailhan
Neffiès
Fontès
Adissan
Caussiniojouls
Cabrerolles
Laurens
Gabian
Roujan
Caux
Nizas
Lézignan-la-Cèbe
Pézenas
Pic de la Coquillade
Tarassac
Roquebrun
St Nazaire-de-Ladarez
Autignac
Fouzilhon
Margon
Pouzolles
Magalas
Alignan-du-Vent
Causses-et-Veyran
St Geniès-de-Fontedit
Puissalicon
Coulobres
Abeilhan
Tourbes
Murviel-lès-Béziers
Pailhès
Puimisson
Espondeilhan
Servian
Valros
Nézignan-l'Évêque
Cessenon-s-Orb
Prades-s-Vernazobre
Cazedarnes
Pierrerue
Thézan-lès-Béziers
Lieuran-lès-Béziers
Bassan
St Thibéry
Cébazan
Cazouls-lès-Béziers
Corneilhan
Montblanc
Creissan
Puisserguier
Lignan-s-Orb
Boujan-s-Libron
Maraussan
Maureilhan
BÉZIERS
Bessan
Cruzy
Quarante
Capestang
Montady
Colombiers
Cers
Vias
Oppidum d'Ensérune
Villeneuve-lès-Béziers
Portiragnes
Sauvian
Poilhes
Montels

D
E
F
262
263
282
1
2
3
4
MONTPELLIER
St Guilhem-le-Désert
Grotte de Clamouse
Gorges de l'Hérault
Cirque de l'Infernet
Grotte de Baume Cellier
Grotte du Sergent
Puéchabon
Aniane
Gignac
St André-de-Sangonis
Montpeyroux
St Jean-de-Fos
Argelliers
Vailhauquès
Murles
St Gély-du-Fesc
Combaillaux
St Martin-de-Londres
Pic St Loup
St Mathieu-de-Tréviers
Les Matelles
St Clément-de-Rivière
Prades-le-Lez
Assas
Teyran
Castries
Vendargues
Baillargues
Jacou
Clapiers
Montferrier-s-L.
Grabels
la Paillade
Juvignac
Castelnau-le-Lez
le Crès
Montarnaud
St Paul-et-Valmalle
Murviel-lès-Montpellier
Pignan
Lavérune
St Jean-de-Védas
Saussan
Fabrègues
Cournonterral
Cournonsec
Lattes
Pérols
Carnon
Palavas-les-Flots
Maguelone
Villeneuve-lès-Maguelone
Mireval
Vic-la-Gardiole
Frontignan
Frontignan-Plage
Balaruc-le-Vieux
Balaruc-les-Bains
Bouzigues
Loupian
Mèze
Poussan
Gigean
Montbazin
Villeveyrac
St Pons-de-Mauchiens
St Pargoire
Montagnac
Pouzols
Canet
Le Pouget
Vendémian
Plaissan
Tressan
Puilacher
Campagnan
Pinet
Marseillan
Marseillan-Plage
Agde
Sète
Mt St Clair
Étang de Thau
Bassin de Thau
Étang de Bagnas
Réserve naturelle
Montpellier-Méditerranée
Golfe
Montagne de la Gardiole
Montagne de la Moure
Bois de Valène
N 109 - E 11
A 9 - E 15 - E 80
N 113
D 986

A
B
C
263
281
1
2
3
4
Sommières
Villevieille
Souvignargues
Aujargues
Calvisson
Langlade
St Dionizy
Nages-et-Solorgues
Boissières
Milhaud
Caissargues
Bernis
Uchaud
Aubord
Générac
Vergèze
Vestric-et-Candiac
Codognan
Beauvoisin
Vauvert
Garrigues
Campagne
Buzignargues
Galargues
Saussines
Junas
Congénies
Aubais
Boisseron
Aigues-Vives
St Bauzille-de-Montmel
Montaud
St Jean-de-Cornies
St Hilaire-de-Beauvoir
St Christol
St Sériès
Saturargues
Villetelle
St Drézéry
Beaulieu
Restinclières
Vérargues
Guzargues
Sussargues
St Geniès-des-Mourgues
Ambrussum
Gallargues-le-Montueux
Assas
Teyran
Castries
Lunel
Lunel-Viel
Aimargues
le Cailar
Jacou
Vendargues
St Brès
Valergues
Baillargues
St Just
Marsillargues
le Crès
Castelnau-le-Lez
Mudaison
Lansargues
St Nazaire-de-Pézan
St Laurent-d'Aigouze
Gallician
Franquevaux
MONTPELLIER
Mauguio
Candillargues
Lattes
Pérols
Palavas-les-Flots
MONTPELLIER-MÉDITERRANÉE
Etang de Mauguio ou de l'Or
Carnon-Plage
la Grande-Motte
le Grau-du-Roi
Port-Camargue
Aigues-Mortes
Golfe d'Aigues-Mortes
Pointe de l'Espiguette
Phare de l'Espiguette
Petite Camargue
Etang de Scamandre
Etang du Charnier
Tour Carbonnière
Montcalm
Sylvéréal
Avignon
Grau d'Orgon
Canal de Peccais
Canal du Rhône à Sète
A 9 - E 15
N 113
N 572
D 979
D 62
D 58
D 570
GOLFE DU LION

D
E
F
264
265
284
1
2
3
4
ARLES
St Gilles
Bellegarde
Fontvieille
Moulin de Daudet
Abbaye de Montmajour
Mt de Cordes
les Antiques
Ruines de Glanum
Chaîne
les Baux-de-Provence
Alpilles
Maussane-les-Alpilles
Paradou
Mouriès
Aureille
Eygalières
St Étienne-du-Grès
St Gabriel
Fourques
Pont de Crau
Raphèle-les-Arles
St Martin-de-Crau
St Hippolyte
PLAINE
DE
LA
CRAU
Camp militaire
Entressen
Aérodrome d'Istres-le-Tubé
Mas Thibert
Salin-de-Badon
CAMARGUE
GRAND RHÔNE
Etang de Vaccarès
RÉSERVE NATURELLE
ZOOLOGIQUE ET BOTANIQUE
Ile de Mornès
Etang de Malagroy
Bois des Rièges
NATUREL
RÉGIONAL
DE
CAMARGUE
Phare de la Gacholle
Stes Maries-de-la-Mer
la Capelière
le Sambuc
Tour du Valat
Méjanes
Villeneuve
Gimeaux
Albaron
Salin-de-Giraud
SALINS DU MIDI
Salin de Giraud
Port-St-Louis-du-Rhône
Golfe de Beauduc
Beauduc
Pointe du Sablon
Phare de Beauduc
Phare de Faraman
Plage de Piémanson
They de Roustan
They de la Gracieuse
Port de Fos
Fos-s-Mer
Zone Industrielle
Terminal pétrolier
Terminal à Conteneurs
FOS-DISTRIPORT
PROVENCE-MAZOUT
Phare de St Louis
MEDISTOCK
ASCOMÉTAL
SOLLAC
ATOCHEM
AIR LIQUIDE TONKIN
AIR LIQUIDE AUDIENCE
RAFFINERIE ESSO
Pointe de St Gervais
Plage-de-Fos
Port-de-Bouc
GOLFE
DE
N 113
N 568
N 570
N 572
A 54
E 80
D 36
D 35
D 37
D 570

A
B
C
265
Cheval-Blanc
Durance
Orgon
N.D. de-Beauregard
Glanum
Romanin
Mas de la Brune
St Sixte
Eygalières
Vallongue
Alpilles
Pierredon
les Plaines
Sénas
la Campane
le Perier-Redon
la Lempe
Malespine
le Logis-Neuf
Champeau
Mérindol
Tête des Buisses
Rers des Onze Heures
Belvre les Portallets
Roquefraiche
la Font-de-l'Orme
les Beaumes
Fontenille
Puget
Lauris
Lourmarin
Puyvert
la Gravière
Cadenet
Bas-Iclons
Mallemort
Brame-Jean
le Colombier
Bonneval
Charleval
Abbe de Silvacane
la Roque-d'Anthéron
Bassin de St Christophe
Côtes
Caire-Val
St Estève-Janson
les Marmets
la Baronnerie
Roquemartine
Castelas de Roquemartine
Grottes de Calès
Mgne du Défends
Lamanon
Tour les Opiès
Aureille
Eyguières
le Destet
les Baumettes
Mas de Ferrand
Mouriès
Alleins
Colline de Roque Rousse
Vx Vernègues
Vernègues
Chau Bas
Temple romain
Cazan
Pl de Sèze
Chaîne des Côtes
Janet
Pt St Paul
Rognes
les Paluds
Curebourse
Grd Brahis
la Jasse
la Calanque
Mas-Neuf
Bois-Vert
Ravin de Tallagard
Aurons
Badasset
Lambesc
Aiguebelle
St Suffren
Brest
l'Etape
Chaîne de la Trévaresse
Beaulie
les Cabanes
les Blazots
Bel-Air
Salon-de-Provence
Musée
Pélissanne
la Barben
Zoo
Touloubre
le Merle (Ecole d'Agricre)
la Samatane
Centre de détention
E.D.F.
Valmousse
St Cannat
la Madeleine
les Decanis
le Seuil
la Lieutenante
Poscros
Camp militaire
le Luquier
A 54-E 80
Beauchamp
Molières
Suffren
le Vallon
Etang d'Entressen
Entressen
Grans
Gigery
Val-d'Estable
Caseneuve
AUTOROUTE DU SOLEIL
A7-E 80-E 714
Forêt de St Cannat
les Quatre-Termes
la Montauronne
Grd St Jean
Lignane
Camaïsse
Chaîne d'Eguilles
Eguilles
Miramas
le Grd Mas
le Mas-Chauvet
le Verry
Centre d'essais
la Ste Croix
Belval
le Pont-de-Rhaud
Confoux
Lançon-Provence
le Val de Sibourg
T.G.V. MÉDITERRANÉE
Valserre
les Figons
Miramas-le-Vx
Cornillon-Confoux
Cité
Champ de Tir
la Fare-les Oliviers
les Guigues
Coudoux
Marseille LA PROVENCALE
Moulin-du-Pont
Ventabren
283
CRAU
Sulauze
St Chamas
St Léger
Pont Flavien
Calissanne
les Baïsses
Pont de la Fare
les 4 Tours
la Bastide-Neuve
Velaux
Aqueduc de Roquefavour
les Tuilières
St Pons
Meynes
la Bayanne
Étang de l'Olivier
Oppidum du Castellan
Aérodrome d'Istres-le-Tubé
Port de Beau Rivage
la Bosque
St Estève
Istres
le Retour-des-Aires
Boucasson
Rassuen
Port des Heures Claires
les Quatre Vents
ÉTANG
DE
BERRE
Mauran
la Suzanne
Bouquet
Saragousse
Rognac
la Mérindolle
CEREGE
la Tour-d'Arbois
Réservoir du Réaltor
Canal de Marseille
Chaîne de Vitrolles
N.D. de-Caderot
RAFFINERIE SHELL
Berre-l'Etang
Port du Passet
l'Agneau
Hydroaérodrome
Vitrolles
la-Fossette
le Ventillon
Bannes
Ranquet
Anse de Ranquet
Varage
Massane
Lavalduc
Étang de Lavalduc
les Carabins
Fouilles de St Blaise
St Mitre-les-Remparts
AIR LIQUIDE
AUDIENCE
RAFFINERIE
Zone Industrielle
SOLLAC
Fos-s-Mer
Valin
Étg de l'Estomac
Étang d'Engrenier
Étang du Pourra
CIMENTS LAFARGE
Port de la Pointe
la Pointe
Étang de Vaïne
MARSEILLE-PROVENCE
EUROCOPTER
les Pins
Montvallon
le Griffon
Aix-en-Provence T.G.V.
Stadium
les Pinchinades
les Plaines-d'Arbois
Cabriès
Calas
Plan-de-Campagne
les Pennes-Mirabeau
Terminal minéralier
Pointe de St Gervais
Plage-de-Fos
N.D. des Marins
Martigues
Marignane
Étang de Bolmon
Plage de Jaï
St Victoret
Pas-des-Lanciers
Terminal pétrolier
Port de Fos
Port-de-Bouc
Croix-Sainte
Canal de Marseille au Rhône
Bricard
les Tourels
Terminal Conteneurs
la Lèque
Port pétrolier de Lavéra
la Mède
RAFFINERIE TOTAL
Châteauneuf-les-Martigues
Laure
Gignac-la-Nerthe
Souterrain du Rove
Plan-des-Pennes
les Cadeneaux
Jas-de-Rhodes
la Gavotte
la Nerthe
St Antoine
MAZOUT
Phare de St Louis
Lavéra
RAFFINERIE B.P.
Ponteau
les Ventrons
la Bastide-Blanche
Von de Valtrède
Bois de Châteauneuf
Chaîne de l'Estaque
Parc d'attractions
le Douard
le Rove
l'Estaque
DISTOCK
GOLFE
DE
FOS
They de la Gracieuse
They de Roustan
Cal. des Renaïres
St Pierre
St Julien-les-Martigues
Agut
la Folie
Val-de-Ricard
Bois de Carry
Ensuès-la-Redonne
la Vesse
Anse de l'Estaque
Plage des Laurons
Pointe de Bonnieu
les Rouges
la Couronne
Sausset-les-Pins
Méjean
Niolon
les Ragues d'Arnette
Carro
Cap Couronne
Ste Croix
les Tamaris
Ile Aragnon
Rouet-Plage
Carry-le-Rouet
Cal. de l'Escalayolle
Cal. des Stes Saïées
la Redonne
les Figuières
Madrague-de-Gignac
Rade de Marseille
la Madrague-de-la-Ville
St Louis
MARSEILLE
Iles du Friou l
Ile Ratonneau
Ile Pomègues
le Frioul
Chau d'If
Rade d'Endoume
Plages du Prado
290
A
B
C

266 267 286 292 291

D E F

1 2 3 4

Cucuron
St Martin-de-la-Brasque
Grambois
Beaumont-de-Pertuis
Corbières
Gréoux-les-Bains
Forêt de Vinon
Sannes
Ansouis
LUBERON
la Tour-d'Aigues
Vinon-s-Verdon
Villelaure
la Bastidonne
Mirabeau
Défilé de Mirabeau
Bge de Cadarache
CENTRE D'ETUDES DE CADARACHE (C.E.A.)
St Julien
Pertuis
Som! de Malacoste
St Paul-lès-Durance
Ginasservis
le Puy-Ste Réparade
AUTOROUTE DU VAL DE DURANCE
Jouques
Peyrolles-en-Provence
Meyrargues
Forêt de Peyrolles
Mgne de Vautubière
la Verdière
Aqueduc Romain
Bois de Mont Major
Rians
Venelles
Artigues
Esparron
St Martin
Puyricard
Bois de Ligourès
Concors
Mgne des Ubacs
Colline St Pierre
Bois de la Gardiole
Beaufort Oppidum d'Entremont
la Tête du Marquis
Vauvenargues
Gorges
la Citadelle
St Marc-Jaumegarde
Montagne Ste Victoire
Pic des Mouches
la Croix de Provence
Puyloubier
Bois de Pourrières
Pain de Munition
Séouve Som!
Brue-Auriac
AIX-EN-PROVENCE
Bge de Bimont
Bge Zola
le Tholonet
Beaurecueil
Montagne du Cengle
St Antonin-s-Bayon
Pourrières
Seillons-Source-d'Argens
Meyreuil
Châteauneuf-le-Rouge
Rousset
Ollières
Luynes
Fuveau
Pourcieux
St Maximin-la-Ste Baume
Bouc-Bel-Air
Gardanne
Peynier
Trets
Mont Aurélien
Simiane-Collongue
Gréasque
Belcodène
Mimet
St Jean-du-Puy
Montagne de Regagnas
Pas de la Couelle
Brignoles
Cadolive
la Bouilladisse
la Destrousse
Auriol
St Zacharie
Rougiers
Nans-les-Pins
Chaîne de l'Etoile
Roquevaire
Plan-d'Aups-Ste Baume
Massif de la Sainte Baume
Signal de la Ste Baume
St Pilon
Plan-de-Cuques
Allauch
Mazaugues
Aubagne
Gémenos
Parc de St Pons
Cuges-les-Pins
Signes
St Marcel
Carnoux-en-Provence
Col de l'Ange
Circuit du Castellet Paul Ricard

A B C

28 267

St Martin-de-Brômes
Gréoux
Bge de Gréoux
Montpezat
Allemagne
St Saturnin
Bauduen
les Bastides
Basses
Lac d'Esparron
Esparron-de-Verdon
Bge de Ste Croix
Lac de Ste Croix
Grand Margès
Sublime
Falaise des Cavaliers
la Médecine
N.D. des Œufs
Pigette
B. du Défends
St Laurent-du-Verdon
N.D. de Baudinard
Font-Castellan
Corelasse
Mocrouis
Grand Plan de Canjuers
Aurabelle
les Maurras
Bois du Défends Vieux
Gorges du Verdon
la Chérine
Baudinard-s-Verdon
la Colle
Basset
la Barre
Pheline
le Verdon
les Puits-Neufs
les Rouvières
Quinson
Artignosc-s-Verdon
Bge de Quinson
Fontayne
la Citerne
la Grde Nouguière
Canjuers
Malaurie
St Pierre
l'Eclou
Ste Maxime
les Bernes
les Maisons
la Ricarde
Pampelonne
St Andrieux
les Aumades
Collet de l'Aigle
les Mouches
Mgne de Barjaude
St Julien
les Guis
Bois de Malassoque
Bois de la Roquette
Villeneuve
Bois St Jean
Signal de l'Aigle
les Cugulons
la Mourotte
la Roquette
St Jean
Régusse
Moissac-Bellevue
N. D. de Liesse
Vérignon
la Cabrière
la Neuve
18
Notre-Dame
D 554
les Bourdas
le Pardigaou
la Grde Bastide
Grd Blé
Orat.
15
Lauquier
la Bse Nouguière
la Raphèle
N.D. d'Eglise
Montmeyan
Bois de Pélenq
St Priest
la Verdière
Bois de Queiraud
12
Aups
Mgne des Espiguières
Cresson
les Vergelins
St Roch
Tour
Bury
le Grd Nans
Gros Bec
Fabrègues
Silo
N.D. de Bellevue
10
le Gros Bois
la Curnière
la Bréguière
Cormeil
Plérimond
Taurenne
Tour
Tourtour
St Pierre-de-Tourtour
Varages
Tavernes
Grd Rougiers
le Logis
Amphoux
Bresc
St Barthélemy
la Tuillière
Villecroze
Floriel
St Pothin
Barras
Fox-Amphoux
le Grd Pouvet
Sillans-la-Cascade
les Mandins
St Martin
la Serre
Rau des Ecrevisses
la Prégentière
St Barnabé
Cascade
Salernes
St Romain
St Jean
Thuerry
les Annelles
les Marroliers
Barjols
Pontevès
Fauvery
le Gaudran
le Babadié
Petit Bessillon
St Sauveur
Gros Bessillon
Monastère St Joseph
Cotignac
Riforan
Mgne du Serre
les Salgues
Abbe
Cantarelle
Von des Rigouards
Mentone
Basse-Maure
les Selves
285
Piécros
Brue-Auriac
Chau
Val-Rose
le Pigeonnier
Bois du Bessillon
Tours
N.D. de Grâces
Bouillidou
les Moulières
Entrecasteaux
St Antonin-du-Var
Massebœuf
Collombe
Font-Taillade
Notre-Dame
la Forêt
Margui
Bois de Correns
Ste Foy
les Salettes
Source d'Argens
21
St Estève
Châteauvert
Nestuby
la Clapière
N.D. de Benva
les Miquelets
St Jeaume
Mappe
Seillons-Source-d'Argens
Rouvière
Doumet
Von Sourn
Correns
Robernier
Montfort-s-Argens
Carcès
16
le Moutas
Ollières
Cadry
Argens
les Camails
les Ferauds
Abbe du Thoronet
Pont-d'Argens
Vignaubière
St Mitre
Miraval
Réal-Martin
17
les Riaux
Lac de Carcès
Bauxite
Forêt de la Darboussière
le Thoronet
la Martin
Bras
N.D. d'Espérance
St Etienne
Font-Couverte
St Vincent
N.D. du Glaive
Pompies
Mgne des Ubacs
les Germain
les Bert
Bauxite
la Grde Bastide
le Val
Vins-s-Caramy
Chau Requier
3
16
Bois du Val
Ribeirotte
Caramy
Cabasse
Mgne de la Bouissière
les Muraires
St Pastour
le Recou
Martelle
Vaubelle
Notre-Dame
12-2004
LA PROVENÇALE
A 8-E 80
19
Grd Campdumy
25
St Martin
le Vieux-Cann
Boulon
Valiancelle
Fontrouvière
Tourves
les Gaëtans
les Censiès
Parc Mini France
la Seigneurie
Pit Campdumy
le Luc
le Cannet-des-Maures
la Gayole
St Pré
Brignoles
Piqueroc
Bedin
Vieux-Rougiers
Rougiers
Moulin-de-Carami
St Julien
Bauxite
la Celle
Abb
Escarelle
Camps-la-Source
Pérégrinage
Flassans-s-Issole
Commanderie de Peyrassol
la Lauzade
les Lauves
Chau
Roc de Candelon
Marbre
Montagne de la Loube
Bauxite
Bauxite
St Quinis
291
Bois de Garéoult
Bellevue
Barre de St Quinis
Ste Anastasie-s-Issole
Besse-s-Issole
Blanquefort
Ste Agathe
Gasqui
Repenti
Autodrome du Var
les Glacières
Mazaugues
la Roquebrussanne
les Mollières
Garéoult
Forcalqueiret
la Crl de Bontar
Gangasset
Gonfaron
Village de tortues
4
le Mourre d'Agnis
Forêt de Mazaugues
Issole
Rocbaron
Fort
Thèmes
Carnoules
Pignans
24
N.D. du Figuier
le Latay
la Verguine
Néoules
la Foux
Mas de Peyrougier
Col de la Bigue
le Canadel
Puget-Ville
N.D. des Anges
Forêt de Pignans
31
Chibron
Signes
Méounes-lès-Montrieux
Pilon St Clément
Ste Philomène
Mas de Brun
la Ruol
20
Beaupré
la Capelière
le Martinet
Barre de Cuers
le Fédon
les Vidaux
Crête des Martels
Von de Maraval
Vaudrèches
Haras du Gapeau
Montrieux-le-Vieux
Chartreuse de Montrieux-le-Jeune
Pachoquin
292
le Cigalou
Aumerade
la Portanière
Pierrefeu
Plateau de Siou Blanc
Jas de Laure
Puits-d'Encastre
Forêt de
Belgentier
Valcros
Cuers
Font-Freye
Beauvais
la Tuilière
la Rode
la Rivière
Collobrières
A B C

D
E
F
268
269
288
293
1
2
3
4
Balcons de la Mescla
Pont de l'Artuby
Canyon de l'Artuby
Jabron
Gorges
le Picauvet
Mgne de Brouis
Bargème
Mgne de Lachens
la Bastide
Blacouas
Esclapon
Escragnolles
les Amphons
Montagne de Thiey
Bois de Siounet
la Souche
le Collet
St Pétronille
la Roque-Esclapon
Pas de la Faye
Crête de Ferrier
Comps-s-Artuby
le Moutet
Bois de Malay
Montagne de Malay
Mons
St Marcelin
Briasc
Ponadieu (P.naturel)
Souterroscope de la Baume Obscure
St Vallier-de-Thiey
St Bayon
la Colle
St Romain
Bois Duou
Sauvechane
Chamay
Col de la Glacière
Préfagoux
Beauregard
Roche Taillée (Aqueduc romain)
St Ferréol
Grottes de St Cézaire
Cabris
Praguillen
Guent
Paresse
Mieraure
CAMP
MILITAIRE
DE
CANJUERS
Bourigaille
Tumulus
Spéracèdes
Peymeinade
le Logis-d'Auveine
Peygros
Pierrion
Col du Bel-Homme
St Cézaire-s-Siagne
le Tignet
Mgne de Beau-Soleil
Blaque Meyanne
Bois du Défens
le Cuinier
Fayence
Seillans
Callian
Montauroux
Tournon
Lavelan
Bois des Blaques
Camp militaire
Malignon
le Baguier
N. D. de l'Ormeau
Tourrettes
Tassy
Bargemon
N. D. des Cyprès
les Veyans
Favas
Montferrat
St Anne
Méaulx
les Selves
les Terrassonnes
les Crouis
Bois des Prannes
Ampus
Châteaudouble
Col de Boussague
Callas
Claviers
le Plan
Brovès-en-Seillans
Trestaure
les Colles
Bianços
Tanneron
N. D. de Peygros
Gges de Châteaudouble
la Garde
Colle Pelade
St Auxile
Garron
la Bégude
Lac de St Cassien
Bois de l'Ermite
Pré-Claou
la Grange
Rebouillon
Figanières
les Clèdes
les 4 Chemins
Barrage du Riou de Méaulx
St Paul-en-Forêt
Grime
le Soleil-des-Adrets
les Margoutons
Massif du
Castel de Guiol
Font-Sante
Lentier
le Malmont
Notre-Dame
Bois de Prignonet
Gorges de Pennafort
Forêt St Paul
Bompin
Maupas
la Rouvière
Bagnols-en-Forêt
Reyran
Les Adrets-de-l'Esterel
Séguret
l'Eglise
A 8-E80
Matourne
la Clappe
les Plans
le Figueiret
Pierre-de-la-Fée
Draguignan
St Pons
Terrissolle
Bois du Rouet
la Verrerie
St Denis
St Antoine
B. de Bagnols
Flayosquet
Flayosc
Camp militaire
Esclans
Colle du Rouet
le Rouët
Bois du Défens
Pic de la Gardiette
Bois de Malvoisin
Anc. Bge de Malpasset
Carrefour-du-Logis-de-Paris
l'Escaillon
P. de l'Esterel
Somt du Marsaou
Jas-d'Esclans
les Crottes
Grds Esclans
la Foux
N.D. des Selves
Trans-en-Provence
Sauve-Clare
St Michel d'Esclans
le Mitan
Catchéou
les Pins Parasols
la Lieutenante
Pin-de-la-Lègue
Boson
Mt Vinaigre
ESTEREL
Col de l'Aire de l'Olivier
Col des Suvière
Berne Ermitage St Ferréol
Cascades
les Nourradons
la Motte
Clastron
la Bouverie
Forêt de Terres Gastes
Bois de Palayson
le Capitou
Zoo
P. du Pigeonnier
Pic de l'Ou
Roubine
Lorgues
N.D. de Florièye
les Chênes Verts
St Roseline
les Serres
le Muy
LA PROVENCALE
Lagourin
Camp Cne Lecocq
Musée
le Gabre
N.D. de Jérusalem
MASSIF DE
Rochers
C. du Mistral
Belle-Barbe
les Clarètes
les Valises
la Roquette
Mosquée
Camp Cne Robert
la Tour-de-Mare
P. de Pierre
Valescure
le Rastel d'Aga
les Arcs
St Pierre
N.D. de la Roquette
Palayson
Puget-s-Argens
Colombier
Camp Gallieni
Montrouge
Agay
les Manéous
les Crotes
Taradeau
la Cognasse
le Pont-d'Argens
Rocher de Roquebrune
Roquebrune-s-Argens
St Pierre
Arènes
Fréjus
St Raphaël
Cap Estérel
le Dramont
St Louis
d'Astros
St Martin
Sommet de l'Escarayol
Tholon
les Preyres
Sommet du Peynier
N. D. de Pitié
les Tourres
Bois Astros
Vidauban
St Brigitte
St Martin
le Clos
Somt de St Martin
Grde Bastide
les Baux
Aquatica
Fréjus-Plage
Boulouris
Camp
Ile d'Or
E.D.F. Entraigues
Chaumes
Forêt
les Bauquières
Sommet de Castel-Diol
Col de Valdingarde
les Grds Châteaux
le Lion
la Péguière
Aigue-Bonne
Corniche
Golfe de Fréjus
les Pommiers
des Arcs
la Bastide-Rouge
Vieux-Revest
la Mère
Villepey
St Aygulf
les Espérifets
Peissonnel
la Forge
MAURES
Pourrières
St Donat
Pnte de la Lauvette
Bois de Bouis
la Miquelette
St Julien
Roux
Hoste
le Revest
Col de Gratteloup
Peïgros
Col de Bougnon
la Gaillarde
les Bertrands
Bois du Rouquan
les Pierrons
les Gastons
les Ricards
Cabasse
le Lissandre
Pnte de la Calle
la Bse Verrerie
Colle Dure
Vallaury
Garonnette
San-Peïre-s-Mer
les Calanques
Pnte des Issambres
les Issambres
Bges des Escarcets
les Plaines
la Moure
Plan-de-la-Tour
le Plan
la Garonnette
Val d'Esquières (Sce saisonnier)
Cannes 1h30 (Sce saisonnier)
Mourrefrey
la Grde Pièce
Forêt
Col de Vignon
Tour
Préconil
Prat-Bourdin
Coriolan
Sémaphore
la Nartelle
Cap des Sardinaux
Tourelle de la Sèche-à-l'Huile
les Mayons
la Garde-Freinet
Courruero
St Preire
Hte Suane
Ste Maxime
Roches Blanches
St Clément
les Vernades
Guerre-Vieille
Grde Pointe
St Tropez
Plage des Graniers
Cap St Pierre
Pnte des Rabiou
Tourelle de la Moutte
N. D. de Miramar
l'Avelan
les Mûres
Beauvallon
Cros-de-Mouton
Valdegilly
Tourre
Grimaud
N.D. de-la-Queste
St Pons-les-Mûres
Port Grimaud
Golfe de St Tropez
Baie des Canebiers
les Parcs
Cap de St Tropez
Valescure
Vaucaude
Grimaud
la Bouillabaisse
les Marines-de-Cogolin
la Foux
Pilon
Ste Anne
la Moutte
les Salins
Plage des Salins
Pnte de Capon
St Maur
Bertaud
Bourrian
Bestagne
St Ame
Cap du Pinet
Plage de Tahiti
Col de Taillude
Maures
les Crottes
Cogolin
Anse de Pampelonne
Plage de Pampelonne
Monastère de la Verne
St Marc
Gassin
Moulins de Paillas
Pampelonne
Bge de la Verne
les Guiols
Rebois
Ramatuelle
Pnte de la Bonne Terrasse
Périer
Giscle
Môle
Mine
VIDAUBAN
le Canaver
GR 51
GR 49
GR 9
A8-E80
N 555
N 7
N 98
D 25
D 558
D 562

A
B
C
1
2
3
4
284
MARSEILLE
Martigues
Marignane
Vitrolles
Berre-l'Etang
Rognac
Velaux
Ventabren
Gardanne
Meyreuil
Bouc-Bel-Air
Simiane-Collongue
Mimet
Cabriès
les Pennes-Mirabeau
Septèmes-les-Vallons
Allauch
Plan-de-Cuques
St Marcel
Châteauneuf-les-Martigues
Sausset-les-Pins
Carry-le-Rouet
Ensuès-la-Redonne
Gignac-la-Nerthe
le Rove
l'Estaque
St Antoine
la Madrague de-la-Ville
MARSEILLE-PROVENCE
Aix-en-Provence T.G.V.
ÉTANG DE BERRE
Chaîne de l'Estaque
Chaîne de l'Etoile
Chaîne de St Cyr
Massif de Marseilleveyre
Massif de Puget
Rade de Marseille
Anse de l'Estaque
Iles du Frioul
Ile Ratonneau
Ile Pomègues
Chau d'If
Cap Caveaux
Cap Croisette
Ile Tiboulen
Ile Maire
Ile de Planier
Ile de Jarre
Ile Calseraigne
Congloué
Ile de Riou
les Calanques
Cal. de Sormiou
Cal. de Morgiou
Cal. de Sugiton
Cal. d'En-Vau
Cal. de Port-Pin
Cap Couronne
Ile Aragnon
Porto-Vecchio
Calvi
l'Ile-Rousse, Propriano
Ajaccio, Bastia
les Calanques

D
E
F
285
286
292
1
2
3
4
St Maximin-la-Ste Baume
Trets
Pourrières
Pourcieux
Ollières
Seillons-Source-d'Argens
Bras
Châteauvert
Correns
Brignoles
Tourves
Rousset
Peynier
Fuveau
Belcodène
Châteauneuf-le-Rouge
Mont Aurélien
Olympe
St Zacharie
Rougiers
Nans-les-Pins
Auriol
la Destrousse
la Bouilladisse
Roquevaire
Plan-d'Aups-Ste Baume
MASSIF DE LA SAINTE BAUME
Signal de la Ste Baume
St Pilon
Joug de l'Aigle
Gémenos
Parc de St Pons
Cuges-les-Pins
Mazaugues
la Roquebrussanne
Forêt de Mazaugues
Montagne de la Loube
Garéoult
Néoules
Signes
Méounes-lès-Montrieux
Belgentier
Forêt de Morières-Montrieux
Chartreuse de Montrieux-le-Jeune
Plateau de Siou-Blanc
Circuit du Castellet Paul-Ricard
Cuers
Solliès-Toucas
Solliès-Pont
Solliès-Ville
La Farlède
la Valette-du-Var
Mt Faron
Mont Caume
le Revest-les-Eaux
Evenos
Ollioules
le Beausset
la Cadière-d'Azur
le Castellet
Ceyreste
la Ciotat
Clos-des-Plages
les Lecques
St Cyr-s-Mer
Bandol
Sanary-s-Mer
Six-Fours-les-Plages
la Seyne-s-Mer
TOULON
St Mandrier-s-Mer
Presqu'île de St Mandrier
Cap Cépet
Presqu'île du Cap Sicié
Cap Sicié
N.D. du Mai
les Sablettes
Iles des Embiez
Institut Océanographique Paul Ricard
Ile de Bendor
Ile Verte
Cap de l'Aigle
Cap Canaille
la Garde
le Pradet
Cap de Carqueiranne
A8-E 80
A 50
A 57
A 52
A 520
LA PROVENÇALE
N 560
N 8
N 7
Ajaccio, Propriano
Bastia
(Service saisonnier) 1h

A
B
C
1
2
3
4
285
286
291
Brignoles
la Celle
Camps-la-Source
Parc Mini France
la Seigneurie
Campdumy
Piqueroc
le Luc
Rougiers
Vieux-Rougiers
Moulin-de-Carami
St Julien
la Gayole
Bauxite
Escarelle
Flassans-s-Issole
Commanderie de Peyrassol
Pérégrinage
Montagne de la Loube
Roc de Candelon
Marbre
Bauxite
Mazaugues
les Glacières
la Roquebrussanne
Forêt de Mazaugues
le Mourre d'Agnis
les Mollières
Bois de Garéoult
Bellevue
Garéoult
Forcalqueiret
Barre de St Quinis
Ste Anastasie-s-Issole
Besse-s-Issole
St Quinis
Blanquefort
Ste Agathe
Gasqui
Repenti
Gangasset
la Cr. de Bontar
Gonfaron
Village de tortues
Thèmes
la Lauzade
Néoules
Mas de Peyrougier
la Verguine
le Latay
Rocbaron
Fort
Carnoules
Pignans
N.D. du Figuier
N.D. des Anges
la Foux
Puget-Ville
le Canadel
Col de la Bigue
Ste Philomène
Mas-de-Brun
Forêt de Pignans
Signes
Chibron
Méounes-lès-Montrieux
la Capelière
le Martinet
Pilon St Clément
Barre de Cuers
le Fédon
les Vidaux
Aumerade
Crête des Martels
Vallon de Maraval
le Peyrol
Beaupré
Haras du Gapeau
Montrieux-le-Vieux
Chartreuse de Montrieux-le-Jeune
Pachoquin
le Ruol
le Cigalou
la Portanière
la Tuilière
Collobrières
la Rivière
la Rode
Puits-d'Encastre
Jas de Laure
Plateau de Siou-Blanc
Forêt de Morières-Montrieux
Belgentier
Valcros
Cuers
Beauvais
Font-Freye
Pierrefeu-du-Var
Montaud
Baisse du Castellas
Pierrefeu
Réal Collobrier
la Portanière
St Guillaume
Col de Babaou
Partiteur de Fauvy
Rocher de l'Aigle
Roca Troca
Grand Cap
Morière-le-Cap
la Guiranne
Ste Christine
Solliès-Toucas
la Bouisse
Sigaloux
Vallée-de-Sauvebonne
Camp-Long
Forêt
les Vanades
le Beausset
Beausset-Vieux
Ste Anne-d'Evenos
Mont Caume
Col du Corps de Garde
Vallaury
les Aiguiers
Solliès-Pont
Solliès-Ville
les Terrins
les Laugiers
la Mayonnette
la Navarre
la Grde Bastide
Sauvebonne
le Décapris
Pas-du-Cerf
M A S S I F
Forêt des Maures
Valcros
Arboret
Col de Gratteloup
le Broussan
Baou de 4 Oures
le Revest-les-Eaux
Camp militaire
Baux Rouges
la Tour
Maraval
les Borrels
Tamary
les Hauts-de-Porquerolles
N.D. des Maures
Parc des Oiseaux
la Galinette
St Honoré
Evenos
Gorges du Destel
Dardennes
la Ripelle
Tourris
le Coudon
la Farlède
les Laures
Fort du Girardon
Fort de la Croix-Faron
les Moulières
les Mauniers
la Castille
les Martins
le Viet
la Tuilerie
la Clapière
les Jassons
la Londe-les-Maures
la Verrerie
Réserve du Trapan
Ollioules
Gros Cerveau
Mt Faron
Zoo
Mémorial
Chateauvallon
la Valette-du-Var
les Sauvans
la Crau
le Fenouillet
les Mesclans
le Plan du Pont
les Maurettes
Hyères
le Galoupet
Mauvanne
les Caroubiers
Beaucaire
le Touar
la Pauline
la Bayorre
St Nicolas
les Salins-d'Hyères
les Bormettes
Léoube
l'Argentière-Plage
Brégançon
N.-D. de Pépiole
les Playes
Pont-du-Suve
la Garde
la Moutonne
Col du Serre
le Paradis
Mont des Oiseaux
N.D. de Consolation
Riquier
Port-Pothuau
Berriau-Plage
Port-de-Miramar
Cap de Léoube
Cabasson
Camp Laurent
la Seyne-s-Mer
le Mourillon
Cap Brun
Ste Marguerite
Pont-de-la-Clue
le Pradet
Carqueiranne
Ayguade-Ceinturon
Cap de Brégançon
Six-Fours-les-Plages
Fort Balaguier
TOULON
les Bonnettes
la Garonne
les Oursinières
Fort de la Colle-Noire
la Californie
Costebelle
Hyères-Plage
Port d'Hyères
Tamaris
Base aéronavale
les Sablettes
St Mandrier-s-Mer
Mar-Vivo
Fort de la Gavaresse
les Salettes
le Pradon
le Canebas
Fontbrun
l'Almanarre
Salins des Pesquiers
RADE D'HYÈRES
Forêt de Janas
Elme
Pin Rolland
Fabregas
Pte de Marégau
Cap Cépet
Presqu'île de St Mandrier
Cap de Carqueiranne
Golfe de Giens
Étg des Pesquiers
la Capte
la Lèque
N.D. du Mai
Presqu'île Cap Sicié
Cap Sicié
Ajaccio, Propriano
Bastia
(Service saisonnier)
les Fourmigues
la Madrague
Giens
Presqu'île de Giens
Port du Niel
Cap de l'Estérel
la Tour-Fondue
I L E S
Cap des Mèdes
Pte Escampobariou
I. du Grd Ribaud
Pte Passe
Pte du Lequin
Plage Dame
Ile de Porquerolles
Notre-Dame
Fort de la Repentance
Sémaphore
Cap Rousset
Porquerolles
Pointe du Grd Langoustier
Conservatoire Botanique National
Mt des Salins
Pte de l'Oustau de Diéu
Cap d'Arme

293
287
D
E
F
1
2
3
4
Ste Maxime
St Tropez
Cap des Sardinaux
Tourelle de la Sèche-à-l'Huile
les Issambres
Pte des Issambres
les Calanques
San-Peire-s-Mer
Val d'Esquières
la Nartelle
Sémaphore
Cannes 1h30
(Sce saisonnier)
Beauvallon
Grde Pointe
Golfe de St Tropez
Port Grimaud
Grimaud
la Garde-Freinet
Cogolin
Gassin
Ramatuelle
Moulins de Paillas
Plage de Pampelonne
Pampelonne
Cap Camarat
Cap de St Tropez
Pte des Rabiou
Tourelle de la Moutte
la Moutte
Plage des Salins
Pte de Capon
Cap du Pinet
Plage de Tahiti
Pte de la Bonne Terrasse
Chau Volterra
Plage de l'Escalet
la Bastide-Blanche
Cap Taillat
Plage de la Briande
Cap Lardier
Col de Collebasse
Gigaro
la Croix-Valmer
Cavalaire-s-Mer
Baie de Cavalaire
Cap Cavalaire
Pte Andati
Col du Canadel
Canadel-s-Mer
Rayol-Canadel-s-Mer
Pte de la Chappe
le Dattier
Cavalière
Aiguebelle
Pramousquier
Cap Nègre
St Clair
le Lavandou
Corniche des Maures
Plage de la Fossette
Port de Bormes-les-Mimosas
la Favière
Baie de Gau
Pte de l'Esquillette
Cap Bénat
Cap Blanc
la Môle
Col de Taillude
Monastère de la Verne
Forêt du Dom
Col de Landon
Pierre d'Avenon
Col de Caguo-Ven
Plan-de-la-Tour
Col de Vignon
Ste Maxime
Guerre-Vieille
Cap St Pierre
Plage des Graniers
D' HYÈRES
Ile de Port-Cros
(Parc National)
Port-Cros
Ile de Bagaud
Pte du Cognet
Pte du Vallon
Rer de la Gabinière
Passe des Grottes
Col de Port-Man
Col des 4 Chemins
Ile du Levant
Héliopolis
Pte Maupertuis
le Grand-Avis
le Grd Cap
Calanque de l'Avis
Pte de Calle-Rousse
Pte du Castellas
Calanque de l'Estable
Phare du Titan
Pte de l'Areste
zone interdite

A B C

270

Collado de Arichulegui
San Antón
Zalain
de Bidasoa
d'Ibantelli
Sare
Cuevas de Bruja
Urdazubi-Urdax
Zugarramurdi
Telleria
Col de Méhatché
Pic Gakoeta
Bianditz
Mte Aguerregui
Pic Sayberri
Col des Trois Bornes
Pic d'Iguzki
Lizarzu
Bidarray
Zaria
Alto de Bianditz
Lesaka
Urritzokieta
Etxalar
Gorra
Azkar
Río Olavidea
Puerto de Otxondo
Goizamendi
Río Añarbe
Pagolleta egaña
Berrizaun
Igantzi
Unanue
Domekea
Artikutza
Altueta
Azcua
Collado de Esquisaroy
Alcurrunz
Pico Gorramakil
Pic d'Iparla
Chapatendegi
San Juan
San José
Río Latsa
Bardo
Arantza
Apaola
Arrigaztelu
Izcolegui
Collado Achuela
Amaiur/Maya
Gorramendi
la Bastide
Urdos
Montes de Bidasoa
Azkilarrea
Parque Natural Señorio de Bertiz
Azpilkueta
Licerasse
Ahinziaga
Lesparze
Araña
Legate
Bozate
Erratzu
Arizkun
Iñarbil
Etchaux
Col d'Ispéguy
Baztan
Loizate
Descarga
Ecaitza
Mendaur
Sunbilla
Río Bidasoa
Gorostapalo
Arzán
Asquin
Otesón
Elhorrikokaskoa
Col d'Elhorrieta
Autza
Aldudes
Elgorriaga
(Bertizarana)
Oronoz-Mugairi
Oieregi
Narbarte
Valle del Baztan
Uharte
Lekaroz
Elbete
(Baztan)
Elizondo
Iturén
Doneztebe / Santesteban
Legasa
Zozaia
Arraioz
Irurita
Ariztegi
Sta Engracia
Berro
Burga
Katalinaenea
Zubieta
Gaztelu
Mirador del Baztan
Ziga
Etxerri
Zigaurre
Río Ibu
Abraku
Col d'O
Oitz
Donamaria
Aniz
Negaxea
Beartzun
Col de Berdaritz
Vallée des Aldudes
Banca
Adarza
Iruñarri
Eracurri
Río Ezcurra
Lozabian
Urrotz
Demanda
Berroeta
Nive des Aldudes
Espi
Usateguieta
Ezkurra
Saldias
Labaien
Beintza-Labaien
Almandoz
Abartán
Peña de Alba
Harguibel
Aldudes
Col de Ehunzaroy
Zuperri
Eratsun (Basabura)
Embalses de Leurza
Zuachapi
Garmendi
Venta de San Blas
Trepa
Gnafarenea
Errola
Argaray
Esnazu
Urepel
Hayra
Autringo
Collado de Oyalegui
Arnaiza
Puchotecogañe
Cast. de Velate
Venta Quemada
Gartzaga
Pto de Artesiaga
Río Artesiaga
Ocoro
Ichterbegui
Forêt
Arrarats
Beruete
Igoa
Puerto de Belate
Algorrieta
Sayoa
Bco Olazar
Collado de Urquiaga
Ochaverri
Col de Burdinkurutch
Lindus
Suriain
Arguinzu
Coto nacional
Aldatz
Aizarotz
Orokieta-Erbiti
Río Zaldazain
Río Ulzama
Ventas de Arraitz
Olaberri
Iturrumburru
Redoute
Pto de Ibañeta
(Basaburua)
Eltzaburu
Ilarregi
Arraitz-Orkin
Río Arga
Jauntsarats
Itsaso
Gartzaron
Erbiti
Suarbe
Alkotz
Lantz
Sorogain-Lastur
Mendichuri
Arruitz
Beramendi
Udabe
Belecabita
Ihaben
Zuazmendi
Auza
(Ultzama)
Iraitzotz
Orkin
Acequi
Goiteau
Kintoa/Quinto Real
Embalse de Eugi
Zilbeti
Tiratun
Pto de Aurizberri
Aurizberri/Espinal
Etxaleku
(Imotz)
Larraintzar
Gerendiain
Lizaso
Arañoz
Zenotz
Urritzola-Galain
Eltso
Epaizburu
Aritzu
(Anue)
Olague
Iragi
Urtasun
Eugi
Acegui
Latasa
Goldaratz
Oskotz
Monte Soto
Zarrantz
Ermita de San Miguel
Gorrontz-Olano
Latasa
Egozkue
Alto de Egozkue
Barachueta
Lintzoain
Bizkarreta-Gerendiain
Mezkiritz
Eraso
Eguillor
Ciganda
Guelbenzu
Arostegui
Leazkue
Mendelarreta
El Fuerte
Río Erro
Río Urrobi
Paso de Dos Hermanas
Etxeberri
Aguinaga
Cia
Muskitz
Berasain
Erice (Atez)
Gascue
Ripa
Río Mediano
Etulain
Leranotz
Saigots
Agorreta
Pto Erro
Erro
Trinidad
Irurtzun
Aizkorbe
Beorburu
Eguaras
Ciáurriz (Odieta)
Burutain
Etsain
Inbuluzketa
Zubiri
Orondritz
Mendi
Esnotz
Aintzioa
Valle de Arce
Villanueva de Arce
Arrieta
Izurdiaga
Gulina
San Gregorio
Osácar
Nuin
Usi
Juslapeña
Monte Aldaun
Anocibar
Ostiz
Urdaitz/Urdániz
Osteritz
Loizu
Saragüeta
Ekai
Urritzola
Sarasate
Larumbe
Osinaga
Marcalain
Arístregui
Larráyoz
Churri
Errotz
Ermita de Ntra Sra del Pilar
Atondo
Ochovi
Carasol
Belzunce
Garciriáin
Navaz
Zandio
Osácain
Sarasibar
Larrasoaña
Ilarratz
Otamendi
Setoain
Larrogain
Imizcoz
Urdiroz
(Olaibar)
Aliseto
Anoz
Oláiz
Sta Lucía
Olave
Akerreta
(Esteribar)
Errea
Ardaitz
Ollakarizqueta
Cildoz
Elque
Sarasa
Erice
Oteiza
Orrio
Ilzarbe
Lete
Ariz
Ballariáin
Maquirriain
Antxoritz
Zuriain
Sorauren
Ilurdotz
Espoz
Uriz
Sierra de Labia
Lacarri
Saldise
Anoz
Monte Olza
Aldaba
Añezcar
Berriosuso
Garrues
San Cristóbal
Monte Elordi
Monte Iturrach
Urricelqui
Río Erro
Zunzarren
Lacabe
Olza
Zuasti
Berrioplano
Ezcaba
Oricáin (Ezcabarte)
Zabaldika
Egulbati
Gurpegui
Beásoain-Eguillor
Asiáin
Lizasoáin
Iza
Aizoáin
Artica
Ansoáin
Azoz
Arre
Villava
Huarte
Alzuza
Sagaseta
Echálaz
Azanza
Río Araquil
Sierra de Saldise
Puerto de Ulzurrun
Artázcoz
Ororbia
Loza
Orcoyen
Landaben
Burlada
Olaz
Elcano
Egüés
Ibiricu
Eransus
Chorrochaga
las Quemadas
Zalba
Valle
Izcue
Arazuri
Río Arga
Ibero
Echavacoiz
Sarriguren
Ustárroz
Mendióroz
Zazpe
Peña Echauri
Alto Sierra Sarvil
Etxauri
Gazólaz
PAMPLONA
Ardanaz
Azpa
Uroz
Janáriz
Ciriza
Alto Echauri
Echarri
Paternáin
Erriete
Zizur Mayor
Cordovilla
Mutilva
Badostáin
Yelz
Lizoáin
Beortegui
Olaberri
Chaparral
Embalse de Itoiz
Otazu
Zabalza
Ubani
Sagües
Larraya
Cizur Menor
Esquíroz
Baja
Vaso de Zolina
Aranguren
Lérruz
Laquidáin
Erdozáin
Arraiza
Barbatáin
Gendulain
Aranguren
Zolina
Ilundáin
San Miguel
Idoate
Urroz
Villaveta
Aoiz
Belascoáin
Muru-Astráin
Undiano
Astráin
Galar
Esparza
Noáin
Sierra de Tajonar
Góngora
Lizarraga
Río Erro
Ekai de L.
Lónguida
Meoz
Aós
Villanueva de Lónguida
Zariquí
Salinas de Pamplona
Arlegui
Perdón
Biano
El Hayeral
Unciti
Artaiz
Zuza
Zulueta
Puerto

1 2 3 4

D E F

271

Mt Baygoura
Noblia
Halzamendy
Iholdy
Hiribehere
Olce
Orsanco
B. d'Ostabat
Uhart-Mixe
Harambels
Sorhapuru
Lohitzun
Oyhercq
Charritte-de-Bas
Undurein
Elichalt
Bourguet
Espès-Undurein
Haute
Arras
Larrebieu
Larrory
Moncayolle
Mendibieu
Berrogain-Laruns
Ugarzan
Irissarry
Ossès
Gahardou
Ahaice
Eyharce
Behaune
Col d'Ipharlatcé
Hochahandy
Commune de
St Martin
Lantabat
St Etienne
Ascombéguy
Suhescun
Col des Palombières
Bastida Choko
Chahara
Asme Chilo
Ostabat
Arros
Arhansus
Larrandaberry
Ainharp
Abense-de-Bas
Donismendy
Viodos
Larceveau
Cibits
Juxue
Pagolle
Chéraute
Hoquy
Mauléon-Licharre
Bonetbelchenea
Utziate
Galzetaburu
Gamarthe
Ainhice
Mongelos
Bunus
Plazagaina
St Just
Col d'Osquich
Musculdy
Garindein
Libarrenx
Roquiague
Jarra
Jaxu
Mandos
Bustince
Lacarre
Harispe
Ibarolle
Ibarre
St Antoine
Ordiarp
Gotein
Idaux
Caparnia
Borciriette
Occos
Irouléguy
Sorhueta
Ascarat
Pic d'Arradoy
Ispoure
Iriberry
Aphat-Ospital
Bussunarits
Nethe
Pic d'Elaudy
Col de Napale
Mendy
Ste Barbe
Paradis
Guermiette
Anhaux
Churito
Uhart-Cize
la Magdeleine
St Jean-Pied-de-Port
St Jean-le-Vieux
Sarrasquette
Lauhiburu
Hosta
Ahaxe
B. de Oyhanbeltza
Garaybie
Aussurucq
Mendитte
St Etienne
Sauguis
Lasse
Harriette
Caro
Aincille
Alciette
Col des Palombières
Pic de Belchou
Munhoa
Escanda
St Michel
Bascassan
Lecumberry
Bastida
Béhorléguy
Mendive
Ossas
Suhare
la Madeleine
Col de Sustary
Trois-Villes
Erratchuenea
Gatharre
Pic Etchekortia
Pic de Zabozé
Forêt des Arbailles
Cihigue
Camou
Alos
Tardets-Sorholus
Sommet d'Erretzu
Arnéguy
Estérençuby
Esterenguibel
Bassaburua
Hauskoa
Pic de Behorléguy
Col d'Aphanize
Pic Sihigue
Pic des Vautours
Abense-de-Haut
Sunharette
Alçabéhéty
Ondarolle
Pic de Beillurti
Pic d'Itchachéguy
B. d'Arloté
Phagalcette
Col d'Haltza
Bohokortia
Ahusquy
Col Burdin Olatze
Potto
Chacritte-de-Haut
Alçay
Arhan
Sunhar
Restoue
Lichans
Laguinge
Atherey
B. de Bihurry
Ancne redoute de Chau Pignon
Pic Urdanasburu
Défilé de Valcarlos
St Sauveur
Ilhounatze
Col d'Arhansus
B. de Zouhoure
Lacarry
Etchebar
Haux
Licq-Athérey
Beherobie
Col de Burdincurutcheta
Aphoura
Pic Laramendy
Etcheber
Pic de Leizar Atheka
Col de Bentarte
Col d'Orgambidé
Urculu
Col d'Arnostéguy
Pic Mendibel
Pic Arthaburu
Chalet
Som! d'Errozate
Pic des Escaliers
les chalets d'Iraty
Col Bagargui
Pic Salhagagne
Bois de Harribelsette
296
Dulon
Mendi-Chipi
Alto Biscar
Orzanzurieta
Mendilaz
Plau d'Iraty
Som! d'Occabe
Chet Pedro
Col Heguichouri
Penin
Col d'Ordabu
Pic d'Igountze
Col de Lakuro
Egurgy (Etabt Pisciculture)
Pellusegagne
Larrau
Gave de Larrau
Orreaga/ Roncesvalles (Roncevaux)
Fábrica de Orbaitzeta
Forêt d'Iraty
Pic de Bizkarze
Laugibar
la Caserne
Pic d'Arbouty
B. d'Arbouty
B. de St Joseph
St Joseph
Crevasses d'Holçarté
Negumendi
Ste Engrâce
Burguete
Tres Hayas
Orbaitzeta
Orbara
Arre-eder-guerria
Nª Sª de las Nieves
Embalse de Irabiako
Río Urchuria
Pic d'Orhy
Col d'Erroymendi
Port de Larrau
Sarimendi
Grand Etroit
Gorges de Kakouetta
Gorges d'Ujarre
Larrégorry
Celaya
Aria
Garralda
Aribe
Hiriberri/ Villanueva de Aezkoa
Berrendi
Paso Tapia
Sierra de Abodi
Paso de las Alforjas
Chardékagagna
Otchogorrigagna
Pic Lakhoura
Belagua
Portillo
Olaldea
Garaioa
Peña Sanagra
Río Zatoya
Santuario de Muskilda
Ascomurrua
el Castillo
Alto Laza
Alto Laza
Venta de Arracos
Larrondo
Budogula
Abaurrepea/ Abaurrea Baja
Betelu
Vizcailuz
Abaurregaina/ Abaurrea Alta
Engastelua
Alto de Remendia
Ochagavía
Izalzu
Lizarraga
Río Irati
Jaurrieta
Ezcároz
Sierra de Uztárroz
Uztárroz
Punta de Arniotoa
Igardacua
Sierra Longa
Maz
Azparren
Remendía
Ermita de Sta Agueda
Baigura
Beyegu
Oronz
Monterria
Río Salazar
Arroyo de Belagua
Aristu
Esparza de Salazar
Violeta
Isaba
Barranco de Belabarce
Zuriza
Peña Escaurre
Remendía
Río Areta
Elcóaz
Ermita de Sta Agueda
Ibilcieta
Sarriés
Sta Bárbara
Sierra de Arrigorrieta
Alano
Arizcuren
Arangozqui
Ayechu
Asagarbia
Urzainqui
Río Veral
Zariquieta
Aldasur
Izal
Igal
Barranco de
Jabros
Roncal
Punta Barrena
Ongoz
Adoáin
Güesa
Saseta
Vidángoz
Ermita de San Sebastián
Calveira
Segarra
Argible
Río Esca
Garde
Ermita de la Virgen Zubeora
Olagato
Gallues
Iciz
Epároz
Sta Fé
Guindano
Uscarrés
Irurozqui
Sierra de San Miguel
Barranco Gardalar
Punta del Ras
Valle del Roncal

A
B
C
272
295
1
2
3
4
Mauléon-Licharre
Tardets-Sorholus
Oloron-Ste Marie
Aramits
Arette
Lanne-en-Barétous
Montory
Barcus
Esquiule
Moumour
Verdets
Ledeuix
Estos
Goès
Précilhon
Escout
Escou
Herrère
Ogeu-les-Bains
Buziet
Buzy
Arudy
Sévignacq-Meyracq
Lasseube
Lasseubetat
Jurançon
Gan
St Faust
Aubertin
Cardesse
Lucq-de-Béarn
Gurs
Dognen
Lay-Lamidou
Préchacq-Navarrenx
Préchacq-Josbaig
Saucède
Aren
Geüs-d'Oloron
St Goin
Géronce
Orin
Poey-d'Oloron
Moncayolle
l'Hôpital-St Blaise
Berrogain-Laruns
Chéraute
Viodos
Espès-Undurein
Roquiague
Gotein
Sauguis
Trois-Villes
Alos
Sibas
Laguinge
Haux
Féas
Ance
Agnos
Bidos
Gurmençon
Arros-d'Oloron
Eysus
Asasp
St Christau
Lurbe-St Christau
Issor
Escot
Sarrance
Lourdios-Ichère
Bedous
Aydius
Osse-en-Aspe
Lées-Athas
Accous
Cette-Eygun
Lescun
Etsaut
Borce
Urdos
Candanchú
Col du Somport
Tunnel du Somport
Col du Pourtalet
Laruns
Eaux-Bonnes
Les Eaux-Chaudes
Gabas
Artouste
Fabrèges
Bielle
Bilhères
Castet
Louvie-Juzon
Izeste
Louvie-Soubiron
Aste-Béon
Béon
Gère-Belesten
Ste Engrâce
Arette-Pierre-St Martin
Pic d'Anie
Pic du Midi d'Ossau
Pic de la Sagette
Pic Matignon
Pic Roumendarès
Pic de Sesques
Pic Permayou
Pic de Mousté
Pic Mail-Arrouy
Pic de Bergon
Pic Soulaing
Pic d'Issarbe
Pic de Labigouer
Pic d'Arlet
Pic Rouge
Pic des Moines
Pic d'Ayous
Pic Lariste
Col de Marie-Blanque
Col d'Ichère
Col de Houratate
Col de Suscousse
Col de Soudet
Col de la Pierre St Martin
Col de Lie
Col d'Aran
Col de Pau
Col d'Ayous
Col de Suzon
Plateau de Bénou
Bois de Bugangue
Bois de Josbaig
Bois du Laring
Bois du Bager
Forêt d'Issaux
VALLÉE D'ASPE
VALLÉE D'OSSAU
PARC NATIONAL DES PYRÉNÉES
Reserva nacional
Gorges de Kakouetta
Lacs d'Ayous
Lac de Bious-Artigues
Belagua
Zuriza
Valle de Hecho
Visaurin
Monte Campanil
N 134 - E 7
D 918
D 919
D 934
NA 137
NA 2000

D
E
F
273
TARBES
LOURDES
Argelès-Gazost
Cauterets
Luz-St Sauveur
Bagnères-de-Bigorre
Pontacq
Nay
Ossun
Juillan
Laloubère
Séméac
Aureilhan
Ibos
Bordères-s-l'Echez
Lestelle-Bétharram
Sanctuaire
Coarraze
Asson
Arthez-d'Asson
Ferrières
Arbéost
Col d'Aubisque
Gourette
Col du Soulor
Arrens-Marsous
Aucun
Estaing
Pic du Midi d'Arrens
Pont d'Espagne
Vignemale
Pic du Midi de Bigorre
Col du Tourmalet
Barèges
Massif de Néouvielle
Pic de Néouvielle
Parc National des Pyrénées
Gavarnie
Pic de Pibeste
Grottes de Bétharram
Grotte de Médous
Forêt de St Pé-de-Bigorre
Plateau de Ger
Forêt d'Ossun
Pierrefitte-Nestalas
Soulom
Gorge de Luz
Lac Bleu
Balaïtous
Pic d'Ardiden
Pic des Tourettes
Col du Couret
Vallée de Lesponne
A 64-E80
N 117
N 21
D 937
D 936
D 940
D 938
D 918
D 921
D 920
298
306
1
2
3
4

A
B
C
274
1
2
3
4
297
306
307
Trie-s-Baïse
Sadournin
Guizerix
Castelnau-Magnoac
Marseillan
Osmets
Chelle-Debat
Pouyastruc
Aureilhan
Séméac
Soues
Tournay
Lannemezan
Galan
Capvern-les-Bains
Bagnères-de-Bigorre
Campan
St Laurent-de-Neste
Montréjeau
St Bertrand-de-Comminges
Mauléon-Barousse
la Barthe-de-Neste
Arreau
Bordères-Louron
Vielle-Aure
St Lary-Soulan
Loudervielle
Sarrancolin
Col d'Aspin
Col du Tourmalet
la Mongie
Pic du Midi de Bigorre
Grotte de Médous
Gouffre d'Esparros
Plateau de Lannemezan
Vallée d'Aure
Vallée d'Oueil
Massif de Néouvielle
Parc National des Pyrénées
Mont Né
Col de Peyresourde
Pic Long
Cap-de-Long
A 64-E 80
N 117
D 632
D 929
D 938
D 935
D 918
D 618

D E F

275

Péguilhan
Escoubas
Salerm
Montbernard
Fabas
Polastron
Casties-Labrande
Marignac-Lasclares
Castelnau-Picampeau
Mondilhan
Boulogne-s-Gesse
Lilhac
Fustignac
Lussan-Adeilhac
Peyrissas
Montégut-Bourjac
le Fousseret
Montoussin
St Pé-Delbosc
Escanecrabe
Castéra-Vignoles
St André
Eoux
Samouillan
Francon
Blajan
Ciadoux
Esparron
Benque
Montgaillard-s-Save
Lespugue
Saman
Mauboussin
Boussan
Bachas
Mondavezan
Nizan-Gesse
Charlas
Cassagnabère-Tournas
Montoulieu-St Bernard
Alan
Terrebasse
Lescuns
Sana
Montmaurin
St Lary-Boujean
Aurignac
Sarremezan
Peyrouzet
St Elix-Séglan
Marignac-Laspeyres
Martres-Tolosane
Cazères
Palaminy
Cardeilhac
St Marcet
Aulon
Bouzin
le Fréchet
Boussens
Mauran
Couladère
Larroque
Lalouret-Laffiteau
Larcan
Cazeneuve-Montaut
Montclar-de-Comminges
Lodes
Latoue
Lanens
Auzas
Laffite-Toupière
St Michel
le Plan
St Ignan
Sepx
Proupiary
Mancioux
Roquefort-s-Garonne
Saux-et-Pomarède
St Martory
Ausseing
Plagne
Castillon-de-St Martory
Arnaud-Guilhem
Mazères-s-Salat
Belbèze-en-Comminges
Cérizols
Villeneuve-de-Rivière
Landorthe
St Médard
Lestelle-de-St Martory
Cassagne
St Gaudens
Savarthès
Beauchalot
Montsaunès
Escoulis
Fabas

300

Clarac
Valentine
Estancarbon
Labarthe-Inard
Salies-du-Salat
Marsoulas
Betchat
Martres-de-R.
Pointis-Inard
Miramont-de-Comminges
Montespan
Mane
Touille
Bédeille
Pointis-de-R.
Labarthe-Rivière
Rieucazé
Figarol
Ardiège
Lespiteau
Ganties
His
Bagert
Aspret-Sarrat
Encausse-les-Thermes
Montgaillard-de-Salies
La Bastide-du-Salat
Sauveterre-de-Comminges
Régades
Soueich
Couret
Rouède
Castagnède
Barbazan
Cabanac-Cazaux
Estadens
Montastruc-de-Salies
Castelbiague
Lacave
Mercenac
Taurignan-Castet
Payssous
Mauvezin-de-Prat
Prat-Bonrepaux
Caumont
Luscan
Izaut-de-l'Hôtel
Aspet
Saleich
Francazal
Lorp-Sentaraille
Génos
Malvezie
Arbon
Urau
Montgauch
Cazaunous
Sengouagnet
Arbas
Cazavet
Fougaron
Moncaup
Juzet-d'Izaut
Razecueillé
Herran
Montégut-en-Couserans
Balaguères
Arguenos
Moulis
St Jean-du-Castillonnais
Buzan
Villeneuve
Arrout
Engomer
Eup
Portet-d'Aspet
Galey
Orgibet
Aucazein
Argein
Audressein
Cescau
Marignac
St Béat
St Lary
Augirein
Castillon-en-Couserans
Lez
Salsein
Uchentein
Bethmale
Argut-Dessous
Balacet
Arrien-en-Bethmale
Fos
Sentein
Antras
Bonac-Irazein
Melles
Pic de Crabère

308

Bagnères-de-Luchon
Les
Pradet

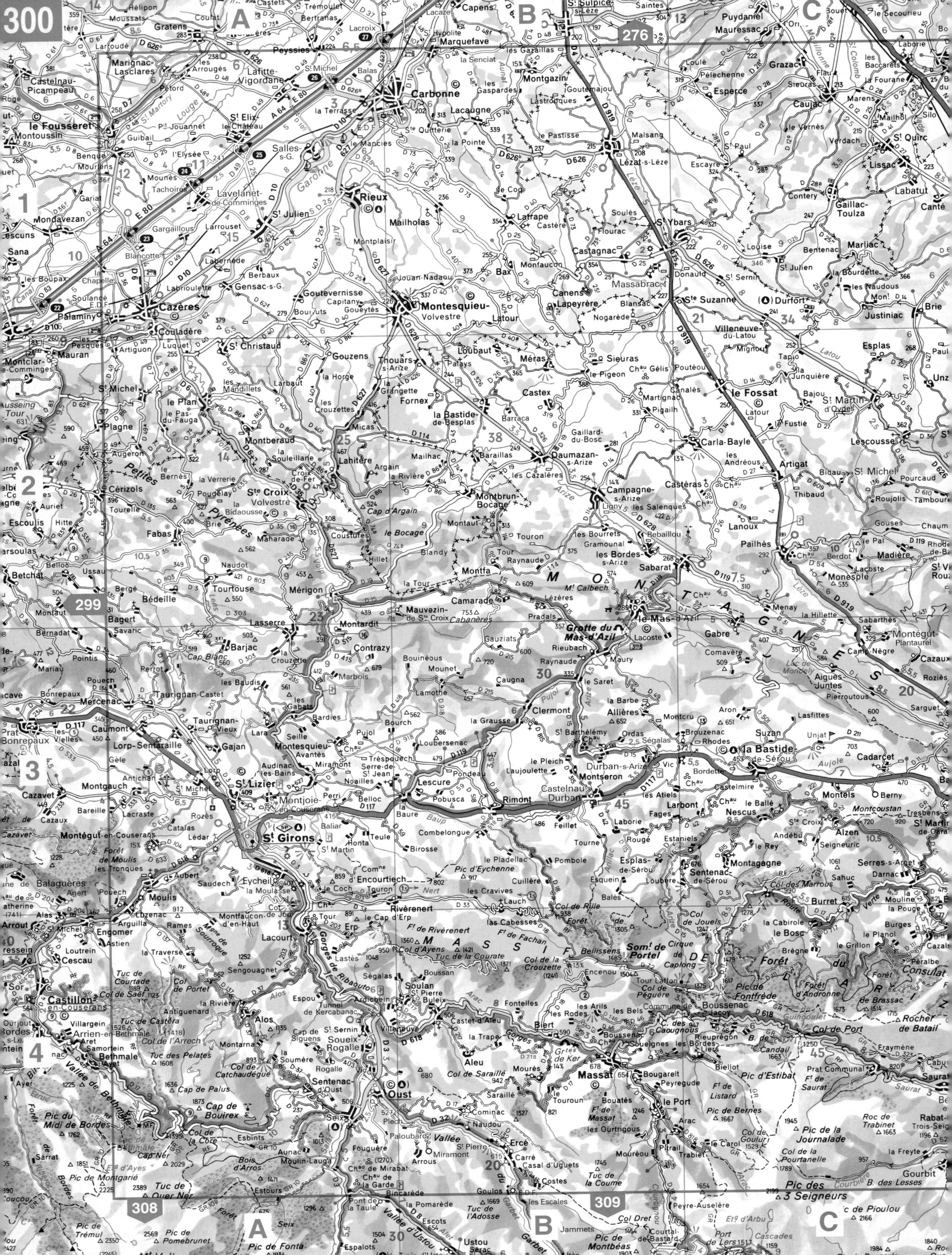

A
B
C
276
299
308
309
Carbonne
Rieux
Cazères
Montesquieu-Volvestre
Lézat-s-Lèze
St Ybars
le Fossat
Daumazan-s-Arize
Campagne-s-Arize
le Mas-d'Azil
Grotte du Mas-d'Azil
St Lizier
St Girons
Castillon-en-Couserans
Massat
Oust
Seix
Aleu
Ercé
Clermont
Rimont
Castelnau-Durban
Durban-s-Arize
la Bastide-de-Sérou
Montagagne
Serres-s-Arget
Carla-Bayle
Artigat
Sabarat
Pailhès
Madière
Montégut-Plantaurel
Cazaux
Mérigon
Camarade
Montardit
Contrazy
Lasserre
Barjac
Bédeille
Taurignan-Castet
Taurignan-Vieux
Mercenac
Caumont
Prat-Bonrepaux
Gajan
Lorp-Sentaraille
Montjoie-en-Couserans
Lescure
Moulis
Engomer
Montégut-en-Couserans
Balaguères
Alos
Soulan
Biert
Boussenac
Le Port
Sentenac-de-Sérou
Esplas-de-Sérou
Alzen
Montels
Cadarcet
Suzan
Ste Croix-Volvestre
Fabas
Cérizols
Montberaud
Plagne
Gensac-s-G.
Lavelanet-de-Comminges
St Julien
St Elix-le-Château
Marignac-Lasclares
le Fousseret
Castelnau-Picampeau
Mondavezan
Montclar-de-Comminges
Peyssies
Capens
Marquefave
Montgazin
Lacaugne
Latour
Canens
Lapeyrère
Castagnac
Latrape
Mailholas
Gouzens
Thouars-s-Arize
Fornex
la Bastide-de-Besplas
Méras
Castex
Sieuras
Loubaut
Montbrun-Bocage
Villeneuve-du-Latou
Ste Suzanne
Durfort
Marliac
Gaillac-Toulza
St Quirc
Lissac
Canté
Justiniac
Brie
Esplas
Caujac
Grazac
Esperce
Puydaniel
Mauressac
St Sulpice-s-Lèze
M O N T A G N E S
M A S S I F
Forêt du A R I Z E
Gorges de Ribaouto
Vallée de Bethmale
Pic de Fontfrède
Col de Port
Pic des 3 Seigneurs
Col des Marrous
Som.t de Portel
Tuc de la Courate
Cap de Bouirex
Pic du Midi de Bordes
Tuc de Quer Ner
Pic de Montbéas
Pic de Fonta

D
E
F
277
302
310
Castelnaudary
St Michel-de-Lanès
Baraigne
Molleville
Mas-Stes-Puelles
Belflou
Marquein
Salles-s-l'Hers
Cumiès
Calmont
Picarrou
Boulbonne
Aignes
Monestrol
Caignac
Fajac-la Relenque
la Louvière-Lauragais
Ste Camelle
Montauriol
Payra-s-l'Hers
Villeneuve-la-Comptal
Fendeille
Mireval-Lauragais
Pexiora
Lasbordes
St Martin-Lalande
Mazères
Molandier
Mézerville
Peyrefitte-s-l'Hers
Mayreville
St Sernin
la Bastide-de-Couloumat
St Amans
Laurac
Fonters-du-Razès
Villasavary
Generville
Puy de Faucher
Pech-Luna
Belpech
Cahuzac
Gaja-la-Selve
Cazalrenoux
Fanjeaux
Montaut
le Vernet
Gaudiès
Pécharic-et-le-Py
Ribouisse
Lafage
Plaigne
Villautou
Bonnac
Villeneuve-du-Paréage
Trémoulet
Lapenne
la Bastide-de-Lordat
le Carlaret
St Félix-de-Tournegat
Ludiès
St Amadou
St Julien-de-Briola
Orsans
Plavilla
Ste Foi
St Gaudéric
Hounoux
Fenouillet-du-Razès
Brézilhac
Pamiers
la Tour-du-Crieu
Vals
Manses
Teilhet
Peyrie-et-Peyrot
Malegoude
Seignalens
Escueillens-et-St Just-de-Bélengard
Lignairolles
Bellegarde-du-Razès
St Jean-du-Falga
Vernioile
les Pujols
les Issards
Rieucros
Besset
Coutens
Mirepoix
Roumengoux
Moulin-Neuf
Caudeval
Cazals-des-Baylès
Gueytes-et-Labastide
Peyrefitte-du-Razès
Benagues
Rieux-de-Pelleport
Coussa
Arvigna
Tourtrol
Viviès
Vira
Varilhes
St Félix-de-Rieutord
Dalou
Ségura
Malléon
Calzan
Dun
la Bastide-de-Bousignac
Lagarde
Tréziers
Corbières
Courtauly
Camon
St Quentin-la-Tour
Troye-d'Ariège
Limbrassac
Aigues-Vives
Léran
Belloc
Sonnac-s-l'Hers
Gudas
Ventenac
Arabaux
Lieurac
Carla-de-Roquefort
Sautel
Esclagne
Pradettes
Tabre
Régat
Montbel
Chalabre
FOIX
l'Herm
Roquefort-les-Cascades
Ilhat
Raissac
Dreuilhe
la Bastide-s-l'Hers
le Peyrat
Ste Colombe-s-l'Hers
Rivel
Villefort
Montgaillard
Soula
Roquefixade
Péreille
Lavelanet
Celles
Nalzen
St Jean-d'Aigues-Vives
l'Aiguillon
Bélesta
Puivert
St Paul-de-Jarrat
Freychenet
Montferrier
Bénaix
Villeneuve-d'Olmes
Fougax-et-Barrineuf
Mercus-Garrabet
Arignac
Montségur
Tarascon-s-Ariège
Belcaire
Roquefeuil
Belvis
Plateau de Sault
Forêt de Comefroide
Pas de l'Ours
Forêt de Picaussel
Gorges de la Frau
Pic de St Barthélemy
Grotte de Niaux
Niaux
Ussat
Montagne de la Frau

A
B
C
1
2
3
4
278
301
310
311
Castelnaudary
CARCASSONNE
La Cité
Limoux
Quillan
Couiza
Espéraza
Chalabre
Puivert
Alzonne
Bram
Montréal
Fanjeaux
Villasavary
Conques-s-Orbiel
Trèbes
Villegailhenc
Pennautier
Pezens
Montolieu
Moussoulens
Aragon
Villepinte
Lasbordes
Alaigne
Belvèze-du-Razès
Bellegarde-du-Razès
Montgradail
Brugairolles
Malviès
Cépie
Pomas
St Hilaire
Pieusse
Alet-les-Bains
Rennes-les-Bains
Rennes-le-Château
Bugarach
Pic de Bugarach
Sougraigne
Arques
Serres
Cassaignes
Antugnac
Montazels
Campagne-s-Aude
Belvianes-et-Cavirac
Axat
Forêt des Fanges
Plateau de Sault
Belvis
Nébias
Brenac
Ginoles
Coudons
St Ferriol
Granès
Cavanac
Couffoulens
Leuc
Preixan
Rouffiac-d'Aude
Verzeille
Villefloure
Palaja
Monze
Lagrasse
Clermont-s-Lauquet
Villardebelle
Missègre
Valmigère
Terroles
Véraza
Peyrolles
Albières
Fourtou
Forêt de Rialsesse
Col du Paradis
Corbières occidentales
Roquetaillade
Conilhac-de-la-Montagne
La Serpent
Festes-et-St André
Bouriège
St Couat-du-Razès
Ajac
La Digne-d'Aval
La Digne-d'Amont
Magrie
Castelreng
Tourreilles
Cournanel
Gaja-et-Villedieu
Pauligne
Malras
Donazac
Loupia
Villelongue-d'Aude
Peyrefitte-du-Razès
Corbières
Courtauly
La Bezole
St Benoit
Sonnac-s-l'Hers
Villefort
Rivel
Montjardin
Cailhau
Cailhavel
Villeneuve-lès-Montréal
Arzens
Alairac
Lavalette
Roullens
Montclar
St Martin-Lys
Caudiès-de-Fenouillèdes
Prugnanes
St Paul-de-Fenouillet
Lavagnac
Galinagues
Roquefeuil
Espezel
Quirbajou
Marsa

D
E
F
279
304
312
313
1
2
3
4
A 61-E 80
AUTOROUTE DES DEUX MERS
A 9-E 15
LA LANGUEDOCIENNE
LA CATALANE
N 113
N 9
D 5
D 11
D 611
D 613
D 6009
Narbonne
Lézignan-Corbières
Capendu
Olonzac
Ginestas
Sallèles-d'Aude
Cuxac-d'Aude
Peyriac-Minervois
Rieux-Minervois
Azille
Homps
Puichéric
Moux
Douzens
Conilhac-Corbières
Luc-s-Orbieu
Ornaisons
Bizanet
Fontfroide
Abbe de Fontfroide
Ferrals-les-Corbières
Fabrezan
Lagrasse
St Laurent-de-la-Cabrerisse
Thézan-des-Corbières
Montséret
Bages
Peyriac-de-Mer
Réserve africaine
Portel-des-Corbières
Sigean
Port-la-Nouvelle
Roquefort-des-Corbières
La Palme
Durban-Corbières
Villeneuve-les-Corbières
Tuchan
Paziols
Padern
Cucugnan
Chau de Peyrepertuse
Chau de Quéribus
Mouthoumet
Villerouge-Termenès
Albas
Fontjoncouse
Coustouge
Talairan
St Pierre-des-Champs
Jonquières
Embres-et-Castelmaure
St Jean-de-Barrou
Fraissé-des-Corbières
Feuilla
Caves
Treilles
Fitou
Les Cabanes-de-Fitou
Opoul-Périllos
Fort de Salses
Salses-le-Chateau
Vingrau
Tautavel
Port-Barcarès
Maury
Grau de Maury
Montagne d'Alaric
Étang de Bages et de Sigean
Étang de Leucate ou de Salses
Canal du Midi
Aude

304
A
B
C
279
303
312
313
1
2
3
4
Capestang
Quarante
Agel
Aigues-Vives
Bize-Minervois
Azillanet
Cesseras
Montady
Oppidum d'Ensérune
Poilhes
Siran
la Livinière
Argeliers
Mailhac
Beaufort
Pouzols-Minervois
Oupia
Pépieux
Olonzac
Homps
Azille
Mirepeisset
Ouveillan
Montels
Amphoralis
Ginestas
Ste Valière
le Somail
Sallèles-d'Aude
Cuxac-d'Aude
Coursan
Salles-d'Aude
Tourouzelle
la Redorte
Argens-Minervois
Roubia
Paraza
Ventenac-en-Minervois
St Nazaire-d'Aude
St Marcel-s-Aude
Moussoulens
Castelnau-d'Aude
Escales
Canet
Raissac-d'Aude
Marcorignan
Moussan
Roquecourbe-Minervois
Lézignan-Corbières
Villedaigne
Névian
Narbonne
Montredon-des-Corbières
Vinassan
Armissan
St Couat-d'Aude
Montbrun-des-Corbières
Conilhac-Corbières
Cruscades
Moux
Ornaisons
Bizanet
Luc-s-Orbieu
Fontcouverte
Ferrals-les-Corbières
Boutenac
Gasparets
Fabrezan
Camplong-d'Aude
Quillanet
Aussières
Montplaisir
Rochegrise
Abbe de Fontfroide
St Martin de Toques
St André-de-Roquelongue
Villerouge-la-Crémade
Thézan-des-Corbières
Montséret
Bages
Gruissan
Ile St Martin
Ribaute
Lagrasse
Tournissan
St Laurent-de-la-Cabrerisse
Peyriac-de-Mer
I. de Planasse
Réserve africaine
Étang de Bages et de Sigean
Étang de l'Ayrolle
St Pierre-des-Champs
Talairan
Coustouge
Fontjoncouse
Jonquières
Portel-des-Corbières
Sigean
Port-la-Nouvelle
Villerouge-Termenès
Albas
Villesèque-des-Corbières
Durban-Corbières
Cascastel-des-Corbières
Roquefort-des-Corbières
La Palme
Villeneuve-les-Corbières
Quintillan
Palairac
Fraissé-des-Corbières
St Jean-de-Barrou
Embres-et-Castelmaure
Caves
la Franqui
Cap Leucate
Leucate
Leucate-Plage
Maisons
Feuilla
Treilles
Fitou
Tuchan
Chau d'Aguilar
Padern
Opoul-Périllos
Paziols
Vingrau
Port-Leucate
Fort de Salses
Salses-le-Chateau
Chau de Quéribus
Tautavel
Port-Barcarès
A 61-E 80
A 9-E 15
LA LANGUEDOCIENNE
LA CATALANE

D
E
F
280
281
Gourgasse
Colombiers
Écluses de Fonséranes
Poussan-le-Haut
Sahuc Bayssan
Villeneuve lès-Béziers
Sauvian
l'Espagnac
Cers
Vias
Agde
Réserve naturelle de Roque Haute
Portiragnes
Port-Cassafières
Vias-Plage
Réserve naturelle
Marseillan-Plage
Maraval
Port Ambonne
le Môle
le Cap d'Agde
Cap d'Agde
Rer de la Lauze
Fort Brescou
Aqualand
Rochelongue
la Guirandette
le Grau-d'Agde
la Tamarissière
Sérignan
Vendres
Lespignan
Clotinières
Puech-Blanc
Portiragnes-Plage
Sérignan-Plage
la Vistoule
l'Etang de Vendres
la Bâtisse
la Yole
Valras-Plage
la Pagèze
Puech de Labade
les Cabanes-de Fleury
Grau de Vendres
Moyau
l'Oustalet
Étang de Pissevaches
Gouffre de l'Œil Doux
St Pierre-s-Mer
Port de Brossolette
Narbonne-Plage
les Ayguades
1
2
3
4

A
B
C
301
309
1
2
3
4
Tarascon-s-Ariège
Parc pyrénéen de l'Art préhistorique
Bompas
Arnave
Mirepeix
Les Pindats
Mt Fourcat
Planas
Lahatmale
Pic du Han
Pic de St Barthélemy
Pic de Soularac
Montagne de Tabe
Montagne de la Frau
Forêt d'Embeyre
Gorges de la Frau
Pas de l'Ours
Col de la Gargante
Forêt de la Plaine
Belcaire
Roquefeuil
Espezel
Plateau de Sault
Belfort-sur-Rebenty
Mazuby
Niort-de-Sault
Mérial
Sabart
Ussat
Ornolac-Ussat-les-Bains
Grotte de Niaux
Grotte de Lombrives
Niaux
Alliat
Génat
Lapège
Capoulet-et-Junac
Junac
Miglos
Arquizat
Larnat
Sinsat
Bouan
Verdun
Aulos
Les Cabannes
Château-Verdun
Albiès
Larcat
Aston
Senconac
Caychax
Appy
Axiat
Vèbre
Urs
Lordat
Vernaux
Bestiac
Savenac
Caussou
Carr^re de Talc de Trimouns
Pic Fourcat
Prades
Montaillou
Camurac
Comus
Col des 7 Frères
Gorges du Rebenty
Défilé d'Adouxes
la Fajolle
Col du Pradel
Pic de Serembarre
Roc de Quercourt
C. du Teil
Col de Marmare
Col de Chioula
Roc de l'Orri d'Ignaux
S^al de Chioula
Gestiès
Siguer
Col de Grail
Forêt de Siguer
Sarradeil
Centraux
Bouychet
Pic du Midi de Siguer
Pic de Baljésou
Pic du Col Taillat
Pla de Montcamp
Bois de Gudanes
Rieubel
Massayre
Pech
Lassur
Garanou
Luzenac
Sourtadeil
Unac
Perles-et-Castelet
Tignac
Vaychis
Ignaux
Sorgeat
Ascou
Mt Redon
B. des Coumels
le Castelet
Savignac-les-Ormeaux
Pont des Clarans
Pl^au de Beille
Ax-les-Thermes
Orgeix
Orlu
Forêt d'Ascou
Pic de Tarbezou
Ascou-Pailhères
Port de Pailhères
Picaucel
Mijanès
Artigue
Forêt d'Orlu
Vallée d'Orlu
Forge d'Orlu
Dent d'Orlu
P. de Balbonne
P. de Bisp
Le Roc Blanc
Pic de Gine
Ax-Bonascre
Pl^au de Bonascre
Bazerques
Petches
Prat Moll
Bourbourou
Campalou
Pic Espaillat
Col de la Didorte
Col des Finestres
Pic du Col de Gos
Pic Redouneilles
Pic du Pas de Bouc
Peyregrand
Quioulès
Pic de Riet
Pic du Thoumasset
Pic de l'Estagnole
Pic de Caballière
Pic de Lauzate
Garsan
Col de Beil
Pic de Ruille
Tute de l'Ours
Pic de l'E^g Rebenty
Carroutch
Forêt
Cap de Carbone
Mérens-les-Vals
P. de Cimet
Pics de Roque Rouge
Pic de l'Homme
Lac de Naguilles
Porteille d'Orlu
Mérens
Viaduc des Bordes
Pic de l'Estagnas
Pic d'Auriol
Pic de Madides
Pic d'E^g Faury
Pics Rouges
Pic de la Coumette d'Espagne
Pic Peric
Pic du Pam
Camporells
Port de Bagnels
Pic de Serrère
Pic de la Portaneille
Port de Fontargente
Col de l'Albe
Tose de Pèdourrès
Sailhens
Pic de l'Estanyó
E. de Cabana Sorda
la Baladosa
Pic de Nérassol
l'Hospitalet près-l'Andorre
Pic de la Cabanette
Pic de la Cabaneta
Roc Mélé
Pic Pédrous
les Bésines
Porteille de la Grave
le Touzal Colomé
Lac des Bouillouses
Mont Llaret
Roc d'Aude
Pics de Casamanya
Andorra
El Serrat
l'Aldosa
El Tarter
Soldeu
Ransol
Canillo
Sant Joan de Caselles
Port Dret
Bordes d'Envalira
Túnel d'Envalira
Pic de Font-Vive
Tunnel de Puymorens
Col de Puymorens
Pic Carlit
Coll d'Ordino
Prats
Santuari de Méritxell
Tossal de la Llosada
Mont
Tour Cerdane
Porté-Puymorens
Pic Occ^tal de Col Rouge
Combeleran
Pics des Avellans
Roc de la Calme
Sant Romà
Les Bons
Els Cortals
Pic Alt del Cubil
Port d'Envalira
Pas de la Casa
Grau Roig
Pics Orientaux de Font Nègre
Pic Negre d'Envalira
Cirque de Font Nègre
Pic Fréde
Roc del Pounchut
Défilé de la Faou
Porta
Pic Padro
Serrat des Loups
Font-Romeu-Odeillo-Via
Pic des Mauroux
Targassonne
Egat
Odeillo
Escaldes-Engordany
El Tremat
Alt del Griu
Pic dels Pessons
Tossal Braibal
Sant Miquel d'Engolasters
Entremessaigues
Portella Blanca
Pic de Peyrefourque
P. du Saut
Tours Carol
Courbassil
Centrale solaire
Villalte
Chaos
Estany de Montmalús
Coll. de Vall Civera
P. de Camp Colomer
P. Pédros de la Tose
Puigpedrós (ou P. de Campcardos)
Folch
Dorres
les Escaldes
Angoustrine-Villeneuve-des-Escaldes
Obaga de Nou Fonts
Pic dels Estanyons
Muga
Pic de la Portelleta
Sierra de Can Colomé
Quès
Riutés
Béna
Fanès
Brangoly
Belloch
Latour-de-Carol
Enveitg
Ur
Villeneuve-des-Escaldes
Llívia
Estavar
Col Rigat
Bajande
Saillagouse
Pic Negre
Port Negre
P. de Monturull
Bordes de la Peguera
Torre dels Soldats
Reserva nacional de Cerdanya
La Carabassa
Roch Roig
Merangès
Girul
Guils de Cerdanya
Saneja
Yravals
Puigcerda
Rigolisa
Onzès
Caldegas
Palau
C. de Llous
Err
Llous
Bourg-Madame
Ste Léocadie
Nahuja
Arcavell
Sierra de la Vallella
Puig Punsó
Cap del Rec
Viliella
Pelat de Talltendre
Coborriu de la Llosa
Èller
Gréixer
Ger
Bolvir
San-Martin-de-Arabó
Saga
Age
Palau-de-Cerdagne
Osséja
Vilallobent
Puig d'Estaque
Bescaran
Pla de Lles
Aránser
Talltendre
Lles de Cerdanya
Cortàs
Orden
Talltorta
Les Pereres
Queixans
Valcebollère
Castellnou de Carcolze
S^a de la Tuta
Músser
Aristot
Ardòvol
Prullans
Olopte
Isovol
All
Sanavastre
Mosoll
Alp
El Vilar
Urtx
F^t de Palau
Col de Pradelles
B. de las Corones
Beneidó
El Pont de Bar
Traveseres
Martinet
Bellver de Cerdanya
Riu
Baltarga
Prats de Cerdanya
Forcas
Pla de Salinas
Cime de Coume Mourère
Banys de Sant Vicenç
Toloriu
Bar
La Cabana
Arsègue
el Segre
Turo de Patallin
Montella
Das
Urus
Masella
Super Molina
la Molina
N 20
N 320
N 22
N 116
N 260
N 152
E 9
D 613
D 618
GR 10
GR 7
GR 107

D
E
F
302
303
312
1
2
3
4
Peyrepertuse
Pic de Bugarach
Col de Coudons
Belvianes-et-Cavirac
Défilé de Pierre Lys
Forêt des Fanges
St Martin-Lys
Quirbajou
Col de St Louis
Caudiès-de-Fenouillèdes
Gorges de Galamus
St Paul-de-Fenouillet
Prugnanes
Maury
Lesquerde
Axat
Col Campérié
Lapradelle
Puilaurens
Aunat
Bessède-de-Sault
Artigues
Le Clat
Gorges de St Georges
Rodome
Fenouillet
Fosse
St Martin
St Arnac
Lansac
Fontanès-de-Sault
Forêt de Gesse
Forêt de Navarre
Gincla
Boucheville
Vira
le Vivier
Felluns
Ansignan
Escouloubre
le Bousquet
Roquefort-de-Sault
Ste Colombe-s-Guette
Montfort-s-Boulzane
Sournia
Prats-de-Sournia
Pézilla-de-Conflent
Trilla
Caramany
Counozouls
Rabouillet
Col d'Aussières
le Puch
Carcanières
Pic Dourmidou
Campoussy
Trévillach
Montalba-le-Château
Col de Jau
Roc Cornut
Mosset
Col de Tribes
Arboussols
Marcevol
Rodès
Madrès
Campôme
Molitg-les-Bains
Eus
Vinça
Urbanya
Catllar
Marquixanes
Pic de la Pelade
Nohèdes
Prades
Codalet
los Masos
Finestret
Joch
Prieuré de Serrabone
Sansa
Ria-Sirach
Abbe St Michel de Cuxa
Villefranche-de-Conflent
Clara
Taurinya
Matemale
Railleu
Caudiès-de-Conflent
Ayguatébia-Talau
Jujols
Serdinya
Corneilla-de-Conflent
Fillols
Vernet-les-Bains
Olette
Souanyas
Escaro
Sahorre
Casteil
Abbe de St Martin
Massif du Canigou
Pic du Canigou
Ras del Prat Cabrera
Valmanya
Mont-Louis
Fontpédrouse
Thuès-entre-Valls
Gges de la Carança
Puig de Tres Estelles
Py
Col de Mantet
Mantet
Pic de Rives Blanques
Eyne
Pic Redoun
Pla Guillem
Puig de la Collada Verde
Col de la Régine
St Guillem
la Souque
Montferrer
Pic du Géant
Roc Colom
Pic de Costabone
la Preste
Prats-de-Mollo
le Tech
Serralongue
Núria
Pic de Sègre
Puigmal
Reserva nacional
Setcases
Col d'Ares
Lamanère
Mont Nègre
Queralbs
Molló
Vilallonga de Ter

302
303
311

A B C

1 2 3 4

Pic de Bugarach

Peyrepertuse

Cucugnan

Paziols

Chau de Quéribus

Grau de Maury

Caudiès-de-Fenouillèdes

St Paul-de-Fenouillet

Maury

Tautavel

Vingrau

Lesquerde

Fenouillet

Fosse

St Martin

Latour-de-France

Estagel

Cases-de-Pène

Bouchevilie

Vira

Felluns

Ansignan

Lansac

Rasiguères

Planèzes

Calce

Peyrestortes

Prats-de-Sournia

Pézilla-de-Conflent

Trilla

Caramany

Cassagnes

Montner

Força Réal

St Estève

Sournia

Rabouillet

Campoussy

Trévillach

Bélesta

Néfiach

Corneilla-la-Rivière

Pézilla-la-Rivière

Villeneuve-la-Rivière

Tarerach

Montalba-le-Château

Millas

St Féliu-d'Amont

St Féliu-d'Avall

le Soler

Toulouges

Mosset

Arboussols

Marcevol

Rodès

Ille-s-Têt

Corbère

Corbère-les-Cabanes

Molitg-les-Bains

Campôme

Eus

Catllar

Marquixanes

Vinça

Bouleternère

St Michel-de-Llotes

Thuir

Ponteilla

Prades

Conat

Ria-Sirach

Codalet

Espira-de-Conflent

Rigarda

Joch

Finestret

Casefabre

Castelnou

Llupia

Trouillas

Terrats

Fort Libéria

Abbe St Michel-de-Cuxa

Villerach

Estoher

Prieuré de Serrabone

Clara

Taurinya

Corneilla-de-Conflent

Glorianes

Boule-d'Amont

Fontcouverte

Caixas

Fourques

Passa

Montauriol

Fillols

Vernet-les-Bains

Baillestavy

Prunet-et-Belpuig

Calmeilles

Oms

Llauro

Tordères

Tresserre

Sahorre

Abbe de St Martin

Massif du Canigou

Pic du Canigou

Ras del Prat Cabrera

Valmanya

la Bastide

St Marsal

Taillet

Vivès

Puig de l'Estelle

Montbolo

Palalda

Céret

Maureillas-las-Illas

Amélie-les-Bains-Palalda

Corsavy

Arles-s-Tech

Pic de Costabone

la Preste

Prats-de-Mollo

Montferrer

le Tech

Serralongue

St Laurent-de-Cerdans

Coustouges

Lamanère

Roc de France / Roc de Fraussa

Col d'Ares

Mont Nègre

Agullana

Darnius

Maçanet de Cabrenys

la Vajol

Molló

313
D
E
F
304
305
1
2
3
4
Fort de Salses
Salses-le-Chateau
Leucate ou de Salses
Port-Leucate
Aquamagic
Paquebot Lydia (ensablé)
Ile de la Coudalère
Port-Barcarès
Centre nautique
Camp militaire
Luna Park
Port St Ange
le Barcarès
Garrieux
Mas Fages
Cave-des-Corbières
St Hippolyte
St Laurent-de-la-Salanque
Rivesaltes
Claira
N. D. du Salut
Torreilles-Plage
Jouègue
Torreilles
Pia
Villelongue-de-la-Salanque
Ste Marie
Ste Marie-Plage
Bompas
le Vernet
Têt
Canet-en-Roussillon
Chau Roussillon
Canet-Plage
PERPIGNAN
l'Esparrou
Cabestany
Moulin à Vent
St Nazaire
Mas du Moulin
Étang de Canet et de St Nazaire
Musée
Mas Palégry
Saleilles
PLAINE
Mas d'Uston
Alenya
St Cyprien-Plage
Villeneuve-de-la-Raho
Théza
Corneilla-del-Vercol
St Cyprien
les Capellans
Bages
Montescot
Latour-Bas-Elne
Aqualand
Elne
Réserve naturelle du Mas Larrieu
St Jean-Lasseille
Mas Aragon
Tech
Ortaffa
Taxo d'Avall
Banyuls-dels-Aspres
Brouilla
Palau-del-Vidre
Taxo d'Amont
Villeclare
Argelès-sur-Mer
Argelès-Plage
Port-Argelès
CÔTE VERMEILLE
Racou-Plage
Fort Miradou
Collioure
St Génis-des-Fontaines
St André
ROUSSILLON
Villelongue-dels-Monts
Sorède
Valmy
Port-Vendres
Cap Béar
Fort-Béar
Laroque-des-Albères
la Pave
St Laurent
N. D. de Consolation
Ermitage
Fort St Elme
Montesquieu-des-Albères
Pic Martineau
Chau d'Ultrera
Lavall
Gorges de Lavall
le Rimbau
C. de Mollo
Cap Oullestreil
Cosprons
Paulilles
Roc del Grèvol
Roc du Midi
Abbe de Valbonne
St Christophe
Tour de la Massane
Tour Madeloc
Banyuls-s-Mer
Cap l'Abeille
l'Albère
Col de l'Ouillat
Pic Neulos
Col des 3 Hêtres
Pic des Pradets
Pic de Sallfort
Mas Reig
Puig del Mas
Cap Réderis
Pic des 3 Termes
Pic des 4 Termes
Coll. del Pal
Mas Parrer
les Abeilles
Mas Atxer
Met. Maillol
Cap Peyrefite
Col du Perthus
Coll del Portús
St Martin-d'Albère
Col de l'Orry
Puig d'el Pigné
Pic Jouan
Cap Canadell
Col de Banyuls
Cerbère
Cap Cerbère
Sierra Canals
Requesens
Grusé
El Pils
Puig de la Calme
la Borbota
Col del Tourn
C. des Balitres / C. des Belitres
Ermita Sta Lucia
Pico Cunillers
Mas-Corbera
Gisbert
Puig de Tarbaous
Portbou
Pta Clapé
La Jonquera
Cantallops
Castellar
Convento de St Quirze
Sierra de Balmeta
Colera
Cap Lladró
Molinàs
Puig d'Esquers
Platja de Garbet
Cap Ras
Bell-Lloch
Vilartoli
Espolla
Pico Tifell
Capmany
Sant Climent Sescebes
Rabós
Vilamaniscle
El Port de Llançà
Llobregat
Delfià
La Valleta
Llançà
El Port de la Selva
Masarac
Mollet
Garrigu...
la Vall de Santa Creu
Ricardell
Biure
nadal

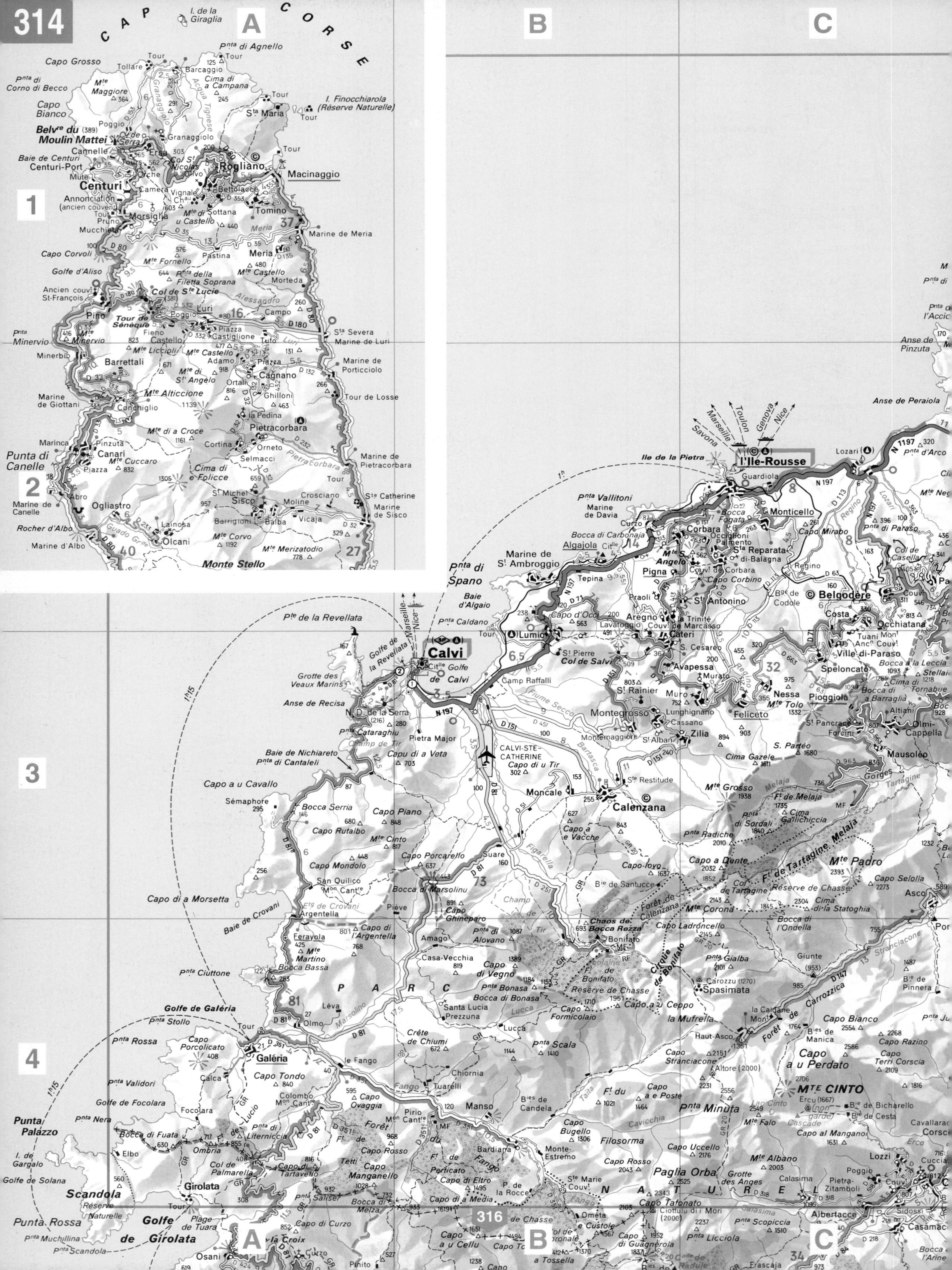
A
B
C
1
2
3
4
CAP CORSE
I. de la Giraglia
Capo Grosso
Tollare
Barcaggio
Pnta di Agnello
Pnta di Corno di Becco
Mte Maggiore
Cima di a Campana
Capo Bianco
I. Finocchiarola (Réserve Naturelle)
Sta Maria
Belvre du Moulin Mattei
Poggio
Granaggiolo
Baie de Centuri
Centuri-Port
Cannelle
Ersa
Col de Serra
Col St Nicolas
Rogliano
Macinaggio
Centuri
Camera
Vignale
Bettolacce
Tomino
Annonciation (ancien couvent)
Morsiglia
Mte di Sottana
u Castello
Mucchieta
Marine de Meria
Meria
Capo Corvoli
Pastina
Mte Fornello
Pnta della Filetta Soprana
Mte Castello
Golfe d'Aliso
Morteda
Ancien couvt St-François
Col de Ste Lucie
Luri
Campo
Pino
Tour de Sénèque
Poggio
Fieno
Piazza
Castiglione
Tufo
Sta Severa
Marine de Luri
Pnta Minervio
Mte Minervio
Castello
Mte Liccioli
Mte Castello
Adamo
Minerbio
Barrettali
Piazza
Cagnano
Marine de Porticciolo
Mte di St Angelo
Ortali
Ghilloni
Tour de Losse
Marine de Giottani
Mte Alticcione
Conchiglio
la Pedina
Pietracorbara
Mte di a Croce
Marinca
Pinzuta
Cortina
Orneto
Marine de Pietracorbara
Punta di Canelle
Canari
Mte Cuccaro
Piazza
Selmacci
Cima di e Folicce
Tour
St Michel
Sisco
Crosciano
Ste Catherine
Marine de Sisco
Marine de Canelle
Abro
Ogliastro
Moline
Barrigioni
Balba
Vicaja
Rocher d'Albo
Lainosa
Olcani
Mte Corvo
Mte Merizatodio
Marine d'Albo
Monte Stello
Marseille
Savona
Toulon
Genova
Nice
Ile de la Pietra
L'Ile-Rousse
Lozari
Pnta d'Arco
Anse de Pinzuta
Anse de Peraiola
Guardiola
Pnta Vallitoni
Marine de Davia
Curzo
Bocca Fogata
Monticello
Corbara
Occiglioni
Palmento
Capo Mirabo
Sta Reparata-di-Balagna
Pnta di Paraso
Col de Casella
Bocca di Carbonaja
Algajola
Marine de St Ambroggio
Mte S. Angelo
Pigna
Couvt de Corbara
Capo Corbino
Regino
Pnta di Spano
Tepina
Praoli
St Antonino
Bgie de Codole
Belgodère
Baie d'Algaio
Costa
Occhiatana
Capo d'Occi
Aregno
Lavatoggio
Couvt
la Trinité
de Marcasso
Pte de la Revellata
Pnta Caldano
Lumio
Cateri
Tuani
Ancn Couvt
Ville-di-Paraso
Golfe de la Revellata
Calvi
Citlle
Golfe de Calvi
St Pierre
Col de Salvi
S. Cesareo
Avapessa
Speloncato
Bocca a la Leccia
Grotte des Veaux Marins
Camp Raffalli
Murato
Nessa
Mte Tolo
Pioggiola
Bocca di Tornabue
Anse de Recisa
St Rainier
Muro
Feliceto
N. D. de la Serra
Lunghignano
Montegrosso
Cassano
Altiani
Olmi-Cappella
Pnta Cataraghiu
Pietra Major
Champ de Tir
CALVI-STE-CATHERINE
Montemaggiore
St Alban
Zilia
St Pancrace
Forcini
S. Parteo
Mausoléo
Baie de Nichiareto
Pnta di Cantaleli
Capu di a Veta
Capo di u Tir
Cima Gazele
Capo a u Cavallo
Ste Restitude
Mte Grosso
Gorges
Sémaphore
Bocca Serria
Moncale
Calenzana
Ft de Melaja
Capo Piano
Cima Gallichiccia
Capo Rutalbo
Pnta di Sordali
Mte Cinto
Capo a e Vacche
Pnta Radiche
Capo Porcarello
Capo Mondolo
Capo-lovo
Capo a Dente
Ft de Tartagine Melaja
Mte Padro
Suare
San Quilico
Mon Cantre
Bocca di Marsolinu
Bie de Santucce
Col de Tartagine
Réserve de Chasse
Capo Selolla
Capo di a Morsetta
Forêt de Calenzana
Asco
Baie de Crovani
Argentella
Etg de Crovani
Pieve
Capo Ghineparo
Mte Corona
Cima di-la Statoghia
Chaos de Bocca Rezza
Bocca di l'Ondella
Feravola
Capo di l'Argentella
Pnta di Alovano
Bonifato
Capo Ladroncello
Amago
Mte Martino
Casa-Vecchia
Capo di Vegno
Cirque de Bonifato
Pnta Gialba
Giunte
Bie de Pinnera
Pnta Ciuttone
Bocca Bassa
Pnta Bonasa
Bocca di Bonasa
Ft de Bonifato
Réserve de Chasse
Carozzu
Spasimata
P A R C
Golfe de Galéria
Léva
Santa Lucia
Prezzuna
Capo Formicolaio
Capo a u Ceppo
Forêt de Carrozzica
Pnta Stollo
Olmo
la Mufrella
la Caldane
Capo Bianco
Capo Razino
Pnta Rossa
Capo Porcolicato
Galéria
Crête de Chiumi
Lucca
Pnta Scala
Haut-Asco
Bies de Manica
Capo Terri Corscia
Capo Stranciacone
Altore
Capo a u Perdato
Calca
Capo Tondo
le Fango
Chiornia
Tuarelli
Fangu
Pnta Validori
Colombo
Mon Cantre
Capo Ovaggia
Ft du
Bies de Candela
Capo a e Poste
Pnta Minuta
Mte CINTO
Golfe de Focolara
Focolara
Pirio
Mon Cantre
Manso
Ercu
Bie de Bicharello
Bie de Cesta
Punta Palazzo
Pnta Nera
Forêt du Fango
Capo Bugello
Filosorma
Mte Falo
Capo al Mangano
Bocca di Fuata
Ft de Lucio
Pnta di Liternicciia
Capo Rosso
Bardiana
Capo Uccello
Cavallara
I. de Gargalo
Elbo
Ombria
Col de Palmarella
Tetti
Capo Manganello
Ft de Perticato
Monte-Estremo
Capo Rosso
Mte Albano
Lozzi
Golfe de Solana
Capo di Tartavello
Capo di Eltro
Ste Marie Couvt
Paglia Orba
Grotte des Anges
Calasima
Poggio
Pietra-Zitamboli
Scandola
Réserve Naturelle
Girolata
Bocca di Melza
Capo di a Media
P. de la Rocce
N A T U R E L
Capo Tafonato
Punta Rossa
Golfe de Girolata
Plage de Tuara
Ciottulu di i Mori
Albertacce
Pnta Muchillina
Pnta Scandola
Osani
Capo di Curzo
la Croix
Capo a u Cellu
Capo Tozzu
Col de Vergio
a Tossella
Capo di Guagnerola
Pnta Licciola
Pnta Scopiccia
Casamaccioli
Sidossi
Frascaja
Pinito
316

315
D
E
F
1
2
3
4
GOLFE DE
St FLORENT
DÉSERT DES AGRIATES
BASTIA
Monte Stello
Nonza
Olcani
Brando
Erbalunga
Sta Maria Assunta
Mte Capra
Olmeta-di-Capocorso
Mte Pruno
Sta Maria-di-Lota
San Martino-di-Lota
Ville-di-Pietrabugno
Pietranera
Palagaccio
Ste Lucie
Cardo
Monserrato
Serra di Pigno
Farinole
Patrimonio
Barbaggio
Col de Teghime
Nice
Marseille
La Spezia
Genova
Livorno
Toulon
Piombino
Savona
Punta di Curza
Pnta Mortella
Mte Lavezzo
Mont Genova
Mte Castagne
Furiani
Biguglia
Bge de Padula
Oletta
Cima di u Zuccarello
Défilé de Lancone
Pineto
les Sables de Biguglia
Réserve Naturelle
Etang de Biguglia
Col de S. Stefano
Vallecalle
San-Gavino-di-Tenda
Rapale
San Michele
Murato
Rutali
Sorio
Pieve
Urtaca
Novella
Lama
Mte Asto
Borgo
Bastia-Poretta
Plage de Pineto
la Canonica
Lucciana
Vignale
Cima di Taffoni
Pietralba
Campitello
Scolca
Volpajola
Bigorno
Lento
Canavaggia
Vescovato
Prunelli-di-Casacconi
Venzolasca
Cap Sud
Castifao
Moltifao
Ponte Leccia
Ponte Nuovo
Campile
Bisinchi
Crocicchia
Valle-di-Rostino
Castello-di-Rostino
Morosaglia
Ortiporio
Penta-Acquatella
Silvareccio
Porri
Loreto-di-Casinca
Penta-di-Casinca
Castellare-di-Casinca
San Pancrazio
San Pellegrino
Taglio-Isolaccio
Casalta
Piedigriggio
Popolasca
Prato-di-Giovellina
Castiglione
Croce d'Arbitro
la Porta
Mte San Petrone
Saliceto
Piedicroce
Campana
Stazzona
Carcheto
Valle-d'Orezza
Rapaggio
Piazzole
Monacia-d'Orezza
Parata
San-Damiano
Velone-Orneto
Poggio-Mezzana
Talasani
Pero-Casevecchie
Ste Lucie de Moriani
Moriani-Plage
San-Nicolao
Sta Reparata-di-Moriani
Sta Lucia-di-Moriani
San Giovanni-di-Moriani
Cervione
Valle-di-Campoloro
Prunete
Taverna
San-Giuliano
Sant'Andréa-di-Cotone
Ortale
Castagneto
Piazzali
Novale
Felce
Carpineto
Tarrano
Piobetta
Pietricaggio
Perelli
Pnta de Caldane
Bustanico
Sermano
Alando
Castirla
Omessa
Soveria
Tralonca
Mte Piano Maggiore
Francardo
Caporalino
Corte
Pont de l'Accia
Mte Cecu
Erone
Rusio
Carticasi
Cambia
San-Lorenzo
Aiti
Lano
Gavignano
Castineta
Chiatra
Canale-di-Verde
317

A
B
C
314
1
2
3
4
GOLFE DE PORTO
GOLFE DE SAGONE
GOLFE D'AJACCIO
Golfe de Girolata
Girolata
Punta Rossa
Capo Senino
Osani
Col de la Croix
Partinello
Serriera
Porto
Ota
Pt de Pianella
Gges de Spelunca
Evisa
Forêt d'Aïtone
Col de Vergio
Vergio
Albertacce
Calacuccia
Paglia Orba
Capo Tafonato
Calasima
Mte Albano
Capo Rosso
les Calanche
Piana
Capo d'Orto
Col de Lava
Marignana
Col de Sevi
Cristinacce
Renno
Letia
Soccia
Orto
Poggiolo
Guagno
Mte Tozzo
Cimatella
Capo Rosso
Mte Rao
Balogna
Vico
Murzo
Col de St Antoine
Nesa
Arbori
Rosazia
Salice
Azzana
Rezza
Plage de Chiuni
Plage de Pero
Cargèse
Pnte de Cargèse
Plage de Ménasina
Plage de Stagnoli
Sagone
Coggia
Vedolaccia
Lopigna
Arro
Ambiegna
Casaglione
Tiuccia
Sari-d'Orcino
Cannelle
St Andréa-d'Orcino
Calcatoggio
Appietto
Valle-di-Mezzana
Sarrola-Carcopino
Tavaco
Vero
Ucciani
Carbuccia
Peri
Cuttoli-Corticchiato
Tolla
Ocana
Bastelicaccia
Cauro
Eccica-Suarella
Alata
Villanova
Capo di Feno
Iles Sanguinaires
AJACCIO
Porticcio
Pnte de Sette Nave
Col de Bellevalle
Grosseto-Prugna
Albitreccia
Cardo-Torgia
Cognocoli-Monticchi
Pietrosella
Golfe de Lava
Golfe de la Liscia
Pnte Puntiglione
Marseille
Nice
Toulon
Genova
Porto Torres
318
A
B
C

D
E
F
315
319
1
2
3
4
Corte
Gorges du Tavignano
Gorges de la Restonica
Sermano
Castellare-di-Mercurio
Alando
Favalello
Col de San Cervone
Erbajolo
Focicchia
Altiani
Piedicorte-di-Gaggio
Pont Génois
Tavignano
St Andréa-di-Bozio
Col de Casardo
Pianello
Zuani
Zalana
Ampriani
Pietraserena
Pancheraccia
Giuncaggio
Moïta
Matra
Campi
Tox
Linguizzetta
Tallone
Pianiccia
Bravone
Phare d'Alistro
San-Giuliano
Chiatra
Canale-di-Verde
Poggio-di-Venaco
Riventosa
Venaco
Col de Bellagranajo
Casanova
Mte Cardo
Mte Corbaia
Tragone
Noceta
Rospigliani
Vezzani
Col de Morello
Pt du Vecchio
Vivario
Forêt de Rospa Sorba
Pietroso
Antisanti
Casevecchie
Aghione
Ghisoni
Défilé des Strette
Défilé de l'Inzecca
Col de Sorba
Vizzavona
Forêt Vizzavona
Col de Vizzavona
Col de Palmente
Mte d'Oro
Migliarello
Bocognano
Mte Renoso
Fôt de Marmano
Pinzalone
Lugo-di-Nazza
Poggio-di-Nazza
Ghisonaccia-Gare
Ghisonaccia
Prunelli-di-Fiumorbo
Aléria
Fort de Matra
Thermes Romains
Casabianda
Réserve de Faune de Casabianda
Etang d'Urbino
Domaine de Pinia
Migliacciaro
Isolaccio-di-Fiumorbo
Etabnt Thermal
Serra-di-Fiumorbo
San-Gavino-di-Fiumorbo
Pnta di a Cappella
Bastelica
Mte Grosso
Palneca
Ventiseri
Chisa
Travo
Solaro
Ciamannacce
Sampolo
Cozzano
Zicavo
Tasso
Guitera-les-Bains
PARC NATUREL RÉGIONAL
Mte Incudine
Pnta Tintoraia
Col de Larone
Solenzara
Sari-Solenzara
Marine de Solaro
Marine de Scaffa Rossa
Cala d'Oro
Plage de Quercioni
Olivese
Corrano
Réserve de Chasse

316
A
B
C
1
2
3
4
GOLFE D'AJACCIO
GOLFE DE VALINCO
Sémaphore
Grde Sanguinaire
Marseille
Nice
Toulon
Genova
Porto Torres
Pnte de Sette Nave
(Presqu'île d'Isolella)
Plage d'Agosta
Col de Bellevalle
Agnarello
la Crociata
Pietrosella
Plage de Ruppione
Port de Chiavari
Acellasca
Forêt de Chiavari
I. Piana
Verghia
Plage de Portigliolo
Pnte di a Castagna
la Castagna
Portigliolo
Col de Cortone
Anse d'Arena Rossa
Campestra
Ariezza
Coti-Chiavari
Saparella
Figoni
Acqua Doria
Anse de Cacao
Monte Bianco
Pnta Guardiola
Tour
Pnta di Tavis
Anse d'Orzo
Pnta Tonda
Capo di Muro
Capo Nero
Cala di Ciglio
Baie de Cupabia
Plage de Cupabia
Marmontaja
Suara
Serra-di-Ferro
Pietra Rossa
Porto-Pollo
Olmeto-Plage
Abbartello
Pnte de Porto Pollo
Marseille
Toulon
Porto Torres
Propriano
Cozzanaccio
Bisinao
Marato
Col de Luminataja
Albitreccia
Guargualé
Urbalacone
Cognocoli-Monticchi
Pila-Canale
Sta Manza
Col de Chenova
Pnta di u Ballatoio
Pnta dell'Orco
Col de Gradello
Forêt Pennenti
P. de Copala
Pratavone
Stiliccione
Zivignola
Tassinca
Taravo
Calvese
Sollacaro
Site préhistorique de Filitosa
Favallello
P. du Taravo
Mte Barbato
Tour de Micalona
Castello de Cuntorba
Olmeto
Tour de la Calanca
Milucia
Pnta di Buturetto
Castello della Rocca
P. de Calzola
Pnta Contra Maiore
Casalabriva
Col de Celaccia
Pnta Finocchiaia
Pnta Cavallini
Martini
Giacomoni
Petreto-Bicchisano
Bicchisano
Pnta Pecorareccia
Mte S. Pietro
Pnta Furchicciola
Forêt de Valle Mala
Bains-de-Taccana
P. d'Abra
Moca-Croce
Moriccio
Zigliara
Forciolo
Sta Maria-Figaniella
Fozzano
Sources thermales de Baracci
Baracci
Viggianello
Vetaro
Arbellara
P. d'Acoravo
Spin'a Cavallu (Pont Génois)
Col de Sta Giulia
P. de Rena Bianca
Rizzanèse
Granace
Casabianda
Pnta di Cardicciani
Portigliolo
Pnte de Campomoro
Tour
Campomoro
Belvédère
Belvédère-Campomoro
Pnta di u Turco
Pnta di Muro
Col de Bilia
Bilia
Tivolaggio
Bocca di Bisdelli
Pnta d'Arboli
Sartène
Bocca Albitrina
Pnta di Marato
Pnta Zevoli
Alo Bisucce
Grossa
Canale
Pnta di Manna Molina
Pnta di Cuccari
Col de Suara
Mte Rosso
Mola
Bocca di Piavoggio
Giuncheto
Anse d'Agulia
Pnta d'Eccica
Pnta di u Monte
Pnta Quarcioqua
Avena
Castello di Cagalla
Orasi
Ortolo
Calanque de Conca
Pnta Capannaccia
Alignements de Palaggiu
Bocca di Capirossu
Pnta Pastania
Pnta di Castello
P. d'Ortollo
Pnta di Calamarella
Punta di Senetosa
Fort
Tizzano
Pnta Pietra Nera
Loreto
Mégalithes de Cauria
Serraggia
Pnta di Petrosa
Cap de Zivia
Zivia
Pnta di Villa
Pnta Cauria
Golfe de Murtoli
Murtoli
Rocher du Lion
Mon Cant'u
Roccapina
Golfe de Roccapina
Tour
Cap de Roccapina
Tour d'Olmeto
Anse Fornello
Ilots des Moines
RÉSERVE
N 196
D 121
D 157
D 757
D 155
D 55
Chiaza

D
E
F
317
1
2
3
4
Mte Incudine
Commune de Sari-Solenzara
Cala d'Oro
Col de Larone
Canella
Col de Bavella
Réserve de Chasse de Bavella
CORSE
Bavella
Aiguilles de Bavella
Trou de la Bombe
Pnta Velaco
Pnta Quercitella
Anse de Favone
Favone
Col de Guardia
Anse de Tarco
Tarco
Aullène
Quenza
Zonza
Zérubia
Serra-di-Scopamène
Sorbollano
Castellu de Cucuruzzu
San-Gavino-di-Carbini
Conca
Pnta di Telica
Mte Lalo
Mte Calva
Anse de Fautea
Bocca di a Parata
Tour
Pirelli
Cargiaca
Loreto-di-Tallano
Zoza
St-Jean-Baptiste
U Castellu
Altagène
Levie
Mela
Olmiccia
Ste Lucie-de-Tallano
Mte Piano Maggiore
Roche diorite orbiculaire
Carbini
Forêt de l'Ospédale
Ste Lucie-de Porto-Vecchio
Lecci
Torraccia
Pinarellu
Golfe de Pinarellu
I. de Pinarellu
I. Roscana
Porto-Vecchiaccio
Cirendino
Pnta Capicciola
Pnta d'Araso
Pnta di a Vacca Morta
Castellu d'Araghju
Torre
Ste-Trinité
Golfo di Sogno
San Ciprianu
Pnta San Ciprianu
Cala Rossa
Fanal de Giovan-Lungo
Marseille
GOLFE DE PORTO-VECCHIO
Pnte de la Chiappa
Porto-Vecchio
Piccovagia
I. Farina
Col de Bacinu
Vignalella
Montagne de Cagna
Pnta d'Ovace
l'Uomo di Cagna
Chiappono
Muratello
Arca
Stabiacco
Pietralonga-Filippi
Sotta
Chetebbio
Porra
I. Forana
Rer de la Vacca
Pnta Cerbicale
Iles Cerbicale
Plage de Palombaggia
I. Piana
I. Pietricaggiosa
Capo d'Asciaio
Bocca dell'Oro
Golfe de Sta Giulia
Sta Giulia
I. di u Toro
BONIFACIO
San Gavino
Poggiale
Monacia-d'Aullène
San Quilico
Pnta di Rafaello
Porto Novo
Conte
Bocca d'Arésia
Pnta di Sponsaglia
Suartone
Mte Quieta
Pianottoli-Caldarello
Mte Milese
Figari
Mte Bianco
Pt de Figari
Bocca di a Testa
Baie de Rondinara
Pnta di Rondinara
Bge de Figari
Mte Rosso
GOLFE DE STA MANZA
Pnta di Ventilegne
Golfe de Ventilegne
Plage de Tonnara
I. de la Tonnara
Port de Stagnolo
Col de Parmentile
Pnte de Capicciola
Rocchi Bianchi
Punta Rossa
Plages de Maora et de Santa Manza
I. Gavetti
Gurgazu
Plage de Calalonga
I. Poraggia
Mte Corbo
Col de Foce de Lera
Ermitage de la Trinité
Grte du Sdragonato
St Julien
Capo di Feno
Bonifacio
Plage de Piantarella
I. Ratino
Ile Cavallo
I. Perduto
Sémaphore
I. Piana
Pnte de Sperone
I. de San Baïnzo
Capo Pertusato
Ile Lavezzi
Cimre de l'Achiarino
Cimre de Furcone
Pyramide de la Sémillante
BOUCHES DE BONIFACIO
ARCHIPEL DES LAVEZZI
Ecueil de Lavezzi
NATURELLE
DES
PARCO NAZIONALE
N 198
N 196
D 859
D 368

A

Aast 64 ... 297 E1
Abainville 55 ... 93 D1
Abancourt 59 ... 9 D4
Abancourt 60 ... 17 E4
Abaucourt 54 ... 68 B2
Abaucourt-lès-Souppleville 55 ... 40 B4
Abbans-Dessous 25 ... 160 A1
Abbans-Dessus 25 ... 160 A1
Abbaretz 44 ... 126 B1
Abbécourt 02 ... 36 A1
Abbecourt 60 ... 34 A3
Abbenans 25 ... 142 A1
Abbeville 80 ... 17 E1
Abbéville-la-Rivière 91 ... 86 C3
Abbéville-lès-Conflans 54 ... 41 D4
Abbeville-Saint-Lucien 60 ... 34 A1
Abbévillers 25 ... 142 C2
Abeilhan 34 ... 280 B3
Abelcourt 70 ... 118 C3
L'Aber-Wrac'h 29 ... 47 E1
Abère 64 ... 273 E4
L'Abergement-Clémenciat 01 ... 193 D1
L'Abergement-de-Cuisery 71 ... 175 E1
L'Abergement-de-Varey 01 ... 194 A2
Abergement-la-Ronce 39 ... 159 D1
Abergement-le-Grand 39 ... 159 F3
Abergement-le-Petit 39 ... 159 F3
Abergement-lès-Thésy 39 ... 160 A2
Abergement-Saint-Jean 39 ... 159 D3
L'Abergement-Sainte-Colombe 71 ... 158 B4
Abidos 64 ... 272 B3
Abilly 37 ... 150 A3
Abîme (Pont de l') 74 ... 195 E4
Abitain 64 ... 271 F3
Abjat-sur-Bandiat 24 ... 202 C2
Ablain-Saint-Nazaire 62 ... 8 A2
Ablaincourt-Pressoir 80 ... 19 E3
Ablainzevelle 62 ... 8 B4
Ablancourt 51 ... 65 D3
Ableiges 95 ... 60 B1
Les Ableuvenettes 88 ... 94 B4
Ablis 78 ... 86 A2
Ablon 14 ... 30 C2
Ablon-sur-Seine 94 ... 61 D4
Aboën 42 ... 209 E3
Aboncourt 54 ... 94 A3
Aboncourt 57 ... 42 A3
Aboncourt-Gesincourt 70 ... 118 A3
Aboncourt-sur-Seille 57 ... 68 B3
Abondance 74 ... 179 D3
Abondant 28 ... 59 E3
Abos 64 ... 272 B4
Abreschviller 57 ... 70 A3
Abrest 03 ... 190 A2
Les Abrets 38 ... 212 B2
Abriès 05 ... 233 D4
Abscon 59 ... 9 E3
L'Absie 79 ... 164 C1
Abzac 16 ... 184 C2
Abzac 33 ... 219 D2
Accarias (Col) 38 ... 230 C4
Accia (Pont de l') 2B ... 315 D4
Accolans 25 ... 142 A1
Accolay 89 ... 136 C1
Accons 07 ... 228 A3
Accous 64 ... 296 B3
Achain 57 ... 69 D2
Achen 57 ... 44 A4
Achenheim 67 ... 71 D3
Achères 18 ... 134 A4
Achères 78 ... 60 B2
Achères-la-Forêt 77 ... 87 E3
Achery 02 ... 20 B4
Acheux-en-Amiénois 80 ... 18 C1
Acheux-en-Vimeu 80 ... 17 D1
Acheville 62 ... 8 B2
Achey 70 ... 140 B1
Achicourt 62 ... 8 B3
Achiet-le-Grand 62 ... 8 B4
Achiet-le-Petit 62 ... 8 B4
Achun 58 ... 155 F1
Achy 60 ... 33 F1
Acigné 35 ... 79 F4
Aclou 27 ... 31 E4
Acon 27 ... 58 C4
Acq 62 ... 8 A3
Acqueville 14 ... 56 A2
Acqueville 50 ... 24 B2
Acquigny 27 ... 32 B4
Acquin 62 ... 3 D4
Acy 02 ... 36 B3
Acy-en-Multien 60 ... 62 A1
Acy-Romance 08 ... 38 B1
Adaincourt 57 ... 68 C1
Adainville 78 ... 59 F4
Adam-lès-Passavant 25 ... 141 F3
Adam-lès-Vercel 25 ... 141 F4
Adamswiller 67 ... 70 A1
Adast 65 ... 297 E3
Adé 65 ... 297 F2
Adelange 57 ... 69 D1
Adelans-et-le-Val-de-Bithaine 70 ... 118 C4
Adervielle 65 ... 298 B4
Adilly 79 ... 165 D1
Adinfer 62 ... 8 A4
Adissan 34 ... 280 C3
Les Adjots 16 ... 183 F2
Adon 45 ... 111 F4
Les Adrets 38 ... 213 D4
Les Adrets-de-l'Esterel 83 ... 287 F2
Adriers 86 ... 167 E4
Aérocity (Parc) 07 ... 246 A2
Afa 2A ... 316 B3
Affieux 19 ... 204 C2
Affléville 54 ... 41 D3
Affoux 69 ... 192 A4
Affracourt 54 ... 94 B2
Affringues 62 ... 3 D4
Agassac 31 ... 275 E4
Agay 83 ... 288 A4
Agde 34 ... 305 F1
Agel 34 ... 279 F4
Agen 47 ... 256 B1
Agen-d'Aveyron 12 ... 242 C4
Agencourt 21 ... 158 B1
Agenville 80 ... 7 D4
Agenvillers 80 ... 6 C4
Les Ageux 60 ... 35 D3
Ageville 52 ... 116 C1
Agey 21 ... 138 C4
Aghione 2B ... 317 F2
Agincourt 54 ... 68 B3
Agmé 47 ... 237 F3
Agnac 47 ... 238 A1
Agnat 43 ... 208 A4
Agneaux 50 ... 27 E4
Agnetz 60 ... 34 C3
Agnez-lès-Duisans 62 ... 8 A3
Agnicourt-et-Séchelles 02 ... 21 E4
Agnières 62 ... 8 A3
Agnières 80 ... 17 E4
Agnières-en-Dévoluy 05 ... 249 D1
Agnin 38 ... 211 D4
Agnos 64 ... 296 B1
Agny 62 ... 8 B3
Agon-Coutainville 50 ... 53 F1
Agonac 24 ... 202 C4
Agonès 34 ... 262 C4
Agonges 03 ... 172 A1
Agonnay 17 ... 181 E3
Agos-Vidalos 65 ... 297 E3
Agris 16 ... 184 A4
Agudelle 17 ... 199 F3
Les Agudes 31 ... 307 F4
Aguessac 12 ... 261 E2
Aguilar (Château d') 11 ... 303 E4
Aguilcourt 02 ... 37 F2
Aguts 81 ... 277 F3
Agy 14 ... 28 C3
Ahaxe-Alciette-Bascassan 64 ... 295 D1
Ahetze 64 ... 270 B3
Ahéville 88 ... 94 B3
Ahuillé 53 ... 104 C1
Ahun 23 ... 187 E2
Ahusquy 64 ... 295 E2
Ahuy 21 ... 139 D3
Aibes 59 ... 10 C2
Aibre 25 ... 142 B1
Aïcirits 64 ... 271 E4
Aiffres 79 ... 164 C4
Aigaliers 30 ... 263 F2
L'Aigle 61 ... 57 F4
Aigle (Barrage de l') 19 ... 223 F1
Aiglemont 08 ... 22 C3
Aiglepierre 39 ... 160 A2
Aigleville 27 ... 59 E2
Aiglun 04 ... 267 F2
Aiglun 06 ... 269 E3
Aignan 32 ... 273 F1
Aignay-le-Duc 21 ... 138 C1
Aigne 34 ... 279 E4
Aigné 72 ... 106 C1
Aignerville 14 ... 27 F3
Aignes 31 ... 277 D4
Aignes-et-Puypéroux 16 ... 201 E3
Aigneville 80 ... 17 D1
Aigny 51 ... 64 B1
Aigonnay 79 ... 165 D4
Aigoual (Mont) 48 ... 262 B2
Aigre 16 ... 183 E3
Aigrefeuille 31 ... 277 D2
Aigrefeuille-d'Aunis 17 ... 181 D1
Aigrefeuille-sur-Maine 44 ... 146 A1
Aigremont 30 ... 263 E3
Aigremont 52 ... 117 E1
Aigremont 78 ... 60 B3
Aigremont 89 ... 114 A4
Aiguebelette-le-Lac 73 ... 212 C2
Aiguebelle 73 ... 213 F2
Aiguebelle 83 ... 293 D2
Aigueblanche 73 ... 214 B2
Aiguefonde 81 ... 278 B3
Aigueperse 63 ... 189 F2
Aigueperse 69 ... 174 B4
Aigues-Juntes 09 ... 300 C3
Aigues-Mortes 30 ... 282 B2
Aigues-Vives 09 ... 301 E3
Aigues-Vives 11 ... 303 D1
Aigues-Vives 30 ... 282 B1
Aigues-Vives 34 ... 279 E4
Aiguèze 30 ... 246 B4
Aiguilhe 43 ... 227 D2
Aiguilles 05 ... 233 D4
L'Aiguillon 09 ... 301 F4
Aiguillon 47 ... 237 F4
L'Aiguillon-sur-Mer 85 ... 163 D3
L'Aiguillon-sur-Vie 85 ... 145 D4
Aiguines 83 ... 267 F4
Aigurande 36 ... 169 E3
Ailefroide 05 ... 232 A3
Ailhon 07 ... 246 A2
Aillant-sur-Milleron 45 ... 112 A4
Aillant-sur-Tholon 89 ... 113 D3
Aillas 33 ... 237 D3
Ailleux 42 ... 191 D4
Aillevans 70 ... 141 F1
Ailleville 10 ... 91 E4
Aillevillers-et-Lyaumont 70 ... 118 C2
Aillianville 52 ... 93 D3
Aillières-Beauvoir 72 ... 83 D3
Aillon-le-Jeune 73 ... 213 E1
Aillon-le-Vieux 73 ... 213 E1
Ailloncourt 70 ... 118 C3
Ailly 27 ... 32 B4
Ailly-le-Haut-Clocher 80 ... 17 F1
Ailly-sur-Meuse 55 ... 67 D2
Ailly-sur-Noye 80 ... 18 B4
Ailly-sur-Somme 80 ... 18 A2
Aimargues 30 ... 282 B1
Aime 73 ... 214 B1
Ain (Source de l') 39 ... 160 B4
Ainac 04 ... 267 F1
Ainay-le-Château 03 ... 171 D1
Ainay-le-Vieil 18 ... 170 C1
Aincille 64 ... 295 D1
Aincourt 95 ... 60 A1
Aincreville 55 ... 39 F2
Aingeray 54 ... 68 A3
Aingeville 88 ... 93 E4
Aingoulaincourt 52 ... 92 C2
Ainharp 64 ... 295 F1
Ainhice-Mongelos 64 ... 295 E1
Ainhoa 64 ... 270 B4
Ainvelle 70 ... 118 B3
Ainvelle 88 ... 117 F2
Airaines 80 ... 17 F2
Airan 14 ... 56 B1
Aire 08 ... 38 A2
Aire-sur-la-Lys 62 ... 3 E4
Aire-sur-l'Adour 40 ... 273 D1
Airel 50 ... 27 E4
Les Aires 34 ... 280 A2
Airion 60 ... 34 C2
Airon-Notre-Dame 62 ... 6 B2
Airon-Saint-Vaast 62 ... 6 B2
Airoux 11 ... 277 E4
Airvault 79 ... 148 B3
Aiserey 21 ... 158 C1
Aisey-et-Richecourt 70 ... 118 A2
Aisey-sur-Seine 21 ... 115 E4
Aisne 85 ... 163 F3
Aisonville-et-Bernoville 02 ... 20 B2
Aïssey 25 ... 141 F3
Aisy-sous-Thil 21 ... 137 F3
Aisy-sur-Armançon 89 ... 137 F1
Aiti 2B ... 315 E4
Aiton 73 ... 213 F1
Aix 19 ... 206 A2
Aix 59 ... 9 D1
Les Aix-d'Angillon 18 ... 153 F1
Aix-en-Diois 26 ... 248 A1
Aix-en-Ergny 62 ... 6 C1
Aix-en-Issart 62 ... 6 C2
Aix-en-Othe 10 ... 89 F4
Aix-en-Provence 13 ... 285 D2
Aix-la-Fayette 63 ... 208 B2
Aix-les-Bains 73 ... 195 D4
Aix-Noulette 62 ... 8 A2
Aixe-sur-Vienne 87 ... 185 E4
Aizac 07 ... 246 A1
Aizanville 52 ... 115 F1
Aize 36 ... 152 A1
Aizecourt-le-Bas 80 ... 19 F2
Aizecourt-le-Haut 80 ... 19 E2
Aizecq 16 ... 183 F2
Aizelles 02 ... 37 E2
Aizenay 85 ... 145 E4
Aizier 27 ... 31 E2
Aizy-Jouy 02 ... 36 C2
Ajac 11 ... 302 A3
Ajaccio 2A ... 316 B4
Ajain 23 ... 187 E1
Ajat 24 ... 221 E1
Ajoncourt 57 ... 68 B2
Ajou 27 ... 58 A2
Ajoux 07 ... 228 B4
Alaigne 11 ... 302 A2
Alaincourt 02 ... 20 B3
Alaincourt 70 ... 118 A2
Alaincourt-la-Côte 57 ... 68 B2
Alairac 11 ... 302 B2
Alaise 25 ... 160 B2
Alan 31 ... 299 F1
Alando 2B ... 317 E1
Alata 2A ... 316 B4
Alba-la-Romaine 07 ... 246 B2
Alban 81 ... 260 A4
Albaret-le-Comtal 48 ... 225 E4
Albaret-Sainte-Marie 48 ... 225 F4
Albarine (Gorges de l') 01 ... 194 B2
L'Albaron 13 ... 283 D2
Albas 11 ... 303 E3
Albas 46 ... 239 F3
Albé 67 ... 96 B1
Albefeuille-Lagarde 82 ... 257 F3
L'Albenc 38 ... 212 A4
Albens 73 ... 195 D4
Albepierre-Bredons 15 ... 225 D2
L'Albère 66 ... 313 D3
Albert 80 ... 19 D2
Albert-Louppe (Pont) 29 ... 47 F3
Albertacce 2B ... 316 C1
Albertville 73 ... 196 A4
Albestroff 57 ... 69 E2
Albi 81 ... 259 E4
Albiac 31 ... 277 E3
Albiac 46 ... 240 C1
Albias 82 ... 258 A2
Albières 11 ... 302 C4
Albiès 09 ... 310 A1
Albiez-le-Jeune 73 ... 214 A4
Albiez-le-Vieux 73 ... 214 A4
Albignac 19 ... 222 C2
Albigny 74 ... 195 E3
Albigny-sur-Saône 69 ... 192 C3
Albine 81 ... 279 D3
Albiosc 04 ... 286 A1
Albitreccia 2A ... 316 C4
Albon 26 ... 211 D4
Albon-d'Ardèche 07 ... 228 A4
Alboussière 07 ... 228 C3
Les Albres 12 ... 241 F2
Albussac 19 ... 222 C2
Alby-sur-Chéran 74 ... 195 E3
Alçay-Alçabéhéty-Sunharette 64 ... 295 F2
Aldudes 64 ... 294 C2
Alembon 62 ... 2 C2
Alençon 61 ... 82 C2
Alénya 66 ... 313 D2

AJACCIO

Bonaparte (R.) ... Z 6
Dr-Ramaroni (Av. du) ... Z 17
Fesch (R. Cardinal) ... Z
Fiorella (R. du Gén.) ... Z 19
Forcioli-Conti (R.) ... Z 20
Grandval (Cours) ... Z
Herminier (Q. l') ... Z 23
Macchini (Av. E.) ... Z 27
Napoléon (Cours) ... Z
Napoléon III (Av.) ... Z 37
Notre-Dame (R.) ... Z 39
Pozzo-di-Borgo (R.) ... Z 44
Premier-Consul (Av. du) ... Z 45
République (Q. de la) ... Z 48
Roi-de-Rome (R.) ... Z 49
Roi-Jérôme (Bd) ... Z 50
Sébastien (R. Gén.) ... Z 51
Sérafini (Av. A.) ... Z 52
Sœur-Alphonse (R.) ... Z 53
St-Charles (R.) ... Z 54
Vero (R. Lorenzo) ... Z 58
Zévaco-Maire (R.) ... Z 60

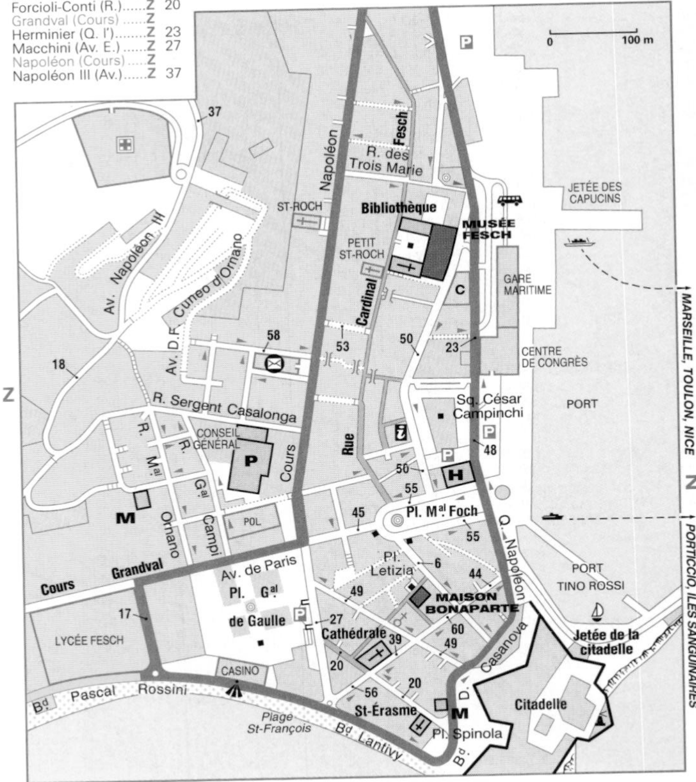

AIX-EN-PROVENCE

Agard (Passage) ... CY 2
Albertas (Pl. d') ... BY 3
Aude (R.) ... BY 4
Bagniers (R. des) ... BY 5
Bellegarde (Pl.) ... CX 7
Bon-Pasteur (R.) ... BX 9
Boulégon (R.) ... BX 12
Brossolette (Av.) ... AZ 13
Cardeurs (Pl. des) ... BY 16
Clemenceau (R.) ... BY 18
Cordeliers (R. des) ... BY 20
Curie (R. Pierre et Marie) ... BX 22
De-la-Roque (R. J.) ... BX 25
De-Lattre-de-T. (Av.) ... AY 46
Espariat (R.) ... BY 26
Fabrot (R.) ... BY 28
Foch (R. du Maréchal) ... BY 30
Hôtel-de-Ville (Pl. de l') ... BY 37
Italie (R. d') ... CY 42
Matheron (R.) ... BY 49
Méjanes (R.) ... BY 51
Minimes (Crs. des) ... AY 52
Mirabeau (Cours) ... BY
Montigny (R. de) ... BY 55
Napoléon-Bonaparte (Av.) ... AY 57
Nazareth (R.) ... BY 58
Opéra (R. de l') ... CY 62
Pasteur (Av.) ... BX 64
Paul-Bert (R.) ... BX 66
Prêcheurs (Pl. des) ... CY 70
Richelme (Pl.) ... BY 72
Saporta (R. G.-de) ... BX 75
Thiers (R.) ... CY 80
Verdun (Pl. de) ... CY 85
4-Septembre (R.) ... BZ 87

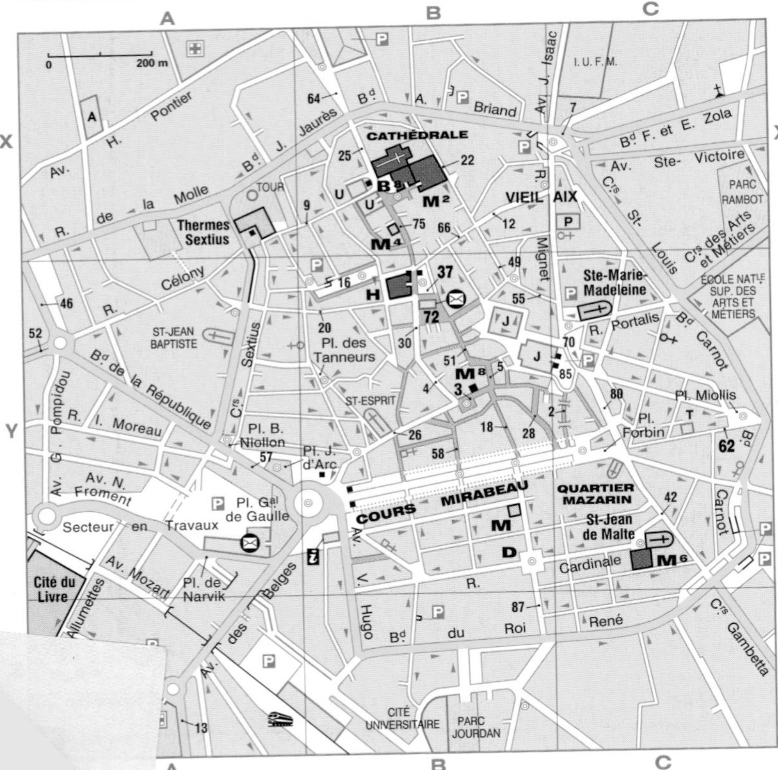

Aléria 2B ... 317 C2
Alès 30 ... 263 E2
Alet-les-Bains 11 ... 302 B3
Alette 62 ... 6 C1
Aleu 09 ... 300 B4
Alex 74 ... 195 F3
Alexain 53 ... 81 D4
Aleyrac 26 ... 247 D3
Alfortville 94 ... 61 D3
Algajola 2B ... 314 B2
Algans 81 ... 277 F2
Algolsheim 68 ... 97 D4
Algrange 57 ... 41 E2
Alièze 39 ... 176 C1
Alignan-du-Vent 34 ... 280 C3
Alincourt 08 ... 38 B2
Alincourt 60 ... 33 E4
Alincthun 62 ... 2 B3
Alise-Sainte-Reine 21 ... 138 A2
Alissas 07 ... 246 B1
Alix 69 ... 192 B3
Alixan 26 ... 229 E3
Alizay 27 ... 32 B3
Allain 54 ... 93 F1
Allaines 80 ... 19 E2
Allaines-Mervilliers 28 ... 86 A4
Allainville 28 ... 59 D4
Allainville 78 ... 86 A2
Allainville-en-Beauce 45 ... 86 B4
Allaire 56 ... 102 B4
Allamont 54 ... 41 D4
Allamps 54 ... 93 F1
Allan 26 ... 247 D3
Allanche 15 ... 225 D1
Alland'Huy-et-Sausseuil 08 ... 38 C1
Allarmont 88 ... 95 F1
Allas-Bocage 17 ... 199 F3
Allas-Champagne 17 ... 199 F3
Allas-les-Mines 24 ... 221 E4
Allassac 19 ... 222 A1
Allauch 13 ... 285 D4
Allègre 43 ... 226 C1
Allègre (Château d') 30 ... 263 F1
Allègre-les-Fumades 30 ... 263 F1
Alleins 13 ... 284 B1
Allemagne-en-Provence 04 ... 267 E4
Allemanche-Launay-et-Soyer 51 ... 89 F1
Allemans 24 ... 201 F4
Allemans-du-Dropt 47 ... 237 F2
Allemant 02 ... 36 C2
Allemant 51 ... 63 F4
Allemont 38 ... 231 E1
Allenay 80 ... 16 C1
Allenc 48 ... 244 C2
Allenjoie 25 ... 142 C1
Allennes-les-Marais 59 ... 8 C1
Allenwiller 67 ... 70 B3
Allerey 21 ... 138 A4
Allerey-sur-Saône 71 ... 158 B3
Allériot 71 ... 158 B3
Allery 80 ... 17 E2
Alles-sur-Dordogne 24 ... 221 D4
Les Alleuds 49 ... 128 C3
Les Alleuds 79 ... 183 E1
Les Alleux 08 ... 39 D2
Alleuze 15 ... 225 E3
Allevard 38 ... 213 E3
Allèves 74 ... 195 E4
Allex 26 ... 229 D4
Alleyrac 43 ... 227 E3
Alleyras 43 ... 226 C3
Alleyrat 19 ... 205 F2
Alleyrat 23 ... 187 E3
Allez-et-Cazeneuve 47 ... 238 B4
Alliancelles 51 ... 65 F3
Alliat 09 ... 310 A1
Allibaudières 10 ... 90 B1
Allichamps 52 ... 91 F1
Allier 65 ... 297 F1
Allières 09 ... 300 B3
Les Alliés 25 ... 161 D2
Alligny-Cosne 58 ... 135 E2
Alligny-en-Morvan 58 ... 137 F4
Allimas (Col de l') 38 ... 230 B3
Allineuc 22 ... 77 D2
Allinges 74 ... 178 B3
Allogny 18 ... 134 A4
Allondans 25 ... 142 B1
Allondaz 73 ... 196 A4
Allondrelle-la-Malmaison 54 ... 40 B1
Allonne 09 ... 34 A2
Allonne 79 ... 165 D1
Allonnes 28 ... 85 F3
Allonnes 49 ... 129 E4
Allonnes 72 ... 106 C2
Allons 04 ... 268 B2
Allons 47 ... 254 C1
Allonville 80 ... 18 B2
Allonzier-la-Caille 74 ... 195 E2
Allos 04 ... 250 C4
Allos (Col d') 04 ... 250 C4
Allouagne 62 ... 7 F1
Alloue 16 ... 184 B2
Allouis 18 ... 153 D1
Allouville-Bellefosse 76 ... 15 E3
Les Allues 73 ... 214 B2
Les Alluets-le-Roi 78 ... 60 A2
Alluy 58 ... 155 F2
Alluyes 28 ... 85 D4
Ally 15 ... 223 F1
Ally 43 ... 225 F1
Almayrac 81 ... 259 E2
Almenêches 61 ... 56 C4
Almont-les-Junies 12 ... 241 F2
Alos 09 ... 300 A4
Alos 81 ... 258 C3
Alos-Sibas-Abense 64 ... 295 F2
Alouettes (Mont des) 85 ... 146 C3
Aloxe-Corton 21 ... 158 A1
Alpe-d'Huez 38 ... 231 E1
Alpuech 12 ... 243 D1
Alquines 62 ... 2 C3
Alrance 12 ... 260 B2
Alsting 57 ... 43 D3
Altagène 2A ... 319 D2
Alteckendorf 67 ... 70 C1
Altenach 68 ... 120 A3
Altenbach 68 ... 120 A1
Altenheim 67 ... 70 C2
Altenstadt 67 ... 45 E3
Althen-des-Paluds 84 ... 265 D3
Altiani 2B ... 317 E1
Altier 48 ... 245 D3
Altillac 19 ... 223 D3
Altkirch 68 ... 120 B3
Altorf 67 ... 70 C4
Altrippe 57 ... 69 E1
Altviller 57 ... 42 C4
Altwiller 67 ... 69 F2
Aluze 71 ... 157 F3
Alvignac 46 ... 222 C4
Alvimare 76 ... 15 E3
Alzen 09 ... 300 C3
Alzi 2B ... 317 E1
Alzing 57 ... 42 B3
Alzon 30 ... 262 A3
Alzonne 11 ... 302 A1
Amage 70 ... 119 D3
Amagne 08 ... 38 B1
Amagney 25 ... 141 E3
Amailloux 79 ... 148 A4
Amance 10 ... 91 D3
Amance 54 ... 68 B3
Amance 70 ... 118 A3
Amancey 25 ... 160 B1
Amancy 74 ... 195 F1
Amange 39 ... 140 B4
Amanlis 35 ... 103 F1
Amanty 55 ... 93 D1
Amanvillers 57 ... 41 E4
Amanzé 71 ... 174 A4
Amareins 01 ... 192 C2
Amarens 81 ... 259 D3
Amathay-Vésigneux 25 ... 160 C1
Amayé-sur-Orne 14 ... 55 F1
Amayé-sur-Seulles 14 ... 55 E1
Amazy 58 ... 136 B3
Ambacourt 88 ... 94 B3
Ambarès-et-Lagrave 33 ... 217 E3
Ambax 31 ... 275 F4
Ambazac 87 ... 186 A3
Ambel 38 ... 231 D4
Ambenay 27 ... 58 A3
Ambérac 16 ... 183 E3
Ambérieu-en-Bugey 01 ... 193 F2
Ambérieux 69 ... 192 C3
Ambérieux-en-Dombes 01 ... 193 D2
Ambernac 16 ... 184 B3
Amberre 86 ... 149 D4
Ambert 63 ... 208 C2
Ambès 33 ... 217 E2
Ambeyrac 12 ... 241 D3
Ambialet 81 ... 259 F3
Ambiegna 2A ... 316 B3
Ambierle 42 ... 191 D2
Ambiévillers 70 ... 118 B2
Ambillou 37 ... 130 B2
Ambillou-Château 49 ... 128 C4
Ambilly 74 ... 178 A4
Amblaincourt 55 ... 66 B2
Amblainville 60 ... 34 A4
Amblans-et-Velotte 70 ... 118 C4
Ambleny 02 ... 36 A3
Ambléon 01 ... 194 B4
Ambleteuse 62 ... 2 A3
Ambleville 16 ... 200 C2
Ambleville 95 ... 33 E4
Amblie 14 ... 29 E3
Amblimont 08 ... 23 E4
Ambloy 41 ... 108 B4
Ambly-Fleury 08 ... 38 B2
Ambly-sur-Meuse 55 ... 66 C1
Amboise 37 ... 131 E3
Ambon 56 ... 123 E2
Ambonil 26 ... 229 D4
Ambonnay 51 ... 64 B1
Ambonville 52 ... 92 A3
Ambourville 76 ... 15 F4
Ambrault 36 ... 152 B4
Ambres 81 ... 277 E1
Ambricourt 62 ... 7 D2
Ambrief 02 ... 36 B3
Ambrières 51 ... 91 F1
Ambrières-les-Vallées 53 ... 81 E2
Ambrines 62 ... 7 F3
Ambronay 01 ... 194 A2
Ambrugeat 19 ... 205 E2
Ambrumesnil 76 ... 16 D3
Ambrus 47 ... 255 E1
Ambutrix 01 ... 193 F1
Amécourt 27 ... 33 E3
Amel-sur-l'Étang 55 ... 40 C3
Amelécourt 57 ... 68 C2
Amélie-les-Bains-Palalda 66 ... 312 B4
L'Amélie-sur-Mer 33 ... 198 B2

AMIENS

Aguesseau (Pl.) ... CY 3
Alsace-Lorraine (Bd d') ... CY 5
Cange (Pt du) ... CY 15
Cauvin (R. E.) ... CY 17
Célestins (Bd des) ... CX 19
Chapeau-des-Violettes (R.) ... BY 20
Châteaudun (Bd de) ... AZ 21
Chaudronniers (R. des) ... BY 23
Cormont (R.) ... CY 27
Courbet (R. de l'Amiral) ... CY 29
Défontaine (R. du Cdt) ... BY 31
Delambre (R.) ... BY 32
Denfert-Rochereau (R.) ... AZ 33
Déportés (R. des) ... CX 34
Dodane (R. de la) ... CY 35
Dodane (Pt de la) ... CY 36
Don (Pl. du) ... CY 37
Duméril (R.) ... BY 38
Engoulvent (R. d') ... CY 40
Fil (Pl. au) ... BY 43
Fiquet (Pl. Alphonse) ... CZ 44
Flatters (R.) ... CY 45
Francs-Mûriers (R. des) ... CY 51
Fusillés (Bd des) ... CX 52
Gambetta (Pl.) ... BY 53
Gloriette (R.) ... CY 54
Goblet (Pl. René) ... CY 55
Gde Rue de la Veillère ... BY 57
Granges (R. des) ... CY 58
Gresset (R.) ... BY 59
Henri IV (R.) ... CY 60
Jacobins (R. des) ... CY 65
Jardin-des-Plantes (Bd) ... BX 67
Lattre-de-T. (R. Mar. de) ... BY 76
Leclerc (R. du Gén.) ... BY 78
Lefèvre (R. Adéodat) ... CY 80
Leroux (R. Florimond) ... BY 81
Lin (R. au) ... BY 83
Majots (R. des) ... CY 85
Marché-aux-Chevaux (R. du) ... BY 87
Marché-de-Lanselles (R. du) ... BY 88
Motte (R.) ... CY 89
Noyon (R. de) ... CZ 91
Oratoire (R. de l') ... CY 93
Otages (R. des) ... CZ 94
Parmentiers (Pl.) ... CY 96
Prémontrées (R. des) ... AY 102
République (R. de la) ... BZ 105
Résistance (R. de la) ... BX 106
St-Fuscien (R.) ... CZ 108
Sergents (R. des) ... CY 115
Trois-Cailloux (R. des) ... CY 120
Vanmarcke (R.) ... CY 121
Vergeaux (R. des) ... BY 122
Victor-Hugo (R.) ... CY 123
2e-D.-B. (R. de la) ... BY 124

Amendeuix-Oneix 64...........271 E4
Amenoncourt 54...........69 E4
Amenucourt 95...........59 F1
Ames 62...........7 F1
Amettes 62...........7 F1
Ameugny 71...........175 D2
Ameuvelle 88...........118 A2
Amfreville 14...........29 F3
Amfreville 50...........25 D4
Amfreville-la-Campagne 27...32 A4
Amfreville-la-Mi-Voie 76...........32 B2
Amfreville-les-Champs 27......32 C3
Amfreville-les-Champs 76......15 F2
Amfreville-sous-les-Monts 27...........32 B3
Amfreville-sur-Iton 27...........58 C1
Amfroipret 59...........10 A2
Amiens 80...........18 B2
Amifontaine 02...........37 E2
Amigny 50...........27 E4
Amigny-Rouy 02...........36 B1
Amillis 77...........62 B4
Amilly 28...........85 D2
Amilly 45...........111 F2
Amions 42...........191 E3
Amirat 06...........269 D3
Ammerschwihr 68...........96 B3
Ammerzwiller 68...........120 B3
Ammeville 14...........56 C2
Amné 72...........106 B1
Amnéville 57...........41 F3
Amoncourt 70...........118 A4
Amondans 25...........160 B1
Amont-et-Effreney 70...........119 D2
Amorots-Succos 64...........271 E4
Amou 40...........272 A2
Amphion-les-Bains 74...........178 C3
Ampiac 12...........242 A4
Ampilly-le-Sec 21...........115 D3
Ampilly-les-Bordes 21...........138 B1
Amplepuis 69...........191 F2
Amplier 62...........7 F4
Ampoigné 53...........105 D3
Amponville 77...........87 E4
Ampriani 2B...........317 E1
Ampuis 69...........210 C2
Ampus 83...........286 C2
Amuré 79...........164 B4
Amy 60...........19 E4
Anais 16...........183 F4
Anais 17...........181 D1
Anan 31...........275 E4
Ance 64...........296 A2
Anceaumeville 76...........32 A1
Anceins 61...........57 E3
Ancelle 05...........249 F1
Ancemont 55...........66 C1
Ancenis 44...........127 D3
Ancerville 55...........66 A4
Ancerville 57...........68 C1
Ancerviller 54...........95 E1
Ancey 21...........138 C3
Anchamps 08...........11 F4
Anché 37...........149 D1
Anché 86...........166 A3
Anchenoncourt-et-Chazel 70...........118 B3
Ancienville 02...........36 A4
Ancier 70...........140 B2
Ancinnes 72...........82 C3
Ancizan 65...........298 B4
Les Ancizes-Comps 63...........188 C3
Ancône 26...........246 C2
Ancourt 76...........16 B2
Ancourteville-sur-Héricourt 76...........15 E2
Ancretiéville-Saint-Victor 76..16 A4
Ancretteville-sur-Mer 76...........15 D2
Ancteville 50...........26 C4
Anctoville 14...........55 E1
Anctoville-sur-Boscq 50...........53 F2
Ancy 69...........192 B4
Ancy-le-Franc 89...........114 B4
Ancy-le-Libre 89...........114 B4
Ancy-sur-Moselle 57...........68 A1
Andaine (Bec d') 50...........53 F4
Andainville 80...........17 E2
Andance 07...........228 C1
Andancette 26...........210 C4
Andard 49...........128 C2
Andé 27...........32 B4
Andechy 80...........19 D4
Andel 22...........51 F4
Andelain 02...........20 B4
Andelaroche 03...........173 D4
Andelarre 70...........141 E1
Andelarrot 70...........141 E1
Andelat 15...........225 E2
Andelnans 90...........142 C1
Andelot 52...........92 C4
Andelot-en-Montagne 39.......160 A3
Andelot-lès-Saint-Amour 39...........176 B3
Andelu 78...........60 A3
Les Andelys 27...........32 C4
Andernay 55...........66 A3
Andernos-les-Bains 33.........216 B4
Anderny 54...........41 D3
Andert-et-Condon 01...........194 B4
Andevanne 08...........39 F2
Andeville 60...........34 A4
Andigné 49...........105 D4
Andillac 81...........258 C3
Andilly 17...........163 F4
Andilly 54...........67 F3
Andilly 74...........195 E1
Andilly 95...........61 D2
Andilly-en-Bassigny 52.........117 D2
Andiran 47...........255 F2
Andlau 67...........96 C1
Andoins 64...........273 D4
Andolsheim 68...........96 C4
Andon 06...........269 D4
Andonville 45...........86 B4
Andornay 70...........119 D4
Andouillé 53...........81 D4
Andouillé-Neuville 35...........79 E3
Andouque 81...........259 F3
Andrein 64...........271 F4
Andres 62...........2 C2
Andrest 65...........273 F4
Andrésy 78...........60 B2
Andrezé 49...........127 F4
Andrezel 77...........87 F1
Andrézieux-Bouthéon 42.......209 F2
Andryes 89...........136 A2
Anduze 30...........263 D2
Anéran-Camors 65...........298 B4
Anères 65...........298 C2
Anet 28...........59 E3
Anetz 44...........127 E3
Angaïs 64...........297 D1
Angé 41...........131 F3
Angeac-Champagne 16...........200 C1
Angeac-Charente 16...........201 D1
Angecourt 08...........23 E4
Angeduc 16...........201 D3
Angely 89...........137 E1
Angeot 90...........120 A3
Angers 49...........128 B2
Angerville 14...........30 A4
Angerville 91...........86 B3
Angerville-Bailleul 76...........15 D3
Angerville-la-Campagne 27...58 C2
Angerville-la-Martel 76...........15 D2
Angerville-l'Orcher 76...........14 C3
Angervilliers 91...........86 B1
Angeville 82...........257 D3
Angevillers 57...........41 E2
Angey 50...........53 F3
Angicourt 60...........34 C3
Angiens 76...........15 E1
Angirey 70...........140 C2
Angivillers 60...........34 C2
Anglade 33...........217 E1
Anglards-de-Saint-Flour 15..225 E3
Anglards-de-Salers 15...........224 A1
Anglars 46...........241 D1
Anglars-Juillac 46...........239 F3
Anglars-Nozac 46...........222 A4
Anglars-Saint-Félix 12...........241 F3
Anglefort 01...........194 C3
Anglemont 88...........95 D2
Angles 04...........268 B3
Les Angles 30...........264 C3
Les Angles 65...........297 F2
Les Angles 66...........311 D3
Anglès 81...........279 D3
Angles 85...........163 D3
Les Angles-sur-Corrèze 19...204 C4
Angles-sur-l'Anglin 86...........167 E1
Anglesqueville-la-Bras-Long 76...........15 E2
Anglesqueville-l'Esneval 76...14 B3
Anglet 64...........270 B3
Angliers 17...........163 F4
Angliers 86...........148 C3
Anglure 51...........89 F1
Anglure-sous-Dun 71...........174 B4
Anglus 52...........91 E2
Angluzelles-et-Courcelles 51..64 A4
Angoisse 24...........203 E3
Angomont 54...........95 F1
Angos 65...........298 A1
Angoulême 16...........201 F1
Angoulins 17...........180 C1
Angoumé 40...........271 E1
Angous 64...........272 A4
Angoustrine 66...........310 C3
Angoville 14...........56 A2
Angoville-au-Plain 50...........25 E4
Angoville-en-Saire 50...........25 D2
Angoville-sur-Ay 50...........26 C3
Angres 62...........8 B2
Angresse 40...........270 C1
Angrie 49...........127 F1
Anguerny 14...........29 E3
Anguilcourt-le-Sart 02...........20 B4
Angviller-lès-Bisping 57...........69 E3
Angy 60...........34 B3
Anhaux 64...........295 D1
Anhiers 59...........9 D2
Aniane 34...........281 D1
Aniche 59...........9 D3
Anisy 14...........29 E3
Anizy-le-Château 02...........36 C2
Anjeux 70...........118 B2
Anjony (Château d') 15.......224 A2
Anjou 38...........211 D4
Anjouin 36...........152 A1
Anjoutey 90...........119 F4
Anla 65...........298 C3
Anlezy 58...........155 E2
Anlhiac 24...........203 E4
Annay 58...........135 D2
Annay 62...........8 B2
Annay-la-Côte 89...........137 D2
Annay-sur-Serein 89...........114 A4
Annebault 14...........30 B3
Annebecq 14...........54 C2
Annecy 74...........195 E3
Annecy-le-Vieux 74...........195 E3
Annelles 08...........38 B2
Annemasse 74...........178 A4
Annéot 89...........137 D2
Annepont 17...........181 F3
Annequin 62...........8 A1
Annesse-et-Beaulieu 24.......220 B1
Annet-sur-Marne 77...........61 F2
Anneux 59...........9 D4
Anneville-en-Saire 50...........25 E2
Annéville-la-Prairie 52...........92 B4
Anneville-sur-Mer 50...........26 C4
Anneville-sur-Scie 76...........16 A3
Anneville-sur-Seine 76...........15 F4
Anneyron 26...........211 D4
Annezay 17...........181 F2
Annezin 62...........8 A1
Annœullin 59...........8 C1
Annoire 39...........159 D2
Annois 02...........20 A4
Annoisin-Chatelans 38...........193 F4
Annoix 18...........153 E3
Annonay 07...........228 C1
Annonville 52...........92 C3
Annot 04...........268 C2
Annouville-Vilmesnil 76...........14 C3
Annoux 89...........137 E1
Annoville 50...........53 F1
Anor 59...........10 C4
Anos 64...........273 D4
Anost 71...........156 C1
Anould 88...........95 F4
Anoux 54...........41 D3
Anoye 64...........273 E4
Anquetierville 76...........15 E4
Anrosey 52...........117 E3
Ansac-sur-Vienne 16...........184 B2
Ansacq 60...........34 C3
Ansan 32...........275 E1
Ansauville 54...........67 F3
Ansauvillers 60...........34 C1
Anse 69...........192 C3
Anserville 60...........34 B4
Ansignan 66...........311 F1
Ansigny 73...........195 D4
Ansost 65...........273 F3
Ansouis 84...........285 D1
Anstaing 59...........9 D1
Antagnac 47...........237 D4
Anterrieux 15...........225 E4
Anteuil 25...........142 A2
Antezant 17...........182 B2
Anthé 47...........239 D4
Anthelupt 54...........68 C4
Anthenay 51...........37 D4
Antheny 08...........22 A3
Anthéor 83...........288 A4
Antheuil 21...........157 F1
Antheuil-Portes 60...........35 E2
Anthien 58...........136 C4
Anthon 38...........193 E4
Anthy-sur-Léman 74...........178 B3
Antibes 06...........288 B3
Antibes (Cap d') 06...........288 B3
Antichan 65...........298 C3
Antichan-de-Frontignes 31...299 D3
Antignac 15...........206 B4
Antignac 17...........199 F2
Antignac 31...........298 C4
Antigny 85...........164 A1
Antigny 86...........167 E2
Antigny-la-Ville 21...........157 E1
Antilly 57...........41 F4
Antilly 60...........35 F4
Antin 65...........274 B4
Les Antiques 13...........283 F1
Antisanti 2B...........317 E2
Antist 65...........298 A2
Antogny le Tillac 37...........149 F2
Antoigné 49...........148 B1
Antoigny 61...........81 F1
Antoingt 63...........207 F3
Antonaves 05...........249 D4
Antonne-et-Trigonant 24.......220 C1
Antony 92...........61 D4
Antorpe 25...........140 C4
Antraigues-sur-Volane 07.....246 A1

ANGERS

Alsace (R. d')...........CZ
Aragon (Av. Yolande d')...........AY 2
Baudrière (R.)...........BY 5
Beaurepaire (R.)...........AY
Bichat (R.)...........AY 8
Bon-Pasteur (Bd du)...........AY 9
Bout-du-Monde (Prom. du)...........AY 12
Bressigny (R.)...........CZ
Chaperonnière (R.)...........BYZ 15
Commerce (R. du)...........CY 19
David-d'Angers (R.)...........CY 21
Denis-Papin (R.)...........BZ 22
Droits de l'Homme (Av. des)...........CY 25
Espine (R. de l')...........BY 27
Estoile (Sq.J. de l')...........AY 28
Foch (Bd Mar.)...........BCZ
Freppel (Pl.)...........BY 31
Gare (R. de la)...........BZ 32
Laiterie (Pl.)...........AY La
Rochefoucauld-Liancourt (Pl.)...........ABY 38
Lenepveu (R.)...........CY 40
Lices (R. des)...........BZ
Lionnaise (R.)...........AY
Lise (R. P.)...........CY 43
Marceau (R.)...........AZ 45
Mirault (Bd)...........BY 49
Mondain-Chanlouineau (Sq.)...........BY 51
Oisellerie (R.)...........BY 53
Parcheminerie (R.)...........BY 54
Pasteur (Av.)...........CY 55
Pilori (Pl. du)...........CY 56
Plantagenêt (R.)...........BY 57
Pocquet-de-Livonnières (R.)...........CY 58
Poëliers (R. des)...........CY 59
Pompidou (Allées)...........CY 60
Prés.-Kennedy (Place du)...........AZ 62
Ralliement (Pl. du)...........BY 66
Résistance-et-de-la-Déport. (Bd)...........CY 68
Robert (Bd)...........BY 69
Roë (R. de la)...........BY 70
Ronceray (Bd du)...........AY 71
St-Aignan (R.)...........AY 72
St-Aubin (R.)...........BZ 73
St-Étienne (R.)...........CY 75
St-Julien (R.)...........BCZ
Laud (R.)...........BY 77
St-Lazare (R.)...........AY 79
St-Martin (R.)...........BZ 80
St-Maurice (Mtée)...........BY 82
St-Maurille (R.)...........CY 83
St-Michel (Bd)...........CY 84
St. Samson (R.)...........CY 85
Ste-Croix (Pl.)...........BZ 86
Talot (R.)...........BZ 89
Tonneliers (R. des)...........AY 90
Ursules (R. des)...........CY 91
Voltaire (R.)...........BZ 93
8 mai 1945 (Av. du)...........CZ 94

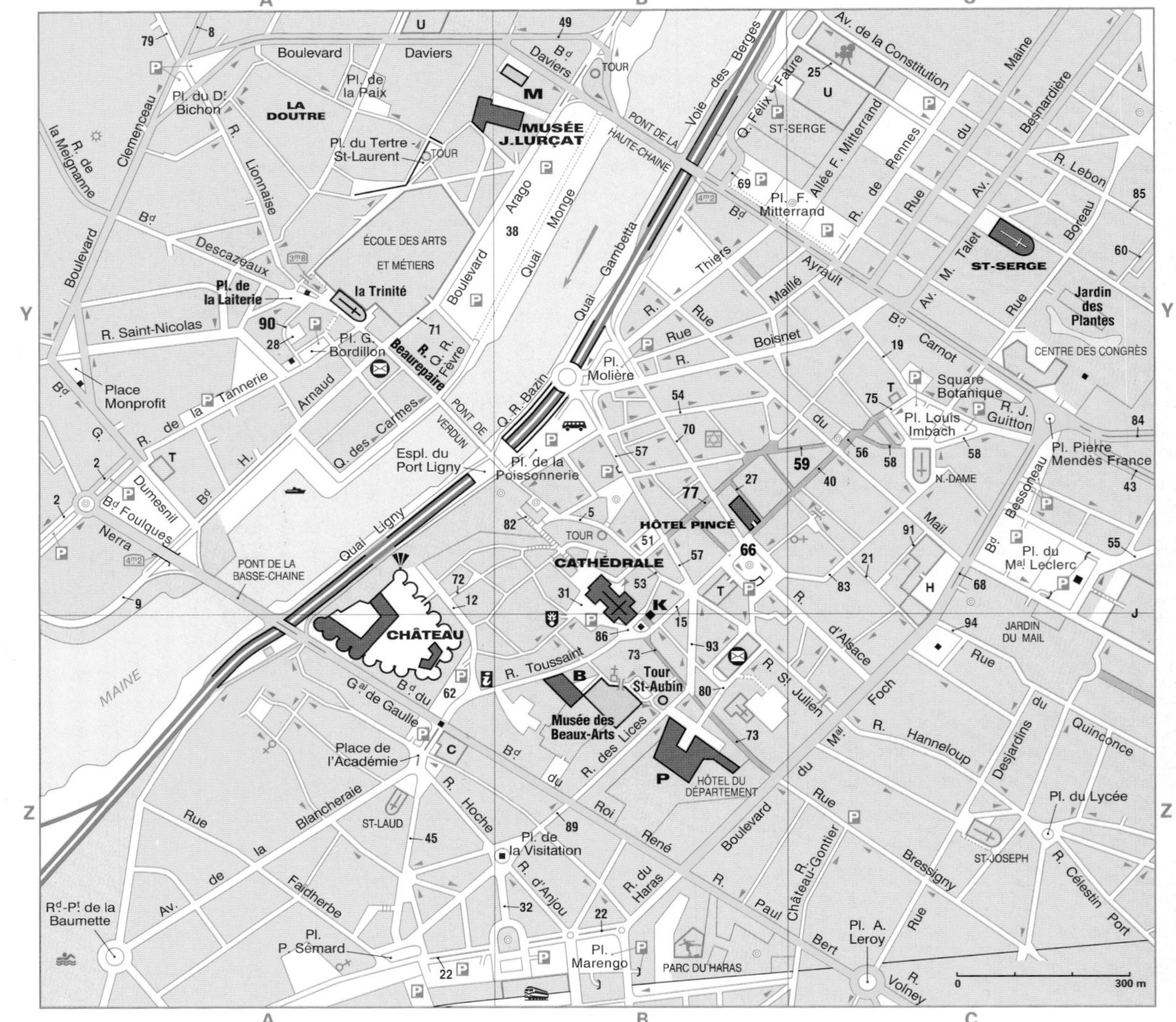

ANNECY

Chambéry (Av. de) ....DY 23
Chappuis (Q. Eustache)...EY 26
Filaterie (R.) ....EY 43
Grenette (R.) ....EY 51
Hôtel-de-Ville (Pl.)..........EY 53
Jean-Jacques-
Rousseau (R.)..............DY 55
Lac (R. du).......................EY 57
Libération (Pl. de la)......EY 61
Pâquier (R. du) ....EY 71
Perrière (R.) ....EY 75
Pont-Morens (R. du).......EY 76
Poste (R. de la) ....DY 78
République (Pl. R.).............DY 83
Royale (R.) ....DY 85
St-François-de-
Sales (Pl.) ....EY 87
St-François-de-
Sales (R.)..........................DY 89
Ste-Claire (Fg et R.) ....DY 91
Tour-la-Reine (Ch.).........EY 95

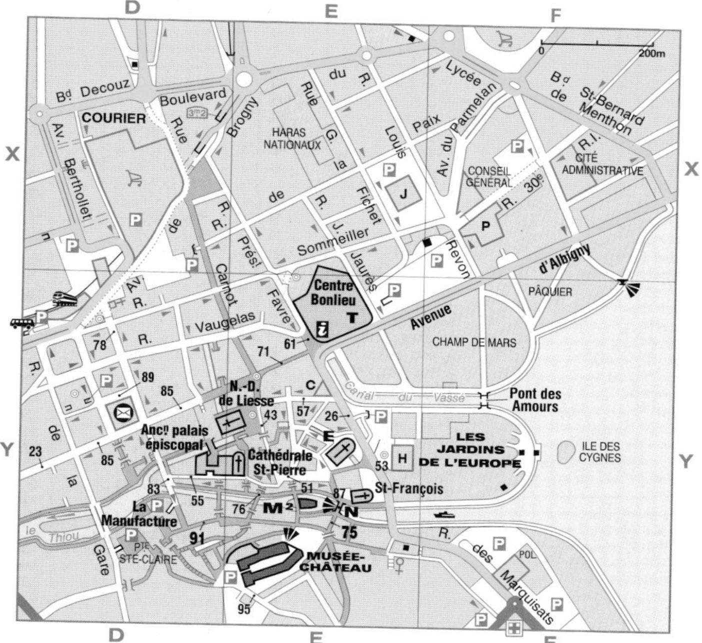

Antrain 35.................................79 F2
Antran 86.................................149 F3
Antras 09.................................299 F4
Antras 32.................................274 C1
Antrenas 48..............................243 F2
Antugnac 11..............................302 B4
Antully 71.................................157 D3
Anvéville 76...............................15 E2
Anville 16.................................183 D4
Anvin 62.......................................7 E2
Any-Martin-Rieux 02...............21 F2
Anzat-le-Luguet 63................207 E4
Anzeling 57.................................42 A3
Anzême 23.................................169 E4
Anzex 47...................................237 E4
Anzin 59.......................................9 F2
Anzin-Saint-Aubin 62.................8 B3
Anzy-le-Duc 71.......................173 F4
Aoste 38...................................212 B1
Aougny 51..................................37 D4
Aouste 08....................................22 A3
Aouste-sur-Sye 26.................247 E1
Aouze 88.....................................93 F2
Apach 57.....................................42 A1
Apchat 63.................................207 E3
Apchon 15................................224 C1
Apinac 42.................................209 E3
Apothicairerie
(Grotte de l') 56...................122 A3
Appelle 81.................................277 F2
Appenai-sous-Bellême 61.........83 F3
Appenans 25............................142 A2
Appenwihr 68.............................96 C4
Appeville 50...............................27 D3
Appeville-Annebault 27...........31 E3
Appietto 2A..............................316 B3
Appilly 60....................................36 A1
Appoigny 89..............................113 E3
Apprieu 38................................212 B3
Appy 09.....................................310 A1
Apremont 01.............................177 D4
Apremont 08...............................39 E3
Apremont 60...............................34 C4
Apremont 70.............................140 A3
Apremont 73.............................213 D2
Apremont 85.............................145 D4
Apremont-la-Forêt 55...............67 D3
Apremont-sur-Allier 18..........154 C3
Aprey 52....................................116 B4
Apt 84..266 A4
Arabaux 09...............................301 D3
Arâches 74................................196 B1
Araghju (Castellu d') 2A.......319 E2
Aragnouet 65............................307 D4
Aragon 11..................................302 B1
Aramits 64................................296 A2
Aramon 30................................264 C4
Aranc 01....................................194 A2
Arance 64..................................272 B3
Arancou 64................................271 E3
Arandas 01................................194 A3
Arandon 38...............................194 A4
Araujuzon 64............................272 A4
Araules 43.................................227 F2
Araux 64....................................272 A4
Aravis (Col des) 74.................196 A3
Arbanats 33..............................236 B1
Arbas 31....................................299 E3
Arbecey 70................................118 A4
Arbellara 2A.............................318 C2
Arbent 01..................................177 D4
Arbéost 65................................297 D3
Arbérats-Sillègue 64..............271 F4
Arbignieu 01.............................194 B4
Arbigny 01................................175 E2
Arbigny-sous-Varennes 52...117 E3
Arbin 73...................................213 E2
Arbis 33...................................236 C1
Arblade-le-Bas 32.................273 E1
Arblade-le-Haut 32................273 E1
Arbois 39...................................159 F3
Arbois (Mont d') 74................196 B3
Arbon 31...................................299 D3
Arbonne 64...............................270 B3
Arbonne-la-Forêt 77.................87 E3
Arboras 34................................280 C1
Arbori 2A..................................316 B2
Arbot 52....................................116 A3
Arbouans 25.............................142 C1
Aboucave 40.............................272 C2
Arbouet-Sussaute 64..............271 F4
Arbourse 58..............................135 F4
Arboussols 66..........................311 F2
L'Arbresle 69............................192 B4
L'Arbret 62....................................7 F4
Arbrissel 35..............................104 A2
Arbus 64...................................272 C4
Arbusigny 74............................195 F1
Arc 1800 73..............................214 C1
Arc-en-Barrois 52....................116 A2
Arc-et-Senans 25.....................159 F2
Arc-lès-Gray 70.......................140 B2
Arc-sous-Cicon 25...................161 D1
Arc-sous-Montenot 25............160 B2
Arc-sur-Tille 21.......................139 E3
Arcachon 33............................234 B1
Arçais 79..................................164 B4
Arcambal 46............................240 B3
Arcangues 64...........................270 B3
Arçay 18...................................153 D3
Arçay 86...................................148 C2
Arceau 21.................................139 E3
Arcenant 21.............................158 A1
Arcens 07.................................228 A3
Arces 17...................................198 C2
Arces 89...................................113 E1
Arcey 21...................................138 C4
Arcey 25...................................142 B1
Archail 04.................................268 A1
Archamps 74............................195 E1
Archelange 39..........................159 E1
Archéodrome 21......................158 A2
Arches 15.................................205 F4
Arches 88...................................95 D4
Archettes 88...............................95 D4
Archiac 17................................200 C2
Archiane (Cirque d') 26..........230 B4
Archignac 24............................221 F3
Archignat 03.............................170 B3
Archigny 86.............................167 D1
Archingeay 17..........................181 F3
Archon 02...................................21 F4
Arcier 25..................................141 E4
Arcine 74..................................195 D1
Arcinges 42.............................191 F1
Arcins 33..................................217 D2
Arcis-le-Ponsart 51...................37 D4
Arcis-sur-Aube 10.....................90 B1
Arcizac-Adour 65.....................297 F2
Arcizac-ez-Angles 65...............297 F2
Arcizans-Avant 65...................297 E3
Arcizans-Dessus 65.................297 E3
Arcomie 48...............................225 F4
Arcomps 18..............................170 B1
Arçon 25...................................161 D2
Arcon 42...................................191 D2
Arconcey 21.............................138 A4
Arçonnay 72...............................82 C3
Arconsat 63..............................190 C3
Arconville 10..............................91 E4
L'Arcouest (Pointe de) 22..........51 D1
Les Arcs 73...............................214 C1
Les Arcs 83...............................287 D3
Arcueil 94...................................61 D3
Arcy-Sainte-Restitue 02............36 C4
Arcy-sur-Cure 89.....................136 C1
Ardelles 28.................................84 C1
Ardelu 28....................................86 A3
Ardenais 18..............................170 B1
Ardenay-sur-Mérize 72............107 E2
Ardengost 65............................298 B4
Ardenne (Abbaye d') 14............29 E4
Ardentes 36..............................152 A4
Ardes 63...................................207 E3
Ardeuil-et-Montfauxelles 08....39 D3
Ardevon 50..................................79 F1
Ardiège 31................................299 D2
Les Ardillats 69........................192 B1
Ardilleux 79..............................183 D1
Ardillières 17............................181 E2
Ardin 79...................................164 C2
Ardizas 32................................275 F1
L'Ardoise 30.............................264 C2
Ardoix 07..................................228 C1
Ardon 39...................................160 A4
Ardon 45...................................110 A4
Ardouval 76.................................16 B4
Ardres 62......................................2 C2
Arèches 73................................196 B4
Aregno 2B.................................314 B2
Areines 41.................................108 C4
Aren 64.....................................296 A1
Arenberg 59..................................9 E2
Arengosse 40.............................253 E2
Arenthon 74...............................195 F1
Arès 33......................................216 A4
Ares (Col d') 66..........................311 F4
Ares (Col des) 31.......................299 D3
Aresches 39...............................160 A3
Aressy 64...................................297 D1
Arette 64.....................................296 A2
Arette-Pierre-
Saint-Martin 64........................296 A3
Arfeuille-Châtain 23..................188 A2
Arfeuilles 03...............................190 C1
Arfons 81...................................278 A4
Argagnon 64...............................272 B3
Arganchy 14.................................28 C3
Argançon 10.................................91 E4
Argancy 57...................................41 F4
Argein 09....................................299 F4
Argelès 65..................................298 A2
Argelès-Gazost 65.....................297 E3
Argelès-Plage 66.......................313 E3
Argelès-sur-Mer 66...................313 E3
Argeliers 11...............................303 F1
Argelliers 34..............................281 E1
Argelos 40..................................272 B2
Argelos 64..................................273 D3
Argelouse 40..............................235 E4
Argences 14...................................29 F4
Argens 04...................................268 B2
Argens-Minervois 11.................303 E1
Argent-sur-Sauldre 18...............134 A2
Argentan 61...................................56 B4
Argentat 19................................223 D2
Argentenay 89.............................114 B3
Argenteuil 95................................60 C2
Argenteuil-
sur-Armançon 89.....................114 B4
Argentière 74..............................197 D2
L'Argentière-la-Bessée 05.........232 B4
Argentières 77...............................88 A1
Argentine 73...............................213 F2
Argentolles 52................................91 F4
Argenton 29...................................47 D2
Argenton 47.................................237 E4
Argenton-Château 79..................147 F2
Argenton-l'Église 79....................148 A2
Argenton-Notre-Dame 53............105 E4
Argenton-sur-Creuse 36.............168 C2
Argentré 53..................................105 E1
Argentré-du-Plessis 35..............104 B1
Argenvières 18............................154 B1
Argenvilliers 28..............................84 B4
Argers 51..65 F1
Arget 64.......................................272 C2
Argiésans 90................................142 C1
Argillières 70................................117 E4
Argilliers 30..................................264 B3
Argilly 21......................................158 B1
Argis 01..194 A3
Argiusta-Moriccio 2A..................318 C1
Argœuves 80....................................18 A2
Argol 29..47 F4
Argonay 74...................................195 E2
Argouges 50......................................80 A1
Argoules 80...6 C3
Argueil 76..33 D1
Arguel 25..141 D4
Arguel 80...17 E3
Arguenos 31....................................299 D3
Argut-Dessous 31............................299 D4
Argut-Dessus 31..............................299 D4
Argy 36...151 E3
Arhansus 64....................................295 E1
Aries-Espénan 65............................298 C1
Arifat 81..278 C1
Arignac 09.......................................301 D4
Arinthod 39.....................................176 C3
Arith 73...195 E4
Arjuzanx 40.....................................253 D2
Arlanc 63...208 C3
Arlay 39...159 E4
Arlebosc 07.....................................228 C2
Arlempdes 43..................................227 D4
Arles 13..283 E1
Arles-sur-Tech 66............................312 B4
Arlet 43..226 A2
Arleuf 58..156 B2
Arleux 59..9 D3
Arleux-en-Gohelle 62...........................8 B2
Arlos 31..299 D4
Armaillé 49......................................104 B4
Armancourt 60.....................................35 E3
Armancourt 80.....................................19 D4
Armaucourt 54......................................68 B3
Armbouts-Cappel 59...............................3 E1
Armeau 89..112 C2
Armendarits 64..................................271 D4
Armenonville-
les-Gâtineaux 28................................85 F1
Armenteule 65.....................................307 E3
Armentières 59..4 B4
Armentières-en-Brie 77.........................62 B2
Armentières-sur-Avre 27.......................58 A4
Armentières-sur-Ourcq 02.....................36 B4
Armentieux 32.....................................273 F3
Armes 58..136 B2
Armillac 47...238 A2
Armissan 11..304 C2
Armistice (Clairière de l') 60.................35 F2
Armix 01...194 B3
Armous-et-Cau 32...............................274 A2
Armoy 74..178 C3
Arnac 15...223 F2
Arnac-la-Poste 87................................168 B4
Arnac-Pompadour 19..........................204 A3
Arnac-sur-Dourdou 12........................279 F1
Arnage 72...106 C2
Arnancourt 52...92 A3
Arnas 69..192 C2
Arnaud-Guilhem 31............................299 E2
Arnave 09..301 D4
Arnaville 54..68 A1
Arnay-le-Duc 21..................................157 E1
Arnay-sous-Vitteaux 21.....................138 A2
Arnayon 26..248 A3

ANTIBES

Albert-1er (Bd)...........................CDY
Alger (R. d')..............................CX 3
Arazy (R.)................................DXY 4
Barnaud (Pl. Amiral)..............DY 6
Barquier (Av.) ....DY 8
Bas-Castelet (R. du)..............DY 9
Bateau (R. du).........................DX 10
Clemenceau (R. G.) ....DX 14
Dames-Blanches (Av. des).....CY 19
Directeur Chaudon (R.).........CY 20
Docteur Rostan (R. du).........DX 24
Gambetta (Av.).......................CX 30
Gaulle (Pl. du Gén.-de).........CXY
Grand-Cavalier (Av. du)........CX 37
Guynemer (Pl.).......................CX 40
Haut-Castelet (R. du) ....DY 42
Horloge (R. de l') ....DX 43
Martyrs de
la Résistance (Pl. des)....CDX 51
Masséna (Cours) ....DX 52
Nationale (Pl.) ....DX 55
Orme (R. de l')........................DX 57
République (R. de la) ....CDX 67
Revely (R. du) ....DX 68
Revennes (R. des)..................DY 69
St-Roch (Av.) ....CX 72
Saleurs (Rampe des) ....DX 75
Tourraque (R. de la) ....DY 83
Vautrin (Bd Gén.) ....CX 84
8 Mai 1945 (Square du)........DX 90
24 Août (Av. du).....................CY 92

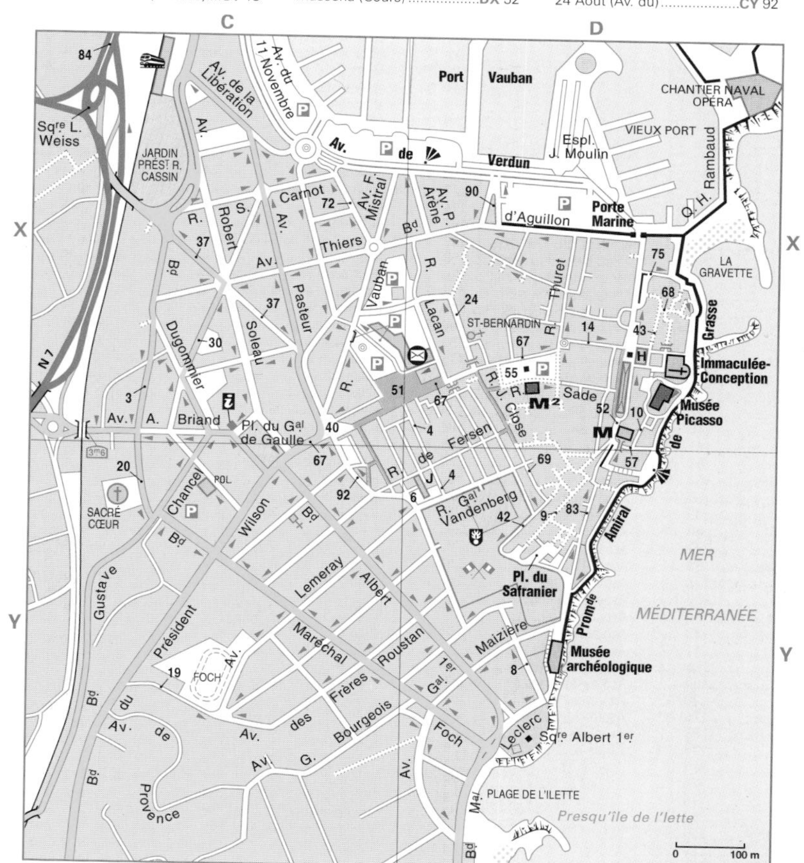

Arné 65 298 C1
Arnéguy 64 295 D2
Arnèke 59 3 E3
Arnicourt 08 38 B1
Arnières-sur-Iton 27 58 C2
Arnoncourt-sur-Apance 52 117 E2
Arnos 64 272 B3
Arnouville-lès-Gonesse 95 61 D2
Arnouville-lès-Mantes 78 59 F2
Aroffe 88 93 F2
Aromas 39 176 B4
Aron 53 81 E3
Arone (Plage d') 2A 316 A2
Aroue 64 271 F4
Aroz 70 141 D1
Arpaillargues-et-Aureillac 30 264 A3
Arpajon 91 86 C1
Arpajon-sur-Cère 15 224 A4
Arpavon 26 248 A4
Arpenans 70 141 F1
Arpenaz (Cascade d') 74 196 B2
Arpheuilles 18 153 F4
Arpheuilles 36 151 D3
Arpheuilles-Saint-Priest 03 188 C1
Arphy 30 262 B3
Arquenay 53 105 E2
Arques 11 302 C4
Arques 12 242 C4
Les Arques 46 239 F2
Arques 62 3 E3
Arques-la-Bataille 76 16 A2
Arquettes-en-Val 11 302 C2
Arquèves 80 18 C1
Arquian 58 135 E2
Arrabloy 45 111 F4
Arracourt 54 69 D3
Arradon 56 101 D4
Arraincourt 57 68 C1
Arrancourt 91 86 C3
Arrancy 02 37 D2
Arrancy-sur-Crusne 55 40 C2
Arrans 21 114 C4
Arras 62 8 B3
Arras-en-Lavedan 65 297 E3
Arras-sur-Rhône 07 228 C1
Arrast-Larrebieu 64 271 F4
Arraute-Charritte 64 271 E3
Arraye-et-Han 54 68 B2
Arrayou-Lahitte 65 297 F2
Arre 30 262 A3
Arreau 65 298 B4
Arrelles 10 114 C1
Arrembécourt 10 91 E1
Arrènes 23 186 B2
Arrens (Porte d') 65 297 D4
Arrens-Marsous 65 297 D3
Arrentès-de-Corcieux 88 95 F4
Arrentières 10 91 F4
Arrest 80 6 A4
Arreux 08 22 C3
Arriance 57 68 C1
Arricau-Bordes 64 273 E3
Arrien 64 273 E4
Arrien-en-Bethmale 09 299 F4
Arrigas 30 262 A3
Arrigny 51 91 E1
Arro 2A 316 B3
Arrodets 65 298 A3
Arrodets-ez-Angles 65 297 F2
Arromanches-les-Bains 14 29 D3
Arronnes 03 190 B2
Arronville 95 34 A4
Arros-de-Nay 64 297 D1
Arros-d'Oloron 64 296 B2
Arrosès 64 273 E2
Arrou 28 108 C1
Arrouède 32 274 C4
Arrout 09 299 F4
Arry 57 68 A1
Arry 80 6 B3
Ars 16 199 F1
Ars 23 187 E2
Ars-en-Ré 17 162 C4
Ars-Laquenexy 57 41 F4
Ars-les-Favets 63 188 C1
Ars-sur-Formans 01 192 C2
Ars-sur-Moselle 57 68 A1
Arsac 33 217 D2
Arsac-en-Velay 43 227 D3
Arsague 40 272 A2
Arsans 70 140 B3
L'Arsenal 42 191 E2
Arsonval 10 91 E4
Arsure-Arsurette 39 160 B4
Les Arsures 39 160 A2
Arsy 60 35 D2
Art-sur-Meurthe 54 68 B4
Artagnan 65 273 F4
Artaise-le-Vivier 08 39 E1
Artaix 71 173 F4
Artalens-Souin 65 297 E3
Artannes-sur-Indre 37 130 C4
Artannes-sur-Thouet 49 129 E4
Artas 38 211 F2
Artassenx 40 254 A4
Artemare 01 194 C3
Artemps 02 20 A3
Artenay 45 110 A1
Arthaz-Pont-Notre-Dame 74 195 F1
Arthel 58 136 A4
Arthémonay 26 229 E1
Arthenac 17 200 C2
Arthenas 39 176 C1
Arthès 81 259 E3
Arthez-d'Armagnac 40 254 B4
Arthez-d'Asson 64 297 D2
Arthez-de-Béarn 64 272 B3
Arthezé 72 106 B4
Arthies 95 60 A1
Arthon 36 169 D1
Arthon-en-Retz 44 144 C1
Arthonnay 89 114 C2
Arthous (Abbaye d') 40 271 E2
Arthun 42 191 E4
Artigat 09 300 C2
Artige (Prieuré de l') 87 186 B4
Artignosc-sur-Verdon 83 286 B1
Artigue 31 299 D4
Artiguedieu 32 274 C3
Artigueloutan 64 297 D1
Artiguelouve 64 272 C4
Artiguemy 65 298 A2
Artigues 09 311 D1
Artigues 11 311 D1
Artigues 65 297 F2
Artigues 83 285 F2
Artigues-Campan 65 298 A3
Les Artigues-de-Lussac 33 218 C3
Artigues-près-Bordeaux 33 217 E4
Artins 41 108 A4
Artix 09 300 C3
Artix 46 240 B2
Artix 64 272 B4
Artolsheim 67 97 D2
Artonges 02 63 E2
Artonne 63 189 E2
Artres 59 9 F3
Artuby (Pont de l') 83 286 C1
Artzenheim 68 97 D3
Arudy 64 296 C2
Arue 40 254 B2
Arvant 43 207 F4
Arvert 17 180 C4
Arveyres 33 218 C3
Arvieu 12 260 B1
Arvieux 05 232 C4
Arvigna 09 301 E3
Arvillard 73 213 E2
Arville 41 108 B1
Arville 77 87 E4
Arvillers 80 19 D4
Arx 40 255 D2
Arzacq-Arraziguet 64 272 C2
Arzal 56 123 F2
Arzano 29 100 A2
Arzay 38 211 F3
L'Arzelier (Col de) 38 230 B2
Arzembouy 58 136 A4
Arzenc-d'Apcher 48 225 E4
Arzenc-de-Randon 48 244 B1
Arzens 11 302 B1
Arzillières-Neuville 51 65 E4
Arzon 56 122 C2
Arzviller 57 70 A2
Asasp 64 296 B2
Ascain 64 270 B4
Ascarat 64 295 D1
Aschbach 67 45 F4
Aschères-le-Marché 45 110 B1
Asclier (Col de l') 30 262 C2
Asco 2B 314 C3
Asco (Gorges de l') 2B 314 C3
Ascou 09 310 B1
Ascou-Pailhérès 09 310 C1
Ascoux 45 110 C1
Ascros 06 269 E3
Asfeld 08 37 F2
Aslonnes 86 166 B3
Asnan 58 136 B4
Asnans 39 159 D2
Asnelles 14 29 D3
Asnières 27 31 D4
Asnières (Ancienne Abbaye d') 49 148 B1
Asnières-en-Bessin 14 27 F2
Asnières-en-Montagne 21 114 C4
Asnières-en-Poitou 79 182 C1
Asnières-la-Giraud 17 182 A3
Asnières-les-Bourges 18 153 E1
Asnières-lès-Dijon 21 139 E3
Asnières-sous-Bois 89 136 B2
Asnières-sur-Blour 86 184 C1
Asnières-sur-Nouère 16 201 E1
Asnières-sur-Oise 95 61 D1
Asnières-sur-Saône 01 175 E3
Asnières-sur-Seine 92 61 D3
Asnières-sur-Vègre 72 106 A3
Asnois 58 136 B3
Asnois 86 184 A1
Aspach 57 69 F4
Aspach 68 120 B3
Aspach-le-Bas 68 120 B2
Aspach-le-Haut 68 120 A2
Aspères 30 263 E4
Asperjoc 07 246 A1
Aspet 31 299 E3
Aspin (Col d') 65 298 B3
Aspin-Aure 65 298 B4
Aspin-en-Lavedan 65 297 E2
Aspiran 34 280 C2
Aspremont 05 248 C2
Aspremont 06 288 C1
Les Aspres 61 57 F4
Aspres-lès-Corps 05 231 E4
Aspres-sur-Buëch 05 248 C2
Aspret-Sarrat 31 299 D2
Asprières 12 241 E2
Asque 65 298 A3
Asques 33 217 F3
Asques 82 257 D3
Asquins 89 136 C2
Assac 81 260 A3
Assainvillers 80 35 D1
Assais 79 148 B4
Assas 34 281 F1
Assat 64 297 D1
Assay 37 149 D1
Assé-le-Bérenger 53 82 A4
Assé-le-Boisne 72 82 B3
Assé-le-Riboul 72 82 C4
Assenay 10 90 B4
Assencières 10 90 B3
Assenoncourt 57 69 E3
Assérac 44 123 F3
Assevent 59 10 C2
Assevillers 80 19 E2
Assier 46 241 D1
Assieu 38 211 D3
Assignan 34 279 F4
Assigny 18 134 C3
Assigny 76 16 B2
Les Assions 07 245 F3
Assis-sur-Serre 02 20 C4
Asson 64 297 D2
Asswiller 67 70 A1
Assy 14 56 B2
Astaffort 47 256 B2
Astaillac 19 222 C3
Asté 65 298 A3
Aste-Béon 64 296 C3
Astérix (Parc) 60 61 E1
Astet 07 245 E1
Astillé 53 104 C2
Astis 64 273 D3
Astoin 04 249 F3
Aston 09 310 A1
Astugue 65 297 F2
Athée 21 139 F4
Athée 53 104 C3
Athée-sur-Cher 37 131 E3
Athesans 70 142 A1
Athie 21 137 F1
Athie 89 137 D2
Athienville 54 68 C3
Athies 62 8 B3
Athies 80 19 E3
Athies-sous-Laon 02 37 D1
Athis 51 64 B2
Athis-de-l'Orne 61 55 F3
Athis-Mons 91 61 D4
Athos-Aspis 64 271 F3
Athose 25 161 D1
Attainville 95 61 D1
Attancourt 52 92 A1
Les Attaques 62 2 C2
Attenschwiller 68 120 C4
Attiches 59 8 C1
Attichy 60 35 F2
Attignat 01 175 F4
Attignat-Oncin 73 212 C2
Attignéville 88 93 F2
Attigny 08 38 C2
Attigny 88 118 A1
Attilloncourt 57 68 C3
Attilly 02 19 F3
Attin 62 6 B1
Atton 54 68 A2
Attray 45 110 C1
Attricourt 70 140 A2
Atur 24 220 C1
Aubagnan 40 272 C1
Aubagne 13 285 E4
Aubaine 21 157 F1
Aubais 30 282 B1
Aubarède 65 298 A1
Aubas 24 221 F2
Aubazat 43 226 A2
Aubazines 19 222 C1
Aube 57 68 B1
Aube 61 57 F4
Aubéguimont 76 17 D3
Aubenas 07 246 A2
Aubenas-les-Alpes 04 266 C3
Aubenasson 26 247 F1
Aubencheul-au-Bac 59 9 D3
Aubencheul-aux-Bois 02 20 A1
Aubenton 02 21 F3
Aubepierre 77 88 A1
Aubepierre-sur-Aube 52 116 A2
L'Aubépin 39 176 B3
Auberchicourt 59 9 D3
Aubercourt 80 18 C3
Aubergenville 78 60 A2
Aubérive 51 38 B4
Auberive 52 116 A3
Auberives-en-Royans 38 230 A2
Auberives-sur-Varèze 38 210 C3
Aubermesnil-aux-Érables 76 17 D3
Aubermesnil-Beaumais 76 16 A3
Aubers 59 8 B1
Aubertans 70 141 E2
Aubertin 64 296 C1
Auberville 14 30 A3
Auberville-la-Campagne 76 15 D4
Auberville-la-Manuel 76 15 D1
Auberville-la-Renault 76 14 C3
Aubervilliers 93 61 D2
Aubeterre 10 90 B2
Aubeterre-sur-Dronne 16 201 E4
Aubeville 16 201 D2
Aubevoye 27 32 C4
Aubiac 33 236 C3
Aubiac 47 256 A2
Aubiat 63 189 F3
Aubie-et-Espessas 33 217 F2
Aubière 63 207 E1
Les Aubiers 79 147 E2
Aubiet 32 275 E2
Aubignan 84 265 E2
Aubignas 07 246 C2
Aubigné 35 79 E3
Aubigné 79 183 D2
Aubigné-Racan 72 107 D4
Aubigné-sur-Layon 49 128 C4
Aubigney 70 140 A3
Aubignosc 04 267 E1
Aubigny 03 172 A1
Aubigny 14 56 A2
Aubigny 79 148 B4
Aubigny 80 18 C2
Aubigny 85 162 C1
Aubigny-au-Bac 59 9 D3
Aubigny-aux-Kaisnes 02 19 F3
Aubigny-en-Artois 62 8 A3
Aubigny-en-Laonnois 02 37 E2
Aubigny-en-Plaine 21 158 C1
Aubigny-la-Ronce 21 157 F2
Aubigny-les-Pothées 08 22 B3
Aubigny-lès-Sombernon 21 138 B4
Aubigny-sur-Nère 18 134 A2
Aubilly 51 37 E4
Aubin 12 241 F3
Aubin 64 272 C3
Aubin-Saint-Vaast 62 6 C2
Aubinges 18 134 B4
Aubisque (Col d') 64 297 D3
Auboncourt-Vauzelles 08 38 B1
Aubonne 25 161 D1
Aubord 30 282 C1
Auboué 54 41 E4
Aubous 64 273 E2
Aubrac 12 243 D2
Aubres 26 247 F4
Aubréville 55 39 F4
Aubrives 08 13 D3
Aubrometz 62 7 D3
Aubry-du-Hainaut 59 9 E2
Aubry-en-Exmes 61 56 C3
Aubry-le-Panthou 61 57 D3
Aubure 68 96 B2
Aubussargues 30 264 A3
Aubusson 23 187 F3
Aubusson 61 55 E3
Aubusson-d'Auvergne 63 190 B4
Aubvillers 80 18 C4
Auby 59 8 C2
Aucaleuc 22 78 B2
Aucamville 31 276 C2
Aucamville 82 257 E4
Aucazein 09 299 F4
Aucelon 26 248 A1
Aucey-la-Plaine 50 79 F1
Auch 32 275 D2
Auchel 62 7 F1
Auchonvillers 80 19 D1
Auchy-au-Bois 62 7 F1
Auchy-la-Montagne 60 34 A1
Auchy-lès-Hesdin 62 7 D2
Auchy-les-Mines 62 8 B1
Auchy-lez-Orchies 59 9 D2
Aucun 65 297 D3
Audaux 64 272 A4
Audéjos 64 272 B3
Audelange 39 159 E1
Audeloncourt 52 117 D1
Audembert 62 2 B2
Audencourt 59 20 B1
Audenge 33 234 C1
Auderville 50 24 A1
Audes 03 170 C3
Audeux 25 140 C4
Audeville 45 86 C4
Audierne 29 72 C3
Audignicourt 02 36 A2
Audignies 59 10 A2
Audignon 40 272 B1
Audigny 02 20 C3
Audincourt 25 142 C2
Audincthun 62 7 D1
Audinghen 62 2 A2
Audon 40 253 E4
Audouville-la-Hubert 50 25 E4
Audrehem 62 2 C3
Audressein 09 299 F4
Audresselles 62 2 A3
Audrieu 14 29 D4
Audrix 24 221 D4
Audruicq 62 3 D2
Audun-le-Roman 54 41 D2
Audun-le-Tiche 57 41 E1
Auenheim 67 71 F1
Auffargis 78 60 A4
Auffay 76 16 A4
Aufferville 77 87 E4
Auffreville-Brasseuil 78 59 F2
Auflance 08 23 F4
Auga 64 272 C3
Augan 56 102 A2
Auge 08 22 A3
Auge 23 170 B4
Augé 79 165 D3
Auge-Saint-Médard 16 183 D3
Augea 39 176 B2
Auger-Saint-Vincent 60 35 E4
Augerans 39 159 E2
Augères 23 186 C2
Augerolles 63 208 B1
Augers-en-Brie 77 63 D4
Augerville-la-Rivière 45 87 D4
Augès 04 267 D2
Augeville 52 92 C3
Augicourt 70 117 F3
Augignac 24 202 C2
Augirein 09 299 E4
Augisey 39 176 B2
Augnat 63 207 F3
Augnax 32 275 E1
Augne 87 186 C4
Augny 57 68 A1
Auguaise 61 57 F4
Augy 02 36 C3
Augy 89 113 E4
Augy-sur-Aubois 18 154 A4
Aujac 17 182 B3
Aujac 30 245 E4
Aujan-Mournède 32 274 C4
Aujargues 30 282 A1
Aujeurres 52 116 B4
Aujols 46 240 B4
Aulac (Col d') 15 224 B1
Aulan 26 266 A1
Aulas 30 262 B3
Aulhat-Saint-Privat 63 207 F2
Aullène 2A 319 D1
Aulnat 63 189 E4
Aulnay 10 91 D2
Aulnay 17 182 C2
Aulnay 86 148 C3
Aulnay-aux-Planches 51 64 A3
Aulnay-la-Rivière 45 87 D4
Aulnay-l'Aître 51 65 D3
Aulnay-sous-Bois 93 61 E2
Aulnay-sur-Iton 27 58 C2
Aulnay-sur-Marne 51 64 B2
Aulnay-sur-Mauldre 78 60 A2
Les Aulneaux 72 83 D2
Aulnizeux 51 64 A3
Aulnois 88 93 E3
Aulnois-en-Perthois 55 66 B4
Aulnois-sous-Laon 02 36 C1
Aulnois-sous-Vertuzey 55 67 E3
Aulnois-sur-Seille 57 68 B2
Aulnoy 77 62 B3
Aulnoy-lez-Valenciennes 59 9 F3
Aulnoy-sur-Aube 52 116 A3
Aulnoye-Aymeries 59 10 B2
Aulon 23 186 C2
Aulon 31 299 E1
Aulon 65 298 B4
Aulos 09 310 A1
Ault 80 16 C1
Aulteribe (Château d') 63 190 B4
Aulus-les-Bains 09 309 E1
Aulx-lès-Cromary 70 141 E3
Aumagne 17 182 B3
Aumale 76 17 E3
Aumâtre 80 17 E2
Aumelas 34 281 D2
Auménancourt 51 37 F2
Aumerval 62 7 F1
Aumes 34 280 C3
Aumessas 30 262 A3
Aumetz 57 41 E2
Aumeville-Lestre 50 25 E3
Aumont 39 159 F3
Aumont 80 17 F2
Aumont-Aubrac 48 243 F1
Aumont-en-Halatte 60 35 D4
Aumontzey 88 95 E4
Aumur 39 159 D1
Aunac 16 183 F3
Aunat 11 311 D1
Aunay-en-Bazois 58 155 F1
Aunay-les-Bois 61 83 D1
Aunay-sous-Auneau 28 86 A2
Aunay-sous-Crécy 28 59 D4
Aunay-sur-Odon 14 55 E1
Auneau 28 86 A2
Auneuil 60 34 A3
Aunou-le-Faucon 61 56 C4
Aunou-sur-Orne 61 83 D1
Auppegard 76 16 A3
Aups 83 286 B1
Auquainville 14 57 D1
Auquemesnil 76 16 B2
Auradé 32 275 F2
Auradou 47 238 C4
Auray 56 100 C4
Aure 08 38 C3
Aurec-sur-Loire 43 209 F4
Aureil 87 186 A4
Aureilhan 40 252 B1
Aureilhan 65 297 F1
Aureille 13 284 A1
Aurel 26 248 A1
Aurel 84 266 A1
Aurelle-Verlac 12 243 E3
Aurensan 32 273 E2
Aurensan 65 273 F4
Aureville 31 276 C3
Auriac 11 302 C4
Auriac 19 223 E1
Auriac 64 273 D3
Auriac-de-Bourzac 24 201 F3
Auriac-du-Périgord 24 221 E2
Auriac-Lagast 12 260 B2
Auriac-l'Église 15 207 E4
Auriac-sur-Dropt 47 237 F1
Auriac-sur-Vendinelle 31 277 E3
Auriat 23 186 B3
Auribail 31 276 B4
Auribeau 84 266 B4
Auribeau-sur-Siagne 06 288 A3
Aurice 40 253 F4
Auriébat 65 273 F3
Aurières 63 207 D1
Aurignac 31 299 E1
Aurillac 15 224 A3
Aurimont 32 275 E2
Aurin 31 277 D3
Auriol 13 285 E4
Auriolles 07 246 A3
Auriolles 33 237 E1
Aurions-Idernes 64 273 E2
Auris 38 231 E2
Auron 06 251 E4
Aurons 13 284 B1
Auros 33 236 C3
Aurouër 03 172 A1
Auroux 48 244 C1
Aussac 81 259 D4
Aussac-Vadalle 16 183 F4
Ausseing 31 299 F2
Aussevielle 64 272 C4
Aussillon 81 278 C3
Aussois 73 214 C4
Ausson 31 298 C2
Aussonce 08 38 B3
Aussonne 31 276 B1
Aussos 32 275 D4
Aussurucq 64 295 F2
Autainville 41 109 D3
Autechaux 25 141 F2
Autechaux-Roide 25 142 C2
Les Autels 02 21 F3
Les Autels-Saint-Bazile 14 56 C2
Les Autels-Villevillon 28 108 B1
Auterive 31 276 C4
Auterive 32 275 D2
Auterive 82 257 D4
Auterrive 64 271 F3
Autet 70 140 B1
Auteuil 60 34 A3
Auteuil 78 60 A3
Autevielle-Saint-Martin-Bideren 64 271 F3
Authe 08 39 E2
Autheuil 28 109 D2
Autheuil 61 83 F1
Autheuil-Authouillet 27 59 D1
Autheuil-en-Valois 60 35 F4
Autheux 80 7 E4
Authevernes 27 33 E4
Authezat 63 207 F1
Authie 14 29 E4
Authie 80 18 C1
Authieule 80 7 F4
Les Authieux 27 59 D3
Les Authieux-du-Puits 61 57 D4
Les Authieux-Papion 14 56 C1
Authieux-Ratiéville 76 32 B1
Les Authieux-sur-Calonne 14 30 C3
Les Authieux-sur-le-Port-Saint-Ouen 76 32 B3
Authiou 58 136 A4
Authoison 70 141 E2
Authon 04 249 F4
Authon 17 182 B4
Authon 41 131 D1
Authon-du-Perche 28 84 B4
Authon-la-Plaine 91 86 B2
Authou 27 31 E4
Authuille 80 19 D1
Authume 39 159 E1
Authumes 71 159 D3
Autichamp 26 247 E1
Autignac 34 280 B3
Autigny 76 15 F2
Autigny-la-Tour 88 93 E2
Autigny-le-Grand 52 92 B2
Autigny-le-Petit 52 92 B2
Autingues 62 2 C3
Autoire 46 222 C4
Autoreille 70 140 C3
Autouillet 78 60 A3
Autrac 43 207 E4
Autrans 38 230 B1
Autrèche 37 131 E2
Autrechêne 90 120 A4
Autrêches 60 36 A2
Autrecourt-et-Pourron 08 23 E4
Autrécourt-sur-Aire 55 66 B1
Autremencourt 02 21 D4
Autrepierre 54 69 E4
Autreppes 02 21 D2
Autretot 76 15 E3
Autreville 02 36 A1
Autreville 88 93 F2
Autréville-Saint-Lambert 55 39 F1
Autreville-sur-la-Renne 52 116 A1
Autreville-sur-Moselle 54 68 A3
Autrey 54 94 A1
Autrey 88 95 E3
Autrey-le-Vay 70 141 F1
Autrey-lès-Cerre 70 141 F1
Autrey-lès-Gray 70 140 A2
Autricourt 21 115 E2
Autruche 08 39 E2
Autruy-sur-Juine 45 86 B4
Autry 08 39 D3
Autry-Issards 03 171 F2
Autry-le-Châtel 45 134 B1
Autun 71 157 D2
Auty 82 258 A1
Auvare 06 269 E2
Auve 51 65 E1
Auvernaux 91 87 E2
Auvers 43 226 A3
Auvers 50 27 D3
Auvers-le-Hamon 72 105 F3
Auvers-Saint-Georges 91 86 C2
Auvers-sous-Montfaucon 72 106 B2
Auvers-sur-Oise 95 60 C1
Auverse 49 129 F2
Auvet-et-la-Chapelotte 70 140 A2
Auvillar 82 256 C2
Auvillars 14 30 B4
Auvillars-sur-Saône 21 158 B1
Auvillers-les-Forges 08 22 A2
Auvilliers 76 17 D3
Auvilliers-en-Gâtinais 45 111 E2
Aux-Aussat 32 274 A3
Aux Marais 60 34 A2
Auxais 50 27 D4

AVIGNON

Amirande (Pl. de l') EY 2
Arroussaire (Av. de l') FZ 3
Aubanel (R. Théodore) EZ 5
Balance (R. de la) EY 7
Bancasse (R.) EY 9
Bertrand (R.) FY 10
Bon-Martinet (R. du) FZ 13
Campane (R.) FY 14
Collège-d'Annecy (R. du) EZ 18
Collège-du-Roure (R. du) EY 19
Corps-Saints (Pl. des) EZ 20
David (R. Félicien) EY 22
Dorée (R.) EY 23
Folco-de-Baroncelli (R.) EY 28
Four (R. du) FY 33
Fourbisseurs (R. des) EY 34
Four-de-la-Terre (R. du) FZ 35
Galante (R.) EY 37
Grande-Fusterie (R. de la) EY 39
Grottes (R. des) EY 41
Italiens (Av. des) GY 44
Jaurès (Cours J.) EZ
Jérusalem (Pl.) FY 45
Ledru-Rollin (R.) FY 47
Manivet (R. P.) EFZ 48
Marchands (R. des) EY 49
Masse (R. de la) FZ 52
Molière (R.) EY 54
Monclar (Av.) EZ 55
Mons (R. de) EY 59
Muguet (R.) GY 62
Ortolans (R. des) EZ 63
Palais (Pl. du) EY 64
Palapharnerie (R.) FY 66
Petite-Calade (R. de la) EY 67
Petite-Fusterie (R. de la) EY 68
Petite-Saunerie (R. de la) FY 70
Pétramale (R.) EZ 72
Peyrollerie (R.) EY 73
Pont (R. du) EY 74
Prés.-Kennedy (Cours) EZ 76
Prévot (R.) EZ 77
Rascas (R. de) GY 79
Rempart-de-l'Oulle (R. du) DY 82
Rempart-du-Rhône (R. du) EY 83
Rempart-St-Michel (R. du) FZ 84
Rempart-St-Roch (R. du) DEZ 86
République (R. de la) EYZ
Rhône (Pte du) EY 88
Rouge (R.) EY 90
Saraillerie (R. de la) EYZ 110
St-Agricol (R.) EY 94
St-Christophe (R.) FZ 97
St-Dominique (Bd) DZ 98
St-Étienne (R.) EY 99
St-Jean-le-Vieux (Pl.) FY 101
St-Jean-le-Vieux (R.) FY 102
St-Joseph (R.) FY 104
St-Michel (R.) EZ 105
St-Pierre (Pl.) EY 106
St-Ruf (Av.) FZ 108
Ste-Catherine (R.) FY 109
Taulignan (R. de) EY 112
Tour (R. de la) GY 116
Vernet (R. Horace) EZ 118
Vernet (R. J.) EYZ
Viala (R. Jean) EY 119
Vice-Légat (R.) EY 120
Vieux-Sextier (R. du) EFY 122
Vilar (R. Jean) EY 123
3-Faucons (R. des) EZ 126
3-Pilats (R. des) FY 127

Auxange *39* 140 B4
Auxant *21* 157 F1
Auxelles-Bas *90* 119 E3
Auxelles-Haut *90* 119 E3
Auxerre *89* 113 E4
Auxey-Duresses *21* 157 F2
Auxi-le-Château *62* 7 D4
Auxillac *48* 243 F3
Auxon *10* 114 A1
Auxon *70* 118 B4
Auxon-Dessous *25* 141 D3
Auxon-Dessus *25* 141 D3
Auxonne *21* 140 A4
Auxy *45* 111 E1
Auxy *71* 157 D3
Auzainvilliers *88* 93 F4
Auzances *23* 188 B2
Auzas *31* 299 E2
Auzat *09* 309 F1
Auzat-la-Combelle *63* 207 F3
Auzay *85* 164 A2
Auzebosc *76* 15 E3
Auzécourt *55* 66 A2
Auzelles *63* 208 B2
Auzers *15* 224 A1
Auzet *04* 250 A4
Auzéville-en-Argonne *55* 66 A1
Auzeville-Tolosane *31* 276 C3
Auzielle *31* 277 D3
Auzits *12* 241 F3
Auzon *43* 208 A3
Auzouer-en-Touraine *37* 131 E2
Auzouville-Auberbosc *76* 15 D3
Auzouville-l'Esneval *76* 15 F3
Auzouville-sur-Ry *76* 32 C2
Auzouville-sur-Saâne *76* 15 F2
Availles-en-Châtellerault *86* 149 F4
Availles-Limouzine *86* 184 C1
Availles-sur-Chizé *79* 182 C1
Availles-sur-Seiche *35* 104 B2
Availles-Thouarsais *79* 148 B3
Avajan *65* 298 B4
Avallon *89* 137 D2
Les Avanchers-Valmorel *73* 214 A2
Avançon *05* 249 F2
Avançon *08* 38 A2
Avanne *25* 141 D4
Avant-lès-Marcilly *10* 89 E2
Avant-lès-Ramerupt *10* 90 C2
Avanton *86* 166 B1
Avapessa *2B* 314 B3
Avaray *41* 109 E4
Avaugour (Chapelle d') *22* 50 C4
Avaux *08* 37 F2
Aveize *69* 210 A1
Aveizieux *42* 210 A2
Avelanges *21* 139 D1
Avelesges *80* 17 F2
Avelin *59* 8 C1
Aveluy *80* 19 D1
Aven Armand *48* 261 F1
Avenas *69* 192 B1
Avenay *14* 55 F1
Avenay-Val-d'Or *51* 64 A1
Avène *34* 280 A1
Aveney *25* 141 D4
Avenheim *67* 70 C2
Les Avenières *38* 212 B1
Avensac *32* 256 C4
Avensan *33* 217 D2
Aventignan *65* 298 C2
Averan *65* 297 F2
Averdoingt *62* 7 F3
Averdon *41* 132 A1
Avermes *03* 172 A2
Avernes *95* 60 A1
Avernes-Saint-Gourgon *61* 57 D2
Avernes-sous-Exmes *61* 57 D3
Avéron-Bergelle *32* 273 F1
Averton *53* 82 A3
Avesnelles *59* 10 B3
Avesnes *62* 6 C1
Avesnes-Chaussoy *80* 17 E2
Avesnes-en-Bray *76* 33 E2
Avesnes-en-Saosnois *72* 83 E4
Avesnes-en-Val *76* 16 C2
Avesnes-le-Comte *62* 7 F3
Avesnes-le-Sec *59* 9 E3
Avesnes-les-Aubert *59* 9 E4
Avesnes-lès-Bapaume *62* 19 E1
Avesnes-sur-Helpe *59* 10 B3
Avessac *44* 102 C4
Avessé *72* 106 A2
Aveux *65* 298 C3
Avezac-Prat *65* 298 B2
Avezan *32* 256 C4
Avèze *30* 262 B3
Avèze *63* 206 B2
Avezé *72* 83 F4
Aviernoz *74* 195 F2
Avignon *84* 264 C3
Avignon-lès-Saint-Claude *39* 177 D3
Avignonet *38* 230 C3
Avignonet-Lauragais *31* 277 E4
Avillers *54* 40 C3
Avillers *88* 94 B3
Avillers-Sainte-Croix *55* 67 E1
Avilley *25* 141 F2
Avilly-Saint-Léonard *60* 35 D4
Avion *62* 8 B2
Avioth *55* 40 A1
Aviré *49* 105 D4
Avirey-Lingey *10* 114 C2
Aviron *27* 58 C1
Avize *51* 64 A2
Avocourt *55* 39 F4
Avoine *37* 129 F4
Avoine *61* 56 B4
Avoise *72* 106 A3
Avolsheim *67* 70 C3
Avon *77* 87 F3
Avon *79* 165 F3
Avon-la-Pèze *10* 89 E3
Avon-les-Roches *37* 149 E1
Avondance *62* 7 D2
Avord *18* 153 F2
Avoriaz *74* 179 D4
Avosnes *21* 138 B3
Avot *21* 139 D1
Avoudrey *25* 142 A4
Avrainville *52* 92 A1
Avrainville *54* 67 F3
Avrainville *88* 94 B2
Avrainville *91* 86 C1
Avranches *50* 54 A4
Avranville *88* 93 D2
Avrechy *60* 34 C2
Avrecourt *52* 117 D2
Avrée *58* 156 A4
Avregny *74* 195 E2
Avremesnil *76* 15 F1
Avressieux *73* 212 C2
Avreuil *10* 114 A2
Avricourt *54* 69 E4
Avricourt *57* 69 E4
Avricourt *60* 19 E4
Avrieux *73* 214 C4
Avrigney *70* 140 C3
Avrigny *60* 35 D3
Avril *54* 41 E3
Avril-sur-Loire *58* 155 D4
Avrillé *49* 128 B2
Avrillé *85* 162 C2
Avrillé-les-Ponceaux *37* 130 A3
Avrilly *03* 173 E4
Avrilly *27* 58 C2
Avrilly *61* 81 E1
Avroult *62* 3 D4
Avy *17* 199 E2
Awoingt *59* 9 E4
Ax-les-Thermes *09* 310 B1
Axat *11* 311 E1
Axiat *09* 310 B1
Ay *51* 64 A1
Ay-sur-Moselle *57* 41 F3
Ayat-sur-Sioule *63* 189 D2
Aydat *63* 207 D1
Aydie *64* 273 E2
Aydius *64* 296 B3
Aydoilles *88* 95 D4
Ayen *19* 222 A1
Ayencourt *80* 35 D1
Ayette *62* 8 A4
Ayguade-Ceinturon *83* 292 C2
Ayguatébia-Talau *66* 311 D3
Ayguemorte-les-Graves *33* 236 A1
Ayguesvives *31* 277 D4
Ayguetinte *32* 255 F4
Ayherre *64* 271 D3
Ayn *73* 212 C2
Aynac *46* 223 D4
Les Aynans *70* 142 A1
Ayrens *15* 223 F3
Ayron *86* 165 F1
Ayros-Arbouix *65* 297 E3
Ayse *74* 196 A1
Ayssènes *12* 260 C2
Aytré *17* 180 C1
Les Ayvelles *08* 22 C4
Ayzac-Ost *65* 297 E3
Ayzieu *32* 255 D4
Azannes-et-Soumazannes *55* 40 B3
Azans *39* 159 E1
Azas *31* 277 D1
Azat-Châtenet *23* 186 C2
Azat-le-Ris *87* 167 F4
Azay-le-Brûlé *79* 165 D3
Azay-le-Ferron *36* 150 C3
Azay-le-Rideau *37* 130 B4
Azay-sur-Cher *37* 131 D3
Azay-sur-Indre *37* 131 E4
Azay-sur-Thouet *79* 165 D1
Azé *41* 108 B3
Azé *53* 105 D3
Azé *71* 175 D3
Azelot *54* 94 B1
Azerables *23* 168 C4
Azerailles *54* 95 E1
Azerat *24* 221 E1
Azérat *43* 208 A4
Azereix *65* 297 F1
Azet *65* 307 E4
Azeville *50* 25 E4
Azillanet *34* 279 E4
Azille *11* 303 D1
Azilone-Ampaza *2A* 317 D4
Azincourt *62* 7 D2
Azolette *69* 192 A1
Azoudange *57* 69 E3
Azur *40* 252 B4
Azy *18* 154 A1
Azy-le-Vif *58* 155 D4
Azy-sur-Marne *02* 63 D2
Azzana *2A* 316 C2

B

Baâlon 55 ... 40 A1
Baâlons 08 ... 38 C1
Babaou (Col de) 83 ... 292 C2
Babeau-Bouldoux 34 ... 279 F4
Babœuf 60 ... 36 A1
Le Babory-de-Blesle 43 ... 207 F4
Baby 77 ... 89 D3
Baccarat 54 ... 95 E2
Baccon 45 ... 109 F3
Bach 46 ... 240 B4
Bachant 59 ... 10 B2
Bachas 31 ... 299 F1
La Bachellerie 24 ... 221 E1
Bachivillers 60 ... 33 F3
Bachos 31 ... 299 D4
Bachy 59 ... 9 D1
Bacilly 50 ... 53 F4
Le Bacon 48 ... 225 F4
Baconnes 51 ... 38 B4
La Baconnière 53 ... 80 C4
Bacouël 60 ... 34 C1
Bacouel-sur-Selle 80 ... 18 A3
Bacourt 57 ... 68 C2
Bacquepuis 27 ... 58 B1
Bacqueville 27 ... 32 C3
Bacqueville-en-Caux 76 ... 16 D2
Badailhac 15 ... 224 B3
Badaroux 48 ... 244 B2
Badecon-le-Pin 36 ... 188 C2
Badefols-d'Ans 24 ... 221 F1
Badefols-sur-Dordogne 24 ... 220 C4
Baden 56 ... 100 C4
Badens 11 ... 302 C1
Badevel 25 ... 142 C1
Badinières 38 ... 211 F2
Badménil-aux-Bois 88 ... 95 D3
Badonviller 54 ... 95 F1
Badonvilliers 55 ... 93 D1
Baerendorf 67 ... 70 A1
Baerenthal 57 ... 44 C4
La Baffe 88 ... 95 D4
Baffie 63 ... 208 C3
Bagard 30 ... 263 E2
Bagargui (Col) 64 ... 295 E2
Bagas 33 ... 237 D2
Bagat-en-Quercy 46 ... 239 F4
Bagatelle (Parc de) 62 ... 6 A2
Bâgé-la-Ville 01 ... 175 E4
Bâgé-le-Châtel 01 ... 175 E4
Bagert 09 ... 299 F2
Bages 11 ... 303 F2
Bages 66 ... 313 D2
Bagiry 31 ... 299 D3
Bagnac-sur-célé 46 ... 241 E1
Bagneaux 89 ... 89 E4
Bagneaux-sur-Loing 77 ... 87 F4
Bagnères-de-Bigorre 65 ... 298 A2
Bagnères-de-Luchon 31 ... 307 F4
Bagneux 02 ... 36 B2
Bagneux 03 ... 172 A1
Bagneux 36 ... 152 A1
Bagneux 49 ... 129 E4
Bagneux 51 ... 89 F1
Bagneux 54 ... 93 F1
Bagneux 79 ... 148 A1
Bagneux 92 ... 61 D3
Bagneux-la-Fosse 10 ... 114 C2
Bagnizeau 17 ... 182 C3
Bagnoles 11 ... 302 C1
Bagnoles-de-l'Orne 61 ... 81 F1
Bagnolet 93 ... 61 D3
Bagnols 63 ... 206 B3
Bagnols 69 ... 192 B3
Bagnols-en-Forêt 83 ... 287 E2
Bagnols-les-Bains 48 ... 244 C3
Bagnols-sur-Cèze 30 ... 264 B1
Bagnot 21 ... 158 B1
Baguer-Morvan 35 ... 79 D1
Baguer-Pican 35 ... 79 E1
Baho 66 ... 312 C2
Bahus-Soubiran 40 ... 273 D1
Baigneaux 28 ... 110 A1
Baigneaux 33 ... 236 C1
Baigneaux 41 ... 109 D4
Baignes 70 ... 141 D1
Baignes-Sainte-Radegonde 16 ... 200 C3
Baigneux-les-Juifs 21 ... 138 B1
Baignolet 28 ... 109 F1
Baigts 40 ... 272 A1
Baigts-de-Béarn 64 ... 272 A3
Baillargues 34 ... 282 A2
Baillé 35 ... 80 A3
Bailleau-le-Pin 28 ... 85 D4
Bailleau-l'Évêque 28 ... 85 D2
Bailleau-sous-Gallardon 28 ... 85 F2
Baillestavy 66 ... 311 F3
Baillet-en-France 95 ... 61 D1
Bailleul 59 ... 4 A3
Bailleul 61 ... 56 C3
Le Bailleul 72 ... 106 A4
Bailleul 80 ... 17 E1
Bailleul (Château de) 76 ... 15 D3
Bailleul-aux-Cornailles 62 ... 7 F2
Bailleul-la-Vallée 27 ... 31 D4
Bailleul-le-Soc 60 ... 35 D2
Bailleul-lès-Pernes 62 ... 7 F1
Bailleul-Neuville 76 ... 16 C3
Bailleul-Sir-Berthoult 62 ... 8 B3
Bailleul-sur-Thérain 60 ... 34 B3
Bailleulmont 62 ... 8 A4
Bailleulval 62 ... 8 A4
Bailleval 60 ... 34 C3
Baillolet 76 ... 16 C3
Baillou 41 ... 108 A2
Bailly 60 ... 35 F2
Bailly 78 ... 60 B3
Bailly-aux-Forges 52 ... 91 F2
Bailly-Carrois 77 ... 88 B1
Bailly-en-Rivière 76 ... 16 B2
Bailly-le-Franc 10 ... 91 E1
Bailly-Romainvilliers 77 ... 62 A3
Bain-de-Bretagne 35 ... 103 E3
Baincthun 62 ... 2 A4
Bainghen 62 ... 2 C3
Bains 43 ... 226 C3
Bains-de-Guitera 2A ... 317 D4
Bains-les-Bains 88 ... 118 B1
Bains-sur-Oust 35 ... 102 B4
Bainville-aux-Miroirs 54 ... 94 B3
Bainville-aux-Saules 88 ... 94 B4
Bainville-sur-Madon 54 ... 94 A1
Bairols 06 ... 269 F2
Bais 35 ... 104 A1
Bais 53 ... 81 F4
Baisieux 59 ... 5 D4
Baissey 52 ... 116 C4
Baives 59 ... 11 D3
Baix 07 ... 246 C1
Baixas 66 ... 312 C1
Baizieux 80 ... 18 C2
Le Baizil 51 ... 63 F2
Bajamont 47 ... 256 B1
Bajonnette 32 ... 256 B4
Bajus 62 ... 7 F2
Balacet 09 ... 299 F4
Baladou 46 ... 222 B3
Balagny-sur-Thérain 60 ... 34 B3
Balaguères 09 ... 299 F3
Balaguier d'Olt 12 ... 241 D3
Balaguier-sur-Rance 12 ... 260 B4
Balaine (Arboretum de) 03 ... 172 A1
Balaiseaux 39 ... 159 E2
Balaives-et-Butz 08 ... 22 C4
Balan 01 ... 193 E4
Balan 08 ... 23 D4
Balanod 39 ... 176 B2
Balansun 64 ... 272 A3
Balanzac 17 ... 181 E4
Balaruc-le-Vieux 34 ... 281 E3
Balaruc-les-Bains 34 ... 281 E3
Balâtre 80 ... 19 E4
Balazé 35 ... 80 B4
Balazuc 07 ... 246 A3
Balbigny 42 ... 191 F4
Balbins 38 ... 211 F3
Balbronn 67 ... 70 C3
Balcon de Merlet (Parc du) 74 ... 196 C2
Baldenheim 67 ... 97 D2
Baldersheim 68 ... 120 C2
La Baleine 50 ... 54 A2
Baleines (Phare des) 17 ... 162 C4
Baleix 64 ... 273 E4
Balesmes 37 ... 150 A2
Balesmes-sur-Marne 52 ... 116 C3
Balesta 31 ... 298 C1
Baleyssagues 47 ... 237 E1
Balgau 68 ... 121 D1
Balham 08 ... 38 A2
Balignac 82 ... 256 C3
Balignicourt 10 ... 91 D2
Bâlines 27 ... 58 B4
Balinghem 62 ... 2 C2
Baliracq-Maumusson 64 ... 273 D2
Baliros 64 ... 297 D1
Balizac 33 ... 236 B3
Balizy 91 ... 61 D4
Ballainvilliers 91 ... 61 D4
Ballaison 74 ... 178 A3
Ballan-Miré 37 ... 130 C3
Ballancourt-sur-Essonne 91 ... 87 D2
Ballans 17 ... 182 C4
Ballay 08 ... 39 D2
Balledent 87 ... 185 F1
Ballée 53 ... 105 F2
Balleray 58 ... 155 D2
Balleroy 14 ... 28 C4
Ballersdorf 68 ... 120 B3
Balléville 88 ... 93 F3
Ballon 17 ... 181 D2
Ballon 72 ... 83 D4
Ballon de Servance 70 ... 119 E3
Ballons 26 ... 248 C4
Ballore 71 ... 174 B2
Ballots 53 ... 104 B2
Balloy 77 ... 88 B3
Balma 31 ... 276 C2
La Balme 73 ... 194 C4
La Balme-de-Sillingy 74 ... 195 E2
La Balme-de-Thuy 74 ... 195 F3
La Balme-d'Épy 39 ... 176 B3
La Balme-les-Grottes 38 ... 193 F3
Balmont 74 ... 195 E3
Balnot-la-Grange 10 ... 114 B2
Balnot-sur-Laignes 10 ... 114 C2
Balogna 2A ... 316 B2
Balot 21 ... 115 D3
Balsac 12 ... 242 A4
Balschwiller 68 ... 120 B3
Balsièges 48 ... 244 A3
Baltzenheim 68 ... 97 D3
Balzac 16 ... 201 E1
Bambecque 59 ... 3 F2
Bambiderstroff 57 ... 42 B4
Ban-de-Laveline 88 ... 96 A2
Ban-de-Sapt 88 ... 95 F2
Le Ban-Saint-Martin 57 ... 41 F4
Ban-sur-Meurthe-Clefcy 88 ... 95 F4
Banassac 48 ... 243 F3
Banat 09 ... 300 C4
Banca 64 ... 294 C2
Bancarel (Site du) 12 ... 242 A2
Bancigny 02 ... 21 E3
Bancourt 62 ... 19 E1
Bandol 83 ... 291 E4
Baneins 01 ... 193 D1
Baneuil 24 ... 220 C4
Bangor 56 ... 122 A4
Banhars 12 ... 242 B1
Banios 65 ... 298 A3
Banize 23 ... 187 D3
Bannalec 29 ... 99 E1
Bannans 25 ... 160 C3
Bannay 18 ... 135 D3
Bannay 51 ... 63 F3
Bannay 57 ... 42 B4
Banne 07 ... 245 F4
Bannegon 18 ... 154 A4
Bannes 46 ... 223 D4
Bannes 51 ... 64 A3
Bannes 52 ... 116 C2
Bannes 53 ... 105 F2
Banneville-la-Campagne 14 ... 29 F4
Banneville-sur-Ajon 14 ... 55 E1
Bannières 81 ... 277 E2
Bannoncourt 55 ... 67 D2
Bannost 77 ... 62 C4
Banogne-Recouvrance 08 ... 37 F1
Banon 04 ... 266 B2
Banos 40 ... 272 B1
Bans 39 ... 159 E2
Bansat 63 ... 208 A3
Bantanges 71 ... 175 F1
Banteux 59 ... 20 A1
Banthelu 95 ... 60 A1
Bantheville 55 ... 39 F3
Bantigny 59 ... 9 D4
Bantouzelle 59 ... 20 A1
Bantzenheim 68 ... 121 D1
Banvillars 90 ... 142 C1
Banville 14 ... 29 E3
Banvou 61 ... 55 E4
Banyuls-dels-Aspres 66 ... 313 D3
Banyuls-sur-Mer 66 ... 313 E3
Baon 89 ... 114 B3
Baons-le-Comte 76 ... 15 E3
Baou de 4 Oures 83 ... 291 F3
Bapaume 62 ... 19 E1
Bapeaume-lès-Rouen 76 ... 32 A2
Bar 19 ... 204 C4
Bar-le-Duc 55 ... 66 B3
Bar-lès-Buzancy 08 ... 39 E2
Bar-sur-Aube 10 ... 91 E4
Le Bar-sur-Loup 06 ... 288 A2
Bar-sur-Seine 10 ... 114 C1
Baracé 49 ... 128 C1
Baracuchet (Col de) 63 ... 209 D2
Baraigne 11 ... 277 E4
Baraize 36 ... 168 C2
Baralle 62 ... 8 C4
Baraqueville 12 ... 260 A1
Barastre 62 ... 19 E1
Baratier 05 ... 250 B2
Barbachen 65 ... 274 A3
Barbaggio 2B ... 315 E1
Barbaira 11 ... 302 C2
Barbaise 08 ... 22 B4
Barbas 54 ... 95 E1
Barbaste 47 ... 255 F1
Barbâtre 85 ... 144 B2
Barbazan 31 ... 299 D3
Barbazan-Debat 65 ... 297 F1
Barbazan-Dessus 65 ... 298 A2
Barbechat 44 ... 127 D3
La Barben 13 ... 284 B2
Barbentane 13 ... 264 C3
Barberaz 73 ... 213 D2
Barberey-aux-Moines 10 ... 90 A3
Barberey-Saint-Sulpice 10 ... 90 A3
Barberier 03 ... 189 F1
Barbery 14 ... 56 A1
Barbery 60 ... 35 D4
Barbeville 14 ... 28 C3
Barbey 77 ... 88 B3
Barbey-Seroux 88 ... 95 F4
Barbezières 16 ... 183 D3
Barbezieux 16 ... 201 D3
Barbières 26 ... 229 F3
Barbirey-sur-Ouche 21 ... 138 C4
Barbizon 77 ... 87 E2
Barbonne-Fayel 51 ... 89 E1
Barbonval 02 ... 37 D3
Barbonville 54 ... 94 C1
Barbotan-les-Thermes 32 ... 254 C3
Le Barboux 25 ... 161 F1
Barbuise 10 ... 89 E1
Barby 08 ... 38 A1
Barby 73 ... 213 D1
Barc 27 ... 58 A1
Barcaggio 2B ... 314 A1
Le Barcarès 66 ... 313 E1
Barcelonne 26 ... 229 E3
Barcelonne-du-Gers 32 ... 273 D1
Barcelonnette 04 ... 250 C3
Barchain 57 ... 69 F3
Barchetta 2B ... 315 E3
Barcillonnette 05 ... 249 D3
Barcugnan 32 ... 274 B4
Barcus 64 ... 296 A1
Barcy 77 ... 62 A2
Bard 42 ... 209 E2
Bard-le-Régulier 21 ... 157 D1
Bard-lès-Époisses 21 ... 137 F2
Bard-lès-Pesmes 70 ... 140 B4
La Barde 17 ... 219 D1
Bardenac 16 ... 201 D4
Bardiana 2B ... 314 B4
Bardigues 82 ... 256 C2
Le Bardon 45 ... 109 F3
Bardos 64 ... 271 D3
Bardou 24 ... 238 B1
Bardouville 76 ... 32 A2
Barèges 65 ... 297 F4
Bareilles 65 ... 298 B4
Barembach 67 ... 70 B4
Baren 31 ... 299 D4
Barentin 76 ... 15 F4
Barenton 50 ... 81 D1
Barenton-Bugny 02 ... 20 C4
Barenton-Cel 02 ... 20 C4
Barenton-sur-Serre 02 ... 20 C4
Barésia-sur-l'Ain 39 ... 177 D2
Barfleur 50 ... 25 E2
Barfleur (Pointe de) 50 ... 25 E2
Bargème 83 ... 268 B4
Bargemon 83 ... 287 E1
Barges 21 ... 139 E4
Barges 43 ... 227 D4
Barges 70 ... 117 F3
Bargny 60 ... 35 F4
Barie 33 ... 237 D2
Les Barils 27 ... 58 A4
Barinque 64 ... 273 D4
Barisey-au-Plain 54 ... 93 F1
Barisey-la-Côte 54 ... 93 F1
Barisis 02 ... 36 B1
Barizey 71 ... 157 F4
Barjac 09 ... 300 A3
Barjac 30 ... 246 A4
Barjac 48 ... 244 A3
Barjols 83 ... 286 A2
Barjon 21 ... 139 D1
Barjouville 28 ... 85 E3
Barles 04 ... 250 A4
Barlest 65 ... 297 E2
Barleux 80 ... 19 E2
Barlieu 18 ... 134 B2
Barlin 62 ... 8 A2
Barly 62 ... 7 F3
Barly 80 ... 7 E4
Barmainville 28 ... 86 B4
Barnas 07 ... 245 F1
Barnave 26 ... 248 A1
Barnay 71 ... 157 D1
Barnenez (Tumulus de) 29 ... 49 E2
Barneville-Carteret 50 ... 24 B4
Barneville-la-Bertran 14 ... 30 B2
Barneville-sur-Seine 27 ... 31 F3
La Baroche-Gondouin 53 ... 81 F2
La Baroche-sous-Lucé 61 ... 81 E1
Les Baroches 54 ... 41 D3
Baromesnil 76 ... 16 C2
Baron 30 ... 263 F2
Baron 33 ... 217 F4
Baron 60 ... 35 E4
Baron 71 ... 174 A2
Baron-sur-Odon 14 ... 29 E4
Baronville 57 ... 69 D2
Barou-en-Auge 14 ... 56 B2
Baroville 10 ... 91 E4
Le Barp 33 ... 235 E2
La Barque 13 ... 285 D3
Barquet 27 ... 58 A1
Barr 67 ... 96 C1
Barracone 2A ... 316 C4
Barrais-Bussolles 03 ... 173 D4
Barran 32 ... 274 C2
Barrancoueu 65 ... 298 B4
Les Barraques-en-Vercors 26 ... 230 A2
Barras 04 ... 267 E2
Barraute-Camu 64 ... 271 F4
Barraux 38 ... 213 D3
La Barre 39 ... 159 F1
La Barre 70 ... 141 E2
Barre 81 ... 279 E1
La Barre-de-Monts 85 ... 144 B2
La Barre-de-Semilly 50 ... 27 F4
Barre-des-Cévennes 48 ... 262 B1
La Barre-en-Ouche 27 ... 57 F2
Barrême 04 ... 268 A3
Barret 16 ... 200 C2
Barret-de-Lioure 26 ... 266 B1
Barret-sur-Méouge 05 ... 248 C4
Barretaine 39 ... 159 F3
Barrettali 2B ... 314 D2
Barriac-les-Bosquets 15 ... 223 F2
Barricourt 08 ... 39 F2
Barro 16 ... 183 F2
Barrou 37 ... 150 A3
Le Barroux 84 ... 265 E2
Barry 65 ... 297 F2
Barry 84 ... 246 C4
Barry-d'Islemade 82 ... 257 F2
Bars 24 ... 221 E2
Bars 32 ... 274 B3
Barsac 26 ... 248 A1
Barsac 33 ... 236 B2
Barsanges 19 ... 205 E2
Barst 57 ... 43 D4
Bart 25 ... 142 B1
Bartenheim 68 ... 120 C3
Barthe 65 ... 298 C1
Barthe (Barrage de la) 12 ... 224 C4
La Barthe-de-Neste 65 ... 298 B2
Bartherans 25 ... 160 A1
Les Barthes 82 ... 257 E2
Bartrès 65 ... 297 E2
Barville 27 ... 31 D4
Barville 61 ... 83 D2
Barville 76 ... 15 E2
Barville 88 ... 93 E2

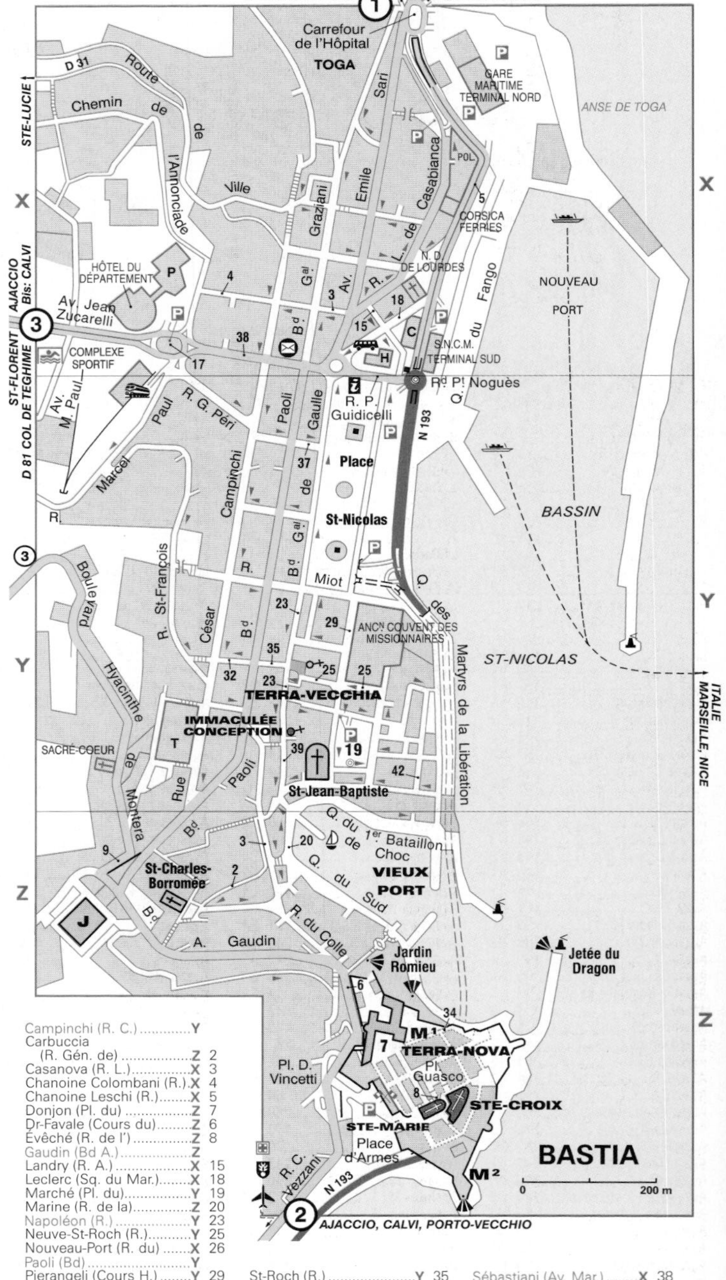

Campinchi (R. C.) ... Y
Carbuccia (R. Gén. de) ... Z 2
Casanova (R. L.) ... X 3
Chanoine Colombani (R.) ... X 4
Chanoine Leschi (R.) ... X 5
Donjon (Pl. du) ... Z 5
Dr-Favale (Cours du) ... Z 6
Évêché (R. de l') ... Z 8
Gaudin (Bd A.) ... Z
Landry (R. A.) ... X 15
Leclerc (Sq. du Mar.) ... X 18
Marché (Pl. du) ... Y 19
Marine (R. de la) ... Z 20
Napoléon (R.) ... Y 23
Neuve-St-Roch (R.) ... Y 25
Nouveau-Port (R. du) ... X 26
Paoli (Bd) ... Y
Pierangeli (Cours H.) ... Y 29
St-François (R.) ... Y 32
St-Michel (R.) ... Z 34
St-Roch (R.) ... Y 35
Salicetti (R.) ... Y 37
Sari (Av. E.) ... X
Sébastiani (Av. Mar.) ... X 38
Terrasses (R. des) ... Y 39
Zéphyrs (R. des) ... Y 42

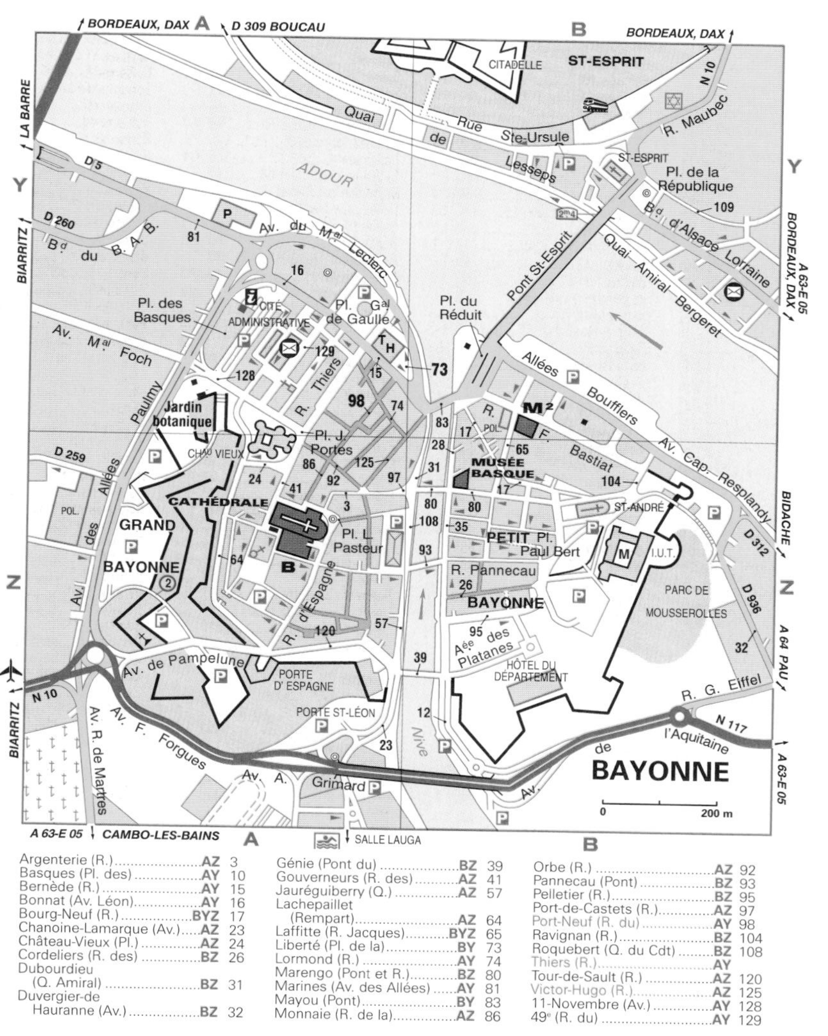

Argenterie (R.) ..... AZ 3
Basques (Pl. des) ..... AY 10
Bernède (R.) ..... AY 15
Bonnat (Av. Léon) ..... AY 16
Bourg-Neuf (R.) ..... BYZ 17
Chanoine-Lamarque (Av.) ..... AZ 23
Château-Vieux (Pl.) ..... AZ 24
Cordeliers (R. des) ..... BZ 26
Dubourdieu (Q. Amiral) ..... BZ 31
Duvergier-de Hauranne (Av.) ..... BZ 32
Génie (Pont du) ..... BZ 39
Gouverneurs (R. des) ..... AZ 41
Jauréguiberry (Q.) ..... AZ 57
Lachepaillet (Rempart) ..... AZ 64
Laffitte (R. Jacques) ..... BYZ 65
Liberté (Pl. de la) ..... BY 73
Lormond (R.) ..... AY 74
Marengo (Pont et R.) ..... BZ 80
Marines (Av. des Allées) ..... AY 81
Mayou (Pont) ..... BY 83
Monnaie (R. de la) ..... AZ 86
Orbe (R.) ..... AZ 92
Pannecau (Pont) ..... BZ 93
Pelletier (R.) ..... BZ 95
Port-de-Castets (R.) ..... AZ 97
Port-Neuf (R. du) ..... AY 98
Ravignan (R.) ..... BZ 104
Roquebert (Q. du Cdt) ..... BZ 108
Thiers (R.) ..... AY
Tour-de-Sault (R.) ..... AZ 120
Victor-Hugo (R.) ..... AZ 125
11-Novembre (Av.) ..... AY 128
49e (R. du) ..... AY 129

Barville-en-Gâtinais *45* 111 D1
Barzan *17* 198 C2
Barzun *64* 297 E1
Barzy-en-Thiérache *02* 10 A4
Barzy-sur-Marne *02* 63 E1
Bas-en-Basset *43* 209 E4
Bas-et-Lezat *63* 189 F2
Bas-Lieu *59* 10 B3
Bas-Mauco *40* 253 F4
Bas-Rupts *88* 119 F1
Bascons *40* 254 A4
Bascous *32* 255 E4
Baslieux *54* 40 C2
Baslieux-lès-Fismes *51* 37 D3
Baslieux-sous-Châtillon *51* 63 F1
Basly *14* 29 E3
Bassac *16* 201 D1
Bassan *34* 280 B4
Bassanne *33* 237 D2
Basse-Goulaine *44* 126 C4
Basse-Ham *57* 41 F2
Basse-Indre *44* 126 A4
Basse-Rentgen *57* 41 F1
Basse-sur-le-Rupt *88* 119 E4
La Basse-Vaivre *70* 118 A2
La Bassée *59* 8 B1
Bassemberg *67* 96 B1
Basseneville *14* 29 F4
Bassens *33* 217 E3
Bassens *73* 213 D1
Bassercles *40* 272 B2
Basses *86* 148 C2
Basseux *62* 8 A4
Bassevelle *77* 62 C2
Bassignac *15* 206 A4
Bassignac-le-Bas *19* 223 D3
Bassignac-le-Haut *19* 223 E1
Bassigney *70* 118 B3
Bassillac *24* 220 C1
Bassillon-Vauzé *64* 273 E3
Bassing *57* 69 E2
Bassoles-Aulers *02* 36 B1
Bassoncourt *52* 117 D1
Bassou *89* 113 E3
Bassoues *32* 274 A2
Bassu *51* 65 E3
Bassuet *51* 65 E3
Bassurels *48* 262 B1
Bassussarry *64* 270 B3
Bassy *74* 194 C2
Bastanès *64* 272 A4
Bastelica *2A* 317 D3
Bastelicaccia *2A* 316 B4
Bastennes *40* 272 A1
Bastia *2B* 315 F1
La Bastide *66* 312 B3
La Bastide *83* 268 C4
La Bastide-Clairence *64* 271 D3
La Bastide-de-Besplas *09* 300 B2
La Bastide-de-Bousignac *09* 301 F3
La Bastide de Couloumat *11* 301 E1
La Bastide-de-Lordat *09* 301 D2
La Bastide-de-Sérou *09* 300 C3
La Bastide-d'Engras *30* 264 A2
La Bastide-des-Jourdans *84* 266 C4
La Bastide-du-Salat *09* 299 F3
La Bastide-l'Évêque *12* 241 E4
La Bastide-Pradines *12* 261 E3
La Bastide-Puylaurent *48* 245 D2
La Bastide-Solages *12* 260 A3
La Bastide-sur-l'Hers *09* 301 F3
La Bastidonne *13* 285 D4
La Bastidonne *84* 285 D1
La Bastie-d'Urfé (Château de) *42* 209 E1
Le Bastit *46* 240 B1
Basville *23* 188 A4
La Bataille *79* 183 D2
Bataille (Col de la) *26* 229 F3
La Batarelle *13* 285 D4
Bataville *57* 69 E4
Bathelémont-lès-Bauzemont *54* 69 D4
Bathernay *26* 229 E1
La Bâthie *73* 214 A1
La Bâtie-Crémezin *26* 248 B2
La Bâtie-des-Fonds *26* 248 C2
La Bâtie-Divisin *38* 212 B2
La Bâtie-Montgascon *38* 212 B2
La Bâtie-Montsaléon *05* 248 C3
La Bâtie-Neuve *05* 249 F2
La Bâtie-Rolland *26* 247 D2
La Bâtie-Vieille *05* 249 F2
Les Bâties *70* 140 C2
Batilly *54* 41 E4
Batilly *61* 56 B4
Batilly-en-Gâtinais *45* 111 D1
Batilly-en-Puisaye *45* 135 D1
Bats *40* 272 C1
Batsère *65* 298 B2
Battenans-les-Mines *25* 141 F2
Battenans-Varin *25* 142 B3
Battenheim *68* 120 C2
Battexey *88* 94 B2
Battigny *54* 94 A2
Battrans *70* 140 B2
Batz (Île de) *29* 49 D1
Batz-sur-Mer *44* 123 E4
Batzendorf *67* 71 D2
Baubigny *21* 157 F2
Baubigny *50* 24 B4
La Bauche *73* 212 C2
Baud *56* 100 C2
Baudement *51* 89 F1
Baudemont *71* 174 A4
Baudignan *40* 255 D2
Baudignécourt *55* 93 D1
Baudinard-sur-Verdon *83* 286 B1
Baudoncourt *70* 118 C3
Baudonvilliers *55* 66 A4
Baudre *50* 54 C1
Baudrecourt *52* 92 A2
Baudrecourt *57* 68 C1
Baudreix *64* 297 D1
Baudrémont *55* 66 C3
Baudres *36* 151 F2
Baudreville *28* 86 A3
Baudreville *50* 26 B3
Baudricourt *88* 94 A3
Baudrières *71* 175 E1
Bauduen *83* 286 B1
Baugé *49* 129 E2
Baugy *18* 154 A2
Baugy *60* 35 E2
Baugy *71* 173 F4
Baulay *70* 118 A3
La Baule *44* 124 C3
Baule *45* 109 F4
La Baule-Escoublac *44* 123 F4
Baulme-la-Roche *21* 138 C3
Baulne *91* 87 D2
Baulne-en-Brie *02* 63 E2
Baulny *55* 39 E3
Baulon *35* 102 C1
Baulou *09* 300 C3
La Baume *74* 178 C3
Baume (Cirque de) *39* 159 F4
La Baume-Cornillane *26* 229 E4
La Baume-de-Transit *26* 247 D4
La Baume-d'Hostun *26* 229 F2
Baume-les-Dames *25* 141 F3
Baume-les-Messieurs *39* 159 F4
Bauné *49* 128 C2
Baupte *50* 27 D3
Bauquay *14* 55 E1
Baurech *33* 236 B1
La Baussaine *35* 79 D3
Bauvin *59* 8 B1
Les Baux-de-Breteuil *27* 58 A3
Les Baux-de-Provence *13* 283 F1
Les Baux-Sainte-Croix *27* 58 C2
Bauzemont *54* 69 D4
Bauzy *41* 132 C2
Bavans *25* 142 B2
Bavay *59* 10 A2
Bavelincourt *80* 18 C2
Bavella (Col de) *2A* 319 E1
Bavent *14* 29 F4
Baverans *39* 159 E1
Bavilliers *90* 119 F4
Bavinchove *59* 3 F3
Bavincourt *62* 8 A4
Bax *31* 300 B1
Bay *08* 21 F3
Bay *70* 140 B3
Bay-sur-Aube *52* 116 B3
Bayac *24* 220 C4
Bayard (Château de) *38* 213 E3
Bayard (Col) *05* 249 E1
Bayas *33* 218 C2
Baye *29* 99 F2
Baye *51* 63 F3
Bayecourt *88* 95 D3
Bayel *10* 91 F4
Bayencourt *80* 8 A4
Bayenghem-lès-Éperlecques *62* 3 D3
Bayenghem-lès-Seninghem *62* 3 D4
Bayers *16* 183 F3
Bayet *03* 172 A4
Bayeux *14* 28 C3
Bayon *54* 94 B1
Bayon-sur-Gironde *33* 217 E2
Bayonne *64* 270 C2
Bayons *04* 249 F4
Bayonville *08* 39 E2
Bayonville-sur-Mad *54* 67 F1
Bayonvillers *80* 19 D3
Bazac *16* 219 E1
Bazaiges *36* 168 C2
Bazailles *54* 41 D2
Bazainville *78* 59 F3
Bazancourt *51* 38 A3
Bazancourt *60* 33 E1
Bazarnes *89* 136 B1
Bazas *33* 236 C3
Bazauges *17* 183 D3
Bazegney *88* 94 B3
Bazeilles *08* 23 E4
Bazeilles-sur-Othain *55* 40 B1
Bazelat *23* 168 C4
Bazemont *78* 60 A2
Bazens *47* 255 F1
Bazentin *80* 19 D1
Bazenville *14* 29 D3
Bazet *65* 297 F1
La Bazeuge *87* 167 F4
Bazian *32* 274 B1
Bazicourt *60* 35 D3
Baziège *31* 277 D3
Bazien *88* 95 E2
Bazillac *65* 273 F4
Bazincourt-sur-Epte *27* 33 E3
Bazincourt-sur-Saulx *55* 66 B4
Bazinghen *62* 2 A3
Bazinval *76* 17 D2
La Bazoche-Gouet *28* 108 B1
Bazoches *58* 136 C3
Bazoches-au-Houlme *61* 56 A3
Bazoches-en-Dunois *28* 109 E1
Bazoches-lès-Bray *77* 88 C3
Bazoches-les-Gallerandes *45* 110 B1
Bazoches-les-Hautes *28* 110 A1
Bazoches-sur-Guyonne *78* 60 A4
Bazoches-sur-Hoëne *61* 83 E1
Bazoches-sur-le Betz *45* 112 B1
Bazoches-sur-Vesles *02* 37 D3
La Bazoge *50* 54 C4
La Bazoge *72* 106 C1
La Bazoge-Montpinçon *53* 81 E3
Bazoges-en-Paillers *85* 146 B3
Bazoges-en-Pareds *85* 164 A1
Bazoilles-et-Ménil *88* 94 A3
Bazoilles-sur-Meuse *88* 93 E3
Bazolles *58* 155 F1
Bazoncourt *57* 68 B1
Bazonville *54* 41 D2
La Bazoque *14* 28 B4
La Bazoque *61* 55 E3
Bazoques *27* 31 D4
Bazordan *65* 298 C1
La Bazouge-de-Chemeré *53* 105 F2
La Bazouge-des-Alleux *53* 81 E4
La Bazouge-du-Désert *35* 80 B2
Bazougers *53* 105 E2
Bazouges *53* 105 D3
Bazouges-la-Pérouse *35* 79 F2
Bazouges-sous-Hédé *35* 79 D3
Bazouges-sur-le-Loir *72* 106 A4
Bazuel *59* 20 C1
Bazugues *32* 274 B3
Bazus *31* 276 C1
Bazus-Aure *65* 298 B4
Bazus-Neste *65* 298 B3
Le Béage *07* 227 E4
Béal (Col du) *63* 208 C1
Béalcourt *80* 7 D4
Béalencourt *62* 7 D2
Béard *58* 155 D3
Beaubec-la-Rosière *76* 16 C4
Beaubery *71* 174 B3
Beaubray *27* 58 B2
Beaucaire *30* 264 B4
Beaucaire *32* 255 F4
Beaucamps-le-Jeune *80* 17 E3
Beaucamps-le-Vieux *80* 17 E3
Beaucamps-Ligny *59* 8 B1
Beaucé *35* 80 B3
Beaucens *65* 297 E3
Le Beaucet *84* 265 E3
Beauchalot *31* 299 E2
Beauchamp *95* 60 C2
Beauchamps *50* 54 A3
Beauchamps *80* 16 C1
Beauchamps-sur-Huillard *45* 111 D3
Beaucharmoy *52* 117 E2
Beauchastel *07* 229 D4
Beauche *28* 58 B4
Beauchemin *52* 116 C2
Beauchêne *41* 108 B2
Beauchêne *61* 55 D4
Beauchery-Saint-Martin *77* 89 D1
Beauclair *55* 39 F2
Beaucoudray *50* 54 B2
Beaucourt *90* 142 C1
Beaucourt-en-Santerre *80* 18 C3
Beaucourt-sur-l'Ancre *80* 19 D1
Beaucourt-sur-l'Hallue *80* 18 B2
Beaucouzé *49* 128 B2
Beaucroissant *38* 212 A4
Beaudéan *65* 298 A3
Beaudéduit *60* 17 F4
Beaudignies *59* 9 F4
Beaudricourt *62* 7 F3
Beaufai *61* 57 E4
Beaufay *72* 107 D1
Beauficel *50* 54 C4
Beauficel-en-Lyons *27* 33 D2
Beaufin *38* 231 E4
Beaufort *31* 276 A3
Beaufort *34* 303 E1
Beaufort *38* 211 E4
Beaufort *39* 176 B1
Beaufort *59* 10 B2
Beaufort *73* 196 B4
Beaufort-Blavincourt *62* 7 F3
Beaufort-en-Argonne *55* 39 F2
Beaufort-en-Santerre *80* 19 D3
Beaufort-en-Vallée *49* 129 D2
Beaufort-sur-Gervanne *26* 229 F4
Beaufou *85* 145 F3
Beaufour *14* 30 A4
Beaufremont *88* 93 E3
Beaugas *47* 238 B3
Beaugeay *17* 181 D3
Beaugency *45* 109 F4
Beaugies-sous-Bois *60* 19 F4
Beaujeu *04* 268 A1
Beaujeu *69* 192 B1
Beaujeu-Saint-Vallier-et-Pierrejux *70* 140 B2
Beaulac *33* 236 C4
Beaulandais *61* 81 E1
Beaulencourt *62* 19 E1
Beaulieu *07* 245 F4
Beaulieu *08* 22 A2
Beaulieu *14* 55 D2
Beaulieu *15* 206 B3
Beaulieu *21* 115 F4
Beaulieu *25* 142 C2
Beaulieu *34* 282 A1
Beaulieu *36* 168 B3
Beaulieu *38* 230 A1
Beaulieu *43* 227 D2
Beaulieu *58* 136 B4
Beaulieu *61* 58 A4
Beaulieu *63* 207 F3
Beaulieu-en-Argonne *55* 66 A1
Beaulieu-en-Rouergue (Abbaye de) *82* 258 C1
Beaulieu-les-Fontaines *60* 19 E4
Beaulieu-lès-Loches *37* 150 C1
Beaulieu-sous-Bressuire *79* 147 E3
Beaulieu-sous-la-Roche *85* 145 E4
Beaulieu-sous-Parthenay *79* 165 E1
Beaulieu-sur-Dordogne *19* 222 C3
Beaulieu-sur-Layon *49* 128 B3
Beaulieu-sur-Loire *45* 135 D2
Beaulieu-sur-Mer *06* 288 C2
Beaulieu-sur-Oudon *53* 104 C2
Beaulieu-sur-Sonnette *16* 184 A3
Beaulon *03* 173 D1
Beaumais *14* 56 B2
Beaumarchés *32* 273 F2
Beaumat *46* 240 B1
Beaumé *02* 21 F3
La Beaume *05* 248 C2
Beauménil *88* 95 E4
Beaumerie-Saint-Martin *62* 6 B2
Beaumes-de-Venise *84* 265 E2
Beaumesnil *14* 54 C2
Beaumesnil *27* 58 A2
Beaumettes *84* 265 F4
Beaumetz *80* 7 D4
Beaumetz-lès-Aire *62* 7 E1
Beaumetz-lès-Cambrai *62* 8 C4
Beaumetz-lès-Loges *62* 8 A4
Beaumont *07* 245 F2
Beaumont *19* 204 C3
Beaumont *32* 255 F3
Beaumont *43* 208 A4
Beaumont *54* 67 E3
Beaumont *63* 207 E1
Beaumont *74* 195 E1
Beaumont *86* 149 E4
Beaumont *89* 113 E3
Beaumont-de-Lomagne *82* 257 D4
Beaumont-de-Pertuis *84* 285 E1
Beaumont-du-Gâtinais *77* 111 E1
Beaumont-du-Lac *87* 187 D4
Beaumont-du-Périgord *24* 238 C1
Beaumont-du-Ventoux *84* 265 F1
Beaumont-en-Argonne *08* 39 F1
Beaumont-en-Auge *14* 30 B3
Beaumont-en-Beine *02* 19 F4
Beaumont-en-Cambrésis *59* 9 E4
Beaumont-en-Diois *26* 248 B2
Beaumont-en-Verdunois *55* 40 B3
Beaumont-en-Véron *37* 129 F4
Beaumont-Hague *50* 24 B2
Beaumont-Hamel *80* 19 D1
Beaumont-la-Ferrière *58* 154 C1
Beaumont-la-Ronce *37* 130 C1
Beaumont-le-Hareng *76* 16 B4
Beaumont-le-Roger *27* 58 A1
Beaumont-les-Autels *28* 84 B4
Beaumont-les-Nonains *60* 34 A3
Beaumont-lès-Randan *63* 190 A2
Beaumont-lès-Valence *26* 229 D4
Beaumont-Monteux *26* 229 D2
Beaumont-Pied-de-Bœuf *53* 105 F2
Beaumont-Pied-de-Bœuf *72* 107 E4
Beaumont-Sardolles *58* 155 E3
Beaumont-sur-Dême *72* 107 F4
Beaumont-sur-Grosne *71* 175 E1
Beaumont-sur-Lèze *31* 276 B4
Beaumont-sur-Oise *95* 61 D1
Beaumont-sur-Sarthe *72* 82 C4
Beaumont-sur-Vesle *51* 38 A4
Beaumont-sur-Vingeanne *21* 139 F2
Beaumont-Village *37* 151 D1
Beaumontel *27* 58 A1
Beaumotte-lès-Montbozon *70* 141 E2
Beaumotte-lès-Pin *70* 140 C3
Beaunay *51* 63 F3
Beaune *21* 158 A2
Beaune *73* 214 B4
Beaune-d'Allier *03* 171 E4
Beaune-la-Rolande *45* 111 D1
Beaune-le-Froid *63* 207 D2
Beaune-les-Mines *87* 185 F3
Beaune-sur-Arzon *43* 208 C4
Beaunotte *21* 115 E4
Beaupont *01* 176 A3
Beauport (Abbaye de) *22* 51 D2
Beaupouyet *24* 219 F3
Beaupréau *49* 127 E4
Beaupuy *31* 276 C2
Beaupuy *32* 275 F2
Beaupuy *47* 237 E2
Beaupuy *82* 257 E4
Beauquesne *80* 18 B1
Beaurain *59* 9 F4
Beaurains *62* 8 B3
Beaurains-lès-Noyon *60* 35 F1
Beaurainville *62* 6 C2
Beaurecueil *13* 285 D3
Beauregard *01* 192 C2

BEAUVAIS

Beauregard (R.) 2
Brière (Bd J.) 3
Carnot (R.)
Clemenceau (Pl.) 4
Dr-Gérard (R.) 5
Dr-Lamotte (Bd du) 6
Dreux (R. Ph. de) 7
Gambetta (R.)
Grenier-à-Sel (R.) 8
Guéhengnies (R. de) 9
Hachette (Pl. J.) 10
Halles (Pl. des) 12
Leclerc (R. Mar.) 13
Lignières (R. J. de) 15
Loisel (Bd A.) 16
Malherbe (R. de) 18
Nully-d'Hécourt (R.) 19
République (Av. de la) 20
St-André (Bd) 22
St-Laurent (R.) 23
St-Pierre (R.) 24
St-Vincent-de-Beauvais (R.) 26
Scellier (Cours) 27
Taillerie (R. de la) 29
Tapisserie (R. de la) 30
Villiers de l'Isle Adam (R.) 35
Watrin (R. du Gén.) 36
27 Juin (R. du) 38

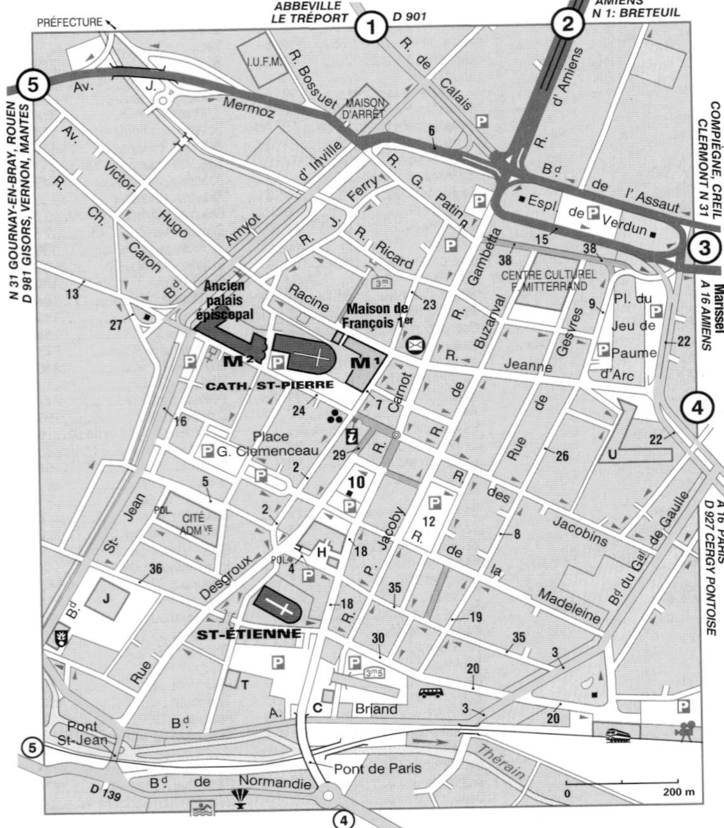

Beauregard *46* 240 C4
Beauregard-Baret *26* 229 F2
Beauregard-de-Terrasson *24* 221 F1
Beauregard-et-Bassac *24* 220 B3
Beauregard-l'Évêque *63* 189 F4
Beauregard-Vendon *63* 189 E3
Beaurepaire *38* 211 E4
Beaurepaire *60* 35 D3
Beaurepaire *76* 14 B3
Beaurepaire *85* 146 B3
Beaurepaire-en-Bresse *71* 176 B1
Beaurepaire-sur-Sambre *59* 10 A4
Beaurevoir *02* 20 A2
Beaurières *26* 248 B2
Beaurieux *02* 37 D2
Beaurieux *59* 10 C3
Beauronne *24* 220 A2
Beausemblant *26* 229 D1
Beausoleil *06* 289 E4
Beaussac *24* 202 A2
Beaussais *79* 165 E4
Beaussault *76* 17 D4
Beausse *49* 127 F3
Le Beausset *83* 291 E3
Beauteville *31* 277 E4
Beautheil *77* 62 B4
Beautiran *33* 236 B1
Beautor *02* 20 B4
Beautot *76* 16 A4
Beauvain *61* 82 A1
Beauvais *60* 34 A2
Beauvais-sur-Matha *17* 182 D3
Beauvais-sur-Tescou *81* 258 A4
Beauval *80* 18 B1
Beauval-en-Caux *76* 16 A4
Beauvallon *26* 229 D4
Beauvallon *83* 287 E4
Beauvau *49* 129 D1
Beauvène *07* 228 B4
Beauvernois *71* 159 E3
Beauvezer *04* 268 B1
Beauville *31* 277 E3
Beauville *47* 256 C1
Beauvilliers *28* 85 F4
Beauvilliers *41* 109 D3
Beauvilliers *89* 137 E3
Beauvoir *50* 79 F1
Beauvoir *60* 34 B1
Beauvoir *77* 88 A1
Beauvoir *89* 113 D4
Beauvoir (Château de) *03* 172 C3
Beauvoir-de-Marc *38* 211 E2
Beauvoir-en-Lyons *76* 33 D2
Beauvoir-en-Royans *38* 230 A1
Beauvoir-sur-Mer *85* 144 C2
Beauvoir-sur-Niort *79* 182 B1
Beauvoir-sur-Sarce *10* 114 C2
Beauvoir-Wavans *62* 7 D4
Beauvois *62* 7 E3
Beauvois-en-Cambrésis *59* 9 E4
Beauvois-en-Vermandois *02* 19 F3
Beauvoisin *26* 247 F4
Beauvoisin *30* 282 C1
Beauvoisin *39* 159 D3
Beaux *43* 227 E1
Beauzac *43* 209 E4
Beauzée-sur-Aire *55* 66 B2
Beauzelle *31* 276 B2
Beauziac *47* 237 D4
Bébing *57* 69 F3
Beblenheim *68* 96 B3
Bec-de-Mortagne *76* 15 D2
Le Bec-Hellouin *27* 31 E4
Le Bec-Thomas *27* 32 A4
Beccas *32* 274 A3
Béceleuf *79* 164 C2
Béchamps *54* 40 C4
Bécherel *35* 78 C3
Bécheresse *16* 201 E2
Béchy *57* 68 C1
Bécon-les-Granits *49* 128 A2
Béconne *26* 247 E3
Bécordel-Bécourt *80* 19 D2
Bécourt *62* 2 C4
Becquigny *02* 20 B1
Becquigny *80* 18 C4
Bédarieux *34* 280 A2
Bédarrides *84* 265 D2
Beddes *18* 170 A1
Bédéchan *32* 275 E2
Bédée *35* 78 C4
Bédeilhac-et-Aynat *09* 300 C4
Bédeille *09* 300 A2
Bédeille *64* 273 E4
Bedenac *17* 218 C1
Bédoin *84* 265 F2
Bédouès *48* 244 B4
Bedous *64* 296 B3
Béduer *46* 241 D2
Beffes *18* 154 B1
Beffia *39* 176 C2
Beffu-et-le-Morthomme *08* 39 E2
Beg-Meil *29* 98 C2
Bégaar *40* 253 D4
Bégadan *33* 198 C3
Béganne *56* 125 D1
Bégard *22* 50 B3
Bègles *33* 217 E4
Begnécourt *88* 94 B4
Bégole *65* 298 B2
Bégrolles-en-Mauges *49* 146 C1
La Bégude-de-Mazenc *26* 247 D2
Bègues *03* 189 E1
Béguey *33* 236 B1
Béguios *64* 271 E4
Béhagnies *62* 8 B4
Béhasque-Lapiste *64* 271 E4
Béhen *80* 17 E1
Béhencourt *80* 18 C2
Béhéricourt *60* 35 F1
Behlenheim *67* 71 D3
Béhobie *64* 270 A4
Behonne *55* 66 B3
Béhorléguy *64* 295 E2
Béhoust *78* 59 F3
Behren-lès-Forbach *57* 43 D4
Béhuard *49* 128 A3
Beignon *56* 102 B1
Beillé *72* 107 E1
Beine *89* 113 F3
Beine-Nauroy *51* 38 A4
Beinheim *67* 71 F1
Beire-le-Châtel *21* 139 E3
Beire-le-Fort *21* 139 F4
Beissat *23* 187 F4
Bel-Air *49* 104 C4
Bel-Homme (Col du) *83* 287 E1
Bélâbre *36* 168 A2
Belan-sur-Ource *21* 115 E2
Bélarga *34* 281 D3
Bélaye *46* 239 F3
Belberaud *31* 277 D3
Belbèse *82* 257 D4
Belbeuf *76* 32 B2
Belbèze-de-Lauragais *31* 276 C4
Belbèze-en-Comminges *31* 299 F2
Belcaire *11* 310 C1
Belcastel *12* 242 A4
Belcastel *81* 277 E2
Belcastel (Château de) *46* 222 B4
Belcastel-et-Buc *11* 302 B3
Belcodène *13* 285 E3
Bélesta *09* 301 F4
Bélesta *66* 312 B1
Bélesta-en-Lauragais *31* 277 E3
Beleymas *24* 220 A3
Belfahy *70* 119 E3
Belfays *25* 142 C3
Belflou *11* 301 E1
Belfonds *61* 82 C1
Belfort *90* 119 F4
Belfort-du-Quercy *46* 258 A1
Belfort-sur-Rebenty *11* 310 C1
Belgeard *53* 81 E4
Belgentier *83* 291 F3
Belgodère *2B* 314 C2
Belhade *40* 235 E3
Belhomert-Guéhouville *28* 84 C2
Le Bélieu *25* 161 E1
Béligneux *01* 193 E3
Belin-Béliet *33* 235 E3
Bélis *40* 254 A2
Bellac *87* 185 E1
Bellaffaire *04* 249 F3
Bellagranajo (Col de) *2B* 317 D1
Bellaing *59* 9 E2
Bellancourt *80* 17 F1
Bellange *57* 69 D2
Bellavilliers *61* 83 E2
Le Bellay-en-Vexin *95* 33 F4
Belle-Église *60* 34 B4
Belle-et-Houllefort *62* 2 B3
Belle-Ile *56* 122 A3
Belle-Isle-en-Terre *22* 50 A3
Belleau *02* 62 C1
Belleau *54* 68 A3
Bellebat *33* 236 C1
Bellebrune *62* 2 B4
Bellechassagne *19* 205 F1
Bellechaume *89* 113 E2
Bellecombe *39* 177 E3
Bellecombe *73* 214 B2
Bellecombe-en-Bauges *73* 195 E4
Bellecombe-Tarendol *26* 248 A4
Bellefond *21* 139 E3
Bellefond *33* 218 C4
Bellefonds *86* 166 C1
Bellefontaine *39* 177 F1
Bellefontaine *50* 54 C4
Bellefontaine *88* 118 C1
Bellefontaine *95* 61 E1
Bellefosse *67* 96 B1
Bellegarde *30* 283 D1
Bellegarde *32* 275 D4
Bellegarde *45* 111 D2
Bellegarde *81* 259 F4
Bellegarde-du-Razès *11* 302 A2
Bellegarde-en-Diois *26* 248 A2
Bellegarde-en-Forez *42* 209 F1
Bellegarde-en-Marche *23* 187 F3
Bellegarde-Poussieu *38* 211 D3
Bellegarde-Sainte-Marie *31* 276 A2
Bellegarde-sur-Valserine *01* 194 C1
Belleherbe *25* 142 B3
Bellemagny *68* 120 A3
Bellême *61* 83 F3
Bellenaves *03* 189 E1
Bellencombre *76* 16 B4
Belleneuve *21* 139 F3
Bellenglise *02* 20 A2
Bellengreville *14* 56 B1
Bellengreville *76* 16 B2
Bellenod-sur-Seine *21* 115 E4
Bellenot-sous-Pouilly *21* 138 B4
Bellentre *73* 214 C1
Belleray *55* 40 B4
Bellerive-sur-Allier *03* 190 A1
Belleroche *42* 192 A1
Belleserre *81* 278 A3
Bellesserre *31* 276 A1
Belleu *02* 36 B3
Belleuse *80* 18 A4
Bellevaux *74* 178 C4
Bellevesvre *71* 159 D3
Belleville *54* 68 A3
Belleville *69* 192 C1
Belleville *79* 182 B1
Belleville-en-Caux *76* 16 D4
Belleville-sur-Bar *08* 39 D2
Belleville-sur-Loire *18* 135 D2
Belleville-sur-Mer *76* 16 A2
Belleville-sur-Meuse *55* 40 A4
Belleville-sur-Vie *85* 145 F4
Bellevue *44* 126 C4
Bellevue (Grotte de) *46* 240 C2
Bellevue-Coëtquidan *56* 102 B2
Bellevue-la-Montagne *43* 226 C1
Belley *01* 194 C4
Belley *10* 90 B3
Belleydoux *01* 177 D4
Bellicourt *02* 20 A2
La Bellière *61* 82 B1
La Bellière *76* 33 D1
Bellignat *01* 176 C4
Belligné *44* 127 E2
Bellignies *59* 10 A1
La Belliole *89* 112 B1
Belloc *09* 301 F3
Belloc-Saint-Clamens *32* 274 B3
Bellocq *64* 271 F2
Bellon *16* 201 E4
Bellonne *62* 8 C3
Bellot *77* 62 C3
Bellou *14* 57 D2
Bellou-en-Houlme *61* 55 F4
Bellou-le-Trichard *61* 83 F4
Bellou-sur-Huisne *61* 84 A2
Belloy *60* 35 D1
Belloy-en-France *95* 61 D1
Belloy-en-Santerre *80* 19 E3
Belloy-Saint-Léonard *80* 17 E2
Belloy-sur-Somme *80* 18 A2
Belluire *17* 199 E2
Belmesnil *76* 16 A3
Belmont *25* 141 F4
Belmont *32* 274 A1
Belmont *38* 212 A2
Belmont *39* 159 E2
Belmont *52* 117 D4
Belmont *67* 96 B1
Belmont *70* 119 D3
Belmont-Bretenoux *46* 223 D4
Belmont-d'Azergues *69* 192 C3
Belmont-de-la-Loire *42* 191 F1
Belmont-lès-Darney *88* 118 A1
Belmont-Luthézieu *01* 194 B3
Belmont-Sainte-Foi *46* 258 B1
Belmont-sur-Buttant *88* 95 E3
Belmont-sur-Rance *12* 260 C4
Belmont-sur-Vair *88* 93 F3
Belmont-Tramonet *73* 212 C2
Belmontet *46* 239 E4
Belon *29* 99 E2
Belonchamp *70* 119 D3
Belpech *11* 301 E2
Belrain *55* 66 C3
Belrupt *88* 118 A1
Belrupt-en-Verdunois *55* 40 B4
Bélus *40* 271 E2
Belval *08* 22 C3
Belval *50* 54 A1
Belval *88* 96 A1
Belval-Bois-des-Dames *08* 39 E2
Belval-en-Argonne *51* 66 A2
Belval-sous-Châtillon *51* 63 F1
Belvédère *06* 289 D2
Belvédère-Campomoro *2A* 318 B2
Belverne *70* 119 E4
Belvès *24* 221 E4
Belvès-de-Castillon *33* 219 D3
Belvèze *82* 239 E4
Belvèze-du-Razès *11* 302 A2
Belvézet *30* 264 A2
Belvezet *48* 244 C2
Belvianes-et-Cavirac *11* 302 B4
Belvis *11* 302 A4
Belvoir *25* 142 B3
Belz *56* 100 B4
Bémécourt *27* 58 B3
Bénac *09* 300 C4
Bénac *65* 297 F2
Benagues *09* 301 D2
Benais *37* 129 F4
Bénaix *09* 301 E4
Bénaménil *54* 95 D1
Bénarville *76* 15 D3
Benassay *86* 165 F2
La Benâte *17* 181 F2
La Bénate *44* 145 E2
Benauge (Château de) *33* 236 C1
Benay *02* 20 A3
Benayes *19* 204 A2
Bendejun *06* 288 C1
Bendor (Île de) *83* 291 E4
Bendorf *68* 120 B4
Bénéjacq *64* 297 D1
Benerville-sur-Mer *14* 30 B3
Bénesse-lès-Dax *40* 271 E1
Bénesse-Maremne *40* 270 C1
Benest *16* 184 A2
Bénestroff *57* 69 E2
Bénesville *76* 15 F2
Benet *85* 164 B3
Beneuvre *21* 116 A4
Bénévent-et-Charbillac *05* 249 E1
Bénévent-l'Abbaye *23* 186 B1
Beney-en-Woëvre *55* 67 E2
Benfeld *67* 97 D1
Bengy-sur-Craon *18* 154 A2
Bénifontaine *62* 8 B2
Béning-lès-Saint-Avold *57* 43 D4
La Bénisson-Dieu *42* 191 E1
Bénivay-Ollon *26* 247 F4
Bennecourt *78* 59 E1
Bennetot *76* 15 D3
Benney *54* 94 B1
Bennwihr *68* 96 B3
Bénodet *29* 98 C2
Benoisey *21* 138 A1
Benoîtville *50* 24 B3
Benon *17* 164 A4
Bénonces *01* 194 A4
Bénouville *14* 29 F4
Bénouville *76* 14 B2
Benque *31* 299 E1
Benqué *65* 298 B2
Benque-Dessous-et-Dessus *31* 307 F3
Benquet *40* 254 A4
Bentayou-Sérée *64* 273 E4
Bény *01* 176 A4
Le Bény-Bocage *14* 55 D2
Bény-sur-Mer *14* 29 E3
Béon *01* 194 C3
Béon *89* 112 C2
Béost *64* 296 C3
La Bérarde *38* 232 A3
Bérat *31* 276 A4
Béraut *32* 255 F3
Berbérust-Lias *65* 297 F3

BELFORT

Ancêtres (Fg des) Y 3
Armes (Pl. d') Y 5
As-de-Carreau (R. de l') Z 6
Bourgeois (Pl. des) Y 12
Carnot (Bd) Z 15
Clemenceau (R. G.) Y 20
Denfert-Rochereau (R.) Z 21
Dr-Corbis (Pl. du) Z 23
Dr-Fréry (R. du) Y 24
Dreyfus-Schmidt (R.) Y 25
Espérance (Av. de l') Y 28
Foch (Av. Mar.) Z 29
France (Fg de) Z 30
Gaulard (R. du Gén.) Z 31
Grande-Fontaine (R.) Y 33
Grand'Rue Y 34
Joffre (Bd du Mar.) Y 37
Lebleu (R. F.) Z 40
Magasin (Q. du) Y 43
Metz-Juteau (R.) Y 45
Pompidou (R. G.) Y 48
République (Pl. de la) Y 49
République (R. de la) Z 50
Roussel (R. du Gén.) Y 51
Sarrail (Av. du Gén.) Z 52
Vauban (Q.) Y 60

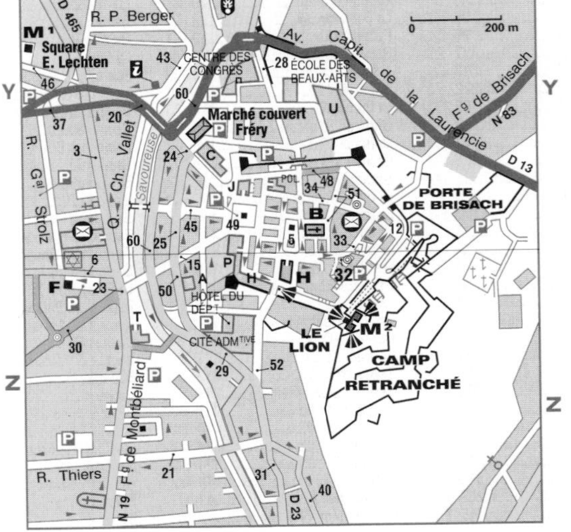

BESANÇON

Battant (Pont) ... AY 3
Battant (R.) ... AY
Bersot (R.) ... BY
Carnot (Av.) ... BY 7
Castan (Sq.) ... BZ 8
Chapitre (R. du) ... BZ 14
Denfert-Rochereau (Av.) ... BY 17
Denfert-Rochereau (Pont) ... ABY 18
Fusillés-de-la-Résistance (R. des) ... BZ 20
Gambetta (R.) ... BY 21
Gare-d'eau (Av. de la) ... AZ 22
Gaulle (Bd Ch.-de) ... AZ 23
Girod de Chantrans (R.) ... AYZ 24
Grande-Rue ... ABYZ
Granges (R. des) ... ABY
Krug (R. Ch.) ... BY 26
Madeleine (R. de la) ... AY 29
Martelots (R. des) ... BZ 30
Mégevand (R.) ... ABZ 32
Moncey (R.) ... BY 33
Orme-de-Chamars (R. de l') ... AZ 36
Pouillet (R. C.) ... AY 39
République (R. de la) ... BY 40
Révolution (Pl. de la) ... AY 41
Rivotte (Faubourg) ... BZ 42
Ronchaux (R.) ... BZ 43
Rousseau (R.) ... AY 45
Saint-Amour (Sq.) ... BY 48
Sarrail (R. Gén.) ... BY 52
Vauban (Quai) ... AY 56
1re-Armée-Française (Pl.) ... BY 58

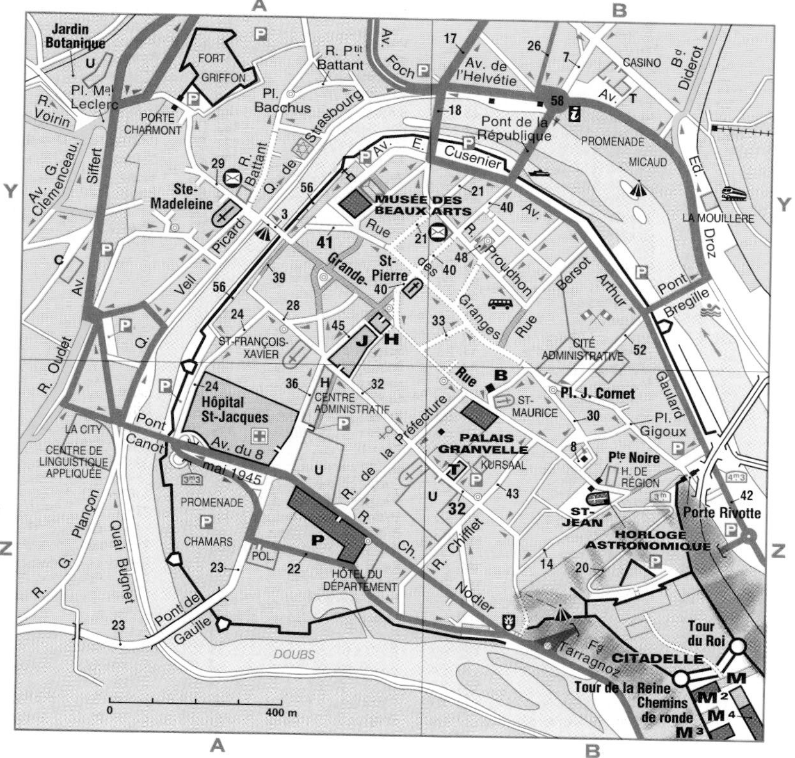

Berbezit 43 ... 208 B4
Berbiguières 24 ... 221 E4
Berc 48 ... 225 F4
Bercenay-en-Othe 10 ... 90 A4
Bercenay-le-Hayer 10 ... 89 E3
Berche 25 ... 142 B2
Berchères-la-Maingot 28 ... 85 E2
Berchères-les-Pierres 28 ... 85 E3
Berchères-sur-Vesgre 28 ... 59 E3
Berck-Plage 62 ... 6 A2
Berck-sur-Mer 62 ... 6 A2
Bercloux 17 ... 182 B4
Berd'Huis 61 ... 84 A3
Berdoues 32 ... 274 B3
Bérelles 59 ... 10 C2
Bérengeville-la-Campagne 27 ... 58 C1
Berentzwiller 68 ... 143 F1
Bérenx 64 ... 272 A3
Béréziat 01 ... 175 F3
Berfay 72 ... 108 A2
Berg 67 ... 70 A1
Berg-sur-Moselle 57 ... 42 A2
Berganty 46 ... 240 B3
Bergbieten 67 ... 70 C3
Bergerac 24 ... 220 A4
Bergères 10 ... 91 E4
Bergères-lès-Vertus 51 ... 64 A3
Bergères-sous-Montmirail 51 ... 63 E3
Bergesserin 71 ... 174 C3
Bergheim 68 ... 96 B2
Bergholtz 68 ... 120 B1
Bergholtzzell 68 ... 120 B1
Bergicourt 80 ... 17 F4
Bergnicourt 08 ... 38 A2
Bergonne 63 ... 207 F2
Bergouey 40 ... 272 A1
Bergouey 64 ... 271 E3
La Bergue 74 ... 178 A4
Bergueneuse 62 ... 7 E2
Bergues 59 ... 3 F2
Bergues-sur-Sambre 02 ... 10 A4
Berguette 62 ... 3 F4
Berhet 22 ... 50 B2
Bérig-Vintrange 57 ... 69 D1
Bérigny 50 ... 27 F4
Berjou 61 ... 55 F3
Berlaimont 59 ... 10 A2
Berlancourt 02 ... 21 D3
Berlancourt 60 ... 19 F4
Berlats 81 ... 279 D1
Berlencourt-le-Cauroy 62 ... 7 F3
Berles-au-Bois 62 ... 8 A4
Berles-Monchel 62 ... 7 F3
La Berlière 08 ... 39 E1
Berling 57 ... 70 A2
Berlise 02 ... 21 F4
Berlou 34 ... 279 F3
Bermerain 59 ... 9 F3
Berméricourt 51 ... 37 F3
Bermeries 59 ... 10 A2
Bermering 57 ... 69 D2
Bermesnil 80 ... 17 E2
Bermicourt 62 ... 7 E2
Bermont 90 ... 142 C1
Bermonville 76 ... 15 E3
Bernac 16 ... 183 F2
Bernac 81 ... 259 D3
Bernac-Debat 65 ... 297 F2
Bernac-Dessus 65 ... 297 F2
Bernadets 64 ... 273 D4
Bernadets-Debat 65 ... 274 B4
Bernadets-Dessus 65 ... 298 B1
Le Bernard 85 ... 162 C2
La Bernardière 85 ... 146 A1
Bernardswiller 67 ... 70 C4
Bernardvillé 67 ... 96 C1
Bernâtre 80 ... 7 D4
Bernaville 80 ... 7 D4
Bernay 17 ... 181 F2
Bernay 27 ... 57 F1
Bernay 72 ... 106 B1
Bernay-en-Brie 77 ... 62 A4
Bernay-en-Ponthieu 80 ... 6 B3
Berné 56 ... 100 A1
Bernécourt 54 ... 67 F3
Bernède 32 ... 273 D1
La Bernerie-en-Retz 44 ... 144 C1
Bernes 80 ... 19 F2
Bernes-sur-Oise 95 ... 34 B4
Bernesq 14 ... 27 F3
Berneuil 16 ... 201 D3
Berneuil 17 ... 199 E1
Berneuil 80 ... 18 A1
Berneuil 87 ... 185 E2
Berneuil-en-Bray 60 ... 34 A3
Berneuil-sur-Aisne 60 ... 35 F2
Berneval-le-Grand 76 ... 16 B2
Berneville 62 ... 8 A3
Bernex 74 ... 178 C3
Bernienville 27 ... 58 B1
Bernières 76 ... 15 D3
Bernières-d'Ailly 14 ... 56 B2
Bernières-le-Patry 14 ... 55 D3
Bernières-sur-Mer 14 ... 29 E3
Bernières-sur-Seine 27 ... 32 C4
Bernieulles 62 ... 6 B1
Bernin 38 ... 213 D4
Bernis 30 ... 282 B1
Bernolsheim 67 ... 71 D2
Bernon 10 ... 114 A2
Bernos-Beaulac 33 ... 236 C4
Bernot 02 ... 20 B3
Bernouil 89 ... 114 A3
Bernouville 27 ... 33 E3
Bernwiller 68 ... 120 B3
Berny-en-Santerre 80 ... 19 E3
Berny-Rivière 02 ... 36 A2
Bérou-la-Mulotière 28 ... 58 B4
Berrac 32 ... 256 A3
Berre-les-Alpes 06 ... 288 C1
Berre-l'Étang 13 ... 284 B3
Berriac 11 ... 302 C1
Berrias-et-Casteljau 07 ... 245 F4
Berric 56 ... 101 F4
Berrie 86 ... 148 B1
Berrien 29 ... 49 E4
Berrieux 02 ... 37 E2
Berrogain-Laruns 64 ... 295 F1
Berru 51 ... 38 A3
Berrwiller 68 ... 120 B1
Berry-au-Bac 02 ... 37 E2
Berry-Bouy 18 ... 153 D1
Le Bersac 05 ... 248 C3
Bersac-sur-Rivalier 87 ... 186 A2
Bersaillin 39 ... 159 E3
Bersée 59 ... 9 D2
Bersillies 59 ... 10 B1
Berson 33 ... 217 E1
Berstett 67 ... 71 D2
Berstheim 67 ... 71 D1
Bert 03 ... 173 D4
Bertangles 80 ... 18 B2
Bertaucourt-Epourdon 02 ... 36 B1
Berteaucourt-les-Dames 80 ... 18 A1
Berteaucourt-lès-Thennes 80 ... 18 C3
Bertheauville 76 ... 15 D2
Berthecourt 60 ... 34 B3
Berthegon 86 ... 149 D3
Berthelange 25 ... 140 C4
Berthelming 57 ... 69 F2
Berthen 59 ... 4 A3
Berthenay 37 ... 130 B3
Berthenicourt 02 ... 20 B3
Berthenonville 27 ... 33 E4
La Berthenoux 36 ... 169 F1
Berthez 33 ... 236 C3
Bertholène 12 ... 242 C4
Berthouville 27 ... 31 E4
Bertignat 63 ... 208 C2
Bertignolles 10 ... 115 D1
Bertincourt 62 ... 19 E1
Bertoncourt 08 ... 38 B1
Bertrambois 54 ... 69 F4
Bertrancourt 80 ... 18 C1
Bertrange 57 ... 41 F3
Bertre 81 ... 277 F2
Bertren 65 ... 299 D3
Bertreville 76 ... 15 D2
Bertreville-Saint-Ouen 76 ... 16 A3
Bertric-Burée 24 ... 202 A4
Bertrichamps 54 ... 95 E2
Bertricourt 02 ... 37 F2
Bertrimont 76 ... 16 D4
Bertrimoutier 88 ... 96 A2
Bertry 59 ... 20 B1
Béru 89 ... 114 A4
Béruges 86 ... 166 A2
Bérulle 10 ... 89 E4
Bérus 72 ... 82 C3
Berven 29 ... 48 C3
Berville 14 ... 56 C2
Berville 76 ... 15 F2
Berville 95 ... 34 A4
Berville-en-Roumois 27 ... 31 F3
Berville-la-Campagne 27 ... 58 B1
Berville-sur-Mer 27 ... 30 C2
Berville-sur-Seine 76 ... 15 F4
Berviller-en-Moselle 57 ... 42 C3
Berzé-la-Ville 71 ... 175 D3
Berzé-le-Châtel 71 ... 175 D3
Berzème 07 ... 246 B1
Berzieux 51 ... 39 D4
Berzy-le-Sec 02 ... 36 B3
La Besace 08 ... 39 E1
Besain 39 ... 160 A4
Besançon 25 ... 141 D4
Bésayes 26 ... 229 E3
Bescat 64 ... 296 C2
Bésignan 26 ... 248 A4
Bésingrand 64 ... 272 B4
Beslé 44 ... 103 D4
La Beslière 50 ... 54 A3
Beslon 50 ... 54 B3
Besmé 02 ... 36 A1
Besmont 02 ... 21 F3
Besnans 70 ... 141 F2
Besné 44 ... 125 E2
Besneville 50 ... 24 C4
Besny-et-Loizy 02 ... 36 C1
Bessac 16 ... 201 D3
Bessais-le-Fromental 18 ... 154 A4
Bessamorel 43 ... 227 E2
Bessan 34 ... 280 C4
Bessancourt 95 ... 60 C1
Bessans 73 ... 215 E3
Bessas 07 ... 246 A4
Le Bessat 42 ... 210 B3
Bessay 85 ... 163 E2
Bessay-sur-Allier 03 ... 172 B3
Besse 15 ... 224 A2
Bessé 16 ... 183 E3
La Besse 19 ... 223 E1
Besse 24 ... 239 E1
Besse 38 ... 231 F2
Besse-en-Chandesse 63 ... 207 D2
Bessé-sur-Braye 72 ... 108 A3
Besse-sur-Issole 83 ... 286 B4
Bessède-de-Sault 11 ... 311 D1
Bessèges 30 ... 245 E4
Bessenay 69 ... 192 B4
Bessens 82 ... 257 F4
Besset 09 ... 301 E3
Bessey 42 ... 210 C3
Bessey-en-Chaume 21 ... 157 F1
Bessey-la-Cour 21 ... 157 F1
Bessey-lès-Cîteaux 21 ... 158 C1
La Besseyre-Saint-Mary 43 ... 226 A3
Bessières 31 ... 277 D1
Bessines 79 ... 164 C4
Bessines-sur-Gartempe 87 ... 186 A2
Bessins 38 ... 229 F1
Besson 03 ... 172 A3
Bessoncourt 90 ... 119 F4
Bessonies 46 ... 223 E4
Les Bessons 48 ... 243 F1
Bessuéjouls 12 ... 242 C3
Bessy 10 ... 90 A1
Bessy-sur-Cure 89 ... 136 C1
Bestiac 09 ... 310 B1
Bétaille 46 ... 222 C3
Betaucourt 70 ... 117 F3
Betbèze 65 ... 298 C1
Betbezer-d'Armagnac 40 ... 254 C3
Betcave-Aguin 32 ... 275 D3
Betchat 09 ... 299 F2
Bétête 23 ... 169 F4
Béthancourt-en-Valois 60 ... 35 E3
Béthancourt-en-Vaux 02 ... 36 A1
Bétharram (Grottes de) 64 ... 297 D2
Béthelainville 55 ... 40 A4
Béthemont-la-Forêt 95 ... 60 C1
Béthencourt 59 ... 9 E4
Béthencourt-sur-Mer 80 ... 16 C1
Béthencourt-sur-Somme 80 ... 19 E3
Bétheniville 51 ... 38 B3
Bétheny 51 ... 37 F3
Béthincourt 55 ... 40 A3
Béthines 86 ... 167 F2
Béthisy-Saint-Martin 60 ... 35 E3
Béthisy-Saint-Pierre 60 ... 35 E3
Bethmale 09 ... 299 F4
Bethon 51 ... 89 E1
Béthon 72 ... 82 C3
Bethoncourt 25 ... 142 C1
Béthonsart 62 ... 7 F2
Béthonvilliers 28 ... 84 B4
Bethonvilliers 90 ... 119 F4
Béthune 62 ... 8 A1
Bétignicourt 10 ... 91 D2
Beton-Bazoches 77 ... 62 C4
Betoncourt-lès-Brotte 70 ... 118 C4
Betoncourt-les-Ménétriers 70 ... 117 F4
Betoncourt-Saint-Pancras 70 ... 118 B2
Betoncourt-sur-Mance 70 ... 117 E3
Bétous 32 ... 273 F1
Betplan 32 ... 274 A4
Betpouey 65 ... 297 F4
Betpouy 65 ... 298 C1
Bétracq 64 ... 273 E3
Betschdorf 67 ... 45 E4
Bettaincourt-sur-Rognon 52 ... 92 B3
Bettainvillers 54 ... 41 D3
Bettancourt-la-Ferrée 52 ... 66 A4
Bettancourt-la-Longue 51 ... 65 F3
Bettange 57 ... 42 B3
Bettant 01 ... 194 A3
Bettborn 57 ... 69 F3
Bettegney-Saint-Brice 88 ... 94 B3
Bettelainville 57 ... 42 A3
Bettembos 80 ... 17 E3

BÉZIERS

Abreuvoir (R. de l') ... BZ 2
Albert-1er (Av.) ... CY 3
Bonsi (R. de) ... BZ 4
Brousse (Av. Pierre) ... BZ 5
Canterelles (R.) ... BZ 6
Capus (R. du) ... BZ 7
Citadelle (R. de la) ... BZ 9
Drs-Bourguet (R. des) ... BZ 13
Estienne-d'Orves (Av.) ... BZ 22
Flourens (R.) ... BY 23
Garibaldi (Pl.) ... CZ 26
Joffre (Av. Mar.) ... CZ 32
Massol (R.) ... BZ 43
Moulins (Rampe des) ... BY 44
Orb (R. de l') ... BZ 47
Péri (Pl. G.) ... BYZ 49
Puits-des-Arènes (R. du) ... BZ 54
République (R. de la) ... BY 55
Révolution (Pl. de la) ... BZ 57
Riquet (R. P.) ... BY 58
St-Jacques (R.) ... BZ 60
Strasbourg (Bd de) ... CY 64
Tourventouse (Bd) ... BZ 65
Victoire (Pl. de la) ... BCY 68
Viennet (R.) ... BZ 69
4-Septembre (R. du) ... BY 72
11-Novembre (Pl. du) ... CY 74

Bettencourt-Rivière 80 17 F2
Bettencourt-Saint-Ouen 80 18 A1
Bettendorf 68 143 E1
Bettes 65 298 A2
Betteville 76 15 E4
Bettignies 59 10 B1
Betting-lès-Saint-Avold 57 43 D4
Bettlach 68 120 C4
Betton 35 79 E4
Betton-Bettonet 73 213 F2
Bettoncourt 88 94 B3
Bettoncourt-le-Haut 52 92 C3
Bettrechies 59 10 A1
Bettviller 57 43 F4
Bettwiller 67 70 A1
Betz 60 35 F4
Betz-le-Château 37 150 B2
Beugin 62 7 F2
Beugnâtre 62 8 B4
Beugneux 02 36 B4
Beugnies 59 10 C3
Le Beugnon 79 164 C1
Beugnon 89 113 F2
Beugny 62 19 E1
Beuil 06 269 E1
Le Beulay 88 96 A2
Beulotte-Saint-Laurent 70 119 E2
Beure 25 141 D4
Beurey 10 91 D4
Beurey-Bauguay 21 138 A4
Beurey-sur-Saulx 55 66 A3
Beurières 63 208 C3
Beurizot 21 138 A3
Beurlay 17 181 E3
Beurville 52 91 F3
Beussent 62 6 B1
Beuste 64 297 D1
Beutal 25 142 B2
Beutin 62 6 B1
Beuvardes 02 63 D1
Beuveille 54 40 C2
Beuvezin 54 93 F2
Beuvillers 14 57 D1
Beuvillers 54 41 D2
Beuvrages 59 9 F2
Beuvraignes 80 19 D4
Beuvray (Mont) 71 156 B3
Beuvrequen 62 2 A3
Beuvreuil 76 33 E1
Beuvrigny 50 54 C2
Beuvron 58 136 B3
Beuvron-en-Auge 14 30 A4
Beuvry 62 8 A1
Beuvry-la-Forêt 59 9 D2
Beux 57 68 B1
Beuxes 86 149 D1
Beuzec-Cap-Sizun 29 73 D3
Beuzeville 27 30 C3
Beuzeville-au-Plain 50 25 E4
Beuzeville-la-Bastille 50 25 D4
Beuzeville-la-Grenier 76 14 C3
Beuzeville-la-Guérard 76 15 E2
Beuzevillette 76 15 D3
Bévenais 38 212 A3
Beveuge 70 142 A1
Béville-le-Comte 28 85 F2
Bévillers 59 9 E4
Bevons 04 267 D1
Bévy 21 158 A1
Bey 01 175 E4
Bey 71 158 B3
Bey-sur-Seille 54 68 B3
Beychac-et-Caillau 33 217 F3
Beychevelle 33 217 D1
Beylongue 40 253 E3
Beynac 87 185 F4
Beynac-et-Cazenac 24 221 E4
Beynat 19 222 C2
Beynes 04 267 F2
Beynes 78 60 A3
Beynost 01 193 D4
Beyrède (Col de) 65 298 B3
Beyrède-Jumet 65 298 B3
Beyren-lès-Sierck 57 41 F1
Beyrie-en-Béarn 64 272 C4
Beyrie-sur-Joyeuse 64 271 E4
Beyries 40 272 B2
Beyssac 19 204 A4
Beyssac (Château de) 24 221 E3
Beyssenac 19 203 F3
Le Bez 81 278 C2
Bez-et-Esparon 30 262 B3
Bézac 09 301 D2
Bezalles 77 62 C4
Bézancourt 76 33 D2
Bezange-la-Grande 54 68 C3
Bezange-la-Petite 57 69 D3
Bezannes 51 37 F4
Les Bézards 45 111 F4
Bézaudun-les-Alpes 06 269 F4
Bézaudun-sur-Bîne 26 247 F2
Bezaumont 54 68 A2
Bèze 21 139 F2
Bézenac 24 221 E4
Bézenet 03 171 E4
Bézéril 32 275 E3
Béziers 34 280 B4
Bezinghem 62 6 C1
Bezins-Garraux 31 299 D4
La Bezole 11 302 A3
Bezolles 32 255 F4
Bezons 95 60 C2
Bezonvaux 55 40 B3
Bezouce 30 264 B4
Bézouotte 21 139 F3
Bézu-la-Forêt 27 33 D2
Bézu-le-Guéry 02 62 C2
Bézu-Saint-Éloi 27 33 E3
Bézu-Saint-Germain 02 63 D1
Bézues-Bajon 32 274 C4
Biache-Saint-Vaast 62 8 C3
Biaches 80 19 E2
Bians-les-Usiers 25 160 C2
Biard 86 166 B2
Les Biards 50 80 B1
Biarne 39 159 E1
Biarre 80 19 E4
Biarritz 64 270 B3
Biarritz-Bayonne-Anglet
(Aéroport de) 64 270 B3
Biarrotte 40 271 D2
Biars-sur-Cère 46 223 D3
Bias 40 252 B1
Bias 47 238 B3
Biaudos 40 271 D2
Bibiche 57 42 B2
Biblisheim 67 71 E1
Bibost 69 192 B4
Bichancourt 02 36 A1
Biches 58 155 F2
Bickenholtz 57 70 A2
Bicqueley 54 67 F4
Bidache 64 271 E3
Bidarray 64 270 C4
Bidart 64 270 B3
Bidestroff 57 69 E2
Biding 57 69 E1
Bidon 07 246 B4
Bidos 64 296 B1
Biécourt 88 93 F3
Biederthal 68 120 C4
Bief 25 142 C3
Bief-des-Maisons 39 160 B4
Bief-du-Fourg 39 160 B3
Biefmorin 39 159 E3
Biefvillers-lès-Bapaume 62 19 E1
Bielle 64 296 C2
Bielsa (Tunnel de) 65 307 D4
Bienassis (Château de) 22 51 F3
Biencourt 80 17 D2
Biencourt-sur-Orge 55 92 C1
Bienville 60 35 E2
Bienville-la-Petite 54 68 C4
Bienvillers-au-Bois 62 8 A4
Biermes 08 38 B2
Biermont 60 35 E1
Bierné 53 105 E3
Bierne 59 3 E2
Biernes 52 92 A4
Bierre-lès-Semur 21 137 F3
Bierry-
les-Belles-Fontaines 89 137 F1
Biert 09 300 B4
Bierville 76 32 B1
Biesheim 68 97 D4
Biesles 52 116 C1
Bietlenheim 67 71 E2
Bieujac 33 236 C2
Bieuxy 02 36 B2
Bieuzy 56 100 C1
Bieuzy-Lanvaux 56 100 C3
Biéville 50 55 D1
Biéville-Beuville 14 29 E4
Biéville-en-Auge 14 30 A4
Biéville-Quétiéville 14 56 B1
Biéville-sur-Orne 14 29 E4
Bièvres 02 37 D2
Bièvres 08 40 A1
Bièvres 91 60 C4
Biffontaine 88 95 E4
Biganos 33 234 C1
Bignac 16 183 E4
Bignan 56 101 D2
Bignay 17 181 F3
La Bigne 14 55 E1
Bignicourt 08 38 B2
Bignicourt-sur-Marne 51 65 E4
Bignicourt-sur-Saulx 51 65 F3
Le Bignon 44 145 F1
Le Bignon-du-Maine 53 105 E2
Le Bignon-Mirabeau 45 112 A1
Bignoux 86 166 C1
Bigny 18 153 E4
Bigorno 2B 315 E3
La Bigottière 53 81 D4
Biguglia 2B 315 F2
Bihorel 76 32 B2
Bihucourt 62 8 B4
Bilazais 79 148 B3
Bile (Pointe du) 56 123 E3
Bilhères 64 296 C2
Bilia 2A 318 C2
Bilieu 38 212 B3
Billac 19 222 C3
Billancelles 28 84 C2
Billancourt 80 19 E4
Les Billanges 87 186 B3
Billaude (Cascade de la) 39 160 B4
Les Billaux 33 218 C3
Billé 35 80 A3
Billecul 39 160 B4
Billère 64 272 C4
Billey 21 159 D1
Billezois 03 190 B1
Billiat 01 194 C1
Billième 73 194 C4
Billière 31 307 F4
Billiers 56 123 E2
Billio 56 101 E2
Billom 63 208 A1
Billy 03 172 B4
Billy 14 56 B1
Billy 41 132 B4
Billy-Berclau 62 8 B1
Billy-Chevannes 58 155 E2
Billy-le-Grand 51 64 B1
Billy-lès-Chanceaux 21 138 C2
Billy-Montigny 62 8 B2
Billy-sous-les-Côtes 55 67 E1
Billy-sous-Mangiennes 55 40 C3
Billy-sur-Aisne 02 36 B3
Billy-sur-Oisy 58 136 A2
Billy-sur-Ourcq 02 36 B4
Biltzheim 68 96 C4
Bilwisheim 67 71 D2
Bimont 62 6 C1
Binarville 51 39 E4
Binas 41 109 E3
Bindernheim 67 97 D2
Binges 21 139 F3
Binic 22 51 E3
Bining 57 44 A4
Biniville 50 25 D4
Binos 31 299 D4
Binson-et-Orquigny 51 63 F1
Bio 46 222 C4
Biol 38 212 A2
La Biolle 73 195 D4
Biollet 63 188 C3
Bion 50 80 C1
Bioncourt 57 68 C3
Bionville 54 95 F1
Bionville-sur-Nied 57 42 B4
Biot 06 288 B3
Le Biot 74 178 C4
Bioule 82 258 A2
Bioussac 16 183 F2
Biozat 03 189 F2
Birac 16 201 D2
Birac 33 236 C3
Birac-sur-Trec 47 237 F3
Biran 32 274 B1
Biras 24 202 B4
Biriatou 64 270 A4
Birieux 01 193 E3
Birkenwald 67 70 B3
Birlenbach 67 45 E4
Biron 17 199 F2
Biron 24 239 D2
Biron 64 272 A3
Bisanne (Signal de) 73 196 B4
Biscarrosse 40 234 B3
Biscarrosse-Plage 40 234 B3
Bischheim 67 71 D3
Bischholtz 67 70 C1
Bischoffsheim 67 70 C4
Bischtroff-sur-Sarre 67 69 F2
Bischwihr 68 96 C3
Bischwiller 67 71 E2
Bisel 68 120 B4
Bisinao 2A 318 B1
Bisinchi 2B 315 E3
Bislée 55 67 D2
Bisping 57 69 F3
Bissert 67 69 F1
Bisseuil 51 64 B1
Bissey-la-Côte 21 115 E3
Bissey-la-Pierre 21 115 D3
Bissey-sous-Cruchaud 71 157 F4
Bissezeele 59 3 E2
Bissières 14 56 B1
Bissy-la-Mâconnaise 71 175 D2
Bissy-sous-Uxelles 71 175 D2
Bissy-sur-Fley 71 174 C1
Bisten-en-Lorraine 57 42 B4
Bistroff 57 69 D1
Bitche 57 44 B3
Bitry 58 135 E2
Bitry 60 36 A2
Bitschhoffen 67 71 D1
Bitschwiller-lès-Thann 68 120 A2
Biver 13 285 D3
Bivès 32 256 C4
Biviers 38 212 C4
Biville 50 24 B2
Biville-la-Baignarde 76 16 A4
Biville-la-Rivière 76 15 F2
Biville-sur-Mer 76 16 B2
Bivilliers 61 83 F1
Bizanet 11 303 F2
Bizanos 64 273 D4
Bize 52 117 E3
Bize 65 298 C3
Bize-Minervois 11 303 F1
Bizeneuille 03 171 D3
Le Bizet 59 4 B4
Biziat 01 175 E4
Bizonnes 38 212 A3
Le Bizot 25 142 B4
Les Bizots 71 157 D4
Bizou 61 84 A2
Bizous 65 298 B2
Blacé 69 192 B2
Blaceret 69 192 B2
Blacourt 60 33 F2
Blacqueville 76 15 F4
Blacy 51 65 D4
Blacy 89 137 E1
Blaesheim 67 71 D4
Blagnac 31 276 B2
Blagny 08 23 F4
Blagny-sur-Vingeanne 21 139 F2
Blaignac 33 237 D2
Blaignan 33 198 C4
Blain 44 126 A2
Blaincourt-lès-Précy 60 34 C4
Blaincourt-sur-Aube 10 91 D3
Blainville-Crevon 76 32 C2
Blainville-sur-l'Eau 54 94 C1
Blainville-sur-Mer 50 53 F1
Blainville-sur-Orne 14 29 F4
Blairville 62 8 A4
Blaise 08 38 C2
Blaise 52 92 A3
Blaise-sous-Arzillières 51 65 E4
Blaison 49 128 C3
Blaisy 52 92 A4
Blaisy-Bas 21 138 C3
Blaisy-Haut 21 138 C3
Blajan 31 299 D1
Blajoux 48 244 B4
Blamont 25 142 C2
Blâmont 54 69 E4
Blan 81 277 F3
Le Blanc 36 167 F1
Blanc (Lac) 68 96 A3
Le Blanc-Mesnil 93 61 D2
Blanc-Misseron 59 9 F2
Blanc-Nez (Cap) 62 2 B2
Blancafort 18 134 B2
Blancey 21 138 A4
Blancfossé 60 18 A4
Blanche-Église 57 69 D3
Blanchefontaine 25 142 C3
Blanchefosse 08 21 F3
Blancherupt 67 96 A1
Blancheville 52 92 C4
Blandainville 28 85 D3
Blandas 30 262 A4
Blandin 38 212 A2
Blandouet 53 106 A1
Blandy 77 87 F1
Blandy 91 86 C3
Blangermont 62 7 E3
Blangerval 62 7 E3
Blangy-le-Château 14 30 C4
Blangy-sous-Poix 80 17 F3
Blangy-sur-Bresle 76 17 D2
Blangy-sur-Ternoise 62 7 D2
Blangy-Tronville 80 18 B3
Blannay 89 136 C2
Blanot 21 156 C1
Blanot 71 175 D2
Blanquefort 32 275 E1
Blanquefort 33 217 D3
Blanquefort-
sur-Briolance 47 239 D2
Blanzac 16 201 E3
Blanzac 43 227 D2
Blanzac 87 185 E1
Blanzac-lès-Matha 17 182 B3
Blanzaguet-Saint-Cybard 16 201 F3
Blanzat 63 189 E4
Blanzay 86 183 F1
Blanzay-sur-Boutonne 17 182 B2
Blanzée 55 40 B4
Blanzy 71 174 B1
Blanzy-la-Salonnaise 08 38 A2
Blanzy-lès-Fismes 02 37 D3
Blargies 60 17 E4
Blarians 25 141 E2
Blaringhem 59 3 E4
Blars 46 240 C2
Blaru 78 59 E1
Blasimon 33 237 D1
Blaslay 86 149 D4
Blassac 43 226 A1
Blaudeix 23 187 E1
Blausasc 06 289 E4
Blauvac 84 265 F2
Blauzac 30 264 A3
Blavignac 48 225 F4
Blavozy 43 227 D2
Blay 14 28 C3
Blaye 33 217 D1
Blaye-les-Mines 81 259 E3
Blaymont 47 238 C4
Blaziert 32 256 A3
Blécourt 52 92 A3
Blécourt 59 9 D4
Blégiers 04 268 A1
Bleigny-le-Carreau 89 113 F3
Bleine (Col de) 06 269 D4
Blémerey 54 69 E4
Blémerey 88 94 A3
Blendecques 62 3 E4
Bléneau 89 112 A4
Blennes 77 88 B4
Blénod-
lès-Pont-à-Mousson 54 68 A2
Blénod-lès-Toul 54 93 F1
Blequin 62 2 C4
Bléraincourt 02 36 A1
Blercourt 55 66 B1
Bléré 37 131 E3
Blériot-Plage 62 2 B2
Bléruais 35 78 B4
Blésignac 33 218 C4
Blesle 43 207 F4
Blesme 51 65 F4
Blesmes 02 63 D1
Blessac 23 187 E3
Blessey 21 138 B2
Blessonville 52 116 A1
Blessy 62 3 E4
Blet 18 154 A3
Bletterans 39 159 E4
Bleurville 88 118 A1
Bleury 28 85 F2
Blevaincourt 88 117 E1
Blèves 72 83 D2
Blévy 28 84 C1
Le Bleymard 48 244 C3
Blicourt 60 34 A1
Blienschwiller 67 96 C1
Blies-Ébersing 57 43 E4
Blies-Guersviller 57 43 E4
Bliesbruck 57 43 F4
Blieux 04 268 A3
Blignicourt 10 91 D2
Bligny 10 91 E4
Bligny 51 37 E4
Bligny-en-Othe 89 113 E2
Bligny-le-Sec 21 138 C2
Bligny-lès-Beaune 21 158 A2
Bligny-sur-Ouche 21 157 F1
Blincourt 60 35 D3
Blingel 62 7 D2
Blis-et-Born 24 221 D1
Blismes 58 156 A1
Blodelsheim 68 121 D1
Blois 41 132 A1
Blois-sur-Seille 39 159 F4
Blomac 11 303 D1
Blomard 03 171 F4
Blombay 08 22 B3
Blond 87 185 E2
Blondefontaine 70 117 F3
Blonville-sur-Mer 14 30 B3
Blosseville 76 15 F1
Blosville 50 25 E4
Blot-l'Église 63 189 D2
Blotzheim 68 121 D3
Blou 49 129 E3
Blousson-Sérian 32 274 A3
La Bloutière 50 54 B2
Bloye 74 195 D3
Bluffy 74 195 F3
Blumeray 52 91 F3
Blussangeaux 25 142 B2
Blussans 25 142 B2
Blye 39 177 D1
Blyes 01 193 F3
Le Bô 14 55 F2
Bobigny 93 61 D3
Bobital 22 78 C2
Le Bocasse 76 32 A1
La Bocca 06 288 A3
Bocca Bassa (Col de) 2B 314 A4
Bocca di Vezzu 2B 315 D2
Bocé 49 129 E2
Bocognano 2A 317 D2
Bocquegney 88 94 B4
Bocquencé 61 57 E3
Le Bodéo 22 77 D2
Bodilis 29 48 C3
Boé 47 256 B1
Boëcé 61 83 E2
Boëge 74 178 B4
Boeil-Bezing 64 297 D1
Le Boël 35 103 D1
Boën 42 191 E4
Bœrsch 67 70 C4
Boeschepe 59 4 A3
Boëseghem 59 3 F4
Bœsenbiesen 67 97 D2
Boësse 79 147 F2
Boëssé-le-Sec 72 107 F1
Boësses 45 111 D1
Bœurs-en-Othe 89 113 F1
Boffles 62 7 E3
Boffres 07 228 C3
Bogève 74 178 B4
Bogny-sur-Meuse 08 22 C2
Bogros 63 206 B2
Bogy 07 210 C4
Bohain-en-Vermandois 02 20 B2
Bohal 56 101 F3
La Bohalle 49 128 C2
Bohars 29 47 E3
Bohas 01 194 A1
Boigneville 91 87 D3
Boigny-sur-Bionne 45 110 B3
Boinville-en-Mantois 78 60 A2
Boinville-en-Woëvre 55 40 C4
Boinville-le-Gaillard 78 86 A2
Boinvilliers 78 59 F2
Boiry-Becquerelle 62 8 B4
Boiry-Notre-Dame 62 8 C3
Boiry-Saint-Martin 62 8 B4
Boiry-Sainte-Rictrude 62 8 B4
Bois 17 199 E2
Le Bois 73 214 B2
Bois-Anzeray 27 57 F2
Bois-Arnault 27 58 A3
Bois-Aubry
(Abbaye du) 37 149 F2
Bois-Bernard 62 8 B2
Bois-Chenu
(Basilique du) 88 93 E2
Bois-Chevalier
(Château de) 44 145 E2
Bois-Colombes 92 60 C2
Bois-d'Amont 39 177 F2
Bois-d'Arcy 78 60 B3
Bois-d'Arcy 89 136 C2
Bois-de-Céné 85 145 D2
Bois-de-Champ 88 95 E3
Bois-de-Gand 39 159 E3
Bois-de-la-Chaize 85 144 B1
Bois-de-la-Pierre 31 276 A4
Bois-d'Ennebourg 76 32 B2
Le Bois-d'Oingt 69 192 B3
Bois Dousset
(Château du) 86 166 C1
Bois-du-Four 12 261 D1
Bois-Grenier 59 4 B4
Bois-Guilbert 76 32 C1
Bois-Guillaume 76 32 B2
Le Bois-Hellain 27 30 C3
Bois-Héroult 76 32 C1
Bois-Herpin 91 86 C3
Bois-Himont 76 15 E3
Bois-Jérôme-Saint-Ouen 27 59 E1
Bois-la-Ville 25 141 F3
Bois-le-Roi 27 59 D3
Bois-le-Roi 77 87 F2
Bois-lès-Pargny 02 20 C4
Bois-l'Évêque 76 32 B2
Bois Noirs 42 190 C3
Bois-Normand-près-Lyre 27 58 A2
Le Bois-Plage-en-Ré 17 163 D4
Le Bois-Robert 76 16 A3
Bois-Sainte-Marie 71 174 B4
Bois-Sir-Amé
(Château de) 18 153 E3
Bois-Thibault
(Château de) 53 81 F2
Boisbergues 80 7 E4
Boisbreteau 16 201 D4
Boiscommun 45 111 D2
Boisdinghem 62 3 D3
Boisdon 77 62 C4
Boisemont 27 33 D3
Boisemont 95 60 B2
Boisgasson 28 108 C2
Boisgervilly 35 78 C4
Boisjean 62 6 B2
Le Boisle 80 6 C3
Boisleux-au-Mont 62 8 B4
Boisleux-Saint-Marc 62 8 B4
Boismé 79 147 F4
Boismont 54 40 C2
Boismont 80 6 B4
Boismorand 45 111 F4
Boisney 27 31 E4
Boisrault 80 17 E3
Boisredon 17 199 E4
Boisroger 50 26 C4
Boissay 76 32 C1
La Boisse 01 193 E3
Boisse 24 238 B1
Boisse-Penchot 12 241 F2
Boisseau 41 109 D4
Boisseaux 45 86 B4
Boissède 31 275 E4
Boissei-la-Lande 61 56 C4
Boisserolles 79 182 B1
Boisseron 34 282 A1
Les Boisses 73 215 D2
Boisset 15 223 F4
Boisset 34 279 E4
Boisset 43 209 D4
Boisset-et-Gaujac 30 263 D3
Boisset-lès-Montrond 42 209 F1
Boisset-les-Prévanches 27 59 D2
Boisset-Saint-Priest 42 209 E2
Boissets 78 59 F3
Boissettes 77 87 E2
Boisseuil 87 186 A4
Boisseuilh 24 203 F4
Boissey 01 175 E3
Boissey 14 56 C1
Boissey-le-Châtel 27 31 F3
Boissezon 81 278 C2
Boissia 39 177 D1
La Boissière 14 30 B4
La Boissière 27 59 D2
La Boissière 34 281 D2
La Boissière 39 176 C3
La Boissière 53 104 C3
La Boissière
(Ancienne Abbaye) 49 129 F1
La Boissière-d'Ans 24 221 D1
La Boissière-
de-Montaigu 85 146 B2
La Boissière-des-Landes 85 162 C1
La Boissière-du-Doré 44 127 D4
La Boissière-École 78 59 F4
La Boissière-en-Gâtine 79 165 D2
La Boissière-sur-Èvre 49 127 E3
Boissières 30 282 B1
Boissières 46 240 A2
Boissise-la-Bertrand 77 87 E2
Boissise-le-Roi 77 87 E2
Boissy-aux-Cailles 77 87 E3
Boissy-en-Drouais 28 59 D4
Boissy-Fresnoy 60 35 E4
Boissy-la-Rivière 91 86 C3
Boissy-l'Aillerie 95 60 B1
Boissy-Lamberville 27 31 E4
Boissy-le-Bois 60 33 F3
Boissy-le-Châtel 77 62 B3
Boissy-le-Cutté 91 87 D2
Boissy-le-Repos 51 63 E3
Boissy-le-Sec 91 86 B2
Boissy-lès-Perche 28 58 B4
Boissy-Maugis 61 84 A2
Boissy-Mauvoisin 78 59 F2
Boissy-Saint-Léger 94 61 E4
Boissy-sans-Avoir 78 60 A3
Boissy-sous-Saint-Yon 91 86 C1
Boissy-sur-Damville 27 58 C3
Boistrudan 35 103 F2
Boisville-la-Saint-Père 28 85 F3
Boisyvon 50 54 B3
Boitron 61 83 D1
Boitron 77 62 C3
Bolandoz 25 160 B2
Bolazec 29 49 F4
Bolbec 76 15 D3
Bollène 84 246 C4
La Bollène-Vésubie 06 289 D2
Bolleville 50 26 C3
Bolleville 76 15 D3
Bollezeele 59 3 E2
La Bolline 06 269 F1
Bollwiller 68 120 B1
Bologne 52 92 B4
Bolozon 01 194 A1
Bolquère 66 311 D3
Bolsenheim 67 97 D1
Bombannes 33 216 B1
Bombon 77 88 A1
Bommes 33 236 B2
Bommiers 36 152 B4
Bompas 09 301 D4
Bompas 66 313 D1

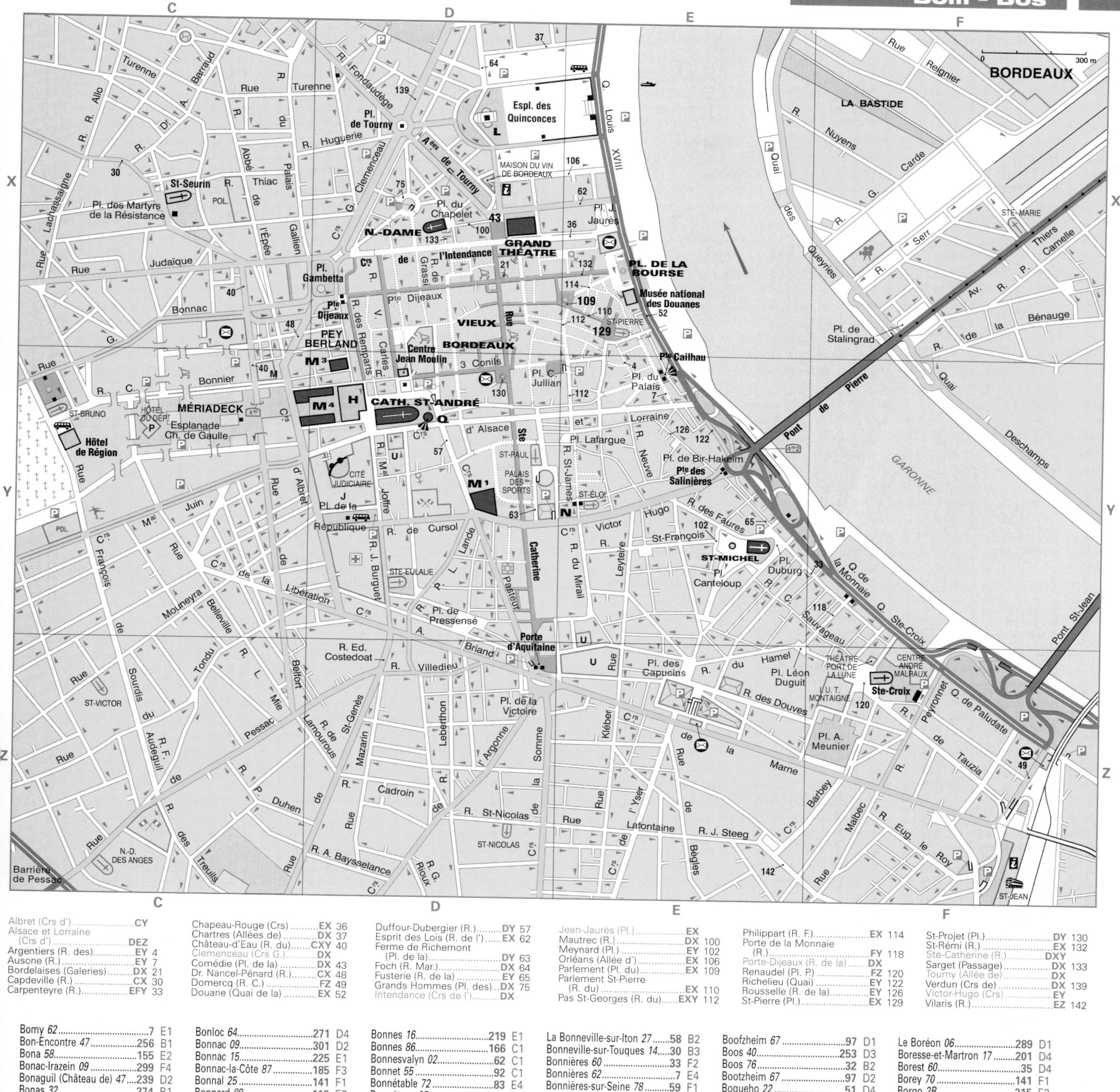

Albret (Crs d')	CY	
Alsace et Lorraine (Crs d')	DEZ	
Argentiers (R. des)	EY	4
Ausone (R.)	EY	7
Bordelaises (Galeries)	DX	21
Capdeville (R.)	CX	30
Carpenteyre (R.)	EFY	33
Chapeau-Rouge (Crs)	EX	36
Chartres (Allées de)	DX	37
Château-d'Eau (R. du)	CXY	40
Clemenceau (Crs G.)	DX	
Comédie (Pl. de la)	DX	43
Dr. Nancel-Pénard (R.)	CX	48
Domercq (R. C.)	FZ	49
Douane (Quai de la)	EX	52
Duffour-Dubergier (R.)	DY	57
Esprit des Lois (R. de l')	EX	62
Ferme de Richemont (Pl. de la)	DY	63
Foch (R. Mar.)	DX	64
Fusterie (R. de la)	EY	65
Grands Hommes (Pl. des)	DX	75
Intendance (Crs de l')	DX	
Jean-Jaurès (Pl.)	EX	
Mautrec (R.)	DX	100
Meynard (Pl.)	EY	102
Orléans (Allée d')	EX	106
Parlement (Pl. du)	EX	109
Parlement St-Pierre (R. du)	EX	110
Pas St-Georges (R. du)	EXY	112
Philippart (R. F.)	EX	114
Porte de la Monnaie (R.)	FY	118
Porte-Dijeaux (R. de la)	DX	
Renaudel (Pl. P.)	FZ	120
Richelieu (Quai)	EY	122
Rousselle (R. de la)	EY	126
St-Pierre (Pl.)	EX	129
St-Projet (Pl.)	DY	130
St-Rémi (R.)	EX	132
Ste-Catherine (R.)	DXY	
Sarget (Passage)	DX	133
Tourny (Allée de)	DX	
Verdun (Crs de)	DX	139
Victor-Hugo (Crs)	EY	
Vilaris (R.)	EZ	142

Bomy *62*....7 E1
Bon-Encontre *47*....256 B1
Bona *58*....155 E2
Bonac-Irazein *09*....299 F4
Bonaguil (Château de) *47*....239 D2
Bonas *32*....274 B1
Bonascre (Plateau de) *09*....310 B2
Bonboillon *70*....140 B3
Boncé *28*....85 E3
Bonchamp-lès-Laval *53*....105 D1
Boncourt *02*....37 E1
Boncourt *27*....59 D1
Boncourt *28*....59 E3
Boncourt *54*....41 D4
Boncourt-le-Bois *21*....158 B1
Boncourt-sur-Meuse *55*....67 D3
Bondaroy *45*....110 C1
Bondeval *25*....142 C2
Bondigoux *31*....258 A4
Les Bondons *48*....244 B4
Bondoufle *91*....87 D1
Bondues *59*....4 C4
Bondy *93*....61 E3
Bonen *22*....76 B3
Bonette (Cime de la) *04*....251 D3
Bongheat *63*....208 A1
Le Bonhomme *68*....96 A3
Bonhomme (Col du) *88*....96 A3
Bonifacio *2A*....319 E4
Bonifato (Cirque de) *2B*....314 B4
Bonlier *60*....34 A2
Bonlieu *39*....177 D1
Bonlieu-sur-Roubion *26*....247 D2
Bonloc *64*....271 D4
Bonnac *09*....301 D2
Bonnac *15*....225 E1
Bonnac-la-Côte *87*....185 F3
Bonnal *25*....141 F1
Bonnard *89*....113 E3
Bonnat *23*....169 E4
Bonnatrait *74*....178 B3
Bonnaud *39*....176 B1
Bonnay *25*....141 D3
Bonnay *71*....174 C2
Bonnay *80*....18 C2
Bonne *74*....178 A4
Bonne-Fontaine *57*....70 B2
Bonne-Fontaine (Château de) *35*....79 F2
Bonnebosq *14*....30 B4
Bonnecourt *52*....117 D2
Bonnée *45*....111 D4
Bonnefamille *38*....211 E1
Bonnefoi *61*....57 F4
Bonnefond *19*....205 D2
Bonnefont *65*....298 B1
Bonnefontaine *39*....159 F4
Bonnefontaine (Ancienne Abbaye de) *08*....21 F3
Bonnegarde *40*....272 A2
Bonneil *02*....62 C2
Bonnelles *78*....86 B1
Bonnemain *35*....79 D2
Bonnemaison *14*....55 E1
Bonnemazon *65*....298 A2
Bonnencontre *21*....158 C1
Bonnes *16*....219 E1
Bonnes *86*....166 C1
Bonnesvalyn *02*....62 C1
Bonnet *55*....92 C1
Bonnétable *72*....83 E4
Bonnétage *25*....142 B4
Bonnetan *33*....217 F4
Bonneuil *16*....201 D2
Bonneuil *36*....168 A3
Bonneuil-en-France *95*....61 D2
Bonneuil-en-Valois *60*....35 F3
Bonneuil-les-Eaux *60*....18 A4
Bonneuil-Matours *86*....166 C1
Bonneuil-sur-Marne *94*....61 E4
Bonneval *28*....85 D4
Bonneval *43*....208 C4
Bonneval *73*....214 A2
Bonneval-en-Diois *26*....248 C1
Bonneval-sur-Arc *73*....215 E3
Bonnevaux *25*....160 C3
Bonnevaux *30*....245 E4
Bonnevaux *74*....178 C3
Bonnevaux-le-Prieuré *25*....160 C1
Bonneveau *41*....108 A3
Bonnevent-Velloreille *70*....141 D3
Bonneville *16*....183 D4
La Bonneville *50*....25 D4
Bonneville *74*....196 A1
Bonneville *80*....18 A1
Bonneville-Aptot *27*....31 F4
Bonneville-et-Saint-Avit-de-Fumadières *24*....219 E4
Bonneville-la-Louvet *14*....30 C3
La Bonneville-sur-Iton *27*....58 B2
Bonneville-sur-Touques *14*....30 B3
Bonnières *60*....33 F2
Bonnières *62*....7 E4
Bonnières-sur-Seine *78*....59 F1
Bonnieux *84*....266 A4
Bonningues-lès-Ardres *62*....2 C3
Bonningues-lès-Calais *62*....2 B2
Bonnœil *14*....56 A2
Bonnœuvre *44*....127 D1
Bonnut *64*....272 A2
Bonny-sur-Loire *45*....135 D2
Bono *56*....100 C4
Bonrepos *65*....298 B1
Bonrepos-Riquet *31*....277 D2
Bonrepos-sur-Aussonnelle *31*....276 A3
Bons-en-Chablais *74*....178 B4
Bons-Tassilly *14*....56 A2
Bonsecours *76*....32 B2
Bonsmoulins *61*....83 F1
Bonson *06*....288 B1
Bonson *42*....209 F2
Bonvillard *73*....213 F1
Bonvillaret *73*....213 F1
Bonviller *54*....68 C4
Bonvillers *60*....34 B1
Bonvillet *88*....118 A1
Bonvouloir (Tour de) *61*....81 F1
Bony *02*....20 A2
Bonzac *33*....218 C2
Bonzée-en-Woëvre *55*....67 D1
Boô-Silhen *65*....297 E3
Boofzheim *67*....97 D1
Boos *40*....253 D3
Boos *76*....32 B2
Bootzheim *67*....97 D2
Boqueho *22*....51 D4
Boquen (Abbaye de) *22*....78 A3
Bor-et-Bar *12*....259 E1
Boran-sur-Oise *60*....34 C4
Borce *64*....296 B4
Borcq-sur-Airvault *79*....148 B3
Bord-Saint-Georges *23*....170 A4
Bordeaux *33*....217 E4
Bordeaux-en-Gâtinais *45*....111 E1
Bordeaux-Mérignac (Aéroport de) *33*....217 D4
Bordeaux-Saint-Clair *76*....14 B2
Bordères *64*....297 D1
Bordères-et-Lamensans *40*....273 D1
Bordères-Louron *65*....298 B4
Bordères-sur-l'Échez *65*....297 F1
Les Bordes *36*....152 B2
Les Bordes *45*....111 D4
Bordes *64*....297 D1
Bordes *65*....298 A1
Les Bordes *71*....158 B3
Les Bordes *89*....113 D1
Les Bordes-Aumont *10*....90 B4
Bordes-de-Rivière *31*....299 D2
Les Bordes-sur-Arize *09*....300 B2
Les Bordes-sur-Lez *09*....299 F4
Bordezac *30*....245 E4
Bords *17*....181 E3
Borée *07*....227 F3
Le Boréon *06*....289 D1
Boresse-et-Martron *17*....201 D4
Borest *60*....35 D4
Borey *70*....141 F1
Borgo *2B*....315 F2
Bormes-les-Mimosas *83*....293 D2
Le Born *31*....258 A4
Le Born *48*....244 B2
Born-de-Champs *24*....238 C1
Bornambusc *76*....14 C3
Bornay *39*....176 C1
Borne *07*....245 E2
La Borne *18*....134 B4
Borne *43*....226 C2
Bornel *60*....34 B4
Borny *57*....41 F4
Boron *90*....120 A4
Borre *59*....3 F3
Borrèze *24*....222 A3
Bors *16*....200 C4
Bors *16*....201 E4
Bort-les-Orgues *19*....206 B3
Bort-l'Étang *63*....190 A4
Borville *54*....94 C2
Le Bosc *09*....300 C4
Le Bosc *34*....280 C1
Bosc-Bénard-Commin *27*....31 F3
Bosc-Bénard-Crescy *27*....31 F3
Bosc-Bérenger *76*....16 B4
Bosc-Bordel *76*....32 C1
Bosc-Édeline *76*....32 C1
Bosc-Guérard-Saint-Adrien *76*....32 B1

BOULOGNE-SUR-MER

Aumont (R. d') ... Z 7
Beaucerf (Bd) ... Z 8
Bras-d'Or (R. du) ... Z 13
Dutertre (R.) ... Y 20
Entente-Cordiale (Pont de l') ... Z 23
Faidherbe (R.) ... Y
Grande-Rue ... Z
Lampe (R. de la) ... Z 32
Lattre-de-Tassigny (Av. de) ... Y 33
Lille (R. de) ... Y 37
Marguet (Pont) ... Z 38
Mitterrand (Bd F.) ... Z 40
Perrochel (R. de) ... Z 48
Porte-Neuve (R.) ... Y 49
Puits-d'Amour (R.) ... Z 53
Résistance (Pl.) ... Y 55
St-Louis (R.) ... Y 56
Ste-Beuve (Bd) ... Y 59
Thiers (R. A.) ... YZ 60
Tour-N.-Dame (R.) ... Y 61
Victoires (R. des) ... Y 63
Victor-Hugo (R.) ... YZ

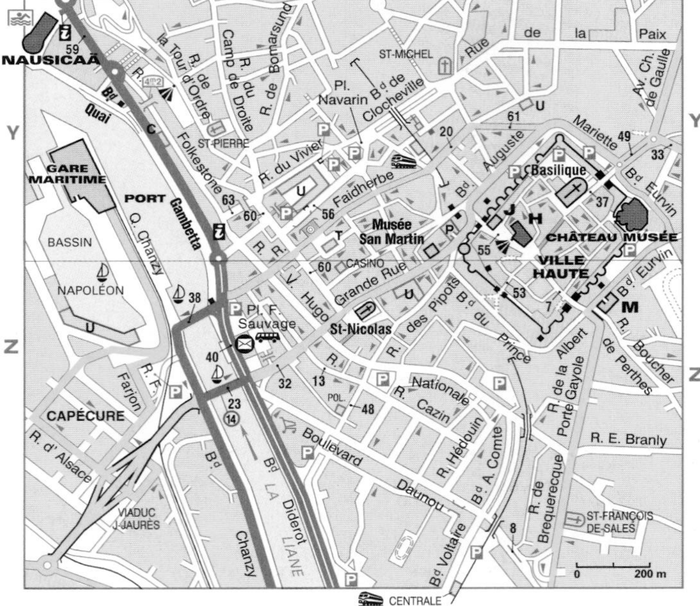

Bosc-Hyons *76* ... 33 E2
Bosc-le-Hard *76* ... 32 B1
Bosc-Mesnil *76* ... 16 B4
Le Bosc-Morel *27* ... 57 F2
Le Bosc-Renoult *61* ... 57 D2
Bosc-Renoult-en-Ouche *27* ... 58 A2
Bosc-Renoult-en-Roumois *27* ... 31 F3
Le Bosc-Roger-en-Roumois *27* ... 31 F3
Bosc-Roger-sur-Buchy *76* ... 32 C1
Boscamnant *17* ... 219 D1
Boscherville *27* ... 31 F3
Boscodon (Abbaye de) *05* ... 250 B2
Bosdarros *64* ... 296 C1
Bosgouet *27* ... 31 F3
Bosguérard-de-Marcouville *27* ... 31 F3
Bosjean *71* ... 159 D4
Bosmie-l'Aiguille *87* ... 203 F1
Bosmont-sur-Serre *02* ... 21 D4
Bosmoreau-les-Mines *23* ... 186 C2
Bosnormand *27* ... 31 F3
Le Bosquel *80* ... 18 A4
Bosquentin *27* ... 33 D2
Bosrobert *27* ... 31 F4
Bosroger *23* ... 187 F3
Bossancourt *10* ... 91 E3
Bossay-sur-Claise *37* ... 150 B4
La Bosse *25* ... 142 B4
La Bosse *41* ... 109 D3
La Bosse *72* ... 83 E4
La Bosse-de-Bretagne *35* ... 103 E3
Bossée *37* ... 150 A1
Bosselshausen *67* ... 70 C1
Bossendorf *67* ... 70 C2
Bosserville *54* ... 68 B4
Bosset *24* ... 219 F3
Bosseval-et-Briancourt *08* ... 23 D3
Bossey *74* ... 195 E1
Bossieu *38* ... 211 E3
Les Bossons *74* ... 196 C2
Bossugan *33* ... 219 D4
Bossus-lès-Rumigny *08* ... 21 F3
Bost *03* ... 190 B1
Bostens *40* ... 254 B3
Bostz (Château du) *03* ... 172 A3
Bosville *76* ... 15 E2
Botans *90* ... 142 C1
Botforn *29* ... 73 E4
Botmeur *29* ... 49 D4
Botsorhel *29* ... 49 F3
Les Bottereaux *27* ... 57 F3
Botz-en-Mauges *49* ... 127 E3
Bou *45* ... 110 B3
Bouafle *78* ... 60 A2
Bouafles *27* ... 32 C4
Bouan *09* ... 310 A1
Bouaye *44* ... 126 A4
Boubers-lès-Hesmond *62* ... 6 C2
Boubers-sur-Canche *62* ... 7 E3
Boubiers *60* ... 33 F4
Bouc-Bel-Air *13* ... 284 C3
Boucagnères *32* ... 275 D2
Boucard (Château de) *18* ... 134 C3
Boucau *64* ... 270 C2
Boucé *03* ... 172 C4
Boucé *61* ... 56 B4
Boucey *50* ... 79 F1
Le Bouchage *16* ... 184 A2
Le Bouchage *38* ... 212 B1
Bouchain *59* ... 9 E3
Bouchamps-lès-Craon *53* ... 104 C3
Le Bouchaud *03* ... 173 E4
Le Bouchaud *39* ... 159 E3
Bouchavesnes-Bergen *80* ... 19 E2
Bouchemaine *49* ... 128 B2
Boucheporn *57* ... 42 B4
Bouchet *26* ... 247 D4
Le Bouchet *74* ... 196 A4
Bouchet (Château du) *36* ... 151 D4
Bouchet (Lac du) *43* ... 226 C3
Le Bouchet-Saint-Nicolas *43* ... 226 C4
Bouchevilliers *27* ... 33 E2
Bouchoir *80* ... 19 D4
Les Boucholeurs *17* ... 180 C2
Bouchon *80* ... 17 F1
Le Bouchon-sur-Saulx *55* ... 92 B1
Les Bouchoux *39* ... 177 D4
Bouchy-Saint-Genest *51* ... 89 D1
Boucieu-le-Roi *07* ... 228 C2
Bouclans *25* ... 141 F4
Boucoiran-et-Nozières *30* ... 263 F3
Bouconville *08* ... 39 D3
Bouconville-sur-Madt *55* ... 67 E3
Bouconville-Vauclair *02* ... 37 D2
Bouconvillers *60* ... 33 F4
Boucq *54* ... 67 E3
Boudes *63* ... 207 F3
Boudeville *76* ... 15 F2
Boudin *73* ... 196 B4
Boudou *82* ... 257 D2
Boudrac *31* ... 298 C1
Boudreville *21* ... 115 F2
Boudy-de-Beauregard *47* ... 238 B2
Boué *02* ... 10 A4
Bouée *44* ... 125 F3
Boueilh-Boueilho-Lasque *64* ... 273 D2
Bouelles *76* ... 16 C4
Bouër *72* ... 107 F1
Bouère *53* ... 105 F3
Bouessay *53* ... 105 F3
Bouesse *36* ... 169 D1
Bouëx *16* ... 201 F1
La Bouëxière *35* ... 79 F4
Bouffémont *95* ... 61 D1
Boufféré *85* ... 146 A2
Bouffignereux *02* ... 37 E3
Boufflers *80* ... 7 D3
Bouffry *41* ... 108 C2
Bougainville *80* ... 17 F3
Bougarber *64* ... 272 C4
Bougé-Chambalud *38* ... 211 D4
Bouges-le-Château *36* ... 151 F2
Bougey *70* ... 117 F3
Bougival *78* ... 60 C3
Bouglainval *28* ... 85 E1
Bougligny *77* ... 87 F4
Bouglon *47* ... 237 E3
Bougneau *17* ... 199 E1
Bougnon *70* ... 118 B4
Bougon *79* ... 165 F3
Bougue *40* ... 254 A4
Bouguenais *44* ... 126 B4
Bougy *14* ... 55 F1
Bougy-lez-Neuville *45* ... 110 B2
Bouhans *71* ... 159 D4
Bouhans-et-Feurg *70* ... 140 A2
Bouhans-lès-Lure *70* ... 118 C4
Bouhans-lès-Montbozon *70* ... 141 F2
Bouhet *17* ... 181 E1
Bouhey *21* ... 138 B4
Bouhy *58* ... 135 F2
Bouilh (Château du) *33* ... 217 F2
Bouilh-Devant *65* ... 274 A4
Bouilh-Péreuilh *65* ... 274 A4
Bouilhonnac *11* ... 302 C1
Bouillac *12* ... 241 E2
Bouillac *24* ... 239 D1
Bouillac *82* ... 257 E4
La Bouilladisse *13* ... 285 E4
Bouillancourt-en-Séry *80* ... 17 D2
Bouillancourt-la-Bataille *80* ... 18 C4
Bouillancy *60* ... 62 A1
Bouilland *21* ... 158 A1
Bouillargues *30* ... 264 A4
La Bouille *76* ... 32 A3
Bouillé-Courdault *85* ... 164 B3
Bouillé-Loretz *79* ... 148 A1
Bouillé-Ménard *49* ... 104 C4
Bouillé-Saint-Paul *79* ... 148 A2
La Bouillie *22* ... 52 A4
Le Bouillon *61* ... 82 C1
Bouillon *64* ... 272 C3
Bouillonville *54* ... 67 F2
Bouillouses (Lac des) *66* ... 310 C3
Bouilly *10* ... 90 A4
Bouilly *51* ... 37 E4
Bouilly *89* ... 113 E2
Bouilly-en-Gâtinais *45* ... 111 D1
Bouin *62* ... 6 C2
Bouin *79* ... 183 E2
Bouin *85* ... 144 C2
Bouin-Plumoison *62* ... 6 C2
Bouisse *11* ... 302 C3
Bouix *21* ... 115 D3
Boujailles *25* ... 160 B3
Boujan-sur-Libron *34* ... 280 B4
Boujeons *25* ... 160 C4
Boulages *10* ... 90 A1
Boulaincourt *88* ... 94 A2
Boulancourt *77* ... 87 D4
Boulange *57* ... 41 E2
Boulaur *32* ... 275 E3
Le Boulay *37* ... 131 D1
Le Boulay *88* ... 95 D4
Boulay-les-Barres *45* ... 110 A2
Boulay-les-Ifs *53* ... 82 B2
Le Boulay-Morin *27* ... 58 C1
Boulay-Moselle *57* ... 42 B4
La Boulaye *71* ... 156 C4
Boulazac *24* ... 220 C1
Boulbon *13* ... 264 C4
Boulc *26* ... 248 B1
Boule d'Amont *66* ... 312 B3
Bouleternère *66* ... 312 B2
Bouleurs *77* ... 62 A3
Bouleuse *51* ... 37 E4
Bouliac *33* ... 217 E4
Boulieu-lès-Annonay *07* ... 210 C4
Bouligneux *01* ... 193 D2
Bouligney *70* ... 118 B2
Bouligny *55* ... 40 C3
Boulin *65* ... 298 A1
Boullarre *60* ... 62 B1
Le Boullay-les-Deux-Églises *28* ... 85 D1
Boullay-les-Troux *91* ... 60 B4
Le Boullay-Mivoye *28* ... 85 D1
Le Boullay-Thierry *28* ... 85 E1
Boulleret *18* ... 135 D3
Boulleville *27* ... 30 C3
Bouloc *31* ... 276 C1
Bouloc *82* ... 239 E4
Boulogne *85* ... 146 A3
Boulogne (Château de) *07* ... 246 A1
Boulogne-Billancourt *92* ... 60 C3
Boulogne-la-Grasse *60* ... 35 D1
Boulogne-sur-Gesse *31* ... 299 D1
Boulogne-sur-Helpe *59* ... 10 B3
Boulogne-sur-Mer *62* ... 2 A4
Bouloire *72* ... 107 F2
Boulon *14* ... 55 F1
Boulot *70* ... 141 D3
Le Boulou *66* ... 312 C3
Boulouris *83* ... 287 F3
La Boulouze *50* ... 54 B4
Boult *70* ... 141 D3
Boult-aux-Bois *08* ... 39 D2
Boult-sur-Suippe *51* ... 38 A3
Le Boulvé *46* ... 239 E3
Boulzicourt *08* ... 22 C4
Boumois (Château de) *49* ... 129 D3
Boumourt *64* ... 272 C3
Bouniagues *24* ... 238 B1
Le Boupère *85* ... 146 C4
Bouquehault *62* ... 2 C3
Bouquelon *27* ... 31 D2
Bouquemaison *80* ... 7 E4
Bouquemont *55* ... 66 C1
Bouquet *30* ... 263 F1
Bouquetot *27* ... 31 F3
Bouqueval *95* ... 61 D2
Bouranton *10* ... 90 B3
Bouray-sur-Juine *91* ... 87 D2
Bourbach-le-Bas *68* ... 120 A2
Bourbach-le-Haut *68* ... 120 A2
La Bourbansais (Château de) *35* ... 79 D2
Bourberain *21* ... 139 F2
Bourbévelle *70* ... 118 A2
Bourbon-Lancy *71* ... 173 D1
Bourbon-l'Archambault *03* ... 171 F2
Bourbonne-les-Bains *52* ... 117 E2
La Bourboule *63* ... 206 C2
Bourbourg *59* ... 3 D2
Bourbriac *22* ... 50 B4
Bourcefranc-le-Chapus *17* ... 180 C3
Bourcia *39* ... 176 B3
Bourcq *08* ... 38 C2
Bourdainville *76* ... 15 F3
Bourdalat *40* ... 254 B4
Bourdeau *73* ... 213 D1
Bourdeaux *26* ... 247 F2
Bourdeilles *24* ... 202 B4
Le Bourdeix *24* ... 202 B2
Bourdelles *33* ... 237 D2
Bourdenay *10* ... 89 E3
Le Bourdet *79* ... 164 B4
Bourdettes *64* ... 297 D1
Bourdic *30* ... 264 A3
La Bourdinière-Saint-Loup *28* ... 85 E3
Bourdon *80* ... 17 F2
Bourdonnay *57* ... 69 E3
Bourdonné *78* ... 59 F4
Bourdons-sur-Rognon *52* ... 92 C4
Bourecq *62* ... 7 F1
Bouresches *02* ... 62 C1
Bouresse *86* ... 167 D3
Bouret-sur-Canche *62* ... 7 E3
Boureuilles *55* ... 39 F4
Bourg *33* ... 217 E2
Le Bourg *46* ... 241 D1
Bourg *52* ... 116 C3

BOURGES

Armuriers (R. des) ... Z 2
Auron (R. d') ... Z
Barbès (R.) ... Z 4
Beaux-Arts (R. des) ... Y 5
Bourbonnoux (R.) ... YZ
Calvin (R.) ... Y 7
Cambournac (R.) ... Y 8
Champ de Foire (R. du) ... Z 12
Commerce (R. du) ... Y 13
Coursalon (R.) ... Y
Cujas (Pl.) ... Y 15
Dr-Témoin (R. du) ... Y 17
Dormoy (Av. Marx) ... Y 19
Équerre (Rue de l') ... Z 20
George-Sand (Escalier) ... Y 27
Hémerettes (R. des) ... Z 29
Jacobins (Cour des) ... Z 31
Jacques-Cœur (R.) ... Y 32
J.-J.-Rousseau (R.) ... Z 33
Jean-Jaurès (Av.) ... Y
Joyeuse (R.) ... Y 35
Juranville (Pl.) ... Z 36
Leblanc (R. N.) ... YZ 40
Linières (Rue de) ... Z 42
Louis XI (Av.) ... Z 43
Mallet (R. L.) ... Z 44
Marceau (Rampe) ... Z 45
Mirebeau (R.) ... Y 46
Moyenne (R.) ... YZ
Orléans (Av. d') ... Y 48
Pelvoysin (R.) ... Y 50
Poissonnerie (R. de la) ... Y 52
Prinal (R. du) ... Y 55
Rimbault (R. J.) ... Z 61
Strasbourg (Bd de) ... Z 71
Thaumassière (R. de la) ... Y 72
Tory (R. G.) ... Y 73
Victor-Hugo (R.) ... Z 74
3 Maillets (R. des) ... Z 75
4-Piliers (Pl. des) ... Z 76
95e-de-Ligne (R. du) ... Z 78

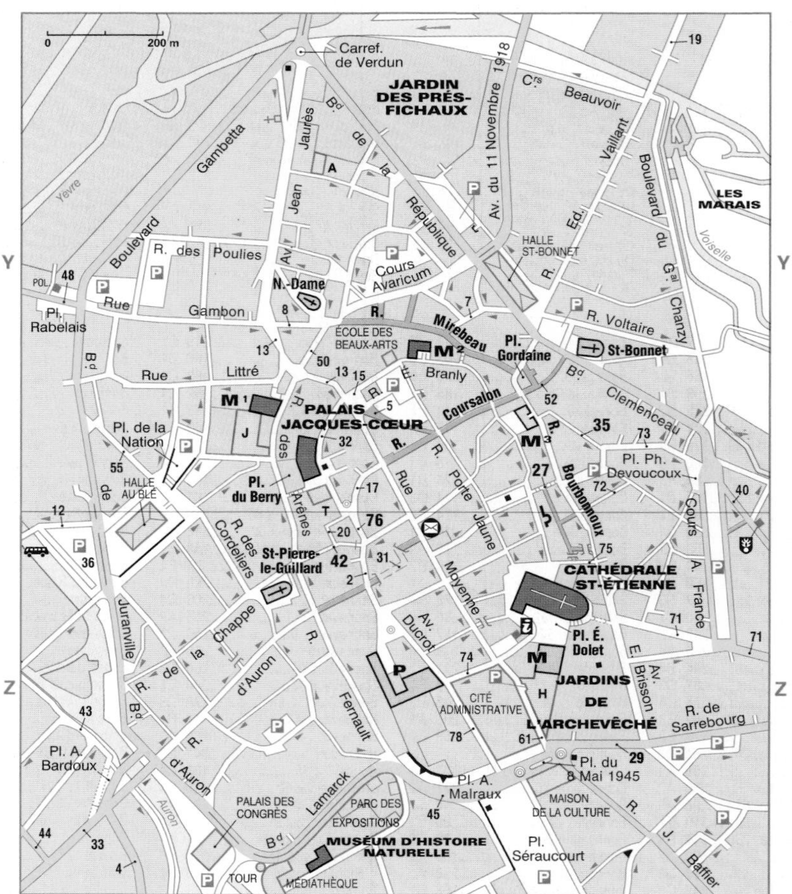

Bourg-Achard 27 ... 31 F3
Bourg-Archambault 86 ... 167 F3
Bourg-Argental 42 ... 210 B4
Bourg-Beaudouin 27 ... 32 C3
Bourg-Blanc 29 ... 47 E2
Bourg-Bruche 67 ... 96 A1
Bourg-Charente 16 ... 200 C1
Le Bourg-d'Arud 38 ... 231 E2
Bourg-de-Bigorre 65 ... 298 A2
Bourg-de-Péage 26 ... 229 E2
Bourg-de-Sirod 39 ... 160 B4
Bourg-de-Thizy 69 ... 191 F2
Bourg-de-Visa 82 ... 257 D1
Bourg-des-Comptes 35 ... 103 D2
Bourg-des-Maisons 24 ... 202 A4
Le Bourg-d'Hem 23 ... 169 E4
Le Bourg-d'Iré 49 ... 104 C4
Le Bourg-d'Oisans 38 ... 231 E2
Bourg-d'Oueil 31 ... 298 C4
Bourg-du-Bost 24 ... 201 F4
Le Bourg-Dun 76 ... 15 F1
Bourg-en-Bresse 01 ... 176 A4
Bourg-et-Comin 02 ... 37 D2
Bourg-Fidèle 08 ... 22 B2
Bourg-la-Reine 92 ... 61 D4
Bourg-Lastic 63 ... 206 B1
Bourg-le-Comte 71 ... 173 F4
Bourg-le-Roi 72 ... 82 C3
Bourg-lès-Valence 26 ... 229 D3
Bourg-l'Évêque 49 ... 104 B4
Bourg-Madame 66 ... 310 C4
Bourg-Saint-Andéol 07 ... 246 C4
Bourg-Saint-Bernard 31 ... 277 D2
Bourg-Saint-Christophe 01 ... 193 E3
Le Bourg-Saint-Léonard 61 ... 56 C4
Bourg-Saint-Maurice 73 ... 214 C1
Bourg-Sainte-Marie 52 ... 93 D4
Bourg-sous-Châtelet 90 ... 119 F4
Bourgaltroff 57 ... 69 E2
Bourganeuf 23 ... 186 C3
Bourgbarré 35 ... 103 E1
Bourgeauville 14 ... 30 B3
Bourges 18 ... 153 E2
Le Bourget 93 ... 61 D2
Le Bourget-du-Lac 73 ... 213 D1
Bourget-en-Huile 73 ... 213 F2
Bourgheim 67 ... 96 C1
Bourghelles 59 ... 9 D1
Bourgnac 24 ... 220 A2
Bourgneuf 17 ... 181 D1
Bourgneuf 73 ... 213 F2
Bourgneuf-en-Mauges 49 ... 127 F3
Bourgneuf-en-Retz 44 ... 144 C1
Le Bourgneuf-la-Forêt 53 ... 80 C4
Bourgneuf-Val-d'Or 71 ... 157 F3
Bourgogne 51 ... 37 F3
Bourgoin-Jallieu 38 ... 211 F2
Bourgon 53 ... 80 B4
La Bourgonce 88 ... 95 E3
La Bourgonnière (Chapelle de) 49 ... 127 E3
Bourgougnague 47 ... 238 A2
Bourgtheroulde-Infreville 27 ... 31 F3
Bourguébus 14 ... 56 A1
Bourgueil 37 ... 129 F4
Bourguenolles 50 ... 54 A3
Le Bourguet 83 ... 268 B4
Bourguignon 25 ... 142 C2
Bourguignon-lès-Conflans 70 ... 118 B3
Bourguignon-lès-la-Charité 70 ... 141 D2
Bourguignon-lès-Morey 70 ... 117 E4
Bourguignon-sous-Coucy 02 ... 36 A1
Bourguignon-sous-Montbavin 02 ... 36 C1
Bourguignons 10 ... 114 C1
Bourgvilain 71 ... 174 C3
Bourideys 33 ... 236 A4
Bouriège 11 ... 302 A3
Bourigeole 11 ... 302 A3
Bourisp 65 ... 298 B4
Bourlens 47 ... 239 D3
Bourlon 62 ... 9 D4
Bourmont 52 ... 93 D4
Bournainville-Faverolles 27 ... 57 E1
Bournan 37 ... 150 A2
Bournand 86 ... 148 C1
Bournazel 12 ... 241 F3
Bournazel 81 ... 259 D2
Bourneau 85 ... 164 A2
Bournel 47 ... 238 B2
Bourneville 27 ... 31 E2
Bournezeau 85 ... 163 E1
Bourniquel 24 ... 220 C4
Bournois 25 ... 142 A1
Bournoncle-Saint-Pierre 43 ... 207 F4
Bournoncles 15 ... 225 F3
Bournonville 62 ... 2 B4
Bournos 64 ... 272 C3
Bourogne 90 ... 142 C1
Bourran 47 ... 238 A4
Bourré 41 ... 131 F3
Bourréac 65 ... 297 F2
Bourret 82 ... 257 E3
Bourriot-Bergonce 40 ... 254 B2
Bourron-Marlotte 77 ... 87 F3
Bourrou 24 ... 220 B2
Bourrouillan 32 ... 255 D4
Bours 62 ... 7 F2
Bours 65 ... 297 F1
Boursault 51 ... 63 F1
Boursay 41 ... 108 B2
Bourscheid 57 ... 70 A2
Bourseul 22 ... 78 B1
Bourseville 80 ... 16 C1
Boursières 70 ... 141 D1
Boursies 59 ... 8 C4
Boursin 62 ... 2 B3
Boursonne 60 ... 35 F4
Bourth 27 ... 58 A4
Bourthes 62 ... 6 C1
Bourtzwiller 68 ... 120 C2
Bourville 76 ... 15 F2
Boury-en-Vexin 60 ... 33 E4
Bousbach 57 ... 43 D4
Bousbecque 59 ... 4 C3
Le Bouscat 33 ... 217 E3
Bousies 59 ... 9 F4
Bousignies 59 ... 9 E2
Bousignies-sur-Roc 59 ... 10 C2
Le Bousquet 11 ... 311 D1
Le Bousquet-d'Orb 34 ... 280 A1
Boussac 12 ... 259 F1
Boussac 23 ... 170 A4
La Boussac 35 ... 79 E1
Boussac 46 ... 241 D2
Boussac-Bourg 23 ... 170 A3
Boussais 79 ... 148 A3
Boussan 31 ... 299 E1
Boussay 37 ... 150 B3
Boussay 44 ... 146 B1
Bousse 57 ... 41 F3
Bousse 72 ... 106 B4
Bousselange 21 ... 158 C2
Boussenac 09 ... 300 B4
Boussenois 21 ... 139 E1
Boussens 31 ... 299 F2
Bousseraucourt 70 ... 117 F2
Boussès 47 ... 255 D2
Bousseviller 57 ... 44 C3
Boussey 21 ... 138 B3
Boussicourt 80 ... 18 C4
Boussières 25 ... 141 D4
Boussières-en-Cambrésis 59 ... 9 E4
Boussières-sur-Sambre 59 ... 10 B2
Boussois 59 ... 10 C2
Boussy 74 ... 195 D3
Boussy-Saint-Antoine 91 ... 61 E4
Boust 57 ... 41 F2
Boustroff 57 ... 69 D1
Le Bout-d'Oye 62 ... 3 D1
Bout-du-Lac 74 ... 195 F4
Bout du Monde (Cirque du) 21 ... 157 F2
Bout-du-Pont-de-Larn 81 ... 278 C3
Boutancourt 08 ... 22 C4
Boutavent 60 ... 17 E4
La Bouteille 02 ... 21 E3
Bouteilles-Saint-Sébastien 24 ... 201 F4
Boutenac 11 ... 303 E2
Boutenac-Touvent 17 ... 199 D2
Boutencourt 60 ... 33 F3
Boutervilliers 91 ... 86 B2
Bouteville 16 ... 201 D2
Bouthéon 42 ... 209 F2
Boutiers-Saint-Trojan 16 ... 200 C1
Boutigny 77 ... 62 A2
Boutigny-sur-Essonne 91 ... 87 D2
Boutigny-sur-Opton 28 ... 59 F4
Bouttencourt 80 ... 17 D2
Boutteville 50 ... 25 E4
Boutx 31 ... 299 D4
Bouvaincourt-sur-Bresle 80 ... 16 C1
Bouvancourt 51 ... 37 E3
Bouvante 26 ... 229 F3
Bouvante-le-Haut 26 ... 229 F3
Bouvelinghem 62 ... 2 C3
Bouvellemont 08 ... 38 C1
Bouvent 01 ... 176 C4
Bouverans 25 ... 160 C3
Bouvesse-Quirieu 38 ... 194 A4
Bouvières 26 ... 247 F2
Bouvignies 59 ... 9 D2
Bouvigny-Boyeffles 62 ... 8 A2
Bouville 28 ... 85 D4
Bouville 76 ... 15 F4
Bouville 91 ... 87 D2
Bouvincourt-en-Vermandois 80 ... 19 F2
Bouvines 59 ... 9 D1
Bouvresse 60 ... 17 E4
Bouvron 44 ... 126 A2
Bouvron 54 ... 67 F3
Boux-sous-Salmaise 21 ... 138 B2
Bouxières-aux-Bois 88 ... 94 C3
Bouxières-aux-Chênes 54 ... 68 B3
Bouxières-aux-Dames 54 ... 68 A3
Bouxières-sous-Froidmont 54 ... 68 A2
Bouxurulles 88 ... 94 B3
Bouxwiller 67 ... 70 C1
Bouxwiller 68 ... 120 C4
Bouy 51 ... 64 C1
Bouy-Luxembourg 10 ... 90 C3
Bouy-sur-Orvin 10 ... 89 D3
Bouyon 06 ... 269 F3
Le Bouyssou 46 ... 241 D1
Bouzais 18 ... 170 C1
Bouzancourt 52 ... 92 A3
Bouzanville 54 ... 94 A2
Bouze-lès-Beaune 21 ... 158 A2
Bouzèdes (Belvédère des) 30 ... 245 D4
Bouzel 63 ... 189 F4
Bouzemont 88 ... 94 B3
Bouzeron 71 ... 157 F3
Bouzic 24 ... 239 F1
Bouziès 46 ... 240 B3
Bouzigues 34 ... 281 E3
Bouzillé 49 ... 127 E3
Bouzin 31 ... 299 E1
Bouzincourt 80 ... 18 C1
Bouzon-Gellenave 32 ... 273 F1
Bouzonville 57 ... 42 B3
Bouzonville-aux-Bois 45 ... 110 C1

BREST

Algésiras (R. d') ... EY 2
Clemenceau (Av. G.) ... EY
Colbert (R.) ... EY 5
Foch (Av. Mar.) ... EY 14
Français Libres (Bd des) ... DZ 16
Frégate-la-Belle-Poule (R.) ... EZ 17
Jaurès (R. Jean) ... EY
Kérabécam (R. de) ... EY 22
Liberté (Pl. de la) ... EY
Lyon (R. de) ... DEY
Marine (Bd de la) ... DZ 25
Réveillère (R. Amiral) ... EY 33
Roosevelt (Av. F.) ... DZ 34
Siam (R. de) ... EY
11-Martyrs (R. des) ... EY 42

Bouzonville-en-Beauce 45 ... 86 C4
Bouzy 51 ... 64 B1
Bouzy-la-Forêt 45 ... 111 D3
Bovée-sur-Barboure 55 ... 67 D4
Bovel 35 ... 102 C2
Bovelles 80 ... 18 A2
Boves 80 ... 18 B3
Boviolles 55 ... 66 C4
Boyardville 17 ... 180 B2
Boyaval 62 ... 7 E2
Boyelles 62 ... 8 B4
Boyer 42 ... 191 F2
Boyer 71 ... 175 E1
Boyeux-Saint-Jérôme 01 ... 194 A2
Boynes 45 ... 111 D1
Boz 01 ... 175 E3
Bozas 07 ... 228 C2
Bozel 73 ... 214 B2
Bozouls 12 ... 242 C3
Brabant-en-Argonne 55 ... 39 F4
Brabant-le-Roi 55 ... 66 A3
Brabant-sur-Meuse 55 ... 40 A3
Brach 33 ... 216 C2
Brachay 52 ... 92 A3
Braches 80 ... 18 C4
Brachy 76 ... 15 F2
Bracieux 41 ... 132 B2
Bracon 39 ... 160 A2
Bracquemont 76 ... 16 A2
Bracquetuit 76 ... 16 A4
Bradiancourt 76 ... 16 C4
Braffais 50 ... 54 A3
Bragassargues 30 ... 263 E3
Bragayrac 31 ... 275 F3
Brageac 15 ... 223 F1
Bragelogne 10 ... 114 C2
Bragny-sur-Saône 71 ... 158 B3
La Brague 06 ... 288 B3
Brahic 07 ... 245 E4
Braillans 25 ... 141 E3
Brailly-Cornehotte 80 ... 6 C4
Brain 21 ... 138 A2
Brain-sur-Allonnes 49 ... 129 F4
Brain-sur-l'Authion 49 ... 128 C2
Brain-sur-Longuenée 49 ... 128 A1
Brain-sur-Vilaine 35 ... 102 C4
Brainans 39 ... 159 F3
Braine 02 ... 36 C3
Brains 44 ... 126 A4
Brains-sur-Gée 72 ... 106 B2
Brains-sur-les-Marches 53 ... 104 B2
Brainville 50 ... 53 F1
Brainville 54 ... 41 D4
Brainville-sur-Meuse 52 ... 93 D4
Braisnes 60 ... 35 E2
Braize 03 ... 171 D1
Bralleville 54 ... 94 B2
Bram 11 ... 302 A1
Bramabiau (Abîme du) 30 ... 262 A2
Bramans 73 ... 214 C4
Brametot 76 ... 15 F2
Bramevaque 65 ... 298 C3
Bran 17 ... 200 C4
Branceilles 19 ... 222 C3
Branches 89 ... 113 D3
Brancion 71 ... 175 D2
Brancourt-en-Laonnois 02 ... 36 B1
Brancourt-le-Grand 02 ... 20 B2
Brandérion 56 ... 100 B3
Brandeville 55 ... 40 A2
Brandivy 56 ... 100 C3
Brando 2B ... 315 F1
Brandon 71 ... 174 C3
Brandonnet 12 ... 241 E4
Brandonvillers 51 ... 91 D1
Branféré (Parc zoologique de) 56 ... 101 F4
Branges 02 ... 36 C4
Branges 71 ... 175 F1
Brangues 38 ... 212 B1
Brannay 89 ... 88 B4
Branne 25 ... 142 A2
Branne 33 ... 218 C4
Brannens 33 ... 236 C2
Branoux-les-Taillades 30 ... 263 D1
Brans 39 ... 140 B4
Bransat 03 ... 172 A4
Branscourt 51 ... 37 E3
Bransles 77 ... 112 A1
Brantes 84 ... 266 A1
Brantigny 88 ... 94 B3
Brantôme 24 ... 202 B4
Branville 14 ... 30 A3
Branville-Hague 50 ... 24 B2
Braquis 55 ... 40 C4
Bras 83 ... 286 A3
Bras-d'Asse 04 ... 267 F3
Bras-sur-Meuse 55 ... 40 A4
Brasc 12 ... 260 B3
Brasles 02 ... 63 D1
Braslou 37 ... 149 E2
Brasparts 29 ... 75 D2
Brassac 09 ... 300 C4
Brassac 81 ... 278 C2
Brassac 82 ... 257 D1
Brassac-les-Mines 63 ... 207 F3
Brasseitte 55 ... 67 D3
Brassempouy 40 ... 272 B2
Brasseuse 60 ... 35 D4
Brassy 58 ... 137 D4
Brassy 80 ... 17 F4
Bratte 54 ... 68 B3
Braucourt 52 ... 91 F1
Braud-et-Saint-Louis 33 ... 199 E4
Braus (Col de) 06 ... 289 E3
Brauvilliers 55 ... 92 B1
Braux 04 ... 268 C2
Braux 08 ... 22 C3
Braux 10 ... 91 D2
Braux 21 ... 138 A3
Braux-le-Châtel 52 ... 116 A1
Braux-Saint-Remy 51 ... 65 F1
Braux-Sainte-Cohière 51 ... 65 F1
Bravone 2B ... 317 C1
Brax 31 ... 276 B2
Brax 47 ... 256 A1
Bray 27 ... 58 A1
Bray 71 ... 175 D2
Bray-Dunes 59 ... 3 F1
Bray-en-Val 45 ... 111 D3
Bray-et-Lû 95 ... 59 F1
Bray-la-Campagne 14 ... 56 B1
Bray-lès-Mareuil 80 ... 17 E1
Bray-Saint-Christophe 02 ... 19 F3
Bray-sur-Seine 77 ... 88 C3
Bray-sur-Somme 80 ... 19 D2
Braye 02 ... 36 B2
Braye-en-Laonnois 02 ... 37 D2
Braye-en-Thiérache 02 ... 21 E3
Braye-sous-Faye 37 ... 149 E2
Braye-sur-Maulne 37 ... 130 A1
Brazey-en-Morvan 21 ... 157 D1
Brazey-en-Plaine 21 ... 158 C1
Bréal-sous-Montfort 35 ... 103 D1
Bréal-sous-Vitré 35 ... 104 B1
Bréançon 95 ... 60 B1
Bréau 77 ... 88 A1
Bréau-et-Salagosse 30 ... 262 B3
Bréauté 76 ... 14 C3
Bréban 51 ... 91 D1
Brebières 62 ... 8 C3
Brebotte 90 ... 120 A4
Brécé 35 ... 103 F1
Brecé 53 ... 81 D2
Brécey 50 ... 54 B4
Brech 56 ... 100 C3
Brechainville 88 ... 93 D3
Bréchamps 28 ... 59 E4
Bréchaumont 68 ... 120 A3
Brèche au Diable 14 ... 56 A2
Brèches 37 ... 130 B1
Breconchaux 25 ... 141 F3
Brectouville 50 ... 54 C1
Brécy 02 ... 36 C4
Brécy 18 ... 153 F1
Brécy-Brières 08 ... 39 D3
La Brède 33 ... 235 F1
Brée 53 ... 81 E4
La Brée-les-Bains 17 ... 180 B2
Bréel 61 ... 55 F3
Brégnier-Cordon 01 ... 212 B1
Brégy 60 ... 62 A1
Bréhain 57 ... 68 C2
Bréhain-la-Ville 54 ... 41 D2
Bréhal 50 ... 53 F2
Bréhan 56 ... 101 E1
Bréhand 22 ... 77 F2
Bréhec-en-Plouha 22 ... 51 D2
Bréhémont 37 ... 130 A4
Bréhéville 55 ... 40 A2
Breidenbach 57 ... 44 B3
Breil 49 ... 129 F2
Le Breil-sur-Mérize 72 ... 107 E2
Breil-sur-Roya 06 ... 289 F2
La Breille-les-Pins 49 ... 129 F3
Breilly 80 ... 18 A2
Breistroff-la-Grande 57 ... 41 F1
Breitenau 67 ... 96 B1
Breitenbach 67 ... 96 B1
Breitenbach-Haut-Rhin 68 ... 96 A4
Brélès 29 ... 47 D2
Brélidy 22 ... 50 B2
Brem-sur-Mer 85 ... 162 A1
Bréménil 54 ... 95 F1
Brêmes 62 ... 2 C2
Bremmelbach 67 ... 45 E4
Brémoncourt 54 ... 94 C1
Bremondans 25 ... 141 F4
Brémontier-Merval 76 ... 33 D2
Brémoy 14 ... 55 D2
Brémur-et-Vaurois 21 ... 115 E4
Bren 26 ... 229 D1
Brenac 11 ... 302 A4
Brenas 34 ... 280 B2
Brenat 63 ... 207 F2
Brénaz 01 ... 194 C2
Brenelle 02 ... 36 C3
Brengues 46 ... 240 C2
Brennes 52 ... 116 C3
Brennilis 29 ... 75 E2
Brénod 01 ... 194 B2
Brenon 83 ... 268 B4
Brenouille 60 ... 35 D3
Brenoux 48 ... 244 B3
Brens 01 ... 194 C4
Brens 81 ... 259 D4
Brenthonne 74 ... 178 B4
Breny 02 ... 36 B4
La Bréole 04 ... 250 A3
Brères 25 ... 160 A1
Bréry 39 ... 159 E4
Bresdon 17 ... 183 D3
Les Bréseux 25 ... 142 C3
Bresilley 70 ... 140 B4
Bresle 80 ... 18 C2
Bresles 60 ... 34 B2
Bresnay 03 ... 172 A3
Bresolettes 61 ... 83 F1
La Bresse 88 ... 119 F1
Bresse-sur-Grosne 71 ... 175 D1
Bressey-sur-Tille 21 ... 139 E3
Bressieux 38 ... 211 F4
Bressolles 01 ... 193 E3
Bressolles 03 ... 172 B2
Bressols 82 ... 257 F3
Bresson 38 ... 230 C1
Bressoncourt 52 ... 92 C2
Bressuire 79 ... 147 F3
Brest 29 ... 47 E3
Brestot 27 ... 31 E3
Bretagne 36 ... 152 A2
Bretagne 90 ... 120 A4
Bretagne-d'Armagnac 32 ... 255 E4
Bretagne-de-Marsan 40 ... 254 A4
Bretagnolles 27 ... 59 D2
Breteau 45 ... 135 D1
Breteil 35 ... 79 D4
Bretenière 21 ... 139 E4
La Bretenière 25 ... 141 F2
La Bretenière 39 ... 159 F1
Bretenières 39 ... 159 E2
Bretenoux 46 ... 223 D3
Breteuil 60 ... 34 B1
Breteuil (Château de) 78 ... 60 B4
Breteuil-sur-Iton 27 ... 58 B3
Brethel 61 ... 57 F4
Brethenay 52 ... 92 B4
Le Brethon 03 ... 171 D2
Bretigney 25 ... 142 B2
Bretigney-Notre-Dame 25 ... 141 F3

Bretignolles 79 147 E3
Brétignolles (Château de) 37 149 E1
Brétignolles-le-Moulin 53 81 F2
Brétignolles-sur-Mer 85 162 A1
Bretigny 21 139 E3
Brétigny 27 31 E4
Brétigny 60 36 A1
Brétigny-sur-Orge 91 87 D1
Bretoncelles 61 84 B2
La Bretonnière-La Claye 85 163 E2
Bretonvillers 25 142 B4
Brette 26 248 A2
Brette-les-Pins 72 107 D3
Bretten 68 120 A3
Brettes 16 183 E2
Bretteville 50 24 C2
Bretteville-du-Grand-Caux 76 14 C3
Bretteville-le-Rabet 14 56 A1
Bretteville-l'Orgueilleuse 14 29 D4
Bretteville-Saint-Laurent 76 15 F2
Bretteville-sur-Ay 50 26 B3
Bretteville-sur-Dives 14 56 C1
Bretteville-sur-Laize 14 56 A1
Bretteville-sur-Odon 14 29 E4
Brettnach 57 42 B3
Bretx 31 276 A1
Breuches 70 118 C3
Breuchotte 70 119 D3
Breugnon 58 136 A3
Le Breuil 03 190 B1
Breuil 51 37 D3
Le Breuil 51 63 E2
Le Breuil 69 192 B3
Le Breuil 71 157 E4
Breuil 80 19 E4
Breuil-Barret 85 164 B1
Le Breuil-Bernard 79 147 E4
Breuil-Bois-Robert 78 59 F2
Breuil-Chaussée 79 147 E3
Le Breuil-en-Auge 14 30 C4
Le Breuil-en-Bessin 14 28 B3
Breuil-la-Réorte 17 181 F2
Breuil-le-Sec 60 34 C3
Breuil-le-Vert 60 34 C3
Breuil-Magné 17 181 D2
Breuil-Mingot (Château du) 86 166 B2
Le Breuil-sous-Argenton 79 147 F2
Le Breuil-sur-Couze 63 207 F3
Breuil-sur-Marne 52 92 B2
Breuilaufa 87 185 E2
Breuilh 24 220 C2
Breuillet 17 198 B1
Breuillet 91 86 C1
Breuilpont 27 59 E2
Breurey-lès-Faverney 70 118 B3
Breuschwickersheim 67 71 D3
Breuvannes 52 117 E1
Breuvery-sur-Coole 51 64 C3
Breuville 50 24 C3
Breux 55 40 A1
Breux-Jouy 91 86 C1
Breux-sur-Avre 27 58 C4
Brévainville 41 109 D2
Bréval 78 59 E2
Brévands 50 27 E3
Brevans 39 159 E1
Le Brévedent 14 30 C4
Brèves 58 136 B3
Les Bréviaires 78 60 A4
Bréviandes 10 90 B4
La Brévière 14 57 D2
Bréville 14 29 F4
Bréville 16 182 C4
Bréville-sur-Mer 50 53 F2
Brévillers 62 7 D3
Brévillers 80 7 F4
Brevilliers 70 142 C1
Brévilly 08 23 E4
Brévonnes 10 91 D3
Bréxent-Énocq 62 6 B1
Brey-et-Maison-du-Bois 25 160 C4
Brézal (Moulin de) 29 48 C3
Brézé 49 148 B1
Brézellec (Pointe de) 29 72 C3
Bréziers 05 249 F3
Brézilhac 11 302 A2
Brézins 38 211 F4
Brézolles 28 58 C4
Brezons 15 224 C3
Le Brézouard 68 96 A3
Briançon 05 232 C3
Briançonnet 06 269 D3
Brianny 21 138 A3
Briant 71 173 F4
Briantes 36 169 F2
Briare 45 134 C1
Briarres-sur-Essonne 45 87 D4
Brias 62 7 F2
Briastre 59 9 F4
Briatexte 81 277 F1
Briaucourt 52 92 B4
Briaucourt 70 118 B3
Bricon 52 116 A1
Briconville 28 85 D2
Bricot-la-Ville 51 63 E4
Bricquebec 50 24 C3
Bricquebosq 50 24 B3
Bricqueville 14 27 F3
Bricqueville-la-Blouette 50 53 F1
Bricqueville-sur-Mer 50 53 F2
Bricy 45 110 A2
Brides-les-Bains 73 214 B2
La Bridoire 73 212 C2
Bridoire (Château de) 24 220 A4
Bridoré 37 150 C2
Brie 02 36 C1
Brie 09 300 C1
Brie 16 183 F4
Brie 35 103 F2
Brie 79 148 B3
Brie 80 19 E3
Brie-Comte-Robert 77 61 E4
Brié-et-Angonnes 38 230 C1
Brie-sous-Archiac 17 200 C3
Brie-sous-Barbezieux 16 201 D3
Brie-sous-Chalais 16 201 D4
Brie-sous-Matha 17 182 C4
Brie-sous-Mortagne 17 199 D2
Briec 29 75 D4
Briel-sur-Barse 10 90 C4
Brielles 35 104 B1
Brienne 71 175 F2
Brienne-la-Vieille 10 91 D3
Brienne-le-Château 10 91 D3
Brienne-sur-Aisne 08 37 F2
Briennon 42 191 E1
Brienon-sur-Armançon 89 113 E2
Brières-les-Scellés 91 86 C2
Brieuil-sur-Chizé 79 182 C1
Brieulles-sur-Bar 08 39 D2
Brieulles-sur-Meuse 55 39 F3
Brieux 61 56 B3
Briey 54 41 E3
Briffons 63 206 B1
Brignac 34 280 C2
Brignac 56 78 A4
Brignac 87 186 A4
Brignac-la-Plaine 19 222 A1
Brignais 69 210 C1
Brignancourt 95 60 B1
Brigné 49 128 C4
Brignemont 31 275 F1
Brignogan-Plages 29 47 F1
Brignoles 83 286 B3
Brignon 30 263 F3
Le Brignon 43 227 D3
Brignoud 38 213 D4
La Brigue 06 289 F1
Brigueil-le-Chantre 86 167 F3
Brigueuil 16 185 D3
Briis-sous-Forges 91 86 C1
Brillac 16 184 C2
La Brillanne 04 267 D3
Brillecourt 10 90 C2
Brillevast 50 25 D2
Brillon 59 9 E2
Brillon-en-Barrois 55 66 A4
Brimeux 62 6 C2
Brimont 51 37 F3
Brin-sur-Seille 54 68 B3
Brinay 18 152 C1
Brinay 58 155 F2
Brinckheim 68 120 C3
Brindas 69 210 C1
Bringolo 22 51 D3
Brinon-sur-Beuvron 58 136 B4
Brinon-sur-Sauldre 18 133 F2
Briod 39 176 C1
Briollay 49 128 B1
Brion 01 194 B1
Brion 36 152 A3
Brion 38 212 A4
Brion 48 243 E1
Brion 49 129 D2
Brion 71 156 C3
Brion 86 166 C3
Brion 89 113 D2
Brion (Pont de) 38 230 C3
Brion-près-Thouet 79 148 B2
Brion-sur-Ource 21 115 E2
La Brionne 23 186 C1
Brionne 27 31 E4
Briord 01 194 A4
Briosne-lès-Sables 72 83 E4
Briot 60 17 F4
Briou 41 109 E4
Brioude 43 208 A4
Brioux-sur-Boutonne 79 182 C1
Briouze 61 55 F4
Briquemesnil-Floxicourt 80 18 A2
Briquenay 08 39 E2
Briscous 64 270 C3
Brison 73 195 D4
Brison-Saint-Innocent 73 195 D4
Brissac 34 262 C4
Brissac (Château de) 49 128 C3
Brissac-Quincé 49 128 C3
Brissarthe 49 105 F4
Brissay-Choigny 02 20 B4
Brissy-Hamégicourt 02 20 B4
Brive-la-Gaillarde 19 222 B1
Brives 36 152 B4
Brives-Charensac 43 227 D2
Brives-sur-Charente 17 199 F1
Brivezac 19 223 D2
Brix 50 24 C3
Brixey-aux-Chanoines 55 93 E2
Brizambourg 17 182 B4
Brizay 37 149 E1
Brizeaux 55 66 A1
Brizon 74 196 A1
Le Broc 06 269 F4
Broc 49 129 F1
Le Broc 63 207 F3
Brocas 40 253 F2
Brochon 21 139 D4
Brocottes 14 30 A4
Brocourt 80 17 E3
Brocourt-en-Argonne 55 66 B1
Broglie 27 57 F2
Brognard 25 142 C1
Brognon 08 22 A2
Brognon 21 139 E3
Broin 21 158 C1
Broindon 21 139 E4
Broissia 39 176 B3
Brombos 60 17 E4
Bromeilles 45 87 E4
Brommat 12 224 C4
Bromont-Lamothe 63 189 D4
Bron 69 193 D4
Broncourt 52 117 E4
Bronvaux 57 41 E4
Broons 22 78 B3
Broons-sur-Vilaine 35 79 F4
La Broque 67 70 B4
Broquiers 60 17 E4
Broquiès 12 260 B3
Brossac 16 201 D4
Brossainc 07 210 C4
Brossay 49 148 A1
La Brosse-Montceaux 77 88 B3
Brosses 89 136 C2
Brosville 27 58 C1
Brotonne (Pont de) 76 15 E4
Brotte-lès-Luxeuil 70 118 C3
Brotte-lès-Ray 70 140 B1
Brottes 52 116 B1
Brou 01 193 F1
Brou 28 84 C4
Brou-sur-Chantereine 77 61 E3
Brouage 17 180 C3
Brouains 50 54 C4
Broualan 35 79 E1
Brouay 14 29 D4
Brouchaud 24 221 D1
Brouchy 80 19 F4
Brouck 57 42 B4
Brouckerque 59 3 E2
Brouderdorff 57 70 A2
Broué 28 59 E4
Brouennes 55 40 A1
Le Brouilh-Monbert 32 274 B1
Brouilla 66 313 D3
Brouillet 51 37 D4
Brouis (Col de) 06 289 E2
Brouqueyran 33 236 C3
La Brousse 17 182 B3
Brousse 23 188 A3
Brousse 63 208 A2
Brousse 81 278 A1
Brousse-le-Château 12 260 B3
Brousses-et-Villaret 11 278 B4
Brousseval 52 92 A2
Broussey-en-Blois 55 67 D4

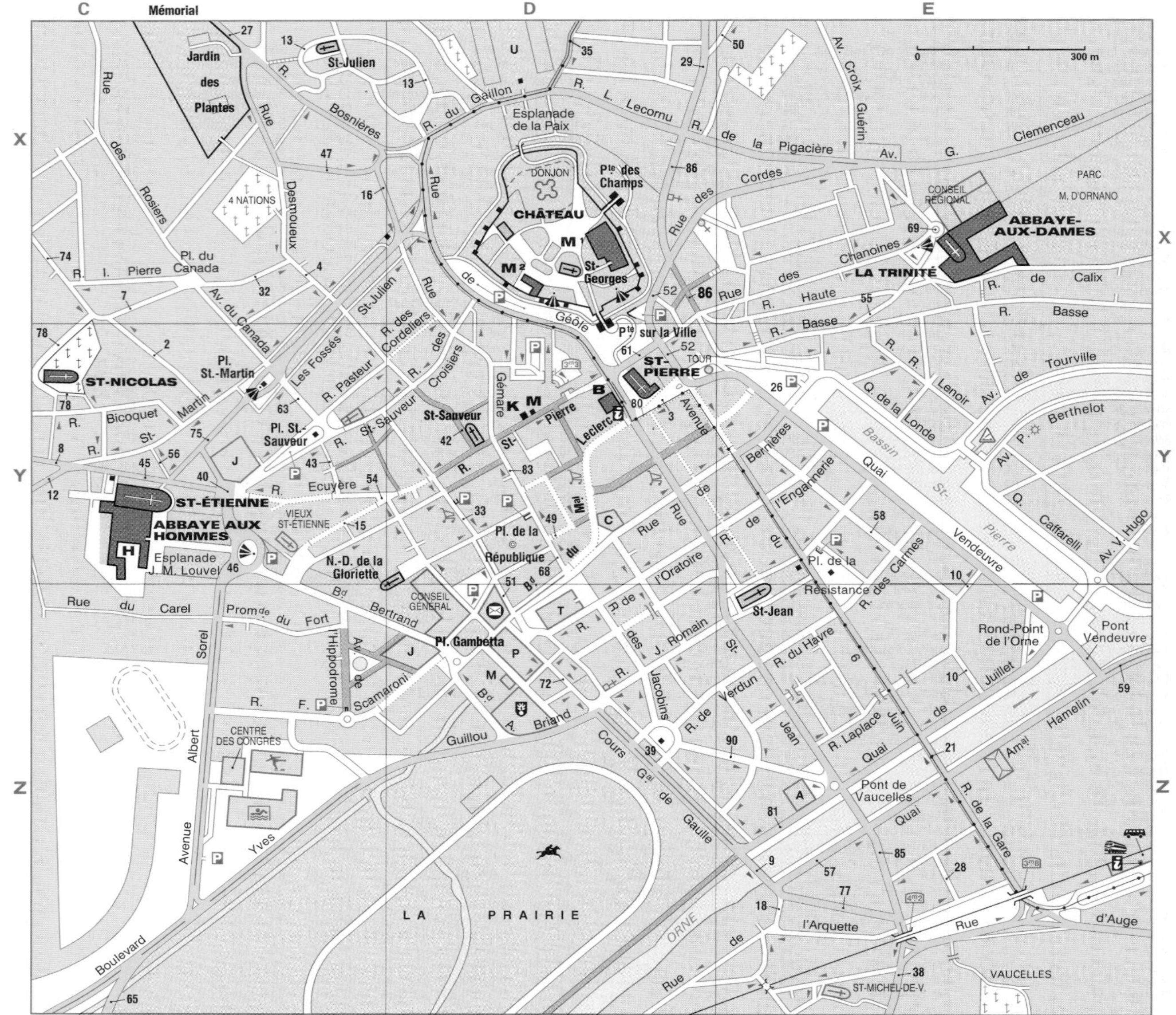

CAEN

Académie (R. de l') CY 2
Alliés (Bd des) DY 3
Bagatelle (Av. de) CX 4
Barbey-d'Aurevilly (R.) CX 7
Bayeux (R. de) CY 8
Bir-Hakeim (Pont de) EZ 9
Brunet (R. H.) EY 10
Caponière (R.) CY 12
Carrières-St-Julien (R. des) CDX 13
Caumont (R. A. de) CY 15
Chanoine X. de St-Paul (R.) CX 16
Chaussée-Ferrée (R. de la) EZ 18
Churchill (Pont) EZ 21
Courtonne (Pl.) EY 26
Creully (Av. de) CX 27
Decaen (R. Gén.) EZ 28
Délivrande (R. de la) DX 29
Docteur-Rayer (R. du) CX 32
Doumer (R. Paul) DY 33
Écuyère (R.) CY
Édimbourg (Av. d') DX 35
Falaise (R. de) EZ 38
Foch (Pl. du Mar.) DZ 39
Fontette (Pl.) CY 40
Froide (R.) DY 41
Fromages (R. aux) CY 43
Guillaume-le-Conquérant (R.) CY 45
Guillouard (Pl. L.) CYZ 46
Juifs (R. aux) CX 47
Lair (R. P.-A.) DY 49
Lebisey (R. de) EX 50
Lebret (R. G.) DYZ 51
Leclerc (Bd Mar.) DY
Malherbe (Pl.) CY 54
Manissier (R.) EX 55
Marot (R. J.) CY 56
Meslin (Quai E.) EZ 57
Miséricorde (R. de la) EY 58
Montalivet (Cours) EZ 59
Montoir-Poissonnerie (R.) DY 61
Pemagnie (R.) CY 63
Petit-Vallerent (Bd du) CZ 65
Pont St-Jacques (R. du) DY 68
Reine Mathilde (Pl. de la) EX 69
Sadi-Carnot (R.) DZ 72
St-Gabriel (R.) CX 74
St-Jean (R.) DEYZ
St-Manvieu (R.) CY 75
St-Michel (R.) EZ 77
St-Nicolas (R.) CXY 78
St-Pierre (Pl.) DY 80
St-Pierre (R.) DY
Sévigné (Prom. de) EY 81
Strasbourg (R. de) DY 83
Vaucelles (R. de) EZ 85
Vaugueux (R. du) DX 86
6-Juin (Av. du) DEYZ
11-Novembre (R. du) EZ 90

Broussey-en-Woëvre 55 ......67 E3
Broussy-le-Grand 51 ......64 A3
Broussy-le-Petit 51 ......63 F3
Broût-Vernet 03 ......189 F1
Brouthières 52 ......92 C2
Brouvelieures 88 ......95 E3
Brouville 54 ......95 E1
Brouviller 57 ......70 A2
Brouy 91 ......86 C3
Brouzet-lès-Alès 30 ......263 F2
Brouzet-lès-Quissac 30 ......263 D4
Les Brouzils 85 ......146 A3
Brovès 83 ......287 E1
Broxeele 59 ......3 E3
Broye 71 ......157 D3
Broye-les-Loups-et-Verfontaine 70 ......140 A2
Broye-lès-Pesmes 21 ......140 A3
Broyes 51 ......63 F4
Broyes 60 ......34 C1
Broze 81 ......258 C3
Brû 88 ......95 E2
Bruailles 71 ......176 A1
Bruay-la-Buissière 62 ......7 F2
Bruay-sur-l'Escaut 59 ......9 F2
Bruc-sur-Aff 35 ......102 C3
Brucamps 80 ......17 F1
Bruch 47 ......255 F1
Brucheville 50 ......25 E4
Brucourt 14 ......30 A4
Brue-Auriac 83 ......286 A2
Bruebach 68 ......120 C3
Brueil-en-Vexin 78 ......60 A1
Bruère-Allichamps 18 ......153 E4
La Bruère-sur-Loir 72 ......130 A1
La Bruffière 85 ......146 B2
Brugairolles 11 ......302 A2
Le Brugeron 63 ......208 C1
Bruges 33 ......217 E3
Bruges 64 ......297 D2
Brugheas 03 ......190 A2
Brugnac 47 ......238 A3
Brugnens 32 ......256 B4
Brugny-Vaudancourt 51 ......63 F2
La Bruguière 30 ......264 A2
Bruguières 31 ......276 C1
Bruille-lez-Marchiennes 59 ......9 D3
Bruille-Saint-Amand 59 ......9 F2
Bruis 05 ......248 B3
Brûlain 79 ......182 C1
Les Brulais 35 ......102 C2
Brulange 57 ......69 D1
La Brûlatte 53 ......104 C1
Bruley 54 ......67 F4
Brullemail 61 ......57 D4
Brullioles 69 ......192 A4
Brûlon 72 ......106 A2
Brumath 67 ......71 D2
Brumetz 02 ......62 B1
Brunehamel 02 ......21 F3
Brunelles 28 ......84 B3
Les Brunels 11 ......278 A4
Brunembert 62 ......2 C4
Brunémont 59 ......9 D3
Brunet 04 ......267 E3
Bruniquel 82 ......258 B2
Brunissard 05 ......232 C4
Brunoy 91 ......61 E4
Brunstatt 68 ......120 C2
Brunville 76 ......16 B2
Brunvillers-la-Motte 60 ......34 C1
Le Brusc 83 ......291 E4
Brusque 12 ......279 F1
Le Brusquet 04 ......268 A1
Brussey 70 ......140 C3
Brussieu 69 ......192 B4
Brusson 51 ......65 E4
Brusvily 22 ......78 B2
Brutelles 80 ......6 A4
Bruville 54 ......41 E4
Brux 86 ......166 A4
La Bruyère 70 ......119 D3
Bruyères 88 ......95 E4
Bruyères-et-Montbérault 02 ......37 D1
Bruyères-le-Châtel 91 ......86 C1
Bruyères-sur-Fère 02 ......36 C4
Bruyères-sur-Oise 95 ......34 B4
Bruys 02 ......36 C3
Bruz 35 ......103 D1
Bry 59 ......10 A1
Bry-sur-Marne 94 ......61 E3
Bû 28 ......59 E3
Le Bû-sur-Rouvres 14 ......56 B1
Buais 50 ......80 C1
Buanes 40 ......272 C1
Bubertré 61 ......83 F1
Bubry 56 ......100 B1
Buc 78 ......60 C4
Buc 90 ......119 F4
Bucamps 60 ......34 B1
Bucéels 14 ......29 D4
Bucey-en-Othe 10 ......90 A4
Bucey-lès-Gy 70 ......140 C2
Bucey-lès-Traves 70 ......141 D1
Buchelay 78 ......59 F2
Buchères 10 ......90 B4
Buchey 52 ......91 F4
Buchy 57 ......68 B1
Buchy 76 ......32 C1
Bucilly 02 ......21 F2
Bucquoy 62 ......8 A4
Bucy-le-Long 02 ......36 B2
Bucy-le-Roi 45 ......110 A1
Bucy-lès-Cerny 02 ......36 C1
Bucy-lès-Pierrepont 02 ......21 E4
Bucy-Saint-Liphard 45 ......110 A3
Budelière 23 ......188 A1
Buding 57 ......42 A2
Budling 57 ......42 A2
Budos 33 ......236 B2
Bué 18 ......134 C4
Bueil 27 ......59 E2
Bueil-en-Touraine 37 ......130 C1
Buellas 01 ......175 F4
Le Buet 74 ......197 D2
Buethwiller 68 ......120 B3
Buffard 25 ......160 A1
Buffières 71 ......174 C3
Buffignécourt 70 ......118 A3
Buffon 21 ......137 F1
Bugarach 11 ......302 B4
Bugard 65 ......298 B1
Bugeat 19 ......205 D2
Bugnein 64 ......272 A4
Bugnicourt 59 ......9 D3
Bugnières 52 ......116 B2
Bugny 25 ......161 D2
Le Bugue 24 ......221 D3
Buhl 67 ......45 F4
Buhl 68 ......120 B1
Buhl-Lorraine 57 ......70 A2
Buhy 95 ......33 E4
Buicourt 60 ......33 F1
Buigny-l'Abbé 80 ......17 F1
Buigny-lès-Gamaches 80 ......17 D1
Buigny-Saint-Maclou 80 ......6 B4
Buire 02 ......21 E2
Buire-au-Bois 62 ......7 D3
Buire-Courcelles 80 ......19 F2
Buire-le-Sec 62 ......6 C2
Buire-sur-l'Ancre 80 ......18 C2
Buironfosse 02 ......10 B4
Le Buis 87 ......185 F2
Buis-les-Baronnies 26 ......248 A4
Buis-sur-Damville 27 ......58 C3
Buissard 05 ......249 F1
La Buisse 38 ......212 B4
La Buissière 38 ......213 D3
Le Buisson 48 ......243 F2
Le Buisson 51 ......65 E4
Buisson 84 ......247 E4
Le Buisson-de-Cadouin 24 ......221 D4
Buissoncourt 54 ......68 B4
Buissy 62 ......8 C4
Bujaleuf 87 ......186 B4
Bulainville 55 ......66 B1
Bulan 65 ......298 A3
Bulat-Pestivien 22 ......50 B4
Bulcy 58 ......135 E4
Buléon 56 ......101 E2
Bulgnéville 88 ......93 F4
Bulhon 63 ......190 A3
Bullainville 28 ......109 E1
Bulle 25 ......160 C3
Bullecourt 62 ......8 C4
Bulles 60 ......34 B2
Bulligny 54 ......93 F1
Bullion 78 ......86 B1
Bullou 28 ......85 D4
Bully 14 ......55 F1
Bully 42 ......191 D3
Bully 69 ......192 B3
Bully 76 ......16 C4
Bully-les-Mines 62 ......8 A2
Bulson 08 ......23 D4
Bult 88 ......95 D3
Bun 65 ......297 E3
Buncey 21 ......115 E3
Buneville 62 ......7 E3
Buno-Bonnevaux 91 ......87 D3
Bunodière (Hêtre de la) 76 ......33 D2
Bunus 64 ......295 E1
Bunzac 16 ......202 A1
Buoux 84 ......266 A4
Burbach 67 ......70 A1
La Burbanche 01 ......194 B3
Burbure 62 ......7 F1
Burcin 38 ......212 A3
Burcy 14 ......55 D2
Burcy 77 ......87 E4
Burdignes 42 ......210 B4
Burdignin 74 ......178 B4
Bure 55 ......92 C1
Bure 57 ......41 E2
Buré 61 ......83 E2
Bure-les-Templiers 21 ......116 A4
Burelles 02 ......21 E3
Bures 54 ......69 D4
Bures 61 ......83 E1
Bures-en-Bray 76 ......16 B3
Bures-les-Monts 14 ......54 C2
Bures-sur-Dives 14 ......29 F4
Bures-sur-Yvette 91 ......60 C4
Le Buret 53 ......105 E2
Burey 27 ......58 B2
Burey-en-Vaux 55 ......93 E1
Burey-la-Côte 55 ......93 E1
Burg 65 ......298 B1
Burgalays 31 ......299 D4
Burgaronne 64 ......271 F3
Le Burgaud 31 ......276 A1
Burgille 25 ......140 C4
Burgnac 87 ......203 E1
Burgy 71 ......175 D2
Burie 17 ......182 B4
Buriville 54 ......95 E1
Burlats 81 ......278 B2
Burlioncourt 57 ......69 D2
Burnand 71 ......174 C1
Burnevillers 25 ......143 D3
Burnhaupt-le-Bas 68 ......120 B2
Burnhaupt-le-Haut 68 ......120 B2
Buron 63 ......207 F2
Buros 64 ......273 D4
Burosse-Mendousse 64 ......273 E3
Burret 09 ......300 C4
Bursard 61 ......83 D1
Burthecourt-aux-Chênes 54 ......94 B1
Burtoncourt 57 ......42 A3
Bury 60 ......34 B3
Burzet 07 ......245 F1
Burzy 71 ......174 C1
Bus 62 ......19 E1
Bus-la-Mésière 80 ......19 D4
Bus-lès-Artois 80 ......18 C1
Bus-Saint-Rémy 27 ......59 F1
Busca-Maniban (Château de) 32 ......255 F4
Buschwiller 68 ......121 D4
Busigny 59 ......20 B1
Busloup 41 ......108 C3
Busnes 62 ......7 F1
Busque 81 ......277 F1
Bussac 24 ......202 B4
Bussac-Forêt 17 ......217 F1
Bussac-sur-Charente 17 ......181 F4
Bussaglia (Plage de) 2A 316 A1
Bussang 88 ......119 F2
Bussang (Col de) 88 ......119 F2
Le Busseau 79 ......164 B1
Busseau-sur-Creuse 23 ......187 E1
Busseaut 21 ......115 E4
Busséol 63 ......207 F1
Busserolles 24 ......202 B1
Busserotte-et-Montenaille 21 ......139 D1
Busset 03 ......190 B2
Bussiares 02 ......62 C1
La Bussière 45 ......111 F4
La Bussière 86 ......167 E1
Bussière-Badil 24 ......202 B1
Bussière-Boffy 87 ......185 D2
Bussière-Dunoise 23 ......169 D4
Bussière-Galant 87 ......203 E1
Bussière-Nouvelle 23 ......188 A2
Bussière-Poitevine 87 ......167 E4
Bussière-Saint-Georges 23 ......170 A3
La Bussière-sur-Ouche 21 ......138 C4
Bussières 21 ......139 D1
Bussières 42 ......191 F4
Bussières 63 ......188 B2
Bussières 70 ......141 D3
Bussières 71 ......175 D3
Bussières 77 ......62 C2
Bussières 89 ......137 E3
Bussières-et-Pruns 63 ......189 F2
Busson 52 ......92 C3
Bussu 80 ......19 E2
Bussunarits-Sarrasquette 64 ......295 D1
Bussurel 70 ......142 C1
Bussus-Bussuel 80 ......17 F1
Bussy 18 ......153 F3
Bussy 60 ......35 F1
Bussy-Albieux 42 ......191 E4
Bussy-en-Othe 89 ......113 E2
Bussy-la-Côte 55 ......66 A3
Bussy-la-Pesle 21 ......138 C3
Bussy-la-Pesle 58 ......136 A4
Bussy-le-Château 51 ......65 D1
Bussy-le-Grand 21 ......138 A1
Bussy-le-Repos 51 ......65 E2
Bussy-le-Repos 89 ......112 C1
Bussy-lès-Daours 80 ......18 B2
Bussy-lès-Poix 80 ......17 F3
Bussy-Lettrée 51 ......64 C3
Bussy-Rabutin (Château de) 21 ......138 A1
Bussy-Saint-Georges 77 ......61 F3
Bussy-Saint-Martin 77 ......61 F3
Bust 67 ......70 A1
Bustanico 2B 315 E4
Bustince-Iriberry 64 ......295 D1
Buswiller 67 ......70 C1
Busy 25 ......141 D4
Butgnéville 55 ......67 E1
Buthiers 70 ......141 D3
Buthiers 77 ......87 D4
Butot 76 ......32 A1
Butot-Vénesville 76 ......15 D1
Butry-sur-Oise 95 ......60 C1
Butteaux 89 ......113 F2
Butten 67 ......44 A4
Buverchy 80 ......19 E4
Buvilly 39 ......159 F3
La Buxerette 36 ......169 E2
Buxerolles 21 ......116 A3
Buxerolles 86 ......166 B1
Buxerulles 55 ......67 E2
Buxeuil 10 ......115 D1
Buxeuil 36 ......152 A1
Buxeuil 86 ......150 A2
Buxières-d'Aillac 36 ......169 D1
Buxières-lès-Clefmont 52 ......117 D1
Buxières-les-Mines 03 ......171 E3
Buxières-lès-Villiers 52 ......116 A1
Buxières-sous-les-Côtes 55 ......67 E2
Buxières-sous-Montaigut 63 ......189 D1
Buxières-sur-Arce 10 ......115 D1
Buxy 71 ......157 F4
Buysscheure 59 ......3 E3
Buzan 09 ......299 F4
Buzançais 36 ......151 E3
Buzancy 02 ......36 B3
Buzancy 08 ......39 E2
Buzeins 12 ......243 D4
Buzet-sur-Baïse 47 ......255 F1
Buzet-sur-Tarn 31 ......277 D1
Buziet 64 ......296 C2
Buzignargues 34 ......282 A1
Buzon 65 ......274 A3
Buzy 55 ......40 C4
Buzy 64 ......296 C2
By 25 ......160 A2
Byans-sur-Doubs 25 ......160 A1

C

Cabanac 65 ......298 A1
Cabanac-Cazaux 31 ......299 D3
Cabanac-et-Villagrains 33 ......235 F2
Cabanac-Séguenville 31 ......275 F1
La Cabanasse 66 ......311 D3
Cabanès 12 ......259 F1
Cabanès 81 ......277 F1
Les Cabanes-de-Fitou 11 ......303 F4
Le Cabanial 31 ......277 E3
Les Cabannes 09 ......310 A1
Cabannes 13 ......265 D4
Les Cabannes 81 ......259 D2
Cabara 33 ......218 C4
Cabariot 17 ......181 E3
Cabas-Loumassès 32 ......274 C4
Cabasse 83 ......286 C3
Cabasson 83 ......292 C3
Le Cabellou 29 ......99 D2
Cabestany 66 ......313 D2
Cabidos 64 ......272 C2
Cabourg 14 ......30 A3
Cabre (Col de) 05 ......248 B2
Cabrerets 46 ......240 B3
Cabrerolles 34 ......280 A3
Cabrespine 11 ......278 C4
Cabrières 30 ......264 A4

CALAIS

Amsterdam (R. d') ......DXY 3
Angleterre (Pl. d') ......DX 4
Barbusse (Pl. Henri) ......DX 6
Bonningue (R. du Cdt) ......DX 7
Bruxelles (R. de) ......DX 10
Chanzy (R. du Gén.) ......DY 13
Commune de Paris (R. de la) ......CDY 16
Escaut (Quai de l') ......CY 21
Foch (Pl. Mar.) ......CXY 22
Fontinettes (R. des) ......CDY 24
Gambetta (Bd Léon) ......CY
George-V (Pont) ......CY 31
Jacquard (Bd) ......CDY
Jacquard (Pont) ......CY 36
Jean-Jaurès (R.) ......DY 37
Lafayette (Bd) ......DY
Londres (R. de) ......DX 42
Mer (R. de la) ......CX 45
Notre-Dame (R.) ......CDX 46
Paix (R. de la) ......CX 48
Pasteur (Bd) ......DY
Paul-Bert (R.) ......CDY 49
Prés.-Wilson (Av. du) ......CY 54
Quatre-Coins (R. des) ......CY 55
Rhin (Quai du) ......CY 58
Richelieu (R.) ......CX 60
Rome (R. de) ......CY 61
Royale (R.) ......CX 63
Soldat-Inconnu (Pl. du) ......DY 64
Tamise (Quai de la) ......CDY 66
Thermes (R. des) ......CX 67
Varsovie (R. de) ......DY 70
Vauxhall (R. du) ......CY

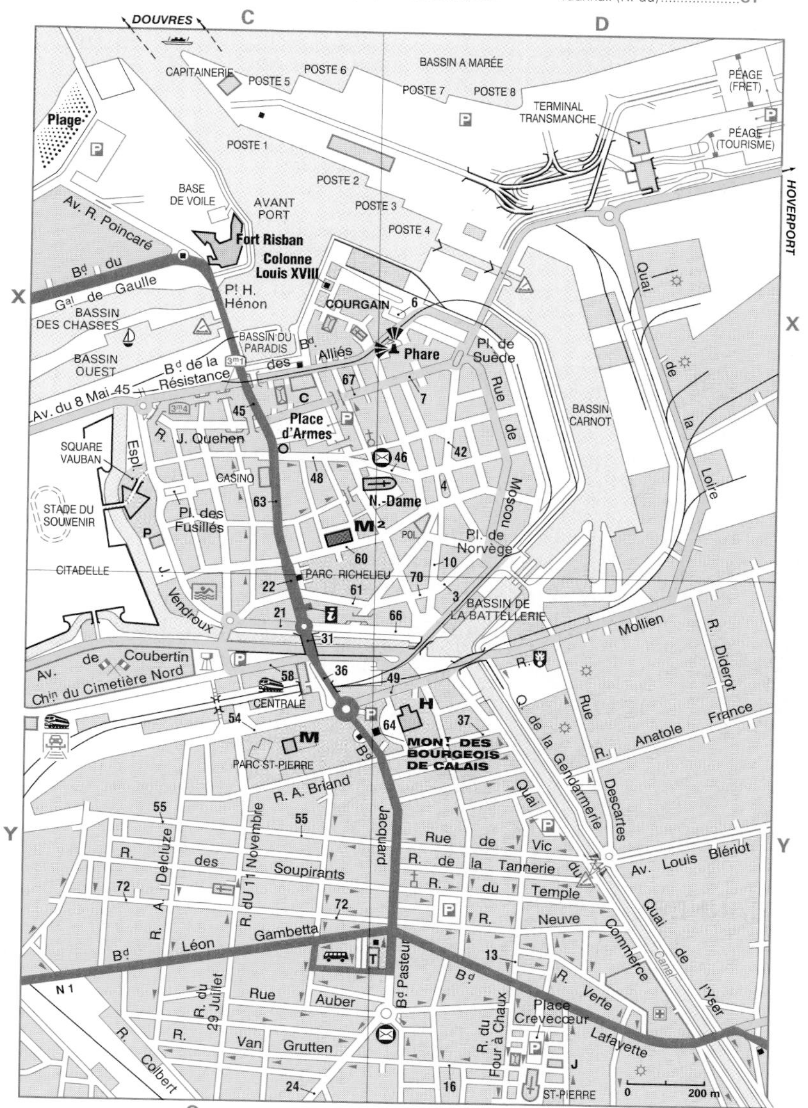

Cabrières 34 ....280 C2
Cabrières-d'Aigues 84 ....266 B4
Cabrières-d'Avignon 84 ....265 F4
Cabriès 13 ....284 C3
Cabris 06 ....287 F1
Cachan 94 ....61 D3
Cachen 40 ....254 A2
Cachy 80 ....18 C3
Cadalen 81 ....259 D4
Cadarache (Barrage de) 13 ..285 E1
Cadarcet 09 ....300 C3
Cadarsac 33 ....218 C4
Cadaujac 33 ....217 E4
Cadéac 65 ....298 B4
Cadeilhan 32 ....256 B4
Cadeilhan-Trachère 65 ....298 B4
Cadeillan 32 ....275 E4
Cademène 25 ....160 B1
Caden 56 ....102 A4
Les Cadeneaux 13 ....284 C4
Cadenet 84 ....284 C1
Caderousse 84 ....264 C2
La Cadière-d'Azur 83 ....291 E3
La Cadière-et-Cambo 30 ....262 C3
Cadillac 33 ....236 B1
Cadillac-en-Fronsadais 33 ....217 F3
Cadillon 64 ....273 E3
Cadix 81 ....260 A3
Cadolive 13 ....285 D4
Cadouin 24 ....221 D4
Cadours 31 ....275 F1
Cadrieu 46 ....241 D3
Caen 14 ....29 E4
Caëstre 59 ....4 A3
Caffiers 62 ....2 B3
Cagnac-les-Mines 81 ....259 E3
Cagnano 2B 314 D2
Cagnes-sur-Mer 06 ....288 B2
Cagnicourt 62 ....8 C4
Cagnoncles 59 ....9 E4
Cagnotte 40 ....271 E2
Cagny 14 ....29 F4
Cagny 80 ....18 B3
Cahagnes 14 ....55 D1
Cahagnolles 14 ....28 C4
Cahaignes 27 ....33 D4
Cahan 61 ....55 F3
Caharet 65 ....298 B2
Cahon 80 ....17 E1
Cahors 46 ....240 A3
Cahus 46 ....223 D3
Cahuzac 11 ....301 E2
Cahuzac 47 ....238 B1
Cahuzac 81 ....278 A3
Cahuzac-sur-Adour 32 ....273 F2
Cahuzac-sur-Vère 81 ....259 D3
Caignac 31 ....277 D4
Le Cailar 30 ....282 B1
Cailhau 11 ....302 A2
Cailhavel 11 ....302 A2
Cailla 11 ....311 D1
Caillac 46 ....240 A3
Caillavet 32 ....274 B1
Caille 06 ....268 C4
Caille (Ponts de la) 74 ....195 E2
La Caillère 85 ....164 A1
Cailleville 76 ....15 E1
Caillouël-Crépigny 02 ....36 A1
Caillouet-Orgeville 27 ....59 D2
Cailloux-sur-Fontaines 69 ....193 D3
Cailly 76 ....32 B1
Cailly-sur-Eure 27 ....58 C1
La Caine 14 ....55 F1
Cairanne 84 ....265 D1
Le Caire 04 ....249 E3
Cairon 14 ....29 E4
Caisnes 60 ....36 A1
Caissargues 30 ....264 A4
Caix 80 ....19 D3
Caixas 66 ....312 C3
Caixon 65 ....273 F4
Cajarc 46 ....240 C3
Cala Rossa 2A 319 F2
Calacuccia 2B 314 C4
Calais 62 ....2 B2
Calamane 46 ....240 A3
Calan 56 ....100 A2
Calanhel 22 ....50 A4
Calas 13 ....284 C3
Calavanté 65 ....298 A1
Calcatoggio 2A 316 B3
Calce 66 ....312 C1
Caldégas 66 ....310 C4
Calenzana 2B 314 B3
Calès 24 ....220 C4
Calès 46 ....222 B4
Calignac 47 ....255 F2
Caligny 61 ....55 E3
Callac 22 ....50 A4
Callac 56 ....101 F3
Callas 83 ....287 D2
Callen 40 ....235 F4
Callengeville 76 ....16 C3
Calleville 27 ....31 F4
Calleville-les-Deux-Églises 76 ....16 A4
Callian 32 ....274 B2
Callian 83 ....287 F1
Calmeilles 66 ....312 B3
Calmels-et-le-Viala 12 ....260 C3
La Calmette 30 ....263 F3
Calmont 12 ....260 A1
Calmont 31 ....301 D1
Calmoutier 70 ....118 C4
Caloire 42 ....209 F3
Calonges 47 ....237 F4
Calonne-Ricouart 62 ....7 F1
Calonne-sur-la-Lys 62 ....4 A4
Calorguen 22 ....78 C2
La Calotterie 62 ....6 B2
Caluire-et-Cuire 69 ....193 D4
Calvaire des Dunes 50 ....24 B2
Calvi 2B 314 B3
Calviac 46 ....223 E3
Calviac-en-Périgord 24 ....221 F4
Calvignac 46 ....240 C3
Calvinet 15 ....242 A1
Calvisson 30 ....282 B1
Calzan 09 ....301 E3
Camalès 65 ....273 F4
Camarade 09 ....300 B2
Camarès 12 ....261 D4
Camaret-sur-Aigues 84 ....265 D1
Camaret-sur-Mer 29 ....47 D4
Camarsac 33 ....217 F4
Cambayrac 46 ....239 F3
La Cambe 14 ....27 F3
Cambernard 31 ....276 A3
Cambernon 50 ....54 A1
Cambes 33 ....236 A1
Cambes 46 ....241 D2
Cambes 47 ....237 F2
Cambes-en-Plaine 14 ....29 E4
Cambia 2B 315 E4
Cambiac 31 ....277 E3
Cambieure 11 ....302 A2
Camblain-Châtelain 62 ....7 F2
Camblain-l'Abbé 62 ....8 A2
Camblanes-et-Meynac 33 ....217 E4
Cambligneul 62 ....8 A2
Cambo-les-Bains 64 ....270 C4
Cambon 81 ....259 E4
Cambon-et-Salvergues 34 ....279 F2
Cambon-lès-Lavaur 81 ....277 E2
Camboulazet 12 ....260 A1
Camboulit 46 ....241 D2
Cambounès 81 ....278 C2
Cambounet-sur-le-Sor 81 ....278 A2
Le Cambout 22 ....101 E1
Cambrai 59 ....9 D4
Cambremer 14 ....30 B4
Cambrin 62 ....8 B1
Cambron 80 ....17 E1
Cambronne-lès-Clermont 60 ..34 C3
Cambronne-lès-Ribécourt 60 .35 F2
Camburat 46 ....241 D2
Came 64 ....271 E3
Camélas 66 ....312 C2
Camelin 02 ....36 A1
Camembert 61 ....57 D2
Cametours 50 ....54 A1
Camiac-et-Saint-Denis 33 ....218 C4
Camiers 62 ....6 A1
Camiran 33 ....237 D2
Camjac 12 ....259 F1
Camlez 22 ....50 B1
Les Cammazes 81 ....278 A4
Camoël 56 ....123 F3
Camon 09 ....301 F3
Camon 80 ....18 B2
Camors 56 ....100 C2
Camou-Cihigue 64 ....295 F2
Camou-Mixe-Suhast 64 ....271 E4
Camous 65 ....298 B3
Le Camp-du-Castellet 83 ....291 E3
Campagna-de-Sault 11 ....310 C1
Campagnac 12 ....243 E3
Campagnac 81 ....258 C3
Campagnac-lès-Quercy 24 ....239 E1
Campagnan 34 ....281 D3
Campagne 24 ....221 D3
Campagne 34 ....282 A1
Campagne 40 ....253 F4
Campagne 60 ....19 E4
Campagne-d'Armagnac 32 ....255 D4
Campagne-lès-Boulonnais 62 ..2 C4
Campagne-lès-Guînes 62 ....2 C3
Campagne-lès-Hesdin 62 ....6 C2
Campagne-lès-Wardrecques 62 ....3 E4
Campagne-sur-Arize 09 ....300 B2
Campagne-sur-Aude 11 ....302 B4
Campagnolles 14 ....54 C2
Campan 65 ....298 A3
Campana 2B 315 E4
Campandré-Valcongrain 14 ....55 E2
Camparan 65 ....298 B4
Campbon 44 ....125 F2
Campeaux 14 ....54 C2
Campeaux 60 ....33 E1
Campel 35 ....102 C2
Campénéac 56 ....102 A2
Campes 81 ....259 D2
Campestre-et-Luc 30 ....262 A3
Campet-et-Lamolère 40 ....253 F3
Camphin-en-Carembault 59 ....8 C1
Camphin-en-Pévèle 59 ....9 D1
Campi 2B 317 F1
Campigneulles-les-Grandes 62 6 B2
Campigneulles-les-Petites 62 ...6 B2
Campigny 14 ....28 C3
Campigny 27 ....31 D3
Campile 2B 315 E3
Campistrous 65 ....298 B2
Campitello 2B 315 E3
Camplong 34 ....280 A2
Camplong-d'Aude 11 ....303 D2
Campneuseville 76 ....17 D3
Campo 2A 316 C4
Campoloro (Port de) 2B 315 C4
Campôme 66 ....311 F2
Campouriez 12 ....242 B1
Campoussy 66 ....311 F2
Camprémy 60 ....34 B1
Camprond 50 ....54 A1
Camps 19 ....223 D3
Camps-en-Amiénois 80 ....17 F2
Camps-la-Source 83 ....286 B3
Camps-sur-l'Agly 11 ....302 C4
Camps-sur-l'Isle 33 ....219 D2
Campsas 82 ....257 F4
Campsegret 24 ....220 B3
Campuac 12 ....242 B2
Campugnan 33 ....217 E1
Campuzan 65 ....298 B1
Camurac 11 ....310 C1
Can Parterre 66 ....312 B4
Canadel (Col du) 83 ....293 D2
Canadel-sur-Mer 83 ....293 D2
Canaille (Cap) 13 ....291 D3
Canale-di-Verde 2B 317 F1
Canals 82 ....257 F4
Canaples 80 ....18 A1
Canappeville 27 ....32 A4
Canapville 14 ....30 B3
Canapville 61 ....57 D2
Canari 2B 314 D2
Canaules-et-Argentières 30 ..263 E3
Canavaggia 2B 315 E3
Canaveilles 66 ....311 E3
Cancale 35 ....53 D4
Canchy 14 ....27 F3
Canchy 80 ....6 C4
Cancon 47 ....238 B2
Candas 80 ....18 A1
Candé 49 ....127 E1
Candé-sur-Beuvron 41 ....132 A2
Candes-Saint-Martin 37 ....129 F4
Candillargues 34 ....282 A2
Candor 60 ....35 F1
Candresse 40 ....271 F1
Canehan 76 ....16 B2
Canéjan 33 ....217 D4
Canens 31 ....300 B1
Canenx-et-Réaut 40 ....254 A3
Canet 11 ....303 F1
Canet 34 ....281 D2
Canet-de-Salars 12 ....260 C1
Canet-en-Roussillon 66 ....313 E2
Canet-Plage 66 ....313 E2
Canettemont 62 ....7 E3
Cangey 37 ....131 E2
Caniac-du-Causse 46 ....240 B2
Canigou (Pic du) 66 ....311 F3
Canihuel 22 ....76 C2
Canilhac 48 ....243 F3
Canisy 50 ....54 B1
Canlers 62 ....7 D2
Canly 60 ....35 D3
Cannectancourt 60 ....35 F1
Cannelle 2A 316 B3
Cannelle 2B 314 D1
Cannes 06 ....288 B3
Cannes-Écluse 77 ....88 A3
Cannes-et-Clairan 30 ....263 E4
Cannessières 80 ....17 E2
Le Cannet 06 ....288 B3
Cannet 32 ....273 E2
Le Cannet-des-Maures 83 ....286 C3
Canny-sur-Matz 60 ....35 E1
Canny-sur-Thérain 60 ....33 E1
Canohès 66 ....312 C2
Canon 14 ....56 B1
Le Canon 33 ....234 B1
La Canonica 2B 315 F3
La Canonica (Ancienne Cathédrale de) 2B 315 F3
La Canourgue 48 ....243 F3
Canouville 76 ....15 D2
Cantaing-sur-Escaut 59 ....9 D4
Cantaous 65 ....298 B2
Cantaron 06 ....288 C1
Canté 09 ....300 C1
Cantebonne 54 ....41 D1
Canteleu 76 ....32 A2
Canteleux 62 ....7 E4
Canteloup 14 ....30 A4
Canteloup 50 ....25 D2
Cantenac 33 ....217 D2
Cantenay-Épinard 49 ....128 B1
Cantiers 27 ....33 D4
Cantigny 80 ....18 C4
Cantillac 24 ....202 B3
Cantin 59 ....9 D3
Cantobre 12 ....261 F2
Cantoin 12 ....224 C4
Cantois 33 ....236 C1
Canville-la-Rocque 50 ....24 C4
Canville-les-Deux-Églises 76 ..15 F2
Cany-Barville 76 ....15 E2
Caorches-Saint-Nicolas 27 ....57 F1
Caouënnec-Lanvézéac 22 ....50 A2
Caours 80 ....6 C4
Cap Corse 2B 314 A1
Cap-Coz 29 ....73 F4
Le Cap-d'Agde 34 ....305 F1
Cap-d'Ail 06 ....289 E4
Cap-de-l'Homy-Plage 40 ....252 B2
Cap-de-Long (Barrage de) 65 ....298 A4
Cap Ferrat 06 ....288 C2
Cap-Ferret 33 ....234 B1
Cap-Martin 06 ....289 E4
Cap Sizun (Réserve du) 29 ....72 C3
Capbis 64 ....297 D2
Capbreton 40 ....270 C1
Capdenac 46 ....241 E2
Capdenac-Gare 12 ....241 E2
Capdrot 24 ....239 D1
La Capelle 02 ....10 B4
La Capelle 48 ....243 F4
Capelle 59 ....9 F4
La Capelle-Balaguier 12 ....241 D3
La Capelle-Bleys 12 ....241 F4
La Capelle-Bonance 12 ....243 E3
La Capelle-et-Masmolène 30 ....264 B2
Capelle-Fermont 62 ....8 A3
La Capelle-lès-Boulogne 62 ....2 B3
Capelle-les-Grands 27 ....57 E1
Capelle-lès-Hesdin 62 ....6 C3
Capendu 11 ....303 D2
Capens 31 ....276 B4
Capestang 34 ....280 A4
Capian 33 ....236 B1
Capinghem 59 ....4 C4
Caplong 33 ....219 E4
Capoulet-et-Junac 09 ....310 A1
Cappel 57 ....43 D4
Cappelle-Brouck 59 ....3 D2
Cappelle-en-Pévèle 59 ....9 D1
Cappelle-la-Grande 59 ....3 E1
Cappy 80 ....19 D2
La Capte 83 ....292 B3
Captieux 33 ....236 C4
Capula (Castello de) 2A 319 D1
Capvern 65 ....298 B2
Capvern-les-Bains 65 ....298 B2
Carabès (Col de) 05 ....248 C2
Caradeuc (Château de) 35 ....78 C3
Caragoudes 31 ....277 D3
Caraman 31 ....277 E3
Caramany 66 ....312 B1
Carantec 29 ....49 D2
Carantilly 50 ....54 B1
Carayac 46 ....241 D2
Carbay 49 ....104 A4
Carbes 81 ....278 A2
Carbini 2A 319 D2
Carbon-Blanc 33 ....217 E3
Carbonne 31 ....300 A1
Carbuccia 2A 316 C3
Carcagny 14 ....29 D3
Carcanières 09 ....311 D1
Carcans 33 ....216 B2
Carcans-Plage 33 ....216 A2
Carcarès-Sainte-Croix 40 ....253 E4
Carcassonne 11 ....302 B1
Carcen-Ponson 40 ....253 E3
Carcès 83 ....286 B3
Carcheto-Brustico 2B 315 F4
Cardaillac 46 ....241 D1
Cardan 33 ....236 B1
Cardeilhac 31 ....299 D1
Cardesse 64 ....296 B1
Cardet 30 ....263 E3
Cardo-Torgia 2A 316 C4
Cardonnette 80 ....18 B2
Le Cardonnois 80 ....34 C1
Cardonville 14 ....27 E2
Cardroc 35 ....79 D3
Careil 44 ....123 F4
Carelles 53 ....80 C2
Carency 62 ....8 A2
Carennac 46 ....222 C3
Carentan 50 ....27 D3
Carentoir 56 ....102 B3
Cargèse 2A 316 A2
Cargiaca 2A 319 D1
Carhaix-Plouguer 29 ....75 F2

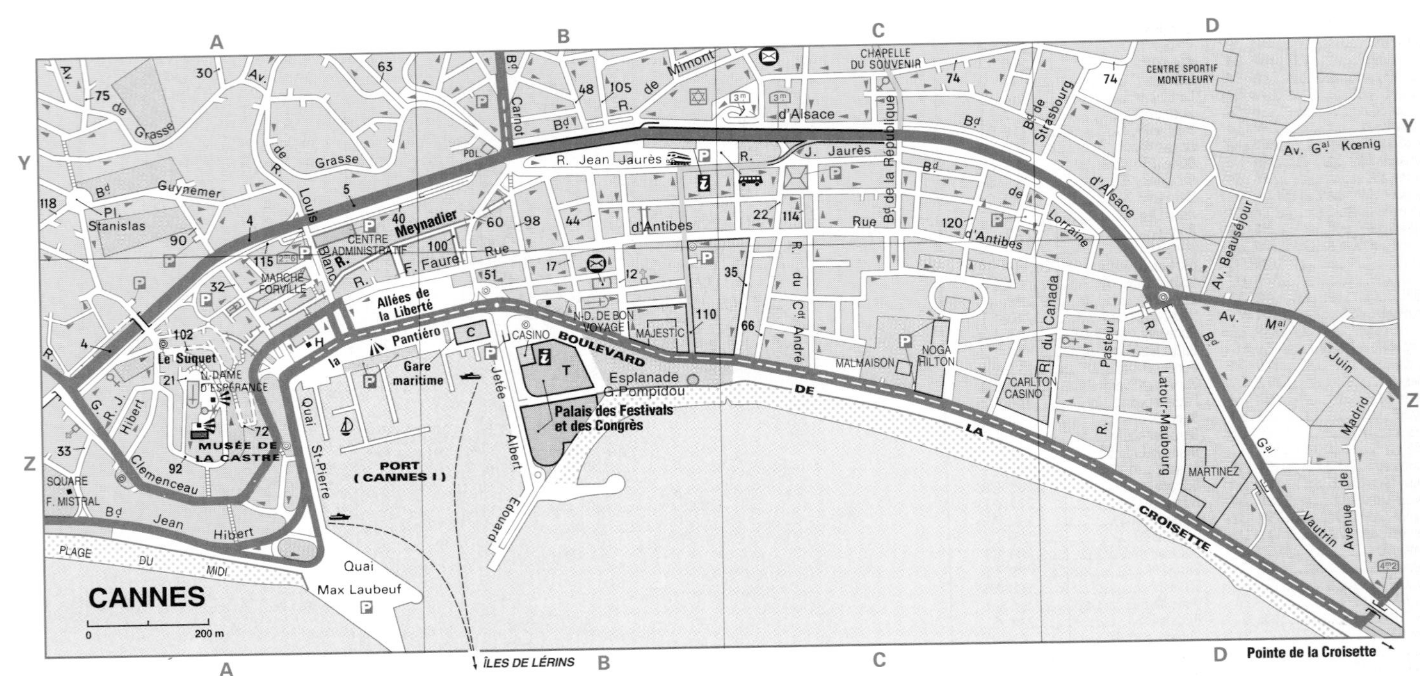

Anc. Combattants d'Afrique du Nord (Av.) ....AYZ 4
André (R. du Cdt) ....CZ
Antibes (R. d') ....BCY
Bachaga Saïd Boualam (Av.) ....AY 5
Belges (R. des) ....BZ 12
Buttura (R.) ....BZ 17
Castre (Pl. de la) ....AZ 21
Chabaud (R.) ....CY 22
Croisette (Bd de la) ....BDZ
Delaup (Bd) ....AY 30
Dr-Pierre Gazagnaire (R.) ....AZ 32
Dollfus (R. Jean) ....AZ 33
États-Unis (R. des) ....CZ 35
Félix-Faure (R.) ....ABZ
Ferrage (Bd de la) ....ABY 40
Foch (R. du Mar.) ....BY 44
Gallieni (R. du Mar.) ....BY 48
Gaulle (Pl. Gén.-de) ....BZ 51
Joffre (R. du Mar.) ....BY 60
Lattre-de-T. (Av. de) ....AY 63
Macé (R.) ....CZ 66
Mont-Chevalier (R. du) ....AZ 72
Montfleury (Bd) ....CDY 74
Monti (R. Marius) ....AY 75
Pastour (R. Louis) ....AY 90
Perrissol (R. Louis) ....AZ 92
Rioufle (R. Jean de) ....BY 98
Rouguière (R.) ....BY 100
St-Antoine (R.) ....AZ 102
St-Nicolas (Av.) ....BY 105
Serbes (R. des) ....BZ 110
Teisseire (R.) ....CY 114
Tuby (Bd Victor) ....AYZ 115
Vallombrosa (Bd) ....AY 118
Vidal (R. du Cdt) ....CY 120

Carignan 08.....23 F4
Carignan-de-Bordeaux 33....217 E4
Carisey 89.....113 F3
Carla-Bayle 09.....300 B2
Carla-de-Roquefort 09.....301 E3
Le Carlaret 09.....301 D2
Carlat 15.....224 B4
Carlencas-et-Levas 34.....280 B2
Carlepont 60.....35 F2
Carling 57.....42 C4
Carlipa 11.....302 A1
Carlucet 24.....221 F3
Carlucet 46.....240 B1
Carlus 81.....259 E4
Carlux 24.....222 A4
Carly 62.....2 B4
Carmaux 81.....259 E3
Carnac 56.....100 B4
Carnac-Plage 56.....100 B4
Carnac-Rouffiac 46.....239 F3
Carnas 30.....263 D4
La Carneille 61.....55 F3
Carnet 50.....80 A1
Carnetin 77.....61 F3
Carneville 50.....25 D2
Carnières 59.....9 E4
Carnin 59.....8 C1
Carniol 04.....266 B3
Carnoët 22.....75 F2
Carnon-Plage 34.....282 A3
Carnoules 83.....286 B4
Carnoux-en-Provence 13.....291 D3
Carnoy 80.....19 D2
Caro 56.....102 A2
Caro 64.....295 D1
Carolles 50.....53 F3
Caromb 84.....265 E2
Carpentras 84.....265 E2
Carpineto 2B.....315 F4
Carpiquet 14.....29 E4
Carquebut 50.....25 D4
Carquefou 44.....126 C3
Carqueiranne 83.....292 B3
La Carquois 22.....52 A4
Carrépuis 80.....19 E4
Carrère 64.....273 D3
Carresse 64.....271 F3
Carri (Col de) 26.....230 A3
Carrières-sous-Bois 78.....60 C2
Carrières-sous-Poissy 78.....60 B2
Carrières-sur-Seine 78.....60 C3
Carro 13.....284 A4
Carros 06.....288 C1
Carrouges 61.....82 B1
Les Carroz-d'Arâches 74.....196 B2
Carry-le-Rouet 13.....284 B4
Cars 33.....217 E1
Les Cars 87.....203 E1
Les Cars (Ruines gallo-romaines) 19.....205 E2
Carsac-Aillac 24.....221 F4
Carsac-de-Gurson 24.....219 E3
Carsan 30.....264 B1
Carsix 27.....57 F1
Carspach 68.....120 B3
Cartelègue 33.....217 E1
Carteret 50.....24 B4
Carticasi 2B.....315 E4
Cartignies 59.....10 B3
Cartigny 80.....19 F2
Cartigny-l'Épinay 14.....27 F3
Carves 24.....221 E4
Carville 14.....55 D2
Carville-la-Folletière 76.....15 F4
Carville-Pot-de-Fer 76.....15 E2
Carvin 62.....8 C1
Cas (Château de) 82.....258 C1
Casabianca 2B.....315 E3
Casaglione 2A.....316 B3
Casalabriva 2A.....318 C1
Casalta 2B.....315 F3
Casamaccioli 2B.....316 C1
Casamozza 2B.....315 F3
Casanova 2B.....317 D1
Casardo (Col de) 2B.....317 E1
Casatorra 2B.....315 F2
Casavelle-des-Corbières 11.....303 E3
Casefabre 66.....312 B2
Caseneuve 84.....266 B3
Cases-de-Pène 66.....312 C1
Casevecchie 2B.....317 F2
Cassaber 64.....271 F3
Cassagnabère-Tournas 31.....299 E1
Cassagnas 48.....262 C1
La Cassagne 24.....221 F2
Cassagne 31.....299 F2
Cassagnes 46.....239 E2
Cassagnes 66.....312 B1
Cassagnes-Bégonhès 12.....260 A2
Cassagnoles 30.....263 E3
Cassagnoles 34.....279 D4
La Cassaigne 11.....301 F1
Cassaigne 32.....255 F4
Cassaignes 11.....302 B4
Cassaniouze 15.....242 A1
Cassano 2B.....314 B3
Cassel 59.....3 F3
Cassen 40.....253 D4
Casseneuil 47.....238 B3
Les Cassés 11.....277 E4
Casset (Cascade du) 05.....231 F4
Casseuil 33.....237 D2
Cassignas 47.....238 C4
La Cassine 08.....39 D1
Cassis 13.....291 D3
Casson 44.....126 B2
Cassuéjouls 12.....242 C1
Cast 29.....73 F2

Castagnac 31.....300 B1
Castagnède 31.....299 F3
Castagnède 64.....271 F3
Castagniers 06.....288 C1
Castaignos-Souslens 40.....272 B2
Castandet 40.....254 B4
Castanet 12.....259 F1
Castanet 81.....259 D3
Castanet 82.....259 D1
Castanet-le-Haut 34.....279 F2
Castanet-Tolosan 31.....276 C3
Castans 11.....278 C4
Casteide-Cami 64.....272 C3
Casteide-Candau 64.....272 B3
Casteide-Doat 64.....273 F4
Casteil 66.....311 F3
Castel-Sarrazin 40.....272 A2
Castel Vendon (Rocher du) 50.....24 B2
Castelbajac 65.....298 B1
Castelbiague 31.....299 E3
Castelbouc (Château de) 48.....244 A4
Castelculier 47.....256 B1
Le Castelet 09.....310 B1
Castelferrus 82.....257 D3
Castelfranc 46.....239 F3
Castelgaillard 31.....275 E4
Castelginest 31.....276 C1
Casteljaloux 47.....237 E4
Casteljau 07.....245 F3
Castella 47.....238 B4
Castellane 04.....268 B4
Castellar 06.....289 F3
Le Castellard 04.....267 E1
Castellare-di-Casinca 2B.....315 F3
Castellare-di-Mercurio 2B.....317 E1
Le Castellet 04.....267 E3
Le Castellet 83.....291 E3
Castellet 84.....266 B4
Castellet-les-Sausses 04.....268 C2
Castelli (Pointe du) 44.....123 E4
Castello 2B.....314 A1
Castello-di-Rostino 2B.....315 E3
Castelmary 12.....259 F1
Castelmaurou 31.....276 C2
Castelmayran 82.....257 D3
Castelmoron-d'Albret 33.....237 D1
Castelmoron-sur-Lot 47.....238 A4
Castelnau-Barbarens 32.....275 D2
Castelnau-Bretenoux (Château de) 46.....222 C4
Castelnau-Chalosse 40.....272 A1
Castelnau-d'Anglès 32.....274 B2
Castelnau-d'Arbieu 32.....256 B4
Castelnau-d'Aude 11.....303 D1
Castelnau-d'Auzan 32.....255 D3
Castelnau-de-Brassac 81.....278 C2
Castelnau-de-Guers 34.....280 C4
Castelnau-de-Lévis 81.....259 E3
Castelnau-de-Mandailles 12.....243 D3
Castelnau-de-Médoc 33.....217 D2
Castelnau-de-Montmiral 81.....258 C3
Castelnau-d'Estrétefonds 31.....276 B1
Castelnau-Durban 09.....300 B3
Castelnau-le-Lez 34.....281 F2
Castelnau-Magnoac 65.....298 C1
Castelnau-Montratier 46.....257 F1
Castelnau-Pégayrols 12.....261 D2
Castelnau-Picampeau 31.....299 F1
Castelnau-Rivière-Basse 65.....273 F2
Castelnau-sur-Gupie 47.....237 E2
Castelnau-sur-l'Auvignon 32.....256 A3
Castelnau-Tursan 40.....272 C1
Castelnau-Valence 30.....263 F3
Castelnaud-de-Gratecambe 47.....238 B3
Castelnaud-la-Chapelle 24.....221 E4
Castelnaudary 11.....301 F1
Castelnavet 32.....274 A1
Castelner 40.....272 B2
Castelnou 66.....312 C2
Castelpers 12.....260 A2
Castelreng 11.....302 A3
Castels 24.....221 E4
Castelsagrat 82.....257 D1
Castelsarrasin 82.....257 E3
Castelvieilh 65.....298 A1
Castelviel 33.....236 C1
Castennec (Site de) 56.....100 C1
Le Castéra 31.....276 A2
Castéra-Bouzet 82.....256 C3
Castéra-Lanusse 65.....298 B2
Castéra-Lectourois 32.....256 B3
Castéra-Lou 65.....274 A4
Castéra-Loubix 64.....273 F4
Castéra-Verduzan 32.....255 F4
Castéra-Vignoles 31.....299 E1
Castéras 09.....300 C2
Casterets 65.....274 C4
Castéron 32.....256 C4
Castet 64.....296 C2
Castet-Arrouy 32.....256 B3
Castetbon 64.....272 B4
Castétis 64.....272 A3
Castetnau-Camblong 64.....272 A4
Castetner 64.....272 A3
Castetpugon 64.....273 D2
Castets 40.....252 C3
Castets-en-Dorthe 33.....236 C2
Castex 09.....300 B2
Castex 32.....274 B4
Castex-d'Armagnac 32.....254 C4
Casties-Labrande 31.....275 F4
Castifao 2B.....315 D3
Castiglione 2B.....315 D4

Castillon 06.....289 E3
Castillon 14.....28 C4
Castillon 64.....272 B3
Castillon 64.....273 E3
Castillon 65.....298 A2
Castillon (Barrage de) 04.....268 B3
Castillon (Col de) 06.....289 E3
Castillon-de-Castets 33.....237 D2
Castillon-de-Larboust 31.....307 F4
Castillon-de-Saint-Martory 31.....299 E2
Castillon-Debats 32.....274 A1
Castillon-du-Gard 30.....264 B3
Castillon-en-Auge 14.....56 C1
Castillon-en-Couserans 09.....299 F4
Castillon-la-Bataille 33.....219 D4
Castillon-Massas 32.....274 C1
Castillon-Savès 32.....275 F2
Castillonnès 47.....238 B1
Castilly 14.....27 F3
Castin 32.....274 C1
Castineta 2B.....315 E4
Castirla 2B.....315 D4
Castres 02.....20 A3
Castres 81.....278 B2
Castres-Gironde 33.....236 B1
Castries 34.....282 A1
Le Cateau-Cambrésis 59.....20 C1
Le Catelet 02.....20 A1
Le Catelier 76.....16 A4
Catenay 76.....32 C1
Catenoy 60.....34 C3
Cateri 2B.....314 B3
Cathervielle 31.....307 F4
Catheux 60.....18 A4
Catigny 60.....19 E4
Catillon-Fumechon 60.....34 C1
Catillon-sur-Sambre 59.....20 C1
Catllar 66.....311 F2
Les Catons 73.....213 D1
Catonvielle 32.....275 F2
Cattenières 59.....9 E4
Cattenom 57.....41 F2
Catteville 50.....24 C4
Catus 46.....239 F2
Catz 50.....27 E3
Caubeyres 47.....255 E1
Caubiac 31.....276 A1
Caubios-Loos 64.....272 C3
Caubon-Saint-Sauveur 47.....237 E2
Caubous 31.....298 C4
Caubous 65.....298 C1
Caucalières 81.....278 B3
La Cauchie 62.....8 A4
Cauchy-à-la-Tour 62.....7 F1
Caucourt 62.....8 A2
Caudan 56.....100 A2
Caudebec-en-Caux 76.....15 E4
Caudebec-lès-Elbeuf 76.....32 A3
Caudebronde 11.....278 B4

Caudecoste 47.....256 B2
Caudéran 33.....217 E4
Caudeval 11.....301 F3
Caudiès-de-Conflent 66.....311 D3
Caudiès-de-Fenouillèdes 66.....311 F1
Caudon-de-Vitrac 24.....221 F4
Caudos 33.....235 D2
Caudrot 33.....236 C2
Caudry 59.....20 B1
Cauffry 60.....34 C3
Caugé 27.....58 B2
Caujac 31.....300 C1
Caulaincourt 02.....19 F3
Le Caule-Sainte-Beuve 76.....17 D3
Caulières 80.....17 E3
Caullery 59.....20 B1
Caulnes 22.....78 B3
La Caume (Panorama de) 13.....283 F1
Caumont 02.....36 A1
Caumont 09.....299 F3
Caumont 27.....31 F3
Caumont 32.....273 E1
Caumont 33.....237 D1
Caumont 62.....7 D3
Caumont 82.....257 D3
Caumont (Château de) 32.....275 F3
Caumont-l'Éventé 14.....55 D1
Caumont-sur-Durance 84.....265 D4
Caumont-sur-Garonne 47.....237 E3
Caumont-sur-Orne 14.....55 F2
Cauna 40.....253 F4
Caunay 79.....183 E1
Cauneille 40.....271 E2
Caunes-Minervois 11.....279 D4
La Caunette 34.....279 E4
Caunette-sur-Lauquet 11.....302 C3
Caunettes-en-Val 11.....303 D3
Caupenne 40.....272 A1
Caupenne-d'Armagnac 32.....254 C4
La Caure 51.....63 F2
Caurel 22.....76 C3
Caurel 51.....38 A3
Cauria (Mégalithes de) 2A.....318 C3
Cauro 2A.....316 C4
Cauroir 59.....9 E4
Cauroy 08.....38 B3
Cauroy-lès-Hermonville 51.....37 E3
Le Causé 82.....257 D4
Cause-de-Clérans 24.....220 B4
Caussade 82.....258 A2
Caussade-Rivière 65.....273 F3
Causse-Bégon 30.....261 F2
Causse-de-la-Selle 34.....262 B4
Causse Noir (Corniche du) 12.....261 F1
Caussens 32.....255 F3
Causses-et-Veyran 34.....280 A3
Caussidières 31.....277 D4
Caussiniojouls 34.....280 A3

Caussols 06.....269 E4
Caussou 09.....310 B1
Cauterets 65.....297 E4
Cauverville-en-Roumois 27.....31 E3
Cauvicourt 14.....56 A1
Cauvignac 33.....237 D3
Cauvigny 60.....34 B3
Cauville 76.....14 B3
Cauville-s-Mer 14.....55 E2
La Cauvinière (Haras) 14.....57 D2
Caux 34.....280 C3
Caux-et-Sauzens 11.....302 B1
Cauzac 47.....256 C1
Cavagnac 46.....222 B3
Cavaillon 84.....265 E4
Cavalaire-sur-Mer 83.....293 E2
La Cavalerie 12.....261 E3
Cavalière 83.....293 D2
Cavaliers (Falaise des) 83.....286 C1
Cavan 22.....50 B2
Cavanac 11.....302 B2
Cavarc 47.....238 B1
Caveirac 30.....263 F4
Caves 11.....303 F4
Cavignac 33.....217 F2
Cavigny 50.....27 E4
Cavillargues 30.....264 B2
Cavillon 80.....17 F2
Cavron-Saint-Martin 62.....6 C2
Caychax 09.....310 A1
Cayeux-en-Santerre 80.....18 C3
Cayeux-sur-Mer 80.....6 A4
Le Cayla (Musée) 81.....258 C3
Le Caylar 34.....261 F4
Caylus 82.....258 C1
La Cayolle (Col de) 06.....251 D4
Cayrac 82.....258 A2
Cayres 43.....226 C3
Cayriech 82.....258 B1
Le Cayrol 12.....242 C2
Cayrols 15.....223 F4
Cazac 31.....275 F4
Cazalis 33.....236 B4
Cazalis 40.....272 B2
Cazalrenoux 11.....301 F2
Cazals 46.....239 F2
Cazals 82.....258 B2
Cazals-des-Baylès 09.....301 F2
Cazaril-Laspènes 31.....307 F4
Cazaril-Tambourès 31.....298 C1
Cazarilh 65.....298 C3
Cazats 33.....236 C3
Cazaubon 32.....254 C3
Cazaugitat 33.....237 D1
Cazaunous 31.....299 D3
Cazaux 09.....300 C3
Cazaux 33.....234 B2
Cazaux-d'Anglès 32.....274 B2
Cazaux-Debat 65.....298 B4
Cazaux-Fréchet 65.....298 B4

Cazaux-Layrisse 31.....298 C4
Cazaux-Savès 32.....275 F3
Cazaux-Villecomtal 32.....274 A3
Cazavet 09.....299 F3
La Caze (Château de) 48.....244 A4
Cazeaux-de-Larboust 31.....307 F4
Cazedarnes 34.....280 A4
Cazenave-Serres-et-Allens 09.....301 D4
Cazeneuve 32.....255 E4
Cazeneuve-Montaut 31.....299 E2
Cazères 31.....300 A1
Cazères-sur-l'Adour 40.....273 D1
Cazes-Mondenard 82.....257 E1
Cazevieille 34.....281 E1
Cazideroque 47.....239 D4
Cazilhac 11.....302 B2
Cazilhac 34.....262 C4
Cazilhac (Château de) 34.....280 A1
Cazillac 46.....222 B3
Cazoulès 24.....222 A4
Cazouls-d'Hérault 34.....280 C3
Cazouls-lès-Béziers 34.....280 A4
Ceaucé 61.....81 E2
Ceaulmont 36.....168 C2
Céaux 50.....54 A4
Céaux-d'Allègre 43.....226 C1
Ceaux-en-Couhé 86.....166 A4
Ceaux-en-Loudun 86.....149 D2
Cébazan 34.....279 F4
Cébazat 63.....189 E4
Ceccia (Site préhistorique) 2A.....319 E3
Ceffia 39.....176 C4
Ceffonds 52.....91 F2
Ceignac 12.....260 A1
Ceignes 01.....194 A1
Ceilhes-et-Rocozels 34.....280 A1
Ceillac 05.....251 D1
Ceilloux 63.....208 B1
Ceintrey 54.....94 B1
La Celette 18.....170 C1
La Celle 03.....188 C1
La Celle 18.....153 E4
Cellé 41.....108 A3
La Celle 63.....188 A4
La Celle 83.....286 A3
La Celle-Condé 18.....152 C4
La Celle-Dunoise 23.....169 D4
La Celle-en-Morvan 71.....156 C2
La Celle-Guenand 37.....150 B3
La Celle-les-Bordes 78.....86 B1
Celle-Lévescault 86.....166 A3
La Celle-Saint-Avant 37.....149 F2
La Celle-Saint-Cloud 78.....60 C3
La Celle-Saint-Cyr 89.....112 C2

CHÂLONS-EN-CHAMPAGNE

Arche-de-Mauvillain (Pt de l').....BZ 2
Bourgeois (R. Léon).....BY
Chastillon (R. de).....ABZ 6
Croix-des-Teinturiers (R.).....AZ 9
Flocmagny (R. du).....BY 12
Foch (Pl. Mar.).....AY 14
Gaulle (Av. Charles-de).....BZ 15
Godart (Pl.).....AY 17
Jaurès (R. Jean).....AZ 20
Jessaint (R. de).....BZ 22
Libération (Pl. de la).....AZ 24
Mariniers (Pt des).....AY 26
Marne (R. de la).....AY 27
Martyrs-de-la-Résistance (R. des).....BY 29
Orfeuil (R. d').....AZ 31
Ormesson (Cours d').....AZ 32
Prieur-de-la-Marne (R.).....BY 36
Récamier (R. Juliette).....AZ 38
République (Pl. de la).....AZ 39
Vaux (R. de).....AY 47
Vinetz (R. de).....BZ 49
Viviers (Pt des).....AY 50

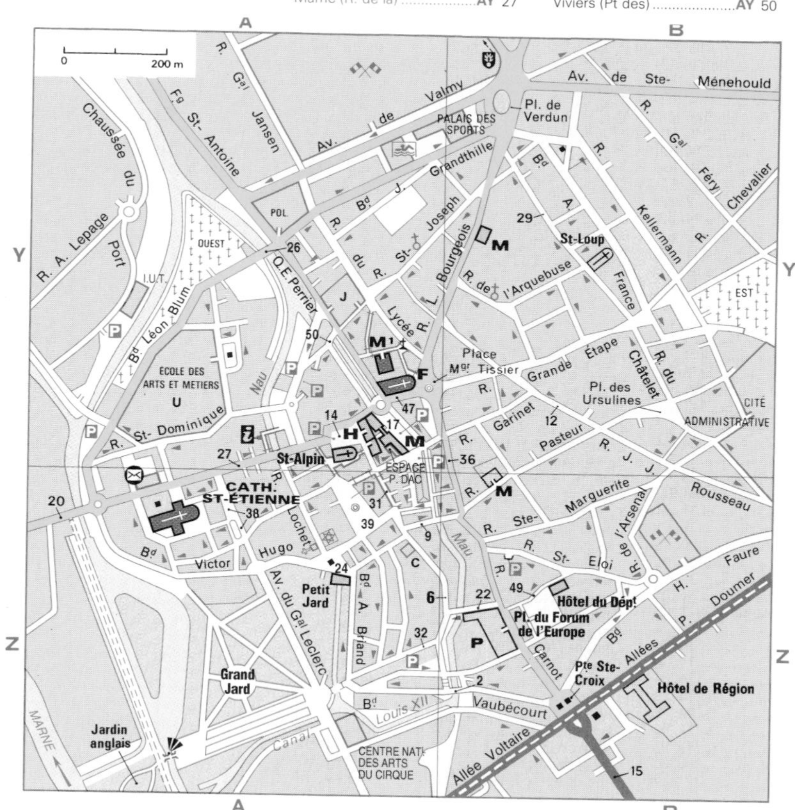

CHALON-SUR-SAÔNE

Banque (R. de la)...BZ 3
Châtelet (Pl. du)...BZ 5
Châtelet (R. du)...CZ 6
Citadelle (R. de la)...BY 7
Couturier (R.) Ph.-L....BZ 9
Duhesme (R. du Gén.)...AY 12
Evêché (R. de l')...CZ 15
Fèvres (R. aux)...CZ 16
Gaulle (Pl. Gén. de)...BZ 17
Grande-Rue...BCZ 18
Hôtel-de-Ville (Pl. de l')...BZ 19
Leclerc (R. Gén.)...BZ
Lyon (R. de)...BZ 21
Messiaen (R. O.)...AZ 24
Obélisque (Pl. de l')...BY 27
Pasteur (R.)...BZ 28
Poissonnerie (R. de la)...CZ 31
Pompidou (Av. G.)...AZ 32
Pont (R. du)...CZ 35
Porte-de-Lyon (R.)...BZ 36
Port-Villiers (R. du)...BZ 37
Poterne (Q. de la)...CZ 38
Pretet (R. René)...AZ 40
République (Bd)...ABZ 42
St-Georges (R.)...BZ 45
St-Vincent (Pl. et R.)...CZ 46
Ste-Marie (Prom.)...CZ 47
Strasbourg (R. de)...CZ 48
Trémouille (R. de la)...BCY 51

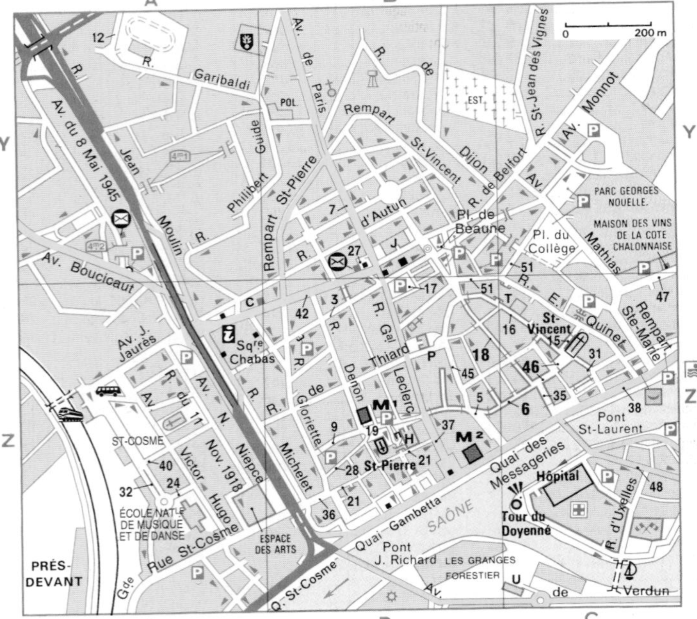

La Celle-sous-Chantemerle 51...89 E1
La Celle-sous-Gouzon 23...187 F1
La Celle-sous-Montmirail 02...63 D3
La Celle-sur-Loire 58...135 D2
La Celle-sur-Morin 77...62 A3
La Celle-sur-Nièvre 58...154 C1
La Celle-sur-Seine 77...88 A3
Cellefrouin 16...184 A3
Celles 09...301 D4
Celles 15...225 D2
Celles 17...199 F1
Celles 24...202 A4
Celles 34...280 C2
Celles-en-Bassigny 52...117 D2
Celles-lès-Condé 02...63 E2
Celles-sur-Aisne 02...36 C2
Celles-sur-Belle 79...165 E4
Celles-sur-Durolle 63...190 B4
Celles-sur-Ource 10...115 D1
Celles-sur-Plaine 88...95 F1
La Cellette 23...169 F3
La Cellette 63...188 C2
Cellettes 16...183 E3
Cellettes 41...132 A2
Le Cellier 44...126 C3
Cellier-du-Luc 07...245 D1
Celliers 73...214 A2
Cellieu 42...210 B2
Cellule 63...189 E3
Celon 36...168 C2
Celony 13...284 C2
Celoux 15...225 F1
Celsoy 52...117 D3
Cély 77...87 E2
Cemboing 70...117 F3
Cempuis 60...17 F4
Cénac 33...217 E4
Cénac-et-Saint-Julien 24...221 F4
Cenans 70...141 E2
Cendras 30...263 E2
Le Cendre 63...207 F1
Cendrecourt 70...117 F3
Cendrey 25...141 E2
Cendrieux 24...220 C3
Cénevières 46...240 C3
Cenne-Monestiés 11...278 A4
Cenomes 12...261 D4
Cenon 33...217 E4
Cenon-sur-Vienne 86...149 F4
Censeau 39...160 B3
Censerey 21...138 A4
Censy 89...114 B4
Les Cent-Acres 76...16 A3
Centeilles (Chapelle de) 34...279 D4
Centrès 12...260 A2
Centuri 2B...314 D1
Centuri-Port 2B...314 D1
Cenves 69...174 C4
Cépet 31...276 C1
Cépie 11...302 B2
Cepoy 45...111 F2
Céran 32...256 B4
Cérans-Foulletourte 72...106 C3
Cerbère 66...313 F4
Cerbois 18...152 C1
Cercié 69...192 B1
Cercier 74...195 E2
Cercles 24...202 A4
Cercottes 45...110 A2
Cercoux 17...218 C1
Le Cercueil 61...82 C1
Cercy-la-Tour 58...155 F3
Cerdon 01...194 A1
Cerdon 45...134 A1
Cerdon (Grottes du) 01...194 A1
Cère 40...254 A3
Cère (Pas de) 15...224 B3
Céré-la-Ronde 37...131 F4
Cerelles 37...130 C2
Cérences 50...54 A2
Céreste 04...266 B4
Céret 66...312 C3
Cerfontaine 59...10 C2
Le Cergne 42...191 F1
Cergy 95...60 B1
Cergy-Pontoise (Ville nouvelle) 95...60 B1
Cérilly 03...171 E1
Cérilly 21...115 D3
Cérilly 89...89 E4
Cerisé 61...82 C2
Cerisières 52...92 A3
Cerisiers 89...113 D1
Cerisy 80...19 D2
Cerisy-Belle-Étoile 61...55 E3
Cerisy-Buleux 80...17 E2
Cerisy-la-Forêt 50...27 F4
Cerisy-la-Salle 50...54 A1
Cerizay 79...147 E3
Cérizols 09...299 F2
Cerizy 02...20 A3
La Cerlangue 76...14 C4
La Cerleau 08...22 A3
Cernans 39...160 A2
Cernay 14...57 D1
Cernay 28...85 D3
Cernay 68...120 B2
Cernay 86...149 D3
Cernay-en-Dormois 51...39 D4
Cernay-la-Ville 78...60 B4
Cernay-l'Église 25...142 C3
Cernay-lès-Reims 51...37 F3
Cerneux 77...63 D4
Cernex 74...195 E1
Cerniébaud 39...160 C4
Cernion 08...22 A3
Cernon 39...176 C3
Cernon 51...64 C3
Cernoy 60...35 D2
Cernoy-en-Berry 45...134 C2
Cernusson 49...128 B4
Cerny 91...87 D2
Cerny-en-Laonnois 02...37 D2
Cerny-lès-Bucy 02...36 C1
Céron 71...173 E4
Cérons 33...236 B1
Cerqueux 14...57 E2
Les Cerqueux 49...147 E2
Les Cerqueux-sous-Passavant 49...147 F1
Cerre-lès-Noroy 70...141 F1
Cers 34...280 B4
Cersay 79...148 A2
Cerseuil 02...36 C3
Cersot 71...157 F4
Certémery 39...159 F2
Certilleux 88...93 E3
Certines 01...193 F1
Cervens 74...178 B3
Cervières 05...232 C3
Cervières 42...190 C4
Cerville 54...68 B4
Cervione 2B...315 F4
Cervon 58...136 C4
Cerzat 43...226 A1
Cesancey 39...176 B1
Césarches 73...196 A4
Césarville-Dossainville 45...86 C4
Cescau 09...299 F4
Cescau 64...272 C3
Cesny-aux-Vignes 14...56 B1
Cesny-Bois-Halbout 14...55 F2
Cessac 33...236 C1
Cessales 31...277 E3
Cesse 55...39 F1
Cesseins 01...192 C2
Cessenon-sur-Orb 34...280 A3
Cessens 73...195 D4
Cesseras 34...279 E4
Cesset 03...172 A4
Cesseville 27...32 A4
Cessey 25...160 A1
Cessey-sur-Tille 21...139 F4
Cessières 02...36 C1
Cessieu 38...212 A2
Cesson 22...51 E4
Cesson 77...87 E1
Cesson-Sévigné 35...79 E4
Cessoy-en-Montois 77...88 B2
Cessy 01...177 F3
Cessy-les-Bois 58...135 F3
Cestas 33...217 D4
Cestayrols 81...259 D3
Ceton 61...84 A4
Cette-Eygun 64...296 B3
Céüze 05...249 E2
Cevins 73...214 A1
Ceyras 34...280 C2
Ceyrat 63...207 E1
Ceyreste 13...291 D3
Ceyroux 23...186 C2
Ceyssac 43...227 D2
Ceyssat 63...189 D4
Ceyzériat 01...193 F1
Ceyzérieu 01...194 C3
Cézac 33...217 F2
Cézac 46...239 F4
Cézais 85...164 A1
Cézan 32...256 A4
Cezay 42...191 D4
Cézens 15...225 D3
Cézia 39...176 C3
Cézy 89...113 D2
Chaalis (Abbaye de) 60...61 F1
Chabanais 16...184 C3
La Chabanne 03...190 C2
La Chabasse (Église de) 63...208 B1
Chabestan 05...249 D3
Chabeuil 26...229 E3
Chablis 89...113 F3
Chabons 38...212 A3
La Chabossière 44...126 A4
La Chabotterie (Château de) 85...145 F3
Chabottes 05...249 F1
Chabournay 86...149 D4
Chabrac 16...184 C3
Chabreloche 63...190 C3
Chabrières 04...267 F2
Chabrignac 19...204 A4
Chabrillan 26...247 D1
Chabris 36...132 C4
Chacé 49...129 E4
Chacenay 10...115 D1
Chacrise 02...36 B3
Chadeleuf 63...207 F2
Chadenac 17...199 F2
Chadenet 48...244 B3
Chadrac 43...227 D2
Chadron 43...227 D3
Chadurie 16...201 E2
Le Chaffal 26...229 F3
Le Chaffaut-Saint-Jurson 04...267 F2
Chaffois 25...160 C2
Chagey 70...119 E4
Chagnolet 17...180 C1
Chagnon 42...210 B2
Chagny 08...39 D1
Chagny 71...157 F3
Chahaignes 72...107 E4
Chahains 61...82 B1
Chaignay 21...139 E2
Chaignes 27...59 E2
Chail 79...183 D1
Chaillac 36...168 B3
Chaillac-sur-Vienne 87...185 D3
Chailland 53...80 C4
Chaillé-les-Marais 85...163 F3
Chaillé-sous-les-Ormeaux 85...163 D1
Chailles 41...132 A2
Chaillevette 17...180 C4
Chaillevois 02...36 C1
Chailley 89...113 F1
Chaillol 05...249 F1
Chaillon 55...67 D2
Chailloué 61...57 D4
Chailly-en-Bière 77...87 E2
Chailly-en-Brie 77...62 B3
Chailly-en-Gâtinais 45...111 E2
Chailly-lès-Ennery 57...41 F3
Chailly-sur-Armançon 21...138 A4
Chainaz-les-Frasses 74...195 D4
Chaînée-des-Coupis 39...159 E2
Chaingy 45...110 A3
Chaintré 71...175 D4
Chaintreaux 77...88 A4
Chaintrix-Bierges 51...64 B2
La Chaise 10...91 E3
La Chaise-Baudouin 50...54 B3
La Chaise-Dieu 43...208 C4
Chaise-Dieu-du-Theil 27...58 A4
Chaix 85...164 A3
La Chaize-Giraud 85...145 D4
La Chaize-le-Vicomte 85...146 A4
Chalabre 11...301 F3
Chalagnac 24...220 B2
Chalain (Lac de) 39...160 A4
Chalain-d'Uzore 42...209 E1
Chalain-le-Comtal 42...209 F1
Chalaines 55...93 E1
Chalais 16...201 E4
Chalais 36...168 A2
Chalais 86...148 C2
Chalam (Crêt de) 01...177 E4
Chalamont 01...193 E2
Chalampé 68...121 D2
Chalancey 52...116 B4
Chalancon 26...248 A2
Chalandray 86...165 F1
Chalandrey 50...54 B4
Chalandry 02...20 C4
Chalandry-Elaire 08...22 C4
Le Chalange 61...83 D1
Le Chalard 87...203 E2
Chalautre-la-Grande 77...89 D1
Chalautre-la-Petite 77...88 C2
Chalautre-la-Reposte 77...88 B2
Chalaux 58...137 D3
La Chaldette 48...243 E1
Chaleins 01...192 C2
Chaleix 24...203 D2
Chalencon 07...228 B4
Chalencon (Château de) 43...209 D4
Les Chalesmes 39...160 B4
Châlette-sur-Loing 45...111 F2
Chalette-sur-Voire 10...91 D2
Chaley 01...194 B2
Chalèze 25...141 E4
Chalezeule 25...141 E4
Chaliers 15...225 F3
Chalifert 77...61 F3
Chaligny 54...68 A4
Chalinargues 15...225 D1
Chalindrey 52...117 D3
Chalivoy-Milon 18...153 F3
Challain-la-Potherie 49...127 E1
Challans 85...145 D3
Challement 58...136 B4
Challerange 08...39 D3
Challes 01...194 A1
Challes 72...107 E2
Challes-les-Eaux 73...213 D2
Challet 28...85 E1
Challex 01...195 D1
Challignac 16...201 D3
Challonges 74...194 C2
Challuy 58...154 C3
Chalmaison 77...88 C2
Chalmazel 42...209 D1
Chalmessin 52...116 B4
Chalmoux 71...173 E1
Chalo-Saint-Mars 91...86 B2
Le Chalon 26...229 E1
Chalon-sur-Saône 71...158 A4
Chalonnes-sous-le-Lude 49...129 F1
Chalonnes-sur-Loire 49...128 A3
Chalons 17...181 D4
Châlons 38...211 D3
Châlons-du-Maine 53...81 E4
Châlons-en-Champagne 51...64 C2
Châlons-sur-Vesle 51...37 E3
Châlonvillars 70...119 F4
Chalou-Moulineux 91...86 B3
La Chalp 05...232 C4
Chaltrait 51...64 A2
Chalus 63...207 F3
Châlus 87...203 D1
Chalusset (Château de) 87...203 F1
Chalvignac 15...223 F1
Chalvraines 52...93 D4
Chamadelle 33...219 D2
Chamagne 88...94 B2
Chamagnieu 38...211 E1
Chamalières 63...189 E4
Chamalières-sur-Loire 43...227 D1
Chamaloc 26...230 A4
Chamant 60...35 D4
Chamarande 91...86 C2
Chamarandes 52...116 B1
Chamaret 26...247 D3
La Chamba 42...190 C4
Chambain 21...116 A3
Chambeire 21...139 F4
Chambellay 49...105 D4
Chambéon 42...209 F1
Chambérat 03...170 B3
Chamberaud 23...187 E2
Chamberet 19...204 C2
Chambéria 39...176 C2
Chambéry 73...213 D2
Chambéry-le-Vieux 73...213 D1
Chambeugle 89...112 B3
Chambezon 43...207 F4
Chambilly 71...173 F4
Chamblac 27...57 F2
Chamblanc 21...158 C2
Chamblay 39...159 F2
Chambles 42...209 F3
Chamblet 03...171 D4
Chambley-Bussières 54...67 F1
Chambly 60...34 B4
Chambœuf 21...139 D4
Chambœuf 42...209 F2
Chambois 61...56 C3
Chambolle-Musigny 21...139 D4
Le Chambon 07...227 F4
Chambon 17...181 E1
Chambon 18...153 D4
Chambon 30...245 E4
Chambon 37...150 A3
Chambon (Barrage du) 38...231 F2
Chambon (Lac) 63...207 D2
Chambon (Lac de) 36...168 C3
Le Chambon-Feugerolles 42...210 A3
Chambon-la-Forêt 45...111 D2
Chambon-le-Château 48...226 C4
Chambon-Sainte-Croix 23...169 D4
Chambon-sur-Cisse 41...131 F2

CHAMBÉRY

Allobroges (Q. des)...A 2
Banque (R. de la)...B 3
Basse-du-Château (R.)...A 4
Bernardines (Av. des)...A 6
Boigne (R. de)...B
Borrel (Q. du Sénateur A.)...B 7
Charvet (R. F.)...B 9
Château (Pl. du)...A 10
Colonne (Bd de la)...B 12
Ducis (R.)...B 13
Ducs-de-Savoie (Av. des)...B 14
Europe (Espl. de l')...B 16
Freizier (R.)...AB 17
Gaulle (Av. Gén.-de)...B 18
Italie (R. d')...B 20
Jaurès (Av. J.)...A 21
Jeu-de-Paume (Q. du)...A 23
Juiverie (R.)...A
Lans (R. de)...A 24
Libération (Pl. de la)...B 25
Maché (Pl.)...A 27
Maché (R. du Fg)...A 28
Martin (R. Cl.)...B 30
Métropole (Pl.)...B 31
Michaud (R.)...B 32
Mitterrand (Pl. F.)...B 33
Musée (Bd du)...AB 34
Ravet (Q. Ch.)...B 35
St-Antoine (R.)...A 36
St-François (R.)...B 38
St-Léger (Pl.)...B
Théâtre (Bd du)...B 39
Vert (Av. du Comte)...A 40

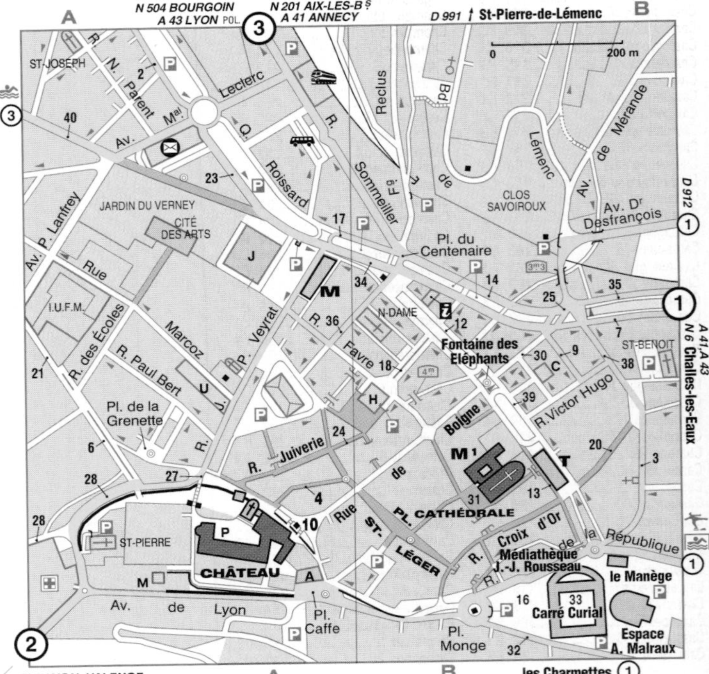

Chambon-sur-Dolore 63.......208 B3
Chambon-sur-Lac 63..........207 D2
Le Chambon-sur-Lignon 43.227 F2
Chambon-sur-Voueize 23......188 A1
Chambonas 07..........245 F3
Chambonchard 23..........188 B1
La Chambonie 42..........190 C4
Chamborand 23..........186 B1
Chambord 27..........57 F3
Chambord 41..........132 B1
Chamboret 87..........185 E2
Chamborigaud 30..........245 E4
Chambornay-lès-Bellevaux 70..........141 E2
Chambornay-lès-Pin 70........141 D3
Chambors 60..........33 E4
Chambost-Allières 69..........192 A2
Chambost-Longessaigne 69..........192 A4
La Chambotte 73..........195 D4
Chamboulive 19..........204 C3
Chambourcy 78..........60 B2
Chambourg-sur-Indre 37......150 B1
Chambray 27..........58 B3
Chambray 27..........59 D1
Chambray-lès-Tours 37......130 C3
La Chambre 73..........213 F3
Chambrecy 51..........37 E4
Les Chambres 50..........54 A3
Chambretaud 85..........146 C2
Chambrey 57..........68 C3
Chambroncourt 52..........92 C3
Chambroutet 79..........147 F3
Chambry 02..........37 D1
Chambry 77..........62 A2
Chaméane 63..........208 A2
Chamelet 69..........192 A2
Chameroy 52..........116 B3
Chamery 51..........37 E4
Chamesey 25..........142 B4
Chamesol 25..........142 C3
Chamesson 21..........115 E4
Chameyrat 19..........222 C1
Chamigny 77..........62 B2
Chamilly 71..........157 F3
Chammes 53..........105 F1
Chamole 39..........159 F3
Chamonix-Mont-Blanc 74.....197 D2
Chamouillac 17..........199 F4
Chamouille 02..........37 D2
Chamouilley 52..........92 A1
Chamousset 73..........213 F2
Chamoux 89..........136 B2
Chamoux-sur-Gelon 73........213 F2
Chamoy 10..........114 A1
Champ de Bataille (Château du) 27..........31 F4
Le Champ-de-la-Pierre 61......82 A1
Champ-d'Oiseau 21..........137 F2
Champ-Dolent 27..........58 B2
Champ-Dolent (Menhir de) 35 79 E1
Champ-du-Boult 14..........54 C3
Champ du Feu 67..........96 B1
Champ-Haut 61..........57 D4
Champ-Laurent 73..........213 F2
Champ-le-Duc 88..........95 E4
Le Champ-près-Froges 38....213 D4
Le Champ-Saint-Père 85......163 D2
Champ-sur-Barse 10..........91 D4
Champ-sur-Drac 38..........230 C2
Le Champ-sur-Layon 49.......128 B4
Champagnac 15..........206 A4
Champagnac 17..........199 F3
Champagnac-de-Belair 24.....202 C3
Champagnac-la-Noaille 19....205 E4
Champagnac-la-Prune 19......223 D1
Champagnac-la-Rivière 87....203 D1
Champagnac-le-Vieux 43......208 B4
Champagnat 23..........187 F2
Champagnat 71..........176 B2
Champagnat-le-Jeune 63......208 A3
Champagne 07..........210 C4
Champagne 17..........181 D3
Champagne 28..........59 E4
Champagné 72..........107 D2
Champagne-au-Mont-d'Or 69..........192 C4
Champagne-en-Valromey 01..........194 C3
Champagne-et-Fontaine 24.201 F3
Champagné-le-Sec 86........183 F1
Champagné-les-Marais 85....163 E3
Champagne-Mouton 16........184 A2
Champagné-Saint-Hilaire 86 166 B4
Champagne-sur-Loue 39......160 A1
Champagne-sur-Oise 95......60 C1
Champagne-sur-Seine 77......87 F3
Champagne-sur-Vingeanne 21..........140 A2
Champagne-Vigny 16..........201 E2
Champagneux 73..........212 C1
Champagney 25..........141 D4
Champagney 39..........140 A4
Champagney 70..........119 E4
Champagnier 38..........230 C1
Champagnole 39..........160 A4
Champagnolles 17..........199 E2
Champagny 21..........138 C2
Champagny 39..........160 A3
Champagny-en-Vanoise 73..........214 C2
Champagny-sous-Uxelles 71..........175 D1
Champallement 58..........136 B4
Champanges 74..........178 C3
Champaubert 51..........63 F3
Champcella 05..........232 B4
Champcenest 77..........62 C4
Champcerie 61..........56 A3
Champcervon 50..........54 A3
Champcevinel 24..........220 C1
Champcevrais 89..........112 A4
Champcey 50..........53 F4
Champclause 43..........227 F2
Champcourt 52..........92 A3
Champcueil 91..........87 D2
Champdeniers-Saint-Denis 79..........165 D2
Champdeuil 77..........87 F1
Champdieu 42..........209 E1
Champdivers 39..........159 D2
Champdolent 17..........181 E3
Champdor 01..........194 B2
Champdôtre 21..........139 F4
Champdray 88..........95 E4
Champeau-en-Morvan 21....137 E4
Champeaux 35..........80 A4
Champeaux 50..........53 F3
Les Champeaux 61..........56 C2
Champeaux 77..........87 F1
Champeaux 79..........165 D2
Champeaux-et-la-Chapelle-Pommier 24..........202 B3
Champeaux-sur-Sarthe 61.....83 E1
Champeix 63..........207 E2
Champenard 27..........59 D1
La Champenoise 36..........152 A3
Champenoux 54..........68 B3
Champéon 53..........81 F3
Champétières 63..........208 C2
Champey 70..........142 B1
Champey-sur-Moselle 54......68 A2
Champfleur 72..........82 C3
Champfleury 10..........90 A1
Champfleury 51..........37 F4
Champforgeuil 71..........158 A3
Champfrémont 53..........82 B2
Champfromier 01..........177 D4
Champgenéteux 53..........81 F3
Champguyon 51..........63 E3
Champhol 28..........85 E2
Champien 80..........19 E4
Champier 38..........211 F3
Champigné 49..........105 E4
Champignelles 89..........112 B4
Champigneul-Champagne 51 64 B2
Champigneul-sur-Vence 08....22 C4
Champigneulle 08..........39 E3
Champigneulles 54..........68 A3
Champigneulles-en-Bassigny 52..........93 E4
Champignol-lez-Mondeville 10..........115 E1
Champignolles 21..........157 E2
Champignolles 27..........58 A2
Champigny 51..........37 F3
Champigny 89..........88 B3
Champigny-en-Beauce 41....109 D4
Champigny-la-Futelaye 27....59 D3
Champigny-le-Sec 86..........149 D4
Champigny-lès-Langres 52..116 C3
Champigny-sous-Varennes 52..........117 E3
Champigny-sur-Aube 10.......90 B1
Champigny-sur-Marne 94......61 E3
Champigny-sur-Veude 37.....149 E2
Champillet 36..........169 F2
Champillon 51..........64 A1
Champis 07..........228 C3
Champlan 91..........60 C4
Champlat-et-Boujacourt 51....37 E4
Champlay 89..........113 D2
Champlecy 71..........174 A2
Champlemy 58..........136 A4
Champlieu 71..........175 D1
Champlieu (Ruines gallo-romaines de) 60........35 E3
Champlin 08..........22 A3
Champlin 58..........136 A4
Champlitte-et-le-Prélot 70....140 A1
Champlitte-la-Ville 70..........140 A1
Champlive 25..........141 F3
Champlon 55..........67 D1
Champlost 89..........113 E2
Champmillon 16..........201 E1
Champmotteux 91..........87 D3
Champnétery 87..........186 B4
Champneuville 55..........40 A3
Champniers 16..........201 F1
Champniers 86..........184 A1
Champniers-et-Reilhac 24....202 C1
Champoléon 05..........231 F4
Champoly 42..........191 D4
Champosoult 61..........57 D3
Champougny 55..........93 E1
Champoulet 45..........135 D1
Champoux 25..........141 E3
Champrenault 21..........138 B3
Champrepus 50..........54 A3
Champrond 72..........108 A1
Champrond-en-Gâtine 28.......84 C3
Champrond-en-Perchet 28.....84 A3
Champrosay 91..........87 D1
Champrougier 39..........159 E3
Champs 02..........36 A1
Champs 61..........83 F1
Champs 63..........189 E2
Champs (Col des) 06..........268 C1
Les Champs-de-Losque 50.....27 E4
Les Champs-Géraux 22........78 C2
Champs-Romain 24..........202 C2
Champs-sur-Marne 77..........61 E3
Champs-sur-Tarentaine 15....206 B3
Champs-sur-Yonne 89..........113 E4
Champsac 87..........203 D1
Champsanglard 23..........169 E4
Champsecret 61..........81 E1
Champseru 28..........85 F2
Champsevraine 52..........117 D4
Champtercier 04..........267 F2
Champteussé-sur-Baconne 49..........105 E4
Champtocé-sur-Loire 49.......127 F2
Champtoceaux 49..........127 D3
Champtonnay 70..........140 B3
Champvallon 89..........113 D2
Champvans 39..........159 D1
Champvans 70..........140 B3
Champvans-les-Baume 25....141 F3
Champvans-les-Moulins 25.141 D4
Champvert 58..........155 E3
Champvoisy 51..........63 E1
Champvoux 58..........154 C1
Chamrousse 38..........231 D1
Chamvres 89..........113 D2
Chanac 48..........244 A3
Chanac-les-Mines 19..........222 C1
Chanaleilles 43..........226 B4
Chanas 38..........210 C4
Chanat-la-Mouteyre 63........189 E4
Chanay 01..........194 C2
Chanaz 73..........194 C4
Chançay 37..........131 D2
Chancé 35..........103 F1
Chanceaux 21..........138 C2
Chanceaux-près-Loches 37..150 B1
Chanceaux-sur-Choisille 37.130 C2
Chancelade 24..........220 B1
Chancenay 52..........66 A4
Chancey 70..........140 B3
Chancia 39..........176 C3
Chandai 61..........58 A4
Chandolas 07..........245 F3
Chandon 42..........191 F1
Chanéac 07..........228 A3
Chaneins 01..........192 C1
Chânes 71..........175 D4
Le Change 24..........221 D1
Changé 53..........105 D1
Change 71..........157 F3
Changé 72..........107 D2
Changey 52..........116 C2
Changis-sur-Marne 77..........62 B2
Changy 42..........191 D1
Changy 51..........65 E3
Changy-Tourny 71..........174 A3
Chaniat 43..........208 A4
Chaniaux 48..........245 D2
Chaniers 17..........181 F4
Channay 21..........114 C3
Channay-sur-Lathan 37........130 A2
Channes 10..........114 C2
Chanonat 63..........207 E1
Chanos-Curson 26..........229 D2
Chanousse 05..........248 C4
Chanoy 52..........116 C2
Chanoz-Châtenay 01..........193 E1
Chanteau 45..........110 B2
Chantecoq 45..........112 A2
Chantecorps 79..........165 E2
Chanteheux 54..........69 D4
Chanteix 19..........204 B4
Chantelle 03..........172 A4
Chanteloup 27..........58 B3
Chanteloup 35..........103 E2
Chanteloup 50..........53 F2
Chanteloup 79..........147 F4
Chanteloup (Pagode de) 37.131 E3
Chanteloup-en-Brie 77..........61 F3
Chanteloup-les-Bois 49.......147 E1
Chanteloup-les-Vignes 78.....60 B2
Chantelouve 38..........231 E2
Chantemerle 05..........232 B3
Chantemerle 51..........89 E1
Chantemerle-les-Blés 26..........229 D2
Chantemerle-lès-Grignan 26..........247 D3
Chantemerle-sur-la-Soie 17.181 F2
Chantemesle 95..........59 F1
Chantenay-Saint-Imbert 58..154 C4
Chantenay-Villedieu 72.......106 A2
Chantepie 35..........103 E1
Chantérac 24..........220 A1
Chanterelle 15..........206 C4
Chantes 70..........141 D1
Chantesse 38..........212 A4
Chanteuges 43..........226 B2
Chantillac 16..........200 C4
Chantilly 60..........34 C4
Chantôme 36..........168 C3
Chantonnay 85..........146 B4
Chantraine 88..........94 C4
Chantraines 52..........92 B4
Chantrans 25..........160 C1
Chantrigné 53..........81 E2
Chanturgue (Plateau de) 63.189 E4
Chanu 61..........55 E4
Chanville 57..........68 C1
Chanzeaux 49..........128 A4
Chaon 41..........133 F1
Chaouilley 54..........94 A2
Chaource 10..........114 B1
Chaourse 02..........21 E4
Chapaize 71..........175 D2
Chapareillan 38..........213 D2
Chaparon 74..........195 F4
Chapdes-Beaufort 63..........189 D3
Chapdeuil 24..........202 A4
Chapeau 03..........172 C2
Chapeauroux 48..........226 C4
Chapeiry 74..........195 E3
Chapelaine 51..........91 D1
La Chapelaude 03..........170 C3
La Chapelle 03..........190 B2
La Chapelle 08..........23 E3
La Chapelle 16..........183 E4
La Chapelle 19..........205 F3
La Chapelle 73..........213 F3
La Chapelle-Achard 85.........162 B1
La Chapelle-Agnon 63..........208 B1
La Chapelle-Anthenaise 53..105 E1
La Chapelle-au-Mans 71.......173 E1
La Chapelle-au-Moine 61.......55 E4
La Chapelle-au-Riboul 53......81 F3
La Chapelle-Aubareil 24......221 F3
La Chapelle-aux-Bois 88......118 C1
La Chapelle-aux-Brocs 19.....222 B1
La Chapelle-aux-Chasses 03..........172 C1
La Chapelle-aux-Choux 72....130 A1
La Chapelle-aux-Filtzméens 35..........79 D2
La Chapelle-aux-Lys 85.......164 B1
La Chapelle-aux-Naux 37.....130 B3
La Chapelle-aux-Saints 19...222 C3
La Chapelle-Baloue 23.......168 C3
La Chapelle-Basse-Mer 44...126 C3
La Chapelle-Bâton 17..........182 B2
La Chapelle-Bâton 79..........165 D2
La Chapelle-Bâton 86..........184 A1
La Chapelle-Bayvel 27..........31 D3
La Chapelle-Bertin 43..........226 B1
La Chapelle-Bertrand 79......165 E1
La Chapelle-Biche 61..........55 E4
La Chapelle-Blanche 22.........78 B3
La Chapelle-Blanche 73.......213 E2
La Chapelle-Blanche-Saint-Martin 37..150 A1
La Chapelle-Bouëxic 35........102 C2
La Chapelle-Caro 56..........101 F2
La Chapelle-Cécelin 50..........54 B3
La Chapelle-Chaussée 35......79 D3
La Chapelle-Craonnaise 53..104 C2

CHARLEVILLE-MÉZIÈRES

Arches (Av. d')....BYZ
Arquebuse (R. de l')....BX 2
Bérégovoy (R. P.)....BX 3
Bourbon (R.)....BX 4
Carré (R. Irénée)....BX 5
Corneau (Av. G.)....BY 6
Droits-de-l'Homme (Pl. des)..BX 7
Fg. de Pierre (R. du)....BZ 8
Flandre (R. de)....BX 9
Hôtel-de-Ville (Pl. de l')....BZ 10
Jaurès (Av. Jean)....BY
Leclerc (Av. Mar.)....BY 19
Manchester (Av. de)....AY 20
Mantoue (R. de)....BX 21
Mitterrand (Av. F.)....AX 22
Monge (R.)....BZ 23
Montjoly (R. de)....AX 24
Moulin (R. du)....BX 25
Nevers (Pl. de)....BX 27
Petit-Bois (Av. du)....BX 28
Petit-Bois (R. du)....BX 29
République (R. de la)....BX 30
Résistance (Pl. de la)....BZ 31
St-Julien (Av. de)....AY 32
Sévigné (R. Mme de)....BY 33
Théâtre (R. du)....BX 34
91e-Régt-d'Infanterie (Av. du)....BZ 36

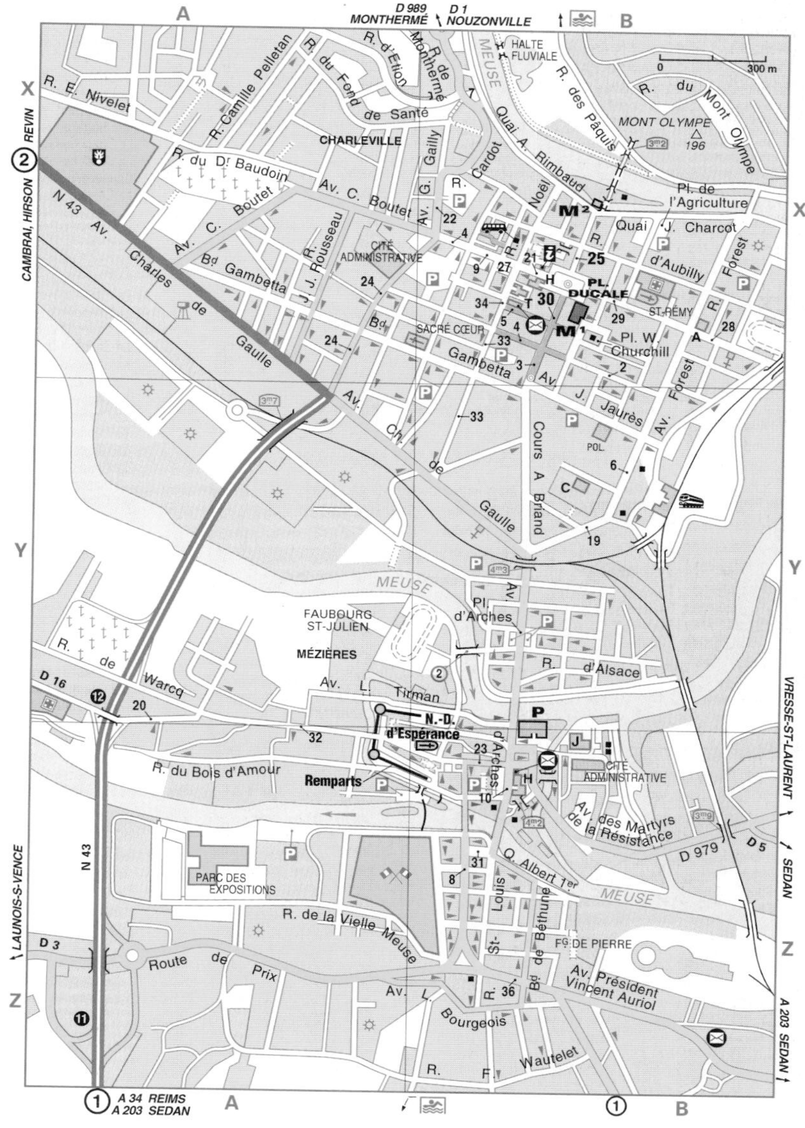

CHARTRES

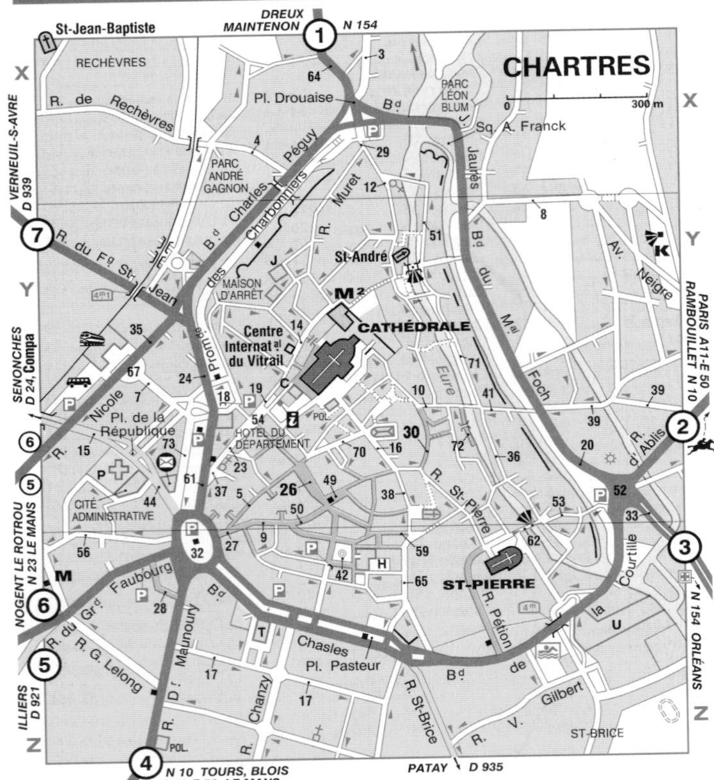

Aligre (Av. d') .... X 3
Alsace-Lorraine (Av. d') .. X 4
Ballay (R. Noël) .... Y 5
Beauce (Av. Jehan-de) .... Y 7
Bethouart (Av.) .... Y 8
Bois-Merrain (R. du) ..... Y 9
Bourg (R. du) .... Y 10
Brêche (R. de la) .... X 12
Cardinal-Pie (R. du) ..... Y 14
Casanova (R. Danièle) .... Y 15
Changes (R. des) .... Y 16
Châteaudun (R. de) .... Z 17
Châtelet (Pl.) .... Y 18
Cheval-Blanc (R. du) ..... Y 19
Clemenceau (Bd) .... Y 20
Collin-d'Harleville (R.) . Y 23
Couronne (R. de la) ...... Y 24
Cygne (Pl. du) .... Y 26
Delacroix (R. Jacques) ... Z 27
Dr-Gibert (R. du) .... Z 28
Drouaise (R. Porte) ...... X 29
Écuyers (R. des) .... Y 30
Épars (Pl. des) .... Z 32
Faubourg La Grappe (R. du) ... Y 33
Félibien (R.) .... Y 35
Foulerie (R. de la) ...... Y 36
Gaulle (Pl. Gén.-de) ..... Y 37
Grenets (R. des) .... Y 38
Guillaume (R. du Fg) ..... Y 39
Guillaume (R. Porte) ..... Y 41
Halles (Pl. des) .... Z 42
Koenig (R. du Gén.) ...... Y 44
Marceau (Pl.) .... Y 49
Marceau (R.) .... Y 50
Massacre (R. du) .... Y 51
Morard (Pl.) .... Y 52
Morard (R. de la Porte) .. Y 53
Moulin (Pl. Jean) .... Y 54
Péri (R. Gabriel) .... Z 56
Poêle-Percée (R. de la) .. Z 59
Résistance (Bd de la) .... Y 61
Semard (Pl. Pierre) ...... Y 67
St-Hilaire (R. du Pont) .. Z 62
St-Maurice (R.) .... X 64
St-Michel (R.) .... Z 65
Soleil-d'Or (R. du) ...... Y 70
Tannerie (R. de la) ...... Y 71
Teinturiers (Q. des) ..... Y 72
Viollette (Bd Maurice) ... Y 73

CHÂTEAUROUX

Albert 1er (R.) .... BY 2
Bourdillon (R.) .... BZ 8
Cantrelle (R.) .... ABZ 10
Château-Raoul (R. du) .... AY 13
Châtre (Av. de la) .... BZ 14
Croix-Normand (Bd) .... BZ 17
États-Unis (R. des) ...... BY 20
Fournier (R. A.) .... BY 23
Gallieni (R.) .... BZ 24
Gambetta (Pl.) .... BY 25
Gare (R. de la) .... BY
Grande (R.) .... BY 27
J.-J.-Rousseau (R.) ...... AY 28
Jeux Marins (Av. des) .... AY 29
Kennedy (Av. J.-F.) ...... AZ 30
Ledru-Rollin (R.) .... BY 31
Lemoine (Av. Marcel) ..... BY 32
Marins (Av. des) .... AY 33
Mitterrand (Av. F.) ...... AY 35
Palais de Justice (R. du) ... ABZ 37
Pont-Neuf (Av. du) .... AY 40
République (Pl. de la) ... AY 44
St-Luc (R.) .... BY 46
Ste-Hélène (Pl.) .... BY 48
Victor-Hugo (R.) .... ABY 53
Vrille (Bd de la) .... AZ 54
6-juin 1944 Débarquement Allié (Av. du) ... AY 58

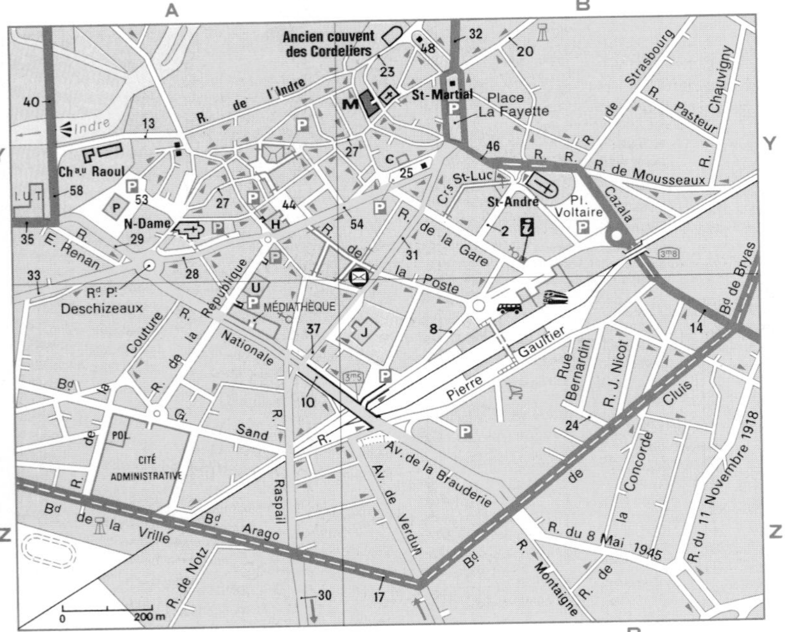

La Chapelle-d'Abondance *74* ... 179 D3
La Chapelle-d'Alagnon *15* ... 225 D2
La Chapelle-d'Aligné *72* ... 106 A4
La Chapelle-d'Andaine *61* ... 81 F1
La Chapelle-d'Angillon *18* ... 134 A3
La Chapelle-d'Armentières *59* ... 4 B4
La Chapelle-d'Aunainville *28* ... 86 A2
La Chapelle-d'Aurec *43* ... 209 F4
La Chapelle-de-Bragny *71* ... 175 D1
La Chapelle-de-Brain *35* ... 102 C4
La Chapelle-de-Guinchay *71* ... 192 C1
La Chapelle-de-la-Tour *38* ... 212 A1
La Chapelle-de-Mardore *69* ... 192 A2
La Chapelle-de-Surieu *38* ... 211 D3
Chapelle-des-Bois *25* ... 177 F1
La Chapelle-des-Fougeretz *35* ... 79 E4
La Chapelle-des-Marais *44* ... 125 D2
La Chapelle-des-Pots *17* ... 182 A4
La Chapelle-devant-Bruyères *88* ... 95 E4
Chapelle-d'Huin *25* ... 160 C2
La Chapelle-du-Bard *38* ... 213 E3
La Chapelle-du-Bois *72* ... 83 F4
La Chapelle-du-Bois-des-Faulx *27* ... 58 C1
La Chapelle-du-Bourgay *76* ... 16 A3
La Chapelle-du-Châtelard *01* ... 193 E2
La Chapelle-du-Chêne *72* ... 106 A3
La Chapelle-du-Fest *50* ... 54 C1
La Chapelle-du-Genêt *49* ... 127 E4
La Chapelle-du-Lou *35* ... 78 C4
La Chapelle-du-Mont-de-France *71* ... 174 C3
La Chapelle-du-Mont-du-Chat *73* ... 195 D4
La Chapelle-du-Noyer *28* ... 109 D2
La Chapelle-en-Juger *50* ... 27 E4
La Chapelle-en-Lafaye *42* ... 209 D3
La Chapelle-en-Serval *60* ... 61 E1
La Chapelle-en-Valgaudémar *05* ... 231 F4
La Chapelle-en-Vercors *26* ... 230 A3
La Chapelle-en-Vexin *95* ... 33 E4
La Chapelle-Enchérie *41* ... 108 C3
La Chapelle-Engerbold *14* ... 55 E2
La Chapelle-Erbrée *35* ... 80 B4
La Chapelle-Faucher *24* ... 202 C4
La Chapelle-Felcourt *51* ... 65 E1
La Chapelle-Forainvilliers *28* ... 59 E4
La Chapelle-Fortin *28* ... 84 A1
La Chapelle-Gaceline *56* ... 102 B3
La Chapelle-Gaudin *79* ... 147 F3
La Chapelle-Gaugain *72* ... 107 F4
La Chapelle-Gauthier *27* ... 57 E2
La Chapelle-Gauthier *77* ... 88 A1
La Chapelle-Geneste *43* ... 208 C4
La Chapelle-Glain *44* ... 127 D1
La Chapelle-Gonaguet *24* ... 220 B1
La Chapelle-Grésignac *24* ... 201 F3
Chapelle-Guillaume *28* ... 108 B1
La Chapelle-Hareng *27* ... 57 E1
La Chapelle-Haute-Grue *14* ... 56 C2
La Chapelle-Hermier *85* ... 145 D4
La Chapelle-Heulin *44* ... 126 C4
La Chapelle-Hugon *18* ... 154 B3
La Chapelle-Hullin *49* ... 104 B4
La Chapelle-Huon *72* ... 108 A3
La Chapelle-Iger *77* ... 88 B1
La Chapelle-Janson *35* ... 80 B3
La Chapelle-la-Reine *77* ... 87 E3
La Chapelle-Largeau *79* ... 147 D2
La Chapelle-Lasson *51* ... 89 F1
La Chapelle-Launay *44* ... 125 F2
La Chapelle-Laurent *15* ... 225 F1
La Chapelle-lès-Luxeuil *70* ... 118 C3
La Chapelle-Marcousse *63* ... 207 E3
La Chapelle-Montabourlet *24* ... 202 A3
La Chapelle-Montbrandeix *87* ... 203 D1
La Chapelle-Monthodon *02* ... 63 E1
La Chapelle-Montligeon *61* ... 83 F2
La Chapelle-Montlinard *18* ... 154 B1
La Chapelle-Montmartin *41* ... 132 C4
La Chapelle-Montmoreau *24* ... 202 B3
La Chapelle-Montreuil *86* ... 166 A2
Chapelle-Morthemer *86* ... 166 C2
La Chapelle-Moulière *86* ... 166 C1
La Chapelle-Moutils *77* ... 63 D4
La Chapelle-Naude *71* ... 176 A1
La Chapelle-Neuve *22* ... 50 A4
La Chapelle-Neuve *56* ... 100 C2
La Chapelle-Onzerain *45* ... 109 F2
La Chapelle-Orthemale *36* ... 151 E3
La Chapelle-Palluau *85* ... 145 E3
La Chapelle-Péchaud *24* ... 221 E4
La Chapelle-Pouilloux *79* ... 183 E1
La Chapelle-près-Sées *61* ... 82 C1
La Chapelle-Rablais *77* ... 88 A2
La Chapelle-Rainsouin *53* ... 105 E1
La Chapelle-Rambaud *74* ... 195 F1
La Chapelle-Réanville *27* ... 59 D1
La Chapelle-Rousselin *49* ... 128 A4
Chapelle-Royale *28* ... 108 B1
La Chapelle-Saint-André *58* ... 136 A3
La Chapelle-Saint-Aubert *35* ... 80 A3
La Chapelle-Saint-Aubin *72* ... 106 C2
La Chapelle-Saint-Étienne *79* ... 164 C1
La Chapelle-Saint-Florent *49* ... 127 E3
La Chapelle-Saint-Fray *72* ... 106 C1
La Chapelle-Saint-Géraud *19* ... 223 D2
La Chapelle-Saint-Jean *24* ... 221 E1
La Chapelle-Saint-Laud *49* ... 128 C1
La Chapelle-Saint-Laurent *79* ... 147 F4
La Chapelle-Saint-Laurian *36* ... 152 A2
La Chapelle-Saint-Luc *10* ... 90 B3
La Chapelle-Saint-Martial *23* ... 187 D2
La Chapelle-Saint-Martin *73* ... 212 C1
La Chapelle-Saint-Martin-en-Plaine *41* ... 109 D4
La Chapelle-Saint-Maurice *74* ... 195 E4
La Chapelle-Saint-Mesmin *45* ... 110 A3
La Chapelle-Saint-Ouen *76* ... 32 C1
La Chapelle-Saint-Quillain *70* ... 140 C2
La Chapelle-Saint-Rémy *72* ... 107 E1
La Chapelle-Saint-Sauveur *44* ... 127 F2
La Chapelle-Saint-Sauveur *71* ... 159 D3
La Chapelle-Saint-Sépulcre *45* ... 112 A2
La Chapelle-Saint-Sulpice *77* ... 88 C1
La Chapelle-Saint-Ursin *18* ... 153 D2
La Chapelle-Souëf *61* ... 83 F3
La Chapelle-sous-Brancion *71* ... 175 D2
La Chapelle-sous-Dun *71* ... 174 A4
La Chapelle-sous-Orbais *51* ... 63 F2
La Chapelle-sous-Uchon *71* ... 156 C3
Chapelle-Spinasse *19* ... 205 E4
La Chapelle-sur-Aveyron *45* ... 112 A3
La Chapelle-sur-Chézy *02* ... 63 D2
La Chapelle-sur-Coise *69* ... 210 A1
La Chapelle-sur-Crécy *77* ... 62 A3
La Chapelle-sur-Dun *76* ... 15 F1
La Chapelle-sur-Erdre *44* ... 126 B3
La Chapelle-sur-Furieuse *39* ... 160 A2
La Chapelle-sur-Loire *37* ... 129 F4
La Chapelle-sur-Oreuse *89* ... 88 C4
La Chapelle-sur-Oudon *49* ... 105 D4
La Chapelle-sur-Usson *63* ... 208 A3
La Chapelle-sur-Vire *50* ... 54 C1
La Chapelle-Taillefert *23* ... 187 D2
La Chapelle-Thècle *71* ... 175 F2
La Chapelle-Thémer *85* ... 163 F1
La Chapelle-Thireuil *79* ... 164 C2
La Chapelle-Thouarault *35* ... 79 D4
La Chapelle-Urée *50* ... 54 B4
Chapelle-Vallon *10* ... 90 A2
La Chapelle-Vaupelteigne *89* ... 113 F3
La Chapelle-Vendômoise *41* ... 131 F1
La Chapelle-Vicomtesse *41* ... 108 B2
La Chapelle-Viel *61* ... 57 F4
La Chapelle-Villars *42* ... 210 C3
Chapelle-Viviers *86* ... 167 D2
Chapelle-Voland *39* ... 159 D4
La Chapelle-Yvon *14* ... 57 E1
Les Chapelles *53* ... 82 A2
Les Chapelles *73* ... 214 C1
Les Chapelles-Bourbon *77* ... 62 A4
Chapelon *45* ... 111 E2
La Chapelotte *18* ... 134 B3
Chapet *78* ... 60 B2
Les Chapieux *73* ... 196 C4
Chapois *39* ... 160 B3
Chaponnay *69* ... 211 D1
Chaponost *69* ... 210 C1
Chaponost (Arches de) *69* ... 192 C4
Chappes *03* ... 171 E3
Chappes *08* ... 38 A1
Chappes *10* ... 90 C4
Chappes *63* ... 189 F3
Chaptelat *87* ... 185 F3
Chaptuzat *63* ... 189 F2
Charade *63* ... 207 E1
Charancieu *38* ... 212 B2
Charancin *01* ... 194 B3
Charantonnay *38* ... 211 E2
Charavines *38* ... 212 B3
Charbogne *08* ... 38 C1
Charbonnat *71* ... 156 C4
Charbonnier-les-Mines *63* ... 207 F3
Charbonnières *28* ... 84 B4
Charbonnières *71* ... 175 E3
Charbonnières-les-Bains *69* ... 192 C4
Charbonnières-les-Sapins *25* ... 141 E4
Charbonnières-les-Varennes *63* ... 189 D3
Charbonnières-les-Vieilles *63* ... 189 D2
Charbuy *89* ... 113 D3
La Charce *26* ... 248 B3
Charcé-Saint-Ellier-sur-Aubance *49* ... 128 C3
Charcenne *70* ... 140 C3
Charchigné *53* ... 81 F2
Charchilla *39* ... 177 D2
Charcier *39* ... 177 D1
Chard *23* ... 188 A3
Chardeny *08* ... 38 C2
Chardes *17* ... 199 F4
Chardogne *55* ... 66 B3
Chardonnay *71* ... 175 E2
Chareil-Cintrat *03* ... 172 A4
Charencey *21* ... 138 B3
Charency *39* ... 160 B4
Charency-Vezin *54* ... 40 B1
Charens *26* ... 248 B2
Charensat *63* ... 188 B3
Charentay *69* ... 192 B2
Charentenay *70* ... 140 C1
Charentenay *89* ... 136 B1
Charentilly *37* ... 130 C2
Charenton *58* ... 135 E4
Charenton-du-Cher *18* ... 153 F4
Charenton-le-Pont *94* ... 61 D3
Charentonnay *18* ... 154 A1
Charette *38* ... 194 A4
Charette-Varennes *71* ... 158 C3
Charey *54* ... 67 F1
Charézier *39* ... 177 D1
Chargé *37* ... 131 E3
Chargey-lès-Gray *70* ... 140 B2
Chargey-lès-Port *70* ... 118 A4
Chariez *70* ... 141 D1
Charigny *21* ... 138 A3
La Charité-sur-Loire *58* ... 154 B1
Charix *01* ... 194 B1
Charlas *31* ... 299 D1
Charleval *13* ... 284 B1
Charleval *27* ... 32 C3
Charleville *51* ... 63 E3
Charleville-Mézières *08* ... 22 C3
Charleville-sous-Bois *57* ... 42 A4
Charlieu *42* ... 191 E1
Charly *18* ... 154 A3
Charly *69* ... 210 C1
Charly-Oradour *57* ... 41 F4
Charly-sur-Marne *02* ... 62 C2
Charmant *16* ... 201 F2
Charmauvillers *25* ... 143 D3
Charmé *16* ... 183 E3
La Charme *39* ... 159 E3
Le Charme *45* ... 112 B4
La Charmée *71* ... 158 A4
Charmeil *03* ... 190 A1
Le Charmel *02* ... 63 E1
Charmensac *15* ... 225 E1
Charmentray *77* ... 61 F2
Charmes *02* ... 20 B4
Charmes *03* ... 189 F2
Charmes *21* ... 139 F3
Charmes *52* ... 116 C2
Charmes *88* ... 94 B2
Charmes-en-l'Angle *52* ... 92 A3
Charmes-la-Côte *54* ... 67 F4
Charmes-la-Grande *52* ... 92 A3
Charmes-Saint-Valbert *70* ... 117 E4
Charmes-sur-l'Herbasse *26* ... 229 E1
Charmes-sur-Rhône *07* ... 229 D4
Charmette (Col de la) *38* ... 212 C4
Les Charmettes *73* ... 213 D2
Charmoille *25* ... 142 B4
Charmoille *70* ... 118 B4
Charmoilles *52* ... 116 C2
Charmois *54* ... 94 C1
Charmois *90* ... 142 C1
Charmois-devant-Bruyères *88* ... 95 D4
Charmois-l'Orgueilleux *88* ... 118 B1
Charmont *51* ... 65 F3
Charmont *95* ... 60 A1
Charmont-en-Beauce *45* ... 86 B4
Charmont-sous-Barbuise *10* ... 90 B3
Les Charmontois *51* ... 66 A2
Charmoy *10* ... 89 E3
Charmoy *52* ... 117 E3
Charmoy *71* ... 157 D4
Charmoy *89* ... 113 D2
Charnas *07* ... 210 C4
Charnat *63* ... 190 A3
Charnay *25* ... 160 A1
Charnay *69* ... 192 B3
Charnay-lès-Chalon *71* ... 158 B2
Charnay-lès-Mâcon *71* ... 175 D4
Charnècles *38* ... 212 B3
Charnizay *37* ... 150 B3
Charnod *39* ... 176 B3
Charnois *08* ... 13 D3
Charnoz-sur-Ain *01* ... 193 F3
Charny *21* ... 138 A3
Charny *77* ... 61 F2
Charny *89* ... 112 B3
Charny-le-Bachot *10* ... 90 A1
Charny-sur-Meuse *55* ... 40 A4
Charolles *71* ... 174 A3
Charols *26* ... 247 E2
Charonville *28* ... 85 D4
Chârost *18* ... 152 C2
Charousse *74* ... 196 B2
Charpentry *55* ... 39 E3
Charpey *26* ... 229 E3
Charpont *28* ... 59 E4
Charquemont *25* ... 142 C4
Charrais *86* ... 166 A1
Charraix *43* ... 226 B2
Charras *16* ... 202 A2
Charray *28* ... 109 D2
Charre *64* ... 271 F4
Charrecey *71* ... 157 F3
Charrey-sur-Saône *21* ... 158 C1
Charrey-sur-Seine *21* ... 115 D2
Charrin *58* ... 155 F4
Charritte-de-Bas *64* ... 271 F4
Charron *17* ... 163 E4
Charron *23* ... 188 B2
Charroux *03* ... 189 E1
Charroux *86* ... 184 A1
Chars *95* ... 33 F4
Charsonville *45* ... 109 E3
Chartainvilliers *28* ... 85 E1
Chartèves *02* ... 63 D1

La Chartre-sur-le-Loir 72....107 F4
Chartrené 49....129 E2
Chartres 28....85 E2
Chartres-de-Bretagne 35....103 E1
Chartrettes 77....87 F2
Chartrier-Ferrière 19....222 A2
Chartronges 77....62 C4
Chartuzac 17....199 F4
Charvieu-Chavagneux 38....193 E4
Charvonnex 74....195 E2
Chas 63....207 F1
Chaserey 10....114 B2
Chasnais 85....163 E2
Chasnans 25....161 D1
Chasnay 58....135 F4
Chasné-sur-Illet 35....79 F3
Chaspinhac 43....227 D2
Chaspuzac 43....226 C2
La Chassagne 39....159 E3
Chassagne 63....207 E3
Chassagne-Montrachet 21....157 F3
Chassagne-Saint-Denis 25....160 B1
Chassagnes 07....245 F3
Chassagnes 43....226 B1
Chassagny 69....210 C1
Chassaignes 24....201 F4
Chassal 39....177 D3
Chassant 28....84 C4
Chassé 72....83 D2
Chasse-sur-Rhône 38....210 C2
Chasseguey 50....54 B4
Chasselas 71....175 D4
Chasselay 38....212 A4
Chasselay 69....192 C3
Chassemy 02....36 C3
Chassenard 03....173 E3
Chasseneuil 36....168 C1
Chasseneuil-du-Poitou 86....166 B1
Chasseneuil-
sur-Bonnieure 16....184 A4
Chassenon 16....184 C4
Chasseradès 48....245 D2
Chassey 21....138 A2
Chassey-Beaupré 55....92 C2
Chassey-le-Camp 71....157 F3
Chassey-lès-Montbozon 70....141 F1
Chassey-lès-Scey 70....118 A4
Chassezac
(Belvédère du) 48....245 D3
Chassiecq 16....184 A3
Chassiers 07....246 A2
Chassieu 69....193 D4
Chassignelles 89....114 B4
Chassignieu 38....212 B2
Chassignolles 36....169 E2
Chassignolles 43....208 B3
Chassigny 52....116 C4
Chassigny-sous-Dun 71....174 A4
Chassillé 72....106 B2
Chassiron (Phare de) 17....180 A2
Chassors 16....200 C1
Chassy 18....154 A2
Chassy 71....173 F2
Chassy 89....113 D3
Le Chastang 19....222 C1
Chastang (Barrage du) 19....223 E1
Chastanier 48....244 C1
Chasteaux 19....222 A2
Chastel 43....225 F2
Chastel-Arnaud 26....247 F1
Chastel-Nouvel 48....244 B2
Chastel-sur-Murat 15....225 D2
Chastellux-sur-Cure 89....137 D3
Chastenay 89....136 A1
Chasteuil 04....268 A4
Chastreix 63....206 C2
La Châtaigneraie 85....164 B1
Chatain 86....184 A2
Châtaincourt 28....59 D4
Châtas 88....96 A1
Château 71....174 C3
Château-Arnoux-
Saint-Auban 04....267 E2
Château-Bas 13....284 B1
Château-Bernard 38....230 B2
Château-Bréhain 57....68 C2
Château-Chalon 39....159 F4
Château-Chervix 87....204 A2
Château-Chinon 58....156 B2
Le Château-
d'Almenêches 61....56 C4
Château-des-Prés 39....177 E2
Le Château-d'Oléron 17....180 C3
Château-d'Olonne 85....162 B2
Château-du-Loir 72....107 E4
Château-Farine 25....141 D4
Château-Gaillard 01....193 F2
Château Gaillard 27....32 C4
Château-Gaillard 28....110 A1
Château-Garnier 86....166 B4
Château-Gombert 13....285 D4
Château-Gontier 53....105 D3
Château-Guibert 85....163 E1
Château-Guillaume 36....168 A2
Château-la-Vallière 37....130 A2
Château-l'Abbaye 59....9 F1
Château-Lambert 70....119 E2
Château-Landon 77....111 F1
Château-Larcher 86....166 B3
Château-l'Évêque 24....220 C1
Château-l'Hermitage 72....106 C3
Château-Porcien 08....38 A1
Château-Queyras 05....233 D4
Château-Regnault 08....22 C2
Château-Renard 45....112 A3
Château-Renault 37....131 E1
Château-Rouge 57....42 B3
Château-Salins 57....68 C3
Château-sur-Allier 03....154 B4
Château-sur-Cher 63....188 B1
Château-sur-Epte 27....33 E4
Château-Thébaud 44....145 F1
Château-Thierry 02....63 D1
Château-Verdun 09....310 A1
Château-Ville-Vieille 05....233 D4
Château-Voué 57....69 D2
Châteaubernard 16....200 C1
Châteaubleau 77....88 B1
Châteaubourg 07....229 D2
Châteaubourg 35....103 F1
Châteaubriant 44....103 F4
Châteaudouble 26....229 E3
Châteaudouble 83....287 D2
Châteaudun 28....109 D1
Châteaufort 04....249 E4
Châteaufort 78....60 B4
Châteaugay 63....189 E4
Châteaugiron 35....103 F1
Châteaulin 29....73 F2
Châteaumeillant 18....170 A2
Châteauneuf 21....138 B4
Châteauneuf 39....140 B4
Châteauneuf 42....210 B2
Châteauneuf 71....191 F1
Châteauneuf 73....213 F2
Châteauneuf 85....144 C2
Châteauneuf-
de-Bordette 26....247 F4
Châteauneuf-
de-Chabre 05....249 D4
Châteauneuf-
de-Gadagne 84....265 D3
Châteauneuf-
de-Galaure 26....229 D1
Châteauneuf-
de-Randon 48....244 C2
Châteauneuf-
de-Vernoux 07....228 C3
Châteauneuf-
d'Entraunes 06....269 D1
Châteauneuf-
d'Ille-et-Vilaine 35....79 D1
Châteauneuf-d'Oze 05....249 D2
Châteauneuf-du-Faou 29....75 E3
Châteauneuf-du-Pape 84....265 D2
Châteauneuf-du-Rhône 26....246 C3
Châteauneuf-
en-Thymerais 28....85 D1
Châteauneuf-Grasse 06....288 A2
Châteauneuf-la-Forêt 87....204 B1
Châteauneuf-le-Rouge 13....285 D3
Châteauneuf-les-Bains 63....189 D2
Châteauneuf-
les-Martigues 13....284 B4
Châteauneuf-
lès-Moustiers 04....268 A4
Châteauneuf-Miravail 04....266 C1
Châteauneuf-
sur-Charente 16....201 D2
Châteauneuf-sur-Cher 18....153 D3
Châteauneuf-sur-Isère 26....229 D2
Châteauneuf-sur-Loire 45....110 C3
Châteauneuf-sur-Sarthe 49....105 E4
Châteauneuf-
Val-de-Bargis 58....135 F4
Châteauneuf-
Val-Saint-Donat 04....267 D2
Châteauneuf-Villevieille 06....288 C1
Châteauponsac 87....185 F1
Châteauredon 04....267 F2
Châteaurenard 13....265 D4
Châteaurenaud 71....176 A1
Châteauroux 36....152 A4
Châteauroux-les-Alpes 05....250 B1
Châteauvert 83....286 A2
Châteauvieux 05....249 E2
Châteauvieux 41....132 A4
Châteauvieux 83....268 B4
Châteauvieux-
les-Fossés 25....160 C1
Châteauvilain 38....212 A2
Châteauvillain 52....116 A1
Le Châtel 73....214 A4
Châtel 74....179 D3
Châtel-Censoir 89....136 B2
Chatel-Chéhéry 08....39 D3
Châtel-de-Joux 39....177 D2
Châtel-de-Neuvre 03....172 B3
Châtel-Gérard 89....137 E1
Châtel-Montagne 03....190 C1
Châtel-Moron 71....157 F4
Châtel-Saint-Germain 57....41 E4
Châtel-sur-Moselle 88....94 C3
Châtelaillon-Plage 17....180 C1
Châtelain 53....105 E3
La Châtelaine 39....160 A3
Châtelais 49....104 C4
Châtelard 23....188 A3
Châtelard 38....231 E2
Le Châtelard 73....213 E1
Châtelaudren 22....51 D4
Chatelay 39....159 F2
Châtelblanc 25....160 C4
Châteldon 63....190 B3
Le Châtelet 18....170 A1
Châtelet (Pont du) 04....251 D2
Le Châtelet-en-Brie 77....87 F2
Le Châtelet-sur-Retourne 08....38 A2
Le Châtelet-
sur-Sormonne 08....22 B3
Les Châtelets 28....84 B1
Le Chateley 39....159 E3
Châtelguyon 63....189 E3
Le Châtelier 51....65 F2
Châtellenot 21....138 A4
Châtellerault 86....149 F4
Le Châtellier 35....80 A2
Le Châtellier 61....55 E4
Les Châtelliers-
Châteaumur 85....147 D3
Les Châtelliers-
Notre-Dame 28....84 C3
Châtelneuf 39....160 A4
Châtelneuf 42....209 D1
Chateloy 03....171 D2
Châtelperron 03....172 C3
Châtelraould-
Saint-Louvent 51....65 D4
Châtelus 03....190 C1
Châtelus 38....230 A2
Châtelus 42....210 A2
Châtelus-le-Marcheix 23....186 B2
Châtelus-Malvaleix 23....169 F4
Châtenay 01....193 F2
Châtenay 28....86 A3
Châtenay 38....211 F4
Châtenay 71....174 B4
Châtenay-en-France 95....61 D1
Chatenay-Mâcheron 52....116 C3
Châtenay-Malabry 92....60 C4
Châtenay-sur-Seine 77....88 B3
Chatenay-Vaudin 52....117 D3
Chatenet 17....200 C4
Le Châtenet-en-Dognon 87....186 B3
Châteney 70....118 C4
Châtenois 39....159 E1
Châtenois 67....96 C2
Châtenois 70....118 C4
Châtenois 88....93 F3
Châtenois-les-Forges 90....142 C1
Châtenoy 45....111 D3
Châtenoy 77....87 E4
Châtenoy-en-Bresse 71....158 A4
Châtenoy-le-Royal 71....158 A4
Châtignac 16....201 D4
Chatignonville 91....86 A2
Châtillon 03....171 F3
Châtillon 39....177 D1
Châtillon 69....192 B3
Châtillon 86....166 A4
Châtillon 92....61 D3
Châtillon (Crêt de) 74....195 E4
Châtillon-Coligny 45....112 A3
Châtillon-en-Bazois 58....155 F2
Châtillon-en-Diois 26....248 B1
Châtillon-en-Dunois 28....108 C1
Châtillon-en-Michaille 01....194 C1
Châtillon-en-Vendelais 35....80 B4
Châtillon-Guyotte 25....141 E3
Châtillon-la-Borde 77....87 F1
Châtillon-la-Palud 01....193 F2
Châtillon-le-Duc 25....141 D3
Châtillon-le-Roi 45....110 C1
Châtillon-lès-Sons 02....20 C3
Châtillon-Saint-Jean 26....229 E2
Châtillon-sous-les-Côtes 55....40 B4
Châtillon-sur-Bar 08....39 D2
Châtillon-sur-Broué 51....91 E1
Châtillon-
sur-Chalaronne 01....193 D1
Châtillon-sur-Cher 41....132 B4
Châtillon-sur-Cluses 74....196 B1
Châtillon-sur-Colmont 53....81 D3
Châtillon-sur-Indre 36....151 D2
Châtillon-sur-Lison 25....160 B1
Châtillon-sur-Loire 45....134 C1
Châtillon-sur-Marne 51....63 F1
Châtillon-sur-Morin 51....63 E4
Châtillon-sur-Oise 02....20 B3
Châtillon-sur-Saône 88....117 F2
Châtillon-sur-Seine 21....115 E3
Châtillon-sur-Thouet 79....165 E1
Châtin 58....156 A1
Chatoillenot 52....116 C4
Châtonnay 38....211 F2
Chatonnay 39....176 C3
Chatonrupt 52....92 B2
Chatou 78....60 C3
La Châtre 36....169 F2
La Châtre-Langlin 36....168 B3
Châtres 10....89 F2
Châtres 24....221 F1
Châtres 77....61 F4
Châtres-la-Forêt 53....105 F1
Châtres-sur-Cher 41....133 D4
Châtrices 51....65 F1
Chattancourt 55....40 A4
Chatte 38....229 F1
Chatuzange-le-Goubet 26....229 E2
Chaucenne 25....140 C3
Chauchailles 48....225 E4
Chauché 85....146 A3
Le Chauchet 23....188 A2
Chauchigny 10....90 A2
Chauconin 77....62 A2
Chauconin-Neufmontiers 77....62 A2
Chaucre 17....180 B2
Chaudanne
(Barrage de) 04....268 B3
Chaudardes 02....37 E2
Chaudebonne 26....247 F3
Chaudefonds-sur-Layon 49....128 A3
Chaudefontaine 25....141 E3
Chaudefontaine 51....65 F1
Chaudenay 52....117 D3
Chaudenay 71....158 A3
Chaudenay-la-Ville 21....157 F1
Chaudenay-le-Château 21....157 F1
Chaudeney-sur-Moselle 54....67 F4
Chaudes-Aigues 15....225 E4
Chaudeyrac 48....244 C1
Chaudeyrolles 43....227 F3
La Chaudière 26....247 F1
Chaudière (Col de la) 26....247 F1
Chaudon 28....85 E1
Chaudon-Norante 04....268 A2
Chaudrey 10....90 C2
Chaudron-en-Mauges 49....127 E3
Chaudun 02....36 B3
Chauffailles 71....191 F1
Chauffayer 05....231 E4
Chauffecourt 88....94 B3
Chauffour-lès-Bailly 10....90 C4
Chauffour-lès-Étréchy 91....86 C2
Chauffour-sur-Vell 19....222 B3
Chauffours 28....85 D3
Chauffourt 52....117 D2
Chauffry 77....62 C3
Chaufour-lès-Bonnières 78....59 E2
Chaufour-Notre-Dame 72....106 C2
Chaugey 21....116 A4
Chaulgnes 58....154 C1
Chaulhac 48....225 F3
Chaulieu 50....55 D4
La Chaulme 63....209 D3
Chaulnes 80....19 D3
Chaum 31....299 D4
Chaumard 58....156 B1
La Chaume 21....115 F3
La Chaume 85....162 A2
Chaume-et-Courchamp 21....139 F1
Chaume-lès-Baigneux 21....138 B1
Chaumeil 19....205 D3
Chaumercenne 70....140 B3
Chaumeré 35....103 F1
Chaumergy 39....159 E3
Chaumes-en-Brie 77....88 A1
Chaumesnil 10....91 E3
Chaumont 18....154 A4
Chaumont 39....177 E3
Chaumont 52....116 B1
Chaumont 61....57 D3
Chaumont 74....195 D2
Chaumont 89....88 B3
Chaumont (Château de) 71....174 B2
Chaumont-d'Anjou 49....129 D2
Chaumont-devant-
Damvillers 55....40 B3
Chaumont-en-Vexin 60....33 F4
Chaumont-la-Ville 52....93 E4
Chaumont-le-Bois 21....115 E2
Chaumont-le-Bourg 63....208 C3
Chaumont-Porcien 08....22 A4
Chaumont-sur-Aire 55....66 B2
Chaumont-sur-Loire 41....131 F2
Chaumont-sur-Tharonne 41....133 D1
Chaumontel 95....61 D1
Chaumot 58....136 B4
Chaumot 89....112 C1
Chaumousey 88....94 C4
Chaumoux-Marcilly 18....154 A1
Chaumussay 37....150 B3
La Chaumusse 39....177 E1
Chaumuzy 51....37 E4
Chaunac 17....199 F3
Chaunay 86....183 F1
Chauny 02....36 A1
Chauray 79....165 D3
Chauriat 63....189 F4
Chausey (Îles) 50....53 D2
La Chaussade 23....187 F3
La Chaussaire 49....127 E4
Chaussan 69....210 B1
La Chaussée 76....16 A3
La Chaussée 86....148 C3
La Chaussée-d'Ivry 28....59 E3
La Chaussée-
Saint-Victor 41....132 A1
La Chaussée-sur-Marne 51....65 D3
La Chaussée-Tirancourt 80....18 A2
Chaussenac 15....223 F1
Chaussenans 39....159 F3
Chausseterre 42....190 C3
Chaussin 39....159 D2
Chaussoy-Epagny 80....18 B4
Chaussy 45....110 B1
Chaussy 95....59 F1
Le Chautay 18....154 B2
Chauvac 26....248 B4
Chauvé 44....125 F4
Chauve d'Aspremont
(Mont) 06....288 C1
Chauvency-le-Château 55....40 A1
Chauvency-Saint-Hubert 55....40 A1
Chauvigné 35....79 F2
Chauvigny 86....167 D2
Chauvigny-du-Perche 41....108 C2
Chauvincourt 27....33 E3
Chauvirey-le-Châtel 70....117 F3
Chauvirey-le-Vieil 70....117 F3
Chauvoncourt 55....67 D2
Chauvry 95....60 C1
Chaux 21....158 A1
La Chaux 25....161 D1
La Chaux 61....82 A1
La Chaux 71....159 D3
Chaux 90....119 F4
Chaux-Champagny 39....160 A3
Chaux-des-Crotenay 39....177 E1
Chaux-des-Prés 39....177 E2
La Chaux-du-Dombief 39....177 E1
La Chaux-en-Bresse 39....159 E3
Chaux-la-Lotière 70....141 D3
Chaux-lès-Clerval 25....142 A2
Chaux-lès-Passavant 25....141 F4
Chaux-lès-Port 70....118 A4
Chaux-Neuve 25....160 C4
Chauzon 07....246 A3
Chavagnac 15....225 D1
Chavagnac 24....222 A2
Chavagne 35....103 D1
Chavagnes 49....128 C4
Chavagnes-en-Paillers 85....146 A3
Chavagnes-les-Redoux 85....146 C4
Chavagneux-
Montbertand 38....193 E4
Chavaignes 49....129 E2
Chavanac 19....205 E2
Chavanat 23....187 D3
Chavanatte 90....120 A4
Chavanay 42....210 C3
Chavanges 10....91 E2
Chavaniac-Lafayette 43....226 B1
Chavannaz 74....195 D2
Chavanne 39....176 B1
Chavanne 70....142 B1
La Chavanne 73....213 E2
Chavannes 18....153 E3
Chavannes 26....229 D2
Les Chavannes-
en-Maurienne 73....213 F3
Chavannes-les-Grands 90....143 D1
Chavannes-sur-l'Étang 68....120 A3
Chavannes-
sur-Reyssouze 01....175 E3
Chavannes-sur-Suran 01....176 B4
Chavanod 74....195 E3
Chavanoz 38....193 F4
Les Chavants 74....196 C3
Chavaroux 63....189 F4
La Chavatte 80....19 D4
Chaveignes 37....149 E2
Chavelot 88....94 C3
Chavenat 16....201 E3
Chavenay 78....60 B3
Chavençon 60....33 F4
Chavenon 03....171 E3
Chavéria 39....176 C2
Chaveroche 19....205 F2
Chaveyriat 01....193 E1
Chavignol 18....134 C3
Chavignon 02....36 C2
Chavigny 02....36 B2
Chavigny 54....68 A4
Chavigny (Château de) 37....148 C1
Chavigny-Bailleul 27....58 C3
Chaville 92....60 C3
Chavin 36....168 C2
Chavoire 74....195 E3
Chavonne 02....36 C2
Chavornay 01....194 C3
Chavot-Courcourt 51....64 A2
Chavoy 50....54 A4
Chavroches 03....172 C3
Le Chay 17....198 C1
Chay 25....160 A1
Chazay-d'Azergues 69....192 C3
La Chaze-de-Peyre 48....243 F1
Chazé-Henry 49....104 B4
Chazé-sur-Argos 49....127 F1
Chazeaux 07....246 A2
Le Chazelet 05....231 F2
Chazelet 36....168 B2
Chazelles 15....226 A2
Chazelles 16....202 A1
Chazelles 39....176 B3
Chazelles 43....226 B2
Chazelles-sur-Albe 54....69 E4
Chazelles-sur-Lavieu 42....209 E2
Chazelles-sur-Lyon 42....210 A1
Chazelot 25....141 F2
Chazemais 03....170 C2
Chazeuil 21....139 F1
Chazeuil 58....136 A4
Chazey-Bons 01....194 C4
Chazey-sur-Ain 01....193 F3
Chazilly 21....157 E1
Chazot 25....142 A3
Chazoy 25....140 C4
La Chebuette 44....126 C4
Chécy 45....110 B3
Chedde 74....196 C2
Chédigny 37....131 E4
Chef-Boutonne 79....183 D1
Chef-du-Pont 50....25 D4
Chef-Haut 88....94 A3
Cheffes 49....128 B1
Cheffois 85....164 A1
Cheffreville-Tonnencourt 14....57 D1
Le Chefresne 50....54 B2
Chéhéry 08....23 D4
Cheignieu-la-Balme 01....194 B4
Cheillé 37....130 B4
Cheilly-lès-Maranges 71....157 F3
Chein-Dessus 31....299 E3
Cheissoux 87....186 B4
Le Cheix 63....207 E2
Le Cheix 63....189 F3
Cheix-en-Retz 44....126 A4
Chélan 32....274 C4
Chelers 62....7 F2
Chélieu 38....212 A2
Chelle-Debat 65....274 A4
Chelle-Spou 65....298 A2
Chelles 60....35 F3
Chelles 77....61 E3
Chelun 35....104 A3
Chemaudin 25....140 C4
Chemault 45....111 D2
Chemazé 53....105 D3
Chemellier 49....128 C3
Chemenot 39....159 E3
Chéméré 44....145 D1
Chémeré-le-Roi 53....105 F2
Chémery 41....132 B3
Chémery 57....69 D1
Chémery-les-Deux 57....42 A3
Chémery-sur-Bar 08....39 E1
Chemilla 39....176 C3
Chemillé 49....128 A4
Chemillé-sur-Dême 37....130 C1
Chemillé-sur-Indrois 37....151 D1
Chemilli 61....83 E3
Chemilly 03....172 B2
Chemilly 70....118 A4
Chemilly-sur-Serein 89....114 A4
Chemilly-sur-Yonne 89....113 E3
Chemin 39....159 D2
Le Chemin 51....66 A1
Chemin-d'Aisey 21....115 E4
Cheminas 07....228 C1
Cheminon 51....65 F4
Cheminot 57....68 A2
Chemiré-en-Charnie 72....106 A1
Chemiré-le-Gaudin 72....106 B2
Chemiré-sur-Sarthe 49....105 F4
Chemy 59....8 C1
Chenac-Saint-
Seurin-d'Uzet 17....199 D2
Chenailler-Mascheix 19....222 C2
La Chenalotte 25....161 F1
Chénas 69....175 D4
Chenaud 24....219 E1
Chenay 51....37 E3
Chenay 72....82 C2
Chenay 79....165 F4
Chenay-le-Châtel 71....191 D1
Le Chêne 10....90 B1
Chêne-Arnoult 89....112 B3
Chêne-Bernard 39....159 E3
Chêne-Chenu 28....85 D1
Chêne-en-Semine 74....194 C2
Chêne-Sec 39....159 E3
Chenebier 70....119 E4
Chenecey-Buillon 25....160 A1
Cheneché 86....149 D4
Chênedollé 14....55 D3
Chênedouit 61....56 A3
Chênehutte-les-Tuffeaux 49....129 D3
Chénelette 69....192 A1
Chénérailles 23....187 F2
Chenereilles 42....209 E3
Chenereilles 43....227 F1
Chénerilles 04....267 E2
Chenevelles 86....149 F4
Chenevières 54....95 D1
Chenevrey-et-Morogne 70....140 C3
Chênex 74....195 D1
Cheney 89....114 A3
Chenicourt 54....68 B2
Chenières 54....41 D1
Chéniers 23....169 E4
Cheniers 51....64 C3
Chenillé-Changé 49....105 D4
Cheniménil 88....95 D4
Chennebrun 27....58 A4
Chennegy 10....89 F4
Chennevières 55....66 C4
Chennevières-
lès-Louvres 95....61 E1
Chennevières-sur-Marne 94....61 E3
Chenois 57....68 C1
Chenoise 77....88 C1
Chenommet 16....183 F3
Chenon 16....183 F3
Chenonceau
(Château de) 37....131 E3
Chenonceaux 37....131 E3
Chenou 77....111 F1
Chenôve 21....139 D4
Chenôves 71....174 C1
Chens-sur-Léman 74....178 A3
Chenu 72....130 A1
Cheny 89....113 E2
Chepniers 17....200 C4
Chepoix 60....34 C1
La Cheppe 51....65 D1
Cheppes-la-Prairie 51....65 D3
Cheppy 55....39 F4
Cheptainville 91....86 C1
Chepy 51....65 D2
Chépy 80....17 D1
Chérac 17....199 F1
Chérancé 53....104 C3
Chérancé 72....82 C3
Chéraute 64....295 F1
Chéray 17....180 B2
Cherbonnières 17....182 C3
Cherbourg-Octeville 50....24 C2
Chérence 95....59 F1
Chérencé-le-Héron 50....54 B3
Chérencé-le-Roussel 50....54 C4
Chéreng 59....5 D4
Les Chères 69....192 C3
Chérêt 02....37 D1
Chériennes 62....7 D3
Cherier 42....191 D3
Chérigné 79....183 D1
Les Chéris 50....54 A4
Chérisay 72....82 C3
Chérisey 57....68 B1
Chérisy 28....59 E4
Chérisy 62....8 B4
Chérizet 71....174 C2
Chermignac 17....199 D1
Chermisey 88....93 D2
Chermizy-Ailles 02....37 D2
Chéronnac 87....184 C4
Chéronvilliers 27....58 A3
Chéroy 89....88 B4
Cherré 49....105 E4
Cherré 72....83 F4
Cherreau 72....83 F4
Cherrueix 35....53 E4
Cherval 24....202 A3
Cherveix-Cubas 24....203 E4
Cherves 86....148 C4
Cherves-Châtelars 16....184 B4

CHOLET

Abreuvoir (Av. de l') Z 2
Bons-Enfants (R. des) Z 3
Bourg-Baudry (R. du) Z 6
Bretonnaise (R.) Z 7
Clemenceau (R. G.) Z 10
Guérineau (Pl. A.) Z 20
Hôtel-de-Ville (R. de l') Z 22
Maudet (Av.) Z 30
Moine (R. de la) Z 36
Montfort (R. G. de) Z 37
Nantaise (R.) Z 39
Nationale (R.) Z
Puits-de-l'Aire (R. du) Z 45
Richard (Bd G.) Z 46
Salberie (R.) Z 49
Sardinerie (R. de la) Z 50
Travot (Pl.) Z 52
Travot (R.) Z 53
Vieux-Greniers (R. des) Z 56
8-Mai-1945 (Pl. du) Z 58

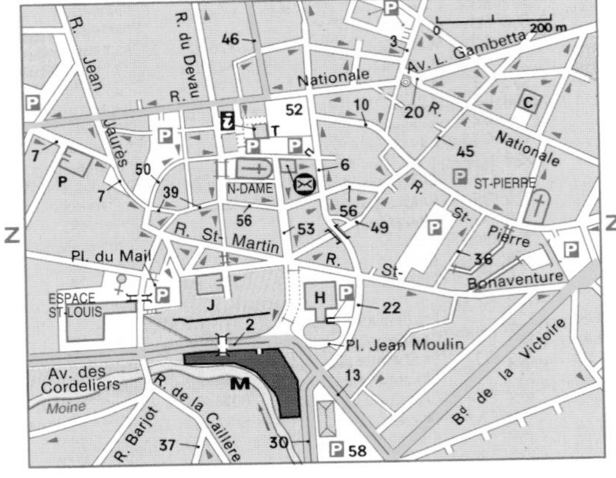

Cherves-de-Cognac *16* 182 B4
Chervettes *17* 181 F2
Cherveux *79* 165 D3
Chervey *10* 115 D1
Cherville *51* 64 B1
Chervinges *69* 192 B2
Chéry *18* 152 C1
Chéry-Chartreuve *02* 37 D4
Chéry-lès-Pouilly *02* 20 C4
Chéry-lès-Rozoy *02* 21 F4
Chesley *10* 114 B2
Le Chesnay *78* 60 C3
Le Chesne *08* 39 D1
Le Chesne *27* 58 B3
Chesnel *16* 182 B4
Chesnois-Auboncourt *08* 38 C1
Chesny *57* 68 B1
Chessenaz *74* 195 D2
Chessy *69* 192 B3
Chessy *77* 61 F3
Chessy-les-Prés *10* 114 A2
Chéu *89* 113 F2
Cheuge *21* 140 A3
Cheust *65* 297 F3
Cheux *14* 29 D4
Chevagnes *03* 172 C1
Chevagny-les-Chevrières *71* 175 D4
Chevagny-sur-Guye *71* 174 C2
Chevaigné *35* 79 E4
Chevaigné-du-Maine *53* 81 F2
Le Chevain *72* 82 C2
Cheval-Blanc *84* 265 E4
La Chevalerie *17* 180 B3
Chevaline *74* 195 F4
La Chevallerais *44* 126 B2
Le Chevalon *38* 212 C4
Chevanceaux *17* 200 C4
Chevannay *21* 138 B3
Chevannes *21* 158 A1
Chevannes *45* 112 A1
Chevannes *89* 113 D4
Chevannes *91* 87 D2
Chevannes-Changy *58* 136 A4
Chevennes *02* 21 D3
Chevenon *58* 155 D3
Chevenoz *74* 178 C3
Cheverny *41* 132 B2
Cheveuges *08* 23 D4
Chevières *08* 39 E3
Chevigney *70* 140 B3
Chevigney-lès-Vercel *25* 141 F4
Chevigney-sur-l'Ognon *25* 140 C3
Chevigny *39* 140 A4
Chevigny-en-Valière *21* 158 B2
Chevigny-Saint-Sauveur *21* 139 E3
Chevillard *01* 194 B1
Chevillé *72* 106 A2
Chevillon *52* 92 B1
Chevillon *89* 112 C3
Chevillon-sur-Huillard *45* 111 E2
La Chevillotte *25* 141 E4
Chevilly *45* 110 A2
Chevilly-Larue *94* 61 D4
Chevinay *69* 192 B4
Chevincourt *60* 35 E2
Cheviré-le-Rouge *49* 129 D1
Chevrainvilliers *77* 87 E4
Chèvre (Cap de la) *29* 72 C2
Chevreaux *39* 176 B2
Chevregny *02* 36 C2
Chèvremont *90* 119 F4
La Chèvrerie *16* 183 E2
Chèvrerie (Vallon de la) *74* 178 C4
Chevresis-les-Dames *02* 20 C4
Chevresis-Monceau *02* 20 C3
Chevreuse *78* 60 B4
Chèvreville *50* 80 C1
Chèvreville *60* 62 A1
Chevrier *74* 195 D1
Chevrières *38* 229 F1
Chevrières *42* 210 A2
Chevrières *60* 35 D3
Chevroches *58* 136 B2
La Chevrolière *44* 145 E1
Chevrotaine *39* 177 D1
Chevroux *01* 175 E3
Chevroz *25* 141 D3
Chevru *77* 62 C4
Chevry *01* 177 F4
Chevry *39* 177 D3
Chevry *50* 54 B2
Chevry-Cossigny *77* 61 F4
Chevry-en-Sereine *77* 88 A4
Chevry-sous-le-Bignon *45* 112 A1
Chey *79* 165 F4
Cheylade *15* 224 C1
Le Cheylard *07* 228 A3
Cheylard-l'Évêque *48* 244 C2
Le Cheylas *38* 213 E3
Cheyssieu *38* 211 D3
Chezal-Benoît *18* 152 C4
La Chèze *22* 77 E4
Chèze *65* 297 F4
Chézeaux *52* 117 E3
Chezelle *03* 189 E1
Chezelles *36* 151 F3
Chezelles *37* 149 E2
Chézeneuve *38* 211 F2
Chézery-Forens *01* 177 E4
Chézy *03* 172 B1
Chézy-en-Orxois *02* 62 C1
Chézy-sur-Marne *02* 63 D2
Chiappa (Pointe de la) *2A* 319 F2
Chiatra *2B* 317 F1
Chiché *79* 148 A4
Chicheboville *14* 56 A1
Chichée *89* 113 F4
Chichery *89* 113 E3
Chichey *51* 63 F4
Chichilianne *38* 230 B4
Chicourt *57* 68 C2
Chiddes *58* 156 B3
Chiddes *71* 174 C3
Chidrac *63* 207 E2
Chierry *02* 63 D1
Chieulles *57* 41 F4
Chigné *49* 129 F1
Chignin *73* 213 E2
La Chignolle *16* 183 F4
Chigny *02* 21 D2
Chigny-les-Roses *51* 37 F4
Chigy *89* 89 D4
Chilhac *43* 226 A1
Chillac *16* 201 D3
Chille *39* 159 E4
Chilleurs-aux-Bois *45* 110 C1
Le Chillou *79* 148 B4
Chilly *08* 22 B3
Chilly *74* 195 D2
Chilly *80* 19 D3
Chilly-le-Vignoble *39* 176 B1
Chilly-Mazarin *91* 61 D4
Chilly-sur-Salins *39* 160 A3
Chimilin *38* 212 B2
Le Chinaillon *74* 196 A2
Chindrieux *73* 195 D3
Chinon *37* 149 D1
Chinon (Centre de production nucléaire) *37* 129 F4
Chioula (Col del) *09* 310 B1
Chipilly *80* 19 D2
Chirac *16* 184 B3
Chirac *48* 243 F3
Chirac-Bellevue *19* 205 F3
Chirassimont *42* 191 F3
Chirat-l'Église *03* 171 F4
Chiré-en-Montreuil *86* 166 A1
Chirens *38* 212 B3
Chirmont *80* 18 B4
Chirols *07* 245 F1
Chiroubles *69* 192 B1
Chiry-Ourscamp *60* 35 F1
Chis *65* 297 F1
Chisa *2B* 317 E4
Chissay-en-Touraine *41* 131 F3
Chisseaux *37* 131 F3
Chisséria *39* 176 C3
Chissey-en-Morvan *71* 156 C1
Chissey-lès-Mâcon *71* 175 D2
Chissey-sur-Loue *39* 159 F2
Chitenay *41* 132 A2
Chitray *36* 168 B1
Chitry *89* 113 F4
Chitry-les-Mines *58* 136 B4
Chiuni (Plage de) *2A* 316 A2
Chives *17* 183 D3
Chivres *21* 158 B2
Chivres-en-Laonnois *02* 21 D4
Chivres-Val *02* 36 C2
Chivy-lès-Étouvelles *02* 36 C1
Chizé *79* 182 C1
Chocques *62* 8 A1
Choignes *52* 116 B1
Choilley *52* 116 C4
Choisel *78* 60 B4
Choiseul *52* 117 D1
Choisey *39* 159 E1
Choisies *59* 10 C2
Choisy *74* 195 E2
Choisy-au-Bac *60* 35 E2
Choisy-en-Brie *77* 62 C4
Choisy-la-Victoire *60* 35 D3
Choisy-le-Roi *94* 61 D4
Cholet *49* 147 D1
Cholonge *38* 231 D2
Choloy-Ménillot *54* 67 F4
Chomelix *43* 209 D4
Chomérac *07* 246 C1
La Chomette *43* 226 A1
Chonas-l'Amballan *38* 210 C3
Chonville *55* 67 D3
Chooz *08* 13 D3
Choqueuse-les-Bénards *60* 17 F4
Choranche *38* 230 A2
Chorey *21* 158 A2
Chorges *05* 250 A2
Chouain *14* 29 D4
Chouday *36* 152 C3
Choue *41* 108 B2
Chougny *58* 156 A1
Chouilly *51* 64 A1
Chouppes *86* 149 D4
Chourgnac *24* 221 E1
Choussy *41* 132 A3
Chouvigny *03* 189 D1
Chouvigny (Gorges de) *63* 189 D1
Choux *39* 177 D4
Les Choux *45* 111 F4
Chouy *02* 36 B4
Chouzé-sur-Loire *37* 129 F4
Chouzelot *25* 160 A1
Chouzy-sur-Cisse *41* 131 F2
Choye *70* 140 C3
Chozeau *38* 211 F1
Chuelles *45* 112 A2
Chuffilly-Roche *08* 38 C2
Chuignes *80* 19 D2
Chuignolles *80* 19 D2
Chuisnes *28* 84 C2
Chusclan *30* 264 C1
Chuyer *42* 210 C3
Chuzelles *38* 211 D2
Ciadoux *31* 299 D1
Ciamannacce *2A* 317 D4
Cians (Gorges du) *06* 269 E2
Ciboure *64* 270 A3
Cideville *76* 15 F3
Ciel *71* 158 B3
Cier-de-Luchon *31* 298 C4
Cier-de-Rivière *31* 299 D3
Cierges *02* 36 C4
Cierges-sous-Montfaucon *55* 39 F3
Cierp-Gaud *31* 299 D4
Cierrey *27* 59 D2
Cierzac *17* 200 C2
Cieurac *46* 240 A4
Cieutat *65* 298 A2
Cieux *87* 185 E2
Ciez *58* 135 F3
Cigné *53* 81 E2
Cigogné *37* 131 E4
Cilly *02* 21 D4
Cinais *37* 149 D1
Cindré *03* 172 C4
Cinq-Chemins *74* 178 B3
Cinq-Mars-la-Pile *37* 130 B3
Cinquétral *39* 177 E2
Cinqueux *60* 35 D3
Cintegabelle *31* 300 C1
Cintheaux *14* 56 A1
Cintray *27* 58 B3
Cintray *28* 85 D2
Cintré *35* 79 D4
Cintrey *70* 117 F4
La Ciotat *13* 291 D3
Cipières *06* 269 E4
Ciral *61* 82 B2
Ciran *37* 150 B2
Circourt *88* 94 B3
Circourt-sur-Mouzon *88* 93 E3
Ciré-d'Aunis *17* 181 D2
Cirès *31* 298 C4
Cires-lès-Mello *60* 34 C3
Cirey *21* 157 F2
Cirey *70* 141 E2
Cirey-lès-Mareilles *52* 92 C4
Cirey-lès-Pontailler *21* 139 F3
Cirey-sur-Blaise *52* 92 A3
Cirey-sur-Vezouze *54* 69 F4
Cirfontaines-en-Azois *52* 115 F1
Cirfontaines-en-Ornois *52* 92 C2
Cirières *79* 147 E3
Ciron *36* 168 A1
Cirque (Belvédère du) *05* 233 E4
Ciry-le-Noble *71* 174 A1
Ciry-Salsogne *02* 36 C3
Cisai-Saint-Aubin *61* 57 E3
Cisery *89* 137 E2
Cissac-Médoc *33* 198 C4
Cissé *86* 166 A1
Cisternes-la-Forêt *63* 188 C4
Cistrières *43* 208 B4
Cîteaux (Abbaye de) *21* 158 B1
Citerne *80* 17 E2
Citers *70* 118 C4
Citey *70* 140 C2
Citou *11* 279 D4
Citry *77* 62 C2
Civaux *86* 167 D3
Civens *42* 191 F4
Civières *27* 33 D4
Civrac-de-Blaye *33* 217 F1
Civrac-en-Médoc *33* 198 C3
Civrac-sur-Dordogne *33* 219 D4
Civray *18* 152 C2
Civray *86* 183 F1
Civray-de-Touraine *37* 131 E3
Civray-sur-Esves *37* 150 A2
Civrieux *01* 193 D3
Civrieux-d'Azergues *69* 192 C3
Civry *28* 109 E1
Civry-en-Montagne *21* 138 B4
Civry-la-Forêt *78* 59 F3
Civry-sur-Serein *89* 137 D1
Cizancourt *80* 19 E3
Cizay-la-Madeleine *49* 129 D4
Cize *01* 176 B4
Cize *39* 160 A4
Cizely *58* 155 E2
Cizos *65* 298 C1
Clacy-et-Thierret *02* 36 C1
Cladech *24* 221 E4
Claira *66* 313 D1
Clairac *47* 238 A4
Clairavaux *23* 187 F4
Clairefontaine-en-Yvelines *78* 86 A1
Clairefougère *61* 55 E3
Clairegoutte *70* 119 E4
Clairfayts *59* 10 C3
Clairfontaine *02* 10 B4
Clairmarais *62* 3 E3
Clairoix *60* 35 E2
Clairvaux *10* 115 F1
Clairvaux-d'Aveyron *12* 242 A3
Clairvaux-les-Lacs *39* 177 D1
Clairvivre *24* 203 F4
Clairy-Saulchoix *80* 18 A3
Clais *76* 16 C3
Claix *16* 201 E2
Claix *38* 230 C1
Clam *17* 199 F2
Clamanges *51* 64 B3
Clamart *92* 60 C3
Clamecy *02* 36 B2
Clamecy *58* 136 B2
Clamensane *04* 249 E4
Clamerey *21* 138 A3
Clamouse (Grotte de) *34* 281 D1
Clans *06* 269 F2
Clans *70* 141 D1
Clansayes *26* 247 D4
Le Claon *55* 39 E4
Claouey *33* 216 A4
Le Clapier *12* 261 E4
Clapiers *34* 281 F2
La Claquette *67* 70 A4
Clara *66* 311 F3
Clarac *31* 299 D2
Clarac *65* 298 A1
Claracq *64* 273 D3
Clarafond *74* 195 D1
Clarbec *14* 30 B4
Clarens *65* 298 B2
Clarensac *30* 263 F4
Claret *04* 249 E3
Claret *34* 263 D4
Clarques *62* 3 E4
La Clarté *22* 50 A1
Clary *59* 20 B1
Classun *40* 272 C1
Clastres *02* 20 A4
Clasville *76* 15 E2
Le Clat *11* 311 D1
Claudon *88* 118 A1
Les Claux *05* 250 C1
Le Claux *15* 224 C1
Clavans-en-Haut-Oisans *38* 231 F2
Clavé *79* 165 E2
Claveisolles *69* 192 A1
Clavette *17* 181 D1
Claveyson *26* 229 D1
Clavières *15* 225 F3
Claviers *83* 287 E1
Claville *27* 58 B1
Claville-Motteville *76* 32 B1
Clavy-Warby *08* 22 B3
La Claye *85* 163 D2
Claye-Souilly *77* 61 F2
Clayes *35* 79 D4
Les Clayes-sous-Bois *78* 60 B3
La Clayette *71* 174 A4
Clayeures *54* 94 C1
Clazay *79* 147 E3
Clécy *14* 55 F2
Cléden-Cap-Sizun *29* 72 C3
Cléden-Poher *29* 75 E3
Cléder *29* 48 C2
Clèdes *40* 272 C2
Cleebourg *67* 45 E4
Clefmont *52* 117 D1
Clefs *49* 129 E1
Les Clefs *74* 195 F3
Cléguer *56* 100 A2
Cléguérec *56* 76 C4
Clelles *38* 230 C4
Clémencey *21* 139 D4
Clémensat *63* 207 E2
Clémery *54* 68 A2
Clémont *18* 134 A2
Clénay *21* 139 E3
Clenleu *62* 6 C1
Cléon *76* 32 A3
Cléon-d'Andran *26* 247 D2
Cleppé *42* 191 F4
Clérac *17* 218 C1
Cléré-du-Bois *36* 150 C3
Cléré-les-Pins *37* 130 A3
Cléré-sur-Layon *49* 147 F1
Clères *76* 32 B1
Clérey *10* 90 B4
Clérey-la-Côte *88* 93 E2
Clérey-sur-Brenon *54* 94 A1
Clergoux *19* 205 D4
Clérieux *26* 229 D2
Les Clérimois *89* 89 D4
Le Clerjus *88* 118 C2
Clerlande *63* 189 F3
Clermain *71* 174 C3
Clermont *09* 300 B3
Clermont *40* 271 F1
Clermont *60* 34 C3
Clermont *74* 195 D2
Clermont (Abbaye de) *53* 104 C1
Clermont-Créans *72* 106 B4
Clermont-de-Beauregard *24* 220 B3
Clermont-Dessous *47* 255 F1
Clermont-d'Excideuil *24* 203 E4
Clermont-en-Argonne *55* 66 A1
Clermont-en-Auge *14* 30 A4
Clermont-Ferrand *63* 189 E4
Clermont-le-Fort *31* 276 C3
Clermont-les-Fermes *02* 21 E4
Clermont-l'Hérault *34* 280 C2
Clermont-Pouyguillès *32* 274 C3
Clermont-Savès *32* 275 F2
Clermont-Soubiran *47* 256 C2
Clermont-sur-Lauquet *11* 302 C3
Cléron *25* 160 B1
Clerques *62* 2 C3
Clerval *25* 142 A2
Cléry *21* 140 A3
Cléry *73* 213 F1
Cléry-en-Vexin *95* 60 A1
Cléry-le-Grand *55* 39 F2
Cléry-le-Petit *55* 39 F2
Cléry-Saint-André *45* 109 F3
Cléry-sur-Somme *80* 19 E2
Clesles *51* 89 F2
Clessé *71* 175 D3
Clessé *79* 147 F4
Clessy *71* 173 F2
Cléty *62* 3 D4
Cleurie *88* 119 E1
Cleuville *76* 15 E2
Cléville *14* 30 A4
Cléville *76* 15 D3
Clévilliers *28* 85 D1
Cleyrac *33* 237 D1
Cleyzieu *01* 194 A3
Clézentaine *88* 95 D2
Clichy *92* 61 D3
Clichy-sous-Bois *93* 61 E2
Climbach *67* 45 E4
Le Climont *67* 96 A1
Clinchamp *52* 93 D4
Clinchamps-sur-Orne *14* 55 F1
Clion *17* 199 E2
Clion *36* 151 D3
Le Clion-sur-Mer *44* 144 C1
Cliousclat *26* 247 D1
Cliponville *76* 15 E3
Cliron *08* 22 C3
Clis *44* 123 E4
La Clisse *17* 181 E4
Clisson *44* 146 A1
Clitourps *50* 25 D2
Clohars-Carnoët *29* 99 F2
Clohars-Fouesnant *29* 73 F4
Le Cloître-Pleyben *29* 75 D2
Le Cloître-Saint-Thégonnec *29* 49 E4
Clomot *21* 138 A4
Clonas-sur-Varèze *38* 210 C3
Clos (Futaie des) *72* 107 E4
Clos-Fontaine *77* 88 B1
La Clotte *17* 218 C1
Clouange *57* 41 E3
Cloué *86* 166 A3
Les Clouzeaux *85* 162 C1
Cloyes-sur-le-Loir *28* 108 C2
Cloyes-sur-Marne *51* 65 E4
Clucy *39* 160 A2
Clugnat *23* 169 F4
Cluis *36* 169 D2
Clumanc *04* 268 A2
Cluny *71* 174 C3
La Clusaz *74* 196 A3
La Cluse *01* 194 B1
La Cluse *05* 249 D1
La Cluse-et-Mijoux *25* 161 D3
Les Cluses *66* 313 D3
Cluses *74* 196 B1
Clussais-la-Pommeraie *79* 183 E1
Clux *71* 158 C2
Coadout *22* 50 B4
Coaraze *06* 288 C1
Coarraze *64* 297 D1
Coat-Méal *29* 47 E2
Coatascorn *22* 50 B2
Coatfrec (Château de) *22* 50 A2
Coatréven *22* 50 B2
Cobonne *26* 229 E4
Cobrieux *59* 9 D1
Cocalière (Grotte de la) *30* 245 F4
La Cochère *61* 56 C4
Cocherel *27* 59 D1
Cocherel *77* 62 B2
Cocheren *57* 43 D4
Coclois *10* 90 C2
Cocquerel *80* 17 F1
Cocumont *47* 237 D3
Cocurès *48* 244 B4
Codalet *66* 311 F2
Codognan *30* 282 B1
Codolet *30* 264 C2
Coëmont *72* 107 E4
Coësmes *35* 103 F2
Coëtlogon *22* 77 F4
Coëtmieux *22* 51 F4
Coëtquidan-Saint-Cyr (Camp de) *56* 102 B2
Cœuilly *94* 61 E3
Cœuvres-et-Valsery *02* 36 A3
Coëx *85* 145 D4
Coggia *2A* 316 B2
Coglès *35* 80 A2
Cogna *39* 177 D1
Cognac *16* 200 C1
Cognac-la-Forêt *87* 185 E4
Cognat-Lyonne *03* 189 F2
Cogners *72* 107 F3
Cognet *38* 230 C3
Cognières *70* 141 F2
Cognin *73* 213 D2
Cognin-les-Gorges *38* 230 A1
Cognocoli-Monticchi *2A* 318 C1
Cogny *18* 153 F3
Cogny *69* 192 B2
Cogolin *83* 287 E4
Cohade *43* 208 A4
Cohan *02* 37 D4
Cohennoz *73* 196 A4
Cohiniac *22* 51 D4
Cohons *52* 116 C3
Coiffy-le-Bas *52* 117 E2
Coiffy-le-Haut *52* 117 E2
Coigneux *80* 8 A4
Coignières *78* 60 A4
Coigny *50* 27 D3
Coimères *33* 236 C3
Coin-lès-Cuvry *57* 68 A1
Coin-sur-Seille *57* 68 A1
Coinces *45* 109 F2
Coinches *88* 96 A2
Coincourt *54* 69 D4
Coincy *02* 36 B4
Coincy *57* 42 A4
Coings *36* 152 A3
Coingt *02* 21 F3
Coirac *33* 236 C1
Coise *69* 210 A1
Coise-Saint-Jean-Pied-Gauthier *73* 213 E2
Coiserette *39* 177 D3
Coisevaux *70* 142 B1
Coisia *39* 176 C4
Coisy *80* 18 B2
Coivert *17* 182 B2
Coivrel *60* 35 D1
Coizard-Joches *51* 63 F3
Colayrac-Saint-Cirq *47* 256 A1
Colembert *62* 2 B3
Coligny *01* 176 B3
Coligny *51* 64 A3
Colincamps *80* 18 C1
Collan *89* 114 A3
La Collancelle *58* 155 F1
Collandres *15* 224 B1
Collandres-Quincarnon *27* 58 A2

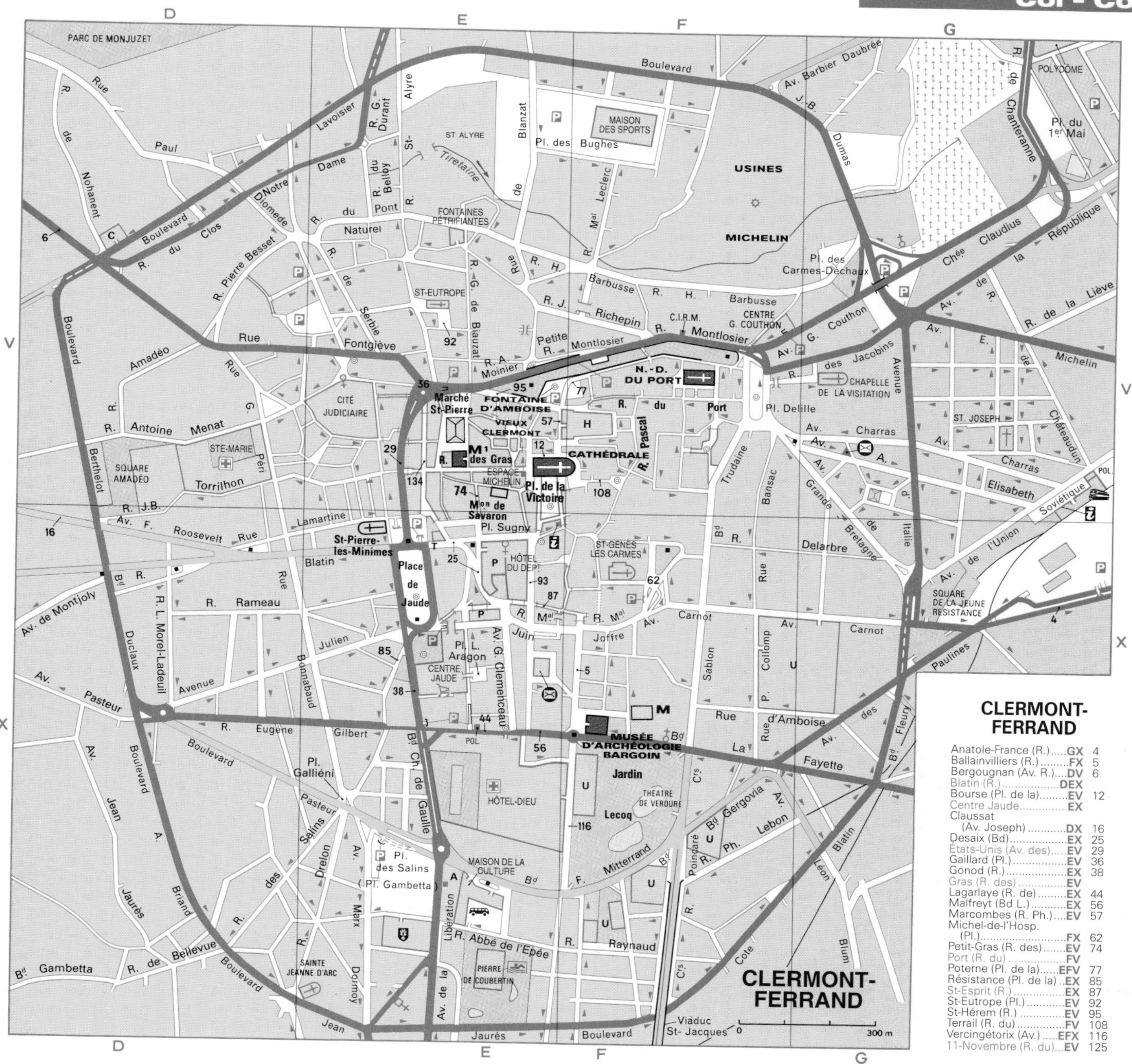

Collanges *63*..........207 F3
Collat *43*..........226 B1
La Colle-sur-Loup *06*..........288 B2
Collégien *77*..........61 F3
Collemiers *89*..........112 C1
Colleret *59*..........10 C2
Le Collet *88*..........96 A4
Le Collet-d'Allevard *38*..........213 E3
Le Collet-de-Dèze *48*..........263 D1
Colletot *27*..........31 E3
Colleville *76*..........15 D2
Colleville-Montgomery *14*..........29 F3
Colleville-sur-Mer *14*..........28 C3
Collias *30*..........264 A3
Colligis-Crandelain *02*..........37 D2
Colligny *57*..........42 A4
Colline-Beaumont *62*..........6 B3
Collinée *22*..........77 F3
Collioure *66*..........313 E3
Collobrières *83*..........292 C1
Collonge-en-Charollais *71*..........174 C1
Collonge-la-Madeleine *71*..........157 E3
Collonges *01*..........195 D1
Collonges-au-Mont-d'Or *69*..........192 C4
Collonges-la-Rouge *19*..........222 B2
Collonges-lès-Bévy *21*..........158 A1
Collonges-lès-Premières *21*..........139 F4
Collonges-sous-Salève *74*..........195 E1
Collongues *06*..........269 E3
Collongues *65*..........298 A1
Collorec *29*..........75 E2
Collorgues *30*..........263 F3
Colmar *68*..........96 C3
Colmars *04*..........268 C1
Colmen *57*..........42 B2
Colméry *58*..........135 F3
Colmesnil-Manneville *76*..........16 A3
Colmey *54*..........40 B2
Colmier-le-Bas *52*..........116 A4
Colmier-le-Haut *52*..........116 A4
Colognac *30*..........262 C3
Cologne *32*..........275 F1
Colomars *06*..........288 C1
Colombe *38*..........212 A3
La Colombe *41*..........109 D3
La Colombe *50*..........54 B2
Colombé-la-Fosse *10*..........91 F4
Colombé-le-Sec *10*..........91 F4
Colombe-lès-Bithaine *70*..........118 C4
Colombe-lès-Vesoul *70*..........141 E1
Colombelles *14*..........29 F4
Colombes *92*..........60 C2
Colombey-les-Belles *54*..........93 F1
Colombey-lès-Choiseul *52*..........117 E1
Colombey-les-Deux-Églises *52*..........91 F4
Colombier *03*..........171 D4
Colombier *21*..........157 F1
Colombier *24*..........220 A4
Colombier *42*..........210 B4
Colombier *70*..........118 B4
Colombier-Châtelot *25*..........142 B2
Colombier-en-Brionnais *71*..........174 B3
Colombier-Fontaine *25*..........142 B2
Colombier-le-Cardinal *07*..........210 C4
Colombier-le-Jeune *07*..........228 C2
Colombier-le-Vieux *07*..........228 C2
Colombier-Saugnieu *69*..........193 E4
Colombière (Col de la) *74*..........196 A2
Colombières *14*..........27 F3
Colombières-sur-Orb *34*..........280 A2
Colombiers *17*..........199 E1
Colombiers *18*..........170 C1
Colombiers *34*..........305 D1
Colombiers *61*..........82 C2
Colombiers *86*..........149 E4
Colombiers-du-Plessis *53*..........81 D2
Colombiers-sur-Seulles *14*..........29 D3
Colombiès *12*..........242 A4
Colombotte *70*..........118 C4
Colomby *50*..........25 D3
Colomby de Gex (Mont) *01*..........177 E3
Colomby-sur-Thaon *14*..........29 E3
Colomiers *31*..........276 B2
Colomieu *01*..........194 B4
Colonard-Corubert *61*..........83 F3
Colondannes *23*..........168 C4
Colonfay *02*..........20 C3
Colonne *39*..........159 E3
Colonzelle *26*..........247 D3
Colpo *56*..........101 D3
Colroy-la-Grande *88*..........96 A2
Colroy-la-Roche *67*..........96 A1
Coltainville *28*..........85 F2
Coltines *15*..........225 D2
Coly *24*..........221 F2
Combaillaux *34*..........281 E1
Combas *30*..........263 E4
La Combe-de-Lancey *38*..........213 D4
La Combe des Eparres *38*..........211 F2
Combe Laval *26*..........229 F2
Combeaufontaine *70*..........117 F4
Combefa *81*..........259 E2
La Combelle *63*..........207 F3
Comberanche-et-Épeluche *24*..........201 F4
Comberjon *70*..........118 B4
Comberouger *82*..........257 E4
Combéroumal (Prieuré de) *12*..........261 D2
Combertault *21*..........158 A2
Les Combes *25*..........161 E1
Combes *34*..........280 A2
Combiers *16*..........202 A2
Comblanchien *21*..........158 A1
Combles *80*..........19 E1
Combles-en-Barrois *55*..........66 B3
Comblessac *35*..........102 B2
Combleux *45*..........110 B3
Comblot *61*..........83 F2
Combloux *74*..........196 B3
Combon *27*..........58 B1
Combourg *35*..........79 E2
Combourtillé *35*..........80 A3
Combovin *26*..........229 E3
Combrailles *63*..........188 B4
Combrand *79*..........147 E3
Combray *14*..........55 F2
Combre *42*..........191 F2
Combrée *49*..........104 B4
Combres *28*..........84 C3
Combres-sous-les-Côtes *55*..........67 D1
Combressol *19*..........205 E3
Combret *12*..........260 B4
Combreux *45*..........111 D2
Combrimont *88*..........96 A2
Combrit *29*..........73 E4
Combronde *63*..........189 E3
Combs-la-Ville *77*..........61 E4
La Comelle *71*..........156 C3
Comiac *46*..........223 D3
Comigne *11*..........303 D2
Comines *59*..........4 C3
Commana *29*..........49 D4
Commarin *21*..........138 B4
Commeaux *61*..........56 B3
Commelle *38*..........211 F3
Commelle-Vernay *42*..........191 E2
Commenailles *39*..........159 E3
Commenchon *02*..........19 F4
Commensacq *40*..........253 E1
Commentry *03*..........171 D4
Commeny *95*..........60 A1
Commequiers *85*..........145 D4
Commer *53*..........81 E4
Commercy *55*..........67 D3
Commerveil *72*..........83 E3
Commes *14*..........28 C3
Commissey *89*..........114 B3
Communailles-en-Montagne *39*..........160 B3
Communay *69*..........211 D1
Compaing (Pas de) *15*..........224 C2
Compains *63*..........207 D3
Compainville *76*..........17 D4
Compans *77*..........61 F2
Le Compas *23*..........188 A3
Compertrix *51*..........64 C2
Compeyre *12*..........261 E2
Compiègne *60*..........35 E2
Compigny *89*..........88 C3
Compolibat *12*..........241 F4
La Compôte *73*..........213 E1
Comprégnac *12*..........261 D2
Compreignac *87*..........185 F2
Comps *26*..........247 E2
Comps *30*..........264 B4
Comps *33*..........217 E2
Comps-la-Grand-Ville *12*..........260 B1
Comps-sur-Artuby *83*..........287 D1
La Comté *62*..........7 F2
Comus *11*..........310 B1
Conan *41*..........109 D4
Conand *01*..........194 A3
Conat *66*..........311 E2
Conca *2A*..........319 E1
Concarneau *29*..........99 D2
Concevreux *02*..........37 E3
Concèze *19*..........204 A4
Conches-en-Ouche *27*..........58 B2
Conches-sur-Gondoire *77*..........61 F3
Conchez-de-Béarn *64*..........273 E2
Conchil-le-Temple *62*..........6 B2
Conchy-les-Pots *60*..........35 E1
Conchy-sur-Canche *62*..........7 E3
Les Concluses *30*..........264 A1
Concorès *46*..........240 A1
Concoret *56*..........102 B1
Concots *46*..........240 B4
Concoules *30*..........245 D4
Concourson-sur-Layon *49*..........148 A1
Concremiers *36*..........167 F1
Concressault *18*..........134 B2
Concriers *41*..........109 E4
Condac *16*..........183 F2
Condal *71*..........176 A2
Condamine *01*..........194 B1
Condamine *39*..........176 B1
La Condamine-Châtelard *04*..........251 D2
Condat *15*..........206 C4
Condat *46*..........222 B3
Condat-en-Combraille *63*..........188 B4
Condat-lès-Montboissier *63*..........208 B2
Condat-sur-Ganaveix *19*..........204 B3
Condat-sur-Trincou *24*..........202 C3
Condat-sur-Vézère *24*..........221 F2
Condat-sur-Vienne *87*..........185 F4
Condé *36*..........152 B3
Condé-en-Barrois *55*..........66 B3
Condé-en-Brie *02*..........63 E2
Condé-Folie *80*..........17 F1
Condé-lès-Autry *08*..........39 E3
Condé-lès-Herpy *08*..........38 A1
Condé-Northen *57*..........42 A4
Condé-Sainte-Libiaire *77*..........62 A3
Condé-sur-Aisne *02*..........36 C2
Condé-sur-Huisne *61*..........84 A3
Condé-sur-Ifs *14*..........56 B1
Condé-sur-Iton *27*..........58 B3
Condé-sur-l'Escaut *59*..........9 F2
Condé-sur-Marne *51*..........64 B1
Condé-sur-Noireau *14*..........55 E3
Condé-sur-Risle *27*..........31 E3
Condé-sur-Sarthe *61*..........82 C2
Condé-sur-Seulles *14*..........29 D4
Condé-sur-Suippe *02*..........37 E2
Condé-sur-Vesgre *78*..........59 F4
Condé-sur-Vire *50*..........54 C1

COLMAR

Augustins (R. des) ..... BZ 3
Bains (R. des) ..... BY 5
Blés (R. des) ..... BZ 9
Boulangers (R. des) ..... BY 12
Brasseries (R. des) ..... CY 13
Bruat (R.) ..... BZ 14
Cathédrale (Pl. de la) ..... BY 17
Champ de Mars (Bd du) ..... BYZ 18
Chauffour (R.) ..... BZ 20
Clefs (R. des) ..... BCY
Écoles (R. des) ..... BZ 22
Fleurent (R. J.-B.) ..... BY 24
Florimont (R. du) ..... AY 25
Grand'Rue ..... BCZ 31
Grenouillère (R. de la) ..... CYZ 32
Herse (R. de la) ..... BZ 33
Kléber (R.) ..... BY 35
Ladhof (R. du) ..... CY 36
Lasch (R. Georges) ..... AZ 37
Lattre-de-Tassigny (Av. J. de) ..... BY 43
Leclerc (Bd du Gén.) ..... BZ 45
Manège (R. du) ..... BZ 49
Marchands (R. des) ..... YZ 50
Marché aux Fruits (Pl. du) ..... BZ 51
Messimy (R.) ..... BZ 52
Molly (R. Berthe) ..... BYZ 54
Mouton (R. du) ..... CY 57
Poissonnerie (R. de la) ..... BCZ 62
Preiss (R. Jacques) ..... BZ 63
Reims (R. de) ..... BZ 65
République (Av. de la) ..... BZ
Ribeauvillé (R. de) ..... BY 67
Rœsselman (R.) ..... BY 69
St. Jean (R.) ..... BZ 71
St-Nicolas (R.) ..... BY 73
Serruriers (R. des) ..... BY 75
Sinn (Quai de la) ..... BY 77
Six-Montagnes-Noires (Pl. des) ..... BZ 79
Tanneurs (R. des) ..... CZ 82
Têtes (R. des) ..... BY 83
Unterlingen (Pl. d') ..... BY 85
Vauban (R.) ..... CY
Weinemer (R.) ..... BZ 86
2 Février (Pl. du) ..... CY 87
5e-Division-Blindée (R. de la) ..... BY 95
18-Novembre (Pl. du) ..... BY 97

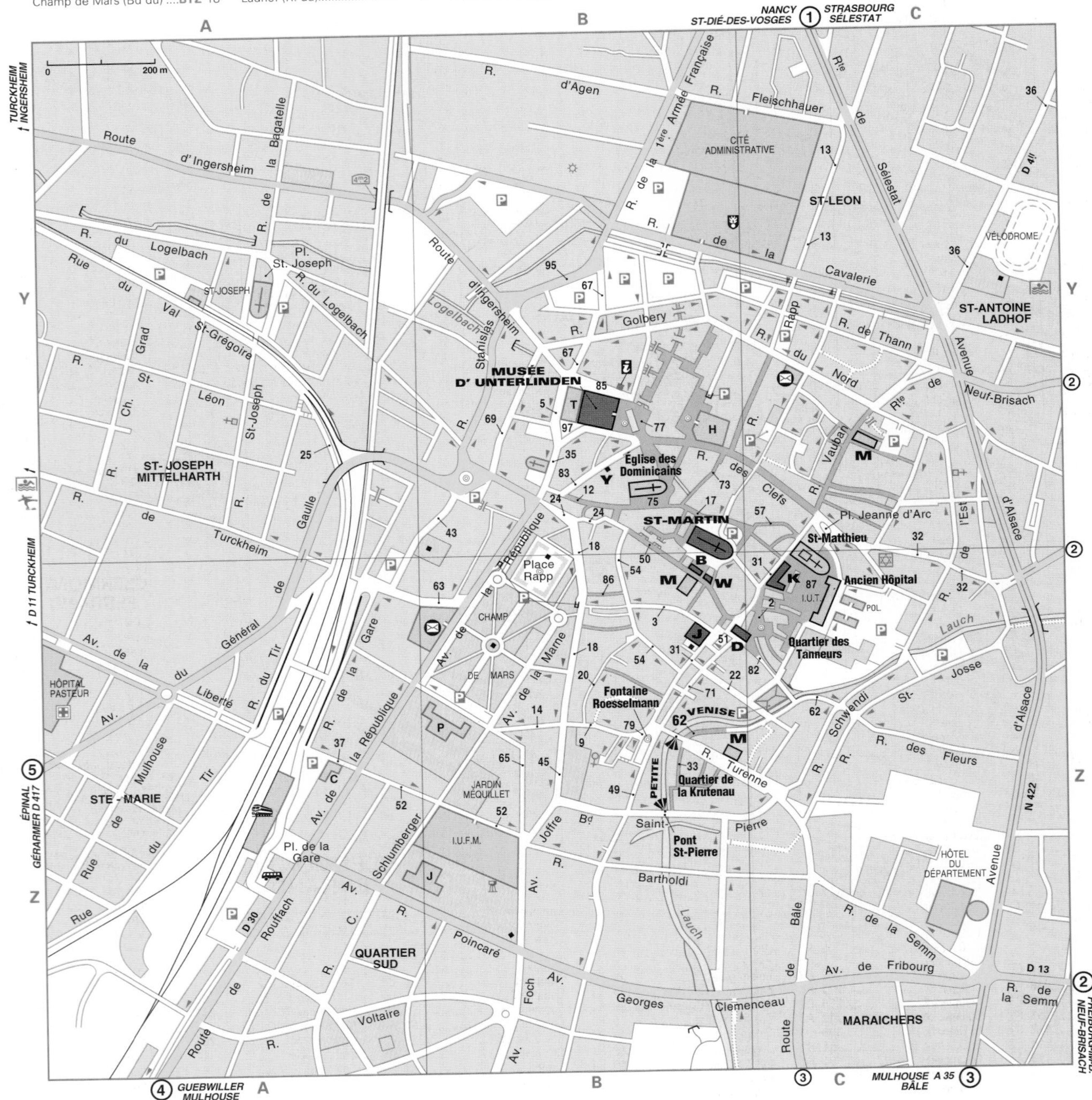

Condeau 61 ..... 84 A3
Condécourt 95 ..... 60 B1
Condeissiat 01 ..... 193 E1
Condéon 16 ..... 201 D3
Condes 39 ..... 176 C3
Condes 52 ..... 116 B1
Condette 62 ..... 2 A4
Condezaygues 47 ..... 239 D3
Condillac 26 ..... 247 D1
Condom 32 ..... 255 F3
Condom-d'Aubrac 12 ..... 243 D2
Condorcet 26 ..... 247 F3
Condren 02 ..... 36 B1
Condrieu 69 ..... 210 C3
Conflandey 70 ..... 118 A4
Conflans-en-Jarnisy 54 ..... 41 D4
Conflans-Sainte-Honorine 78 ..... 60 B2
Conflans-sur-Anille 72 ..... 108 A2
Conflans-sur-Lanterne 70 ..... 118 B3
Conflans-sur-Loing 45 ..... 111 F2
Conflans-sur-Seine 51 ..... 89 E1
Confolens 16 ..... 184 C2
Confolens (Cascade de) 38 ..... 231 E3
Confolent-Port-Dieu 19 ..... 206 A2
Confort 01 ..... 194 C1
Confort 29 ..... 73 D3
Confort-Meilars 29 ..... 73 D3
Confracourt 70 ..... 117 F4
Confrançon 01 ..... 175 F4
Congé-sur-Orne 72 ..... 83 D4
Congénies 30 ..... 282 B1
Congerville 91 ..... 86 B3
Congerville-Thionville 91 ..... 86 B3
Congis-sur-Thérouanne 77 ..... 62 A2
Congrier 53 ..... 104 B3
Congy 51 ..... 63 F3
Conie-Molitard 28 ..... 109 E1
Conilhac-Corbières 11 ..... 303 E2
Conilhac-de-la-Montagne 11 ..... 302 B3
Conjux 73 ..... 194 C4
Conlie 72 ..... 106 B1
Conliège 39 ..... 176 C1
Connac 12 ..... 260 B3
Connangles 43 ..... 208 B4
Connantray-Vaurefroy 51 ..... 64 B4
Connantre 51 ..... 64 A4
Connaux 30 ..... 264 B2
Conne-de-Labarde 24 ..... 220 B4
Connelles 27 ..... 32 B4
Connerré 72 ..... 107 E1
Connezac 24 ..... 202 B2
Connigis 02 ..... 63 D1
Conquereuil 44 ..... 126 A1
Conques 12 ..... 242 A2
Conques-sur-Orbiel 11 ..... 302 C1
Le Conquet 29 ..... 46 C3
Conqueyrac 30 ..... 263 D3
Cons-la-Grandville 54 ..... 40 C1
Cons-Sainte-Colombe 74 ..... 195 F4
Consac 17 ..... 199 E3
Conségudes 06 ..... 269 F3
Consenvoye 55 ..... 40 A3
Consigny 52 ..... 92 C4
Consolation (Cirque de) 25 ..... 142 B4
Consolation-Maisonnettes 25 ..... 142 B4
Contalmaison 80 ..... 19 D1
Contamine-Sarzin 74 ..... 195 D2
Contamine-sur-Arve 74 ..... 195 F1
Les Contamines-Montjoie 74 ..... 196 C3
Contault 51 ..... 65 F2
Contay 80 ..... 18 C1
Conte 39 ..... 160 B4
Contes 06 ..... 288 C1
Contes 62 ..... 6 C2
Contescourt 02 ..... 20 A3
Contest 53 ..... 81 E4
Conteville 14 ..... 56 A1
Conteville 27 ..... 31 D2
Conteville 60 ..... 17 F4
Conteville 76 ..... 17 D4
Conteville 80 ..... 7 D4
Conteville-en-Ternois 62 ..... 7 E2
Conteville-lès-Boulogne 62 ..... 2 B3
Conthil 57 ..... 69 D2
Contigné 49 ..... 105 E4
Contigny 03 ..... 172 A4
Contilly 72 ..... 83 E3
Continvoir 37 ..... 130 A3
Contis-Plage 40 ..... 252 B2
Contoire 80 ..... 18 C4
Contrazy 09 ..... 300 A3
Contré 17 ..... 182 C2
Contre 80 ..... 18 A4
Contréglise 70 ..... 118 A3
Contremoulins 76 ..... 15 D2
Contres 18 ..... 153 E3
Contres 41 ..... 132 B3
Contreuve 08 ..... 38 C3
Contrevoz 01 ..... 194 B4
Contrexéville 88 ..... 93 F4
Contrières 50 ..... 54 A1
Contrisson 55 ..... 66 A3
Conty 80 ..... 18 A4
Contz-les-Bains 57 ..... 42 A1
Conzieu 01 ..... 194 B4
Coole 51 ..... 64 C4
Coolus 51 ..... 64 C2
La Copechagnière 85 ..... 146 A3
Copponex 74 ..... 195 E2
Coq (Col du) 38 ..... 213 D4
Coquainvilliers 14 ..... 30 B4
Coquelles 62 ..... 2 B2
La Coquille 24 ..... 203 D2
Corancez 28 ..... 85 E3
Corancy 58 ..... 156 B1
Coray 29 ..... 75 D4
Corbara 2B 314 B2
Corbarieu 82 ..... 257 F3
Corbas 69 ..... 211 D1
Corbehem 62 ..... 8 C3
Corbeil 51 ..... 91 D1
Corbeil-Cerf 60 ..... 34 A3
Corbeil-Essonnes 91 ..... 87 E1
Corbeilles 45 ..... 111 E1
Corbel 73 ..... 213 D3
Corbelin 38 ..... 212 B1
Corbenay 70 ..... 118 C2
Corbeny 02 ..... 37 E2
Corbère 66 ..... 312 B2
Corbère-Abères 64 ..... 273 E3
Corbère-les-Cabanes 66 ..... 312 B2
Corberon 21 ..... 158 B2
Corbès 30 ..... 263 D2
Corbie 80 ..... 18 C2
Le Corbier 73 ..... 213 F4
La Corbière 70 ..... 119 D3
Corbières 04 ..... 266 C4
Corbières 11 ..... 301 F3
Corbigny 58 ..... 136 C4
Corbon 14 ..... 30 A4
Corbon 61 ..... 83 F2
Corbonod 01 ..... 194 C2
Corbreuse 91 ..... 86 B2
Corcelle-Mieslot 25 ..... 141 E3
Corcelles 01 ..... 194 B2
Corcelles 58 ..... 154 C2
Corcelles 70 ..... 142 B1
Corcelles-en-Beaujolais 69 ..... 192 C1
Corcelles-Ferrières 25 ..... 140 C4
Corcelles-les-Arts 21 ..... 158 A2
Corcelles-lès-Cîteaux 21 ..... 158 B1
Corcelles-les-Monts 21 ..... 139 D4
Corcieux 88 ..... 95 F4
Corcondray 25 ..... 140 C4
Corconne 30 ..... 263 D4
Corcoué-sur-Logne 44 ..... 145 E2
Corcy 02 ..... 36 A4
Cordéac 38 ..... 231 D4
Cordebugle 14 ..... 57 E1
Cordelle 42 ..... 191 E3
Cordemais 44 ..... 125 F3
Cordes-sur-Ciel 81 ..... 259 D2
Cordes-Tolosannes 82 ..... 257 E3
Cordesse 71 ..... 157 D2
Cordey 14 ..... 56 A3
Cordieux 01 ..... 193 E3
Cordiron 25 ..... 140 C4
Cordon 74 ..... 196 B2
Cordonnet 70 ..... 141 D2
Coren 15 ..... 225 E2

Corenc 38 ... 212 C4
Corent 63 ... 207 F1
Corfélix 51 ... 63 E3
Corgengoux 21 ... 158 B2
Corgenon 01 ... 193 E1
Corgirnon 52 ... 117 D3
Corgnac-sur-l'Isle 24 ... 203 D4
Corgoloin 21 ... 158 A1
Corignac 17 ... 199 F4
Corlay 22 ... 76 C2
Corlée 52 ... 116 C3
Corlier 01 ... 194 A2
Cormainville 28 ... 109 F1
Cormaranche-en-Bugey 01 ... 194 B2
Cormatin 71 ... 175 D2
Corme-Écluse 17 ... 198 C1
Corme-Royal 17 ... 181 E4
Cormeilles 27 ... 30 C4
Cormeilles 60 ... 18 A4
Cormeilles-en-Parisis 95 ... 60 C2
Cormeilles-en-Vexin 95 ... 60 B1
Cormelles-le-Royal 14 ... 29 E4
Le Cormenier 79 ... 182 B1
Cormenon 41 ... 108 A2
Cormeray 41 ... 132 A2
Cormeray 50 ... 79 F1
Cormery 37 ... 131 D4
Cormes 72 ... 83 F4
Cormet de Roselend 73 ... 196 C4
Cormicy 51 ... 37 E3
Le Cormier 27 ... 59 D2
Cormolain 14 ... 28 C4
Cormont 62 ... 6 B1
Cormontreuil 51 ... 37 F4
Cormoranche-sur-Saône 01 ... 175 E4
Cormost 10 ... 90 B4
Cormot-le-Grand 21 ... 157 F2
Cormoyeux 51 ... 64 A1
Cormoz 01 ... 176 A2
Corn 46 ... 241 D2
Cornac 46 ... 223 D3
Cornant 89 ... 112 C1
Cornas 07 ... 229 D3
Cornay 08 ... 39 E3
Corné 49 ... 128 C2
Cornebarrieu 31 ... 276 B2
Corneilhan 34 ... 280 B4
Corneilla-de-Conflent 66 ... 311 F3
Corneilla-del-Vercol 66 ... 313 D2
Corneilla-la-Rivière 66 ... 312 C2
Corneillan 32 ... 273 E2
Corneuil 27 ... 58 C3
Corneville-la-Fouquetière 27 ... 58 A1
Corneville-sur-Risle 27 ... 31 E3
Cornier 74 ... 195 F1
Corniéville 55 ... 67 E3
Cornil 19 ... 222 C1
Cornillac 26 ... 248 A3
Cornille 24 ... 220 C1
Cornillé 35 ... 104 A1
Cornillé-les-Caves 49 ... 129 D2
Cornillon 30 ... 264 A1
Cornillon-Confoux 13 ... 284 A2
Cornillon-en-Trièves 38 ... 230 C4
Cornillon-sur-l'Oule 26 ... 248 A3
Cornimont 88 ... 119 F2
Cornod 39 ... 176 C3
Cornot 70 ... 117 F4
La Cornuaille 49 ... 127 F2
Cornus 12 ... 261 E4
Cornusse 18 ... 154 A3
Cornusson (Château de) 82 ... 258 C1
Corny 27 ... 33 D3
Corny-Machéroménil 08 ... 38 B1
Corny-sur-Moselle 57 ... 68 A1
Coron 49 ... 147 E1
Corong (Gorges du) 22 ... 76 A2
Corpe 85 ... 163 E2
Corpeau 21 ... 157 F3
Corpoyer-la-Chapelle 21 ... 138 B2
Corps 38 ... 231 E4
Corps-Nuds 35 ... 103 E2
Corquilleroy 45 ... 111 F2
Corquoy 18 ... 153 D3
Corrano 2A ... 317 D4
Corravillers 70 ... 119 D2
Corre 70 ... 118 A2
Corrençon-en-Vercors 38 ... 230 B2
Correns 83 ... 286 B3
Corrèze 19 ... 205 D4
Corribert 51 ... 63 F2
Corrobert 51 ... 63 E2
Corrombles 21 ... 137 F2
Corronsac 31 ... 276 C3
Corroy 51 ... 64 A4
Corsaint 21 ... 137 F2
Corsavy 66 ... 312 B4
Corscia 2B ... 314 C4
Corsen (Pointe de) 29 ... 46 C3
Corsept 44 ... 125 E3
Corseul 22 ... 78 B1
Cortambert 71 ... 175 D2
Corte 2B ... 317 D1
Cortevaix 71 ... 174 C2
Cortone (Col de) 2A ... 318 B1
Cortrat 45 ... 111 F3
Les Corvées-les-Yys 28 ... 84 C3
Corveissiat 01 ... 176 B4
Corvol-d'Embernard 58 ... 136 A4
Corvol-l'Orgueilleux 58 ... 136 A3
Corzé 49 ... 128 C1
Cos 09 ... 301 D3
Cosges 39 ... 159 D4
Coslédaà-Lube-Boast 64 ... 273 D3
Cosmes 53 ... 104 C2
Cosnac 19 ... 222 B2
Cosne-d'Allier 03 ... 171 E3
Cosne-sur-Loire 58 ... 135 D3
Cosnes-et-Romain 54 ... 40 C1
Cosqueville 50 ... 25 D2
Cossaye 58 ... 155 E4
Cossé-d'Anjou 49 ... 147 E1
Cossé-en-Champagne 53 ... 105 F2
Cossé-le-Vivien 53 ... 104 C2
Cossesseville 14 ... 55 F2
Cosswiller 67 ... 70 B3
Costa 2B ... 314 C2
Costaros 43 ... 227 D4
Les Costes 05 ... 231 E4
Les Costes-Gozon 12 ... 260 C3
La Côte 70 ... 119 D4
Cote 304 55 ... 40 A4
La Côte-d'Aime 73 ... 214 C1
La Côte-d'Arbroz 74 ... 178 C4
La Côte-en-Couzan 42 ... 190 C4
La Côte-Saint-André 38 ... 211 F3
Le Coteau 42 ... 191 E2
Côtebrune 25 ... 141 F4
Les Côtes-d'Arey 38 ... 211 D3
Les Côtes-de-Corps 38 ... 231 D4
Coti-Chiavari 2A ... 318 B1
Cotignac 83 ... 286 B2
La Cotinière 17 ... 180 B3
Cottance 42 ... 191 F4
Cottenchy 80 ... 18 B3
Cottévrard 76 ... 16 B4
Cottier 25 ... 140 C4
Cottun 14 ... 28 C3
Cou (Col de) 74 ... 178 B4
La Couarde 79 ... 165 E4
La Couarde-sur-Mer 17 ... 162 C4
Couargues 18 ... 135 D4
Coubert 77 ... 61 F4
Coubeyrac 33 ... 219 E4
Coubisou 12 ... 242 C2
Coubjours 24 ... 221 F1
Coublanc 52 ... 117 D4
Coublanc 71 ... 191 F1
Coublevie 38 ... 212 B3
Coublucq 64 ... 273 D2
Coubon 43 ... 227 D3
La Coubre (Phare de) 17 ... 180 B4
Coubron 93 ... 61 E2
Couches 71 ... 157 E3
Couchey 21 ... 139 D4
La Coucourde 26 ... 246 C1
Coucouron 07 ... 227 E4
Coucy 08 ... 38 B1
Coucy-la-Ville 02 ... 36 B1
Coucy-le-Château-
Auffrique 02 ... 36 B1
Coucy-lès-Eppes 02 ... 37 D1
Couddes 41 ... 132 A3
Coudehard 61 ... 56 C3
Coudekerque 59 ... 3 F1
Coudekerque-Branche 59 ... 3 E1
Coudes 63 ... 207 F2
Coudeville-sur-Mer 50 ... 53 F2
Le Coudon 83 ... 292 A2
Coudons 11 ... 302 A4
Coudoux 13 ... 284 B2
Coudray 27 ... 33 D3
Le Coudray 28 ... 85 E2
Le Coudray 44 ... 126 A1
Coudray 45 ... 87 D4
Coudray 53 ... 105 E3
Coudray-au-Perche 28 ... 84 A4
Le Coudray-Macouard 49 ... 129 D4
Le Coudray-Montceaux 91 ... 87 E1
Coudray-Rabut 14 ... 30 B3
Le Coudray-Saint-Germer 60 ... 33 F2
Coudray-Salbart
(Château de) 79 ... 164 C3
Le Coudray-sur-Thelle 60 ... 34 A3
La Coudre 79 ... 147 F2
Les Coudreaux 77 ... 61 E3
Coudreceau 28 ... 84 B3
Coudrecieux 72 ... 107 F2
Coudres 27 ... 59 D3
Coudroy 45 ... 111 E3
Coudun 60 ... 35 E2
Coudures 40 ... 272 C1
Coueilles 31 ... 275 E4
Couëlan (Château de) 22 ... 78 B3
Couëron 44 ... 126 A4
Couesmes 37 ... 130 A1
Couesmes-en-Froulay 53 ... 81 D2
Couesque (Barrage de) 12 ... 242 B1
Les Couets 44 ... 126 B4
Couffé 44 ... 127 D3
Couffoulens 11 ... 302 B2
Couffy 41 ... 132 B4
Couffy-sur-Sarsonne 19 ... 206 A1
Couflens 09 ... 309 D1
Coufouleux 81 ... 258 B4
Cougnac (Grottes de) 46 ... 240 A1
Couhé 86 ... 166 A4
Couilly-Pont-aux-Dames 77 ... 62 A3
Couin 62 ... 7 F4
Couiza 11 ... 302 B4
Couladère 31 ... 300 A1
Coulaines 72 ... 107 D2
Coulandon 03 ... 172 A2
Coulangeron 89 ... 136 A1
Coulanges 03 ... 173 E2
Coulanges 41 ... 131 F2
Coulanges-la-Vineuse 89 ... 113 E4
Coulanges-lès-Nevers 58 ... 154 C2
Coulanges-sur-Yonne 89 ... 136 B2
Coulans-sur-Gée 72 ... 106 B2
Coulans-sur-Lizon 25 ... 160 B2
Coulaures 24 ... 203 D4
Couledoux 31 ... 299 E4
Couleuvre 03 ... 171 E1
Coulevon 70 ... 118 B4
Coulgens 16 ... 183 F4
Coulimer 61 ... 83 E2
Coullemelle 80 ... 18 B4
Coullemont 62 ... 7 F4
Coullons 45 ... 134 B1
Coulmer 61 ... 57 D4
Coulmier-le-Sec 21 ... 115 D4
Coulmiers 45 ... 109 F3
Coulobres 34 ... 280 B3
Coulogne 62 ... 2 C2
Couloisy 60 ... 35 F2
Coulombiers 72 ... 82 C3
Coulombiers 86 ... 166 A2
Coulombs 14 ... 29 D3
Coulombs 28 ... 85 E1
Coulombs-en-Valois 77 ... 62 B1
Coulomby 62 ... 2 C4
Coulommes 77 ... 62 A3
Coulommes-et-Marqueny 08 ... 38 C2
Coulommes-la-Montagne 51 ... 37 E4
Coulommiers 77 ... 62 B3
Coulommiers-la-Tour 41 ... 108 C4
Coulon 79 ... 164 B3
Coulonces 14 ... 54 C2
Coulonces 61 ... 56 C3
La Coulonche 61 ... 55 F4
Coulongé 72 ... 106 C4
Coulonge-sur-Charente 17 ... 181 F3
Coulonges 16 ... 183 E4
Coulonges 17 ... 199 F1
Coulonges 27 ... 58 C3
Coulonges 86 ... 168 A3
Coulonges-Cohan 02 ... 37 D4
Coulonges-les-Sablons 61 ... 84 B3
Coulonges-sur-l'Autize 79 ... 164 B2
Coulonges-sur-Sarthe 61 ... 83 E1
Coulonges-Thouarsais 79 ... 148 A3
Coulonvillers 80 ... 7 D4
Couloumé-Mondebat 32 ... 273 F2
Coulounieix-Chamiers 24 ... 220 C1
Coulours 89 ... 113 E1
Couloutre 58 ... 135 F3
Coulouvray-Boisbenâtre 50 ... 54 B3
Coulvain 14 ... 55 E1
Coulx 47 ... 238 A3
Coume 57 ... 42 B3
Counozouls 11 ... 311 E1
Coupelle-Neuve 62 ... 7 D1
Coupelle-Vieille 62 ... 7 D1
Coupesarte 14 ... 56 C1
Coupetz 51 ... 64 C3
Coupéville 51 ... 65 E2
Coupiac 12 ... 260 B3
Coupray 52 ... 116 A2
Coupru 02 ... 62 C1
Couptrain 53 ... 82 A2
Coupvray 77 ... 61 F3
Couquèques 33 ... 198 C3
Cour-Cheverny 41 ... 132 B2
Cour-et-Buis 38 ... 211 E3
Cour-l'Évêque 52 ... 116 A2
La Cour-Marigny 45 ... 111 E3
Cour-Saint-Maurice 25 ... 142 B3
Cour-sur-Loire 41 ... 132 B1
Courances 91 ... 87 E2
Courant 17 ... 181 F2
Courban 21 ... 115 F2
La Courbe 61 ... 56 B4
Courbehaye 28 ... 109 F1
Courbépine 27 ... 57 F1
Courbes 02 ... 20 B4
Courbesseaux 54 ... 68 C4
Courbette 39 ... 176 C1
Courbeveille 53 ... 104 C2
Courbevoie 92 ... 60 C3
Courbiac 47 ... 239 E4
Courbillac 16 ... 182 C4
Courboin 02 ... 63 D2
Courbons 04 ... 267 F1
Courbouzon 39 ... 176 C1
Courbouzon 41 ... 109 E4
Courboyer (Manoir de) 61 ... 83 F3
Courçais 03 ... 170 B3
Courçay 37 ... 131 D4
Courceaux 89 ... 89 D3
Courcebœufs 72 ... 107 D1
Courcelette 80 ... 19 D1
Courcelle 91 ... 60 B4
Courcelles 17 ... 182 B3
Courcelles 25 ... 160 A1
Courcelles 45 ... 111 D1
Courcelles 54 ... 94 A2
Courcelles 58 ... 136 A3
Courcelles 90 ... 120 A4
Courcelles-au-Bois 80 ... 18 C1
Courcelles-Chaussy 57 ... 42 A4
Courcelles-de-Touraine 37 ... 130 A2
Courcelles-en-Barrois 55 ... 66 C3
Courcelles-en-Bassée 77 ... 88 B3
Courcelles-en-Montagne 52 ... 116 B3
Courcelles-Epayelles 60 ... 35 D1
Courcelles-Frémoy 21 ... 137 E2
Courcelles-la-Forêt 72 ... 106 B4
Courcelles-le-Comte 62 ... 8 B4
Courcelles-lès-Gisors 60 ... 33 E4
Courcelles-lès-Lens 62 ... 8 C2
Courcelles-lès-Montbard 21 ... 138 A1
Courcelles-
lès-Montbéliard 25 ... 142 C1
Courcelles-lès-Semur 21 ... 137 F2
Courcelles-Sapicourt 51 ... 37 E4
Courcelles-
sous-Châtenois 88 ... 93 F3
Courcelles-
sous-Moyencourt 80 ... 17 F3
Courcelles-sous-Thoix 80 ... 17 F4
Courcelles-sur-Aire 55 ... 66 B2
Courcelles-sur-Aujon 52 ... 116 B3
Courcelles-sur-Blaise 52 ... 92 A2
Courcelles-sur-Nied 57 ... 68 B1
Courcelles-sur-Seine 27 ... 32 C4
Courcelles-sur-Vesle 02 ... 36 C3
Courcelles-sur-Viosne 95 ... 60 B1
Courcelles-sur-Voire 10 ... 91 D2
Courcelles-
Val-d'Esnoms 52 ... 116 C4
Courcemain 51 ... 90 A1
Courcemont 72 ... 83 D4
Courcerac 17 ... 182 B3
Courcerault 61 ... 83 F2
Courceroy 10 ... 89 D2
Courchamp 21 ... 139 F1
Courchamp 77 ... 88 C1
Courchamps 02 ... 62 C1
Courchamps 49 ... 129 D4
Courchapon 25 ... 140 C4
Courchaton 70 ... 142 A1
Courchelettes 59 ... 8 C3
Courchevel 73 ... 214 B3
Courcité 53 ... 82 A3
Courcival 72 ... 83 E4
Courcôme 16 ... 183 E2
Courçon 17 ... 164 A4
Courcoué 37 ... 149 E2
Courcouronnes 91 ... 87 D1
Courcoury 17 ... 199 E1
Courcuire 70 ... 140 C3
Courcy 14 ... 56 B2
Courcy 50 ... 54 A1
Courcy 51 ... 37 F3
Courcy-aux-Loges 45 ... 110 C1
Courdemanche 27 ... 59 D3
Courdemanche 72 ... 107 F3
Courdemanges 51 ... 65 D4
Courdimanche 95 ... 60 B1
Courdimanche-
sur-Essonne 91 ... 87 D3
Couret 31 ... 299 E3
Courgains 72 ... 83 D3
Courgeac 16 ... 201 E3
Courgenard 72 ... 108 A1
Courgenay 89 ... 89 E4
Courgent 78 ... 59 F3
Courgeon 61 ... 83 F2
Courgeoût 61 ... 83 E2
Courgis 89 ... 113 F4
Courgivaux 51 ... 63 D4
Courgoul 63 ... 207 E2
Courjeonnet 51 ... 63 F3
Courlac 16 ... 201 E4
Courlandon 51 ... 37 D3
Courlans 39 ... 176 B1
Courlaoux 39 ... 176 B1
Courlay 79 ... 147 E4
Courlay-sur-Mer 17 ... 198 B1
Courléon 49 ... 129 F3
Courlon 21 ... 139 D1
Courlon-sur-Yonne 89 ... 88 C3
Courmangoux 01 ... 176 B3
Courmas 51 ... 37 E4
Courmelles 02 ... 36 B3
Courmemin 41 ... 132 C2
Courménil 61 ... 57 D3
Courmes 06 ... 269 F4
Courmont 02 ... 36 C4
Courmont 70 ... 142 B1
Cournanel 11 ... 302 B3
La Courneuve 93 ... 61 D2
Courniou 34 ... 279 E3
Cournols 63 ... 207 E1
Cournon 56 ... 102 B3
Cournon-d'Auvergne 63 ... 207 F1
Cournonsec 34 ... 281 E3
Cournonterral 34 ... 281 E2
La Couronne 13 ... 284 A4
La Couronne 16 ... 201 E2
Courouvre 55 ... 66 C2
Courpalay 77 ... 88 A1
Courpiac 33 ... 218 C4
Courpière 63 ... 190 B4
Courpignac 17 ... 199 F4
Courquetaine 77 ... 61 F4
Courrensan 32 ... 255 E4
Courrières 62 ... 8 C2
Courris 81 ... 260 A3
Courry 30 ... 245 F4
Cours 46 ... 240 B3
Cours 47 ... 238 B4
Le Cours 56 ... 101 F3
Cours 58 ... 135 D3
Cours 69 ... 191 F1
Cours 79 ... 165 D2
Cours-de-Monségur 33 ... 237 E1
Cours-de-Pile 24 ... 220 B4
Cours-les-Bains 33 ... 237 D4
Cours-les-Barres 18 ... 154 B2
Coursac 24 ... 220 B2
Coursan 11 ... 304 C1
Coursan-en-Othe 10 ... 113 F1
Coursegoules 06 ... 269 F4
Courset 62 ... 2 B4
Courseulles-sur-Mer 14 ... 29 E3
Courson 14 ... 54 C3
Courson (Château de) 91 ... 86 C1
Courson-les-Carrières 89 ... 136 B1
Courson-Monteloup 91 ... 86 C1
Courtacon 77 ... 62 C4
Courtagnon 51 ... 37 E4
Courtalain 28 ... 108 C1
Courtangis
(Château de) 72 ... 108 A1
Courtanvaux
(Château de) 72 ... 108 A3
Courtaoult 10 ... 114 A2
Courtauly 11 ... 301 F3
Courtavon 68 ... 143 E2
Courtefontaine 25 ... 142 C3
Courtefontaine 39 ... 160 A1
Courteilles 27 ... 58 B4
Courteix 19 ... 206 A1
Courtelevant 90 ... 120 A4
Courtemanche 80 ... 18 C4
Courtemaux 45 ... 112 A2
Courtémont 51 ... 39 D4
Courtemont-Varennes 02 ... 63 E1
Courtempierre 45 ... 111 E1
Courtenay 38 ... 194 A4
Courtenay 45 ... 112 B2
Courtenot 10 ... 114 C1
Courteranges 10 ... 90 C4
Courteron 10 ... 115 D2
Courtes 01 ... 175 F2
Courtesoult-et-Gatey 70 ... 140 B1
Courtetain-et-Salans 25 ... 142 A3
La Courtète 11 ... 302 A2
Courteuil 60 ... 34 C4
Courthézon 84 ... 265 D2
Courthiézy 51 ... 63 E1
Courties 32 ... 274 A2
Courtieux 60 ... 36 A3
Courtillers 72 ... 106 A3
Courtils 50 ... 54 A4
La Courtine 23 ... 205 F1
Courtisols 51 ... 65 D2
Courtivron 21 ... 139 D2
Courtoin 89 ... 112 B1
Courtois-sur-Yonne 89 ... 88 C4
Courtomer 61 ... 83 E1
Courtomer 77 ... 88 A1
Courtonne-la-Meurdrac 14 ... 57 D1
Courtonne-
les-Deux-Églises 14 ... 57 E1
Courtrizy-et-Fussigny 02 ... 37 E1
Courtry 77 ... 61 E2
Courvaudon 14 ... 55 E1
Courvières 25 ... 160 B3
Courville 51 ... 37 D3
Courville-sur-Eure 28 ... 85 D2
Courzieu 69 ... 192 B4
Cousance 39 ... 176 B2
Cousances-au-Bois 55 ... 66 C3
Cousances-les-Forges 55 ... 92 A1
Cousolre 59 ... 10 C2
Coussa 09 ... 301 D3
Coussac-Bonneval 87 ... 203 F2
Coussan 65 ... 298 A1
Coussay 86 ... 149 D3
Coussay-les-Bois 86 ... 150 A4
Coussegrey 10 ... 114 A2
Coussergues 12 ... 243 D4
Coussey 88 ... 93 E2
Coust 18 ... 170 C1
Coustaussa 11 ... 302 B4
Coustellet 84 ... 265 F4
Coustouge 11 ... 303 E3
Coustouges 66 ... 312 B4
Coutances 50 ... 54 A1
Coutansouze 03 ... 189 E1
Coutarnoux 89 ... 137 D1
Coutençon 77 ... 88 B2
Coutens 09 ... 301 E3
Couterne 61 ... 81 F1
Couternon 21 ... 139 E3
Couteuges 43 ... 226 B1
Coutevroult 77 ... 62 A3
Couthenans 70 ... 142 B1
Couthures-sur-Garonne 47 ... 237 E3
Coutiches 59 ... 9 D2
Coutières 79 ... 165 E2
Coutouvre 42 ... 191 F2
Coutras 33 ... 219 D2
Couture 16 ... 183 F3
La Couture 62 ... 8 A1
La Couture 85 ... 163 D2
La Couture-Boussey 27 ... 59 E3
Couture-d'Argenson 79 ... 183 D2
Couture-sur-Loir 41 ... 107 F4
Couturelle 62 ... 7 F4
Coutures 24 ... 202 A4
Coutures 33 ... 237 D1
Coutures 49 ... 128 C3
Coutures 57 ... 68 C3
Coutures 82 ... 257 D3
Couvains 50 ... 27 F4
Couvains 61 ... 57 F3
La Couvertoirade 12 ... 261 F4
Couvertpuis 55 ... 92 C1
Couvignon 10 ... 91 E4
Couville 50 ... 24 C3
Couvonges 55 ... 66 A3
Couvrelles 02 ... 36 C3
Couvron-et-Aumencourt 02 ... 20 B4
Couvrot 51 ... 65 D4
Coux 07 ... 246 B1
Coux 17 ... 199 F4
Coux-et-Bigaroque 24 ... 221 D4
Couy 18 ... 154 A1
La Couyère 35 ... 103 F2
Couzan (Château de) 42 ... 209 D1
Couze-et-Saint-Front 24 ... 220 C4
Couzeix 87 ... 185 F3
Couziers 37 ... 148 C1
Couzon 03 ... 171 F1
Couzon-au-Mont-d'Or 69 ... 192 C3
Couzou 46 ... 240 B1
Cox 31 ... 275 F1
Coye-la-Forêt 60 ... 61 E1
Coyecques 62 ... 7 E1
Coyolles 02 ... 35 F4
Coyrière 39 ... 177 E3
Coyron 39 ... 177 D2
Coyviller 54 ... 94 B1
Cozes 17 ... 199 D2
Cozzano 2A ... 317 D4
Crach 56 ... 100 C4
Craches 78 ... 86 A1
Crachier 38 ... 211 F2
Crain 89 ... 136 B2
Craincourt 57 ... 68 B2
Craintilleux 42 ... 209 F2
Crainvilliers 88 ... 93 F4
Cramaille 02 ... 36 C4
Cramans 39 ... 159 F2
Cramant 51 ... 64 A2
Cramchaban 17 ... 164 B4
Craménil 61 ... 55 F4
Cramoisy 60 ... 34 C4
Cramont 80 ... 7 D4
Crampagna 09 ... 301 D3
Cran-Gevrier 74 ... 195 E3
Crancey 10 ... 89 E2
Crançot 39 ... 159 F4
Crandelles 15 ... 224 A3
Crannes-en-Champagne 72 ... 106 B2
Crans 01 ... 193 F3
Crans 39 ... 160 B4
Cransac 12 ... 241 F3
Crantenoy 54 ... 94 B2
Cranves-Sales 74 ... 178 A4
Craon 53 ... 104 C3
Craon 86 ... 148 C4
Craonne 02 ... 37 D2
Craonnelle 02 ... 37 D2
Crapeaumesnil 60 ... 19 D4
Craponne 69 ... 192 C4
Craponne-sur-Arzon 43 ... 209 D4
Cras 38 ... 212 A4
Cras 46 ... 240 B2
Cras-sur-Reyssouze 01 ... 175 F4
Crastatt 67 ... 70 C3
Crastes 32 ... 275 D1
Crasville 27 ... 32 A4
Crasville 50 ... 25 E3
Crasville-la-Mallet 76 ... 15 E2
Crasville-la-Rocquefort 76 ... 15 F2
La Crau 83 ... 292 B2
Cravanche 90 ... 119 F4
Cravans 17 ... 199 D1
Cravant 45 ... 109 E3
Cravant 89 ... 136 C1
Cravant-les-Côteaux 37 ... 149 E1
Cravencères 32 ... 273 F1
Cravent 78 ... 59 E2
Crayssac 46 ... 239 F3
Craywick 59 ... 3 E2
Craz 01 ... 194 C2
Crazannes 17 ... 181 F3
Cré 72 ... 106 A4
Créac'h (Phare de) 29 ... 46 A2
Créances 50 ... 26 C4
Créancey 21 ... 138 B4
Créancey 52 ... 115 F2
Crécey-sur-Tille 21 ... 139 E1
La Crèche 79 ... 165 D3
Crêches-sur-Saône 71 ... 175 D4
Créchets 65 ... 298 C3
Créchy 03 ... 172 B4
Crécy-au-Mont 02 ... 36 B2
Crécy-Couvé 28 ... 59 D4
Crécy-en-Ponthieu 80 ... 6 C3
Crécy-la-Chapelle 77 ... 62 A3
Crécy-sur-Serre 02 ... 20 C4
Crédin 56 ... 101 E1
Crégols 46 ... 240 C3
Crégy-lès-Meaux 77 ... 62 A2
Créhange 57 ... 69 D1
Créhen 22 ... 78 B1
Creil 60 ... 34 C4
Creissan 34 ... 280 A4
Creissels 12 ... 261 E2
Crémarest 62 ... 2 B4
Cremeaux 42 ... 191 D3
Crémery 80 ... 19 E4
Crémieu 38 ... 193 F4
Crempigny-Bonneguête 74 ... 195 D2
Cremps 46 ... 240 B4
Crenans 39 ... 177 D2
Crenay 52 ... 116 B1
Creney-près-Troyes 10 ... 90 B3
Crennes-sur-Fraubée 53 ... 82 A3
Creno (Lac de) 2A ... 316 C2
Créon 33 ... 217 F4
Créon-d'Armagnac 40 ... 254 C3
Créot 71 ... 157 F3
Crépand 21 ... 137 F1
Crépey 54 ... 93 F1
Crépieux-la-Pape 69 ... 193 D4
Crépion 55 ... 40 A3
Crépol 26 ... 229 E1
Crépon 14 ... 29 D3
Crépy 02 ... 36 C1
Crépy 62 ... 7 E2
Crépy-en-Valois 60 ... 35 F4
Créquy 62 ... 7 D1
Le Crès 34 ... 281 F2
Cresancey 70 ... 140 B3
Crésantignes 10 ... 114 A1
Les Cresnays 50 ... 54 B4
Crespian 30 ... 263 E4
Crespières 78 ... 60 A3
Crespin 12 ... 259 F2
Crespin 59 ... 10 A1
Crespin 81 ... 259 F3
Crespinet 81 ... 259 F3
Crespy-le-Neuf 10 ... 91 E3
Cressac-Saint-Genis 16 ... 201 E3
Cressanges 03 ... 172 A3
Cressat 23 ... 187 E1
La Cresse 12 ... 261 E1
Cressé 17 ... 182 C3
Cressely 78 ... 60 B4
Cressensac 46 ... 222 B3
Cresserons 14 ... 29 E3

Cresseveuille 14 ... 30 A4
Cressia 39 ... 176 B2
Cressin-Rochefort 01 ... 194 C4
La Cressonnière 14 ... 57 E1
Cressonsacq 60 ... 35 D2
Cressy 76 ... 16 A4
Cressy-Omencourt 80 ... 19 E4
Cressy-sur-Somme 71 ... 173 E1
Crest 26 ... 247 E1
Le Crest 63 ... 207 E1
Crest-Voland 73 ... 196 A3
Creste 63 ... 207 E2
Le Crestet 07 ... 228 C2
Crestet 84 ... 265 E1
Crestot 27 ... 32 A4
Créteil 94 ... 61 D4
Créton 27 ... 58 C3
Cretteville 50 ... 25 D4
Creuë 55 ... 67 E2
Creully 14 ... 29 D3
La Creuse 70 ... 118 C4
Creuse 80 ... 18 A3
Le Creusot 71 ... 157 E4
Creutzwald 57 ... 42 C3
Creuzier-le-Neuf 03 ... 190 A1
Creuzier-le-Vieux 03 ... 190 A1
Crevans-et-la-Chapelle-lès-Granges 70 ... 142 A1
Crevant 36 ... 169 E2
Crevant-Laveine 63 ... 190 A3
Crévéchamps 54 ... 94 B1
Crèvecœur-en-Auge 14 ... 56 C1
Crèvecœur-en-Brie 77 ... 62 A4
Crèvecœur-le-Grand 60 ... 34 A1
Crèvecœur-le-Petit 60 ... 34 C1
Crèvecœur-sur-l'Escaut 59 ... 20 A1
Creveney 70 ... 118 C4
Crévic 54 ... 68 C4
Crévin 35 ... 103 E2
Crévoux 05 ... 250 C2
Creys-Mépieu 38 ... 194 A4
Creyssac 24 ... 202 B4
Creysse 24 ... 220 B4
Creysse 46 ... 222 B4
Creysseilles 07 ... 246 B1
Creyssensac-et-Pissot 24 ... 220 B2
Crézançay-sur-Cher 18 ... 153 D4
Crézancy 02 ... 63 D1
Crézancy-en-Sancerre 18 ... 134 C4
Crézières 79 ... 183 D2
Crézilles 54 ... 93 F1
Cricquebœuf 14 ... 30 B2
Cricqueville-en-Auge 14 ... 30 A4
Cricqueville-en-Bessin 14 ... 25 F4
Criel-sur-Mer 76 ... 16 B1
Crillat 39 ... 177 D1
Crillon 60 ... 33 F1
Crillon-le-Brave 84 ... 265 E2
Crimolois 21 ... 139 E4
Crion 54 ... 69 D4
La Crique 76 ... 16 B4
Criquebeuf-en-Caux 76 ... 14 C2
Criquebeuf-la-Campagne 27 ... 32 A4
Criquebeuf-sur-Seine 27 ... 32 A3
Criquetot-le-Mauconduit 76 ... 15 D2
Criquetot-l'Esneval 76 ... 14 C3
Criquetot-sur-Longueville 76 ... 16 A3
Criquetot-sur-Ouville 76 ... 15 F3
Criquiers 76 ... 17 D4
Crisenoy 77 ... 87 F1
Crisolles 60 ... 35 F1
Crissay-sur-Manse 37 ... 149 F1
Crissé 72 ... 82 B4
Crissey 39 ... 159 E1
Crissey 71 ... 158 A3
Cristinacce 2A ... 316 B1
Cristot 14 ... 29 D4
Criteuil-la-Magdeleine 16 ... 200 C2
Critot 76 ... 32 B1
Croce 2B ... 315 F4
Crochte 59 ... 3 E2
Crocicchia 2B ... 315 F3
Crocq 23 ... 188 A4
Le Crocq 60 ... 34 B1
Crocy 14 ... 56 B3
Crœttwiller 67 ... 45 F4
Croignon 33 ... 217 F4
Croisances 43 ... 226 B3
Croisette 62 ... 7 E3
La Croisette 74 ... 195 E1
Le Croisic 44 ... 123 E4
La Croisière 23 ... 186 A1
La Croisille 27 ... 58 B2
La Croisille-sur-Briance 87 ... 204 C1
Croisilles 14 ... 55 F1
Croisilles 28 ... 59 E4
Croisilles 61 ... 57 D4
Croisilles 62 ... 8 B4
Croismare 54 ... 69 D4
Croissanville 14 ... 56 B1
Croissy-Beaubourg 77 ... 61 F3
Croissy-sur-Celle 60 ... 18 A4
Croissy-sur-Seine 78 ... 60 C3
Le Croisty 56 ... 76 A4
Croisy 18 ... 154 A3
Croisy-sur-Andelle 76 ... 32 C2
Croisy-sur-Eure 27 ... 59 D1
Croix 59 ... 5 D4
Croix 90 ... 143 D2
Croix (Col de la) 2A ... 316 A1
Croix (Plateau de la) 74 ... 196 C3
La Croix-aux-Bois 08 ... 39 D2
La Croix-aux-Mines 88 ... 96 A2
La Croix-Avranchin 50 ... 80 A1
La Croix-Blanche 47 ... 238 B4
La Croix-Blanche 71 ... 175 D3
Croix-Caluyau 59 ... 9 F4
Croix-Chapeau 17 ... 181 D1
La Croix-Comtesse 17 ... 182 B2
Croix-de-Bauzon (Col de la) 07 ... 245 E2
La Croix-de-Berny 92 ... 61 D4
La Croix-de-Fer (Col de) 73 ... 213 F4
La Croix-de-la-Rochette 73 ... 213 E2
Croix-de-l'Homme-Mort (Col de la) 42 ... 209 D2
Croix-de-Vie 85 ... 144 C4
Croix-du-Bac 59 ... 4 B4
La Croix-du-Perche 28 ... 84 B4
La Croix-en-Brie 77 ... 88 B1
La Croix-en-Champagne 51 ... 65 E1
Croix-en-Ternois 62 ... 7 E2
La Croix-en-Touraine 37 ... 131 E3
Croix-Fonsommes 02 ... 20 B2
La Croix-Fry (Col de) 74 ... 196 A3
Croix-Haute (Col de la) 26 ... 248 C1
La Croix-Helléan 56 ... 101 F1
Croix-Mare 76 ... 15 F3
Croix-Moligneaux 80 ... 19 F3
Croix-Morand ou de Diane (Col de la) 63 ... 207 D2
Croix-Rampau 69 ... 192 C3
La Croix-Saint-Leufroy 27 ... 59 D1
Croix-Saint-Robert (Col de la) 63 ... 206 C2
Croix Saint-Thomas 21 ... 138 A4
Croix-Sainte 13 ... 284 A3
La Croix-sur-Gartempe 87 ... 185 E1
La Croix-sur-Ourcq 02 ... 36 B4
La Croix-sur-Roudoule 06 ... 269 E2
La Croix-Valmer 83 ... 293 E2
Croixanvec 56 ... 77 D4
Croixdalle 76 ... 16 C3
La Croixille 53 ... 80 B4
Croixrault 80 ... 17 F3
Croizet-sur-Gand 42 ... 191 F3
Crolles 38 ... 213 D4
Crollon 50 ... 80 A1
Cromac 87 ... 168 B4
Cromary 70 ... 141 E3
Cronat 71 ... 155 F4
Cronce 43 ... 226 A2
La Cropte 53 ... 105 F2
Cropus 76 ... 16 A4
Cros 30 ... 262 C3
Le Cros 34 ... 262 A4
Cros 63 ... 206 B3
Cros-de-Cagnes 06 ... 288 B2
Cros-de-Géorand 07 ... 227 E4
Cros-de-Montvert 15 ... 223 E2
Cros-de-Ronesque 15 ... 224 B4
Crosey-le-Grand 25 ... 142 A3
Crosey-le-Petit 25 ... 142 A3
Crosmières 72 ... 106 A4
Crosne 91 ... 61 D4
Crossac 44 ... 125 E2
Crosses 18 ... 153 F2
Crosville-la-Vieille 27 ... 32 A4
Crosville-sur-Douve 50 ... 25 D4
Crosville-sur-Scie 76 ... 16 A3
Crotelles 37 ... 131 D2
Crotenay 39 ... 160 A4
Croth 27 ... 59 D3
Le Crotoy 80 ... 6 A4
Crots 05 ... 250 B2
Crottes-en-Pithiverais 45 ... 110 B1
Crottet 01 ... 175 E4
Le Crouais 35 ... 78 B4
Crouay 14 ... 28 C3
La Croupte 14 ... 57 D1
Crouseilles 64 ... 273 E3
Croutelle 86 ... 166 B2
Les Croûtes 10 ... 114 A2
Croutoy 60 ... 35 F3
Crouttes 61 ... 56 C2
Crouttes-sur-Marne 02 ... 62 C2
Crouy 02 ... 36 B2
Crouy 80 ... 17 F2
Crouy-en-Thelle 60 ... 34 B4
Crouy-sur-Cosson 41 ... 132 C1
Crouy-sur-Ourcq 77 ... 62 B1
Le Crouzet 25 ... 160 C4
Crouzet-Migette 25 ... 160 B2
La Crouzille 63 ... 188 C1
La Crouzille 87 ... 186 A3
Crouzilles 37 ... 149 E1
Crozant 23 ... 169 D3
Croze 23 ... 187 F4
Crozes-Hermitage 26 ... 229 D2
Crozet 01 ... 177 F4
Le Crozet 42 ... 191 D1
Les Crozets 39 ... 177 D2
Crozon 29 ... 47 E4
Crozon-sur-Vauvre 36 ... 169 E2
Cruas 07 ... 246 C1
Crucey 28 ... 58 C4
Crucheray 41 ... 108 C4
Cruéjouls 12 ... 243 D3
Cruet 73 ... 213 E2
Crugey 21 ... 157 F1
Crugny 51 ... 37 D4
Cruguel 56 ... 101 E2
Cruis 04 ... 267 D2
Crulai 61 ... 57 F4
Crupies 26 ... 247 F2
Crupilly 02 ... 21 D2
Cruscades 11 ... 303 E2
Cruseilles 74 ... 195 E2
Crusnes 54 ... 41 D2
Crussol (Château de) 07 ... 229 D3
Cruviers-Lascours 30 ... 263 F3
Crux-la-Ville 58 ... 155 E1
Cruzille 71 ... 175 D2
Cruzilles-lès-Mépillat 01 ... 175 E4
Cruzy 34 ... 279 F4
Cruzy-le-Châtel 89 ... 114 C3
Cry 89 ... 114 C4
Cubelles 43 ... 226 B3
Cubières 48 ... 244 C3
Cubières-sur-Cinoble 11 ... 302 C4
Cubiérettes 48 ... 244 C3
Cubjac 24 ... 221 D1
Cublac 19 ... 221 F1
Cublize 69 ... 192 A2
Cubnezais 33 ... 217 F2
Cubrial 25 ... 141 F2
Cubry 25 ... 141 F2
Cubry-lès-Faverney 70 ... 118 B3
Cubry-lès-Soing 70 ... 140 C1
Cubzac-les-Ponts 33 ... 217 F3
Cucharmoy 77 ... 88 C1
Cucheron (Col du) 38 ... 213 D3
Cuchery 51 ... 63 F1
Cucq 62 ... 6 A2
Cucugnan 11 ... 303 D4
Cucuron 84 ... 266 A4
Cucuruzzu (Castellu de) 2A ... 319 D1
Cudos 33 ... 236 C3
Cudot 89 ... 112 C2
Cuébris 06 ... 269 F3
Cuélas 32 ... 274 C4
Cuers 83 ... 292 B1
Cuffies 02 ... 36 B2
Cuffy 18 ... 154 C3
Cugand 85 ... 146 A1
Cuges-les-Pins 13 ... 285 E4
Cugnaux 31 ... 276 B3
Cugney 70 ... 140 B3
Cugny 02 ... 19 F4
Cugny-lès-Crouttes 02 ... 36 B4
Cuguen 35 ... 79 E2
Cuguron 31 ... 298 C2
Cuhon 86 ... 148 C4
Cuignières 60 ... 34 C2
Cuigy-en-Bray 60 ... 33 F2
Cuillé 53 ... 104 B2
Cuinchy 62 ... 8 B1
Cuincy 59 ... 8 C2
Le Cuing 31 ... 299 D2
Cuinzier 42 ... 191 F1
Cuirieux 02 ... 21 D4
Cuiry-Housse 02 ... 36 C3
Cuiry-lès-Chaudardes 02 ... 37 D2
Cuiry-lès-Iviers 02 ... 21 F3
Cuis 51 ... 64 A2
Cuise-la-Motte 60 ... 35 F3
Cuiseaux 71 ... 176 B2
Cuiserey 21 ... 139 F3
Cuisery 71 ... 175 E2
Cuisia 39 ... 176 B2
Cuisiat 01 ... 176 B4
Cuisles 51 ... 63 F1
Cuissai 61 ... 82 C2
Cuissy-et-Geny 02 ... 37 D2
Cuisy 55 ... 39 F3
Cuisy 77 ... 61 F2
Cuisy-en-Almont 02 ... 36 A2
La Cula 42 ... 210 B2
Culan 18 ... 170 B2
Culêtre 21 ... 157 E1
Culey 55 ... 66 B3
Culey-le-Patry 14 ... 55 F2
Culhat 63 ... 189 F4
Culin 38 ... 211 F2
Culles-les-Roches 71 ... 174 C1
Cully 14 ... 29 D3
Culmont 52 ... 117 D3
Culoison 10 ... 90 B3
Culoz 01 ... 194 C3
Cult 70 ... 140 C3
Cultures 48 ... 244 A3
Cumières 51 ... 64 A1
Cumières-le-Mort-Homme 55 ... 40 A4
Cumiès 11 ... 301 E1
Cumont 82 ... 256 C4
Cunac 81 ... 259 E4
Cunault 49 ... 129 D3
Cuncy-lès-Varzy 58 ... 136 A3
Cunèges 24 ... 220 A4
Cunel 55 ... 39 F3
Cunelières 90 ... 120 A3
Cunfin 10 ... 115 E1
Cunlhat 63 ... 208 B1
Cuntorba (Castello de) 2A ... 318 C2
Cuon 49 ... 129 E2
Cuperly 51 ... 65 D1
Cuq 47 ... 256 B2
Cuq 81 ... 278 A2
Cuq-Toulza 81 ... 277 F2
Cuqueron 64 ... 272 B4
Curac 16 ... 201 E4
Curan 12 ... 260 C1
Curbans 04 ... 249 E3
Curbigny 71 ... 174 A4
Curçay-sur-Dive 86 ... 148 B2
Curchy 80 ... 19 E3
Curciat-Dongalon 01 ... 175 F2
Curcy-sur-Orne 14 ... 55 F1
Curdin 71 ... 173 F1
La Cure 39 ... 177 F2
Curebourse (Col de) 15 ... 224 B3
Curel 04 ... 266 C1
Curel 52 ... 92 B2
Curemonte 19 ... 222 C3
Cures 72 ... 106 B1
Curey 50 ... 79 F1
Curgies 59 ... 9 F3
Curgy 71 ... 157 D2
Curienne 73 ... 213 E2
Curières 12 ... 243 D2
Curis-au-Mont-d'Or 69 ... 192 C3
Curley 21 ... 139 D4
Curlu 80 ... 19 E2
Curmont 52 ... 92 A4
Curnier 26 ... 247 F3
Cursan 33 ... 217 F4
Curtafond 01 ... 175 F4
Curtil-Saint-Seine 21 ... 139 D2
Curtil-sous-Buffières 71 ... 174 C3
Curtil-sous-Burnand 71 ... 174 C1
Curtil-Vergy 21 ... 158 A1
Le Curtillard 38 ... 213 E4
Curtin 38 ... 212 A1
Curvalle 81 ... 260 A3
Curzay-sur-Vonne 86 ... 165 F2
Curzon 85 ... 163 D2
Cusance 25 ... 142 A3
Cuse-et-Adrisans 25 ... 141 F2
Cusey 52 ... 139 F1
Cussac 15 ... 225 D3
Cussac 87 ... 203 D1
Cussac-Fort-Médoc 33 ... 217 D1
Cussac-sur-Loire 43 ... 227 D3
Cussangy 10 ... 114 B2
Cussay 37 ... 150 A2
Cusset 03 ... 190 A1
Cussey-les-Forges 21 ... 139 E1
Cussey-sur-Lison 25 ... 160 A1
Cussey-sur-l'Ognon 25 ... 141 D3
Cussy 14 ... 28 C3
Cussy-en-Morvan 71 ... 156 C1
Cussy-la-Colonne 21 ... 157 F2
Cussy-le-Châtel 21 ... 157 E1
Cussy-les-Forges 89 ... 137 E2
Custines 54 ... 68 A3
Cusy 74 ... 195 E4
Cusy 89 ... 114 B4
Cutry 02 ... 36 A3
Cutry 54 ... 40 C1
Cuts 60 ... 36 A1
Cutting 57 ... 69 E2
Cuttoli-Corticchiato 2A ... 316 C3
Cuttura 39 ... 177 D3
Cuvat 74 ... 195 E2
Cuve 70 ... 118 B2
Cuvergnon 60 ... 35 F4
Cuverville 14 ... 29 F4
Cuverville 27 ... 32 C3
Cuverville 76 ... 14 C3
Cuverville-sur-Yères 76 ... 16 C2
Cuvéry (Col de) 01 ... 194 C1
Cuves 50 ... 54 B4
Cuves 52 ... 117 D1
Cuvier 39 ... 160 B3
Cuvillers 59 ... 9 D4
Cuvilly 60 ... 35 D1
Cuvry 57 ... 68 A1
Cuxac-Cabardès 11 ... 278 B4
Cuxac-d'Aude 11 ... 303 F1
Cuy 60 ... 35 F1
Cuy 89 ... 88 C4
Cuy-Saint-Fiacre 76 ... 33 E2
Cuzac 46 ... 241 E2
Cuzals (Musée de) 46 ... 240 C2
Cuzance 46 ... 222 B3
Cuzieu 01 ... 194 C4
Cuzieu 42 ... 209 F2
Cuzion 36 ... 168 C2
Cuzorn 47 ... 239 D2
Cuzy 71 ... 156 B4
Cys-la-Commune 02 ... 36 C2
Cysoing 59 ... 9 D1

D

Dabisse 04 ... 267 D3
Dabo 57 ... 70 B3
Dabo (Rocher de) 57 ... 70 B3
Dachstein 67 ... 70 C3
Dadonville 45 ... 110 C1
Daglan 24 ... 239 F1
Dagneux 01 ... 193 E3
Dagny 77 ... 62 C4
Dagny-Lambercy 02 ... 21 E3
Dagonville 55 ... 66 C3
La Daguenière 49 ... 128 C2
Dahlenheim 67 ... 70 C3
Daignac 33 ... 218 C4
Daigny 08 ... 23 E4
Daillancourt 52 ... 92 A3
Daillecourt 52 ... 117 D1
Dainville 62 ... 8 A3
Dainville-Bertheléville 55 ... 93 D2
Daix 21 ... 139 D3
Dalem 57 ... 42 B3
Dalhain 57 ... 69 D2
Dalhunden 67 ... 71 F1
Dallet 63 ... 189 F4
Dallon 02 ... 20 A3
Dalou 09 ... 301 D3
Dalstein 57 ... 42 A3
Daluis 06 ... 269 D2
Damas-aux-Bois 88 ... 94 C2
Damas-et-Bettegney 88 ... 94 B4
Damazan 47 ... 237 F4
Dambach 67 ... 45 D4
Dambach-la-Ville 67 ... 96 C1
Dambelin 25 ... 142 B2
Dambenois 25 ... 142 C1
Dambenoît-lès-Colombe 70 ... 118 C4
Damblain 88 ... 117 E1
Damblainville 14 ... 56 B2
Dambron 28 ... 110 A1
Dame-Marie 27 ... 58 B3
Dame-Marie 61 ... 83 F3
Dame-Marie-les-Bois 37 ... 131 E2
Damelevières 54 ... 94 C1
Daméraucourt 60 ... 17 F4
Damerey 71 ... 158 B3
Damery 51 ... 63 F1
Damery 80 ... 19 D4
Damgan 56 ... 123 E2
Damiatte 81 ... 277 F2
Damigny 61 ... 82 C2
Damloup 55 ... 40 B4
Dammard 02 ... 62 C1
Dammarie 28 ... 85 E3
Dammarie-en-Puisaye 45 ... 135 D1
Dammarie-les-Lys 77 ... 87 F2
Dammarie-sur-Loing 45 ... 112 A4
Dammarie-sur-Saulx 55 ... 92 B1
Dammartin-en-Goële 77 ... 61 F1
Dammartin-en-Serve 78 ... 59 F3
Dammartin-les-Templiers 25 ... 141 F3
Dammartin-Marpain 39 ... 140 A4
Dammartin-sur-Meuse 52 ... 117 D2
Dammartin-sur-Tigeaux 77 ... 62 A3
Damousies 59 ... 10 C2
Damouzy 08 ... 22 C3
Damparis 39 ... 159 D1
Dampierre 10 ... 90 C1
Dampierre 14 ... 55 D1
Dampierre 39 ... 159 F1
Dampierre 52 ... 116 C2
Dampierre-au-Temple 51 ... 64 C1
Dampierre-en-Bray 76 ... 33 E1
Dampierre-en-Bresse 71 ... 158 C3
Dampierre-en-Burly 45 ... 111 E4
Dampierre-en-Crot 18 ... 134 B2
Dampierre-en-Graçay 18 ... 152 B1
Dampierre-en-Montagne 21 ... 138 B2
Dampierre-en-Yvelines 78 ... 60 B4
Dampierre-et-Flée 21 ... 139 F2
Dampierre-le-Château 51 ... 65 F1
Dampierre-les-Bois 25 ... 142 C1
Dampierre-lès-Conflans 70 ... 118 B3
Dampierre-Saint-Nicolas 76 ... 16 B3
Dampierre-sous-Bouhy 58 ... 135 E2
Dampierre-sous-Brou 28 ... 84 C4
Dampierre-sur-Avre 28 ... 58 C4
Dampierre-sur-Blévy 28 ... 84 C1
Dampierre-sur-Boutonne 17 ... 182 B2
Dampierre-sur-le-Doubs 25 ... 142 B2
Dampierre-sur-Linotte 70 ... 141 E1
Dampierre-sur-Loire 49 ... 129 E4
Dampierre-sur-Moivre 51 ... 65 D2
Dampierre-sur-Salon 70 ... 140 B1
Dampjoux 25 ... 142 B3
Dampleux 02 ... 36 A4
Dampmart 77 ... 61 F3
Dampniat 19 ... 222 B1
Damprichard 25 ... 142 C3
Les Damps 27 ... 32 B3
Dampsmesnil 27 ... 33 D4
Dampvalley-lès-Colombe 70 ... 118 B4
Dampvalley-Saint-Pancras 70 ... 118 B2
Dampvitoux 54 ... 67 F1
Damrémont 52 ... 117 E2
Damville 27 ... 58 C3
Damvillers 55 ... 40 B3
Damvix 85 ... 164 B4
Dancé 42 ... 191 E3
Dancé 61 ... 84 A3
Dancevoir 52 ... 115 F2
Dancharia 64 ... 270 B4
Dancourt 76 ... 17 D2
Dancourt-Popincourt 80 ... 19 D4
Dancy 28 ... 109 E1
Danestal 14 ... 30 A3
Dangé-Saint-Romain 86 ... 149 F3
Dangeau 28 ... 85 D4
Dangers 28 ... 85 D2
Dangeul 72 ... 83 D4
Dangolsheim 67 ... 70 C3
Dangu 27 ... 33 E4
Dangy 50 ... 54 B1
Danizy 02 ... 20 B4
Danjoutin 90 ... 119 F4
Danne-et-Quatre-Vents 57 ... 70 B2
Dannelbourg 57 ... 70 A2
Dannemarie 25 ... 142 C2
Dannemarie 68 ... 120 A3
Dannemarie 78 ... 59 F4
Dannemarie-sur-Crète 25 ... 140 C4
Dannemoine 89 ... 114 A3
Dannemois 91 ... 87 E2
Dannes 62 ... 6 A1
Dannevoux 55 ... 40 A3
Danvou-la-Ferrière 14 ... 55 E2
Danzé 41 ... 108 B3
Daon 53 ... 105 E4
Daoulas 29 ... 47 F3
Daoulas (Gorges du) 22 ... 76 C3
Daours 80 ... 18 B2
Darazac 19 ... 223 E1
Darbonnay 39 ... 159 F3
Darbres 07 ... 246 B1
Darcey 21 ... 138 B2
Dardenac 33 ... 218 C4
Dardenay 52 ... 139 F1
Dardez 27 ... 58 C1
Dardilly 69 ... 192 C4
Dareizé 69 ... 192 A3
Dargies 60 ... 17 F4
Dargilan (Grotte de) 48 ... 262 A1
Dargnies 80 ... 16 C1
Dargoire 42 ... 210 C2
Darmannes 52 ... 92 B4
Darmont 55 ... 40 C4
Darnac 87 ... 185 D1
Darnétal 76 ... 32 B2
Darnets 19 ... 205 E3
Darney 88 ... 118 A1
Darney-aux-Chênes 88 ... 93 F3
Darnieulles 88 ... 94 C4
Darois 21 ... 139 D3
Darvault 77 ... 87 F4
Darvoy 45 ... 110 B3
Dasle 25 ... 142 C2
Daubensand 67 ... 97 D1
Daubeuf-la-Campagne 27 ... 32 A4
Daubeuf-près-Vatteville 27 ... 32 C4
Daubeuf-Serville 76 ... 15 D2
Daubèze 33 ... 236 C1
Dauendorf 67 ... 71 D1
Daumazan-sur-Arize 09 ... 300 B2
Daumeray 49 ... 105 F4
Dauphin 04 ... 266 C3
Dausse 47 ... 239 D4
Daux 31 ... 276 B1
Dauzat-sur-Vodable 63 ... 207 E3
Davayat 63 ... 189 E3
Davayé 71 ... 175 D4
Davejean 11 ... 303 D3
Davenescourt 80 ... 18 C4
Davézieux 07 ... 210 C4
Davignac 19 ... 205 E3
Davrey 10 ... 114 A1
Davron 78 ... 60 B3
Dax 40 ... 271 E1
Deauville 14 ... 30 B3
Deaux 30 ... 263 E2
Débats-Rivière-d'Orpra 42 ... 191 D4
Decazeville 12 ... 241 F2
Dechy 59 ... 9 D3
Décines-Charpieu 69 ... 193 D4
Decize 58 ... 155 E4
Dédeling 57 ... 69 D2
La Défense 92 ... 60 C3
Dégagnac 46 ... 239 F1
Degré 72 ... 106 C1
Dehault 72 ... 83 F4
Dehéries 59 ... 20 A1
Dehlingen 67 ... 44 A4
Deinvillers 88 ... 95 D2
Delain 70 ... 140 B1
Delettes 62 ... 3 D4
Delincourt 60 ... 33 F4
Delle 90 ... 120 A4
Delme 57 ... 68 C2
Delouze 55 ... 93 D1
Le Déluge 60 ... 34 A3
Delut 55 ... 40 B2
Deluz 25 ... 141 E3
Demandolx 04 ... 268 B3
Demange-aux-Eaux 55 ... 93 D1
Demangevelle 70 ... 118 A2
Demi-Quartier 74 ... 196 B3
La Demie 70 ... 141 E1
Demigny 71 ... 158 A3
Demoiselle Coiffée 05 ... 233 D4
Demoiselles (Grotte des) 34 ... 262 C4
Demoiselles Coiffées 05 ... 249 F2
Démouville 14 ... 29 F4
Dému 32 ... 274 A1
Démuin 80 ... 18 C3
Denain 59 ... 9 E3
Dénat 81 ... 259 E4
Denazé 53 ... 104 C3
Dénecourt (Tour) 77 ... 87 F2
Denée 49 ... 128 B3
Dénestanville 76 ... 16 A3
Deneuille-lès-Chantelle 03 ... 172 A4
Deneuille-les-Mines 03 ... 171 D3
Deneuvre 54 ... 95 E2
Denèvre 70 ... 140 B1
Dénezé-sous-Doué 49 ... 129 D4
Dénezé-sous-le-Lude 49 ... 129 F2
Denezières 39 ... 177 D1
Denguin 64 ... 272 C4
Denicé 69 ... 192 B2
Denier 62 ... 7 F3
Denipaire 88 ... 95 F2
Dennebrœucq 62 ... 7 D1
Dennemont 78 ... 59 F2
Denneville 50 ... 26 B3
Dennevy 71 ... 157 F3
Denney 90 ... 119 F4
Denone (Château de) 63 ... 189 F2
Denonville 28 ... 86 A3
Denting 57 ... 42 B4
Déols 36 ... 152 A4
Der-Chantecoq (Lac du) 51 ... 91 E1
Derbamont 88 ... 94 B3
Dercé 86 ... 149 D2
Derchigny 76 ... 16 B2
Dercy 02 ... 20 C4
Dernacueillette 11 ... 303 D4
Dernancourt 80 ... 19 D2
Derval 44 ... 103 E4
Désaignes 07 ... 228 B3
Désandans 25 ... 142 B1
Descartes 37 ... 150 A2
Le Deschaux 39 ... 159 E2
Le Désert 14 ... 55 D2
Le Désert 38 ... 231 E3
Désertines 03 ... 170 C3
Désertines 53 ... 81 D2
Les Déserts 73 ... 213 E1
Déservillers 25 ... 160 B2
Desges 43 ... 226 A2
Desingy 74 ... 195 D2
Desmonts 45 ... 87 E4
Desnes 39 ... 159 E4
Desseling 57 ... 69 E3
Dessenheim 68 ... 96 C4
Dessia 39 ... 176 B3
Destord 88 ... 95 D3
La Destrousse 13 ... 285 E4

Destry 57 ... 69 D2
Desvres 62 ... 2 B4
Détain-et-Bruant 21 ... 158 A1
Détrier 73 ... 213 E2
Le Détroit 14 ... 56 A3
Les Détroits 48 ... 243 F4
Dettey 71 ... 156 C4
Dettwiller 67 ... 70 C2
Deuil-la-Barre 95 ... 61 D2
Deuillet 02 ... 36 B1
Deûlémont 59 ... 4 B3
Les Deux-Alpes 38 ... 231 E2
Deux Amants (Côte des) 27 ... 32 B3
Deux-Chaises 03 ... 171 F3
Deux-Évailles 53 ... 81 E4
Les Deux-Fays 39 ... 159 E3
Deux-Jumeaux 14 ... 27 F3
Deux-Verges 15 ... 225 E4
Les Deux-Villes 08 ... 23 F4
Deuxnouds-aux-Bois 55 ... 67 D2
Deuxnouds-devant-Beauzée 55 ... 66 B2
Deuxville 54 ... 68 C4
Devay 58 ... 155 E4
Devecey 25 ... 141 D3
Devesset 07 ... 228 A2
Devèze 65 ... 298 C1
Devèze (Grotte de la) 34 ... 279 E3
Deviat 16 ... 201 E3
Dévillac 47 ... 238 C2
Deville 08 ... 22 C2
Déville-lès-Rouen 76 ... 32 A2
La Devinière (Musée) 37 ... 149 D1
Devise 80 ... 19 F3
Devrouze 71 ... 158 C4
Deycimont 88 ... 95 D4
Deyme 31 ... 276 C3
Deyvillers 88 ... 95 D4
Le Dézert 50 ... 27 E4
Dezize-lès-Maranges 71 ... 157 F3
Dhuisy 77 ... 62 B1
Dhuizel 02 ... 37 D3
Dhuizon 41 ... 132 C1
Diable (Roche du) 88 ... 119 F1
Diable (Roches du) 29 ... 99 F1
Diancey 21 ... 157 D1
Diane-Capelle 57 ... 69 F3
Diant 77 ... 88 B4
Diarville 54 ... 94 A2
Le Diben 29 ... 49 E2
Diconne 71 ... 158 C4
Dicy 89 ... 112 B3
Didenheim 68 ... 120 B2
Die 26 ... 230 A4
Diebling 57 ... 43 D4
Diebolsheim 67 ... 97 D2
Diedendorf 67 ... 69 F2
Dieffenbach-au-Val 67 ... 96 B1
Dieffenbach-lès-Wœrth 67 ... 45 D4
Dieffenthal 67 ... 96 C2
Diefmatten 68 ... 120 A3
Dielette 50 ... 24 B3
Dième 69 ... 192 A3
Diemeringen 67 ... 44 A4
Diémoz 38 ... 211 E2
Diénay 21 ... 139 E2
Dienne 15 ... 224 C1
Dienné 86 ... 166 C3
Diennes-Aubigny 58 ... 155 F3
Dienville 10 ... 91 D3
Dieppe 76 ... 16 A2
Dieppe-sous-Douaumont 55 ... 40 B4
Dieppedalle-Croisset 76 ... 32 A2
Dierre 37 ... 131 E3
Dierrey-Saint-Julien 10 ... 89 F3
Dierrey-Saint-Pierre 10 ... 89 F3
Diesen 57 ... 42 C4
Dietwiller 68 ... 120 C3
Dieudonné 60 ... 34 B4
Dieue-sur-Meuse 55 ... 66 C1
Dieulefit 26 ... 247 E2
Dieulivol 33 ... 237 E1
Dieulouard 54 ... 68 A3
Dieupentale 82 ... 257 F4
Dieuze 57 ... 69 E3
Diéval 62 ... 7 F2
Diffembach-lès-Hellimer 57 ... 69 E1
Diges 89 ... 113 D4
Digna 39 ... 176 B2
Dignac 16 ... 201 F2
La Digne-d'Amont 11 ... 302 A3
La Digne-d'Aval 11 ... 302 A3
Digne-les-Bains 04 ... 267 F2
Dignonville 88 ... 95 D3
Digny 28 ... 84 C2
Digoin 71 ... 173 E2
Digoine (Château de) 71 ... 174 A2
Digosville 50 ... 25 D2
Digulleville 50 ... 24 B1
Dijon 21 ... 139 E3
Dilo 89 ... 113 E1
Dimancheville 45 ... 87 D4
Dimbsthal 67 ... 70 B3
Dimechaux 59 ... 10 C2
Dimont 59 ... 10 C2
Dinan 22 ... 78 C2
Dinan (Pointe de) 29 ... 47 D4
Dinard 35 ... 52 C4
Dinéault 29 ... 73 F2
Dingé 35 ... 79 E2
Dingsheim 67 ... 71 D3
Dingy-en-Vuache 74 ... 195 D1
Dingy-Saint-Clair 74 ... 195 F3
Dinozé 88 ... 94 C4
Dinsac 87 ... 168 A4
Dinsheim 67 ... 70 C4
Dinteville 52 ... 115 F1
Dio-et-Valquières 34 ... 280 B2
Dionay 38 ... 229 F1
Dions 30 ... 263 F3
Diors 36 ... 152 A4
Diou 03 ... 173 D2
Diou 36 ... 152 C2
Dirac 16 ... 201 F2
Dirinon 29 ... 47 F3
Dirol 58 ... 136 B4
Disneyland Paris 77 ... 61 F3
Dissais 85 ... 163 E2
Dissangis 89 ... 137 D1
Dissay 86 ... 166 B1
Dissay-sous-Courcillon 72 ... 130 B1
Dissé-sous-Ballon 72 ... 83 D4
Dissé-sous-le-Lude 72 ... 129 F1
Distré 49 ... 129 E4
Distroff 57 ... 41 F2
Diusse 64 ... 273 E2
Divajeu 26 ... 247 E1
Dives 60 ... 35 E1
Dives-sur-Mer 14 ... 30 A3
Divion 62 ... 7 F2
Divonne-les-Bains 01 ... 177 F3
Dixmont 89 ... 113 D1
Dizimieu 38 ... 193 F4
Dizy 51 ... 64 A1
Dizy-le-Gros 02 ... 21 E4
Doazit 40 ... 272 B1
Doazon 64 ... 272 B3
Docelles 88 ... 95 D4
Doëlan 29 ... 99 F3
Dœuil-sur-le-Mignon 17 ... 182 A1
Dognen 64 ... 272 A4
Dogneville 88 ... 94 C4
Dohem 62 ... 3 D4
Dohis 02 ... 21 F3
Doignies 59 ... 8 C4
Doingt 80 ... 19 E2
Doissat 24 ... 239 E1
Doissin 38 ... 212 A2
Doix 85 ... 164 A3
Doizieux 42 ... 210 B3
Dol-de-Bretagne 35 ... 79 E1
Dolaincourt 88 ... 93 F3
Dolancourt 10 ... 91 E4
Dolcourt 54 ... 93 F1
Dole 39 ... 159 E1
Dolignon 02 ... 21 F4
Dolleren 68 ... 119 F3
Dollon 72 ... 107 F2
Dollot 89 ... 88 B4
Dolmayrac 47 ... 238 B4
Dolo 22 ... 78 A2
Dolomieu 38 ... 212 A1
Dolus-d'Oléron 17 ... 180 B3
Dolus-le-Sec 37 ... 150 B1
Dolving 57 ... 69 F3
Dom-le-Mesnil 08 ... 23 D4
Domagné 35 ... 103 F1
Domaize 63 ... 208 B1
Domalain 35 ... 104 A2
Domancy 74 ... 196 B2
Domarin 38 ... 211 F1
Domart-en-Ponthieu 80 ... 18 A1
Domart-sur-la-Luce 80 ... 18 C3
Domats 89 ... 112 B1
Domazan 30 ... 264 B3
Dombasle-devant-Darney 88 ... 94 A4
Dombasle-en-Argonne 55 ... 39 F4
Dombasle-en-Xaintois 88 ... 94 A3
Dombasle-sur-Meurthe 54 ... 68 C4
Domblain 52 ... 92 A2
Domblans 39 ... 159 E4
Dombras 55 ... 40 B2
Dombrot-le-Sec 88 ... 93 F4
Dombrot-sur-Vair 88 ... 93 F3
Domecy-sur-Cure 89 ... 136 C3
Domecy-sur-le-Vault 89 ... 136 C2
Doméliers 60 ... 34 A1
Domène 38 ... 231 D1
Domérat 03 ... 170 C3
Domesmont 80 ... 18 A1
Domessargues 30 ... 263 E3
Domessin 73 ... 212 C2
Domèvre-en-Haye 54 ... 67 F3
Domèvre-sous-Montfort 88 ... 94 A3
Domèvre-sur-Avière 88 ... 94 C4
Domèvre-sur-Durbion 88 ... 94 C3
Domèvre-sur-Vezouze 54 ... 95 E1
Domeyrat 43 ... 226 B1
Domeyrot 23 ... 170 A4
Domezain-Berraute 64 ... 271 F4
Domfaing 88 ... 95 E3
Domfessel 67 ... 44 A4
Domfront 60 ... 35 D1
Domfront 61 ... 81 E1
Domfront-en-Champagne 72 ... 106 C1
Domgermain 54 ... 67 F4
La Dominelais 35 ... 103 E3
Domino 17 ... 180 B2
Dominois 80 ... 6 C3
Domjean 50 ... 54 C1
Domjevin 54 ... 95 E1
Domjulien 88 ... 94 A3
Domléger 80 ... 7 D4
Domloup 35 ... 103 F1
Dommarie-Eulmont 54 ... 94 A2
Dommarien 52 ... 116 C4
Dommartemont 54 ... 68 B4
Dommartin 01 ... 175 E3
Dommartin 25 ... 161 D2
Dommartin 58 ... 156 A2
Dommartin 69 ... 192 C4
Dommartin 80 ... 18 B3
Dommartin-aux-Bois 88 ... 94 B4
Dommartin-Dampierre 51 ... 65 F1
Dommartin-la-Chaussée 54 ... 67 F1
Dommartin-la-Montagne 55 ... 67 D1
Dommartin-le-Coq 10 ... 90 C2
Dommartin-le-Franc 52 ... 92 A2
Dommartin-le-Saint-Père 52 ... 92 A2
Dommartin-lès-Cuiseaux 71 ... 176 A2
Dommartin-lès-Remiremont 88 ... 119 E1
Dommartin-lès-Toul 54 ... 67 F4
Dommartin-lès-Vallois 88 ... 94 A4
Dommartin-Lettrée 51 ... 64 C4
Dommartin-sous-Amance 54 ... 68 B3
Dommartin-sous-Hans 51 ... 65 F1
Dommartin-sur-Vraine 88 ... 93 F3
Dommartin-Varimont 51 ... 65 F2
Dommary-Baroncourt 55 ... 40 C3
Domme 24 ... 221 F4
Dommery 08 ... 22 B4
Dommiers 02 ... 36 A3
Domnon-lès-Dieuze 57 ... 69 E2
Domont 95 ... 61 D2
Dompaire 88 ... 94 B4
Dompcevrin 55 ... 67 D2
Dompierre 60 ... 35 D1
Dompierre 61 ... 55 E4
Dompierre 88 ... 95 D3
Dompierre-aux-Bois 55 ... 67 D1
Dompierre-Becquincourt 80 ... 19 D2
Dompierre-du-Chemin 35 ... 80 B3
Dompierre-en-Morvan 21 ... 137 F3
Dompierre-les-Églises 87 ... 185 F1
Dompierre-les-Ormes 71 ... 174 B3
Dompierre-les-Tilleuls 25 ... 160 C3
Dompierre-sous-Sanvignes 71 ... 174 A1
Dompierre-sur-Authie 80 ... 6 C3
Dompierre-sur-Besbre 03 ... 173 D2
Dompierre-sur-Chalaronne 01 ... 193 D1
Dompierre-sur-Charente 17 ... 199 F1
Dompierre-sur-Helpe 59 ... 10 B3
Dompierre-sur-Héry 58 ... 136 B4
Dompierre-sur-Mer 17 ... 163 F4
Dompierre-sur-Mont 39 ... 176 C1
Dompierre-sur-Nièvre 58 ... 135 F4
Dompierre-sur-Veyle 01 ... 193 F2
Dompierre-sur-Yon 85 ... 145 F4
Dompnac 07 ... 245 E2
Domprel 25 ... 142 A4
Dompremy 51 ... 65 E4
Domprix 54 ... 41 D3
Domps 87 ... 204 C1
Domptail 88 ... 95 D2
Domptail-en-l'Air 54 ... 94 B1
Domptin 02 ... 62 C2
Domqueur 80 ... 17 F1
Domremy-aux-Bois 55 ... 66 C4
Domremy-en-Ornois 52 ... 92 B3
Domremy-la-Canne 55 ... 40 C3
Domrémy-la-Pucelle 88 ... 93 E2
Domsure 01 ... 176 A3
Domvallier 88 ... 94 A3
Domvast 80 ... 6 C4
Don 59 ... 8 B1
Donazac 11 ... 302 A3
Donchery 08 ... 23 D4
Doncières 88 ... 95 D2
Doncourt-aux-Templiers 55 ... 67 E1
Doncourt-lès-Conflans 54 ... 41 E4
Doncourt-lès-Longuyon 54 ... 40 C2
Doncourt-sur-Meuse 52 ... 93 D4
Dondas 47 ... 256 C1
Donges 44 ... 125 E3
Donjeux 52 ... 92 B3
Donjeux 57 ... 68 C2
Le Donjon 03 ... 173 D3
Donnay 14 ... 55 F2
Donnazac 81 ... 259 D3
Donnelay 57 ... 69 D3
Donnemain-Saint-Mamès 28 ... 109 D1
Donnemarie 52 ... 116 C1
Donnemarie-Dontilly 77 ... 88 B2
Donnement 10 ... 91 D2
Donnenheim 67 ... 71 D2
Donnery 45 ... 110 B3
Donneville 31 ... 276 C3
Donnezac 33 ... 199 F4
Donon (Col du) 67 ... 70 A4
Dontreix 23 ... 188 B3
Dontrien 51 ... 38 B4
Donville-les-Bains 50 ... 53 F2
Donzac 33 ... 236 C1
Donzac 82 ... 256 C2
Donzacq 40 ... 272 A1
Le Donzeil 23 ... 187 D2
Donzenac 19 ... 222 B1
Donzère 26 ... 246 C3

DIJON

Briand (Av. A.) ... EX 8
Brosses (Bd de) ... CY 9
Champagne (Bd de) ... EX 14
Charrue (R.) ... DY 18
Chouette (R. de la) ... DY 21
Comte (R. A.) ... DY 27
Darcy (Pl.) ... CY
Dr-Chaussier (R.) ... CY 32
Dubois (Pl. A.) ... CY 33
École-de-Droit (R.) ... DY 35
Foch (Av. Mar.) ... CY 43
Godrans (R. des) ... DY 51
Grangier (Pl.) ... DY 54
Libération (Pl. de la) ... DY 57
Liberté (R. de la) ... CY
Magenta (R.) ... EZ 58
Michelet (R.) ... CY 64
Petit-Potet (R. du) ... DY 71
Rameau (R.) ... DY 77
Rude (R. F.) ... DY 81
St-Bénigne (Pl.) ... CY 82
St-Bernard (Pl.) ... DY 83
St-Michel (Pl.) ... DY 86
Vaillant (R.) ... DY 92
Verdun (Bd de) ... EX 93
1er-Mai (Pl. du) ... CZ 94
1re-Armée-Française (Av.) ... CY 95
26e-Dragons (R. du) ... EX 98

DUNKERQUE

Albert-Ier (R.) ... CZ 2
Alexandre-III (Bd) ... CZ 3
Arbres (R. des) ... CDY 6
Asseman (Pl. P.) ... DY 7
Bergues (R. du Canal-de) ... CZ 9
Bollaert (Pl. Émile) ... CZ 12
Calonne (Pl.) ... DZ 16
Carnot (Bd) ... DY 18
Carton Lurat (Av.) ... DZ 19
Clemenceau (R.) ... CZ 21
Digue de Mer ... DY
Écluse-de-Bergues (R.) ... CZ 26
Faidherbe (Av.) ... DY
Fusiliers-Marins (R.) ... CZ 30
Gare (Pl. de la) ... CZ 32
Gaulle (Pl. du Gén.-de) ... CZ 33
Geeraert (Av. Adolphe) ... DY
Hermitte (R. l') ... CY 35
Hollandais (Quai des) ... CZ 36
Hôtel-de-Ville (R. de l') ... DY 37
Jardins (Quai des) ... CZ 38
Jaurès (R. Jean) ... CZ 40
Jean-Bart (Pl.) ... CZ 41
Jeu-de-Paume (R. du) ... CZ 42
Leclerc (R. du Mar.) ... CY 43
Leughenaer (R. du) ... CY 44
Lille (R. de) ... CZ 45
Magasin-Général (R.) ... CZ 48
Malo (Av. Gaspard) ... DY 49
Mar.-de-France (Av. des) ... DY 51
Minck (Pl. du) ... CY 53
Paris (R. de) ... CZ 54
Prés.-Poincaré (R. du) ... CZ 57
Prés.-Wilson (R. du) ... CZ 58
Quatre-Écluses (Quai) ... CZ 59
Thiers (R.) ... CZ 65
Turenne (Pl.) ... DY 67
Valentin (Pl. C.) ... CZ 68
Verley (Bd Paul) ... DY 69
Victoire (Pl. et R. de la) ... CDY 70
Victor-Hugo (Bd) ... CZ 72

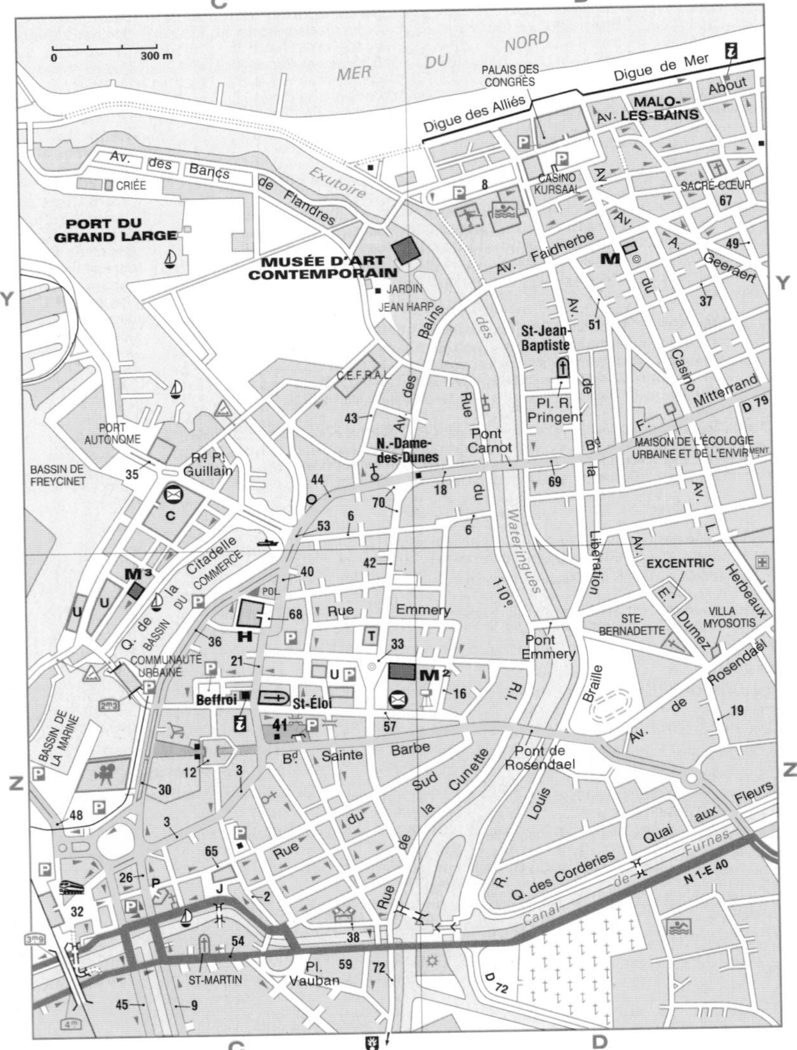

Donzy 58 ... 135 E3
Donzy-le-National 71 ... 174 C3
Donzy-le-Pertuis 71 ... 175 D3
Donzy-le-Pré 58 ... 135 E3
Doranges 63 ... 208 B3
Dorans 90 ... 142 C1
Dorat 63 ... 190 A3
Le Dorat 87 ... 185 E1
Dorceau 61 ... 84 A2
Dordives 45 ... 111 F1
Dore-l'Église 63 ... 208 C3
La Dorée 53 ... 80 C2
Dorengt 02 ... 10 A4
Dorignies 59 ... 8 C2
Dorlisheim 67 ... 70 C4
Dormans 51 ... 63 E1
Dormelles 77 ... 88 A3
La Dornac 24 ... 222 A2
Dornas 07 ... 228 A4
Dornecy 58 ... 136 B3
Dornes 58 ... 172 B1
Dornot 57 ... 68 A1
Dorres 66 ... 310 C3
Dortan 01 ... 176 C3
Dosches 10 ... 90 C3
Dosnon 10 ... 90 C1
Dossenheim-Kochersberg 67 ... 70 C3
Dossenheim-sur-Zinsel 67 ... 70 B1
Douadic 36 ... 168 A1
Douai 59 ... 8 C2
Douains 27 ... 59 E1
Douarnenez 29 ... 73 E3
Douaumont 55 ... 40 B4
Doubs 25 ... 161 D2
Doucelles 72 ... 82 C4
Douchapt 24 ... 220 A1
Douchy 02 ... 19 F3
Douchy 45 ... 112 B2
Douchy-lès-Ayette 62 ... 8 A4
Douchy-les-Mines 59 ... 9 E3
Doucier 39 ... 177 D1
Doucy 73 ... 214 A2
Doucy-en-Bauges 73 ... 195 E4
Doudeauville 62 ... 2 B4
Doudeauville 76 ... 33 E1
Doudeauville-en-Vexin 27 ... 33 D3
Doudelainville 80 ... 17 E1
Doudeville 76 ... 15 E2
Doudrac 47 ... 238 B1
Doue 77 ... 62 B3
Doué-la-Fontaine 49 ... 129 D4
Douelle 46 ... 240 A3
Le Douhet 17 ... 181 F4
Douillet 72 ... 82 B4
Douilly 80 ... 19 F3
Doulaincourt 52 ... 92 B3
Doulaize 25 ... 160 B1
Doulcon 55 ... 39 F2
Doulevant-le-Château 52 ... 92 A3
Doulevant-le-Petit 52 ... 92 A2
Doulezon 33 ... 219 D4
Le Doulieu 59 ... 4 A4
Doullens 80 ... 7 E4
Doumely-Bégny 08 ... 22 A4
Doumy 64 ... 272 C3
Dounoux 88 ... 118 C1
Les Dourbes 04 ... 268 A2
Dourbies 30 ... 262 A2
Dourdain 35 ... 80 A4
Dourdan 91 ... 86 B2
Dourges 62 ... 8 C2
Dourgne 81 ... 278 A3
Douriez 62 ... 6 C3
Dourlers 59 ... 10 B3
Le Dourn 81 ... 260 A3
Dournazac 87 ... 203 D1
Dournon 39 ... 160 B2
Dours 65 ... 298 A1
Doussard 74 ... 195 F4
Doussay 86 ... 149 D3
Douvaine 74 ... 178 A3
Douville 24 ... 220 B3
Douville-en-Auge 14 ... 30 A3
Douville-sur-Andelle 27 ... 32 C3
Douvrend 76 ... 16 B3
Douvres 01 ... 194 A2
Douvres-la-Délivrande 14 ... 29 E3
Douvrin 62 ... 8 B1
Doux 08 ... 38 B1
Doux 79 ... 148 C4
Douy 28 ... 109 D2
Douy-la-Ramée 77 ... 62 A1
Douzains 47 ... 238 B2
Douzat 16 ... 201 E1
La Douze 24 ... 221 D2
Douzens 11 ... 303 D2
Douzies 59 ... 10 B2
Douzillac 24 ... 220 A2
Douzy 08 ... 23 E4
Doville 50 ... 24 C4
La Doye 39 ... 177 F2
Doye 39 ... 160 B4
Doyet 03 ... 171 D4
Dozulé 14 ... 30 A4
Dracé 69 ... 192 C1
Draché 37 ... 149 F2
Drachenbronn 67 ... 45 E4
Dracy 89 ... 112 C4
Dracy-le-Fort 71 ... 158 A4
Dracy-lès-Couches 71 ... 157 E3
Dracy-Saint-Loup 71 ... 157 D2
Dragey 50 ... 53 F4
Draguignan 83 ... 287 D2
Draillant 74 ... 178 B3
Drain 49 ... 127 D3
Draix 04 ... 268 A1
Draize 08 ... 22 A4
Drambon 21 ... 139 F3
Dramelay 39 ... 176 C3
Le Dramont 83 ... 287 F3
Drancy 93 ... 61 D2
Drap 06 ... 288 C1
Dravegny 02 ... 37 D4
Draveil 91 ... 61 D4
Drée 21 ... 138 B3
Drée (Château de) 71 ... 174 A4
Drefféac 44 ... 125 E2
Drémil-Lafage 31 ... 277 D2
Le Drennec 29 ... 47 F2
Dreslincourt 60 ... 35 F1
Dreuil-Hamel 80 ... 17 F2
Dreuil-lès-Amiens 80 ... 18 A2
Dreuil-lès-Molliens 80 ... 17 F2
Dreuilhe 09 ... 301 E4
Dreux 28 ... 59 D4
Drevant 18 ... 170 C1
Dricourt 08 ... 38 C2
Driencourt 80 ... 19 F2
Drignac 15 ... 224 A1
Drincham 59 ... 3 E2
Drocourt 62 ... 8 C2
Drocourt 78 ... 60 A1
Droisy 27 ... 58 C3
Droisy 74 ... 195 D2
Droitaumont 54 ... 41 D4
Droitfontaine 25 ... 142 B3
Droiturier 03 ... 173 D4
Droizy 02 ... 36 B3
Drom 01 ... 176 B4
Dromesnil 80 ... 17 E2
Drosay 76 ... 15 E2
Drosnay 51 ... 91 E1
Droué 41 ... 108 C2
Droue-sur-Drouette 28 ... 85 F1
Drouges 35 ... 104 A2
Drouilly 51 ... 65 D3
Droupt-Saint-Basle 10 ... 90 A2
Droupt-Sainte-Marie 10 ... 90 A2
Drouville 54 ... 68 C4
Drouvin-le-Marais 62 ... 8 A1
Droux 87 ... 185 F1
Droyes 52 ... 91 E2
Drubec 14 ... 30 B3
Drucat 80 ... 6 C4
Drucourt 27 ... 57 E1
Drudas 31 ... 276 A1
Druelle 12 ... 242 B4
Drugeac 15 ... 224 A1
Druillat 01 ... 193 F2
Drulhe 12 ... 241 E3
Drulingen 67 ... 70 A1
Drumettaz-Clarafond 73 ... 213 D1
Drusenheim 67 ... 71 F2
Druval 14 ... 30 A4
Druy-Parigny 58 ... 155 D3
Druye 37 ... 130 B4
Druyes-les-Belles-Fontaines 89 ... 136 A2
Dry 45 ... 109 F4
Duault 22 ... 76 A2
Ducey 50 ... 54 A4
Duclair 76 ... 15 F4
Ducy-Sainte-Marguerite 14 ... 29 D4
Duerne 69 ... 210 B1
Duesme 21 ... 138 B1
Duffort 32 ... 274 B4
Dugny 93 ... 61 D2
Dugny-sur-Meuse 55 ... 66 C1
Duhort-Bachen 40 ... 273 D1
Duilhac-sous-Peyrepertuse 11 ... 303 D4
Duingt 74 ... 195 F3
Duisans 62 ... 8 A3
Dullin 73 ... 212 C2
Dumes 40 ... 272 B1
Dun 09 ... 301 E3
Dun-le-Palestel 23 ... 169 D4
Dun-le-Poëlier 36 ... 152 A1
Dun-les-Places 58 ... 137 E4
Dun-sur-Auron 18 ... 153 F3
Dun-sur-Grandry 58 ... 156 A1
Dun-sur-Meuse 55 ... 39 F2
Duneau 72 ... 107 E1
Dunes 82 ... 256 C2
Dunet 36 ... 168 B3
Dung 25 ... 142 B1
Dunière-sur-Eyrieux 07 ... 228 C4
Dunières 43 ... 228 A1
Dunkerque 59 ... 3 E1
Duntzenheim 67 ... 70 C2
Duppigheim 67 ... 71 D4
Duran 32 ... 274 C2
Durance 47 ... 255 E1
Duranus 06 ... 289 D3
Duranville 27 ... 31 D4
Duras 47 ... 237 E1
Duravel 46 ... 239 E3
Durban 32 ... 274 C3
Durban-Corbières 11 ... 303 E3
Durban-sur-Arize 09 ... 300 B3
Durbans 46 ... 240 C1
Durbelière (Château de la) 79 ... 147 E2
Durcet 61 ... 55 F4
Durdat-Larequille 03 ... 171 D4
Dureil 72 ... 106 A3
Durenque 12 ... 260 B2
Durette 69 ... 192 B1
Durfort 09 ... 300 C1
Durfort 81 ... 278 A4
Durfort-et-Saint-Martin-de-Sossenac 30 ... 263 D3
Durfort-Lacapelette 82 ... 257 E1
Durlinsdorf 68 ... 120 B4
Durmenach 68 ... 120 C4
Durmignat 63 ... 189 D1
Durnes 25 ... 160 C1
Durningen 67 ... 70 C2
Durrenbach 67 ... 71 D1
Durrenentzen 68 ... 96 C3
Durstel 67 ... 70 A1
Durtal 49 ... 106 A4
Durtol 63 ... 189 E4
Dury 02 ... 19 F4
Dury 62 ... 8 C3
Dury 80 ... 18 B3
Dussac 24 ... 203 E3
Duttlenheim 67 ... 70 C4
Duvy 60 ... 35 E4
Duzey 55 ... 40 C2
Dyé 89 ... 114 A3
Dyo 71 ... 174 A3

E

Eancé 35 ... 104 A3
Eaubonne 95 ... 60 C2
Eaucourt-sur-Somme 80 ... 17 E1
Eaunes 31 ... 276 B4
Eaux-Bonnes 64 ... 296 C3
Eaux-Chaudes 64 ... 296 C3
Eaux-Puiseaux 10 ... 114 A1
Eauze 32 ... 255 D4
Ébange 57 ... 41 F3
Ébaty 21 ... 158 A3
Ebaupinaye (Château d') 79 ... 147 F2
Ebblinghem 59 ... 3 E3
Ébéon 17 ... 182 B3
Eberbach-Seltz 67 ... 45 F4
Eberbach-Wœrth 67 ... 45 D4
Ebersheim 67 ... 96 C2
Ebersmunster 67 ... 96 C1
Ébersviller 57 ... 42 A3
Éblange 57 ... 42 B3
Ébouleau 02 ... 21 D4
Ébréon 16 ... 183 E3
Ébreuil 03 ... 189 E1
L'Écaille 08 ... 38 A2
Écaillon 59 ... 9 D3
Écajeul 14 ... 56 B1
Écalgrain (Baie d') 50 ... 24 A1
Écalles-Alix 76 ... 15 F3
Écaquelon 27 ... 31 E3
Écardenville-la-Campagne 27 ... 58 A1
Écardenville-sur-Eure 27 ... 59 D1
Écausseville 50 ... 25 D3
Écauville 27 ... 58 B1
Eccica-Suarella 2A ... 316 C4
Eccles 59 ... 10 C2
Échalas 69 ... 210 C2
Échallat 16 ... 201 D1
Échallon 01 ... 177 D4
Échalot 21 ... 138 C1
Échalou 61 ... 55 F4
Échandelys 63 ... 208 B2
Échannay 21 ... 138 B4
Écharcon 91 ... 87 D1
Les Écharmeaux 69 ... 192 A1
Échassières 03 ... 189 D1
Échauffour 61 ... 57 E4
Échavanne 70 ... 119 E4
Échay 25 ... 160 A1
Échebrune 17 ... 199 F2
L'Échelle 08 ... 22 B3
L'Échelle-Saint-Aurin 80 ... 19 D4
Les Échelles 73 ... 212 C3
Échemines 10 ... 89 F3
Échemiré 49 ... 129 D1
Échenans 25 ... 142 B1
Échenans-sous-Mont-Vaudois 70 ... 142 B1
Échenay 52 ... 92 C2
Échenevex 01 ... 177 F3
Échenon 21 ... 159 D1
Échenoz-la-Méline 70 ... 141 E1
Échenoz-le-Sec 70 ... 141 E1
Échery 68 ... 96 A2
Les Échets 01 ... 193 D3
Échevanne 70 ... 140 B2
Échevannes 21 ... 139 E2
Échevannes 25 ... 160 C1
Échevis 26 ... 230 A2
Échevronne 21 ... 158 A1
Échigey 21 ... 139 E4
Échillais 17 ... 181 D3
Échilleuses 45 ... 111 D1
Échinghen 62 ... 2 A4
Échiré 79 ... 164 C3
Échirolles 38 ... 230 C1
Échouboulains 77 ... 88 A2
Échourgnac 24 ... 219 F1
Eckartswiller 67 ... 70 B2
Eckbolsheim 67 ... 71 D3
Eckmühl (Phare d') 29 ... 98 A2
Eckwersheim 67 ... 71 D2
Éclaibes 59 ... 10 B2
Éclaires 51 ... 66 A1
Éclance 10 ... 91 E3
Éclans 39 ... 159 E1
Éclaron 52 ... 91 F1
Éclassan 07 ... 228 C1
Écleux 39 ... 159 F2
Éclimeux 62 ... 7 D2
Éclose 38 ... 211 F2
Écluse (Défilé de l') 74 ... 195 D1
Éclusier-Vaux 80 ... 19 D2
Écluzelles 28 ... 59 E4
Écly 08 ... 38 A1
Écoche 42 ... 191 F1
Écoivres 62 ... 7 E3
École 73 ... 213 E1
École-Valentin 25 ... 141 D4
Écollemont 51 ... 91 E1
Écoman 41 ... 109 D3
Écommoy 72 ... 107 D3
Écomusée de Haute-Alsace 68 ... 120 B1
Écoqueneauville 50 ... 25 E4
Écorcei 61 ... 57 F4
Les Écorces 25 ... 142 C4
Écorches 61 ... 56 C3
Écordal 08 ... 38 C1
Écorpain 72 ... 107 F2
Écos 27 ... 33 D4
Écot 25 ... 142 B2
Écot-la-Combe 52 ... 92 C4
Écotay-l'Olme 42 ... 209 E2
Écots 14 ... 56 C2
Écouché 61 ... 56 B4
Écouen 95 ... 61 D2
Écouflant 49 ... 128 B2
Écouis 27 ... 32 C3
Écourt-Saint-Quentin 62 ... 8 C3
Écoust-Saint-Mein 62 ... 8 B4
Écouves (Forêt d') 61 ... 82 C1
Écouviez 55 ... 40 B1
L'Écouvotte 25 ... 141 F3
Écoyeux 17 ... 182 B4
Ecquedecques 62 ... 7 E1
Ecques 62 ... 3 E4
Ecquetot 27 ... 32 A4
Ecquevilly 78 ... 60 B2
Écrainville 76 ... 14 C3
Écrammeville 14 ... 27 F3
Les Écrennes 77 ... 88 A2
Écretteville-lès-Baons 76 ... 15 E3
Écretteville-sur-Mer 76 ... 15 D2

Écriennes 51 ... 65 E4
Écrille 39 ... 176 C2
Écromagny 70 ... 119 D3
Écrosnes 28 ... 85 F1
Écrouves 54 ... 67 F4
Ectot-l'Auber 76 ... 15 F3
Ectot-lès-Baons 76 ... 15 F3
Écublé 28 ... 85 D1
Écueil 51 ... 37 E4
Écueillé 36 ... 151 E1
Écuélin 59 ... 10 B2
Écuelle 70 ... 140 A1
Écuelles 71 ... 158 B2
Écuelles 77 ... 88 A3
Écuillé 49 ... 128 B1
Écuires 62 ... 6 B2
Écuisses 71 ... 157 E4
Éculleville 50 ... 24 B2
Écully 69 ... 192 C4
Écuras 16 ... 202 B1
Écurat 17 ... 181 F4
Écurcey 25 ... 142 C2
Écurey-en-Verdunois 55 ... 40 A2
Écurie 62 ... 8 B3
Écury-le-Repos 51 ... 64 A3
Écury-sur-Coole 51 ... 64 C2
Écutigny 21 ... 157 F1
Écuvilly 60 ... 19 E4
Edern 29 ... 75 D4
Édon 16 ... 202 A3
Les Éduts 17 ... 182 C2
Eecke 59 ... 4 A3
Effiat 63 ... 189 F2
Effincourt 52 ... 92 B2
Effry 02 ... 21 E2
Égat 66 ... 310 C3
Égleny 89 ... 113 D4
Égletons 19 ... 205 E3
Égligny 77 ... 88 B2
Eglingen 68 ... 120 B3
L'Église-aux-Bois 19 ... 204 C1
Église-Neuve-de-Vergt 24 ... 220 C2
Église-Neuve-d'Issac 24 ... 220 A3
Égliseneuve-d'Entraigues 63 ... 206 D3
Égliseneuve-des-Liards 63 ... 208 A2
Égliseneuve-près-Billom 63 ... 208 A1
Les Églises d'Argenteuil 17 ... 182 B2
Églisolles 63 ... 209 D3
Les Églisottes-et-Chalaures 33 ... 219 D2
Égly 91 ... 86 C1
Égreville 77 ... 112 A1
Égriselles-le-Bocage 89 ... 112 C1
Égry 45 ... 111 D1
Éguelshardt 57 ... 44 C4
Éguenigue 90 ... 119 F4
L'Éguille 17 ... 181 D4
Éguilles 13 ... 284 C2
Éguilly 21 ... 138 A4
Éguilly-sous-Bois 10 ... 115 D1
Éguisheim 68 ... 96 B4
Éguzon 36 ... 168 C3
Éguzon (Barrage d') 36 ... 168 C3
Éhuns 70 ... 118 C3
Eichhoffen 67 ... 96 C1
Eincheville 57 ... 69 D1
Einvaux 54 ... 94 C1
Einville-au-Jard 54 ... 68 C4
Eix 55 ... 40 B4
Élan 08 ... 22 C4
Élancourt 78 ... 60 B4
Elbach 68 ... 120 A3
Elbeuf 76 ... 32 A3
Elbeuf-en-Bray 76 ... 33 E2
Elbeuf-sur-Andelle 76 ... 32 C2
Élencourt 60 ... 17 E4
Élesmes 59 ... 10 C1
Életot 76 ... 15 D2
Éleu-Dit-Leauwette 62 ... 8 B2
Élincourt 59 ... 20 B1
Élincourt-Sainte-Marguerite 60 ... 35 E1
Élisabethville 78 ... 60 A2
Élise-Daucourt 51 ... 65 F1
Elizaberry 64 ... 270 C3
Ellecourt 76 ... 17 D3
Elliant 29 ... 99 D1
Ellon 14 ... 29 D4
Elne 66 ... 313 D2
Elnes 62 ... 3 D4
Éloie 90 ... 119 F4
Éloise 74 ... 194 C1
Éloyes 88 ... 119 D1
Elsenheim 67 ... 96 C3
Elvange 57 ... 68 C1
Elven 56 ... 101 E3
Elzange 57 ... 42 A2
Émagny 25 ... 140 C3
Émalleville 27 ... 58 C1
Émancé 78 ... 85 F1
Émanville 27 ... 58 B1
Émanville 76 ... 15 F3
Emberménil 54 ... 69 E4
Embourie 16 ... 183 E2
Embres-et-Castelmaure 11 ... 303 E4
Embreville 80 ... 17 D1
Embrun 05 ... 250 B2
Embry 62 ... 6 C1
Émerainville 77 ... 61 E3
Émerchicourt 59 ... 9 D3
Émeringes 69 ... 175 D4
Éméville 60 ... 35 F3
Émiéville 14 ... 29 F4
Emlingen 68 ... 120 B3
Emmerin 59 ... 8 C1
Émondeville 50 ... 25 D4
Empeaux 31 ... 276 A3
Empurany 07 ... 228 B2
Empuré 16 ... 183 E2
Empury 58 ... 136 C3
Encausse 32 ... 275 F1
Encausse-les-Thermes 31 ... 299 D3
Enchanet (Barrage d') 15 ... 223 F2
Enchastrayes 04 ... 250 C3
Enchenberg 57 ... 44 B4
L'Enclave-de-la-Martinière 79 ... 165 E4
Encourtiech 09 ... 300 A3
Encrenaz (Col de l') 74 ... 178 C4
Endoufielle 32 ... 275 F3
Énencourt-le-Sec 60 ... 33 F3
Énencourt-Léage 60 ... 33 F3
Enfer (Gouffre d') 42 ... 210 A3
Enfer (Portes d') 86 ... 167 E4
Enfonvelle 52 ... 117 F2
Engarran (Château de l') 34 ... 281 E2
Engayrac 47 ... 256 C1
Engayresque (Col d') 12 ... 261 E1
Engente 10 ... 91 F4
Engenthal 67 ... 70 B3
Engenville 45 ... 86 C4
Enghien-les-Bains 95 ... 61 D2
Engins 38 ... 230 B1
Englancourt 02 ... 21 D2
Englebelmer 80 ... 18 C1
Englefontaine 59 ... 9 F4
Englesqueville-en-Auge 14 ... 30 B3
Englesqueville-la-Percée 14 ... 27 F2
Englos 59 ... 4 B4
Engomer 09 ... 299 F4
Engraviès 09 ... 301 E3
Enguinegatte 62 ... 7 E1
Engwiller 67 ... 71 D1
Ennemain 80 ... 19 E3
Ennery 57 ... 41 F3
Ennery 95 ... 60 C1
Ennetières-en-Weppes 59 ... 4 B4
Ennevelin 59 ... 9 D1
Ennezat 63 ... 189 F3
Ennordres 18 ... 134 A3
Enquin-les-Mines 62 ... 7 E1
Enquin-sur-Baillons 62 ... 6 C1
Ens 65 ... 307 E4
Ensérune (Oppidum d') 34 ... 304 C1
Ensigné 79 ... 182 C2
Ensisheim 68 ... 120 C1
Ensuès-la-Redonne 13 ... 284 B4
Entrages 04 ... 267 F2
Entraigues 38 ... 231 D3
Entraigues 63 ... 189 F3
Entraigues-sur-la-Sorgue 84 ... 265 D3
Entrains-sur-Nohain 58 ... 135 F2
Entrammes 53 ... 105 D2
Entrange 57 ... 41 E2
Entraunes 06 ... 268 C1
Entraygues-sur-Truyère 12 ... 242 B2
Entre-deux-Eaux 88 ... 95 F3
Entre-deux-Guiers 38 ... 212 C3
Entre-deux-Monts 39 ... 177 E1
Entrecasteaux 83 ... 286 C2
Entrechaux 84 ... 265 E1
Entremont 74 ... 196 A2
Entremont-le-Vieux 73 ... 213 D2
Entrepierres 04 ... 267 E1
Entressen 13 ... 284 A2
Entrevaux 04 ... 269 D3
Entrevennes 04 ... 267 E3
Entrevernes 74 ... 195 F4
Entzheim 67 ... 71 D4
Enval 63 ... 189 E3
Enveitg 66 ... 310 C4
Envermeu 76 ... 16 B2
Envronville 76 ... 15 E3
Éoulx 04 ... 268 B4
Éourres 05 ... 266 C1
Éoux 31 ... 299 E1
Épagne 10 ... 91 D3
Épagne-Épagnette 80 ... 17 E1
Épagny 02 ... 36 A2
Épagny 21 ... 139 E2
Épagny 74 ... 195 E2
Épaignes 27 ... 31 D3
Épaney 14 ... 56 B2
Épannes 79 ... 164 B4
Éparcy 02 ... 21 E2
Les Éparges 55 ... 67 D1
Épargnes 17 ... 199 D2
Les Éparres 38 ... 211 F2
Épau (Abbaye de l') 72 ... 107 D2
Épaumesnil 80 ... 17 E2
Épaux-Bézu 02 ... 62 C1
Épeautrolles 28 ... 85 D3
Épécamps 80 ... 18 A1
Épégard 27 ... 31 F4
Épehy 80 ... 19 F1
Épeigné-les-Bois 37 ... 131 F4
Épeigné-sur-Dême 37 ... 130 C1
Épénancourt 80 ... 19 E3
Épenède 16 ... 184 B2
Épenouse 25 ... 141 F4
Épenoy 25 ... 161 D1
Épense 51 ... 65 F2
Épercieux-Saint-Paul 42 ... 191 F4
Éperlecques 62 ... 3 D3
Épernay 51 ... 64 A1
Épernay-sous-Gevrey 21 ... 139 E4
Épernon 28 ... 85 F1
Éperrais 61 ... 83 F2
Épersy 73 ... 195 D4
Épertully 71 ... 157 F2
Épervans 71 ... 158 A4
Les Epesses 85 ... 146 C3
Épeugney 25 ... 160 B1
Epfig 67 ... 96 C1
Épiais 41 ... 109 D4
Épiais-lès-Louvres 95 ... 61 E1
Épiais-Rhus 95 ... 60 B1
Épieds 02 ... 63 D1
Épieds 27 ... 59 E2
Épieds 49 ... 148 B1
Épieds-en-Beauce 45 ... 109 F2
Épierre 73 ... 213 F2
Épiez-sur-Chiers 54 ... 40 B1
Épiez-sur-Meuse 55 ... 93 E1
Épinac 71 ... 157 E2
Épinal 88 ... 94 C4
Épinant 52 ... 117 D2
Épinay 27 ... 57 F2
Épinay-Champlâtreux 95 ... 61 D1
L'Épinay-le-Comte 61 ... 81 D2
Épinay-sous-Sénart 91 ... 61 E4
Épinay-sur-Duclair 76 ... 15 F4
Épinay-sur-Odon 14 ... 55 E1
Épinay-sur-Orge 91 ... 61 D4
Épinay-sur-Seine 93 ... 61 D2
L'Épine 05 ... 248 C3
L'Épine 51 ... 65 D2
L'Épine 85 ... 144 A2
Épine (Col de l') 73 ... 212 C1
L'Épine-aux-Bois 02 ... 63 D3
Épineau-les-Voves 89 ... 113 D2
Épineu-le-Chevreuil 72 ... 106 B1
Épineuil 89 ... 114 A3
Épineuil-le-Fleuriel 18 ... 170 C2
Épineuse 60 ... 35 D2
Épineux-le-Seguin 53 ... 105 F2
Épiniac 35 ... 79 E1
Épinonville 55 ... 39 F3
Épinouze 26 ... 211 D4
Épinoy 62 ... 9 D4
Épire 49 ... 128 B3
Épiry 58 ... 155 F1
Épisy 77 ... 87 F3
Épizon 52 ... 92 C3
Éplessier 80 ... 17 F3
Éply 54 ... 68 A2
Époisses 21 ... 137 E2
Épône 78 ... 60 A2
Épothémont 10 ... 91 E2
Épouville 76 ... 14 B4
Époye 51 ... 38 A3
Eppe-Sauvage 59 ... 10 C3
Eppes 02 ... 37 D1
Eppeville 80 ... 19 F4
Epping 57 ... 43 F4
Épretot 76 ... 14 C4
Épreville 76 ... 14 C2
Épreville-en-Lieuvin 27 ... 31 D4
Épreville-en-Roumois 27 ... 31 F3
Épreville-près-le-Neubourg 27 ... 58 B1
Épron 14 ... 29 E4
Eps 62 ... 7 E2
Épuisay 41 ... 108 B3
Équancourt 80 ... 19 F1
Équemauville 14 ... 30 C2
Équennes-Éramecourt 80 ... 17 F4
Équeurdreville-Hainneville 50 ... 24 C2
Équevilley 70 ... 118 B3
Équevillon 39 ... 160 B4
Équihen-Plage 62 ... 2 A4
Équilly 50 ... 54 A3
Équirre 62 ... 7 E2
Éragny 95 ... 60 B2
Éragny-sur-Epte 60 ... 33 E3
Eraines 14 ... 56 B2
Éramecourt 80 ... 17 F4
Éraville 16 ... 201 D2
Erbajolo 2B ... 317 E1
Erbalunga 2B ... 315 F1
Erbéviller-sur-Amezule 54 ... 68 C3
Erbray 44 ... 104 A4
Erbrée 35 ... 104 B1
Ercé 09 ... 300 B4
Ercé-en-Lamée 35 ... 103 E3
Ercé-près-Liffré 35 ... 79 F3
Erceville 45 ... 86 B4
Erches 80 ... 19 D4
Ercheu 80 ... 19 E4
Erchin 59 ... 9 D3
Erching 57 ... 43 F4
Erckartswiller 67 ... 70 B1
Ercourt 80 ... 17 D1
Ercuis 60 ... 34 B4
Erdeven 56 ... 100 B4
Éréac 22 ... 78 A3
Ergersheim 67 ... 70 C3
Ergnies 80 ... 17 F1
Ergny 62 ... 6 C1
Ergué-Gabéric 29 ... 73 F4
Érigné 49 ... 128 B3
Érin 62 ... 7 E2
Éringes 21 ... 138 A1
Eringhem 59 ... 3 E2
Ériseul 52 ... 116 B3
Érize-la-Brûlée 55 ... 66 B3
Érize-la-Grande 55 ... 66 B2
Érize-la-Petite 55 ... 66 B2
Érize-Saint-Dizier 55 ... 66 B3
Erlon 02 ... 21 D4
Erloy 02 ... 21 D2
Ermenonville 60 ... 61 F1
Ermenonville-la-Grande 28 ... 85 D3
Ermenonville-la-Petite 28 ... 85 D4
Ermenouville 76 ... 15 E2
Ermitage-du-Frère-Joseph 88 ... 119 F2
Ermont 95 ... 60 C2
Ernecourt 55 ... 66 C4
Ernée 53 ... 80 C3
Ernemont-Boutavent 60 ... 33 E1
Ernemont-la-Villette 76 ... 33 E2
Ernemont-sur-Buchy 76 ... 32 C1
Ernes 14 ... 56 B1
Ernestviller 57 ... 43 D4
Ernolsheim-Bruche 67 ... 70 C3
Ernolsheim-lès-Saverne 67 ... 70 B2
Erny-Saint-Julien 62 ... 7 E1
Érôme 26 ... 229 D1
Érondelle 80 ... 17 E1
Érone 2B ... 315 E4
Éroudeville 50 ... 25 D3
Erp 09 ... 300 A4
Erquery 60 ... 34 C2
Erquières 62 ... 7 D3
Erquinghem-le-Sec 59 ... 4 B4
Erquinghem-Lys 59 ... 4 B4
Erquinvillers 60 ... 34 C2
Erquy 22 ... 52 A4
Err 66 ... 310 C4
Erre 59 ... 9 E3
Errevet 70 ... 119 E4
Errouville 54 ... 41 D2
Ersa 2B ... 314 D1
Erstein 67 ... 97 D1
Erstroff 57 ... 69 E1
Ervauville 45 ... 112 B1
Ervillers 62 ... 8 B4
Ervy-le-Châtel 10 ... 114 A2
Esbareich 65 ... 298 C4
Esbarres 21 ... 158 C1
Esbly 77 ... 61 F3
Esboz-Brest 70 ... 118 C3
Escala 65 ... 298 B2
Escalans 40 ... 255 D3
Les Escaldes 66 ... 310 C3
L'Escale 04 ... 267 E2
Escales 11 ... 303 E1
Escalette (Pas de l') 34 ... 261 F4
Escalles 62 ... 2 B2
Escalquens 31 ... 277 D3
Escames 60 ... 33 E1
Escamps 46 ... 240 B4
Escamps 89 ... 113 D4
Escandolières 12 ... 242 A3
Escanecrabe 31 ... 299 D1
Escardes 51 ... 63 D4
L'Escarène 06 ... 289 E3
Escarmain 59 ... 9 F4
Escaro 66 ... 311 E3
Escassefort 47 ... 237 F2
Escatalens 82 ... 257 E3
Escaudain 59 ... 9 E3
Escaudes 33 ... 236 C4
Escaudœuvres 59 ... 9 D4
Escaufourt 59 ... 20 B1
Escaunets 65 ... 273 E4
Escautpont 59 ... 9 F2
Escazeaux 82 ... 257 D4
Eschau 67 ... 71 D4
Eschbach 67 ... 71 D1
Eschbach-au-Val 68 ... 96 A4
Eschbourg 67 ... 70 B1
Eschêne-Autrage 90 ... 120 A4
Eschentzwiller 68 ... 120 C2
Escherange 57 ... 41 E2
Esches 60 ... 34 A4
Eschwiller 67 ... 70 A1
Esclagne 09 ... 301 E3
Esclainvillers 80 ... 18 B4
Esclanèdes 48 ... 244 A3
Esclangon 04 ... 250 A4
Esclassan-Labastide 32 ... 274 C4
Esclauzels 46 ... 240 B3
Esclavelles 76 ... 16 C4
Esclavolles-Lurey 51 ... 89 E1
Escles 88 ... 94 B4
Escles-Saint-Pierre 60 ... 17 E4
Esclimont 28 ... 86 A2
Esclottes 47 ... 237 E1
Escobecques 59 ... 4 B4
Escœuilles 62 ... 2 C4
Escoire 24 ... 221 D1
Escolives-Sainte-Camille 89 ... 113 E4
Escombres-et-le-Chesnois 08 ... 23 E4
Esconac 33 ... 236 A1
Escondeaux 65 ... 274 A4
Esconnets 65 ... 298 A2
Escorailles 15 ... 223 F1
Escornebœuf 32 ... 275 F2
Escorpain 28 ... 58 C4
Escos 64 ... 271 F3
Escosse 09 ... 300 C2
Escot 64 ... 296 B2
Escots 65 ... 298 A2
Escou 64 ... 296 B1
Escoubès 64 ... 273 D3
Escoubès-Pouts 65 ... 297 F2
Escoublère (Manoir de l') 53 ... 105 E4
Escoulis 31 ... 299 F2
Escouloubre 11 ... 311 D1
Escource 40 ... 252 C1
Escoussans 33 ... 236 C1
Escoussens 81 ... 278 B3
Escout 64 ... 296 B1
Escoutoux 63 ... 190 B4
Escoville 14 ... 29 F4
Escragnolles 06 ... 269 D4
Escrennes 45 ... 110 C1
Escrignelles 45 ... 112 A4
Escrinet (Col de l') 07 ... 246 B1
Escroux 81 ... 279 D1
Escueillens 11 ... 301 F2
Escurès 64 ... 273 E3
Escures-sur-Favières 14 ... 56 B1
Escurolles 03 ... 189 F1
Ésery 74 ... 195 F1
Eslettes 76 ... 32 A1
Esley 88 ... 94 A4
Eslourenties-Daban 64 ... 273 E4
Esmans 77 ... 88 A3
Esmery-Hallon 80 ... 19 F4
Esmoulières 70 ... 119 D3
Esmoulins 70 ... 140 B3
Esnandes 17 ... 163 E4
Esnans 25 ... 141 F3
Esnes 59 ... 20 A1
Esnes-en-Argonne 55 ... 40 A4
Esnoms-au-Val 52 ... 116 B4
Esnon 89 ... 113 E2
Esnouveaux 52 ... 116 C1
Espagnac 19 ... 223 D1
Espagnac-Sainte-Eulalie 46 ... 240 C2
Espagnols (Pointe des) 29 ... 47 E3
Espalais 82 ... 256 C2
Espalem 43 ... 207 F4
Espalion 12 ... 242 C3
Espaly-Saint-Marcel 43 ... 227 D2
Espanès 31 ... 276 C3
Espaon 32 ... 275 E4
Esparron 05 ... 249 D3
Esparron 31 ... 299 E1
Esparron 83 ... 285 F2
Esparron-de-Verdon 04 ... 286 A1
Esparron-la-Bâtie 04 ... 249 F4
Esparros 65 ... 298 B3
Esparsac 82 ... 257 D4
Espartignac 19 ... 204 B3
Espas 32 ... 273 F1
Espaubourg 60 ... 33 F2
Espèche 65 ... 298 B2
Espéchède 64 ... 273 E4
Espédaillac 46 ... 240 C2
Espelette 64 ... 270 C4
Espeluche 26 ... 247 D2
Espenel 26 ... 247 F1
Espérausses 81 ... 279 D1
Espéraza 11 ... 302 B4
Esperce 31 ... 300 C1
Espère 46 ... 240 A3
L'Espérou 30 ... 262 B2
Espès-Undurein 64 ... 295 F1
Espeyrac 12 ... 242 B2
Espeyroux 46 ... 241 D1
Espezel 11 ... 310 C1
Espieilh 65 ... 298 A2
Espiens 47 ... 255 F1
Espiet 33 ... 218 C4
Espinas 82 ... 258 C1
Espinasse 15 ... 225 D4
Espinasse 63 ... 188 C2
Espinasse-Vozelle 03 ... 189 F1
Espinasses 05 ... 249 F2
Espinchal 63 ... 207 D3
Espinouse 04 ... 267 E2
Espins 14 ... 55 F1
Espira-de-Conflent 66 ... 311 F2
Espira-de-l'Agly 66 ... 312 C1
Espirat 63 ... 190 A4
Espiute 64 ... 271 F4
Esplantas 43 ... 226 B3
Esplas 09 ... 300 C2
Esplas-de-Sérou 09 ... 300 B3
Espoey 64 ... 297 E1
Espondeilhan 34 ... 280 B3
Esprels 70 ... 141 F1
Esquay-Notre-Dame 14 ... 55 F1
Esquay-sur-Seulles 14 ... 29 D3
Esquéhéries 02 ... 10 A4
Esquelbecq 59 ... 3 F2
Esquennoy 60 ... 18 B4
Esquerchin 59 ... 8 C2
Esquerdes 62 ... 3 D4
Esquibien 29 ... 72 C3
Esquièze-Sère 65 ... 297 F4
Esquillon (Pointe de l') 06 ... 288 A4
Esquiule 64 ... 296 A1
Essalois (Château d') 42 ... 209 F3
Les Essards 16 ... 219 E1
Les Essards 17 ... 181 E4
Les Essards 37 ... 130 A3
Les Essards-Taignevaux 39 ... 159 D3
Essarois 21 ... 115 F4
Essars 62 ... 8 A1
Les Essarts 27 ... 58 B3
Les Essarts 41 ... 107 F4
Les Essarts 76 ... 32 A3
Les Essarts 85 ... 146 A4
Les Essarts-le-Roi 78 ... 60 A4
Les Essarts-le-Vicomte 51 ... 63 E4
Les Essarts-lès-Sézanne 51 ... 63 E4
Les Essarts-Varimpré 76 ... 16 C3
Essavilly 39 ... 160 B3
Essay 61 ... 83 D1
Esse 16 ... 184 C2
Essé 35 ... 103 F2
Essegney 88 ... 94 B2
Les Esseintes 33 ... 237 D2
Essert 89 ... 136 C1
Essert 90 ... 119 F4
Essert-Romand 74 ... 178 C4
Essertaux 80 ... 18 A4
Essertenne 71 ... 157 E4
Essertenne-et-Cecey 70 ... 140 A3
Essertines-en-Châtelneuf 42 ... 209 D1
Essertines-en-Donzy 42 ... 192 A4
Esserts-Blay 73 ... 214 A1
Esserts-Salève 74 ... 195 F1
Esserval-Combe 39 ... 160 B3
Esserval-Tartre 39 ... 160 B3
Essey 21 ... 138 B4
Essey-et-Maizerais 54 ... 67 E2
Essey-la-Côte 54 ... 94 C2
Essey-les-Eaux 52 ... 116 C1
Essey-lès-Nancy 54 ... 68 B4
Essey-les-Ponts 52 ... 115 F1
Essia 39 ... 176 C1
Essigny-le-Grand 02 ... 20 A3
Essigny-le-Petit 02 ... 20 B2
Essises 02 ... 63 D2
Essômes-sur-Marne 02 ... 63 D1
Esson 14 ... 55 F2
Essoyes 10 ... 115 D1
Essuiles 60 ... 34 B2
Les Estables 43 ... 227 F3
Estables 48 ... 244 B1
Establet 26 ... 248 B2
Estadens 31 ... 299 E3
Estagel 66 ... 312 C1
Estaing 12 ... 242 C2
Estaing 65 ... 297 E3
Estaires 59 ... 4 A4
Estal 46 ... 223 D3
Estampes 32 ... 274 B4
Estampures 65 ... 274 B4
Estancarbon 31 ... 299 E2
Estandeuil 63 ... 208 A1
Estang 32 ... 254 C4
L'Estaque 13 ... 284 C4
Estarvielle 65 ... 298 B4
Estavar 66 ... 310 C4
Esteil 63 ... 208 A3
Estenc 06 ... 251 D4
Esténos 31 ... 299 D4
Estensan 65 ... 298 B4
Estérençuby 64 ... 295 D2
Esternay 51 ... 63 E4
Esterre 65 ... 297 F4
Estevelles 62 ... 8 C2
Esteville 76 ... 32 B1
Estézargues 30 ... 264 B3
Estialescq 64 ... 296 B1
Estibeaux 40 ... 271 F2
Estigarde 40 ... 254 C2
Estillac 47 ... 256 A2
Estipouy 32 ... 274 B2
Estirac 65 ... 273 F3
Estissac 10 ... 89 F4
Estivals 19 ... 222 A2
Estivareilles 03 ... 170 C3
Estivareilles 42 ... 209 E3
Estivaux 19 ... 204 A4
Estoher 66 ... 311 F2
Estos 64 ... 296 B1
Estoublon 04 ... 267 F3
Estouches 91 ... 86 C3
Estourmel 59 ... 9 E4
Étouteville-Écalles 76 ... 32 C1
Estouy 45 ... 87 D4
Estrablin 38 ... 211 D2
Estramiac 32 ... 256 C4
Estrebay 08 ... 22 A3
Estrébœuf 80 ... 6 A4
L'Estréchure 30 ... 262 C2
Estrée 62 ... 6 B1
Estrée-Blanche 62 ... 7 E1
Estrée-Cauchy 62 ... 8 A2
Estrée-Wamin 62 ... 7 F3
Estréelles 62 ... 6 B1
Estrées 02 ... 20 A2
Estrées 59 ... 8 C3
Estrées-Deniécourt 80 ... 19 E3
Estrées-en-Chaussée 80 ... 19 F3
Estrées-la-Campagne 14 ... 56 A1
Estrées-lès-Crécy 80 ... 6 C3
Estrées-Saint-Denis 60 ... 35 D2
Estrées-sur-Noye 80 ... 18 B3
Estrennes 88 ... 94 A3
Estreux 59 ... 9 F3
Estrun 59 ... 9 E3
Estry 14 ... 55 D2
Esves-le-Moutier 37 ... 150 B2
Esvres 37 ... 131 D4
Eswars 59 ... 9 D4
Étable 73 ... 213 E2
Étables 07 ... 228 C2
Étables-sur-Mer 22 ... 51 D3
Étagnac 16 ... 184 C3
Étaimpuis 76 ... 16 A4
Étain 55 ... 40 C4
Étaing 62 ... 8 C3
Étainhus 76 ... 14 C3
Étais 21 ... 115 D4
Étais-la-Sauvin 89 ... 136 A2
Étalans 25 ... 141 F4
Étalante 21 ... 138 C1
Étalle 08 ... 22 B3
Étalleville 76 ... 15 F2
Étalon 80 ... 19 E3
Étalondes 76 ... 16 C1
Étampes 91 ... 86 C2
Étampes-sur-Marne 02 ... 63 D1
L'Étang-Bertrand 50 ... 24 C3
L'Étang-la-Ville 78 ... 60 B3
Étang-sur-Arroux 71 ... 156 C3
L'Étang-Vergy 21 ... 158 A1
Les Étangs 57 ... 42 A4
Étaples 62 ... 6 B1
Étaule 89 ... 137 D2
Étaules 17 ... 180 C4
Étaules 21 ... 139 D3
Étauliers 33 ... 217 E1
Étaves-et-Bocquiaux 02 ... 20 B2
Étavigny 60 ... 62 A1
Etcharry 64 ... 271 F4
Etchebar 64 ... 295 F2
Éteaux 74 ... 195 F1
Éteignières 08 ... 22 A2
Eteimbes 68 ... 120 A3

Étel 56 ... 100 B4
Ételfay 80 ... 18 C4
L'Etelon 03 ... 170 C1
Étercy 74 ... 195 D3
Éternoz 25 ... 160 B2
Éterpigny 62 ... 8 C3
Éterpigny 80 ... 19 E2
Éterville 14 ... 29 E4
Étevaux 21 ... 139 F3
Eth 59 ... 10 A1
Étienville 50 ... 25 D4
Étigny 89 ... 112 C1
Les Étilleux 28 ... 84 A4
Étinehem 80 ... 19 D2
Étiolles 91 ... 87 E1
Étival 39 ... 177 D2
Étival-Clairefontaine 88 ... 95 F2
Étival-lès-le-Mans 72 ... 106 C2
Étivey 89 ... 137 E1
Étobon 70 ... 119 E4
Étoges 51 ... 63 F3
L'Étoile 39 ... 159 E4
L'Étoile 80 ... 17 F1
Étoile-Saint-Cyrice 05 ... 248 C4
Étoile-sur-Rhône 26 ... 229 D4
Éton 55 ... 40 C3
Étormay 21 ... 138 B1
Étouars 24 ... 202 B2
Étourvy 10 ... 114 B2
Étoutteville 76 ... 15 E3
Étouvans 25 ... 142 B2
Étouvelles 02 ... 36 C1
Étouvy 14 ... 55 D2
Étouy 60 ... 34 C2
Étrabonne 25 ... 140 C4
Étrappe 25 ... 142 A2
L'Étrat 42 ... 210 A3
Étray 25 ... 161 D1
Étraye 55 ... 40 A3
Étréaupont 02 ... 21 E2
Étrechet 36 ... 152 A4
Étréchy 18 ... 154 A1
Étréchy 51 ... 64 A3
Étréchy 91 ... 86 C2
Étréham 14 ... 28 C3
Étreillers 02 ... 19 F3
Étréjust 80 ... 17 E2
Étrelles 35 ... 104 B1
Étrelles-et-la-Montbleuse 70 ... 140 C2
Étrelles-sur-Aube 10 ... 89 F1
Étrembières 74 ... 178 A4
Étrépagny 27 ... 33 D3
Étrepigney 39 ... 159 F1
Étrépigny 08 ... 22 C4
Étrépilly 02 ... 62 C1
Étrépilly 77 ... 62 A1
Étrepy 51 ... 65 F3
Étretat 76 ... 14 B2
Étreux 02 ... 10 A4
Étreval 54 ... 94 A2
Étréville 27 ... 31 E3
Étrez 01 ... 176 A3
Étriac 16 ... 201 D2
Étriché 49 ... 128 C1
Étricourt-Manancourt 80 ... 19 E1
Étrigny 71 ... 175 D1
Étrochey 21 ... 115 D3
Étrœungt 59 ... 10 B4
Étroitefontaine 70 ... 142 A1
Étroussat 03 ... 189 F1
Étrun 62 ... 8 A3
Etsaut 64 ... 296 B4
Ettendorf 67 ... 70 C1
Etting 57 ... 44 A4
Étueffont 90 ... 119 F4
Étupes 25 ... 142 C1
Éturqueraye 27 ... 31 E3
Étusson 79 ... 147 F2
Étuz 70 ... 141 D3
Etzling 57 ... 43 D4
Eu 76 ... 16 C1
Euffigneix 52 ... 116 A1
Eugénie-les-Bains 40 ... 273 D1
Euilly-et-Lombut 08 ... 23 E4
Eulmont 54 ... 68 B3
Eup 31 ... 299 D4
Eurre 26 ... 229 E4
Eurville-Bienville 52 ... 92 A1
Eus 66 ... 311 F2
Euvezin 54 ... 67 F2
Euville 55 ... 67 D3
Euvy 51 ... 64 A4
Euzet 30 ... 263 F2
Évaillé 72 ... 107 F3
Évans 39 ... 140 C4
Évaux-et-Ménil 88 ... 94 B3
Évaux-les-Bains 23 ... 188 A1
Ève 60 ... 61 F1
Évecquemont 78 ... 60 B2
Évenos 83 ... 291 F3
Évergnicourt 02 ... 37 F2
Everly 77 ... 88 C2
Évette-Salbert 90 ... 119 F4
Éveux 69 ... 192 B4
Évian-les-Bains 74 ... 178 C2
Évigny 08 ... 22 C4
Évillers 25 ... 160 C2
Évin-Malmaison 62 ... 8 C2
Évires 74 ... 195 F2
Évisa 2A ... 316 B1
Évosges 01 ... 194 A2
Évran 22 ... 78 C2
Évrange 57 ... 41 F1
Évrecy 14 ... 55 F1
Èvres 55 ... 66 A2
Évreux 27 ... 58 C2
Évricourt 60 ... 35 F1
Évriguet 56 ... 102 A1
Évron 53 ... 81 F4
Évry 89 ... 88 C4
Évry 91 ... 87 D1
Évry-Grégy-sur-Yerres 77 ... 87 E1
Excenevex 74 ... 178 B3
Excideuil 24 ... 203 E4
Exermont 08 ... 39 E3
Exideuil 16 ... 184 C3
Exincourt 25 ... 142 C1
Exireuil 79 ... 165 E3
Exmes 61 ... 57 D4
Exoudun 79 ... 165 E3
Expirement 17 ... 199 F4
Expo Faune Lorraine 88 ... 119 F1
Eybens 38 ... 230 C1
Eybouleuf 87 ... 186 A4
Eyburie 19 ... 204 B3
Eycheil 09 ... 300 A3
Eydoche 38 ... 212 A3
Eygalayes 26 ... 266 B1
Eygalières 13 ... 284 A1
Eygaliers 26 ... 265 F1
Eygliers 05 ... 250 C1
Eygluy-Escoulin 26 ... 229 F4
Eyguians 05 ... 249 D4
Eyguières 13 ... 284 A1
Eygurande 19 ... 206 A1
Eygurande-Gardedeuil 24 ... 219 E2
Eyharce 64 ... 295 D1
Eyjeaux 87 ... 186 A4
Eyliac 24 ... 221 D1
Eymet 24 ... 238 A1
Eymeux 26 ... 229 F2
Eymouthiers 16 ... 202 B1
Eymoutiers 87 ... 204 C1
Eyne 66 ... 311 D3
Eyne 2600 66 ... 311 D3
Eynesse 33 ... 219 E4
Eyragues 13 ... 265 D4
Eyrans 33 ... 217 E1
Eyrein 19 ... 205 D4
Eyrenville 24 ... 238 B1
Eyres-Moncube 40 ... 272 B1
Eyrignac (Jardins d') 24 ... 221 F3
Eyroles 26 ... 247 F3
Eysines 33 ... 217 D3
Eysson 25 ... 142 A4
Eysus 64 ... 296 B2
Eyvirat 24 ... 202 C4
Eywiller 67 ... 70 A1
Eyzahut 26 ... 247 E2
Eyzerac 24 ... 203 D3
Les Eyzies-de-Tayac 24 ... 221 E3
Eyzin-Pinet 38 ... 211 E3
Ézanville 95 ... 61 D1
Èze 06 ... 289 E4
Ézy-sur-Eure 27 ... 59 E3

F

Fa 11 ... 302 A4
Fabas 09 ... 300 A2
Fabas 31 ... 275 E4
Fabas 82 ... 257 F4
Fabras 07 ... 245 F1
Fabrègues 34 ... 281 E3
Fabrezan 11 ... 303 E2
Faches-Thumesnil 59 ... 8 C1
Fâchin 58 ... 156 B2
Facture 33 ... 235 D1
Fades (Viaduc des) 63 ... 188 C3
Fage (Gouffre de la) 19 ... 222 B2
La Fage-Montivernoux 48 ... 243 F1
La Fage-Saint-Julien 48 ... 225 F4
Fageole (Col de la) 15 ... 225 E2
Le Faget 31 ... 277 E2
Faget-Abbatial 32 ... 275 D3
Fagnières 51 ... 64 C2
Fagnon 08 ... 22 C4
Fahy-lès-Autrey 70 ... 140 A2
Failly 57 ... 41 F4
Faimbe 25 ... 142 B2
Fain-lès-Montbard 21 ... 138 A1
Fain-lès-Moutiers 21 ... 137 F1
Fains 27 ... 59 D2
Fains-la-Folie 28 ... 85 F4
Fains-les-Sources 55 ... 66 B3
Faissault 08 ... 38 C1
Fajac-en-Val 11 ... 302 C2
Fajac-la-Relenque 11 ... 301 E1
Fajoles 46 ... 222 A4
La Fajolle 11 ... 310 C1
Fajolles 82 ... 257 D3
Falaise 08 ... 39 D2
Falaise 14 ... 56 B2
La Falaise 78 ... 60 A2
Falck 57 ... 42 B3
Faleyras 33 ... 218 C4
Falga 31 ... 277 E3
Le Falgoux 15 ... 224 B1
Falgueyrat 24 ... 238 B1
Falicon 06 ... 288 C2
Falkwiller 68 ... 120 A3
Fallencourt 76 ... 17 D3
Fallerans 25 ... 160 C1
Falleron 85 ... 145 E3
Falletans 39 ... 159 E1
Fallières 88 ... 119 D1
Fallon 70 ... 142 A1
La Faloise 80 ... 18 B4
Fals 47 ... 256 B2
Falvy 80 ... 19 E3
Famars 59 ... 9 F3
Famechon 62 ... 7 F4
Famechon 80 ... 17 F3
Fameck 57 ... 41 F3
Familly 14 ... 57 E2
Fampoux 62 ... 8 B3
Fanget (Col du) 04 ... 250 A4
Fanjeaux 11 ... 301 F2
Fanlac 24 ... 221 E2
Le Faou 29 ... 73 F1
Le Faouët 22 ... 50 C2
Le Faouët 56 ... 99 F1
Faramans 01 ... 193 E3
Faramans 38 ... 211 F3
Farbus 62 ... 8 B3
Farceaux 27 ... 33 D3
Farcheville (Château de) 91 ... 87 D2
La Fare-en-Champsaur 05 ... 249 E1
La Fare-les-Oliviers 13 ... 284 B2
Farébersviller 57 ... 43 D4
Fareins 01 ... 192 C2
Faremoutiers 77 ... 62 B3
Farges 01 ... 195 D1
Les Farges 24 ... 221 F2
Farges-Allichamps 18 ... 153 E4
Farges-en-Septaine 18 ... 153 F2
Farges-lès-Chalon 71 ... 158 A3
Farges-lès-Mâcon 71 ... 175 E2
Fargniers 02 ... 20 A4
Fargues 33 ... 236 B2
Fargues 40 ... 272 C1
Fargues 46 ... 239 F4
Fargues-Saint-Hilaire 33 ... 217 F4
Fargues-sur-Ourbise 47 ... 255 E1
Farincourt 52 ... 117 E4
Farinole 2B ... 315 E1
La Farlède 83 ... 292 B2
Farnay 42 ... 210 B2
Faron (Mont) 83 ... 291 F3
Faronville 45 ... 86 B4
Farrou 12 ... 241 E4
Farschviller 57 ... 43 D4
Fatines 72 ... 107 D1
Fatouville-Grestain 27 ... 30 C2
Le Fau 15 ... 224 B2
Fau-de-Peyre 48 ... 243 F1
Fauch 81 ... 259 F4
Faucigny 74 ... 195 F1
La Faucille (Col de) 01 ... 177 F3
Faucogney-et-la-Mer 70 ... 119 D3
Faucompierre 88 ... 95 E4
Faucon 84 ... 247 F4
Faucon-de-Barcelonnette 04 ... 250 C3
Faucon-du-Caire 04 ... 249 F3
Fauconcourt 88 ... 95 D2
Faucoucourt 02 ... 36 C1
Faudoas 82 ... 257 D4
Le Fauga 31 ... 276 B4
Faugères 07 ... 245 F3
Faugères 34 ... 280 B2
Fauguernon 14 ... 30 C4
Fauguerolles 47 ... 237 F3
Fauillet 47 ... 237 F3
Le Faulq 14 ... 30 C4
Faulquemont 57 ... 69 D1
Faulx 54 ... 68 B3
Faumont 59 ... 9 D2
Fauquembergues 62 ... 7 D1
La Faurie 05 ... 248 C2
Faurilles 24 ... 238 C1
Fauroux 82 ... 257 D1
Faussergues 81 ... 260 A3
La Faute-sur-Mer 85 ... 163 D3
Fauverney 21 ... 139 E4
Fauville 27 ... 58 C1
Fauville-en-Caux 76 ... 15 D3
Faux 08 ... 38 B1
Faux 24 ... 220 B4
Faux de Verzy 51 ... 38 A4
Faux-Fresnay 51 ... 90 A1
Faux-la-Montagne 23 ... 205 D1
Faux-Mazuras 23 ... 186 C3
Faux-Vésigneul 51 ... 64 C3
Faux-Villecerf 10 ... 89 F3
Favalello 2B ... 317 E1
Favars 19 ... 204 C4
La Favède 30 ... 263 D1
Faveraye-Mâchelles 49 ... 128 B4
Faverdines 18 ... 170 C1
Faverelles 45 ... 135 D1
Faverges 74 ... 195 F4
Faverges-de-la-Tour 38 ... 212 B1
Faverney 70 ... 118 B3
Faverois 90 ... 120 A4
Faverolles 02 ... 36 A4
Faverolles 15 ... 225 E3
Faverolles 28 ... 59 F4
Faverolles 36 ... 151 E1
Faverolles 52 ... 116 B2
Faverolles 61 ... 56 A4
Faverolles 80 ... 19 D4
Faverolles-et-Coëmy 51 ... 37 E4
Faverolles-la-Campagne 27 ... 58 B2
Faverolles-lès-Lucey 21 ... 115 F3
Faverolles-les-Mares 27 ... 57 F1
Faverolles-sur-Cher 41 ... 131 F3
La Favière 39 ... 160 B4
La Favière 83 ... 293 D2
La Favière (Plage de) 83 ... 293 D2
Favières 28 ... 84 C2
Favières 54 ... 93 F2
Favières 77 ... 61 F4
Favières 80 ... 6 B4
Favone 2A ... 319 F1
Favresse 51 ... 65 E4
Favreuil 62 ... 19 E1
Favrieux 78 ... 59 F2
Le Favril 27 ... 31 D4
Le Favril 28 ... 84 C2
Le Favril 59 ... 10 A3
Fay 61 ... 57 E4
Le Fay 71 ... 176 A1
Fay 72 ... 106 C2
Fay 80 ... 19 E2
Fay-aux-Loges 45 ... 110 C3
Fay-de-Bretagne 44 ... 126 A2
Fay-en-Montagne 39 ... 159 F4
Fay-le-Clos 26 ... 229 D1
Fay-les-Étangs 60 ... 33 F4
Fay-lès-Marcilly 10 ... 89 E3
Faÿ-lès-Nemours 77 ... 87 F4
Le Fay-Saint-Quentin 60 ... 34 B2
Fay-sur-Lignon 43 ... 227 F3
Faycelles 46 ... 241 D2
La Faye 16 ... 183 E2
Faye 41 ... 108 C4
La Faye (Pas de) 06 ... 287 F1
Faye-d'Anjou 49 ... 128 B4
Faye-la-Vineuse 37 ... 149 E2
Faye-l'Abbesse 79 ... 148 A3
Faye-sur-Ardin 79 ... 164 C2
Le Fayel 60 ... 35 D3
Fayence 83 ... 287 E1
Fayet 02 ... 20 A3
Fayet 12 ... 279 F1
Le Fayet 74 ... 196 C3
Fayet-le-Château 63 ... 208 A1
Fayet-Ronaye 63 ... 208 B3
Fayl-Billot 52 ... 117 E3
Faymont 70 ... 142 A1
Faymoreau 85 ... 164 B2
Fayrac 24 ... 221 E4
Fays 52 ... 92 A2
Fays 88 ... 95 E4
Fays-la-Chapelle 10 ... 114 A1
Fayssac 81 ... 259 D3
Féas 64 ... 296 A2
Febvin-Palfart 62 ... 7 E1
Fécamp 76 ... 14 C2
Féchain 59 ... 9 D3
Fêche-l'Église 90 ... 120 A4
La Féclaz 73 ... 213 D1
Fécocourt 54 ... 94 A2
Fédry 70 ... 140 C1
Fegersheim 67 ... 71 D4
Fégréac 44 ... 125 E1
Feigères 74 ... 195 E1
Feigneux 60 ... 35 F4
Feignies 59 ... 10 B2
Feillens 01 ... 175 E3
Feings 41 ... 132 A3
Feings 61 ... 83 F1
Feins 35 ... 79 E3
Feins-en-Gâtinais 45 ... 112 A4
Feissons-sur-Isère 73 ... 214 A1
Feissons-sur-Salins 73 ... 214 B2
Le Fel 12 ... 242 B1
Fel 61 ... 56 C3
Felce 2B ... 315 F4
Feldbach 68 ... 120 B4
Feldkirch 68 ... 120 B1
Feliceto 2B ... 314 C3
Félines 07 ... 210 C4
Félines 43 ... 208 C4
Félines-Minervois 34 ... 279 D4
Félines-sur-Rimandoule 26 ... 247 E2
Félines-Termenès 11 ... 303 D3
Felleries 59 ... 10 C3
Fellering 68 ... 120 A1
Felletin 23 ... 187 F3
Felluns 66 ... 311 F1
Felon 90 ... 120 A3
Felzins 46 ... 241 E2
Fenain 59 ... 9 E3
Fénay 21 ... 139 E4
Fendeille 11 ... 301 F1
Fénery 79 ... 165 D1
Fénétrange 57 ... 69 F2
Feneu 49 ... 128 B1
Féneyrols 82 ... 258 C2
Féniers 23 ... 205 E1
Féniers (Abbaye de) 15 ... 206 C4
Fenioux 17 ... 181 F3
Fenioux 79 ... 164 C2
Fenneviller 54 ... 95 F1
Fénols 81 ... 259 D4
Le Fenouiller 85 ... 144 C4
Fenouillet 31 ... 276 B1
Fenouillet 66 ... 311 F1
Fenouillet (Sommet du) 83 ... 292 B2
Fenouillet-du-Razès 11 ... 301 F2
Fépin 08 ... 11 F4
Fer à Cheval (Cirque du) 74 ... 196 C1
Ferayola 2B ... 314 A4
Fercé 44 ... 103 F3
Fercé-sur-Sarthe 72 ... 106 B3
Ferdrupt 88 ... 119 E2
La Fère 02 ... 20 B4
Fère (Château de) 02 ... 36 C4
Fère-Champenoise 51 ... 64 A4
Fère-en-Tardenois 02 ... 36 C4
Férebrianges 51 ... 63 F3
La Férée 08 ... 22 A3
Férel 56 ... 123 F3
Ferfay 62 ... 7 F1
Féricy 77 ... 87 F2
Férin 59 ... 8 C3
Fermanville 50 ... 25 D2
Ferme de Navarin (Monument de la) 51 ... 38 C4
La Fermeté 58 ... 155 D2
Ferney-Voltaire 01 ... 177 F4
Fernoël 63 ... 188 A4
Férolles 45 ... 110 C3
Férolles-Attilly 77 ... 61 E4
Féron 59 ... 10 C4
Ferques 62 ... 2 B3
Ferrals-les-Corbières 11 ... 303 E2
Ferrals-les-Montagnes 34 ... 279 D4
Ferran 11 ... 302 A2
Ferrassières 26 ... 266 B1
Le Ferré 35 ... 80 A1
Ferrensac 47 ... 238 B1
Ferrère 65 ... 298 C3
Les Ferres 06 ... 269 F3
Ferrette 68 ... 120 C4
Ferreux 10 ... 89 E2
La Ferrière 22 ... 77 F4
La Ferrière 37 ... 131 D1
La Ferrière 38 ... 213 E4
La Ferrière 85 ... 146 A4
La Ferrière-Airoux 86 ... 166 B4
La Ferrière-au-Doyen 14 ... 55 D1
La Ferrière-au-Doyen 61 ... 57 E4
La Ferrière-aux-Étangs 61 ... 55 F4
La Ferrière-Béchet 61 ... 82 C1
La Ferrière-Bochard 61 ... 82 B2
La Ferrière-de-Flée 49 ... 104 C4
La Ferrière-Duval 14 ... 55 E2
La Ferrière-en-Parthenay 79 ... 165 F1
Ferrière-et-Lafolie 52 ... 92 A2
La Ferrière-Harang 14 ... 55 D2
Ferrière-la-Grande 59 ... 10 B2
Ferrière-la-Petite 59 ... 10 C2
Ferrière-Larçon 37 ... 150 B2
Ferrière-sur-Beaulieu 37 ... 150 C1
La Ferrière-sur-Risle 27 ... 58 A2
Ferrières 17 ... 164 A4
Ferrières 50 ... 80 C1
Ferrières 54 ... 94 B1
Ferrières 60 ... 34 C1
Ferrières 65 ... 297 D3
Ferrières 74 ... 195 E2
Ferrières 80 ... 18 A2
Ferrières 81 ... 278 C2
Ferrières-en-Bray 76 ... 33 E2
Ferrières-en-Brie 77 ... 61 F3
Ferrières-en-Gâtinais 45 ... 111 F1
Ferrières-Haut-Clocher 27 ... 58 B2
Ferrières-la-Verrerie 61 ... 57 E4
Ferrières-le-Lac 25 ... 142 C3
Ferrières-les-Bois 25 ... 140 C4
Ferrières-lès-Ray 70 ... 140 C1
Ferrières-lès-Scey 70 ... 118 A4
Ferrières-les-Verreries 34 ... 262 C4
Ferrières-Poussarou 34 ... 279 F3
Ferrières-Saint-Hilaire 27 ... 57 F1
Ferrières-Saint-Mary 15 ... 225 E1
Ferrières-sur-Ariège 09 ... 301 D4
Ferrières-sur-Sichon 03 ... 190 B2
Ferrussac 43 ... 226 A2
Fertans 25 ... 160 B1
La Ferté 39 ... 159 F2
La Ferté-Alais 91 ... 87 D2
La Ferté-Beauharnais 41 ... 133 D2
La Ferté-Bernard 72 ... 83 F4
La Ferté-Chevresis 02 ... 20 C4
La Ferté-Frênel 61 ... 57 E3
La Ferté-Gaucher 77 ... 62 C4
La Ferté-Hauterive 03 ... 172 B3
La Ferté-Imbault 41 ... 133 E3
La Ferté-Loupière 89 ... 112 C3
La Ferté-Macé 61 ... 81 F1
La Ferté-Milon 02 ... 36 A4
La Ferté-Saint-Aubin 45 ... 110 B4
La Ferté-Saint-Cyr 41 ... 132 C1
La Ferté-Saint-Samson 76 ... 33 D1
La Ferté-sous-Jouarre 77 ... 62 B2
La Ferté-sur-Chiers 08 ... 40 A1
La Ferté-Vidame 28 ... 84 B1
La Ferté-Villeneuil 28 ... 109 D2
Fertrève 58 ... 155 F2
Fervaches 50 ... 54 C1
Fervaques 14 ... 57 D1
Fescamps 80 ... 19 D4
Fesches-le-Châtel 25 ... 142 C1
Fesmy-le-Sart 02 ... 10 A4
Fesques 76 ... 16 C3
Fessanvilliers-Mattanvilliers 28 ... 58 B4
Fessenheim 68 ... 121 D1
Fessenheim-le-Bas 67 ... 70 C3
Fessevillers 25 ... 142 C3
Les Fessey 70 ... 119 D3
Fessy 74 ... 178 B4
Festalemps 24 ... 219 F1
Festes-et-Saint-André 11 ... 302 A3
Festieux 02 ... 37 D1
Festigny 51 ... 63 F1
Festigny 89 ... 136 B2
Festre (Col du) 05 ... 249 D1
Festubert 62 ... 8 A1
Le Fête 21 ... 157 E1
Féternes 74 ... 178 C3
Fétigny 39 ... 176 C2
Feucherolles 78 ... 60 B3
Feuchy 62 ... 8 B3
Feugarolles 47 ... 255 F1
Feugères 50 ... 27 D4
Feuges 10 ... 90 B3
Feuguerolles 27 ... 58 C1
Feuguerolles-sur-Orne 14 ... 55 F1
Feuguerolles-sur-Seulles 14 ... 29 D4
Feuilla 11 ... 303 F4
Feuillade 16 ... 202 A2
La Feuillade 24 ... 222 A2
La Feuillée 29 ... 49 E4
Feuillères 80 ... 19 E2
La Feuillie 50 ... 26 C4
La Feuillie 76 ... 33 D2
Feule 25 ... 142 B3
Feuquières 60 ... 17 E4
Feuquières-en-Vimeu 80 ... 17 D1
Feurs 42 ... 191 F4
Feusines 36 ... 169 F2
Feux 18 ... 135 D4
Fèves 57 ... 41 F4
Féy 57 ... 68 A1
Fey-en-Haye 54 ... 67 F2
Feyt 19 ... 206 A1
Feytiat 87 ... 186 A4
Feyzin 69 ... 211 D1
Fiac 81 ... 277 F1
Ficaja 2B ... 315 F4
Ficajola 2A ... 316 A1
Ficheux 62 ... 8 B4
Fichous-Riumayou 64 ... 272 C3
Le Fidelaire 27 ... 58 A2
Le Fied 39 ... 159 F4
Le Fief-Sauvin 49 ... 127 E4
Fieffes 80 ... 18 A1
Fiefs 62 ... 7 E1
Fiennes 62 ... 2 B3
Fienvillers 80 ... 18 A1
Fier (Gorges du) 74 ... 195 E3
Fierville-la-Campagne 14 ... 56 B1
Fierville-les-Mines 50 ... 24 C4
Fierville-les-Parcs 14 ... 30 C4
Le Fieu 33 ... 219 D2
Fieulaine 02 ... 20 B2
Fieux 47 ... 255 F2
Figanières 83 ... 287 D2
Figareto 2B ... 315 C4
Figari 2A ... 319 D3
Figarol 31 ... 299 E2
Figeac 46 ... 241 E2
Fignévelle 88 ... 117 F2
Fignières 80 ... 18 C4
Filain 02 ... 36 C2
Filain 70 ... 141 E1
Filitosa (Station Préhistorique de) 2A ... 318 C1
Fillé 72 ... 106 C3
Fillières 54 ... 41 D2
Fillièvres 62 ... 7 D3
Fillinges 74 ... 195 F1
Fillols 66 ... 311 F3
Filstroff 57 ... 42 B2
Fiménil 88 ... 95 E4
Findrol 74 ... 195 F1
Finestret 66 ... 311 F2
Finhan 82 ... 257 E4
Finiels (Col de) 48 ... 244 C3
Les Fins 25 ... 161 E1
Fins 80 ... 19 F1
Fiquefleur-Équainville 27 ... 30 C2
Firbeix 24 ... 203 D2
Firfol 14 ... 30 C4
Firmi 12 ... 241 F2
Firminy 42 ... 209 F3
Fislis 68 ... 120 C4
Fismes 51 ... 37 D3
Fitignieu 01 ... 194 B3
Fitilieu 38 ... 212 B2
Fitou 11 ... 303 F4
Fitz-James 60 ... 34 C3
Fix-Saint-Geneys 43 ... 226 C1
Fixem 57 ... 41 F2
Fixin 21 ... 139 D4
Flabas 55 ... 40 B3
Flacé-lès-Mâcon 71 ... 175 D4
Flacey 21 ... 139 E2
Flacey 28 ... 109 D1
Flacey-en-Bresse 71 ... 176 B1
La Flachère 38 ... 213 D3
Flachères 38 ... 211 F2
Flacourt 78 ... 59 F2
Flacy 89 ... 89 E4
Flagey 25 ... 160 B1
Flagey 52 ... 116 C3
Flagey-Echézeaux 21 ... 158 B1
Flagey-lès-Auxonne 21 ... 159 D1
Flagey-Rigney 25 ... 141 E2
Flagnac 12 ... 241 F2
Flagy 70 ... 118 B4
Flagy 71 ... 174 C2
Flagy 77 ... 88 A3
Flaignes-Havys 08 ... 22 A3
Flaine 74 ... 196 B2
Flainval 54 ... 68 C4
Flamanville 50 ... 24 B3
Flamanville 76 ... 15 F3
Flamarens 32 ... 256 C3
La Flamengrie 02 ... 10 B4
La Flamengrie 59 ... 10 A1
Flamets-Frétils 76 ... 17 D4
Flammerans 21 ... 140 A4
Flammerécourt 52 ... 92 A3
Flancourt-Catelon 27 ... 31 F3
Flangebouche 25 ... 142 A4
Flaran (Abbaye de) 32 ... 255 F4
Flassan 84 ... 265 F2
Flassans-sur-Issole 83 ... 286 C3
Flassigny 55 ... 40 B2
Flastroff 57 ... 42 B2
Flat 63 ... 207 F2
Flaucourt 80 ... 19 E2
Flaugeac 24 ... 238 A1
Flaugnac 46 ... 257 F1
Flaujac-Gare 46 ... 240 C1
Flaujac-Poujols 46 ... 240 A4
Flaujagues 33 ... 219 E4
Flaumont-Waudrechies 59 ... 10 B3
Flaux 30 ... 264 B3
Flavacourt 60 ... 33 F3
Flaviac 07 ... 246 C1
Flavignac 87 ... 203 E1
Flavignerot 21 ... 139 D4
Flavigny 18 ... 154 A2
Flavigny 51 ... 64 A2

Flavigny-le-Grand-et-Beaurain 02 .... 20 C2
Flavigny-sur-Moselle 54 .... 94 B1
Flavigny-sur-Ozerain 21 .... 138 B2
Flavin 12 .... 260 B1
Flavy-le-Martel 02 .... 20 A4
Flavy-le-Meldeux 60 .... 19 F4
Flaxieu 01 .... 194 C4
Flaxlanden 68 .... 120 C3
Flayat 23 .... 188 A4
Flayosc 83 .... 287 D2
Fléac 16 .... 201 E1
Fléac-sur-Seugne 17 .... 199 E2
La Flèche 72 .... 106 B4
Fléchères (Château de) 01 .... 192 C2
Fléchin 62 .... 7 E1
Fléchy 60 .... 18 A4
Fleckenstein (Château de) 67 .... 45 D3
Flée 21 .... 137 F2
Flée 72 .... 107 E4
Fleigneux 08 .... 23 D3
Fleisheim 57 .... 70 A2
Le Fleix 24 .... 219 F4
Fleix 86 .... 167 D2
Fléré-la-Rivière 36 .... 150 C2
Flers 61 .... 55 E4
Flers 62 .... 7 E3
Flers 80 .... 19 E1
Flers-en-Escrebieux 59 .... 8 C2
Flers-sur-Noye 80 .... 18 A4
Flesquières 59 .... 9 D4
Flesselles 80 .... 18 A1
Flétrange 57 .... 69 D1
Flêtre 59 .... 4 A3
Fléty 58 .... 156 B4
Fleurac 16 .... 201 D1
Fleurac 24 .... 221 E3
Fleurance 32 .... 256 B4
Fleurat 23 .... 169 D4
Fleurbaix 62 .... 4 B4
Fleuré 61 .... 56 B4
Fleuré 86 .... 166 C2
Fleurey 25 .... 142 C3
Fleurey-lès-Faverney 70 .... 118 A4
Fleurey-lès-Lavoncourt 70 .... 117 F4
Fleurey-lès-Saint-Loup 70 .... 118 C2
Fleurey-sur-Ouche 21 .... 138 C3
Fleurie 69 .... 192 C1
Fleuriel 03 .... 172 A4
Fleurieu-sur-Saône 69 .... 192 C3
Fleurieux-sur-l'Arbresle 69 .... 192 B4
Fleurigné 35 .... 80 B3
Fleurigny 89 .... 89 D4
Fleurines 60 .... 35 D4
Fleurville 71 .... 175 E3
Fleury 02 .... 36 A4
Fleury 11 .... 304 C1
Fleury 50 .... 54 A3
Fleury 57 .... 68 A1
Fleury 60 .... 33 F4
Fleury 62 .... 7 E2
Fleury 80 .... 18 A4
Fleury-devant-Douaumont 55 .... 40 B4
Fleury-en-Bière 77 .... 87 E2
Fleury-la-Forêt 27 .... 33 D2
Fleury-la-Montagne 71 .... 191 E1
Fleury-la-Rivière 51 .... 63 F1
Fleury-la-Vallée 89 .... 113 D3
Fleury-les-Aubrais 45 .... 110 A3
Fleury-Mérogis 91 .... 87 D1
Fleury-sur-Aire 55 .... 66 B1
Fleury-sur-Andelle 27 .... 32 C3
Fleury-sur-Loire 58 .... 155 D4
Fleury-sur-Orne 14 .... 29 E4
Flévieu 01 .... 194 A4
Fléville 08 .... 39 E3
Fléville-devant-Nancy 54 .... 68 B4
Fléville-Lixières 54 .... 41 D3
Flévy 57 .... 41 F3
Flexanville 78 .... 59 F3
Flexbourg 67 .... 70 C3
Fley 71 .... 174 C1
Fleys 89 .... 114 A3
Flez-Cuzy 58 .... 136 B3
Fligny 08 .... 22 A2
Flin 54 .... 95 D1
Flines-lès-Mortagne 59 .... 9 E1
Flines-lez-Raches 59 .... 9 D2
Flins-Neuve-Église 78 .... 59 F3
Flins-sur-Seine 78 .... 60 A2
Flipou 27 .... 32 B3
Flirey 54 .... 67 F2
Flixecourt 80 .... 17 F1
Flize 08 .... 22 C4
La Flocellière 85 .... 147 D3
Flocourt 57 .... 68 C1
Flocques 76 .... 16 C1
Flogny-la-Chapelle 89 .... 114 A2
Floing 08 .... 23 D4
Floirac 17 .... 199 D2
Floirac 33 .... 217 E4
Floirac 46 .... 222 B3
Florac 48 .... 244 B4
Florange 57 .... 41 F3
Florémont 88 .... 94 B2
Florensac 34 .... 280 C4
Florent-en-Argonne 51 .... 39 E4
Florentia 39 .... 176 B3
Florentin 81 .... 259 D4
Florentin-la-Capelle 12 .... 242 B2
Floressas 46 .... 239 E3
Florimont 90 .... 120 A4
Florimont-Gaumier 24 .... 239 F1
Floringhem 62 .... 7 F1
Flornoy 52 .... 92 A1
La Flotte 17 .... 163 D4
Flottemanville 50 .... 25 D3
Flottemanville-Hague 50 .... 24 B2
Floudès 33 .... 237 D2
Floure 11 .... 302 C2
Flourens 31 .... 277 D2
Floursies 59 .... 10 B3
Floyon 59 .... 10 B4
Flumet 73 .... 196 B3
Fluquières 02 .... 19 F3
Fluy 80 .... 18 A3
Foameix 55 .... 40 C3
Foce 2A 319 D2
Focicchia 2B 317 E1
Foëcy 18 .... 152 C1
Le Fœil 22 .... 51 D4
Foisches 08 .... 13 D3
Foissac 12 .... 241 D3
Foissac 30 .... 263 F2
Foissiat 01 .... 176 A3
Foissy 21 .... 157 E1
Foissy-lès-Vézelay 89 .... 136 C3
Foissy-sur-Vanne 89 .... 89 D4
Foix 09 .... 301 D3
Folcarde 31 .... 277 E4
Folelli 2B 315 F3
Folembray 02 .... 36 B1
Folgensbourg 68 .... 120 C4
Le Folgoët 29 .... 47 F2
La Folie 14 .... 27 F3
Folies 80 .... 19 D3
Folkling 57 .... 43 D4
Follainville-Dennemont 78 .... 59 F2
Folles 87 .... 186 A1
La Folletière 76 .... 15 F3
La Folletière (Château de) 27 .... 59 E2
La Folletière-Abenon 14 .... 57 E2
Folleville 27 .... 31 D4
Folleville 80 .... 18 B4
Folligny 50 .... 54 A3
Folpersviller 57 .... 43 E4
Folschviller 57 .... 42 C4
Fomerey 88 .... 94 C4
Fomperron 79 .... 165 E2
Fonbeauzard 31 .... 276 C2
Foncegrive 21 .... 139 E1
Fonches-Fonchette 80 .... 19 E3
Foncine-le-Bas 39 .... 177 F1
Foncine-le-Haut 39 .... 177 F1
Foncquevillers 62 .... 8 A4
Fond-de-France 38 .... 213 E4
Fondamente 12 .... 261 E4
Fondettes 37 .... 130 C3
Fondremand 70 .... 141 D2
Fongalop 24 .... 239 D1
Fongrave 47 .... 238 A4
Fongueusemare 76 .... 14 C3
Fonroque 24 .... 238 A1
Fons 07 .... 246 A2
Fons 30 .... 263 F4
Fons 46 .... 241 D1
Fons-sur-Lussan 30 .... 263 F1
Fonsommes 02 .... 20 B2
Fonsorbes 31 .... 276 A3
Font-Romeu-Odeillo-Via 66 .... 310 C3
Fontain 25 .... 141 D4
Fontaine 10 .... 91 E4
Fontaine 38 .... 230 C1
Fontaine 90 .... 120 A3
Fontaine-au-Bois 59 .... 10 A3
Fontaine-au-Pire 59 .... 9 E4
Fontaine-Bellenger 27 .... 32 B4
Fontaine-Bonneleau 60 .... 18 A4
Fontaine-Chaalis 60 .... 35 D4
Fontaine-Chalendray 17 .... 183 D3
Fontaine-Couverte 53 .... 104 B2
Fontaine-Daniel 53 .... 81 E3
Fontaine-de-Vaucluse 84 .... 265 E3
Fontaine-Denis-Nuisy 51 .... 89 E1
Fontaine-en-Bray 76 .... 16 C4
Fontaine-en-Dormois 51 .... 39 D4
Fontaine-Étoupefour 14 .... 29 E4
Fontaine-Fourches 77 .... 89 D3
Fontaine-Française 21 .... 139 F2
Fontaine-Guérard (Abbaye de) 27 .... 32 C3
Fontaine-Guérin 49 .... 129 D2
Fontaine-Henry 14 .... 29 E3
Fontaine-Heudebourg 27 .... 59 D1
Fontaine-la-Gaillarde 89 .... 89 D4
Fontaine-la-Guyon 28 .... 85 D2
Fontaine-la-Louvet 27 .... 31 D4
Fontaine-la-Mallet 76 .... 14 B4
Fontaine-la-Rivière 91 .... 86 C3
Fontaine-la-Soret 27 .... 31 E4
Fontaine-l'Abbé 27 .... 58 A1
Fontaine-Lavaganne 60 .... 33 F1
Fontaine-le-Bourg 76 .... 32 B1
Fontaine-le-Comte 86 .... 166 B2
Fontaine-le-Dun 76 .... 15 F2
Fontaine-le-Pin 14 .... 56 A2
Fontaine-le-Port 77 .... 87 F2
Fontaine-le-Puits 73 .... 214 B2
Fontaine-le-Sec 80 .... 17 E2
Fontaine-les-Bassets 61 .... 56 C3
Fontaine-lès-Boulans 62 .... 7 E1
Fontaine-lès-Cappy 80 .... 19 D2
Fontaine-lès-Clercs 02 .... 20 A3
Fontaine-lès-Clerval 25 .... 142 A2
Fontaine-les-Coteaux 41 .... 108 A4
Fontaine-lès-Croisilles 62 .... 8 B4
Fontaine-lès-Dijon 21 .... 139 D3
Fontaine-les-Grès 10 .... 90 A2
Fontaine-lès-Hermans 62 .... 7 E1
Fontaine-lès-Luxeuil 70 .... 118 C3
Fontaine-les-Ribouts 28 .... 85 D1
Fontaine-lès-Vervins 02 .... 21 E3
Fontaine-l'Étalon 62 .... 7 D3
Fontaine-Luyères 10 .... 90 B3
Fontaine-Mâcon 10 .... 89 D2
Fontaine-Milon 49 .... 129 D2
Fontaine-Notre-Dame 02 .... 20 B2
Fontaine-Notre-Dame 59 .... 9 D4
Fontaine-Raoul 41 .... 108 C2
Fontaine-Saint-Lucien 60 .... 34 A2
La Fontaine-Saint-Martin 72 .... 106 C4
Fontaine-Simon 28 .... 84 B2
Fontaine-sous-Jouy 27 .... 59 D1
Fontaine-sous-Montaiguillon 77 .... 89 D1
Fontaine-sous-Montdidier 80 .... 18 C4
Fontaine-sous-Préaux 76 .... 32 B2
Fontaine-sur-Ay 51 .... 64 B1
Fontaine-sur-Coole 51 .... 64 C3
Fontaine-sur-Maye 80 .... 6 C4
Fontaine-sur-Somme 80 .... 17 F1
Fontaine-Uterte 02 .... 20 B2
Fontainebleau 77 .... 87 F3
Fontainebrux 39 .... 159 E4
Fontaines 71 .... 158 A3
Fontaines 85 .... 164 A3
Fontaines 89 .... 112 C4
Fontaines-d'Ozillac 17 .... 199 F3
Fontaines-en-Duesmois 21 .... 138 B1
Fontaines-en-Sologne 41 .... 132 B2
Fontaines-les-Sèches 21 .... 114 C4
Fontaines-Saint-Clair 55 .... 40 A2
Fontaines-Saint-Martin 69 .... 193 D3
Fontaines Salées (Fouilles des) 89 .... 136 C2
Fontaines-sur-Marne 52 .... 92 B1
Fontaines-sur-Saône 69 .... 193 D4
Les Fontainettes 60 .... 33 F2
Fontains 77 .... 88 B2
Fontan 06 .... 289 F2
Fontanès 30 .... 263 E4
Fontanès 34 .... 263 D4
Fontanès 42 .... 210 A2
Fontanes 46 .... 240 A4
Fontanes 48 .... 244 C1
Fontanès-de-Sault 11 .... 311 D1
Fontanes-du-Causse 46 .... 240 B1
Fontanges 15 .... 224 B2
Fontangy 21 .... 138 A3
Fontanières 23 .... 188 A2
Fontanil-Cornillon 38 .... 212 C4
Fontannes 43 .... 208 A4
Fontans 48 .... 244 A1
Fontarèches 30 .... 264 A2
Fontcaude (Abbaye de) 34 .... 280 A4
Fontclaireau 16 .... 183 F3
Fontcouverte 11 .... 303 E2
Fontcouverte 17 .... 181 F4
Fontcouverte-la-Toussuire 73 .... 213 F4
Fontdouce (Abbaye de) 17 .... 182 B4
La Fontelaye 76 .... 15 F3
Fontenai-les-Louvets 61 .... 82 B1
Fontenai-sur-Orne 61 .... 56 B4
Fontenailles 77 .... 88 A1
Fontenailles 89 .... 136 A1
Fontenay 27 .... 33 D4
Fontenay 36 .... 152 A2
Fontenay 50 .... 54 C4
Fontenay 71 .... 174 A2
Fontenay 76 .... 14 B3
Fontenay 88 .... 95 D4
Fontenay (Abbaye de) 21 .... 138 A1
Fontenay-aux-Roses 92 .... 61 D3
Fontenay-de-Bossery 10 .... 89 D2
Fontenay-en-Parisis 95 .... 61 D1
Fontenay-le-Comte 85 .... 164 A2
Fontenay-le-Fleury 78 .... 60 B3
Fontenay-le-Marmion 14 .... 56 A1
Fontenay-le-Pesnel 14 .... 29 D4
Fontenay-le-Vicomte 91 .... 87 D1
Fontenay-lès-Briis 91 .... 86 C1
Fontenay-Mauvoisin 78 .... 59 F2
Fontenay-près-Chablis 89 .... 113 F3
Fontenay-près-Vézelay 89 .... 136 C3
Fontenay-Saint-Père 78 .... 60 A2
Fontenay-sous-Bois 94 .... 61 E3
Fontenay-sous-Fouronnes 89 .... 136 B1
Fontenay-sur-Conie 28 .... 109 F1
Fontenay-sur-Eure 28 .... 85 E3
Fontenay-sur-Loing 45 .... 111 F1
Fontenay-sur-Mer 50 .... 25 E3
Fontenay-sur-Vègre 72 .... 106 A3
Fontenay-Torcy 60 .... 33 E1
Fontenay-Trésigny 77 .... 62 A4
Fontenelle 02 .... 10 B4
Fontenelle 21 .... 139 F2
La Fontenelle 35 .... 79 F2
La Fontenelle 41 .... 108 B1
Fontenelle 90 .... 119 F4
Fontenelle (Château de) 04 .... 267 E2
Fontenelle-en-Brie 02 .... 63 D2
Fontenelle-Montby 25 .... 141 F2
Les Fontenelles 25 .... 142 B4
Fontenelles (Abbaye des) 85 .... 145 F4
Fontenermont 14 .... 54 B3
Fontenet 17 .... 182 B3
Fontenille 16 .... 183 F3
Fontenille 79 .... 183 D1
Fontenilles 31 .... 276 A3
Les Fontenis 70 .... 141 D2
Fontenois-la-Ville 70 .... 118 B2
Fontenois-lès-Montbozon 70 .... 141 E2
Fontenotte 25 .... 141 F3
Fontenouilles 89 .... 112 B3
Fontenoy 02 .... 36 A2
Fontenoy 89 .... 135 F1
Fontenoy-la-Joûte 54 .... 95 D2
Fontenoy-le-Château 88 .... 118 B2
Fontenoy-sur-Moselle 54 .... 67 F4
Fontenu 39 .... 160 A4
Fonteny 39 .... 160 A3
Fonteny 57 .... 68 C2
Fonters-du-Razès 11 .... 301 F1
Fontès 34 .... 280 C3
Fontet 33 .... 237 D2
Fontette 10 .... 115 E1
Fontevraud-l'Abbaye 49 .... 148 C1
Fontfreide 63 .... 207 E1
Fontfroide (Abbaye de) 11 .... 303 F2
Fontgombault 36 .... 167 F1
Fontguenand 36 .... 132 B4
Fontienne 04 .... 267 D2
Fontiers-Cabardès 11 .... 278 B4
Fontiès-d'Aude 11 .... 302 C2
Fontjoncouse 11 .... 303 E3
Fontoy 57 .... 41 E2
Fontpédrouse 66 .... 311 D3
Fontrabiouse 66 .... 311 D2
Fontrailles 65 .... 274 B4
Fontvannes 10 .... 90 A4
Fontvieille 13 .... 283 E1
Forbach 57 .... 43 D4
Força Réal (Ermitage de) 66 .... 312 C1
Forcalqueiret 83 .... 286 B4
Forcalquier 04 .... 266 C3
La Force 11 .... 302 A2
La Force 24 .... 220 A4
Forcé 53 .... 105 D1
Forcelles-Saint-Gorgon 54 .... 94 A2
Forcelles-sous-Gugney 54 .... 94 A2
Forceville 80 .... 18 C1
Forceville-en-Vimeu 80 .... 17 E2
Forcey 52 .... 92 C4
Forciolo 2A 316 C4
La Forclaz 74 .... 178 C3
Forclaz (Col de la) 74 .... 195 F3
Forest-en-Cambrésis 59 .... 9 F4
Forest-l'Abbaye 80 .... 6 C4
La Forest-Landerneau 29 .... 47 F3
Forest-Montiers 80 .... 6 B3
Forest-Saint-Julien 05 .... 249 F1
Forest-sur-Marque 59 .... 5 D4
Foreste 02 .... 19 F3
La Forestière 51 .... 89 E1
Forestière (Aven de la) 30 .... 246 A4
La Forêt 33 .... 217 D3
La Forêt-Auvray 61 .... 56 A3
La Forêt-de-Tessé 16 .... 183 E2
La Forêt-du-Parc 27 .... 59 D2
La Forêt-du-Temple 23 .... 169 E3
La Forêt-Fouesnant 29 .... 98 F1
Forêt-la-Folie 27 .... 33 D4
La Forêt-le-Roi 91 .... 86 B2
La Forêt-Sainte-Croix 91 .... 86 C2
La Forêt-sur-Sèvre 79 .... 147 E4
Forfry 77 .... 62 A1
La Forge 88 .... 119 E1
Forges 17 .... 181 E1
Forgès 19 .... 223 D1
Les Forges 23 .... 187 F1
Forges 49 .... 129 D4
Les Forges 56 .... 101 E1
Forges 61 .... 82 C2
Forges 77 .... 88 A3
Les Forges 79 .... 165 F2
Les Forges 88 .... 94 C4
Les Forges-de-Paimpont 35 .... 102 B1
Forges-la-Forêt 35 .... 104 A3
Forges-les-Bains 91 .... 86 B1
Forges-les-Eaux 76 .... 33 D1
Forges-sur-Meuse 55 .... 40 A3
Forgevieille 23 .... 168 C4
Forgues 31 .... 275 F4
La Forie 63 .... 208 C2
Forléans 21 .... 137 F2
Formentin 14 .... 30 B4
Formerie 60 .... 17 E4
Formigny 14 .... 27 F3
Formiguères 66 .... 311 D2
Fornex 09 .... 300 B2
Fors 79 .... 164 C4
Forstfeld 67 .... 71 F1
Forstheim 67 .... 71 D1
Fort-Bloqué 56 .... 99 F3
Fort-du-Plasne 39 .... 177 E1
Fort-Louis 67 .... 71 F1
Fort-Mahon-Plage 80 .... 6 A3
Fort-Mardyck 59 .... 3 E1
Fort-Médoc 33 .... 217 D1
Fort-Moville 27 .... 31 D3
Fortan 41 .... 108 B3
Fortel-en-Artois 62 .... 7 E3
La Forteresse 38 .... 212 A4
Fortschwihr 68 .... 96 C3
Fos 31 .... 299 D4
Fos 34 .... 280 B2
Fos-sur-Mer 13 .... 284 A3
Le Fossat 09 .... 300 C2
Fossé 08 .... 39 E2
Fossé 41 .... 132 A1
Fosse 66 .... 311 E1
Le Fossé 76 .... 33 D1
La Fosse (Hameau troglodytique de) 49 .... 129 D4
La Fosse Arthour 50 .... 81 D1
La Fosse-Corduan 10 .... 89 E2
La Fosse-de-Tigné 49 .... 128 C4
Fossemagne 24 .... 221 D2
Fossemanant 80 .... 18 A3
Les Fosses 79 .... 182 B1
Fosses 95 .... 61 E1
Fossès-et-Baleyssac 33 .... 237 E2
La Fossette 83 .... 293 D2
Fosseuse 60 .... 34 B4
Fosseux 62 .... 8 A3
Fossieux 57 .... 68 B2
Fossoy 02 .... 63 D1
Fou (Gorges de la) 66 .... 312 B4
Foucarmont 76 .... 17 D3
Foucart 76 .... 15 D3
Foucarville 50 .... 25 E4
Foucaucourt-en-Santerre 80 .... 19 D3
Foucaucourt-Hors-Nesle 80 .... 17 E2
Foucaucourt-sur-Thabas 55 .... 66 A1
Fouchécourt 70 .... 118 A3
Fouchécourt 88 .... 117 F1
Foucherans 25 .... 141 E4
Foucherans 39 .... 159 E1
Fouchères 10 .... 114 C1
Fouchères 89 .... 112 B1
Fouchères-aux-Bois 55 .... 92 B1
Foucherolles 45 .... 112 B1
Fouchy 67 .... 96 B1
Foucrainville 27 .... 59 D2
Fouday 67 .... 96 A1
Fouencamps 80 .... 18 B3
Fouesnant 29 .... 73 F4
Foufflin-Ricametz 62 .... 7 F3
Foug 54 .... 67 E4
Fougaron 31 .... 299 E3
Fougax-et-Barrineuf 09 .... 301 F4
Fougeré 49 .... 129 D1
Fougeré 85 .... 163 E1
Fougères 35 .... 80 B3
Fougères-sur-Bièvre 41 .... 132 A2
Les Fougerêts 56 .... 102 B3
Fougerolles 36 .... 169 E2
Fougerolles 70 .... 118 C2
Fougerolles-du-Plessis 53 .... 80 C2
Fougueyrolles 24 .... 219 E4
La Fouillade 12 .... 259 D1
Fouilleuse 60 .... 35 D2
Fouillouse 05 .... 249 E3
La Fouillouse 42 .... 209 F2
Le Fouilloux 17 .... 219 D1
Fouillouze 04 .... 251 D2
Fouilloy 60 .... 17 E4
Fouilloy 80 .... 18 C2
Fouju 77 .... 87 F1
Foulain 52 .... 116 B1
Foulangues 60 .... 34 B3
Foulayronnes 47 .... 256 B1
Foulbec 27 .... 31 D2
Foulcrey 57 .... 69 E4
Fouleix 24 .... 220 B3
Foulenay 39 .... 159 E3
Fouligny 57 .... 42 B4
Foulognes 14 .... 28 C4
Foulzy 08 .... 22 A3
Fouquebrune 16 .... 201 F2
Fouquenies 60 .... 34 A2
Fouquereuil 62 .... 8 A1
Fouquerolles 60 .... 34 B2
Fouquescourt 80 .... 19 D3
Fouqueure 16 .... 183 E3
Fouqueville 27 .... 32 A4
Fouquières-lès-Béthune 62 .... 8 A1
Fouquières-lès-Lens 62 .... 8 C2
Four 38 .... 211 F2
Fouras 17 .... 180 C2
Fourbanne 25 .... 141 F3
Fourcatier-et-Maison-Neuve 25 .... 161 D4
Fourcès 32 .... 255 E3
Fourchambault 58 .... 154 C2
Fourchaud (Château de) 03 .... 172 A3
Fourches 14 .... 56 B3
Fourcigny 80 .... 17 E3
Fourdrain 02 .... 36 C1
Fourdrinoy 80 .... 18 A2
Fourg 25 .... 160 A1
Fourges 27 .... 59 F1
Les Fourgs 25 .... 161 D3
Fourilles 03 .... 172 A4
Fourmagnac 46 .... 241 D1
Fourmetot 27 .... 31 E3
Fourmies 59 .... 10 C4
Fournaudin 89 .... 113 E1
Fourneaux 23 .... 187 E2
Fourneaux 42 .... 191 F3
Fourneaux 45 .... 110 A3
Fourneaux 50 .... 54 C2
Fourneaux 73 .... 214 C4
Fourneaux-le-Val 14 .... 56 A3
Fournels 48 .... 225 E4
Fournès 30 .... 264 B3
Fournes-Cabardès 11 .... 278 C4
Fournes-en-Weppes 59 .... 8 B1
Le Fournet 14 .... 30 B4
Fournet-Blancheroche 25 .... 142 C4
Fourneville 14 .... 30 C3
Fournival 60 .... 34 C2
Fournols 63 .... 208 B2
Fournoulès 15 .... 241 F1
Fouronnes 89 .... 136 B1
Fourques 30 .... 283 D1
Fourques 66 .... 312 C3
Fourques-sur-Garonne 47 .... 237 E3
Fourqueux 78 .... 60 B3
Fourquevaux 31 .... 277 D3
Fours 33 .... 217 E1
Fours 58 .... 155 F4
Fours-en-Vexin 27 .... 33 D4
Fourtou 11 .... 302 C4
Foussais-Payré 85 .... 164 B2
Foussemagne 90 .... 120 A3
Le Fousseret 31 .... 299 F1
Foussignac 16 .... 201 D1
Foussignargues 30 .... 245 F4
Fouvent-le-Bas 70 .... 117 E4
Fouvent-le-Haut 70 .... 140 B1
La Foux 83 .... 287 E4
La Foux-d'Allos 04 .... 250 C4
Fouzilhon 34 .... 280 B3
Foville 57 .... 68 B2
Fox-Amphoux 83 .... 286 B2
La Foye-Monjault 79 .... 182 A1
Fozières 34 .... 280 C1
Fozzano 2A 318 C2
Fragnes 71 .... 158 A3
Frahier-et-Chatebier 70 .... 119 E4
Fraignot-et-Vesvrotte 21 .... 139 D1
Fraillicourt 08 .... 21 F4
Fraimbois 54 .... 95 D1
Frain 88 .... 117 F1
Frais 90 .... 120 A3
Frais-Marais 59 .... 9 D2
Fraisans 39 .... 159 F1
Fraisnes-en-Saintois 54 .... 94 A2
Fraisse 24 .... 219 F3
Fraisse-Cabardès 11 .... 278 B4
Fraissé-des-Corbières 11 .... 303 F3
Fraisse-sur-Agout 34 .... 279 E2
Fraisses 42 .... 209 F3
Fraissines 81 .... 260 A3
Fraissinet-de-Fourques 48 .... 262 B1
Fraissinet-de-Lozère 48 .... 244 C4
Fraize 88 .... 95 F4
Fralignes 10 .... 90 C4
La Framboisière 28 .... 84 B1
Frambouhans 25 .... 142 C4
Framecourt 62 .... 7 E3
Framerville-Rainecourt 80 .... 19 D3
Framicourt 80 .... 17 D2
Framont 70 .... 140 B1
Frampas 52 .... 91 F1
Francalmont 70 .... 118 B3
Francaltroff 57 .... 69 E1
Francardo 2B 315 D4
Francarville 31 .... 277 E2
Francastel 60 .... 34 A1
Françay 41 .... 131 F1
Francazal 31 .... 299 F3
Francescas 47 .... 255 F2
Francheleins 01 .... 192 C2
Franchesse 03 .... 171 F1
Francheval 08 .... 23 E4
Franchevelle 70 .... 119 D4
La Francheville 08 .... 22 C4
Francheville 21 .... 139 D2
Francheville 27 .... 58 A3
Francheville 39 .... 159 E3
Francheville 51 .... 65 D2
Francheville 54 .... 67 F3
Francheville 61 .... 82 B1
Francheville 69 .... 192 C4
Francières 60 .... 35 D2
Francières 80 .... 17 F1
Francillon 36 .... 151 F3
Francillon-sur-Roubion 26 .... 247 E1
Francilly-Selency 02 .... 20 A3
Francin 73 .... 213 E2
Franclens 74 .... 194 C2
François 79 .... 165 D3
Francon 31 .... 299 F1
Franconville 54 .... 94 C1
Franconville 95 .... 60 C2
Francoulès 46 .... 240 A2
Francourt 70 .... 117 E4
Francourville 28 .... 85 F3
Francs 33 .... 219 D3
Francueil 37 .... 131 E4
Franey 25 .... 140 C4
Frangy 74 .... 195 D2
Frangy-en-Bresse 71 .... 159 D4
Franken 68 .... 120 C3
Franleu 80 .... 17 D1
Franois 25 .... 141 D4
Franquevielle 31 .... 298 C2
Franqueville 02 .... 21 D3
Franqueville 27 .... 31 E4
Franqueville 80 .... 18 A1
Franqueville-Saint-Pierre 76 .... 32 B2
La Franqui 11 .... 304 C4
Frans 01 .... 192 C2
Fransart 80 .... 19 D3
Fransèches 23 .... 187 E2
Fransu 80 .... 18 A1
Fransures 80 .... 18 A4
Franvillers 80 .... 18 C2
Franxault 21 .... 159 D1
Frapelle 88 .... 96 A2
Fraquelfing 57 .... 69 F4
Fraroz 39 .... 160 B4
Frasnay-Reugny 58 .... 155 E2
Frasne 25 .... 160 C3
Frasne-le-Château 70 .... 140 C2
Frasne-les-Meulières 39 .... 140 A4
La Frasnée 39 .... 177 D1
Le Frasnois 39 .... 177 E1
Frasnoy 59 .... 10 A2
La Frasse 74 .... 196 B1
Frasseto 2A 317 D4
Frauenberg 57 .... 43 E4
Frausseilles 81 .... 259 D3
Fravaux 10 .... 91 E4
Le Fraysse 81 .... 260 A4
Frayssinet 46 .... 240 A1
Frayssinet-le-Gélat 46 .... 239 E2
Frayssinhes 46 .... 223 D4
Frazé 28 .... 84 C4
Fréauville 76 .... 16 C3
Frébécourt 88 .... 93 E2
Frébuans 39 .... 176 B1
Le Frêche 40 .... 254 B3
Fréchède 65 .... 274 A4
Fréchencourt 80 .... 18 B2
Fréchendets 65 .... 298 A2
Le Fréchet 31 .... 299 F2

Fréchet-Aure 65 298 B4
Le Fréchou 47 255 F2
Fréchou-Fréchet 65 298 A1
Frécourt 52 117 D2
Frédéric-Fontaine 70 119 E4
La Frédière 17 181 F3
Frédille 36 151 E2
Frégimont 47 256 A1
Frégouville 32 275 F2
Fréhel 22 52 A4
Fréhel (Cap) 22 52 A4
Freigné 49 127 E1
Freissinières 05 232 B4
La Freissinouse 05 249 E2
Freistroff 57 42 B3
Freix-Anglards 15 224 A3
Fréjairolles 81 259 F4
Fréjeville 81 278 A2
Fréjus 83 287 F3
Fréjus (Parc zoologique) 83 287 F2
Fréjus (Tunnel du) 73 214 C4
Fréland 68 96 B3
Frelinghien 59 4 B4
Frémainville 95 60 A1
Frémécourt 95 60 B1
Fréménil 54 95 E1
Frémeréville-sous-les-Côtes 55 67 E3
Frémery 57 68 C2
Frémestroff 57 69 E1
Frémicourt 62 19 E1
Fremifontaine 88 95 E3
Frémontiers 80 17 F3
Frémonville 54 69 F4
La Frénaye 76 15 D4
Frencq 62 6 B1
Frêne (Col du) 73 213 E1
Frenelle-la-Grande 88 94 A3
Frenelle-la-Petite 88 94 A3
Frênes 61 55 E3
Freneuse 76 32 A3
Freneuse 78 59 F1
Freneuse-sur-Risle 27 31 E4
Freney 73 214 B4
Le Freney-d'Oisans 38 231 E2
Fréniches 60 19 F4
Frénois 21 139 D2
Frénois 88 94 A4
Frénouse (Musée de la) 53 104 C2
Frénouville 14 29 F4
Frépillon 95 60 C1
Fresles 76 16 B4
La Fresnaie-Fayel 61 57 D3
La Fresnais 35 53 D4
Fresnay 10 91 F3
Fresnay-en-Retz 44 145 D1
Fresnay-le-Comte 28 85 E3
Fresnay-le-Gilmert 28 85 E2
Fresnay-le-Long 76 16 A4
Fresnay-le-Samson 61 57 D3
Fresnay-l'Évêque 28 86 A4
Fresnay-sur-Sarthe 72 82 C3
La Fresnaye-au-Sauvage 61 56 A4
La Fresnaye-sur-Chédouet 72 83 D2
Le Fresne 27 58 B2
Le Fresne 51 65 E2
Le Fresne-Camilly 14 29 E3
Fresne-Cauverville 27 31 D4
Fresné-la-Mère 14 56 B2
Fresne-l'Archevêque 27 32 C3
Fresne-le-Plan 76 32 C2
Fresne-Léguillon 60 33 F4
Le Fresne-Poret 50 55 D4
Fresne-Saint-Mamès 70 140 C1
Le Fresne-sur-Loire 44 127 F3
Fresneaux-Montchevreuil 60 33 A3
Fresnes 02 36 B1
Fresnes 21 138 A1
Fresnes 41 132 A3
Fresnes 89 114 A4
Fresnes 94 61 D4
Fresnes-au-Mont 55 66 C2
Fresnes-en-Saulnois 57 68 C2
Fresnes-en-Tardenois 02 36 C4
Fresnes-en-Woëvre 55 67 D1
Fresnes-lès-Montauban 62 8 C3
Fresnes-lès-Reims 51 37 F3
Fresnes-Mazancourt 80 19 E3
Fresnes-sur-Apance 52 117 F2
Fresnes-sur-Escaut 59 9 F2
Fresnes-sur-Marne 77 61 E2
Fresnes-Tilloloy 80 17 E2
Fresneville 80 17 E2
Fresney 27 59 D2
Fresney-le-Puceux 14 56 A1
Fresney-le-Vieux 14 55 F1
Fresnicourt-le-Dolmen 62 8 A2
Fresnières 60 35 E1
Fresnois-la-Montagne 54 40 C1
Fresnoy 62 7 D2
Fresnoy-Andainville 80 17 E2
Fresnoy-au-Val 80 17 F3
Fresnoy-en-Bassigny 52 117 E1
Fresnoy-en-Chaussée 80 18 C3
Fresnoy-en-Gohelle 62 8 B2
Fresnoy-en-Thelle 60 34 B4
Fresnoy-Folny 76 16 C2
Fresnoy-la-Rivière 60 35 F3
Fresnoy-le-Château 10 90 C4
Fresnoy-le-Grand 02 20 B2
Fresnoy-le-Luat 60 35 E4
Fresnoy-lès-Roye 80 19 D4
Frespech 47 238 C4
Fresquiennes 76 32 A1
Fressac 30 263 D3
Fressain 59 9 D3
Fressancourt 02 36 B1
Fresse 70 119 E3
Fresse-sur-Moselle 88 119 E2
Fresselines 23 169 D3
Fressenneville 80 17 D1
Fressies 59 9 D3
Fressin 62 7 D2
Fressines 79 165 D4
Le Frestoy-Vaux 60 35 D1
Fresville 50 25 D4
Le Fret 29 47 E4
Fréterive 73 213 F1
Fréteval 41 108 C3
Fréthun 62 2 B2
Fretigney-et-Velloreille 70 141 D2
Frétigny 28 84 B3
Fretin 59 9 D1
Frétoy 77 62 C4
Frétoy-le-Château 60 19 E4
La Frette 38 212 A3
La Frette 71 175 F1
La Frette-sur-Seine 95 60 C2
Frettecuisse 80 17 E2
Frettemeule 80 17 D1
Frettemolle 80 17 E4
Fretterans 71 159 D3
Frettes 70 117 D4
Le Fréty 08 22 A4
Freulleville 76 16 B3
Frévent 62 7 E3
Fréville 76 15 F4
Fréville 88 93 D3
Fréville-du-Gâtinais 45 111 D2
Frévillers 62 7 F2
Frévin-Capelle 62 8 A3
Freybouse 57 69 E1
Freycenet-la-Cuche 43 227 E3
Freycenet-la-Tour 43 227 E3
Freychenet 09 301 D4
Freyming-Merlebach 57 42 C4
Freyssenet 07 246 B1
Friaize 28 84 C2
Friardel 14 57 E2
Friaucourt 80 16 C1
Friauville 54 41 D4
Fribourg 57 69 E3
Fricamps 80 17 F3
Frichemesnil 76 32 B1
Fricourt 80 19 D2
Fridefont 15 225 E4
Friedolsheim 67 70 C2
Frières-Faillouël 02 20 A4
Friesen 68 120 B4
Friesenheim 67 97 D1
Frignicourt 51 65 E4
Le Friolais 25 142 B4
Frise 80 19 E2
Friville-Escarbotin 80 17 D1
Frizon 88 94 C3
Froberville 76 14 C2
Frocourt 60 34 A3
Frœningen 68 120 B3
Frœschwiller 67 45 D4
Froges 38 213 D4
Frohen-le-Grand 80 7 E4
Frohen-le-Petit 80 7 E4
Frohmuhl 67 70 B1
Froideconche 70 118 C3
Froidefontaine 39 160 B3
Froidefontaine 90 142 C1
Froidestrées 02 21 E2
Froideterre 70 119 D4
Froidevaux 25 142 B3
Froideville 39 159 E3
Froidfond 85 145 D3
Froidmont-Cohartille 02 20 C4
Froidos 55 66 A1
Froissy 60 34 B1
Frôlois 21 138 B2
Frolois 54 94 A1
Fromelennes 08 13 D3
Fromelles 59 8 B1
Fromental 87 186 A1
Fromentières 51 63 F3
Fromentières 53 105 E3
Fromentine 85 144 B2
Fromentine (Pont de) 85 144 B2
Fromeréville-les-Vallons 55 40 A4
Fromezey 55 40 C4
Fromont 77 87 E4
Fromy 08 40 A1
Froncles-Buxières 52 92 B3
Fronsac 31 299 D3
Fronsac 33 218 C3
Frontenac 33 236 C1
Frontenac 46 241 D2
Frontenard 71 158 C3
Frontenas 69 192 B3
Frontenaud 71 176 A2
Frontenay 39 159 F4
Frontenay-Rohan-Rohan 79 164 C4
Frontenay-sur-Dive 86 148 C3
Frontenex 73 213 F1
Frontignan 34 281 E3
Frontignan-de-Comminges 31 299 D3
Frontignan-Plage 34 281 E4
Frontignan-Savès 31 275 F4
Fronton 31 257 F4
Frontonas 38 211 F1
Fronville 52 92 B2
Frossay 44 125 F4
Frotey-lès-Lure 70 119 D4
Frotey-lès-Vesoul 70 141 E1
Frouard 54 68 A3
Frouville 95 60 C1
Frouzins 31 276 B3
Froville 54 94 C2
Froyelles 80 6 C4
Frozes 86 166 A1
Frucourt 80 17 E2
Frugères-les-Mines 43 207 F3
Fruges 62 7 D1
Frugières-le-Pin 43 208 A4
Fruncé 28 84 C3
Fry 76 33 D1
Fuans 25 142 B4
Fublaines 77 62 A2
Le Fugeret 04 268 C2
Le Fuilet 49 127 E3
Fuilla 66 311 E3
Fuissé 71 175 D4
Fuligny 10 91 E3
Fulleren 68 143 E1
Fultot 76 15 E2
Fulvy 89 114 B4
Fumay 08 11 F4
Fumel 47 239 D3
Fumichon 14 30 C4
Furchhausen 67 70 C2
Furdenheim 67 70 C3
Fures 38 212 B4
Furiani 2B 315 F2
Furmeyer 05 249 D2
Fussey 21 158 A1
Fussy 18 153 E1
La Fuste 04 267 D4
Fustérouau 32 273 F1
Fustignac 31 299 F1
Futeau 55 66 A1
Futuroscope 86 166 B1
Fuveau 13 285 D3
Fyé 72 82 C3
Fyé 89 113 F3

G

Gaas 40 271 E2
Gabarnac 33 236 C2
Gabarret 40 255 D3
Gabas 64 296 C4
Gabaston 64 273 D4
Gabat 64 271 E4
Gabian 34 280 B3
Gabillou 24 221 E1
Gabre 09 300 C3
Gabriac 12 242 C3
Gabriac 48 262 C1
Gabrias 48 244 A2
Gacé 61 57 D3
La Gacilly 56 102 B3
Gâcogne 58 137 D4
Gadancourt 95 60 A1
Gadencourt 27 59 E2
Gaël 35 78 B4
Gageac-et-Rouillac 24 220 A4
Gages-le-Haut 12 242 C4
Gagnac-sur-Cère 46 223 D3
Gagnac-sur-Garonne 31 276 B1
Gagnières 30 245 F4
Gagny 93 61 E3
Gahard 35 79 F3
Gailhan 30 263 E4
Gaillac 81 258 C4
Gaillac-d'Aveyron 12 243 D4
Gaillac-Toulza 31 300 C1
Gaillagos 65 297 E3
Gaillan-en-Médoc 33 198 C4
Gaillard 74 178 A4
Gaillardbois-Cressenville 27 32 C3
La Gaillarde 76 15 F1
Gaillefontaine 76 17 D4
Gaillères 40 254 A3
Gaillon 27 32 C4
Gaillon-sur-Montcient 78 60 A2
Gainneville 76 14 B4
Gaja-et-Villedieu 11 302 A2
Gaja-la-Selve 11 301 F2
Gajac 33 236 C3
Gajan 09 300 A3
Gajan 30 263 F4
Gajoubert 87 185 D1
Galametz 62 7 D3
Galamus (Gorges de) 11 302 C4
Galan 65 298 B1
Galapian 47 238 A4
Galargues 34 282 A1
La Galère 06 288 A4
Galéria 2B 314 A4
Galey 09 299 E4
Galez 65 298 B1
Galfingue 68 120 B3
Galgan 12 241 F3
Galgon 33 218 C3
Galiax 32 273 F2
Galibier (Col du) 05 232 A2
Galié 31 299 D3
Galinagues 11 310 C1
Gallardon 28 85 F2
Gallargues-le-Montueux 30 282 B1
Gallerande (Château de) 72 106 C4
Le Gallet 60 34 A1
Galluis 78 60 A3
Gamaches 80 17 D2
Gamaches-en-Vexin 27 33 D3
Gamarde-les-Bains 40 271 F1
Gamarthe 64 295 E1
Gambais 78 59 F4
Gambaiseuil 78 59 F4
Gambsheim 67 71 E2
Gan 64 296 C1
Ganac 09 300 C4
Ganagobie 04 267 D2
Ganagobie (Prieuré de) 04 267 D2
Gancourt-Saint-Étienne 76 33 E1
Gandelain 61 82 B2
Gandelu 02 62 C1
Gandrange 57 41 F3
Ganges 34 262 C3
Gannat 03 189 F2
Gannay-sur-Loire 03 155 F4
Gannes 60 34 C1
Les Gannes 63 206 B2
Gans 33 236 C3
Ganties 31 299 E3
Ganzeville 76 14 C2
Gap 05 249 E2
Gapennes 80 6 C4
Gâprée 61 83 D1
Garabit (Viaduc de) 15 225 F3
Garac 31 276 A1
Garancières 78 60 A3
Garancières-en-Beauce 28 86 A2
Garancières-en-Drouais 28 59 D4
Garanou 09 310 B1
Garat 16 201 F1
Garcelles-Secqueville 14 56 A1
Garche 57 41 F2
Garches 92 60 C3
Garchizy 58 154 C2
Garchy 58 135 E4
Gardanne 13 285 D3
La Garde 04 268 B4
La Garde 38 231 E2
La Garde 48 225 F4
La Garde 83 292 A2
La Garde-Adhémar 26 246 C3
La Garde-Freinet 83 287 D4
La Garde-Guérin 48 245 D3
Gardefort 18 135 D4
Gardegan-et-Tourtirac 33 219 D3
Gardères 65 297 E1
Les Gardes 49 147 D1
Gardes-le-Pontaroux 16 201 F2
Gardie 11 302 B3
Gardonne 24 219 F4
Gardouch 31 277 D4
Garein 40 253 F2
Garencières 27 59 D2
La Garenne-Colombes 92 60 C3
Garennes-sur-Eure 27 59 E2
Garentreville 77 87 E4
Garéoult 83 286 A4
La Garette 79 164 B4
Gargan (Mont) 87 204 B2
Garganvillar 82 257 D3
Gargas 31 276 C1
Gargas 84 266 A3
Gargenville 78 60 A2
Garges-lès-Gonesse 95 61 D2
Gargilesse-Dampierre 36 168 C2
Garidech 31 277 D1
Gariès 82 257 D4
Garigny 18 154 B1
Garin 31 307 F4
Garindein 64 295 F1
Garlan 29 49 E3
Garlède-Mondebat 64 273 D3
Garlin 64 273 D2
Le Garn 30 246 B4
La Garnache 85 145 D3
Garnat-sur-Engièvre 03 173 D1
Garnay 28 59 D4
Garnerans 01 175 E4
Garnetot 14 56 C2
La Garonne 83 292 B3
Garons 30 282 C1
Garos 64 272 C3
Garravet 32 275 E4
Garrebourg 57 70 A2
Garrevaques 81 277 F3
Garrey 40 271 F1
Le Garric 81 259 E3
Garrigues 34 263 E4
Garrigues 81 277 E1
Garrigues-Sainte-Eulalie 30 263 F3
Garris 64 271 E4
Garrosse 40 253 D2
Gars 06 269 D3
Gartempe 23 186 C1
Gas 28 85 F1
Gaschney 68 96 A4
Gasny 27 59 F1
Gasques 82 256 C2
Gassin 83 293 E1
Le Gast 14 54 C3
Gastes 40 234 B4
Gastines 53 104 B2
Gastins 77 88 B1
Gasville-Oisème 28 85 E1
Gâtelles 28 85 D1
Gatey 39 159 D2
Gathemo 50 54 C3
Gatteville-le-Phare 50 25 E2
Gattières 06 288 B1
Gatuzières 48 262 A1
Gaubertin 45 111 D1
La Gaubretière 85 146 B2
Gauchin-Légal 62 8 A2
Gauchin-Verloingt 62 7 E2
Gauchy 02 20 A3
Gauciel 27 59 D1
La Gaudaine 28 84 B3
La Gaude 06 269 F4
Gaudechart 60 33 F1
Gaudent 65 298 C3
Gaudiempré 62 7 F4
Gaudiès 09 301 E2
Gaudonville 32 256 C4
Gaudreville-la-Rivière 27 58 B2
Gaugeac 24 239 D1
Gaujac 30 264 B2
Gaujac 32 275 E3
Gaujac 47 237 E3
Gaujacq 40 272 A1
Gaujan 32 275 D4
Le-Gault-du-Perche 41 108 B1
Le Gault-Saint-Denis 28 85 E4
Le Gault-Soigny 51 63 E3
Gauré 31 277 D2
Gauriac 33 217 E2
Gauriaguet 33 217 F2
Gaussan 65 298 C1
Gausson 22 77 E3
Les Gautherets 71 174 A1
Gauville 61 57 F3
Gauville 80 17 E3
Gauville-la-Campagne 27 58 C1
Gavarnie 65 306 B4
Gavarnie (Port de) 65 306 E4
Gavarret-sur-Aulouste 32 275 D1
Gavaudun 47 239 D2
Gavet 38 231 D2
Gavignano 2B 315 E4
Gavisse 57 41 F2
La Gavotte 13 284 C4
Gavray 50 54 A2
Le Gâvre 44 126 A1
Gavrelle 62 8 B3
Gâvres 56 100 A3
Gavrinis (Cairn de) 56 122 C2
Gavrus 14 29 D4
Gayan 65 273 F4
Gaye 51 63 F4
Gayon 64 273 E3
Gazaupouy 32 256 A3
Gazave 65 298 B3
Gazax-et-Baccarisse 32 274 A2
Gazeran 78 86 A1
Gazinet 33 217 D4
Gazost 65 297 F3
Géanges 71 158 A2
Geaune 40 273 D2
Geay 17 181 E3
Geay 79 148 A3
Gèdre 65 306 C4
Gée 49 129 D2
Gée-Rivière 32 273 E1
Geffosses 50 26 C4
Géfosse-Fontenay 14 25 F4
Gehée 36 151 E2
Geishouse 68 120 A1
Geispitzen 68 120 C3
Geispolsheim 67 71 D4
Geiswasser 68 97 D4
Geiswiller 67 70 C2
Gélacourt 54 95 E1
Gélannes 10 89 E2
Gélaucourt 54 94 A2
Gellainville 28 85 E3
Gellenoncourt 54 68 C4
Gelles 63 188 C4
Gellin 25 160 C4
Gelos 64 296 C1
Geloux 40 253 F3
Gelucourt 57 69 E3
Gelvécourt-et-Adompt 88 94 B4
Gémages 61 83 F3
Gemaingoutte 88 96 A2
Gembrie 65 298 C3
Gemeaux 21 139 E2
Gémenos 13 285 E4
Gémigny 45 109 F2
Gémil 31 277 D1
Gemmelaincourt 88 94 A3
Gémonval 25 142 A1
Gémonville 54 93 F2
Gémozac 17 199 D2
Genac 16 183 E4
Genainville 95 60 A1
Genas 69 193 D4
Génat 09 309 F1
Genay 21 137 F2
Genay 69 192 C3
Gençay 86 166 B3
Gendreville 88 93 E4
Gendrey 39 140 B4
Gené 49 128 A1
Génébrières 82 258 A3
Genech 59 9 D1
Génelard 71 174 A2
Générac 30 282 C1
Générac 33 217 E1
Générargues 30 263 D2
Génerest 65 298 C3
Generville 11 301 F1
Geneslay 61 81 F1
Le Genest 53 104 C1
Genestelle 07 246 A1
Geneston 44 145 F1
La Genête 71 175 F2
La Génétouze 17 219 D1
La Génétouze 85 145 F4
Genêts 50 53 F4
Les Genettes 61 57 F4
Geneuille 25 141 D3
La Genevraie 61 57 D4
La Genevraye 77 87 F3
Genevreuille 70 118 C4
Genevrey 70 118 C4
Genevrières 52 117 E4
La Genevroye 52 92 A3
Geney 25 142 A2
La Geneytouse 87 186 A4
Génicourt 95 60 B1
Génicourt-sous-Condé 55 66 B3
Génicourt-sur-Meuse 55 66 C1
Genilac 42 210 B2
Genillé 37 150 C1
Genin (Lac) 01 177 D4
Génis 24 203 E4
Génissac 33 218 C4
Génissiat (Barrage de) 01 194 C2
Génissieux 26 229 E2
Genlis 21 139 F4
Gennes 25 141 E4
Gennes 49 129 D3
Gennes-Ivergny 62 7 D3
Gennes-sur-Glaize 53 105 E3
Gennes-sur-Seiche 35 104 B2
Genneteil 49 129 F1
Gennetines 03 172 B1
Genneton 79 147 F1
Genneville 14 30 C3
Gennevilliers 92 61 D2
Genod 39 176 C3
Génois (Pont) 2B 314 C4
Génois (Pont) 2B 317 E1
Génolhac 30 245 D4
Génos 31 299 D3
Génos 65 307 E4
Genouillac 16 184 B4
Genouillac 23 169 F4
Genouillé 17 181 E2
Genouillé 86 184 A1
Genouilleux 01 192 C1
Genouilly 18 152 B1
Genouilly 71 174 C1
Genrupt 52 117 E2
Gensac 33 219 E4
Gensac 65 273 F3
Gensac 82 257 D3
Gensac-de-Boulogne 31 298 C1
Gensac-la-Pallue 16 200 C1
Gensac-sur-Garonne 31 300 A1
Genté 16 200 C1
Gentelles 80 18 C3
Gentilly 94 61 D3
Gentioux 23 187 D4
Genvry 60 35 F1
Georfans 70 142 A1
Géovreisset 01 176 C4
Géovreissiat 01 194 B1
Ger 50 55 D4
Ger 64 297 E1
Ger 65 297 E2
Geraise 39 160 A2
Gérardmer 88 119 F1
Géraudot 10 90 C3
Gérauvilliers 55 93 D1
Gerbaix 73 212 C1
Gerbamont 88 119 E1
Gerbécourt 57 68 C2
Gerbécourt-et-Haplemont 54 94 B1
Gerbépal 88 95 F4
Gerberoy 60 33 F1
Gerbéviller 54 95 D1
Gerbier de Jonc (Mont) 07 227 F4
Gercourt-et-Drillancourt 55 40 A3
Gercy 02 21 D3
Gerde 65 298 A2
Gerderest 64 273 E4
Gère-Bélesten 64 296 C3
Gergny 02 21 E2
Gergovie (Plateau de) 63 207 E1
Gergueil 21 138 C4
Gergy 71 158 B3
Gerland 21 158 B1
Germ 65 307 E4
Germagnat 01 176 B3
Germagny 71 174 C1
Germaine 02 19 F3
Germaine 51 64 A1
Germaines 52 116 A3
Germainville 28 59 E4
Germainvilliers 52 117 E1
Germay 52 92 C2
Germéfontaine 25 142 A4
Germenay 58 136 B4
Germignac 17 199 F2
Germigney 39 159 F2
Germigney 70 140 A3
Germignonville 28 85 F4
Germigny 51 37 E4
Germigny 89 113 F2
Germigny-des-Prés 45 110 C3
Germigny-l'Évêque 77 62 A2
Germigny-l'Exempt 18 154 B3
Germigny-sous-Coulombs 77 62 B1
Germigny-sur-Loire 58 154 B2
Germinon 51 64 B3
Germiny 54 94 A1
Germisay 52 92 C2
Germolles (Château de) 71 158 A4
Germolles-sur-Grosne 71 174 C4
Germond-Rouvre 79 164 C2
Germondans 25 141 E2
Germont 08 39 E2
Germonville 54 94 B2
Germs-sur-l'Oussouet 65 297 F3
Gernelle 08 23 D3
Gernicourt 02 37 E2
Géronce 64 296 A1
Gerponville 76 15 D2
Gerrots 14 30 A4
Gerstheim 67 97 D1
Gertwiller 67 96 C1
Geruge 39 176 C1
Gervans 26 229 D2
Gerville 76 14 C2
Gerville-la-Forêt 50 26 C3
Géry 55 66 C3
Gerzat 63 189 E4
Gesnes 53 81 E4
Gesnes-en-Argonne 55 39 F3
Gesnes-le-Gandelin 72 82 C3
Gespunsart 08 23 D3

Gestas 64.....271 F4
Gesté 49.....127 E4
Gestel 56.....100 A2
Gestiès 09.....309 F1
Gesvres 53.....82 B3
Gesvres-le-Chapitre 77.....62 A1
Gétigné 44.....146 A1
Les Gets 74.....178 C4
Geu 65.....297 E3
Geudertheim 67.....71 D2
Géus-d'Arzacq 64.....272 C3
Geüs-d'Oloron 64.....296 A1
Gévezé 35.....79 D4
Gevigney-et-Mercey 70.....118 A3
Gevingey 39.....176 B1
Gevresin 25.....160 B2
Gevrey-Chambertin 21.....139 D4
Gevrolles 21.....115 F2
Gevry 39.....159 E1
Gex 01.....177 F3
Geyssans 26.....229 E1
Gez 65.....297 E3
Gez-ez-Angles 65.....297 F2
Gézaincourt 80.....7 E4
Gezier-et-Fontenelay 70.....140 C3
Gézoncourt 54.....67 F3
Ghisonaccia 2B.....317 F3
Ghisoni 2B.....317 E2
Ghissignies 59.....9 F4
Ghyvelde 59.....3 F1
Giat 63.....188 A4
Gibeaumeix 54.....93 E1
Gibel 31.....301 D1
Gibercourt 02.....20 A4
Giberville 14.....29 F4
Gibles 71.....174 B4
Gibourne 17.....182 C3
Gibret 40.....272 A1
Le Gicq 17.....182 C3
Gidy 45.....110 A2
Giel-Courteilles 61.....56 A3
Gien 45.....134 B1
Gien-sur-Cure 58.....156 C1
Giens 83.....292 B3
Gières 38.....230 C1
La Giettaz 73.....196 A3
Giéville 50.....54 C1
Gièvres 41.....132 C4
Giey-sur-Aujon 52.....116 B2
Giez 74.....195 F4
Gif-sur-Yvette 91.....60 C4
Giffaumont-
Champaubert 51.....91 F1
Gigean 34.....281 E3
Gignac 34.....281 D2
Gignac 46.....222 A3
Gignac 84.....266 B3
Gignac-la-Nerthe 13.....284 B4
Gignat 63.....207 F3
Gignéville 88.....117 F1
Gigney 88.....94 C4
Gigny 39.....176 B2
Gigny 89.....114 C3
Gigny-Bussy 51.....91 D1
Gigny-sur-Saône 71.....175 E1
Gigondas 84.....265 E1
Gigors 04.....249 F3
Gigors-et-Lozeron 26.....229 E4
Gigouzac 46.....240 A2
Gijounet 81.....279 D1
Gildwiller 68.....120 B3
Gilette 06.....269 F3
Gilhac-et-Bruzac 07.....228 C4
Gilhoc-sur-Ormèze 07.....228 C3
Gillancourt 52.....92 A4
Gillaumé 52.....92 C2
Gilles 28.....59 E2
Gilley 25.....161 E1
Gilley 52.....117 E4
Gillois 39.....160 B4
Gillonnay 38.....211 F3
Gilly-lès-Cîteaux 21.....158 B1
Gilly-sur-Isère 73.....214 A1
Gilly-sur-Loire 71.....173 D2
Gilocourt 60.....35 E3
Gimat 82.....257 D4
Gimbrède 32.....256 B2
Gimbrett 67.....71 D2
Gimeaux 63.....189 E3
Gimécourt 55.....66 C3
Gimel-les-Cascades 19.....205 D4
Gimeux 16.....199 F1
La Gimond 42.....210 A2
Gimont 32.....275 E2
Gimouille 58.....154 C3
Ginai 61.....57 D4
Ginals 82.....258 C1
Ginasservis 83.....285 F1
Ginchy 80.....19 E1
Gincla 11.....311 E1
Gincrey 55.....40 C3
Gindou 46.....239 F2
Ginestas 11.....303 F1
Ginestet 24.....220 A3
Gingsheim 67.....71 D2
Ginoles 11.....302 A4
Ginouillac 46.....240 B1
Gintrac 46.....222 C2
Giocatojo 2B.....315 E3
Gionges 51.....64 A2
Giou-de-Mamou 15.....224 B3
Gioux 23.....187 E4
Gipcy 03.....171 F2
Girac 46.....222 C3
Girancourt 88.....94 C4
Giraumont 54.....41 E4
Giraumont 60.....35 E2
Girauvoisin 55.....67 D3
Gircourt-lès-Viéville 88.....94 B3
Girecourt-sur-Durbion 88.....95 D3
Girefontaine 70.....118 B2
Giremoutiers 77.....62 B3
Girgols 15.....224 A2
Giriviller 54.....94 C2
Girmont 88.....94 C3
Girmont-Val-d'Ajol 88.....119 D2
Girolles 45.....111 F1
Girolles 89.....136 C2
Giromagny 90.....119 F3
Giron 01.....177 D4
Gironcourt-sur-Vraine 88.....93 F3
Gironde-sur-Dropt 33.....237 D2
Girondelle 08.....22 A3
Gironville 77.....87 E4
Gironville-et-Neuville 28.....85 D1
Gironville-sous-les-Côtes 55.....67 E3
Gironville-sur-Essonne 91.....87 D3
Le Girouard 85.....162 C1
Giroussens 81.....277 E1
Giroux 36.....152 B2
Girovillers-sous-Montfort 88.....94 A3
Giry 58.....136 A4
Gisay-la-Coudre 27.....57 F2
Giscaro 32.....275 F2
Giscos 33.....236 C4
Gisors 27.....33 E3
Gissac 12.....261 D4
Gissey-le-Vieil 21.....138 A3
Gissey-sous-Flavigny 21.....138 B2
Gissey-sur-Ouche 21.....138 C4
Gisy-les-Nobles 89.....88 C4
Giuncaggio 2B.....317 F1
Giuncheto 2A.....318 C3
Givardon 18.....154 A4
Givarlais 03.....171 D3
Givenchy-en-Gohelle 62.....8 B2
Givenchy-le-Noble 62.....7 F3
Givenchy-lès-la-Bassée 62.....8 B1
Giverny 27.....59 E1
Giverville 27.....31 D4
Givet 08.....13 D3
Givonne 08.....23 E4
Givors 69.....210 C2
Givraines 45.....111 D1
Givrand 85.....144 C4
Givrauval 55.....66 C4
Le Givre 85.....163 D2
Givrezac 17.....199 E2
Givron 08.....22 A4
Givry 08.....38 C2
Givry 71.....157 F4
Givry 89.....136 C2
Givry-en-Argonne 51.....65 F2
Givry-lès-Loisy 51.....64 A3
Givrycourt 57.....69 F2
Gizaucourt 51.....65 F1
Gizay 86.....166 B3
Gizeux 37.....129 E3
Gizia 39.....176 B2
Gizy 02.....37 D1
La Glacerie 50.....24 C2
Glacière (Grotte de la) 25.....141 F4
Glageon 59.....10 C3
Glaignes 60.....35 E4
Glainans 25.....142 A2
Glaine-Montaigut 63.....190 A4
Glaire 08.....23 D4
Le Glaizil 05.....231 E4
Glamondans 25.....141 F3
Gland 02.....63 D1
Gland 89.....114 C3
Glandage 26.....248 B1
Glandon 87.....203 F3
Glandon (Col du) 73.....213 F4
Glanes 46.....223 D3
Glanges 87.....204 A1
Glannes 51.....65 D4
Glanon 21.....158 B2
Glanville 14.....30 B3
Glatens 82.....256 C4
Glatigny 50.....26 B3
Glatigny 57.....42 A4
Glatigny 60.....33 F2
Glay 25.....142 C2
Gleizé 69.....192 C2
Glénac 56.....102 B4
Glénat 15.....223 F3
Glénay 79.....148 A3
Glénic 23.....187 D1
Glennes 02.....37 D3
Glénouze 86.....148 C2
Glère 25.....143 D3
Glicourt 76.....16 B2
Glisolles 27.....58 B2
Glisy 80.....18 B3
Glomel 22.....76 A3
Glonville 54.....95 E1
Glorianes 66.....312 B3
Glos 14.....57 D1
Glos-la-Ferrière 61.....57 F3
Glos-sur-Risle 27.....31 E3
Gluges 46.....222 B3
Gluiras 07.....228 B4
Glun 07.....229 D2
Glux-en-Glenne 58.....156 B2
Goas 82.....257 D4
La Godefroy 50.....54 A4
Godenvillers 60.....35 D1
Goderville 76.....14 C3
Godewaersvelde 59.....4 A3
Godisson 61.....57 D4
La Godivelle 63.....207 D3
Godoncourt 88.....117 F2
Gœrlingen 67.....70 A2
Gœrsdorf 67.....45 D4
Goès 64.....296 B1
Goetzenbruck 57.....44 B4
Gœulzin 59.....8 C3
Gogney 54.....69 E4
Gognies-Chaussée 59.....10 B1
La Gohannière 50.....54 A4
Gohier 49.....128 C3
Gohory 28.....108 C1
Goin 57.....68 B1
Goincourt 60.....34 A2
Golancourt 60.....19 F4
Golbey 88.....94 C4
Goldbach 68.....120 A1
Golfe-Juan 06.....288 B3
Golfech 82.....256 C2
Golinhac 12.....242 B2
Golleville 50.....24 C4
Gombergean 41.....131 F1
Gomelange 57.....42 B3
Gomené 22.....77 F4
Gomer 64.....297 E1
Gometz-la-Ville 91.....60 C4
Gometz-le-Châtel 91.....60 C4
Gomiécourt 62.....8 B4
Gommecourt 62.....8 A4
Gommecourt 78.....59 F1
Gommegnies 59.....10 A2
Gommenec'h 22.....50 C3
Gommersdorf 68.....120 A3
Gommerville 28.....86 B3
Gommerville 76.....14 C4
Gomméville 21.....115 D2
Gomont 08.....38 A1
Gonaincourt 52.....93 D4
Goncelin 38.....213 D3
Goncourt 52.....93 D4
Gond-Pontouvre 16.....201 F1
Gondecourt 59.....8 C1
Gondenans-les-Moulins 25.....141 F2
Gondenans-Montby 25.....142 A2
Gondeville 16.....201 D1
Gondrecourt-Aix 54.....41 D3
Gondrecourt-le-Château 55.....93 D1
Gondreville 45.....111 F2
Gondreville 54.....67 F4
Gondreville 60.....35 F4
Gondrexange 57.....69 F4
Gondrexon 54.....69 E4
Gondrin 32.....255 E4
Les Gonds 17.....181 F4
Gonesse 95.....61 D2
Gonez 65.....298 A1
Gonfaron 83.....286 C4
Gonfreville 50.....27 D3
Gonfreville-Caillot 76.....14 C3
Gonfreville-l'Orcher 76.....14 B4
La Gonfrière 61.....57 E3
Gonnehem 62.....8 A1
Gonnelieu 59.....19 F1
Gonnetot 76.....15 F2
Gonneville 50.....25 D2
Gonneville-en-Auge 14.....29 F3
Gonneville-la-Mallet 76.....14 B3
Gonneville-sur-Honfleur 14.....30 C2
Gonneville-sur-Mer 14.....30 A3
Gonneville-sur-Scie 76.....16 A3
Gonsans 25.....141 F4
Gontaud-de-Nogaret 47.....237 F3
La Gonterie-Boulouneix 24.....202 B3
Gonvillars 70.....142 B1
Gonzeville 76.....15 F2
Goos 40.....271 F1
Gorbio 06.....289 E4
Gorcy 54.....40 C1
Gordes 84.....265 F3
Gorenflos 80.....17 F1
Gorges 44.....146 A1
Gorges 50.....27 D3
Gorges 80.....18 A1
La Gorgue 59.....4 A4
Gorhey 88.....94 B4
Gornac 33.....236 C1
Gorniès 34.....262 B4
Gorre 87.....203 D1
Gorrevod 01.....175 E3
Gorron 53.....81 D2
Gorses 46.....223 E4
Gorze 57.....67 F1
Gosnay 62.....8 A1
Gosné 35.....79 F3
Gosselming 57.....69 F3
Gotein-Libarrenx 64.....295 F1
Gottenhouse 67.....70 B2
Gottesheim 67.....70 C1
Gouaix 77.....88 C2
Goualade 33.....236 C4
Gouarec 22.....76 B3
Gouaux 65.....298 B4
Gouaux-de-Larboust 31.....307 F4
Gouaux-de-Luchon 31.....299 D4
Goubervillle 50.....25 E2
Gouchaupre 76.....16 B2
Goudargues 30.....264 A1
Goudelancourt-
lès-Berrieux 02.....37 E2
Goudelancourt-
lès-Pierrepont 02.....21 D4
Goudelin 22.....50 C3
Goudet 43.....227 D4
Goudex 31.....275 F4
Goudon 65.....298 A1
Goudourville 82.....256 C2
Gouesnach 29.....73 F4
La Gouesnière 35.....53 D4
Gouesnou 29.....47 E3
Gouex 86.....167 D3
Gouézec 29.....75 D3
Gougenheim 67.....70 C2
Gouhelans 25.....141 F2
Gouhenans 70.....142 A1
Gouillons 28.....86 A3
Gouise 03.....172 B3
Goujounac 46.....239 F2
La Goulafrière 27.....57 E2
Goulaine (Château de) 44.....126 C4
Goulet 61.....56 B4
Goulien 29.....72 C3
Goulier 09.....309 F1
Goulles 19.....223 E2
Les Goulles 21.....116 A3
Gouloux 58.....137 E4
Goult 84.....265 F4
Goulven 29.....47 F1
Goumois 25.....143 D3
Goupillières 14.....55 F1
Goupillières 27.....58 A1
Goupillières 76.....32 A1
Goupillières 78.....60 A3
Gouraincourt 55.....40 C3
Le Gouray 22.....77 F2
Gourbera 40.....252 C4
Gourbesville 50.....25 D4
Gourbit 09.....300 C4
Gourchelles 60.....17 E4
Gourdan-Polignan 31.....298 C2
Gourdièges 15.....225 D3
Gourdon 06.....269 E4
Gourdon 07.....246 A1
Gourdon 46.....240 A1
Gourdon 71.....174 B1
Gourdon-Murat 19.....205 D2
Gourette 64.....297 D3
Gourfaleur 50.....54 B1
Gourfouran
(Gouffre de) 05.....232 B4
Gourgançon 51.....64 A4
Gourgé 79.....148 B4
Gourgeon 70.....117 F4
Gourgue 65.....298 A2
Gourhel 56.....102 A2
Gourin 56.....75 F4
Gourlizon 29.....73 E3
Gournay 36.....169 D2
Gournay 76.....14 B4
Gournay 79.....183 D1
Gournay-en-Bray 76.....33 E2
Gournay-le-Guérin 27.....58 A4
Gournay-sur-Aronde 60.....35 D2
Gournay-sur-Marne 93.....61 E3
Les Gours 16.....183 D3
Gours 33.....219 D3
Gourvieille 11.....277 E4
Gourville 16.....183 D4
Gourvillette 17.....182 C3
Goury 50.....24 A1
Gourzon 52.....92 A1
Goussaincourt 55.....93 E2
Goussainville 28.....59 E4
Goussainville 95.....61 E2
Goussancourt 02.....37 D4
Gousse 40.....253 D4
Goussonville 78.....60 A2
Goustranville 14.....30 A4
La Goutelle 63.....188 C4
Goutevernisse 31.....300 A1
Goutrens 12.....242 A3
Gouts 40.....253 E4
Gouts 82.....239 D4
Gouts-Rossignol 24.....202 A3
Gouttières 27.....58 A1
Gouttières 63.....188 C2
Goutz 32.....256 B4
Gouvernes 77.....61 F3
Gouves 62.....8 A3
Gouvets 50.....54 B2
Gouvieux 60.....34 C4
Gouville 27.....58 B3
Gouville-sur-Mer 50.....26 B4
Gouvix 14.....56 A1
Goux 32.....273 F2
Goux 39.....159 E1
Goux-lès-Dambelin 25.....142 B2
Goux-les-Usiers 25.....160 C2
Goux-sous-Landet 25.....160 A1
Gouy 02.....20 A1
Gouy 76.....32 B3
Gouy-en-Artois 62.....8 A3
Gouy-en-Ternois 62.....7 F3
Gouy-les-Groseillers 60.....18 A4
Gouy-l'Hôpital 80.....17 F3
Gouy-Saint-André 62.....6 C2
Gouy-Servins 62.....8 A2
Gouy-sous-Bellonne 62.....8 C3
Gouzangrez 95.....60 A1
Gouze 64.....272 B3
Gouzeaucourt 59.....19 F1
Gouzens 31.....300 A2
Gouzon 23.....187 F1
Gouzougnat 23.....187 F1
Goven 35.....103 D1
Goviller 54.....94 A1
Goxwiller 67.....70 C4
Goyencourt 80.....19 D4
Goyrans 31.....276 C3
Grabels 34.....281 E2
Graçay 18.....152 A1
Grâce-Uzel 22.....77 E3
Grâces 22.....50 B3
Gradignan 33.....217 E4
Graffigny-Chemin 52.....93 E4
Gragnague 31.....277 D2
Graignes 50.....27 E3
Grailhen 65.....298 B4
Graimbouville 76.....14 C3
Graincourt-
lès-Havrincourt 62.....8 C4
Grainville 27.....32 C3
Grainville-la-Teinturière 76.....15 E2
Grainville-Langannerie 14.....56 A1
Grainville-sur-Odon 14.....29 D4
Grainville-sur-Ry 76.....32 C2
Grainville-Ymauville 76.....14 C3
Le Grais 61.....56 A4
Graissac 12.....242 C1
Graissessac 34.....280 A2
Graix 42.....210 B4
Le Grallet 17.....198 B1
Gramat 46.....240 C1
Gramazie 11.....302 A2
Grambois 84.....266 B4
Grammond 42.....210 A2
Grammont 70.....142 A1
Gramond 12.....259 F1
Gramont 82.....256 C3
Granace 2A.....318 C2
Grancey-le-Château 21.....116 A4
Grancey-sur-Ource 21.....115 E2
Grand 88.....93 D2
Le Grand-Abergement 01.....194 B2
Grand-Auverné 44.....127 D1
Grand-Ballon 68.....120 A1
Grand Bois ou de la
République (Col du) 42.....210 A4
Le Grand-Bornand 74.....196 A2
Le Grand-Bourg 23.....186 B1
Grand-Brassac 24.....202 A4
Grand-Camp 27.....57 F1
Grand-Camp 76.....15 D4
Grand-Castang 24.....220 C3
Le Grand-Celland 50.....54 B4
Grand-Champ 56.....101 D3
Grand-Charmont 25.....142 C1
Grand-Châtel 39.....177 D3
La Grand-Combe 30.....263 E1
Grand-Corent 01.....176 B4
Grand-Couronne 76.....32 A3
La Grand-Croix 42.....210 B2
Grand-Failly 54.....40 B2
Grand-Fayt 59.....10 A3
Grand Fenestrez 01.....194 C3
Grand-Fort-Philippe 59.....3 D1
Grand-Fougeray 35.....103 D4
Grand-Laviers 80.....6 B4
Le Grand-Lemps 38.....212 A3
Le Grand-Lucé 72.....107 E3
Le Grand-Madieu 16.....184 A3
Grand Phare 85.....144 A4
Le Grand Piquey 33.....234 B1
Le Grand-Pressigny 37.....150 A3
Grand-Puch
(Château du) 33.....217 F4
Le Grand-Quevilly 76.....32 A2
Grand-Rozoy 02.....36 B4
Grand-Rullecourt 62.....7 F3
Le Grand-Serre 26.....211 E4
Grand Taureau 25.....161 D2
Grand-Vabre 12.....242 A2
Le Grand-Valtin 88.....95 F4
Grand-Verly 02.....20 C2
Le Grand-Village-Plage 17.....180 B3
Grandcamp-Maisy 14.....25 F4
Grandchain 27.....57 F1
Grandchamp 08.....22 A4
Grandchamp 52.....117 D4
Grandchamp 72.....82 C3
Grandchamp 78.....59 F4
Grandchamp 89.....112 B4
Grandchamp-
des-Fontaines 44.....126 B3
Grandchamp-le-Château 14.....56 C1
Grand'Combe-Châteleu 25.....161 E1
Grand'Combe-des-Bois 25.....142 C4
Grandcourt 76.....16 C2
Grandcourt 80.....19 D1
Grande Chartreuse
(Couvent de la) 38.....212 C3
La Grande-Fosse 88.....96 A1
La Grande-Motte 34.....282 A2
La Grande-Paroisse 77.....88 A3
La Grande-Résie 70.....140 B3
Grande-Rivière 39.....177 E2
Grande-Synthe 59.....3 E1
La Grande-Verrière 71.....156 C2
Grandecourt 70.....140 C1
Les Grandes-Armoises 08.....39 E1
Les Grandes-Chapelles 10.....90 A2
Les Grandes-Dalles 76.....15 D1
Les Grandes-Loges 51.....64 C1
Les Grandes-Rivières 17.....181 D1
Les Grandes-Ventes 76.....16 B3
Grandeyrolles 63.....207 E2
Grandfontaine 25.....141 D4
Grandfontaine 67.....70 A4
Grandfontaine-Fournets 25.....161 E1
Grandfontaine-
sur-Creuse 25.....142 A4
Grandfresnoy 60.....35 D3
Grandham 08.....39 E3
Grandjean 17.....181 F3
Grand'Landes 85.....145 E3
Grandlup-et-Fay 02.....21 D4
Grandmesnil 14.....56 C2
Grandmesnil 54.....67 F4
Grandouet 14.....30 B4
Grandpré 08.....39 E3
Grandpuits 77.....88 A1
Grandrieu 48.....226 B4
Grandrieux 02.....21 F4
Grandrif 63.....208 C2
Grandris 69.....192 A2
Grandrû 60.....36 A1
Grandrupt 88.....96 A1
Grandrupt-de-Bains 88.....118 B1
Les Grands-Chézeaux 87.....168 B4
Grandsaigne 19.....205 D3
Grandval 63.....208 B2
Grandval (Barrage de) 15.....225 E3
Grandvals 48.....243 E1
Grandvaux 71.....174 A2
Grandvelle-
et-le-Perrenot 70.....141 D2
Grandvillars 90.....120 A4
La Grandville 08.....23 D3
Grandville 10.....90 C1
Grandvillers 88.....95 E3
Grandvillers-aux-Bois 60.....35 D2
Grandvilliers 27.....58 C3
Grandvilliers 60.....17 F4
Grane 26.....247 D1
Granès 11.....302 B4
La Grange 25.....142 B3
Grange-de-Vaivre 39.....160 A2
Grange-le-Bocage 89.....89 D3
Grangent (Barrage de) 42.....209 F3
Grangermont 45.....87 D4
Granges 01.....176 B4
Les Granges 10.....114 B1
Granges 71.....157 F4
Les Granges (Château) 58.....135 E3
Granges-d'Ans 24.....221 E1
Granges-de-Vienney 25.....141 E4
Les Granges-Gontardes 26.....246 C3
Granges-la-Ville 70.....142 A1
Granges-le-Bourg 70.....142 A1
Les Granges-le-Roi 91.....86 B2
Granges-les-Beaumont 26.....229 E2
Granges-lès-Valence 07.....229 D3
Granges-Maillot 25.....160 C2
Granges-Narboz 25.....161 D3
Granges-Sainte-Marie 25.....161 D3
Granges-sur-Aube 51.....89 F1
Granges-sur-Baume 39.....159 F4
Granges-sur-Lot 47.....238 A4
Granges-sur-Vologne 88.....95 E4
Les Grangettes 25.....161 D3
Grangues 14.....30 A3
Granier 73.....214 B1
Granier (Col du) 73.....213 D2
Granieu 38.....212 B1
Granon (Col de) 05.....232 B2
Grans 13.....284 A2
Granville 50.....53 F3
Granzay-Gript 79.....164 C4
Gras 07.....246 B3
Les Gras 25.....161 E2
Gras (Plateau des) 07.....246 B3
Grassac 16.....202 A2
Grasse 06.....288 A2
Grassendorf 67.....71 D1
Grateloup-
Saint-Gayrand 47.....238 A3
Gratens 31.....276 A4
Gratentour 31.....276 C1
Gratibus 80.....18 C4
Gratot 50.....53 F1
Gratreuil 51.....39 D4
Grattepanche 80.....18 B3
Le Gratteris 25.....141 E4
Grattery 70.....118 A4
Le Grau-d'Agde 34.....305 E1
Grau de Maury 66.....303 D4
Le Grau-du-Roi 30.....282 B3
Graufthal 67.....70 B1
Les Graulges 24.....202 A2
Graulhet 81.....277 F1
Grauves 51.....64 A2
Graval 76.....16 C4
La Grave 05.....232 A2
La Grave 06.....288 C1
Grave (Pointe de) 33.....198 B2
Gravelines 59.....3 D1
La Gravelle 53.....104 C1
Gravelotte 57.....41 E4
La Graverie 14.....55 D2
Graveron-Sémerville 27.....58 B1
Graves-Saint-Amant 16.....201 D1
Graveson 13.....264 C4
Gravières 07.....245 E3
Gravigny 27.....58 C1
Gravon 77.....88 B3
Gray 70.....140 B2
Gray-la-Ville 70.....140 B2
Grayan-et-l'Hôpital 33.....198 B3
Graye-et-Charnay 39.....176 B2
Graye-sur-Mer 14.....29 E3
Grayssas 47.....256 C1
Grazac 31.....300 C1
Grazac 43.....227 F1
Grazac 81.....258 B4
Grazay 53.....81 F3
Gréalou 46.....241 D2
Gréasque 13.....285 D3
Grébault-Mesnil 80.....17 D1
Grécourt 80.....19 F4
Gredisans 39.....159 E1
La Grée-Penvins 56.....123 D2
La Grée-Saint-Laurent 56.....101 F1
Gréez-sur-Roc 72.....108 A1
Greffeil 11.....302 C3
Grèges 76.....16 A2
Grégy-sur-Yerres 77.....61 E4
Grémecey 57.....68 C3
Grémévillers 60.....33 F1
Gremilly 55.....40 B3
Grémonville 76.....15 F3
Grenade 31.....276 B1
Grenade-sur-l'Adour 40.....272 C1
Grenand-
lès-Sombernon 21.....138 C4
Grenant 52.....117 D4
Grenay 38.....211 E1
Grenay 62.....8 B2
Grendelbruch 67.....70 B4

GRENOBLE

Alsace-Lorraine (Av.)...DYZ 3
Barnavel (R.)................EFY 5
Bayard (R.).......................FY 6
Belgique (Av. Albert-Iᵉʳ-de) ......EFZ 7
Belgrade (R. de)...........EY 9
Bistesi (R.).......................FZ 10
Blanchard (R. P.)..........EYZ
Bonne (R. de)................EZ 12
Brenier (R. C.)...............DY 13
Brocherie (R.).................EY 15
Casimir-Perier (R.)..........EZ 16
Champollion (R.)...........FZ 17
Chenoise (R.) ....EFY 18
Clot-Bey (R.)................EYZ 21
Diables-Bleus (Bd des)..FZ 24
Dr-Girard (Pl.).................FY 26
Driant (Bd Col.)..............FZ 27
Dubedout (Pl. H.)...........DY 28
Fantin-Latour (R.)...........FZ 32
Flandrin (R. J.)...............GZ 33
Foch (Bd Mar.)............DEZ
Fourier (R.).......................FZ 34
Grande-Rue......................EY 37
Grenette (Pl.)...................EY
Lafayette (R.)...................EY 39
Lavalette (Pl.)..................FY 40
L'Herminier (R. Cdt) ....FY 41
Lyautey (Bd Mar.)..........EZ 42
Montorge (R.)..................EY 43
Palanka (R.) ....EY 44
Pasteur (Pl.) ....FZ 45
Perrière (Q.)....................EY 46
Poulat (R. F.) ....EZ 48
Rivet (Pl. G.) ....EZ 53
Rousseau (R. J.-J.) ....EY 55
St-André (Pl.).................EY 56
Ste-Claire (Pl.) ....EY 57
Servan (R.).......................FY 59
Strasbourg (R. de).........FZ 62
Très-Cloîtres (R.)............FY 63
Vicat (R.).........................EZ 66
Victor-Hugo (Pl.) ....EZ
Voltaire (R.).....................FY 68

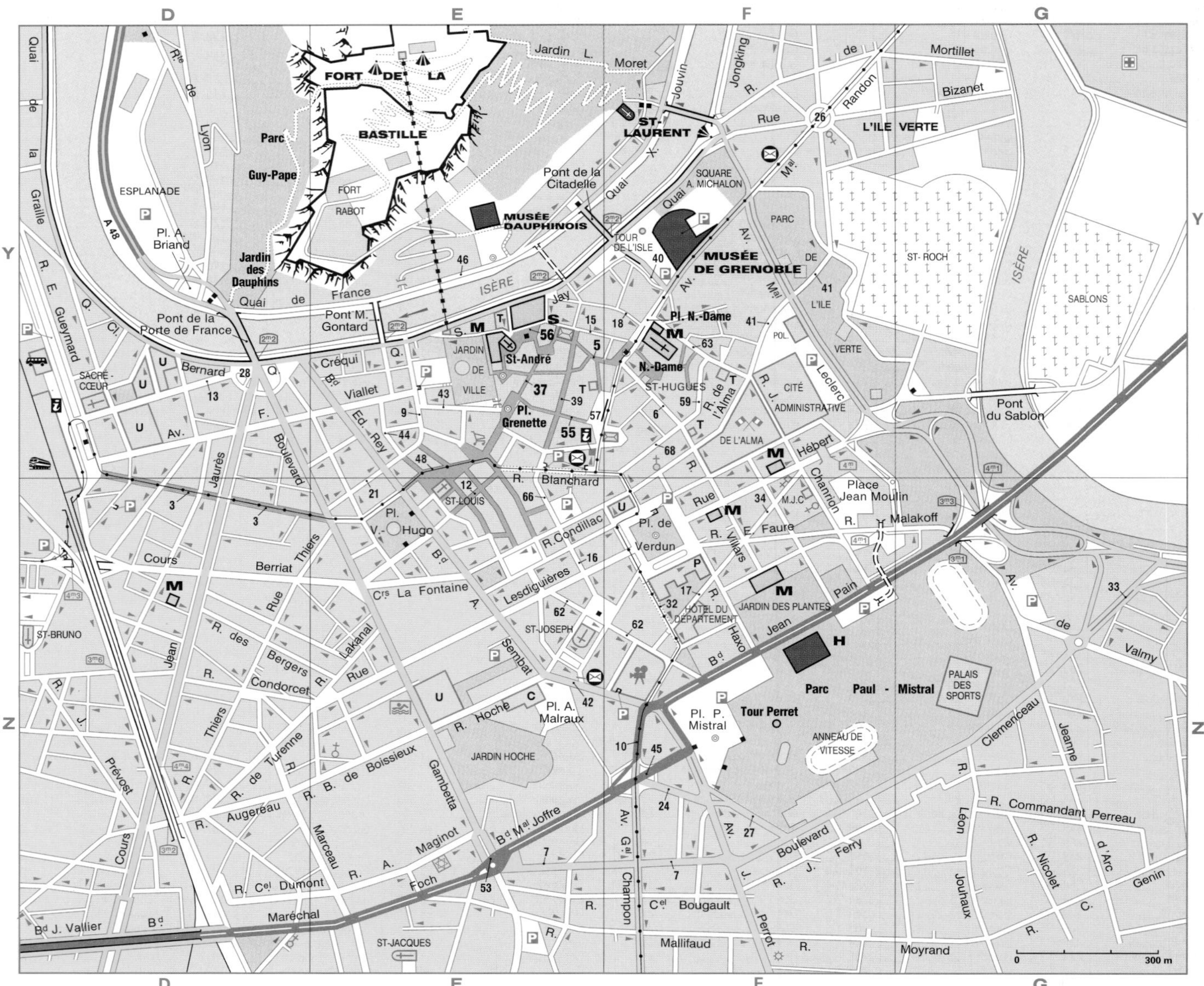

Greneville-en-Beauce *45*........86 C4
Grenier-Montgon *43*.............207 F4
Gréning *57*..............................69 E1
Grenoble *38*...........................230 C1
Grenois *58*.............................136 B4
Grentheville *14*........................29 F4
Grentzingen *68*......................120 C4
Greny *76*..................................16 B2
Gréolières *06*.........................269 E4
Gréolières-les-Neiges *06*......269 E3
Gréoux-les-Bains *04*.............267 D4
Grépiac *31*.............................276 C4
Le Grès *31*.............................276 A1
Grésigny-Sainte-Reine *21*....138 A1
Gresin *73*...............................212 C1
La Gresle *42*..........................191 F2
Gresse-en-Vercors *38*...........230 B3
Gressey *78*...............................59 F3
Gresswiller *67*..........................70 C4
Gressy *77*.................................61 F2
Grésy-sur-Aix *73*...................195 D4
Grésy-sur-Isère *73*................213 F1
Gretz-Armainvilliers *77*...........61 F4
Greucourt *70*.........................140 C1
Greuville *76*.............................15 F2
Greux *88*..................................93 E2
La Grève-sur-Mignon *17*......164 A4
Les Grèves *22*..........................51 E4
Gréville-Hague *50*...................24 B2
Grévillers *62*............................19 E1
Grevilly *71*.............................175 D2
Grez *60*....................................17 F4
Le Grez *72*...............................82 B4
Grez-en-Bouère *53*................105 E3
Grez-Neuville *49*...................128 A1
Grez-sur-Loing *77*...................87 F3
Grézac *17*..............................198 C1
Grézels *46*.............................239 E3
Grèzes *24*..............................222 A2
Grèzes *43*..............................226 B3
Grèzes *46*..............................240 C2
Grèzes *48*..............................244 A3
Grézet-Cavagnan *47*.............237 E4
Grézian *65*.............................298 B4
Grézieu-la-Varenne *69*..........192 C4
Grézieu-le-Marché *69*...........210 A1
Grézieux-le-Fromental *42*.....209 E1
Grézillac *33*...........................218 C4
Grézillé *49*.............................128 C3
Grézolles *42*..........................191 D4
Gricourt *02*..............................20 A2
Grièges *01*.............................175 E4
La Grière *85*...........................162 C3
Gries *67*...................................71 E2
Griesbach *67*...........................71 D1
Griesbach-au-Val *68*...............96 B4
Griesbach-le-Bastberg *67*.......70 C1
Griesheim-près-Molsheim *67*...............70 C4
Griesheim-sur-Souffel *67*.......71 D3
Grignan *26*.............................247 D3
Grigneuseville *76*.....................16 A4
Grignols *24*............................220 B2
Grignols *33*............................237 D4
Grignon *21*.............................138 A1
Grignon *73*.............................214 A1
Grignoncourt *88*....................117 F2
Grigny *62*..................................7 D2
Grigny *69*...............................210 C1
Grigny *91*.................................87 D1
La Grigonnais *44*...................126 B1
Grillemont (Château de) *37*.150 A1
Grillon *84*...............................247 D3
Grilly *01*.................................177 F3
Grimaucourt-en-Woëvre *55*...40 B4
Grimaucourt-près-Sampigny *55*..............67 D3
Grimaud *83*............................287 E4
La Grimaudière *86*................148 C4
Grimault *89*............................137 D1
Grimbosq *14*.............................55 F1
Grimesnil *50*.............................54 A2
Grimone *26*............................248 C1
Grimone (Col de) *26*.............248 C1
Grimonviller *54*........................94 A2
Grincourt-lès-Pas *62*.................7 F4
Grindorff-Bizing *57*..................42 B2
Gripp *65*.................................298 A3
La Gripperie-Saint-Symphorien *17*.......181 D4
Gripport *54*...............................94 B2
Gris-Nez (Cap) *62*......................2 A2
Griscourt *54*..............................68 A3
Griselles *21*.............................114 C3
Griselles *45*.............................112 A1
Grisolles *02*...............................63 D1
Grisolles *82*.............................257 F4
Grisy *14*.....................................56 B2
Grisy-les-Plâtres *95*.................60 B1
Grisy-Suisnes *77*......................61 F4
Grisy-sur-Seine *77*...................88 C2
La Grive *38*.............................211 F1
Grives *24*................................239 E1
Grivesnes *80*.............................18 C4
Grivillers *80*..............................19 D4
Grivy-Loisy *08*..........................38 C2
Groffliers *62*...............................6 A2
La Groise *59*.............................10 A3
Groises *18*..............................154 A1
Groissiat *01*............................176 C4
Groisy *74*................................195 E2
Groix *56*....................................99 F4
Groléjac *24*.............................221 F4
Gron *18*...................................154 A1
Gron *89*...................................112 C1
Gronard *02*................................21 D3
Le Gros Cerveau *83*..............291 E3
Gros-Chastang *19*.................223 D1
Gros-Réderching *57*................43 F4
Le Gros-Theil *27*......................31 F4
Grosbliederstroff *57*................43 E4
Grosbois *25*............................141 F3
Grosbois (Château de) *94*......61 E4
Grosbois-en-Montagne *21*...138 B3
Grosbois-lès-Tichey *21*.........158 C2
Grosbreuil *85*.........................162 B1
Les Groseillers *79*.................165 D2
Groslay *95*................................61 D2
Groslée *01*.............................194 B4
Grosley-sur-Risle *27*................58 A1
Grosmagny *90*.......................119 F4
Grosne *90*..............................120 A4
Grospierres *07*.......................246 A3
Grosrouvre *78*..........................60 A4
Grosrouvres *54*........................67 F3
Grossa *2A*...............................318 C2
Grosseto-Prugna *2A*.............316 C4
Grossœuvre *27*........................58 C2
Grossouvre *18*.......................154 B3
Grostenquin *57*........................69 E1
Grosville *50*..............................24 B3
Le Grouanec *29*........................47 E1
Grouches-Luchuel *80*................7 F4
Grougis *02*................................20 B2
Grouin (Pointe du) *35*..............53 D4
La Groulais (Château de) *44*................126 A2
La Groutte *18*.........................170 C1
Grozon *39*..............................159 F3
Gruchet-le-Valasse *76*.............15 D4
Gruchet-Saint-Siméon *76*.......15 F1
Grues *85*................................163 D3
Gruey-lès-Surance *88*...........118 B1
Gruffy *74*................................195 E4
Grugé-l'Hopital *49*.................104 B4
Grugies *02*................................20 A3
Grugny *76*.................................32 B1
Gruissan *11*............................304 C2
Gruissan-Plage *11*.................304 C2
Grumesnil *76*............................33 E1
Grun-Bordas *24*.....................220 B2
Grundviller *57*...........................69 F1
Gruny *80*...................................19 E4
Grury *71*.................................173 E1
Gruson *59*...................................9 D1
Grusse *39*...............................176 B1
Grussenheim *68*.......................96 C3
Grust *65*.................................297 E4
Gruyères *08*..............................22 B4
Le Gua *17*...............................181 D4
Le Gua *38*...............................230 C2
Guagno *2A*.............................316 C2
Guagno-les-Bains *2A*............316 C2
Guainville *28*............................59 E2
Guarbecque *62*...........................3 F4
Guargualé *2A*.........................318 C1
Guchan *65*..............................298 B4
Guchen *65*..............................298 B4
Gudas *09*................................301 D3
Gudmont *52*..............................92 B3
Le Gué-d'Alleré *17*.................181 E1
Le Gué-de-la-Chaîne *61*..........83 E3
Le Gué-de-Longroi *28*.............85 F2
Le Gué-de-Velluire *85*...........163 F3
Gué-d'Hossus *08*......................11 E4
Le Gué-du-Loir *41*.................108 B3
Guebenhouse *57*......................43 D4
Gueberschwihr *68*...................96 B4
Guébestroff *57*.........................69 E2
Guéblange-lès-Dieuze *57*.......69 D3
Guébling *57*..............................69 E2
Guebwiller *68*.........................120 B1
Guécélard *72*..........................106 C3
Le Guédéniau *49*....................129 E2
Guégon *56*..............................101 F2
Guéhébert *50*............................54 A2
Guéhenno *56*..........................101 E2
Le Guélian *72*............................82 C4
Gueltas *56*................................77 D4
Guémappe *62*..............................8 B3
Guémar *68*................................96 C3
Guémené-Penfao *44*.............103 D4
Guémené-sur-Scorff *56*..........76 B4
Guémicourt *80*..........................17 E3
Guemps *62*..................................2 C2
Guénange *57*............................41 F3
Guengat *29*...............................73 E3
Guénin *56*...............................100 C2
Guénouvry *44*.........................126 A1
Guenroc *22*...............................78 C3
Guenrouet *44*..........................125 F1
Guentrange *57*..........................41 F2
Guenviller *57*............................42 C4
Guêprei *61*................................56 C3
Guer *56*...................................102 B2
Guérande *44*...........................123 E4
Guérard *77*................................62 A3
Guerbigny *80*............................19 D4
La Guerche *37*........................150 A3
La Guerche-de-Bretagne *35*.................104 A2
La Guerche-sur-l'Aubois *18*..................154 B3
Guercheville *77*........................87 E4
Guerchy *89*.............................113 D3
Guéreins *01*............................192 C1
Guéret *23*................................187 D1
Guerfand *71*............................158 B4
Guérigny *58*............................154 C1
Guérin *47*................................237 E3
La Guérinière *85*.....................144 B2
Guerlédan (Lac de) *22*.............76 C3
Guerlesquin *29*..........................49 F3
Guermange *57*...........................69 E3
Guermantes *77*..........................61 F3
Guern *56*..................................100 C1
Guernanville *27*.........................58 A3
Guernes *78*................................59 F2
Le Guerno *56*...........................123 F2
Guerny *27*..................................33 E4

Guéron *14*....................28 C3
La Guéroulde *27*....................58 B3
Guerpont *55*....................66 B4
Guerquesalles *61*....................57 D2
Les Guerreaux *71*....................173 E2
Guerstling *57*....................42 B2
Guerting *57*....................42 B4
Guerville *76*....................16 C2
Guerville *78*....................59 F2
Guéry (Col de) *63*....................206 C2
Gueschart *80*....................7 D4
Guesnain *59*....................9 D3
Guesnes *86*....................149 D3
Guessling-Hémering *57*....................69 D1
Guéthary *64*....................270 B3
Le Guétin *18*....................154 C3
Gueudecourt *80*....................19 E1
Gueugnon *71*....................173 F1
Gueures *76*....................15 F1
Gueutteville *76*....................16 D4
Gueutteville-les-Grès *76*....................15 E1
Gueux *51*....................37 E4
Guevenatten *68*....................120 A3
Guewenheim *68*....................120 A2
Gueynard *33*....................217 F2
Gueytes-et-Labastide *11*....................301 F3
Gueyze *47*....................255 E2
Gugnécourt *88*....................95 D3
Gugney *54*....................94 A2
Gugney-aux-Aulx *88*....................94 B3
Guibermesnil *80*....................17 E3
Guibeville *91*....................86 C1
Guichainville *27*....................58 C2
Guiche *64*....................271 D2
La Guiche *71*....................174 B2
Guichen *35*....................103 D2
Guiclan *29*....................49 D3
Guidel *56*....................99 F2
Guidon du Bouquet *30*....................263 F2
La Guierche *72*....................107 D1
Guignecourt *60*....................34 A2
Guignemicourt *80*....................18 A3
Guignen *35*....................103 D2
Guignes *77*....................87 F1
Guigneville *45*....................86 C4
Guigneville-sur-Essonne *91*....................87 D2
Guignicourt *02*....................37 F2
Guignicourt-sur-Vence *08*....................22 C4
La Guignière *37*....................130 C3
Guignonville *45*....................86 C4
Guigny *62*....................6 C3
Guilberville *50*....................54 C1
Le Guildo *22*....................78 B1
Guiler-sur-Goyen *29*....................73 D3
Guilers *29*....................47 E3
Guilherand-Granges *07*....................229 D3
Guillac *33*....................218 C4
Guillac *56*....................101 F2
Guillaucourt *80*....................19 D3
Guillaumes *06*....................269 D1
Guillemont *80*....................19 E1
La Guillermie *03*....................190 B3
Guillerval *91*....................86 B3
Guillestre *05*....................250 C1
Guilleville *28*....................86 A4
Guilliers *56*....................102 A1
Guilligomarc'h *29*....................100 A1
Guillon *89*....................137 E2
Guillon-les-Bains *25*....................141 F3
Guillonville *28*....................109 F1
Guillos *33*....................235 F2
Guilly *36*....................152 A2
Guilly *45*....................110 C4
Guilmécourt *76*....................16 B2
Guilvinec *29*....................98 B2
Guimaëc *29*....................49 F2
Guimiliau *29*....................49 D4
Guimps *16*....................200 C3
Guinarthe-Parenties *64*....................271 F4
Guincourt *08*....................38 C1
Guindrecourt-aux-Ormes *52*....................92 A2
Guindrecourt-sur-Blaise *52*....................92 A3
Guinecourt *62*....................7 E3
Guînes *62*....................2 C2
Guingamp *22*....................50 C3
Guinglange *57*....................68 C1
Guinkirchen *57*....................42 A3
Guinzeling *57*....................69 E2
Guipavas *29*....................47 F3
Guipel *35*....................79 E3
Guipronvel *29*....................47 E2
Guipry *35*....................103 D3
Guipy *58*....................136 B4
Guirlange *57*....................42 B3
Guiry-en-Vexin *95*....................60 A1
Guiscard *60*....................19 F4
Guiscriff *56*....................75 F4
Guise *02*....................20 C2
Guiseniers *27*....................33 D4
Le Guislain *50*....................54 B2
Guissény *29*....................47 F1
Guisy *62*....................7 D2
Guitalens *81*....................278 A2
Guitera-les-Bains *2A*....................317 D4
Guitinières *17*....................199 E3
Guitrancourt *78*....................60 A2
Guîtres *33*....................218 C2
Guitry *27*....................33 D4
Guitté *22*....................78 C3
Guivry *02*....................19 F4
Guizancourt *80*....................17 F4
Guizengeard *16*....................201 D4
Guizerix *65*....................274 C4
Gujan-Mestras *33*....................234 C1
Gumbrechtshoffen *67*....................71 D1
Gumery *10*....................89 D2
Gumiane *26*....................247 F2
Gumières *42*....................209 D2
Gumond *19*....................223 D1
Gundershoffen *67*....................71 D1
Gundolsheim *68*....................120 B1
Gungwiller *67*....................70 A1
Gunsbach *68*....................96 B4
Gunstett *67*....................45 D4
Guntzviller *57*....................70 A2
Guny *02*....................36 B1
Guran *31*....................299 D4
Gurat *16*....................201 F3
Gurcy-le-Châtel *77*....................88 B2
Gurgy *89*....................113 E3
Gurgy-la-Ville *21*....................116 A3
Gurgy-le-Château *21*....................116 A3
Gurmençon *64*....................296 B2
Gurs *64*....................272 A4
Gurunhuel *22*....................50 B4
Gury *60*....................35 E1
Gussainville *55*....................40 C4
Gussignies *59*....................10 A1
Guyancourt *78*....................60 B4
Guyans-Durnes *25*....................160 C1
Guyans-Vennes *25*....................142 A4
Guyencourt *02*....................37 E3
Guyencourt-Saulcourt *80*....................19 F2
Guyencourt-sur-Noye *80*....................18 B3
La Guyonnière *85*....................146 A2
Guyonvelle *52*....................117 E3
Guzargues *34*....................281 F1
Guzet-Neige *09*....................309 E1
Gy *70*....................140 C2
Gy-en-Sologne *41*....................132 B3
Gy-les-Nonains *45*....................112 A2
Gy-l'Évêque *89*....................113 E4
Gye *54*....................67 F4
Gyé-sur-Seine *10*....................115 D2

H

Habarcq *62*....................8 A3
Habas *40*....................271 F2
Habère-Lullin *74*....................178 B4
Habère-Poche *74*....................178 B4
L'Habit *27*....................59 D3
L'Habitarelle *48*....................245 D3
L'Habitarelle *48*....................244 C2
Hablainville *54*....................95 E1
Habloville *61*....................56 B3
Habonville *54*....................41 E4
Haboudange *57*....................69 D2
Habsheim *68*....................120 C2
Hachan *65*....................298 C1
Hâcourt *52*....................93 D4
Hacqueville *27*....................33 D3
Hadancourt-le-Haut-Clocher *60*....................33 F4
Hadigny-les-Verrières *88*....................94 C3
Hadol *88*....................118 C1
Hadonville-lès-Lachaussée *55*....................67 E1
Haegen *67*....................70 B2
Hagécourt *88*....................94 B4
Hagedet *65*....................273 F3
Hagen *57*....................41 F1
Hagenbach *68*....................120 B3
Hagenthal-le-Bas *68*....................121 D4
Hagenthal-le-Haut *68*....................121 D4
Haget *32*....................274 A4
Hagetaubin *64*....................272 B3
Hagetmau *40*....................272 B1
Hagéville *54*....................67 F1
Hagnéville-et-Roncourt *88*....................93 F3
Hagnicourt *08*....................38 C1
Hagondange *57*....................41 F3
La Hague (Usine atomique de) *50*....................24 B2
Haguenau *67*....................71 E1
La Haie-Fouassière *44*....................126 C4
La Haie-Longue *49*....................128 A3
La Haie-Traversaine *53*....................81 E3
Les Haies *69*....................210 C2
Haigneville *54*....................94 C1
Haillainville *88*....................94 C2
Le Haillan *33*....................217 D3
Hailles *80*....................18 B3
Haillicourt *62*....................8 A2
Haimps *17*....................182 C3
Haims *86*....................167 E2
Hainvillers *60*....................35 D1
Haironville *55*....................66 A4
Haisnes *62*....................8 B1
Haleine *61*....................81 F1
Halinghen *62*....................6 B1
Hallencourt *80*....................17 E2
Hallennes-lez-Haubourdin *59*....................4 C4
Hallering *57*....................42 B4
Les Halles *69*....................210 A1
Halles-sous-les-Côtes *55*....................39 F2
Hallignicourt *52*....................65 F4
Hallines *62*....................3 D4
Halling-lès-Boulay *57*....................42 B4
Hallivillers *80*....................18 B4
La Hallotière *76*....................33 D1
Halloville *54*....................95 E1
Halloy *60*....................17 F4
Halloy *62*....................7 F4
Halloy-lès-Pernois *80*....................18 A1

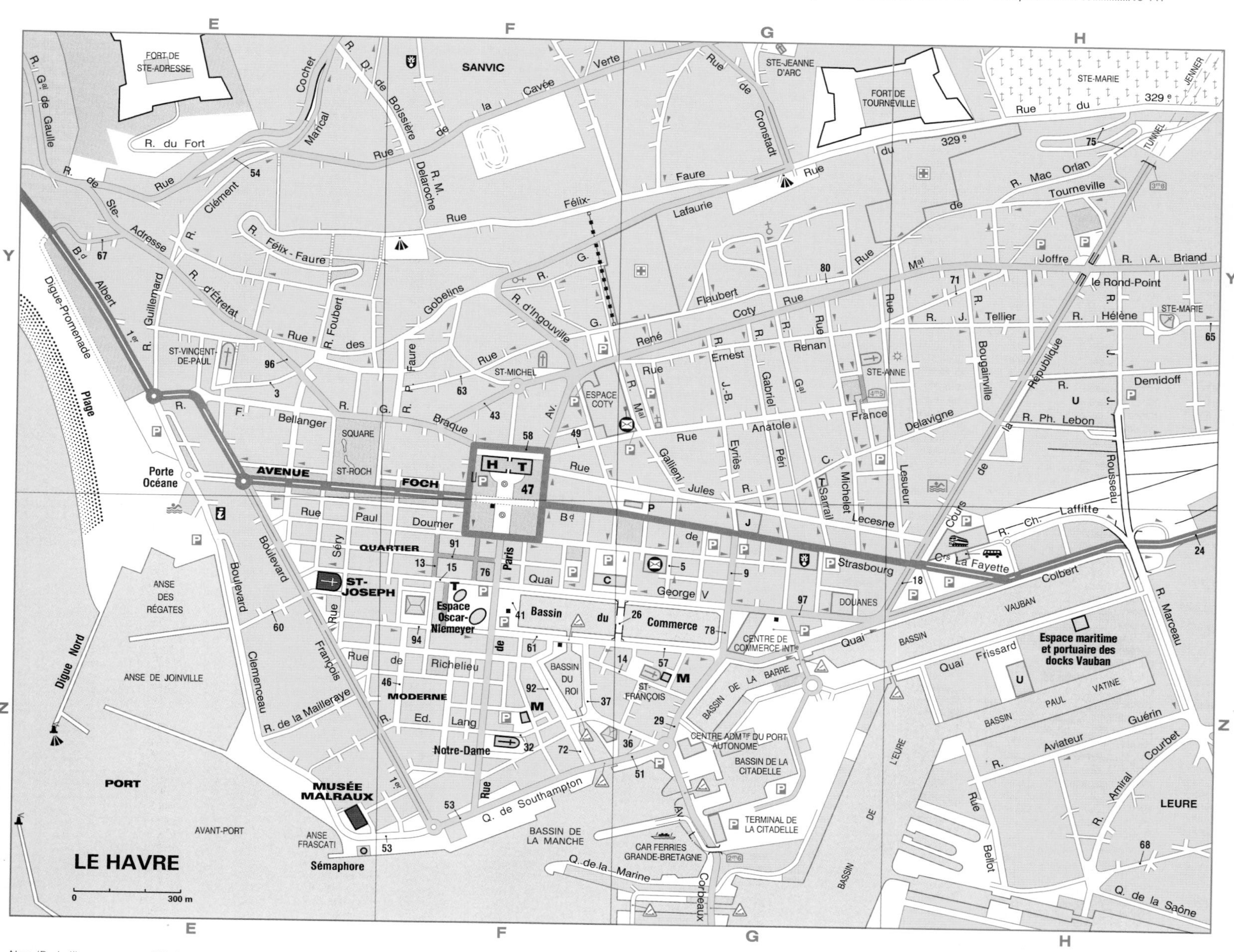

Alma (R. de l')....................EY 3
Anfray (R.)....................GZ 5
Archinard (Av. Gén.)....................GZ 9
Bernardin-de-St-Pierre (R.)....................FZ 13
Bretagne (R. de)....................FGZ 14
Briand (R. A.)....................HY
Brindeau (R. L.)....................EFZ 15
Chevalier-de-la Barre (Cours)....................HZ 18
Churchill (Bd W.)....................HZ 24
Commerce (Passerelle du)....................GZ 26
Delavigne (Quai C.)....................GZ 29
Delavigne (R. C.)....................GHY
Drapiers (R. des)....................FZ 32
Étretat (R. d')....................EY
Faidherbe (R. Gén.)....................GZ 36
Féré (Quai Michel)....................FZ 37
Genestal (R. H.)....................FY 43
Honegger (R. A.)....................FZ 46
Hôtel-de-Ville (Pl. de l')....................FYZ 47
Huet (R. A.-A.)....................FY 49
Ile (Quai de l')....................GZ 51
Joffre (R. Maréchal)....................GHY
Kennedy (Chée J.)....................EFZ 53
La Bourdonnais (R.)....................EY 54
Lamblardie (Quai)....................FGZ 57
Leclerc (Av. Gén.)....................FY 58
Lemaître (R. F.)....................EZ 60
Le Testu (Quai G.)....................FZ 61
Louer (R. J.)....................FY 63
Massillon (R.)....................HY 65
Maupassant (R. G.-de)....................EY 67
Mouchez (Bd Amiral)....................HZ 68
Neustrie (R. de)....................HY 71
Notre-Dame (Quai)....................FZ 72
Paris (R. de)....................FZ
Pasteur (R.)....................HY 75
Perret (Pl. Auguste)....................FZ 76
Pompidou (Chée G.)....................GZ 78
République (Cours de la)....................HY
Risson (R. F.)....................GY 80
Victor-Hugo (R.)....................FZ 91
Videcoq (Quai)....................FZ 92
Voltaire (R.)....................EFZ 94
Wilson (R. Président)....................EY 96
24e-Territorial (Chée du)....................GZ 97

Hallu 80 ... 19 D3
Halluin 59 ... 4 C3
Halsou 64 ... 270 C3
Halstroff 57 ... 42 B2
Le Ham 14 ... 30 A4
Le Ham 50 ... 25 D4
Le Ham 53 ... 81 F3
Ham 80 ... 19 F4
Ham (Roches de) 50 ... 54 C1
Ham-en-Artois 62 ... 7 F1
Ham-les-Moines 08 ... 22 B3
Ham-sous-Varsberg 57 ... 42 C4
Ham-sur-Meuse 08 ... 13 D3
Hamars 14 ... 55 F1
Hambach 57 ... 43 E4
Hambers 53 ... 81 F4
Hamblain-les-Prés 62 ... 8 C3
Hambye 50 ... 54 A2
Hambye (Abbaye de) 50 ... 54 B2
Hameau-de-la-Mer 50 ... 24 C2
Hamel 59 ... 8 C3
Le Hamel 60 ... 17 F4
Le Hamel 80 ... 18 C2
Hamelet 80 ... 18 C2
Hamelin 50 ... 80 B1
Hamelincourt 62 ... 8 B4
Hames-Boucres 62 ... 2 B2
Hammeville 54 ... 94 A1
Hamonville 54 ... 67 E3
Hampigny 10 ... 91 E2
Hampont 57 ... 69 D2
Han-devant-Pierrepont 54 ... 40 C2
Han-lès-Juvigny 55 ... 40 A1
Han-sur-Meuse 55 ... 67 D2
Han-sur-Nied 57 ... 68 C1
Hanau (Étang de) 57 ... 44 C4
Hanc 79 ... 183 E2
Hanches 28 ... 85 F1
Hancourt 80 ... 19 F2
Handschuheim 67 ... 71 D3
Hangard 80 ... 18 C3
Hangenbieten 67 ... 71 D3
Hangest-en-Santerre 80 ... 18 C4
Hangest-sur-Somme 80 ... 17 F2
Hangviller 57 ... 70 A1
Hannaches 60 ... 33 E2
Hannapes 02 ... 20 C2
Hannappes 08 ... 21 F3
Hannescamps 62 ... 8 A4
Hannocourt 57 ... 68 C2
Hannogne-Saint-Martin 08 ... 23 D4
Hannogne-Saint-Rémy 08 ... 37 F1
Hannonville-
sous-les-Côtes 55 ... 67 D1
Hannonville-Suzémont 54 ... 67 E1
Le Hanouard 76 ... 15 E2
Hans 51 ... 65 E1
Hantay 59 ... 8 B1
Hantz (Col du) 88 ... 96 A1
Hanvec 29 ... 73 F1
Hanviller 57 ... 44 C3
Hanvoile 60 ... 33 F2
Haplincourt 62 ... 19 E1
Happencourt 02 ... 20 A3
Happonvilliers 28 ... 84 C3
Harambels 64 ... 271 E4
Haramont 02 ... 35 F3
Haraucourt 08 ... 23 E4
Haraucourt 54 ... 68 C4
Haraucourt-sur-Seille 57 ... 69 D3
Haraumont 55 ... 40 A3
Haravesnes 62 ... 7 D3
Haravilliers 95 ... 34 A4
Harbonnières 80 ... 19 D3
Harbouey 54 ... 95 F1
Harcanville 76 ... 15 E2
Harchéchamp 88 ... 93 E2
Harcigny 02 ... 21 E3
Harcourt 27 ... 31 F4
Harcy 08 ... 22 B3
Hardancourt 88 ... 95 D2
Hardanges 53 ... 81 F3
Hardecourt-aux-Bois 80 ... 19 E2
Hardelot-Plage 62 ... 2 A4
Hardencourt-Cocherel 27 ... 59 D1
Hardifort 59 ... 3 F3
Hardinghen 62 ... 2 B3
Hardinvast 50 ... 24 C2
Hardivillers 60 ... 34 B1
Hardivillers-en-Vexin 60 ... 33 F3
La Hardoye 08 ... 21 F4
Hardricourt 78 ... 60 A2
La Harengère 27 ... 32 A4
Haréville 88 ... 94 A4
Harfleur 76 ... 14 B4
Hargarten-aux-Mines 57 ... 42 B3
Hargeville 78 ... 59 F3
Hargeville-sur-Chée 55 ... 66 B3
Hargicourt 02 ... 20 A2
Hargicourt 80 ... 18 C4
Hargnies 08 ... 13 D4
Hargnies 59 ... 10 B2
Haricourt 27 ... 59 E1
Harly 02 ... 20 A3
Harméville 52 ... 92 C2
Harmonville 88 ... 93 F2
La Harmoye 22 ... 77 D2
Harnes 62 ... 8 B2
Harol 88 ... 94 B4
Haroué 54 ... 94 B2
Harponville 80 ... 18 C1
Harprich 57 ... 69 D1
Harquency 27 ... 33 D4
Harreberg 57 ... 70 A3
Harréville-les-Chanteurs 52 ... 93 E3
Harricourt 08 ... 39 E2
Harricourt 52 ... 92 A3
Harsault 88 ... 118 B1
Harskirchen 67 ... 69 F2
Hartennes-et-Taux 02 ... 36 B3
Hartmannswiller 68 ... 120 B1
Hartzviller 57 ... 70 A3
Harville 55 ... 67 E1
Hary 02 ... 21 E3
Haselbourg 57 ... 70 A2
Hasnon 59 ... 9 E2
Hasparren 64 ... 271 D3
Haspelschiedt 57 ... 44 C3
Haspres 59 ... 9 E3
Hastingues 40 ... 271 E2
Hatrize 54 ... 41 D4
Hatten 67 ... 45 F4
Hattencourt 80 ... 19 D3
Hattenville 76 ... 15 D3
Hattigny 57 ... 69 F4
Hattmatt 67 ... 70 C2
Hattonchâtel 55 ... 67 E1
Hattonville 55 ... 67 E1
Hattstatt 68 ... 96 B4
Hauban 65 ... 298 A2
Haubourdin 59 ... 4 C4
Hauconcourt 57 ... 41 F3
Haucourt 60 ... 33 F2
Haucourt 62 ... 8 C3
Haucourt 76 ... 17 D4
Haucourt-en-Cambrésis 59 ... 20 A1
Haucourt-la-Rigole 55 ... 40 C3
Haucourt-Moulaine 54 ... 41 D1
Haudainville 55 ... 40 B4
Haudiomont 55 ... 40 B4
Haudivillers 60 ... 34 B2
Haudonville 54 ... 94 C1
Haudrecy 08 ... 22 C3
Haudricourt 76 ... 17 D4
Haulchin 59 ... 9 E3
Haulies 32 ... 275 D2
Haulmé 08 ... 22 C2
Haumont-lès-Lachaussée 55 ... 67 E1
Haumont-
près-Samogneux 55 ... 40 A3
Hauriet 40 ... 272 B1
Hausgauen 68 ... 120 C3
Haussez 76 ... 33 E1
Haussignémont 51 ... 65 E4
Haussimont 51 ... 64 B4
Haussonville 54 ... 94 B1
Haussy 59 ... 9 F4
Haut-Asco 2B ... 314 C4
Haut-Barr (Château du) 67 ... 70 B2
Haut-Clocher 57 ... 69 F3
Le Haut-Corlay 22 ... 76 C2
Haut-de-Bosdarros 64 ... 297 D1
Le Haut-du-Them 70 ... 119 E3
Haut-Kœnigsbourg
(Château du) 67 ... 96 B2
Haut-Lieu 59 ... 10 B3
Haut-Loquin 62 ... 2 C3
Haut-Mainil 62 ... 7 D3
Haut-Mauco 40 ... 253 F4
Le Haut Planet (Balcon) 78 ... 59 F4
Hautaget 65 ... 298 C3
Hautbos 60 ... 33 F1
Haute-Avesnes 62 ... 8 A3
La Haute-Beaume 05 ... 248 C2
La Haute-Chapelle 61 ... 81 E1
Haute-Epine 60 ... 34 A1
Haute-Goulaine 44 ... 126 C4
Haute-Isle 95 ... 59 F1
Haute-Kontz 57 ... 42 A1
La Haute-Maison 77 ... 62 B3
Haute Provence
(Observatoire de) 04 ... 266 C3
Haute-Rivoire 69 ... 210 A1
Haute-Vigneulles 57 ... 42 B4
Hautecloque 62 ... 7 E3
Hautecombe
(Abbaye de) 73 ... 195 D4
Hautecôte 62 ... 7 E3
Hautecour 39 ... 177 D1
Hautecour 73 ... 214 B2
Hautecourt-lès-Broville 55 ... 40 B4
Hautecourt-Romanèche 01 ... 194 A1
Hautefage 19 ... 223 E2
Hautefage-la-Tour 47 ... 238 C4
Hautefaye 24 ... 202 A2
Hautefeuille 77 ... 62 A4
Hautefond 71 ... 174 A3
Hautefontaine 60 ... 36 A3
Hautefort 24 ... 203 E4
Hauteluce 73 ... 196 B4
Hautepierre-le-Châtelet 25 ... 160 C1
Hauterive 03 ... 190 A2
Hauterive 61 ... 83 D2
Hauterive 89 ... 113 E3
Hauterive-la-Fresse 25 ... 161 D2
Hauterives 26 ... 211 E4
Hauteroche 21 ... 138 B2
Hautes-Duyes 04 ... 267 F1
Les Hautes-Rivières 08 ... 23 D2
Hautesvignes 47 ... 237 F3
Hautevelle 70 ... 118 C3
Hautevesnes 02 ... 62 C1
Hauteville 02 ... 20 B2
Hauteville 08 ... 38 A1
Hauteville 51 ... 91 F1
Hauteville 62 ... 8 A3
Hauteville 73 ... 213 F2
La Hauteville 78 ... 59 F4
Hauteville-Gondon 73 ... 214 C1
Hauteville-la-Guichard 50 ... 27 D4
Hauteville-lès-Dijon 21 ... 139 D3
Hauteville-Lompnes 01 ... 194 B2
Hauteville-sur-Fier 74 ... 195 D3
Hauteville-sur-Mer 50 ... 53 F1
L'Hautil 78 ... 60 B2
Haution 02 ... 21 D3
Hautmont 59 ... 10 B2
Hautmougey 88 ... 118 B1
Hautot-l'Auvray 76 ... 15 E2
Hautot-le-Vatois 76 ... 15 E3
Hautot-Saint-Sulpice 76 ... 15 E3
Hautot-sur-Mer 76 ... 16 A2
Hautot-sur-Seine 76 ... 32 A3
Hautteville-Bocage 50 ... 25 D4
Hautvillers 51 ... 64 A1
Hautvillers-Ouville 80 ... 6 B4
Hauville 27 ... 31 F2
Hauviné 08 ... 38 B3
Haux 33 ... 236 B1
Haux 64 ... 295 F2
Havange 57 ... 41 E2
Havelu 28 ... 59 E3
Haveluy 59 ... 9 E3
Havernas 80 ... 18 A1
Haverskerque 59 ... 3 F4
Le Havre 76 ... 14 B4
Le Havre-Antifer
(Port pétrolier) 76 ... 14 B3
Havrincourt 62 ... 19 F1
Havys 08 ... 22 A3
L'Haÿ-les-Roses 94 ... 61 D4
Hayange 57 ... 41 E3
Haybes 08 ... 11 F4
La Haye 76 ... 32 C2
La Haye 88 ... 118 B1
La Haye-Aubrée 27 ... 31 E2
La Haye-Bellefond 50 ... 54 B1
La Haye-de-Calleville 27 ... 31 F4
La Haye-de-Routot 27 ... 31 E2
La Haye-d'Ectot 50 ... 24 B4
La Haye-du-Puits 50 ... 26 C3
La Haye-du-Theil 27 ... 31 F4
La Haye-le-Comte 27 ... 32 B4
La Haye-Malherbe 27 ... 32 A4
La Haye-Pesnel 50 ... 54 A3
La Haye-Saint-Sylvestre 27 ... 57 F2
Les Hayes 41 ... 108 A4
Hayes 57 ... 42 A4
Haynecourt 59 ... 9 D4
Les Hays 39 ... 159 D3
Hazebrouck 59 ... 3 F4
Hazembourg 57 ... 69 F1
Héas 65 ... 306 C4
Le Heaulme 95 ... 34 A4
Héauville 50 ... 24 B2
Hébécourt 27 ... 33 E3
Hébécourt 80 ... 18 A3
Hébécrevon 50 ... 27 D4
Héberville 76 ... 15 F2
Hébuterne 62 ... 8 A4
Hèches 65 ... 298 B3
Hecken 68 ... 120 A3
Hecmanville 27 ... 31 E4
Hécourt 27 ... 59 E2
Hécourt 60 ... 33 E1
Hecq 59 ... 10 A3
Hectomare 27 ... 32 A4
Hédauville 80 ... 18 C1
Hédé 35 ... 79 D3
Hédouville 95 ... 34 A4
Hegeney 67 ... 71 D1
Hégenheim 68 ... 121 D4
Heidolsheim 67 ... 96 C2
Heidwiller 68 ... 120 B3
Heiligenberg 67 ... 70 B4
Heiligenstein 67 ... 96 C1
Heillecourt 54 ... 68 B4
Heilles 60 ... 34 A3
Heilly 80 ... 18 C2
Heiltz-le-Hutier 51 ... 65 F4
Heiltz-le-Maurupt 51 ... 65 F3
Heiltz-l'Évêque 51 ... 65 E3
Heimersdorf 68 ... 120 B4
Heimsbrunn 68 ... 120 B2
Heining-lès-Bouzonville 57 ... 42 B3
Heippes 55 ... 66 B1
Heiteren 68 ... 97 D4
Heiwiller 68 ... 120 C3
Hélesmes 59 ... 9 E3
Hélette 64 ... 271 D4
Helfaut 62 ... 3 E4
Helfrantzkirch 68 ... 120 C3
Helléan 56 ... 101 F1
Hellemmes-Lille 59 ... 4 C4
Hellenvilliers 27 ... 58 C3
Hellering-lès-Fénétrange 57 ... 69 F3
Helleville 50 ... 24 B3
Hellimer 57 ... 69 E1
Héloup 61 ... 82 C3
Helstroff 57 ... 42 B4
Hem 59 ... 5 D4
Hem-Hardinval 80 ... 7 E4
Hem-Lenglet 59 ... 9 D3
Hem-Monacu 80 ... 19 E2
Hémévez 50 ... 25 D3
Hémévillers 60 ... 35 D2
Hémilly 57 ... 68 C1
Héming 57 ... 69 F4
Hémonstoir 22 ... 77 D4
Hénaménil 54 ... 69 D4
Hénanbihen 22 ... 78 A1
Hénansal 22 ... 78 A1
Hendaye 64 ... 270 A4
Hendecourt-lès-Cagnicourt 62 ... 8 C4
Hendecourt-lès-Ransart 62 ... 8 A4
Hénencourt 80 ... 18 C1
Henflingen 68 ... 120 B4
Hengoat 22 ... 50 C2
Hengwiller 67 ... 70 B3
Hénin-Beaumont 62 ... 8 C2
Hénin-sur-Cojeul 62 ... 8 B4
Héninel 62 ... 8 B4
Hennebont 56 ... 100 A2
Hennecourt 88 ... 94 B4
Hennemont 55 ... 40 C4
Henneveux 62 ... 2 B4
Hennezel 88 ... 118 A1
Hennezis 27 ... 33 D4
Hénon 22 ... 77 E2
Hénonville 60 ... 34 A4
Hénouville 76 ... 15 F4
Henrichemont 18 ... 134 B4
Henridorff 57 ... 70 A2
Henriville 57 ... 43 D4
Hénu 62 ... 7 F4
Henvic 29 ... 49 D2
Hérange 57 ... 70 A2
L'Herbaudière 85 ... 144 A1
Herbault 41 ... 131 F1
Herbeauvilliers 77 ... 87 E4
Herbécourt 80 ... 19 E2
Herbelles 62 ... 3 D4
L'Herbergement 85 ... 146 A2
Herbeuval 08 ... 40 D1
Herbeuville 55 ... 67 D1
Herbeville 78 ... 60 A3
Herbéviller 54 ... 95 E1
Herbeys 38 ... 230 C1
Les Herbiers 85 ... 146 C3
Herbignac 44 ... 123 F3
Herbinghen 62 ... 2 C3
Herbisse 10 ... 90 B1
Herbitzheim 67 ... 69 F1
Herblay 95 ... 60 C2
Herbsheim 67 ... 97 D1
Hercé 53 ... 81 D2
Herchies 60 ... 34 A2
La Hérelle 60 ... 34 C1
Hérenguerville 50 ... 53 F1
Hérépian 34 ... 280 A2
Hères 65 ... 273 F2
Hergnies 59 ... 9 F2
Hergugney 88 ... 94 B2
Héric 44 ... 126 B2
Héricourt 62 ... 7 E3
Héricourt 70 ... 142 B1
Héricourt-en-Caux 76 ... 15 E2
Héricourt-sur-Thérain 60 ... 33 E1
Héricy 77 ... 87 F2
La Hérie 02 ... 21 E2
Le Hérie-la-Viéville 02 ... 20 C3
Hériménil 54 ... 94 C1
Hérimoncourt 25 ... 142 C2
Hérin 59 ... 9 E3
Hérissart 80 ... 18 B1
Hérisson 03 ... 171 D2
Hérisson (Cascades du) 39 ... 177 D1
Herleville 80 ... 19 D3
La Herlière 62 ... 8 A4
Herlies 59 ... 8 B1
Herlin-le-Sec 62 ... 7 E3
Herlincourt 62 ... 7 E3
Herly 62 ... 6 C1
Herly 80 ... 19 E4
L'Herm 09 ... 301 D3
Herm 40 ... 252 C4
L'Herm (Château du) 24 ... 221 D2
Hermanville 76 ... 16 D3
Hermanville-sur-Mer 14 ... 29 F3
Les Hermaux 48 ... 243 E3
Hermaville 62 ... 8 A3
Hermé 77 ... 89 D2
Hermelange 57 ... 69 F4
Hermelinghen 62 ... 2 C3
L'Hermenault 85 ... 164 A2
Herment 63 ... 206 B1
Hermeray 78 ... 85 F1
Hermerswiller 67 ... 45 E4
Hermes 60 ... 34 B3
Hermeville 76 ... 14 C3
Herméville-en-Woëvre 55 ... 40 C4
Hermies 62 ... 19 F1
Hermillon 73 ... 214 A4
Hermin 62 ... 8 A2
L'Hermitage 35 ... 79 D4
L'Hermitage-Lorge 22 ... 77 D2
Les Hermites 37 ... 131 D1
L'Hermitière 61 ... 83 F4
Hermival-les-Vaux 14 ... 30 C4
Hermonville 51 ... 37 E3
Hernicourt 62 ... 7 E2
Herny 57 ... 68 C1
Le Héron 76 ... 32 C2
Héronchelles 76 ... 32 C1
Hérouville 95 ... 60 C1
Hérouville-Saint-Clair 14 ... 29 E4
Hérouvillette 14 ... 29 F4
Herpelmont 88 ... 95 E4
La Herpinière (Moulin) 49 ... 129 E4
Herpont 51 ... 65 E2
Herpy-l'Arlésienne 08 ... 38 A1
Herqueville 27 ... 32 B4
Herqueville 50 ... 24 B2
Herran 31 ... 299 E3
Herré 40 ... 255 D3
Herrère 64 ... 296 B1
Herrin 59 ... 8 C1
Herrlisheim 67 ... 71 E2
Herrlisheim-près-Colmar 68 ... 96 B4
Herry 18 ... 135 D4
Hersbach 67 ... 70 B4
Herserange 54 ... 41 D1
Hersin-Coupigny 62 ... 8 A2
Hertzing 57 ... 69 F4
Hervelinghen 62 ... 2 B2
Hervilly 80 ... 19 F2
Héry 58 ... 136 B4
Héry 89 ... 113 E3
Héry-sur-Alby 74 ... 195 D4
Herzeele 59 ... 3 F2
Hesbécourt 80 ... 19 F2
Hescamps-Saint-Clair 80 ... 17 E4
Hesdigneul-lès-Béthune 62 ... 8 A1
Hesdigneul-lès-Boulogne 62 ... 2 A4
Hesdin 62 ... 7 D2
Hesdin-l'Abbé 62 ... 2 B4
Hésingue 68 ... 121 D4
Hesmond 62 ... 6 C2
Hesse 57 ... 69 F3
Hessenheim 67 ... 97 D2
Hestroff 57 ... 42 A3
Hestrud 59 ... 10 C2
Hestrus 62 ... 7 E2
Hétomesnil 60 ... 34 A1
Hettange-Grande 57 ... 41 F2
Hettenschlag 68 ... 96 C4
Heubécourt-Haricourt 27 ... 59 E1
Heuchin 62 ... 7 E2
Heucourt-Croquoison 80 ... 17 E2
Heudebouville 27 ... 32 B4
Heudicourt 27 ... 33 E3
Heudicourt 80 ... 19 F1
Heudicourt-
sous-les-Côtes 55 ... 67 E2
Heudreville-en-Lieuvin 27 ... 31 D4
Heudreville-sur-Eure 27 ... 58 C1
Heugas 40 ... 271 E1
Heugleville-sur-Scie 76 ... 16 A4
Heugnes 36 ... 151 E2
Heugon 61 ... 57 E3
Heugueville-sur-Sienne 50 ... 53 F1
Heuilley-Cotton 52 ... 116 C4
Heuilley-le-Grand 52 ... 116 C4
Heuilley-sur-Saône 21 ... 140 A3
Heuland 14 ... 30 A3
Heume-l'Église 63 ... 206 C1
La Heunière 27 ... 59 E1
Heuqueville 27 ... 32 C3
Heuqueville 76 ... 14 B3
Heuringhem 62 ... 3 E4
Heurteauville 76 ... 31 F2
Heurtevent 14 ... 56 C1
Heussé 50 ... 80 C1
Heutrégiville 51 ... 38 A3
Heuzecourt 80 ... 7 D4
Hévilliers 55 ... 92 C1
Heyrieux 38 ... 211 E1
Hézecques 62 ... 7 D1
Le Hézo 56 ... 101 E4
Hibarette 65 ... 297 F2
Hières-sur-Amby 38 ... 193 F4
Hierges 08 ... 13 D3
Hiermont 80 ... 7 D4
Hiers-Brouage 17 ... 180 C3
Hiersac 16 ... 201 E1
Hiesse 16 ... 184 B2
Hiesville 50 ... 25 E4
Hiéville 14 ... 56 C1
Higuères-Souye 64 ... 273 D4
Hiis 65 ... 297 F2
Hilbesheim 57 ... 70 A2
Hillion 22 ... 51 E4
Hilsenheim 67 ... 97 D2
Hilsprich 57 ... 69 F1
Hinacourt 02 ... 20 A4
Hinckange 57 ... 42 A4
Hindisheim 67 ... 71 D4
Hindlingen 68 ... 120 B4
Hinges 62 ... 8 A1
Le Hinglé 22 ... 78 C2
Hinsbourg 67 ... 70 B1
Hinsingen 67 ... 69 F1
Hinx 40 ... 271 F1
Hipsheim 67 ... 71 D4
Hirel 35 ... 53 D4
Hirmentaz 74 ... 178 C4
Hirschland 67 ... 70 A1
Hirsingue 68 ... 143 E1
Hirson 02 ... 21 F2
Hirtzbach 68 ... 143 E1
Hirtzfelden 68 ... 120 C1
His 31 ... 299 F3
Hitte 65 ... 298 A2
Hoc (Pointe du) 14 ... 25 F4
Hochfelden 67 ... 70 C2
Hochstatt 68 ... 120 B3
Hochstett 67 ... 71 D2
Hocquigny 50 ... 54 A3
Hocquincourt 80 ... 17 E2
Hocquinghen 62 ... 2 C3
Hodenc-en-Bray 60 ... 33 F2
Hodenc-l'Évêque 60 ... 34 A3
Hodeng-au-Bosc 76 ... 17 D3
Hodeng-Hodenger 76 ... 33 D1
Hodent 95 ... 60 A1
Hœdic 56 ... 122 C4
Hœnheim 67 ... 71 D3
Hœrdt 67 ... 71 E2
Hoéville 54 ... 68 C4
Hoffen 67 ... 45 E4
Les Hogues 27 ... 32 C2
La Hoguette 14 ... 56 B3
Hohatzenheim 67 ... 71 D2
Hohengœft 67 ... 70 C3
Hohfrankenheim 67 ... 70 C2
Hohneck 68 ... 96 A4
Hohrod 68 ... 96 A4
Hohrodberg 68 ... 96 A4
Hohwald 67 ... 96 B1
Hohwiller 67 ... 45 E4
Holacourt 57 ... 68 C1
Holling 57 ... 42 B3
Holnon 02 ... 20 A3
Holque 59 ... 3 D2
Holtzheim 67 ... 71 D3
Holtzwihr 68 ... 96 C3
Holving 57 ... 69 F1
Hombleux 80 ... 19 E4
Homblières 02 ... 20 B3
Hombourg 68 ... 121 D2
Hombourg-Budange 57 ... 42 A3
Hombourg-Haut 57 ... 42 C4
L'Hôme-Chamondot 61 ... 84 A1
Homécourt 54 ... 41 E3
Hommarting 57 ... 70 A2
L'Homme-d'Armes 26 ... 246 C2
Hommert 57 ... 70 A3
Hommes 37 ... 130 A3
Le Hommet-d'Arthenay 50 ... 27 E4
Homps 11 ... 303 E1
Homps 32 ... 256 C4
Hon-Hergies 59 ... 10 A1
Hondainville 60 ... 34 B3
Hondeghem 59 ... 3 F3
Hondevilliers 77 ... 62 C3
Hondouville 27 ... 58 C1
Hondschoote 59 ... 3 F1
Honfleur 14 ... 30 C2
Honguemare-Guenouville 27 ... 31 F3
Honnechy 59 ... 20 B1
Honnecourt-sur-Escaut 59 ... 20 A1
L'Honor-de-Cos 82 ... 257 F2
Honskirch 57 ... 69 F2
Hontanx 40 ... 254 B4
L'Hôpital 22 ... 51 E4
L'Hôpital 48 ... 245 D4
L'Hôpital 57 ... 42 C4
Hôpital-Camfrout 29 ... 47 F4
L'Hôpital-d'Orion 64 ... 272 A3
L'Hôpital-du-Grosbois 25 ... 141 E4
L'Hôpital-le-Grand 42 ... 209 F2
L'Hôpital-le-Mercier 71 ... 173 F3
L'Hôpital-Saint-Blaise 64 ... 296 A1
L'Hôpital-Saint-Lieffroy 25 ... 142 A2
L'Hôpital-sous-Rochefort 42 ... 191 D4
L'Hôpital-sur-Rhins 42 ... 191 E3
Les Hôpitaux-Neufs 25 ... 161 D3
Les Hôpitaux-Vieux 25 ... 161 D3
Horbourg 68 ... 96 C3
Hordain 59 ... 9 E3
La Horgne 08 ... 22 C4
Horgues 65 ... 297 F1
L'Horme 42 ... 210 B2
Hornaing 59 ... 9 E2
Hornoy 80 ... 17 E3
Le Horps 53 ... 81 F2
Horsarrieu 40 ... 272 B1
Hortes 52 ... 117 D3
Horville-en-Ornois 55 ... 93 D2
L'Hosmes 27 ... 58 B3
Hospice de France 31 ... 308 A1
L'Hospitalet 04 ... 266 C2
L'Hospitalet 46 ... 222 B4
L'Hospitalet-du-Larzac 12 ... 261 F3
L'Hospitalet-
près-l'Andorre 09 ... 310 B2
Hossegor 40 ... 270 C1
Hosta 64 ... 295 E1
Hoste 57 ... 43 D4
Hostens 33 ... 235 F3
Hostias 01 ... 194 B3
Hostun 26 ... 229 F2
L'Hôtellerie 14 ... 31 D4
L'Hôtellerie-de-Flée 49 ... 104 C4
Hotonnes 01 ... 194 C2
Hotot-en-Auge 14 ... 30 A4
Hottot-les-Bagues 14 ... 29 D4
Hottviller 57 ... 44 B3
La Houblonnière 14 ... 56 C1
Les Houches 74 ... 196 C3
Houchin 62 ... 8 A2
Houdain 62 ... 7 F2
Houdain-lez-Bavay 59 ... 10 A1
Houdan 78 ... 59 F3
Houdancourt 60 ... 35 D3
Houdelaincourt 55 ... 93 D1
Houdelaucourt-
sur-Othain 55 ... 40 C3
Houdelmont 54 ... 94 A1
Houdemont 54 ... 68 B4
Houdetot 76 ... 15 F1
Houdilcourt 08 ... 37 F2
Houdreville 54 ... 94 A1
Houécourt 88 ... 93 F3
Houeillès 47 ... 255 D1
Houesville 50 ... 25 E4
Houetteville 27 ... 58 C1
Houéville 88 ... 93 F2
Houeydets 65 ... 298 B2
Le Houga 32 ... 273 E1
Houilles 78 ... 60 C2
Houlbec-Cocherel 27 ... 59 D1
Houlbec-près-
le-Gros-Theil 27 ... 31 F4
Houldizy 08 ... 22 C3
Houlette 16 ... 182 C4
Houlgate 14 ... 30 A3
Houlle 62 ... 3 D3
Le Houlme 76 ... 32 A2
L'Houmeau 17 ... 163 E4
Hounoux 11 ... 301 F2
Houplin-Ancoisne 59 ... 8 C1
Houplines 59 ... 4 B4
Houppeville 76 ... 32 A1
Houquetot 76 ... 14 C3
Hourc 65 ... 298 A1
Le Hourdel 80 ... 6 A4
Hourges 51 ... 37 D3
Hours 64 ... 297 E1
Hourtin 33 ... 216 B1
Hourtin-Plage 33 ... 198 A4
Hourtous (Roc des) 48 ... 243 F4
Houry 02 ... 21 D3
Houssay 41 ... 108 B4
Houssay 53 ... 105 D2
La Houssaye 27 ... 58 A2
La Houssaye-Béranger 76 ... 16 A4
La Houssaye-en-Brie 77 ... 62 A4

Le Housseau 53 ... 81 F2
Houssen 68 ... 96 C3
Housseras 88 ... 95 E3
Housset 02 ... 20 C3
Housséville 54 ... 94 A2
La Houssière 88 ... 95 F4
La Houssoye 60 ... 33 F3
Houtaud 25 ... 161 D2
Houtkerque 59 ... 3 F2
Houtteville 50 ... 25 D4
Houville-en-Vexin 27 ... 32 C3
Houville-la-Branche 28 ... 85 F2
Houvin-Houvigneul 62 ... 7 F3
Houx 28 ... 85 F1
Hoymille 59 ... 3 F1
Huanne-Montmartin 25 ... 141 F2
Hubersent 62 ... 6 B1
Hubert-Folie 14 ... 29 F4
Huberville 50 ... 25 D3
Huby-Saint-Leu 62 ... 7 D2
Huchenneville 80 ... 17 E1
Huclier 62 ... 7 E2
Hucqueliers 62 ... 6 C1
Hudimesnil 50 ... 53 F2
Hudiviller 54 ... 68 C4
Huelgoat 29 ... 75 E2
Huest 27 ... 58 C1
Huêtre 45 ... 110 A2
Huez 38 ... 231 E2
Hugier 70 ... 140 B3
Hugleville-en-Caux 76 ... 16 D4
Huillé 49 ... 129 D1
Huilliécourt 52 ... 93 D4
Huilly-sur-Seille 71 ... 175 F1
Huiron 51 ... 65 D4
Huismes 37 ... 130 A4
Huisnes-sur-Mer 50 ... 53 F4
D'Huison-Longueville 91 ... 87 D2
Huisseau-en-Beauce 41 ... 108 B4
Huisseau-sur-Cosson 41 ... 132 B1
Huisseau-sur-Mauves 45 ... 109 F3
L'Huisserie 53 ... 105 D1
Hulluch 62 ... 8 B1
Hultehouse 57 ... 70 B2
Humbauville 51 ... 65 D4
Humbécourt 52 ... 91 F1
Humbercamps 62 ... 8 A4
Humbercourt 80 ... 7 F4
Humbert 62 ... 6 C1
Humberville 52 ... 92 C3
Humbligny 18 ... 134 C4
La Hume 33 ... 234 C1
Humerœuille 62 ... 7 E2
Humes 52 ... 116 C2
Humières 62 ... 7 E2
Hunaudaye (Château de la) 22 ... 78 A1
Hunawihr 68 ... 96 B3
Hundling 57 ... 43 D4
Hundsbach 68 ... 120 C3
Huningue 68 ... 121 D3
Hunspach 67 ... 45 E4
Hunting 57 ... 42 A2
Huos 31 ... 298 C2
Huparlac 12 ... 242 C1
Huppain 14 ... 28 C3
Huppy 80 ... 17 E1
Hurbache 88 ... 95 F2
Hure 33 ... 237 D2
Hurecourt 70 ... 118 A2
Hures-la-Parade 48 ... 261 F1
Huriel 03 ... 170 C3
Hurigny 71 ... 175 D3
Hurtières 38 ... 213 D4
Hurtigheim 67 ... 71 D3
Husseren-les-Châteaux 68 ... 96 B4
Husseren-Wesserling 68 ... 120 A1
Hussigny-Godbrange 54 ... 41 D1
Husson 50 ... 80 C1
La Hutte 72 ... 82 C3
Huttendorf 67 ... 71 D1
Huttenheim 67 ... 97 D1
Hyds 03 ... 171 E4
Hyémondans 25 ... 142 B2
Hyencourt-le-Grand 80 ... 19 E3
Hyenville 50 ... 53 F1
Hyères 83 ... 292 B2
Hyères-Plage 83 ... 292 B3
Hyet 70 ... 141 E2
Hyèvre-Magny 25 ... 142 A3
Hyèvre-Paroisse 25 ... 142 A3
Hymont 88 ... 94 B3

I

Ibarrolle 64 ... 295 E1
Ibarron 64 ... 270 B4
Ibigny 57 ... 69 F4
Ibos 65 ... 297 F1
Ichtratzheim 67 ... 71 D4
Ichy 77 ... 87 E4
Idaux-Mendy 64 ... 295 F1
Idrac-Respaillès 32 ... 274 C3
Idron 64 ... 273 D4
Ids-Saint-Roch 18 ... 170 A1
If (Château d') 13 ... 284 C4
Iffendic 35 ... 78 C4
Les Iffs 35 ... 79 D3
Ifs 14 ... 29 E4
Les Ifs 76 ... 16 C2
Igé 61 ... 83 E3
Igé 71 ... 175 D3
Ignaucourt 80 ... 18 C3
Ignaux 09 ... 310 B1
Igney 54 ... 69 E4
Igney 88 ... 94 C3
Ignol 18 ... 154 A2
Igny 70 ... 140 C2
Igny 91 ... 60 C4
Igny-Comblizy 51 ... 63 F2
Igon 64 ... 297 D2
Igornay 71 ... 157 D2
Igoville 27 ... 32 B3
Iguerande 71 ... 191 E1
Iholdy 64 ... 271 D4
Ilay 39 ... 177 E1
Ile-aux-Moines 56 ... 101 D4
L'Ile-Bouchard 37 ... 149 E1
Ile-d'Aix 17 ... 180 C2
Ile-d'Arz 56 ... 101 D4
Ile-de-Batz 29 ... 49 D1
Ile-de-Bréhat 22 ... 51 D1
Ile-de-Sein 29 ... 72 B3
L'Ile-d'Elle 85 ... 163 F3
Ile-d'Houat 56 ... 122 B3
L'Ile-d'Olonne 85 ... 162 A1
Ile-Molène 29 ... 46 B3
L'Ile-Rousse 2B ... 314 C2
L'Ile-Saint-Denis 93 ... 61 D2
Ile-Tudy 29 ... 98 B2
Ilhan 65 ... 298 B4
Ilharre 64 ... 271 E3
Ilhat 09 ... 301 E4
Les Ilhes 11 ... 278 C4
Ilhet 65 ... 298 B3
Ilheu 65 ... 298 C3
Illange 57 ... 41 F3
Illartein 09 ... 299 F4
Las Illas 66 ... 312 C4
Illats 33 ... 236 B2
Ille-sur-Têt 66 ... 312 B2
Illeville-sur-Montfort 27 ... 31 E3
Illfurth 68 ... 120 B3
Illhaeusern 68 ... 96 C3
Illiat 01 ... 193 D1
Illier-et-Laramade 09 ... 309 F1
Illiers-Combray 28 ... 85 D3
Illiers-l'Évêque 27 ... 59 D3
Illies 59 ... 8 B1
Illifaut 22 ... 78 A4
Illkirch-Graffenstaden 67 ... 71 D4
Illois 76 ... 17 D4
Illoud 52 ... 93 D4
Illy 08 ... 23 D3
Illzach 68 ... 120 C2
Ilonse 06 ... 269 F2
Imbleville 76 ... 15 F2
Imbsheim 67 ... 70 C1
Imécourt 08 ... 39 E2
Imling 57 ... 69 F3
Immonville 54 ... 41 D3
Imphy 58 ... 155 D3
Imsthal (Étang d') 67 ... 70 B1
Inaumont 08 ... 38 A1
Incarville 27 ... 32 B4
Incheville 76 ... 16 C1
Inchy 59 ... 9 F4
Inchy-en-Artois 62 ... 8 C4
Incourt 62 ... 7 D2
Indevillers 25 ... 143 D3
Indre 44 ... 126 A4
Ineuil 18 ... 153 D4
Les Infournas 05 ... 249 E1
Infreville 27 ... 31 F3
Ingenheim 67 ... 70 C2
Ingersheim 68 ... 96 B3
Inghem 62 ... 3 E4
Inglange 57 ... 42 A2
Ingolsheim 67 ... 45 E4
Ingouville 76 ... 15 E1
Ingrandes 36 ... 167 F1
Ingrandes 49 ... 127 F3
Ingrandes 86 ... 149 F3
Ingrandes-de-Touraine 37 ... 130 A4
Ingrannes 45 ... 110 C2
Ingré 45 ... 110 A3
Inguiniel 56 ... 100 B1
Ingwiller 67 ... 70 C1
Injoux-Génissiat 01 ... 194 C2
Innenheim 67 ... 71 D4
Innimond 01 ... 194 B4
Inor 55 ... 39 F1
Insming 57 ... 69 E1
Insviller 57 ... 69 F2
Intraville 76 ... 16 B2
Intres 07 ... 228 A3
Intréville 28 ... 86 B4
Intville-la-Guétard 45 ... 86 C4
Inval-Boiron 80 ... 17 E2
Inxent 62 ... 6 B1
Inzinzac-Lochrist 56 ... 100 B2
Ippécourt 55 ... 66 B1
Ippling 57 ... 43 E4
Irai 61 ... 58 A4
Irais 79 ... 148 B3
Irancy 89 ... 113 E4
Iré-le-Sec 55 ... 40 A2
Iré-les-Prés 55 ... 40 A1
Irigny 69 ... 210 C1
Irissarry 64 ... 271 D4
Irles 80 ... 19 D1
Irmstett 67 ... 70 C3
Irodouër 35 ... 78 C3
Iron 02 ... 10 A4
Irouléguy 64 ... 295 D1
Irreville 27 ... 58 C1
Irvillac 29 ... 48 C4
Is-en-Bassigny 52 ... 117 D1
Is-sur-Tille 21 ... 139 E2
Isbergues 62 ... 3 F4
Isches 88 ... 117 F1
Isdes 45 ... 133 F1
Isenay 58 ... 155 F3
Iseran (Col de l') 73 ... 215 E2
Isigny-le-Buat 50 ... 54 B4
Isigny-sur-Mer 14 ... 27 E3
Island 89 ... 137 D2
Isle 87 ... 185 F4
L'Isle-Adam 95 ... 60 C1
L'Isle-Arné 32 ... 275 E2
Isle-Aubigny 10 ... 90 C2
Isle-Aumont 10 ... 90 B4
L'Isle-Bouzon 32 ... 256 B3
Isle-Briand (Haras de l') 49 ... 128 A1
L'Isle-d'Abeau 38 ... 211 F1
L'Isle-d'Abeau (Ville nouvelle) 38 ... 211 E1
L'Isle-de-Noé 32 ... 274 B2
L'Isle-d'Espagnac 16 ... 201 F1
L'Isle-en-Dodon 31 ... 275 E4
Isle-et-Bardais 03 ... 171 D1
L'Isle-Jourdain 32 ... 276 A2
L'Isle-Jourdain 86 ... 167 D4
Isle-Saint-Georges 33 ... 236 A1
Isle-Savary (Château d') 36 ... 151 D3
L'Isle-sur-la-Sorgue 84 ... 265 E3
L'Isle-sur-le-Doubs 25 ... 142 A2
Isle-sur-Marne 51 ... 65 E4
L'Isle-sur-Serein 89 ... 137 D1
Les Isles-Bardel 14 ... 56 A3
Isles-les-Meldeuses 77 ... 62 B2
Isles-lès-Villenoy 77 ... 62 A2
Isles-sur-Suippe 51 ... 38 A3
Les Islettes 55 ... 66 A1
Isneauville 76 ... 32 B2
Isola 06 ... 269 F1
Isola 2000 06 ... 251 F4
Isolaccio-di-Fiumorbo 2B ... 317 E3
Isômes 52 ... 139 F1
Ispagnac 48 ... 244 B4
Ispe 40 ... 234 B3
Ispoure 64 ... 295 D1
Isques 62 ... 2 A4
Issac 24 ... 220 A2
Les Issambres 83 ... 287 F4
Issamoulenc 07 ... 228 A4
Issancourt-et-Rumel 08 ... 23 D3
Issanlas 07 ... 245 E1
Issans 25 ... 142 B1
Les Issards 09 ... 301 E2
Issarlès 07 ... 227 E4
Issé 44 ... 126 C1
Isse 51 ... 64 B1
Issel 11 ... 277 F4
Issendolus 46 ... 240 C1
Issenhausen 67 ... 70 C1
Issenheim 68 ... 120 B1
Issepts 46 ... 241 D1
Isserpent 03 ... 190 B1
Isserteaux 63 ... 208 A1
Issigeac 24 ... 238 B1
Issirac 30 ... 264 A1
Issoire 63 ... 207 F2
Issolud (Puy d') 46 ... 222 C3
Issoncourt 55 ... 66 B2
Issor 64 ... 296 B2
Issou 78 ... 60 A2
Issoudun 36 ... 152 B3
Issoudun-Létrieix 23 ... 187 E2
Issus 31 ... 276 C4
Issy-les-Moulineaux 92 ... 60 C3
Issy-l'Évêque 71 ... 173 E1
Istres 13 ... 284 A3
Les Istres-et-Bury 51 ... 64 B2
Isturits 64 ... 271 D4
Itancourt 02 ... 20 A3
Iteuil 86 ... 166 B2
Ithorots-Olhaïby 64 ... 271 F4
Ittenheim 67 ... 71 D3
Ittersviller 67 ... 96 C1
Itteville 91 ... 87 D2
Itxassou 64 ... 270 C4
Itzac 81 ... 258 C3
Ivergny 62 ... 7 F4
Iverny 77 ... 61 F2
Iviers 02 ... 21 F3
Iville 27 ... 31 F4
Ivors 60 ... 35 F4
Ivory 39 ... 160 A2
Ivoy-le-Pré 18 ... 134 B3
Ivrey 39 ... 160 A2
Ivry (Obélisque d') 27 ... 59 E2
Ivry-en-Montagne 21 ... 157 F2
Ivry-la-Bataille 27 ... 59 E3
Ivry-le-Temple 60 ... 34 A4
Ivry-sur-Seine 94 ... 61 D3
Iwuy 59 ... 9 E4
Izaourt 65 ... 298 C3
Izaut-de-l'Hôtel 31 ... 299 D3
Izaux 65 ... 298 B2
Izé 53 ... 82 A4
Izeaux 38 ... 212 A4
Izel-lès-Équerchin 62 ... 8 C3
Izel-les-Hameaux 62 ... 7 F3
Izenave 01 ... 194 B2
Izernore 01 ... 176 C4
Izeron 38 ... 230 A1
Izeste 64 ... 296 C2
Izeure 21 ... 158 C1
Izier 21 ... 139 E4
Izieu 01 ... 212 B1
Izoard (Col d') 05 ... 232 C3
Izon 33 ... 217 F3
Izon-la-Bruisse 26 ... 248 C4
Izotges 32 ... 273 F2
Izy 45 ... 110 B1

J

Jablines 77 ... 61 F2
Jabreilles-les-Bordes 87 ... 186 B2
Jabrun 15 ... 225 D4
Jacob-Bellecombette 73 ... 213 D2
Jacou 34 ... 281 F2
Jacque 65 ... 274 A4
Jagny-sous-Bois 95 ... 61 D1
Jaignes 77 ... 62 B2
Jaillans 26 ... 229 F2
La Jaille-Yvon 49 ... 105 D4
Jaillon 54 ... 67 F3
Jailly 58 ... 155 E1
Jailly-les-Moulins 21 ... 138 B2
Jainvillotte 88 ... 93 E3
Jalesches 23 ... 169 F4
Jaleyrac 15 ... 224 A1
Jaligny-sur-Besbre 03 ... 172 C3
Jallais 49 ... 127 F4
Jallanges 21 ... 158 C2
Jallans 28 ... 109 D1
Jallaucourt 57 ... 68 C2
Jallerange 25 ... 140 B4
Jalognes 18 ... 134 C4
Jalogny 71 ... 174 C3
Jâlons 51 ... 64 B2
La Jalousie 14 ... 56 A1
Jambles 71 ... 157 F4
Jambville 78 ... 60 A1
Jaméricourt 60 ... 33 F3
Jametz 55 ... 40 A2
Jameyzieu 38 ... 193 E4
Janailhac 87 ... 203 F1
Janaillat 23 ... 186 C2
Jancigny 21 ... 140 A3
Jandun 08 ... 22 B4
Janneyrias 38 ... 193 E4
Jans 44 ... 126 B1
Jansac 26 ... 248 A1
Janville 14 ... 29 F4
Janville 28 ... 86 A4
Janville 60 ... 35 E2
Janville-sur-Juine 91 ... 86 C2
Janvilliers 51 ... 63 E3
Janvry 51 ... 37 E4
Janvry 91 ... 86 C1
Janzé 35 ... 103 F2
Jarcieu 38 ... 211 D4
La Jard 17 ... 199 E1
Jard-sur-Mer 85 ... 162 C2
Le Jardin 19 ... 205 E4
Jardin 38 ... 211 D2
Jardres 86 ... 166 C2
Jargeau 45 ... 110 C3
Jarjayes 05 ... 249 F2
Jarménil 88 ... 95 D4
Jarnac 16 ... 201 D1
Jarnac-Champagne 17 ... 199 F2
Jarnages 23 ... 187 E1
La Jarne 17 ... 181 D1
Jarnioux 69 ... 192 B3
Jarnosse 42 ... 191 F1
Jarny 54 ... 41 D4
Jarret 65 ... 297 F2
La Jarrie 17 ... 181 D1
Jarrie 38 ... 230 C1
La Jarrie-Audouin 17 ... 182 B2
Jarrier 73 ... 214 A4
Jars 18 ... 134 C3
Jarsy 73 ... 213 F1
Jarville-la-Malgrange 54 ... 68 B4
Jarzé 49 ... 129 D1
Jas 42 ... 191 F4
Jasney 70 ... 118 B3
Jassans-Riottier 01 ... 192 C2
Jasseines 10 ... 90 C2
Jasseron 01 ... 176 A4
Jasses 64 ... 272 A4
Jatxou 64 ... 270 C3
Jau (Col de) 11 ... 311 E2
Jau-Dignac-et-Loirac 33 ... 198 C3
Jaucourt 10 ... 91 E4
La Jaudonnière 85 ... 163 F1
Jaudrais 28 ... 84 C1
Jaujac 07 ... 245 F2
Jauldes 16 ... 183 F4
Jaulges 89 ... 113 F2
Jaulgonne 02 ... 63 E1
Jaulnay 37 ... 149 E3
Jaulnes 77 ... 88 C3
Jaulny 54 ... 67 F2
Jaulzy 60 ... 35 F3
Jaunac 07 ... 228 A3
Jaunay-Clan 86 ... 166 B1
Jaures 24 ... 220 B2
Jausiers 04 ... 250 C3
Jaux 60 ... 35 E3
Jauzé 72 ... 83 E4
Javaugues 43 ... 208 A4
Javené 35 ... 80 B3
Javerdat 87 ... 185 D3
Javerlhac-et-la-Chapelle-Saint-Robert 24 ... 202 B2
Javernant 10 ... 114 A1
La Javie 04 ... 268 A1
Javols 48 ... 244 A1
Javrezac 16 ... 199 F1
Javron 53 ... 82 A2
Jax 43 ... 226 B1
Jaxu 64 ... 295 D1
Jayac 24 ... 222 A2
Jayat 01 ... 175 F3
Jazeneuil 86 ... 165 F2
Jazennes 17 ... 199 E2
Jeancourt 02 ... 19 F2
Jeandelaincourt 54 ... 68 B2
Jeandelize 54 ... 41 D4
Jeanménil 88 ... 95 E3
Jeansagnière 42 ... 209 D1
Jeantes 02 ... 21 E3
Jebsheim 68 ... 96 C3
Jegun 32 ... 274 C1
La Jemaye 24 ... 219 F1
Jenlain 59 ... 9 F3
Jenzat 03 ... 189 F1
Jésonville 88 ... 94 A4
Jessains 10 ... 91 E3
Jetterswiller 67 ... 70 C3
Jettingen 68 ... 120 C3
Jeu-les-Bois 36 ... 169 E1
Jeu-Maloches 36 ... 151 E2
Jeufosse 78 ... 59 E1
Jeugny 10 ... 114 B1
Jeumont 59 ... 10 C1
Jeurre 39 ... 177 D3
Jeux-lès-Bard 21 ... 137 F2
Jeuxey 88 ... 95 D4
Jevoncourt 54 ... 94 B2
Jezainville 54 ... 68 A2
Jézeau 65 ... 298 B4
Joannas 07 ... 245 F2
Job 63 ... 208 C2
Jobourg 50 ... 24 A2
Jobourg (Nez de) 50 ... 24 A2
Joch 66 ... 311 F2
Jœuf 54 ... 41 E3
Joganville 50 ... 25 D3
Joigny 89 ... 113 D2
Joigny-sur-Meuse 08 ... 22 C3
Joinville 52 ... 92 B2
Joinville-le-Pont 94 ... 61 E3
Joiselle 51 ... 63 E4
Jolimetz 59 ... 10 A2
Jolivet 54 ... 68 C4
Jonage 69 ... 193 E4
Joncels 34 ... 280 B1
La Jonchère 85 ... 163 D2
La Jonchère-Saint-Maurice 87 ... 186 A2
Jonchères 26 ... 248 A2
Joncherey 90 ... 120 A4
Jonchery 52 ... 116 B1
Jonchery-sur-Suippe 51 ... 38 B4
Jonchery-sur-Vesle 51 ... 37 E3
Joncourt 02 ... 20 A2
Joncreuil 10 ... 91 E2
Joncy 71 ... 174 C1
Jongieux 73 ... 194 C4
Jonquerets-de-Livet 27 ... 57 F1
Jonquerettes 84 ... 265 D3
Jonquery 51 ... 37 E4
Jonquières 11 ... 303 E3
Jonquières 34 ... 280 C2
Jonquières 60 ... 35 E3
Jonquières 81 ... 278 A2
Jonquières 84 ... 265 D2
Jonquières-Saint-Vincent 30 ... 264 B4
Jons 69 ... 193 E4
Jonval 08 ... 38 C1
Jonvelle 70 ... 117 F2
Jonville-en-Woëvre 55 ... 67 E1
Jonzac 17 ... 199 F3
Jonzier-Épagny 74 ... 195 D1
Jonzieux 42 ... 210 A4
Joppécourt 54 ... 41 D2
Jorquenay 52 ... 116 C2
Jort 14 ... 56 B2
Jorxey 88 ... 94 B3
Josat 43 ... 226 B1
Joserand 63 ... 189 E2
Josnes 41 ... 109 E4
Josse 40 ... 271 D1
Josselin 56 ... 101 F2
Jossigny 77 ... 61 F3
Jou-sous-Monjou 15 ... 224 C3
Jouac 87 ... 168 A4
Jouaignes 02 ... 36 C3
Jouancy 89 ... 114 B4
Jouarre 77 ... 62 B2
Jouars-Pontchartrain 78 ... 60 A3
Jouaville 54 ... 41 E4
Joucas 84 ... 265 F3
Joucou 11 ... 311 D1
Joudes 71 ... 176 B2
Joudreville 54 ... 41 D3
Joué-du-Bois 61 ... 82 A1
Joué-du-Plain 61 ... 56 B4
Joué-en-Charnie 72 ... 106 A2
Joué-Étiau 49 ... 128 B4
Joué-l'Abbé 72 ... 107 D1
Joué-lès-Tours 37 ... 130 C3
Joué-sur-Erdre 44 ... 126 C2
Jouet-sur-l'Aubois 18 ... 154 B2
Jouey 21 ... 157 E1
Jougne 25 ... 161 D4
Jouhe 39 ... 159 E1
Jouhet 86 ... 167 E2
Jouillat 23 ... 169 E4
Jouques 13 ... 285 E2
Jouqueviel 81 ... 259 E1
Jourgnac 87 ... 203 F1
Journans 01 ... 193 F1
Journet 86 ... 167 F3
Journiac 24 ... 221 D3
Journy 62 ... 2 C3
Jours-en-Vaux 21 ... 157 F2
Jours-lès-Baigneux 21 ... 138 B1
Joursac 15 ... 225 E1
Joussé 86 ... 166 C4
Jouvençon 71 ... 175 F1
La Jouvente 35 ... 52 C4
Joux 69 ... 192 A3
Joux (Château de) 25 ... 161 D3
Joux (Forêt de la) 39 ... 160 B3
Joux-la-Ville 89 ... 137 D1
Joux Plane (Col de la) 74 ... 196 C1
Joux Verte (Col de la) 74 ... 179 D4
Jouy 28 ... 85 E2
Jouy 89 ... 112 A1
Jouy-aux-Arches 57 ... 68 A1
Jouy-en-Argonne 55 ... 40 A4
Jouy-en-Josas 78 ... 60 C4
Jouy-en-Pithiverais 45 ... 110 B1
Jouy-le-Châtel 77 ... 62 B4
Jouy-le-Moutier 95 ... 60 B2
Jouy-le-Potier 45 ... 110 A4
Jouy-lès-Reims 51 ... 37 E4
Jouy-Mauvoisin 78 ... 59 F2
Jouy-sous-les-Côtes 55 ... 67 E3
Jouy-sous-Thelle 60 ... 33 F3
Jouy-sur-Eure 27 ... 59 D1
Jouy-sur-Morin 77 ... 62 C3
Joyeuse 07 ... 245 F3
Joyeux 01 ... 193 E2
Joze 63 ... 189 F4
Jû-Belloc 32 ... 273 F2
Juan-les-Pins 06 ... 288 B3
Juaye-Mondaye 14 ... 28 C4
Jubainville 88 ... 93 E2
La Jubaudière 49 ... 127 F4
Jubécourt 55 ... 66 B1
Jublains 53 ... 81 F4
Le Juch 29 ... 73 E3
Jugazan 33 ... 218 C4
Jugeals-Nazareth 19 ... 222 B2
Jugon-les-Lacs 22 ... 78 A2
Jugy 71 ... 175 E1
Juicq 17 ... 181 F3
Juif 71 ... 175 F1
Juignac 16 ... 201 E3
Juigné-des-Moutiers 44 ... 104 A4
Juigné-sur-Loire 49 ... 128 B3
Juigné-sur-Sarthe 72 ... 106 A3
Juignettes 27 ... 57 F3
Juillac 19 ... 203 F4
Juillac 32 ... 274 A3
Juillac 33 ... 219 E4
Juillac-le-Coq 16 ... 200 C2
Juillaguet 16 ... 201 F3
Juillan 65 ... 297 F1
Juillé 16 ... 183 E3
Juillé 72 ... 82 C4
Juillé 79 ... 182 C1
Juillenay 21 ... 137 F3
Juilles 32 ... 275 E2
Juilley 50 ... 80 A1
Juilly 21 ... 138 A2
Juilly 77 ... 61 F2
Jujols 66 ... 311 E3
Jujurieux 01 ... 194 A2
Julianges 48 ... 225 F3
Juliénas 69 ... 175 D4
Julienne 16 ... 200 C1
Julienrupt 88 ... 119 E1
Jullianges 43 ... 208 C4
Jullié 69 ... 175 D4
Jullouville 50 ... 53 F3
Jully 89 ... 114 C4
Jully-lès-Buxy 71 ... 175 D1
Jully-sur-Sarce 10 ... 114 C1
Julos 65 ... 297 F2
Julvécourt 55 ... 66 B1
Jumeauville 78 ... 60 A2
Jumeaux 63 ... 208 A3
Les Jumeaux 79 ... 148 B4
Jumel 80 ... 18 B4
Jumelles 27 ... 58 C2
Jumelles 49 ... 129 E2
La Jumellière 49 ... 128 A4
Jumencourt 02 ... 36 B2
Jumièges 76 ... 31 F2
Jumigny 02 ... 37 D2
Jumilhac-le-Grand 24 ... 203 E3
Junas 30 ... 282 A1
Junay 89 ... 114 A3
Juncalas 65 ... 297 F2
Jungholtz 68 ... 120 B1
Junhac 15 ... 242 A1
Les Junies 46 ... 239 F2
Juniville 08 ... 38 B2
Jupilles 72 ... 107 E4
Jurançon 64 ... 272 C4
Juranville 45 ... 111 E2
Juré 42 ... 191 D3
Jurignac 16 ... 201 D2
Jurques 14 ... 55 E1
Jurvielle 31 ... 298 C4
Jury 57 ... 68 B1
Juscorps 79 ... 165 D4
Jusix 47 ... 237 E2
Jussac 15 ... 224 A3
Jussarupt 88 ... 95 E4
Jussas 17 ... 199 F4
Jussecourt-Minecourt 51 ... 65 F3
Jussey 70 ... 117 F3
Jussy 02 ... 20 A4
Jussy 57 ... 41 E4
Jussy 74 ... 195 E1
Jussy 89 ... 113 E4
Jussy-Champagne 18 ... 153 F2
Jussy-le-Chaudrier 18 ... 154 B1
Justian 32 ... 255 F4
Justine-Herbigny 08 ... 38 A1
Justiniac 09 ... 300 C1
Jutigny 77 ... 88 C2
Juvaincourt 88 ... 94 A3
Juvancourt 10 ... 115 F1
Juvanzé 10 ... 91 D3
Juvardeil 49 ... 128 B1
Juvelize 57 ... 69 D3
Juvignac 34 ... 281 E2
Juvigné 53 ... 80 C4

Juvignies 60 ....34 A1
Juvigny 02 ....36 B2
Juvigny 51 ....64 C1
Juvigny 74 ....178 A4
Juvigny-en-Perthois 55 ....92 B1
Juvigny-le-Tertre 50 ....54 C4
Juvigny-sous-Andaine 61 ....81 F1
Juvigny-sur-Loison 55 ....40 A2
Juvigny-sur-Orne 61 ....56 C4
Juvigny-sur-Seulles 14 ....29 D4
Juville 57 ....68 B2
Juvinas 07 ....246 A1
Juvincourt-et-Damary 02 ....37 E2
Juvisy-sur-Orge 91 ....61 D4
Juvrecourt 54 ....69 D3
Juxue 64 ....295 E1
Juzanvigny 10 ....91 E2
Juzennecourt 52 ....92 A4
Juzes 31 ....277 E3
Juzet-de-Luchon 31 ....307 F4
Juzet-d'Izaut 31 ....299 D3
Juziers 78 ....60 A2

K

Kalhausen 57 ....44 A4
Kaltenhouse 67 ....71 E1
Kanfen 57 ....41 E2
Kappelen 68 ....120 C3
Kappelkinger 57 ....69 F1
Les Karellis 73 ....214 A4
Katzenthal 68 ....96 B3
Kauffenheim 67 ....71 F1
Kaysersberg 68 ....96 B3
Kédange-sur-Canner 57 ....42 A3
Keffenach 67 ....45 E4
Kembs 68 ....121 D3
Kembs-Loéchlé 68 ....121 D3
Kemplich 57 ....42 A2
Kerazan (Manoir de) 29 ....98 B2
Kerbach 57 ....43 D4
Kerbors 22 ....50 C1
Kerdéniel (Pointe de) 29 ....47 E4
Kerdévot (Chapelle de) 29 ....99 D1
Kerfany-les-Pins 29 ....99 E2
Kerfons (Chapelle de) 22 ....50 A2
Kerfot 22 ....50 C2
Kerfourn 56 ....101 D1
Kergloff 29 ....75 F2
Kergonadeac'h (Château de) 29 ....48 C2
Kergrist 56 ....77 D4
Kergrist (Château de) 22 ....50 A2
Kergrist-Moëlou 22 ....76 B2
Kergroadès (Château de) 29 ....47 D2
Kerguehennec (Château de) 56 ....101 E2
Kerien 22 ....76 B2
Kérity 29 ....98 A2
Kerjean (Château de) 29 ....48 C3
Kerlaz 29 ....73 E3
Kerling-lès-Sierck 57 ....42 A2
Kerlouan 29 ....47 F1
Kermaria 56 ....101 D2
Kermaria (Chapelle) 22 ....51 D2
Kermaria-Sulard 22 ....50 B1
Kermoroc'h 22 ....50 B3
Kernascléden 56 ....100 A1
Kernével 29 ....99 E1
Kernilis 29 ....47 F2
Kernouës 29 ....47 F2
Kérouzéré (Château de) 29 ....49 D2
Kerpape 56 ....100 A3
Kerpert 22 ....76 C2
Kerprich-aux-Bois 57 ....69 F3
Kersaint 29 ....47 D2
Kersaint-Plabennec 29 ....47 F3
Kertzfeld 67 ....97 D1
Kervignac 56 ....100 B3
Keskastel 67 ....69 F1
Kesseldorf 67 ....71 F1
Kienheim 67 ....70 C2
Kientzheim 68 ....96 B3
Kientzville 67 ....96 C2
Kiffis 68 ....143 F2
Killem 59 ....3 E2
Kilstett 67 ....71 E2
Kindwiller 67 ....70 C1
Kingersheim 68 ....120 C2
Kintzheim 67 ....96 C2
Kirchberg 68 ....119 F3
Kirchheim 67 ....70 C3
Kirrberg 67 ....69 F2
Kirrwiller 67 ....70 C1
Kirsch-lès-Sierck 57 ....42 A2
Kirschnaumen 57 ....42 A2
Kirviller 57 ....69 F1
Klang 57 ....42 A3
Kleinfrankenheim 67 ....70 C3
Kleingœft 67 ....70 C2
Klingenthal 67 ....70 C4
Knœringue 68 ....120 C4
Knœrsheim 67 ....70 C2
Knutange 57 ....41 E2
Koeking 57 ....41 F2
Kœnigsmacker 57 ....41 F2
Kœstlach 68 ....120 B4
Kœtzingue 68 ....120 C3
Kœur-la-Grande 55 ....67 D3
Kœur-la-Petite 55 ....67 D3
Kogenheim 67 ....96 C1
Kolbsheim 67 ....71 D3
Krautergersheim 67 ....71 D4
Krautwiller 67 ....71 D2
Le Kremlin-Bicêtre 94 ....61 D3
Kreuzweg (Col du) 67 ....96 B1
Kriegsheim 67 ....71 D2
Kruth 68 ....119 F2
Kuhlendorf 67 ....45 E4
Kunheim 68 ....97 D3
Kuntzig 57 ....41 F2
Kurtzenhouse 67 ....71 E2
Kuttolsheim 67 ....70 C3
Kutzenhausen 67 ....45 E4

L

Laà-Mondrans 64 ....272 A3
Laas 32 ....274 B3
Laas 45 ....110 C1
Laàs 64 ....271 F4
Labalme 01 ....194 A1
Labarde 33 ....217 D2
Labaroche 68 ....96 B3
Labarrère 32 ....255 E3
Labarthe 32 ....274 C3
Labarthe 82 ....257 F1
Labarthe (Moulin de) 33 ....219 D4
Labarthe-Bleys 81 ....259 D2
Labarthe-Inard 31 ....299 E2
Labarthe-Rivière 31 ....299 D2
Labarthe-sur-Lèze 31 ....276 C3
Labarthète 32 ....273 E2
Labassère 65 ....297 F2
Labastide 65 ....298 B3
Labastide-Beauvoir 31 ....277 D3
Labastide-Castel-Amouroux 47 ....237 E4
Labastide-Cézéracq 64 ....272 B4
Labastide-Chalosse 40 ....272 B2
Labastide-Clermont 31 ....276 A4
Labastide-d'Anjou 11 ....277 E4
Labastide-d'Armagnac 40 ....254 C3
Labastide-de-Lévis 81 ....259 D3
Labastide-de-Penne 82 ....258 B1
Labastide-de-Virac 07 ....246 A4
Labastide-Dénat 81 ....259 E4
Labastide-du-Haut-Mont 46 ....223 E4
Labastide-du-Temple 82 ....257 E2
Labastide-du-Vert 46 ....239 F3
Labastide-en-Val 11 ....302 C3
Labastide-Esparbairenque 11 ....278 C4
Labastide-Gabausse 81 ....259 E3
Labastide-Marnhac 46 ....240 A4
Labastide-Monréjeau 64 ....272 C4
Labastide-Murat 46 ....240 B2
Labastide-Paumès 31 ....275 F4
Labastide-Rouairoux 81 ....279 D3
Labastide-Saint-Georges 81 ....277 E1
Labastide-Saint-Pierre 82 ....257 F4
Labastide-Saint-Sernin 31 ....276 C1
Labastide-Savès 32 ....275 F3
Labastide-sur-Bésorgues 07 ....245 F1
Labastide-Villefranche 64 ....271 E3
Labastidette 31 ....276 B3
Labathude 46 ....241 D1
Labatie-d'Andaure 07 ....228 B2
Labatmale 64 ....297 E1
Labatut 09 ....300 C1
Labatut 40 ....271 F2
Labatut 64 ....273 F3
Labatut-Rivière 65 ....273 F3
Labbeville 95 ....60 C1
Labeaume 07 ....246 A3
Labécède-Lauragais 11 ....277 F4
Labège 31 ....276 C3
Labégude 07 ....246 A1
Labéjan 32 ....274 C3
Labenne 40 ....270 C2
Labenne-Océan 40 ....270 C2
Labergement-du-Navois 25 ....160 B2
Labergement-Foigney 21 ....139 F4
Labergement-lès-Auxonne 21 ....159 D1
Labergement-lès-Seurre 21 ....158 B2
Labergement-Sainte-Marie 25 ....160 C4
Laberlière 60 ....35 E1
Labescau 33 ....237 D3
Labesserette 15 ....242 A1
Labessette 63 ....206 B3
Labessière-Candeil 81 ....277 F1
Labets-Biscay 64 ....271 E4
Labeuville 55 ....67 E1
Labeuvrière 62 ....8 A1
Labeyrie 64 ....272 B2
Lablachère 07 ....245 F3
Laboissière-en-Santerre 80 ....19 D4
Laboissière-en-Thelle 60 ....34 A3
Laboissière-Saint-Martin 80 ....17 E3
Laborde 65 ....298 B3
Laborel 26 ....248 C4
Labosse 60 ....33 F3
Labouheyre 40 ....253 D1
Labouiche (Rivière souterraine de) 09 ....301 D3
Laboulbène 81 ....278 B2
Laboule 07 ....245 F2
Labouquerie 24 ....238 C1
Labouret (Col du) 04 ....250 A4
Labourgade 82 ....257 E3
Labourse 62 ....8 A1
Laboutarie 81 ....278 A1
Labretonie 47 ....237 F3
Labrihe 32 ....275 E1
Labrit 40 ....253 F2
Labroquère 31 ....298 C3
Labrosse 45 ....87 D4
Labrousse 15 ....224 B4
Labroye 62 ....6 C3
Labruguière 81 ....278 B3
Labruyère 21 ....158 C2
Labruyère 60 ....34 C3
Labruyère-Dorsa 31 ....276 C4
Labry 54 ....41 D4
Labuissière 62 ....8 A1
Laburgade 46 ....240 B4
Lac-des-Rouges-Truites 39 ....177 E1
Le Lac-d'Issarlès 07 ....227 E4
Lacabarède 81 ....279 D3
Lacadée 64 ....272 B2
Lacajunte 40 ....272 C2
Lacalm 12 ....243 D1
Lacam-d'Ourcet 46 ....223 D4
Lacanau 33 ....216 B2
Lacanau-de-Mios 33 ....235 D1
Lacanau-Océan 33 ....216 A2
Lacanche 21 ....157 E1
Lacapelle-Barrès 15 ....224 C3
Lacapelle-Biron 47 ....239 D2
Lacapelle-Cabanac 46 ....239 E3
Lacapelle-del-Fraisse 15 ....242 A1
Lacapelle-Livron 82 ....258 C1
Lacapelle-Marival 46 ....241 D1
Lacapelle-Pinet 81 ....259 F2
Lacapelle-Ségalar 81 ....259 D2
Lacapelle-Viescamp 15 ....223 F3
Lacarre 64 ....295 D1
Lacarry-Arhan-Charritte-de-Haut 64 ....295 F2
Lacassagne 65 ....274 A4
Lacaugne 31 ....300 B1
Lacaune 81 ....279 E1
Lacaussade 47 ....238 C3
Lacave 09 ....299 F3
Lacave 46 ....222 B4
Lacaze 81 ....278 C1
Lacelle 19 ....204 C1
Lacenas 69 ....192 B2
Lacépède 47 ....238 A4
Lachaise 16 ....200 C2
Lachalade 55 ....39 E4
Lachambre 57 ....42 C4
Lachamp 48 ....244 A2
Lachamp-Raphaël 07 ....227 F4
Lachapelle 47 ....237 F2
Lachapelle 54 ....95 E2
Lachapelle 80 ....17 F3
Lachapelle 82 ....256 C3
Lachapelle-aux-Pots 60 ....33 F2
Lachapelle-Auzac 46 ....222 A3
Lachapelle-en-Blaisy 52 ....92 A4
Lachapelle-Graillouse 07 ....227 E4
Lachapelle-Saint-Pierre 60 ....34 B4
Lachapelle-sous-Aubenas 07 ....246 A2
Lachapelle-sous-Chanéac 07 ....228 A3
Lachapelle-sous-Chaux 90 ....119 F4
Lachapelle-sous-Gerberoy 60 ....33 F1
Lachapelle-sous-Rougemont 90 ....120 A3
Lachassagne 69 ....192 C3
Lachau 26 ....266 B1
Lachaussée 55 ....67 E1
Lachaussée-du-Bois-d'Écu 60 ....34 A1
Lachaux 63 ....190 B2
Lachelle 60 ....35 E2
Lachy 51 ....63 F4
Lacollonge 90 ....120 A3
Lacombe 11 ....278 B4
Lacommande 64 ....296 C1
Lacoste 34 ....280 C2
Lacoste 84 ....265 F4
Lacougotte-Cadoul 81 ....277 E2
Lacour 82 ....239 D4
Lacour-d'Arcenay 21 ....137 F3
Lacourt 09 ....300 A4
Lacourt-Saint-Pierre 82 ....257 F3
Lacq 64 ....272 B3
Lacquy 40 ....254 B3
Lacrabe 40 ....272 B2
Lacres 62 ....6 B1
Lacroisille 81 ....277 F2
Lacroix-Barrez 12 ....242 B1
Lacroix-Falgarde 31 ....276 C3
Lacroix-Saint-Ouen 60 ....35 E3
Lacroix-sur-Meuse 55 ....67 D2
Lacropte 24 ....220 C2
Lacrost 71 ....175 E2
Lacrouzette 81 ....278 B2
Lacs 36 ....169 F2
Ladapeyre 23 ....169 F4
Ladaux 33 ....236 C1
Ladern-sur-Lauquet 11 ....302 B2
Ladevèze-Rivière 32 ....273 F2
Ladevèze-Ville 32 ....273 F2
Ladignac-le-Long 87 ....203 E2
Ladignac-sur-Rondelles 19 ....223 D1
Ladinhac 15 ....242 B1
Ladirat 46 ....223 D4
Ladiville 16 ....201 D2
Ladoix 21 ....158 A1
Ladoix-Serrigny 21 ....158 A1
Ladon 45 ....111 E2
Lados 33 ....236 C3
Ladoye-sur-Seille 39 ....159 F4
Laduz 89 ....113 D3
Lafage 11 ....301 E2
Lafage-sur-Sombre 19 ....205 E4
Lafare 84 ....265 E1
Lafarre 07 ....228 B2
Lafarre 43 ....227 E4
Lafat 23 ....168 C4
Lafauche 52 ....93 D3

LAVAL

Avesnières (Q. d') ....Z 2
Avesnières (R. d') ....Z 3
Briand (Pont A.) ....Y 8
Britais (R. du) ....Y 9
Chapelle (R. de) ....Z 12
Déportés (R. des) ....Y 13
Douanier-Rousseau (R.) ....Z 14
Gambetta (Quai) ....Y 16
Gaulle (R. Gén.-de) ....Y
Gavre (Q. B. de) ....Y 17
Grande-Rue ....Z 19
Hardy-de-Lévaré (Pl.) ....Z 22
Jean-Fouquet (Q.) ....Y 26
La Trémoille (Pl. de) ....Z 28
Moulin (Pl. J.) ....Y 34
Orfèvres (R. des) ....Z 36
Paix (R. de la) ....Y
Paradis (R. de) ....Z 37
Pin-Doré (R. du) ....Z 40
Pont-de-Mayenne (R. du) ....Z 43
Renaise (R.) ....Y 44
Résistance (Crs de la) ....Y 45
Serruriers (R. des) ....Z 47
Solferino (R.) ....Y 48
Souchu-Servinière (R.) ....Y 50
Strasbourg (R. de) ....Y 52
Trinité (R. de la) ....Z 55
Val-de-Mayenne (R. du) ....YZ 60

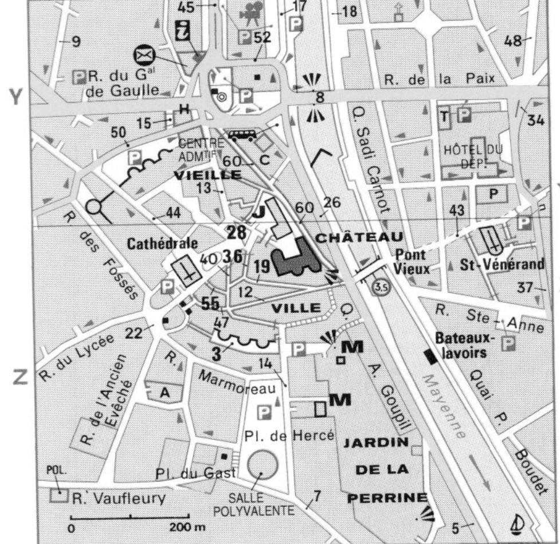

Laféline 03 ....172 A3
Laferté-sur-Amance 52 ....117 E3
Laferté-sur-Aube 52 ....115 F1
Lafeuillade-en-Vézie 15 ....224 A4
Laffaux 02 ....36 B2
Laffite-Toupière 31 ....299 E2
Laffrey 38 ....230 C2
Lafite Rothschild (Château de) 33 ....199 D4
Lafitole 65 ....273 F3
Lafitte 82 ....257 E3
Lafitte-sur-Lot 47 ....238 A4
Lafitte-Vigordane 31 ....300 A1
Lafosse 33 ....217 E2
Lafox 47 ....256 B1
Lafrançaise 82 ....257 E2
Lafraye 60 ....34 B2
Lafresnoye 80 ....17 E3
Lafrimbolle 57 ....69 F4
Lagamas 34 ....281 D2
Lagarde 09 ....301 F3
Lagarde 31 ....277 D4
Lagarde 32 ....256 A3
Lagarde 57 ....69 E4
Lagarde 65 ....273 F4
Lagarde d'Apt 84 ....266 B3
Lagarde-Enval 19 ....222 C1
Lagarde-Hachan 32 ....274 C4
Lagarde-Paréol 84 ....265 D1
Lagarde-sur-le-Né 16 ....200 C2
Lagardelle 46 ....239 E3
Lagardelle-sur-Lèze 31 ....276 B4
Lagardère 32 ....255 F4
Lagardiolle 81 ....278 A3
Lagarrigue 47 ....238 A4
Lagarrigue 81 ....278 B2
Lagatjar (Alignements de) 29 ....47 D4
Lageon 79 ....148 A4
Lagery 51 ....37 D4
Lagesse 10 ....114 B2
Laghet 06 ....289 E4
Lagleygeolle 19 ....222 C2
Laglorieuse 40 ....254 A4
Lagnes 84 ....265 E3
Lagney 54 ....67 F4
Lagnicourt-Marcel 62 ....8 C4
Lagnieu 01 ....193 F3
Lagny 60 ....35 F1
Lagny-le-Sec 60 ....61 F1
Lagny-sur-Marne 77 ....61 F3
Lagor 64 ....272 B4
Lagorce 07 ....246 A3
Lagorce 33 ....219 D2
Lagord 17 ....163 E4
Lagos 64 ....297 D1
Lagrâce-Dieu 31 ....276 C4
Lagrand 05 ....249 D4
Lagrange 40 ....254 C3
Lagrange 65 ....298 B2
Lagrange 90 ....120 A3
Lagrasse 11 ....303 D2
Lagraulas 32 ....274 A1
Lagraulet-du-Gers 32 ....255 E4
Lagraulet-Saint-Nicolas 31 ....276 A1
Lagraulière 19 ....204 B4
Lagrave 81 ....259 D4
Lagruère 47 ....237 F3
Laguenne 19 ....222 C1
Laguépie 82 ....259 D2
Laguian-Mazous 32 ....274 A4
Laguinge-Restoue 64 ....295 F2
Laguiole 12 ....243 D1
Lagupie 47 ....237 E2
Lahage 31 ....275 F3
Laharie 40 ....253 D2
Laharmand 52 ....92 B4
Lahas 32 ....275 E3
Lahaye-Saint-Romain 80 ....17 F4
Lahaymeix 55 ....66 C2
Lahayville 55 ....67 E2
Laheycourt 55 ....66 A2
Lahitère 31 ....300 A2
Lahitte 32 ....275 D2
Lahitte 65 ....298 B2
Lahitte-Toupière 65 ....273 F3
Lahonce 64 ....270 C3
Lahontan 64 ....271 F2
Lahosse 40 ....272 A1
Lahourcade 64 ....272 B4
Lahoussoye 80 ....18 C2
Laifour 08 ....22 C2
La Laigne 17 ....164 A4
Laigné 53 ....105 D3
Laigné-en-Belin 72 ....107 D3
Laignelet 35 ....80 B2
Laignes 21 ....114 C3
Laigneville 60 ....34 C3
Laigny 02 ....21 D3
Laillé 35 ....103 E2
Lailly 89 ....89 E4
Lailly-en-Val 45 ....109 F4
Laimont 55 ....66 A3
Lain 89 ....136 A1
Laines-aux-Bois 10 ....90 A4
Lains 39 ....176 B3
Lainsecq 89 ....135 F2
Lainville-en-Vexin 78 ....60 A1
Laire 25 ....142 B1
Laires 62 ....7 E1
Lairière 11 ....302 C3
Lairoux 85 ....163 D2
Laissac 12 ....243 D4
Laissaud 73 ....213 E2
Laissey 25 ....141 E3
Laître-sous-Amance 54 ....68 B3
Laives 71 ....175 D1
Laix 54 ....41 D2
Laiz 01 ....175 E4
Laizé 71 ....175 D3
Laize-la-Ville 14 ....56 A1
Laizy 71 ....156 C3
Lajo 48 ....226 A4
Lajoux 39 ....177 E3
Lalacelle 61 ....82 B2
Lalande 89 ....135 F1
Lalande-de-Pomerol 33 ....218 C3
Lalande-en-Son 60 ....33 E3
Lalandelle 60 ....33 F2
Lalandusse 47 ....238 B1
Lalanne 32 ....256 B4
Lalanne 65 ....298 C1
Lalanne-Arqué 32 ....275 D4
Lalanne-Trie 65 ....274 B4
Lalaye 67 ....96 B1
Lalbarède 81 ....278 A2
Lalbenque 46 ....240 B4
Laleu 61 ....83 E1
Laleu 80 ....17 F2
Lalevade-d'Ardèche 07 ....246 A1
Lalheue 71 ....175 D1
Lalinde 24 ....220 C4
Lalizolle 03 ....189 D1
Lallaing 59 ....9 D2
Lalleu 35 ....103 F3
Lalley 38 ....230 C4
Lalleyriat 01 ....194 C1
Lalobbe 08 ....22 A4
Lalœuf 54 ....94 A2
Lalongue 64 ....273 E3
Lalonquette 64 ....273 D3
Laloubère 65 ....297 F1
Lalouret-Laffiteau 31 ....299 D2
Lalouvesc 07 ....228 B2
Laluque 40 ....253 D4
Lama 2B 315 D2
Lamadeleine-Val-des-Anges 90 ....119 F3
Lamagdelaine 46 ....240 A3
Lamagistère 82 ....256 C2
Lamaguère 32 ....275 D3
Lamaids 03 ....170 B4
Lamairé 79 ....148 B4
Lamalou-les-Bains 34 ....280 A2
Lamancine 52 ....92 B4
Lamanère 66 ....311 F4
Lamanon 13 ....284 A1
Lamarche 88 ....117 F1
Lamarche-en-Woëvre 55 ....67 E2
Lamarche-sur-Saône 21 ....140 A4
Lamargelle 21 ....138 C2
Lamargelle-aux-Bois 52 ....116 A4
Lamaronde 80 ....17 E3
Lamarque 33 ....217 D2
Lamarque-Pontacq 65 ....297 E1
Lamarque-Rustaing 65 ....298 B1
Lamasquère 31 ....276 B3
Lamastre 07 ....228 B3
Lamath 54 ....94 C1
Lamativie 46 ....223 E3
Lamayou 64 ....273 F4
Lamazère 32 ....274 C2
Lamazière-Basse 19 ....205 F4
Lamazière-Haute 19 ....206 A1
Lambach 57 ....44 B4
Lambader 29 ....49 D3
Lamballe 22 ....51 F4
Lambersart 59 ....4 C4
Lambert 04 ....267 F1
Lamberville 50 ....55 D1
Lamberville 76 ....16 D3
Lambesc 13 ....284 C1
Lamblore 28 ....84 B1
Lambres 62 ....3 E4
Lambres-lez-Douai 59 ....8 C3
Lambrey 70 ....118 A3
Lambruisse 04 ....268 A2
Laméac 65 ....274 A4
Lamécourt 60 ....34 C2
Lamelouze 30 ....263 D1
Lamenay-sur-Loire 58 ....155 F4
Lamérac 16 ....200 C3
Lametz 08 ....39 D1
Lamillarié 81 ....259 E4
Lammerville 76 ....16 D3
Lamnay 72 ....107 F1
Lamongerie 19 ....204 B2
Lamontélarié 81 ....279 D2
Lamontgie 63 ....208 A3
Lamontjoie 47 ....256 A2
Lamonzie-Montastruc 24 ....220 B3
Lamonzie-Saint-Martin 24 ....220 A4
Lamorlaye 60 ....34 C4
Lamorville 55 ....67 D2
Lamothe 40 ....253 F4
Lamothe 43 ....208 A4

Lamothe-Capdeville 82 ....257 F2
Lamothe-Cassel 46 ....240 A2
Lamothe-Cumont 82 ....256 C4
Lamothe-en-Blaisy 52 ....92 A4
Lamothe-Fénelon 46 ....222 A4
Lamothe-Goas 32 ....256 A4
Lamothe-Landerron 33 ....237 E2
Lamothe-Montravel 24 ....219 D4
Lamotte-Beuvron 41 ....133 E1
Lamotte-Brebière 80 ....18 B2
Lamotte-Buleux 80 ....6 C4
Lamotte-du-Rhône 84 ....264 C1
Lamotte-Warfusée 80 ....18 C3
Lamouilly 55 ....40 A1
Lamoura 39 ....177 E3
Lampaul 29 ....46 B2
Lampaul-Guimiliau 29 ....49 D3
Lampaul-Plouarzel 29 ....47 D2
Lampaul-Ploudalmézeau 29 ...47 D2
Lampertheim 67 ....71 D3
Lampertsloch 67 ....45 E4
Lamure-sur-Azergues 69 ......192 A2
Lanans 25 ....142 A3
Lanarce 07 ....245 E1
Lanarvily 29 ....47 F2
Lanas 07 ....246 A2
Lancé 41 ....108 B4
Lanchères 80 ....6 A4
Lanches-Saint-Hilaire 80 ....18 A1
Lanchy 02 ....19 F3
Lancié 69 ....192 C1
Lancieux 22 ....52 B4
Lancôme 41 ....131 F1
Lançon 08 ....39 E3
Lançon 65 ....298 B4
Lançon-Provence 13 ....284 B2
Lancrans 01 ....194 C1
Landal (Château de) 35 ....79 E1
Landange 57 ....69 F4
Landas 59 ....9 E2
Landaul 56 ....100 C3
Landaville 88 ....93 E3
Landavran 35 ....80 A4
La Lande-Chasles 49 ....129 E2
La Lande-d'Airou 50 ....54 A3
La Lande-de-Fronsac 33 ....217 F3
La Lande-de-Goult 61 ....82 B1
La Lande-de-Lougé 61 ....56 A4
La Lande-Patry 61 ....55 E3
La Lande-Saint-Léger 27 ....30 C3
La Lande-Saint-Siméon 61 ....55 F3
La Lande-sur-Drôme 14 ....55 D1
La Lande-sur-Eure 61 ....84 A1
La Lande-Vaumont 14 ....55 D3
Landéan 35 ....80 B2
Landebaëron 22 ....50 B3
Landébia 22 ....78 A1
La Landec 22 ....78 B2
Landécourt 54 ....94 C1
Landéda 29 ....47 E1
Landéhen 22 ....77 F2
Landeleau 29 ....75 E3
Landelles 28 ....84 C2
Landelles-et-Coupigny 14 ....54 C2
Landemont 49 ....127 D4
Landepéreuse 27 ....57 F2
Landerneau 29 ....47 F3
Landeronde 85 ....145 E4
Landerrouat 33 ....237 E1
Landerrouet-sur-Ségur 33 ......237 D1
Landersheim 67 ....70 C2
Landes 17 ....181 F2
Les Landes-Genusson 85 ....146 B2
Landes-le-Gaulois 41 ....131 F1
Landes-sur-Ajon 14 ....55 E1
Landes-Vieilles-et-Neuves 76 .17 D3
Landévant 56 ....100 B3
Landévennec 29 ....47 F4
Landevieille 85 ....162 A1
Landéville 52 ....92 C3
Landeyrat 15 ....207 D4
Landifay-
et-Bertaignemont 02 ....20 C3
Landigou 61 ....55 F4
Le Landin 27 ....31 F2
Landiras 33 ....236 B2
Landisacq 61 ....55 E3
Landivisiau 29 ....48 C3
Landivy 53 ....80 C2
Landogne 63 ....188 B3
Landonvillers 57 ....42 A4
Landorthe 31 ....299 E2
Landos 43 ....227 D4
Landouge 87 ....185 F4
Landouzy-la-Cour 02 ....21 E3
Landouzy-la-Ville 02 ....21 E3
Landrais 17 ....181 E1
Le Landreau 44 ....127 D4
Landrecies 59 ....10 A3
Landrecourt 55 ....66 C1
Landrellec 22 ....50 A1
Landremont 54 ....68 A2
Landres 54 ....41 D3
Landres-et-Saint-Georges 08 .39 E3
Landresse 25 ....142 A3
Landrethun-le-Nord 62 ....2 B3
Landrethun-lès-Ardres 62 ....2 C3
Landrévarzec 29 ....73 F3
Landreville 10 ....115 D1
Landrichamps 08 ....13 D3
Landricourt 02 ....36 B2
Landricourt 51 ....91 F1
Landroff 57 ....69 D1
Landry 73 ....214 C1
Landser 68 ....120 C3
Landudal 29 ....75 D4
Landudec 29 ....73 E3
Landujan 35 ....78 C3
Landunvez 29 ....47 D2
Lanéria 39 ....176 B3
Lanespède 65 ....298 A2
Lanessan (Château de) 33 ...217 D1
Lanester 56 ....100 A3
Lanet 11 ....302 C3
Laneuvelle 52 ....117 E2
Laneuvelotte 54 ....68 B3
Laneuveville-aux-Bois 54 ....69 D4
Laneuveville-
derrière-Foug 54 ....67 E4
Laneuveville-
devant-Bayon 54 ....94 B2
Laneuveville-
devant-Nancy 54 ....68 B4
Laneuveville-en-Saulnois 57 ..68 C2
Laneuveville-lès-Lorquin 57 ...69 F4
Laneuville-à-Bayard 52 ....92 A1
Laneuville-à-Rémy 52 ....91 F2
Laneuville-au-Bois 52 ....92 C2
Laneuville-au-Pont 52 ....91 F1
Laneuville-au-Rupt 55 ....67 D4
Laneuville-sur-Meuse 55 ....39 F1
Laneuvilleroy 60 ....35 D2
Lanfains 22 ....77 D2
Lanfroicourt 54 ....68 B3
Langan 35 ....79 D3
Langast 22 ....77 E3
Langatte 57 ....69 F3
Langé 36 ....151 F2
Langeac 43 ....226 B2
Langeais 37 ....130 B3
Langensoultzbach 67 ....45 D4
Langeron 58 ....154 C4
Langesse 45 ....111 F3
Langey 28 ....108 C2
Langlade 30 ....263 F4
Langley 88 ....94 C2
Langoat 22 ....50 B2
Langoëlan 56 ....76 B4
Langogne 48 ....245 D1
Langoiran 33 ....236 B1
Langolen 29 ....75 D4
Langon 33 ....236 C2
Langon 35 ....103 D4
Langon 41 ....133 D4
Le Langon 85 ....163 F2
Langonnet 56 ....75 F4
Langonnet (Abbaye de) 56 .....76 A4
Langouet 35 ....79 D3
Langourla 22 ....78 A3
Langres 52 ....116 C3
Langrolay-sur-Rance 22 ....78 C1
Langrune-sur-Mer 14 ....29 E3
Languédias 22 ....78 B2
Languenan 22 ....78 B1
Langueux 22 ....51 E4
Languevoisin-Quiquery 80 ....19 E4
Languidic 56 ....100 B2
Languidou (Chapelle du) 29 ....73 D4
Languimberg 57 ....69 E3
Languivoa (Chapelle de) 29 ....73 E4
Langy 03 ....172 C4
Lanhélin 35 ....79 D2
Lanhères 55 ....40 C4
Lanhouarneau 29 ....48 C3
Lanildut 29 ....47 D2
Laning 57 ....69 E1
Laniscat 22 ....76 C3
Laniscourt 02 ....36 C1
Lanleff 22 ....50 C2
Lanloup 22 ....51 D2
Lanmérin 22 ....50 B2
Lanmeur 29 ....49 E2
Lanmodez 22 ....50 C1
Lann-Bihoué 56 ....100 A3
Lanne 65 ....297 F2
Lanne-en-Barétous 64 ....296 A2
Lanne-Soubiran 32 ....273 E1
Lannéanou 29 ....49 F4
Lannebert 22 ....51 D3
Lannecaube 64 ....273 D3
Lannédern 29 ....75 D2
Lannemaignan 32 ....254 C3
Lannemezan 65 ....298 B2
Lannepax 32 ....255 E4
Lanneplaà 64 ....272 A3
Lanneray 28 ....109 D1
Lannes 47 ....255 F2
Lannes 52 ....116 C2
Lanneuffret 29 ....48 C3
Lannilis 29 ....47 E2
Lannion 22 ....50 A2
Lannoy 59 ....5 D4
Lannoy-Cuillère 60 ....17 E4
Lannux 32 ....273 E2
Lano 2B 315 E4
Lanobre 15 ....206 B3
Lanouaille 24 ....203 E3
Lanouée 56 ....101 F1
Lanoux 09 ....300 C2
Lanquais 24 ....220 B4
Lanques-sur-Rognon 52 ....116 C1
Lanquetot 76 ....15 D3
Lanrelas 22 ....78 A3
Lanrigan 35 ....79 E2
Lanrivain 22 ....76 B2
Lanrivoaré 29 ....47 D2
Lanrodec 22 ....50 C4
Lans 71 ....158 B4
Lans-en-Vercors 38 ....230 B1
Lansac 33 ....217 E2
Lansac 65 ....298 A1
Lansac 66 ....312 B1
Lansargues 34 ....282 A2
Lanslebourg-
Mont-Cenis 73 ....215 D4
Lanslevillard 73 ....215 D3
Lanta 31 ....277 D3
Lantabat 64 ....295 E1
Lantages 10 ....114 C1
Lantan 18 ....153 F3
Lantéfontaine 54 ....41 D3
Lantenay 01 ....194 B2
Lantenay 21 ....139 D3
Lantenne-Vertière 25 ....140 C4
Lantenot 70 ....119 D3
La Lanterne-
et-les-Armonts 70 ....119 D3
Lanteuil 19 ....222 B2
Lanthenans 25 ....142 B2
Lanthes 21 ....158 C2
Lantheuil 14 ....29 D3
Lantic 22 ....51 D3
Lantignié 69 ....192 B1
Lantillac 56 ....101 E1
Lantilly 21 ....138 A2
Lanton 33 ....234 C1
Lantosque 06 ....289 D2
Lantriac 43 ....227 E3
Lanty 58 ....156 A4
Lanty-sur-Aube 52 ....115 F2
Lanuéjols 30 ....262 A2
Lanuéjols 48 ....244 B3
Lanuéjouls 12 ....241 E3
Lanvallay 22 ....78 C2
Lanvaudan 56 ....100 B2
Lanvellec 22 ....49 F3
Lanvénégen 56 ....99 F1
Lanvéoc 29 ....47 E4
Lanvézéac 22 ....50 B2
Lanvollon 22 ....51 D3
Lanzac 46 ....222 A4
Laon 02 ....37 D1
Laons 28 ....58 C4
Laouzas (Barrage du) 81 ....279 E2
Lapalisse 03 ....172 C4
Lapalud 84 ....246 C4
Lapan 18 ....153 D3
Lapanouse 12 ....243 E4
Lapanouse-de-Cernon 12 ....261 E3
Laparade 47 ....238 A4
Laparrouquial 81 ....259 D2
Lapège 09 ....309 F1
Lapenche 82 ....258 B1
Lapenne 09 ....301 E2
Lapenty 50 ....80 C1
Laperche 47 ....238 A2
Laperrière-sur-Saône 21 ....159 D1
Lapeyre 65 ....274 B4
Lapeyrère 31 ....300 B1
Lapeyrouse 01 ....193 D2
Lapeyrouse 63 ....189 D1
Lapeyrouse-Fossat 31 ....276 C1
Lapeyrouse-Mornay 26 ....211 E4
Lapeyrugue 15 ....242 B1
Lapleau 19 ....205 F4
Laplume 47 ....256 A2
Lapoutroie 68 ....96 A3
Lapouyade 33 ....218 C2
Lappion 02 ....37 E1
Laprade 11 ....278 B4
Laprade 16 ....201 F4
Lapradelle 11 ....311 E1
Laprugne 03 ....190 C2
Laps 63 ....207 F1
Lapte 43 ....227 F1
Lapugnoy 62 ....7 F1
Laquenexy 57 ....68 B1
Laqueuille 63 ....206 C1
Laragne-Montéglin 05 ....249 D4
Larajasse 69 ....210 B1
Laramière 46 ....241 D4
Laran 65 ....298 C1
Larbey 40 ....272 A1
Larbont 09 ....300 B3
Larbroye 60 ....35 F1
Larcan 31 ....299 D2
Larcat 09 ....310 A1
Larçay 37 ....131 D3
Larceveau-Arros-Cibits 64 ......295 E1
Larchamp 53 ....80 C3
Larchamp 61 ....55 E4
Larchant 77 ....87 E4
Larche 04 ....251 D2
Larche 19 ....222 A2
Larche (Col de) 04 ....251 D3
Le Larderet 39 ....160 B3
Lardier-et-Valença 05 ....249 E3
Lardiers 04 ....266 C2
Le Lardin-Saint-Lazare 24 ....221 F2
Lardy 91 ....86 C2
Larée 32 ....254 C3
Laréole 31 ....275 F1
Largeasse 79 ....147 F4
Largentière 07 ....245 F2
Largillay-Marsonnay 39 ....176 C1
Largitzen 68 ....120 B4
Largny-sur-Automne 02 ....35 F4
Largoët (Forteresse de) 56 ......101 E3
Larians-et-Munans 70 ....141 E2
Larivière 90 ....120 A3
Larivière-sur-Apance 52 ....117 E1
Larmor-Baden 56 ....101 D4
Larmor-Plage 56 ....100 A3
Larnage 26 ....229 D2
Larnagol 46 ....240 C3
Larnas 07 ....246 B3
Larnat 09 ....310 A1
Larnaud 39 ....159 E4
Larnod 25 ....141 D4
Laroche-près-Feyt 19 ....206 B1
Laroche-Saint-Cydroine 89 ......113 D2
Larochemillay 58 ....156 B3
Larodde 63 ....206 B2
Laroin 64 ....272 C4
Larone (Col de) 2A 317 E4
Laronxe 54 ....95 D1
Laroque 33 ....236 B1
Laroque 34 ....262 C3
Laroque-de-Fa 11 ....303 D4
Laroque-des-Albères 66 ....313 D3
Laroque-des-Arcs 46 ....240 A3
Laroque-d'Olmes 09 ....301 E3
Laroque-Timbaut 47 ....238 C4
Laroquebrou 15 ....223 F3
Laroquevieille 15 ....224 B3
Larouillies 59 ....10 B4
Larra 31 ....276 B1
Larrau 64 ....295 F3
Larrazet 82 ....257 D3
Larré 56 ....101 F4
Larré 61 ....82 C2
Larressingle 32 ....255 F3
Larressore 64 ....270 C4
Larret 29 ....47 D2
Larret 70 ....140 B1
Larreule 64 ....272 C3
Larreule 65 ....273 F3
Larrey 21 ....115 D3
Larribar-Sorhapuru 64 ....271 E4
Larringes 74 ....178 C3
Larrivière 40 ....272 C1
Larrivoire 39 ....177 D3
Larroque 31 ....299 D1
Larroque 65 ....274 C4
Larroque 81 ....258 B3
Larroque-Engalin 32 ....256 A3
Larroque-Saint-Sernin 32 ....256 A4
Larroque-sur-l'Osse 32 ....255 E3
Larroque-Toirac 46 ....241 D3
Lartigue 32 ....275 D3
Lartigue 33 ....254 C1
Laruns 64 ....296 C3
Laruscade 33 ....217 F2
Larzac 24 ....239 D1
Larzicourt 51 ....91 E1
Lasalle 30 ....263 D2
Lasbordes 11 ....302 A1
Lascabanes 46 ....239 F4
Lascaux 19 ....204 A4
Lascaux (Grotte de) 24 ....221 E2
Lascazères 65 ....273 F3
Lascelle 15 ....224 B3
Laschamps-de-Chavanat 23 ....187 D1
Lasclaveries 64 ....273 D3
Lasfaillades 81 ....278 C2
Lasgraisses 81 ....259 D4
Laslades 65 ....298 A1
Lassales 65 ....298 C1
Lassay-les-Châteaux 53 ....81 F2
Lassay-sur-Croisne 41 ....132 C3
Lasse 49 ....129 E2
Lasse 64 ....295 D1
Lasserade 32 ....273 F2
Lasséran 32 ....274 C2
Lasserre 09 ....300 A3
Lasserre 31 ....276 A2
Lasserre 47 ....255 F2
Lasserre 64 ....273 E3
Lasserre-de-Prouille 11 ....302 A2
Lasseube 64 ....296 C1
Lasseube-Propre 32 ....275 D2
Lasseubetat 64 ....296 C1
Lassicourt 10 ....91 D2
Lassigny 60 ....35 E1
Lasson 14 ....29 E4
Lasson 89 ....113 F1
Lassouts 12 ....243 D3
Lassur 09 ....310 A1
Lassy 14 ....55 E2
Lassy 35 ....103 D2
Lassy 95 ....61 D1
Lastelle 50 ....26 C3
Lastic 15 ....225 F2
Lastic 63 ....206 B1
Lastioulles (Barrage de) 15 ....206 B3
Lastours 11 ....278 C4
Lataule 60 ....35 D1
Le Latet 39 ....160 A3
La Latette 39 ....160 B4
Lathuile 74 ....195 F4
Lathus 86 ....167 F4
Latillé 86 ....165 F1
Latilly 02 ....36 B4
Latoue 31 ....299 E2
Latouille-Lentillac 46 ....223 D4
Latour 31 ....300 B1
Latour-Bas-Elne 66 ....313 E2
Latour-de-Carol 66 ....310 B4
Latour-de-France 66 ....312 B1
Latour-en-Woëvre 55 ....67 E1
Latrape 31 ....300 B1
Latrecey 52 ....115 F2
Latresne 33 ....217 E4
Latrille 40 ....273 D2
Latronche 19 ....205 F4
Latronquière 46 ....223 E4
Lattainville 60 ....33 E4
La Latte (Fort) 22 ....52 B4
Lattes 34 ....281 F2
Lattre-Saint-Quentin 62 ....8 A3
Lau-Balagnas 65 ....297 E3
Laubach 67 ....71 D1
Laubert 48 ....244 B2
Les Laubies 48 ....244 A1
Laubressel 10 ....90 B3
Laubrières 53 ....104 B1
La Lauch (Lac de) 68 ....120 A1
Laucourt 80 ....19 D4
Laudrefang 57 ....42 C4
Laudun-l'Ardoise 30 ....264 B2
Laugnac 47 ....238 B4
Laujuzan 32 ....254 C4
Laulne 50 ....26 C3
Laumesfeld 57 ....42 A2
Launac 31 ....276 A1
Launaguet 31 ....276 C2
Launay 27 ....58 A1
Launay-Villiers 53 ....80 C4
Launois-sur-Vence 08 ....22 B4
Launoy 02 ....36 B4
Launstroff 57 ....42 B2
La Laupie 26 ....247 D2
Laurabuc 11 ....301 F1
Laurac 11 ....301 F1
Laurac-en-Vivarais 07 ....245 F3
Lauraët 32 ....255 E3
Lauraguel 11 ....302 A2
Laure-Minervois 11 ....302 C1
Laurède 40 ....272 A1
Laurenan 22 ....77 F3
Laurens 34 ....280 B3
Lauresses 46 ....241 E1
Lauret 34 ....263 D4
Lauret 40 ....273 D2
Laurie 15 ....207 E4
Laurière 24 ....221 D1
Laurière 87 ....186 A2
Lauris 84 ....284 C1
Lauroux 34 ....280 B1
Laussac 12 ....224 C4
Laussonne 43 ....227 E3
Laussou 47 ....238 C2
Lautaret (Col du) 05 ....232 A2
Lautenbach 68 ....120 A1
Lautenbachzell 68 ....120 A1
Lauterbourg 67 ....45 C4
Lauthiers 86 ....167 D1
Lautignac 31 ....275 F4
Lautrec 81 ....278 A1
Lauw 68 ....120 A2
Lauwin-Planque 59 ....8 C2
Laux-Montaux 26 ....248 B4
Lauzach 56 ....101 F4
Lauzerte 82 ....257 E1
Lauzerville 31 ....277 D3
Lauzès 46 ....240 B2
Le Lauzet-Ubaye 04 ....250 B3
Lauzières 17 ....163 E4
Lauzun 47 ....238 A2
Lava (Col de) 2A 316 A1
Lava (Golfe de) 2A 316 A3
Lavacquerie 60 ....18 A4
Laval 38 ....213 D4
Laval 53 ....105 D1
Laval (Chalets de) 05 ....232 B2
Laval-Atger 48 ....226 C4
Laval-d'Aix 26 ....248 A1
Laval-d'Aurelle 07 ....245 D2
Laval-de-Cère 46 ....223 D3
Laval-du-Tarn 48 ....244 A4
Laval-en-Brie 77 ....88 B2
Laval-en-Laonnois 02 ....36 C2
Laval-le-Prieuré 25 ....142 B4
Laval-Morency 08 ....22 B3
Laval-Pradel 30 ....263 E1
Laval-Roquecezière 12 ....279 D1
Laval-Saint-Roman 30 ....246 B4
Laval-sur-Doulon 43 ....208 B4
Laval-sur-Luzège 19 ....223 E1
Laval-sur-Tourbe 51 ....39 D4
Laval-sur-Vologne 88 ....95 E4
Lavalade 24 ....239 D1
Lavaldens 38 ....231 D2
Lavalette 11 ....302 B2
Lavalette 31 ....277 D2
Lavalette 34 ....280 B1
Lavalette (Barrage de) 43 ....227 F1
Lavallée 55 ....66 C3
Le Lavancher 74 ....197 D2
Lavancia-Epercy 39 ....177 D3
Le Lavandou 83 ....293 D2
Lavangeot 39 ....159 E1
Lavannes 51 ....38 A3
Lavans-lès-Dole 39 ....159 F1
Lavans-lès-Saint-Claude 39 .177 D3
Lavans-Quingey 25 ....160 A1
Lavans-sur-Valouse 39 ....176 C3
Lavans-Vuillafans 25 ....160 C1
Lavaqueresse 02 ....10 A4
Lavardac 47 ....255 F1
Lavardens 32 ....274 C1
Lavardin 41 ....108 A4
Lavardin 72 ....106 C1
Lavaré 72 ....107 F1
Lavars 38 ....230 C4
Lavasina 2B 315 F1
Lavastrie 15 ....225 E3
Lavatoggio 2B 314 B3
Lavau 10 ....90 B3
Lavau 89 ....135 E1
Lavau-sur-Loire 44 ....125 F3
Lavaudieu 43 ....208 A4
Lavaufranche 23 ....170 A4
Lavault-de-Frétoy 58 ....156 B1
Lavault-Sainte-Anne 03 ....170 C4
Les Lavaults 89 ....137 E3
Lavaur 24 ....239 E2
Lavaur 81 ....277 E1
Lavaurette 82 ....258 B1
Lavausseau 86 ....165 F2
Lavaveix-les-Mines 23 ....187 E2
Lavazan 33 ....237 D3
Laveissenet 15 ....225 D2
Laveissière 15 ....224 C2
Lavelanet 09 ....301 E4
Lavelanet-
de-Comminges 31 ....300 A1
Laveline-devant-Bruyères 88 .95 E4
Laveline-du-Houx 88 ....95 E4
Lavenay 72 ....107 F4
Laventie 62 ....4 A4
Lavéra 13 ....284 A4
Laveraët 32 ....274 A3
Lavercantière 46 ....239 F2
Laverdines 18 ....154 A2
Lavergne 46 ....222 C4
Lavergne 47 ....238 A2
Lavernat 72 ....107 D4
Lavernay 25 ....140 C4
Lavernhe 12 ....243 E4
Lavernose-Lacasse 31 ....276 B4
Lavernoy 52 ....117 D2
Laverrière 60 ....17 F4
Laversine 02 ....36 A3
Laversines 60 ....34 B2
Lavérune 34 ....281 E2
Laveyron 26 ....229 D1
Laveyrune 07 ....245 D2
Laveyssière 24 ....220 A3
Lavieu 42 ....209 E2
Laviéville 80 ....18 C2
Lavigerie 15 ....224 C2
Lavignac 87 ....203 E1
Lavignéville 55 ....67 D2
Lavigney 70 ....117 F4
Lavignolle 33 ....235 E2
Lavigny 39 ....159 F4
Lavillatte 07 ....245 D1
Laville-aux-Bois 52 ....116 B1
Lavilledieu 07 ....246 A2
Lavilleneuve 52 ....117 D1
Lavilleneuve-au-Roi 52 ....92 A4
Lavilleneuve-aux-Fresnes 52 .91 F4
Lavilletertre 60 ....33 F4
Lavincourt 55 ....66 B4
Laviolle 07 ....246 A1
Laviron 25 ....142 A3
Lavit-de-Lomagne 82 ....256 C3
Lavoine 03 ....190 C3
Lavoncourt 70 ....140 C1
Lavours 01 ....194 C4
Lavoûte-Chilhac 43 ....226 A1
Lavoûte-sur-Loire 43 ....227 D2
Lavoux 86 ....166 C1
Lavoye 55 ....66 B1
Lawarde-Mauger-l'Hortoy 80 .18 B4
Laxou 54 ....68 A4
Lay 42 ....191 F3
Lay-Lamidou 64 ....272 A4
Lay-Saint-Christophe 54 ....68 B3
Lay-Saint-Remy 54 ....67 E4
Laye 05 ....249 E1
Laymont 32 ....275 F4
Layrac 47 ....256 B2
Layrac-sur-Tarn 31 ....258 A4
Layrisse 65 ....297 F2
Lays-sur-le-Doubs 71 ....158 C3
Laz 29 ....75 E3
Lazenay 18 ....152 C2
Lazer 05 ....249 D4
Léalvillers 80 ....18 C1
Léaupartie 14 ....30 B4
Léaz 01 ....195 D1
Lebetain 90 ....120 A4
Lebeuville 54 ....94 B2
Lebiez 62 ....6 C2
Leboulin 32 ....275 D2
Lebreil 46 ....239 E4
Lebucquière 62 ....19 E1
Lécaude 14 ....56 C1
Lecci 2A 319 E2
Lecelles 59 ....9 E2
Lecey 52 ....117 D3
Lechâtelet 21 ....158 C1
Léchelle 62 ....19 E1
Léchelle 77 ....89 D1
La Léchère 73 ....214 A2
Les Lèches 24 ....220 A3
Lechiagat 29 ....98 B2
Lécluse 59 ....8 C3
Lécourt 52 ....117 D1
Lécousse 35 ....80 B3
Lecques 30 ....263 E4
Les Lecques 83 ....291 D3
Lect 39 ....177 D3
Lectoure 32 ....256 B3
Lecumberry 64 ....295 E2
Lécussan 31 ....298 C2
Lédas-et-Penthiès 81 ....259 F2
le Lédat 47 ....238 B3
Lédenon 30 ....264 B3
Lédergues 12 ....260 A2
Lederzeele 59 ....3 E3
Ledeuix 64 ....296 B1
Lédignan 30 ....263 E3
Ledinghem 62 ....2 C4
Ledringhem 59 ....3 F2
Lée 64 ....297 D1
Leers 59 ....5 D4
Lées-Athas 64 ....296 B3
Lefaux 62 ....6 B1
Leffard 14 ....56 A2
Leffincourt 08 ....38 C2
Leffond 70 ....117 D4
Leffonds 52 ....116 B2
Leffrinckoucke 59 ....3 F1
Leforest 62 ....8 C2
Lège 31 ....298 C4
Legé 44 ....145 E3
Lège-Cap-Ferret 33 ....216 A4
Légéville-et-Bonfays 88 ....94 B4
Léglantiers 60 ....35 D2
Légna 39 ....176 C3
Légny 69 ....192 B3
Léguevin 31 ....276 A2
Léguillac-de-Cercles 24 ....202 B3
Léguillac-de-l'Auche 24 ....220 B1
Lehaucourt 02 ....20 A2

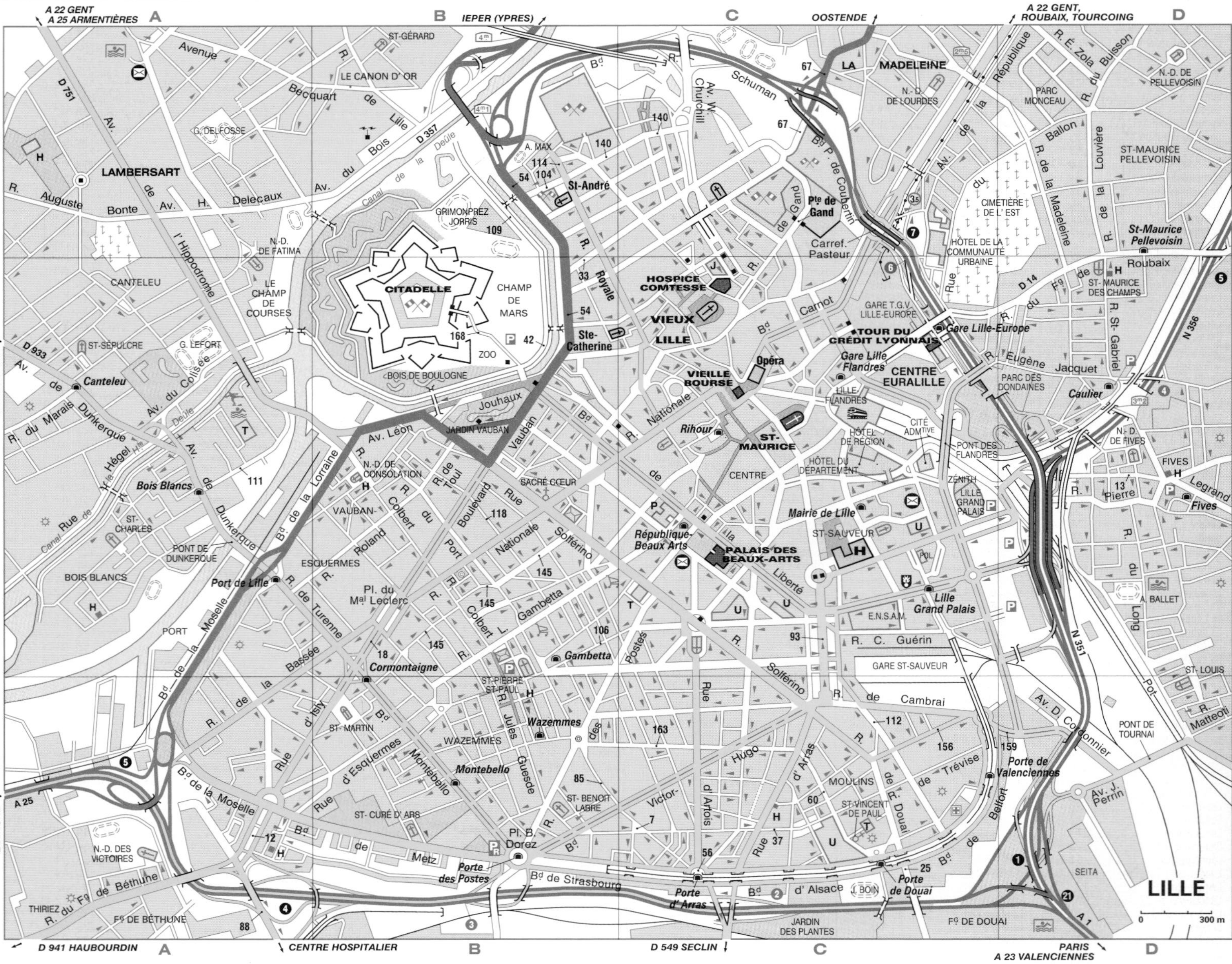

LILLE

Bapaume (R. de) **CX** 7	Colpin (R. du Lt) **BV** 33	Février (Pl. J.) **CX** 56	Lebas (Bd J.-B.) **CV** 93	Maubeuge (R. de) **CX** 112	Valenciennes (R. de) **CX** 156
Beethoven (Av.) **AX** 12	Courmont (R.) **CX** 37	Fontenoy (R. de) **CX** 60	Magasin (R. du) **BU** 104	Max (Av. Adolphe) **BU** 114	Verdun (Bd de) **DX** 159
Bernos (R.) **DV** 13	Cuvier (Av.) **BV** 42	Gaulle (R. du Gén.-de) **CU** 67	Manuel (R.) **BV** 106	Meurein (R.) **BV** 118	Wazemmes (R. de) **BCX** 163
Bigo-Danel (Bd) **BV** 18	Desmazières (R.) **BV** 47	Justice (R. de la) **BX** 85	Marronniers (Allée des) **BU** 109	St. Sébastien (R.) **BCU** 140	43e-Rég.-d'Infanterie (Av. du) **BV** 168
Carrel (R. Armand) **CX** 25	Esplanade (Façade de l') **BUV** 54	Lambret (Av. Oscar) **AX** 88	Marx-Dormoy (Av.) **AV** 111	Stations (R. des) **BV** 145	

Léhélec (Château de) *56* 123 F2
Léhon *22* 78 C2
Leigné-les-Bois *86* 150 A4
Leigné-sur-Usseau *86* 149 E3
Leignes-sur-Fontaine *86* 167 E2
Leigneux *42* 191 D4
Leimbach *68* 120 A2
Leintrey *54* 69 E4
Leiterswiller *67* 45 E4
Lélex *01* 177 E3
Lelin-Lapujolle *32* 273 E1
Lelling *57* 69 D1
Lemainville *54* 94 B1
Lembach *67* 45 D4
Lemberg *57* 44 B4
Lembeye *64* 273 E3
Lembras *24* 220 B4
Lemé *02* 21 D3
Lème *64* 273 D3
Leménil-Mitry *54* 94 B2
Lémeré *37* 149 E1
Lemmecourt *88* 93 E3
Lemmes *55* 66 B1
Lemoncourt *57* 68 C2
Lempaut *81* 278 A3
Lempdes *63* 189 F4
Lempdes-sur-Allagnon *43* 207 F3
Lempire *02* 19 F2
Lempire-aux-Bois *55* 66 C1
Lemps *07* 228 C2
Lemps *26* 248 A4
Lempty *63* 189 F4
Lempzours *24* 202 C4
Lemud *57* 68 B1
Lemuy *39* 160 B3
Lénault *14* 55 E2
Lenax *03* 173 E4
Lencloître *86* 149 E4
Lencouacq *40* 254 A2
Lendresse *64* 272 B3
Lengelsheim *57* 44 B3
Lengronne *50* 54 A2
Lenharrée *51* 64 B3
Léning *57* 69 E1
Lénizeul *52* 117 D1
Lennon *29* 75 D3
Lenoncourt *54* 68 B4
Lens *62* 8 B2
Lens-Lestang *26* 211 E4
Lent *01* 193 E1
Lent *39* 160 B4
Lentigny *42* 191 D2
Lentillac-Lauzès *46* 240 B2
Lentillac-Saint-Blaise *46* 241 E2
Lentillères *07* 246 A2
Lentilles *10* 91 E2
Lentilly *69* 192 B4
Lentiol *38* 211 E4
Lento *2B* 315 E3
Léobard *46* 239 F1
Léogeats *33* 236 B2
Léognan *33* 235 F1
Léojac *82* 258 A3
Léon *40* 252 B3
Léoncel *26* 229 F3
Léotoing *43* 207 F4
Léouville *45* 86 B4
Léoville *17* 199 F3
Lépanges-sur-Vologne *88* 95 E4
Lépaud *23* 188 A1
Lépin-le-Lac *73* 212 C2
Lépinas *23* 187 D2
Lépine *62* 6 B2
Lépron-les-Vallées *08* 22 B3
Lepuix *90* 119 F3
Lepuix-Neuf *90* 120 A4
Léran *09* 301 F3
Lercoul *09* 309 F1
Léré *18* 135 D2
Léren *64* 271 E3
Lérigneux *42* 209 D2
Lerm-et-Musset *33* 236 C4
Lerné *37* 148 C1
Lérouville *55* 67 D3
Lerrain *88* 94 B4
Léry *21* 138 C1
Léry *27* 32 B3
Lerzy *02* 10 B4
Lesbœufs *80* 19 E1
Lesbois *53* 81 D2
Lescar *64* 272 C4
Leschaux *74* 195 E4
Leschelles *02* 10 A4
Lescheraines *73* 195 E4
Leschères *39* 177 D2
Leschères-sur-le-Blaiseron *52* 92 A3
Lescherolles *77* 63 D4
Lescheroux *01* 175 F3
Lesches *77* 61 F2
Lesches-en-Diois *26* 248 B2
Lesconil *29* 98 B2
Lescouët-Gouarec *22* 76 B4
Lescouët-Jugon *22* 78 A2
Lescousse *09* 300 C2
Lescout *81* 278 A3
Lescun *64* 296 B3
Lescuns *31* 299 F1
Lescure *09* 300 A3
Lescure-d'Albigeois *81* 259 E3
Lescure-Jaoul *12* 259 E1
Lescurry *65* 274 A4
Lesdain *59* 20 A1
Lesdins *02* 20 A2
Lesges *02* 36 C3
Lesgor *40* 253 D4
Lésigny *77* 61 E4
Lésigny *86* 150 A3
Le Leslay *22* 51 D4
Lesme *71* 173 D1
Lesménils *54* 68 A2
Lesmont *10* 91 D2
Lesneven *29* 47 F2
Lesparre-Médoc *33* 198 C4
Lesparrou *09* 301 F4
Lespéron *07* 245 D1
Lesperon *40* 252 C3
Lespesses *62* 7 F1
Lespielle *64* 273 E3
Lespignan *34* 305 D1
Lespinasse *31* 276 C1
Lespinasse (Château de) *43* 207 F4
Lespinassière *11* 279 D4
Lespinoy *62* 6 C2
Lespiteau *31* 299 D2
Lesponne *65* 298 A3
Lespouey *65* 298 A1
Lespourcy *64* 273 E4
Lespugue *31* 299 D1
Lesquerde *66* 312 B1
Lesquielles-Saint-Germain *02* 20 C2
Lesquin *59* 9 D1
Lessac *16* 184 C2
Lessard-en-Bresse *71* 158 C4
Lessard-et-le-Chêne *14* 56 C1
Lessard-le-National *71* 158 A3
Lessay *50* 26 C3
Lesse *57* 68 C1
Lesseux *88* 96 A2
Lesson *85* 164 C3
Lessy *57* 41 F4
Lestanville *76* 15 F2
Lestards *19* 205 D2
Lestelle-Bétharram *64* 297 D2
Lestelle-de-Saint-Martory *31* 299 E2
Lesterps *16* 184 C2
Lestiac-sur-Garonne *33* 236 B1
Lestiou *41* 109 E4
Lestrade-et-Thouels *12* 260 B2
Lestre *50* 25 E3
Lestrem *62* 4 A4
Létanne *08* 39 F1
Léthuin *28* 86 A3
Letia *2A* 316 B2
Létra *69* 192 B3
Létricourt *54* 68 B2
Letteguives *27* 32 C2
Lettret *05* 249 E3
Leubringhen *62* 2 B2
Leuc *11* 302 B2
Leucamp *15* 242 B1
Leucate *11* 304 C4
Leucate-Plage *11* 304 C4
Leuchey *52* 116 B4
Leudeville *91* 87 D1
Leudon-en-Brie *77* 62 C4
Leuglay *21* 115 F3
Leugny *86* 150 A3
Leugny *89* 136 A1
Leugny (Château de) *37* 131 D3
Leuhan *29* 75 E4
Leuilly-sous-Coucy *02* 36 B2
Leulinghem *62* 3 D3
Leulinghen-Bernes *62* 2 B3
Leurville *52* 92 C3
Leury *02* 36 B2
Leutenheim *67* 71 F1
Leuville-sur-Orge *91* 86 C1
Leuvrigny *51* 63 F1
Le Leuy *40* 253 F4
Leuze *02* 21 F3
La Levade *30* 263 D1
Levainville *28* 85 F2
Leval *59* 10 B3
Leval *90* 120 A2
Levallois-Perret *92* 60 C3
Levant (Île du) *83* 293 D3
Levaré *53* 80 C2
Levécourt *52* 93 D4
Levens *06* 288 C1
Levergies *02* 20 A2
Levernois *21* 158 A2
Lèves *28* 85 E2
Les Lèves-et-Thoumeyragues *33* 219 E4
Levesville-la-Chenard *28* 86 A3
Levet *18* 153 E3
Levie *2A* 319 D2
Levier *25* 160 B2
Lévignac *31* 276 A2
Lévignac-de-Guyenne *47* 237 E2
Lévignacq *40* 252 C2
Lévignen *60* 35 F4
Lévigny *10* 91 E3
Levis *89* 136 A1
Lévis-Saint-Nom *78* 60 B4
Levoncourt *55* 66 C3
Levoncourt *68* 143 E2
Levroux *36* 151 F2
Lewarde *59* 9 D3
Lexos *82* 258 C2
Lexy *54* 40 C1
Ley *57* 69 D3
Leychert *09* 301 E4
Leydé (Pointe de) *29* 73 D2
Leyme *46* 223 D4
Leymen *68* 121 D4
Leyment *01* 193 F3
Leynes *71* 175 D4
Leynhac *15* 241 F1
Leyr *54* 68 B3
Leyrat *23* 170 A3
Leyrieu *38* 193 F4
Leyritz-Moncassin *47* 237 E4
Leyssard *01* 194 A1
Leyvaux *15* 207 E4
Leyviller *57* 69 E1
Lez *31* 299 D4
Lez-Fontaine *59* 10 C2
Lézan *30* 263 E3

Lézardrieux 22 ... 50 C1
Lézat 39 ... 177 E2
Lézat-sur-Lèze 09 ... 300 B1
Lezay 79 ... 165 F4
Lezennes 59 ... 4 C4
Lezéville 52 ... 92 C2
Lezey 57 ... 69 D3
Lézignac-Durand 16 ... 184 B4
Lézignan 65 ... 297 F2
Lézignan-Corbières 11 ... 303 E1
Lézignan-la-Cèbe 34 ... 280 C3
Lézigné 49 ... 129 D1
Lézigneux 42 ... 209 E2
Lézinnes 89 ... 114 B4
Lezoux 63 ... 190 A4
Lhéraule 60 ... 33 F2
Lherm 31 ... 276 A4
Lherm 46 ... 239 F2
Lhéry 51 ... 37 D4
Lhez 65 ... 298 A1
Lhommaizé 86 ... 166 C3
Lhomme 72 ... 107 F4
Lhôpital 01 ... 194 C2
Lhor 57 ... 69 E2
Lhospitalet 46 ... 240 A4
Lhoumois 79 ... 148 B4
Lhuis 01 ... 194 B4
Lhuître 10 ... 90 C1
Lhuys 02 ... 36 C3
Liac 65 ... 273 F4
Liancourt 60 ... 34 C3
Liancourt-Fosse 80 ... 19 E4
Liancourt-Saint-Pierre 60 ... 33 F4
Liart 08 ... 22 A3
Lias 32 ... 276 A2
Lias-d'Armagnac 32 ... 254 C4
Liausson 34 ... 280 C2
Libaros 65 ... 298 B1
Libération (Croix de la) 71 ... 157 D3
Libercourt 62 ... 8 C2
Libermont 60 ... 19 E4
Libourne 33 ... 218 C3
Librecy 08 ... 22 A4
Licey-sur-Vingeanne 21 ... 139 F2
Lichans-Sunhar 64 ... 295 F2
Lichères 16 ... 183 F3
Lichères-près-Aigremont 89 ... 114 A4
Lichères-sur-Yonne 89 ... 136 B2
Lichos 64 ... 271 F4
Lichtenberg 67 ... 44 C4
Licourt 80 ... 19 E3
Licq-Athérey 64 ... 295 F2
Licques 62 ... 2 C3
Licy-Clignon 02 ... 62 C1
Lidrezing 57 ... 69 D2
Liebenswiller 68 ... 120 C4
Liebsdorf 68 ... 120 B4
Liebvillers 25 ... 142 C3
Liederschiedt 57 ... 44 C3
Lieffrans 70 ... 141 D1
Le Liège 37 ... 131 F4
Liéhon 57 ... 68 B1
Liencourt 62 ... 7 F3
Lieoux 31 ... 299 E2
Lièpvre 68 ... 96 B2
Liéramont 80 ... 19 F2
Liercourt 80 ... 17 E1
Lières 62 ... 7 F1
Liergues 69 ... 192 B2
Liernais 21 ... 137 F4
Liernolles 03 ... 173 D3
Lierval 02 ... 37 D2
Lierville 60 ... 33 F4
Lies 65 ... 298 A2
Liesle 25 ... 160 A1
Liesse-Notre-Dame 02 ... 37 E1
Liessies 59 ... 10 C3
Liesville-sur-Douve 50 ... 25 D4
Liettres 62 ... 7 E1
Lieu-Saint-Amand 59 ... 9 E3
Lieuche 06 ... 269 E2
Lieucourt 70 ... 140 B3
Lieudieu 38 ... 211 F3
Lieurac 09 ... 301 E3
Lieuran-Cabrières 34 ... 280 C2
Lieuran-lès-Béziers 34 ... 280 B4
Lieurey 27 ... 31 D4
Lieuron 35 ... 102 C3
Lieury 14 ... 56 C2
Lieusaint 50 ... 25 D3
Lieusaint 77 ... 87 E1
Lieutadès 15 ... 225 D4
Lieuvillers 60 ... 34 C2
Liévans 70 ... 118 C4
Liévin 62 ... 8 B2
Lièvremont 25 ... 161 D2
Liez 02 ... 20 A4
Liez 85 ... 164 B3
Liézey 88 ... 119 E1
Liffol-le-Grand 88 ... 93 D3
Liffol-le-Petit 52 ... 93 D3
Liffré 35 ... 79 F4
Ligardes 32 ... 256 A2
Ligescourt 80 ... 6 C3
Liget (Chartreuse du) 37 ... 150 C1
Liginiac 19 ... 206 A3
Liglet 86 ... 167 F2
Lignac 36 ... 168 A3
Lignairolles 11 ... 301 F2
Lignan-de-Bazas 33 ... 236 C3
Lignan-de-Bordeaux 33 ... 217 F4
Lignan-sur-Orb 34 ... 280 B4
Lignareix 19 ... 205 F2
Ligné 16 ... 183 E3
Ligné 44 ... 126 C2
Lignères 61 ... 57 D4
Lignereuil 62 ... 7 F3
Lignerolles 03 ... 170 C4
Lignerolles 21 ... 116 A3
Lignerolles 27 ... 59 D3
Lignerolles 36 ... 170 A2
Lignerolles 61 ... 83 F1
Lignéville 88 ... 93 F4
Ligneyrac 19 ... 222 B2
Lignières 10 ... 114 A2
Lignières 18 ... 152 C4
Lignières 41 ... 108 C3
Lignières 80 ... 19 D4
Lignières-Châtelain 80 ... 17 E3
Lignières-de-Touraine 37 ... 130 B4
Lignières-en-Vimeu 80 ... 17 E2
Lignières-la-Carelle 72 ... 82 C2
Lignières-Orgères 53 ... 82 A1
Lignières-Sonneville 16 ... 200 C2
Lignières-sur-Aire 55 ... 66 C3
Lignol 56 ... 100 B1
Lignol-le-Château 10 ... 91 F4
Lignon 51 ... 91 D1
Lignorelles 89 ... 113 F3
Lignou 61 ... 56 A4
Ligny-en-Barrois 55 ... 66 C4
Ligny-en-Brionnais 71 ... 174 A4
Ligny-en-Cambrésis 59 ... 20 B1
Ligny-le-Châtel 89 ... 113 F3
Ligny-le-Ribault 45 ... 133 D1
Ligny-lès-Aire 62 ... 7 E1
Ligny-Saint-Flochel 62 ... 7 F3
Ligny-sur-Canche 62 ... 7 E3
Ligny-Thilloy 62 ... 19 E1
Ligré 37 ... 149 D1
Ligron 72 ... 106 B4
Ligsdorf 68 ... 120 C4
Ligueil 37 ... 150 A2
Ligueux 24 ... 202 C4
Ligueux 33 ... 219 F4
Ligugé 86 ... 166 B2
Lihons 80 ... 19 D3
Lihus 60 ... 34 A1
Les Lilas 93 ... 61 D3
Lilhac 31 ... 299 E1
Lilignod 01 ... 194 C2
Lille 59 ... 4 C4
Lillebonne 76 ... 15 D4
Lillemer 35 ... 79 D1
Lillers 62 ... 7 F1
Lilly 27 ... 33 D2
Limalonges 79 ... 183 F1
Limans 04 ... 266 C3
Limanton 58 ... 156 A2
Limas 69 ... 192 C2
Limay 78 ... 59 F2
Limbrassac 09 ... 301 E3
Limé 02 ... 36 C3
Limeil-Brévannes 94 ... 61 E4
Limendous 64 ... 297 E1
Limeray 37 ... 131 E2
Limersheim 67 ... 71 D4
Limerzel 56 ... 102 A4
Limésy 76 ... 15 F3
Limetz-Villez 78 ... 59 E1
Limeuil 24 ... 221 D4
Limeux 18 ... 152 C2
Limeux 80 ... 17 E1
Limey-Remenauville 54 ... 67 F2
Limeyrat 24 ... 221 D1
Limoges 87 ... 185 F4
Limoges-Fourches 77 ... 87 F1
Limogne-en-Quercy 46 ... 240 C4
Limoise 03 ... 171 F1
Limon 58 ... 155 D2
Limonest 69 ... 192 C4
Limons 63 ... 190 A3
Limont-Fontaine 59 ... 10 B2
Limony 07 ... 210 C4
Limours-en-Hurepoix 91 ... 86 B1
Limousis 11 ... 278 C4
Limoux 11 ... 302 B3
La Limouzinière 44 ... 145 E2
La Limouzinière 85 ... 163 D1
Limpiville 76 ... 15 D2
Linac 46 ... 241 E1
Linard 23 ... 169 E3
Linards 87 ... 204 B1
Linars 16 ... 201 E1
Linas 91 ... 86 C1
Linay 08 ... 23 F4
Linazay 86 ... 183 F1
Lincel 04 ... 266 C3
Lincheux-Hallivillers 80 ... 17 F3
Lindebeuf 76 ... 15 F2
Le Lindois 16 ... 184 B4
Lindre-Basse 57 ... 69 E3
Lindre-Haute 57 ... 69 E3
Lindry 89 ... 113 D4
Linexert 70 ... 119 D3
Lingé 36 ... 150 C4
Lingeard 50 ... 54 C4
Lingèvres 14 ... 29 D4
Linghem 62 ... 7 E1
Lingolsheim 67 ... 71 D3
Lingreville 50 ... 53 F2
Linguizzetta 2B ... 317 F1
Linières-Bouton 49 ... 129 F2
Liniers 86 ... 166 C1
Liniez 36 ... 152 A2
Linsdorf 68 ... 120 C4
Linselles 59 ... 4 C3
Linthal 68 ... 120 A1
Linthelles 51 ... 63 F4
Linthes 51 ... 63 F4
Lintot 76 ... 15 D4
Lintot-les-Bois 76 ... 16 A3
Linxe 40 ... 252 B3
Liny-devant-Dun 55 ... 39 F3
Linzeux 62 ... 7 E3
Liocourt 57 ... 68 B2

LIMOGES

Aine (Pl. d') ... BZ 2
Allois (R. des) ... DZ 6
Amphithéâtre (R. de l') ... BY 8
Barreyrrette (Pl. de la) ... CZ 12
Bénédictins (Av. des) ... DY 14
Betoulle (Pl. L.) ... CZ 16
Boucherie (R. de la) ... CZ 18
Cathédrale (R. de la) ... DZ 23
Clocher (R. du) ... CZ 25
Collège (R. du) ... CZ 26
Consulat (R. du) ... CZ
Coopérateurs (R. des) ... BY 27
Dupuytren (R.) ... CZ 30
Ferrerie (R.) ... CZ 33
Fonderie (R. de la) ... BY 35
Fontaine-des-Barres (Pl.) ... CY 37
Gambetta (Bd) ... BCZ
Giraudoux (Sq. J.) ... CY 42
Haute-Cité (R.) ... DZ 46
Jacobins (Pl. des) ... CZ 49
Jean-Jaurès (R.) ... CYZ
Louis-Blanc (Bd) ... CZ
Louvrier-de-Lajolais (R.) ... BY 55
Manigne (Pl.) ... CZ 57
Maupas (R. du) ... DY 59
Michels (R. Charles) ... CZ 63
Motte (Pl. de la) ... CZ 66
Périn (Bd G.) ... CY 71
Préfecture (R. de la) ... CY 83
Raspail (R.) ... DZ 89
Réforme (R. de la) ... CY 91
République (Pl. de la) ... CY 95
St-Martial (R.) ... CY 107
St-Maurice (Bd) ... DZ 109
St-Pierre (Pl.) ... DZ 110
Stalingrad (Pl.) ... CY 113
Temple (Cour du) ... CZ 115
Temple (R. du) ... CZ 116
Tourny (Carr.) ... CY 118
Victor-Hugo (Bd) ... BY 120
Vigne-de-Fer (R.) ... CZ 122
71e-Mobile (R. du) ... DZ 125

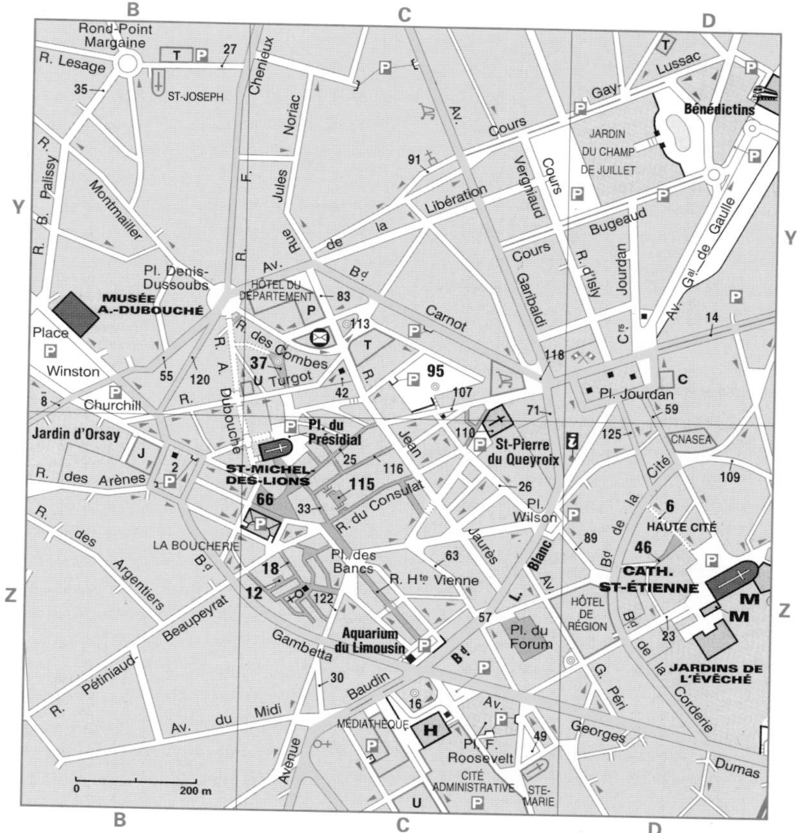

Liomer 80 ... 17 E3
Le Lion-d'Angers 49 ... 128 A1
Lion-devant-Dun 55 ... 40 A2
Lion-en-Beauce 45 ... 110 A1
Lion-en-Sullias 45 ... 111 E4
Lion-sur-Mer 14 ... 29 F3
Liorac-sur-Louyre 24 ... 220 B3
Le Lioran 15 ... 224 C2
Liouc 30 ... 263 D4
Le Liouquet 13 ... 291 D3
Liourdres 19 ... 222 C3
Liouville 55 ... 67 D3
Lioux 84 ... 266 A3
Lioux-les-Monges 23 ... 188 A3
Liposthey 40 ... 235 D4
Lipsheim 67 ... 71 D4
Lirac 30 ... 264 C2
Liré 49 ... 127 D3
Lirey 10 ... 114 B1
Lironcourt 88 ... 117 F2
Lironville 54 ... 67 F2
Liry 08 ... 38 C3
Lisbourg 62 ... 7 E1
Liscia (Golfe de la) 2A ... 316 B3
Lisieux 14 ... 30 C4
Lisle 24 ... 202 B4
Lisle 41 ... 108 C3
Lisle-en-Barrois 55 ... 66 B2
Lisle-en-Rigault 55 ... 66 A4
Lisle-sur-Tarn 81 ... 258 C4
Lislet 02 ... 21 E4
Lison 14 ... 27 F3
Lison (Source du) 25 ... 160 B2
Lisores 14 ... 57 D2
Lisors 27 ... 33 D3
Lissac 09 ... 300 C1
Lissac 43 ... 226 C2
Lissac-et-Mouret 46 ... 241 D2
Lissac-sur-Couze 19 ... 222 A2
Lissay-Lochy 18 ... 153 E2
Lisse 47 ... 255 E2
Lisse-en-Champagne 51 ... 65 E3
Lisses 91 ... 87 D1
Lisseuil 63 ... 189 D2
Lissey 55 ... 40 A2
Lissieu 69 ... 192 C3
Lissy 77 ... 87 F1
Listrac-de-Durèze 33 ... 219 E4
Listrac-Médoc 33 ... 217 D2
Lit-et-Mixe 40 ... 252 B2
Lithaire 50 ... 26 C3
Litteau 14 ... 27 F4
Littenheim 67 ... 70 C2
Littry 14 ... 27 F4
Litz 60 ... 34 B2
Livaie 61 ... 82 B2
Livarot 14 ... 56 C2
Liverdun 54 ... 68 A3
Liverdy-en-Brie 77 ... 61 F4
Livernon 46 ... 241 D2
Livers-Cazelles 81 ... 259 D2
Livet 53 ... 105 F1
Livet-en-Saosnois 72 ... 83 D3
Livet-et-Gavet 38 ... 231 D2
Livet-sur-Authou 27 ... 31 E4
Livilliers 95 ... 60 B1
Livinhac-le-Haut 12 ... 241 F2
La Livinière 34 ... 303 D1
Livré 53 ... 104 C3
Livré-sur-Changeon 35 ... 80 A4
Livron 64 ... 297 E1
Livron-sur-Drôme 26 ... 229 D4
Livry 14 ... 55 D1
Livry 58 ... 154 C4
Livry-Gargan 93 ... 61 E2
Livry-Louvercy 51 ... 64 C1
Livry-sur-Seine 77 ... 87 F2
Lixhausen 67 ... 70 C1
Lixheim 57 ... 70 A2
Lixières 54 ... 68 B2
Lixing-lès-Rouhling 57 ... 43 E4
Lixing-lès-Saint-Avold 57 ... 69 E1
Lixy 89 ... 88 B4
Lizac 82 ... 257 E2
Lizant 86 ... 183 F2
Lizeray 36 ... 152 B2
Lizières 23 ... 186 B1
Lizine 25 ... 160 B1
Lizines 77 ... 88 C2
Lizio 56 ... 101 F2
Lizos 65 ... 298 A1
Lizy 02 ... 36 C1
Lizy-sur-Ourcq 77 ... 62 B2
La Llagonne 66 ... 311 D3
Llauro 66 ... 312 C3
Llo 66 ... 311 D4
Llous 66 ... 310 C4
Llupia 66 ... 312 C2
Lobsann 67 ... 45 E4
Loc-Brévalaire 29 ... 47 F2
Loc Dieu (Ancienne Abbaye de) 12 ... 241 D4
Loc-Eguiner 29 ... 48 C4
Loc-Eguiner-Saint-Thégonnec 29 ... 49 D4
Loc-Envel 22 ... 50 A4
Locarn 22 ... 76 A2
Loché 71 ... 175 D4
Loché-sur-Indrois 37 ... 151 D1
Loches 37 ... 150 C1
Loches-sur-Ource 10 ... 115 D1
Le Locheur 14 ... 55 F1
Lochieu 01 ... 194 C3
Lochwiller 67 ... 70 C2
Locmalo 56 ... 76 B4
Locmaria 22 ... 50 A3
Locmaria 56 ... 122 B4
Locmaria (Chapelle de) 29 ... 47 F2
Locmaria-Berrien 29 ... 75 E2
Locmaria-Grand-Champ 56 ... 101 D3
Locmaria-Plouzané 29 ... 47 D3
Locmariaquer 56 ... 122 C2
Locmélar 29 ... 48 C4
Locminé 56 ... 101 D2
Locmiquélic 56 ... 100 A3
Locoal-Mendon 56 ... 100 B3
Locon 62 ... 8 A1
Loconville 60 ... 33 F4
Locqueltas 56 ... 101 D3
Locquémeau 22 ... 49 F2
Locquénolé 29 ... 49 E2
Locquignol 59 ... 10 A2
Locquirec 29 ... 49 F2
Locronan 29 ... 73 E3
Loctudy 29 ... 98 B2
Locunolé 29 ... 99 F1
Loddes 03 ... 173 D4
Lodes 31 ... 299 D2
Lodève 34 ... 280 B1
Lods 25 ... 160 C1
Lœuilley 70 ... 140 A2
Lœuilly 80 ... 18 A3
Loëx 74 ... 178 A4
Loffre 59 ... 9 D3
La Loge 62 ... 7 D2
La Loge-aux-Chèvres 10 ... 91 D4
La Loge des Gardes 03 ... 190 C2
Loge-Fougereuse 85 ... 164 B1
La Loge-Pomblin 10 ... 114 B1
Logelbach 68 ... 96 B3
Logelheim 68 ... 96 C4
Les Loges 14 ... 55 D1
Les Loges 52 ... 117 D3
Les Loges 72 ... 107 F2
Les Loges 76 ... 14 C2
Les Loges-en-Josas 78 ... 60 C4
Les Loges-Marchis 50 ... 80 B1
Les Loges-Margueron 10 ... 114 B1
Les Loges-Saulces 14 ... 56 A3
Les Loges-sur-Brécey 50 ... 54 B3
Le Logis-du-Pin 83 ... 268 C4
Le Logis-Neuf 01 ... 175 F4
Le Logis-Neuf 13 ... 285 D4
Lognes 77 ... 61 E3
Logny-Bogny 08 ... 22 A3
Logny-lès-Aubenton 02 ... 21 F3
Logny-lès-Chaumont 08 ... 21 F4
Logonna-Daoulas 29 ... 47 F4
Logrian-Florian 30 ... 263 E3
Logron 28 ... 109 D1
Loguivy-de-la-Mer 22 ... 50 C1
Loguivy-Plougras 22 ... 50 A4
Lohéac 35 ... 102 C2
Lohitzun-Oyhercq 64 ... 271 F4
Lohr 67 ... 70 A1
Lohuec 22 ... 49 F4
Loigné-sur-Mayenne 53 ... 105 D3
Loigny-la-Bataille 28 ... 109 F1
Loiré 49 ... 127 F1
Loire-les-Marais 17 ... 181 D2
Loiré-sur-Nie 17 ... 182 C3
Loire-sur-Rhône 69 ... 210 C2
Loiron 53 ... 104 C1
Loisail 61 ... 83 F2
Loisey-Culey 55 ... 66 B3
Loisia 39 ... 176 B2
Loisieux 73 ... 212 C1
Loisin 74 ... 178 A3
Loison 55 ... 40 C3
Loison-sous-Lens 62 ... 8 B2
Loison-sur-Créquoise 62 ... 6 C2
Loisy 54 ... 68 A2
Loisy 71 ... 175 F1
Loisy-en-Brie 51 ... 64 A3
Loisy-sur-Marne 51 ... 65 D4
Loivre 51 ... 37 F3
Loix 17 ... 162 C4
Loizé 79 ... 183 D1
Lolif 50 ... 54 A3
Lolme 24 ... 238 C1
Lombard 25 ... 160 A1
Lombard 39 ... 159 E4
Lombers 81 ... 278 A1
Lombez 32 ... 275 E3
Lombia 64 ... 273 E4
Lombray 02 ... 36 A1
Lombrès 65 ... 298 C3

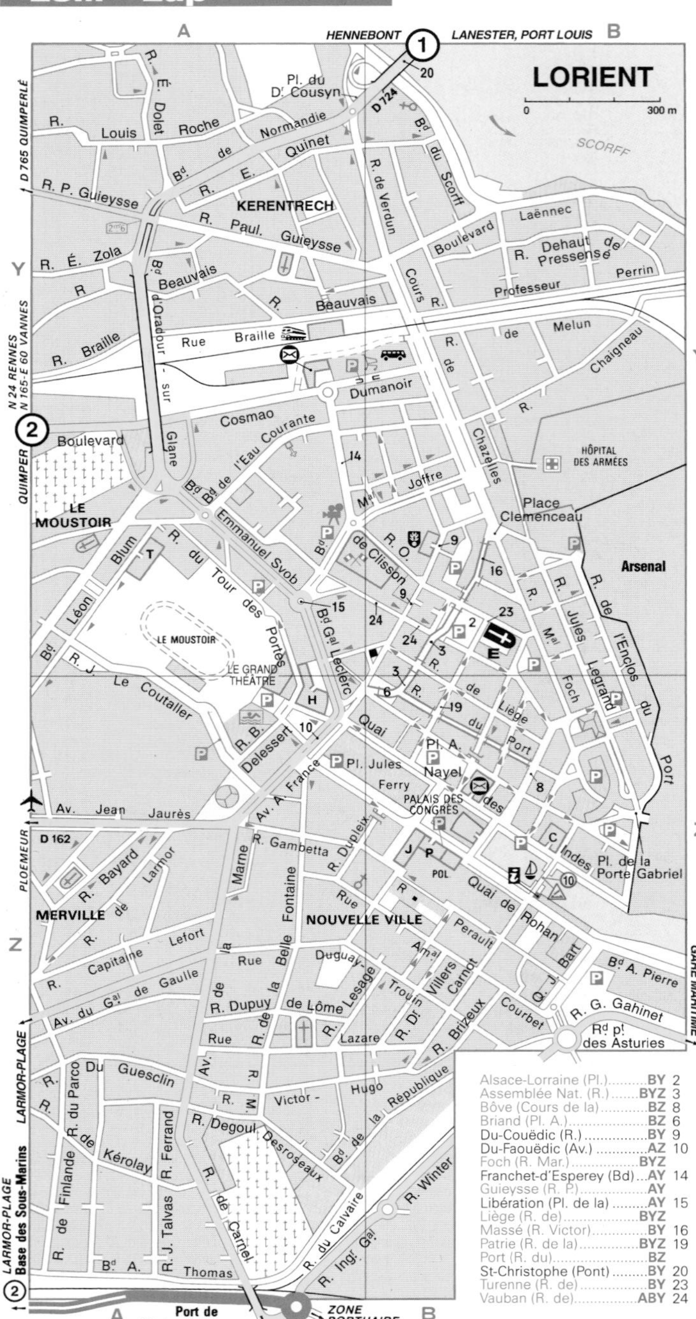

Lombreuil 45 ... 111 E2
Lombron 72 ... 107 E1
Lomener 56 ... 99 F3
Lomme 59 ... 4 C4
Lommerange 57 ... 41 E3
Lommoye 78 ... 59 E2
Lomné 65 ... 298 B3
Lomont 70 ... 119 E4
Lomont-sur-Crête 25 ... 142 A3
Lompnas 01 ... 194 B4
Lompnieu 01 ... 194 B2
Lompret 59 ... 4 C4
Lonçon 64 ... 272 C3
La Londe 76 ... 32 A3
La Londe-les-Maures 83 ... 292 C2
Londigny 16 ... 183 E2
Londinières 76 ... 16 C3
Long 80 ... 17 F1
Longages 31 ... 276 A4
Longaulnay 35 ... 78 C3
Longavesnes 80 ... 19 F2
Longchamp 21 ... 139 F4
Longchamp 52 ... 117 D1
Longchamp 73 ... 214 A3
Longchamp 88 ... 95 D3
Longchamp-sous-Châtenois 88 ... 93 F3
Longchamp-sur-Aujon 10 ... 115 F1
Longchamps 02 ... 20 C2
Longchamps 27 ... 33 D3
Longchamps-sur-Aire 55 ... 66 C2
Longchaumois 39 ... 177 E2
Longcochon 39 ... 160 B4
Longeau 52 ... 116 C4
Longeault 21 ... 139 F4
Longeaux 55 ... 66 C4
Longechaux 25 ... 142 A4
Longechenal 38 ... 212 A3
Longecourt-en-Plaine 21 ... 139 E4
Longecourt-lès-Culêtre 21 ... 157 E1
Longefoy 73 ... 214 B2
Longemaison 25 ... 161 D1
Longemer 88 ... 119 F1
Longepierre 71 ... 158 C2
Le Longeron 49 ... 146 C2
Longes 69 ... 210 C2
Longessaigne 69 ... 192 A4
Longevelle 70 ... 142 A1
Longevelle-lès-Russey 25 ... 142 B4
Longevelle-sur-Doubs 25 ... 142 B2
Longèves 17 ... 163 F4
Longèves 85 ... 164 A2
Longeville 25 ... 160 C1
La Longeville 25 ... 161 E2
Longeville-en-Barrois 55 ... 66 B4
Longeville-lès-Metz 57 ... 41 F4
Longeville-lès-Saint-Avold 57 ... 42 C4
Longeville-sur-la-Laines 52 ... 91 E2
Longeville-sur-Mer 85 ... 162 C2
Longeville-sur-Mogne 10 ... 114 B1
Longevilles-Mont-d'Or 25 ... 161 D4
Longfossé 62 ... 2 B4
La Longine 70 ... 119 D2
Longjumeau 91 ... 61 D4
Longlaville 54 ... 41 D1
Longmesnil 76 ... 33 D1
Longnes 72 ... 106 B2
Longnes 78 ... 59 F2
Longny-au-Perche 61 ... 84 A2
Longperrier 77 ... 61 F1
Longpont 02 ... 36 A3
Longpont-sur-Orge 91 ... 87 D1
Longpré-le-Sec 10 ... 91 D4
Longpré-les-Corps-Saints 80 ... 17 F1
Longraye 14 ... 28 C4
Longré 16 ... 183 E2
Longroy 76 ... 16 C2
Longsols 10 ... 90 C2
Longué 49 ... 129 E3
Longueau 80 ... 18 B3
Longuefuye 53 ... 105 E3
Longueil 76 ... 15 F1
Longueil-Annel 60 ... 35 E2
Longueil-Sainte-Marie 60 ... 35 E3
Longuenesse 62 ... 3 E3
Longuenoë 61 ... 82 B2
Longuerue 76 ... 32 C1
Longues 63 ... 207 F1
Longues-sur-Mer 14 ... 28 C3
Longuesse 95 ... 60 B1
Longueval 80 ... 19 D1
Longueval-Barbonval 02 ... 37 D3
Longueville 14 ... 27 F3
Longueville 47 ... 237 F3
Longueville 50 ... 53 F2
La Longueville 59 ... 10 B2
Longueville 62 ... 2 C3
Longueville 77 ... 88 C2
Longueville-sur-Aube 10 ... 90 A1
Longueville-sur-Scie 76 ... 16 A3
Longuevillette 80 ... 7 E4
Longuyon 54 ... 40 C2
Longvic 21 ... 139 E4
Longvillers 14 ... 55 E1
Longvillers 80 ... 7 D4
Longvilliers 62 ... 6 B1
Longvilliers 78 ... 86 B1
Longwé 08 ... 39 D2
Longwy 54 ... 40 C1
Longwy-sur-le-Doubs 39 ... 159 D2
Lonlay-l'Abbaye 61 ... 55 E4
Lonlay-le-Tesson 61 ... 56 A4
Lonnes 16 ... 183 F3
Lonny 08 ... 22 B3
Lonrai 61 ... 82 C2
Lons 64 ... 272 C4
Lons-le-Saunier 39 ... 176 C1
Lonzac 17 ... 199 F2
Le Lonzac 19 ... 204 C3
Looberghe 59 ... 3 E2
Loon-Plage 59 ... 3 D1
Loos 59 ... 4 C4
Loos-en-Gohelle 62 ... 8 B2
Looze 89 ... 113 D2
Lopérec 29 ... 73 F1
Loperhet 29 ... 47 F3
Lopigna 2A ... 316 B2
Loqueffret 29 ... 75 D2
Lor 02 ... 37 F1
Loray 25 ... 142 A4
Lorcières 15 ... 225 F3
Lorcy 45 ... 111 E2
Lordat 09 ... 310 B1
Loré 61 ... 81 E2
Lorentzen 67 ... 44 A4
Loreto-di-Casinca 2B ... 315 F3
Loreto-di-Tallano 2A ... 319 D2
Lorette 42 ... 210 B2
Le Loreur 50 ... 54 A2
Loreux 41 ... 133 D3
Le Lorey 50 ... 54 A1
Lorey 54 ... 94 B1
Lorges 41 ... 109 E3
Lorgies 62 ... 8 B1
Lorgues 83 ... 286 C2
La Lorie (Château de) 49 ... 104 C4
Lorient 56 ... 100 A3
Loriges 03 ... 172 B4
Lorignac 17 ... 199 D3
Lorigné 79 ... 183 E1
Loriol-du-Comtat 84 ... 265 E2
Loriol-sur-Drôme 26 ... 229 D4
Lorlanges 43 ... 207 F4
Lorleau 27 ... 33 D2
Lormaison 60 ... 34 A4
Lormaye 28 ... 85 E1
Lormes 58 ... 136 C4
Lormont 33 ... 217 E3
Lornay 74 ... 195 D3
Loromontzey 54 ... 94 C2
Le Loroux 35 ... 80 B2
Le Loroux-Bottereau 44 ... 126 C4
Lorp-Sentaraille 09 ... 300 A3
Lorquin 57 ... 69 F4
Lorrez-le-Bocage 77 ... 88 A4
Lorris 45 ... 111 E3
Lorry-lès-Metz 57 ... 41 F4
Lorry-Mardigny 57 ... 68 A1
Lortet 65 ... 298 B3
Loscouët-sur-Meu 22 ... 78 B4
Losne 21 ... 158 C1
Losse 40 ... 254 C2
Lostanges 19 ... 222 C2
Lostroff 57 ... 69 E2
Lothey 29 ... 73 F2
Lottinghen 62 ... 2 C4
Le Lou-du-Lac 35 ... 78 C4
Louailles 72 ... 106 A3
Louan 77 ... 89 D1
Louannec 22 ... 50 A1
Louans 37 ... 150 A1
Louargat 22 ... 50 B3
Louâtre 02 ... 36 B4
Loubajac 65 ... 297 E2
Loubaresse 07 ... 245 E2
Loubaresse 15 ... 225 F3
Loubaut 09 ... 300 B2
Loubédat 32 ... 273 F1
Loubejac 24 ... 239 E2
Loubens 09 ... 300 C3
Loubens 33 ... 237 D2
Loubens-Lauragais 31 ... 277 E2
Loubers 81 ... 258 C3
Loubersan 32 ... 274 C3
Loubès-Bernac 47 ... 237 F1
Loubeyrat 63 ... 189 E3
Loubieng 64 ... 272 A3
La Loubière 12 ... 242 C4
Loubières 09 ... 301 D3
Loubigné 79 ... 183 D2
Loubillé 79 ... 183 D2
Loublande 79 ... 147 D2
Loubressac 46 ... 222 C4
Loucé 61 ... 56 B4
Loucelles 14 ... 29 D4
Louchats 33 ... 235 F2
Louches 62 ... 2 C3
Louchy-Montfand 03 ... 172 A4
Loucrup 65 ... 297 F2
Loudéac 22 ... 77 E4
Loudenvielle 65 ... 307 E4
Loudervielle 65 ... 307 E4
Loudes 43 ... 226 C2
Loudet 31 ... 298 C2
Loudrefing 57 ... 69 E2
Loudun 86 ... 148 C2
Loué 72 ... 106 B2
La Loue (Source de) 25 ... 161 D2
Louens 33 ... 217 D3
Louer 40 ... 271 F1
Louerre 49 ... 128 C4
Louesme 21 ... 115 F3
Louesme 89 ... 112 B4
Louestault 37 ... 130 C1
Loueuse 60 ... 33 F1
Louey 65 ... 297 F1
Lougé-sur-Maire 61 ... 56 A4
Lougratte 47 ... 238 B2
Lougres 25 ... 142 B2
Louhans 71 ... 176 A1
Louhossoa 64 ... 270 C4
Louignac 19 ... 221 F1
Louin 79 ... 148 B4
Louisfert 44 ... 103 F4
Louit 65 ... 274 A4
Loulans-Verchamp 70 ... 141 E2
Loulay 17 ... 182 B2
Loulle 39 ... 160 A4
La Loupe 28 ... 84 B2
Loupeigne 02 ... 36 C4
Loupershouse 57 ... 43 D4
Loupes 33 ... 217 F4
Loupfougères 53 ... 81 F3
Loupia 11 ... 302 A3
Loupiac 12 ... 241 E2
Loupiac 15 ... 224 A2
Loupiac 33 ... 236 B2
Loupiac 46 ... 222 A4
Loupiac 81 ... 258 C4
Loupiac-de-la-Réole 33 ... 237 D2
Loupian 34 ... 281 D3
Louplande 72 ... 106 C2
Loupmont 55 ... 67 E2
Louppy-le-Château 55 ... 66 A3
Louppy-sur-Chée 55 ... 66 B3
Louppy-sur-Loison 55 ... 40 A2
Loups du Gévaudan (Parc des) 48 ... 243 F2
La Louptière-Thénard 10 ... 89 D3
Lourches 59 ... 9 E3
Lourde 31 ... 299 D3
Lourdes 65 ... 297 E2
Lourdios-Ichère 64 ... 296 B2
Lourdoueix-Saint-Michel 36 ... 169 D3
Lourdoueix-Saint-Pierre 23 ... 169 E3
Lourenties 64 ... 297 E1
Loures-Barousse 65 ... 298 C3
Louresse-Rochemenier 49 ... 128 C4
Lourmais 35 ... 79 E2
Lourmarin 84 ... 266 A4
Lournand 71 ... 174 C3
Lourouer-Saint-Laurent 36 ... 169 F1
Le Louroux 37 ... 150 A1
Le Louroux-Béconnais 49 ... 127 F2
Louroux-Bourbonnais 03 ... 171 E2
Louroux-de-Beaune 03 ... 171 E4
Louroux-de-Bouble 03 ... 189 D1
Louroux-Hodement 03 ... 171 D3
Lourquen 40 ... 272 A1
Lourties-Monbrun 32 ... 274 C3
Loury 45 ... 110 B2
Louslitges 32 ... 274 A2
Loussous-Débat 32 ... 273 F2
Loutehel 35 ... 102 B2
Loutremange 57 ... 42 A4
Loutzviller 57 ... 44 B3
Louvagny 14 ... 56 B2
Louvaines 49 ... 105 D4
Louvatange 39 ... 140 C4
Louveciennes 78 ... 60 C3
Louvemont 52 ... 91 F1
Louvemont-Côte-du-Poivre 55 ... 40 B3
Louvencourt 80 ... 18 C1
Louvenne 39 ... 176 B3
Louvergny 08 ... 39 D1
Louverné 53 ... 105 D1
Le Louverot 39 ... 159 E4
Louversey 27 ... 58 B2
Louvetot 76 ... 15 E3
Louvie-Juzon 64 ... 296 C2
Louvie-Soubiron 64 ... 296 C3
La Louvière-Lauragais 11 ... 301 E1
Louvières 14 ... 27 F2
Louvières 52 ... 116 C1
Louvières-en-Auge 61 ... 56 C3
Louviers 27 ... 32 B4
Louvigné 53 ... 105 E1
Louvigné-de-Bais 35 ... 104 A1
Louvigné-du-Désert 35 ... 80 B2
Louvignies-Bavay 59 ... 10 A2
Louvignies-Quesnoy 59 ... 9 F4
Louvigny 14 ... 29 E4
Louvigny 57 ... 68 A2
Louvigny 64 ... 272 C3
Louvigny 72 ... 83 D3
Louvil 59 ... 9 D1
Louville-la-Chenard 28 ... 86 A3
Louvilliers-en-Drouais 28 ... 59 D4
Louvilliers-lès-Perche 28 ... 84 C1
Louvois 51 ... 64 B1
Louvrechy 80 ... 18 B4
Louvres 95 ... 61 E1
Louvroil 59 ... 10 B2
Louye 27 ... 59 D3
Louzac 16 ... 182 B4
Louze 52 ... 91 E2
Louzes 72 ... 83 D2
Louzignac 17 ... 182 C4
Louzouer 45 ... 112 A2
Louzy 79 ... 148 B2
Lovagny 74 ... 195 E3
Loxéville 55 ... 66 C4
Loyat 56 ... 102 A1
La Loye 39 ... 159 E2
Loye-sur-Arnon 18 ... 170 B1
La Loyère 71 ... 158 A3
Loyettes 01 ... 193 F4
Lozanne 69 ... 192 C3
Lozari 2B ... 314 C2
Lozay 17 ... 182 A2
Loze 82 ... 258 C1
Lozère (Mont) 48 ... 244 C3
Lozinghem 62 ... 7 F1
Lozon 50 ... 27 D4
Lozzi 2B ... 314 C4
Luant 36 ... 151 F4
Le Luart 72 ... 107 F1
Lubbon 40 ... 255 D2
Lubécourt 57 ... 68 C2
Lubersac 19 ... 204 A3
Lubey 54 ... 41 D3
Lubilhac 43 ... 225 F1
Lubine 88 ... 96 A2
Lublé 37 ... 130 A2
Lubret-Saint-Luc 65 ... 274 B4
Luby-Betmont 65 ... 298 B1
Luc 12 ... 242 B4
Luc 48 ... 245 D1
Luc 65 ... 298 A2
Le Luc 83 ... 286 C3
Luc-Armau 64 ... 273 E3
Luc-en-Diois 26 ... 248 B1
Luc-sur-Aude 11 ... 302 B3
Luc-sur-Mer 14 ... 29 E3
Luc-sur-Orbieu 11 ... 303 E2
Lucarré 64 ... 273 E4
Luçay-le-Libre 36 ... 152 B2
Luçay-le-Mâle 36 ... 151 E1
Lucbardez-et-Bargues 40 ... 254 A3
Lucciana 2B ... 315 F2
Lucé 28 ... 85 E2
Lucé 61 ... 81 E1
Lucé-sous-Ballon 72 ... 83 D4
Luceau 72 ... 107 E4
Lucelle 68 ... 143 E2
Lucenay 69 ... 192 C3
Lucenay-le-Duc 21 ... 138 A1
Lucenay-lès-Aix 58 ... 172 C1
Lucenay-l'Évêque 71 ... 156 C1
Lucéram 06 ... 289 E3
Lucerne (Abbaye de la) 50 ... 53 F3
La Lucerne-d'Outremer 50 ... 54 A3
Lucey 21 ... 115 F3
Lucey 54 ... 67 F4
Lucey 73 ... 194 C4
Lucgarier 64 ... 297 E1
Luchapt 86 ... 184 C1
Luchat 17 ... 181 E4
Luché-Pringé 72 ... 106 C4
Luché-sur-Brioux 79 ... 183 D1
Luché-Thouarsais 79 ... 148 A3
Lucheux 80 ... 7 F4
Luchy 60 ... 34 A1
Lucinges 74 ... 178 A4
Lucmau 33 ... 236 B4
Luçon 85 ... 163 E2
Lucq-de-Béarn 64 ... 272 B4
Lucquy 08 ... 38 B1
Les Lucs-sur-Boulogne 85 ... 145 F3
Lucy 51 ... 63 F2
Lucy 57 ... 68 C2
Lucy 76 ... 16 C3
Lucy-le-Bocage 02 ... 62 C1
Lucy-le-Bois 89 ... 137 D2
Lucy-sur-Cure 89 ... 136 C1
Lucy-sur-Yonne 89 ... 136 B2
Le Lude 72 ... 129 F1
Ludes 51 ... 37 F4
Ludesse 63 ... 207 E2
Ludiès 09 ... 301 D2
Ludon-Médoc 33 ... 217 E3
Ludres 54 ... 68 A4
Lüe 40 ... 253 D1
Lué-en-Baugeois 49 ... 129 D2
Luemschwiller 68 ... 120 B3
Luère (Col de la) 69 ... 192 B4
Lugagnac 46 ... 240 C4
Lugagnan 65 ... 297 E2
Lugaignac 33 ... 218 C4
Lugan 12 ... 241 F3
Lugan 81 ... 277 E1
Lugarde 15 ... 206 C4
Lugasson 33 ... 218 C4
Luglon 40 ... 253 E2
Lugny 02 ... 21 D3
Lugny 71 ... 175 D2
Lugny-Bourbonnais 18 ... 153 F3
Lugny-Champagne 18 ... 154 A1
Lugny-lès-Charolles 71 ... 174 A3
Lugo-di-Nazza 2B ... 317 E2
Lugon-et-l'Île-du-Carnay 33 ... 217 F3
Lugos 33 ... 235 D3
Lugrin 74 ... 178 C2
Lugy 62 ... 7 D1
Le Luhier 25 ... 142 B4
Luigné 49 ... 128 C4
Luigny 28 ... 84 B4
Luisans 25 ... 161 E1
Luisant 28 ... 85 E2
Luisetaines 77 ... 88 C2
Luitré 35 ... 80 B3
Lullin 74 ... 178 C3
Lully 74 ... 178 B3
Lumbin 38 ... 213 D4
Lumbres 62 ... 3 D4
Lumeau 28 ... 110 A1
Lumes 08 ... 22 C3
Luméville-en-Ornois 55 ... 92 C2
Lumigny 77 ... 62 A4
Lumio 2B ... 314 B3
Lunac 12 ... 259 E1
Lunan 46 ... 241 E2
Lunaret (Zoo de) 34 ... 281 F2
Lunas 24 ... 220 A3
Lunas 34 ... 280 B1
Lunax 31 ... 275 D4
Lunay 41 ... 108 B3
Luneau 03 ... 173 E3
Lunegarde 46 ... 240 C1
Lunel 34 ... 282 A1
Lunel-Viel 34 ... 282 A1
Luneray 76 ... 15 F1
Lunery 18 ... 153 D3
Lunéville 54 ... 94 C1
Le Luot 50 ... 54 A3
Lupcourt 54 ... 68 B4

LYON

- Annonciade (R. de l') .... FV 5
- Antiquaille (R. de l') .... EY 7
- Basses-Vercheres (R. des) .. EY 10
- Bonaparte (Pont) .... FY 12
- Burdeau (R.) .... FV 16
- Carmélites (Montée des) .... FV 21
- Churchill (Pt W.) .... GV 31
- Courmont (Quai J.) .... FX 33
- Croix-Rousse (Grande R. de la) .... FV 35
- Épargne (R. de l') .... HZ 41
- Farges (R. des) .... EY 46
- Favre (Bd J.) .... HX 48
- Ferry (Pl. J.) .... HX 51
- France (Bd A.) .... HV 57
- Gallieni (Pont) .... FY 65
- Gerlier (R. Cardinal) .... EY 69
- Grenette (R.) .... FX 71
- Guillotière (Grande R. de la) .... GYZ
- Guillotière (Pt de la) .... FY 73
- Herbouville (Cours d') .... FV 75
- Jaurès (Av. J.) .... GY
- Joffre (Quai Mar.) .... EY 82
- Juin (Pt Alphonse) .... FX 84
- Kitchener Marchand (Pt) .... EY 85
- Koenig (Pt Gén.) .... EV 86
- La Fayette (Pont) .... GX 88
- La Part Dieu .... HXY
- Lassagne (Quai A.) .... FV 93
- Lattre de Tassigny (Pt de) ... FV 94
- Marius-Vivier-Merle (Bd) .... HY 101
- Montrochet (R. P.) .... EZ 105
- Morand (Pont) .... FVX 107
- Moulin (Quai J.) .... FX 109
- Pradel (Pl. L.) .... FX 123
- Pré-Gaudry (R.) .... FZ 125
- Prés. Herriot (R. du) .... FX 127
- Repos (R. du) .... GZ 131
- République (R. de la) .... FXY 136
- Rolland (Quai R.) .... FX 140
- St-Antoine (Quai) .... FX 147
- St-Bartélemy (Montée) .... EX 149
- Sarrail (Quai Gén.) .... GX 157
- Terme (R.) .... FV 166
- Université (Pont de l') .... FY 171
- Université (R. de l') .... GY 172
- Victor-Hugo (R.) .... FY 176
- Villette (R. de la) .... HY 178
- Vitton (Cours) .... HV
- Vivier (R. du) .... GZ 180
- Wilson (Pont) .... FY 182
- 1re-Div.-Fr.-Libre (Av.) .... EY 186

CALUIRE ET CUIRE

- Peissel (R. F.) .... FU 117
- Soldats (Montée des) .... HU 163

VILLEURBANNE

- Dutrievoz (Av. A.) .... HV 39
- Rossellini (Av. R.) .... HV 144

Lupé 42 ... 210 C3
Lupersat 23 ... 188 A3
Lupiac 32 ... 274 A1
Luplanté 28 ... 85 D3
Luppé-Violles 32 ... 273 E1
Luppy 57 ... 68 B1
Lupsault 16 ... 183 D3
Lupstein 67 ... 70 C2
Luquet 65 ... 297 E1
Lurais 36 ... 167 F1
Luray 28 ... 59 D4
Lurbe-Saint-Christau 64 ... 296 B2
Lurcy 01 ... 192 C2
Lurcy-le-Bourg 58 ... 155 D1
Lurcy-Lévis 03 ... 154 B4
Luré 42 ... 191 D3
Lure 70 ... 119 D4
Lureuil 36 ... 150 C4
Luri 2B ... 314 D1
Luriecq 42 ... 209 E3
Lurs 04 ... 267 D3
Lury-sur-Arnon 18 ... 152 C1
Lus-la-Croix-Haute 26 ... 248 C1
Lusanger 44 ... 103 E4
Lusans 25 ... 141 E3
Luscan 31 ... 299 D3
Lusignac 24 ... 201 F4
Lusignan 86 ... 166 A3
Lusignan-Petit 47 ... 256 A1
Lusigny 03 ... 172 C2
Lusigny-sur-Barse 10 ... 90 C4
Lusigny-sur-Ouche 21 ... 157 F1
Lussac 16 ... 184 A3
Lussac 17 ... 199 F3
Lussac 33 ... 219 D3
Lussac-les-Châteaux 86 ... 167 D3
Lussac-les-Églises 87 ... 168 A4
Lussagnet 40 ... 254 B4
Lussagnet-Lusson 64 ... 273 E3
Lussan 30 ... 264 A2
Lussan 32 ... 275 D2
Lussan-Adeilhac 31 ... 299 F1
Lussant 17 ... 181 E2
Lussas 07 ... 246 B2
Lussas-et-Nontronneau 24 ... 202 B2
Lussat 23 ... 188 A1
Lussat 63 ... 189 F4
Lussault-sur-Loire 37 ... 131 E3
Lusse 88 ... 96 A2
Lusseray 79 ... 183 D1
Lustar 65 ... 298 B1
Lustrac (Moulin de) 47 ... 239 D3
Luthenay-Uxeloup 58 ... 155 D3
Luthézieu 01 ... 194 B3
Lutilhous 65 ... 298 B2
Luttange 57 ... 42 A3
Luttenbach-près-Munster 68 ... 96 A4
Lutter 68 ... 120 C4
Lutterbach 68 ... 120 B2
Lutz-en-Dunois 28 ... 109 D1
Lutzelbourg 57 ... 70 B2
Lutzelhouse 67 ... 70 B4
Luvigny 88 ... 70 A4
Lux 21 ... 139 E2
Lux 31 ... 277 E4
Lux 71 ... 158 A4
Luxé 16 ... 183 E3
Luxe-Sumberraute 64 ... 271 E4
Luxémont-et-Villotte 51 ... 65 E4
Luxeuil-les-Bains 70 ... 118 C3
Luxey 40 ... 235 F4
Luxiol 25 ... 141 F2
Luyères 10 ... 90 B3
Luynes 13 ... 285 D3
Luynes 37 ... 130 B3
Luz-Ardiden 65 ... 297 E4
Luz-Saint-Sauveur 65 ... 297 F4
Luzancy 77 ... 62 C2
Luzarches 95 ... 61 D1
Luzay 79 ... 148 A3
Luzé 37 ... 149 E2
Luze 70 ... 142 B1
Luzech 46 ... 239 F3
Luzenac 09 ... 310 B1
Luzeret 36 ... 168 B2
La Luzerne 50 ... 27 E4
Luzillat 63 ... 190 A3
Luzillé 37 ... 131 E4
Luzinay 38 ... 211 D2
Luzoir 02 ... 21 E2
Luzy 58 ... 156 B4
Luzy-Saint-Martin 55 ... 39 F1
Luzy-sur-Marne 52 ... 116 B1
Ly-Fontaine 02 ... 20 A4
Lyas 07 ... 228 B4
Lyaud 74 ... 178 C3
Lye 36 ... 132 B4
Lynde 59 ... 3 F4
Lyoffans 70 ... 119 D4
Lyon 69 ... 192 C4
Lyon-Saint-Exupéry (Aéroport de) 69 ... 193 E4
Lyons-la-Forêt 27 ... 33 D2
Lys 58 ... 136 B3
Lys 64 ... 297 D2
Lys-Chantilly 60 ... 34 C4
Lys-lez-Lannoy 59 ... 5 D4
Lys-Saint-Georges 36 ... 169 E1

M

Maast-et-Violaine 02 ... 36 C3
Maâtz 52 ... 117 D4
Mably 42 ... 191 E2
Macau 33 ... 217 E2
Macaye 64 ... 271 D4
Macé 61 ... 82 C1
Macey 10 ... 90 A3
Macey 50 ... 79 F1
Machault 08 ... 38 C3
Machault 77 ... 88 A2
Maché 85 ... 145 E4
Machecoul 44 ... 145 D2
Mâchecourt 02 ... 21 D4
Machemont 60 ... 35 E2
Macheren 57 ... 42 C4
Machézal 42 ... 191 F3
Machiel 80 ... 6 C3
Machilly 74 ... 178 A4
La Machine 58 ... 155 E3
Machine (Col de la) 26 ... 230 A3
Machy 10 ... 114 B1
Machy 80 ... 6 B3
Macinaggio 2B ... 314 A1
Mackenheim 67 ... 97 D2
Mackwiller 67 ... 70 A1
Maclas 42 ... 210 C4
Maclaunay 51 ... 63 E3
Macogny 02 ... 36 A4
Mâcon 71 ... 175 E4
Maconcourt 52 ... 92 B2
Maconcourt 88 ... 93 F2
Maconge 21 ... 138 B4
Macornay 39 ... 176 C1
Mâcot-la-Plagne 73 ... 214 C1
Macqueville 17 ... 182 C4
Macquigny 02 ... 20 C2
Madaillan 47 ... 256 A1
Madecourt 88 ... 94 A3
Madegney 88 ... 94 B3
La Madelaine-sous-Montreuil 62 ... 6 B2
La Madeleine 44 ... 126 C3
La Madeleine 54 ... 68 B4
La Madeleine 59 ... 4 C4
Madeleine (Col de la) 73 ... 214 A2
Madeleine (Grotte de la) 07 ... 246 B4
La Madeleine-Bouvet 61 ... 84 B2
La Madeleine-de-Nonancourt 27 ... 58 C4
La Madeleine-sur-Loing 77 ... 87 F4
La Madeleine-Villefrouin 41 ... 109 D4
Madeloc (Tour) 66 ... 313 E3
Madic 15 ... 206 A4
Madière 09 ... 300 C2
Madières 34 ... 262 B4
Madirac 33 ... 217 F4
Madiran 65 ... 273 E2
Madone de Fenestre 06 ... 289 D1
Madonne-et-Lamerey 88 ... 94 B4
La Madrague 83 ... 291 E3
La Madrague-de-la-Ville 13 ... 284 C4
La Madrague-de-Montredon 13 ... 290 B3
Madranges 19 ... 204 C3
Madré 53 ... 81 F2
Madriat 63 ... 207 F3
Maël-Carhaix 22 ... 76 A2
Maël-Pestivien 22 ... 76 B2
Maennolsheim 67 ... 70 C2
Maffliers 95 ... 61 D1
Maffrécourt 51 ... 65 F1
Magagnosc 06 ... 288 A2
Magalas 34 ... 280 B3
La Magdeleine 16 ... 183 E2
La Magdeleine (Chapelle de) 44 ... 126 A1
La Magdeleine-sur-Tarn 31 ... 256 A4
Le Mage 61 ... 84 A2
Magenta 51 ... 64 A1
Les Mages 30 ... 263 E1
Magescq 40 ... 252 B4
Magland 74 ... 196 B2
Magnac-Bourg 87 ... 204 A2
Magnac-Laval 87 ... 185 F1
Magnac-Lavalette-Villars 16 ... 201 F2
Magnac-sur-Touvre 16 ... 201 F1
Magnan 32 ... 273 E1
Magnant 10 ... 91 D4
Magnanville 78 ... 59 F2
Magnas 32 ... 256 B4
Magnat-l'Étrange 23 ... 187 F4
Magné 79 ... 164 C4
Magné 86 ... 166 B3
Magnet 03 ... 190 A1
Magneux 51 ... 37 D3
Magneux 52 ... 92 A1
Magneux-Haute-Rive 42 ... 209 F1
Magneville 50 ... 24 C4
Magnicourt 10 ... 90 C2
Magnicourt-en-Comte 62 ... 7 F2
Magnicourt-sur-Canche 62 ... 7 F3
Magnien 21 ... 157 E1
Magnières 54 ... 95 D2
Magnieu 01 ... 194 C4
Les Magnils-Reigniers 85 ... 163 E2
Magnivray 70 ... 119 D3
Magnoncourt 70 ... 118 B2
Le Magnoray 70 ... 141 E1
Magny 28 ... 85 D3
Le Magny 36 ... 169 E2
Magny 68 ... 120 A3
Les Magny 70 ... 142 A1
Le Magny 88 ... 118 B2
Magny 89 ... 137 D2
Magny-Châtelard 25 ... 141 F4
Magny-Cours 58 ... 154 C3
Magny-Danigon 70 ... 119 D4
Magny-en-Bessin 14 ... 29 D3
Magny-en-Vexin 95 ... 33 E4
Magny-Fouchard 10 ... 91 D4
Magny-Jobert 70 ... 119 D4
Magny-la-Campagne 14 ... 56 B1
Magny-la-Fosse 02 ... 20 A2
Magny-la-Ville 21 ... 138 A2
Magny-Lambert 21 ... 115 E4
Magny-le-Désert 61 ... 82 A1
Magny-le-Freule 14 ... 56 B1
Magny-le-Hongre 77 ... 61 F3
Magny-lès-Aubigny 21 ... 158 C1
Magny-les-Hameaux 78 ... 60 B4
Magny-lès-Jussey 70 ... 118 A3
Magny-lès-Villers 21 ... 158 A1
Magny-Lormes 58 ... 136 C4
Magny-Montarlot 21 ... 139 F4
Magny-Saint-Médard 21 ... 139 F3
Magny-sur-Tille 21 ... 139 E4
Magny-Vernois 70 ... 119 D4
Magoar 22 ... 76 B2
Magrie 11 ... 302 B3
Magrin 81 ... 277 F2
Magstatt-le-Bas 68 ... 120 C3
Magstatt-le-Haut 68 ... 120 C3
Maguelone 34 ... 281 F3
Mahalon 29 ... 73 D3
Mahéru 61 ... 57 E4
Maîche 25 ... 142 C3
Maidières 54 ... 68 A2
Maignaut-Tauzia 32 ... 255 F4
Maigné 72 ... 106 B2
Maignelay-Montigny 60 ... 34 C1
Mailhac 11 ... 303 E1
Mailhac-sur-Benaize 87 ... 168 B4
Mailhoc 81 ... 259 E3
Mailholas 31 ... 300 B1
Maillane 13 ... 264 C4
Maillas 40 ... 254 C1
Maillat 01 ... 194 B1
Maillé 37 ... 149 F2
Maillé 85 ... 164 A3
Maillé 86 ... 166 A1
Maillé (Château de) 29 ... 48 C2
Maillebois 28 ... 84 C1
La Mailleraye-sur-Seine 76 ... 15 E4
Maillères 40 ... 254 A2
Mailleroncourt-Charette 70 ... 118 B4
Mailleroncourt-Saint-Pancras 70 ... 118 B2
Maillet 03 ... 171 D3
Maillet 36 ... 169 D2
Mailley-et-Chazelot 70 ... 141 D1
Maillezais 85 ... 164 B3
Maillot 89 ... 88 C4
Mailly 71 ... 173 F4
Mailly-Champagne 51 ... 37 F4
Mailly-la-Ville 89 ... 136 C1
Mailly-le-Camp 10 ... 64 B4
Mailly-le-Château 89 ... 136 B1
Mailly-Maillet 80 ... 18 C1
Mailly-Raineval 80 ... 18 B4
Mailly-sur-Seille 54 ... 68 B2
Les Maillys 21 ... 159 D1
Maimbeville 60 ... 34 C2
Mainbresson 08 ... 21 F4
Mainbressy 08 ... 21 F4
Maincourt-sur-Yvette 78 ... 60 B4
Maincy 77 ... 87 F1
Maine-de-Boixe 16 ... 183 F4
Mainfonds 16 ... 201 E2
Maing 59 ... 9 F3
Mainneville 27 ... 33 E3
Mainsat 23 ... 188 A2
Maintenay 62 ... 6 B2
Maintenon 28 ... 85 E1
Mainterne 28 ... 58 C4
Mainville 54 ... 41 D3
Mainvillers 57 ... 68 C1
Mainvilliers 28 ... 85 E2
Mainvilliers 45 ... 86 C4
Mainxe 16 ... 200 C1
Mainzac 16 ... 202 A2
Mairé 86 ... 150 A3
Mairé-Levescault 79 ... 183 E1
Mairieux 59 ... 10 B1
Mairy 08 ... 23 E4
Mairy-Mainville 54 ... 41 D3
Mairy-sur-Marne 51 ... 64 C3
Maisdon-sur-Sèvre 44 ... 146 A1
Maisey-le-Duc 21 ... 115 E3
Maisières-Notre-Dame 25 ... 160 B1
Maisnières 80 ... 17 D1
Le Maisnil 59 ... 4 B4
Maisnil 62 ... 7 E3
Maisnil-lès-Ruitz 62 ... 8 A2
Maisod 39 ... 177 D2
La Maison-des-Champs 10 ... 91 E4
La Maison-Dieu 58 ... 136 B3
Maison-du-Roy 05 ... 250 C1
Maison-Feyne 23 ... 169 D4
Maison-Jeannette 24 ... 220 B2
Maison-Maugis 61 ... 83 F2
Maison-Neuve 07 ... 245 F4
Maison-Neuve 16 ... 202 A2
Maison-Ponthieu 80 ... 7 D4
Maison-Roland 80 ... 7 D4
Maison-Rouge 77 ... 88 B1
Maisoncelle 62 ... 7 D2
Maisoncelle-et-Villers 08 ... 39 E1
Maisoncelle-Saint-Pierre 60 ... 34 A2
Maisoncelle-Tuilerie 60 ... 34 B1
Maisoncelles 52 ... 117 D1
Maisoncelles 72 ... 107 F2
Maisoncelles-du-Maine 53 ... 105 E2
Maisoncelles-en-Brie 77 ... 62 A3
Maisoncelles-en-Gâtinais 77 ... 87 E4
Maisoncelles-la-Jourdan 14 ... 55 D3
Maisoncelles-Pelvey 14 ... 55 E1
Maisoncelles-sur-Ajon 14 ... 55 F1
Maisonnais 18 ... 170 A1
Maisonnais 79 ... 183 D1
Maisonnais-sur-Tardoire 87 ... 202 C1
Maisonneuve 86 ... 148 C4
Maisonnisses 23 ... 187 D2
Maisons 11 ... 303 D4
Maisons 14 ... 28 C3
Maisons 28 ... 86 A3
Maisons-Alfort 94 ... 61 D3
Les Maisons Blanches 79 ... 183 F1
Maisons-du-Bois 25 ... 161 D2
Maisons-en-Champagne 51 ... 65 D4
Maisons-Laffitte 78 ... 60 C2
Maisons-lès-Chaource 10 ... 114 B2
Maisons-lès-Soulaines 10 ... 91 F3
Maisonsgoutte 67 ... 96 B1
Maisontiers 79 ... 148 A4
Maisse 91 ... 87 D3
Maissemy 02 ... 20 A2
Maixe 54 ... 68 C4
Maizeray 55 ... 40 C4
Maizeroy 57 ... 42 A4
Maizery 57 ... 42 A4
Maizet 14 ... 55 F1
Maizey 55 ... 67 D2
Maizicourt 80 ... 7 D4
Maizière 58 ... 135 E4
Maizières 14 ... 56 B1
Maizières 52 ... 92 A2
Maizières 54 ... 94 A1
Maizières 62 ... 7 F3
Maizières 70 ... 141 D2
Maizières-la-Grande-Paroisse 10 ... 89 F2
Maizières-lès-Brienne 10 ... 91 E2
Maizières-lès-Metz 57 ... 41 F3
Maizières-lès-Vic 57 ... 69 E3
Maizières-sur-Amance 52 ... 117 E3
Maizilly 42 ... 191 F1
Maizy 02 ... 37 D3
Majastres 04 ... 268 A3
Malabat 32 ... 274 A3
La Malachère 70 ... 141 D2
Malafretaz 01 ... 175 F3
Mâlain 21 ... 138 C3
Malaincourt 88 ... 93 E4
Malaincourt-sur-Meuse 52 ... 93 D4
Malakoff 92 ... 61 D3
Malancourt 55 ... 39 F3
Malancourt-la-Montagne 57 ... 41 E3
Malandry 08 ... 39 F1
Malange 39 ... 140 B4
Malans 25 ... 160 B1
Malans 70 ... 140 B4
Malansac 56 ... 102 A4
Malarce-sur-la-Thines 07 ... 245 E3
Malataverne 26 ... 246 C3
Malaucène 84 ... 265 E1
Malaucourt-sur-Seille 57 ... 68 C2
Malaumont 55 ... 67 D3
Malaunay 76 ... 32 A1
Malause 82 ... 257 D2
Malaussanne 64 ... 272 C2
Malaussène 06 ... 269 F3
Malauzat 63 ... 189 E4
Malaville 16 ... 201 D2
Malavillers 54 ... 41 D2
Malay 71 ... 175 D2
Malay-le-Grand 89 ... 113 D1
Malay-le-Petit 89 ... 113 D1
Malbo 15 ... 224 C3
Malbosc 07 ... 245 E4
Malbouhans 70 ... 119 D4
Malbouzon 48 ... 243 E1
Malbrans 25 ... 160 B1
Malbuisson 25 ... 161 D3
Mâle 61 ... 84 A4
Malegoude 09 ... 301 F2
Malemort-du-Comtat 84 ... 265 F2
Malemort-sur-Corrèze 19 ... 222 B1
La Malène 48 ... 244 A4
Malepeyre (Sabot de) 48 ... 243 F4
Malesherbes 45 ... 87 D4
Malestroit 56 ... 102 A3
Malétable 61 ... 83 F1
Maleville 12 ... 241 E4
Malfalco (Anse de) 2B ... 315 D1
Malguénac 56 ... 76 C4
La Malhoure 22 ... 77 F2
Malicornay 36 ... 169 D2
Malicorne 03 ... 171 D4
Malicorne 89 ... 112 B3
Malicorne-sur-Sarthe 72 ... 106 B3
Maligny 21 ... 157 E1
Maligny 89 ... 113 F3
Malijai 04 ... 267 E2
Malincourt 59 ... 20 A1
Malintrat 63 ... 189 F4
Malissard 26 ... 229 D3
Malle (Château de) 33 ... 236 B2
Mallefougasse 04 ... 267 D2
Malleloy 54 ... 68 A3
Mallemoisson 04 ... 267 F2
Mallemort 13 ... 284 B1
Malléon 09 ... 301 D3
Malleret 23 ... 188 A4
Malleret-Boussac 23 ... 170 A4
Mallerey 39 ... 176 B1
Mallet (Belvédère de) 15 ... 225 E3
Malleval 38 ... 230 A1
Malleval 42 ... 210 C3
Malleville-les-Grès 76 ... 15 D1
Malleville-sur-le-Bec 27 ... 31 F4

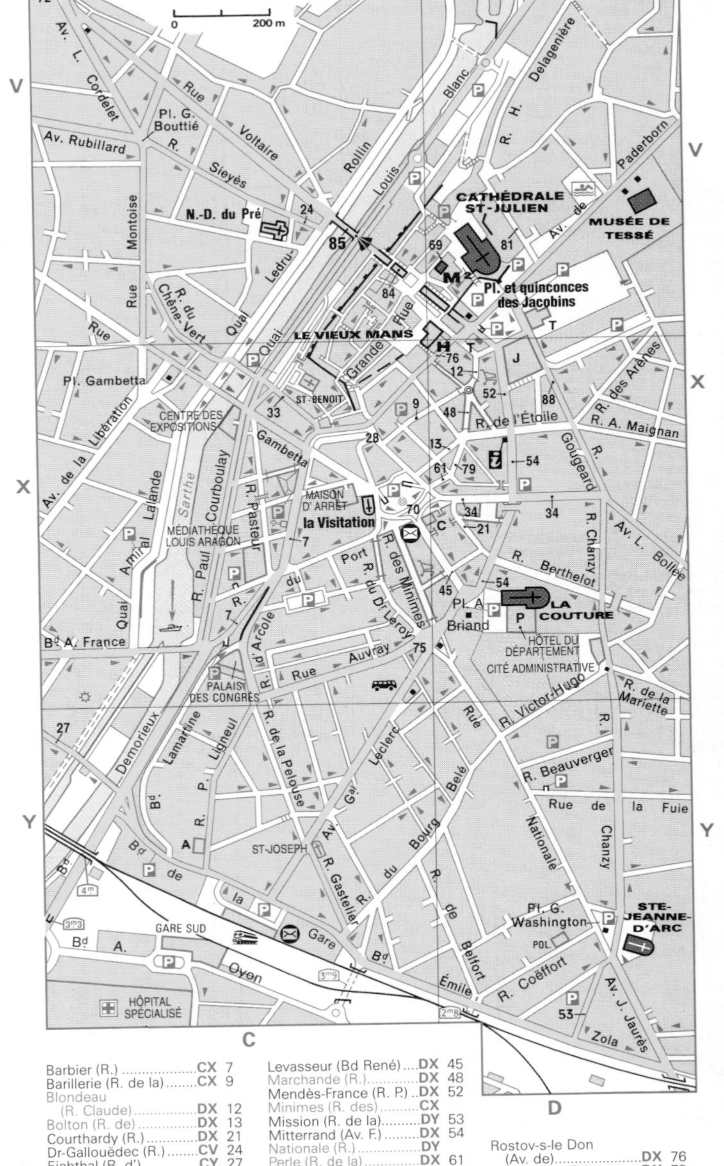

Barbier (R.) ... CX 7
Barillerie (R. de la) ... CX 9
Blondeau (R. Claude) ... DX 12
Bolton (R. de) ... DX 13
Courthardy (R.) ... DX 21
Dr-Gallouëdec (R.) ... CV 24
Eichthal (R. d') ... CY 27
Éperon (Pl. de l') ... CX 28
Galère (R. de la) ... CX 33
Gambetta (R.) ... CX
Gaulle (Av. du Gén.-de) ... DX 34
Levasseur (Bd René) ... DX 45
Marchande (R.) ... DX 48
Mendès-France (R. P.) ... DX 52
Minimes (R. des) ... DX
Mission (R. de la) ... DY 53
Mitterrand (Av. F.) ... DX 54
Nationale (R.) ... DY
Perle (R. de la) ... DX 61
Reine-Bérengère (R. de la) ... DV 69
République (Pl. de la) ... CX 70
Rhin-et-Danube (Av.) ... CV 72
Roosevelt (Pl. F.) ... CX 75
Rostov-s-le Don (Av. de) ... DX 76
St-Jacques (R.) ... DX 79
Triger (R. Robert) ... DV 81
Wright (R. Wilbur) ... CV 84
Yssoir (Pont) ... CV 85
33e-Mobiles (R. du) ... DX 88

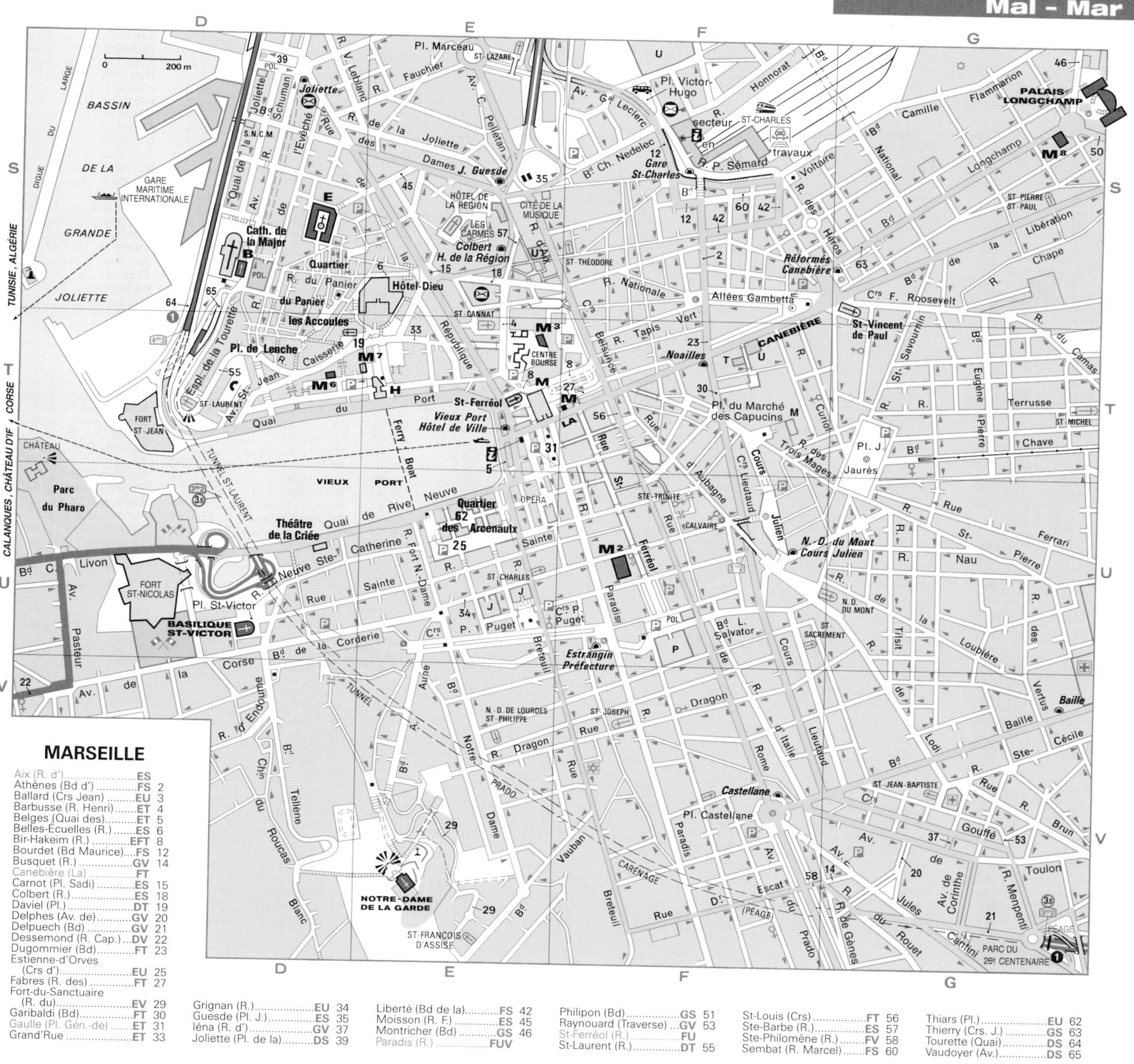

Mallièvre *85* 147 D3
Malling *57* 41 F2
Malloué *14* 54 C2
La Malmaison *02* 37 F1
Malmerspach *68* 120 A1
Malmy *51* 39 D4
Malnoue *77* 61 E3
Malo-les-Bains *59* 3 E1
Malons-et-Elze *30* 245 E3
Malouy *27* 57 F1
Malpart *80* 18 C4
Malpas *25* 161 D3
Malras *11* 302 A3
Malrevers *43* 227 D2
Malromé (Château de) *33* 236 C2
Malroy *57* 41 F4
Maltat *71* 173 D1
Maltot *14* 29 E4
Malval *23* 169 E4
Malval (Col de) *69* 192 B4
Malvalette *43* 209 F4
Malves-en-Minervois *11* 302 C1
Malvezie *31* 299 D3
Malvières *43* 208 C4
Malviès *11* 302 A2
Malville *44* 125 F3
Malvillers *70* 117 F4
Malzéville *54* 68 B4
Le Malzieu-Forain *48* 226 A4
Le Malzieu-Ville *48* 226 A4
Malzy *02* 21 D2
Mambouhans *25* 142 B2
Mamers *72* 83 E3
Mametz *62* 3 E4
Mametz *80* 19 D2
Mamey *54* 67 F2
Mamirolle *25* 141 E4
Manas *26* 247 E2
Manas-Bastanous *32* 274 B4
Manaurie *24* 221 D3
Mance *54* 41 D3
La Mancelière *28* 84 B1
La Mancellière *50* 54 B4
La Mancellière-sur-Vire *50* 54 C1
Mancenans *25* 142 A2
Mancenans-Lizerne *25* 142 C3
Mancey *71* 175 D1
Manchecourt *45* 87 D4
Manciet *32* 255 D4
Mancieulles *54* 41 D3
Mancioux *31* 299 F2
Mancy *51* 64 A2
Mandacou *24* 238 B1
Mandagout *30* 262 B3
Mandailles-Saint-Julien *15* 224 B2
Mandelieu-la-Napoule *06* 288 A3
Manderen *57* 42 A1
Mandeure *25* 142 C2
Mandeville *27* 32 A4
Mandeville-en-Bessin *14* 28 B3
Mandray *88* 95 F3
Mandres *27* 58 A4
Mandres-aux-Quatre-Tours *54* 67 E3
Mandres-en-Barrois *55* 92 C2
Mandres-la-Côte *52* 116 C1
Mandres-les-Roses *94* 61 E4
Mandres-sur-Vair *88* 93 F4
Mandrevillars *70* 119 E4
Manduel *30* 264 A4
Mane *04* 266 C3
Mane *31* 299 F2
Manéglise *76* 14 B3
Manéhouville *76* 16 A3
Manent-Montané *32* 274 C4
Manerbe *14* 30 B4
Mangiennes *55* 40 B2
Manglieu *63* 208 A2
Mangonville *54* 94 B2
Manhac *12* 260 A1
Manheulles *55* 40 C4
Manhoué *57* 68 B3
Manicamp *02* 36 A1
Manicourt *80* 19 E3
Manigod *74* 196 A3
Manin *62* 7 F3
Maninghem *62* 6 C1
Maninghen-Henne *62* 2 A3
Maniquerville *76* 14 C2
Manlay *21* 157 D1
Manneville-ès-Plains *76* 15 E1
Manneville-la-Goupil *76* 14 C3
Manneville-la-Pipard *14* 30 C3
Manneville-la-Raoult *27* 30 C3
Manneville-sur-Risle *27* 31 E3
Mannevillette *76* 14 B3
Mano *40* 235 E3
Le Manoir *14* 29 D3
Le Manoir *27* 32 B3
Manois *52* 92 C3
Manom *57* 41 F2
Manoncourt-en-Vermois *54* 68 B4
Manoncourt-en-Woëvre *54* 67 F3
Manoncourt-sur-Seille *54* 68 B2
Manonville *54* 67 F3
Manonviller *54* 95 D1
Manosque *04* 267 D4
Manot *16* 184 B3
Manou *28* 84 B2
Manre *08* 38 C3
Le Mans *72* 107 D2
Mansac *19* 222 A1
Mansan *65* 274 A4
Mansat-la-Courrière *23* 186 C3
Manse (Col de) *05* 249 F1
Mansempuy *32* 275 E1
Mansencôme *32* 255 F4
Manses *09* 301 E2
Mansigné *72* 106 C4
Mansle *16* 183 F3
Manso *2B* 314 B4
Mansonville *82* 256 C3
Manspach *68* 120 A3
Mant *40* 272 C2
Mantaille (Château de) *26* 211 D4
Mantallot *22* 50 B2
Mantenay-Montlin *01* 175 F3
Mantes-la-Jolie *78* 59 F2
Mantes-la-Ville *78* 59 F2
Mantet *66* 311 E3
Manteyer *05* 249 E2
Manthelan *37* 150 A1
Manthelon *27* 58 C2
Manthes *26* 211 E4
Mantilly *61* 81 D1
Mantoche *70* 140 A2
Mantry *39* 159 E3
Manvieux *14* 29 D3
Many *57* 68 C1
Manzac-sur-Vern *24* 220 B2
Manzat *63* 189 D3
Manziat *01* 175 E3
Maquens *11* 302 B2
Marac *52* 116 B2
Marainville-sur-Madon *88* 94 B2
Marainviller *54* 69 D4
Le Marais (Château) *91* 86 B1
Le Marais-la-Chapelle *14* 56 B3
Marais-Vernier *27* 31 D2
Marambat *32* 274 B1
Marandeuil *21* 139 F3
Marange-Silvange *57* 41 F4
Marange-Zondrange *57* 42 B4
Marangea *39* 176 C2
Marans *17* 163 F4
Marans *49* 127 F1
Maransin *33* 218 C2
Marant *62* 6 C2
Maranville *52* 115 F1
Maranwez *08* 22 A4
Marast *70* 141 F1
Marat *63* 208 C1
Marat-la-Grande *55* 66 B2
Marault *52* 92 B4
Maraussan *34* 280 A4
Maravat *32* 275 E1
Maray *41* 133 D4
Maraye-en-Othe *10* 113 F1
Marbache *54* 68 A3
Marbaix *59* 10 B3
Marbeuf *27* 32 A4
Marbéville *52* 92 A3
Marbotte *55* 67 D3
Marboué *28* 109 D1
Marboz *01* 176 A3
Marby *08* 22 A3
Marc-la-Tour *19* 223 D1
Marçais *18* 170 B1
Marçay *37* 149 D1
Marçay *86* 166 A2
Marcé *49* 128 C1
Marcé-sur-Esves *37* 150 A2
Marcei *61* 56 C4
Marcelcave *80* 18 C3
Marcellaz *74* 195 F1
Marcellaz-Albanais *74* 195 D3
Marcellois *21* 138 B3
Marcellus *47* 237 E3
Marcenais *33* 217 F2
Marcenat *03* 172 B4
Marcenat *15* 206 C4
Marcenay *21* 115 D3
Marcenod *42* 210 A2
Marcevol *66* 311 F2
Marcey-les-Grèves *50* 54 A4
Marchainville *61* 84 A1
Marchais *02* 37 E1
Marchais-Beton *89* 112 B3
Marchais-en-Brie *02* 63 D3
Marchal *15* 206 B3
Marchamp *01* 194 B4
Marchampt *69* 192 B1
Marchastel *15* 206 C4
Marchastel *48* 243 E2
Marchaux *25* 141 E3
La Marche *58* 154 B1
Marché-Allouarde *80* 19 E4
Marchélepot *80* 19 E3
Marchemaisons *61* 83 D2
Marchémoret *77* 61 F1
Marchenoir *41* 109 D3
Marcheprime *33* 235 D1
Marches *26* 229 E3
Les Marches *73* 213 E2
Marcheseuil *21* 157 D1
Marchésieux *50* 27 D4
Marchéville *28* 85 D3
Marcheville *80* 6 C4
Marchéville-en-Woëvre *55* 67 E1
Marchezais *28* 59 E4
Marchiennes *59* 9 D2
Marchon *01* 177 D4
Marciac *32* 274 A3
Marcieu *38* 230 C3
Marcieux *73* 212 C1
Marcigny *71* 173 F4
Marcigny-sous-Thil *21* 138 A3
Marcilhac-sur-Célé *46* 240 C2
Marcillac *33* 199 E4
Marcillac-la-Croisille *19* 205 E4
Marcillac-la-Croze *19* 222 C2
Marcillac-Lanville *16* 183 E4
Marcillac-Saint-Quentin *24* 221 F3
Marcillac-Vallon *12* 242 A3
Marcillat *63* 189 E2
Marcillat-en-Combraille *03* 188 B1
Marcillé-la-Ville *53* 81 F3
Marcillé-Raoul *35* 79 E2
Marcillé-Robert *35* 104 A2
Marcilloles *38* 211 F4

MELUN

Alsace-Lorraine (Q.) ... BZ 2
Carnot (R.) ... AY 3
Courtille (R. de la) ... BZ 9
Doumer (R. Paul) ... BY 13
Godin (Av. E.) ... AZ 19
Miroir (R. du) ... AY 25
Montagne-du-Mée (R. de la) ... AY 26
N.-Dame (Pl.) ... BZ 32
Pouteau (R. René) ... BY 34
Prés.-Despatys (R.) ... AY 35
St-Ambroise (R.) ... AZ
St-Aspais (R.) ... BY 41
St-Étienne (R.) ... AZ 43

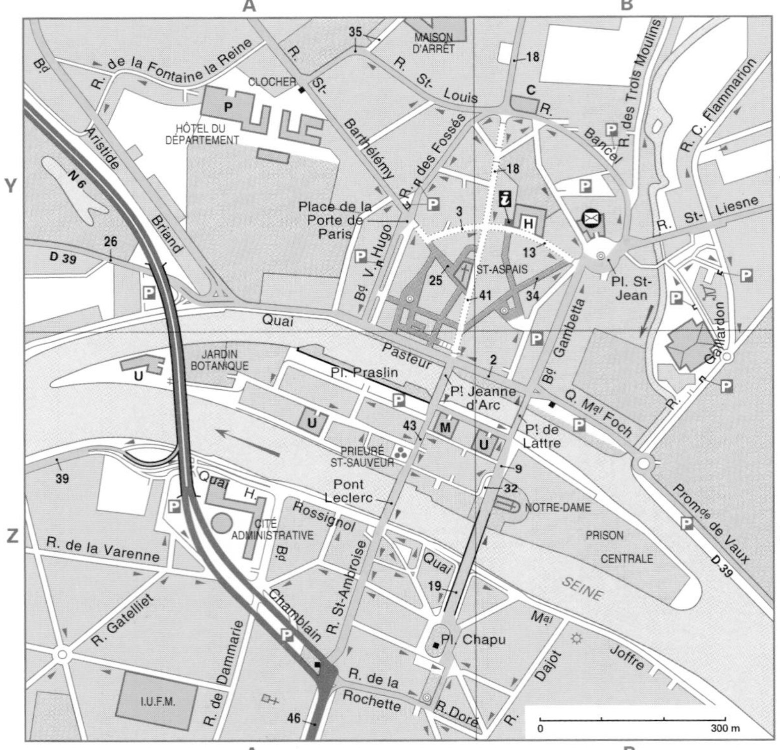

Marcilly 50 ... 54 A4
Marcilly 77 ... 62 A1
Marcilly-d'Azergues 69 ... 192 C3
Marcilly-en-Bassigny 52 ... 117 D2
Marcilly-en-Beauce 41 ... 108 B4
Marcilly-en-Gault 41 ... 133 D2
Marcilly-en-Villette 45 ... 110 B4
Marcilly-et-Dracy 21 ... 138 A3
Marcilly-la-Campagne 27 ... 58 C3
Marcilly-la-Gueurce 71 ... 174 A3
Marcilly-le-Châtel 42 ... 209 E1
Marcilly-le-Hayer 10 ... 89 E3
Marcilly-lès-Buxy 71 ... 157 F4
Marcilly-Ogny 21 ... 138 A4
Marcilly-sur-Eure 27 ... 59 D3
Marcilly-sur-Maulne 37 ... 130 A2
Marcilly-sur-Seine 51 ... 89 F1
Marcilly-sur-Tille 21 ... 139 E2
Marcilly-sur-Vienne 37 ... 149 F2
Marck 62 ... 2 C2
Marckolsheim 67 ... 97 D3
Marclopt 42 ... 209 F1
Marcoing 59 ... 19 F1
Marcolès 15 ... 224 A4
Marcollin 38 ... 211 E4
Marcols-les-Eaux 07 ... 228 A4
Marçon 72 ... 107 E4
Marconnay (Château de) 86 ... 165 F2
Marconne 62 ... 7 D2
Marconnelle 62 ... 7 D2
Marcorignan 11 ... 303 F1
Marcoule 30 ... 264 C2
Marcoussis 91 ... 86 C1
Marcoux 04 ... 267 F1
Marcoux 42 ... 209 E1
Marcq 08 ... 39 E3
Marcq 78 ... 60 A3
Marcq-en-Barœul 59 ... 4 C4
Marcq-en-Ostrevant 59 ... 9 D3
Marcy 02 ... 20 B3
Marcy 58 ... 136 A4
Marcy 69 ... 192 C3
Marcy-l'Étoile 69 ... 192 C4
Marcy-sous-Marle 02 ... 21 D4
Mardeuil 51 ... 64 A1
Mardié 45 ... 110 B3
Mardilly 61 ... 57 D3
Mardor 52 ... 116 B3
Mardore 69 ... 191 F2
Mardyck 59 ... 3 E1
La Mare-d'Ovillers 60 ... 34 B4
Mareau-aux-Bois 45 ... 110 C1
Mareau-aux-Prés 45 ... 110 A3
Marèges (Barrage de) 19 ... 206 A3
Mareil-en-Champagne 72 ... 106 A2
Mareil-en-France 95 ... 61 D1
Mareil-le-Guyon 78 ... 60 A3
Mareil-Marly 78 ... 60 B3
Mareil-sur-Loir 72 ... 106 B4
Mareil-sur-Mauldre 78 ... 60 A3
Mareilles 52 ... 92 C4
Marenla 62 ... 6 C2
Marennes 17 ... 180 C3
Marennes 69 ... 211 D1
Maresché 72 ... 82 C4
Maresches 59 ... 9 F3
Maresquel-Ecquemicourt 62 ... 6 C2
Marest 62 ... 7 F2
Marest-Dampcourt 02 ... 36 A1
Marest-sur-Matz 60 ... 35 E2
Marestaing 32 ... 275 F2
Marestmontiers 80 ... 18 C4
Maresville 62 ... 6 B1
Les Marêts 77 ... 62 C4
Maretz 59 ... 20 B1
Mareugheol 63 ... 207 F3
Mareuil 16 ... 183 D4
Mareuil 24 ... 202 A3
Mareuil-Caubert 80 ... 17 E1
Mareuil-en-Brie 51 ... 63 F2
Mareuil-en-Dôle 02 ... 36 C4
Mareuil-la-Motte 60 ... 35 E1
Mareuil-le-Port 51 ... 63 F1
Mareuil-lès-Meaux 77 ... 62 A2
Mareuil-sur-Arnon 18 ... 152 C3
Mareuil-sur-Ay 51 ... 64 A1
Mareuil-sur-Cher 41 ... 132 A4
Mareuil-sur-Lay 85 ... 163 E2
Mareuil-sur-Ourcq 60 ... 62 B1
Marey 88 ... 117 F1
Marey-lès-Fussey 21 ... 158 A1
Marey-sur-Tille 21 ... 139 E1
Marfaux 51 ... 37 E4
Marfontaine 02 ... 21 D3
Margaux 33 ... 217 D2
Margencel 74 ... 178 B3
Margency 95 ... 61 D2
Margerides 19 ... 206 A3
Margerie-Chantagret 42 ... 209 E2
Margerie-Hancourt 51 ... 91 D1
Margès 26 ... 229 E1
Margilley 70 ... 140 A1
Margival 02 ... 36 B2
Le Margnès 81 ... 279 D2
Margny 08 ... 23 C4
Margny 51 ... 63 E2
Margny-aux-Cerises 60 ... 19 E4
Margny-lès-Compiègne 60 ... 35 E2
Margny-sur-Matz 60 ... 35 E1
Margon 28 ... 84 A3
Margon 34 ... 280 B3
Margouët-Meymes 32 ... 273 F1
Margueray 50 ... 54 B2
Marguerittes 30 ... 264 A4
Margueron 33 ... 219 F4
Marguestau 32 ... 255 D4
Margut 08 ... 40 A1
Mariac 07 ... 228 A3
Mariaud 04 ... 250 B4
Maricourt 80 ... 19 D2
Marie 06 ... 269 F2
Marienthal 67 ... 71 E2
Marieulles 57 ... 68 A1
Marieux 80 ... 18 B1
Marigna-sur-Valouse 39 ... 176 C2
Marignac 17 ... 199 F2
Marignac 31 ... 299 D4
Marignac 82 ... 256 C4
Marignac-en-Diois 26 ... 230 A4
Marignac-Lasclares 31 ... 300 A1
Marignac-Laspeyres 31 ... 299 F1
Marignana 2A ... 316 B1
Marignane 13 ... 284 B3
Marigné 49 ... 105 E4
Marigné-Laillé 72 ... 107 D3
Marigné-Peuton 53 ... 105 D3
Marignier 74 ... 196 A1
Marignieu 01 ... 194 C4
Marigny 03 ... 172 A2
Marigny 39 ... 160 A4
Marigny 50 ... 27 D4
Marigny 51 ... 63 F4
Marigny 71 ... 174 B1
Marigny 79 ... 182 B1
Marigny-Brizay 86 ... 149 E4
Marigny-Chemereau 86 ... 166 A3
Marigny-en-Orxois 02 ... 62 C1
Marigny-le-Cahouët 21 ... 138 A2
Marigny-le-Châtel 10 ... 89 F3
Marigny-l'Église 58 ... 137 D3
Marigny-lès-Reullée 21 ... 158 B2
Marigny-les-Usages 45 ... 110 B2
Marigny-Marmande 37 ... 149 F2
Marigny-Saint-Marcel 74 ... 195 D3
Marigny-sur-Yonne 58 ... 136 B4
Marillac-le-Franc 16 ... 202 A1
Le Marillais 49 ... 127 E3
Marillet 85 ... 164 B1
Marimbault 33 ... 236 C3
Marimont-lès-Bénestroff 57 ... 69 E2
Marin 74 ... 178 C3
Marines 95 ... 60 B1
Les Marines-de-Cogolin 83 ... 287 E4
Maringes 42 ... 210 A1
Maringues 63 ... 189 F3
Mariol 03 ... 190 A2
Marions 33 ... 237 D4
Marissel 60 ... 34 A2
Marizy 71 ... 174 B2
Marizy-Saint-Mard 02 ... 36 A4
Marizy-Sainte-Geneviève 02 ... 36 A4
Le Markstein 68 ... 120 A1
Marle 02 ... 21 D4
Marlemont 08 ... 22 A3
Marlenheim 67 ... 70 C3
Marlens 74 ... 196 A4
Marlers 80 ... 17 E3
Marles-en-Brie 77 ... 62 A4
Marles-les-Mines 62 ... 7 F1
Marles-sur-Canche 62 ... 6 C2
Marlhes 42 ... 210 A4
Marliac 31 ... 300 C1
Marliens 21 ... 139 E4
Marlieux 01 ... 193 E2
Marlioz 74 ... 195 D2
Marly 57 ... 68 A1
Marly 59 ... 9 F3
Marly-Gomont 02 ... 21 D2
Marly-la-Ville 95 ... 61 E1
Marly-le-Roi 78 ... 60 B3
Marly-sous-Issy 71 ... 156 B4
Marly-sur-Arroux 71 ... 173 F1
Marmagne 18 ... 153 D1
Marmagne 21 ... 138 A1
Marmagne 71 ... 157 D3
Marmande 47 ... 237 E3
Marmanhac 15 ... 224 A3
Marmeaux 89 ... 137 E1
Marmesse 52 ... 116 A1
Marminiac 46 ... 239 F1
Marmont-Pachas 47 ... 256 A2
Marmouillé 61 ... 57 D4
Marmoutier 67 ... 70 B2
Marnac 24 ... 221 E4
Marnand 69 ... 191 F2
Marnans 38 ... 211 F4
Marnaves 81 ... 258 C2
Marnay 70 ... 140 C3
Marnay 71 ... 158 B4
Marnay 86 ... 166 B3
Marnay-sur-Marne 52 ... 116 B2
Marnay-sur-Seine 10 ... 89 E2
Marnaz 74 ... 196 A1
La Marne 44 ... 145 E2
Marne-la-Vallée J ... 61 F3
Marnefer 61 ... 57 F3
Marnes 79 ... 148 C3
Marnes-la-Coquette 92 ... 60 C3
Marnézia 39 ... 176 C1
Marnhagues-et-Latour 12 ... 261 D4
Marnoz 39 ... 160 A2
Marœuil 62 ... 8 A3
Maroilles 59 ... 10 A3
La Marolle-en-Sologne 41 ... 133 D1
Marolles 14 ... 30 C4
Marolles 41 ... 132 A1
Marolles 51 ... 65 E4
Marolles 60 ... 36 A4
Marolles-en-Beauce 91 ... 86 C3
Marolles-en-Brie 77 ... 62 B4
Marolles-en-Brie 94 ... 61 E4
Marolles-en-Hurepoix 91 ... 87 D1
Marolles-lès-Bailly 10 ... 90 C4
Marolles-les-Braults 72 ... 83 D4
Marolles-les-Buis 28 ... 84 B3
Marolles-lès-Saint-Calais 72 ... 108 A3
Marolles-sous-Lignières 10 ... 114 A2
Marolles-sur-Seine 77 ... 88 B3
Marollette 72 ... 83 D3
Marols 42 ... 209 E3
Maromme 76 ... 32 A2
Mâron 36 ... 152 B4
Maron 54 ... 68 A4
Maroncourt 88 ... 94 B3
Maroué 22 ... 77 F2
Maroutière (Château de la) 53 ... 105 D3
Marpain 39 ... 140 B4
Marpaps 40 ... 272 B2
Marpent 59 ... 10 C2
Marpiré 35 ... 80 A4
Marquaix 80 ... 19 F2
Marquay 24 ... 221 E3
Marquay 62 ... 7 F2
Marquefave 31 ... 276 B4
Marquéglise 60 ... 35 E1
Marquein 11 ... 301 E1
Marquenterre (Parc du) 80 ... 6 A3
Marquerie 65 ... 298 A1
Marques 76 ... 17 D3
Marquette-en-Ostrevant 59 ... 9 D3
Marquette-lez-Lille 59 ... 4 C4
Marquigny 08 ... 39 D1
Marquillies 59 ... 8 B1
Marquion 62 ... 8 C4
Marquise 62 ... 2 B3
Marquivillers 80 ... 19 D4
Marquixanes 66 ... 311 F2
Marray 37 ... 130 C1
La Marre 39 ... 159 F4
Marre 55 ... 40 A4
Mars 07 ... 228 A2
Les Mars 23 ... 188 A3
Mars 30 ... 262 B3
Mars 42 ... 191 F1
Mars-la-Tour 54 ... 41 D4
Mars-sous-Bourcq 08 ... 38 C2
Mars-sur-Allier 58 ... 154 C3
Marsa 11 ... 311 D1
Marsac 16 ... 183 E4
Marsac 23 ... 186 B2
Marsac 65 ... 273 F4
Marsac 82 ... 256 C3
Marsac-en-Livradois 63 ... 208 C3
Marsac-sur-Don 44 ... 126 B1
Marsac-sur-l'Isle 24 ... 220 B1
Marsainvilliers 45 ... 86 C4
Marsais 17 ... 181 F1
Marsais-Sainte-Radégonde 85 ... 164 A2
Marsal 57 ... 69 D3
Marsal 81 ... 259 F3
Marsalès 24 ... 239 D1
Marsan 32 ... 275 D2
Marsaneix 24 ... 220 C2
Marsangis 51 ... 89 F1
Marsangy 89 ... 112 C1
Marsannay-la-Côte 21 ... 139 D4
Marsannay-le-Bois 21 ... 139 E2
Marsanne 26 ... 247 D1
Marsas 33 ... 217 F2
Marsas 65 ... 298 A3
Marsat 63 ... 189 E3
Marsaz 26 ... 229 D1
Marseillan 32 ... 274 B3
Marseillan 34 ... 281 D4
Marseillan 65 ... 274 A4
Marseillan-Plage 34 ... 281 D4
Marseille 13 ... 284 C4
Marseille-en-Beauvaisis 60 ... 33 F1
Marseille-lès-Aubigny 18 ... 154 B2
Marseillette 11 ... 303 D1
Marsillargues 34 ... 282 B2
Marsilly 17 ... 163 E4
Marsilly 57 ... 42 A4
Marsinval 78 ... 60 B2
Marsolan 32 ... 256 A3
Marson 51 ... 65 D2
Marson-sur-Barboure 55 ... 66 C4
Marsonnas 01 ... 175 F3
Marsoulas 31 ... 299 F2
Marsous 65 ... 297 D3
Marspich 57 ... 41 E2
Marssac-sur-Tarn 81 ... 259 D4
Martagny 27 ... 33 E2
Martailly-lès-Brancion 71 ... 175 D2
Martainneville 80 ... 17 D1
Martainville 14 ... 56 A2
Martainville 27 ... 31 D3
Martainville-Épreville 76 ... 32 C2
Martaizé 86 ... 148 C3
Martel 46 ... 222 B3
Marthemont 54 ... 94 A1
Marthille 57 ... 69 D2
Marthod 73 ... 196 A4
Marthon 16 ... 202 A2
Martiel 12 ... 241 D4
Martigna 39 ... 177 D3
Martignac 46 ... 239 E2
Martignargues 30 ... 263 F2
Martignas-sur-Jalle 33 ... 217 D4
Martignat 01 ... 176 C4
Martigné-Briand 49 ... 128 C4
Martigné-Ferchaud 35 ... 104 A3
Martigné-sur-Mayenne 53 ... 81 E4
Martigny 02 ... 21 F3
Martigny 50 ... 80 B1
Martigny 76 ... 16 A3
Martigny-Courpierre 02 ... 37 D2
Martigny-le-Comte 71 ... 174 B2
Martigny-les-Bains 88 ... 117 F1
Martigny-les-Gerbonvaux 88 ... 93 E2
Martigny-sur-l'Ante 14 ... 56 A2
Martigues 13 ... 284 A4
Martillac 33 ... 235 F1
Martimpré (Col de) 88 ... 95 F4
Martin-Église 76 ... 16 A2
Martincourt 54 ... 67 F3
Martincourt 60 ... 33 F1
Martincourt-sur-Meuse 55 ... 39 F1
Le Martinet 30 ... 263 E1
Martinet 85 ... 145 E4
Martinpuich 62 ... 19 D1
Martinvast 50 ... 24 C2
Martinvelle 88 ... 118 A2
Martisserre 31 ... 275 E4
Martizay 36 ... 150 C4
Martot 27 ... 32 A3
Martragny 14 ... 29 D3
La Martre 83 ... 268 C4
Martres 33 ... 236 C1
Les Martres-d'Artière 63 ... 189 F4
Martres-de-Rivière 31 ... 299 D2
Les Martres-de-Veyre 63 ... 207 F1
Martres-sur-Morge 63 ... 189 F3
Martres-Tolosane 31 ... 299 F1
Martrin 12 ... 260 B3
Martrois 21 ... 138 B3
La Martyre 29 ... 48 C4
Les Martys 11 ... 278 B4
Maruéjols-lès-Gardon 30 ... 263 E3
Marval 87 ... 202 C1
Marvaux-Vieux 08 ... 39 D3
Marvejols 48 ... 243 F2
Marvelise 25 ... 142 A1
Marville 55 ... 40 B2
Marville-les-Bois 28 ... 85 D1
Marville-Moutiers-Brûlé 28 ... 59 D4
Mary 71 ... 174 B1
Mary-sur-Marne 77 ... 62 B2
Marzal (Aven de) 07 ... 246 B4
Marzan 56 ... 123 F2
Marzens 81 ... 277 E2
Marzy 58 ... 154 C2
Le Mas 06 ... 269 E3
Mas-Blanc-des-Alpilles 13 ... 264 C4
Mas-Cabardès 11 ... 278 B4
Mas Camargues 48 ... 245 D4
Le Mas-d'Agenais 47 ... 237 F3
Le Mas-d'Artige 23 ... 205 F1
Mas-d'Auvignon 32 ... 256 A4
Le Mas-d'Azil 09 ... 300 B2
Mas-d'Azil (Grotte du) 09 ... 300 B3
Mas-de-Londres 34 ... 281 E1
Le Mas-de-Tence 43 ... 228 A2
Mas-des-Cours 11 ... 302 C2
Mas-d'Orcières 48 ... 244 C3
Mas-Grenier 82 ... 257 E4
Mas-Saint-Chély 48 ... 244 A4
Mas-Saintes-Puelles 11 ... 301 E1
Le Mas-Soubeyran 30 ... 263 D2
Mas-Thibert 13 ... 283 E2
Masbaraud-Mérignat 23 ... 186 C3
Mascaraàs-Haron 64 ... 273 D2
Mascaras 32 ... 274 A2
Mascaras 65 ... 298 A1
Mascarville 31 ... 277 E3
Masclat 46 ... 222 A4
Masevaux 68 ... 120 A2
Maslacq 64 ... 272 A3
Masléon 87 ... 186 B4
Maslives 41 ... 132 B1
Masmejan 48 ... 245 D4
Le Masnau-Massuguiès 81 ... 279 D1
Masnières 59 ... 20 A1
Masny 59 ... 9 D3
Los Masos 66 ... 311 F2
Masparraute 64 ... 271 E3
Maspie-Lalonquère-Juillacq 64 ... 273 E3
Masquières 47 ... 239 E3
Massabrac 31 ... 300 B1
Massac 11 ... 303 D4
Massac 17 ... 182 C3
Massac-Séran 81 ... 277 E2
Massaguel 81 ... 278 A3
Massais 79 ... 148 A2
Massals 81 ... 260 A4
Massanes 30 ... 263 E3
Massangis 89 ... 137 D1
Massat 09 ... 300 B4
Massay 18 ... 152 B1
Le Massegros 48 ... 243 F4
Masseilles 33 ... 237 D3
Massels 47 ... 238 C4
Massérac 44 ... 102 C4
Masseret 19 ... 204 B2
Masseube 32 ... 274 C3
Massiac 15 ... 225 F1
Massieu 38 ... 212 B3
Massieux 01 ... 192 C3
Massiges 51 ... 39 D4
Massignac 16 ... 184 B4
Massignieu-de-Rives 01 ... 194 C4
Massillargues-Attuech 30 ... 263 E3
Massilly 71 ... 175 D2
Massingy 21 ... 115 E3
Massingy 74 ... 195 D3
Massingy-lès-Semur 21 ... 138 A2
Massingy-lès-Vitteaux 21 ... 138 B3
Massognes 86 ... 148 C4
Massoins 06 ... 269 F2
Massongy 74 ... 178 A3
Massoulès 47 ... 239 D4
Massugas 33 ... 219 E4
Massy 71 ... 174 C2
Massy 76 ... 16 C4
Massy 91 ... 60 C4
Mastaing 59 ... 9 E3
Matafelon-Granges 01 ... 176 C4
Les Matelles 34 ... 281 E1
Matemale 66 ... 311 D3
Matha 17 ... 182 C3
Mathaux 10 ... 91 D3
Mathay 25 ... 142 C2
Mathenay 39 ... 159 F2
Les Mathes 17 ... 180 C4
Mathieu 14 ... 29 E3
Mathons 52 ... 92 A2
Mathonville 76 ... 32 C1
Matignicourt-Goncourt 51 ... 65 E4
Matignon 22 ... 52 B4
Matigny 80 ... 19 F3
Matougues 51 ... 64 B2
Matour 71 ... 174 B4
Matra 2B ... 317 F1
Matringhem 62 ... 7 D1
Mattaincourt 88 ... 94 A3
Mattexey 54 ... 95 D2
Matton-et-Clémency 08 ... 23 F4
Mattstall 67 ... 45 D4
Matzenheim 67 ... 97 D1
Maubec 38 ... 211 F2
Maubec 82 ... 256 C4
Maubec 84 ... 265 F4
Maubert-Fontaine 08 ... 22 A2
Maubeuge 59 ... 10 B2
Maubourguet 65 ... 273 F3
Maubuisson 33 ... 216 A2
Mauchamps 91 ... 86 C2
Maucomble 76 ... 16 B4
Maucor 64 ... 273 D4
Maucourt 60 ... 19 F4
Maucourt 80 ... 19 D3
Maucourt-sur-Orne 55 ... 40 B3
Maudétour-en-Vexin 95 ... 60 A1
Mauguio 34 ... 282 A2
Maulain 52 ... 117 D1
Maulais 79 ... 148 B3
Maulan 55 ... 66 B4
Maulay 86 ... 149 D2
Maulde 59 ... 9 E1
Maule 78 ... 60 A2
Mauléon 79 ... 147 D2
Mauléon-Barousse 65 ... 298 C3
Mauléon-d'Armagnac 32 ... 254 C3
Mauléon-Licharre 64 ... 295 F1
Maulers 60 ... 34 A1
Maulette 78 ... 59 F3
Maulévrier 49 ... 147 D2
Maulévrier-Sainte-Gertrude 76 ... 15 E4
Maulichères 32 ... 273 E1
Maumusson 44 ... 127 E2
Maumusson 82 ... 256 C4
Maumusson-Laguian 32 ... 273 E2
Mauny 76 ... 31 F3
Maupas 10 ... 114 B1
Le Maupas 21 ... 138 A4
Maupas 32 ... 254 C4
Maupas (Château de) 18 ... 134 B4
Mauperthuis 77 ... 62 B4
Maupertus 50 ... 54 B2
Maupertus-sur-Mer 50 ... 25 D2
Mauprévoir 86 ... 184 B1
Mauquenchy 76 ... 33 D1
Mauran 31 ... 299 F2
Maure 64 ... 273 E4
Maure (Col de) 04 ... 250 A4
Maure-de-Bretagne 35 ... 102 C2
Maurecourt 78 ... 60 B2
Mauregard 77 ... 61 E1
Mauregny-en-Haye 02 ... 37 E1

METZ

Allemands (R. des)............DV 2
Ambroise-Thomas (R.)........CV 3
Armes (Pl. d')....................DV 5
Augustins (R. des)............DX 6
Chambière (R.)....................DV 10
Chambre (Pl. de)...............CV 12
Champé (R. du)..................DV 13
Chanoine-Collin (R.)..........DV 15
Charlemagne (R.)...............CX 17
Chèvre (R. de la)...............DX 19
Clercs (R. des)....................CV
Coëtlosquet (R. du)...........CX 22
Coislin (Pl.).......................DX 23
Enfer (R. d')........................DV 25
En Fournirue.......................DV
Fabert (R.)...........................CV 26
Faisan (R. du)......................CV 27
Fontaine (R. de la)..............DX 29
Gaulle (Pl. du Gén.-de).......DX 31
Gde-Armée (R. de la)..........DV 34
Hache (R. de la)...................DV 39
Jardins (R. des)....................DV
Juge-Pierre-Michel (R. du)...........................CV 46
La Fayette (R.).....................CX 47
Lasalle (R.)...........................DX 49
Lattre-de-T. (Av. de)............CX 51
Leclerc-de-H. (Av.)..............CX 52
Mondon (Pl. R.)....................CX 57
Paix (R. de la)........................CV 61
Palais (R. du)........................CV 62
Paraiges (Pl. des)..................DV 63
Parmentiers (R. des)............DX 64
Petit-Paris (R. du).................CV 65
Pierre-Hardie (R. de la)........CV 66
Pont Moreau (R. du).........CDV 70
Prés.-Kennedy (Av.)............CX 73
République (Pl. de la)..........CX 75
St-Eucaire (R.).....................DV 76
St-Gengoulf (R.)...................CX 77
St-Georges (R.)....................CV 78
St-Louis (Pl.)......................DVX
St-Simplice (Pl.)...................DV 80
St-Thiébault (Pl.).................DX 82
Ste-Marie (R.).......................CV 84
Salis (R. de)..........................CX 86
Schuman (Av. R.)..................CX
Serpenoise (R.).....................CV
Sérot (Bd Robert).................CV 87
Taison (R.)............................DV 88
Tanneurs (R. des)................DV 90
Tête d'Or (R. de la)...............DV
Trinitaires (R. des)...............DV 93
Verlaine (R.).........................CX 97

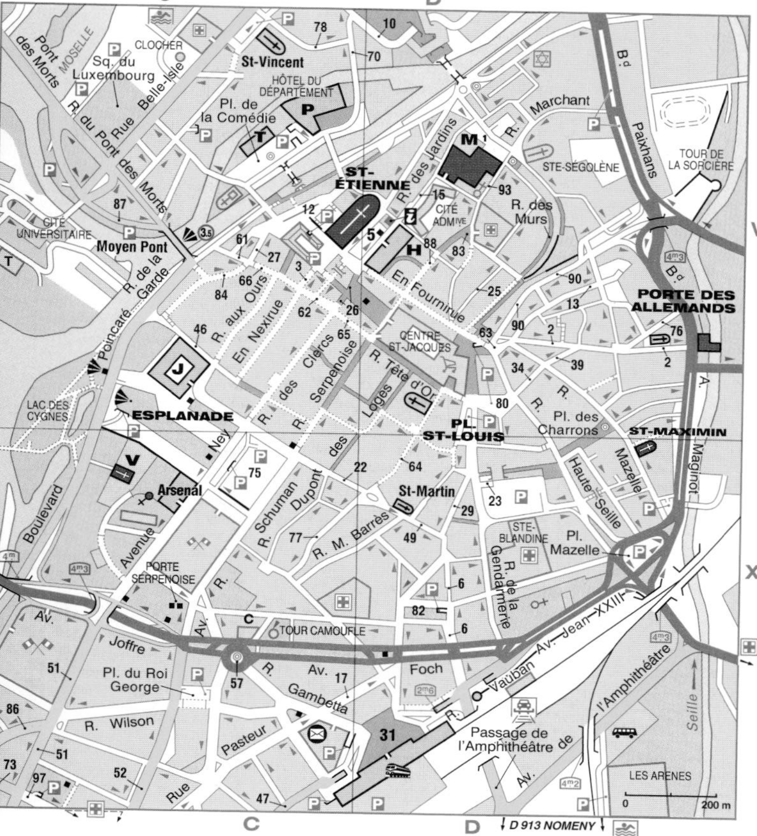

Maureilhan 34.......280 A4
Maureillas-las-Illas 66.......312 C3
Mauremont 31.......277 D3
Maurens 24.......220 A3
Maurens 31.......277 E3
Maurens 32.......275 F2
Maurens-Scopont 81.......277 E2
Maurepas 78.......60 B4
Maurepas 80.......19 E2
Mauressac 31.......276 C4
Mauressargues 30.......263 E3
Maureville 31.......277 D3
Mauriac 15.......223 F1
Mauriac 33.......237 D1
Mauries 40.......273 D2
Maurin 04.......251 D1
Maurin 34.......281 F2
Maurines 15.......225 E4
Maurois 59.......20 B1
Mauron 56.......102 A1
Mauroux 32.......256 C4
Mauroux 46.......239 E3
Maurrin 40.......254 A4
Maurs 15.......241 F1
Maurupt-le-Montois 51.......65 F4
Maury 66.......312 B1
Maury (Barrage de) 12.......242 C1
Mausoléo 2B.......314 C3
Maussac 19.......205 E3
Maussane-les-Alpilles 13.......283 F1
Maussans 70.......141 F2
Mausson (Château de) 53.......80 B2
Mautes 23.......188 A3
Mauvages 55.......93 D1
Mauvaisin 31.......276 C4
Mauves 07.......229 D2
Mauves-sur-Huisne 61.......83 F2
Mauves-sur-Loire 44.......126 C3
Mauvezin 31.......275 F4
Mauvezin 32.......275 E1
Mauvezin 65.......298 A2
Mauvezin-d'Armagnac 40.......254 C3
Mauvezin-de-Prat 09.......299 F3
Mauvezin-de-Sainte-Croix 09.......300 A2
Mauvezin-sur-Gupie 47.......237 E2
Mauvières 36.......167 F2
Mauvilly 21.......115 E4
Maux 58.......156 A2
Mauzac 31.......276 B4
Mauzac-et-Saint-Meyme-de-Rozens 24.......220 C4
Mauzé-sur-le-Mignon 79.......181 F1
Mauzé-Thouarsais 79.......148 A2
Mauzens-et-Miremont 24.......221 D3
Mauzun 63.......208 A1
Mavaleix 24.......203 D2
Maves 41.......109 D4
Mavilly-Mandelot 21.......157 F2
La Maxe 57.......41 F4
Maxent 35.......102 C1
Maxéville 54.......68 A4
Maxey-sur-Meuse 88.......93 E2
Maxey-sur-Vaise 55.......93 E1
Maxilly-sur-Léman 74.......178 C2
Maxilly-sur-Saône 21.......140 A3
Maxou 46.......240 A2
Maxstadt 57.......69 E1
May-en-Multien 77.......62 B1
Le May-sur-Èvre 49.......146 C1
May-sur-Orne 14.......56 A1
Mayac 24.......203 D4
Mayenne 53.......81 E3
Mayet 72.......107 D4
Le Mayet-de-Montagne 03.......190 B2
Le Mayet-d'École 03.......189 F1
Maylis 40.......272 B1
Maynal 39.......176 B1
Les Mayons 83.......286 D4
Mayot 02.......20 B4
Mayrac 46.......222 B3
Mayran 12.......242 A4
La Mayrand 63.......207 E3
Mayrègne 31.......298 C4
Mayres 07.......245 E1
Mayres 07.......228 C3
Mayres 63.......208 C3
Mayres-Savel 38.......230 C3
Mayreste (Belvédère du) 04.......268 A4
Mayreville 11.......301 E1
Mayrinhac-Lentour 46.......222 C4
Mayronnes 11.......303 D3
Maysel 60.......34 C4
Mazamet 81.......278 C3
Mazan 84.......265 E2
Mazan-l'Abbaye 07.......245 E1
Mazangé 41.......108 B3
Mazaugues 83.......286 A4
Mazaye 63.......189 D4
Mazé 49.......129 D2
Le Mazeau 85.......164 B3
Mazeirat 23.......187 D1
Mazeley 88.......94 C3
Mazerat-Aurouze 43.......226 B1
Mazeray 17.......181 F3
Mazères 09.......301 D1
Mazères 33.......236 C3
Mazères (Église de) 65.......273 F2
Mazères-de-Neste 65.......298 C2
Mazères-Lezons 64.......297 D1
Mazères-sur-Salat 31.......299 F2
Mazerier 03.......189 F1
Mazerny 08.......38 C1
Mazerolles 16.......184 B4
Mazerolles 17.......199 E2
Mazerolles 40.......254 A4
Mazerolles 64.......272 C3
Mazerolles 65.......274 B4
Mazerolles 86.......167 D3
Mazerolles-du-Razès 11.......302 A2
Mazerolles-le-Salin 25.......140 C4
Mazerulles 54.......68 C3
Mazet-Saint-Voy 43.......227 F2
Mazeuil 86.......148 C4
Mazeyrat-Crispinhac 43.......226 B2
Mazeyrolles 24.......239 E1
La Mazière-aux-Bons-Hommes 23.......188 A3
Mazières 16.......184 B4
Mazières-de-Touraine 37.......130 B3
Mazières-en-Gâtine 79.......165 D2
Mazières-en-Mauges 49.......147 D2
Mazières-Naresse 47.......238 C1
Mazières-sur-Béronne 79.......183 D1
Mazille 71.......174 C3
Mazingarbe 62.......8 A2
Mazinghem 62.......7 F1
Mazinghien 59.......20 C1
Mazion 33.......217 E1
Mazirat 03.......188 B1
Mazirot 88.......94 B3
Le Mazis 80.......17 E2
Mazoires 63.......207 E3
Mazouau 65.......298 B3
Mazuby 11.......310 C1
Les Mazures 08.......22 C2
Mazzola 2B.......317 E1
Méailles 04.......268 C2
Méallet 15.......224 A1
Méasnes 23.......169 D3
Meaucé 28.......84 B2
Méaudre 38.......230 B1
La Meauffe 50.......27 E4
La Méaugon 22.......51 D4
Meaulne 03.......170 C2
Méaulte 80.......19 D2
Méautis 50.......27 D3
Meaux 77.......62 A2
Meaux-la-Montagne 69.......192 A2
Meauzac 82.......257 E2
Mecé 35.......80 A4
Mechmont 46.......240 A2
Mécleuves 57.......68 B1
Mecquignies 59.......10 A2
Mécrin 55.......67 D3
Mécringes 51.......63 D3
Médan 78.......60 B2
Médavy 61.......56 C4
La Mède 13.......284 B4
Medeyrolles 63.......208 C3
Médière 25.......142 A2
Médillac 16.......219 E1
Médis 17.......198 C1
Médonnet (Chapelle du) 74.......196 B3
Médonville 88.......93 E4
Médous (Grotte de) 65.......298 A3
Médréac 35.......78 C3
Le Mée 28.......109 E2
Mée 53.......104 C3
Le Mée-sur-Seine 77.......87 E2
Les Mées 04.......267 E2
Mées 40.......271 E1
Les Mées 72.......83 D3
Mégange 57.......42 A3
Megève 74.......196 B3
Mégevette 74.......178 B4
Mégrit 22.......78 B2
Méharicourt 80.......19 D3
Méharin 64.......271 E4
Méhers 41.......132 B3
Méhoncourt 54.......94 C1
Méhoudin 61.......81 F2
Mehun-sur-Yèvre 18.......153 D1
La Meignanne 49.......128 A2
Meigné 49.......129 D4
Meigné-le-Vicomte 49.......129 F2
Meigneux 77.......88 B2
Meigneux 80.......17 E3
Meilhac 87.......203 E1
Meilhan 32.......275 D4
Meilhan 40.......253 E4
Meilhan-sur-Garonne 47.......237 D2
Meilhards 19.......204 B2
Meilhaud 63.......207 E2
Meillac 35.......79 D2
Meillant 18.......153 E4
Meillard 03.......172 A3
Le Meillard 80.......7 E4
La Meilleraie-Tillay 85.......147 D4
Meilleray 77.......63 D3
La Meilleraye-de-Bretagne 44.......126 C1
Meillerie 74.......179 D2
Meillers 03.......171 F2
Meillier-Fontaine 08.......22 C3
Meillon 64.......297 D1
Meillonnas 01.......176 B4
Meilly-sur-Rouvres 21.......138 B4
Meisenthal 57.......44 B4
Meistratzheim 67.......70 C4
Le Meix 21.......139 D1
Le Meix-Saint-Epoing 51.......63 E4
Le Meix-Tiercelin 51.......91 D1
Méjanes 13.......283 D2
Méjannes-le-Clap 30.......264 A1
Méjannes-lès-Alès 30.......263 E2
Mela 2A.......319 D2
Mélagues 12.......280 A1
Mélamare 76.......15 D4
Melan 04.......267 F1
Melay 49.......128 A4
Melay 52.......117 F2
Melay 71.......191 E1
Le Mêle-sur-Sarthe 61.......83 E2
Mélecey 70.......142 A1
Melesse 35.......79 E4
Melgven 29.......99 D1
Mélicocq 60.......35 E2
Mélicourt 27.......57 E2
Méligny-le-Grand 55.......67 D4
Méligny-le-Petit 55.......67 D4
Melin 70.......117 F4
Melincourt 70.......118 B2
Mélisey 70.......119 D3
Mélisey 89.......114 B3
Meljac 12.......260 A2
Mellac 29.......99 F2
Mellé 35.......80 B2
Melle 79.......165 E4
Mellecey 71.......157 F4
Melleran 79.......183 E1
Melleray 72.......108 A1
Melleray (Abbaye de) 44.......126 C1
Melleray-la-Vallée 53.......81 E2
Melleroy 45.......112 A3
Melles 31.......299 D4
Melleville 76.......16 C2
Mellionnec 22.......76 B3
Mello 60.......34 C4
Meloisey 21.......157 F2
Melrand 56.......100 C1
Melsheim 67.......70 C2
Melun 77.......87 F2
Melve 04.......249 E4
Melz-sur-Seine 77.......89 D2
Membrey 70.......140 C1
La Membrolle-sur-Choisille 37.......130 C3
La Membrolle-sur-Longuenée 49.......128 A1
Membrolles 41.......109 E2
Méménil 88.......95 D4
Memmelshoffen 67.......45 E4
Le Mémont 25.......142 B4
Mémorial Canadien 62.......8 B2
Menades 89.......136 C2
Ménarmont 88.......95 D2
Menars 41.......132 A1
Menat 63.......189 D2
Menaucourt 55.......66 C4
Mencas 62.......7 D1
Menchhoffen 67.......70 C1
Mende 48.......244 B3
Mendionde 64.......271 D4
Menditte 64.......295 F1
Mendive 64.......295 E2
Ménéac 56.......77 F4
Menée (Col de) 38.......230 B4
Ménerbes 84.......265 F4
Ménerval 76.......33 E1
Ménerville 78.......59 F2
Menesble 21.......116 A4
Méneslies 80.......16 C1
Ménesplet 24.......219 E2
Ménesqueville 27.......32 C3
Ménessaire 21.......156 C1
Menestreau 58.......135 F3
Ménestreau-en-Villette 45.......110 B4
Menet 15.......206 B4
Menetou-Couture 18.......154 B2
Menetou-Râtel 18.......134 C3
Menetou-Salon 18.......134 B4
Menetou-sur-Nahon 36.......132 C4
Ménétréol-sous-Sancerre 18.......135 D4
Ménétréol-sur-Sauldre 18.......134 A3
Ménétréols-sous-Vatan 36.......152 A2
Ménetreuil 71.......175 F1
Ménétreux-le-Pitois 21.......138 A1
Ménétrol 63.......189 E3
Menétru-le-Vignoble 39.......159 F4
Menétrux-en-Joux 39.......177 D1
Ménévillers 60.......35 D1
Ménez-Bré 22.......50 B3
Ménez-Hom 29.......73 E2
Ménez-Meur (Domaine de) 29.......73 F1
Menglon 26.......248 B1
Ménigoute 79.......165 F2
Ménil 53.......105 D4
Le Ménil 88.......119 E2
Ménil-Annelles 08.......38 B2
Ménil-aux-Bois 55.......66 C3
Le Ménil-Bérard 61.......57 E4
Le Ménil-Broût 61.......83 D2
Le Ménil-Ciboult 61.......55 D3
Le Ménil-de-Briouze 61.......55 F4
Ménil-de-Senones 88.......95 F2
Ménil-en-Xaintois 88.......94 A3
Ménil-Erreux 61.......83 D2
Ménil-Froger 61.......57 D4
Ménil-Glaise 61.......56 B4
Ménil-Gondouin 61.......56 A4
Le Ménil-Guyon 61.......83 D1
Ménil-Hermei 61.......56 A3
Ménil-Hubert-en-Exmes 61.......57 D3
Ménil-Hubert-sur-Orne 61.......55 F3
Ménil-Jean 61.......56 A4
Ménil-la-Horgne 55.......67 D4
Ménil-la-Tour 54.......67 F3
Ménil-Lépinois 08.......38 A3
Le Ménil-Scelleur 61.......82 B1
Ménil-sur-Belvitte 88.......95 E2
Ménil-sur-Saulx 55.......92 B1
Le Ménil-Vicomte 61.......57 D4
Ménil-Vin 61.......56 A3
Ménilles 27.......59 D1
Ménillot 54.......67 F4
La Ménitré 49.......129 D3
Mennecy 91.......87 D1
Mennessis 02.......20 A4
Mennetou-sur-Cher 41.......133 D4
Menneval 27.......57 F1
Menneville 02.......37 F2
Menneville 62.......2 C4
Mennevret 02.......20 C2
Mennouveaux 52.......116 C1
Ménoire 19.......222 C2
Menomblet 85.......147 D4
Menoncourt 90.......119 F4
Ménonval 76.......16 C3
Menotey 39.......159 E1
Menou 58.......135 F3
Menouville 95.......60 C1
Le Menoux 36.......168 C2
Menoux 70.......118 B3
Mens 38.......230 C4
Mensignac 24.......220 B1
Menskirch 57.......42 A3
Mentheville 76.......14 C2
Menthon-Saint-Bernard 74.......195 F3
Menthonnex-en-Bornes 74.......195 E1
Menthonnex-sous-Clermont 74.......195 D2
Mentières 15.......225 E2
Menton 06.......289 F4
Mentque-Nortbécourt 62.......3 D3
Menucourt 95.......60 B2
Les Menuires 73.......214 B3
Les Menus 61.......84 B2
Menville 31.......276 A2
Méobecq 36.......151 E4
Méolans 04.......250 B3
Méolans-Revel 04.......250 B3
Méon 49.......129 F2
Méounes-lès-Montrieux 83.......286 A4
Mépieu 38.......194 A4
Mer 41.......109 E4
Mer de Sable (La) 60.......61 F1
Méracq 64.......272 C3
Méral 53.......104 C2
Méras 09.......300 B2
Mercatel 62.......8 B4
Mercenac 09.......299 F3
Merceuil 21.......158 A2
Mercey 21.......157 E1
Mercey 27.......59 E1
Mercey-le-Grand 25.......140 C4
Mercey-sur-Saône 70.......140 B1
Mercin-et-Vaux 02.......36 B3
Merck-Saint-Liévin 62.......3 D4
Merckeghem 59.......3 E2
Mercœur 19.......223 D3
Mercœur 43.......225 F1
Mercuer 07.......246 A2
Mercuès 46.......240 A3
Mercurey 71.......157 F3
Mercurol 26.......229 D2
Mercury 73.......213 F1
Mercus-Garrabet 09.......301 D4
Mercy 03.......172 C3
Mercy 89.......113 E2
Mercy-le-Bas 54.......41 D2
Mercy-le-Haut 54.......41 D2
Merdrignac 22.......78 A4
Méré 78.......60 A4
Méré 89.......113 F3
Méreau 18.......152 C1
Méréaucourt 80.......17 F4
Méréglise 28.......84 C4
Mérélessart 80.......17 E2
Mérens 32.......274 C1
Mérens-les-Vals 09.......310 B2
Mérenvielle 31.......276 A2
Méreuil 05.......248 C3
Méréville 54.......94 A1
Méréville 91.......86 B3
Merey 27.......59 E2
Mérey-sous-Montrond 25.......141 E4
Mérey-Vieilley 25.......141 D3
Merfy 51.......37 E3
Mergey 10.......90 A3
Meria 2B.......314 D1
Mérial 11.......310 C1
Méribel 73.......214 B3
Méribel-Mottaret 73.......214 B3
Méricourt 62.......8 B2
Méricourt 78.......59 F1
Méricourt-en-Vimeu 80.......17 F2
Méricourt-l'Abbé 80.......18 C2
Méricourt-sur-Somme 80.......19 D2
Mériel 95.......60 C1
Mérifons 34.......280 B2
Mérignac 16.......201 D1
Mérignac 17.......200 C4
Mérignac 33.......217 D4
Mérignas 33.......219 D4
Mérignat 01.......194 A2
Mérignies 59.......9 D1
Mérigny 36.......167 E1
Mérigon 09.......300 A2
Mérilheu 65.......298 A2
Mérillac 22.......78 A3
Mérinchal 23.......188 A3
Mérindol 84.......284 B1
Mérindol-les-Oliviers 26.......247 F4
Mérinville 45.......112 A1
Le Mériot 10.......89 D2
Méritein 64.......272 A4
Merkwiller-Pechelbronn 67.......45 E4
Merlande (Prieuré de) 24.......220 B1
Merlas 38.......212 C3
La Merlatière 85.......146 A4
Merlaut 51.......65 E4
Merle (Tours de) 19.......223 E2
Merle-Leignec 42.......209 E3
Merléac 22.......77 D3
Le Merlerault 61.......57 D4
Merles 82.......257 D2
Merles-sur-Loison 55.......40 B2
Merlette 05.......250 A1
Merlevenez 56.......100 B3
Merlieux-et-Fouquerolles 02.......36 C1
Merlimont 62.......6 A2
Merlimont-Plage 62.......6 A2
Merlines 19.......206 A1
Mernel 35.......102 C2
Mérobert 91.......86 B3
Méron 49.......148 B1
Mérona 39.......176 C1
Mérouville 28.......86 A4
Meroux 90.......142 C1
Merpins 16.......199 F1
Merrey 52.......117 D1
Merrey-sur-Arce 10.......115 D1
Merri 61.......56 B3
Merris 59.......4 A4
Merry-la-Vallée 89.......113 D4
Merry-Sec 89.......136 A1
Merry-sur-Yonne 89.......136 B2
Mers-les-Bains 80.......16 C1
Mers-sur-Indre 36.......169 E1
Merschweiller 57.......42 A1
Mersuay 70.......118 B3
Merten 57.......42 C3
Mertrud 52.......91 F2
Mertzen 68.......120 B4

MONACO MONTE-CARLO

Albert-1er (Bd) ... CYZ
Armes (Pl. d') ... CZ 2
Basse (R.) ... CDZ 3
Castro (R. Col.-de) ... CZ 7
Comte-Félix-Gastaldi (R.) ... DZ 10
Crovetto-Frères (Av.) ... CZ 12
Gaulle (Av. du Gén.-de) ... DX 14
Grimaldi (R.) ... CYZ
Kennedy (Av. J.-F.) ... DY 23
Larvotto (Bd du) ... DX 25
Leclerc (Bd du Gén.) ... DX 26
Libération (Pl. de la) ... DX 27
Madone (Av. de la) ... DX 28
Major (Rampe) ... CZ 29
Monte-Carlo (Av. de) ... DY 30
Moulins (Bd des) ... DX 32
Notari (R. L.) ... CYZ 33
Ostende (Av. d') ... DY 34
Palais (Pl. du) ... CZ 35
Papalins (Av. des) ... CZ 36
Pêcheurs (Ch. des) ... DZ 40
Porte-Neuve (Av. de la) ... DZ 41
Prince Héréditaire Albert (Av.) ... CZ 42
Prince Pierre (Av.) ... CZ 44
Princesse Antoinette (Av.) CY 46
Pcesse Caroline (R.) ... CZ 48
Pcesse Charlotte (Bd) ... DXY
Pcesse Marie-de Lorraine (R.) ... DZ 54
République (Bd de la) ... DX 58
Spélugues (Av. des) ... DX 62
Ste-Dévote (Pl.) ... CY 63
Suffren-Reymond (R.) ... CZ 64

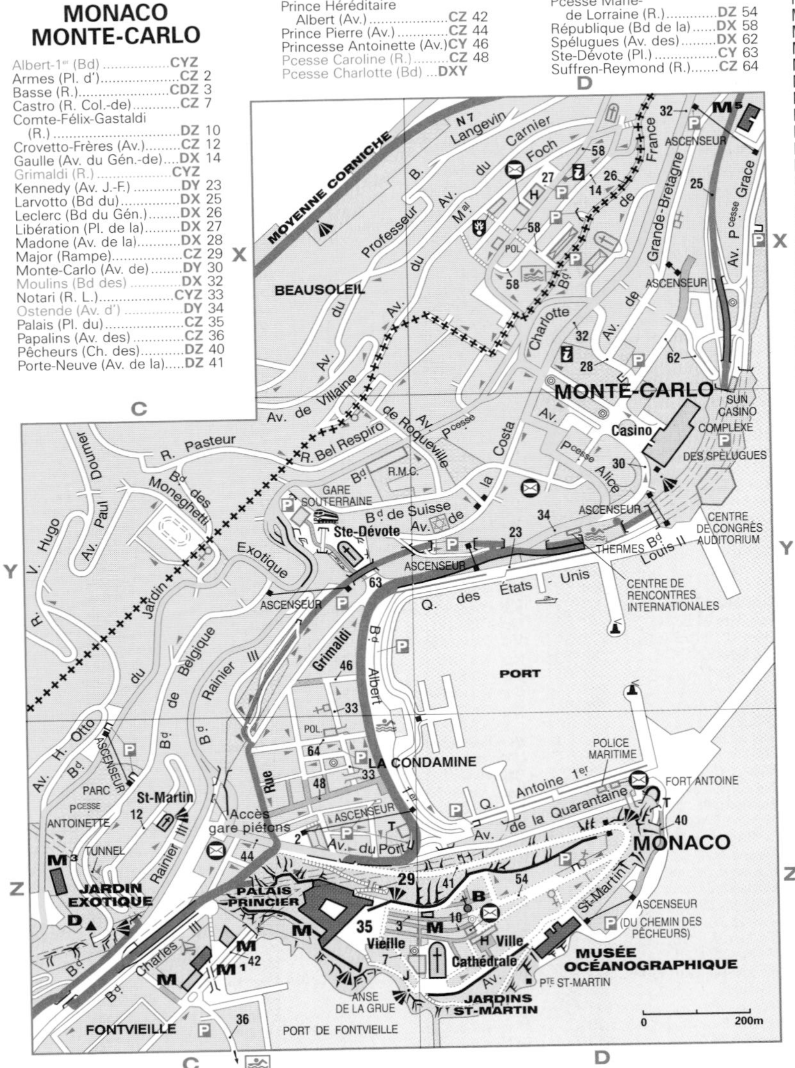

Mertzwiller 67 ... 71 D1
Méru 60 ... 34 A4
Merval 02 ... 37 D3
Mervans 71 ... 158 C4
Mervent 85 ... 164 A2
Merviel 09 ... 301 E3
Mervilla 31 ... 276 C3
Merville 31 ... 276 B1
Merville 59 ... 4 A4
Merville-Franceville-Plage 14 ... 29 F3
Merviller 54 ... 95 E1
Merxheim 68 ... 120 B1
Méry 73 ... 213 D1
Méry-Corbon 14 ... 30 A4
Méry-ès-Bois 18 ... 134 A4
Méry-la-Bataille 60 ... 35 D1
Méry-Prémecy 51 ... 37 E4
Méry-sur-Cher 18 ... 133 E4
Méry-sur-Marne 77 ... 62 C1
Méry-sur-Oise 95 ... 60 C1
Méry-sur-Seine 10 ... 90 A2
Le Merzer 22 ... 50 C3
Mésandans 25 ... 141 F2
Mésanger 44 ... 127 D2
Mésangueville 76 ... 33 D1
Mesbrecourt-Richecourt 02 ... 20 C4
Meschers-sur-Gironde 17 ... 198 C2
Mescla (Balcons de la) 04 ... 268 A4
Mescoules 24 ... 238 A1
Le Mesge 80 ... 17 F2
Mesgrigny 10 ... 90 A2
Mésigny 74 ... 195 D2
Meslan 56 ... 100 A1
Mesland 41 ... 131 F2
Meslay 14 ... 55 F2
Meslay 41 ... 108 C3
Meslay (Grange de) 37 ... 131 D2
Meslay-du-Maine 53 ... 105 E2
Meslay-le-Grenet 28 ... 85 D3
Meslay-le-Vidame 28 ... 85 E4
Meslières 25 ... 142 C2
Meslin 22 ... 51 F4
Mesmay 25 ... 160 A1
Mesmont 08 ... 38 B1
Mesmont 21 ... 138 C3
Mesnac 16 ... 182 B4
Mesnard-la-Barotière 85 ... 146 B3
Mesnay 39 ... 160 A3
Les Mesneux 51 ... 37 F4
La Mesnière 61 ... 83 E2
Mesnières-en-Bray 76 ... 16 C3
Le Mesnil 50 ... 24 B4
Le Mesnil-Adelée 50 ... 54 B4
Le Mesnil-Amand 50 ... 54 A2
Le Mesnil-Amelot 77 ... 61 E2
Le Mesnil-Amey 50 ... 27 E4
Le Mesnil-Angot 50 ... 27 E3
Le Mesnil-au-Grain 14 ... 55 E1
Le Mesnil-au-Val 50 ... 24 C2
Le Mesnil-Aubert 50 ... 54 A2
Le Mesnil-Aubry 95 ... 61 D1
Le Mesnil-Auzouf 14 ... 55 D2
Le Mesnil-Bacley 14 ... 56 C2
Le Mesnil-Benoist 14 ... 54 C3
Le Mesnil-Bœufs 50 ... 54 B4
Le Mesnil-Bonant 50 ... 54 A2
Mesnil-Bruntel 80 ... 19 E2
Le Mesnil-Caussois 14 ... 54 C3
Mesnil-Clinchamps 14 ... 54 C3
Le Mesnil-Conteville 60 ... 17 F4
Mesnil-Domqueur 80 ... 7 D4
Le Mesnil-Drey 50 ... 54 A3
Le Mesnil-Durand 14 ... 56 C1
Le Mesnil-Durdent 76 ... 15 E1
Mesnil-en-Arrouaise 80 ... 19 E1
Le Mesnil-en-Thelle 60 ... 34 B4
Le Mesnil-en-Vallée 49 ... 127 F3
Le Mesnil-Esnard 76 ... 32 B2
Le Mesnil-Eudes 14 ... 57 D1
Mesnil-Eudin 80 ... 17 E2
Le Mesnil-Eury 50 ... 27 D4
Mesnil-Follemprise 76 ... 16 B3
Le Mesnil-Fuguet 27 ... 58 C1
Le Mesnil-Garnier 50 ... 54 A2
Le Mesnil-Germain 14 ... 57 D1
Le Mesnil-Gilbert 50 ... 54 C4
Le Mesnil-Guillaume 14 ... 57 D1
Le Mesnil-Hardray 27 ... 58 B2
Le Mesnil-Herman 50 ... 54 B1
Le Mesnil-Hue 50 ... 54 A2
Le Mesnil-Jourdain 27 ... 32 B4
Mesnil-la-Comtesse 10 ... 90 B2
Le Mesnil-le-Roi 78 ... 60 C2
Mesnil-Lettre 10 ... 90 C2
Le Mesnil-Lieubray 76 ... 33 D1
Mesnil-Martinsart 80 ... 19 D1
Le Mesnil-Mauger 14 ... 56 C1
Mesnil-Mauger 76 ... 16 C4
Le Mesnil-Opac 50 ... 54 B1
Le Mesnil-Ozenne 50 ... 54 B4
Mesnil-Panneville 76 ... 15 F3
Le Mesnil-Patry 14 ... 29 D4
Le Mesnil-Rainfray 50 ... 54 C4
Mesnil-Raoul 76 ... 32 B2
Le Mesnil-Raoult 50 ... 54 C1
Le Mesnil-Réaume 76 ... 16 C2
Le Mesnil-Robert 14 ... 54 C2
Le Mesnil-Rogues 50 ... 54 A2
Mesnil-Rousset 27 ... 57 F3
Le Mesnil-Rouxelin 50 ... 27 E4
Le Mesnil-Saint-Denis 78 ... 60 B4
Le Mesnil-Saint-Firmin 60 ... 34 C1
Mesnil-Saint-Georges 80 ... 34 C1
Mesnil-Saint-Laurent 02 ... 20 A3
Mesnil-Saint-Loup 10 ... 89 F3
Mesnil-Saint-Nicaise 80 ... 19 E3
Mesnil-Saint-Père 10 ... 90 C4
Mesnil-Sellières 10 ... 90 B3
Le Mesnil-Simon 14 ... 56 C1
Le Mesnil-Simon 28 ... 59 E3
Le Mesnil-sous-Jumièges 76 ... 31 F2
Mesnil-sous-les-Côtes 55 ... 67 D1
Mesnil-sous-Vienne 27 ... 33 E3
Le Mesnil-sur-Blangy 14 ... 30 C3
Le Mesnil-sur-Bulles 60 ... 34 B2
Mesnil-sur-l'Estrée 27 ... 59 D4
Le Mesnil-sur-Oger 51 ... 64 A2
Le Mesnil-Thébault 50 ... 54 B4
Le Mesnil-Théribus 60 ... 33 F3
Le Mesnil-Thomas 28 ... 84 C1
Le Mesnil-Tôve 50 ... 54 C4
Mesnil-Val 76 ... 16 B1
Le Mesnil-Véneron 50 ... 27 E4
Mesnil-Verclives 27 ... 33 D3
Le Mesnil-Vigot 50 ... 27 D4
Le Mesnil-Villeman 50 ... 54 A2
Le Mesnil-Villement 14 ... 56 A3
Le Mesnilbus 50 ... 27 D4
Le Mesnillard 50 ... 54 B4
Mesnois 39 ... 176 C1
Les Mesnuls 78 ... 60 A4
Mespaul 29 ... 49 D2
Mesplède 64 ... 272 B3
Mesples 03 ... 170 B3
Mespuits 91 ... 86 C3
Mesquer 44 ... 123 E3
Messac 17 ... 200 C4
Messac 35 ... 103 D3
Messais 86 ... 148 C3
Messanges 21 ... 158 A1
Messanges 40 ... 252 A4
Messas 45 ... 109 F4
Messé 79 ... 166 A4
Messei 61 ... 55 F4
Messein 54 ... 68 A4
Messeix 63 ... 206 B2
Messemé 86 ... 149 D2
Messery 74 ... 178 A3
Messeux 16 ... 184 A2
Messey-sur-Grosne 71 ... 175 D1
Messia-sur-Sorne 39 ... 176 C1
Messigny-et-Vantoux 21 ... 139 D3
Messilhac (Château de) 15 ... 224 B4
Messimy 69 ... 210 C1
Messimy-sur-Saône 01 ... 192 C2
Messincourt 08 ... 23 F4
Messon 10 ... 90 A4
Messy 77 ... 61 F2
Mesterrieux 33 ... 237 D1
Mestes 19 ... 205 F3
Mesves-sur-Loire 58 ... 135 E4
Mesvres 71 ... 157 D3
Métabief 25 ... 161 D4
Les Métairies 16 ... 201 D1
Métairies-Saint-Quirin 57 ... 69 F4
Méteren 59 ... 4 A3
Méthamis 84 ... 265 F2
Métigny 80 ... 17 F2
Metting 57 ... 70 A1
Mettray 37 ... 130 C2
Metz 57 ... 41 F4
Metz-en-Couture 62 ... 19 F1
Metz-le-Comte 58 ... 136 B3
Metz-Robert 10 ... 114 B1
Metz-Tessy 74 ... 195 E2
Metzeral 68 ... 96 A4
Metzeresche 57 ... 42 A3
Metzervisse 57 ... 41 F3
Metzing 57 ... 43 D4
Meucon 56 ... 101 D3
Meudon 92 ... 60 C3
Meuilley 21 ... 158 A1
Meulan 78 ... 60 A2
Meulers 76 ... 16 B3
Meulin 71 ... 174 C3
Meulles 14 ... 57 D2
Meulson 21 ... 115 E4
Meunet-Planches 36 ... 152 B4
Meunet-sur-Vatan 36 ... 152 B2
Meung-sur-Loire 45 ... 109 F3
Meurcé 72 ... 83 D4
Meurchin 62 ... 8 B1
Meurcourt 70 ... 118 B3
La Meurdraquière 50 ... 54 A2
Meures 52 ... 92 A4
Meurival 02 ... 37 D3
Meursac 17 ... 199 D1
Meursanges 21 ... 158 B2
Meursault 21 ... 158 A2
Meurville 10 ... 91 E4
Meuse 52 ... 117 D2
Meusnes 41 ... 132 B4
Meussia 39 ... 177 D2
Meuvaines 14 ... 29 D3
Meuvy 52 ... 117 D1
Meux 17 ... 199 F3
Le Meux 60 ... 35 E3
Meuzac 87 ... 204 A2
Mévoisins 28 ... 85 F1
Mévouillon 26 ... 266 A1
Meximieux 01 ... 193 F3
Mexy 54 ... 41 D1
Mey 57 ... 41 F4
Meyenheim 68 ... 120 C1
Meylan 38 ... 212 C4
Meylan 47 ... 255 E2
Meymac 19 ... 205 E2
Meynes 30 ... 264 B4
Meyrals 24 ... 221 E3
Meyrand (Col de) 07 ... 245 E2
Meyrannes 30 ... 263 E1
Meyrargues 13 ... 285 D1
Meyras 07 ... 245 F1
Meyreuil 13 ... 285 D3
Meyriat 01 ... 194 A1
Meyrié 38 ... 211 F2
Meyrieu-les-Étangs 38 ... 211 F2
Meyrieux-Trouet 73 ... 212 C1
Meyrignac-l'Église 19 ... 205 D3
Meyronne 46 ... 222 B4
Meyronnes 04 ... 251 D2
Meyrueis 48 ... 262 A1
Meys 69 ... 210 A1
Meyssac 19 ... 222 C2
Meysse 07 ... 246 C2
Meyssiez 38 ... 211 E3
Meythet 74 ... 195 E3
La Meyze 87 ... 203 F2
Meyzieu 69 ... 193 D4
Mézangers 53 ... 81 F4
Mèze 34 ... 281 D4
Mézel 04 ... 267 F2
Mezel 63 ... 189 F4
Mézenc (Mont) 43 ... 227 F3
Mézens 81 ... 277 D1
Mézeray 72 ... 106 B3
Mézères 43 ... 227 E1
Mézériat 01 ... 175 F4
Mézerolles 80 ... 7 E4
Mézerville 11 ... 301 E1
Mézidon 14 ... 56 B1
La Mézière 35 ... 79 D4
Mézières-au-Perche 28 ... 85 D4
Mézières-en-Brenne 36 ... 151 D4
Mézières-en-Drouais 28 ... 59 E4
Mézières-en-Gâtinais 45 ... 111 E2
Mézières-en-Santerre 80 ... 18 C3
Mézières-en-Vexin 27 ... 33 D4
Mézières-lez-Cléry 45 ... 110 A3
Mézières-sous-Lavardin 72 ... 106 C1
Mézières-sur-Couesnon 35 ... 79 F3
Mézières-sur-Issoire 87 ... 185 D1
Mézières-sur-Oise 02 ... 20 B3
Mézières-sur-Ponthouin 72 ... 83 D4
Mézières-sur-Seine 78 ... 60 A2
Mézilhac 07 ... 228 A4
Mézilles 89 ... 112 C4
Mézin 47 ... 255 E2
Méziré 90 ... 142 C1
Mézos 40 ... 252 C2
Mézy-Moulins 02 ... 63 D1
Mézy-sur-Seine 78 ... 60 A2
Mezzavia 2A ... 316 B4
Mhère 58 ... 137 D4
Mialet 24 ... 203 D2
Mialet 30 ... 263 D2
Mialos 64 ... 272 C3
Miannay 80 ... 17 D1
Michaugues 58 ... 136 B4
Michelbach 68 ... 120 A2
Michelbach-le-Bas 68 ... 120 C3
Michelbach-le-Haut 68 ... 120 C4
Michery 89 ... 88 C4
Midi de Bigorre (Pic du) 65 ... 298 A3
Midrevaux 88 ... 93 D2
Mièges 39 ... 160 B3
Miel (Maison du) 63 ... 189 D3
Miélan 32 ... 274 B3
Miellin 70 ... 119 E3
Miermaigne 28 ... 84 B4
Miers 46 ... 222 C4
Miéry 39 ... 159 F3
Mietesheim 67 ... 71 D1
Mieussy 74 ... 196 A1
Mieuxcé 61 ... 82 C3
Mifaget 64 ... 297 D2
Migé 89 ... 136 B1
Migennes 89 ... 113 E2
Miglos 09 ... 310 A1
Mignafans 70 ... 142 A1
Mignaloux-Beauvoir 86 ... 166 B2
Mignavillers 70 ... 142 A1
Migné 36 ... 168 B1
Migné-Auxances 86 ... 166 B1
Mignères 45 ... 111 E2
Mignerette 45 ... 111 E2
Mignéville 54 ... 95 E1
Mignières 28 ... 85 E3
Mignovillard 39 ... 160 C3
Migny 36 ... 152 C2
Migré 17 ... 181 F2
Migron 17 ... 182 B4
Mijanès 09 ... 310 C1
Mijoux 01 ... 177 E3
La Milesse 72 ... 106 C1
Milhac 46 ... 222 A4
Milhac-d'Auberoche 24 ... 221 D2
Milhac-de-Nontron 24 ... 202 C3
Milhaguet 87 ... 202 C1
Milhars 81 ... 258 C2
Milhas 31 ... 299 E3
Milhaud 30 ... 263 F4
Milhavet 81 ... 259 D3
Milizac 29 ... 47 E2
Millac 86 ... 184 C1
Millam 59 ... 3 E2
Millançay 41 ... 133 D3
Millas 66 ... 312 C2
Millau 12 ... 261 E2
Millay 58 ... 156 B3
Millebosc 76 ... 16 C2
Millemont 78 ... 59 F3
Millencourt 80 ... 18 C2
Millencourt-en-Ponthieu 80 ... 6 C4
Millery 21 ... 137 F2
Millery 54 ... 68 A3
Millery 69 ... 210 C1
Les Milles 13 ... 284 C3
Millevaches 19 ... 205 E1
Millières 50 ... 26 C4
Millières 52 ... 116 C1
Millonfosse 59 ... 9 E2
Milly 50 ... 80 C1
Milly 89 ... 113 F3
Milly-la-Forêt 91 ... 87 E3
Milly-Lamartine 71 ... 175 D3
Milly-sur-Bradon 55 ... 39 F2
Milly-sur-Thérain 60 ... 34 A2
Milon-la-Chapelle 78 ... 60 B4
Mimbaste 40 ... 271 F1
Mimet 13 ... 285 D3
Mimeure 21 ... 157 E1
Mimizan 40 ... 252 B1
Mimizan-Plage 40 ... 252 B1
Minard (Pointe de) 22 ... 51 D2
Minaucourt-le-Mesnil-lès-Hurlus 51 ... 39 D4

MONTAUBAN

Bourdelle (Pl.) ... Z 4
Bourjade (Pl. L.) ... Z 6
Cambon (R.) ... Z 9
Carmes (R. des) ... Z 10
Comédie (R. de la) ... Z 13
Consul-Dupuy (Allée du) ... Z 14
Coq (Pl. du) ... Z 16
Dr-Lacaze (R. du) ... Z 19
Guibert (Pl.) ... Z 29
Hôtel-de-Ville (R. de l') ... Z 31
Lafon (R. Mary) ... Z 32
Lagrange (R. L.) ... Z 35
Malcousinat (R.) ... Z 36
Martyrs (carrefour des) ... Z 46
Michelet (R.) ... Z 51
Midi-Pyrénées (Bd) ... Z 52
Monet (R. J.) ... Z 53
Montmurat (Q. de) ... Z 54
Mortarieu (Allées de) ... Z 56
Nationale (Pl.) ... Z
Notre-Dame (R.) ... Z 60
Piquard (Sq. Gén.) ... Z 62
République (R. de la) ... Z 63
Résistance (R. de la) ... Z 64
Roosevelt (Pl. F.) ... Z 66
Sapiac (Pont de) ... Z 68
Verdun (Q. de) ... Z 71
22-Septembre (Pl. du) ... Z 76

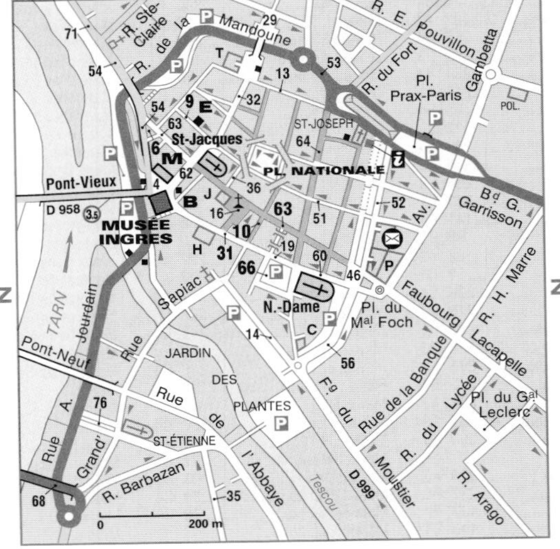

Mindin 44 ....125 E3
Minerve 34 ....279 E4
Mingot 65 ....274 A4
Mingoval 62 ....8 A2
Miniac-Morvan 35 ....79 D1
Miniac-sous-Bécherel 35 ....78 C3
Minier (Col du) 30 ....262 B2
Les Minières 27 ....58 C3
Le Minihic-sur-Rance 35 ....78 C1
Minihy-Tréguier 22 ....50 B2
Minorville 54 ....67 F3
Minot 21 ....115 F4
Minversheim 67 ....71 D2
Minzac 24 ....219 E3
Minzier 74 ....195 D2
Miolans (Château de) 73 ....213 F1
Miolles 81 ....260 A4
Miomo 2B 315 F1
Mionnay 01 ....193 D3
Mions 69 ....211 D1
Mios 33 ....235 D1
Miossens-Lanusse 64 ....273 D3
Mirabeau 04 ....267 E2
Mirabeau 84 ....285 E1
Mirabel 07 ....246 B2
Mirabel 82 ....258 A2
Mirabel (Parc d'attractions) 63 ....189 E4
Mirabel-aux-Baronnies 26 ....247 E4
Mirabel-et-Blacons 26 ....247 E1
Miradoux 32 ....256 B3
Miramar 06 ....288 A4
Miramas 13 ....284 A2
Mirambeau 17 ....199 E3
Mirambeau 31 ....275 E4
Miramont-d'Astarac 32 ....274 C2
Miramont-de-Comminges 31 ....299 D2
Miramont-de-Guyenne 47 ....237 F2
Miramont-de-Quercy 82 ....257 D1
Miramont-Latour 32 ....275 D1
Miramont-Sensacq 40 ....273 D2
Mirande 32 ....274 B3
Mirandol-Bourgnounac 81 ....259 E2
Mirannes 32 ....274 B2
Miraumont 80 ....19 D1
Miraval-Cabardès 11 ....278 B4
Mirbel 52 ....92 A3
Miré 49 ....105 E4
Mirebeau 86 ....149 D4
Mirebeau-sur-Bèze 21 ....139 F3
Mirebel 39 ....159 F4
Mirecourt 88 ....94 A3
Mirefleurs 63 ....207 F1
Miremont 31 ....276 C4
Miremont 63 ....188 C3
Mirepeisset 11 ....303 F1
Mirepeix 64 ....297 D1
Mirepoix 09 ....301 E2
Mirepoix 32 ....275 D1
Mirepoix-sur-Tarn 31 ....258 A4
Mireval 34 ....281 E3
Mireval-Lauragais 11 ....301 F1
Miribel 01 ....193 D4
Miribel 26 ....229 E1
Miribel-Lanchâtre 38 ....230 B3
Miribel-les-Échelles 38 ....212 C3
Mirmande 26 ....247 D1
Le Miroir 71 ....176 A2
Miromesnil (Château de) 76 ....16 A3
Mirvaux 80 ....18 B1
Mirville 76 ....14 C3
Miscon 26 ....248 B1
Miserey 27 ....59 D2
Miserey-Salines 25 ....141 D3
Misérieux 01 ....192 C2
Misery 80 ....19 E3
Mison 04 ....249 D4
Missé 79 ....148 B2
Missècle 81 ....277 F1
Missègre 11 ....302 C3
Missery 21 ....138 A4
Missillac 44 ....125 E2
Missiriac 56 ....102 A3
Misson 40 ....271 F2
Missy 14 ....29 D4
Missy-aux-Bois 02 ....36 B3
Missy-lès-Pierrepont 02 ....21 D4
Missy-sur-Aisne 02 ....36 C3
Misy-sur-Yonne 77 ....88 B3
Mitry-le-Neuf 77 ....61 E2
Mitry-Mory 77 ....61 E2
Mitschdorf 67 ....45 D4
Mittainville 78 ....59 F4
Mittainvilliers 28 ....85 D2
Mittelbergheim 67 ....96 C1
Mittelbronn 57 ....70 A2
Mittelhausbergen 67 ....71 D3
Mittelhausen 67 ....71 D2
Mittelschaeffolsheim 67 ....71 D2
Mittelwihr 68 ....96 B3
Mittersheim 57 ....69 F2
Mittlach 68 ....96 A4
Mittois 14 ....56 C1
Mitzach 68 ....120 A1
Mizérieux 42 ....191 E4
Mizoën 38 ....231 F2
Mobecq 50 ....26 C3
Moca-Croce 2A 318 C1
Modane 73 ....214 C4
Modène 84 ....265 E2
Moëlan-sur-Mer 29 ....99 E2
Les Moëres 59 ....3 F1
Mœrnach 68 ....120 B4
Moëslains 52 ....91 F1
Mœurs-Verdey 51 ....63 E4
Mœuvres 59 ....8 C4
Moëze 17 ....181 D3
Moffans-et-Vacheresse 70 ....119 D4
La Mogère (Château de) 34 ....281 F2
Mogeville 55 ....40 B3
Mognard 73 ....195 D4
Mogneneins 01 ....192 C1
Mognéville 55 ....66 A3
Mogneville 60 ....34 C3
Mogues 08 ....23 F4
Mohon 56 ....101 F1
Moidieu-Détourbe 38 ....211 E2
Moidrey 50 ....79 F1
Moigné 35 ....103 D1
Moigny-sur-École 91 ....87 D2
Moimay 70 ....141 F1
Moineville 54 ....41 E4
Moings 17 ....199 F2
Moingt 42 ....209 E2
Moinville-la-Jeulin 28 ....85 F3
Moirans 38 ....212 B4
Moirans-en-Montagne 39 ....177 D3
Moirax 47 ....256 B2
Moiré 69 ....192 B3
Moiremont 51 ....39 E4
Moirey 55 ....40 B3
Moiron 39 ....176 C1
Moiry 08 ....40 A1
Moisdon-la-Rivière 44 ....126 C1
Moisenay 77 ....87 F1
Moislains 80 ....19 E2
Moissac 82 ....257 D2
Moissac-Bellevue 83 ....286 B1
Moissac-Vallée-Française 48 ....262 C1
Moissannes 87 ....186 B3
Moissat 63 ....190 A4
Moisselles 95 ....61 D1
Moissey 39 ....140 A4
Moissieu-sur-Dolon 38 ....211 E3
Moisson 78 ....59 F1
Moissy-Cramayel 77 ....87 E1
Moissy-Moulinot 58 ....136 C3
Moisville 27 ....58 C3
Moisy 41 ....109 D3
Moïta 2B 317 F1
Les Moitiers-d'Allonne 50 ....24 B4
Les Moitiers-en-Bauptois 50 ....25 D4
Moitron 21 ....115 F4
Moitron-sur-Sarthe 72 ....82 C4
Moivre 51 ....65 E2
Moivrons 54 ....68 B3
Molac 56 ....101 F3
Molagnies 76 ....33 E1
Molain 02 ....20 B1
Molain 39 ....160 A3
Molamboz 39 ....159 F2
Molandier 11 ....301 D1
Molas 31 ....275 E4
Molay 39 ....159 D2
Molay 70 ....117 E4
Môlay 89 ....114 A4
Le Molay-Littry 14 ....28 B3
La Môle 83 ....293 D2
Moléans 28 ....109 D1
Molèdes 15 ....207 E4
Molène (Île) 29 ....46 B3
Molère 65 ....298 B2
Molesme 21 ....114 C2
Molesmes 89 ....136 A1
Molezon 48 ....262 B1
Moliens 60 ....17 E4
Molières 24 ....220 C4
Molières 46 ....223 D4
Molières 82 ....257 F1
Les Molières 91 ....60 B4
Molières-Cavaillac 30 ....262 B3
Molières-Glandaz 26 ....248 A1
Molières-sur-Cèze 30 ....263 E1
Moliets-et-Maa 40 ....252 A4
Moliets-Plage 40 ....252 A4
Molinchart 02 ....36 C1
Molines-en-Queyras 05 ....233 D4
Molinet 03 ....173 E3
Molineuf 41 ....131 F1
Molinges 39 ....177 D3
Molinghem 62 ....3 F4
Molinons 89 ....89 E4
Molinot 21 ....157 F2
Molins-sur-Aube 10 ....90 C2
Molitg-les-Bains 66 ....311 F2
Mollans 70 ....118 C4
Mollans-sur-Ouvèze 26 ....265 F1
Mollard (Col du) 73 ....214 A4
Mollau 68 ....119 F2
Mollégès 13 ....265 D4
Molles 03 ....190 B1
Les Mollettes 73 ....213 E2
Molleville 11 ....301 E1
Molliens-au-Bois 80 ....18 B2
Molliens-Dreuil 80 ....17 F2
La Mollière 80 ....6 A4
Mollkirch 67 ....70 B4
Molompize 15 ....225 E1
Molosmes 89 ....114 B3
Moloy 21 ....139 D2
Molphey 21 ....137 F3
Molpré 39 ....160 B3
Molring 57 ....69 E2
Molsheim 67 ....70 C4
Moltifao 2B 315 D3
Les Molunes 39 ....177 E3
Momas 64 ....272 C3
Mombrier 33 ....217 E2
Momères 65 ....297 F1
Momerstroff 57 ....42 B4
Mommenheim 67 ....71 D2
Momuy 40 ....272 B2

MONTPELLIER

Anatole-France (R.) ....BU 3
Arceaux (Bd des) ....AU 7
Bazille (R. F.) ....BCV 12
Blum (R. Léon) ....CU 13
Broussonnet (R. A.) ....AT 18
Chancel (Av.) ....AT 25
Citadelle (Allée) ....CU 26
Clapiès (R.) ....AU 28
Comte (R. A.) ....AU 29
Délicieux (R. B.) ....CT 31
États-du-Languedoc (Av.) ....CU 35
Fabre-de-Morlhon (Bd) ....BV 36
Fg-Boutonnet (R.) ....BT 37
Fg-de-Nîmes (R.) ....CT 41
Flahault (Av. Ch.) ....AT 43
Fontaine-de-Lattes (R.) ....CU 44
Henri-II-de-Montmorency (Allée) ....CU 51
Leclerc (Av. du Mar.) ....CV 58
Millénaire (Pl. du) ....CU 62
Nombre-d'Or (Pl. du) ....CU 64
Olivier (R. A.) ....CU 66
Polygone (Le) ....CU
Pont-de-Lattes (R. du) ....CU 69
Pont-Juvénal (Av.) ....CDU 70
Près-d'Arènes (Av. des) ....BV 71
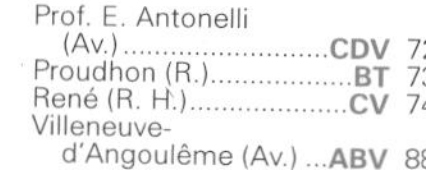
Prof. E. Antonelli (Av.) ....CDV 72
Proudhon (R.) ....BT 73
René (R. H.) ....CV 74
Villeneuve-d'Angoulême (Av.) ....ABV 88

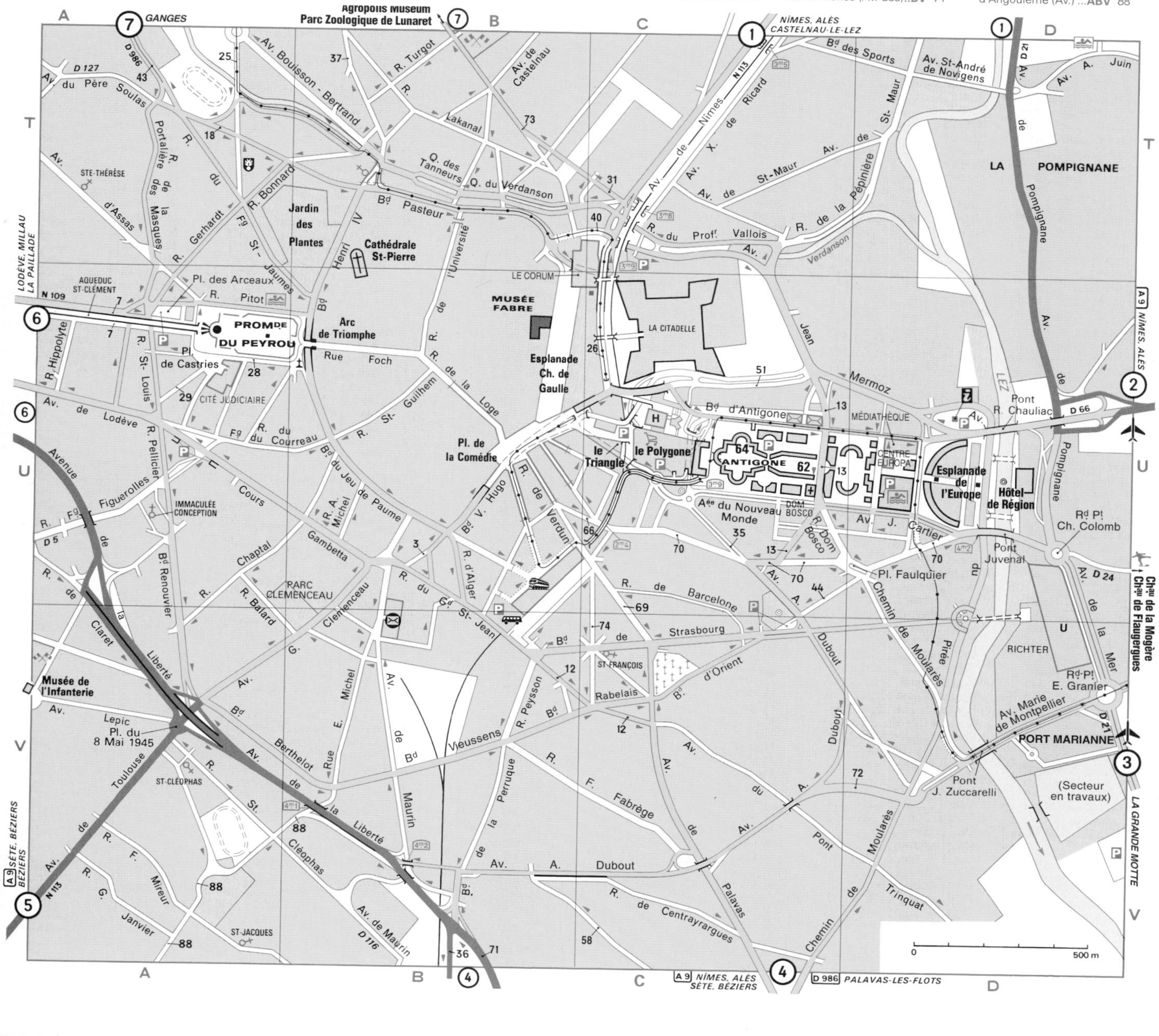

Momy 64 273 E4
Mon Idée 08 22 A2
Monacia-d'Aullène 2A 319 D3
Monacia-d'Orezza 2B 315 F4
Monampteuil 02 36 C2
Monassut-Audiracq 64 273 E3
Le Monastère 12 242 B4
Le Monastier 48 243 F3
Le Monastier-sur-Gazeille 43 227 E3
Monay 39 159 E3
Monbadon 33 219 D3
Monbahus 47 238 B2
Monbalen 47 238 C4
Monbardon 32 275 D4
Monbazillac 24 220 A4
Monbéqui 82 257 E4
Monblanc 32 275 F3
Monbos 24 238 A1
Monbouan (Château de) 35 104 A1
Monbrun 32 275 F2
Moncale 2B 314 B3
Moncassin 32 274 C3
Moncaup 31 299 D3
Moncaup 64 273 E3
Moncaut 47 256 A2
Moncayolle-Larrory-Mendibieu 64 295 F1
Moncé-en-Belin 72 107 D3
Moncé-en-Saosnois 72 83 E4
Monceau-le-Neuf-et-Faucouzy 02 20 C3
Monceau-le-Waast 02 37 D1
Monceau-lès-Leups 02 20 B4
Monceau-Saint-Waast 59 10 B3
Monceau-sur-Oise 02 20 C2
Les Monceaux 14 56 C1
Monceaux 60 35 D3
Monceaux-au-Perche 61 83 F2
Monceaux-en-Bessin 14 28 C3
Monceaux-l'Abbaye 60 17 E4
Monceaux-le-Comte 58 136 C3
Monceaux-sur-Dordogne 19 223 D2
Moncel-lès-Lunéville 54 95 D1
Moncel-sur-Seille 54 68 C3
Moncel-sur-Vair 88 93 E2
La Moncelle 08 23 E4
Moncetz-l'Abbaye 51 65 E4
Moncetz-Longevas 51 65 D2
Moncey 25 141 E3
Monchaux 80 6 A3
Monchaux-Soreng 76 17 D2
Monchaux-sur-Écaillon 59 9 E3
Moncheaux 59 8 C2
Moncheaux-lès-Frévent 62 7 E3
Monchecourt 59 9 D3
Monchel-sur-Canche 62 7 E3
Moncheux 57 68 B2
Monchiet 62 8 A4
Monchy-au-Bois 62 8 A4
Monchy-Breton 62 7 F2
Monchy-Cayeux 62 7 E2
Monchy-Humières 60 35 E2
Monchy-Lagache 80 19 F3
Monchy-le-Preux 62 8 B3
Monchy-Saint-Éloi 60 34 C3
Monchy-sur-Eu 76 16 C2
Moncla 64 273 D2
Monclar 32 254 C3
Monclar 47 238 A3
Monclar-de-Quercy 82 258 B3
Monclar-sur-Losse 32 274 B3
Moncley 25 140 C3
Moncontour 22 77 F2
Moncontour 86 148 C3
Moncorneil-Grazan 32 275 D3
Moncourt 57 69 D3
Moncoutant 79 147 E4
Moncrabeau 47 255 F2
Moncy 61 55 E3
Mondavezan 31 299 F1
Mondelange 57 41 F3
Mondement-Montgivroux 51 63 F3
Mondescourt 60 36 A1
Mondevert 35 104 B1
Mondeville 14 29 F4
Mondeville 91 87 D2
Mondicourt 62 7 F4
Mondigny 08 22 C4
Mondilhan 31 299 D1
Mondion 86 149 F3
Mondon 25 141 F2
Mondonville 31 276 B2
Mondonville-Saint-Jean 28 86 A3
Mondorff 57 125 E2
Mondoubleau 41 108 B2
Mondouzil 31 277 D2
Mondragon 84 264 C1
Mondrainville 14 29 D4
Mondrecourt 55 66 B2
Mondrepuis 02 10 C4
Mondreville 77 111 E1
Mondreville 78 59 E3
Monein 64 272 B4
Monès 31 275 F4
Monesple 09 300 C2
Monestier 03 171 F4
Monestier 07 228 B1
Monestier 24 219 F4
Le Monestier 63 208 B2
Monestier-d'Ambel 38 231 D4
Monestier-de-Clermont 38 230 C3
Le Monestier-du-Percy 38 230 C4
Monestier-Merlines 19 206 A1
Monestier-Port-Dieu 19 206 B3
Monestiés 81 259 E2
Monestrol 31 277 D4
Monétay-sur-Allier 03 172 A3
Monétay-sur-Loire 03 173 D3
Monéteau 89 113 E3
Monêtier-Allemont 05 249 E3
Le Monêtier-les-Bains 05 232 B2
Monfaucon 24 219 F3
Monfaucon 65 273 F3
Monferran-Plavès 32 275 D3
Monferran-Savès 32 275 F2
Monflanquin 47 238 C2
Monfort 32 275 E1
Monfréville 14 27 F3
Mongaillard 47 255 F1
Mongausy 32 275 E3
Mongauzy 33 237 D2
Monget 40 272 C2
La Mongie 65 298 A4
Monguilhem 32 254 C4
Monheurt 47 237 F4
Monhoudou 72 83 D3
Monieux 84 266 A2
Monistrol-d'Allier 43 226 B3
Monistrol-sur-Loire 43 209 F4
Monlaur-Bernet 32 274 C4
Monléon-Magnoac 65 298 C1
Monlet 43 226 C1
Monlezun 32 274 A3
Monlezun-d'Armagnac 32 254 C4
Monlong 65 298 C1
Monmadalès 24 220 B4
Monmarvès 24 238 B1
Monnai 61 57 E3
Monnaie 37 131 D2
Monneren 57 42 A2
La Monnerie-le-Montel 63 190 B3
Monnerville 91 86 B3
Monnes 02 36 A4
Monnet-la-Ville 39 160 A4
Monnetay 39 176 C2
Monnetier-Mornex 74 195 F1
Monneville 60 33 F4
Monnières 39 159 E1
Monnières 44 146 A1
Monoblet 30 263 D3
Monpardiac 32 274 A3
Monpazier 24 239 D1
Monpezat 64 273 E3
Monplaisant 24 221 D4
Monprimblanc 33 236 C1
Mons 16 183 D3
Mons 17 182 B4
Mons 30 263 F2
Mons 31 277 D2
Mons 34 279 F2
Mons 63 190 A2
Mons 83 287 E1
Mons-Boubert 80 6 B4
Mons-en-Barœul 59 4 C4
Mons-en-Chaussée 80 19 F3
Mons-en-Laonnois 02 36 C1
Mons-en-Montois 77 88 B2
Mons-en-Pévèle 59 9 D2
Monsac 24 220 C4
Monsaguel 24 238 B1
Monsec 24 202 B3
Monségur 33 237 E1
Monségur 40 272 B2
Monségur 47 239 D3
Monségur 64 273 F3
La Monselie 15 206 B4
Monsempron-Libos 47 239 D3
Monsireigne 85 146 C4
Monsols 69 174 C4
Monsteroux-Milieu 38 211 D3
Monsures 80 18 A4
Monswiller 67 70 B2
Mont 64 272 B3
Mont 65 298 B4
Mont 71 173 E1
Le Mont 88 96 A1
Mont (Signal de) 71 173 E1
Mont-Bernanchon 62 8 A1
Mont-Bertrand 14 54 C2
Mont Blanc (Tunnel du) 74 197 D3
Mont-Bonvillers 54 41 D3
Le Mont-Caume 83 291 F3
Mont-Cauvaire 76 32 B1
Mont-Cenis (Col du) 73 215 D4
Mont-Cindre 69 192 C4
Mont-d'Astarac 32 274 C4
Mont-Dauphin 05 250 C1
Mont-de-Galié 31 299 D3
Mont-de-Lans 38 231 F2
Mont-de-Laval 25 142 B4
Mont-de-l'If 76 15 F3
Mont-de-Marrast 32 274 B4
Mont-de-Marsan 40 254 A3
Mont-de-Vougney 25 142 B4
Mont des Cats 59 4 A3
Mont-devant-Sassey 55 39 F2
Le Mont-Dieu 08 39 D1
Mont-Disse 64 273 E2
Mont-Dol 35 79 D1
Le Mont-Dore 63 206 C2
Mont-d'Origny 02 20 B3
Mont du Chat 73 212 C1
Mont-et-Marré 58 155 F1
Mont-Laurent 08 38 B2
Mont-le-Franois 70 140 B1
Mont-le-Vernois 70 141 D1
Mont-le-Vignoble 54 67 F4
Mont-lès-Lamarche 88 117 F1
Mont-lès-Neufchâteau 88 93 E3
Mont-lès-Seurre 71 158 C2
Mont-l'Étroit 54 93 E1
Mont-l'Évêque 60 35 D4
Mont-Louis 66 311 D3
Mont Noir 59 4 A3
Mont-Notre-Dame 02 36 C3
Mont-près-Chambord 41 132 B2
Mont-Roc 81 278 C1
Mont Roland (Sanctuaire du) 39 159 E1
Mont-Rond (Sommet du) 01 177 E3
Le Mont-Saint-Adrien 60 34 A2
Mont-Saint-Aignan 76 32 A2
Mont-Saint-Éloi 62 8 A3
Mont-Saint-Jean 02 21 F3
Mont-Saint-Jean 21 138 A4
Mont-Saint-Jean 72 82 B4
Mont-Saint-Léger 70 140 C1
Mont-Saint-Martin 02 37 D3
Mont-Saint-Martin 08 38 C3
Mont-Saint-Martin 38 212 C4
Mont-Saint-Martin 54 41 D1
Le Mont-Saint-Michel 50 53 F4
Mont-Saint-Père 02 63 D1
Mont-Saint-Remy 08 38 B2
Mont-Saint-Sulpice 89 113 E2
Mont-Saint-Vincent 71 174 B1
Mont-Saxonnex 74 196 A1
Mont-sous-Vaudrey 39 159 E2
Mont-sur-Courville 51 37 D4
Mont-sur-Meurthe 54 94 C1
Mont-sur-Monnet 39 160 A4
Mont Thou 69 192 C4
Mont-Villers 55 67 D1
Montabard 61 56 B3
Montabès (Puy de) 12 242 B2
Montabon 72 107 E4
Montabot 50 54 B2
Montacher-Villegardin 89 112 B1
Montadet 32 275 E4
Montady 34 280 A4
Montagagne 09 300 C3
Montagna-le-Reconduit 39 176 B2
Montagna-le-Templier 39 176 B3
Montagnac 04 267 E4
Montagnac 30 263 E3
Montagnac 34 280 C3
Montagnac-d'Auberoche 24 221 D1
Montagnac-la-Crempse 24 220 B3
Montagnac-sur-Auvignon 47 256 A1
Montagnac-sur-Lède 47 238 C2
Montagnat 01 193 F1
Montagne 33 219 D3
Montagne 38 229 F1
La Montagne 44 126 A4
La Montagne 70 119 D2
Montagne de Dun 71 174 B4
Montagne-Fayel 80 17 F2
Montagney 25 141 F2
Montagney 70 140 B3
Montagnieu 01 194 A4
Montagnieu 38 212 A2
Montagnol 12 261 D4
Montagnole 73 213 D2
Montagny 42 191 F2
Montagny 69 210 C1
Montagny 73 214 B2
Montagny-en-Vexin 60 33 E4
Montagny-lès-Beaune 21 158 A2
Montagny-lès-Buxy 71 157 F4
Montagny-les-Lanches 74 195 E3
Montagny-lès-Seurre 21 158 C1
Montagny-près-Louhans 71 176 A1
Montagny-Sainte-Félicité 60 61 F1
Montagny-sur-Grosne 71 174 C3
Montagoudin 33 237 D2
Montagrier 24 202 A4
Montagudet 82 257 E1
Montagut 64 272 C2
Montaignac-Saint-Hippolyte 19 205 D4
Montaigu 02 37 E1
Montaigu 39 176 C1
Montaigu 85 146 A2
Montaigu (Butte de) 53 81 F4
Montaigu-de-Quercy 82 239 D4
Montaigu-la-Brisette 50 25 D3
Montaigu-le-Blin 03 172 C4
Montaigu-les-Bois 50 54 A2
Montaiguët-en-Forez 03 173 D4
Montaigut 63 188 C1
Montaigut-le-Blanc 23 186 C1
Montaigut-le-Blanc 63 207 E2
Montaigut-sur-Save 31 276 A1
Montaillé 72 107 F2
Montailleur 73 213 F1
Montaillou 09 310 B1
Montaimont 73 214 A3
Montain 39 159 E4
Montaïn 82 257 E3
Montainville 28 85 E4
Montainville 78 60 A3
Montal (Château de) 46 223 D4
Montalba-d'Amélie 66 312 C4
Montalba-le-Château 66 312 B2
Montalembert 79 183 F1
Montalet-le-Bois 78 60 A1
Montalieu-Vercieu 38 194 A4
Montalivet-les-Bains 33 198 B3
Montalzat 82 258 A1
Montamat 32 275 E3
Montambert 58 155 F4
Montamel 46 240 A2
Montamisé 86 166 B1
Montamy 14 55 D2
Montanay 69 193 D3
Montanceix 24 220 B1
Montancy 25 143 D2
Montandon 25 142 C3
Montanel 50 79 F1
Montaner 64 273 F4
Montanges 01 194 C1
Montangon 10 90 C3
Montans 81 258 C4
Montapas 58 155 F1
Montarcher 42 209 E3
Montardit 09 300 A3
Montardon 64 273 D4
Montaren-et-Saint-Médiers 30 264 A3
Montargis 45 111 F2
Montarlot 77 88 A3
Montarlot-lès-Champlitte 70 140 A1
Montarlot-lès-Rioz 70 141 D2
Montarnaud 34 281 E2
Montaron 58 156 A3
Montastruc 47 238 A3
Montastruc 65 298 B1
Montastruc 82 257 F2
Montastruc-de-Salies 31 299 E3
Montastruc-la-Conseillère 31 277 D1
Montastruc-Savès 31 275 F4
Le Montat 46 240 A4
Montataire 60 34 C4
Montauban 82 257 F3
Montauban-de-Bretagne 35 78 C4
Montauban-de-Luchon 31 307 F4
Montauban-de-Picardie 80 19 D1
Montauban-sur-l'Ouvèze 26 248 B4
Montaud 34 281 F1
Montaud 38 212 B4
Montaudin 53 80 C2
Montaulieu 26 247 F4
Montaulin 10 90 B4
Montaure 27 32 A4
Montauriol 11 301 E1
Montauriol 47 238 B2
Montauriol 66 312 C3
Montauriol 81 259 F2
Montauroux 83 287 F1
Montaut 09 301 D2
Montaut 24 238 B1
Montaut 31 276 B4
Montaut 32 274 B4
Montaut 40 272 B1
Montaut 47 238 B2
Montaut 64 297 D2
Montaut-les-Créneaux 32 275 D1
Montautour 35 80 B4
Montauville 54 68 A2
Montay 59 9 F4
Montayral 47 239 D3
Montazeau 24 219 E3
Montazels 11 302 B4
Montbard 21 137 F1
Montbarla 82 257 E1
Montbarrey 39 159 F2
Montbarrois 45 111 D2
Montbartier 82 257 F4
Montbavin 02 36 C1
Montbazens 12 241 F3
Montbazin 34 281 E3
Montbazon 37 130 C4
Montbel 09 301 F3
Montbel 48 244 C2
Montbéliard 25 142 C1
Montbéliardot 25 142 B4
Montbellet 71 175 E2
Montbenoît 25 161 D2
Montberaud 31 300 A2
Montbernard 31 299 E1
Montberon 31 276 C1
Montbert 44 145 F1
Montberthault 21 137 E2
Montbeton 82 257 F3
Montbeugny 03 172 C2
Montbizot 72 106 C1
Montblainville 55 39 E3
Montblanc 04 269 D3
Montblanc 34 280 C4
Montboillon 70 141 D3
Montboissier 28 85 D4
Montbolo 66 312 B3
Montbonnot-Saint-Martin 38 212 C4
Montboucher 23 186 C3
Montboucher-sur-Jabron 26 247 D2
Montboudif 15 206 C4
Montbouton 90 142 C2
Montbouy 45 112 A3
Montboyer 16 201 E4
Montbozon 70 141 F2
Montbrand 05 248 C2
Montbras 55 93 E1
Montbray 50 54 B2
Montbré 51 37 F4
Montbrehain 02 20 A2
Montbrison 26 247 E3
Montbrison 42 209 E2
Montbron 16 202 B1
Montbronn 57 44 B4
Montbrun 46 241 D3
Montbrun 48 244 B3
Montbrun (Château de) 87 203 D1
Montbrun-Bocage 31 300 B2
Montbrun-des-Corbières 11 303 E2
Montbrun-Lauragais 31 276 C3
Montbrun-les-Bains 26 266 A1
Montcabrier 46 239 E2
Montcabrier 81 277 E2
Montcaret 24 219 E4
Montcarra 38 212 A1
Montcavrel 62 6 B1
Montceau 38 212 A1
Montceau-et-Écharnant 21 157 F2
Montceau-les-Mines 71 174 B1
Montceaux 01 192 C1
Montceaux-lès-Meaux 77 62 A2
Montceaux-lès-Provins 77 63 D4
Montceaux-lès-Vaudes 10 114 B1
Montceaux-l'Étoile 71 173 F3
Montceaux-Ragny 71 175 E1
Montcel 63 189 E2
Le Montcel 73 195 D4
Montcenis 71 157 D4
Montcet 01 175 F4
Montcey 70 118 B4
Montchaboud 38 230 C1
Montchal 42 191 F4
Montchâlons 02 37 D1
Montchamp 14 55 D2
Montchamp 15 225 F2
Montchanin 71 157 E4
Montcharvot 52 117 E2
Montchaton 50 53 F1
Montchaude 16 200 C3
Montchauvet 14 55 D2
Montchauvet 78 59 F3
Montchauvrot 39 159 E3
Montchavin 73 214 C1
Montchenot 51 37 F4
Montchenu 26 229 E1
Montcheutin 08 39 D3
Montchevrel 61 83 D1
Montchevrier 36 169 D2
Montclar 04 250 A3
Montclar 11 302 B2
Montclar 12 260 B3
Montclar-de-Comminges 31 299 F2
Montclar-Lauragais 31 277 D4
Montclar-sur-Gervanne 26 229 F4
Montclard 43 208 B4
Montcléra 46 239 F2
Montclus 05 248 C3
Montclus 30 264 A1
Montcombroux-les-Mines 03 173 D3
Montcony 71 159 D4
Montcorbon 45 112 B2
Montcornet 02 21 E4
Montcornet 08 22 C3
Montcourt 70 118 A2
Montcourt-Fromonville 77 87 F3
Montcoy 71 158 B4
Montcresson 45 111 F3
Montcuit 50 27 D4
Montcuq 46 239 F4
Montcusel 39 176 C3
Montcy-Notre-Dame 08 22 C3
Montdardier 30 262 B3
Montdauphin 77 63 D3
Montdidier 57 69 E2
Montdidier 80 18 C4
Montdoré 70 118 A2
Montdoumerc 46 258 A1
Montdragon 81 278 A1
Montdurausse 81 258 A3
Monte 2B 315 F3
Monte Cecu 2B 315 D4
Monte d'Oro 2A 317 D2
Monteaux 41 131 F2
Montebourg 50 25 D3
Montech 82 257 E3
Montech (Pente d'eau de) 82 257 E3
Montécheroux 25 142 C3
Montegrosso 2B 314 B3
Montégut 32 275 D2
Montégut 40 254 C4
Montégut 65 298 C2
Montégut-Arros 32 274 A4
Montégut-Bourjac 31 299 F1
Montégut-en-Couserans 09 300 A3
Montégut-Lauragais 31 277 F3
Montégut-Plantaurel 09 300 C3
Montégut-Savès 32 275 F3
Monteignet-sur-l'Andelot 03 189 F1
Le Monteil 15 206 B4
Le Monteil 43 227 D2
Le Monteil-au-Vicomte 23 187 D3
Monteille 14 56 C1
Monteils 12 259 D1
Monteils 30 263 F2
Monteils 82 258 A1
Montel-de-Gelat 63 188 B3
Montéléger 26 229 D4
Montélier 26 229 E3
Montélimar 26 246 C2
Le Montellier 01 193 E3
Montels 09 300 C3
Montels 34 304 C1
Montels 81 258 C3
Montemaggiore 2B 314 B3
Montembœuf 16 184 B4
Montenach 57 42 A2
Montenay 53 80 C3
Montendre 17 199 F4
Montendry 73 213 F2
Montenescourt 62 8 A3
Monteneuf 56 102 B2
Montenils 77 63 D3
Montenois 25 142 B1
Montenoison 58 136 A4
Montenoy 54 68 B3
Montépilloy 60 35 D4
Monteplain 39 140 B4
Montépreux 51 64 B4
Monterblanc 56 101 E3
Montereau 45 111 E3
Montereau-Fault-Yonne 77 88 A3
Montereau-sur-le-Jard 77 87 F1
Monterfil 35 102 C1
Montérolier 76 16 B4
Monterrein 56 102 A2
Montertelot 56 101 F2
Montescot 66 313 D2
Montescourt-Lizerolles 02 20 A4
Montespan 31 299 E2
Montesquieu 34 280 B2
Montesquieu 47 256 A1
Montesquieu 82 257 D1
Montesquieu-Avantès 09 300 A3
Montesquieu-des-Albères 66 313 D3
Montesquieu-Guittaut 31 275 E4
Montesquieu-Lauragais 31 277 D4
Montesquieu-Volvestre 31 300 A1
Montesquiou 32 274 B2
Montessaux 70 119 D3
Montesson 52 117 E3
Montesson 78 60 C3
Montestruc-sur-Gers 32 275 D1
Montestrucq 64 272 A3
Le Montet 03 171 F3
Montet-et-Bouxal 46 241 E1
Monteton 47 237 F2
Montets (Col des) 74 197 D2
Monteux 84 265 E2
Montévrain 77 61 F3
Monteynard 38 230 C2
Montézic 12 242 B1
Montfa 09 300 B2
Montfa 81 278 B1
Montfalcon 38 211 F4
Montfarville 50 25 E2
Montfaucon 02 63 D2
Montfaucon 25 141 E4
Montfaucon 30 264 C2
Montfaucon 46 240 B1
Montfaucon-d'Argonne 55 39 F3
Montfaucon-en-Velay 43 227 F1
Montfaucon-montigné 49 146 B1
Montfavet 84 265 D3
Montfermeil 93 61 E3
Montfermier 82 258 A1
Montfermy 63 188 C3
Montferney 25 141 F2
Montferrand 11 277 E4
Montferrand 63 189 E4
Montferrand-du-Périgord 24 239 D1
Montferrand-la-Fare 26 248 B4
Montferrand-le-Château 25 141 D4
Montferrat 38 212 B2
Montferrat 83 287 D1
Montferrer 66 312 B4
Montferrier 09 301 E4
Montferrier-sur-Lez 34 281 F2
Montfey 10 114 A1
Montfiquet 14 27 F4
Montfleur 39 176 B3
Montflours 53 81 D4
Montflovin 25 161 D2
Montfort 04 267 E2
Montfort 24 221 F4
Montfort 25 160 A1
Montfort 49 129 D4
Montfort 64 272 A4
Montfort-en-Chalosse 40 272 A1
Montfort-l'Amaury 78 60 A4
Montfort-le-Gesnois 72 107 E1
Montfort-sur-Argens 83 286 B3
Montfort-sur-Boulzane 11 311 E1
Montfort-sur-Meu 35 78 C4
Montfort-sur-Risle 27 31 E3
Montfranc 12 260 B4
Montfrin 30 264 B4
Montfroc 26 266 B1
Montfuron 04 266 C4
Montgaillard 09 301 D4
Montgaillard 11 303 D4
Montgaillard 40 272 C1
Montgaillard 65 297 F2
Montgaillard 81 258 B4
Montgaillard 82 256 C3
Montgaillard-de-Salies 31 299 F3
Montgaillard-Lauragais 31 277 D4
Montgaillard-sur-Save 31 299 D1
Montgardin 05 249 F2
Montgardon 50 26 C3
Montgaroult 61 56 B4
Montgauch 09 299 F3
Montgaudry 61 83 E2
Montgazin 31 300 B1
Montgé-en-Goële 77 61 F2
Montgeard 31 277 D4
Montgellafrey 73 214 A3
Montgenèvre 05 232 C3
Montgenost 51 89 E1
Montgeoffroy (Château de) 49 129 D2
Montgérain 60 35 D1
Montgermont 35 79 E4
Montgeron 91 61 E4
Montgeroult 95 60 B1
Montgesoye 25 160 C1
Montgesty 46 239 F2
Montgey 81 277 F3
Montgibaud 19 204 A2
Montgilbert 73 213 F2
Montgirod 73 214 B2
Montgiscard 31 277 D3
Montgivray 36 169 F1
Montgobert 02 36 A3
Montgon 08 39 D1
Montgothier 50 54 B4
Montgradail 11 301 F2
Montgras 31 275 F3

MULHOUSE

Altkirch (Av. d')....................FZ 4
Augustins (Passage des).................EY 5
Bonbonnière (R.)................EY 13
Bonnes-Gens (R. des)........FY 14
Bons-Enfants (R. des)........FY 17
Boulangers (R. des)............FY 18
Briand (Av. Aristide)............EY 19
Cloche (Quai de la)............EY 24
Colmar (Av. de).............EXFY
Dollfus (Av. Gustave).........GY 27
Dreyfus (R. du Capit.)........FX 29
Engelmann (Rue)................FY 30
Ensisheim (R. d')...............FX 33
Fleurs (R. des)..................FYZ 37
Foch (Av. du Mar.)..............FZ 38
Fonderie (R. de la).............EZ 39
Franciscains (R. des)..........EY 40
Gaulle (Pl. Gén.-de).............FZ 43
Guillaume-Tell (Pl.).............FY 48
Halles (R. des)......................FZ 50
Henner (R. J.-J.)...................FZ 53
Henriette (R.)......................FY 56
Jardin-Zoologique (R. du)..GZ 64
Joffre (Av. du Mar.)..........FYZ 65
Jura (R. du).........................FZ 67
Lambert (Rue)......................FY
Lattre-de-Tassigny (Av. Mar. de)....................FY 71
Loisy (R. du Lt de)..............FX 77
Lorraine (R. de)...................EY 78
Maréchaux (R. des)............FY 82
Montagne (R. de la)............FZ 88
Moselle (R. de la)...............FY 91
Président-Kennedy (Av. du)..........................EFY
Raisin (R. du)......................EFY 109
République (Pl. de la).........FY 112
Riedisheim (Pont de)..........FZ 119
Ste-Claire (R.).....................EZ 137
Ste-Thérèse (R.)..................EY 140
Sauvage (R. du)...................FY 145
Schœn (R. Anna)................EX 146
Somme (R. de la)...............FY 147
Stalingrad (R. de)............FGY 149
Stoessel (Bd Charles)..................EYZ 152
Tanneurs (R. des).............EFY 153
Teutonique (Passage).........FY 154
Tour-du-Diable (R.).............EZ 156
Trois-Rois (R. des)..............EY 157
Victoires (Pl. des)...............FY 160
Wicky (Av. Auguste)...........FZ 165
Wilson (R.).........................FYZ 166
Zuber (R.)...........................FY 172
17-Novembre (R. du).........FZ 177

Montgreleix *15*......................207 D4
Montgru-Saint-Hilaire *02*........36 B4
Montguers *26*.........................248 B4
Montgueux *10*..........................90 A3
Montguillon *49*.......................105 D4
Montguyon *17*........................218 C1
Les Monthairons *55*.................66 C1
Montharville *28*.......................85 D4
Monthault *35*...........................80 B1
Monthaut *11*..........................302 A2
Monthelie *21*.........................158 A2
Monthelon *51*...........................64 A2
Monthelon *71*.........................156 C2
Monthenault *02*.......................37 D2
Montheries *52*..........................92 A4
Montherlant *60*........................34 A3
Monthermé *08*..........................22 C2
Monthiers *02*............................62 C1
Monthieux *01*.........................193 D3
Monthion *73*...........................214 A1
Monthodon *37*........................131 D1
Monthoiron *86*.......................149 F4
Monthois *08*.............................39 D3
Montholier *39*.........................159 F3
Monthou-sur-Bièvre *41*.........132 A2
Monthou-sur-Cher *41*............132 A3
Monthuchon *50*........................54 A1
Monthurel *02*............................63 E1
Monthureux-le-Sec *88*...........94 A4
Monthureux-sur-Saône *88*...118 A1
Monthyon *77*............................62 A2
Monti *06*.................................289 E3
Monticello *2B*.........................314 C2
Montier-en-Der *52*...................91 F2
Montier-en-l'Isle *10*.................91 E4
Montiéramey *10*.......................90 C4
Montierchaume *36*...............152 A3
Montiers *60*..............................35 D2
Montiers-sur-Saulx *55*............92 B1
Monties *32*.............................275 D4
Montignac *24*..........................221 F2
Montignac *33*..........................236 C1
Montignac *65*..........................298 A1
Montignac-Charente *16*.........183 E4
Montignac-de-Lauzun *47*......238 A2
Montignac-le-Coq *16*............201 F4
Montignac-Toupinerie *47*......237 F2
Montignargues *30*..................263 F3
Montigné *16*............................183 D4
Montigné *79*............................165 D4
Montigné-le-Brillant *53*........105 D2
Montigné-lès-Rairies *49*........129 D1
Montigné-sur-Moine *49*.........146 B1
Montigny *14*..............................55 F1
Montigny *18*............................134 C4
Montigny *45*............................110 B1
Montigny *50*..............................54 B4
Montigny *54*..............................95 E1
Montigny *72*..............................83 D2
Montigny *76*..............................32 A2
Montigny *79*............................147 E4
Montigny-aux-Amognes *58*.155 D2
Montigny-devant-Sassey *55*..39 F2
Montigny-en-Arrouaise *02*......20 B2
Montigny-en-Cambrésis *59*....20 B1
Montigny-en-Gohelle *62*...........8 C2
Montigny-en-Morvan *58*.......156 A1
Montigny-en-Ostrevent *59*........9 D3
Montigny-la-Resle *89*...........113 F3
Montigny-l'Allier *02*..................62 B1
Montigny-le-Bretonneux *78*...60 B4
Montigny-le-Chartif *28*............84 C4
Montigny-le-Franc *02*..............21 E4
Montigny-le-Gannelon *28*....108 C2
Montigny-le-Guesdier *77*.......88 C3
Montigny-le-Roi *52*...............117 D2
Montigny-Lencoup *77*.............88 B2
Montigny-Lengrain *02*............36 A3
Montigny-lès-Arsures *39*......160 A2
Montigny-lès-Cherlieu *70*.....117 F3
Montigny-lès-Condé *02*..........63 E2
Montigny-lès-Cormeilles *95*...60 C2
Montigny-les-Jongleurs *80*.......7 D4
Montigny-lès-Metz *57*.............41 F4
Montigny-les-Monts *10*........114 A1
Montigny-lès-Vaucouleurs *55*............93 D1
Montigny-lès-Vesoul *70*........118 A4
Montigny-Montfort *21*...........137 F1
Montigny-Saint-Barthélemy *21*........137 F3
Montigny-sous-Marle *02*..........21 D4
Montigny-sur-Armançon *21* 138 A3
Montigny-sur-Aube *21*...........115 F2
Montigny-sur-Avre *28*.............58 B4
Montigny-sur-Canne *58*........155 F3
Montigny-sur-Chiers *54*...........40 C1
Montigny-sur-Crécy *02*............20 C4
Montigny-sur-l'Ain *39*...........160 A4
Montigny-sur-l'Hallue *80*.........18 B2
Montigny-sur-Loing *77*............87 F3
Montigny-sur-Meuse *08*............11 F4
Montigny-sur-Vence *08*............22 C4
Montigny-sur-Vesle *51*.............37 E3
Montigny-sur-Vingeanne *21*............140 A1
Montilliers *49*..........................128 B4
Montillot *89*.............................136 C2
Montilly *03*...............................172 A1
Montilly-sur-Noireau *61*............55 E3
Montils *17*...............................199 E1
Les Montils *41*..........................132 A2
Montipouret *36*........................169 E1
Montirat *11*..............................302 C2
Montirat *81*..............................259 E2
Montireau *28*..............................84 B3
Montiron *32*.............................275 E2
Montivernage *25*.....................142 A3
Montivilliers *76*..........................14 B4
Montjardin *11*..........................301 F3
Montjaux *12*.............................261 D2
Montjavoult *60*...........................33 E4
Montjay *05*...............................248 C4
Montjay *71*...............................159 D3
Montjay-la-Tour *77*....................61 F2
Montjean *16*.............................183 E2
Montjean *53*.............................104 C2
Montjean-sur-Loire *49*.............127 F3
Montjézieu *48*..........................243 F3
Montjoi *11*................................302 C3
Montjoi *82*................................257 D1
Montjoie *63*..............................188 C1
Montjoie-en-Couserans *09*......300 A3
Montjoie-le-Château *25*..........142 C3
Montjoie-Saint-Martin *50*..........80 A1
Montjoire *31*.............................276 C1
Montjouvent *39*........................176 C2
Montjoux *26*..............................247 F3
Montjoyer *26*............................247 D3
Montjustin *04*...........................266 C4
Montjustin-et-Velotte *70*..........141 F1
Montlandon *28*...........................84 B3
Montlandon *52*..........................117 D3
Montlaur *11*...............................303 D2
Montlaur *12*...............................260 C4
Montlaur *31*...............................277 D3
Montlaur-en-Diois *26*...............248 A1
Montlaux *04*...............................267 D2
Montlauzun *46*...........................239 E4
Montlay-en-Auxois *21*..............137 F3
Montlebon *25*.............................161 E1
Montlegun *11*............................302 C1
Montlevicq *36*...........................169 F2
Montlevon *02*...............................63 E2
Montlhéry *91*................................86 C1
Montliard *45*...............................111 D2
Montlieu-la-Garde *17*..............200 C4
Montlignon *95*...............................61 D2
Montliot-et-Courcelles *21*.......115 E3
Montlivault *41*...........................132 B1
Montlognon *60*.............................35 D4
Montloué *02*.................................21 F4
Montlouet *28*................................85 F2
Montlouis *18*...............................153 D4
Montlouis-sur-Loire *37*.............131 D3
Montluçon *03*.............................170 C4
Montluel *01*................................193 E3
Montmachoux *77*.........................88 B3
Montmacq *60*................................35 F2
Montmagny *95*..............................61 D2
Montmahoux *25*..........................160 B2
Montmain *21*...............................158 B2
Montmain *76*.................................32 B2
Montmajour (Abbaye de) *13*.............283 E1
Montmalin *39*..............................159 F2
Montmançon *21*..........................139 F3
Montmarault *03*..........................171 E4
Montmarlon *39*...........................160 B3
Montmarquet *80*............................17 E3
Montmartin *60*...............................35 D2
Montmartin-en-Graignes *50*...27 E3
Montmartin-le-Haut *10*..............91 D4
Montmartin-sur-Mer *50*.............53 F1
Montmaur *05*..............................249 D2
Montmaur *11*..............................277 E4
Montmaur-en-Diois *26*.............248 A1
Montmaurin *31*..........................299 D1
Montmédy *55*................................40 A1
Montmeillant *08*............................22 A4
Montmelard *71*............................174 B4
Montmelas-Saint-Sorlin *69*..192 B2
Montmélian *73*............................213 E2
Montmerle-sur-Saône *01*.......192 C2
Montmerrei *61*...............................82 C1
Montmeyan *83*...........................286 A1
Montmeyran *26*..........................229 E4
Montmin *74*................................195 F4
Montmirail *51*................................63 E3
Montmirail *72*..............................108 A1
Montmiral *26*...............................229 F1
Montmirat *30*...............................263 E4
Montmirat (Col de) *48*..........244 B3
Montmirey-la-Ville *39*...........140 A4
Montmirey-le-Château *39*.....140 A4
Montmoreau-Saint-Cybard *16*...............201 E3
Montmorency *95*...........................61 D2
Montmorency-Beaufort *10*.....91 D2
Montmorillon *86*.........................167 E3
Montmorin *05*..............................248 B3
Montmorin *63*..............................208 A1
Montmorot *39*..............................159 E4
Montmort *51*..................................63 F2
Montmort *71*................................156 C4
Montmotier *88*..............................118 B2
Montmoyen *21*..............................115 F4
Montmuran (Château de) *35*..79 D3
Montmurat *15*................................241 F2
Montner *66*....................................312 B1
Montoillot *21*.................................138 B4
Montoir-de-Bretagne *44*.........125 E3
Montoire-sur-le-Loir *41*..........108 A4
Montois-la-Montagne *57*..........41 E3
Montoison *26*................................229 D4
Montoldre *03*.................................172 B4
Montolieu *11*..................................302 B1
Montolivet *77*...................................63 D3
Montonvillers *80*..............................18 B2
Montord *03*....................................172 A4
Montormel *61*...................................56 C3
Montory *64*.....................................296 A2
Montot *21*.......................................158 C1
Montot *70*.......................................140 B1

Montot-sur-Rognon 52 ....92 C3
Montouliers 34 ....279 F4
Montoulieu 09 ....301 D4
Montoulieu 34 ....262 C3
Montoulieu-Saint-Bernard 31 ....299 E1
Montournais 85 ....147 D4
Montours 35 ....80 A2
Montourtier 53 ....81 E4
Montoussé 65 ....298 B2
Montoussin 31 ....299 F1
Montoy-Flanville 57 ....42 A4
Montpascal 73 ....214 A3
Montpellier 34 ....281 F2
Montpellier-de-Médillan 17 .199 D1
Montpellier-la-Paillade 34 ...281 F2
Montpellier-le-Vieux (Chaos de) 12 ....261 F2
Montpensier 63 ....189 F2
Montperreux 25 ....161 D3
Montpeyroux 12 ....243 D2
Montpeyroux 24 ....219 E3
Montpeyroux 34 ....281 D1
Montpeyroux 63 ....207 F2
Montpezat 04 ....267 E4
Montpezat 30 ....263 E4
Montpézat 32 ....275 F4
Montpezat-d'Agenais 47 ......238 A4
Montpezat-de-Quercy 82 ......258 A1
Montpezat-sous-Bauzon 07 .245 F1
Montpinchon 50 ....54 A1
Montpinçon 14 ....56 C2
Montpinier 81 ....278 B2
Montpitol 31 ....277 D1
Montplonne 55 ....66 B4
Montpollin 49 ....129 E1
Montpon-Ménestérol 24 ......219 E2
Montpont-en-Bresse 71 ......175 F2
Montpothier 10 ....89 E1
Montpouillan 47 ....237 E3
Montpoupon (Château de) 37 ....131 F4
Montrabé 31 ....276 C2
Montrabot 50 ....27 F4
Montracol 01 ....193 E1
Montravers 79 ....147 D3
Montréal 07 ....245 F2
Montréal 11 ....302 A1
Montréal 32 ....255 E3
Montréal 89 ....137 E2
Montréal (Château de) 24 ....220 A2
Montréal-la-Cluse 01 ....194 B1
Montréal-les-Sources 26 ......248 A3
Montrécourt 59 ....9 E4
Montredon 11 ....302 C1
Montredon 46 ....241 F2
Montredon-des-Corbières 11 ....303 F2
Montredon-Labessonnié 81 .278 B1
Montregard 43 ....228 A1
Montréjeau 31 ....298 C2
Montrelais 44 ....127 F3
Montrelet 80 ....18 A1
Montrem 24 ....220 B1
Montrésor 37 ....151 D1
Montret 71 ....175 F1
Montreuil 28 ....59 D4
Montreuil 53 ....81 E3
Montreuil 62 ....6 B2
Montreuil 85 ....164 A3
Montreuil 93 ....61 D3
Montreuil-au-Houlme 61 ......56 A4
Montreuil-aux-Lions 02 ......62 C2
Montreuil-Bellay 49 ....148 B1
Montreuil-Bonnin 86 ....166 A2
Montreuil-des-Landes 35 ......80 A3
Montreuil-en-Auge 14 ....30 B4
Montreuil-en-Caux 76 ....16 A4
Montreuil-en-Touraine 37 ....131 E2
Montreuil-Juigné 49 ....128 B2
Montreuil-la-Cambe 61 ....56 C2
Montreuil-l'Argillé 27 ....57 E2
Montreuil-le-Chétif 72 ....82 B4
Montreuil-le-Gast 35 ....79 E3
Montreuil-le-Henri 72 ....107 F3
Montreuil-sous-Pérouse 35 ....80 A4
Montreuil-sur-Barse 10 ....90 C4
Montreuil-sur-Blaise 52 ....92 A2
Montreuil-sur-Brêche 60 ....34 B2
Montreuil-sur-Epte 95 ....33 E4
Montreuil-sur-Ille 35 ....79 E3
Montreuil-sur-Loir 49 ....128 C1
Montreuil-sur-Lozon 50 ....27 D4
Montreuil-sur-Maine 49 ....128 A1
Montreuil-sur-Thérain 60 ......34 B3
Montreuil-sur-Thonnance 52 .92 B2
Montreuillon 58 ....156 A1
Montreux 54 ....95 F1
Montreux-Château 90 ....120 A3
Montreux-Jeune 68 ....120 A3
Montreux-Vieux 68 ....120 A3
Montrevault 49 ....127 E4
Montrevel 38 ....212 A2
Montrevel 39 ....176 B3
Montrevel-en-Bresse 01 ......175 F3
Montrichard 41 ....131 F3
Montricher-Albanne 73 ....214 A4
Montricoux 82 ....258 B2
Montrieux-en-Sologne 41 ......132 C2
Montrigaud 26 ....229 E1
Montriond 74 ....179 D4
Montriond (Lac de) 74 ....179 D4
Montroc-le-Planet 74 ....197 D2
Montrodat 48 ....244 A2
Montrol-Sénard 87 ....185 D2
Montrollet 16 ....185 D3
Montromant 69 ....210 B1
Montrond 05 ....248 C3
Montrond 39 ....160 A3
Montrond 73 ....232 A1
Montrond-le-Château 25 ......160 B1
Montrond-les-Bains 42 ....209 F1
Montrosier 81 ....258 C2
Montrottier 69 ....192 A4
Montroty 76 ....33 E2
Montrouge 92 ....61 D3
Montrouveau 41 ....108 A4
Montroy 17 ....181 D1
Montrozier 12 ....242 C4
Montry 77 ....62 A3
Monts 37 ....130 C4
Monts 60 ....34 A4
Monts-de-Vaux 39 ....159 F3
les Monts d'Olmes 09 ....301 E4
Monts-en-Bessin 14 ....29 D4
Monts-en-Ternois 62 ....7 F3
Monts-sur-Guesnes 86 ....149 D3
Montsalès 12 ....241 D3
Montsalier 04 ....266 B2
Montsalvy 15 ....242 B1
Montsaon 52 ....116 A1
Montsapey 73 ....214 A2
Montsauche-les-Settons 58 .137 E4
Montsaugeon 52 ....116 C4
Montsaunès 31 ....299 F2
Montsec 55 ....67 E2
Montsecret 61 ....55 E3
Montségur 09 ....301 E4
Montségur-sur-Lauzon 26 ......247 D4
Montselgues 07 ....245 E2
Montséret 11 ....303 E2
Montsérié 65 ....298 B3
Montseron 09 ....300 B3
Montseugny 70 ....140 A3
Montseveroux 38 ....211 D3
Montsoreau 49 ....129 E4
Montsoué 40 ....272 C1
Montsoult 95 ....61 D1
Montsûrs 53 ....105 E1
Montsurvent 50 ....26 C4
Montsuzain 10 ....90 B2
Montureux-et-Prantigny 70 ..140 B2
Montureux-lès-Baulay 70 ......118 A3
Montursin 25 ....143 D3
Montusclat 43 ....227 E2
Montussaint 25 ....141 F2
Montussan 33 ....217 F3
Montvalen 81 ....258 B4
Montvalent 46 ....222 B4
Montvalezan 73 ....215 D1
Montvendre 26 ....229 E3
Montverdun 42 ....209 E1
Montvernier 73 ....214 A3
Montvert 15 ....223 E3
Montvicq 03 ....171 E4
Montviette 14 ....56 C2
Montville 76 ....32 A1
Montviron 50 ....54 A3
Montzéville 55 ....40 A4
Monviel 47 ....238 B2
Monze 11 ....302 C2
Moon-sur-Elle 50 ....27 F4
Moosch 68 ....120 A1
Mooslargue 68 ....120 B4
Moraches 58 ....136 B4
Moragne 17 ....181 E2
Morains 51 ....64 A3
Morainville 28 ....86 A3
Morainville-Jouveaux 27 ....31 D4
Morainvilliers 78 ....60 B2
Morancé 69 ....192 C3
Morancez 28 ....85 E3
Morancourt 52 ....92 A2
Morand 37 ....131 E2
Morangis 51 ....64 A2
Morangis 91 ....61 D4
Morangles 60 ....34 B4
Morannes 49 ....105 F4
Moranville 55 ....40 B4
Moras 38 ....211 F1
Moras-en-Valloire 26 ....211 E4
Morbecque 59 ....3 F4
Morbier 39 ....177 E2
Morcenx 40 ....253 D2
Morchain 80 ....19 E3
Morchamps 25 ....141 F2
Morchies 62 ....8 C4
Morcourt 02 ....20 A3
Morcourt 80 ....19 D2
Mordelles 35 ....103 D1
Moréac 56 ....101 D2
Morée 41 ....108 C3
Moreilles 85 ....163 F3
Morello (Col de) 2B 317 D2
Morelmaison 88 ....93 F3
Morembert 10 ....90 C2
Moréno (Col de la) 63 ....207 D1
Morestel 38 ....212 A1
Moret-sur-Loing 77 ....88 A3
Morêtel-de-Mailles 38 ....213 E3
Morette 38 ....212 A4
Moreuil 80 ....18 C3
Morey 54 ....68 A3
Morey 70 ....117 E4
Morey 71 ....157 F4
Morey-Saint-Denis 21 ....139 D4
Morez 39 ....177 E2
Morfontaine 54 ....41 D2
Morganx 40 ....272 B2
Morgat 29 ....47 E4
Morgemoulin 55 ....40 C3
Morgny 27 ....33 D3
Morgny-en-Thiérache 02 ....21 F3
Morgny-la-Pommeraye 76 ....32 B2
Morhange 57 ....69 D2
Moriani-Plage 2B 315 C4
Moriat 63 ....207 F3
Morienne 76 ....17 D3
Morienval 60 ....35 F3
Morières-lès-Avignon 84 ......265 D3
Moriers 28 ....85 E4
Morieux 22 ....51 F4
Moriez 04 ....268 B3
Morigny 50 ....54 C2
Morigny-Champigny 91 ....86 C2
Morillon 74 ....196 B1
Morimond (Abbaye de) 52 ..117 E1
Moringhem 62 ....3 D3
Moriond 73 ....214 C3
Morionvilliers 52 ....92 C3
Morisel 80 ....18 C3
Moriville 88 ....94 C3
Moriviller 54 ....94 C1
Morizécourt 88 ....117 F1
Morizès 33 ....237 D2
Morlaàs 64 ....273 D4
Morlac 18 ....170 B1
Morlaincourt 55 ....66 C4
Morlaix 29 ....49 E3
Morlancourt 80 ....19 D2
Morlanne 64 ....272 B3
Morlet 71 ....157 E2
Morley 55 ....92 B1
Morlhon-le-Haut 12 ....241 E4
Morlincourt 60 ....35 F1
Mormaison 85 ....145 F2
Mormant 77 ....88 A1
Mormant-sur-Vernisson 45 ..111 F2
Mormès 32 ....254 C4
Mormoiron 84 ....265 F2
Mornac 16 ....201 F1
Mornac-sur-Seudre 17 ....181 D4
Mornand-en-Forez 42 ....209 E1
Mornans 26 ....247 F2
Mornant 69 ....210 B1
Mornas 84 ....264 C1
Mornay 21 ....140 A1
Mornay 71 ....174 B2
Mornay-Berry 18 ....154 A2
Mornay-sur-Allier 18 ....154 B4
Moroges 71 ....157 F4
Morogues 18 ....134 B4
Morosaglia 2B 315 E3
Morre 25 ....141 D4
Morsain 02 ....36 A2
Morsains 51 ....63 E3
Morsalines 50 ....25 E3
Morsan 27 ....31 E4
Morsang-sur-Orge 91 ....87 D1
Morsang-sur-Seine 91 ....87 E1
Morsbach 57 ....43 D4
Morsbronn-les-Bains 67 ....71 D1
Morschwiller 67 ....71 D1
Morschwiller-le-Bas 68 ....120 B2
Morsiglia 2B 314 D1
Le Mort-Homme 55 ....40 A4
Mortagne 88 ....95 E3
Mortagne-au-Perche 61 ....83 F2
Mortagne-du-Nord 59 ....9 F1
Mortagne-sur-Gironde 17 ....199 D2
Mortagne-sur-Sèvre 85 ....146 C2
Mortain 50 ....54 C4
Mortcerf 77 ....62 A3
La Morte 38 ....231 D2
Morteau 25 ....161 E1
Morteaux-Couliboeuf 14 ....56 B2
Mortefontaine 02 ....36 A3
Mortefontaine 60 ....61 E1
Mortefontaine-en-Thelle 60 ....34 B4
Mortemart 87 ....185 D2
Mortemer 60 ....35 D1
Mortemer 76 ....17 D4
Mortemer (Abbaye de) 27 ....33 D3
Morterolles-sur-Semme 87 ..186 A1
Mortery 77 ....88 C1
Morthemer 86 ....167 D2
Morthomiers 18 ....153 D2
Mortiers 02 ....20 C4
Mortiers 17 ....200 C3
Morton 86 ....148 C1
Mortrée 61 ....83 D1
Mortroux 23 ....169 E3
Mortzwiller 68 ....120 A2
Morval 39 ....176 B3
Morval 62 ....19 E1
Morvillars 90 ....142 C1
Morville 50 ....25 D3
Morville 88 ....93 F4
Morville-en-Beauce 45 ....86 C4
Morville-lès-Vic 57 ....69 D3
Morville-sur-Andelle 76 ....32 C2
Morville-sur-Nied 57 ....68 C2
Morville-sur-Seille 54 ....68 A2
Morvillers 60 ....33 F1
Morvillers-Saint-Saturnin 80 ..17 E3
Morvilliers 10 ....91 E3
Morvilliers 28 ....84 B1
Mory 62 ....8 B4
Mory-Montcrux 60 ....34 C1
Morzine 74 ....179 D4
Mosles 14 ....28 C3
Moslins 51 ....64 A2
Mosnac 16 ....201 D1
Mosnac 17 ....199 E2
Mosnay 36 ....169 D1
Mosnes 37 ....131 F2
Mosset 66 ....311 E2
Mosson 21 ....115 E2
Mostuéjouls 12 ....261 E1
Motey-Besuche 70 ....140 B3
Motey-sur-Saône 70 ....140 C1
La Mothe-Achard 85 ....162 B1
La Mothe-Saint-Héray 79 ....165 E3
Mothern 67 ....45 C4
Motreff 29 ....75 F3
La Motte 22 ....77 E3
La Motte 83 ....287 D2
La Motte-au-Bois 59 ....3 F4
La Motte-Chalancon 26 ....248 A3
La Motte-d'Aigues 84 ....266 B4
La Motte-d'Aveillans 38 ....230 C3
La Motte-de-Galaure 26 ....229 D1
La Motte-du-Caire 04 ....249 E4
La Motte-en-Bauges 73 ....195 E4
La Motte-en-Champsaur 05 ....231 E4
La Motte-Fanjas 26 ....229 F2
La Motte-Feuilly 36 ....169 F2
La Motte-Fouquet 61 ....82 A1
La Motte-Saint-Jean 71 ....173 E2
La Motte-Saint-Martin 38 ....230 C3
La Motte-Servolex 73 ....213 D1
La Motte-Ternant 21 ....137 F3
La Motte-Tilly 10 ....89 D2
Mottereau 28 ....84 C4
Motteville 76 ....15 F3
Mottier 38 ....211 F3
Motz 73 ....194 C3
Mouacourt 54 ....69 D4
Mouais 44 ....103 E4
Mouans-Sartoux 06 ....288 A3
Mouaville 54 ....41 D4
Mouazé 35 ....79 E4
Mouchamps 85 ....146 B4
Mouchan 32 ....255 F4
Mouchard 39 ....160 A2
La Mouche 50 ....54 A3
Mouchès 32 ....274 B2
Mouchin 59 ....9 E1
Mouchy-le-Châtel 60 ....34 B3
Moudeyres 43 ....227 E3
Mouen 14 ....29 E4
Mouettes 27 ....59 D3
Mouffy 89 ....136 B1
Mouflaines 27 ....33 D4
Mouflers 80 ....17 F1
Mouflières 80 ....17 E2
Mougins 06 ....288 A3
Mougon 79 ....165 D4
Mouguerre 64 ....270 C3
Mouhers 36 ....169 D2
Mouhet 36 ....168 B3
Mouhous 64 ....273 D3
Mouillac 33 ....217 F2
Mouillac 82 ....258 B1
La Mouille 39 ....177 E2
Mouilleron 52 ....116 B4
Mouilleron-en-Pareds 85 ......164 A1
Mouilleron-le-Captif 85 ....145 F4
Mouilly 55 ....67 D1
Moulainville 55 ....40 B4
Moularès 81 ....259 F2
Moulay 53 ....81 E3
Moulayrès 81 ....277 F1
Moulédous 65 ....298 A1
Moulès 13 ....283 E2
Moulès-et-Baucels 34 ....262 C3
Mouleydier 24 ....220 B4
Moulézan 30 ....263 E3
Moulhard 28 ....84 B4
Moulicent 61 ....84 A1
Moulidars 16 ....201 D1
Mouliets-et-Villemartin 33 ..219 D4
Mouliherne 49 ....129 E2
Moulin (Château du) 41 ....132 C3
Moulin-Chabaud 01 ....194 A1
Le Moulin-des-Ponts 01 ....176 A3
Moulin-Mage 81 ....279 E1
Moulin-Neuf 09 ....301 F3
Moulin-Neuf 24 ....219 E2
Moulin-Neuf (Petit Musée auvergnat) 63 ....207 E2
Moulin-sous-Touvent 60 ....35 F2
Moulineaux 76 ....32 A3
Moulines 14 ....56 A2
Moulines 50 ....80 C1
Moulinet 06 ....289 E2
Moulinet 47 ....238 B2
Le Moulinet-sur-Solin 45 ....111 E3
Moulins 02 ....37 D2
Moulins 03 ....172 B2
Moulins 35 ....103 F1
Moulins 79 ....147 D2
Moulins de Paillas 83 ....293 E1
Moulins-en-Tonnerrois 89 ......114 B4
Moulins-Engilbert 58 ....156 A2
Moulins-la-Marche 61 ....83 E1
Moulins-le-Carbonnel 72 ....82 B3
Moulins-lès-Metz 57 ....41 F4
Moulins-Saint-Hubert 55 ....39 F1
Moulins-sur-Céphons 36 ....151 F2
Moulins-sur-Orne 61 ....56 B4
Moulins-sur-Ouanne 89 ....113 D4
Moulins-sur-Yèvre 18 ....153 E2
Moulis 09 ....300 A3
Moulis-en-Médoc 33 ....217 D2
Moulismes 86 ....167 E4
Moulle 62 ....3 D3
Le Moulleau 33 ....234 B1
Moulon 33 ....218 C4
Moulon 45 ....111 E2
Moulot 58 ....136 A2
Moulotte 55 ....41 D4
Moult 14 ....56 B1
Moumoulous 65 ....274 A4
Moumour 64 ....296 B1
Mounes-Prohencoux 12 ....279 F1
Mourède 32 ....255 F4
Mourens 33 ....236 C1
Mourenx 64 ....272 B4
Mouret 12 ....242 B3
Moureuille 63 ....189 D1
Mourèze 34 ....280 C2
Mouriès 13 ....283 F1
Mouriez 62 ....6 C3
Le Mourillon 83 ....291 F4
Mourioux-Vieilleville 23 ......186 B2
Mourjou 15 ....241 F1
Mourmelon-le-Grand 51 ....38 B4
Mourmelon-le-Petit 51 ....64 C1
Mournans-Charbonny 39 .....160 B4
Mouron 08 ....39 D3
Mouron-sur-Yonne 58 ....156 A1
Mouroux 77 ....62 B3
Mours 95 ....60 C1
Mours-Saint-Eusèbe 26 ....229 E2
Le Mourtis 31 ....299 D4
Mourvilles-Basses 31 ....277 D3
Mourvilles-Hautes 31 ....277 E4
Mouscardès 40 ....271 F2
Moussac 30 ....263 F3
Moussac 86 ....167 D4
Moussages 15 ....224 A1
Moussan 11 ....303 F1
Moussé 35 ....104 A2
Les Mousseaux 78 ....60 A4
Mousseaux-lès-Bray 77 ....88 C3
Mousseaux-Neuville 27 ....59 D2
Mousseaux-sur-Seine 78 ....59 F1
Moussey 10 ....90 B4
Moussey 57 ....69 E4
Moussey 88 ....95 F2
Les Moussières 39 ....177 E3
Mousson 54 ....68 A2
Moussonvilliers 61 ....84 A1
Moussoulens 11 ....302 B1
Moussy 51 ....64 A2

NANCY

Adam (R. Sigisbert) ..... BX 2
Barrès (R. Maurice) ..... CY 10
Bazin (R. H.) ..... CY 13
Benit (R.) ..... BY 14
Braconnot (R.) ..... BX 19
Carmes (R. des) ..... BY 20
Chanoine-Jacob (R.) ..... AX 23
Chanzy (R.) ..... AY 24
Cheval-Blanc (R. du) ..... BY 25
Craffe (R. de la) ..... AX 27
Croix de Bourgogne (Espl.) ..... AZ 28
Dominicains (R. des) ..... BY 29
Erignac (R. C.) ..... BY 31
Gambetta (R.) ..... BY 36
Gaulle (Pl. Gén.-de) ..... BX 37
Grande-Rue ..... BXY
Haut-Bourgeois (R.) ..... AX 39
Héré (R.) ..... BY 40
Île de Corse (R. de l') ..... CY 41
Keller (R. Ch.) ..... AX 46
La Fayette (Pl. de) ..... BY 47
Louis (R. Baron) ..... AXY 50
Loups (R. des) ..... AX 51
Maréchaux (R. des) ..... BY 53
Mazagran (R.) ..... AY 54
Mengin (Pl. Henri) ..... BY 55
Molitor (R.) ..... CZ 60
Mon-Désert (R. de) ..... ABZ 61
Monnaie (R. de la) ..... BY 62
Mgr-Ruch (Pl.) ..... CY 63
Mouja (R. du Pont) ..... BY 64
Poincaré (R. H.) ..... AY 69
Poincaré (R. R.) ..... AY 70
Point-Central ..... BY 72
Ponts (R. des) ..... BYZ 73
Primatiale (R. de la) ..... CY 74
Raugraff (R.) ..... BY 75
St-Dizier (R.) ..... BY
St-Epvre (Pl.) ..... BY 82
St-Georges (R.) ..... CY
St-Jean (R.) ..... BY
St-Léon (R.) ..... AY 85
Source (R. de la) ..... AY 99
Stanislas (R.) ..... BY 100
Trois-Maisons (R. du Fg des) ..... AX 104
Trouillet (R.) ..... AXY 105
Visitation (R. de la) ..... BY 109
XXe-Corps (Av. du) ..... CY 110

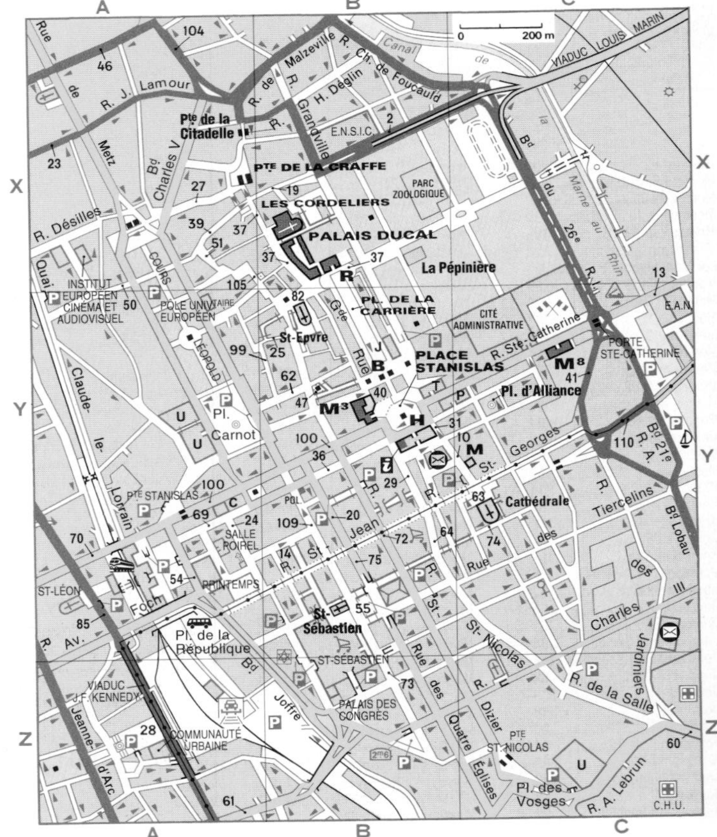

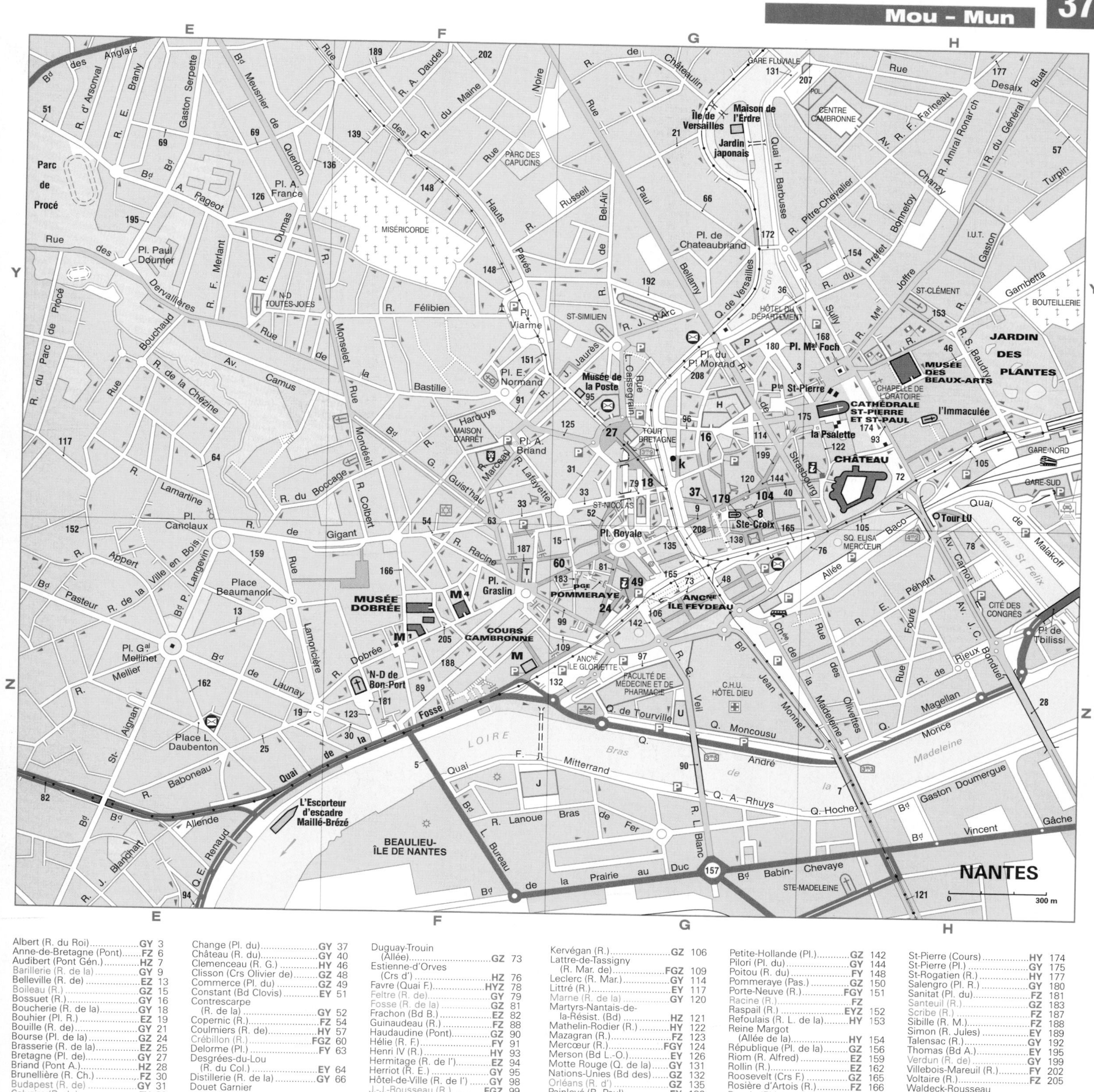

Albert (R. du Roi)..................GY 3
Anne-de-Bretagne (Pont).......FZ 6
Audibert (Pont Gén.).............HZ 7
Barillerie (R. de la)..............GY 9
Belleville (R. de) ....EZ 13
Boileau (R.) ....GZ 15
Bossuet (R.)..........................GY 16
Boucherie (R. de la)..............GY 18
Bouhier (Pl. R.) ....EZ 19
Bouille (R. de)........................GY 21
Bourse (Pl. de la) ....GZ 24
Brasserie (R. de la)................EZ 25
Bretagne (Pl. de)...................GY 27
Briand (Pont A.)......................HZ 28
Brunellière (R. Ch.) ....FZ 30
Budapest (R. de) ....GY 31
Calvaire (R. du).......................FY 33
Ceineray (Quai)......................GY 36
Change (Pl. du).......................GY 37
Château (R. du).......................GY 40
Clemenceau (R. G.) ....HY 46
Clisson (Crs Olivier de).........GZ 48
Commerce (Pl. du) ....GZ 49
Constant (Bd Clovis).............EY 51
Contrescarpe
(R. de la) ....GY 52
Copernic (R.)..........................FZ 54
Coulmiers (R. de)..................HY 57
Crébillon (R.)........................FGZ 60
Delorme (Pl.) ....FY 63
Desgrées-du-Lou
(R. du Col.) ....EY 64
Distillerie (R. de la) ....GY 66
Douet Garnier
(R. du)..................................EY 69
Duchesse Anne (Pl.).............HY 72
Duguay-Trouin
(Allée)..................................GZ 73
Estienne-d'Orves
(Crs d') ....HZ 76
Favre (Quai F.)...................HYZ 78
Feltre (R. de).........................GY 79
Fosse (R. de la) ....GZ 81
Frachon (Bd B.) ....EZ 82
Guinaudeau (R.) ....FZ 88
Haudaudine (Pont)................GZ 90
Hélie (R. F.)...........................FY 91
Henri IV (R.)..........................HY 93
Hermitage (R. de l')..............EZ 94
Herriot (R. E.) ....GY 95
Hôtel-de-Ville (R. de l') ....GY 98
J.-J.-Rousseau (R.)............FGZ 99
Juiverie (R. de la) ....GY 104
Kennedy (Cours J.-F.)..........HY 105
Kervégan (R.)........................GZ 106
Lattre-de-Tassigny
(R. Mar. de)....................FGZ 109
Leclerc (R. Mar.).................GY 114
Littré (R.)..............................EY 117
Marne (R. de la) ....GY 120
Martyrs-Nantais-de-
la-Résist. (Bd) ....HZ 121
Mathelin-Rodier (R.) ....HY 122
Mazagran (R.)........................FZ 123
Mercœur (R.)....................FGY 124
Merson (Bd L.-O.)................EY 126
Motte Rouge (Q. de la)......GY 131
Nations-Unies (Bd des)......GZ 132
Orléans (R. d') ....GZ 135
Painlevé (R. Paul) ....EY 136
Paix (R. de la) ....GZ 138
Pelleterie (R. de la) ....EFY 139
Petite-Hollande (Pl.)............GZ 142
Pilori (Pl. du) ....GY 144
Poitou (R. du) ....FY 148
Pommeraye (Pas.) ....GZ 150
Porte-Neuve (R.)...............FGY 151
Racine (R.)...........................FZ
Raspail (R.) ....EYZ 152
Refoulais (R. L. de la).........HY 153
Reine Margot
(Allée de la)......................HY 154
République (Pl. de la).........GZ 156
Riom (R. Alfred) ....EZ 159
Rollin (R.).............................EZ 162
Roosevelt (Crs F.) ....GZ 165
Rosière d'Artois (R.)............FZ 166
Royale (Pl.) ....GZ
St-André (Cours).................HY 168
St-Mihiel (Pont)...................GY 172
St-Pierre (Cours) ....HY 174
St-Pierre (Pl.) ....GY 175
St-Rogatien (R.) ....HY 177
Salengro (Pl. R.) ....GY 180
Sanitat (Pl. du)......................FZ 181
Santeuil (R.).........................GZ 183
Scribe (R.) ....FZ 187
Sibille (R. M.)........................FZ 188
Simon (R. Jules) ....EY 189
Talensac (R.)........................GY 192
Thomas (Bd A.)....................EY 195
Verdun (R. de) ....GY 199
Villebois-Mareuil (R.)...........FY 202
Voltaire (R.)..........................FZ 205
Waldeck-Rousseau
(Pl.)..................................GHY 207
50-Otages
(Crs des).........................GYZ 208

Moussy *58*..............................155 E1
Moussy *95* 60 A1
Moussy-le-Neuf *77*..................61 E1
Moussy-le-Vieux *77* 61 E1
Moussy-Verneuil *02* 37 D2
Moustajon *31* 307 F4
Mousterlin *29* 98 C2
Moustéru *22* 50 B4
Moustey *40*............................235 E4
Le Moustier *24*.......................221 E3
Moustier *47* 237 F2
Moustier-en-Fagne *59*.............11 D3
Moustier-Ventadour *19*.........205 E3
Moustiers-Sainte-Marie *04* ..267 F4
Le Moustoir *22*........................75 F3
Moustoir-Ac *56* 101 D2
Moustoir-Remungol *56* 101 D1
La Moutade *63*......................189 E3
Moutaine *39* 160 A3
Moutardon *16* 183 F2
Le Moutaret *38*......................213 E3
Moutchic *33*...........................216 A2
Mouterhouse *57*.......................44 C4
Mouterre-Silly *86*..................148 C2
Mouterre-sur-Blourde *86* 184 C1
Mouthe *25*.............................160 C4
Le Moutherot *25*...................140 C4
Mouthier-en-Bresse *71*.........159 D3
Mouthier-Haute-Pierre *25* 160 C1
Mouthiers-sur-Boëme *16* 201 E2
Mouthoumet *11* 303 D3
Moutier-d'Ahun *23* 187 E2
Moutier-Malcard *23*..............169 E3
Moutier-Rozeille *23*..............187 F3
Moutiers *28* 86 A4
Moutiers *35* 104 A2
Moutiers *54* 41 E3
Moûtiers *73*...........................214 B2
Moutiers-au-Perche *61* 84 A2
Les Moutiers-en-Auge *14*.......56 C2
Les Moutiers-
en-Cinglais *14* 55 F1
Moutiers-en-Puisaye *89* 135 F1
Les Moutiers-en-Retz *44* 144 C1
Les Moutiers-Hubert *14*..........57 D2
Moutiers-les-Mauxfaits *85*...163 D2
Moutiers-Saint-Jean *21*........137 F1
Moutiers-sous-Argenton *79*.147 F2
Moutiers-
sous-Chantemerle *79*.......147 E4
Moutiers-sur-le-Lay *85* 163 E1
Mouton *16*.............................183 F3
Mouton Rothschild
(Château de) *33*................217 D1
Moutonne *39*.........................176 C2
La Moutonne *83*....................292 B2
Moutonneau *16*.....................183 F3
Moutoux *39*...........................160 A3
Moutrot *54*...............................93 F1
Mouvaux *59*...............................4 C4
Moux *11*.................................303 D2
Moux-en-Morvan *58*.............156 C1
Mouxy *73*...............................213 D1
Mouy *60*...................................34 B3
Mouy-sur-Seine *77*..................88 C2
Mouzay *37*.............................150 B1
Mouzay *55* 39 F2
Mouzeil *44*.............................126 C2
Mouzens *24*...........................221 E4
Mouzens *81*...........................277 F3
Mouzeuil-Saint-Martin *85* 163 F2
Mouzieys-Panens *81*.............259 D2
Mouzieys-Teulet *81*...............259 F4
Mouzillon *44*..........................146 A1
Mouzon *08*...............................23 E4
Mouzon *16*.............................184 B4
Moval *90*................................142 C1
Moy-de-l'Aisne *02*...................20 B4
Moyaux *14*...............................30 C4
Moydans *05*...........................248 B3
Moye *74*.................................195 D3
Moyemont *88*...........................95 D2
Moyen *54*..................................95 D1
Moyencourt *80*.........................19 E4
Moyencourt-lès-Poix *80* 17 F3
Moyenmoutier *88* 95 F2
Moyenneville *60*......................35 D2
Moyenneville *62*........................8 B4
Moyenneville *80*......................17 E1
Moyenvic *57*.............................69 D3
Moyeuvre-Grande *57*..............41 E3
Moyeuvre-Petite *57*.................41 E3
Moyon *50*.................................54 B1
Moyrazès *12*...........................242 A4
Moyvillers *60*............................35 D2
Mozac *63* 189 E3
Mozé-sur-Louet *49*................128 B3
Muchedent *76* 16 B3
Mudaison *34* 282 A2
Muel *35*....................................78 B4
Muespach *68*.........................120 C4
Muespach-le-Haut *68* 120 C4
Mugron *40*.............................272 A1
Muhlbach-sur-Bruche *67*........70 B4
Muhlbach-sur-Munster *68*......96 A4
Muides-sur-Loire *41* 132 B1
Muidorge *60*.............................34 A1
Muids *27*..................................32 C4
Muille-Villette *80* 19 F4
Muirancourt *60*.........................19 F4
Muizon *51*.................................37 E3
Les Mujouls *06*......................269 E3
La Mulatière *69*.....................192 C4
Mulcent *78*................................59 F3
Mulcey *57* 69 D3
Mulhausen *67*...........................70 C1
Mulhouse *68* 120 C2
Mulsanne *72*...........................107 D3
Mulsans *41*.............................109 D4
Mun *65*...................................298 A1
Munchhausen *67* 45 C4
Munchhouse *68* 120 C1
Muncq-Nieurlet *62* 3 D3
Mundolsheim *67*......................71 D3
Muneville-le-Bingard *50*.........26 C4
Muneville-sur-Mer *50* 53 F2
Le Mung *17*............................181 F3
Munster *57* 69 F2
Munster *68* 96 A4
Muntzenheim *68* 96 C3
Munwiller *68*..........................120 C1

Mur-de-Barrez *12* 224 C4
Mur-de-Bretagne *22* 76 C3
Mur-de-Sologne *41* 132 C3
Muracciole *2B* 317 D2
Murasson *12* 279 E1
Murat *03* 171 E3
Murat *15* 225 D2
Murat-le-Quaire *63* 206 C2
Murat-sur-Vèbre *81* 279 F1
Murato *2B* 315 E2
La Muraz *74* 195 F1
Murbach *68* 120 A1
La Mure *04* 268 B2
La Mure *38* 231 D3
Mureaumont *60* 33 E1
Les Mureaux *78* 60 A2
Mureils *26* 229 D1
Mûres *74* 195 E4
Muret *31* 276 B3
Le Muret *40* 235 D3
Muret-et-Crouttes *02* 36 B3
Muret-le-Château *12* 242 B3
La Murette *38* 212 B3
Murianette *38* 231 D1
Murinais *38* 230 A1
Murles *34* 281 E1
Murlin *58* 154 C1
Muro *2B* 314 C3
Murol *63* 207 D2
Murols *12* 242 B1
Muron *17* 181 E2
Murs *36* 150 C3
Murs *84* 265 F3
Mûrs-Erigné *49* 128 B3
Murs-et-Gélignieux *01* 212 B1
Murtin-et-Bogny *08* 22 B3
Murvaux *55* 40 A2
Murviel-lès-Béziers *34* 280 A4
Murviel-lès-Montpellier *34* 281 E2
Murville *54* 41 D3
Murzo *2A* 316 B2
Mus *30* 282 B1
Muscourt *02* 37 D3
Musculdy *64* 295 F1
Musièges *74* 195 D2
Musigny *21* 157 E1
Musseau *52* 116 B4
Mussey *55* 66 A3
Mussey-sur-Marne *52* 92 B3
Mussidan *24* 220 A2
Mussig *67* 96 C2
Mussy-la-Fosse *21* 138 A2
Mussy-sous-Dun *71* 174 B4
Mussy-sur-Seine *10* 115 D2
Mutigney *39* 140 A4
Mutigny *51* 64 A1
Mutrécy *14* 55 F1
Muttersholtz *67* 96 C2
Mutzenhouse *67* 70 C2
Mutzig *67* 70 C4
Le Muy *83* 287 E3
Muzeray *55* 40 C3
Muzillac *56* 123 E2
Muzy *27* 59 D4
Myans *73* 213 D2
Myennes *58* 135 D3
Myon *25* 160 A2

N

Nabas *64* 271 F4
Nabinaud *16* 201 F4
Nabirat *24* 239 F1
Nabringhen *62* 2 B3
Nachamps *17* 181 F2
Nadaillac *24* 222 A2
Nadaillac-de-Rouge *46* 222 A4
Nades *03* 189 D1
Nadillac *46* 240 B2
Naftel *50* 54 B4
Nagel-Séez-Mesnil *27* 58 B2
Nages *81* 279 E2
Nages-et-Solorgues *30* 263 F4
Nahuja *66* 310 C4
Nailhac *24* 221 E1
Naillat *23* 169 D4
Nailloux *31* 277 D4
Nailly *89* 88 C4
Naintré *86* 149 E4
Nainville-les-Roches *91* 87 E2
Naisey *25* 141 F4
Naives-devant-Bar *55* 66 B3
Naives-en-Blois *55* 67 D4
Naix-aux-Forges *55* 66 C4
Naizin *56* 101 D1
Najac *12* 259 D1
Nalliers *85* 163 F2
Nalliers *86* 167 E1
Nalzen *09* 301 E4
Nambsheim *68* 121 D1
Nampcel *60* 36 A2
Nampcelles-la-Cour *02* 21 E3
Nampont-Saint-Martin *80* 6 B3
Namps-au-Mont *80* 18 A3
Namps-au-Val *80* 18 A3
Nampteuil-sous-Muret *02* 36 C3
Nampty *80* 18 A3
Nan-Sous-Thil *21* 138 A3
Nanc-lès-Saint-Amour *39* 176 B3
Nançay *18* 133 F3
Nance *39* 159 E4
Nances *73* 212 C1
Nanclars *16* 183 F4
Nançois-le-Grand *55* 66 C4
Nançois-sur-Ornain *55* 66 C4
Nancras *17* 181 D4
Nancray *25* 141 E4
Nancray-sur-Rimarde *45* 111 D1
Nancuise *39* 176 C2
Nancy *54* 68 B4
Nancy-sur-Cluses *74* 196 B1
Nandax *42* 191 E2
Nandy *77* 87 E1
Nangeville *45* 87 D3
Nangis *77* 88 B1
Nangy *74* 195 F1
Nannay *58* 135 F4
Nans *25* 141 F2
Les Nans *39* 160 B3
Nans-les-Pins *83* 285 F4
Nans-sous-Sainte-Anne *25* 160 B2
Nant *12* 261 F3
Nant-le-Grand *55* 66 B4
Nant-le-Petit *55* 66 B4
Nanteau-sur-Essonne *77* 87 D3
Nanteau-sur-Lunain *77* 88 A4
Nanterre *92* 60 C3
Nantes *44* 126 B4
Nantes-en-Ratier *38* 231 D3
Nanteuil *79* 165 E3
Nanteuil-Auriac-de-Bourzac *24* 201 F3
Nanteuil-en-Vallée *16* 184 A2
Nanteuil-la-Forêt *51* 64 A1
Nanteuil-la-Fosse *02* 36 C2
Nanteuil-le-Haudouin *60* 61 F1
Nanteuil-lès-Meaux *77* 62 A2
Nanteuil-Notre-Dame *02* 36 B4
Nanteuil-sur-Aisne *08* 38 A1
Nanteuil-sur-Marne *77* 62 C2
Nantey *39* 176 B3
Nantheuil *24* 203 D3
Nanthiat *24* 203 D3
Nantiat *87* 185 F2
Nantillé *17* 182 B3
Nantillois *55* 39 F3
Nantilly *70* 140 A2
Nantoin *38* 211 F3
Nantois *55* 66 C4
Nanton *71* 175 D1
Nantouard *70* 140 C2
Nantouillet *77* 61 F2
Nantoux *21* 158 A2
Nantua *01* 194 B1
Naours *80* 18 B1
La Napoule *06* 288 A4
Napt *01* 176 B4
Narbéfontaine *57* 42 B4
Narbief *25* 142 B4
Narbonne *11* 304 C2
Narbonne-Plage *11* 305 D2
Narcastet *64* 297 D1
Narcy *52* 92 A1
Narcy *58* 135 E4
Nargis *45* 111 F1
Narnhac *15* 224 C3
Narp *64* 272 A4
Narrosse *40* 271 F1
La Nartelle *83* 287 E4
Narthoux *81* 259 D2
Nasbinals *48* 243 E1
Nassandres *27* 58 A1
Nassiet *40* 272 B2
Nassigny *03* 170 C2
Nastringues *24* 219 E4
Nattages *01* 194 C4
Natzwiller *67* 96 B1
Naucelle *12* 259 F1
Naucelles *15* 224 A3
Naujac-sur-Mer *33* 198 B4
Naujan-et-Postiac *33* 218 C4
Naurouze (Seuil de) *11* 277 E4
Nauroy *02* 20 A2
Naussac *12* 241 E3
Naussac *48* 245 D1
Naussac (Barrage de) *48* 245 D1
Naussannes *24* 238 C1
Nauvay *72* 83 E4
Nauviale *12* 242 A3
Nauzan *17* 198 B1
Navacelles *30* 263 F1
Navacelles (Cirque de) *34* 262 A4
Navailles-Angos *64* 273 D3
Navarosse *40* 234 B3
Navarrenx *64* 272 A4
Naveil *41* 108 B4
Navenne *70* 141 E1
Naves *03* 189 E1
Naves *07* 245 E4
Naves *19* 204 C4
Naves *59* 9 E4
Naves *73* 214 B2
Navès *81* 278 B3
Nâves-Parmelan *74* 195 F2
Navilly *71* 158 C2
Nay *50* 27 D3
Nay *64* 297 D1
Nayemont-les-Fosses *88* 95 F3
Le Nayrac *12* 242 C2
Nazelles-Négron *37* 131 E3
Néac *33* 218 C3
Néant-sur-Yvel *56* 102 A1
Neau *53* 81 F4
Neaufles-Auvergny *27* 58 A3

NICE

Alberti (R.) ..... GHY 2
Alsace-Lorraine (Jardin) ..... EZ 3
Armée-du-Rhin (Pl.) ..... JX 5
Auriol (Pont V.) ..... JV 7
Bellanda (Av.) ..... HV 10
Berlioz (R.) ..... FY 12
Bonaparte (R.) ..... JY 13
Carnot (Bd) ..... JZ 15
Desambrois (Av.) ..... GHX 18
Diables-Bleus (Av. des) ..... JX 19
Europe (Parvis de l') ..... JX 20
Félix-Faure (Av.) ..... GZ 21
France (R. de) ..... DFZ
Gallieni (Av.) ..... HJX 23
Gambetta (Bd) ..... EXZ
Gautier (Pl. P.) ..... HZ 25
Gioffredo (R.) ..... HY
Hôtel-des-Postes (R.) ..... HY 30
Ile-de-Beauté (Pl. de l') ..... JZ 31
J.-Jaurès (Bd) ..... HYZ 32
Liberté (R. de la) ..... GZ 35
Lunel (Quai) ..... JZ 37
Masséna (Esp., Pl.) ..... GZ
Masséna (R.) ..... FGZ 43
Médecin (Av. J.) ..... FGY 44
Meyerbeer (R.) ..... FZ 45
Monastère (Av. et Pl. du) ..... HV 46
Moulin (Pl. J.) ..... HY 47
Paradis (R.) ..... GZ 55
Passy (R. F.) ..... EY 57
Pastorelli (R.) ..... GY 58
Phocéens (Av. des) ..... GZ 59
Ray (Av. du) ..... FV 63
République (Av. de la) ..... JXY 64
Rivoli (R. de) ..... FZ 65
St-François-de-Paule (R.) ..... GHZ 72
St-Jean-Baptiste (Av.) ..... HY 73
Saleya (Cours) ..... HZ 82
Sauvan (R. H.) ..... EZ 84
Verdun (Av. de) ..... FGZ 89
Walesa (Bd Lech) ..... JYZ 91
Wilson (Pl.) ..... HY 92

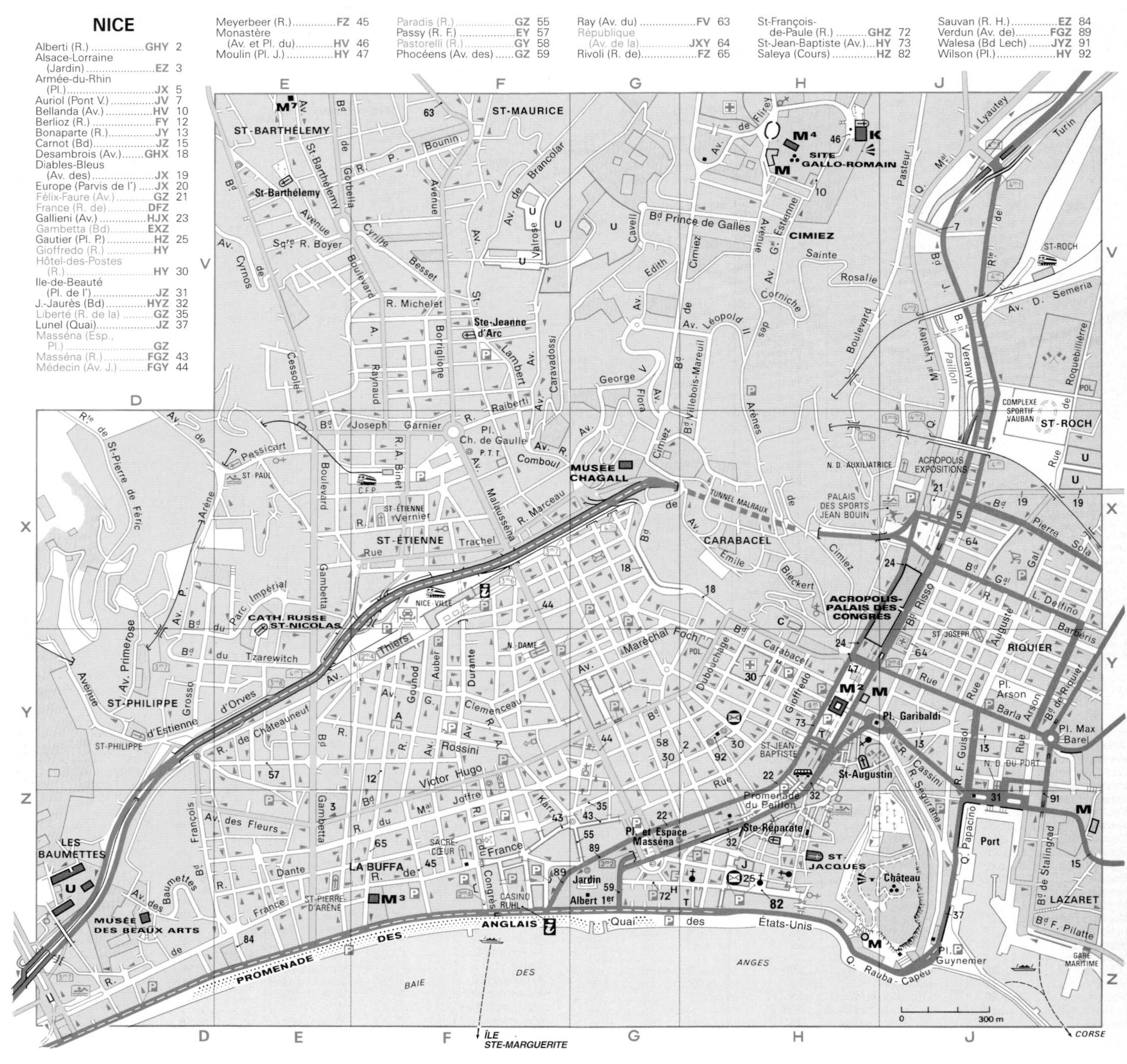

NÎMES

Arènes (Bd des) CV 2
Aspic (R. de l') CUV
Auguste (R.) CU 4
Bernis (R. de) CV 6
Chapitre (R. du) CU 12
Courbet (Bd Amiral) DUV 14
Crémieux (R.) DU 16
Curaterie (R.) DU 17
Daudet (Bd A.) CU 18
Ducros (R. A.) CV 19
Fontaine (Q. de la) CU 20
Gambetta (Bd) CDU
Grand'Rue DU 24
Guizot (R.) CU 26
Halles (R. des) CU 27
Horloge (R. de l') CU 28
Libération (Bd de la) DV 30
Madeleine (R. de la) CU 32
Maison carrée (Pl. de la) CU 33
Marchands (R. des) CU 35
Nationale (R.) CDU
Perrier (R. Gén.) CU
Prague (Bd de) DV 42
République (R. de la) CV 43
Saintenac (Bd E.) DU 45
Victor-Hugo (Bd) CUV
Violettes (R.) CV 49

Neaufles-Saint-Martin 27 33 E3
Neauphe-sous-Essai 61 83 D1
Neauphe-sur-Dive 61 56 C3
Neauphle-le-Château 78 60 A3
Neauphle-le-Vieux 78 60 A3
Neauphlette 78 59 E2
Neaux 42 191 F3
Nébian 34 280 C2
Nébias 11 302 A4
Nébing 57 69 E2
Nébouzat 63 207 D1
Nécy 61 56 B3
Nedde 87 205 D1
Nédon 62 7 E1
Nédonchel 62 7 E1
Neewiller-près-Lauterbourg 67 45 F4
Neffes 05 249 E2
Neffiès 34 280 C3
Néfiach 66 312 B2
Nègrepelisse 82 258 A2
Négreville 50 24 C3
Négron 37 131 E3
Négrondes 24 203 D4
Néhou 50 24 C4
Nehwiller 67 45 D4
Nelling 57 69 E1
Nemours 77 87 F4
Nempont-Saint-Firmin 62 6 B3
Nénigan 31 275 D4
Nenon 39 159 E1
Néons-sur-Creuse 36 150 B4
Néoules 83 286 A4
Néoux 23 187 F3
Nepvant 55 40 A1
Nérac 47 255 F2
Nerbis 40 272 A1
Nercillac 16 200 C1
Néré 17 182 C2
Néret 36 170 A2
Nérigean 33 218 C4
Nérignac 86 167 D4
Néris-les-Bains 03 171 D4
Nermier 39 176 C2
Nernier 74 178 A3
Néron 28 85 E1
Néronde 42 191 F4
Néronde-sur-Dore 63 190 B4
Nérondes 18 154 A2
Ners 30 263 E3
Nersac 16 201 E1
Nervieux 42 191 E4
Nerville-la-Forêt 95 60 C1
Néry 60 35 E3
Neschers 63 207 F2
Nescus 09 300 C3
Nesle 80 19 E3
Nesle-et-Massoult 21 115 D4
Nesle-Hodeng 76 16 C4
Nesle-la-Reposte 51 89 E1
Nesle-le-Repons 51 63 F1
Nesle-l'Hôpital 80 17 D2
Nesle-Normandeuse 76 17 D2
Nesles 62 2 A4
Nesles 77 62 A4
Nesles-la-Montagne 02 63 D2
Nesles-la-Vallée 95 60 C1
Neslette 80 17 D2
Nesmy 85 163 D1
Nesploy 45 111 D2
Nespouls 19 222 A2
Nessa 2B 314 C3
Nestier 65 298 C2
Nettancourt 55 65 F2
Netzenbach 67 70 B4
Neublans 39 159 D3
Neubois 67 96 B2
Le Neubourg 27 31 F4
Neuchâtel-Urtière 25 142 B2
Neuf-Berquin 59 4 A4
Neuf-Brisach 68 97 D4
Neuf-Église 63 189 D2
Neuf-Marché 76 33 E2
Neuf-Mesnil 59 10 B2
Neufbosc 76 16 B4
Le Neufbourg 50 54 C4
Neufchâteau 88 93 E3
Neufchâtel-en-Bray 76 16 C4
Neufchâtel-en-Saosnois 72 83 D3
Neufchâtel-Hardelot 62 2 A4
Neufchâtel-sur-Aisne 02 37 F2
Neufchef 57 41 E3
Neufchelles 60 62 B1
Neuffons 33 237 D1
Neuffontaines 58 136 C3
Neufgrange 57 43 E4
Neuflieux 02 36 A1
Neuflize 08 38 A2
Neufmaison 08 22 B3
Neufmaisons 54 95 E1
Neufmanil 08 22 C3
Neufmesnil 50 26 C3
Neufmoulin 80 6 C4
Neufmoulins 57 69 F4
Neufmoutiers-en-Brie 77 62 A4
Le Neufour 55 39 E4
Neufvillage 57 69 E2
Neufvy-sur-Aronde 60 35 D2
Neugartheim 67 70 C3
Neugartheim-Ittlenheim 67 70 C3
Neuhaeusel 67 71 F1
Neuil 37 149 F1
Neuilh 65 297 F2
Neuillac 17 199 F2
Neuillay-les-Bois 36 151 E4
Neuillé 49 129 E3
Neuillé-le-Lierre 37 131 E2
Neuillé-Pont-Pierre 37 130 B2
Neuilly 27 59 E2
Neuilly 58 136 B4
Neuilly 89 113 D3
Neuilly-en-Donjon 03 173 E4
Neuilly-en-Dun 18 154 A4
Neuilly-en-Sancerre 18 134 C4
Neuilly-en-Thelle 60 34 B4
Neuilly-en-Vexin 95 33 F4
Neuilly-la-Forêt 14 27 E3
Neuilly-le-Bisson 61 83 D2
Neuilly-le-Brignon 37 150 A2
Neuilly-le-Dien 80 7 D4
Neuilly-le-Malherbe 14 55 F1
Neuilly-le-Réal 03 172 B3
Neuilly-le-Vendin 53 82 A2
Neuilly-lès-Dijon 21 139 E4
Neuilly-l'Évêque 52 117 D2
Neuilly-l'Hôpital 80 6 C4
Neuilly-Plaisance 93 61 E3
Neuilly-Saint-Front 02 36 B4
Neuilly-sous-Clermont 60 34 C3
Neuilly-sur-Eure 61 84 B1
Neuilly-sur-Marne 93 61 E3
Neuilly-sur-Seine 92 60 C3
Neuilly-sur-Suize 52 116 B1
Neulette 62 7 D2
Neulise 42 191 F3
Neulles 17 199 F2
Neulliac 56 76 C4
Neung-sur-Beuvron 41 133 D2
Neunhoffen 67 45 D4
Neunkirchen-lès-Bouzonville 57 42 B2
Neure 03 154 B4
Neurey-en-Vaux 70 118 B4
Neurey-lès-la-Demie 70 141 E1
Neussargues-Moissac 15 225 D2
Neuve-Chapelle 62 8 B1
Neuve-Eglise 67 96 B1
La Neuve-Grange 27 33 D3
La Neuve-Lyre 27 58 A2
Neuve-Maison 02 21 E2
Neuvecelle 74 178 C2
Neuvéglise 15 225 D3
Neuvelle-lès-Champlitte 70 140 A1
Neuvelle-lès-Cromary 70 141 E2
Neuvelle-lès-Grancey 21 116 A4
Neuvelle-lès-la-Charité 70 141 D1
La Neuvelle-lès-Lure 70 119 D4
La Neuvelle-lès-Scey 70 118 A4
Neuvelle-lès-Voisey 52 117 F3
Neuves-Maisons 54 68 A4
La Neuveville-devant-Lépanges 88 95 E4
La Neuveville-sous-Châtenois 88 93 F3
La Neuveville-sous-Montfort 88 94 A4
Neuvic 19 205 F4
Neuvic 24 220 A2
Neuvic-Entier 87 204 B1
Neuvicq 17 200 C4
Neuvicq-le-Château 17 183 D4
Neuvillalais 72 82 B4
Neuville 03 171 E3
Neuville 19 222 C2
La Neuville 59 8 C1
Neuville 63 208 A1
La Neuville-à-Maire 08 39 D1
Neuville-au-Bois 80 17 E2
Neuville-au-Cornet 62 7 F3
Neuville-au-Plain 50 25 D4
La Neuville-au-Pont 51 65 F1
Neuville-aux-Bois 45 110 B1
La Neuville-aux-Bois 51 65 F2
La Neuville-aux-Joûtes 08 21 F2
La Neuville-aux-Larris 51 37 E4
La Neuville-aux-Tourneurs 08 22 A2
Neuville-Bosc 60 34 A4
La Neuville-Bosmont 02 21 D4
Neuville-Bourjonval 62 19 F1
La Neuville-Chant-d'Oisel 76 32 B3
Neuville-Coppegueule 80 17 E3
La Neuville-d'Aumont 60 34 A3
Neuville-Day 08 39 D1
Neuville-de-Poitou 86 166 A1
La Neuville-du-Bosc 27 31 F4
Neuville-en-Avesnois 59 9 F4
Neuville-en-Beaumont 50 24 C4
La Neuville-en-Beine 02 19 F4
Neuville-en-Ferrain 59 5 D3
La Neuville-en-Hez 60 34 B2
La Neuville-en-Tourne-à-Fuy 08 38 B3
Neuville-en-Verdunois 55 66 B2
Neuville-Ferrières 76 16 C4
La Neuville-Garnier 60 34 A3
La Neuville-Housset 02 21 D3
La Neuville-lès-Bray 80 19 D2
Neuville-les-Dames 01 193 D1
Neuville-lès-Decize 58 155 D4
Neuville-lès-Dieppe 76 16 A2
La Neuville-lès-Dorengt 02 10 A4
Neuville-lès-Lœuilly 80 18 A3
Neuville-lès-This 08 22 B3
Neuville-lès-Vaucouleurs 55 93 E1
La Neuville-lès-Wasigny 08 22 A4
Neuville-près-Sées 61 57 D4
Neuville-Saint-Amand 02 20 A3
La Neuville-Saint-Pierre 60 34 B1
Neuville-Saint-Rémy 59 9 D4
Neuville-Saint-Vaast 62 8 B3
La Neuville-Sire-Bernard 80 18 C4
Neuville-sous-Arzillières 51 65 E4
Neuville-sous-Montreuil 62 6 B2
Neuville-sur-Ailette 02 37 D2
Neuville-sur-Ain 01 194 A1
Neuville-sur-Authou 27 31 E4
Neuville-sur-Brenne 37 131 E1
Neuville-sur-Escaut 59 9 E3
La Neuville-sur-Essonne 45 111 D1
Neuville-sur-Margival 02 36 B2
Neuville-sur-Oise 95 60 B2
Neuville-sur-Ornain 55 66 A3
La Neuville-sur-Oudeuil 60 34 A1
La Neuville-sur-Ressons 60 35 E1
Neuville-sur-Saône 69 192 C3
Neuville-sur-Sarthe 72 106 C1
Neuville-sur-Seine 10 115 D2
Neuville-sur-Touques 61 57 D3
Neuville-sur-Vannes 10 89 F4
La Neuville-Vault 60 33 F2
Neuville-Vitasse 62 8 B3
Neuviller-la-Roche 67 70 B4
Neuviller-lès-Badonviller 54 95 F1
Neuviller-sur-Moselle 54 94 B1
Neuvillers-sur-Fave 88 96 A2
Neuvillette 02 20 B3
La Neuvillette 51 37 F3
Neuvillette 80 7 E4
Neuvillette-en-Charnie 72 106 A1
Neuvilley 39 159 E3
Neuvilly 59 9 F4
Neuvilly-en-Argonne 55 39 F4
Neuvireuil 62 8 B3
Neuvizy 08 22 B4
Neuvy 03 172 A2
Neuvy 41 132 C2
Neuvy 51 63 D4
Neuvy-au-Houlme 61 56 A3
Neuvy-Bouin 79 164 C1
Neuvy-deux-Clochers 18 134 C4
Neuvy-en-Beauce 28 86 A4
Neuvy-en-Champagne 72 106 B1
Neuvy-en-Dunois 28 85 E4
Neuvy-en-Mauges 49 127 F4
Neuvy-en-Sullias 45 110 C4
Neuvy-Grandchamp 71 173 E1
Neuvy-le-Barrois 18 154 B3
Neuvy-le-Roi 37 130 C1
Neuvy-Pailloux 36 152 B3
Neuvy-Saint-Sépulchre 36 169 E2
Neuvy-Sautour 89 113 F2
Neuvy-sur-Barangeon 18 133 F4
Neuvy-sur-Loire 58 135 D2
Neuwiller 68 121 D4
Neuwiller-lès-Saverne 67 70 B1
Neuzy 71 173 F2
Névache 05 232 B2
Nevers 58 154 C2
Névez 29 99 E2
Névian 11 303 F1
Néville 76 15 E1
Néville-sur-Mer 50 25 E2
Nevoy 45 111 E4
Nevy-lès-Dole 39 159 E2
Nevy-sur-Seille 39 159 F4
Nexon 87 203 F1
Ney 39 160 A4
Neydens 74 195 E1
Neyrac-les-Bains 07 245 F1
Les Neyrolles 01 194 B1
Neyron 01 193 D4
Nézel 78 60 A2
Nézignan-l'Évêque 34 280 C4
Niafles 53 104 C3
Niaux 09 310 A1
Niaux (Grotte de) 09 310 A1
Nibas 80 17 D1
Nibelle 45 111 D2
Nibles 04 249 E4
Nice 06 288 C2
Nicey 21 114 C3
Nicey-sur-Aire 55 66 C2
Nicole 47 237 F4
Nicorps 50 54 A1
Nideck (Château et Cascade du) 67 70 B3
Niderhoff 57 69 F4
Niderviller 57 70 A2
Niederbronn-les-Bains 67 45 D4
Niederbruck 68 119 F3
Niederentzen 68 96 C4
Niederhaslach 67 70 B4
Niederhausbergen 67 71 D3
Niederhergheim 68 96 C4
Niederlarg 68 120 B4
Niederlauterbach 67 45 F4
Niedermodern 67 71 D1
Niedermorschwihr 68 96 B3

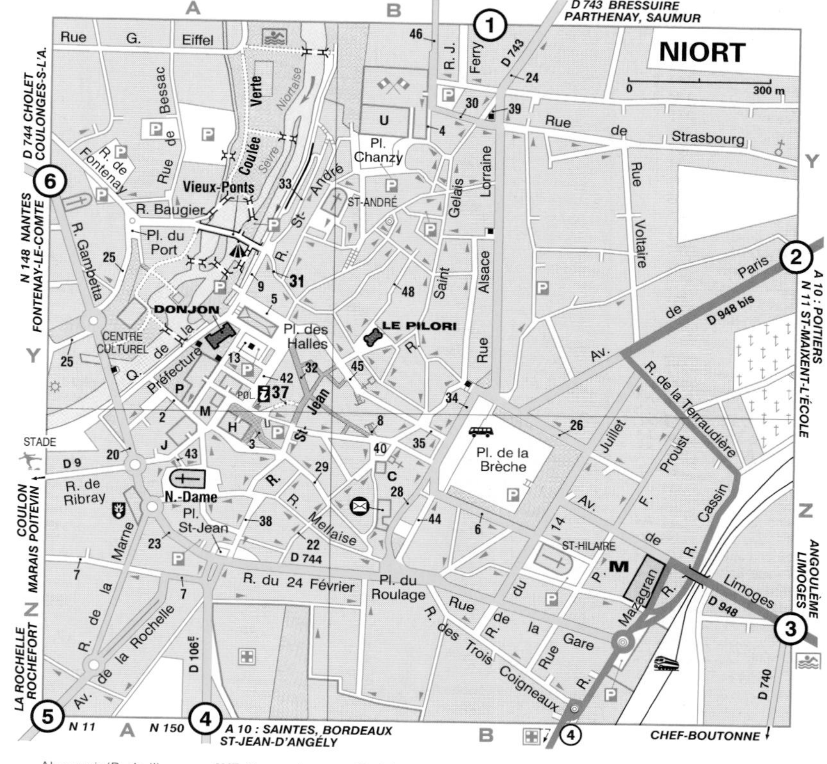

Abreuvoir (R. de l') AYZ 2
Ancien-Oratoire (R. de l') AZ 3
Boutteville (R. Th.-de) BY 4
Brisson (R.) AY 5
Bujault (Av. J.) BZ 6
Chabaudy (R.) AZ 7
Commerce (Passage du) BZ 8
Cronstadt (Quai) AY 9
Donjon (Pl. du) AY 13
Espingole (R. de l') AZ 20
Huilerie (R. de l') AZ 22
Largeau (R. Gén.) AZ 23
Leclerc (R. Mar.) BY 24
Main (Bd) AY 25
Martyrs-Résistance (Av.) BZ 26
Pérochon (R. Ernest) BZ 28
Petit-Banc (R. du) AZ 29
Pluviault (R. de) BY 30
Pont (R. du) AY 31
Rabot (R. du) AY 32
Regratterie (R. de la) AY 33
République (Av. de la) BY 34
Ricard (R.) BZ 35
St-Jean (R.) AYZ
St-Jean (R. de la Porte) AZ 38
St-Jean (R. du Petit) AY 37
Strasbourg (Pl. de) BY 39
Temple (Pl. du) BZ 40
Thiers (R.) AY 42
Tourniquet (R. du) AZ 43
Verdun (Av. de) BZ 44
Victor-Hugo (R.) BY 45
Vieux-Fourneau (R. du) BY 47
Yver (R.) BY 48

Niedernai 67 ... 70 C4
Niederrœdern 67 ... 45 F4
Niederschaeffolsheim 67 ... 71 D2
Niederseebach 67 ... 45 F4
Niedersoultzbach 67 ... 70 C1
Niedersteinbach 67 ... 45 D3
Niederstinzel 57 ... 69 F2
Niedervisse 57 ... 42 B4
Nielles-lès-Ardres 62 ... 2 C3
Nielles-lès-Bléquin 62 ... 2 C4
Nielles-lès-Calais 62 ... 2 B2
Nieppe 59 ... 4 B4
Le Nieppe 59 ... 3 E3
Niergnies 59 ... 9 D4
Nieudan 15 ... 223 F3
Nieuil 16 ... 184 B3
Nieuil-l'Espoir 86 ... 166 C2
Nieul 87 ... 185 F3
Nieul-le-Dolent 85 ... 162 C1
Nieul-le-Virouil 17 ... 199 E3
Nieul-lès-Saintes 17 ... 181 E4
Nieul-sur-l'Autise 85 ... 164 B3
Nieul-sur-Mer 17 ... 163 E4
Nieulle-sur-Seudre 17 ... 181 D4
Nieurlet 59 ... 3 E3
Niévroz 01 ... 193 E4
Niffer 68 ... 121 D2
Niherne 36 ... 151 F4
Nijon 52 ... 93 E4
Nilvange 57 ... 41 E2
Nîmes 30 ... 264 A4
Ninville 52 ... 117 D1
Niort 79 ... 164 C4
Niort-de-Sault 11 ... 310 C1
Niort-la-Fontaine 53 ... 81 E2
Niozelles 04 ... 267 D3
Nissan-lez-Enserune 34 ... 304 C1
Nistos 65 ... 298 C3
Nitry 89 ... 137 D1
Nitting 57 ... 69 F4
Nivelle 59 ... 9 E2
Nivillac 56 ... 123 F2
Nivillers 60 ... 34 A2
Nivolas-Vermelle 38 ... 211 F2
Nivollet-Montgriffon 01 ... 194 A2
Nixéville 55 ... 66 B1
Le Nizan 33 ... 236 C3
Nizan-Gesse 31 ... 298 C1
Nizas 32 ... 275 F3
Nizas 34 ... 280 C3
Nizerolles 03 ... 190 B2
Nizon 29 ... 99 E2
Nizy-le-Comte 02 ... 37 F1
Noailhac 12 ... 242 A2
Noailhac 19 ... 222 B2
Noailhac 81 ... 278 B2
Noaillac 33 ... 237 D2
Noaillan 33 ... 236 B3
Noailles 19 ... 222 B2
Noailles 60 ... 34 B3
Noailles 81 ... 259 D3
Noailly 42 ... 191 E1
Noalhac 48 ... 225 E4
Noalhat 63 ... 190 A3
Noards 27 ... 31 D4
Nocario 2B ... 315 E4
Nocé 61 ... 83 F3
Noceta 2B ... 317 E1
Nochize 71 ... 174 A3
La Nocle-Maulaix 58 ... 156 A4
Nod-sur-Seine 21 ... 115 E4
Nods 25 ... 161 D1
Noé 31 ... 276 B4
Noé 89 ... 113 D1
La Noë-Blanche 35 ... 103 D3
Noë-les-Mallets 10 ... 115 E1
La Noë-Poulain 27 ... 31 D3
Noël-Cerneux 25 ... 161 F1
Noëllet 49 ... 104 B4
Noërs 54 ... 40 C2
Les Noës 42 ... 191 D2
Les Noës-près-Troyes 10 ... 90 B3
Nœux-lès-Auxi 62 ... 7 D4
Nœux-les-Mines 62 ... 8 A2
Nogaret 31 ... 277 F3
Nogaro 32 ... 273 F1
Nogent 52 ... 116 C1
Nogent-en-Othe 10 ... 113 F1
Nogent-l'Abbesse 51 ... 38 A4
Nogent-l'Artaud 02 ... 62 C2
Nogent-le-Bernard 72 ... 83 E4
Nogent-le-Phaye 28 ... 85 E2
Nogent-le-Roi 28 ... 85 E1
Nogent-le-Rotrou 28 ... 84 A3
Nogent-le-Sec 27 ... 58 B2
Nogent-lès-Montbard 21 ... 138 A1
Nogent-sur-Aube 10 ... 90 C2
Nogent-sur-Eure 28 ... 85 D3
Nogent-sur-Loir 72 ... 130 B1
Nogent-sur-Marne 94 ... 61 E3
Nogent-sur-Oise 60 ... 34 C3
Nogent-sur-Seine 10 ... 89 D2
Nogent-sur-Vernisson 45 ... 111 F3
Nogentel 02 ... 63 D2
Nogna 39 ... 176 C1
Noguères 64 ... 272 B4
Nohan 08 ... 23 D2
Nohanent 63 ... 189 E4
Nohant-en-Goût 18 ... 153 F1
Nohant-en-Graçay 18 ... 152 B1
Nohant-Vic 36 ... 169 F1
Nohèdes 66 ... 311 E2
Nohic 82 ... 258 A4
Noidan 21 ... 138 A3
Noidans-le-Ferroux 70 ... 141 D1
Noidans-lès-Vesoul 70 ... 141 E1
Noidant-Chatenoy 52 ... 116 C3
Noidant-le-Rocheux 52 ... 116 C3
Noilhan 32 ... 275 F3
Nointel 60 ... 34 C3
Nointel 95 ... 61 D1
Nointot 76 ... 15 D3
Noir (Lac) 68 ... 96 A3
Noircourt 02 ... 21 F4
Noirefontaine 25 ... 142 C3
Noirémont 60 ... 34 B1
Noirétable 42 ... 190 C4
Noirlac (Abbaye de) 18 ... 153 E4
Noirlieu 51 ... 65 F2
Noirlieu 79 ... 147 F3
Noirmoutier-en-l'Île 85 ... 144 B1
Noiron 70 ... 140 B3
Noiron-sous-Gevrey 21 ... 139 E4
Noiron-sur-Bèze 21 ... 139 F2
Noiron-sur-Seine 21 ... 115 D2
Noironte 25 ... 140 C4
Noirpalu 50 ... 54 A3
Noirterre 79 ... 147 F3
Noirval 08 ... 39 D2
Noiseau 94 ... 61 E4
Noisiel 77 ... 61 E3
Noisseville 57 ... 42 A4
Noisy-le-Grand 93 ... 61 E3
Noisy-le-Roi 78 ... 60 B3
Noisy-le-Sec 93 ... 61 D3
Noisy-Rudignon 77 ... 88 A3
Noisy-sur-École 77 ... 87 E3
Noisy-sur-Oise 95 ... 61 D1
Noizay 37 ... 131 D3
Noizé 79 ... 148 B3
Nojals-et-Clotte 24 ... 238 C1
Nojeon-en-Vexin 27 ... 33 D3
Nolay 21 ... 157 F2
Nolay 58 ... 155 D1
Nolléval 76 ... 33 D2
Nollieux 42 ... 191 D4
Nomain 59 ... 9 D1
Nomdieu 47 ... 256 A2
Nomécourt 52 ... 92 A2
Nomeny 54 ... 68 B2
Nomexy 88 ... 94 C3
Nommay 25 ... 142 C1
Nompatelize 88 ... 95 F3
Nonac 16 ... 201 E3
Nonancourt 27 ... 58 C4
Nonant 14 ... 29 D3
Nonant-le-Pin 61 ... 57 D4
Nonards 19 ... 222 C2
Nonaville 16 ... 201 D2
Noncourt-sur-le-Rongeant 52 ... 92 B2
Nonette 63 ... 207 F3
Nonglard 74 ... 195 E3
Nonhigny 54 ... 95 F1
Nonières 07 ... 228 B3
Les Nonières 26 ... 230 B4
Nonsard 55 ... 67 E2
Nontron 24 ... 202 B2
Nonville 77 ... 87 F4
Nonville 88 ... 118 A1
Nonvilliers-Grandhoux 28 ... 84 C3
Nonza 2B ... 315 E1
Nonzeville 88 ... 95 D3
Noordpeene 59 ... 3 E3
Nordausques 62 ... 3 D3
Nordheim 67 ... 70 C3
Nordhouse 67 ... 71 D4
Nore (Pic de) 11 ... 278 C4
Noreuil 62 ... 8 C4
Norges-la-Ville 21 ... 139 E3
La Norma 73 ... 214 C4
Normandel 61 ... 84 A1
Normandie (Pont de) 76 ... 14 C4
Normanville 27 ... 58 C1
Normanville 76 ... 15 D2
Normée 51 ... 64 B3
Normier 21 ... 138 A3
Norolles 14 ... 30 C4
Noron-la-Poterie 14 ... 28 C4
Noron-l'Abbaye 14 ... 56 A2
Noroy 60 ... 34 C2
Noroy-le-Bourg 70 ... 141 F1
Noroy-lès-Jussey 70 ... 117 F3
Noroy-sur-Ourcq 02 ... 36 A4
Norrent-Fontes 62 ... 7 F1
Norrey-en-Auge 14 ... 56 C2
Norrey-en-Bessin 14 ... 29 D4
Norrois 51 ... 65 E4
Norroy 88 ... 93 F4
Norroy-le-Sec 54 ... 41 D3
Norroy-le-Veneur 57 ... 41 F4
Norroy-lès-Pont-à-Mousson 54 ... 68 A2
Nort-Leulinghem 62 ... 3 D3
Nort-sur-Erdre 44 ... 126 C2
Nortkerque 62 ... 2 C2
Norville 76 ... 15 E4
La Norville 91 ... 86 C1
Nossage-et-Bénévent 05 ... 249 D4
Nossoncourt 88 ... 95 D2
Nostang 56 ... 100 B3
Noth 23 ... 186 B1
Nothalten 67 ... 96 C1
Notre-Dame-d'Aiguebelle (Abbaye de) 26 ... 247 D3
Notre-Dame-d'Aliermont 76 ... 16 B3
Notre-Dame-d'Allençon 49 ... 128 C3
Notre-Dame-d'Aurès 12 ... 260 B1
Notre-Dame d'Ay (Sanctuaire de) 07 ... 228 C1
Notre-Dame-de-Bellecombe 73 ... 196 B3
Notre-Dame-de-Bliquetuit 76 ... 15 E4
Notre-Dame-de-Boisset 42 ... 191 E2
Notre-Dame-de-Bondeville 76 ... 32 A2
Notre-Dame-de-Briançon 73 ... 214 A2
Notre-Dame-de-Buglose 40 ... 253 D4
Notre-Dame-de-Cenilly 50 ... 54 B1
Notre-Dame de Clausis 05 ... 251 E1
Notre-Dame-de-Commiers 38 ... 230 C2
Notre-Dame-de-Courson 14 ... 57 D2
Notre-Dame-de-Fresnay 14 ... 56 C2
Notre-Dame-de-Garaison 65 ... 298 C1
Notre-Dame-de-Grace 44 ... 125 F2
Notre-Dame-de-Gravenchon 76 ... 15 D4
Notre-Dame de Kérinec (Chapelle) 29 ... 73 D3
Notre-Dame-de-la-Cour 22 ... 51 D3
Notre-Dame de la Gorge 74 ... 196 C3
Notre-Dame-de-la-Grainetière (Abbaye de) 85 ... 146 B3
Notre-Dame-de-la-Mer (Chapelle) 78 ... 59 E1
Notre-Dame-de-la-Rouvière 30 ... 262 C2
Notre-Dame-de-la-Salette 38 ... 231 E3
Notre Dame de la Serra (Belvédère de) 2B ... 314 A3
Notre-Dame-de-l'Aillant 71 ... 156 C1
Notre-Dame-de-Laus 05 ... 249 F2
Notre-Dame-de-l'Espérance 22 ... 51 E3
Notre-Dame-de-l'Isle 27 ... 59 E1
Notre-Dame-de-Livaye 14 ... 56 C1
Notre-Dame-de-Livoye 50 ... 54 B3
Notre-Dame-de-Londres 34 ... 262 C4
Notre-Dame-de-Lorette 62 ... 8 A2
Notre-Dame de l'Ormeau (Chapelle) 83 ... 287 E1
Notre-Dame-de-l'Osier 38 ... 212 A4
Notre-Dame de Lure (Monastère de) 04 ... 266 C2
Notre-Dame-de-Mésage 38 ... 230 C2
Notre-Dame-de-Montplacé (Chapelle) 49 ... 129 D1
Notre-Dame-de-Monts 85 ... 144 B3
Notre-Dame-de-Piétat (Chapelle de) 64 ... 297 D1
Notre-Dame-de-Riez 85 ... 144 C4
Notre-Dame-de-Sanilhac 24 ... 220 C2
Notre-Dame-de-Timadeuc (Abbaye de) 56 ... 101 E1
Notre-Dame-de-Tréminou (Chapelle) 29 ... 98 B2
Notre-Dame-de-Tronoën 29 ... 98 B2
Notre-Dame de Valvert (Chapelle de) 04 ... 268 C3
Notre-Dame-de-Vaulx 38 ... 230 C2
Notre-Dame de Vie (Ermitage) 06 ... 288 B3
Notre-Dame-d'Elle 50 ... 27 F4
Notre-Dame-d'Épine 27 ... 31 E4
Notre-Dame-des-Anges (Prieuré) 83 ... 286 C4
Notre-Dame-des-Dombes (Abbaye de) 01 ... 193 E2
Notre-Dame des Fontaines (Chapelle) 06 ... 289 F1
Notre-Dame-des-Landes 44 ... 126 A2
Notre-Dame-des-Millières 73 ... 214 A1
Notre-Dame-des-Misères (Chapelle de) 82 ... 258 A2
Notre-Dame-d'Estrées 14 ... 30 A4
Notre-Dame-d'Igny (Abbaye) 51 ... 37 D4
Notre-Dame-d'Oé 37 ... 130 C2
Notre-Dame-d'Or 86 ... 148 C4
Notre-Dame-du-Bec 76 ... 14 B3
Notre-Dame-du-Crann (Chapelle) 29 ... 75 E3
Notre-Dame-du-Cruet 73 ... 213 F3
Notre-Dame-du-Groseau (Chapelle) 84 ... 265 E1
Notre-Dame-du-Guildo 22 ... 52 B4
Notre-Dame-du-Hamel 27 ... 57 E3
Notre-Dame du Haut (Chapelle) 22 ... 77 F2
Notre-Dame-du-Mai (Chapelle) 83 ... 291 F4
Notre-Dame-du-Parc 76 ... 16 A4
Notre-Dame-du-Pé 72 ... 105 F4
Notre-Dame-du-Pré 73 ... 214 B2
Notre-Dame-du-Rocher 61 ... 55 F3
Notre-Dame-du-Touchet 50 ... 80 C1
Nottonville 28 ... 109 E1
La Nouaille 23 ... 187 E4
Nouaillé-Maupertuis 86 ... 166 B2
Nouainville 50 ... 24 C2
Nouan-le-Fuzelier 41 ... 133 E2
Nouan-sur-Loire 41 ... 132 B1
Nouans 72 ... 83 D4
Nouans-les-Fontaines 37 ... 151 D1
Nouart 08 ... 39 F2
Nouâtre 37 ... 149 F2
La Nouaye 35 ... 78 C4
La Noue 17 ... 180 B1
La Noue 51 ... 63 E4
Noueilles 31 ... 276 C4
Nougaroulet 32 ... 275 D1
Nouhant 23 ... 170 B4
Nouic 87 ... 185 D2

ORLÉANS

Antigna (R.) ... DY 4
Bannier (R.) ... DY
Bothereau (R. R.) ... FY 14
Bourgogne (R. Fg-de) ... FZ 15
Brésil (R. du) ... FY 16
Bretonnerie (R. de la) ... DEY 17
Briand (Bd A.) ... FY 19
Champ-de-Mars (Av.) ... DZ 25
Châtelet (Square du) ... EZ 32
Charpenterie (R. de la) ... EZ 34
Chollet (R. Théophile) ... EY 36
Claye (R. de la) ... FY 38
Coligny (R.) ... FZ 39
Croix-de-la-Pucelle (R.) ... EZ 43
Dauphine (Av.) ... EZ 47
Dolet (R. Étienne) ... EZ 49
Ducerceau (R.) ... EZ 51
Dunois (Pl.) ... DY 52
Dupanloup (R.) ... EFY 53
Escures (R. d') ... EY 55
Étape (Pl. de l') ... EY 56
Ételon (R. de l') ... FY 57
Folie (R. de la) ... FZ 58
Fort-des-Tourelles (Q.) ... EZ 60
Gaulle (Pl. du Gén.-de) ... DZ 65
Hallebarde (R. de la) ... DY 70
Jeanne-d'Arc (R.) ... EY
Madeleine (R. Fg) ... DZ 88
Manufacture (R. de la) ... FY 89
Motte-Sanguin (Bd de la) ... FZ 95
Notre-Dame-de-Recouvrance (R.) ... DZ 97
Oriflamme (R. de l') ... FZ 98
Parisie (R.) ... EZ 100
Poirier (R. du) ... EZ 106
Pte-Madeleine (R.) ... DY 108
Pte-St-Jean (R.) ... DY 109
Pothier (R.) ... EZ 112
Prague (Quai) ... DZ 113
Pressoir Neuf (R. du) ... FY 115
Rabier (R. F.) ... EY 117
République (R. de la) ... EY
Royale (R.) ... EZ 125
St-Euverte (Bd) ... FYZ 126
St-Euverte (R.) ... FY
Ste-Croix (Pl.) ... EYZ
Secrétain (Av. R.) ... DZ
Segellé (Bd P.) ... FY
Tabour (R. du) ... EZ
Tour Neuve (R. de la) ... FZ
Verdun (Bd de) ... DY
Vieux-Marché (Pl.) ... DZ
Weiss (R. L.) ... FY
6-Juin-1944 (Pl. du) ... FY

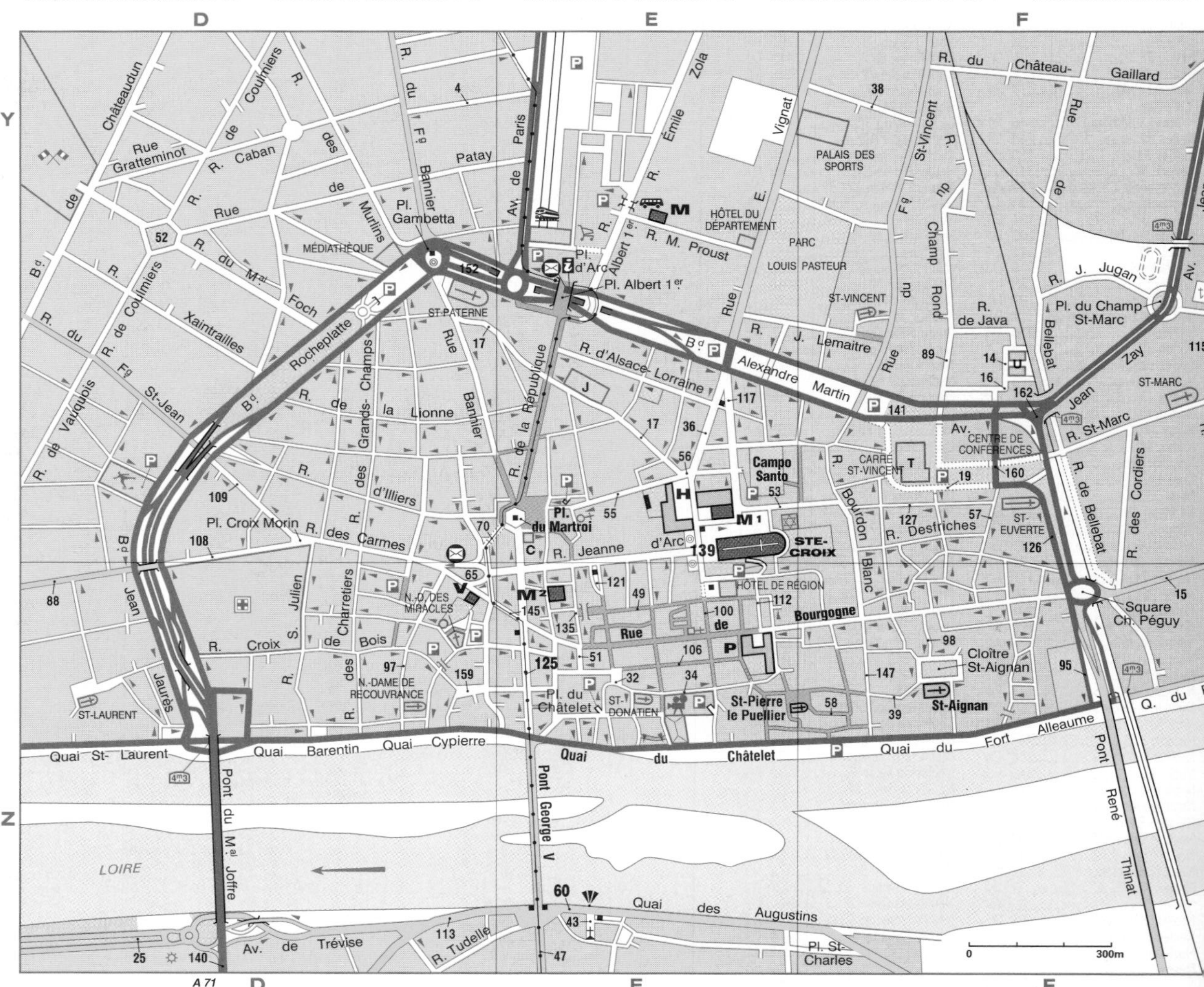

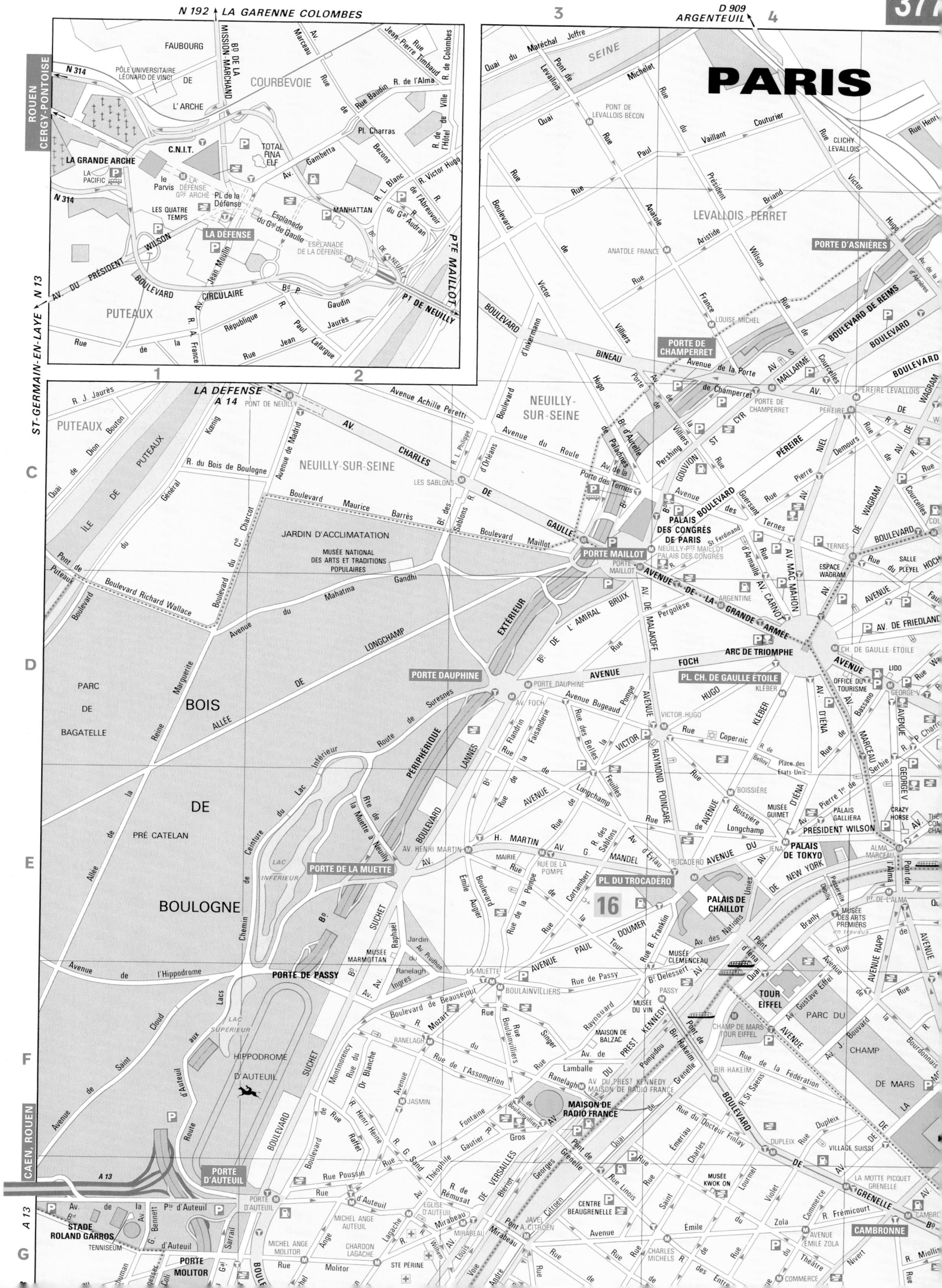

PARIS

N 192 LA GARENNE COLOMBES
D 909 ARGENTEUIL
3
4
ROUEN CERGY-PONTOISE
N 314
FAUBOURG
PÔLE UNIVERSITAIRE LÉONARD DE VINCI
DE
L'ARCHE
Bd DE LA MISSION-MARCHAND
COURBEVOIE
Av. Marceau
Rue Jean-Pierre Timbaud
R. de Colombes
R. de l'Alma
Rue Baudin
Pl. Charras
R. de l'Hôtel de Ville
C.N.I.T.
TOTAL FINA ELF
LA GRANDE ARCHE
LA PACIFIC
le Parvis
LA DÉFENSE Gde ARCHE
Pl. de la Défense
Av. Gambetta
Bezons
R. L. Blanc
R. Victor Hugo
de l'Abreuvoir
du Gal Audran
N 314
LES QUATRE TEMPS
MANHATTAN
Esplanade du Gal de Gaulle
ESPLANADE DE LA DÉFENSE
LA DÉFENSE
WILSON
AV. DU PRÉSIDENT
Jean Moulin
Bd DE NEUILLY
PTE MAILLOT
Pt DE NEUILLY
N 13
BOULEVARD
CIRCULAIRE
Bd P.
Gaudin
PUTEAUX
Av. R. A. France
République
R. Paul
Jaurès
Lafargue
Rue de la
Rue Jean
1
2
ST-GERMAIN-EN-LAYE

Quai du Maréchal Joffre
SEINE
Pont de Levallois
Quai Michelet
PONT DE LEVALLOIS-BÉCON
Rue du Président
Vaillant
Couturier
Rue Paul
CLICHY LEVALLOIS
Rue Victor Hugo
Rue Henri
Briand
LEVALLOIS-PERRET
Rue Anatole
de
Aristide
ANATOLE FRANCE
Rue Wilson
PORTE D'ASNIÈRES
Boulevard
Rue
Victor
Rue France
LOUISE MICHEL
Villiers
BOULEVARD DE REIMS
BOULEVARD
Av. de la Pte d'Asnières
BOULEVARD BINEAU
d'Inkermann
Hugo
PORTE DE CHAMPERRET
Avenue de la Porte de Champerret
Rue de Courcelles
AV. S. MALLARMÉ
BOULEVARD
AV. PEREIRE
PEREIRE-LEVALLOIS
WAGRAM
PORTE DE CHAMPERRET
PEREIRE
NEUILLY-SUR-SEINE
Boulevard
Porte de Villiers
Bd d'Aurelle de Paladines
Avenue du Roule
ST CYR
Pershing
GOUVION
PEREIRE
NIEL
Demours
R. J. Jaurès
PUTEAUX
Bouton
LA DÉFENSE
A 14
PONT DE NEUILLY
Avenue Achille Peretti
AV. CHARLES DE GAULLE
Quai de Dion
ÎLE DE PUTEAUX
Koenig
R. du Bois de Boulogne
Avenue de Madrid
NEUILLY-SUR-SEINE
R. L. Philippe
d'Orléans
LES SABLONS
Av. de la Porte des Ternes
Avenue
Rue Pierre
Général
Boulevard Maurice Barrès
Bd des Sablons
R.
Boulevard Maillot
PALAIS DES CONGRÈS DE PARIS
BOULEVARD
Gersant
Ternes
Av. de WAGRAM
Boulevard du Cdt Charcot
JARDIN D'ACCLIMATATION
MUSÉE NATIONAL DES ARTS ET TRADITIONS POPULAIRES
PORTE MAILLOT
NEUILLY-Pte MAILLOT PALAIS DES CONGRÈS
St Ferdinand
d'Armaillé
AV. MAC MAHON
TERNES
ESPACE WAGRAM
SALLE PLEYEL
Pont de Puteaux
Boulevard Richard Wallace
Avenue du Mahatma Gandhi
PORTE MAILLOT
AVENUE DE LA GRANDE ARMÉE
AV. DE MALAKOFF
Pergolèse
ARGENTINE
AV. CARNOT
AVENUE
AV. DE FRIEDLAND
Boulevard
EXTÉRIEUR
Bd DE L'AMIRAL BRUIX
Rue
ARC DE TRIOMPHE
CH. DE GAULLE-ÉTOILE
LONGCHAMP
AVENUE FOCH
PL. CH. DE GAULLE ÉTOILE
AVENUE
LIDO
OFFICE DU TOURISME
PARC DE BAGATELLE
BOIS
DE
BOULOGNE
Marguerite
ALLÉE DE
PORTE DAUPHINE
PORTE DAUPHINE
AV. FOCH
Avenue Bugeaud
Pompe
AVENUE
HUGO
KLÉBER
VICTOR HUGO
AV. D'IÉNA
AV. MARCEAU
Bassano
GEORGE V
Reine
Route de Suresnes
Flandrin
Faisanderie
Rue des Belles Feuilles
VICTOR
Rue Copernic
R. de Belloy
Place des États Unis
Serbie
AV. GEORGE V
P. Charron
Route Inférieur du Lac
PÉRIPHÉRIQUE
LANNES
RAYMOND POINCARÉ
BOISSIÈRE
Rue Pierre 1er de Serbie
PRÉ CATELAN
Allée
la
Rte de la Muette à Neuilly
BOULEVARD
Rue de Longchamp
AVENUE
Boissière
MUSÉE GUIMET
D'IÉNA
PALAIS GALLIERA
CRAZY HORSE
PRÉSIDENT WILSON
LAC INFÉRIEUR
PORTE DE LA MUETTE
H. MARTIN
AV. HENRI MARTIN
R. des Sablons
MANDEL
AVENUE DU
TROCADÉRO
JÉNA
PALAIS DE TOKYO
ALMA MARCEAU
MAIRIE
RUE DE LA POMPE
Av. d'Eylau
PL. DU TROCADÉRO
DE NEW YORK
Pont de l'Alma
Émile Augier
Boulevard
Cortambert
16
PALAIS DE CHAILLOT
Passerelle Debilly
Pt DE L'ALMA
Chemin de Ceinture du Lac
Bd SUCHET
Rue de la Pompe
Rue
DOUMER
Tour
Av. des Nations Unies
MUSÉE DES ARTS PREMIERS
Branly
AVENUE RAPP
Raphaël
Jardin du Ranelagh
Av. Prudhon
MUSÉE MARMOTTAN
PAUL
AVENUE
MUSÉE CLEMENCEAU
Rue B. Franklin
Pont d'Iéna
Quai
Avenue de l'Hippodrome
PORTE DE PASSY
Av. Ingres
LA MUETTE
BOULAINVILLIERS
Rue de Passy
Bd Delessert
AV.
TOUR EIFFEL
Av. Gustave Eiffel
PARC DU CHAMP DE MARS
Lacs
LAC SUPÉRIEUR
Boulevard de Beauséjour
R. Mozart
Rue de Boulainvilliers
Rue
Raynouard
MUSÉE DU VIN
PASSY
CHAMP DE MARS TOUR EIFFEL
AVENUE
Av. J. Bouvard
Bourdonnais
Cloud
Saint
Route d'Auteuil aux Lacs
HIPPODROME D'AUTEUIL
SUCHET
Montmorency
Rue du Dr Blanche
RANELAGH
du
Rue de l'Assomption
Singer
MAISON DE BALZAC
PREST. KENNEDY
Av. de Lamballe
Ranelagh
DU
Pompidou
Bir Hakeim
Pont de
BIR HAKEIM
Rue de la Fédération
DE MARS
Avenue de
AV. DU PRÉSt KENNEDY MAISON DE RADIO FRANCE
Grenelle
Avenue
JASMIN
MAISON DE RADIO FRANCE
R. de Boulainvilliers
Rue du Docteur Finlay
R. St Saëns
BOULEVARD
Dupleix
LA
Route d'Auteuil
BOULEVARD
Boulevard
Rue Raffet
R. Henri Heine
R. G. Sand
Fontaine
Gautier
Théophile
Gros
Quai
Émeriau
Charles
DUPLEIX
VILLAGE SUISSE
CAEN, ROUEN
A 13
PORTE D'AUTEUIL
Rue Poussin
Rue
DE VERSAILLES
Bd Exelmans
R. de Rémusat
Georges
Pont de Grenelle
Rue Linois
Rue
Saint
Lourmel
MUSÉE KWOK ON
Violet
Commerce
DE
GRENELLE
LA MOTTE PICQUET GRENELLE
R. Frémicourt
AV. DE LA MOTTE PICQUET
A 13
Av. de la Pte d'Auteuil
Bd d'Auteuil
STADE ROLAND GARROS
TENNISEUM
G. Bennett
Sarrail
PORTE D'AUTEUIL
Rue d'Auteuil
MICHEL ANGE AUTEUIL
ÉGLISE D'AUTEUIL
Mirabeau
Pont Mirabeau
JAVEL A. CITROËN
Citroën
CENTRE BEAUGRENELLE
Émile
Zola
AVENUE ÉMILE ZOLA
CAMBRONNE
PORTE MOLITOR
Gal
Coli
Rue Molitor
MICHEL ANGE MOLITOR
Ange
CHARDON LAGACHE
Lagache
Wilhem
STE PÉRINE
Av. Louis
MIRABEAU
Rue
Avenue
CHARLES MICHELS
des Entrepreneurs
Théâtre
Nivert
COMMERCE
R. Miollis
C
D
E
F
G

5 D 911 A 15 CERGY-PONTOISE 6 ST DENIS 7 ST DENIS N 14 8 9 A 1

STADE DE FRANCE

PORTE DE ST. OUEN

MARCHÉ AUX PUCES

PORTE DE CLIGNANCOURT

CLICHY

BOULEVARD JEAN JAURÈS

Rue Martre

BOULEVARD VICTOR HUGO

PÉRIPHÉRIQUE INTERIEUR

CIMETIÈRE DES BATIGNOLLES

Rue Henri Barbusse

PORTE DE CLICHY

Rue CLICHY LEVALLOIS

Av. de la Porte de Clichy

BOULEVARD BESSIÈRES

BOULEVARD BERTHIER

PORTE DE CLICHY

BICHAT-CLAUDE BERNARD

Av. de St Ouen

Av. de la Porte de Montmartre

BOULEVARD NEY

PORTE DE CLIGNANCOURT

PORTE DE ST OUEN

DIX-HUIT THÉATRE

Rue Championnet

Rue de Poteau

Rue Championnet

Rue de la Jonquière

GUY MOQUET

Rue Ordener

SIMPLON

Rue du Simplon

18

MAIRIE DU 18

JULES JOFFRIN

R. Ordener

PORTE D'ASNIÈRES

Hugo

Victor

Rue Guy Môquet

AVENUE DE SAINT OUEN

Rue Marcadet

Rue Damrémont

Rue Vauvenargues

Rue Joseph de Maistre

Rue Carpeau

Rue Lamarck

MARCADET POISSONNIERS

Rue Marcadet

Rue Ordener

BROCHANT

Rue Cardinet

Rue Legendre

Rue Etex

H. GERIATRIQUE BRETONNEAU

Rue Caulaincourt

LAMARCK CAULAINCOURT

Rue Custine

BARBES

Rue Doudeauville

BOULEVARD DE REIMS

BOULEVARD PÉREIRE

PONT-CARDINET

Square des Batignolles

CIMETIÈRE DE MONTMARTRE

Av. Junot

R. St Vincent

Rue Norvins

BASILIQUE DU SACRÉ CŒUR

CHÂTEAU ROUGE

LA FOURCHE

AVENUE DE CLICHY

Rue Lepic

PLACE DU TERTRE

R. de la Goutte d'Or

R. de Jessaint

MALLARMÉ

Av. de Courcelles

PEREIRE-LEVALLOIS

BOULEVARD DE WAGRAM

17

Rue d'Abbans

Rue Jouffroy

Rue Cardinet

SALLE CORTOT

MAIRIE

Rue des Batignolles

PL. DE CLICHY

PLACE CLICHY

BAL DU MOULIN ROUGE

R. des Abbesses

ABBESSES

TH. DE DIX HEURES

TH. LE DIVAN DU MONDE

PIGALLE

R. Le Tac

R. Tardieu

R. d'Orsel

TH. DE L'ATELIER

BARBES ROCHECHOUART

BOULEVARD DE LA CHAPELLE

LARIBOISIERE

GARE DU NORD

PÉREIRE

NIEL

Rue Demours

AV. DE VILLIERS

WAGRAM

MALESHERBES

MUSÉE HENNER

Rue de Prony

Rue de Tocqueville

TH. ARTS HEBERTOT

ROME

BOULEVARD DES BATIGNOLLES

Rue de St Pétersbourg

BLANCHE

COMÉDIE DE PARIS

BOULEVARD DE CLICHY

Bd DE ROCHECHOUART

ANVERS

Rue de Dunkerque

MONCEAU

COURCELLES

VILLIERS

Rue de Rome

Rue de Constantinople

Rue de Liège

R. Moncey

Rue Fontaine

Rue de Douai

TH. FONTAINE

Rue Victor Massé

Rue Condorcet

Rue de Maubeuge

GARE DU NORD

MUSÉE CERNUSHI

PARC MONCEAU

MUSÉE NISSIM DE CAMONDO

TH. TRISTAN BERNARD

Rue de Madrid

EUROPE

LIÈGE

Rue d'Amsterdam

Rue de Clichy

PETIT TH. DE PARIS

CASINO DE PARIS

R. la Bruyère

TH. LA BRUYÈRE

ST GEORGES

Rue N.D. de Lorette

Rue de la Tour d'Auvergne

Rue de Bellefond

FAYETTE

Rue de Chabrol

BOULEVARD HOCHE

TERNES

SALLE PLEYEL

Rue de Lisbonne

MAIRIE

Rue de Londres

STE TRINITÉ

TRINITÉ

9

Rue de Châteaudun

POISSONNIÈRE

ESPACE WAGRAM

AV. MAC MAHON

AVENUE HOCHE

Faubourg

MUSÉE JACQUEMART ANDRÉ

Av. de Messine

GARE ST.LAZARE

ST LAZARE

HAUSSMANN-ST LAZARE

N.D. DE LORETTE

CADET

R. Bleue

MUSÉE DES CRISTALLERIES DE BACCARAT

Rue de Paradis

Bd HAUSSMANN

ST AUGUSTIN

Rue de la Pépinière

TH. MOGADOR

Rue de la Chaussée d'Antin

Rue de Provence

FOLIES BERGÈRES

Rue Richer

Rue des Petites Écuries

AV. DE FRIEDLAND

CH. DE GAULLE-ÉTOILE

MIROMESNIL

Rue la Boétie

Bd HAUSSMANN

HAVRE CAUMARTIN

GRANDS MAGASINS

TH. ATHENÉE

CHAUSSÉE D'ANTIN

HOTEL DROUOT

RICHELIEU DROUOT

MAIRIE

GRÉVIN

Rue Washington

Rue d'Artois

ST PHILIPPE DU ROULE

SALLE GAVEAU

Rue de Surène

PARIS-STORY

OPÉRA

Bd DES ITALIENS

GRANDS BOULEVARDS

TH. DES NOUVEAUTÉS

TH. DU GYMNASE

CHÂTEAU D'EAU

STRASBOURG

LIDO

OFFICE DU TOURISME

GEORGE V

8

AV. MATIGNON

AV. DE MARIGNY

TH. DE LA MADELEINE

STE MARIE MADELEINE

COMÉDIE CAUMARTIN

TH. EDOUARD VII

SACHA GUITRY

OLYMPIA

Bd DES CAPUCINES

OPÉRA COMIQUE (Th. National)

QUATRE SEPTEMBRE

TH. DES VARIETES

BONNE NOUVELLE

TH. ANTOINE

TH. DE LA RENAISSANCE

TH. DE L'ÉVENTAIL

AV. D'IÉNA

Rue de Bassano

AV. MARCEAU

AVENUE GEORGE V

P. Charron

FRANKLIN D. ROOSEVELT

ROND-POINT DES CHAMPS-ÉLYSÉES-M. DASSAULT

PALAIS DE L'ÉLYSÉE

TH. MARIGNY-ROBERT HOSSEIN

MADELEINE

Bd de la Madeleine

TH. DE LA MICHODIÈRE

LA BOURSE

2

Rue d'Aboukir

STRASBOURG ST DENIS

Place des États-Unis

MUSÉE D'IÉNA

AV. MONTAIGNE

CHAMPS ÉLYSÉES CLEMENCEAU

TH. ROND POINT

Av. Gabriel

ESPACE P. CARDIN

RUE ROYALE

PLACE VENDÔME

MICHELIN

TH. DES BOUFFES-PARISIENS

BIBLIOTHÈQUE NATIONALE

SENTIER

Rue Réaumur

CONSERVATOIRE DES ARTS ET MÉTIERS

MUSÉE GUIMET

PALAIS GALLIERA

CRAZY HORSE

THEATRE-STUDIO-COMÉDIE DES CHAMPS ÉLYSÉES

PETIT PALAIS

CONCORDE

MUSÉE DES LUNETTES ET LORGNETTES

PYRAMIDES

MAIRIE

PLACE DES VICTOIRES

MUSÉE DE LA TOUR JEAN SANS PEUR

RÉAUMUR SÉBASTOPOL

PRÉSIDENT WILSON

Cours Albert 1er

GRAND PALAIS

Cours la Reine

OBELISQUE

JEU DE PAUME

RUE DE RIVOLI

ST ROCH

TUILERIES

PALAIS ROYAL

Rue Étienne Marcel

ÉTIENNE MARCEL

ARTS ET MÉTIERS

PALAIS DE TOKYO

ALMA MARCEAU

PL. DE LA CONCORDE

ORANGERIE en travaux

JARDIN DES TUILERIES

COMÉDIE FRANÇAISE

TH. DU PALAIS ROYAL

HÔTEL DES POSTES

ST EUSTACHE

MUSÉE D'ART ET D'HISTOIRE DU JUDAÏSME

AV. DE NEW YORK

Pont de l'Alma

Pont des Invalides

Pont Alexandre III

Pont de la Concorde

Quai des Tuileries

1

PALAIS ROYAL MUSÉE DU LOUVRE

BOURSE DU COMMERCE ET D'INDUSTRIE

FORUM

LES HALLES

CHÂTELET LES HALLES

RAMBUTEAU

Quai d'Orsay

AEROGARE

INVALIDES

ASSEMBLÉE NATIONALE

Passerelle Solférino

MUSÉE DU LOUVRE

LA PYRAMIDE

LOUVRE DES ANTIQUAIRES

LOUVRE RIVOLI

MAIRIE

CENTRE G. POMPIDOU

MUSÉE DES ARTS PREMIERS en travaux

Rue de l'Université

ESPLANADE DES INVALIDES

MUSÉE D'ORSAY

PALAIS DE LA LÉGION D'HONNEUR

Q. du Louvre

Q. Voltaire

Malaquais

PONT NEUF

TH. MUSICAL

TOUR EIFFEL

AVENUE RAPP

Rue Saint Dominique

LA TOUR MAUBOURG

7

SOLFÉRINO

INSTITUT DE FRANCE

HÔTEL DES MONNAIES

PL. DU CHÂTELET

CHÂTELET

HÔTEL DE VILLE

PARC DU CHAMP DE MARS

Av. Gustave Eiffel

Rue de Grenelle

HÔTEL DES INVALIDES

VARENNE

MUSÉE RODIN

RUE DU BAC

ST. GERMAIN DES PRÉS

CONCIERGERIE

PALAIS DE JUSTICE

STE CHAPELLE

CITÉ

PRÉFECTURE DE POLICE

HÔTEL DIEU

ÉCOLE MILITAIRE

INVALIDES

Av. de Tourville

HOTEL MATIGNON

MUSÉE EUGÈNE DELACROIX

R. St André des Arts

R. Danton

ST MICHEL

NOTRE-DAME

Rue de la Fédération

AV. DE LA MOTTE PICQUET

ECOLE MILITAIRE

VILLAGE SUISSE

AV. DE LOWENDAL

Rue de Babylone

MABILLON

ODÉON

CLUNY LA SORBONNE

Bd SAINT GERMAIN

Quai de la Tournelle

ST SULPICE

ST FRANCOIS XAVIER

SÈVRES BABYLONE

MAIRIE

6

MUSÉE NAT. DU MOYEN-AGE Thermes et Hôtel de Cluny

MAUBERT MUTUALITÉ

PALAIS DE LA MUTUALITÉ

LA MOTTE PICQUET GRENELLE

U.N.E.S.C.O.

R. Oudinot

VANEAU

RENNES

Rue de Vaugirard

PALAIS DU LUXEMBOURG

SORBONNE

COLLÈGE DE FRANCE

R. des Écoles

PARADIS LATIN

INSTITUT DU MONDE ARABE

UNIVERSITÉ PARIS VI

Bd DE GRENELLE

CAMBRONNE

SÉGUR

Rue de Sèvres

MUSÉE ERNEST HÉBERT

ST PLACIDE

DUROC

JARDIN DU LUXEMBOURG

LUXEMBOURG

R. Soufflot

ST-ÉTIENNE DU MONT

CARDINAL LEMOINE

PANTHÉON

JUSSIEU

AVENUE EMILE ZOLA

Bd GARIBALDI

AV. DE SUFFREN

R. Miollis

SEVRES LECOURBE

NECKER

FALGUIÈRE

N.D. DES CHAMPS

LUCERNAIRE

MUSÉE DE MINÉRALOGIE

PLACE DE LA CONTRESCARPE

ARÈNES DE LUTÈCE

COMMERCE

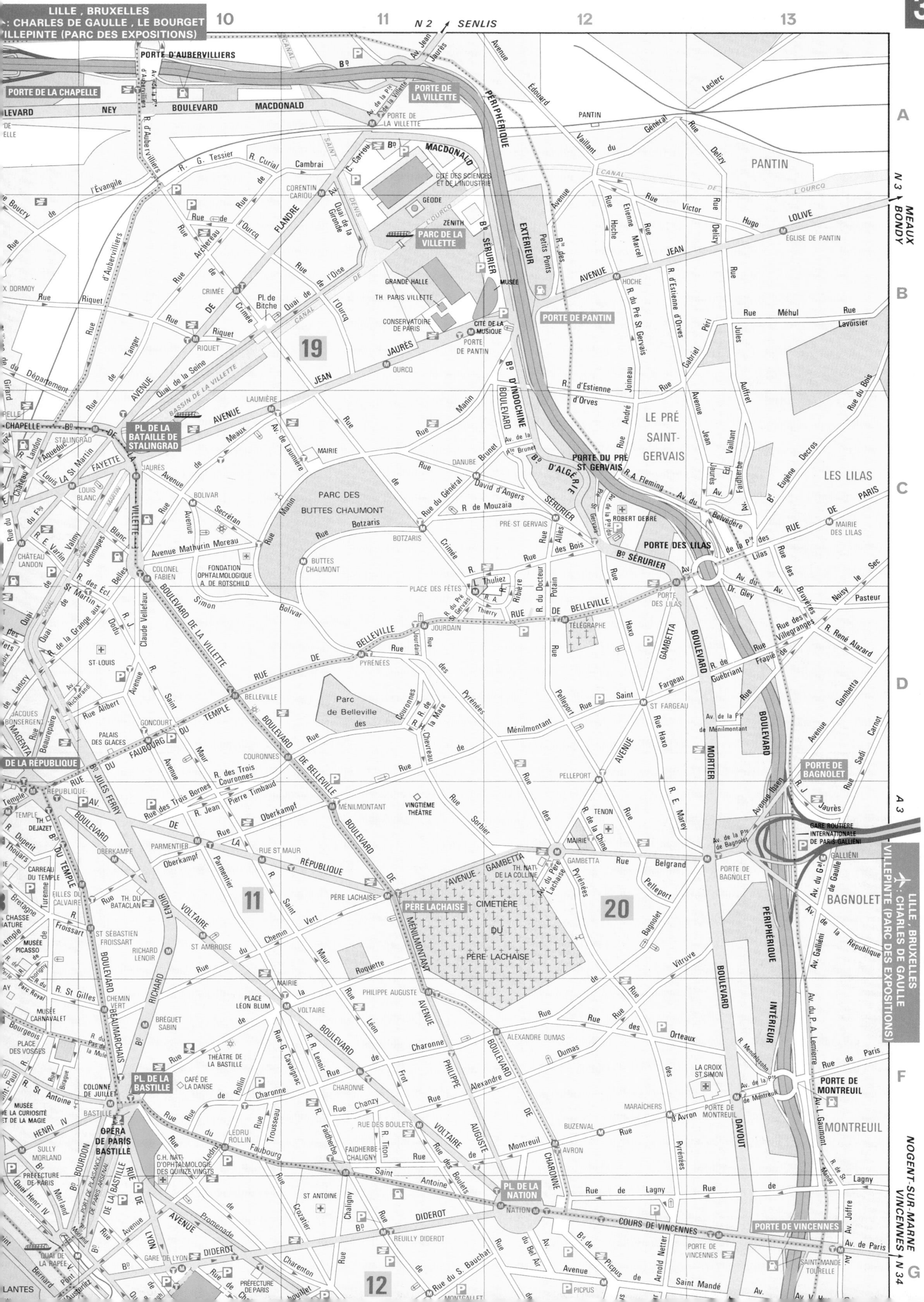
LILLE, BRUXELLES
CHARLES DE GAULLE, LE BOURGET
VILLEPINTE (PARC DES EXPOSITIONS)
10
11
12
13
N 2
SENLIS
PORTE D'AUBERVILLIERS
PORTE DE LA CHAPELLE
PORTE DE LA VILLETTE
BOULEVARD
MACDONALD
NEY
PÉRIPHÉRIQUE
PANTIN
A
N 3
MEAUX
BONDY
CITÉ DES SCIENCES ET DE L'INDUSTRIE
GÉODE
ZÉNITH
PARC DE LA VILLETTE
GRANDE HALLE
CONSERVATOIRE DE PARIS
CITÉ DE LA MUSIQUE
PORTE DE PANTIN
ÉGLISE DE PANTIN
B
19
BASSIN DE LA VILLETTE
PL. DE LA BATAILLE DE STALINGRAD
LE PRÉ SAINT-GERVAIS
PORTE DU PRÉ ST GERVAIS
LES LILAS
C
PARC DES BUTTES CHAUMONT
PORTE DES LILAS
BOULEVARD SÉRURIER
TÉLÉGRAPHE
FONDATION OPHTALMOLOGIQUE A. DE ROTSCHILD
PLACE DES FÊTES
BELLEVILLE
D
Parc de Belleville
DE LA RÉPUBLIQUE
PORTE DE BAGNOLET
A 3
GARE ROUTIÈRE INTERNATIONALE DE PARIS-GALLIÉNI
BAGNOLET
PÈRE LACHAISE
CIMETIÈRE DU PÈRE LACHAISE
11
20
BOULEVARD DE MÉNILMONTANT
BOULEVARD VOLTAIRE
MUSÉE PICASSO
MUSÉE CARNAVALET
PLACE DES VOSGES
F
PORTE DE MONTREUIL
MONTREUIL
PL. DE LA BASTILLE
OPÉRA DE PARIS BASTILLE
PL. DE LA NATION
COURS DE VINCENNES
PORTE DE VINCENNES
NOGENT-SUR-MARNE
VINCENNES
N 34
G
GARE DE LYON
12

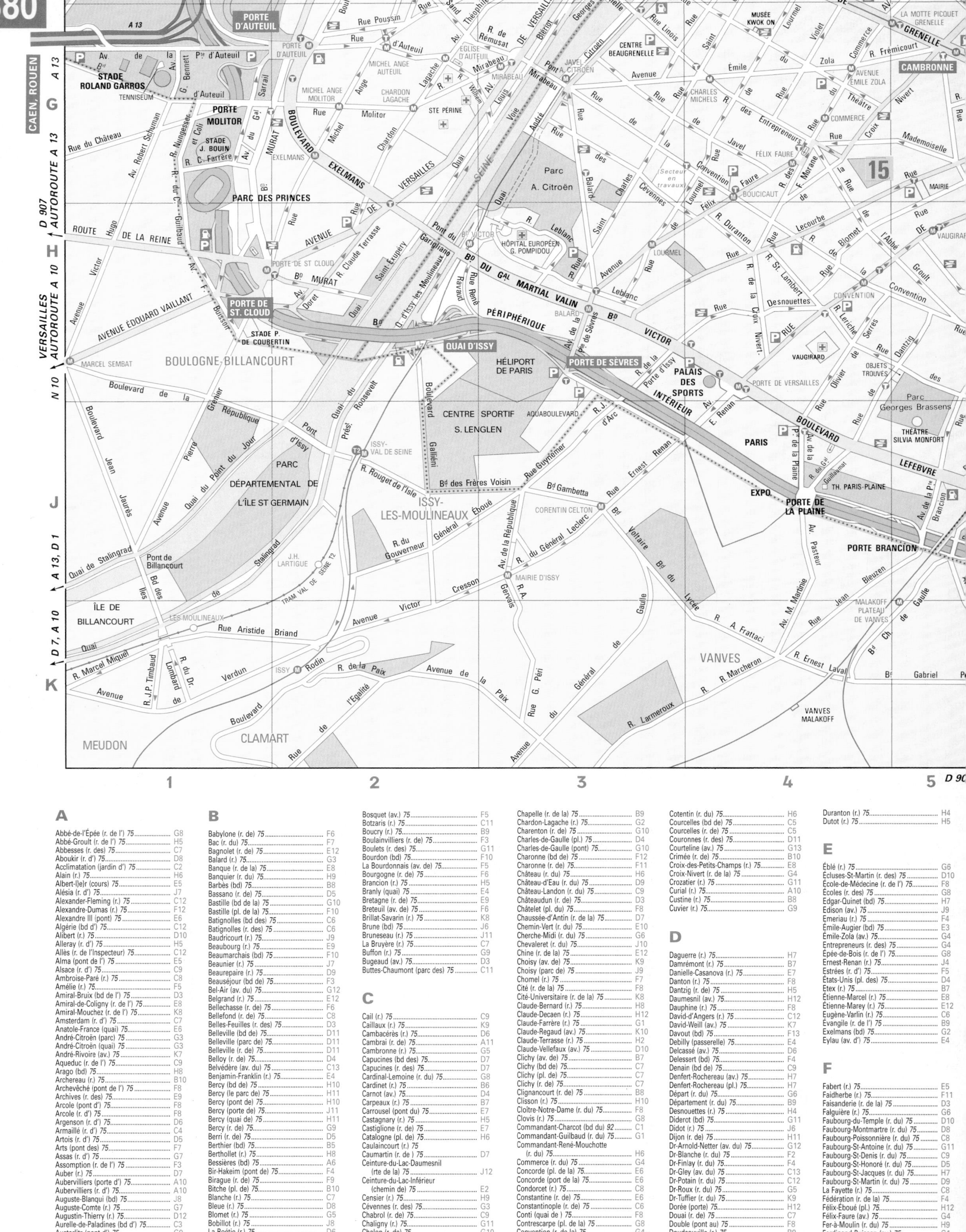

A

Abbé-de-l'Épée (r. de l') 75 G8
Abbé-Groult (r. de l') 75 H5
Abbesses (r. des) 75 C7
Aboukir (r. d') 75 D8
Acclimatation (jardin d') 75 C2
Alain (r.) 75 H6
Albert-l}e}r (cours) 75 E5
Alésia (r. d') 75 J7
Alexander-Fleming (r.) 75 C12
Alexandre-Dumas (r.) 75 F12
Alexandre III (pont) 75 E6
Algérie (bd d') 75 C12
Alibert (r.) 75 D10
Alleray (r. d') 75 H5
Allès (r. de l'Inspecteur) 75 C12
Alma (pont de l') 75 E5
Alsace (r. d') 75 C9
Ambroise-Paré (r.) 75 C8
Amélie (r.) 75 F5
Amiral-Bruix (bd de l') 75 D3
Amiral-de-Coligny (r. de l') 75 E8
Amiral-Mouchez (r. de l') 75 K8
Amsterdam (r. d') 75 C7
Anatole-France (quai) 75 E6
André-Citroën (parc) 75 G3
André-Citroën (quai) 75 G3
André-Rivoire (av.) 75 K7
Aqueduc (r. de l') 75 C9
Arago (bd) 75 H8
Archereau (r.) 75 B10
Archevêché (pont de l') 75 F8
Archives (r. des) 75 E9
Arcole (pont d') 75 F8
Arcole (r. d') 75 F8
Argenson (r. d') 75 D6
Armaillé (r. d') 75 C4
Artois (r. d') 75 D5
Arts (pont des) 75 F7
Assas (r. d') 75 G7
Assomption (r. de l') 75 F3
Auber (r.) 75 D7
Aubervilliers (porte d') 75 A10
Aubervilliers (r. d') 75 A10
Auguste-Blanqui (bd) 75 J8
Auguste-Comte (r.) 75 G7
Augustin-Thierry (r.) 75 D12
Aurelle-de-Paladines (bd d') 75 C3
Austerlitz (pont d') 75 G9
Austerlitz (quai d') 75 H10
Auteuil (bd d') 75 G1
Auteuil (r. d') 75 G2
Auteuil-aux-Lacs (rte d') 75 F1
Avron (r. d') 75 F12

B

Babylone (r. de) 75 F6
Bac (r. du) 75 F7
Bagnolet (r. de) 75 E12
Balard (r.) 75 G3
Banque (r. de la) 75 E8
Banquier (r. du) 75 H9
Barbès (bd) 75 B8
Bassano (r. de) 75 D5
Bastille (bd de la) 75 G10
Bastille (pl. de la) 75 F10
Batignolles (bd des) 75 C6
Batignolles (r. des) 75 C6
Baudricourt (r.) 75 J9
Beaubourg (r.) 75 E9
Beaumarchais (bd) 75 F10
Beaunier (r.) 75 J7
Beaurepaire (r.) 75 D9
Beauséjour (bd de) 75 F3
Bel-Air (av. du) 75 G12
Belgrand (r.) 75 E12
Bellechasse (r. de) 75 F6
Bellefond (r. de) 75 C8
Belles-Feuilles (r. des) 75 D3
Belleville (bd de) 75 D11
Belleville (parc de) 75 D11
Belleville (r. de) 75 D11
Belloy (r. de) 75 D4
Belvédère (av. du) 75 C13
Benjamin-Franklin (r.) 75 E4
Bercy (bd de) 75 H10
Bercy (le parc de) 75 H11
Bercy (pont de) 75 H10
Bercy (porte de) 75 J11
Bercy (quai de) 75 H11
Bercy (r. de) 75 G9
Berri (r. de) 75 D5
Berthier (bd) 75 B5
Berthollet (r.) 75 H8
Bessières (bd) 75 A6
Bir-Hakeim (pont de) 75 F4
Birague (r. de) 75 F9
Bitche (pl. de) 75 B10
Blanche (r.) 75 C7
Bleue (r.) 75 D8
Blomet (r.) 75 G5
Bobillot (r.) 75 J8
La Boétie (r.) 75 D6
Bois (r. des) 75 C12
Boissière (r.) 75 E4
Boissy-d'Anglas (r.) 75 D6
Bonaparte (r.) 75 F7
Bonne-Nouvelle (bd de) 75 D8
Bosquet (av.) 75 F5
Botzaris (r.) 75 C11
Boucry (r.) 75 B9
Boulainvilliers (r. de) 75 F3
Boulets (r. des) 75 G11
Bourdon (bd) 75 F10
La Bourdonnais (av. de) 75 F5
Bourgogne (r. de) 75 F6
Brancion (r.) 75 H5
Branly (quai) 75 E4
Bretagne (r. de) 75 E9
Breteuil (av. de) 75 F6
Brillat-Savarin (r.) 75 K8
Brune (bd) 75 J6
Bruneseau (r.) 75 J11
La Bruyère (r.) 75 C7
Buffon (r.) 75 G9
Bugeaud (av.) 75 D3
Buttes-Chaumont (parc des) 75 C11

C

Cail (r.) 75 C9
Caillaux (r.) 75 K9
Cambacérès (r.) 75 D6
Cambrai (r. de) 75 A11
Cambronne (r.) 75 G5
Capucines (bd des) 75 D7
Capucines (r. des) 75 D7
Cardinal-Lemoine (r. du) 75 G8
Cardinet (r.) 75 B6
Carnot (av.) 75 D4
Carpeaux (r.) 75 B7
Carrousel (pont du) 75 E7
Castagnary (r.) 75 H5
Castiglione (r. de) 75 E7
Catalogne (pl. de) 75 H6
Caulaincourt (r.) 75
Caumartin (r. de) 75 D7
Ceinture-du-Lac-Daumesnil (rte de la) 75 J12
Ceinture-du-Lac-Inférieur (chemin de) 75 E2
Censier (r.) 75 H9
Cévennes (r. des) 75 G3
Chabrol (r. de) 75 C9
Chaligny (r.) 75 G11
Chalon (r. de) 75 G10
Championnet (r.) 75 A8
Champs-Élysées (av. des) 75 D5
Change (pont au) 75 F8
Chanzy (r.) 75 F11
Chapelle (bd de la) 75 C9
Chapelle (r. de la) 75 B9
Chardon-Lagache (r.) 75 G2
Charenton (r. de) 75 G10
Charles-de-Gaulle (pl.) 75 D4
Charles-de-Gaulle (pont) 75 G10
Charonne (bd de) 75 F12
Charonne (r. de) 75 F11
Château (r. du) 75 H6
Château-d'Eau (r. du) 75 D9
Château-Landon (r. du) 75 C9
Châteaudun (r. de) 75 D3
Châtelet (pl. du) 75 F8
Chaussée-d'Antin (r. de la) 75 D7
Chemin-Vert (r. du) 75 E10
Cherche-Midi (r. du) 75 G6
Chevaleret (r. du) 75 J10
Chine (r. de la) 75 E12
Choisy (av. de) 75 K9
Choisy (parc de) 75 J9
Chomel (r.) 75 F7
Cité (r. de la) 75 F8
Cité-Universitaire (r. de la) 75 K8
Claude-Bernard (r.) 75 H8
Claude-Decaen (r.) 75 H12
Claude-Farrère (r.) 75 G1
Claude-Regaud (av.) 75 K10
Claude-Terrasse (r.) 75 H2
Claude-Vellefaux (av.) 75 D10
Clichy (av. de) 75 B7
Clichy (bd de) 75 C7
Clichy (pl. de) 75 C7
Clichy (r. de) 75 C7
Clignancourt (r. de) 75 B8
Clisson (r.) 75 H10
Cloître-Notre-Dame (r. du) 75 F8
Clovis (r.) 75 G8
Commandant-Charcot (bd du) 92 C1
Commandant-Guilbaud (r. du) 75 G1
Commandant-René-Mouchotte (r. du) 75 H6
Commerce (r. du) 75 G4
Concorde (pl. de la) 75 E6
Concorde (port de la) 75 E6
Condorcet (r.) 75 C8
Constantine (r. de) 75 E6
Constantinople (r. de) 75 C6
Conti (quai de) 75 F8
Contrescarpe (pl. de la) 75 G8
Convention (r. de la) 75 G4
Copernic (r.) 75 D4
Corbineau (r.) 75 H11
Corentin-Cariou (av.) 75 A11
Cortambert (r.) 75 E3
Corvisart (r.) 75 J8
Cotentin (r. du) 75 H6
Courcelles (bd de) 75 C5
Courcelles (r. de) 75 C5
Couronnes (r. des) 75 D11
Courteline (av.) 75 G13
Crimée (r. de) 75 B10
Croix-des-Petits-Champs (r.) 75 E8
Croix-Nivert (r. de la) 75 G4
Crozatier (r.) 75 G11
Curial (r.) 75 A10
Custine (r.) 75 B8
Cuvier (r.) 75 G9

D

Daguerre (r.) 75 H7
Damrémont (r.) 75 B7
Danielle-Casanova (r.) 75 E7
Danton (r.) 75 F8
Dantzig (r. de) 75 H5
Daumesnil (av.) 75 H12
Dauphine (r.) 75 F8
David-d'Angers (r.) 75 C12
David-Weill (av.) 75 K7
Davout (bd) 75 F13
Debilly (passerelle) 75 E4
Delcassé (av.) 75 D6
Delessert (bd) 75 F4
Denain (bd de) 75 C9
Denfert-Rochereau (av.) 75 H7
Denfert-Rochereau (pl.) 75 H7
Départ (r. du) 75 G6
Département (r. du) 75 B9
Desnouettes (r.) 75 H4
Diderot (bd) 75 G11
Didot (r.) 75 J6
Dijon (r. de) 75 H11
Dr-Arnold-Netter (av. du) 75 G12
Dr-Blanche (r. du) 75 F2
Dr-Finlay (r. du) 75 F4
Dr-Gley (av. du) 75 C13
Dr-Potain (r. du) 75 C12
Dr-Roux (r. du) 75 G5
Dr-Tuffier (r. du) 75 K9
Dorée (porte) 75 H12
Douai (r. de) 75 C7
Double (pont au) 75 F8
Doudeauville (r.) 75 B9
Duméril (r.) 75 H9
Dunkerque (r. de) 75 C8
Dupetit-Thouars (r.) 75 E9
Dupleix (r.) 75 F4
Duquesne (av.) 75 F6
Duranton (r.) 75 H4
Dutot (r.) 75 H5

E

Éblé (r.) 75 G6
Écluses-St-Martin (r. des) 75 D10
École-de-Médecine (r. de l') 75 F8
Écoles (r. des) 75 G8
Edgar-Quinet (bd) 75 H7
Edison (av.) 75 J9
Emeriau (r.) 75 F4
Émile-Augier (bd) 75 E3
Émile-Zola (av.) 75 G4
Entrepreneurs (r. des) 75 G4
Épée-de-Bois (r. de l') 75 G8
Ernest-Renan (r.) 75 J4
Estrées (r. d') 75 F5
États-Unis (pl. des) 75 D4
Etex (r.) 75 B7
Étienne-Marcel (r.) 75 E8
Étienne-Marey (r.) 75 E12
Eugène-Varlin (r.) 75 C6
Évangile (r. de l') 75 B9
Exelmans (bd) 75 G2
Eylau (av. d') 75 E4

F

Fabert (r.) 75 E5
Faidherbe (r.) 75 F11
Faisanderie (r. de la) 75 D3
Falguière (r.) 75 G6
Faubourg-du-Temple (r. du) 75 D10
Faubourg-Montmartre (r. du) 75 D8
Faubourg-Poissonnière (r. du) 75 C8
Faubourg-St-Antoine (r. du) 75 G11
Faubourg-St-Denis (r. du) 75 C9
Faubourg-St-Honoré (r. du) 75 D5
Faubourg-St-Jacques (r. du) 75 H7
Faubourg-St-Martin (r. du) 75 D9
La Fayette (r.) 75 C8
Fédération (r. de la) 75 F4
Félix-Éboué (pl.) 75 H12
Félix-Faure (av.) 75 G4
Fer-à-Moulin (r. du) 75 H9
Ferdinand-Buisson (av.) 75 G1
Fêtes (pl. des) 75 D11
Flandre (av. de) 75 B10
Flandrin (bd) 75 D3
Fleurs (quai aux) 75 F8
Foch (av.) 75 D4

Fontaine (r.) 75 .... C7
La Fontaine (r.) 75 .... F3
Fossés-St-Bernard (r. des) 75 .... G9
Four (r. du) 75 .... F7
France (av. de) 75 .... H10
François-Ier (r.) 75 .... E5
François-Bonvin (r.) 75 .... G5
François-Mauriac (quai) 75 .... H10
François-Miron (r.) 75 .... F9
Francs-Bourgeois (r. des) 75 .... F9
Franklin-D.-Roosevelt (av.) 75 .... E5
Frémicourt (r.) 75 .... G5
Frères-Morane (r. des) 75 .... G4
Friedland (av. de) 75 .... D5
Froidevaux (r.) 75 .... H7
Froissart (r.) 75 .... E9

G

Gabriel (av.) 75 .... D6
Gaîté (r. de la) 75 .... H6
Gambetta (av.) 75 .... D12
Gare (quai de la) 75 .... H10
Garibaldi (bd) 75 .... G5
Garigliano (pont du) 75 .... H2
Gassendi (r.) 75 .... H7
Gaston-Tessier (r.) 75 .... A10
Gay-Lussac (r.) 75 .... G8
Gazan (r.) 75 .... J8
Général-Brunet (r. du) 75 .... C11
Général-Guillaumat (r. du) 75 .... J4
Général-Leclerc (av. du) 75 .... J7
Général-Lemonnier (av. du) 75 .... E7
Général-Martial-Valin (bd du) 75 .... H3
Général-Michel-Bizot (av.) 75 .... H12
Général-Sarrail (av. du) 75 .... G1
Gentilly (porte de) 75 .... K8
Geoffroy-St-Hilaire (r.) 75 .... G9
George-Sand (r.) 75 .... G2
George-V (av.) 75 .... D5
Georges-Brassens (parc) 75 .... J5
Georges-Lafenestre (av.) 75 .... J5
Georges-Mandel (av.) 75 .... E3
Georges-Pompidou (voie) 75 .... G3
Gergovie (r. de) 75 .... H6
Gilbert-Perroy (pl.) 75 .... H6
Gironde (quai de la) 75 .... B11
Glacière (r. de la) 75 .... H8
Gobelins (av. des) 75 .... H9
Godefroy-Cavaignac (r.) 75 .... F11
Gordon-Bennett (av.) 75 .... G1
Goutte-d'Or (r. de la) 75 .... C9
Gouvion-St-Cyr (bd) 75 .... C4

Grande-Armée (av. de la) 75 .... D4
Grands-Augustins (quai des) 75 .... F8
Grange-aux-Belles (r. de la) 75 .... D10
Gravelle (av. de) 75 .... J12
Grenelle (bd de) 75 .... G5
Grenelle (pont de) 75 .... F3
Grenelle (quai de) 75 .... F3
Grenelle (r. de) 75 .... F5
Grenier-St-Lazare (r. du) 75 .... E9
Gros (r.) 75 .... F3
Guébriant (r. de) 75 .... D13
Guersant (r.) 75 .... C4
Gustave-Eiffel (av.) 75 .... F4
Guy-Môquet (r.) 75 .... B6
Guynemer (r.) 75 .... G7

H

Halles (r. des) 75 .... E8
Haussmann (bd) 75 .... D6
Hauteville (r. d') 75 .... D8
Havre (r. du) 75 .... D7
Haxo (r.) 75 .... D12
Henri-Chevreau (r.) 75 .... D11
Henri-Heine (r.) 75 .... F2
Henri-IV (bd) 75 .... F9
Henri-IV (quai) 75 .... G9
Henri-Martin (av.) 75 .... E3
Henri-Ribière (r.) 75 .... D12
Hippodrome (av. de l') 75 .... F1
Hoche (av.) 75 .... C5
Hôpital (bd de l') 75 .... H9
Hôtel-de-Ville (quai de l') 75 .... F9

I

Ibsen (av.) 75 .... E13
Iéna (av. d') 75 .... D4
Iéna (pont d') 75 .... E4
Indochine (bd d') 75 .... C12
Ingres (av.) 75 .... F2
Invalides (bd des) 75 .... G6
Invalides (esplanade des) 75 .... F6
Invalides (pont des) 75 .... E5
Issy-les-Moulineaux (quai d') 75 .... H2
Italie (av. d') 75 .... K9
Italie (pl. d') 75 .... J9
Italiens (bd des) 75 .... D7
Ivry (av. d') 75 .... J9
Ivry (quai d') 75 .... J11

J

Jacob (r.) 75 .... F7
Jacques-Baudry (r.) 75 .... J5
Javel (r. de) 75 .... G4
Jean-Baptiste Berlier (r.) 75 .... J11
Jean-Baptiste Pigalle (r.) 75 .... C7
Jean-Calvin (r.) 75 .... G8
Jean-Jaurès (av.) 75 .... B11
Jean-Moulin (av.) 75 .... J6
Jean-Pierre-Timbaud (r.) 75 .... E10
Jean-Zay (r.) 75 .... H6
Jeanne-d'Arc (r.) 75 .... H9
Jemmapes (quai de) 75 .... C10
Jessaint (r. de) 75 .... C9
La Jonquière (r. de) 75 .... B6
Joseph-Bouvard (av.) 75 .... F5
Joseph-de-Maistre (r.) 75 .... B7
Joseph-Kessel (r.) 75 .... H11
Jouffroy d'Abbans (r.) 75 .... C5
Jourdain (r. du) 75 .... D11
Jourdan (bd) 75 .... K8
Jules-Ferry (bd) 75 .... E10
Julia-Bartet (r.) 75 .... J5
Juliette-Dodu (r.) 75 .... D10
Junot (av.) 75 .... B7
Jussieu (r.) 75 .... G9

K

Kellermann (bd) 75 .... K10
Kléber (av.) 75 .... D4
Küss (r.) 75 .... K8

L

Lacépède (r.) 75 .... G9
Lagny (r. de) 75 .... G12
Lagrange (r.) 75 .... F8
Lamarck (r.) 75 .... B7
Lamballe (av. de) 75 .... F3
Lancry (r. de) 75 .... D9
Lannes (bd) 75 .... D3
Laumière (av. de) 75 .... C11
Lavandières-Ste-Opportune (r. des) 75 .... F8
Leblanc (r.) 75 .... H3
Lecourbe (r.) 75 .... G5
Ledru-Rollin (av.) 75 .... F10
Lefebvre (bd) 75 .... J5
Legendre (r.) 75 .... B6
Légion-Étrangère (r. de la) 75 .... K6
Léon-Frapié (r.) 75 .... D13

Léon-Frot (r.) 75 .... F11
Léon-Gaumont (av.) 75 .... F13
Lepic (r.) 75 .... B7
Leriche (r.) 75 .... H4
Liège (r. de) 75 .... C7
Lille (r. de) 75 .... F7
Linné (r.) 75 .... G9
Linois (r.) 75 .... G3
Lisbonne (r. de) 75 .... C6
Londres (r. de) 75 .... C7
Longchamp (allée de) 75 .... D2
Longchamp (r. de) 75 .... E4
Louis-Blanc (r.) 75 .... C9
Louis-Blériot (quai) 75 .... G3
Louis-Braille (r.) 75 .... H12
Louis-Philippe (pont) 75 .... F9
Louise-Thuliez (r.) 75 .... C12
Lourmel (r. de) 75 .... G4
Louvre (quai du) 75 .... E7
Louvre (r. du) 75 .... E8
Lowendal (av. de) 75 .... F5
Lucien-Descaves (av.) 75 .... K7
Lucien-Sampaix (r.) 75 .... D9
Luxembourg (jardin du) 75 .... G7
Lyon (r. de) 75 .... G10

M

Mac-Mahon (av.) 75 .... C4
Macdonald (bd) 75 .... A11
Madeleine (bd de la) 75 .... D7
Mademoiselle (r.) 75 .... G5
Madrid (r. de) 75 .... C6
Magenta (bd de) 75 .... D9
Mahatma-Gandhi (av. du) 75 .... D2
Maillot (bd) 92 .... C3
Maine (av. du) 75 .... H6
Malakoff (av. de) 75 .... D3
Malaquais (quai) 75 .... F7
Malar (r.) 75 .... E5
Malesherbes (bd) 75 .... D6
Manin (r.) 75 .... C11
Marcadet (r) 75 .... B7
Marceau (av.) 75 .... D5
Marcel-Doret (av.) 75 .... H2
Mare (r. de la) 75 .... D11
Maréchal-Gallieni (av. du) 75 .... E6
Marie (pont) 75 .... F9
Marigny (av. de) 75 .... D6
Martyrs (r. des) 75 .... C8
Marx-Dormoy (r.) 75 .... B9
Masséna (bd) 75 .... K10
Mathurin-Moreau (av.) 75 .... C10

Matignon (av.) 75 .... D6
Maubeuge (r. de) 75 .... C8
Maurice-Barrès (bd) 92 .... C2
Mazarine (r.) 75 .... F7
Mazas (voie) 75 .... G10
Meaux (r. de) 75 .... C10
Médicis (r. de) 75 .... G8
Mégisserie (quai de la) 75 .... F8
Mendelssohn (r.) 75 .... F13
Ménilmontant (bd de) 75 .... E11
Ménilmontant (r. de) 75 .... D12
Messine (r. de) 75 .... D6
Michel-Ange (r.) 75 .... G2
Michel-le-Comte (r.) 75 .... E9
Miollis (r.) 75 .... G5
Mirabeau (pont) 75 .... G3
Mirabeau (r.) 75 .... G2
Miromesnil (r. de) 75 .... D6
Mogador (r. de) 75 .... D7
Molitor (porte) 75 .... G1
Molitor (r.) 75 .... G2
Monceau (parc) 75 .... C5
Monceau (r. de) 75 .... C6
Moncey (r.) 75 .... C7
Monge (r.) 75 .... G8
Mont-Cenis (r. du) 75 .... B8
Montaigne (av.) 75 .... E5
Montebello (quai de) 75 .... F8
Montgallet (r.) 75 .... G11
Montmartre (r.) 75 .... E8
Montmorency (bd de) 75 .... F2
Montorgueil (r.) 75 .... E8
Montparnasse (bd du) 75 .... G7
Montparnasse (r. du) 75 .... G7
Montreuil (r. de) 75 .... F12
Montsouris (parc) 75 .... K7
Morillons (r. des) 75 .... H5
Morland (bd) 75 .... G9
Morland (pont) 75 .... G9
Mortier (bd) 75 .... D13
La Motte-Picquet (av. de) 75 .... F5
Mouffetard (r.) 75 .... H8
Mouton-Duvernet (r.) 75 .... H7
Mouzaïa (r. de) 75 .... C12
Mozart (av.) 75 .... F2
Muette-à-Neuilly (rte de la) 75 .... E2
Murat (bd) 75 .... G1

N

N.-D.-de-Lorette (r.) 75 .... C7
N.-D.-des-Champs (r.) 75 .... G7
Nansouty (r.) 75 .... J7

Nation (pl. de la) 75 .... G12
National (pont) 75 .... J11
Nationale (r.) 75 .... J9
Nations-Unies (av. des) 75 .... E4
Neuf (pont) 75 .... F8
Neuve-Tolbiac (r.) 75 .... J10
New-York (av. de) 75 .... E4
Ney (bd) 75 .... A9
Niel (av.) 75 .... C4
Norvins (r.) 75 .... B8
Notre-Dame (pont) 75 .... F8
Nungesser-et-Coli (r.) 75 .... G1

O

Oberkampf (r.) 75 .... E10
Observatoire (av. de l') 75 .... H7
Odéon (r. de l') 75 .... F7
Oise (quai de l') 75 .... B11
Olivier-de-Serres (r.) 75 .... H4
Opéra (av. de l') 75 .... D7
Ordener (r.) 75 .... B9
Ornano (bd) 75 .... B8
Orsay (quai d') 75 .... E5
Orsel (r. d') 75 .... C8
Orteaux (r. des) 75 .... F12
Oudinot (r.) 75 .... G6
Ourcq (r. de l') 75 .... B11

P

Paix (r. de la) 75 .... D7
Palais (bd du) 75 .... F8
Panhard-et-Levassor (quai) 75 .... J11
Pantin (porte de) 75 .... B12
Paradis (r. de) 75 .... D8
Parc (rte du) 75 .... J12
Parc-Royal (r. du) 75 .... F9
Parmentier (av.) 75 .... E10
Pas-de-la-Mule (r. du) 75 .... F10
Pascal (r.) 75 .... H8
Passy (r. de) 75 .... F3
Pasteur (bd) 75 .... G6
Patay (r. de) 75 .... J10
Paul-Barruel (r.) 75 .... H5
Paul-Doumer (av.) 75 .... E3
Le Peletier (r.) 75 .... D7
Pelleport (r.) 75 .... E12
Pépinière (r. de la) 75 .... D6
Percier (av.) 75 .... D6
Perdonnet (r.) 75 .... C9
Père-Lachaise (av. du) 75 .... E12

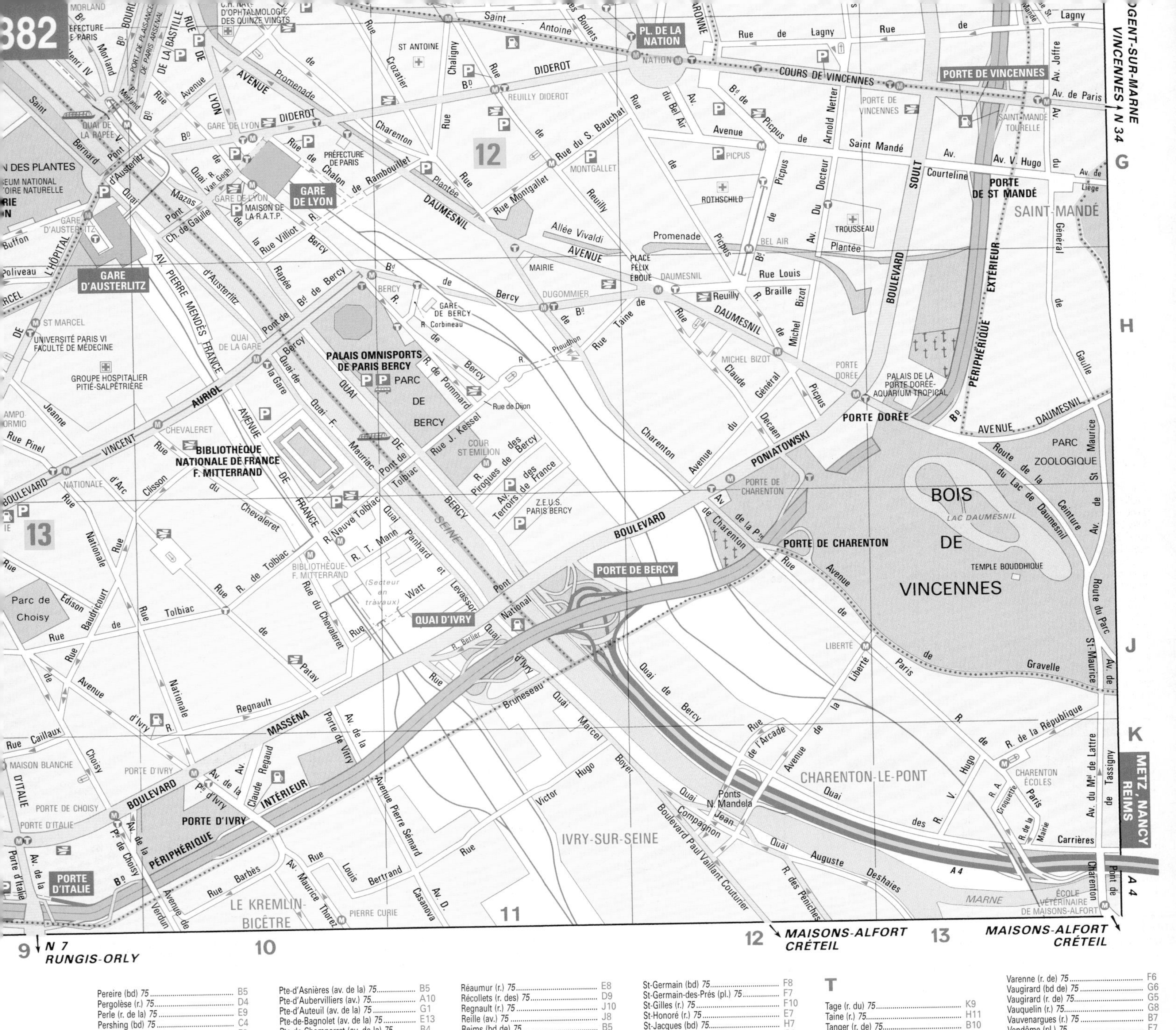

Pereire (bd) 75 .... B5
Pergolèse (r.) 75 .... D4
Perle (r. de la) 75 .... E9
Pershing (bd) 75 .... C4
Petit-Pont 75 .... F8
Petites-Écuries (r. des) 75 .... D8
Petits-Champs (r. des) 75 .... E7
Petits-Ponts (rte des) 75 .... B12
Peupliers (r. des) 75 .... J9
Philippe-Auguste (av.) 75 .... F11
Philippe-de-Girard (r.) 75 .... B9
Picpus (bd de) 75 .... G12
Picpus (r. de) 75 .... G12
Pierre-l}e}r-de-Serbie (av.) 75 .... E4
Pierre-Charron (r.) 75 .... D5
Pierre-de-Coubertin (av.) 75 .... K8
Pierre-Demours (r.) 75 .... C4
Pierre-Larousse (r.) 75 .... J6
Pierre-Mendès-France (av.) 75 .... G10
Pinel (r.) 75 .... H9
Pirogues-de-Bercy (r. des) 75 .... H11
Plantes (jardin des) 75 .... G9
Plantes (r. des) 75 .... J6
Poissonnière (r.) 75 .... D8
Poissonniers (r. des) 75 .... B9
Poliveau (r.) 75 .... H9
Pommard (r. de) 75 .... H11
Pompe (r. de la) 75 .... D3
Poniatowski (bd) 75 .... H12
Pont-Neuf (r. du) 75 .... E8
Ponthieu (r. de) 75 .... D5
Port-Royal (bd de) 75 .... H8
Portalis (r.) 75 .... C6
Porte Dauphine 75 .... D3
Porte de la Muette 75 .... E2
Porte de Passy 75 .... F2
Porte Maillot 75 .... C3
Poteau (r. du) 75 .... B8
Poterne-des-Peupliers (r.) 75 .... K9
Pouchet (r.) 75 .... A6
Poussin (r.) 75 .... G2
Pré-St-Gervais (r. du) 75 .... D11
Président-Kennedy (av. du) 75 .... F3
Président-Wilson (av. du) 75 .... E4
Professeur-André-Lemierre
(av. du) 75 .... F13
La Promenade Plantée 75 .... G12
Prony (r. de) 75 .... C5
Provence (r. de) 75 .... D7
Prudhon (av.) 75 .... E2
Pte-Brancion (av. de la) 75 .... J5
Pte-Brunet (av. de la) 75 .... C12
Pte-d'Asnières (av. de la) 75 .... B5
Pte-d'Aubervilliers (av.) 75 .... A10
Pte-d'Auteuil (av. de la) 75 .... G1
Pte-de-Bagnolet (av. de la) 75 .... E13
Pte-de-Champerret (av. de la) 75 .... B4
Pte-de-Charenton (av. de la) 75 .... J12
Pte-de-Châtillon (av. de la) 75 .... J6
Pte-de-Choisy (av. de la) 75 .... K9
Pte-de-Clichy (av. de la) 75 .... A5
Pte-de-Clignancourt (av.) 75 .... A8
Pte-de-la-Chapelle (av.) 75 .... A9
Pte-de-la-Plaine (av. de la) 75 .... J4
Pte-de-la-Villette (av. de la) 75 .... A11
Pte-de-Ménilmontant (av.) 75 .... D13
Pte-de-Montmartre (av.) 75 .... A7
Pte-de-Montreuil (av. de la) 75 .... F13
Pte-de-Montrouge (av.) 75 .... K6
Pte-de-Sèvres (av. de la) 75 .... H3
Pte-de-St-Ouen (av. de la) 75 .... A7
Pte-de-Vitry (av. de la) 75 .... K10
Pte-des-Lilas (av. de la) 75 .... C13
Pte-des-Poissonniers (av.) 75 .... A8
Pte-des-Ternes (av. de la) 75 .... C3
Pte-d'Issy (r. de la) 75 .... H3
Pte-d'Italie (av. de la) 75 .... K9
Pte-d'Ivry (av. de la) 75 .... K10
Pte-d'Orléans (av. de la) 75 .... K7
Pte-du-Pré-St-Gervais (av. de la) 75 .... C12
Pyramides (r. des) 75 .... E7
Pyrénées (r. des) 75 .... E12

Q

Quatre-Fils (r. des) 75 .... E9
Quatre-Septembre (r. du) 75 .... D7

R

Raffet (r.) 75 .... F2
Rambouillet (r. de) 75 .... G10
Rambuteau (r.) 75 .... E9
Ramey (r.) 75 .... B8
Ranelagh (r. du) 75 .... F3
Rapée (quai de la) 75 .... G10
Raphaël (av.) 75 .... E2
Rapp (av.) 75 .... E5
Raspail (bd) 75 .... H7
Raymond-Losserand (r.) 75 .... H6
Raymond-Poincaré (av.) 75 .... E4
Raynouard (r.) 75 .... F3
Réaumur (r.) 75 .... E8
Récollets (r. des) 75 .... D9
Regnault (r.) 75 .... J10
Reille (av.) 75 .... J8
Reims (bd de) 75 .... B5
Reine (cours la) 75 .... E6
Reine-Marguerite (allée de la) 75 .... D1
Rémusat (r. de) 75 .... G3
Renard (r. du) 75 .... F8
René-Coty (av.) 75 .... J7
Rennes (r. de) 75 .... F7
République (av. de la) 75 .... E10
République (pl. de la) 75 .... E9
Reuilly (bd de) 75 .... H12
Reuilly (r. de) 75 .... G11
Richard-Lenoir (bd) 75 .... E10
Richard-Lenoir (r.) 75 .... F11
Richard-Wallace (bd) 92 .... D1
Richelieu (r. de) 75 .... D7
Richer (r.) 75 .... D8
Richerand (av.) 75 .... D9
Riquet (r.) 75 .... B10
Rivoli (r. de) 75 .... E8
Rochechouart (bd de) 75 .... C8
Rochechouart (r. de) 75 .... C8
Rocher (r. du) 75 .... C6
Rome (r. de) 75 .... C6
Roquette (r. de la) 75 .... F10
Royal (pont) 75 .... E7
Royale (r.) 75 .... D6
Rubens (r.) 75 .... H9
Rungis (r. de) 75 .... K8

S

Sablons (r. des) 75 .... E3
St-Amand (r.) 75 .... H5
St-André-des-Arts (r.) 75 .... F8
St-Antoine (r.) 75 .... F9
St-Bernard (quai) 75 .... G9
St-Charles (r.) 75 .... G3
St-Cloud (av. de) 75 .... F1
St-Cloud (porte de) 75 .... H1
St-Denis (bd) 75 .... D9
St-Denis (r.) 75 .... D8
St-Dominique (r.) 75 .... E5
St-Éleuthère (r.) 75 .... C8
Saint-Exupéry (quai) 75 .... H2
St-Fargeau (r.) 75 .... D12
St-Ferdinand (r.) 75 .... C4
St-Florentin (r.) 75 .... E6
St-Germain (bd) 75 .... F8
St-Germain-des-Prés (pl.) 75 .... F7
St-Gilles (r.) 75 .... F10
St-Honoré (r.) 75 .... E7
St-Jacques (bd) 75 .... H7
St-Jacques (r.) 75 .... G8
St-Lambert (r.) 75 .... H4
St-Lazare (r.) 75 .... D7
St-Louis (pont) 75 .... F9
St-Louis-en-l'Île (r.) 75 .... F9
St-Mandé (av. de) 75 .... G12
St-Mandé (porte de) 75 .... G13
St-Marcel (bd) 75 .... H9
St-Martin (bd) 75 .... D9
St-Martin (r.) 75 .... E9
St-Maur (r.) 75 .... D10
St-Maurice (av. de) 75 .... J12
St-Michel (bd) 75 .... G8
St-Michel (pont) 75 .... F8
St-Michel (quai) 75 .... F8
St-Ouen (av. de) 75 .... B7
St-Paul (r.) 75 .... F9
Saint Pétersbourg (r. de) 75 .... C6
St-Placide (r.) 75 .... G7
Saint-Saëns (r.) 75 .... F4
St-Sulpice (r.) 75 .... F7
St-Vincent (r.) 75 .... B8
Sts-Pères (r. des) 75 .... F7
Santé (r. de la) 75 .... H8
Sarrette (r.) 75 .... J7
Saxe (av. de) 75 .... G6
Scribe (r.) 75 .... D7
Sébastopol (bd de) 75 .... E8
Secrétan (av.) 75 .... C10
Ségur (av. de) 75 .... F5
Seine (quai de la) 75 .... B10
Seine (r. de) 75 .... F7
Sergent-Bauchat (r. du) 75 .... G11
Sérurier (bd) 75 .... C12
Sèvres (r. de) 75 .... G6
Simon-Bolivar (av.) 75 .... D10
Singer (r.) 75 .... F3
Solférino (passerelle) 75 .... E7
Sorbier (r.) 75 .... E11
Soufflot (r.) 75 .... G8
Soult (bd) 75 .... G13
Stéphane-Mallarmé (av.) 75 .... B4
Strasbourg (bd de) 75 .... D9
Suchet (bd) 75 .... F2
Suffren (av. de) 75 .... G5
Sully (ponts de) 75 .... G9
Surène (r. de) 75 .... D6
Suresnes (rte de) 75 .... D2

T

Tage (r. du) 75 .... K9
Taine (r.) 75 .... H11
Tanger (r. de) 75 .... B10
Tardieu (r.) 75 .... C8
Temple (bd du) 75 .... E9
Temple (r. du) 75 .... E9
Ternes (av. des) 75 .... C4
Terroirs-de-France (av. des) 75 .... J11
Tertre (pl. du) 75 .... B8
Théâtre (r. du) 75 .... G4
Théophile-Gautier (av.) 75 .... F3
Thomas-Mann (r.) 75 .... J11
Thorigny (r. de) 75 .... E9
Titon (r.) 75 .... F11
Tocqueville (r. de) 75 .... C6
Tolbiac (pont de) 75 .... H11
Tolbiac (r. de) 75 .... J9
Tombe-Issoire (r. de la) 75 .... J7
Tour (r. de la) 75 .... E3
La Tour-d'Auvergne (r. de) 75 .... C8
La Tour-Maubourg (bd de) 75 .... E5
Tournelle (pont de la) 75 .... F9
Tournelle (quai de la) 75 .... F9
Tournon (r. de) 75 .... F7
Tourville (av. de) 75 .... F5
Trocadéro et Onze-Novembre
(pl. du) 75 .... E4
Trois-Bornes (r. des) 75 .... E10
Tronchet (r.) 75 .... D7
Trousseau (r.) 75 .... F10
Tuileries (jardin des) 75 .... E7
Tuileries (quai des) 75 .... E7
Turbigo (r. de) 75 .... E9
Turenne (r. de) 75 .... E9

U

Ulm (r. d') 75 .... G8
Université (r. de l') 75 .... E5

V

Valette (r.) 75 .... G8
Valmy (quai de) 75 .... C9
Van-Gogh (r.) 75 .... G10
Vaneau (r.) 75 .... F6
Vanves (porte de) 75 .... J5
Varenne (r. de) 75 .... F6
Vaugirard (bd de) 75 .... G6
Vaugirard (r. de) 75 .... G5
Vauquelin (r.) 75 .... G8
Vauvenargues (r.) 75 .... B7
Vendôme (pl.) 75 .... E7
Vercingétorix (r.) 75 .... H6
Versailles (av. de) 75 .... G2
Victor (bd) 75 .... H3
Victor-Hugo (av.) 75 .... D3
Victor-Massé (r.) 75 .... C7
Victoria (av.) 75 .... F8
Vieille-du-Temple (r.) 75 .... E9
Vienne (r. de) 75 .... C6
Vigée-Lebrun (r.) 75 .... H5
Villars (av. de) 75 .... F6
Villette (bd de la) 75 .... D10
Villette (parc de la) 75 .... B11
Villiers (av. de) 75 .... C5
Villiot (r.) 75 .... G10
Vincennes (cours de) 75 .... G12
Vincennes (porte de) 75 .... G13
Vincent-Auriol (bd) 75 .... H10
Violet (r.) 75 .... G4
Vitruve (r.) 75 .... E12
Vivaldi (allée) 75 .... G11
Vivienne (r.) 75 .... D8
Volontaires (r. des) 75 .... H5
Voltaire (bd) 75 .... F11
Voltaire (quai) 75 .... F7
Vosges (pl. des) 75 .... F9
Vouillé (r. de) 75 .... H5
Vulpian (r.) 75 .... H8

W

Wagram (av. de) 75 .... C5
Washington (r.) 75 .... D5
Watt (r.) 75 .... J11
Wilhem (r.) 75 .... G2
Winston-Churchill (av.) 75 .... E6

Y

Yvonne-Le-Tac (r.) 75 .... C8

Nouilhan 65 ... 273 F3
Les Nouillers 17 ... 181 F3
Nouillonpont 55 ... 40 C2
Nouilly 57 ... 41 F4
Noulens 32 ... 255 E4
Nourard-le-Franc 60 ... 34 C2
Nourray 41 ... 108 B4
Nousse 40 ... 272 A1
Nousseviller-lès-Bitche 57 ... 44 B3
Nousseviller-Saint-Nabor 57 ... 43 D4
Nousty 64 ... 297 D1
Nouvelle-Église 62 ... 3 D2
Nouvion-en-Ponthieu 80 ... 6 B4
Le Nouvion-en-Thiérache 02 ... 10 A4
Nouvion-et-Catillon 02 ... 20 B4
Nouvion-le-Comte 02 ... 20 B4
Nouvion-le-Vineux 02 ... 37 D2
Nouvion-sur-Meuse 08 ... 23 D4
Nouvoitou 35 ... 103 F1
Nouvron-Vingré 02 ... 36 A2
Nouzerines 23 ... 169 F3
Nouzerolles 23 ... 169 D3
Nouziers 23 ... 169 F3
Nouzilly 37 ... 131 D2
Nouzonville 08 ... 22 C3
Novacelles 63 ... 208 B3
Novalaise 73 ... 212 C1
Novale 2B ... 315 F4
Novéant-sur-Moselle 57 ... 68 A1
Novel 74 ... 179 D3
Novella 2B ... 315 D2
Noves 13 ... 265 D4
Noviant-aux-Prés 54 ... 67 F3
Novillard 90 ... 120 A3
Novillars 25 ... 141 E3
Novillers 60 ... 34 B4
Novion-Porcien 08 ... 38 B1
Novy-Chevrières 08 ... 38 B1
Noyal 22 ... 51 F4
Noyal-Châtillon-sur-Seiche 35 ... 103 E1
Noyal-Muzillac 56 ... 123 E2
Noyal-Pontivy 56 ... 77 D4
Noyal-sous-Bazouges 35 ... 79 E2
Noyal-sur-Brutz 44 ... 104 A3
Noyal-sur-Vilaine 35 ... 103 F1
Noyales 02 ... 20 C2
Noyalo 56 ... 101 E4
Noyant 49 ... 129 F2
Noyant-d'Allier 03 ... 171 F2
Noyant-de-Touraine 37 ... 149 F1
Noyant-et-Aconin 02 ... 36 B3
Noyant-la-Gravoyère 49 ... 104 C4
Noyant-la-Plaine 49 ... 128 C4
Noyarey 38 ... 212 B4
Noyelle-Vion 62 ... 7 F3
Noyelles-en-Chaussée 80 ... 6 C4
Noyelles-Godault 62 ... 8 C2
Noyelles-lès-Humières 62 ... 7 D2
Noyelles-lès-Seclin 59 ... 8 C1
Noyelles-lès-Vermelles 62 ... 8 A2
Noyelles-sous-Bellonne 62 ... 8 C3
Noyelles-sous-Lens 62 ... 8 B2
Noyelles-sur-Escaut 59 ... 9 D4
Noyelles-sur-Mer 80 ... 6 B4
Noyelles-sur-Sambre 59 ... 10 A3
Noyelles-sur-Selle 59 ... 9 E3
Noyellette 62 ... 8 A3
Noyen-sur-Sarthe 72 ... 106 B3
Noyen-sur-Seine 77 ... 89 D2
Le Noyer 05 ... 249 E1
Le Noyer 14 ... 134 C3
Le Noyer 18 ... 134 C3
Le Noyer 73 ... 213 E1
Noyer (Col du) 05 ... 249 E1
Le Noyer-en-Ouche 27 ... 58 A2
Noyers 27 ... 33 E4
Noyers 45 ... 111 E3
Noyers 52 ... 117 D1
Noyers 89 ... 114 A4
Noyers-Bocage 14 ... 29 D4
Noyers-le-Val 55 ... 66 A2
Noyers-Pont-Maugis 08 ... 23 D4
Noyers-Saint-Martin 60 ... 34 B1
Noyers-sur-Cher 41 ... 132 A4
Noyers-sur-Jabron 04 ... 267 D1
Noyon 60 ... 35 F1
Nozay 10 ... 90 B2
Nozay 44 ... 126 B1
Nozay 91 ... 86 C1
Nozeroy 39 ... 160 B4
Nozières 07 ... 228 B2
Nozières 18 ... 153 E4
Nuaillé 49 ... 147 D1
Nuaillé-d'Aunis 17 ... 163 F4
Nuaillé-sur-Boutonne 17 ... 182 B2
Nuars 58 ... 136 C3
Nubécourt 55 ... 66 B1
Nuces 12 ... 242 A3
Nucourt 95 ... 33 F4
Nueil-sous-Faye 86 ... 149 D2
Nueil-sur-Argent 79 ... 147 E2
Nueil-sur-Layon 49 ... 148 A1
Nuelles 69 ... 192 B4
Nuillé-le-Jalais 72 ... 107 E2
Nuillé-sur-Ouette 53 ... 105 E1
Nuillé-sur-Vicoin 53 ... 105 D2
Nuisement-sur-Coole 51 ... 64 C3
Nuits 89 ... 114 C4
Nuits-Saint-Georges 21 ... 158 B1
Nullemont 76 ... 17 D3
Nully 52 ... 91 F3
Nuncq 62 ... 7 E3
Nuret-le-Ferron 36 ... 168 B1
Nurieux-Volognat 01 ... 194 A1
Nurlu 80 ... 19 F1
Nuzéjouls 46 ... 240 A2
Nyer 66 ... 311 E3
Nyoiseau 49 ... 104 C4
Nyons 26 ... 247 F4

O

O (Château d') 61 ... 56 C4
Obenheim 67 ... 97 D1
Oberbronn 67 ... 44 C4
Oberbruck 68 ... 119 F3
Oberdorf 68 ... 120 C4
Oberdorf-Spachbach 67 ... 45 D4
Oberdorff 57 ... 42 B3
Oberentzen 68 ... 120 C1
Obergailbach 57 ... 43 F4
Oberhaslach 67 ... 70 B4
Oberhausbergen 67 ... 71 D3
Oberhergheim 68 ... 96 C4
Oberhoffen-lès-Wissembourg 67 ... 45 E4
Oberhoffen-sur-Moder 67 ... 71 E1
Oberkutzenhausen 67 ... 45 E4
Oberlarg 68 ... 143 E2
Oberlauterbach 67 ... 45 F4
Obermodern 67 ... 70 C1
Obermorschwihr 68 ... 96 B4
Obermorschwiller 68 ... 120 C3
Obernai 67 ... 70 C4
Oberrœdern 67 ... 45 F4
Obersaasheim 68 ... 97 D4
Oberschaeffolsheim 67 ... 71 D3
Obersoultzbach 67 ... 70 C1
Obersteigen 67 ... 70 B3
Obersteinbach 67 ... 45 D3
Oberstinzel 57 ... 69 F3
Obervisse 57 ... 42 B4
Obies 59 ... 10 A2
Objat 19 ... 204 A4
Oblinghem 62 ... 8 A1
Obrechies 59 ... 10 C2
Obreck 57 ... 69 D2
Obsonville 77 ... 87 E4
Obterre 36 ... 150 C3
Obtrée 21 ... 115 E2
Ocana 2A ... 316 C4
Occagnes 61 ... 56 B3
Occey 52 ... 139 F1
Occhiatana 2B ... 314 C2
Occoches 80 ... 7 E4
Ochancourt 80 ... 17 D1
Oches 08 ... 39 E1
Ochey 54 ... 93 F1
Ochiaz 01 ... 194 C1
Ochtezeele 59 ... 3 E3
Ocquerre 77 ... 62 B1
Ocqueville 76 ... 15 E2
Octeville 50 ... 24 C2
Octeville-l'Avenel 50 ... 25 D3
Octeville-sur-Mer 76 ... 14 B4
Octon 34 ... 280 B2
Odars 31 ... 277 D3
Odeillo 66 ... 310 C3
Odenas 69 ... 192 B2
Oderen 68 ... 119 F2
Odival 52 ... 116 C1
Odomez 59 ... 9 F2
Odos 65 ... 297 F1
Odratzheim 67 ... 70 C3
Oeillon (Crêt de l') 42 ... 210 B3
Oëlleville 88 ... 94 A3
Oermingen 67 ... 44 A4
Œting 57 ... 43 D4
Oëtre (Roche d') 61 ... 55 F3
Œuf-en-Ternois 62 ... 7 E3
Œuilly 02 ... 37 D2
Œuilly 51 ... 63 F1
Œutrange 57 ... 41 E2
Oëy 55 ... 66 C4
Oeyregave 40 ... 271 E2
Oeyreluy 40 ... 271 E1
Offekerque 62 ... 2 C2
Offemont 90 ... 119 F4
Offendorf 67 ... 71 E2
Offignies 80 ... 17 E3
Offin 62 ... 6 C2
Offlanges 39 ... 140 B4
Offoy 60 ... 17 F4
Offoy 80 ... 19 F3
Offranville 76 ... 16 A3
Offrethun 62 ... 2 B3
Offroicourt 88 ... 94 A3
Offwiller 67 ... 70 C1
Ogenne-Camptort 64 ... 272 A4
Oger 51 ... 64 A2
Ogeu-les-Bains 64 ... 296 C2
Ogéviller 54 ... 95 E1
Ogliastro 2B ... 314 D2
Ognes 02 ... 36 A1
Ognes 51 ... 64 A4
Ognes 60 ... 62 A1
Ognéville 54 ... 94 A2
Ognolles 60 ... 19 E4
Ognon 60 ... 35 D4
Ogy 57 ... 42 C4
Ohain 59 ... 10 C4
Oherville 76 ... 15 E2
Ohis 02 ... 21 E2
Ohlungen 67 ... 71 D1
Ohnenheim 67 ... 96 C3
L'Oie 85 ... 146 B3
Oigney 70 ... 117 F4
Oignies 62 ... 8 C2
Oigny 21 ... 138 C1
Oigny 41 ... 108 B1
Oigny-en-Valois 02 ... 36 A4
Oingt 69 ... 192 B3
Oinville-Saint-Liphard 28 ... 86 A4
Oinville-sous-Auneau 28 ... 85 F2
Oinville-sur-Montcient 78 ... 60 A1
Oiron 79 ... 148 B2
Oiry 51 ... 64 A1
Oiselay-et-Grachaux 70 ... 141 D2
Oisemont 80 ... 17 E2
Oisilly 21 ... 139 F2
Oisly 41 ... 132 A3
Oison 45 ... 110 B1
Oisseau 53 ... 81 E3
Oisseau-le-Petit 72 ... 82 C3
Oissel 76 ... 32 A3
Oissery 77 ... 62 A1
Oissy 80 ... 17 F2
Oisy 02 ... 10 A4
Oisy 58 ... 136 A2
Oisy 59 ... 9 E3
Oisy-le-Verger 62 ... 9 D3
Oizé 72 ... 106 C3
Oizon 18 ... 134 B2
OK Corral (Parc d'attractions) 13 ... 291 E3
Olargues 34 ... 279 F3
Olby 63 ... 207 D1
Olcani 2B ... 314 D2
Oléac-Debat 65 ... 298 A1
Oléac-Dessus 65 ... 298 A2
Olemps 12 ... 242 B4
Olendon 14 ... 56 B2
Oléron (Île d') 17 ... 180 C3
Oléron (Viaduc d') 17 ... 180 C3
Oletta 2B ... 315 E2
Olette 66 ... 311 E3
Olhain (Château d') 62 ... 8 A2
Olivese 2A ... 317 D4
Olivet 45 ... 110 A3
Olivet 53 ... 104 C1
Olizy 08 ... 39 D3
Olizy 51 ... 37 D4
Olizy-sur-Chiers 55 ... 39 F1
Ollainville 88 ... 93 F3
Ollainville 91 ... 86 C1
Ollans 25 ... 141 F2
Ollé 28 ... 85 D3
Ollencourt 60 ... 35 F2
Olley 54 ... 41 D4
Ollezy 02 ... 19 F4
Ollières 55 ... 40 C2
Les Ollières 74 ... 195 E2
Ollières 83 ... 285 F3
Les Ollières-sur-Eyrieux 07 ... 228 B4
Olliergues 63 ... 208 B1
Ollioules 83 ... 291 F4
Olloix 63 ... 207 E2
Les Olmes 69 ... 192 B3
Olmet 63 ... 208 B1
Olmet-et-Villecun 34 ... 280 B1
Olmeta-di-Capocorso 2B ... 315 E1
Olmeta-di-Tuda 2B ... 315 E2
Olmeto 2A ... 318 C2
Olmi-Cappella 2B ... 314 C3
Olmiccia 2A ... 319 D2
Olmo 2B ... 315 F3
Olonne-sur-Mer 85 ... 162 B1
Olonzac 34 ... 303 E1
Oloron-Sainte-Marie 64 ... 296 B1
Ols-et-Rinhodes 12 ... 241 D3
Oltingue 68 ... 120 C4
Olwisheim 67 ... 71 D2
Omaha Beach 14 ... 28 C2
Omblèze 26 ... 229 F3
Omécourt 60 ... 33 F1
Omelmont 54 ... 94 A1
Les Omergues 04 ... 266 B1
Omerville 95 ... 59 F1
Omessa 2B ... 315 D4
Omet 33 ... 236 C1
Omex 65 ... 297 E2
Omey 51 ... 65 D3
Omicourt 08 ... 23 D4
Omiécourt 80 ... 19 E3
Omissy 02 ... 20 A2
Omméel 61 ... 56 C3
Ommeray 57 ... 69 D3
Ommoy 61 ... 56 B3
Omont 08 ... 39 D1
Omonville 76 ... 16 A3
Omonville-la-Petite 50 ... 24 B1
Omonville-la-Rogue 50 ... 24 B1
Omps 15 ... 223 F4
Oms 66 ... 312 C3
Onans 25 ... 142 B1
Onard 40 ... 253 E4
Onay 70 ... 140 B3
Oncieu 01 ... 194 A2
Oncourt 88 ... 94 C3
Oncy-sur-École 91 ... 87 E3
Ondefontaine 14 ... 55 E1
Ondes 31 ... 276 B1
Ondres 40 ... 270 C2
Ondreville-sur-Essonne 45 ... 87 D4
Onesse-et-Laharie 40 ... 252 C2
Onet-le-Château 12 ... 242 B4
Oneux 80 ... 6 C4
Ongles 04 ... 266 C2
Onglières 39 ... 160 B3
Onival 80 ... 16 C1
Onjon 10 ... 90 C3
Onlay 58 ... 156 A2
Onnaing 59 ... 9 F2
Onnion 74 ... 178 B4
Onoz 39 ... 176 C2
Ons-en-Bray 60 ... 33 F2
Ontex 73 ... 194 C4
Onville 54 ... 67 F1
Onvillers 80 ... 35 D1
Onzain 41 ... 131 F2
Oô 31 ... 307 F4
Oost-Cappel 59 ... 3 F2
Opio 06 ... 288 A2
Opme 63 ... 207 E1
Opoul-Périllos 66 ... 303 F4
Oppède 84 ... 265 F4
Oppède-le-Vieux 84 ... 265 F4
Oppedette 04 ... 266 B3
Oppenans 70 ... 141 F1
Oppy 62 ... 8 B3
Optevoz 38 ... 193 F4
Or (Mont d') 25 ... 161 D4
Oraàs 64 ... 271 F3
Oradour 15 ... 225 D3
Oradour 16 ... 183 D3
Oradour-Fanais 16 ... 184 C1
Oradour-Saint-Genest 87 ... 167 F4
Oradour-sur-Glane 87 ... 185 E3
Oradour-sur-Vayres 87 ... 203 D1
Orain 21 ... 140 A1
Orainville 02 ... 37 F3
Oraison 04 ... 267 D3
Orange 84 ... 264 C2
Orbagna 39 ... 176 B1
Orbais-l'Abbaye 51 ... 63 E2
Orban 81 ... 259 E4
Orbec 14 ... 57 E1
Orbeil 63 ... 207 F2
Orbessan 32 ... 275 D3
Orbey 68 ... 96 A3
Orbigny 37 ... 131 F4
Orbigny-au-Mont 52 ... 117 D3
Orbigny-au-Val 52 ... 117 D3
Orbois 14 ... 29 D4
L'Orbrie 85 ... 164 A2
Orçay 41 ... 133 E4
Orcemont 78 ... 86 A1
Orcenais 18 ... 170 B1
Orcet 63 ... 207 F1
Orcevaux 52 ... 116 C4
Orchaise 41 ... 131 F1
Orchamps 39 ... 159 F1
Orchamps-Vennes 25 ... 161 E1
Orches 86 ... 149 E3
Orchies 59 ... 9 D2
Orcier 74 ... 178 B3
Orcières 05 ... 250 A1
Orcinas 26 ... 247 F2
Orcines 63 ... 189 E4
Orcival 63 ... 207 D1
Orconte 51 ... 65 E4
Ordan-Larroque 32 ... 274 C1
Ordiarp 64 ... 295 F1
Ordizan 65 ... 298 A2
Ordonnac 33 ... 198 C4
Ordonnaz 01 ... 194 B3
Ore 31 ... 299 D3
Orègue 64 ... 271 E3
Oreilla 66 ... 311 E3
Orelle 73 ... 214 B4
Oresmaux 80 ... 18 B3
Orezza (Couvent d') 2B ... 315 F4
Organ 65 ... 298 C1
Orgeans 25 ... 142 B3
Orgedeuil 16 ... 202 A1
Orgeix 09 ... 310 B2
Orgelet 39 ... 176 C2
Orgères 35 ... 103 E1
Orgères 61 ... 57 D4
Orgères-en-Beauce 28 ... 109 F1
Orgères-la-Roche 53 ... 82 A1
Orgerus 78 ... 59 F3
Orges 52 ... 116 A1
Orgeux 21 ... 139 E3
Orgeval 02 ... 37 D1
Orgeval 78 ... 60 B2
Orgibet 09 ... 299 F4
Orglandes 50 ... 25 D4
Orgnac (Aven d') 07 ... 246 A4
Orgnac-l'Aven 07 ... 246 A4
Orgnac-sur-Vézère 19 ... 204 A4
Orgon 13 ... 265 E4
Orgueil 82 ... 257 F4
Oricourt 70 ... 141 F1
Orient (Forêt d') 10 ... 90 C4
Orieux 65 ... 298 B1
Orignac 65 ... 298 A2
Origne 33 ... 235 F3
Origné 53 ... 105 D2
Orignolles 17 ... 218 C1
Origny 21 ... 115 E4
Origny-en-Thiérache 02 ... 21 E2
Origny-le-Butin 61 ... 83 E3
Origny-le-Roux 61 ... 83 E3
Origny-le-Sec 10 ... 89 F2
Origny-Sainte-Benoite 02 ... 20 B3
Orin 64 ... 296 B1
Orincles 65 ... 297 F2
Oriocourt 57 ... 68 C2
Oriol-en-Royans 26 ... 229 F2
Oriolles 16 ... 201 D3
Orion 64 ... 271 F3
Oris-en-Rattier 38 ... 231 D3
Orist 40 ... 271 E1
Orival 16 ... 201 E4
Orival 76 ... 32 A3
Orival 80 ... 17 E3
Orléans 45 ... 110 A3
Orléat 63 ... 190 A4
Orleix 65 ... 298 A1
Orliac 24 ... 239 E1
Orliac-de-Bar 19 ... 204 C4
Orliaguet 24 ... 222 A3
Orliénas 69 ... 210 C1
Orlu 09 ... 310 B2
Orlu 28 ... 86 A3
Orly 94 ... 61 D4
Orly-sur-Morin 77 ... 62 C2
Ormancey 52 ... 116 B2
Ormeaux 77 ... 62 B4
Ormenans 70 ... 141 E2
Ormersviller 57 ... 43 F4
Ormes 10 ... 90 B1
Ormes 27 ... 58 B1
Ormes 45 ... 110 A2
Ormes 51 ... 37 E4
Ormes 71 ... 175 E1
Les Ormes 86 ... 149 F2
Les Ormes 89 ... 112 C3
Ormes-et-Ville 54 ... 94 B1
Les Ormes-sur-Voulzie 77 ... 88 C2
Ormesson 77 ... 87 F4
Ormesson-sur-Marne 94 ... 61 E4
Ormoiche 70 ... 118 C3
Ormoy 28 ... 85 E1
Ormoy 70 ... 118 A2
Ormoy 89 ... 113 E2
Ormoy 91 ... 87 D1
Ormoy-la-Rivière 91 ... 86 C3
Ormoy-le-Davien 60 ... 35 F4
Ormoy-lès-Sexfontaines 52 ... 92 A4
Ormoy-sur-Aube 52 ... 115 F2
Ormoy-Villers 60 ... 35 E4
Ornacieux 38 ... 211 F3
Ornaisons 11 ... 303 E2
Ornans 25 ... 160 C1
Ornel 55 ... 40 C3
Ornes 55 ... 40 B3
Ornex 01 ... 177 F4
Ornézan 32 ... 275 D3
Orniac 46 ... 240 B2
Ornolac-Ussat-les-Bains 09 ... 310 A1
Ornon 38 ... 231 E2
Ornon (Col d') 38 ... 231 E2
Orny 57 ... 68 B1
Oroër 60 ... 34 A2
Oroix 65 ... 273 F4
Oron 57 ... 68 C2
Oroux 79 ... 165 E1
Orphin 78 ... 86 A1
Orpierre 05 ... 248 C4
Orquevaux 52 ... 92 C3
Les Orres 05 ... 250 B2
Orret 21 ... 138 B1
Orriule 64 ... 271 F3
Orrouer 28 ... 85 D3
Orrouy 60 ... 35 E3
Orry-la-Ville 60 ... 61 E1
Ors 59 ... 20 C1
Orsan 30 ... 264 C2
Orsanco 64 ... 271 E4
Orsans 11 ... 301 F2
Orsans 25 ... 141 F4
Orsay 91 ... 60 C4
Orschwihr 68 ... 120 B1
Orschwiller 67 ... 96 C2
Orsennes 36 ... 169 D3
Orsinval 59 ... 9 F3
Orsonnette 63 ... 207 F3
Orsonville 78 ... 86 A2
Ortaffa 66 ... 313 D3
Ortale 2B ... 315 F4
Orthevielle 40 ... 271 E2
Orthez 64 ... 272 A3
Orthoux-Sérignac-Quilhan 30 ... 263 E4
Ortillon 10 ... 90 C2
Ortiporio 2B ... 315 E3
Orto 2A ... 316 C2
Ortoncourt 88 ... 95 D2
Orus 09 ... 309 F1
Orval 18 ... 153 E4
Orval 50 ... 53 F1
Orvault 44 ... 126 B3
Orvaux 27 ... 58 B2
Orve 25 ... 142 A3
Orveau 91 ... 87 D2
Orveau-Bellesauve 45 ... 87 D4
Orville 21 ... 139 E1
Orville 36 ... 152 A1
Orville 45 ... 87 D4
Orville 61 ... 57 D3
Orville 62 ... 7 F4
Orvillers-Sorel 60 ... 35 D1
Orvilliers 78 ... 59 F3
Orvilliers-Saint-Julien 10 ... 89 F2
Orx 40 ... 270 C2
Os-Marsillon 64 ... 272 B4
Osani 2A ... 316 A1
Osches 55 ... 66 B1
Osenbach 68 ... 96 B4
Oslon 71 ... 158 B4
Osly-Courtil 02 ... 36 A2
Osmanville 14 ... 27 E3
Osmery 18 ... 153 F3
Osmets 65 ... 274 A4
Osmoy 18 ... 153 E2
Osmoy 78 ... 59 F3
Osmoy-Saint-Valery 76 ... 16 B3
Osne-le-Val 52 ... 92 B2
Osnes 08 ... 23 F4
Osny 95 ... 60 B1
L'Ospédale 2A ... 319 E2
Osquich (Col d') 64 ... 295 E1
Ossages 40 ... 271 F2
Ossas-Suhare 64 ... 295 F2
Osse 25 ... 141 E3
Ossé 35 ... 103 F1
Osse-en-Aspe 64 ... 296 B3
Osséja 66 ... 310 C4
Osselle 25 ... 160 A1
Osselle (Grottes d') 25 ... 160 A1
Ossen 65 ... 297 E2
Ossenx 64 ... 272 A4
Osserain-Rivareyte 64 ... 271 F4
Ossès 64 ... 295 D1
Ossey-les-Trois-Maisons 10 ... 89 F2
Ossun 65 ... 297 F1
Ossun-ez-Angles 65 ... 297 F2
Ostabat-Asme 64 ... 295 E1
Ostel 02 ... 36 C2
Ostheim 68 ... 96 C3
Osthoffen 67 ... 70 C3
Osthouse 67 ... 97 D1
Ostreville 62 ... 7 F2
Ostricourt 59 ... 8 C2
Ostwald 67 ... 71 D3
Ota 2A ... 316 B1
Othe 54 ... 40 B1
Othis 77 ... 61 F1
Ottange 57 ... 41 E2
Ottersthal 67 ... 70 B2
Otterswiller 67 ... 70 B2
Ottmarsheim 68 ... 121 D2
Ottonville 57 ... 42 B3
Ottrott 67 ... 70 C4
Ottwiller 67 ... 70 A1
Ouagne 58 ... 136 B3
Ouainville 76 ... 15 D2
Ouanne 89 ... 136 A1
Ouarville 28 ... 86 A3
Les Oubeaux 14 ... 27 F3
Ouchamps 41 ... 132 A2
Ouches 42 ... 191 D2
Oucques 41 ... 109 D3
Oudalle 76 ... 14 C4
Oudan 58 ... 136 A3
Oudeuil 60 ... 34 A1
Oudezeele 59 ... 3 F3
Oudincourt 52 ... 92 B4
Oudon 44 ... 127 D3
Oudrenne 57 ... 42 A2
Oudry 71 ... 173 F2
Oueilloux 65 ... 298 A2
Ouerre 28 ... 59 E4
Ouessant 29 ... 46 B2
Ouézy 14 ... 56 B1
Ouffières 14 ... 55 F1
Ouge 70 ... 117 E3
Ouges 21 ... 139 E4
Ougney 39 ... 140 B4
Ougney-Douvot 25 ... 141 F3
Ougny 58 ... 155 F2
Ouhans 25 ... 160 C2
Ouides 43 ... 226 C3
Ouillat (Col de l') 66 ... 313 D3
Ouillon 64 ... 273 D4
Ouilly-du-Houley 14 ... 30 C4
Ouilly-le-Tesson 14 ... 56 A2
Ouilly-le-Vicomte 14 ... 30 C4
Ouistreham 14 ... 29 F3
Oulches 36 ... 168 B1
Oulches-la-Vallée-Foulon 02 ... 37 D2
Oulchy-la-Ville 02 ... 36 B4
Oulchy-le-Château 02 ... 36 B4
Oulins 28 ... 59 E3
Oulles 38 ... 231 E2
Oullins 69 ... 210 C1
Oulmes 85 ... 164 B3
Oulon 58 ... 155 E1
Ounans 39 ... 159 F2
Oupia 34 ... 303 E1
Our 39 ... 159 F1
Ourcel-Maison 60 ... 34 B1
Ourches 26 ... 229 E4
Ourches-sur-Meuse 55 ... 67 E4
Ourde 65 ... 298 C3
Ourdis-Cotdoussan 65 ... 297 F3
Ourdon 65 ... 297 F3
Ouroüer 58 ... 155 D2
Ourouer-les-Bourdelins 18 ... 154 A3
Ouroux 69 ... 174 C4
Ouroux-en-Morvan 58 ... 156 B1
Ouroux-sous-le-Bois-Sainte-Marie 71 ... 174 A3
Ouroux-sur-Saône 71 ... 158 B4
Oursbelille 65 ... 297 F1
Ourscamps (Abbaye d') 60 ... 35 F1
Les Oursinières 83 ... 292 B3
Ourtigas (Col de l') 34 ... 279 F2
Ourton 62 ... 7 F2
Ourville-en-Caux 76 ... 15 D2
Ousse 64 ... 297 D1
Ousse-Suzan 40 ... 253 E3
Oussières 39 ... 159 E3
Ousson-sur-Loire 45 ... 134 C1
Oussoy-en-Gâtinais 45 ... 111 F3
Oust 09 ... 300 A4
Oust-Marest 80 ... 16 C1
Ousté 65 ... 297 F3
Outarville 45 ... 86 B4
Outines 51 ... 91 E1
Outreau 62 ... 2 A4
Outrebois 80 ... 7 E4
Outremécourt 52 ... 93 E4
Outrepont 51 ... 65 E3
Outriaz 01 ... 194 B2
Outtersteene 59 ... 4 A4
Ouvans 25 ... 142 A3
Ouve-Wirquin 62 ... 3 D4
Ouveillan 11 ... 303 F1
Ouville 50 ... 54 A1
Ouville-la-Bien-Tournée 14 ... 56 C1
Ouville-la-Rivière 76 ... 15 F1
Ouville-l'Abbaye 76 ... 15 F2
Ouvrouer-les-Champs 45 ... 110 C3
Ouzilly 86 ... 149 E4
Ouzilly-Vignolles 86 ... 148 C3
Ouzouer-des-Champs 45 ... 111 F3
Ouzouer-le-Doyen 41 ... 109 D2
Ouzouer-le-Marché 41 ... 109 E3
Ouzouer-sous-Bellegarde 45 ... 111 E2
Ouzouer-sur-Loire 45 ... 111 E4

PAU

Barthou (R. Louis) ....EFZ
Bernadotte (R.) ....DZ 14
Bordenave-d'Abère (R.) .....DZ 15
Cassin (R. René) ....EY 20
Clemenceau(Pl. G.) ....EZ 25
Clemenceau (R. G.)............FZ 28
Cordeliers (R. des) ....EZ 33
Despourins (R.)..................EY 47
Ducasse (R. Amiral)............DY 48
Espalungue (R. d') ....DZ 59
Gambetta (R.).....................EZ 72
Gassion (R.) ....DZ 73
Gaulle (Av. Gén. de)...........BV 75
Grammont (Pl.) ....DZ 84
Henri-IV (R.).......................DZ 87
Jeanne-d'Arc (R.) ....DY 88
Lalanne (R. Mathieu)..........EZ 92
Lespy (R.)..........................EFY 98
Mermoz (Av. J.)...................DY 105
Monnaie (Pl. de la).............DZ 106
Monnet (R. J.)....................EYZ 108
Nogue (R.).........................EY 113
Ossau (Av. d') ....EZ 121
Palassou (R.) ....EY 123
Reine Marguerite (Pl.) ....EZ 135
Réveil (R. J.).......................EY 140
St-Louis (R.).......................EZ 146
Say (Av. L.) ....EFZ 149
Serviez (R.) ....EZ
Tran (R.).............................EZ 158
218e R.I. (R. du)..................DY 172

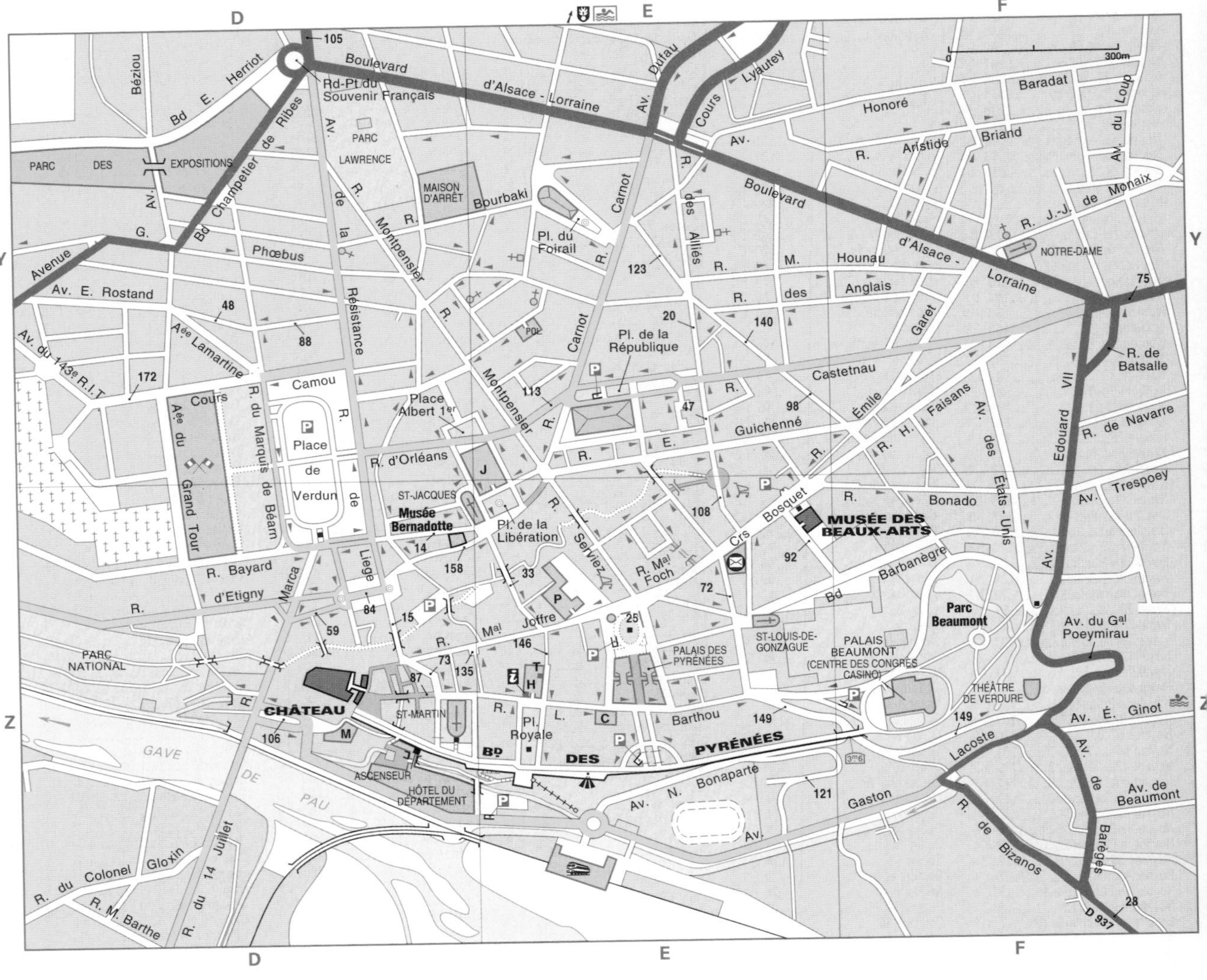

Ouzouer-sur-Trézée 45.........135 D1
Ouzous 65...............................297 E3
Ovanches 70............................141 D1
Ovillers-la-Boisselle 80...........19 D1
Oxelaëre 59...............................3 F3
Oxocelhaya et Isturits
(Grottes d') 64..................271 D4
Oyé 71....................................174 A4
Oye-et-Pallet 25....................161 D3
Oye-Plage 62.............................2 C1
Oyes 51....................................63 F3
Oyeu 38..................................212 A3
Oyonnax 01.............................176 C4
Oyré 86...................................149 F3
Oyrières 70.............................140 A1
Oysonville 28............................86 B3
Oytier-Saint-Oblas 38...........211 E2
Oz 38......................................231 E1
Ozan 01...................................175 E3
Oze 05....................................249 D2
Ozenay 71...............................175 E2
Ozenx 64................................272 A3
Ozerailles 54.............................41 D3
Ozeville 50................................25 D3
Ozières 52.................................93 D4
Ozillac 17...............................199 F3
Ozoir-la-Ferrière 77.................61 F4
Ozoir-le-Breuil 28..................109 E2
Ozolles 71...............................174 B3
Ozon 07..................................228 C1
Ozon 65..................................298 A2
Ozouer-le-Repos 77.................88 A1
Ozouer-le-Voulgis 77...............87 F1
Ozourt 40................................271 F1

P

Paars 02....................................36 C3
Pabu 22....................................50 C3
La Pacaudière 42...................191 D1
Pacé 35.....................................79 D4
Pacé 61.....................................82 B2
Pact 38....................................211 E4
Pacy-sur-Armançon 89...........114 B4
Pacy-sur-Eure 27.....................59 D2
Padern 11................................303 D4
Padiès 81................................259 F3
Padirac 46...............................222 C4
Padirac (Gouffre de) 46.........222 C4
Padoux 88.................................95 D3
Pageas 87...............................203 E1
Pagney 39...............................140 B4
Pagney-derrière-Barine 54.......67 F4
Pagnoz 39...............................160 A2
Pagny-la-Blanche-Côte 55.......93 E1
Pagny-la-Ville 21....................158 C1
Pagny-le-Château 21..............158 C2
Pagny-lès-Goin 57....................68 B1
Pagny-sur-Meuse 55................67 E4
Pagny-sur-Moselle 54...............68 A1
Pagolle 64...............................295 F1
Pailhac 65...............................298 B4
Pailharès 07............................228 B2
Pailhères (Port de) 09............310 C1
Pailherols 15...........................224 C3
Pailhès 09...............................300 C2
Pailhès 34...............................280 B4
Paillart 60.................................18 B4
Paillé 17..................................182 B2
Paillencourt 59............................9 D3
Paillet 33.................................236 B1
Pailloles 47..............................238 B3
Le Pailly 52.............................117 D3
Pailly 89....................................88 C3
Paimbœuf 44...........................125 E3
Paimpol 22................................50 C2
Paimpont 35............................102 B1
Pain de Sucre 14.......................55 F2
Painblanc 21............................157 F1
Pair-et-Grandrupt 88................96 A2
Pairis 68...................................96 A3
Paissy 02..................................37 D2
Paisy-Cosdon 10.......................89 F4
Paizay-le-Chapt 79.................183 D2
Paizay-le-Sec 86.....................167 E2
Paizay-le-Tort 79....................183 D1
Paizay-Naudouin 16...............183 E2
Pajay 38..................................211 E3
le Pal (Parc d'attractions
et animalier) 03.................172 C2
Paladru 38..............................212 B2
Palagaccio 2B.........................315 F1
Palaggiu
(Alignements de) 2A.......318 C3
Palairac 11..............................303 D4
Le Palais 56............................122 A3
Le Palais-sur-Vienne 87.........186 A4
Palaiseau 91.............................60 C4
Palaiseul 52............................117 D4
Palaja 11.................................302 C2
Palaminy 31............................299 F1
Palante 70...............................119 D4
Palantine 25............................160 A1
Palasca 2B..............................314 C2
Palau-de-Cerdagne 66............310 C4
Palau-del-Vidre 66..................313 D3
Palavas-les-Flots 34...............281 F3
Palazinges 19..........................222 C1
Paley 77....................................88 A4
Paleyrac 24.............................221 D4
Palhers 48...............................243 F3
Palinges 71.............................174 A2
Pâlis 10.....................................89 F4
Palise 25.................................141 E3
Palisse 19...............................205 F3
Palladuc 63.............................190 B3
Pallanne 32.............................274 A3
Palleau 71...............................158 B2
Pallegney 88..............................94 C3
Le Pallet 44.............................146 A1
Palleville 81.............................277 F3
La Pallice 17............................180 C1
La Pallu 53.................................82 A2
Palluau 85...............................145 E3
Palluau-sur-Indre 36...............151 D3
Palluaud 16.............................201 F4
Pallud 73.................................196 A4
Palluel 62.....................................8 C3
Palmas 12................................243 D4
La Palme 11.............................303 F3
La Palmyre 17.........................198 A1
Palneca 2A..............................317 D3
Palogneux 42...........................191 D4
Palombaggia (Plage de) 2A.319 F3
La Palud-sur-Verdon 04..........268 A4
Paluden 29.................................47 E1
Paluel 76....................................15 E1
Pamfou 77..................................88 A2
Pamiers 09...............................301 D2
Pampelonne 81........................259 F2
Pamplie 79..............................164 C2
Pamproux 79...........................165 F3
Panassac 32............................274 C4
Panazol 87..............................186 A4
Pancé 35..................................103 E2
Pancey 52..................................92 C2
Pancheraccia 2B......................317 F1
Pancy-Courtecon 02..................37 D2
Pandrignes 19..........................223 D1
Pange 57...................................42 A4
Panges 21................................138 C3
Panilleuse 27.............................33 D4
Panissage 38............................212 A2
Panissières 42..........................192 A4
Panjas 32.................................254 C4
Panlatte 27.................................58 C3
Pannecé 44..............................127 D2
Pannecières 45...........................86 C4
Pannes 45.................................111 F2
Pannes 54...................................67 E2
Pannesière-Chaumard
(Barrage de) 58...................156 A1
Pannessières 39........................159 F4
Panon 72....................................83 D3
Panossas 38.............................211 F1
La Panouse 48..........................244 B1
Pantin 93....................................61 D3
Panzoult 37..............................149 E1
Papleux 02.................................10 B4
La Pâquelais 44........................126 A3
Paradou 13...............................283 F1
Paramé 35..................................52 C4
Parassy 18...............................134 B4
Parata 2B.................................315 F4
Parata (Pointe de la) 2A.......316 A4
Paray-Douaville 78....................86 A2
Paray-le-Frésil 03....................172 C1
Paray-le-Monial 71..................173 F3
Paray-sous-Briailles 03...........172 B4
Paray-Vieille-Poste 91...............61 D4
Paraza 11.................................303 E1
Parbayse 64.............................272 B4
Parc-d'Anxtot 76........................14 C3
Parçay-les-Pins 49...................129 F2
Parçay-Meslay 37....................131 D2
Parçay-sur-Vienne 37..............149 E1
Parcé 35....................................80 B3
Parcé-sur-Sarthe 72................106 A3
Parcey 39.................................159 E2
Parcieux 01..............................192 C3
Parcoul 24................................219 E1
Le Parcq 62..................................7 D2
Parcy-et-Tigny 02......................36 B3
Pardailhan 34..........................279 E3
Pardaillan 47............................237 F1
Pardies 64................................272 B4
Pardies-Piétat 64.....................297 D1
Pardines 63..............................207 F2
Paréac 65.................................297 F2
Pareid 55....................................40 C4
Parempuyre 33........................217 E3
Parennes 72.............................106 A1
Parent 63.................................207 F2
Parentignat 63.........................207 F2
Parentis-en-Born 40................234 C4
Parenty 62....................................6 B1
Parey-Saint-Césaire 54..............94 A1
Parey-sous-Montfort 88.............93 F3
Parfondeval 02...........................21 F4
Parfondeval 61...........................83 E2
Parfondru 02..............................37 D1
Parfondrupt 55...........................40 C4
Parfouru-l'Éclin 14.....................28 C4
Parfouru-sur-Odon 14................55 E1
Pargnan 02................................37 D2
Pargny 80..................................19 E3
Pargny-Filain 02........................36 C2
Pargny-la-Dhuys 02...................63 E2
Pargny-les-Bois 02.....................20 C4
Pargny-lès-Reims 51..................37 E4
Pargny-Resson 08......................38 B1
Pargny-sous-Mureau 88.............93 D3
Pargny-sur-Saulx 51..................65 F3
Pargues 10...............................114 B2
Parignargues 30.......................263 F4
Parigné 35.................................80 B2
Parigné-le-Pôlin 72.................106 C3
Parigné-l'Évêque 72................107 D2
Parigné-sur-Braye 53.................81 E3
Parigny 42...............................191 E2
Parigny 50..................................80 B1
Parigny-la-Rose 58..................136 A3
Parigny-les-Vaux 58................154 C1
Pariou (Puy de) 63...................189 D4
Paris 75......................................61 D3
Paris-Charles-de-Gaulle
(Aéroport) 95........................61 E2
Paris-l'Hôpital 71.....................157 F3
Paris-Orly (Aéroport de) 91....61 D4
Parisot 81.................................277 E1
Parisot 82.................................258 C1
Parlan 15..................................223 F4
Parleboscq 40..........................255 D3
Parly 89....................................113 D4
Parmain 95.................................60 C1
Parmilieu 38.............................194 A3
Parnac 36.................................168 B3
Parnac 46.................................239 F3
Parnans 26...............................229 F2
Parnay 18.................................153 F3
Parnay 49.................................129 E4
Parné-sur-Roc 53......................105 E2
Parnes 60...................................33 E4
Parnot 52.................................117 E2
Les Paroches 55.........................67 D2
Parois 55....................................39 F4
Paron 89.....................................88 C4
Paroy 25..................................160 A1
Paroy 77.....................................88 C2
Paroy-en-Othe 89....................113 E2
Paroy-sur-Saulx 52....................92 B1
Paroy-sur-Tholon 89................113 D2
Parpeçay 36.............................151 F1
Parpeville 02..............................20 C3
Parranquet 47..........................238 C1
Parroy 54...................................69 D4
Pars-lès-Chavanges 10...............91 D2
Pars-lès-Romilly 10....................89 F2
Parsac 23.................................187 E1
Parsac 33.................................219 D3
Parthenay 79............................165 E1
Parthenay-de-Bretagne 35.....79 D4
Partinello 2A............................316 A1
Parux 54....................................95 F1
Parves 01.................................194 C4
Parville 27..................................58 C1
Parvillers-le-Quesnoy 80...........19 D4
Parzac 16.................................184 A3
Les Pas 50..................................79 F1
Le Pas 53...................................81 E2
Pas-de-Jeu 79..........................148 B2
Pas de la Graille 04.................267 D1
Pas de l'Echelle 74..................195 E1
Pas de l'Ours 11......................301 F4
Pas-des-Lanciers 13.................284 B3
Pas-en-Artois 62..........................7 F4
Le Pas-Saint-l'Homer 61............84 B2
Pasciolo (Fort de) 2B..............317 D2
Pasilly 89.................................114 B4
Paslières 63.............................190 A3
Pasly 02.....................................36 B2
Pasques 21...............................138 C3
Le Pasquier 39.........................160 A3
Passa 66...................................312 C3
Le Passage 38..........................212 B2
Le Passage 47..........................256 B1
Passais 61..................................81 D1
Passavant 25............................141 F3
Passavant-en-Argonne 51.........66 A1
Passavant-la-Rochère 70.........118 A2
Passavant-sur-Layon 49...........147 F1
Passay 44.................................145 E1
Passel 60....................................35 F1
Passenans 39............................159 F3
Passin 01.................................194 C3
Passins 38................................212 A1
Passirac 16...............................201 D4
Passonfontaine 25....................161 D1
Passy 71...................................174 C2
Passy 74...................................196 B2
Passy 89...................................112 C1
Passy-en-Valois 02.....................36 A4
Passy-Grigny 51.........................63 E1
Passy-sur-Marne 02....................63 E1
Passy-sur-Seine 77.....................89 D2
Pastricciola 2A.........................316 C2
Patay 45...................................109 F2
Patornay 39.............................177 D1
Patrimonio 2B..........................315 E1
Pau 64.....................................272 C4
Paucourt 45..............................111 F2
Paudy 36..................................152 B2
Paugnat 63...............................189 D3
Pauilhac 32..............................256 B4
Pauillac 33...............................217 D1
Paule 22.....................................76 A3
Paulhac 15...............................225 D3

Paulhac 31 ... 276 C1
Paulhac 43 ... 208 A4
Paulhac-en-Margeride 48 ... 226 A3
Paulhaguet 43 ... 226 B1
Paulhan 34 ... 280 C3
Paulhe 12 ... 261 E2
Paulhenc 15 ... 224 C4
Paulhiac 47 ... 238 C2
Pauliac (Puy de) 19 ... 222 C1
Pauligne 11 ... 302 A3
Paulin 24 ... 222 A3
La Pauline 83 ... 292 B2
Paulinet 81 ... 260 A4
Paulmy 37 ... 150 B2
Paulnay 36 ... 150 C3
Paulx 44 ... 145 D2
Paunat 24 ... 221 D3
Pause (Col de) 09 ... 309 D1
Paussac-et-Saint-Vivien 24 ... 202 B4
Pautaines-Augeville 52 ... 92 C3
Pauvres 08 ... 38 B2
Pavant 02 ... 62 C2
Pavezin 42 ... 210 C3
Pavie 32 ... 275 D2
Pavillon (Col du) 69 ... 192 A1
Le Pavillon-Sainte-Julie 10 ... 90 A3
Les Pavillons-sous-Bois 93 ... 61 E3
Pavilly 76 ... 15 F4
Pavin (Lac) 63 ... 207 D3
Payns 10 ... 90 A3
Payra-sur-l'Hers 11 ... 301 E1
Payrac 46 ... 222 A4
Payré 86 ... 166 A3
Payrignac 46 ... 240 A1
Payrin-Augmontel 81 ... 278 B3
Payros-Cazautets 40 ... 272 C2
Payroux 86 ... 184 B1
Payssous 31 ... 299 D3
Payzac 07 ... 245 F3
Payzac 24 ... 203 F3
Pazayac 24 ... 222 A2
Paziols 11 ... 303 E4
Pazy 58 ... 136 B4
Le Péage 38 ... 211 E2
Le Péage-de-Roussillon 38 ... 210 C3
Péas 51 ... 63 F4
Peaugres 07 ... 210 C4
Péaule 56 ... 123 F2
Péault 85 ... 163 E2
Pébées 32 ... 275 F3
Pébrac 43 ... 226 B2
Pech 09 ... 310 A1
Pech-Luna 11 ... 301 E1
Pech Merle (Grotte du) 46 ... 240 B3
Péchabou 31 ... 276 C3
Pécharic-et-le-Py 11 ... 301 E2
Péchaudier 81 ... 277 F3
Pechbonnieu 31 ... 276 C1
Pechbusque 31 ... 276 C3
Le Pêchereau 36 ... 168 C2
Pécorade 40 ... 273 D1
Le Pecq 78 ... 60 C3
Pecquencourt 59 ... 9 D2
Pecqueuse 91 ... 86 B1
Pécy 77 ... 88 B1
Pédernec 22 ... 50 B3
Pégairolles-de-Buèges 34 ... 262 B4
Pégairolles-de-l'Escalette 34 ... 280 B1
Pégomas 06 ... 288 A3
Le Pègue 26 ... 247 E3
Péguilhan 31 ... 275 D4
Peigney 52 ... 116 C3
Peillac 56 ... 102 A4
Peille 06 ... 289 E4
Peillon 06 ... 289 E4
Peillonnex 74 ... 196 A1
Peintre 39 ... 140 A4
Les Peintures 33 ... 219 D2
Peipin 04 ... 267 D1
Peira-Cava 06 ... 289 E2
Peisey-Nancroix 73 ... 214 C1
Pel-et-Der 10 ... 91 D3
Pélissanne 13 ... 284 B2
Pellafol 38 ... 231 D4
Pelleautier 05 ... 249 E2
Pellefigue 32 ... 275 E3
Pellegrue 33 ... 237 E1
Pelleport 31 ... 276 A1
Pellerey 21 ... 138 C2
Le Pellerin 44 ... 126 A4
La Pellerine 49 ... 129 F2
La Pellerine 53 ... 80 B3
Pellevoisin 36 ... 151 E2
Pellouailles-les-Vignes 49 ... 128 C2
Pelonne 26 ... 248 A3
Pelouse 48 ... 244 B2
Pelousey 25 ... 141 D3
Peltre 57 ... 68 B1
Pélussin 42 ... 210 C3
Pelves 62 ... 8 B3
Pelvoux 05 ... 232 B3
Pelvoux (Belvédère du) 05 ... 232 B4
Pen-Guen 22 ... 52 B4
Pen-Lan (Pointe de) 56 ... 123 E2
Penchard 77 ... 62 A2
Pencran 29 ... 48 B4
Pendé 80 ... 6 A4
Pendu (Col du) 07 ... 245 E1
Pénestin 56 ... 123 E3
Penguily 22 ... 77 F2
Penhir (Pointe de) 29 ... 47 D4
Penhors 29 ... 73 D4
Penin 62 ... 7 F3
Penly 76 ... 16 B2
Penmarch 29 ... 98 A2
Pennautier 11 ... 302 B1
La Penne 06 ... 269 E3
Penne 81 ... 258 B2
Penne-d'Agenais 47 ... 238 C4
La Penne-sur-Huveaune 13 ... 285 D4
La Penne-sur-l'Ouvèze 26 ... 247 F4
Pennedepie 14 ... 30 B2
Pennes-le-Sec 26 ... 248 A1
Les Pennes-Mirabeau 13 ... 284 C3
Pennesières 70 ... 141 E2
Penol 38 ... 211 F3
Pensol 87 ... 202 C2
Penta-Acquatella 2B ... 315 F3
Penta-di-Casinca 2B ... 315 F3
Penthièvre 56 ... 122 A2
Pentrez-Plage 29 ... 73 E2
Penvénan 22 ... 50 B1
Penvins (Pointe de) 56 ... 123 D2
Péone 06 ... 269 E1
Pépieux 11 ... 303 D1
Pérassay 36 ... 170 A3
Peray 72 ... 83 E4
Perceneige 89 ... 89 D3
Percey 89 ... 113 F2
Percey-le-Grand 70 ... 139 F1
Percey-le-Pautel 52 ... 116 C4
Percey-sous-Montormentier 52 ... 139 F1
Le Perchay 95 ... 60 A1
La Perche 18 ... 170 C1
Perchède 32 ... 254 C4
Le Percy 38 ... 230 C4
Percy 50 ... 54 B2
Percy-en-Auge 14 ... 56 B1
Perdreauville 78 ... 59 F2
Perdrix (Crêt de la) 42 ... 210 B3
Péré 17 ... 181 E1
Péré 65 ... 298 B2
Péréandre (Roche) 07 ... 228 C1
Péreille 09 ... 301 E4
Perelli 2B ... 315 F4
Pérenchies 59 ... 4 C4
Péret 34 ... 280 C2
Péret-Bel-Air 19 ... 205 E3
Péreuil 16 ... 201 D2
Péreyres 07 ... 227 F4
Pergain-Taillac 32 ... 256 A2
Peri 2A ... 316 C3
Le Périer 38 ... 231 E3
Périers 50 ... 27 D4
Périers-en-Auge 14 ... 30 A3
Périers-sur-le-Dan 14 ... 29 E3
Pérignac 16 ... 201 E3
Pérignac 17 ... 199 F1
Pérignat-lès-Sarliève 63 ... 207 E1
Pérignat-sur-Allier 63 ... 207 F1
Périgné 79 ... 182 C1
Périgneux 42 ... 209 E3
Périgny 03 ... 172 C4
Périgny 14 ... 55 E2
Périgny 17 ... 180 C1
Périgny 41 ... 108 C4
Périgny 94 ... 61 E4
Périgny-la-Rose 10 ... 89 E1
Périgueux 24 ... 220 C1
Périllos 66 ... 303 F4
Périssac 33 ... 217 F2
Perles 02 ... 37 D3
Perles-et-Castelet 09 ... 310 B1
Pern 46 ... 240 A4
Pernand-Vergelesses 21 ... 158 A1
Pernant 02 ... 36 A3
Pernay 37 ... 130 B2
La Pernelle 50 ... 25 E2
Pernes 62 ... 7 F2
Pernes-lès-Boulogne 62 ... 2 B3
Pernes-les-Fontaines 84 ... 265 E3
Pernois 80 ... 18 A1
Pero (Plage de) 2A ... 316 A2
Pero-Casevecchie 2B ... 315 F4
Pérols 34 ... 281 F2
Pérols-sur-Vézère 19 ... 205 D2
Péron 01 ... 177 E4
Péronnas 01 ... 193 F1
Péronne 71 ... 175 D3
Péronne 80 ... 19 E2
Péronne-en-Mélantois 59 ... 9 D1
Péronville 28 ... 109 E1
Pérouges 01 ... 193 E3
La Pérouille 36 ... 168 C1
Pérouse 90 ... 119 F4
Pérouse (Rocher de la) 89 ... 137 D4
Péroy-les-Gombries 60 ... 35 E4
Perpezac-le-Blanc 19 ... 221 F1
Perpezac-le-Noir 19 ... 204 B4
Perpezat 63 ... 206 C1
Perpignan 66 ... 313 D2
Les Perques 50 ... 24 C4
Perquie 40 ... 254 B4
Perrancey-les-Vieux-Moulins 52 ... 116 C3
Le Perray-en-Yvelines 78 ... 60 A4
Perrecy-les-Forges 71 ... 174 A1
La Perrena 39 ... 160 B4
Le Perréon 69 ... 192 B2
Perret 22 ... 76 B3
Perreuil 71 ... 157 E4
Perreuse 89 ... 135 F2
Perreux 42 ... 191 E2
Perreux 89 ... 112 B3
Le Perreux-sur-Marne 94 ... 61 E3
Perrex 01 ... 175 E4
Perrier 63 ... 207 F2
Le Perrier 85 ... 144 C3
La Perrière 61 ... 83 E3
La Perrière 73 ... 214 B2
Perrières 14 ... 56 B2
Perriers-en-Beauficel 50 ... 54 C4
Perriers-la-Campagne 27 ... 31 F4
Perriers-sur-Andelle 27 ... 32 C2
Perrignier 74 ... 178 B3
Perrigny 39 ... 176 C1
Perrigny 89 ... 113 E3
Perrigny-lès-Dijon 21 ... 139 D4
Perrigny-sur-Armançon 89 ... 114 C4
Perrigny-sur-l'Ognon 21 ... 140 A3
Perrigny-sur-Loire 71 ... 173 E2
Perrogney 52 ... 116 B3
Le Perron 50 ... 55 D1
Perros-Guirec 22 ... 50 A1
Perrou 61 ... 81 E1
Perrouse 70 ... 141 D3
Perroy 58 ... 135 F3
Perruel 27 ... 32 C2
Perrusse 52 ... 117 D1
Perrusson 37 ... 150 C1
Pers 15 ... 223 F4
Pers 79 ... 165 F4
Pers-en-Gâtinais 45 ... 112 A1
Pers-Jussy 74 ... 195 F1
Persac 86 ... 167 D4
Persan 95 ... 34 B4
Perse (Église de) 12 ... 242 C3
Persquen 56 ... 100 B1
Pertain 80 ... 19 E3
Perthes 08 ... 38 B2
Perthes 52 ... 65 F4
Perthes 77 ... 87 E2
Perthes-lès-Brienne 10 ... 91 D2
Pertheville-Ners 14 ... 56 B3
Le Perthus 66 ... 313 D4
Le Pertre 35 ... 104 B1
Le Pertuis 43 ... 227 E2
Pertuis 84 ... 285 D1
Pertuis (Col du) 63 ... 190 B4
Le Pertuiset 42 ... 209 F3
Perty (Col de) 26 ... 248 B4
La Péruse 16 ... 184 B3
La Pérusse 04 ... 267 E1
Pervenchères 61 ... 83 E2
Perville 82 ... 256 C1
Pescadoires 46 ... 239 E3
Peschadoires 63 ... 190 A4
Le Pescher 19 ... 222 C2
Péseux 25 ... 142 B3
Peseux 39 ... 159 D2
Peslières 63 ... 208 A3
Pesmes 70 ... 140 B4
Pessac 33 ... 217 D4
Pessac-sur-Dordogne 33 ... 219 E4
Pessan 32 ... 275 D2
Pessans 25 ... 160 A1
Pessat-Villeneuve 63 ... 189 F3
La Pesse 39 ... 177 E4
Pessines 17 ... 181 E4
Pessoulens 32 ... 256 C4
Pesteils (Château de) 15 ... 224 B3
Petersbach 67 ... 70 B1
Le Petit-Abergement 01 ... 194 B2
Petit-Appeville 76 ... 16 A2
Petit-Auverné 44 ... 127 D1
Petit Ballon 68 ... 96 A4
Le Petit-Bersac 24 ... 201 F4
Le Petit-Bornand-les-Glières 74 ... 196 A2
Le Petit-Celland 50 ... 54 B4
Petit-Cœur 73 ... 214 B2
Petit-Couronne 76 ... 32 A2
Petit-Croix 90 ... 120 A3
Le Petit Drumont 88 ... 119 F2
Petit-Ébersviller 57 ... 42 C4
Petit-Failly 54 ... 40 B2
Petit-Fayt 59 ... 10 A3
Petit-Fort-Philippe 59 ... 3 D1
Le Petit-Fougeray 35 ... 103 E2
Petit-Landau 68 ... 121 D2
Petit-Mars 44 ... 126 C2
Le Petit-Mercey 39 ... 140 C4
Petit-Mesnil 10 ... 91 E3
Petit Minou (Pointe du) 29 ... 47 D3
Petit-Noir 39 ... 159 D2
Petit-Palais-et-Cornemps 33 ... 219 D3
Le Petit-Pressigny 37 ... 150 B3
Le Petit-Quevilly 76 ... 32 A2
Petit-Réderching 57 ... 43 F4
Petit Saint-Bernard (Col du) 73 ... 197 D4
Petit-Tenquin 57 ... 69 E1
Petit-Verly 02 ... 20 C2
Petit-Xivry 54 ... 40 B2
La Petite-Boissière 79 ... 147 D3
Petite-Chaux 25 ... 160 C4
Petite-Forêt 59 ... 9 F2
La Petite-Fosse 88 ... 96 A2
La Petite-Marche 03 ... 188 B1
La Petite-Pierre 67 ... 70 B1
La Petite-Raon 88 ... 95 F2
Petite-Rosselle 57 ... 43 D3
Petite-Synthe 59 ... 3 E1
La Petite-Verrière 71 ... 156 C2
Petitefontaine 90 ... 120 A2
Les Petites-Armoises 08 ... 39 D1
Les Petites-Dalles 76 ... 15 D1
Les Petites-Loges 51 ... 38 A4
Petitmagny 90 ... 119 F4
Petitmont 54 ... 95 F1
Les Petits-Robins 26 ... 229 D4
Petiville 14 ... 29 F4
Petiville 76 ... 15 D4
Petosse 85 ... 164 A2
Petreto-Bicchisano 2A ... 318 C1
Pettoncourt 57 ... 68 C3
Pettonville 54 ... 95 E1
Peujard 33 ... 217 F2
Peumérit 29 ... 73 E4
Peumerit-Quintin 22 ... 76 B2
Peuplingues 62 ... 2 B2

PERPIGNAN

...e-Lorraine (R. d') ... BY 2
...ens-Combattants ...ndochine (Pl. des) ... BY 3
... (R. de l') ... BZ 4
... (Pl.) ... BZ 5
...nterie (R. de l') ... BY 6
... (R. de la) ... BY 7
...ssol (R. E.) ... BY 8
... (Quai F.) ... BY 9
...llet (R. du) ... BY 21
...enceau (Bd G.) ... BY
...e d'Or (R. de la) ... BYZ 22
... des Carmes (R.) ... CZ 23
...ques ...n Nabot (R. des) ... BY 24
...que ...n Nadal (R. des) ... BY 25
...aine-Neuve (R.) ... CZ 26
... froide (R.) ... BY 27
...etta (Pl.) ... BY 28
...de-la-Monnaie (R.) ... BZ 31
...e-de-Tassigny ...uai de) ... BZ 32
... (R. et pl. de la) ... BY 33
...-Blanc (R.) ... BY 34
...hands (R. des) ... BY 35
...noz (Av. J.) ... CZ 36
...beau (R.) ... BY 37
... (R. J.) ... BY 38
... (Pl. Gabriel) ... BZ 39
...-la-Monnaie (R.) ... BZ 40
...-d'Assaut (R.) ... BZ 41
...-de-Canet (R.) ... CZ 42
...parts-la-Réal (R. des) ... BZ 43
...blique (R. de la) ... BZ 44
...stance (Pl. de la) ... BY 45
...lution-Française ... de la) ... CY 46
...ud (Pl.) ... BZ 47
... Carnot (Quai) ... BY 50
...an (R.) ... BY 52
...tre (R. du) ... BZ 55
... Journées (R. des) ... BY 58
...an (Quai) ... BY 60
...un (Pl. de) ... BY 64
...ire (Pl. de la) ... BY 67
...dent (R. J.) ... CZ 69
...eck-Rousseau (R.) ... CZ 72

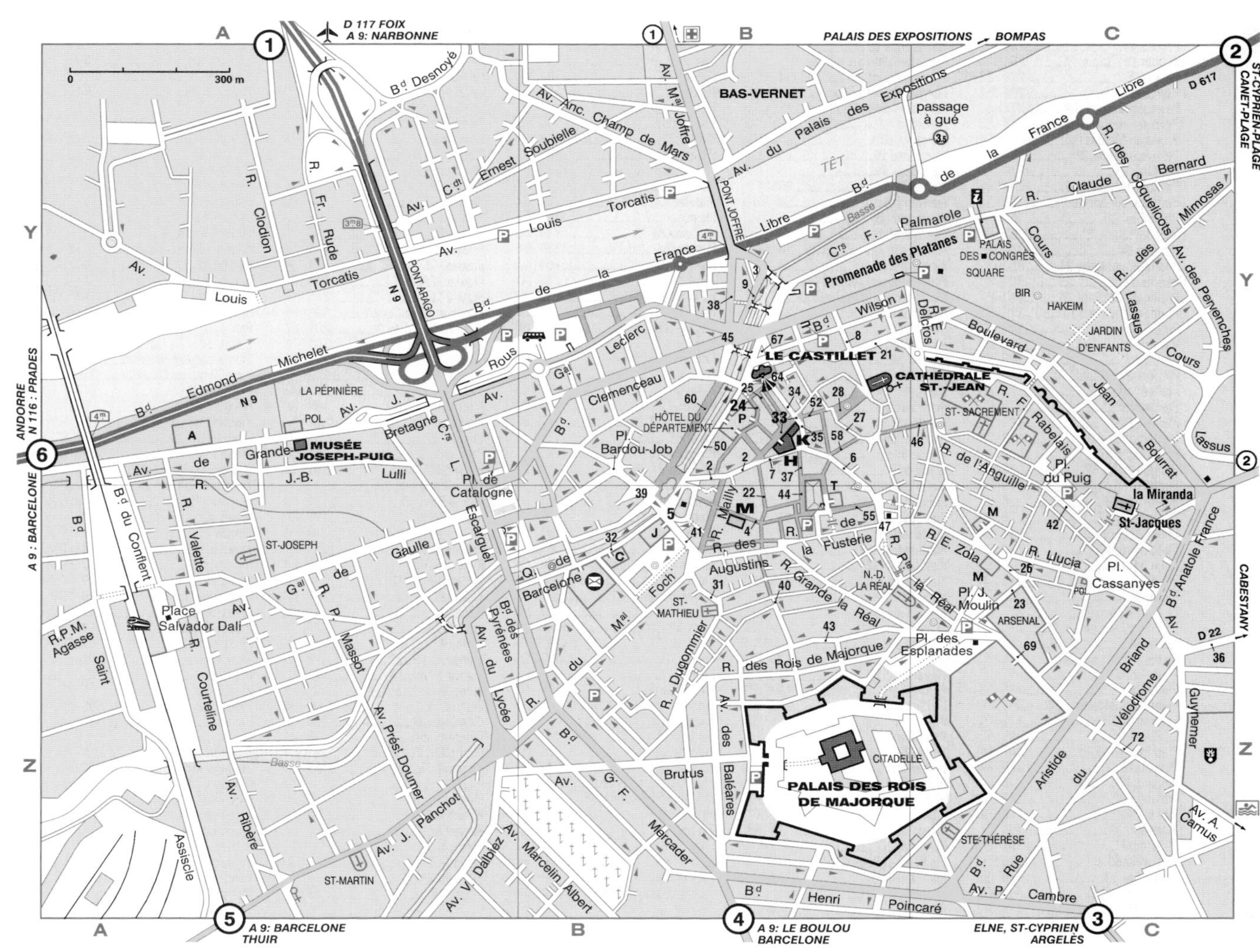

Peuton 53 ... 105 D3
Peuvillers 55 ... 40 B2
Peux-et-Couffouleux 12 ... 279 F1
Pévange 57 ... 69 D2
Pévy 51 ... 37 E3
Pexiora 11 ... 301 F1
Pexonne 54 ... 95 F1
Pey 40 ... 271 D1
Peymeinade 06 ... 288 A3
Peynier 13 ... 285 E3
Peypin 13 ... 285 E4
Peypin-d'Aigues 84 ... 266 B4
Peyrabout 23 ... 187 D2
La Peyrade 34 ... 281 E4
Le Peyrat 09 ... 301 F3
Peyrat-de-Bellac 87 ... 185 E1
Peyrat-la-Nonière 23 ... 187 F2
Peyrat-le-Château 87 ... 186 C4
La Peyratte 79 ... 165 E1
Peyraube 65 ... 298 A1
Peyraud 07 ... 210 C4
Peyre 40 ... 272 B2
Peyre-Haute (Table d'orientation de) 05 ... 250 C1
Peyrecave 32 ... 256 C3
Peyrefitte-du-Razès 11 ... 301 F3
Peyrefitte-sur-l'Hers 11 ... 301 E1
Peyregoux 81 ... 278 B1
Peyrehorade 40 ... 271 E2
Peyreleau 12 ... 261 F1
Peyrelevade 19 ... 205 E1
Peyrelongue-Abos 64 ... 273 E3
Peyremale 30 ... 245 E4
Peyrens 11 ... 277 F4
Peyrepertuse (Château de) 11 ... 303 D4
Peyresourde 65 ... 307 E4
Peyresourde (Col de) 31 ... 307 E4
Peyrestortes 66 ... 313 D1
Peyret-Saint-André 65 ... 274 C4
Peyriac-de-Mer 11 ... 303 F2
Peyriac-Minervois 11 ... 303 D1
Peyriat 01 ... 194 A1
Peyrière 47 ... 237 F2
Peyrieu 01 ... 212 C1
Peyrignac 24 ... 221 F1
Peyriguère 65 ... 298 A1
Peyrilhac 87 ... 185 E3
Peyrillac-et-Millac 24 ... 222 A4
Peyrilles 46 ... 240 A2
Peyrins 26 ... 229 E2
Peyrissac 19 ... 204 C3
Peyrissas 31 ... 299 E1
Peyro-Clabado (Rocher) 81 ... 278 C2
Peyrol (Pas de) 15 ... 224 C2
Peyrole 81 ... 277 F1
Peyroles 30 ... 262 C2
Peyrolles 11 ... 302 B3
Peyrolles-en-Provence 13 ... 285 E1
Peyroules 04 ... 268 C4
Peyrouse 65 ... 297 E2
Peyrouzet 31 ... 299 E1
Peyruis 04 ... 267 D2
Peyrun 65 ... 274 A4
Peyrus 26 ... 229 E3
Peyrusse 15 ... 225 E1
Peyrusse-Grande 32 ... 274 A2
Peyrusse-le-Roc 12 ... 241 E3
Peyrusse-Massas 32 ... 274 C1
Peyrusse-Vieille 32 ... 274 A2
Peyssies 31 ... 276 A4
Peyzac-le-Moustier 24 ... 221 E3
Peyzieux-sur-Saône 01 ... 192 C1
Pézarches 77 ... 62 A4
Pezé-le-Robert 72 ... 82 B4
Pézenas 34 ... 280 C3
Pézènes-les-Mines 34 ... 280 B2
Pezens 11 ... 302 B1
Pézilla-de-Conflent 66 ... 311 F1
Pézilla-la-Rivière 66 ... 312 C2
Pezou 41 ... 108 C3
Pezuls 24 ... 220 C3
Pézy 28 ... 85 E3
Pfaffenheim 68 ... 96 B4
Pfaffenhoffen 67 ... 71 D1
Pfalzweyer 67 ... 70 B1
Pfastatt 68 ... 120 B2
Pfetterhouse 68 ... 120 B4
Pfettisheim 67 ... 71 D3
Pfulgriesheim 67 ... 71 D3
Phaffans 90 ... 119 F4
Phalempin 59 ... 8 C1
Phalsbourg 57 ... 70 B2
Philippsbourg 57 ... 44 C4
Philondenx 40 ... 272 C2
Phlin 54 ... 68 B2
Pia 66 ... 313 D1
Piacé 72 ... 82 C4
Le Pian-Médoc 33 ... 217 D3
Le Pian-sur-Garonne 33 ... 236 C2
Piana 2A ... 316 A1
Pianella (Pont de) 2A ... 316 B1
Pianello 2B ... 317 E1
Piano 2B ... 315 F3
Pianottoli-Caldarello 2A ... 319 D3
Les Piards 39 ... 177 D2
La Piarre 05 ... 248 C3
Piau-Engaly 65 ... 307 D4
Piazzali 2B ... 315 F4
Piazzole 2B ... 315 F4
Piblange 57 ... 42 A3
Pibrac 31 ... 276 B2
Picarreau 39 ... 159 F4
Picarrou 31 ... 301 D1
Picauville 50 ... 25 D4
Pichanges 21 ... 139 E2
Picherande 63 ... 206 C3
Picquigny 80 ... 18 A2
Pie-d'Orezza 2B ... 315 E4
Pied-de-Borne 48 ... 245 E3
Pied-la-Viste (Table d'orientation de) 05 ... 250 C1
Piedicorte-di-Gaggio 2B ... 317 E1
Piedicroce 2B ... 315 F4
Piedigriggio 2B ... 315 D3
Piedipartino 2B ... 315 E4
Piégon 26 ... 247 F4
Piégros-la-Clastre 26 ... 247 E1
Piégut 04 ... 249 F3
Piégut-Pluviers 24 ... 202 C1
Piémanson (Plage de) 13 ... 283 F4
Piencourt 27 ... 31 D4
Piennes 54 ... 41 D3
Piennes 80 ... 35 D1
Piépape 52 ... 116 C4
Pierlas 06 ... 269 F2
La Pierre 38 ... 213 D4
Pierre-Bénite 69 ... 210 C1
Pierre-Buffière 87 ... 204 A1
Pierre-Carrée (Col de la) 74 ... 196 B2
Pierre-Châtel 38 ... 230 C3
La Pierre Couverte (Dolmen de) 49 ... 129 E1
Pierre d'Avenon 83 ... 293 D2
Pierre-de-Bresse 71 ... 159 D3
Pierre Frite (Menhir de) 49 ... 104 B4
Pierre-Gourde (Château de) 07 ... 228 C4
Pierre-la-Treiche 54 ... 67 F4
Pierre-Levée 77 ... 62 B3
Pierre-Morains 51 ... 64 A3
Pierre-Percée 54 ... 95 F1
Pierre-Perthuis 89 ... 136 C3
La Pierre Plantée 48 ... 244 C2
Pierre-Plantée (Col de la) 48 ... 244 B2
Pierre-qui-Vire (Abbaye de la) 89 ... 137 E3
Pierreclos (Château de) 71 ... 175 D3
Pierrecourt 70 ... 140 B1
Pierrecourt 76 ... 17 D2
Pierrefaites 52 ... 117 E3
Pierrefeu 06 ... 269 F3
Pierrefeu-du-Var 83 ... 292 B1
Pierrefiche 12 ... 243 D3
Pierrefiche 48 ... 244 C1
Pierrefiques 76 ... 14 B3
Pierrefitte 19 ... 204 B3
Pierrefitte 23 ... 187 F1
Pierrefitte 79 ... 148 A3
Pierrefitte 88 ... 94 B4
Pierrefitte-en-Auge 14 ... 30 B3
Pierrefitte-en-Beauvaisis 60 ... 33 F2
Pierrefitte-en-Cinglais 14 ... 55 F2
Pierrefitte-ès-Bois 45 ... 134 C2
Pierrefitte-Nestalas 65 ... 297 E3
Pierrefitte-sur-Aire 55 ... 66 C2
Pierrefitte-sur-Loire 03 ... 173 D2
Pierrefitte-sur-Sauldre 41 ... 133 F2
Pierrefitte-sur-Seine 93 ... 61 D2
Pierrefonds 60 ... 35 F3
Pierrefontaine-lès-Blamont 25 ... 142 C2
Pierrefontaine-les-Varans 25 ... 142 A4
Pierrefontaines 52 ... 116 B3
Pierrefort 15 ... 225 D3
Pierregot 80 ... 18 B2
Pierrelatte 26 ... 246 C4
Pierrelaye 95 ... 60 C2
Pierrelongue 26 ... 265 F1
Pierremande 02 ... 36 B1
Pierremont 62 ... 7 E2
Pierrepont 02 ... 21 D4
Pierrepont 14 ... 56 A2
Pierrepont 54 ... 40 C2
Pierrepont-sur-Avre 80 ... 18 C4
Pierrepont-sur-l'Arentèle 88 ... 95 D3
Pierrerue 04 ... 267 D3
Pierrerue 34 ... 279 F4
Pierres 14 ... 55 D2
Pierres 28 ... 85 E1
Pierreval 76 ... 32 B1
Pierrevert 04 ... 266 C4
Pierreville 50 ... 24 B3
Pierreville 54 ... 94 A1
Pierrevillers 57 ... 41 E3
Pierric 44 ... 103 D4
Pierry 51 ... 64 A2
Pietra-di-Verde 2B ... 317 F1
Pietracorbara 2B ... 314 D2
Pietralba 2B ... 315 D3
Pietranera 2B ... 315 F1
Pietraserena 2B ... 317 E1
Pietricaggio 2B ... 315 F4
Pietrosella 2A ... 318 B1
Pietroso 2B ... 317 E2
Piets-Plasence-Moustrou 64 ... 272 C3
Pieusse 11 ... 302 B3
Les Pieux 50 ... 24 B3
Piève 2B ... 315 E2
Piffonds 89 ... 112 B2
Le Pigeon 46 ... 222 B3
Pigeonnier (Col du) 67 ... 45 E3
Pigerolles 23 ... 187 E4
Pigna 2B ... 314 B2
Pignan 34 ... 281 E2
Pignans 83 ... 286 C4
Pignicourt 02 ... 37 F2
Pignols 63 ... 207 F1
Pigny 18 ... 153 E1
Pihem 62 ... 3 D4
Pihen-lès-Guînes 62 ... 2 B2
Pila-Canale 2A ... 318 C1
Pilat (Mont) 42 ... 210 B3
Pilat-Plage 33 ... 234 B1
Le Pilhon 26 ... 248 B2
Pillac 16 ... 201 F4
Pillemoine 39 ... 160 A4
Les Pilles 26 ... 247 F4
Pillon 55 ... 40 B2
Pimbo 40 ... 272 C2
Pimelles 89 ... 114 B3
Pimorin 39 ... 176 B2
Pimprez 60 ... 35 F1
Le Pin 03 ... 173 E3
Le Pin 14 ... 30 C4
Le Pin 17 ... 200 C4
Le Pin 30 ... 264 B2
Le Pin 38 ... 212 B3
Le Pin 39 ... 159 E4
Le Pin 44 ... 127 E1
Pin 70 ... 140 C3
Le Pin 77 ... 61 E2
Le Pin 79 ... 147 E3
Le Pin 82 ... 257 D3
Pin (Haras du) 61 ... 56 C4
Le Pin-au-Haras 61 ... 56 C4
Pin-Balma 31 ... 276 C2
Le Pin-en-Mauges 49 ... 127 F4
Le Pin-la-Garenne 61 ... 83 F2
Pin-Moriès 48 ... 243 F3
Le Pin-Murelet 31 ... 275 F4
Pinarellu 2A ... 319 F2
Pinas 65 ... 298 B2
Pinay 42 ... 191 E3
Pincé 72 ... 105 F3
Pinçon (Mont) 14 ... 55 E2
Pindères 47 ... 237 D4
Pindray 86 ... 167 E2
Les Pineaux 85 ... 163 E1
Pinel-Hauterive 47 ... 238 B3
Pinet 34 ... 281 D4
Pineuilh 33 ... 219 F4
Piney 10 ... 90 C3
Pino 2B ... 314 D1
Pinols 43 ... 226 A2
Pinon 02 ... 36 C2
Les Pins 16 ... 184 A4
Pins-Justaret 31 ... 276 B3
Pinsac 46 ... 222 B4
Pinsaguel 31 ... 276 B3
Pinsot 38 ... 213 E3
Pintac 65 ... 297 F1
Pinterville 27 ... 32 B4
Pintheville 55 ... 40 C4
Les Pinthières 28 ... 59 E4
Piobetta 2B ... 315 F4
Pioggiola 2B ... 314 C3
Piolenc 84 ... 264 C1
Pionnat 23 ... 187 E1
Pionsat 63 ... 188 C2
Pioussay 79 ... 183 E2
Pipriac 35 ... 102 C3
Piquecos 82 ... 257 F2
Pirajoux 01 ... 176 A3
Piré-sur-Seiche 35 ... 103 F1
Pirey 25 ... 141 D4
Piriac-sur-Mer 44 ... 123 E3
Pirmil 72 ... 106 B2
Pirou 50 ... 26 C4
Pis 32 ... 275 D1
Pisany 17 ... 199 D1
Piscop 95 ... 61 D2
Piseux 27 ... 58 B4
Pisieu 38 ... 211 E3
Pisse (Cascade de la) 38 ... 231 F2
Pisseleu 60 ... 34 A1
Pisseleux 02 ... 36 A4
Pisseloup 52 ... 117 E3
La Pisseure 70 ... 118 B3
Pissos 40 ... 235 E4
Pissotte 85 ... 164 A2
Pissy 80 ... 18 A3
Pissy-Pôville 76 ... 32 A1
Pisy 89 ... 137 E2
Pitgam 59 ... 3 E2
Pithiviers 45 ... 110 C1
Pithiviers-le-Vieil 45 ... 110 C1
Pithon 02 ... 19 F4
Pîtres 27 ... 32 B3
Pittefaux 62 ... 2 B3
Pizançon 26 ... 229 E2
Pizay 01 ... 193 E3
Pizieux 72 ... 83 D3
Le Pizou 24 ... 219 E2
Le Pla 09 ... 311 D2
Pla-d'Adet 65 ... 307 D3
Plabennec 29 ... 47 E2
Placé 53 ... 81 D4
Les Places 27 ... 31 D4
La Placette (Col de) 38 ... 212 C4
Placey 25 ... 140 C4
Plachy-Buyon 80 ... 18 A3
Placy 14 ... 55 F2
Placy-Montaigu 50 ... 55 D1
Le Plagnal 07 ... 245 D1
Plagne 01 ... 177 D4
Plagne 31 ... 299 F2
La Plagne 73 ... 214 C2
Plagnole 31 ... 275 F4
Plagny 58 ... 154 C3
Plaigne 11 ... 301 E2
Plailly 60 ... 61 E1
Plaimbois-du-Miroir 25 ... 142 B4
Plaimbois-Vennes 25 ... 142 A4
Plaimpied-Givaudins 18 ... 153 E2
La Plaine 49 ... 147 E1
Plaine 67 ... 96 A1
Plaine-de-Walsch 57 ... 70 A2
Plaine-Haute 22 ... 51 D4
Plaine-Joux 74 ... 196 C2
La Plaine-sur-Mer 44 ... 125 D4
Plainemont 70 ... 118 B3
Plaines-Saint-Lange 10 ... 115 D2
Plainfaing 88 ... 96 A3
Plainoiseau 39 ... 159 E4
Plainpalais (Col de) 73 ... 213 E1
Les Plains-et-Grands-Essarts 25 ... 142 C3
Plaintel 22 ... 77 E2
Plainval 60 ... 34 C1
Plainville 27 ... 57 E1
Plainville 60 ... 34 C1
Plaisance 12 ... 260 A4
Plaisance 32 ... 273 F2
Plaisance 34 ... 279 F2
Plaisance 86 ... 167 E4
Plaisance-du-Touch 31 ... 276 B2
Plaisia 39 ... 176 C2
Plaisians 26 ... 266 A1
Plaisir 78 ... 60 B3
Plaisir Fontaine (Grotte de) 25 ... 160 C1
Plaissan 34 ... 281 D3
Plaizac 16 ... 183 D4
Plampinet 05 ... 232 C2
Le Plan 31 ... 300 A2
Plan 38 ... 212 A4
Plan-d'Aups 83 ... 285 E4
Plan-de-Baix 26 ... 229 F4
Plan-de-Campagne 13 ... 284 C3
Plan-de-Cuques 13 ... 285 D4
Le Plan-de-Grasse 06 ... 288 A3
Plan-de-la-Tour 83 ... 287 E4
Plan-d'Orgon 13 ... 265 E4
Plan-du-Var 06 ... 288 C1
Planaise 73 ... 213 E2
Planay 21 ... 115 D4
Planay 73 ... 214 C2
La Planche 44 ... 145 F2
Plancher-Bas 70 ... 119 E4
Plancher-les-Mines 70 ... 119 E3
Plancherine 73 ... 213 F1
Les Planches 27 ... 32 B4
Planches 61 ... 57 E4
Les Planches-en-Montagne 39 ... 177 E1
Les Planches-près-Arbois 39 ... 160 A3
Planchez 58 ... 156 B1
Plancoët 22 ... 78 B1
Plancy-l'Abbaye 10 ... 90 A1
La Planée 25 ... 160 C3
Planès 66 ... 311 D3
Planèzes 66 ... 312 B1
Planfoy 42 ... 210 A3
Planguenoual 22 ... 51 F4
Planioles 46 ... 241 E2
Le Planois 71 ... 159 D4
Le Planquay 27 ... 57 E1
Planquery 14 ... 28 C4
Planques 62 ... 7 D2
Las Planques (Église de) 81 ... 259 F2
Planrupt 52 ... 91 F2
Les Plans 30 ... 263 F2
Les Plans 34 ... 280 B1
Le Plantay 01 ... 193 E2
Les Plantiers 30 ... 262 C2
Le Plantis 61 ... 83 E1
Planty 10 ... 89 E4
Planzolles 07 ... 245 F3
Plappeville 57 ... 41 F4
Plascassier 06 ... 288 A3
Plasne 39 ... 159 F3
Plasnes 27 ... 57 F1
Plassac 17 ... 199 E3
Plassac 33 ... 217 D2
Plassac-Rouffiac 16 ... 201 E2
Plassay 17 ... 181 E4
Plateau-d'Assy 74 ... 196 C2
Plats 07 ... 228 C2
Plaudren 56 ... 101 E3
Plauzat 63 ... 207 E2
Plavilla 11 ... 301 F2
Plazac 24 ... 221 E2
Pleaux 15 ... 223 F2
Pléboulle 22 ... 52 A4
Pléchâtel 35 ... 103 D2
Plédéliac 22 ... 78 A1
Plédran 22 ... 51 E4
Pléguien 22 ... 51 D3
Pléhédel 22 ... 51 D2
Pleine-Fougères 35 ... 79 F1
Pleine-Selve 02 ... 20 B3
Pleine-Selve 33 ... 199 E4
Pleine-Sève 76 ... 15 E1
Pleines-Œuvres 14 ... 54 C2
Plélan-le-Grand 35 ... 102 B1
Plélan-le-Petit 22 ... 78 B2
Plélauff 22 ... 76 B3
Plélo 22 ... 51 D3
Plémet 22 ... 77 F4
Plémy 22 ... 77 E2
Plénée-Jugon 22 ... 78 A2
Pléneuf (Pointe de) 22 ... 51 F3
Pléneuf-Val-André 22 ... 51 F3
Plénise 39 ... 160 B3
Plénisette 39 ... 160 B3
Plerguer 35 ... 79 D1
Plérin 22 ... 51 E4
Plerneuf 22 ... 51 D4
Plescop 56 ... 101 D4
Plesder 35 ... 79 D2
Plésidy 22 ... 50 C4
Pleslin 22 ... 78 C1
Plesnois 57 ... 41 F4
Plesnoy 52 ... 117 D3
Pléssala 22 ... 77 F3
Plessé 44 ... 125 F1
Plessier-de-Roye 60 ... 35 E1
Le Plessier-Huleu 02 ... 36 B4
Le Plessier-Rozainvillers 80 ... 18 C4
Le Plessier-sur-Bulles 60 ... 34 B2
Le Plessier-sur-Saint-Just 60 ... 34 C2
Le Plessis-aux-Bois 77 ... 61 F2
Plessis-Barbuise 10 ... 89 E1
Le Plessis-Belleville 60 ... 61 F1
Le Plessis-Bouchard 95 ... 60 C2
Le Plessis Bourré (Château) 49 ... 128 B1
Le Plessis-Brion 60 ... 35 F2
Le Plessis-Chenet 91 ... 87 E1
Le Plessis-Dorin 41 ... 108 A1
Plessis-du-Mée 89 ... 89 D3
Le Plessis-Feu-Aussoux 77 ... 62 B4
Le Plessis-Gassot 95 ... 61 D1
Le Plessis-Grammoire 49 ... 128 C2
Le Plessis-Grimoult 14 ... 55 E2
Le Plessis-Grohan 27 ... 58 C2
Le Plessis-Hébert 27 ... 59 D2
Le Plessis-Josso (Château) 56 ... 101 E4
Le Plessis-Lastelle 50 ... 26 C3
Le Plessis-l'Échelle 41 ... 109 E4
Le Plessis-l'Évêque 77 ... 61 F2
Le Plessis-Luzarches 95 ... 61 D1
Le Plessis-Macé 49 ... 128 A1
Le Plessis-Pâté 91 ... 87 D1
Le Plessis-Patte-d'Oie 60 ... 19 F4
Le Plessis-Picard 77 ... 87 E1
Le Plessis-Placy 77 ... 62 A1
Le Plessis-Robinson 92 ... 60 C4
Plessis-Saint-Benoist 91 ... 86 B2
Plessis-Saint-Jean 89 ... 88 C3
Le Plessis-Sainte-Opportune 27 ... 58 B1
Le Plessis-Trévise 94 ... 61 E3
Plessix-Balisson 22 ... 78 B1
Plestan 22 ... 78 A2
Plestin-les-Grèves 22 ... 49 F2
Pleubian 22 ... 50 C1
Pleucadeuc 56 ... 102 A3
Pleudaniel 22 ... 50 C2
Pleudihen-sur-Rance 22 ... 78 C1
Pleugriffet 56 ... 101 E1
Pleugueneuc 35 ... 79 D2
Pleumartin 86 ... 150 A4
Pleumeleuc 35 ... 79 D4
Pleumeur-Bodou 22 ... 50 A1
Pleumeur-Gautier 22 ... 50 C1
Pleure 39 ... 159 E3
Pleurs 51 ... 63 F4
Pleurtuit 35 ... 78 C1
Pleuven 29 ... 73 F4
Pleuvezain 88 ... 93 F2
Pleuville 16 ... 184 B2
Pléven 22 ... 78 A1
Plévenon 22 ... 52 A4
Plévin 22 ... 75 F3
Pleyben 29 ... 75 D3
Pleyber-Christ 29 ... 49 D3
Le Pleyney 38 ... 213 E4
Pliboux 79 ... 183 E1
Plichancourt 51 ... 65 E4
Plieux 32 ... 256 B3
Plivot 51 ... 64 B2
Ploaré 29 ... 73 E3
Plobannalec-Lesconil 29 ... 98 B2
Plobsheim 67 ... 71 D4
Ploemel 56 ... 100 C4
Ploemeur 56 ... 100 A3
Ploërdut 56 ... 76 B4
Ploeren 56 ... 101 D4
Ploërmel 56 ... 102 A2
Plœuc-sur-Lié 22 ... 77 E2
Ploëven 29 ... 73 E2
Ploëzal 22 ... 50 B2
Plogastel-Saint-Germain 29 ... 73 E4
Plogoff 29 ... 72 C3
Plogonnec 29 ... 73 E3
Ploisy 02 ... 36 B3
Plomb 50 ... 54 A4
Plombières-les-Bains 88 ... 118 C2
Plombières-lès-Dijon 21 ... 139 D3
Plomelin 29 ... 73 F4
Plomeur 29 ... 98 B2
Plomion 02 ... 21 E3
Plomodiern 29 ... 73 E2
Plonéis 29 ... 73 E3
Plonéour-Lanvern 29 ... 73 E4
Plonévez-du-Faou 29 ... 75 E3
Plonévez-Porzay 29 ... 73 E2
Plorec-sur-Arguenon 22 ... 78 A1
Plottes 71 ... 175 E2
Plou 18 ... 152 C2
Plouagat 22 ... 51 D4
Plouaret 22 ... 50 A3
Plouarzel 29 ... 47 D3
Plouasne 22 ... 78 C3
Plouay 56 ... 100 A2
Ploubalay 22 ... 52 B4
Ploubazlanec 22 ... 50 C1
Ploubezre 22 ... 50 A2
Ploudalmézeau 29 ... 47 D2
Ploudaniel 29 ... 47 F2
Ploudiry 29 ... 48 C4
Plouëc-du-Trieux 22 ... 50 C2
Plouédern 29 ... 47 F2
Plouégat-Guérand 29 ... 49 F3
Plouégat-Moysan 29 ... 49 F3
Plouénan 29 ... 49 D2
Plouër-sur-Rance 22 ... 78 C1
Plouescat 29 ... 48 C2
Plouézec 22 ... 51 D2
Plouezoc'h 29 ... 49 E2
Ploufragan 22 ... 51 E4
Plougar 29 ... 48 C3
Plougasnou 29 ... 49 E2
Plougastel-Daoulas 29 ... 47 F3
Plougonvelin 29 ... 47 D3
Plougonven 29 ... 49 E3
Plougonver 22 ... 50 A4
Plougoulm 29 ... 49 D2
Plougoumelen 56 ... 100 C4
Plougourvest 29 ... 48 C3
Plougras 22 ... 49 F4
Plougrescant 22 ... 50 B1
Plouguenast 22 ... 77 E3
Plouguerneau 29 ... 47 E1
Plouguernével 22 ... 76 B3
Plouguiel 22 ... 50 B1
Plouguin 29 ... 47 E2
Plouha 22 ... 51 D2
Plouharnel 56 ... 100 B4
Plouhinec 29 ... 73 D3
Plouhinec 56 ... 100 B3
Plouider 29 ... 47 F1
Plouigneau 29 ... 49 F3
Plouisy 22 ... 50 B3
Ploulec'h 22 ... 50 A2
Ploumagoar 22 ... 50 C3
Ploumanach 22 ... 50 A1
Ploumilliau 22 ... 50 A2
Ploumoguer 29 ... 47 D3
Plounéour-Ménez 29 ... 49 D4
Plounéour-Trez 29 ... 47 F1
Plounérin 22 ... 49 F3
Plounéventer 29 ... 48 C3
Plounévez-Lochrist 29 ... 48 C2
Plounévez-Moëdec 22 ... 50 A3
Plounévez-Quintin 22 ... 76 B2
Plounévézel 29 ... 75 F2
Plourac'h 22 ... 49 F4
Plouray 56 ... 76 A4
Plourhan 22 ... 51 D3
Plourin 29 ... 47 D2
Plourin-lès-Morlaix 29 ... 49 E3
Plourivo 22 ... 50 C2
Plouvain 62 ... 8 C3
Plouvara 22 ... 51 D4
Plouvien 29 ... 47 E2
Plouvorn 29 ... 49 D3
Plouyé 29 ... 75 E2
Plouzané 29 ... 47 D3
Plouzélambre 22 ... 49 F2
Plouzévédé 29 ... 48 C3
Plovan 29 ... 73 D4
Ployart-et-Vaurseine 02 ... 37 D2
Le Ployron 60 ... 35 D1
Plozévet 29 ... 73 D3
Pludual 22 ... 51 D2
Pluduno 22 ... 78 B1
Plufur 22 ... 49 F3
Pluguffan 29 ... 73 E4
Pluherlin 56 ... 102 A4
Plumaudan 22 ... 78 B2
Plumaugat 22 ... 78 B3
Plumelec 56 ... 101 E2
Pluméliau 56 ... 100 C1
Plumelin 56 ... 101 D2
Plumergat 56 ... 100 C3
Plumetot 14 ... 29 E3
Plumieux 22 ... 77 F4
Plumont 39 ... 159 F1
Pluneret 56 ... 100 C4
Plurien 22 ... 52 A4
Plusquellec 22 ... 76 A2
Plussulien 22 ... 76 C3
Pluvault 21 ... 139 F4
Pluvet 21 ... 139 F4
Pluvigner 56 ... 100 C3
Pluzunet 22 ... 50 A3
Pocancy 51 ... 64 B2
Pocé-les-Bois 35 ... 104 A1
Pocé-sur-Cisse 37 ... 131 E3
Podensac 33 ... 236 B1
Le Poët 05 ... 249 D4
Le Poët-Célard 26 ... 247 E2
Le Poët-en-Percip 26 ... 248 A4
Le Poët-Laval 26 ... 247 E2
Le Poët-Sigillat 26 ... 248 A4
Pœuilly 80 ... 19 F3
Poey-de-Lescar 64 ... 272 C4
Poey-d'Oloron 64 ... 296 B1
Poëzat 03 ... 189 F2
Poggio-di-Nazza 2B ... 317 E3
Poggio-di-Venaco 2B ... 317 D1
Poggio-d'Oletta 2B ... 315 E2
Poggio-Marinaccio 2B ... 315 E3
Poggio-Mezzana 2B ... 315 F4
Poggiolo 2A ... 316 C2
Pogny 51 ... 65 D3
Poids-de-Fiole 39 ... 176 C1
Poigny 77 ... 88 C2
Poigny-la-Forêt 78 ... 59 F4
Le Poil 04 ... 268 A3
Poil 58 ... 156 C3
Poilcourt-Sydney 08 ... 37 F2
Poilhes 34 ... 304 C1
Poillé-sur-Vègre 72 ... 106 A2
Poilley 35 ... 80 A2
Poilley 50 ... 54 A4
Poilly 51 ... 37 E4
Poilly-lez-Gien 45 ... 134 B1
Poilly-sur-Serein 89 ... 114 A4
Poilly-sur-Tholon 89 ... 113 D3
Poinchy 89 ... 113 F3
Poinçon-lès-Larrey 21 ... 115 D3
Le Poinçonnet 36 ... 152 A4
Poincy 77 ... 62 A2
Poinsenot 52 ... 116 A4
Poinson-lès-Fayl 52 ... 117 E4
Poinson-lès-Grancey 52 ... 116 A4
Poinson-lès-Nogent 52 ... 116 C2
Point Sublime 04 ... 268 A4
Point-Sublime 48 ... 243 F4

POITIERS

Abbé-Frémont (Bd) .... DY 2
Alexandre (R. J.) .... DZ 4
Blossac (R. de) .... CZ 10
Boncenne (R.) .... CDY 12
Bouchet (R. Jean) .... DY 14
Bretonnerie (R. de la) .... DY 16
Carnot (R.) .... CZ 17
Chaine (R. de la) .... DY 20
Champagne (R. de) .... DY 21
Clos des Carmes (Pl. du) .... DY 22
Coligny (Bd) .... DZ 23
Cordeliers (R. des) .... DY 25
Descartes (René) .... DY 28
Fg-du-Pont-Neuf .... DZ 30
Gabillet (R. H.) .... DY 34
Gambetta (R.) .... DY 35
Gaulle (Pl. Ch. de) .... DY 36
Grand-Rue .... DY
Grignon de Montfort (R.) .... DY 40
Hôtel-Dieu (R. de l') .... DY 45
Intendant-le-Nain
(R. de l') .... DY 46
Jean-de-Berry (Pl.) .... DY 47
Jeanne-d'Arc (Bd) .... DY 48
Libération (Av. de la) .... CZ 50
Liberté (Pl. de la) .... DY 52
Macé (R. Jean) .... DY 50
Marché-N.-Dame (R. du) .... DYZ 54
Marne (R. de la) .... CY 55
Mouton (R. du) .... DY 63
Oudin (R. H.) .... DY 67
Puygarreau (R. du) .... DZ 70
Rat (R. Pierre) .... DY 71
Riffault (R.) .... DY 74
St-Cyprien (R.) .... DZ 76
St-Germain (R.) .... DY 77
Solférino (Bd) .... CY 89
Thezard (R. Léopold) .... CZ 90
Tison (Bd de) .... CZ 92
Verdun (Bd de) .... CY 94
3 Rois (R. des) .... DY 95
125e R.I. (R. du) .... CZ 97

Pointel 61 .... 56 A4
Pointis-de-Rivière 31 .... 299 D2
Pointis-Inard 31 .... 299 E2
Pointre 39 .... 140 A4
Pointvillers 25 .... 160 A1
Poinville 28 .... 110 A1
Le Poiré-sur-Velluire 85 .... 164 A3
Le Poiré-sur-Vie 85 .... 145 F4
Poiroux 85 .... 162 C2
Poisat 38 .... 230 C1
Poiseul 52 .... 117 D2
Poiseul-la-Grange 21 .... 138 C1
Poiseul-la-Ville-et-
Laperrière 21 .... 138 B1
Poiseul-lès-Saulx 21 .... 139 D1
Poiseux 58 .... 155 D1
Poisieux 18 .... 152 C2
Le Poislay 41 .... 108 B1
Poisoux 39 .... 176 B3
Poisson 71 .... 173 F3
Poissons 52 .... 92 B2
Poissy 78 .... 60 B2
Poisvilliers 28 .... 85 E2
Poisy 74 .... 195 E3
La Poitevinière 49 .... 127 F4
Poitiers 86 .... 166 B2
Poivres 10 .... 64 C4
Poix 51 .... 65 E2
Poix-de-Picardie 80 .... 17 F3
Poix-du-Nord 59 .... 9 F4
Poix-Terron 08 .... 22 C4
Le Poizat 01 .... 194 C1
Pol (Chapelle) 29 .... 47 F1
Polaincourt-
et-Clairefontaine 70 .... 118 A2
Polastron 31 .... 275 F4
Polastron 32 .... 275 E3
Poleymieux-
au-Mont-d'Or 69 .... 192 C3
Poliénas 38 .... 212 A4
Polignac 17 .... 200 C4
Polignac 43 .... 227 D2
Poligné 35 .... 103 E2
Poligny 05 .... 249 E1
Poligny 10 .... 90 C4
Poligny 39 .... 159 F3
Poligny 77 .... 87 F4
Polincove 62 .... 3 D2
Polisot 10 .... 115 D1
Polisy 10 .... 115 D1
Pollestres 66 .... 313 D2
Polliat 01 .... 175 F4
Pollieu 01 .... 194 C4
Pollionnay 69 .... 192 B4
Polminhac 15 .... 224 B3
Polveroso 2B 315 F4
Pomacle 51 .... 38 A3
La Pomarède 11 .... 277 F4
Pomarède 46 .... 239 E2
Pomarez 40 .... 272 A2
Pomas 11 .... 302 B2
Pomay (Château de) 03 .... 172 B2
Pomayrols 12 .... 243 E3
Pomerol 33 .... 218 C3
Pomérols 34 .... 281 D4
Pomeys 69 .... 210 A1
Pommard 21 .... 158 A2
Pommera 62 .... 7 F4
La Pommeraie-
sur-Sèvre 85 .... 147 D3
La Pommeraye 14 .... 55 F2
La Pommeraye 49 .... 127 F3
Pommeret 22 .... 51 F4
Pommereuil 59 .... 20 C1
Pommereux 76 .... 33 D1
Pommeréval 76 .... 16 B4
Pommerieux 53 .... 104 C3
Pommérieux 57 .... 68 A1
Pommerit-Jaudy 22 .... 50 B2
Pommerit-le-Vicomte 22 .... 50 C3
Pommerol 26 .... 248 B3
Pommeuse 77 .... 62 B3
Pommevic 82 .... 257 D2
Pommier 62 .... 8 A4
Pommier-
de-Beaurepaire 38 .... 211 E3
Pommiers 02 .... 36 B2
Pommiers 30 .... 262 B3
Pommiers 36 .... 169 D2
Pommiers 42 .... 191 E4
Pommiers 69 .... 192 C3
Pommiers-la-Placette 38 .... 212 C4
Pommiers-Moulons 17 .... 199 F4
Pomoy 70 .... 118 C4
Pompaire 79 .... 165 E1
Pompéjac 33 .... 236 B3
Pompertuzat 31 .... 276 C3
Pompey 54 .... 68 A3
Pompiac 32 .... 275 F3
Le Pompidou 48 .... 262 B1
Pompierre 88 .... 93 E3
Pompierre-sur-Doubs 25 .... 142 A2
Pompiey 47 .... 255 E1
Pompignac 33 .... 217 F4
Pompignan 30 .... 263 D4
Pompignan 82 .... 257 F4
Pompogne 47 .... 255 D1
Pomponne 77 .... 61 F3
Pomport 24 .... 220 A4
Pomps 64 .... 272 B3
Pomy 11 .... 302 A3
Poncé-sur-le-Loir 72 .... 107 F4
Poncey-lès-Athée 21 .... 140 A4
Poncey-sur-l'Ignon 21 .... 138 C2
Le Ponchel 62 .... 7 D3
Ponches-Estruval 80 .... 6 C3
Ponchon 60 .... 34 B3
Poncin 01 .... 194 A1
Poncins 42 .... 209 E1
Pondaurat 33 .... 237 D2
Le Pondy 18 .... 153 F4
Ponet-et-Saint-Auban 26 .... 230 A4
Ponlat-Taillebourg 31 .... 298 C2
Pons 15 .... 242 B1
Pons 17 .... 199 E2
Ponsampère 32 .... 274 B3
Ponsan-Soubiran 32 .... 274 C4
Ponsas 26 .... 229 D1
Ponson-Debat-Pouts 64 .... 273 F4
Ponson-Dessus 64 .... 273 E4
Ponsonnas 38 .... 231 D3
Pont 21 .... 139 F4
Pont-à-Bucy 02 .... 20 B4
Pont-à-la-Planche 87 .... 185 D3
Pont-à-Marcq 59 .... 9 D1
Pont-à-Mousson 54 .... 68 A2
Pont-à-Vendin 62 .... 8 B2
Pont-Arcy 02 .... 37 D2
Pont-Audemer 27 .... 31 D3
Pont-Authou 27 .... 31 E4
Pont-aux-Moines 45 .... 110 B3
Pont-Aven 29 .... 99 E2
Pont-Bellanger 14 .... 54 C2
Pont-Calleck
(Château et Forêt de) 56 .. 100 A1
Le Pont-Chrétien-
Chabenet 36 .... 168 C1
Pont-Croix 29 .... 73 D3
Pont-d'Ain 01 .... 193 F2
Pont-d'Arc 07 .... 246 A4
Le Pont-d'Ardres 62 .... 2 C2
Pont-de-Barret 26 .... 247 E2
Le Pont-de-Beauvoisin 38 .... 212 C2
Le Pont-de-Beauvoisin 73 .... 212 C2
Pont-de-Braye 72 .... 107 F4
Pont-de-Briques 62 .... 2 A4
Pont-de-Buis-
lès-Quimerch 29 .... 73 F1
Pont-de-Chazey-Villieu 01 .... 193 F3
Pont-de-Chéruy 38 .... 193 F4
Le Pont-de-Claix 38 .... 230 C1
Pont-de-Crau 13 .... 283 E1
Pont-de-Dore 63 .... 190 A4
Pont de Gau (Parc
ornithologique du) 13 .... 282 C3
Pont-de-la-Chaux 39 .... 177 E1
Pont-de-la-Maye 33 .... 217 E4
Pont-de-Labeaume 07 .... 245 F1
Pont-de-l'Arche 27 .... 32 B3
Pont-de-Larn 81 .... 278 C3
Pont-de-l'Étoile 13 .... 285 E4
Pont-de-l'Isère 26 .... 229 D2
Pont-de-Lunel 34 .... 282 B1
Pont-de-Menat 63 .... 189 D2
Pont-de-Metz 80 .... 18 A2
Le Pont-de-Montvert 48 .... 244 C4
Pont-de-Pany 21 .... 138 C4
Le Pont-de-Planches 70 .... 141 D1
Pont-de-Poitte 39 .... 177 D1
Pont-de-Roide 25 .... 142 C2
Pont-de-Ruan 37 .... 130 C4
Pont-de-Salars 12 .... 260 C1
Pont-de-Vaux 01 .... 175 E3
Pont-de-Veyle 01 .... 175 E4
Pont-des-Pierres 01 .... 194 C1
Pont-d'Espagne 65 .... 297 E4
Pont-d'Hérault 30 .... 262 B3
Pont-d'Héry 39 .... 160 A3
Pont-d'Ouche 21 .... 157 F1
Pont-d'Ouilly 14 .... 55 F3
Pont-du-Bois 70 .... 118 B2
Pont-du-Casse 47 .... 256 B1
Pont-du-Château 63 .... 189 F4
Pont-du-Châtel 29 .... 47 F2
Pont du Diable
(Gorges du) 74 .... 178 C3
Pont du Dognon 87 .... 186 B3
Pont-du-Fossé 05 .... 249 F1
Pont du Gard 30 .... 264 B3
Pont-du-Loup 06 .... 269 E4
Pont-du-Navoy 39 .... 160 A4
Pont-en-Royans 38 .... 230 A2
Pont-et-Massène 21 .... 137 F2
Pont-Évêque 38 .... 211 D2
Pont-Farcy 14 .... 54 C2
Pont-Hébert 50 .... 27 E4
Pont-James 44 .... 145 E2
Pont-la-Ville 52 .... 115 F1
Pont-l'Abbé 29 .... 98 B2
Pont-l'Abbé 50 .... 25 D4
Pont-l'Abbé-d'Arnoult 17 .... 181 E3
Pont-lès-Bonfays 88 .... 94 B4
Pont-les-Moulins 25 .... 141 F3
Pont-l'Évêque 14 .... 30 B3
Pont-l'Évêque 60 .... 35 F1
Pont-Melvez 22 .... 50 B4
Pont-Noyelles 80 .... 18 B2
Pont-Péan 35 .... 103 E1
Pont-Réan 35 .... 103 D1
Pont-Remy 80 .... 17 E1
Pont-Royal 13 .... 284 B1
Pont-Saint-Esprit 30 .... 264 B1
Pont-Saint-Mard 02 .... 36 B2
Pont-Saint-Martin 44 .... 145 E1
Pont-Saint-Pierre 27 .... 32 B3
Pont-Saint-Vincent 54 .... 68 A4
Pont-Sainte-Marie 10 .... 90 B3
Pont-Sainte-Maxence 60 .... 35 D3
Pont-Salomon 43 .... 209 F4
Pont-Scorff 56 .... 100 A2
Pont-sur-l'Ognon 70 .... 141 F1
Pont-sur-Madon 88 .... 94 B2
Pont-sur-Meuse 55 .... 67 D3
Pont-sur-Sambre 59 .... 10 B2
Pont-sur-Seine 10 .... 89 E2
Pont-sur-Vanne 89 .... 89 D4
Pont-sur-Yonne 89 .... 88 C4
Pont-Trambouze 69 .... 191 F2
Pontacq 64 .... 297 E1
Pontaillac 17 .... 198 B1
Pontailler-sur-Saône 21 .... 140 A3
Pontaix 26 .... 229 F4
Pontamafrey 73 .... 214 A4
Pontanevaux 71 .... 175 D4
Pontarion 23 .... 187 D2
Pontarlier 25 .... 161 D2
Pontarmé 60 .... 35 D4
Pontaubault 50 .... 54 A4
Pontaubert 89 .... 137 D2
Pontault-Combault 77 .... 61 E3
Pontaumur 63 .... 188 C4
Pontavert 02 .... 37 E2
Pontcarré 77 .... 61 F3
Pontcey 70 .... 141 D1
Pontchardon 61 .... 57 D2
Pontcharra 38 .... 213 E3
Pontcharra-sur-Turdine 69 .... 192 A3
Pontcharraud 23 .... 187 F4
Pontchartrain 78 .... 60 A3
Pontchâteau 44 .... 125 E2
Pontcirq 46 .... 239 F2
Ponte-Leccia 2B 315 D3
Ponte Nuovo 2B 315 E3
Pontécoulant 14 .... 55 E2
Ponteilla 66 .... 312 C2
Ponteils-et-Brésis 30 .... 245 E3
Pontempeyrat 43 .... 209 D4
Pontenx-les-Forges 40 .... 234 C4
Le Pontet 33 .... 217 E1
Le Pontet 73 .... 213 F2
Le Pontet 84 .... 265 D3
Les Pontets 25 .... 160 C4
Pontevès 83 .... 286 A2
Ponteyraud 24 .... 219 F1
Pontfaverger-
Moronvilliers 51 .... 38 B3
Pontgibaud 63 .... 189 D4
Pontgouin 28 .... 84 C2
Ponthévrard 78 .... 86 A1
Ponthierry 77 .... 87 E2
Ponthion 51 .... 65 E4
Ponthoile 80 .... 6 B4
Le Ponthou 29 .... 49 F3
Ponthoux 39 .... 177 D3
Pontiacq-Viellepinte 64 .... 273 E4
Pontigné 49 .... 129 E2
Pontigny 89 .... 113 F3
Pontis 04 .... 250 A2
Pontivy 56 .... 76 C4
Pontlevoy 41 .... 132 A3
Pontlieue 72 .... 107 D2
Pontmain 53 .... 80 B2
Pontoise 95 .... 60 B1
Pontoise-lès-Noyon 60 .... 35 F1
Pontonx-sur-l'Adour 40 .... 253 D4
Pontorson 50 .... 79 F1
Pontours 24 .... 220 C4
Pontoux 71 .... 158 C3
Pontoy 57 .... 68 B1
Pontpierre 57 .... 69 D1
Pontpoint 60 .... 35 D3
Pontrieux 22 .... 50 C2
Pontru 02 .... 20 A2
Pontruet 02 .... 20 A2
Ponts 50 .... 54 A4
Les Ponts-de-Cé 49 .... 128 B2
Ponts-et-Marais 76 .... 16 C1
Les Ponts-Neufs 22 .... 51 F4
Pontvallain 72 .... 106 C4
Popian 34 .... 281 D2
Popolasca 2B 315 D4
Porcaro 56 .... 102 B2
Porcelette 57 .... 42 C4
Porchères 33 .... 219 D2
Porcheresse 16 .... 201 E3
La Porcherie 87 .... 204 B2
Porcheux 60 .... 33 F3
Porcheville 78 .... 60 A2
Porcieu-Amblagnieu 38 .... 194 A3
Pordic 22 .... 51 E3
Le Porge 33 .... 216 B3
Pornic 44 .... 144 B1
Pornichet 44 .... 125 D3
Porquéricourt 60 .... 35 F1
Porquerolles (Île de) 83 .... 292 C3
Porri 2B 315 F3
Pors-Even 22 .... 51 D1
Porsmilin 29 .... 47 D3
Porspoder 29 .... 47 D2
Port 01 .... 194 B1
Le Port 09 .... 300 B4
Port (Col de) 09 .... 300 C4
Port-à-Binson 51 .... 63 F1
Port-Barcarès 66 .... 313 E1
Port-Blanc 22 .... 50 B1
Port-Brillet 53 .... 104 C1
Port-Camargue 30 .... 282 B3
Port-Coton
(Aiguilles de) 56 .... 122 A4
Port-Cros (Île de) 83 .... 293 D3
Port-d'Atelier 70 .... 118 A3
Port-de-Bouc 13 .... 284 A3
Port-de-Carhaix 29 .... 75 F3
Port-de-Gagnac 46 .... 223 D3
Port-de-Groslée 01 .... 194 B4
Port-de-la-Meule 85 .... 144 A4
Port-de-Lanne 40 .... 271 E2
Port-de-Miramar 83 .... 292 C2
Port-de-Piles 86 .... 149 F2
Port-d'Envaux 17 .... 181 F3
Port-des-Barques 17 .... 180 C2
Port-Donnant 56 .... 122 A4
Port-du-Salut
(Trappe du) 53 .... 105 D2
Port-en-Bessin 14 .... 28 C3
Port-Goulphar 56 .... 122 A4
Port-Grimaud 83 .... 287 E4
Port-Haliguen 56 .... 122 B2
Port-Jérôme 76 .... 15 D4
Port-Joinville 85 .... 144 A4
Port-la-Nouvelle 11 .... 304 C3
Port-Launay 29 .... 73 F2
Port-Lauragais 31 .... 277 E4
Port-le-Grand 80 .... 6 B4
Port-Lesney 39 .... 160 A2
Port-Leucate 11 .... 304 C4
Port-Louis 56 .... 100 A3
Port-Manech 29 .... 99 E2
Port-Maria 56 .... 122 B4
Le Port-Marly 78 .... 60 C3
Port-Miou 13 .... 291 D3
Port-Mort 27 .... 32 C4
Port-Navalo 56 .... 122 C2
Port Royal des Champs
(Abbaye de) 78 .... 60 B4
Port-Saint-Louis-
du-Rhône 13 .... 283 F4
Port-Saint-Père 44 .... 145 D1
Port-Sainte-Foy-
et-Ponchapt 24 .... 219 F4
Port-Sainte-Marie 47 .... 255 F1
Port-sur-Saône 70 .... 118 A4
Port-sur-Seille 54 .... 68 A2
Port-Vendres 66 .... 313 E3
Port-Villez 78 .... 59 E1
Porta 66 .... 310 B3
La Porta 2B 315 E4
Portbail 50 .... 24 B4
Porte (Col de) 38 .... 212 C4
Porte-Joie 27 .... 32 B4
Porté-Puymorens 66 .... 310 B3
Le Portel 62 .... 2 A4
Portel (Sommet de) 09 .... 300 B4
Portel-des-Corbières 11 .... 303 F3
Portes 27 .... 58 B1
Portes 30 .... 263 E1
Portes (Calvaire de) 01 .... 194 A3
Portes (Chartreuse de) 01 .... 194 A3
Les Portes-en-Ré 17 .... 162 C4
Portes-en-Valdaine 26 .... 247 D2
Portes-lès-Valence 26 .... 229 D3
Portet 64 .... 273 E2
Portet-d'Aspet 31 .... 299 E4
Portet d'Aspet (Col de) 31 .... 299 E4
Portet-de-Luchon 31 .... 307 F4
Portet-sur-Garonne 31 .... 276 C3
Portets 33 .... 236 B1
Porticcio 2A 316 B4
Porticciolo (Marine de) 2B 314 D2
Portieux 88 .... 94 C3
Portiragnes 34 .... 305 E1
Portiragnes-Plage 34 .... 305 E1
Portivy 56 .... 122 A2
Porto 2A 316 A1
Porto-Pollo 2A 318 B2
Porto-Vecchio 2A 319 E2
Ports 37 .... 149 F2
Portsall 29 .... 47 D2
Posanges 21 .... 138 A3
Poses 27 .... 32 B3
Possesse 51 .... 65 F2
La Possonnière 49 .... 128 A3
La Possonnière
(Manoir) 41 .... 107 F4
La Postolle 89 .... 89 D4
Postroff 57 .... 70 A1
Potangis 51 .... 89 E1
Potelières 30 .... 263 F1
Potelle 59 .... 10 A2
La Poterie 22 .... 51 F4
La Poterie-au-Perche 61 .... 84 A1
La Poterie-Cap-d'Antifer 76 .... 14 B3
La Poterie-Mathieu 27 .... 31 D3
Pothières 21 .... 115 D2
Potigny 14 .... 56 A2
Potte 80 .... 19 E3
Pouan-les-Vallées 10 .... 90 B1
Pouançay 86 .... 148 B1
Pouancé 49 .... 104 B4
Pouant 86 .... 149 D2
Poubeau 31 .... 307 F3
Poucharramet 31 .... 276 A4
Pouchergues 65 .... 298 B4
Poudenas 47 .... 255 E2
Poudenx 40 .... 272 B2
Poudis 81 .... 277 F3
Poudrey (Gouffre de) 25 .... 141 F4
Poueyferré 65 .... 297 E2
La Pouëze 49 .... 128 A1
Pouffonds 79 .... 183 D1
La Pouge 23 .... 187 D3
Le Pouget 34 .... 281 D2
Pougnadoires
(Cirque de) 48 .... 244 A4
Pougnadoresse 30 .... 264 B2
Pougné 16 .... 184 A2
Pougne-Hérisson 79 .... 165 D1
Pougny 01 .... 195 D1
Pougny 58 .... 135 E3
Pougues-les-Eaux 58 .... 154 C2
Pougy 10 .... 90 C2
Pouillac 17 .... 200 C4
Pouillat 01 .... 176 B3
Pouillé 41 .... 132 A4
Pouillé 85 .... 163 F2
Pouillé 86 .... 166 C2
Pouillé-les-Côteaux 44 .... 127 E2
Pouillenay 21 .... 138 A2
Pouilley-Français 25 .... 140 C4
Pouilley-les-Vignes 25 .... 141 D4
Pouillon 40 .... 271 F2
Pouillon 51 .... 37 E3
Pouilloux 71 .... 174 B1
Pouilly 57 .... 68 A1
Pouilly 60 .... 34 A4
Pouilly-en-Auxois 21 .... 138 B4
Pouilly-en-Bassigny 52 .... 117 E2
Pouilly-le-Fort 77 .... 87 E1
Pouilly-le-Monial 69 .... 192 B3
Pouilly-lès-Feurs 42 .... 191 F4
Pouilly-les-Nonains 42 .... 191 D2
Pouilly-sous-Charlieu 42 .... 191 E1
Pouilly-sur-Loire 58 .... 135 D4
Pouilly-sur-Meuse 55 .... 39 F1
Pouilly-sur-Saône 21 .... 158 C2
Pouilly-sur-Serre 02 .... 20 C4
Pouilly-sur-Vingeanne 21 .... 140 A1
Le Poujol-sur-Orb 34 .... 280 A2
Poujols 34 .... 280 B1
Poul-Fétan 56 .... 100 B2
Poulaines 36 .... 151 F1
Poulains (Pointe des) 56 .... 122 A3
Poulainville 80 .... 18 B2
Poulan-Pouzols 81 .... 259 E4
Poulangy 52 .... 116 C1
Poulay 53 .... 81 F3
Pouldavid 29 .... 73 E3
Pouldergat 29 .... 73 E3
Pouldouran 22 .... 50 C2
Pouldreuzic 29 .... 73 D4
Le Pouldu 29 .... 99 F3
Poule-les-Écharmeaux 69 .... 192 A1
Pouliacq 64 .... 273 D3
Les Poulières 88 .... 95 E4
Pouligney 25 .... 141 E3
Pouligny-Notre-Dame 36 .... 169 F2
Pouligny-Saint-Martin 36 .... 169 F2
Pouligny-Saint-Pierre 36 .... 167 F1
Le Pouliguen 44 .... 123 E4
Poullan-sur-Mer 29 .... 73 D3
Poullaouen 29 .... 75 F2
Poullignac 16 .... 201 D3
Poulx 30 .... 264 A3
Poumarous 65 .... 298 A2
Poupas 82 .... 256 C3
Poupry 28 .... 110 A1

Pouques-Lormes 58 ... 136 C4
Pourcharesses 48 ... 245 D3
Pourchères 07 ... 246 B1
Pourcieux 83 ... 285 F3
Pourcy 51 ... 37 E4
Pourlans 71 ... 158 C2
Pournoy-la-Chétive 57 ... 68 A1
Pournoy-la-Grasse 57 ... 68 B1
Pourrain 89 ... 113 D4
Pourrières 83 ... 285 E3
Poursac 16 ... 183 F3
Poursay-Garnaud 17 ... 182 B3
Poursiugues-Boucoue 64 ... 272 C2
Pourtalet (Col du) 64 ... 296 C4
Pouru-aux-Bois 08 ... 23 E4
Pouru-Saint-Remy 08 ... 23 E4
Pourville-sur-Mer 76 ... 16 A2
Poussan 34 ... 281 E3
Poussanges 23 ... 187 F4
Poussay 88 ... 94 A3
Pousseaux 58 ... 136 B2
Poussignac 47 ... 237 E4
Poussy-la-Campagne 14 ... 56 A1
Pousthomy 12 ... 260 B4
Le Pout 33 ... 217 F4
Pouvrai 61 ... 83 E4
Pouxeux 88 ... 95 D4
Pouy 65 ... 298 C1
Pouy-de-Touges 31 ... 275 F4
Pouy-Loubrin 32 ... 275 D3
Pouy-Roquelaure 32 ... 256 A2
Pouy-sur-Vannes 10 ... 89 E3
Pouyastruc 65 ... 298 A1
Pouydesseaux 40 ... 254 B3
Pouydraguin 32 ... 273 F2
Pouylebon 32 ... 274 B2
Pouzac 65 ... 298 A2
Le Pouzat 07 ... 228 A3
Pouzauges 85 ... 147 D4
Pouzay 37 ... 149 F1
Pouze 31 ... 276 C4
Pouzilhac 30 ... 264 B2
Le Pouzin 07 ... 228 C4
Pouzioux 86 ... 167 D2
Pouzol 63 ... 189 D2
Pouzolles 34 ... 280 B3
Pouzols 34 ... 281 D2
Pouzols-Minervois 11 ... 303 E1
Pouzy-Mésangy 03 ... 171 F1
Poyanne 40 ... 272 A1
Poyans 70 ... 140 A2
Poyartin 40 ... 271 F1
Poyols 26 ... 248 A2
Pozières 80 ... 19 D1
Pra-Loup 04 ... 250 C3
Le Pradal 34 ... 280 A2
Les Pradeaux 63 ... 207 F2
Pradeaux (Col des) 63 ... 208 C2
Pradel (Col du) 11 ... 310 C1
Pradelle 26 ... 248 A2
Pradelles 43 ... 227 D4
Pradelles 59 ... 4 A3
Pradelles-Cabardès 11 ... 278 C4
Pradelles-en-Val 11 ... 302 C2
Pradère-les-Bourguets 31 ... 276 A2
Prades 07 ... 246 A2
Prades 09 ... 310 B1
Prades 43 ... 226 B2
Prades 48 ... 244 A4
Prades 66 ... 311 F2
Prades 81 ... 277 F2
Prades-d'Aubrac 12 ... 243 D3
Prades-de-Salars 12 ... 260 C1
Prades-le-Lez 34 ... 281 F1
Prades-sur-Vernazobre 34 ... 279 F3
Le Pradet 83 ... 292 B2
Pradettes 09 ... 301 E3
Pradières 09 ... 301 D3
Pradiers 15 ... 207 D4
Pradinas 12 ... 259 F1
Pradines 19 ... 205 D2
Pradines 42 ... 191 F2
Pradines 46 ... 240 A3
Pradons 07 ... 246 A3
Prads 04 ... 250 B4
Prafrance
(Bambouseraie de) 30 ... 263 D2
Pragnères (Centrale de) 65 ... 297 F4
Prahecq 79 ... 165 D4
Prailles 79 ... 165 E4
Pralognan-la-Vanoise 73 ... 214 C3
Prâlon 21 ... 138 C3
Pralong 42 ... 209 E1
Pramousquier 83 ... 293 D2
Pramouton 05 ... 250 B2
Prangey 52 ... 116 C4
Pranles 07 ... 228 B4
Pranzac 16 ... 202 A1
Prapoutel-les-Sept-Laux 38 ... 213 E4
Le Prarion 74 ... 196 C3
Praslay 52 ... 116 B4
Praslin 10 ... 114 B1
Prasville 28 ... 85 F4
Prat 22 ... 50 B2
Prat-Bonrepaux 09 ... 299 F3
Prat de Bouc 15 ... 224 C2
Prato-di-Giovellina 2B ... 315 D4
Prats-de-Carlux 24 ... 221 F3
Prats-de-Mollo-la-Preste 66 ... 311 F4
Prats-de-Sournia 66 ... 311 F1
Prats-du-Périgord 24 ... 239 E1
Pratviel 81 ... 277 E2
Pratz 39 ... 177 D3
Pratz 52 ... 91 F4
Prauthoy 52 ... 116 C4
Pray 41 ... 131 F1
Praye 54 ... 94 A2
Prayet (Col du) 38 ... 230 B4
Prayols 09 ... 301 D4
Prayssac 46 ... 239 F3
Prayssas 47 ... 238 A4
La Praz 73 ... 214 B4
Le Praz 73 ... 214 B2
Praz-Coutant 74 ... 196 C2
Les Praz-de-Chamonix 74 ... 197 D2
Praz-sur-Arly 74 ... 196 B3
Le Pré-d'Auge 14 ... 30 B4
Pré de Madame Carle 05 ... 232 A3
Pré-en-Pail 53 ... 82 A2
Pré-Saint-Évroult 28 ... 85 E4
Le Pré-Saint-Gervais 93 ... 61 D3
Pré-Saint-Martin 28 ... 85 E4
Préaux 07 ... 228 C1
Les Préaux 27 ... 31 D3
Préaux 36 ... 151 D2
Préaux 53 ... 105 F2
Préaux 76 ... 32 B2
Préaux 77 ... 88 A4
Préaux-Bocage 14 ... 55 F1
Préaux-du-Perche 61 ... 83 F3
Préaux-Saint-Sébastien 14 ... 57 D2
Prébois 38 ... 230 C4
Précey 50 ... 54 A4
Préchac 32 ... 256 A4
Préchac 33 ... 236 B3
Préchac 65 ... 297 E3
Préchac-sur-Adour 32 ... 273 F2
Préchacq-Josbaig 64 ... 296 A1
Préchacq-les-Bains 40 ... 253 D4
Préchacq-Navarrenx 64 ... 272 A4
Précieux 42 ... 209 E2
Précigné 72 ... 105 F4
Précilhon 64 ... 296 B1
Précorbin 50 ... 54 C1
Précy 18 ... 154 B1
Précy-le-Sec 89 ... 136 C1
Précy-Notre-Dame 10 ... 91 D2
Précy-Saint-Martin 10 ... 91 D2
Précy-sous-Thil 21 ... 137 F3
Précy-sur-Marne 77 ... 61 F2
Précy-sur-Oise 60 ... 34 C4
Précy-sur-Vrin 89 ... 112 C2
Prédefin 62 ... 7 E1
Préfailles 44 ... 125 D4
Préfontaines 45 ... 111 F1
Prégilbert 89 ... 136 B1
Préguillac 17 ... 199 E1
Préhy 89 ... 113 F4
Preignac 33 ... 236 B2
Preignan 32 ... 275 D1
Preigney 70 ... 117 F3
Preixan 11 ... 302 B2
Prélenfrey 38 ... 230 B2
Prelles 05 ... 232 B3
Prémanon 39 ... 177 F2
Premeaux-Prissey 21 ... 158 A1
Prémery 58 ... 155 D1
Prémesques 59 ... 4 B4
Prémeyzel 01 ... 212 B1
Prémian 34 ... 279 E3
Premières 21 ... 139 F4
Prémierfait 10 ... 90 A2
Prémilhat 03 ... 170 C4
Prémillieu 01 ... 194 B3
Prémont 02 ... 20 B1
Prémontré 02 ... 36 B1
Prendeignes 46 ... 241 E1
Préneron 32 ... 274 B1
La Prénessaye 22 ... 77 E4
Prenois 21 ... 139 D3
Prénouvellon 41 ... 109 E2
Prénovel 39 ... 177 D2
Prény 54 ... 67 F1
Préporché 58 ... 156 A3
Prépotin 61 ... 83 F1
Les Prés 26 ... 248 B2
Présailles 43 ... 227 E3
Préseau 59 ... 9 F3
Présentevillers 25 ... 142 B1
Préserville 31 ... 277 D3
Présilly 39 ... 176 C1
Présilly 74 ... 195 E1
Presle 70 ... 141 F1
Presle 73 ... 213 E2
Presles 14 ... 55 D2
Presles 38 ... 230 A2
Presles 95 ... 60 C1
Presles-en-Brie 77 ... 61 F4
Presles-et-Boves 02 ... 36 C2
Presles-et-Thierny 02 ... 37 D1
Presly 18 ... 134 A3
Presnoy 45 ... 111 E2
Presque (Grotte de) 46 ... 223 D4
Pressac 86 ... 184 B1
Pressagny-l'Orgueilleux 27 ... 59 E1
Pressiat 01 ... 176 B3
Pressignac 16 ... 184 C4
Pressignac-Vicq 24 ... 220 C3
Pressigny 52 ... 117 E4
Pressigny 79 ... 148 B4
Pressigny-les-Pins 45 ... 111 F3
Pressins 38 ... 212 B2
Pressy 62 ... 7 F2
Pressy-sous-Dondin 71 ... 174 C2
La Preste 66 ... 311 F4
La Prétière 25 ... 142 B2
Pretin 39 ... 160 A2
Prétot-Sainte-Suzanne 50 ... 26 C3
Prétot-Vicquemare 76 ... 15 F2
Prêtreville 14 ... 57 D1
Préty 71 ... 175 E2
Pretz-en-Argonne 55 ... 66 B2
Preuilly 18 ... 152 C1
Preuilly (Abbaye de) 77 ... 88 B2
Preuilly-la-Ville 36 ... 167 F1
Preuilly-sur-Claise 37 ... 150 B3
Preures 62 ... 6 C1
Preuschdorf 67 ... 45 E4
Preuseville 76 ... 16 C3
Preutin-Higny 54 ... 41 D3
Preux-au-Bois 59 ... 10 A3
Preux-au-Sart 59 ... 10 A2
Préval 72 ... 83 F4
Prévelles 72 ... 107 E1
Prévenchères 48 ... 245 D3
Préveranges 18 ... 170 A3
Prévessin-Moëns 01 ... 177 F4
La Prévière 49 ... 104 B4
Prévillers 60 ... 34 A1
Prévinquières 12 ... 241 F4
Prévocourt 57 ... 68 C2
Prey 27 ... 58 C2
Prey 88 ... 95 E4
Preyssac-d'Excideuil 24 ... 203 E4
Prez 08 ... 22 A3
Prez-sous-Lafauche 52 ... 93 D3
Prez-sur-Marne 52 ... 92 A1
Priaires 79 ... 181 F1
Priay 01 ... 193 F2
Priez 02 ... 62 C1
Prignac 17 ... 182 B4
Prignac-en-Médoc 33 ... 198 C4
Prignac-et-Marcamps 33 ... 217 E2
Prigonrieux 24 ... 220 A4
Primarette 38 ... 211 E3
Primat 08 ... 39 D3
La Primaube 12 ... 260 B1
Primel-Trégastel 29 ... 49 E2
Primelin 29 ... 72 C3
Primelles 18 ... 153 D3
Prin-Deyrançon 79 ... 164 B4
Prinçay 86 ... 149 D3
Princé 35 ... 80 B4
Pringé 72 ... 106 C4
Pringy 51 ... 65 D3
Pringy 74 ... 195 E2
Pringy 77 ... 87 E2
Prinquiau 44 ... 125 F3
Prinsuéjols 48 ... 243 F1
Printzheim 67 ... 70 C2
Prisces 02 ... 21 D3
Prisches 59 ... 10 A3
Prissac 36 ... 168 B2
Prissé 71 ... 175 D4
Prissé-la-Charrière 79 ... 182 B1
Pritz 53 ... 105 D1
Privas 07 ... 246 B1
Privezac 12 ... 241 F4
Prix-lès-Mézières 08 ... 22 C3
Priziac 56 ... 76 A4
Prizy 71 ... 174 A3
La Proiselière-et-Langle 70 ... 119 D3
Proissans 24 ... 221 F3
Proisy 02 ... 21 D2
Proix 02 ... 20 C2
Projan 32 ... 273 D2
Promilhanes 46 ... 240 C4
Prompsat 63 ... 189 E3
Prondines 63 ... 188 C4
Pronleroy 60 ... 35 D2
Pronville 62 ... 8 C4
Propiac 26 ... 247 F4
Propières 69 ... 192 A1
Propriano 2A ... 318 C2
Prosnes 51 ... 38 A4
Prouais 28 ... 59 E4
Prouilly 51 ... 37 E3
Proumeyssac
(Gouffre de) 24 ... 221 D4
Proupiary 31 ... 299 E2
Proussy 14 ... 55 F2
Prouvais 02 ... 37 F2
Prouville 80 ... 7 D4
Prouvy 59 ... 9 E3
Prouzel 80 ... 18 A3
Provemont 27 ... 33 D3
Provenchère 25 ... 142 B3
Provenchère 70 ... 118 B4
Provenchères-lès-Darney 88 ... 94 A4
Provenchères-sur-Fave 88 ... 96 A2
Provenchères-sur-Marne 52 ... 92 B3
Provenchères-
sur-Meuse 52 ... 117 D2
Provency 89 ... 137 D2
Proverville 10 ... 91 E4
Proveysieux 38 ... 212 C4
Proville 59 ... 9 D4
Provin 59 ... 8 B1
Provins 77 ... 88 C1
Proviseux-et-Plesnoy 02 ... 37 F2
Proyart 80 ... 19 D2
Prudemanche 28 ... 58 C4
Prudhomat 46 ... 222 C4
Prugnanes 66 ... 311 F1
Prugny 10 ... 90 A4
Pruillé 49 ... 128 A1
Pruillé-le-Chétif 72 ... 106 C2
Pruillé-l'Éguillé 72 ... 107 E3
Pruines 12 ... 242 B3
Prunay 51 ... 38 A4
Prunay-Belleville 10 ... 89 F3
Prunay-Cassereau 41 ... 108 B4
Prunay-en-Yvelines 78 ... 86 A2
Prunay-le-Gillon 28 ... 85 F3
Prunay-le-Temple 78 ... 59 F3
Prunay-sur-Essonne 91 ... 87 D3
Prunelli-di-Casacconi 2B ... 315 F3
Prunelli-di-Fiumorbo 2B ... 317 E3
Prunet 07 ... 245 F2
Prunet 15 ... 224 A4
Prunet 31 ... 277 E2
Prunet-et-Belpuig 66 ... 312 B3
Prunete 2B ... 314 C4
Prunières 05 ... 250 A2
Prunières 38 ... 230 C3
Prunières 48 ... 226 A4
Pruniers 36 ... 152 C4
Pruniers 49 ... 128 B2
Pruniers-en-Sologne 41 ... 132 C4
Pruno 2B ... 315 F4
Prunoy 89 ... 112 B3
Prusly-sur-Ource 21 ... 115 E3
Prusy 10 ... 114 B2
Pruzilly 71 ... 175 D4
Puberg 67 ... 70 B1
Publier 74 ... 178 C3
Publy 39 ... 176 C1
Puceul 44 ... 126 B1
Le Puch 09 ... 311 D1
Puch-d'Agenais 47 ... 237 F4
Puchay 27 ... 33 D3
Puchevillers 80 ... 18 B1
Le Puech 34 ... 280 B1
Puéchabon 34 ... 281 D1
Puéchoursi 81 ... 277 F3
Puechredon 30 ... 263 E3
Puellemontier 52 ... 91 E2
Puessans 25 ... 141 F2
Puget 84 ... 284 C1
Puget-Rostang 06 ... 269 E2
Puget-sur-Argens 83 ... 287 E3
Puget-Théniers 06 ... 269 E2
Puget-Ville 83 ... 286 B4
Pugey 25 ... 141 D4
Pugieu 01 ... 194 B4
Puginier 11 ... 277 F4
Pugnac 33 ... 217 E2
Pugny 79 ... 147 F4
Pugny-Chatenod 73 ... 195 D4
Puichéric 11 ... 303 D1
Le Puid 88 ... 96 A1
Puigmal 66 ... 311 D4
Puilacher 34 ... 281 D2
Puilaurens 11 ... 311 E1
Puilboreau 17 ... 163 E4
Puilly-et-Charbeaux 08 ... 23 F4
Puimichel 04 ... 267 E3
Puimisson 34 ... 280 B4
Puimoisson 04 ... 267 F3
La Puisaye 28 ... 84 B1
Puiseaux 45 ... 87 E4
Puiselet-le-Marais 91 ... 86 C3
Puisenval 76 ... 16 C2
Le Puiset 28 ... 86 A4
Le Puiset-Doré 49 ... 127 E4
Puiseux 08 ... 38 C1
Puiseux 28 ... 85 D1
Puiseux-en-Bray 60 ... 33 E2
Puiseux-en-France 95 ... 61 E1
Puiseux-en-Retz 02 ... 36 A3
Puiseux-le-Hauberger 60 ... 34 B4
Puiseux-Pontoise 95 ... 60 B1
Puisieulx 51 ... 37 F4
Puisieux 62 ... 19 D1
Puisieux 77 ... 62 A1
Puisieux-et-Clanlieu 02 ... 20 C3
Puissalicon 34 ... 280 B3
Puisseguin 33 ... 219 D3
Puisserguier 34 ... 280 A4
Puits 21 ... 115 D4
Le Puits-des-Mèzes 52 ... 116 C1
Puits-et-Nuisement 10 ... 91 D4
Puits-la-Vallée 60 ... 34 B1
Puivert 11 ... 302 A4
Pujaudran 32 ... 276 A2
Pujaut 30 ... 264 C3
Pujo 65 ... 273 F4
Pujo-le-Plan 40 ... 254 B4
Les Pujols 09 ... 301 D2
Pujols 33 ... 219 D4
Pujols 47 ... 238 B4
Pujols-sur-Ciron 33 ... 236 B2
Le Puley 71 ... 174 C1
Puligny-Montrachet 21 ... 157 F2
Pullay 27 ... 58 B4
Pulligny 54 ... 94 A1
Pulney 54 ... 94 A2
Pulnoy 54 ... 68 B4
Pulvérières 63 ... 189 D3
Pulversheim 68 ... 120 B1
Punchy 80 ... 19 E3
Punerot 88 ... 93 F2
Puntous 65 ... 274 C4
Puntous de Laguian 32 ... 274 A4
Pupillin 39 ... 159 F3
Pure 08 ... 23 F4
Purgerot 70 ... 118 A4
Pusey 70 ... 118 B4
Pusignan 69 ... 193 E4
Pussay 91 ... 86 B3
Pussigny 37 ... 149 F2
Pussy 73 ... 214 A2
Pusy-et-Épenoux 70 ... 118 B4
Putanges-Pont-Écrepin 61 ... 56 A3
Puteaux 92 ... 60 C3
Putot-en-Auge 14 ... 30 A4
Putot-en-Bessin 14 ... 29 D4
Puttelange-aux-Lacs 57 ... 69 F1
Puttelange-lès-Thionville 57 ... 41 F1
Puttigny 57 ... 69 D2
Puxe 54 ... 41 D4
Puxieux 54 ... 67 F1
Le Puy 25 ... 141 E3
Le Puy 33 ... 237 E1
Puy Crapaud 85 ... 147 D4
Puy-d'Arnac 19 ... 222 C2
Puy de Dôme 63 ... 189 D4
Puy-de-Serre 85 ... 164 B1
Puy du Fou
(Château du) 85 ... 146 C3
Puy-du-Lac 17 ... 181 E2
Le Puy-en-Velay 43 ... 227 D2
Puy-Guillaume 63 ... 190 A3
Puy-Hardy 79 ... 164 C2
Puy-l'Évêque 46 ... 239 E3
Puy-Malsignat 23 ... 187 F2
Le Puy-Notre-Dame 49 ... 148 A1
Puy-Saint-André 05 ... 232 B3
Le Puy-Saint-Bonnet 49 ... 146 C2
Puy-Saint-Eusèbe 05 ... 250 A2
Puy-Saint-Gulmier 63 ... 188 B4
Puy-Saint-Martin 26 ... 247 E1
Puy-Saint-Pierre 05 ... 232 C3
Puy-Saint-Vincent 05 ... 232 B3
Le Puy-Sainte-Réparade 13 ... 285 D1
Puy-Sanières 05 ... 250 B2
Puybarban 33 ... 237 D2
Puybegon 81 ... 277 F1
Puybrun 46 ... 222 C3
Puycalvel 81 ... 278 A2
Puycasquier 32 ... 275 D1
Puycelci 81 ... 258 B3
Puycornet 82 ... 257 F2
Puydaniel 31 ... 276 C4
Puydarrieux 65 ... 298 B1
Puydrouard 17 ... 181 D1
La Puye 86 ... 167 D1
Puygaillard-
de-Lomagne 82 ... 256 C3
Puygaillard-de-Quercy 82 ... 258 B3
Puygiron 26 ... 247 D2
Puygouzon 81 ... 259 E4
Puygros 73 ... 213 E2
Puyguilhem 24 ... 237 F1
Puyguilhem
(Château de) 24 ... 202 C3
Puyjourdes 46 ... 241 D4
Puylagarde 82 ... 240 C4
Puylaroque 82 ... 258 B1
Puylaurens 81 ... 277 F2
Puylausic 32 ... 275 F3
Puyloubier 13 ... 285 E2
Puymangou 24 ... 219 E1
Puymartin (Château de) 24 ... 221 E3
Puymaurin 31 ... 275 E4
Puyméras 84 ... 247 F4
Puymiclan 47 ... 237 F3
Puymirol 47 ... 256 C1
Puymorens (Col de) 66 ... 310 B3
Puymoyen 16 ... 201 F1
Puynormand 33 ... 219 D3
Puyol-Cazalet 40 ... 272 C2
Puyoô 64 ... 271 F2
Puyravault 17 ... 181 E1
Puyravault 85 ... 163 E3
Puyréaux 16 ... 183 F3
Puyrenier 24 ... 202 A3
Puyricard 13 ... 285 D2
Puyrolland 17 ... 181 F2
Puys 76 ... 16 A2
Puységur 32 ... 275 D1
Puysségur 31 ... 275 F1
Puysserampion 47 ... 237 F2
Puyvalador 66 ... 311 D2
Puyvert 84 ... 284 C1
Puzeaux 80 ... 19 E3
Puzieux 57 ... 68 C2
Puzieux 88 ... 94 A3
Py 66 ... 311 E3
Pyla-sur-Mer 33 ... 234 B1
La Pyle 27 ... 31 F4
Pyrénées 2000 66 ... 311 D3
Pys 80 ... 19 D1

Q

Quaëdypre 59 ... 3 F2
Quaix-en-Chartreuse 38 ... 212 C4
Quantilly 18 ... 134 A4
Quarante 34 ... 279 F4
Quarouble 59 ... 9 F2
Quarré-les-Tombes 89 ... 137 D3
La Quarte 70 ... 117 E3
Le Quartier 63 ... 188 C1
Quasquara 2A ... 316 C4
Quatre-Champs 08 ... 39 D2
Les Quatre Chemins 85 ... 163 E2
Quatre-Routes-
d'Albussac 19 ... 222 C2
Les Quatre-Routes-
du-Lot 46 ... 222 B3
Quatre Vios (Col des) 07 ... 228 A4
Quatremare 27 ... 32 A4
Quatzenheim 67 ... 70 C3
Quéant 62 ... 8 C4
Queaux 86 ... 167 D4
Québriac 35 ... 79 D3
Quédillac 35 ... 78 B3
Queige 73 ... 196 A4
Quelaines-Saint-Gault 53 ... 105 D2
Les Quelles 67 ... 70 A4
Quelmes 62 ... 3 D3
Quelneuc 56 ... 102 B3
Quéménéven 29 ... 73 F3
Quemigny-Poisot 21 ... 139 D4
Quemigny-sur-Seine 21 ... 138 B1
Quemper-Guézennec 22 ... 50 C2
Quemperven 22 ... 50 B2
Quend 80 ... 6 B3
Quend-Plage-les-Pins 80 ... 6 A3
Quenne 89 ... 113 E4
Quenoche 70 ... 141 E2
Quenza 2A ... 319 D1
Quercamps 62 ... 3 D3
Querciolo 2B ... 315 F3
Quercitello 2B ... 315 E4
Quérénaing 59 ... 9 F3
Quéribus (Château de) 11 ... 303 D4
Quérigut 09 ... 311 D2
Quernes 62 ... 7 E1
Quéroy (Grottes du) 16 ... 201 F1
Querqueville 50 ... 24 C2
Querré 49 ... 105 E4
Querrien 29 ... 99 F1

QUIMPER

Astor (R.) ... AYZ 2
Beurre (Pl. au) ... BY 4
Boucheries (R. des) ... BY 6
Chapeau-Rouge (R.) ... AY 9
Guéodet (R. du) ... BY 16
Jacob (Pont Max) ... AZ 18
Kéréon (R.) ... AY
Kerguélen (Bd de) ... BZ 23
Le Hars (R. Th.) ... BZ 24
Locmaria (Allées) ... AZ 26
Luzel (R.) ... BY 28
Mairie (R. de la) ... BY 29
Parc (R. du) ... ABZ 34
Résistance-et-du-Gén.
de-Gaulle (Pl. de la) ... AZ 40
Ronarc'h (R. Amiral) ... AZ 42
St-Corentin (Pl.) ... BZ 43
St-François (R.) ... BZ 45
St-Mathieu (R.) ... AZ 47
Ste-Catherine (R.) ... BZ 48
Ste-Thérèse (R.) ... BZ 50
Salé (R. du) ... BY 52
Steir (Q. du) ... AZ 53
Terre-au-Duc (Pl.) ... AY 54

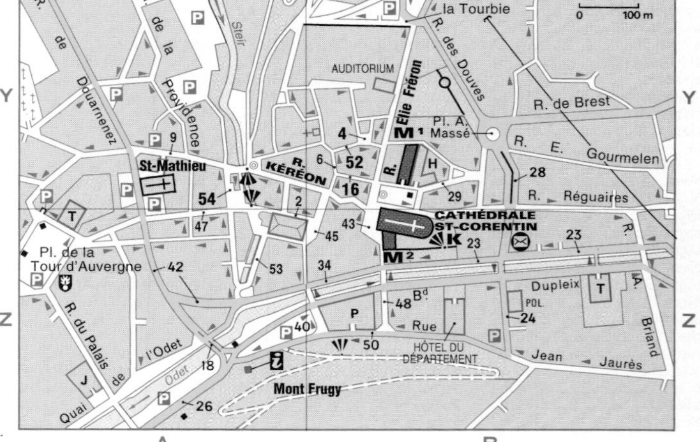

Querrieu *80* 18 B2
Quers *70* 118 C4
Quesmy *60* 35 F1
Quesnay-Guesnon *14* 28 C4
Le Quesne *80* 17 E3
Le Quesnel *80* 18 C3
Le Quesnel-Aubry *60* 34 B2
Le Quesnoy *59* 9 F3
Le Quesnoy *80* 19 D4
Le Quesnoy-en-Artois *62* 7 D3
Quesnoy-le-Montant *80* 17 D1
Quesnoy-sur-Airaines *80* 17 F2
Quesnoy-sur-Deûle *59* 4 C4
Quesques *62* 2 C4
Quessigny *27* 59 D2
Quessoy *22* 77 E2
Quessy *02* 20 A4
Questembert *56* 101 F4
Questrecques *62* 2 B4
Quet-en-Beaumont *38* 231 D4
Quetigny *21* 139 E3
Quettehou *50* 25 E2
Quettetot *50* 24 C3
Quetteville *14* 30 C3
Quettreville-sur-Sienne *50* 53 F1
Queudes *51* 63 F4
La Queue-en-Brie *94* 61 E3
La Queue-les-Yvelines *78* 60 A3
Queuille *63* 189 D3
Quevauvillers *80* 18 A3
Quéven *56* 100 A3
Quévert *22* 78 C1
Quevillon *76* 32 A2
Quevilloncourt *54* 94 A2
Quévreville-la-Poterie *76* 32 B3
Queyrac *33* 198 C3
Queyrières *43* 227 E2
Queyssac *24* 220 B3
Queyssac-les-Vignes *19* 222 C3
Quézac *15* 241 F1
Quézac *48* 244 B4
Quiberon *56* 122 A2
Quiberville *76* 15 F1
Quibou *50* 54 B1
Quié *09* 301 D4
Quiers *77* 88 A1
Quiers-sur-Bézonde *45* 111 D2
Quiéry-la-Motte *62* 8 C2
Quierzy *02* 36 A1
Quiestède *62* 3 E4
Quiévelon *59* 10 C2
Quiévrechain *59* 10 A1
Quièvrecourt *76* 16 C4
Quiévy *59* 9 E4
Quilen *62* 6 C1
Quilinen (Calvaire de) *29* 73 F3
Quillan *11* 302 A4
Quillane (Col de) *66* 311 D3
Quillebeuf-sur-Seine *27* 15 D4
Le Quillio *22* 77 D3
Quilly *08* 38 C2
Quilly *44* 125 F2
Quily *56* 101 F2
Quimerch *29* 73 F1
Quimiac *44* 123 E3
Quimper *29* 73 F4
Quimperlé *29* 99 F2
Quincampoix *76* 32 B1
Quincampoix-Fleuzy *60* 17 E4
Quinçay *86* 166 A1
Quincerot *21* 137 F1
Quincerot *89* 114 B2
Quincey *10* 89 E2
Quincey *21* 158 B1
Quincey *70* 141 E1
Quincié-en-Beaujolais *69* 192 B1
Quincieu *38* 212 A4
Quincieux *69* 192 C3
Quincy *18* 152 C1
Quincy-Basse *02* 36 B1
Quincy-Landzécourt *55* 40 A1
Quincy-le-Vicomte *21* 137 F1
Quincy-sous-le-Mont *02* 36 C3
Quincy-sous-Sénart *91* 61 E4
Quincy-Voisins *77* 62 A3
Quinéville *50* 25 E3
Quingey *25* 160 A1
Quinquempoix *60* 34 C1
Quins *12* 259 F1
Quinsac *24* 202 C3
Quinsac *33* 217 E4
Quinsac *87* 203 F3
Quinson *04* 286 A1
Quinssaines *03* 170 C4
Quint-Fonsegrives *31* 276 C2
Quintal *74* 195 E3
La Quinte *72* 106 C1
Quintenas *07* 228 C1
Quintenic *22* 78 A1
Quintigny *39* 159 E4
Quintillan *11* 303 E3
Quintin *22* 77 D2
Le Quiou *22* 78 C2
Quirbajou *11* 311 D1
Quiry-le-Sec *80* 18 B4
Quissac *30* 263 D4
Quissac *46* 240 C2
Quistinic *56* 100 B2
Quittebeuf *27* 58 B1
Quitteur *70* 140 B1
Quivières *80* 19 F3
Quœux-Haut-Maînil *62* 7 D3

R

Rabastens *81* 258 B4
Rabastens-de-Bigorre *65* 274 A4
Rabat-les-Trois-Seigneurs *09* 300 C4
La Rabatelière *85* 146 A3
Rablay-sur-Layon *49* 128 B3
Rabodanges *61* 56 A3
Rabodanges (Barrage de) *61* 56 A3
Le Rabot *41* 133 E1
Rabou *05* 249 E2
Rabouillet *66* 311 F1
Racécourt *88* 94 B3
Rachecourt-sur-Marne *52* 92 B1
Rachecourt-Suzémont *52* 92 A2
Raches *59* 9 D2
Racines *10* 113 F1
La Racineuse *71* 158 C3
Racou-Plage *66* 313 E3
Racquinghem *62* 3 E4
Racrange *57* 69 D2
Raddon-et-Chapendu *70* 119 D3
Radenac *56* 101 E1
Radepont *27* 32 C3
Radinghem *62* 7 D1
Radinghem-en-Weppes *59* 4 B4
Radon *61* 82 C2
Radonvilliers *10* 91 D3
Radule (Bergeries de) *2B* 316 B1
Raedersdorf *68* 120 C4
Raedersheim *68* 120 B1
Raffetot *76* 15 D3
Rageade *15* 225 F2
Raguenès-Plage *29* 99 D2
Rahart *41* 108 B3
Rahay *72* 108 A2
Rahling *57* 44 A4
Rahon *25* 142 B3
Rahon *39* 159 E2
Rai *61* 57 F4
Raids *50* 27 D3
Raillencourt-Sainte-Olle *59* 9 D4
Railleu *66* 311 D3
Raillicourt *08* 22 B4
Raillimont *02* 21 F4
Raimbeaucourt *59* 9 D2
Rainans *39* 159 E1
Raincheval *80* 18 B1
Raincourt *70* 117 F3
Le Raincy *93* 61 E3
Rainfreville *76* 15 F2
Rainneville *80* 18 B2
Rainsars *59* 10 B3
Rainville *88* 93 F3
Rainvillers *60* 34 A2
Les Rairies *49* 129 D1
Raismes *59* 9 E2
Raissac *09* 301 E4
Raissac-d'Aude *11* 303 F1
Raissac-sur-Lampy *11* 302 A1
Raix *16* 183 E2
Raizeux *78* 85 F1
Ramasse *01* 194 A1
Ramatuelle *83* 293 E1
Ramaz (Col de la) *74* 178 C4
Rambaud *05* 249 F2
Rambervillers *88* 95 D3
Rambluzin-et-Benoite-Vaux *55* 66 C1
Rambouillet *78* 86 A1
Rambucourt *55* 67 E3
Ramburelles *80* 17 D2
Rambures *80* 17 D2
Ramecourt *62* 7 E2
Ramecourt *88* 94 A3
Ramerupt *10* 90 C2
Ramicourt *02* 20 A2
Ramillies *59* 9 D4
Rammersmatt *68* 120 A2
Ramonchamp *88* 119 E2
Ramonville-Saint-Agne *31* 276 C3
Ramoulu *45* 87 D4
Ramous *64* 271 F2
Ramousies *59* 10 C3
Ramouzens *32* 255 E4
Rampan *50* 27 E4
Rampieux *24* 238 C1
Rampillon *77* 88 B1
Rampont *55* 66 B1
Rampoux *46* 239 F2
Rancé *01* 193 D2
Rancenay *25* 141 D4
Rancennes *08* 13 D3
Rances *10* 91 D2
Ranchal *69* 192 A1
Ranchette *39* 177 D3
Ranchicourt *62* 8 A2
Ranchot *39* 159 F1
Ranchy *14* 28 C3
Rancogne *16* 202 A1
Rançon *76* 15 E4
Rancon *87* 185 F1
Rançonnières *52* 117 D2
Rancoudray *50* 55 D4
Rancourt *80* 19 E1
Rancourt *88* 94 A4
Rancourt-sur-Ornain *55* 65 F3
Rancy *71* 175 F1
Randan *63* 190 A2
Randanne *63* 207 D1
Randens *73* 213 F2
Randevillers *25* 142 A3
Randonnai *61* 83 F1
Rânes *61* 56 A4
Rang *25* 142 A2

REIMS

Alsace-Lorraine (R. d') CX 2
Anatole-France (Cours) BY 3
Arbalète (R. de l') BY 4
Boulard (R.) BY 6
Boulingrin (Pl. du) BX 7
Brébant (Av.) AY 8
Buirette (R.) AY 12
Cadran St-Pierre (R.) BY 13
Carmes (R. des) BZ 16
Carnégie (Pl.) BY 17
Carnot (R.) BY 19
Champagne (Av. de) CZ 22
Chemin Vert (R. du) CZ 23
Colbert (R.) BXY 26
Desteuque (R. E.) BY 31
Dieu-Lumière (R.) CZ 32
Dr-Jacquin (R.) BXY 33
Dr-Knoéri (Pl. du) CX 34
Dr-Lemoine (R.) BX 35
Droits-de-l'Homme (Pl. des) CZ 37
Drouet d'Erlon (Pl.) AY 38
Dubois (R. Th.) AY 39
Étape (R. de l') AY 40
Farman (Av. H.) CZ 43
Foch (Bd) ABX 46
Forum (Pl.) BY 47
Gerbert (R.) BCY 50
Gouraud (Pl. Gén.) CZ 51
Grand-Cerf (R. du) CZ 52
Herduin (R. Lt) BY 53
Houzeau Muiron (R.) CY 54
Jamot (R. Paul) BY 56
J.-J.-Rousseau (R.) BX 57
Jean-Jaurès (Av.) BCX
Lambert (Bd Victor) CZ 58
Langlet (Crs J.-B.) BY 59
Laon (Av. de) ABX
Leclerc (Bd Général) AY 60
Lefèbvre (R. E.) CX 61
Louvois (R. de) BZ 62
Magdeleine (R.) AY 63
Martyrs-de-la-Résistance (Pl. des) BY 65
Montlaurent (R.) CY 67
Myron-Herrick (Pl.) BY 68
Philipe (R. Gérard) CZ 70
Prés.-F.-Roosevelt (R.) AX 72
République (Pl. de la) BX 73
Rockefeller (R.) BY 75
Salines (R. des) CZ 80
Sarrail (R. Gén.) BX 82
St-Nicaise (Pl.) CZ 78
Strasbourg (R. de) CX 84
Talleyrand (R. de) ABY
Temple (R. du) BX 85
Thillois (R. de) AY 86
Université (R. de l') BY 88
Vesle (R. de) ABY
Victor-Hugo (Bd) CZ 90
Zola (R. Émile) AX 92
16e-et-22e-Dragons (R. des) CY 94

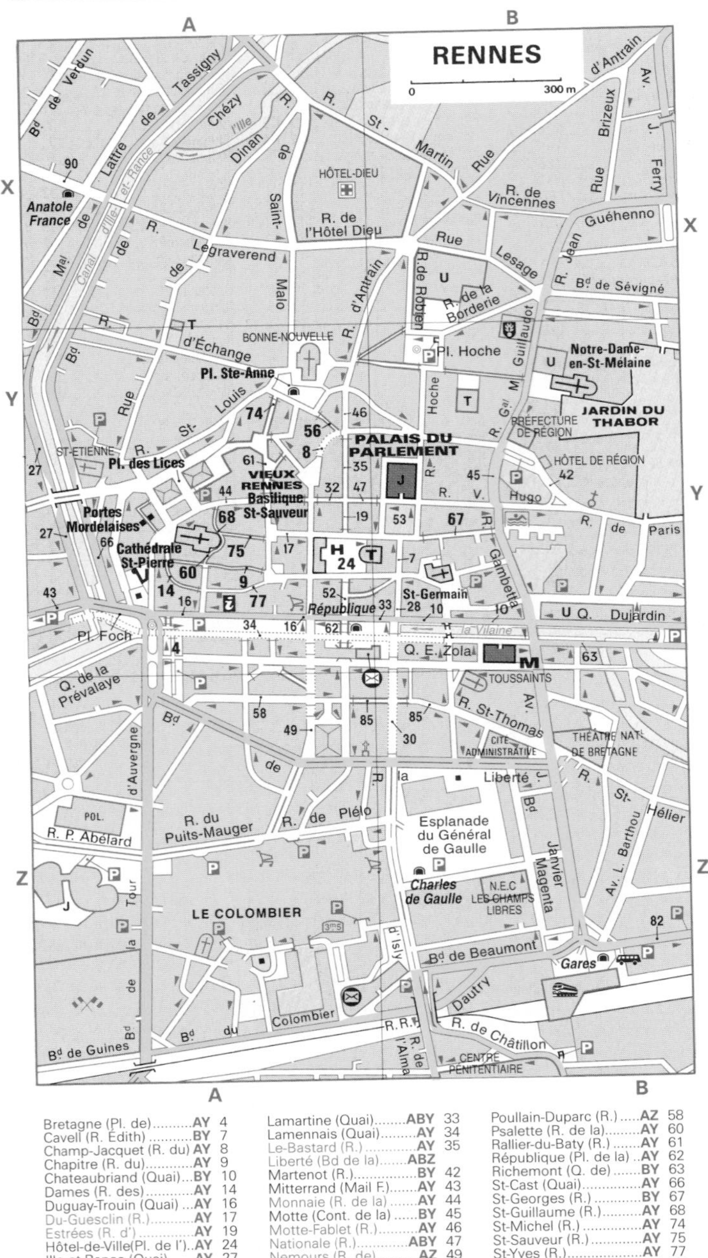

Bretagne (Pl. de) AY 4
Cavell (R. Edith) AY 7
Champ-Jacquet (R. du) AY 8
Chapitre (R. du) AY 9
Chateaubriand (Quai) BY 10
Dames (R. des) AY 14
Duguay-Trouin (Quai) AY 16
Du-Guesclin (R.) AY 17
Estrées (R. d') AY 19
Hôtel-de-Ville (Pl. de l') AY 24
Ille-et-Rance (Quai) AY 27
Jaurès (R. Jean) BY 28
Joffre (R. Mar.) BZ 30
La-Fayette (R.) AY 32
Lamartine (Quai) ABY 33
Lamennais (Quai) AY 34
Le-Bastard (R.) AY 35
Liberté (Bd de la) ABZ
Martenot (R.) BY 42
Mitterrand (Mail F.) AY 43
Monnaie (R. de la) AY 44
Motte (Cont. de la) BY 45
Motte-Fablet (R.) AY 46
Nationale (R.) ABY 47
Nemours (R. de) AZ 49
Orléans (R. d') AY 52
Palais (Pl. du) BY 53
Pont-aux-Foulons (R.) AY 56
Poullain-Duparc (R.) AZ 58
Psalette (R. de la) AY 60
Rallier-du-Baty (R.) AY 61
République (Pl. de la) AY 62
Richemont (Q. de) BY 63
St-Cast (Quai) AY 66
St-Georges (R.) BY 67
St-Guillaume (R.) AY 68
St-Michel (R.) AY 74
St-Sauveur (R.) AY 75
St-Yves (R.) AY 77
Solférino (Bd) BZ 82
Vasselot (R.) AZ 85
41e-d'Infanterie (R.) AX 90

Rang-du-Fliers *62* 6 A2
Rangecourt *52* 117 D1
Rangen *67* 70 C3
Ranguevaux *57* 41 E3
Rannée *35* 104 A2
Ranrupt *67* 96 A1
Rans *39* 159 F1
Ransart *62* 8 A4
Ranspach *68* 120 A1
Ranspach-le-Bas *68* 143 F1
Ranspach-le-Haut *68* 143 F1
Rantechaux *25* 161 D1
Rantigny *60* 34 C3
Ranton *86* 148 B2
Rantzwiller *68* 120 C3
Ranville *14* 29 F4
Ranville-Breuillaud *16* 183 D3
Ranzevelle *70* 118 A2
Ranzières *55* 67 D1
Raon-aux-Bois *88* 119 D1
Raon-lès-Leau *54* 70 A4
Raon-l'Étape *88* 95 E2
Raon-sur-Plaine *88* 70 A4
Rapaggio *2B* 315 F4
Rapale *2B* 315 E2
Rapey *88* 94 B3
Raphèle-lès-Arles *13* 283 E2
Rapilly *14* 56 A3
Rapsécourt *51* 65 F1
Raray *60* 35 E4
Rarécourt *55* 66 A1
Rasiguères *66* 312 B1
Raslay *86* 148 C1
Rasteau *84* 265 D1
Le Rat *19* 205 E1
Ratenelle *71* 175 F2
Ratières *26* 229 D1
Ratilly (Château de) *89* 135 F2
Ratte *71* 176 A1
Ratzwiller *67* 44 A4
Raucoules *43* 227 F1
Raucourt *54* 68 B2
Raucourt-au-Bois *59* 10 A2
Raucourt-et-Flaba *08* 39 E1
Raulecourt *55* 67 E3
Raulhac *15* 224 B4
Rauret *43* 226 C4
Rauville-la-Bigot *50* 24 C3
Rauville-la-Place *50* 25 D4
Rauwiller *67* 70 A1
Rauzan *33* 219 D4
Raveau *58* 154 C1
Ravel *63* 190 A4
Ravel *69* 210 C1
Ravel-et-Ferriers *26* 248 B1
Ravenel *60* 34 C1
Ravennefontaines *52* 117 E1
Ravenoville *50* 25 E4
Raves *88* 96 A2
Raviège (Lac de la) *81* 279 D2
Ravières *89* 114 C4
Ravigny *53* 82 B2
Raville *57* 42 B4
Raville-sur-Sânon *54* 68 C4
Ravilloles *39* 177 D3
La Ravoire *73* 213 D2
Ray-sur-Saône *70* 140 C1
Raye-sur-Authie *62* 6 C3
Rayet *47* 238 C1
Raymond *18* 153 F2
Raynans *25* 142 B1
Rayol-Canadel-sur-Mer *83* 293 D2
Rayssac *81* 260 A4
Raz (Pointe du) *29* 72 B3
Razac-de-Saussignac *24* 219 F4
Razac-d'Eymet *24* 238 A1
Razac-sur-l'Isle *24* 220 B1
Raze *70* 141 D1
Razecueillé *31* 299 E3
Razengues *32* 275 F2
Razès *87* 186 A2
Razimet *47* 237 F4
Razines *37* 149 E2
Ré (Île de) *17* 180 B1
Réal *66* 311 D2
Réalcamp *76* 17 D3
Réallon *05* 250 A1
Réalmont *81* 278 A1
Réalville *82* 258 A2
Réans *32* 255 D4
Réau *77* 87 E1
Réau (Ancienne
Abbaye de la) *86* 184 B1
Réaumont *38* 212 B3
Réaumur *85* 147 D4
Réaup *47* 255 E2
Réauville *26* 247 D3
Réaux *17* 199 F2
Les Réaux (Château) *37* 129 F4
Rebais *77* 62 C3
Rebecques *62* 3 E4
Rébénacq *64* 296 C2
Rebergues *62* 2 C3
Rebets *76* 32 C2
Rebeuville *88* 93 E3
Rebigue *31* 276 C3
Rebouc *65* 298 B3
Rebouillon *83* 287 D2
Rebourguil *12* 260 C4
Rebourseaux *89* 113 F2
Reboursin *36* 152 A1
Rebréchien *45* 110 B2
Rebreuve-Ranchicourt *62* 8 A2
Rebreuve-sur-Canche *62* 7 E3
Rebreuviette *62* 7 E3
Recanoz *39* 159 E3
Recey-sur-Ource *21* 115 F4
Réchésy *90* 120 A4
Réchicourt *55* 40 C3
Réchicourt-la-Petite *54* 69 D3
Réchicourt-le-Château *57* 69 E4
Récicourt *55* 39 F4
Réclainville *28* 85 F3
Reclesne *71* 157 D2
Reclinghem *62* 7 D1
Réclonville *54* 95 E1
Recloses *77* 87 F3
Recologne *25* 140 C4
Recologne *70* 140 C1
Recologne-lès-Rioz *70* 141 D2
Recoubeau-Jansac *26* 248 A1
Recoules-d'Aubrac *48* 243 E1
Recoules-de-Fumas *48* 244 A2
Recoules-Prévinquières *12* 243 D4
Récourt *52* 117 D2
Récourt *62* 8 C3
Récourt-le-Creux *55* 66 C1
La Recousse *62* 3 D3
Recouvrance *90* 120 A4
Le Recoux *48* 243 E4
Recques-sur-Course *62* 6 B1
Recques-sur-Hem *62* 3 D3
Recquignies *59* 10 C2
Le Reculey *14* 55 D2
Reculfoz *25* 160 C4
Recurt *65* 298 B1
Recy *51* 64 C2
Rédange *57* 41 D1
Rédené *29* 99 F2
Réderis (Cap) *66* 313 F3
Redessan *30* 264 B4
Réding *57* 70 A2
Redon *35* 102 B4
La Redorte *11* 303 D1
Redortiers *04* 266 B2
Réez-Fosse-Martin *60* 62 A1
Reffannes *79* 165 E2
Reffroy *55* 67 D4
Reffuveille *50* 54 B4
Refranche *25* 160 B1
Régades *31* 299 D3
Régat *09* 301 F3
Regnauville *62* 7 D3
Regnévelle *88* 118 A2
Regnéville-sur-Mer *50* 53 F1
Regnéville-sur-Meuse *55* 40 A3
Regney *88* 94 B3
Régnié-Durette *69* 192 B1
Regnière-Écluse *80* 6 B3
Regniowez *08* 11 E4
Regny *02* 20 B3
Régny *42* 191 F2
La Regrippière *44* 127 D4
Réguiny *56* 101 E1
Réguisheim *68* 120 C1
Régusse *83* 286 B1
Rehaincourt *88* 94 C2
Rehainviller *54* 94 C1
Rehaupal *88* 95 E4
Reherrey *54* 95 E1
Réhon *54* 40 C1
Reichsfeld *67* 96 C1
Reichshoffen *67* 45 D4
Reichstett *67* 71 D3
Reignac *16* 200 C3
Reignac *33* 199 E4
Reignac-sur-Indre *37* 131 E4
Reignat *63* 190 A4
Reigneville-Bocage *50* 25 D4
Reignier *74* 195 F1
Reigny *18* 170 B2
Reilhac *15* 224 A3
Reilhac *43* 226 A2
Reilhac *46* 240 C1
Reilhaguet *46* 240 A1
Reilhanette *26* 266 A1
Reillanne *04* 266 C3
Reillon *54* 69 E4
Reilly *60* 33 F4
Reimerswiller *67* 45 E4
Reims *51* 37 F4
Reims-la-Brûlée *51* 65 E4
Reine Jeanne
(Pont de la) *04* 267 E1
Reinhardsmunster *67* 70 B3
Reiningue *68* 120 B2
Reipertswiller *67* 44 C4
Reithouse *39* 176 C1
Reitwiller *67* 71 D2
Réjaumont *32* 256 A4
Réjaumont *65* 298 C2
Rejet-de-Beaulieu *59* 20 C1
Rélanges *88* 118 A1
Relans *39* 159 E4
Le Relecq-Kerhuon *29* 47 F3
Relevant *01* 193 D1
Rely *62* 7 E1
Remaisnil *80* 7 E4
Rémalard *61* 84 A2
Remaucourt *02* 20 A2
Remaucourt *08* 38 A1
La Remaudière *44* 127 D4
Remaugies *80* 35 D1
Remauville *77* 88 A4
Rembercourt-aux-Pots *55* 66 B2
Rembercourt-sur-Mad *54* 67 F1
Rémécourt *60* 34 C2
Rémelange *57* 41 E3
Rémelfang *57* 42 B3
Rémelfing *57* 43 E4
Rémeling *57* 42 B2
Remennecourt *55* 65 F3
Remenoville *54* 94 C2
Rémérangles *60* 34 B2
Réméréville *54* 68 C4
Rémering *57* 42 B3
Rémering-lès-Puttelange *57* 69 F1
Remicourt *51* 65 F2
Remicourt *88* 94 A3
Remiencourt *80* 18 B3
Remies *02* 20 B4
La Remigeasse *17* 180 B3
Remigny *02* 20 A4
Remigny *71* 157 F3
Rémilly *57* 68 C1
Rémilly *58* 156 A4
Remilly-Aillicourt *08* 23 E4
Remilly-en-Montagne *21* 138 C4
Remilly-les-Pothées *08* 22 B3
Remilly-sur-Lozon *50* 27 D4
Remilly-sur-Tille *21* 139 E3
Remilly-Wirquin *62* 3 D4
Réminiac *56* 102 A2
Remiremont *88* 119 D1
Remoiville *55* 40 A2
Remollon *05* 249 F2
Remomeix *88* 95 F3
Remoncourt *54* 69 E4
Remoncourt *88* 94 A4
Rémondans-Vaivre *25* 142 B2
Rémonville *08* 39 F2
Remoray-Boujeons *25* 160 C4
Remouillé *44* 146 A1
Remoulins *30* 264 B3
Removille *88* 93 F3
Rempnat *87* 205 D1
La Remuée *76* 14 C4
Remungol *56* 101 D2
Rémuzat *26* 248 A3
Remy *60* 35 D2
Rémy *62* 8 C3
Renac *35* 102 C4
Renage *38* 212 B4
Renaison *42* 191 D2
La Renaissance *17* 181 D3
Renansart *02* 20 B4
Renaucourt *70* 140 C1
La Renaudie *63* 208 C1
La Renaudière *49* 146 C1
Renauvoid *88* 94 C4
Renay *41* 108 C3
Renazé *53* 104 B3
Rencurel *38* 230 B1
René *72* 83 D4
Renédale *25* 160 C1
Renescure *59* 3 E4
Renève *21* 140 A3
Réning *57* 69 E1
Rennemoulin *78* 60 B3
Rennepont *52* 115 F1
Rennes *35* 79 E4
Rennes-en-Grenouilles *53* 81 F2
Rennes-le-Château *11* 302 B4
Rennes-les-Bains *11* 302 B4
Rennes-sur-Loue *25* 160 A2
Renneval *02* 21 E4
Renneville *08* 21 F4
Renneville *27* 32 C2
Renneville *31* 277 E4
Renno *2A* 316 B2
Le Renouard *61* 56 C2
Rentières *63* 207 E3
Renty *62* 7 D1
Renung *40* 273 D1
Renwez *08* 22 B3
La Réole *33* 237 D2
La Réorthe *85* 163 F1
Réotier *05* 250 B1
Repaix *54* 69 E4
La Répara-Auriples *26* 247 E1
Réparsac *16* 182 C4
Repel *88* 94 A3
Repentigny *14* 30 B4
Replonges *01* 175 E4
Le Reposoir *74* 196 B2
Les Repôts *39* 159 D4
Reppe *90* 120 A3
Requeil *72* 106 C4
Réquista *12* 260 A3
Résenlieu *61* 57 D3
La Résie-Saint-Martin *70* 140 B3
Résigny *02* 21 F4
Resson *55* 66 B3
Ressons-l'Abbaye *60* 34 A3
Ressons-le-Long *02* 36 A3
Ressons-sur-Matz *60* 35 E1
Les Ressuintes *28* 84 B1
Restigné *37* 130 A4
Restinclières *34* 282 A1
Restonica
(Gorges de la) *2B* 316 C1
Le Retail *79* 164 C2
Rétaud *17* 199 D1
Reterre *23* 188 A2
Rethel *08* 38 B1
Retheuil *02* 35 F3
Rethondes *60* 35 F2
Rethonvillers *80* 19 E4
Réthoville *50* 25 D2
Retiers *35* 103 F2
Retjons *40* 254 B2
Retonfey *57* 42 A4
Rétonval *76* 17 D3
Retournac *43* 227 E1
Retournemer (Lac de) *88* 119 F1
Retschwiller *67* 45 E4
Rettel *57* 42 A2
Rety *62* 2 B3
Retzwiller *68* 120 A3
Reugney *25* 160 C2
Reugny *03* 170 C3
Reugny *37* 131 D2
Reuil *51* 63 F1
Reuil-en-Brie *77* 62 B2
Reuil-sur-Brêche *60* 34 B1
Reuilly *27* 59 D1
Reuilly *36* 152 C2
Reuilly-Sauvigny *02* 63 E1
Reulle-Vergy *21* 139 D4
Reumont *59* 20 B1
La Réunion *47* 237 E4
Reutenbourg *67* 70 B2
Reuves *51* 63 F3
Reuville *76* 15 F2
Reux *14* 30 B3
Revard (Mont) *73* 213 D1
Réveillon *51* 63 D4
Réveillon *61* 83 F2
Revel *31* 277 F3
Revel *38* 231 D1
Revel-Tourdan *38* 211 E3
Revelles *80* 18 A3
Revémont *54* 40 C2
Revens *30* 261 F2
Reventin-Vaugris *38* 211 D3
Revercourt *28* 58 C4
Revest-des-Brousses *04* 266 C3
Revest-du-Bion *04* 266 B2
Le Revest-les-Eaux *83* 291 F3
Le Revest-les-Roches *06* 269 F3
Revest-Saint-Martin *04* 267 D2
La Revêtizon *79* 182 B1
Reviers *14* 29 E3
Revigny *39* 176 C1
Revigny-sur-Ornain *55* 66 A3
Réville *50* 25 E2
Réville-aux-Bois *55* 40 A3
Révillon *02* 37 D3
Revin *08* 11 F4
Revollat (Croix de) *38* 213 D4
Revonnas *01* 193 F1
Rexingen *67* 70 A1
Rexpoëde *59* 3 F2
Reyersviller *57* 44 B3
Reygade *19* 223 D3
Reynel *52* 92 C3
Reynès *66* 312 C3
Reynier *04* 249 F4
Reyniès *82* 257 F4
Reyrevignes *46* 241 D2
Reyrieux *01* 192 C3
Les Reys-de-Saulce *26* 247 D1
Reyssouze *01* 175 E3
Reyvroz *74* 178 C3
Rezay *18* 170 A1
Rezé *44* 126 B4
Rézentières *15* 225 E2
Rezonville *57* 41 E4
Rezza *2A* 316 C2
Rhèges *10* 90 A1
Le Rheu *35* 103 D1
Le Rhien *70* 119 E4
Rhinau *67* 97 D1
Rhodes *57* 69 F3
Rhodon *41* 109 D4
Rhodon *78* 60 B4
Rhuis *60* 35 D3
Ri *61* 56 B3
Ria-Sirach *66* 311 F2
Riaillé *44* 127 D1
Le Rialet *81* 278 C3
Rians *18* 153 F1
Rians *83* 285 F2
Riantec *56* 100 A3
Riau (Château du) *03* 172 A1
Riaucourt *52* 92 B4
Riaville *55* 67 E1
Ribagnac *24* 220 A4
Ribarrouy *64* 273 D2
Ribaute *11* 303 D2
Ribaute-les-Tavernes *30* 263 E2
Le Ribay *53* 81 F3
Ribeaucourt *55* 92 C1
Ribeaucourt *80* 18 A1
Ribeauville *02* 20 C1
Ribeauvillé *68* 96 B3
Ribécourt *60* 35 F2
Ribécourt-la-Tour *59* 19 F1
Ribemont *02* 20 B3
Ribemont-sur-Ancre *80* 18 C2
Ribennes *48* 244 A2
Ribérac *24* 219 F1
Ribes *07* 245 F3
Ribeyret *05* 248 B3
Ribiers *05* 267 D1
Ribouisse *11* 301 F2
Riboux *83* 285 F4
La Ricamarie *42* 210 A3
Ricarville *76* 15 D3
Ricarville-du-Val *76* 16 B3
Ricaud *11* 277 F4
Ricaud *65* 298 A2
Les Riceys *10* 114 C2
La Richardais *35* 52 C4
Richardménil *54* 94 B1
Richarville *91* 86 B2
La Riche *37* 130 C3
Riche *57* 69 D2
Richebourg *52* 116 A2
Richebourg *62* 8 B1
Richebourg *78* 59 F3
Richecourt *55* 67 E2
Richelieu *37* 149 E2
Richeling *57* 69 F1
Richemont *16* 182 B4
Richemont *57* 41 F3
Richemont *76* 17 D3
Richemont (Col de) *01* 194 C2
Richerenches *84* 247 D4
Richet *40* 235 E4
Richeval *57* 69 F4

Richeville 27 ... 33 D4
Richtolsheim 67 ... 97 D2
Richwiller 68 ... 120 B2
Ricourt 32 ... 274 A3
Ricquebourg 60 ... 35 E1
Riec-sur-Belon 29 ... 99 E2
Riedheim 67 ... 70 C1
Riedisheim 68 ... 120 C2
Riedseltz 67 ... 45 E4
Riedwihr 68 ... 96 C3
Riel-les-Eaux 21 ... 115 E2
Riencourt 80 ... 17 F2
Riencourt-lès-Bapaume 62 ... 19 E1
Riencourt-lès-Cagnicourt 62 ... 8 C4
Riervescemont 90 ... 119 F3
Riespach 68 ... 120 B4
Rieucazé 31 ... 299 D2
Rieucros 09 ... 301 E2
Rieulay 59 ... 9 D2
Rieumajou 31 ... 277 E4
Rieumes 31 ... 276 A4
Rieupeyroux 12 ... 241 F4
Rieussec 34 ... 279 E4
Rieutort-de-Randon 48 ... 244 A2
Rieux 31 ... 300 A1
Rieux 51 ... 63 D3
Rieux 56 ... 125 E1
Rieux 60 ... 34 C3
Rieux 62 ... 7 F1
Rieux 76 ... 17 D2
Rieux-de-Pelleport 09 ... 301 D3
Rieux-en-Cambrésis 59 ... 9 E4
Rieux-en-Val 11 ... 303 D2
Rieux-Minervois 11 ... 303 D1
Riez 04 ... 267 E4
Rigarda 66 ... 312 B2
Rigaud 06 ... 269 E2
Rignac 12 ... 241 F4
Rignac 46 ... 222 C4
Rignat 01 ... 193 F1
Rignaucourt 55 ... 66 B2
Rigné 79 ... 148 A2
Rigney 25 ... 141 E2
Rignieux-le-Franc 01 ... 193 F3
Rignosot 25 ... 141 E2
Rignovelle 70 ... 119 D3
Rigny 70 ... 140 B2
Rigny-la-Nonneuse 10 ... 89 E3
Rigny-la-Salle 55 ... 67 E4
Rigny-le-Ferron 10 ... 89 E4
Rigny-Saint-Martin 55 ... 93 E1
Rigny-sur-Arroux 71 ... 173 F2
Rigny-Ussé 37 ... 130 A4
Riguepeu 32 ... 274 B2
Rilhac-Lastours 87 ... 203 E1
Rilhac-Rancon 87 ... 186 A3
Rilhac-Treignac 19 ... 204 C2
Rilhac-Xaintrie 19 ... 223 F1
Rillans 25 ... 141 F2
Rillé 37 ... 130 A2
Rillieux-la-Pape 69 ... 193 D4
Rilly-la-Montagne 51 ... 37 F4
Rilly-Sainte-Syre 10 ... 90 A2
Rilly-sur-Aisne 08 ... 38 C2
Rilly-sur-Loire 41 ... 131 F2
Rilly-sur-Vienne 37 ... 149 F2
Rimaucourt 52 ... 92 C4
Rimbach-près-Guebwiller 68 ... 120 A1
Rimbach-près-Masevaux 68 ... 119 F3
Rimbachzell 68 ... 120 B1
Rimbez-et-Baudiets 40 ... 255 D2
Rimboval 62 ... 6 C1
Rimeize 48 ... 244 A1
Rimling 57 ... 43 F4
Rimogne 08 ... 22 B3
Rimon-et-Savel 26 ... 248 A1
Rimondeix 23 ... 187 E1
Rimons 33 ... 237 D1
Rimont 09 ... 300 B3
Rimou 35 ... 79 F2
Rimplas 06 ... 269 F1
Rimsdorf 67 ... 70 A1
Ringeldorf 67 ... 71 D1
Ringendorf 67 ... 70 C1
Rinxent 62 ... 2 B3
Riocaud 33 ... 219 F4
Riolan (Clue du) 06 ... 269 E3
Riolas 31 ... 275 E4
Riols 34 ... 279 E3
Le Riols 81 ... 259 D2
Riom 63 ... 189 E3
Riom-ès-Montagnes 15 ... 206 C4
Rioms 26 ... 248 B4
Rion-des-Landes 40 ... 253 D3
Rions 33 ... 236 B1
Riorges 42 ... 191 E2
Riotord 43 ... 228 A1
Rioupéroux 38 ... 231 D1
Rioupes (Col des) 05 ... 249 D1
Rioux 17 ... 199 D1
Rioux-Martin 16 ... 201 D4
Rioz 70 ... 141 D2
Ripaille (Domaine de) 74 ... 178 B3
Riquet (Obélisque de) 11 ... 277 E4
Riquewihr 68 ... 96 B3
Ris 63 ... 190 A2
Ris 65 ... 298 B4
Ris-Orangis 91 ... 87 D1
Riscle 32 ... 273 E2
Risoul 05 ... 250 C1
Risoul 1850 05 ... 250 C1
Ristolas 05 ... 233 E4
Ristz (Château du) 03 ... 172 A3
Rittershoffen 67 ... 45 E4
Ritzing 57 ... 42 A2
Riunoguès 66 ... 312 C4
Riupeyrous 64 ... 273 D4
Riva-Bella 14 ... 29 F3
Rivarennes 36 ... 168 B1
Rivarennes 37 ... 130 A4
Rivas 42 ... 209 F2
Rivau (Château du) 37 ... 149 E1
Rive-de-Gier 42 ... 210 B2
Rivecourt 60 ... 35 E3
Rivedoux-Plage 17 ... 180 B1
Rivehaute 64 ... 271 F4
Rivel 11 ... 301 F4
Riventosa 2B ... 317 D1
Rivèrenert 09 ... 300 A3
Riverie 69 ... 210 B2
Rivery 80 ... 18 B2
Les Rives 34 ... 261 F4
Rives 38 ... 212 B3
Rives 47 ... 238 C2
Rivesaltes 66 ... 313 D1
Le Rivier 38 ... 212 B3
La Rivière 33 ... 217 F3
Rivière 37 ... 149 D1
La Rivière 38 ... 212 B4
Rivière 62 ... 8 A4
La Rivière-de-Corps 10 ... 90 A4
La Rivière-Drugeon 25 ... 160 C3
La Rivière-Enverse 74 ... 196 B1
Rivière-les-Fosses 52 ... 139 F1
Rivière-Saas-et-Gourby 40 ... 271 E1
La Rivière-Saint-Sauveur 14 ... 30 C2
Rivière-sur-Tarn 12 ... 261 E1
La Rivière-Thibouville 27 ... 31 E4
Rivières 16 ... 184 A4
Rivières 30 ... 263 F1
Rivières 81 ... 259 D4
Les Rivières-Henruel 51 ... 65 D4
Rivières-le-Bois 52 ... 117 D4
Riville 76 ... 15 D2
Rivolet 69 ... 192 B2
Rix 39 ... 160 B4
Rix 58 ... 136 B3
Rixheim 68 ... 120 C2
La Rixouse 39 ... 177 E2
Rizaucourt 52 ... 91 F3
Roaillan 33 ... 236 C3
Roaix 84 ... 265 E1
Roanne 42 ... 191 E2
Roannes-Saint-Mary 15 ... 224 A4
Robécourt 88 ... 93 E4
Robecq 62 ... 8 A1
Robehomme 14 ... 29 F4
Robersart 59 ... 10 A3
Robert-Espagne 55 ... 66 A4
Robert-le-Diable (Château de) 76 ... 32 A3
Robert-Magny 52 ... 91 F2
Robertot 76 ... 15 E2
Roberval 60 ... 35 D3
Robiac-Rochessadoule 30 ... 263 E1
Robien (Château) 22 ... 77 D2
Robin (Mont) 50 ... 54 B2
La Robine-sur-Galabre 04 ... 267 F1
Robion 04 ... 268 B4
Robion 84 ... 265 E4
Le Roc 46 ... 222 A4
Le Roc-Saint-André 56 ... 101 F2
Rocamadour 46 ... 222 B4
Rocbaron 83 ... 286 B4
Rocé 41 ... 108 C3
Roche 38 ... 211 E2
Roche 41 ... 109 E4
Roche 42 ... 209 D2
La Roche aux Fées 35 ... 103 F2
Roche-Béranger 38 ... 231 D1
La Roche-Bernard 56 ... 123 F2
La Roche-Blanche 44 ... 127 E2
La Roche-Blanche 63 ... 207 E1
La Roche-Canilhac 15 ... 243 E1
La Roche-Canillac 19 ... 223 D1
La Roche-Chalais 24 ... 219 D1
Roche-Charles 63 ... 207 E3
La Roche-Clermault 37 ... 149 D1
La Roche Courbon (Château de) 17 ... 181 E3
Roche-d'Agoux 63 ... 188 B2
La Roche-de-Glun 26 ... 229 D2
La Roche-de-Rame 05 ... 232 B4
La Roche-Derrien 22 ... 50 B2
La Roche-des-Arnauds 05 ... 249 E2
Roche du Prêtre 25 ... 142 B4
La Roche-en-Brenil 21 ... 137 F3
Roche-en-Régnier 43 ... 227 D1
Roche-et-Raucourt 70 ... 140 B1
La Roche-Guyon 95 ... 59 F1
La Roche-Jagu (Château de) 22 ... 50 C2
Roche-la-Molière 42 ... 209 F3
La Roche-l'Abeille 87 ... 203 F2
Roche-le-Peyroux 19 ... 206 A3
Roche-lès-Clerval 25 ... 142 A3
Roche-lez-Beaupré 25 ... 141 E3
La Roche-Mabile 61 ... 82 B2
La Roche-Maurice 29 ... 48 C4
La Roche-Noire 63 ... 207 F1
La Roche-Posay 86 ... 150 A4
La Roche-qui-Boit (Barrage de) 50 ... 80 A1
La Roche-Racan (Château) 37 ... 130 B1
La Roche-Rigault 86 ... 149 D2
Roche-Saint-Secret-Béconne 26 ... 247 E3
La Roche-sur-Foron 74 ... 195 F1
La Roche-sur-Grane 26 ... 247 D1
La Roche-sur-le-Buis 26 ... 248 A4
Roche-sur-Linotte-et-Sorans-les-Cordiers 70 ... 141 E2
La Roche-sur-Yon 85 ... 145 F4
La Roche-Vanneau 21 ... 138 A2
La Roche-Vineuse 71 ... 175 D3
Rochebaudin 26 ... 247 E2
La Rochebeaucourt-et-Argentine 24 ... 202 A3
Rochebloine 07 ... 228 B2
Rochebonne (Château de) 07 ... 228 A3
Rochebrune 05 ... 249 F3
Rochebrune 26 ... 247 F4
Rochebrune (Château de) 16 ... 184 C3
Rochechinard 26 ... 229 F2
Rochechouart 87 ... 184 C4
Rochecolombe 07 ... 246 A2
Rochecorbon 37 ... 131 D3
Rochefort 17 ... 181 D3
Rochefort 21 ... 115 E4
Rochefort 73 ... 212 C1
Rochefort (Rocher de) 42 ... 191 D2
Rochefort-du-Gard 30 ... 264 C3
Rochefort-en-Terre 56 ... 102 A4
Rochefort-en-Valdaine 26 ... 247 D3
Rochefort-en-Yvelines 78 ... 86 B1
Rochefort-Montagne 63 ... 206 C1
Rochefort-Samson 26 ... 229 F3
Rochefort-sur-la-Côte 52 ... 92 B4
Rochefort-sur-Loire 49 ... 128 A3
Rochefort-sur-Nenon 39 ... 159 E1
La Rochefoucauld 16 ... 184 A4
Rochefourchat 26 ... 247 F2
La Rochegiron 04 ... 266 C2
Rochegude 26 ... 265 D1
Rochegude 30 ... 263 F1
Rochejean 25 ... 161 D4
La Rochelambert (Château de) 43 ... 226 C2
La Rochelle 17 ... 180 C1
La Rochelle 70 ... 117 E4
La Rochelle-Normande 50 ... 53 F3
Rochemaure 07 ... 246 C2
La Rochénard 79 ... 164 B4
Rochepaule 07 ... 228 A2
La Rochepot 21 ... 157 F2
Rocher 07 ... 245 F2
Rocher-Portail (Château du) 35 ... 80 A2
Le Rochereau 86 ... 148 C4
Les Rochers-Sévigné (Château) 35 ... 104 B1
Roches 23 ... 169 F4
Roches Blanches (Panorama des) 83 ... 287 D4
Les Roches-de-Condrieu 38 ... 210 C3
Roches-lès-Blamont 25 ... 142 C2
Les Roches-l'Évêque 41 ... 108 A4
Roches-Prémarie-Andillé 86 ... 166 B2
Roches-sur-Marne 52 ... 92 A1
Roches-sur-Rognon 52 ... 92 B3
Rocheservière 85 ... 145 F2
Rochessauve 07 ... 246 B1
Rochesson 88 ... 119 E1
Rochetaillée 42 ... 210 A3
Rochetaillée 52 ... 116 B3
Rochetaillée-sur-Saône 69 ... 192 C4
Rochetoirin 38 ... 212 A2
Rochetrejoux 85 ... 146 C4
La Rochette 04 ... 269 E3
La Rochette 05 ... 249 F1
La Rochette 07 ... 227 F3
La Rochette 16 ... 183 F4
La Rochette 23 ... 187 E2
La Rochette 73 ... 213 E2
La Rochette 77 ... 87 F2
La Rochette-du-Buis 26 ... 248 B4
Rocheville 06 ... 288 A3
Rocheville 50 ... 24 C3
Rochonvillers 57 ... 41 E2
Rochy-Condé 60 ... 34 B2
Rocles 03 ... 171 F3
Rocles 07 ... 245 F2
Rocles 48 ... 244 C1
Roclincourt 62 ... 8 B3
Rocourt 88 ... 117 E1
Rocourt-Saint-Martin 02 ... 36 B4
Rocquancourt 14 ... 56 A1
La Rocque 14 ... 55 E2
Rocquefort 76 ... 15 E3
Rocquemont 60 ... 35 E4
Rocquemont 76 ... 32 C1
Rocquencourt 60 ... 18 B4
Rocquencourt 78 ... 60 C3
Rocques 14 ... 30 C4
Rocquigny 02 ... 10 B4
Rocquigny 08 ... 21 F4
Rocquigny 62 ... 19 E1
Rocroi 08 ... 22 B2
Rodalbe 57 ... 69 D2
Rodelinghem 62 ... 2 C3
Rodelle 12 ... 242 B3
Rodemack 57 ... 41 F1
Roderen 68 ... 120 A2
La Roderie 44 ... 126 A4
Rodern 68 ... 96 C2
Rodès 66 ... 312 B2
Rodez 12 ... 242 B4
Rodilhan 30 ... 264 A4
Rodome 11 ... 311 D1
La Roë 53 ... 104 B2
Roëllecourt 62 ... 7 F2
Rœschwoog 67 ... 71 F1
Rœulx 59 ... 9 E3
Rœux 62 ... 8 B3
Roézé-sur-Sarthe 72 ... 106 C3
Roffey 89 ... 114 A3
Roffiac 15 ... 225 E2
Rogalle 09 ... 300 A4
Rogécourt 02 ... 20 B4
Rogerville 76 ... 14 B4
Rogéville 54 ... 67 F3
Roggenhouse 68 ... 120 C1
Rogliano 2B ... 314 A1
Rogna 39 ... 177 D3
Rognac 13 ... 284 B3
Rognaix 73 ... 214 A1
Rognes 13 ... 284 C1
Rognon 25 ... 141 F2
Rognonas 13 ... 264 C4
Rogny 02 ... 21 D3
Rogny-les-Sept-Écluses 89 ... 112 A4
Rogues 30 ... 262 B4
Rogy 80 ... 18 A4
Rohaire 28 ... 58 A4
Rohan 56 ... 77 E4
Rohr 67 ... 70 C2
Rohrbach-lès-Bitche 57 ... 43 F4
Rohrwiller 67 ... 71 E2
Roiffé 86 ... 148 C1
Roiffieux 07 ... 228 C1
Roiglise 80 ... 19 E4
Roilly 21 ... 137 F3
Roinville 28 ... 85 F2
Roinville 91 ... 86 B2
Roinvilliers 91 ... 86 C3
Roisel 80 ... 19 F2
Les Roises 55 ... 93 E2
Roisey 42 ... 210 C3
Roissard 38 ... 230 C3
Roissy-en-Brie 77 ... 61 F3
Roissy-en-France 95 ... 61 E2
Roiville 61 ... 57 D3
Roizy 08 ... 38 A2
Rolampont 52 ... 116 C2
Rolbing 57 ... 44 B2
Rollainville 88 ... 93 E3
Rollancourt 62 ... 7 D2
Rolland 33 ... 219 D2
Rolleboise 78 ... 59 F2
Rolleville 76 ... 14 B3
Rollot 80 ... 35 D1
Rom 79 ... 166 A4
Romagnat 63 ... 207 E1
La Romagne 08 ... 22 A4
Romagne 33 ... 218 C4
Romagné 35 ... 80 A3
La Romagne 49 ... 146 C1
Romagne 86 ... 166 B4
Romagne-sous-les-Côtes 55 ... 40 B3
Romagne-sous-Montfaucon 55 ... 39 F3
Romagnieu 38 ... 212 B2
Romagny 50 ... 54 C4
Romagny 68 ... 120 A3
Romagny-sous-Rougemont 90 ... 120 A3
Romain 25 ... 141 F2
Romain 39 ... 140 C4
Romain 51 ... 37 D3
Romain 54 ... 94 C1
Romain-aux-Bois 88 ... 117 E1
Romain-sur-Meuse 52 ... 93 D4
Romaines 10 ... 90 C2
Romainville 93 ... 61 D3
Roman 27 ... 58 B3
Romanèche 01 ... 194 A1
Romanèche-Thorins 71 ... 192 C1
Romange 39 ... 159 E1
Romans 01 ... 193 D1
Romans 79 ... 165 E3
Romans-sur-Isère 26 ... 229 E2
Romanswiller 67 ... 70 C3
Romazières 17 ... 183 D2
Romazy 35 ... 79 F2
Rombach-le-Franc 68 ... 96 B2
Rombas 57 ... 41 F3
Rombies-et-Marchipont 59 ... 10 A1
Rombly 62 ... 7 F1
Romegoux 17 ... 181 E3
Romelfing 57 ... 69 F2
Romenay 71 ... 175 F2
Romeny-sur-Marne 02 ... 62 C2
Romeries 59 ... 9 F4
Romery 02 ... 20 C2
Romery 51 ... 64 A1
Romescamps 60 ... 17 E4
Romestaing 47 ... 237 D3
Romette 05 ... 249 F2
Romeyer 26 ... 230 A4
La Romieu 32 ... 256 A3
Romigny 51 ... 37 D4
Romiguières 34 ... 261 F4
Romillé 35 ... 79 D4
Romilly 41 ... 108 B2
Romilly-la-Puthenaye 27 ... 58 A2
Romilly-sur-Aigre 28 ... 109 D2
Romilly-sur-Andelle 27 ... 32 B3
Romilly-sur-Seine 10 ... 89 F2
Romont 88 ... 95 D2
Romorantin-Lanthenay 41 ... 132 C3
Rompon 07 ... 228 C4
Rônai 61 ... 56 B3
Ronce-les-Bains 17 ... 180 C4
Roncenay 10 ... 90 B4
Le Roncenay-Authenay 27 ... 58 C3
Roncey 50 ... 54 A1
Ronchamp 70 ... 119 E4
Ronchaux 25 ... 160 A1
Ronchères 02 ... 63 E1
Ronchères 89 ... 135 E1

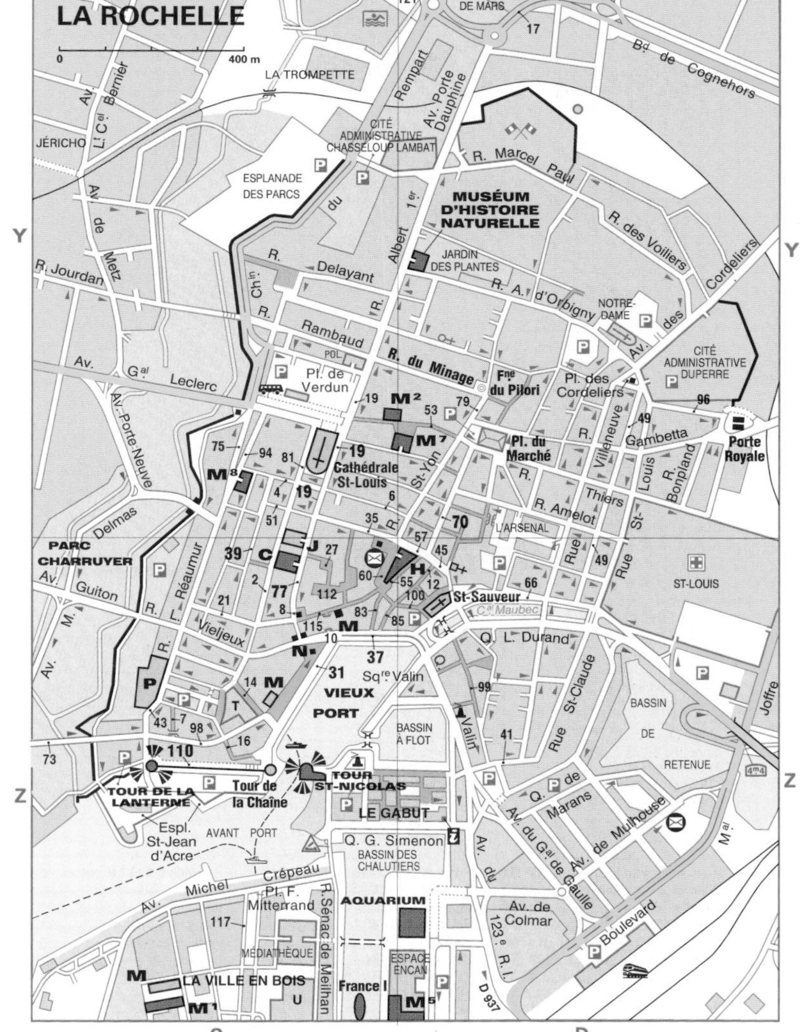

Admyrauld (R. G.) ... CYZ 2
Aufrédy (R.) ... CY 4
Augustins (R. des) ... CDY 6
Ballangerie (R. de la) ... CZ 7
Bancs (Pl. des Petits) ... CZ 8
Barentin (Pl.) ... CZ 10
Bletterie (R.) ... DZ 12
Carmes (R. des) ... CZ 14
Chaîne (R. de la) ... CZ 16
Champ-de-Mars (Av. du) ... DY 17
Chaudrier (R.) ... CY 19
Chef-de-Ville (R.) ... CY 21
Commanderie (Cour de la) ... CZ 27
Dames (Cours des) ... CZ 31
Dupaty (R.) ... CY 35
Duperré (Quai) ... CZ 37
Escale (R. de l') ... CZ 39
Fabrique (R. de la) ... CZ 41
Fagots (R. des) ... CZ 43
Ferté (R. de la) ... DZ 45
Fonderies (R. des) ... DYZ 49
Fromentin (R. E.) ... CY 51
Gargoulleau (R.) ... DY 53
Gentilshommes (R. des) ... CDZ 55
Grille (R. de la) ... DYZ 57
Hôtel-de-Ville (R. de l') ... CZ 60
Maubec (Quai) ... DZ 66
Merciers (Gde Rue des) ... DY 70
Minage (R. du) ... DY
Monnaie (Av. de la) ... CZ 73
Noue (R. de la) ... CY 75
Palais (R. du) ... CZ 77
Pas-du-Minage (R. du) ... DY 79
Pernelle (R.) ... CY 81
Port (Petite Rue du) ... CZ 83
Port (R. du) ... CZ 85
St-Côme (R.) ... CY 94
St-François (R.) ... DY 96
St-Jean-du-Pérot (R.) ... CZ 98
St-Nicolas (R.) ... DZ 99
St-Sauveur (R.) ... DZ 100
St-Yon (R.) ... DY
Sur-les-Murs (R.) ... CZ 110
Temple (Cour du) ... CZ 112
Temple (R. du) ... CZ 115
Vespucci (Av. Amerigo) ... CZ 117
11-Novembre-1918 (Av. du) ... DY 121

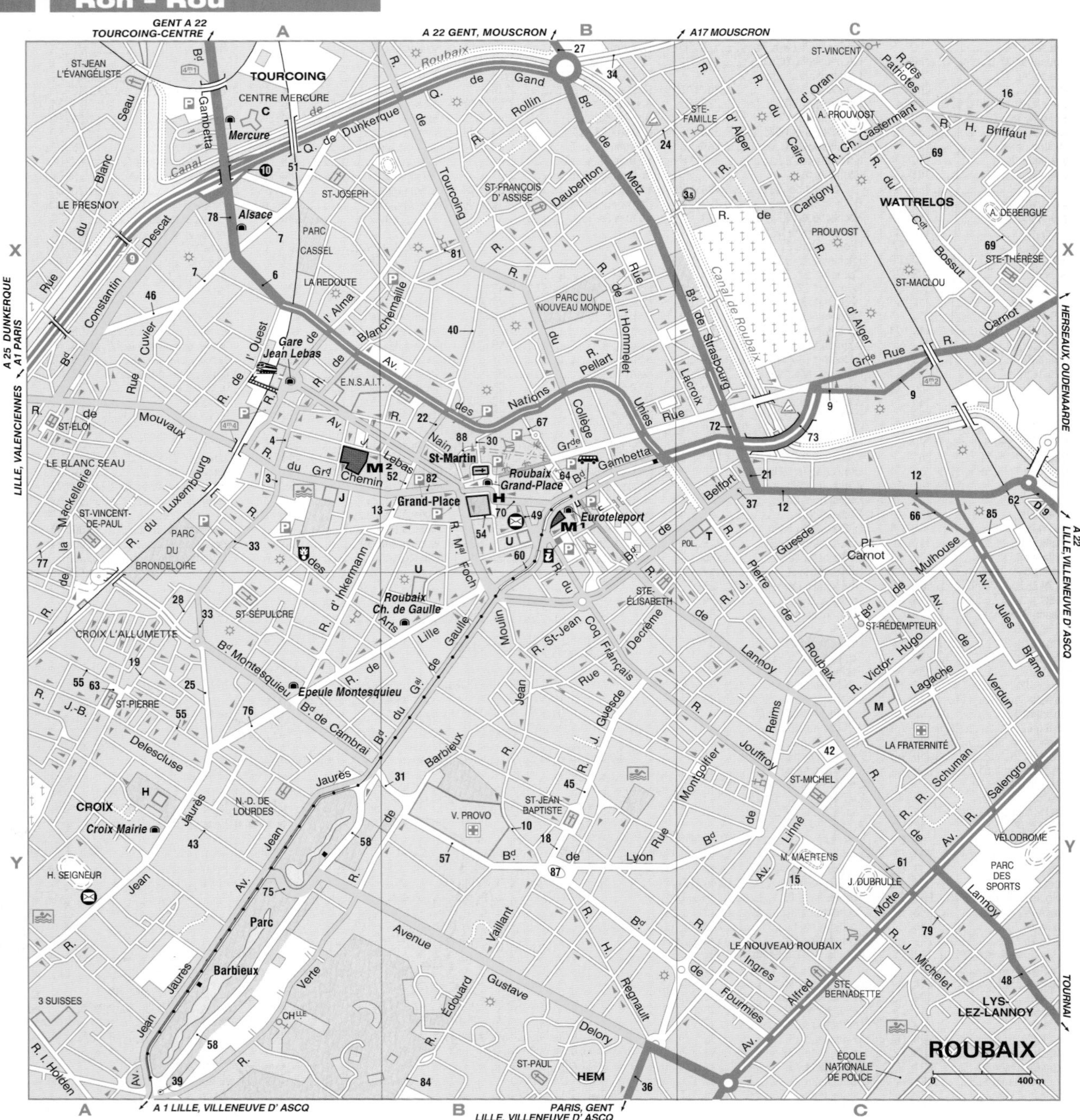

Abreuvoir (Pl. de l') .... AX 3
Alouette (R. de l') .... AX 4
Alsace (Av. d') .... AX 6
Armentières (Bd d') .... AX 7
Avelghem (R. d') .... CX 9
Beaumont (R. de) .... BY 10
Beaurepaire (Bd du) .... CX 12
Bois (R. du) .... BX 13
Braille (R. Louis) .... CY 15
Cateau (Bd du) .... BY 18
Colmar (Bd de) .... CX 21
Communauté-Urbaine (R.) ... BX 22
Constantine (R. de) .... BX 24
Courbet (R. Amiral) .... AY 25
Couteaux (Bd des) .... BX 27
Cugnot (R.) .... AY 28
Curé (R. du) .... BX 30
Douai (Bd de) .... ABY 31
Épeule (R. de l') .... AXY 33
Espierre (R. de l') .... BX 34
Faidherbe (Pl. du Gén.) .... CX 37
Fer-à-Cheval (Carr. du) .... AY 39
Fosse-aux-Chênes (R.) .... BX 40
Fraternité (Pl. de la) .... CY 42
Goujon (R. Jean) .... BY 45
Gounod (R. Ch.) .... AX 46
Grand-Place .... BX
Grande-Rue .... BCX
Halle (R. de la) .... BX 49
Halluin (Bd d') .... AX 51
Hospice (R. de l') .... BX 52
Hôtel-de-Ville (R. de l') .... BX 54
Lacordaire (Bd) .... BY 57
Lannoy (R. de) .... BCY
Lebas (Av. J.) .... ABX
Le Nôtre (Av.) .... AY 58
Leclerc (Bd Gén.) .... BX 60
Leconte-Baillon (R.) .... CY 61
Leers (R. de) .... CX 62
Liberté (Pl. de la) .... BX 64
Molière (R.) .... CX 66
Monnet (R. Jean) .... BX 67
Motte (R. Pierre) .... BX 70
Nadaud (R.) .... CX 72
Nyckès (Pont) .... CX 73
Peuple-Belge (Av. du) .... AY 75
Prof.-Langevin (R. du) .... AY 76
République (Bd de la) .... AX 78
Rousseau (R. J.-J.) .... CY 79
St-Maurice (R.) .... BX 81
Sarrail (R. du Gén.) .... BX 82
Sévigné (R. de) .... CX 85
Travail (Pl. du) .... BY 87
Vieil-Abreuvoir (R. du) .... BX 88
Wastyn (R. J.) .... AX 90

CROIX

Cheuvreuil (R.) .... AY 19
Gaulle (Av. du Gén.-de) .... AY 43
Kléber (R.) .... AY 55
Liberté (Pl. de la) .... AY 63

HEM

Europe (Av. de l') .... BY 36
Schuman (R. Robert) .... BY 84

LYS-LÈZ-LANNOY

Guesde (R. Jules) .... CY 48

WATTRELOS

Briffaut (R. Henri) .... CX 16
Monge (R.) .... CX 69

Roncherolles-en-Bray *76*........33 D1
Roncherolles-sur-le-Vivier *76*.32 B2
Ronchin *59*........8 C1
Ronchois *76*........17 D4
Roncourt *57*........41 E4
Roncourt *88*........93 E4
Roncq *59*........4 C3
La Ronde *17*........164 A4
La Ronde *79*........147 E4
La Ronde-Haye *50*........26 C4
Rondefontaine *25*........160 C4
Ronel *81*........259 F4
Ronfeugerai *61*........55 F3
Rongères *03*........172 B4
Ronnet *03*........188 C1
Ronno *69*........192 A2
Ronquerolles *95*........34 B4
Ronsenac *16*........201 F3
Ronssoy *80*........19 F2
Rontalon *69*........210 B1
Ronthon *50*........53 F3
Rontignon *64*........297 D1
Ronvaux *55*........40 B4
Roôcourt-la-Côte *52*........92 B4
Roost-Warendin *59*........9 D2
Roppe *90*........119 F4
Roppenheim *67*........71 F1
Roppentzwiller *68*........120 C4
Roppeviller *57*........44 C3
La Roque-Alric *84*........265 E1
La Roque-Baignard *14*........30 B4
La Roque-d'Anthéron *13*........284 C1
La Roque-Esclapon *83*........287 E1
La Roque-Gageac *24*........221 F4
La Roque-Sainte-Marguerite *12*........261 F2
La Roque-sur-Cèze *30*........264 B1
La Roque-sur-Pernes *84*........265 E3
Roquebillière *06*........289 D2
Roquebrun *34*........280 A3
Roquebrune *32*........274 B1
Roquebrune *33*........237 D1
Roquebrune-Cap-Martin *06*.289 E4
Roquebrune-sur-Argens *83*.287 E3
La Roquebrussanne *83*........286 A4
Roquecor *82*........239 D4
Roquecourbe *81*........278 B2
Roquecourbe-Minervois *11*.303 D1
Roquedols (Château de) *48*.262 A2
Roquedur *30*........262 B3
Roquefère *11*........278 C4
Roquefeuil *11*........310 C1
Roquefixade *09*........301 E4
Roquefort *32*........275 D1
Roquefort *40*........254 B2
Roquefort *47*........256 A1
Roquefort-de-Sault *11*........311 D1
Roquefort-des-Corbières *11*.303 F3
Roquefort-la-Bédoule *13*........291 D3
Roquefort-les-Cascades *09*..301 E3
Roquefort-les-Pins *06*........288 B2
Roquefort-sur-Garonne *31*...299 F2
Roquefort-sur-Soulzon *12*....261 D3
Roquelaure *32*........274 C1
Roquelaure (Château de) *12*........243 D3
Roquelaure-Saint-Aubin *32*.275 F2
Roquemaure *30*........264 C2
Roquemaure *81*........258 B4
Roquepine *32*........256 A4
Roqueredonde *34*........280 B1
Roques *31*........276 B3
Roques *32*........255 F4
Roqueserière *31*........277 D1
Roquessels *34*........280 B3
Roquesteron *06*........269 E3
Roquestéron-Grasse *06*........269 E3
Roquetaillade *11*........302 A3
Roquetaillade (Château de) *33*........236 C3
Roquetoire *62*........3 E4
La Roquette *27*........32 C4
La Roquette-sur-Siagne *06*..288 A3
La Roquette-sur-Var *06*........288 C1
Roquettes *31*........276 B3
Roquevaire *13*........285 E4
Roquevidal *81*........277 E2
Roquiague *64*........295 F1
La Roquille *33*........219 F4
Rorbach-lès-Dieuze *57*........69 E2
Rorschwihr *68*........96 C2
Rorthais *79*........147 D3
Les Rosaires *22*........51 E3
Rosanbo (Château de) *22*........49 F3
Rosans *05*........248 B3
Rosay *39*........176 B2
Rosay *76*........16 B4
Rosay *78*........59 F2
Rosay-sur-Lieure *27*........32 C3
Rosazia *2A*........316 B2
Rosbruck *57*........43 D4
Roscanvel *29*........47 E4
Roscoff *29*........49 D2
Rosel *14*........29 E4
Roselend (Barrage de) *73*....196 B4
Roselier (Pointe du) *22*........51 E4
Rosenau *68*........121 D3
Rosendaël *59*........3 E1
Rosenwiller *67*........70 C4
Roset-Fluans *25*........140 C4
Rosey *70*........141 D1
Rosey *71*........157 F4
Rosheim *67*........70 C4
La Rosière *70*........119 D2
La Rosière-1850 *73*........215 D1
Rosières *07*........245 F3
Rosières *18*........153 D3
Rosières *43*........227 E2
Rosières *60*........35 E4
Rosières *81*........259 E3
Rosières-aux-Salines *54*........94 B1
Rosières-devant-Bar *55*........66 B3
Rosières-en-Blois *55*........93 D1
Rosières-en-Haye *54*........67 F3
Rosières-en-Santerre *80*........19 D3
Rosières-près-Troyes *10*........90 B4
Rosières-sur-Barbèche *25*....142 B3
Rosières-sur-Mance *70*........117 F3
Rosiers-de-Juillac *19*........203 F4
Rosiers-d'Égletons *19*........205 E4
Les Rosiers-sur-Loire *49*......129 D3
Rosis *34*........279 F2
Rosnay *36*........168 A1
Rosnay *51*........37 E4
Rosnay *85*........163 D2
Rosnay-l'Hôpital *10*........91 D2
Rosnes *55*........66 B2
Rosnoën *29*........73 F1
Rosny-sous-Bois *93*........61 E3
Rosny-sur-Seine *78*........59 F2
Rosoy *60*........34 C3
Rosoy *89*........112 C1
Rosoy-en-Multien *60*........62 B1
Rosoy-le-Vieil *45*........112 A1
Rosoy-sur-Amance *52*........117 D3
Rospez *22*........50 A2
Rospigliani *2B*........317 E2
Rosporden *29*........99 D1
Rossay *86*........148 C2
Rosselange *57*........41 E3
Rossfeld *67*........97 D1
Rossillon *01*........194 B3
Rosteig *67*........44 B4
Rostrenen *22*........76 B3
Rosult *59*........9 E2
Rosureux *25*........142 B4
Rotalier *39*........176 B1
Rotangy *60*........34 A1
Rothau *67*........70 B4
Rothbach *67*........70 C1
Rothéneuf *35*........52 C4
Rotherens *73*........213 E2
La Rothière *10*........91 D3
Rothois *60*........33 F1
Rothonay *39*........176 C2
Les Rotours *61*........56 A3
Rots *14*........29 E4
Rott *67*........45 E3
Rottelsheim *67*........71 D2
Rottier *26*........248 A3
Rou-Marson *49*........129 D4
Rouairoux *81*........279 D3
Rouans *44*........125 F4
La Rouaudière *53*........104 A3
Roubaix *59*........5 D4
Roubia *11*........303 E1
Roubion *06*........269 F1
Roucamps *14*........55 E2
Roucourt *59*........9 D3
Roucy *02*........37 E3
Roudouallec *56*........75 E4
Rouécourt *52*........92 A3
Rouède *31*........299 E3
Rouellé *61*........81 D1
Rouelles *52*........116 B3
Rouelles *76*........14 B4
Rouen *76*........32 A2
Rouessé-Fontaine *72*........82 C3
Rouessé-Vassé *72*........82 A4
Rouet *34*........262 C4
Rouez *72*........106 B1
Rouffach *68*........96 B4
Rouffange *39*........140 B4
Rouffiac *15*........223 E2
Rouffiac *16*........201 E4
Rouffiac *17*........199 F1
Rouffiac *81*........259 E4
Rouffiac-d'Aude *11*........302 B2
Rouffiac-des-Corbières *11*....303 D4
Rouffiac-Tolosan *31*........276 C2
Rouffignac *17*........199 F4
Rouffignac *24*........221 D2
Rouffignac (Grotte de) *24*....221 D3
Rouffignac-de-Sigoulès *24*..220 A4
Rouffigny *50*........54 B3
Rouffilhac *46*........222 A4
Rouffillac *24*........222 A4
Rouffy *51*........64 B2
Rougé *44*........103 F3
La Rouge *61*........83 F4
Rouge-Perriers *27*........31 F4
Rougefay *62*........7 D3
Rougegoutte *90*........119 F3
Rougemont *21*........137 F1
Rougemont *25*........141 F2
Rougemont-le-Château *90*...119 F3
Rougemontiers *27*........31 E3
Rougemontot *25*........141 F2
Rougeou *41*........132 B3
Rougeries *02*........21 D3
Les Rouges-Eaux *88*........95 E3
Le Rouget *15*........223 F4
Rouget (Cascade du) *74*........196 C1
Rougeux *52*........117 E3
Rougiers *83*........285 F3
Rougiville *88*........95 F3
Rougnac *16*........202 A2
Rougnat *23*........188 B2
Rougon *04*........268 A4
Rouhe *25*........160 B1
Rouhling *57*........43 E4
Rouillac *16*........183 D4
Rouillac *22*........78 A3
Rouillas-Bas *63*........207 E1
Rouillé *86*........165 F3
Rouillon *72*........106 C1
Rouilly *77*........88 C1
Rouilly-Sacey *10*........90 C3
Rouilly-Saint-Loup *10*........90 B4
Roujan *34*........280 B3

Roulans *25* 141 E3
Le Roulier *88* 95 D4
Roullée *72* 83 D2
Roullens *11* 302 B2
Roullet *16* 201 E2
Roullours *14* 55 D3
Roumagne *47* 237 F2
Roumare *76* 15 F4
Roumazières *16* 184 B3
Roumazières-Loubert *16* 184 B3
Roumégoux *15* 223 F4
Roumégoux *81* 278 B1
Roumengoux *09* 301 F3
Roumens *31* 277 F3
Roumoules *04* 267 F4
Rountzenheim *67* 71 F1
Roupeldange *57* 42 B3
Rouperroux *61* 82 B1
Rouperroux-le-Coquet *72* 83 E4
Roupy *02* 20 A3
La Rouquette *12* 241 D4
Roure *06* 269 F1
Le Rouret *06* 288 A2
Rousies *59* 10 B2
Roussac *87* 185 F2
Roussas *26* 247 D3
Roussay *49* 146 B1
Roussayrolles *81* 258 C2
Rousseloy *60* 34 C3
Roussennac *12* 241 F3
Roussent *62* 6 B2
Les Rousses *39* 177 F2
Rousses *48* 262 B1
Rousset *05* 249 F2
Rousset *13* 285 E3
Le Rousset *71* 174 B2
Rousset (Col de) *26* 230 A4
Rousset-les-Vignes *26* 247 E3
La Roussière *27* 57 F2
Roussieux *26* 248 B4
Roussillon *38* 210 C3
Roussillon *84* 265 F3
Roussillon-en-Morvan *71* 156 C2
Roussines *16* 202 B1
Roussines *36* 168 B3
Rousson *30* 263 E1
Rousson *89* 112 C1
Roussy-le-Village *57* 41 F1
Routelle *25* 140 C4
Routes *76* 15 E2
Routier *11* 302 A2
Routot *27* 31 E3
Rouvenac *11* 302 A4
Rouves *54* 68 B2
La Rouvière *30* 263 F3
Rouvignies *59* 9 E3
Rouville *60* 35 E4
Rouville *76* 15 D3
Rouvillers *60* 35 D2
Rouvray *21* 137 E3
Rouvray *27* 59 D1
Rouvray *89* 113 E3
Rouvray-Catillon *76* 33 D1
Rouvray-Saint-Denis *28* 86 B4
Rouvray-Saint-Florentin *28* 85 E4
Rouvray-Sainte-Croix *45* 109 F2
Rouvre *79* 165 D3
Rouvrel *80* 18 B3
Rouvres *14* 56 B1
Rouvres *28* 59 E3
Rouvres *77* 61 F1
Rouvres-en-Multien *60* 62 B1
Rouvres-en-Plaine *21* 139 E4
Rouvres-en-Woëvre *55* 40 C4
Rouvres-en-Xaintois *88* 94 A3
Rouvres-la-Chétive *88* 93 E3
Rouvres-les-Bois *36* 151 F2
Rouvres-les-Vignes *10* 91 F4
Rouvres-Saint-Jean *45* 86 C3
Rouvres-sous-Meilly *21* 138 B4
Rouvres-sur-Aube *52* 116 A3
Rouvrois-sur-Meuse *55* 67 D2
Rouvrois-sur-Othain *55* 40 C2
Rouvroy *02* 20 A3
Rouvroy *62* 8 B2
Rouvroy-en-Santerre *80* 19 D3
Rouvroy-les-Merles *60* 18 B4
Rouvroy-Ripont *51* 39 D4
Rouvroy-sur-Audry *08* 22 B3
Rouvroy-sur-Marne *52* 92 B3
Rouvroy-sur-Serre *02* 21 F4
Le Roux *07* 245 F1
Rouxeville *50* 54 C1
La Rouxière *44* 127 E2
Rouxmesnil-Bouteilles *76* 16 A2
Rouy *58* 155 E2
Rouy-le-Grand *80* 19 E3
Rouy-le-Petit *80* 19 E3
Rouze *09* 311 D1
Rouzède *16* 202 B1
Rouziers *15* 223 F4
Rouziers-de-Touraine *37* 130 C2
Le Rove *13* 284 C4
Roville-aux-Chênes *88* 95 D2
Roville-devant-Bayon *54* 94 B2
Rovon *38* 230 A1
Roy-Boissy *60* 33 F1
Royan *17* 198 B1
Royas *38* 211 E2
Royat *63* 189 E4
Royaucourt *60* 34 C1
Royaucourt-et-Chailvet *02* 36 C1
Royaumeix *54* 67 F3
Royaumont (Abbaye de) *95* 61 D1
Roybon *38* 211 F4
Roye *70* 119 D4
Roye *80* 19 D4
Roye-sur-Matz *60* 35 E1
Royer *71* 175 D2
Royère-de-Vassivière *23* 187 D4
Royères *87* 186 A4
Roynac *26* 247 D1
Royon *62* 6 C2
Royville *76* 15 F2
Roz-Landrieux *35* 79 D1
Roz-sur-Couesnon *35* 79 F1
Rozay-en-Brie *77* 62 A4
Le Rozel *50* 24 B3
Rozelieures *54* 94 C2
Rozérieulles *57* 41 E4
Rozerotte *88* 94 A3
Rozès *32* 255 F4
Rozet-Saint-Albin *02* 36 B4
Le Rozier *48* 261 F1
Rozier-Côtes-d'Aurec *42* 209 E4
Rozier-en-Donzy *42* 191 F4
Rozières *52* 91 F2
Rozières-en-Beauce *45* 109 F2
Rozières-sur-Crise *02* 36 B3
Rozières-sur-Mouzon *88* 117 E1
Roziers-Saint-Georges *87* 186 B4
Rozoy-Bellevalle *02* 63 D2
Rozoy-sur-Serre *02* 21 F4
Ruages *58* 136 C4
Ruan *45* 110 A1
Ruan-sur-Egvonne *41* 108 C2
Ruaudin *72* 107 D2
Ruaux *88* 118 C2
Rubécourt-et-Lamécourt *08* 23 E4
Rubelles *77* 87 F1
Rubempré *80* 18 B1
Rubercy *14* 27 F3
Rubescourt *80* 35 D1
Rubigny *08* 21 F4
Rubrouck *59* 3 E3
Ruca *22* 78 A1
Ruch *33* 219 D4
Rucqueville *14* 29 D3
Rudeau-Ladosse *24* 202 B3
Rudelle *46* 241 D1
Rue *80* 6 B3
La Rue-Saint-Pierre *60* 34 B2
La Rue-Saint-Pierre *76* 32 B1
Ruederbach *68* 120 B4
Rueil-la-Gadelière *28* 58 B4
Rueil-Malmaison *92* 60 C3
Ruelisheim *68* 120 C2
Ruelle-sur-Touvre *16* 201 F1
Les Rues-des-Vignes *59* 20 A1
Ruesnes *59* 9 F3
Rueyres *46* 241 D1
Ruffec *16* 183 F2
Ruffec *36* 168 A1
Ruffey-le-Château *25* 140 C3
Ruffey-lès-Beaune *21* 158 A2
Ruffey-lès-Echirey *21* 139 E3
Ruffey-sur-Seille *39* 159 E4
Ruffiac *47* 237 D4
Ruffiac *56* 102 A3
Ruffieu *01* 194 B2
Ruffieux *73* 195 D3
Ruffigné *44* 103 F3
Rugles *27* 58 A3
Rugney *88* 94 B3
Rugny *89* 114 B3
Rugy *57* 41 F3
Ruhans *70* 141 E2
Ruillé-en-Champagne *72* 106 B1
Ruillé-Froid-Fonds *53* 105 E2
Ruillé-le-Gravelais *53* 104 C1
Ruillé-sur-Loir *72* 107 F4
Ruisseauville *62* 7 D2
Ruitz *62* 8 A2
Rullac-Saint-Cirq *12* 260 A2
Rully *14* 55 E3
Rully *60* 35 E4
Rully *71* 157 F3
Rumaisnil *80* 18 A3
Rumaucourt *62* 8 C4
Rumegies *59* 9 E1
Rumengol *29* 73 F1
Rumersheim *67* 71 D2
Rumersheim-le-Haut *68* 121 D1
Rumesnil *14* 30 A4
Rumigny *08* 22 A3
Rumigny *80* 18 B3
Rumilly *62* 7 D1
Rumilly *74* 195 D3
Rumilly-en-Cambrésis *59* 9 D4
Rumilly-lès-Vaudes *10* 114 C1
Ruminghem *62* 3 D2
Rumont *55* 66 B3
Rumont *77* 87 E4
Runan *22* 50 B2
Rungis *94* 61 D4
Ruoms *07* 246 A3
Rupéreux *77* 88 C1
Ruppes *88* 93 E2
Rupt *52* 92 B2
Rupt-aux-Nonains *55* 66 B4
Rupt-devant-Saint-Mihiel *55* 66 C2
Rupt-en-Woëvre *55* 67 D1
Rupt-sur-Moselle *88* 119 E2
Rupt-sur-Othain *55* 40 B2
Rupt-sur-Saône *70* 118 A4
Rurange-lès-Thionville *57* 41 F3
Rurey *25* 160 B1
Rusio *2B* 315 E4
Russ *67* 70 B4
Russange *57* 41 E1
Le Russey *25* 142 B4
Russy *14* 28 C3
Russy-Bémont *60* 35 F4
Rustenhart *68* 120 C1
Rustiques *11* 302 C1
Rustrel *84* 266 B3
Rustroff *57* 42 A2
Rutali *2B* 315 E2
Ruvigny *10* 90 B4
Ruy *38* 211 F2
Ruyaulcourt *62* 19 F1
Ruynes-en-Margeride *15* 225 F3
Ry *76* 32 C2
Rye *39* 159 D3
Ryes *14* 29 D3

ROUEN

Albane (Cour d') BZ 3
Alsace-Lorraine (R. d') CZ 6
Aubert (Pl. du Lieutenant) CZ 9
Barbey d'Aurevilly (R.) AZ 10
Barthélemy (Pl.) BZ 12
Belfroy (R.) BY 13
Boieldieu (Pont) BZ 16
Bons-Enfants (R. des) ABY 19
Boucheries-Saint-Ouen (R. des) CZ 22
Boudin (R. E.) BY 24
Boulet (Quai G.) AY 25
Bourg-l'Abbé (R.) CY 27
Bourse (Quai de la) BZ 28
Bouvreuil (R.) BY 30
Calende (Pl. de la) BZ 35
Carmes (R. des) BYZ
Carrel (R. A.) CZ 42
Cartier (Av. Jacques) AZ 43
Cathédrale (Pl. de la) BZ 45
Cauchoise (R.) AY 46
Champ-des-Oiseaux (R. du) BY 48
Champlain (Av.) BZ 49
Chasselièvre (R.) AY 52
Cordier (R. du) BY 56
Corneille (Quai Pierre) BZ 57
Croix de Fer (R.) BYZ 59
Crosne (R. de) AY 61
Damiette (R.) CZ 63
Delacroix (Allée Eugène) BY 66
Donjon (R. du) BY 67
Duchamp (Espl. M.) BY 68
Eau-de-Robec (R.) CZ 70
Écureuil (R. de l') BY 72
Ernemont (R. d') CY 76
Faulx (R. des) CZ 81
Foch (Pl.) BY 84
Ganterie (R.) BY
Gaulle (Pl. Général-de) CY 89
Giraud (R. Général) AZ 90
Grand-Pont (R.) BZ
Gros-Horloge (R. du) ABYZ
Guillaume-le-Conquérant (Pont) AZ 93
Hauts-Mariages (impasse des) CZ 94
Hôpital (R. de l') BY 96
Jeanne-d'Arc (Pont) AZ 100
Jeanne-d'Arc (R.) BYZ
Joyeuse (R.) CY 101
Juifs (R. aux) BYZ 102
Leclerc (R. du Gén.) BZ
Libraires (Cour des) BZ 108
Mesnager (R. Nicolas) AY 111
Neufchatel (Route de) CY 115
Ours (R. aux) ABZ 116
Paris (Quai de) BZ 117
Pie (R. de la) AY 120
Poterne (R. de la) BY 120
Pucelle-d'Orléans (Pl. de la) AZ 121
Racine (R.) AY 124
République (R. de la) BZ
Requins (R. des) CY 128
Rollon (R.) AY 129
Saint-Godard (Pl.) BY 137
St-Marie (R.) CY 138
Schuman (R. Robert) CZ 140
Socrate (R.) BY 143
Thouret (R.) BYZ 147
Vieux-Marché (Pl. du) AY
Vieux-Palais (R. du) AY 152
19-Avril-1944 (Pl. du) BY 155

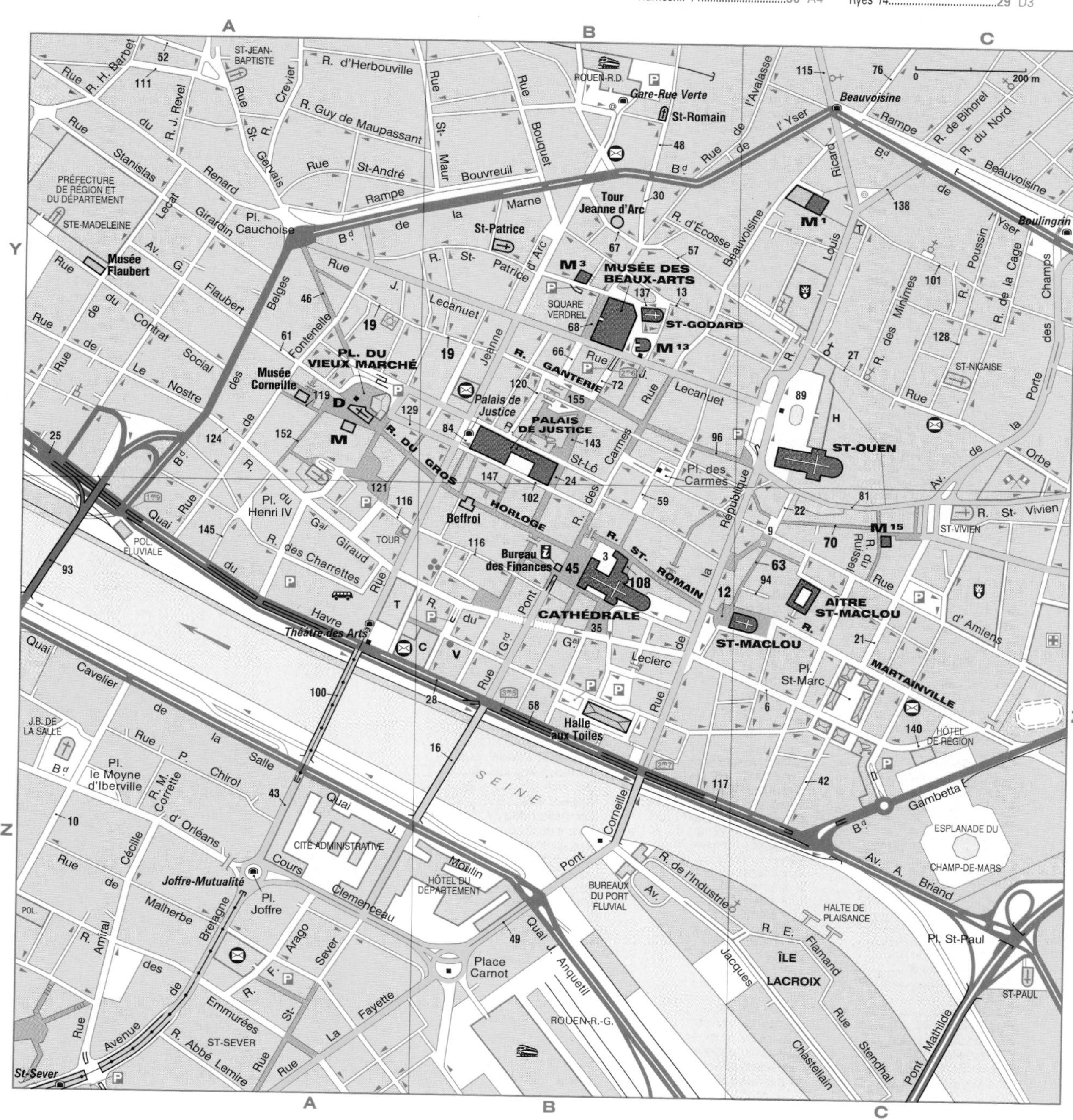

S

Saâcy-sur-Marne 77 ... 62 C2
Saales 67 ... 96 A1
Saales (Col de) 67 ... 96 A1
Saâne-Saint-Just 76 ... 15 F2
Saasenheim 67 ... 97 D2
Sabadel-Latronquière 46 ... 241 E1
Sabadel-Lauzès 46 ... 240 B2
Sabaillan 32 ... 275 E3
Sabalos 65 ... 298 A1
Sabarat 09 ... 300 B2
Sabarros 65 ... 298 B1
Sabazan 32 ... 273 F1
Sablé-sur-Sarthe 72 ... 105 F3
Les Sables-d'Olonne 85 ... 162 A2
Sables-d'Or-les-Pins 22 ... 52 A4
Sablet 84 ... 265 E1
Les Sablettes 83 ... 291 F4
Sablières 07 ... 245 E2
Sablonceaux 17 ... 181 D4
Sablonnières 77 ... 62 C3
Sablons 33 ... 218 C2
Sablons 38 ... 210 C4
Sabonnères 31 ... 275 F3
La Sabotterie 08 ... 38 C1
Sabran 30 ... 264 B1
Sabres 40 ... 253 E1
Saccourvielle 31 ... 307 F3
Sacé 53 ... 81 D4
Sacey 50 ... 79 F1
Saché 37 ... 130 B4
Sachin 62 ... 7 F2
Sachy 08 ... 23 E4
Sacierges-Saint-Martin 36 ... 168 B2
Saclas 91 ... 86 C3
Saclay 91 ... 60 C4
Saconin-et-Breuil 02 ... 36 B3
Sacoué 65 ... 298 C3
Le Sacq 27 ... 58 C3
Sacquenay 21 ... 139 F1
Sacquenville 27 ... 58 C1
Sacy 51 ... 37 E4
Sacy 89 ... 136 C1
Sacy-le-Grand 60 ... 35 D3
Sacy-le-Petit 60 ... 35 D3
Sadeillan 32 ... 274 B4
Sadillac 24 ... 238 A1
Sadirac 33 ... 217 F4
Sadournin 65 ... 274 B4
Sadroc 19 ... 204 B4
Saessolsheim 67 ... 70 C2
Saffais 54 ... 94 B1
Saffloz 39 ... 160 A4
Saffré 44 ... 126 B2
Saffres 21 ... 138 B3
Sagelat 24 ... 221 E4
Sagnat 23 ... 169 D4
Sagnes-et-Goudoulet 07 ... 227 F4
Sagone 2A ... 316 A2
Sagonne 18 ... 154 A3
Sagy 71 ... 176 A1
Sagy 95 ... 60 B1
Sahorre 66 ... 311 E3
Sahune 26 ... 247 F3
Sahurs 76 ... 32 A3
Sai 61 ... 56 C4
Saignes 15 ... 206 A4
Saignes 46 ... 222 C4
Saigneville 80 ... 6 B4
Saignon 84 ... 266 A4
Saiguède 31 ... 276 A3
Sail-les-Bains 42 ... 173 E4
Sail-sous-Couzan 42 ... 209 D1
Sailhan 65 ... 298 B4
Saillac 19 ... 222 B2
Saillac 46 ... 240 C4
Saillagouse 66 ... 310 C4
Saillans 26 ... 247 F1
Saillans 33 ... 218 C3
Saillant 63 ... 209 D3
Saillat-sur-Vienne 87 ... 184 C3
Saillé 44 ... 123 E4
Saillenard 71 ... 159 D4
Sailly 08 ... 23 F4
Sailly 52 ... 92 C2
Sailly 71 ... 174 C2
Sailly 78 ... 60 A1
Sailly-Achâtel 57 ... 68 B2
Sailly-au-Bois 62 ... 18 C1
Sailly-en-Ostrevent 62 ... 8 C3
Sailly-Flibeaucourt 80 ... 6 B4
Sailly-Labourse 62 ... 8 A1
Sailly-Laurette 80 ... 18 C2
Sailly-le-Sec 80 ... 18 C2
Sailly-lez-Cambrai 59 ... 9 D4
Sailly-lez-Lannoy 59 ... 5 D4
Sailly-Saillisel 80 ... 19 E1
Sailly-sur-la-Lys 62 ... 4 A4
Sain-Bel 69 ... 192 B4
Saincaize-Meauce 58 ... 154 C3
Sainghin-en-Mélantois 59 ... 9 D1
Sainghin-en-Weppes 59 ... 8 B1
Sainneville 76 ... 14 C4
Sainpuits 89 ... 135 F2
Sains 35 ... 79 F1
Sains-du-Nord 59 ... 10 C3
Sains-en-Amiénois 80 ... 18 B3
Sains-en-Gohelle 62 ... 8 A2
Sains-lès-Fressin 62 ... 7 D2
Sains-lès-Marquion 62 ... 8 C4
Sains-lès-Pernes 62 ... 7 E2
Sains-Morainvillers 60 ... 34 C1
Sains-Richaumont 02 ... 20 C3
Le Saint 56 ... 75 F4
Saint-Aaron 22 ... 51 F4
Saint-Abit 64 ... 297 D1
Saint-Abraham 56 ... 101 F2
Saint-Acheul 80 ... 7 D4
Saint-Adjutory 16 ... 184 A4
Saint-Adrien 22 ... 50 C4
Saint-Adrien (Roches de) 76 ... 32 B3
Saint-Affrique 12 ... 261 D3
Saint-Affrique-les-Montagnes 81 ... 278 B3
Saint-Agathon 22 ... 50 C3
Saint-Agil 41 ... 108 B2
Saint-Agnan 02 ... 63 E2
Saint-Agnan 58 ... 137 E4
Saint-Agnan 71 ... 173 E2
Saint-Agnan 81 ... 277 E1
Saint-Agnan 89 ... 88 B3
Saint-Agnan-de-Cernières 27 ... 57 F2
Saint-Agnan-en-Vercors 26 ... 230 A3
Saint-Agnan-le-Malherbe 14 ... 55 E1
Saint-Agnan-sur-Erre 61 ... 84 A3
Saint-Agnan-sur-Sarthe 61 ... 83 E1
Saint-Agnant 17 ... 181 D3
Saint-Agnant-de-Versillat 23 ... 168 C4
Saint-Agnant-près-Crocq 23 ... 188 A4
Saint-Agnant-sous-les-Côtes 55 ... 67 D3
Saint-Agne 24 ... 220 B4
Saint-Agnet 40 ... 273 D2
Saint-Agnin-sur-Bion 38 ... 211 F2
Saint-Agoulin 63 ... 189 E2
Saint-Agrève 07 ... 228 A2
Saint-Aignan 08 ... 23 D4
Saint-Aignan 33 ... 218 C3
Saint-Aignan 41 ... 132 A4
Saint-Aignan 56 ... 76 C3
Saint-Aignan 72 ... 83 D4
Saint-Aignan 82 ... 257 D3
Saint-Aignan-de-Couptrain 53 ... 82 A2
Saint-Aignan-de-Cramesnil 14 ... 56 A1
Saint-Aignan-des-Gués 45 ... 111 D3
Saint-Aignan-des-Noyers 18 ... 154 A4
Saint-Aignan-Grandlieu 44 ... 145 E1
Saint-Aignan-le-Jaillard 45 ... 111 D4
Saint-Aignan-sur-Roë 53 ... 104 B3
Saint-Aignan-sur-Ry 76 ... 32 C2
Saint-Aigny 36 ... 167 F1
Saint-Aigulin 17 ... 219 D1
Saint-Ail 54 ... 41 E4
Saint-Albain 71 ... 175 E3
Saint-Alban 01 ... 194 A1
Saint-Alban 22 ... 51 F4
Saint-Alban 31 ... 276 C1
Saint-Alban-Auriolles 07 ... 246 A3
Saint-Alban-d'Ay 07 ... 228 B1
Saint-Alban-de-Montbel 73 ... 212 C2
Saint-Alban-de-Roche 38 ... 211 F1
Saint-Alban-des-Hurtières 73 ... 213 F2
Saint-Alban-des-Villards 73 ... 213 F4
Saint-Alban-du-Rhône 38 ... 210 C3
Saint-Alban-en-Montagne 07 ... 245 D1
Saint-Alban-les-Eaux 42 ... 191 D2
Saint-Alban-Leysse 73 ... 213 D1
Saint-Alban-sur-Limagnole 48 ... 226 A4
Saint-Albin-de-Vaulserre 38 ... 212 C2
Saint-Alexandre 30 ... 264 B1
Saint-Algis 02 ... 21 D2
Saint-Allouestre 56 ... 101 E2
Saint-Alpinien 23 ... 187 F3
Saint-Alyre-d'Arlanc 63 ... 208 B4
Saint-Alyre-ès-Montagne 63 ... 207 D3
Saint-Amadou 09 ... 301 D2
Saint-Amancet 81 ... 278 A3
Saint-Amand 23 ... 187 F3
Saint-Amand 50 ... 54 C1
Saint-Amand 62 ... 8 A4
Saint-Amand-de-Belvès 24 ... 239 E1
Saint-Amand-de-Coly 24 ... 221 E3
Saint-Amand-de-Vergt 24 ... 220 C3
Saint-Amand-des-Hautes-Terres 27 ... 32 A4
Saint-Amand-en-Puisaye 58 ... 135 E2
Saint-Amand-Jartoudeix 23 ... 186 C3
Saint-Amand-le-Petit 87 ... 186 C4
Saint-Amand-les-Eaux 59 ... 9 E2
Saint-Amand-Longpré 41 ... 108 B4
Saint-Amand-Magnazeix 87 ... 186 A1
Saint-Amand-Montrond 18 ... 153 E4
Saint-Amand-sur-Fion 51 ... 65 E3
Saint-Amand-sur-Ornain 55 ... 66 C4
Saint-Amand-sur-Sèvre 79 ... 147 D3
Saint-Amandin 15 ... 206 C4
Saint-Amans 09 ... 300 C2
Saint-Amans 11 ... 301 F1
Saint-Amans 48 ... 244 A1
Saint-Amans-de-Pellagal 82 ... 257 E1
Saint-Amans-des-Cots 12 ... 242 C1
Saint-Amans-du-Pech 82 ... 239 D4
Saint-Amans-Soult 81 ... 278 C3
Saint-Amans-Valtoret 81 ... 278 C3
Saint-Amant 16 ... 201 E3
Saint-Amant-de-Boixe 16 ... 183 E4
Saint-Amant-de-Bonnieure 16 ... 183 F4
Saint-Amant-de-Graves 16 ... 201 D1
Saint-Amant-de-Nouère 16 ... 183 E4
Saint-Amant-Roche-Savine 63 ... 208 B2
Saint-Amant-Tallende 63 ... 207 E1
Saint-Amarin 68 ... 120 A1
Saint-Ambreuil 71 ... 175 E1
Saint-Ambroix 18 ... 152 C3
Saint-Ambroix 30 ... 263 F1
Saint-Amé 88 ... 119 E1
Saint-Amour 39 ... 176 B3
Saint-Amour-Bellevue 71 ... 175 D4
Saint-Anastaise 63 ... 207 D3
Saint-Andelain 58 ... 135 D4
Saint-Andéol 26 ... 229 F4
Saint-Andéol 38 ... 230 B3
Saint-Andéol-de-Berg 07 ... 246 B2
Saint-Andéol-de-Clerguemort 48 ... 245 D4
Saint-Andéol-de-Fourchades 07 ... 227 F4
Saint-Andéol-de-Vals 07 ... 246 A1
Saint-Andéol-le-Château 69 ... 210 C2
Saint-Andeux 21 ... 137 E3
Saint-Andiol 13 ... 265 D4
Saint-Andoche 70 ... 140 B1
Saint-André 16 ... 182 B4
Saint-André 31 ... 299 E1
Saint-André 32 ... 275 E2
Saint-André 66 ... 313 D3
Saint-André 73 ... 214 B4
Saint-André 81 ... 260 A3
Saint-André (Chapelle) 46 ... 239 F2
Saint-André-Capcèze 48 ... 245 D3
Saint-André-d'Allas 24 ... 221 E4
Saint-André-d'Apchon 42 ... 191 D2
Saint-André-de-Bâgé 01 ... 175 E4
Saint-André-de-Boëge 74 ... 178 B4
Saint-André-de-Bohon 50 ... 27 D3
Saint-André-de-Briouze 61 ... 56 A4
Saint-André-de-Buèges 34 ... 262 B4
Saint-André-de-Chalencon 43 ... 209 D4
Saint-André-de-Corcy 01 ... 193 D3
Saint-André-de-Cruzières 07 ... 245 F4
Saint-André-de-Cubzac 33 ... 217 F2
Saint-André-de-Double 24 ... 219 F1
Saint-André-de-la-Marche 49 ... 146 C1
Saint-André-de-la-Roche 06 ... 288 C1
Saint-André-de-Lancize 48 ... 262 C1
Saint-André-de-l'Épine 50 ... 27 F4
Saint-André-de-l'Eure 27 ... 59 D2
Saint-André-de-Lidon 17 ... 199 D1
Saint-André-de-Majencoules 30 ... 262 B3
Saint-André-de-Messei 61 ... 55 F4
Saint-André-de-Najac 12 ... 259 D1
Saint-André-de-Roquelongue 11 ... 303 E2
Saint-André-de-Roquepertuis 30 ... 264 A1
Saint-André-de-Rosans 05 ... 248 B3
Saint-André-de-Sangonis 34 ... 281 D2
Saint-André-de-Seignanx 40 ... 270 C2
Saint-André-de-Valborgne 30 ... 262 B2
Saint-André-de-Vézines 12 ... 261 F2
Saint-André-d'Embrun 05 ... 250 B1
Saint-André-des-Eaux 22 ... 78 C2
Saint-André-des-Eaux 44 ... 123 F4
Saint-André-d'Hébertot 14 ... 30 C3
Saint-André-d'Huiriat 01 ... 175 E4
Saint-André-d'Olérargues 30 ... 264 A1
Saint-André-du-Bois 33 ... 236 C2
Saint-André-en-Barrois 55 ... 66 B1
Saint-André-en-Bresse 71 ... 175 F1
Saint-André-en-Morvan 58 ... 137 D3
Saint-André-en-Royans 38 ... 230 A2
Saint-André-en-Terre-Plaine 89 ... 137 E2
Saint-André-en-Vivarais 07 ... 228 A2
Saint-André-et-Appelles 33 ... 219 F4
Saint-André-Farivillers 60 ... 34 B1
Saint-André-Goule-d'Oie 85 ... 146 B3
Saint-André-la-Côte 69 ... 210 B1
Saint-André-Lachamp 07 ... 245 F3
Saint-André-le-Bouchoux 01 ... 193 E1
Saint-André-le-Coq 63 ... 189 F3
Saint-André-le-Désert 71 ... 174 C2
Saint-André-le-Gaz 38 ... 212 B2
Saint-André-le-Puy 42 ... 209 F1
Saint-André-les-Alpes 04 ... 268 B3
Saint-André-les-Vergers 10 ... 90 B4
Saint-André-lez-Lille 59 ... 4 C4
Saint-André-sur-Cailly 76 ... 32 B1
Saint-André-sur-Orne 14 ... 56 A1
Saint-André-sur-Sèvre 79 ... 147 E4
Saint-André-sur-Vieux-Jonc 01 ... 193 E1
Saint-André-Treize-Voies 85 ... 145 F2
Saint-André-Val-de-Fier 74 ... 195 D3
Saint-Androny 33 ... 217 D1
Saint-Ange-et-Torçay 28 ... 84 C1
Saint-Ange-le-Viel 77 ... 88 A4
Saint-Angeau 16 ... 183 F4
Saint-Angel 03 ... 171 D4
Saint-Angel 19 ... 205 F3
Saint-Angel 63 ... 189 D2
Saint-Anthème 63 ... 209 D2
Saint-Anthot 21 ... 138 B3
Saint-Antoine 05 ... 232 B3
Saint-Antoine 13 ... 284 C4
Saint-Antoine 15 ... 242 A1
Saint-Antoine 25 ... 161 D3
Saint-Antoine 29 ... 49 E2
Saint-Antoine 32 ... 256 C3
Saint-Antoine 33 ... 217 F2
Saint-Antoine-Cumond 24 ... 201 F4
Saint-Antoine-d'Auberoche 24 ... 221 D1
Saint-Antoine-de-Breuilh 24 ... 219 E4
Saint-Antoine-de-Ficalba 47 ... 238 C4
Saint-Antoine-du-Queyret 33 ... 219 D4
Saint-Antoine-du-Rocher 37 ... 130 C2
Saint-Antoine-la-Forêt 76 ... 15 D4
Saint-Antoine-l'Abbaye 38 ... 229 F1
Saint-Antoine-sur-l'Isle 33 ... 219 E2
Saint-Antonin 06 ... 269 E3
Saint-Antonin 32 ... 275 E1
Saint-Antonin-de-Lacalm 81 ... 278 B1
Saint-Antonin-de-Sommaire 27 ... 57 F3
Saint-Antonin-du-Var 83 ... 286 C2
Saint-Antonin-Noble-Val 82 ... 258 C2
Saint-Antonin-sur-Bayon 13 ... 285 E2
Saint-Aoustrille 36 ... 152 B3
Saint-Août 36 ... 152 B4
Saint-Apollinaire 05 ... 250 A2
Saint-Apollinaire 21 ... 139 E3
Saint-Apollinaire-de-Rias 07 ... 228 B3
Saint-Appolinaire 69 ... 192 A2
Saint-Appolinard 38 ... 229 F1
Saint-Appolinard 42 ... 210 B4
Saint-Aquilin 24 ... 220 A1
Saint-Aquilin-d'Augerons 27 ... 57 E2
Saint-Aquilin-de-Corbion 61 ... 83 E1
Saint-Aquilin-de-Pacy 27 ... 59 D2
Saint-Araille 31 ... 275 F4
Saint-Arailles 32 ... 274 B2
Saint-Arcons-d'Allier 43 ... 226 B2
Saint-Arcons-de-Barges 43 ... 227 D4
Saint-Arey 38 ... 230 C3
Saint-Armel 35 ... 103 E1
Saint-Armel 56 ... 123 D2
Saint-Armou 64 ... 273 D3
Saint-Arnac 66 ... 311 F1
Saint-Arnoult 14 ... 30 B3
Saint-Arnoult 41 ... 108 A4
Saint-Arnoult 60 ... 33 F1
Saint-Arnoult 76 ... 15 E4
Saint-Arnoult-des-Bois 28 ... 85 D2
Saint-Arnoult-en-Yvelines 78 ... 86 B1
Saint-Arroman 32 ... 274 C3
Saint-Arroman 65 ... 298 B3
Saint-Arroumex 82 ... 257 D3
Saint-Astier 24 ... 220 B1
Saint-Astier 47 ... 237 F1
Saint-Auban 04 ... 267 E2
Saint-Auban 06 ... 268 C3
Saint-Auban-d'Oze 05 ... 249 D2
Saint-Auban-sur-l'Ouvèze 26 ... 248 A4
Saint-Aubert 59 ... 9 E4
Saint-Aubert-sur-Orne 61 ... 56 A3
Saint-Aubin 02 ... 36 A1
Saint-Aubin 10 ... 89 E2
Saint-Aubin 21 ... 157 F2
Saint-Aubin 36 ... 152 C3
Saint-Aubin 39 ... 159 D2
Saint-Aubin 40 ... 272 B1
Saint-Aubin 47 ... 238 C3
Saint-Aubin 59 ... 10 B3
Saint-Aubin 62 ... 6 B2
Saint-Aubin 91 ... 60 C4
Saint-Aubin-Celloville 76 ... 32 B3
Saint-Aubin-Château-Neuf 89 ... 112 C3
Saint-Aubin-d'Appenai 61 ... 83 D1
Saint-Aubin-d'Arquenay 14 ... 29 F3
Saint-Aubin-d'Aubigné 35 ... 79 E3
Saint-Aubin-de-Baubigné 79 ... 147 E2
Saint-Aubin-de-Blaye 33 ... 199 E4
Saint-Aubin-de-Bonneval 61 ... 57 E2
Saint-Aubin-de-Branne 33 ... 218 C4
Saint-Aubin-de-Cadelech 24 ... 238 A1
Saint-Aubin-de-Courteraie 61 ... 83 E1
Saint-Aubin-de-Crétot 76 ... 15 E3
Saint-Aubin-de-Lanquais 24 ... 220 B4
Saint-Aubin-de-Locquenay 72 ... 82 C4
Saint-Aubin-de-Luigné 49 ... 128 A3
Saint-Aubin-de-Médoc 33 ... 217 D3
Saint-Aubin-de-Nabirat 24 ... 239 F1
Saint-Aubin-de-Scellon 27 ... 31 D4
Saint-Aubin-de-Terregatte 50 ... 80 A1
Saint-Aubin-d'Écrosville 27 ... 58 B1
Saint-Aubin-des-Bois 14 ... 54 B3
Saint-Aubin-des-Bois 28 ... 85 D2
Saint-Aubin-des-Châteaux 44 ... 103 F4
Saint-Aubin-des-Chaumes 58 ... 136 C3
Saint-Aubin-des-Coudrais 72 ... 83 F4
Saint-Aubin-des-Grois 61 ... 83 F3
Saint-Aubin-des-Hayes 27 ... 57 F2
Saint-Aubin-des-Landes 35 ... 104 A1
Saint-Aubin-des-Ormeaux 85 ... 146 C2
Saint-Aubin-des-Préaux 50 ... 53 F3
Saint-Aubin-du-Cormier 35 ... 79 F3
Saint-Aubin-du-Désert 53 ... 82 A3
Saint-Aubin-du-Pavail 35 ... 103 F1
Saint-Aubin-du-Perron 50 ... 27 D4
Saint-Aubin-du-Plain 79 ... 147 F3
Saint-Aubin-du-Thenney 27 ... 57 F1
Saint-Aubin-en-Bray 60 ... 33 F2
Saint-Aubin-en-Charollais 71 ... 174 A2
Saint-Aubin-Épinay 76 ... 32 B2
Saint-Aubin-Fosse-Louvain 53 ... 81 D2
Saint-Aubin-la-Plaine 85 ... 163 F2
Saint-Aubin-le-Cauf 76 ... 16 B3
Saint-Aubin-le-Cloud 79 ... 165 D1
Saint-Aubin-le-Dépeint 37 ... 130 B1
Saint-Aubin-le-Guichard 27 ... 58 A1
Saint-Aubin-le-Monial 03 ... 171 F2
Saint-Aubin-le-Vertueux 27 ... 57 F1
Saint-Aubin-Lébizay 14 ... 30 A4
Saint-Aubin-lès-Elbeuf 76 ... 32 A3
Saint-Aubin-les-Forges 58 ... 154 C1
Saint-Aubin-Montenoy 80 ... 17 F3
Saint-Aubin-Rivière 80 ... 17 E3
Saint-Aubin-Routot 76 ... 14 C4
Saint-Aubin-sous-Erquery 60 ... 34 C2
Saint-Aubin-sur-Aire 55 ... 66 C4
Saint-Aubin-sur-Algot 14 ... 56 C1
Saint-Aubin-sur-Gaillon 27 ... 32 C4
Saint-Aubin-sur-Loire 71 ... 173 D2
Saint-Aubin-sur-Mer 14 ... 29 E3
Saint-Aubin-sur-Mer 76 ... 15 F1
Saint-Aubin-sur-Quillebeuf 27 ... 15 D4
Saint-Aubin-sur-Scie 76 ... 16 A3
Saint-Aubin-sur-Yonne 89 ... 113 D2
Saint-Augustin 03 ... 154 B4
Saint-Augustin 17 ... 198 B1
Saint-Augustin 19 ... 205 D3
Saint-Augustin 77 ... 62 B3
Saint-Augustin-des-Bois 49 ... 128 A2
Saint-Aulaire 19 ... 222 A1
Saint-Aulais-la-Chapelle 16 ... 201 D3
Saint-Aulaye 24 ... 219 E1
Saint-Aunès 34 ... 281 F2
Saint-Aunix-Lengros 32 ... 273 F2
Saint-Aupre 38 ... 212 C3
Saint-Austremoine 43 ... 226 A2
Saint-Auvent 87 ... 185 D4
Saint-Avaugourd-des-Landes 85 ... 162 C2
Saint-Avé 56 ... 101 E4
Saint-Aventin 31 ... 307 F4
Saint-Avertin 37 ... 130 C3
Saint-Avit 16 ... 201 E4
Saint-Avit 26 ... 229 D1
Saint-Avit 40 ... 254 A3
Saint-Avit 41 ... 108 B1
Saint-Avit 47 ... 239 D2
Saint-Avit 47 ... 237 F2
Saint-Avit 63 ... 188 B4
Saint-Avit 81 ... 278 A3
Saint-Avit-de-Soulège 33 ... 219 E4
Saint-Avit-de-Tardes 23 ... 187 F3
Saint-Avit-de-Vialard 24 ... 221 D3
Saint-Avit-Frandat 32 ... 256 B3
Saint-Avit-le-Pauvre 23 ... 187 E3
Saint-Avit-les-Guespières 28 ... 85 D4
Saint-Avit-Rivière 24 ... 239 D1
Saint-Avit-Saint-Nazaire 33 ... 219 F4
Saint-Avit-Sénieur 24 ... 220 C4
Saint-Avold 57 ... 42 C4
Saint-Avre 73 ... 214 A3
Saint-Ay 45 ... 109 F3
Saint-Aybert 59 ... 9 C2
Saint-Aygulf 83 ... 287 F3
Saint-Babel 63 ... 207 F2
Saint-Baldoph 73 ... 213 D2
Saint-Bandry 02 ... 36 A3
Saint-Baraing 39 ... 159 D2
Saint-Barbant 87 ... 185 D1
Saint-Bard 23 ... 188 A3
Saint-Bardoux 26 ... 229 D2
Saint-Barnabé 22 ... 77 E4
Saint-Barthélemy 38 ... 211 E4
Saint-Barthélemy 40 ... 271 D2
Saint-Barthélemy 50 ... 54 C4
Saint-Barthélemy 56 ... 100 C2
Saint-Barthélemy 70 ... 119 D3
Saint-Barthélemy 77 ... 63 D3
Saint-Barthélemy-d'Agenais 47 ... 238 A2
Saint-Barthélemy-d'Anjou 49 ... 128 B2
Saint-Barthélemy-de-Bellegarde 24 ... 219 F2
Saint-Barthélemy-de-Bussière 24 ... 202 C1
Saint-Barthélemy-de-Séchilienne 38 ... 231 D2
Saint-Barthélemy-de-Vals 26 ... 229 D1
Saint-Barthélemy-Grozon 07 ... 228 C3
Saint-Barthélemy-le-Meil 07 ... 228 B3

ST-BRIEUC

Armor (Av. d') ... BZ 3
Chapitre (R. du) ... AZ 4
Charbonnerie (R.) ... AY 5
Gaulle (Pl. Gén. de) ... AY 18
Glais-Bizoin (R.) ... ABY 20
Jouallan (R.) ... AY 26
Le Gorrec (R.P.) ... AZ 28
Libération (Av. de la) ... BZ 29
Lycéens-Martyrs (R.) ... AZ 32
Martray (Pl. du) ... AY 33
Quinquaine (R.) ... AY 38
Résistance (Pl. de la) ... AY 39
Rohan (R. de) ... AYZ 40
St-Gilles (R.) ... AY 43
St-Gouéno (R.) ... AY 44
St-Guillaume (R.) ... BZ 46
3-Frères-Le Goff (R.) ... AY 52
3-Frères-Merlin (R.) ... AY 53

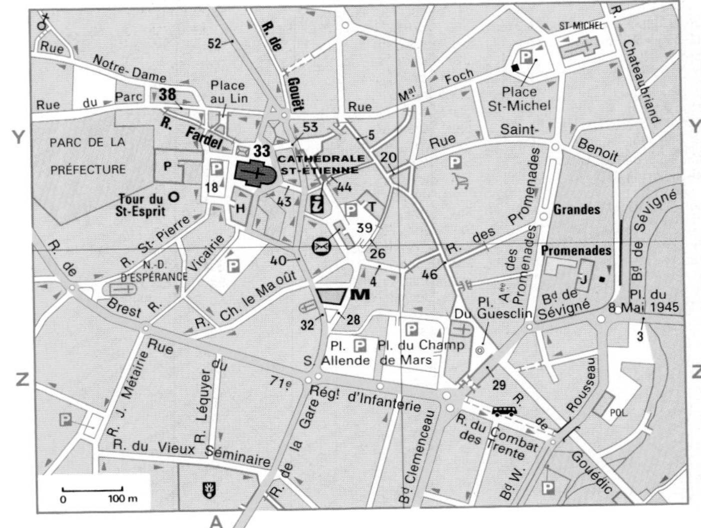

Saint-Barthélemy-le-Plain 07 228 C2
Saint-Barthélemy-Lestra 42 210 A1
Saint-Basile 07 228 B3
Saint-Baslemont 88 94 A4
Saint-Baudel 18 153 D4
Saint-Baudelle 53 81 E3
Saint-Baudille-de-la-Tour 38 193 F4
Saint-Baudille-et-Pipet 38 230 C4
Saint-Bauld 37 150 B1
Saint-Baussant 54 67 E2
Saint-Bauzeil 09 301 D2
Saint-Bauzély 30 263 F3
Saint-Bauzile 07 246 C1
Saint-Bauzile 48 244 B3
Saint-Bauzille-de-la-Sylve 34 281 D2
Saint-Bauzille-de-Montmel 34 281 F1
Saint-Bauzille-de-Putois 34 262 C4
Saint-Bazile 87 202 C1
Saint-Bazile-de-la-Roche 19 223 D1
Saint-Bazile-de-Meyssac 19 222 C2
Saint-Béat 31 299 D4
Saint-Beaulize 12 261 E4
Saint-Beauzeil 82 239 D4
Saint-Beauzély 12 261 D2
Saint-Beauzile 81 258 C3
Saint-Beauzire 43 207 F4
Saint-Beauzire 63 189 F4
Saint-Bénézet 30 263 E3
Saint-Bénigne 01 175 E3
Saint-Benin 59 20 B1
Saint-Benin-d'Azy 58 155 E2
Saint-Benin-des-Bois 58 155 E1
Saint-Benoist-sur-Mer 85 163 D2
Saint-Benoist-sur-Vanne 10 89 E4
Saint-Benoît 01 212 B1
Saint-Benoît 04 268 C2
Saint-Benoît 11 302 A3
Saint-Benoît 28 108 B1
Saint-Benoît 86 166 B2
Saint-Benoît-de-Carmaux 81 259 E2
Saint-Benoît-des-Ombres 27 31 E4
Saint-Benoît-des-Ondes 35 53 D4
Saint-Benoît-d'Hébertot 14 30 C3
Saint-Benoît-du-Sault 36 168 B3
Saint-Benoît-en-Diois 26 247 F1
Saint-Benoît-en-Woëvre 55 67 E1
Saint-Benoît-la-Chipotte 88 95 E2
Saint-Benoît-la-Forêt 37 130 A4
Saint-Benoît-sur-Loire 45 111 D4
Saint-Benoît-sur-Seine 10 90 A3
Saint-Bérain 43 226 B2
Saint-Berain-sous-Sanvignes 71 157 D4
Saint-Bérain-sur-Dheune 71 157 F3
Saint-Bernard 01 192 C3
Saint-Bernard 21 158 B1
Saint-Bernard 38 213 D4
Saint-Bernard 57 42 A3
Saint-Bernard 68 120 B3
Saint-Béron 73 212 C2
Saint-Berthevin 53 105 D1
Saint-Berthevin-la-Tannière 53 80 C2
Saint-Bertrand-de-Comminges 31 298 C3
Saint-Biez-en-Belin 72 107 D3
Saint-Bihy 22 77 D2
Saint-Blaise 06 288 C1
Saint-Blaise 74 195 E1
Saint-Blaise (Fouilles de) 13 284 A3
Saint-Blaise-du-Buis 38 212 B3
Saint-Blaise-la-Roche 67 96 A1
Saint-Blancard 32 275 D4
Saint-Blimont 80 6 A4
Saint-Blin 52 92 C3
Saint-Boès 64 272 A2
Saint-Bohaire 41 132 A1
Saint-Boil 71 175 D1
Saint-Boingt 54 94 C2
Saint-Bois 01 212 B1
Saint-Bomer 28 84 A4
Saint-Bômer-les-Forges 61 55 E4
Saint-Bon 51 63 D4
Saint-Bon-Tarentaise 73 214 B2
Saint-Bonnet 16 201 D3
Saint-Bonnet (Signal de) 69 192 B2
Saint-Bonnet-Avalouze 19 222 C1
Saint-Bonnet-Briance 87 204 A1
Saint-Bonnet-de-Bellac 87 185 D1
Saint-Bonnet-de-Chavagne 38 229 F1
Saint-Bonnet-de-Chirac 48 243 F3
Saint-Bonnet-de-Condat 15 206 C4
Saint-Bonnet-de-Cray 71 191 E1
Saint-Bonnet-de-Four 03 171 E4
Saint-Bonnet-de-Joux 71 174 B2
Saint-Bonnet-de-Montauroux 48 226 C4
Saint-Bonnet-de-Mure 69 211 E1
Saint-Bonnet-de-Rochefort 03 189 E1
Saint-Bonnet-de-Salendrinque 30 263 D3
Saint-Bonnet-de-Salers 15 224 A1
Saint-Bonnet-de-Valclérieux 26 229 E1
Saint-Bonnet-de-Vieille-Vigne 71 174 A2
Saint-Bonnet-des-Bruyères 69 174 B4
Saint-Bonnet-des-Quarts 42 190 C1
Saint-Bonnet-du-Gard 30 264 B3
Saint-Bonnet-Elvert 19 223 D1
Saint-Bonnet-en-Bresse 71 158 C3
Saint-Bonnet-en-Champsaur 05 249 E1
Saint-Bonnet-la-Rivière 19 204 A4
Saint-Bonnet-le-Bourg 63 208 B3
Saint-Bonnet-le-Chastel 63 208 B3
Saint-Bonnet-le-Château 42 209 E3
Saint-Bonnet-le-Courreau 42 209 D1
Saint-Bonnet-le-Froid 43 228 A1
Saint-Bonnet-le-Troncy 69 192 A2
Saint-Bonnet-l'Enfantier 19 204 B4
Saint-Bonnet-lès-Allier 63 207 F1
Saint-Bonnet-les-Oules 42 210 A2
Saint-Bonnet-les-Tours-de-Merle 19 223 E2
Saint-Bonnet-près-Bort 19 206 A3
Saint-Bonnet-près-Orcival 63 207 D1
Saint-Bonnet-près-Riom 63 189 E3
Saint-Bonnet-sur-Gironde 17 199 D3
Saint-Bonnet-Tronçais 03 171 D1
Saint-Bonnot 58 136 A4
Saint-Bouize 18 135 D4
Saint-Brancher 89 137 D3
Saint-Branchs 37 131 D4
Saint-Brandan 22 77 D2
Saint-Brès 30 263 F1
Saint-Brès 32 275 E1
Saint-Brès 34 282 A2
Saint-Bresson 30 262 B3
Saint-Bresson 70 119 D2
Saint-Bressou 46 241 D1
Saint-Brevin-les-Pins 44 125 E3
Saint-Brevin-l'Océan 44 125 E4
Saint-Briac-sur-Mer 35 52 B4
Saint-Brice 16 200 C1
Saint-Brice 33 236 C1
Saint-Brice 50 54 A4
Saint-Brice 53 105 F3
Saint-Brice 61 81 E1
Saint-Brice 77 88 C1
Saint-Brice-Courcelles 51 37 F3
Saint-Brice-de-Landelles 50 80 B1
Saint-Brice-en-Coglès 35 80 A2
Saint-Brice-sous-Forêt 95 61 D2
Saint-Brice-sous-Rânes 61 56 A4
Saint-Brice-sur-Vienne 87 185 D3
Saint-Brieuc 22 51 E4
Saint-Brieuc-de-Mauron 56 78 A4
Saint-Brieuc-des-Iffs 35 79 D3
Saint-Bris-des-Bois 17 182 B4
Saint-Bris-le-Vineux 89 113 E4
Saint-Brisson 58 137 E4
Saint-Brisson-sur-Loire 45 134 C1
Saint-Broing 70 140 B2
Saint-Broing-les-Moines 21 115 F4
Saint-Broingt-le-Bois 52 117 D4
Saint-Broingt-les-Fosses 52 116 C4
Saint-Broladre 35 79 E1
Saint-Bueil 38 212 C2
Saint-Cado 56 100 B3
Saint-Calais 72 108 A3
Saint-Calais-du-Désert 53 82 A2
Saint-Calez-en-Saosnois 72 83 D3
Saint-Cannat 13 284 C2
Saint-Caprais 03 171 D2
Saint-Caprais 18 153 D2
Saint-Caprais 32 275 E2
Saint-Caprais 46 239 E2
Saint-Caprais-de-Blaye 33 199 E4
Saint-Caprais-de-Bordeaux 33 217 F4
Saint-Caprais-de-Lerm 47 256 B1
Saint-Capraise-de-Lalinde 24 220 B4
Saint-Capraise-d'Eymet 24 238 A1
Saint-Caradec 22 77 D3
Saint-Caradec-Trégomel 56 100 A1
Saint-Carné 22 78 C2
Saint-Carreuc 22 77 E2
Saint-Cassien 24 238 C1
Saint-Cassien 38 212 B3
Saint-Cassien 86 148 C2
Saint-Cassin 73 213 D2
Saint-Cast-le-Guildo 22 52 B4
Saint-Castin 64 273 D4
Saint-Célerin 72 107 E1
Saint-Céneré 53 105 E1
Saint-Céneri-le-Gérei 61 82 B3
Saint-Céols 18 134 C4
Saint-Céré 46 223 D4
Saint-Cergues 74 178 A4
Saint-Cernin 15 224 A2
Saint-Cernin 46 240 B2
Saint-Cernin-de-Labarde 24 238 B1
Saint-Cernin-de-Larche 19 222 A2
Saint-Cernin-de-l'Herm 24 239 E2
Saint-Cernin-de-Reilhac 24 221 D2
Saint-Césaire 17 182 B4
Saint-Césaire 30 264 A4
Saint-Césaire-de-Gauzignan 30 263 F3
Saint-Cézaire (Grottes du) 06 287 F1
Saint-Cézaire-sur-Siagne 06 287 F1
Saint-Cézert 31 276 A1
Saint-Chabrais 23 187 F1
Saint-Chaffrey 05 232 B3
Saint-Chamant 15 224 A2
Saint-Chamant 19 223 D2
Saint-Chamarand 46 240 A1
Saint-Chamas 13 284 A2
Saint-Chamassy 24 221 D4
Saint-Chamond 42 210 B3
Saint-Champ 01 194 C4
Saint-Chaptes 30 263 F3
Saint-Charles 54 41 D1
Saint-Charles-de-Percy 14 55 D2
Saint-Charles-la-Forêt 53 105 E2
Saint-Chartier 36 169 F1
Saint-Chartres 86 148 C3
Saint-Chef 38 212 A1
Saint-Chels 46 240 C3
Saint-Chély-d'Apcher 48 225 F4
Saint-Chély-d'Aubrac 12 243 D2
Saint-Chély-du-Tarn 48 244 A4
Saint-Chéron 51 91 D1
Saint-Chéron 91 86 C1
Saint-Chéron-des-Champs 28 85 E1
Saint-Chinian 34 279 F4
Saint-Christ-Briost 80 19 E3
Saint-Christau 64 296 B2
Saint-Christaud 31 300 A2
Saint-Christaud 32 274 A3
Saint-Christo-en-Jarez 42 210 A2
Saint-Christol 07 228 A4
Saint-Christol 34 282 A1
Saint-Christol 84 266 B2
Saint-Christol-de-Rodières 30 264 B1
Saint-Christol-lès-Alès 30 263 E2
Saint-Christoly-de-Blaye 33 217 E1
Saint-Christoly-Médoc 33 198 C3
Saint-Christophe 03 190 B1
Saint-Christophe 16 185 D2
Saint-Christophe 17 181 D1
Saint-Christophe 23 187 D2
Saint-Christophe 28 109 D1
Saint-Christophe 69 174 C4
Saint-Christophe 81 259 D2
Saint-Christophe 86 149 E3
Saint-Christophe-à-Berry 02 36 A2
Saint-Christophe-d'Allier 43 226 C4
Saint-Christophe-de-Chaulieu 61 55 D3
Saint-Christophe-de-Double 33 219 D2
Saint-Christophe-de-Valains 35 79 F3
Saint-Christophe-des-Bardes 33 219 D3
Saint-Christophe-des-Bois 35 80 A4
Saint-Christophe-Dodinicourt 10 91 D2
Saint-Christophe-du-Bois 49 146 C2
Saint-Christophe-du-Foc 50 24 B3
Saint-Christophe-du-Jambet 72 82 C4
Saint-Christophe-du-Ligneron 85 145 D3
Saint-Christophe-du-Luat 53 105 F1
Saint-Christophe-en-Bazelle 36 152 A1
Saint-Christophe-en-Boucherie 36 169 F1
Saint-Christophe-en-Bresse 71 158 B4
Saint-Christophe-en-Brionnais 71 174 A4
Saint-Christophe-en-Champagne 72 106 B2
Saint-Christophe-en-Oisans 38 231 F2
Saint-Christophe-et-le-Laris 26 229 E1
Saint-Christophe-la-Couperie 49 127 D4
Saint-Christophe-la-Grotte 73 212 C3
Saint-Christophe-le-Chaudry 18 170 B2
Saint-Christophe-le-Jajolet 61 56 C4
Saint-Christophe-les-Gorges 15 223 F2
Saint-Christophe-sur-Avre 27 58 A4
Saint-Christophe-sur-Condé 27 31 E3
Saint-Christophe-sur-Dolaison 43 227 D3
Saint-Christophe-sur-Guiers 38 212 C3
Saint-Christophe-sur-le-Nais 37 130 B1
Saint-Christophe-sur-Roc 79 165 D3
Saint-Christophe-Vallon 12 242 A3
Saint-Cibard 33 219 D3
Saint-Cierge-la-Serre 07 228 C4
Saint-Cierge-sous-le-Cheylard 07 228 A3
Saint-Ciergues 52 116 C3
Saint-Ciers-Champagne 17 200 C3
Saint-Ciers-d'Abzac 33 218 C2
Saint-Ciers-de-Canesse 33 217 E2
Saint-Ciers-du-Taillon 17 199 E3
Saint-Ciers-sur-Bonnieure 16 183 F3
Saint-Ciers-sur-Gironde 33 199 E4
Saint-Cirgue 81 259 F3
Saint-Cirgues 43 226 A1
Saint-Cirgues 46 241 E1
Saint-Cirgues-de-Jordanne 15 224 B2
Saint-Cirgues-de-Malbert 15 224 A2
Saint-Cirgues-de-Prades 07 245 F2
Saint-Cirgues-en-Montagne 07 245 E1
Saint-Cirgues-la-Loutre 19 223 E2
Saint-Cirgues-sur-Couze 63 207 E2
Saint-Cirice 82 256 C2
Saint-Cirq 24 221 D3
Saint-Cirq 82 258 B2
Saint-Cirq-Lapopie 46 240 B3
Saint-Cirq-Madelon 46 221 F4
Saint-Cirq-Souillaguet 46 240 A1
Saint-Civran 36 168 B2
Saint-Clair 07 210 C4
Saint-Clair 46 240 A1
Saint-Clair 82 257 D2
Saint-Clair 83 293 D2
Saint-Clair 86 148 C3
Saint-Clair-d'Arcey 27 57 F1
Saint-Clair-de-Halouze 61 55 E4
Saint-Clair-de-la-Tour 38 212 A2
Saint-Clair-du-Rhône 38 210 C3
Saint-Clair-sur-Epte 95 33 E4
Saint-Clair-sur-Galaure 38 211 E4
Saint-Clair-sur-l'Elle 50 27 F4
Saint-Clair-sur-les-Monts 76 15 E3
Saint-Clar 32 256 B4
Saint-Clar-de-Rivière 31 276 A3
Saint-Claud 16 184 A3
Saint-Claude 39 177 E3
Saint-Claude-de-Diray 41 132 A1
Saint-Clément 02 21 E3
Saint-Clément 03 190 C2
Saint-Clément 07 227 F3
Saint-Clément 15 224 C3
Saint-Clément 19 204 C4
Saint-Clément 30 263 E4
Saint-Clément 50 55 D4
Saint-Clément 54 95 D1
Saint-Clément 89 88 C4
Saint-Clément-à-Arnes 08 38 B3
Saint-Clément-de-la-Place 49 128 A2
Saint-Clément-de-Régnat 63 189 F2
Saint-Clément-de-Rivière 34 281 F1
Saint-Clément-de-Valorgue 63 209 D2
Saint-Clément-de-Vers 69 174 B4
Saint-Clément-des-Baleines 17 162 C4
Saint-Clément-des-Levées 49 129 D3
Saint-Clément-les-Places 69 192 A4
Saint-Clément-sur-Durance 05 250 B1
Saint-Clément-sur-Guye 71 174 C1
Saint-Clément-sur-Valsonne 69 192 A3
Saint-Clémentin 79 147 F2
Saint-Clet 22 50 C2
Saint-Cloud 92 60 C3
Saint-Cloud-en-Dunois 28 109 E2
Saint-Colomb-de-Lauzun 47 238 A2
Saint-Colomban 44 145 E2
Saint-Colomban-des-Villards 73 213 F4
Saint-Côme 33 236 C3
Saint-Côme (Chapelle de) 29 73 E2
Saint-Côme-de-Fresné 14 29 D3
Saint-Côme-d'Olt 12 242 C3
Saint-Côme-du-Mont 50 27 D3
Saint-Côme-et-Maruéjols 30 263 F4
Saint-Congard 56 102 A3
Saint-Connan 22 76 C1
Saint-Connec 22 77 D4
Saint-Constant 15 241 F1
Saint-Contest 14 29 E4
Saint-Corneille 72 107 D1
Saint-Cornier-des-Landes 61 55 E4
Saint-Cosme 68 120 A3
Saint-Cosme-en-Vairais 72 83 E4
Saint-Couat-d'Aude 11 303 D1
Saint-Couat-du-Razès 11 302 A3
Saint-Coulitz 29 73 F2
Saint-Coulomb 35 53 D4
Saint-Coutant 16 184 A2
Saint-Coutant 79 165 F4
Saint-Coutant-le-Grand 17 181 E2
Saint-Créac 32 256 C3
Saint-Créac 65 297 F2
Saint-Crépin 05 232 C4
Saint-Crépin 17 181 E2
Saint-Crépin-aux-Bois 60 35 F2
Saint-Crépin-d'Auberoche 24 221 D2
Saint-Crépin-de-Richemont 24 202 B3
Saint-Crépin-et-Carlucet 24 221 F3
Saint-Crépin-Ibouvillers 60 34 A4
Saint-Crespin 14 56 C1
Saint-Crespin 76 16 A3
Saint-Crespin-sur-Moine 49 146 B1
Saint-Cricq 32 275 F1
Saint-Cricq-Chalosse 40 272 B1
Saint-Cricq-du-Gave 40 271 F2
Saint-Cricq-Villeneuve 40 254 B4
Saint-Cybardeaux 16 183 D4
Saint-Cybranet 24 221 E4
Saint-Cyprien 19 222 A1
Saint-Cyprien 24 221 E4
Saint-Cyprien 42 209 F2
Saint-Cyprien 46 239 F4
Saint-Cyprien 66 313 E2
Saint-Cyprien-Plage 66 313 E2
Saint-Cyprien-sur-Dourdou 12 242 A2
Saint-Cyr 07 210 C4
Saint-Cyr 39 159 F2
Saint-Cyr 50 25 D3
Saint-Cyr 71 175 E1
Saint-Cyr 86 149 E4
Saint-Cyr 87 185 D4
Saint-Cyr (Mont) 46 240 A3
Saint-Cyr-au-Mont-d'Or 69 192 C4
Saint-Cyr-de-Favières 42 191 E3
Saint-Cyr-de-Salerne 27 31 E4
Saint-Cyr-de-Valorges 42 191 F3
Saint-Cyr-des-Gâts 85 164 A1
Saint-Cyr-du-Bailleul 50 81 D1
Saint-Cyr-du-Doret 17 164 A4
Saint-Cyr-du-Gault 41 131 E1
Saint-Cyr-du-Ronceray 14 57 D1
Saint-Cyr-en-Arthies 95 59 F1
Saint-Cyr-en-Bourg 49 129 E4
Saint-Cyr-en-Pail 53 82 A2
Saint-Cyr-en-Retz 44 145 D1
Saint-Cyr-en-Talmondais 85 163 D2
Saint-Cyr-en-Val 45 110 B3
Saint-Cyr-la-Campagne 27 32 A4
Saint-Cyr-la-Lande 79 148 B2
Saint-Cyr-la-Rivière 91 86 C3
Saint-Cyr-la-Roche 19 204 A4
Saint-Cyr-la-Rosière 61 83 F3
Saint-Cyr-le-Chatoux 69 192 B2
Saint-Cyr-le-Gravelais 53 104 C1
Saint-Cyr-l'École 78 60 B3
Saint-Cyr-les-Champagnes 24 203 F4
Saint-Cyr-les-Colons 89 113 F4
Saint-Cyr-les-Vignes 42 209 F1
Saint-Cyr-sous-Dourdan 91 86 B1
Saint-Cyr-sur-le-Rhône 69 211 D2
Saint-Cyr-sur-Loire 37 130 C3
Saint-Cyr-sur-Menthon 01 175 E4
Saint-Cyr-sur-Mer 83 291 E3
Saint-Cyr-sur-Morin 77 62 C2
Saint-Cyran-du-Jambot 36 150 C2
Saint-Dalmas-de-Tende 06 289 F1
Saint-Dalmas-le-Selvage 06 251 D4
Saint-Dalmas-Valdeblore 06 269 F1
Saint-Daunès 46 239 F4
Saint-Denis 11 278 B4
Saint-Denis 30 263 F1
Saint-Denis 79 165 D2
Saint-Denis 89 88 C4
Saint-Denis 93 61 D2
Saint-Denis-Catus 46 240 A2
Saint-Denis-Combarnazat 63 190 A3
Saint-Denis-d'Aclon 76 15 F1
Saint-Denis-d'Anjou 53 105 F3
Saint-Denis-d'Augerons 27 57 E2
Saint-Denis-d'Authou 28 84 B3
Saint-Denis-de-Cabanne 42 191 F1
Saint-Denis-de-Gastines 53 81 D3
Saint-Denis-de-Jouhet 36 169 E2
Saint-Denis-de-l'Hôtel 45 110 C3
Saint-Denis-de-Mailloc 14 57 D1
Saint-Denis-de-Méré 14 55 F3
Saint-Denis-de-Palin 18 153 E3
Saint-Denis-de-Pile 33 218 C2
Saint-Denis-de-Vaux 71 157 F4
Saint-Denis-de-Villenette 61 81 E1
Saint-Denis-des-Coudrais 72 107 E1
Saint-Denis-des-Monts 27 31 F3
Saint-Denis-des-Murs 87 186 B4
Saint-Denis-des-Puits 28 84 C3
Saint-Denis-d'Oléron 17 180 B2
Saint-Denis-d'Orques 72 106 A1
Saint-Denis-du-Béhélan 27 58 B3
Saint-Denis-du-Maine 53 105 E2
Saint-Denis-du-Payré 85 163 D3
Saint-Denis-du-Pin 17 182 A2
Saint-Denis du Tertre (Chapelle) 72 107 E2
Saint-Denis-en-Bugey 01 193 F3
Saint-Denis-en-Margeride 48 244 A1
Saint-Denis-en-Val 45 110 B3
Saint-Denis-la-Chevasse 85 145 F4
Saint-Denis-le-Ferment 27 33 E3
Saint-Denis-le-Gast 50 54 A2
Saint-Denis-le-Thiboult 76 32 C2
Saint-Denis-le-Vêtu 50 54 A1
Saint-Denis-lès-Bourg 01 193 E1
Saint-Denis-lès-Martel 46 222 B3
Saint-Denis-les-Ponts 28 109 D1
Saint-Denis-lès-Rebais 77 62 C3
Saint-Denis-Maisoncelles 14 55 D2
Saint-Denis-sur-Coise 42 210 A1
Saint-Denis-sur-Huisne 61 83 F2
Saint-Denis-sur-Loire 41 132 A1
Saint-Denis-sur-Ouanne 89 112 B3
Saint-Denis-sur-Sarthon 61 82 B2
Saint-Denis-sur-Scie 76 16 A4
Saint-Deniscourt 60 33 F1
Saint-Denœux 62 6 C2
Saint-Denoual 22 78 A1
Saint-Derrien 29 48 C3
Saint-Désert 71 157 F4
Saint-Désir 14 30 B4
Saint-Désirat 07 210 C4
Saint-Désiré 03 170 B2
Saint-Dézery 19 206 A2
Saint-Dézéry 30 263 F3
Saint-Didier 21 137 F3
Saint-Didier 35 104 A1
Saint-Didier 39 159 E4
Saint-Didier 58 136 B3
Saint-Didier 84 265 E3
Saint-Didier-au-Mont-d'Or 69 192 C4
Saint-Didier-d'Allier 43 226 C3
Saint-Didier-d'Aussiat 01 175 F4
Saint-Didier-de-Bizonnes 38 212 A3
Saint-Didier-de-Formans 01 192 C3
Saint-Didier-de-la-Tour 38 212 A2
Saint-Didier-des-Bois 27 32 A4
Saint-Didier-en-Bresse 71 158 B3
Saint-Didier-en-Brionnais 71 173 F4
Saint-Didier-en-Donjon 03 173 E3
Saint-Didier-en-Velay 43 209 F4
Saint-Didier-la-Forêt 03 190 A1
Saint-Didier-sous-Aubenas 07 246 A2
Saint-Didier-sous-Écouves 61 82 B1
Saint-Didier-sous-Riverie 69 210 B2
Saint-Didier-sur-Arroux 71 156 C4
Saint-Didier-sur-Beaujeu 69 192 B1
Saint-Didier-sur-Chalaronne 01 192 C1
Saint-Didier-sur-Doulon 43 208 B4
Saint-Didier-sur-Rochefort 42 191 D4
Saint-Dié-des-Vosges 88 95 F3
Saint-Dier-d'Auvergne 63 208 A1
Saint-Diéry 63 207 E2
Saint-Dionizy 30 263 F4
Saint-Disdier 05 231 D4
Saint-Divy 29 47 F3
Saint-Dizant-du-Bois 17 199 E3
Saint-Dizant-du-Gua 17 199 D3
Saint-Dizier 52 66 A4
Saint-Dizier-en-Diois 26 248 B2
Saint-Dizier-la-Tour 23 187 E1
Saint-Dizier-les-Domaines 23 169 F4
Saint-Dizier-l'Évêque 90 143 D2
Saint-Dizier-Leyrenne 23 186 C2
Saint-Dolay 56 125 E1
Saint-Domet 23 187 F2
Saint-Domineuc 35 79 D2
Saint-Donan 22 51 D4
Saint-Donat 63 206 C3
Saint-Donat (Église de) 04 267 D2
Saint-Donat-sur-l'Herbasse 26 229 E1
Saint-Dos 64 271 E3
Saint-Doulchard 18 153 D1
Saint-Drézéry 34 282 A1
Saint-Dyé-sur-Loire 41 132 B1
Saint-Èble 43 226 B2
Saint-Ébremond-de-Bonfossé 50 54 B1
Saint-Edmond 71 191 F1
Saint-Égrève 38 212 C4
Saint-Élier 27 58 B2
Saint-Éliph 28 84 B2
Saint-Élix 32 275 E3
Saint-Élix-le-Château 31 300 A1
Saint-Élix-Séglan 31 299 E1
Saint-Élix-Theux 32 274 C3
Saint-Ellier 49 128 C3
Saint-Ellier-du-Maine 53 80 C2
Saint-Ellier-les-Bois 61 82 B1
Saint-Éloi 01 193 E3
Saint-Éloi 22 50 B3
Saint-Éloi 23 187 D2
Saint-Éloi 58 155 D2
Saint-Éloi-de-Fourques 27 31 F4
Saint-Éloy 29 73 F1
Saint-Éloy-d'Allier 03 170 B2
Saint-Éloy-de-Gy 18 153 D1
Saint-Éloy-la-Glacière 63 208 B2
Saint-Éloy-les-Mines 63 189 D1
Saint-Éloy-les-Tuileries 19 203 F3
Saint-Éman 28 84 C3
Saint-Émiland 71 157 E3
Saint-Émilien-de-Blain 44 126 A2
Saint-Émilion 33 218 C3
Saint-Ennemond 03 172 B1
Saint-Épain 37 149 F1
Saint-Epvre 57 68 C1
Saint-Erblon 35 103 E1
Saint-Erblon 53 104 B3
Saint-Erme-Outre-et-Ramecourt 02 37 E1
Saint-Escobille 91 86 B2
Saint-Esteben 64 271 D4
Saint-Estèphe 16 201 E2
Saint-Estèphe 24 202 B2
Saint-Estèphe 33 199 D4
Saint-Estève 66 313 D2
Saint-Estève 84 265 F2
Saint-Estève-Janson 13 284 C1
Saint-Étienne 42 210 A3
Saint-Étienne-à-Arnes 08 38 B3
Saint-Étienne-au-Mont 62 2 A4
Saint-Étienne-au-Temple 51 65 D1
Saint-Étienne-aux-Clos 19 206 A2
Saint-Étienne-Cantalès 15 223 F3
Saint-Étienne-Cantalès (Barrage de) 15 223 F3
Saint-Étienne-d'Albagnan 34 279 F3
Saint-Étienne-de-Baigorry 64 294 C1

ST-ÉTIENNE

Albert-Ier (Bd) .... ABX 3
Anatole-France (Pl.) .... BZ 7
Badouillère (R. de la) .... CZ 9
Barbusse (R. H.) .... CZ 12
Bérard (R. P.) .... BCY 14
Bergson (R.) .... BX 16
Boivin (Pl.) .... BY 17
Chavanelle (Pl.) .... CZ 18
Clovis-Hugues (R.) .... BX 20
Comte (Pl. Louis) .... BZ 21
Denfert-Rochereau (Av.) .... CY 26
Descours (R.) .... AZ 27
Dorian (Pl.) .... BY 33
Dormoy (R. M.) .... BXY 34
Dupré (R. G.) .... BY 37
Durafour (R. A.) .... CZ 38
Escoffier (R. D.) .... BY 39
Fougerolle (R.) .... CZ 41
Fourneyron (Pl.) .... CY 42
Foy (R. Gén.) .... BY 44
Frappa (R. J.) .... BZ 47
Gambetta (R.) .... BZ
Gaulle (R. Ch.-de) .... BXY
Gérentet (R.) .... BY 49
Gervais (R. E.) .... CY 50
Gillet (R. F.) .... BY 52
Grand-Moulin (R. du) .... BY 53
Guesde (Pl. J.) .... BY 56
Hôtel-de-Ville (Pl. de l') .... BY 57
Jacob (R.) .... CX 58
Krumnow (Bd F.) .... AY 61
Leclerc (R. du Gén.) .... BZ 62
Libération (Av. de la) .... BCY
Loubet (Av. du Président E.) .... BZ 63
Martyrs-de-Vingré (R. des) .... BYZ 66
Michelet (R.) .... BYZ
Moine (Pl. Antonin) .... CYZ 68
Moulin (Pl. J.) .... CY 72
Mulatière (R. de la) .... CZ 75
Neuve (Pl.) .... BZ 77
Peuple (Pl. du) .... BZ 86
Pointe-Cadet (R.) .... BCZ 87
Président-Wilson (R.) .... BY 89
République (R. de la) .... BCY
Résistance (R. de la) .... BY 91
Rivière (R. du Sergent) .... CX 93
Robert (R.) .... BY 94
Ruel (R. A.) .... AX 99
Sadi-Carnot (Pl.) .... BX 100
St-Jean (R.) .... BY 102
Sauzéa (Cours H.) .... CY 103
Servet (R. M.) .... BY 106
Stalingrad (Square de) .... CX 109
Théâtre (R. du) .... BYZ 112
Thomas (Pl. A.) .... BZ 113
Tilleuls (R. des) .... AX 116
Ursules (Pl. des) .... BZ 117
Valbenoite (Bd) .... CZ 119
Ville (R. de la) .... BY 122
Villebœuf (Pl.) .... CZ 123
11-Novembre (R. du) .... BZ 128

Saint-Étienne-de-Boulogne *07* 246 A1
Saint-Étienne-de-Brillouet *85* 163 F2
Saint-Étienne-de-Carlat *15* 224 B3
Saint-Étienne-de-Chigny *37* 130 B3
Saint-Étienne-de-Chomeil *15* 206 B4
Saint-Étienne-de-Crossey *38* 212 C3
Saint-Étienne-de-Cuines *73* 213 F3
Saint-Étienne-de-Fontbellon *07* 246 A2
Saint-Étienne-de-Fougères *47* 238 B3
Saint-Étienne-de-Fursac *23* 186 B1
Saint-Étienne-de-Gourgas *34* 280 C1
Saint-Étienne-de-Lisse *33* 219 D3
Saint-Étienne-de-l'Olm *30* 263 F2
Saint-Étienne-de-Lugdarès *07* 245 D1
Saint-Étienne-de-Maurs *15* 241 F1
Saint-Étienne-de-Mer-Morte *44* 145 D2
Saint-Étienne-de-Montluc *44* 126 A3
Saint-Étienne-de-Puycorbier *24* 219 F2
Saint-Étienne-de-Saint-Geoirs *38* 212 A4
Saint-Étienne-de-Serre *07* 228 B4
Saint-Étienne-de-Tinée *06* 251 E4
Saint-Étienne-de-Tulmont *82* 258 A2
Saint-Étienne-de-Valoux *07* 210 C4
Saint-Étienne-de-Vicq *03* 190 B1
Saint-Étienne-de-Villeréal *47* 238 C2
Saint-Étienne-des-Champs *63* 188 B4
Saint-Étienne-des-Guérets *41* 131 E1
Saint-Étienne-des-Oullières *69* 192 B2
Saint-Étienne-des-Sorts *30* 264 C1
Saint-Étienne-d'Orthe *40* 271 E2
Saint-Étienne-du-Bois *01* 176 A4
Saint-Étienne-du-Bois *85* 145 E3
Saint-Étienne-du-Grès *13* 283 E1
Saint-Étienne-du-Gué-de-l'Isle *22* 77 E4
Saint-Étienne-du-Rouvray *76* 32 B3
Saint-Étienne-du-Valdonnez *48* 244 B3
Saint-Étienne-du-Vauvray *27* 32 B4
Saint-Étienne-du-Vigan *43* 227 D4
Saint-Étienne-en-Bresse *71* 158 B4
Saint-Étienne-en-Coglès *35* 80 A2
Saint-Étienne-en-Dévoluy *05* 249 E1
Saint-Étienne-Estréchoux *34* 280 A2
Saint-Étienne-la-Cigogne *79* 182 B1
Saint-Étienne-la-Geneste *19* 206 A3
Saint-Étienne-la-Thillaye *14* 30 B3
Saint-Étienne-la-Varenne *69* 192 B2
Saint-Étienne-l'Allier *27* 31 D3
Saint-Étienne-Lardeyrol *43* 227 E2
Saint-Étienne-le-Laus *05* 249 F2
Saint-Étienne-le-Molard *42* 209 E1
Saint-Étienne-les-Orgues *04* 266 C2
Saint-Étienne-lès-Remiremont *88* 119 D1
Saint-Étienne-Roilaye *60* 35 F3
Saint-Étienne-sous-Bailleul *27* 59 E1
Saint-Étienne-sous-Barbuise *10* 90 B2
Saint-Étienne-sur-Blesle *43* 207 E4
Saint-Étienne-sur-Chalaronne *01* 193 D1
Saint-Étienne-sur-Reyssouze *01* 175 E3
Saint-Étienne-sur-Suippe *51* 37 F2
Saint-Étienne-sur-Usson *63* 208 A2
Saint-Étienne-Vallée-Française *48* 262 C1
Saint-Eugène *02* 63 E1
Saint-Eugène *17* 200 C2
Saint-Eugène *71* 156 C4
Saint-Eulien *51* 65 F4
Saint-Euphraise-et-Clairizet *51* 37 E4
Saint-Euphrône *21* 138 A2
Saint-Eusèbe *71* 157 E4
Saint-Eusèbe *74* 195 D3
Saint-Eusèbe-en-Champsaur *05* 231 E4
Saint-Eustache *74* 195 E4
Saint-Eustache (Col de) *2A* 318 C1
Saint-Eustache-la-Forêt *76* 15 D4
Saint-Eutrope *16* 201 E3
Saint-Eutrope-de-Born *47* 238 B2
Saint-Évarzec *29* 73 F4
Saint-Evroult-de-Montfort *61* 57 D3
Saint-Evroult-Notre-Dame-du-Bois *61* 57 E3
Saint-Exupéry *33* 237 D1
Saint-Exupéry-les-Roches *19* 206 A2
Saint-Fargeau *89* 135 E1
Saint-Fargeau-Ponthierry *77* 87 E1
Saint-Fargeol *03* 188 B1
Saint-Faust *64* 296 C1
Saint-Félicien *07* 228 C2
Saint-Féliu-d'Amont *66* 312 C2
Saint-Féliu-d'Avall *66* 312 C2
Saint-Félix *03* 190 A1
Saint-Félix *16* 201 E3
Saint-Félix *17* 181 F1
Saint-Félix *46* 241 E2
Saint-Félix *60* 34 B3
Saint-Félix *74* 195 D4
Saint-Félix-de-Bourdeilles *24* 202 B3
Saint-Félix-de-Foncaude *33* 237 D1
Saint-Félix-de-l'Héras *34* 261 F4
Saint-Félix-de-Lodez *34* 280 C2
Saint-Félix-de-Lunel *12* 242 B2
Saint-Félix-de-Montceau (Ancienne Abbaye de) *34* 281 E3
Saint-Félix-de-Pallières *30* 263 D3
Saint-Félix-de-Reillac-et-Mortemart *24* 221 D2
Saint-Félix-de-Rieutord *09* 301 D3
Saint-Félix-de-Sorgues *12* 261 D4
Saint-Félix-de-Tournegat *09* 301 E2
Saint-Félix-de-Villadeix *24* 220 B3
Saint-Félix-Lauragais *31* 277 F3
Saint-Fergeux *08* 38 A1
Saint-Ferjeux *70* 142 A1
Saint-Ferme *33* 237 E1
Saint-Ferréol *31* 275 D4
Saint-Ferréol *31* 277 F4
Saint-Ferréol *74* 195 F4
Saint-Ferréol-d'Auroure *43* 209 F4
Saint-Ferréol-des-Côtes *63* 208 C2
Saint-Ferréol-Trente-Pas *26* 247 F3
Saint-Ferriol *11* 302 B4
Saint-Fiacre *22* 50 C4
Saint-Fiacre *56* 99 F1
Saint-Fiacre *77* 62 A2
Saint-Fiacre-sur-Maine *44* 145 F1
Saint-Fiel *23* 187 D1
Saint-Firmin *05* 231 E4
Saint-Firmin *54* 94 A2
Saint-Firmin *58* 155 E2
Saint-Firmin *71* 157 E3
Saint-Firmin-des-Bois *45* 112 A2
Saint-Firmin-des-Prés *41* 108 C3
Saint-Firmin-sur-Loire *45* 134 C1
Saint-Flavy *10* 89 F3
Saint-Florent *45* 134 B1
Saint-Florent *79* 164 C4
Saint-Florent *2B* 315 E1
Saint-Florent-des-Bois *85* 163 D1
Saint-Florent-le-Vieil *49* 127 E3
Saint-Florent-sur-Auzonnet *30* 263 E1
Saint-Florent-sur-Cher *18* 153 D2
Saint-Florentin *36* 152 A2
Saint-Florentin *89* 113 F2
Saint-Floret *63* 207 E2
Saint-Floris *62* 3 F4
Saint-Flour *15* 225 E2
Saint-Flour *63* 208 A1
Saint-Flour-de-Mercoire *48* 245 D1
Saint-Flovier *37* 150 C2
Saint-Floxel *50* 25 D3
Saint-Folquin *62* 3 D2
Saint-Fons *69* 211 D1
Saint-Forgeot *71* 157 D2
Saint-Forget *78* 60 B4
Saint-Forgeux *69* 192 A3
Saint-Forgeux-Lespinasse *42* 191 D1
Saint-Fort *53* 105 D3
Saint-Fort-sur-Gironde *17* 199 D3
Saint-Fort-sur-le-Né *16* 200 C2
Saint-Fortunat-sur-Eyrieux *07* 228 C4
Saint-Fraigne *16* 183 E3
Saint-Fraimbault *61* 81 E2
Saint-Fraimbault-de-Prières *53* 81 E3
Saint-Frajou *31* 275 E4
Saint-Franc *73* 212 C2
Saint-Franchy *58* 155 E1
Saint-François-de-Sales *73* 213 E1
Saint-François-Lacroix *57* 42 A2
Saint-François-Longchamp *73* 214 A3
Saint-Frégant *29* 47 F1
Saint-Fréjoux *19* 206 A2
Saint-Frézal-d'Albuges *48* 244 C2
Saint-Frézal-de-Ventalon *48* 245 D4
Saint-Frichoux *11* 303 D1
Saint-Frion *23* 187 F4
Saint-Fromond *50* 27 E4
Saint-Front *16* 183 F3
Saint-Front *43* 227 E3
Saint-Front-d'Alemps *24* 202 C4
Saint-Front-de-Pradoux *24* 220 A2
Saint-Front-la-Rivière *24* 202 C3
Saint-Front-sur-Lémance *47* 239 D2
Saint-Front-sur-Nizonne *24* 202 B3
Saint-Froult *17* 180 C3
Saint-Fulgent *85* 146 B3

Saint-Fulgent-des-Ormes 61 ... 83 E3
Saint-Fuscien 80 ... 18 B3
Saint-Gabriel (Chapelle) 13 ... 283 E1
Saint-Gabriel-Brécy 14 ... 29 D3
Saint-Gal 48 ... 244 A1
Saint-Gal-sur-Sioule 63 ... 189 E2
Saint-Galmier 42 ... 209 F2
Saint-Gand 70 ... 140 C2
Saint-Ganton 35 ... 102 C3
Saint-Gatien-des-Bois 14 ... 30 B3
Saint-Gaudens 31 ... 299 D2
Saint-Gaudent 86 ... 183 F1
Saint-Gaudéric 11 ... 301 F2
Saint-Gault 53 ... 105 D2
Saint-Gaultier 36 ... 168 B1
Saint-Gauzens 81 ... 277 F1
Saint-Gayrand 47 ... 238 A3
Saint-Gein 40 ... 254 B4
Saint-Gelais 79 ... 165 D3
Saint-Gelven 22 ... 76 C3
Saint-Gély-du-Fesc 34 ... 281 E1
Saint-Génard 79 ... 183 D1
Saint-Gence 87 ... 185 E3
Saint-Généroux 79 ... 148 B3
Saint-Genès-Champanelle 63 ... 207 E1
Saint-Genès-Champespe 63 206 C3
Saint-Genès-de-Blaye 33 ... 217 E1
Saint-Genès-de-Castillon 33 ... 219 D3
Saint-Genès-de-Fronsac 33 ... 217 F2
Saint-Genès-de-Lombaud 33 ... 217 F4
Saint-Genès-du-Retz 63 ... 189 F2
Saint-Genès-la-Tourette 63 ... 208 A2
Saint-Genest 03 ... 170 C4
Saint-Genest 88 ... 95 D2
Saint-Genest-d'Ambière 86 ... 149 E4
Saint-Genest-de-Beauzon 07 ... 245 F3
Saint-Genest-de-Contest 81 ... 278 A1
Saint-Genest-Lachamp 07 ... 228 A4
Saint-Genest-Lerpt 42 ... 210 A3
Saint-Genest-Malifaux 42 ... 210 A4
Saint-Genest-sur-Roselle 87 204 A1
Saint-Geneys-près-Saint-Paulien 43 ... 227 D1
Saint-Gengoulph 02 ... 62 C1
Saint-Gengoux-de-Scissé 71 ... 175 D2
Saint-Gengoux-le-National 71 ... 174 C1
Saint-Geniès 24 ... 221 F3
Saint-Geniès-Bellevue 31 ... 276 C1
Saint-Geniès-de-Comolas 30 ... 264 C2
Saint-Geniès-de-Fontedit 34 ... 280 B3
Saint-Geniès-de-Malgoirès 30 ... 263 F3
Saint-Geniès-de-Varensal 34 ... 279 F2
Saint-Geniès-des-Mourgues 34 ... 282 A1
Saint-Geniez 04 ... 249 E4
Saint-Geniez-d'Olt 12 ... 243 D3
Saint-Geniez-ô-Merle 19 ... 223 E2
Saint-Genis 05 ... 249 D3
Saint-Genis 38 ... 230 C4
Saint-Genis-de-Blanzac 16 ... 201 E3
Saint-Genis-de-Saintonge 17 ... 199 E2
Saint-Génis-des-Fontaines 66 ... 313 D3
Saint-Genis-d'Hiersac 16 ... 183 E4
Saint-Genis-du-Bois 33 ... 236 C1
Saint-Genis-l'Argentière 69 ... 210 A1
Saint-Genis-Laval 69 ... 210 C1
Saint-Genis-les-Ollières 69 ... 192 C4
Saint-Genis-Pouilly 01 ... 177 F4
Saint-Genis-sur-Menthon 01 ... 175 F4
Saint-Genix-sur-Guiers 73 ... 212 B1
Saint-Genou 36 ... 151 D3
Saint-Genouph 37 ... 130 C3
Saint-Geoire-en-Valdaine 38 ... 212 B3
Saint-Geoirs 38 ... 212 A4
Saint-Georges 15 ... 225 E3
Saint-Georges 16 ... 183 F3
Saint-Georges 32 ... 275 F1
Saint-Georges 33 ... 219 D3
Saint-Georges 47 ... 239 D3
Saint-Georges 57 ... 69 F4
Saint-Georges 62 ... 7 D3
Saint-Georges 82 ... 258 B1
Saint-Georges (Gorges de) 11 ... 311 E1
Saint-Georges-Armont 25 ... 142 A2
Saint-Georges-Blancaneix 24 ... 219 F3
Saint-Georges-Buttavent 53 ... 81 D3
Saint-Georges-d'Annebecq 61 ... 82 A1
Saint-Georges-d'Aunay 14 ... 55 E1
Saint-Georges-d'Aurac 43 ... 226 B1
Saint-Georges-de-Baroille 42 ... 191 E4
Saint-Georges-de-Bohon 50 ... 27 D3
Saint-Georges-de-Chesné 35 ... 80 A3
Saint-Georges-de-Commiers 38 ... 230 C2
Saint-Georges-de-Cubillac 17 ... 199 E2
Saint-Georges-de-Didonne 17 ... 198 C1
Saint-Georges-de-Gréhaigne 35 ... 79 F1
Saint-Georges-de-la-Couée 72 ... 107 F3
Saint-Georges-de-la-Rivière 50 ... 24 B4
Saint-Georges-de-Lévéjac 48 ... 243 F4
Saint-Georges-de-Livoye 50 ... 54 B3
Saint-Georges-de-Longuepierre 17 ... 182 B2
Saint-Georges-de-Luzençon 12 ... 261 D2
Saint-Georges-de-Mons 63 ... 189 D3
Saint-Georges-de-Montaigu 85 ... 146 A2
Saint-Georges-de-Montclard 24 ... 220 B3
Saint-Georges-de-Noisné 79 ... 165 D2
Saint-Georges-de-Pointindoux 85 ... 162 B1
Saint-Georges-de-Poisieux 18 ... 170 C1
Saint-Georges-de-Reintembault 35 ... 80 A1
Saint-Georges-de-Reneins 69 ... 192 C2
Saint-Georges-de-Rex 79 ... 164 B4
Saint-Georges-de-Rouelley 50 ... 81 D1
Saint-Georges-d'Elle 50 ... 27 F4
Saint-Georges-des-Agoûts 17 ... 199 E3
Saint-Georges-des-Coteaux 17 ... 181 F4
Saint-Georges-des-Gardes 49 ... 147 D1
Saint-Georges-des-Groseillers 61 ... 55 E3
Saint-Georges-des-Hurtières 73 ... 213 F2
Saint-Georges-des-Sept-Voies 49 ... 128 C3
Saint-Georges-d'Espéranche 38 ... 211 E2
Saint-Georges-d'Oléron 17 ... 180 B2
Saint-Georges-d'Orques 34 ... 281 E2
Saint-Georges-du-Bois 17 ... 181 E1
Saint-Georges-du-Bois 49 ... 129 D2
Saint-Georges-du-Bois 72 ... 106 C2
Saint-Georges-du-Mesnil 27 ... 31 D4
Saint-Georges-du-Rosay 72 ... 83 E4
Saint-Georges-du-Vièvre 27 ... 31 E4
Saint-Georges-en-Auge 14 ... 56 C2
Saint-Georges-en-Couzan 42 ... 209 D1
Saint-Georges-Haute-Ville 42 ... 209 E2
Saint-Georges-la-Pouge 23 ... 187 D3
Saint-Georges-Lagricol 43 ... 209 D4
Saint-Georges-le-Fléchard 53 ... 105 E1
Saint-Georges-le-Gaultier 72 82 B3
Saint-Georges-lès-Baillargeaux 86 ... 166 B1
Saint-Georges-les-Bains 07 ... 229 D4
Saint-Georges-les-Landes 87 ... 168 B4
Saint-Georges-Montcocq 50 ... 27 E4
Saint-Georges-Motel 27 ... 59 D3
Saint-Georges-Nigremont 23 ... 187 F4
Saint-Georges-sur-Allier 63 ... 207 F1
Saint-Georges-sur-Arnon 36 152 C2
Saint-Georges-sur-Baulche 89 ... 113 E4
Saint-Georges-sur-Cher 41 ... 131 F3
Saint-Georges-sur-Erve 53 ... 82 A4
Saint-Georges-sur-Eure 28 ... 85 D3
Saint-Georges-sur-Fontaine 76 ... 32 B1
Saint-Georges-sur-la-Prée 18 ... 133 D4
Saint-Georges-sur-l'Aa 59 ... 3 D1
Saint-Georges-sur-Layon 49 128 C4
Saint-Georges-sur-Loire 49 ... 128 A2
Saint-Georges-sur-Moulon 18 ... 153 E1
Saint-Georges-sur-Renon 01 193 E1
Saint-Geours-d'Auribat 40 ... 253 E4
Saint-Geours-de-Maremne 40 ... 271 D1
Saint-Gérand 56 ... 77 D4
Saint-Gérand-de-Vaux 03 ... 172 B3
Saint-Gérand-le-Puy 03 ... 172 C4
Saint-Géraud 47 ... 237 E2
Saint-Géraud-de-Corps 24 ... 219 F3
Saint-Géréon 44 ... 127 D3
Saint-Germain 07 ... 246 A2
Saint-Germain 10 ... 90 A4
Saint-Germain 54 ... 94 C2
Saint-Germain 70 ... 119 D4
Saint-Germain 86 ... 167 E2
Saint-Germain (Ermitage de) 74 ... 195 F3
Saint-Germain-au-Mont-d'Or 69 ... 192 C3
Saint-Germain-Beaupré 23 ... 168 C4
Saint-Germain-Chassenay 58 ... 155 E4
Saint-Germain-d'Anxure 53 ... 81 D4
Saint-Germain-d'Arcé 72 ... 130 A1
Saint-Germain-d'Aunay 61 ... 57 E2
Saint-Germain-de-Belvès 24 ... 221 E4
Saint-Germain-de-Calberte 48 ... 262 C1
Saint-Germain-de-Clairefeuille 61 ... 57 D4
Saint-Germain-de-Confolens 16 ... 184 C2
Saint-Germain-de-Coulamer 53 ... 82 A4
Saint-Germain-de-Fresney 27 ... 59 D2
Saint-Germain-de-Grave 33 ... 236 C2
Saint-Germain-de-Joux 01 ... 194 C1
Saint-Germain-de-la-Coudre 61 ... 83 F4
Saint-Germain-de-la-Grange 78 ... 60 A3
Saint-Germain-de-la-Rivière 33 ... 217 F3
Saint-Germain-de-Livet 14 ... 57 D1
Saint-Germain-de-Longue-Chaume 79 ... 148 A4
Saint-Germain-de-Lusignan 17 ... 199 F3
Saint-Germain-de-Marencennes 17 ... 181 E1
Saint-Germain-de-Martigny 61 ... 83 E1
Saint-Germain-de-Modéon 21 ... 137 E3
Saint-Germain-de-Montbron 16 ... 202 A1
Saint-Germain-de-Montgommery 14 ... 57 D2
Saint-Germain-de-Pasquier 27 ... 32 A4
Saint-Germain-de-Prinçay 85 ... 146 C4
Saint-Germain-de-Salles 03 ... 189 F1
Saint-Germain-de-Tallevende-la-Lande-Vaumont 14 ... 55 D3
Saint-Germain-de-Tournebut 50 ... 25 D3
Saint-Germain-de-Varreville 50 ... 25 E4
Saint-Germain-de-Vibrac 17 ... 200 C3
Saint-Germain-d'Ectot 14 ... 28 C4
Saint-Germain-d'Elle 50 ... 27 F4
Saint-Germain-des-Angles 27 ... 58 C1
Saint-Germain-des-Bois 18 ... 153 E3
Saint-Germain-des-Bois 58 ... 136 B3
Saint-Germain-des-Champs 89 ... 137 D3
Saint-Germain-des-Essourts 76 ... 32 C1
Saint-Germain-des-Fossés 03 ... 190 A1
Saint-Germain-des-Grois 61 ... 84 A3
Saint-Germain-des-Prés 24 ... 203 D4
Saint-Germain-des-Prés 45 ... 112 A2
Saint-Germain-des-Prés 49 ... 127 F2
Saint-Germain-des-Prés 81 ... 278 A3
Saint-Germain-des-Vaux 50 ... 24 A1
Saint-Germain-d'Esteuil 33 ... 198 C4
Saint-Germain-d'Étables 76 ... 16 B3
Saint-Germain-du-Bel-Air 46 ... 240 A2
Saint-Germain-du-Bois 71 ... 158 C4
Saint-Germain-du-Corbéis 61 ... 82 C2
Saint-Germain-du-Crioult 14 ... 55 E3
Saint-Germain-du-Pert 14 ... 27 F3
Saint-Germain-du-Pinel 35 ... 104 B1
Saint-Germain-du-Plain 71 ... 158 B4
Saint-Germain-du-Puch 33 ... 217 F4
Saint-Germain-du-Puy 18 ... 153 E1
Saint-Germain-du-Salembre 24 ... 220 A1
Saint-Germain-du-Seudre 17 ... 199 D2
Saint-Germain-du-Teil 48 ... 243 F3
Saint-Germain-du-Val 72 ... 106 B4
Saint-Germain-en-Brionnais 71 ... 174 A3
Saint-Germain-en-Coglès 35 ... 80 A2
Saint-Germain-en-Laye 78 ... 60 B3
Saint-Germain-en-Montagne 39 ... 160 B4
Saint-Germain-et-Mons 24 ... 220 B4
Saint-Germain-la-Blanche-Herbe 14 ... 29 E4
Saint-Germain-la-Campagne 27 ... 57 E1
Saint-Germain-la-Chambotte 73 ... 195 D4
Saint-Germain-la-Gâtine 28 ... 85 E2
Saint-Germain-la-Montagne 42 ... 192 A1
Saint-Germain-la-Poterie 60 ... 33 F2
Saint-Germain-la-Ville 51 ... 65 D3
Saint-Germain-l'Aiguiller 85 147 D4
Saint-Germain-Langot 14 ... 56 A2
Saint-Germain-Laprade 43 ... 227 D2
Saint-Germain-Laval 42 ... 191 E4
Saint-Germain-Laval 77 ... 88 B3
Saint-Germain-Lavolps 19 ... 205 F2
Saint-Germain-Laxis 77 ... 87 F1
Saint-Germain-le-Châtelet 90 ... 119 F4
Saint-Germain-le-Fouilloux 53 ... 105 D1
Saint-Germain-le-Gaillard 28 ... 85 D2
Saint-Germain-le-Gaillard 50 ... 24 B3
Saint-Germain-le-Guillaume 53 ... 81 D4
Saint-Germain-le-Rocheux 21 ... 115 E4
Saint-Germain-le-Vasson 14 ... 56 A1
Saint-Germain-le-Vieux 61 ... 83 D1
Saint-Germain-Lembron 63 ... 207 F3
Saint-Germain-lès-Arlay 39 ... 159 E4
Saint-Germain-lès-Arpajon 91 ... 86 C1
Saint-Germain-les-Belles 87 204 A2
Saint-Germain-lès-Buxy 71 ... 158 A4
Saint-Germain-lès-Corbeil 91 87 E1
Saint-Germain-les-Paroisses 01 ... 194 B4
Saint-Germain-lès-Senailly 21 ... 137 F1
Saint-Germain-les-Vergnes 19 ... 204 B4
Saint-Germain-Lespinasse 42 ... 191 D2
Saint-Germain-l'Herm 63 ... 208 B3
Saint-Germain-près-Herment 63 ... 206 B1
Saint-Germain-Source-Seine 21 ... 138 B2
Saint-Germain-sous-Cailly 76 32 B1
Saint-Germain-sous-Doue 77 ... 62 B3
Saint-Germain-sur-Avre 27 ... 59 D4
Saint-Germain-sur-Ay 50 ... 26 B3
Saint-Germain-sur-Bresle 80 ... 17 E3
Saint-Germain-sur-Eaulne 76 ... 16 C3
Saint-Germain-sur-École 77 ... 87 E2
Saint-Germain-sur-Ille 35 ... 79 E3
Saint-Germain-sur-l'Arbresle 69 ... 192 B3
Saint-Germain-sur-Meuse 55 ... 67 E4
Saint-Germain-sur-Moine 49 ... 146 B1
Saint-Germain-sur-Morin 77 ... 62 A3
Saint-Germain-sur-Renon 01 ... 193 E2
Saint-Germain-sur-Rhône 74 ... 194 C1
Saint-Germain-sur-Sarthe 72 ... 82 C3
Saint-Germain-sur-Sèves 50 ... 27 D3
Saint-Germain-sur-Vienne 37 ... 129 F4
Saint-Germain-Village 27 ... 31 D3
Saint-Germainmont 08 ... 37 F1
Saint-Germé 32 ... 273 E1
Saint-Germer-de-Fly 60 ... 33 E2
Saint-Germier 31 ... 277 E3
Saint-Germier 32 ... 275 F2
Saint-Germier 79 ... 165 F2
Saint-Germier 81 ... 278 B2
Saint-Géron 43 ... 207 F4
Saint-Gérons 15 ... 223 F3
Saint-Gervais 16 ... 184 A2
Saint-Gervais 30 ... 264 B1
Saint-Gervais 33 ... 217 F2
Saint-Gervais 38 ... 230 B1
Saint-Gervais 85 ... 144 C2
Saint-Gervais 95 ... 33 E4
Saint-Gervais-d'Auvergne 63 ... 189 D2
Saint-Gervais-de-Vic 72 ... 108 A3
Saint-Gervais-des-Sablons 61 ... 56 C2
Saint-Gervais-du-Perron 61 ... 82 C1
Saint-Gervais-en-Belin 72 ... 107 D3
Saint-Gervais-en-Vallière 71 158 B2
Saint-Gervais-la-Forêt 41 ... 132 A1
Saint-Gervais-les-Bains 74 ... 196 C3
Saint-Gervais-les-Trois-Clochers 86 ... 149 E3
Saint-Gervais-sous-Meymont 63 ... 208 B1
Saint-Gervais-sur-Couches 71 ... 157 E3
Saint-Gervais-sur-Mare 34 ... 280 A2
Saint-Gervais-sur-Roubion 26 ... 247 D2
Saint-Gervasy 30 ... 264 A4
Saint-Gervazy 63 ... 207 F3
Saint-Géry 24 ... 219 F3
Saint-Géry 46 ... 240 B3
Saint-Géry (Château de) 81 ... 258 C4
Saint-Geyrac 24 ... 221 D2
Saint-Gibrien 51 ... 64 C2
Saint-Gildas 22 ... 50 C4
Saint-Gildas (Pointe de) 44 ... 125 D4
Saint-Gildas-de-Rhuys 56 ... 122 C2
Saint-Gildas-des-Bois 44 ... 125 E1
Saint-Gilles 30 ... 282 C1
Saint-Gilles 35 ... 79 D4
Saint-Gilles 36 ... 168 C2
Saint-Gilles 50 ... 27 E4
Saint-Gilles 51 ... 37 D3
Saint-Gilles 71 ... 157 F3
Saint-Gilles-Croix-de-Vie 85 ... 144 C4
Saint-Gilles-de-Crétot 76 ... 15 E4
Saint-Gilles-de-la-Neuville 76 ... 14 C3
Saint-Gilles-des-Marais 61 ... 81 E1
Saint-Gilles-du-Mené 22 ... 77 F3
Saint-Gilles-les-Bois 22 ... 50 C3
Saint-Gilles-les-Forêts 87 ... 204 C2
Saint-Gilles-Pligeaux 22 ... 76 C2
Saint-Gilles-Vieux-Marché 22 ... 76 C3
Saint-Gineis-en-Coiron 07 ... 246 B2
Saint-Gingolph 74 ... 179 D2
Saint-Girod 73 ... 195 D4
Saint-Girons 09 ... 300 A3
Saint-Girons 64 ... 272 A2
Saint-Girons-d'Aiguevives 33 ... 217 E1
Saint-Girons-Plage 40 ... 252 A3
Saint-Gladie-Arrive-Munein 64 ... 271 F4
Saint-Glen 22 ... 77 F2
Saint-Goazec 29 ... 75 E3
Saint-Gobain 02 ... 36 B1
Saint-Gobert 02 ... 21 D3
Saint-Goin 64 ... 296 A1
Saint-Gondon 45 ... 111 E4
Saint-Gondran 35 ... 79 D3
Saint-Gonéry (Chapelle) 22 ... 50 B1
Saint-Gonlay 35 ... 78 C4
Saint-Gonnery 56 ... 77 D4
Saint-Gor 40 ... 254 B2
Saint-Gorgon 56 ... 102 A4
Saint-Gorgon 88 ... 95 D3
Saint-Gorgon-Main 25 ... 161 D1
Saint-Gouéno 22 ... 77 F3
Saint-Gourgon 41 ... 131 E1
Saint-Gourson 16 ... 184 A3
Saint-Goussaud 23 ... 186 B2
Saint-Gratien 80 ... 18 B2
Saint-Gratien 95 ... 60 C2
Saint-Gratien-Savigny 58 ... 155 F3
Saint-Gravé 56 ... 102 A3
Saint-Grégoire 35 ... 79 E4
Saint-Grégoire 81 ... 259 F3
Saint-Grégoire-d'Ardennes 17 ... 199 F2
Saint-Grégoire-du-Vièvre 27 ... 31 E4
Saint-Griède 32 ... 273 E1
Saint-Groux 16 ... 183 F3
Saint-Guen 22 ... 77 D3
Saint-Guénolé 29 ... 98 A2
Saint-Guilhem-le-Désert 34 ... 281 D1
Saint-Guillaume 38 ... 230 B3
Saint-Guinoux 35 ... 79 D1
Saint-Guiraud 34 ... 280 C1
Saint-Guyomard 56 ... 101 F3
Saint-Haon 43 ... 226 C4
Saint-Haon-le-Châtel 42 ... 191 D2
Saint-Haon-le-Vieux 42 ... 191 D2
Saint-Héand 42 ... 210 A2
Saint-Hélen 22 ... 78 C1
Saint-Hélier 21 ... 138 B3
Saint-Hellier 76 ... 16 B4
Saint-Herblain 44 ... 126 B4
Saint-Herblon 44 ... 127 E2
Saint-Herbot 29 ... 75 E2
Saint-Hérent 63 ... 207 E3
Saint-Hernin 29 ... 75 F3
Saint-Hervé 22 ... 77 D3
Saint-Hilaire 03 ... 171 F2
Saint-Hilaire 11 ... 302 B2
Saint-Hilaire 16 ... 200 C3
Saint-Hilaire 25 ... 141 E3
Saint-Hilaire 31 ... 276 B4
Saint-Hilaire 38 ... 213 D4
Saint-Hilaire 43 ... 208 A4
Saint-Hilaire 46 ... 241 E1
Saint-Hilaire 63 ... 188 B2
Saint-Hilaire 91 ... 86 B2
Saint-Hilaire-au-Temple 51 ... 64 C1
Saint-Hilaire-Bonneval 87 ... 204 A1
Saint-Hilaire-Cottes 62 ... 7 F1
Saint-Hilaire-Cusson-la-Valmitte 42 ... 209 E4
Saint-Hilaire-de-Beauvoir 34 ... 282 A1
Saint-Hilaire-de-Brens 38 ... 211 F1
Saint-Hilaire-de-Brethmas 30 ... 263 E2
Saint-Hilaire-de-Briouze 61 ... 56 A4
Saint-Hilaire-de-Chaléons 44 ... 145 D1
Saint-Hilaire-de-Clisson 44 ... 146 A1
Saint-Hilaire-de-Court 18 ... 152 B1
Saint-Hilaire-de-Gondilly 18 ... 154 B2
Saint-Hilaire-de-la-Côte 38 ... 212 A3
Saint-Hilaire-de-la-Noaille 33 ... 237 D2
Saint-Hilaire-de-Lavit 48 ... 263 D1
Saint-Hilaire-de-Loulay 85 ... 146 A2
Saint-Hilaire-de-Lusignan 47 ... 256 A1
Saint-Hilaire-de-Riez 85 ... 144 C4
Saint-Hilaire-de-Villefranche 17 ... 182 B3
Saint-Hilaire-de-Voust 85 ... 164 B1
Saint-Hilaire-des-Landes 35 ... 80 A3
Saint-Hilaire-des-Loges 85 ... 164 B2
Saint-Hilaire-d'Estissac 24 ... 220 A2
Saint-Hilaire-d'Ozilhan 30 ... 264 B3
Saint-Hilaire-du-Bois 17 ... 199 E3
Saint-Hilaire-du-Bois 33 ... 237 D1
Saint-Hilaire-du-Bois 49 ... 147 E1
Saint-Hilaire-du-Bois 85 ... 163 F1
Saint-Hilaire-du-Harcouët 50 ... 80 B1
Saint-Hilaire-du-Maine 53 ... 80 C4
Saint-Hilaire-du-Rosier 38 ... 229 F2
Saint-Hilaire-en-Lignières 18 ... 152 C4
Saint-Hilaire-en-Morvan 58 ... 156 A2
Saint-Hilaire-en-Woëvre 55 ... 67 E1
Saint-Hilaire-Foissac 19 ... 205 E4
Saint-Hilaire-Fontaine 58 ... 155 F4
Saint-Hilaire-la-Croix 63 ... 189 E2
Saint-Hilaire-la-Forêt 85 ... 162 C2
Saint-Hilaire-la-Gérard 61 ... 82 C1
Saint-Hilaire-la-Gravelle 41 ... 108 C3
Saint-Hilaire-la-Palud 79 ... 164 B4
Saint-Hilaire-la-Plaine 23 ... 187 D1
Saint-Hilaire-la-Treille 87 ... 168 B4
Saint-Hilaire-le-Château 23 ... 187 D3
Saint-Hilaire-le-Châtel 61 ... 83 F1
Saint-Hilaire-le-Grand 51 ... 38 B4
Saint-Hilaire-le-Lierru 72 ... 107 E1
Saint-Hilaire-le-Petit 51 ... 38 B3
Saint-Hilaire-le-Vouhis 85 ... 146 B4
Saint-Hilaire-les-Andrésis 45 ... 112 B2
Saint-Hilaire-les-Courbes 19 ... 205 D2
Saint-Hilaire-les-Monges 63 ... 188 B4
Saint-Hilaire-les-Places 87 ... 203 E1
Saint-Hilaire-lez-Cambrai 59 ... 9 E4
Saint-Hilaire-Luc 19 ... 205 F4
Saint-Hilaire-Petitville 50 ... 27 E3
Saint-Hilaire-Peyroux 19 ... 222 B1
Saint-Hilaire-Saint-Florent 49 ... 129 E4
Saint-Hilaire-Saint-Mesmin 45 ... 110 A3
Saint-Hilaire-sous-Charlieu 42 ... 191 F1
Saint-Hilaire-sous-Romilly 10 ... 89 E2
Saint-Hilaire-sur-Benaize 36 ... 167 F2
Saint-Hilaire-sur-Erre 61 ... 84 A3
Saint-Hilaire-sur-Helpe 59 ... 10 B3
Saint-Hilaire-sur-Puiseaux 45 ... 111 F3
Saint-Hilaire-sur-Risle 61 ... 57 E4
Saint-Hilaire-sur-Yerre 28 ... 109 D2
Saint-Hilaire-Taurieux 19 ... 223 D2
Saint-Hilarion 78 ... 85 F1
Saint-Hilliers 77 ... 88 C1
Saint-Hippolyte 12 ... 242 B1
Saint-Hippolyte 15 ... 224 C1
Saint-Hippolyte 17 ... 181 E3
Saint-Hippolyte 25 ... 142 C3
Saint-Hippolyte 33 ... 219 D3
Saint-Hippolyte 37 ... 150 C2
Saint-Hippolyte 63 ... 189 E3
Saint-Hippolyte 66 ... 313 D1
Saint-Hippolyte 68 ... 96 C2
Saint-Hippolyte-de-Caton 30 ... 263 F2
Saint-Hippolyte-de-Montaigu 30 ... 264 A2
Saint-Hippolyte-du-Fort 30 ... 263 D3
Saint-Hippolyte-le-Graveyron 84 ... 265 E2
Saint-Honorat (Île) 06 ... 288 B4
Saint-Honoré 38 ... 231 D3
Saint-Honoré 76 ... 16 A3
Saint-Honoré-les-Bains 58 ... 156 A3
Saint-Hostien 43 ... 227 E2
Saint-Hubert 57 ... 42 A3
Saint-Hubert 78 ... 60 A4
Saint-Huruge 71 ... 174 C1
Saint-Hymer 14 ... 30 B3
Saint-Hymetière 39 ... 176 C3
Saint-Igeaux 22 ... 76 C3
Saint-Igest 12 ... 241 E3
Saint-Ignan 31 ... 299 D2
Saint-Ignat 63 ... 189 F3
Saint-Igneuc 22 ... 78 A2
Saint-Igny-de-Roche 71 ... 191 F1
Saint-Igny-de-Vers 69 ... 174 B4
Saint-Illide 15 ... 223 F2
Saint-Illiers-la-Ville 78 ... 59 E2
Saint-Illiers-le-Bois 78 ... 59 E2
Saint-Ilpize 43 ... 226 A1
Saint-Imoges 51 ... 64 A1
Saint-Inglevert 62 ... 2 B2
Saint-Isidore 06 ... 288 C2
Saint-Isle 53 ... 104 C1
Saint-Ismier 38 ... 213 D4
Saint-Izaire 12 ... 260 C3
Saint-Jacques 04 ... 268 A3
Saint-Jacques 06 ... 288 A3
Saint-Jacques-d'Aliermont 76 ... 16 B3
Saint-Jacques-d'Ambur 63 ... 188 C3
Saint-Jacques-d'Atticieux 07 ... 210 C4
Saint-Jacques-de-la-Lande 35 ... 103 E1
Saint-Jacques-de-Néhou 50 ... 24 C4
Saint-Jacques-de-Thouars 79 ... 148 A2
Saint-Jacques-des-Arrêts 69 ... 174 C4
Saint-Jacques-des-Blats 15 ... 224 C2
Saint-Jacques-des-Guérets 41 ... 108 A4
Saint-Jacques-en-Valgodemard 05 ... 231 E4
Saint-Jacques-sur-Darnétal 76 ... 32 B2
Saint-Jacut-de-la-Mer 22 ... 52 B4
Saint-Jacut-du-Mené 22 ... 77 F3
Saint-Jacut-les-Pins 56 ... 102 B4
Saint-Jal 19 ... 204 B3
Saint-James 50 ... 80 A1
Saint-Jammes 64 ... 273 D4
Saint-Jans-Cappel 59 ... 4 A3
Saint-Jean 06 ... 288 A3
Saint-Jean 31 ... 276 C2
Saint-Jean (Chapelle) 27 ... 32 C2
Saint-Jean (Chapelle) 29 ... 47 F3
Saint-Jean (Col) 04 ... 250 A3
Saint Jean (Église) 2B ... 317 D1
Saint-Jean-aux-Amognes 58 ... 155 D2
Saint-Jean-aux-Bois 08 ... 22 A4
Saint-Jean-aux-Bois 60 ... 35 F3
Saint-Jean-Balanant 29 ... 47 E2
Saint Jean Baptiste (Chapelle de) 2A ... 319 D2
Saint-Jean-Bonnefonds 42 ... 210 A3
Saint-Jean-Brévelay 56 ... 101 E2

Saint-Jean-Cap-Ferrat 06 ... 288 C2
Saint-Jean-Chambre 07 ... 228 B3
Saint-Jean-d'Abbetot 76 ... 14 C4
Saint-Jean-d'Aigues-Vives 09 ... 301 E4
Saint-Jean-d'Alcapiès 12 ... 261 D3
Saint-Jean-d'Angély 17 ... 182 A3
Saint-Jean-d'Angle 17 ... 181 D4
Saint-Jean-d'Ardières 69 ... 192 C1
Saint-Jean-d'Arves 73 ... 213 F4
Saint-Jean-d'Arvey 73 ... 213 D1
Saint-Jean-d'Assé 72 ... 106 C1
Saint-Jean-d'Ataux 24 ... 220 A1
Saint-Jean-d'Aubrigoux 43 .. 208 C4
Saint-Jean-d'Aulps 74 ... 178 C4
Saint-Jean-d'Avelanne 38 ... 212 C2
Saint-Jean-de-Barrou 11 ... 303 E3
Saint-Jean-de-Bassel 57 ... 69 F3
Saint-Jean-de-Beauregard 91 ... 60 C4
Saint-Jean-de-Belleville 73 .. 214 B3
Saint-Jean-de-Beugné 85 ... 163 F2
Saint-Jean-de-Blaignac 33 ... 218 C4
Saint-Jean-de-Bœuf 21 ... 138 C4
Saint-Jean-de-Boiseau 44 ... 126 A4
Saint-Jean-de-Bonneval 10 ... 90 B4
Saint-Jean-de-Bournay 38 ... 211 E2
Saint-Jean-de-Braye 45 ... 110 B3
Saint-Jean-de-Buèges 34 ... 262 B4
Saint-Jean-de-Ceyrargues 30 ... 263 F2
Saint-Jean-de-Chevelu 73 ... 195 D4
Saint-Jean-de-Côle 24 ... 202 C3
Saint-Jean-de-Corcoué 44 ... 145 E2
Saint-Jean-de-Cornies 34 ... 282 A1
Saint-Jean-de-Couz 73 ... 212 C2
Saint-Jean-de-Crieulon 30 ... 263 D3
Saint-Jean-de-Cuculles 34 ... 281 F1
Saint-Jean-de-Daye 50 ... 27 E3
Saint-Jean-de-Duras 47 ... 237 F1
Saint-Jean-de-Folleville 76 ... 15 D4
Saint-Jean-de-Fos 34 ... 281 D1
Saint-Jean-de-Gonville 01 ... 177 E4
Saint-Jean-de-la-Blaquière 34 ... 280 C1
Saint-Jean-de-la-Croix 49 ... 128 B3
Saint-Jean-de-la-Forêt 61 ... 83 F3
Saint-Jean-de-la-Haize 50 ... 54 A4
Saint-Jean-de-la-Léqueraye 27 ... 31 D4
Saint-Jean-de-la-Motte 72 ... 106 C4
Saint-Jean-de-la-Neuville 76 .. 14 C3
Saint-Jean-de-la-Porte 73 ... 213 E2
Saint-Jean-de-la-Rivière 50 ... 24 B4
Saint-Jean-de-la-Ruelle 45 ... 110 A3
Saint-Jean-de-Laur 46 ... 240 C3
Saint-Jean-de-Lier 40 ... 253 D4
Saint-Jean-de-Linières 49 ... 128 A4
Saint-Jean-de-Liversay 17 ... 164 A4
Saint-Jean-de-Livet 14 ... 57 D1
Saint-Jean-de-Losne 21 ... 158 C1
Saint-Jean-de-Luz 64 ... 270 A3
Saint-Jean-de-Marcel 81 ... 259 F2
Saint-Jean-de-Marsacq 40 ... 271 D1
Saint-Jean-de-Maruéjols-et-Avéjan 30 ... 263 F1
Saint-Jean-de-Maurienne 73 ... 214 A4
Saint-Jean-de-Minervois 34 ... 279 E4
Saint-Jean-de-Moirans 38 ... 212 B3
Saint-Jean-de-Monts 85 ... 144 C3
Saint-Jean-de-Muzols 07 ... 229 D2
Saint-Jean-de-Nay 43 ... 226 C2
Saint-Jean-de-Niost 01 ... 193 F3
Saint-Jean-de-Paracol 11 ... 302 A4
Saint-Jean-de-Pourcharesse 07 ... 245 E3
Saint-Jean-de-Rebervilliers 28 ... 85 D1
Saint-Jean-de-Rives 81 ... 277 E1
Saint-Jean-de-Sauves 86 ... 148 C3
Saint-Jean-de-Savigny 50 ... 27 F4
Saint-Jean-de-Serres 30 ... 263 E3
Saint-Jean-de-Sixt 74 ... 196 A1
Saint-Jean-de-Soudain 38 ... 212 A2
Saint-Jean-de-Tholome 74 ... 196 A1
Saint-Jean-de-Thouars 79 ... 148 A2
Saint-Jean-de-Thurac 47 ... 256 B2
Saint-Jean-de-Thurigneux 01 ... 193 D3
Saint-Jean-de-Touslas 69 ... 210 B2
Saint-Jean-de-Trézy 71 ... 157 F3
Saint-Jean-de-Valériscle 30 .263 E1
Saint-Jean-de-Vals 81 ... 278 B1
Saint-Jean-de-Vaulx 38 ... 230 C2
Saint-Jean-de-Vaux 71 ... 157 F4
Saint-Jean-de-Védas 34 ... 281 F2
Saint-Jean-de-Verges 09 ... 301 D3
Saint-Jean-Delnous 12 ... 260 A3
Saint-Jean-des-Baisants 50 ... 54 C1
Saint-Jean-des-Bois 61 ... 55 D4
Saint-Jean-des-Champs 50 ... 53 F3
Saint-Jean-des-Échelles 72 .. 107 F1
Saint-Jean-des-Essartiers 14 .55 D1
Saint-Jean-des-Mauvrets 49 ... 128 C3
Saint-Jean-des-Ollières 63 ... 208 A1
Saint-Jean-des-Vignes 69 ... 192 C3
Saint-Jean-d'Estissac 24 ... 220 A2
Saint-Jean-d'Étreux 39 ... 176 B3
Saint-Jean-devant-Possesse 51 ... 65 F3
Saint-Jean-d'Eyraud 24 ... 220 A3
Saint-Jean-d'Hérans 38 ... 230 C3
Saint-Jean-d'Heurs 63 ... 190 A4
Saint-Jean-d'Illac 33 ... 217 D4
Saint-Jean-d'Ormont 88 ... 95 F2
Saint-Jean-du-Bois 72 ... 106 B3
Saint-Jean-du-Bouzet 82 ... 256 C3
Saint-Jean-du-Bruel 12 ... 261 F3
Saint-Jean-du-Cardonnay 76 .32 A2
Saint-Jean-du-Castillonnais 09 ... 299 E4
Saint-Jean-du-Corail 50 ... 80 C1
Saint-Jean-du-Corail-des-Bois 50 ... 54 B3
Saint-Jean-du-Doigt 29 ... 49 E2
Saint-Jean-du-Falga 09 ... 301 D2
Saint-Jean-du-Gard 30 ... 263 D2
Saint-Jean-du-Marché 88 ... 95 E4
Saint-Jean-du-Pin 30 ... 263 E2
Saint-Jean-du-Thenney 27 ... 57 E1
Saint-Jean-en-Royans 26 ... 229 F2
Saint-Jean-en-Val 63 ... 208 A2
Saint-Jean-et-Saint-Paul 12 .261 D3
Saint-Jean-Froidmentel 41 .. 109 D2
Saint-Jean-Kerdaniel 22 ... 50 C3
Saint-Jean-Kourtzerode 57 ... 70 A2
Saint-Jean-la-Bussière 69 ... 191 F2
Saint-Jean-la-Fouillouse 48 .244 C1
Saint-Jean-la-Poterie 56 ... 102 B4
Saint-Jean-la-Rivière 06 ... 289 D3
Saint-Jean-la-Vêtre 42 ... 190 C4
Saint-Jean-Lachalm 43 ... 226 C3
Saint-Jean-Lagineste 46 ... 223 D4
Saint-Jean-Lasseille 66 ... 313 D3
Saint-Jean-le-Blanc 14 ... 55 E2
Saint-Jean-le-Blanc 45 ... 110 A3
Saint-Jean-le-Centenier 07 .. 246 B2
Saint-Jean-le-Comtal 32 ... 274 C2
Saint-Jean-le-Priche 71 ... 175 E3
Saint-Jean-le-Puy 42 ... 191 D3
Saint-Jean-le-Thomas 50 ... 53 F3
Saint-Jean-le-Vieux 01 ... 194 A2
Saint-Jean-le-Vieux 38 ... 213 D4
Saint-Jean-le-Vieux 64 ... 295 D1
Saint-Jean-lès-Buzy 55 ... 40 C4
Saint-Jean-les-Deux-Jumeaux 77 ... 62 B2
Saint-Jean-lès-Longuyon 54 .. 40 B2
Saint-Jean-Lespinasse 46 ... 223 D4
Saint-Jean-Lherm 31 ... 277 D1
Saint-Jean-Ligoure 87 ... 203 F1
Saint-Jean-Mirabel 46 ... 241 E2
Saint-Jean-Pied-de-Port 64 .. 295 D1
Saint-Jean-Pierre-Fixte 28 ... 84 A3
Saint-Jean-Pla-de-Corts 66 .. 312 C3
Saint-Jean-Poudge 64 ... 273 E3
Saint-Jean-Poutge 32 ... 274 B1
Saint-Jean-Rohrbach 57 ... 69 E1
Saint-Jean-Roure 07 ... 228 A3
Saint-Jean-Saint-Germain 37 ... 150 C1
Saint-Jean-Saint-Gervais 63 ... 208 A3
Saint-Jean-Saint-Nicolas 05 249 F1
Saint-Jean-Saverne 67 ... 70 B2
Saint-Jean-Soleymieux 42 ... 209 E2
Saint-Jean-sur-Couesnon 35 .. 80 A3
Saint-Jean-sur-Erve 53 ... 105 F1
Saint-Jean-sur-Mayenne 53 .105 D1
Saint-Jean-sur-Moivre 51 ... 65 D2
Saint-Jean-sur-Reyssouze 01 ... 175 F3
Saint-Jean-sur-Tourbe 51 ... 65 E1
Saint-Jean-sur-Veyle 01 ... 175 E4
Saint-Jean-sur-Vilaine 35 ... 104 A1
Saint-Jean-Trolimon 29 ... 98 B2
Saint-Jeannet 04 ... 267 F3
Saint-Jeannet 06 ... 269 F4
Saint-Jeanvrin 18 ... 170 A2
Saint-Jeoire 74 ... 196 A1
Saint-Jeoire-Prieuré 73 ... 213 D2
Saint-Jeure-d'Andaure 07 ... 228 A2
Saint-Jeure-d'Ay 07 ... 228 C1
Saint-Jeures 43 ... 227 F2
Saint-Joachim 44 ... 125 E2
Saint-Jodard 42 ... 191 E3
Saint-Joire 55 ... 92 C1
Saint-Jores 50 ... 26 C3
Saint-Joriz 74 ... 195 E3
Saint-Jory 31 ... 276 B1
Saint-Jory-de-Chalais 24 ... 203 D3
Saint-Jory-las-Bloux 24 ... 203 D4
Saint-Joseph 42 ... 210 B2
Saint-Joseph 50 ... 24 C3
Saint-Joseph-de-Rivière 38 .212 C3
Saint-Joseph-des-Bancs 07 .246 A1
Saint-Josse 62 ... 6 B2
Saint-Jouan-de-l'Isle 22 ... 78 B3
Saint-Jouan-des-Guérets 35 .. 52 C4
Saint-Jouin 14 ... 30 A4
Saint-Jouin-Bruneval 76 ... 14 B3
Saint-Jouin-de-Blavou 61 ... 83 E2
Saint-Jouin-de-Marnes 79 ... 148 B3
Saint-Jouin-de-Milly 79 ... 147 E4
Saint-Jouvent 87 ... 185 F3
Saint-Juan 25 ... 141 F3
Saint-Judoce 22 ... 78 C2
Saint-Juéry 12 ... 260 B4
Saint-Juéry 48 ... 225 E4
Saint-Juéry 81 ... 259 E3
Saint-Juire-Champgillon 85 .163 F1
Saint-Julia 31 ... 277 F3
Saint-Julia-de-Bec 11 ... 302 B4
Saint-Julien 21 ... 139 E3
Saint-Julien 22 ... 51 E4
Saint-Julien 31 ... 300 A1
Saint-Julien 34 ... 279 F2
Saint-Julien 39 ... 176 B3
Saint-Julien 56 ... 122 A2
Saint-Julien 69 ... 192 B2
Saint-Julien 70 ... 117 E4
Saint-Julien 88 ... 117 F1
Saint-Julien-aux-Bois 19 ... 223 E2
Saint-Julien-Beychevelle 33 ... 217 D1
Saint-Julien-Boutières 07 ... 228 A3
Saint-Julien-Chapteuil 43 ... 227 E2
Saint-Julien-d'Ance 43 ... 209 D4
Saint-Julien-d'Armagnac 40 ... 254 C3
Saint-Julien-d'Arpaon 48 ... 244 C4
Saint-Julien-d'Asse 04 ... 267 E3
Saint-Julien-de-Bourdeilles 24 ... 202 B4
Saint-Julien-de-Briola 11 ... 301 F2
Saint-Julien-de-Cassagnas 30 ... 263 F1
Saint-Julien-de-Chédon 41 .. 131 F3
Saint-Julien-de-Civry 71 ... 174 A3
Saint-Julien-de-Concelles 44 ... 126 C4
Saint-Julien-de-Coppel 63 ... 207 F1
Saint-Julien-de-Crempse 24 ... 220 B3
Saint-Julien-de-Gras-Capou 09 ... 301 E3
Saint-Julien-de-Jonzy 71 ... 173 F4
Saint-Julien-de-Jordanne 15 ... 224 B2
Saint-Julien-de-la-Liègue 27 .. 59 D1
Saint-Julien-de-la-Nef 30 ... 262 C3
Saint-Julien-de-Lampon 24 .222 A4
Saint-Julien-de-l'Escap 17 ... 182 B3
Saint-Julien-de-l'Herms 38 ... 211 E3
Saint-Julien-de-Mailloc 14 ... 57 E1
Saint-Julien-de-Peyrolas 30 .246 B4
Saint-Julien-de-Raz 38 ... 212 C3
Saint-Julien-de-Toursac 15 .. 241 F1
Saint-Julien-de-Vouvantes 44 ... 127 D1
Saint-Julien-des-Chazes 43 .226 B2
Saint-Julien-des-Landes 85 .162 B1
Saint-Julien-des-Points 48 ... 263 D1
Saint-Julien-d'Eymet 24 ... 238 A1
Saint-Julien-d'Oddes 42 ... 191 D4
Saint-Julien-du-Gua 07 ... 228 A4
Saint-Julien-du-Pinet 43 ... 227 E1
Saint-Julien-du-Puy 81 ... 278 A1
Saint-Julien-du-Sault 89 ... 112 C2
Saint-Julien-du-Serre 07 ... 246 A1
Saint-Julien-du-Terroux 53 ... 81 F2
Saint-Julien-du-Tournel 48 .. 244 C3
Saint-Julien-du-Verdon 04 ... 268 B3
Saint-Julien-en-Beauchêne 05 ... 248 C1
Saint-Julien-en-Born 40 ... 252 B2
Saint-Julien-en-Champsaur 05 ... 249 F1
Saint-Julien-en-Genevois 74 ... 195 E1
Saint-Julien-en-Jarez 42 ... 210 B3
Saint-Julien-en-Quint 26 ... 230 A4
Saint-Julien-en-Saint-Alban 07 ... 228 C4
Saint-Julien-en-Vercors 26 ... 230 A2
Saint-Julien-Gaulène 81 ... 259 F3
Saint-Julien-la-Geneste 63 ... 188 C2
Saint-Julien-la-Genête 23 ... 188 A1
Saint-Julien-la-Vêtre 42 ... 190 C4
Saint-Julien-Labrousse 07 ... 228 B3
Saint-Julien-l'Ars 86 ... 166 C2
Saint-Julien-le-Châtel 23 ... 187 F1
Saint-Julien-le-Faucon 14 ... 56 C1
Saint-Julien-le-Montagnier 83 ... 286 A1
Saint-Julien-le-Pèlerin 19 ... 223 E3
Saint-Julien-le-Petit 87 ... 186 C4
Saint-Julien-le-Roux 07 ... 228 C4
Saint-Julien-le-Vendômois 19 ... 203 F3
Saint-Julien-lès-Gorze 54 ... 67 F1
Saint-Julien-lès-Metz 57 ... 41 F4
Saint-Julien-lès-Montbéliard 25 ... 142 B1
Saint-Julien-les-Rosiers 30 .. 263 E1
Saint-Julien-lès-Russey 25 ... 142 B4
Saint-Julien-les-Villas 10 ... 90 B4
Saint-Julien-Maumont 19 ... 222 C2
Saint-Julien-Molhesabate 43 ... 228 A1
Saint-Julien-Molin-Molette 42 ... 210 B4
Saint-Julien-Mont-Denis 73 .214 A4
Saint-Julien-près-Bort 19 ... 206 A3
Saint-Julien-Puy-Lavèze 63 .206 C1
Saint-Julien-sous-les-Côtes 55 ... 67 D3
Saint-Julien-sur-Bibost 69 ... 192 B4
Saint-Julien-sur-Calonne 14 ... 30 C3
Saint-Julien-sur-Cher 41 ... 133 D4
Saint-Julien-sur-Dheune 71 .157 E4
Saint-Julien-sur-Reyssouze 01 ... 175 F3
Saint-Julien-sur-Sarthe 61 ... 83 E2
Saint-Julien-sur-Veyle 01 ... 193 D1
Saint-Julien-Vocance 07 ... 228 B1
Saint-Junien 87 ... 185 D3
Saint-Junien-la-Bregère 23 .. 186 C3
Saint-Junien-les-Combes 87 ... 185 E2
Saint-Jure 57 ... 68 B2
Saint-Jurs 04 ... 267 F3
Saint-Just 01 ... 193 F1
Saint-Just 07 ... 246 C4
Saint-Just 15 ... 225 F4
Saint-Just 18 ... 153 E2
Saint-Just 24 ... 202 A4
Saint-Just 27 ... 59 E1
Saint-Just 34 ... 282 A2
Saint-Just 35 ... 102 C3
Saint-Just 63 ... 208 C3
Saint-Just-Chaleyssin 38 ... 211 D2
Saint-Just-d'Avray 69 ... 192 A2
Saint-Just-de-Bélengard 11 .301 F2
Saint-Just-de-Claix 38 ... 229 F2
Saint-Just-en-Bas 42 ... 209 D1
Saint-Just-en-Brie 77 ... 88 B1
Saint-Just-en-Chaussée 60 ... 34 C2
Saint-Just-en-Chevalet 42 ... 191 D3
Saint-Just-et-le-Bézu 11 ... 302 B4
Saint-Just-et-Vacquières 30 .263 F2
Saint-Just-Ibarre 64 ... 295 E1
Saint-Just-la-Pendue 42 ... 191 F3
Saint-Just-le-Martel 87 ... 186 A4
Saint-Just-Luzac 17 ... 181 D4
Saint-Just-Malmont 43 ... 209 F4
Saint-Just-près-Brioude 43 .. 226 A1
Saint-Just-Saint-Rambert 42 ... 209 F2
Saint-Just-Sauvage 51 ... 89 F1
Saint-Just-sur-Dive 49 ... 129 E4
Saint-Just-sur-Viaur 12 ... 259 F2
Saint-Justin 32 ... 274 A3
Saint-Justin 40 ... 254 B3
Saint-Juvat 22 ... 78 C2
Saint-Juvin 08 ... 39 E3
Saint-Lactencin 36 ... 151 E3
Saint-Lager 69 ... 192 B1
Saint-Lager-Bressac 07 ... 246 C1
Saint-Lamain 39 ... 159 F4
Saint-Lambert 14 ... 55 F2
Saint-Lambert 78 ... 60 B4
Saint-Lambert-des-Levées 49 ... 129 E4
Saint-Lambert-du-Lattay 49 .128 B3
Saint-Lambert-et-Mont-de-Jeux 08 ... 38 C1
Saint-Lambert-la-Potherie 49 ... 128 A2
Saint-Lambert-sur-Dive 61 ... 56 C3
Saint-Langis-lès-Mortagne 61 ... 83 F2
Saint-Lanne 65 ... 273 E2
Saint-Laon 86 ... 148 C2
Saint-Lary 09 ... 299 E4
Saint-Lary 32 ... 274 C1
Saint-Lary-Boujean 31 ... 299 D1
Saint-Lary-Soulan 65 ... 298 B4
Saint-Lattier 38 ... 229 F2
Saint-Launeuc 22 ... 78 A3
Saint-Laure 63 ... 189 F3
Saint-Laurent 08 ... 22 C3
Saint-Laurent 18 ... 133 F4
Saint-Laurent 22 ... 50 B3
Saint-Laurent 23 ... 187 D1
Saint-Laurent 31 ... 275 E4
Saint-Laurent 47 ... 255 F1
Saint-Laurent 74 ... 195 F1
Saint-Laurent-Blangy 62 ... 8 B3
Saint-Laurent-Bretagne 64 ... 273 E4
Saint-Laurent-Chabreuges 43 ... 208 A4
Saint-Laurent-d'Agny 69 ... 210 C1
Saint-Laurent-d'Aigouze 30 .282 B2
Saint-Laurent-d'Andenay 71 ... 157 E4
Saint-Laurent-d'Arce 33 ... 217 F2
Saint-Laurent-de-Belzagot 16 ... 201 E3
Saint-Laurent-de-Brèvedent 76 ... 14 B4
Saint-Laurent-de-Carnols 30 ... 264 B1
Saint-Laurent-de-Cerdans 66 ... 312 B4
Saint-Laurent-de-Céris 16 ... 184 A3
Saint-Laurent-de-Chamousset 69 ... 192 A4
Saint-Laurent-de-Cognac 16 ... 199 F1
Saint-Laurent-de-Condel 14 ... 55 F1
Saint-Laurent-de-Cuves 50 ... 54 B3
Saint-Laurent-de-Gosse 40 .. 271 D2
Saint-Laurent-de-Jourdes 86 ... 166 C3
Saint-Laurent-de-la-Barrière 17 ... 181 F2
Saint-Laurent-de-la-Cabrerisse 11 ... 303 E2
Saint-Laurent-de-la-Côte 73 ... 214 B3
Saint-Laurent-de-la-Mer 22 ... 51 E4
Saint-Laurent-de-la-Plaine 49 ... 128 A3
Saint-Laurent-de-la-Prée 17 .181 D2
Saint-Laurent-de-la-Salanque 66 ... 313 D1
Saint-Laurent-de-la-Salle 85 ... 164 A1
Saint-Laurent-de-Lévézou 12 ... 261 D1
Saint-Laurent-de-Lin 37 ... 130 A2
Saint-Laurent-de-Mure 69 ... 211 E1
Saint-Laurent-de-Muret 48 ... 243 F2
Saint-Laurent-de-Neste 65 ... 298 C2
Saint-Laurent-de-Terregatte 50 ... 80 A1
Saint-Laurent-de-Trèves 48 .262 B1
Saint-Laurent-de-Vaux 69 ... 210 B1
Saint-Laurent-de-Veyrès 48 .243 E1
Saint-Laurent-des-Arbres 30 ... 264 C2
Saint-Laurent-des-Autels 49 ... 127 D3
Saint-Laurent-des-Bâtons 24 ... 220 C3
Saint-Laurent-des-Bois 27 ... 59 D3
Saint-Laurent-des-Bois 41 ... 109 E3
Saint-Laurent-des-Combes 16 ... 201 E4
Saint-Laurent-des-Combes 33 ... 219 D3
Saint-Laurent-des-Hommes 24 ... 219 F2
aint-Laurent-des-Mortiers 53 ... 105 E4
Saint-Laurent-des-Vignes 24 ... 220 A4
Saint-Laurent-d'Oingt 69 ... 192 B3
Saint-Laurent-d'Olt 12 ... 243 E3
Saint-Laurent-d'Onay 26 ... 229 E1
Saint-Laurent-du-Bois 33 ... 236 C1
Saint-Laurent-du-Cros 05 ... 249 F1
Saint-Laurent-du-Mont 14 ... 30 A4
Saint-Laurent-du-Mottay 49 .127 F3
Saint-Laurent-du-Pape 07 ... 228 C4
Saint-Laurent-du-Plan 33 ... 237 D2
Saint-Laurent-du-Pont 38 ... 212 C3
Saint-Laurent-du-Tencement 27 ... 57 E3
Saint-Laurent-du-Var 06 ... 288 C2
Saint-Laurent-du-Verdon 04 ... 286 A1
Saint-Laurent-en-Beaumont 38 ... 231 D3
Saint-Laurent-en-Brionnais 71 ... 174 A4
Saint-Laurent-en-Caux 76 ... 15 F2
Saint-Laurent-en-Gâtines 37 ... 131 D1
Saint-Laurent-en-Grandvaux 39 ... 177 E1
Saint-Laurent-en-Royans 26 ... 230 A2
Saint-Laurent-la-Conche 42 .209 F1
Saint-Laurent-la-Gâtine 28 ... 59 E4
Saint-Laurent-la-Roche 39 ... 176 C1
Saint-Laurent-la-Vallée 24 ... 239 E1
Saint-Laurent-la-Vernède 30 ... 264 A2
Saint-Laurent-l'Abbaye 58 ... 135 E3
Saint-Laurent-le-Minier 30 ... 262 B3
Saint-Laurent-les-Bains 07 ... 245 E2
Saint-Laurent-les-Églises 87 ... 186 B3
Saint-Laurent-les-Tours 46 ... 223 D4
Saint-Laurent-Lolmie 46 ... 239 F4
Saint-Laurent-Médoc 33 ... 216 C1
Saint-Laurent-Nouan 41 ... 109 F4
Saint-Laurent-Rochefort 42 .. 191 D4
Saint-Laurent-sous-Coiron 07 ... 246 B2
Saint-Laurent-sur-Gorre 87 .. 185 D4
Saint-Laurent-sur-Manoire 24 ... 220 C1
Saint-Laurent-sur-Mer 14 ... 28 B2
Saint-Laurent-sur-Othain 55 ... 40 B2
Saint-Laurent-sur-Oust 56 ... 102 A3
Saint-Laurent-sur-Saône 01 .175 E4
Saint-Laurent-sur-Sèvre 85 .. 146 C2
Saint-Laurs 79 ... 164 C2
Saint-Léger 06 ... 269 D2
Saint-Léger 16 ... 201 E3
Saint-Léger 17 ... 199 E1
Saint-Léger 47 ... 237 F4
Saint-Léger 50 ... 53 F3
Saint-Léger 53 ... 105 F1
Saint-Léger 62 ... 8 B4
Saint-Léger 73 ... 213 F2
Saint-Léger 77 ... 62 C3
Saint-Léger (Pont de) 06 ... 269 E2
Saint-Léger-aux-Bois 60 ... 35 F2
Saint-Léger-aux-Bois 76 ... 17 D3
Saint-Léger-Bridereix 23 ... 168 C4
Saint-Léger-de-Balson 33 ... 236 A3
Saint-Léger-de-Fougeret 58 .156 A2
Saint-Léger-de-la-Martinière 79 ... 165 E4
Saint-Léger-de-Montbrillais 86 ... 148 B1
Saint-Léger-de-Montbrun 79 ... 148 B2
Saint-Léger-de-Peyre 48 ... 243 F2
Saint-Léger-de-Rôtes 27 ... 57 F1
Saint-Léger-des-Aubées 28 ... 85 F3
Saint-Léger-des-Bois 49 ... 128 A2
Saint-Léger-des-Prés 35 ... 79 E2
Saint-Léger-des-Vignes 58 ... 155 E4
Saint-Léger-du-Bois 71 ... 157 E2
Saint-Léger-du-Bourg-Denis 76 ... 32 B2
Saint-Léger-du-Gennetey 27 .. 31 F3
Saint-Léger-du-Malzieu 48 ... 225 F4
Saint-Léger-du-Ventoux 84 .. 265 F1
Saint-Léger-Dubosq 14 ... 30 A4
Saint-Léger-en-Bray 60 ... 34 A2
Saint-Léger-en-Yvelines 78 ... 60 A4
Saint-Léger-la-Montagne 87 ... 186 A2
Saint-Léger-le-Guérétois 23 .187 D1
Saint-Léger-le-Petit 18 ... 154 B1
Saint-Léger-lès-Authie 80 ... 7 F4
Saint-Léger-lès-Domart 80 ... 18 A1
Saint-Léger-les-Mélèzes 05 .. 249 F1
Saint-Léger lès-Paray 71 ... 173 F2
Saint-Léger-les-Vignes 44 ... 145 E1
Saint-Léger-Magnazeix 87 ... 168 A4
Saint-Léger-près-Troyes 10 ... 90 B4
Saint-Léger-sous-Beuvray 71 ... 156 C3
Saint-Léger-sous-Brienne 10 .. 91 D2
Saint-Léger-sous-Cholet 49 .146 C1
Saint-Léger-sous-la-Bussière 71 ... 174 C4
Saint-Léger-sous-Margerie 10 ... 91 D1
Saint-Léger-sur-Bonneville 14 ... 30 C3
Saint-Léger-sur-Bresle 80 ... 17 E3
Saint-Léger-sur-Dheune 71 .. 157 F3
Saint-Léger-sur-Roanne 42 .. 191 D2
Saint-Léger-sur-Sarthe 61 ... 83 D2
Saint-Léger-sur-Vouzance 03 ... 173 E3
Saint-Léger-Triey 21 ... 139 F3
Saint-Léger-Vauban 89 ... 137 E3
Saint-Léomer 86 ... 167 F3
Saint-Léon 03 ... 173 D3
Saint-Léon 31 ... 276 C4
Saint-Léon 33 ... 218 C4
Saint-Léon 47 ... 237 F4
Saint-Léon-d'Issigeac 24 ... 238 C1
Saint-Léon-sur-l'Isle 24 ... 220 A2
Saint-Léon-sur-Vézère 24 ... 221 E3
Saint-Léonard 32 ... 256 B4
Saint-Léonard 51 ... 37 F4
Saint-Léonard 62 ... 2 A4
Saint-Léonard 76 ... 14 C2
Saint-Léonard 88 ... 95 F3
Saint-Léonard-de-Noblat 87 ... 186 A4
Saint-Léonard-des-Bois 72 ... 82 B3
Saint-Léonard-des-Parcs 61 ... 83 D1
Saint-Léonard-en-Beauce 41 ... 109 D3
Saint-Léons 12 ... 261 D1
Saint-Léopardin-d'Augy 03 .. 171 F1
Saint-Léry 56 ... 78 A4
Saint-Leu-d'Esserent 60 ... 34 C4
Saint-Leu-la-Forêt 95 ... 60 C2
Saint-Lézer 65 ... 273 F4
Saint-Lézin 49 ... 128 A4
Saint-Lieux-Lafenasse 81 ... 278 B1
Saint-Lieux-lès-Lavaur 81 ... 277 E1
Saint-Liguaire 79 ... 164 C4
Saint-Lin 79 ... 165 D2
Saint-Lions 04 ... 268 A2
Saint-Lizier 09 ... 300 A3
Saint-Lizier-du-Planté 32 ... 275 F4
Saint-Lô 50 ... 27 E4
Saint-Lô-d'Ourville 50 ... 24 C4
Saint-Lon-les-Mines 40 ... 271 E2
Saint-Longis 72 ... 83 D3
Saint-Lormel 22 ... 78 B1
Saint-Lothain 39 ... 159 F3
Saint-Loube 32 ... 275 F3
Saint-Loubert 33 ... 236 C2
Saint-Loubès 33 ... 217 F3
Saint-Loubouer 40 ... 272 C1
Saint-Louet-sur-Seulles 14 ... 55 E1
Saint-Louet-sur-Vire 50 ... 54 C1
Saint-Louis 57 ... 70 A2
Saint-Louis 68 ... 121 D3
Saint-Louis-de-Montferrand 33 ... 217 E3
Saint-Louis-en-l'Isle 24 ... 220 A2
Saint-Louis-et-Parahou 11 .. 302 B4
Saint-Louis-lès-Bitche 57 ... 44 B4
Saint-Loup 03 ... 172 B4
Saint-Loup 17 ... 181 F2
Saint-Loup 23 ... 187 F1
Saint-Loup 39 ... 159 D2
Saint-Loup 50 ... 54 A4
Saint-Loup 51 ... 63 F4
Saint-Loup 58 ... 135 E3
Saint-Loup 69 ... 192 A3
Saint-Loup 82 ... 256 C2
Saint-Loup (Pic) 34 ... 281 F1
Saint-Loup-Cammas 31 ... 276 C1
Saint-Loup-de-Buffigny 10 ... 89 E2
Saint-Loup-de-Fribois 14 ... 56 C1
Saint-Loup-de-Gonois 45 ... 112 A1
Saint-Loup-de-la-Salle 71 ... 158 A2
Saint-Loup-de-Naud 77 ... 88 C2
Saint-Loup-de-Varennes 71 .158 A4
Saint-Loup-des-Chaumes 18153 E4
Saint-Loup-des-Vignes 45 ... 111 D2
Saint-Loup-d'Ordon 89 ... 112 C2
Saint-Loup-du-Dorat 53 ... 105 F3
Saint-Loup-du-Gast 53 ... 81 E3
Saint-Loup-en-Champagne 08 ... 38 A2
Saint-Loup-en-Comminges 31 ... 298 C1
Saint-Loup-Hors 14 ... 28 C3
Saint-Loup-Lamairé 79 ... 148 B4
Saint-Loup-Nantouard 70 ... 140 B2
Saint-Loup-sur-Aujon 52 ... 116 B3
Saint-Loup-sur-Cher 41 ... 133 D4
Saint-Loup-sur-Semouse 70118 B2
Saint-Loup-Terrier 08 ... 38 C1
Saint-Loyer-des-Champs 61 ... 56 C4
Saint-Lubin-de-Cravant 28 ... 58 C4
Saint-Lubin-de-la-Haye 28 ... 59 E3
Saint-Lubin-des-Joncherets 28 ... 58 C4
Saint-Lubin-en-Vergonnois 41 ... 131 F1
Saint-Luc 27 ... 59 D2
Saint-Lucien 28 ... 85 F1
Saint-Lucien 76 ... 32 C2
Saint-Lumier-en-Champagne 51 ... 65 E3
Saint-Lumier-la-Populeuse 51 ... 65 F4
Saint-Lumine-de-Clisson 44 .146 A1
Saint-Lumine-de-Coutais 44 ... 145 E1
Saint-Lunaire 35 ... 52 C4
Saint-Luperce 28 ... 85 D2
Saint-Lupicin 39 ... 177 D3
Saint-Lupien 10 ... 89 F3
Saint-Lyé 10 ... 90 A3
Saint-Lyé-la-Forêt 45 ... 110 B2

Saint-Lyphard 44 ... 123 F3
Saint-Lys 31 ... 276 A3
Saint-Macaire 33 ... 236 C2
Saint-Macaire-du-Bois 49 ... 148 A1
Saint-Macaire-en-Mauges 49 ... 146 C1
Saint-Maclou 27 ... 31 D3
Saint-Maclou-de-Folleville 76 ... 16 A4
Saint-Maclou-la-Brière 76 ... 15 D3
Saint-Macoux 86 ... 183 F1
Saint-Maden 22 ... 78 C3
Saint-Magne 33 ... 235 E2
Saint-Magne-de-Castillon 33 ... 219 D4
Saint-Maigner 63 ... 188 C2
Saint-Maigrin 17 ... 200 C3
Saint-Maime 04 ... 267 D3
Saint-Maime-de-Péreyrol 24 ... 220 B2
Saint-Maixant 23 ... 187 F3
Saint-Maixant 33 ... 236 C2
Saint-Maixent 72 ... 107 F1
Saint-Maixent-de-Beugné 79 ... 164 B2
Saint-Maixent-l'École 79 ... 165 E3
Saint-Maixent-sur-Vie 85 ... 145 D4
Saint-Maixme-Hauterive 28 ... 84 C1
Saint-Malo 35 ... 52 C4
Saint-Malo-de-Beignon 56 ... 102 B2
Saint-Malo-de-Guersac 44 ... 125 E3
Saint-Malo-de-la-Lande 50 ... 53 F1
Saint-Malo-de-Phily 35 ... 103 D2
Saint-Malo-des-Trois-Fontaines 56 ... 101 F1
Saint-Malô-du-Bois 85 ... 146 C2
Saint-Malo-en-Donziois 58 ... 135 F4
Saint-Malon-sur-Mel 35 ... 102 B1
Saint-Mamert 38 ... 211 D3
Saint-Mamert 69 ... 174 C4
Saint-Mamert-du-Gard 30 ... 263 F4
Saint-Mamet 31 ... 307 F4
Saint-Mamet-la-Salvetat 15 ... 223 F4
Saint-Mammès 77 ... 87 F3
Saint-Mandé 94 ... 61 D3
Saint-Mandé-sur-Brédoire 17 ... 182 C2
Saint-Mandrier-sur-Mer 83 ... 291 F4
Saint-Manvieu-Bocage 14 ... 54 C3
Saint-Manvieu-Norrey 14 ... 29 D4
Saint-Marc 15 ... 225 F3
Saint-Marc 44 ... 125 D3
Saint-Marc-à-Frongier 23 ... 187 E3
Saint-Marc-à-Loubaud 23 ... 187 E4
Saint-Marc-du-Cor 41 ... 108 B2
Saint-Marc-Jaumegarde 13 ... 285 D2
Saint-Marc-la-Lande 79 ... 165 D2
Saint-Marc-le-Blanc 35 ... 79 F2
Saint-Marc-sur-Couesnon 35 ... 80 A3
Saint-Marc-sur-Seine 21 ... 115 E4
Saint-Marcan 35 ... 79 E1
Saint-Marceau 08 ... 22 C4
Saint-Marceau 72 ... 82 C4
Saint-Marcel 08 ... 22 B3
Saint-Marcel 27 ... 59 E1
Saint-Marcel 36 ... 168 C1
Saint-Marcel 54 ... 41 E4
Saint-Marcel 56 ... 101 F3
Saint-Marcel 70 ... 117 F3
Saint-Marcel 71 ... 158 A4
Saint-Marcel 73 ... 214 B2
Saint-Marcel 81 ... 259 D2
Saint-Marcel-Bel-Accueil 38 ... 211 F1
Saint-Marcel-d'Ardèche 07 ... 246 C4
Saint-Marcel-de-Careiret 30 ... 264 A2
Saint-Marcel-de-Félines 42 ... 191 F3
Saint-Marcel-du-Périgord 24 ... 220 C3
Saint-Marcel-d'Urfé 42 ... 191 D3
Saint-Marcel-en-Dombes 01 ... 193 D3
Saint-Marcel-en-Marcillat 03 ... 188 B1
Saint-Marcel-en-Murat 03 ... 171 F4
Saint-Marcel-l'Éclairé 69 ... 192 A3
Saint-Marcel-lès-Annonay 07 ... 210 B4
Saint-Marcel-lès-Sauzet 26 ... 247 D2
Saint-Marcel-lès-Valence 26 ... 229 D3
Saint-Marcel-Paulel 31 ... 277 D2
Saint-Marcel-sur-Aude 11 ... 303 F1
Saint-Marcelin-de-Cray 71 ... 174 C2
Saint-Marcellin 38 ... 230 A1
Saint-Marcellin-de-Vars 05 ... 250 C1
Saint-Marcellin-en-Forez 42 ... 209 F2
Saint-Marcellin-lès-Vaison 84 ... 265 E1
Saint-Marcet 31 ... 299 D1
Saint-Marcory 24 ... 239 D1
Saint-Marcouf 14 ... 27 F3
Saint-Marcouf 50 ... 25 E3
Saint-Mard 02 ... 36 C2
Saint-Mard 17 ... 181 F1
Saint-Mard 54 ... 94 B1
Saint-Mard 77 ... 61 F1
Saint-Mard 80 ... 19 D4
Saint-Mard-de-Réno 61 ... 83 F2
Saint-Mard-de-Vaux 71 ... 157 F4
Saint-Mard-lès-Rouffy 51 ... 64 B2
Saint-Mard-sur-Auve 51 ... 65 E1
Saint-Mard-sur-le-Mont 51 ... 65 F2
Saint-Mards 76 ... 16 A3
Saint-Mards-de-Blacarville 27 ... 31 D3
Saint-Mards-de-Fresne 27 ... 57 E1
Saint-Mards-en-Othe 10 ... 89 F4
Saint-Marien 23 ... 170 A3
Saint-Mariens 33 ... 217 F1
Saint-Mars-de-Coutais 44 ... 145 E1
Saint-Mars-de-Locquenay 72 ... 107 E2
Saint-Mars-d'Égrenne 61 ... 81 D1
Saint-Mars-d'Outillé 72 ... 107 D3
Saint-Mars-du-Désert 44 ... 126 C3
Saint-Mars-du-Désert 53 ... 82 B3
Saint-Mars-en-Brie 77 ... 62 C4
Saint-Mars-la-Brière 72 ... 107 E2
Saint-Mars-la-Jaille 44 ... 127 D1
Saint-Mars-la-Réorthe 85 ... 146 C3
Saint-Mars-sous-Ballon 72 ... 83 D4
Saint-Mars-sur-Colmont 53 ... 81 E3
Saint-Mars-sur-la-Futaie 53 ... 80 C2
Saint-Marsal 66 ... 312 B3
Saint-Marsault 79 ... 147 E4
Saint-Martial 07 ... 227 F4
Saint-Martial 15 ... 225 E4
Saint-Martial 16 ... 201 E3
Saint-Martial 17 ... 182 B2
Saint-Martial 30 ... 262 C3
Saint-Martial 33 ... 236 C1
Saint-Martial-d'Albarède 24 ... 203 E4
Saint-Martial-d'Artenset 24 ... 219 F2
Saint-Martial-de-Gimel 19 ... 205 D4
Saint-Martial-de-Mirambeau 17 ... 199 E3
Saint-Martial-de-Nabirat 24 ... 239 F1
Saint-Martial-de-Valette 24 ... 202 B2
Saint-Martial-de-Vitaterne 17 ... 199 F3
Saint-Martial-Entraygues 19 ... 223 D2
Saint-Martial-le-Mont 23 ... 187 E2
Saint-Martial-le-Vieux 23 ... 205 F1
Saint-Martial-sur-Isop 87 ... 185 D1
Saint-Martial-sur-Né 17 ... 199 F2
Saint-Martial-Viveyrol 24 ... 201 F4
Saint-Martin 32 ... 274 B3
Saint-Martin 50 ... 53 F2
Saint-Martin 54 ... 95 E1
Saint-Martin 56 ... 102 A3
Saint-Martin 65 ... 297 F2
Saint-Martin 66 ... 311 F1
Saint-Martin 67 ... 96 B1
Saint-Martin 83 ... 285 F2
Saint Martin (Casella) 2B ... 317 E1
Saint-Martin-au-Bosc 76 ... 17 D3
Saint-Martin-au-Laërt 62 ... 3 E3
Saint-Martin-aux-Arbres 76 ... 15 F3
Saint-Martin-aux-Bois 60 ... 35 D1
Saint-Martin-aux-Buneaux 76 ... 15 D1
Saint-Martin-aux-Champs 51 ... 65 D3
Saint-Martin-aux-Chartrains 14 ... 30 B3
Saint-Martin-Belle-Roche 71 ... 175 E3
Saint-Martin-Bellevue 74 ... 195 E2
Saint-Martin-Boulogne 62 ... 2 A4
Saint-Martin-Cantalès 15 ... 223 F2
Saint-Martin-Château 23 ... 186 C4
Saint-Martin-Chennetron 77 ... 89 D1
Saint-Martin-Choquel 62 ... 2 C4
Saint-Martin-d'Abbat 45 ... 110 C3
Saint-Martin-d'Ablois 51 ... 63 F2
Saint-Martin-d'Août 26 ... 229 E1
Saint-Martin-d'Arberoue 64 ... 271 D4
Saint-Martin-d'Arc 73 ... 214 A4
Saint-Martin-d'Arcé 49 ... 129 E1
Saint-Martin-d'Ardèche 07 ... 246 B4
Saint-Martin-d'Armagnac 32 ... 273 F1
Saint-Martin-d'Arrossa 64 ... 295 D1
Saint-Martin-d'Ary 17 ... 218 C1
Saint-Martin-d'Aubigny 50 ... 27 D4
Saint-Martin-d'Audouville 50 ... 25 D3
Saint-Martin-d'Auxigny 18 ... 153 E1
Saint-Martin-d'Auxy 71 ... 157 E4
Saint-Martin-de-Bavel 01 ... 194 C3
Saint-Martin-de-Beauville 47 ... 256 C1
Saint-Martin-de-Belleville 73 ... 214 B3
Saint-Martin-de-Bernegoue 79 ... 165 D4
Saint-Martin-de-Bienfaite 14 ... 57 E1
Saint-Martin-de-Blagny 14 ... 27 F3
Saint-Martin-de-Bonfossé 50 ... 54 B1
Saint-Martin-de-Boscherville 76 ... 15 F4
Saint-Martin-de-Bossenay 10 ... 89 E2
Saint-Martin-de-Boubaux 48 ... 263 D1
Saint-Martin-de-Bréthencourt 78 ... 86 A2
Saint-Martin-de-Brômes 04 ... 267 E4
Saint-Martin-de-Caralp 09 ... 300 C3
Saint-Martin-de-Castillon 84 ... 266 B4
Saint-Martin-de-Cenilly 50 ... 54 A1
Saint-Martin-de-Clelles 38 ... 230 C4
Saint-Martin-de-Commune 71 ... 157 E3
Saint-Martin-de-Connée 53 ... 82 A4
Saint-Martin-de-Cornas 69 ... 210 C2
Saint-Martin-de-Coux 17 ... 219 D1
Saint-Martin-de-Crau 13 ... 283 F2
Saint-Martin-de-Curton 47 ... 237 D4
Saint-Martin-de-Fenollar (Chapelle de) 66 ... 312 C3
Saint-Martin-de-Fontenay 14 ... 56 A1
Saint-Martin-de-Fraigneau 85 ... 164 B3
Saint-Martin-de-Fresnay 14 ... 56 C2
Saint-Martin-de-Fressengeas 24 ... 203 D3
Saint-Martin-de-Fugères 43 ... 227 D3
Saint-Martin-de-Goyne 32 ... 256 A3
Saint-Martin-de-Gurson 24 ... 219 E3
Saint-Martin-de-Hinx 40 ... 271 D2
Saint-Martin-de-Juillers 17 ... 182 B3
Saint-Martin-de-Jussac 87 ... 185 D3
Saint-Martin-de-la-Brasque 84 ... 266 B4
Saint-Martin-de-la-Cluze 38 ... 230 C2
Saint-Martin-de-la-Coudre 17 ... 181 F2
Saint-Martin-de-la-Lieue 14 ... 57 D1
Saint-Martin-de-la-Mer 21 ... 137 F4
Saint-Martin-de-la-Place 49 ... 129 D3
Saint-Martin-de-la-Porte 73 ... 214 A4
Saint-Martin-de-Lamps 36 ... 151 F2
Saint-Martin-de-Landelles 50 ... 80 B1
Saint-Martin-de-Lansuscle 48 ... 262 C1
Saint-Martin-de-l'Arçon 34 ... 279 F2
Saint-Martin-de-Laye 33 ... 218 C2
Saint-Martin-de-Lenne 12 ... 243 D3
Saint-Martin-de-Lerm 33 ... 237 D1
Saint-Martin-de-Lixy 71 ... 191 F1
Saint-Martin-de-Londres 34 ... 281 E1
Saint-Martin-de-Mâcon 79 ... 148 B2
Saint-Martin-de-Mailloc 14 ... 57 D1
Saint-Martin-de-Mieux 14 ... 56 A3
Saint-Martin-de-Nigelles 28 ... 85 F1
Saint-Martin-de-Peille (Église) 06 ... 289 E4
Saint-Martin-de-Queyrières 05 ... 232 B3
Saint-Martin-de-Ré 17 ... 163 D4
Saint-Martin-de-Ribérac 24 ... 220 A1
Saint-Martin-de-Saint-Maixent 79 ... 165 E3
Saint-Martin-de-Salencey 71 ... 174 C2
Saint-Martin-de-Sallen 14 ... 55 F2
Saint-Martin-de-Sanzay 79 ... 148 B1
Saint-Martin-de-Seignanx 40 ... 270 C2
Saint-Martin-de-Sescas 33 ... 236 C2
Saint-Martin-de-Tallevende 14 ... 54 C3
Saint-Martin-de-Valamas 07 ... 228 A3
Saint-Martin-de-Valgalgues 30 ... 263 E1
Saint-Martin-de-Varreville 50 ... 25 E4
Saint-Martin-de-Vaulserre 38 ... 212 C2
Saint-Martin-de-Vers 46 ... 240 B2
Saint-Martin-de-Villeréal 47 ... 238 C2
Saint-Martin-de-Villereglan 11 ... 302 B2
Saint-Martin-d'Écublei 61 ... 57 F3
Saint-Martin-d'Entraigues 79 ... 183 D1
Saint-Martin-d'Entraunes 06 ... 268 C1
Saint-Martin-des-Besaces 14 ... 55 D1
Saint-Martin-des-Bois 41 ... 108 A4
Saint-Martin-des-Champs 18 ... 154 B1
Saint-Martin-des-Champs 29 ... 49 E3
Saint-Martin-des-Champs 50 ... 54 A4
Saint-Martin-des-Champs 77 ... 62 C4
Saint-Martin-des-Champs 78 ... 59 F3
Saint-Martin-des-Champs 89 ... 135 E1
Saint-Martin-des-Combes 24 ... 220 B3
Saint-Martin-des-Entrées 14 ... 29 D3
Saint-Martin-des-Fontaines 85 ... 164 A2
Saint-Martin-des-Lais 03 ... 173 D1
Saint-Martin-des-Landes 61 ... 82 B1
Saint-Martin-des-Monts 72 ... 107 F1
Saint-Martin-des-Noyers 85 ... 146 B4
Saint-Martin-des-Olmes 63 ... 208 C2
Saint-Martin-des-Pézerits 61 ... 83 E1
Saint-Martin-des-Plains 63 ... 207 F3
Saint-Martin-des-Prés 22 ... 77 D2
Saint-Martin-des-Puits 11 ... 303 D3
Saint-Martin-des-Tilleuls 85 ... 146 C2
Saint-Martin-d'Estréaux 42 ... 190 C1
Saint-Martin-d'Hardinghem 62 ... 7 D1
Saint-Martin-d'Hères 38 ... 230 C1
Saint-Martin-d'Heuille 58 ... 155 D2
Saint-Martin-d'Ollières 63 ... 208 A3
Saint-Martin-Don 14 ... 54 C2
Saint-Martin-d'Oney 40 ... 253 F3
Saint-Martin-d'Ordon 89 ... 112 C2
Saint-Martin-d'Oydes 09 ... 300 C2
Saint-Martin-du-Bec 76 ... 14 B3
Saint-Martin-du-Bois 33 ... 218 C2
Saint-Martin-du-Bois 49 ... 105 D4
Saint-Martin-du-Boschet 77 ... 63 D4
Saint-Martin-du-Canigou (Abbaye de) 66 ... 311 F3
Saint-Martin-du-Clocher 16 ... 183 F2
Saint-Martin-du-Fouilloux 49 ... 128 A2
Saint-Martin-du-Fouilloux 79 ... 165 E1
Saint-Martin-du-Frêne 01 ... 194 B1
Saint-Martin-du-Lac 71 ... 173 F4
Saint-Martin-du-Limet 53 ... 104 B3
Saint-Martin-du-Manoir 76 ... 14 B4
Saint-Martin-du-Mesnil-Oury 14 ... 56 C1
Saint-Martin-du-Mont 01 ... 193 F1
Saint-Martin-du-Mont 21 ... 138 C2
Saint-Martin-du-Mont 71 ... 176 A1
Saint-Martin-du-Puy 33 ... 237 D1
Saint-Martin-du-Puy 58 ... 137 D3
Saint-Martin-du-Tartre 71 ... 174 C1
Saint-Martin-du-Tertre 89 ... 88 C4
Saint-Martin-du-Tertre 95 ... 61 D1
Saint-Martin-du-Tilleul 27 ... 57 F1
Saint-Martin-du-Touch 31 ... 276 B2
Saint-Martin-du-Var 06 ... 288 C1
Saint-Martin-du-Vieux-Bellême 61 ... 83 F3
Saint-Martin-du-Vivier 76 ... 32 B2
Saint-Martin-d'Uriage 38 ... 231 D1
Saint-Martin-en-Bière 77 ... 87 E2
Saint-Martin-en-Bresse 71 ... 158 B3
Saint-Martin-en-Campagne 76 ... 16 B2
Saint-Martin-en-Coailleux 42 ... 210 B3
Saint-Martin-en-Gâtinois 71 ... 158 B2
Saint-Martin-en-Haut 69 ... 210 B1
Saint-Martin-en-Vercors 26 ... 230 A2
Saint-Martin-Gimois 32 ... 275 E3
Saint-Martin-la-Campagne 27 ... 58 C1
Saint-Martin-la-Garenne 78 ... 59 F1
Saint-Martin-la-Méanne 19 ... 223 D1
Saint-Martin-la-Patrouille 71 ... 174 C1
Saint-Martin-la-Plaine 42 ... 210 B2
Saint-Martin-la-Sauveté 42 ... 191 D4
Saint-Martin-Labouval 46 ... 240 C3
Saint-Martin-Lacaussade 33 ... 217 D1
Saint-Martin-Laguépie 81 ... 259 D2
Saint-Martin-l'Aiguillon 61 ... 82 B1
Saint-Martin-Lalande 11 ... 301 F1
Saint-Martin-l'Ars 86 ... 184 B1
Saint-Martin-Lars-en-Sainte-Hermine 85 ... 163 F1
Saint-Martin-l'Astier 24 ... 219 F2
Saint-Martin-le-Beau 37 ... 131 D3
Saint-Martin-le-Bouillant 50 ... 54 B3
Saint-Martin-le-Châtel 01 ... 175 F4
Saint-Martin-le-Colonel 26 ... 229 F3
Saint-Martin-le-Gaillard 76 ... 16 C2
Saint-Martin-le-Gréard 50 ... 24 C3
Saint-Martin-le-Hébert 50 ... 24 C3
Saint-Martin-le-Mault 87 ... 168 A3
Saint-Martin-le-Nœud 60 ... 34 A2
Saint-Martin-le-Pin 24 ... 202 B2
Saint-Martin-le-Redon 46 ... 239 E3
Saint-Martin-le-Supérieur 07 ... 246 C1
Saint-Martin-le-Vieil 11 ... 302 A1
Saint-Martin-le-Vieux 87 ... 203 E1
Saint-Martin-le-Vinoux 38 ... 230 C1
Saint-Martin-les-Eaux 04 ... 266 C3
Saint-Martin-lès-Langres 52 ... 116 C3
Saint-Martin-lès-Melle 79 ... 165 E4
Saint-Martin-lès-Seyne 04 ... 250 A3
Saint-Martin-Lestra 42 ... 210 A1
Saint-Martin-l'Heureux 51 ... 38 B4
Saint-Martin-l'Hortier 76 ... 16 C4
Saint-Martin-l'Inférieur 07 ... 246 C2
Saint-Martin-Longueau 60 ... 35 D3
Saint-Martin-Lys 11 ... 311 E1
Saint-Martin-Osmonville 76 ... 16 B4
Saint-Martin-Petit 47 ... 237 E2
Saint-Martin-Rivière 02 ... 20 C1
Saint-Martin-Saint-Firmin 27 ... 31 D3
Saint-Martin-Sainte-Catherine 23 ... 186 B3
Saint-Martin-Sepert 19 ... 204 A3
Saint-Martin-sous-Montaigu 71 ... 157 F3
Saint-Martin-sous-Vigouroux 15 ... 224 C3
Saint-Martin-sur-Armançon 89 ... 114 B3
Saint-Martin-sur-Arve 74 ... 196 B2
Saint-Martin-sur-Cojeul 62 ... 8 B4
Saint-Martin-sur-Ecaillon 59 ... 9 F3
Saint-Martin-sur-la-Chambre 73 ... 214 A3
Saint-Martin-sur-la-Renne 52 ... 116 A1
Saint-Martin-sur-le-Pré 51 ... 64 C2
Saint-Martin-sur-Nohain 58 ... 135 E3
Saint-Martin-sur-Ocre 45 ... 134 C1
Saint-Martin-sur-Ocre 89 ... 113 D3
Saint-Martin-sur-Oreuse 89 ... 89 D4
Saint-Martin-sur-Ouanne 89 ... 112 B3
Saint-Martin-Terressus 87 ... 186 A3
Saint-Martin-Valmeroux 15 ... 224 A2
Saint-Martin-Vésubie 06 ... 289 D1
Saint-Martinien 03 ... 170 C4
Saint-Martory 31 ... 299 F2
Saint-Mary 16 ... 184 A4
Saint-Mary-le-Plain 15 ... 225 F1
Saint-Masmes 51 ... 38 A3
Saint-Mathieu 87 ... 202 C1
Saint-Mathieu (Pointe de) 29 ... 46 C3
Saint-Mathieu-de-Tréviers 34 ... 281 F1
Saint-Mathurin 85 ... 162 B1
Saint-Mathurin-Léobazel 19 ... 223 E3
Saint-Mathurin-sur-Loire 49 ... 128 C3
Saint-Matré 46 ... 239 E4
Saint-Maudan 22 ... 77 E4
Saint-Maudez 22 ... 78 B2
Saint-Maugan 35 ... 78 B4
Saint-Maulvis 80 ... 17 E2
Saint-Maur 18 ... 170 B2
Saint-Maur 32 ... 274 B3
Saint-Maur 36 ... 151 F4
Saint-Maur 39 ... 176 C1
Saint-Maur 60 ... 33 F1
Saint-Maur-de-Glanfeuil (Abbaye de) 49 ... 129 D3
Saint-Maur-des-Bois 50 ... 54 B3
Saint-Maur-des-Fossés 94 ... 61 E3
Saint-Maur-sur-le-Loir 28 ... 109 E1
Saint-Maurice 52 ... 117 D3
Saint-Maurice 58 ... 155 F1
Saint-Maurice 63 ... 207 F1
Saint-Maurice 67 ... 96 B1
Saint-Maurice 94 ... 61 D3
Saint-Maurice-aux-Forges 54 ... 95 E1
Saint-Maurice-aux-Riches-Hommes 89 ... 89 E3
Saint-Maurice-Colombier 25 ... 142 B2
Saint-Maurice-Crillat 39 ... 177 D1
Saint-Maurice-d'Ardèche 07 ... 246 A2
Saint-Maurice-de-Beynost 01 ... 193 D4
Saint-Maurice-de-Cazevieille 30 ... 263 F3
Saint-Maurice-de-Gourdans 01 ... 193 F4
Saint-Maurice-de-Laurençanne 17 ... 199 F4
Saint-Maurice-de-Lestapel 47 ... 238 B2
Saint-Maurice-de-Lignon 43 ... 227 E1
Saint-Maurice-de-Rémens 01 ... 193 F2
Saint-Maurice-de-Rotherens 73 ... 212 C1
Saint-Maurice-de-Satonnay 71 ... 175 D3
Saint-Maurice-de-Tavernole 17 ... 199 F2
Saint-Maurice-de-Ventalon 48 ... 245 D4
Saint-Maurice-des-Champs 71 ... 174 C1
Saint-Maurice-des-Lions 16 ... 184 C3
Saint-Maurice-des-Noues 85 ... 164 B1
Saint-Maurice-d'Ételan 76 ... 15 D4
Saint-Maurice-d'Ibie 07 ... 246 B3
Saint-Maurice-du-Désert 61 ... 81 F1
Saint-Maurice-en-Chalencon 07 ... 228 B4
Saint-Maurice-en-Cotentin 50 ... 24 B4
Saint-Maurice-en-Gourgois 42 ... 209 F3
Saint-Maurice-en-Quercy 46 ... 241 D1
Saint-Maurice-en-Rivière 71 ... 158 B3
Saint-Maurice-en-Trièves 38 ... 230 C4
Saint-Maurice-en-Valgaudemar 05 ... 231 E4
Saint-Maurice-la-Clouère 86 ... 166 B3
Saint-Maurice-la-Fougereuse 79 ... 147 F2
Saint-Maurice-la-Souterraine 23 ... 186 A1
Saint-Maurice-le-Girard 85 ... 164 A1
Saint-Maurice-le-Vieil 89 ... 113 D3
Saint-Maurice-les-Brousses 87 ... 203 F1
Saint-Maurice-lès-Charencey 61 ... 84 A1
Saint-Maurice-lès-Châteauneuf 71 ... 191 F1
Saint-Maurice-lès-Couches 71 ... 157 F3
Saint-Maurice-l'Exil 38 ... 210 C3
Saint-Maurice-Montcouronne 91 ... 86 C1
Saint-Maurice-Navacelles 34 ... 262 A4
Saint-Maurice-près-Crocq 23 ... 188 A4
Saint-Maurice-près-Pionsat 63 ... 188 B2
Saint-Maurice-Saint-Germain 28 ... 84 C2
Saint-Maurice-sous-les-Côtes 55 ... 67 E1
Saint-Maurice-sur-Adour 40 ... 254 A4
Saint-Maurice-sur-Aveyron 45 ... 112 A3
Saint-Maurice-sur-Dargoire 69 ... 210 B2

ST-MALO

En saison : zone piétonne intra-muros

Broussais (R.) ... DZ
Cartier (R. J.) ... DZ 5
Chartres (R. de) ... DZ 6
Chateaubriand (Pl.) ... DZ 8
Cordiers (R. des) ... DZ 13
Dinan (R. de) ... DZ
Forgeurs (R. du) ... DZ 18
Fosse (R. de la) ... DZ 19
Herbes (Pl. aux) ... DZ 25
Lamennais (Pl. Fr.) ... DZ 28
Mettrie (R. de la) ... DZ 35
Pilori (Pl. du) ... DZ 38
Poids-du-Roi (Pl. du) ... DZ 39
Poissonnerie (Pl. de la) ... DZ 42
Porcon-de-la-Barbinais (R.) ... DZ 43
St-Benoist (R.) ... DZ 56
St-Vincent (R.) ... DZ 57
Vauban (Pl.) ... DZ 70

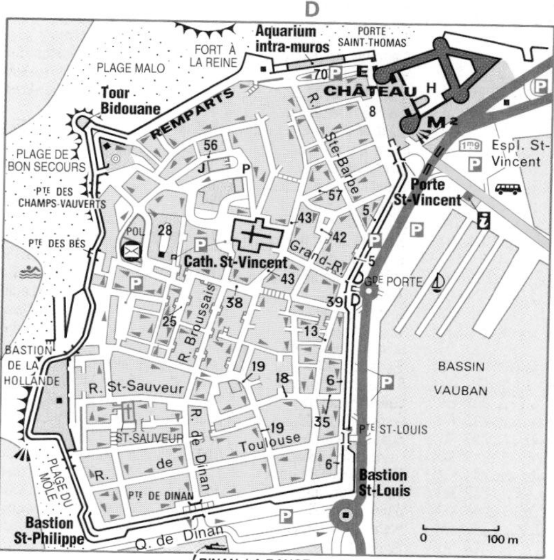

ST-NAZAIRE

Amérique Latine (Pl. de l') ... BZ 2
Auriol (R. Vincent) ... BZ 3
Blancho (Pl. F.) ... AZ 5
Chêneveaux (R.) ... AZ 9
Coty (Bd René) ... BZ 10
Croisic (R. du) ... AZ 12
Herminier (Av. Cdt-l') ... AY 13
Ile-de-France (R. de l') ... AY 14
Jaurès (R. Jean) ... ABY
Lechat (R. A.B.) ... AY 15
Légion d'Honneur (Bd. de la) ... BZ 16
Martyrs-de-la-Résistance (Pl. des) ... AY 18
Mendès-France (R.) ... AZ 19
Paix (R. de la) ... AYZ
Perrin (Bd P.) ... AY 20
Quatre Z'Horloges (Pl. des) ... BZ 21
République (Av. de la) ... AYZ
Salengro (R. R.) ... AZ 22
Verdun (Bd de) ... BZ 23
28-Février-1943 (R. du) ... BZ 24

Saint-Maurice-sur-Eygues 26 ... 247 E4
Saint-Maurice-sur-Fessard 45 ... 111 E2
Saint-Maurice-sur-Huisne 61 ... 83 F2
Saint-Maurice-sur-Loire 42 ... 191 E3
Saint-Maurice-sur-Mortagne 88 ... 95 D2
Saint-Maurice-sur-Moselle 88 ... 119 F2
Saint-Maurice-sur-Vingeanne 21 ... 140 A1
Saint-Maurice-Thizouaille 89 ... 113 D3
Saint-Maurin 47 ... 256 C1
Saint-Max 54 ... 68 B4
Saint-Maxent 80 ... 17 E1
Saint-Maximin 30 ... 264 A3
Saint-Maximin 38 ... 213 E3
Saint-Maximin 60 ... 34 C4
Saint-Maximin-la-Sainte-Baume 83 ... 285 F3
Saint-Maxire 79 ... 164 C3
Saint-May 26 ... 248 A3
Saint-Mayeux 22 ... 76 C3
Saint-Méard 87 ... 204 B1
Saint-Méard-de-Drône 24 ... 220 A1
Saint-Méard-de-Gurçon 24 ... 219 E3
Saint-Médard 16 ... 201 D2
Saint-Médard 17 ... 199 F3
Saint-Médard 23 ... 187 E2
Saint-Médard 31 ... 299 E2
Saint-Médard 32 ... 274 C3
Saint-Médard 36 ... 151 D2
Saint-Médard 40 ... 254 A4
Saint-Médard 46 ... 239 F2
Saint-Médard 57 ... 69 D3
Saint-Médard 64 ... 272 B2
Saint-Médard 79 ... 165 D4
Saint-Médard-d'Aunis 17 ... 181 D1
Saint-Médard-de-Guizières 33 ... 219 D2
Saint-Médard-de-Mussidan 24 ... 219 F2
Saint-Médard-de-Presque 46 ... 223 D4
Saint-Médard-des-Prés 85 ... 164 A2
Saint-Médard-d'Excideuil 24 ... 203 E4
Saint-Médard-d'Eyrans 33 ... 235 F1
Saint-Médard-en-Forez 42 ... 210 D4
Saint-Médard-en-Jalles 33 ... 217 D3
Saint-Médard-Nicourby 46 ... 241 E1
Saint-Médard-sur-Ille 35 ... 79 E3
Saint-Méen 29 ... 47 F2
Saint-Méen-le-Grand 35 ... 78 B4
Saint-Melaine 35 ... 104 A1
Saint-Melaine-sur-Aubance 49 ... 128 B3
Saint-Mélany 07 ... 245 E2
Saint-Méloir-des-Bois 22 ... 78 B1
Saint-Méloir-des-Ondes 35 ... 53 D4
Saint-Même-le-Tenu 44 ... 145 D1
Saint-Même-les-Carrières 16 ... 201 D1
Saint-Memmie 51 ... 64 C2
Saint-Menge 88 ... 93 F3
Saint-Menges 08 ... 23 D3
Saint-Menoux 03 ... 172 A2
Saint-Merd-de-Lapleau 19 ... 223 E1
Saint-Merd-la-Breuille 23 ... 206 A1
Saint-Merd-les-Oussines 19 ... 205 E1
Saint-Méry 77 ... 88 A1
Saint-Meslin-du-Bosc 27 ... 31 F4
Saint-Mesmes 77 ... 61 F2
Saint-Mesmin 10 ... 90 A2
Saint-Mesmin 21 ... 138 B3
Saint-Mesmin 24 ... 203 F4
Saint-Mesmin 85 ... 147 D4
Saint-Mexant 19 ... 204 B4
Saint-Mézard 32 ... 256 A3
Saint-M'Hervé 35 ... 80 B4
Saint-M'Hervon 35 ... 78 C3
Saint-Micaud 71 ... 174 C1
Saint-Michel 02 ... 21 F2
Saint-Michel 09 ... 300 C2
Saint-Michel 16 ... 201 E1
Saint-Michel 31 ... 300 A2
Saint-Michel 32 ... 274 B3
Saint-Michel 34 ... 262 A4
Saint-Michel 45 ... 111 D1
Saint-Michel 52 ... 116 C4
Saint-Michel 64 ... 295 D2
Saint-Michel 82 ... 257 D3
Saint-Michel-Chef-Chef 44 ... 125 E4
Saint-Michel-d'Aurance 07 ... 228 A3
Saint-Michel-de-Bannières 46 ... 222 C3
Saint-Michel-de-Boulogne 07 ... 246 A1
Saint-Michel-de-Castelnau 33 ... 236 C4
Saint-Michel-de-Chabrillanoux 07 ... 228 B4
Saint-Michel-de-Chaillol 05 ... 249 F1
Saint-Michel-de-Chavaignes 72 ... 107 F2
Saint-Michel-de-Cuxa (Abbaye de) 66 ... 311 F2
Saint-Michel-de-Dèze 48 ... 263 D1
Saint-Michel-de-Double 24 ... 219 F2
Saint-Michel-de-Feins 53 ... 105 E4
Saint-Michel-de-Frigolet (Abbaye) 13 ... 264 C4
Saint-Michel-de-Fronsac 33 ... 218 C3
Saint-Michel-de-la-Pierre 50 ... 27 D4
Saint-Michel-de-la-Roë 53 ... 104 B3
Saint-Michel-de-Lanès 11 ... 277 E4
Saint-Michel-de-Lapujade 33 ... 237 E2
Saint-Michel-de-Livet 14 ... 56 C1
Saint-Michel-de-Llotes 66 ... 312 B2
Saint-Michel-de-Maurienne 73 ... 214 B4
Saint-Michel-de-Montaigne 24 ... 219 E4
Saint-Michel-de-Montjoie 50 ... 54 C3
Saint-Michel-de-Mourcairol (Château de) 34 ... 280 A2
Saint-Michel-de-Plélan 22 ... 78 B1
Saint-Michel-de-Rieufret 33 ... 236 B2
Saint-Michel-de-Rivière 24 ... 219 D1
Saint-Michel-de-Saint-Geoirs 38 ... 212 A4
Saint-Michel-de-Vax 81 ... 258 C2
Saint-Michel-de-Veisse 23 ... 187 E3
Saint-Michel-de-Villadeix 24 ... 220 C3
Saint-Michel-de-Volangis 18 ... 153 E1
Saint-Michel-des-Andaines 61 ... 81 F1
Saint-Michel-des-Loups 50 ... 53 F3
Saint-Michel-d'Euzet 30 ... 264 B1
Saint-Michel-d'Halescourt 76 ... 33 E1
Saint-Michel-en-Beaumont 38 ... 231 D3
Saint-Michel-en-Brenne 36 ... 150 C4
Saint-Michel-en-Grève 22 ... 49 F2
Saint-Michel-en-l'Herm 85 ... 163 E3
Saint-Michel-Escalus 40 ... 252 B3
Saint-Michel-et-Chanveaux 49 ... 104 B4
Saint-Michel-Labadié 81 ... 260 A3
Saint-Michel-le-Cloucq 85 ... 164 B2
Saint-Michel-l'Écluse-et-Léparon 24 ... 219 E1
Saint-Michel-les-Portes 38 ... 230 B3
Saint-Michel-l'Observatoire 04 ... 266 C3
Saint-Michel-Loubéjou 46 ... 223 D4
Saint-Michel-Mont-Mercure 85 ... 146 C3
Saint-Michel-Peyresq 04 ... 268 B2
Saint-Michel-sous-Bois 62 ... 6 C1
Saint-Michel-sur-Loire 37 ... 130 A4
Saint-Michel-sur-Meurthe 88 ... 95 F3
Saint-Michel-sur-Orge 91 ... 87 D1
Saint-Michel-sur-Rhône 42 ... 210 C3
Saint-Michel-sur-Savasse 26 ... 229 E1
Saint-Michel-sur-Ternoise 62 ... 7 E2
Saint-Michel-Tubœuf 61 ... 57 F4
Saint-Mihiel 55 ... 67 D2
Saint-Mitre-les-Remparts 13 ... 284 A3
Saint-Molf 44 ... 123 E3
Saint-Momelin 59 ... 3 E3
Saint-Mont 32 ... 273 E2
Saint-Montan 07 ... 246 C3
Saint-Moré 89 ... 136 C1
Saint-Moreil 23 ... 186 C4
Saint-Morel 08 ... 39 D3
Saint-Morillon 33 ... 235 F1
Saint-Mury-Monteymond 38 ... 213 D4
Saint-Myon 63 ... 189 E3
Saint-Nabor 67 ... 70 C4
Saint-Nabord 88 ... 119 D1
Saint-Nabord-sur-Aube 10 ... 90 B2
Saint-Nauphary 82 ... 258 A3
Saint-Nazaire 30 ... 264 B1
Saint-Nazaire 33 ... 219 F4
Saint-Nazaire 44 ... 125 D3
Saint-Nazaire 66 ... 313 D2
Saint-Nazaire (Pont de) 44 ... 125 E3
Saint-Nazaire (Site de) 19 ... 206 A3
Saint-Nazaire-d'Aude 11 ... 303 F1
Saint-Nazaire-de-Ladarez 34 ... 280 A3
Saint-Nazaire-de-Pézan 34 ... 282 A2
Saint-Nazaire-de-Valentane 82 ... 257 D1
Saint-Nazaire-des-Gardies 30 ... 263 E3
Saint-Nazaire-en-Royans 26 ... 229 F2
Saint-Nazaire-le-Désert 26 ... 247 F2
Saint-Nazaire-les-Eymes 38 ... 213 D4
Saint-Nazaire-sur-Charente 17 ... 181 D3
Saint-Nectaire 63 ... 207 D2
Saint-Nexans 24 ... 220 B4
Saint-Nic 29 ... 73 E2
Saint-Nicodème 22 ... 76 A2
Saint-Nicodème (Chapelle) 56 ... 100 C1
Saint-Nicolas 62 ... 8 B3
Saint-Nicolas (Cascade) 68 ... 119 F2
Saint-Nicolas (Chapelle) 56 ... 76 A4
Saint-Nicolas-aux-Bois 02 ... 36 C1
Saint-Nicolas-aux-Bois (Abbaye de) 02 ... 36 C1
Saint-Nicolas-Courbefy 87 ... 203 E2
Saint-Nicolas-d'Aliermont 76 ... 16 B2
Saint-Nicolas-d'Attez 27 ... 58 B3
Saint-Nicolas-de-Bliquetuit 76 ... 15 E4
Saint-Nicolas-de-Bourgueil 37 ... 129 F4
Saint-Nicolas-de-Brem 85 ... 162 A1
Saint-Nicolas-de-la-Balerme 47 ... 256 C2
Saint-Nicolas-de-la-Grave 82 ... 257 D2
Saint-Nicolas-de-la-Haie 76 ... 15 E4
Saint-Nicolas-de-la-Taille 76 ... 15 D4
Saint-Nicolas-de-Macherin 38 ... 212 B3
Saint-Nicolas-de-Pierrepont 50 ... 26 C3
Saint-Nicolas-de-Port 54 ... 68 B4
Saint-Nicolas-de-Redon 44 ... 102 B4
Saint-Nicolas-de-Sommaire 61 ... 57 F3
Saint-Nicolas-de-Véroce 74 ... 196 C3
Saint-Nicolas-des-Biefs 03 ... 190 C2
Saint-Nicolas-des-Bois 50 ... 54 B3
Saint-Nicolas-des-Bois 61 ... 82 C2
Saint-Nicolas-des-Eaux 56 ... 100 C1
Saint-Nicolas-des-Laitiers 61 ... 57 E3
Saint-Nicolas-des-Motets 37 ... 131 E1
Saint-Nicolas-du-Bosc 27 ... 31 F4
Saint-Nicolas-du-Bosc-l'Abbé 27 ... 57 F1
Saint-Nicolas-du-Pélem 22 ... 76 B2
Saint-Nicolas-du-Tertre 56 ... 102 B3
Saint-Nicolas-en-Forêt 57 ... 41 F3
Saint-Nicolas-la-Chapelle 10 ... 89 D2
Saint-Nicolas-la-Chapelle 73 ... 196 B3
Saint-Nicolas-lès-Cîteaux 21 ... 158 B1
Saint-Nizier-d'Azergues 69 ... 192 A2
Saint-Nizier-de-Fornas 42 ... 209 E3
Saint-Nizier-du-Moucherotte 38 ... 230 B1
Saint-Nizier-le-Bouchoux 01 ... 175 F2
Saint-Nizier-le-Désert 01 ... 193 E2
Saint-Nizier-sous-Charlieu 42 ... 191 E1
Saint-Nizier-sur-Arroux 71 ... 156 C4
Saint-Nolff 56 ... 101 E4
Saint-Nom-la-Bretèche 78 ... 60 B3
Saint-Offenge-Dessous 73 ... 195 D4
Saint-Offenge-Dessus 73 ... 195 D4
Saint-Omer 14 ... 55 F2
Saint-Omer 44 ... 125 F2
Saint-Omer 62 ... 3 E3
Saint-Omer-Capelle 62 ... 3 D2
Saint-Omer-en-Chaussée 60 ... 34 A1
Saint-Ondras 38 ... 212 B2
Saint-Onen-la-Chapelle 35 ... 78 B4
Saint-Oradoux-de-Chirouze 23 ... 206 A1
Saint-Oradoux-près-Crocq 23 ... 188 A3
Saint-Orens 32 ... 275 E1
Saint-Orens-de-Gameville 31 ... 276 C3
Saint-Orens-Pouy-Petit 32 ... 255 F3
Saint-Ost 32 ... 274 C4
Saint-Osvin 50 ... 54 A4
Saint-Ouen 17 ... 183 D3
Saint-Ouen 41 ... 108 C3
Saint-Ouen 80 ... 18 A1
Saint-Ouen 93 ... 61 D2
Saint-Ouen-d'Attez 27 ... 58 B3
Saint-Ouen-d'Aunis 17 ... 163 F4
Saint-Ouen-de-la-Cour 61 ... 83 F2
Saint-Ouen-de-Mimbré 72 ... 82 C3
Saint-Ouen-de-Pontcheuil 27 ... 32 A4
Saint-Ouen-de-Sécherouvre 61 ... 83 E1
Saint-Ouen-de-Thouberville 27 ... 31 F3
Saint-Ouen-des-Alleux 35 ... 79 F3
Saint-Ouen-des-Besaces 14 ... 55 D1
Saint-Ouen-des-Champs 27 ... 31 D2
Saint-Ouën-des-Toits 53 ... 80 C4
Saint-Ouën-des-Vallons 53 ... 81 E4
Saint-Ouen-Domprot 51 ... 91 D1
Saint-Ouen-du-Breuil 76 ... 16 A4
Saint-Ouen-du-Mesnil-Oger 14 ... 30 A4
Saint-Ouen-du-Tilleul 27 ... 32 A3
Saint-Ouen-en-Belin 72 ... 107 D3
Saint-Ouen-en-Brie 77 ... 88 A1
Saint-Ouen-en-Champagne 72 ... 106 A2
Saint-Ouen-la-Rouërie 35 ... 79 F2
Saint-Ouen-l'Aumône 95 ... 60 C1
Saint-Ouen-le-Brisoult 61 ... 82 A2
Saint-Ouen-le-Houx 14 ... 57 D2
Saint-Ouen-le-Mauger 76 ... 15 F3
Saint-Ouen-le-Pin 14 ... 30 B4
Saint-Ouen-lès-Parey 88 ... 93 E4
Saint-Ouen-les-Vignes 37 ... 131 E2
Saint-Ouen-Marchefroy 28 ... 59 E3
Saint-Ouen-sous-Bailly 76 ... 16 B2
Saint-Ouen-sur-Gartempe 87 ... 185 E1
Saint-Ouen-sur-Iton 61 ... 57 F4
Saint-Ouen-sur-Loire 58 ... 155 D3
Saint-Ouen-sur-Maire 61 ... 56 B4
Saint-Ouen-sur-Morin 77 ... 62 C2
Saint-Oulph 10 ... 89 F2
Saint-Ours 63 ... 189 D4
Saint-Ours 73 ... 195 D4
Saint-Outrille 18 ... 152 A1
Saint-Oyen 73 ... 214 A2
Saint-Oyen-Montbellet 71 ... 175 E2
Saint-Pabu 29 ... 47 E2
Saint-Paër 27 ... 33 E3
Saint-Paër 76 ... 15 F4
Saint-Pair 14 ... 29 F4
Saint-Pair-du-Mont 14 ... 30 A4
Saint-Pair-sur-Mer 50 ... 53 F3
Saint-Pal-de-Chalencon 43 ... 209 D4
Saint-Pal-de-Mons 43 ... 227 F1
Saint-Pal-de-Senouire 43 ... 208 C4
Saint-Palais 03 ... 170 B3
Saint-Palais 18 ... 134 A4
Saint-Palais 33 ... 199 E4
Saint-Palais 64 ... 271 E4
Saint-Palais-de-Négrignac 17 ... 200 C4
Saint-Palais-de-Phiolin 17 ... 199 E2
Saint-Palais-du-Né 16 ... 200 C2
Saint-Palais-sur-Mer 17 ... 198 B1
Saint-Pancrace 04 ... 266 C4
Saint-Pancrace 06 ... 288 C2
Saint-Pancrace 24 ... 202 B3
Saint-Pancrace 73 ... 214 A4
Saint-Pancrace 2B ... 314 C4
Saint-Pancrasse 38 ... 213 D4
Saint-Pancré 54 ... 40 C1
Saint-Pandelon 40 ... 271 E1
Saint-Pantaléon 46 ... 239 F4
Saint-Pantaléon 71 ... 157 D2
Saint-Pantaléon 84 ... 265 F4
Saint-Pantaléon-de-Lapleau 19 ... 205 F4
Saint-Pantaléon-de-Larche 19 ... 222 A2
Saint-Pantaléon-les-Vignes 26 ... 247 E3
Saint-Pantaly-d'Ans 24 ... 221 D1
Saint-Pantaly-d'Excideuil 24 ... 203 E4
Saint-Papoul 11 ... 277 F4
Saint-Pardon-de-Conques 33 ... 236 C2
Saint-Pardoult 17 ... 182 B2
Saint-Pardoux 63 ... 189 E2
Saint-Pardoux 79 ... 165 D2
Saint-Pardoux 87 ... 185 F2
Saint-Pardoux-Corbier 19 ... 204 A3
Saint-Pardoux-d'Arnet 23 ... 188 A3
Saint-Pardoux-de-Drône 24 ... 220 A1
Saint-Pardoux-du-Breuil 47 ... 237 E3
Saint-Pardoux-et-Vielvic 24 ... 239 D1
Saint-Pardoux-Isaac 47 ... 238 A2
Saint-Pardoux-la-Croisille 19 ... 223 D1
Saint-Pardoux-la-Rivière 24 ... 202 C3
Saint-Pardoux-le-Neuf 19 ... 206 A2
Saint-Pardoux-le-Neuf 23 ... 187 F3
Saint-Pardoux-le-Vieux 19 ... 205 F2
Saint-Pardoux-les-Cards 23 ... 187 E2
Saint-Pardoux-l'Ortigier 19 ... 204 B4
Saint-Pardoux-Morterolles 23 ... 187 D3
Saint-Pargoire 34 ... 281 D3
Saint-Parize-en-Viry 58 ... 155 D4
Saint-Parize-le-Châtel 58 ... 154 C3
Saint-Parres-aux-Tertres 10 ... 90 B3
Saint-Parres-lès-Vaudes 10 ... 90 C4
Saint-Parthem 12 ... 241 F2
Saint-Pastour 47 ... 238 B3
Saint-Pastous 65 ... 297 E3
Saint-Paterne 72 ... 82 C2
Saint-Paterne-Racan 37 ... 130 B1
Saint-Pathus 77 ... 61 F1
Saint-Patrice 37 ... 130 A4
Saint-Patrice-de-Claids 50 ... 26 C3
Saint-Patrice-du-Désert 61 ... 82 A1
Saint-Paul 06 ... 269 F4
Saint-Paul 19 ... 223 D1
Saint-Paul 33 ... 217 E1
Saint-Paul 60 ... 34 A2
Saint-Paul 61 ... 55 E4
Saint-Paul 65 ... 298 C2
Saint-Paul 73 ... 212 C1
Saint-Paul 87 ... 186 A4
Saint-Paul 88 ... 93 F2
Saint-Paul-aux-Bois 02 ... 36 A1
Saint-Paul-Cap-de-Joux 81 ... 277 F2
Saint-Paul-de-Baïse 32 ... 274 B1
Saint-Paul-de-Fenouillet 66 ... 311 F1
Saint-Paul-de-Fourques 27 ... 31 F4
Saint-Paul-de-Jarrat 09 ... 301 D4
Saint-Paul-de-Loubressac 46 ... 240 A4
Saint-Paul-de-Salers 15 ... 224 B2
Saint-Paul-de-Serre 24 ... 220 B2
Saint-Paul-de-Tartas 43 ... 227 D4
Saint-Paul-de-Varax 01 ... 193 E1
Saint-Paul-de-Varces 38 ... 230 C2
Saint-Paul-de-Vern 46 ... 223 D4
Saint-Paul-de-Vézelin 42 ... 191 E3
Saint-Paul-des-Landes 15 ... 223 F3
Saint-Paul-d'Espis 82 ... 257 D2
Saint-Paul-d'Izeaux 38 ... 212 A4
Saint-Paul-d'Oueil 31 ... 298 C4
Saint-Paul-du-Bois 49 ... 147 F1
Saint-Paul-du-Vernay 14 ... 28 C4
Saint-Paul-d'Uzore 42 ... 209 E1
Saint-Paul-en-Born 40 ... 252 C1
Saint-Paul-en-Chablais 74 ... 178 C3
Saint-Paul-en-Cornillon 42 ... 209 F3
Saint-Paul-en-Forêt 83 ... 287 E2
Saint-Paul-en-Gâtine 79 ... 164 B1
Saint-Paul-en-Jarez 42 ... 210 B3
Saint-Paul-en-Pareds 85 ... 146 C3
Saint-Paul-et-Valmalle 34 ... 281 E2
Saint-Paul-la-Coste 30 ... 263 D2
Saint-Paul-la-Roche 24 ... 203 D3
Saint-Paul-le-Froid 48 ... 226 B4
Saint-Paul-le-Gaultier 72 ... 82 B3
Saint-Paul-le-Jeune 07 ... 245 F4
Saint-Paul-lès-Dax 40 ... 271 E1
Saint-Paul-les-Fonts 30 ... 264 B2
Saint-Paul-lès-Monestier 38 ... 230 C3
Saint-Paul-lès-Romans 26 ... 229 E2
Saint-Paul-lez-Durance 13 ... 285 E1
Saint-Paul-Lizonne 24 ... 201 F4
Saint-Paul-Mont-Penit 85 ... 145 E3
Saint-Paul-sur-Isère 73 ... 214 A1
Saint-Paul-sur-Risle 27 ... 31 D3
Saint-Paul-sur-Save 31 ... 276 A1
Saint-Paul-sur-Ubaye 04 ... 250 C2
Saint-Paul-Trois-Châteaux 26 ... 246 C4
Saint-Paulet 11 ... 277 E4
Saint-Paulet-de-Caisson 30 ... 264 B1
Saint-Paulien 43 ... 226 C2
Saint-Pavace 72 ... 106 C1
Saint-Pé-d'Ardet 31 ... 299 D3
Saint-Pé-de-Bigorre 65 ... 297 E2
Saint-Pé-de-Léren 64 ... 271 E3
Saint-Pé-Delbosc 31 ... 299 D1
Saint-Pé-Saint-Simon 47 ... 255 D3
Saint-Pée-sur-Nivelle 64 ... 270 B4
Saint-Pellerin 28 ... 108 C1
Saint-Pellerin 50 ... 27 E3
Saint-Péran 35 ... 102 C1
Saint-Péravy-Épreux 45 ... 86 B4
Saint-Péravy-la-Colombe 45 ... 109 F2
Saint-Péray 07 ... 229 D3
Saint-Perdon 40 ... 253 F4
Saint-Perdoux 24 ... 238 B1
Saint-Perdoux 46 ... 241 E1
Saint-Père 35 ... 53 D4
Saint-Père 58 ... 135 D3
Saint-Père 89 ... 136 C2
Saint-Père-en-Retz 44 ... 125 E4
Saint-Père-sur-Loire 45 ... 111 D4
Saint-Péreuse 58 ... 156 A2
Saint-Pern 35 ... 78 C3
Saint-Perreux 56 ... 102 B4
Saint-Péver 22 ... 50 C4
Saint-Pey-d'Armens 33 ... 219 D4
Saint-Pey-de-Castets 33 ... 219 D4
Saint-Phal 10 ... 114 A1
Saint-Philbert-de-Bouaine 85 ... 145 F2
Saint-Philbert-de-Grand-Lieu 44 ... 145 E1
Saint-Philbert-des-Champs 14 ... 30 C4
Saint-Philbert-du-Peuple 49 ... 129 E3
Saint-Philbert-du-Pont-Charrault 85 ... 163 F1
Saint-Philbert-en-Mauges 49 ... 146 C1
Saint-Philbert-sur-Boissey 27 ... 31 F4
Saint-Philbert-sur-Orne 61 ... 55 F3
Saint-Philbert-sur-Risle 27 ... 31 E3
Saint-Philibert 21 ... 139 D4

Saint-Philibert 56 ... 100 C4
Saint-Philibert-d'Entremont 38 ... 213 D3
Saint-Philippe-d'Aiguille 33 .219 D3
Saint-Philippe-du-Seignal 33 ... 219 F4
Saint-Piat 28 ... 85 F1
Saint-Pierre 04 ... 269 E3
Saint-Pierre 15 ... 206 A3
Saint-Pierre 31 ... 277 D2
Saint-Pierre 39 ... 177 E1
Saint-Pierre 51 ... 64 C2
Saint-Pierre 67 ... 96 C1
Saint-Pierre-à-Arnes 08 ... 38 B3
Saint-Pierre-à-Champ 79 ... 147 F1
Saint-Pierre-à-Gouy 80 ... 18 A2
Saint-Pierre-Aigle 02 ... 36 A3
Saint-Pierre-Avez 05 ... 249 D4
Saint-Pierre-Azif 14 ... 30 B3
Saint-Pierre-Bellevue 23 ... 187 D3
Saint-Pierre-Bénouville 76 ... 15 F2
Saint-Pierre-Bois 67 ... 96 B1
Saint-Pierre-Brouck 59 ... 3 D2
Saint-Pierre-Canivet 14 ... 56 A2
Saint-Pierre-Chérignat 23 ... 186 B3
Saint-Pierre-Colamine 63 ... 207 D2
Saint-Pierre-d'Albigny 73 ... 213 E1
Saint-Pierre-d'Allevard 38 ... 213 E3
Saint-Pierre-d'Alvey 73 ... 212 C1
Saint-Pierre-d'Amilly 17 ... 181 F1
Saint-Pierre-d'Argençon 05 .248 C2
Saint-Pierre-d'Arthéglise 50 ... 24 B4
Saint-Pierre-d'Aubézies 32 ... 274 A2
Saint-Pierre-d'Aurillac 33 ... 236 C2
Saint-Pierre-d'Autils 27 ... 59 E1
Saint-Pierre-de-Bailleul 27 ... 59 D1
Saint-Pierre-de-Bat 33 ... 236 C1
Saint-Pierre-de-Belleville 73 213 F2
Saint-Pierre-de-Bœuf 42 ... 210 C3
Saint-Pierre-de-Bressieux 38 ... 211 F4
Saint-Pierre-de-Buzet 47 ... 255 F1
Saint-Pierre-de-Caubel 47 ... 238 B4
Saint-Pierre-de-Cernières 27 ..57 F2
Saint-Pierre-de-Chandieu 69 211 E1
Saint-Pierre-de-Chartreuse 38 ... 213 D3
Saint-Pierre-de-Chérennes 38 ... 230 A1
Saint-Pierre-de-Chevillé 72 ..130 B1
Saint-Pierre-de-Chignac 24 ..221 D2
Saint-Pierre-de-Clairac 47 ... 256 C1
Saint-Pierre-de-Côle 24 ... 202 C4
Saint-Pierre-de-Colombier 07 ... 245 F1
Saint-Pierre-de-Cormeilles 27 ... 31 D4
Saint-Pierre-de-Coutances 50 ... 53 F1
Saint-Pierre-de-Curtille 73 ... 194 C4
Saint-Pierre-de-Frugie 24 ... 203 E2
Saint-Pierre-de-Fursac 23 ... 186 B1
Saint-Pierre-de-Genebroz 73 ... 212 C3
Saint-Pierre-de-Jards 36 ... 152 B1
Saint-Pierre-de-Juillers 17 ... 182 B3
Saint-Pierre-de-la-Fage 34 ... 280 C1
Saint-Pierre-de-Lages 31 ... 277 D2
Saint-Pierre-de-Lamps 36 ... 151 F2
Saint-Pierre-de-l'Isle 17 ... 182 B2
Saint-Pierre-de-Maillé 86 ... 167 E1
Saint-Pierre-de-Mailloc 14 ... 57 D1
Saint-Pierre-de-Manneville 76 ... 32 A2
Saint-Pierre-de-Méaroz 38 ... 231 D3
Saint-Pierre-de-Mésage 38 .230 C2
Saint-Pierre-de-Mézoargues 13 ... 264 C4
Saint-Pierre-de-Mons 33 ... 236 C2
Saint-Pierre-de-Nogaret 48 ..243 E3
Saint-Pierre-de-Plesguen 35 ..79 D2
Saint-Pierre-de-Rivière 09 ... 300 C3
Saint-Pierre-de-Salerne 27 ... 31 E4
Saint-Pierre-de-Semilly 50 ... 27 F4
Saint-Pierre-de-Soucy 73 ... 213 E2
Saint-Pierre-de-Trivisy 81 ... 278 C1
Saint-Pierre-de-Varengeville 76 ... 15 F4
Saint-Pierre-de-Varennes 71 ... 157 E3
Saint-Pierre-de-Vassols 84 ..265 E2
Saint-Pierre-dels-Forcats 66 ... 311 D3
Saint-Pierre-d'Entremont 38 ... 213 D3
Saint-Pierre-d'Entremont 61 ..55 E3
Saint-Pierre-d'Entremont 73 ... 213 D3
Saint-Pierre-des-Bois 72 ... 106 B2
Saint-Pierre-des-Champs 11 ... 303 D3
Saint-Pierre-des-Corps 37 ... 131 D3
Saint-Pierre-des-Échaubrognes 79 ... 147 D2
Saint-Pierre-des-Fleurs 27 ... 32 A4
Saint-Pierre-des-Ifs 14 ... 57 D1
Saint-Pierre-des-Ifs 27 ... 31 E3
Saint-Pierre-des-Jonquières 76 ... 16 C3
Saint-Pierre-des-Landes 53 ... 80 C3
Saint-Pierre-des-Loges 61 ... 57 F4
Saint-Pierre-des-Nids 53 ... 82 B2
Saint-Pierre-des-Ormes 72 ... 83 D4
Saint-Pierre-des-Tripiers 48 .261 F1
Saint-Pierre-d'Exideuil 86 ... 183 F1
Saint-Pierre-d'Extravache 73 ... 215 D4
Saint-Pierre-d'Eyraud 24 ... 219 F4
Saint-Pierre-d'Irube 64 ... 270 C3
Saint-Pierre-d'Oléron 17 ... 180 B2
Saint-Pierre-du-Bosguérard 27 ... 31 F4
Saint-Pierre-du-Bû 14 ... 56 A3
Saint-Pierre-du-Champ 43 ... 227 D1
Saint-Pierre-du-Chemin 85 ..147 D4
Saint-Pierre-du-Fresne 14 ... 55 D1
Saint-Pierre-du-Jonquet 14 ... 30 A4
Saint-Pierre-du-Lorouër 72 ..107 E3
Saint-Pierre-du-Mesnil 27 ... 57 F2
Saint-Pierre-du-Mont 14 ... 25 F4
Saint-Pierre-du-Mont 40 ... 254 A4
Saint-Pierre-du-Mont 58 ... 136 A3
Saint-Pierre-du-Palais 17 ... 218 C1
Saint-Pierre-du-Perray 91 ... 87 E1
Saint-Pierre-du-Regard 61 ... 55 F3
Saint-Pierre-du-Val 27 ... 30 C3
Saint-Pierre-du-Vauvray 27 ... 32 B4
Saint-Pierre-Église 50 ... 25 D2
Saint-Pierre-en-Faucigny 74 196 A1
Saint-Pierre-en-Port 76 ... 15 D2
Saint-Pierre-en-Val 76 ... 16 C1
Saint-Pierre-en-Vaux 21 ... 157 E2
Saint-Pierre-es-Champs 60 ... 33 E2
Saint-Pierre-Eynac 43 ... 227 E2
Saint-Pierre-la-Bourlhonne 63 ... 208 C1
Saint-Pierre-la-Bruyère 61 ... 84 A3
Saint-Pierre-la-Cour 53 ... 104 C1
Saint-Pierre-la-Garenne 27 ... 32 C4
Saint-Pierre-la-Noaille 42 ... 191 E1
Saint-Pierre-la-Palud 69 ... 192 B4
Saint-Pierre-la-Rivière 61 ... 57 D3
Saint-Pierre-la-Roche 07 ... 246 C1
Saint-Pierre-la-Vieille 14 ... 55 E2
Saint-Pierre-Lafeuille 46 ... 240 A3
Saint-Pierre-Langers 50 ... 53 F3
Saint-Pierre-Laval 03 ... 190 C1
Saint-Pierre-Lavis 76 ... 15 E3
Saint-Pierre-le-Bost 23 ... 170 A3
Saint-Pierre-le-Chastel 63 ... 189 D4
Saint-Pierre-le-Déchausselat 07 ... 245 E3
Saint-Pierre-le-Moûtier 58 ... 154 C4
Saint-Pierre le Potier 53 ... 105 D1
Saint-Pierre-le-Vieux 48 ... 225 F4
Saint-Pierre-le-Vieux 71 ... 174 C4
Saint-Pierre-le-Vieux 76 ... 15 F1
Saint-Pierre-le-Vieux 85 ... 164 A3
Saint-Pierre-le-Viger 76 ... 15 F1
Saint-Pierre-les-Aubagne 13 ... 285 E4
Saint-Pierre-lès-Bitry 60 ... 36 A2
Saint-Pierre-les-Bois 18 ... 170 A1
Saint-Pierre-lès-Elbeuf 76 ... 32 A3
Saint-Pierre-les-Étieux 18 ... 153 F4
Saint-Pierre-lès-Franqueville 02 ... 21 D3
Saint-Pierre-lès-Nemours 77 ..87 F4
Saint-Pierre-Montlimart 49 ..127 E4
Saint-Pierre-Quiberon 56 ... 122 A2
Saint-Pierre-Roche 63 ... 206 C1
Saint-Pierre-sur-Dives 14 ... 56 B1
Saint-Pierre-sur-Doux 07 ... 228 A2
Saint-Pierre-sur-Dropt 47 ... 237 E1
Saint-Pierre-sur-Erve 53 ... 105 F2
Saint-Pierre-sur-Mer 11 ... 305 D2
Saint-Pierre-sur-Orthe 53 ... 82 A4
Saint-Pierre-sur-Vence 08 ... 22 C4
Saint-Pierre-Tarentaine 14 ... 55 D2
Saint-Pierre-Toirac 46 ... 241 D3
Saint-Pierremont 02 ... 21 D4
Saint-Pierremont 08 ... 39 E2
Saint-Pierremont 88 ... 95 D2
Saint-Pierreville 07 ... 228 B4
Saint-Pierrevillers 55 ... 40 C2
Saint-Plaisir 03 ... 171 E1
Saint-Plancard 31 ... 298 C2
Saint-Planchers 50 ... 53 F3
Saint-Plantaire 36 ... 169 D3
Saint-Point 71 ... 174 C3
Saint-Point-Lac 25 ... 161 D3
Saint-Pois 50 ... 54 C3
Saint-Poix 53 ... 104 B2
Saint-Pol-de-Léon 29 ... 49 D2
Saint-Pol-sur-Mer 59 ... 3 E1
Saint-Pol-sur-Ternoise 62 ... 7 E2
Saint-Polgues 42 ... 191 D3
Saint-Polycarpe 11 ... 302 B3
Saint-Pompain 79 ... 164 B3
Saint-Pompon 24 ... 239 E1
Saint-Poncy 15 ... 225 F1
Saint-Pons 04 ... 250 C3
Saint-Pons 07 ... 246 B2
Saint-Pons (Parc de) 13 ... 285 E4
Saint-Pons-de-Mauchiens 34 ... 281 D3
Saint-Pons-de-Thomières 34 ... 279 E3
Saint-Pons-la-Calm 30 ... 264 B2
Saint-Pont 03 ... 189 F1
Saint-Porchaire 17 ... 181 E4
Saint-Porquier 82 ... 257 E3
Saint-Pôtan 22 ... 78 B1
Saint-Pouange 10 ... 90 B4
Saint-Pourçain-sur-Besbre 03 ... 172 C2
Saint-Pourçain-sur-Sioule 03 ... 172 A4
Saint-Prancher 88 ... 93 F3
Saint-Préjet-Armandon 43 ... 226 B1
Saint-Préjet-d'Allier 43 ... 226 B3
Saint-Prest 28 ... 85 E2
Saint-Preuil 16 ... 200 C2
Saint-Priest 07 ... 246 B1
Saint-Priest 23 ... 188 A2
Saint-Priest 69 ... 211 D1
Saint-Priest-Bramefant 63 ... 190 A2
Saint-Priest-d'Andelot 03 ... 189 E2
Saint-Priest-de-Gimel 19 ... 205 D4
Saint-Priest-des-Champs 63 188 C3
Saint-Priest-en-Jarez 42 ... 210 A3
Saint-Priest-en-Murat 03 ... 171 E4
Saint-Priest-la-Feuille 23 ... 186 B1
Saint-Priest-la-Marche 18 ... 170 A3
Saint-Priest-la-Plaine 23 ... 186 B1
Saint-Priest-la-Prugne 42 ... 190 C3
Saint-Priest-la-Roche 42 ... 191 E3
Saint-Priest-la-Vêtre 42 ... 190 C4
Saint-Priest-le-Betoux 87 ... 185 F1
Saint-Priest-les-Fougères 24 ... 203 E2
Saint-Priest-Ligoure 87 ... 203 F1
Saint-Priest-Palus 23 ... 186 C3
Saint-Priest-sous-Aixe 87 ... 185 E4
Saint-Priest-Taurion 87 ... 186 A3
Saint-Prim 38 ... 210 C3
Saint-Privat 07 ... 246 A2
Saint-Privat 19 ... 223 E2
Saint-Privat 34 ... 280 C1
Saint-Privat-d'Allier 43 ... 226 C3
Saint-Privat-de-Champclos 30 ... 246 A4
Saint-Privat-de-Vallongue 48 ... 262 C1
Saint-Privat-des-Prés 24 ... 219 F1
Saint-Privat-des-Vieux 30 ... 263 E2
Saint-Privat-du-Dragon 43 ... 226 A1
Saint-Privat-du-Fau 48 ... 226 A3
Saint-Privat-la-Montagne 57 ..41 E4
Saint-Privé 71 ... 157 F4
Saint-Privé 89 ... 135 E1
Saint-Prix 03 ... 173 D4
Saint-Prix 07 ... 228 B3
Saint-Prix 71 ... 156 C2
Saint-Prix 95 ... 60 C2
Saint-Prix-lès-Arnay 21 ... 157 E1
Saint-Projet 15 ... 242 A2
Saint-Projet 46 ... 240 A1
Saint-Projet 82 ... 240 C4
Saint-Projet-de-Salers 15 ... 224 B2
Saint-Projet-Saint-Constant 16 ... 184 A4
Saint-Prouant 85 ... 146 C4
Saint-Pryvé-Saint-Mesmin 45 ... 110 A3
Saint-Puy 32 ... 256 A4
Saint-Python 59 ... 9 F4
Saint-Quantin-de-Rançanne 17 ... 199 E2
Saint-Quay-Perros 22 ... 50 A1
Saint-Quay-Portrieux 22 ... 51 E3
Saint-Quentin 02 ... 20 A3
Saint-Quentin-au-Bosc 76 ... 16 B2
Saint-Quentin-de-Baron 33 ..218 C4
Saint-Quentin-de-Blavou 61 ... 83 E2
Saint-Quentin-de-Caplong 33 ... 219 E4
Saint-Quentin-de-Chalais 16 ... 201 E4
Saint-Quentin-des-Isles 27 ... 57 F1
Saint-Quentin-des-Prés 60 ... 33 E1
Saint-Quentin-du-Dropt 47 ..238 B1
Saint-Quentin-en-Mauges 49 ... 127 F3
Saint-Quentin-en-Tourmont 80 ... 6 A3
Saint-Quentin-en-Yvelines 78 ... 60 B4
Saint-Quentin-Fallavier 38 ... 211 E1
Saint-Quentin-la-Chabanne 23 ... 187 E4
Saint-Quentin-la-Motte-Croix-au-Bailly 80 ... 16 C1
Saint-Quentin-la-Poterie 30 .264 A2
Saint-Quentin-la-Tour 09 ... 301 F3
Saint-Quentin-le-Petit 08 ... 37 F1
Saint-Quentin-le-Verger 51 ... 89 F1
Saint-Quentin-les-Anges 53 .104 C3
Saint-Quentin-lès-Beaurepaire 49 ... 129 E1
Saint-Quentin-les-Chardonnets 61 ... 55 D3
Saint-Quentin-les-Marais 51 ..65 E3
Saint-Quentin-lès-Troo 41 ... 108 A4
Saint-Quentin-sur-Charente 16 ... 184 C4
Saint-Quentin-sur-Coole 51 ... 64 C3
Saint-Quentin-sur-Indrois 37 ... 131 E4
Saint-Quentin-sur-Isère 38 ... 212 B4
Saint-Quentin-sur-le-Homme 50 ... 54 A4
Saint-Quentin-sur-Nohain 58 ... 135 E3
Saint-Quentin-sur-Sauxillanges 63 ... 208 A2
Saint-Quintin-sur-Sioule 63 .189 E2
Saint-Quirc 09 ... 300 C1
Saint-Quirin 57 ... 70 A3
Saint-Rabier 24 ... 221 E1
Saint-Racho 71 ... 174 B4
Saint-Rambert-d'Albon 26 ... 210 C4
Saint-Rambert-en-Bugey 01 ... 194 A3
Saint-Rambert-l'Île-Barbe 69 ... 192 C4
Saint-Raphaël 24 ... 203 E4
Saint-Raphaël 83 ... 287 F3
Saint-Régis-du-Coin 42 ... 210 A4
Saint-Règle 37 ... 131 E3
Saint-Remèze 07 ... 246 B4
Saint-Remimont 54 ... 94 B1
Saint-Remimont 88 ... 93 F4
Saint-Rémy 01 ... 193 E1
Saint-Rémy 12 ... 241 E4
Saint-Rémy 14 ... 55 F2
Saint-Rémy 19 ... 205 F1
Saint-Rémy 21 ... 137 F1
Saint-Rémy 24 ... 219 F3
Saint-Remy 70 ... 118 A3
Saint-Rémy 71 ... 158 A4
Saint-Rémy 79 ... 164 C3
Saint-Remy 88 ... 95 E2
Saint-Rémy-au-Bois 62 ... 6 C3
Saint-Rémy-aux-Bois 54 ... 94 C2
Saint-Rémy-Blanzy 02 ... 36 B4
Saint-Rémy-Boscrocourt 76 ... 16 C1
Saint-Remy-Chaussée 59 ... 10 B3
Saint-Rémy-de-Blot 63 ... 189 D2
Saint-Rémy-de-Chargnat 63 207 F2
Saint-Rémy-de-Chaudes-Aigues 15 ... 243 E1
Saint-Rémy-de-Maurienne 73 ... 213 F3
Saint-Rémy-de-Provence 13 ... 265 D4
Saint-Rémy-de-Salers 15 ... 224 A2
Saint-Rémy-de-Sillé 72 ... 82 B4
Saint-Rémy-des-Landes 50 ... 26 B3
Saint-Rémy-des-Monts 72 ... 83 E3
Saint-Remy-du-Nord 59 ... 10 B2
Saint-Rémy-du-Plain 35 ... 79 F3
Saint-Rémy-du-Val 72 ... 83 D3
Saint-Remy-en-Bouzemont-Saint-Genest-et-Isson 51 ... 91 E1
Saint-Remy-en-l'Eau 60 ... 34 C2
Saint-Rémy-en-Mauges 49 ..127 E4
Saint-Rémy-en-Montmorillon 86 ... 167 E4
Saint-Rémy-en-Rollat 03 ... 190 A1
Saint-Remy-la-Calonne 55 ... 67 D1
Saint-Rémy-la-Vanne 77 ... 62 C3
Saint-Rémy-la-Varenne 49 ... 128 C3
Saint-Remy-le-Petit 08 ... 38 A2
Saint-Rémy-lès-Chevreuse 78 ... 60 B4
Saint-Rémy-l'Honoré 78 ... 60 A4
Saint-Remy-sous-Barbuise 10 ... 90 B2
Saint-Remy-sous-Broyes 51 ... 63 F4
Saint-Rémy-sur-Avre 28 ... 59 D4
Saint-Remy-sur-Bussy 51 ... 65 D1
Saint-Rémy-sur-Creuse 86 ... 150 A2
Saint-Rémy-sur-Durolle 63 ..190 B3
Saint-Renan 29 ... 47 D3
Saint-René 22 ... 51 E4
Saint-Restitut 26 ... 247 D4
Saint-Révérend 85 ... 145 D4
Saint-Révérien 58 ... 136 B4
Saint-Rieul 22 ... 78 A2
Saint-Rigomer-des-Bois 72 ... 82 C3
Saint-Rimay 41 ... 108 B4
Saint-Riquier 80 ... 6 C4
Saint-Riquier-en-Rivière 76 ... 17 D2
Saint-Riquier-ès-Plains 76 ... 15 E1
Saint-Rirand 42 ... 191 D2
Saint-Rivoal 29 ... 75 D2
Saint-Robert 19 ... 221 F1
Saint-Robert 47 ... 256 C1
Saint-Roch 37 ... 130 C2
Saint-Roch-sur-Égrenne 61 ... 81 D1
Saint-Rogatien 17 ... 180 C1
Saint-Romain 16 ... 201 E4
Saint-Romain 21 ... 157 F2
Saint-Romain 63 ... 209 D3
Saint-Romain 86 ... 166 B4
Saint-Romain (Mont) 71 ... 175 D2
Saint-Romain-au-Mont-d'Or 69 ... 192 C4
Saint-Romain-d'Ay 07 ... 228 C1
Saint-Romain-de-Benet 17 ... 199 D1
Saint-Romain-de-Colbosc 76 .14 C4
Saint-Romain-de-Jalionas 38 ... 193 F4
Saint-Romain-de-Lerps 07 ... 228 C3
Saint-Romain-de-Monpazier 24 ... 239 D1
Saint-Romain-de-Popey 69 ..192 B4
Saint-Romain-de-Surieu 38 .211 D3
Saint-Romain-des-Iles 71 ... 192 C1
Saint-Romain-d'Urfé 42 ... 190 C3
Saint-Romain-en-Gal 69 ... 211 D2
Saint-Romain-en-Gier 69 ... 210 C2
Saint-Romain-en-Jarez 42 ... 210 B2
Saint-Romain-en-Viennois 84 ... 265 E1
Saint-Romain-et-Saint-Clément 24 ... 203 D3
Saint-Romain-la-Motte 42 ... 191 D2
Saint-Romain-la-Virvée 33 ... 217 F3
Saint-Romain-Lachalm 43 ... 210 A4
Saint-Romain-le-Noble 47 ... 256 C1
Saint-Romain-le-Preux 89 ... 112 C2
Saint-Romain-le-Puy 42 ... 209 E2
Saint-Romain-les-Atheux 42 ... 210 A4
Saint-Romain-sous-Gourdon 71 ... 174 B1
Saint-Romain-sous-Versigny 71 ... 174 A1
Saint-Romain-sur-Cher 41 ... 132 A4
Saint-Romain-sur-Gironde 17 ... 199 D3
Saint-Roman 26 ... 248 A1
Saint-Roman (Abbaye de) 30 ... 264 B4
Saint-Roman-de-Bellet 06 ... 288 C1
Saint-Roman-de-Codières 30 ... 262 C3
Saint-Roman-de-Malegarde 84 ... 247 E4
Saint-Romans 38 ... 230 A1
Saint-Romans-des-Champs 79 ... 182 C1
Saint-Romans-lès-Melle 79 ..183 D1
Saint-Rome 31 ... 277 D4
Saint-Rome-de-Cernon 12 ... 261 D3
Saint-Rome-de-Dolan 48 ... 261 F1
Saint-Rome-de-Tarn 12 ... 261 D2
Saint-Romphaire 50 ... 54 B1
Saint-Rouin (Ermitage de) 55 ... 66 A1
Saint-Rustice 31 ... 257 F4
Saint-Saëns 76 ... 16 B4
Saint-Saire 76 ... 16 C4
Saint-Salvadou 12 ... 259 E1
Saint-Salvadour 19 ... 204 C3
Saint-Salvi-de-Carcavès 81 .260 B4
Saint-Salvy 47 ... 238 A4
Saint-Salvy-de-la-Balme 81 .278 C2
Saint-Samson 14 ... 29 F4
Saint-Samson 53 ... 82 A2
Saint-Samson-de-Bonfossé 50 ... 54 B1
Saint-Samson-de-la-Roque 27 ... 31 D2
Saint-Samson-la-Poterie 60 ... 33 E1
Saint-Samson-sur-Rance 22 ... 78 C1
Saint-Sandoux 63 ... 207 E1
Saint-Santin 15 ... 241 F2
Saint-Santin-Cantalès 15 ... 223 F2
Saint-Santin-de-Maurs 15 ... 241 F2
Saint-Sardos 47 ... 238 A4
Saint-Sardos 82 ... 257 E4
Saint-Sardos-de-Laurenque 47 ... 239 D2
Saint-Satur 18 ... 135 D3
Saint-Saturnin 15 ... 224 C1
Saint-Saturnin 16 ... 201 E1
Saint-Saturnin 18 ... 170 A2
Saint-Saturnin 48 ... 243 F3
Saint-Saturnin 51 ... 90 A1
Saint-Saturnin 63 ... 207 E1
Saint-Saturnin 72 ... 106 C1

ST-QUENTIN

Street	Grid	No.
Aumale (R. d')	AZ	2
Basch (R. Victor)	AYZ	3
Basilique (Pl. de la)	ABY	4
Campions (Pl. des)	AZ	5
Croix-Belle-Porte (R.)	AZ	6
Dufour-Denelle (Pl.)	AY	7
États-Généraux (R. des)	AY	8
Foy (R. du Gén.)	AZ	10
Gaulle (Av. Gén.-de)	BZ	13
Gouvernement (R. du)	BY	15
Héros du 2 Septembre 1945 (Pl. des)	BZ	16
Herriot (R. Édouard)	BZ	17
Hôtel-de-Ville (Pl. de l')	AZ	18
Isle (R. d')	BZ	
Leclerc (R. Gén.)	BZ	21
Le Sérurier (R.)	AY	23
Lyon (R. de)	BZ	24
Marché-Franc (Pl. du)	BZ	25
Mulhouse (Pl.)	BY	26
Paringault (R.)	ABY	27
Pompidou (R. G.)	AY	28
Prés.-J.-F.-Kennedy (R. du)	AY	29
Raspail (R.)	AY	
Remicourt (Av. de)	BY	31
St-André (R.)	AY	32
Sellerie (R. de la)	BZ	33
Sous-Préfecture (R. de la)	BZ	34
Thomas (R. A.)	AY	36
Toiles (R. des)	BZ	37
Verdun (Bd)	AY	38
Zola (R. Émile)	AZ	
8-Octobre (Pl. du)	BZ	41

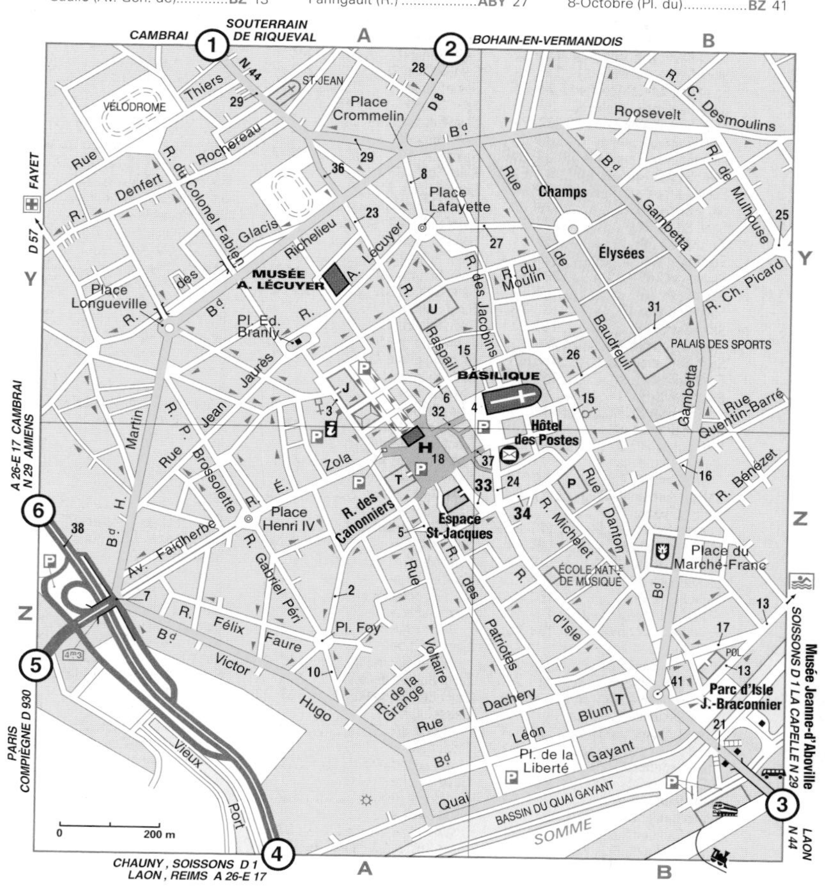

Saint-Saturnin-de-Lenne 12 ....243 E3
Saint-Saturnin-de-Lucian 34 ....280 C1
Saint-Saturnin-du-Bois 17 ....181 F1
Saint-Saturnin-du-Limet 53 ....104 B3
Saint-Saturnin-lès-Apt 84 ....266 A3
Saint-Saturnin-lès-Avignon 84 ....265 D3
Saint-Saturnin-sur-Loire 49 ....128 C3
Saint-Saud-Lacoussière 24 ....202 C2
Saint-Sauflieu 80 ....18 A3
Saint-Saulge 58 ....155 E1
Saint-Saulve 59 ....9 F2
Saint-Saury 15 ....223 E4
Saint-Sauvant 17 ....182 B4
Saint-Sauvant 86 ....165 F3
Saint-Sauves-d'Auvergne 63 ....206 C2
Saint-Sauveur 05 ....250 B2
Saint-Sauveur 21 ....140 A3
Saint-Sauveur 24 ....220 B4
Saint-Sauveur 29 ....49 D4
Saint-Sauveur 31 ....276 C1
Saint-Sauveur 33 ....216 C1
Saint-Sauveur 38 ....230 A1
Saint-Sauveur 54 ....95 F1
Saint-Sauveur 60 ....35 E3
Saint-Sauveur 70 ....118 C3
Saint-Sauveur 79 ....147 F3
Saint-Sauveur 80 ....18 A2
Saint-Sauveur 86 ....149 F4
Saint-Sauveur (Chapelle) 64 ....295 E2
Saint-Sauveur-Camprieu 30 ....262 A2
Saint-Sauveur-d'Aunis 17 ....164 A4
Saint-Sauveur-de-Carrouges 61 ....82 B1
Saint-Sauveur-de-Chaulieu 50 ....55 D3
Saint-Sauveur-de-Cruzières 07 ....245 F4
Saint-Sauveur-de-Flée 49 ....105 D4
Saint-Sauveur-de-Ginestoux 48 ....244 B1
Saint-Sauveur-de-Landemont 49 ....127 D3
Saint-Sauveur-de-Meilhan 47 ....237 D3
Saint-Sauveur-de-Montagut 07 ....228 B4
Saint-Sauveur-de-Peyre 48 ....243 F1
Saint-Sauveur-de-Pierrepont 50 ....24 C4
Saint-Sauveur-de-Puynormand 33 ....219 D2
Saint-Sauveur-d'Émalleville 76 ....14 C3
Saint-Sauveur-des-Landes 35 ....80 A3
Saint-Sauveur-en-Diois 26 ....247 F1
Saint-Sauveur-en-Puisaye 89 ....135 F1
Saint-Sauveur-en-Rue 42 ....210 B4
Saint-Sauveur-Gouvernet 26 ....248 A4
Saint-Sauveur-la-Pommeraye 50 ....53 F2
Saint-Sauveur-la-Sagne 63 ....208 C3
Saint-Sauveur-la-Vallée 46 ....240 D2
Saint-Sauveur-Lalande 24 ....219 F3
Saint-Sauveur-le-Vicomte 50 ....24 C4
Saint-Sauveur-Lendelin 50 ....26 C4
Saint-Sauveur-les-Bains 65 ....297 F4
Saint-Sauveur-lès-Bray 77 ....88 C2
Saint-Sauveur-Levasville 28 ....85 D1
Saint-Sauveur-sur-École 77 ....87 E2
Saint-Sauveur-sur-Tinée 06 ....269 F1
Saint-Sauvier 03 ....170 B3
Saint-Sauvy 32 ....275 E1
Saint-Savin 33 ....217 F1
Saint-Savin 38 ....211 F1
Saint-Savin 65 ....297 E3
Saint-Savin 86 ....167 E2
Saint-Savinien 17 ....181 F3
Saint-Saviol 86 ....183 F1
Saint-Savournin 13 ....285 D3
Saint-Sébastien 23 ....168 C3
Saint-Sébastien 38 ....231 D4
Saint-Sébastien (Chapelle) 29 ....73 F2
Saint-Sébastien-d'Aigrefeuille 30 ....263 D2
Saint-Sébastien-de-Morsent 27 ....58 C2
Saint-Sébastien-de-Raids 50 ....27 D4
Saint-Sébastien-sur-Loire 44 ....126 B4
Saint-Secondin 86 ....166 C4
Saint-Ségal 29 ....73 F2
Saint-Séglin 35 ....102 C3
Saint-Seine 58 ....156 A4
Saint-Seine-en-Bâche 21 ....159 D1
Saint-Seine-l'Abbaye 21 ....138 C2
Saint-Seine-sur-Vingeanne 21 ....140 A2
Saint-Selve 33 ....236 A1
Saint-Senier-de-Beuvron 50 ....80 A1
Saint-Senier-sous-Avranches 50 ....54 A4
Saint-Senoch 37 ....150 B2
Saint-Senoux 35 ....103 D2
Saint-Sériès 34 ....282 A1
Saint-Sernin 07 ....246 A2
Saint-Sernin 11 ....301 E1
Saint-Sernin 47 ....237 F1
Saint-Sernin-du-Bois 71 ....157 E3
Saint-Sernin-du-Plain 71 ....157 F3
Saint-Sernin-lès-Lavaur 81 ....277 F3
Saint-Sernin-sur-Rance 12 ....260 B4
Saint-Sérotin 89 ....88 C4
Saint-Servais 22 ....76 A2
Saint-Servais 29 ....48 C3
Saint-Servan-sur-Mer 35 ....52 C4
Saint-Servant 56 ....101 F2
Saint-Setiers 19 ....205 E1
Saint-Seurin-de-Bourg 33 ....217 E2
Saint-Seurin-de-Cadourne 33 ....199 D4
Saint-Seurin-de-Cursac 33 ....217 E1
Saint-Seurin-de-Palenne 17 ....199 E1
Saint-Seurin-de-Prats 24 ....219 E4
Saint-Seurin-d'Uzet 17 ....198 C2
Saint-Seurin-sur-l'Isle 33 ....219 D2
Saint-Sève 33 ....237 D2
Saint-Sever 40 ....272 B1
Saint-Sever-Calvados 14 ....54 C3
Saint-Sever-de-Rustan 65 ....274 A4
Saint-Sever-de-Saintonge 17 ....199 F1
Saint-Sever-du-Moustier 12 ....279 E1
Saint-Séverin 16 ....201 F4
Saint-Séverin-d'Estissac 24 ....220 A2
Saint-Séverin-sur-Boutonne 17 ....182 B2
Saint-Siffret 30 ....264 A3
Saint-Sigismond 45 ....109 F2
Saint-Sigismond 49 ....127 F2
Saint-Sigismond 74 ....196 B1
Saint-Sigismond 85 ....164 B3
Saint-Sigismond-de-Clermont 17 ....199 E3
Saint-Silvain-Bas-le-Roc 23 ....170 A4
Saint-Silvain-Bellegarde 23 ....187 F3
Saint-Silvain-Montaigut 23 ....186 C1
Saint-Silvain-sous-Toulx 23 ....170 A4
Saint-Siméon 27 ....31 D3
Saint-Siméon 61 ....81 D2
Saint-Siméon 77 ....62 C3
Saint-Siméon-de-Bressieux 38 ....211 F4
Saint-Simeux 16 ....201 D1
Saint-Simon 02 ....20 A4
Saint-Simon 15 ....224 A3
Saint-Simon 16 ....201 D1
Saint-Simon 46 ....241 D1
Saint-Simon-de-Bordes 17 ....199 F3
Saint-Simon-de-Pellouaille 17 ....199 D1
Saint-Sixt 74 ....195 F1
Saint-Sixte 42 ....191 D4
Saint-Sixte 47 ....256 C2
Saint-Solen 22 ....78 C2
Saint-Solve 19 ....204 A4
Saint-Sorlin 69 ....210 B1
Saint-Sorlin-d'Arves 73 ....213 F4
Saint-Sorlin-de-Conac 17 ....199 D3
Saint-Sorlin-de-Morestel 38 ....212 A1
Saint-Sorlin-de-Vienne 38 ....211 D3
Saint-Sorlin-en-Bugey 01 ....194 A4
Saint-Sorlin-en-Valloire 26 ....211 D4
Saint-Sornin 03 ....171 F3
Saint-Sornin 16 ....202 A1
Saint-Sornin 17 ....181 D4
Saint-Sornin 85 ....163 D2
Saint-Sornin-la-Marche 87 ....185 E1
Saint-Sornin-Lavolps 19 ....204 A4
Saint-Sornin-Leulac 87 ....185 F1
Saint-Soulan 32 ....275 E3
Saint-Souplet 59 ....20 B1
Saint-Souplet-sur-Py 51 ....38 B4
Saint-Soupplets 77 ....61 F1
Saint-Sozy 46 ....222 B4
Saint-Stail 88 ....96 A1
Saint-Suliac 35 ....78 C1
Saint-Sulpice 01 ....175 F4
Saint-Sulpice 46 ....240 C2
Saint-Sulpice 49 ....128 C3
Saint-Sulpice 53 ....105 D2
Saint-Sulpice 58 ....155 D2
Saint-Sulpice 60 ....34 A3
Saint-Sulpice 63 ....206 B1
Saint-Sulpice 70 ....142 A1
Saint-Sulpice 73 ....213 D2
Saint-Sulpice 81 ....277 D1
Saint-Sulpice-d'Arnoult 17 ....181 E4
Saint-Sulpice-de-Cognac 16 ....182 B4
Saint-Sulpice-de-Faleyrens 33 ....218 C3
Saint-Sulpice-de-Favières 91 ....86 C2
Saint-Sulpice-de-Grimbouville 27 ....31 D3
Saint-Sulpice-de-Guilleragues 33 ....237 E2
Saint-Sulpice-de-Mareuil 24 ....202 B3
Saint-Sulpice-de-Pommeray 41 ....132 A1
Saint-Sulpice-de-Pommiers 33 ....237 D1
Saint-Sulpice-de-Roumagnac 24 ....220 A1
Saint-Sulpice-de-Royan 17 ....198 B1
Saint-Sulpice-de-Ruffec 16 ....183 F3
Saint-Sulpice-des-Landes 35 ....103 E3
Saint-Sulpice-des-Landes 44 ....127 D1
Saint-Sulpice-des-Rivoires 38 ....212 B2
Saint-Sulpice-d'Excideuil 24 ....203 E3
Saint-Sulpice-en-Pareds 85 ....164 A1
Saint-Sulpice-et-Cameyrac 33 ....217 F3
Saint-Sulpice-la-Forêt 35 ....79 E4
Saint-Sulpice-Laurière 87 ....186 A2
Saint-Sulpice-le-Dunois 23 ....169 D4
Saint-Sulpice-le-Guérétois 23 ....187 D1
Saint-Sulpice-le-Verdon 85 ....145 F3
Saint-Sulpice-les-Bois 19 ....205 E2
Saint-Sulpice-les-Champs 23 ....187 E2
Saint-Sulpice-les-Feuilles 87 ....168 B4
Saint-Sulpice-sur-Lèze 31 ....276 B4
Saint-Sulpice-sur-Risle 61 ....57 F3
Saint-Supplet 54 ....40 C2
Saint-Sylvain 14 ....56 A1
Saint-Sylvain 19 ....223 D1
Saint-Sylvain 76 ....15 E1
Saint-Sylvain-d'Anjou 49 ....128 C2
Saint-Sylvestre 07 ....228 C3
Saint-Sylvestre 74 ....195 E3
Saint-Sylvestre 87 ....186 A2
Saint-Sylvestre-Cappel 59 ....3 F3
Saint-Sylvestre-de-Cormeilles 27 ....31 D4
Saint-Sylvestre-Pragoulin 63 ....190 A2
Saint-Sylvestre-sur-Lot 47 ....238 C4
Saint-Symphorien 04 ....267 E1
Saint-Symphorien 18 ....153 D4
Saint-Symphorien 27 ....31 D3
Saint-Symphorien 33 ....235 F3
Saint-Symphorien 35 ....79 D3
Saint-Symphorien 37 ....130 C3
Saint-Symphorien 48 ....226 B4
Saint-Symphorien 72 ....106 B1
Saint-Symphorien 79 ....164 C4
Saint-Symphorien-d'Ancelles 71 ....192 C1
Saint-Symphorien-de-Lay 42 ....191 F3
Saint-Symphorien-de-Mahun 07 ....228 B1
Saint-Symphorien-de-Marmagne 71 ....157 D3
Saint-Symphorien-de-Thénières 12 ....242 C1
Saint-Symphorien-des-Bois 71 ....174 A4
Saint-Symphorien-des-Bruyères 61 ....57 F3
Saint-Symphorien-des-Monts 50 ....80 C1
Saint-Symphorien-d'Ozon 69 ....211 D1
Saint-Symphorien-le-Château 28 ....86 A2
Saint-Symphorien-le-Valois 50 ....26 C3
Saint-Symphorien-les-Buttes 50 ....54 C1
Saint-Symphorien-sous-Chomérac 07 ....246 C1
Saint-Symphorien-sur-Coise 69 ....210 A1
Saint-Symphorien-sur-Couze 87 ....185 F2
Saint-Symphorien-sur-Saône 21 ....159 D1
Saint-Thégonnec 29 ....49 D3
Saint-Thélo 22 ....77 D3
Saint-Théodorit 30 ....263 E3
Saint-Théoffrey 38 ....230 C2
Saint-Thibaud-de-Couz 73 ....213 D2
Saint-Thibault 10 ....90 B4
Saint-Thibault 18 ....135 D3
Saint-Thibault 21 ....138 A3
Saint-Thibault 60 ....17 E4
Saint-Thibault-des-Vignes 77 ....61 F3
Saint-Thibaut 02 ....37 D3
Saint-Thibéry 34 ....280 C4
Saint-Thiébaud 39 ....160 A2
Saint-Thiébault 52 ....93 D4
Saint-Thierry 51 ....37 F3
Saint-Thois 29 ....75 D3
Saint-Thomas 02 ....37 E2
Saint-Thomas 31 ....276 A3
Saint-Thomas (Col de) 42 ....190 C3
Saint-Thomas-de-Conac 17 ....199 D3
Saint-Thomas-de-Courceriers 53 ....82 A3
Saint-Thomas-en-Argonne 51 ....39 E4
Saint-Thomas-en-Royans 26 ....229 F2
Saint-Thomas-la-Garde 42 ....209 E2
Saint-Thomé 07 ....246 C3
Saint-Thonan 29 ....47 F2
Saint-Thual 35 ....78 C3
Saint-Thurial 35 ....102 C1
Saint-Thuriau 56 ....100 C1
Saint-Thurien 27 ....31 D2
Saint-Thurien 29 ....99 F1
Saint-Thurin 42 ....191 D4
Saint-Thyrse (Chapelle) 04 ....268 B4
Saint-Tricat 62 ....2 B2
Saint-Trimoël 22 ....77 F2
Saint-Trinit 84 ....266 A2
Saint-Trivier-de-Courtes 01 ....175 F2
Saint-Trivier-sur-Moignans 01 ....193 D2
Saint-Trojan 33 ....217 E2
Saint-Trojan-les-Bains 17 ....180 C3
Saint-Tropez 83 ....287 E4
Saint-Tugdual 56 ....76 A4
Saint-Tugen 29 ....72 C3
Saint-Ulphace 72 ....108 A1
Saint-Ulrich 68 ....143 D1
Saint-Uniac 35 ....78 C4
Saint-Urbain 29 ....48 B4
Saint-Urbain 85 ....144 C3
Saint-Urbain-sur-Marne 52 ....92 B2
Saint-Urcisse 47 ....256 C2
Saint-Urcisse 81 ....258 B3
Saint-Urcize 15 ....243 E1
Saint-Ursin 50 ....53 F3
Saint-Usage 10 ....115 E1
Saint-Usage 21 ....158 C1
Saint-Usuge 71 ....176 A1
Saint-Utin 51 ....91 D1
Saint-Uze 26 ....229 D1
Saint-Vaast-de-Longmont 60 ....35 E3
Saint-Vaast-d'Équiqueville 76 ....16 B3
Saint-Vaast-Dieppedalle 76 ....15 E2
Saint-Vaast-du-Val 76 ....16 A4
Saint-Vaast-en-Auge 14 ....30 A3
Saint-Vaast-en-Cambrésis 59 ....9 E4
Saint-Vaast-en-Chaussée 80 ....18 A2
Saint-Vaast-la-Hougue 50 ....25 E2
Saint-Vaast-lès-Mello 60 ....34 C4
Saint-Vaast-sur-Seulles 14 ....29 D4
Saint-Vaize 17 ....181 F4
Saint-Valbert 70 ....142 B1
Saint-Valentin 36 ....152 B3
Saint-Valérien 85 ....163 F2
Saint-Valérien 89 ....88 B4
Saint-Valery 60 ....17 E4
Saint-Valery-en-Caux 76 ....15 E1
Saint-Valery-sur-Somme 80 ....6 A4
Saint-Vallerin 71 ....174 C1
Saint-Vallier 16 ....201 D4
Saint-Vallier 26 ....228 C1
Saint-Vallier 71 ....174 B1
Saint-Vallier 88 ....94 C3
Saint-Vallier-de-Thiey 06 ....287 F1
Saint-Vallier-sur-Marne 52 ....116 C3
Saint-Varent 79 ....148 A3
Saint-Vaury 23 ....186 C1
Saint-Venant 62 ....3 F4
Saint-Venec (Chapelle) 29 ....73 F3
Saint-Vénérand 43 ....226 C4
Saint-Vérain 58 ....135 E2
Saint-Véran 05 ....233 D4
Saint-Vérand 38 ....230 A1
Saint-Vérand 69 ....192 B3
Saint-Vérand 71 ....175 D4
Saint-Vert 43 ....208 B4
Saint-Viance 19 ....222 A1
Saint-Viâtre 41 ....133 D2
Saint-Viaud 44 ....125 E3
Saint-Victeur 72 ....82 C3
Saint-Victor 03 ....170 C3
Saint-Victor 07 ....228 C2
Saint-Victor 15 ....223 F3
Saint-Victor 24 ....202 A4
Saint-Victor-de-Buthon 28 ....84 B3
Saint-Victor-de-Cessieu 38 ....212 A2
Saint-Victor-de-Chrétienville 27 ....57 F1
Saint-Victor-de-Malcap 30 ....263 F1
Saint-Victor-de-Morestel 38 ....212 A1
Saint-Victor-de-Réno 61 ....83 F2
Saint-Victor-d'Épine 27 ....31 E4
Saint-Victor-des-Oules 30 ....264 A2
Saint-Victor-en-Marche 23 ....187 D1
Saint-Victor-et-Melvieu 12 ....260 C2
Saint-Victor-la-Coste 30 ....264 B2
Saint-Victor-la-Rivière 63 ....207 D2
Saint-Victor-l'Abbaye 76 ....16 A4
Saint-Victor-Malescours 43 ....209 F4
Saint-Victor-Montvianeix 63 ....190 B3
Saint-Victor-Rouzaud 09 ....300 C2
Saint-Victor-sur-Arlanc 43 ....208 C4
Saint-Victor-sur-Avre 27 ....58 A4
Saint-Victor-sur-Loire 42 ....209 F3
Saint-Victor-sur-Ouche 21 ....138 C4
Saint-Victor-sur-Rhins 42 ....191 F2
Saint-Victoret 13 ....284 B3
Saint-Victour 19 ....206 A3
Saint-Victurnien 87 ....185 E3
Saint-Vidal 43 ....226 C2
Saint-Vigor 27 ....59 D1
Saint-Vigor-des-Mézerets 14 ....55 E2
Saint-Vigor-des-Monts 50 ....54 C2
Saint-Vigor-d'Ymonville 76 ....14 C4
Saint-Vigor-le-Grand 14 ....29 D3
Saint-Vincent 31 ....277 E4
Saint-Vincent 43 ....227 D1
Saint-Vincent 63 ....207 E2
Saint-Vincent 64 ....297 E2
Saint-Vincent 82 ....258 A2
Saint-Vincent-Bragny 71 ....173 F2
Saint-Vincent-Cramesnil 76 ....14 C4
Saint-Vincent-de-Barbeyrargues 34 ....281 F1
Saint-Vincent-de-Barrès 07 ....246 C1
Saint-Vincent-de-Boisset 42 ....191 E2
Saint-Vincent-de-Connezac 24 ....220 A1
Saint-Vincent-de-Cosse 24 ....221 E4
Saint-Vincent-de-Durfort 07 ....228 C4
Saint-Vincent-de-Lamontjoie 47 ....256 A2
Saint-Vincent-de-Mercuze 38 ....213 D3
Saint-Vincent-de-Paul 33 ....217 F3
Saint-Vincent-de-Paul 40 ....271 F1
Saint-Vincent-de-Pertignas 33 ....219 D4
Saint-Vincent-de-Reins 69 ....192 A2
Saint-Vincent-de-Salers 15 ....224 B1
Saint-Vincent-de-Tyrosse 40 ....271 D1
Saint-Vincent-des-Bois 27 ....59 E1
Saint-Vincent-des-Landes 44 ....103 F4
Saint-Vincent-des-Prés 71 ....174 C2
Saint-Vincent-des-Prés 72 ....83 E3
Saint-Vincent-d'Olargues 34 ....279 F3
Saint-Vincent-du-Boulay 27 ....57 E1
Saint-Vincent-du-Lorouër 72 ....107 E3
Saint-Vincent-du-Pendit 46 ....223 D4
Saint-Vincent-en-Bresse 71 ....175 F1
Saint-Vincent-Jalmoutiers 24 ....219 F1
Saint-Vincent-la-Châtre 79 ....165 F4
Saint-Vincent-la-Commanderie 26 ....229 E3
Saint-Vincent-le-Paluel 24 ....221 F4
Saint-Vincent-les-Forts 04 ....250 A3
Saint-Vincent-Lespinasse 82 ....257 D2
Saint-Vincent-Puymaufrais 85 ....163 E1
Saint-Vincent-Rive-d'Olt 46 ....239 F3
Saint-Vincent-Sterlanges 85 ....146 B4
Saint-Vincent-sur-Graon 85 ....163 D2
Saint-Vincent-sur-Jabron 04 ....266 C1
Saint-Vincent-sur-Jard 85 ....162 C2
Saint-Vincent-sur-l'Isle 24 ....221 D1
Saint-Vincent-sur-Oust 56 ....102 B4
Saint-Vinnemer 89 ....114 B3
Saint-Vit 25 ....140 C4
Saint-Vital 73 ....213 F1
Saint-Vite 47 ....239 D3
Saint-Vitte 18 ....170 C2
Saint-Vitte-sur-Briance 87 ....204 B2
Saint-Vivien 17 ....181 D1
Saint-Vivien 24 ....219 E3
Saint-Vivien-de-Blaye 33 ....217 E2
Saint-Vivien-de-Médoc 33 ....198 B3
Saint-Vivien-de-Monségur 33 ....237 E2
Saint-Voir 03 ....172 C3
Saint-Vougay 29 ....48 C3
Saint-Vrain 51 ....65 F4
Saint-Vrain 91 ....87 D2
Saint-Vran 22 ....78 A3
Saint-Vulbas 01 ....193 F3
Saint-Waast 59 ....10 A2
Saint-Wandrille-Rançon 76 ....15 E4
Saint-Witz 95 ....61 E1
Saint-Xandre 17 ....163 E4
Saint-Yaguen 40 ....253 E3
Saint-Yan 71 ....173 F3
Saint-Ybard 19 ....204 B3
Saint-Ybars 09 ....300 B1
Saint-Ylie 39 ....159 E1
Saint-Yon 91 ....86 C1
Saint-Yorre 03 ....190 A2
Saint-Yrieix-la-Montagne 23 ....187 E3
Saint-Yrieix-la-Perche 87 ....203 F2
Saint-Yrieix-le-Déjalat 19 ....205 D3
Saint-Yrieix-les-Bois 23 ....187 D2
Saint-Yrieix-sous-Aixe 87 ....185 E4
Saint-Yrieix-sur-Charente 16 ....201 E1
Saint-Ythaire 71 ....174 C2
Saint-Yvi 29 ....99 D1
Saint-Yvoine 63 ....207 F2
Saint-Yzan-de-Soudiac 33 ....217 F1
Saint-Yzans-de-Médoc 33 ....199 D4
Saint-Zacharie 83 ....285 E4
Sainte-Adresse 76 ....14 A4
Sainte-Agathe 63 ....190 B4
Sainte-Agathe-d'Aliermont 76 ....16 B3
Sainte-Agathe-en-Donzy 42 ....191 F4
Sainte-Agathe-la-Bouteresse 42 ....209 E1
Sainte-Agnès 06 ....289 E4
Sainte-Agnès 38 ....213 D4
Sainte-Agnès 39 ....176 B1
Sainte-Alauzie 46 ....239 F4
Sainte-Alvère 24 ....220 C3
Sainte-Anastasie 15 ....225 D1
Sainte-Anastasie 30 ....264 A3
Sainte-Anastasie-sur-Issole 83 ....286 B4
Sainte-Anne 04 ....250 C2
Sainte-Anne 25 ....160 B2
Sainte-Anne 32 ....275 F1
Sainte-Anne 41 ....108 C4
Sainte-Anne-d'Auray 56 ....100 C3
Sainte-Anne-d'Evenos 83 ....291 E3
Sainte-Anne-du-Castellet 83 ....291 E3
Sainte-Anne-la-Condamine 04 ....250 C2
Sainte-Anne-la-Palud 29 ....73 E2
Sainte-Anne-Saint-Priest 87 ....204 C1
Sainte-Anne-sur-Brivet 44 ....125 F2
Sainte-Anne-sur-Gervonde 38 ....211 F2
Sainte-Anne-sur-Vilaine 35 ....103 D4
Sainte-Aulde 77 ....62 B2
Sainte-Aurence-Cazaux 32 ....274 B4
Sainte-Austreberthe 62 ....7 D3
Sainte-Austreberthe 76 ....32 A1
Sainte-Avoye 56 ....100 C4
Sainte-Barbe 57 ....42 A4
Sainte-Barbe 88 ....95 E2
Sainte-Barbe (Alignements de) 56 ....75 F4
Sainte-Barbe-sur-Gaillon 27 ....32 C4
Sainte-Baume (Gorge de la) 07 ....246 C3
La Sainte-Baume (Massif de) 83 ....285 F4
Sainte-Bazeille 47 ....237 E2
Sainte-Beuve-en-Rivière 76 ....16 C3
Sainte-Blandine 38 ....212 A2
Sainte-Blandine 79 ....165 D4
Sainte-Brigitte 56 ....76 C4
Sainte-Camelle 11 ....301 E1
Sainte-Catherine 62 ....8 B3
Sainte-Catherine 63 ....208 A3
Sainte-Catherine 69 ....210 B2
Sainte-Catherine-de-Fierbois 37 ....150 A1
Sainte-Cécile 36 ....151 F1
Sainte-Cécile 50 ....54 B3
Sainte-Cécile 71 ....174 C3
Sainte-Cécile 85 ....146 B4
Sainte-Cécile-d'Andorge 30 ....263 D1
Sainte-Cécile-du-Cayrou 81 ....258 C3
Sainte-Cécile-les-Vignes 84 ....265 D1
Sainte-Céronne-lès-Mortagne 61 ....83 F1
Sainte-Cérotte 72 ....107 F3
Sainte-Christie 32 ....275 D1
Sainte-Christie-d'Armagnac 32 ....255 D4
Sainte-Christine 49 ....127 F3
Sainte-Christine 63 ....189 D2
Sainte-Christine 85 ....164 B3
Sainte-Christine (Chapelle) 29 ....47 E3
Sainte-Colombe 05 ....248 C4
Sainte-Colombe 16 ....183 F4
Sainte-Colombe 17 ....200 C4
Sainte-Colombe 25 ....160 C3
Sainte-Colombe 33 ....219 D3
Sainte-Colombe 35 ....103 F2
Sainte-Colombe 40 ....272 B1
Sainte-Colombe 46 ....241 D1
Sainte-Colombe 50 ....24 C4
Sainte-Colombe 69 ....211 D2
Sainte-Colombe 76 ....15 E2
Sainte-Colombe 77 ....88 C2
Sainte-Colombe 89 ....137 D1
Sainte-Colombe-de-Duras 47 ....237 E1
Sainte-Colombe-de-la-Commanderie 66 ....312 C2
Sainte-Colombe-de-Peyre 48 ....243 F1
Sainte-Colombe-de-Villeneuve 47 ....238 B4
Sainte-Colombe-des-Bois 58 ....135 E4
Sainte-Colombe-en-Auxois 21 ....138 A3
Sainte-Colombe-en-Bruilhois 47 ....256 A1
Sainte-Colombe-la-Commanderie 27 ....58 B1
Sainte-Colombe-près-Vernon 27 ....59 D1
Sainte-Colombe-sur-Gand 42 ....191 F3
Sainte-Colombe-sur-Guette 11 ....311 E1
Sainte-Colombe-sur-l'Hers 11 ....301 F4
Sainte-Colombe-sur-Loing 89 ....135 F1
Sainte-Colombe-sur-Seine 21 ....115 D3
Sainte-Colome 64 ....296 C2
Sainte-Consorce 69 ....192 C4
Sainte-Croix 01 ....193 E3
Sainte-Croix 02 ....37 D2
Sainte-Croix 12 ....241 D3
Sainte-Croix 24 ....238 C1
Sainte-Croix 26 ....229 F4
Sainte-Croix 46 ....239 E4
Sainte-Croix 71 ....176 A1
Sainte-Croix 81 ....259 E3
Sainte-Croix (Barrage de) 83 ....286 B1
Sainte-Croix (Prieuré de) 60 ....35 F2
Sainte-Croix-à-Lauze 04 ....266 B3
Sainte-Croix-aux-Mines 68 ....96 B2
Sainte-Croix-de-Caderle 30 ....263 D2
Sainte-Croix-de-Mareuil 24 ....202 A3
Sainte-Croix-de-Quintillargues 34 ....281 F1
Sainte-Croix-de-Verdon 04 ....267 F4
Sainte-Croix-du-Mont 33 ....236 B2
Sainte-Croix-en-Jarez 42 ....210 B3
Sainte-Croix-en-Plaine 68 ....96 C4
Sainte-Croix-Grand-Tonne 14 ....29 D4
Sainte-Croix-Hague 50 ....24 B2
Sainte-Croix-sur-Aizier 27 ....31 E2
Sainte-Croix-sur-Buchy 76 ....32 C1
Sainte-Croix-sur-Mer 14 ....29 D3
Sainte-Croix-sur-Orne 61 ....56 A3
Sainte-Croix-Vallée-Française 48 ....262 C1
Sainte-Croix-Volvestre 09 ....300 A2
Sainte-Dode 32 ....274 B4
Sainte-Eanne 79 ....165 E3
Sainte-Engrâce 64 ....296 A3
Sainte-Énimie 48 ....244 A4
Sainte-Eugénie-de-Villeneuve 43 ....226 B2
Sainte-Eugienne 50 ....54 A3
Sainte-Eulalie 07 ....227 F4

Sainte-Eulalie 11 302 B1
Sainte-Eulalie 15 224 A2
Sainte-Eulalie 33 217 E3
Sainte-Eulalie 48 226 A4
Sainte-Eulalie-d'Ans 24 221 E1
Sainte-Eulalie-de-Cernon 12 261 E3
Sainte-Eulalie-d'Eymet 24 238 A1
Sainte-Eulalie-d'Olt 12 243 D3
Sainte-Eulalie-en-Born 40 234 B4
Sainte-Eulalie-en-Royans 26 230 A2
Sainte-Euphémie 01 192 C2
Sainte-Euphémie-sur-Ouvèze 26 248 A4
Sainte-Eusoye 60 34 B1
Sainte-Fauste 36 152 B3
Sainte-Féréole 19 222 B1
Sainte-Feyre 23 187 1
Sainte-Feyre-la-Montagne 23 187 F3
Sainte-Flaive-des-Loups 85 162 C1
Sainte-Florence 33 219 D4
Sainte-Florence 85 146 B3
Sainte-Florine 43 207 F3
Sainte-Foi 09 301 F2
Sainte-Fortunade 19 222 C1
Sainte-Foy 40 254 B3
Sainte-Foy 71 173 F4
Sainte-Foy 76 16 A3
Sainte-Foy 85 162 B1
Sainte-Foy-d'Aigrefeuille 31 277 D3
Sainte-Foy-de-Belvès 24 239 E1
Sainte-Foy-de-Longas 24 220 C3
Sainte-Foy-de-Montgommery 14 57 D2
Sainte-Foy-de-Peyrolières 31 276 A3
Sainte-Foy-des-Vignes 24 220 A3
Sainte-Foy-la-Grande 33 219 F4
Sainte-Foy-la-Longue 33 236 C2
Sainte-Foy-l'Argentière 69 210 A1
Sainte-Foy-lès-Lyon 69 192 C4
Sainte-Foy-Saint-Sulpice 42 191 E4
Sainte-Foy-Tarentaise 73 215 D1
Sainte-Gauburge 61 83 F3
Sainte-Gauburge-Sainte-Colombe 61 57 E4
Sainte-Gemme 17 181 D4
Sainte-Gemme 32 275 E1
Sainte-Gemme 33 237 E2
Sainte-Gemme 36 151 D3
Sainte-Gemme 51 63 E1
Sainte-Gemme 79 148 A3
Sainte-Gemme 81 259 E2
Sainte-Gemme-en-Sancerrois 18 135 D3
Sainte-Gemme-la-Plaine 85 163 E2
Sainte-Gemme-Martaillac 47 237 E4
Sainte-Gemme-Moronval 28 59 E4
Sainte-Gemmes 41 109 D4
Sainte-Gemmes-d'Andigné 49 104 C4
Sainte-Gemmes-le-Robert 53 81 F4
Sainte-Gemmes-sur-Loire 49 128 B2
Sainte-Geneviève 02 21 F4
Sainte-Geneviève 50 25 E2
Sainte-Geneviève 54 68 A2
Sainte-Geneviève 60 34 B3
Sainte-Geneviève 76 16 C4
Sainte-Geneviève-des-Bois 45 112 A3
Sainte-Geneviève-des-Bois 91 87 D1
Sainte-Geneviève-lès-Gasny 27 59 F1
Sainte-Geneviève-sur-Argence 12 224 C4
Sainte-Hélène 33 216 C3
Sainte-Hélène 48 244 B3
Sainte-Hélène 56 100 B3
Sainte-Hélène 71 157 F4
Sainte-Hélène 88 95 D3
Sainte-Hélène-Bondeville 76 15 D2
Sainte-Hélène-du-Lac 73 213 E2
Sainte-Hélène-sur-Isère 73 213 F1
Sainte-Hermine 85 163 F1
Sainte-Honorine-de-Ducy 14 28 C4
Sainte-Honorine-des-Pertes 14 28 C3
Sainte-Honorine-du-Fay 14 55 F1
Sainte-Honorine-la-Chardonne 61 55 F3
Sainte-Honorine-la-Guillaume 61 55 F3
Sainte-Innocence 24 238 A1
Sainte-Jalle 26 248 A4
Sainte-Jamme-sur-Sarthe 72 106 C1
Sainte-Julie 01 193 F3
Sainte-Juliette 82 257 E1
Sainte-Juliette-sur-Viaur 12 260 A1
Sainte-Léocadie 66 310 C4
Sainte-Lheurine 17 199 F2
Sainte-Livière 52 91 F1
Sainte-Livrade 31 276 A2
Sainte-Livrade-sur-Lot 47 238 B4
Sainte-Lizaigne 36 152 C2
Sainte-Luce 38 231 D3
Sainte-Luce-sur-Loire 44 126 C4
Sainte-Lucie-de-Porto-Vecchio 2A 319 F1
Sainte-Lucie-de-Tallano 2A 319 D2
Sainte-Lunaise 18 153 D3
Sainte-Magnance 89 137 E2
Sainte-Marguerite 43 226 B1
Sainte-Marguerite 88 95 F3
Sainte-Marguerite (Île) 06 288 B4
Sainte-Marguerite (Presqu'île de) 29 47 E1
Sainte-Marguerite-de-Carrouges 61 82 B1
Sainte-Marguerite-de-l'Autel 27 58 A2
Sainte-Marguerite-de-Viette 14 56 C1
Sainte-Marguerite-d'Elle 14 27 F4
Sainte-Marguerite-des-Loges 14 57 D1
Sainte-Marguerite-en-Ouche 27 57 F1
Sainte-Marguerite-Lafigère 07 245 E3
Sainte-Marguerite-sur-Duclair 76 15 F4
Sainte-Marguerite-sur-Fauville 76 15 D3
Sainte-Marguerite-sur-Mer 76 15 F1
Sainte-Marie 05 248 B3
Sainte-Marie 08 38 C2
Sainte-Marie 15 225 D4
Sainte-Marie 16 201 E4
Sainte-Marie 25 142 B1
Sainte-Marie 32 275 E2
Sainte-Marie 35 102 C4
Sainte-Marie 44 144 B1
Sainte-Marie 58 155 E1
Sainte-Marie 65 299 D3
Sainte-Marie 66 313 E1
Sainte-Marie (Col de) 88 96 A2
Sainte-Marie-à-Py 51 38 C4
Sainte-Marie-au-Bosc 76 14 B4
Sainte-Marie-aux-Anglais 14 56 C1
Sainte-Marie-aux-Chênes 57 41 E4
Sainte-Marie-aux-Mines 68 96 A2
Sainte-Marie-Cappel 59 3 F3
Sainte-Marie-d'Alloix 38 213 D3
Sainte-Marie-d'Alvey 73 212 C1
Sainte-Marie-de-Campan 65 298 A3
Sainte-Marie-de-Chignac 24 220 C2
Sainte-Marie-de-Cuines 73 213 F3
Sainte-Marie-de-Gosse 40 271 D2
Sainte-Marie-de-Ré 17 180 B1
Sainte-Marie-de-Vars 05 250 C1
Sainte-Marie-de-Vatimesnil 27 33 D4
Sainte-Marie-de-Vaux 87 185 E3
Sainte-Marie-des-Champs 76 15 E3
Sainte-Marie-des-Chazes 43 226 B2
Sainte-Marie-du-Bois 50 80 C1
Sainte-Marie-du-Bois 53 81 F2
Sainte-Marie-du-Lac-Nuisement 51 91 F1
Sainte-Marie du Ménez-Hom (Chapelle) 29 73 E2
Sainte-Marie-du-Mont 38 213 D3
Sainte-Marie-du-Mont 50 25 E4
Sainte-Marie-en-Chanois 70 119 D3
Sainte-Marie-en-Chaux 70 118 C3
Sainte-Marie-Kerque 62 3 D2
Sainte-Marie-la-Blanche 21 158 A2
Sainte-Marie-la-Robert 61 82 B1
Sainte-Marie-Lapanouze 19 206 A3
Sainte-Marie-Laumont 14 55 D2
Sainte-Marie-Outre-l'Eau 14 54 C2
Sainte-Marie-Sicché 2A 316 C4
Sainte-Marie-sur-Ouche 21 138 C4
Sainte-Marine 29 98 C2
Sainte-Marthe 27 58 B2
Sainte-Marthe 47 237 E3
Sainte-Maure 10 90 B3
Sainte-Maure-de-Peyriac 47 255 E3
Sainte-Maure-de-Touraine 37 149 F1
Sainte-Maxime 83 287 E4
Sainte-Même 17 182 B3
Sainte-Menehould 51 65 F1
Sainte-Mère 32 256 B3
Sainte-Mère-Eglise 50 25 E4
Sainte-Mesme 78 86 B2
Sainte-Mondane 24 221 F4
Sainte-Montaine 18 134 A2
Sainte-Nathalène 24 221 F3
Sainte-Néomaye 79 165 D3
Sainte-Odile (Mont) 67 70 C4
Sainte-Olive 01 193 D2
Sainte-Opportune 61 55 F4
Sainte-Opportune-du-Bosc 27 31 F4
Sainte-Opportune-la-Mare 27 31 D2
Sainte-Orse 24 221 E1
Sainte-Osmane 72 107 F3
Sainte-Ouenne 79 164 C3
Sainte-Pallaye 89 136 B1
Sainte-Paule 69 192 B3
Sainte-Pazanne 44 145 D1
Sainte-Pexine 85 163 E1
Sainte-Pezenne 79 164 C3
Sainte-Pience 50 54 A3
Sainte-Pôle 54 95 E1
Sainte-Preuve 02 37 E1
Sainte-Radegonde 12 242 B4
Sainte-Radegonde 17 181 E3
Sainte-Radegonde 24 238 C1
Sainte-Radegonde 32 256 A4
Sainte-Radegonde 33 219 D4
Sainte-Radegonde 71 173 F1
Sainte-Radegonde 79 148 A2
Sainte-Radégonde 86 167 D1
Sainte-Radégonde-des-Noyers 85 163 F3
Sainte-Ramée 17 199 E3
Sainte-Reine 70 140 C2
Sainte-Reine 73 213 E1
Sainte-Reine-de-Bretagne 44 125 E2
Sainte-Restitude 2B 314 B3
Sainte-Roseline (Chapelle) 83 287 D3
Sainte-Ruffine 57 41 E4
Sainte-Sabine 21 138 B4
Sainte-Sabine 24 238 C1
Sainte-Sabine-sur-Longève 72 106 C1
Sainte-Savine 10 90 A3
Sainte-Scolasse-sur-Sarthe 61 83 E1
Sainte-Segrée 80 17 F4
Sainte-Sève 29 49 E3
Sainte-Sévère 16 182 C4
Sainte-Sévère-sur-Indre 36 169 F2
Sainte-Sigolène 43 227 F1
Sainte-Solange 18 153 F1
Sainte-Soline 79 165 F4
Sainte-Souline 16 201 D3
Sainte-Soulle 17 181 D1
Sainte-Suzanne 09 300 C1
Sainte-Suzanne 25 142 B1
Sainte-Suzanne 53 105 F1
Sainte-Suzanne 64 272 A3
Sainte-Suzanne-en-Bauptois 50 26 C3
Sainte-Suzanne-sur-Vire 50 54 C1
Sainte-Terre 33 219 D4
Sainte-Thérence 03 170 C4
Sainte-Thorette 18 153 D2
Sainte-Tréphine 22 76 B3
Sainte-Trie 24 203 F4
Sainte-Tulle 04 266 C4
Sainte-Valière 11 303 E1
Sainte-Vaubourg 08 38 C2
Sainte-Verge 79 148 A2
Sainte-Vertu 89 114 A4
Sainteny 50 27 D3
Saintes 17 181 F4
Saintes-Maries-de-la-Mer 13 282 C3
Saintines 60 35 E3
Saintry-sur-Seine 91 87 E1
Saints 77 62 B4
Saints 89 135 F1
Saints-Geosmes 52 116 C3
Sainville 28 86 A3
Saires 86 149 D3
Saires-la-Verrerie 61 55 F4
Saisies (Col des) 73 196 B4
Saissac 11 278 A4
Saisseval 80 18 A2
Saisy 71 157 E2
Saivres 79 165 E3
Le Saix 05 249 D3
Saïx 81 278 A2
Saix 86 148 C1
Saizenay 39 160 A2
Saizerais 54 68 A3
Saizy 58 136 C3
Sajas 31 275 F4
Salagnac 24 203 F4
Salagnon 38 212 A1
Salaise-sur-Sanne 38 210 C4
Salans 39 140 C4
Salasc 34 280 B2
Salaunes 33 216 C3
Salavas 07 246 A4
Salavre 01 176 B3
Salazac 30 264 B1
Salbris 41 133 E3
Les Salces 48 243 F3
Saléchan 65 299 D3
Saleich 31 299 F3
Saleignes 17 183 D2
Saleilles 66 313 D2
Les Salelles 07 245 E3
Les Salelles 48 243 F3
Salency 60 35 F1
Salenthal 67 70 B3
Saléon 05 249 D4
Salérans 05 248 C4
Salerm 31 299 E1
Salernes 83 286 C2
Salers 15 224 B2
Sales 74 195 D3
Salesches 59 9 F4
La Salette-Fallavaux 38 231 E4
Salettes 26 247 E2
Salettes 43 227 D4
Saleux 80 18 A3
Salève (Mont) 74 195 E1
Salice 2A 316 C2
Saliceto 2B 315 E4
Saliès 81 259 E4
Salies-de-Béarn 64 271 F3
Salies-du-Salat 31 299 F2
Salignac 04 267 E1
Salignac 33 217 F2
Salignac-de-Mirambeau 17 199 F4
Salignac-Eyvigues 24 221 F3
Salignac-sur-Charente 17 199 F1
Saligney 39 140 B4
Saligny 85 145 F3
Saligny 89 89 D4
Saligny-le-Vif 18 154 A2
Saligny-sur-Roudon 03 173 D3
Saligos 65 297 F4
Salin-de-Badon 13 283 E3
Salin-de-Giraud 13 283 E4
Salindres 30 263 E1
Saline Royale d'Arc-et-Cenans 25 159 F2
Salinelles 30 263 E4
Salins 15 224 A1
Salins 77 88 B2
Les Salins-d'Hyères 83 292 C2
Salins-les-Bains 39 160 A2
Salins-les-Thermes 73 214 B2
Salives 21 139 D1
Sallagriffon 06 269 E3
Sallanches 74 196 B2
Sallaumines 62 8 B2
La Salle 71 175 E3
La Salle 88 95 E3
La Salle-de-Vihiers 49 147 E1
La Salle-en-Beaumont 38 231 D3
La Salle-et-Chapelle-Aubry 49 127 E4
La Salle-les-Alpes 05 232 B2
La Salle-Prunet 48 244 B4
Sallebœuf 33 217 F4
Sallèdes 63 207 F1
Sallèles-Cabardès 11 278 C4
Sallèles-d'Aude 11 303 F1
Sallen 14 28 C4
Sallenelles 14 29 F3
Sallenôves 74 195 D2
Sallertaine 85 144 C3
Salles 33 235 D2
Les Salles 33 219 D3
Les Salles 42 190 C4
Salles 47 239 D2
Salles 65 297 E3
Salles 79 165 E3
Salles 81 259 D2
Salles-Adour 65 297 F1
Salles-Arbuissonnas-en-Beaujolais 69 192 B2
Salles-Courbatiès 12 241 E3
Salles-Curan 12 260 C1
Salles-d'Angles 16 200 C1
Salles-d'Armagnac 32 255 D4
Salles-d'Aude 11 304 C1
Salles-de-Barbezieux 16 201 D3
Salles-de-Belvès 24 239 D1
Salles-de-Villefagnan 16 183 F3
Les Salles-du-Gardon 30 263 E1
Salles-en-Toulon 86 167 D2
Salles-et-Pratviel 31 298 C4
Salles-la-Source 12 242 B3
Salles-Lavalette 16 201 F3
Les Salles-Lavauguyon 87 184 C4
Salles-lès-Aulnay 17 182 C2
Salles-Mongiscard 64 272 A3
Salles-sous-Bois 26 247 D3
Salles-sur-Garonne 31 300 A1
Salles-sur-l'Hers 11 301 E1
Salles-sur-Mer 17 181 D1
Les Salles-sur-Verdon 83 267 F4
Sallespisse 64 272 A2
Salmagne 55 66 C3
Salmaise 21 138 B2
Salmbach 67 45 F4
Salmiech 12 260 B1
Salomé 59 8 B1
Salon 10 90 A1
Salon 24 220 C2
Salon-de-Provence 13 284 A2
Salon-la-Tour 19 204 B3
Salonnes 57 68 C3
Salornay-sur-Guye 71 174 C2
Salouël 80 18 A3
Salperwick 62 3 E3
Salsein 09 299 F4
Salses-le-Château 66 313 D1
Salsigne 11 278 B4
Salt-en-Donzy 42 209 F1
Les Salvages 81 278 B2
Salvagnac 81 258 B4
Salvagnac-Cajarc 12 241 D3
La Salvetat-Belmontet 82 258 A3
La Salvetat-Lauragais 31 277 E3
La Salvetat-Peyralès 12 259 E1
La Salvetat-Saint-Gilles 31 276 B2
La Salvetat-sur-Agout 34 279 E2
Salvezines 11 311 E1
Salvi (Col de) 2B 314 B3
Salviac 46 239 F1
Salvizinet 42 191 F4
Salza 11 302 C3
Salzuit 43 226 A1
Samadet 40 272 C2
Saman 31 299 D1
Samara 80 18 A2
Samaran 32 274 C4
Samatan 32 275 F3
Samazan 47 237 E3
Sambin 41 132 A3
Sambourg 89 114 B4
Le Sambuc 13 283 E3
Saméon 59 9 E2
Samer 62 2 B4
Samerey 21 159 D1
Sames 64 271 E2
Sammarçolles 86 149 D2
Sammeron 77 62 B2
Samoëns 74 196 C1
Samognat 01 176 C4
Samogneux 55 40 A3
Samois-sur-Seine 77 87 F2
Samonac 33 217 E2
Samoreau 77 87 F2
Samouillan 31 299 F1
Samoussy 02 37 D1
Sampans 39 159 E1
Sampigny 55 67 D3
Sampigny-lès-Maranges 71 157 F3
Sampolo 2A 317 D4
Sampzon 07 246 A3
Samson 25 160 A1
Samsons-Lion 64 273 E3
Samuran 65 298 C3
San Cervone (Col de) 2B 317 E1
San-Damiano 2B 315 F4
San-Gavino-d'Ampugnani 2B 315 F4
San-Gavino-di-Carbini 2A 319 D1
San-Gavino-di-Fiumorbo 2B 317 E3
San-Gavino-di-Tenda 2B 315 E2
San-Giovanni-di-Moriani 2B 315 F4
San-Giuliano 2B 315 F4
San-Lorenzo 2B 315 E4
San-Martino-di-Lota 2B 315 F1
San Michele de Murato (Église) 2B 315 E2
San-Nicolao 2B 315 F4
San-Peïre-sur-Mer 83 287 E4
San-Pellegrino 2B 315 C3
San Quilico (Chapelle de) 2A 319 E3
San Quilico de Cambia (Chapelle) 2B 315 E4
San Stefano (Col de) 2B 315 E2
Sana 31 299 F1
Sanadoire (Roche) 63 206 C1
Sanary-sur-Mer 83 291 E4
Sancé 71 175 D3
Sancergues 18 154 B1
Sancerre 18 135 D4
Sancey-le-Grand 25 142 A3
Sancey-le-Long 25 142 B3
Sancheville 28 85 E4
Sanchey 88 94 C4
Sancoins 18 154 B4
Sancourt 27 33 E3
Sancourt 59 9 D4
Sancourt 80 19 F3
Sancy 54 41 D2
Sancy 77 62 A3
Sancy (Puy de) 63 206 C2
Sancy-les-Cheminots 02 36 C2
Sancy-lès-Provins 77 63 D4
Sand 67 97 D1
Sandarville 28 85 D3
Sandaucourt 88 93 F3
Sandillon 45 110 B3
Sandouville 76 14 C4
Sandrans 01 193 D2
Sangatte 62 2 B2
Sanghen 62 2 C3
Sanguinaires (Îles) 2A 316 A4
Sanguinet 40 234 C3
Sanilhac 07 245 F2
Sanilhac-Sagriès 30 264 A3
Sannat 23 188 A1
Sannerville 14 29 F4
Sannes 84 285 D1
Sannois 95 60 C2
Sanous 65 273 F4
Sanry-lès-Vigy 57 41 F4
Sanry-sur-Nied 57 68 B1
Sans-Vallois 88 94 A4
Sansa 66 311 D2
Sansac-de-Marmiesse 15 224 A4
Sansac-Veinazès 15 242 A1
Sansais 79 164 B4
Sansan 32 275 D3
Sanssac-l'Église 43 226 C2
Sanssat 03 172 B4
Santa-Lucia-di-Mercurio 2B 315 E4
Santa-Lucia-di-Moriani 2B 315 F4
Santa-Maria 2B 314 A2
Santa-Maria-di-Lota 2B 315 F1
Santa-Maria-Figaniella 2A 318 C2
Santa-Maria-Poggio 2B 315 E4
Santa-Maria-Poggio 2B 315 F4
Santa-Reparata-di-Balagna 2B 314 C2
Santa-Reparata-di-Moriani 2B 315 F4
Sant'Andréa-di-Bozio 2B 317 E1
Sant'Andréa-di-Cotone 2B 315 F4
Sant'Andréa-d'Orcino 2A 316 B3
Santans 39 159 F2
Sant'Antonino 2B 314 B2
Sant'Appiano (Cathédrale) 2A 316 A2
Santeau 45 110 C1
Santec 29 49 D2
Santenay 21 157 F3
Santenay 41 131 F1
Santeny 94 61 E4
Santes 59 8 C1
Santeuil 28 85 F3
Santeuil 95 60 B1
Santigny 89 137 E1
Santilly 28 110 A1
Santilly 71 175 D1
Santo-Pietro-di-Tenda 2B 315 E2
Santo-Pietro-di-Venaco 2B 317 D1
Santoche 25 142 A2
Santosse 21 157 F2
Santranges 18 134 C2
Sanvensa 12 259 D1
Sanvignes-les-Mines 71 174 A1
Sanxay 86 165 F2
Sanzay 79 147 F2
Sanzey 54 67 F3
Saon 14 28 C3
Saône 25 141 E4
Saonnet 14 28 B3
Saorge 06 289 F2
Saosnes 72 83 D3
Saou 26 247 E1
Le Sap 61 57 E2
Le Sap-André 61 57 E3
Le Sapey 38 231 D2
Sapignicourt 51 65 F4
Sapignies 62 8 B4
Sapogne-et-Feuchères 08 23 D4
Sapogne-sur-Marche 08 23 F4
Sapois 39 160 B4
Sapois 88 119 E1
Saponay 02 36 C4
Saponcourt 70 118 A3
Le Sappey 74 195 E1
Le Sappey-en-Chartreuse 38 212 C4
Saramon 32 275 E3
Saran 45 110 A2
Saraz 25 160 B2
Sarbazan 40 254 B2
Sarcé 72 107 D4
Sarceaux 61 56 B4
Sarcelles 95 61 D2
Sarcenas 38 212 C4
Sarcey 52 116 C1
Sarcey 69 192 B3
Sarcicourt 52 92 A4
Sarcos 32 275 D4
Sarcus 60 17 E4
Sarcy 51 37 E4
Sardan 30 263 E4
Sardent 23 187 D2
Sardieu 38 211 F3
Sardon 63 189 F3
Sardy-lès-Epiry 58 155 F1
Sare 64 270 B4
Sargé-lès-le-Mans 72 107 D2
Sargé-sur-Braye 41 108 A3
Sari-d'Orcino 2A 316 B3
Sari-Solenzara 2A 317 F4
Sariac-Magnoac 65 274 C4
Sarlabous 65 298 A2
Sarlande 24 203 E3
Sarlat-la-Canéda 24 221 F4
Sarliac-sur-l'Isle 24 221 D1
Sarniguet 65 273 F4
Sarnois 60 17 E4
Saron-sur-Aube 51 89 F1
Sarp 65 298 C3
Sarpourenx 64 272 A3
Sarragachies 32 273 F1
Sarrageois 25 160 C4
Sarraguzan 32 274 B4
Les Sarraix 63 190 B3
Sarralbe 57 69 F1
Sarraltroff 57 69 F3
Sarran 19 205 D3
Sarrance 64 296 B2
Sarrancolin 65 298 B3
Sarrans (Barrage de) 12 224 C4
Sarrant 32 275 F1
Sarras 07 228 C1
Sarrazac 24 203 E3
Sarrazac 46 222 B2
Sarraziet 40 272 C1
Sarre-Union 67 44 A4
Sarrebourg 57 69 F3
Sarrecave 31 298 C1
Sarreguemines 57 43 E4
Sarreinsberg 57 44 B4
Sarreinsming 57 43 E4
Sarremezan 31 299 D1
Sarrewerden 67 70 A1
Sarrey 52 117 D2
Sarriac-Bigorre 65 274 A4
Sarrians 84 265 D2
Sarrigné 49 128 C2
Sarrogna 39 176 C2
Sarrola-Carcopino 2A 316 B3
Sarron 40 273 D2
Sarron 60 35 D3
Sarrouilles 65 298 A1
Sarroux 19 206 A3
Sarry 51 64 C2
Sarry 71 173 F4
Sarry 89 137 E1
Le Sars 62 19 D1
Sars-et-Rosières 59 9 E2
Sars-le Bois 62 7 F3
Sars-Poteries 59 10 C3
Le Sart 59 10 A4
Sartène 2A 318 C2
Sartes 88 93 E4
Sartilly 50 53 F3
Sarton 62 18 B1
Sartrouville 78 60 C2
Sarzay 36 169 E1
Sarzeau 56 123 D2
Sasnières 41 108 B4
Sassangy 71 157 F4
Sassay 41 132 B3
Sassegnies 59 10 A3
Sassenage 38 230 C1
Sassenay 71 158 A3
Sassetot-le-Malgardé 76 15 F2
Sassetot-le-Mauconduit 76 15 D2
Sasseville 76 15 E2
Sassey 27 59 D1
Sassey-sur-Meuse 55 39 F2
Sassierges-Saint-Germain 36 152 B4
Sassis 65 297 F4
Sassy 14 56 B2
Sathonay-Camp 69 193 D4

Sathonay-Village 69 193 D4
Satillieu 07 228 B1
Satolas-et-Bonce 38 211 E1
Saturargues 34 282 A1
Saubens 31 276 B3
Saubion 40 270 C1
Saubole 64 273 E4
Saubrigues 40 271 D2
Saubusse 40 271 D1
Saucats 33 235 F1
Saucède 64 296 A1
La Saucelle 28 84 B1
Sauchay 76 16 B2
Sauchy-Cauchy 62 8 C4
Sauchy-Lestrée 62 8 C4
Sauclières 12 262 A3
Saucourt-sur-Rognon 52 92 B3
Saudemont 62 8 C3
Saudoy 51 63 F4
Saudron 52 92 C2
Saudrupt 55 66 A4
Saugeot 39 177 D1
Saugnac-et-Cambran 40 271 F1
Saugnacq-et-Muret 40 235 E3
Saugnieu 69 193 E4
Saugon 33 217 E1
Saugues 43 226 B3
Sauguis-Saint-Étienne 64 295 F1
Saugy 18 152 C2
Saujac 12 241 D3
Saujon 17 198 C1
La Saulce 05 249 E3
Saulce-sur-Rhône 26 247 D1
Saulces-Champenoises 08 38 B2
Saulces-Monclin 08 38 B1
Saulcet 03 172 A4
Saulchery 02 62 C2
Le Saulchoy 60 34 A1
Saulchoy 62 6 C3
Saulchoy-sous-Poix 80 17 F3
Saulcy 10 91 F3
Le Saulcy 88 96 A1
Saulcy-sur-Meurthe 88 95 F3
Saules 25 160 C1
Saules 71 174 C1
Saulgé 86 167 E3
Saulgé-l'Hôpital 49 128 C4
Saulges 53 105 F2
Saulgond 16 184 C3
Sauliac-sur-Célé 46 240 C3
Saulieu 21 137 F4
Saulles 52 117 D4
Saulmory-et-Villefranche 55 39 F2
Saulnay 36 151 D3
Saulnes 54 41 D1
Saulnières 28 85 D1
Saulnières 35 103 E2
Saulnot 70 142 B1
Saulny 57 41 F4
Saulon-la-Chapelle 21 139 E4
Saulon-la-Rue 21 139 E4
La Saulsotte 10 89 D1
Sault 84 266 A2
Sault-Brénaz 01 194 A3
Sault-de-Navailles 64 272 B2
Sault-lès-Rethel 08 38 B2
Sault-Saint-Remy 08 38 A2
Saultain 59 9 F3
Saulty 62 7 F4
Saulx 70 118 C4
Saulx-en-Barrois 55 67 D4
Saulx-en-Woëvre 55 67 D1
Saulx-le-Duc 21 139 D2
Saulx-les-Chartreux 91 60 C4
Saulx-Marchais 78 60 A3
Saulxerotte 54 93 F2
Saulxures 52 117 D2
Saulxures 67 96 A1
Saulxures-lès-Bulgnéville 88 93 F4
Saulxures-lès-Nancy 54 68 B4
Saulxures-lès-Vannes 54 93 F1
Saulxures-sur-Moselotte 88 119 E2
Saulzais-le-Potier 18 170 C2
Saulzet 03 189 F1
Saulzet-le-Chaud 63 207 E1
Saulzet-le-Froid 63 207 D1
Saulzoir 59 9 E4
Saumane 04 266 C2
Saumane 30 262 C2
Saumane-de-Vaucluse 84 265 E3
Sauméjan 47 255 D1
Saumeray 28 85 D4
Saumont 47 256 A2
Saumont-la-Poterie 76 33 D1
Saumos 33 216 B3
Saumur 49 129 E4
Saunay 37 131 E1
La Saunière 23 187 D1
Saunières 71 158 B3
Sauqueuse-Saint-Lucien 60 34 A1
Sauqueville 76 16 A3
Saurais 79 165 E1
Saurat 09 300 C4
Sauret-Besserve 63 188 C3
Saurier 63 207 E2
Sausheim 68 120 C2
Saussan 34 281 E2
Saussay 28 59 E3
Saussay 76 15 F3
Saussay-la-Campagne 27 33 D3
La Saussaye 27 32 A4
Saussemesnil 50 25 D3
Saussenac 81 259 F3
Saussens 31 277 D2
Sausses 04 269 D2
Sausset-les-Pins 13 284 B4
Sausseuzemare-en-Caux 76 14 C3
Saussey 21 157 F1
Saussey 50 54 A1
Saussignac 24 219 F4
Saussines 34 282 A1
Saussy 21 139 D2
Saut de la Mounine 12 241 D3
Saut des Cuves 88 119 F1
Sautel 09 301 E3
Sauternes 33 236 B2
Sautet (Barrage du) 38 231 D4
Sauteyrargues 34 263 D4
Sauto 66 311 D3
Sautron 44 126 A3
Sauvage-Magny 52 91 F2
La Sauvagère 61 81 F1
Les Sauvages 69 192 A3
Sauvagnac 16 184 B4
Sauvagnas 47 256 B1
Sauvagnat 63 188 B4
Sauvagnat-Sainte-Marthe 63 207 F2
Sauvagney 25 141 D3
Sauvagnon 64 272 C4
Sauvagny 03 171 E3
Sauvain 42 209 D1
Sauvan (Château de) 04 266 C3
Sauvat 15 206 A4
Sauve 30 263 D3
La Sauve 33 217 F4
Sauvelade 64 272 A4
Sauverny 01 177 F3
Sauvessanges 63 209 D3
La Sauvetat 32 256 A4
La Sauvetat 43 227 D4
La Sauvetat 63 207 F1
La Sauvetat-de-Savères 47 256 C1
La Sauvetat-du-Dropt 47 237 F1
La Sauvetat-sur-Lède 47 238 C3
Sauveterre 30 264 C2
Sauveterre 32 275 E3
Sauveterre 65 273 F3
Sauveterre 81 279 D3
Sauveterre 82 257 F1
Sauveterre-de-Béarn 64 271 F3
Sauveterre-de-Comminges 31 299 D3
Sauveterre-de-Guyenne 33 237 D1
Sauveterre-de-Rouergue 12 259 F1
Sauveterre-la-Lémance 47 239 D2
Sauveterre-Saint-Denis 47 256 B2
Sauviac 32 274 C4
Sauviac 33 236 C3
Sauvian 34 305 D1
Sauviat 63 208 B1
Sauviat-sur-Vige 87 186 B3
Sauvignac 16 201 D4
Sauvigney-lès-Gray 70 140 C2
Sauvigney-lès-Pesmes 70 140 B3
Sauvigny 55 93 E1
Sauvigny-le-Beuréal 89 137 E2
Sauvigny-le-Bois 89 137 D2
Sauvigny-les-Bois 58 155 D2
Sauville 08 39 D1
Sauville 88 93 E4
Sauvillers-Mongival 80 18 C4
Sauvimont 32 275 F3
Sauvoy 55 67 D4
Saux 46 239 E4
Saux-et-Pomarède 31 299 D2
Sauxillanges 63 208 A2
Le Sauze 04 250 C3
Sauze 06 269 D1
Le Sauze-du-Lac 05 250 A2
Sauzé-Vaussais 79 183 E1
Sauzelle 17 180 B2
Sauzelles 36 167 F1
Sauzet 26 247 D2
Sauzet 30 263 F3
Sauzet 46 239 F3
La Sauzière-Saint-Jean 81 258 B3
Sauzon 56 122 A3
Savagna 39 159 E4
Savarthès 31 299 E2
Savas 07 210 C4
Savas-Mépin 38 211 E2
Savasse 26 246 C2
Savenay 44 125 F3
Savenès 82 257 E4
Savennes 23 187 D2
Savennes 63 206 A2
Savennières 49 128 A3
Saverdun 09 301 D1
Savères 31 276 A4
Saverne 67 70 B2
Saverne (Col de) 67 70 B2
Saveuse 80 18 A2
Savianges 71 174 C1
Savières 10 90 A3
Savigna 39 176 C2
Savignac 12 241 D4
Savignac 33 237 D2
Savignac-de-Duras 47 237 E1
Savignac-de-l'Isle 33 218 C3
Savignac-de-Miremont 24 221 D3
Savignac-de-Nontron 24 202 C3
Savignac-Lédrier 24 203 F4
Savignac-les-Églises 24 203 D4
Savignac-les-Ormeaux 09 310 B1
Savignac-Mona 32 275 F3
Savignac-sur-Leyze 47 238 C3
Savignargues 30 263 E3
Savigné 86 184 A1
Savigné-l'Évêque 72 107 D1
Savigné-sous-le-Lude 72 129 F1
Savigné-sur-Lathan 37 130 A2
Savigneux 01 192 C2
Savigneux 42 209 E2
Savigny 50 33 F2
Savigny 50 54 A1
Savigny 52 117 E4
Savigny 69 192 B4
Savigny 74 195 D1
Savigny 88 94 B3
Savigny-en-Revermont 71 176 B1
Savigny-en-Sancerre 18 135 D3
Savigny-en-Septaine 18 153 F2
Savigny-en-Terre-Plaine 89 137 E2
Savigny-en-Véron 37 129 F4
Savigny-le-Sec 21 139 E2
Savigny-le-Temple 77 87 E1
Savigny-le-Vieux 50 80 C1
Savigny-lès-Beaune 21 158 A1
Savigny-Lévescault 86 166 C2
Savigny-Poil-Fol 58 156 A4
Savigny-sous-Faye 86 149 D3
Savigny-sous-Mâlain 21 138 C3
Savigny-sur-Aisne 08 39 D3
Savigny-sur-Ardres 51 37 D4
Savigny-sur-Braye 41 108 A3
Savigny-sur-Clairis 89 112 B1
Savigny-sur-Grosne 71 174 C1
Savigny-sur-Orge 91 61 D4
Savigny-sur-Seille 71 175 F1
Savilly 21 157 D1
Savine (Col de la) 39 177 E1
Savines-le-Lac 05 250 A2
Savins 77 88 C2
Savoillan 84 266 A1
Savoisy 21 115 D4
Savolles 21 139 F3
Savonnières 37 130 B3
Savonnières-devant-Bar 55 66 B3
Savonnières-en-Perthois 55 92 B1
Savonnières-en-Woëvre 55 67 D2
Savouges 21 139 E4
Savournon 05 249 D3
Savoyeux 70 140 C1
Savy 02 20 A3
Savy-Berlette 62 8 A3
Saxel 74 178 B4
Saxi-Bourdon 58 155 E2
Saxon-Sion 54 94 A2
Sayat 63 189 E4
Saze 30 264 C3
Sazeray 36 169 F3
Sazeret 03 171 E4
Sazilly 37 149 E1
Sazos 65 297 F4
Scaër 29 75 E4
Les Scaffarels 04 268 C3
Scata 2B 315 F4
Sceau-Saint-Angel 24 202 C3
Sceautres 07 246 B2
Sceaux 89 137 E2
Sceaux 92 61 D4
Sceaux-d'Anjou 49 128 B1
Sceaux-du-Gâtinais 45 111 E1
Sceaux-sur-Huisne 72 107 F1
Scey-en-Varais 25 160 B1
Scey-sur-Saône-et-Saint-Albin 70 118 A4
Schaeferhof 57 70 A3
Schaeffersheim 67 71 D4
Schaffhouse-près-Seltz 67 45 F4
Schaffhouse-sur-Zorn 67 70 C2
Schalbach 57 70 A1
Schalkendorf 67 70 C1
Scharrachbergheim 67 70 C3
Scheibenhard 67 45 F4
Scherlenheim 67 70 C2
Scherwiller 67 96 C2
Schillersdorf 67 70 C1
Schiltigheim 67 71 D3
Schirmeck 67 70 B4
Schirrhein 67 71 E1
Schirrhoffen 67 71 E1
Schleithal 67 45 F4
Schlierbach 68 120 C3
Schlucht (Col de la) 88 96 A4
Schmittviller 57 44 A4
Schneckenbusch 57 70 A2
Schnepfenried 68 96 A4
Schnersheim 67 70 C3
Schœnau 67 97 D2
Schœnbourg 67 70 B1
Schœneck 57 43 D3
Schœnenbourg 67 45 E4
Schopperten 67 69 F1
Schorbach 57 44 B3
Schwabwiller 67 45 E4
Schweighouse 68 120 B1
Schweighouse-sur-Moder 67 71 D1
Schweighouse-Thann 68 120 B2
Schwenheim 67 70 C2
Schwerdorff 57 42 B2
Schweyen 57 44 B3
Schwindratzheim 67 71 D2
Schwoben 68 120 B3
Schwobsheim 67 97 D2
Sciecq 79 164 C3
Scientrier 74 195 F1
Scieurac-et-Flourès 32 274 A2
Sciez 74 178 B3
Scillé 79 164 C1
Scionzier 74 196 B1
Scolca 2B 315 E3
Scorbé-Clairvaux 86 149 E4
Scoury 36 168 B1
Scrignac 29 49 F4
Scrupt 51 65 F4
Scy-Chazelles 57 41 F4
Scye 70 118 A4
Séailles 32 274 A1
La Séauve-sur-Semène 43 209 F4
Sébazac-Concourès 12 242 B4
Sébécourt 27 58 A2
Sébeville 50 25 E4
Seboncourt 02 20 B2
Sebourg 59 9 F3
Sébouville 45 86 C4
Sébrazac 12 242 B3
Séby 64 272 C3
Secenans 70 142 A1
Séchault 08 39 D3
Sécheras 07 228 C1
Sécheval 08 22 C2
Le Séchier 05 231 E4
Séchilienne 38 231 D2
Séchin 25 141 F3
Seclin 59 8 C1
Secondigné-sur-Belle 79 182 C1
Secondigny 79 165 D1
Secourt 57 68 B2
Secqueville-en-Bessin 14 29 D4
Sedan 08 23 D4
Sédeilhac 31 298 C2
Séderon 26 266 B1
Sedze-Maubecq 64 273 E4
Sedzère 64 273 E4
Seebach 67 45 F4
Sées 61 83 D1
Séez 73 214 C1
Le Ségala 11 277 E4
Ségalas 47 238 A2
Ségalas 65 274 A4
La Ségalassière 15 223 F4
Séglien 56 76 B4
Ségny 01 177 F3
Segonzac 16 200 C1
Segonzac 19 203 F4
Segonzac 24 220 A1
Ségos 32 273 D2
Ségoufielle 32 276 A2
Segré 49 104 C4
Ségreville 31 277 E3
Ségrie 72 82 C4
Ségrie-Fontaine 61 55 F3
Segrois 21 158 A1
Ségry 36 152 C3
La Séguinière 49 146 C1
Ségur 12 243 D4
Le Ségur 81 259 D2
Ségur-le-Château 19 203 F3
Ségur-les-Villas 15 224 C1
Ségura 09 301 D3
Séguret 84 265 E1
Ségus 65 297 E2
Séhar (Pointe de) 22 49 F2
Seich 65 298 C3
Seichamps 54 68 B4
Seichebrières 45 110 C2
Seicheprey 54 67 E2
Seiches-sur-le-Loir 49 128 C1
Seignalens 11 301 F2
Seigné 17 182 C3
Seignelay 89 113 E3
Seigneulles 55 66 B3
Seignosse 40 270 C1
Seigny 21 138 A1
Seigy 41 132 A4
Seilh 31 276 B1
Seilhac 19 204 C4
Seilhan 31 298 C3
Seillac 41 131 F2
Seillans 83 287 E1
Seillonnaz 01 194 A4
Seillons-Source-d'Argens 83 285 F3
Sein (Île de) 29 72 B3
Seine (Sources de la) 21 138 C2
Seine-Port 77 87 E1
Seingbouse 57 43 D4
Seissan 32 274 C3
Seix 09 300 A4
Le Sel-de-Bretagne 35 103 E2
Selaincourt 54 93 F1
Selens 02 36 A2
Sélestat 67 96 C2
Séligné 79 182 C1
Séligney 39 159 E2
Selincourt 80 17 E3
La Selle-Craonnaise 53 104 B3
La Selle-en-Coglès 35 80 A2
La Selle-en-Hermoy 45 112 A2
La Selle-en-Luitré 35 80 B3
La Selle-Guerchaise 35 104 B2
La Selle-la-Forge 61 55 E4
La Selle-sur-le-Bied 45 112 A1
Selles 27 31 D3
Selles 51 38 A3
Selles 62 2 C4
Selles 70 118 A2
Selles-Saint-Denis 41 133 D3
Selles-sur-Cher 41 132 B4
Selles-sur-Nahon 36 151 E2
Sellières 39 159 E3
Selommes 41 108 C4
Seloncourt 25 142 C2
Selongey 21 139 E1
Selonnet 04 250 A3
Seltz 67 45 F4
La Selve 02 37 F1
La Selve 12 260 A2
Selvigny 59 20 A1
Sem 09 309 F1
Sémalens 81 278 A2
Semallé 61 82 C2
Semarey 21 138 B4
Sembadel 43 208 C4
Sembadel-Gare 43 208 C4
Sembas 47 238 B4
Semblançay 37 130 C2
Sembleçay 36 132 C4
Semboüès 32 274 A3
Séméac 65 297 F1
Séméacq-Blachon 64 273 E3
Semécourt 57 41 F4
Sémelay 58 156 A3
Semène 43 209 F3
Semens 33 236 C2
Sementron 89 136 A1
Sémeries 59 10 B3
Semerville 41 109 D2
Semezanges 21 138 C4
Sémézies-Cachan 32 275 D3
Semide 08 38 C3
Semillac 17 199 E3
Semilly 52 93 D3
Semmadon 70 117 F4
Semnoz (Montagne du) 74 195 E4
Semoine 10 64 B4
Semond 21 115 E4
Semondans 25 142 B1
Semons 38 211 F3
Semousies 59 10 B3
Semoussac 17 199 E3
Semoutiers 52 116 A1
Semoy 45 110 B3
Sempesserre 32 256 B3
Sempigny 60 35 F1
Sempy 62 6 C1
Semur-en-Auxois 21 137 F2
Semur-en-Brionnais 71 173 F4
Semur-en-Vallon 72 107 F2
Semussac 17 198 C1
Semuy 08 38 C2
Le Sen 40 254 A2
Sénac 65 274 A4
Senaide 88 117 F2
Sénaillac-Latronquière 46 223 E4
Sénaillac-Lauzès 46 240 B2
Senailly 21 137 F1
Senan 89 113 D3
Sénanque (Abbaye de) 84 265 F3
Senantes 28 85 E1
Senantes 60 33 F2
Senard 55 66 A2
Sénarens 31 275 F4
Senargent 70 142 A1
Senarpont 80 17 D2
Sénart J 87 E1
Sénas 13 284 A1
Senaud 39 176 B3
Senaux 81 279 D1
Sencenac-Puy-de-Fourches 24 202 C4
Senconac 09 310 A1
Sendets 33 237 D3
Sendets 64 273 D4
Séné 56 101 D4
Sène (Mont de) 71 157 F3
Sénéchas 30 245 E4
Sénèque (Tour de) 2B 314 A1
Sénergues 12 242 A2
Senesse-de-Senabugue 09 301 E3
Sénestis 47 237 F3
Séneujols 43 226 C3
Senez 04 268 A3
Sénezergues 15 242 A1
Sengouagnet 31 299 E3
Séniergues 46 240 B1
Senillé 86 149 F4
Seninghem 62 2 C4
Senlecques 62 2 C4
Senlis 60 35 D4
Senlis 62 7 D1
Senlis-le-Sec 80 18 C1
Senlisse 78 60 B4
Senneçay 18 153 E3
Sennecé-lès-Mâcon 71 175 E3
Sennecey-le-Grand 71 175 E1
Sennecey-lès-Dijon 21 139 E4
Sennely 45 133 F1
Sennevières 37 150 C1
Senneville-sur-Fécamp 76 14 C2
Sennevoy-le-Bas 89 114 C3
Sennevoy-le-Haut 89 114 C3
Senon 55 40 C3
Senonches 28 84 B1
Senoncourt 70 118 A3
Senoncourt-les-Maujouy 55 66 C2
Senones 88 95 F2
Senonges 88 94 A4
Senonnes 53 104 A3
Senonville 55 67 D2
Senots 60 33 F4
Senouillac 81 259 D3
Sénoville 50 24 B4
Senozan 71 175 E3
Sens 89 88 C4
Sens-Beaujeu 18 134 C4
Sens-de-Bretagne 35 79 F3
Sens-sur-Seille 71 159 D4
Sentein 09 299 F4
Sentelie 80 17 F4
Sentenac-de-Sérou 09 300 B3
Sentenac-d'Oust 09 300 A4
Sentheim 68 120 A2
Sentilly 61 56 B3
La Sentinelle 59 9 F3
Sentous 65 298 B1
Senuc 08 39 D3
Senven-Léhart 22 50 C4
La Séoube 65 298 A3
Sépeaux 89 112 C2
Sepmeries 59 9 F3
Sepmes 37 150 A2
Seppois-le-Bas 68 120 B4
Seppois-le-Haut 68 120 B4
Sept-Fons (Abbaye de) 03 173 D2
Sept-Forges 61 81 E2
Sept-Frères 14 54 C2
Sept-Meules 76 16 C2
Sept-Saulx 51 38 A4
Sept-Sorts 77 62 B2
Sept-Vents 14 55 D1
Septème 38 211 E2
Septèmes-les-Vallons 13 284 C4
Septeuil 78 59 F3
Septfonds 82 258 B1
Septfonds 89 112 B4
Septfontaines 25 160 C2
Septmoncel 39 177 E3
Septmonts 02 36 B3
Septsarges 55 39 F3
Septvaux 02 36 B1
Sepvigny 55 93 E1
Sepvret 79 165 E4
Sepx 31 299 E2
Sequedin 59 4 C4
Sequehart 02 20 A2
Le Sequestre 81 259 E4
Serain 02 20 B1
Seraincourt 08 38 A1
Seraincourt 95 60 A1
Sérandon 19 206 A4
Séranon 06 268 C4
Serans 60 33 F4
Serans 61 56 B4
Seranville 54 95 D2
Séranvillers-Forenville 59 9 E4
Seraucourt 55 66 B2
Seraucourt-le-Grand 02 20 A3
Seraumont 88 93 D2
Serazereux 28 85 E1
Serbannes 03 190 A2
Serbonnes 89 88 C3
Serches 02 36 C3
Sercœur 88 95 D3
Sercus 59 3 F4
Sercy 71 175 D1
Serdinya 66 311 E3
Sère 32 275 D4
Sère-en-Lavedan 65 297 E3
Sère-Lanso 65 297 E2
Sère-Rustaing 65 298 B1
Serécourt 88 117 F1
Séreilhac 87 185 E4
Serémange-Erzange 57 41 E3
Sérempuy 32 275 E1
Sérénac 81 259 F3
Sérent 56 101 F3
Sérévillers 60 18 B4
Séreyrède (Col de la) 30 262 B2
Serez 27 59 D2
Sérézin-de-la-Tour 38 212 A2
Sérézin-du-Rhône 69 210 C1
Sergeac 24 221 E3
Sergenaux 39 159 E3
Sergenon 39 159 E3
Sergines 89 88 C3
Sergy 01 177 E4
Sergy 02 36 C4
Séricourt 62 7 E3
Sériers 15 225 E3
Sérifontaine 60 33 E3
Sérignac 16 201 E4
Sérignac 46 239 E3
Sérignac 82 257 D3
Sérignac-Péboudou 47 238 B2
Sérignac-sur-Garonne 47 256 A1
Sérignan 34 305 D1
Sérignan-du-Comtat 84 265 D1
Sérignan-Plage 34 305 E1
Sérigné 85 164 A2
Sérigny 61 83 F3
Sérigny 86 149 E3
Sérilhac 19 222 C2
Seringes-et-Nesles 02 36 C4
Séris 41 109 E4
Serley 71 158 C4
Sermages 58 156 A2
Sermaise 49 129 D2
Sermaise 91 86 B2
Sermaises 45 86 C4
Sermaize 60 35 F1
Sermaize-les-Bains 51 65 F3
Sermamagny 90 119 F4
Sermange 39 140 B4
Sermano 2B 315 E4
Sermentizon 63 190 A4
Sermentot 14 29 D4
Sermérieu 38 212 A1
Sermersheim 67 97 D1
Sermesse 71 158 B3
Sermiers 51 37 F4
Sermizelles 89 136 C2
Sermoise 02 36 C3
Sermoise-sur-Loire 58 154 C3
Sermoyer 01 175 E2
Sermur 23 188 A3
Sernhac 30 264 B3
Serocourt 88 117 F1
Séron 65 273 E4
Serpaize 38 211 D2
La Serpent 11 302 A3
Serques 62 3 D3
Serqueux 52 117 E2
Serqueux 76 33 D1
Serquigny 27 58 A1
Serra-di-Ferro 2A 318 B2
Serra-di-Fiumorbo 2B 317 E3
Serra di Pigno 2B 315 F1
Serra-di-Scopamène 2A 319 D1
Serrabone (Prieuré de) 66 312 B2
Serralongue 66 312 B4
Serrant (Château de) 49 128 A2
Serraval 74 195 F3
La Serre 12 260 B4
Serre (Col de) 15 224 C2

La Serre-Bussière-Vieille *23*.187 F2
Serre-Chevalier *05*...............232 B2
Serre-les-Moulières *39*..........140 B4
Serre-les-Sapins *25*..............141 D4
Serre-Nerpol *38*....................212 A4
Serre-Ponçon
(Barrage et Lac de) *04*.....250 A2
Serres *05*..............................248 C3
Serres *11*..............................302 B4
Serres *54*................................68 C4
Serres-Castet *64*...................273 D4
Serres-et-Montguyard *24*.....238 A1
Serres-Gaston *40*..................272 C1
Serres-Morlaàs *64*................273 D4
Serres-Sainte-Marie *64*........272 B3
Serres-sur-Arget *09*...............300 C3
Serreslous-et-Arribans *40*....272 B1
Serriera *2A*............................316 A1
Serrières *07*...........................210 C4
Serrières *54*............................68 A2
Serrières *71*...........................175 D4
Serrières-de-Briord *01*..........194 A4
Serrières-en-Chautagne *73*..194 C3
Serrières-sur-Ain *01*.............194 A1
Serrigny *89*............................114 A3
Serrigny-en-Bresse *71*..........158 C3
Serris *77*..................................61 F3
Serrouville *54*..........................41 D2
Serruelles *18*..........................153 E3
Sers *16*..................................201 F2
Sers *65*..................................297 F4
Servais *02*................................36 B1
Serval *02*..................................37 D3
Servance *70*............................119 E3
Servanches *24*.........................219 E1
Servant *63*..............................189 D1
Servas *01*................................193 E1
Servas *30*................................263 F2
Servaville-Salmonville *76*......32 B2
Serverette *48*..........................244 A1
Serves-sur-Rhône *26*.............229 D1
Servian *34*..............................280 B4
Servières *48*...........................244 A2
Servières-le-Château *19*.......223 E2
Serviers-et-Labaume *30*.......264 A2
Serviès *81*..............................277 F2
Serviès-en-Val *11*..................302 C2
Servignat *01*...........................175 F3
Servigney *25*..........................141 F2
Servigney *70*..........................118 C4
Servigny *50*..............................26 C4
Servigny-lès-Raville *57*..........42 B4
Servigny-
lès-Sainte-Barbe *57*.............42 A4
Serville *28*...............................59 E4
Servilly *03*..............................172 C4
Servin *25*................................142 A3
Servins *62*..................................8 A2
Servion *08*................................22 B3
Servon *50*.................................80 A1
Servon *77*.................................61 E4
Servon-Melzicourt *51*..............39 D4
Servon-sur-Vilaine *35*..............79 F4
Servoz *74*...............................196 C2
Sery *08*.....................................38 B1
Sery *89*..................................136 C1
Séry-lès-Mézières *02*..............20 B3
Séry-Magneval *60*...................35 E4
Serzy-et-Prin *51*......................37 D4
Sessenheim *67*........................71 F1
Sète *34*..................................281 E4
Setques *62*..................................3 D4
Les Settons *58*........................137 E4
Seudre (Pont de la) *17*.........180 C4
Seugy *95*...................................61 D1
Seuil *08*....................................38 B2
Seuillet *03*..............................190 A1
Seuilly *37*...............................149 D1
Seur *41*...................................132 A2
Le Seure *17*............................182 B4
Seurre *21*...............................158 C2
Seux *80*.....................................18 A3
Seuzey *55*.................................67 D1
Sevelinges *42*.........................191 F1
Sevenans *90*...........................142 C1
Sévérac *44*..............................125 E1
Sévérac-le-Château *12*..........243 E4
Sévérac-l'Église *12*................243 D4
Seveux *70*...............................140 C1
Sevi (Col de) *2A*....................316 B1
Sévignac *22*..............................78 A2
Sévignacq *64*..........................273 D3
Sévignacq-Meyracq *64*..........296 C2
Sévigny *61*................................56 B3
Sévigny-la-Forêt *08*.................22 B2
Sévigny-Waleppe *08*................37 F1
Sévis *76*....................................16 A4
Sevrai *61*..................................56 B4
Sevran *93*.................................61 E2
Sèvres *92*..................................60 C3
Sèvres-Anxaumont *86*...........166 C2
Sevrey *71*................................158 A4
Sévrier *74*...............................195 E3
Sévry *18*..................................154 A1
Sewen *68*................................119 F3
Sexcles *19*...............................223 E2
Sexey-aux-Forges *54*...............68 A4
Sexey-les-Bois *54*....................68 A4
Sexfontaines *52*.......................92 A4
Seychalles *63*..........................190 A4
Seyches *47*..............................237 F2
Seyne *04*.................................250 A3
La Seyne-sur-Mer *83*.............291 F4
Seynes *30*...............................263 F2
Seynod *74*...............................195 E3
Seyre *31*..................................277 D4
Seyresse *40*.............................271 E1
Seyssel *01*...............................194 C2
Seyssel *74*...............................194 C2
Seysses *31*...............................276 B3
Seysses-Savès *32*....................275 F3
Seyssinet-Pariset *38*...............230 C1
Seyssins *38*..............................230 C1
Seyssuel *38*..............................211 D2
Seythenex *74*...........................195 F4
Seytroux *74*..............................178 C4
Sézanne *51*.................................63 F4
Sézéria *39*.................................176 C2
Siarrouy *65*...............................273 F4
Siaugues-Saint-Romain *43*..226 B2
Sibiril *29*......................................49 D2
Sibiville *62*...................................7 E3
La Sicaudais *44*........................125 F4
Siccieu-Saint-Julien-
et-Carisieu *38*........................193 F4
Sichamps *58*..............................155 D1
Sickert *68*..................................120 A2
Sideville *50*..................................24 C2
Sidiailles *18*...............................170 B2
Siecq *17*.....................................182 C4
Siegen *67*....................................45 F4
Sièges *39*...................................177 D3
Les Sièges *89*..............................89 E4
Sierck-les-Bains *57*.....................42 A2
Sierentz *68*................................120 C3
Siersthal *57*..................................44 B4
Sierville *76*...................................32 A1
Siest *40*......................................271 E1
Sieurac *81*..................................278 A1
Sieuras *09*...................................300 B2
Siévoz *38*....................................231 D3
Siewiller *67*...................................70 A1
Sigale *06*.....................................269 E3
Sigalens *33*.................................237 D3
Sigean *11*...................................303 F3
Sigean (Réserve
africaine de) *11*.....................303 F3
Sigloy *45*....................................110 C3
Signac *31*...................................299 D4
Signes *83*...................................285 F4
Signéville *52*..................................92 C4
Signy-l'Abbaye *08*.........................22 A4
Signy-le-Petit *08*...........................22 A2
Signy-Montlibert *08*......................40 A1
Signy-Signets *77*...........................62 B2
Sigogne *16*...................................183 D4
Sigolsheim *68*.................................96 B3
Sigonce *04*....................................267 D2
Sigottier *05*...................................248 C3
Sigoulès *24*...................................238 A1
Sigournais *85*................................146 C4
Sigoyer *04*.....................................249 E4
Sigoyer *05*.....................................249 E2
Siguer *09*.......................................309 F1
Sigy *77*..88 C2
Sigy-en-Bray *76*...............................33 D1
Sigy-le-Châtel *71*..........................174 C2
Silfiac *56*..76 B4
Silhac *07*...228 B3
Sillans *38*...212 A4
Sillans-la-Cascade *83*...................286 B2
Sillars *86*...167 D3
Sillas *33*..237 D4
Sillé-le-Guillaume *72*......................82 B4
Sillé-le-Philippe *72*........................107 D1
Sillegny *57*...68 A1
Sillery *51*..37 F4
Silley-Amancey *25*.........................160 C1
Silley-Bléfond *25*...........................141 F3
Sillingy *74*..195 E2
Silly-en-Gouffern *61*.........................56 C4
Silly-en-Saulnois *57*..........................68 B1
Silly-la-Poterie *02*..............................36 A4
Silly-le-Long *60*..................................61 F1
Silly-sur-Nied *57*................................42 A4
Silly-Tillard *60*....................................34 A3
Silmont *55*..66 B4
Siltzheim *67*..43 E4
Silvacane (Ancienne
Abbaye de) *13*................................284 C1
Silvareccio *2B*....................................315 F3
Silvarouvres *52*..................................115 F1
Simacourbe *64*...................................273 E3
Simandre *71*.......................................175 E1
Simandre-sur-Suran *01*....................176 B4
Simandres *69*.....................................211 D1
Simard *71*...158 C4
Simencourt *62*.......................................8 A3
Simeyrols *24*.......................................222 A3
Simiane-Collongue *13*......................285 D3
Simiane-la-Rotonde *04*....................266 B3
Simorre *32*..275 D3
Simplé *53*..104 C3
Le Simserhof (Fort) *57*........................44 B3
Sin-le-Noble *59*.......................................9 D2

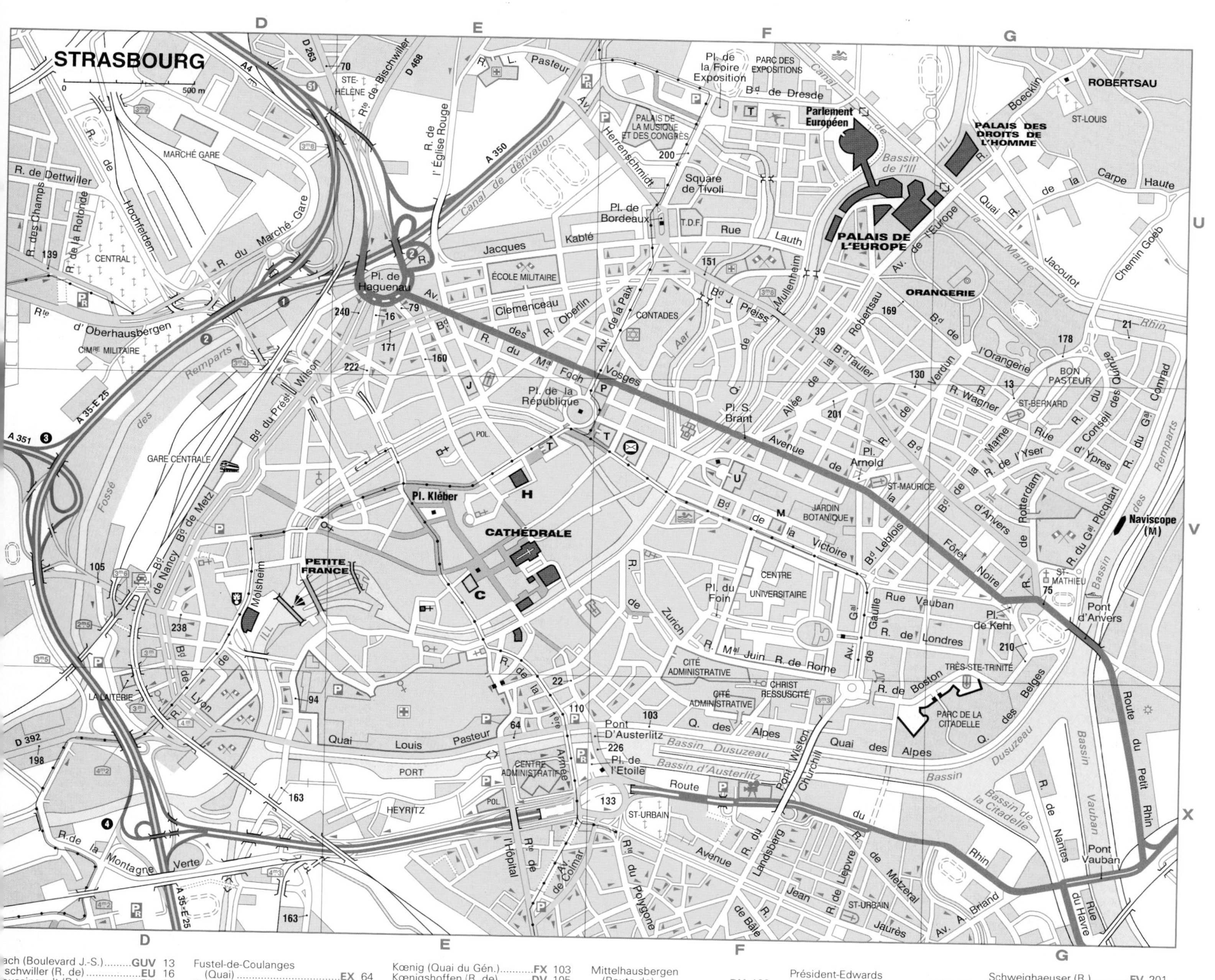

ach (Boulevard J.-S.)..........GUV 13
schwiller (R. de)......................EU 16
oussingault (R.).......................GU 21
rigade Alsace-Lorraine
(R. de la)..............................FU 22
ordogne (Bd de la)...................EX 39
Fustel-de-Coulanges
(Quai).......................................EX 64
Gaulle (Rte du Gén.-de).........DEU 70
Grand-Pont (R. du)...................GV 75
Haguenau (R. de)......................EU 79
Humann (R.)..............................DX 94
Kœnig (Quai du Gén.)...............FX 103
Kœnigshoffen (R. de)...............DV 105
Lattre-de-Tassigny
(Pl. du Mar. de)......................EX 110
Massenet (R.)..........................FUV 130
Mendès-France (Rd-Pt. P.).......FX 133
Mittelhausbergen
(Route de)................................DU 139
Ohmacht (R.).............................FU 151
Pierre (R. du Fg de)...................EU 160
Plaine des Bouchers
(R. de la)..................................DX 163
Président-Edwards
(Bd du).....................................FU 169
Président-Poincaré (Bd)............EU 171
Richter (R. Fr.-Xavier)................GU 178
Schirmeck (Rte de)....................DX 198
Schutzenberger (Av.)..................FU 200
Schweighaeuser (R.)...................FV 201
Tarade (R.)..................................GV 210
Travail (R. du)............................EUV 222
Vienne (Route de)........................FX 226
Wasselonne (R. de).....................DV 238
Wissembourg (R. de)...................EU 240

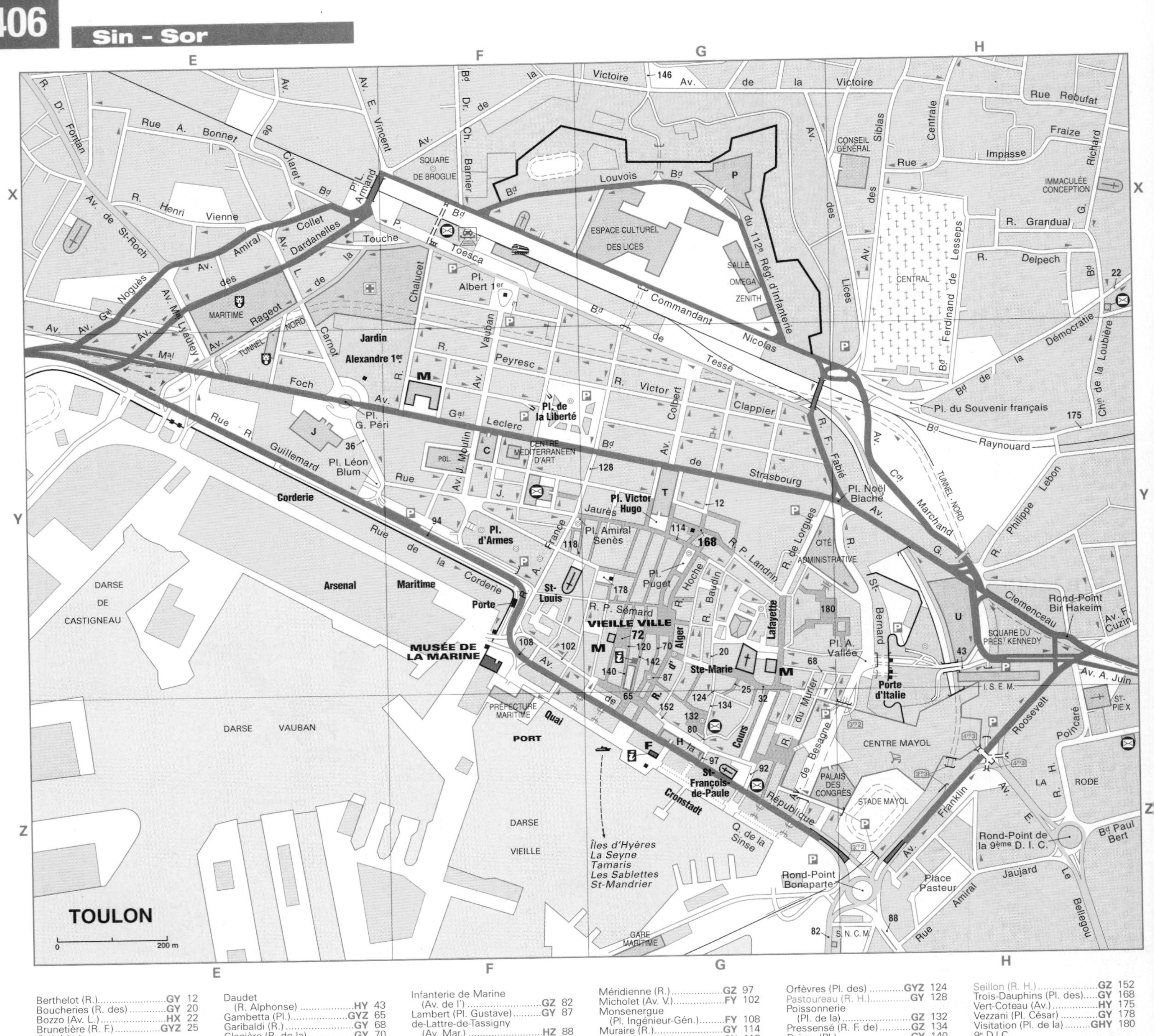

Berthelot (R.) .... GY 12
Boucheries (R. des) .... GY 20
Bozzo (Av. L.) .... HX 22
Brunetière (R. F.) .... GYZ 25
Cathédrale (Traverse) .... GYZ 32
Churchill (Av. W.) .... EY 36
Daudet (R. Alphonse) .... HY 43
Gambetta (Pl.) .... GYZ 65
Garibaldi (R.) .... GY 68
Glacière (R. de la) .... GY 70
Globe (Pl. du) .... GY 72
Huile (Pl. à l') .... GZ 80
Infanterie de Marine (Av. de l') .... GZ 82
Lambert (Pl. Gustave) .... GY 87
de-Lattre-de-Tassigny (Av. Mar.) .... HZ 88
Louis-Blanc (Pl.) .... GZ 92
Magnan (Av. Gén.) .... FY 94
Méridienne (R.) .... GZ 97
Micholet (Av. V.) .... FY 102
Monsenergue (Pl. Ingénieur-Gén.) .... FY 108
Muraire (R.) .... GY 114
Notre-Dame (R.) .... GY 118
Noyer (R. du) .... GY 120
Orfèvres (Pl. des) .... GYZ 124
Pastoureau (R. H.) .... GY 128
Poissonnerie (Pl. de la) .... GZ 132
Pressensé (R. F. de) .... GZ 134
Raimu (Pl.) .... GY 140
Riaux (R. des) .... GY 142
Seillon (R. H.) .... GZ 152
Trois-Dauphins (Pl. des) .... GY 168
Vert-Coteau (Av.) .... HY 175
Vezzani (Pl. César) .... GY 178
Visitation (Pl. de la) .... GHY 180
9e D.I.C. (Rond-Point de la) .... HZ 188

Sinard *38* 230 C3
Sinceny *02* 36 B1
Sincey-lès-Rouvray *21* 137 E3
Sindères *40* 253 D2
Singles *63* 206 B2
Singleyrac *24* 238 A1
Singly *08* 22 C4
Singrist *67* 70 B3
Sinsat *09* 310 A1
Sinzos *65* 298 A1
Sion *32* 273 F1
Sion *54* 94 A2
Sion-les-Mines *44* 103 E4
Sion-sur-l'Océan *85* 144 C4
Sioniac *19* 223 D3
Sionne *88* 93 E2
Sionviller *54* 69 D4
Siorac-de-Ribérac *24* 220 A1
Siorac-en-Périgord *24* 221 D4
Siouville-Hague *50* 24 B3
Sirac *32* 275 F1
Siracourt *62* 7 E2
Siradan *65* 299 D3
Siran *15* 223 E3
Siran *34* 303 D1
Siran (Château) *33* 217 D2
Sireix *65* 297 E3
Sireuil *16* 201 E1
Sireuil *24* 221 E3
Sirod *39* 160 B4
Siros *64* 272 C4
Sisco *2B* 314 D2
Sissonne *02* 37 E1
Sissy *02* 20 B3
Sistels *82* 256 C2
Sisteron *04* 267 D1
Sivergues *84* 266 A4
Sivignon *71* 174 C3
Sivry *54* 68 B3
Sivry-Ante *51* 65 F2
Sivry-Courtry *77* 87 F2
Sivry-la-Perche *55* 40 A4
Sivry-lès-Buzancy *08* 39 E2
Sivry-sur-Meuse *55* 40 A3
Six-Fours-les-Plages *83* 291 F4
Sixt-Fer-à-Cheval *74* 196 C1
Sixt-sur-Aff *35* 102 B3
Sizun *29* 48 C4
Smarves *86* 166 B2
Smermesnil *76* 16 C3
Soccia *2A* 316 C2
Sochaux *25* 142 C1
Socoa *64* 270 A3
Socourt *88* 94 B2
Socx *59* 3 F2
Sode *31* 307 F4
Sœurdres *49* 105 E4
Sognes *89* 89 D3
Sognolles-en-Montois *77* 88 C2
Sogny-aux-Moulins *51* 64 C2
Sogny-en-l'Angle *51* 65 F3
Soignolles *14* 56 A1
Soignolles-en-Brie *77* 87 F1
Soilly *51* 63 E1
Soindres *78* 59 F2
Soing *70* 140 C1
Soings-en-Sologne *41* 132 B3
Soirans *21* 139 F4
Soissons *02* 36 B3
Soissons-sur-Nacey *21* 140 A4
Soisy-Bouy *77* 88 C2
Soisy-sous-Montmorency *95* 61 D2
Soisy-sur-École *91* 87 E2
Soisy-sur-Seine *91* 87 D1
Soize *02* 21 F4
Soizé *28* 108 A1
Soizy-aux-Bois *51* 63 F3
Solaize *69* 211 D1
Solaro *2B* 317 E4
Solbach *67* 96 A1
Soleilhas *04* 268 C3
Solemont *25* 142 B3
Solente *60* 19 E4
Solenzara *2A* 317 F4
Le Soler *66* 312 C2
Solérieux *26* 247 D4
Solers *77* 87 F1
Solesmes *59* 9 F4
Solesmes *72* 106 A3
Soleymieu *38* 194 A4
Soleymieux *42* 209 E2
Solférino *40* 253 D1
Solgne *57* 68 B1
Soliers *14* 29 F4
Solignac *87* 185 F4
Solignac-sous-Roche *43* 227 E1
Solignac-sur-Loire *43* 227 D3
Solignat *63* 207 F2
Soligny-la-Trappe *61* 83 F1
Soligny-les-Étangs *10* 89 D3
Sollacaro *2A* 318 C1
Sollières-Sardières *73* 215 D4
Solliès-Pont *83* 292 B2
Solliès-Toucas *83* 292 B2
Solliès-Ville *83* 292 B2
Sologny *71* 175 D3
Solomiac *32* 256 C4
Solre-le-Château *59* 10 C3
Solrinnes *59* 10 C2
Solterre *45* 111 F3
Solutré-Pouilly *71* 175 D4
Somain *59* 9 D3
Sombacour *25* 160 C2
Sombernon *21* 138 C4
Sombrin *62* 7 F4
Sombrun *65* 273 F3
Somloire *49* 147 E2
Sommaing *59* 9 F3
Sommaisne *55* 66 B2
Sommancourt *52* 92 A2
Sommant *71* 156 C2
Sommauthe *08* 39 E1
Somme-Bionne *51* 65 E1
Somme-Suippe *51* 65 D1
Somme-Tourbe *51* 65 E1
Somme-Vesle *51* 65 D2
Somme-Yèvre *51* 65 E2
Sommecaise *89* 112 C3
Sommedieue *55* 66 C1
Sommeilles *55* 66 A2
Sommelans *02* 62 C1
Sommelonne *55* 66 A4
Sommepy-Tahure *51* 38 C4
Sommerance *08* 39 E3
Sommerécourt *52* 93 E4
Sommereux *60* 17 F4
Sommermont *52* 92 B2
Sommeron *02* 10 B4
Sommervieu *14* 29 D3
Sommerviller *54* 68 C4
Sommery *76* 32 C1
Sommesnil *76* 15 E2
Sommesous *51* 64 B4
Sommet-Bucher *05* 233 D4
La Sommette *25* 142 A4
Sommette-Eaucourt *02* 19 F4
Sommeval *10* 114 A1
Sommeville *52* 92 B1
Sommevoire *52* 91 F2
Sommières *30* 282 A1
Sommières-du-Clain *86* 166 B4
Somport (Col du) *64* 296 B4
Sompt *79* 183 D1
Sompuis *51* 64 C4
Somsois *51* 91 D1
Son *08* 38 A1
Sonac *46* 241 D1
Sonchamp *78* 86 A1
Soncourt *88* 93 F2
Soncourt-sur-Marne *52* 92 B4
Sondernach *68* 96 A4
Sondersdorf *68* 120 C4
La Sône *38* 229 F1
Songeons *60* 33 F1
Songeson *39* 177 D1
Songieu *01* 194 C2
Songy *51* 65 D3
Sonnac *12* 241 E2
Sonnac *17* 182 C4
Sonnac-sur-l'Hers *11* 301 F3
Sonnay *38* 211 D4
Sonnaz *73* 213 D1
Sonneville *16* 183 D4
Sons-et-Ronchères *02* 20 C3
Sonthonnax-la-Montagne *01* 176 C4
Sonzay *37* 130 B2
Soorts-Hossegor *40* 270 C1
Sophia-Antipolis *06* 288 B3
Soppe-le-Bas *68* 120 A3
Soppe-le-Haut *68* 120 A2
Sor *09* 299 F4
Sorans-lès-Breurey *70* 141 D2
Sorba (Col de) *2B* 317 D2
Sorbais *02* 21 D2
Sorbets *32* 273 F1
Sorbets *40* 273 D2
Sorbey *55* 40 C2
Sorbey *57* 68 B1
Sorbier *03* 173 D3
Sorbiers *05* 248 B3
Sorbiers *42* 210 A2

Sorbo-Ocagnano 2B 315 F3
Sorbollano 2A 319 D1
Sorbon 08 38 B1
Sorbs 34 262 A4
Sorcy-Bauthémont 08 38 C1
Sorcy-Saint-Martin 55 67 D4
Sorde-l'Abbaye 40 271 E2
Sore 40 235 F4
Soréac 65 274 A4
Sorède 66 313 D3
Sorel 80 19 F1
Sorel-en-Vimeu 80 17 F1
Sorel-Moussel 28 59 D3
Sorèze 81 278 A3
Sorgeat 09 310 B1
Sorges 24 203 D4
Sorgues 84 265 D3
Sorigny 37 130 C4
Les Sorinières 44 126 B4
Sorio 2B 315 E2
Sormery 89 113 F1
Sormonne 08 22 B3
Sornac 19 205 F1
Sornay 70 140 B4
Sornay 71 175 F1
Sornéville 54 68 C3
Sorquainville 76 15 D2
Sorrus 62 6 B2
Sort-en-Chalosse 40 271 F1
Sortosville 50 25 D3
Sortosville-en-Beaumont 50 24 B4
Sos 47 255 E2
Sospel 06 289 E3
Sossais 86 149 E3
Sost 65 298 C4
Sotta 2A 319 E3
Sottevast 50 24 C3
Sotteville 50 24 B3
Sotteville-lès-Rouen 76 32 A2
Sotteville-sous-le-Val 76 32 B3
Sotteville-sur-Mer 76 15 F1
Soturac 46 239 D3
Sotzeling 57 69 D2
Souain-Perthes-lès-Hurlus 51 38 C4
Soual 81 278 A3
Souancé-au-Perche 28 84 A4
Souanyas 66 311 E3
Souastre 62 8 A4
Soubès 34 280 C1
Soubise 17 181 D3
Soublecause 65 273 F3
Soubran 17 199 E3
Soubrebost 23 187 D3
Soucé 53 81 E2
Soucelles 49 128 C1
La Souche 07 245 F2
Souché 79 164 C3
Souchez 62 8 B2
Soucht 57 44 B4
Soucia 39 177 D2
Soucieu-en-Jarrest 69 210 C1
Soucirac 46 240 A1
Souclin 01 194 A3
Soucy 02 36 A3
Soucy 89 88 C4
Soudaine-Lavinadière 19 204 C2
Soudan 44 104 A4
Soudan 79 165 E3
Soudat 24 202 B1
Souday 41 108 A2
Soudé 51 64 C4
Soudeilles 19 205 E3
Soudorgues 30 262 C2
Soudron 51 64 B3
Soueich 31 299 E3
Soueix-Rogalle 09 300 A4
Souel 81 259 D3
Soues 65 297 F1
Soues 80 17 F2
Souesmes 41 133 F2
Souffelweyersheim 67 71 D3
Soufflenheim 67 71 F1
Souffrignac 16 202 B2
Sougé 36 151 E3
Sougé 41 108 A4
Sougé-le-Ganelon 72 82 B3
Sougéal 35 79 F1
Sougères-en-Puisaye 89 136 A2
Sougères-sur-Sinotte 89 113 E3
Sougraigne 11 302 B4
Sougy 45 110 A2
Sougy-sur-Loire 58 155 E3
Les Souhesmes 55 66 B1
Souhey 21 138 A2
Le Souich 62 7 E4
Souilhanels 11 277 F4
Souilhe 11 277 F4
Souillac 46 222 A4
Souillé 72 106 C1
Souilly 55 66 B1
Souilly 77 61 F2
Soula 09 301 D4
Soulac-sur-Mer 33 198 B2
Soulages 15 225 F2
Soulages-Bonneval 12 242 C1
Soulaincourt 52 92 C2
Soulaines-Dhuys 10 91 E3
Soulaines-sur-Aubance 49 128 B3
Soulaire-et-Bourg 49 128 B1
Soulaires 28 85 F2
Soulan 09 300 A4
Soulanges 51 65 D3
Soulangis 18 153 E1
Soulangy 14 56 A2
Soulatgé 11 302 C4
Soulaucourt-sur-Mouzon 52 93 E4
Soulaures 24 239 D1
Soulce-Cernay 25 142 C3
Soulgé-sur-Ouette 53 105 E1
Le Soulié 34 279 E3
Soulières 51 64 A2
Soulièvres 79 148 B3
Soulignac 33 236 C1
Souligné-Flacé 72 106 B2
Souligné-sous-Ballon 72 107 D1
Soulignonne 17 181 E4
Souligny 10 90 A4
Soulitré 72 107 E2
Soullans 85 144 C3
Soulles 50 54 B1
Soulom 65 297 E3
Soulomès 46 240 B2
Soulor (Col du) 65 297 D3
Soulosse-sous-Saint-Élophe 88 93 E2
Soultz-Haut-Rhin 68 120 B1
Soultz-les-Bains 67 70 C3
Soultz-sous-Forêts 67 45 E4
Soultzbach-les-Bains 68 96 B4
Soultzeren 68 96 A4
Soultzmatt 68 96 B4
Soulvache 44 103 F3
Soumaintrain 89 113 F2
Soumans 23 170 B4
Soumensac 47 237 F1
Souméras 17 199 F4
Soumont 34 280 C1
Soumont-Saint-Quentin 14 56 A2
Soumoulou 64 297 E1
Soupex 11 277 F4
Soupir 02 36 C2
Souplicourt 80 17 E4
Souppes-sur-Loing 77 87 F4
Souprosse 40 253 F4
Le Souquet 40 252 C3
Souraïde 64 270 C4
Sourans 25 142 B2
La Source 45 110 A3
Sourcieux-les-Mines 69 192 B4
Le Sourd 02 21 D3
Sourdeval 50 54 C4
Sourdeval-les-Bois 50 54 A2
Sourdon 80 18 B4
Sourdun 77 89 D2
Le Sourn 56 100 C1
Sournia 66 311 F1
Sourniac 15 206 A4
Sourribes 04 267 E1
Sours 28 85 F3
Soursac 19 205 F4
Sourzac 24 220 A2
Sous-la-Tour 22 51 E4
Sous-Parsat 23 187 D2
Sousceyrac 46 223 E4
Sousmoulins 17 199 F4
Souspierre 26 247 E2
Soussac 33 237 D1
Soussans 33 217 D2
Soussey-sur-Brionne 21 138 B3
Soustelle 30 263 D1
Soustons 40 252 B4
Sousville 38 231 D3
Souternon 42 191 D3
La Souterraine 23 168 C4
Soutiers 79 165 D2
Souvans 39 159 E2
Souvignargues 30 263 E4
Souvigné 16 183 E2
Souvigné 37 130 B2
Souvigné 79 165 E3
Souvigné-sur-Même 72 83 F4
Souvigné-sur-Sarthe 72 105 F3
Souvigny 03 172 A2
Souvigny-de-Touraine 37 131 F3
Souvigny-en-Sologne 41 133 F1
Souyeaux 65 298 A1
Souzay-Champigny 49 129 E4
Souzy 69 210 A1
Souzy-la-Briche 91 86 C2
Soveria 2B 315 D4
Soyans 26 247 E1
Soyaux 16 201 F1
Soye 25 142 A2
Soye-en-Septaine 18 153 E2
Soyécourt 80 19 D3
Soyers 52 117 E3
Soyons 07 229 D3
Spada 55 67 D2
Sparsbach 67 70 B1
Spay 72 106 C2
Spechbach-le-Bas 68 120 B3
Spechbach-le-Haut 68 120 B3
Speloncato 2B 314 C3
Spelunca (Gorges de) 2A 316 B1
Spéracèdes 06 287 F1
Spézet 29 75 E3
Spicheren 57 43 D3
Spin'a Cavallu (Pont génois) 2A 318 C2
Spincourt 55 40 C3
Sponville 54 67 E1
Spoy 10 91 E4
Spoy 21 139 E2
Spycker 59 3 E2
Squiffiec 22 50 C3
Staffelfelden 68 120 B2
Stains 93 61 D2
Stainville 55 66 B4
Stangala (Site du) 29 73 F3
Staple 59 3 F3
Stattmatten 67 71 F1
Stazzona 2B 315 F4
Steenbecque 59 3 F4
Steene 59 3 E2
Steenvoorde 59 3 F3
Steenwerck 59 4 B4
Steige 67 96 B1
Steinbach 68 120 B2
Steinbourg 67 70 B2
Steinbrunn-le-Bas 68 120 C3
Steinbrunn-le-Haut 68 120 C3
Steinseltz 67 45 E4
Steinsoultz 68 120 C4
Stella-Plage 62 6 A2
Stenay 55 39 F1
Sternenberg 68 120 A3
Stetten 68 120 C3
Stigny 89 114 C4
Still 67 70 C4
Stiring-Wendel 57 43 D3
Stival 56 76 C4
Stonne 08 39 E1
Storckensohn 68 119 F2
Stosswihr 68 96 A4
Stotzheim 67 96 C1
Strasbourg 67 71 E3
Strazeele 59 4 A3
Strenquels 46 222 B3
Strueth 68 120 A4
Struth 67 70 B1
Stuckange 57 41 F3
Stundwiller 67 45 F4
Sturzelbronn 57 44 C3
Stutzheim-Offenheim 67 71 D3
Suarce 90 120 A4
Suaucourt-et-Pisseloup 70 117 E4
Suaux 16 184 B4
Le Subdray 18 153 D2
Sublaines 37 131 E4
Subles 14 28 C3
Subligny 18 134 C3
Subligny 50 54 A3
Subligny 89 112 C1
Suc-au-May 19 205 D3
Suc-et-Sentenac 09 309 F1
Succieu 38 212 A2
Sucé-sur-Erdre 44 126 B3
Sucy-en-Brie 94 61 E4
Suèvres 41 132 B1
Sugères 63 208 A2
Sugny 08 38 C3
Suhescun 64 295 D1
Suilly-la-Tour 58 135 E3
Suin 71 174 B3
Suippes 51 65 D1
Suisse 57 69 D1
Suizy-le-Franc 51 63 F2
Sulignat 01 193 D1
Sully 14 28 C3
Sully 60 33 E1
Sully 71 157 E2
Sully-la-Chapelle 45 110 C2
Sully-sur-Loire 45 111 D4
Sulniac 56 101 E4
Sumène 30 262 C3
Sundhoffen 68 96 C4
Sundhouse 67 97 D2
Super-Barèges 65 297 F4
Super-Besse 63 207 D3
Super-Bolquère 66 311 D3
Super-Lioran 15 224 C2
Super-Sauze 04 250 C3
Superbagnères 31 307 F4
Superdévoluy 05 249 D1
Supeyres (Col des) 63 209 D2
Supt 39 160 B3
Le Suquet 06 289 D2
Surat 63 189 F3
Surba 09 301 D4
Surbourg 67 45 E4
Surcamps 80 17 F1
Surdoux 87 204 B2
Suré 61 83 E3
Suresnes 92 60 C3
Surfonds 72 107 E2
Surfontaine 02 20 B4
Surgères 17 181 E1
Surgy 58 136 B2
Suriauville 88 93 F4
Surin 79 164 C2
Surin 86 184 A2
Suris 16 184 B4
Surjoux 01 194 C2
Surmont 25 142 B3
Surques 62 2 C3
Surrain 14 28 C3
Surtainville 50 24 B3
Surtauville 27 32 A4
Survie 61 57 D3
Surville 14 30 C3
Surville 27 32 A4
Surville 50 26 B3
Survilliers 95 61 E1
Sury 08 22 B3
Sury-aux-Bois 45 111 D2
Sury-en-Vaux 18 135 D3
Sury-ès-Bois 18 134 C2
Sury-le-Comtal 42 209 F2
Sury-près-Léré 18 135 D2
Surzur 56 123 D2
Sus 64 272 A4
Sus-Saint-Léger 62 7 F4

TOULOUSE

Rue	Carroyage	N°
Arnaud-Bernard (R.)	EX	4
Astorg (R. d')	FY	5
Baronie (R.)	EY	9
Boulbonne (R.)	FY	18
Bouquières (R.)	FZ	19
Bourse (Pl. de la)	EY	20
Cantegril (R.)	FY	23
Cartailhac (R. E.)	EX	26
Cujas (R.)	EY	36
Daurade (Quai de la)	EY	38
Esquirol (Pl.)	EY	54
Fonderie (R. de la)	EZ	60
Frères-Lion (R. des)	FY	62
Henry-de-Gorsse (R.)	EZ	76
Jules-Chalande (R.)	EY	79
Lapeyrouse (R.)	FY	85
Magre (R. Genty)	EY	91
Malcousinat (R.)	EY	92
Marchand (R. des)	EY	95
Mercié (R. A.)	EY	103
Peyras (R.)	EY	113
Pleau (R. de la)	FZ	114
Poids-de-l'huile (R.)	EY	115
Polinaires (R. des)	EZ	116
Pomme (R. de la)	EFY	117
Riguepels (R.)	FY	127
Romiguières (R.)	EY	129
Roosevelt (Allées)	FXY	130
Ste-Ursule (R.)	EY	137
Suau (R. J.)	EY	146
Temponières (R.)	EY	147
Trinité (R. de l')	EY	149
Vélane (R.)	FZ	158
3-Journées (R. des)	FY	162
3-Piliers (R. des)	EX	164

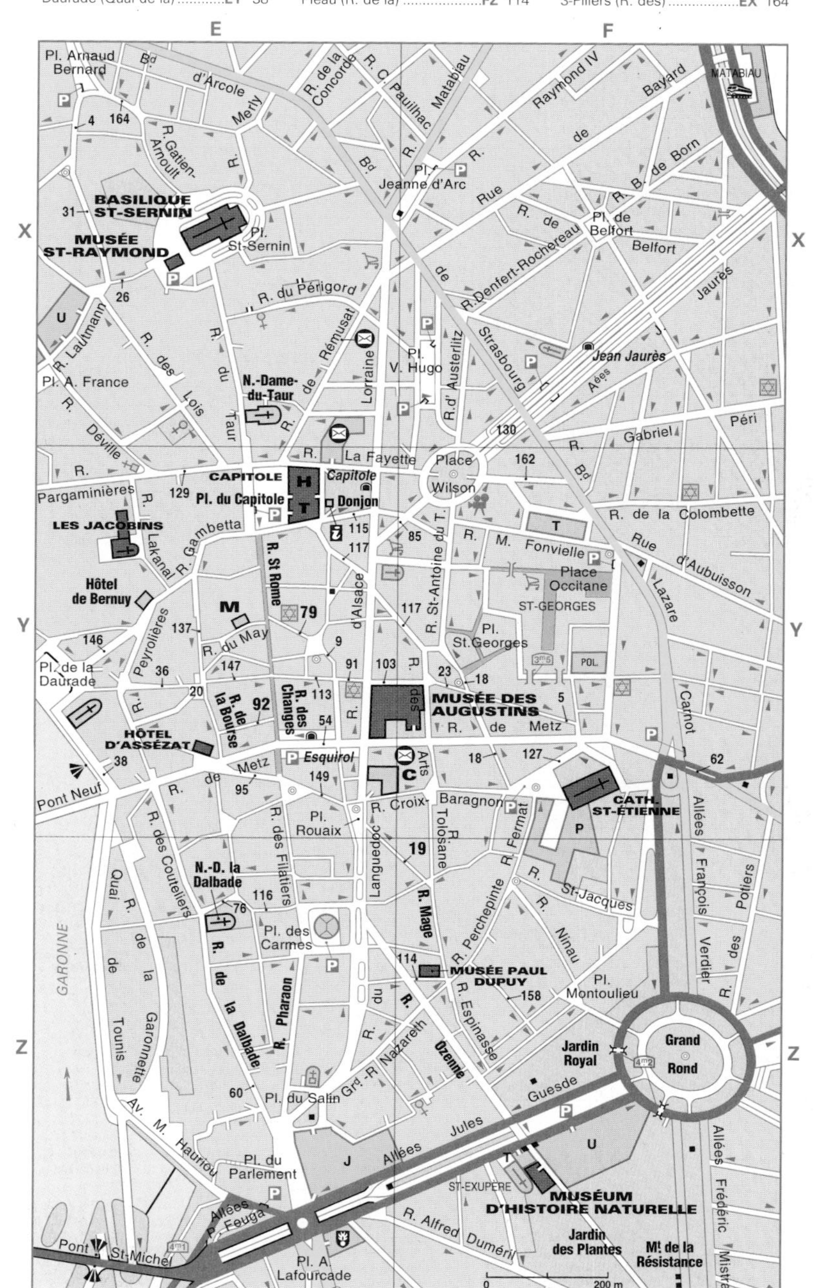

Suscinio (Château de) 56.....123 D2
Susmiou 64.....272 A4
Sussac 87.....204 B1
Sussargues 34.....282 A1
Sussat 03.....189 E1
Sussey 21.....138 A4
Susville 38.....230 C3
Sutrieu 01.....194 B2
Suzan 09.....300 C3
Suzanne 08.....38 C1
Suzanne 80.....19 D2
Suzannecourt 52.....92 B2
Suzay 27.....33 D3
Suze 26.....229 E4
Suze-la-Rousse 26.....247 D4
La Suze-sur-Sarthe 72.....106 B3
Suzette 84.....265 E1
Suzoy 60.....35 F1
Suzy 02.....36 C1
Sy 08.....39 E1
Syam 39.....160 B4
Sylvains-les-Moulins 27.....58 C2
Sylvanès 12.....261 D4
Le Syndicat 88.....119 E1

T

Tabaille-Usquain 64.....271 F4
Tabanac 33.....236 B1
La Table 73.....213 F2
Le Tablier 85.....163 D1
Tabre 09.....301 E3
La Tâche 16.....184 A3
Tachoires 32.....275 D3
Tacoignières 78.....59 F3
Taconnay 58.....136 B4
Taden 22.....78 C1
Tadousse-Ussau 64.....273 E2
Taglio-Isolaccio 2B.....315 F3
La Tagnière 71.....156 C4
Tagnon 08.....38 A2
Tagolsheim 68.....120 B3
Tagsdorf 68.....120 B3
Tailhac 43.....226 A2
Taillades 84.....265 E4
Le Taillan-Médoc 33.....217 D3
Taillancourt 55.....93 E1
Taillant 17.....181 F3
Taillebois 61.....55 F3
Taillebourg 17.....181 F4
Taillebourg 47.....237 E3
Taillecavat 33.....237 E1
Taillecourt 25.....142 C1
La Taillée 85.....163 F3
Taillefontaine 02.....35 F3
Taillepied 50.....24 C4
Taillet 66.....312 B3
Taillette 08.....22 B2
Tailleville 14.....29 E3
Taillis 35.....80 A4
Tailly 08.....39 F2
Tailly 21.....158 A2
Tailly 80.....17 F2
Tain-l'Hermitage 26.....229 D2
Taingy 89.....136 A1
Taintrux 88.....95 F3
Taisnières-en-Thiérache 59.....10 A3
Taisnières-sur-Hon 59.....10 B1
Taisnil 80.....18 A3
Taissy 51.....37 F4
Taïx 81.....259 E3
Taizé 71.....175 D2
Taizé 79.....148 B3
Taizé-Aizie 16.....183 F2
Taizy 08.....38 A1
Tajan 65.....298 C1
Talairan 11.....303 D3
Talais 33.....198 B2
Talange 57.....41 F3
Talant 21.....139 D3
Talasani 2B.....315 F4
Talau 66.....311 D3
La Talaudière 42.....210 A3
Talazac 65.....273 F4
Talcy 41.....109 E4
Talcy 89.....137 E1
Talence 33.....217 E4
Talencieux 07.....228 C1
Talensac 35.....78 C4
Talissieu 01.....194 C3
Talizat 15.....225 E2
Tallans 25.....141 F2
Tallard 05.....249 E3
Tallenay 25.....141 D3
Tallende 63.....207 E1
Taller 40.....252 C3
Talloires 74.....195 F3
Tallone 2B.....317 F1
Le Tallud 79.....165 D1
Tallud-Sainte-Gemme 85.....146 C4
Talmas 80.....18 B1
Talmay 21.....140 A3
Talmont-Saint-Hilaire 85.....162 B2
Talmont-sur-Gironde 17.....198 C2
Talmontiers 60.....33 E3
Taloire 04.....268 B4
Talon 58.....136 B3
Talus-Saint-Prix 51.....63 F3
Taluyers 69.....210 C1
Tamaris-sur-Mer 83.....291 F4
La Tamarissière 34.....305 E1
Tamerville 50.....25 D3
Tamié (Abbaye de) 73.....213 F1
Tamnay-en-Bazois 58.....155 F2
Tamniès 24.....221 E3
Tanavelle 15.....225 E3
Tanay 21.....139 F3
Tancarville 76.....15 D4
Tancarville (Pont de) 76.....15 D4
Tancoigné 49.....128 C4
Tancon 71.....191 F1
Tanconville 54.....69 F4
Tancrou 77.....62 B2
Tancua 39.....177 E2
Tangry 62.....7 E2
La Tania 73.....214 B2
Taninges 74.....196 B1
Tanis 50.....79 F1
Tanlay 89.....114 B3
Tannay 08.....39 D1
Tannay 58.....136 B3
Tanneron 83.....288 A3
Tannerre-en-Puisaye 89.....112 B4
La Tannière 53.....80 C2
Tannières 02.....36 C3
Tannois 55.....66 B4
Tanques 61.....56 B4
Tantonville 54.....94 A2
Le Tanu 50.....54 A3
Tanus 81.....259 F2
Tanville 61.....82 C1
Tanzac 17.....199 E2
Taponas 69.....192 C1
Taponnat-Fleurignac 16.....184 A4
Tappa
(Site préhistorique) 2A.....319 E3
Tarabel 31.....277 D3
Taradeau 83.....287 D3
Tarare 69.....192 A3
Tarascon 13.....264 C4
Tarascon-sur-Ariège 09.....301 D4
Tarasteix 65.....273 F4
Tarbes 65.....297 F1
Tarcenay 25.....141 E4
Tardais 28.....84 B1
Tardes 23.....188 A1
Tardets-Sorholus 64.....295 F2
La Tardière 85.....164 B1
Tardinghen 62.....2 A2
Tarentaise 42.....210 B3
Tarentaise
(Belvédère de la) 73.....215 E2
Tarerach 66.....311 F2
Targasonne 66.....310 C3
Targé 86.....149 F4
Target 03.....171 F4
Targon 33.....236 C1
Tarnac 19.....205 D1
Tarnès 33.....217 F3
Tarnos 40.....270 C2
Taron-Sadirac-
Viellenave 64.....273 D3
Tarquimpol 57.....69 E3
Tarrano 2B.....315 F4
Tarsac 32.....273 E1
Tarsacq 64.....272 B4
Tarsul 21.....139 D2
Tart-l'Abbaye 21.....139 F4
Tart-le-Bas 21.....139 F4
Tart-le-Haut 21.....139 F4
Tartaras 42.....210 C2
Tartas 40.....253 E4
Tartécourt 70.....118 A3
Tartiers 02.....36 A2
Tartigny 60.....34 C1
Tartonne 04.....268 A2
Le Tartre 71.....159 D4
Le Tartre-Gaudran 78.....59 F4
Tarzy 08.....22 A2
Tasdon 17.....180 C1
Tasque 32.....273 F2
Tassé 72.....106 B3
Tassenières 39.....159 E2
Tassillé 72.....106 B2
Tassin-la-Demi-Lune 69.....192 C4
Tasso 2A.....317 D4
Tatinghem 62.....3 D3
Le Tâtre 16.....200 C3
Taugon 17.....164 A4
Taulanne 04.....268 B3
Taulé 29.....49 D3
Taulignan 26.....247 E3
Taulis 66.....312 B3
Taupont 56.....101 F1
Tauriac 33.....217 E2
Tauriac 46.....222 C3
Tauriac 81.....258 B4
Tauriac-de-Camarès 12.....280 A1
Tauriac-de-Naucelle 12.....259 F2
Tauriers 07.....245 F2
Taurignan-Castet 09.....300 A3
Taurignan-Vieux 09.....300 A3
Taurinya 66.....311 F3
Taurize 11.....302 C3
Taussac 12.....224 B4
Taussac-la-Billière 34.....280 A2
Taussat 33.....234 C1
Tautavel 66.....312 C1
Tauves 63.....206 B2
Tauxières-Mutry 51.....64 B1
Tauxigny 37.....131 D4
Tavaco 2A.....316 C3
Tavant 37.....149 E1
Tavaux 39.....159 D2
Tavaux-et-Pontséricourt 02.....21 E4
Tavel 30.....264 C3
Tavera 2A.....316 C3
Tavernay 71.....156 C2
Tavernes 83.....286 A2
Taverny 95.....60 C2
Tavers 45.....109 F4
Tavey 70.....142 B1
Taxat-Senat 03.....189 E1
Taxenne 39.....140 B4
Tayac 33.....219 D3
Taybosc 32.....275 D1
Tayrac 12.....259 F1
Tayrac 47.....256 C1
Tazilly 58.....156 B4
Le Tech 66.....312 B4
Têche 38.....230 A1
Técou 81.....259 D4
Teghime (Col de) 2B.....315 E1
Le Teich 33.....234 C1
Teigny 58.....136 C3
Le Teil 07.....246 C2
Teilhède 63.....189 E3
Teilhet 09.....301 E2
Teilhet 63.....188 C2
Teillay 35.....103 E3
Teillay-le-Gaudin 45.....86 B4
Teillay-Saint-Benoît 45.....110 B1
Teillé 44.....127 D2
Teillé 72.....82 C4
Teillet 81.....259 F4
Teillet-Argenty 03.....170 C4
Le Teilleul 50.....81 D1
Teillots 24.....221 F1
Teissières-de-Cornet 15.....224 A3
Teissières-lès-Bouliès 15.....224 B4
Télégraphe (Col du) 73.....214 A4
Telgruc-sur-Mer 29.....47 F4
Tellancourt 54.....40 C1
Tellecey 21.....139 F3
Tellières-le-Plessis 61.....83 E1
Teloché 72.....107 D3
Le Temple 33.....216 B3
Le Temple 41.....108 B2
Le Temple 79.....147 D2
Le Temple-de-Bretagne 44.....126 A3
Temple-Laguyon 24.....221 E1
Le Temple-sur-Lot 47.....238 A4
Templemars 59.....8 C1
La Templerie 35.....80 B3
Templeuve 59.....9 D1
Templeux-la-Fosse 80.....19 F2
Templeux-le-Guérard 80.....19 F2
Tenaille (Ancienne
Abbaye de la) 17.....199 E3
Tenay 01.....194 A3
Tence 43.....227 F2
Tencin 38.....213 D4
Tende 06.....289 F1
Tende (Col de) 06.....289 F1
Tendon 88.....95 E4
Tendron 18.....154 A2
Tendu 36.....168 C1
Teneur 62.....7 E2
Tennie 72.....106 B1
Tenteling 57.....43 D4
Tercé 86.....166 C2
Tercillat 23.....169 F3
Tercis-les-Bains 40.....271 E1
Terdeghem 59.....3 F3
Térénez 29.....49 E2
Térénez (Pont de) 29.....47 F4
Tergnier 02.....20 A4
Terjat 03.....188 B1
Termes 08.....39 D3
Termes 11.....303 D3
Termes 48.....225 F4
Termes-d'Armagnac 32.....273 F1
Termignon 73.....215 D4
Terminiers 28.....109 F1
Ternand 69.....192 B3
Ternant 17.....181 F3
Ternant 21.....138 C4
Ternant 58.....156 A4
Ternant-les-Eaux 63.....207 E3
Ternas 62.....7 F3
Ternat 52.....116 B2
Ternay 41.....108 A4
Ternay 69.....210 C1
Ternay 86.....148 B2
Ternay (Barrage du) 07.....210 B4
Les Ternes 15.....225 E3
Ternuay-Melay-
et-Saint-Hilaire 70.....119 E3
Terny-Sorny 02.....36 B2
Terramesnil 80.....18 B1
Terrans 71.....158 C3
La Terrasse 38.....213 D4
Terrasse
(Panorama de la) 69.....192 B1
La Terrasse-sur-Dorlay 42.....210 B3
Terrasson-Lavilledieu 24.....221 F2
Terrats 66.....312 C2
Terraube 32.....256 A4
Terre-Clapier 81.....259 F4
Terrebasse 31.....299 F1
Terrefondrée 21.....115 F4

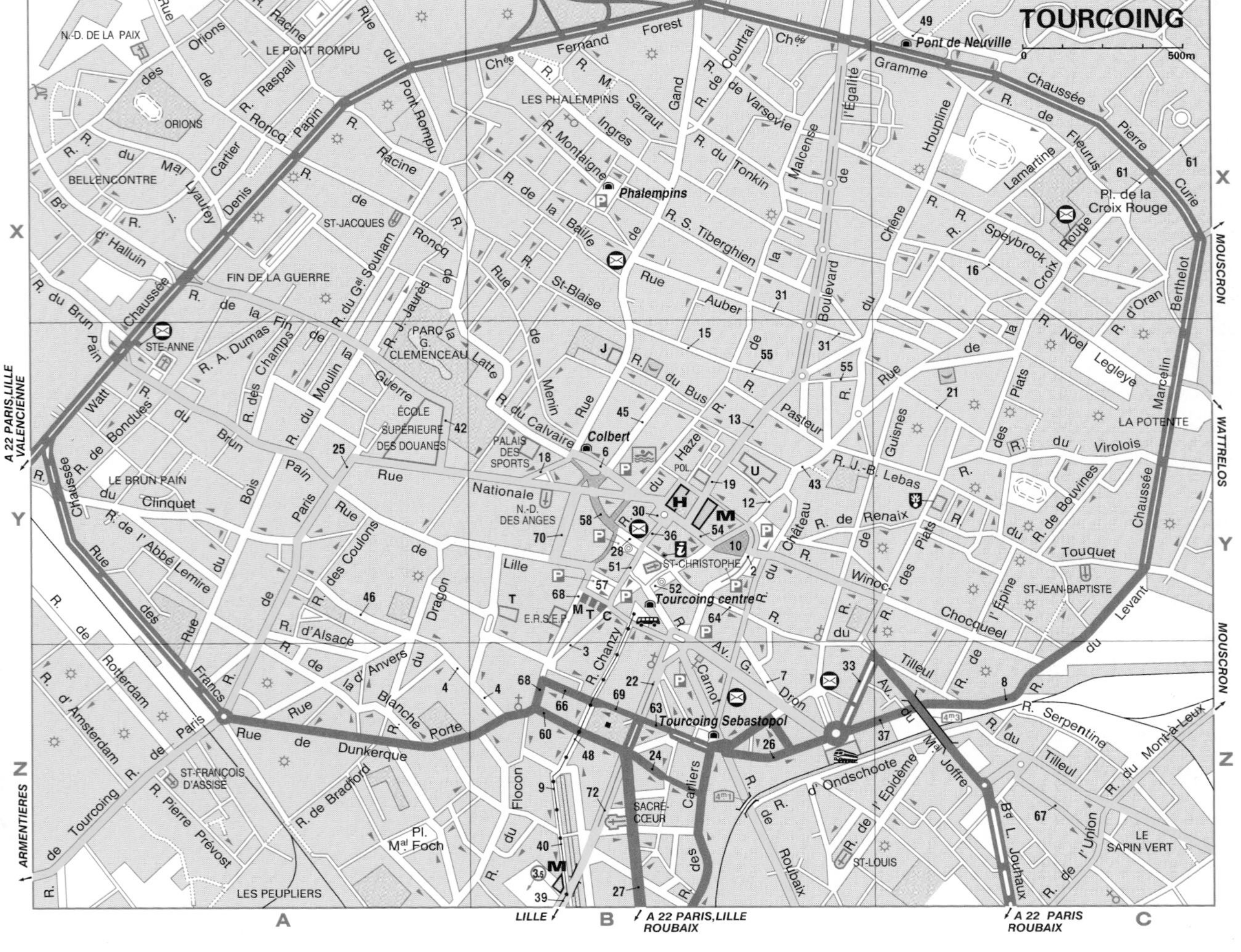

Allende (Bd Salvador).....BY 2
Anges (R. des).....BYZ 3
Austerlitz (R. d').....ABZ 4
Bienfaisance (R. de la).....BY 6
Brun-Pain (R. du).....AY
Buisson (R. Ferdinand).....BZ 7
Chateaubriand (R.).....CZ 8
Cherbourg (Quai de).....BZ 9
Clavell (Pl. Miss).....BY 10
Cloche (R. de la).....BY 12
Condorcet (R.).....BY 13
Courbet (R. de l'Amiral).....BY 15
Croix-Blanche (R. de la).....CX 16
Croix-Rouge (R. de la).....CXY
Delobel (R.).....BY 18
Doumer (R. Paul).....BY 19
Dron (Av. Gustave).....BZ
Duguay-Trouin (R.).....CY 21
Faidherbe (R.).....BZ 22
Famelart (R.).....BZ 24
Froissart (R. Jean).....AY 25
Gambetta (Bd).....BZ 27
Gand (R. de).....BXY
Grand'Place.....BY 28
Hassebroucq (Pl. V.).....BY 30
Hénaux (R. Marcel).....BXY 31
La-Fayette (Av.).....BZ 33
Leclerc (R. du Gén.).....BY 36
Lefrançois
(Av. Alfred).....CZ 37
Marne (Av. de la).....BZ 39
Marseille (Quai de).....BZ 40
Menin (R. de).....BXY
Millet (Av. Jean).....AY 42
Moulin-Fagot (R. du).....BY 43
Nationale (R.).....ABY
Péri (R. Gabriel).....BY 45
Petit-Village (R. du).....AY 46
Pompidou (Av. G.).....BZ 48
Pont-de-Neuville
(R. du).....CX 49
République (Pl. de la).....BY 51
Résistance (Pl. de la).....BY 52
Ribot (R. Alexandre).....BY 54
Roosevelt (R. F.).....BY 55
Roussel (Pl. Ch.-et-A.).....BY 57
St-Jacques (R.).....BY 58
Sasselange (R. Ed.).....BZ 60
Testelin (R. A.).....CX 61
Thiers (R.).....BZ 63
Tournai (R. de).....BY 64
Turenne (R.).....BZ 66
Ursulines (R. des).....BYZ 68
Victoire (Pl. de la).....BZ 69
Wailly (R. de).....BY 70
Wattine (R. Ch.).....BZ 72

WATTRELOS

Vaneslander (R. M.).....CZ 67

Terrehault 72 ....83 E4
Terrenoire 42 ....210 A3
Les Terres-de-Chaux 25 ....142 B3
La Terrisse 12 ....242 C1
Terroles 11 ....302 B3
Terron-sur-Aisne 08 ....39 D2
Terrou 46 ....223 D4
Tersanne 26 ....229 E1
Tersannes 87 ....168 A4
Terssac 81 ....259 E4
Le Tertre Rouge
(Parc zoologique) 72 ....106 B4
Le Tertre-Saint-Denis 78 ....59 F2
Tertry 80 ....19 F3
Terves 79 ....147 F4
Terville 57 ....41 F2
Tessancourt-sur-Aubette 78 ....60 A2
Tessé-Froulay 61 ....81 F1
Tessé-la-Madeleine 61 ....81 F1
Tessel 14 ....29 D4
Tessens 73 ....214 B1
Tesson 17 ....199 E1
Tessonnière 79 ....148 B4
La Tessoualle 49 ....147 D2
Tessy-sur-Vire 50 ....54 C2
La Teste-de-Buch 33 ....234 B1
Tétaigne 08 ....23 E4
Tête des Cuveaux 88 ....119 D1
Téteghem 59 ....3 F1
Téterchen 57 ....42 B3
Téthieu 40 ....271 F1
Teting-sur-Nied 57 ....69 D1
Teuillac 33 ....217 E2
Teulat 81 ....277 D2
Le Teulet 19 ....223 E3
Teurthéville-Bocage 50 ....25 D2
Teurthéville-Hague 50 ....24 B2
Teyjat 24 ....202 B2
Teyran 34 ....281 F1
Teyssières 26 ....247 F3
Teyssieu 46 ....223 D3
Teyssode 81 ....277 F2
Thaas 51 ....90 A1
Thaims 17 ....199 D1
Thairé 17 ....181 D1
Thaix 58 ....155 F3
Thal-Drulingen 67 ....70 A1
Thal-Marmoutier 67 ....70 B2
Thalamy 19 ....206 A2
Thann 68 ....120 A2
Thannenkirch 68 ....96 B2
Thanvillé 67 ....96 B1
Thaon 14 ....29 E3
Thaon-les-Vosges 88 ....94 C3
Tharaux 30 ....263 F1
Tharoiseau 89 ....136 C2
Tharon-Plage 44 ....125 E4
Tharot 89 ....137 D2
Thaumiers 18 ....153 F4
Thauron 23 ....186 C2
Thauvenay 18 ....135 D4
Thèbe 65 ....298 C3
Théding 57 ....43 D4
Thédirac 46 ....239 F2
Thégra 46 ....222 C4
Théhillac 56 ....125 E1
Le Theil 03 ....171 F4
Le Theil 15 ....224 A2
Le Theil 23 ....186 B3
Le Theil 50 ....25 D2
Le Theil 61 ....83 F4
Le Theil-Bocage 14 ....55 E2
Le Theil-de-Bretagne 35 ....103 F2
Le Theil-en-Auge 14 ....30 C3
Le Theil-Nolent 27 ....31 D4
Theil-Rabier 16 ....183 E2
Theil-sur-Vanne 89 ....113 D1
Theillay 41 ....133 E4
Theillement 27 ....31 F3
Theix 56 ....101 E4
Theizé 69 ....192 B3
Thel 69 ....192 A1
Théligny 72 ....84 A4
Thélis-la-Combe 42 ....210 B4
Thélod 54 ....94 A1
Thelonne 08 ....23 D4
Thélus 62 ....8 B3
Thémericourt 95 ....60 A1
Thémines 46 ....240 C1
Théminettes 46 ....241 D1
Thénac 17 ....199 E1
Thénac 24 ....237 F1
Thenailles 02 ....21 E3
Thenay 36 ....168 B1
Thenay 41 ....132 A3
Thenelles 02 ....20 B3
Thénésol 73 ....196 A4
Theneuil 37 ....149 E1
Theneuille 03 ....171 E2
Thénezay 79 ....148 B4
Thénioux 18 ....133 D4
Thenissey 21 ....138 B2
Thénisy 77 ....88 C2
Thennelières 10 ....90 B3
Thennes 80 ....18 C3
Thenon 24 ....221 E1
Thénorgues 08 ....39 E2
Théoule-sur-Mer 06 ....288 A4
Therdonne 60 ....34 A2
Théret (Château du) 23 ....187 D1
Thérines 60 ....33 F1
Thermes-Magnoac 65 ....298 C1
Thérondels 12 ....224 C4
Thérouanne 62 ....3 E4
Thérouldeville 76 ....15 D2
Thervay 39 ....140 B4
Thésée 41 ....132 A3
Thésy 39 ....160 A2
Theuley 70 ....140 C1
Théus 05 ....249 F2
Theuville 28 ....85 F3
Theuville 95 ....34 A4
Theuville-aux-Maillots 76 ....15 D2
Theuvy-Achères 28 ....85 D1
Thevet-Saint-Julien 36 ....169 F1
Théville 50 ....25 D2
Thevray 27 ....58 A2
They-sous-Montfort 88 ....94 A4
They-sous-Vaudemont 54 ....94 A2
Theys 38 ....213 E4
Théza 66 ....313 D2
Thézac 17 ....199 D1
Thézac 47 ....239 D3
Thézan-des-Corbières 11 ....303 E2
Thézan-lès-Béziers 34 ....280 B4
Thèze 04 ....249 E4
Thèze 64 ....273 D3
Thézey-Saint-Martin 54 ....68 B2
Théziers 30 ....264 B3
Thézillieu 01 ....194 B3
Thézy-Glimont 80 ....18 B3
Thiais 94 ....61 D4
Thiancourt 90 ....120 A4
Thianges 58 ....155 E3
Thiant 59 ....9 E3
Thiat 87 ....167 F4
Thiaucourt-Regniéville 54 ....67 F2
Thiaville-sur-Meurthe 54 ....95 E2
Thiberville 27 ....31 D4
Thibie 51 ....64 B2
Thibivillers 60 ....33 F3
Thibouville 27 ....31 F4
Thicourt 57 ....69 D1
Thiébauménil 54 ....95 D1
Thiéblemont-Farémont 51 ....65 E4
Thiébouhans 25 ....142 C3
Thieffrain 10 ....91 D4
Thieffrans 70 ....141 F2
Thiéfosse 88 ....119 E2
Thiel-sur-Acolin 03 ....172 C2
Thiembronne 62 ....3 D4
Thiénans 70 ....141 F2
Thiennes 59 ....3 F4
Thiepval 80 ....19 D1
Thiergeville 76 ....15 D2
Thiernu 02 ....21 D3
Thiers 63 ....190 B4
Thiers-sur-Thève 60 ....35 D4
Thierville 27 ....31 E3
Thierville-sur-Meuse 55 ....40 A4
Thiéry 06 ....269 F2
Thiescourt 60 ....35 E1
Thiétreville 76 ....15 D2
Le Thieulin 28 ....84 C3
Thieulloy-la-Ville 80 ....17 F4
Thieulloy-l'Abbaye 80 ....17 F3
Thieuloy-Saint-Antoine 60 ....33 F1
La Thieuloye 62 ....7 F2
Thieux 60 ....34 B1
Thieux 77 ....61 F2
Thiéville 14 ....56 B1
Thièvres 62 ....7 F4
Thiézac 15 ....224 C3
Thignonville 45 ....86 C4
Thil 01 ....193 E4
Thil 10 ....91 F3
Le Thil 27 ....33 D3
Thil 31 ....276 A1
Thil 51 ....37 F3
Thil 54 ....41 D1
Thil-la-Ville 21 ....138 A3
Thil-Manneville 76 ....16 A3
Le Thil-Riberpré 76 ....17 D4
Thil-sur-Arroux 71 ....156 C4
Thilay 08 ....23 D2
Le Thillay 95 ....61 E2
Thilleux 52 ....91 F2
Les Thilliers-en-Vexin 27 ....33 D4
Thillois 51 ....37 E4
Thillombois 55 ....66 C2
Thillot 55 ....67 E1
Le Thillot 88 ....119 E2
Thilouze 37 ....130 C4
Thimert 28 ....85 D1
Thimonville 57 ....68 C2
Thimory 45 ....111 E3
Thin-le-Moutier 08 ....22 B4
Thines 07 ....245 E3
Thiolières 63 ....208 C2
Thionne 03 ....172 C3
Thionville 57 ....41 F2
Thionville-sur-Opton 78 ....59 F4
Thiouville 76 ....15 E2
Thiraucourt 88 ....94 A3
Thiré 85 ....163 F2
Thiron Gardais 28 ....84 B3
This 08 ....22 B3
Thise 25 ....141 E3
Thivars 28 ....85 E3
Thivencelle 59 ....9 F2
Thiverny 60 ....34 C4
Thiverval-Grignon 78 ....60 A3
Thivet 52 ....116 C2
Thiviers 24 ....203 D3
Thiville 28 ....109 D2
Thizay 36 ....152 B3
Thizay 37 ....149 D1
Thizy 69 ....191 F2
Thizy 89 ....137 E1
Thoard 04 ....267 F1
Thodure 38 ....211 F4
Thoigné 72 ....83 D3
Thoiras 30 ....263 D2
Thoiré-sous-Contensor 72 ....83 D3
Thoiré-sur-Dinan 72 ....107 E4
Thoires 21 ....115 E2
Thoirette 39 ....176 C4
Thoiria 39 ....177 D2
Thoiry 01 ....177 E4
Thoiry 73 ....213 E1
Thoiry 78 ....60 A3
Thoissey 01 ....192 C1
Thoissia 39 ....176 B3
Thoisy-la-Berchère 21 ....137 F4
Thoisy-le-Désert 21 ....138 B4
Thoix 80 ....17 F4
Thol-lès-Millières 52 ....93 D4
Thollet 86 ....168 A3
Thollon-les-Mémises 74 ....179 D3
Le Tholonet 13 ....285 D2
Le Tholy 88 ....119 E1
Thomer-la-Sôgne 27 ....58 C2
Thomery 77 ....87 F3
Thomirey 21 ....157 F1
Thonac 24 ....221 E2
Thônes 74 ....195 F3
Thonnance-lès-Joinville 52 ....92 B2
Thonnance-les-Moulins 52 ....92 C2
Thonne-la-Long 55 ....40 B1
Thonne-le-Thil 55 ....40 A1
Thonne-les-Prés 55 ....40 A1
Thonnelle 55 ....40 A1
Thonon-les-Bains 74 ....178 B3
Les Thons 88 ....117 F2

TOURS

Amandiers (R. des) .... CY 4
Berthelot (R.) .... BCY 7
Bons Enfants (R. des) .... BY 8
Bordeaux (R. de) .... CZ
Boyer (R. Léon) .... AZ 10
Briçonnet (R.) .... AY 13
Carmes (Pl. des) .... BY 16
Châteauneuf (Pl. de) .... BY 17
Châteauneuf (R. de) .... AY 18
Cœur-Navré (Passage du) .... CY 21
Commerce (R. du) .... BY 22
Constantine (R. de) .... BY 24
Corneille (R.) .... CY 25
Courier (Rue Paul-Louis) .... BY 27
Courteline (R. G.) .... AY 28
Cygne (R. du) .... CY 29
Descartes (R.) .... BZ 33
Dolve (R. de la) .... BZ 35
Favre (R. Jules) .... BY 38
Fusillés (R. des) .... BY 41
Gambetta (R.) .... BZ 43
Giraudeau (R.) .... AZ 46
Grammont (Av. de) .... CZ
Grand-Marché (Pl. du) .... AY 49
Grand Passage .... CZ 50
Grégoire-de-Tours (Pl.) .... DY 52
Grosse-Tour (R. de la) .... AY 55
Halles (Pl. des) .... AZ
Halles (R. des) .... BY
Herbes (Carroi aux) .... AY 56
Lavoisier (R.) .... CY 60
Marceau (R.) .... BYZ
Marceau (R.) .... DY 61
Merville (R. du Prés.) .... BY 65
Meusnier (R. Gén.) .... DY 66
Monnaie (R. de la) .... BY 68
Mûrier (R. du) .... AY 71
Nationale (R.) .... BYZ
Paix (R. de la) .... BY 73
Petit-Cupidon (R. du) .... DY 77
Petit-St-Martin (R. du) .... AY 78
Petites-Boucheries (Pl. des) .... DY 80
Racine (R.) .... DY 84
Rapin (R.) .... AZ 85
St-Pierre-le-Puellier (Pl.) .... ABY 93
Scellerie (R. de la) .... BCY
Sully (R. de) .... BZ 96
Victoire (Pl. de la) .... AY 103
Vinci (R. Léonard de) .... BZ 104

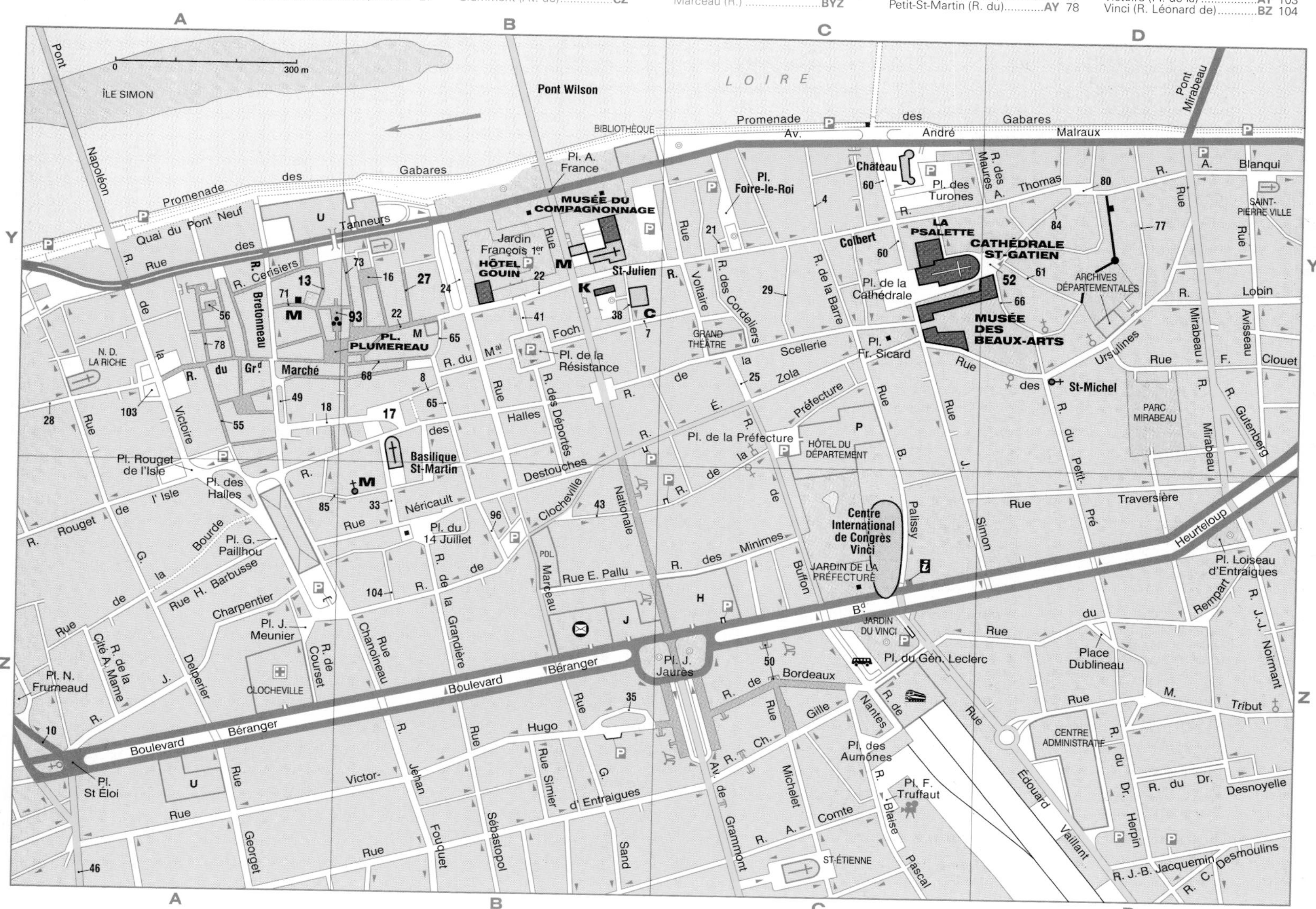

Thonville 57 ....69 D1
Le Thor 84 ....265 E3
Thorailles 45 ....112 A2
Thoraise 25 ....141 D4
Thorame-Basse 04 ....268 B2
Thorame-Haute 04 ....268 B1
Thorame-Haute-Gare 04 ....268 B2
Thoras 43 ....226 B4
Thoré-la-Rochette 41 ....108 B4
Thorée-les-Pins 72 ....106 C4
Thorenc 06 ....269 D4
Thorens-Glières 74 ....195 F2
Thorey 89 ....114 B3
Thorey-en-Plaine 21 ....139 E4
Thorey-Lyautey 54 ....94 A2
Thorey-sous-Charny 21 ....138 A3
Thorey-sur-Ouche 21 ....157 F1
Thorigné 79 ....165 D4
Thorigné-d'Anjou 49 ....128 A1
Thorigné-en-Charnie 53 ....105 F2
Thorigné-Fouillard 35 ....79 E4
Thorigné-sur-Dué 72 ....107 E2
Thorigny 85 ....163 E1
Thorigny-sur-le-Mignon 79 ....182 A1
Thorigny-sur-Marne 77 ....61 F3
Thorigny-sur-Oreuse 89 ....89 D4
Le Thoronet 83 ....286 C3
Thoronet (Abbaye du) 83 ....286 C3
Thorrenc 07 ....228 C1
Thors 10 ....91 F3
Thors 17 ....182 C4
Thory 80 ....18 B4
Thory 89 ....137 D1
Thoste 21 ....137 F2
Le Thot 24 ....221 E2
Le Thou 17 ....181 D1
Thou 18 ....134 C3
Thou 45 ....135 D1
Thouarcé 49 ....128 B4
Thouaré-sur-Loire 44 ....126 C4
Thouars 79 ....148 A2
Thouars-sur-Arize 09 ....300 A2
Thouars-sur-Garonne 47 ....255 F1
Thouarsais-Bouildroux 85 ....164 A1
Le Thoult-Trosnay 51 ....63 E3
Le Thour 08 ....37 F1
Le Thoureil 49 ....129 D3
Thourie 35 ....103 F3
Thouron 87 ....185 F2
Thourotte 60 ....35 E2
Thoury 41 ....132 C1
Thoury-Férottes 77 ....88 A4
Thoux 32 ....275 F1
Thubœuf 53 ....81 F2
Le Thuel 02 ....21 F4
Thuellin 38 ....212 B1
Thuès-entre-Valls 66 ....311 E3
Thueyts 07 ....245 F1
Thugny-Trugny 08 ....38 B2
La Thuile 73 ....213 E2
Les Thuiles 04 ....250 B3
Thuilley-aux-Groseilles 54 ....93 F1
Thuillières 88 ....94 A4
Thuir 66 ....312 C2
Thuisy 10 ....89 F4
Le Thuit 27 ....32 C4
Le Thuit-Anger 27 ....32 A3
Thuit-Hébert 27 ....31 F3
Le Thuit-Signol 27 ....32 A3
Le Thuit-Simer 27 ....31 F4
Thulay 25 ....142 C2
Thumeréville 54 ....41 D4
Thumeries 59 ....8 C2
Thun-l'Évêque 59 ....9 E4
Thun-Saint-Amand 59 ....9 E2
Thun-Saint-Martin 59 ....9 E4
Thurageau 86 ....149 D4
Thuré 86 ....149 E3
Thuret 63 ....189 F3
Thurey 71 ....158 C4
Thurey-le-Mont 25 ....141 E1
Thurins 69 ....210 B1
Thury 21 ....157 E2
Thury 89 ....135 F1
Thury-en-Valois 60 ....35 F4
Thury-Harcourt 14 ....55 F2
Thury-sous-Clermont 60 ....34 B3
Thusy 74 ....195 D2
Thuy 65 ....298 A1
Thyez 74 ....196 A1
Thyl 73 ....214 B4
Tibiran-Jaunac 65 ....298 C3
Ticheville 61 ....57 D2
Tichey 21 ....159 D2
Tieffenbach 67 ....70 B1
Tiercé 49 ....128 C1
Tiercelet 54 ....41 D2
Le Tiercent 35 ....79 F3
Tierceville 14 ....29 D3
Tieste-Uragnoux 32 ....273 F2
La Tieule 48 ....243 F4
Tiffauges 85 ....146 B2
Tigeaux 77 ....62 A3
Tigery 91 ....87 E1
Tignac 09 ....310 B1
Tigné 49 ....128 C4
Tignécourt 88 ....117 F1
Tignes 73 ....215 D2
Tignes (Barrage de) 73 ....215 D2
Le Tignet 06 ....287 F1
Tignieu-Jameyzieu 38 ....193 F4
Tigny-Noyelle 62 ....6 B3
Tigy 45 ....110 C4
Til-Châtel 21 ....139 E2
Tilh 40 ....272 A2
Tilhouse 65 ....298 B2
Tillac 32 ....274 B3
Tillay-le-Péneux 28 ....110 A1
Tillé 60 ....34 A2
Tillenay 21 ....139 F4
Le Tilleul 76 ....14 B2
Tilleul-Dame-Agnès 27 ....58 B2
Le Tilleul-Lambert 27 ....58 B1
Le Tilleul-Othon 27 ....58 A1
Tilleux 88 ....93 E3
Tillières 49 ....146 B1
Tillières-sur-Avre 27 ....58 C4
Tilloloy 80 ....19 D4
Tillou 79 ....183 D1
Tilloy-et-Bellay 51 ....65 E1
Tilloy-Floriville 80 ....17 D2
Tilloy-lès-Conty 80 ....18 A4
Tilloy-lès-Hermaville 62 ....8 A3
Tilloy-lès-Mofflaines 62 ....8 B3
Tilloy-lez-Cambrai 59 ....9 D4
Tilloy-lez-Marchiennes 59 ....9 E2
Tilly 27 ....59 E1
Tilly 36 ....168 A3
Tilly 78 ....59 F3
Tilly-Capelle 62 ....7 E2
Tilly-la-Campagne 14 ....56 A1
Tilly-sur-Meuse 55 ....66 C1
Tilly-sur-Seulles 14 ....29 D4
Tilques 62 ....3 D3
Tincey-et-Pontrebeau 70 ....140 C1
Tinchebray 61 ....55 D3
Tincourt-Boucly 80 ....19 F2
Tincques 62 ....7 F3
Tincry 57 ....68 C2
Les Tines 74 ....197 D2
Tingry 62 ....2 B4
Tinqueux 51 ....37 F4
Tinténiac 35 ....79 D3
Tintry 71 ....157 E3
Tintury 58 ....155 F2
Tiranges 43 ....209 D4
Tirent-Pontéjac 32 ....275 E2
Tirepied 50 ....54 A4
Tissey 89 ....114 A3
Le Titre 80 ....6 B4
Tiuccia 2A 316 B3
Tivernon 45 ....110 A1
Tiviers 15 ....225 F2
Tivolaggio 2A 318 C2
Tizac-de-Curton 33 ....218 C4
Tizac-de-Lapouyade 33 ....218 C2
Tizzano 2A 318 C3
Tocane-Saint-Apre 24 ....202 A4
Tocqueville 27 ....31 E2
Tocqueville 50 ....25 E2
Tocqueville-en-Caux 76 ....15 F2
Tocqueville-les-Murs 76 ....15 D3
Tocqueville-sur-Eu 76 ....16 B1
Tœufles 80 ....17 D1
Toges 08 ....39 D2
Togny-aux-Bœufs 51 ....65 D3
Tolla 2A 316 C3
Tollaincourt 88 ....117 E1
Tollent 62 ....7 D3
Tollevast 50 ....24 C2
La Tombe 77 ....88 B3
Tombebœuf 47 ....238 A3
Tomblaine 54 ....68 B4
Tomino 2B 314 A1
Les Tonils 26 ....247 F2
Tonnac 81 ....258 C2
Tonnay-Boutonne 17 ....181 F2
Tonnay-Charente 17 ....181 E3
Tonneins 47 ....237 F4
Tonnerre 89 ....114 A3
Tonneville 50 ....24 B2
Tonnoy 54 ....94 B1
Tonquédec 22 ....50 A2
Tonquédec (Château de) 22 ....50 A2
Torcé 35 ....104 A1
Torcé-en-Vallée 72 ....107 E1
Torcé-Viviers-en-Charnie 53 ....106 A1
Torcenay 52 ....117 D3
Torchamp 61 ....81 E1
Torchefelon 38 ....212 A2
Torcheville 57 ....69 E2
Torcieu 01 ....194 A3
Torcy 62 ....7 D2
Torcy 71 ....157 E4
Torcy 77 ....61 F3
Torcy-en-Valois 02 ....62 C1
Torcy-et-Pouligny 21 ....137 F2
Torcy-le-Grand 10 ....90 B1
Torcy-le-Grand 76 ....16 A3
Torcy-le-Petit 10 ....90 B1
Torcy-le-Petit 76 ....16 A3
Tordères 66 ....312 C3
Tordouet 14 ....57 D1
Torfou 49 ....146 B1
Torfou 91 ....86 C2
Torigni-sur-Vire 50 ....54 C1
Tornac 30 ....263 D3
Tornay 52 ....117 E4
Le Torp-Mesnil 76 ....15 F2
Torpes 25 ....141 D4
Torpes 71 ....159 D3
Le Torpt 27 ....30 C3
Le Torquesne 14 ....30 B4
Torre 2A 319 E2
Torreilles 66 ....313 D1
Torsac 16 ....201 F2
Torsiac 43 ....207 F4
Tortebesse 63 ....206 B1
Tortefontaine 62 ....6 C3
Tortequesne 62 ....8 C3
Torteron 18 ....154 B2
Torteval-Quesnay 14 ....28 C4
Tortezais 03 ....171 E3
Tortisambert 14 ....56 C2
Le Tortoir 02 ....36 C1
Torvilliers 10 ....90 A4
Torxé 17 ....181 F3
Tosny 27 ....32 C4
Tosse 40 ....271 D1
Tossiat 01 ....193 F1
Tostat 65 ....273 F4
Tostes 27 ....32 B4
Totainville 88 ....94 A3
Tôtes 14 ....56 C2
Tôtes 76 ....16 A4
Touchay 18 ....170 A1
La Touche 26 ....247 D2
Touche-Trébry (Château de la) 22 ....77 F2
Les Touches 44 ....126 C2
Les Touches-de-Périgny 17 ....182 C3
Toucy 89 ....112 C4
Toudon 06 ....269 F3
Touët-de-l'Escarène 06 ....289 E3
Touët-sur-Var 06 ....269 E3
Touffailles 82 ....257 D1
Toufflers 59 ....5 D4
Touffou (Château de) 86 ....166 C1
Touffréville 14 ....29 F4
Touffreville 27 ....32 C3
Touffreville-la-Cable 76 ....15 D4
Touffreville-la-Corbeline 76 ....15 E3
Touffreville-sur-Eu 76 ....16 B1
Touget 32 ....275 F1
Touille 31 ....299 F2
Touillon 21 ....138 A1
Touillon-et-Loutelet 25 ....161 D3
Toujouse 32 ....254 C4
Toul 54 ....67 F4
Toul Goulic (Gorges de) 22 ....76 B2
Toulaud 07 ....229 D3
Toulenne 33 ....236 C2
Touligny 08 ....22 C4
Toulis-et-Attencourt 02 ....21 D4
Toullaëron (Roc de) 29 ....75 F3
Toulon 83 ....291 F4
Toulon-la-Montagne 51 ....63 F3
Toulon-sur-Allier 03 ....172 B2
Toulon-sur-Arroux 71 ....173 F1
Toulonjac 12 ....241 D4
Toulouges 66 ....312 C2
Toulouse 31 ....276 C2
Toulouse (Croix de) 05 ....232 C3
Toulouse-le-Château 39 ....159 E3
Toulouzette 40 ....272 B1
Toulx-Sainte-Croix 23 ....170 A4
Touques 14 ....30 B3
Le Touquet-Paris-Plage 62 ....6 A1
Touquettes 61 ....57 E3
Touquin 77 ....62 B4
La Tour 06 ....289 D2
La Tour 74 ....196 A1
La Tour-Blanche 24 ....202 A4
La Tour-d'Aigues 84 ....285 D1
La Tour-d'Auvergne 63 ....206 C2
Tour-de-Faure 46 ....240 C3
La Tour-de-Salvagny 69 ....192 C4
La Tour-de-Scay 25 ....141 E2
La Tour-du-Crieu 09 ....301 D2
La Tour-du-Meix 39 ....176 C2
Le Tour-du-Parc 56 ....123 D2
La Tour-du-Pin 38 ....212 A2
Tour-en-Bessin 14 ....28 C3
La Tour-en-Jarez 42 ....210 A3
Tour-en-Sologne 41 ....132 B2
La Tour-Fondue 83 ....292 B3
La Tour-Saint-Gelin 37 ....149 E2
La Tour-sur-Orb 34 ....280 A2
Tourailles 41 ....131 F1
Les Tourailles 61 ....55 F3
Tourailles-sous-Bois 55 ....92 C2
Tourbes 34 ....280 C3
Tourcelles-Chaumont 08 ....38 C2
Tourch 29 ....75 D4
Tourcoing 59 ....5 D4
Tourdun 32 ....274 A2
La Tourette 19 ....205 F2
La Tourette 42 ....209 E3
La Tourette-Cabardès 11 ....278 B4
Tourette-du-Château 06 ....269 F3
Tourgéville 14 ....30 B3
La Tourlandry 49 ....147 E1
Tourlaville 50 ....24 C2
Tourliac 47 ....238 C1
Tourly 60 ....33 F4
Tourmalet (Col du) 65 ....298 A4
Tourmignies 59 ....8 C1
Tourmont 39 ....159 F3
Tournai-sur-Dive 61 ....56 C3
Tournan 32 ....275 E3
Tournan-en-Brie 77 ....61 F4
Tournans 25 ....141 F2
Tournavaux 08 ....22 C2
Tournay 65 ....298 A1
Tournay-sur-Odon 14 ....55 E1
Le Tourne 33 ....236 B1
Tournebu 14 ....56 A2
Tournecoupe 32 ....256 C4
Tournedos-Bois-Hubert 27 ....58 B1
Tournedos-sur-Seine 27 ....32 B3
Tournedoz 25 ....142 B2
Tournefeuille 31 ....276 B2
Tournefort 06 ....269 F2
Tournehem-sur-la-Hem 62 ....3 D3
Tournemire 12 ....261 D3
Tournemire 15 ....224 A2
Tournes 08 ....22 C3
Le Tourneur 14 ....55 D2
Tourneville 27 ....58 C1
Tourniac 15 ....223 F1
Tournières 14 ....27 F3
Tourniol (Col de) 26 ....229 F3
Tournissan 11 ....303 D2
Tournoël (Château de) 63 ....189 E3
Tournoisis 45 ....109 F2
Tournon 73 ....213 F1
Tournon-d'Agenais 47 ....239 D4
Tournon-Saint-Martin 36 ....150 B4
Tournon-Saint-Pierre 37 ....150 B4
Tournon-sur-Rhône 07 ....229 D2
Tournous-Darré 65 ....298 B1
Tournous-Devant 65 ....298 B1
Tournus 71 ....175 E2
Tourny 27 ....33 D4
Tourouvre 61 ....83 F1
Tourouzelle 11 ....303 E1
Tourreilles 11 ....302 A3
Les Tourreilles 31 ....298 C2
Tourrenquets 32 ....275 D1
Tourrette (Château de la) 07 ....228 C4
Tourrette-Levens 06 ....288 C1
Les Tourrettes 26 ....247 D1
Tourrettes 83 ....287 E1
Tourrettes-sur-Loup 06 ....269 F4
Tourriers 16 ....183 F4
Tours 37 ....130 C3
Tours-en-Savoie 73 ....214 A1
Tours-en-Vimeu 80 ....17 D1
Tours-Saint-Symphorien (Aéroport de) 37 ....130 C3
Tours-sur-Marne 51 ....64 B1
Tours-sur-Meymont 63 ....208 B1
Tourtenay 79 ....148 B2
Tourteron 08 ....38 C1
Tourtoirac 24 ....203 E4
Tourtour 83 ....286 C2
Tourtouse 09 ....300 A2
Tourtrès 47 ....238 A3
Tourtrol 09 ....301 E3
Tourves 83 ....286 A3
Tourville-en-Auge 14 ....30 B3
Tourville-la-Campagne 27 ....31 F4
Tourville-la-Chapelle 76 ....16 B2
Tourville-la-Rivière 76 ....32 B3
Tourville-les-Ifs 76 ....14 C2
Tourville-sur-Arques 76 ....16 A3
Tourville-sur-Odon 14 ....29 D4
Tourville-sur-Pont-Audemer 27 ....31 D3
Tourville-sur-Sienne 50 ....53 F1
Toury 28 ....86 A4
Toury-Lurcy 58 ....155 E4
Toury-sur-Jour 58 ....155 D4
Tourzel-Ronzières 63 ....207 E2
Toussaint 76 ....14 C2
Toussieu 69 ....211 D1
Toussieux 01 ....192 C3
Tousson 77 ....87 D3
La Toussuire 73 ....213 F4
Toussus-le-Noble 78 ....60 C4
Toutainville 27 ....31 D3
Toutenant 71 ....158 C3
Toutencourt 80 ....18 C1
Toutens 31 ....277 E3
Toutes Aures (Col de) 04 ....268 C3
Toutlemonde 49 ....147 D1
Toutry 21 ....137 E2
Touvérac 16 ....200 C3
Le Touvet 38 ....213 D3
Touville 27 ....31 F3
Touvois 44 ....145 E2
Touvre 16 ....201 F1
Touzac 16 ....201 D2
Touzac 46 ....239 E3
Tox 2B 317 F1
Toy-Viam 19 ....205 D1
Trabuc (Grotte de) 30 ....263 D2
Tracol (Col de) 43 ....210 A4
Tracy-Bocage 14 ....55 E1
Tracy-le-Mont 60 ....35 F2
Tracy-le-Val 60 ....35 F2
Tracy-sur-Loire 58 ....135 D4
Tracy-sur-Mer 14 ....29 D3
Trades 69 ....174 C4
Traenheim 67 ....70 C3
Tragny 57 ....68 C2
Traînel 10 ....89 D3
Traînou 45 ....110 B2
Le Trait 76 ....15 F4
Traitiéfontaine 70 ....141 E2
Traize 73 ....212 C1
Tralaigues 63 ....188 B3
Tralonca 2B 315 E4
Tramain 22 ....78 A2
Tramayes 71 ....174 C4
Trambly 71 ....174 C4
Tramecourt 62 ....7 D2
Tramery 51 ....37 E4
Tramezaïgues 65 ....307 D4
Tramolé 38 ....211 F2
Tramont-Émy 54 ....93 F2
Tramont-Lassus 54 ....93 F2
Tramont-Saint-André 54 ....93 F2
Tramoyes 01 ....193 D3
Trampot 88 ....92 C3
Trancault 10 ....89 E3
La Tranche-sur-Mer 85 ....162 C3
La Tranclière 01 ....193 F1
Trancrainville 28 ....86 A4
Trangé 72 ....106 C2
Le Tranger 36 ....151 D3
Trannes 10 ....91 E3
Tranqueville-Graux 88 ....93 F2
Trans 53 ....82 A3
Trans-en-Provence 83 ....287 D2
Trans-la-Forêt 35 ....79 E1
Trans-sur-Erdre 44 ....126 C2
Le Translay 80 ....17 D2
Le Transloy 62 ....19 E1
Tranzault 36 ....169 E1
La Trappe (Abbaye de) 61 ....83 F1
Trappes 78 ....60 B4
Trassanel 11 ....278 C4
Traubach-le-Bas 68 ....120 A3
Traubach-le-Haut 68 ....120 A3
Trausse 11 ....303 D1
Travaillan 84 ....265 D1
Travecy 02 ....20 B4
Traversères 32 ....275 D3
Traves 70 ....141 D1
Le Travet 81 ....259 F4
Le Trayas 83 ....288 A4
Trayes 79 ....164 C1

TROYES

Boucherat (R.) .... CY 4
Champeaux (R.) .... BZ 12
Charbonnet (R.) .... BZ 13
Clemenceau (R. G.) .... BCY 15
Comtes de Champagne (Q. des) .... CY 16
Dampierre (Quai) .... BCY 17
Delestraint (Bd Gén.-Ch.) .... BZ 18
Driant (R. Col.) .... BZ 20
Girardon (R.) .... CY 22
Hennequin (R.) .... CY 23
Huez (R. Claude) .... BYZ 27
Israël (Pl. Alexandre) .... BZ 28
Jaillant-Deschaînets (R.) .... BZ 29
Jaurès (Pl. Jean) .... BZ 31
Joffre (Av. Mar.) .... BZ 33
Langevin (Pl. du Prof.) .... BZ 35
Marché aux Noix (R. du) .... BZ 36
Michelet (R.) .... CY 39
Molé (R.) .... BZ 44
Monnaie (R. de la) .... BZ 45
Paillot de Montabert (R.) .... BZ 47
Palais-de-Justice (R.) .... BZ 48
Préfecture (Pl. de la) .... CZ 49
République (R. de la) .... BZ 51
St-Pierre (Pl.) .... CY 52
St-Rémy (Pl.) .... BY 53
Synagogue (R. de la) .... BZ 54
Tour-Boileau (R. de la) .... BZ 59
Trinité (R. de la) .... BZ 60
Turenne (R. de) .... BZ 61
Voltaire (R.) .... BZ 64
Zola (R. Émile) .... BCZ
1er-R.A.M. (Bd du) .... BZ 69

Tréal 56 ... 102 B3
Tréauville 50 ... 24 B3
Trébabu 29 ... 47 D3
Treban 03 ... 172 A3
Tréban 81 ... 259 F2
Trébas 81 ... 260 A3
Trébédan 22 ... 78 B2
Trèbes 11 ... 302 C1
Trébeurden 22 ... 49 F1
Trébons 65 ... 297 F2
Trébons-de-Luchon 31 ... 307 F4
Trébons-sur-la-Grasse 31 ... 277 E3
Tréboul 29 ... 73 E3
Tréboul (Pont de) 15 ... 225 D4
Trébrivan 22 ... 76 A2
Trébry 22 ... 77 F2
Tréclun 21 ... 139 F4
Trécon 51 ... 64 B3
Trédaniel 22 ... 77 F2
Trédarzec 22 ... 50 C1
Trédias 22 ... 78 B2
Trédion 56 ... 101 E3
Trédrez-Locquémeau 22 ... 49 F2
Tréduder 22 ... 49 F2
Trefcon 02 ... 19 F3
Treffay 39 ... 160 B4
Treffendel 35 ... 102 C1
Treffiagat 29 ... 98 B2
Treffieux 44 ... 126 B1
Treffléan 56 ... 101 E4
Treffort 38 ... 230 C3
Treffrin 22 ... 75 F2
Tréflaouénan 29 ... 48 C2
Tréflévénez 29 ... 48 C4
Tréflez 29 ... 48 B2
Tréfols 51 ... 63 D3
Tréfumel 22 ... 78 C3
Trégarantec 29 ... 47 F2
Trégarvan 29 ... 47 F4
Trégastel 22 ... 50 A1
Trégastel-Plage 22 ... 50 A1
Tréglamus 22 ... 50 B3
Tréglonou 29 ... 47 E2
Trégomar 22 ... 78 A1
Trégomeur 22 ... 51 D3
Trégon 22 ... 78 B1
Trégonneau 22 ... 50 C3
Trégourez 29 ... 75 D4
Trégrom 22 ... 50 A3
Tréguennec 29 ... 73 D4
Trégueux 22 ... 51 E4
Tréguidel 22 ... 51 D3
Tréguier 22 ... 50 B1
Trégunc 29 ... 99 D2
Tréhet 41 ... 107 F4
Tréhorenteuc 56 ... 102 A1
Le Tréhou 29 ... 48 C4
Treignac 19 ... 204 C2
Treignat 03 ... 170 B4
Treigny 89 ... 135 F2
Treilles 11 ... 303 F4
Treilles-en-Gâtinais 45 ... 111 F1
Treillières 44 ... 126 B3
Treix 52 ... 92 B4
Treize-Arbres (Les) 74 ... 195 E1
Treize-Septiers 85 ... 146 A2
Treize-Vents 85 ... 147 D3
Tréjouls 82 ... 257 E1
Trélans 48 ... 243 E3
Trélazé 49 ... 128 C2
Trélechamp 74 ... 197 D2
Trélévern 22 ... 50 B1
Trelins 42 ... 209 E1
Trélissac 24 ... 220 C1
Trélivan 22 ... 78 B2
Trelly 50 ... 54 A2
Trélon 59 ... 10 C3
Trélou-sur-Marne 02 ... 63 E1
Trémaouézan 29 ... 47 F2
Trémargat 22 ... 76 B2
Trémauville 76 ... 15 D3
Trémazan 29 ... 47 D2
La Tremblade 17 ... 180 C4
Tremblay 35 ... 79 F2
Le Tremblay 49 ... 104 B4
Tremblay-en-France 93 ... 61 E2
Le Tremblay-les-Villages 28 ... 85 D1
Le Tremblay-Omonville 27 ... 58 B1
Le Tremblay-sur-Mauldre 78 ... 60 A4
Tremblecourt 54 ... 67 F3
Le Tremblois 70 ... 140 B3
Tremblois-lès-Carignan 08 ... 23 F4
Tremblois-lès-Rocroi 08 ... 22 B3
Trémeheuc 35 ... 79 E2
Trémel 22 ... 49 F3
Tréméloir 22 ... 51 D3
Trémentines 49 ... 147 D1
Tréméoc 29 ... 73 E4
Tréméreuc 22 ... 78 C1
Trémery 57 ... 41 F3
Trémeur 22 ... 78 B2
Tréméven 22 ... 50 C2
Tréméven 29 ... 99 F2
Trémilly 52 ... 91 F3
Tréminis 38 ... 230 C4
Trémoins 70 ... 142 B1
Trémolat 24 ... 220 B4
Trémons 47 ... 239 D3
Trémont 49 ... 147 F1
Trémont 61 ... 83 D1
Trémont-sur-Saulx 55 ... 66 A4
Trémonzey 88 ... 118 B2
Trémorel 22 ... 78 A4
Trémouille 15 ... 206 C4
Trémouille-Saint-Loup 63 ... 206 B3
Trémouilles 12 ... 260 B1
Trémoulet 09 ... 301 D2
Trémuson 22 ... 51 D4
Trenal 39 ... 176 B1
Trensacq 40 ... 253 E1
Trentels 47 ... 239 D3
Tréogan 22 ... 75 F3
Tréogat 29 ... 73 E4
Tréon 28 ... 59 D4
Tréouergat 29 ... 47 D2
Trépail 51 ... 64 B1
Trépassés (Baie des) 29 ... 72 B3
Trépied 62 ... 6 A1
Le Tréport 76 ... 16 C1
Trépot 25 ... 141 E4
Tréprel 14 ... 56 A2
Trept 38 ... 211 F1
Trésauvaux 55 ... 67 D1
Tresbœuf 35 ... 103 E2
Trescault 62 ... 19 F1
Treschenu-Creyers 26 ... 248 B1
Trescléoux 05 ... 248 C4
Trésilley 70 ... 141 D2
Treslon 51 ... 37 E4
Tresnay 58 ... 172 A1
Trespoux-Rassiels 46 ... 240 A3
Tresques 30 ... 264 B2
Tressaint 22 ... 78 C2
Tressan 34 ... 281 D2
Tressandans 25 ... 141 F2
Tressange 57 ... 41 E2
Tressé 35 ... 79 D1
Tresserre 66 ... 312 C3
Tresserve 73 ... 213 D1
Tresses 33 ... 217 F4
Tressignaux 22 ... 51 D3
Tressin 59 ... 5 D4
Tresson 72 ... 107 F3
Treteau 03 ... 172 C3
La Trétoire 77 ... 62 C3
Trets 13 ... 285 E3
Treux 80 ... 18 C2
Treuzy-Levelay 77 ... 87 F4
Trévans 04 ... 267 F3
Trévé 22 ... 77 E3
Trévenans 90 ... 142 C1
Tréveneuc 22 ... 51 D3
Tréveray 55 ... 92 C1
Trévérec 22 ... 50 C3
Trévérien 35 ... 79 D2
Trèves 30 ... 262 A2
Trèves 69 ... 210 C2
Trèves-Cunault 49 ... 129 D3
Trevey 70 ... 141 E1
Trévezel (Roc) 29 ... 49 D4
Trévien 81 ... 259 E2
Trévières 14 ... 27 F3
Trévignin 73 ... 195 D4
Trévillach 66 ... 311 F2
Tréville 11 ... 277 F4
Trévillers 25 ... 142 C3
Trévilly 89 ... 137 E2
Trevol 03 ... 172 A1
Trévou-Tréguignec 22 ... 50 B1
Trévoux 01 ... 192 C3
Le Trévoux 29 ... 99 E2
Trévron 22 ... 78 C2
Trézelles 03 ... 172 C4
Trézény 22 ... 50 B2
Trézien (Phare de) 29 ... 46 C3
Tréziers 11 ... 301 F3
Trézilidé 29 ... 48 C2
Trézioux 63 ... 208 A1
Triac-Lautrait 16 ... 201 D1
Le Triadou 34 ... 281 F1
Triaize 85 ... 163 E3
Triaucourt-en-Argonne 55 ... 66 A2
Tribehou 50 ... 27 D4
La Tricherie 86 ... 149 E4
Trichey 89 ... 114 B2
Triconville 55 ... 66 C3
Tricot 60 ... 35 D1
Trie-Château 60 ... 33 F3
Trie-la-Ville 60 ... 33 F3
Trie-sur-Baïse 65 ... 274 B4
Triel-sur-Seine 78 ... 60 B2
Triembach-au-Val 67 ... 96 B1
Trieux 54 ... 41 E3
Trigance 83 ... 268 B4
Trigavou 22 ... 78 C1
Trignac 44 ... 125 D3
Trigny 51 ... 37 E3
Triguères 45 ... 112 B2
Trilbardou 77 ... 61 F2
Trilla 66 ... 311 F1
Trilport 77 ... 62 A2
Trimbach 67 ... 45 F4
Trimer 35 ... 79 D3
La Trimouille 86 ... 167 F3
Trimouns
(Carrière de talc de) 09 ... 310 B1
Trinay 45 ... 110 B1
La Trinitat 15 ... 243 D1
La Trinité 06 ... 288 C2
La Trinité 27 ... 59 D2
La Trinité 50 ... 54 B3
La Trinité 73 ... 213 E2
Trinité (Chapelle de la) 29 ... 73 D3
Trinité (Ermitage de la) 2A ... 319 D4
La Trinité-de-Réville 27 ... 57 F2
La Trinité-de-Thouberville 27 ... 31 F3
La Trinité-des-Laitiers 61 ... 57 E3
La Trinité-du-Mont 76 ... 15 D4
La Trinité-Langonnet 56 ... 76 A3
La Trinité-Porhoët 56 ... 77 F4
La Trinité-sur-Mer 56 ... 100 C4
La Trinité-Surzur 56 ... 101 E4
Triors 26 ... 229 E2
Le Trioulou 15 ... 241 F1
Tripleville 41 ... 109 E2
Triquerville 76 ... 15 E4
Triqueville 27 ... 31 D3
Trith-Saint-Léger 59 ... 9 F3
Tritteling-Redlach 57 ... 42 B4
Trivy 71 ... 174 B3
Trizac 15 ... 224 B1
Trizay 17 ... 181 D3
Trizay-Coutretot-
Saint-Serge 28 ... 84 A3
Trizay-lès-Bonneval 28 ... 85 D4
Troarn 14 ... 29 F4
Troche 19 ... 204 A3
Trochères 21 ... 139 F3
Trocy-en-Multien 77 ... 62 A1
Troësnes 02 ... 36 A4
Troguéry 22 ... 50 B2
Trogues 37 ... 149 F1
Trois Communes
(Pointe des) 06 ... 289 E2
Les Trois-Épis 68 ... 96 B3
Trois-Fonds 23 ... 170 A4
Trois-Fontaines-l'Abbaye 51 ... 66 A4
Trois-Maisons 57 ... 70 B2
Trois-Monts 14 ... 55 F1
Les Trois-Moutiers 86 ... 148 C2
Trois-Palis 16 ... 201 E1
Les Trois-Pierres 76 ... 14 C4
Trois-Puits 51 ... 37 F4
Trois Termes (Pic des) 66 ... 313 D3
Trois-Vèvres 58 ... 155 E3
Trois-Villes 64 ... 295 F2
Troischamps 52 ... 117 D3
Troisfontaines 52 ... 92 A1
Troisfontaines 57 ... 70 A3
Troisgots 50 ... 54 C1
Troissereux 60 ... 34 A2
Troissy 51 ... 63 E1
Troisvaux 62 ... 7 E2
Troisvilles 59 ... 20 B1
Tromarey 70 ... 140 B3
Tromborn 57 ... 42 B3
Tronçais (Forêt de) 03 ... 171 D1
Troncens 32 ... 274 A3
La Tronche 38 ... 230 C1
Le Tronchet 35 ... 79 D1
Le Tronchet 72 ... 82 C4
Tronchoy 52 ... 116 C2
Tronchoy 80 ... 17 E3
Tronchoy 89 ... 114 A3
Tronchy 71 ... 158 B4
Le Troncq 27 ... 31 F4
Trondes 54 ... 67 E4
Tronget 03 ... 171 F3
Tronjoly (Château de) 29 ... 48 C2
Le Tronquay 14 ... 28 C4
Le Tronquay 27 ... 33 D2
Tronsanges 58 ... 154 C1
Tronville 54 ... 67 F1
Tronville-en-Barrois 55 ... 66 B4
Troo 41 ... 108 A4
Trosly-Breuil 60 ... 35 F2
Trosly-Loire 02 ... 36 A1
Trouans 10 ... 90 C1
Troubat 65 ... 298 C3
La Trouche 88 ... 95 F2
Trouhans 21 ... 158 C1
Trouhaut 21 ... 138 C3
Trouillas 66 ... 312 C2
Trouley-Labarthe 65 ... 274 A4
Troumouse (Cirque de) 65 ... 306 C4
Troussencourt 60 ... 34 B1
Troussey 55 ... 67 E4
Troussures 60 ... 33 F3
Trouvans 25 ... 141 F2
Trouville 76 ... 15 D3
Trouville-la-Haule 27 ... 31 E2
Trouville-sur-Mer 14 ... 30 B3
Trouy 18 ... 153 D2
Troye-d'Ariège 09 ... 301 E3
Troyes 10 ... 90 B3
Troyon 55 ... 66 C1
La Truchère 71 ... 175 E2
Truchtersheim 67 ... 71 D3
Trucy 02 ... 37 D2
Trucy-l'Orgueilleux 58 ... 136 A3
Trucy-sur-Yonne 89 ... 136 B1
Le Truel 12 ... 260 C3
Trugny 21 ... 158 C2
Truinas 26 ... 247 E2
Trumilly 60 ... 35 E4
Trun 61 ... 56 C3
Trungy 14 ... 28 C4
Truttemer-le-Grand 14 ... 55 D3
Truttemer-le-Petit 14 ... 55 D3
Truyes 37 ... 131 D4
Tubersent 62 ... 6 B1
Tuchan 11 ... 303 E4
Tucquegnieux 54 ... 41 D3
Tudeils 19 ... 222 C2
Tudelle 32 ... 274 B1
Tuffé 72 ... 107 E1
Tugéras-Saint-Maurice 17 ... 199 F3
Tugny-et-Pont 02 ... 19 F3
Les Tuileries 42 ... 191 E2
La Tuilière 42 ... 190 C3
Tuilière (Roche) 63 ... 206 C1
Tulette 26 ... 247 D4
Tulle 19 ... 204 C4
Tullins 38 ... 212 B4
Tully 80 ... 16 C1
Tupigny 02 ... 20 C2
Tupin-et-Semons 69 ... 210 C2
La Turballe 44 ... 123 E4
La Turbie 06 ... 289 E4
Turcey 21 ... 138 C3
Turckheim 68 ... 96 B3
Turenne 19 ... 222 B2
Turgon 16 ... 184 A3
Turgy 10 ... 114 B2
Turini (Col de) 06 ... 289 E2
Turny 89 ... 113 F2
Turquant 49 ... 129 E4
Turquestein-Blancrupt 57 ... 70 A3
Turqueville 50 ... 25 E4
Turretot 76 ... 14 B3
Turriers 04 ... 249 F3
Tursac 24 ... 221 E3
Tusson 16 ... 183 E3
Tuzaguet 65 ... 298 B2
Le Tuzan 33 ... 235 F3
Tuzie 16 ... 183 F2

U

Uberach 67 ... 71 D1
Ubexy 88 ... 94 B3
Ubraye 04 ... 268 C3
Ucciani 2A ... 316 C3
Ucel 07 ... 246 A1
Uchacq-et-Parentis 40 ... 253 F3
Uchaud 30 ... 282 B1
Uchaux 84 ... 264 C1
Uchentein 09 ... 299 F4
Uchizy 71 ... 175 E2
Uchon 71 ... 157 D4
Uchon (Signal d') 71 ... 157 D4
Uckange 57 ... 41 F3
Ueberkumen 68 ... 120 B3
Ueberstrass 68 ... 120 B4
Uffheim 68 ... 120 C3
Uffholtz 68 ... 120 B2
Ugine 73 ... 196 A4
Uglas 65 ... 298 B2
Ugnouas 65 ... 273 F4
Ugny 54 ... 40 C1
Ugny-le-Gay 02 ... 19 F4
Ugny-l'Équipée 80 ... 19 F3
Ugny-sur-Meuse 55 ... 67 E4
Uhart-Cize 64 ... 295 D1
Uhart-Mixe 64 ... 271 E4
Uhlwiller 67 ... 71 D1
Uhrwiller 67 ... 70 C1
Ulcot 79 ... 147 F2
Les Ulis 91 ... 60 C4
Ully-Saint-Georges 60 ... 34 B3
Les Ulmes 49 ... 129 D4
Umpeau 28 ... 85 F2
Unac 09 ... 310 B1
Uncey-le-Franc 21 ... 138 B3
Unchair 51 ... 37 D3
Ungersheim 68 ... 120 B1
Unias 42 ... 209 F2
Unienville 10 ... 91 D3
Unieux 42 ... 209 F3
L'Union 31 ... 276 C2
Untermuhthal 57 ... 44 C4
Unverre 28 ... 84 C4
Unzent 09 ... 300 C2
Upaix 05 ... 249 D4
Upie 26 ... 229 E4
Ur 66 ... 310 C4
Urau 31 ... 299 F3
Urbalacone 2A ... 318 C1
Urbanya 66 ... 311 E2
Urbeis 67 ... 96 B1
Urbeis (Col d') 67 ... 96 A1
Urbès 68 ... 119 F2
Urbise 42 ... 173 E4
Urçay 03 ... 170 C1
Urcel 02 ... 36 C2
Urcerey 90 ... 119 F4
Urciers 36 ... 170 A2
Urcuit 64 ... 270 C3
Urcy 21 ... 138 C4
Urdens 32 ... 256 B4
Urdès 64 ... 272 B3
Urdos 64 ... 296 B4
Urepel 64 ... 294 C2
Urgons 40 ... 272 C2
Urgosse 32 ... 273 F1
Uriage-les-Bains 38 ... 231 D1
Uriménil 88 ... 118 C1
Urmatt 67 ... 70 B4
Urost 64 ... 273 E4
Urou-et-Crennes 61 ... 56 C4
Urrugne 64 ... 270 A4
Urs 09 ... 310 A1
Urschenheim 68 ... 96 C3
Urt 64 ... 271 D3
Urtaca 2B ... 315 D2
Urtière 25 ... 143 D3
Uruffe 54 ... 93 E1
Urval 24 ... 221 D4
Urville 10 ... 91 E4
Urville 14 ... 56 A1
Urville 50 ... 25 D4
Urville 88 ... 93 E4
Urville-Nacqueville 50 ... 24 B2
Urvillers 02 ... 20 A3
Ury 77 ... 87 E3
Urzy 58 ... 154 C2
Us 95 ... 60 B1
Usclades-et-Rieutord 07 ... 227 F4
Usclas-d'Hérault 34 ... 280 C3
Usclas-du-Bosc 34 ... 280 C1
Usinens 74 ... 194 C2
Ussac 19 ... 222 B1
Ussat 09 ... 310 A1
Ussé (Château d') 37 ... 130 A4
Usseau 79 ... 181 F1
Usseau 86 ... 149 F3
Ussel 15 ... 225 D2
Ussel 19 ... 205 F2
Ussel 46 ... 240 A2
Ussel-d'Allier 03 ... 189 F1
Usson 63 ... 208 A2
Usson-du-Poitou 86 ... 166 C4
Usson-en-Forez 42 ... 209 D3
Ussy 14 ... 56 A2
Ussy-sur-Marne 77 ... 62 B2
Ustaritz 64 ... 270 C3
Ustou 09 ... 309 E1
Utelle 06 ... 289 D3
Utelle (Madone d') 06 ... 289 D3
Uttenheim 67 ... 97 D1
Uttenhoffen 67 ... 71 D1
Uttwiller 67 ... 70 C1
Uvernet-Fours 04 ... 250 C3
Uxeau 71 ... 173 F1
Uxegney 88 ... 94 C4
Uxelles 39 ... 177 D1
Uxem 59 ... 3 F1
Uz 65 ... 297 E3
Uza 40 ... 252 B2
Uzan 64 ... 272 C3
Uzay-le-Venon 18 ... 153 E4
Uzech 46 ... 240 A2
Uzein 64 ... 272 C4
Uzel 22 ... 77 D3
Uzelle 25 ... 142 A2
Uzemain 88 ... 118 C1
Uzer 07 ... 246 A2
Uzer 65 ... 298 A2
Uzerche 19 ... 204 B3
Uzès 30 ... 264 A3
Uzeste 33 ... 236 B3
Uzos 64 ... 297 D1

V

Vaas 72 ... 130 A1
Vabre 81 ... 278 C1
Vabre-Tizac 12 ... 259 E1
Vabres 15 ... 225 F2
Vabres 30 ... 263 D3
Vabres-l'Abbaye 12 ... 260 C3
Vacherauville 55 ... 40 A4
Vachères 04 ... 266 C3
Vachères-en-Quint 26 ... 229 F4
Vacheresse 74 ... 178 C3
La Vacheresse-
et-la-Rouillie 88 ... 93 F4
Vacheresses-les-Basses 28 ... 85 E1
La Vacherie 27 ... 58 C1
Vacognes 14 ... 55 F1
Vacon 55 ... 67 D4
La Vacquerie 14 ... 55 D1
Vacquerie 80 ... 7 D4
La Vacquerie-et-Saint-Martin-
de-Castries 34 ... 280 C1
Vacquerie-le-Boucq 62 ... 7 E3
Vacqueriette-Erquières 62 ... 7 D3
Vacqueville 54 ... 95 E1
Vacqueyras 84 ... 265 D2
Vacquières 34 ... 263 D4
Vacquiers 31 ... 276 C1
Vadans 39 ... 159 F2
Vadans 70 ... 140 B3
Vadelaincourt 55 ... 66 B1
Vadenay 51 ... 64 C1
Vadencourt 02 ... 20 C2
Vadencourt 80 ... 18 C1
Vadonville 55 ... 67 D3
Vagnas 07 ... 246 A4
Vagney 88 ... 119 E1
Vahl-Ebersing 57 ... 69 E1
Vahl-lès-Bénestroff 57 ... 69 E2
Vahl-lès-Faulquemont 57 ... 69 D1
Vaiges 53 ... 105 F1
Vailhan 34 ... 280 B3
Vailhauquès 34 ... 281 E2
Vailhourles 12 ... 241 D4
Vaillac 46 ... 240 B1
Vaillant 52 ... 116 B4
Vailly 10 ... 90 B3
Vailly 74 ... 178 C3
Vailly-sur-Aisne 02 ... 36 C2
Vailly-sur-Sauldre 18 ... 134 C2
Vains 50 ... 54 A4
Vairé 85 ... 162 B1
Vaire-Arcier 25 ... 141 E3
Vaire-le-Petit 25 ... 141 E3
Vaire-sous-Corbie 80 ... 18 C2
Vaires-sur-Marne 77 ... 61 F3
Vaison-la-Romaine 84 ... 265 E1
Vaïssac 82 ... 258 A3
Vaite 70 ... 140 B1
La Vaivre 70 ... 118 C2
Vaivre-et-Montoille 70 ... 118 B4
Le Val 83 ... 286 B3
Val (Château du) 15 ... 206 B3
Le Val-André 22 ... 51 F3
Val-Claret 73 ... 215 D2
Le Val-d'Ajol 88 ... 119 D2
Val-d'Auzon 10 ... 90 C2
Le Val-David 27 ... 59 D2
Val-de-Bride 57 ... 69 D2
Val-de-Chalvagne 04 ... 269 D3
Val-de-Fier 74 ... 195 D3
Le Val-de-Gouhenans 70 ... 142 A1
Le Val-de-Guéblange 57 ... 69 F1
Val-de-la-Haye 76 ... 32 A3
Val-de-Mercy 89 ... 136 B1
Val-de-Reuil 27 ... 32 B4
Val-de-Roulans 25 ... 141 F3
Val-de-Saâne 76 ... 15 F2
Val-de-Vesle 51 ... 38 A4
Val-de-Vière 51 ... 65 E3
Val-d'Épy 39 ... 176 B3
Val-des-Prés 05 ... 232 C2
Val d'Esquières 83 ... 287 E4
Val-d'Isère 73 ... 215 D2
Val-d'Izé 35 ... 80 A4
Val-et-Châtillon 54 ... 95 F1
Val-Louron 65 ... 307 E4
Val-Maravel 26 ... 248 B2
Le Val-Saint-Éloi 70 ... 118 B4
Le Val-Saint-Germain 91 ... 86 B1
Le Val-Saint-Père 50 ... 54 A4
Val-Sainte-Marie 25 ... 160 B1
Val-Suzon 21 ... 139 D3
Val-Thorens 73 ... 214 B4
Valady 12 ... 242 A3
Valailles 27 ... 57 F1
Valaire 41 ... 132 A2
Valanjou 49 ... 128 B4
Valaurie 26 ... 247 D3
Valavoire 04 ... 249 E4
Valay 70 ... 140 B3
Valbeleix 63 ... 207 D3
Valbelle 04 ... 267 D1
Valberg 06 ... 269 E1
Valbonnais 38 ... 231 D3
La Valbonne 01 ... 193 E3
Valbonne 06 ... 288 A3
Valbonne (Ancienne
Chartreuse de) 30 ... 264 B1
Valcabrère 31 ... 298 C3
Valcanville 50 ... 25 E2
Valcebollère 66 ... 310 C4
Valchevrière
(Calvaire de) 38 ... 230 B2
Valcivières 63 ... 208 C2
Valcourt 52 ... 91 F1
Valdahon 25 ... 141 F4
Valdampierre 60 ... 34 A3
Valdeblore 06 ... 289 D1
Le Valdécie 50 ... 24 C4
Valdelancourt 52 ... 116 A1
Valderiès 81 ... 259 F3
Valderoure 06 ... 268 C4
Valdieu-Lutran 68 ... 120 A3
Valdivienne 86 ... 167 D2
Valdoie 90 ... 119 F4
Valdrôme 26 ... 248 B2
Valdurenque 81 ... 278 B2
Valeille 42 ... 209 F1
Valeilles 82 ... 239 D4
Valeins 01 ... 193 D1
Valempoulières 39 ... 160 A3
Valençay 36 ... 151 F1
Valence 16 ... 184 A3
Valence 26 ... 229 D3
Valence-d'Agen 82 ... 256 C2
Valence-d'Albigeois 81 ... 260 A3
Valence-en-Brie 77 ... 88 A2
Valence-sur-Baïse 32 ... 255 F4
Valenciennes 59 ... 9 F3
Valencin 38 ... 211 E1
Valencogne 38 ... 212 B2
Valennes 72 ... 108 A2
Valensole 04 ... 267 E4
Valentigney 25 ... 142 C2
La Valentine 13 ... 285 D3
Valentine 31 ... 299 D2
Valenton 94 ... 61 E4
Valergues 34 ... 282 A2
Valernes 04 ... 249 E4
Valescourt 60 ... 34 C2
Valescure 83 ... 287 F3
Valette 15 ... 206 B4
La Valette 38 ... 231 D3
La Valette 42 ... 191 F4
La Valette-du-Var 83 ... 291 F3
Valeuil 24 ... 202 B4
Valeyrac 33 ... 198 C3
Valezan 73 ... 214 C1
Valferrière (Col de) 06 ... 268 C4
Valff 67 ... 96 C1
Valfin-lès-Saint-Claude 39 ... 177 E2
Valfin-sur-Valouse 39 ... 176 C3
Valflaunès 34 ... 263 D4
Valfleury 42 ... 210 A2
Valframbert 61 ... 82 C2
Valfréjus 73 ... 232 C1
Valfroicourt 88 ... 94 A4
Valgorge 07 ... 245 E2
Valhey 54 ... 68 C4
Valhuon 62 ... 7 F2
Valiergues 19 ... 205 F3
Valignat 03 ... 189 E1
Valigny 03 ... 171 E1
Valines 80 ... 17 D1
Valjouffrey 38 ... 231 E3
Valjouze 15 ... 225 E1
La Valla-en-Gier 42 ... 210 B3
La Valla-sur-Rochefort 42 ... 191 D4
Vallabrègues 30 ... 264 B4
Vallabrix 30 ... 264 A2
Vallan 89 ... 113 E4
Vallangoujard 95 ... 60 C1
Vallans 79 ... 164 C4
Vallant-Saint-Georges 10 ... 90 A2
Vallauris 06 ... 288 B3
Valle-d'Alesani 2B ... 315 F4
Valle-di-Campoloro 2B ... 315 F4
Valle-di-Mezzana 2A ... 316 B3
Valle-di-Rostino 2B ... 315 E3
Valle-d'Orezza 2B ... 315 F4
Vallecalle 2B ... 315 E2
La Vallée 17 ... 181 E3
Vallée (Étang de la) 45 ... 111 D2
La Vallée-au-Blé 02 ... 21 D3
Vallée d'Avérole 73 ... 215 E3
La Vallée-Mulâtre 02 ... 20 C1
Vallègue 31 ... 277 E4
Valleiry 74 ... 195 D1

Vallenay *18*....153 E4
Vallentigny *10*....91 E2
Vallerange *57*....69 D2
Vallérargues *30*....264 A2
Valleraugue *30*....262 B2
Vallères *37*....130 B4
Valleret *52*....92 A2
Vallereuil *24*....220 A2
Vallerois-le-Bois *70*....141 F1
Vallerois-Lorioz *70*....141 E1
Valleroy *25*....141 E3
Valleroy *52*....117 E4
Valleroy *54*....41 E4
Valleroy-aux-Saules *88*....94 B3
Valleroy-le-Sec *88*....94 A4
Vallery *89*....88 B4
Vallerysthal *57*....70 A3
Vallesvilles *31*....277 D2
Vallet *17*....199 F4
Vallet *44*....127 D4
Valletot *27*....31 E3
Vallica *2B*....314 C3
Vallière *23*....187 E3
Vallières *10*....114 B2
Vallières *74*....195 D3
Vallières-les-Grandes *41*....131 F3
Valliguières *30*....264 B3
Valliquerville *76*....15 E3
Valloire *73*....232 A1
Valloires (Abbaye de) *80*....6 B3
Vallois *54*....95 D2
Les Vallois *88*....94 A4
Vallon-en-Sully *03*....170 C2
Vallon-Pont-d'Arc *07*....246 A3
Vallon-sur-Gée *72*....106 B2
Vallorcine *74*....197 D1
Vallouise *05*....232 B3
Valmagne (Abbaye de) *34*....281 D3
Valmanya *66*....312 B3
Valmascle *34*....280 B2
Valmeinier *73*....214 B4
Valmestroff *57*....41 F2
Valmigère *11*....302 C3
Valmondois *95*....60 C1
Valmont *57*....42 C4
Valmont *76*....15 D2
Valmorel *73*....214 A2
Valmunster *57*....42 B3
Valmy *51*....65 E1
Valognes *50*....25 D3
Valojoulx *24*....221 E2
Valonne *25*....142 B3
Valoreille *25*....142 B3
Valouse *26*....247 F3
Valprionde *46*....239 E4
Valprivas *43*....209 E4
Valpuiseaux *91*....87 D3
Valras-Plage *34*....305 D1
Valréas *84*....247 E3
Valros *34*....280 C4
Valroufié *46*....240 A3
Vals *09*....301 E2
Vals-le-Chastel *43*....208 B4
Vals-les-Bains *07*....246 A1
Vals-près-le-Puy *43*....227 D2
Valsaintes *04*....266 B3
Valsemé *14*....30 B4
Valsenestre *38*....231 E3
Valserres *05*....249 F2
Valsonne *69*....192 A3
Le Valtin *88*....96 A3
Valuéjols *15*....225 D2
Valvignères *07*....246 B3
Valz-sous-Châteauneuf *63*....208 A3
Valzergues *12*....241 F3
Van (Pointe du) *29*....72 B3
Vanault-le-Châtel *51*....65 E3
Vanault-les-Dames *51*....65 F3
Vançais *79*....165 F4
Vancé *72*....107 F3
La Vancelle *67*....96 B2
Vanclans *25*....161 D1
Vandeins *01*....175 F4
Vandelainville *54*....67 F1
Vandelans *70*....141 E2
Vandeléville *54*....94 A2
Vandélicourt *60*....35 E2
Vandenesse *58*....156 A3
Vandenesse-en-Auxois *21*....138 B4
Vandeuil *51*....37 E3
Vandières *51*....63 F1
Vandières *54*....68 A2
Vandœuvre-lès-Nancy *54*....68 A4
Vandoncourt *25*....142 C2
Vandré *17*....181 E2
Vandrimare *27*....32 C3
Vandy *08*....39 D2
Les Vanels *48*....262 B1
Vanlay *10*....114 A2
Vannaire *21*....115 E3
Vanne *70*....140 C1
Le Vanneau-Irleau *79*....164 B4
Vannecourt *57*....69 D2
Vannecrocq *27*....31 D3
Vannes *56*....101 D4
Vannes-le-Châtel *54*....93 E1
Vannes-sur-Cosson *45*....110 C4
Vannoz *39*....160 A4
Vanosc *07*....228 B1
Les Vans *07*....245 F3
Vantoux *57*....41 F4
Vantoux-et-Longevelle *70*....140 C2
Vanves *92*....61 D3
Vanvey *21*....115 E3
Vanvillé *77*....88 B1
Vanxains *24*....219 F1
Vany *57*....41 F4
Vanzac *17*....200 C3

VALENCE

Alsace (Bd d')....DY
Arménie (R. d')....DY 4
Augier (R. Émile)....CYZ
Balais (R. des)....BCY 5
Bancel (Bd)....CY 6
Barrault (R. J.-L.)....DY 7
Belle-Image (R.)....CY 9
Bonaparte (R. du Lieutenant)....BCY 12
Chambaud (R. Mirabel)....BZ 15
Championnet (Pl.)....BCZ 16
Chapeliers (Côte des)....BY 17
Clerc (Bd M.)....DZ 22
Clercs (Pl. des)....BCZ 23
Docteur-Schweitzer (R. du)....BY 25
Dragonne (Pl. de la)....DY 26
Dupré de Loire (Av.)....DY 27
Farre (R. du Gén.)....CDZ 29
Félix-Faure (Av.)....DZ
Gaulle (Bd du Gén.)....CZ 32
Huguenel (Pl. Ch.)....CY 36
Jacquet (R. V.)....BZ 37
Jeu-de-Paume (R. du)....CYZ 39
Lecardonnel (Pl. L.)....CY 42
Leclerc (Pl. Gén.)....DY 43
Liberté (Pl. de la)....CY 45
Madier-de-Montjau (R.)....CY 47
Mistral (Pont Frédéric)....BZ 50
Montalivet (Pl. de)....DY 51
Ormeaux (Pl. des)....BZ 55
Palais (Pl. du)....CZ 56
Paré (R. Ambroise)....BY 57
Pérollerie (R.)....BY 59
Petit-Paradis (R.)....BY 60
Pierre (Pl. de la)....BY 62
Repenties (R. des)....BZ 65
République (Pl. de la)....CZ
St-Didier (R.)....BCZ 71
St-Estève (Côte)....BY 72
St-Jacques (Faubourg)....DY 75
St-Martin (Côte et R.)....BY 77
St-Nicolas (Q.)....BY 78
Saunière (R.)....CZ 80
Semard (Av. J.-P.)....CZ
Sylvante (Côte)....BY 84
Temple (R. du)....BCY 85
Université (Pl. de l')....CZ 88
Vernoux (R.)....CY 90
Victor-Hugo (Av.)....CZ

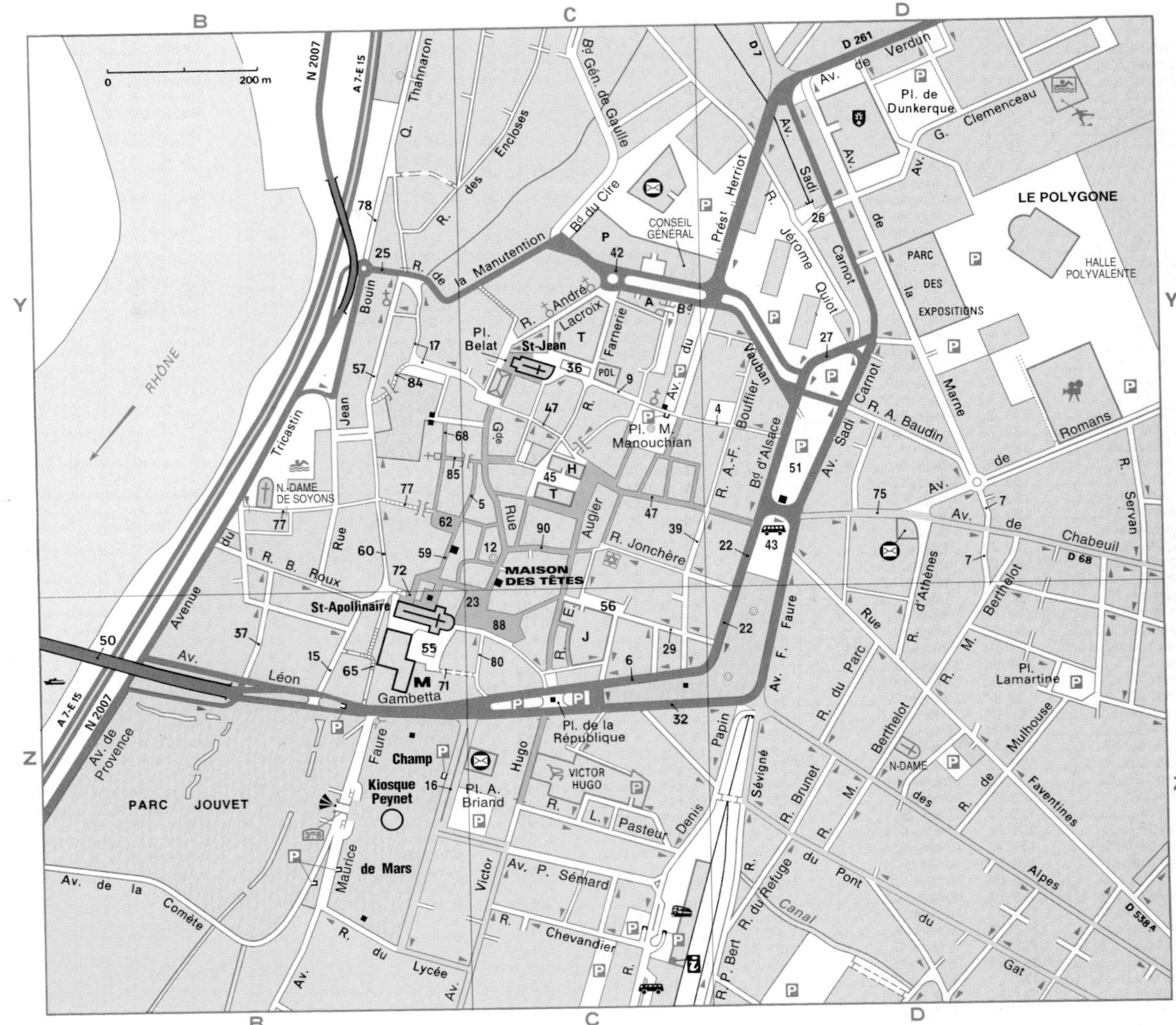

Vanzay *79*....165 F4
Vanzy *74*....195 D2
Vaour *81*....258 C2
Varacieux *38*....212 A4
Varades *44*....127 E3
Varages *83*....286 A2
Varaignes *24*....202 B2
Varaire *46*....240 C4
Varaize *17*....182 B3
Varambon *01*....193 F2
Varanges *21*....139 E4
Varangéville *54*....68 B4
Varaville *14*....29 F3
Varces-Allières-et-Risset *38*....230 C2
Vareilles *23*....168 C4
Vareilles *71*....174 A4
Vareilles *89*....89 D4
Varen *82*....258 C2
Varengeville-sur-Mer *76*....16 D2
Varenguebec *50*....25 D4
La Varenne *49*....127 D3
Varenne-l'Arconce *71*....174 A3
Varenne-Saint-Germain *71*....173 F3
La Varenne-Saint-Hilaire *94*....61 E3
Varennes *24*....220 B4
Varennes *31*....277 D3
Varennes *37*....150 B2
Varennes *80*....18 C1
Varennes *82*....258 A4
Varennes *86*....149 D4
Varennes *89*....113 F3
Varennes-Changy *45*....111 F3
Varennes-en-Argonne *55*....39 F4
Varennes-Jarcy *91*....61 E4
Varennes-le-Grand *71*....158 A4
Varennes-lès-Mâcon *71*....175 D4
Varennes-lès-Narcy *58*....135 E4
Varennes-Saint-Honorat *43*....226 B1
Varennes-Saint-Sauveur *71*....176 A2
Varennes-sous-Dun *71*....174 B4
Varennes-sur-Allier *03*....172 B4
Varennes-sur-Amance *52*....117 E2
Varennes-sur-Fouzon *36*....132 C4
Varennes-sur-Loire *49*....129 E4
Varennes-sur-Morge *63*....189 F3
Varennes-sur-Seine *77*....88 A3
Varennes-sur-Tèche *03*....172 C4
Varennes-sur-Usson *63*....207 F2
Varennes-Vauzelles *58*....154 C2
Varès *47*....237 F3
Varesnes *60*....35 F1
Varessia *39*....176 C1
Varetz *19*....222 A1
Varilhes *09*....301 D3
Varinfroy *60*....62 B1
Variscourt *02*....37 F2
Varize *28*....109 E1
Varize *57*....42 B4
Varmonzey *88*....94 B3
Varnéville *55*....67 E2
Varneville-Bretteville *76*....16 A4
Varney *55*....66 A3
Varogne *70*....118 B4
Varois-et-Chaignot *21*....139 E3
Varouville *50*....25 D2
Varrains *49*....129 E4
Varreddes *77*....62 A2
Vars *05*....250 C1
Vars *16*....183 E4
Vars *70*....140 A1
Vars (Col de) *05*....250 C2
Vars-sur-Roseix *19*....222 A1
Varsberg *57*....42 B4
Varvinay *55*....67 D2
Varzay *17*....199 D1
Varzy *58*....136 A3
Vascœuil *27*....32 C2
Vasles *79*....165 F2
Vasouy *14*....30 B2
Vasperviller *57*....70 A3
Vassel *63*....189 F4
Vasselay *18*....153 E1
Vasselin *38*....212 A1
Vassens *02*....36 A2
Vasseny *02*....36 C3
Vassieux-en-Vercors *26*....230 A3
Vassimont-et-Chapelaine *51*....64 B4
Vassincourt *55*....66 A3
Vassivière (Lac de) *23*....187 D4
Vassogne *02*....37 D2
Vassonville *76*....16 A4
Vassy *14*....55 E3
Vassy *89*....137 E1
Le Vast *50*....25 D2
Vastérival *76*....16 D2
Vasteville *50*....24 B2
Les Vastres *43*....227 F3
Vatan *36*....152 A2
Vathiménil *54*....95 D1
Vatierville *76*....16 C3
Vatilieu *38*....212 A4
Vatimont *57*....68 C1
Vatry *51*....64 C3
Vattetot-sous-Beaumont *76*....15 D3
Vattetot-sur-Mer *76*....14 C2
Vatteville *27*....32 C3
Vatteville-la-Rue *76*....15 E4
Vaubadon *14*....28 C4
Vauban *71*....174 A4
Vaubecourt *55*....66 A2
Vaubexy *88*....94 B3
Vaucé *53*....81 D2
Vaucelles *14*....28 C3
Vaucelles (Abbaye de) *59*....20 A1
Vaucelles-et-Beffecourt *02*....36 C1
Vauchamps *25*....141 F3
Vauchamps *51*....63 E3
Vauchassis *10*....90 A4
Vauchelles *60*....35 F1
Vauchelles-lès-Authie *80*....18 C1
Vauchelles-lès-Domart *80*....17 F1
Vauchelles-les-Quesnoy *80*....17 E1
Vauchignon *21*....157 F2
Vauchonvilliers *10*....91 D4
Vauchoux *70*....118 A4
Vauchrétien *49*....128 B3
Vauciennes *51*....63 F1
Vauciennes *60*....35 F4
Vauclaix *58*....136 C4
Vauclerc *51*....65 E4
Vaucluse *25*....142 B3
Vauclusotte *25*....142 B3
Vaucogne *10*....90 C1
Vauconcourt-Nervezain *70*....117 F4
Vaucottes-sur-Mer *76*....14 C2
Vaucouleurs *55*....93 E1
Vaucourt *54*....69 D4
Vaucourtois *77*....62 A3
Vaucresson *92*....60 C3
Vaudancourt *60*....33 E4
Vaudebarrier *71*....174 A3
Vaudelnay *49*....148 A1
Vaudeloges *14*....56 C2
Vaudemange *51*....64 B1
Vaudémont *54*....94 A2
Vaudémont (Signal de) *54*....94 A2
Vaudes *10*....90 B4
Vaudesincourt *51*....38 B4
Vaudesson *02*....36 C2
Vaudeurs *89*....113 E1
Vaudevant *07*....228 B2
Vaudeville *54*....94 B2
Vaudéville *88*....95 D3
Vaudeville-le-Haut *55*....93 D2
Vaudherland *95*....61 E2
Vaudigny *54*....94 B2
Le Vaudioux *39*....160 A4
Vaudoncourt *55*....40 C3
Vaudoncourt *57*....42 B4
Vaudoncourt *88*....93 F4
Le Vaudoué *77*....87 E3
Vaudoy-en-Brie *77*....62 B4
Vaudreching *57*....42 B3
Vaudrecourt *52*....93 E4
Vaudrémont *52*....115 F1
Le Vaudreuil *27*....32 B4
Vaudreuille *31*....277 F4
Vaudreville *50*....25 D3
Vaudrey *39*....159 F2
Vaudricourt *62*....8 A1
Vaudricourt *80*....17 D1
Vaudrimesnil *50*....26 C4
Vaudringhem *62*....2 C4
Vaudrivillers *25*....142 A3
Vaudry *14*....55 D3
Vaufrey *25*....142 C3
Vaugines *84*....266 A4
Vaugneray *69*....192 B4
Vaugrigneuse *91*....86 C1
Vauhallan *91*....60 C4
Vaujany *38*....231 E1
Vaujours *93*....61 E2
Vaulandry *49*....129 E1
Le Vaulmier *15*....224 B1
Vaulnaveys-le-Bas *38*....230 C1
Vaulnaveys-le-Haut *38*....231 D1
Vaulry *87*....185 E2
Vault-de-Lugny *89*....137 D2
Vaulx *62*....7 D3
Vaulx *74*....195 D3
Vaulx-en-Velin *69*....193 D4
Vaulx-Milieu *38*....211 F1
Vaulx-Vraucourt *62*....8 B4
Le Vaumain *60*....33 F3
Vaumas *03*....172 C3
Vaumeilh *04*....249 E4
Vaumoise *60*....35 F4
Vaumort *89*....113 D1
Vaunac *24*....203 D4
Vaunaveys-la-Rochette *26*....229 E4
Vaunoise *61*....83 E3
La Vaupalière *76*....32 A2
Vaupillon *28*....84 B2
Vaupoisson *10*....90 C2
Vauquois *55*....39 F4
Vauréal *95*....60 B1
Vaureilles *12*....241 F3
Vaurezis *02*....36 B2
Le Vauroux *60*....33 F3
Vausse (Prieuré de) *89*....137 E1
Vausseroux *79*....165 E2
Vautebis *79*....165 E2
Vauthiermont *90*....120 A3
Vautorte *53*....81 D3
Vauvenargues *13*....285 E2

Vauvert 30 ....282 B1
Vauville 14 ....30 B3
Vauville 50 ....24 B2
Vauvillers 70 ....118 A2
Vauvillers 80 ....19 D3
Vaux 03 ....170 C3
Vaux 31 ....277 E3
Vaux 57 ....41 E4
Vaux 86 ....166 A4
Vaux 89 ....113 E4
Vaux (Château de) 49 ....105 E3
Vaux-Andigny 02 ....20 B1
Vaux-Champagne 08 ....38 C2
Les Vaux de Cernay 78 ....60 B4
Vaux-devant-Damloup 55 ....40 B4
Vaux-en-Amiénois 80 ....18 A2
Vaux-en-Beaujolais 69 ....192 B2
Vaux-en-Bugey 01 ....194 A3
Vaux-en-Dieulet 08 ....39 E2
Vaux-en-Pré 71 ....174 C1
Vaux-en-Vermandois 02 ....19 F3
Vaux-et-Chantegrue 25 ....160 C3
Vaux-la-Douce 52 ....117 E3
Vaux-la-Grande 55 ....66 C4
Vaux-la-Petite 55 ....66 C4
Vaux-Lavalette 16 ....201 F3
Vaux-le-Moncelot 70 ....140 C2
Vaux-le-Pénil 77 ....87 F2
Vaux-le-Vicomte (Château de) 77 ....87 F1
Vaux-lès-Mouron 08 ....39 D3
Vaux-lès-Mouzon 08 ....23 E4
Vaux-lès-Palameix 55 ....67 D1
Vaux-les-Prés 25 ....140 C4
Vaux-lès-Rubigny 08 ....21 F4
Vaux-lès-Saint-Claude 39 ....177 D3
Vaux-Marquenneville 80 ....17 E2
Vaux-Montreuil 08 ....38 C1
Vaux-Rouillac 16 ....183 D4
Vaux-Saules 21 ....138 C2
Vaux-sous-Aubigny 52 ....116 C4
Vaux-sur-Aure 14 ....28 C3
Vaux-sur-Blaise 52 ....92 A2
Vaux-sur-Eure 27 ....59 D1
Vaux-sur-Lunain 77 ....88 A4
Vaux-sur-Mer 17 ....198 B1
Vaux-sur-Poligny 39 ....159 F3
Vaux-sur-Risle 27 ....58 A3
Vaux-sur-Saint-Urbain 52 ....92 B3
Vaux-sur-Seine 78 ....60 B2
Vaux-sur-Seulles 14 ....29 D3
Vaux-sur-Somme 80 ....18 C2
Vaux-sur-Vienne 86 ....149 F3
Vaux-Villaine 08 ....22 B3
Vauxaillon 02 ....36 B2
Vauxbons 52 ....116 B3
Vauxbuin 02 ....36 B3
Vauxcéré 02 ....37 D3
Vauxrenard 69 ....192 B1
Vauxtin 02 ....36 C3
Vavincourt 55 ....66 B3
Vavray-le-Grand 51 ....65 E3
Vavray-le-Petit 51 ....65 E3
Vaxainville 54 ....95 E1
Vaxoncourt 88 ....94 C3
Vaxy 57 ....68 C2
Vay 44 ....126 A1
Vaychis 09 ....310 B1
Vaylats 46 ....240 B4
Vayrac 46 ....222 C3
Vayres 33 ....217 F4
Vayres 87 ....184 C4
Vayres (Château de) 86 ....166 B1
Vayres-sur-Essonne 91 ....87 D2
Vazeilles-Limandre 43 ....226 C2
Vazeilles-près-Saugues 43 ....226 B3
Vazerac 82 ....257 F1
Veauce 03 ....189 E1
Veauche 42 ....209 F2
Veauchette 42 ....209 F2
Veaugues 18 ....134 C4
Veaunes 26 ....229 D2
Veauville-lès-Baons 76 ....15 E3
Veauville-lès-Quelles 76 ....15 E2
Vèbre 09 ....310 A1
Vebret 15 ....206 B4
Vebron 48 ....262 B1
Vecchio (Pont du) 2B 317 D2
Veckersviller 57 ....70 A1
Veckring 57 ....42 A2
Vecoux 88 ....119 D1
Vecquemont 80 ....18 C2
Vecqueville 52 ....92 B2
Vedène 84 ....265 D3
Védrines-Saint-Loup 15 ....225 F2
Véel 55 ....66 B3
Végennes 19 ....222 C3
Vého 54 ....69 E4
Veigné 37 ....130 C4
Veigy-Foncenex 74 ....178 A4
Veilhes 81 ....277 E2
Veillac 15 ....206 B3
Veilleins 41 ....132 C3
Veilly 21 ....157 F1
Veix 19 ....205 D3
Velaine-en-Haye 54 ....68 A4
Velaine-sous-Amance 54 ....68 B4
Velaines 55 ....66 C4
Velanne 38 ....212 B2
Velars-sur-Ouche 21 ....139 D3
Velaux 13 ....284 C3
Velennes 60 ....34 B2
Velennes 80 ....18 A3
Velesmes 70 ....140 B2
Velesmes-Essarts 25 ....140 C4
Velet 70 ....140 B2
Vélieux 34 ....279 E4
Vélines 24 ....219 E4
Vélizy-Villacoublay 78 ....60 C4
Velle-le-Châtel 70 ....141 D1
Velle-sur-Moselle 54 ....94 B1
Vellèches 86 ....149 F3
Vellechevreux-et-Courbenans 70 ....142 A1
Velleclaire 70 ....140 C1
Vellefaux 70 ....141 E1
Vellefrey-et-Vellefrange 70 ....140 C2
Vellefrie 70 ....118 B4
Velleguindry-et-Levrecey 70 ....141 E1
Velleminfroy 70 ....118 C4
Vellemoz 70 ....140 C2
Velleron 84 ....265 E3
Vellerot-lès-Belvoir 25 ....142 B3
Vellerot-lès-Vercel 25 ....142 A4
Velles 36 ....169 D1
Velles 52 ....117 E3
Vellescot 90 ....120 A4
Vellevans 25 ....142 A3
Vellexon-Queutrey-et-Vaudey 70 ....140 C1
Velloreille-lès-Choye 70 ....140 C3
Velluire 85 ....164 A3
Velogny 21 ....138 A3
Velone-Orneto 2B 315 F4
Velorcey 70 ....118 B3
Velosnes 55 ....40 B1
Velotte-et-Tatignécourt 88 ....94 B3
Vélu 62 ....19 E1
Velving 57 ....42 B3
Vélye 51 ....64 B3
Velzic 15 ....224 B3
Vémars 95 ....61 E1
Venables 27 ....32 C4
Venaco 2B 317 D1
Venansault 85 ....145 F4
Venanson 06 ....289 D2
Venarey-les-Laumes 21 ....138 A2
Venarsal 19 ....222 B1
Venas 03 ....171 D3
Venasque 84 ....265 F3
Vence 06 ....269 F4
Vence (Col de) 06 ....269 F4
Vendargues 34 ....281 F2
Vendat 03 ....190 A1
Vendays-Montalivet 33 ....198 B3
Vendegies-au-Bois 59 ....9 F4
Vendegies-sur-Écaillon 59 ....9 F3
Vendeix (Roche) 63 ....206 C2
Vendel 35 ....80 A3
La Vendelée 50 ....53 F1
Vendelles 02 ....19 F2
Vendémian 34 ....281 D2
Vendenesse-lès-Charolles 71 ....174 B3
Vendenesse-sur-Arroux 71 ....173 F1
Vendenheim 67 ....71 D2
Vendes 14 ....29 D4
Vendes 15 ....206 A4
Vendeuil 02 ....20 B4
Vendeuil-Caply 60 ....34 B1
Vendeuvre 14 ....56 B2
Vendeuvre-du-Poitou 86 ....149 D4
Vendeuvre-sur-Barse 10 ....91 D4
Vendeville 59 ....8 C1
Vendhuile 02 ....20 A1
Vendières 02 ....63 D3
Vendin-le-Vieil 62 ....8 B2
Vendin-lès-Béthune 62 ....8 A1
Vendine 31 ....277 E2
Vendœuvres 36 ....151 E4
Vendoire 24 ....201 F3
Vendôme 41 ....108 B4
Vendranges 42 ....191 E3
Vendrennes 85 ....146 B3
Vendres 34 ....305 D1
Vendresse 08 ....39 D1
Vendresse-Beaulne 02 ....37 D2
Vendrest 77 ....62 B1
La Vendue-Mignot 10 ....114 B1
Venéjan 30 ....264 B1
Venelles 13 ....285 D2
Vénérand 17 ....181 F4
Venère 70 ....140 B3
Vénérieu 38 ....211 F1
Vénérolles 02 ....20 C2
Venerque 31 ....276 C4
Vénès 81 ....278 A1
Venesmes 18 ....153 D4
Vénestanville 76 ....15 F2
Venette 60 ....35 E2
Veneux-les-Sablons 77 ....87 F3
Vénevelles (Manoir de) 72 ....106 C4
Veney 54 ....95 E1
Vengeons 50 ....54 C3
Venise 25 ....141 E3
Venisey 70 ....118 A3
Vénissieux 69 ....211 D1
Venizel 02 ....36 B3
Venizy 89 ....113 F2
Vennans 25 ....141 E3
Vennecy 45 ....110 B2
Vennes 25 ....142 A4
Vennezey 54 ....94 C2
Venon 27 ....32 A4
Venon 38 ....231 D1
Venosc 38 ....231 E2
Venouse 89 ....113 F3
Venoy 89 ....113 E4
Vensac 33 ....198 B3
Vensat 63 ....189 F2
Ventabren 13 ....284 C2
Ventadour (Ruines de) 19 ....205 E3
Ventavon 05 ....249 D3
Ventelay 51 ....37 E3
Ventenac 09 ....301 E3
Ventenac-Cabardès 11 ....302 B1
Ventenac-en-Minervois 11 ....303 F1
Venterol 04 ....249 F3
Venterol 26 ....247 E3
Les Ventes 27 ....58 C2
Les Ventes-de-Bourse 61 ....83 D2
Ventes-Saint-Rémy 76 ....16 B4
Venteuges 43 ....226 B3
Venteuil 51 ....63 F1
Venthon 73 ....196 A4
Ventiseri 2B 317 E3
Ventouse 16 ....184 A3
Ventoux (Mont) 84 ....265 F1
Ventron 88 ....119 F2
La Ventrouze 61 ....83 F1
Venzolasca 2B 315 F3
Ver 50 ....54 A2
Ver-lès-Chartres 28 ....85 E3
Ver-sur-Launette 60 ....61 F1
Ver-sur-Mer 14 ....29 D3
Vérac 33 ....217 F2
Véranne 42 ....210 C3
Vérargues 34 ....282 A1
Véraza 11 ....302 B3
Verberie 60 ....35 E3
Verbiesles 52 ....116 B1
Vercel-Villedieu-le-Camp 25 ....141 F4
Verchain-Maugré 59 ....9 F3
Verchaix 74 ....196 B1
Vercheny 26 ....247 F1
Les Verchers-sur-Layon 49 ....148 A1
Verchin 62 ....7 E1
Verchocq 62 ....7 D1
Vercia 39 ....176 B1
Verclause 26 ....248 A3
Vercoiran 26 ....248 A4
Vercourt 80 ....6 B3
Verdaches 04 ....250 A4
Verdalle 81 ....278 A3
Verde (Col de) 2B 317 E3
Verdelais 33 ....236 C2
Verdelles (Château de) 72 ....106 A3
Verdelot 77 ....63 D3
Verdenal 54 ....69 E4
Verderel 60 ....34 A2
Verderonne 60 ....34 C3
Verdes 41 ....109 E2
Verdèse 2B 315 F4
Verdets 64 ....296 B1
Le Verdier 81 ....258 C3
La Verdière 83 ....286 A1
Verdigny 18 ....135 D3
Verdille 16 ....183 D3
Verdilly 02 ....63 D1
Verdon 24 ....220 B4
Verdon 51 ....63 E2
Verdon (Grand Canyon du) 04 ....268 A4
Le Verdon-sur-Mer 33 ....198 B2
Verdonnet 21 ....114 C4
Verdun 09 ....310 A1
Verdun 55 ....40 B4
Verdun-en-Lauragais 11 ....278 A4
Verdun-sur-Garonne 82 ....257 E4
Verdun-sur-le-Doubs 71 ....158 B3
Verdus (Musée de) 07 ....246 B1
Vereaux 18 ....154 B3
Verel-de-Montbel 73 ....212 C2
Verel-Pragondran 73 ....213 D1
Véretz 37 ....131 D3
Vereux 70 ....140 B2
Verfeil 31 ....277 D2
Verfeil 82 ....258 C1
Verfeuil 30 ....264 A1
Vergaville 57 ....69 E2
Vergéal 35 ....104 A1
La Vergenne 70 ....142 A1
Le Verger 35 ....102 C1
Le Verger (Château) 49 ....128 C1
Verger-sur-Dive 86 ....148 C4
Vergeroux 17 ....181 D2
Verges 39 ....176 C1
Vergetot 76 ....14 C3
Vergezac 43 ....226 C2
Vergèze 30 ....282 B1
Vergheas 63 ....188 B2
Vergies 80 ....17 E2
Vergigny 89 ....113 F2
Vergio (Col de) 2B 316 B1
Vergisson 71 ....175 D4
La Vergne 17 ....181 F2
Vergné 17 ....182 B2
Vergoignan 32 ....273 E1
Vergoncey 50 ....80 A1
Vergongheon 43 ....207 F4
Vergonnes 49 ....104 B4
Vergons 04 ....268 B3
Vergranne 25 ....141 F2
Vergt 24 ....220 C2
Vergt-de-Biron 24 ....238 C2
Le Verguier 02 ....19 F2
Véria 39 ....176 B2
Vérignon 83 ....286 C1
Vérigny 28 ....85 D2
Vérin 42 ....210 C3
Vérines 17 ....163 F4
Vérissey 71 ....158 C4
Vérizet 71 ....175 E3
Verjon 01 ....176 B3
Verjux 71 ....158 B3
Verlans 70 ....142 B1
Verlhac-Tescou 82 ....258 A3
Verlin 89 ....112 C2
Verlincthun 62 ....2 B4
Verlinghem 59 ....4 C4
Verlus 32 ....273 E2
Vermand 02 ....19 F2
Vermandovillers 80 ....19 D3
Vermelles 62 ....8 B1
Vermenton 89 ....136 C1
Vermondans 25 ....142 B2
Le Vermont 88 ....96 A1
Vern-d'Anjou 49 ....127 F1
Vern-sur-Seiche 35 ....103 E1
Vernais 18 ....154 A4
Vernaison 69 ....210 C1
Vernajoul 09 ....301 D3
Vernancourt 51 ....65 F3
Vernantes 49 ....129 F3
Vernantois 39 ....176 C1
La Vernarède 30 ....245 E4
Vernas 38 ....193 F4
Vernassal 43 ....226 C1
Vernaux 09 ....310 B1
Vernay 69 ....192 B1
La Vernaz 74 ....178 C3
Verne 25 ....141 F2
Verne (Chartreuse de la) 83 ....293 D1
Vernègues 13 ....284 B1
Verneiges 23 ....170 B4
Le Verneil 73 ....213 F2
Verneil-le-Chétif 72 ....107 D4
Verneix 03 ....171 D3
La Vernelle 36 ....132 B4
Le Vernet 03 ....190 A2
Le Vernet 04 ....250 A4
Le Vernet 09 ....301 D2
Vernet 31 ....276 C4
Le Vernet 43 ....226 C2
Vernet-la-Varenne 63 ....208 A3
Vernet-les-Bains 66 ....311 F3
Le Vernet-Sainte-Marguerite 63 ....207 D2
Verneugheol 63 ....188 B4
Verneuil 16 ....184 C4
Verneuil 18 ....153 F4
Verneuil 51 ....63 E1
Verneuil 58 ....155 F3
Verneuil-en-Bourbonnais 03 ....172 A4
Verneuil-en-Halatte 60 ....34 C3
Verneuil-Grand 55 ....40 B1
Verneuil-le-Château 37 ....149 E2
Verneuil-l'Étang 77 ....88 A1
Verneuil-Moustiers 87 ....168 A4
Verneuil-Petit 55 ....40 B1
Verneuil-sous-Coucy 02 ....36 B1
Verneuil-sur-Avre 27 ....58 B4
Verneuil-sur-Igneraie 36 ....169 F1
Verneuil-sur-Indre 37 ....150 C2
Verneuil-sur-Seine 78 ....60 B2
Verneuil-sur-Serre 02 ....20 C4
Verneuil-sur-Vienne 87 ....185 E4
Verneusses 27 ....57 E2
Vernéville 57 ....41 E4
Vernie 72 ....82 C4
Vernierfontaine 25 ....160 C1
Vernines 63 ....207 D1
Verniolle 09 ....301 D2
Vernioz 38 ....211 D3
Vernix 50 ....54 B4
Vernoil 49 ....129 F3
Le Vernois 39 ....159 E4
Vernois-le-Fol 25 ....143 D3
Vernois-lès-Belvoir 25 ....142 B3
Vernois-lès-Vesvres 21 ....139 E1
Vernois-sur-Mance 70 ....117 F3
Vernols 15 ....225 D1
Vernon 07 ....245 F3
Vernon 27 ....59 E1
Vernon 86 ....166 C3
Vernonvilliers 10 ....91 E3
Vernosc-lès-Annonay 07 ....228 C1
Vernot 21 ....139 D2
La Vernotte 70 ....140 C2
Vernou-en-Sologne 41 ....132 C2
Vernou-la-Celle-sur-Seine 77 ....88 A3
Vernou-sur-Brenne 37 ....131 D3
Vernouillet 28 ....59 D4
Vernouillet 78 ....60 B2
Vernoux 01 ....175 F2
Vernoux-en-Gâtine 79 ....164 C1
Vernoux-en-Vivarais 07 ....228 C3
Vernoux-sur-Boutonne 79 ....182 C1
Le Vernoy 25 ....142 B1
Vernoy 89 ....112 B1
Vernusse 03 ....171 F4
Verny 57 ....68 B1
Vero 2A 316 C3
Véron 89 ....112 C1
Véronne 26 ....247 F1
Véronnes 21 ....139 F2
Verosvres 71 ....174 B3
Verpel 08 ....39 E2
La Verpillière 38 ....211 E1
Verpillières 80 ....19 E4
Verpillières-sur-Ource 10 ....115 E1
Verquières 13 ....265 D4
Verquigneul 62 ....8 A1
Verquin 62 ....8 A1
Verrens-Arvey 73 ....213 F1
La Verrerie (Château de) 18 ....134 B3
Verreries-de-Moussans 34 ....279 E3
Verrey-sous-Drée 21 ....138 B3
Verrey-sous-Salmaise 21 ....138 B2
Verricourt 10 ....90 C2
Verrie 49 ....129 D4
La Verrie 85 ....146 C2
La Verrière 78 ....60 B4
Verrières 08 ....39 E1
Verrières 10 ....90 B4
Verrières 12 ....261 E1
Verrières 16 ....200 C2
Verrières 51 ....65 F1
Verrières 61 ....84 A3
Verrières 63 ....207 E2
Verrières 86 ....166 C3
Verrières-de-Joux 25 ....161 D2
Verrières-du-Grosbois 25 ....141 F4
Verrières-en-Forez 42 ....209 D2

VERSAILLES

Carnot (R.) .... Y
Chancellerie (R. de la) .... Y 3
Chantiers (R. des) .... Z 5
Clemenceau (R. Georges) .... Y 7
Cotte (R. Robert-de) .... Y 10
États-Généraux (R. des) .... Z
Europe (Av. de l') .... Y 14
Foch (R. du Mar.) .... XY
Gambetta (Pl.) .... Y 17
Gaulle (Av. Gén.-de) .... YZ 18
Hoche (R.) .... Y
Indép. Américaine (R. de l') .... Y 20
Leclerc (R. du Gén.) .... Z 24
Mermoz (R. Jean) .... Z 27
Nolhac (R. Pierre-de) .... Y 31
Orangerie (R. de l') .... YZ
Paroisse (R. de la) .... Y
Porte de Buc (R. de la) .... Z 34
Rockefeller (Av.) .... Y 37
Royale (R.) .... Z
Satory (R. de) .... YZ 42
Vieux-Versailles (R. du) .... YZ 47

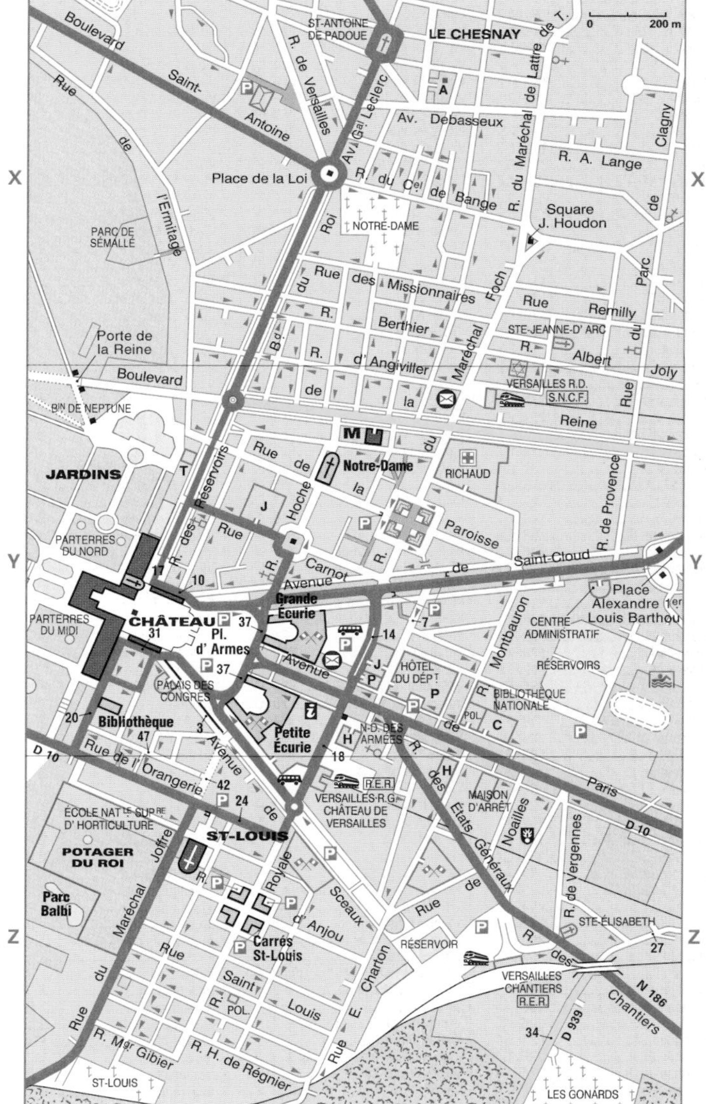

Verrières-le-Buisson 91 ... 60 C4
Verrines-sous-Celles 79 ... 165 E4
Verrue 86 ... 149 D3
Verruyes 79 ... 165 D2
Vers 46 ... 240 B3
Vers 71 ... 175 E1
Vers 74 ... 195 E1
Vers-en-Montagne 39 ... 160 A3
Vers-Pont-du-Gard 30 ... 264 B3
Vers-sous-Sellières 39 ... 159 E3
Vers-sur-Méouge 26 ... 266 B1
Vers-sur-Selles 80 ... 18 A3
Versailles 78 ... 60 C3
Versailleux 01 ... 193 E2
Versainville 14 ... 56 B2
La Versanne 42 ... 210 B4
Versaugues 71 ... 173 F3
Verseilles-le-Bas 52 ... 116 C4
Verseilles-le-Haut 52 ... 116 C4
Versigny 02 ... 20 B4
Versigny 60 ... 35 E4
Versols-et-Lapeyre 12 ... 261 D4
Verson 14 ... 29 E4
Versonnex 01 ... 177 F3
Versonnex 74 ... 195 D3
Le Versoud 38 ... 213 D4
Vert 40 ... 253 F2
Vert 78 ... 59 F2
Le Vert 79 ... 182 B1
Vert (Lac) 74 ... 196 C2
Vert-Bois 17 ... 180 B3
Vert-en-Drouais 28 ... 59 D4
Vert-la-Gravelle 51 ... 64 A3
Vert-le-Grand 91 ... 87 D1
Vert-le-Petit 91 ... 87 D1
Vert-Saint-Denis 77 ... 87 E1
Vertain 59 ... 9 F4
Vertaizon 63 ... 189 F4
Vertamboz 39 ... 177 D1
Vertault 21 ... 114 C3
Verte (Île) 13 ... 291 D3
Verteillac 24 ... 202 A4
Vertes-Feuilles 02 ... 36 A3
Verteuil-d'Agenais 47 ... 238 A3
Verteuil-sur-Charente 16 ... 183 F2
Verthemex 73 ... 212 C1
Vertheuil 33 ... 198 C4
Vertilly 89 ... 89 D3
Vertolaye 63 ... 208 C1
Verton 62 ... 6 B2
Vertou 44 ... 126 C4
Vertrieu 38 ... 194 A3
Vertus 51 ... 64 A2
Les Vertus 76 ... 16 A2
Vertuzey 55 ... 67 E4
Vervant 16 ... 183 E4
Vervant 17 ... 182 B2
Vervezelle 88 ... 95 E3
Vervins 02 ... 21 E3
Véry 55 ... 39 F3
Verzé 71 ... 175 D3
Verzeille 11 ... 302 B2
Verzenay 51 ... 38 A4
Verzy 51 ... 38 A4
Vesaignes-sous-Lafauche 52 .. 92 C3
Vesaignes-sur-Marne 52 ... 116 C2
Vesancy 01 ... 177 F3
Vesc 26 ... 247 F2
Vescemont 90 ... 119 F3
Vescheim 57 ... 70 A2
Vescles 39 ... 176 C3
Vescours 01 ... 175 F2
Vescovato 2B ... 315 F3
Vesdun 18 ... 170 B2
Vésigneul-sur-Marne 51 ... 65 D3
Vésines 01 ... 175 E3
Vésines 45 ... 111 F2
Le Vésinet 78 ... 60 C3
Vesles-et-Caumont 02 ... 21 D4
Veslud 02 ... 37 D1
Vesly 27 ... 33 E4
Vesly 50 ... 26 C3
Vesoul 70 ... 141 E1
La Vespière 14 ... 57 E1
Vesseaux 07 ... 246 A1
Vessey 50 ... 79 F1
Vestric-et-Candiac 30 ... 282 B1
Vesvres 21 ... 138 B3
Vesvres-sous-Chalancey 52 .116 B4
Vétheuil 95 ... 59 F1
Vétraz-Monthoux 74 ... 178 A4
Vétrigne 90 ... 119 F4
Veuil 36 ... 151 F1
Veuilly-la-Poterie 02 ... 62 C1
Veules-les-Roses 76 ... 15 F1
Veulettes-sur-Mer 76 ... 15 D1
Le Veurdre 03 ... 154 B4
Veurey-Voroize 38 ... 212 B4
La Veuve 51 ... 64 C1
Veuves 41 ... 131 F2
Veuvey-sur-Ouche 21 ... 157 F1
Veuxhaulles-sur-Aube 21 ... 115 F2
Vevy 39 ... 176 C1
Vexaincourt 88 ... 70 A4
Le Vey 14 ... 55 F2
Veynes 05 ... 249 D2
Veyrac 87 ... 185 E3
Veyras 07 ... 246 B1
Veyre-Monton 63 ... 207 E1
Veyreau 12 ... 261 F1
Veyrier-du-Lac 74 ... 195 E3
Veyrières 15 ... 206 A4
Veyrières 19 ... 206 A3
Veyrignac 24 ... 221 F4
Veyrines 07 ... 228 B1
Veyrines-de-Domme 24 ... 221 E4
Veyrines-de-Vergt 24 ... 220 C3
Veyrins 38 ... 212 B1
Les Veys 50 ... 27 E3
Veyssilieu 38 ... 211 F1
Veyziat 01 ... 176 C4
Vez 60 ... 35 F4
Vézac 15 ... 224 B4
Vézac 24 ... 221 F4
Vézannes 89 ... 114 A3
Vézaponin 02 ... 36 A2
Vèze 15 ... 207 D4
La Vèze 25 ... 141 E4
Vézelay 89 ... 136 C2
Vézelise 54 ... 94 A1
Vézelois 90 ... 119 F4
Vezels-Roussy 15 ... 224 B4
Vézénobres 30 ... 263 E2
Vézeronce-Curtin 38 ... 212 A1
Vezet 70 ... 140 C1
Vézézoux 43 ... 208 A3
Le Vézier 51 ... 63 D3
Vézières 86 ... 148 C1
Vézillon 27 ... 32 C4
Vézilly 02 ... 37 D4
Vezin-le-Coquet 35 ... 79 D4
Vézinnes 89 ... 114 A3
Vezins 49 ... 147 E1
Vezins 50 ... 80 B1
Vezins (Barrage de) 50 ... 80 B1
Vézins-de-Lévézou 12 ... 261 D1
Vezot 72 ... 83 D3
Vezou (Belvédère du) 15 ... 225 D4
Vezzani 2B ... 317 E2
Via 66 ... 310 C3
Viabon 28 ... 85 F4
Viala-du-Pas-de-Jaux 12 ... 261 E3
Viala-du-Tarn 12 ... 261 D2
Vialas 48 ... 245 D4
Vialer 64 ... 273 E3
Viam 19 ... 205 D2
Viane 81 ... 279 D1
Vianges 21 ... 157 D1
Vianne 47 ... 255 F1
Viâpres-le-Grand 10 ... 90 A1
Viâpres-le-Petit 10 ... 90 A1
Viarmes 95 ... 61 D1
Vias 34 ... 305 E1
Viaur (Viaduc du) 12 ... 259 F2
Viazac 46 ... 241 E2
Le Vibal 12 ... 242 C4
Vibersviller 57 ... 69 F2
Vibeuf 76 ... 15 F2
Vibrac 16 ... 201 D1
Vibrac 17 ... 199 F3
Vibraye 72 ... 108 A1
Vic 09 ... 300 A4
Vic 36 ... 169 F1
Vic (Roche de) 19 ... 222 C2
Vic-de-Chassenay 21 ... 137 F2
Vic-des-Prés 21 ... 157 F1
Vic-en-Bigorre 65 ... 273 F4
Vic-Fezensac 32 ... 274 B1
Vic-la-Gardiole 34 ... 281 E3
Vic-le-Comte 63 ... 207 F1
Vic-le-Fesq 30 ... 263 E4
Vic-sous-Thil 21 ... 137 F3
Vic-sur-Aisne 02 ... 36 A2
Vic-sur-Cère 15 ... 224 B3
Vic-sur-Seille 57 ... 68 C3
Vicdessos 09 ... 309 F1
Le Vicel 50 ... 25 E2
Vichel 63 ... 207 F3
Vichel-Nanteuil 02 ... 36 B4
Vichères 28 ... 84 B4
Vicherey 88 ... 93 F2
Vichy 03 ... 190 A1
Vico 2A ... 316 B2
La Vicogne 80 ... 18 B1
La Vicomté-sur-Rance 22 ... 78 C1
Vicq 03 ... 189 E1
Vicq 52 ... 117 E2
Vicq 59 ... 9 F2
Vicq 78 ... 60 A3
Vicq-d'Auribat 40 ... 253 D4
Vicq-Exemplet 36 ... 170 A1
Vicq-sur-Breuilh 87 ... 204 A1
Vicq-sur-Gartempe 86 ... 150 B4
Vicq-sur-Nahon 36 ... 151 F1
Vicques 14 ... 56 B2
Victoire (Abbaye de la) 60 ... 35 D4
Victot-Pontfol 14 ... 30 A4
Vidai 61 ... 83 E2
Vidaillac 46 ... 240 C4
Vidaillat 23 ... 187 D3
Vidauban 83 ... 287 D3
Videcosville 50 ... 25 D3
Videix 87 ... 184 C4
Videlles 91 ... 87 D2
Vidou 65 ... 298 B1
Vidouville 50 ... 55 D1
Vidouze 65 ... 273 E3
Viéfvillers 60 ... 34 A1
Vieil-Armand 68 ... 120 B1
Le Vieil-Baugé 49 ... 129 E2
Le Vieil-Dampierre 51 ... 65 F2
Le Vieil-Évreux 27 ... 59 D2
Vieil-Hesdin 62 ... 7 D3
Vieil-Moutier 62 ... 2 C4
Vieille-Brioude 43 ... 208 A4
Vieille-Chapelle 62 ... 8 A1
Vieille-Église 62 ... 3 D2
Vieille-Église-en-Yvelines 78 .60 A4
La Vieille-Loye 39 ... 159 F1
La Vieille-Lyre 27 ... 58 A2
Vieille-Toulouse 31 ... 276 C3
Vieilles-Maisons-
sur-Joudry 45 ... 111 D3
Vieillespesse 15 ... 225 E2
Vieillevie 15 ... 242 A2
Vieillevigne 31 ... 277 D4
Vieillevigne 44 ... 145 F2
Vieilley 25 ... 141 E3
Vieilmoulin 21 ... 138 B3
Viel-Arcy 02 ... 37 D3
Viel-Saint-Remy 08 ... 22 B4
Viella 32 ... 273 E2
Viella 65 ... 297 F4
Vielle-Adour 65 ... 297 F2
Vielle-Aure 65 ... 298 B4
Vielle-Louron 65 ... 298 B4
Vielle-Saint-Girons 40 ... 252 B3
Vielle-Soubiran 40 ... 254 C2
Vielle-Tursan 40 ... 272 C1
Viellenave-d'Arthez 64 ... 272 C3
Viellenave-de-Navarrenx 64 272 A4
Viellenave-sur-Bidouze 64 ... 271 E3
Vielleségure 64 ... 272 B4
Vielmanay 58 ... 135 E4
Vielmur-sur-Agout 81 ... 278 A2
Vielprat 43 ... 227 D4
Viels-Maisons 02 ... 63 D3
Vielverge 21 ... 140 A4
Viennay 79 ... 165 E1
Vienne 38 ... 211 D2
Vienne-en-Arthies 95 ... 59 F1
Vienne-en-Bessin 14 ... 29 D3
Vienne-en-Val 45 ... 110 C4
Vienne-la-Ville 51 ... 39 E4
Vienne-le-Château 51 ... 39 E4
Viens 84 ... 266 B3
Vienville 88 ... 95 F4
Vier-Bordes 65 ... 297 E3
Viersat 23 ... 170 B4
Vierville 28 ... 86 A3
Vierville 50 ... 25 E4
Vierville-sur-Mer 14 ... 27 F2
Vierzon 18 ... 133 E4
Vierzy 02 ... 36 B3
Viesly 59 ... 9 E4
Viessoix 14 ... 55 D3
Viéthorey 25 ... 142 A2
Vieu 01 ... 194 B3
Vieu-d'Izenave 01 ... 194 B1
Vieugy 74 ... 195 E3
Vieure 03 ... 171 E2
Vieussan 34 ... 279 F3
Vieuvicq 28 ... 84 C4
Vieuvy 53 ... 81 D2
Vieux 14 ... 55 F1
Vieux 81 ... 258 C3
Vieux-Berquin 59 ... 4 A4
Vieux-Boucau-les-Bains 40 .. 252 A4
Vieux-Bourg 14 ... 30 C3
Le Vieux-Bourg 22 ... 76 C2
Le Vieux-Cérier 16 ... 184 A3
Vieux Chambord
(Château du) 03 ... 172 C3
Vieux-Champagne 77 ... 88 B1
Vieux-Charmont 25 ... 142 C1
Vieux-Château 21 ... 137 E2
Le Vieux Château 85 ... 144 A4
Vieux-Condé 59 ... 9 F2
Vieux-Ferrette 68 ... 120 C4
Vieux-Fumé 14 ... 56 B1
Vieux-lès-Asfeld 08 ... 37 F2
Vieux-Lixheim 57 ... 70 A2
Vieux-Maisons 77 ... 62 C4
Vieux-Manoir 76 ... 32 C1
Le Vieux-Marché 22 ... 50 A3
Vieux-Mareuil 24 ... 202 A3
Vieux-Mesnil 59 ... 10 B2
Vieux-Moulin 60 ... 35 F2
Vieux-Moulin 88 ... 95 F2
Vieux-Moulins 52 ... 116 C3
Vieux-Pierrefeu 06 ... 269 F3
Vieux-Pont 61 ... 56 B4
Vieux-Pont-en-Auge 14 ... 56 C1
Vieux-Port 27 ... 31 E2
Vieux-Reng 59 ... 10 C1
Vieux-Rouen-sur-Bresle 76 ... 17 D3
La Vieux-Rue 76 ... 32 B2
Vieux-Ruffec 16 ... 184 A2
Vieux-Thann 68 ... 120 A2
Vieux-Viel 35 ... 79 F1
Vieux-Villez 27 ... 32 C4
Vieux-Vy-sur-Couesnon 35 ... 79 F3
Vieuzos 65 ... 298 C1
Viévigne 21 ... 139 F2
Viéville 52 ... 92 B4
Viéville-en-Haye 54 ... 67 F2
Viéville-sous-les-Côtes 55 ... 67 E1
Viévy 21 ... 157 E2
Viévy-le-Rayé 41 ... 109 D3
Viey 65 ... 297 F4
Vif 38 ... 230 C2
Viffort 02 ... 63 D2
Le Vigan 30 ... 262 B3
Le Vigan 46 ... 240 A1
Le Vigean 15 ... 224 A1
Le Vigeant 86 ... 167 D4
Le Vigen 87 ... 185 F4
Vigeois 19 ... 204 B4
Viger 65 ... 297 E2
Vigeville 23 ... 187 E1
Viggianello 2A ... 318 C2
Viglain 45 ... 111 D4
Vignacourt 80 ... 18 A1
Vignage (Rochers du) 61 ... 82 C2
Vignale 2B ... 315 F3
Vignats 14 ... 56 B3
Le Vignau 40 ... 273 D1
Vignaux 31 ... 275 F1
Les Vigneaux 05 ... 232 B3
Vignec 65 ... 298 B4
Vignely 77 ... 61 F2
Vignemont 60 ... 35 F2
Les Vignères 84 ... 265 E4
Les Vignes 48 ... 261 F1
Vignes 64 ... 272 C3
Vignes 89 ... 137 E2
Vignes-la-Côte 52 ... 92 C3
Vigneul-sous-Montmédy 55 ... 40 A1
Vigneulles 54 ... 94 B1
Vigneulles-
lès-Hattonchâtel 55 ... 67 E1
Vigneux-de-Bretagne 44 ... 126 A3
Vigneux-Hocquet 02 ... 21 E4
Vigneux-sur-Seine 91 ... 61 D4
Vignevieille 11 ... 303 D3
Vignieu 38 ... 212 A1
Vignoc 35 ... 79 D3
Vignol 58 ... 136 C3
Vignoles 21 ... 158 A2
Vignolles 16 ... 201 D2
Vignols 19 ... 204 A4
Vignonet 33 ... 218 C4
Vignory 52 ... 92 B3
Vignot 55 ... 67 D3
Vignoux-sous-les-Aix 18 ... 153 E1
Vignoux-sur-Barangeon 18 .. 152 C1
Vigny 57 ... 68 B1
Vigny 95 ... 60 B1
Vigoulant 36 ... 169 F3
Vigoulet-Auzil 31 ... 276 C3
Vigoux 36 ... 168 C2
Vigueron 82 ... 257 D4
Vigy 57 ... 42 A4
Vihiers 49 ... 147 F1
Vijon 36 ... 169 F3
Vilbert 77 ... 62 A4
Vilcey-sur-Trey 54 ... 67 F2
Vildé-Guingalan 22 ... 78 B2
Le Vilhain 03 ... 171 D2
Vilhonneur 16 ... 202 A1
Vilhosc (Prieuré de) 04 ... 267 E1
Villa-Algérienne 33 ... 234 B1
Villabé 91 ... 87 D1
Villabon 18 ... 153 F1
Villac 24 ... 221 F1
Villacerf 10 ... 90 A3
Villacourt 54 ... 94 C2
Villadin 10 ... 89 E3
Villafans 70 ... 142 A1
Village-Neuf 68 ... 121 D3
Villaines-en-Duesmois 21 ... 115 D4
Villaines-la-Carelle 72 ... 83 D3
Villaines-la-Gonais 72 ... 107 F1
Villaines-la-Juhel 53 ... 82 A3
Villaines-les-Prévôtes 21 ... 137 F2
Villaines-les-Rochers 37 ... 130 B4
Villaines-sous-Bois 95 ... 61 D1
Villaines-sous-Lucé 72 ... 107 E3
Villaines-sous-Malicorne 72 .106 B4
Villainville 76 ... 14 B3
Villalbe 11 ... 302 B2
Villalet 27 ... 58 C2
Villalier 11 ... 302 C1
Villamblain 45 ... 109 E2
Villamblard 24 ... 220 B2
Villamée 35 ... 80 B2
Villampuy 28 ... 109 E2
Villandraut 33 ... 236 B3
Villandry 37 ... 130 B3
Villanière 11 ... 278 B4
Villanova 2A ... 316 A4
Villapourçon 58 ... 156 B3
Villar-d'Arêne 05 ... 232 A2
Villar-en-Val 11 ... 302 C2
Villar-Loubière 05 ... 231 F4
Villar-Saint-Anselme 11 ... 302 B3
Villarceaux (Château de) 95 ... 59 F1
Villard 23 ... 169 D4
Le Villard 48 ... 243 F3
Villard 74 ... 178 B4
Villard-Bonnot 38 ... 213 D4
Villard-de-Lans 38 ... 230 B2
Villard-d'Héry 73 ... 213 E2
Villard-Léger 73 ... 213 F2
Villard-Notre-Dame 38 ... 231 E2
Villard-Reculas 38 ... 231 E1
Villard-Reymond 38 ... 231 E2
Villard-Saint-Christophe 38 . 231 D2
Villard-Saint-Pancrace 05 ... 232 C3
Villard-Saint-Sauveur 39 ... 177 E3
Villard-Sallet 73 ... 213 E2
Villard-sur-Bienne 39 ... 177 E2
Villard-sur-Doron 73 ... 196 B4
Villardebelle 11 ... 302 C3
Villardonnel 11 ... 278 B4
Villards-d'Héria 39 ... 177 D3
Les Villards-sur-Thônes 74 .. 196 A3
Villarembert 73 ... 213 F4
Villargent 70 ... 142 A1
Villargoix 21 ... 137 F4
Villargondran 73 ... 214 A4
Villariès 31 ... 276 C1
Villarlurin 73 ... 214 B2
Villarodin-Bourget 73 ... 214 C4
Villaroger 73 ... 215 D1
Villaroux 73 ... 213 E2
Villars 24 ... 202 C3
Villars 28 ... 85 E4
Villars 42 ... 210 A3
Le Villars 71 ... 175 E2
Villars 84 ... 266 A3
Villars (Grottes de) 24 ... 202 C3
Villars-Colmars 04 ... 268 B1
Villars-en-Azois 52 ... 115 F1
Villars-en-Pons 17 ... 199 E1
Villars-et-Villenotte 21 ... 138 A2
Villars-Fontaine 21 ... 158 A1
Villars-le-Pautel 70 ... 117 F2
Villars-le-Sec 90 ... 143 D2
Villars-lès-Blamont 25 ... 142 C2
Villars-les-Bois 17 ... 182 B4
Villars-les-Dombes 01 ... 193 E2
Villars-Saint-Georges 25 ... 160 A1
Villars-Saint-Marcellin 52 ... 117 F2
Villars-Santenoge 52 ... 116 A4
Villars-sous-Dampjoux 25 ... 142 B3
Villars-sous-Écot 25 ... 142 B2
Villars-sur-Var 06 ... 269 F3
Villarzel-Cabardès 11 ... 302 C1
Villarzel-du-Razès 11 ... 302 B2
Villasavary 11 ... 301 F1
Villate 31 ... 276 B3
Villaudric 31 ... 258 A4
Villautou 11 ... 301 E2
Villavard 41 ... 108 B4
Villaz 74 ... 195 E2
Ville 60 ... 35 F1
Villé 67 ... 96 B1
La Ville 69 ... 191 F1
Ville-au-Montois 54 ... 41 D2
Ville-au-Val 54 ... 68 A2
La Ville-aux-Bois 10 ... 91 E2
La Ville-aux-Bois-lès-Dizy 02 .. 21 E4
La Ville-aux-Bois-
lès-Pontavert 02 ... 37 E2
La Ville-aux-Clercs 41 ... 108 C3
La Ville-aux-Dames 37 ... 131 D3
La Ville-aux-Nonains 28 ... 84 C1
Ville-d'Avray 92 ... 60 C3
Ville-devant-Belrain 55 ... 66 C2
Ville-devant-Chaumont 55 ... 40 B3
Ville-di-Paraso 2B ... 314 C3
Ville-di-Pietrabugno 2B ... 315 F1
La Ville-Dieu-du-Temple 82 .257 E3
Ville-Dommange 51 ... 37 E4
La Ville-du-Bois 91 ... 86 C1
Ville-du-Pont 25 ... 161 E2
Ville-en-Blaisois 52 ... 92 A2
Ville-en-Sallaz 74 ... 196 A1
Ville-en-Selve 51 ... 64 B1
Ville-en-Tardenois 51 ... 37 E4
Ville-en-Vermois 54 ... 68 B4
Ville-en-Woëvre 55 ... 40 C4
La Ville-ès-Nonais 35 ... 78 C1
Ville-Houdlémont 54 ... 40 C1
Ville-Issey 55 ... 67 D4
Ville-la-Grand 74 ... 178 A4
Ville-Langy 58 ... 155 E3
Ville-le-Marclet 80 ... 18 A1
Ville-Saint-Jacques 77 ... 88 A3
Ville-Savoye 02 ... 37 D3
Ville-sous-Anjou 38 ... 211 D3
Ville-sous-la-Ferté 10 ... 115 F1
La Ville-sous-Orbais 51 ... 63 E2
Ville-sur-Ancre 80 ... 18 C2
Ville-sur-Arce 10 ... 115 D1
Ville-sur-Cousances 55 ... 66 B1
Ville-sur-Illon 88 ... 94 B4
Ville-sur-Jarnioux 69 ... 192 B3
Ville-sur-Lumes 08 ... 22 C3
Ville-sur-Retourne 08 ... 38 B2
Ville-sur-Saulx 55 ... 66 A4
Ville-sur-Terre 10 ... 91 F3
Ville-sur-Tourbe 51 ... 39 D4
Ville-sur-Yron 54 ... 41 D4
Villeau 28 ... 85 F4
Villebadin 61 ... 56 C3
Villebarou 41 ... 132 A1
Villebaudon 50 ... 54 B2
Villebazy 11 ... 302 B3
Villebéon 77 ... 88 A4
Villebernier 49 ... 129 E4
Villeberny 21 ... 138 B2
Villebichot 21 ... 158 B1
Villeblevin 89 ... 88 B3
Villebois 01 ... 194 A3
Villebois-Lavalette 16 ... 201 F3
Villebois-les-Pins 26 ... 248 C4
Villebon 28 ... 84 C3
Villebon-sur-Yvette 91 ... 60 C4
Villebougis 89 ... 88 C4
Villebourg 37 ... 130 B1
Villebout 41 ... 108 C2
Villebramar 47 ... 238 A2
Villebret 03 ... 171 D4
Villebrumier 82 ... 258 A4
Villecelin 18 ... 152 C4
Villecerf 77 ... 88 A3
Villecey-sur-Mad 54 ... 67 F1
Villechantria 39 ... 176 B3
Villechauve 41 ... 131 E1
Villechenève 69 ... 192 A4
Villechétif 10 ... 90 B3
Villechétive 89 ... 113 E1
Villechien 50 ... 80 C1
Villecien 89 ... 112 C2
Villécloye 55 ... 40 A1
Villecomtal 12 ... 242 B3
Villecomtal-sur-Arros 32 ... 274 A4
Villecomte 21 ... 139 D2
Villeconin 91 ... 86 C2
Villecourt 80 ... 19 E3
Villecresnes 94 ... 61 E4
Villecroze 83 ... 286 C2
Villedaigne 11 ... 303 F1
Villedieu 15 ... 225 E3
La Villedieu 17 ... 182 C2
Villedieu 21 ... 114 C3
La Villedieu 23 ... 205 D1
Les Villedieu 25 ... 160 C4
La Villedieu 48 ... 244 B1
Villedieu 84 ... 247 E4
La Villedieu-du-Clain 86 ... 166 B3
La Villedieu-
en-Fontenette 70 ... 118 B3
Villedieu-la-Blouère 49 ... 146 C1
Villedieu-le-Château 41 ... 107 F4
Villedieu-lès-Bailleul 61 ... 56 C3
Villedieu-les-Poêles 50 ... 54 B3
Villedieu-sur-Indre 36 ... 151 F3
Villedômain 37 ... 151 D2
Villedômer 37 ... 131 D2
Villedoux 17 ... 163 F4
Villedubert 11 ... 302 C1
Villefagnan 16 ... 183 E2
Villefargeau 89 ... 113 E4
Villefavard 87 ... 185 F1
Villeferry 21 ... 138 A2
Villefloure 11 ... 302 C2
Villefollet 79 ... 182 C1
Villefontaine 38 ... 211 E1
Villefort 11 ... 301 F4
Villefort 48 ... 245 D3
Villefranche 32 ... 275 D4
Villefranche-d'Albigeois 81 .. 259 F4
Villefranche-d'Allier 03 ... 171 E3
Villefranche-de-Conflent 66 .311 E3
Villefranche-
de-Lauragais 31 ... 277 D4
Villefranche-de-Lonchat 24 .. 219 E3
Villefranche-de-Panat 12 ... 260 B2
Villefranche-
de-Rouergue 12 ... 241 E4
Villefranche-
du-Périgord 24 ... 239 E2
Villefranche-du-Queyran 47 .237 E4
Villefranche-le-Château 26 .. 266 B1
Villefranche-Saint-Phal 89 ... 112 B2
Villefranche-sur-Cher 41 ... 132 C4
Villefranche-sur-Mer 06 ... 288 C2
Villefranche-sur-Saône 69 ... 192 C2
Villefrancœur 41 ... 108 C4
Villefrancon 70 ... 140 C2
Villefranque 64 ... 270 C3
Villefranque 65 ... 273 F3
Villegagnon 77 ... 62 C4
Villegailhenc 11 ... 302 B1
Villegardin 89 ... 112 B1
Villegats 16 ... 183 F2
Villegats 27 ... 59 E2
Villegaudin 71 ... 158 C4
Villegenon 18 ... 134 B3
Villegly 11 ... 302 C1
Villegongis 36 ... 151 F3
Villegouge 33 ... 218 B3
Villegouin 36 ... 151 E2
Villegruis 77 ... 89 D1
Villegusien 52 ... 116 C4
Villehardouin 10 ... 90 C3
Villeherviers 41 ... 133 D3
Villejésus 16 ... 183 E3
Villejoubert 16 ... 183 F4
Villejuif 94 ... 61 D3
Villejust 91 ... 60 C4
Villelaure 84 ... 285 D1
Villeloin-Coulangé 37 ... 151 D1
Villelongue 65 ... 297 E3
Villelongue-d'Aude 11 ... 302 A3
Villelongue-
de-la-Salanque 66 ... 313 D1
Villelongue-dels-Monts 66 .. 313 D3
Villeloup 10 ... 90 A3
Villemade 82 ... 257 F2
Villemagne 11 ... 278 A4
Villemagne-l'Argentière 34 .. 280 A2
Villemain 79 ... 183 D2
Villemandeur 45 ... 111 F2
Villemanoche 89 ... 88 C3
Villemardy 41 ... 108 C4
Villemaréchal 77 ... 88 A4
Villemareuil 77 ... 62 A2
Villematier 31 ... 258 A4
Villemaur-sur-Vanne 10 ... 89 F4
Villembits 65 ... 298 B1
Villembray 60 ... 33 F2
Villemer 77 ... 88 A3
Villemer 89 ... 113 D3
Villemereuil 10 ... 90 B4
Villemervry 52 ... 116 B4
Villemeux-sur-Eure 28 ... 59 E4
Villemoirieu 38 ... 193 F4
Villemoiron-en-Othe 10 ... 89 F4
Villemoisan 49 ... 127 F2
Villemoisson-sur-Orge 91 ... 61 D4
Villemolaque 66 ... 313 D3
Villemomble 93 ... 61 E3
Villemontais 42 ... 191 D3
Villemontoire 02 ... 36 B3
Villemorien 10 ... 114 C1
Villemorin 17 ... 182 C2
Villemoron 52 ... 116 B4
Villemort 86 ... 167 E2
Villemotier 01 ... 176 A3
Villemoustaussou 11 ... 302 C1
Villemoutiers 45 ... 111 E2
Villemoyenne 10 ... 90 C4
Villemur 65 ... 298 C1
Villemur-sur-Tarn 31 ... 258 A4
Villemurlin 45 ... 134 A1
Villemus 04 ... 266 C4
Villenauxe-la-Grande 10 ... 89 E1
Villenauxe-la-Petite 77 ... 88 C3
Villenave 40 ... 253 E3
Villenave-de-Rions 33 ... 236 B1
Villenave-d'Ornon 33 ... 217 E4
Villenave-près-Béarn 65 ... 273 E4
Villenave-près-Marsac 65 ... 273 F4
Villenavotte 89 ... 88 C4
Villeneuve 01 ... 192 C2
Villeneuve 04 ... 267 D3
Villeneuve 09 ... 299 F4
Villeneuve 12 ... 241 E3
La Villeneuve 23 ... 188 A3
Villeneuve 33 ... 217 E2
La Villeneuve 71 ... 158 C2
La Villeneuve-au-Châtelot 10 .89 E1
Villeneuve-au-Chemin 10 ... 113 F1
La Villeneuve-au-Chêne 10 ... 90 C4

La Villeneuve-Bellenoye-et-la-Maize 70 ... 118 B4
Villeneuve-d'Allier 43 ... 226 A1
Villeneuve-d'Amont 25 ... 160 B2
Villeneuve-d'Ascq 59 ... 4 C4
Villeneuve-d'Aval 39 ... 159 F2
Villeneuve-de-Berg 07 ... 246 B2
Villeneuve-de-Duras 47 ... 237 F1
Villeneuve-de-la-Raho 66 ... 313 D2
Villeneuve-de-Marc 38 ... 211 E2
Villeneuve-de-Marsan 40 ... 254 B4
Villeneuve-de-Mézin 47 ... 255 E3
Villeneuve-de-Rivière 31 ... 299 D2
Villeneuve-d'Entraunes 06 ... 269 D1
Villeneuve-des-Escaldes 66 ... 310 C3
Villeneuve-d'Olmes 09 ... 301 E4
Villeneuve-du-Bosc 09 ... 301 D3
Villeneuve-du-Latou 09 ... 300 C1
Villeneuve-du-Paréage 09 ... 301 D2
La Villeneuve-en-Chevrie 78 ... 59 E2
Villeneuve-en-Montagne 71 ... 157 F4
Villeneuve-Frouville 41 ... 109 D4
Villeneuve-la-Comptal 11 ... 301 F1
Villeneuve-la-Comtesse 17 ... 182 B1
Villeneuve-la-Dondagre 89 ... 112 B1
Villeneuve-la-Garenne 92 ... 61 D2
Villeneuve-la-Guyard 89 ... 88 B3
Villeneuve-la-Lionne 51 ... 63 D4
Villeneuve-la-Rivière 66 ... 312 C2
Villeneuve-la-Salle 05 ... 232 B2
Villeneuve-l'Archevêque 89 ... 89 E4
Villeneuve-le-Comte 77 ... 62 A3
Villeneuve-le-Roi 94 ... 61 D4
Villeneuve-Lécussan 31 ... 298 C2
Villeneuve-Lembron 63 ... 207 F3
Villeneuve-lès-Avignon 30 ... 264 C3
Villeneuve-lès-Béziers 34 ... 305 D1
Villeneuve-les-Bordes 77 ... 88 B2
Villeneuve-lès-Bouloc 31 ... 276 C1
Villeneuve-les-Cerfs 63 ... 190 A2
La Villeneuve-lès-Charleville 51 ... 63 E3
Villeneuve-lès-Charnod 39 ... 176 B3
La Villeneuve-les-Convers 21 ... 138 B1
Villeneuve-les-Corbières 11 ... 303 E3
Villeneuve-les-Genêts 89 ... 112 B4
Villeneuve-lès-Lavaur 81 ... 277 E2
Villeneuve-lès-Maguelone 34 ... 281 F3
Villeneuve-lès-Montréal 11 ... 302 A2
Villeneuve-les-Sablons 60 ... 34 A4
Villeneuve-Loubet 06 ... 288 B2
Villeneuve-Loubet-Plage 06 ... 288 B2
Villeneuve-Minervois 11 ... 302 C1
Villeneuve-Renneville-Chevigny 51 ... 64 B2
Villeneuve-Saint-Denis 77 ... 61 F3
Villeneuve-Saint-Georges 94 ... 61 D4
Villeneuve-Saint-Germain 02 ... 36 B3
Villeneuve-Saint-Nicolas 28 ... 85 E4
Villeneuve-Saint-Salves 89 ... 113 E3
Villeneuve-Saint-Vistre-et-Villevotte 51 ... 89 F1
Villeneuve-sous-Charigny 21 ... 138 A2
Villeneuve-sous-Dammartin 77 ... 61 F1
Villeneuve-sous-Pymont 39 ... 159 E4
La Villeneuve-sous-Thury 60 ... 35 F4
Villeneuve-sur-Allier 03 ... 172 A1
Villeneuve-sur-Auvers 91 ... 86 C2
Villeneuve-sur-Bellot 77 ... 62 C3
Villeneuve-sur-Cher 18 ... 153 D2
Villeneuve-sur-Conie 45 ... 109 F2
Villeneuve-sur-Fère 02 ... 36 C4
Villeneuve-sur-Lot 47 ... 238 C3
Villeneuve-sur-Tarn 81 ... 260 A3
Villeneuve-sur-Verberie 60 ... 35 D3
Villeneuve-sur-Vère 81 ... 259 D3
La Villeneuve-sur-Vingeanne 21 ... 140 A1
Villeneuve-sur-Yonne 89 ... 112 C1
Villeneuve-Tolosane 31 ... 276 B3
Villeneuvette 34 ... 280 C2
Villennes-sur-Seine 78 ... 60 B2
Villenouvelle 17 ... 182 B1
Villenouvelle 31 ... 277 D4
Villenoy 77 ... 62 A2
Villentrois 36 ... 151 E1
Villeny 41 ... 132 C1
Villepail 53 ... 82 A2
Villeparisis 77 ... 61 E2
Villeparois 70 ... 118 B4
Villeperdrix 26 ... 248 A3
Villeperdue 37 ... 130 C4
Villeperrot 89 ... 88 C4
Villepinte 11 ... 302 A1
Villepinte 93 ... 61 E2
Villeporcher 41 ... 131 E1
Villepot 44 ... 104 A3
Villepreux 78 ... 60 B3
Villequier 76 ... 15 E4
Villequier-Aumont 02 ... 20 A4
Villequiers 18 ... 154 A2
Viller 57 ... 69 D1
Villerable 41 ... 108 B4
Villerbon 41 ... 132 A1
Villeréal 47 ... 238 C2
Villereau 45 ... 110 B1
Villereau 59 ... 10 A2
Villerest 42 ... 191 E2
Villeret 02 ... 20 A2
Villeret 10 ... 91 E2
Villereversure 01 ... 194 A1
Villermain 41 ... 109 E3
Villeromain 41 ... 108 C4
Villeron 95 ... 61 E1
Villerouge-la-Crémade 11 ... 303 E2
Villerouge-Termenès 11 ... 303 D3
Villeroy 77 ... 61 F2
Villeroy 80 ... 17 E2
Villeroy 89 ... 112 C1
Villeroy-sur-Méholle 55 ... 93 D1
Villers 42 ... 191 F1
Villers 88 ... 94 B3
Villers-Agron-Aiguizy 02 ... 37 D4
Villers-Allerand 51 ... 37 F4
Villers-au-Bois 62 ... 8 A2
Villers-au-Flos 62 ... 19 E1
Villers-au-Tertre 59 ... 9 D3
Villers-aux-Bois 51 ... 64 A2
Villers-aux-Érables 80 ... 18 C3
Villers-aux-Nœuds 51 ... 37 F4
Villers-aux-Vents 55 ... 66 A3
Villers-Bocage 14 ... 55 E1
Villers-Bocage 80 ... 18 B2
Villers-Bouton 70 ... 141 D2
Villers-Bretonneux 80 ... 18 C3
Villers-Brûlin 62 ... 7 F2
Villers-Buzon 25 ... 140 C4
Villers-Campsart 80 ... 17 E3
Villers-Canivet 14 ... 56 A2
Villers-Carbonnel 80 ... 19 E3
Villers-Cernay 08 ... 23 E4
Villers-Châtel 62 ... 8 A2
Villers-Chemin-et-Mont-lès-Étrelles 70 ... 140 C2
Villers-Chief 25 ... 142 A4
Villers-Cotterêts 02 ... 36 A4
Villers-devant-Dun 55 ... 39 F2
Villers-devant-le-Thour 08 ... 37 F1
Villers-devant-Mouzon 08 ... 23 E4
Villers-Écalles 76 ... 15 F4
Villers-en-Argonne 51 ... 65 F1
Villers-en-Arthies 95 ... 59 F1
Villers-en-Cauchies 59 ... 9 E4
Villers-en-Haye 54 ... 68 A3
Villers-en-Ouche 61 ... 57 E3
Villers-en-Prayères 02 ... 37 D3
Villers-en-Vexin 27 ... 33 D4
Villers-Farlay 39 ... 159 F2
Villers-Faucon 80 ... 19 F2
Villers-Franqueux 51 ... 37 E3
Villers-Grélot 25 ... 141 E3
Villers-Guislain 59 ... 19 F1
Villers-Hélon 02 ... 36 B4
Villers-la-Chèvre 54 ... 40 C1
Villers-la-Combe 25 ... 142 A4
Villers-la-Faye 21 ... 158 A1
Villers-la-Montagne 54 ... 41 D1
Villers-la-Ville 70 ... 142 A1
Villers-le-Château 51 ... 64 C2
Villers-le-Lac 25 ... 161 F1
Villers-le-Rond 54 ... 40 B2
Villers-le-Sec 02 ... 20 B3
Villers-le-Sec 51 ... 65 F3
Villers-le-Sec 55 ... 92 C1
Villers-le-Sec 70 ... 141 E1
Villers-le-Tilleul 08 ... 22 C4
Villers-le-Tourneur 08 ... 22 B4
Villers-les-Bois 39 ... 159 E3
Villers-lès-Cagnicourt 62 ... 8 C4
Villers-lès-Guise 02 ... 20 C2
Villers-lès-Luxeuil 70 ... 118 C3
Villers-lès-Mangiennes 55 ... 40 B2
Villers-lès-Moivrons 54 ... 68 B3
Villers-lès-Nancy 54 ... 68 A4
Villers-les-Ormes 36 ... 151 F3
Villers-les-Pots 21 ... 139 F4
Villers-lès-Roye 80 ... 19 D4
Villers-l'Hôpital 62 ... 7 E4
Villers-Marmery 51 ... 64 B1
Villers-Outréaux 59 ... 20 A1
Villers-Pater 70 ... 141 E2
Villers-Patras 21 ... 115 D2
Villers-Plouich 59 ... 19 F1
Villers-Pol 59 ... 9 F3
Villers-Robert 39 ... 159 E2
Villers-Rotin 21 ... 159 D1
Villers-Saint-Barthélemy 60 ... 33 F2
Villers-Saint-Christophe 02 ... 19 F3
Villers-Saint-Frambourg 60 ... 35 D4
Villers-Saint-Genest 60 ... 62 A1
Villers-Saint-Martin 25 ... 141 F3
Villers-Saint-Paul 60 ... 34 C3
Villers-Saint-Sépulcre 60 ... 34 B3
Villers-Semeuse 08 ... 22 C3
Villers-Sir-Simon 62 ... 7 F3
Villers-Sire-Nicole 59 ... 10 C1
Villers-sous-Ailly 80 ... 17 F1
Villers-sous-Chalamont 25 ... 160 B3
Villers-sous-Châtillon 51 ... 63 F1
Villers-sous-Foucarmont 76 ... 17 D3
Villers-sous-Montrond 25 ... 160 B1
Villers-sous-Pareid 55 ... 41 D4
Villers-sous-Prény 54 ... 67 F2
Villers-sous-Saint-Leu 60 ... 34 C4
Villers-Stoncourt 57 ... 68 C1
Villers-sur-Auchy 60 ... 33 E2
Villers-sur-Authie 80 ... 6 B4
Villers-sur-Bar 08 ... 23 D4
Villers-sur-Bonnières 60 ... 33 F1
Villers-sur-Coudun 60 ... 35 E2
Villers-sur-Fère 02 ... 36 C4
Villers-sur-le-Mont 08 ... 22 C4
Villers-sur-le-Roule 27 ... 32 C4
Villers-sur-Mer 14 ... 30 A3
Villers-sur-Meuse 55 ... 66 C1
Villers-sur-Nied 57 ... 68 C2
Villers-sur-Port 70 ... 118 A4
Villers-sur-Saulnot 70 ... 142 B1
Villers-sur-Trie 60 ... 33 F3
Villers-Tournelle 80 ... 18 C4
Villers-Vaudey 70 ... 117 F4
Villers-Vermont 60 ... 33 E1
Villers-Vicomte 60 ... 18 A4
Villerserine 39 ... 159 F3
Villersexel 70 ... 142 A1
Villerupt 54 ... 41 D1
Villerville 14 ... 30 B2
Villery 10 ... 90 A4
Villes 01 ... 194 C1
Villes-sur-Auzon 84 ... 265 F2
Villesalem (Ancien Prieuré de) 86 ... 167 F2
Villeselve 60 ... 19 F4
Villeseneux 51 ... 64 B3
Villesèque 46 ... 239 F4
Villesèque-des-Corbières 11 ... 303 F3
Villesèquelande 11 ... 302 B1
Villesiscle 11 ... 302 A1
Villespassans 34 ... 279 F4
Villespy 11 ... 302 A1
Villetaneuse 93 ... 61 D2
La Villetelle 23 ... 188 A3
Villetelle 34 ... 282 B1
Villethierry 89 ... 88 B4
Villeton 47 ... 237 F4
Villetoureix 24 ... 202 A4
Villetritouls 11 ... 302 C2
Villetrun 41 ... 108 C4
La Villette 14 ... 55 F2
Villette 54 ... 40 B1
Villette 73 ... 214 B1
Villette 78 ... 59 F2
Villette-d'Anthon 38 ... 193 E4
Villette-de-Vienne 38 ... 211 D2
Villette-lès-Arbois 39 ... 159 F2
Villette-lès-Dole 39 ... 159 E1
Villette-sur-Ain 01 ... 193 F2
Villette-sur-Aube 10 ... 90 B1
Villettes 27 ... 32 A4
Les Villettes 43 ... 227 F1
Villeurbanne 69 ... 193 D4
Villevallier 89 ... 112 C2
Villevaudé 77 ... 61 F2
Villevenard 51 ... 63 F3
Villevêque 49 ... 128 C1
Villeveyrac 34 ... 281 D3
Villevieille 04 ... 269 D3
Villevieille 30 ... 282 A1
Villevieux 39 ... 159 E4
Villevocance 07 ... 228 B1
Villevoques 45 ... 111 E2
Villexanton 41 ... 109 E4
Villexavier 17 ... 199 F3
Le Villey 39 ... 159 E3
Villey-le-Sec 54 ... 67 F4
Villey-Saint-Étienne 54 ... 67 F3
Villey-sur-Tille 21 ... 139 E1
Villez-sous-Bailleul 27 ... 59 D1
Villez-sur-le-Neubourg 27 ... 31 F4
Villié-Morgon 69 ... 192 B1
Villiers 36 ... 151 D3
Villiers 86 ... 166 A1
Villiers-Adam 95 ... 60 C1
Villiers-au-Bouin 37 ... 130 A1
Villiers-aux-Bois 52 ... 92 A1
Villiers-aux-Chênes 52 ... 91 F3
Villiers-aux-Corneilles 51 ... 89 E1
Villiers-Charlemagne 53 ... 105 D2
Villiers-Couture 17 ... 183 D2
Villiers-en-Bière 77 ... 87 E2
Villiers-en-Bois 79 ... 182 B1
Villiers-en-Désœuvre 27 ... 59 E2
Villiers-en-Lieu 52 ... 65 F4
Villiers-en-Morvan 21 ... 157 D1
Villiers-en-Plaine 79 ... 164 C3
Villiers-Fossard 50 ... 27 E4
Villiers-Herbisse 10 ... 90 B1
Villiers-le-Bâcle 91 ... 60 C4
Villiers-le-Bel 95 ... 61 D2
Villiers-le-Bois 10 ... 114 B2
Villiers-le-Duc 21 ... 115 E3
Villiers-le-Mahieu 78 ... 60 A3
Villiers-le-Morhier 28 ... 85 E1
Villiers-le-Pré 50 ... 80 A1
Villiers-le-Roux 16 ... 183 E2
Villiers-le-Sec 14 ... 29 D3
Villiers-le-Sec 52 ... 116 A1
Villiers-le-Sec 58 ... 136 A3
Villiers-le-Sec 95 ... 61 D1
Villiers-lès-Aprey 52 ... 116 B4
Villiers-les-Hauts 89 ... 114 B4
Villiers-Louis 89 ... 89 D4
Villiers-Saint-Benoît 89 ... 112 C4
Villiers-Saint-Denis 02 ... 62 C2
Villiers-Saint-Fréderic 78 ... 60 A3
Villiers-Saint-Georges 77 ... 89 D1
Villiers-Saint-Orien 28 ... 109 E1
Villiers-sous-Grez 77 ... 87 F3
Villiers-sous-Mortagne 61 ... 83 F1
Villiers-sous-Praslin 10 ... 114 C1
Villiers-sur-Chizé 79 ... 182 C1
Villiers-sur-Loir 41 ... 108 B4
Villiers-sur-Marne 52 ... 92 B3
Villiers-sur-Marne 94 ... 61 E3
Villiers-sur-Morin 77 ... 62 A3
Villiers-sur-Orge 91 ... 87 D1
Villiers-sur-Seine 77 ... 89 D2
Villiers-sur-Suize 52 ... 116 B2
Villiers-sur-Tholon 89 ... 113 D3
Villiers-sur-Yonne 58 ... 136 B3
Villiers-Vineux 89 ... 113 F2
Villiersfaux 41 ... 108 B4
Villieu-Loyes-Mollon 01 ... 193 F3
Villing 57 ... 42 B3
Villognon 16 ... 183 E3
Villon 89 ... 114 B3
Villoncourt 88 ... 95 D3
Villons-les-Buissons 14 ... 29 E4
Villorceau 45 ... 109 F4
Villosanges 63 ... 188 B3
Villotran 60 ... 34 A3
Villotte 88 ... 117 E1
La Villotte 89 ... 112 C4
Villotte-devant-Louppy 55 ... 66 A2
Villotte-Saint-Seine 21 ... 138 C2
Villotte-sur-Aire 55 ... 66 C3
Villotte-sur-Ource 21 ... 115 E3
Villouxel 88 ... 93 D3
Villuis 77 ... 89 D3
Villy 08 ... 39 F1
Villy 89 ... 113 F3
Villy-Bocage 14 ... 55 E1
Villy-en-Auxois 21 ... 138 B3
Villy-en-Trodes 10 ... 90 C4
Villy-le-Bois 10 ... 114 B1
Villy-le-Bouveret 74 ... 195 E2
Villy-le-Maréchal 10 ... 90 B4
Villy-le-Moutier 21 ... 158 B2
Villy-le-Pelloux 74 ... 195 E2
Villy-lez-Falaise 14 ... 56 B2
Villy-sur-Yères 76 ... 16 C2
Vilory 70 ... 118 B4
Vilosnes 55 ... 40 A3
Vilsberg 57 ... 70 B2
Vimarcé 53 ... 82 A4
Vimenet 12 ... 243 D4
Viménil 88 ... 95 D3
Vimines 73 ... 213 D2
Vimont 14 ... 56 B1
Vimory 45 ... 111 F2
Vimoutiers 61 ... 57 D2
Vimpelles 77 ... 88 C2
Vimy 62 ... 8 B2
Vinaigre (Mont) 83 ... 287 F2
Vinantes 77 ... 61 F2
Vinassan 11 ... 304 C1
Vinax 17 ... 182 C2
Vinay 38 ... 230 A1
Vinay 51 ... 64 A2
Vinça 66 ... 311 F2
Vincelles 39 ... 176 B1
Vincelles 51 ... 63 E1
Vincelles 71 ... 176 A1
Vincelles 89 ... 113 E4
Vincelottes 89 ... 113 E4
Vincennes 94 ... 61 D3
Vincent 39 ... 159 E4
Vincey 88 ... 94 C3
Vincly 62 ... 7 D1
Vincy-Manœuvre 77 ... 62 A1
Vincy-Reuil-et-Magny 02 ... 21 E4
Vindecy 71 ... 173 F3
Vindefontaine 50 ... 25 D4
Vindelle 16 ... 201 E1
Vindey 51 ... 63 F4
Vindrac-Alayrac 81 ... 259 D2
Vinets 10 ... 90 C1
Vineuil 36 ... 151 F3
Vineuil 41 ... 132 A1
Vineuil-Saint-Firmin 60 ... 34 C4
La Vineuse 71 ... 174 C2
Vinezac 07 ... 246 A2
Vingrau 66 ... 303 E4
Vingt-Hanaps 61 ... 82 C2
Vinnemerville 76 ... 15 D2
Vinneuf 89 ... 88 B3
Vinon 18 ... 135 D4
Vinon-sur-Verdon 83 ... 285 F1
Vins-sur-Caramy 83 ... 286 B3
Vinsobres 26 ... 247 E4
Le Vintrou 81 ... 278 C3
Vinzelles 63 ... 190 A3
Vinzelles 71 ... 175 D4
Vinzier 74 ... 178 C3
Vinzieux 07 ... 210 C4
Viocourt 88 ... 93 F3
Viodos-Abense-de-Bas 64 ... 295 F1
Violaines 62 ... 8 B1
Violay 42 ... 192 A3
Violès 84 ... 265 D1
Violot 52 ... 117 D4
Viols-en-Laval 34 ... 281 E1
Viols-le-Fort 34 ... 281 E1
Vioménil 88 ... 118 B1
Vion 07 ... 228 C2
Vion 72 ... 106 A3
Vions 73 ... 194 C3
Vionville 57 ... 67 F1
Viozan 32 ... 274 C4
Viplaix 03 ... 170 B3
Vira 09 ... 301 E3
Vira 66 ... 311 F1
Virac 81 ... 259 D3
Virandeville 50 ... 24 B2
Virargues 15 ... 225 D2
Virazeil 47 ... 237 F3
Vire 14 ... 55 D3
Viré 71 ... 175 E3
Viré-en-Champagne 72 ... 106 A2
Vire-sur-Lot 46 ... 239 E3
Vireaux 89 ... 114 B4
Virecourt 54 ... 94 B2
Virelade 33 ... 236 B1
Viremont 39 ... 176 C2
Vireux-Molhain 08 ... 11 F3
Vireux-Wallerand 08 ... 13 D3
Virey 50 ... 80 B1
Virey 70 ... 140 C3
Virey-le-Grand 71 ... 158 A3
Virey-sous-Bar 10 ... 114 C1
Virginy 51 ... 39 D4
Viriat 01 ... 176 A4
Viricelles 42 ... 210 A1
Virieu 38 ... 212 A2
Virieu-le-Grand 01 ... 194 B3
Virieu-le-Petit 01 ... 194 C3
Virigneux 42 ... 210 A1
Virignin 01 ... 194 C4
Viriville 38 ... 211 F4
Virlet 63 ... 188 C1
Virming 57 ... 69 E2
Viroflay 78 ... 60 C3
Virollet 17 ... 199 D2
Vironchaux 80 ... 6 C3
Vironvay 27 ... 32 B4
Virsac 33 ... 217 F2
Virson 17 ... 181 D1
Virville 76 ... 14 C3
Viry 39 ... 177 D4
Viry 71 ... 174 B2
Viry 74 ... 195 E1
Viry-Châtillon 91 ... 61 D4
Viry-Noureuil 02 ... 36 A1
Vis-en-Artois 62 ... 8 C3
Visan 84 ... 247 E4
Viscomtat 63 ... 190 C4
Viscos 65 ... 297 E4
Le Viseney 39 ... 159 E3
Viserny 21 ... 137 F1
Visker 65 ... 297 F2
Vismes-au-Val 80 ... 17 D1
Visoncourt 70 ... 118 C3
Vissac-Auteyrac 43 ... 226 B2
Vissec 30 ... 262 A4
Vissec (Cirque de) 30 ... 262 A4
Visseiche 35 ... 104 A2
Viterbe 81 ... 277 F2
Viterne 54 ... 94 A1
Vitot 27 ... 31 F4
Vitrac 15 ... 223 F4
Vitrac 24 ... 221 F4
Vitrac 63 ... 189 D3
Vitrac-en-Viadène 12 ... 225 D4
Vitrac-Saint-Vincent 16 ... 184 B4
Vitrac-sur-Montane 19 ... 205 D4
Vitrai-sous-l'Aigle 61 ... 58 A4
Vitray 03 ... 171 D1
Vitray-en-Beauce 28 ... 85 E4
Vitray-sous-Brézolles 28 ... 58 C4
Vitré 35 ... 104 A1
Vitré 79 ... 165 E4
Vitreux 39 ... 140 B4
Vitrey 54 ... 94 A1
Vitrey-sur-Mance 70 ... 117 F3
Vitrimont 54 ... 68 C4
Vitrolles 13 ... 284 B3
Vitrolles 84 ... 266 B4
Vitrolles-en-Lubéron 05 ... 249 E3
Vitry-aux-Loges 45 ... 110 C2
Vitry-en-Artois 62 ... 8 C3
Vitry-en-Charollais 71 ... 173 F3
Vitry-en-Montagne 52 ... 116 B3
Vitry-en-Perthois 51 ... 65 E4
Vitry-la-Ville 51 ... 65 D3
Vitry-Laché 58 ... 136 B4
Vitry-le-Croisé 10 ... 115 E1
Vitry-le-François 51 ... 65 E4
Vitry-lès-Cluny 71 ... 174 C2
Vitry-lès-Nogent 52 ... 116 C2
Vitry-sur-Loire 71 ... 173 D1
Vitry-sur-Orne 57 ... 41 F3
Vitry-sur-Seine 94 ... 61 D3
Vittarville 55 ... 40 B2
Vitteaux 21 ... 138 B3
Vittefleur 76 ... 15 E1
Vittel 88 ... 93 F4
Vittersbourg 57 ... 69 F1
Vittoncourt 57 ... 68 C1
Vittonville 54 ... 68 A2
Vitz-sur-Authie 80 ... 7 D3
Viuz-en-Sallaz 74 ... 196 A1
Viuz-la-Chiésaz 74 ... 195 E3
Vivaise 02 ... 36 C1
Vivans 42 ... 191 D1
Vivario 2B ... 317 D2
Viven 64 ... 272 C3
Viverols 63 ... 209 D3
Vivès 66 ... 312 C3
Vivey 52 ... 116 B4
Le Vivier 66 ... 311 F1
Vivier-au-Court 08 ... 23 D3
Le Vivier-sur-Mer 35 ... 53 E4
Vivières 02 ... 36 A3
Viviers 07 ... 246 C3
Viviers 57 ... 68 C2
Viviers 89 ... 114 A4
Viviers-du-Lac 73 ... 213 D1
Viviers-le-Gras 88 ... 93 F4
Viviers-lès-Lavaur 81 ... 277 E2
Viviers-lès-Montagnes 81 ... 278 A3
Viviers-lès-Offroicourt 88 ... 94 A3
Viviers-sur-Artaut 10 ... 115 D1
Viviers-sur-Chiers 54 ... 40 C1
Viviès 09 ... 301 E3
Viviez 12 ... 241 F2
Viville 16 ... 201 D2
Vivoin 72 ... 82 C4
Vivonne 86 ... 166 A3
Vivy 49 ... 129 E3
Vix 21 ... 115 D3
Vix 85 ... 164 A3
Vizille 38 ... 230 C2
Vizos 65 ... 297 F4
Vizzavona 2B ... 317 D2
Vizzavona (Col de) 2B ... 317 D2
Vocance 07 ... 228 B1
Vodable 63 ... 207 E2
Vœgtlinshofen 68 ... 96 B4
Vœlfling-lès-Bouzonville 57 ... 42 B3
Vœllerdingen 67 ... 44 A4
Vœuil-et-Giget 16 ... 201 E2
Vogelgrun 68 ... 97 D4
Voglans 73 ... 213 D1
Vogüé 07 ... 246 A2
Voharies 02 ... 21 D3
Void 55 ... 67 D4
Le Voide 49 ... 147 F1
Voigny 10 ... 91 F4
Voile de la Mariée (Cascade du) 05 ... 232 A3
Voile de la Mariée (Cascade du) 2A ... 317 D3
Voilemont 51 ... 65 F1
Voillans 25 ... 141 F2
Voillecomte 52 ... 91 F2
Voimhaut 57 ... 68 C1
Voinémont 54 ... 94 B1
Voingt 63 ... 188 B4
Voinsles 77 ... 62 B4
Voipreux 51 ... 64 A2
Voires 25 ... 160 C1
Voiron 38 ... 212 B3
Voiscreville 27 ... 31 F3
Voise 28 ... 85 F3
Voisenon 77 ... 87 F1
Voisey 52 ... 117 F2
Voisines 52 ... 116 B3
Voisines 89 ... 89 D4
Voisins-le-Bretonneux 78 ... 60 B4
Voissant 38 ... 212 C2
Voissay 17 ... 181 F3
Voiteur 39 ... 159 F4
La Voivre 70 ... 119 D3
La Voivre 88 ... 95 F2
Les Voivres 88 ... 118 B1
Voivres-lès-le-Mans 72 ... 106 C2
Volckerinckhove 59 ... 3 E3
Volesvres 71 ... 174 A2
Volgelsheim 68 ... 97 D4
Volgré 89 ... 113 D3
Volksberg 67 ... 44 B4
Vollore-Montagne 63 ... 190 C4
Vollore-Ville 63 ... 190 B4
Volmerange-lès-Boulay 57 ... 42 A4
Volmerange-les-Mines 57 ... 41 E2
Volmunster 57 ... 44 B3
Volnay 21 ... 158 A2
Volnay 72 ... 107 E2
Volon 70 ... 140 B1
Volonne 04 ... 267 E1
Volpajola 2B ... 315 E3
Volstroff 57 ... 41 F3
Volvent 26 ... 248 A2
Volvic 63 ... 189 E4
Volx 04 ... 267 D3
Vomécourt 88 ... 95 D3
Vomécourt-sur-Madon 88 ... 94 B2
Voncourt 52 ... 117 E4
Voncq 08 ... 38 C2
Vonges 21 ... 140 A3
Vongnes 01 ... 194 C4
Vongy 74 ... 178 B3
Vonnas 01 ... 175 E4
Voray-sur-l'Ognon 70 ... 141 D3
Voreppe 38 ... 212 B4
Vorey 43 ... 227 D1
Vorges 02 ... 37 D1
Vorges-les-Pins 25 ... 141 D4
Vorly 18 ... 153 E3
Vornay 18 ... 153 F2
Vors 12 ... 242 A4
Vosbles 39 ... 176 C3
Vosne-Romanée 21 ... 158 B1
Vosnon 10 ... 113 F1
Vou 37 ... 150 B1
Vouarces 51 ... 90 A1
Voucienne 51 ... 65 D3
Voudenay 21 ... 157 D1
Voué 10 ... 90 B2
Vouécourt 52 ... 92 B3
Vouël 02 ... 20 A4
Vougécourt 70 ... 118 A2
Vougeot 21 ... 158 B1
Vouglans 39 ... 176 C3
Vouglans (Barrage et lac de) 39 ... 176 C3
Vougrey 10 ... 114 C1
Vougy 42 ... 191 E2
Vougy 74 ... 196 A1
Vouharte 16 ... 183 E4
Vouhé 17 ... 181 E1
Vouhé 79 ... 165 D2
Vouhenans 70 ... 119 D4
Vouillé 79 ... 165 D4
Vouillé 86 ... 166 A1
Vouillé-les-Marais 85 ... 163 F3
Vouillers 51 ... 65 F4
Vouillon 36 ... 152 B4
Vouilly 14 ... 27 F3
Voujeaucourt 25 ... 142 B2
Voulaines-les-Templiers 21 ... 115 F3
Voulangis 77 ... 62 A3
Voulême 86 ... 183 F1
Voulgézac 16 ... 201 E2
Voulon 86 ... 166 A3
Voulpaix 02 ... 21 D3
La Voulte-sur-Rhône 07 ... 228 C4
Voultegon 79 ... 147 F2
Voulton 77 ... 88 C1
Voulx 77 ... 88 A4
Vouneuil-sous-Biard 86 ... 166 B2
Vouneuil-sur-Vienne 86 ... 149 F4
Vourey 38 ... 212 B4
Vourles 69 ... 210 C1
Voussac 03 ... 171 F4
Voutenay-sur-Cure 89 ... 136 C1
Voutezac 19 ... 204 A4
Vouthon 16 ... 202 A1
Vouthon-Bas 55 ... 93 D2
Vouthon-Haut 55 ... 93 D2
Voutré 53 ... 106 A1
Vouvant 85 ... 164 A1
Vouvray 01 ... 194 C1
Vouvray 37 ... 131 D3
Vouvray-sur-Huisne 72 ... 107 F1
Vouvray-sur-Loir 72 ... 107 E4

Vouxey 88 ....93 F3
Vouzailles 86 ....148 C4
Vouzan 16 ....202 A2
Vouzeron 18 ....133 F4
Vouziers 08 ....39 D2
Vouzon 41 ....133 E1
Vouzy 51 ....64 B2
La Vove (Manoir de) 61 ....83 F2
Voves 28 ....85 F4
Vovray-en-Bornes 74 ....195 E1
Voyenne 02 ....21 D4
Voyennes 80 ....19 E3
Voyer 57 ....70 A3
La Vraie-Croix 56 ....101 F4
Vraignes-en-Vermandois 80 ....19 F2
Vraignes-lès-Hornoy 80 ....17 F3
Vraincourt 52 ....92 B4
Vraiville 27 ....32 A4
Vrasville 50 ....25 D2
Vraux 51 ....64 C1
Vrécourt 88 ....93 E4
Vred 59 ....9 D2
Vregille 70 ....140 C3
Vregny 02 ....36 B2
Vrély 80 ....19 D3
Le Vrétot 50 ....24 B4
Vriange 39 ....140 B4
Vrigne-aux-Bois 08 ....23 D3
Vrigne-Meuse 08 ....23 D4
Vrigny 45 ....110 C1
Vrigny 51 ....37 E4
Vrigny 61 ....56 B4
La Vrine 25 ....161 D2
Vritz 44 ....127 E1
Vrizy 08 ....38 C2
Vrocourt 60 ....33 F1
Vroil 51 ....65 F3
Vron 80 ....6 B3
Vroncourt 54 ....94 A2
Vroncourt-la-Côte 52 ....93 D4
Vroville 88 ....94 B3
Vry 57 ....42 A4
Vue 44 ....125 F4
Vuillafans 25 ....160 C1
Vuillecin 25 ....161 D2
Vuillery 02 ....36 B2
Vulaines 10 ....89 E4
Vulaines-lès-Provins 77 ....88 C1
Vulaines-sur-Seine 77 ....87 F2
Vulbens 74 ....195 D1
Vulmont 57 ....68 B2
Vulvoz 39 ....177 D3
Vy-le-Ferroux 70 ....141 D1
Vy-lès-Filain 70 ....141 E1
Vy-lès-Lure 70 ....119 D4
Vy-lès-Rupt 70 ....140 C1
Vyans-le-Val 70 ....142 B1
Vyt-lès-Belvoir 25 ....142 B3

W

Waben 62 ....6 B2
Wackenbach 67 ....70 A4
Wacquemoulin 60 ....35 D2
Wacquinghen 62 ....2 A3
Wadelincourt 08 ....23 D4
Wadimont 08 ....21 F4
Wadonville-en-Woëvre 55 ....67 E1
Wagnon 08 ....22 B4
Wahagnies 59 ....8 C1
Wahlbach 68 ....120 C3
Wahlenheim 67 ....71 D2
Wail 62 ....7 D3
Wailly 62 ....8 A3
Wailly 80 ....18 A3
Wailly-Beaucamp 62 ....6 B2
Walbach 68 ....96 B4
Walbourg 67 ....71 E1
La Walck 67 ....71 D1
Waldersbach 67 ....96 B1
Waldhambach 67 ....70 A1
Waldhouse 57 ....44 C3
Waldighofen 68 ....120 C4
Waldolwisheim 67 ....70 C2
Waldweistroff 57 ....42 B2
Waldwisse 57 ....42 B2
Walheim 68 ....120 B3
Walibi Rhône-Alpes (Parc d'attractions) 38 ....212 B1
Walibi-Schtroumpf 57 ....41 F3
Walincourt 59 ....20 A1
Wallers 59 ....9 E2
Wallers-Trélon 59 ....10 C3
Wallon-Cappel 59 ....3 F3
Walschbronn 57 ....44 C3
Walscheid 57 ....70 A3
Waltembourg 57 ....70 A2
Waltenheim 68 ....120 C3
Waltenheim-sur-Zorn 67 ....71 D2
Waly 55 ....66 A1
Wambaix 59 ....9 E4
Wambercourt 62 ....7 D2
Wambez 60 ....33 F1
Wambrechies 59 ....4 C4
Wamin 62 ....7 D2
Wanchy-Capval 76 ....16 B3
Wancourt 62 ....8 B3
Wandignies-Hamage 59 ....9 E2
Wanel 80 ....17 F1
Wangen 67 ....70 C3
Wangenbourg 67 ....70 B3
Wannehain 59 ....9 D1
Wanquetin 62 ....8 A3
La Wantzenau 67 ....71 E2
Warcq 08 ....22 C3
Warcq 55 ....40 C4
Wardrecques 62 ....3 E4
Wargemoulin-Hurlus 51 ....39 D4
Wargnies 80 ....18 A1
Wargnies-le-Grand 59 ....10 A1
Wargnies-le-Petit 59 ....10 A2
Warhem 59 ....3 F1
Warlaing 59 ....9 E2
Warlencourt-Eaucourt 62 ....19 D1
Warlincourt-lès-Pas 62 ....7 F4
Warloy-Baillon 80 ....18 C1
Warluis 60 ....34 A3
Warlus 62 ....8 A3
Warlus 80 ....17 F2
Warluzel 62 ....7 F4
Warmeriville 51 ....38 A3
Warnécourt 08 ....22 C4
Warneton 59 ....4 C3
Warsy 80 ....19 D4
Warvillers 80 ....19 D3
Wasigny 08 ....22 A4
Wasnes-au-Bac 59 ....9 D3
Wasquehal 59 ....4 C4
Wasselonne 67 ....70 C3
Wasserbourg 68 ....96 A4
Wassigny 02 ....20 C1
Wassy 52 ....92 A2
Le Wast 62 ....2 B3
Watigny 02 ....21 F2
Watronville 55 ....40 B4
Watten 59 ....3 D3
Wattignies 59 ....8 C1
Wattignies-la-Victoire 59 ....10 C2
Wattrelos 59 ....5 D4
Wattwiller 68 ....120 B2
Wavignies 60 ....34 C1
Waville 54 ....67 F1
Wavrans-sur-l'Aa 62 ....3 D4
Wavrans-sur-Ternoise 62 ....7 E2
Wavrechain-sous-Denain 59 ....9 E3
Wavrechain-sous-Faulx 59 ....9 E3
Wavrille 55 ....40 A3
Wavrin 59 ....8 C1
Waziers 59 ....9 D2
Wé 08 ....23 F4
Weckolsheim 68 ....96 C4
Wegscheid 68 ....119 F3
Weinbourg 67 ....70 C1
Weislingen 67 ....70 A1
Weitbruch 67 ....71 E2
Weiterswiller 67 ....70 B1
Welles-Pérennes 60 ....34 C1
Wemaers-Cappel 59 ....3 F3
Wentzwiller 68 ....121 D4
Werentzhouse 68 ....120 C4
Wervicq-Sud 59 ....4 C3
West-Cappel 59 ....3 F2
Westbécourt 62 ....3 D3
Westhalten 68 ....96 B4
Westhoffen 67 ....70 C3
Westhouse 67 ....97 D1
Westhouse-Marmoutier 67 ....70 C2
Westrehem 62 ....7 E1
Wettolsheim 68 ....96 B4
Weyer 67 ....70 A1
Weyersheim 67 ....71 E2
Wickerschwihr 68 ....96 C3
Wickersheim 67 ....70 C2
Wicquinghem 62 ....6 C1
Wicres 59 ....8 B1
Widehem 62 ....6 B1
Widensolen 68 ....96 C4
Wiège-Faty 02 ....21 D2
Wiencourt-l'Équipée 80 ....18 C3
Wierre-au-Bois 62 ....2 B4
Wierre-Effroy 62 ....2 B3
Wiesviller 57 ....43 F4
Wignehies 59 ....10 C4
Wignicourt 08 ....38 C1
Wihr-au-Val 68 ....96 B4
Wihr-en-Plaine 68 ....96 C3
Wildenstein 68 ....119 F1
Wildersbach 67 ....96 B1
Willeman 62 ....7 D3
Willems 59 ....5 D4
Willencourt 62 ....7 D4
Willer 68 ....143 F1
Willer-sur-Thur 68 ....120 A1
Willeroncourt 55 ....66 C4
Willerval 62 ....8 B3
Willerwald 57 ....69 F1
Willgottheim 67 ....70 C3
Williers 08 ....23 F4
Willies 59 ....10 C3
Wilshausen 67 ....70 C2
Wilwisheim 67 ....70 C2
Wimereux 62 ....2 A3
Wimille 62 ....2 A3
Wimmenau 67 ....70 B1
Wimy 02 ....21 E2
Windstein 67 ....45 D4
Windstein (Château de) 67 ....45 D4
Wingen 67 ....45 E3
Wingen-sur-Moder 67 ....44 B4
Wingersheim 67 ....71 D2
Wingles 62 ....8 B1
Winkel 68 ....143 E2
Winnezeele 59 ....3 F3
Wintersbourg 57 ....70 A2
Wintershouse 67 ....71 D1
Wintzenbach 67 ....45 F4
Wintzenheim 68 ....96 B4
Wintzenheim-Kochersberg 67 ....70 C3
Wintzfelden 68 ....96 B4
Wirwignes 62 ....2 B4
Wiry-au-Mont 80 ....17 E2
Wisches 67 ....70 B4
Wisembach 88 ....96 A2
Wiseppe 55 ....39 F2
Wismes 62 ....3 D4
Wisques 62 ....3 D4
Wissant 62 ....2 A2
Wissembourg 67 ....45 E3
Wissignicourt 02 ....36 C1
Wissous 91 ....61 D4
Witry-lès-Reims 51 ....37 F3
Wittelsheim 68 ....120 B2
Wittenheim 68 ....120 C2
Witternesse 62 ....3 E4
Witternheim 67 ....97 D1
Wittersdorf 68 ....120 B3
Wittersheim 67 ....71 D2
Wittes 62 ....3 E4
Wittisheim 67 ....97 D2
Wittring 57 ....43 E4
Wiwersheim 67 ....71 D3
Wizernes 62 ....3 E4
Woël 55 ....67 E1
Wœlfling-lès-Sarreguemines 57 ....43 F4
Wœllenheim 67 ....70 C2
Wœrth 67 ....45 D4
Woignarue 80 ....16 C1
Woimbey 55 ....66 C2
Woincourt 80 ....17 D1
Woinville 55 ....67 E2
Woippy 57 ....41 F4
Woirel 80 ....17 E2
Wolfersdorf 68 ....120 A3
Wolfgantzen 68 ....96 C4
Wolfisheim 67 ....71 D3
Wolfskirchen 67 ....70 A1
Wolschheim 67 ....70 C2
Wolschwiller 68 ....143 F2
Wolxheim 67 ....70 C3
Wormhout 59 ....3 F2
Woustviller 57 ....43 E4
Wuenheim 68 ....120 B1
Wuisse 57 ....69 D2
Wulverdinghe 59 ....3 E3
Wy-dit-Joli-Village 95 ....60 A1
Wylder 59 ....3 F2

X

Xaffévillers 88 ....95 D2
Xaintrailles 47 ....255 E1
Xaintray 79 ....164 C2
Xambes 16 ....183 E4
Xammes 54 ....67 F2
Xamontarupt 88 ....95 D4
Xanrey 57 ....69 D3
Xanton-Chassenon 85 ....164 B2
Xaronval 88 ....94 B2
Xermaménil 54 ....94 C1
Xertigny 88 ....118 C1
Xeuilley 54 ....94 A1
Xirocourt 54 ....94 B2
Xivray-et-Marvoisin 55 ....67 E2
Xivry-Circourt 54 ....41 D2
Xocourt 57 ....68 C2
Xonrupt-Longemer 88 ....119 F1
Xonville 54 ....67 F1
Xouaxange 57 ....69 F3
Xousse 54 ....69 E4
Xures 54 ....69 D4

Y

Y 80 ....19 E3
Yainville 76 ....15 F4
Yaucourt-Bussus 80 ....17 F1
Le Yaudet 22 ....50 A2
Ychoux 40 ....234 C4
Ydes 15 ....206 A4
Yébleron 76 ....15 D3
Yèbles 77 ....87 F1
Yenne 73 ....194 C4
Yermenonville 28 ....85 F1
Yerres 91 ....61 E4
Yerville 76 ....15 F3
Yèvre-la-Ville 45 ....111 D1
Yèvre-le-Châtel 45 ....111 D1
Yèvres 28 ....84 C4
Yèvres-le-Petit 10 ....91 D2
Yffiniac 22 ....51 E4
Ygos-Saint-Saturnin 40 ....253 E3
Ygrande 03 ....171 E2
Ymare 76 ....32 B3
Ymeray 28 ....85 F2
Ymonville 28 ....85 F4
Yolet 15 ....224 B3
Yoncq 08 ....39 E1
Yonval 80 ....17 E1
Youx 63 ....188 C1
Yport 76 ....14 C2
Ypreville-Biville 76 ....15 D2
Yquebeuf 76 ....32 B1
Yquelon 50 ....53 F2
Yquem (Château) 33 ....236 B2
Yronde-et-Buron 63 ....207 F2
Yrouerre 89 ....114 A4
Yssac-la-Tourette 63 ....189 E3
Yssandon 19 ....222 A1
Yssandon (Puy d') 19 ....222 A1
Yssingeaux 43 ....227 E1
Ysson (Puy d') 63 ....207 E2
Ytrac 15 ....224 A3
Ytres 62 ....19 E1
Yutz 57 ....41 F2
Yvecrique 76 ....15 F3
Yvernaumont 08 ....22 C4
Yversay 86 ....166 A1
Yves 17 ....181 D2
Les Yveteaux 61 ....56 A4
Yvetot 76 ....15 E3
Yvetot-Bocage 50 ....25 D3
Yvias 22 ....50 C2
Yviers 16 ....201 D4
Yvignac-la-Tour 22 ....78 B2
Yville-sur-Seine 76 ....31 F2
Yvoire 74 ....178 A3
Yvoy-le-Marron 41 ....133 D1
Yvrac 33 ....217 E3
Yvrac-et-Malleyrand 16 ....184 A4
Yvrandes 61 ....55 D4
Yvré-le-Pôlin 72 ....106 C3
Yvré-l'Évêque 72 ....107 D2
Yvrench 80 ....6 C4
Yvrencheux 80 ....6 C4
Yzengremer 80 ....16 C1
Yzernay 49 ....147 E2
Yzeron 69 ....210 B1
Yzeure 03 ....172 B2
Yzeures-sur-Creuse 37 ....150 B4
Yzeux 80 ....18 A2
Yzosse 40 ....271 F1

Z

Zaessingue 68 ....120 C3
Zalana 2B 317 F1
Zarbeling 57 ....69 D2
Zegerscappel 59 ....3 E2
Zehnacker 67 ....70 C3
Zeinheim 67 ....70 C2
Zellenberg 68 ....96 B3
Zellwiller 67 ....96 C1
Zermezeele 59 ....3 F3
Zérubia 2A 319 D1
Zetting 57 ....43 E4
Zévaco 2A 317 D4
Zicavo 2A 317 D4
Zigliara 2A 316 C4
Zilia 2B 314 B3
Zilling 57 ....70 A2
Zillisheim 68 ....120 B3
Zimmerbach 68 ....96 B4
Zimmersheim 68 ....120 C2
Zimming 57 ....42 B4
Zincourt 88 ....94 C3
Zinswiller 67 ....44 C4
Zipitoli (Pont génois de) 2A 316 C4
Zittersheim 67 ....70 B1
Zœbersdorf 67 ....70 C1
Zollingen 67 ....69 F2
Zommange 57 ....69 E2
Zonza 2A 319 D1
Zoteux 62 ....2 C4
Zouafques 62 ....3 D3
Zoufftgen 57 ....41 F1
Zoza 2A 319 D2
Zuani 2B 317 E1
Zudausques 62 ....3 D3
Zutkerque 62 ....3 D2
Zutzendorf 67 ....70 C1
Zuydcoote 59 ....3 F1
Zuytpeene 59 ....3 F3